# ENCYCLOPÉDIE

## MÉTHODIQUE,

*OU*

## PAR ORDRE DE MATIÈRES;

### PAR UNE SOCIÉTÉ DE GENS DE LETTRES, DE SAVANS ET D'ARTISTES;

*Précédée d'un* Vocabulaire universel, *servant de Table pour tou* *l'Ouvrage*, *ornée des Portraits de MM.* DIDEROT & D'ALEMBERT *premiers Éditeurs de* l'Encyclopédie.

# ENCYCLOPÉDIE

## *MÉTHODIQUE.*

## GÉOGRAPHIE ANCIENNE,

*Par M. Mentelle, de l'Académie d'Hiſtoire de Madrid*
*de celle de Rouen, &c. &c.*

## TOME TROISIEME.

*A PARIS,*

Chez **PANCKOUCKE**, Imprimeur-Libraire, hôtel de Thou, rue des Poitevin

M. DCC. XCII.

ROMANUM IMPERIUM. Lorfqu'Augufte s'empara, à Rome, de l'autorité, les poffeffions de la république comprenoient prefque toute l'étendue du monde alors connu. Du moins cet empire, car c'eft le nom dont il convient actuellement de fe fervir, avoit pour bornes, à l'orient, l'Euphrate; au midi, les cataractes du Nil, les déferts de l'Ethiopie & le mont Atlas; à l'oueft, l'Océan; au nord, la mer, par rapport à la Gaule, & le Danube, relativement aux terres qu'il arrofe à fa droite, jufqu'à la Pannonie. Quant à la partie orientale de l'Europe, les Romains n'avoient pas encore pénétré au nord de la Macédoine & de la Thrace. Je préfenterai ci-après un tableau détaillé des principales divifions de l'empire, dreffé d'après la notice qui nous refte des dignités dont étoient alors revêtus les principaux officiers de l'empire.

Augufte avoit affez de réflexion pour fentir que le poids énorme d'un corps fi vafte entraîneroit immanquablement fa chûte. Il auroit voulu que fes fucceffeurs, contens de donner des loix à cette immenfe étendue de pays, ne cherchaffent pas à en étendre les limites; mais qu'ils s'occupaffent du foin d'en augmenter la puiffance & la gloire. Cependant, non moins ambitieux que lui, & plus avide de conquêtes qui fembloient devoir leur procurer de nouvelles richeffes, ils s'écartèrent bientôt de fes vues. Ce qu'il avoit prévu arriva; ils affoiblirent l'empire en l'agrandiffant.

D'abord Claude fubjuga la Grande-Bretagne; &, depuis ce prince, Trajan foumit, du côté de l'orient, l'Arabie, l'Arménie, la Méfopotamie; au nord-eft de l'Europe, les deux Méfies & la Dacie. Les fucceffeurs de Trajan eurent de même pour principe d'étendre l'empire; &, n'ayant pas affez de force pour foutenir un fi prodigieux poids, ils hâtèrent eux-mêmes fa chûte. Le partage de pouvoir entre deux ou même trois & quatre princes, fut une des principales caufes de cette décadence.

Depuis Augufte jufqu'à Marc-Aurèle, le gouvernement étoit refté entre les mains d'un feul. Cet empereur fut le premier qui s'affocia un prince à l'empire: ce fut fon gendre Elius Verus. Cet exemple fut imité dans la fuite, & parut même néceffaire, dans certains temps, à caufe de la grande étendue de l'empire. Deux empereurs le poffédoient conjointement entre eux; mais Dioclétien, en prenant un collègue, partagea avec lui, non le pouvoir, mais l'empire. On en ufa de même à l'égard des Céfars, efpèces d'empereurs préfomptifs: il leur fut affigné des départemens. Mais ces Céfars étoient toujours foumis aux empereurs, qui leur nommoient leurs principaux officiers. Ils ne portèrent pas non plus le diadème ou bandeau royal. Cette marque de l'autorité fuprême étoit

*Géographie ancienne. Tome III.*

réfervée aux feuls empereurs, que l'on diftinguoit des Céfars par le titre d'*Augufte.*

Galère & Conftance Chlore n'ayant pu s'accorder, firent réellement de l'empire, deux empires féparés. Conftantin imita leur conduite; mais la vanité d'avoir une ville nouvelle, qui lui dût l'avantage d'être la capitale d'un état fi vafte, porta un coup terrible à cet état. L'Italie perdit fes cultivateurs, prefque tous efclaves des grands, qui fuivirent le prince; & les foldats, placés dans de grandes villes, ne furent plus à portée de défendre les frontières.

Les fils de Conftantin-le-Grand firent un autre partage de l'empire, qui, après leur mort, revint dans tout fon entier à Conftance, puis à Julien, furnommé l'*Apoftat;* mais on avoit porté les coups les plus funeftes à fa grandeur. Et, quoiqu'il continuât d'être gouverné de la même manière jufqu'à Valentinien, il ne reprit rien de fa force paffée. Valentinien, qui ne voyoit pas combien ces viciffitudes étoient funeftes, partagea l'empire avec fon frère Valens, auquel il céda l'orient, en fe réfervant l'occident. Théodofe leur fuccéda, & gouverna feul; mais à fa mort il fit, entre fes deux fils, un partage qui devint permanent, & duquel on compte réellement le partage de l'empire.

Arcadius eut l'orient.

Honorius eut l'occident.

Cet événement eut lieu l'an 395. Le fiège de l'empire étoit alors à Conftantinople, où Conftantin l'avoit tranfporté l'an 330.

L'empire d'Arcadius comprenoit l'Egypte, les deux Libyes jufqu'à la grande Syrte, la partie de l'Afie alors foumife aux Romains, & une partie de l'Epire jufqu'au Drilus, rivière d'Illyrie.

Honorius poffédoit tout ce qui étoit à l'occident, en Europe & en Afrique.

Cependant ces deux princes gouvernoient, pour ainfi dire, en commun; leurs états ne formoient qu'un même empire. Mais fous Valentinien III, & fous Marrien, les Barbares s'emparèrent de la Bretagne. Vers l'an 406, les Vandales, les Alains, les Suèves, venus d'au-delà du Rhin, fe jetèrent fur la Gaule & la dévaftèrent. Les Wifigoths, ou Goths de l'oueft, s'y établirent, après avoir pillé Rome en 410. Ces refoulemens, fi l'on peut s'exprimer ainfi, des peuples du nord fur ceux du midi, accablèrent ces derniers, trop foibles pour leur oppofer une digue capable de les contenir. Enfin, l'empire d'Occident finit en la perfonne d'Augufte, vaincu par Odoacre, l'an 476.

Mais arrêtons-nous un peu aux divifions géographiques que j'ai annoncées précédemment.

A

# DIVISIONS GÉOGRAPHIQUES DE L'EMPIRE ROMAIN.

## I.

### Division sous Auguste.

Auguste, devenu maître de l'empire Romain par la bataille d'Actium, s'occupa des moyens de conserver son autorité, sans indisposer contre lui le sénat & le peuple. Il parut leur rendre leur autorité & leurs droits, & ne garder pour lui que les parties du gouvernement les plus pénibles. Pour m'en tenir à la géographie, je dirai seulement qu'il partagea, entre lui & la nation, les provinces de l'empire, & les partagea en vingt-six diocèses ou départemens. Il en accorda *douze* au sénat & au peuple, & ne s'en réserva que *quatorze*. Il y avoit, dans cet arrangement, des pays qui se trouvoient partagés entre lui & le sénat: cette disposition étoit faite de manière qu'il avoit les provinces les plus considérables, & celles qui pouvoient aisément se rendre maîtresses des autres. Des provinces du sénat & du peuple, *deux* étoient régies par des proconsuls, *dix* par des préteurs. Voici les unes & les autres.

*L'empire Romain*, sous Auguste, étoit divisé en vingt-six diocèses.

*Douze* de ces diocèses étoient laissés au sénat & au peuple.

I. *Deux* étoient *proconsulaires*, & renfermoient :

L'*Afrique*, comprenant,

1. L'*Afrique* propre.
2. La *Numidie*.
3. Une partie de la *Libye*.

L'*Asie*, en-deçà de l'Halys & du mont Taurus.

II. *Dix* étoient *prétoriennes*, & renfermoient :

1. L'*Hispanie* Bétique.
2. La *Gaule Narbonnoise*.
3. La *Sicile*.
4. La *Sardaigne* & la *Corse*.
5. L'*Illyrie* & partie de l'*Épire*.
6. La *Macédoine*, & partie de la *Grèce*.
7. L'*Achaïe*, la *Thessalie*, la *Béotie*, l'*Acarnanie* & partie de l'*Épire*.
8. L'île de *Crète*, la *Cyrénaïque*, & partie de la *Libye*.
9. L'île de *Cypre*.
10. La *Bithynie*, la *Paphlagonie*, la *Propontide* & le *Pont*.

*Quatorze* de ces diocèses étoient sous l'autorité de l'empereur.

1. L'*Hispanie* & la *Lusitanie*.
2. L'*Hispanie* Celtibérienne.
3. La *Gaule* Aquitanique.

4. La *Gaule* Lyonnoise.
5. La *Gaule* Belgique & la *Germanie*.
6. Le *Norique*, la *Vindélicie* & la *Rhétie*.
7. La *Mœsie*, comprenant la *Dardanie*, la *Dacie* & la *Thrace*.
8. La *Dalmatie* & partie de l'*Illyrie*.
9. Les *Alpes maritimes*.
10. La *Cilicie*, l'*Isaurie* & la *Lycaonie*.
11. La *Galatie*, la *Pamphilie* & la *Pisidie*.
12. La *Syrie*, la *petite Arménie*, la *Mésopotamie* & tout l'*Orient*.
13. L'*Egypte* & partie de l'*Arabie*.
14. L'*Italie*, depuis la Sicile jusqu'aux Alpes.

## I I.

### Divisions sous Adrien.

Adrien supprima les diocèses établis par Auguste, & partagea tout l'empire en *onze* parties, exposées ci-après.

I. L'*Italie*, renfermant *deux* provinces.

La première, depuis & y compris le *Picenum* jusqu'à la *Sicile*.

La seconde, depuis le *Picenum* jusqu'aux Alpes, avec les deux *Rhéties*.

II. L'*Afrique*, renfermant *trois* provinces:

1. L'*Afrique* proconsulaire.
2. La *Numidie*.
3. La *Maurétanie* ou Mauritanie.

III. L'*Hispanie*, renfermant *trois* provinces:

1. L'*Hispanie* Tarraconoise.
2. La *Bétique*.
3. La *Lusitanie*.

IV. Les *Gaules* renfermant *quatre* provinces:

1. La *Gaule* Belgique.
2. La *Gaule* Lyonnoise.
3. La *Gaule* Aquitanique.
4. La *Gaule* Narbonnoise.

V. La *Bretagne*, renfermant *deux* provinces:

1. La *Bretagne* supérieure.
2. La *Bretagne* inférieure.

VI. L'*Illyrie*, renfermant *dix-sept* provinces:

1. Le premier *Norique*.
2. Le second *Norique*.
3. La *Pannonie* supérieure.
4. La *Pannonie* inférieure.
5. La *Valérienne*.
6. La *Savie*.
7. La *Dalmatie*.
8. La première *Mœsie*.
9. La *Dacie* supérieure.

10. La *Dacie* inférieure.
11. La *Macédoine*.
12. La *Thessalie*.
13. L'*Achaïe*.
14. La *première Epire*.
15. La *seconde Epire*.
16. La *Prévalisane*.
17. L'*île de Crète*.

VII. L'*Egypte*, renfermant *quatre* provinces :

1. L'*Egypte*.
2. La *Thébaïde*.
3. La *Libye*.
4. La *Pentapole*.

VIII. L'*Orient*, renfermant *treize* provinces :

1. La *Palestine*.
2. La *Phénicie*.
3. La *Phénicie* du Liban.
4. La *Cœle-Syrie*.
5. La *Syrie* propre.
6. La *Syrie Commagène*.
7. La *première Cilicie*.
8. La *seconde Cilicie*.
9. L'*Isaurie*.
10. La *Mésopotamie*.
11. L'*Arabie*.
12. L'*Osrhoène*.
13. L'île de *Cypre*.

IX. La *Thrace*, formant *six* provinces :

1. La *Thrace*.
2. L'*Hémimont*.
3. La *Mœsie* inférieure.
4. La *Scythie*.
5. Le *Rhodope*.
6. L'*Europe*.

X. Le *Pont*, renfermant *huit* provinces :

1. Le *Pont*.
2. La *Galatie*.
3. La *Bithynie*.
4. Le *Pont* Polémoniaque.
5 & 6. Les *deux Capadoces*.
7. La *Paphlagonie*.
8. L'*Arménie*.

XI. L'*Asie*, renfermant *onze* provinces :

1. L'*Asie* proconsulaire.
2. La *Pamphilie*.
3. L'*Hélespont*.
4. La *Lydie*.
5. La *Pisidie*.
6. La *Lycaonie*.
7 & 8. Les deux *Phrygies*.
9. La *Lycie*.
10. La *Carie*.
11. Les îles, dont *Rhodes* étoit la capitale.

## III.

### *Divisions faites par Constantin.*

Constantin fit un changement considérable dans la distribution des provinces. Il soumit tout l'empire à *quatre* préfets du prétoire, qui avoient, l'un les *Gaules*, l'autre l'*Italie*, un autre l'*Illyrie*, le quatrième l'*Orient*.

Ces *préfets* avoient sous eux des *proconsuls*, pour certaines provinces ; pour d'autres, des magistrats, appelés *consulaires* ; des *présidens*, des *correcteurs*, dont les provinces, réunies en certain nombre, formoient des vicariats. Je vais ajouter un mot d'explication sur chacune de ces dignités.

1°. *Préfet du prétoire*. Au temps de la république, on donnoit le nom de *préfet* à quelques magistrats de la ville, & aux gouverneurs d'Italie. Lorsque l'empire prit la place de la république, Auguste donna le titre de *préfet* aux gouverneurs des provinces. Le préfet du prétoire (*præfectus prætorii*), étoit le commandant des Gaules de l'empereur. Cette place n'étoit d'abord que militaire, & celui qui la possédoit étoit pris dans l'ordre des chevaliers. Tibère en augmenta l'importance, qui s'accrut encore après lui. Mais Antonin fut le premier qui commença à se servir de cet officier pour faire des loix & des ordonnances en son nom. Ainsi, le *préfet du prétoire* devint le chef de la justice. On appeloit de tous les tribunaux au sien ; on lui donnoit le titre de clarissime (*clarissimus*). Il réunissoit l'autorité & remplissoit les fonctions de connétable, de chancelier & de surintendant des finances. Constantin supprima cette charge unique, & créa quatre *préfets du prétoire*, qui avoient sous eux des vicaires, dont l'inspection s'étendoit sur un certain nombre de pays formant un diocèse (1), & contenant plusieurs métropoles. Ils publioient des édits qui avoient force de loi, & ils avoient la plus grande influence dans les départemens. Lorsqu'ils partoient de la capitale pour se rendre dans leurs départemens, ils laissoient leurs enfans à l'empereur, comme un gage de leur fidélité.

2°. *Proconsul*. Cette charge, instituée au temps de la république, n'étoit donnée d'abord qu'à un magistrat qui devoit succéder à un consul, & dans la suite, le remplacer. Mais sous Auguste, & depuis lui, les *proconsuls* étoient des magistrats envoyés par le sénat, pour gouverner les provinces qui étoient censées dans le département de la république. Ces magistrats n'avoient ni le commandement des troupes, ni l'administration des provinces.

3°. Le *Consulaire* (*consularis provinciæ*), appelé aussi le *recteur* de la province (*rector provinciæ*),

(1) *Diocèse* vient du mot grec Διοίκησις, *gouvernement, jurisdiction*. La racine de ce mot est οἶκος, *demeure, possession*. Quant au mot de *métropole*, ou ville mere, voyez l'article MÉTROPOLIS, page 379 du tome II.

A 2

étoit un magistrat que l'on appeloit, non pas un conful, puisqu'il n'en avoit pas le pouvoir, mais homme ou magistrat *consulaire*, parce qu'il étoit décoré des marques de cette dignité. Auguste, comme je l'ai dit, s'étant réservé la plus grande partie des provinces de cet empire, les fit gouverner par des *préteurs* & par des *consulaires*.

4°. Les *correcteurs* (*correctores provinciarum*), étoient des magistrats d'un ordre inférieur à celui des proconfuls. Le nombre des *correcteurs* étoit assez considérable, sur-tout en Italie, avant Constantin. On voit que cette espèce de magistrature étoit antérieure au temps de Sévère & de Caracalla. Leur nom venoit de leurs fonctions, du moins dans l'origine ils avoient été d'abord chargés de corriger & de réformer les abus qui s'étoient introduits dans les provinces.

5°. Les *comtes* (*comites*), c'est-à-dire, dans le sens de l'étymologie de ce nom, les *compagnons* du prince. Plusieurs grands officiers ont porté ce titre sous les empereurs; mais il ne devint une dignité éminente que sous le bas-empire. Auguste avoit nommé un comte de l'Egypte, espèce de préfet chargé de gouverner le pays. Il y eut depuis un *comte d'Orient*, qui avoit sous lui les présidens & les magistrats consulaires d'un assez grand nombre de provinces.

6°. Les *présidens* (*præfides*), étoient revêtus d'un pouvoir plus considérable que les proconfuls. Ils avoient le droit de porter l'épée & l'habillement militaire, & de pouvoir condamner à mort un homme de guerre. Ils pouvoient demeurer aussi long-temps en place qu'il plaisoit à l'empereur.

Ce fut à l'un de ces différens magistrats que furent soumises les provinces de l'empire, dans chacune des quatre grandes préfectures.

*PRÉFECTURE DES GAULES*, renfermant *vingt-neuf* provinces, divisées en *trois vicariats*; savoir, ceux d'*Hispanie*, des *Gaules* & de *Bretagne*.

I. Le vicariat d'*Hispanie*, renfermant *sept* provinces:

Trois étoient soumises à des *consulaires*:

1. La *Bétique*.
2. La *Lusitanie*.
3. La *Galicie*.

Quatre étoient sous chacune un *président*:

4. L'*Hispanie* Tarraconoise.
5. L'*Hispanie* Carthaginoise.
6. La *Tingitane*.
7. Les îles *Baléares*.

II. Le vicariat des *Gaules* renfermoit *dix-sept* provinces:

Six étoient soumises à des *consulaires*:

8. La *Viennoise*.
9. La *Lyonnoise*.

10. La *première Germanie*.
11. La *seconde Germanie*.
12. La *première Belgique*.
13. La *seconde Belgique*.

Onze étoient soumises à des *présidens*:

14. Les *Alpes maritimes*.
15. Les *Alpes Grées* & *Pennines*.
16. La *grande Séquanoise* (*maxima Sequanorum*).
17. La *première Aquitaine*.
18. La *seconde Aquitaine*.
19. La *Novem-Populanie*.
20. La *première Narbonnoise*.
21. La *seconde Narbonnoise*.
22. La *seconde Lyonnoise*.
23. La *troisième Lyonnoise*.
24. La *Lyonnoise Sénonoise*.

III. Le vicariat de *Bretagne* renfermoit *cinq* provinces:

Deux étoient sous des *consulaires*:

25. La *grande Céfarienne* (*maxima Cæfarienfis*).
26. La *Valentienne* (*Valentia*).

Trois étoient sous des *présidens*.

27. La *première Bretagne*.
28. La *seconde Bretagne*.
29. La *Flavie Céfarienne*.

*PRÉFECTURE D'ITALIE*. Elle renfermoit aussi *vingt-neuf* provinces, divisées en *proconsulat d'Afrique*, & les quatre vicariats de *Rome*, d'*Italie*, d'*Afrique* & d'*Illyrie*.

I. Le proconsulat d'*Afrique* renfermoit sous un *proconsul*:

1. L'*Afrique propre*.

II. Le vicariat de *Rome* renfermoit *dix* provinces:

Quatre étoient sous des *consulaires*:

2. La *Campanie*.
3. La *Tuscie* & l'*Ombrie*.
4. Le *Picenum Suburbicarium*.
5. La *Sicile*.

Deux étoient sous des *correcteurs*:

6. L'*Apulie* & la *Calabre*.
7. Le *Brutium* & la *Campanie*.

Quatre étoient sous des *présidens*:

8. Le *Samnium*.
9. La *Sardaigne*.

10. L'île de *Corse*.
11. La *Valérie*.

III. Le vicariat d'*Italie* renfermoit *sept* provinces:

*Quatre* étoient provinces *consulaires*:

12. La *Vénétie* & l'*Istrie*.
13. L'*Emilie*.
14. La *Ligurie*.
15. La *Flaminie* & le *Picenum*.

*Trois* étoient sous des *présidens*:

16. Les *Alpes Cotiennes*.
17. La *première Rhétie*.
18. La *seconde Rhétie*.

IV. Le vicariat d'*Afrique* renfermant *cinq* provinces:

*Deux* étoient *consulaires*:

19. La *Bisacène*.
20. La *Numidie*.

*Trois* étoient sous des *présidens*:

21. La *Tripolitaine*.
22. La *Maurétanie sitifensis*.
23. La *Mauritanie césarienne*:

V. Le vicariat d'*Illyrie* renfermant *six* provinces:

*Une* sous un *consulaire*:

24. La *seconde Pannonie*.

*Une* sous un *correcteur*.

25. La *Savie*.

*Quatre* sous des *présidens*:

26. La *première Pannonie*.
27. Le *Norique* intérieur.
28. Le *Norique ripensis* ou *riverain*.
29. La *Dalmatie*.

*PRÉFECTURE D'ILLYRIE*. Elle renfermoit *onze* provinces:

I. *Une* sous le proconsul d'*Achaïe*, sous un *consulaire*.

1. L'*Achaïe*.

II. Le vicariat de *Macédoine*, comprenant *cinq* provinces:

*Deux* étoient *consulaires*:

2. La *Macédoine*.
3. L'île de *Crète*.

III. *Trois* sous des *présidens*:

4. L'ancienne *Epire*.
5. La *Thessalie*.
6. La *nouvelle Epire* & partie de la *Macédoine*.

VI. Le vicariat de *Dacie*, comprenant *cinq* provinces:

*Une* consulaire.

7. La *Dacie* intérieure.

*Quatre* sous des *présidens*:

8. La *Dacie ripensis* ou *riveraine*.

9. La *première Mœsie*.
10. La *Dardanie*.
11. La *Prévalitane*.

*PRÉFECTURE D'ORIENT*. Elle renfermoit *quarante-sept* provinces, soumises de cette sorte: *trois* sous le proconsul d'*Asie*, *quinze* au comte d'*Orient*, *six* au préfet d'*Egypte*, *sept* au vicaire d'*Asie*, *onze* au vicaire de *Pont*, & *six* au vicaire de *Thrace*.

I. Sous le proconsul d'*Asie*, il y en avoit *une* sous un *président*:

1. L'*Asie* propre:

*Une* sous un *proconsulaire*.

2. L'*Hélespont*.

*Une* sous un *président*:

3. Les *Isles*.

II. Sous le comte d'*Orient*:

*Cinq* sous des *consulaires*:

4. La *Palestine*.
5. La *Phénicie*.
6. La *Syrie*.
7. La *Cilicie*.
8. L'île de *Cypre*.

*Dix* sous des *présidens*:

9. La *Palestine salutaire*.
10. La *seconde Palestine*.
11. La *Phénicie* du *Liban*.
12. L'*Euphratine*.
13. La *Syrie salutaire*.

14. L'*Osrhoène.*
15. La *Méfopotamie.*
16. La *Séleucie.*
17. L'*Arabie.*
18. L'*Ifaurie.*

III. Sous le préfet d'*Egypte:*

*Cinq* gouvernées par des *préfidens :*

19. La *Libye* fupérieure.
20. La *Libye* inférieure.
21. La *Thébaïde.*
22. L'*Egypte.*
23. L'*Arabie.*

*Une* fous un *correcteur :*

24. L'*Augustanique.*

IV. Sous le vicaire d'*Afie :*

*Deux* fous des *confulaires :*

25. La *Pamphylie.*
26. La *Lydie.*

*Cinq* fous des *préfidens*

27. La *Pyfidie.*
28. La *Lycaonie.*
29. La *Phrygie pacacienne.*
30. La *Lycie.*
31. La *Carie.*

V. Sous le vicaire de *Pont* !

*Deux* fous des *confulaires :*

32. La *Galatie.*
33. La *Bithynie.*

*Huit* fous des *préfidens* !

34. La première *Capadoce.*
35. La feconde *Capadoce.*
36. L'*Hélefpont.*
37. Le *Pont Polémaïque.*
38. La première *Arménie.*
39. La feconde *Arménie.*
40. La *Galatie falutaire.*

*Une* fous un *correcteur :*

41. La *Paphlagonie.*

VI. Sous le vicaire de *Thrace :*

*Deux* fous des *confulaires.*

42. L'*Europe.*
43. La *Thrace.*

*Quatre* fous des *préfidens :*

44. L'*Hémimont.*
45. Le *Rhodope.*
46. La feconde *Mœfie.*
47. La *Scythie.*

Il paroît que cette dernière province commençoit au nord du Danube, & que le nom de *Dacie Trajanne* étoit abandonné auffi - bien que la province où s'étoient établis des peuples du nord.

Je vais actuellement reprendre le précis hiftorique de l'empire depuis Augufte jufqu'à la deftruction de cette formidable puiffance, à Rome fous Auguftule ; à Constantinople, fous Conftantin XII. Paléologue, dit *Dragafès.*

729. I. Octave, reconnu feul maître de toutes les parties qui formoient la république romaine, reçut le nom d'*Augufte.* Ce nom paffa à fes fucceffeurs, ainfi que celui de *Céfar.* Il faut obferver cependant que ce dernier défignoit effentiellement les héritiers préfomptifs de l'empire.

731. Il vint, de l'extrémité des Indes, des ambaffadeurs demander l'amitié d'Augufte : il en reçut auffi du Nord. Ne pourroit-on pas croire que la politique de ce prince avoit elle-même follicité ces démarches ?

732. Augufte dompta les Cantabres & les Aftures, peuples de l'Hifpanie.

737. Les Parthes, craignant la puiffance romaine, donnèrent des affurances de bienveillance, & renvoyèrent les armes prifes fur Craffus, avec les prifonniers Romains.

741. Augufte donna à la ville de Paphos, en Cypre, de très-grandes fommes pour la dédommager des pertes qu'elle venoit d'effuyer par un affreux tremblement de terre. Il rendit auffi la liberté à la ville de Cizyque.

744. Le fixième mois de l'année, que l'on nommoit *fextilis*, fut nommé *Augustus* ( nous en avons fait *août* ). Ce prince lui donna fon nom, parce que c'étoit en ce mois qu'il avoit remporté fes plus glorieufes victoires.

748. Augufte fit faire le dénombrement de tous les fujets de l'empire. On n'avoit jufqu'alors dénombré que les citoyens.

Ce fut à la fuite de cette tranquillité, que l'on pouvoit regarder comme une paix univerfelle, qu'Augufte fit fermer le temple de Janus.

*Naiffance de J. C.* (1)

14 (762). Augufte mourut à Nole en Campanie. On rapporte que quelques inftans avant

---

(1) Je vais me fervir, pour la fuite, des années de notre ère, mettant entre deux parenthèfes les années de Rome.

de mourir, il se fit coëffer & mit du fard : ensuite il dit à ses amis : « N'ai-je pas assez bien
» joué mon rôle ? Applaudissez ». Ce prince si
cruel dans les commencemens de son élévation,
fut un adroit politique, & pratiqua toute sa vie
la maxime qu'il avoit prise pour devise, & qu'il
avoit souvent à la bouche : σπευδε βραδεως,
festina lente, ou hâtez-vous lentement.

II. *Tibère*, fils de T. Claudius Néron & de
Livie, qui avoit été cédé par son mari à Auguste,
& adopté depuis par ce prince, fut reconnu empereur, & lui succéda. Jamais prince ne mérita
moins la couronne. Il fut dissimulé, avare, défiant,
perfide & cruel. Aussi dit-on que son instituteur
le qualifioit parfaitement, en disant que c'étoit de
la boue délayée avec du sang.

29. (777). Il y avoit un bel amphithéâtre dans
la ville de Misenum ; pendant qu'on y donnoit un
spectacle, il tomba, & sa chûte écrasa cinquante
mille hommes. Le quartier de Rome appelé le
*Mont-Celius*, & tous les environs, ayant été détruits par un furieux incendie, Tibère fit tout
réparer à ses frais.

37 (785). Détesté de tout l'empire, Tibère
mourut après un règne de vingt-cinq ans sept
mois & sept jours. Il avoit coutume de dire *que
celui qui ne sait pas dissimuler, ne sait pas régner.*

III. *Caligula*, fils de Germanicus & d'Agrippine,
fut choisi par le sénat pour succéder à Tibère,
contre l'intention de ce prince, qui avoit adopté
son petit-fils, nommé aussi Tibère. Ce prince
réussissoit très-bien dans les exercices du corps, &
même il avoit beaucoup d'esprit. Mais il étoit inégal,
bizarre, chagrin & cruel. On ne rapporte guère
de lui que des traits qui font détester sa mémoire.
Il fut tué après un règne de trois ans neuf mois
& vingt-huit jours.

41 (789). *Claude*, fils de Drusus Germanicus
& d'Antonia, fille de Marc-Antoine & d'Octavie,
sœur d'Auguste, succéda, en quelque sorte par
hasard, à son neveu Caligula. Il se cachoit pour
n'être pas enveloppé dans les meurtres qui pouvoient accompagner l'assassinat de Caligula. Un
soldat l'apperçut, le conduisit au camp de la garde
prétorienne ; & cette garde le fit reconnoître empereur : le sénat n'approuva pas ce choix, mais s'y
soumit. *Claude*, après avoir répudié Messaline, dont
la conduite avoit bien mérité cette punition, &
dont le nom est devenu une injure, épousa Agrippine sa nièce. Cette princesse fit adopter, au préjudice de son propre fils, un fils qu'elle avoit eu
de son premier mari Domitius Ænobarbus. *Claude*
montra quelquefois de l'esprit, & manqua presque
toujours de bon sens.

51 (804). *Caradoc*, fils d'un roi de la Grande-
Bretagne, qui, depuis neuf ans, soutenoit la guerre
contre les Romains, fut fait prisonnier ; en arrivant
à Rome, il dit, en admirant cette ville superbe :
« Je suis bien surpris que des hommes qui ont de

» si beaux palais, fassent tant de chemin pour
» s'emparer des cabanes de mon pays ».

54 (807). Claude mourut après un règne de
treize ans & quelques mois. On crut qu'il avoit été
empoisonné par Agrippine.

V. *Néron*, 55 (802) succéda à Claude, qui
l'avoit adopté par les intrigues de sa mère Agrippine. Quelques historiens ont prétendu qu'il avoit
été très-mal élevé, quoiqu'il ait eu pour précepteur le philosophe Sénèque. Cela peut très-bien
s'accorder ; car le philosophe peut n'avoir pu diriger
cette éducation, en se conformant aux volontés
d'Agrippine : il peut aussi, comme on l'en accuse,
avoir éloigné de son élève, les connoissances qui lui
auroient été le plus utiles, pour se rendre lui-même
nécessaire. Néron fut passablement instruit dans
les beaux-arts. Il se connoissoit très-bien en peinture, en sculpture ; savoit fort bien la musique,
jouoit supérieurement de la flûte, & faisoit des
vers. Mais il devint un monstre, & fut en quelque
sorte l'assassin de son précepteur, de sa femme
& de sa mère, qui périrent par ses ordres. Il se tua
après un règne de treize ans & huit mois. Ce fut
en lui que finit la race des Césars.

VI. *Galba* 68 (816), fils de C. Servius Sul-
picius Galba & de Mummia Achaïca, fut proclamé
empereur par le sénat. Il étoit avare, & son grand
âge le rendoit lourd & paresseux. Trois ministres
qui abusoient de sa confiance le firent haïr : il fut
tué après un règne de six mois & sept jours.

VII. *Othon*, 69 (817) fils de L. Salvius Otho,
& d'Alba Terentia, profitant de la sédition élevée contre Galba, il se fit reconnoître par le sénat qui l'estimoit peu ; mais il trouva un concurrent dans la personne de Vitellius ; & craignant
de tomber entre ses mains, il se tua lui-même à
Bébriaque, sur le Po, après trois mois de règne.

VIII. *Vitellius*, 69 (817), étoit fils de L. Vitellius & de Sextilia Polla. Il étoit dans les Gaules
lorsqu'il apprit que ses troupes avoient battu celles
d'Othon. Il se hâta de se rendre à Rome, où le
peuple le proclama. Mais on n'eut pas beaucoup
à s'applaudir de ce choix. Outre qu'il étoit mal-
adroit & faisoit tout de mauvaise grace, il étoit,
de plus, gourmand, ivrogne, voluptueux, lâche,
cruel & prodigue. A peine avoit-il régné huit mois,
qu'il y eut contre lui un soulèvement général. Un
soldat lui mit la corde au col, & le traîna dans
les rues de Rome ; son corps fut ensuite jeté à la
voirie (dans les gémonies) ; c'est de lui cette horrible maxime : « *Bonus odor hostis : melior civis occisi.*
» L'odeur d'un ennemi mort est bonne ; elle est
» suave quand cet ennemi est un citoyen ».

IX. *Vespasien*, 69 (817) fils de T. Flavius
Sabinus & de Vespasia Polla, étoit d'une basse
extraction : il s'étoit élevé par ses qualités militaires.
Il étoit fort & robuste. Il s'occupa beaucoup du
bien public : mais on lui reproche d'avoir trop
aimé l'argent. Il mourut de dyssenterie, après un
règne de neuf ans six mois & deux jours.

X. *Tite*, 79 ( 827 ) ou Titus, fils de Vespasien & de Flavia Domitilla, fut un des princes les plus parfaits, qui aient jamais régné. On dit aussi qu'il fut le plus aimable, comme il fut le plus beau. Ce fut lui qui acheva le siège de Jérusalem, commencé par son père, & qui réduisit toute la Judée. Il consacra tous ses soins au bien de l'empire, & n'eut d'autres vues que de rendre heureux tous ses sujets. On sait qu'il regardoit comme perdu, les jours qu'il avoit vu s'écouler sans faire du bien à quelqu'un. Aussi sa maxime habituelle étoit-elle que personne ne devoit se retirer mécontent de l'audience d'un souverain.

XI. *Domitien*, 81 (829) après s'être bien conduit les premières années de son règne, découvrit enfin les vices qui le firent détester. Il étoit dissimulé, défiant, lâche, traître, insolent, avare, cruel, impie. Il avoit été très-bien fait dans sa jeunesse. Un excès d'embonpoint, & sa tête dépouillée de cheveux le rendirent fort laid. Parthénius, son chambellan, s'étant mis à la tête d'une conjuration, le fit poignarder dans son palais, après un règne de quinze ans & cinq jours.

XII. *Nerva*, 96 (844) fut reconnu empereur par les meurtriers de Domitien. Il avoit toutes les vertus d'un bon prince, sans aucun vice. Craignant que son âge ne nuisît au bien qu'il vouloit faire, il chercha à se donner un appui en adoptant M. Ulpius Trajan. Il mourut après un règne d'un an & quatre mois, âgé de 69 ans.

XIII. *Trajan*, 98 ( 846 ) fut le premier des empereurs qui fût né en pays étranger; il étoit de l'Hispanie. Ce fut un grand prince; il respecta le sénat, traita le peuple avec bonté, témoigna de l'estime pour les gens de bien, & de l'éloignement pour la flatterie : comme particulier, on peut lui reprocher d'avoir un peu trop aimé le vin, & honteusement outragé les loix de la nature : son règne fut de dix-neuf ans & six mois.

XIV. *Adrien*, 117 ( 865 ) eut beaucoup d'esprit, mais il avoit un caractère singulier. Il fut tout à la fois clément & dur, débonnaire & cruel, juste & injuste. Il fit reconstruire Jérusalem, & la nomma, d'après son nom, *Ælia*. Il gagna les cœurs de tous les sujets de l'empire par ses libéralités : il remit 22 millions 500 mille livres qui étoient dues d'arrérages sur les revenus publics. On a les mêmes reproches à lui faire qu'à son prédécesseur, sur la dépravation de ses goûts. Antoninus, dont le portrait nous est resté dans une des plus belles statues de l'antiquité, étoit l'objet le plus chéri de son extravagante passion. Ce prince avoit d'abord adopté L. Ælius, qui mourut bientôt après. Il adopta depuis T. Ælius Antoninus, à condition que lui-même adopteroit Marc-Aurèle & L. Verus. Il mourut après un règne de vingt ans & dix mois.

Nous avons vu précédemment la division de l'empire par ce prince. ( *Voyez* page 2 ).

XV. *Antonin-le-pieux*, ou plutôt le débonnaire, car ce mot *pius* ne signifie pas ici un dévot. Il aima ses sujets comme ses enfans, & l'état comme sa famille. Il étoit beau, bien fait, avoit l'esprit net, l'ame grande, l'humeur égale. Il régna vingt-deux ans & sept mois.

XVI. *Marc-Aurèle & Lucius Verus*, 161 (914) succédèrent à Antonin, dont Marc-Aurèle avoit épousé la fille Faustine, donnant en même temps sa fille Lucile à Verus. Quoique très-différens entre eux par les qualités, puisque Marc-Aurèle étoit un philosophe, & Lucius Verus un homme méprisable & fort adonné au vin, ces deux empereurs vécurent en bonne intelligence. Verus mourut d'apoplexie après neuf ans de règne. Marc-Aurèle mourut dix ans après dans la Pannonie.

XVII. *Commode*, 180 (931) fils de Marc-Aurèle & de Faustine, dont la conduite avoit été très-déréglée, fut aussi méprisable que sa mère. Il fit mourir Crispine sa femme, Lucile sa sœur, & plusieurs sénateurs respectables : on le soupçonna même d'avoir donné la mort à son père. Marcia, sa maîtresse, l'empoisonna. Mais s'en étant douté, comme il essayoit à rejetter le poison, un athlète l'étouffa. Il avoit cependant régné douze ans & neuf mois.

XVIII. *Pertinax*, 593 (946) grand homme de guerre, fut reconnu empereur par les meurtriers de Commode. Mais il fut tué, au bout de trois mois par les soldats prétoriens.

XIX. *Didius Julianus*, auquel les soldats prétoriens avoient vendu l'empire, fut tué soixante-dix jours après par un tribun.

Pecennius Niger commandoit alors l'armée de Syrie; Albin, celle de la Grande-Bretagne, & Septime Sévère, celle de la Pannonie. Tous trois avoient été reconnus empereurs par leurs armées. Ils se disposoient à marcher contre Didius.

XX. *Septime Sévère*, rendu à Rome, fut reconnu par le sénat. Il alla dans l'Orient faire la guerre à Pecennius Niger, qu'il battit, & qui périt assassiné dans sa fuite. Il défit ensuite Albin, dans la Gaule, auprès de Lyon. Mais, parce qu'il devoit son élévation aux soldats, il se montra trop indulgent envers eux, & par cette conduite il introduisit un grand relâchement dans la discipline. Sévère mourut dans la Grande-Bretagne, à Yorck, après un règne de dix-sept ans & huit mois.

XXI. *Antonin Caracalla*, 211 ( 664 ) & *Géta*. Ces deux princes succédèrent à leur père. Le premier étoit un monstre qui, au bout d'un an, assassina son frère dans les bras même de leur mère Julie; il surchargea l'empire d'impôts & devint en horreur à tout le monde. Il fut tué par un de ses gardes en Mésopotamie, après un règne de six ans & deux mois.

XXII. *Macrin*, 217 ( 870 ) & son fils *Diadumène*, furent reconnus empereurs : le sénat confirma le choix des soldats. Mais, n'ayant que peu de talens, il perdit le temps à Antioche en amusemens frivoles, au lieu de marcher à Rome. Mœsa,

*sœur*

sœur de l'impératrice Julie, avoit deux filles ; l'une étoit mère d'Antoninus Bassianus ( qui fut ensuite surnommé, *Héliogabale*), l'autre mère de Sévère-Alexandre. Elle fit assassiner Macrin en Bithynie, aussi bien que Diadumène, & fit proclamer empereur Bassianus : son nom d'Héliogabale lui venoit de ce qu'il étoit grand-prêtre du Soleil à Emesse. Macrin n'avoit régné qu'un an & quelques mois.

XXIII. *Héliogabale*, 218 ( 871 ). Ce prince est encore en horreur à cause de ses débauches, & fut détesté à cause de ses profusions. Le seul éloge que l'on puisse faire de lui, c'est qu'il adopta son cousin Sévère-Alexandre, qu'il voulut ensuite faire tuer. Mais les prétoriens tournèrent leurs armes contre lui-même, & le tuèrent, ainsi que sa mère & les complices de ses débauches : son corps fut jeté dans le Tibre. Il avoit régné trois ans & neuf mois.

XXIV. *Sévère-Alexandre*, 223 ( 875 ). Ce prince s'appliqua d'abord & réussit à réprimer la licence des troupes, & porta la réforme dans les tribunaux. Laborieux, savant, actif, brave & prudent, il mérita que l'on dît de lui qu'il avoit arrêté l'empire sur le penchant de sa ruine. Maximin, l'un de ses généraux, le fit assassiner dans les Gaules, lorsqu'il se préparoit à marcher contre les Allemands. Son règne avoit été de treize ans & neuf mois.

XXV. *Maximin*, 237 ( 888 ), étoit Thrace de naissance ; il avoit été berger, & s'étoit avancé par ses talens militaires : devenu empereur, il fit mourir tous ceux qui l'avoient connu dans sa jeunesse. Il étoit d'une stature & d'une force de géant. On dit qu'il faisoit chaque jour une consommation prodigieuse de vivres. Ses cruautés soulevèrent les esprits. Il éclata une révolte en Afrique : Gordien, qui y étoit proconsul, fut proclamé empereur, conjointement avec son fils. Cependant celui-ci ayant été battu par Capellien, son père, s'étrangla ; mais Maximin n'en fut pas plus heureux ; pendant qu'il faisoit le siège d'Aquilée, il fut étranglé avec son fils, qu'il avoit nommé *César*.

XXVI & XXVII. *Pappien, Balbin & Gordien* le jeune, 238 (890), furent élus empereurs, les deux premiers par le sénat & ne comptant que pour un prince, & le troisième par les prétoriens. On croit qu'il étoit petit-fils du vieux Gordien. Pappien & Balbin furent massacrés au bout d'un an par les soldats.

Quant à Gordien, qui étoit jeune, il gouverna d'abord heureusement par les conseils de Misithée, son beau-père. Mais Philippe qui le conseilla ensuite, l'ayant rendu odieux, il fut massacré dans la Perside, après un règne de six ans & deux mois.

En apprenant à Rome la mort de Gordien, on y nomma un empereur ; ce fut M. Marcius ; mais il ne fut reconnu que dans cette ville, non plus que Gortilianus.

XXVIII. *Philippe & son fils*, 245 (997). Philippe fut reconnu par l'armée, le lendemain de la mort de Gordien. Son gouvernement fut très-foible. On dit qu'il étoit chrétien. Sous son règne les Romains célébrèrent l'an 1000 de la fondation de leur puissance ; mais Philippe le père fut tué à Verone, après cinq ans de règne, & son fils le fut à Rome.

XXIX. *Trajanus Decius*, 249 ( 1002 ). Il fut proclamé par l'armée ; & ce choix fut approuvé par le sénat. Les historiens en parlent avec éloge. Cependant les persécutions horribles qu'il exerça contre les chrétiens supposent, outre un fanatisme absurde, de bien mauvais principes en politique. On l'accuse d'avoir fait périr un quart de ses sujets. Il périt au bout de deux ans dans une guerre contre les Goths.

XXX. *Trebonianus Gallus*, 251 ( 1004 ) fut proclamé par l'armée qu'il commandoit sous Décius. Il associa son fils à l'empire. Il ordonna des sacrifices aux dieux pour dissiper la peste. Les chrétiens s'y refusèrent : ce fut la cause d'une nouvelle persécution. En voulant s'opposer à Emilien, ce prince & son fils furent battus, puis tués par leurs soldats.

XXXI. *Emilien*, 253 ( 1008 ) il fut reconnu par le sénat. Son règne fut court : les mêmes soldats qui l'avoient fait empereur le tuèrent, dans le temps que les troupes que Valérien amenoit des Gaules se disposoient à ne pas le reconnoître.

XXXII & XXXIII. *Valérien & Gallien* son fils. Ces deux princes régnèrent ensemble. Ils persécutèrent aussi les chrétiens. Gallien combattoit en Germanie. Valérien marcha en Perse contre Sapor, par lequel il fut battu & fait prisonnier. Son fils fut tué quelque temps après ; il avoit régné huit ans.

XXXIV. *Claude II*, dit le *Gothique*, 268 (1021). Il fut choisi par l'armée & reconnu par le sénat. Son surnom lui vint de ses succès contre les Goths. C'étoit un bon prince : on cite de lui plusieurs actes de justice ; il fut de plus un grand capitaine. Il mourut de la peste en Pannonie, après deux ans de règne.

XXXV. *Aurélien* fut reconnu par l'armée, puis par le sénat. Il combattit avantageusement contre les ennemis de l'empire. Il défit & prit dans l'orient la célèbre Zénobie, revint de Palmyre & l'amena en triomphe à Rome. Il fut massacré par les ordres d'un de ses secrétaires, après un règne de cinq ans.

XXXVI. *Tacite*, 275 ( 1028 ) fut élu par l'armée & par le sénat. Ce fut un prince vertueux & libéral. Il mourut à Thyane, en Cappadoce : quelques auteurs croient qu'il fut assassiné : il n'avoit régné que six mois.

XXXVII. Quelques auteurs comptent *Florien* au rang des empereurs : il étoit frère de Tacite. Il s'étoit fait reconnoître lui-même ; mais il fut tué par ses soldats.

XXXVIII. *Probus*, 276 ( 1029 ) reconnu empereur par les soldats, offrit au sénat de se démettre: son offre ne fut pas acceptée. Il défit dans les Gaules les ennemis de l'empire, & ne fut pas moins heureux dans l'orient. Il étoit parvenu à rétablir la paix dans tout l'empire. Cependant une nouvelle guerre paroissoit menacer l'orient, lorsqu'il fut tué en Pannonie par ses soldats. Cette mort fut regardée comme un fléau par tous les bons citoyens. Il avoit régné cinq ans.

XXXIX. *Carus*, 282 ( 1035 ): il étoit né dans la Gaule, & fut reconnu empereur par les soldats qui avoient mis à mort Probus. Il eut de grands succès en Asie. Il fut tué d'un coup de tonnerre sur les bords du Tigre: son règne fut de seize mois. Il s'étoit associé ses deux fils, *Carin* & *Numérien*.

Numérien, sans cesse occupé de la douleur que lui causoit la perte de son père, s'en retournoit à Rome, lorsqu'il fut tué par Aper, son beau-père. Mais ce meurtrier fut à son tour tué par Dioclétien.

Carin, resté en Europe, avoit vaincu Julius Sabinus dans la Vénétie, lorsqu'après sa victoire, il fut tué par un soldat: c'étoit un très-méchant prince.

XL. *Dioclétien*, 285 ( 1038 ). Ce prince étoit né en Dalmatie dans un rang très-obscur. Il vint à Rome & s'y fit reconnoître empereur. Peu après il associa à l'empire *Maximien - Hercule*. Ces deux empereurs furent tous deux grands guerriers.

Maximien adopta Constance Chlore, lui fit répudier sa femme Hélène, ( qui fut depuis mise au nombre des saintes ), & lui donna pour femme Théodora, sa belle-fille. Constance avoit eu Constantin de son premier mariage.

Dioclétien adopta Maximien Galère. Ce prince fut aussi obligé de répudier sa femme, pour épouser Valérie, fille de Dioclétien.

Ces princes partagèrent entre eux l'empire; il y eut sous leur règne une grande persécution contre les chrétiens. Au reste, ils firent de tous côtés respecter les armes de l'empire.

Dioclétien, après une forte maladie, abdiqua & se retira à Salône, en Dalmatie. Hercule abdiqua & se retira en Lucanie.

XLI. *Constance Chlore* ( ou *Cépale* ), & *Maximien Galère*, 305 ( 1058 ) partagèrent l'empire avec les deux Césars ( c'est-à-dire les héritiers présomptifs de l'empire ), Maximin II & Sévère.

Constance eut de grandes qualités: son fils l'ayant joint lorsqu'il passoit dans la Grande-Bretagne, ils y firent la guerre aux Calédoniens & aux Pictes. Constance mourut à Yorck: aussi-tôt Constantin se fit proclamer empereur.

XLII. *Constantin*, 306 ( 1059 ). Il rencontra des obstacles de la part des autres princes. Maxence, fils de Maximin Hercule, prit aussi le titre d'empereur. Enfin Constantin triompha de tous ses ennemis: il embrassa la religion chrétienne; mais il se mêla trop de divisions particulières, que la translation du siège de l'empire ne fit que multiplier: il se montra cruel

envers sa propre famille, & fonda la ville de Constantinople, dont il fit la dédicace l'an 330. Il mourut après un règne de trente-un ans & neuf mois.

Il avoit fait une nouvelle division de l'empire, telle qu'on l'a pu voir précédemment.

XLIII. *Constance*, *Constant* & *Constantin* partagèrent entre eux l'empire de leur père: & les soldats, pour les préserver des compétiteurs, mirent à mort presque toutes leurs familles, excepté Julien, âgé de dix-sept ans ( depuis Julien l'apostat ), & son frère Gallus, qui étoit d'une foible santé.

En partageant l'empire, ces princes s'affoiblirent considérablement: ils se firent la guerre entre eux, & se prêtèrent à toutes les fureurs des fanatiques qui fomentoient & perpétuoient les disputes de religion. Constance mourut en Cilicie après un règne de vingt-cinq ans.

XLIV. *Julien*, surnommé l'*apostat*, 361 ( 1114 ). Ce prince étoit dans les Gaules, à Paris, lorsqu'il fut proclamé empereur par ses troupes qui refusoient d'aller en Orient contre les Perses, où Constance vouloit les envoyer. Il avoit passé les premières années de sa vie dans la retraite & l'adversité: malgré la philosophie dont il faisoit parade, il ne se montra guère politique, en persécutant les chrétiens. Il périt d'un coup de flèche, dans une guerre contre les Perses. Son règne fut de dix ans & huit mois.

XLV. *Jovien*, 363 ( 1116 ), proclamé empereur par l'armée, refusa d'abord ce titre: on le força de l'accepter, en lui promettant d'embrasser le christianisme. Il mourut étouffé par la vapeur du charbon, après un règne de sept mois.

XLVI. *Valentinien*, 364 ( 1117 ) étoit capitaine de la seconde compagnie des gardes de Jovien, lorsqu'il fut élevé à l'empire. Il s'associa son frère Valens; se sentant malade dangereusement, il déclara Auguste son fils Gratien, alors âgé de huit ans. Valens fit la guerre avec succès contre les ennemis de l'état. Valentinien, frère de Gratien, eut aussi le titre d'Auguste. Valentinien régnoit en Occident, Valens dans l'Orient. Le premier mourut d'un excès de colère, après un règne de douze ans: le second fut brûlé dans une maison où il s'étoit retiré, après la perte de la bataille d'Andrinople.

XLVII. *Gratien*, 375 ( 1128 ) eut pour associé à l'empire son frère Valentinien II, qui étoit fort jeune. Mais peu après il partagea l'empire avec Théodose, qui l'avoit secouru vaillamment contre les Goths. Il fut massacré à Lyon par les soldats de Maxime, qui aspiroit à l'empire. Le jeune Valentinien restoit; Théodose traite avec Maxime, & l'on continue de regarder Valentinien II, comme empereur d'Occident. Il fut étranglé à Vienne en Dauphiné; ce fut un grand prince. Il mourut d'hydropisie à Milan, après un règne de seize ans.

Avant sa mort, Théodose avoit partagé l'empire entre ses deux fils Honorius qui eut l'Occident, & Arcadius qui eut l'Orient. Mais comme ces deux princes étoient d'après le choix même de Théodose, Stilicon gouverna l'Occident, & Rufin, l'Orient.

N. B. *Je n'ai pas donné, au mot* CONSTANTINOPLE, *la suite des empereurs qui ont régné dans cette ville, parce que l'ordre des choses les place à la suite des empereurs Romains. Je vais les placer ici, lorsque j'aurai épuisé la liste des empereurs d'Occident.*

XLIX. *Honorius,* 385 (1148). Ce prince se montra très-zélé pour le christianisme. Sous son règne, une multitude de Barbares, entre lesquels nous devons compter les Francs, se jetèrent sur l'empire; les Romains les repoussèrent en différentes occasions; enfin ils succombèrent. Les Barbares parvinrent à se former par-tout des établissemens. Stilicon, qui, pendant long-temps, avoit servi Honorius avec gloire, finit par le trahir. Les soldats instruits de ses intelligences avec les ennemis, le mirent à mort. Honorius mourut à Ravenne d'hydropisie, après un règne de vingt-huit ans.

L. *Valentinien III,* 423 (1176). Ce prince étoit fils de Placidie, sœur d'Honorius, & de Constance, officier d'un grand mérite. Sous son règne, Attila, roi des Huns, entra en Italie. Ce règne fut marqué par une suite de troubles; & Valentinien fut convert de vices & de défauts. Il fut tué par un sénateur nommé Maxime, dont il avoit violé la femme.

Ce Maxime usurpa l'empire, & traita la veuve de Valentinien, comme ce prince avoit traité sa femme; les soldats le massacrèrent. Eudoxie avoit elle-même appelé Genseric pour le venger.

N. B. Sous le règne d'Honorius, les Wandales s'emparèrent de l'Afrique, ou du moins s'établirent dans la partie septentrionale; les Alains, les Suèves, les Seliges, les Wisigoths, s'établirent en Espagne; une partie des Wisigoths, les Bourguignons, les Francs, dans les Gaules; & peu après les Erules & les Ostrogoths se rendirent maîtres de l'Italie. Aussi les princes qui vont suivre, tiennent-ils un bien foible rang dans la suite des empereurs.

LI. *Avitus,* 455 (1208). Théodoric II, roi des Goths, engagea cet officier à prendre la pourpre: il étoit beau-père de Sidoine Apollinaire. Des guerres affreuses ravageoient l'empire. Avitus l'abandonna, & mourut après avoir été évêque. Son règne fut d'un an & deux mois.

LII. *Majorien,* 457 (1212). Il avoit été mis à la tête des troupes, après la mort d'Avitus: ses excellentes qualités disposèrent tous les esprits à le reconnoître empereur: Ricimer, général, le déposa & le fit tuer au bout de quatre ans.

LIII. *Sévère II,* 461 (1214) fut proclamé par les soins de Ricimer, qui le connoissoit sans mérite. Il mourut peu après: on soupçonna Ricimer de l'avoir empoisonné.

Il y eut un interrègne de deux ans, pendant lequel Ricimer faisoit les fonctions d'empereur.

LIV. *Anthémius,* 466 (1219). Cependant le peuple voulut que l'empire eût un chef. Anthémius étoit dans l'Orient; l'empereur Léon qui y régnoit, l'accorda à la demande du peuple. Il vint & se rapprocha de Ricimer; mais bientôt ils se brouillèrent. Les Barbares continuoient leurs ravages: Ricimer le fit aussi mettre à mort & ravagea Rome, où, par ses ordres, on commit toutes sortes de cruautés & de ravages.

LV. *Anicius Olybrius.* Léon I l'avoit envoyé pour punir la révolte de Ricimer, contre Anthémius. Ce prince étoit mort, lorsqu'il arriva; on le proclama empereur. Mais il ne fit rien de mémorable, & ne régna que sept mois.

LVI. *Glycerius,* 479 (1126). Tout ce que l'on sait de son élévation à l'empire, c'est que Gondebaut, fils d'une sœur de Ricimer, le fit proclamer; mais sans le consentement de l'empereur Léon I. Ce prince envoya en Italie Julius Népos, qui força Glycerius d'abdiquer.

LVII. *Julius Népos,* 474 (1227). Il se fit proclamer à Rome. Ne pouvant résister à Enric, roi des Wisigoths, qui faisoit la guerre dans les Gaules, il fit la paix avec lui, & lui céda l'Auvergne. Il fut chassé de l'Italie par Orestès, général des Gaules: il mourut en Dalmatie, après un règne d'un an & quelques mois.

LVIII. *Romulus,* appelé *Augustule,* 475 (1228). Il étoit fils d'Orestès, qui le fit proclamer. Tous les Barbares se soulevèrent à la fois contre l'empire. Odoacre entra en Italie, fit tuer Orestès, alla à Rome, s'y fit proclamer roi d'Italie, & marcha contre Ravenne, où il prit Augustule qu'il relégua en Campanie.

Ainsi finit l'empire d'Occident, l'an de J. C. 476, de la fondation de Rome 1229.

Il faut observer cependant que Julius Nepos, retiré dans la Dalmatie, y conservoit le titre d'empereur; quelques provinces même lui obéissoient sous ce titre. Ce prince fut assassiné par deux de ses principaux officiers: il étoit à sa maison de campagne, près de Salône.

*Odoacre,* roi des Hérules, régna en Italie, avec le titre de roi, & le reste de l'empire étoit dans la plus horrible confusion. Théodoric, roi des Ostrogoths, assiégea, pendant trois ans, Odoacre, dans Ravenne; au bout de ce temps, il le prit & le fit tuer.

*Théodoric* fit la conquête de l'Italie. Mais comme j'ai parlé des peuples qui la possédèrent après la chûte de l'empire Romain, je n'en parlerai pas ici. Je vais reprendre les empereurs d'Orient, à commencer d'Arcadius.

### Empire Romain d'Orient.

I. *Arcadius,* 385. On a vu plus haut que Théodose avoit confié à Rufin la conduite d'Arcadius son fils. Il répondit mal à l'attente de ce prince, & fut massacré par ses troupes. Arcadius donna fa confiance à l'eunuque Eutrope, qui ne se comporta pas mieux, & périt par la main du bourreau. Les diffensions, à l'occasion des anciens, troublèrent encore ce règne : Arcadius mourut après un règne de quatorze ans.

II. *Théodose II*, 408. Ce prince n'avoit que sept ans à la mort de son père. Cependant par les soins d'Anthème, préfet du prétoire, le commencement de ce règne ne se ressentit pas des maux ordinaires dans les minorités.

Pulchérie, sœur de Théodose, fut déclarée Auguste à la mort d'Honorius, en Occident. Théodose auroit voulu lui succéder, mais son dessein échoua. Il fit publier un recueil des loix faites avant lui : c'est le code Théodosien. Les Huns firent les plus grands ravages. Ce prince mourut après un règne de quarante-deux ans.

III. *Marcien*, 450, doué de grandes qualités militaires, fut choisi par Pulchérie, pour succéder à son frère. Elle y mit pour condition qu'il auroit le titre de son mari, sans qu'elle soit devenue sa femme : elle avoit vingt-cinq ans. Son règne fut heureux, mais ne dura que six ans.

IV. *Léon I*, dit *de Thrace*, 457. Aspar, & son fils Ardabure, étoient à la tête des troupes; mais comme ils étoient anciens, il fit reconnoître Léon. Il remporta de grands avantages sur les Barbares; mais les guerres de religion désolèrent son règne. Il avoit fait reconnoître Auguste, son petit-fils.

V. *Léon II*, dit *le jeune*, & *Zénon*; il succéda à son ayeul à l'âge de 50 ans, & eut pour régent de l'empire Zénon, son père, qui fut bientôt reconnu empereur, conjointement avec son fils. Cet homme se rendit odieux par ses crimes. Léon étoit mort peu après avoir mis la couronne sur la tête de Zénon, qui, après un règne de dix-sept ans, mourut enfermé dans un sepulcre, où sa femme l'avoit fait mettre pendant qu'il étoit ivre.

VII. *Anastase I*, 461, aimé de la veuve de Zénon, fut porté au trône par cette princesse. Ce fut ce prince qui fit faire la *longue muraille*, au nord-ouest de Constantinople. Elle avoit dix-huit lieues de long & vingt pieds d'épaisseur.

Les Orthodoxes & les Euthychiens s'égorgèrent mutuellement au milieu de Constantinople, pour quelques points de doctrine chrétienne. Ainsi ce prince laissa souiller son règne par sa conduite à l'égard des schismatiques : il eut cependant quelques qualités.

VII. *Justin*, 518, étoit capitaine des gardes d'Anastase, lorsqu'il fut élevé à l'empire. Anastase avoit laissé trois neveux; ce fut leur titre d'exclusion. Il fut très-occupé des disputes de religion; & montra cependant de bonnes qualités. Il étoit fort borné & ne put jamais apprendre à écrire : son règne fut de neuf ans.

VIII. *Justinien I*, étoit neveu de Justin. Il s'occupa beaucoup trop des disputes de religion. Il eut pour général le fameux Bélisaire. Son règne resta long-temps célèbre par son code, qui faisoit, il n'y a pas long-

temps, la base de toutes les études en droit. Ses victoires au dehors furent dues aux grands talens de Bélisaire; & les troubles de l'intérieur furent son ouvrage. Narsès le servoit également bien par sa valeur. Son épouse Théodosa fut la cause de beaucoup de mal.

IX. *Justinien II*, étoit neveu de Justinien. Il commença par des actes de justice & de bienfaisance, à l'égard du peuple. On accuse Narsès d'avoir, sous son règne, appelé les Lombards en Italie, pour se venger d'un outrage qu'il avoit reçu de l'impératrice Sophie. Il eut beaucoup à souffrir de la part des Orientaux. Il mourut après un règne de douze ans & dix mois.

X. *Tibère II*, 578, étoit capitaine des gardes de Justin : il fut reconnu empereur, & peu après battit les Perses; mais il eut trop d'ennemis à la fois à combattre. Tout l'Orient refluoit sur l'Occident. Avant de mourir, il désigna Maurice, grand capitaine, pour lui succéder.

XI. *Maurice*, 582. Maurice épousa Constantine, fille de Tibère II. Ses armes furent heureuses contre les Perses. Mais les barbares continuèrent à se jetter sur les terres de l'empire. On doit sur-tout distinguer les Avares. Il fut détrôné & mis à mort par Phocas.

XII. *Phocas* chercha à en imposer au peuple, en faisant d'abord des largesses. Mais bientôt il se conduisit en tyran. L'empire fut ravagé de tous côtés. Il fut détrôné par Héraclius, qui lui fit couper la tête.

XIII. *Héraclius*, 610. Il avoit délivré l'empire d'un tyran. Les Perses firent de très-grands ravages sous son règne. Ce fut alors que s'établirent la religion & la puissance mahométane, dont l'époque est de l'an 622. Cette nouvelle puissance affoiblit considérablement l'empire, en le privant de presque toutes les provinces de l'Asie, & de celles de l'Afrique. Il mourut d'hydropisie, après un règne de trente ans.

XIV. *Constantin III*, 641, l'un des fils d'Héraclius, fut reconnu empereur, mais mourut au bout de cent trois jours.

XV. *Héracléonas*, 641, frère de Constantin, lui succéda. Martine, sa mère, tenta de régner en son nom. Le sénat se montra très-cruel envers eux, en faisant couper la langue à la mère & le nez au fils : il n'avoit que seize ans.

XVI. *Constant II*, 641. Sous ce règne, les Sarrazins, déjà maîtres d'une partie de l'Afrique, s'emparent de l'île de Chypre. Le patriarche de Constantinople occupoit le jeune empereur de disputes de religion. Le calife Mavias envoya même une flotte pour former le siège de Constantinople. Méprisé dans cette ville, Constant passe en Italie pour y établir à Rome le siège de son empire; puis changeant d'avis, il passe en Sicile. Là, comme à Constantinople, le peuple & les grands furent les malheureuses victimes de sa cupidité & de ses inepties. Enfin, il fut tué, laissant trois fils qui lui succédèrent.

**XVII.** *Conſtantin Pogonat*, ou le barbu, 668. Ce prince en apprenant la mort de ſon père, paſſa en Sicile, en fit punir les auteurs, & revint à Conſtantinople. Il défendit courageuſement cette ville contre les Sarrazins ( ou les Arabes ). Ce fut, à ce qui ſemble, la première fois que l'on y fit uſage de ce feu appelé grec ou grégeois, inventé alors par l'ingénieur Callinique, & qui embraſoit les vaiſſeaux dans l'eau. Il s'occupa auſſi des affaires de l'égliſe, qui auroit eu bien plutôt la paix, ſi l'on n'avoit pas donné tant d'attention aux diſputes & aux prétentions des évêques.

**XVIII.** *Juſtinien II*, 685, étoit le fils aîné de Conſtantin. Au lieu de continuer avec le califo la paix contractée par ſon père, il imagina un prétexte de guerre, réuſſit d'abord, mais finit par être battu. A ſon retour, il vexa le peuple d'impôts. Enfin il fut détrôné par Léonce, qui, au lieu de le faire mourir, crut qu'il y auroit plus d'humanité à lui couper la langue & le nez : on le relégua enſuite dans la Cherſonnèſe.

**XIX.** *Léonce*, 695. Il étoit recommandable par ſes grands talens militaires. Ses troupes remportèrent en Afrique de grands avantages ſur les Sarrazins ; mais ces avantages furent de courte durée. Ce prince fut détrôné par Tibère.

**XX.** *Tibère III*, 698, en ſe révoltant contre Léonce, dans l'île de Crète, il s'étoit fait reconnoître empereur : il fut proclamé à Conſtantinople. Juſtinien II eſſaya, & réuſſit à remonter ſur le trône. Il fit enſuite mettre à mort Léonce & Tibère. Les Bulgares l'avoient aidé à recouvrer ſa couronne : il oublia ce ſervice, & tourna ſes armes contre eux. Enfin ſes troupes l'abandonnèrent, & on lui coupa la tête.

**XXI.** *Bardanes*, appelé *Philippicus*, 711. Il fit périr tous ceux qui avoient participé aux cruautés de Juſtinien II. Mais il ſe livra aux diſputes de religion, & perſécuta même les orthodoxes. Pendant ce temps, les ennemis ravagèrent l'empire. Il étoit endormi dans ſon palais après le repas d'une grande fête, lorſqu'on l'enleva pour le tranſporter dans l'emplacement appelé l'Hippodrome, où on lui creva les yeux.

**XXII.** *Anaſtaſe II*, 713. Il étoit ſecrétaire de Philippicus. Le ſénat & les troupes le reconnurent empereur, le jour de la Pentecôte. Mais il fut détrôné par des troupes qu'il envoyoit contre les Sarrazins.

**XXIII.** *Théodoſe III*, 713, fut élu à Rhodes. Son empire dura peu : Léon, qui commandoit dans l'Orient, ne voulut pas le reconnoître ; il lui envoya ſon abdication, & ſe retira dans un monaſtère.

**XXIV.** *Léon III*, 717, ſe fit couronner dans la grande égliſe de Conſtantinople que les Sarrazins aſſiégèrent peu après ; mais l'hiver en fit périr une grande partie. Ce prince ſe livra à la folie des diſputes de religion ; il défendit le culte des images, & porta ſon ineptie barbare juſqu'à brûler la ſuperbe bibliothèque de Conſtantinople, avec les médailles qu'elle renfermoit, afin de brûler avec elle les ſavans qui s'y étoient enfermés, & qui ne vouloient pas approuver ſes extravagances. Il en vouloit uſer de même en Italie. Le pape envoya, à cette occaſion, & pour la première fois, demander du ſecours à Charles Martel, roi de France. Enfin Léon mourut d'hydropiſie.

**XXV.** *Conſtantin Copronime* s'éleva à l'empire à la faveur des troubles qui le déſoloïent. Le pape l'envoya prier de rendre la paix à l'égliſe : il le promit. Il porta la guerre en Aſie contre les Sarrazins. Mais la folie de détruire les images le rendit auſſi perſécuteur. Il négligea de défendre l'Italie contre les Lombards. Pepin, roi de France, y paſſa & aſſiégea Aſtolphe dans Pavie. On fit un traité mal exécuté. Pepin revint, força le roi Lombard de rendre l'exarchat de Ravenne, dont il fit préſent au pape. Peu après (714), la puiſſance des Lombards fut entièrement détruite par Charlemagne. Conſtantin, après avoir négligé les affaires de l'empire, perſécuta cruellement les catholiques, & mourut du charbon.

**XXVI.** *Léon Chaſare*, 775. Il apperçut les fautes de ſon père & tâcha d'y remédier. Il fit ceſſer les perſécutions & tâcha de relever les fortunes ; mais il en vint auſſi à perſécuter le culte des images : heureuſement qu'il ne vécut pas long-temps.

**XXVII.** *Conſtantin Porphyrogenète*, 780. Irène, veuve de Léon, s'empara du gouvernement & fit reconnoître ſon fils, qu'elle mit ſous la protection des grands. Mais il ſe forma une conſpiration qui avoit à ſa tête Nicéphore. Elle craignoit la puiſſance de Charlemagne, & chercha à l'amuſer : ſes troupes furent battues par les François. L'empereur le fut par les Bulgares. Irène fut une ambitieuſe qui enfin détrôna ſon fils & lui cauſa la mort.

*Irène*, 797, avoit fait propoſer à Charlemagne de l'épouſer. Mais elle fut dépoſée par Nicéphore, qui l'enferma dans un couvent où elle mourut.

**XXIX.** *Nicéphore*, 802. C'eſt quelquefois à cet empereur que l'on commence la ſuite des princes appelés du bas-empire. Il envoya des ambaſſadeurs en France pour régler les limites des deux empires ; celui de Charlemagne s'étendoit ſur une partie de l'Italie. Au reſte, il ſe conduiſit comme un tyran cruel. Il périt dans une guerre contre les Bulgares.

**XXX.** *Staurace*, 811. Son fils lui ſuccéda. Mais bleſſé lui-même dans la bataille où ſon père avoit péri, il cherchoit à ſe déſigner un ſucceſſeur, lorſque l'ambition de Michel lui en donna un. Il ſe retira dans un monaſtère & y mourut.

**XXXI.** *Michel Rangabé*, 811. En montant ſur le trône, il jura de protéger les catholiques, & chercha d'ailleurs à réparer les fautes de ſes prédéceſſeurs par ſa conduite au-dedans & au-dehors. Mais un moine lui perſuadant, par un ſophiſme, de ne pas rendre les priſonniers au roi des Bulgares, il prit la guerre contre cette nation qui battit les Grecs.

Michel renonça à l'empire, & fe retira dans un couvent.

XXXII. *Léon l'Arménien*, 813, s'empara de l'empire, & commença fon règne par vouloir faire tuer en trahifon le roi des Bulgares, qui, l'ayant fu, fe livra à toute la fureur de la vengeance. Ce même prince battit enfuite les Grecs qui marchoient contre lui ; mais il fut battu à fa tour. Léon perfécuta auffi le culte des images. Il fit une paix de 30 ans avec le roi des Bulgares. Enfin Léon, haï & méprifé, fut affaffiné à matines, la veille de Noël.

XXXIII. *Michel le Bègue*, 820, avoit été mis en prifon par ordre de Léon : il en fut tiré pour monter fur le trône : il rappela les exilés, & permit le culte des images : il fe fit une révolte dont il triompha avec le fecours des Bulgares. Peu après il perfécuta les catholiques, en voulant les aftreindre à obferver les cérémonies des juifs. Ce fut un très-méchant prince : il mourut d'une rétention d'urine.

XXXIV. *Théophile*, 829. Il fit périr, mais par une trahifon, ceux qui avoient affaffiné Léon en pleine églife. Il gagna l'amour des peuples par la juftice & la vertu. Cependant il eut auffi la folie de perfécuter le culte des images, & fit la guerre inconfidérément contre les Sarrazins.

XXXV. *Michel III*, 842. Il étoit fils de Théophile : à caufe de fa jeuneffe, fa mère fut reconnue régente. Elle rétablit les images, entretint la paix avec le roi des Bulgares : des intrigues de cour la forcèrent d'entrer dans un couvent. Lorfque Michel fut livré à lui-même, il ne fongea qu'à fes plaifirs & aux excès les plus vicieux : il fut même impie. Il s'étoit affocié à l'empire Bafile, qui, ayant enfuite à craindre pour fa vie, le tua.

XXXVI. *Bafile le Macédonien*, 867, fut reconnu pour feul empereur. Il fit plufieurs actions dignes d'un grand prince. Ce fut fous fon règne que vivoit le célèbre Photius. Il mourut d'une dyffenterie.

XXXVII. *Léon le Philofophe*. Son règne fut troublé par différentes guerres, tant contre les Sarrazins que contre les Bulgares. Il montra de l'attachement au catholicifme. Son fils fut affocié à l'empire.

XXXVIII. *Alexandre*, 911. Il étoit frère de Léon & fut défigné par lui pour lui fuccéder. Mais il s'abandonna à toutes fes paffions ; fentant qu'il devenoit odieux, il fit proclamer fon neveu feul empereur, & mourut peu après.

XXXIX. *Conftantin Porphyrogenète*. Sa mère s'occupa du gouvernement. Les Bulgares vinrent affiéger Conftantinople ; mais inutilement. Cependant ils battirent les Grecs près du fleuve Achéloüs. Des troubles domeftiques fatiguèrent fon règne. Il s'affocia *Romain-le-Capène*, en 920. Il rendit la paix à l'églife, & cimenta la paix avec les Bulgares, par le mariage de fa fille avec le roi. Mais les Turcs fe jettoient fur les terres de l'empire ; puis ce furent des peuples du nord, que nous nommons actuellement Ruffes. A la mort de Romain, mal-

traité par fes fils, Conftantin régna feul ; mais il fut empoifonné par fon fils.

XL. *Romain-le-jeune*, 959. Sa conduite répondit aux moyens de fon élévation. Mais fon règne fut court.

XLI. *Nicéphore Phocas*, 963. Il avoit été mandé par l'impératrice pour gouverner l'empire, pendant la minorité de fes deux fils ; mais il s'en empara ; & fes talens guerriers lui rendirent un peu de l'éclat qu'il avoit perdu. Mais il fe conduifit en tyran. On conjura contre lui ; il fut affaffiné.

XLII. *Jean Zimifcès*, 969. C'étoit un des conjurés ; il fe fit reconnoître empereur ; mais il affocia à l'empire, Bafile & Conftantin, fils de Romain. Il montra des talens pour la guerre, battit les ennemis, arrêta plufieurs factions. Il croyoit aller à de nouvelles victoires en Afie, lorfqu'il fut empoifonné par fon échanfon, gagné par fon grand chancelier.

XLIII. *Bafile II & Conftantin*. Ces deux princes, fils de Romain, étoient fort jeunes. L'eunuque Bafile, ce grand chancelier, conferva fur eux beaucoup d'autorité ; leur règne ne fut que troubles & confufion. Les Sarrazins firent la guerre avec de grands fuccès. Bafile avoit toute l'autorité. Il fe propofoit de porter la guerre contre les Arabes en Sicile, lorfqu'il mourut.

XLIV. *Romain Argyre*, 1028. Il fut reconnu, après la mort de Bafile, dont il étoit gendre. Il fit beaucoup de bien à fon avénement au trône, & diffipa plufieurs conjurations. Mais fon caractère changea après une défaite qu'il éprouva de la part des Sarrazins : il fe fit haïr. Sa femme l'empoifonna.

XLV. *Michel le Paphlagonien*, 1034. Zoë, veuve de Romain Argyre, éleva à l'empire, Michel, fon amant, qu'elle époufa. Mais fa fanté s'étant affoiblie, il chercha à faire pénitence & fe fit moine.

XLVI. *Michel Calaphate*, 1041. Zoë fit couronner ce prince, pour lui aider à gouverner : de fon côté, craignant cette princeffe, il l'exila. Mais le peuple alla chercher cette princeffe, & creva les yeux à Michel.

*Zoë & Théodora* furent proclamées impératrices.

XLVII. *Conftantin Monomaque*, 1042. Il avoit été aimé de Zoë. Mais l'excès de fa foibleffe pour une jeune & belle grecque, le perdit dans l'efprit du peuple : il fut fur le point d'être détrôné. Sous fon règne, en 1053, l'églife grecque fe fépara de l'églife latine.

XLVIII. *Théodora*, 1054, fut reconnue pour fouveraine ; fon règne fut court & heureux.

XLIX. *Michel Stratonique*, 1056. Il avoit été défigné par Théodora pour lui fuccéder. Il périt en voulant appaifer une révolte.

L. *Ifaac Comnène*, 1057. Ce prince s'étoit révolté contre Michel ; il fut reconnu à Conftantinople, & mit de grandes réformes dans tous les abus ; ce qui indifpofa beaucoup le clergé. Mais il abdiqua, après s'être retiré dans un monaftère.

**LI.** *Conſtantin Ducas*, 1059. Iſaac lui avoit cédé l'empire. Un ſi beau ſort lui fit des jaloux. Il découvrit quelque complot, & eṇ̃ fit punir les auteurs. Mais ſoit indolence, ſoit amour de la paix, il ſe conduiſit mal avec les ennemis de l'empire, & fut mépriſé.

**LII.** *Eudoxie*, & ſes trois fils *Michel*, *Andronic* & *Conſtantin*. Cette princeſſe épouſa Romain - Diogène, qui avoit voulu conſpirer contre elle. C'étoit un guerrier habile. Il répouſſa & battit les ennemis. Mais s'étant laiſſé emporter à ſon courage, il fut pris par les Turcs. Pendant ſa captivité, Eudoxie avoit fait proclamer Michel Ducas, ſon fils aîné.

**LIII.** *Michel Parapinace*, 1071. Il abandonna le ſoin du gouvernement à ſon oncle Jean, qui, à ſon tour, le confia à l'eunuque Nicéphore, homme ambitieux & avide. Iſaac & Alexis ſe diſtinguèrent par leur bravoure dans la guerre contre les Turcs. Un François d'origine, nommé Urſel, troubla long-temps l'intérieur de l'empire; d'autres troubles encore forcèrent Michel à deſcendre du trône.

**LIV.** *Nicéphore Botaniate*, 1078. Il étoit d'une très-ancienne famille. Quoique marié, il épouſa Marie, femme de Michel, qu'il aimoit depuis long-temps. Il fut détrôné par Alexis Comnène. Il étoit neveu de l'empereur Iſaac.

**LV.** *Alexis Comnène*, 1371. Après avoir pris d'aſſaut Conſtantinople, il ſe fit couronner empereur. Mais l'empire, déjà attaqué par les Turcs, le fut encore par Robert Guiſcard, duc de la Pouille. Alexis, avec le ſecours des Vénitiens, parvint à battre ce prince. Ce fut ſous ce règne que ſe fit la première croiſade, en 1094. Le nombre des troupes effrayoit Alexis, leurs procédés l'irritèrent: il agit contre eux. Vers la fin de ſon règne, il remporta pluſieurs avantages ſur les Turcs.

**LVI.** *Jean Comnène*, 1118. Il s'étoit fait proclamer empereur du vivant même de ſon père. Mais Nicéphore-Brienne, époux d'Anne Comnène, avoit un parti puiſſant à leur oppoſer. Il ſe fit une conſpiration: elle fut découverte, & l'empereur pardonna. Jean combattit les Turcs & les Hongrois. Il vouloit auſſi reprendre Antioche ſur les croiſés. Mais il mourut, s'étant bleſſé à la chaſſe.

**LVII.** *Manuel Comnène*, 1143. Il ſe fit reconnoître empereur après la mort de ſon père, quoiqu'Iſaac fût ſon frère aîné. Sous ce règne, on vit une ſeconde croiſade, dirigée principalement contre Noureddin, ou Noradin. Ces guerriers occidentaux ne ſe conduiſirent pas bien avec les Grecs. Manuel leur fit la guerre avec ſuccès. Mais il ne la fit pas heureuſement contre les Orientaux. Il voulut mourir dans un habit de moine.

**LVIII.** *Alexis Comnène II*, 1180. Ce prince étoit jeune, ſa mère ſe chargea de la régence; mais elle eut un mauvais miniſtre. Andronic, oncle de Manuel Comnène, marcha avec des troupes

contre Conſtantinople, dont il s'empara. Il fit étrangler Alexis, qui n'avoit que 14 ans.

**LIX.** *Andronic Comnène*. Il eut la politique de chercher à s'attacher les évêques; & ceux-ci eurent la lâcheté de l'abſoudre du crime qui l'avoit placé ſur le trône. La ſuite répondit à cet horrible commencement; ce fut un monſtre de cruauté. Il périt victime de la haine & de la fureur du peuple.

**LX.** *Iſaac l'Ange*, 1185. Sa famille étoit alliée à la famille impériale. Il chercha d'abord à réparer les maux qu'avoit fait Andronic. Mais bientôt il déshonora le trône: tout le monde conſpira contre lui; Alexis, ſon frère, ſe fit reconnoître empereur.

**LXI.** *Alexis-l'Ange-Comnène*, 1195. Son uſurpation & ſa conduite à l'égard de ſon frère, indiſpoſèrent; bientôt ſes débauches & ſes exactions le firent déteſter: des croiſés voulant délivrer le peuple de ce tyran, aſſiégent la ville & la prennent. Alexis s'enfuit.

Le peuple tira Iſaac de priſon. Il traita les croiſés auſſi bien qu'il lui fût poſſible. Mais le peuple opprimé ſe ſoulève. Alexis Ducas profitant de cette diſpoſition, ſe fit proclamer empereur.

*Empire des Latins.*

Les croiſés latins prirent Conſtantinople, le 11 avril 1204, & Baudouin, comte de Flandres, fut reconnu empereur le 17 mai. Mais ce malheureux prince périt dans une guerre contre les Bulgares.

Pendant ce temps, 1206, David Comnène, petit-fils d'Andronic, s'empare de Trébiſonde, qui fut peu après la capitale d'un royaume.

**LXII.** *Henri*, empereur des latins; *Théodore Laſcaris*, reconnu empereur par les Grecs, 1206. Ces deux princes firent la paix. Mais Henri fut empoiſonné à Theſſalonique.

**LXIII.** *Pierre de Courtenay* & *Théodore Laſcaris*. Ce prince étoit fils de Pierre de France, quatrième fils de Louis-le-Gros, & fut reconnu empereur pendant qu'il étoit à Auxerre, dont il étoit comte. A peine arrivé en Epire, Théodore-Ange Comnène le fit arrêter en trahiſon, & le fit périr.

**LXIV.** *Robert de Courtenay* & *Théodore Laſcaris*, 1220. Il étoit le ſecond fils de Pierre; ſon aîné avoit refuſé la couronne. Il fit la paix avec Théodore Laſcaris, pour tourner ſes armes contre Théodore l'Ange, & venger la mort de ſon père. Mais Laſcaris étant venu à mourir, Jean Ducas-Vatace ſe fit reconnoître empereur. Ce prince reſſerra prodigieuſement l'empire des François. Robert mourut peu après de douleur, du traitement fait à ſa femme & à ſa belle-mère.

**LXV.** *Baudouin II* & *Jean Ducas-Vatace*, 1228. Ce prince étoit frère de Robert: il fut proclamé à l'âge de onze ans. Les Bulgares vinrent aſſiéger Conſtantinople: les Génois & les Vénitiens les obligèrent de le lever. L'empereur étoit venu en occident ſolliciter des ſecours.

t Vatace, empereur Grec, étant mort, son fils, Théodore Lascaris II, fut reconnu pour son succeſſeur. Il régna peu. Michel Paléologue lui succéda. Son général prit Constantinople, & Constantin se sauva à Négrepont: l'empire des François avoit duré cinquante sept ans.

### Nouvel empire Grec.

LXXVI. *Michel Paléologue*, 1261. Ce prince tâcha de rapprocher les égliſes grecque & latine. Son règne fut très-agité par les diſſenſions intérieures, & par les ennemis du dehors.

LXXVII. *Andronic Paléologue*, 1282. Ce prince ſuccéda à ſon père; mais il ſe conduiſit mal & fut d'une foibleſſe dont les évêques tirèrent un grand parti. Auſſi ſon règne ne fut-il qu'une ſuite de fautes. Les Turcs firent de très-grands ravages. Il fut détrôné par ſon petit-fils.

LXXVIII. *Andronic Paléologue II*, 1332. Ce jeune prince avoit déjà règné du vivant & du conſentement de ſon aïeul. Les Turcs firent de grands progrès ſous ſon règne, malgré les efforts qu'il fit pour s'y oppoſer.

LXXIX. *Jean Paléologue I*, ſuccéda fort jeune à ſon père: Cantacuzène gouverna ſous ſon nom, en qualité de tuteur. Il ſe forma un parti contre lui à la cour. L'armée étoit pour lui; cependant il tenta d'envoyer des contributions. L'impératrice, mère du jeune prince, s'y refuſa. Alors Cantacuzène ſe révolta ouvertement & ſe fit couronner conjointement avec Jean Paléologue, qui ſe retira à Theſſalonique. Cependant Cantacuzène abdiqua. Les Turcs continuoient leurs progrès: ils étoient aux portes de Conſtantinople. Le fils aîné de l'empereur conſpira contre ſon père; il fut enfermé, pris, mis en liberté par les Génois, & ſecondé enſuite par Bajazet, ſultan des Turcs, qui faiſoit alors trembler l'empereur.

LXXX. *Manuel Paléologue*, 1391. Il étoit le ſecond fils de Jean, & avoit été déſigné par ſon père, indigné de la conduite de ſon aîné. Il étoit alors à la cour de Bajazet; il s'échappa, vint à Conſtantinople & fut reconnu. Il eut auſſi-tôt la guerre avec les Turcs, & Bajazet parvint à lui faire quitter le trône, ou du moins y aſſocier ſon neveu. Il ſe vengea bien de Bajazet, car ayant fait alliance avec Tamerlan, il engagea ce prince tartare à faire la guerre aux Turcs, & Bajazet battu fut emmené en captivité. Les Turcs furent chaſſés de Conſtantinople. Les fils de Bajazet firent la guerre; Manuel eut l'avantage. Mais s'étant brouillé avec le ſultan Amurat, ce prince vint aſſiéger Conſtantinople. Il y employa du canon; & l'on dit que ce fut la première fois que l'on ſe ſervit de cette arme à l'orient.

Les Turcs & les Grecs firent la paix. Peu après Manuel mourut.

LXXXI. *Jean Paléologue II*. Il étoit fils aîné de Manuel. En montant ſur le trône, il fit une paix honteuſe avec Amurat. Peu après, ſentant tout ce qu'il devoit craindre de ce prince, il demanda du ſecours de tous côtés; & pour en obtenir des princes d'occident qui lui refuſèrent à cauſe du ſchiſme des Grecs, il travailla à réunir les deux égliſes. Mais pendant que l'on perd le temps à un concile tenu à Ferrare, où l'empereur s'entendoit avec ſon patriarche, les Turcs font de grands progrès. Cependant Amurat fut défait par le célèbre Huniade, roi de Hongrie. Scanderberg ſe diſtinguoit dans l'Albanie. A la fin, Jean Paléologue acheta la paix d'Amurat pour finir ſes jours tranquilles.

LXXXII. *Conſtantin Dragaſès*, 1148. Ce prince étoit fils de Manuel Paléologue, & frère du dernier empereur. Démétrius ſon frère lui diſputoit l'empire. Mais Amurat étant intervenu dans le choix que vouloient faire le peuple & les Grecs, lui fit donner la couronne. Il mourut peu après. Son fils Mahomet II lui ſuccéda. Le nouvel empereur eut l'extravagance de chercher à ſe brouiller avec ce prince. Il eut bientôt lieu de s'en repentir; car Mahomet vint aſſiéger Conſtantinople, qu'il prit après des efforts extraordinaires de courage, tant de la part des aſſiégés que de celle des aſſiégeans. Cet événement eut lieu le 29 mai de l'année 1253. L'empereur ne pouvant ſauver la ville, ſe fit tuer en la défendant. Mahomet II arrêta le carnage autant qu'il lui fut poſſible, & fit de cette ville la capitale de ſon empire.

*Fin de l'empire Grec, qui avoit ſuccédé à l'empire Romain.*

**ROMANUS AGER**, canton de la Perſe, près de *Rhabdios*, & ſous la dépendance des Romains. Selon Procope, on le trouvoit ſur ſa gauche en allant de *Dara* en Perſe.

**ROMATIANA CIVITAS**, ville de l'Italie, dans la Carnie, vers le fleuve *Romatinum*, ſelon Pline.

**ROMATINUM FLUMEN**, fleuve de l'Italie, dans la Carnie, ſelon Pline.

**ROMATINUS**, petit fleuve de la Vénétie.

**ROMECHIUS**, lieu de l'Italie, ſur la côte orientale du *Brutium*. Ovide en fait mention dans ſes métamorphoſes.

**ROMULA, ROMULEA, ou SUB-ROMULA**, (*Biſaccio*) ville de l'Italie, dans la partie de la grande Grèce appelée *Apulie*. Elle étoit dans les montagnes qui ſéparoient les Hirpins de l'Apulie, vers le nord-oueſt de *Compſa*. Lorſque les Romains l'attaquèrent, elle avoit la réputation d'être riche.

Tite-Live rapporte que Décius prit cette ville par eſcalade, la pilla, fit paſſer deux mille trois cens hommes au fil de l'épée, & emmena ſix mille captifs.

**ROMULA**, ville de la Liburnie, ſur la route de *Beneventum* à *Hydruntum*, entre *Eclanum* & *Pons-Aufidi*, ſelon l'itinéraire d'Antonin.

**ROMULEUS MONS**, montagne de la ville de Rome, ſelon Ortélius, qui cite Pollion.

**ROMULIANUM**, lieu de la Dacie *Ripenſis*, où fut enterré l'empereur Galère Maximin, qui

lui

ui avoit donné ce nom en l'honeur de sa mère Romula.

RONILLÆ, colonie dont Latinus Silvius fut le fondateur, selon Ortélius.

ROOB ou ROOBA, ville de l'Asie, dans la Syrie, au pays d'Emèse, & même que *Rohob*, de la tribu d'Aser, dont parle Josué.

ROPHANES, nom d'un peuple de l'Asie, selon Pomponius Mêla.

ROPICUM, ville située dans l'intérieur de l'île de Corse, auprès de *Cersunum*, selon Ptolemée.

ROSAPHA, ville de laquelle fait mention la notice des dignités de l'empire, & qui devoit être en Asie, aux environs de l'Euphrate.

ROSCIANUM (*Rossano*), ville d'Italie, dans le *Brutium*, au sud-est de *Sybaris*. Ce lieu ne paroît avoir été, dans l'antiquité, qu'une espèce de château ou de place forte.

Dans l'itinéraire d'Antonin, ce lieu est marqué sur la route d'*Equotuticum* à *Rhegium*, entre *Thurii* & *Paternum*.

ROSCIA NAVALE. C'étoit où s'arrêtoient les vaisseaux de *Roscianum*.

ROSEA RURA VELINI, ou *les campagnes roséennes de Velinus*. J'ai fait de ceci un article à part, parce qu'il me paroît essentiel de ne rien négliger de ce qui peut contribuer à l'intelligence des poëtes anciens, & que l'on ne peut trop bien entendre Virgile, comme on ne peut trop souvent le lire.

Le *Velinus* (voyez ce nom), fleuve de la Sabine, avoit, pendant long-temps, formé au nord-ouest de *Réate*, un lac considérable, qui occupoit un terrein très-étendu, ou, pour mieux dire, une plaine immense. M. Curius, riche Albain, natif de Cures, fit exécuter de très-grands travaux, au moyen desquels les eaux allèrent se jeter dans le *Nar*. La plus belle partie de ces nouvelles terres prit le nom de *Rosea*, d'après la rosée qui la couvroit abondamment. Cette terre nouvelle, imprégnée de sels productifs, fut d'abord, & pendant long-temps, d'une fertilité extrême. Sa situation la fit comparer à la vallée de *Tempé*; sa fertilité donna lieu à des exagérations qui alloient encore au-delà de ce que se permettent ordinairement les poëtes. Selon quelques anciens, on n'y connoissoit pas les pâturages, parce qu'une seule nuit en faisoit des herbes de la plus grande hauteur; le chanvre, par sa hauteur, y présentoit l'aspect d'une forêt.

On sent tout ce qu'il faut rabattre de ces superbes descriptions; mais en même temps on ne peut se refuser à croire qu'une terre imprégnée d'eau sulfureuse, n'ait pu d'abord présenter quelque chose d'extraordinaire dans sa fécondité. Encore aujourd'hui les voyageurs remarquent qu'elle offre des récoltes très-abondantes.

ROSEAUX (*le torrent des*), torrent de la Judée, dans la tribu d'Ephraïm. Ce torrent donnoit son nom à une vallée dans laquelle il couloit,

Il est parlé de ce torrent dans le livre de Josué, chap. 17, v. 9.

ROSELLÆ ou RUSELLE, petite ville de l'Italie, dans l'Étrurie. (*Voyez* RUSSELLÆ).

ROSELLANUS AGER, territoire de l'Italie. Selon Denys d'Halicarnasse, c'étoit celui d'une des douze villes des anciens Toscans.

ROSSOLANI, ROXOLANI ou ROSSELLANI, nation belliqueuse, qui habitoit une vaste région entre le Borysthène & un autre grand fleuve septentrional, appelé le *Rha*. Ce peuple, & leur général Tasius, furent battus par Diophante, général de Mithridate, roi de Pont & du Bosphore Cimmérien, selon le rapport de Strabon. *Voyez* SARMATIA.

ROSTRATAVILLA, lieu de l'Italie, à vingt-quatre mille pas de Rome.

ROSTRUM NEMAVIÆ, ville de la Vindélicie, sur la route de *Lauriacum* à *Brigantia*, selon l'itinéraire d'Antonin.

ROTALIANUS CAMPUS, territoire de l'Italie, aux environs de la ville de Trente, à ce qu'il paroît par un passage de Paul Diacre.

ROTOMAGUS, ville de la Gaule, dans la deuxième Lyonnoise; actuellement Rouen.

ROXANI, peuples de l'Asie. Ils habitoient dans le voisinage du Tigre, selon Plutarque.

ROXOLANI, peuples de la Sarmatie en Europe, dans le voisinage du *Tanaïs*, selon Ptolemée.

Jornandès les nomme *Gens infida*.

RUBA, ville de la Syrie, dans la Cyrrhestique, entre la ville de *Rhegias* & celle d'*Heraclea*, selon Ptolemée.

RUBEÆ PROMONTORIUM, nom d'un promontoire que Pline indique à l'extrémité septentrionale de l'Europe.

RUBEN (*la tribu de*). La tribu de Ruben étoit composée des descendans de Ruben, l'aîné de tous les enfans de Jacob.

Cette tribu étoit dans la partie méridionale de la terre promise, au-delà (à l'est) du Jourdain, depuis Hésébon jusqu'au torrent de Zared, & depuis les montagnes de Moab jusqu'à la mer Morte. La chaîne de montagnes nommée *Abarim*, étoit dans cette tribu.

RUBI (*Ruvi*), petite ville d'Italie, dans l'Apulie, à l'ouest de *Barium*. On n'y trouve que quelques restes de colonnes milliaires.

L'itinéraire d'Antonin la marque sur la route d'*Hydruntum* à *Equotuticum*, entre *Canusium* & *Butuntum*.

RUBICARIENSIS, siège épiscopal d'Afrique, dans la Mauritanie Césarienne, selon la notice épiscopale d'Afrique.

RUBICO ou RUBICON (*la Fiumicino*), fleuve de la Gaule Cispadane. Ce fleuve n'est remarquable que parce qu'il servoit de limite du côté de la mer Adriatique, entre le département de la Gaule & celui de l'Italie.

Lucain le peint comme coulant à petits flots en

C

été; mais, ajoute ce poëte, lorsque l'hiver revient, il lui rend toutes ses forces.

On doit se rappeler que César revenant des Gaules, avec l'intention de disputer à Pompée l'autorité que ce dernier paroissoit vouloir s'attribuer, délibéra quelque temps sur le bord de ce fleuve, & fut incertain s'il le passeroit avec ses troupes. C'est qu'il n'avoit le droit de commander que dans son département, & qu'en menant des troupes armées dans le département de l'Italie, c'étoit contrevenir aux loix, & attaquer la liberté de la république.

RUBIGINIS LUCUS, bois sacré que les anciens avoient dédié à la déesse qui présidoit à la rouille des bleds. Ovide en parle dans ses Fastes.

RUBINO, ville de l'Istrie. Les Hongrois & les Vénitiens s'en emparèrent en 1149.

RUBO ou RUBON, fleuve de la Sarmatie européenne. Ptolemée en place l'embouchure entre celle du *Chronus* & celle du *Turuntus*.

RUBRENSIS LACUS ou RUBRESUS LACUS, lac de la Gaule, aux environs de Narbonne, selon Pline & Pomponius Méla.

Pline écrit *Rubrensis*, & dit que l'*Abax* traverse ce lac.

RUBRICATUS, fleuve de l'Hispanie, dans la Tarragonnoise, selon Ptolemée, qui en place l'embouchure entre *Barcinon* & *Bætuton*.

RUBRICATUS (*Mafrag*), rivière de l'Afrique, selon Ptolemée. Elle couloit entre *Hippo-Regius Tabuca*, & avoit son embouchure sur la côte de la Numidie.

RUBRUM LITTUS, nom de la côte de l'Arabie heureuse, le long de la mer Rouge, selon Pline.

RUBUSTINI ou ROBUSTINI, peuples de l'Italie, dans la Pouille, selon Pline & Frontin.

RUCONIUM ou RHUCONIUM, ville que Ptolemée indique dans la Dacie, près de *Docirana*.

RUCUMA ou RUCUMMA, ville de l'Afrique, dans la province proconsulaire. Elle étoit épiscopale, selon les actes du concile de Carthage.

RUDIÆ ou RUDIES, ville d'Italie, dans la Messapie, au sud-est. C'étoit une petite ville recommandable seulement pour avoir été la patrie d'Ennius.

Elle est détruite.

Ptolemée, qui en fait mention, la place dans l'intérieur des terres, au pays des Salentins.

RUESSIUM, ville de la Gaule Aquitanique, dans le pays des peuples *Velauni*, selon Ptolemée.

RUFÆ ou RUFRÆ, château de l'Italie, dans la Campanie, selon Servius & Silius Italicus. Dans ce dernier on lit *Rufræ*.

RUFIANA, nom d'une ville de la Gaule Belgique. Ptolemée la donne aux Némètes.

RUFIANENSIS, siège épiscopal d'Afrique, dans la Byzacène, selon la notice épiscopale d'Afrique, & la conférence de Carthage.

RUFINIANA, nom de la maison de campagne qu'Antonine, femme de Bélisaire, possédoit dans un des fauxbourgs de Constantinople, selon Procope.

RUFRÆ, lieu de l'Italie, dans la Campanie.

RUFRIUM, lieu de l'Italie, dans la partie de la grande Grèce nommée *Apulie*.

RUGII, (*les Rugiens*), nom d'un peuple de la Germanie, & l'un de ceux qui composoient la nation des Vandales.

Tacite les place sur le bord de l'Océan septentrional.

Ce peuple est nommé *Rogi* par Procope.

RUGIUM, ville de l'intérieur de la Germanie, entre *Vizitium* & *Scurgum*, selon Ptolemée.

RUGUSCI ou RIGUSCÆ, peuple que Pline & Ptolemée indiquent dans la partie septentrionale de la Germanie. Le premier de ces auteurs écrit *Rigusci*.

RULUM, ville d'Italie, dans la Lucanie, entre le détroit & *Venusia*, selon Ortélius.

RUMA, ville de la Judée, dans la tribu d'Ephraïm.

Il est dit dans le livre des Juges, chap. 9, v. 41, qu'Abimélec s'y retira, lorsqu'il étoit poursuivi par les Sichimites. Cette ville étoit située près de Sichem.

RUMA, ville de la Palestine, dans la tribu de Juda, selon le livre de Josué, chap. 15.

RUMELLUM, ville de l'Italie, au voisinage de celle de *Roma*, selon Ortélius.

RUMPENSIS, siège épiscopal d'Afrique, dont il est fait mention dans la vie du pape Anastase II, par Platine.

RUMUNENSE SCLAVINIUM, lieu de la Scythie, en Europe, selon Jornandès.

RUPELA, ville du Péloponèse, dans la Phliasie, selon Chalcondyle, cité par Ortélius.

RUPELLA, lieu de la partie de la Gaule Aquitanique, nommé aujourd'hui *Aunis*.

RUPENA, lieu des Thermopyles, selon Cédrène, cité par Ortélius.

RUPHANIA, siège épiscopal, sous la métropole d'Apamée, selon Guillaume de Tyr, cité par Ortélius.

RUSA, nom d'un palais que Cosroès, roi de Perse, avoit aux environs de Ctésiphonte. Il fut détruit par l'empereur Héraclius, selon l'histoire Miscellanée.

RUSAZUS, ville de l'Afrique, sur la côte de la Mauritanie césarienne, entre *Rusubirsis* & *Vabar*, selon Ptolemée.

Pline donne à cette ville le titre de *Colonia Augusta*; & dans l'itinéraire d'Antonin, elle est nommée *Rusazis Municipium*, & placée entre *Jomnium Municipium* & *Saldis Colonia*.

RUSCIA, RUSCIANUM, & ROSCIANUM, lieu de l'Italie, aux confins du pays des Brutiens; mais dans la dépendance des Thuriens, selon Procope.

RUSCINO, ville de la Gaule Narbonnoise, capitale des peuples *Confuarani*. Ce fut dans cette ville que s'assemblèrent les peuples du pays, pour délibérer sur le passage que leur demandoit Annibal, selon Tite-Live, *Liv. xxi, chap. 24*.

Cette ville devint colonie romaine, selon Pomponius Méla; & Pline dit qu'elle jouissoit du droit latin. Quoique ruinée par les Normands, son nom est demeuré au Roussillon.

Dans l'itinéraire d'Antonin, cette ville est marquée sur la route de Narbonne à *Castulo*, entre *Combusta* & *ad Centuriones*.

RUSCINO, fleuve de la Gaule Narbonnoise, selon Strabon, qui rapporte que ce fleuve avoit sa source dans les Pyrénées, & qu'il arrosoit une ville du même nom. Ptolemée le nomme *Ruscio*, & en place l'embouchure entre celles de l'*Illiberis* & de l'*Atages*. (*Voyez* TIDESSUS).

RUSCINONA (*Porto-Farino* ou *Garel-Mailah*), port de l'Afrique propre, près le promontoire *Appollinis*. Il paroit, par Tite-Live, que c'est l'endroit où la flotte des Carthaginois passa la nuit avant qu'elle livrât combat à celle de Scipion, devant Utique.

C'étoit autrefois une ville considérable dont le port, fait de main d'homme, étoit fort beau.

RUSCURIUM (*Dellys*), ville maritime de la partie orientale de la Mauritanie césarienne. Cette ville étoit considérable, & avoit un port commode.

Antonin, *itinér.*, dit que plusieurs chemins y aboutissoient. Ptolemée dit *Rusuccoræ*. On voit encore partie de l'ancien mur & quelques autres ruines.

RUSELLANI, Tite-Live nomme ainsi le peuple de *Russellæ*, ville de l'Italie, dans l'Etrurie.

RUSGUNIÆ COLONIA (*Temendfuse*), promontoire & colonie de la partie orientale de la Mauritanie césariense, selon Ptolemée, Pline, Méla, & l'itinéraire d'Antonin. Ce dernier le met à quinze milles à l'est d'*Icosium*. On y voit encore des ruines.

RUSIBIS PORTUS, port de l'Afrique, dans la Mauritanie Tingitane, entre l'embouchure du fleuve *Cosa*, & celle du fleuve *Asama*, selon Ptolemée. Ce port est appelé *Portus Rutubis* par Pline.

RUSICADA ou RUSICADE (*Sigigata*), ville de l'Afrique, selon Pomponius Méla & Ptolemée. Ce dernier écrit *Rusicada*, & l'indique sur le golfe de Numidie. Elle étoit située vers le milieu de ce golfe, à environ trente milles à l'est de *Collops magnus*.

Dans l'itinéraire d'Antonin, cette ville est placée dans la Mauritanie césarienne, sur la route de Carthage à *Leninx*, entre *Chuli Municipium* & *Paratianæ*.

On y voit quelques restes d'antiquité. Les citernes servent de magasin à bled.

RUSICIBAR, ville de l'Afrique, dans la Mauritanie césariense, entre *Rustonium* & *Modunga*, selon Ptolemée.

C'est la même ville qui est nommée *Rusubbizari* par Antonin, & *Rusibricari Matidiæ*, dans la table de Peutinger.

RUSITICIANA, ville de l'Hispanie, dans la Lusitanie, sur la gauche du *Tagus*, à l'est de *Norba-Cæsarea*.

RUSO CASTRA, lieu fortifié dans les environs de la Thrace, selon Grégoras, cité par Ortélius.

RUSPÆ (*She-ah*), ville de l'Afrique, sur le golfe de Numidie, selon Ptolemée. Elle étoit située entre *Achola* & *Brachodes Externa*, à six milles au sud d'*Achola*.

Il en reste des ruines.

RUSPINA (*Sahaleel*), ville de l'Afrique propre, sur le golfe de Numidie, entre la petite *Leptis* & *Adrumette*, selon Ptolemée.

Elle étoit située sur le penchant d'une éminence, à un mille de la mer, au sud-est d'*Adrumettum*.

On y trouve quelques restes d'antiquités.

RUSSELLÆ (*Roselle*), ville d'Italie, dans l'Etrurie, au sud-est de *Populonium* & de *Vetulonii*. Elle étoit située sur la droite & à peu de distance de l'*Umbro*. On sait peu de chose de son état ancien. Cependant il falloit qu'elle fût un peu considérable, pour s'être engagée, avec quelques autres villes, à secourir les Latins contre les Romains, ainsi que le rapporte Denys d'Halycarnasse. Selon Pline, elle devint colonie romaine.

Il n'en reste que des vestiges, appelés *Roselle*.

RUSTICIANA ou RUSTICANA (*la Corchuela*), ville de l'Hispanie, dans l'intérieur de la Lusitanie, entre *Talabriga* & *Mendeculia*, selon Ptolemée.

Cette ville est nommée *Rusticiana* dans l'itinéraire d'Antonin. Elle étoit située sur la gauche du *Tagus*, à l'ouest d'*Augusto Briga*.

RUSTICIANA ou RUSTICI, ville épiscopale d'Afrique, dans la Numidie, selon la notice épiscopale d'Afrique & la table de Peutinger, où on lit *Ruslici*.

RUSTICIANA, maison de campagne de l'Italie, dans le *Brutium*, aux environs de laquelle il y avoit une mine d'or, selon Cassiodore.

RUSTONIUM, ville de l'Afrique, sur la côte de la Mauritanie césariense, entre l'embouchure du fleuve *Savus* & la ville de *Rusicibar*, selon Ptolemée. Cette ville est nommée *Rusconia colonia* par Pline; *Rungoniæ coloniæ* par Antonin; & selon Tite-Live, les Africains l'appeloient *Rusconina*.

RUSUBESER (*Tackfibt*), ville d'Afrique, sur la côte de la Mauritanie césariense, selon Ptolemée. Elle étoit située à l'est de *Rusucurium*, entre *Jomnyum* & *Rusazus*.

RUSUBICCARIENSIS, siège épiscopal d'Afrique, selon la conférence de Carthage.

RUSUBIRITANUS, siège épiscopal d'Afrique, dans la Mauritanie césariense, selon la notice épiscopale d'Afrique.

RUSUCENSIS, siège épiscopal d'Afrique, selon la conférence de Carthage.

RUSUGONIOTI *ou* RUSUGUNIENSIS, siège épiscopal d'Afrique, selon la notice épiscopale de l'Afrique.

RUTENI (*Liberi*), peuples de la Gaule Aquitanique, dont la ville capitale étoit *Segodunum*. Ils habitoient à la droite du Tarn.

RUTENI *provinciales*, peuples de la Gaule Narbonnoise, selon Pline. César, *bell. Gall.*, *Liv. VII*, *chap. 7*, en fait aussi mention. Ces peuples habitoient à la gauche du Tarn.

RUTUBA, fleuve d'Italie, dans la Ligurie, selon Pline, *Liv. III*, *chap. 5*.

RUTULI ( *les Rutules* ), peuples d'Italie, dans le *Latium*. Les Rutules habitoient près du bord de la mer. Leur origine est incertaine. On voit qu'à l'arrivée d'Enée, selon Virgile, ils avoient Turnus pour roi. Ce prince, voulant s'opposer à l'établissement des Troyens, fut tué dans le combat. Les Rutules, dans la suite, furent assez souvent confondus avec les Latins.

Leur ville capitale se nommoit *Ardea*.

RUTINIUM, ville de l'île d'Albion, sur la route du retranchement à *l'ortus Ritupæ*, entre *Mediolanum* & *Viroconium*, selon l'itinéraire d'Antonin.

RUTUPIÆ, ville de l'île d'Albion, dans le voisinage de *Daruernum*, & qui appartenoit au peuple *Cantii*, selon Ptolemée.

RUZASUS ( *Zuffoone* ), port de la partie orientale de la Mauritanie césariense. Les auteurs anciens en ont parlé. Il étoit à l'est de *Rusucurium*.

RYPHI *ou* RYPHA, siège épiscopal de l'Asie, sous la métropole d'*Amida*, selon Guillaume de Tyr.

Ce siège est nommé *Rypha* dans la notice du patriarchat d'Antioche.

RYSSADIUM, ville & port de l'Afrique, dans la Mauritanie Tingitane, sur la côte de l'Océan Ibérique, entre *Sestiaria Extrema* & le promontoire *Méfagonites*, selon Ptolemée.

Cette ville est nommée par Antonin, *Rusarder Colonia*; & *Rusardir* par Pline, qui la place près du promontoire *Solis*.

RYSSADIUM, promontoire de l'Afrique, dans la Libye intérieure, près du promontoire *Arfinarium*, selon Ptolemée.

RYSSADIUS MONS, montagne de l'Afrique, dans la Lybie intérieure. Ptolemée y place la source du fleuve *Stachier*.

RYTION, ville de l'île de Chypre. On ignore la position de cette ville; mais Homère semble indiquer qu'elle étoit habitée par un peuple riche ou par un peuple nombreux.

**S**AAB, lieu de la Palestine, dans la Galilée. C'étoit la patrie d'Eléazar, fils de Samæus, selon Josephe.

SAANANIM, ville de la Palestine, dans la tribu de Nephtali, selon Josué.

SAARA, bourgade de la Palestine. Eusèbe la met sous la dépendance & à dix milles d'*Eleutheropolis*, du côté de *Nicopolis*.

SABA, selon quelques exemplaires latins de Ptolemée, ville de l'Arabie déserte, à six journées de Jérusalem.

SABA & SABÆI ou SABENIS. Ce qui est dit, dans l'écriture d'une reine de Saba qui vint à Jérusalem s'assurer par elle-même de toute la sagesse de Salomon, & rendre hommage aux rares qualités de ce grand prince, a fait rechercher quel pouvoit être le pays qu'elle habitoit. Plusieurs savans commentateurs avoient conjecturé qu'elle régnoit en Ethiopie. Cette conjecture est confirmée par ce qu'on lit dans la traduction du voyage de M. Bruce en Abyssinie (in-4°. p. 436). On voit que la côte au sud, ou sud-ouest du golfe Arabique, a porté ce nom, connu dans l'écriture.

Cet auteur, en parlant des établissemens des premiers hommes en Asie & en Egypte, dit (*chap.* II), « tandis que les descendans de Chush étendoient leurs progrès d'une manière si heureuse dans le centre & au nord de leur territoire, leurs frères, placés dans le sud, ne restoient point oisifs. Ils s'avançoient, au contraire, dans les montagnes qui se prolongent parallèlement au golfe d'Arabie. Ce pays fut, dans le temps, appelé *Saba*, ou *Azaba*, mots qui, l'un & l'autre, signifient le sud, & il ne portoit pas ce nom parce qu'il étoit au sud de Jérusalem (1), mais parce qu'il étoit sur la côte méridionale du golfe d'Arabie, & qu'en partant d'Arabie & d'Egypte, c'étoit la première terre au sud qui servoit de frontière au continent d'Afrique, plus riche alors, plus important, & plus connu que le reste du monde ».

Mais dans le chapitre VI, p. 541, voici ce que ce même M. Bruce dit du voyage de la reine de Saba.

« Nous ne devons pas être étonnés si le trafic considérable & l'importance des affaires que les Tyriens & les Juifs faisoient avec les Cushites & les pasteurs de la côte d'Afrique, les avoient si bien familiarisés les uns avec les autres. Cela fut au point que la reine de Saba, souveraine de ces contrées, conçut naturellement le desir de voir par elle-même, ce que devenoient les trésors qu'on exportoit de chez elle depuis tant d'années ; elle voulut connoître le prince qui les employoit avec tant de magnificence ». Il ajoute : « il ne peut y avoir aucun doute sur son voyage. Payens, Arabes, Maures, Abyssiniens, tous les peuples d'alentour l'attestent, &, en partie, presque dans les mêmes termes que l'écriture ». Si je n'en étois pas aussi persuadé que M. Bruce, je trouverois sa preuve légère, car il suffit qu'un tel fait ait été cru, même après avoir été inventé, pour qu'il ait été répété par des peuples qui n'avoient pas de raison de le combattre, au contraire. Que de faits adoptés par nos anciens historiens sont aujourd'hui regardés comme fabuleux !

« Plusieurs anciens auteurs, continue M. Bruce (2), ont cru cette reine Arabe. Mais Saba étoit un royaume particulier ; & les Sabéens, un peuple différent des Ethiopiens & des Arabes, & ils n'ont cessé de l'être que depuis peu de temps. L'histoire nous apprend que les Sabéens avoient coutume d'être gouvernés par une reine plutôt que par un roi ; coutume qui se conserve encore parmi leurs descendans.

> *Medis levibusque Sabæis*
> *Imperat hos sexus reginarumque sub armis*
> *Barbariæ, pars magna jacet.*
> CLAUDIAN.

« Les Arabes prétendent que le nom de la reine de Saba étoit Belkis : les Abyssins la nomment Magneda ».

Une chose qui démontre clairement, toujours selon M. Bruce, qu'elle n'étoit pas arabe, c'est que les Sabéens Arabes, ou les Homérites, qui habitoient la côte d'Arabie opposée au rivage d'Azab, étoient gouvernés par des rois & non par des reines. Au lieu que les pasteurs ont toujours obéi à des reines & leur obéissent encore. Une autre preuve, c'est que les rois des Homérites ne sortoient jamais de leurs pays, dit M. Bruce ; il eût dû dire de leurs maisons, puisqu'il ajoute : « dès qu'ils paroissoient en public, on les assommoit à coups de pierres ».

Je renvoie au dictionnaire de Théologie pour la discussion de la foi de cette reine de Saba, que

---

(1) Cette remarque me paroit bien chétive de la part de M. Bruce. Eh ! que faisoit Jérusalem à cet égard ? Cette ville, que nous révérons à cause de nos mystères, n'étoit qu'une ville très-ordinaire aux temps dont il parle.

(2) Il cite en note Justin, Cyprien, Epiphane, Cyrille, qui peuvent très-bien avoir emprunté les uns des autres ; du moins les règles de la critique permettent de le craindre.

M. Bruce n'eſt pas éloigné de croire une véritable croyante d'alors, c'eſt-à-dire, profeſſant la religion juive. Ce que l'on croit ſur-tout dans le pays, c'eſt que cette grande reine fit un peu la galante, & revint mettre au monde dans ſon pays un petit prince nommé Ménileck, & qui devoit ſon exiſtence à la tendreſſe de la reine pour Salomon. Ce jeune prince, envoyé par ſa mère à Salomon, fut élevé avec tout le ſoin qu'imagina la ſageſſe de ſon père. Devenu grand, il revint dans ſon pays amenant une colonie de juifs, entre leſquels étoient pluſieurs docteurs, dont un de chaque tribu. On ajoute qu'il établit ces docteurs juges dans ſon royaume, & que c'eſt d'eux que deſcendent les Umbares actuels, juges ſuprêmes, dont trois accompagnent toujours le roi. Avec Ménileck étoit auſſi Azarias, fils du grand-prêtre Zadok, lequel porta une copie de la loi qui reſta confiée à ſa garde. Azarias reçut auſſi le titre de nébut ou de grand-prêtre; & quoique l'égliſe d'Axum fût détruite pendant que la guerre des Maures dévaſtoit le royaume d'Adel, la charge d'Azarias fut conſervée, à ce qu'on aſſure, dans ſa famille, dont les deſcendans ſont encore aujourd'hui nébuts ou prêtres de l'égliſe d'Axum.

Toute l'Abyſſinie fut donc convertie au judaïſme, &c. M. Bruce prétend auſſi que la reine établit que les héritiers mâles de la maiſon royale feroient relégués dans une montagne.

Si l'on veut connoître les rois de Saba, depuis cette princeſſe, on peut recourir à l'ouvrage même de M. Bruce, qui en donne la note juſqu'à Bazen, qui eſt le dernier, & qui régnoit vers le commencement de l'ère chrétienne.

SABA, port de l'Ethiopie, ſur le golfe Arabique, ſelon Strabon.

SABADIBÆ (Pulo-Way): Ptolemée nomme ainſi trois petites iles de l'Inde, près de la pointe nord-oueſt de l'île Iabadie (Sumatra). Cet ancien dit que les habitans des iles Sabadia étoient anthropophages.

SABÆ, peuple de l'Aſie, dans les Indes, ſelon Denys le Périégète.

SABÆ, peuple de Thrace, de qui Bacchus prenoit le ſurnom de Sabaſius, ſous lequel les Thraces lui rendoient un culte particulier, ſelon Euſtathe.

SABÆ, peuple de l'Arabie, ſelon Denys le Périégète.

SABÆ, ville de l'Afrique, dans la Libye intérieure, vers la ſource du Cinyphe, ſelon Ptolemée.

SABÆ, nom d'une ville de l'Arabie, ſur le bord de la mer Rouge, ſelon Etienne de Byſance.

SABÆ ARÆ, lieu de l'Aſie, dans la Médie, près de la mer Caſpienne, & à peu de diſtance de l'embouchure du fleuve Cyrus, ſelon Ptolemée.

SABAGENA, ville de l'Aſie, dans la grande Arménie, ſur le bord de l'Euphrate, dans la préfecture Laviniane, ſelon Ptolemée.

SABAIA, nom d'une place forte de la Paleſtine, ſelon la notice de l'empire, où l'on voit qu'il y avoit garniſon romaine.

SABAITICUMOS ou SEBASFICUM, lieu de l'Ethiopie, ſur le golfe Arabique, ſelon Strabon & Ptolemée.

SABALASSA. Ptolemée nomme ainſi la ſixième embouchure du fleuve Indus, en allant de l'orient à l'occident.

SABALASSUS, ville de l'Aſie, dans la Capadoce, & dans la préfecture Sargaranſena, ſelon Ptolemée.

SABALIA, ville de l'Aſie, dans la Capadoce, & dans l'intérieur du Pont polémoniaque, ſelon Ptolemée.

SABALINGII, peuple de la grande Germanie, dans la Cherſonèſe Cimbrique. Ptolemée leur donne pour voiſins les Sigulones & les Cobandi.

SABAMA ou SEBAMA ou SIBMA, ville de la Paleſtine, dans la tribu de Ruben, ſituée à environ cinq cents pas d'Héſébon, ſelon S. Jérôme.

SABAN, ville de la Paleſtine, dans la tribu de Ruben, ſelon le Livre des Nombres.

SABARA (Bragu). Ptolemée ſemble donner ce nom à la bouche principale du grand fleuve Sabaracus (rivière d'Aua).

SABARACUS (rivière d'Ava), grand fleuve de l'Inde, au-delà du Gange. Il prend ſa ſource dans la même montagne que le Gange; mais à l'eſt de celle-ci, vers le 31e degré 30 minutes de latit. Elle court d'abord vers le ſud-eſt pendant environ 18 degrés, puis elle va vers le ſud, & ſe perd à l'entrée du golfe, à qui elle donnoit ſon nom, vers le 16e degré de latitude.

SABARACUS SINUS, golfe de l'Inde, au-delà du Gange, ſelon Ptolemée. Il prenoit, vraiſemblablement, ce nom du fleuve Sabaracus, qui y rendoit ſes eaux.

SABARÆ, nation de l'Inde, en-deçà du Gange, ſelon Ptolemée. Ils devoient habiter au pied des montagnes, vers une des ſources du fleuve Adamas. Ptolemée dit que le diamant eſt en quantité chez ce peuple-là.

SABARÆ, ville de l'Inde, en-deçà du Gange, ſelon Ptolemée.

SABARBARYS, peuple de l'Afrique proprement dite, ſelon Pline, Liv. V, chap. 4.

SABARIA, ville dans la Pannonie, avec le titre de colonie romaine. Ammien Marcellin dit que l'empereur Valentinien cherchant un endroit pour hiverner, n'en trouva pas de plus commode que la ville de Sabaria.

SABARTHÆTA, nom d'un lieu de la Paleſtine. C'étoit la patrie du prophète Sophonie, ſelon Dorothée, cité par Ortélius.

SABAT, ville de l'Ethiopie, ſur le golfe Adulitique, ſelon Ptolemée.

SABATA, ville d'Italie, dans la Ligurie, ſelon Ptolemée, Liv. III, ch. 4. SABATIA, ſelon Pomponius Méla, Liv. II, ch. 5.

SABATA, ville de l'Afie, dans l'Affyrie, felon Pline.

SABATE, lieu de l'Italie, dans l'Etrurie, au nord-ouest de *Veii*.

SABATHA, ville d'Afie, fituée à trente ftades de la Séleucie de Médie, felon Zozime, *Liv. III*.

SABATHENI, peuple. *Voyez* SABATINI.

SABATHRA, ville de l'Afrique, fur le bord de la mer, entre les deux Syrtes, felon Ptolemée.

SABATHRA, nom d'une ville de l'Arabie heureufe, felon Pline.

SABATIA STAGNA, contrée & lac de l'Italie, dans l'Etrurie, felon Silius Italicus.

SABATICA, contrée de l'Afie, dans la Médie, à l'orient de la Sitacène, & fituée de façon qu'on la donnoit à la Médie & à l'Élimaïde, felon Strabon.

SABATINCA, lieu de la Norique, fur la route d'*Aquilée* à *Lauriacum*, entre *Monate* & *Gabromagus*, felon l'itinéraire d'Antonin.

SABATINI, peuple de l'Italie, dans la Campanie, felon la conjecture d'Ortelius, qui cite Tite-Live, *Liv. XXVI*, ch. 33.

SABATINUS, petit fleuve de l'Italie, dans la partie de la grande Grèce que l'on nommoit *Brutium*.

SAÉBA, pays dont il est parlé au pseaume LXII, & que les Septante expliquent par l'Arabie, felon Ortélius. (*Voyez* ce que j'ai dit au mot SABA).

SABBATUS ou SABATUS, rivière d'Italie, à dix-huit mille pas au-delà de *Confentia*, en allant vers la colonne, le dernier terme de l'Italie pour paffer en Sicile, felon l'itinéraire d'Antonin.

J'en ai parlé au mot SABATUS.

SABE. Ptolemée met deux villes de ce nom en Arabie. Il en place une par le 73e degré de longitude, & par les 16e 56 min. de latitude.

L'autre est marquée au 76e degré de longitude, & au 13e de latitude.

SABEA, ville de la Palestine, dans la tribu de Siméon, felon Josué.

SABÆI (les), peuple de l'Arabie heureufe. Ce peuple étoit idolâtre, du moins à ce que l'on dit, prétendant qu'il rendoit un culte aux étoiles & au foleil. La pofition de ce peuple n'est pas bien précife : ç'avoit pu être un peuple d'abord fitué au fud, comme fon nom l'indique. (*Voyez* SABA). Ce fut plutôt dans la fuite une fecte, dont les opinions appartiennent à la philofophie ancienne.

Je ne fais dans quelle partie de cet ouvrage elle fe trouve.

SABELLI, petit peuple de l'Italie, entre les Aufones.

SABI, peuple de l'Afie, dans la Phrygie, felon Etienne de Byfance.

SABI, peuple de la Thrace, & le même qu'Euftathe nomme *Sabæ*.

SABINA SILVA, forêt de l'Italie, dans la Sabine.

SABINA VALLIS, maifon de campagne qui appartenoit à Horace, & qui étoit fituée dans la vallée de la Sabine. *Horace, iv. III, Liv. I.*

SABINÆ (*les Sabins*), peuple long-temps confidérable en Italie. Les anciens, qui ont cherché l'étymologie de ce nom, n'ayant guère connoiffance que de la langue grecque & de la langue latine, recouroient à celle des deux qui leur préfentoit, felon eux, l'origine qu'ils cherchoient. Ainfi, Pline & Feftus croient que les *Sabins* ont pris leur nom de leur culte envers les dieux. Mais comme cette épithète n'avoit pu leur être donnée que par quelques nations voifines, il y a, dans cette circonftance, ainfi que dans plufieurs autres du même genre, cette queftion à faire : comment la nation fe nommoit elle-même ? ou comment l'appeloit-on avant qu'elle eût un culte réglé ? Je laifferai donc bien volontiers l'*αυτο τε σεβεσαι* des anciens, auffi-bien que le *Sabinus*, fils de Francus, auquel Caton, & d'après lui Denys d'Halycarnaffe, ont eu recours, fans avoir prouvé fon exiftence, pour me rapprocher du fentiment de M. Gebelin. Les *Sabins* paroiffent avoir appartenu à l'ancienne nation Ombrienne ; la langue de ceux-ci a dû tenir du Celtique ; dans cette langue, *fab* fignifie *haut, élevé* ; les *Sabins* ont d'abord habité l'Apennin ; il étoit naturel qu'on les appelât les *hommes des hauts lieux*, comme nous avons vu ailleurs les *Orobii* ou Orubiens, *hommes des montagnes*.

Ces *Sabins*, qu'Horace nous peint comme un peuple franc, généreux & vaillant, ayant des femmes modeftes & vertueufes, des enfans élevés avec foin, chez lefquels les mariages étoient affortis par la vertu, & contractés au nom de l'état ; ces *Sabins* étoient peu anciens en Italie. Du haut de l'Apennin, de ces rochers entaffés d'où naiffent trois fleuves, le *Velinus*, le *Truentus* & l'*Aternus*, qui fe répandent de trois côtés différens, ces *Sabins* s'étendoient, par leurs colonies, jufqu'aux extrémités méridionales de l'Italie. D'eux fortirent les Herniques, les Eques, les Samnites ; & de leurs divifions, les Lucaniens & les Brutiens.

Mais comme chacun de ces peuples fit enfuite un corps à part, ayant des terres poffédées par eux & en leur nom, je ne décrirai ici que la Sabine propre ; non celle de nos jours, à laquelle elle ne correfpond qu'en quelque point, mais la Sabine ancienne, telle qu'elle nous eft connue par les auteurs, au temps des beaux jours de la république.

Pour entrer dans quelque détail par rapport aux *Sabins*, il faut reprendre le point où j'ai dit qu'ils habitoient les montagnes d'*Amiternum*. Ils avoient à l'oueft un peuple combiné d'Aborigènes & de Pélages. Les *Sabins* s'avancèrent à main armée dans leur pays, & prirent *Lifta*, leur capitale, en une nuit. *Réate*, dans laquelle les Aborigènes s'étoient retirés, éprouva le même fort. Les *Sabins* s'avancèrent ainfi jufqu'à *Tibur*. Un peuple voifin des Aborigènes, & connu fous le nom de *Latins*, poſſédoit quelques villes au-delà de l'*Anio* : elles paſ-fèrent bientôt au pouvoir du vainqueur. On peut même conjecturer, avec beaucoup de vraiſem-blance, que les Sabins s'établirent auſſi à la gauche de l'*Anio*, puiſque l'on voit par un paſſage de Tite-Live, qu'ils poſſédèrent la ville de Cullatie.

Ce fut d'eux que ſortirent les Samnites, & par les Samnites encore d'autres peuples. Nous n'avons pas de grands détails ſur leur gouvernement : mais on voit qu'ils avoient des rois, puiſqu'ils forcè-rent les Romains à partager avec eux le gouver-nement de leur ville. Cependant ces mêmes Ro-mains devinrent inſenſiblement leurs maîtres. Mais ce qui donne une idée de l'importance des Sabins, c'eſt que, ſelon un hiſtorien cité par Strabon, les Romains ne furent bien ſûrs de leurs forces que quand ils eurent ſoumis les Sabins. Cette idée ne s'étoit pas affoiblie, puiſque même au temps de Ci-céron, c'eſt-à-dire, ſur la fin de la république, on voit cet orateur appeler le peuple Sabin, *robur rei-publicæ*, l'appui de la république.

La langue des Sabins, qui paroît avoir été d'origine ombrienne, ne nous eſt connue que par quelques mots épars dans les inſcriptions : on voit que pluſieurs de ces mots reſſembloient à ceux qui étoient en uſage chez les Latins, ou que ceux-ci les adoptèrent, lorſqu'ils en eurent beſoin. Il eſt très-probable que les inſcriptions qui portent le nom de *table Engubienne*, parce qu'on les trouva près des ruines de l'ancienne *Eugubium*, ſont en langue ſabine & ombrienne.

La principale divinité des Sabins étoit nommée *Vacuna*: elle avoit des temples en pluſieurs en-droits. Comme ce peuple la repréſentoit avec dif-férens attributs, M. l'abbé Chauppy en conclut qu'ils l'honoroient comme la divinité ſuprême. Ils honoroient auſſi la divinité appelée *Serno*, *Sancus*, *Sanctus* & *Fidius*. Je ſais bien que Plutarque, dans la vie de Numa, s'exprime ainſi: « Numa enſeigna » aux Romains à en révérer une (divinité) par-deſſus » toutes les autres, laquelle il appelloit *Tacita* » ; que ſon principe étoit, « que la première cauſe » n'étoit ſenſible ni poſſible, mais inviſible & in-» corruptible & ſeulement intelligible ; enſorte » qu'il n'étoit poſſible d'atteindre aucunement à ſa » connoiſſance, ſinon par le moyen de l'entende-» ment » : que c'eſt dans ce ſens « qu'il fit bâtir » le temple rond de Veſta, auquel eſt gardé le » feu éternel, voulant repréſenter la forme du » monde univerſel, le milieu duquel eſt le ſiège du » dieu appelé Veſta, qu'il diſoit être l'unité ». (*Trad. d'Amyot*). Telle étoit la doctrine de Numa ; telle devoit donc être celle des Sabins, avant qu'ils ſe fuſſent laiſſés corrompre par le polythéiſme des Romains, qui adoptèrent toutes les divinités des peuples qu'ils ſoumirent. Par le nom de *Tacita*, M. l'Abbé Chauppy penſe qu'il faut entendre *Va-cuna*, déſignée par l'attribut d'ineffable.

En conſidérant ce peuple relativement à l'étendue du pays qu'il occupa, ce n'eſt qu'avec la plus grande répugnance que je m'écarte du ſentiment de M. d'Anville, dans l'étendue des limites qu'il aſſigne à la Sabine ; il me paroît s'être trop rap-proché du ſentiment de Cluvier, qui, dans quelque point, s'eſt écarté des auteurs de l'antiquité & n'a pas même aſſez bien ſaiſi les renſeignemens qu'il auroit dû prendre de l'état du local actuel, par la comparaiſon de l'ancienne & de la nouvelle géo-graphie.

Il paroît que les bornes de la Sabine devoient être celles-ci. Au ſud de l'*Anio* (1), à l'oueſt, le *Titre* juſqu'au *Nar*, que l'on peut en quelque ſorte reconnoître ainſi juſques vers ſa ſource ; au nord, le mont *Fiſcellus* ; à l'oueſt, par une ligne tirée au ſud-eſt, juſques vers *Centeſimum*, deſcendant le long des montagnes qui bornent l'état des *Prætutii*, puis les *Vertini*, y comprenant *Amiternum* & *Teſ-trina* ou *Teſtruna*, pour revenir joindre l'*Anio* à quelque diſtance à l'eſt de *Carſeoli*.

C'eſt d'après cette étendue, que je vais faire connoître les montagnes, les lacs, les fleuves & les lieux les plus remarquables, renvoyant d'ailleurs, pour chacun de ces objets, à l'article qui lui eſt particulier.

### Montagnes.

| | |
|---|---|
| Canterius mons. | Mons Sacer. |
| Fiſcellus mons. | Severus mons. |
| Lucratilis mons. | |

### Fleuves ou Rivières.

| | |
|---|---|
| Allia. | Telonius. |
| Fabaris. | Tiberis. |
| Erymella. | Velinus. |

### Villes.

Je diſtinguerai entre ces villes, celles que Denys d'Halycarnaſſe dit avoir été d'abord aux Aborigènes.

### Villes des Aborigènes.

| | |
|---|---|
| Batia. | Orvinium. |
| Curſula. | Palatium |
| Iſſa. | Suna. |
| Liſta. | Trebula. |
| Marrubium. | Tyora. |
| Mephyle. | Veſpola. |

### Villes Sabines & Latines.

| | |
|---|---|
| Amiternum. | Cœnina. |
| Antemnæ. | Carſeoli. |

---

(1) En obſervant cependant que quelques villes attribuées à l'ancien Latium, telles qu'*Antemnæ*, *Fidenæ*, & juſqu'à *Cruſtumerium*, &c. y avoient été depuis com-priſes.

Crapaſei

Casperia.                 Nomentum.
Crustumerium.             Norsia.
Cures.                    Ocriculum.
Fretum.                   Phalacrine.
Ficulea.                  Reate.
Fidenæ.                   Regillus.
Forum Decii.              *Rosea rura.*
Forum Novum.              Septem aquæ.
Foruli.                   Testrina.
Hortanum.                 Testrica.
Interamna.                Tora.
Interocrea.               Trebula.
Mandela.                  Tibur.
Nar.                      Varia.
Narnia.

Mais il ne faut pas croire que tous ces lieux aient existé en même temps; il y en a plusieurs qui, dans les beaux jours de la république, étoient déjà détruits; comme aussi il y en a quelques-uns auxquels ont succédé des villes modernes, qui attestent l'ancienneté de leur origine.

SABINIS *ou* SABANIS, lieu de l'Asie, dans l'intérieur de la Paphlagonie, selon Ptolemée.

SABINORES, nom d'un peuple qui fut chassé par les Arabes, selon Suidas.

SABIRA, ville de l'Asie, dans la Lycaonie. Selon Strabon, elle avoit été une des principales villes de la Capadoce.

SABIRIA, nom d'une contrée de l'Inde. Elle étoit contiguë à la Petélène, partie de l'Indo-Scythie, selon Ptolemée.

SABIS FLUV., fleuve de la Gaule, connu par César, qui dit que les Morins avoient rassemblé leurs forces au-delà du fleuve *Sabis.* C'est actuellement la Sambre.

Le changement de ce nom est ancien, puisque dans la notice de l'empire, on trouve *Classis Sambricæ.*

SABIS, rivière de l'Asie, dans la Carmanie, selon Pline.

SABIS, ville ou village de l'Asie, dans la Carmanie, selon Ptolemée.

SABISSÆ, nom d'une montagne des Indes. Arrien y place la source de la rivière *Soam*, qui se perd dans l'*Indus.*

SABIUM, Cluvier nomme ainsi un lieu situé au nord de l'Italie, chez les *Euganæi.*

SABLONES, lieu de la Gaule Belgique, sur la route de *Colonia Trajana* à Cologne, entre *Mediolanum* & *Mederiacum*, selon l'itinéraire d'Antonin.

M. d'Anville trouve que cette position donnée par les itinéraires, répond à celle de *Int-Sant*, dont le nom a la même signification.

SABO, nom d'une grande île, au voisinage de la mer Rouge, selon Etienne de Bysance.

SABOCI, peuple de la Sarmatie en Europe, selon Ptolemée, *L. III, ch. 5.*

SABORDÆ, peuple de l'Ethiopie, sous l'Egypte, selon Ptolemée, *L. IV, ch. 8.*

*Géographie ancienne. Tome III.*

SABRACÆ (*les Sabraques*), peuple de l'Inde, en-deçà du Gange. Quinte-Curce les fait succéder immédiatement aux *Malli*, & ajoute que c'étoit une nation fort puissante, & qui se gouvernoit en république.

Cet auteur rapporte que ce peuple avoit armé soixante mille hommes de pied & six mille chevaux, pour s'opposer aux progrès d'Alexandre-le-Grand; mais que dès qu'ils apperçurent les Macédoniens, ils les prirent pour une armée de dieux, & se soumirent.

SABRATA *ou* SABRAATA COLONIA, ville maritime & colonie romaine en Afrique, dans la Tripolitaine, selon Ptolemée.

SABSADIA, siège épiscopal de la Thrace, dans le voisinage d'Aphrodisiade, selon les actes du concile d'Ephèse, cités par Ortélius.

SABUM, ville d'Italie, dans l'Etrurie, selon les fragmens attribués à Caton.

SABURAS *ou* SOBURA, ville de l'Inde, située en-deçà du Gange, selon Ptolemée, *L. VII, ch. 8.*

SABUS, ville de l'Asie, dans l'Arménie. Elle étoit située sur la route de *Satala* à Mélitène, entre *Teucila* & *Dascusa*, selon l'itinéraire d'Antonin.

SABUS, ville de l'Asie; elle étoit située sur le bord de l'Euphrate, vers le 38e degré 30 minutes de latitude.

Ce doit être la même que la précédente, indiquée différemment par les auteurs.

SABUTÆ TERRA, contrée de l'Asie, aux environs de l'*Indus.*

SACACENA, nom que l'on a autrefois donné à l'Arménie, selon Eustathe, dans son commentaire sur le *Périégèse* de Denys.

SACADA, ville ou village de l'Asie, dans l'Assyrie, auprès du Tigre, selon Ptolemée.

SACÆ (*les Saces*), peuple Scythe qui habitoit en Asie, à l'est de la Bactriane & de la Sogdiane, dans la partie méridionale de la Scythie asiatique. Ils étoient au nord du mont *Imaüs* & du *Paropamisus.* Les Saces étoient, dit M. Larcher, des Scythes Amyrgiens. Les Perses donnoient le nom des Saces à tous les Scythes en général, à cause de la nation particulière des Saces, dont ils étoient voisins.

SACÆ *ou* SAQUES, peuple qui habitoit au midi de Babylone, entre le Tigre & l'Euphrate, ou dans le pays situé le long de ces deux fleuves, comme on le voit au *L. III* de la Cyropédie de Xénophon.

C'étoit un peuple puissant & ennemi du roi d'Assyrie. Cyrus fit alliance avec ce peuple, dans la guerre qu'il entreprit contre les Assyriens: il reçut d'eux un corps de dix mille hommes d'infanterie & de deux mille cavaliers, & s'étant rendu maître des châteaux où les Assyriens avoient garnison pour défendre leur frontière, il les remit à ses nouveaux alliés, qui y mirent des garnisons composées de Saques, de Cadusiens & d'Hyrca-

D

niens, qui tous avoient un égal intérêt à les conferver, tant pour défendre leur pays que pour faire des courfes dans ceux du roi de Babylone.

Les Saques étoient originairement une nation de Scythes, établis au-delà du fleuve Jaxartes, dans la grande Scythie : tous les géographes anciens le difent de même, & les Perfes donnoient le nom général de Saques aux peuples que les Grecs nommoient Scythes ; & ces Saques occupèrent la plus grande partie de la Sogdiane, pays qui étoit entre l'Oxus & le Jaxartes.

Par la fuite ils paffèrent l'Oxus, & s'établirent dans la Margiane ; & ils font nommés Scythes Amyrgiens, parce qu'ils habitoient le long du fleuve *Margus* ou *Morgus*, felon Hérodote. Le même auteur dit que les Perfans leur donnoient le nom de *Saques*.

Hérodote, *L. I*, ch. 101, & Arrien, *de exped. Alex. L. III*, ch. 19, mettent les Paraetaques dans la Médie. Strabon, *L. XVI*, p. 744, donne une très-grande étendue aux Paraetaques occidentaux : il dit que ce font des montagnards féroces, accoutumés au brigandage, dont le pays s'étendoit au nord, jufques aux portes Cafpiennes ; & *L. XV*, p. 732, il les joint aux peuples de l'Elymaïde, & il dit qu'ils occupoient les montagnes voifines de la Sitacène ou de l'Apolloniatide.

Strabon, *L. XVI*, p. 745, dit que ces Paraetaques avoient confervé le nom de *Saques* dans l'Elimaïde, & l'avoient donné à un canton de la Sufiane, nommé *Sagapena*.

Ces Saques avoient fait des irruptions dans les pays les plus éloignés de leur première demeure, qui étoit vers les bords du Jaxartes, felon le témoignage de Strabon : le même auteur dit qu'ils s'étoient emparés de toute la Bactriane, de la Margiane & du pays des Parthes ; qu'ils s'étoient encore étendus, de proche en proche, jufques dans l'occident de la Babylonie ; & de-là, remontant vers le nord, ils avoient pénétré dans l'Arménie, où ils s'étoient emparés d'une province fituée entre le Cyrus & l'Araxe, à laquelle ils donnèrent le nom de *Sacaffena* ; & le même auteur dit, *L. XI*, p. 512, qu'ils avoient auffi fait des courfes dans la Capadoce, & ravagé très-loin jufques fur les bords du Pont-Euxin. Du temps de Strabon, on célébroit à *Zéla*, ville du Pont, une fête fous le nom de *Sacaea*, en mémoire d'un avantage que les gens du pays remportèrent fur les Saques.

SACÆ, nom d'un peuple qui habitoit dans la Thrace, felon Suidas.

SACALA, lieu de l'Inde, au couchant & à peu de diftance des bouches du fleuve *Indus*, felon Arrien, *in Indicis*.

SACALBINA, ville de l'Afie, dans la grande Arménie, felon Ptolemée, *L. V, c. 13*.

SACANATUM ou SCANATUM, lieu de l'Afie, dans la Capadoce, fur la route de Sébafte à Céfarée, felon l'itinéraire d'Antonin.

SACANI, peuple de la Sarmatie Afiatique, felon Ptolemée, *L. V, c. 9*.

SACAPENA, contrée de l'Afie, dans la grande Arménie, felon Ptolemée, *L. V, c. 13*.

SACARAULI, peuple Nomade, entre les Scythes, & du nombre de ceux qui avoient ôté la Bactriane aux Grecs.

SACASANI, nom des habitans de la Sacaffène. Ils demeuroient dans le voifinage du fleuve *Cyrus*, felon Pline.

SACASINA, contrée aux confins de l'Arménie & de l'Albanie. Elle s'étend jufqu'au fleuve *Cyrus*, felon Strabon, *L. II, p. 528*.

SACATIA CIVITAS, ville & port de mer de l'Arabie heureufe, fur la mer Rouge, dans le pays des Elizares.

SACAURACI, peuple d'entre les Scythes. Ils ramenèrent de fon exil Sinathocclès, roi des Parthes, felon Lucien, *in Macrobiis*.

SACAZAMA ou SACAMAZA, village de l'Afrique propre, felon les divers exemplaires de Ptolemée, *L. IV, c. 3*.

SACCÆA, contrée de l'Arabie Pétrée. Elle étoit à l'orient de la Batanée, & voifine de la Thrachoniade, felon Ptolemée, *L. V, c. 15*.

SACCASENA, lieu de l'Afie mineure, fur la route d'Ancyre à Céfarée, entre Nyffe & Céfarée, felon l'itinéraire d'Antonin.

SACCHENI, peuple de l'Arabie, felon Etienne de Byfance.

SACER AGER, ou la campagne facrée, lieu de l'Afie mineure, dans l'Ionie, au voifinage de Clazomènes, felon Tite-Live.

SACER CAMPUS, lieu entre le Frioul & la Pannonie, felon Paul Diacre.

SACER CAMPUS, lieu dans une île du Nil, auprès des montagnes d'Ethiopie & d'Egypte, dans un endroit nommé *Philes*, felon Diodore de Sicile, *L. I, c. 22*.

SACER-COLLIS, colline d'Italie, fur le bord de l'Anio, felon Feftus.

SACER FONS, fontaine de l'Epire, felon Solin.

SACER FONS, fontaine de l'Egypte, felon le même.

SACER LUCUS, bois de l'Italie, à l'embouchure du Liris, près de Minturnes, felon Strabon.

SACER LUCUS, bois du Péloponnèfe, dans l'Argolide, entre le mont *Pontinus*, la rivière du même nom, la mer & la rivière d'*Amymone*, felon Paufanias.

SACER MONS, montagne de Thrace, entre la ville de Byfance & la Cherfonnèfe de Thrace, felon Xénophon.

SACER MONS, montagne d'Italie, fur laquelle le peuple romain fe retira, à deux époques différentes. Ce mont étoit près de Rome : Tite-Live dit expreffément qu'il étoit au-delà de l'*Anio*, & à trois milles de la ville ( *vià nomentaná trans Anienum, tria ab urbe millia paffuum, L. II, n. 32*).

M. l'abbé Chaupy, qui a examiné le local actuel, avec toute l'attention d'un amateur de l'antiquité & les connoiffances d'un érudit, a retrouvé ce mont Sacré dans une colline que l'on trouve à la droite de la voie, au-delà de *Ponte-Lamentano*, & qui fait faire un grand coude au fleuve *Anio*. On voit ainfi que c'étoit un lieu affez fûr, puifque le fleuve, d'un côté du moins, lui formoit un foffé naturel. Ce fut auffi, à ce qu'il paroît, fur cette même montagne que campa Annibal, à fon fecond campement près des murs de Rome.

Cluvier a tort, quand il dit que le mont Sacré **eft** le bourg de S. Silveftre, au-delà de l'*Anio*; car au-delà de l'*Anio*, il n'y a pas de bourg, & où eft le bourg, c'eft le mont Soracte, qui n'eft pas le mont Sacré.

SACER PORTUS, port de la Sarmatie Afiatique, fur le Pont-Euxin, à trente ftades du port de *Pagra*, felon Arrien.

SACER SINUS, golfe de l'Arabie heureufe, fur le golfe Perfique, dans le pays du peuple *Abucæi*, felon Ptolemée.

SACHACHA, ville de la Paleftine, dans la tribu de Juda, felon le livre de Jofué, *ch. 15, v. 16*.

SACHALITÆ, peuple de l'Arabie heureufe, mais dont on ne connoît que le nom, encore peut-être eft-il corrompu.

SACHLA, ville de l'Arabie heureufe, felon Ptolemée, *L. VII, ch. 7*.

SACIDÆ, femmes guerrières. On peut croire que c'eft une épithète donnée aux femmes des Saces.

SACILI MARTIALUM, ville de l'Hifpanie, dans l'intérieur de la Bétique, au pays des Turdules, felon Pline.

SACISUS, fort de la Thrace, dans la province de Rodope, & l'un de ceux que Juftinien fit bâtir ou relever, felon Procope.

SACOLA, village de l'Ethiopie, fous l'Egypte, felon Ptolemée.

SACOLCHA, ville de l'Ethiopie, fituée dans l'île de Méroé, felon Ptolemée, *L. IV, ch. 8*.

SACONI, ou SACANI, peuple de la Sarmatie, en Afie, felon Ptolemée, *L. V, ch. 9*.

SACONNA, ou SACOENA, lieu de l'Afie, dans la Capadoce, fur la route de *Tavia* à Céfarée, entre *Soanda* & *Ochræ*, felon l'itinéraire d'Antonin.

SACORA, ville de l'Afie, dans la Galatie, felon Ptolemée.

SACORSA, ville d'Afie, dans la Galatie.

SACRA FICUS, nom d'un fauxbourg de la ville d'Athènes, felon Philoftrate. C'eft par où on alloit à Eleufine.

SACRA SAXA, ou les pierres facrées, lieu de l'Italie, dans la Meffapie, felon Antonius Liberalis, cité par Ortélius.

SACRA SOLIS, promontoire de l'Arabie heureufe, dans le golfe Perfique & dans le pays des *Naritæ*, felon Ptolemée.

SACRA VIA, ou le chemin facré; chemin qui fe trouvoit en Grèce, dans l'Attique, par lequel on alloit d'Athènes à Eleufine.

SACRA VIA, chemin du Péloponnèfe, par où l'on alloit d'Elide à Olympie, felon Athénée.

SACRA VIA. Horace donne ce nom à l'une des rues de la ville de Rome.

SACRANA, ville de l'Hifpanie, dans le département d'*Hifpalis*, felon Pline, cité par Ortélius.

SACRANI, peuple d'Italie, dont la pofition n'eft pas trop connue.

SACRATA, ville de l'Italie, dans le *Picenum*, au fud de *Potentia*.

SACRI PORTUS, lieu maritime de l'Italie, fur la côte de la mer Ionienne, felon Tite-Live.

SACRI PORTUS, lieu de l'Italie, aux environs de Frenefte, felon Velléius Paterculus. Sylla y défit l'armée de Marius.

SACRONE, ville de la Sufiane, fituée dans l'intérieur des terres, felon Ptolemée, *L. III, ch. 3*.

SACRUM NEMUS, ou la forêt facrée. Mais ce nom, qui indique une vénération particulière, a été donné à plufieurs forêts chez les anciens.

SACRUM PROMONTORIUM, ( *Cap Saint-Vincent* ), promontoire de l'Hifpanie, dans la Lufitanie. On le regardoit comme la partie la plus avancée vers l'oueft.

SACRUM PROMONTORIUM, promontoire de l'Afie mineure, dans la Lycie, entre l'embouchure du fleuve *Lymiros* & la ville d'Olympe, felon Ptolemée.

SACRUM PROMONTORIUM, promontoire de la Sarmatie Européenne, felon Ptolemée.

SACRUM PROMONTORIUM, promontoire dans le nord de la partie orientale de l'île de Corfe, felon Ptolemée.

SACRUM PROMONTORIUM, promontoire à l'entrée du Pont-Euxin, à deux cens ftades de Chalcédoine, felon Zofime.

SACUS, en grec Σάκος. Selon Etienne de Byfance, c'étoit un village de la Laconie, que l'on nommoit ainfi à caufe de l'efpèce de bouclier qui s'y fabriquoit, & que l'on nommoit *Sacos*.

SADA ( *Sedoa* ), ville maritime de l'Inde, fur la côte occidentale au-delà du Gange, felon Ptolemée. Elle étoit fituée au nord de *Berabonna*.

SADACORA, ville de l'Afie, dans la petite Arménie, fur la route de *Garfaura* à *Maxaca*, felon Strabon.

SADALIS, nom d'une ville d'Egypte, felon Etienne de Byzance.

SADAMA, lieu de la Thrace, entre *Develtum* & *Tarpodifum*, felon l'itinéraire d'Antonin.

SADANUS, île fituée fur la côte de l'Ethiopie, felon Pline.

SADARUS, rivière de l'Afie, dans l'Arie; c'étoit une des trois rivières navigables qui fe jetoient dans le *Coplæs*, felon Pline.

SADRACÆ, ville ou château qui étoit la demeure royale de Darius, fils d'Hyftapes, felon Strabon.

SADUS, rivière de l'Inde, au-delà du Gange, selon Ptolemée.

SÆDENA, montagne de Cumes, selon Etienne de Byfance.

SÆLINI, peuple de l'Hifpanie, dans la Tarragonnoife, felon Ptolemée, qui leur donne *Nardinium* pour unique ville.

SÆNOS, *ou* SENOS, rivière des Synes, felon Ptolemée, *L. IX, ch. 3.*

SŒPINUM, ville d'Italie, dans le *Samnium.* Il paroît qu'elle étoit du territoire des *Pentri;* fon emplacement étoit vers le fud-eft de *Bovianum.*

Tite-Live parle du fiège de cette ville par Papirius; & Frontin rapporte que c'étoit une colonie formée fous Néron & Claudius.

SŒPONA, ville de l'Hifpanie, dans la Bétique, felon Pline.

SÆPRUS, rivière de l'île de Sardaigne. Ptolemée en place l'embouchure fur la côte orientale.

SÆTABICULA, ville de l'Hifpanie citérieure, dans l'intérieur du pays du peuple *Conteftani,* felon Ptolemée.

SÆTABIS, ville de l'Hifpanie citérieure, chez les *Conteftani,* à une petite diftance au fud-oueft de l'embouchure du *Sucro.* Cette ville, à ce qu'il paroît, avoit été fondée par des Sédetans, ou, comme les nomme Tite-Live, des Edetans. Elle étoit, felon Silius Italicus, fur un lieu élevé; fon lin, auffi eftimé que celui de Pélufe, & le troifième de l'Europe, felon Pline, étant travaillé avec plus d'art que le lin d'Egypte, avoit fait donner la préférence à fes toiles fur celles qui fe tiroient du Levant. Catule parle des mouchoirs de *Sætabis.* Sur les médailles de cette ville, on voit une tête d'un côté, & de l'autre un cavalier; dans quelques-unes, il tient une pique; dans d'autres une palme.

Les Maures l'appellèrent *Xativa,* & c'eft le nom que le peuple lui donne encore; mais ayant été détruite par Philippe V, on l'a rebâtie fous le nom de Saint-Philippe.

SÆTABIS, fleuve de l'Hifpanie citérieure, dans le pays du Peuple *Conteftani.* Ptolemée en place l'embouchure entre *Alone* & *Illicitanus Portus.*

SÆTIANI, peuple de la Scythie, en-deçà de l'Imaüs, felon Ptolemée.

SÆXÆ, peuple Scythe, qui habitoit aux environs du Danube, felon Etienne de Byzance.

SAFA, ville de l'Afie, qui étoit fituée près du bord occidental du Tigre, vers le 37e degré 25 minutes de latitude.

SAGA, ville d'Italie, dans l'Etrurie, felon Ortélius, qui cite un paffage de Port. Caton.

SAGALA, ville de l'Inde, en-deçà du Gange, felon Ptolemée.

SAGALASSUS, ville de l'Afie mineure: elle fe trouvoit, felon Strabon, à une journée au fud d'Apamée Cibotos: c'eft, fans doute, ce qui a déterminé M. d'Anville à la placer dans l'intérieur des limites de la Phrygie. Ptolemée la met dans la Lycie. Les auteurs, en général, l'indiquent dans la Pifidie.

Mais fi l'on varie fur le nom de la province à laquelle cette ville appartenoit, on n'eft pas plus unanimement d'accord fur le nom même de la ville, puifque Pline écrit: *Sagaleffus,* & Strabon, *Sagalaffus Sigelfus;* enfin, Hiéroclès dit *Agaleffus.* Mais une médaille de Vefpafien donne le véritable nom fous lequel cette ville fe trouve ici. Selon Strabon, elle étoit du département du gouverneur établi par les Romains dans le royaume d'Amintas. Pour aller de la citadelle (qui fe trouve auffi indiquée fur les cartes de M. d'Anville), il y avoit une redoute de 30 ftades. Selon Tite-Live (*L. XXXVIII, ch. 15*), le terroir de cette ville étoit fertile, & fes habitans de braves gens. *Sagaleffus* étoit une ville confidérable.

SAGANUS, ville de l'Afie, dans la Carmanie, felon Ptolemée & Ammien Marcellin.

SAGAPA, nom de l'embouchure la plus occidentale du fleuve *Indus,* felon Ptolemée.

SAGAPENI, nom d'un peuple d'Afie, voifin des Elyméens, felon Strabon.

SAGAPOLA, montagne de l'intérieur de la partie orientale de la Mauritanie Céfarienfe. Ptolemée en fait mention. C'eft dans cette montagne que le fleuve *Subus* prend fa fource.

SAGARÆI, peuple de l'Afie; il célébroit tous les ans un combat de chameaux en l'honneur de la déeffe Minerve, felon Ælien, dans fon hiftoire des animaux, *L. XII, ch. 34.*

SAGARICUS SINUS, (*golfe de Berczen*), golfe à l'embouchure du fleuve *Sagaris* (*Berczen*), vis-à-vis celle du Boryfthène.

SAGARIS (*Berczen*), fleuve de la Sarmatie. Il a fon embouchure à l'île *Leuce,* au même lieu que le Boryfthène. J'ai adopté le fentiment de M. Peyffonel, pour le nom moderne de ce fleuve.

SAGARTIA, prefqu'île près de la mer Cafpienne, felon Etienne de Byzance.

SAGARTII, peuple d'Afie, dans la Médie, à l'orient du mont *Zagros,* felon Ptolemée. Hérodote, qui nomme ces peuples entre ceux de la Perfe, (*L. I, ch. 125*), dit qu'ils étoient nombreux, & ne s'occupoient que de leurs troupeaux.

SAGIDA, *ou* SAGEDA, ville de l'Inde, fituée en-deçà du Gange, & qui étoit la capitale du peuple *Adifathri,* felon Ptolemée.

SAGIS, ville de la Gaule Cifalpine, vers l'eft de *Forum Alieni.*

SAGNINI, peuple d'Italie, entre les Volfques, felon Port. Caton, cité par Ortélius.

SAGRA (*Alaro*), rivière d'Italie, dans la Locride, felon Strabon.

Elle eft célèbre par la défaite des Crotoniates.

SAGRÆ, peuple de l'Ethiopie, felon le Lexique de Phavorin.

SAGRUS (*le Sagro*), fleuve d'Italie, dans le *Samnium;* il prenoit fa fource dans les montagnes des Marfes.

SAGUNTUS, *ou* SAGUNTUM ( *Morviedro* ), ville de l'Hispanie citérieure, au fud-eft d'*Edeta*, à trois milles de la mer.

Cette ville, devenue célèbre par fa deftruction, étoit fort ancienne. Ceux qui fe plaifoient à remonter jufqu'aux temps fabuleux, en attribuoient l'origine à Hercule; & c'eft d'après cette fable que Silius Italicus fait dire aux Sagontins : O *Alcide! notre fondateur.* On y vendoit des coupes d'argille, qui étoient très-recherchées.

Strabon dit qu'elle étoit une fondation des Zacynthiens. On croit que les Rutules y envoyèrent enfuite une colonie fortie de la ville d'*Ardea*. Elle étoit devenue l'une des plus confidérables villes de l'Hifpanie. Elle avoit acquis, dit Tite-Live, des richeffes immenfes, autant par le commerce de terre & de mer, que par des loix juftes & une bonne police.

Sagonte étoit donc alliée, ou du moins fous la protection des Romains; & quoique, par le traité fait avec ce peuple & les Carthaginois, il fût permis à ces derniers de porter leurs armes jufqu'à l'*Iberus*, cette ville en étoit exceptée. Lorfqu'Annibal, vers l'an de Rome 528, eut été élu pour fuccéder à fon père, il porta fes vues fur l'Italie, & commença les hoftilités par le fiège de Sagonte. Cette ville envoya des députés à Rome, qui délibéra long-temps, ou du moins qui perdit le temps en négociations, en envoyant d'abord vers Annibal, puis à Carthage. Pendant ces lenteurs, le général Carthaginois continuoit le fiège avec tant de vigueur, que ne pouvant plus lui réfifter, les principaux de la ville fe précipitèrent, avec leurs effets les plus précieux, dans un bûcher immenfe, allumé à ce deffein. Une tour étant tombée en ce moment, les vainqueurs y entrèrent en furieux, & maffacrèrent tout ce qu'ils rencontrèrent de Sagontins.

Cette ville, réduite à l'état le plus affreux, refta ainfi au pouvoir des Carthaginois, qui y avoient fait un butin immenfe. Cependant, l'an de Rome 538, Scipion, commandant en Hifpanie, & fes armes ayant abaiffé le parti Carthaginois, & eut honte d'avoir laiffé, pendant huit ans, au pouvoir des ennemis, la ville de Sagonte, qui avoit été la principale caufe de la guerre. On chercha donc à la reprendre, & on y réuffit. On lui rendit fes terres, & , felon l'expreffion de Pline, on en fit une nouvelle ville; les Sagontins furent traités par les Romains avec toutes fortes de diftinction. On ne fait à quelle époque il faut rapporter fa deftruction; mais, dans fon emplacement, on ne voit plus que des ruines.

Ce fut à caufe de fa longue réfiftance contre Annibal, & de la manière dont elle fut prife, qu'elle prit, fur plufieurs médailles, l'épithète d'*invicta*. En effet, des gens qui aimoient mieux fe jeter dans les flammes que de fe rendre, ceffoient de combattre, mais n'étoient pas vaincus. Sur les médailles

de cette ville, il fe trouve des caractères, qui, probablement, étoient en ufage dans le pays.

Polybe rapporte que près de cette ville étoit un temple de Vénus, où campèrent Cnæus & Publ. Scipion, en marchant contre les Carthaginois.

SAGYLIUM, ville de l'Afie, dans la Phazemonitide, petite contrée du Pont, fur une montagne fort haute & efcarpée, felon Strabon.

SAI, nom d'une ville de l'Arabie, felon Pline.

SAIACE, ville de l'Arabie heureufe, qui appartenoit au peuple *Zamareni*, felon Pline.

SAIENSIS, fiège épifcopal de l'Afrique, dans la province Proconfulaire, felon la conférence de Carthage.

SAII ( *peut-être* ESSUI ), c'eft qu'en effet on n'eft pas bien fûr du nom de ce peuple. Cependant M. de Valois croit que Saii eft la véritable leçon. C'étoit un peuple de la Gaule, habitant le petit pays où fe trouve aujourd'hui le diocèfe de Seez. La difficulté, c'eft de favoir fi les *Effui* de Céfar font les *Sai*. Il faut voir fes commentateurs, & le P. Hardouin, fur Pline.

SAIS, ville de la baffe Egypte, dans le nôme qui en prenoit le nom de *Saites Nomos*, & dont elle étoit la capitale, felon Strabon, qui ajoute qu'il y avoit un temple où Minerve étoit adorée. Elle étoit fituée entre le canal Canopique & le canal Sébennytique, & donnoit le nom de *bouche Saïtique* à l'une des embouchures du Nil.

SALA, rivière & ville fur la côte occidentale de l'Afrique, dans la Mauritanie Tingitane, felon Pline, à cinquante milles du fleuve Subur.

SALA, autre rivière du même pays, auprès du grand Atlas; mais de fix degrés cinquante minutes plus méridionale que la précédente, felon Ptolémée.

SALA, ville de l'Hispanie, dans l'intérieur de la Bérique, au pays des Turdules, entre *Tucci* & *Balda*, felon Ptolémée.

SALA, ville de la haute Pannonie, fituée près de *Pætavium*, felon Ptolémée.

SALA, ville d'Afie, dans la grande Arménie, felon Ptolémée.

SALA, ville de la Thrace, à l'orient & à l'embouchure de l'*Hebrus*, dans le canton nommé Dorifque, felon Hérodote, qui donne à cette ville le furnom de Samothracienne, parce qu'elle étoit dans un endroit du continent, habité par des peuples de l'île de Samothrace.

La Martinière dit que *Sala* étoit à l'orient de l'embouchure de l'Hèbre : c'eft le contraire qu'il faut lire.

SALA, ville de l'Afie mineure, dans la grande Phrygie, entre *Pylacæum* & *Gazena*, felon Ptolémée.

SALA, SALE, *ou* SACE, ville de l'Hyrcanie, felon Ptolémée.

SALABASTRÆ, peuple de l'Inde, felon Pline.

SALABIM, *ou* SALEBIM, ville de la Paleftine, dans la tribu de Dan, felon les Septante.

SALACIA ( *Alcacer do Sal* ), ville de l'Hispanie, dans la Lusitanie, chez les *Celtici*, près de l'embouchure du fleuve *Calipus* ou *Calipos*, au nord-ouest d'*Olisipo*, & au sud-est de *Pax Julia*.

Selon Pline elle étoit surnommée l'Impériale. On voit qu'elle étoit municipale.

Ptolemée la met chez les *Turdetani*.

SALACIA, lieu de l'Espagne Tarragonnoise, selon l'itinéraire d'Antonin.

SALACONIA, lieu de l'Afrique, dans la Mauritanie Tingitane, entre le lieu *ad Mercuri* & *Tamufida*, à seize mille pas du premier, & à vingt-deux mille pas du second, selon l'itinéraire d'Antonin.

SALÆ, peuples de la Colchide, que les anciens nommoient *Pithiophages*, selon Pline.

SALÆ. Ptolemée nomme ainsi les habitans de l'île de Taprobane.

SALAECNI, peuple de l'Inde, en-deçà du Gange, selon Ptolemée.

SALAGENA, *ou* SADAGENA, ville de la Cappadoce, dans la Sargarausène, selon Ptolemée.

SALAGESSA, *ou* SALAGISA, ville de l'Inde, en-deçà du Gange, selon Ptolemée.

SALAMBORIA, *ou* SARABREA, ville de la Capadoce, dans la Garsaurie, selon Ptolemée.

SALAMINIAS, ville de l'Asie, dans la Syrie. Elle étoit située au pied des montagnes, au sudouest d'Occaraba, & au nord-est d'Emesa, vers le 34° degré 35 minutes de latitude.

SALAMINE: cette petite île est dans le golfe appelé par les anciens *Saronique*, & qui paroît avoir fait autrefois partie des terres de l'Attique; car l'île fait de ce côté un angle, & le continent un petit golfe, qui, probablement, a été l'ouvrage du temps & des eaux. Elle porta d'abord le nom de *Cycrie*, d'après Cychrée, son premier roi, & celui de *Pityusse*, de la quantité de pins qui s'y trouvoient. Strabon met avant ces deux noms, celui de *Scirias*, pris d'un ancien héros. Le nom de *Salamine* avoit une origine plus illustre encore, puisqu'il venoit de Salamis, selon les auteurs Grecs, fille d'Asope, roi de Béotie, enlevée & transportée dans cette île par Neptune, qui l'y rendit mère de Cychrée. Elle eut successivement deux villes, qui portèrent le nom de *Salamis*; l'ancienne, dit Strabon, Προσνοτον, c'est-à-dire, au sud; il ajoute, en face d'Egine; l'autre Προστην Αττιχην, vers l'Attique. Malgré ce texte très-formel, je ne me permettrai pas de blâmer le savant M. d'Anville, d'avoir placé l'ancienne Salamis en face de l'Attique, & la nouvelle, vers le nord-ouest de l'île : il faut qu'il ait eu quelque bonne raison; mais je ne puis m'empêcher d'en faire la remarque, & même de ne pas adopter son sentiment. La nouvelle Salamis devint très-peuplée, & se gouverna par ses propres loix, jusqu'au temps d'Auguste. On prétend que cette île fut d'abord peuplée par des Ioniens, puis par des colonies venues des différentes parties de la Grèce. Après Cychrée, dont j'ai parlé plus haut, régna Teucer, puis Télamon, dont le fils Ajax conduisit à la

guerre de Troye, les vaisseaux de Salamine : il étoit accompagné de son frère Teucer; mais ce prince n'ayant pas vengé la mort de Cehenis, fut obligé, à son retour, de quitter Salamine, pour éviter la colère de son père. Il alla fonder une nouvelle ville de même nom, dans l'île de Chypre. Philée, l'un des successeurs de Teucer, céda son île aux Athéniens, pour vivre au milieu d'eux en simple particulier : il donna son nom à la tribu des Philiades. Les Mégariens prirent Salamine sur les Athéniens; mais Solon, qui y étoit, engagea les Athéniens à la reprendre. Lorsque les rois de Macédoine eurent abaissé la puissance d'Athènes, ils perdirent, entre autres îles de leur domination, celle de Salamine, qui se révolta sous le règne de Cassandre; mais cette entreprise leur réussit mal: les Athéniens, plus puissans qu'on ne l'avoit soupçonné, réprimèrent la révolte, & chassèrent de l'île tous ceux qui y possédoient un état & des biens: ils mirent à leur place une colonie d'Athéniens.

Sylla, traitant Athènes en maître, déclara l'île de Salamine libre; & elle jouit de cet avantage jusqu'au règne de Vespasien, qui la compta au rang des provinces Romaines. Salamine est sur-tout célèbre par la bataille navale qui se donna en 479 avant Jésus-Christ, dans le détroit formé par l'île & le continent. Elle porte aujourd'hui le nom d'un petit lieu nommé *Colouri*.

SALAMIS, ville célèbre de l'île de Cypre, selon Pomponius Méla. Scylax dit que cette ville avoit un port fermé, & propre à l'hivernement des navires. Cette ville fut ruinée par un tremblement de terre qui avoit fait entrer la mer dans une partie de l'emplacement qu'elle occupoit; mais elle fut rétablie dans le quatrième siècle.

On y voyoit un temple dédié à Vénus. Elle étoit située dans la partie inculte de l'île, vers l'endroit où commence la pointe, ou promontoire, que l'on nomme les clefs de Cypre, Κληίδες της Κωπρω. Teucer, pendant son exil, avoit fait bâtir cette ville: elle devint la capitale d'un petit royaume, que ses descendans possédèrent pendant plus de 800 ans.

Lorsqu'elle fut rétablie, au quatrième siècle, elle prit le nom de *Constantia*; & quoiqu'elle ait été dépeuplée sur la fin du septième, le nom de *Constanza* est resté à ses ruines.

SALAMIS, petite contrée de l'Asie, qui fut opprimée par l'hérésie des Macionites, selon Nicéphore Calliste, *L. XV*, ch. 27, cité par Ortélius.

SALAMIS, SALAMINE, SALAMIM, *ou* ZALAMIM, ville de laquelle il est parlé dans les livres des Hébreux.

SALAMPSII, peuple d'Afrique, dans la Mauritanie Césarienfe, dans le voisinage des Machures, & à l'est des *Baniuri*, selon Ptolemée.

SALANCON, rivière de l'Illyrie, qui va se perdre dans le golfe Adriatique, selon Apollonius.

SALANGUS, peuple de l'Italie, selon Étienne de Byzance.

SALANGUS, nom d'un peuple de l'Inde, selon Étienne de Byfance.

SALANIANA, lieu de l'Hifpanie, dans la Lufitanie, felon l'itinéraire d'Antonin.

SALANICA, lieu de l'Italie, dont il eft fait mention dans la vie de Saint-Théobald.

SALAPÆI, peuple de Thrace, qui dépendoit de Phafcupolide, felon Appien, civil., L. IV.

SALAPENI, peuple de l'Arabie heureufe, felon Ptolemée. Quelques exemplaires portent Alapeni.

SALAPHITANUM OPPIDUM, ville fituée dans l'intérieur de l'Afrique, & qui étoit foumife aux Romains, felon Pline, qui la met au nombre des trente villes qui avoient la liberté de fe choifir leurs magiftrats.

SALAPIA ( Salpe ), ville de l'Italie, dans l'Apulie, au fud-eft, près de la mer, & dans un lieu marécageux; ce qui en rendoit l'air mauvais & mal fain. On prétendoit qu'elle avoit été fondée par Diomède.

Pline rapporte qu'Annibal y contraĉta quelques liaifons avec une femme de mœurs dérangées.

C'étoit un pofte de conféquence. Lors de la feconde guerre Punique, les Romains & les Carthaginois defiroient également de la poffeder. Après la mort de Marcellus, Annibal appliqua le fceau du conful à de feintes lettres, par lefquelles il efpéroit s'introduire à Salapia; mais les intelligences de la ville la garantirent heureufement de toute furprife.

SALAPINA PALUS, marais voifin de la ville de Salapia, d'où il tiroit fon nom, felon Lucain. Vitruve dit que Marcus Hoftilius ouvrit ce lac du côté de la mer, & en fit un port pour le municipe de Salapia.

SALAPOLA, ou SAGAP, felon les divers exemplaires de Ptolemée, ville de l'Afrique, dans la Libye intérieure.

SALARIA, ville de l'Hifpanie, dans la Tarragonnoife, dans l'intérieur des terres, au pays des Orétains, felon Ptolemée, qui lui donne 9 degrés 24 minutes de longitude, & 40 degrés de latitude.

SALARIA, autre ville de l'Hifpanie, dans la Tarragonnoife, au pays des Baftitains, felon Ptolemée, qui lui donne 23 degrés de longitude, & 39° 20 minutes de latitude.

SALARIA, ville de l'Afrique propre, felon Ortélius, qui cite Ponce, dans la vie de S. Cyprien.

SALARIUS PONS, pont de la voie Salarienne, bâti fur la Téverone.

SALARS, île qu'Etienne de Byzance indique en Libye.

SALASSES, les Salaffes, peuple de la Gaule Tranfpadane, plus au nord que les Taurins, dans le beau vallon arrofé par la Duria major. Celtes d'origine, ils font appellés Gaulois par les hiftoriens.

L'an de Rome 610, il s'éleva un différend entre les Salaffes & quelques-uns de leurs voifins. Appius Claudius Pulcher, ayant le département de la Gaule, en prit occafion d'armer contre eux; il perdit la première bataille, gagna la feconde, & foumit le pays à la domination des Romains. Cent huit ans après, il y eut une révolte qui fut affez promptement appaifée; fur la fin de l'an 728, ils fe révoltèrent encore. Augufte envoya contre eux Terrentius Varron Murena, qui termina cette guerre dans une feule campagne. Puis, fous prétexte de lever des contributions, il fit diftribuer des troupes dans tout le pays. Strabon dit que les Salaffes, au nombre d'environ 40,000, furent enlevés par les Romains, qui les arrachèrent de leurs foyers fans miféricorde; 36,000 furent vendus comme efclaves, encore exigea-t-on des acheteurs qu'ils feroient menés au loin: 4,000 furent incorporés dans les cohortes prétoriennes.

SALATHI, peuple de la Libye intérieure, qui habitoit entre le mont Mandre & Sagapola, felon Ptolemée.

SALATHOS, ville de l'Afrique, dans la Libye intérieure, entre le mont Mandre & Sagapola, felon Ptolemée.

SALATHOS, rivière de l'Afrique, dans la Lybie intérieure, aux environs du mont Mandre, felon Ptolemée.

SALAURIS, ville de l'Hifpanie, fituée fur la côte, entre le mont Sellius & la ville de Tarracone, parmi des fables déferts, felon Feftus Avienus, Orat. Mart., v. 14.

SALCHA BATANŒA, lieu de la Paleftine, dans la partie appelée Batnuxa.

SALDÆ ( Boujeiah ). Strabon fait mention du port de ce nom; il étoit au fud-eft du promontoire Vabar, dans la partie orientale de la Mauritanie Céfarienfe. Ce port étoit formé par une langue de terre qui s'avance dans la mer. Il y avoit une muraille de pierres de taille qui environnoit cette langue de terre, un aqueduc qui conduifoit l'eau douce au port, & de beaux réfervoirs pour la recevoir. Maintenant tout eft détruit. C'étoit une colonie, & Ptolemée en fait auffi mention.

SALDENSII, peuples de la Dacie, les plus méridionaux de ceux qui habitoient ce pays là, felon Ptolemée.

SALDUBA, ville de l'Hifpanie, fur la côte de la Bétique, avec une rivière du même nom, felon Pline.

SALEBIM, ville de la Paleftine, dans la tribu de Dan.

SALEBRO, lieu de l'Italie, dans l'Etrurie, au nord-oueft de Rufellæ, fur la voie Aurélienne, entre le lac Aprilis & Manliana.

SALECHA, SELCHA ou SALCHA, ville de la Paleftine, à l'extrémité feptentrionale, du partage de Manaffé, au-delà du Jourdain, felon Jofué, c. 12, v. 13.

SALEM ou SALIM, lieu de la Paleftine, au bord du Jourdain, dans la demi-tribu de Manaffé, en deçà de ce fleuve, felon Jofué.

C'étoit un des bourgs que S. Jean avoit choifis pour y baptifer.

SALEM, rivière qui se perd dans l'Océan, à quatre-vingt-dix stades du promontoire d'*Abila*, selon Philostrate, au cinquième livre de la vie d'Apollonius de Tyane.

SALEM, ville de la Palestine, qui appartenoit aux Sichemites, & où Jacob arriva à son retour de la Mésopotamie, selon Eusèbe & S. Jérôme.

SALEM, lieu près & au couchant de Jérusalem, selon S. Jérôme, *in Salem*.

SALEM ou SALUMIAS, lieu de la Palestine, dans la campagne de *Scythopolis*, à huit milles de cette ville, selon le même.

SALEM, ville de la Palestine, où régnoit Melchisédech, selon le même, *epist. ad evangelium*.

SALEM, nom que les Septante ont quelquefois donné à la ville de *Silo*, qui étoit dans la tribu d'Ephraïm.

SALENÆ, ville de l'île d'Albion, dans le pays des peuples *Catyeuchlani*, selon Ptolémée, *Liv. II, c. 3.*

SALENI, peuple d'Hispanie, dans la Tarragonnoise, & dans la Cantabrie, aux environs de la rivière *Salia*, selon Pomponius Méla.

SALENSIS, siège épiscopal de l'Asie, dans la grande Arménie, selon les actes du premier concile de Nicée.

SALENTIA ou SALLENTIÆ, ville de la grande Grèce, dans le pays des Messapiens, selon Etienne de Byfance.

SALENTINA REGIO, pays de la grande Grèce, où étoit le promontoire nommé *Japygium*, & celui appelé *Salentinum promontorium*, selon Ptolémée.

SALENTINI, SALANTINI ou SALLENTINI, peuple de la grande Grèce, dont le pays s'appeloit *Salentina Regio*, selon Ptolémée.

SALENTINUM PROMONTORIUM (*cap de Sainte-Marie de Leuca*), promontoire de l'Italie. Il terminoit la péninsule de *Japigiæ*.

SALERA, ville de l'Afrique propre. Elle fut prise par Scipion, selon Tite-Live, *Liv. XXIX.*

SALERNUM (*Salerne*, ital. *Salerno*), au sud-est de *Neapolis* & au fond d'un petit golfe, sur les terres des Picentini. Selon Cluvier (*L. IV, c. 10*), cette ville étoit d'abord éloignée de la mer; mais il ne donne aucune preuve de cette assertion, & les auteurs de l'antiquité s'accordent assez généralement à s'en faire une ville maritime : à moins que l'on ne dise que d'abord le bourg de *Salernum* étoit sur une élévation, à une petite distance de la mer, & que les Romains, en la fortifiant contre les Picentini, dit Strabon, s'étendirent jusqu'au rivage. Dans le même temps, c'est-à-dire, sous le consulat de P. Cornélius Scipion l'Africain & de T. Sempronius Longus, en 559, les Romains y envoyèrent une colonie.

Lorsque les Normands, dans le onzième siècle, s'emparèrent de cette ville, elle eut le titre de principauté, & dans le treizième, l'empereur Frédéric y fonda une université où l'on enseigna la médecine avec la plus grande distinction.

SALETIO, ville de la Germanie, située sur le bord du Rhin, selon Ortélius, *Thesaur.*

SALETIO, lieu de la Gaule, dans la Germanie première, sur les bords du Rhin. Ce nom se trouve écrit de différentes manières; car Ammien Marcellin dit *Saliso*, & Frédégaire, *Saloissa*. L'orthographe adoptée ici est conforme à la table de Peutinger, à la notice de l'empire & à l'itinéraire d'Antonin. On voit dans la notice, que ce lieu étoit dans le département du général résidant à Mayence. Je serois porté à croire qu'il y avoit en ce lieu des eaux médicinales salées, ainsi que le nom semble l'indiquer. Le nom moderne est *Seltz*.

M. Schœpflin, dans son *Alsatia illustrata*, nous apprend que le Rhin, en se portant sur l'Alsace, a couvert une partie de l'emplacement qu'occupoit ce lieu.

SALGA, ville de l'Afrique, dans la Mauritanie, selon Etienne de Byfance.

SALGANEA, ville de Grèce, dans la Béotie, au passage de l'Euripe pour aller dans l'île d'Eubée, selon Tite-Live.

Etienne de Byfance & Strabon disent *Salganeus*.

SALGA, rivière de l'Afrique, dans la Mauritanie, selon Etienne de Byfance.

SALI, peuple de la Sarmatie, en Europe. Il habitoit au nord des Agathyrses, selon Ptolémée, *L. III, c. 5.*

SALIA, rivière de l'Hispanie, dans la Cantabrie, selon Pomponius Méla. Cette rivière donnoit le nom au lieu que l'itinéraire d'Antonin nomme *Salaliana*.

SALICA, ville de l'Hispanie, dans le pays des Orétains.

SALIENTES, lieu de l'Hispanie, selon l'itinéraire d'Antonin, où il est marqué entre *Gemina* & *Præsidium*.

SALINA. Il paroît, par les anciennes chartes, que l'on nommoit ainsi une portion de marais disposée avec art, pour y faire du sel.

La *Salina* étoit une portion du *Mariscus*.

SALINÆ (*Castellane*), ville de la Gaule Narbonnoise, vers le nord-est d'*Antea*.

La ville de *Salinæ* avoit des décurions, ou corps de magistrats qui composoient le sénat de la cité.

M. d'Anville, selon que le remarque le P. Papon, guidé par l'analogie des noms, croit que la position de cette ville répond à celle de Scillans; mais le P. Papon rapporte qu'on a découvert, près de Castellane, des monumens qui prouvent que, du temps des Romains, il y avoit une ville, & que l'on n'a rien trouvé de pareil à Scillans. Il ajoute que Ptolémée place *Salinæ* dans les Alpes maritimes, & la notice des Gaules, d'accord avec cet auteur, la nomme entre Digne & Senez.

Le P. Papon conjecture que *Salinæ* pourroit avoir

avoir tiré son nom des fontaines falées de Caftellane.

SALINÆ, lieu de l'Italie, dans la partie de la grande Grèce nommée *Apulie*. Ce nom, ainfi que le fuivant, venoient probablement du fel que l'on récoltoit en cet endroit.

SALINÆ, autre lieu de l'Italie, fur le bord de la mer, dans le *Picenum*.

SALINÆ, lieu de la Gaule, que Ptolemée attribue aux *Suetri*. M. d'Anville croit que c'eſt aujourd'hui *Saillans*, dans la partie feptentrionale du diocèfe de Fréjus.

SALINCÆ, peuples de l'Afrique, dans la Mauritanie Tingitane, felon Ptolemée.

SALINARUM VALLIS (la vallée des Salines), vallée de la Paleſtine.

SALINUM, ville de la baffe Pannonie, felon Ptolemée.

SALIOCLITA, lieu de la Gaule, indiqué par l'itinéraire d'Antonin fur la route de *Genabum* (Orléans), à *Lutetia* (Paris). C'eſt le lieu appelé *Saclas*. (*Voyez* la notice de la Gaule, par M. d'Anville).

SALIS, ville de la baffe Pannonie, felon Ptolemée, vallée de la Palemée.

SALISSO, lieu de la Gaule, indiqué par l'itinéraire d'Antonin, dans la première Germanie, fur la route de Trèves à Strasbourg. M. d'Anville croit que c'eſt actuellement *Sultz-Bach*.

SALIUNCA, ville de l'Hispanie, dans l'intérieur du pays des Antrigons, felon Ptolemée.

SALLABENSIS, fiège épiscopal d'Afrique, dans la Mauritanie céfarienfe, felon Ortélius.

SALLE ou SELLE, lieu de la Pannonie, à trenteun mille pas de *Sabaria*, fur la route de *Pœtovione* à *Carnuntum*, felon l'itinéraire d'Antonin.

SALLIS ou SALIS, village de l'Idumée, où fe fauvèrent les Juifs qui avoient été battus par les Romains dans les campagnes d'Afcalon.

SALLUVII, peuples de la Gaule Narbonnoife, dont la capitale étoit *Aquæ Sextiæ*. Ces peuples font les mêmes que les Saliens: ils furent d'abord ennemis des Romains; mais l'an 629 de Rome, le conful M. Fulvius réprima leurs entreprifes; & leur Teutomal, l'an 631, fut défait par C. Sextius Calvinus: ce fut ce conful qui fonda la colonie d'*Aquæ Sextiæ*. Pline.

SALMA, ville de l'Arabie déferte, à l'orient d'*Idicara*, ville qui étoit fituée fur le golfe Perfique, felon Ptolemée.

SALMA, nom de deux villes de l'Arabie heureufe, felon Ptolemée, qui en met une au 70e degré 30 minutes de longitude, & au 16e degré de latitude. Il donne à l'autre 63 degrés 20 minutes de longitude, & 24 degrés 20 minutes de latitude.

SALMACIS, ville de l'Afie mineure, dans la Carie, felon Etienne de Byfance, &c.

SALMACIS, fontaine de l'Afie mineure, dans la Carie.

SALMACIS, nom d'un fleuve, dans le pays des Parthes, felon Florus, cité par Ortélius.

SALMANI, nom d'un peuple Arabe, que Pline indique en Afie, dans le voifinage de la Méfopotamie.

SALMANTICA (*Salamanque*), ville confidérable de l'Hispanie, dans la Lufitanie, au fud-eſt, dans le pays des Vettons, felon Ptolemée.

Annibal s'empara de cette ville, l'an de Rome 534.

Plutarque, dans fon Traité de la valeur des femmes, rapporte qu'Annibal s'étant préfenté devant *Salmanica*, y répandit une fi grande terreur, que les habitans fe rendirent à toutes les conditions qu'il exigea d'eux; favoir, trois cents talens en argent, & trois cents ôtages. Mais s'étant repentis de cette condition, qui leur paroiffoit trop onéreufe, au lieu de s'y conformer avec réfignation, ils fermèrent leurs portes, & ne firent rien de ce qu'ils avoient promis. Annibal revint & pouffa le fiège. Les habitans effrayés, fe rendirent à des conditions plus dures que les premières; c'étoit d'abandonner la ville, n'emportant avec eux que leurs vêtemens. Les femmes, foupçonnant qu'elles ne feroient pas fouillées, cachèrent chacune une épée, efpérant que leurs maris trouveroient quelqu'occafion favorable de s'en fervir. En effet, Annibal abandonna la ville au pillage à fes foldats Carthaginois, pendant qu'il confioit les prifonniers à la garde de quelques troupes Numides. Ceux-ci, mécontens de n'avoir aucune part au pillage, gardèrent les prifonniers fort négligemment. Les femmes profitèrent de cette circonftance pour donner les armes à leurs maris, qui, ayant maffacré les Numides, parvinrent, au moins pour le plus grand nombre, à fe fauver dans les montagnes. L'auteur grec ajoute qu'Annibal les rappela enfuite dans leur ville.

SALMENICA, ville de Grèce, dans le Péloponnèfe, felon Calchondyle.

SALMONA, lieu de la trente-cinquième ftation des Ifraélites, où ils furent camper en fortant du Mont Hor.

*Salmona* devoit être au nord d'Afiongaber, & à l'orient du mont Hor.

SALMONE FLUV. fleuve de la Gaule, nommé dans le poëme d'Aufone fur la Mofelle. C'eſt aujourd'hui *Salm*.

SALMONE, ville de Triphylie, au nord du fleuve *Alphée* & près de celui d'*Enipeus*.

Elle a été le féjour d'un prince du même nom, fi connu dans la fable, & fur-tout par les beaux vers de Virgile (*L. VI, vers 581*). Monté fur un char d'où fortoient avec bruit des éclairs & des feux, il prétendoit, difent les poëtes, imiter la foudre inimitable de Jupiter. Mais ce dieu lança fur lui fon tonnerre, & le précipita au fond des enfers, pour lui faire expier fon audacieufe impiété. Paufanias ne dit rien de cette ville.

E

SALMONIÆ CAMPUS, campagne d'Afie, dans la Phrygie, felon Diodore de Sicile, *L. XVII.*

SALMUNTI, ville maritime de l'Afie, dans laquelle Alexandre affifta à des jeux de théâtre. Cette ville eft mife dans la Caramanie, par Arrien, & fur la mer Erythrée par Diodore de Sicile.

SALMYCA, ville fituée dans le voifinage des colonnes d'Hercule, felon Hellanicus, cité par Etienne de Byfance.

SALMYDESSIA MAXILLA, écueil fort dangereux dans le Pont-Euxin, auprès de l'embouchure du Thermodon, felon Efchyle.

SALMYDESSUS, ville & port de Thrace, fur le bord du Pont-Euxin, dans fa partie occidentale, au nord de Byfance; elle étoit fituée vers l'extrémité du mont Rhodope, à l'eft des fources de Téare. Ptolemée écrit *Almydiffus*; & Pline, *Halmydeffus*. Sallufte rapporte qu'elle étoit affez confidérable, & fameufe, dès les premiers fiècles, pour avoir été la demeure du vieux roi Phinée. M. d'Anville croit que c'eft aujourd'hui le *Midjeh.*

SALMYDESSUS, fleuve de la Thrace, près de la ville de ce nom.

SALMYDESSUS SINUS, golfe du Pont-Euxin, felon Etienne de Byfance.

SALO ( le *Xalon* ), fleuve de l'Hifpanie citérieure. Il entouroit prefque la ville de *Bilbilis.*

SALODURUM, lieu de la Gaule, dans la partie habitée par les Helvétiens. C'eft à préfent *Soleure.*

SALOMACUM, lieu de la Gaule, dans l'Aquitaine feconde, entre *Aquæ Tarbellicæ* ( Aqs ) & *Burdigala*, ou *Bordeaux.*

SALOMACUS ou SALOMACUM, lieu de la Gaule Aquitanique, felon l'itinéraire d'Antonin.

SALONA, ville maritime de la Dalmatie, felon Pomponius Méla. On a dit auffi *Salonæ.* Ce fut dans cette ville que fe retira Dioclétien, après avoir abdiqué l'empire.

SALONI, ville de l'Afie, dans la Bithynie, felon Etienne de Byfance.

SALONIANA, nom d'une ville que Ptolemée place dans l'intérieur de la Dalmatie.

SALPINATES, nom d'un peuple de l'Italie. Tite-Live rapporte qu'il s'unit aux Vulfiniens, pour faire la guerre aux Romains.

SALSOS, rivière de l'Afie, dans la Carmanie, felon Pline, *L. VI, c. 25.*

SALSULÆ, lieu de la Gaule Narbonnoife, fur la route d'Efpagne à quarante-huit mille pas du lieu *ad Strabulum.* Ce nom s'eft défiguré enfuite; on a dit *Salfæ*: c'eft actuellement *Salces*, où il y a encore des eaux falées, à douze lieues de Narbonne, fur la route qui conduit aux Pyrénées.

SALSUM FLUMEN, rivière d'Afie, dans l'Arabie, dont l'embouchure devoit être entre celle de l'Euphrate & le promontoire Chaldone, felon Pline, *L. VI, c. 28.*

SALSUM FLUMEN, rivière de l'Afrique, qui fe jette dans la Méditerranée, trois lieues au nord

oueft de Camarata. Il en eft fait mention dans l'itinéraire d'Antonin.

SALSUSA ( la *Salada* ), fleuve de l'Hifpanie, dans la Bétique, felon Ptolemée.

SALTACHA, lieu de la Phénicie, felon la notice de l'empire.

SALTICI, ville de l'Hifpanie citérieure, entre *Egelefta*, au fud-oueft, & *Lobetum*, au nord-eft; mais plus près de la première de ces villes.

SATIETÆ, nom d'un peuple de l'Hifpanie. Ils faifoient des étoffes de laine très-fines, felon Strabon.

SALTIGA, ville de l'Hifpanie, dans le pays des Baftitains, felon Ptolemée.

SALTUM, fiège épifcopal de la Paleftine, fous la première métropole du patriarchat de Jérufalem, qui étoit Céfarée fur mer, felon une notice de ce patriarchat.

SALTUM, fiège épifcopal de l'Arabie, fous la troifième métropole du patriarchat de Jérufalem, felon une notice de ce patriarchat.

SALTUM, fiège épifcopal de l'Arabie, fous la métropole de *Beryra*, quatrième métropole du patriarchat de Jérufalem, felon une des notices de ce patriarchat.

SALTUM, fiège épifcopal de l'Afie, dans l'Hellénopont, fous la métropole d'*Amafia.*

SALTUS, village d'Italie, chez les Boïens, dans le territoire de *Mutina* ou *Modène*: les habitans étoient nommés *Saltuenfes.*

SALTUENSES. *Voyez* ci-deffus.

SALVA, ville de la baffe Pannonie, fur le Danube, felon Ptolemée, *L. II, c. 16:* Antonin, dans fon itinéraire, n'en fait qu'une fimple mention.

SALVARIUM, port de mer de la Grèce, vis-à-vis de *Pylos*, felon Calchondyle, cité par Ortélius.

SALUCA, ville de l'Afrique, dans la Libye intérieure, fur le côté méridional du Niger, felon Ptolemée.

SALVIA, ville que Ptolemée indique dans l'intérieur de la Liburnie, felon Ptolemée.

SALVIA, lieu de l'Italie, dans le *Picenum.*

SALUM, rivière d'Afrique, dans la Mauritanie céfarienfe, felon Antonin, cité par Ortélius.

SALUMIAS, lieu de la Paleftine, peu confidérable.

SALUR, ville marchande de l'Inde, en-deçà du Gange, felon Ptolemée, *L. VII, c. 1.*

SALURNUM, ville de la Rhétie, près de l'*Athefis*, act. *Salorno.*

SALUTARIA, fortereffe de l'Afie, dans la Syrie, ou dans l'Euphratenfis, felon la notice de l'empire, *fect. 24.*

SALUTARIENSIS CÆSARIS. C'étoit le furnom de la ville d'*Urgia*, felon Pline, *L. III, c. 1.*

SALUTARIS, épithète qui a été donnée à quelques contrées, telles qu'une partie de la Phrygie, la Macédoine, &c.

On préfume qu'elle avoit rapport à la falubrité des eaux: cela peut s'entendre auffi, je crois, de la qualité du climat.

Il faut obferver que cette diftinction eft poftérieure au temps de Pline & de Méla.

SALYDO ou SALYBO, île du golfe Arabique, felon Agatharchide.

SALYES ou SALLUVII. J'ai déjà parlé de ce peuple, à l'article qu'exige le fecond de ce nom. Les *Sallyes* étoient un peuple Ligures.

Strabon dit que c'étoit une nation de *Ligyes*, ou de *Liguriens ;* &, felon Pline, ils étoient *Ligurum celeberimi ultrà Alpes.* Ce fut le premier des peuples renfermés dans la Gaule qui y attira les armes romaines ( *prima trans Alpa arma noftra fenfere Salyi* ). Les Marfeillois avoient porté des plaintes contre eux. Leur puiffance s'étendoit depuis le Rhône jufqu'aux Alpes, le long du rivage de la mer. M. d'Anville penfe que le pays de plaine, aux environs d'Aix, étoit leur quartier principal.

SAMA ou SAME, ville de la Paleftine, dans la tribu de Juda, felon Jofué.

SAMACHONITE, nom d'un lac de la terre promife, qui eft formé par le Jourdain, felon Jofeph.

Ce lac eft nommé *Mérom* dans l'écriture.

SAMAIA, ville de la Paleftine, felon Jofeph, *de Bello*, *L.* I, c. 2.

SAMAICA, nom d'une préfecture de la Thrace, felon Ptolemée, *L.* III, c. 11.

SAMARA FLUV., fleuve de la Gaule, actuellement la Somme.

Il faut obferver que ce nom ne fe trouve pas exprimé précifément ; mais puifque Amiens fe nommoit *Samaro-Briva*, & que les noms compofés de cette manière, comprennent d'abord le nom du fleuve, puis celui de, *briva* ou *brixa*, ou *brica* ou *briga*, &c. voulant tous défigner un lieu de paffage, on eft en droit d'en conclure le nom de *Samara*, pour la *Somme*.

SAMARABRIÆ, nom d'un peuple de l'Inde, au-delà de l'*Indus*, fur le bord même de ce fleuve, felon Pline, *L.* VI, c. 20.

SAMARAIM ou SABARIM, ville de la Judée, dans la tribu de Benjamin, felon le livre de Jofué, ch. 18, v. 20.

Les habitans d'Haï pourfuivirent les Ifraélites jufqu'à cette ville. *Jofué*, ch. 7, v. 5.

SAMARAMDA, ville de l'Inde, au-delà du Gange, felon Ptolemée, *L.* VII, c. 2.

SAMARÆI, ou les *Samaréens*, peuples qui habitoient dans la terre promife, avant les Ifraélites.

Ils occupoient le mont Sémeron, où fut bâtie Samarie, dans la tribu d'Ephraïm.

Lorfque dans la fuite ils furent chaffés de leur pays par les Ifraélites, ils fe retirèrent dans la Phénicie.

SAMARIA, pays & ville de la Judée.

La ville étoit fituée fur le mont Sémeron, qui étoit auffi nommé *Samarie*. Elle fut le fiège de tous les rois d'Ifraël, depuis Amri, fon fondateur, jufqu'au renverfement de ce royaume. Tous les rois s'étoient plu à l'embellir, de forte qu'elle étoit devenue la plus belle, la plus grande & la plus forte du royaume de Samarie, dont elle étoit la capitale.

Elle foutint plufieurs fièges contre Benadad, roi de Syrie ; mais celui qu'elle foutint contre Salmanazar, roi d'Affyrie, dura trois ans, après lequel temps, il la prit, emmena dans fes états le roi, tous les habitans, & détruifit entièrement le royaume, felon le quatrième livre des rois, ch. 17.

Le pays de Samarie comprenoit les tribus d'Ephraïm & de Manaffé, en-deçà du Jourdain, & les habitans prirent le nom de *Samaritains*.

Jofephe, dans fes antiquités, dit, que du temps de ces Samaritains, Samarie fut prife par Jean Hyrcan, fils de Simon, l'un des Macchabées, qui la pilla, la rafa entièrement, & fit paffer des torrens fur fes ruines ; mais Aulus Gabinius, proconful de Syrie, commença à la rétablir, & Hérode-le-Grand lui rendit fon ancien luftre, y bâtit un temple, & l'appela *Sébafte*, en l'honneur d'Augufte.

C'eft en cette ville qu'Hérode fit mourir fes deux fils, Alexandre & Ariftobule, & il les fit enterrer à Alexandrion.

Les prophètes Elizée & Abdias, ont été enterrés à Samarie.

J'ai donné à l'article HEBRÆI, un tableau chronologique, qui offre en parallèle lafuite des rois de Juda & d'Ifraël, dont le fiège étoit à Samarie.

A la deftruction de cette ville par Salmanazar, les peuples emportèrent avec eux les cinq livres de Moyfe, écrits en anciens caractères hébreux ; c'eft le texte appelé le *Samaritain*.

SAMARIANA, ville de l'Afie, dans l'Hyrcanie, felon Strabon.

SAMAROBRIVA ( *Amiens* ), ville de la Gaule, dans la Belgique. C'étoit, au temps de Céfar, un lieu de paffage fur la rivière, ainfi que l'on nous l'indique. Ce général y tint les états de la Gaule. Elle étoit la capitale des *Ambiani*, au temps de la notice de l'empire, & peut-être bien auparavant on y fabriquoit des armes.

SAMBALACA, ville de l'Inde, fur le bord du Gange, felon Ptolemée. Cet ancien donne deux pofitions de ce nom ; l'une à la droite du Gange, & l'autre écartée du fleuve ; mais M. d'Anville, fur fa carte de l'Inde, a cru devoir la placer fur le bord du Gange, au nord-oueft de *Palibothra*, & vers le 27<sup>e</sup> degré de lat.

SAMBANA, lieu de l'Afie, felon Diodore de Sicile, cité par Ortélius.

SAMBASTI, peuple de l'Inde, près de l'*Indus*. Selon Diodore de Sicile, ils furent vaincus par Alexandre le-Grand.

SAMBATÆ, peuple de l'Afie, dans l'Affyrie, au voifinage de l'Apolloniatide, felon Ptolemée.

SAMBLACITANUS SINUS, golfe de la Gaule Narbonnoife: mais la véritable orthographe eft *Sombracitanus*. ( *Voyez* ce mot. )

SAMBRA *ou* SAMBA, felon les divers exemplaires de Ptolemée, ville de l'Inde, au-delà du Gange.

SAMBRACATE, île de l'Arabie heureufe, dans la mer des Indes, felon Pline, *L. VI, c. 28.*

SAMBRACITANUS SINUS (*le golfe de Grimaud*), golfe de la Gaule Narbonnoife, au fud-oueft de *Forum Julii*, & près d'*Heraclea Caccabarca*.

SAMBROCA, rivière de l'Hifpanie, dans la Tarragonnoife.

SAMBRUCENI, peuple de l'Inde. Il habitoit au-delà & fur le bord même du fleuve *Indus*, felon Pline, *L. VI, c. 20.*

SAMBULOS, montagne d'Afie, vers la Méfopotamie. Elle étoit célèbre par un temple dédié à Hercule, felon Tacite. *Ann. L. XII, c. 13.*

SAMBUS, nom de l'une des rivières de l'Inde, qui tombent dans le Gange, felon Arrien, *in Indicis.*

SAMBUS, ville des Arabes, felon Etienne de Byfance.

SAME, île & ville de la mer Ionienne. Il paroît qu'au temps de la guerre de Troye, elle étoit dans la dépendance de Céphallénie. Homère ayant commencé à parler de tous ceux qu'il comprend comme fujets d'Ulyffe, fous le nom de *Céphalléniens*, finit enfin par nommer cette ville, qui étoit la plus confidérable de l'île, & qui avoit un port fur la côte feptentrionale, au fond d'un petit golfe.

SAMEGA, ville de la Judée. Elle fut prife par Hircan, felon Jofephe.

SAMENI, peuple Nomade, entre les Arabes, felon Etienne de Byfance.

SAMIA, ville du Péloponnèfe, dans l'Elide, au-deffous du village de *Samicum*, felon Paufanias, *L. V, c. 6.*

SAMICUM, fitué près des côtes, au nord-oueft de *Lepreum*, dans la Triphylie.

Paufanias en parle comme d'un lieu ou d'un village, & Strabon l'indique comme une fortereffe; mais il ajoute qu'auparavant il y avoit eu en ce lieu une ville appelée *Samos*. Il paroît, plus bas, en inférer le nom d'un terrein appelé *Samicum*. Le nom de *Samos* lui venoit, fans doute, dit le même auteur, de fa fituation fur un lieu élevé. Paufanias parle de *Samia*; mais il indique fa pofition au nord de l'*Anigrus*, & fur la droite du chemin qui menoit à Olympie. Il y avoit donc eu plufieurs lieux appelés *Samicum*, ou bien on n'étoit pas bien fûr de la place qu'il avoit occupée.

Tout près de-là étoit un temple de Neptune, en grande vénération; & deux grottes confacrées,

l'une aux nymphes *Affigrides*; l'autre aux *Atlantides*. Plus loin étoient deux bois facrés, l'un en l'honneur de Dioné, l'autre d'Eurydice.

Cette grotte ou caverne des nymphes Anigrides, étoit en grande vénération. On croyoit que ceux qui avoient des maladies de la peau, n'avoient qu'à venir y faire leurs prières, puis fe laver dans l'Anigrus, ou le paffer à la nage, pour être auffi-tôt guéris.

SAMINTHUM, ville du Péloponnèfe, aux confins de l'Argolide & de la Laconie, felon Thucydide.

SAMIR, ville de la Paleftine, dans les montagnes de la tribu de Juda, felon le livre de Jofué.

SAMIR, ville de la Judée, dans la tribu d'Ephraïm, felon le livre de Jofué. Elle étoit fituée fur la montagne d'Ephraïm. Et c'eft où demeura Tola, juge d'Ifraël, & dans laquelle il fut enterré.

SAMISENA, contrée d'Afie, dans la Galatie, vers la Bithynie, felon Strabon, *L. X, p. 562*, cité par Ortelius.

SAMNÆI, peuple de l'Arabie heureufe, felon Pline, *L. VI, ch. 28.*

SAMNITES, ( en latin *Samnites* ), peuple confidérable d'Italie, habitant la partie appelée *Samnium*. Ces Samnites étoient Sabins d'origine; & Strabon dit expreffément, qu'ils portèrent d'abord le nom de *Sabellins* (Σαβελλοι), ou petits Sabins; & il ajoute: les Grecs les appelèrent Samnites, Σαμνιται (1).

Ce peuple devenu confidérable, donna naiffance aux *Hirpini*, aux *Lucani* (Λευκανοι), & aux *Brutii* (Βρευτιοι).

Les Samnites étoient un peuple guerrier, qui fut long-temps, par fes armes, la terreur des Campiniens & des Latins. On ne fait rien de leur langue, car il ne nous refte que deux médailles Samnites, toutes deux portant une tête & le nom d'un certain Mutil. On voit fur l'une qu'il étoit *Embratur*, que l'on rend en latin par *Imperator*. C'étoit apparemment le titre du chef. On voit fur l'autre le mot *Saminius*, que M. Pellerin prend pour le nom des Samins, quelle qu'ait été la raifon qui l'y a fait placer.

Strabon nous apprend que chaque père de famille ne pouvoit pas marier fes enfans felon fa volonté particulière; mais que l'état choififfoit dix filles des plus belles, & dix jeunes hommes des plus vertueux. Celui qui s'étoit le plus diftingué, époufoit la plus belle, & ainfi de fuite, jufqu'aux deux derniers. Sans doute que les plus belles filles ne s'en

_____

(1) M. Gebelin, & avant lui la Martinière, me paroiffent avoir bien faifi la caufe de ce changement dans le nom du mot *Sabini*, les Sabins; on aura dit *Sabinites*, defcendans des Sabins; puis *Sannites* & *Samnites*, que l'on trouve dans Pline, enfin *Samnites*, qui a été adopté par les Latins.

attachoient pas moins à la pratique des vertus, autrement on eût sacrifié le bonheur réel des maris, à l'ivresse, très-passagère, que pouvoient leur procurer les premiers instans de la possession d'une belle femme. Les Samnites firent long-temps la guerre contre les Romains. En 432 de Rome, ils réduisirent une armée à passer sous leur joug, auprès de *Caudium*: mais en 435, ils y passèrent à leur tour. Ils furent depuis battus en différentes occasions. Cependant ils étoient encore puissans, lorsque Sylla leur fit la guerre; il ne fit grace à aucun les armes à la main. Il poussa même la barbarie jusqu'à en faire égorger, au milieu du champ de Mars, plusieurs milliers qui s'étoient rendus à lui à des conditions avantageuses, que lui-même avoit faites. Il prétendoit justifier cette mauvaise foi & cette barbarie, en disant *qu'il n'y auroit jamais de paix pour les Romains, tant qu'il resteroit un Samnite en état de leur faire la guerre.*

On comprend principalement sous le nom de Samnites, 1°. les *Samnites* propres; 2°. les *Caraceni*; 3°. les *Pentri*; 4°. les *Hirpini*; & même les *Peligni*, les *Vestini*, & les *Marrucini*.

SAMNIUM, contrée de l'Italie, ayant pour centre une partie de l'Apennin, entre les Marses & les Peligues, au nord-ouest; les Frentaniens à l'est; l'Apulie, au sud-est; la Lucanie, au sud; la Campanie, au sud-est. « Toute cette étendue, » dit M. l'Abbé Chaupy, qui a parcouru ce pays, » est presque occupée par l'Apennin; mais au lieu » qu'il ne présente ailleurs que des corps de montagnes ordinairement affreuses, il le dispute là » avec les plaines les plus riantes. De-là l'extrême » population antique & moderne de ce pays ».

Les *Hirpini* étant aussi un peuple Samnite, on les a souvent confondus avec le reste de la nation; & ils n'ont pas de limites particulières. J'observerai aussi que ces limites ont varié, puisque celles que M. d'Anville a tracées sur sa carte, ne comprennent, ni *Soria*, ni *Aquilonia*, qui avoient été villes Samnites, & qui, depuis, avoient passé, la première aux Volsques, la seconde à l'Apulie.

Les principaux fleuves du *Samnium* étoient, le *Sagrus*, qui couloit à l'est; le *Vulturnus*, qui, coulant long-temps au sud, venoit se jeter à l'ouest dans la mer; le *Trinius*; le *Tifernus*, qui se jetoient, à l'est, dans la mer Adriatique; le *Tamarus*, &c. Dans l'intérieur du pays,

Les principales villes Samnites étoient:

| | |
|---|---|
| Alinum. | Aculanum. |
| Æsernia. | Cominium. |
| Alifæ. | Romulea. |
| Bovianum. | Aquilonia. |
| Candium. | Murgantia. |
| Sæpinum. | Ferentum. |
| Volona. | Beneventum. |
| Palumbinum. | |

Quant au peuple Samnite, *voy.* le mot SAMNITES.

SAMOCHONITES, lac de la Palestine.

SAMONIUM PROMONTORIUM, promontoire dans la partie orientale de l'île de Crète, selon Ptolemée, *L. III, ch. 17.* Ce promontoire est nommé *Samonium Orientale*, par Strabon, *L. X*, & par Pomponius Méla; & Pline écrit *Sammonium*.

SAMOS, île de l'Archipel, sur la côte de l'Asie mineure, au sud-ouest de la ville d'Ephesus, au sud du promontoire Corycéon, à l'est de l'île Icaria, & au sud-est de l'île de Chios, vers le 38e degré 40 & 45 minutes de latitude au sud de Milet, à l'ouest. Cette île a vu naître Pythagore. La chaîne du mont Ampélos traversoit toute l'île. Cette montagne avoit deux sommets, dont l'un commandoit la ville de Samos.

Elle avoit anciennement porté le nom de Parthenie.

Junon étoit née à Samos, sur les bords du fleuve *Imbrasus*, & à l'ombre d'un de ces arbres nommés *Agnus-castus*. On montra long-temps cet arbre précieux dans le temple de la déesse, l'un des premiers monumens de la Grèce. La statue de Junon, selon Pausanias, étoit de la main de Smilis, sculpteur d'Egine, & contemporain de Dédale. On attribua de grands miracles à cette statue: un des plus brillans fut son triomphe sur les Thyrrhéniens, qui, ayant tenté de l'enlever, ne purent mettre à la voile qu'après l'avoir replacée dans son sanctuaire. Les Perses mirent depuis le feu dans le temple de Junon, après l'avoir dépouillé de ses richesses; mais on lui en éleva un autre plus magnifique que le premier, & qui, depuis, fut pillé par Verrès.

Alexis de Samos rapporte que le temple de Vénus y avoit été bâti par les courtisannes qui suivirent Périclès au siège de cette ville, & qu'elles y employèrent l'argent que leur rapportèrent leurs charmes. Il avoit été construit dans un lieu marécageux & couvert de roseaux, ce qui avoit fait appeler cette déesse, Vénus parmi les roseaux.

Les Samiens, selon Pline, passent pour les inventeurs de la poterie, & il s'en faisoit autrefois d'excellente dans leur île.

La quantité de chênes dont cette île étoit couverte, lui avoit fait donner, selon Etienne, le nom de Δρυσσα (1). Les anciens, selon Strabon, admiroient sa fertilité: elle produisoit de tout, excepté du vin. Plusieurs arbres, la vigne même, selon Athénée, y portoient des fruits deux fois l'an.

SAMOS, communément nommée *Samothrace*, île de l'Archipel, sur la côte de Thrace, d'où lui venoit le surnom de *Thracia*.

SAMOS, ville du Péloponnèse, dans l'Elide. Elle étoit détruite depuis long-temps, selon Strabon, *L. VIII, p. 347.* Cet auteur dit que cette ville avoit été située près du mont Jardan.

_____

(1) Il y a ici une faute d'impression dans la Martinière.

SAMOS, ville du Péloponnèse, dans la Meſſénie, ſelon l'épitome de Strabon, *L. VIII.*

SAMOS, ville d'Aſie, dans la Lycie, ſelon les martyrologes d'Adon & d'Uſuad, *ad 8, cal. aug. 7.*

SAMOSATA ( *Semiſat* ), ville de l'Aſie, & la capitale de la Comagène. Elle étoit ſituée ſur la rive droite de l'Euphrate, vers le 37ᶜ degré 10 minutes de latitude.

Cette ville étoit ſituée à un grand coude que fait l'Euphrate, en venant de l'eſt, & ſe repliant ſubitement vers le ſud-eſt.

C'étoit la capitale de la Comagène & la réſidence d'Antiochus, lorſque Pompée lui eut accordé cette province, dont ſes ſucceſſeurs jouirent juſqu'au temps de Tibère, qui la réduiſit en province Romaine.

Samoſate devint la métropole de l'*Euphratenſis*, lorſque l'on eut fait une province de ce nom, répondant à l'ancienne Comagène.

Cette ile fut la patrie du philoſophe Lucien, & de Paul de Samoſata, regardé comme un héréſiarque.

SAMOTARACE, petite ile de la mer Egée, à quelque diſtance au nord de Lemnos, vis-à-vis l'embouchure de l'*Hebrus.* Entre autres noms que porta cette ile, elle eut celui de *Dardanie*, parce que, ſelon Pline & Pauſanias, Dardanus s'y étoit retiré, & ceux de *Leucoſia* & de *Leuconia.*

Ce fut une colonie de Thraces, joints à des fugitifs de Samos, qui lui donnèrent ce nom, ſous lequel elle eſt le plus connue. Elle devint célèbre par le culte des dieux Cabires, aux myſtères deſquels tous les héros de l'antiquité furent initiés (1). Cette ile fut d'abord gouvernée par ſes propres rois; enſuite on y admit le gouvernement républicain, qui ceſſa lorſque cette ile fut ſoumiſe par les Perſes. Alexandre lui rendit ſes anciens priviléges; mais ſes ſucceſſeurs en firent une ile de leur dépendance. On ſait que Perſée, roi de Macédoine, fuyant la colère des Romains, s'y retira dans un temple de Caſtor & Pollux, qu'ils n'oſèrent pas violer; mais il en ſortit, & ce fut ſon malheur. Les Romains rendirent la liberté à l'ile de Samothrace; mais au temps de Veſpaſien, elle fut, ainſi que les autres états de la Grèce, réduite en province Romaine.

SAMOTHRACE, ville ſituée dans l'ile du même nom, ſelon Ptolemée, *L. III, ch. 11.*

SAMOTHRACES, peuple qui habitoit l'ile du même nom, & dans le continent de la Thrace, au nord de l'ile, au couchant de l'embouchure de l'*Hebrus*, au bord de la mer. Hérodote appelle villes des Samothraces, les villes de *Meſambria*, de *Sala* & de *Zona*, quoique ſituées ſur le continent.

(1) *Voyez*, ſur ces myſtères, l'ouvrage de M. le baron de Sainte-Croix, ſur la religion occulte des anciens peuples.

SAMPHE, nom d'une ville de la Phénicie, ſelon Etienne de Byzance. Elle eſt nommée *Sampho* pat Joſephe.

SAMPSA, village de l'Arabie, ſelon Etienne de Byzance.

SAMPSA REGIO, contrée de laquelle il eſt parlé au premier livre des Macchabées: *ch. 15*, ſelon Ortélius.

SAMPSIRA, ville de l'Egypte, ſelon Etienne de Byzance.

SAMULIS, ville de l'Aſie, dans la Célé-Syrie, ſelon Ptolemée.

SAMYDACA, ville de l'Aſie, dans la Carmanie, ſelon Etienne de Byzance.

SAMYDACES, SAMYDOCHUS, ou SAMYRACES, rivière de l'Aſie, dans la Carmanie, ſelon Ptolemée.

SANA, ville de l'Aſie, dans la grande Arménie, ſelon Ptolemée.

SALA, ville de la preſqu'ile de Pallène, près du golfe Therméen, entre Potidée & Menda, ſelon Hérodote, *L. VI, ch. 128.* Quelques auteurs l'ont confondue avec *Sane.*

SANACE, ou SACANE, ſelon les divers exemplaires de Ptolemée, ville de l'Aſie, dans la Méſopotamie.

SANAGENSES, peuples de la Gaule Narbonnoiſe, ſelon Pline. Leur capitale *Sanicium*, eſt placée dans les Alpes maritimes par Ptolemée.

SANAIS, ville de l'Aſie, dans l'intérieur de la Médie, ſelon Ptolemée.

SANAN, ville de la Judée, dans la tribu de Juda, ſelon le livre de Joſué, *ch. 15.*

SANAOS, ville de l'Aſie mineure, dans la grande Phrygie, ſelon Strabon, *L. XII, p. 576.*

SANARÆI, peuple de la Sarmatie Aſiatique, au nord de l'Albanie, ſelon Ptolemée, *L. V, ch. 9.*

SANCTIO, lieu de la Gaule, près duquel, ſelon Amien Marcellin, un officier fut tué par les *Alemani*, ou Allemands: ce fut ce qui engagea Julien à paſſer le Rhin. Quelques auteurs penſent que ce lieu eſt actuellement Sekingen.

SANDA, ville de l'Hiſpanie, ſur la côte du pays des Cantabres, à l'oueſt de *Flaviobriga*, & au nord de *Juliobriga.*

SANDABALA, nom de l'un des fleuves de l'Inde, qui ſe perdent dans l'*Indus*, ſelon Ptolemée, *L. VII, ch. 1.*

SANDACA, village de l'Ethiopie, ſous l'Egypte, ſur le bord oriental du Nil, ſelon Ptolemée.

SANDALARIUM, on SANDALARIUS VICUS, quartier de la ville de Rome. On en appeloit la principale rue, *Sandaliaris via.* C'étoit le quatrième quartier de la ville. Il y avoit un temple d'Apollon, bâti par Auguſte. C'étoit, ſelon Aulugelle, dans ce quartier que ſe trouvoient les libraires.

SANDALIUM, contrée de l'Aſie; dans la Piſidie, ſelon Etienne de Byzance. Strabon, *L. XII,*

p. *369*, en fait une fortereffe, que cet auteur dit être fituée entre *Cramma* & *Sagalaffus.*

SANDALIUM, *ou* SANDALION, île d'Afie, fur la côte de l'Ionie, & l'une des trois nommées *Trogilies* par Pline, *L. v, ch. 31,* & qu'il place auprès de Mycàle.

SANDANUS, rivière de la Thrace, vers la contrée nommée Pallène, felon Plutarque. Cet auteur dit que c'eft où Philippe fut atteint d'une flèche, en voulant forcer le paffage de cette rivière.

SANDARACA, port d'Afie, dans la Bithynie, fur le Pont-Euxin, felon le périple d'Arrien, cité par Ortélius.

SANDARACURGIUM, montagne que Strabon indique aux environs de *Pompeiopolis*, ville de l'Afie, dans la Galatie.

SANDAVA, ville de la Dacie, felon Ptolemée, *L. III, ch. 8.*

SANDIUS, colline de l'Afie mineure, dans la Carie, felon Thucydide, *L. III.*

SANDOBANES, nom d'une rivière de l'Afie. Elle alloit fe perdre dans le *Cyrus*, felon Strabon.

SANDOCANDÆ, peuple qui habitoit vers le milieu de la côte occidentale de l'île de Taprobane, felon Ptolemée, *L. VII, ch. 4.*

SANDRABATIS, contrée de l'Inde, en-deçà du Gange, felon Ptolemée.

M. d'Anville place cette contrée à l'oueft du *Jomanes*, au nord du mont *Vindius*, & penfe que c'eft celle nommée aujourd'hui *Scanderbad*, vers le 26e degré 15 minutes de latitude.

SANDUM, ville de l'Italie, felon Etienne de Byzance.

SANDUM, ville de l'Afie mineure, felon Siméon le Métaphrafte, dans la vie de Saint-Théodore, abbé.

SANDURA, ville de l'Ethiopie, fous l'Egypte, felon Pline.

SANE, ville de Thrace, dans l'ifthme Acanthien, ou du mont Athos, auprès du canal creufé par Xerxès, felon Hérodote. Thucydide dit que c'étoit une colonie de l'île d'Andros. Elle étoit fur le golfe Singitique, du côté de la mer qui regarde l'île d'Eubée, felon ce même auteur.

SANENSIS CIVITAS, ville de l'Afie mineure, dans la Phrygie. Il en eft parlé dans les actes du concile de Nicée.

SANGADA, contrée maritime de l'Inde, à l'oueft des bouches de l'*Indus*, felon le journal de la navigation de Néarque, & felon Arrien.

SANGALA, île de l'Inde, vers le haut du fleuve *Indus*, felon Arrien, *L. VII.* Cette île eft nommée *Sagala* par Ptolemée, *L. VII, ch. 1,* & *Salgala*, par Polyen, *L. IV de Alex.*

SANGAMARTA, ville de l'Inde, en-deçà du Gange, felon Ptolemée, *L. VII, ch. 1.*

SANGALIA, *ou* EUTHYDEMIA, ville de l'Inde, en-deçà du Gange, entre les fleuves *Hydraotes* & *Hyphafis*, vers le 30e degré & quelques minutes de latitude.

SANGARA, ville de l'Afie, dans la Méfopotamie : elle appartenoit à Chofroès, roi des Parthes, & elle fut prife par Trajan, empereur Romain.

SANGARIUS, *ou* SANGARIS, fleuve de l'Afie mineure, qui fort du mont Dindyme, vers Peffinunte, dans la bourgade de Sangaras : vers l'embouchure de ce fleuve, l'Euxin commence à s'enfoncer dans les terres, pour former un petit golfe, dont la ville d'Héraclée fait l'autre borne. Ce fleuve a été affez fameux dans l'antiquité; Tite Live & Strabon en font mention. Selon Plutarque ( *traité des fleuves* ), il avoit d'abord porté le nom de Xerabates.

Vénus avoit un temple ou une chapelle, fur le bord de cette rivière, avec une ftatue de la déeffe & une de l'Amour.

SANGATII, peuple de l'Afie. Il faifoit partie des peuples *Medi*, felon Hérodote.

SANGUTA, *ou* SANTUTA, felon les différentes éditions de Ptolemée, ville de l'Afie, dans la grande Arménie.

SANIA, ville fituée dans l'Inde, felon Etienne de Byzance.

SANIANA, ville de la Thrace, felon Curopalàte & Cédrène, cités par Ortélius, *Thefaur.*

SANICHÆ, nom d'un peuple qu'Arrien, dans fon périple, indique fur le bord du Pont-Euxin.

SANICIENSIUM CIVITAS, nom d'une ville fituée dans les Alpes maritimes, felon le livre des Provinces.

SANICIUM, ville capitale des Sanagenfes. Elle étoit de la Gaule Narbonnoife, & fituée dans les Alpes maritimes, felon Ptolemée. *V.* SANITIUM.

SANIGERA, ville fituée dans la petite île Baléare, felon Pline.

SANIM, lieu de la Paleftine, dans l'Acrabatène, au territoire de Samarie, felon Eufèbe, *in locis.*

SANIS, ville de l'Afie mineure, dans la grande Phrygie, felon Ptolemée, *L. v, ch. 2.*

SANITIUM, ville fituée dans les Alpes maritimes, felon Ptolemée, *L. III, ch. 1.* Mais cet auteur l'attribue aux *Vefdiantii* ou *Vediantii.* Mais comme ce peuple étoit en Italie, à l'eft du Var, on peut croire qu'elle appartenoit plutôt aux *Sentii*, qui étoient auffi maîtres de *Dinia.*

SANITURNUS, rivière de l'Italie : elle traverfe la ville de Modène, felon Frontin, dans fes ftratagèmes, *L. III, ch. 4.*

SANNABA, ville de l'Inde, en-deçà du Gange, felon Ptolemée, *L. VII, ch. 1.*

SANNI, peuple de l'Afie, affez près de la petite Arménie, & au-deffus de Trébifonde & de Pharnacie, felon Strabon.

SANNI-HENIOCHI, peuple de l'Afie, dans la Colchide, felon Pline.

SANNII. C'eft ainfi que Caffiodore, *Variar. 3,* nomme le *Samnium.*

SANNINA, ville de l'Afie, dans la Médie, felon Ptolemée.

SANNITÆ, nom que Caffiodore, *Variat*, *L. III*, donne aux Samnites.

SANTICUM, ville de la Norique, entre *Larix* & *Verunum*, felon l'itinéraire d'Antonin. Elle fe trouva comprife dans la Vénitie.

SANTIS, ville de la Celtique, felon Etienne de Byzance.

SANTONES, peuple de la Gaule, &, felon Strabon, placé près de la Garonne. Ils avoient pour capitale une ville qui porte le même nom. Ce font les peuples de la Saintonge.

SANTONUM PROMONTORIUM, promontoire de la Gaule Aquitanique, dans le pays des *Santones*. Ptolemée donne à ce promontoire 47 degrés 15 minutes; & on penfe que ce doit être aujourd'hui fur la côte de l'Aunis, ou la pointe du Chet, près d'Angoulins, ou la pointe de Coureilles, près de la Rochelle, ou le rocher des Baleines, en l'île de Rhé.

SANTUTA, *ou* SANGUTA, felon les divers exemplaires de Ptolemée, ville de l'Afie, dans la grande Arménie.

SANUA, ville de l'Afie, dans l'Albanie, felon Ptolemée, *L. v*, *ch. 12*.

SAOCES, haute montagne dans l'île de Samothrace, felon Pline, *L. IV*, *ch. 12*.

SAOCORAS, rivière de l'Afie, dans la Méfopotamie, felon Ptolemée. Elle alloit fe perdre dans l'Euphrate. C'eft la rivière *Mafca* de *Xénophon*.

SAONA, nom d'une ville de l'Italie, dans les Alpes Cottiennes, felon Paul Diacre.

SAPÆ, *ou* SAPÆI, peuple de la Thrace, felon Hérodote, Etienne de Byzance & Appien. Ils étoient entre la partie du fud-oueft du lac Biftonis & la mer. Le pays qu'ils habitoient fe nommoit, felon le fecond de ces auteurs, Sapaïque.

SAPÆI, peuple de l'Ethiopie, fous l'Egypte, au midi du peuple *Memnones*, qui habitent entre le Nil & l'*Aftapus*, près de Méroé, felon Ptolemée.

SAPAICA PRÆFECTURA, contrée de la Thrace, habitée par le peuple *Sapæ* ou *Sapæi*, felon Ptolemée, *L. III*, *ch. 11*.

SAPARAGES, nom de la cinquième embouchure du fleuve *Indus*, en commençant par la plus occidentale, felon Ptolemée, *L. VII*, *ch. 1*.

SAPAUDIA. Ce nom n'a été en ufage que dans les derniers temps de l'empire Romain. Le plus ancien auteur qui l'emploie, eft Ammien Marcellin. Il comprenoit plus de pays que n'en renferme la Savoie actuelle, qui a d'abord porté le nom de *Saboia*.

SAPEI, peuple de la Sarmatie en Afie, de qui le pays étoit traverfé par le fleuve *Ocharius*, felon Pline, *L. VI*, *ch. 7*.

SAPHA, lieu où fut enterré l'orateur Amphicrate, felon Plutarque, *in Lucullo*.

SAPHA, lieu de la Paleftine, auprès de Jérufalem, & d'où on voyoit la ville & le temple, felon Jofephe, qui en parle à l'occafion de l'entrée d'Alexandre dans cette ville.

SAPHAR, *ou* SAPPHAR, ville fituée dans l'intérieur de l'Arabie heureufe, avec le titre de ville royale, felon Pline.

SAPHE, ville de l'Afie, dans la Méfopotamie, felon Ptolemée, qui la place près du Tigre.

SAPHER, nom d'un campement des Ifraélites dans le défert, felon le livre des Nombres, *ch. 23*, *v. 23*.

SAPHON, nom d'une ville de la Judée, qui appartenoit à la tribu de Gad, felon le livre de Jofué.

Cette ville faifoit partie du royaume de Bafan; elle étoit fituée près du Jourdain, dans la partie méridionale de la tribu de Gad.

SAPATHA, bourg ou ville, dans l'intérieur des terres de l'Arabie heureufe, felon Ptolemée, *L. VI*, *ch. 7*.

SAPINIA, tribu, au fud-oueft de *Sarfina*, dans la partie de l'Italie qui appartenoit aux Sénonois. On a dit auffi *Sapinium*.

SAPINIUM. *Voy. ci-deffus*.

SAPIRENA, île du golfe Arabique, felon Pline. Elle eft nommée Sappirène par Ptolemée, qui la place du côté de l'Egypte.

SAPIRES, peuple de l'Afie, dans l'intérieur du Pont, felon Etienne de Byzance. Mais cet auteur fe trompe; ils étoient à l'eft du pays des Matiéniens, entre l'Araxes & la fource du Gyndès, à l'eft, à l'oueft du fleuve Cambyfes, qui va, du fud au nord, fe jeter dans la partie orientale de la mer Cafpienne, entre la Médie & la Colchide.

Le fcholiafte d'Apollodore dit que les Sapires avoient été ainfi nommés, parce que leur pays produit une pierre précieufe, appelée *fapétrites*, ou *faphir*. Selon ce même fcholiafte, c'étoit une nation Scythe.

SAPIS, rivière de l'Italie, dans le *Picenum*: elle couloit près de la ville d'*Ifaurum*.

SAPOLUS, nom d'une ville de l'Inde, au-delà du Gange, felon Ptolemée.

SAPORDA, lieu de l'Afie mineure, dans la Pamphilie, felon Polybe.

SAPPHO, village de la Paleftine, dans le canton de Samarie, felon Jofephe.

SAPPINIA TRIBUS, peuple de l'Italie. Il prenoit fon nom de la rivière *Sapis*, près de laquelle il habitoit, felon Tite-Live.

SAPPIRII, nom d'un peuple dont l'évêque eft nommé par l'empereur Manuel, dans fa députation aux évêques d'Arménie, felon Ortélius.

SAPRA PALUS, marais que forme le Palus-Mœotide, entre la Cherfonnèfe Taurique & la Scythie. Ce marais n'étoit féparé du golfe Carcinite, que par l'ifthme de la Cherfonnèfe Taurique.

SAPRISARA, ville de la baffe Mœfie, dans le territoire de *Nicopolis*, felon Ortélius.

SAPSAS, lieu de la Paleftine, vers le Jourdain.

SAPURI, *ou* TAPURI MONTES, montagnes de la Scythie, en-deçà de l'Imaüs, felon Ptolemée, *L. VI*, *ch. 14*.

SARA,

SARA , SERACA , ou SARECA ; ville de la Sarmatie Asiatique, auprès du fleuve *Vardanus*, selon Ptolemée, *L. V, ch. 9.*

SARA, ou ZARA ; lieu de l'Asie, dans la petite Arménie, sur la route d'*Arabissus à Satala*, entre *Eumeïs* & *Dagalasson.*

SARA, ville marchande, dans la Chersonnèse d'or.

SARAA, ou THSORA , ville de la Palestine, sur la frontière de la tribu de Dan & de celle de Juda. Eusèbe la place à dix milles d'*Eleuthero-polis*, en allant vers *Nicopolis.*

SARAA, ville de la Judée, dans la tribu de Juda, selon le livre de Josué. Elle fut depuis comprise dans la tribu de Dan.

Samson étoit de cette ville, & elle fut l'une de celles qui furent fortifiées par Roboam.

SARABACUS, ou SABARACUS, ville de l'Inde, au-delà du Gange, selon Ptolemée.

SARABRIS, ville de l'Hispanie, dans la Tarragonnoise, selon Ptolemée.

SARABUS, rivière de l'Inde, en-deçà du Gange, & l'une de celles qui se perdoient dans ce fleuve, selon Ptolemée.

SARACA, ville de l'Asie, dans l'intérieur de la Médie, selon Ptolemée.

SARACE, ville située dans l'intérieur de la Colchide, selon Ptolemée.

SARACORI , peuple dont parle Ælien.

SARAGA, ville qui étoit située dans le pays des Sines, selon Ptolemée.

SARAGINA , ville de l'Afrique, dans l'intérieur de la Marmarique, selon Ptolemée.

SARAGURI , nom d'un peuple de l'Asie, selon Suidas.

SARAIM, ville de la Palestine, dans la tribu de Juda, selon Josué. Elle est nommée *Saraxa* par Josephe, qui y place la sépulture de Samson.

SARALAPIS , nom d'un lieu de l'intérieur de l'île de Sardaigne, selon Ptolemée.

SARALUS, ville de l'Asie, dans la Galatie, selon Ptolemée. Il la donne au peuple *Trocmi.*

SARAMANNE, nom d'une ville forte qui étoit située au bord de la mer, vers le nord de l'Hircanie, selon Ammien Marcellin.

SARAMENA, contrée de l'Asie mineure, vers l'*Amisus*, selon Strabon.

SARANGA, contrée de l'Inde, au bord de la mer, entre l'embouchure du fleuve *Indus* & celle de l'*Arbis*, selon Arrien.

SARANGÆ, ou SARANGÆI, ou ZARANGÆ, peuple qui habitoit le nord oriental de la Perse, & étoit voisin des *Chorasmii*, des *Candati*, & des *Attasini*, selon Pline.

Selon Hérodote ils habitoient vers cette plaine de l'Asie qui étoit voisine des montagnes d'où couloit le fleuve Acès.

Le P. Hardouin remarque, sur Pline, que la nation des Zaranges faisoit partie des Dranges; car ce qu'Arrien dit des Zarangéens, qui doivent être les Zaranges, Strabon, Quinte-Curce, &

d'autres, le disent des Dranges. Il paroît que leur pays répondoit, à-peu-près, à cette partie de l'empire de Perse que l'on appelle aujourd'hui Sedgestan.

SARANGE, nom d'une rivière qu'Orphée, cité par Ortélius, place vers le Bosphore Cimmérien.

SARANI, peuple qui habitoit un canton de la Phénicie, selon Procope.

SARAPANA ( *Choraban* ), forteresse de la Colchide : elle étoit sur le bord & à la droite du Phase.

Strabon dit que ce château est dans le lieu où le Phase cesse d'être navigable. Il dit qu'il est si vaste, qu'il pourroit contenir une ville. Cet auteur ajoute que c'étoit un passage important pour aller de la Colchide dans l'Ibérie.

SARAPARÆ, peuple de l'Asie, dans le voisinage de l'Arménie, & qui paroissoit être originaire de Thrace, selon Strabon.

SARAPARÆ, nom d'un peuple voisin des *Bactri*, selon Pline.

SARAPIDIS-INSULA , île située sur la côte de l'Arabie heureuse, dans le golfe Sachalite, & voisine des sept îles de Zénobie, selon Ptolemée.

SARASA, ville de l'Asie, dans le pays des Parthes, qui étoient anciennement nommés Carduques, selon Strabon.

SARASA : c'est ainsi que Josephe nomme la ville de *Saraxa*, où Samson fut enterré.

SARAT-ASAR, ville de la Palestine, au-delà du Jourdain, dans la tribu de Ruben, selon Josué.

SARAVUS FLUVIUS , fleuve de la Gaule, dont il est parlé dans l'itinéraire d'Antonin, & dans la table de Peutinger : c'est aujourd'hui la Sare.

SARBACUM , ville de la Sarmatie européenne, selon Ptolemée, qui la place auprès d'un coude que fait le Borysthène.

SARBANISSA , nom d'une ville qui étoit située dans le Pont Polémoniaque, selon Ptolemée.

SARBATHA , nom d'une ville de l'Arabie heureuse, selon Ptolemée.

SARBEDICUS , nom d'une montagne de l'Asie, selon Curopalate ; elle faisoit partie du mont *Taurus*, entre la Syrie & l'Arménie.

SARBENA , ville de l'Asie, dans l'Assyrie, selon Ptolemée. Elle étoit située entre Gaugamèle & Arbèle.

SARCA, petit fleuve de l'Italie, se jetant dans le lac *Benacus.*

SARCELUM , nom d'un fort qui étoit situé vers le Tanaïs, selon Curopalate, cité par Ortélius.

SARCIGITUA , nom d'un lieu qui étoit la patrie de sainte Gurie, selon Siméon le Métaphraste. Ortélius croit que ce lieu étoit aux environs d'Edesse, dans la Mésopotamie.

SARCITAMUS LIMES , lieu de l'Afrique, dans le département de l'officier qui gouvernoit la province Tripolitaine, selon la notice de l'empire.

SARCOA , ville de l'Arabie heureuse, dans le pays des Æléens ou Agéens, sur la côte méridionale du golfe Persique, selon Ptolemée.

SARDA, grand port de la Méditerranée, sur la côte de la Mauritanie, entre *Tritum* & *Céfarée*, felon Strabon.

SARDANA, ou SARBANA, ville de l'Inde, en-deçà du Gange, felon Ptolemée.

SARDEMISUS, montagne de l'Afie, dans la Pamphilie, felon Pomponius Méla.

SARDÉNA, montagne de l'Afie, près du fleuve *Hermus*, felon Hérodote.

SARDENNA, ou SARDENA, ville de l'Afie, dans la petite Arménie, felon Ptolemée.

SARDES, ou SARDES ( *Sart* ), ville de l'Afie mineure, à l'oueft, & capitale de la Lydie. Elle étoit fituée entre le Cayftre, au fud, & l'*Hermus*, au nord, au pied du mont *Tmolus*, fur le Pactole, rivière qui, venant de cette montagne, paffoit par le milieu de la place publique de Sardes, & rouloit, avec fes eaux des paillettes d'or. Cette ville avoit au nord une grande plaine, arrofée de plufieurs ruiffeaux, qui fortoient, en partie, d'une colline voifine, au fud-oueft de la ville, &, en partie, du mont *Tmolus*.

La citadelle étoit à l'eft, tirant vers le fud de la ville, fur une montagne efcarpée & taillée en pré-cipices : dans quelques endroits les avantages de fa fituation la faifoient alors paffer pour imprenable.

Sardes étoit une ville riche & fuperbe. Florus l'appelle la feconde *Rome*. On ignore par qui elle a été fondée. Les rois de Lydie y faifoient leur réfidence, &, felon le rapport de Strabon, elle ne le cédoit en gloire & en fplendeur à aucune ville de l'Afie. Cet auteur la regardoit comme ancienne ; mais il la croyoit poftérieure au fiège de Troye.

On lit dans M. de Peyffonnel, qu'il paroît que cette ville ou fa citadelle, a été autrefois appe-lée *Hyda*, parce que l'on ne trouve point d'autre lieu de ce nom dans toute la Lydie, & que la place indiquée par Homère à cette *Hyda*, répond à celle de Sardes, qui fe trouvoit fous le mont *Tmolus*.

Il n'eft fait mention de la ville de Sardes, que depuis Ardys, fils de Gygès, & fecond roi de Lydie, de la race de Mermandes, qui occupèrent le trône après les Héraclides.

Hérodote rapporte que cette ville fut prife par les Cimmériens, chaffés de leur pays par les Scythes Nomades, & qu'ils paffèrent en Afie, fous le règne d'Ardys, dont le règne fut de cinquante ans, felon Hérodote, & ayant commencé 680 ans avant J. C. La ville de Sardes refta au pouvoir des Cim-mériens jufqu'au règne d'Alyattes fecond, qui monta fur le trône 619 ans avant la même époque ; il s'empara de la capitale, & chaffa les Cimmériens de toute l'Afie.

Les Tyriens & les Lyciens firent enfuite la con-quête de la ville de Sardes, felon le rapport de Strabon. Elle paffa fous le pouvoir des Perfes, 548 ans avant J. C. C'eft dans la plaine qui eft au-devant de cette ville, que Cyrus gagna une grande bataille fur Créfus, roi de Lydie. L'armée des Lydiens fut mife en fuite, & les Perfes firent

le fiège de la ville de Sardes, qui avoit été en-tourée de murailles par Mélès. Elle fut prife & faccagée, felon Hérodote, après avoir réfifté qua-torze jours.

Quarante-quatre ans, ou environ, après cet événement, & 504 avant J. C., Ariftagoras, lieu-tenant d'Hiftiée, fouverain de Milet, fe révolta contre les Perfes qui étoient demeurés en poffef-fion de la ville de Sardes, depuis la deftruction du royaume de Lydie. Il demanda inutilement du fe-cours aux Spartiates ; mais les Athéniens lui don-nèrent un fecours de vingt vaiffeaux, aux ordres de Melanthius. Ariftagoras fit auffi révolter les Pœoniens ; & ayant ramaffé fes troupes & celles de fes alliés, il tenta une entreprife fur Sardes. Il s'arrêta à Milet, & en confia le foin à fon frère Charopius, & à un autre Miléfien, nommé Hor-mophante. Ils fe rendirent maîtres de Sardes, fans trouver de réfiftance. Ils s'emparèrent de tous les poftes, à l'exception de la citadelle, qui étoit dé-fendue par Artapherne avec une bonne garnifon. Un foldat mit le feu à une maifon, & occafionna l'incendie entière de la ville, qui étoit prefque toute bâtie en rofeaux. Les Lydiens & les Perfes, enfermés dans la ville, prirent le parti de l'aban-donner, & de s'attrouper dans le marché, & fur les bords du fleuve Pactole, qui la traverfoit. Ils s'y défendirent fi vigoureufement, que les Ioniens fe refugièrent fur le mont *Tmolus*, & fe preffèrent de retourner à leurs vaiffeaux. Le temple de Cybèle fut brûlé dans cet incendie. Cette ville fut rebâtie depuis, & paffa fous la domination des Grecs.

333 ans avant J. C., après la bataille du Gra-nique, la ville de Sardes, qui étoit regardée comme la plus forte place des Perfes, du côté de la mer, fe rendit à Alexandre, & lui fut livrée par un nommé Mithranes. Le conquérant laiffa la ville libre, & lui permit de fe gouverner par fes propres loix.

Ce fut dans la ville de Sardes, qu'un des géné-raux d'Antigonus fit mourir Cléopâtre, fœur d'Alexandre, & fille de Philippe, roi de Macé-doine. Elle avoit été mariée à un Alexandre, que Philippe avoit fait roi des Epirotes. Cet événement arriva 308 ans avant J. C.

Dans la guerre que Seleucus fit contre Lyfimaque, il s'empara de la ville de Sardes, dont le gouver-neur fe nommoit Théodotus, qui fe retira dans la citadelle, de laquelle Seleucus ne pouvant fe rendre maître, fit publier qu'il donneroit cent talens à celui qui tueroit le gouverneur. Theodotus craignant quelque trahifon, fe détermina à livrer la citadelle avec tous les tréfors de Lyfimaque, dont la garde lui avoit été confiée. Cette prife, par Seleucus, eft de l'an 283 avant J. C.

En l'an 215 avant J. C., Antiochus-le-Grand fit bloquer Acheus dans la ville de Sardes, qui étoit très-bien gardée, & qui fe défendit vigou-reufement. Mais elle fut furprife l'année d'après, & Artabaze, qui en étoit gouverneur, fe retira dans la citadelle avec Acheus. Ce dernier fut trahi & livré à Antiochus, qui assembla un conseil pour délibérer sur le genre de supplice qu'on lui feroit éprouver. Il fut résolu de lui couper les extrémités des membres, de coudre sa tête à la peau d'un âne, & d'attacher le tronc à une croix. Après la mort d'Acheus, Antiochus s'occupa à réduire la citadelle. Il y avoit deux factions parmi les assiégés; l'une soutenoit Artabaze, & l'autre Laodice, femme d'Acheus. Cette mésintelligence fut cause que la citadelle fut livrée à Antiochus, qui conserva la ville de Sardes pendant près de vingt-cinq ans. Elle lui servit de retraite, & il s'y tint renfermé pendant quelque tems, après avoir perdu la fameuse bataille de Magnésie du Sipyle, 190 ans avant J. C. Lorsque ce Prince sortit de Sardes pour aller joindre Séleucus son fils, il en confia la garde à Zénon, & laissa le gouvernement du reste de la Lydie à Timon. Les habitans de Sardes méprisèrent l'un & l'autre, & envoyèrent au consul des émissaires, pour lui déclarer qu'ils se donnoient aux Romains. On lit dans Tite-Live, que le consul vint prendre possession de Sardes, & que P. Scipion s'y rendit aussi, dès qu'il pût soutenir la fatigue de la route. Elle demeura au pouvoir des Romains. Sous le règne de l'empereur Tibère, Sardes fut presqu'entièrement détruite par un tremblement de terre. Ce prince donna dix millions de sesterces aux habitans pour rétablir leur ville, & leur remit tous les tributs pendant cinq ans. Les habitans de Sardes plaidèrent devant les consuls & le sénat, sous le règne du même empereur, pour le maintien de leurs privilèges. Dans cette occasion, ils se firent honneur des lettres qu'ils avoient des empereurs, & de leur alliance avec les Romains dans la guerre de Macédoine. Leurs privilèges ne furent point abolis, mais seulement modérés par un senatus-consulte, selon que le rapporte Tacite. L'empereur Adrien fut aussi un des bienfaiteurs de la ville de Sardes; ce fut lui qui lui donna le titre de Néocore.

Antonin, fils adoptif & successeur d'Adrien, fut particuliérement honoré par les habitans de Sardes, selon une inscription insérée dans l'ouvrage de M. Smith.

La ville de Sardes est qualifiée, dans les médailles, de métropole d'Asie; & M. de Peyssonnel dit que c'étoit la seule ville de l'Asie proconsulaire qui ait pris cette qualité, qu'elle se donna sous Gordien Pie, dans les médailles d'Asie, de Lydie & de Grèce. Une médaille d'Auguste donne lieu de croire qu'elle étoit déjà métropole sous ce prince; & qu'elle a aussi été trois fois Néocore; la première sous Adrien, la seconde sous Septime Sévère, & la troisième sous Caracalla.

On célébroit à Sardes, tous les cinq ans, des jeux particuliers, que l'on nommoit Chrysanthins, à cause des fleurs dorées dont on composoit la couronne destinée au vainqueur. M. Smith rapporte une inscription qui donne lieu de croire que ces jeux furent établis sous le règne de Trajan, parce que le même marbre contenoit un décret de cet empereur, touchant l'institution des jeux Quinquennaux à Sardes. Les médailles, cependant, ne commencèrent à faire mention de ces jeux, que sous Caracalla.

La ville de Sardes fut une des premières qui embrassèrent le christianisme. Elle fut convertie par l'apôtre saint Jean, & quelques-uns croient que Clément, disciple de saint Paul, en fut le premier évêque. Elle est du nombre des sept églises d'Asie, citées dans l'Apocalypse.

La ville de Sardes a produit plusieurs hommes illustres. Strabon fait mention de deux Diodores, tous deux orateurs. Le plus ancien étoit surnommé Zonas, & défendit plusieurs fois la cause de l'Asie. Il fut accusé d'avoir excité à la révolte plusieurs villes de l'Asie mineure, lorsque Mithridate envahit ce pays; mais il se justifia de cette accusation.

Le second Diodore, que Strabon dit avoir été son ami particulier, étoit auteur de plusieurs livres d'histoire. Deux autres écrivains célèbres, Eunapius & Poliænus, ont aussi illustré cette ville.

Le territoire de Sardes étoit renommé pour certaines productions. La pierre précieuse que l'on appelle Sarde, ou Sardoine, y a été découverte, & ce fut là que l'on en trouva les premières mines.

Selon Pline, l'arbre qui porte l'encens, croissoit en abondance aux environs de Sardes, où les rois d'Asie en avoient fait faire des plantations.

Le peuple de cette ville passoit, chez les anciens, pour être très-industrieux, & pour avoir chez eux plusieurs manufactures célèbres. Pline rapporte que les Lydiens inventèrent l'art de travailler la laine, & que les premières fabriques furent à Sardes. On lit dans Athénée, que l'on composoit à Sardes beaucoup de parfums précieux, que le peuple de cette ville aimoit passionnément.

Les médailles impériales de Sardes sont très-nombreuses; mais celles frappées en l'honneur de la ville, sont en moindre quantité.

On voit dans une inscription, rapportée par Spon, que Jupiter étoit particuliérement honoré à Sardes. Il y est appelé le protecteur de la ville.

N. B. M. de Peyssonnel dit que l'on peut juger par ce qui reste des ruines de Sardes, que, comme le disent Strabon & Pline, cette ville étoit située sur le flanc septentrional du mont Tmolus, & qu'elle dominoit la plaine qui portoit son nom. Il ajoute que le plus beau monument qui reste de l'ancienne Sardes, est dans un vallon, au sud-ouest de la ville. Il pense que ce sont les débris de quelque temple qui avoit été bâti après le tremblement de terre qui renversa la ville, & qu'il appartient au règne de Tibère, qui fit rebâtir Sardes, ou des autres empereurs, sous lesquels elle obtint le titre de Néocore, & qui furent les bienfaiteurs & les restaurateurs de Sardes. Il dit qu'il reste quelques colonnes & plusieurs autres ruines de ce temple, dont il donne un détail. Cet auteur ajoute que les débris de la citadelle de Sardes, font fitués fur une élévation feptentrionale du village, vers le nord, on -élévation feptentrionale du mont *Tmolus*, qui dominoit la ville, & fur le flanc de laquelle elle étoit placée, en forme d'amphithéâtre. La citadelle, dont les reftes fubfiftent encore aujourd'hui, paroît avoir été bâtie dans le moyen âge. Les murs de l'eft & du fud font entiers & d'une bonne maçonnerie. M. de Peyffonnel dit qu'au pied de la montagne, un peu au-deffous du village, vers le nord, on trouve les reftes d'un grand édifice bâti de briques; & que vers l'oueft de cet édifice, on trouve une prodigieufe quantité de pierres énormes & bien taillées; que les matériaux lui font foupçonner que ce pourroit être la *Gérufie*, ou palais dans lequel s'affembloit le collège des vieillards à Sardes. Vitruve dit que les habitans de Sardes confacrèrent l'ancien palais de Créfus aux affemblées, & au repos des citoyens accablés fous le poids de l'âge, & en formèrent la *Gérufie* (1), qui fignifie le fénat ou le collége des vieillards.

Une infcription, rapportée par Spon, & trouvée dans les ruines de Sardes, fait mention de la *Gérufie* de cette ville.

M. de Peyffonnel rapporte que fur une petite hauteur, affez éloignée de la *Gérufie*, on voit les reftes d'un édifice remarquable, & qui devoit être extrêmement vafte; qu'au midi de celui-ci, dans la plaine, on voit les reftes d'un autre du même goût, & qu'il croit que ces deux édifices étoient des magafins d'abondance, où l'on confervoit les grains pour les années de difette.

Le même auteur rapporte une infcription, qu'il dit être une nouvelle preuve du culte que les habitans de Sardes rendoient à Diane. Cette déeffe y eft qualifiée de Diane Sardienne.

------

(1) Du mot *γερων*, veillard.

*N. B.* J'ai fuivi dans le texte, pour l'époque de la prife de cette ville, les opinions ordinaires, fans les difcuter. Cependant je reviens fur cet article, fait depuis long-temps, pour expofer ici l'opinion du favant M. Larcher, dans fa petite differtation chronologique fur les rois de Lydie. ( *Trad. d'Hérod.* tome VI, *page 306 & fuiv.*)
Après avoir réfuté les opinions de plufieurs favans fur l'époque où Créfus envoya confulter l'oracle, & qui ne fe trouve pas exprimé complétement fur les marbres d'Oxford, il dit, d'après Hérodote :
« Créfus, après la bataille douteufe qui fe donna dans »la Ptérie, fe retira à Sardes, afin d'y paffer l'hiver & »d'entrer en campagne au commencement du printemps, »avec des forces plus confidérables que celles qu'il »avoit auparavant.... Mais Cyrus l'ayant fuivi de près, »lui livra bataille près de Sardes; &, l'ayant battu, le »força de fe renfermer dans les murs de cette capitale, »dont il forma le fiège auffi-tôt. Quatorze jours après, »Sardes fut prife, & Créfus fait prifonnier ».
Il eft évident, dit M. Larcher, d'après ce récit, que la bataille près de Sardes, & que la prife de cette ville ont eu lieu avant l'hiver, au mois d'octobre. Mais, felon Solicrate, cette prife de Sardes arriva dans la quatrième année de la LVIIIᵉ Olympiade; il s'enfuit

## SAR

**SARDESUS**, ville de l'Afie mineure, dans la Lycie, près de *Lyrneffus*, felon Etienne de Byfance.

**SARDIÆI**, nom d'un peuple de l'Illyrie, felon Strabon.

**SARDIANA**, contrée de l'Afie, au vóifinage de la Baptriane, felon Diodore de Sicile. Mais Ortélius penfe que, dans cet endroit, il faut lire *Sogdiana*.

**SARDICA**, *ou* SERDICA, ville qui étoit la capitale de l'Illyrie orientale. On a varié fur l'orthographe de ce nom, & fur la pofition de ce lieu. Ptolémée la met au rang des villes méditerranées de la Thrace; d'autres la mettent dans la Dacié: mais cette Dacie n'eft pas la Dacie Trajane, ce qui éloigneroit trop la ville, mais la Dacie Aurélienne, au-delà du Danube.

*Sardica* fut la capitale de la feconde Illyrie : cette ville, qui étoit confidérable, avoit été augmentée par Trajan. Les Bulgares lui donnèrent le nom de *Triaditza*. L'empereur Bafile en fit le fiège en 981, felon Zonare, & le leva, parce qu'on lui donna un faux avis, que Léon Méliffène, à qui il avoit confié la garde des paffages, étoit retourné à Conftantinople, pour s'y faire proclamer empereur.

Il ne refte de cette ville que quelques veftiges auprès de *Sophia*.

**SARDINIA** ( *la Sardaigne* ), île de la Méditerranée, dans la partie occcidentale. Les Grecs ont dit Σαρδώ & Σαρδων, *Sardo* & *Sardon*. Les anciens n'ont pas manqué de faire venir ce nom d'un prince appelé Sardus, fils d'Hercule, & venu de trèsbonne heure dans cette île, avec un autre prince appelé Morax, fils de Mercure. Je me fuis fouvent expliqué fur le cas que l'on doit faire de ces fortes d'étymologies. Il eft probable que cette île eut un premier nom, & que celui de *Sardinia* ne fut que le fecond. Son origine fe trouve dans la forme même de l'île, & par conféquent n'a rien que de raifonnable, pourvu cependant qu'on ne l'attribue pas à ceux qui y abordèrent les premiers. Il faut une carte pour juger, au premier coup-d'œil, de la forme d'un pays; & l'on ne commence pas par avoir des cartes. Mais puifqu'après avoir fait le tour de la Sicile, on remarqua qu'elle formoit trois angles, d'où fe forme le nom de Trinacrie; de même auffi, lorfque l'on eut remarqué que la Sardaigne avoit la forme longue d'une fandale, on put très-bien lui donner, en langue orientale, le nom *Saad* & *Sarad*, qui fignifie *veftiges d'un pied*. Il falloit même que Pline en eût une confufe idée, puifqu'il dit que Timée la nommoit Σαρδαλιωτις,

------

donc que Créfus a été fait prifonnier vers le milieu d'octobre de l'année 545 avant J. C. M. Larcher en conclut auffi, par une fuite de calculs, que l'avénement de Gygès au trône de Lydie, eft de l'an 715 avant J. C., & le commencement du règne d'Agron I, roi des Héraclides en Lydie, remonte à l'an 1220 avant cette même ère.

mot qui exprimoit qu'elle reſſembloit à une ſandale.
De même Martianus Capella & Solin, qui copient
Pline, ajoutent que Myſſile l'appelloit Ιχνυσα,
parce qu'elle reſſemble à la trace que laiſſe ſur le
ſable un pied chauſſé d'une ſandale, du grec Ιχνος,
*veſtigium* : le texte même d'Etienne de Byſance le
dit expreſſément, Εχαλειτο ( Σαρδω ) δε Ιχνυσα,
δ'οιτι εοιχυια ην ανδρωπυ ιχνει. Je ne comprends
pas comment, avec des témoignages ſi formels,
& une probabilité qui eſt preſque une démonſtra-
tion, on retrouve encore, dans de bons ouvrages,
l'hiſtoire de ce prétendu *Sardus*, qui, vraiſemblablement, n'a pas plus exiſté que ſon père. Claudien
avoit dit auſſi :

> *Humanæ ſpeciem plantæ ſinuoſa figurat*
> *Inſula : Sardiniam veteres dixêre coloni.*

Et Silius Italicus, faiſant auſſi alluſion à cette
reſſemblance, dit, L. XII :

> *. . . . . Nudæ ſub imagine plantæ*
> *Inde Ichnuſa prius Grajis memorata coloni.*

On peut rapporter une origine auſſi ſimple &
auſſi raiſonnable, du nom de *Caralis*, qui fut le
port le plus fréquenté de cette île. *Carina* ou *Carira*,
en oriental, ſignifie *rafraîchiſſement*; & c'eſt la poſition de ce lieu, défendu au midi par une colline,
qui le met à l'abri de l'exceſſive chaleur.

L'hiſtoire de la Sardaigne, dans les tems reculés,
eſt fort incertaine. Je n'admets pas du tout ce que
les Grecs diſoient de Sardus, de Morax, & même
d'Ariſtée, qui, ſelon eux, y paſſa avec les Grecs.
La navigation de la Méditerranée n'étoit pas trop
connue des Grecs dans les premiers âges du monde.
Et qu'auroit été faire Ariſtée, dans une île éloignée
& non encore habitée, pendant qu'il y avoit tant
d'îles en Grèce, à ſa portée, & que la Sicile ſe
trouvoit ſur ſa route? Je ne ſais pas même ſi ce
que dit Pauſanias, d'un certain Iolaus, qui, ſelon
lui, paſſa en Sardaigne, eſt bien certain, puiſqu'il
place ces faits avant la guerre de Troye. Après
le ſac de cette ville, les Troyens fuyant leurs
ennemis vainqueurs, & cherchant une patrie nouvelle, s'y établirent. Il s'y trouvoit auſſi des Grecs
lorſque les Africains y abordèrent pour en faire
la conquête. Ils étoient en force; les Grecs furent
détruits; mais les Troyens ſe retirèrent dans les
montagnes, où ils ſe retranchèrent, à la faveur des
précipices.

On ne ſait au juſte à quelle époque les Carthaginois s'établirent en Sardaigne. Il eſt probable que
ce fut dès le tems qu'ils commencèrent à étendre
leur commerce : cette île leur offrit un lieu de
relâche pour leurs vaiſſeaux, qui, chez les anciens,
étoient toujours obligés de s'aider, dans leurs courſes,
du voiſinage des terres. Peut-être, ce qui eſt très-
probable, les Phéniciens les y avoient-ils précédés.

La première année de la XCVIIe Olympiade,
une peſte conſidérable ayant très-affoibli les Carthaginois, les Sardes eſſayèrent de ſecouer leur
joug; mais ce projet réuſſit mal : ils furent châtiés
de leur révolte. Mais ces mêmes Carthaginois
furent chaſſés de la Sardaigne, lors de la première
guerre punique. Les Romains s'y établirent, l'an
de Rome 521, ſous la conduite de M. Pomponius.
La Corſe ayant été conquiſe l'année ſuivante, ces
deux îles furent ſoumiſes à un même préteur. Elles
voulurent ſe mettre en liberté pendant la ſeconde
guerre punique; mais elles n'y réuſſirent pas; il
ne reſta de libre que les anciens habitans de Corſe,
réfugiés dans les montagnes où l'on n'avoit jamais
pu les ſoumettre.

Sous les derniers empereurs d'Occident, la
Sardaigne fut gouvernée par un préſident. Mais
lorſque les Vandales eurent pénétré en Afrique,
ſous Juſtinien, le gouvernement de la Sardaigne
fut annexé à cette partie de l'empire.

Les ravages qu'y commirent les Arabes, & la
conquête par les Génois & par les Piſans, n'eſt
pas de mon objet; ces révolutions appartiennent
aux tems modernes.

J'ajouterai ſeulement que cette île, qui, malgré
le titre de royaume dont elle eſt décorée, joue un
ſi petit rôle entre les états de l'Europe, étoit fort
renommée chez les anciens, par ſa grande fertilité.
Silius Italicus dit, en parlant de la Sardaigne :

> *. . . . Propenſæ Cereris nutrita favore.*
> L. XII, v. 375.

Elle étoit comptée entre les lieux appelés *les
greniers de Rome*. Il eſt vrai que toutes les parties
de l'île n'étoient pas également fertiles, & qu'il y
avoit, comme encore actuellement, des endroits
inſalubres. Autant la terre y eſt féconde, dit Méla,
autant l'air y eſt empeſté; & Claudien dit :

> *. . . . . Quæ pars vicinior Afris*
> *Plana ſolo, ratibus clemens; quæ reſpiat arctum*
> *Immitis, ſcopuloſa, procax, ſubitiſque ſonora*
> *Fluctibus.*

Le côté qui eſt vers l'Italie, eſt fort montagneux.

SARDO, montagne de l'Inde, ſelon Ctéſias,
cité par Ortélius.

SARDO, lieu de la Liburnie, au voiſinage de
Burne, ſelon Procope.

SARDONES, *ou* SARDONS, peuples qui habitoient dans la partie occidentale de la Gaule Narbonnoiſe, ſelon Pline. Ces peuples devoient être
dans la partie appelée actuellement Rouſſillon, aux
environs de *Ruſcino*.

SARDONIA, ville de l'Inde, en-deçà du
Gange.

SARDONIS, fleuve de la Thrace, dans le voiſinage de la ville *Olynthus*, ſelon Stobée. Mais

...dlius penfe qu'il faut lire *Sandanus*. Et Plutarque, en effet, nous fait connoître un fleuve de ce nom.

SARDONIUM REGIO, contrée de la Gaule Narbonnoife, fur la côte de la mer Méditerranée, felon Pline. ( *Voy.* SARDONES ).

SARDOPATORIS FANUM, temple fitué fur la côte occidentale de l'île de Sardaigne, entre *Ofœa* & *Neapolis*, felon Ptolemée.

SARDUS, ville de l'Illyrie, felon Strabon & Etienne de Byfance.

SARDUS, fleuve de l'Afie, vers l'Arménie, felon Cédrène, cité par Ortélius.

SAREA, ville de la Paleftine, dans la plaine de la tribu de Juda, felon Jofué.

SAREDA, lieu de la Judée, dans la tribu d'Ephraïm. C'étoit la patrie de Jéroboam, qui forma le fchifme des dix tribus d'Ifraël, *III<sup>e</sup> Livre des Rois*, *ch.* 11, *v.* 26.

SAREDATHA, ville ou lieu de la Paleftine, dans la tribu d'Ephraïm, felon le fecond livre des Paralipomènes.

SAREN, village de la Thrace; il appartenoit aux Maronites, felon Tite-Live.

SAREPTA, ville de la Phénicie, qui étoit fituée au midi de Sidon. Cette ville eft célèbre dans l'Ecriture, par le féjour qu'y fit le prophète Elie, dans la maifon de la veuve dont il avoit reffufcité le fils. Cette ville, fituée fur le bord de la mer, eft la même d'où les Grecs difent qu'Europe, fille d'Agenor, fut enlevée par Jupiter, & conduite dans l'île de Crète; ou, comme dit Ephémère, cette fille fe promenant fur le bord de la mer, fut apperçue par des marchands Crétois, qui l'enlevèrent & la conduifirent dans leur pays, fur leur vaiffeau, à la proue duquel étoit la figure d'un taureau.

SARGA, ville de la Macédoine, fur le rivage du golfe Singitique, felon Hérodote.

SARGANTHA, ville de l'Ibérie, felon Etienne de Byfance.

SARGANTHIS, nom d'une ville qui étoit fituée en Egypte, felon Etienne de Byfance.

SARGANTILES. Etienne de Byfance nomme ainfi les habitans de *Sarganthis*, ville d'Egypte.

SARGARAUSENA, contrée de la Cappadoce. Elle avoit le titre de préfecture, & comprenoit fix villes, felon Ptolemée.

SARGASIS, CARSAGIS, ou CARSAT, ville de l'Afie, dans la petite Arménie; elle étoit fituée fur la route de *Satala* à Mélitène, entre *Arauaci* & *Sinervæ*, felon l'itinéraire d'Antonin.

SARGATHUS, lieu où les Romains remportèrent une victoire fur les Perfes, felon Cédrène, cité par Ortélius.

SARGATII, peuple de la Sarmatie, en Europe. Il habitoit entre les *Alauni* & les *Amanobii*, felon Ptolemée.

SARGETIA, fleuve de la Dacie. Il arrofoit la ville de *Zarmizogæthufa*, nommée depuis *Ulpia-Trajana*, & fe perdoit dans le Rhadon, felon Dion Caffius.

SARIANA, province de l'Afrique. Cette divifion eft peu connue. Il en eft fait mention dans les canons du concile de Carthage, qui eut lieu fous Honorius.

SARICHA, nom d'une ville de la Cappadoce, felon Etienne de Byfance.

SARID, ville de la Paleftine, dans la tribu de Zabulon, felon le livre de Jofué.

SARIPHŒA, lieu peu confidérable de la Paleftine.

SARIPHI, montagne de l'Afie, dans la Margiane, felon Ptolemée. Le fleuve *Oxus* prenoit fa fource dans cette montagne.

SARISABIS. Du moins c'eft ainfi qu'on lit dans quelques traductions de Ptolemée: le texte porte *Serifabis*. C'étoit une ville de l'Inde, en-deçà du Gange, vers l'embouchure de ce fleuve, chez les Gangarides: le texte & la traduction dont je me fers, portent également *Serifabis*.

SARITÆ, peuples de l'Arabie heureufe, felon Ptolemée.

SARMAGANA, ville de l'Afie, dans l'Arie, felon Ptolemée.

SARMALIA, ville de l'Afie, dans la Galatie, & qui appartenoit aux *Toliftoboges*, felon Ptolemée. Dans l'itinéraite d'Antonin, cette ville eft marquée fur la route d'Ancyre à *Tavia*, entre *Bolelafgus* & *Ecobrogis*.

SARMATÆ, peuple d'Europe, qui habitoit vers le *Tanaïs*; on l'a auffi nommé *Sauromatæ*. Il paroît qu'une grande partie de la Pologne actuelle a été habitée par les Sarmates, dont l'hiftoire, les loix, les mœurs ne font point connues. Je penfe qu'ils reffembloient beaucoup aux Scythes. Les nations placées par les auteurs dans la Sarmatie font:

| | |
|---|---|
| Les *Venedi*. | Les *Baftarnæ*. |
| Les *Boruffi*. | Les *Iaziges*. |
| Les *Æftiæi*. | Les *Roxolani*. |
| Les *Peucini*. | Les *Hamaffolbii*. |

SARMATÆ. On trouve auffi de ce peuple en Gaule, fur les bords du Rhin; mais c'eft au temps d'Aufone, précepteur de Gallien; & ces peuples, fans doute, y avoient été tranfportés par la politique des Romains, qui fouvent déplaçoient les nations vaincues, quand elles n'étoient pas trop confidérables pour n'en avoir plus rien à craindre.

SARMATIA, grande portion d'Europe & d'Afie, d'où la divifion en Sarmatie Européenne & Sarmatie Afiatique.

La Sarmatie d'Europe étoit séparée de la Germanie par le fleuve appelé *Wistule*.

Ptolemée y nomme le *Chronus* (le Prégel), le *Rubo* (le Ruff), le *Turunius* (la Duna), le *Chesinus* (la Perna). Au nord, dans la mer Baltique, il y avoit le *Sinus Clypeus*, & aussi *Venedicus*. C'est-là que Pline place l'île *Latris*, que l'on croit être celle d'*Osel*.

Au sud couloient les rivières de *Borysthenes*, appelée depuis *Danapris*; l'*Hypanis*, appelé aussi *Bogus*; & enfin le *Tanaïs*, depuis le Don. On voit ainsi que la Sarmatie comprenoit la partie méridionale de la Russie Européenne. La Sarmatie d'Asie, étoit le pays contigu à la Sarmatie d'Europe à l'est; aussi Ptolemée y place-t-il le *Rha* ou *Volga*. Mais les anciens connoissoient peu ces pays; c'est pourquoi ce géographe croyoit que le *Rha* appartenoit tout entier à la Sarmatie d'Asie, au lieu que nous savons qu'il a sa source en Europe.

GÉOGRAPHIE DE LA SARMATIE, SELON PTOLEMÉE.

*Sarmatie d'Europe.*

La Sarmatie d'Europe étoit bornée, au nord, par l'Océan Sarmatique, & par des terres immenses.

Après l'embouchure de la Vistule on trouvoit :

Chronis, fl.  
Rhubonis, fl.  } Ostia.  
Turenti, fl.  
Chesini, fl.  

A l'est elle alloit jusqu'aux sources du *Tanaïs*. Il faut observer que ces sources n'étoient pas bien connues de Ptolemée.

A l'ouest elle avoit la *Vistula* ou Vistule :

Au sud, les Iazyges-Métanastes, où étoient des montagnes qui joignoient le mont Carpat. Elle touchoit de ce côté à la Dacie, jusqu'à l'embouchure du Borysthène.

Dans le Pont-Euxin on trouvoit :

Borysthenes, fl. ostia.  
Hyspanis, fl. ostia.  
Nemus Dianæ, prom.  
Isthmus Achillei Cursus, promontorium sacrum.

A l'ouest de cet isthme est :

Mysaris promontorium.

A l'est :

Cephalonesus.

Bonus partus, ou plutôt le *Pulcher portus*; car il y a dans le grec καλος λιμην.

Tamyraca.

Carcinitis, fl. ostia, & le *Carcinites sinus*.

Au-delà étoit l'Isthme qui joignoit la Tauride au continent.

A l'est de cet isthme étoit le marais *Byce*.

On trouvoit près du fleuve *Carcinis* :

Les *Nova mœnia*, ou nouvelles murailles; le grec met au singulier νεόν τειχος. Je présume que c'étoit une muraille pour fortifier l'isthme.

C'étoit dans le Palus Méotis qu'étoit l'embouchure du *Tanaïs*.

Puis on trouvoit :

Axiacæ, fl. ostia.  
Lianum.  
Byci, fl. ostia.  
Acra.  
Geri, fl. oft.  
Cremni.  
Agarum, prom.  
Agari, fl. ost.  
Lucus Saltus Dei.  
Lyci, fl. oft.  
Hygris.  
Poriti, fl. ost.  
Caræa.  
Ostia Tanaïs.

Les montagnes de la Sarmatie étoient les monts :

Peuca.  
Amadoci.  
Boudinus ( Βούδινον ὄρος ).  
Alaunus.  
Carpatus.  
Vindelici ( montes ).  
Riphæi.

Ptolemée place la source du Borysthènes dans ces dernières montagnes.

L'*Aniaces* couloit du côté de la Dacie.

Les peuples que Strabon indique dans la Sarmatie étoient :

Les *Venedæ*, sur le golfe de leur nom.  
Les *Peucini* & *Basternæ*, vers la Dacie.  
Les *Iazyges* & *Roxelani*, sur les bords du Palus Méotide.

Et dans l'intérieur du pays ;

Les *Hamaxobii.*
Les *Alauni.*
Les *Scythes.*

Quelques petites nations occupent l'intérieur de la Sarmatie.

Près de la Vistule, sur le golfe de Vénèdes, étoient :

Les *Gythones* ou *Guthones.*
Les *Phynni.*
Les *Boulanes.*

Et au-dessous d'eux :

Les *Phrongoundiones.*

Ensuite, vers les sources de la Vistule, étoient :

Les *Avareni* ou *Avarini.*

Et au-dessous d'eux :

Les *Ombrones.*
Les *Anartophracti.*
Les *Burgiones.*
Les *Arsyetæ.*
Les *Saboci.*
Les *Piengitæ.*
Les *Bessi.*

Au pied du mont Carpate, vers l'est, étoient :

Les *Galindæ.*
Les *Sudini.*
Les *Scavani.*

Puis au-dessous :

Les *Igilliones.*
Les *Cæstoboci*
Les *Tranomontari*, jusqu'aux monts *Peucini.*

Vers la mer, au-delà du golfe :

Les *Venedes.*
Les *Oveltæ.*

Et au-delà,

Les *Hossy.* Enfin les *Carbones*, qui sont au septentrion.

Ceux qui sont les plus orientaux sont :

Les *Cæreotæ* & les *Sali.*
Et au-dessous d'eux,
Les *Agathyrsi.*
Les *Aorsi.*
Les *Pagyritæ.*

Au-dessous d'eux étoient :

Les *Savari* & les *Borusci*, jusqu'aux monts Rhiphées.

Ensuite étoient les *Aicibi* & les *Nasci*, au-dessous desquels étoient les *Ibiones* & les *Idiæ.*

Au-dessous des *Vibiones* jusqu'aux *Alauni* étoient les *Sturni.*

Entre les *Alauni* & les *Hamaxobii* étoient les *Caryones* & les *Sargatii.*

Vers l'endroit où s'incline le Tanaïs, étoient les *Ophlones* & les *Tanaïtæ* : les *Osili* s'étendoient au sud jusqu'aux *Roxolani.*

Entre ceux-ci & les *Hamaxobii*, il y avoit les *Rhacalani* & les *Exobygitæ.*

Entre les *Peuceni* & les *Bastenæ* étoient les *Carpiani*, & au-dessus d'eux, les *Gevini*, puis les *Bodini.*

Entre les *Basternæ* & les *Roxolani*, les *Chuni.*

Et au-dessous des montagnes de leur nom, les *Amadoci* & les *Navari.*

Près du lac *Bycen* étoient les *Toreccadæ.*

Et près de l'isthme appelé *Cursus Achilis*, les *Tauro-Scythæ.*

Au-dessous des *Basterhes*, vers la Dacie, les *Tagri*, & au-dessous les *Tyrangitæ.*

Dans l'endroit où le Tanaïs faisoit un coude (την επιστροφην τυ Ταναιδος) étoient les autels d'Alexandre, *Alexandri Aræ.*

Puis assez loin les autels de César, *Cæsaris Aræ.*

Entre les bouches du fleuve étoit la ville de *Tanaïs.*

*Villes de l'intérieur des terres.*

Près du fleuve *Carcinis* :

*Carcina.*
*Torocca.*
*Pasiris.*
*Ercabum.*
*Tracana.*
*Naubarum.*

Près du *Borysthène* :

*Azagarium.*
*Amadoca.*
*Sarum.*
*Serimum.*
*Olbia*, métropole, qui étoit aussi nommée *Borythènes.*

Vers

Vers le fleuve *Axius*,

*Ordefus.*

Vers le lieu où le *Boryfthène* fait une courbure :

*Leinum.*
*Sarbacum.*
*Nioffum.*

Près de la Dacie, fur le *Tyras* (ou *Danafter*) :

*Carrodunum.*
*Mætonium.*
*Clepïdava.*
*Vibanta Varium.*
*Fractum.*

Près de l'embouchure du Tanaïs étoit l'île *Alo-pecia*, ou des *Renards*.

### Sarmatie d'Afie.

Ses bornes étoient inconnues au nord. Elle avoit au couchant la *Sarmatie d'Europe* jufqu'aux fources du *Tanaïs* ; & ce fleuve lui-même jufqu'à fon embouchure dans le Palus Méotide, & de ce Palus jufqu'au Bofphore.

On peut voir, par l'infpection de nos cartes actuelles, que Ptolemée n'avoit pas une idée bien jufte de la configuration de ces mers, & du cours des fleuves dont il parle.

On trouvoit de ce côté, au-delà de l'embou-chure du Tanaïs :

*Paniardis.*
*Marubii*, fl. oftia.
*Patarve.*
*Rhombiti magni*, fl. oft.
*Theophanii*, fl. oft.
*Azara.*
*Rhombiti parvi*, fl. oft.
*Azabetiftænia.*
*Tyrambe.*
*Atticiti*, fl.
*Gerufa.*
*Pfapis*, fl. oft.
*Mapeta.*
*Vardani*, fl. oft.
*Cimmerium*, prom.
*Apatargus.*
*Achilleum apud os* ( ἐπὶ τῦ στόματος ).

Sur le Bofphore Cimmérien :

*Phanagonia.*
*Corocondame.*

Vers le fud, où fe trouvoit le Pont-Euxin, puis, tirant une ligne vers la Colchide, l'Ibérie & l'Albanie, on trouvoit, fur le Pont-Euxin :

*Hermonaffa.*
*Syndicus portus.*
*Géographie ancienne. Tome III.*

*Sinda*, ville.
*Bara*, port.
*Bara*, ville.
*Pfychri*, fl. oft.
*Achæa.*
*Cerceticus*, finus.
*Tazos.*
*Taretice*, extrema.
*Ampfalis.*
*Burcæ*, fl. oft.
*Œnanthia.*
*Fortia mœnia.*
*Theffyris*, fl. oft.
*Coracis*, fl. oft.

C'eft à ce fleuve que commençoit la Colchide.

A l'eft, fur la mer d'Hyrcanie, après le fleuve *Soana* :

*Alontæ*, fl. oft.
*Udonis*, fl. oft.
*Rha*, fl. oft.

On trouvoit, dans cette partie de la Sarmatie, les monts :

*Hippici.*
*Ceraunii.*
*Corax.*
*Alexandri Columnæ.*
*Pylæ Sarmaticæ.*
*Albaniæ Pylæ.*

Vers les régions feptentrionales & les terres inconnues, toujours felon Ptolemée, on trouvoit :

Les *Hyperborei Sarmatiæ.*

Et au-deffous,

Les *Bafilici.*
Les *Modacæ.*
Les *Hippophagi.*

Sous ceux-ci,

Les *Zacatæ.*
Les *Suardeni.*
Les *Afai.*

Au-delà du coude que forme le Tanaïs au nord,

Les *Perierbidi*, nation puiffante ; & vers le fud, Les *Iaxamatæ.*

Les villes étoient :

*Exopolis.*
*Navarius.*
*Tanaïs.*

On trouvoit enfuite :

Les *Chæmides* ; & vers la fource du *Rha* ;
Les *Phtherophagi.*
Les *Mateni*, & la région appelée *Nefiotis.*
Les *Siraceni.*

Entre les monts *Hippici* & le *Palus Méotide*,

Les *Sefupfii.*
Les *Thermontæ*, au-deffous defquels étoient :
Les *Tyrambæ.*
Les *Afturicani.*
Les *Arichi.*
Les *Zinchi*, jufqu'au mont *Corax.*

Au-delà de cette montagne :

Les *Conapfeni.*
Les *Metibi.*
Les *Agoritæ.*

Entre le *Rha* & les monts *Hippici*, au-deffous des *Siraceni*, étoit la *Regio Mithridatis*, au-deffous de laquelle ou trouvoit,

Les *Melanchlæni.*
Les *Sapothrenæ*, & au-deffous, les *Scymnitæ* & les *Amazones.*

Entre les monts *Hippici* & les *Ceroni* on trouvoit,

Les *Suani* & les *Sacani.*

Entre ces dernières montagnes & le fleuve *Rha*,

Les *Erinæi.*
Les *Vali.*
Les *Serbi.*

Et entre les mêmes montagnes & le *Caucafe* :

Les *Tufci* & les *Diduri.*

Le long de la mer Cafpienne :

Les *Ulæ.*
Les *Olondæ.*
Les *Ifondæ.*
Les *Gerri.*

Sur les montagnes :

Les *Bofphorani.*

Et près la mer :

Les *Achæi.*
Les *Cercetæ.*
Les *Heniochi.*
Les *Sovenochalci.*

Au-deffus de l'*Albanie* :

Les *Sanaræi.*

Près du petit *Rhombis* étoit,

*Cezaraba.*

Près le fleuve *Pfatis*,

*Lochis.*

Près le *Vardanus* :

*Scopelus.*
*Suruba.*
*Corufia.*
*Sebriapa.*
*Saraca.*

Près le fleuve *Burax:*

*Cucadma.*

Près le fleuve *Thefpanis*

*Batrache.*

Près le fleuve *Corax* :

*Nabia.*

Sur les montagnes :

*Abunia.*
*Næfunia.*
*Almia.*

SARMATICA INSULA ; nom d'une île fituée près de l'embouchure du Danube, nommée *Caloftoma*, felon Pline.

SARMATICI MONTES, montagnes de la Sarmatie Européenne, aux confins de la Germanie, felon Ptolemée.

SARMINETUM, ville que Pline, felon Ortélius, indique dans la Thrace, vers la mer.

SARMYDESSUS, lieu de la Thrace, felon Suidas. On penfe que c'eft le nom *Salmydeffus*, un peu corrompu.

SARNACA, ville de l'Afie mineure, dans la Theutranie, felon Pline, *L. v*, ch. 30.

SARNADA, ville de la Pannonie, fur la route de *Sirmium* à *Salonæ*, entre *Leufaba* & *Silviæ*, felon l'itinéraire d'Antonin.

SARNIA, SARMIA, SARMA, *ou* ARMIA INSULA. Selon les divers exemplaires de l'itinéraire d'Antonin, île fituée dans la mer qui fépare les Gaules de la Grande-Bretagne.

On croit que c'eft l'île de Guernefey.

SARNII ALPINI, peuples dont le conful Q. Marcius triompha, l'an de Rome 636, felon Tite-Live.

SARNIUS, fleuve de l'Afie : il féparoit un défert de l'Hyrcanie, du côté de l'orient, felon Strabon.

SARNUCA, ville de l'Afie, dans la Méfopotame. Cette ville étoit fituée fur le bord de l'Euphrate, au fud d'Apammaris, vers le 35ᵉ degré 50 minutes de latitude.

SARNUS, fleuve de l'Italie, dans la Campanie. Il arrofoit la ville de *Pompeii*, felon Strabon. C'eft pour cela que Stace lui donne l'épithète de *Pompeianus*.

*Nec Pompeiani placeant magis otia Sarni.*
L. 1, Carm. 2, v. 265.

Et Silius Italicus lui donne une épithète qui indique une qualité propre & indépendante de fa position.

*Sareftes etiam populos, totafque videres*
*Sarni mitis opes.*

Comme ce poëte parle des richeffes de ce fleuve, cela peut faire entendre que, propre à la navigation, il fe faifoit beaucoup de commerce fur fes bords.

SARNUS, nom d'une ville de l'Illyrie, felon Etienne de Byzance.

SARON, canton de la Paleftine, entre le mont Thabor & la mer de Tibériade, felon Eufèbe & faint Jérôme.

SARON, canton de la Paleftine, entre la ville de Céfarée de Paleftine & Joppé, felon Eufèbe & faint Jérôme.

SARON, *ou* SARONAS. Saint-Jérôme donne ce nom à de vaftes & fertiles campagnes de la Phénicie, où l'on trouvoit la ville d'Apollonias. Pline, *L. IV, ch. 5*, donne le même nom à ces campagnes, & ajoute qu'on les appeloit ainfi, parce qu'elles étoient anciennement couvertes de chênes. On y recueilloit du vin qui étoit très-eftimé.

SARON, canton de la Paleftine, au-delà du Jourdain, dans le pays de Bafan, & dans le partage de la tribu de Gad; mais pour décider s'il y a en effet autant de Sarons différens dans la Paleftine, ou fi quelques-uns n'ont pas été confondus, il faut voir Don Calmet & d'autres commentateurs.

SARON, lieu de la Judée, dans la tribu de Gad. Il en eft fait mention dans les Paralipomènes.

SARON, montagne de la Judée, qui étoit fituée dans la partie occidentale de la tribu d'Afer.

SARON, nom d'une ville & d'un fleuve du Péloponnèfe, dans la Troézène, felon Euftathe, qui dit que ce fleuve avoit donné le nom au golfe Saronique.

SARONA, ville de la Judée, dans la tribu d'Ephraïm, felon le livre de Jofué.

C'étoit une ville royale, dont le roi fut tué par les Ifraélites.

SARONICUS SINUS, ou *le golfe Saronique*, aujourd'hui golfe d'Engia. Il étoit entre l'Argolide & l'Attique, & avoit reçu fon nom de la petite ville de *Saron*, peu éloignée de Troézène. Il commençoit, à peu-près, entre le promontoire *Sunium*,

dans l'Attique, & le promontoire *Scylleum*, dans l'Argolide. On y trouvoit quelques îles remarquables, telles que l'île de Salamine, l'île d'Egine, de Calaurie, &c. Pline dit que ce golfe avoit pris ce nom, de ce que, du côté de l'Argolide, il étoit bordé d'une forêt de chênes; cet arbre étant appelé *Saron*, dans le grec ancien: cela eft affez probable.

SAROPHAGI, les Sarophages, peuple de l'Inde, felon Pline.

SARPEDON PROMONTORIUM, promontoire de la Cilicie, au voifinage du fleuve *Calycadnus*, felon Strabon, *L. XIV, p. 670*. Ptolemée le nomme *Sarpedonum extrema*, & l'indique entre *Aphrodifia*, & l'embouchure du *Calycadnus*. Ce lieu mérite d'être connu pour les détails de l'hiftoire Romaine. On voit un traité entre les Romains & Antiochus, où, entre autres conditions, on ftipule, *neve navigato citrà Calycadnum, neve Sarpedonem promontorium*. Appien écrit *Sarpidonium*; c'eft une faute.

C'eft fans doute en rappelant le fouvenir de l'ancien héros Sarpedon, que Pomponius Méla dit ( *L. I, ch. 13* ) que ce promontoire étoit une des bornes du royaume de Sarpedon. Il me femble que l'on ne connoît pas d'autres princes de ce nom que celui d'Homère.

On lit dans Scylax:

Σαρπηδὸν πόλις ἐρημὸς κη ποταμὸς.

Ce qui feroit croire qu'il y avoit auffi une ville & un fleuve de ce nom; mais on regarde ce paffage comme fufpect.

SARPEDON, promontoire de la Thrace, près du fleuve *Erginus*, felon Etienne de Byzance, & entre le golfe *Melas*.

SARPEDON, nom d'une île qui étoit fituée vers l'Océan Atlantique, & qui étoit habitée par les Gorgones, felon Suidas.

SARRACENE, ou la ville des Sarrafins, nom d'une ville qui appartenoit plutôt à l'Arabie qu'à la Phénicie.

SARRÆ. On trouve ce nom dans Zonare, qui dit que l'empereur Licinius y fut tué. Ortélius croit qu'il faut lire *Serræ*.

SARRANA, ville de l'Afie, au fud, & près des montagnes qui règnent au nord de la Méfopotamie, felon Ptolemée.

Elle étoit fituée au nord-eft d'*Edeffa*, mais féparée par des montagnes.

SARRANATES, peuple de l'Italie, aux environs de l'Ombrie, felon Pline.

SARRITÆ, peuple de la Paleftine. Cependant on trouve ce nom écrit autrement dans les Paralipomènes.

SARRUM, lieu de la Gaule Aquitanique, felon la table de Peutinger, entre *Condate* (Coignac), & *Vefunna* (Périgueux). Il eft vrai que les diftances ne fe rapportent pas, fi l'on croit, ce qui eft vraifemblable, que *Sarrum* foit actuellement Charmans: peut-être les routes faifoient-elles un plus grand tour.

SARRUM PROMONTORIUM. Ce promontoire fe trouve ainfi nommé fur la carte de M. d'Anville, & appartenant à la Thrace. *Voyez* SARRON.

SARS, fleuve de l'Hifpanie, dans la Tarragonnoife. Il couloit près de la tour d'Augufte, felon Pomponius Méla.

SARSINA, ville de l'Italie, dans l'Ombrie, dans l'intérieur des terres, fur la rive gauche du fleuve *Sapis*. C'étoit la patrie de Plaute. On a écrit auffi *Sarcina*.

Silius Italicus dit:

. . . . . . *Hic Sarcina dives lactis.*

SARSINATES, peuple de l'Italie, dans l'Ombrie; il habitoit la ville de *Sarfina*, felon Pline.

SARSULA, nom d'un lieu de l'Italie, dans· le *Latium*, cité par Cluvier.

SARSURA (*Surfeff*), ville de l'Afrique propre. Céfar s'en rendit maître, felon Hirtius.

Cette ville étoit fituée à fix milles à l'oueft de *Turris Annibalis*.

SARTA, ville fituée fur le golfe Singitique, entre Singos & le promontoire Ampelos. Il en eft parlé dans Hérodote, *L. VII, ch. 128.*

SARTALI, lieu de la Gaule, dont il eft parlé dans la table de Peutinger, qui le place entre *Tolofa* & *Laftora*, ou Leictoure. On trouve en effet fur cette route un lieu nommé *Saffans*.

· SARTAN, nom d'un lieu, au haut de la tribu de Gad, auprès de la mer de Galilée.

SARTHAN, ou SARTHANA, ville de la Paleftine, près du pays de Betfan, felon le livre des Rois.

SARUM, ou SARON, ville de la Sarmatie Européenne, & l'une de celles que Ptolemée place à l'embouchure du Boryfthène.

SARUNETES, peuples des Alpes, felon Pline, qui les place vers les fources du Rhin.

SARUNETES, peuple de la Rhétie, felon Pline, qui eft le feul auteur où il en foit fait mention. M. d'Anville croit retrouver le local habité par ce peuple, dans la ville de Sargans, fur les confins de la Suiffe & des Grifons. Leur pofition les fait placer entre les peuples de la Gaule qui s'étendoient jufques-là, les mêmes que ci-deffus.

SARUOM, nom d'une ville qui étoit fituée dans l'intérieur de l'Arabie heureufe, felon Ptolemée.

SARUS (*Seihoun*), rivière de l'Afie, dans la Cilicie. Elle fortoit des montagnes de l'Arménie, traverfoit l'ancienne Cilicie, & alloit au fud-oueft fe perdre dans la Méditerranée, à une demi-journée de la ville d'*Adana*, ou Antioche. Ce fut près de l'embouchure de cette rivière, que la flotte du roi Antiochus-le-grand fut prefque détruite par une tempête, 196 ans avant J. C.

SARUS, fleuve de la Capadoce, dans la Ca-

taonie. Il arrofoit la ville de *Com.ina*, felon Strabon.

SARUS, fleuve de l'Afie, dans la Carmanie; il avoit fon embouchure dans le golfe de Paragonte, entre *Gogana* & *Mazida*, felon Ptolemée.

SARUS, montagne de l'Italie. Le fleuve *Sarnus* y prenoit fa fource, felon Vibius Sequefter.

SASANDA, lieu fortifié & maritime de l'Afie mineure, dans la Carie, felon Diodore de Sicile, qui le place à cent-cinquante ftades de la ville de *Caunus*.

SASINA, ville de la Capadoce, fur la route d'Ancyre de Galatie, à *Fauftinopolis*, en paffant par *Archelaiis*, felon l'itinéraire d'Antonin.

SAS'NA PORTUS, port de l'Italie, dans la Meffapie, felon Pline.

SASO, SASON, SASONIS, ou SASSON, île de la mer Ionienne. Il paroît qu'elle étoit vers la côte de l'Illyrie, & entourée d'écueils. Silius Italicus dit:

*Adriatici fugite infauftas Saffonis arenas.*

SASONES, peuples de la Scythie: ils habitoient en-deçà de l'*Imaüs*, & au midi des monts *Maffæi* & *Alani*, felon Ptolemée.

SASSÆI, ou SASSEI, peuple de la Liburnie, felon Pline.

SASSINATES, peuple de l'Italie; il en eft parlé dans la table des triomphes du peuple Romain.

SASSULA, ville de l'Italie, dans la dépendance des Tiburtins, à qui les Romains l'enlevèrent, felon Tite-Live.

SASSUMINI, peuple de la Gaule Aquitanique, felon Pline.

SASURA, ville de l'Afrique propre, felon Ptolemée. Elle étoit fituée au midi de Carthage, entre les fleuves *Bagrada* & Triton.

SASURI, peuple de l'Inde, au-delà du Gange, felon Pline.

SASURITANUS, fiège épifcopal d'Afrique, felon la lettre que les pères de la Byzacène écrivirent dans le concile de Latran, tenu fous le pape Martin.

SATA, nom d'une ville qui étoit fituée dans l'intérieur de l'Arabie heureufe, felon Ptolemée.

SATACHTA, village de l'Ethiopie, au couchant du Nil, felon Ptolemée.

SATAFENSIS, fiège épifcopal d'Afrique, dans la Mauritanie Céfarienfe, felon la notice des évêchés de l'Afrique.

SATAFENSIS, fiège épifcopal d'Afrique, dans la Mauritanie Sitifenfe, felon la notice épifcopale d'Afrique.

SATAFI (*Kafbaite*), ville ancienne de l'intérieur de la partie orientale de la Mauritanie Céfarienfe, vers la fource du fleuve *Ampfaga*, felon l'itinéraire d'Antonin.

SATAGÆ, peuple de la Pannonie intérieure, felon Jornandès.

SATAGARII, peuple qui habitoit parmi les Gètes, selon Jornandès.

SATALA, ville de l'Asie, sur le bord de l'Euphrate, aux frontières de la Capadoce, du Pont & de l'Arménie. C'est-là que, vers l'an 114, Trajan déposa Parthasiris du royaume d'Arménie, dont Cosroès, roi des Parthes, l'avoit mis en possession.

SATALA, ville de l'Asie, dans l'intérieur des terres de la petite Arménie, selon Ptolémée. Elle étoit dans un très-mauvais état au temps de l'empereur Justinien, qui la fit réparer; & de plus il fit bâtir une forteresse dans les environs.

SATALA, siège épiscopal de la Macédoine, selon Socrate, cité par Ortélius.

SATAPHARA, ville de l'Asie, dans la grande Arménie, selon Ptolémée.

SATARCHA ( *Tcheterlick* ), ville de la Chersonèse Taurique, dans la partie septentrionale de la presqu'île au sud-est de *Taphra*.

SATARNEI, peuple de la Sarmatie Asiatique, selon Pline.

SATERNUS, ou PATERNUS, île que Cluvier place dans l'Etrurie.

SATICOLA, nom d'une ville de l'Italie, selon Diodore de Sicile & Etienne de Byzance.

SATICULA, ville de l'Italie.

SATIO, ville de la Macédoine, sur le bord du lac *Lychnidus*, selon Polybe. Tite-Live, en disant que cette ville ( *L. XIV* ), devoit être rendue aux Athamanes, avoit porté quelques auteurs à croire qu'il existoit deux villes de ce nom. Mais Paulmier de Granteménil donne plus d'étendue à ce peuple, & l'on voit ainsi que les Romains purent faire alliance avec leur roi.

SATIRORUM PROMONTORIUM ( *la pointe de Camboja* ), promontoire de l'Inde, dans le pays des Sines, selon Ptolémée. C'est ce qui bornoit le *Magnus Sinus*, du côté de l'orient.

SATMALI, peuples septentrionaux, & probablement imaginaires; car, comment concilier leur existence avec ce qu'en dit Pomponius Méla ( *L. III*, *ch. 6*, *n. 81* ), de la longueur excessive de leurs oreilles, dont ils pouvoient, dit-il, s'envelopper le corps? Comme ce nom de *Satmali* est une corruption du grec Ω'τομαλοι, on a mis dans le texte de l'édition de 1722, le nom de *Panoli*. Voici ce texte. . . . . *& Panotos quibus magnæ aures, & ad ambiendum corpus omne patulæ*.

Ces peuples devoient se trouver vers le nord de l'Europe, où sont actuellement les Lapons, qui n'ont pas les oreilles, à beaucoup près, si longues que celles dont parloit Méla. Peut-être quelques peuplades avoient-elles l'usage que l'on retrouve encore dans quelques parties de l'Inde où l'on perce le bas de l'oreille d'un assez grand trou, que l'on agrandit ensuite par des moyens qui leur sont connus.

En tout, les anciens ont fait des relations bien fausses des pays qu'ils ne connoissoient pas.

SATNIOES, fleuve de l'Asie mineure. Il arrosoit la ville de *Pedasus*, selon Homère. On voit dans Strabon que ceux qui, dans la suite, habitèrent le pays où ce fleuve couloit, lui donnèrent le nom de *Saphinioes*.

SATNIUS, montagne dont il est parlé dans Lycophron, & que l'on voit bien, par ce qu'il dit, être une montagne de la Grèce; mais on ignore sa position. Etienne de Bysance, qui en parle à l'article Θιβρος, cite le vers, que l'on peut rendre ainsi:

*Qui Thibrum, Satniumque habitant.*

SATOISOSES, fleuve de la Sicile, dans la Lélégie, selon Phavorin.

SATRA, ville de l'île de Crète. Elle étoit aussi nommée *Eleutherna*, selon Etienne de Bysance.

SATRACUS, montagne & fleuve de l'île de Cypre, selon Lycophron.

SATRÆ, les Satres, peuples de la Thrace. Ils passoient pour n'avoir pas été subjugués, & les seuls d'entre les Thraces qui eussent conservé leur liberté, selon Hérodote.

Les *Satræ* étoient un peu plus au nord que les *Dersæi*, ou Derséens, entre le *Noëstus* à l'ouest, & le *Cossinites* au sud-est. Comme ils habitoient de hautes montagnes, que tous étoient soldats, ils n'avoient pu être subjugués. C'étoit sur leurs plus hautes montagnes qu'étoit un oracle de Bacchus, dont les *Bessi*, ou Besses, étoient les interprètes. Une prêtresse y rendoit les réponses comme à Delphes, & ces réponses n'étoient pas moins respectées & crues, que celles de la Pythie. C'est que le général des hommes est par-tout aussi foible, & qu'il s'est trouvé par-tout des gens assez frippons & assez adroits pour en abuser.

SATRAIDÆ, peuples de l'Asie. Ils habitoient à l'occident du fleuve *Indus*, selon Denis le Périégète.

SATRAPARUM REGIA, ville de l'Asie, dans la Mésopotamie, selon Pline, cité par Ortélius.

SATRAPENI, peuples de l'Asie, dans la Médie. Ils étoient dans l'armée de Tigrane, & furent mis en fuite par Lucullus.

SATRIA, nom d'une ville de l'Italie, selon Etienne de Bysance. Je ne sais pourquoi, dans les éditions de la Martinière, on a laissé cette erreur d'Etienne. Berkelius avoit très-bien remarqué que ce nom étoit une faute. Dans un texte non corrigé, de Denys, on avoit lu Σατριανῶν πολις; d'où Etienne avoit formé *Satria*. Mais le texte corrigé porte Σατρικανῶν πολις; ce qui donne le nom de *Satricum* pour celui de la ville. *Voy.* SATRICUM.

SATRIANI, peuple de la Grèce, à ce qu'il paroît par un passage de Quinte-Curce.

SATRIANI. Etienne de Bysance nomme ainsi les habitans de *Satria*, ville d'Italie; mais c'est *Satricani* qu'il faut lire.

SATRIAS, peuple de l'Ethiopie, selon le Lexique de Phavorin.

SATRICANI, nom que Tite-Live donne aux habitans de *Satricum*, ville de l'Italie, dans le *Latium*.

SATRICUM, ville de l'Italie, dans le *Latium*, au voisinage de la ville de *Corioli*. Tite-Live rapporte que cette ville fut brûlée par les Latins, après la perte d'une bataille; mais qu'elle fut rétablie par les *Antiates*, qui y envoyèrent une colonie.

SATROCENTÆ, peuple de la Thrace, selon Hécatée, cité par Etienne de Byzance.

SATTAGYDÆ, ou SATGAGYDÆ, peuples de l'Asie, selon Hérodote. Comme ils étoient voisins de la Sogdiane, M. Larcher pense qu'ils étoient Indiens.

SATULA, ville qui étoit située dans l'intérieur de l'Arabie heureuse, selon Ptolemée.

SATURÆ PALUS, marais d'Italie, dans le *Latium*, au voisinage de la ville d'*Antium* & de celle de *Cicæii*, selon Virgile.

SATURCHÆI, peuples de la Sarmatie Asiatique, au voisinage des Palus Méotides, selon Pline.

SATURNI COLUMNÆ, nom que l'on a donné anciennement aux montagnes d'Afrique & d'Espagne, que l'on appela depuis, *colonnes de Briare & colonnes d'Hercule*, selon Eustathe, cité par Ortélius.

SATURNI FANUM, temple dédié à Saturne, dans la Sicile, selon Diodore de Sicile.

SATURNI INSULA, nom d'une île de l'Océan, selon Plutarque.

SATURNI LACUS, & PUTEUS, lac & puits de l'Asie, dans la Médie, selon Pline.

SATURNI PROMONTORIUM, promontoire de l'Ethiopie, dans le golfe Audulique, selon Ptolemée.

SATURNI VICUS, lieu de l'Afrique, entre le lieu nommé *Veneria*, & celui qui étoit appelé *Salutaria*, selon l'auteur de la vie de S. Cyprien.

SATURNIA, ville de l'Italie, selon Pline, qui rapporte qu'elle étoit bâtie dans l'endroit où fut depuis fondée celle de Rome: cela n'auroit rien d'étonnant. Certainement les commencemens de l'histoire Romaine sont défigurés. La position sur le mont Aventin, ou sur le Janicule, auprès d'une grande rivière, étoit trop avantageuse pour la sûreté, pour n'avoir pas été occupée par quelque bourgade. Ceux qui se seront réunis à ces premiers, en s'établissant dans les vallées, auront nommé ce lieu le *Fort*, & dans leur langue, *Romè*: cette épithète sera devenue un nom; & pour lui donner une origine illustre, on aura imaginé Romulus; ainsi le nom de *Saturnia* aura disparu.

SATURNIA. Diodore de Sicile rapporte que, de toute ancienneté, & même de son temps, on donnoit, dans les contrées occidentales de la Sicile, le nom de *Saturnia* à tous les lieux élevés, parce que Saturne y avoit bâti des forteresses dans le temps qu'il y régnoit. Je croirois, moi, que c'est parce que *Sat* veut dire qui est ferme, solide. Voyez M. Gebelin.

SATURNIA, ville de l'Italie, dans l'Etrurie, au sud-est de *Russella*.

Ptolemée écrit *Saturniana Colonia*.

SATURNIA TELLUS, étoit, à ce que disent les poëtes Latins, un des premiers noms qu'ait porté l'Italie.

*Salve, magna parens frugum, Saturnia Tellus,*
*Magna virum.* VIRG. Georg. L. II v. 175

Et dans l'Enéide:

*Sæpiùs & nomen posuit Saturnia Tellus.*

SATURNIA URBS. Varron rapporte qu'il y avoit eu sur le mont Tarpéien, une ville nommée *Saturnia*, & que de son temps on en voyoit des vestiges en trois endroits. *Voy.* SATURNIA TELLUS.

SATURNINI. Pline nomme de même les habitans de *Saturnia*, ville de l'Italie, dans l'Etrurie.

SATURNIUM CRONIUM, ou MORTUUM MARE. Orphée & Denys d'Alexandrie, cités par Ortélius, nomment ainsi la partie de l'Océan septentrional qui baigne les côtes de l'Arie.

SATURNIUS MONS, nom de l'une des montagnes sur lesquelles la ville de Rome fut bâtie, & qui fut depuis nommée le mont Capitolin, selon Festus.

SATYRI, peuples errans de l'Afrique intérieure, selon Pomponius Méla.

SATYRI MONUMENTUM, lieu de l'Asie, sur un promontoire du Bosphore Cimmérien, à quatre-vingt-dix stades de *Parthenium*, selon Strabon.

SATYRIUM, canton de l'Italie, dans la Messapie, aux environs de la ville de Tarente, selon Etienne de Byzance. Il y a plusieurs sentimens sur l'origine de ce nom, qui nous occupe actuellement assez peu: cependant, (*voyez* la Martinière), en supposant cette remarque intéressante, il ne faut pas omettre que Virgile fait allusion à ce nom, donné aussi à Tarente, dans les vers suivans des Géorgiques, L. II., v. 195:

*Sin armenta magis studium vitulo que tueri,*
*Aut fœtus ovium, aut urentes culta capellas*
*Saltus & Saturi petito longinqua Tarenti.*

Servius dit d'abord que le poëte fait allusion à la fertilité du pays, & cela est vraisemblable par le premier sens de ce nom; quant à ce qu'il dit d'un petit lieu appelé ainsi, ce lieu est ignoré.

SATYRORUM INSULÆ, nom de trois îles de l'Océan Indien, selon Ptolemée, qui les place au-devant du grand golfe, mais au-delà de la ligne équinoxiale.

SATYRORUM PROMONTORIUM, promontoire sur la côte occidentale de la Chine, à l'entrée du grand golfe, & sous la ligne équinoxiale.

SATYRORUM MONS , *ou* PROMONTORIUM ; promontoire de l'Ethiopie , fous l'Egypte , fur la côte du golfe Arabique, felon Ptolemée.

SATYRUS, fleuve de la Gaule Aquitanique , felon Lucain.

SATYRUS, lieu de l'Afrique propre , fur le bord de la mer , felon Cédrène.

SAVA , village de l'Arabie heureufe , felon Etienne de Byfance.

SAVA , *ou* SABE , ville de l'intérieur de l'Arabie heureufe , felon Ptolemée.

SANA MUNICIPIUM , lieu de l'Afrique , dans l'intérieur de la partie orientale de la Mauritanie Céfarienfe. Il en eft fait mention dans l'itinéraire d'Antonin.

SAVARA , ville de l'Afie , dans l'Affyrie ; c'étoit une de celles fituées dans le voifinage du Tigre , felon Ptolemée.

SAVARABATIS , contrée de l'Inde , en - deçà du Gange , felon Ptolemée , qui y place quatre villes.

SAVARI , peuple de la Sarmatie Européenne, auprès des *Borufci* , felon Ptolemée.

SAVATRA , ville de la Galatie , dans l'Ifaurie , felon Ptolemée.

SAUBAANA , ville de la grande Arménie , dans la contrée nommée Sophène , ou Sophanine , felon Ptolemée.

SAUBATHA , ville de l'Arabie , nommée *Sabatha,* par Arrien. Il paroit que c'eft la même ville que *Saboth,* placée par Pline chez les Adramites. Selon cet auteur , il y avoit une autre ville de même nom ; on croit que cette dernière eft celle de *Saba,* capitale des Sabéens. Mais on a vu que *Saba,* ou *Zaba,* fignifie au fud ; & *Sabatha* devoit être en effet au fud.

SAUCHÆI , nom d'une nation , ou feulement d'une famille de la Paleftine , de laquelle il eft parlé au livre de Job , ch. 2 , v. 11.

SAVE , vallée de la Paleftine , près de Jérufalem , & dans laquelle Melchifédech , roi de cette ville, & le roi de Gomorre , vinrent au-devant d'Abraham, à fon retour de la défaite des cinq rois. *Gen. ch* 14 , *v. 17.*

SAVE , lieu de la Paleftine , près de la mer Morte. C'eft-là que Chodorlahomor , avec les autres rois , fes feudataires , défirent les Zuzites & les Emites , felon la Genèfe.

Ifaïe & Jérémie font mention de ce lieu , à l'occafion de la victoire des rois orientaux , contre lefquels Abraham combattit pour délivrer Loth.

Il y avoit auffi la vallée de Savé. *Voy.* ci-deffus.

SAVE CARIATHIM. On croit que cette vallée de Savé , étoit près de la ville de *Cariathaim,* & que c'eft de-là que lui eft venu fon nom. Il en eft parlé dans l'Ecriture , à l'occafion de la guerre de Chodorlahomor contre les Emites.

SAVIA , ville de l'Hifpanie , dans la Tarragon-

noife ; à l'orient de *Vifontium* & d'*Auguftobriga,* felon Ptolemée , qui la donne aux *Pelendones.*

SAVIA PANNONIA , *ou* RIPENSIS & RIPARIENSIS PANNONIA , l'une des divifions de la Pannonie , felon la notice des dignités de l'empire.

SAVINCATES. Ce nom fe forme de celui de *Savincatium,* qui fe lifoit fur l'arc de Suze , dont parle Pline ; d'où il fuit que c'étoit un des peuples des Alpes. M. d'Anville croit retrouver ce nom dans c lui de *Savincs,* près de la Durance, au-deffous d'Embrun.

SAUNIS , nom d'une ville de l'Arabie , felon Etienne de Byfance.

SAUNITÆ , peuple de la grande Grèce , dans la Japigie , felon Etienne de Byfance.

SAUNIUS , *ou* SAUNIUM , fontaine de Grèce ; dans la Phocide , au voifinage de la ville de *Bulis,* felon Paufanias.

SAVO , fleuve de l'Italie , dans la Campanie ; felon Pline. Ce fleuve couloit près de *Sinueffa* & fervoit de bornes au nouveau *Latium.*

SAVO , autre fleuve de l'Italie , tout près & au nord-eft de *Vada Sabatia,* dans la Ligurie.

SAURA , ville de l'Afie , dans l'intérieur de la Sufiane , felon Ptolemée.

*Saura* étoit fituée vers le trente-feptième degré vingt-cinq minutes de latitude , fur le bord d'une petite rivière , qui alloit fe perdre dans l'Euphrate , à l'occident de cette ville.

SAURA , ville de l'Italie , dans la grande Grèce; elle appartenoit au peuple *Saunitæ,* felon Etienne de Byfance.

SAURÆ , peuple de la Thrace , felon le Lexique de Phavorin.

SAURIA , nom d'une ville de l'Arcananie , felon Diodore de Sicile , cité par Ortélius.

SAURI FONS , fontaine de l'île de Crète , à douze ftades de la caverne du mont *Ida,* felon Plutarque.

SAURI JUGUM , montagne du Péloponnèfe , dans l'Elide , felon Paufanias , qui rapporte que l'on voyoit auprès un temple d'Hercule , qui tomboit en ruines.

SAURIUM , ville de l'Hifpanie , dans la Tarragonnoife , felon Pomponius Mela.

SAUROMATÆ , nom que les Grecs donnent aux peuples que les Latins appellent *Sarmates.* Pomponius Mela dit que ces peuples poffédoient les bords du Tanaïs & les terres voifines , & qu'avec les Agathyrfes , ils entouroient les Palus Méotides.

Cette nation nombreufe habitoit à l'orient du Tanaïs , & y occupoit un pays de quinze journées d'étendue , en remontant le fleuve vers le nord , & de huit journées de largeur , du côté de l'orient, felon Hérodote , *L. IV,* ch. 21. Cet auteur raconte que cette nation devoit fon origine à des Amazones , que Théfée & Hercule emmenoient prifonnières en Grèce ; mais que s'étant débarraffées de leurs gardes, & ne fachant pas conduire leurs vaiffeaux , les vents les pouffèrent dans le Palus-Méotide , & les firent échouer fur le rivage du pays occupé par les Scythes *royaux*, ou *Paralates*. Ces Scythes propofèrent la paix aux Amazones, & elles confentirent à époufer une troupe de jeunes hommes; mais ne pouvant fe réduire à la vie fédentaire des femmes Scythes, elles engagèrent leurs époux à traverfer le Tanaïs avec ce qu'ils avoient de troupeaux, & à s'établir à l'orient de ce fleuve. Hérodote, *L. IV, ch. 117*, dit que ces Sauromates avoient confervé, jufqu'à fon temps, des traces de leur origine : les femmes s'exerçoient à tirer de l'arc comme leurs maris, qu'elles accompagnoient à la chaffe & à la guerre; & les filles ne pouvoient fe marier, qu'après avoir tué quelque ennemi dans le combat.

Diodore de Sicile fait defcendre les Sarmates, ou Sauromates, d'une colonie de Mèdes, que les Scythes, dans une de leurs anciennes expéditions, avoient tranfplantée fur les bords du Tanaïs. Ces Sauromates fe révoltèrent, au bout de quelques fiècles, contre les Scythes, & formèrent un état indépendant. Deux princes Sauromates, chaffés par des troubles domeftiques, paffèrent dans l'Afie mineure avec une partie de la nation, & s'établirent fur les bords du fleuve Thermodon. Ces deux chefs, felon Diodore, périrent dans une guerre, avec tous leurs foldats. Les femmes prirent d'abord les armes pour fe défendre, pour venger la mort de leurs maris, & même pour foumettre les peuples voifins.

Au temps d'Hérodote, d'Hyppocrate & de Platon, il y avoit encore dans la Scythie, à l'orient du Tanaïs, une tribu de Sauromates, où les femmes accompagnoient les hommes à la chaffe & à la guerre.

Les Scythes donnoient à ces femmes le nom de *..........* d'hommes, & ces Sauromatides fe nom-*.......* entre elles, dans leur langue, Amazones, ou héroïnes.

Les Sauromates de l'Afie mineure, n'étant pas *recrutés* par de nouvelles troupes de leur nation, n'ayant point de villes, méprifant l'agriculture, & ne fubfiftant que du pillage qu'ils faifoient fur les terres voifines, s'affoibliffoient même par leurs victoires. Quelque temps après ils fe feront trouvés hors d'état de réfifter aux nations liguées contre eux, qui les auront exterminés, ne pouvant faire aucun traité avec eux.

Les Sauromates, dont parle Hérodote, formoient une nation particulière, diftinguée des Scythes, & abfolument différente des Sarmates, ou des Slaves, qui n'habitèrent pas, je crois, à l'orient du Tanaïs.

SAUROMATIDES, *ou* SAUROPATIDES, nom que l'on donna aux Amazones, felon Etienne de Byfance & Euftathe.

SAVUS, rivière navigable de la Pannonie, & l'une des plus confidérables qui fe jettent dans le Danube, felon Dion Caffius.

SAVUS ( *Hamceſe* ), nom d'une rivière de l'Afrique, dans la partie orientale de la Mauritanie Céfarienfe. Elle prend fa fource à huit lieues au fud d'*Icofium*, & fe jette dans la mer, entre cette ville & *Ruftonium*.

SAVUS, petit fleuve de la Vénétie.

SAXETANUM, ville de l'Hifpanie, dans la Bétique, felon l'itinéraire d'Antonin, où elle eft marquée fur la route de *Caftulo* à *Malaca*, entre *Murgis* & *Caviculum*.

SAXINÆ, peuples de l'Ethiopie, du nombre des Troglodites, felon Pline.

SAXONES, peuple de la Germanie, au midi de la Cherfonéfe Cimbrique, & féparé des *Pharodini* par le fleuve *Chalufus*, felon Ptolemée. Ce que l'on en fait appartient à l'hiftoire moderne.

SAXONIA REGIO, pays des anciens Saxons, aux environs de la Cherfonéfe Cimbrique, felon Egéfippe.

SAXONICUM LITTUS. On appelle ainfi, dans la notice de l'empire, la côte des Gaules qui regarde la Grande-Bretagne; c'eft que cette côte étoit fouvent infeftée par les pyrates de cette nation.

SAXONUM INSULÆ, îles de l'Océan Germanique, près de l'embouchure de l'Elbe, felon Ptolemée.

SAXUM, *ou* SAXUS, ville de l'Afrique: c'étoit une de celles d'où les Romains tiroient des vivres, felon Appien.

SAXUM DOTINUM, *ou* GIPPOLIS, lieu de la Thrace, à l'entrée du Bofphore de ce nom, au fud de *Columna Pompei*, près du Pont-Euxin.

SAZANTIUM, ville de l'Inde, en-deçà du Gange, dans l'intérieur de la contrée de Larice, & à l'occident du fleuve *Namadus*, felon Ptolemée.

SAZARANA, nom d'une ville de Thrace, felon l'itinéraire d'Antonin.

SAZI, peuple qui habitoit dans les environs du Pont, felon Etienne de Byfance.

SBELZAZUM, ville de la Méfie, dans le voifinage du Danube, felon Chalcondyle.

SBYDI, fiège épifcopal de l'Afie, dans la Cilicie, fous la métropole de Séleucie, felon Guillaume de Tyr.

SCABALA, contrée des Erétriéens, felon Théopompe, cité par Etienne de Byfance.

SCADIRA *ou* SCANDIRA, île de la mer Egée, felon Pline.

SCÆBOÆ *ou* CERONIÆ. Ce que l'on fait de ce nom n'eft pas trop fûr. ( *Voyez* la Martinière ).

SCÆI, peuple qui habitoit entre la Troade & la Thrace, felon Etienne de Byfance.

SCÆRRÆ, ville de l'Hifpanie citérieure, chez les Lalétans, à quelque diftance de la mer, au fud-oueft de *Gerunda*.

SCÆUS, nom d'un fleuve qui couloit entre la Troade & la Thrace, felon Strabon.

SCAFIA, ville de Grèce, dans la Béotie, felon Procope, cité par Ortélius.

SCAIDAVA, ville de la baffe Méfie, fur la
route

route de *Viminacium* à Nicomédie, selon l'itinéraire d'Antonin.

On voit par Procope, que c'est un des forts que l'empereur Justinien fit élever sur le bord du Danube.

SCALA TYRIORUM, au nord-ouest, ville de la Palestine, sur le bord de la mer : c'étoit un port dont le nom prouve que l'expression d'*échelle*, pour les ports du Levant, n'est pas une invention moderne.

SCALABIS ( *Santarena* ), nom corrompu de *Sancta-Irena*, ville de l'Hispanie, dans la Lusitanie, au sud, sur le *Tagus*. Ce fut une colonie romaine, sous le titre de *Præsidium Julium*. C'étoit un des trois *conventus* de la province.

SCALÆ ANNIBALIS , lieu de l'Hispanie , sur la côte citérieure, selon Pomponius Méla.

SCALDIS ( *l'Escaut* ), fleuve de la Gaule Belgique. Il prenoit sa source dans le pays des *Veromandui*, couloit chez les Nerviens & chez divers autres peuples, & ensuite alloit se perdre dans la mer par diverses embouchures, selon César, Pline, &c.

SCAMANDER , fleuve de l'Asie mineure, dans la Troade. Il couloit par le sud & le sud-ouest de la ville de Troye, & se réunissoit au Simoïs avant de se jeter dans l'Hellespont, au nord.

Selon Homère, il avoit ses sources au mont Da, vers la partie orientale de ce mont, & son embouchure près & au sud du promontoire Sigée. Il avoit vers la mer des marais bourbeux, & recevoit par le nord le Simoïs, un peu au-dessus de la nouvelle ville de Troye. Homère dit que ce fleuve avoit deux noms : que les dieux l'appeloient *Xanthus*, & les hommes *Scamander* ou *Scamandre*: ὃν Ξάνθον καλέουσι θεοὶ Ανδρεσδὲ, Σκαμανδρον.

N. B. Ou le nomme actuellement *Scamandro* ou *Pale-Scamandria*, c'est-à-dire, l'ancien Scamandre. M. Wood en a donné une description intéressante dans son ouvrage intitulé : *An Essay on the original Genious and Writing of Homer.*

SCAMANDRIA , petite ville de l'Asie mineure, dans la Troade, sur le bord du fleuve Scamander, & à quinze cens pas du port *Ilum*, selon Pline.

SCAMANDRIUS CAMPUS , nom de la campagne où couloit le fleuve Scamander , selon Strabon.

SCAMBENA , ville de l'Asie, dans la Médie, dans l'intérieur des terres, selon Ptolémée.

SCAMBONIDÆ , municipe de Grèce, dans l'Attique , & de la tribu Léontide, selon Pausanias.

C'étoit le lieu où étoit né Alcibiade.

SCAMMOS , peuple Nomade, en Ethiopie, sous l'Egypte, selon Pline.

SCAMPÆ , ville de la Macédoine, sur la route de *Dyrrachium* à Bysance, entre *Claudiana* & *Tres-Taberna*, selon l'itinéraire d'Antonin.

SCANDALE ( *montagne du* ), nom que l'on donna à la montagne des Oliviers, parce que

*Géographie ancienne. Tome III.*

Salomon y bâtit des temples & y érigea des autels aux faux dieux, pour plaire aux femmes étrangères qu'il avoit épousées.

SCANDALIUM , lieu de l'île de Cos, près duquel étoit bâtie la ville qui donnoit le nom à l'île, selon Strabon.

SCANDARIA , promontoire de l'île de Cos ; à quarante stades du continent, & à l'opposite du promontoire des Myndiens, selon Strabon.

SCANDEA , ville de l'île de Cythère, sur le bord de la mer. Elle avoit un port & étoit à environ dix stades de la ville de Cythère, selon Pausanias.

SCANDIA , dans l'île de Cythère, au sud. C'étoit un port, un havre ; ce que les Latins appeloient *Navales*. Mais Thucydide, qui paroît s'exprimer d'une manière positive, traite ce lieu de ville située sur le port. On peut croire que ce n'étoit qu'un grand arsenal pour la marine.

SCANDIA INSULA , île de l'Océan septentrional, selon Pline. Il paroît que par cette expression, l'auteur latin entend la Scandinavie, fort peu connue de son temps.

SCANDILLE ou SCANDILE , île de la mer Egée, près de la côte de Thrace, & l'une des îles du golfe Pagasique. Elle étoit située à l'occident de l'île de Scyrus, selon Pomponius Méla.

SCANDINAVIA , SCANDIA ou SCANZIA. Je viens de le dire plus haut : les anciens connoissoient bien mal la forme de l'Europe de ce côté. Ils nommoient ce qu'ils connoissoient de la mer Baltique, *sinus Codanus*, & n'admettoient au-delà que des îles.

SCANDIS , ville de l'Asie, dans la Colchide, au pays des Laziques, selon le livre des Authentiques.

SCANDOS , ville de l'Asie, mineure aux environs de la Capadoce, selon Théophraste.

SCANDRA ( *Skender* ), forteresse de la Colchide, selon Procope, qui la place dans la partie de ce pays qui étoit à la droite du Phase. Elle étoit située dans l'intérieur, à l'est-nord-est de *Cyta*, à six lieues.

SCANTATE , ville de l'Arabie heureuse, chez le peuple *Zamareni*, selon Pline.

SCANTIA SYLVA , forêt de l'Italie, dont les anciens ont vanté la fraîcheur & les eaux. Quelques auteurs pensent qu'elle étoit dans la Campanie.

SCANUIUM , lieu de la grande Grèce, dans la Messapie.

SCAPITANI , peuple qui habitoit dans la partie septentrionale de l'île de Sardaigne, au midi des *Celtisani* & des *Corpitensi*, selon Ptolémée.

SCAPOS , île déserte de la mer Egée. Elle étoit située aux environs de la Chersonnèse de Thrace, selon Pline.

SCAPRIS ou SCABRIS , port de l'Italie, sur la côte de l'Etrurie, entre le fleuve *Alma* & le port *Flesia*.

H

SCAPTE-HYLE, petite ville de Thrace, sur le bord de la mer, au nord & vis-à-vis l'île de Thasos. Ce nom vient du grec σκαπτειν & de υλη, fouiller & forêt : c'est donc forêt fouillée.

Hérodote ( *L. VI, c. 46* ), dit que cette mine d'or rapportoit aux Thasiens au moins quatre-vingt-dix talens.

La Martinière défigure ce mot, en l'écrivant *Scaptesyle*.

Lorsque l'on ne connoissoit pas encore la nature des mosettes, & le danger de respirer un air qui n'étoit pas sans cesse renouvellé, on attribuoit aux mines elles-mêmes les accidens qui n'étoient que la suite des inconvéniens du peu de précaution que l'on prenoit en les fouillant. C'est-là ce qui a fait dire à Lucrèce, en parlant de celles de *Scapte-hyle* :

*Quales expirit Scaptensula subter odores.*

SCAPTIA, ville de l'Italie, dans le *Latium*, selon Pline. Il ajoute que cette ville avoit été célèbre, & qu'elle étoit détruite de son temps. Elle avoit donné le nom à la tribu de *Scaptia*.

SCAPTINI, peuple de l'Italie ; dans le *Latium* : c'étoient les habitans de *Scaptia*.

SCARBANTIA, ville de la haute Pannonie, au nord de *Vindandria*, selon Ptolémée.

SCARDONA, ville de la Liburnie, à la gauche de l'embouchure du fleuve *Tiluris*, (la Kerka), selon Ptolémée.

C'étoit dans cette ville que s'assembloient, au temps des Romains, les états de la Liburnie.

SCARDUS MONS, nom de la dernière montagne qui séparoit l'Illyrie de la Dalmatie & de la Mœsie, selon Strabon.

SCARI, ville de l'Asie, dans la Lycie, qui fait aussi mention d'une fontaine du même nom.

SCARNIUNGA, fleuve de la Pannonie, ou de la Dacie, selon Jornandès.

SCARPACOS, lieu de l'île de Sardaigne, sur la route du port *Tibula* à *Caralis*, entre *Porticenses* & *Feraria*, selon l'itinéraire d'Antonin.

SCARPHE, ville de Grèce, selon Pausanias, sur les confins du territoire des Orchoméniens. Il écrit Σκαρφη, *Scarphé* ; mais Pausanias ( *in Corint. c. 29* ), écrit Σκαρφεια ou *Scarpheia*, d'où l'on peut faire *Scarphé* en françois. Selon ce même auteur, cette ville, d'ailleurs peu connue, étoit donc très-près des limites de la Béotie. Il faut, ou que Pausanias se soit mépris, faute d'avoir été sur les lieux, ou qu'il y ait eu deux villes de ce nom ; car entre *Scarphé* & *Scarpheia* de cet auteur, & *Scarphia* & *Searphé* de Strabon, de *Scarphea* de Ptolémée, *Scarpheia* d'Etienne de Byzance & d'Appien, aussi-bien que *Scarphia* de Pline & *Scarphea* de Tite-Live il y a le plus grand rapport : on voit que c'est le même nom plus ou moins défiguré. Mais, selon Etienne de Byzance & Tite-Live, elle étoit dans le nord du petit pays des Locriens Epicnémidiens, ce qui lui donne une position toute opposée à celle qu'indique Pausanias. Selon Tite-Live, T. Quintius, parti

d'Étalée pour se rendre aux Thermopyles, passa par *Thrónium* & *par Scarphée* : aussi M. d'Anville a-t-il adopté cette position sur sa carte.

SCARPHIA, nom d'une île de la mer Égée. C'étoit un écueil sans bourgs & sans villes, vis-à-vis de l'Attique, selon Pline.

SCARPONNA ou SCARPONA, lieu fortifié de la Gaule Belgique, selon Diodore de Sicile. Ce lieu, dans l'itinéraire d'Antonin, est marqué sur la route de *Durocortorum* à *Divodurum*, entre *Tullum* & *Divodurum*.

Il est parlé de ce lieu dans l'histoire, au sujet d'une victoire de *Justinus*, général de la cavalerie, sur les *Alemani*, l'an 336 ; c'est le village appelé *Charpagne*, sur la Mozelle.

SCARTHON, fleuve de la Troade, selon Strabon, cité par Ortélius. Mais quoique Strabon en parle à l'article de la Troade, il ne le place pas pour cela dans cette contrée.

SCATEBRA, fleuve de l'Italie, au pays des Volsques, & dans le territoire de *Casinum*, selon Pline.

SCAURUS, mont de la Triphylie, d'où sortoit le petit fleuve *Iaon*, à l'est de *Salmone*, avoit pris son nom d'un fameux brigand, tué, disoit-on, par Hercule, & dont on montroit la sépulture au temps de Strabon.

A la droite de l'Iaon, & assez près de son embouchure, étoient deux temples, l'un d'Esculape *Démenée*, l'autre de Bacchus *Leucyanite*, du nom d'une rivière voisine.

Le petit fleuve *Leucyanias* descendoit du mont Pholoë, & venoit se jetter dans l'Alphée, un peu au-dessus de l'Iaon.

SCEACERIGES, fleuve de la Sarmatie Asiatique, dans le voisinage de la ville *Sindica*, près du Bosphore Cimmérien, selon Pline.

SCEBATIANENSIS, siège épiscopal d'Afrique, dans la Byzacène, selon la notice épiscopale d'Afrique.

SCELATILI, peuples d'Afrique, dans la Libye intérieure, selon Pline.

SCELENAS, ville de la Thrace, selon Procope, cité par Ortélius.

SCELERDRIA, île dont parle Héséchius ; mais sans dire où elle étoit située.

SCELOS, nom d'un lieu dans les Thermopyles, selon Cédrène.

SCEMPSA, nom d'une ville de Thrace, selon Etienne de Byfance.

SCENÆ, ville de l'Asie, aux confins de la Babylonie & dans la Mésopotamie méridionale ou déserte, dans le pays des Arabes Scénites, selon Strabon.

Etienne de Byzance l'attribue à la Perse, quoiqu'il cite Strabon, ainsi que je le fais. Mais c'est qu'il donne à l'empire de Perse ville, qui n'étoit certainement pas de la Perside. C'est comme si l'on eût donné Pavie à la Thrace, après la conquête du royaume des Lombards par Charlemagne.

SCENÆ MANDRORUM, ville de l'Egypte, au-delà du Nil, entre *Aphroditon* & *Babylonia*, selon l'itinéraire d'Antonin.

SCENÆ VETERANORUM, ville de l'Egypte, à trente milles de Babylone d'Egypte, en tirant vers Péluse, & à quatorze milles d'*Heliopolis*, selon l'itinéraire d'Antonin.

SCENIOS *ou* SCENEOS, lieu de l'Asie, à deux cens vingt-cinq milles de l'île de *Malichu*, selon Pline.

SCENITÆ ARABES. Ces peuples ont été placés en différens endroits de l'Arabie. Mais la position indiquée ci-dessus pour *Scena*, leur capitale, détermine l'emplacement qui leur convient. Ils passoient pour être Nomades; cela, sans doute, s'entendoit d'une partie de la nation qui habitoit le désert.

SCEPSIS, ville de l'Asie, dans l'intérieur de la petite Mysie, selon Ptolemée. Etienne de Byzance l'attribue avec raison à la Troade. Strabon dit positivement : la première ville de Scepsis étoit près de la partie la plus haute du mont Ida : on bâtit ensuite, à quarante stades, une autre ville de Scepsis. Enée habita quelque temps auprès de cette ville. Elle fut la patrie de Démétrius le grammairien & de plusieurs autres hommes distingués par leur goût pour les lettres & pour la philosophie.

Il y avoit dans cette ville quelques bibliothèques considérables. Lorsque les possesseurs de ces livres apprirent qu'Attale en ramassoit de toutes parts pour se faire une bibliothèque comme Ptolemée en Egypte, ils cachèrent leurs livres dans des caves, ce qui les gâta : cela n'empêcha pas cependant que plusieurs ne passassent ensuite à Rome.

SCEPTRA, ville de l'Asie mineure, & l'une des sept dont Cyrus fit présent à son favori Pytharcus, selon Agathoclès l'athénien, cité par Athénée.

SCETIN, lieu de l'Egypte, dans les environs du lac *Mareotis*, selon Nicéphore Calliste.

SCETRA, nom d'une île de l'Inde, de laquelle on tiroit l'aloës rouge.

SCHEDIA, ville de l'Egypte, avec un port, entre le Nil & Alexandrie, selon Strabon.

SCHEDIA, lieu de l'île de Rhodes, sur le bord du *Jalysus*, selon Athénée.

SCHENOS, ou plutôt SCHOENOS, car le grec porte Σχοινος. M. d'Anville place sur sa carte de la Grèce, cette petite ville au nord-est de Thèbes. Cette petite ville est d'ailleurs peu connue : mais comme il y en avoit une de ce nom en Arcadie, & que Pausanias dit qu'elle fut fondée par un certain Schoeneus, venu de Béotie, on peut croire qu'il portoit le nom de la ville, & que ce fut le nom de la première qui passa à la seconde.

SCHENUS, golfe de l'Asie mineure, sur la côte de la Carie, entre ceux de *Thymnias* & de *Bubessius*, selon Pomponius Méla, qui y place la ville d'*Hyla*.

SCHERA, nom d'une ville qui étoit située dans l'intérieur de la Sicile, selon Ptolemée.

SCHÉRIA, ville de l'Illyrie, sur la côte du golfe des Enestèdes, selon Suidas.

SCHESIUS, fleuve de l'île de Samos, selon le grand Etymologiste.

SCHINUSSA, île de la Grèce, sur la côte de la Phocide, selon Etienne de Byzance.

SCHINUSSA, nom de l'une des îles Sporades, selon Pline.

SCHOENITAS PORTUS, port du Péloponnèse, selon Pomponius Méla.

SCHOENUS, port de Corinthie, sur le golfe, au nord de *Cenchreæ*.

Peut-être étoit-ce de cet endroit que successivement Démétrius, César, Caligula & Néron avoient entrepris, & toujours en vain, de faire creuser un canal qui établît la communication d'un golfe à l'autre, & fît une presqu'île du Péloponnèse.

M. d'Anville nomme *Isthmus*, un petit lieu sur lequel je n'ai rien trouvé dans les auteurs.

L'isthme de Corinthe étoit réputé appartenir à Neptune : on prétendoit que le Soleil & cette divinité se l'étoient disputé, & que Briarée, pris pour juge entre eux, avoit adjugé l'isthme à Neptune, & au Soleil la montagne qui commandoit la ville.

SCHOENUS, rivière de Grèce, dans la Béotie. Strabon rapporte que cette rivière arrosoit un lieu de son nom, dans le territoire de Thèbes.

SCHOENUS, petite contrée du Péloponnèse. Elle tiroit son nom de *Schænus*, père d'Atalante, selon Etienne de Byzance.

SCHŒNUS, ville du Péloponése, dans l'Arcadie, au nord-ouest de *Mantinea*, dans une plaine, au bas de la montagne de Phalante.

Pausanias ne dit pas dans quel état elle se trouvoit de son temps; mais il y a lieu de croire qu'elle étoit presque déserte.

SCHOLOS, ou, selon le grec, SCOLOS, petite ville de la Grèce, dans la Béotie, selon Etienne de Byzance. M. d'Anville la place sur l'*Asopus*, au sud de Thèbes.

Au temps de Pausanias, on voyoit encore les ruines de cette ville, entre lesquelles étoit un temple de Cérès & de Proserpine.

SCIA, nom d'une ville de Grèce, dans l'île d'Eubée, selon Etienne de Byzance.

SCIAS, petit lieu de l'Arcadie, au nord de *Megalopolis*.

M. l'abbé Gédoyn présume qu'il étoit obscur, parce que son nom paroît venir de σκια (*skia*), qui signifie ombre. On y voyoit, au temps de Pausanias, les restes d'un temple de Diane.

SCIATHIS, montagne du Péloponnèse, dans l'Arcadie, à cinq stades de Caphyes. Les fossés qu'elle avoit au bas, servoient à recevoir les eaux des campagnes voisines. Les habitans croyoient que ces fossés avoient été creusés par Hercule, selon Pausanias.

SCIATHAS *ou* SCIATHUS, île de la mer Egée, avec une ville du même nom, selon Ptolemée.

H 2

Elle eft mife, avec plufieurs autres, au-devant de la Magnéfie, par Strabon.

Entre l'île de Sciathas & les côtés de la Magnéfie, il y a un canal étroit, qui eft une continuation de la mer appelée *Artemifium*. Il eft bon d'obferver qu'Etienne de Byfance la nomme île de *l'Eubée*.

SCIES, lieu fortifié aux environs de l'Ifaurie, & fur le bord de la mer, felon l'hiftoire Mifcellanée, cité par Ortélius.

SCIDARIUM, promontoire que Plutarque femble placer fur la côte de l'Attique, dans le golfe Saronique, près la ville de Mégare.

SCIDRUS ou SCYDRUS, ville de l'Italie, felon Hérodote & Etienne de Byfance. Mais ces auteurs n'en indiquant pas la pofition, M. Larcher (*Géog. d'Hérod.*) conjecture qu'elle étoit vers Laos ou vers Sybaris, ou peut-être entre les deux; car Hérodote dit que les Sybarites, chaffés de leur ville, allèrent habiter Laos & Scidros.

SCILITANUS, fiège épifcopal d'Afrique, dans la province proconfulaire, felon la conférence de Carthage.

SCILLITANA COLONIA (*Caffaréen*), ancienne ville d'Afrique, qui étoit fituée fur une éminence, à fix lieues à l'oueft-fud-oueft de *Sufetula*.

On voit un arc de triomphe fur une hauteur voifine.

SCILLUNS ou SCILLUNTE, ville de la Triphylie, fur le bord du fleuve *Chalchis*, à quelque diftance de la mer.

Elle avoit été difputée autrefois entre les Eléens & les Pifans: les premiers en étoient demeurés les maîtres; mais les Lacédémoniens la leur enlevèrent. Ceci doit avoir précédé l'exil de Xénophon. Ce général, comme on le fait, pour avoir fervi fous Cyrus le jeune contre fon frère Artaxerce, roi de Perfe & allié des Athéniens, fut banni par eux d'Athènes fa patrie, malgré la gloire de fa fameufe retraite chez les Lacédémoniens, & qui lui fit un nouveau crime de s'être retiré dans une ville grecque, prife à main armée fur d'autres Grecs; mais qu'il en fut abfous par le fénat d'Olympie. On y montroit un tombeau qu'on difoit être le fien.

SCINGOMAGUS, ville fituée dans les Alpes, au fud-oueft d'*Ocelum*.

Strabon la place à l'endroit où commençoit l'Italie.

Après plufieurs recherches, M. d'Anville a retrouvé l'emplacement de ce lieu dans celui de *Chamlat de Siguin*, à l'entrée du col de ces truères, qui de la vallée de Sezane conduit dans celle de Pragelas.

SCINTHI, peuple dont il eft fait mention par Claudien. Ortélius foupçonne que c'étoit un peuple de la Germanie.

SCIOESSA, lieu du Péloponèfe, dans l'Achaïe propre, felon Pline.

SCIONE ou SCION, ville de la Thrace, près du promontoire *Canaftreum*, felon Etienne de Byfance. Il ajoute qu'elle fut bâtie par des Grecs qui revenoient du fiège de Troye.

SCIONE ou SCION, ville de la Macédoine, dans la Cherfonèfe de Pallène, felon Strabon. Selon Pomponius Méla, elle fut bâtie par des Grecs, à leur retour de la guerre de Troye.

On voyoit à Athènes, dit Paufanias, dans le Pœcile, des boucliers attachés à la muraille, avec une infcription qui portoit que c'étoient les boucliers des Scionéens & de quelques troupes auxiliaires qu'ils avoient eues avec eux.

SCIONE ou SCION. Arrien & Pline connoiffent une ville infulaire de ce nom, dans la mer Egée.

SCIPIONIS MONUMENTUM, lieu de l'Italie, fur la voie Appienne, à un mille de Rome, & où fut enterré le poëte Ennius, felon la chronique d'Eufèbe, cité par Ortélius.

SCIPIONIS MONUMENTUM. On trouve cette indication fur la carte de M. d'Anville. Ce monument eft le tombeau d'un des Scipion. C'eft le même lieu que le fuivant.

SCIPIONIS ROGUS, lieu de l'Hifpanie, dans le voifinage du fleuve Tader, felon Pline.

SCIRA, lieu de Grèce, dans l'Attique, felon Euftathe, cité par Ortélius.

SCIRAS. C'étoit le nom que portoit anciennement l'île de *Salamine*. Il y avoit dans cette île un temple de Minerve, connue fous le nom de *Minerve Sciras*.

SCIRATÆ, peuples de l'Inde, dans le pays defquels il y avoit des ferpens d'une grandeur énorme, felon Elien.

SCIRITÆ, peuple du Péloponnèfe, dans la Laconie, dans la contrée *Sciritis*, felon Etienne de Byfance.

SCIRITIS, contrée du Péloponnèfe, dans la Laconie, & limitrophe du territoire de *Pharrafium*, felon Thucydide.

SCIRONIDES PETRÆ. Les pierres de Sciron, rocher à l'extrémité occidentale de la Mégaride, tout près de l'ifthme, fur le bord du golfe Saronique. Elles avoient pris leur nom d'un fameux brigand qui habitoit l'ifthme de Corinthe. Il arrêtoit les paffans, & de deffus ces rochers les jetoit à la mer. Il y fut, dans la fuite, jeté lui-même par Théfée. *Pauf. in Attica, c. 44.*

Près de-là étoit la roche *Moluris*, de deffus laquelle on prétendoit qu'Ino s'étoit jeté à la mer avec fon fils Mélicerte. *Pauf. loco citato.*

A-peu-près dans le même lieu étoit le tombeau d'Euryfthée, roi d'Argos; cet implacable ennemi d'Hercule fut vaincu par les fils de ce héros, & tué dans le lieu où l'on voit fa fépulture. *Pauf. loco citato.*

SCIRONIS VIA, chemin de la Grèce; il prenoit depuis l'ifthme de Corinthe, jufqu'à Mégare, & menoit dans l'Attique, felon Strabon.

V. l'article précédent.

Ce chemin prenoit depuis l'ifthme de Corinthe jufqu'à Mégare, & conduifoit dans l'Attique; il menoit auſſi de l'Attique & de la Mégaride, dans le Péloponnèſe. On l'avoit fait applanir pour la commodité des gens de pied; enſuite, par les ordres de l'empereur Adrien, on l'élargit; & du temps de Pauſanias, il y pouvoit paſſer deux charriots de front. Ce chemin, à l'endroit où il forme une eſpèce de gorge, eſt bordé par de groſſes roches, dont une, appelée *Molouris*, eſt très-fameuſe; car, ſelon la fable, ce fut de deſſus cette roche, qu'*Ino* ſe précipita dans la mer, avec Mélicerte, le plus jeune de ſes fils, après que le père eut tué Léargue, qui étoit l'aîné. Le rocher appelé *Molouris*, étoit conſacré à Leucothoé & à Palémon. Les rochers voiſins étoient fameux par les brigandages & les cruautés de Scyron, qui habitoit autrefois cet endroit. ( *Voyez* ci-deſſus ).

SCIRPHÆ, nom d'une ville de la Phocide, ſelon Etienne de Byſance.

SCIRTARI, peuple de la Dalmatie; il étoit partagé en ſoixante-douze décuries, ſelon Pline.

SCIRTIANA, ville de la Macédoine, entre *Lychnidum* & *Caſtra*, ſelon l'itinéraire d'Antonin.

SCIRTONIUM, ville du Péloponnèſe, dans l'Arcadie, ſelon Etienne de Byſance & Pauſanias. Ce dernier dit qu'elle étoit aux Égyptiens, & qu'elle fut une de celles qui envoyèrent la meilleure partie de leurs habitans pour peupler *Megalopolis*.

SCIRTUS ( *Daïſan* ), petit fleuve de l'Aſie, dans l'Oſroène. Il prenoit ſa ſource dans des montagnes, au nord-oueſt d'*Edeſſa*, arroſoit cette ville, à laquelle il cauſoit de terribles dommages, & alloit au ſud-eſt ſe perdre dans un lac.

SCIRUS, bourg de l'Attique, à l'embouchure du Céphiſe, qui avoit pris ſon nom d'après Sciros, prophète de Dodone, c'eſt-à-dire, l'un des prêtres qui rendoient & expliquoient les oracles de la forêt: ayant été tué dans une guerre que les Eleuſiniens ſoutenoient contre Erithée, roi d'Athènes, il fut inhumé dans ce lieu, qui porta depuis ſon nom. Il eſt parlé de ce Sciros à l'article PHALERUS.

Aſſez près de ce bourg étoit le tombeau de Céphiſidor, Athénien diſtingué par ſon courage: ce fut lui qui, pendant qu'il étoit à Archonte, voyant ſa patrie ſur le point d'être opprimée par Philippe, père de Perſée, fit une ligue entre les Athéniens, Attale, roi de Myſie, Ptolemée, roi d'Egypte, les Etoliens, les Rhodiens & les Crétois. Cependant comme les choſes n'alloient pas à ſon gré, que les ſecours arrivoient lentement, il paſſa à Rome y expoſa les dangers de ſa patrie, les vues ambitieuſes de Philippe, & donna ainſi un prétexte de bienfaiſance à l'ambition des Romains. Sous prétexte de ſecourir Athènes, ils envoyèrent Paul Emile, qui battit les Lacédémoniens, fit priſonnier Perſée, & conquit toute la Macédoine.

On y voyoit auſſi le tombeau de Thémiſtocle, fils de Paliarque, & petit-fils du fameux Thémiſtocle. *Pauſ. in Attica, c. 36.*

Pauſanias place le bourg de *Scirus*, entre Athènes & Eleuſis.

SCISSA, ville de l'Hiſpanie, ſelon Polybe, qui rapporte que ce fut auprès de cette ville que Scipion battit les Carthaginois pour la première fois.

SCITACES, nom de l'un des forts que l'empereur Juſtinien fit élever dans la Thrace, ſelon Procope.

SCITHÆ, ville de la Thrace, près de Potidée, ſelon Théopompe, cité par Etienne de Byſance.

SCODRA, ville de l'Illyrie, ſur le *Drino*, ſelon Pline. Tite-Live rapporte que Gentius s'étoit emparé de cette ville, & qu'elle étoit comme le boulevard de ſon royaume.

SCODRI, peuple de l'Inde, près de l'embouchure du fleuve *Indus*, ſelon Denys le Périègète.

SCOEDISA, nom d'une partie du mont *Taurus*, entre la montagne Paryadre, & les monts Moſchiques, ſelon Strabon.

SCOENUS, fleuve de la Thrace. La ville de Maronée étoit ſituée ſur le bord de ce fleuve, ſelon Pomponius Méla.

SCOLLIS, mont de Triphylie, dans la partie ſeptentrionale, au nord du fleuve *Peneus*.

Selon Strabon on le croit déſigné, dans Homère, par le nom d'*Olénie*. L'épithète de πετριοδ´ες, dont l'auteur grec accompagne ce nom, ſemble indiquer que c'étoit moins une montagne qu'un mont hériſſé de rochers.

SCOLLIS, montagne du Péloponnèſe, dans l'Achaïe propre, & dans laquelle le fleuve *Lariſſus* prenoit ſa ſource, ſelon Strabon.

SCOLOPOEIS ( *fleuve* ). Quoiqu'on ne trouve rien dans les anciens touchant le *Scolopoëis*, « on » peut aſſurer cependant, dit M. Larcher, que c'eſt » un fleuve, & qu'il couloit vers Priène & vers » Mycale, entre Priène & Milet, au nord du Méan- » dre, puiſque Hérodote le joint avec le *Gæſon* ».

Il y avoit auprès de ces deux rivières, le Scolopoëis & le Gæſon, un temple de Cérès Eleuſinienne.

SCOLOTIS : c'étoit, ſelon Hérodote, *L.* 11 *ch.* 6, le nom que les Scythes ſe donnoient à eux-mêmes.

SCOLUS, village de la Béotie, dans la Parrſopie, au pied du mont Cithéron, ſelon Strabon. On en voyoit les ruines ſur le chemin de Platée à Thèbes, avant de paſſer l'Aſpe, ſelon Pauſanias. Il ajoute que parmi ſes ruines, on voyoit un temple, non achevé, dédié à Cérès & à Proſerpine, avec deux buſtes de ces déeſſes.

SCOLUS, nom d'une ville que Strabon dit avoir été ſituée dans le voiſinage de celle d'Olynthe.

SCOMBRARIA, promontoire de l'Hiſpanie, dans la Tarragonnoiſe, ſur la côte des Conteſtains, entre la nouvelle Carthage & l'embouchure du Tader, ſelon Ptolemée.

SCOMBROARIA, on SCOMBRARIA, île ſur la côte de l'Hiſpanie, à quatre-vingt ſtades de la nouvelle Carthage.

SCOMBRUS, nom d'une partie du mont *Hæmus*, selon Aristote.

SCOMIUS, montagne de la Thrace. C'étoit une partie du mont *Hæmus*, dans le voisinage & au septentrion de Rhodope. C'est dans cette montagne que le fleuve *Strymon* prenoit sa source, selon Thucydide.

SCOPE, nom d'une ile de la mer de Rhodes, selon Pline.

SCOPE, village de l'Egypte, dans le nôme de Libye, selon Ptolémée.

SCOPELOS, ile de la mer Egée, près de la côte de la Macédoine, selon Ptolémée, à deux lieues à l'est de Sciathus, & six lieues au nord de l'ile d'Eubœ.

SCOPELOS, ile située vers la côte de l'Ionie, selon Pline.

SCOPELOS, ile de l'Asie, au-devant de la Troade, selon Pline.

SCOPELOS, nom de l'une des iles de la Propontide, selon Pline.

SCOPELUS, ville de la Sarmatie Asiatique, sur le fleuve *Varadanus*, selon Ptolémée.

SCOPHARCHONBRA, bourgade de la Palestine, dans le territoire de Gaza, selon Sozomène.

SCOPELA EXTREMA, promontoire de l'Asie mineure, dans la Doride, selon Ptolémée.

SCOPIUM, ville de Grèce, dans la Thessalie, selon Polybe.

SCOPIUS, nom d'une montagne de la Macédoine, selon Pline.

SCOPIUS, fleuve de l'Asie, dans la Bithynie, selon Pline.

SCOPOLURA, ville de l'Inde, en-deçà du Gange, dans l'intérieur des terres, chez le peuple *Aruarni*, selon Ptolémée.

SCOPOS, lieu de la Palestine, à environ sept stades au nord de la ville de Jérusalem. Josephe rapporte que Tite plaça deux légions dans ce lieu, quand il vint attaquer Jérusalem.

SCOPULUS, ile de la mer Ionienne, aux environs de celle de la Céphalénie, selon Ptolémée.

SCOPUM, ville de l'Asie, dans la petite Arménie, selon Curopalate, cité par Ortélius.

SCORDÆ, peuples de l'Asie, dans la Bactriane, au midi des Tochares, ou Trocares, selon Ptolémée.

SCORDICES ou SCORDIGUES, peuples Celtes ou Gaulois, selon les auteurs anciens. Ils habitoient au midi du Danube, & c'étoient un des peuples les plus belliqueux de toute l'Illyrie. Une partie habitoit sur les bords du *Noarus*, du côté de la ville de Ségeste. L'autre partie étoit au confluent du Danube & de la Save. Leurs limites, de ce côté, s'étendoient jusqu'aux montagnes de Thrace & de Macédoine. Ils avoient coutume de parcourir, les armes à la main, toutes les provinces qui leur étoient voisines. Justin & Tite-Live prétendent que ce peuple sortoit originairement des Gaules ; mais il est certain que les Scordices furent les chefs

de l'expédition que les Gaulois entreprirent contre la Grèce. Après avoir été très-puissans dans l'Illyrie, ils furent entiérement subjugués par Tibère, lorsqu'il commandoit les armées d'Auguste en Pannonie.

SCORDICI ou SCORDISCÆ, peuples de la basse Pannonie, selon Ptolémée.

SCORDISCUS MONS, montagne de la Capadoce, selon Ptolémée.

SCORINGA, contrée où les *Vuinuli* s'arrêtèrent après être sortis de la Scandie, selon Paul Diacre.

SCOROBAS, montagne dont fait mention Appien.

SCORPIOFERA REGIO, contrée de l'Asie, dans l'Arie, selon Ptolémée.

SCORPION ( *la montagne du* ), ou la montagne d'Acrabim, lieu de la Palestine, vers l'extrémité de la mer Morte, au midi de la tribu de Juda, selon Josué. ( *Voyez* ACRABIM ).

SCOTANA ou SCOTINA, lieu du Péloponnèse, dans l'Arcadie, sur la route de Caphyes à Psophis, selon Pausanias.

SCOTI ( *les Scots* ), peuples de la partie septentrionale de l'ile d'Albion. Il faut observer cependant que ce nom n'est pas de la haute antiquité, puisque Claudien est le premier dans l'ouvrage duquel on trouve :

*Scotorum cumulos flevit Glaïalis.*
IERNÉ.

Peut-être étoit-ce le nom que se donnoient les montagnards sauvages, que les Romains nommoient *Picti*, à cause de la couleur dont ils se peignoient le corps. Cela est plus raisonnable que de les regarder comme un second peuple qui auroit succédé à un premier. *Picti* est évidemment un nom romain, & par conséquent il ne pouvoit être celui que se donnoit la nation alors : c'est le même peuple que les Romains appeloient aussi *Calédoniens*.

On trouvoit aussi des Scots dans l'Irlande.

SCOTITAS ( le ), bois situé dans la Laconie, près des frontières de l'Argolide, au nord de *Glympes*.

Ce bois étoit planté de chênes très-touffus, & qui tiroit son nom d'*Oscur*, de sa sombre épaisseur.

Près du grand chemin étoit un temple du Jupiter *Scotitas*, nommé ainsi, sans doute, à cause du bois dans l'enceinte duquel se trouvoit son temple.

En avançant un peu le long du chemin, on voyoit une statue d'Hercule, & un trophée élevé, disoit-on, par ce héros lui-même, lorsqu'il eut tué Hippocoon & ses enfans.

SCOTIUM, montagne de l'Asie mineure. Appien rapporte que c'est où le père de Mithridate avoit vaincu Triarius.

SCOTUSA, ville de la Macédoine, sur le bord

du fleuve Strymon, dans l'*Odomantica*, au-deſſus de *Berga*, ſelon Ptolemée.

SCOTUSA, ville de Grèce, dans la Theſſalie, chez le peuple *Pélaſgiotes*, ſelon Ptolemée.

SCOTUSSÆI. Pline nomme ainſi les habitans de *Scotuſa*, ville de l'*Odomantica*. Il ajoute qu'ils étoient libres ſous les Romains.

SCRITIFINNI. Ce nom ſe trouve écrit de différentes manières, ſelon les auteurs, car on trouve *Scritofinni*, *Scritofema*, &c. C'étoit, ſelon Jornandès, un peuple de la Scandie. Procope les place dans l'île de Thule, & les donne pour les plus ſauvages de cette île. Ce qu'il ajoute les peint à-peu-près comme les Lapons de nos jours.

SCROBILUM, promontoire du golfe Arabique. Il ſéparoit les golfes Héroopolitique & Elanitique.

SCULTENA (*le Panaro*). Ce fleuve commence au ſud de l'Apennin, & remonte au nord ſe jeter dans le Padus, peu après ſa diviſion en deux branches. Frontin (*L. III, c. 13 & 14*), en parle comme s'il arroſoit *Mutina*, ce qui n'eſt pas exact; car cette ville étoit plus près même du Cabellius que de la Scultena. Mais elle eſt ſur un canal de communication entre ces deux rivières. Probablement il ſubſiſtoit de ce temps-là, & ce fut ſans doute par ce canal qu'Hirtius fit paſſer aux Mutiſnois, aſſiégés par Antoine, une certaine quantité de ſel enfermé dans des tonneaux. Frontin dit plus haut, qu'un ſoldat, en nageant, y avoit porté des lettres écrites ſur du plomb; mais cela ſe peut entendre auſſi bien du canal que de la rivière.

SCUPI, ville de la haute Mœſie, dans la Dardanie, ſelon Ptolemée.

SCURELLUR, ville de l'Inde, en-deçà du Gange, entre le Pſeudoſtome & le fleuve *Baris*, ſelon Ptolemée.

SCURGUM, ville qui étoit ſituée dans le climat le plus ſeptentrional de la Germanie, ſelon Ptolemée.

SCUSSA ou SCHUSÆ, village de l'Egypte, dans la préfecture Hermopolitaine, ſelon Elien.

SCUTANA, fleuve de l'Italie, ſelon Strabon. Le même que Pline nomme *Scultenna*.

SCUTARIENSE PROMONTORIUM, promontoire de l'Aſie mineure, dans le Boſphore de Thrace, au nord-eſt de Byſance.

SCYBELUS, lieu de l'Aſie, dans la Pamphylie, ſelon Héſyche.

SCYBRUS, petite contrée de la Macédoine, ſelon Théopompe, cité par Etienne de Byſance.

SCYDRA, ville de la Macédoine, dans l'Emathie, ſelon Ptolemée.

SCYDRUM, nom d'une ville qui étoit ſituée ſur le fleuve *Sagaris*.

SCYDRUS, fleuve de l'Italie dans la partie de la grande Grèce appelée *Brutium*.

SCYLACE (*Siki*), ou SCYLLACINUS, petite ville de l'Aſie mineure, dans la Bythinie, ſur le bord de la Propontide, à l'entrée & à l'oueſt du petit golfe appelé *Cianus ſinus*. C'étoit, ſelon Hérodote (*L. 1, c. 57*), une colonie de Pélaſgues. Il me ſemble que l'on peut appliquer à cette ville la remarque que fait M. Larcher à l'occaſion de *Placia*. C'eſt que ces Pélaſgues étoient de ceux qui, après avoir été accueillis par les Athéniens, furent enſuite chaſſés par eux, du pays qu'ils leur avoient cédé dans l'Attique. (*Voyez* PÉLASGUES).

SCYLACE, petite ville, colonie des Pélaſgiens, vers l'eſt de Cyzique, entre cette ville & le mont Olympe, près de *Placia* ou Placie, ſelon Pomponius Méla.

SCYLAX, fleuve de l'Aſie, dans le Pont. Il ſe perdoit dans l'Iris, après que ce dernier avoit commencé à prendre ſon cours vers l'orient, & avant qu'il eût baigné la ville d'Amaſie, ſelon Strabon.

SCYLLA (*Sciglio*), rocher d'Italie, fameux dans l'antiquité par les dangers que les nautoniers couroient à ſon approche. Il étoit à l'extrémité d'une péninſule qui formoit en cet endroit la terre du *Brutium*. Quoiqu'à l'occaſion de *Scylla* les anciens aient preſque toujours parlé de *Charibde*, il ne faut pas croire cependant qu'ils étoient en face l'un de l'autre, & qu'ils reſſerroient entre eux le détroit appelé aujourd'hui le *Sicile*. Scylla étoit un peu plus vers le nord-eſt; mais quand on paſſoit le détroit du nord au ſud, on trouvoit, avant d'y entrer, le gouffre de Charibde, ſur le côté gauche, & le rocher de Sylla, en en ſortant, ſur le côté droit. Dans un temps où l'art des manœuvres nautiques n'étoit pas auſſi perfectionné qu'il l'eſt aujourd'hui, ce paſſage étoit très-dangereux, & il n'arrivoit que trop ſouvent que pour éviter les terres à la gauche, on raſoit de trop près celles-ci qui ſe trouvent à droite. De-là le proverbe:

*C'eſt éviter Scylla, pour tomber en Charibde.*

On peut voir dans l'Odyſſée, le portrait qu'Homère fait de Scylla, qu'il perſonnifie, ou plutôt dont il fait un monſtre auquel rien n'échappe. Le ſavant Bochart fait venir Scylla de l'oriental *Schoul*, malheur mortel; ne vient-il pas plus directement du grec σκύλλειν, *vexer*, *nuire*, *tourmenter* ?

L'hiſtoire nous apprend qu'Anaxilaüs, tyran de Rège, avoit fait fortifier ce rocher pour y établir une marine Etruſque.

*N. B.* Ce rocher a été détruit par le dernier tremblement de terre.

SCYLLA ou SCYLLÆUM, ville de l'Italie, dans le *Brutium*, ſelon Pomponius Méla & Pline.

SCYLLA, nom d'une île déſerte, dans le voiſinage de la Cherſonèſe de Thrace, ſelon Pline.

SCYLLACIUS ou SCYLACIUS SINUS, golfe de Squilace.

SCYLLETIUM, montagne de l'île de Crète, ſelon Etienne de Byſance.

SCYLLEUM PROMONTORIUM, actuellement promontoire de *Skilleo*, ou le promontoire de *Scylla*. C'étoit la partie de l'Argolide la plus avancée vers le fud-eft. On prétendoit qu'il avoit pris fon nom de Scylla, fille de Nifus. Cette princeffe, pour feconder les vues de Minos, roi de Crète, qui devoit l'époufer, donna la mort à fon père, afin de faciliter à fon amant la prife de Mégare, dont Nifus étoit roi. Minos, indigné d'un paricide qui ne pouvoit jamais trouver fon excufe dans le plus violent amour, n'eut pas plutôt la princeffe en fon pouvoir, qu'il la fit jeter dans la mer. Les flots, ajoute-t-on, apportèrent fon corps vers ce promontoire, où il fut la proie des oifeaux.

SCYMNITÆ, peuple de la Sarmatie Afiatique, entre les *Sapothrenæ* & les Amazones, felon Ptolemée.

SCYPHIA, bourgade des Clazoméniens, felon Etienne de Byfance.

SCYPPIUM, ville de l'Afie mineure, dans l'Ionie, aux confins du pays des Colophoniens, felon Paufanias.

SCYRAS, nom d'une efpèce de rivière ou de ruiffeau de la Laconie, qui fe perdoit dans le golfe de Laconie. On prétendoit qu'il portoit ce nom depuis qu'Achille, parti de l'île de Scyros pour venir époufer Hermione, avoit abordé à fon embouchure, & y avoit débarqué heureufement. On voyoit un vieux temple d'Apollon auprès de cette rivière, & un autel de Jupiter. Paufanias, *L. III. Lacon. ch. 25.*

SCYRI, peuple de l'Inde, aux environs de l'Ariane, felon Pline.

SCYRMUS, ville de la Dolionide, près de Cyzique, felon Etienne de Byfance.

SCYROS INSULA. Cette île, connue fous le nom actuel de *Skyro*, eft fituée à l'eft & très-près de l'île d'Eubée. Les anciens prétendoient qu'Achille y paffa les premières années de fa vie, déguifé en fille, à la cour de Lycomède. Cette fable s'accorde mal avec ce qu'on lit dans Homère. Il paroît qu'elle étoit alliée de Troye, puifqu'Agamemnon en fit la conquête.

Les Athéniens crurent dans la fuite y avoir retrouvé les os de Théfée.

SCYTALA INSULA, île fituée dans le golfe Arabique, felon Pline.

SCYTHÆ (*les Scythes*). Les anciens comprenoient fous ce nom les peuples qu'aujourd'hui nous appelons *Tatars*, ou, comme on dit vulgairement, *Tartares*. De tous les auteurs de l'antiquité, Hérodote eft celui qui nous a donné le plus de détails fur ces peuples; c'eft donc à lui fur-tout qu'il faut recourir, pour les connoiffances qu'il convient d'en donner ici. *Voy. Hérodote, L. III, ch. 5.*

Les Scythes felon Hérodote, difent que de toutes les nations du monde, la leur eft la plus nouvelle (1); mais ce fentiment n'eft pas celui de

Juftin; qui dit que les Scythes prétendoient être plus anciens que les Egyptiens; & cette opinion lui paroît fondée. *Quòd*, dit-il, *fi omnes quàndam terræ fubmerfæ profundò fuerint, profectò editiffimam quamque partem decurrentibus aquis primùm detectam.* (Juft., *L. IV, c. 1*). Mais je reviens à Hérodote.

La Scythie étoit autrefois un pays défert; le premier homme qui y naquit, s'appeloit *Targitaüs*. Ils prétendent qu'il étoit fils de Jupiter, & d'une fille du Borifthène. «Cela, ajoute l'hiftorien, ne » me paroît nullement croyable; mais telle eft » l'origine qu'ils rapportent ». Ce *Targitaüs* eut trois fils; l'aîné s'appeloit *Lipoxaïs*; le fecond, *Arpoxaïs*; & le plus jeune, *Colaxaïs*.

Sous leur règne, il tomba du ciel, dans la Scythie, une charrue, un joug, une hache & une phiole d'or. L'aîné les apperçut le premier, & s'en approcha, dans le deffein de les prendre; mais auffi-tôt l'or devint brûlant. Lipoxaïs s'étant retiré, le fecond vint enfuite, & l'or s'enflamma de nouveau. Ces deux frères s'étant donc éloignés de cet or brûlant, le troifième s'en approcha & trouva l'or éteint; il le prit & l'emporta chez lui. Les deux autres en ayant eu connoiffance, lui remirent le royaume en entier.

Ceux d'entre les Scythes que l'on appelle *Auchates*, font, à ce qu'on dit, iffus de Lipoxaïs; ceux que l'on nomme *Catiares* & *Trafpies*, defcendent d'Arpoxaïs, le fecond des trois frères; & du plus jeune, qui fut roi, viennent les *Paralates*.

Tous ces peuples, en général, s'appellent *Scolotes*, du furnom de leur roi; mais il a plu aux Grecs de leur donner le nom de *Scythes*.

C'eft ainfi que les Scythes racontent l'origine de leur nation; ils ajoutent qu'à compter de cette origine & de Targitaüs, leur premier roi, jufqu'au temps où Darius paffa dans leur pays, il n'y a pas en tout plus de mille ans. Or, comme l'expédition dont parle ici Hérodote, fuivit de près la prife de Babylone par Darius, l'an 513 avant l'ère vulgaire, il paroît à M. Larcher que l'on peut fixer le commencement des Scythes, ou du moins le règne de leur premier roi Targitaüs, à l'an 1354 avant cette même ère. Quant à l'or facré, continue Hérodote, les rois le gardent avec le plus grand foin; chacun d'eux le fait venir tous les ans dans fes états, & lui offre de grands facrifices pour fe le rendre propice. Si celui qui a cet or en garde, s'endort, le jour de la fête, en plein air; il meurt dans l'année, fuivant les Scythes; & c'eft pour le dédommager du rifque qu'il court, qu'on lui donne toutes les terres dont il peut, dans une journée, faire le tour à cheval.

Le pays des Scythes étant très-étendu, Colaxaïs le partagea en trois royaumes, qu'il donna à fes trois fils. Celui des trois royaumes où l'on gardoit

---

(1) M. Pellontier croit que ce nom de Scythes vient du Celte *Ziken*, fignifiant *courir*, *voyager*, parce que

ce peuple étoit Nomade. M. Larcher croit plutôt qu'il s'étoit formé de *Sçandit* ou *Sçanti*, je tire de l'arc; ce qui eft très-vraifemblable.

l'or .

for tombé du ciel, étoit le plus grand. Quant aux régions situées au nord, & au-dessus des derniers habitans de ce pays, les Scythes disent que la vue ne peut percer plus avant, à cause des plumes qui y tombent de tous côtés.

Je remarquerai ici, contre l'opinion des auteurs, & en particulier de M. l'abbé Millot, qui, se faisant un mérite de fronder Hérodote, ont attribué à sa seule crédulité toutes les fables qu'il débite, que très-souvent il ajoute qu'il ne les croit pas; & que, particuliérement ici, il rapporte que les Scythes le disent. Ce n'est pas que je croie que les Scythes eux-mêmes avoient dit qu'il tomboit des plumes; mais je crois que pour donner une idée de ce météore à ceux des Grecs avec lesquels ils communiquèrent d'abord, ils purent leur dire qu'il tomboit du ciel une matière blanche, & voltigeant comme des plumes. Je ne doute pas qu'ils n'aient ajouté que ce phénomène étoit causé par le froid: mais comment se faire entendre à des gens bornés, qui, habitant un beau ciel, n'ont pas l'idée d'un grand froid? On peut se rappeler, à l'appui de mon sentiment, l'opinion désavantageuse que prit tout-à-coup un roi de Siam, de quelques négociateurs Hollandois, qui, à propos des agrémens de leur pays, lui racontoient que l'hiver on faisoit de belles promenades en traîneaux, sur les canaux & sur les rivières. Ne pouvant pas comprendre comment on pouvoit marcher sur l'eau, il ne le voulut pas croire, & les renvoya, doutant de même de ce qu'ils lui avoient dit de leur puissance, & des avantages que lui présenteroit leur commerce. De même ici, je pense que les premiers Grecs auxquels les Scythes parlèrent de ce phénomène, trouvèrent plus simple de dire que c'étoient des plumes, que quelque autre chose dont l'idée se classoit mal dans leur tête, & ne s'accordoit pas avec tout ce qu'ils connoissoient des jeux de la nature. Il dit lui-même ensuite:

La terre, selon Hérodote, en est toute couverte, & en est rempli, ce qui empêche la vue de pénétrer. Voilà, dit cet historien, ce que les Scythes rapportent du pays situé au-dessus du leur.

Mais les Grecs qui habitent les bords du Pont-Euxin, racontent qu'Hercule, emmenant les vaches de Géryon, arriva dans le pays occupé maintenant par les Scythes, & qui étoit alors désert; que Géryon demeuroit par-delà le Pont, dans une île que les Grecs appellent Erythie, située près de Gades (1), dans l'Océan, au-delà des colonnes d'Hercule. Ils prétendent aussi que l'Océan commence à l'est, & environne la terre de ses eaux. Je remarquerai, en passant, que cela suppose des idées sur la rondeur de la terre, & sur les bornes de l'Asie à l'est, qui, en effet, a de ce côté la mer. On ignoroit alors que l'Amérique se trouvoit entre cette mer de l'est, & celle appelée Océan, à l'ouest de l'Europe. Cependant comme cette grande étendue de mer paroissoit

un peu suspecte à Hérodote, il ajoute que les Scythes se contentoient de l'affirmer, sans en donner des preuves.

Ces Grecs du Pont-Euxin ajoutoient qu'Hercule étant donc parti du pays de Géryon, arriva dans celui que l'on connoît sous le nom de Scythie; qu'y ayant été surpris d'un orage violent & d'un grand froid, il étendit sa peau de lion, s'en enveloppa & s'endormit; & que ses jumens, qu'il avoit détachées de son char pour les laisser paître, disparurent pendant son sommeil par une permission divine.

Hercule les chercha à son réveil, parcourut tout le pays, & arriva enfin dans le canton appelé Hylée. Là, il trouva dans un antre, un monstre composé de deux natures, femme depuis la tête jusqu'au-dessous de la ceinture, serpent par le reste du corps.

Quoique surpris en la voyant, il lui demanda si elle n'avoit pas vu quelque part ses chevaux. « Je » les ai chez moi, lui dit-elle; mais je ne vous » les rendrai pas que vous n'ayez habité avec » moi ». Hercule, trop galant pour se refuser à une invitation qui auroit fait reculer tout autre que lui, consentit à sa demande, afin de ravoir ses chevaux. Mais cette femme, si l'on peut donner ce nom à un monstre de cette espèce, différoit toujours de les lui rendre, afin de le posséder plus long-tems. De son côté, Hercule qui n'avoit pas pour elle un grand fond de tendresse, ne desiroit que ses chevaux pour repartir au plus vite. Enfin elle les lui rendit, & lui tint ce discours:

« Vos chevaux étoient venus ici; je vous les » ai gardés; j'en ai reçu la récompense. J'ai conçu » de vous trois enfans; mais que faudra-t-il que » j'en fasse, quand ils seront grands? Les établirai-je » dans ce pays-ci, dont je suis la souveraine? Ou » voulez-vous que je vous les envoie?

» Quand ces enfans auront atteint l'âge viril, » lui répondit Hercule ( & il ajoute, suivant les » Grecs ), en vous conduisant de la manière que » je vous dirai, vous ne courrez point de risque de » vous tromper. Celui d'entre eux que vous verrez » bander cet arc comme moi, & se ceindre de ce » baudrier, comme je le fais, retenez-le dans ce » pays, & qu'il y fixe sa demeure. Celui qui ne » pourra point exécuter ces deux choses, que je » regarde comme indispensables, faites-le sortir de » votre pays. Vous vous procurerez de la satisfac- » tion, & vous ferez ma volonté ».

Hercule, en finissant ces mots, tira l'un de ses arcs, car il en avoit eu deux jusqu'alors, & le donna à cette reine. Il lui montra aussi le baudrier; à l'endroit où il l'attachoit, pendoit une coupe d'or; il lui en fit aussi présent, après quoi il partit.

Lorsque ces enfans eurent atteint l'âge viril, elle nomma l'aîné, Agathyrsus; le suivant, Gélonus, & le plus jeune, Scythès. Elle n'oublia pas les ordres d'Hercule, & les suivit. Les deux aînés trouvant au-dessus de leurs forces l'épreuve pres-

---

(1) Voyez l'article GADES.

crite, furent chaffés par leur mère , & allèrent s'établir en d'autres pays. Scythès, le plus jeune des trois, fit ce que fon père avoit ordonné, & refta dans fa patrie. C'eft de ce Scythès, fils d'Hercule, que font defcendus tous les rois qui lui ont fuccédé en Scythie; & jufqu'aujourd'hui les Scythes ont toujours porté, au bas de leur baudrier, une coupe, en mémoire de celle qui étoit attachée à celui d'Hercule. En finiffant ce récit , Hérodote a foin d'obferver que ce récit eft celui des Grecs du Pont-Euxin.

Il ajoute auffi-tôt ( *L. IV, ch. 11* ) : « On raconte une autre hiftoire, à laquelle je foufcris volontiers. Les Scythes Nomades, qui habitoient en Afie, accablés par les Meffagètes, avec lefquels ils étoient en guerre, paffèrent l'Araxe, & vinrent en Cimmérie; car le pays que poffèdent aujourd'hui les Scythes, appartenoit autrefois, à ce que l'on dit, aux Cimmériens. Ceux-ci, les voyant fondre fur leurs terres, délibérèrent entre eux fur cette attaque. Les fentimens furent partagés, & tous deux furent extrêmes: celui des rois étoit le meilleur. Le peuple étoit d'avis qu'il falloit fe retirer, & ne point s'expofer au hafard d'un combat contre une fi grande multitude : les rois, de leur côté, vouloient qu'on livrât bataille à ceux qui venoient les attaquer. Le peuple ne voulut jamais céder au fentiment de fes rois, ni les rois fuivre celui de leurs fujets. Le peuple étoit d'avis de fe retirer fans combattre, & de livrer ce pays à ceux qui venoient l'envahir. Les rois, au contraire, avoient décidé qu'il falloit mieux mourir dans la patrie, que de fuir avec le peuple. D'un côté, ils envifageoient les avantages dont ils avoient joui jufqu'alors; & d'un autre, ils prévoyoient les maux qu'ils auroient indubitablement à fouffrir, s'ils abandonnoient leur patrie.

» Les deux partis perfévérant dans leur première réfolution, la difcorde s'alluma entre eux de plus en plus. Comme ils étoient égaux en nombre, ils en vinrent aux mains. Tous ceux qui périrent dans cette occafion, furent enterrés par le parti du peuple, près du fleuve Tyras, où l'on voit encore aujourd'hui leurs tombeaux. Après avoir rendu les derniers devoirs aux morts, on fortit du pays; & les Scythes le trouvant défert & abandonné, s'en emparèrent.

» On trouve encore aujourd'hui, dit Hérodote, dans la Scythie, les villes de Cimmerium, & de Porthmies Cimmériennes (1). On y voit auffi un pays, qui retient le nom de Cimmérie, & un Bofphore appelé Cimmérien. Il paroît certain que les Cimmériens, fuyant les Scythes, fe retirèrent en Afie, & qu'ils s'établirent dans la prefqu'île où l'on voit maintenant une ville grecque, appelée Synope. Il ne paroît pas moins certain que les Scythes s'égarèrent en les pourfuivant, & qu'ils entrèrent en Médie. ( Je parlerai ci-après de cette

irruption des Scythes ). Les Cimmériens, dans leur fuite, côtoyèrent toujours la mer; les Scythes, au contraire, avoient le Caucafe à leur droite, jufqu'à ce que, s'étant détournés de leur chemin, & ayant pris par le milieu des terres, ils pénétrèrent en Médie ».

Cette autre manière de raconter la chofe, eft également reçue des Grecs & des Barbares. Mais Ariftée (2) de Proconèfe, fils de Cayftrobius, écrit dans fon poëme épique, qu'infpiré par Phébus, il alla chez les Iffédons; qu'au-deffus de ces peuples, on trouve les Arimafpes, qui n'ont qu'un œil; qu'au-delà font les Gryphons ( 3 ), qui gardent l'or; plus loin encore demeurent les Hyperboréens (4), qui s'étendent vers la mer; que toutes ces nations, excepté les Hyperboréens, font continuellement la guerre à leurs voifins, à commencer par les Arimafpes; que les Iffédons ont été chaffés de leur pays par les Arimafpes; les Scythes par les Iffédons, & les Cimmériens, qui habitoient les côtes de la mer, au midi, l'ont été par les Scythes. Ainfi Ariftée ne s'accorde pas même avec les Scythes, fur cette contrée.

Comme c'eft à l'occafion des Scythes qu'Hérodote rapporte ce qu'il fait des peuples feptentrionaux; que ce fera fûrement auffi à cet article de ce Dictionnaire que l'on aura recours, lorfque l'on voudra favoir ce qu'en difoient les anciens, je vais fuivre encore l'auteur grec pour quelques détails, que je ne pourrois placer également bien ailleurs.

Après le port des Boryfthénites ( *L. IV, ch. 17*), qui occupent juftement le milieu des côtes maritimes de toute la Scythie, les premiers peuples que l'on rencontre font les Calcipides; ce font des Greco-Scythes. Au-deffus d'eux font les Alazons; ceux-ci & les Capcides, obfervent, en plufieurs chofes, les mêmes coutumes que les Scythes; mais ils fèment du bled, & mangent des oignons, de l'ail, des lentilles & du millet. Au-deffus des Alazons, habitent les Scythes laboureurs ( *Scythæ agricolæ* ), qui fèment du bled, non pour en faire leur nourriture, mais pour le vendre. Par-delà ces

---

(2) Cet Ariftée avoit écrit les *Arimafpies*, poëme épique en trois livres, fur la guerre des Arimafpes & des Gryphons. Il vivoit cinq cens quatre-vingts ans avant l'ère vulgaire.

(3) Quelques auteurs avoient cru que ces Gryphons étoient des peuples. Je n'ai pas déshonoré ce Dictionnaire d'une femblable opinion.... C'étoient des animaux fabuleux. Paufanias en parle dans fon voyage de l'Attique, vers la fin de ce livre. Selon lui, on voyoit de chaque côté du cafque de Minerve des Gryphons, & il ajoute : « Ariftée de Proconèfe dit qu'ils font toujours en guerre avec les Arimafpes, qui demeurent au-deffus des Iffédons; que l'or que gardent les Gryphons pouffe de la terre; que les Arimafpes font des hommes qui n'ont qu'un œil depuis leur naiffance; que les Gryphons font des animaux reffemblant aux lions, avec un bec & des ailes d'aigle ».

(4) Olen, de Lycie, poëte & devin, eft le premier qui ait mention de ces peuples.

---

(1) *Voyez* la note de M. Larcher fur ces deux villes, *tome III*, *page 382.*

Scythes, on trouve les Neures ( *Neuri* ). Autant que nous avons pu le savoir, la partie septentrionale de leur pays n'est point habitée. Voilà les nations situées le long du fleuve Hypanis, à l'ouest du Borysthène. Mais comme l'Hypanis n'est autre que le *Bogus*, ou le *Rofu*, on croit qu'Hérodote parle ici des Scythes de l'Europe.

Quand on a passé ce fleuve, on rencontre d'abord l'Hylée ( petit pays de la Scythie, à l'est du Borysthène ), vers les côtes de la mer. « Au-» dessus de ce pays, dit Hérodote ( *ibid. ch. 18* ), » sont les Scythes agricoles. Les Grecs qui ha-» bitent les bords de l'Hypanis, les appellent » Borysthénites; ils se donnent eux-mêmes le nom » d'Olbiopolites (1). Le pays de ces Scythes agri-» coles a, à l'est, trois journées de chemin, & s'étend » jusqu'au fleuve Panticapes (2); mais celui qu'ils » ont au nord, est de onze jours de navigation, » en remontant le Borysthène. Plus avant on trouve » de vastes déserts, au-delà desquels habitent les » Androphages ( ou Andropophages ), nations » particulières & nullement Scythes. Au-dessus » des Androphages, il n'y a plus que de véritables » déserts, du moins n'y rencontre-t-on aucun » peuple, autant que nous avons pu le savoir ». Il faut observer, à l'avantage d'Hérodote, cette expression, ὅσον ἡμεῖς ἴδομεν. Ainsi il n'affirme pas ce qu'il ignore; il dit simplement que c'est tout ce qu'il a pu apprendre; ce qui est très-différent. J'insiste sur ce point & sur cette qualité du père des historiens, parce que je suis révolté, à la lecture de plusieurs ouvrages modernes, de voir par-tout attaquer la véracité de cet historien, & le taxer d'une crédulité absurde.

A l'est de ces Scythes agricoles, & au-delà des Panticapes, on trouve les Scythes Nomades, qui ne sèment ni ne labourent. Ce pays entier, si l'on en excepte l'Hylée, est sans arbres (3). Ces Nomades occupent, à l'est, une étendue de quatorze jours de chemin, jusqu'au fleuve *Gerrhus* ( le Molooznija-wodi, selon M. d'Anville ).

Au-delà du *Gerrhus* est le pays des Scythes royaux (4): ces Scythes sont les plus braves & les plus nombreux; ils regardent les autres comme leurs esclaves; ils s'étendent, du côté du sud, jusqu'à la Taurique; à l'est, jusqu'au fossé (5) que creusèrent les fils des aveugles, & jusqu'à Cremnes, ville commerçante sur le Palus Meotis. Il y a même partie de cette nation qui s'étend jusqu'au Tanaïs.

Je m'arrête un instant pour faire observer que le pays décrit ici par Hérodote, qui lut son histoire aux jeux olympiques, vers l'an 466 avant notre ère, est celui que Ptolémée appelle Sarmatie, & il écrivoit dans le second siècle de notre ère; ce qui peut donner environ 700 ans de différence. Alors ce pays étoit plus connu; les peuples appelés Scythes, étoient plus reculés; & d'autres, appelés Sarmates, leur avoient succédé.

Au nord des Scythes royaux, Hérodote dit qu'étoient les Melanchlænes (6), peuple qui n'étoit pas Scythe. Au-delà des Melanchlænes, ajoute Hérodote, il n'y a, autant que nous pouvons le savoir, que des marais & des terres sans habitans.

Le pays d'au-delà du Tanaïs ( *ibidem, ch. 25* ), n'appartient pas à la Scythie; il se partage en plusieurs contrées. La première est aux Sauromates; ils commencent à l'extrémité du Palus Meotis, & occupent le pays qui est au nord: or n'y voit ni arbres fruitiers, ni sauvages. La seconde contrée, au-dessus des Sauromates, est habitée par les Budins; elle porte toute sorte d'arbres en abondance. Mais au-dessus des Budins, en tirant vers le nord, le premier pays où l'on entre, est un désert de sept jours de chemin.

Après ce désert ( *ch. 22* ), en détournant vers l'est, vous trouvez les Thyssagètes; c'est une nation particulière & nombreuse, qui ne vit que de la chasse. Les Iyrques ( quelques auteurs ont cru que dans le grec, au lieu de Ιυρκαι, il falloit lire Τυρκοι; mais puisque l'on trouve ce nom dans Pomponius Méla & dans Pline, il est probable qu'il étoit celui d'un peuple, plus ancien que les Turcs, appelés d'abord Turcomans ). Les Iyrques donc, selon Hérodote, leur étoient contigus; ils habitoient le même pays, & ne vivoient aussi que de gibier, qu'ils prenoient de cette manière. « Comme tout est plein de bois, dit Héro-» dote, les chasseurs montent sur un arbre pour » épier & attendre la bête; ils ont chacun un cheval » dressé à se mettre ventre à terre, afin de paroître » plus petit; ils mènent aussi un chien avec eux. » Aussi-tôt que le chasseur, du haut de l'arbre, » apperçoit la bête à portée, il l'atteint d'un coup » de flèche, monte sur son cheval, & la poursuit » avec son chien, qui ne le quitte point ».

Au-delà des Iyrques, en avançant vers l'est, on trouve d'autres Scythes, qui, ayant secoué le

---

(1) De la ville d'*Olbia* ou *Borysthènes* à l'embouchure d'*Hypanis* dans les Borysthènes, c'est-à-dire, du Bog dans le Dniéper.

(2) M. d'Anville a nié l'existence de cette rivière, parce qu'il ne se trouve pas de rivière précisément sur la route du Dniéper à la Crimée. Mais M. Larcher pensant que ce fleuve étoit un peu plus loin, est peut-être le Samara, qui se jette dans le Bog, au-dessus de Porussis.

(3) *Hylée* ou *Hylea*, vient du grec ὕλη, qui signifie *forêt*.

(4) Il y a dans le texte grec, Πέριν δέ τε γέρρον ταύτα τὰ τε χαλευρμενα Βασιλήια ἐστι, κη σκυθαι οἱ ἄριστοι τε κη πλεισσοι. Quelques écrivains ont cru que cela vouloit dire que c'étoit le séjour des rois de Scythie. M. Larcher a mieux rendu ce texte.

(5) Je parlerai de ce fossé en rapportant l'expédition des Scythes.

(6) Ce nom signifie les *noirs manteaux* : c'étoit sans doute une épithète grecque, qui avoit rapport à leur habillement, formé de peaux noires.

joug des Scythes royaux, font venus s'établir en cette contrée.

Tout le pays dont je viens de parler, jusqu'à celui de ces Scythes, est plat, & les terres en sont excellentes & fortes ; mais au-delà il est rude & pierreux. « Lorsque l'on en a traversé une grande » partie, continue Hérodote, on trouve des » peuples qui habitent au pied de hautes mon-» tagnes : on dit qu'ils sont tous chauves de naif-» fance, hommes & femmes ; qu'ils ont le nez » applati & le menton alongé (1) ; ils ont une » langue particulière ; mais ils font vêtus à la ma-» nière des Scythes ; enfin ils vivent du fruit d'une » espèce d'arbre que l'on appelle pontique (ποντικον). » Cet arbre, à-peu-près de la grandeur d'un figuier, » porte un fruit à noyau, de la grosseur d'une fève. » Quand ce fruit est mûr, ils le pressent dans un » morceau d'étoffe & en expriment une liqueur » noire & épaisse, qu'ils appellent Afchy ; ils fucent » cette liqueur, & la boivent mêlée avec du lait. A » l'égard du marc le plus épais, ils en font des masses, » qui leur servent de nourriture ; car ils ont peu » de bétail, faute de bons pâturages.

» Ils demeurent toute l'année, chacun sous un » arbre. L'hiver ils couvrent ces arbres d'une étoffe » de laine blanche, serrée & foulée, qu'ils ont » soin d'ôter pendant l'été. Comme elle n'étoit pas » tissue, c'étoit une espèce de feutre ». Les Tartares ont, ce me semble, des tentes de cette espèce ; & ce que décrit ici Hérodote, pourroit bien avoir été aussi des tentes de même sorte.

Personne ne les insulte ; on les regarde en effet comme sacrés. Ils n'ont, avec leurs possessions, aucune arme offensive ; leurs voisins les prennent pour arbitres dans leurs différends ; & quiconque se réfugie dans leur pays, y trouve un asyle in-violable, où personne n'ose l'attaquer. On les appelle Argippéens.

On a une connoissance exacte de tout le pays, jusqu'à celui qu'occupent les hommes chauves, & de toutes les nations au-delà. Il n'est pas difficile d'en savoir des nouvelles, par les Scythes qui vont chez eux, par les Grecs de la ville de commerce fondée sur le Borysthène, & des autres villes commerçantes, situées sur le Pont-Euxin. Ces peuples parlent sept langues différentes ; aussi les Scythes qui voyagent dans leur pays, ont-ils besoin de sept interprètes pour y faire leurs affaires.

On connoît donc ce pays jusqu'à celui des hommes chauves (ibid. ch. 25) ; mais on ne peut rien dire de certain de celui qui est au-dessus ; des montagnes élevées & inaccessibles, en interdisent l'entrée. Les Argippéens racontent cependant qu'elles font habitées par des Ægipodes, ou hommes aux pieds de chèvres (2) ; mais cela ne me paroît mé-

riter aucune croyance. On voit encore ici Hérodote douter d'un fait qui sort des règles de la nature.

Ils ajoutent aussi que si l'on avance plus loin, on trouve d'autres peuples qui dorment six mois de l'année. Pour moi, je ne puis absolument le croire. Probablement on avoit d'abord conclu de l'aug-mentation de l'inégalité des jours & des nuits, en avançant vers le pole arctique, qu'au point du pole même, il devoit, en hiver, y avoir six mois de nuit ; puis on aura dit, comme on l'a fait quelquefois dans des ouvrages de Géographie : Ces peuples ont six mois de nuit en hiver, quoiqu'il n'y ait pas de peuples aux poles ; puis comme le temps de la nuit est aussi, généralement par-tout, le temps du sommeil, on a dit que l'on y dormoit pendant six mois. Hérodote n'est donc pas si crédule, puis-qu'il affirme qu'il ne peut absolument le croire.

Il continue, en disant : « On sait que le pays » des Argippéens est occupé par les Issédons ; mais » celui qui est au-dessus, du côté du nord, n'est » connu, ni des Argippéens, ni des Issédons, qui » n'en disent que ce que j'ai rapporté d'après » eux ».

Voici les usages qui s'observent, à ce qu'on dit, chez les Issédons : Quand un Issédon a perdu son père, tous ses parens lui amènent du bétail ; ils l'égorgent, & l'ayant coupé par morceaux, ils coupent de même le cadavre du père de celui qui les reçoit dans sa maison, &, mêlant toutes ces chairs ensemble, ils en font un festin. Quant à la tête, ils en ôtent la barbe & les cheveux, &, après l'avoir parfaitement nettoyée, ils la dorent, & s'en servent comme d'un vase précieux, dans les sacri-fices solemnels qu'ils offrent tous les ans (3). Telles font leurs cérémonies funèbres ; car ils en observent, en l'honneur de leurs pères, ainsi que les Grecs célèbrent l'anniversaire de la mort des leurs. Au reste, ils passent aussi pour aimer la justice ; &, chez eux, les femmes ont autant d'autorité que les hommes.

On connoît donc aussi ces peuples (ibid. ch. 27) ; mais pour le pays qui est au-dessus, on sait, par le témoignage des Issédons, qu'il est habité par des hommes qui n'ont qu'un œil, & par des Griphons qui gardent l'or. Les Scythes l'ont appris des Issé-dons, & nous des Scythes. Nous les appelons Arimafpes : en langue Scythe, Arima signifie un en cette langue, & Spon, œil.

Dans tous les pays dont je viens de parler, l'hiver est si rude, & le froid si insupportable pendant huit mois entiers, qu'en y répandant de l'eau sur la terre, on n'y fait pas de boue ; mais c'est en y allumant du feu. La mer même se glace

---

(1) C'est assez le portrait des Calmoucs actuels.
(2) On peut présumer qu'on les appela aux pieds de chèvres, parce qu'ils couroient sur les montagnes comme ces animaux ; & que ce fut par ignorance que ce nom fut pris au sens propre, qui répugne tant à la raison.

(3) Quelques autres peuples en ont usé de même à l'égard des têtes de leurs ennemis : voyez l'histoire de Rofemonde, fille du roi des Gépides, appelé Kuni-mond, dont Alboin, roi des Lombards, avoit ainsi fait dorer le crâne, ou du moins il en avoit fait une coupe garnie d'or.

dans cet affreux climat ; ainfi que tout le Bofphore Cimmérien ; & les Scythes de la Cherfonèfe paffent en corps d'armée fur cette glace, & y conduifent leurs charriots pour aller dans le pays des Sindes. L'hiver continue de la forte huit mois entiers ; les quatre autres mois, il fait encore froid. L'hiver, dans ces contrées, eft bien différent de celui des autres pays ; il y pleut fi peu, en cette faifon, que ce n'eft pas la peine d'en parler ; & l'été, il ne ceffe d'y pleuvoir. Il n'y tonne point dans le temps qu'il tonne ailleurs ; mais le tonnerre eft très-fréquent en été ; s'il s'y fait entendre en hiver, on le regarde comme un prodige. Il en eft de même des tremblemens de terre ; s'il en arrive en Scythie, foit en été, foit en hiver, c'eft un prodige qui répand la terreur. Les chevaux y foutiennent le froid ; mais les mulets & les ânes ne le peuvent abfolument, quoiqu'ailleurs les chevaux expofés à la gelée, dépériffent, & que les ânes & les mulets y réfiftent fans peine.

Je penfe que la rigueur du froid ( *ibid. ch. 29* ), empêche les bœufs d'y avoir des cornes. Homère, dit Hérodote, rend témoignage à mon opinion, dans l'Odyffée, lorfqu'il dit : « Et la Libye, où les » cornes viennent promptement aux agneaux ».

Cela me paroît d'autant plus jufte, que dans les pays chauds, les cornes pouffent de bonne heure aux animaux, & que dans ceux où il fait un froid violent, ils n'en ont point du tout, ou fi elles pouffent, ce n'eft qu'avec peine (1).

Quant aux plumes dont les Scythes ( *ibid. ch. 31* ), difent que l'air eft tellement rempli, qu'ils n'y peuvent voir ce qui eft au-delà, ni pénétrer plus avant, voici l'opinion que j'en ai : Il neige toujours dans les régions fituées au-deffus de la Scythie ; mais vraifemblablement moins en été qu'en hiver. Quiconque a vu de près la neige tomber à gros flocons, comprend facilement ce que je dis : elle reffemble en effet à des plumes. « Je penfe donc, dit Hé- » rodote, que cette partie du continent, qui eft » au nord, eft inhabitable, à caufe des grands » froids ; & que lorfque les Scythes & leurs voifins » parlent de plumes, ils ne le font que par com- » paraifon avec la neige ». Voilà ce que l'on dit fur ces pays fi éloignés.

Ni les Scythes, ni aucun autre peuple de ces régions lointaines, ne font pas des Hyperbo- réens (2), fi ce n'eft peut-être les Iffédons ; & ceux-là

même ; à ce que je penfe, n'en difent rien ; car les Scythes, qui, fur le rapport des Iffédons, nous parlent des peuples qui n'ont qu'un œil, nous di- roient auffi quelque chofe des Hyperboréens. Cepen- dant Héfiode en fait mention, & Homère auffi, dans les Epigones, en fuppofant du moins qu'il foit l'auteur de ce poëme (2).

Hérodote, interrompant fa narration, parle de plufieurs autres peuples ; mais peu après il revient aux Scythes. Comme ce qu'il a dit eft précédé de chofes générales fur l'Europe, & que je ne l'ai pas placé à l'article EUROPE, je vais le mettre ici :

« Quant à l'Europe ( *Hérod. L. IV*, § 45 ), il » ne paroît pas que perfonne, jufqu'ici, ait décou- » vert fi elle eft environnée de mer, à l'eft & au » nord. Mais on fait qu'en fa longueur elle furpaffe » les deux autres parties de la terre. Je ne puis » conjecturer pourquoi la terre étant une, on lui » donne trois différens noms, qui font des noms » de femme, & pourquoi on donne à l'Afie, pour » bornes, le Nil, fleuve d'Egypte, & le Phafe, » fleuve de Colchide...... » Quant à l'Europe, perfonne ne fait fi elle eft environnée de la mer. Il ne paroît pas non plus que l'on fache d'où elle a tiré fon nom, ni qui le lui a donné ; à moins que nous ne difions qu'elle l'a pris d'Europe de Tyr ; car auparavant, ainfi que les deux autres parties du monde, elle n'avoit pas de nom. Il eft certain qu'Europe étoit Afiatique, & qu'elle n'eft jamais venue dans ce pays, que les Grecs appellent actuellement Europe ; mais qu'elle paffa feulement de Phénicie en Crète, & de Crète en Lycie....

Le Pont-Euxin ( § 46 ), que Darius attaqua, eft, de tous les pays, celui qui produit les nations les plus ignorantes ; j'en excepte toutefois les Scythes. Parmi celles, en effet, qui habitent en-deçà du Pont-Euxin, nous ne pouvons pas en citer une feule qui ait donné des marques de prudence & d'habileté, ni même qui ait fourni un homme

---

(1) Ici Hérodote fait une petite digreffion fur la caufe vraie ou foupçonnée d'un fait qui n'eft pas trop prouvé lui-même. C'eft que les mules n'engendroient pas dans l'Elide. *Hérodote, L. VI, c. 3.*

(2) J'ajouterai ici, à ce que j'ai dit ailleurs des Hy- perboréens, la note fuivante, prife de M. Larcher, *tome III, page 396.*

« Il paroît, par le Scholiafte de Pindare, que les »Grecs appeloient les Thraces, *Boréens* ; il y a par confé- » quent grande apparence qu'ils donnoient aux peuples » qui habitoient au-delà, le nom d'*Hyperboréens* ».

Conftantin Porphyrogenète paroît confirmer cette opinion, lorfqu'il dit qu'il y a plufieurs nations confidé- rables jufqu'au Danube, dans ces pays hyperboréens.

La conjecture de M. Freret, qui place ces peuples ( *Mém. de l'Acad. des Bel. Lettres, Hift. page 200* ), au delà du mont *Boras*, & qui veut que ce foit là la raifon qui les a fait nommer *Hyperboréens*, ne me paroît pas plaufible. Il s'appuie fur ce que cette montagne confinoit avec l'Illyrie ; mais fi cette montagne eût été fi près de la Grèce, comment les Grecs auroient-ils débité tant de fables fur la fituation des pays d'au-delà cette mon- tagne ? 2°. Il paroît que le nom de la montagne eft altéré dans Tite-Live, & qu'il faut lire *Bernus*, comme on le trouve dans Diodore de Sicile, *tome II, page 644*, ou plutôt *Bermius*, comme on le lit dans Hérodote, *L. VIII, c. 138.*

Ces peuples paroiffent Grecs d'origine : le culte d'A- pollon Délien, leurs rites, & les traces de leur langue qui fe rencontrent dans leurs noms propres, tout, en un mot, femble le donner à penfer.

(3) Ici Hérodote s'étend fur la marche des offrandes des Hyperboréens. *Voyez cet article.*

inftruit, fi ce n'eft la nation Scythe & Anacharcis. Les Scythes font donc, de tous les peuples que nous connoiffions, ceux qui ont trouvé les moyens fûrs pour fe conferver les avantages les plus précieux; mais je ne vois chez eux rien autre chofe à admirer. Ces avantages confiftent à ne point laiffer échapper ceux qui viennent les attaquer, à ne pouvoir être joints, quand ils ne veulent point l'être; car ils n'ont ni villes, ni fortereffes ( τειχεα ). Ils tiennent avec eux leurs maifons; ils font habiles à tirer de l'arc étant à cheval; ils ne vivent point des fruits de labourage, mais du bétail, & n'ont point d'autres maifons que leurs chariots. Comment de pareils peuples ne feroient-ils pas invincibles, & comment feroit-il aifé de les joindre pour les combattre ?

Ils ont imaginé ce genre de vie, tant parce que la Scythie y eft propre, que par ce que leurs rivières les favorifent & leur fervent de remparts. Leur pays eft uni, abondant en pâturages & très-arrofé. Il n'eft en effet guère moins coupé de rivières, que l'Egypte l'eft de canaux. Je ne parlerai que des plus célèbres, de celles fur lefquelles on peut naviguer en remontant de la mer. Telles font l'*Ifter* ( le Danube ), le *Tyras* ( appelé depuis *Danafter*, & actuellement *Dnicfter* ); le *Boryfthène* ( appelé depuis *Bogus*, actuellement le Bog ); le *Panticapes* ( foupçonné, par M. Larcher, être le Samara ); le *Gerrhus* ( appelé, par M. d'Anville, le *Molofynija-W'oni* ), & le *Tanais* ( le Don ).

1°. L'*Ifter* (§. 48), le plus grand de tous fleuves que nous connoiffons, eft toujours égal à lui-même, foit en été, foit en hiver. On le rencontre le premier en Scythie, à l'occident des autres; & il eft le plus grand, par ce qu'il reçoit les eaux de plufieurs autres rivières. Parmi celles qu'il reçoit, il y en a cinq qui traverfent la Scythie; celles que les Scythes appellent *Porata*, & les Grecs, *Pyretos* ( appelée par Ptolemée, à ce que l'on croit, le *Hierafus*, actuellement le Prut ); le *Tiarantus* ( l'Alut, ou Alura ); l'*Ararus* ( le Siret ); le *Naparis* ( felon M. d'Anville, le Proava ); & l'*Ordffus* ( l'Argifcha, felon Boyer ), felon M. d'Anville, *Argis*. La première de ces rivières ( le *Porata* ) eft grande; elle coule à l'eft, & fe mêle avec l'*Ifter*; la feconde, c'eft-à-dire, la Tiarente, eft plus petite, & coule plus à l'occident; les trois dernières, l'*Ararus*, le *Naparis*, & l'*Ordffus* ont leurs cours entre les deux autres, & fe jettent auffi dans l'*Ifter*. Telles font les rivières qui, prenant leur fource en Scythie, vont groffir l'*Ifter*.

Le *Maris* ( que je crois être le *Marifus*, ou Maros, qui fe jette dans la Théiffe, mais qu'Hérodote a cru fe rendre dans le Danube ); ce *Maris* donc, coule du pays des Agathyrfes, & mêle fes eaux avec celles de l'*Ifter* ( felon Hérodote ).

Des fommets du mont *Hæmus*, fortent trois autres grandes rivières, l'*Atlas* ( on ne fait quel nom moderne porte ce fleuve ); l'*Auras* ( incertain comme le précédent ); & le *Tibifis* ( inconnu de même ).

Elles prennent leur fource vers le nord, & fe perdent dans le même fleuve.

Il en vient auffi trois autres par la Thrace, & le pays des Thraces Crobyziens, qui fe rendent dans l'*Ifter*. Ces fleuves font, l'*Athrys* ( inconnu ); le *Noès* ( Peucer croit que c'eft le Sitniz actuel ); & l'*Artanez* ( ignoré ).

Le *Cios* ( l'*Efcker*, ou l'*Ifcha*, appelé par Pline, *Œfcus* ), vient de la *Phæonée*, & du mont Rhodope; il fépare par le milieu, le mont *Hæmus*, & fe décharge dans le même fleuve.

L'*Angrus* ( inconnu ), coule dans l'Illyrie, vers le nord, traverfe la plaine Triballique, fe jette dans le *Brongus*, ( Peucer croit que c'eft la Save ), & celui-ci dans l'*Ifter*; de forte que l'*Ifter* reçoit tout à la fois les eaux de deux grandes rivières.

Le *Carpis* ( M. d'Anville l'appelle Vicegrad ), & l'*Alpis* ( ignoré ) fortent du pays au-deffus des Ombriques, coulent vers le nord, & fe perdent dans le même fleuve.

On ne doit pas, au refte, s'étonner que l'*Ifter* reçoive tant de rivières, puifqu'il traverfe toute l'Europe (1): il prend fa fource dans le pays des Celtes. Ce font les derniers de l'Europe, du côté de l'occident, fi l'on en excepte les Cynètes (2). Après avoir traverfé toute l'Europe, il entre dans la Scythie par une de fes extrémités.

La réunion de toutes les rivières dont j'ai parlé, & de beaucoup d'autres, rend l'*Ifter* le plus grand des fleuves, ajoute Hérodote ( §. 50 ); mais fi on le compare lui feul avec le Nil, on donnera la préférence au fleuve d'Egypte, parce que celui-ci ne reçoit ni rivières, ni fontaines qui fervent à le groffir. L'*Ifter*, comme je l'ai déjà dit, eft toujours égal, foit en été, foit en hiver: en voici, ce me femble, la raifon. En hiver, il n'eft pas plus gros qu'à fon ordinaire, ou du moins, guère plus qu'il ne doit l'être naturellement, parce qu'en cette faifon, il pleut très-peu dans les pays où il paffe, & que toute la terre y eft couverte de neige; cette neige, qui eft tombée en abondance pendant l'hiver, venant à fe fondre en été, fe jette dans l'*Ifter*. La fonte des neiges, & les pluies fréquentes & abondantes qui arrivent en cette faifon, contribuent à le groffir. Si donc en été le foleil attire à lui plus d'eau qu'en hiver, celles qui fe rendent dans ce fleuve font auffi, à proportion, plus abondantes

---

(1) Ce qui doit étonner plutôt, c'eft qu'en difant que ce fleuve traverfe toute l'Europe, Hérodote ne nomme réellement que celles de la partie qu'il décrit: il auroit parlé d'un bien plus grand nombre, s'il eût voulu nommer toutes celles que reçoit le Danube depuis fa fource.

(2) Hérodote ne connoiffoit pas trop bien les parties occidentales de l'Europe. A la vérité, les Celtes étoient les plus occidentaux; mais c'étoit à l'eft de leur pays que l'Ifter prenoit fa fource, que l'on connoit encore très-bien. Quant aux Cynètes, qui habitoient le *Cuneus* au fud de la Lufitanie, & fud-oueft de l'Europe, ils étoient loin de-là.

en été qu'en hiver. Il réfulte de cette oppofition, une compenfation qui fait paroître ce fleuve toujours égal.

2°. L'*Ifter* eft donc un des fleuves qui coulent en Scythie. On rencontre enfuite le Tyras; il vient du nord, & fort d'un grand lac qui fépare la Scythie de la Neuride: les Grecs, qu'on appelle Tyrices, habitent vers fon embouchure.

3°. L'*Hypanis* eft le troifième; il vient de la Scythie, & coule d'un grand lac, autour duquel, ordinairement, paiffent des chevaux blancs fauvages: ce lac s'appelle, avec raifon, la mère de l'*Hypanis*. Je remarquerai que Pomponius Méla a dit auffi ( *L. III*, ch. 1 ): *Hypanis ex grandi palude oritur quam matrem ejus accolæ appellant.* Cette rivière, qui prend fa fource dans ce lac, eft petite, & fon eau eft douce pendant cinq journées de navigation; mais enfuite, à quatre journées de la mer, elle devient très-amère. Cette ametume provient d'une fontaine qu'elle reçoit, & qui eft fi amère qui, quoiqu'elle foit petite, elle ne laiffe pas de gâter les eaux de cette rivière, qui eft grande, entre les petites. Cette fontaine eft fur les frontières des Scythes Arotères & des Alazons, & porte le même nom que l'endroit d'où elle fort. On la nomme, en langue Scythe, *Exampée*, qui fignifie en grec, *voies facrées*. Le *Tyras* & l'*Hypanis* s'approchent l'un de l'autre dans le pays des Alazons; mais bientôt après ils fe détournent, & laiffent entre eux un grand intervalle.

4°. Le *Borifthène* eft le quatrième fleuve, & le plus grand de ce pays, après l'*Ifter*. C'eft auffi, à mon avis, le plus fécond de tous les fleuves, non-feulement de la Scythie, mais du monde, fi l'on en excepte le Nil, avec lequel il n'y en a pas un qui puiffe entrer en comparaifon; il fournit au bétail de beaux & d'excellens pâturages. On y pêche abondamment toutes fortes de beaux poiffons. Son eau eft très-agréable à boire, & elle eft toujours claire & limpide, quoique les fleuves voifins foient limoneux. On recueille fur fes bords d'excellentes moiffons, & dans les endroits où l'on n'en fait point, l'herbe y vient fort haute & en abondance. Le fel fe cryftallife de lui même à fon embouchure & en quantité. Il produit de gros poiffons fans arêtes; on les fale: on les appelle *entacées*. On y trouve auffi beaucoup d'autres chofes dignes d'admiration.

Jufqu'au pays appelé *Gerrhus*, il y a quarante journées de navigation, & l'on fait que ce fleuve vient du nord; mais on ne connoît ni le pays qu'il traverfe, ni les nations qui les habitent. Il y a néanmoins beaucoup d'apparence qu'il traverfe un pays défert, avant de venir fur les terres des Scythes agricoles. Ces Scythes habitent fur fes bords pendant l'efpace de dix journées de navigation. Ce fleuve & le Nil font les feuls dont je ne puis indiquer les fources; « & je ne crois pas, ajoute Hérodote, » qu'aucun Grec en fache davantage ». Quand le Borifthène eft près de la mer, l'Hypanis mêle avec lui fes eaux, en fe jetant dans le même

marais. La langue de terre qui eft entre ces deux fleuves, fe nomme le promontoire d'*Hippolaüs*: on y a bâti un temple à Cérès. Au-delà de ce temple, vers le bord de l'Hypanis, habitent les Borifthènètes. Ici Hérodote s'arrête, & dit: en voilà affez fur le Borifthène. Mais ne l'ayant pas mis à l'article de ce fleuve, je crois devoir ajouter ici quelques éclairciffemens.

Hérodote traite cette prefqu'île, qui eft encore connue, d'*éperon de navire de la terre*; ce qui indique la forme avancée & pointue de la prefqu'île. Voici ce que dit Dion Chryfoftôme, à l'occafion du Borifthène:

« Le Borifthène a donné fon nom à la ville des
» Borifthéniens, à caufe de la grandeur & de la
» beauté de fes eaux; mais cette ville eft fur l'Hy-
» panis: elle occupe actuellement le même empla-
» cement qu'autrefois, un peu au-deffus du pro-
» montoire *Hippolaüs*, & vis-à-vis. Cette partie
» de pays, aux environs de laquelle fe joignent
» l'Hypanis & le Borifthène, eft folide, & fe ter-
» mine en pointe comme l'éperon d'un vaiffeau.
» Ces deux rivières forment, depuis leur con-
» fluent jufqu'à la mer, un lac d'environ deux cens
» ftades en longueur, fur autant de largeur. La plus
» grande partie de ce lac eft remplie de vafe, &
» tranquille, dans les temps fereins, comme un lac
» nullement agité. Le fleuve paroit à droite, &
» la force de fon courant fait conjecturer à ceux
» qui navigent deffus, qu'il eft très-profond à
» fon embouchure. En effet, fans la rapidité de
» fon cours, il s'y engorgeroit aifément lorfque le
» vent du midi vient à fouffler avec violence, à
» l'oppofite de cette embouchure ».

5°. On rencontre enfuite le Panticapes; c'eft la cinquième rivière: elle vient auffi du nord, fort d'un lac, entre dans l'Hylée & après l'avoir traverfé, elle mêle fes eaux avec ceux du Borifthène. Les Scythes agricoles habitent entre ces deux rivières.

6°. La fixième eft l'Hypaciris: elle fort d'un lac, traverfe, par le milieu, les terres des Scythes Nomades, & fe jette dans la mer, près de la ville de Carcinteis, & ferme, à droite, le pays d'Hylée, & ce que l'on appelle *la courfe d'Achille*.

7°. Le feptième fleuve eft le *Gerrhus*; il s'éloigne du Borifthène vers l'endroit où ce fleuve commence à être connu, depuis le *Gerrhus*, pays qui lui donne fon nom. En coulant vers la mer, il fépare les Scythes nomades des Scythes royaux, & fe jette dans l'Hypaciris.

8°. Le huitième enfin, eft le Tanaïs; il vient d'un pays fort éloigné, & fort d'un grand lac, d'où il fe jette dans un autre encore plus grand, que l'on appelle *Méotis*, qui fépare les Scythes royaux des Sauromates. L'Hyrgis fe décharge dans le Tanaïs.

Tels font les fleuves célèbres dont la Scythie a l'avantage d'être arrofée. L'herbe que produit ce pays, eft la meilleure pour le bétail, & la plus succulente que nous connoissions, comme on peut le remarquer en ouvrant les bestiaux qui en sont nourris. Les Scythes ont donc en abondance les choses qui sont les plus nécessaires à la vie.

Quant à leurs loix & à leurs coutumes, les voici, dit Hérodote ( *L. IV , ch. 59* ), telles qu'elles sont établies chez eux. Ils cherchent à se rendre propices principalement Vesta, ensuite Jupiter & la Terre, qu'ils croient femme de Jupiter ; & après ces trois divinités, Apollon, Vénus, Uranie, Hercule, Mars. Tous les Scythes reconnoissent ces divinités ; mais les Scythes royaux sacrifient aussi à Neptune. En langue Scythe, Vesta s'appelle *Tabiti;* Jupiter, *Papæus,* nom qui, à mon avis, ajoute Hérodote, lui convient parfaitement ; la Terre, *Apia;* Apollon, *Œtosiros;* Vénus Uranie, *Artimpasa;* Neptune, *Thamimasadas.* Ils élevoient des autels, des statues & des temples à Mars, & n'en élevoient qu'à lui.

Les Scythes sacrifioient de la même manière dans tous les lieux sacrés ; ces sacrifices se faisoient ainsi : la victime est debout, les deux pieds de devant attachés avec une corde. Celui qui doit l'immoler se tient derrière, tire à lui le bout de la corde & la fait tomber. Tandis qu'elle tombe, il invoque le dieu auquel il va la sacrifier ; il lui met ensuite une corde au cou, & serre la corde avec un bâton qu'il tourne : c'est ainsi qu'il l'étrangle, sans allumer de feu, sans faire de libations, & sans aucune cérémonie préparatoire (1). La victime étranglée, le sacrificateur la dépouille, & se dispose à la faire cuire.

Comme il n'y a point de bois en Scythie, voici comment ils ont imaginé de faire cuire la victime. Quand ils l'ont dépouillée, ils enlèvent toute la chair de dessus les os, & la mettent dans des chaudières, lorsqu'ils en ont. Les chaudières de ce pays ressemblent beaucoup aux cratères de Lesbos, excepté qu'elles sont beaucoup plus grandes. On allume dessous du feu avec les os de la victime. Mais s'ils n'ont point de chaudières, ils mettent toutes les chairs, avec de l'eau, dans la peau de l'animal, & allument les os dessous. Ces os font un très - bon feu, & cette peau tient aisément les chairs désossées ; ainsi le bœuf se fait cuire lui-même. Pareille chose s'observe à l'égard des autres victimes. Quand le tout est cuit, le sacrificateur offre les prémices de la chair & des entrailles, en les jetant devant lui. Ils immolent aussi d'autres animaux, & principalement des chevaux.

Telles sont les espèces d'animaux que les Scythes sacrifient à ces dieux, & tels sont les procédés ; mais voici les rites qu'ils observent à l'égard du dieu

Mars. Dans chaque nôme on lui consacre un temple de la manière suivante. Dans un champ destiné aux assemblées de la nation, on entasse des fagots de même bois, & on en fait une pile de trois stades en longueur & en largeur ; mais moins en hauteur. Sur cette pile on pratique une espèce de plate - forme carrée, dont trois côtés sont inaccessibles ; le quatrième va en pente, de manière qu'on puisse y monter. On y entasse, tous les ans, cent - cinquante charretées de ce même bois, pour relever la pile qui s'affaisse par les injures des saisons. Au haut de cette pile, chaque nation Scythe plante un vieux cimeterre de fer, qui lui tient lieu de simulacre de Mars ; ils offrent, tous les ans, à ce cimeterre, des sacrifices de chevaux, & d'autres animaux, & lui immolent plus de victimes qu'à tous les autres dieux ; ils lui sacrifient aussi le centième de tous les prisonniers qu'ils font sur leurs ennemis ; mais non de la même manière que les animaux. La cérémonie en est bien différente.

Ils font d'abord des libations avec du vin, sur la tête de ces victimes humaines, les égorgent ensuite sur un vase, portent ce vase au haut de la pile, & en répandent le sang sur le cimeterre. Pendant que l'on porte ce sang au haut de la pile, ceux qui sont en bas coupent le bras droit, avec l'épaule, à tous ceux qu'ils ont immolés, & le jettent en l'air. Lorsqu'ils ont ainsi mutilé toutes les victimes, ils se retirent : le bras reste où il tombe, & le corps demeure étendu dans un autre endroit.

Tels sont les sacrifices établis parmi ces peuples ; mais ils n'immolent jamais de pourceaux, & ne veulent pas même en nourrir dans leur pays.

Quant à la guerre, voici les usages qu'ils observent. Un Scythe boit du sang du premier homme qu'il renverse, coupe la tête à tous ceux qu'il tue dans les combats, & les porte au roi. Quand il lui a présenté la tête d'un ennemi, il a part à tout le butin ; sans cela il en seroit privé. Pour écorcher une tête, le Scythe fait d'abord une incision à l'entour, vers les oreilles ; & la prenant par le haut, il en arrache la peau en la secouant (2). Il pêtrit ensuite cette peau entre ses mains après en avoir enlevé la chair avec une côte de bœuf ; & quand il l'a bien amollie, il s'en sert comme d'une serviette. Il la suspend à la bride du cheval qu'il monte, & s'en fait honneur : car, plus un Scythe peut avoir de ces sortes de serviettes, plus il est estimé vaillant & courageux. Il s'en trouve beaucoup qui cousent ensemble plusieurs peaux humaines, comme des capes de bergers, & qui s'en font des vêtemens. Plusieurs aussi écorchent, jusqu'aux ongles inclusivement, la main droite des ennemis qu'ils ont tués, & en font des couvercles à leurs carquois. La peau d'homme est en effet épaisse ; &, de toutes les peaux, c'est presque

---

(1) On voit qu'Hérodote met ici en opposition la simplicité des sacrifices des Scythes, avec ce qui se pratiquoit dans la Grèce. Je n'en dis rien ici, parce que je pense que l'article des SACRIFICES sera traité savamment & amplement dans le dictionnaire d'Antiquités.

(2) C'est aussi ce que pratiquent les sauvages de l'Amérique septentrionale, pour enlever ce qu'ils appellent *une chevelure.*

la plus brillante par fa blancheur ; d'autres enfin écorchent les hommes depuis la tête jufqu'aux pieds, & lorſqu'ils en ont étendu les peaux ſur des morceaux de bois, ils les portent ſur leurs chevaux. Telles font les coutumes reçues parmi ces peuples.

Les Scythes (*ibid.* §. 65), n'emploient pas à l'uſage que je vais dire, toutes ſortes de têtes indifféremment, mais celles de leurs plus grands ennemis. Ils ſcient le crâne au-deſſous des ſourcils & les nettoient. Les pauvres ſe contentent de le revêtir par dehors d'un morceau de cuir de bœuf, ſans apprêt : les riches, non-ſeulement le couvrent d'un cuir de bœuf en-dehors, mais ils le dorent auſſi en-dedans, & s'en ſervent, tant les pauvres que les riches, comme d'une coupe à boire. Ils font les mêmes choſes des têtes de leurs proches, ſi, après avoir eu quelques querelles enſemble, ils ont remporté ſur eux la victoire en préſence du roi. S'il vient chez eux quelque étranger dont ils faſſent cas, ils lui préſentent ces têtes, lui content comment ceux à qui elles appartenoient les ont attaqués, quoiqu'ils fuſſent leurs parens, & comment ils les ont vaincus. Ils en tirent vanité, & appellent cela des actions de valeur.

Chaque gouverneur donne tous les ans un feſtin dans ſon nôme, où l'on ſert du vin mêlé avec de l'eau dans un crâne. Tous ceux qui ont tué des ennemis, boivent de ce vin ; ceux qui n'ont rien fait de ſemblable, n'en goûtent pas. Ils ſont honteuſement aſſis par terre, & c'eſt pour eux une grande ignominie. Tous ceux qui ont tué un grand nombre d'ennemis, boivent en même temps dans deux coupes jointes enſemble.

Les devins ſont en grand nombre parmi les Scythes, & ſe ſervent de baguettes de ſaule pour exercer la divination. Ils apportent des faiſceaux de baguettes, les poſent à terre, les délient ; & lorſqu'ils ont mis à part chaque baguette, ils prédiſent (ou du moins ils croient prédire) l'avenir. Pendant qu'ils font ces prédictions, ils reprennent les baguettes l'une après l'autre, & les remuent enſemble. Ils ont appris de leurs ancêtres cette manière de deviner. Les *Enarées* (1), qui ſont des hommes efféminés, diſent qu'ils tiennent de Vénus le don de la divination. Ils ſe ſervent, pour exercer leur art, d'écorce de tilleul. Ils fendent en trois cette écorce, l'entortillent autour de leurs doigts, puis ils la défont, & devinent enſuite.

Quand le roi des Scythes tombe malade, il envoie chercher trois des plus célèbres d'entre ces devins, qui exercent leur art de la manière que j'ai dit. Ils lui diſent ordinairement que tel

& tel, dont ils diſent les noms, ont fait un faux ſerment, en jurant par les *lares* du palais. Les Scythes, en effet, jurent aſſez ordinairement par les lares du palais, quand ils veulent faire le plus grand des ſermens (2).

Auſſi-tôt on ſaiſit l'accuſé, l'un d'un côté, l'autre de l'autre : quand on l'a amené, ils lui déclarent que par l'art de la divination, ils ſont ſûrs qu'il a fait un faux ſerment en jurant par les lares du palais, & qu'ainſi il eſt la cauſe de la maladie du roi. Si l'accuſé nie le crime & s'indigne qu'on ait pu le lui imputer, le roi fait venir le double d'autres devins. Si ceux-ci atteſtent vrai le fait avancé par les premiers devins, alors on regarde l'accuſé comme convaincu, & on lui tranche la tête, & ſes biens ſont confiſqués au profit des premiers devins. Si les devins que le roi a mandés en ſecond lieu déclarent l'accuſé innocent, on en fait venir d'autres, puis d'autres encore ; & s'il eſt déchargé de l'accuſation par le plus grand nombre, la ſentence qui l'abſout eſt l'arrêt de mort des premiers devins (3).

Voici comment on les fait mourir. On remplit de menu bois un chariot, auquel on attèle des bœufs : on renferme les devins au milieu de ces fagots, les mains liées derrière le dos, & un bâillon à la bouche. On met enſuite le feu aux fagots, puis on chaſſe les bœufs en les épouvantant. Pluſieurs de ces animaux ſont brûlés avec les devins, d'autres ſe ſauvent à demi-brûlés, lorſque la flamme a conſumé le timon. C'eſt ainſi qu'on brûle les devins, non-ſeulement pour ce crime, mais même d'autres cauſes, & on les appelle alors *faux devins*.

Le roi fait mourir les enfans mâles de ceux qu'il punit de mort ; mais il ne fait aucun mal aux filles. Lorſque les Scythes font un traité avec quelqu'un, quel qu'il puiſſe être, ils verſent du vin dans une grande coupe de terre, & les contractans y mêlent de leur ſang, en ſe faiſant de légères inciſions au corps avec un couteau ou une épée ; après quoi ils trempent dans cette coupe un cimeterre, des flèches, une hache & un javelot. Ces cérémonies achevées, ils prononcent une longue formule de prières, & boivent enſuite une partie de ce qui eſt dans cette coupe ; &, après eux, les perſonnes les plus diſtinguées de leur ſuite.

Les tombeaux (§. 71) de leurs rois ſont dans un canton qu'on appelle *Gerrhes*, où le Boryſthènes commence à être navigable. Quand le roi vient à mourir, ils font, en cet endroit, une grande

---

(1) Ce nom, qu'Hérodote dit être ſcythe, a fort embarraſſé les commentateurs, & le P. Bouhier croyoit que c'étoit une faute, & qu'il falloit corriger le texte. Ce nom ſe trouve dans les îles de la mer du ſud, pour dire, *un homme puiſſant dans la nation.*

(2) On obſerve que les Turcs jurent auſſi par la Porte Ottomane.

(3) Ainſi, dans tous pays, il s'eſt trouvé des hommes qui ont abuſé de la foibleſſe des princes pour vexer les peuples, & s'enrichir de leurs dépouilles. On ſent bien qu'en Scythie, à moins que les Enarées ne fuſſent ennemis, les ſeconds donnoient rarement le démenti aux premiers.

foſſe carrée. Cette foſſe achevée, ils enduiſent le corps de cire, lui fendent le ventre; &, après l'avoir nettoyé & rempli de ſouchei broyé (1), de parfums, de graines d'hache & d'anis, ils le recouſent. On porte enſuite le corps ſur un char, dans une autre province, dont les habitans ſe coupent, comme les Scythes royaux, un peu de l'oreille, ſe raſent les cheveux autour de la tête, ſe font des inciſions aux bras, ſe déchirent le front & le nez, & ſe paſſent des flèches au travers de la main gauche. De-là on porte le corps du roi ſur un char, dans une autre province de ſes états, & les habitans de celle où il a été porté d'abord, ſuivent le convoi: quand on lui a fait parcourir toutes les provinces & toutes les nations ſoumiſes à ſon obéiſſance, il arrive dans le pays de Gerrhes, à l'extrémité de la Scythie, où l'on le place dans le lieu de ſa ſépulture, ſur un lit de verdure & de feuilles entaſſées. On place enſuite autour du corps des piques, & l'on poſe pardeſſus des pièces de bois, que l'on couvre de branches de ſaule. On met dans l'eſpace vuide de cette foſſe, une des concubines du roi, que l'on a étranglée auparavant, ſon échanſon, ſon cuiſinier, ſon écuyer, ſon miniſtre, un de ſes ſerviteurs, des chevaux; en un mot, les premices de toutes les autres choſes à ſon uſage & des coupes d'or: ils ne connoiſſent en effet, ni l'argent, ni le cuivre. Cela fait, ils rempliſſent la foſſe de terre, & travaillent tous, à l'envi l'un de l'autre, à élever ſur le lieu de la ſépulture, un tertre très-haut.

L'année révolue, ils prennent, parmi les ſerviteurs du roi, ceux qui lui étoient le plus utiles. Ces ſerviteurs ſont tous Scythes de nation, le roi n'ayant pas d'eſclaves achetés à prix d'argent, & ſe faiſant ſervir par ceux de ſes ſujets auxquels il l'ordonne; ils étranglent une cinquantaine de ces ſerviteurs, avec un pareil nombre de ſes plus beaux chevaux. Ils leur ôtent les entrailles, leur nettoient le ventre, &, après l'avoir rempli de paille, ils le recouſent; ils poſent, ſur deux pièces de bois, un demi-cercle renverſé, puis un autre demi-cercle ſur deux autres pièces de bois, & pluſieurs autres, ainſi de ſuite, qu'ils attachent de la même manière; ils élèvent enſuite, ſur ces demi-cercles, les chevaux, après leur avoir fait paſſer des pieux dans toute leur longueur, juſqu'au col. Les premiers demi-cercles ſoutiennent les épaules des chevaux, & les autres, les flancs & la croupe; de ſorte que les jambes n'étant pas appuyées, reſtent ſuſpendues. Ils leur mettent enſuite un mors & une bride, tirent la bride en avant, & l'attachent à un pieu. Cela fait, ils prennent les cinquante jeunes gens qu'ils ont étranglés, les placent chacun ſur un cheval, après leur avoir fait paſſer, le long de l'épine du dos,

juſqu'au col, une perche, dont l'extrémité inférieure, s'emboîte dans les pièces qui traverſent le cheval. Enfin, lorſqu'ils ont arrangé ces cinquante cavaliers autour du tombeau, ils ſe retirent (2).

Telles ſont les cérémonies qu'ils obſervent à l'égard de leurs rois. Quant aux autres Scythes, lorſqu'il meurt quelqu'un d'entre eux, ſes plus proches parens le mettent ſur un charriot, & le conduiſent de maiſon en maiſon, chez leurs amis (3). Ces amis le reçoivent, & préparent chacun un feſtin à ceux qui accompagnent le corps, & font pareillement ſervir au mort tous les mets qu'ils préſentent aux autres. On tranſporte ainſi, de côtés & d'autres, les corps des particuliers pendant quarante jours, enſuite on les enterre. Il faut obſerver cependant ici, ou que les uſages des Scythes changèrent, ou qu'ils n'étoient pas généralement les mêmes par-tout; car on voit, par quelques paſſages des anciens, qu'ils les ſuſpendoient auſſi à un arbre, & les laiſſoient pourrir dans cet état. « Qu'impore à Théodore, dit » Plutarque, s'il pourrit en terre ou ſur terre »? Telle eſt la ſépulture honorable des Scythes. On trouve auſſi dans Silius Italicus (*L. XIII, v. 486*):

*At genus in Scythicâ ſuffixa cadavera truncis,*
*Lenta dies ſepelit, patri liquentia tabo.*

Lorſque les Scythes ont donné la ſépulture à un mort, ils ſe purifient de la manière ſuivante. Après s'être frotté la tête avec quelque choſe de déterſif, & ſe l'être lavée, ils obſervent, à l'égard du reſte du corps, ce que je vais dire. Ils inclinent trois perches l'une vers l'autre, & ſur ces perches ils étendent des étoffes de laine foulée, qu'ils bandent le plus qu'ils peuvent. Ils placent enſuite, au milieu de ces perches & de ces étoffes, un vaſe, dans lequel ils mettent des pierres rougies au feu.

Il croît en Scythie (*ibid.* §. 74), du chanvre fort reſſemblant au lin, excepté qu'il eſt plus gros & plus grand: il lui eſt en cela de beaucoup ſupérieur. Cette plante vient d'elle-même & de graine; les Thraces s'en font des vêtemens, qui reſſemblent tellement à ceux de lin, qu'il faut s'y bien connoître pour les diſtinguer; & quelqu'un qui n'auroit jamais vu de chanvre, les prendroit pour des étoffes de lin.

Les Scythes prennent de la graine de ce chanvre, & s'étant gliſſés ſur ces tentes de laine foulée, ils mettent de cette graine ſur les pierres rougies au feu. Lorſqu'elle commence à brûler, elle répand une ſi grande vapeur, qu'il n'y a point en Grèce d'étuve qui ait plus de force. Les Scythes, étourdis par cette vapeur, jettent des cris confus. Quant à leurs femmes, elles broient, ſur une pierre ſableuſe,

___

(1) Homère (*Odyſſ. L. IV, v. 603*), met cette plante au rang de celles qui ſervent d'aliment aux chevaux. M. Larcher croit que c'eſt le *Cyperus.*

(2) On a trouvé dans la grande Tartarie, des traces de cérémonies pareilles.

(3) Cet uſage ſe retrouve dans le Liban, ſur les côtes de Guinée, &c.

du bois de cyprès, de cèdre, & de l'arbre qui porte l'encens; & lorsque le tout est bien broyé, elles y mêlent un peu d'eau, & en font une pâte, dont elles se frottent tout le corps & le visage. Cette pâte leur donne une odeur agréable; & le lendemain, quand elles l'ont enlevée, elles sont propres, & leur beauté en a plus d'éclat.

Les Scythes ont un prodigieux éloignement pour les coutumes étrangères: les habitans d'une province ne veulent pas même suivre celles d'une province voisine. Mais il en est peu dont ils aient plus d'éloignement que de celles des Grecs. Anacharsis, & Scylès après lui, en sont une preuve. Anacharsis ayant parcouru beaucoup de pays, & montré par-tout une grande sagesse, s'embarqua sur l'Hélespont pour retourner dans sa patrie. Etant abordé à Cyzique, dans le temps que les Cyzicéniens étoient occupés à célébrer, avec beaucoup de pompe, la fête de la mère des dieux, il fit vœu, s'il retournoit sain & sauf dans sa patrie, d'offrir à cette déesse des sacrifices, avec les mêmes rites & cérémonies qu'il avoit vu pratiquer par les Cyzicéniens, & d'instituer en son honneur la veillée de la fête. Lorsqu'il fut arrivé dans l'Hyllée, contrée de la Scythie, entièrement couverte d'arbres de toutes espèces, & située près de la *course d'Achille*, ayant de petites statues attachées sur lui, & tenant à la main un tambourin, il fut apperçu dans cet état par un Scythe, qui alla le dénoncer au roi Saulius. Le roi s'étant lui-même transporté sur les lieux, n'eut pas plutôt vu Anacharsis occupé à la célébration de cette fête, qu'il le tua d'un coup de flèche; & même encore aujourd'hui, si l'on parle d'Anacharsis aux Scythes, ils font semblant de ne le point connoître, parce qu'il avoit voyagé en Grèce, & qu'il observoit des usages étrangers. J'ai ouï dire, ajoute Hérodote (*L. IV*, §. 76), à Timnès, tuteur d'Ariapithès, qu'Anacharsis étoit oncle paternel d'Idanthyrse, roi des Scythes; qu'il étoit fils de Gnurus, petit-fils de Lycus, & arrière-petit-fils de Spargapithès. Si donc Anacharsis étoit de cette maison, il est certain qu'il fut tué par son propre frère. Idanthyrse étoit en effet fils de Saulius, & ce fut Saulius qui tua Anacharsis.

Je vais continuer avec Hérodote, parce que ce qu'il dit contribue à faire connoître les mœurs & l'histoire de cette nation, qui n'a pas sa place dans aucune des histoires modernes, excepté l'histoire universelle publiée en Angleterre.

Cependant j'ai entendu parler autrement aux Péloponésiens. Ils disent qu'Anacharsis ayant été envoyé par le roi des Scythes dans les pays étrangers, devint disciple des Grecs; qu'étant de retour dans sa patrie, il dit au prince qui l'avoit envoyé, que tous les peuples de la Grèce s'appliquoient aux sciences & aux arts, excepté les Lacédémoniens; mais que ceux-ci seuls s'étudioient à parler & à répondre avec prudence & modération. Mais cette histoire est une pure invention des Grecs; Anacharsis fut donc tué, comme on vient de le dire, & il éprouva ce malheur pour avoir pratiqué des cérémonies religieuses étrangères à la Scythie, & avoir eu commerce avec les Grecs.

Bien des années après, Scylès, fils d'Ariapithès, roi des Scythes, eut le même sort. Ariapithès avoit plusieurs enfans; mais il avoit eu Scylès d'une femme étrangère, de la ville d'Istrie, qui lui apprit la langue & les lettres grecques. Quelque temps après Ariapithès fut tué, en trahison, par Spargapithei, roi des Agathyrses. Scylès étant monté sur le trône, épousa Opœa, Scythe de nation, femme de son père, & dont le feu roi avoit eu un fils nommé *Oricus*.

Quoique Scylès fût roi des Scythes, les coutumes de la Scythie ne lui plaisoient nullement, & il se sentoit d'autant plus de goût pour celles des Grecs, qu'il en avoit été instruit dès sa plus tendre enfance. Voici quelle étoit sa conduite. Toutes les fois qu'il menoit l'armée scythe vers les villes des Borysthénites, dont les habitans se disoient originaires de Milet, il la laissoit devant la ville; & dès qu'il y etoit entré, il en faisoit fermer les portes. Il quittoit alors l'habit scythe, en prenoit un à la grecque, &, vêtu de la sorte, il se promenoit sur la place publique, sans être accompagné de gardes, ni même de toute autre personne. Pendant ce temps, on faisoit sentinelle aux portes, de peur que quelque Scythe ne l'apperçût avec cet habit. Outre plusieurs autres usages des Grecs auxquels il se conformoit, il observoit aussi les cérémonies dans leurs sacrifices qu'il offroit aux dieux. Après avoir demeuré dans cette ville un mois, ou même davantage, il reprenoit l'habit scythe, & alloit rejoindre son armée. Il pratiquoit souvent la même chose. Il se fit aussi bâtir un palais à Borysthènes, & y épousa une femme du pays.

Les destins, dit Hérodote, avoient résolu sa perte. Voici ce qui l'occasionna: Scylès desira de se faire initier dans les mystères de Bacchus: comme on commençoit la cérémonie, & qu'on alloit lui mettre entre les mains les choses sacrées, il arriva un grand prodige. Il avoit, comme je l'ai dit, à Borysthènes un grand palais: c'étoit un édifice superbe, & d'une vaste étendue, autour duquel on voyoit des sphynx & des gryphons de marbre blanc. Le dieu le frappa de ses traits, & il fut entièrement réduit en cendres. Scylès n'en continua pas moins la cérémonie qu'il avoit commencée. Les Scythes reprochent aux Grecs leurs bacchanales, & pensent qu'il est contraire à la raison d'imaginer un dieu qui pousse les hommes à des extravagances. Lorsque Scylès eut été initié aux mystères de Bacchus, un habitant de Borysthènes se rendit secrètement à l'armée des Scythes: « Vous vous » moquez de nous, leur dit-il, parce qu'en célé- » brant les bacchanales, le dieu se rend maître de » nous; ce dieu s'est aussi emparé de votre roi;

» Scylès célèbre Bacchus, & le dieu l'agite &
» trouble sa raison : si vous ne voulez pas m'en
» croire, suivez-moi, je vous le montrerai ». Les
premiers de la nation le suivirent. Le Borysthénien
les plaça secrètement dans une tour, d'où ils virent
passer Scylès avec sa troupe, célébrant les bacchanales. Les Scythes regardant cette conduite
comme quelque chose de très-affligeant pour leur
nation, firent, en présence de toute l'armée, le
rapport de ce qu'ils avoient vu.

Scylès étant parti après cela, pour retourner
chez lui, ses sujets se révoltèrent, & proclamèrent,
en sa présence, Octamasadès, son frère, fils de
la fille de Térès. Ce prince ayant appris cette
révolte, & quel en étoit le motif, se réfugia en
Thrace. Sur cette nouvelle, Octamasadès, à la
tête d'une armée, le poursuivit dans sa retraite.
Quand il fut arrivé sur les bords de l'Ister, les
Thraces vinrent à sa rencontre. Mais comme on
étoit sur le point de donner la bataille, Sitalcès
envoya un héraut à Octamasadès, avec ordre de
lui dire : « Qu'est-il besoin de tenter l'un & l'autre
» le hasard d'un combat ? Vous êtes fils de ma
» sœur, & vous avez mon frère en votre puissance ;
» si vous me le rendez, je vous livrerai Scylès,
» & nous ne nous exposerons pas au sort d'une
» bataille ». Le frère de Sitalcès s'étoit en effet
réfugié auprès d'Octamasadès.

Ce prince accepta l'offre, remit son oncle ma-
ternel entre les mains de Sitalcès, & reçut en
échange son frère Scylès. Sitalcès n'eut pas plutôt
son frère en son pouvoir, qu'il se retira avec ses
troupes ; & dès qu'on eut rendu Scylès, Octamasadès lui fit trancher la tête sur la place même.
Telle est, ajoute l'historien, la scrupuleuse exactitude des Scythes dans l'observation de leurs loix &
de leurs coutumes, & la rigueur avec laquelle ils
punissent ceux qui en affectent d'étrangères.

Quant à la population de la Scythie, on m'en
a parlé diversement, dit Hérodote, & je n'en ai
jamais rien pu apprendre de certain. Les uns m'ont
dit que le pays étoit très-peuplé ; & les autres,
qu'à ne compter que les véritables Scythes, il
l'étoit peu. Mais voici ce que j'ai pu voir par moi-
même.

Entre les Borysthènes & l'Hypanis, est un certain
canton que l'on appelle Exampée. Il y a, dans ce
pays, un vase d'airain, deux fois plus grand que
le cratère qui se voit à l'embouchure du Pont-
Euxin, & que Pausanias, fils de Cléombrote, y
a consacré (1). Je vais en donner les dimensions,

en faveur de ceux qui ne l'ont pas vu. Ce vase
d'airain qui est dans la Scythie, contient aisément
six cents amphores, & il a six doigts d'épaisseur.
Les habitans du pays m'ont dit qu'il avoit
été fait de pointes de flèches que leur roi
Ariantas, voulant savoir le nombre de ses sujets,
commanda à tous les Scythes d'apporter chacun une pointe de flèche, sous peine de mort ;
qu'on lui en apporta, en effet, une quantité prodigieuse, dont il fit faire un vase d'airain, qu'il
consacra dans le lieu que l'on appelle Exampée,
comme un monument qu'il laissoit à la postérité.
Voilà ce que j'ai appris de la population des
Scythes.

La Scythie (§. 82), n'a donc rien de merveilleux que les fleuves qui l'arrosent : ils sont très-
considérables & en grand nombre. Mais indépendamment de ces fleuves & de ses vastes plaines,
on y remarque encore une chose digne d'admiration :
c'est l'empreinte du pied d'Hercule sur un roc,
près du Tyras : cette empreinte ressemble à celle
d'un pied d'homme ; mais elle a deux coudées de long.

Je résume donc, afin de rapprocher ce qui a
été dit des différentes espèces de Scythes.

1°. Les Scythes agricoles, sont ceux que les
Grecs, habitans des bords de l'Hypanis, appeloient
Borysthénites, & qui se donnèrent à eux-mêmes le
nom d'Olbiopolites. Ils habitoient entre le Borysthènes
& le Panticapès, une étendue de pays de trois
jours de chemin à l'est ; & du côté du nord,
ils habitoient un pays qui a d'étendue onze jours
de navigation en remontant le Borysthènes. On les
appelloit agricoles, parce qu'ils cultivoient la terre.

2°. Les Scythes Amyrgiens habitoient, ce
semble, en Asie, & non en Europe ; car ils servoient dans l'armée des Perses. M. Larcher présume que ce nom leur venoit d'une plaine appelée
Amyrgium, appartenant au pays des Saces, & dont
Hellanicus fait mention.

3°. Les Scythes Arotères, ou les laboureurs,
habitoient au-dessus des Alazons. Dans leur pays,
le Tyras & l'Hypanis rapprochent leurs lits, &
laissent moins d'espace entre eux. Ce doit être vers
la Podolie.

4°. Les Scythes Auchates habitoient sur l'Hypanis, à sa source ; ce doit être aujourd'hui l'Ukraine.

5°. Les Scythes Nomades habitoient au-delà des
Panticapès, à l'est des Scythes agricoles. Leur
pays avoit quatorze journées de chemin jusqu'au
fleuve Gerrhus.

6°. Les Scythes royaux formoient une nation
nombreuse, qui habitoit au-delà du fleuve Gerrhus. Ils s'étendoient au midi, jusqu'à la Taurique ;

_____

(1) Pour mieux entendre ceci, il faut savoir que
dans Athénée ( L. XII, c. 9 ), on lit que Pausanias, qui
vainquit Mardonius aux environs de Platée, violant
les loix de Sparte, & se livrant à son orgueil, consacra, tandis qu'il étoit aux environs de Byzance, un
cratère d'airain aux dieux, dont on voit les statues à
l'entrée du Pont-Euxin. La vanité & l'insolence le
firent tellement s'oublier, dit Nymphis d'Heraclée,

qu'il osa mettre dans l'inscription que c'étoit lui-même
qui l'avoit consacré. Voici l'inscription :
« Pausanias de Lacédémone, fils de Cléombrote,
» issu de l'ancienne race d'Hercule, général de la Grèce,
» a consacré ce cratère au roi Neptune, comme un
» monument de sa valeur ».

vers l'est, jusqu'au fossé que firent les fils des Aveugles, & jusqu'aux Cremnes, ville de commerce; située sur le Palus-Méotide. Quelques-uns s'étendoient même jusqu'au Tanaïs. Ils regardoient les autres Scythes comme leurs esclaves.

Les Scythes qui s'étoient séparés des Scythes royaux, habitoient au-dessus des Iyrques, dans le pays qui est vers le levant. Ils avoient été s'établir dans cette contrée après s'être séparés des Scythes royaux. Jusqu'au territoire de ces Scythes, c'étoit un pays de plaines; mais au-delà, on ne trouvoit plus que des terres pierreuses & raboteuses.

On a pu voir, par l'article SARMATIE, que les Sarmates avoient succédé, au moins en très-grande partie, à ces Scythes d'Hérodote. Aussi les Scythes dont parle Ptolemée, & que l'on trouvera à la fin de cet article, étoient-ils en Asie. Ainsi, ou les Scythes avoient été repoussés par leurs voisins, où l'on avoit changé le nom qu'ils portoient en Europe, en le donnant à des peuples plus reculés en Asie, & encore inconnus à la Grèce au temps d'Hérodote.

Mais avant de parler de la Scythie de Ptolemée, je vais parler de l'irruption des Scythes en Asie, sous Cyaxare, & de la guerre que leur fit ensuite Darius.

Hérodote, après avoir parlé (L. 1, §. 102), des conquêtes de Phraortès, fils de Déjocès, dit (§. 103) : Ce prince étant mort, son fils Cyaxare, petit-fils de Déjocès, lui succéda. On dit qu'il fut encore plus belliqueux que ses pères. Le premier il sépara les peuples de l'Asie en différens corps de troupes, & assigna aux piquiers, à la cavalerie, aux archers, chacun un rang à part : avant lui tous les ordres étoient confondus. Ce fut lui qui fit la guerre aux Lydiens, & qui leur livra une bataille, pendant laquelle le jour se changea en nuit: événement qui eut lieu, selon le canon chronologique de M. Larcher, 597 ans avant notre ère. Ce fut encore ce prince qui, après avoir soumis toute l'Asie au-dessus de l'Halys, rassembla toutes les forces de son empire, & marcha contre Ninive, résolu de venger son père, par la destruction de cette ville.

Déjà il avoit vaincu les Assyriens en bataille rangée; déjà il assiégeoit Ninive, lorsqu'il fut assailli par une nombreuse armée de Scythes, ayant à leur tête Madyas, leur roi, fils de Protothiès: c'étoit en chassant d'Europe les Cimmériens, qu'ils s'étoient jetés sur l'Asie.

Du Palus-Meotis au Phase & à la Colchide, on compte trente journées de marche pour quelqu'un qui marche bien. Pour se rendre de la Colchide en Médie, on passe des montagnes, & le trajet n'est pas long; car il ne se trouve entre ces deux pays que celui des Sapires; lorsqu'on l'a traversé, on est sur les terres des Mèdes. Les Scythes néanmoins n'y entrèrent pas de ce côté; mais ils passèrent plus haut, & par une route plus longue,

laissant le mont Caucase sur leur droite. Les Mèdes ayant livré bataille aux Scythes, la perdirent avec l'empire de l'Asie. Cet événement est fixé par M. Larcher, à l'an 633 avant notre ère, & un an après que Cyaxare fut monté sur le trône.

Les Scythes, maîtres de toute l'Asie, marchèrent de-là en Egypte; mais quand ils furent dans la Syrie de Palestine, Psammitichus, roi d'Egypte, vint au-devant d'eux, &, à force de présens & de prières, il les détourna d'aller plus avant. Ils revinrent donc sur leurs pas, & passèrent, par Ascalon, en Syrie, d'où ils sortirent, la plupart, sans y avoir fait de dégât, à l'exception de quelques-uns d'entre eux, qui, ayant été laissés en arrière, pillèrent le temple de Vénus Uranie. La déesse envoya une maladie de femme à ceux d'entre les Scythes qui avoient pillé le temple d'Ascalon, & ce châtiment s'étendit à jamais sur leur postérité (1).

Les Scythes conservèrent vingt-huit ans l'empire de l'Asie; ils ruinèrent tout par leur violence & leur négligence. Outre les tributs ordinaires, ils exigeoient encore de chaque particulier, un impôt arbitraire & indépendant de ces contributions; ils parcouroient tout le pays, pillant & enlevant à chacun ce qui lui appartenoit. Cyaxane & les Mèdes, en ayant invité chez eux la plus grande partie, les tuèrent, après les avoir enivrés. Les Mèdes recouvrèrent ainsi leurs états & l'empire sur les pays qu'ils avoient ci-devant possédés.

C'étoit pour venger la Médie de tout ce qu'elle avoit souffert lors de cette irruption, que Darius, fils d'Hystaspe, entreprit de porter la guerre contre les Scythes.

Après une absence de vingt-huit ans ( dit Hérodote ( L. IV, §. 1 ) les Scythes avoient voulu retourner dans leur patrie. Cela doit s'entendre des corps de troupes qui avoient échappé au massacre; mais ils n'avoient pas trouvé dans cette entreprise moins de difficultés qu'ils n'en avoient rencontré en voulant pénétrer en Médie. Une armée nombreuse étoit allée au-devant d'eux, & leur en avoit disputé l'entrée; car leurs femmes, ennuyées de la longueur de leur absence, avoient eu commerce avec leurs esclaves.

Les Scythes crèvent les yeux à leurs esclaves, ajoute Hérodote, afin qu'ils ne puissent rien entreprendre contre eux, & les emploient à traire le lait dont ils font leur boisson ordinaire. Ils ont des soufflets d'os, qui ressemblent à des flûtes. Ils les mettent dans les parties naturelles de la jument; les

(1) Le grec dit une maladie féminine. On a beaucoup cherché ce que ce pouvoit être; mais en me rappelant que les Philistins, qui étoient aussi de ce pays, furent aussi attaqués d'une maladie que l'on croit être une espèce de dyssenterie, pour avoir eu chez eux l'arche d'alliance, on pourroit soupçonner que ce fut une espèce de flux de sang qui affligea les Scythes tout naturellement, & que ce rapport d'un écoulement sanguin avec un autre écoulement, plus général & particulier aux femmes, a déterminé l'expression d'Hérodote.

esclaves soufflent dans ces os avec la bouche, tandis que d'autres tirent le lait. Ils se servent de ce moyen, par ce que, disent-ils, le souffle fait enfler les veines des jumens, & baisser leurs mamelles.

Lorsqu'ils ont tiré le lait, ils le versent dans des vases de bois, autour desquels ils placent leurs esclaves pour le remuer & l'agiter. Ils enlèvent la partie du lait qui surnage, la regardant comme la meilleure & la plus délicieuse, & celle de dessous, comme la moins estimée.

De ces esclaves & des femmes Scythes, il étoit né beaucoup de jeunes gens, qui, ayant appris quelle étoit leur naissance, marchèrent au-devant des Scythes, à leur retour de la Médie. Ils commencèrent d'abord par couper le plat pays, en creusant un large fossé, depuis les monts Tauriques jusqu'au Palus-Méotide, qui est d'une vaste étendue. Ils allèrent ensuite camper devant les Scythes, qui tâchoient de pénétrer dans le pays, & les combattirent. Il y eut entre eux des actions fréquentes, sans que les Scythes pussent remporter le moindre avantage. Ce fut alors que l'un d'eux conseilla de prendre, au lieu d'armes, des fouets avec lesquels on conduisoit ordinairement les esclaves.

Ce conseil fut suivi. Les esclaves étonnés prirent aussi-tôt la fuite, sans songer à combattre. C'est ainsi, dit l'historien, que les Scythes parvinrent à rentrer dans leur pays. Il faut convenir que ceci a bien l'air d'un conte; ou ces esclaves commençoient à se repentir d'avoir entrepris de combattre, les uns leurs maîtres, les autres leurs pères & leurs oncles.

Darius ( §. 93 ), fit de grands préparatifs contre les Scythes. Il dépêcha, de toutes parts, des couriers, pour ordonner, aux uns, de lever une armée de terre, aux autres, d'équiper une flotte, afin de construire un pont de bateaux (1) sur le Bosphore de Thrace. Cependant Artabane, son frère, n'étoit pas d'avis que l'on fît cette guerre; mais ses remontrances furent inutiles.

Darius ( §. 85 ), se rendit de Suses à Chalcédoine, au Bosphore, où l'on avoit fait le pont. Il s'y embarqua, & fit voile vers les îles Cyanées, qui étoient autrefois Eriantes, s'il faut en croire les Grecs, (j'en ai parlé à leur article ). Il s'assit dans le temple (2), & de-là se mit à considérer le Pont-Euxin : c'est de toutes les mers celle qui mérite le plus notre admiration.

Lorsque Darius eut considéré le Pont-Euxin, il revint, par mer, au pont de bateaux, dont Mandroclès de Samos étoit l'entrepreneur. Il examina aussi le Bosphore; & sur le bord de ce détroit, on érigea, par son ordre, deux colonnes de pierre

(1) Le grec dit simplement un pont; mais on sent bien qu'il ne pouvoit être que de bateaux. Il étoit à moitié chemin de Byfance au temple de Jupiter (§ 87).

(2) Ce temple n'étoit pas dans les îles Cyanées, mais sur le rivage de l'Asie. Jupiter y étoit invoqué sous le nom d'*Urius*, parce que l'on croyoit ce dieu favorable à la navigation : οὖρος signifie un vent favorable.

blanche. Il fit graver, sur l'une, en caractères Assyriens, &, sur l'autre, en caractères Grecs, les noms de toutes les nations qu'il avoit à sa suite. Or, il menoit à cette guerre tous les peuples qui lui étoient soumis. On comptoit, dans cette armée, sept cens mille hommes avec la cavalerie, sans y comprendre la flotte qui étoit de six cens voiles.

Darius, ayant récompensé Mandroclès, passa en Europe; il avoit ordonné aux Ioniens de faire voile jusqu'à l'Ister, de jeter un pont sur ce fleuve, quand ils y seroient arrivés, & de l'attendre en cet endroit. Les Ioniens, les Etoliens, & les habitans de l'Hélespont, composoient l'armée navale. La flotte passa donc les Cyanées, fit voile droit à l'Ister, &, après avoir remonté le fleuve pendant deux jours, depuis la mer jusqu'à l'endroit où il se partage en plusieurs bras, qui forment autant d'embouchures, toute l'armée navale y construisit un pont.

Darius, ayant traversé le Bosphore sur le pont de bateaux, prit son chemin par la Thrace; &, quand il fut arrivé aux sources du Téare (1), il y campa trois jours.

Les peuples qui habitent sur ses bords, prétendent que ses eaux sont excellentes contre plusieurs sortes de maux, & particulièrement qu'elles guérissent les hommes & les chevaux de la gale. Ses sources sortent d'un même rocher, au nombre de trente-huit; les unes sont chaudes, les autres froides : elles sont à égale distance de la ville d'*Henæum*, qui est près de Périnthe & d'Apollonie, ville située sur le Pont-Euxin. Il y a deux journées de marche de l'une à l'autre de ces fontaines. Le Téare se jette dans le *Contadesdus*; celui-ci dans l'Agrianès, qui se jette dans l'Hèbre, se rendant à la mer près d'*Ænos*.

Darius étant arrivé aux sources du Téare, y établit son camp; il fut si charmé de ce fleuve, qu'il fit ériger, dans le même endroit, une colonne, avec l'inscription suivante :

« Les sources du Teare donnent les meilleures » & les plus belles eaux du monde. Darius, fils » d'Histafpe, le meilleur & le plus beau de tous » les hommes, roi des Perses & de toute la terre » ferme ( il vouloit dire apparemment ce qu'il » connoissoit de l'Asie), marchant contre les Scythes, » est arrivé sur ses bords ».

Darius partit de-là pour se rendre sur une autre rivière, que l'on nomme *Artiscus*, & qui coule dans le pays des Odryses. Quand il fut arrivé sur ses bords, il désigna à ses troupes un certain endroit où il ordonna que chaque soldat mît une pierre en passant. L'ordre fut exécuté par toute l'armée; & Darius ayant laissé, en ce lieu, de grands tas de pierres, continua sa marche avec ses troupes.

Avant d'arriver à l'Ister, les Gètes, qui se disent immortels, furent les premiers peuples qu'il sub-

(1) M. d'Anville a écrit sur la carte *Tæarus*; le grec est Τέαρος, ce qui doit se rendre par *Tearus*.

juga. Les Thraces de Salmydessus, & ceux qui demeurent, dit Hérodote, au-dessus d'Apollonie & de la ville de Mesambria, que l'on appel leScyrmiades & Nipséens, s'étoient rendus à lui sans combattre & sans faire la moindre résistance. Les Gètes, par un fol entêtement, se mirent en défense; mais ils furent, sur le champ, réduits en esclavage; ils suivirent l'armée.

Darius ( §. 79 ), étant arrivé sur les bords de l'Ister, avec son armée de terre, la fit passer de l'autre côté du fleuve. Alors il commanda aux Ioniens de rompre le pont, & de l'accompagner, par terre, avec toutes les troupes de la flotte.

Cependant, d'après les représentations sages de Coès, fils d'Erxandre, & chef des Mytiléniens, le pont ne fut pas rompu; au contraire, Darius recommanda aux Ioniens de le garder jusqu'à ce qu'ils eussent dénoué soixante nœuds d'une corde, en n'en défaisant qu'un chaque jour.

La Thrace a devant elle la partie de la Scythie qui aboutit à la mer, à l'endroit où finit le golfe de Thrace. Là commence la Scythie; l'Ister en traverse une partie, & se jette dans la mer du côté du sud-est.

Ici Hérodote dit qu'il va indiquer ce que l'on trouve au-delà de l'Ister, & dans l'étendue de la partie de la Scythie qui est au-delà de ce fleuve, & du côté de la mer. Il se suppose au nord, vers les pays non habités.

L'ancienne Scythie est située au midi jusqu'à la ville de Carcinitis. Le pays d'au-delà de cette ville, en allant vers la mer, est montagneux; il est habité par la nation Taurique, qui s'étend jusqu'à la ville de Cherfonnèse-Trahée, & cette ville est sur les bords de la mer, à l'est. Il y a en effet deux parties de la Scythie, qui sont bornées comme l'Attique, l'une par la mer qui est au sud, l'autre par la mer qui est à l'est (1).

Les Taures font, par rapport à cette partie de la Scythie, dans la même position que feroit, par rapport aux Athéniens, un autre peuple qui habiteroit le promontoire Sunium, qui s'étend depuis le bourg de Thorique, jusqu'à celui d'Anaphlyste, & s'avance beaucoup dans la mer.

Au-delà de la Tauride, on trouve des Scythes qui habitent le pays au-dessus des Taures, & celui qui s'étend vers la mer, qui est à l'est, ainsi que les côtes occidentales du Bosphore Cimmérien, & du Palus-Méotis, jusqu'au Tanaïs, fleuve qui se décharge dans ce Palus. A prendre donc depuis l'Ister, & à remonter par le milieu des terres, la Scythie est bornée, premièrement, par le pays des Agathyrses, ensuite par celui des Neures; troisié-

mement, par celui des Androphages, & enfin par celui des Mélanchlènes.

La Scythie étant tétragone, & deux de ses côtes s'étendant le long de la mer, l'espace qu'elle occupe, vers le milieu des terres, est parfaitement égal à celui qu'elle a le long des côtes. En effet, depuis l'Ister jusqu'au Borysthènes, il y a dix journées de chemin; du Borysthènes au Palus-Méotis, il y en a dix autres; & depuis la mer, en remontant par le milieu des terres, jusqu'au pays des Mélanchlènes, qui habitent au-dessus des Scythes, il y a vingt jours de marche. Or, je compte, dit Hérodote, deux cens stades pour chaque journée de chemin. Ainsi la Scythie aura quatre mille stades de traversée le long des côtes, & quatre mille autres stades, à prendre droit par le milieu des terres.

Les Scythes, ayant fait réflexion qu'ils ne pouvoient pas, avec leurs seules forces, détruire, en bataille rangée, une armée aussi nombreuse que celle de Darius, envoyèrent des ambassadeurs à leurs voisins. Les rois de ces nations s'étant assemblés, délibérèrent sur cette armée qui venoit envahir la Scythie. Ces rois étoient ceux des Taures, des Agathyrses, des Neures, des Androphages, des Mélanclènes, des Gélons, des Budins & des Sauromates.

Ceux d'entre ces peuples que l'on apelle Taures ( Tauri ), ont des coutumes particulières. Ils immolent à Iphigénie de la manière que je vais dire, les étrangers qui échouent sur leurs côtes, & tous les Grecs qui y abordent & qui tombent entre leurs mains. Après les cérémonies accoutumées, ils les assomment d'un coup de massue sur la tête. Quelques-uns disent qu'ils leur coupent ensuite la tête, & l'attachent à une croix, & qu'ils précipitent le corps du haut du rocher où le temple est bâti. Quelques autres conviennent du traitement fait à la tête; mais ils assurent qu'on enlève le corps, au lieu de le précipiter du haut du rocher. Les Taures eux-mêmes disent que la déesse à laquelle ils font ce sacrifice est Iphigénie, fille d'Agamemnon. Quant à leurs ennemis, si un Taure fait dans les combats un ennemi prisonnier, il lui coupe le tête, & l'emporte chez lui; il la met ensuite au bout d'une perche, qu'il place sur sa maison, & sur-tout au-dessus de la cheminée. Ils élèvent de la sorte la tête de leurs prisonniers, afin, disent-ils, qu'elle garde & protège toute la nation. Ils subsistent du butin qu'ils font à la guerre.

Les Agathyrses portent, la plupart du temps, des ornemens d'or, & font, de tous les hommes, ceux qui vivent le plus dans la mollesse. Les femmes font communes entre eux, afin qu'étant tous unis par les liens du sang, & que ne faisant tous, pour ainsi dire, qu'une même famille, ils ne soient sujets ni à la haine, ni à la jalousie. Quant au reste de leurs coutumes, elles ont beaucoup de conformité avec celles des Thraces.

Les Neures observent les mêmes usages que les

---

(1) Je présume que faute de bonnes cartes, Hérodote n'avoit pas une idée aussi précise que nous de la configuration de ces côtes; car il est probable qu'il parle du Pont-Euxin, sans y joindre le Palus-Méotis, à ce que croit M. Larcher. Je serois presque d'un avis différent, à cause de ce que dit le même historien de la Tauride, par rapport à la Scythie. ( Voyez ci-dessus ).

Scythes. Une génération avant l'expédition de Darius, ils furent forcés de sortir de leur pays, à cause d'une multitude de serpens qu'il produisit, & parce qu'il en vint un plus grand nombre des déserts qui sont au-dessus d'eux. Ils en furent tellement infectés, qu'ils s'expatrièrent & se retirèrent chez les Budins.

Il paroît, ajoute l'historien, que ces gens sont des enchanteurs. En effet, s'il faut en croire les Scythes & les Grecs établis en Scythie, chaque Neure se change, une fois l'an, en loup pour quelques jours, & reprend ensuite sa première forme (1). Ce conte est ridicule, sans doute; mais pour l'honneur d'Hérodote, je dois faire observer qu'il ajoute aussi-tôt: « Les Scythes ont beau dire, » ils ne me feront pas croire de pareils contes; » ce n'est pas qu'ils ne les soutiennent, & même » ferment (2) ».

Il n'est point d'hommes qui aient les mœurs plus sauvages que les Androphages (ou Antropophages). Ils ne connoissent ni les loix, ni la justice: ils sont Nomades; leurs habits ressemblent à ceux des Scythes, mais ils ont une langue particulière. De tous les peuples dont je viens de parler, ce sont les seuls qui mangent de la chair humaine.

Les Mélanchlènes portent tous des habits noirs; de-là leur vient leur nom. Ils suivent les coutumes & les usages des Scythes.

Les Budins forment une grande & nombreuse nation. Ils se peignent le corps entier en bleu & en rouge. Il y a, dans leur pays, une ville entièrement bâtie en bois: elle s'appelle Gelonus. Les murailles sont aussi toutes de bois: elles sont hautes, & ont, à chaque face, trente stades de longueur. Leurs maisons & leurs temples sont aussi de bois. Il y a, en effet, dans ce pays, des temples consacrés aux dieux des Grecs, & ornés de statues, d'autels, & de chapelles de bois. De trois en trois ans ils célèbrent des fêtes en l'honneur de Bacchus. Aussi les Gélons sont-ils d'origine grecque; ayant été chassés des villes de commerce (3), ils s'établirent dans le pays des Budins. Leur langue est un mélange de grec & de scythe.

(1) Quelques auteurs ont pensé que ce qui avoit donné naissance à ce conte absurde, c'est que ces peuples, à cause du froid, se couvroient de peaux d'animaux; mais ce n'auroit pas été simplement pour quelques jours. Je pense qu'à cause de la rigueur du climat, ce devoit être leur vêtement une bonne partie de l'année. M. Larcher présume que c'étoit une pure fable qui avoit cours dans le pays, comme dans nos campagnes les contes des loup-garou.
(2) Entre mille exemples de peuples qui racontent ainsi des absurdités de leurs voisins, je puis citer ce que l'on a long-temps débité en Espagne des habitans de la vallée de Batuécas. J'en ai parlé, d'après le viagge de M. Ponce, dans ma géographie physique de l'Espagne.
(3) M. Larcher fait observer que ce sont les villes sur le Pont-Euxin, & la ville de Borysthènes.

Les Budins n'ont ni la même langue, ni la même manière de vivre que les Gélons. Ils sont Antochthones, Nomades, & les seuls de cette contrée qui mangent de la vermine (4). Les Gélons, au contraire, cultivent la terre, vivent de bled, ont des jardins, & ne ressemblent aux Budins, ni par l'air du visage, ni par la couleur. Les Grecs les confondent, & comprennent les Budins sous le nom de Gélons; mais ils se trompent.

Leur pays entier est couvert d'arbres de toute espèce; & dans le canton où il y en a le plus, on trouve un lac grand & spacieux, & un marais bordé de roseaux. On prend dans ce lac des loutres, des castors, & d'autres animaux qui ont le museau carré. Leurs peaux servent à faire des bordures aux habits, & leurs testicules sont excellens pour les maux de mère.

Quant aux Sauromates, voici ce que l'on en dit. Lorsque les Grecs eurent combattu contre les Amazones, que les Scythes appellent Aiorpata, nom que les Grecs rendent en leur langue par celui d'androctones (5); car aior, en scythe, signifie homme; & pata veut dire tuer. Quand ils eurent, dis-je, combattu contre elles, & qu'ils eurent remporté la victoire sur les bords du Thermodon, on raconte qu'ils amenèrent avec eux, dans trois vaisseaux, toutes celles qu'ils avoient pu faire prisonnières. Lorsque l'on fut en pleine mer, elles attaquèrent leurs vainqueurs, & les taillèrent en pièces. Mais comme elles n'entendoient rien à la navigation, & qu'elles ne savoient pas faire usage du gouvernail, des voiles & des rames, elles se laissèrent aller au gré des flots & des vents, & abordèrent à Cremnes, sur le Palus-Meotis. Cremnes est du pays des Scythes libres: les Amazones, étant descendues dans leurs vaisseaux en cet endroit, avancèrent par le milieu des terres habitées; &, s'étant emparées du premier haras qu'elles rencontrèrent sur leur route, elles montèrent à cheval, & pillèrent les terres des Scythes.

Les Scythes ne pouvoient deviner quels étoient ces ennemis dont ils ne connoissoient ni le langage, ni l'habit. Ils ignoroient aussi de quelle nation ils étoient; &, dans leur surprise, ils n'imaginoient pas d'où ils venoient. Ils les prirent d'abord pour des hommes de même âge; &, dans cette idée, ils leur livrèrent bataille. Mais ils reconnurent, par les morts restés sur la place après le combat, que ces ennemis étoient des femmes. Ils résolurent dans un conseil tenu à ce sujet, de n'en plus tuer aucune; mais de leur envoyer les plus jeunes d'entre eux, en aussi grand nombre qu'ils conjecturoient qu'elles pouvoient être, avec ordre d'asseoir leur camp près de celui des Amazones; de faire les

(4) On les désignoit par le nom grec Phthirophages. D'autres peuples l'ont aussi mérité. Voyez Strabon, L. XI, p. 754.

(5) Qui tuent des hommes.

mêmes

mêmes choses qu'ils leur verroient faire ; de ne pas les combattre, quand même elles les attaqueroient ; mais de prendre la fuite, & de s'approcher & de camper près d'elles, lorsqu'elles cesseroient de les poursuivre. Les Scythes prirent cette résolution, parce qu'ils vouloient avoir des enfans de ces femmes belliqueuses.

Les jeunes gens suivirent ces ordres. Les Amazones ayant reconnu qu'ils n'étoient pas venus pour leur faire du mal, les laissèrent tranquilles. Cependant les deux camps s'approchoient tous les jours de plus en plus : les jeunes Scythes n'avoient, comme les Amazones, que leurs armes & leurs chevaux, & vivoient, comme elles, de leur chasse & du butin qu'ils pouvoient enlever.

Vers l'heure de midi, les Amazones s'éloignèrent du camp seules, ou deux à deux, pour satisfaire aux besoins de la nature. Les Scythes étant apperçus, firent la même chose. Un d'entre eux s'approcha d'une Amazone, & celle-ci, loin de le repousser, lui accorda ce qu'il osa lui demander. Comme elle ne pouvoit lui parler, parce qu'ils ne s'entendoient pas, elle lui dit, par signes, de revenir le lendemain au même endroit avec un de ses compagnons, & qu'elle ameneroit aussi une de ses compagnes. Le jeune Schyte, de retour au camp, y raconta son aventure, & le jour suivant il revint, avec un autre Scythe, au même endroit, où il trouva l'Amazone qui l'attendoit avec une de ses compagnes.

Les autres jeunes gens, instruits de cette aventure, apprivoisèrent aussi le reste des Amazones ; & ayant ensuite réuni les deux camps, ils demeurèrent ensemble, & chacun prit pour femme celle dont il avoit d'abord éprouvé la tendresse. Ces jeunes gens ne pouvoient apprendre la langue de leurs compagnes ; mais les femmes apprirent celle de leurs maris ; &, lorsqu'ils commencèrent à l'entendre, les Scythes leur parlèrent ainsi : « Nous » avons des parens, nous avons des biens ; me- » nons une autre vie, réunissons-nous au reste des » Scythes, & vivons avec eux, nous n'aurons » jamais d'autres femmes que vous.

» Nous ne pourrions pas, répondirent les Ama- » zones, demeurer avec les femmes de votre pays ; » leurs coutumes ne ressemblent en rien aux nôtres ; » nous tirons de l'arc, nous lançons le javelot, » nous montons à cheval, & nous n'avons pas » appris les ouvrages propres à notre sexe. Vos » femmes ne font rien de ce que nous venons de » dire, & ne s'occupent qu'à des ouvrages de » femmes ; elles ne quittent pas leurs chariots, & » ne vont point à la chasse, ni même nulle part » ailleurs ; nous ne pourrions par conséquent jamais » nous accorder ensemble ; mais si vous voulez nous » avoir pour femmes, & montrer de la justice, » allez trouver vos pères, demandez-leur la partie » de leurs biens qui vous appartient, revenez après » l'avoir reçue, & nous vivrons en notre parti- » culier ».

Les Scythes persuadés, firent ce que souhaitoient ces femmes, & lorsqu'ils eurent recueilli la portion de leur patrimoine qui leur revenoit, ils les rejoignirent. Alors elles leur parlèrent ainsi : « Après » vous avoir privés de vos pères, & après les » dégâts que nous avons faits sur vos terres, nous » en craindrions les suites, s'il nous falloit demeurer » dans ce pays ; mais puisque vous voulez bien » nous prendre pour femmes, sortons tous d'un » commun accord, & allons nous établir au-delà » du Tanaïs ».

Les jeunes Scythes y consentirent. Ils passèrent le Tanaïs ; & après avoir marché trois jours à l'est, & autant depuis le Palus Meotis vers le nord, ils arrivèrent dans le pays qu'ils habitent encore maintenant, & où ils fixèrent leur demeure. De-là vient que les femmes des Sauromates ont conservé leurs anciennes coutumes ; elles montent à cheval & vont à la chasse, & tantôt seules, tantôt avec leurs maris. Elles les accompagnent aussi à la guerre, & portent les mêmes habits qu'eux.

Les Sauromates font usage de la langue scythe ; mais depuis leur origine, ils ne l'ont jamais parlée avec pureté, parce que les Amazones ne la savoient qu'imparfaitement. Quant aux mariages, ils ont réglé qu'une fille ne pourroit se marier qu'elle n'eût tué un ennemi. Aussi y en a-t-il qui, ne pouvant accomplir la loi, meurent dans un grand âge, sans avoir jamais été mariées.

Les ambassadeurs des Scythes exposèrent, dans l'assemblée des chefs de ces différens peuples, les dangers de ne se pas réunir contre l'ennemi commun.

Après avoir délibéré sur cet objet, les rois des Gélons, des Budins & des Sauromates, promirent unanimement du secours aux Scythes ; mais ceux des Agathyrses, des Neures, des Androphages, des Mélanchlènes & des Taures, leur firent cette réponse : « Si vous n'aviez pas les premiers fait une » guerre injuste aux Perses, vos demandes nous » paroîtroient équitables ; &, pleins de déférence » pour vous, nous nous armerions pour vos intérêts ; » mais vous avez envahi leurs pays sans notre » participation ; vous l'avez tenu sous le joug aussi » long-temps que Dieu l'a permis. Et aujourd'hui » que le même Dieu suscite les Perses contre vous, » ils vous rendent la pareille. Pour nous, nous ne » les offensâmes pas alors, & nous ne serons pas » aujourd'hui les premiers agresseurs. Si cependant » ils viennent aussi attaquer notre pays, s'ils com- » mencent des hostilités contre nous, nous saurons » les repousser ; mais jusqu'à ce moment nous res- » terons tranquilles : car il nous paroît que les Perses » n'en veulent qu'à ceux qui les ont attaqués les » premiers ».

Les Scythes ayant appris, par leurs ambassadeurs, qu'ils ne devoient pas compter sur le secours des princes leurs voisins, résolurent de ne pas présenter la bataille, & de ne pas faire de guerre ouverte ; mais de céder à l'ennemi, de se retirer toujours en avant, de combler les puits & les fontaines qu'ils trouveroient fur leur route, de détruire l'herbe, & pour cet effet de fe partager en deux corps. On convint auffi que les Sauromates fe rendroient dans les états de Scopafis ; que fi les Perfes tournoient de ce côté, ils fe retireroient peu à peu, drcit au Tanaïs, le long du Palus-Meotis, & que, lorfque l'ennemi retourneroit fur fes pas, ils fe mettroient alors à le pourfuivre. Tel étoit le plan de défenfe que devoit fuivre cette partie des Scythes royaux.

Quant aux deux autres parties de ces mêmes Scythes, il avoit été décidé que la plus grande, fur laquelle régnoit Idanthyrfe, fe joindroit à la troifième, dont étoit roi Taxacis, & que toutes les deux réunies avec les Gélons & les Budins, auroient auffi une journée d'avance fur les Perfes ; qu'elles fe retireroient peu à peu, & en exécutant les réfolutions prifes dans le confeil, & fur-tout qu'elles attireroient l'ennemi directement fur les terres de ceux qui avoient refufé d'entrer dans leur alliance, afin de les forcer auffi à la guerre contre les Perfes, & de leur faire prendre les armes malgré eux, s'ils ne vouloient pas le faire de bonne volonté. Elles devoient enfuite retourner dans leur pays, & même attaquer l'ennemi, fi, après en avoir délibéré, ce parti leur paroiffoit avantageux.

Cette réfolution prife, les Scythes allèrent audevant de Darius, & fe firent précéder par des coureurs, l'élite de l'armée. Ils avoient fait prendre le devant à leurs chariots par le côté où ils devoient fuir, ainfi qu'à leurs femmes & à leurs enfans, auxquels ces chariots tenoient lieu de maifons. Ils leur avoient donné ordre d'avancer toujours vers le nord. Ces chariots étoient accompagnés de leurs troupeaux, dont ils ne ne menoient avec eux que ce qui leur étoit néceffaire pour vivre.

Tandis que les chariots s'éloignoient, les coureurs découvrirent les Perfes à trois journées de l'Ifte. Comme ils n'en étoient éloignés que d'une journée, ils campèrent en cet endroit, & détruifirent toutes les productions de la terre. Les Perfes ne les eurent pas plutôt apperçus, qu'ils les pourfuivrent dans leur retraite. Ayant enfuite marché droit à une partie des Scythes royaux, ils les pourfuivrent à l'eft jufqu'au Tanaïs. Les Scythes traverfèrent le fleuve, & les Perfes l'ayant paffé après eux, ne ceffèrent de les pourfuivre, que lorfqu'après avoir parcouru le pays des Sauromates, ils furent arrivés dans celui des Budins.

Les Perfes ne purent caufer aucun dégât, tout le temps qu'ils furent en Scythie & dans le pays des Sauromates, les habitans ayant détruit tout ce qui étoit dans les campagnes ; mais quand ils eurent pénétré dans celui des Budins, ils trouvèrent la ville des Gélons, qui étoit bâtie en bois. Comme elle étoit entièrement déferte, & que les habitans en avoient tout emporté, ils y mirent le feu. Cela

fait, ils allèrent en avant, marchant fur les traces de l'ennemi. Enfin, après avoir parcouru tout le pays des Budins, ils arrivèrent dans un défert audelà de ces peuples, où l'on ne rencontre pas un feul homme. Ce défert a fept journées de chemin. On trouve au-deffus le pays des Thyffagètes, d'où viennent quatre grandes rivières, le Lyans, l'Oarus, le Tanaïs, & le Syrgis (1), qui fe jettent dans le Palus-Meotis, après avoir arrofé les terres des Méotes.

Darius étant arrivé dans ce défert, s'arrêta fur les bords de l'Oarus, où il campa avec fon armée. Il fit conftruire huit grands châteaux, à foixante ftades ou environ l'un de l'autre, dont les ruines, dit Hérodote, fubfiftent maintenant. Tandis qu'il s'occupoit de ces ouvrages, les Scythes qu'il avoit pourfuivis, firent le tour par le haut du pays, & retournèrent en Scythie. Comme ils avoient entièrement difparu, & qu'ils ne fe montroient plus, il laiffa ces châteaux à demi-faits, & dirigea fa marche à l'occident, perfuadé que ces Scythes formoient toute la nation, & qu'ils s'étoient fauvés de ce côté. Comme il marchoit à grandes journées, il arriva en Scythie, où il rencontra les deux corps d'armée des Scythes. Il ne les eut pas plutôt trouvés, qu'il fe mit à les pourfuivre ; mais ils avoient foin de fe tenir toujours à une journée de lui.

Ils s'enfuyoient, fuivant les conventions faites entre eux, chez les peuples qui avoient refufé leur alliance, & Darius les fuivoit fans relâche. Ils fe jettèrent premièrement fur les terres des Mélanchlènes, qui furent alarmés à leur vue & à celle des Perfes. De-là ils attirèrent les Perfes chez les Androphages, où, ayant femé le trouble & l'épouvante, ils les conduifirent chez les Neures, qui furent également effrayés. Enfin ils fe fauvèrent chez les Agathyrfes, mais ceux-ci voyant leurs voifins alarmés prendre la fuite, envoyèrent aux Scythes un héraut, avant qu'ils euffent mis le pied dans leur pays, afin de leur en interdire l'entrée, les menaçant de leur livrer bataille en cas qu'ils y vinffent. Après ces menaces, les Agathyrfes portèrent leurs forces vers les frontières, pour les en écarter.

Les Mélanchlènes, les Androphages & les Neures, voyant les Scythes fe jeter, avec les Perfes, fur leurs terres, ne fe mirent pas en devoir de les repouffer. Saifis de crainte à cette vue, ils oublièrent leurs menaces, & s'enfuirent dans les déferts, vers le nord. Quant aux Agathyrfes, comme ils refufèrent aux Scythes l'entrée de leur pays, ceux-ci ne cherchèrent plus à y

---

(1) M. Larcher fait obferver que c'eft le même que l'*Hyrgis* dont il a été parlé, & appuie fon opinion, qu fuppofe que les Grecs mettoient indifféremment au commencement des mots l'*S* ou l'afpiration *H*, pour le nom de la ville de *Salmydeffus*, appelée auffi *Halmydeffus*.

pénétrer; mais au sortir de la Neuride, ils rentrèrent dans leur patrie, où les Scythes les suivirent.

Darius s'étant apperçu que les Scythes ne faisoient que passer d'un pays à un autre, envoya un cavalier à Idanthyrse, leur roi, pour lui reprocher cette fuite continuelle (1), & l'engager à se reconnoître dans sa dépendance.

Idanthyrse lui répondit, que n'ayant pas d'habitations fixes, les Scythes n'avoient pas de raison de défendre le pays, &c. Pendant ce temps on fit partir les Scythes sur lesquels régnoit Scopasis, avec les Sauromates qui servoient avec eux, pour aller conférer avec les Ioniens, auxquels on avoit confié la garde du pont construit sur l'Ister.

Quant aux Scythes qui restoient dans le pays, ils résolurent de ne plus forcer les Perses à courir de côté & d'autre; mais de les attaquer toutes les fois qu'ils prendroient leur repos. En conséquence ils se mirent à observer le temps où ils le prenoient, & alors ils exécutèrent ce qui avoit été concerté entre eux. Dans ces attaques, la cavalerie des Scythes mettoit toujours en fuite celle des Perses; mais celle-ci, en fuyant, se reployoit sur l'infanterie, qui ne manquoit pas de la soutenir. Ainsi, lorsque les Scythes avoient fait fuir la cavalerie ennemie, la crainte des gens de pied les forçoit aussi-tôt de se retirer. Ils ne laissoient pas néanmoins de recommencer de pareilles attaques pendant la nuit.

Ce qui est bien étonnant, ajoute l'historien grec, c'est que le cri des ânes & la figure des mulets favorisoient les Perses, & étoient désavantageux aux Scythes, quand ils attaquoient le camp de Darius. Il ne naît, en effet, en Scythie, ni âne ni mulet, & même on n'en voit pas un seul dans tout le pays, à cause du froid. Les ânes jetoient, par leurs cris, l'épouvante parmi la cavalerie des Scythes. Il arrivoit souvent que celle-ci alloit à la charge; mais si, sur ces entre-faites, les chevaux les entendoient, ils dressoient les oreilles d'étonnement, & reculoient troublés, parce qu'ils n'étoient accoûtumés ni aux cris ni à la figure de ces animaux: mais c'étoit un futile avantage.

Les Scythes, pour parvenir à détruire plus complètement les Perses, & à les tourmenter par l'extrême disette de toutes choses, usèrent de l'artifice suivant. Ils leur abandonnèrent quelques-uns de leurs troupeaux, avec ceux qui les gardoient, & se retirèrent dans un autre canton: les Perses se jetèrent sur les troupeaux, & les enlevèrent.

Ce premier succès les encouragea, & fut suivi de plusieurs autres. A la fin cependant Darius se trouva dans une extrême disette. Les rois des Scythes en étant instruits, lui envoyèrent un héraut avec des présents, qui consistoient en un

oiseau, un rat, une grenouille & cinq flèches. Les Perses demandèrent à l'envoyé ce que signifioient ces présents. Il répondit qu'on l'avoit seulement chargé de les offrir; qu'il les exhortoit cependant à employer leur sagacité à en pénétrer le sens.

J'abrège ici l'historien, pour dire seulement que la vanité de Darius lui fit trouver dans ce présent l'emblème d'une soumission entière de la part des Scythes. On peut présumer que les courtisans applaudirent à sa pénétration, car Hérodote remarque que le seul Gobryas fut d'un avis contraire. « Perses, dit-il, ces présents signifient, que si vous » ne vous envolez pas dans les airs, comme des » oiseaux, ou si vous ne vous cachez pas sous terre » comme des rats, ou si vous ne sautez pas comme » les grenouilles, vous ne reverrez jamais votre » patrie ».

La partie des Scythes à qui l'on avoit précédemment confié la garde des environs du Palus-Meotis, & qui venoit de recevoir l'ordre d'aller sur les bords de l'Ister, pour s'aboucher avec les Ioniens, ne fut pas plutôt arrivée au pont que ceux-ci avoient jeté sur ce fleuve, qu'ils les engagèrent à le rompre. Ils y étoient autorisés, sans manquer à leur parole, puisque le délai demandé par Darius, pour son retour, étoit expiré. Les Ioniens promirent en effet de le rompre (2).

Après l'envoi des présents, le reste des Scythes se mit en bataille en présence des Perses, tant la cavalerie que l'infanterie, comme s'ils avoient eu intention d'en venir aux mains. Mais tandis qu'ils étoient ainsi rangés en bataille, un lièvre se lève entre les deux armées. Ils ne l'eurent pas plutôt apperçu, qu'ils jetèrent de grands cris, & le poursuivirent. Darius demanda quelle étoit la cause de ce désordre. On lui répondit que les Scythes avoient quitté leurs rangs pour courir après un lièvre. Il eut le bon esprit de voir, dans ce peu d'exactitude à conserver leurs rangs, le peu de crainte qu'ils avoient de les rompre, & par suite, le peu de crainte qu'ils montroient aux Perses, osant ainsi se disperser en leur présence. Il demanda de nouveau conseil, & Gobryas lui conseilla de nouveau de se retirer.

Aussi, dès que la nuit fut venue, il laissa dans le camp les malades avec les corps des troupes dont il se soucioit le moins; il y fit aussi attacher les ânes, afin que leurs cris se fissent entendre. Quant aux hommes, il les y laissoit, sous prétexte de garder le camp, tandis qu'avec l'élite de ses troupes il iroit attaquer l'ennemi; mais, en effet, parce qu'ils étoient foibles ou malades. Ayant persuadé ces malheureux, il fit allumer des feux, & marcha en grande diligence vers l'Ister. Les

---

(1) Je supprime volontiers la harangue, que je soupçonne être de la façon de l'historien grec. Au reste, il suffit d'en avoir le sens.

(2) On sait qu'ils en furent détournés par Histrée, tyran de Milet, qui sacrifia ainsi l'intérêt de la Grèce à la conservation de son pouvoir. Voyez dans Hérodote, es raisons par lesquelles il appuie son sentiment.

ânes fe fentant dans une efpèce de folitude ; fe mirent à braire & firent un grand bruit ; ce qui fit croire aux Scythes que les Perfes étoient encore dans leur camp.

Quand le jour parut, les foldats qui étoient reftés, reconnoiffant que Darius les avoit trahis, allèrent trouver les Scythes, & leur dirent tout ce que leur fituation pouvoit leur fuggérer. Inftruits du départ des Perfes, les deux parties des Scythes s'étant réunies promptement à la troifième, courrurent après eux droit à l'Ifter, avec les Sauromates, les Budins & les Gélons. Mais comme la plus grande partie de l'armée Perfe confiftoit en infanterie, & qu'il n'y avoit pas de route tracée, ils s'avançoient par un côté, tandis que les Scythes les cherchoient d'un autre. En effet, ils les cherchoient dans les lieux où il reftoit encore des puits & des fontaines, & les Perfes revenoient par la route qu'ils avoient pratiquée la première fois. Enfin Darius arriva à l'Ifter, & repaffa le pont.

### Géographie de la Scythie, felon Ptolemée,

Je l'ai déjà fait obferver : au temps de Ptolemée, c'eft-à-dire, vers le milieu du fecond fiècle de notre ère, la Scythie d'Hérodote avoit pris le nom de Sauromatie, formé vraifemblablement de celui des Sarmates ; & les nations qui portoient alors le nom de Scythes, ne fe trouvoient plus qu'en Afie : il y avoit même alors une Sarmatie Afiatique.

Ptolemée divife la Scythie en deux parties, dont l'une en-deçà, & l'autre au-delà du mont Imaüs.

### Scythie en-deçà de l'Imaüs.

Elle avoit pour bornes, au nord, des terres inconnues ; à l'eft, le mont Imaüs ; au fud, les Saces, la Sogdiane, la Margiane, jufques vers l'embouchure de l'Oxus, & même la mer Cafpienne jufqu'à l'embouchure du Rha ; à l'oueft, la Sarmatie Afiatique.

### Fleuves.

On trouvoit, fur les côtes de la mer, à l'eft de l'embouchure du Rha :

Rhymni, fl. oftia.
Daicis, fl. oftia.
Iaxarti, fl. oftia.
Iafti, fl. oftia.
Polytemeti, fl. oftia.
Oxi, fl. oftia.

### Montagnes.

Les principales étoient :

Les Alani montes, les plus à l'eft.
Rhymonici montes, d'où couloit le Rhymnus, qui fe jetoit dans le Rha.

Norofus mons, d'où fortoit le Daix.
Afpifii montes, d'où plufieurs fleuves fe jetoient dans l'Iaxaëte.

Sapuri montes.
Syebi montes.
Anarei montes.

### Peuples.

Les peuples de cette partie de la Scythie, en commençant par le nord, étoient :

Les Alani.
Les Sufobeni. } Dans le nord.
Les Agathyrfi.

Au-deffous d'eux étoient :

Les Sætiani.
Les Maffæi.
Les Syebi.

Près de l'Imaüs :

Les Thaces.

Près des fources orientales du Rha (1) :

Les Rhobafci, au-deffous defquels étoient :
Les Azani.
Les Iordii.

Au fud, & près du fleuve, étoit le pays appelé Conadipfas Regio, près les

Corafphi.
Orgazi.
Iotæ.
Aorfi.

Enfuite étoient ;

Les Iaxaræ, nation confidérable, chezlaquelle couloit le fleuve de ce nom.

Au fud des Sætiani étoient :

Les Mologeni.

Et au-deffous d'eux :

Les Samnitæ.

Au-deffous des Maffæi & des monts Alani étoient :

Les Zaretæ.
Les Sazones.

---

(1) On voit que Ptolemée n'avoit pas une jufte idée de la pofition des fources du Volga, puifqu'il les place en Afie, à moins qu'il ne les confonde avec celles de quelque fleuve qui s'y rend.

Et à l'eſt des monts *Rhimnici*:

Les *Tybiacæ*.

Au-deſſous,

Les *Zaretæ*.
Les *Tabeini*.
Les *Iaſtæ*.
Les *Machageni*, près le mont *Noroſſus*.

Au-deſſus d'eux étoient :

Les *Orosbes*.
Les *Noroſſi*.

Et plus au ſud :

Les *Cachaſſæ Scythæ*.

A l'occident des *Aſpiſii* :

Les *Aſpiſii Scythæ*.

Ils avoient à l'eſt :

Les *Galactophagi Scythæ*.

A l'eſt des *Syebis* :

Les *Tapurei*.
Les *Aſcatancæ Scythæ*.

Les *Anaci* étoient au ſud des *Agathyrſi*, & à l'eſt des *Tapurci*.

Les *Aſcatancæ*, qui s'étendoient juſqu'au mont *Imaüs*.

Près des *Iaxartes*, entre l'embouchure de deux fleuves :

Les *Ariacæ*.
Les *Sagaraucæ*.
Les *Rhibii*, près de l'*Oxus* : c'eſt-là qu'étoit la ville de *Daubæ* ou *Danabæ* ou *Daybæ* (Δαῦϐαη).

#### Scythie au-delà de l'Imaüs.

Elle avoit pour bornes, au nord des montagnes, à l'eſt, la *Sérique*; au ſud, une partie de l'Inde en-deçà du Gange ; à l'oueſt, l'intérieur de la Scythie & des *Saces*.
On y trouvoit une partie des monts *Auxacii*, des monts *Caſſii*, & des monts *Emodi*.
C'eſt dans les monts *Axacii* qu'étoit la ſource du fleuve *Œchardus*.

#### Peuples.

A la partie ſeptentrionale de cette Scythie étoient:

Les *Abii*.

Et au ſud :

Les *Hippophagi Scythæ*.

Au-delà étoit le pays ou la *Regio Auxactis*, & plus au ſud, la *Regio Caſia*.

Au ſud étoient :

Les *Chætæ Scythæ*, puis l'*Achaſa Regio*.

Au-deſſous, près des monts *Emodi* :

Les *Charauni Scythæ*.

#### Villes.

Les villes de cette partie de la Scythie étoient:

*Auzacia*.
*Iſſedon Scythica*.
*Chaurana*.
*Sæta*.

SCYTHENI, peuples qui habitoient aux environs du Pont, au-deſſus des *Macrones*, ſelon Etienne de Byzance.

SCYTHIACA REGIO, contrée de l'Egypte, où étoit une ville nommée *Schiatis*, ſelon Ptolemée.

SCYTHICUM LITTUS, nom de toute la côte ſeptentrionale de l'Aſie, juſqu'à l'embouchure par où les anciens ſuppoſoient que la mer Caſpienne ſe déchargeoit dans la mer de Scythie, ſelon Pomponius Méla.

SCYTHICUM PROMONTORIUM, promontoire de l'Océan ſeptentrional, ſelon Pomponius Méla.

SCYTHICUS OCEANUS, nom de l'Océan ſeptentrional, ſelon Pline & Pomponius Méla.

SCYTHICUS SINUS, golfe de la mer Caſpienne, ſelon le même.

SCYTHINI, ( *les Scythines* ), peuple de l'Aſie, dans l'Arménie. Xénophon dit que les Grecs vinrent dans le pays de ces peuples, après avoir paſſé l'*Harpaſus*.

SCYTHON, montagne de la Thrace, ſelon Servius, cité par Ortélius.

SCYTHOPOLIS, ville de la Syrie, dans la province appelée *Décapole*, ou *des dix villes*.

SCYTHRANIUS PORTUS, port d'Afrique, dans Marmarique, entre *Antipyrgus* & *Cataonium promontorium*, ſelon Ptolemée.

SEA, ville de l'Ethiopie, ſous l'Egypte, ſelon Pline.

SEBAGENA, ville de la Capadoce, dans la préfecture de Cilicie, ſelon Ptolemée.

SEBAMA *ou* SABAMA, ville de la Paleſtine, au-delà du Jourdain, dans la tribu de Ruben, ſelon Joſué.
Cette ville étoit fameuſe par ſon vignoble.

SEBARGENSIS, ſiège épiſcopal d'Afrique, dont l'évêque *Reſtitutus* ſouſcrivit au concile de Carthage, tenu en 525.

SEBASA, nom d'un château de l'Arabie, ſelon l'hiſtoire Miſcellanée, citée par Ortélius.

SEBASTE. Ce nom se trouve donné à plusieurs villes de dénomination grecque. Il vient de *sebastos*, qui signifie *auguste*, & leur fut donné en l'honneur du premier empereur qui prit ce nom.

SEBASTE, ville de la Palestine : c'est la même que Samarie. Cette ville fut détruite par Jean Hircan. Hérode l'ayant fait rebâtir, lui donna ce nom pour faire sa cour à Auguste ; Ptolemée même la désigne par ce nom. Selon Josephe, elle avoit vingt stades de circuit. Dans la suite, l'empereur Sévère y envoya une colonie. On n'y voit presque plus que des ruines. Naplouse s'est agrandie de ses ruines ; mais Naplouse est l'ancienne Sichem.

*Sebaste* étoit sur une colline, environnée, à quelque distance, d'un cercle de montagnes.

SEBASTE, île & ville de la Cilicie propre, au-delà du promontoire *Corycus*, selon Ptolemée.

Strabon rapporte que cette ville se nommoit autrefois *Eleusa*, & qu'Archelaüs y fit sa résidence lorsqu'Auguste lui donna la Cilicie Trachée.

SEBASTE, ville de l'Asie mineure, dans la Galatie, selon Pline.

SEBASTE, ville d'Asie, dans la Phrygie, & dont le gouvernement étoit démocratique. Le premier magistrat avoit le titre d'*Archonte*. Il étoit annuel, & à la tête du conseil public.

Cette ville n'est connue dans l'histoire que par ses médailles & par les notices. Selon la notice d'Hiéroclès, cette ville fut comprise dans la Phrygie Pacatienne, lorsque vers le règne de Constantin-le-Grand, cette province eut été divisée.

SEBASTENI, Pline nomme ainsi les habitans de Sebaste, ville d'Asie, dans la Galatie.

SEBASTIA, ville qui étoit située dans l'intérieur du Pont Polémoniaque, selon Ptolemée.

SEBASTOPOLIS, surnom de *Myrina*, ville de l'Asie mineure, dans l'Eolide, selon Pline.

SEBASTOPOLIS ou DIOSCURIAS (*Sevatopolis*), nom de l'une des principales villes de la partie de la Colchide, qui, étoit à la droite du Phase, selon Procope.

M. de Peyssonnel, dans ses observations historiques, dit que cette ville devoit être située près de la ville appelée aujourd'hui *Sohoum*, dans le fond du golfe de cette mer. Arrien compte 2260 stades entre *Trapezus* & *Sebastopolis* ; l'on compte aujourd'hui 90 lieues de Trébizonde à Sohoum, ce qui fait à-peu-près la distance déterminée par Arrien. M. de Peyssonnel ajoute que les ruines d'une ancienne ville que l'on voit auprès de Sohoum, & que les gens du pays appellent encore *Savatopoli*, ôtent tous les doutes qui pourroient encore rester sur ce point.

Méla & Pline prétendent que la ville de *Dioscurias* fut ainsi appelée du nom de *Dioscures*, ou *Castor & Pollux*, qui en furent les fondateurs.

Le dernier auteur dit que cette ville étoit près du fleuve *Anthemus* ; Strabon, qu'elle étoit près du *Charus* ; & Ptolemée près de l'*Hippus*.

SEBASTOPOLIS, ville de l'Asie mineure, dans le Pont Capadocien, selon Ptolemée. Dans l'itinéraire d'Antonin, elle est marquée sur la route de *Tavia* à *Sebastia*, entre *Daranum* & *Verisa*.

SEBASTUS PORTUS, port de la Cilicie, qu'Hérodote fit faire à grands frais, & lui donna le nom de *Sebaste* ou d'*Auguste*, selon Josephe.

SEBEDA, nom d'un port de la Lycie, selon le périple d'Arrien, cité par Etienne de Bysance.

SEBENDUNUM, ville de l'Hispanie, dans la Tarragonnoise, au pays des *Castellani*, selon Ptolemée.

SEBENNYTES NOMUS, nôme de l'Egypte, entre les bras du Nil, appelés *Phernuthiaque* & *Athribitique*, & près de leur embouchure, selon Hérodote. Ptolemée divise ce nôme en inférieur & supérieur.

SEBENNYTICUM OSTIUM, nom de l'une des sept embouchures du Nil, à l'orient de celle nommée *Bolbitique*, selon Ptolemée.

SEBENNYTUS, ville de l'Egypte, dans le Delta, & la capitale du nôme Sebennytique, selon Ptolemée.

N. B. Cette ville se nomme actuellement *Samanud* ou *Semenud*.

SEBENNYTUS FLUVIUS, fleuve de l'Egypte, dont l'embouchure étoit nommée *Pharmuthiacus Fluvius*, selon Etienne de Bysance.

SEBENNYTUS LACUS, lac de l'Egypte, selon Etienne de Bysance.

SEBERIANENSIS, siège épiscopal d'Afrique, dans la Bysacène, selon la notice des évêchés de cette province.

SEBETUS ou SEBETHIS, fleuve de l'Italie, dans la Campanie. Il arrosoit la ville de *Neapolis*, selon Vibius Sequester.

SEBINUS LACUS, lac de l'Italie, aux confins de la Gaule Transpadane, selon Pline. Cet auteur dit que l'*Ollius* sortoit de ce lac.

SEBOIM, nom de l'une des quatre villes de la Pentapole, qui furent consumées par le feu du ciel, avec Sodome, Gomorre & Adama. Eusèbe & Jérôme en parlent comme d'une ville qui subsistoit de leur temps, & qui étoit située sur le bord occidental de la mer Morte. Apparemment qu'elle fut rebâtie.

SEBRIAPA, ville de la Sarmatie Asiatique, sur le bord du fleuve *Vardanus*, selon Ptolemée.

SEBRITHITES, nôme de l'Egypte, d'où le roi Vaphres envoya à Salomon dix-huit mille hommes pour bâtir le temple, selon Eusèbe.

SEBRIUS VICUS, nom d'une rue qui étoit hors de la ville de Sparte, dans le voisinage du Plataniste, selon Pausanias.

SEBUM *vel* SENUM, lieu situé au nord de l'Italie, chez les *Euganæi*.

SEBUNTA, ville qui étoit située dans l'intérieur de l'Arabie pétrée, selon Ptolemée.

SEBUS, ville de la Palestine, selon Ptolemée.

SECANDE, ville de l'Ethiopie, sous l'Egypte, sur le bord du Nil, selon Pline.

SECELA, ville de la Palestine, selon Etienne de Byzance.

SECERRÆ, ville de l'Hispanie, dans la Tarragonnoise, sur la route des Pyrénées à *Castulo*, entre *Aquæ Voconæ*, ou *Voconiæ* & *Prætorium*, selon l'itinéraire d'Antonin.

SECHRONA ou SCHICRONA, ville de la Palestine, dans la tribu de Juda, & que l'on croit avoir été cédée à celle de Siméon Josué.

SECOANI, ville de l'Asie, dans la Syrie. Elle étoit située dans des montagnes, à l'est de la mer Méditerranée, & à l'ouest du fleuve Orontes, vers le 35e degré 20 minutes de latitude.

Elle étoit dans le territoire d'Apamée. Ce fut la patrie de Typhon, surnommé *Théodore*, qui entreprit de se faire roi de Syrie.

SECOR, port de la Gaule Aquitanique, près du promontoire *Pictonium*, selon Ptolemée.

On n'a pas la position de ce lieu. M. d'Anville paroit disposé à croire que ce pourroit être les Sables d'Olonne.

SECTORIUM, ville de l'Asie mineure, dans la Lydie, selon les actes du concile de Chalcédoine.

SECUNDANI, peuples de la Gaule. Ils habitoient la ville d'*Arausio*, située dans l'intérieur des terres, selon Pline.

SECURISCA, nom d'un fort que l'empereur Justinien fit bâtir dans la Mœsie, selon Procope.

L'itinéraire d'Antonin le marque sur la route de *Viminiacum* à Nicomédie, entre *Utum* & *Dimum*.

SECUSSES, peuples des Alpes. Ils habitoient depuis la ville de *Pola*, jusqu'à la contrée de Tergeste, selon Pline.

SEDADA, l'une des frontières de la Terre promise, du côté du septentrion, selon le Livre des Nombres.

Elle étoit dans la tribu de Nephtali.

SEDALIA, ville de l'île de Taprobane, selon Jornandès, cité par Ortélius.

SEDELENSIS, siège épiscopal de l'Afrique proconsulaire, selon la conférence de Carthage.

SEDIBONIATES, peuples de la Gaule Aquitanique, selon Pline.

SEDIS SCAPI FONTI ou SEDISSA SIPONTI, lieu sur la route de Trapezunte à *Satala*, entre *Dia* & *Domana*, selon l'itinéraire d'Antonin.

SEDOCHESORI, peuple du Pont, dans le voisinage du fleuve *Cohibus*, selon Tacite.

SEDRAC, contrée de la Palestine, selon les Septante.

SEDUNI, peuples de la Gaule Narbonnoise, voisins des *Nantuates* & des *Veragri*, avec lesquels ils occupoient le pays depuis les Allobroges jusqu'aux hautes Alpes. Ce nom se trouve dans l'inscription des Alpes. Leur capitale n'est connue que par le nom du peuple. Ensuite, dans le moyen âge, on a dit *Sedunum*, puis enfin *Sion*.

SEDUSII, peuples de la Germanie, du nombre de ceux qui combattoient sous Arioviste, selon César.

SEGALAUNI. *Voyez* SEGOVELLAUNI. M. d'Anville pense que c'est une construction de *Sego-Vellauni*. Il habitoient dans le Dauphiné.

SEGANES, peuple de l'Asie, dans la Perside, selon Agathias.

SEGASMALA, ville de l'Ethiopie, sous l'Egypte, selon Pline.

SEGEDA, ville très-célèbre de l'Hispanie, dans la Bétique, dans l'intérieur des terres, entre la côte de l'Océan & le fleuve Tader, selon Pline.

SEGEDA, ville grande & puissante de l'Hispanie, dans le Celtibérie, chez le peuple *Bessi*, selon Appien.

SEGEDA ou SEGEDE, ville de l'Hispanie, dans la Bétique, selon Pline. Il la surnomme *Restituta-Julia*.

SEGEDUNUM, ville aux confins de la Dacie, sur le fleuve *Tibiscus*, & qui appartenoit aux *Jazyges*.

SEGEDUNUM, ville de l'île d'Albion, selon la notice des dignités de l'empire.

SEGELOCUM, ville de l'île d'Albion, entre *Lindum* & *Danum*, selon l'itinéraire d'Antonin.

SEGERMITENSIS, siège épiscopal d'Afrique, dans la Byzacène, selon la notice épiscopale d'Afrique.

SEGESSERA, lieu de la Gaule, indiqué dans la table Théodosienne, entre *Corobilium* (Corbeil), & *Andomatunum* (Langres). Il ne paroit pas qu'un nouveau lieu l'ait remplacé.

SEGESTA ou ÆGESTA, ou SEGESTE, ville de l'intérieur de la Sicile, à l'ouest de Panorme. Elle avoit un port & un golfe de son nom. Le port étoit nommé *Segestanorum Emporium*, selon Ptolemée.

Quoique cette ville fût située dans l'intérieur, elle est reputée maritime par Thucydide, qui parle d'une navigation à *Ægesta*. Ce nom est le plus ancien. Il lui fut donné par Egestus le Troyen, qui, à ce que dit Strabon, passoit pour un de ses fondateurs ; mais les Romains prétendoient qu'elle avoit été fondée par Enée. Cicéron dit que c'est d'après cette origine que l'amitié s'étoit entretenue entre Segeste & le peuple romain.

Il reste encore des ruines de cette ville.

SEGESTA TIGULIORUM (*Sestri*), ville de l'Italie, dans l'intérieur de la Ligurie, vers l'est. Pline en fait mention.

Elle étoit peu considérable.

SEGESTANI. Appien nomme ainsi les habitans de *Segeste*, ville de la Pannonie.

SEGESTANI, peuple de l'Asie, aux environs de la Perse. Il étoit guerrier jusqu'à la fureur, selon Ammien Marcellin.

SEGESTANÆ AQUÆ, eaux minérales de la Sicile, près la ville de *Segesta*, d'où elles prenoient leur nom. Elles étoient fur la route du promontoire *Lilybæum* à *Tyndaris*, entre *Drepanum* & *Parthenicum*, felon l'itinéraire d'Antonin.

SEGESTE, ville de l'Istrie, au peuple *Carni*, felon Pline. Cet auteur dit que cette ville ne fubfistoit plus de fon temps. Strabon place *Segeste* dans la Pannonie, & au confluent de diverfes rivières navigables; cela avoit engagé les Romains à y établir leurs magafins durant la guerre contre les Daces.

SEGESTE, ville de l'Italie, dans la Ligurie, au fud-est du *Portus Delphini*.

SEGESTORUM CIVITAS, ville de la Gaule, dans la feconde Narbonnoife, felon la notice des provinces des Gaules.

SEGESTICA. ville de l'Hifpanie, dans la Tarragonnoife, felon Tite-Live.

SEGETICA, ville de la Myfie européene, ou plutôt de la Mœfie, & de laquelle Craffus s'empara, felon Dion Caffius.

SEGGERA, ville de l'Afrique propre, felon l'itinéraire d'Antonin.

SEGIDA, ville de l'Hifpanie, dans la Celtibérie, felon Etienne de Byfance & Strabon.

SEGIENSES, peuple de l'Hifpanie citérieure, felon Pline.

SEGISA, ville de l'Hifpanie, dans la Tarragonnoife, & dans l'intérieur du pays des Batiftains, felon Ptolemée.

SEGISAMA & SEGISAMA JULIA, ville de l'Hifpanie, dans la Tarragonnoife. Elle dépendoit des Vaccéens, felon Ptolemée.

Elle étoit fituée au fud de *Lacobriga*, & à l'est de *Pallentia*.

SEGISAMÆ JULIENSES. Pline nomme ainfi les habitans de *Segifama Julia*, ville de l'Hifpanie.

SEGNI, peuples de la Gaule. Il en est parlé dans Céfar, au même temps que des *Condrafi*. En retrouvant une petite ville nommée *Sinei* ou *Signei*, fur la frontière du comté de Namur, on est fondé à croire que cette ville rappelle l'emplacement des anciens *Signi*.

SEGOBODIUM, lieu de la Gaule, fur une route qui alloit d'*Andromatum* (Langres), à *Vefontio* (Befançon). M. d'Anville croit trouver ce lieu dans la pofition de *Seveux*, fur le bord de la Saône, en allant de Befançon à Langres.

SEGOBRIGA (*Ségorbe*), ville de l'Hifpanie Citérieure, au fud-est, vers la mer.

La pofition que je donne à *Segobriga*, d'après celle de M. d'Anville, ne me paroît pas réfulter de ce que difent les anciens. La ville moderne de Ségorbe, il est vrai, fe trouve en ce lieu, & c'est une préfomption bien forte, ainfi que l'autorité de M. d'Anville; mais Strabon, qui la nomme *Segobrida*, la donne comme une ville des Celtes, qui auroit été affez près de *Bilbilis*. Ce fut auprès de ces villes, dit-il, que Metellus & Sertorius

firent la guerre. Pline donne auffi *Segobriga* comme la première ville des Celtibères.

Le P. Florez convient que l'on est fort incertain fur la jufte pofition de *Segobriga*; mais il est perfuadé qu'il n'y a point eu deux villes de ce nom, & que *Segobriga* est la ville de Ségorbe. Il dit même que Pline a voulu feulement dire qu'elle étoit la première de la Celtibérie, en arrivant de l'Italie par mer.

On avoit cru auffi que, parce que cette ville étoit stipendiaire, elle n'avoit pas dû jouir du droit de battre monnoie; mais il répond à cette objection, en difant que quelques villes de cette claffe jouiront de ce droit, fans doute pour avoir la facilité de payer les impôts. Des médailles fur lefquelles fe trouvent deux dauphins, prouvent qu'elle ne devoit pas être éloignée de la mer.

SEGOBRIGENSES, peuple de l'Hifpanie, dans la Tarragonoife. Il faifoit partie des Celtibériens, felon Pline.

SEGODUNUM, nom d'une ville de la Germanie, felon Ptolemée.

SEGODUNUM, ville de la Gaule Celtique. Elle appartenoit au peuple *Rutani* ou *Ruteni*, felon Ptolemée. Dans les tables de Peutinger, on lit *Segodum*, qui paroît être une abréviation. Elle prit enfuite le nom de *Rutena* & de *Ruteni*, puis enfin celui de *Rhodez*.

SEGONTIA, ville de l'Hifpanie, dans la Terragonnoife, fur la route d'*Emerita* à *Sarragoffe*, entre *Cafada* & *Arcobrega*, felon l'itinéraire d'Antonin.

SEGONTIA PARAMICA, ville de l'Hifpanie. Ptolemée la place dans l'intérieur de la Tarragonnoife, chez le peuple *Varduli*.

SEGONTIACI, peuple de l'île d'Albion. Il habitoit avec les *Trinobantes*, & du nombre de ceux qui fe fournirent à Céfar.

SEGOR, ville de la Paleftine, dans la Pentapole, à l'extrémité méridionale de la mer Morte. C'étoit une des villes de le Pentapole de la Paleftine; cette ville ne fut pas détruite par le feu avec les autres. Son premier nom étoit *Bala*. Mais Loth demandant la permiffion de fe retirer pour échapper aux flammes qui alloient dévorer Sodome, défigna Bala par le nom de *Segor*, ou la petite ville; & ce nom lui est refté.

SEGORA, lieu de la Gaule, indiqué par la table de Peutinger, fur la route qui de *Portus Nannetum* (Nantes), conduifoit à *Limonum* (Poitiers). M. d'Anville croit en retrouver l'emplacement à Breffuire.

SEGOREGII, peuples de la Gaule Narbonnoife, felon Juftin. Il en parle à l'occafion de l'arrivée des Phocéens dans ces quartiers, pour y fonder la ville de Marfeille.

SEGORTIALACTA, ville de l'Hifpanie, dans la Tarragonnoife. Elle appartenoit aux *Arevacæ*, felon Ptolemée.

SEGOSA,

SEGOSA, ville de la Gaule, indiquée par l'itinéraire d'Antonin, entre Aqs & Bordeaux, en paſſant par le cap de Bucsh. Il paroît que c'eſt le lieu actuel appelé *Eſcouſſé*.

SEGOVELLAUNI ou SEGALAUNI, peuple de l'intérieur de la Gaule Narbonnoiſe, dans le voiſinage du Rhône, ſelon Pline.

Ptolemée écrit *Sagalauni*, & leur donne la ville de *Valentia*.

SEGOVIA (*Ségovie*), ville de l'Hiſpanie citérieure, au ſud de *Cauca*. Par ce qui reſte d'un aqueduc ſuperbe, conſtruit au temps de Trajan, on peut conjecturer que Ségovie étoit alors une ville conſidérable ; & les monumens encore exiſtans, ſont des preuves de la ſplendeur de Ségovie au temps des Romains.

On a quelques médailles qui portent le nom de *Segovia* ou *Segobia*. Le P. Florez remarque que ſur l'une de ces médailles on voit un monument qui, étant arqué, reſſemble bien plutôt à un pont qu'à un aqueduc ; il en conclut qu'on n'a pas voulu y déſigner le bel aqueduc de Trajan, mais réellement un pont tel que les faiſoient les Romains ; & comme Hirtius, en décrivant la marche de Caſſius dans la Bétique, place une ville de *Segovia* ſur le *Silicenſis*, il eſt probable que la médaille qui repréſente un pont, appartenoit à cette ville.

SEGOVIA, ville de la Germanie, ſelon Ptolemée, cité par Ortelius.

SEGUAGATUM ou SETUACOTUM, ville de la Germanie, dans le voiſinage du Danube, ſelon Ptolemée.

SEGUNTIA CELTIBERUM, ville de l'Hiſpanie, dans la Celtibérie, ſelon Tite-Live.

SEGUS., rivière de la Germanie. Les bords de cette rivière étoient habités par les Sicambres, ſelon Céſar & Tacite.

SEGUSIANI, ou *Séguſianiens*. On appeloit quelquefois ainſi les habitans de Séguſio. Ils étoient ſitués dans la Gaule Ciſalpine - Tranſpadane, vers la ſource de la *Duria minor*. Leur pays formoit un petit état, dont Cottius eſt le ſeul roi que l'on connoiſſe. Ce prince, retiré au fond des montagnes, & défendu en quelque ſorte par ſon obſcurité, n'avoit pas ſubi le joug des Romains. Mais en bon politique, il tâcha de devenir leur allié, en recherchant l'amitié d'Auguſte ; il ſe fit même appeler *Julius Cottius*, pour flatter ce prince. Il avoit de plus fait exécuter de grands ouvrages pour rendre le paſſage des Alpes praticable dans la partie qu'il habitoit. Claude, en augmentant ſon petit état, lui donna le titre de *roi*. Après ſa mort, Néron réunit ce pays à l'empire ; mais la mémoire de Cottius fut long-temps en vénération dans le pays qu'il avoit gouverné. Du temps d'Ammien Marcellin, c'eſt-à-dire, vers l'an 370 de notre ère, on montroit encore, dit cet auteur (*L. xv*), le tombeau de Cottius à Séguſio. Ce fut de lui qu'une partie des Alpes prit ſon nom.

SEGUSIANI, peuples des Alpes Graïennes. Ptolemée leur donne les villes de *Seguſium* & de *Brigantium*. (Voyez ci-deſſus.)

SEGUSIANI ou SECUSIANI, peuples de la Gaule Celtique ou Lyonnoiſe. Ils avoient les Ædui & les Séquani au nord, les Allobroges à l'orient & au midi, & les Averni au couchant.

Pline rapporte que ces peuples étoient ſous la dépendance des Ædui, du temps de Céſar ; mais qu'ils ſe rendirent indépendans ſous l'empire d'Auguſte.

SEGUSINI. Ce nom, dérivé de *Seguſio*, a beaucoup de rapport avec celui de *Seguſiani* (*Voyez ce mot*).

SEGUSIO (*Suze*), ville un peu conſidérable de la Gaule Tranſpadane, entre des montages, ſur la *Duria minor*. C'étoit la demeure de Cottius, & ſon tombeau étoit près de l'enceinte de cette ville, ſelon Ammien Marcellin.

Cluvier dit que ſon premier nom étoit *Segehuſen* (1).

Sous les Romains, elle eut le titre de municipale. Dans des temps poſtérieurs, elle eut des maîtres particuliers, avec le titre de marquis. On la comprend aujourd'hui dans le Piémont. Comme elle a été pluſieurs fois ruinée, elle eſt peu conſidérable. On y voit cependant des reſtes d'antiquités.

On remarque entre autres l'arc de triomphe ſur lequel ſont inſcrits les noms des peuples qui obéiſſoient à Cottius, au temps d'Auguſte. Il paroîtroit, d'après ces noms, que les domaines de ce prince s'étendoient plus dans les Gaules qu'en Italie.

Après la réunion des états de Cottius à l'empire, *Seguſio* eut le titre de municipe, & ſe gouverna par elle-même.

SEGUSTERO (*Siſteron*), ville de la Gaule Narbonnoiſe. Le nom eſt celtique, & prouve que cette ville ſubſiſtoit, ou que le territoire étoit habité avant que les Romains vinſſent en Provence.

Le P. Papon dit qu'il eſt très-probable que cette ville dépendoit des *Avantici*.

SEHESIMA, ville de la Judée, qui fut compriſe dans le partage de la tribu d'Iſſachar, ſelon le livre de Joſué.

SEIR, montagnes qui étoient à l'orient & au midi de la mer Morte. Ce nom appartient aux temps qui ont précédé l'établiſſement des Iſraélites dans la Terre promiſe.

SEIR, montagne ſur la frontière de la tribu de Juda & de celle de Dan, ſelon Joſué, c. 15, v. 10.

SELA, ville de la Paleſtine, dans la tribu de Benjamin, ſelon Joſué. On voit dans le livre des

---

(1) Un petit torrent, appelé actuellement *Sénar*, & qui paſſe à Suze, portoit alors le nom de *Sege*, prononcé *Seghe*. Ce nom, joint à celui de *Huſen*, habitation, formoit le nom de la ville, & ſignifioit habitation ſur le *Sege*.

Rois, que Saül fut enterré à *Sela*, dans le tombeau de son père Cis.

SELA, fleuve du Péloponnèse, selon Ptolemée. Il en place l'embouchure sur la côte de la Messénie, entre le promontoire *Cyparisium* & la ville de *Pylus*.

SELAMBINA, ville de l'Hispanie, dans la Bétique, entre *Sex* & *Extensio*, selon Ptolemée.

Elle étoit située sur le bord de la mer, à l'ouest de *Menoba*.

SELAME, village de la Galilée. Joseph rapporte qu'il le fit fortifier.

SELAMPURA, ville de l'Inde, au-delà du Gange, selon Pline, cité par Ortélius.

SELANI, nom d'un peuple qui habitoit vers l'enfoncement le plus reculé du golfe Arabique.

SELBISSINA REGNA, nom d'un quartier de l'Hispanie, dans la Bétique, selon Sextus Aviénus, cité par Ortélius.

SELCA, ville de la Galatie, dans l'intérieur de la Paphlagonie, selon Ptolemée.

SELCHA, ville du royaume d'Og. Elle étoit au-delà du Jourdain, dans le pays de Bazan.

SELCHA ou SALECHA, ville de la Judée, qui étoit située dans la demi-tribu de Manassé, au-delà du Jourdain, selon Josué: cette ville étoit près du mont Amana.

SELE, ville de l'Asie, dans l'intérieur de la Susiane, selon Ptolemée.

SELEBIN, ville de la Palestine, dans la tribu de Dan, selon Josué.

SELEMNUS, fleuve de l'Achaïe, au nord-ouest & à l'est du fleuve *Charadrus*, & se rendoit dans le golfe de Corinthe.

Selon les gens du pays, ce fleuve avoit été autrefois un berger, connu sous le même nom. Il étoit fort amoureux de la nymphe Argyre; mais d'amant bien traité étant devenu amant malheureux, il n'en éprouvoit que plus vivement la force de sa funeste passion. Vénus, touchée des maux que souffroit ce tendre berger, daigna le changer en fleuve, & lui enlever son funeste amour. Cette fable avoit tellement pris faveur dans le pays, qu'il en étoit provenu une autre fable. Les amans malheureux venoient s'y baigner, avec une ferme confiance qu'ils y perdroient l'amour dont ils brûloient pour des cruelles ou pour des volages. Si ce fait est vrai, ajoute Pausanias, cette eau seroit plus précieuse aux hommes que les plus grandes richesses.

SELEMSELITANUS, siège épiscopal d'Afrique, dans la proconsulaire, selon les actes du concile de Carthage.

SELENDETENSIS ou SEDELENSIS, siège épiscopal de l'Afrique, selon la conférence de Carthage.

SELENE, fontaine du Péloponnèse, dans la Laconie, selon Pausanias. Cette fontaine étoit consacrée à la Lune.

SELENE, ville de l'Italie, dans l'Etrurie, selon Etienne de Byzance.

SELENTIDIS-TRACHIÆ, contrée de la Cilicie Trachée. Ptolemée y place quatre villes.

SELENUSIA, lac de l'Asie mineure, dans l'Ionie, près de l'embouchure du Cayftre, selon Strabon. Cet ancien rapporte que ce lac étoit formé par les eaux de la mer.

SELEOBORIA, ville de l'Asie, dans la petite Arménie. Elle étoit près des montagnes & éloignée de l'Euphrate.

SELEPITANI, peuples de l'Illyrie, selon Tite-Live.

SELERA, île de la mer Erythrée, entre les embouchures du Tigre & de l'Indus. Elle étoit séparée du continent par un détroit de cent stades, selon Philostrate.

SELETRINUS SINUS, golfe de la Thrace, sur le Bosphore de Thrace, vers le sud-est de *Milton promontorum*.

SELEUCIA (*Al-Modaïm*), ville de l'Asie, sur la rive droite du Tigre, au sud-ouest de l'embouchure du *Delas*. Cette ville fut la première & la principale cause du dépérissement de *Babylon*. Pline rapporte que l'intention du premier des Séleucides fut d'opposer à *Babylon* une ville purement grecque, avec le privilège d'être libre. Ce sont les ruines de cette ville & de celle de Ctésiphon, sur la gauche du fleuve, qui ont mérité à ce local le nom d'*Al-Modaïm*, ou les deux villes.

SELEUCIA, ville de l'Asie mineure, qui étoit anciennement dans la Cilicie; mais lorsque dans le quatrième siècle de l'ère chrétienne on forma la province d'Isaurie d'une partie de la Cilicie, &c. cette ville fut la métropole de cette nouvelle province.

La notice d'Hiéroclès, *édit. Wess. p. 709*, dit que Séleucie avoit été fondée par Séleucus Nicanor, & que c'étoit une des plus grandes & des plus riches villes de l'Orient. Le fleuve Calycadnus, grossi par les rivières & par les torrens qui descendent des montagnes, étoit navigable près de cette ville, & facilitoit le commerce du pays.

Séleucie secoua le joug des Romains en l'an 116; mais Trajan y envoya un corps de troupes, au commencement de l'an 117, qui la força de rentrer sous l'obéissance. Cependant elle recouvra sa liberté, à ce qu'il paroit, puisqu'elle est traitée d'*Eleuthera*, ou libre, sur une médaille de Gordien, & une autre de Philippe.

SELEUCIA, grande ville de la Perside, dans l'Elymaïde, sur le fleuve Edyphonte, selon Strabon. Il ajoute qu'auparavant elle se nommoit *Soloce*.

SELEUCIA, ville de l'Asie, dans la Pisidie, selon la notice de Hiéroclès. Appien rapporte que c'étoit une des neuf villes que Séleucus Nicanor fit bâtir, & à qui il donna son nom.

SELEUCIA, nom que l'on donna à la ville de *Trallis*, en Lydie, selon Pline.

SELEUCIA, ville épiscopale de l'Asie, dans la Pamphylie, selon les actes du concile de Nicée.

SELEUCIA PIERIA, ville de l'Afie, dans la Syrie. Elle étoit fituée fur le bord de la mer Méditerranée, au nord-ouest & près du fleuve Orontes, au fud-ouest d'Antioche, & vers le 36e degré 5 minutes de latitude.

C'étoit une ville libre, felon Pline.

SELEUCIA, nom que Séleucus donna à la ville de Gadare, fituée à l'orient & au-delà de la mer de Tibériade.

SELEUCIA, ville de la Judée, fituée dans la demi-tribu de Manaffé, au-delà du Jourdain.

C'étoit une ville de la Gaulanite, fur le lac Méron ou Sémecon, felon Jofephe, dans fes antiquités.

SELEUCIANENSIS, fiège épifcopal d'Afrique, dans la Numidie, felon la notice des évêchés de cette province.

SELEUCIS, contrée de l'Afie, dans la Syrie. Elle prenoit ce nom de la ville de Séleucie, & elle fut nommée Tétrapole, à caufe de quatre villes célèbres qu'elle renfermoit, felon Strabon. Cette contrée s'étendoit, au midi, jufqu'à la Phénicie.

SELEUCO BELUS, ville de l'Afie, dans la Syrie. Elle étoit fituée vers le fleuve Orontes, à l'occident du mont Bélus, vers le 35e degré 40 minutes de latitude.

SELEUCOVALLIS, ville de laquelle il eft fait mention dans les actes du concile de Chalcédoine.

SELEUCUS, ville de l'Afie, dans la Syrie, au voifinage d'Apamée, felon Etienne de Byfance.

SELGA ou SELGE, ville confidérable & bien peuplée de l'Afie, dans la Pifidie. C'étoit une colonie de Lacédémone, felon Strabon & Etienne de Byfance.

SELGIA, ville de l'Afie, dans la grande Arménie, felon Ptolemée.

SELIA, ville de l'Hifpanie, dans l'intérieur de la Bétique. Elle appartenoit aux Turdules, felon Ptolemée.

SELIM, ville de la Palestine, dans la tribu de Juda, du côté du midi, le long des frontières d'Edom, felon Jofué.

Cette ville fut enfuite comprife dans celle de Siméon.

SELINA (Ilan-Adaffi), ou l'île des Serpens, île du Pont-Euxin, près & au-devant de la bouche du Danube, appelée Paratlitus ou Paractadium. Il en eft parlé par Conftantin Porphyrogénète.

C'eft la même île que les auteurs anciens nomment Mélafite.

SELINUM, ville de l'Egypte, dans la Thébaïde, au-delà du Nil, entre Panum & Anten, felon l'itinéraire d'Antonin.

SELINUS ou SELINONTE, ville de la Sicile, au fud-eft de Mazarum, mais fur la côte méridionale. Elle avoit été fondée par une colonie venue d'Hibla, autre ville de Sicile, cent ans avant la deftruction de cette ville par Gélon.

Il croiffoit dans fes environs beaucoup de Palmiers: de-là l'épithète de Palmofa, que Virgile lui donne. Elle eut part aux guerres des Ségestains & des Syracufiens, & fut détruite peu avant Himera, par le cruel Annibal, petit-fils d'Amilcar : il en traita les habitans avec toute forte de barbarie. Les habitans avoient confacré à Jupiter Olympien un tréfor, dans lequel, entre autres raretés, on voyoit une ftatue de Bacchus, dont le vifage, les mains & les pieds étoient d'ivoire. Il paroît qu'elle fut détruite l'an de Rome 350. On n'en voit que des ruines.

Le nom de Selinus venoit de la petite rivière appelée ainfi, parce que, fur fes bords, il croiffoit beaucoup de perfil, ou ache, appelé en grec σελινον.

SELINUS, fleuve de la Sicile. Ptolemée en place l'embouchure fur la côte méridionale de l'île, entre le promontoire Lilybæum & l'embouchure du fleuve Mazara.

Strabon rapporte que ce fleuve arrofoit le pays des Hylléens, furnommés Mégariens.

SELINUS, fleuve de la Cilicie Trachée, felon Strabon. Il en place l'embouchure entre un lieu fortifié nommé Laërtes, & un rocher nommé Cragus.

SELINUS (le), fleuve de l'Achaïe, qui commençoit au mont Lampia, & qui couloit du fud au nord, & paffoit à l'eft d'Egium.

SELINUS, fleuve du Péloponnéfe, dans l'Elide. Il arrofoit le territoire de Scillunte, felon Paufanias.

SELINUS, fleuve de l'Afie mineure, dans l'Ionie. Il couloit près du temple de Diane, felon Strabon.

SELINUS, rivière de la Myfie, qui traverfoit la ville de Pergame, & alloit fe perdre dans le Caïque, après avoir arrofé le territoire de cette ville, felon Pline.

SELINUS, village du Péloponnéfe, dans la Laconie. Ce village étoit fitué dans l'intérieur des terres, à vingt ftades de Géronthrée, felon Paufanias, L. III, Lacon. c. 22.

SELINUS, ville de la Cilicie, où mourut Trajan, en l'an 117, à fon retour de la guerre des Parthes.

SELINUS, port de l'Egypte, fur la côte du nôme de Libye, entre Zagylis-Villa & Trifarchi-Villa, felon Ptolemée.

SELIUM, ville de l'Hifpanie, dans la Lufitanie, dans l'intérieur des terres, felon Ptolemée.

SELLA, ville de l'Egypte, felon la notice des dignités de l'Empire.

SELLA, rivière de la Meffénie, au nord de l'île d'Œnuffe.

SELLASIA ou SELLASIE, ville de la Laconie, au fud-ouest de Glympès, fur le fleuve Œnus.

Elle étoit détruite au temps de Paufanias. Lorfque T. Quintius Flaminius paffa dans le Péloponnéfe (195 ans avant J. C.), pour délivrer la Grèce du joug des tyrans qui l'opprimoient, il féjourna près de cette place. Aratus, vainqueur des Lacédémoniens, la détruifit peu après.

Vers le nord-ouest étoit une montagne qui

M 2

portoit le nom de mont *Olympe*. Il n'est pas besoin d'avertir que, malgré la conformité du nom, cette montagne ne partageoit pas avec l'Olympe de Thessalie, l'honneur d'être regardée comme servant d'habitation aux dieux. Mais comme plusieurs montagnes avoient porté ce nom ; que même, au rapport d'Hésychius, on en comptoit jusqu'à quatorze, j'adopterois volontiers l'étymologie de M. l'abbé Bergier, qui fait venir ce nom de l'oriental *lup* ou *lop*, élévation : on voit alors comment il a pu être donné à plusieurs montagnes, & même au pole, bien plus élevé encore que les montagnes.

Ce fut entre cette montagne d'Olympe & l'Eva, qui lui faisoit face, que se donna, en 222 avant J. C., la fameuse bataille de Sellasie. Antigone, roi de Macédoine, y étoit à la tête des Achéens ; Cléomène, roi de Sparte, commandoit les Lacédémoniens. Ce dernier ayant été entièrement défait, se retira en Egypte auprès du roi Ptolemée Philadelphe.

SELLEIS (le), fleuve du Péloponnèse, dans l'Elide. Il couloit dans cette partie appelée *Cœle* ou *creuse*, située dans le nord du pays. Sa source étoit située dans le mont Pholoé, à l'est, tout près de l'Achaïe. Son cours, de l'est à l'ouest, le portoit à la mer, peu après avoir arrosé *Ephyre*, & fort proche du promontoire Chélonite.

SELLEIS, fleuve du Péloponnèse, dans la Sicyonie, selon Strabon. Cet ancien place le village *Ephyra*, sur le bord de ce fleuve.

SELLEIS, fleuve de l'Etolie, dans l'Agrée, selon Strabon.

SELLEIS, fleuve de l'Asie mineure, dans la Troade. Il arrosoit la ville d'*Arisba*, selon Homère, cité par Strabon.

SELLENES, fleuve de l'Epire, dans la Thesprotie, selon Héfyche, cité par Ortélius.

SELLES. Lorsqu'Homère fait mention que les Perrhèbes avoient fixé leur séjour dans l'Epire, aux environs de Dodone, il dit que les Selles y habitoient aussi ; mais il fait entendre qu'ils étoient plutôt les ministres du temple, qu'un peuple particulier.

Strabon, L. VII, dit que c'étoit un peuple barbare qui habitoit dans les environs de Dodone.

SELLETICA PRÆFECTURA, préfecture de la Thrace, & l'une de celles qui étoient limitrophes aux deux Mœfies, aux environs & au couchant du mont *Hæmus*, selon Ptolemée.

SELLI, peuple de l'Asie, dans la Troade, selon Héfyche, cité par Ortélius.

SELLIUM, ville de l'Hispanie, dans la Lusitanie, au sud-est de *Callipo* & vers le nord-est de *Scalabis*.

SELLUS, fleuve de l'Hispanie, dans la Tarragonnoise, selon Sextus Aviénus.

SELONIUM, lieu de l'Italie, dans le territoire de *Lanuvium*, selon Cicéron.

SELUCHUSA, île près du Péloponnèse, du nombre de celles qui étoient situées sur la côte du promontoire *Spirœum*, selon Pline.

SELUR, ville de l'Inde, en deçà du Gange, dans l'intérieur du pays des Caréens, selon Ptolemée.

SELYMBRIA (*Silyvria*), appelée aussi par Suidas *Olybria*, ville de la Thrace, sur la côte de la Propontide, entre l'embouchure du fleuve *Athyras* & *Perinthus*, ou *Héraclée*, selon Pomponius Méla. Son nom signifioit la ville de *Selys* ; car *bria* signifioit *ville*, dans la langue des Thraces.

On voit dans Xénophon, que les Grecs furent de cette ville à Périnthe.

SEMACHIDÆ, municipe de l'Attique, dans la tribu Antiochide, selon Etienne de Byfance.

SEMALUOS, lieu fortifié, dans le Thème des Arméniens, selon l'histoire Miscellanée.

SEMANA SILVA, forêt de la Germanie, dont on ignore l'emplacement.

SEMANA, bourgade située aux environs de Nicomédie.

SEMATHENI, peuple sur une montagne de même nom, dans la partie la plus septentrionale de la région orientale de l'Asie, selon Ptolemée. Mais la Martinière a tort de les appeler des peuples de la Chine : les connoissances de Ptolemée ne s'étendoient pas jusques-là.

SEMBRACENA, ville de l'Arabie heureuse, près de la mer, dans le royaume des Sabéens, selon Ptolemée, cité par Ortélius.

SEMECHON ou SEMACHON, lac de la Palestine.

SEMELITANI, peuples qui habitoient dans l'intérieur de la Sicile, selon Pline.

SEMERON, ville royale de la Judée, dans la tribu de Zabulon, selon le livre de Josué, où il est dit que Jabin envoya demander du secours au roi de cette ville, & qu'il vint en conséquence, avec plusieurs autres rois, pour attaquer les Israélites ; mais ils furent tous défaits & tués dans le combat.

SEMERON (*le mont*), montagne de la Judée, dans la tribu d'Ephraim. Elle étoit à l'orient de Sichem, & étoit aussi appelée montagne de *Samarie*.

On voit dans le second livre des Paralypomènes, qu'Abia y étoit campé lorsqu'il remporta la victoire sur Jéroboam, roi d'Israël.

Amri, roi d'Israël, y bâtit une ville qu'il nomma *Samarie*. Achab, son fils, bâtit un temple auprès, qu'il consacra à Baal, & y planta un bois. 3ᵉ *Livre des Rois*.

SEMIGERMANÆ GENTES, nom des peuples qui habitoient dans les Alpes Pennines, selon Tite-Live.

SEMINA, ville de l'Asie, dans la Parthie, selon Ptolemée.

SEMINENSIS, SIMINENSIS ou SIMMINENSIS, siège épiscopal d'Afrique, dans la proconsulaire. L'évêque de ce siège souscrivit à la lettre des pères de cette province, dans le concile de Latran, tenu sous le pape Martin.

SEMINETHOS, ville de l'Asie mineure, dans la Carie, selon Pline. Cet auteur fait entendre qu'elle ne subsistoit plus de son temps.

SEMIRAMIDIS MURUS, mur ou retranchement de l'Asie, dans l'Arménie, près du Tigre, selon Pline.

Ce doit être la même chose que les *Fossa Semiramidis*. ( *Voyez* l'article suivant ).

SEMIRAMIDIS FOSSA, fossé en Asie, dans la Mésopotamie, au sud-est de *Nicéphorium*, vers le 35e degré 40 minutes de latitude.

Ce fossé avoit été creusé par les ordres de Sémiramis. Il prenoit à l'Euphrate, & s'étendoit à l'est. Dans ce lieu, le fleuve est resserré par des digues, pour l'empêcher d'inonder la campagne. Ce fossé aujourd'hui est à sec.

SEMIRUS, fleuve navigable d'Italie, dans le pays des Locres, selon Pline ; il étoit par conséquent dans le *Brutium*.

SEMIZUS, ville de la petite Arménie, dans la Mélitène, selon Ptolemée.

SEMNE, ville de l'Inde, en-deçà du Gange, dans l'Imyrique, selon Ptolemée.

SEMNEON, ville & siège épiscopal de l'Asie, dans la Pamphylie, selon la notice de Léon-le-Sage.

SEMNI, race de philosophes dans l'Inde.

SEMNONES, peuples de la Germanie. Tacite rapporte qu'ils se vantoient d'être les plus nobles d'entre les Suèves.

SEMNUM, lieu de l'Italie, dans la partie de la grande Grèce appelée *Lucanie*.

SEMPHE, ville de l'Arabie, près de l'Euphrate, selon Etienne de Byzance.

SEMPHORIS, ville située dans les environs de la Galilée, selon Josephe.

SEMPSII, peuple de la Sarmatie Asiatique. Ils habitoient avec les *Siraceni*, entre les Palus-Meotis & les monts Hippiques, selon Ptolemée.

SEMUNCLA, lieu de l'Italie, entre *Grumentum* & *Nerulum*, selon l'itinéraire d'Antonin.

SEMYSTA, île de la mer Britannique, près de la côte des Osismiens, & dans laquelle les Gaulois avoient un oracle célèbre, selon Pomponius Méla.

SENA, fleuve de l'Italie, dans l'Umbrie, entre le *Metaurus* & le *Misus*, selon Silius Italicus.

SENA GALLICA ( *Senagaglia* ), ville d'Italie, dans l'Umbrie. Elle étoit d'origine gauloise, comme son nom l'indique. Lorsque les Romains eurent chassé les Gaulois, ils établirent une colonie dans cette ville, vers l'an 359. Pompée y vainquit Marcius, & la détruisit.

Ptolemée la donne aux *Senones*, de qui elle tiroit son nom.

SENA INSULA, île, selon Pomponius Méla, dans l'océan Britannique, sur la côte des *Osismii*. C'est aujourd'hui l'île de *Sein*, sur les côtes de la Bretagne ; l'usage la fait nommer l'île des *Saints*.

SENA JULIA ( *Sienne* ), ville d'Italie, dans l'Etrurie, à l'est de *Volaterræ*, dont elle étoit séparée par des montagnes. Quelques auteurs en ont attribué la fondation à un prétendu fils de Rémus, nommé *Sanesius*. D'autres ont dit qu'elle fut fondée par des Gaulois, peu après la prise de Rome. Il résulte au moins de ces différens récits, qu'elle ne doit pas être regardée comme une des anciennes villes de l'Etrurie. Les Romains y établirent une colonie, l'an de Rome 456, selon Onufre, l'an 471.

Une colonie nouvelle, établie dans cette ville au temps de Jules-César, lui donna le surnom de *Julia*.

*N. B.* En 1370, elle prêta serment d'obéissance à Charles IV, ensuite à J. Galéas. Elle souffrit beaucoup des guerres des Guelfes & des Gibelins. Charles V en donna l'investiture à Philippe II, son fils, qui la vendit à Cosme, duc de Florence, en 1558.

SENDI ou SINDI, peuple de la Scythie, dans la contrée *Sendica*, & au voisinage du pays des Tauro-Scythes, selon Pline.

SENDICA, contrée de la Scythie, au voisinage du pays des Tauro-Scythes, selon Pline.

SENE, ville de la Gaule Celtique, selon Etienne de Byzance. Ce doit être l'île de *Sena*, mal connue par cet auteur.

SENEÆ, ville épiscopale de l'Asie mineure, dans la Pamphylie, entre *Cotana* & *Carallia*, selon les actes du concile d'Ephèse.

SENEMSALIS, siège épiscopal d'Afrique, dans la province proconsulaire, selon la conférence de Carthage.

SENENNIORUM, siège épiscopal de l'Asie mineure, dans la Pamphylie, selon les actes du concile d'Ephèse.

SENIA, ville d'Italie, dans la Liburnie, sur la côte, entre *Velcena* & *Lopsica*, selon Ptolemée. L'itinéraire d'Antonin la marque sur la route d'Aquileia à *Siscia*, entre *Ad Turres* & *Avendone*.

SENNAAR, contrée de l'Asie, dans la Babylonie. C'est dans cette contrée que l'on entreprit de construire la tour de Babel.

Cette contrée appartient aux temps les plus reculés dont il soit parlé dans l'écriture, après le déluge.

SENNABRIS, lieu de la Palestine, entre *Scythopolis* & Tibériade, selon Josephe.

SENNATES, peuples de la Gaule Aquitanique, selon Pline.

SENO, fleuve d'Italie, dans la partie de la Gaule Cispadane, habitée par les Sénonois.

SENONES ( *les Sénonois* ), peuples de la Gaule Celtique ; ils habitoient à-peu-près l'étendue du diocèse de Sens & de celui d'Auxerre, selon les anciennes divisions de la France. Selon César, ils confinoient à la Belgique ; cet auteur en parle avec éloge, puisqu'il dit d'eux : *est civitas in primis firma, & magna apud Gallos auctoritatis.* Au reste, il ne dit rien de leur hiſtoire, mais on retrouve une colonie de ce peuple en Italie, où ils furent un peu plus connus. ( *Voyez* l'article ſuivant ).

SENONES, peuple de l'Italie, dans la Gaule Ciſpadane, ſur les bords de la mer Adriatique. Ces peuples n'étoient pas du nombre des premières peuplades de Gaulois établies en Italie. Leur arrivée peut être fixée à l'an 330, avant l'ère vulgaire 39?.

Un certain Aruns, voulant, dit-on, ſe venger d'un des Lucumons de l'Étrurie, paſſa dans les Gaules, & s'avança juſqu'à la cité des Sénonois, pour les engager à venir s'établir dans un pays incomparablement plus agréable & plus fertile. Les Sénonois ſe déterminèrent à le ſuivre, & leur armée fut très-nombreuſe. Après avoir paſſé les Alpes, ils traverſèrent les plaines arroſées par le Pô, où d'autres Gaulois s'étoient déjà établis, & arrivèrent au-delà du fleuve dans l'Ombrie, qui n'avoit encore que ſes anciens habitans. Ils s'établirent depuis l'*Utis* juſqu'à l'*Æſis*, ayant la mer Adriatique au nord-eſt, & l'Apennin au ſud-oueſt.

Après avoir employé environ ſix années à former leurs établiſſemens, Aruns les conduiſit devant Cluſium pour aſſiéger cette place, où ſa femme & ſon raviſſeur s'étoient enfermés. Pour éloigner d'eux cette guerre, les Romains offrirent leur médiation : elle fut refuſée. Mais ce qui étoit contre l'objet de leur miſſion, les ambaſſadeurs prirent parti pour Cluſium, & ſe mêlèrent aux troupes de cette ville. Les Sénonois indignés, en demandèrent juſtice à la république, & ſur ſon refus, réſolurent de ſe faire juſtice eux-mêmes. Ils marchèrent vers Rome, défirent l'armée qui ſe préſenta à eux, & pénétrèrent dans la ville. Le capitole, citadelle où ſe refugia une partie des combattans, fit une vigoureuſe réſiſtance ; enfin Camille arriva, les Sénonois furent battus, & Rome fut ſauvée.

La crainte d'un ennemi ſi courageux fit entreprendre la guerre, à-peu-près cent ans après cette expédition. Ils furent battus, l'an de Rome 463, par M. Curius Gentalus & P. Cornelius Rufinus. Ce fut alors qu'ils furent chaſſés de tout le pays qu'ils occupoient de l'*Æſis* au Rubicon. On envoya dans leur pays une colonie qui en prit le nom de *Sena Gallia*. Sept ans après ils furent preſque entiérement exterminés par Dolabella.

SENOS, ville de l'Égypte, ſelon Hécatée, cité par Etienne de Byſance.

SENSENNA ou HAJERSUSA, ville de la Judée, dans la tribu de Juda, ſelon le livre de Joſué. Elle fut depuis compriſe dans la tribu de Siméon.

SENTA, lieu ſur la côte de la Dalmatie, où le vent avoit creuſé une vaſte caverne, ſelon Pline.

SENTI, peuple de la Macédoine, dans la contrée nommée *Sentice*, ſelon Thucydide.

SENTIA, ville de l'Italie, aux environs du *Latium*, ſelon Appien.

SENTIANUM, lieu de l'Italie, ſur la route d'*Equo-Tuticum* à *Regium*, entre *Equo-Tuticum* & *Balcianum*, ſelon l'itinéraire d'Antonin.

SENTICA, ville de l'Hiſpanie, dans la Tarragonnoiſe, ſelon Ptolemée. Il la donne aux *Vaccæi*. Elle étoit ſituée vers le ſud-oueſt de *Salmantica*.

SENTICE, contrée de la Macédoine, ſelon Tite-Live. César & Pline écrivent *Sentica*.

SENTII, peuple des Alpes maritimes, au ſud-eſt des *Bodiontii*. Ptolemée fait mention de ce peuple, & il leur donne la ville de *Dinia*.

SENTINUM, ville de l'Italie, dans l'Umbrie, ſelon Strabon & Ptolemée.

SENTINUM, ville de l'Italie, chez les Sénonois, au ſud-oueſt de *Suaſa*.

SENTINUS, fleuve de l'Italie, dans le *Picenum*, ſelon Ortélius.

SENTITES, peuple de l'Afrique, dans la Marmarique, ſelon Ptolemée.

SENUM PORTUS, port du Boſphore de Thrace, ſelon Pline.

SENUS, fleuve de l'Hibernie, ſelon Ptolemée. Il en place l'embouchure ſur la côte occidentale de l'île, entre les embouchures de l'*Auſoba* & du *Dur*.

SENUS, fleuve de l'Inde, dans le pays des Sines, ſelon Ptolemée. Il ajoute que ce fleuve a une liaiſon avec le *Cotiaris*, à une grande diſtance de ſon embouchure ; ce qui fait préſumer à M. d'Anville que Ptolemée a voulu parler d'une des branches de la rivière de Camboja, qui ſe diviſe en pluſieurs branches, à cent lieues au-deſſus de ſon embouchure.

SEON, ville de la Paleſtine, dans la tribu d'Iſſachar, ſelon Joſué. Euſèbe rapporte que de ſon temps, on voyoit encore un lieu nommé *Séon*, au pied du mont Thabor.

SEPARI, peuple qui habitoit une île ſituée ſur la côte de la Liburnie, ſelon Pline.

SEPELACUS, lieu de l'Hiſpanie, ſur la route de Tarragone à Carthage, entre *Ildum* & *Saguntum*, ſelon l'itinéraire d'Antonin.

SEPHAAT ou ZEPHAT, ville de la Paleſtine, dans la tribu de Siméon, ſelon le livre des Juges.

SEPHAMA, ville de l'Aſie, dans la Syrie. Elle ſervoit de limites à la Terre-promiſe, ſelon le livre des nombres.

SEPHAMOTH, lieu où David envoya les dépouilles qu'il avoit priſes ſur les Amalécites, ſelon le premier livre des Rois.

SEPHAR, montagne de l'Orient. On voit dans la Genèſe que les fils de Jectan eurent leur demeure depuis Meſſa, juſqu'à la montagne de Séphar.

SEPHATA, vallée de la Paleſtine, auprès de la ville de Maréſa.

C'eſt dans cette plaine que Aſa, roi de Juda,

rangea son armée en bataille, lorfqu'il fut attaqué par Zara, roi d'Ethiopie.

SEPHER (*le mont de*), lieu de la vingtième ftation des Ifraélites, où ils furent camper en fortant de Céélatha.

Cette montagne devoit être au milieu du défert de l'Arabie, vers le midi de Céélatha.

SEPHET, ville de la haute Galilée, près de la ville de Nephtalie, felon la vulgate.

SEPHORIS, ville de la Judée, de la tribu de Zabulon.

Hérodote tétrarque, la fortifia, & la rendit métropole de la Galilée, où elle étoit fituée. Jofephe, *antiq. L. XVIII, ch. 3.*

Cette ville fut affiégée par Jofephe, comme il le dit dans fa vie.

SEPIA, montagne du Péloponnèfe, dans l'Arcadie, à la gauche du mont Géronte, près du lieu nommé *Tricène*, & fur laquelle Egyptus, fils d'Elatus, mourut de la piquure d'un ferpent, & y fut enterré, felon Paufanias.

SEPIA, lieu du Péloponnèfe, dans le voifinage de Tirynthe, felon Hérodote, du côté de *Nauplia*.

SEPIA, nom d'un lieu de l'Italie, felon Paul Diacre.

SEPIAS, promontoire de la Theffalie, dans la Magnéfie, à l'entrée du golfe Pélafgique, felon Ptolémée, en face de l'île *Sciathus*.

Il y avoit auffi un lieu de ce nom. Cette côte s'appeloit auffi *Iolcos*.

Quant à la ville de *Sepias*, ce fut une de celles dont la ruine accrut la ville de *Demetrias*. On racontoit que *Sépias* avoit pris fon nom de Thétis, qui, pourfuivie par Pélée, y fut métamorphofée en un poiffon, que l'on nomme *Sèche*, & en grec Σηπία.

*N. B.* Le cap *Sepias* eft aujourd'hui le promontoire de *S. Georges*.

SEPINUM, lieu de l'Italie, dans le Samnium.

SEPIUSSA, île fituée fur la côte de l'Afie mineure, dans le golfe Céramique, felon Pline.

SEPOMANA, lieu de l'Italie, dans l'Iftrie.

SEPONTIA PARAMICA, ville de l'Hifpanie, dans la Tarragonncife. Ptolémée la donne aux *Vaccæi*.

SEPPHORIS, ville de la Galilée, dans le voifinage de Ptolémaïs. Elle avoit été connue fous le nom de *Diofpolis*.

SEPTE, ville de l'Afie mineure, dans la Phrygie, felon Ptolémée.

SEPTEM, fort de l'Hifpanie, près de l'une des colonnes d'Hercule. L'empereur Juftinien le fit réparer, & y établit une garnifon, felon Procope.

SEPTEM AQUÆ, ville de la Sabine, placée fur un lieu élevé, & dominant les *Rura rofea*, ou la belle vallée *Roféenne*. On voit par fon nom qu'elle devoit fe trouver dans un lieu où il y avoit beaucoup d'eau. M. l'abbé Chaupi penfe que ce devoit être vers le lieu où eft aujourd'hui le *Pont-Grifpoldi*.

SEPTEM-ARÆ (*Arronchès*), lieu de l'Hifpanie, entre *Matufarum* & *Budua*, felon l'itinéraire d'Antonin.

Elle étoit fituée vers le nord-oueft d'*Emerita-Augufta*.

SEPTEM FRATRES, montagne d'Afrique, dans la Mauritanie Tingitane, felon Pomponius Méla. Ptolémée la nomme *Heptadelphus mons*, & la place fur la côte feptentrionale, entre *Exiliffa* & *Abyla*.

SEPTEM MARIA, nom que l'on donnoit, felon Hérodien, à des marais qui étoient formés par les fept bras de l'*Eridanus*, avant de fe rendre dans la mer Adriatique.

SEPTEM PAGI, nom d'un champ d'Italie, fur le bord du Tibre, dans le pays des Véïens, felon Denys d'Halycarnaffe.

SEPTEM PEDA, ville d'Italie, dans le *Picenum*, felon Strabon. Frontin en fait une colonie romaine, & lui donne le titre d'*Oppidum*.

SEPTENA, ville de l'Afie mineure, dans la Lydie, felon les actes du concile de Chalcédoine.

SEPTICOLLIS, nom qu'avoit anciennement la ville de Rome, felon la Martinière. Mais c'eft plutôt une épithète, par laquelle on la défignoit.

SEPTIMANCA (*Simancas*), ville de l'intérieur de l'Hifpanie citérieure, chez les *Vaccacæ*.

Dans l'itinéraire d'Antonin, elle eft marquée fur la route d'*Emerita* à *Sarragoffe*, entre *Amallobrica* & *Nivaria*.

Cette ville étoit fituée fur le *Durias*, au fud de *Pollantia*.

SEPTIMINICIA, ville de l'Afrique propre, fur la route de *Thenæ à Affure*, entre *Madaffjuma* & *Tablata*, felon l'itinéraire d'Antonin.

SEPTIMUM HOSTIENSE. C'eft ainfi que Symmaque nomme fa maifon de campagne.

SEPTIMUNICIA, ville de l'Afrique, dans la Byfacène, fur la route de *Thenæ à Affuæ*, entre *Madaffjuma* & *Tablata*, felon l'itinéraire d'Antonin.

SEPTORUM CIVITAS, ville de l'Afie mineure, dans la Lydie, felon les actes du fixième concile de Conftantinople.

SEPTUMANI, peuple de la Gaule Narbonnoife. Il habitoit la ville de *Bitterra*, felon Pline.

Dans la fuite une province en reçut le nom de *Septimanie*.

SEPYRA, ville de la Syrie, fur le mont *Amanus*. Cicéron s'en rendit maître.

SEQUANA, rivière qui faifoit la féparation du pays des Gaulois, d'avec celui des Belges, felon Céfar. C'eft aujourd'hui la Seine. Quelques auteurs penfent qu'elle portoit particulièrement le nom de *Sena*, & que celui de *Sequana* venoit de ce qu'elle arrofoit en partie le pays des Séquanois.

SEQUANI, peuples de la Gaule. Du temps de Céfar ils étoient dans la Celtique; mais Augufte les mit dans la Belgique, felon Pline & Ptolémée.

*Voyez* les divifions de la Gaule, au mot GALLIA.

SER, ville de la Paleftine, dans la tribu de Nephtali, felon Jofué.

SERA, nom d'une ville de la Sérique. Elle avoit le titre de métropole, selon Ptolemée.

SERA METROPOLIS (*Kantcheou*), ville du pays des Sines, selon Ptolemée.

SERABIS, fleuve de l'Hispanie, dans la Tarragonnoise, selon Ptolemée.

SERAPIONIS PORTUS & PROMONTORIUM, port & promontoire de l'Ethiopie, sous l'Egypte, entre *Essina Emporium* & *Tonice Emporium*, selon Ptolemée.

SERAPIU, lieu de l'Egypte, au-delà du Nil, entre *Hero* & *Clismo*, selon l'itinéraire d'Antonin.

SERASPERE, ville de l'Afie, dans la petite Arménie, & dans la préfecture *Rhanena*, selon Ptolemée. Elle étoit éloignée de l'Euphrate.

SERBETIS (*Yiffer*), fleuve d'Afrique, dans la partie orientale de la Mauritanie césarienfe, & se jetoit dans la Méditerranée, à l'est de *Rusguniæ Colonia*.

Ptolemée en met l'embouchure entre *Modunga* & *Ciffa*.

SERBI, peuples de la Sarmatie Afiatique. Ils habitoient avec les *Orinxi* & les *Vali*, entre les monts *Cérauniens* & le fleuve *Rha*, selon Ptolemée.

SERBI, peuples que l'on nommoit auffi *Scythes*, & qui habitoient vers la Dalmatie, selon Cédrène.

SERBINUM, ville de la baffe Pannonie, & éloignée du Danube, selon Ptolemée.

SERBONIS (*lacus*), le lac Serbonite. Il étoit entre l'Egypte & la Paleftine, près du mont Caffius : de-là vient que quelques auteurs l'attribuent à l'Egypte, d'autres à la Syrie, ou à la Paleftine, ou à la Judée.

Plutarque (*in Antonio*), dit que c'eft un écoulement de la mer Rouge au golfe Arabique, qui, ayant traverfé fous terre le petit ifthme qui le fépare de la Méditerranée, fort en cet endroit.

Pline dit que de fon temps il étoit bien diminué. Il avoit, felon cet auteur, cent cinquante milles de longueur. Strabon dit deux cens ftades de longueur & cinquante de largeur. Il avoit communiqué avec la Méditerranée par une ouverture qui étoit comblée au temps de Strabon.

La Fable dit que Typhon étoit couché au fond de ce lac: auffi les Egyptiens appeloient-ils ce lac, ou du moins l'ouverture par laquelle il fe rendoit à la Méditerranée, le *foupirail de Typhon*.

Les Arabes l'appellent actuellement *Sebaket Bardoli*.

SERE, lieu de l'Afrique propre, fur la route de Carthage à Alexandrie, en *Berge* & *Thebunte*, felon l'itinéraire d'Antonin.

SEREDDELITANUS, fiège épifcopal d'Afrique, dans la Mauritanie césarienfe, felon la notice épifcopale d'Afrique.

SEREN, ville de l'Ethiopie, fous l'Egypte, felon Pline.

SERES, c'eft le nom que l'on donnoit à des peuples fitués à l'eft dé l'Inde, & dont il paroît que les modernes avoient reculé la pofition. *Voyez* SERICA. Les anciens ne connoiffoient ces peuples que très-imparfaitement. Ils étoient connus pour vivre deux cens ans, dit Strabon, & par leur juftice, dit Méla. Ils avoient un infecte qui produifoit la foie, dit Paufanias. A l'exception de cette longue vie, mife en avant par Strabon, ces caractères de juftice & la foie vont bien aux Chinois; mais, outre qu'ils ne les poffédoient pas exclufivement, on peut affurer que la Sérique décrite par Ptolemée, étoit au nord-oueft du pays appelé actuellement la *Chine*, & tout au plus n'en comprenoit qu'une très-petite partie de ce côté.

Il paroît qu'il s'étoit établi un peuple appelé auffi *Seres*, dans le nord de la Taprobane.

SERETIUM, ville de la Dalmatie. Dion Caffius rapporte que Tibère fut obligé de lever le fiège de cette ville; mais que les Romains la prirent enfuite.

SERGENTIUM, ville qui étoit fituée dans l'intérieur de la Sicile, felon Ptolemée.

SERGENTIZA, fiège & ville épifcopale de Thrace, fous la métropole d'Héraclée, felon les réponfes des patriarches d'Orient.

SERGIOPOLIS, ville de l'Euphratenfe. Elle étoit fituée dans un lieu nommé le *Champ-Barbare*, à cent ving-fix ftades au nord de *Sura*, felon Procope. *Voyez* auffi RESAPHA.

SERIANE (*Srieh* ou *Efrieh*), ville de l'Afie, dans la Syrie. Elle étoit fituée dans des montagnes, au fud-eft de *Chalcis*, & prefque au 35° degré de latitude.

Les ruines de ce lieu montrent que c'étoit autrefois une grande ville.

SERICA. La pofition de la Sérique, indiquée d'une manière vague par les écrivains de l'antiquité, l'a été avec plus de précifion, il eft vrai, par Ptolemée; mais on fait qu'en général il étendoit beaucoup en longitude les pays qu'il indiquoit à l'eft: c'eft ce qui avoit trompé les géographes qui ont précédé M. d'Anville. Ce favant a fait un mémoire intéreffant fous le titre de *Recherches géographiques & hiftoriques fur la Sérique des anciens*: j'en vais donner une courte analyfe.

Strabon parle des Seres, c'eft dire quelle eft leur fituation, relativement à l'Inde. Méla les indique entre les Indiens & les Scythes, nations qui tiennent de près à l'orient du monde. Cette idée, qu'ils étoient à l'orient, étoit générale; on la retrouve dans Horace & dans Pline. Mais les connoiffances s'étoient avancées d'un fiècle; & Ptolemée, plus à portée, par les rapports des commerçans dans l'Inde, par la mer Rouge, avec la ville d'Alexandrie, où il habitoit, & livré par goût à l'étude des recherches géographiques, eft celui de tous les anciens qui nous la fait le mieux connoître. M. d'Anville affure même, qu'en comparant l'exactitude de ce qu'il en dit, avec l'exactitude

de

de quelques-unes de ſes autres deſcriptions ; on voit que, malgré ſon éloignement, la Sérique n'eſt pas une des moins bien traitée.

M. d'Anville réfute d'abord les opinions de ceux qui croyoient que la Sérique décrite par Ptolemée répondoit à la Chine ſeptentrionale. Il s'autoriſe même du ſentiment de M. de Guignes, qui, ſans avoir examiné Ptolemée avec le même ſoin que lui, a dit, dans ſon hiſtoire des Huns : « que le » nom de Sérique ne doit pas appartenir à la ſeule » Chine ſeptentrionale ; mais qu'il y faut joindre » les conquêtes des Chinois vers l'occident».

M. d'Anville va plus loin : « On verra, dit-il, » par la ſuite de ce mémoire, qu'à l'exception d'un » petit coin de terre à l'extrémité de la province » de Chen-ſi, vers le nord-oueſt, la Chine ne » fournit rien à la Sérique, telle qu'on la doit uni- » quement à Ptolemée».

En analyſant ce géographe pour l'orient de l'Aſie, M. d'Anville part du mont Imaüs, qui ſe prolonge dans le nord, immédiatement après la contrée des Sacæ, contrée qui, ſelon Ptolemée, étoit immé- diatement après la Sogdiane. Ce qui aide à re- trouver cet ancien emplacement, c'eſt que le nom Ζαχαι, grec, ſe retrouve dans celui de Sakita, nom moderne d'un canton confinant à ceux de Vash & de Gil, placés au nord de Gihon, l'Oxus des anciens ; d'où l'on voit qu'il correſpond à l'an- cienne Sogdiane.

En parlant de la Scythie, au-delà de l'Imaüs, Ptolemée indique un paſſage dans cette montagne, un lieu de ſtation pour les marchands qui vont faire le commerce chez les Seres.

A cette ſtation, ſelon Ptolemée, eſt contiguë une contrée nommée Caſia, qui doit être la même, ſelon M. d'Anville, que le pays de Kashgar, que les Chinois appellent Kiu-tſe. Et l'on doit remarquer, comme une conformité de plus, que, ſelon les tables de Naſir-uddin & d'Oloug-beg, Kashgar eſt à 44 degrés de latitude, & que Caſia, ſelon Ptolemée, eſt à 43 ; ce qui ne fait qu'une diffé- rence d'un degré ; d'autant moins propre à en empêcher l'identité, que des obſervations plus ré- centes nous apprennent que Kashgar eſt à 40.

Ptolemée parle de la rivière d'Œchardes, que M. d'Anville retrouve dans celle d'Yerghien. Et c'eſt une choſe preſque extravagante, que Samſon, puis Delille, aient fait de cet Œchardes de Ptolemée, l'Amur des modernes, qui en eſt à plus de 600 lieues.

Une autre rivière, plus près des limites de la Sérique, ſelon Ptolemée, eſt celle qu'il nomme Bautés, qui, dans ſa direction vers le nord, eſt jointe par une branche latérale de rivière ſuivant la même direction. On retrouve les mêmes circonſ- tances dans celle qui eſt nommée actuellement Etiné.

Ptolemée ne connoiſſant pas toute l'étendue du cours de ces rivières, n'a pas parlé de leurs em- bouchures. M. d'Anville, plus inſtruit de l'état

moderne de ces lieux, nous apprend que le Bautés ſe jetoit dans des lagunes, à l'entrée du déſert que les Tartares appellent Cobi, & les Chinois, Sha-ono.

La connoiſſance du Bautés de Ptolemée nous fait toucher, dit M. d'Anville, à la poſition qu'il indique ſous le nom de Sera, Metropolis. Car cette ville, ſelon ſa géographie, eſt très-voiſine du point d'où il fait partir la branche ultérieure du Bautés ; & nous trouvons actuellement une ville qui tient à la branche orientale de l'Etiné, vers ſa ſource ; cette ville doit répondre à la Sera de Ptolemée, & a le nom de Can-tcheou. Elle eſt la première ville conſidérable qui ſe rencontre à l'entrée de la province chinoiſe de Chen-ſi, ſelon les limites ac- tuelles : car autrefois, au lieu de faire partie de l'empire de la Chine, la ville de Can-tcheou do- minoit ſur une contrée particulière, connue des Orientaux ſous le nom de Tangut.

Et comme on voit que cette province de Tangut a fait, pendant long-temps, un état particulier, il eſt très-poſſible qu'en remontant plus haut, c'eſt peut-être le pays habité par les Seres, dont Seræ étoit la capitale. On voit que dans la ſuite Can- tcheou fut la réſidence d'une dynaſtie de kans de la nation des Hoei-hé. On y cultivoit la phyſique & l'aſtronomie.

Une autre preuve, & qui doit paroître péremp- toire, que la ville de Can-tcheou eſt la Sera Me- tropolis de Ptolemée, c'eſt que cette ville, ſelon le géographe grec, eſt à 38 degrés 35 minutes de latitude, & que celle de Can-tcheou, ſelon les aſtronomes Jéſuites, eſt de 39 degrés ; ce qui ne fait que 25 minutes de différence.

Ptolemée place des Eſſedones dans la Sérique. Cette conformité de noms avec beaucoup d'autres Eſſedons, que les auteurs indiquent vers l'oueſt, aux environs des Palus-Meotis & de la mer Caſ- pienne, avoit embarraſſé les modernes : car com- ment croire qu'un même peuple ſe fût tranſporté ſi loin, ou que deux peuples qui n'avoient entre eux aucun rapport, aient porté le même nom ? M. d'Anville donne, de ce problème géographique, une ſolution qui paroît heureuſe. Il fait obſerver que certains Scythes, habitant ſur des cabanes de bois, traînées ſur des chariots, étoient appelés par les Grecs Hamaxobii, ou vivant ſur des chariots. Mais on ſent bien que ce nom grec n'étoit pas celui que ſe donnent les Scythes ; il faut donc le rechercher dans les langues ſeptentrionales. Or, on trouve que dans le nord, Eſſedum ou Eſſeda ſignifie un chariot. Céſar l'indique dans la Grande-bretagne ; Strabon, Virgile, chez les Gaulois. Il en réſulte tout naturellement que le peuple qui porte, dans la Sérique de Ptolemée, le nom d'Eſſedon, n'a ce nom que parce qu'il habitoit auſſi ſur des chariots ; & ce qui donne à cette opinion toute la force de l'évidence, c'eſt qu'une partie de ce pays des Sères a porté le nom d'Eygur ; que cette nation, qui a occupé une partie de ce pays, eſt appelée, par les Chinois, *Kao-tché*, mot qui fignifie les hauts chariots.

Mais la pofition de la capitale des *Sères*, de cette ville de *Sera*, eft indiquée dans Ptolemée au 177ᵉ degré de longitude, en partant du premier méridien ; au lieu que les meilleures obfervations indiquent la longitude de Can-tcheou, qui eft la même ville, à 118 degrés ; d'où l'on voit de combien le géographe ancien éloignoit les lieux vers l'eft en longitude ; & comme c'eft à-peu-près à cette longitude qu'il borne l'étendue de la terre à l'eft, on voit que les anciens n'ont pas connu la Chine qui s'étend jufqu'au 140ᵉ.

### Géographie de la Sérique,

#### Selon Ptolemée.

La Sérique étoit bornée à l'oueft par la Scythie, au-delà de l'Imaüs ; au fud, par des terres inconnues, & par une partie de l'Inde au-delà du Gange & les Sines : les autres bornes étoient inconnues.

Les principales montagnes étoient :

Les monts *Annibi*, qui entouroient les Sères au nord.

Les monts *Auxacii*, qui touchoient aux Sères par leurs parties orientales.

Les monts *Afmiræi*, dans le pays.

La partie orientale des monts *Caffii*.

Le mont *Thagurus*, nommé auffi *Ithagurus* dans quelques éditions.

Les monts *Emodi*, & le mont *Sericus*.

Les fleuves principaux étoient :

L'*Oichardas* ( ou *Œchardes*, felon d'autres éditions ), qui prenoit fa fource aux monts *Auxacii*.

Le *Bautes*, qui commençoit au mont *Caffius*.

Au nord de la Sérique étoient des peuples anthropophages.

Au-deffus d'eux étoient :

Les *Annibi*, portant le nom de leurs montagnes.

Les *Axacii* & les *Sizyges* ; au-deffous defquels étoient les *Damnæ*.

Les *Piadæ* s'étendoient jufqu'au fleuve *Œchardes*.

Les *Garinæi* & les *Nabbanæ* étoient plus orientaux que les *Annibi*.

Au fud étoit la contrée appelée *Afmiræa*, où étoient des montagnes de même nom.

Les *Iffedones* étoient au fud, & s'étendoient jufqu'au mont *Caffius* ; c'étoit une nation puiffante. ( μέγα ἔθνος ).

Les *Throani* étoient à l'orient, & au-deffus d'eux les *Ithaguri*.

Les *Afpacaræ* étoient au fud des *Iffedones* ; & au-deffous d'eux, les *Batæ*.

Les *Ottorocorrhæ* étoient au fud.

Les principales villes étoient :

| | |
|---|---|
| *Damnæ* (1). | *Abfagana.* |
| *Piada.* | *Thogara.* |
| *Abmiræa* (2).? | *Daxata.* |
| *Tharrana* (3). | *Orofana.* |
| *Iffedon , Serica.* | *Ottorocorrha* (4). |
| *Afpacara.* | *Solana.* |
| *Drofache.* | *Sera Metropolis.* |
| *Paliana.* | |

SERINDA ( *Serind* ), ville de l'Inde, en-deçà du Gange, vers le 30ᵉ degré 15 minutes de latitude.

Ammien Marcellin parle de cette ville, à l'occafion de la grande confidération que des nations étrangères témoignoient à l'empereur Julien.

Procope rapporte que Juftinien voulant priver une puiffance ennemie de l'avantage que le commerce de la foie procuroit à la Perfe, par la confommation qui s'en faifoit dans l'empire Grec, fe fit apporter du vers à foie d'une ville de l'Inde, nommée *Serinda*.

SERINUM , lieu où le fénat envoya l'armée battue, fous le confulat de P. Valerius , près de la ville ou du fleuve *Siris*, pour s'y retrancher & y paffer l'hiver fous des tentes, felon Frontin.

SERIPALA , ville de l'Inde, en-deçà du Gange, du nombre de celles qui étoient fituées à l'orient du fleuve *Nomadus*, felon Ptolemée.

SERIPHUS ou SERIPHOS , île de l'Archipel, & l'une des Cyclades, felon Hérodote. Cet ancien rapporte que les habitans de cette île furent prefque les feuls infulaires qui prirent le parti des Grecs contre Xerxès.

Quelques auteurs cependant mettent Sériphos au rang des Sporades. C'eft à tort, ce me femble, puifqu'elle eft à l'oueft de Paros, & au fud de *Cythnus*. Cette île eft raboteufe, & n'offre que l'afpect d'un rocher. Les Romains y envoyoient

---

(1) M. d'Anville , fur la petite carte qui accompagne fa differtation fur la Sérique , écrit *Damna* ; le texte grec que j'ai fous les yeux porte *Damna*, & le peuple *Damnæ* ; il en eft de même de *Piada*.

(2) La traduction latine porte *Aimiræa*.

(3) M. d'Anville & les Interprètes lifent *Throana*.

(4) M. d'Anville écrit *Ottorocorras*, fans égard à l'efprit rude, & ajoutant une *s*.

certains criminels. D'après le préjugé que les grenouilles n'y croaſſoient pas, on diſoit d'un homme qui ne pouvoit pas s'exprimer; *Rana Seriphia*; c'eſt une grenouille de Sériphos. Elle eſt habitée.

SERIPPO, ville de l'Hiſpanie, dans la Bétique, ſelon Pline.

SERIULA, ſiège épiſcopal, ſous la métropole de Séleucie, ſelon Guillaume de Tyr, cité par Ortélius.

SERIUM, ville de la Sarmatie européenne, dans le voiſinage du Boryſthène, ſelon Ptolemée.

SERMANICOMAGUS, ville de la Gaule, qui ſe trouve ſur la table de Peutinger, dans l'Aquitaine ſeconde. Elle étoit ſur la droite de la Charente, à quelque diſtance au nord d'*Iculiſna*, ſelon M. d'Anville: c'eſt aujourd'hui *Chermes*.

SERMITIUM, ville qui étoit ſituée dans l'intérieur de l'île de Corſe, ſelon Ptolemée.

SERMONEM, ville de l'Hiſpanie, dans la Tarragonnoiſe, ſur la route de *Laminium* à Saragoſſe, entre *Ceræ* & Saragoſſe, ſelon l'itinéraire d'Antonin.

SERMUTA, ville de la Cappadoce, dans l'intérieur du pont Galatique, ſelon Ptolemée.

SERMYLIA ou SERMYLA, ville de la Macédoine, dans la Chalcidie, près du mont Athos, ſur le golfe-Toronée. Etienne de Byſance rapproche trop ce mont du golfe qu'il nomme. Elle étoit entre Mécyberne, au nord-oueſt, & Galepſus, au ſud-eſt. Le ſcholiaſte de Thucydide la nomme *Sermylis*.

SERNICIUM, ville de l'Italie, ſur la route de Milan à la Colonne, en paſſant par le *Picenum*, ſelon l'itinéraire d'Antonin, où elle eſt marquée entre *Aufidena Civit.* & *Bovianum Civit.*

SERNICUS, lieu de l'Italie, ſur le chemin d'Aquilée à Boulogne, entre *Vicus Varianus* & Modène, ſelon l'itinéraire d'Antonin.

SEROTA, ville de la Pannonie, entre *Lentuli* & *Marianæ*, ſelon le même.

SERPA, ville de l'Hiſpanie, dans la Bétique, ſur la gauche du fleuve *Anas*, & à-peu-près à l'eſt de *Pax-Julia*.

SERPENTIS CAPUT (*la tête du ſerpent*). Sur le chemin de Thèbes à Gliſas, on voyoit une enceinte entourée d'une baluſtrade de pierres, que l'on appeloit *la tête du ſerpent*, parce qu'autrefois, diſoit-on, un ſerpent y avoit eu ſon repaire, & que Tiréſias lui avoit coupé la tête avec ſon épée, dans le temps que cet animal ſe préparoit à ſe jeter ſur lui ( *Pauſ. in Beot. c. 19* ).

SERRÆ, métropole de la première Macédoine. Il en eſt parlé dans les actes des conciles d'Ephèſe & de Chalcédoine.

SERRAPILLI, peuples de la Pannonie. Ils habitoient ſur la Drave, ſelon Pline.

SERRENSIS ou SERTENSIS, ſiège épiſcopal d'Afrique, dans la Mauritanie céſarienſe, ſelon la conférence de Carthage.

SERREPOLIS, ville qui étoit ſituée ſur la côte de la Cilicie, entre *Mallus* & *Ægæ*, ſelon Ptolemée.

SERRETES, peuples de la Pannonie, ſur les bords de la Drave, ſelon Pline.

SERRHIUM, célèbre promontoire de la Thrace, ſur la mer Egée, à l'oueſt & peu éloigné de l'embouchure de l'Hèbre, près de *Rona*. Ce lieu avoit appartenu aux Ciconiens, peuples de Thrace. Ce promontoire eſt bien un cap, dans l'idée que nous attachons à ce mot, c'eſt-à-dire, qu'il eſt formé par une montagne qui s'avance en pointe dans la mer. Il y avoit une bourgade, ou du moins un château de même nom.

SERRORUM MONTES, montagnes qu'Ammien Marcellin place vers la Dacie, au voiſinage du Danube.

SERRUM ou SERRHIUM, promontoire & montagne de la Thrace, ſur la mer Egée, ſelon Hérodote.

SERTEITANUS, ſiège épiſcopal d'Afrique, dans la Mauritanie ſitifenſe, ſelon la notice épiſcopale de cette province.

SERTENSIS, ſiège épiſcopal d'Afrique, dans la Mauritanie céſarienſe, ſelon la notice épiſcopale d'Afrique.

SERVILIA VILLA, AD VILLAM SERVILIAM, ou AD VILLAM SERVILIANAM, lieu de l'Afrique, ſur la route de *Cirta* à Hippone royale, ſelon l'itinéraire d'Antonin.

SERVILII VACIÆ VILLA, lieu de l'Italie, ſur le golfe de Cumes, ſelon Senèque.

SERVITIUM, ville de la Pannonie, ſelon la notice des dignités de l'empire.

SERUS (*le Menam*), fleuve de l'Inde, au-delà le Gange, ſelon Ptolemée.

Il prenoit ſa ſource vers le 23e degré de latitude, & ſe rendoit dans le *Magnus Sinus*, vers le 13e degré de latitude.

SESAMUS ou AMASTRIS, ville de l'Aſie, dans la Paphlagonie, ſur le bord de la mer, au nord-oueſt. Elle fut autrefois bâtie par Phinée.

Cette ville fut la capitale, & reçut le nom d'*Amaſtris*, nièce de Darius Codoman & femme de Denys, tyran d'Héraclée. Cette princeſſe, lors de la deſtruction des Perſes, ſe retira dans ce canton, & ſe forma un état de quatre villes, dont celle-ci étoit du nombre. *Amaſtris* étoit ſituée à quatre-vingt-dix ſtades à l'orient du fleuve *Parthenius*. Elle avoit un bon port, une place publique des plus vaſtes & très-bien ornée. Il en eſt fait mention par Pline, Strabon, Arrien & Etienne de Byſance.

SESANIUM, ville de l'Ethiopie, ſous l'Egypte, ſur la côte, ſelon Pline.

SESARASII, peuple de l'Epire. Il étoit originaire de l'Illyrie, ſelon Strabon.

SESARETHUS, ville de l'Epire. Elle appartenoit aux *Taulantii*, ſelon Etienne de Byſance.

SESATÆ, peuples qui habitoient aux confins de la Chine, ſelon Arrien.

SESECREINÆ ou SESECRIENÆ, île de la mer de l'Inde, fur la côte de la Limyrique, felon le Périple de la mer Erythrée.

SESINDIUM, ville de l'Inde, felon Etienne de Byfance.

SESMARUS, fleuve de la Gaule Belgique. Il en eft fait mention dans la vie de S. Remacle.

SESSITES (la Sefia), rivière de la Gaule Tranfpadane. Elle commençoit à l'eft des Alpes Pennines, paffoit à Vercellæ, & fe jetoit dans la Padus, à l'oueft de Laumelium.

SESTENSIS, fiège épifcopal d'Afrique, dans la Mauritanie céfarienfe, felon la notice des évêchés de cette province.

SESTERTIUM, lieu hors de la ville de Rome. Plutarque rapporte que c'eft où on jetoit les têtes de ceux qu'on avoit fait mourir par l'ordre des empereurs.

SESTIARIA EXTREMA, promontoire de l'A-frique, dans la Mauritanie Tingitane, fur la route de la Méditerranée, entre Tæniolonga & Riffadirum, felon Ptolemée.

SESTINATES, peuples de l'Italie. Il habitoit une ville municipale, à la fource de l'Ifaurus, felon Pline.

SESTINUM, ville de l'Italie, chez les Sénonois, au fud-oueft de Petinum Pifauri.

SESTINUM, ville de l'Italie, dans l'intérieur de l'Œnotrie, felon Etienne de Byfance.

SESTUS ou SESTOS, ville de la Cherfonnéfe de Thrace, au milieu de la côte de l'Hellefpont, vis-à-vis la ville d'Abidos, felon Procope. Il rapporte que l'empereur Juftinien fit bâtir une citadelle auprès de cette ville.

Cette ville étoit à-peu-près en face d'Abydos, & le détroit n'a de large, en cet endroit, que fept à huit ftades. Ce fut fur ce trajet que Xerxès fit conftruire un pont de bateaux.

La fable a rendu ces deux châteaux célèbres par les amours de Héro & de Léandre. La princeffe étoit enfermée dans une tour, à Seftos; Léandre venoit d'Abydos & paffoit à la nage. Mais une nuit orageufe lui fit perdre la vie. Le fouvenir de ce malheur fe perpétue par les tableaux qui le repré-fentent.

SETÆ, peuples de l'Inde. Ils habitoient un pays où il y avoit beaucoup d'argent, felon Pline.

SETÆNA, lieu fortifié aux environs de l'Illyrie, felon Cédrène, cité par Ortélius.

SETÆUM, petite contrée d'Italie, aux en-virons de la ville de Sybaris, felon Etienne de Byfance.

SETANTIORUM PORTUS, port de l'île d'Albion, fur la côte occidentale de l'île, entre les golfes de Moricambe & de Belifama, felon Ptolemée.

SETE, ville de l'Afie, dans la Bithynie, felon Etienne de Byfance.

SETEIA ÆSTUARIUM, golfe fur la côte oc-cidentale de l'île d'Albion, entre le golfe Belifama

& l'embouchure du fleuve Tifobis, felon Pto-lemée.

SETELSIS, ville de l'Hifpanie, dans l'intérieur de la Tarragonnoife. Elle appartenoit au peuple Jaccetani, felon Ptolemée.

SETHIM, contrée du pays des Moabites, près du Jourdain, vis-à-vis la ville de Jéricho, au pied de la montagne de Phégor. On écrit auffi SETTIM. (Voyez ce mot).

SETHOSIS, nom que l'on donnoit ancienne-ment à l'Egypte, felon Jofephe.

SETHREITES NOMUS, nôme de l'Egypte, & l'un des dix que comprenoit le Delta, felon Strabon. Ptolemée écrit Sethraites nomus, le place à l'orient du fleuve Bubafticus, & nomme fa ca-pitale Herculis parva urbs.

SETHRUM ou SETHRON, ville de l'Egypte, felon Etienne de Byfance.

SETIA (Sezze), ville de l'Italie, dans le Latium, habitée par les Volfques. Elle étoit bâtie fur une mon-tagne, au nord-eft de Forum Appii. Il partoit de cette ville une voie qui conduifoit à Setia. Les ruines de cette ville font confidérables.

Tite-Live en fait une municipe, qu'il place dans le voifinage de Norba. Frontin la met au nombre des colonies.

SETIA, ville de l'Hifpanie, dans la Bétique. Elle étoit fituée dans l'intérieur du pays des Tur-dules, felon Ptolemée.

SETIA, ville de l'Hifpanie, dans l'intérieur de la Tarragonnoife, au pays des Vafcones, felon Pto-lemée.

SETIDA, ville de l'Hifpanie, dans la Bétique, dans l'intérieur du pays des Turdétains, felon Ptolemée.

SETIDAVA, ville qui étoit fituée dans le climat feptentrional de la Germanie, felon Pto-lemée.

SETIENA, fortereffe de la Gaule Narbonnoife, felon Feftus Avienus.

SETIENSIS, ville de l'Afrique propre, & l'une de celles qui étoient fituées au midi d'Adrumète, felon Ptolemée.

SETIUS MONS, montagne fituée près de la mer & de l'embouchure du Rhône, & fur le bord d'un étang, dans le pays des Volces Arécomiques, felon Pomponius Méla, L. II, ch. 5.

SETOVIA, ville de la Dalmatie, felon Ap-pien.

SETTIM, nom d'un lieu dans les plaines de Moab, affez près du Jourdain. C'eft-là, felon Jofué, que les princes de Moab & de Madian envoyèrent leurs plus belles filles dans le camp des Ifraélites. Elles les appelèrent à leurs facrifices, ils en man-gèrent, & adorèrent leurs dieux.

C'eft à Settim que Jofué fut chargé de la con-duite du peuple, & d'où il envoya deux efpions pour reconnoître le pays & la ville de Jéricho.

C'eſt du déſert de Settim que Balaam bénit, malgré lui, le camp des Iſraélites.

SETUCI *ou* SETUCIS, lieu de la Gaule, dans la Belgique, le plus proche au ſud·eſt de *Samaro-briva*. M. d'Anville croit que c'eſt aujourd'hui Cayeux.

SETUNDUM, ville de l'Ethiopie, ſous l'Egypte, & l'une de celles qui étoient ſituées le long du Nil, ſelon Pline.

SEVACES, peuples de la Norique. Ptolemée les place dans la partie occidentale de cette province.

SEVERIACUM, nom d'un lieu de la Gaule, dont il eſt parlé dans la vie de S. Germain, par Fortunat.

SEVERUS MONS. C'eſt de cette montagne dont il eſt parlé dans Virgile, comme appartenant aux Sabins, M. l'abbé Chaupi, d'après un examen exact du local, croit que c'eſt le *mont S. Jean* actuel, partie des monts *Leoneſſe*, vers la partie où eſt Cantalice: 1°. d'après la manière dont Virgile unit ces monts à celui de *Tretiſca*: 2°. d'après leurs noms même, qui ont un rapport qui ſuppoſe un voiſinage.

SEVIA, lieu de l'Arabie déſerte, aux confins de la Méſopotamie, ſelon Ptolemée.

SEVINUS ( *le lac d'Iſeo*), lac de la Gaule Tranſpadane. Il étoit traverſé par le fleuve *Ollius*.

SEURI, peuples de l'Hiſpanie, dans la Tarragonnoiſe. Ptolemée leur donne deux villes.

SEUTLUSA, nom d'une île ſituée dans le voiſinage de celle de Rhodes, ſelon Pline.

SEX, Ex, *ou* SEXTI, ville de l'Hiſpanie, dans la Bétique, & ſurnommée *Firmum Julium*, ſelon Pline.

SEXANA, ville de la Sicile, ſelon le Lexique de Phavorin, cité par Ortélius.

SEXITANUM, ville de l'Hiſpanie, dans la Bétique, ſur le bord de la mer, entre *Adere* & *Selambina*, vers le ſud-eſt d'*Eliberis*.

SEXTÆ, lieu de l'île d'Albion, ſelon la notice des dignités de l'empire.

SEXTALIO *ou* SENTAULIO, ville de la Gaule Narbonnoiſe, ſur la route de l'Italie en Eſpagne, entre *Embruſſum* & *Forum Domitii*, ſelon l'itinéraire d'Antonin.

On en voit des veſtiges à environ trois milles au nord de Montpellier, en s'inclinant vers le Levant.

SEXTANI, peuples de la Gaule Narbonnoiſe, ſelon Pomponius Méla.

SEXTI, lieu de l'Afrique propre, à ſix milles de Carthage. On voit dans le Martyrologe romain, que c'eſt où S. Cyprien fut martyriſé.

SEXTILI FUNDUS, lieu de l'Italie, dans le *Latium*, ſelon Cicéron.

SEXTUM ( *Ad* ), lieu de la Gaule, dans la *Novem-Populania*, à peu de diſtance à l'eſt d'*Auſci*, ou *Auſch*. Le nom indique aſſez qu'il y avoit de diſtance ſix milles ou ſix lieues gauloiſes.

SEZERIS, ville de l'Aſie, dans les environs de la Méſopotamie, ſelon Nicétas, cité par Ortélius.

SFASFERIENSIS, ſiège épiſcopal de l'Afrique, dans la Mauritanie céſarienſe, ſelon la notice des évêchés de cette province.

SGORA, lieu de l'Aſie, ſur le bord de la mer, ſelon Curopalate.

SIACHA, marais de l'Italie, dont parle Tzetzès; mais on peut douter de ce qu'il en dit vaguement.

SIADÆ, îles de la Gaule Celtique, ſur la côte de l'Armorique, ſelon l'itinéraire d'Antonin. Ce ſont les mêmes que Strabon nomme *Hyadetæ*.

SLÆ, ville de l'Aſie, dans la grande Arménie, ſelon Ptolemée.

SIAGATHURGI, nom d'un peuple, dont il eſt fait mention dans le périple de Marrian, cité par Etienne de Byſance.

SIAGITANA CIVITAS ( *Caſſio-Azeite*). C'étoit un endroit de la côte d'Afrique, qui étoit conſidérable du temps des Antonins. Il étoit à l'oueſt-ſud-oueſt de Néapolis.

SIAGUS, ville de l'Afrique propre, ſur le bord de la mer, entre *Neapolis Colonia* & *Aphrodiſium*, ſelon Ptolemée.

SIAHA, canton de la ville de Jéruſalem, où demeuroient les Nathinéens, ou ſerviteurs du temple, ſelon le premier livre d'Eſdras.

SIANTICUM, nom d'une ville de la Norique, ſelon Ptolemée.

SIARA, ville de la Cappadoce ou de l'Arménie mineure, ſur la route de *Sebaſtopolis* à Céſarée, entre *Veriſſa* & *Sebaſtia*, ſelon l'itinéraire d'Antonin.

SIATA INSULA. Il en eſt fait mention dans l'itinéraire maritime. M. d'Anville croit que c'eſt l'île d'Honate, peu éloignée de Belle-Iſle.

SIATUTANDA, ville qui étoit ſituée dans le climat le plus ſeptentrional de la Germanie, ſelon Ptolemée.

SIAVANA, ville de l'Aſie, dans la grande Arménie, ſelon Ptolemée.

SIAZUR, nom d'un lieu, dans le voiſinage de la Perſe, ſelon Cédrène, cité par Ortélius.

SIAZUROS ( *Sher-Zour*), ville de l'Aſie, ſur le bord de la rivière *Delas*, au ſud-eſt d'*Arbela*, vers le 35e degré 40 minutes de latitude.

Héraclius vint dans cette ville, à ſon retour de ſa tentative ſur celle de Cteſiphon.

SIBACENA, contrée de l'Aſie, dans la grande Arménie. Elle étoit voiſine du mont *Paryades*, ſelon Ptolemée.

SIBÆ *ou* SOBII, peuple de l'Inde, en-deçà du Gange, & l'une des premières nations que rencontra Alexandre ſur les bords de l'*Acefines*. Quinte-Curce, qui les nomme *Sobii*, dit qu'ils avoient les épaules couvertes d'une peau, & qu'ils portoient une maſſue.

Ce peuple eſt nommé *Ilæ* par Diodore de Sicile, & *Sabæ*, par Denys le Périégète.

SIBAPOLIS, ville de l'Aſie, aux confins de l'Aſſyrie, ſelon Siméon le Métaphraſte.

SIBARÆ, peuples de l'Inde, selon Pline.

SIBARIA, entre *Salmantiça*, au sud-est, & *Ocellum Durii*, au nord-ouest, & sur la même rivière.

SIBDA, ville de l'Asie mineure, dans la Carie. C'étoit une des six villes qu'Alexandre-le-Grand mit dans la dépendance de celle d'Halycarnasse.

SIBERENA, ville de l'Italie, dans l'Œnotrie, selon Etienne de Bysance. Elle étoit dans la grande Grèce, dans la partie nommée *Brutium*.

SIBERIS, fleuve de l'Asie, dans la Galatie, selon Siméon le Métaphraste.

SIBES, peuples de l'Inde, qui prétendoient descendre des soldats de l'armée d'Hercule, qui étoient demeurés malades dans ces contrées, & s'y étoient habitués. En mémoire d'Hercule, ils s'habilloient de peaux de bêtes, & n'avoient que des massues pour armes. Ils furent vaincus par Alexandre. Quinte-Curce, *L. IX, n. 4*, & Strabon, *L. XV, pag. 688.*

SIBILIORUM CIVITAS, ville de l'Asie, dans la Lycaonie, selon les actes du sixième concile de Constantinople.

SIBINI, peuples de la Germanie. Strabon les met du nombre de ceux qui furent subjugués par Maraboduus.

SIBLII, siège épiscopal de l'Asie, dans la Phrygie Pacatienne, selon des notices grecques.

SIBONITE, SILBONITA, *ou* SIMONITE, région de la Palestine, au-delà du Jourdain, selon Josephe.

SIBORA, ville de la Cappadoce, sur la route de *Tavia* à *Sebastia*, entre *Pardosena* & *Agriane*, selon l'itinéraire d'Antonin.

SIBRIUM, ville de l'Inde. Elle appartenoit aux Drilophylistes, selon Ptolémée.

SIBRUM, fleuve de l'Asie mineure, dans la Lycie, selon Panyasis, cité par Etienne de Bysance.

SIBUTZATES, peuples de la Gaule Aquitanique, du nombre de ceux qui se soumirent à Crassus, selon César.

SIBY *ou* SYBI, ville de l'Arabie heureuse, selon Pline.

SIBYLLÆ ANTRUM, grotte ou caverne de l'Italie, dans la Campanie, au pays des Cimmériens, selon Virgile.

SIBYLLATES, l'une des nations de l'Aquitaine, aux pieds des Pyrénées.

SIBYRTUS, ville de l'île de Crète, selon Polybe, cité par Etienne de Bysance.

SICÆ, ancien nom d'une ville de la Thrace, selon Etienne de Bysance, qui rapporte que de son temps elle étoit nommée *Justiniana*.

SICÆ, ville de l'Asie, dans la Cilicie, selon Etienne de Bysance.

SICÆ, nom d'un lieu qu'Etienne de Bysance place aux environs de la ville d'Alexandrie.

SICAMBRI, peuples de la Germanie, dont l'histoire est peu connue, & appartient à l'histoire moderne.

SICANE, ville de l'Hispanie, selon Etienne de Bysance.

SICALI, peuples de l'Italie, dans la première région, selon Pline. Servius rapporte que ces peuples habitoient le pays où fut, dans la suite, bâtie la ville de Rome, & d'où ils avoient été chassés par les Aborigènes. Il en sera parlé à l'article de la Sicile ; car on ne fait rien d'eux en particulier.

SICANUS, ville de l'Hispanie, selon Thucydide.

SICANUS, fleuve de la Sicile. Il couloit près d'*Agrigentum*, selon Apollodore, cité par Etienne de Bysance.

SICAPHA, ville de l'Afrique propre. Elle étoit une de celles situées entre les deux Syrtes, selon Ptolémée.

SICCA *ou* SICCA VENERIA (*Keff*), ville d'Afrique, qui étoit située à environ cinq lieues au sud-ouest de *Laribus Colonia*, & à vingt-cinq lieues à l'ouest-sud-ouest de *Tunes*.

Cette ville étoit bâtie sur le penchant d'une colline.

Valère Maxime dit qu'il y avoit un temple dans cette ville, qui étoit dédié à Vénus, où les filles avoient la coutume de se rendre, & alloient ensuite se prostituer pour ramasser une dot, afin de pouvoir se marier.

SICCATORIUM, ville de la Libye intérieure, vers la source du fleuve *Bagrada*, selon Ptolémée.

SICCENNI, siège épiscopal d'Afrique, dans la proconsulaire, selon la conférence de Carthage.

SICCENSIS, siège épiscopal d'Afrique, dans la proconsulaire, selon la conférence de Carthage.

SICCESITANUS, siège épiscopal d'Afrique, dans la Mauritanie césarienne, selon la notice épiscopale de cette province.

SICELEG, ville de la Palestine, dans la tribu de Juda, selon le livre de Josué. Siceleg fut ensuite comprise dans la tribu de Siméon.

Achis, roi de Geth, accorda cette ville à David, pour en faire sa demeure, & il y étoit encore, lorsqu'il apprit la mort de Saül.

SICELEG, ville de la Palestine, dans la tribu de Siméon, selon Josué. Eusèbe la place dans la partie méridionale du pays de Canaan. La même, je crois, que la précédente.

SICELIA-CÆSAREA, ville d'Afrique, dans la Mauritanie. C'étoit la patrie de l'empereur Macrin, selon Xiphilin.

SICEMUS, nom d'une ville de l'Arabie, selon Etienne de Bysance.

SICENDUS, lac de Grèce, dans la Thessalie, selon Pline.

SICEUM, ville de l'Asie, dans la Galatie, à douze milles d'*Anastasiopolis*, selon Siméon le Métaphraste.

SICHEM, ville de la Judée, dans la tribu d'Ephraim.

Elle étoit fituée fur le fommet d'une montagne, & devint une des plus fortes & des plus célèbres de cette tribu.

C'eft auprès de cette ville que vint demeurer Abraham, quand il entra dans la terre de Canaan. Elle fut enfuite la demeure de Jacob.

Jofué la donna aux Lévites de cette tribu, qui étoient de la famille de Caath, la première des Lévites. Elle devint une des fix villes de refuge.

Ce fut à Sichem que Jofué affembla les principaux du peuple, pour qu'ils renouvellaffent la promeffe d'être fidèles à Dieu.

Sichem fut détruite par Abimelech; mais elle fut rétablie dans la fuit, parce qu'il eft dit au troifième livre des Rois, que Roboam y vint après la mort de Salomon, fon père. Jéroboam fut reconnu; il la fortifia, & y refta quelque temps.

SICHRACENE, contrée de l'Hyrcanie, au-deffous du pays des Aftabènes, felon Ptolémée.

SICHII, peuple qui, avec les *Carii* & les *Murici*, habitoit aux environs de la Norique & de la Pannonie.

SICILIA (1) (*la Sicile*). La géographie moderne doit donner, avec bien plus de précifion, la fituation précife de cette île, que la géographie ancienne: auffi n'eft pas là ce que l'on doit chercher dans cet article; mais bien ce que les anciens nous ont appris de fon nom, de fes habitans, de fon hiftoire, &c. C'eft auffi ce que je vais préfenter, en rapprochant, à-peu-près, tout ce que l'on en a dit, dans le plus court efpace qu'il me fera poffible. Je m'aiderai beaucoup de Cellarius dans le commencement de cet article.

*La Sicile a-t-elle toujours été une île?* La Sicile eft fi voifine de l'Italie, que l'on ne peut guère douter qu'elle n'y ait été unie dans les premiers temps. Je ne fais pourquoi la Martinière cherche à répandre du doute fur cette opinion, établie chez les anciens. Selon lui, « nous ne devons pas regarder ce fait comme inconteftable »; & il ajoute: « D'ailleurs, les rochers & les promontoires dont » le rivage eft environné, femblent annoncer le con- » traire ». Affurément la Martinière, & même ceux qui ne l'ont pas corrigé en en donnant des éditions, n'entendoient guère la géographie-phyfique; car, 1°. on ne peut guère douter que les baffins renfermant les parties d'eaux appelées actuellement *mers intérieures*, n'aient été des terres découvertes & élaborées enfuite par les eaux. C'eft en les ravageant que les eaux en ont fillonné les côtes, y ont laiffé fubfifter des îles, formées par les parties qui s'y trouvoient les plus élevées. On ne doute pas actuellement que l'Europe n'ait été primitive-

ment unie à l'Afrique, & que le détroit de Gibraltar, n'ait été la fuite des efforts de l'Océan contre une partie moins forte que le refte. On fent quel effort les eaux ont dû produire, en fe portant ainfi à l'eft entre des terres, où peut-être il y avoit déjà de grands amas d'eaux, efpèces de lacs formés par la chûte des fleuves. 2°. Les efforts que la mer fait fentir continuellement entre la Sicile & l'Italie, ont dû fuffire autrefois pour fillonner l'extrémité de la Calabre, & la féparer de la Sicile. Une preuve de la nature qui travaille avec lenteur, mais fans ceffe fur ces terres, c'eft la facilité que l'on trouve actuellement à paffer ce détroit, au lieu des dangers que l'on couroit autrefois, indépendamment de ce que l'art de la navigation pouvoit laiffer ignorer alors: c'eft encore l'effet des derniers tremblemens de terre, qui ont détruit le rocher de Scylla fur la côte d'Italie. Et c'eft peut-être, cela du moins eft très-poffible, un événement de ce genre qui aura creufé le gouffre de Charybde, auprès de Meffine. Or, comme on peut bien admettre que ce ne font point les connoiffances en géographie-phyfique qui ont conduit les anciens à conclure cette disjonction de la Sicile & de l'Italie, on peut préfumer qu'ils avoient une forte de tradition comme de fait. Ce qui le rendroit encore comme plus pofitif, Pomponius Méla dit (*L. II, ch. 7.*), *Sicilia, ut ferunt, aliquandò & agro Brutio ad nexa.* Il ne le cite pas comme un fait dont il eft fûr; mais que l'on dit, *ut ferunt.* Virgile dit à-peu-près de même:

*Hæc loca vi quondam, & vafta convulfa ruina*
*Diffiluiffe ferunt, cum protinùs utraque Tellus*
*Una foret. Venit medio vi pontus & undis*
*Hefperium ficulo latus abfcidit.*
                    ÆN. L. III, v. 414.

Malgré les beautés qu'il emprunte de la poéfie, on voit que Virgile s'obferve avec la fageffe d'un hiftorien. Silius Italicus; entraîné par fon génie defcriptif, raconte, ou plutôt peint en quelque forte ce mémorable événement:

*Aufoniæ pars magna jacet Trinacria Tellus*
*Ut femel expugnante noto, & vaftantibus undis*
*Accepit freta cærules propulfa tridente*
*Namque per occultum cæcâ vi turbinis olim*
*Impactum Pelagus laceratæ vifcera terræ*
*Difcidit, & medio perrumpens arva profundo,*
*Cum populis pariter convulfas tranftulit urbes.*
                    L. XIV, v. 11.

Mais ce ne font pas feulement les poëtes qui ont donné cet événement comme certain; le favant Pline en parle de même, L. III, ch. 8. *Sicilia,* dit-il, *quondam Brutio agro cohærens, mox interfufo mari avulfa.*

C'étoit bien auffi l'opinion des Grecs, qui tiroient l'étymologie de *Rhegium,* ville du *Brutium,* de

---

(1) Je m'étendrai d'autant plus volontiers fur cette île importante, que je trouve un autre article, que je pourrois citer, très-fautif & très-infuffifant. On parle fouvent, dans cette partie d'un grand ouvrage, des hommes célèbres, de leurs productions, &c, & l'on omet les pays & les villes.

φηγνυςθαι, déchirer, d'après l'opinion que la Sicile avoit été féparée du *Brutium*.

Si l'on en croit les conjectures du favant Lefevre, cet événement avoit eu lieu fous le règne d'Acafte, fils d'Eole, & roi de Sicile. Il s'appuie fur le commentaire d'Eufthate, fur le vers 474 de Denys le Périégète ; mais ce règne d'Acafte me paroît trop incertain pour que je m'y arrête.

*Largeur & danger du détroit.* Je remarquerai, par rapport au détroit qui fépare la Sicile de l'Italie, qu'il eft fi peu large, que d'un côté à l'autre on entend le chant des coqs, ou les aboiemens des chiens. Silius le dit formellement, *L. XIV, v.* 10.

> *Sed fpatium, quod diffociat confortia terræ*
> *Latratus fama eft ( fic arcta intervenit unda )*
> *Et matutinos volucrum tranfmittere cantus.*

Et M. Hoüel le dit dans fon voyage, que je vais citer plus bas : « Il arrive fréquemment qu'on fe » parle avec un porte-voix d'une rive à l'autre. » M. Andrea Gallo, homme grave & très-digne » de foi, m'a dit que de la pojnte du Fare, le » temps étant ferein & le vent venant de la » mer à lui, il avoit entendu chanter les coqs de la » Calabre. Les mariniers m'ont affuré que ce canal » n'a que *deux* milles de largeur ».

C'eft à caufe de cette proximité que Salufte traite la Sicile de *fuburbana provincia* ; ce qui répond, à-peu-près, à notre exprefſion de *banlieue.*

Pline ne donne que quinze cents pas de longueur à ce détroit.

Ce paffage avoit été, pendant long-temps, regardé comme très-dangereux, à caufe du gouffre de Charybde, qui eft près des côtes de la Sicile, tout près & au fud de Meffine, & du rocher de *Scylla*, qui fe trouvoit fur la côte de l'Italie, à la fortie du détroit. Sénèque, écrivant à un de fes amis, l'engageoit d'examiner ce gouffre, & de lui en donner quelques détails. *Expecto*, dit-il, *epiftolas tuas, quibus mihi indices circuitus Siciliæ totius quid tibi novi oftenderit, & omnia de ipfâ Charibdi certiora. Nam Syllam faxum effe, & quidem non terribile navigantibus, optimè fcio. Charybdis an refpondeat fabulis præfcribi mihi defidero. Et fi forté obfervaveris ( dignum eft autem ut obferves), fac nos certiores utrum uno tantùm vento agatur in vortices, an omnis tempeftas æquè mare illud contorqueat : & an verum fit quidquid in freti turbine adreptum eft, per multa millia trahi conditum & circâ Tauromenitarum litus emergere.* J'ai tranfcrit ce morceau, parce qu'il préfente les opinions reçues alors, & fur lefquelles Sénèque defiroit des éclairciffemens. Quel dommage que l'on n'ait pas la réponfe qui probablement lui fut adreffée !

C'étoit auffi le même motif qui engagea, felon le P. Kirker, le roi Ferdinand, à faire plonger dans ce gouffre un plongeur affez habile pour avoir mérité le nom du *poiffon colat.* Il en revint, dit-on, une première fois, & périt à la feconde. Quelques auteurs

affurent la vérité de cette hiftoriette, & je me plais à croire qu'un prince n'a pas été affez barbare pour fe jouer ainfi de la vie d'un de fes fujets.

Je vais placer ici, à l'appui de ce qu'ont penfé & écrit les anciens fur ce fameux détroit & les principaux objets qu'il renferme, ce que j'ai pu emprunter de l'ouvrage, des lumières, & de l'amitié de M. Hoüel, peintre du roi, qui nous a donné ce qui exifte de mieux à tous égards fur la Sicile, foit comme voyage, foit comme defcription (1). Voici comment cet exact & infatigable obfervateur s'exprime, relativement au détroit ou Fare de Meffine :

« J'ai obfervé, dit-il, de ce lieu ( *le cap Pelore* ), les montagnes de la Calabre ; je les ai obfervées bien mieux & de plus près, en traverfant la mer ; & en longeant le canal, j'ai obfervé avec le même foin les côtes de la Sicile. Il m'a paru qu'il n'y avoit, ni de l'un ni de l'autre côté, aucune production volcanique.

La portion de roches qui forment le promontoire de Scylla & les montagnes de fes environs, font, en grande partie, de quartz blanc & colorié. Vis-à-vis d'elles, celles du cap Pelore leur font femblables, ou n'en diffèrent qu'autant que des roches diffèrent entre elles. Ce qui n'eft pas quartz ou calcaire dans ces montagnes, n'eft fouvent qu'un fable mouvant, dont les lits des terres fe rempliffent, après les grandes alluvions qui lavent l'immenfe fuperficie de ces grandes montagnes, de l'un & de l'autre côté du canal.

Le temps ne coûte rien à la nature : elle l'a prodigué pour féparer la Sicile du continent. On ne peut s'empêcher de croire, quand on regarde le grand golfe qui s'étend au midi de ce canal, & qui en fait l'embouchure, que ce golfe ne fe foit creufé fon propre lit entre l'Italie & la Sicile, & qu'il n'ait formé ce canal. On fent, en contemplant ces montagnes, que les eaux des deux mers ont facilement entraîné les terres & les fables mouvans.

Ce travail des flots étoit encore fecondé par les pluies, qui creufoient des ravins profonds dans les flancs de ces montagnes, & qui, s'amaffant dans les angles de ces rochers, & emportant les fables qui s'y trouvoient entre eux, ou qui en fupportoient le poids, finiffoient par les entraîner dans l'abime que les ondes creufoient à leurs pieds. C'eft ainfi qu'aujourd'hui les torrens tendent à détacher du continent la montagne qui forme l'extrémité de la Calabre ; & lorfque les flots des deux mers agités par des vents alternativement oppofés, agiffant en fens contraire, attaquèrent également l'ifthme qui uniffoit la Calabre à la Sicile, la violence des eaux aura été facilement victorieufe des obftacles que lui offroit un terrein de fable mouvant de

_____

(1) *Voyage pittorefque de Sicile & de Malte*, 4 vol. in-fol. avec deux cartes, & un très-grand nombre de gravures.

trois lieues d'étendue ; & auffi-tôt qu'il y aura eu la moindre communication entre les deux mers, elle aura acquis une double force pour entraîner le refte de ces rivages qui leur réfiftoient encore.

La diftance de la pointe du promontoire de Pelore au continent, eft de deux milles. En s'étendant au midi, le canal tourne au couchant, & la rive de la Calabre avance une pointe qui jete le courant dans le port du Meffine : il en reffort en faifant le tour extérieur de ce port. Là le canal a douze milles de long, en comptant de Meffine à Regio ; & de-là, en allant plus au midi de cette ville, à l'extrémité de la Calabre, il a quinze milles.

Les anciens ont beaucoup parlé des dangers que couroient les navigateurs dans le canal de Meffine, entre Charybde & Scylla. Ces dangers exiftent encore ; mais ( ou le terrein a un peu changé de configuration ) ils ne font pas fi terribles que les anciens nous les ont repréfentés.

L'intervalle de mer contenu entre la côte, depuis Meffine jufqu'au cap Pelore & la Calabre, eft continuellement tourmenté par de nombreux courans (1), dans des directions différentes. Le cours de quelques-uns eft fixe, celui des autres eft variable.

Le principal de ces courans, eft celui qui fe voit tout près de Meffine, depuis le fud de l'entrée du port : le rocher qui forme cette entrée & le courant qui s'y trouve, fe nommoient autrefois *Charybde* ; on l'appelle vulgairement le *Garofallo*. La direction du courant y eft, pendant fix heures, du fud-eft au nord-eft. Il s'arrête fur la côte de la Calabre, près du rocher de Scylla. Il eft fi violent pendant certains temps de l'année, qu'il eft quelquefois impoffible aux vaiffeaux de le furmonter. S'ils n'y parviennent pas, ils font infailliblement naufragés fur l'une ou l'autre de ces côtes, la conformation des rivages ne leur offrant ni abri ni reffources.

Plufieurs courans fe forment dans la direction de celui-ci. Prefque tous font dangereux ; mais aucun ne l'eft autant que le premier. Le plus grand péril eft dans le calme ; car les vaiffeaux n'étant plus foutenus par les vents, font emportés par le courant qui les porte contre terre (2).

Comme je préfume que le port actuel de Meffine doit être un peu différent de ce qu'il étoit autrefois, je vais tranfcrire ici ce qu'en dit M. Hoüel.

Le port de Meffine eft ce qu'elle a de plus intéreffant. Il a été creufé par la nature, & elle

---

(1) Actuellement vingt-quatre pilotes, payés par le roi de Naples, réfident dans le port de Meffine & à la tour du Fare, pour conduire tous les vaiffeaux qui paffent par ce détroit.

(2) Je conjecture que le favant M. Defmarets expliquera la caufe de ces courans dans la partie de cet ouvrage qui renferme la géographie phyfique : elle a déjà été foupçonnée par quelques naturaliftes phyficiens.

femble avoir voulu produire un chef-d'œuvre en ce genre. La ville a été bâtie dans une petite plaine, entre la mer & les montagnes. Près de l'extrémité de cette plaine, une langue de terre qui fe détache du continent, s'avance en circulant du midi au nord : elle y forme une enceinte, ou plutôt un petit golfe, dont on a fait le port : elle le rend très-commode, parce qu'elle l'abrite, & qu'elle garantit les vaiffeaux des dommages que les gros temps leur cauferoit fans elles.

Ce port réunit à cet avantage celui d'une très-grande profondeur, & de donner un afyle affuré à ceux qui prennent le plus d'eau. Les plus gros vaiffeaux peuvent approcher du quai, ou du môle, fans en être empêchés par les bas-fonds de la mer. On dit qu'en certains endroits la fonde ne peut trouver la roche.

Les roches qui forment cette enceinte, font d'une folidité qui a paru inaltérable, au point qu'on y a bâti avec fuccès des fortifications, pour empêcher que ce port, l'afyle des vaiffeaux, & qui fait en même temps la richeffe de cette ville, ne foit en proie à l'audace du premier ravilleur qui voudroit s'en emparer.

L'étendue de ce port eft de huit cens toifes, & eft affez confidérable pour qu'il réuniffe encore un grand avantage ; c'eft celui d'avoir, dans un endroit très-éloigné, un lazaret où s'arrêtent les vaiffeaux qui viennent du Levant.

C'eft en quelque forte à l'embouchure de ce port qu'eft le Garofallo. Si on le confidère comme promontoire, c'eft une roche qui s'étend du fud au nord, & forme la partie fud de l'entrée du port : c'eft, fi l'on veut, l'extrémité d'une peninfule que forme la langue de terre : plufieurs parties s'avancent & s'étendent en mer, lefquelles, par les difpofitions de leurs formes & les élévations à des diftances diverfes, donnent lieu, avec d'autres roches encore, aux courans de la mer, fi redoutables dans ce détroit.

Si on confidère Charybde feulement comme un gouffre, c'eft un lieu à l'entrée & hors du port, où l'eau tournoie, & qui devient le centre de différens mouvemens.

J'ajouterai ici un mot qui tient à la géographie phyfique de la Sicile, & dont les anciens n'ont pas parlé, & toujours d'après M. Hoüel.

A l'extrémité de la langue de terre prolongée qui forme le port de Meffine, on trouve une production de la nature, que l'on connoît fous le nom de *Poulding*. Il exifte en ce lieu, fous la mer, une fource de bitume. Ce bitume, en s'échappant de quelque roche au fond de l'eau, vient à la furface, & eft jeté fur le rivage, où les courans le divifent, & ce bitume perd fa propriété en s'éloignant. Mais dans l'endroit de la langue de terre circulaire qui forme le port de Meffine, le bitume fe dépofe & s'unit au fable auffi-bien qu'au galet, gros ou menu, qui couvre le rivage : il remplit les intervalles qui fe trouvent entre les cailloux, il les agglutine si bien & avec tant de force, qu'il en forme cette espèce de pierre que l'on appelle *poulding*. Elle est si dure, qu'il est très-difficile de la tailler; & quand on veut la polir, ce gluten résiste bien davantage que les cailloux.

Mais puisque je donne en partie l'état physique du port de Messine, je me crois autorisé à parler du phénomène appelé actuellement la *Fata Morgana* ou *Fée Morgane*. Je sais bien que les anciens n'ont pas parlé de ce phénomène. Ce n'est pas, je le sens bien, une raison de croire qu'il n'avoit pas lieu, ou qu'il avoit échappé à leurs observations; cependant c'est une probabilité assez plausible. Le P. Kirker a expliqué ce fait, d'après les principes de la catoptrique; & ces loix étant immuables, on seroit tenté de croire que la *Fata Morgana* a dû être connue des anciens. M. Swinburn, dans son excellent voyage au royaume des Deux-Siciles, expose seulement ce qui a été vu de Reggio par un religieux, & s'en tient à l'explication du P. Kirker. Enfin, M. Hoüel, dans son admirable voyage sur la Sicile, ayant observé ce même phénomène de la ville de Messine, en a donné une explication très-ingénieuse, & qui peut très-bien servir à nous persuader que les anciens ne l'ont pas connue. J'observerai en passant, que M. Swinburn n'en parle que comme ne devant être apperçue que de Reggio. Voici la description qu'il en donne d'après le P. Angelucci.

« Le 15 d'août 1643, étant à ma fenêtre, je » fus surpris par une vision fort étonnante & fort » agréable. La mer qui baigne les côtes de la Sicile » s'enfla tout-à-coup, & parut, dans une étendue » de dix milles, semblable à une chaîne de mon- » tagnes obscures, tandis que les eaux du rivage » de la Calabre restèrent tout-à-fait unies, & me » paroissoient comme un miroir parfaitement poli, » appuyé contre ce rideau de collines. Sur cette » glace on voyoit se peindre, en *clair-obscur*, un » cordon de plusieurs mille pilastres tous égaux en » hauteur, en distance, en degré de lumière & » d'ombre; dans un moment ils perdirent la moitié » de leur hauteur, & se transformèrent en cas- » cades, semblables aux aqueducs romains. On » voyoit régner une longue corniche au sommet, » & au-dessus il s'élevoit des châteaux innom- » brables, tous parfaitement pareils. Ils prirent » bientôt la forme de simples tours: celles-ci de- » vinrent des colonnes, ensuite des fenêtres, puis » enfin des pins, des cyprès & d'autres arbres, » tous égaux & semblables. Telle est, ajoute le » P. Angelucci, la *Fata Morgana*, que depuis vingt- » six ans je regardois comme une fable ».

M. Swinburn ajoute ensuite qu'entre autres causes, le spectateur doit tourner le dos à l'est: mais en ne disant pas que cette condition ne re- garde que ceux qui sont en Calabre, cela feroit croire que l'on ne peut l'appercevoir de la Sicile: cependant il s'apperçoit également de ce côté. Voici

ce qu'en dit M. Hoüel, & l'explication ingénieuse qu'il en donne:

« Ce phénomène, dit M. Hoüel, s'observe » du port de Messine, & dans ses environs, à une » certaine hauteur. Il se reproduit dans des espaces » de temps irréguliers: il dépend du concours de » différentes circonstances, sur-tout de la chaleur » & de la tranquillité de l'atmosphère ».

Beaucoup de voyageurs en ont parlé: voici le fait.

« Dans les beaux jours d'été, lorsque le temps » est calme, il s'élève au-dessus du grand courant » une vapeur qui se combine avec l'atmosphère, » & qui acquiert une certaine densité; de sorte » qu'elle parvient à y former des prismes horizon- » taux, dont les faces sont tellement disposées, » que lorsqu'elles sont arrivées à leur degré de » perfection, elles réfléchissent & représentent suc- » cessivement, pendant quelque temps, comme un » miroir mobile, les objets qui sont sur le rivage, » ou dans les campagnes. On y voit tour-à-tour » la ville, les fauxbourgs, les arbres, les animaux, » les hommes, les montagnes: ce sont de véritables » tableaux aériens & mouvans.

» Il y a quelquefois deux prismes également par- » faits: ils restent dans cet état pendant huit ou » dix minutes. Alors on voit sur les faces du prisme » des inégalités brillantes, qui confondent à l'œil » les objets qui étoient si bien représentés, & le » tableau disparoît. La vapeur même se combine » autrement, & se dissipe dans le vague de l'air ».

Voici comment ce même auteur explique la cause physique de ce phénomène.

« Après avoir long-temps cherché l'origine de » ce phénomène, je me suis persuadé qu'il doit » son existence aux parties les plus subtiles de ce » bitume, qui forme les *poulding*s dont on a parlé » précédemment; que ce bitume, en s'étendant sur » la surface des eaux s'atténue, se combine, se » volatilise & s'évapore avec les globules aqueux » que l'air enlève dans l'atmosphère; & que, don- » nant à la vapeur condensée un peu plus de corps, » ses faces lisses forment une espèce de crystal » aérien qui reçoit la lumière, qui la réfléchit à » l'œil, & qui lui rapporte tous les points lumineux » qui colorent les objets, & qui les rendent sensibles » à la vue ». Il y a aussi une *Fata Morgana* au lac bitumineux de Palica. (*Voyez* ci-après.)

L'intérieur de la Sicile est hérissé de montagnes. Les anciens nous ont fait connoître, en allant de l'ouest à l'est:

Le mont *Eryx*, près de la mer & de *Drapanum*; il étoit célèbre par un temple de Vénus.

Le mont *Cratas*, dans la partie septentrionale, & dans lequel se trouvoient les sources du fleuve *Eleutherus* & *Himera*, & même celles de l'*Hipsa*, qui couloit au sud.

Les *Gemelli colles*, plus méridionales que la chaîne du *Cratas*, & où se trouvoient, entre autres sources, celles du *Camicus*, qui tomboit dans la mer à *Heraclæa Minoa*.

Les monts *Nebrodes* forment une chaîne du sud au nord, à l'est des précédentes.

Le mont *Maro*, plus à l'est, & bordant à l'ouest une des branches qui forment l'*Himera* méridional.

Les monts *Heræi*, du sud au nord, entre les sources de l'*Himera* à l'ouest, & celles de *Simethus* à l'est.

Enfin le célèbre mont *Etna*, connu dans la géographie moderne sous le nom de *Gibel*. Je ne répéterai pas ce que j'ai déjà dit, que les mythologues en avoient fait la demeure des cyclopes; mais je donnerai sa hauteur actuelle, & les époques de ses terribles éruptions. Ce relevé sera, je crois, d'autant plus intéressant, que dans la géographie moderne de cet ouvrage, on ne parle que de quelques-unes, & que l'on ne donne pas la hauteur de ce mont.

La hauteur de l'Etna, mesuré avec le plus grand soin, & donnée à M. Hoüel, est de 1672 toises au-dessus du niveau de la mer.

Quant à ses éruptions, elles doivent être fort anciennes, puisque les méditations les plus profondes sur cet objet, & l'examen le plus attentif du local, déterminent à croire que cette montagne terrible s'est formée elle-même, & qu'elle est sortie de son sein par les efforts du feu qui a successivement jeté sur terre & autour des bouches du cratère, toutes les matières qui s'étendent actuellement à une si grande hauteur, & qui ont une base si étendue: mais voici l'indication de celles qui sont connues.

1°. La première éruption du mont Etna connue dans l'histoire, est celle dont parle Diodore, sans en fixer l'époque. Cette éruption, dit-il, força les Sicaniens, habitans alors de la Sicile, à déserter la partie orientale de l'île, & à se retirer dans la partie occidentale. Long-temps après, les Siciles, peuples d'Italie, passèrent dans la Sicanie, & occupèrent le territoire que les Sicaniens avoient abandonné.

2°. La seconde éruption connue, est la première des trois dont parle Thucydide, sans en fixer les époques. Il se contente de dire que c'est depuis l'arrivée des colonies grecques en Sicile, où elles vinrent s'établir dans la onzième olympiade (qui répond à l'an 734 avant l'ère vulgaire), jusqu'à la quatre-vingt-huitième, c'est-à-dire, à l'an 425 de notre ère. Cette seconde éruption arriva, selon Eusèbe, au temps de Phalaris, l'an 565 avant notre ère. Cette époque est confirmée par une lettre de ce tyran aux habitans de Catane, & par la réponse de ces derniers. Ces deux pièces sont rapportées par Diodore.

3°. La troisième, qui est la seconde des trois rapportées par Thucydide, arriva dans la soixante-quinzième olympiade, ou l'an 477 avant notre ère; Xantippe étoit archonte d'Athènes. Ce fut aussi cette même année que les Athéniens remportèrent une grande victoire auprès de Platée, sur Mardonius, général des troupes de Xerxès, ci de Perse. Une médaille antique fut gravée &

frappée en mémoire d'un fait qui ne nous paroît cependant que bien naturel, & qui apparemment fut alors un objet d'admiration. Deux jeunes gens enlevèrent du milieu des flammes les auteurs de leurs jours: ils se nommoient *Amphinomus* & *Anapius*. On leur éleva à Catane un temple, & ils y reçurent les honneurs divins. Plusieurs anciens ont parlé de ce fait, consacré aussi par les vers de Cornelius Severus.

*Amphinomus, fraterque, pari sub munere fortes,*
*Cùm jam vicinis streperent incendia tectis,*
*Accipiunt pigrumque patrem, matremque senilem.*

4°. La quatrième, qui est la troisième & la dernière de celles dont parle Thucydide, fit sentir ses ravages dans la quatre-vingt-huitième olympiade, ou l'an 415 de notre ère. Cette éruption dévasta le territoire de Catane.

5°. La cinquième est celle dont parlent Julius Obsequens & Orose, qui la place sous le consulat de Sergius Fluvius Flaccus, & Q. Calp. Piso, l'an 133 avant l'ère chrétienne. Cette éruption fut considérable, & n'eut rien de plus particulier que les autres.

6°. Sous le consulat de L. Æmil. Lepidus & L. Auf. Orestes, ou l'an du monde 125 avant notre ère, la Sicile éprouva un violent tremblement de terre. L'Etna vomit un si grand déluge de feu, que la mer voisine en fut échauffée. Orose dit qu'une quantité prodigieuse de poissons périrent. Julius Obsequens rapporte qu'à cette époque la peste infesta les îles de Lipari, parce que les habitans avoient mangé une trop grande quantité de ces poissons jetés morts sur leurs côtes.

7°. Quatre ans après, une autre éruption, non moins violente, exerça ses fureurs sur la ville de Catane. On lit dans Orose que les toits des maisons de cette ville s'affaissoient sous le poids des cendres brûlantes qui les couvroient. Elle éprouva les plus grands ravages; & pour la réparer, les Romains accordèrent aux habitans de cette ville, qui dépendoit alors de la république, une exemption d'impôts pour dix ans.

8°. Peu de temps avant la mort de César, l'an 43 avant J. C., il se fit éruption de l'Etna. Tite-Live en parle. Elle n'eut rien de particulier; & les sots de ce temps, la regardèrent comme un signe qui avoit annoncé la mort de César.

9°. Suétone parle, dans la vie de Caligula, d'une éruption de l'Etna, qui arriva vers l'an 40 de l'ère chrétienne. Pendant la nuit, l'empereur s'enfuit de Messine, où il étoit alors.

10°. Carrera dit qu'il y eut, l'an 253, une éruption de l'Etna.

11°. En 1169, le 4 février, à la pointe du jour, il y eut dans la Sicile un tremblement de terre qui se fit sentir jusqu'à Reggio, de l'autre côté du détroit. Catane fut renversée; plus de quinze mille personnes y périrent. L'évêque fut enseveli avec quarante-quatre religieux de l'ordre de S. Benoît, sous les débris du toit de Ste Agathe. Plusieurs châteaux, dans le territoire de Catane & de Syracuse, furent renversés: on vit paroître de nouvelles sources, tandis que d'anciennes disparurent. On vit s'affaisser la cime de la montagne du côté de Tauromenium. La source de la fontaine Aréthuse, si fameuse par sa limpidité & sa douceur, devint alors boueuse & salée. La fontaine d'Ajo, dont la source sort du village de Saraceni, cessa de couler pendant deux heures, & reprit ensuite son cours avec plus de vigueur. On vit ses eaux devenir couleur de sang, & conserver cette couleur une heure entière. A Messine, la mer, sans être agitée, abandonna ses rives; en revenant, elle monta au-delà de ses limites ordinaires, baigna les murs de la ville, & entra dans les rues par les portes. Une multitude de personnes qui avoient fui sur le rivage, furent englouties dans les flots. Ludovico Aurelio rapporte que les vignes, les bleds & les arbres de toute espèce furent incendiés, & que les campagnes devinrent incultes, par la grande quantité de pierres dont elles furent couvertes.

12°. Douze ans après, en 1181, l'Etna fit une éruption terrible du côté de l'orient. Les lames de feu parcourant le penchant du mont, environnèrent l'église de S. Etienne sans la brûler.

13°. Quarante-huit ans après cette éruption, c'est-à-dire, en 1329, le 23 juin, il y eut une éruption considérable, dont Nicolas Spéciale a donné la description suivante.

« Ce jour-là, dit-il, à l'heure de vêpres, l'Etna trembla fortement, & jeta des mugissemens épouvantables: il glaça d'effroi non-seulement ses propres habitans, mais tous ceux de la Sicile. Tout-à-coup un feu terrible s'élança du midi, & sortit des roches du Mazzara, qui sont en tout temps couvertes de neige. Ce feu étoit accompagné de beaucoup de fumée. Le soleil couché, les flammes & les pierres volèrent jusqu'aux nues. Le feu vorace, & semblable à un torrent impétueux, s'ouvrit un chemin, & brûla ou renversa tous les édifices que la piété des anciens avoit consacrés à la divinité. La terre s'ouvrant, absorba plusieurs ruisseaux & plusieurs sources. Ces tremblemens firent tomber plusieurs écueils de Mascali dans la mer. Tandis que ces malheurs se succédoient les uns aux autres, le 15 juillet, l'Etna réitéra ses mugissemens; l'incendie de Mazzara duroit toujours. La terre s'ouvrit dans le voisinage de l'église de S. Jean que l'on appelle il Paparinezzer. Du côté du sud-est, il en sortit du feu avec violence; &, pour combler l'horreur de cette journée, le soleil s'éclipsa depuis le matin jusqu'au soir, c'est-à-dire, qu'il fut offusqué par des nuages de fumée ou de cendres. Nicolas Spéciale se transporta vers cette nouvelle bouche, & alla observer le feu, les pierres brûlantes qui sortoient du sein du volcan; la terre mugissoit & vacilloit; & il vit venir quatre fois, dans de courts intervalles, des pierres ar-

dentes avec un bruit si terrible, qu'il n'en avoit, disoit-il, jamais entendu de pareil.

Quelques jours après, une pluie de feu & de cendres sulfureuses brûla toutes les campagnes; les oiseaux & les quadrupèdes, ne trouvant pas de quoi se nourrir, périssoient en grande quantité. Il mourut aussi beaucoup de poissons dans les fleuves & dans les mers voisines. Je ne crois pas, ajoute-t-il, que jamais, ni à Babylone, ni le feu qui brûla Sodome, ait jamais causé tant d'épouvante. Les aquilons du nord qui souffloient, portoient les cendres jusqu'à Malte: beaucoup de personnes de l'un & de l'autre sexe expirèrent d'épouvante.

14°. Quatre ans s'étoient à peine écoulés, que l'Etna fit une nouvelle explosion, & lança des pierres, en faisant trembler les campagnes: cette éruption est de l'année 1333.

15°. Quarante-huit ans après, le 25 août 1381, une éruption de l'Etna se répandit sur les confins du territoire de Catane, & brûla les oliviers qui étoient près de cette ville.

16°. En 1444, soixante-trois ans après cet incendie, un torrent de lave sortit de l'Etna, & courut vers Catane; le mont trembla; &, par la violence des secousses, de gros rochers se détachèrent du sommet, & tombèrent dans le gouffre, ce qui en rendit les mugissemens plus affreux.

17°. L'Etna fut à peine tranquille pendant dix-huit mois ou deux ans; le 27 septembre 1446, jour de dimanche, une heure après le coucher du soleil, une éruption en sortit près du lieu appelé la Pietra di Mazzara: cette éruption ne fut pas longue.

18°. L'année suivante, le 21 septembre 1447, il y en eut une autre, accompagnée de beaucoup de flammes; mais elle fut aussi de courte durée.

19°. L'Etna ne jetoit plus de feux, & apparemment depuis long-temps les habitans, non-seulement montoient jusqu'au sommet, mais même, s'il en faut croire ce qu'on dit, ils descendoient dans le gouffre, & ils croyoient que la matière du volcan étoit épuisée, lorsque, le 25 avril 1536, près d'un siècle après la légère éruption de 1447, un vent effroyable souffla du côté de l'ouest, & une épaisse nuée parut sur le sommet du mont; le centre en étoit rougeâtre: au même instant une grosse masse de feu s'élança du gouffre & descendit bientôt avec un grand murmure, comme un torrent, le long de la montagne du côté du levant, détruisant les rochers qu'elle trouvoit; passant près d'Aci, elle emporta les troupeaux & les animaux qu'elle rencontra. De cette même bouche, située au sommet du mont, il sortit en même temps un grand torrent de feu, qui courut vers le couchant, plus épouvantable que l'autre. Il courut sur Bronte, Adrano & Castelli. La matière de cette éruption volcanique étoit toute de soufre & de bitume.

Ce même jour, l'église de S. Léon, qui étoit dans un bois, s'écroula par les secousses du tremblement de terre, & fut ensuite consumée par le feu.

Plufieurs ouvertures s'étoient faites fur le flanc de la montagne; il en fortit du feu & des cailloux enflammés qui s'élançoient en l'air, avec un bruit femblable à celui d'une forte artillerie. François Negro de Piazza, célèbre médecin, habitant de Leontini, voulut voir de près ces éruptions, & faire quelques obfervations qu'il croyoit néceffaires; il fut miférablement emporté & réduit en cendres par une falve de ces cailloux ardens. Cet incendie de l'Etna dura quelques femaines.

20°. Une année ne s'étoit pas encore tout-à-fait écoulée, que le 7 avril 1537, le fleuve Simeto fe gonfla fi prodigieufement, qu'il inonda les plaines voifines, & qu'il entraîna les animaux, les beftiaux & les gens de la campagne. Dans le même temps les environs de Paterno, les châteaux qui l'entourent, & plus de cinquante maifons furent renverfées par les débordemens du fleuve. Les tourbillons d'un vent impétueux déracinèrent beaucoup d'arbres. Ces malheurs étoient caufés par l'Etna, qui, le 11 mai fuivant, s'ouvrit dans beaucoup d'endroits, forma plufieurs gouffres, & fit fuccéder à ces inondations un déluge de feu, dont les torrens étoient plus terribles que ceux de l'année précédente. Ils prirent leur cours vers le monaftère de S. Nicolas d'Aréna: ils en brulèrent les jardins & les vignes; puis fe portant vers Nicolofi, ils incendièrent Montpilleri & Fallica, où ils firent périr les vignes & beaucoup d'habitans. Lorfque l'incendie s'appaifoit, la cîme du mont s'écroula avec un bruit fi effroyable, que dans toute l'île, chacun crut être au dernier jour du monde, & que de toutes parts on s'empreffoit de recevoir les derniers facremens.

Ces calamités continuèrent toute l'année, & fur-tout pendant juillet & août, que toute la Sicile fut couverte de deuil. La fumée, les tremblemens, les fracas étoient tels, que la montagne entière & toute l'île en furent ébranlées, & que, s'il en faut croire Filoteo, qui rapporte cet événement, beaucoup de Siciliens en devinrent fourds, beaucoup d'édifices en furent renverfés, entre autres le château de Corléone, quoiqu'éloigné du volcan de plus de vingt-cinq lieues.

21°. Après trente années de repos, en 1567, toute la Sicile fut ébranlée par une nouvelle éruption: l'Etna jeta des feux, & couvrit les campagnes d'une immenfe quantité de cendres qui détruifirent toute efpèce de récolte.

22°. En 1579, l'Etna fit encore des ravages, dont on ne nous a tranfmis aucun détail.

23°. Vingt-quatre ans après, au mois de juin 1603, l'Etna fe ralluma avec une fureur nouvelle. Pierre Carrera affure qu'il jeta des flammes jufqu'en 1636, c'eft-à-dire, trente-trois ans fans difcontinuer, mais avec plus ou moins de violence. En 1607, les torrens de la lave brûlèrent les bois & les vignes, à l'occident de la montagne. En 1609, ils tournèrent du côté d'Aderno, & y détruifirent une partie de la forêt del Pino, & une partie du bois

qu'on appelle la *Sciambrita*, ainfi que beaucoup de vignes dans cette région qu'on appelle *Cofterna*. Ces torrens coulèrent pendant trois mois. En 1614, une nouvelle fecouffe de l'Etna ouvrit une nouvelle bouche, & porta le feu fur la région que l'on nomme *il Piro*. Les flammes durèrent encore dix ou douze ans.

24°. Le même Pierre Carrera rapporte un horrible incendie arrivé en 1664, dont il fut le témoin. Il arriva le 13 décembre, & dura, avec plus ou moins de force, & à-peu-près fans difcontinuer, jufqu'à la fin de mai 1678. Mais dès 1669, les habitans de Nicolofi avoient été contraints de fortir de leurs maifons, qui s'écroulèrent peu de temps après qu'ils les eurent abandonnées. La bouche de l'Etna n'annonçoit rien, & elle fut tranquille jufqu'au 25 mars. Mais le 8 de ce mois, une heure avant la fin du jour, on vit, au village de la Pedara & autres circonvoifins, l'air s'obfcurcir; les habitans de ce pays crurent qu'il arrivoit une éclipfe prefque totale. Peu après le coucher du foleil, commencèrent de fréquens tremblemens de terre. D'abord, ils furent foibles, mais par degrés ils devinrent affreux jufqu'au point du jour. Le pays de Nicolofi fut, de tous les pays de cette partie de l'Etna, celui qui éprouva les plus fortes fecouffes au point qu'à midi, toutes les maifons étoient renverfées, les habitans conflernés, difperfés au loin, invoquoient le ciel. Le lendemain, 10 mars, il fe fit à la montagne une ouverture de plufieurs milles de long, & de cinq à fix pieds de large; d'où fortit une éclatante lumière, deux heures avant le jour. On voyoit en l'air une forte vapeur de foufre qui fe répandoit dans l'atmofphère.

Vers onze heures du même jour, après de terribles tremblemens de terre, il s'ouvrit une bouche à la colline appellée des *Noifettes*, d'où il fortit d'étonnans globes de fumée, fans feu, cendres, ni pierres, mais avec de grands & multipliés coups de tonnerre de tous les genres, roulant, traînant, éclatant; & ce qu'il y a de fingulier à obferver, c'eft que l'ouverture qui fe fit, étoit dans le fens de la méridienne du fommet à la bafe de la montagne. Ce jour même, il s'en fit une autre à deux milles de-là, plus bas; elle jeta beaucoup de fumée en tourbillons & d'horribles mugiffemens & de violentes fecouffes de la terre; & jufqu'au foir de ce même jour, il s'en ouvrit quatre autres, toujours vers le midi, dans la même direction, jufqu'à la colline appelée la *Fafara*, accompagnées des mêmes circonftances.

A douze pas plus loin il s'en fit une autre, toujours dans le même genre; & la nuit fuivante, cette dernière fente jeta des pierres au milieu d'une grande fumée noire qui venoit en même temps. Elle jeta auffi des flocons de matière, qui, étant durcis, après leur chûte fur la terre, devenoient femblables à des éponges noires, grifes, couleur de terre. Il fortit du gouffre une lave qui alla fe jeter dans un lac appelé la *Hardia*, à fix milles de Monpillieri, & dont la courfe détruifit beaucoup d'édifices & de maifons dans les villages voifins.

Le lendemain 12 mars, le fleuve enflammé dirigea fa courfe vers le pays appelé *Malpaffo*, où réfidoient huit cens habitans, & dans l'efpace de vingt heures il fut détruit. La lave prit un nouveau cours, qui alla renverfer d'autres villages.

Enfuite le mont de Monpillieri fut percé & détruit, ainfi que toutes les habitations de ce petit pays.

Le 23 de même mois de mars, le fleuve de feu avoit acquis deux milles pas de largeur à certains endroits. Il attaqua les habitations du gros village de Mazzalucia, & il fe fit, ce jour même, un vafte gouffre, qui jeta des cendres ou des fables, qui produifirent un mont bicorne, ayant deux milles de circuit, & cent cinquante pas d'élévation perpendiculaire. On a obfervé qu'il étoit formé de pierres jaunes, blanches, noires, grifes, rouges & vertes.

Le nouveau mont Nicolofi jeta, pendant trois mois, tant de cendres, qu'il couvrit toutes les campagnes dans l'étendue de quinze milles. Les vents en portèrent jufqu'à Meffine & en Calabre; & le vent du nord arrivant, tous les pays méridionaux du côté d'Agofta, de Lentini, & au-delà, en furent couverts.

Tandis qu'à cette hauteur de Nicolofi il fe paffoit tant de chofes extraordinaires par leur violence, la bouche fupérieure de l'Etna n'avoit rien perdu de fa tranquillité ordinaire.

Le 25 mars, à une heure après-midi, toute la montagne, jufqu'à la pointe la plus élevée, fut agitée des plus violens tremblemens de terre. Alors le cratère fupérieur de l'Etna, qui étoit une partie très-élevée, s'enfonça dans le foyer du volcan, & n'offrit plus qu'un vafte gouffre de plus d'un mille d'ouverture, d'où il fortoit des gerbes énormes de fumée, de cendres & de pierres. Ce fut à cette époque que fut jeté, felon l'hiftoire, le fameux bloc de lave qui fe voit fur le mont Frumento.

Peu de temps après, le torrent de feu qui continuoit toujours, s'acheminoit vers Catane, avec les redoublemens de bruit, de feux, de cendres & de pierres enflammées. La variété des accès caufa, pendant plufieurs mois, divers tremblemens de terre des plus affreux & des plus multipliés. La ville étoit menacée de la manière la plus inquiétante par ce torrent de feu. On oppofa en vain des obftacles à l'impétuofité de fon cours. La lave furmonta les murs de la ville, & entra par un angle, à la partie méridionale qui avoifine les Bénédictins, paffant près du Forum, & elle alla directement au port par-deffus les murs de la ville; elle côtoya le couvent de Lindrizzo, & couvrit tout cet efpace. Cette lave s'étendit enfuite jufqu'à plus d'un mille au-delà vers le couchant; & plus on remonte vers le nord, plus ce torrent de lave a de largeur. Tous ces feux ceffèrent le 11 de juin

fuivant. On trouve les relations de ce funefte événement dans François Monaco, Charles Mancino, Vincent Aurica, & dans Thomas Tedefchi.

25°. Quelques années après cet incendie, un gouffre de feu, ouvert au mois de décembre 1682, fur le fommet du mont, épancha fes laves fur la colline de Mazzara.

26°. Le 24 mai 1686, fur les dix heures du foir, une nouvelle éruption éclata au haut de la montagne, du côté de la montagne del Bue. Elle jeta tant de matières enflammées, qu'elle confuma les bois, les vignes, les moiffons dans toute l'étendue de quatre lieues. Ce torrent s'arrêta dans la grande vallée, près du château de Mafcali. Plufieurs habitans qui voulurent ou voir ce torrent enflammé, ou faire quelques obfervations fur fon cours, étoient montés fur une colline, entre-les bois de Catane & les confins de Cirrita. Mais tout-à-coup cette colline s'écroula, & ils furent engloutis tout vivans.

27°. L'Etna fe tut depuis, & demeura tranquille pendant la première moitié de ce fiècle. Mais en 1755, il fe réveilla de nouveau, & il s'ouvrit près du mont Lepre, jetant du feu & de la fumée, felon fon ufage, & il ne refta tranquille que huit ans.

A tant d'éruptions j'ajouterai ce qui s'eft vu de nos jours.

28°. En 1763, il y eut une éruption qui dura deux mois, mais à plufieurs reprifes. L'Etna fit d'abord entendre fes mugiffemens. On vit fortir enfuite des flammes & des nuages de fumée qui paroiffoient tantôt d'argent, & tantôt de pourpre, felon que le foleil les frappoit. Enfin, emportés par les vents, ils répandirent fur leur paffage une pluie de feu qui s'étendit au-delà de Catane. L'éruption éclata bientôt: fon principal torrent fe divifa en deux bouches, dont l'une prit fon cours vers le levant, du côté du bois, & fe précipita dans une immenfe & profonde vallée.

Cependant les flammes qui fortoient de ce nouveau cratère, offroient un fpectacle magnifique. C'étoit une pyramide de foixante-dix coudées de haut, qui s'élevoit en l'air, femblable au plus beau feu d'artifice, & accompagnée d'une batterie continuelle & formidable, qui faifoit trembler la terre fous les pieds des fpectateurs. Des ruiffeaux de métal fondu qui couloient de la montagne, jetoient un vif éclat, qui répandoit du jour dans l'obfcurité de la nuit.

On s'apperçut, au lever du foleil, que la lave enflammée s'étoit attachée autour de plufieurs chênes qui étoient encore de bout, & qu'elle ne les avoit pas brûlés: elle en avoit grillé toutes les feuilles. Plufieurs oifeaux y tombèrent, & y furent confumés. Les domeftiques de plufieurs obfervateurs y jetèrent du bois qui s'enflamma. Ces laves gardèrent de la chaleur & donnèrent de la fumée pendant deux ans; & pendant cinq, on ne vit pas de neige fur le fommet du mont Etna.

29°. En 1764, il s'ouvrit une nouvelle bouche dans un lieu très-diftant du mont Egilte.

30°. En 1766, il s'en ouvrit une autre fur la grotte de Paterno. Il en fortit du feu, de la fumée, & un petit torrent de lave qui ne fut pas confidérable.

31°. En 1780, le 27 janvier, il fe fit une bouche à deux milles au-deffous du cratère fupérieur. Le 28 février & le 24 mars, les tremblemens de terre recommencèrent du côté du nord, avec des bruits affreux.

Du 6 avril jufqu'au 7 mai, le volcan reprit fes fecouffes & fes bruits, & jeta des fables fins & des pierres ponces.

Le 18 mai, les tremblemens de terre recommencèrent. Le 23 la montagne s'ouvrit une bouche aux flancs du mont Frumento, au fommet de la montagne, & jeta ce torrent de lave qui fe répandit dans la vallée de Landezza. Ce torrent avoit deux cents pas de large. Il fe fit deux autres fentes à la montagne, à l'endroit des découvertes de Paterno, très-près l'une de l'autre. Les laves qui fortirent de ces deux bouches, firent, en fept jours, plus de fix milles de chemin; & le 25 elles étoient à neuf milles.

Le 25 même, il s'ouvrit une nouvelle bouche, qui jeta fort loin une multitude de pierres enflammées, pendant l'efpace d'une heure, & un torrent abondant de lave, qui couvrit deux milles de pays dans le même efpace de temps.

On remarqua que plufieurs parties de ces torrens de lave, refroidies à leur fuperficie & devenues des maffes folides, furent fondues & renverfées par un nouveau flot de lave brûlante, quoique ce nouveau flot ne fondît pas l'ancienne lave. (*Extrait d'une lettre imprimée à Palerme, par Michel Picciotto*).

On fent bien que je n'ai nommé ici que les principales montagnes de cette île; j'aurai occafion de faire connoître les autres dans le cours de cette defcription.

*Fleuves.* Entre les fleuves de la Sicile, que je ferai connoître, en décrivant fucceffivement les côtes,

Les principaux fleuves étoient,

1°. Sur la côte orientale:

Le *Simæthus*, qui prenoit fa fource dans les montagnes de l'intérieur de l'île, à l'oueft de l'Etna, au fud de la ville appelée *Engyum*, couloit vers le fud-eft, recevoit à la gauche le *Chryfas* (1), qui prenoit fa fource à-peu-près au même lieu. Il fe rendoit à la mer, près & au nord de *Murgentium*. On trouve à l'embouchure de ce fleuve de gros morceaux d'ambre.

_____

(1) Sur la carte inférée dans la géographie de Cellarius, on a mis le *Chryfas* à la droite du *Simæthus*; mais la géographie moderne dément cette pofition du fleuve ancien.

Le *Mela*, au fud du précédent, couloit dans une direction plus droite de l'oueft à l'eft. Il avoit fa fource dans les montagnes, qui étoient affez loin au nord de *Geles*.

2°. Sur la côte méridionale:

L'*Himera*, qui avoit fa fource au mont *Artefinus*, aux environs d'*Enna*. Ce fleuve fe rendoit à la mer près de *Phintia*.

L'*Hypfa*, qui, venant de l'intérieur de l'île, fe rendoit à la mer près & à l'eft de *Selinus*.

Les fleuves de la partie feptentrionale étoient moins confidérables.

### Defcription des lieux, &c.

Pour mettre plus d'exactitude dans cette defcription, en partant du promontoire *Pelorum*, je defcendrai du nord au fud, je parlerai des lieux que je trouverai fur la route; puis, m'arrêtant à chaque fleuve, je prendrai occafion de les nommer, & de pénétrer, en les remontant, jufqu'à leur fource. Ce fera, ce me femble, un moyen de mettre un peu plus de méthode pour la defcription de l'intérieur du pays.

*Pelorum promontorium* (cap Paffaro). Ce promontoire termine au nord le fameux détroit de Meffine. Il eft formé par l'extrémité de la montagne appelée par les anciens *mons Micònius*. Ils nous y ont fait connoître un temple de Neptune. Mais on peut préfumer qu'il y avoit quelque bourg ou village dont ils ne nous ont pas donné connoiffance. M. Hoüel y a trouvé des reftes de différens édifices, entre autres ceux d'un aqueduc.

*Meffana* (Meffine), à l'eft, fur le détroit de fon nom, avoit d'abord porté le nom de *Zanclé*, écrit de même en latin, & en grec Σαγκλη. Thucydide nous apprend que ce premier nom lui avoit été donné à caufe de fa forme, qui étoit celle d'une faulx, appelée ζανελε chez les Siciliens. On fait que des Mefféniens lui donnèrent depuis leur nom. (*Voyez* MESSANA).

La côte qui commence au fud, à caufe des débris des vaiffeaux péris dans le gouffre ou fur les rochers de Charybde, étoit nommée *Copria*.

La route s'avançoit au fud, entre le bord de la mer & le mont Chalcidique (*Chalcidis mons*). Ce fut là que les Romains, l'an 265 avant J. C., gagnèrent une bataille fur Hiéron II.

Le mont *Petorias*, au fud, en s'avançant un peu à l'eft, formoit le promontoire nommé *Argennum*. On conjecture que c'eft celui que Ptolemée nomme *Drepanum*.

À l'embouchure d'un petit fleuve appelé *Chryforhoas* (nom donné par les anciens à bien des fleuves): on voyoit un petit lieu nommé *Tamaritium*.

*Taurominium* (Taormina), étoit plus au fud. Une ville, appelée *Naxos*, & bâtie par des Chalcidiens, 720 ans avant l'ère vulgaire, ayant été détruite par Denys le tyran, les habitans se retirèrent sur une montagne appelée *Taurus*, & y bâtirent une ville qui dut être considérable, si on en juge par ses ruines : entre autres monumens, on y voit encore un théâtre très-bien conservé, un gymnase pour les exercices des jeux, beaucoup de tombeaux, &, à l'extrémité du terrein, un vaste réservoir.

Sur le promontoire étoit un temple de Vénus (*Veneris Fanum*).

Le petit fleuve *Tauromenius*, que l'on croit être le même que l'*Onobala* d'Appien, se rendoit ici à la mer.

*Naxos* (Torre Rossa), détruite, comme je viens de le dire, par Denys le tyran, subsiste encore dans quelques ruines. On y voit des restes d'aqueducs, des tombeaux, &c.

Au sud, un petit fleuve, selon Ptolémée, avoit le nom d'*Asines*.

*Callipolis*, ou la belle ville, étoit au sud : elle est désignée aussi par le nom de *Bidias*.

Le petit fleuve *Acis* avoit son embouchure un peu plus au sud. En voyant le nom de ce fleuve, appelé aussi *Acès*, & les masses appelées *Cyclopum Scopuli*, ou rochers des Cyclopes, qui sont à son embouchure, on se rappelle la fable des amours d'Acis & de Galathée, & le rocher lancé par le géant Polyphème, pour écraser cet amant préféré. C'est ainsi que tout s'embellissoit par l'imagination féconde des Grecs. Mais tout en convenant des charmes que leurs lecteurs devoient trouver à ces brillantes fictions, nous devons attacher infiniment plus de prix aux recherches des naturalistes modernes qui ont recherché quelle étoit la nature de ces rochers, & quelle en pouvoit être l'origine. On a reconnu que ces rochers, appelés actuellement *Faraglione*, & qui entourent le petit port de la Trizza, sont d'énormes blocs de basalte, offrant des crystallisations très-variées.

En remontant ce petit fleuve, on trouvoit une petite ville nommée *Ætna*, ainsi que la montagne ; elle avoit d'abord porté le nom d'*Ennaria* ou *Inessa*. Elle se trouvoit à l'angle de la route qui, venant de *Centuripæ* à l'ouest, alloit ensuite à *Catana*, au sud.

Quelques auteurs placent dans une petite anse, au sud, le *Portus Ulyssis* : Ptolémée paroît l'indiquer ailleurs.

C'étoit tout près qu'étoit la ville de *Catana*. La fondation de cette ville remonte à une très-haute antiquité. Strabon & Thucydide l'attribuent aux citoyens de Chalcis. Théoclès & quelques Chalcidiens, dit ce dernier auteur, partirent de l'île de Naxe, sept ans après la fondation de Syracuse ; ils vinrent en Sicile, & y bâtirent les villes de *Leontium* & de *Catana*, après avoir chassé de ces bords les Sicules par la force des armes. Ceux qui fondèrent Catana, prirent Evrachus pour chef de leur colonie.

Eusèbe, dans sa chronique, place cet événement dans l'année qu'il croit être la 3446ᵉ du monde. On sait que cette manière de compter d'une ère incertaine est absolument bannie des ouvrages où l'on n'admet que les faits avoués par une saine critique. Mais comme, au moyen des olympiades, on peut en comparer les années avec celles qui ont précédé notre ère, en la prenant pour le point de comparaison ; en voyant dans les auteurs que Catane fut fondée la première année de la treizième olympiade, on en conclut que ce fut l'an 728 avant l'ère vulgaire.

D'autres auteurs, beaucoup moins anciens que Strabon, & presque aussi modernes que Cluvier, qui avoit prétendu corriger Eusèbe, tels que Bochart & Carrera, prétendent que la ville de Catane existoit avant l'arrivée des Chalcidiens. Ce sentiment est appuyé sur l'autorité de Thucydide, selon lequel les habitans de Naxos chassèrent les Sicules. Bochart prétend qu'elle avoit été fondée par des Phéniciens, ces premiers navigateurs qui portèrent leurs colonies sur presque toutes les côtes de la Méditerranée. Il paroît que la situation de Catane, ayant un bon port, ne devoit pas être négligée par eux.

Catane devint, dans la suite, une des premières villes de la Sicile : elle fut divisée en quatre quartiers, qui lui firent donner le nom de *Tetrapolis*, ou des quatre villes.

Le plus considérable de ces quartiers se nommoit *Ætnapolis*, ou la ville de l'Etna, nom qu'il prenoit de sa situation : le second se nommoit *Demeteropolis*, ou la ville de Cérès, à cause d'un temple de cette déesse : le troisième s'appeloit *Artemisium* ou *Luna*, parce qu'il renfermoit un temple de Diane. Ce quartier contenoit aussi dans son enceinte une grande place, où l'on tenoit une foire tous les lundis (1).

Le quatrième quartier se nommoit *Littoralis*, parce qu'il étoit situé sur le bord de la mer.

Hiéron, tyran de Syracuse, prit Catane, en chassa les habitans, & ne l'appela qu'*Etna* : il mourut deux ans après. Hiéron avoit cru ôter en effet tout espoir de retour aux malheureux Cataniens, en les transportant à *Leontium*, & en mettant à leur place des Léontins. Mais peu de temps après sa mort, les anciens habitans se réunirent, chassèrent les Léontins, & se rétablirent dans leur ville. Elle passa depuis au pouvoir des Romains, avec le reste de la Sicile, à la fin de la seconde guerre punique. Il paroît qu'ils l'embellirent de plusieurs monumens.

Les Goths, maîtres de la Sicile, le furent aussi de Catane ; mais Bélisaire la leur enleva, & la remit sous l'obéissance des empereurs grecs.

_____

(1) L'usage de cette foire s'est perpétué à Catane jusqu'à présent.

*Les*.

Les Sarrazins s'en emparèrent vers l'an 969 de notre ère.

Catane fut la patrie du philosophe Charondas, qui y vivoit environ 500 ans avant J. C. Stéfichore y étoit mort environ 556 ans avant la même ère.

Rien ne prouve mieux combien cette ville fut confidérable, que la quantité de monumens publics & particuliers qui l'ornoient. Probablement on ne les connoît pas tous. Je vais feulement indiquer les principaux que l'on trouve dans l'ouvrage de M. Hoüel.

1°. Un amphithéâtre. Le grand diamètre extérieur eft de 389 pieds ; le petit· diamètre de 332.

Le grand diamètre de l'arène avoit 233 pieds, & le petit diamètre 176.

2°. Un grand & un petit théâtres : le petit fe nommoit *Odeum*.

3°. Un grand cirque.

4°. Une naumachie.

5°. Un gymnafe.

6°. Plufieurs temples, &c.

La ville de Catane étoit arrofée par le petit fleuve *Amenanus*. En defcendant la côte, au fud, on trouve un petit fleuve que l'on croit être le *Pfemithus* des anciens.

Plus au fud, & affez près, étoit l'embouchure du *Simæthus*, dont j'ai parlé plus haut. J'ai dit auffi qu'il recevoit à fa gauche le *Chryfas*.

Si l'on remontoit ce dernier, on trouvoit d'abord *Hybla*, furnommé *Major*. Son nom propre étoit *Ineffa* & *Armetria* ( la Civita ) ; enfuite on trouvoit, plus au nord, l'embouchure de l'*Adrano* ; & près de ce dernier fleuve, la ville d'*Adranum* ou *Hadanum* ( Aderno ). Elle étoit bâtie au pied de l'Etna, &, felon Diodore, elle avoit eu Denys le tyran pour fondateur. Mais il eft plus probable que l'ancien temple, bâti en ce lieu en l'honneur du dieu Adranus, exiftoit bien avant la ville. La dévotion y attira un affez grand concours de monde, puifqu'il s'y forma d'abord un village, puis enfin une ville. Ce temple devint fort célèbre. Ce dieu Adranus, dit Elien, dans fon traité des animaux, avoit mille chiens qui lui étoient dévoués. Ces chiens, doués d'une intelligence fupérieure, careffoient les gens de bien qui fe rendoient au temple ; & la nuit, ils les accompagnoient jufques chez eux. Mais, lorfqu'un brigand ou un malfaiteur s'en approchoient, ces chiens fautoient fur lui, & le déchiroient impitoyablement. Si le tyran, remarque très-bien M. Hoüel, fe fût hafardé d'entrer dans un temple fi bien gardé, il n'en eût jamais forti.

Un peu au fud du confluent de l'*Adranus* & du *Chryfas*, étoit la ville de *Centuripa* ( Centuripi ), patrie d'Apalcius, médecin de Tibère. Cette ville, l'une des plus anciennes de la Sicile, eft fort élevée ; elle étoit fituée entre les montagnes, ainfi que la ville moderne qui lui a fuccédé. Cette fituation en rendoit l'accès difficile, & la préfervoit des incurfions hoftiles, tant qu'elle n'eut que des ennemis qui ignoroient l'art de la guerre. On trouve beaucoup d'eau dans fes environs. M. Hoüel

*Géographie ancienne. Tome III.*

conjecture que la ville ancienne s'étendoit plus que la ville moderne, qui n'a qu'une rue fort irrégulière. Mais la maffe générale de fon plan reffemble à une efpèce de toile irrégulière, à fix pointes, qui, partant de centres différens, divergent & fe courbent en différens fens. Ces pointes font à des diftances inégales, & elles ont entre elles, à leurs extrémités, des vallons immenfes ,. des précipices affreux ; de tous côtés la vue s'étend au loin.

M. Hoüel y a trouvé les ruines d'un pont dont la pofition indique·que le cours du *Symæthus* s'eft déplacé ; il a trouvé des reftes d'une écurie antique, & d'autres reftes d'édifices.

On fait que cette ville eut autrefois des tyrans, & que Denys recherca l'amitié de Nicomède. L'un d'eux, Timoléon, ce célèbre libérateur de Syracufe, le fut auffi de *Centuripa ;* mais elle fut foumife par les Romains, qui lui laifsèrent fes loix. Le gouvernement y étoit démocratique, & la population étoit d'environ vingt mille ames ; du moins on le conclut de ce que Cicéron dit que dix mille hommes votèrent avec les fénateurs pour faire abattre la ftatue de Verrès. Les habitans de *Centuripa* cultivèrent les arts, & s'adonnèrent fingulièrement à faire des camées. On n'en a trouvé nulle part autant que dans les fouilles de cette ville. Ils avoient auffi donné beaucoup d'attention à l'agriculture, & le fafran de leur territoire étoit très-eftimé. Pline dit qu'au bas de leurs montagnes il y avoit des falines, dont le fel étoit rouge (1). *Centuripa* fut détruite par Pompée, & rétablie par Octave, qui y établit une colonie romaine. Saccagée par les Sarrazins, elle fut rétablie par les Normands.

*N. B.* Hugon Stard, lieutenant du duc d'Anjou, l'avoit dépeuplée & réduite à l'état le plus trifte, lorfqu'un pauvre hermite s'avifa d'aller fe loger entre toutes ces ruines, au milieu de quelques cabanes de bergers. La dévotion attira fur fes pas d'abord quelques ames pieufes, puis de malheureux payfans vexés chez eux ; enfin, le nombre augmenta, multiplia ; il en eft réfulté une ville d'environ trois mille ames.

Parmi les débris de l'ancienne *Centuripa* on trouve beaucoup de ces moulins de lave, dont les anciens fe fervoient pour moudre leurs légumes ou écrafer leur bled. A un mille au - deffous de cette ville, il exifte des reftes d'un beau monument antique, qui peut avoir été un bain, une fontaine, ou peut-être un grand réfervoir où fe raffembloient les eaux, lorfque leur trop grande abondance auroit pu fubmerger les terres cultivées.

Trois rivières au moins fe réuniffoient à *Centuripa*. J'ai déjà parlé de l'*Adranus*.

Le *Ciamofurus*, qui le recevoit, venoit des monts *Heræi*, qui font au nord-oueft de l'*Etna* ; mais il étoit formé de deux branches, l'une venant direc-

---

(1) M. Hoüel y a vu du fel de cette couleur, mais en petite quantité.

tement du nord, avoit à l'eſt un temple de Vulcain ( *templum Vulcani* ), & l'autre, venant du nord-oueſt, paſſoit peu loin d'un lieu appelé *Trinacinæ*.

*Trinacinæ* ou *Trynacinæ* ( Traïna ), étoit ſur la cîme d'une montagne. Elle occupoit le lieu même où eſt la ville moderne : il n'en reſte que quelques portions de murailles d'une belle conſtruction.

M. Hoüel dit que les gens du pays prétendent que Traïna eſt l'ancienne *Imachara* ; mais il paroît que celle-ci étoit plus à l'oueſt. Le rapport entre le nom ancien & le nom moderne, eſt une nouvelle preuve en faveur du ſentiment que j'ai adopté.

Quant au *Chryſas*, qui paſſoit à *Centuripæ*, il venoit auſſi du nord-oueſt, & a auſſi, vers ſa ſource, porté le nom de *Vagus*. En le remontant, on trouvoit d'abord,

*Agyrium* (S. Felipe d'Argiro), patrie de Diodore de Sicile, ſur le ſommet d'une montagne conique, très-élevée, parfaitement iſolée, & de pierre calcaire. Diodore, en parlant de cette ville, dit qu'Hercule y vint, & qu'on y éleva des temples en ſon honneur, quoique modeſtement il les refuſât, auſſi bien que les ſacrifices. Ce dieu, par reconnoiſ-ſance, ajoute l'hiſtorien, creuſa dans la plaine un lac de quatre ſtades de circonférence.

Il n'en reſte que quelques pans de muraille.

*Aſſonis*, patrie de Daphnis, poëte bucholique. *Tabæ*, foltereſſe, étoit à la droite du fleuve.

*Engium* étoit abſolument à la ſource du *Chryſas*, qui avoit un temple aſſez près au ſud, ſous le nom de *Fanum Chryſæ*. Il avoit été élevé par les Aſſo-riens, ou habitans d'*Aſſorus*. Dans le même local, ſelon les gens du pays, on a élevé une petite égliſe, dédiée à S. Pierre.

On adoroit dans ce temple une ſtatue du fleuve Chryſas, ſculptée en marbre, & d'une grande per-fection. Verrès, malgré la vénération qu'elle inſpiroit, voulut faire voler cette ſtatue. Mais les brigands furent découverts, pourſuivis, & la ſtatue reſta : on ignore ce qu'elle eſt devenue.

Il paroît que le mont *Arteſino* renfermoit la ſource du *Simæthus*, & l'on y voyoit auſſi un lieu appelé *Simæthum*.

Un peu au ſud étoit la ville d'*Enna* (Caſtro-gioanni), que les anciens appeloient l'*Ombilicus Siciliæ*, ou le centre de la Sicile. Elle étoit ſur le ſommet d'une montagne où eſt une petite plaine d'environ un mille d'étendue & de trois cens toiſes de largeur. L'eau abonde en ce lieu. Cette ville avoit été bâtie par les Syracuſains, ayant à leur tête un général nommé *Ennus*, qui lui donna ſon nom, l'an 665 avant J. C.

Selon Diodore, le temple de Cérès à Enna avoit été bâti par Gélon, tyran de Syracuſe. Il y avoit, dans ce temple, deux ſtatues de la déeſſe, l'une en marbre, l'autre en bronze ; celle-ci étoit la plus ancienne. Dans le veſtibule, il y avoit deux autres ſtatues : l'une repréſentoit Cérès, d'une belle exécution ; elle tenoit en main une victoire : l'autre repréſentoit Triptolème.

Le temple de Proſerpine, moins grand que celui de Cérès, avoit auſſi beaucoup de célébrité.

A cinq milles au ſud d'*Enna* étoit un lac nommé *Perguſa*, & célèbre par l'enlèvement de Proſerpine. Il eſt à préſent dans une campagne déſerte, & a environ 2672 toiſes de circonférence ; ſa forme oblongue s'étend du levant au couchant ; mais ce lieu appartient au baſſin qui raſſemble les eaux de l'Himera méridional.

A l'eſt d'*Enna* étoient :

*Herbeta* ou *Herbeſſa* ; détruite par les Sarrazins : les habitans ſe retirèrent dans des grottes. Pas loin de-là les Sarrazins fondèrent Nicoſia.

*Ergetium* ou *Ergetio* ( Zotica ), de ce même côté, paroît avoir été bâtie dans une belle plaine, qui eſt au ſud du ſommet où eſt actuellement l'hermi-tage appelé *le Paradis*, ſur la montagne appelée *Judica*.

*Murgentium*. La poſition de cette ville paroît offrir quelques difficultés, quand, d'un côté, on la voit placée aſſez avant dans les terres par l'habile d'Anville ; & de l'autre, aſſez près de la côte, par des auteurs eſtimés, & tout récemment ſur la carte de l'Italie ancienne, publiée par M. de la Borde.

Je préſume que M. d'Anville, qui, avec un grand ſavoir, n'avoit pas pu ſe défendre d'une prévention peut-être trop générale contre les idées reçues, s'étoit cru autoriſé à placer *Murgentium* dans les terres, par le paſſage ſuivant. Strabon, parlant des Grecs établis ſur les côtes orien-tales de la Sicile, indique, comme peuples médi-terranés, ou de l'intérieur des terres, les *Siculi*, les *Sicani*, les *Morgetes* & quelques autres (1), que les Grecs ne ſouffroient pas ſur les côtes, mais qu'ils n'avoient pas chaſſés de l'intérieur du pays. Il ajoute : *Morgantium* fut la ville ou l'habitation des Morgètes. Actuellement cette ville n'eſt plus : πόλις δὲ ἦν αὕτη, γὰρ δ' οὐκ ἔστιν. Il paroît de ce que les Morgètes n'habitoient pas les côtes dont les Grecs s'étoient emparés, & de ce que *Morgantium* avoit été leur ville, détruite au temps de Strabon ; il paroît, dis-je, que M. d'Anville en avoit conclu qu'il falloit les placer dans l'inté-rieur des terres.

Mais ſi cette ville étoit détruite au temps de Strabon, il devoit y avoir peu de temps, à moins qu'il ne parle d'une ville ancienne qui en avoit pré-cédé une autre de même nom ; car Cicéron & Tite-Live parlent de cette ville, & même ce dernier, *L. XXIV*, *c. 27*, indique que c'étoit une ville ma-ritime : *ad Morgantiam tum claſſem navium centum Romanis habebat*. Il eſt donc clair par ce paſſage, qu'il y avoit une ville de *Morgantium* ou *Morgantia*, car on uſoit des deux noms, ſur le bord de la mer,

---

(1) Ἀλλὰ διετέλεσαν μέχρι δεῦρο Σικελοί καὶ Σίκανοι, καὶ Μόργητες, καὶ ἄλλοι τινὲς νεμόμενοι τὴν νῆσον.

& que ceux qui ont adopté cette position, l'ont fait d'après des autorités (1).

Tout près , au sud, étoit l'embouchure d'un fleuve. Je le trouve nommé *Mela* sur la carte de M. de la Borde. Il me semble que les anciens le nommoient assez généralement *Éryces*, d'après la ville de ce nom , qu'il arrosoit dans l'intérieur des terres.

En remontant ce fleuve, on voit, sur la gauche, la campagne que l'on nommoit *Læstrygonii campi* (2). Ces Lestrygons n'existoient plus depuis long-temps dans les beaux jours de la Sicile ; ils étoient, disoit-on, très-féroces. Toute cette partie de terrein est volcanique.

Un peu au-delà étoit le lieu appelé *Palica* , & la position que lui donne M. d'Anville est très-fautive ; car il le place au sud-ouest de *Menæ*, & les observations de M. Hoüel prouvent incontestablement qu'elle étoit au nord-est de cette même ville, sur une colline de pouzzolane. Selon Diodore, *Palica* avoit été fondée par Ducetius, ancien roi des Sicules, qui y rassembla les habitans de plusieurs hameaux. Ce lieu étoit célèbre par un temple des dieux Palices, très-ancien. On ne voit plus que différentes ruines dans ce lieu. Elle avoit été bâtie la quatrième année de la LXXXIe olympiade, c'est-à-dire, l'an 456 avant J. C.

Mais Diodore parle de deux vases qui étoient enfoncés en terre, renfermant de l'eau, & d'où l'on voyoit s'élever des feux. Ce phénomène si étonnant alors, peut actuellement s'expliquer par la connoissance de l'air inflammable qui produit cet effet.

*N. B.* Tout près de l'endroit où étoit *Palica*, on voit encore un lac que l'on nomme *Naftia*, qui exhale une odeur désagréable & malfaisante. Les eaux sont couvertes à la surface d'un bitume qui probablement, ainsi qu'au fare de Messine, est la cause de la *Fata Morgana* qui s'y voit en certains temps, & dont peu d'écrivains modernes ont parlé , mais qui a été très-bien observée par M. Hoüel.

C'est ce lac qui, sur certaines cartes, porte le nom de *Palicorum stagnum*.

*Menæ* ( Mineo ), étoit à peu de distance au sud-ouest ; on la croyoit la patrie de Ducetius, cet ancien roi dont je viens de parler. Selon Cluvier, elle avoit été fondée 429 ans avant la ville de Rome.

*N. B.* On n'y trouve que quelques ruines.

Sur la droite du fleuve *Pantagies*, précisément au nord du *Palicorum Stagnum*, étoit un lieu appelé *Capitoniana*, & très-peu connu. Il étoit sur la route de Catane à Gelensium.

Au sud de l'embouchure de l'*Eryces*, étoit celle du petit fleuve *Terias*, qui traversoit le petit lac appelé *Herculeus lacus*, au sortir duquel il recevoit, à sa droite, le petit fleuve *Lissus*.

C'étoit à l'est du confluent, & assez près de la mer, qu'étoit la ville de *Leontini*, dont Cicéron vante le territoire, à cause de sa fertilité (3). Diodore nous apprend qu'elle avoit d'abord porté le nom de *Xuthia*, d'après un ancien prince ou chef du pays.

La ville de *Leontini* avoit été fondée par une colonie de Chalcidiens qui vint en Sicile sous la conduite de Théoclès, à-peu-près dans le temps que l'on bâtit Catane. C'étoit le territoire de cette ville qui portoit le nom de *Læstrygonii campi*, ou champ des Lestrygons.

*N. B.* Il ne reste rien de *Leontini* : tout a été détruit par les bâtisses faites dans la ville moderne de Carlentini.

Je soupçonne que le *Lacus Herculeus* des anciens est le lac appelé *Biveri* sur la carte italienne que j'ai sous les yeux, & dont M. Hoüel dit que l'on n'y trouve que trois sortes de poissons, dont deux seulement s'y multiplient naturellement.

En suivant le *Terias*, au-dessus du lac, on trouve l'emplacement où Timoléon vainquit Mamercus, l'an 321 avant J. C.

Si l'on suit le petit fleuve *Lissus*, qui vient du sud-ouest, on trouve *Eryce* (4) (Militello). Elle étoit au pied d'une montagne appelée actuellement *Catalfani*.

Vers ce même côté étoit encore,

*Ochiola*, que je ne trouve pas sur les cartes anciennes, mais que l'on pourroit y placer, puisque l'on en trouve les ruines à l'est du château d'*Hieron* ou *Calata Hieronis*. Cette ville d'*Ochiola* occupoit cinq collines, entre lesquelles est un sable mouvant. Elle fut détruite par les Sarrazins. On rebâtit cependant une ville nouvelle, que renversa le tremblement de terre de 1693 : enfin, des débris de ces places, on bâtit, dans la plaine, la ville appelée le *Grand S. Michel*.

*Calata Hieronis*, qui n'étoit qu'un château, est devenue la plus riche ville de la Sicile, sous le nom de Caltagirone.

Un peu vers le nord , étoit la ville de *Megella* , dont on voit encore quelques ruines.

(1) Sur une carte italienne de la Sicile, *Morgantium* est aussi indiquée sur la côte.

(2) C'est une singularité remarquable, que le graveur de M. d'Anville ait oublié l'*s* de ce nom, & que le dessinateur de la carte de M. de la Borde ait eu la même distraction.

(3) On disoit souvent la seconde Leontini ; & M. Hoüel remarque que ce qui lui a mérité ce nom , c'est que la campagne , ainsi que celle des environs , n'est composée que de productions volcaniques , du genre qui approche le plus de la pouzzolane , & que tous ces bons fonds ont été comblés pendant un long intervalle de siècles, des débris de productions marines de toute espèce, que les eaux , jointes à la grande abondance de leurs sels, ont rendu de la plus grande fertilité. Leontini fut la patrie de Gorgias, vers l'an 488 avant J. C.

(4) Elle est trop sud-ouest sur la carte de M. d'Anville.

*Aidonum*, que je crois être la même, appelée *Edini* fur quelques cartes, étoit une ville très-ancienne. Elle étoit près de la ville moderne nommée *Aidone*.

*Entella* étoit fituée fur une roche de gypfe, c'eft-à-dire, de plâtre, dont la fommité a peu d'étendue. On y parvenoit, dit M. Hoüel, par un chemin très-difficile.

C'eft au fud-eft de *Leontini* que la partie montagneufe qui l'avance dans la mer, portoit le nom de *Taurus promontorium*.

M. de la Borde place fur ce promontoire un petit lieu nommé *Pantagia* : je ne connois ce nom qu'à un fleuve. Au fud du promontoire, eft un golfe.

Une portion de terre qui s'avance au fud, & forme un promontoire que les anciens appeloient *Xiphonia*. Quelques auteurs penfent qu'il y avoit en ce lieu une ville de même nom (1).

A l'oueft, dans le golfe, fe rendoit le petit fleuve *Alabus*.

Un peu au fud, fur la côte de l'eft, à l'embouchure du *Pantagias*, Vibius dit que fon nom lui venoit de ce que le bruit de fes eaux, fe précipitant comme un torrent, étoit entendu de toute la Sicile. On peut juger de la vérité de ce fait, par la raifon qu'il donne du peu de bruit que fait actuellement ce même fleuve. Cérès, felon lui, cherchant fa fille Proferpine, en fut étourdie, & le fit ceffer.

*Megara*, appelée depuis *Hybla* (port appelé la *Cantra*), étoit fur la côte orientale; elle avoit été fondée, dit-on, l'an 764, par des Mégariens. Mais je crois que cette opinion n'eft fondée que fur le rapport de nom. Strabon donne le nom d'*Hybla* pour le premier nom de cette ville, qui fut enfuite appelée *Megara*. Je penfe au contraire, que ce nom de *Megara*, qui eft oriental, a dû être le premier. Il fe trouve dans beaucoup d'endroits, & fignifie habitations (2). La ville a pu, dans la fuite, prendre le nom d'*Hybla*, auquel on joignoit l'épithète de *minor*.

Elle étoit célèbre par le miel recueilli dans fes campagnes; encore paroît-il que c'étoit la ville d'*Hybla*, dans le fud-eft de l'île, & dont je parlerai bientôt, qui portoit le nom de *minor*, & qui produifoit le plus de miel.

*N. B.* M. Hoüel y a trouvé de belles affifes antiques de très-grandes pierres, & les reftes d'un aqueduc.

Cette ville fut prife par Gélon, qui en envoya les habitans à Syracufe. Les riches y eurent le rang de citoyens; les autres y furent vendus à l'encan.

Cependant la bonté du fol y rappela de nouveaux cultivateurs; *Hybla* redevint une ville un peu confidérable; &, par le traité de paix que fit Hiéron avec les Romains, *Hybla* demeura fous fa domination.

Dans la feconde guerre punique elle refufa de fe foumettre aux Romains. Elle fut prife & démantelée par Marcellus. On la rebâtit une troifième fois, & elle fubfifta jufqu'aux guerres civiles, qu'elle fut encore ruinée.

Enfin, Augufte, au lieu de la faire reconftruire au même lieu, fit une ville nouvelle fur le promontoire de Xiphonia, & lui donna fon nom. Ce qui fait que quelques hiftoriens regardent l'Agofta moderne, comme fuccédant à l'ancienne *Hybla*, c'eft qu'en effet, ce furent les mêmes habitans, leurs meubles & leurs richeffes que l'on y tranfporta; il n'y eut de changement que dans le local. On trouve quelques monumens dans les environs.

Le petit fleuve *Alabus* fe jetoit à l'oueft; en le remontant, on trouvoit un lac appelé *Faffelinus*.

Le promontoire *Tapfus*, que l'on trouvoit au fud, bornoit le golfe & s'avançoit à l'eft.

Sur la route en allant d'*Hybla*, par le fud, on trouvoit un petit lieu appelé *Legas*, & auffi *Leo*.

Enfin on arrivoit à Syracufe, ville la plus confidérable de la Sicile, & l'une des plus célèbres de l'antiquité. Elle étoit formée de la réunion de plufieurs parties, & occupoit un grand territoire. Le fleuve *Anapas* en baignoit les murs du côté du midi. Je parlerai de cette ville plus en détail à fon article (3).

La petite île d'*Ortygie* faifoit partie de cette ville: c'étoit-là que fe trouvoit la fontaine *Aréthufe*.

Affez près étoit la fontaine *Cyane* (4), au milieu d'une prairie vafte & marécageufe. Les eaux de cette fontaine font très-abondantes, paroiffent venir d'une grande profondeur & avoir leur fource dans un lieu très-élevé. Elles forment à leur naiffance un baffin de la largeur de plus de trente pieds; elles forment enfuite une petite rivière qui va fe perdre dans l'*Anapus*. Ces eaux font de la plus parfaite tranfparence, & laiffent appercevoir une multitude de poiffons. Mais je ne puis me refufer au plaifir de laiffer parler M. Hoüel lui-même fur cette fontaine, qu'il a trouvée fi belle, & dont les anciens avoient fait une divinité. « Elles (ces eaux), » font de la plus parfaite tranfparence. Elles con- » tiennent & laiffent voir une multitude de poiffons,

---

(3) En faifant cet article de la Sicile, il m'arrive de donner quelque étendue à ce que je dis de tel ou de tel lieu, quoiqu'il ait néceffairement fon article à part. C'eft qu'actuellement ces articles font imprimés, & qu'il ne m'eft pas poffible d'y ajouter ce que de nouvelles connoiffances me procurent fur cette île interreffante.

(4) Il y a quatre milles entre cette fontaine & la ville actuelle de Syracufe: mais l'ancienne étoit bien plus étendue.

---

(1) C'eft apparemment une diftraction du graveur qui fait lire fur la carte de M. de la Borde *Xiphonia priùs Augufta*; il faut lire *jofteà*. Car ce fut bien depuis qu'elle eut le nom d'*Augufta*.

(2) *Voyez* ce que j'ai dit à l'art de *CARTHAGO*.

» sur-tout de l'espèce que l'on appelle *Mulet*,
» poisson très-subtil, très-ombrageux, qui ne se
» laisse point approcher, & qu'il est très-difficile
» de prendre.

» En bateau, sur cette eau tranquille & si trans-
» parente, qu'elle échappe à la vue, on est tenté
» de se croire soutenu en l'air par enchantement,
» & l'on jouit du spectacle de toutes ses familles
» aquatiques qui jouent, qui se promènent ou qui
» s'attaquent au fond des eaux. On les voit se
» cacher sous des plantes qui semblent être composées
» d'un tissu de soie de la plus grande délicatesse :
» les poissons se croient bien cachés derrière ce
» réseau, & l'éclat de leurs écailles d'or & d'argent
» les trahit à travers des brillantes fleurs de ce
» transparent.

» Quelques-uns de ces poissons s'égarèrent dans le
» courant du fleuve, & alors on les prend plus
» facilement, en traversant d'un filet le fleuve qu'ils
» parcourent.

» Les bords de ce bassin sont environnés d'ar-
» bustes & de roseaux de différentes espèces ; le
» papyrus sur-tout croît abondamment dans ce bassin
» & le long des bords de la petite rivière qui en
» sort (1) ».

Les Syracusains divinisèrent autrefois la fontaine
Cyané : ils lui élevèrent un temple, & ils la per-
sonnifièrent sous la figure d'une femme. Mirabelle
n'a pas manqué de nous transmettre la fable qu'ils
inventèrent. Un Syracusain, nommé *Cyanippo*,
avoit sacrifié à tous les dieux, excepté à Bacchus.
Ce dieu, pour l'en punir, l'enivra & l'égara tellement, que Cyanippo, rencontrant sa propre fille
dans la nuit, ne la reconnut pas, & la contraignit,
malgré sa résistance, à lui accorder la seule chose
qu'une fille doive refuser à son père. Mais elle
lui enleva son anneau, & le donna à sa nourrice,
pour que son père apprît, par elle, quelle femme
le lui avoit enlevé.

La peste survint : elle étendit ses ravages sur la
ville de Syracuse. L'oracle consulté, répondit que
pour appaiser les dieux, il falloit sacrifier l'homme
le plus coupable qui fût parmi eux, & qu'aussi-tôt
la peste cesseroit.

Cyané ne pouvant méconnoître que ce coupable
étoit son père, & que les dieux le désignoient,
prit une résolution cruelle, mais qu'elle crut jus-
tifiée par la nécessité. Elle saisit ce vieillard par les

---

(1) Cette plante parvient à douze pieds de hauteur :
sa tige est parfaitement lisse dans toute sa longueur :
sa forme est triangulaire & s'arrondit vers sa sommité :
son intérieur est d'un tissu cellulaire fort aqueux. Cette
tige a peu de solidité : elle n'a guère que deux pouces
de diamètre au bas, & quatre à cinq lignes à son extrémité supérieure, qui se termine par une belle houppe
parfaitement sphérique, formée de filamens qui partent
d'un même centre, où ils sont implantés dans une
petite boule qui termine la tige. Cette houppe a jusqu'à
dix-huit pouces de diamètre en tout sens, quand elle
est dans toute sa beauté.

---

cheveux, le poignarde, & se tue sur son corps.
Les larmes de cette jeune incestueuse avoient tellement attendri Proserpine, qu'elle les rassembla &
en forma la fontaine que je viens de décrire, &
qui est située dans le lieu même par où l'ame de
Cyané se rendit aux enfers.

Tout près, & sur la droite de l'embouchure de
l'*Anapus*, étoit un beau temple de Jupiter Olympien.

La côte, en s'avançant à l'est, forme le promontoire *Plemmyrium*, &, à cause de sa forme, nommé
aussi le long promontoire ( *promontorium longum* ).

Le petit fleuve *Cacyparis* (2) se rendoit dans une
petite anse, située à l'ouest. La carte de Cellarius
indique l'embouchure de ce fleuve au nord-est d'un
lieu qu'il nomme *Nanthathnus* : & en effet, selon
Pline, il y avoit un port de ce nom. Je crois donc
que c'est à tort que la carte de M. de la Borde
en fait un promontoire, qu'il appelle de plus *longum
promontorium*, nom qui ne convient pas à la forme
de ce lieu, mais bien au précédent.

Avant de décrire cette partie de la Sicile jusqu'au
*Pachynum promontorium*, & même jusqu'à *Camarinæ*,
je dois prévenir qu'elle est fort montagneuse, &
que ces montagnes paroissent avoir servi de demeures aux anciens habitans de la Sicile. M. Hoüel
y a trouvé des excavations nombreuses & si bien
entendues, qu'elles supposent une connoissance
raisonnée de plusieurs arts. Je ne crois pas qu'elles
soient l'ouvrage des Lestrigons ni des anciens Sicaniens. Ce ne sont pas de simples retraites, ce sont
presque des palais. Aussi plusieurs savans ont-ils
pensé qu'elles avoient été creusées pour servir de
retraite à ceux que poursuivoit le despotisme des
tyrans. Cela peut être pour celles dont l'accès est
difficile & l'intérieur assez simple : mais pour celles
où l'on trouve des recherches dans la construction,
ne pourroit-on pas croire que les magistrats romains
& leurs principaux officiers avoient fait creuser &
embellir ces souterrains pour y passer les jours &
les semaines des plus grandes chaleurs. Dans les
jours brillans de la république, rien ne coûtoit à
ces voluptueux dominateurs de la terre. Quoi qu'il
en soit de l'origine de ces grottes, on en trouve
presque par toute la Sicile, & sur-tout de ce côté.

*Bidis* étoit un peu dans les terres, sur le *Caey-
paris* ( Cassibili ) (3). Ce lieu étoit dans la vallée
appelée de *S. Jean de Bidini*.

Vers le haut de ce fleuve étoit *Erbessus* ou
*Herbessus* ; peut-être devrois-je dire, l'une des villes
qui porte ce nom, car il y en avoit une autre
près d'Agrigente. M. de la Borde a indiqué cette
ville sur l'*Anapus* ; mais cette position est contraire
à la tradition du pays ; & une carte italienne que
j'ai sous les yeux, l'indique vers les sources du

---

(2) *Cabyparis* est une faute sur les cartes où ce nom
se trouve.

(3) M. Hoüel semble donner ce fleuve pour l'*Anapus*
des anciens ; mais l'*Anapus* se trouvoit à Syracuse.

*Cacyparis*, près de la montagne que l'on appelle *Acri-monte*.

*Herbessa* fut la première colonie que les Syracusains envoyèrent dans ce lieu. Elle fut bâtie environ soixante ans après qu'Archias eut accru celle de Syracuse.

Hiéron II, tyran de Syracuse, avoit un château sur le mont Acra, où il venoit respirer un air plus frais. A mi-côte, on avoit construit des forts pour défendre ce palais. Ces forts engagèrent à bâtir des maisons à l'entour : de-là s'est formé le nom moderne de *Palazuolo* : de belles sources qui s'y trouvent, y fixèrent la population. On abandonna le sommet de la montagne pour s'y établir. Il y reste un puits très-curieux. Il est carré, a cent vingt pieds de profondeur. On trouva l'eau à dix-huit toises. Un homme peut y descendre en plaçant ses pieds dans des trous percés intérieurement : l'eau s'y rendoit par différentes ruelles creusées dans terre de différens côtés.

On trouve de ce côté beaucoup de grottes où sont des tombeaux & beaucoup de bas-reliefs.

Mais avant de sortir de ce canton de la Sicile, je vais donner une idée de la disposition générale de ces sortes d'habitations. Elles se trouvent ordinairement dans de grands espaces creusés dans la roche même par les fleuves, & qui semblent coupés à pic : on les appelle *cavées*.

« A deux milles de Palazuolo, dit M. Hoüel, est la cavée de Spinpinatus, l'une de celles dont l'espèce est fréquente dans le val de Noto ; vaste cavée, creusée dans la roche par l'action des eaux pluviales, depuis que la mer, en l'abaissant, a découvert la Sicile, & l'a livrée aux révolutions de l'atmosphère ».

Cette cavée tortueuse offre de chaque côté, à une certaine élévation, des roches taillées à-peu-près verticalement, & des habitations creusées dans cette roche. Ces demeures humaines furent probablement faites à des époques très-voisines de celles où la Sicile a eu ses premiers habitans. Les hommes, ignorant toute espèce de luxe, n'avoient encore que des usages tels qu'on ne les peut comparer à aucun de ceux qu'ont eu les Siciliens dans les temps dont nous avons les traditions. J'ai remarqué cependant, ajoute M. Hoüel, au milieu de ces demeures rustiques & grossières, des traits d'industrie, des idées de bien-être qui décèlent des hommes intelligens, quoique de mœurs infiniment simples (1).

Ces habitations sont creusées dans des roches taillées à pic par la nature, au-dessus du terrein incliné, au fond duquel roulent les ruisseaux ou les torrens qui ont creusé cette vaste profondeur.

---

(1) Je me permets de donner quelques descriptions de ces demeures souterraines, parce qu'elles appartiennent à la géographie ancienne de la Sicile, quoique ce soit à la géographie moderne que nous en devions la connoissance.

Celle des habitations qui m'a paru la plus digne d'être observée, consiste d'abord dans une grande salle au rez-de-chaussée, & dans une arrière-salle de murs cintrés, qui feroient croire qu'autrefois elle a été décorée. A l'entrée de la première pièce est un escalier, dont la première marche est à quatre pieds & demi au-dessus du sol. Cet escalier tournant à dix marches, & conduit à un petit pallier étroit & carré. On monte ensuite perpendiculairement, en mettant les pieds & les mains dans des trous carrés, pratiqués les uns au-dessus des autres dans le roc ; &, passant au travers d'un petit puits qui perce l'épaisseur du plancher, on arrive à l'étage supérieur, & l'on trouve un appartement de douze pièces de plein-pied.

On communique à la plupart de ces chambres par une galerie extérieure. Cette galerie est formée par une partie avancée du rocher, & elle offre un point de vue admirable, d'où l'on peut voir tout ce qui se passe dans le vallon, du moins à une grande distance.

A l'extrémité de cette petite galerie est un petit cabinet de latrines, aussi creusé dans cette partie avancée du rocher. On y descend par sept ou huit marches. On y voit le siège, la lunette, une petite fenêtre, de petites niches destinées, comme des tablettes, à recevoir ce qui peut être nécessaire à la propreté. Ce cabinet pouvoit être fermé par une trape, & être ainsi soustrait à la vue.

Je conviens que cette maison pouvoit avoir été une retraite contre les brigands ou les satellites des tyrans : aussi M. Hoüel fait-il la remarque suivante.

« J'ai dit que l'escalier du rez-de-chaussée avoit sa dernière marche à quatre pieds & demi du sol : ce n'étoit pas probablement sans dessein. Une échelle ou quelques marches de bois s'y ajoutoient & s'enlevoient facilement en cas que l'on fût attaqué. Un ou deux hommes placés au bas de cet escalier, empêchoient facilement une multitude d'hommes d'y monter ; & s'ils étoient tués ou forcés, les assiégeans ne pouvoient pas pénétrer dans la première chambre en passant par ce puits, où on les eût aisément assommés les uns après les autres, tant qu'il s'en feroit présenté. Supposé que l'on eût forcé ce passage, les assiégés se feroient retirés dans un second étage, où l'on n'arrivoit que par un puits semblable au premier, mais d'un abord plus difficile.

» Ce qu'il y a de remarquable, c'est que l'on agrandissoit son logement à mesure que la petite famille augmentoit. On creusoit alors le rocher, au fond de la dernière chambre, une porte, puis une autre chambre de la grandeur que l'on vouloit ; ou bien on creusoit dans le plafond, & on se faisoit un appartement au-dessus ».

*N. B.* On a trouvé dans ce lieu une multitude de lances, de flèches & d'autres instrumens de guerre, tous en bronze.

En remontant le fleuve Caſſibili ( *le Cacyparis*), M. Hoüel a trouvé des ruines qui paroiſſent être celles d'une ancienne ville des Sicaniens : je ne ſais de quelle ville ſe peut être, à moins que ce ſoit celles d'*Acrillæ*, aſſez près du ruiſſeau appelé *Erineus*, qui couloit du nord au ſud pour aller ſe rendre dans l'*Achates* ou l'*Aſinarus*.

De cette ville la route conduiſoit à *Neetum* (1) ( Noto).

*Neetum* étoit ſituée de manière à être imprenable, dans un temps où l'on n'avoit pas l'uſage du canon. Elle étoit ſur un rocher iſolé, qui n'eſt abordable que par un ſeul endroit. Mais il n'eſt preſque pas de place qui réſiſte à la conſtance & au courage d'un ennemi puiſſant. *Neetum* fut priſe par les Grecs, par les Romains, par les Sarrazins, puis par les Normands. Elle avoit été détruite & rebâtie pluſieurs fois. Mais le tremblement de terre de 1693, l'a pour jamais effacée de la ſurface de la terre. On ne voit plus, dans le lieu qu'elle occupoit, que de triſtes amas placés confuſément les uns près des autres.

*N. B.* Les habitans ayant renoncé à leur rocher, s'établirent plus au ſud, à quatre milles de la mer, dans une belle poſition : cette ville eſt bien bâtie & bien peuplée (2).

En ſuivant la côte depuis l'embouchure du *Cacyparis*, on trouvoit la petite ville d'*Abola* (3) ( Avola).

Je m'arrête ici un inſtant pour donner une idée du fleuve *Cacyparis*, au moins tel qu'il eſt aujourd'hui, & tel probablement qu'il étoit au temps des Romains ; je parlerai enſuite de l'état de la côte, juſqu'au cap.

---

(1) On trouve ſur la carte de M. de la Borde, *Naetium* ; c'eſt une double faute. Le grec de Ptolémée porte Νεητον : les Latins ont dit aſſez communément *Netum*, mais jamais *Netium*, ni *Naetium*.

(2) La ville de Noto, dit M. Hoüel, jouit de l'avantage d'entretenir autour d'elle ſix maiſons d'hermites, contenant environ cent hommes voués à ne pas travailler ; mais ils ſervent à conſoler dans les temps malheureux. M. Hoüel raconte ce qui lui fut dit à ce ſujet, dans un cercle où probablement c'étoit l'opinion générale : il ſert à faire connoître l'état des lumières dans ce pays.

« Ces hermites, me dit une perſonne de la compagnie, » ne préſervent pas la ville des calamités, de la grêle, » des orages, des tremblemens de terre, des hivers tr'p » froids ou trop pluvieux ; mais quand nos péchés ont » attiré ſur nous toutes ces marques de la colère » céleſte, le ſénat ordonne à ces hermites de jeûner & » de ſe donner la diſcipline, enfin de faire pénitence » pour nous. Ils prient avec ferveur, ils ſe fouettent » juſqu'au ſang ; le fléau ceſſe, alors on leur donne des » vivres & de l'argent, & le peuple eſt content ».

(3) C'eſt au nord de cette ville que ſe trouve la grande cavée, l'une des merveilles de la Sicile. Dans ſa partie élevée, ſa largeur eſt égale à ſa profondeur. Le fleuve Caſſibili ( *Cacyparis*), qui l'a creuſée, coule au fond, & la parcourt dans toute ſa longueur, qui eſt d'environ cent toiſes. Elle eſt remplie d'anciennes habitations & de tombeaux.

---

Le fleuve Caſſibili ( *Cacyparis*), prend ſa ſource au pied d'un rocher ; le volume d'eau qui en ſort eſt ſi conſidérable, & ſa force eſt ſi impétueuſe, qu'il prend la forme d'un champignon ou d'un paraſol, de dix pieds de diamètre, au milieu du vaſte baſſin qu'il produit.

C'eſt enſuite que ce fleuve traverſe la grande cavée. Il coule à découvert, & non pas ſous terre, comme quelques auteurs l'ont dit. Il eſt vrai qu'en été, étant preſque à ſec, il ſe perd, en quelque ſorte, entre des ſables & des cailloux, avant de ſe rendre à la mer.

Trois ſources d'une eau douce par elle-même, mais un peu ſalée, parce qu'elle ſe mêle avec celle de la mer, ſortent du fond des flots, & jailliſſent à leur ſurface : ces trois ſources ſont à cent toiſes du rivage, près de l'embouchure du Caſſibili. La plus voiſine, à vingt-cinq toiſes de l'embouchure de ce fleuve, forme une convexité de plus de ſix toiſes de diamètre, au-deſſus de la ſurface de la mer quand elle eſt tranquille ; un bateau n'y peut reſter, le mouvement de l'eau l'écartant ſans ceſſe.

Tout le rivage eſt plein de ſources de toutes groſſeurs, depuis Syracuſe juſqu'à *Pachinum*, ſoit ſous l'eau, ſoit hors de l'eau. Elles nous font connoître la véritable origine de celles d'Aréthuſe & du prétendu fleuve Alphée, venu, diſoit-on, de l'Elide.

M. Hoüel a trouvé dans les environs de ce fleuve des ruines qu'il croit être celles de l'ancienne *Hybla*. Cette poſition n'eſt pas celle que lui donnent nos meilleures cartes. Ce ſeroient plutôt les ruines de l'ancienne *Abola*, que M. d'Anville place dans l'intérieur des terres, à-peu-près où les ruines l'indiquent.

C'eſt près de l'*Aſinarius* qu'étoit le château, ou, ſi l'on veut, la maiſon de campagne de Polizelus, frère d'Hiéron ; & ce fut en ce lieu que Nicias & Démoſthènes, commandant les Athéniens, furent faits priſonniers, le 26 juillet 413 avant J. C.

Le petit port appelé *Phænicus portus*, étoit au ſud & à l'embouchure du fleuve *Elorus* ou *Helorus*. Près de ce fleuve, & pas loin de la mer, étoit un beau monument triomphal ( on l'appelle actuellement la *Guglia*) : c'étoit une colonne de onze pieds ſix pouces de diamètre. Chaque aſſiſe de pierres eſt de dix-huit pouces de haut, & il y en a vingt-trois ; ce qui donne de haut trente-quatre pieds ſix pouces. Cette colonne fut élevée par Hippocrate, roi de *Géla*, en mémoire d'une victoire qu'il avoit remportée ſur les Syracuſains, l'an 461 avant J. C.

*Helorum* étoit tout auprès. Elle avoit pris ſon nom du fleuve auprès duquel elle ſe trouvoit. On vantoit ſon territoire ; il n'en reſte rien de remarquable. Tout près étoit *Patiorus*, ou le château des Hellorins.

En ſuivant la côte on trouvoit *Ichana* ou *Inacha*, *Eratiſia*, lieux peu conſidérales, & l'on arrivoit au temple d'Apollon, ſurnommé *Libytien* (*Apollinis*

*Iibyſtini fanum*). Voici, dit-on, ce qui lui fit donner ce furnon. Une armée fortie de la Libye pour foumettre la Sicile, débarqua au promontoire *Pachinum*, dans les environs de ce temple. Les habitans invoquèrent leur dieu tutélaire: bientôt la pefte fe répandit dans l'armée ennemie, & ces barbares périrent prefque tous. On attribua cette mortalité aux flèches du dieu, & on le furnomma le *vainqueur des Libyens*.

Mais fi le fait hiftorique eft arrivé; s'il eft vrai qu'une armée de Libyens y ait abordé & y foit péri, il n'étoit pas néceffaire de recourir à l'intervention d'une divinité. Car l'air épais & les brouillards qui s'élèvent des terres volcaniques qui font de ce côté, fuffifoient bien pour engendrer des maladies, au milieu de gens qui venoient d'éprouver les fatigues de la mer; & même, felon quelques auteurs, le nom de *Pachinum*, venant du grec παχυς, épais, n'a été donné à ce promontoire qu'à caufe de la qualité de l'air qu'on y refpire. Ce temple étoit un lieu d'afyle.

*N. B.* M. Hoüel a vu à ce cap quelques reftes d'antiquités, qu'il croit être ceux du temple d'Apollon.

*Côte méridionale, en commençant, par le fud-eft, au promontoire* Pachinum.

La première pofition qui fe préfente fur cette côte, après avoir doublé le cap, étoit le petit lieu appelé *Odyffeum* ou *Ulyffeum* (1). On trouve dans Ptolemée Οδυσσεια ακρα, c'eft-à-dire, *Odyffeum promontorium*. Le commentateur de Lycophron dit que ce promontoire fe nommoit d'abord *Casra*. Il paroit que le petit port qui eft tout auprès portoit auffi le nom de *Portus Ulyffis*: il en eft parlé dans l'une des *Verrines*.

*N. B.* C'eft aujourd'hui la *Marza*. On y voit les ruines d'une ville antique; c'eft que probablement on avoit bâti en ce lieu un nombre confidérable d'habitations.

Près-de-là étoit une ville nommée *Puzellus*: le lieu qui la remplace fe nomme *Pozello*.

M. Hoüel a trouvé de ce même côté (au fief de Stafenda), fur une roche plate, élevée de trente ou quarante pieds au-deffus de la plaine, & baignée en partie par une petite rivière; il a trouvé, dis-je, les ruines d'une ville ancienne, dont il refte des traces de l'emplacement des maifons, & les traces des rues: on voit que le frottement des voitures & le pas des hommes les ont peu creufées dans la roche. Cette fituation eft charmante; il préfume que c'eft-là qu'étoit la ville d'*Ichana*, que

bien de cartes ont omife. Il en eft parlé dans Etienne de Byfance; & Pline les nomme *Ichanenfes*. Il eft probable même que le nom qui fe lit *Ina* dans Ptolemée, eft une faute de copifte, qui a omis le milieu du mot.

La conftruction des murailles indique, en beaucoup de lieux de ce côté de la Sicile, que cette manière étoit commune à tout un peuple; &, comme elle eft moins régulière que celle des Grecs, il eft probable qu'elle appartient à un peuple qui les a précédés dans cette île.

*N. B.* Il y a de ce côté des cavées très-curieufes; la plus belle eft la fameufe cavée d'Ifpica. On en peut voir la defcription dans le fuperbe & très-intéreffant ouvrage de M. Hoüel (2), *vol. III, page 126*. Rien, dans ce château d'Ifpica (3), nom peut-être formé d'*Hipfa*, n'avoit été conftruit de main d'homme; tout avoit été conftruit dans la roche, en la hachant de toute manière pour s'y loger commodément: il y avoit quatre étages. J'ajoute que dans des appartemens du rez-de-chauffée, il y a un filet d'eau qui fort du rocher par un petit trou que la nature a creufé: afin de recevoir cette eau, on a pratiqué au-deffous, dans la roche même, une cuvette affez femblable à un petit farcophage. « C'eft, dit M. Hoüel, une fin- » gularité curieufe que le jet de cette eau au » milieu d'un maffif de rocher ». On n'en trouveroit peut-être pas un autre exemple.

En fuivant la côte à l'oueft, on arrive à l'embouchure de l'*Hirmineus*, qui traverfoit la plaine appelée *Plaga Heræa*.

Affez près étoit *Cafmena* ou *Cafmenæ* (Scicli). Cette ville, dit M. Hoüel, qui en a deffiné les ruines, a dû être fituée fur les différentes portions planes du rocher. Un efcalier eft le feul beau refte de cette ville ancienne, avec un beau magafin, qui renferme un très-grand nombre de pièces creufées dans la montagne.

Cette ville fut fondée par les Syracufains, vingt ans après celle d'*Acræ*. On ne fait pas dans quel temps elle a été détruite.

*Caucana* (Santa Croce, ou Sainte-Croix), étoit à l'oueft. Il n'en refte qu'un bain, de conftruction romaine.

Tout près étoit le *Taurus promontorium*, à l'embouchure du petit fleuve *Motyce*, appelé auffi *Motycanus*.

---

(1) Je faifis cette occafion d'apprendre à ceux qui ne le favent pas, que le nom de ce roi d'Ithaque, eft en latin *Ulyffes*, en françois Ulyffe, en grec *Odyffes*, Οδυσσευς, d'où s'eft formé Odyffée.

(2) J'apprends avec une fatisfaction bien vive, que cet artifte célèbre prepare, de fon excellent ouvrage, une édition in-8°., qui fe trouvera ainfi à portée d'un plus grand nombre de lecteurs: c'eft bien dommage que les circonftances, ou plutôt le gouvernement ne l'aient pas affez bien fecondé: nous lui devrions une excellente carte de Sicile; & ce pays, intéreffant fous tant de rapports, feroit actuellement parfaitement connu.

(3) Nom qu'on lui a donné, à caufe de fa forme.

En remontant ce fleuve, on arrivoit à la ville de *Motyce*, qui lui donnoit son nom. La ville qui a succédé, presque dans le même emplacement, porte le nom de *Modica*. C'est le sentiment d'Aidone ; & la ressemblance de nom rend son opinion très-vraisemblable. Cette ville fut fondée par une ancienne colonie de Lyciens qui vinrent s'établir en Sicile. Ils furent chassés de cette ville par des Phéniciens : c'est à-peu-près tout ce que l'on en sait.

A l'ouest de *Motyce* étoit l'embouchure du *Pantæcus*, sur la gauche duquel se trouvoit, à peu de distance de la mer, le lieu nommé *Trotilum*.

*Camarinæ*. C'étoit, dit Strabon, une colonie de Syracusains, établie en ce lieu, selon Cluvier, dans la LV<sup>e</sup> olympiade. Elle s'accrut promptement en force & en population, & se révolta contre ses fondateurs, qui pourtant eurent l'avantage. Ensuite Hyppocrates, tyran de Géla, s'en rendit maître dans une guerre qu'il eut avec les Syracusains. Lorsque Gélon, successeur d'Hypocrates, fut devenu roi de Syracuse, les habitans de Camarina se révoltèrent encore : ils furent réunis aux Syracusains, avec le titre de citoyens.

Enfin Camarina fut détruite une troisième fois par les Syracusains, à la mort de Gélon. Cette ville fut depuis rebâtie & occupée par les habitans de *Gela*. Lors de la première guerre punique, elle prit le parti des Carthaginois, & fut assiégée par les Romains.

*Camarina* s'allia avec Phalaris, tyran d'Agrigente, & elle lui fournit de l'argent. On peut ajouter que cette ville a produit beaucoup d'hommes célèbres.

*N. B.* Il n'en reste plus que les débris d'un temple & les pierres dont on a fait la tour des Gardes-côtes, près du petit port appelé les *Scoglietti*.

En remontant le petit fleuve *Oanus*, on arrive à *Hybla-Heræa* (1), à laquelle on ajoutoit l'épithète de *minor* : c'est actuellement Raguse. Il paroît que c'est celle-ci qui avoit sur-tout la réputation de fournir l'excellent miel si vanté chez les anciens. Je ne sais si ce nom d'*Heræa* ne lui seroit pas venu de son attachement à Junon, dont le nom grec est *Hera*. Peut-être cette déesse y avoit-elle quelque temple alors célèbre.

*N. B.* Les principales antiquités que l'on trouve dans ses environs sont, 1°. un cent puits ; on les nomme toujours ainsi, quoiqu'il n'y en ait que dix à douze visibles : ce sont des espèces de citernes ; on en trouve encore plus loin. 2°. Une grotte renfermant un très-grand nombre de tombeaux.

Tout près de l'antique *Hybla* (Raguse), il existe une carrière dont on tire une pierre bitumi-

fleuse, qui répand une odeur assez forte, dans les temps chauds, pour se faire sentir de très-loin, lorsque l'on passe sous le vent de cette carrière.

« La roche est formée par couches, dont les » unes sont plus brunes, & les autres plus claires. » Il y a des endroits où la matière colorante abonde » plus qu'ailleurs, ce qui les fait ressembler à des » taches. C'est à la partie verticale de cette roche, » exposée au midi, qu'il est facile de voir pourquoi » elle est colorée & odorante. Elle y paroît saturée » d'un bitume très-abondant, qui fond lorsque le » soleil la frappe de ses rayons. Alors il coule en » rameaux noirs très-gros vers le tronc, & très-» effilés vers leur extrémité inférieure. Ces rameaux » ressemblent à des racines ou à des herbes incrustées » dans cette pierre : ce n'est que du bitume noir » comme du goudron. Il n'abonde pas vers le haut » de cette roche : on n'y trouve que de simples » stillations. Les couches horizontales de cette roche » ne sont pas distinctes ; ce ne sont que des nuances, » des variétés dans la couleur.

» Cette pierre brûle comme du bois, & donne » de la flamme jusqu'à ce qu'elle ait perdu tout son » bitume : alors elle n'offre plus qu'une pierre d'un » gris clair ; & dans cet état, elle paroît beaucoup » moins dure ».

Une curiosité intéressante aux environs d'*Hybla*, outre quelques assises de grandes & belles pierres faisant partie des murs de cette ville, on trouve, au sud, beaucoup de grottes qui servoient de ruches aux abeilles : elles étoient creusées dans les rochers, comme ailleurs sont disposées les places destinées aux morts.

Ces grottes ont toutes, à leur entrée, une large & profonde feuillure. L'entrée de ces grottes est presque par-tout un carré très-arrondi, ou ovale. Le plan de l'intérieur est à-peu-près rond, & le plafond en coupole applatie. Il y a dans presque toutes ces grottes, une petite banquette à gauche en entrant, de quatre à cinq pouces de haut & d'autant de large.

Ces grottes se fermoient avec une porte de pierre ou de bois, & l'on voit des trous qui indiquent que l'on appuyoit par-dessus un bâton qui les tenoit solidement fermées. Elles sont en très-grand nombre, ce qui est certainement une forte raison pour adopter l'opinion que le miel si vanté d'*Hybla* venoit du territoire de celle dont je parle.

En remontant au nord-ouest, le long de la côte, on trouvoit le tombeau d'Eschyle, célèbre poëte tragique, né l'an 525 avant J. C., & mort l'an 456.

Plus loin on trouvoit le nom de *Gela*, commun à plusieurs objets du même canton.

1°. Un fleuve, coulant du nord-est. Il recevoit à sa droite un autre fleuve, nommé *Vagedrusa*.

2°. Un petit lieu à l'embouchure du fleuve, nommé *Refugium Gelæ*.

3°. Un étang nommé *Gelonium stagnum*.

_____

(1) M. d'Anville la place près de la source d'un fleuve qui est plus à l'ouest ; mais la carte italienne que j'ai sous les yeux, donne la position que j'indique.

4°. Une belle campagne au fud-eft, nommée *Geloi campi*. C'eft dans cette campagne que paffoit l'*Achates*, felon quelques auteurs ; mais il me femble que l'on n'eft pas bien d'accord fur le fleuve moderne qui portoit ce nom ancien.

5°. Enfin, la ville de *Gela* ( Licata ), fur le fleuve de fon nom, au nord des champs & de l'étang. Cette ville fut fondée l'an 723 avant J. C. ; elle étoit bâtie fur une montagne ifolée, que l'on nommoit *Ecnomus*, felon Diodore ( 1 ). C'étoit une des plus anciennes villes de la Sicile : il n'en refte que les habitations taillées dans des grottes, pour des familles vivantes, & des fépulcres taillés différemment, pour recevoir des morts.

Au nord-oueft de l'embouchure du *Gela* eft un autre fleuve que M. d'Anville n'a pas indiqué fur fa carte. C'eft à cette embouchure que fe trouve actuellement Terra-Nova. Je vois fur une carte ancienne *Refugium Chalis*, lieu affez ignoré ; &, en remontant, plufieurs des rameaux qui forment ce fleuve, au nord-eft, *Trinacria*, *Gelonæ*, *Hydra* ; au nord, *Maflonium*, lieux également peu connus.

Un autre petit fleuve, dont l'embouchure eft à l'oueft, conduit au lieu nommé *Calvifiana*.

A l'embouchure d'un petit fleuve, un peu plus occidental, étoit un lieu nommé *Phalerium*. C'étoit-là, felon Cluvier, qu'avoit été placé ce taureau d'airain, inventé par un tyran nommé Phalaris, qui y fut jeté le premier, l'an 556 avant J. C.

C'eft en remontant un peu ce fleuve, que l'on le trouve à l'oueft, lieu où les Carthaginois battirent Agathoclès, l'an 320 avant J. C.

L'*Himera* méridional, l'un des plus beaux fleuves de la Sicile, avoit fon embouchure très-près de là.

*Phintia* étoit fur le bord de la mer, à l'embouchure du fleuve. Ptolemée écrit *Phinthia*, & l'indique dans les terres.

En remontant l'*Himera* on trouve, fur la droite du fleuve, une colline où les Agrigentins furent battus par les Syracufains, l'an 446 avant J. C.

Un petit ruiffeau, qui tombe à la gauche du fleuve, conduit à *Caulonia* ( près de Petra Piazzia). Il n'y refte plus aucune trace de conftructions.

Un peu plus au nord, un autre petit ruiffeau conduit à *Gelenfium*, appelé auffi *Philofophiana* (2). Elle étoit traverfée par un petit fleuve appelé actuellement *il Giaccio*. Il en refte des pans de murailles d'une grande épaiffeur.

*Nonymma* étoit de ce côté.

Le fleuve qui confervoit le nom d'*Himera* remontoit vers le nord-oueft, puis vers le nord, jufqu'à un lac nommé *Petrenfium lacus*. Sur la droite étoit un petit lieu appelé *Petra*, & d'un accès très-difficile en beaucoup d'endroits.

Sur la côte on trouvoit *Petiliana*, lieu peu confidérable ; & *Dædalium*, connu par Antonin. On croyoit que ce lieu, & d'autres endroits qui fe trouvoient de ce côté, étoient l'ouvrage de Dédale.

Enfin, après avoir traverfé l'*Hipfa*, on arrivoit à l'embouchure de l'*Agragas*, d'où l'on remontoit en peu de temps, à la fameufe Agrigente.

*Agrigentum* ou Agrigente (3), nommée par les Grecs *Agragas*, étoit à une petite diftance de la mer, fur un lieu élevé. Elle avoit des fauxbourgs très-confidérables ; mais on n'en peut donner l'étendue, parce qu'on n'en retrouve pas les traces.

Cette ville fe divifoit en trois parties.

La première, celle qui fut la plus anciennement habitée, étoit la citadelle : elle étoit fur une hauteur, au nord de la partie occidentale de la ville ( *Agrigentum in Camico* ). Des rochers efcarpés l'environnoient au nord, & des murs la défendoient au midi, où le terrein s'abaiffoit. Il n'y avoit qu'une feule entrée pour l'oueft. Le premier nom de ce lieu avoit été *Cocale*, [qu'elle avoit pris d'un prince, dit-on, qui y avoit habité. Le nom d'un autre prince, appelé *Camicus*, avoit précédé celui de *Concale*. Ainfi, voilà donc trois noms à retenir dans cet ordre. *Camicus*, c'eft le premier nom de la montagne, lequel lui venoit d'un ancien roi des Sicules ; *Concale*, qui fut celui d'un autre prince de la même nation : enfin celui d'*Agragas*, qui me paroît avoir eu rapport à fa fituation fur une montagne.

La feconde partie de la ville étoit immédiatement au fud de la citadelle, & fe nommoit *Agrigentum in Camico*, ou Agrigente, fur le mont *Camicus*.

Enfin, la troifième partie de la ville s'étendoit un peu au fud, mais beaucoup à l'eft & au fud-eft des précédentes.

Nous n'avons prefque rien de ce que les anciens ont écrit fur l'hiftoire de cette ville. Entre les modernes qui en ont parlé, on doit diftinguer le P. Pancrace. Il a fait un tel ufage de fon érudition, qu'il a publié deux vol *in-folio* fur les antiquités d'Agrigente. Il réfulte de la lecture de fon ouvrage, dans lequel il a rapproché le peu que difent

---

(1) Quelques auteurs nomment *Ecnomus*, un mont qui eft à l'oueft de l'*Himera*.

(2) M. d'Anville s'eft évidemment trompé fur la pofition de cette ville. Les ruines indiquent fa pofition à un mille de Piazza. Or, cette dernière ville fe trouve prefque directement au nord de Rena Nova ; & M. d'Anville a place plus à l'eft fur le fleuve *Gela*. La pofition que lui donne la carte de M. de la Borde, eft bien plus conforme à ce que nous offre l'état des lieux.

(3) Lorfque je fis, & que l'on imprima l'article *Agrigentum*, M. Hoüel, dont à peine j'avois l'honneur d'être connu, voulut bien, chez lui, me communiquer le plan fur lequel il expofe la diftribution de cette ville ; mais la partie de fon ouvrage qui en donne la defcription n'étoit pas encore publiée. Actuellement que je l'ai fous les yeux, je vais donner plus de précifion à ce que je dirai, renvoyant pour l'hiftorique de cette ville à l'article AGRIGENTUM, *tome I, page 91.*

Thucydide, Diodore, &c. qu'Antiphèmes & Rhodes conduisirent une colonie dans le sud de la Sicile, & fondèrent ensemble la ville de Géla, quarante ans après la fondation de Syracuse. Cent ans après la fondation de Géla, quelques-uns de ses habitans conduisirent une colonie sur les bords du fleuve *Agragas*. Cet événement eut lieu dans la XLIX<sup>e</sup> olympiade.

On sait qu'elle fut la patrie d'Empédocle, l'an 488 avant J. C. Elle fut prise & détruite par Amilcar, l'an 406. Elle avoit recouvré à-peu-près sa première splendeur lorsqu'elle fut prise par les Romains, l'an 210. Elle fut la patrie d'Evémère, qui y naquit vers l'an 350.

Je ne pourrai qu'indiquer ici, d'après le plan qu'a donné M. Houël, les principaux édifices d'Agrigente, & je les indiquerai en commençant par le nord, c'est-à-dire, par la citadelle.

A l'ouest de la citadelle étoit la seule porte qui y donnât entrée. De ce même côté étoit un fauxbourg nommé actuellement *Rabbatos*.

A-peu-près au milieu de la forteresse, étoit le temple de Jupiter Polien.

*N. B.* On n'en voit que de foibles restes, sur lesquels on a bâti l'église de Sainte-Marie des Grecs. Il ne reste de l'ancien temple, que trois gradins qui en faisoient le soubassement; au-dessus de ces gradins, il ne reste que quelques assises de pierres.

Un peu à l'est, on trouve une espèce de labyrinthe souterrein, creusé dans la roche, au-dessous du sol. Peut-être étoit-ce un lieu pour resserrer les prisonniers, & les mettre hors d'état de nuire pendant la durée d'un siège.

Voilà à-peu-près tout ce que l'on trouve actuellement dans la citadelle.

Dans la partie appelée *Agrigente in Camico*, on ne trouve rien, si ce n'est en deux endroits différens, des tombeaux creusés dans la roche.

*N. B.* Ces tombeaux sont rangés dans le meilleur ordre; ils ont, au sud-est, une fontaine.

Dans la ville d'Agrigente proprement dite, on trouvoit:

Au nord de cette partie, formant la partie orientale de la totalité, un temple consacré à Jupiter Tutrius & à Minerve. Il étoit bâti sur la sommité la plus élevée de la montagne, sur une protubérance de la roche qui domine tout ce qui l'environne.

*N. B.* Il ne subsiste plus de ce temple que quelques assises de pierres: il a fait donner à cette montagne le nom de *Minerve*.

Au sud-est de cette partie étoit le temple de Cérès; c'étoit un des plus anciens de cette ville. Ce fut à la faveur des fêtes que l'on y célébroit en l'honneur de cette déesse, que Phalaris réussit à usurper la souveraineté.

*N. B.* Ce temple n'offre plus, aux yeux des voyageurs, que ses murs extérieurs. Il ne paroît pas qu'il ait eu de colonnes; il semble, au contraire, que quatre murs seulement aient formé son enceinte,

& que l'on y entroit du côté de l'occident: des restes de ces murs on a bâti la chapelle de S. Blaise.

De ce côté la roche est très-escarpée. On avoit fait un parapet. On avoit aussi pratiqué autour du temple un chemin qui tournoit. Ce chemin étoit modérément incliné; il conduisoit au portique du temple, & étoit assez large pour que plusieurs chars pussent y passer de front.

Un peu au sud, étoit une des portes de la ville, à l'est.

*N. B.* On voit de côté & d'autre de cette porte, des portions des fondemens, & des murs adjacens à cette partie; ils sont en pierre de taille & d'une très-belle exécution.

Je passe à la partie méridionale d'Agrigente.

A l'est, étoit encore une autre porte, dont il ne subsiste que de foibles restes.

A l'angle sud-est de cette partie étoit le temple de Junon-Lucine. Ce temple, élevé sur l'angle d'un rocher, étoit dans la plus belle situation, & jouissoit de la plus belle vue au levant & au midi. On tournoit tout autour par des rues & des chemins que l'on avoit ménagés à différentes hauteurs. Il étoit de la classe de ceux que l'on nommoit *péristyles*, parce qu'un rang de colonnes régnoit tout autour. Il étoit d'ordre dorique; il s'élevoit au-dessus du sol de douze pieds huit pouces, & cet espace étoit formé par huit assises de pierres. Les marches par lesquelles on y montoit, avoient chacune dix-neuf pouces de haut; ce qui ne devoit pas être très-commode pour les vieillards & pour les enfans.

Dans ce temple de Junon il y avoit un tableau de cette déesse, peint par Zeuxis. On rapporte qu'il avoit choisi, pour le faire, les vingt plus belles personnes d'Agrigente. Après les avoir bien examinées, il en prit cinq, d'après lesquelles il fit le portrait de la déesse, en imitant les plus beaux traits de chacune. Lorsqu'Agrigente fut près de tomber entre les mains des Carthaginois, Gélias, transporté d'un zèle d'amateur, ou plutôt d'un fanatisme patriotique, ne voulant pas que ce chef-d'œuvre passât en des mains ennemies & peu faites pour recueillir les productions des arts; Gélias, dis-je, prit ce tableau & le précipita avec lui dans les flammes. Qu'auroit pu faire de plus la rage du vainqueur, ou l'ignorance du peuple le plus barbare?

*N. B.* Ce temple est en grande partie détruit; & comme le temps détruit la roche sur laquelle il est posé, il est probable que ce que l'on en voit encore s'écroulera avec elle.

Assez près de ce temple, à l'ouest, étoit un caveau sépulcral.

*N. B.* On voit encore, très-près de ce caveau, à l'ouest, des restes de murailles.

Sur le même alignement, en allant vers le couchant, on trouvoit le temple de la Concorde.

Ce temple étoit d'ordre dorique des premiers temps (1).

Cet édifice avoit trente-quatre pieds de haut, cent vingt-six pieds de long, & cinquante-un pieds quatre pouces de large, mesuré de dehors des colonnes. Il étoit *périptère exastyle*, c'est-à-dire, environné de colonnes, dont six à chaque façade de devant & de derrière. L'exécution de cet édifice est d'une perfection étonnante pour l'appareil des pierres. Il y a beaucoup d'endroits où les pierres sont si parfaitement jointes, que l'on ne peut distinguer où se fait leur jonction (2).

Ce temple avoit été bâti par les habitans de Lilybée, ou plutôt à leurs frais, en vertu d'un traité qui terminoit la guerre avec les Agrigentins: ce fut de-là que lui vint le nom de *temple de la Concorde*. On le voit par une inscription conservée à Girgenti (3).

CONCORDIAE·AGRIGENTINORUM
SACRUM
RESPBULICA LILYBITANORUM
DEDICANTIBUS
M. ATTERIO. CANDIDO. PROCOS. ET
L. CORNELIO MARCELLO
Q. PR. PR.

*N. B.* La pierre dont on a construit les temples d'Agrigente, a été prise dans le sein même de la ville: elle n'est pas très-compacte; elle est composée d'un sable grossièrement agrégé, mais qui ne laisse pas d'avoir de la dureté. Les acides de l'atmosphère attaquent cette pierre & la décomposent; c'est pourquoi il étoit d'usage, quand les édifices étoient achevés, de la couvrir d'un enduit, ou plutôt d'un stuc parfaitement blanc, qui servoit à la conserver, en la préservant de l'action de l'air; ce qui donnoit à ces édifices un fini précieux d'exécution, & un éclat qui devoit les rendre admirables.

_____

(1) Il est assez bien conservé, sur-tout à l'extérieur. M. Hoüel en a donné une vue générale (*tome IV, page 24*). M. Swinburn, dans le second volume de son *Travels in tow Sicilies*, page 284, le montre en petit dans la planche qui représente la vue générale d'Agrigente. Ce temple y figure avantageusement, & fait un très-joli effet. On voit dans le lointain, sur la droite, les restes du temple de Junon.

(2) Il n'y a, entre les pierres de ces colonnes, ni plomb, ni mortier; mais seulement un morceau de bois qui, formant un axe, passe de l'une à l'autre, mais sans traverser entièrement chaque tambour, c'est-à-dire, chaque pierre de la colonne.

(3) Quant à l'époque où ce temple fut construit, voyez la note de M. Swinburn, tome II, page 283, *the reason gissen, &c.*

Ce temple n'étoit éloigné que de cent quatre-vingt-dix toises de celui de Junon. Il est bâti sur le même rocher, & n'est distant que de six toises du bord où ce rocher, taillé à pic, forme, au sud, un précipice très-élevé. Ce bord étoit défendu par un mur de parapet, taillé en grande partie dans cette même roche.

A environ cent toises vers l'ouest, étoit une grotte sépulcrale, remplie d'un grand nombre de sarcophages. Son ouverture est au nord; elle a une ouverture à la partie la plus élevée de la voussure. Elle communique à plusieurs autres.

Assez loin, de ce même côté, étoit le temple d'Hercule, dont il ne reste presque rien. Il devoit avoir cent quatre-vingt-neuf pieds de long, & quatre-vingt-trois de large.

Auprès de ce temple, à l'ouest, étoit un chemin creusé dans la roche, il y avoit une porte de la ville, appelée *Porta Aurea*, par laquelle on pouvoit aller au tombeau de Théron. Ce chemin, qui étoit fort large, conduisoit au port.

En quittant donc actuellement ces débris, & en passant par le chemin creusé dans la roche, on trouve, après une centaine de pas, dans une grande prairie, qui fut un fauxbourg d'Agrigente, à l'est, le temple d'Esculape, dont il ne reste que des ruines; & à l'ouest, mais un peu plus dans le nord, le tombeau de Théron.

Ce tombeau est, de tous les édifices de l'ancienne Agrigente, celui qui s'est le mieux conservé, après le temple de la Concorde; cependant il n'est pas tout entier. Théron fut le second tyran d'Agrigente, où il usurpa l'autorité, un peu plus d'un siècle après la mort de Phalaris; il fut estimé par sa sagesse & sa justice.

Le tombeau de Théron n'est pas actuellement entier; mais ce qu'il en reste, peut nous donner une idée de son architecture. C'étoit un ouvrage de fantaisie, dit M. Hoüel: « il nous apprend, » ajoute-il, » que l'idée de décorer un édifice avec » des colonnes posées sur un soubassement, est très-» ancienne ».

Une des croisées de ce petit édifice a trois pieds de large par en bas, & seulement deux pieds sept pouces par en haut. Cette croisée n'est pas une véritable fenêtre: elle n'est que sculptée sur le mur; c'est ce que l'on appelle une croisée feinte.

Une autre singularité qu'elle a encore, c'est qu'on y a tracé en bas-relief les montans & les traverses qui, si la fenêtre eût été véritable, eussent contenu ces carreaux de marbre, de talc ou d'albâtre, qui, chez les anciens, tenoient lieu de nos vitres. Les colonnes placées sur l'angle & engagées dans le mur, font un bon effet. Le chapiteau ionique de ces colonnes est surmonté d'un entablement dorique.

L'intérieur de ce tombeau n'offre rien de remarquable. Il paroît qu'il y avoit deux planchers qui formoient deux étages au-dessus du rez-de-chaussée. L'entrée est à la face orientale.

Cet intérieur est tout délabré. Diodore rapporte qu'il a été fendu d'un coup de foudre. On prétend que le tonnerre frappa ce tombeau au moment où il alloit être démoli par l'ordre d'Amilcar, qui, pour combler les fossés d'Agrigente qu'il assiégeoit, avoit ordonné d'abattre beaucoup d'édifices, & sur-tout des tombeaux. La foudre, en tombant, effraya les soldats & les dispersa. Ils crurent ce tombeau protégé par quelque dieu, & l'épargnèrent.

A l'ouest de la *Porta Orea* & tout auprès, étoit le temple de Jupiter Olympien, le plus grand de tous les temples de la Sicile. Cet édifice, dont le plan fut si grandement conçu, ne fut jamais achevé ; les guerres des Agrigentins & des Carthaginois en furent la cause. Il resta long-temps dans cet état d'imperfection, puis la voûte s'écroula & entraîna presque tout l'édifice, à l'exception d'une portion de ses murs, de trois colonnes, de leur entablement & d'une partie de la voûte. Ces restes subsistèrent jusqu'au 9 novembre 1401, qu'un tremblement de terre fit tomber les chapiteaux, & l'entablement qui les surmontoit.

*N. B.* Cette ruine présente une masse si imposante par la grosseur de ses colonnes, qu'elle excita toujours la plus grande admiration, & qu'elle donna, de cet édifice, une idée si avantageuse, que l'on appela ces colonnes *les piliers des géans* ; elle est telle, que les colonnes d'aucun temple, soit de la Sicile, soit peut-être d'ailleurs, ne peuvent leur être comparées. Enfin, les Agrigentins, pour exprimer la vénération que ces colonnes leur inspiroient, en ont fait les armes de leur ville.

Si nous en croyons Diodore de Sicile, ce temple de Jupiter Olympien avoit de longueur trois cens quarante pieds, & au moins cent vingt de largeur ; mais M. Hoüel en a trouvé cent quarante-neuf.

Chaque colonne a treize pieds de diamètre à sa base, & il y en avoit six à chaque face, & quatorze aux façades latérales. Il devoit avoir quatre-vingt-quinze pieds de hauteur.

On sait qu'il y avoit aussi à Agrigente un temple de Vulcain ; mais on n'est pas d'accord sur l'emplacement qu'il occupoit. M. Hoüel croit en avoir trouvé les ruines, à environ cent toises du temple de Jupiter Olympien, dans un lieu fermé d'une haie. On dit aussi que les Agrigentins avoient élevé un temple à la Pudeur. On voit encore des ruines de celui de Castor & Pollux.

Au pied de la colline sur laquelle étoit ce temple, on voit encore où étoit ce fameux étang, qui avoit environ un mille de circonférence, & vingt coudées de profondeur. Il avoit été creusé de mains d'hommes. Les Agrigentins y conservoient une très-grande quantité de poissons délicats qu'ils destinoient à leurs tables.

*N. B.* Le fleuve *Agragas*, dont les eaux entretiennent cet étang, en a depuis entraîné les pierres, & l'a détruit.

Je dois faire remarquer un bel ouvrage des anciens Agrigentins, & qui donne une idée de l'intelligence que les anciens mettoient dans les moyens de pourvoir à leurs besoins.

Assez près du local où étoit un ancien vivier, on trouve des souterreins creusés dans la montagne en différens endroits. Il y en a qui sont tellement étroits, qu'il n'y peut passer qu'un seul homme à la fois. Ils s'étendent très-loin dans la terre & dans la roche. Ils ont toutes sortes de directions. Il y en a plusieurs sur les rives de l'*Agragas*, en remontant ce fleuve, au-dessous d'*Agrigentum in Camico*, & notamment au-dessous du lieu où fut la forteresse de *Cocale* à l'ouest.

« Cette espèce de souterrein, dit M. Hoüel, ne doit pas se confondre avec les égouts & les cloaques que les Agrigentins avoient fort multipliés dans leur ville & dans leurs terres, pour n'être pas incommodés des eaux sales que ces égouts conduisoient au fleuve. Ces souterreins ont une autre origine. Il paroît que ces aqueducs, ces espèces de fentes dans les montagnes, avoient été creusés exprès, pour que les nuages & l'humidité de l'atmosphère, en se résolvant en eau, arrivassent dans ces cavités, & ne se perdissent pas, égarés dans le sein de la roche. Ces eaux, coulant vers l'embouchure de ces souterreins, y formoient des fontaines, foibles, mais permanentes. Quelques-unes même, par l'abondance d'eau qu'elles donnent en tout temps, paroissent une espèce de prodige ».

Les environs de Girgenti sont remplis de restes de monumens, mais dont le détail n'est pas de mon objet.

Mais je dois dire un mot des égouts.

Pour donner à la ville d'Agrigente une propreté qui répondît à la beauté de ses édifices, & procurât la propreté nécessaire à une grande ville, on avoit pratiqué au fond des grandes vallées & des endroits où le terrein s'abaissoit uniformément, des conduits souterreins pour l'épanchement des eaux pluviales & des autres eaux. Tous les rameaux des ruisseaux de toutes les rues aboutissoient à ces petits égouts, qui se rendoient au grand, lequel se déchargeoit dans le fleuve, qui portoit le tout à la mer.

On y voit aussi de ces fosses antiques très-connues dans toute la Sicile. On les employoit sur-tout à conserver des grains, des légumes, des fruits, de l'huile, du vin. Elles étoient ordinairement taillées en voûtes, & les parois enduits d'un ciment très-dur, ne permettoient pas aux liqueurs de pénétrer au dehors.

Je renvoie à l'ouvrage de M. Hoüel pour y prendre une idée d'un très-grand nombre de morceaux d'antiquité, tel que sarcophages, vases, &c. & un nombre infini de morceaux d'architecture, que l'on trouve semés sur terre au hasard, ou quelquefois réunis pour figurer des murailles qui protègent les propriétés territoriales. On en a fait, en quelques endroits, des simulacres d'édifices, en

les enflaffant & en pofant les pierres à fec les unes
fur les autres. Les ornemens les plus incohérens
y font mélés fans ordre & fans fuite, dans une
confufion telle, que les uns font placés en travers,
& les autres entièrement renverfés.

Ces ornemens, dit M. Houël, dans cet état de
confufion, foit ceux d'architecture ou de fculpture,
foit les ftatues, quoique très-défigurées, foit les
fimples fragmens, confervent encore un caractère
qui élève l'ame du fpectateur, & qui lui donne
des idées de fublime. Ils rappellent fortement le
fouvenir des beaux fiècles où ils ont été produits,
& les édifices dont ils faifoient partie. Les belles
mofaïques que l'on découvre à chaque pas à côté
de ces débris, achèvent d'offrir à la penfée, comme
aux yeux, un luxe d'architecture dont aucun édifice
ne nous offre aujourd'hui le modèle.

Lorfqu'on réfléchit fur ce qu'étoit une ville qui
nous préfente encore tant de magnificence dans fes
ruines, l'imagination s'enflamme, & rétablit idéa-
lement cette cité fuperbe. Elle relève les débris
des maifons, des palais, des temples, des théâtres,
des cirques, &c. Elle fait plus, elle fe rappelle
ces temps de luxe & de grandeur que Diodore de
Sicile & plufieurs autres hiftoriens fe font plu à
nous retracer. Elle fe rappelle avec tranfport que
cette ville étoit habitée par un peuple ami des
talens, de la gloire, & fur-tout des plaifirs. Il
femble que fes citoyens étoient tous animés par le
dieu de la guerre, des arts & du commerce; car,
c'eft fur-tout à fon commerce que cette ville a
dû fa fplendeur. Le goût du lucre n'enleva point
à fes habitans le goût de la poéfie, de la mufique,
de la peinture, de l'architecture, qu'ils cultivèrent
avec enthoufiafme.

Tous les talens femblent y avoir été honorés
depuis l'art utile de l'agriculture, jufqu'à l'art funefte
de la guerre; depuis la fcience menfongère de la
mythologie, qui fit élever des temples fi magnifiques, jufqu'à la recherche de la vérité pure, qui
produifit des philofophes fi renommés. D'immenfes
richeffes, un luxe prefque incroyable, une gloire
éclatante, un fouvenir que vingt fiècles n'ont pu
éteindre, ont été la récompenfe des talens & de
l'activité de ce peuple induftrieux.

Mais à quoi, fur-tout, dut-il fes progrès?
Diodore de Sicile nous en inftruit. Agrigente étoit
une des plus heureufes habitations du monde. Ses
vignes hautes, élevées fur des arbres, felon la
coutume de l'Italie, étoient à la fois un objet d'utilité & d'agrément. La plus grande partie de fon
territoire étoit plantée en oliviers: les vins & les
huiles fe vendoient à Carthage, où, felon la
remarque de cet auteur, il y avoit peu de plantations, ainfi que fur toute la côte de la Libye.
Voilà donc l'origine de fes richeffes & de fa
fplendeur. Elle avoit plus de vingt mille citoyens,
&, en comptant ceux qui ne l'étoient pas, &
que les anciens appeloient *étrangers*, elle avoit plus
de deux çens mille habitans. Diodore ne compte

pas les efclaves, qui, chez les anciens, n'étoient
guère moins nombreux que les hommes libres :
ce qui fait monter tout le peuple d'Agrigente à
plus de quatre cens mille hommes. Cette ville,
bien moins grande que Paris & que Londres, étoit
donc relativement beaucoup plus peuplée, & les
habitans plus difpofés au luxe, parce que les befoins
de première néceffité font moins nombreux dans
les pays chauds.

Auffi, felon Diodore de Sicile, le luxe y étoit-il
fort grand. On y élevoit, dit-il, les enfans dans
une propreté qui tenoit de la molleffe: leur vêtement étoit un tiffu d'une fineffe extraordinaire,
& ce tiffu étoit broché ou orné d'or; leur toilette
étoit compofée de vafes d'or & d'argent.

L'hofpitalité y étoit en honneur. On y accueilloit
les étrangers avec joie & empreffement. J'ai parlé,
à l'article *Agrigentum*, de fimple citoyen, nommé
*Gélias*, qui avoit plufieurs efclaves, dont les fonctions étoient de refter aux portes de la ville, ou
à celles de fa maifon, pour y inviter les étrangers
à venir loger chez lui. Cinq cens cavaliers de
Géla paffèrent, un jour d'hiver, dans la ville
d'Agrigente. Gélias les reçut & les logea tous chez
lui; &, à leur départ, il fit préfent, à chacun
d'eux, d'une tunique & d'une robe. Polyclite, cité
par Diodore, affure avoir vu, dans les caves de
Gélias, trois cents tonnes, dont chacune contenoit
cent urnes. Ces tonnes étoient creufées dans la
pierre: elles étoient pleines de vin. Au-deffus étoit
un réfervoir d'où l'on faifoit couler le vin pour
remplir ces tonnes. Il paroît donc que Gélias,
quoiqu'il ait été ambaffadeur ou député de la ville
à celle de *Centuripæ*, devoit fes richeffes à fes
vignes & à un très-grand commerce de vin.

Antifthène étala un luxe prodigieux aux noces
de fa fille. Il donna des feftins aux citoyens dans
toutes les rues: il les fit illuminer, en faifant allumer
des feux fur tous les autels élevés dans les places
publiques, dans les carrefours, devant les grandes
maifons & les temples. Sa fille alla de chez lui
chez fon mari, fuivie de huit cens charriots qui
portoient fa dot, & accompagnée d'une multitude
de cavaliers qui portoient des flambeaux.

Quoique cet excès de fafte, puifqu'il eft cité,
ne fut probablement pas commun, il en réfulte
toujours que les Agrigentins étoient très-riches &
très-heureux; que leur manière de vivre étoit
grande & faftueufe; que les plaifirs y abondoient,
que les arts y fleuriffoient, & que l'agriculture &
le commerce étoient la fource de leurs richeffes
& de leur félicité.

Parmi ces excès de luxe qui peignent les Agrigentins, on ne doit pas oublier celui d'Etœnète,
qui, ayant remporté le prix de la courfe aux jeux
olympiques, rentra, à fon retour, dans Agrigente,
placé dans un char. Une fi grande quantité d'autres
chars le fuivoient, que l'on en compta trois cens,
attelés chacun de deux chevaux blancs. Ces trois
cens chars étoient Agrigentins; ce qui fuppofe

qu'il y en avoit plufieurs qui appartenoient à d'autres villes de la Sicile.

*N. B.* Les débris de cette ville font aujourd'hui au milieu d'une riche campagne très-bien cultivée : on la parcourt avec plaifir, comme un beau verger, où tout annonce l'abondance.

En remontant vers la fource de l'*Agragas*, on trouve, fur la gauche de ce petit fleuve, à quelque diftance, la ville d'*Herbaffus*, célèbre dans fon temps. Marcellus la jugea digne de fes efforts, & envoya contre elle le tiers de fes troupes. Elle fut prife.

*N. B.* Cette ville étoit près de Racalmuto, & dans le pays que l'on nomme les *Grottes*, parce que l'on y en voit une très-grande quantité.

Tout près de la pofition d'*Herbaffus*, M. de la Borde indique un emplacement fous le titre de *volcan de boue*. Comme on pourroit croire, en voyant cette indication fur une carte ancienne, que ceci rappelle quelque fait phyfique, cité par les anciens, je crois devoir dire ici, en quelques mots, ce qu'il me femble que l'on a voulu indiquer.

Dans l'endroit à-peu-près défigné fur la carte entre *Aragona* & *Girgenti*, il y a un endroit circulaire, d'environ quinze toifes de diamètre, que l'on appelle *Macalubbé*, mais qui s'eft formé depuis environ quinze ou feize ans. Voici ce qu'en dit M. Hoüel.

« Le 30 feptembre 1777, une demi-heure après le lever du foleil, on entendit en ce lieu un long murmure fouterreïn, qui fembloit s'approcher, & qui augmentoit de moment en moment. Il devint fi fort, qu'à la fin il furpaffa le bruit du plus affreux tonnerre. La terre trembla dans ce lieu & dans tous les environs. Il s'ouvrit différentes crevaffes, d'où il fortit une épaiffe fumée. De la plus grande de ces crevaffes il s'éleva une prodigieufe quantité d'eau & de boue, qui s'élancèrent en colonnes, à la hauteur d'une quinzaine de toifes, &, entraînant avec elles des morceaux de glaife & de terre, produifirent une maffe qui, retombant fur elle-même, fe répandit à-peu-près également dans l'étendue d'environ quinze toifes, & donna à tout ce terrein une forme bombée dont le milieu eft de huit à dix pieds plus élevé que ne le font les bords en tout fens.

Cette première éruption dura une demi-heure, &, après un quart d'heure de tranquillité, il en revint une feconde, & trois autres lui fuccédèrent encore, toujours à égale diftance. Sous ce terrein foulevé on entendoit un bruit affez femblable à celui que feroit une montagne en s'écroulant. Il fe fit entendre à plus de trois milles. Les gens qui travailloient dans la campagne furent fi épouvantés, qu'ils crurent que toute l'île alloit s'abîmer dans le fond de la mer. Un curé, propriétaire de ce lieu, accourut avec de l'eau bénite, & ne manqua pas de faire des exorcifmes. Voici quel eft l'état actuel de ce local.

« Je vis, dit M. Hoüel, au milieu de la plaine, un endroit dont le fol, plus élevé, paroiffoit nouvellement remué, & reffembloit à un terrein nouvellement labouré : l'étendue en étoit circulaire, fon diamètre pouvoit avoir quinze toifes ; bombé dans le milieu, il a une forme convexe affez irrégulière, le centre s'en élève de huit à dix pieds plus haut que les bords. Je remarquai, ajoute-t-il, avec furprife, que de toutes les parties de ce terrein convexe, il fortoit une multitude de petites fources qui ne donnoient d'eau que ce qu'il en falloit pour réparer la perte qu'occafionnoient l'évaporation & le fol, qui en abforboit une partie.

Autour de cette enceinte on voit jaillir beaucoup de fources femblables.

L'eau de ces fources eft trouble & contient beaucoup de particules d'une terre blanche qu'elle a délayée & qu'elle dépofe. L'eau de ces fources fe gonfle à-peu-près tous les quarts d'heure, & alors elle s'épanche & coule le long des petites monticules. C'eft alors qu'elle y dépofe la terre blanche qu'elle contient ; terre dont le dépôt accroît fans ceffe ces monticules.

Cette eau eft froide ; elle a une odeur légère de foufre. En fe regonflant, elle préfente une ou plufieurs bulles d'air, en forme de cloche, à fa furface. Ces bulles fe crèvent, après avoir duré une minute ou même davantage. Il paroit que ces eaux viennent d'une très-grande profondeur. M. Hoüel y a plongé un bâton de plus de douze pieds de long, & il n'en a pas trouvé le fond.

Je paffe *Moruca*, *Prætoria* & *Cena*, dont on ne fait rien, pour arriver à *Heraclæa Minoa*, appelée d'abord *Macara*.

Affez près de la mer, un peu à l'eft de l'embouchure du fleuve appelé autrefois *Camicus*, actuellement *Plata*, il y a, à l'eft, un grand rocher blanc, élevé d'environ cent pieds au-deffus du rivage de la mer. Il eft efcarpé à l'orient, au midi & à l'occident. Sa partie fupérieure eft affez régulièrement placée : elle a environ trois cens toifes d'étendue en tout fens.

On n'y peut parvenir de l'orient & de l'occident que par des chemins très-efcarpés & fort difficiles. Le côté du nord eft, à-peu-près, de plain-pied avec les terres qui s'éloignent du niveau de la mer. La ville d'*Heraclæa* étoit fur ce rocher.

Cette ville avoit été, dit-on, bâtie par Hercule ; mais on ajoute, lorfqu'il vint en Sicile. C'eft en dire affez pour les bons efprits qui favent ce qu'il faut penfer de l'exiftence & des voyages de ce demi-dieu. Elle étoit déjà détruite lorfque Minos, roi de Crète, vint en Sicile vifiter le roi Cocale : de fon nom, la ville fut appelée *Minoa*. Elle fut détruite une feconde fois. Un Héraclide vint en Sicile, la rétablit, lui ôta fon nom de *Minoa*, & lui rendit celui qu'elle tenoit d'Hercule fon aïeul, auquel elle devoit fon origine.

Sous ce nom elle devint célèbre ; elle abonda en richeffes & en population. Mais tant de profpérité lui devint funeste. Elle fit ombrage aux Carthaginois qui l'affiégèrent & la démolirent. Elle se releva sous les Romains, qui y placèrent une de leurs colonies, sous le commandement de P. Servilius : ils l'embellirent ; elle avoit de la splendeur au temps de Cicéron. Enfin, pour la dernière fois, elle fut détruite par les Sarrazins.

*Ancyra* étoit peu éloignée vers le nord. Elle se rendit célèbre par sa constance pour le parti des Carthaginois, tandis que beaucoup de villes s'en étoient détachées pour prendre le parti de Denys le tyran, qui se faisoit craindre par ses nombreuses armées de terre & de mer.

En remontant le fleuve *Camicus*, on trouve sa source dans une montagne de même nom, & qu'elle porte encore actuellement. On y trouve des ruines qui indiquent une ancienne ville ; mais on ne sait pas comment on l'appeloit.

Au-delà du fleuve quelques auteurs indiquent une ville de *Camicus*, où, disent-ils, Minos II fut tué, l'an 1332 avant J. C. ; mais rien n'est moins certain.

A la droite du fleuve Camicus étoit la ville d'*Alaba*, & le petit fleuve *Isburus*, dans lequel se jetoit l'*Halycus*.

A l'ouest, étoit un champ où Timoléon remporta une victoire sur les Carthaginois, environ l'an 350 avant J. C.

Plus au nord, *Crastus*, appellée aussi *Scithæa*, forteresse, près de laquelle Lucullus remporta une victoire, l'an 103 avant J. C.

Le fleuve *Crimisus* couloit de ces montagnes, & se rendoit dans la mer, au nord-ouest d'*Alaba*.

Là, des montagnes élevées présentent un assez grand nombre de cavernes ; l'une d'elles étoit nommée l'antre de Dedèle (*Antrum Dedali*).

Au nord, étoit la ville de *Triocola*, célèbre par la guerre des esclaves, l'an 105 avant J. C.

Au sud, sur le bord de la mer, sont encore des grottes profondes, où il y avoit des bains d'eaux chaudes, très-fréquentés, que l'on nommoit *Thermæ Selinuntiæ*.

Au-delà, en suivant la côte qui court au nord-ouest, étoit le petit fleuve *Athüs* ou *Acithus*, puis quelques lieux peu importans dans les terres ; enfin *Selinus*, nommée en françois Selinonte.

*Selinus* étoit une des plus considérables villes de la Sicile : il couloit près de la ville un fleuve de même nom. Elle avoit été fondée par des Mégariens, en 643, & fut prise & détruite par Annibal, en 409. Le poëte Aristoxène, ainsi que le poëte Telestes, y étoient nés.

*N. B.* Les Sarrazins l'ont détruite, l'an 827 de notre ère : il n'en reste que des ruines considérables, à huit lieues de Mazara, sur le bord du rivage, & de plus, un grand temple. Ces ruines dominent sur tout ce qui les environne.

Il y a un endroit que l'on nomme, à cause de la hauteur des piliers qui restent, *Pillieri giganti*. On voit qu'il y avoit quatre temples dans la ville ;

un cinquième est dans le palais ; un sixième est le plus grand. Les pierres qui avoient servi à ces édifices, se tiroient d'une carrière qui est à sept milles.

Un ancien temple de Castor & Pollux a donné son nom à une tour, dont le nom paroîtroit d'abord avoir une autre origine : on la nomme *Torre Dei pulci*. Il étoit à l'entrée d'un promontoire à l'ouest.

En remontant le petit fleuve *Selinus* & le petit fleuve *Hipsa*, qui étoit à l'ouest de Selinonte, on arrivoit aux montagnes où se trouvoient d'abord *Inycum*, puis *Hietes*, lieux peu connus.

Au nord du promontoire où se trouvoit le temple de Castor & Pollux, étoit l'embouchure de l'*Halycus*, commençant dans des montagnes où étoit *Haliciæ*.

Vers le nord-ouest étoit, à l'embouchure du petit fleuve *Mazarus*, le lieu appelé *Mazarum*, qui est devenu, avec le temps, assez considérable pour être la capitale de la vallée, à laquelle elle donne son nom.

*Lilybæum*, ville célèbre, avec un port, étoit à-peu-près au nord, tirant sur l'ouest, sous le cap que l'on nomme actuellement *capo di Bove*.

Elle avoit trois remparts élevés à l'ouest, au nord, & à l'est. Au sud étoit la mer. On y arrivoit par un pont construit sur un fossé de cent pieds de large, de quatre-vingts de profondeur : il étoit creusé dans le roc, & le pont étoit pris dans le roc même.

On trouve près de l'église de S. Jean, un endroit que l'on nomme l'*antre de la Sibylle*.

Les Romains disoient qu'Enée y avoit abordé en quittant Carthage : ce fait peut être douteux. Ce qui est vrai, c'est que Lilybée fut la principale des villes soumises aux Carthaginois ; & qu'ensuite elle fut la première des villes romaines de ce côté de l'île.

*N. B.* Il n'y reste que des antiquités. Son nom actuel est *Marsalla*, formé de l'Arabe *Marzaalla*, port de Dieu.

Un peu au nord, assez près de la côte, à l'est, est la petite île de *Motya*. Elle avoit un château, & se défendit contre Denys le tyran, qui cependant la prit. On y trouve encore des restes de murailles.

*Drepanum* (Trapani), forme un promontoire très-avancé vers l'ouest. Il est au bas du mont *Eryx*, & en face des îles que les anciens appeloient *Ægades insulæ*, ou îles Egades.

La plus septentrionale se nommoit *Buccina* (Levanzo). Celle qui est au sud-ouest de la précédente, & en même temps la plus occidentale, *Hiera* ou *Maritima* (Maretimo) ; & enfin, celle qui est le plus au sud, *Ægusa* (Favagnana). Je sais que quelques auteurs indiquent cette île comme ayant reçu Ulysse, du moins d'après ce qui est dit dans l'Odyssée. J'avoue que je n'y vois rien de bien décisif.

Sur

Sur le mont *Eryx*, (m. S. Julien), il y avoit un temple de Vénus. J'en ai parlé à son article.

*N. B.* Cette montagne a reçu le nom de *S. Julien*, de ce que le comte Ruggieri y éleva une chapelle au saint de ce nom, en mémoire de ce qu'il croyoit lui devoir une victoire remportée sur les Sarrazins. Il ne reste plus rien de l'ancien temple.

C'est en mer, à une petite distance de la côte de ce côté, vers le nord, que Claudius remporta une grande victoire sur les Carthaginois, l'an 251 avant J. C.

### Côte septentrionale.

Sur la partie de terre qui s'avance au nord, lorsque l'on a passé le mont *Eryx*, on trouvoit *Æquæ Perticianenses*; &, en doublant le promontoire sur la côte orientale, *Cetaria*, lieux peu connus.

Mais le peuple le plus considérable de ce canton étoit les Ségestains, dont la ville étoit *Segeste*, sur un petit fleuve que l'on appeloit *Scamander*: un autre, qu'il reçoit au nord, portoit le nom de *Ximois*: on devoit le croire dans la Troade.

Elle avoit un port au fond d'un petit golfe, sous le nom d'*Emporium*. Cette ville avoit été très-puissante & très-ornée.

Segeste avoit été, disoit-on, fondée par Enée, sous le nom d'*Egeste*. Mais, comme ce nom a un sens fâcheux, on le changea en celui de *Segeste*.

*N. B.* On y trouve, entre autres ruines, un temple tout entier, du moins à l'extérieur. Il a trente toises de long, & douze toises de large. Il a été réparé depuis quelques années. Le théâtre, dont on voit les restes, avoit trente toises de large: les débris de cette ville s'étendent beaucoup au sud & à l'ouest.

Un peu au nord de l'embouchure du Scamander, étoit celle du fleuve *Bathys*, nom qui semble être plutôt une épithète relative à sa profondeur.

Une route conduisoit de Segeste par le nordest à *Parthenicum*, sur le bord de la mer. C'étoit à quelque distance à l'ouest qu'étoit le lieu où, en 252 avant J. C., Metellus remporta une grande victoire sur les Carthaginois.

*Hyccara*, appelé aussi *Hyccaron*, étoit au nord, sur un promontoire. Cette ville étoit la patrie de Lays, qui y naquit l'an 400 avant J. C.

*Ereta* étoit à l'est, aussi à l'extrémité d'un promontoire: il y avoit un petit golfe entre deux. Là se trouvoit la petite île *Paconia*. Le nom d'*Ereta* étoit donné, dit Diodore, à la montagne & au château. Les Romains l'avoient assiégé, sans pouvoir la prendre.

*Panormus* (Palerme), étoit dans la partie sudouest d'un golfe, offrant un port vaste & commode. C'est une des villes anciennes de la Sicile, près de laquelle il reste le moins d'antiquités.

*N. B.* Assez près, au pied du mont Griffone, à Mare Dolce, on voit les restes d'une naumachie.

*Géographie ancienne. Tome III.*

Tout près de *Panormus*, à l'est, étoit le petit fleuve *Orethus*.

Panorme, fondée par des Phéniciens, & habitée depuis par des Grecs, fut prise par les Romains l'an 255 avant J. C.

En allant vers l'est, on trouvoit l'embouchure du fleuve *Electerus*.

Puis, sur un promontoire, au nord-est, *Soloïs*, *Solus*, ou *Solutum* (Solanto). Cette ville étoit bâtie sur un lieu très-élevé; mais elle étoit fort petite. Ce qui feroit croire cependant qu'une partie de la ville descendoit dans la plaine, c'est qu'on y voit encore beaucoup de débris.

A l'est étoit le *Solento*, qui venoit des montagnes au sud. Là se trouvoient *Entella* & *Schera* ou *Schiera*, dont il reste encore quelques ruines: on y a trouvé des vases en faisant quelques fouilles.

Sur la côte qui court vers le sud-est, on trouvoit le lieu appelé *Thermæ* (Termini), auquel on joignoit l'épithète d'*Himerenses*, à cause de la ville d'*Himera*, à laquelle ces bains appartenoient.

Ce fut au sud de ce lieu que Gélon remporta, l'an 481, une victoire considérable sur Amilcar.

*Himera*, ville alors considérable, étoit à l'est, à une petite distance. A sa gauche, c'est-à-dire à l'ouest, couloit le fleuve *Margyna*; à sa droite, le fleuve *Himera*.

Cette ville avoit été fondée par des Zancéliens l'an 650 avant J. C.: elle fut prise & détruite par Annibal en 409.

C'étoit la patrie de Stesichore, qui y naquit en 630, & de Pétrone le Sicilien.

Silicus Italicus & Potin assurent que la première comédie y fut représentée. ( *Carte de M. de la Borde.* )

*N. B.* Cette ville a été totalement détruite; ce que l'on voit de ses ruines, consistant en de grosses pierres, se trouve à huit milles de Termini, sur sur une colline, près de Buon Fornello.

*Pampus* étoit dans l'intérieur des terres, & *Cephalædis* (1). (Cephalu) sur le bord de la mer.

Elle occupoit un lieu très-élevé; son nom même l'indique, en paroissant venir du grec Κεφαλη, la tête. On n'y voit que quelques restes, entre autres, ceux d'un temple d'une construction singulière.

A l'est du fleuve *Monalus*, étoit la ville d'*Halesa* ou *Alesa*. Auprès étoit le fleuve *Alesus*. On n'y trouve presque rien en fait de ruines.

*Calacta* (Caronia), à l'est, avoit été bâtie 460 ans avant J. C. Ce nom donne une idée avantageuse de sa situation.

Au sud, dans les terres, étoit *Mytrustatum*.

*Aluntium* étoit à l'est de *Calacta*, sur le bord de la mer. On voit, par ce que dit Cicéron de

---

(1) Sur la carte de M. de la Borde, on lit *Cephaledis*; il faut *Cephalædis*. C'est l'orthographe de tous les auteurs grecs.

R

la crainte qu'eut Verrès de se rendre dans cette ville, parce que l'abord en étoit difficile, qu'apparemment elle étoit élevée sur un rocher fort âpre.

*Agathyrnum* étoit au nord-est, en suivant la côte. On a dit aussi *Agathurna*; & l'on trouve, dans les auteurs grecs, *Agathyrion*, comme dans Ptolemée; & *Agathyrson*, comme dans Strabon. Cependant Etienne de Bysance écrit Αγαθυρνα, *Agathyrna*.

Le *promontorium Agathyrnum*, au nord, avoit pris son nom de cette ville.

En redescendant de ce promontoire par le sud-est, après avoir traversé le fleuve *Timethus*, appelé *Timethum* par Ptolemée, on arrivoit à *Tyndaris*. Elle étoit sur une montagne au bord de la mer; cette roche a été en partie brisée. Il y reste encore de belles murailles bien épaisses & bien taillées, un théâtre & un autre édifice antique.

C'est en plaine mer, en face de Tyndaris, que la flotte d'Auguste remporta la victoire sur celle du jeune Pompée.

Le petit fleuve *Halices* étoit peu loin, à l'est, de Tyndaris: en le remontant, on rencontroit d'abord *Abacenum*, près le lieu où les Syracusains remportèrent la victoire sur Démétrius, l'an 451 avant J. C.

*Noæ* ou *Nomæ*, étoit un peu plus avant dans les terres, au sud-est.

En remontant la côte au nord-est, vers *Mylæ*, on trouvoit, en arrivant à la péninsule où étoit cette ville, un lieu célèbre par une victoire d'Hiéron II sur les Carthaginois, l'an 264 avant J. C. C'étoit tout près du petit fleuve *Longænus*.

La mer, que l'on avoit en face, n'étoit pas moins célèbre par deux batailles mémorables, celle des Romains sur les Carthaginois, l'an 262; & celle, plus moderne, des Sarrazins sur les Grecs, l'an 889 de notre ère.

Au-delà de la presqu'île, étoit le petit fleuve *Mélas*, près le temple de Minerve Fasceline ou Faceline.

Enfin on arrivoit au cap Pélore, par lequel j'ai commencé cette description.

Je ne me dissimule pas que j'ai omis plusieurs lieux, sur-tout de l'intérieur de l'île, dont on trouve les noms dans quelques auteurs & sur quelques cartes: mais cet article est déjà long, ces lieux sont peu intéressans, & l'on peut recourir à Cluvier, au P. Massa, & à d'autres auteurs Siciliens qui ont traité cette matière avec une étendue & une érudition dont je me serois bien gardé, quand même je l'aurois pu.

*Géographie de la Sicile, selon Ptolemée.*

Après avoir donné une idée générale de la situation de la Sicile, il en décrit les côtes, puis l'intérieur.

### 1°. Côte occidentale (1).

| | |
|---|---|
| Phalacrium, prom. | Cephalœdis. |
| Mylæ. | Himeræ, fl. ost. |
| Eliconis, fl. ostia. | Thermæ Himeræ (ville). |
| Tyndarium. | Olulis. |
| Tymethi, fl. ost. | Eleftheri, fl. ost. |
| Agathyrium. | Panormus. |
| Alontium. | Bathis, fl. ost. |
| Chydæ, fl. ost. | Cataria. |
| Calafta. | Drepanum. |
| Alæsa. | Emporium Segestarum. |
| Alete (2). | Ægitharsus, prom. |
| Monali, fl. ost. | |

### 2°. Côte méridionale.

| | |
|---|---|
| Lilybæum, ville & prom. | Hypsa, fl. ost. |
| Acithii, fl. ost. | Acragantium emporium. |
| Selenuntis, fl. ost. | Himeræ, fl. ost. |
| Mazare, fl. ost. | Ipori, fl. ost. |
| Pintia. | Bucra, prom. |
| Sossii, fl. ost. | Caucana. |
| Isburi, fl. ost. | Motycani, fl. ost. |
| Heraclea. | Odyssia ou Ulyssia, prom. |

### 3°. Côte orientale.

| | |
|---|---|
| Pachynus, prom. | Taurus, prom. |
| Phœnicus, portus. | Pantachi, fl. ost. |
| Orini, fl. ost. | Catana, colonia. |
| Longum, prom. | Symæthi, fl. ost. |
| Chersonesus. | Tauromenium, colonia. |
| Syracusa, colonia. | Argenum, prom. |
| Alabi, fl. ost. | Messana. |

### Montagnes remarquables.

| | |
|---|---|
| Ætna. | Cratas. |

### Villes de l'intérieur.

| | |
|---|---|
| Capitium. | Aserus. |
| Abacæna. | Enna. |
| Hemichara. | Petra. |
| Tissa. | Megara. |
| Alæta. | Erybla. |
| Centuripæ. | Engium. |
| Dymethus. | Cotyrga. |
| Ætna. | Cacyrum. |
| Agurium. | Acreæ. |
| Herbita. | Schera. |
| Sergentium. | Triocla. |
| Hydra. | Acragas. |
| Leontium. | Motuca. |
| Erbessus. | Segesta. |
| Neftum (3). | Legum. |
| Menæ. | Entella. |
| Patioras. | Ancrina. |

(1) Je me conforme aux expressions de Ptolemée.
(2) Est dans la traduction, & non pas dans le texte.
(3) Neftum, selon le grec; Neetum, selon la traduction.

*Phthinthia.*
*Gela* ou *Gella.*
*Camarina.*

*Helorus.*
*Ina.*
*Elcethium.*

*Forme & noms de la Sicile.* Les anciens s'étant apperçus de bonne heure que la Sicile étoit de forme triangulaire, de-là l'épithète de *Trinacrie*, qu'ils lui ont souvent donnée; mot formé de τρεις & d'ακρα, pointe ou promontoire. Cette étymologie est très-bien exprimée dans les vers suivans.

*Terra tribus scopulis vastum procurrit in æquor Trinacris.*

*Ovid. Fast. L. IV, v. 419.*

Mais en sacrifiant la justesse de l'étymologie à la douceur des sons, les Grecs ont quelquefois supprimé l'*r*, & ils ont dit *Trinacie*. C'est ainsi qu'on lit dans Denys le Périégète, v. 467:

Τρινακιη δ' επι τησιν, υπερ πεδον Αυσονιηων Εκτετυται.

Strabon dit formellement que l'on changea *Trinacria* en *Trinacia*, à cause de l'euphonie ευφωρότερον.

Les Latins ont dit aussi *Trinquetræ*, qui emporte le sens de triangulaire.

Ces deux noms peuvent bien n'avoir été que des épithètes; mais le nom réel & très-ancien de la Sicile est celui de *Sicania*, qu'elle reçut du peuple appelé *Sicani*, les Siciliens.

*Productions.* Les anciens, qui ont fort vanté l'extrême fertilité de la Sicile, ne nous en ont pas fait connoître les productions minérales, du moins je ne me le rappelle pas. Et quand les modernes ont dit, d'une manière générale, qu'elle produisoit de toutes sortes de métaux, ils auroient bien dû dire dans quels lieux ces mines se trouvoient.

Voici ce que dit M. Houël: « On ne connoît de mines en Sicile, que dans les montagnes qui font du district de Niso (fleuve qui se jette dans la mer à l'est, au nord de Taormine), qui coule dans un lit beaucoup plus vaste qu'il ne le faut pour l'état ordinaire de ses eaux. Après les pluies, il devient un torrent considérable.

« On y trouve des mines de plomb, de cuivre, ou de plomb & d'argent. Toutes contiennent de l'antimoine, de l'orsen, des marcassites & autres demi-métaux imparfaits. On assure, dit-il, qu'il y a une mine d'or qui a été exploitée autrefois.

» On trouve dans les mines d'argent du lapis-lazuli très-médiocre.

» Quant aux carrières & aux différentes sortes de pierres, elles sont très-abondantes & très-variées; les productions volcaniques forment seules des collections très-nombreuses & très-intéressantes ».

Je finirai cet article de la Sicile, que j'ai tâché de rendre intéressant, par un morceau qui l'est beaucoup par les vues qu'il présente, & que j'aurois mis à la tête de ce que j'ai dit sur cette ile célèbre, si je l'avois connu; car il appartient à la géographie physique, qui doit, dans l'ordre des choses, précéder la géographie politique. Je le tire du quatrième volume de M. Houël, page 67.

Les plus hautes montagnes de la Sicile, excepté l'Etna, qui s'est formé lui-même, & par la succession de ses éruptions multipliées depuis un grand nombre de siècles, ces hautes montagnes, dis-je, présentent à leurs sommets des débris de productions marines, de poissons, de plantes ou de madrépores, & généralement de tous les êtres qui naissent & qui vivent au sein des eaux. On en trouve aussi à toutes sortes de degrés d'élévation. Donc il fut un temps où la mer dominoit ces éminences, & surmontoit de beaucoup leur hauteur actuelle.

L'action de l'air, celle des eaux du ciel, les ont, depuis, considérablement abaissées, avant qu'elles eussent acquis la dureté qu'elles ont aujourd'hui.

C'est donc du sein des eaux qu'elles tirent leur origine; leur élévation actuelle n'a coûté que du temps à la nature, & elle n'en est pas avare; & ce ne peut être que sur le sol qui portoit alors les eaux de la mer, que ces masses se sont formées par la réunion des différentes substances qui les composent.

La puissance des courans amena ces matières sur le sol pyramidal de l'Etna naissant. Ce volcan jetoit alors, par une grande quantité de bouches, des matières, soit lave, soit pouzzolane, qui s'étendoient alternativement & par couches autour de lui. La plupart des ouvertures par lesquelles elles s'échappoient, se sont bouchées depuis en s'éteignant; mais il en est resté qui font leur effet sous terre en bien des endroits de la Sicile. Les autres n'ont pas été couvertes, telles que celles de l'Etna & des volcans de Lipari, dont deux brûlent évidemment, & un troisième ne produit que des eaux bouillantes. Ce sont aussi des volcans qui ont produit la plupart des iles de la Méditerranée.

Il est probable que l'élévation formée par les productions volcaniques, déterminoit, par les chaleurs souterraines, les productions marines à s'unir à elles. Quelles qu'en soient les raisons, leur union est un fait, & voici comment elle s'explique: Les matières nouvellement produites acquièrent d'abord de la solidité dans quelques endroits, à des degrés différens; mais sur-tout aux parties qui étoient assises sur les volcans, parce que les feux souterreins, ayant creusé des vuides immenses où régnoit une chaleur dévorante, altéroient, par succion, toutes les parties humides contenues dans les matières qui surmontoient les croûtes dont ils étoient couverts. Ces matières, devenues moins humides, acquièrent de la solidité, & se trouvèrent en état de résister aux efforts contraires résultant des courans qui auroient pû les détruire, après les avoir formées.

Dans d'autres places, où la chaleur intérieure des volcans ne se faisoit pas sentir, les dépôts marins se sont dissipés par la même force qui les avoit produits, & leur éloignement a laissé entre les volcans le vuide qu'occupe actuellement la mer.

La partie solide, restant de ces dépôts marins, constitue les montagnes que l'on trouve en Sicile, ainsi que celles qui se voient en Italie, en France, dans l'Auvergne & le Vivarais, & probablement dans tous les autres lieux du globe.

On conçoit que ces montagnes doivent être un composé de toutes sortes de substances des trois règnes rapprochés, mêlées en quantité sous des formes différentes: d'où il a dû résulter, par la suite des temps, des combinaisons inattendues, qui ont paru & paroîtront toujours bien extraordinaires & souvent très-curieuses.

A dater des premiers temps où les continens & les îles se formèrent, des siècles accumulés sans nombre se sont passés, pendant que la Sicile croissoit insensiblement au sein des eaux. Faisons actuellement abstraction de tout ce qui lui est étranger, pour ne nous occuper que d'elle.

Cette île parut enfin comme un point à la surface de la mer : de nouveaux siècles la virent s'agrandir, & faire partie du globe. Stérile d'abord & déserte, dans les siècles successifs elle devint peu à peu féconde & habitée, en recevant toutes les semences qui lui furent apportées des régions voisines & éloignées.

Les premiers agens de cette fécondité furent les pouzzolanes & les cendres des volcans. Les vents dispersoient au loin ces substances de tous les côtés, sur les plaines de sable & sur le galet, sur les roches calcaires, & sur les parties qui par elles-mêmes n'étoient nullement propres à la végétation. Les arbres & les plantes s'y multiplièrent avec abondance, & bientôt la richesse du sol rendit cette île propre à faire le bonheur de ses habitans.

Les seconds agens qui, à la même époque, contribuèrent à sa fertilité, furent les eaux du ciel, errantes d'abord sur sa surface. Elles commencèrent par creuser de petits vallons, en se rassemblant dans les parties basses du terrein. De-là s'échappant en filets insensibles, elles formèrent des ruisseaux qui, devenus torrens, s'accrurent toujours, & tracèrent de profondes vallées, au fond desquelles furent appuyées les bases irrégulières de ces hautes montagnes qu'on y voit s'élever de toutes parts. Ces montagnes, tantôt isolées, tantôt accouplées ou séparées, soit par des plaines, des contrées qui ne présentent que du sable ou des pierres mobiles dispersées à leurs pieds, soit par des collines calcaires encore tendres, abaissées par les efforts des eaux, reçurent d'elles leurs places & leur étendue. Les eaux produisirent aussi, par leur rapidité, des profondeurs & des abîmes effrayans,

autour desquels on apperçoit encore les couches volcaniques, les laves & les dépôts marins. Ailleurs se présentent des inégalités moins terribles, que dès herbes & des mousses variées, différentes broussailles, des bouquets d'arbres, d'épaisses forêts même s'empressent d'embellir. Ces objets gracieux, en s'unissant aux débris des rochers, aux cataractes, formoient la décoration des plaines, bordoient irrégulièrement les étangs, les lacs & les rivières, qui se reposoient en partie sous leurs rameaux, dont les eaux pures & tranquilles se plaisoient à reproduire l'image. Ailleurs, ces arbres majestueux ombrageoient des vallons émaillés de fleurs & de verdure ; & des nappes d'eau transparentes, qui tomboient en cascades, offroient, dans mille points de vue, un ciel orné de nuages légers, à toutes les heures du jour, les plus délicieux paysages.

On devoit voir sous ses pas, dans ce beau climat, les fleurs & les fruits groupés ensemble, & se succéder pendant toutes les saisons. Les oiseaux & le gibier peuplèrent à l'envi les airs & la campagne ; les étangs & les fleuves dûrent avoir leurs richesses ; tout offroit aux premiers peuples, qui occupèrent ce ravissant séjour, une vie douce, oisive, & exempte de besoins.

Peut-être alors la paix & le bonheur habitoient parmi les hommes : c'est du moins cette présomption qui fournit aux poëtes l'idée de l'âge d'or.

*Révolution historique.* La diversité des peuples, des cultes & des langues fit changer cette île, plus d'une fois, de mœurs & de dénomination. On la trouve désignée chez les anciens par les noms d'*île du Soleil*, & de *terre des Cyclopes* & des *Lestrygons*.

Les Sicaniens, partis de l'Hispanie, vinrent, après d'anciennes nations, s'établir dans cette île, & la nommèrent *Sicanie*.

Les Siciliens ou Sicules, qui venoient d'Italie, leur succédèrent, & lui donnèrent le nom de *Sicile*.

Les Phéniciens voulurent avoir aussi des possessions en Sicile. La quantité de demeures creusées dans les rochers, peut faire croire que ces peuples employèrent les combats, les ruses, les perfidies. Mais pendant que les premiers habitans se retiroient dans les montagnes, ces derniers parvinrent à se faire des établissemens sur les côtes. Ils y eurent des comptoirs, & leur commerce y devint considérable. Les Troyens partagèrent avec eux cet avantage.

Les Grecs s'y établirent pour la première fois après le siège de Troye, temps où plusieurs de leurs chefs étoient errans sur la Méditerranée. On voit par Homère, que son héros Ulysse n'y trouva que d'anciennes nations. Ils y abordèrent à différentes époques, & y régnèrent long-temps, formant un nombre prodigieux de républiques, sous des noms différens, mais la plupart tirant ces noms des diverses contrées de la Grèce. Chacun apporta de son pays des sciences, des arts & des opinions particulières. Les édifices qui nous restent de ces républiques font des temples en pierres, de l'ordre dorique, des premiers temps de l'architecture.

Les Grecs, avec le temps, partagèrent l'empire de la Sicile avec les Carthaginois, dont la domination s'étendoit fur toute la Méditerranée. Ces nouveaux conquérans y apportèrent auffi leur commerce, leurs armes & leurs dieux. Ils occupèrent les rivages de l'occident & du feptentrion.

Les Mamertins, venus d'Italie, s'emparèrent de Meffine, & appelèrent les Romains, qui, déjà vivement follicités par leur ambition, ne demandoient qu'un prétexte pour y porter leurs armes contre les Carthaginois. J'ai rapporté tout au commencement de cet article, une infcription qui prouve que les Romains faifoient déjà le commerce dans la Sicile. Mais leur jaloufie contre les Carthaginois les porta à y faire des conquêtes. Enfin, après bien des combats dans les environs de l'île, & dans l'île même, ils parvinrent à s'en emparer.

Les Romains employèrent quelques années à y établir la paix, l'abondance, & même la fplendeur. Ils y élevèrent, dès le temps de la république, de fuperbes édifices en marbre; leur puiffance & leur ambition ne trouva rien de trop magnifique. Il eft bien remarquable que la Sicile devint, fous leur domination, beaucoup plus floriffante qu'elle ne l'avoit été du temps des Grecs, c'eft-à-dire, du temps où elle fe regardoit comme libre. C'eft qu'au lieu d'une liberté générale & d'une grande intelligence entre ces villes, chacune d'elles formoit une petite république à part, & voyoit dans les autres autant de rivales & d'ennemies; auffi étoient-elles fans ceffe en guerre les unes contre les autres.

Les Siciliens, fous le gouvernement des Romains, perdirent leur génie militaire, & ces haines de cités à cités, qui ne fervoient qu'à leur propre deftruction: l'île n'éprouva de maux que les vexations de Verrès, qui en enleva les plus précieufes productions des arts, portés alors au plus haut degré de fplendeur dans tous les genres. En fe rendant maîtres de la Sicile, les Romains avoient laiffé à fes habitans leurs temples, leurs divinités & leurs cultes, que les Grecs & les autres nations y avoient apportés: tout y conferva un caractère de bon goût & même d'élégance, à-peu-près jufqu'au partage de l'empire Romain. A cette époque les monumens de l'antiquité fe dégradoient, & n'étoient plus rétablis; les arts ceffèrent d'être appréciés, & les talens difparurent, pour laiffer régner l'ignorance & la barbarie.

Vers la fin du quatrième fiècle, Syracufe fut la première ville de la Sicile qui reçut le Chriftianifme: plufieurs villes, & bientôt toutes les contrées de l'île fuivirent cet exemple; bientôt on négligea les temples & les monumens publics. L'ignorance des prêtres, égalant la ferveur de leur zèle, ils firent la guerre aux fciences & aux arts, pour la faire plus fûrement au paganifme qui les cultivoit.

Le refte des révolutions de la Sicile, depuis l'arrivée des Arabes, fous le nom de Sarrazins, n'eft pas de mon objet.

Je n'ajouterai qu'un mot; c'eft que les villes de la Sicile dont l'hiftoire a confervé les noms, monte à deux cens quarante-cinq; ceux des cazales, à trois; ceux des châteaux, à cinquante-un; ceux des villages, des tours & des hameaux, à quatorze; ce qui fait en tout trois cens treize. Mais on retrouve l'emplacement d'un plus grand nombre; & il doit y en avoir dont les noms font abfolument perdus.

SICILIA, triple colline de Grèce, dans l'Attique, au voifinage de la ville d'Athènes, felon Paufanias.

SICILIA, île fituée dans les environs du Péloponnèfe, felon Etienne de Byfance.

SICILIA, nom d'un lieu de la ville de Rome. J. Capitolin en fait mention dans la vie de Pertinax.

SICILIBBENSIS, fiège épifcopal d'Afrique, dans la province proconfulaire, felon la conférence de Carthage.

SICILIBRA, ville de l'Afrique propre, à vingt-neuf milles de Carthage, entre *Unuca* & *Vallis*.

SICIMA, ville de la Paleftine, dans la Samarie, felon Jofeph.

SICIMINA, montagne d'Italie, dans la Gaule Cifpadane. Elle étoit aux environs des champs appelés *Macri campi*, felon Tite-Live.

SICINITES, habitans de *Sicinus*, île de la mer Egée, & l'une des Cyclades, felon Diogène Laërce.

SICINOS ou PHOLEGANDROS, nom de l'une des îles Cyclades. Elle étoit fituée au fud-eft de Siphnos, à l'eft de Mélos, & à l'oueft & très-près de celle d'Ios, vers le 36e degré 40 minutes de latitude.

SICLAG, nom ancien d'un lieu de la Paleftine.

SICOBASILISCES, SICOBASILISSES, SICOS-BASILISSE, SICOS-BASILISCES, SICOS-BASILISCOS, ou SICOS-BASILICOS, lieu de l'Afie, dans l'Arménie, fur la route de *Germanicia* à *Ediffa*, felon l'itinéraire d'Antonin.

SICOBOTES, peuples que Jules Capitolin femble placer dans la Scythie européenne.

SICORIS (*la Sègre*), fleuve de l'Hifpanie citérieure. Le débordement de ce fleuve & du *Cinça* faillirent perdre Céfar & fon armée auprès d'*Ilerda*.

Ce dictateur dit que le *Sicoris* féparoit le pays des Ilergètes de celui des *Lacetani*.

Cette rivière, en coulant par le fud-oueft, arrofoit *Berguffa*, *Ilerda*, & fe jetoit dans l'*Iberus* à *Octogefa*.

SICULENSII, peuple de l'île de Sardaigne, felon Ptolémée.

SICULI, peuples qui étoient originaires de la Dalmatie, & qui vinrent s'établir dans l'Italie, après les Liburnes, vers le seizième siècle avant J. C. Les Sicules formoient une nation nombreuse, qui s'empara d'une partie considérable du pays; ils peuplèrent l'Ombrie du milieu, la Sabine, le Latium, & tous les cantons dont les peuples ont depuis été connus sous le nom d'*Opiques*.

Les Sicules passèrent en Sicile, & lui donnèrent leur nom. Nous avons la date de ce passage, par Hellanicus de Lesbos, qui en fixe l'époque 80 ans avant le siège de Troyes, ou 1364 ans avant l'ère chrétienne, selon la chronologie de Thucydide.

Le nom de Sicules, qui comprenoit tous les peuples qui s'étendoient depuis le Tibre jusqu'à l'extrémité orientale de l'Italie, à l'exception du pays que possédoient les Liburnes, fut peu à peu aboli par les ligues particulières des Sabins, des Latins, des Samnites, des Œnotri & des Itali, qui se formèrent dans la suite. Hérodote, Thucydide, Platon & Aristote font mention de ces peuples.

SICULONES, peuple du nombre des Cimbres. Il habitoit dans la presque île nommée *Cimbrique*, selon Ptolemée.

SICULOTÆ, peuples de la Dalmatie. Ils étoient partagés en vingt-quatre décuries, selon Ptolemée.

SICUM, ville de l'Illyrie, sur la côte de la Dalmatie, entre *Scardona* & *Salone*, selon Ptolemée & Pline. Ce dernier rapporte que l'empereur Claude y envoya des soldats vétérans.

SICYON, ville de la Grèce, sur la route septentrionale du Péloponnèse. Le nom de cette ville étant en grec Σικυον, il faut écrire en françois *Sicyon*, ou du moins *Sicyone*. Elle étoit la capitale d'un petit état situé sur le golfe de Corinthe, & dont elle étoit même peu éloignée; cette ville porta d'abord le nom d'*Ægialée*, qui en fut le fondateur en 1773, avant l'ère vulgaire. Comme Adraste, dont le nom est cité dans Homère, ne se trouve que le quatorzième dans la liste de rois d'Argos, qu'il ne régna qu'en 1260, je crois qu'il faut traduire, ὅδε αρ Αδρηςκος πρῶτε βασιλευσεν, non pas, *régna le premier*; mais *régna d'abord*. Etienne de Byzance dit qu'elle eut ensuite le nom de *Telchinia*; mais apparemment que ce ne fut pas pendant long-temps; car Pausanias dit positivement, que sous le règne de *Sicyone*, venu de l'Attique au secours de Laomedus, auquel il succéda, cette ville, qui jusqu'alors avoit été nommée *Egialée*, prit le nom de *Sicyone*. La première ville de ce nom étoit située dans une plaine: Démétrius la rasa, & en bâtit une autre vers l'an 303 avant l'ère vulgaire, sur une hauteur plus près de la citadelle. Selon Plutarque, il la nomma, d'après lui, *Démétriade*; mais l'ancien nom prévalut.

*Sicyon*, célèbre par l'ancienneté de sa fondation, ne l'a pas moins été par la gloire des peintres & des sculpteurs auxquels elle a donné le jour. On sait que c'est à *Sicyone* que naquit Aratus, ce héros, qui, à l'âge de vingt ans, mérita d'être à la tête

des affaires de sa patrie, & éleva le rempart de la liberté de la Grèce, connu sous le nom de *ligue achéenne*, l'an 250 avant J. C. Cette ville renfermoit encore plusieurs monumens au temps de Pausanias. Ce n'est plus qu'un village, actuellement connu sous le nom de *Basilico*.

Les Sicyoniens enterroient leurs morts fort simplement: ils les mettoient dans une fosse, & leur disoient adieu, en les nommant: puis ils bâtissoient un petit mur autour, sur lequel ils élevoient quatre colonnes qui soutenoient un toit, & ne mettoient aucune inscription. Sur la gauche du chemin de Corinthe à Sicyone, & un peu dans les terres, on voyoit le tombeau d'Eupolis, poëte Athénien, qui a fait des comédies, & on trouvoit celui de Xénodice, en avançant vers la ville: ce tombeau n'étoit pas fait comme les autres, car il étoit orné de peintures très-belles. Le monument que les Sicyoniens avoient élevés à leurs compatriotes qui avoient été tués à Pellène, à Dyme, à Mégalopolis, & auprès de Sélasie, étoit un peu plus près de la ville. Auprès de la porte étoit un antre, où il y avoit une fontaine, dont l'eau venoit du haut de la caverne.

Pausanias dit avoir vu dans la citadelle, un temple de la Fortune surnommée *Acrea*; & auprès de celui-ci, un autre qui étoit dédié aux Dioscures: les statues des divinités étoient de bois, dans l'un & l'autre temple. Le théâtre étoit au bas de la citadelle: sur le devant on voyoit la statue d'un homme qui tenoit un bouclier, & qu'on assuroit être celle d'Aratus, fils de Clinias. Dans la place publique, il y avoit un temple dédié à la déesse Pitho, ou de la Persuasion, & auprès on voyoit le palais destiné aux empereurs romains: c'étoit autrefois la maison du tyran Cléon, & au-devant on voyoit le monument héroïque, élevé à la gloire d'Aratus. Ce héros mourut à Egion, & son corps fut transporté à Sicyone. Sur le derrière du théâtre il y avoit un temple de Bacchus: la statue du dieu étoit d'or & d'ivoire; cette statue étoit accompagnée de Bacchantes en marbre blanc. Les Sicyoniens avoient plusieurs autres statues, qu'ils renfermoient dans une espèce de sacristie: ils les tiroient de ce lieu une nuit de chaque année, pour les porter dans le temple: ils allumoient des flambeaux & chantoient des hymnes en vieux langage. La statue qu'ils croyoient avoir été consacrée par Androdamas, fils de Phlias, tenoit le premier rang: on la nommoit le *Bacchéus*. Après celle-ci, c'étoit le *Lysius*, statue qu'on disoit que Phanès avoit apportée de Thèbes à Sicyone, par ordre de la Pithie. En allant du temple de Bacchus sur la place, le temple de Diane surnommée *Limnea*, étoit à la droite; mais il étoit si vieux, qu'au temps de Pausanias il n'avoit pas de toit: la déesse n'y avoit même pas de statue. Le temple de la Persuasion étoit sur la place: tous les ans on portoit les statues d'Apollon & de Diane en cérémonie dans le temple: il avoit été autrefois bâti par Prœtus;

mais ayant été brûlé avec toutes les offrandes qui étoient dedans, on en fit refaire un autre, ainsi qu'une statue, qui furent confacrés par Pytoclès. Auprès du temple de la Persuasion, il y avoit un palais qui étoit destiné aux empereurs Romains; c'étoit anciennement la maison de Cléon le tyran. Devant la porte on voyoit le monument héroïque d'Aratus. L'autel dédié à Neptune *Isthmien*, étoit immédiatement après le tombeau d'Aratus: on y voyoit deux statues très-grossièrement faites; l'une représentoit Jupiter *Melichius*, & l'autre Diane *Patroa*. La première étoit faite en forme de pyramide, & l'autre en forme de colonne. Il y avoit un sénat & un portique dans le même endroit: le portique portoit le nom de *Clisthène*, qui l'avoit fait bâtir & enrichir des dépouilles qu'il avoit remportées sur les Cirrhéens. Le Jupiter en bronze qui étoit au milieu de la place publique, avoit été fait par Lysippe. Auprès de cette statue, il y en avoit une de Diane, qui étoit toute dorée. Le temple d'Apollon *Lyceus* étoit aux environs, & tomboit en ruines; il y avoit, près de ce temple, plusieurs statues de femmes, rangées de suite. Un Hercule en bronze, fait par Lysippe, fameux statuaire de cette ville, & un Mercure *Agoreus*, étoient aussi là.

Près du marché il y avoit un lieu d'exercice, où étoit une statue en marbre, représentant Hercule. Cet ouvrage étoit à Scopas: le temple du dieu étoit ailleurs. L'enceinte de cette espèce d'académie ou gymnase, étoit destinée aux exercices de la jeunesse. La statue de bois, qui étoit d'un goût antique, & faite par Laphaès de Phliasie, étoit dans le temple d'Hercule; qui étoit dans le milieu de ce gymnase: ce dieu y étoit honoré d'un culte tout particulier; il étoit révéré comme dieu & comme héros.

Les Sicyoniens avoient institué deux jours de fêtes en son honneur: le premier étoit appelé l'*onomte*, & le second l'*héraclie*. De ce temple on alloit dans celui d'Esculape, dans le parvis duquel on trouvoit à main gauche deux chapelles qui se touchoient, dont l'une étoit dédiée au Sommeil, & l'autre à Apollon: il n'y avoit que les prêtres du dieu qui pussent entrer dans cette dernière. On conservoit sous le portique qui étoit devant le temple, un os de baleine très-grand. Derrière étoit la figure du Songe, & auprès, celle du Sommeil qui endormoit un lion. Il y avoit, d'un côté de l'entrée du temple, une statue assise, qui représentoit Pan, & de l'autre, une Diane, qui étoit debout. Esculape étoit dans ce temple, représenté sans barbe: sa statue étoit d'or & d'ivoire, & faite par Calamis: le dieu tenoit un sceptre d'une main, & de l'autre une pomme de pin. Il y avoit plusieurs autres statues d'une grandeur médiocre, & qui étoient suspendues à la voûte. Près du temple d'Esculape étoit celui de Vénus: la première statue que l'on y voyoit, étoit celle d'Antiope. Personne ne pouvoit entrer dans ce temple, excepté

la sacristine, qui s'obligeoit à ne point avoir de commerce avec son mari: & une jeune vierge qui en étoit la prêtresse, & dont le sacerdoce ne duroit qu'un an. La statue de la déesse étoit assise, & elle étoit d'or & d'ivoire: elle avoit sur la tête une espèce de couronne terminée en pointe, qui représentoit le pole: d'une main elle tenoit un pavot, & de l'autre une pomme. Les Sicyoniens lui offroient en sacrifice les cuisses de toutes sortes de victimes, à la réserve du porc. De-là on passoit dans un lieu d'exercice; & en y allant, on trouvoit, sur la gauche, le temple de Diane *Phéréenne*, dont la statue étoit de bois. C'est Clinias qui avoit fait bâtir le lieu d'exercice: on y voyoit une statue en marbre blanc, dont le haut étoit un buste de Diane, & le bas représentoit un Hercule de figure quarrée.

Près de la porte appellée *sacrée*, il y avoit un temple de Minerve, qui autrefois avoit été consacré à Epopée. Après ce temple-ci, on en voyoit deux autres, l'un bâti par Epopée & dédié à Diane & Apollon; l'autre avoit été bâti & dédié à Junon par Adraste. Au fond du temple de Junon, Adraste avoit fait élever deux autels, dont l'un étoit dédié à Pan, & l'autre au Soleil. Le temple d'Apollon *Carnéen* n'étoit pas éloigné de celui-ci; mais le toit & les murs en avoient été détruits par le temps, ainsi que celui de Junon *Prodomie*. Dans celui d'Apollon, on ne voyoit plus que quelques colonnes au temps de Pausanias. On rencontroit le temple de Cérès, en descendant du côté de la campagne. Le bois de Pyrée étoit à dix stades sur la gauche du chemin de Sicyone à Phliunte: ce bois renfermoit un temple, & tous les deux étoient consacrés à Cérès *Prostase*, & à Proserpine. Les hommes étoient séparés des femmes, lorsque l'on célébroit la fête de ces divinités. Les femmes faisoient leurs sacrifices dans une chapelle qui étoit dédiée aux Nymphes: cette chapelle étoit ornée de plusieurs statues, dont on ne voyoit que le visage; mais on savoit qu'elles représentoient Bacchus, Cérès & Proserpine.

SICYONIA (la). Ce pays, qui avoit autrefois porté le nom d'Egialée, par lequel on désignoit quelquefois toute l'Achaïe, & qui certainement signifie *maritime*, étoit d'une très-médiocre étendue.

Cette contrée étoit bornée à l'ouest par l'Achaïe; au nord, par le golfe de Corinthe; à l'est, par le petit pays de ce nom; & au sud, par l'Arcadie.

Cette étendue donnoit environ six lieues du nord au sud, & quatre environ de l'est à l'ouest. Les terres y produisoient sur-tout du vin. Son principal fleuve étoit l'*Asopus*, duquel tout le pays a quelquefois porté le nom d'Asopie.

SIDA ou SIDE, ville de l'Asie, dans la Pamphylie, sur le bord de la mer, auprès de l'embouchure du fleuve Eurymédon, selon Ptolemée.

SIDA, ville de Grèce, dans le Péloponnèse. Elle prenoit ce nom d'une des filles de Danaüs, selon Pausanias.

SIDA., village de la Paleſtine, à quinze cens ſtades de Céſarée de Paleſtine, ſelon Nicéphore Calliſte.

SIDACA, ville de l'Aſie mineure, dans la Lycie, ſelon Etienne de Byſance.

SIDÆ, lieu de la Grèce, dans la Béotie, aux confins du territoire des Athéniens, ſelon Athénée.

SIDALA, ville de l'Aſie, dans la grande Arménie, ſelon Ptolemée.

SIDARUS, nom d'une ville & d'un port, ſelon Etienne de Byſance.

SIDDA, ville de la Paleſtine, dans le voiſinage de la mer Morte. Geneſ.

SIDE, lieu de l'Aſie mineure, dans la Troade, ſelon Strabon.

SIDELA, ville de l'Aſie mineure, dans l'Ionie, ſelon Etienne de Byſance.

SIDEN, étang de l'Inde, ſelon Ctéſias, cité par Pline.

SIDEN, ville du Pont Cappadocien, dans la contrée Sidena, à qui elle donnoit le nom, ſelon Strabon.

SIDENA, ville de l'Aſie mineure, dans la Lycie, ſelon Etienne de Byſance.

SIDENA ou SIDONA, contrée peu fertile de l'Aſie, ſur le bord de la mer, dans le royaume de Pont, & dans laquelle il y avoit quelques places fortes, ſelon Strabon. Ptolemée écrit Sidona.

Il y avoit une ville de même nom dans cette contrée, & c'eſt où finiſſoient les campagnes Thémiſcyriennes, ſelon Strabon.

SIDENA, ville de l'Aſie mineure, dans la Troade, ſur le Granique. Elle étoit ruinée du temps de Strabon.

SIDENI, peuples de la Germanie. Ils habitoient ſur le bord de l'Oder, ſelon Ptolemée.

SIDENI, nom d'un peuple de l'Arabie heureuſe, ſelon le même.

SIDENI, peuple du Pont Cappadocien. Il habitoit la ville de Siden, ſituée dans la contrée Sidena, ſelon Pline.

SIDENI SINUS, golfe de l'Aſie mineure, ſur le Boſphore de Thrace, près du Pont-Euxin. Ce golfe étoit formé par le promontoire Ancyreum, & par celui de Pſonion.

SIDENUM FLUMEN, fleuve du Pont, dans la Thémiſcyrène, & qui mouilloit la ville de Polemenium, ſelon Pline.

SIDERAS, nom d'un lieu aux confins de la Romanie & de la Bulgarie, ſelon Cédrène.

SIDEROPELUM, ville de l'Aſie mineure. (Voyez la Martinière).

SIDEROPOLICHNA, ville de Grèce, dans le Péloponnèſe, ſelon Chalcondyle. (Voyez la Martinière).

SIDERORYCHIA, lieu de la Germanie, au midi du pays des Quades, près de la forêt nommée Luna, ſelon Ptolemée.

SIDETÆ, peuple de l'Aſie, dans la Pamphylie.

Il prenoit ſon nom de la ville de Sida, ſelon Etienne de Byſance.

SIDICES, peuples de l'Aſie, dans la Médie. Ils habitoient dans la Chromithrène, ſelon Ptolemée, cité par Ortélius.

SIDICINUM, ville d'Italie, dans le Sammium propre.

SIDIRUS, lieu de l'Aſie mineure, dans la Phrygie, au voiſinage de la ville de Traillis, ſelon Agathias.

SIDODONA, lieu ſtérile, ſur la côte de la Carmanie, dans le golfe Perſique, où relâcha Néarque, en allant de l'île Oaracta à celle de Cata, ſelon ſon journal de navigation.

SIDOLOUCUM ou SIDOLEUCUM, ville de la Gaule Lyonnoiſe, ſur la route de Lugdunum à Geſſoriacum, entre Auguſtodunum & Aballone, ſelon l'itinéraire d'Antonin.

SIDON, ville de la Phénicie, qui étoit à trente milles de Bérythe, ſelon l'itinéraire d'Antonin. Cette ville fut long-temps la métropole de la Phénicie, juſqu'à ce que Tyr, devenue plus puiſſante, lui diſputa cette dignité. Juſtin dit que les Phéniciens, obligés de quitter leur pays par un tremblement de terre, vinrent s'établir dans le voiſinage du lac d'Aſſyrie; qu'ils abandonnèrent cette demeure & vinrent s'établir ſur le rivage voiſin de la mer, où ils bâtirent une ville, qu'ils nommèrent Sidon. Moïſe nous apprend que cette ville avoit été bâtie par Sidon, fils aîné de Canaan, le père & l'auteur de tous les Phéniciens. Joſué, ch. 2, v. 8, dit que la ville de Sidon étoit déjà riche & puiſſante lorſque les Iſraélites entrèrent dans le pays de Canaan, & l'Ecriture lui donne ſouvent le nom de grande. S. Jérôme dit qu'elle tomba dans le lot de la tribu d'Aſer. L'an 1015, Sidon étoit dépendante de Tyr, car Salomon prie Hiram, roi de Tyr, de donner des ordres aux Sidoniens de couper ſur le Liban les bois dont il avoit beſoin pour le temple de Jéruſalem qu'il vouloit bâtir. Les Sidoniens ſecouèrent le joug des Tyriens, 720 ans avant J. C., & ſe donnèrent à Salmanazar, lorſque ce prince entra en Phénicie. Joſeph, antiq. raconte qu'environ cent cinquante ans après, Apriès, roi d'Egypte, entra en Phénicie avec de puiſſantes armées, emporta Sidon de force, ce qui fit ſoumettre au vainqueur toutes les autres villes de la Phénicie. Cyrus fit la conquête de cette ville; les Sidoniens obtinrent des Perſes la permiſſion d'avoir leur roi particulier, & ils eurent part à toutes les expéditions de leurs nouveaux maîtres, ſelon Hérodote, L. III, p. 226; & dans la guerre de Xerxès contre les Grecs, le roi de Sidon, ſelon Diodore de Sicile, L. XIV, commandoit une flotte de quatre-vingts voiles, qui contribua beaucoup à la victoire que ce prince remporta ſur les Lacédémoniens.

La ville de Sidon fut ruinée l'an 351 avant J. C., ſous le règne d'Ochus, roi de Perſe. Quand les habitans virent l'ennemi dans leur ville, ils ſe renfermèrent

renfermèrent dans leurs maisons avec leurs femmes & leurs enfans, & y mirent le feu. Diodore de Sicile, *L. XVI*, dit que les Sidoniens qui s'étoient trouvés absens de leur ville, & qui avoient échappé au massacre, y revinrent & la-rebâtirent quand Ochus fut retourné en Perse. Arrien, *de expcd. Alex.* dit que les Sidoniens envoyèrent faire leurs soumissions à Alexandre, lorsque ce prince entra en Phénicie après la bataille d'Issus, 333 ans avant J. C. Ce prince chargea Héphæstion de donner un roi à cette ville; cet officier mit sur le trône de Sidon, l'hôte chez lequel il avoit logé; mais cet homme refusa de s'y placer, & procura cette couronne à un homme de la famille royale qui étoit obligé de travailler à la campagne pour gagner sa vie, selon Diodore de Sicile, qui nomme ce nouveau roi *Ballonyme*. Après la mort d'Alexandre, Sidon passa d'abord aux rois d'Egypte, ensuite à ceux de Syrie, jusqu'à ce qu'elle tomba enfin sous la puissance des Romains. Cette ville éprouva un tremblement de terre, dont parle Strabon, qui renversa la moitié de la ville. Elle prenoit sur ses médailles les titres de *divine*, de *sacrée*, d'*asyle* d'*autonome* & de *navarachide*; ce qui prouve qu'elle avoit recouvré sa liberté, dont Auguste l'avoit privée, pour la punir de quelques séditions, selon Diodore de Sicile.

SIDONA. *Voyez* SIDENA.

SIDONES, peuples de la Germanie. Ils habitoient entre les *Luti-Buri* & les *Cogni*, selon Ptolemée.

SIDONIA, ville de l'Asie mineure, dans la Troade, selon Etienne de Bysance.

SIDONII. Ces peuples prenoient ce nom de Sidon, le premier des enfans de Canaan. Ils occupoient, dans la terre de Canaan, les lieux où on a depuis bâti les villes de Sidon, de Tyr, d'Acco, dans les parties maritimes des tribus d'Aser & de Zabulon.

SIDONIORUM INSULA, île du golfe Persique, selon Strabon. Cet auteur rapporte que ce fur une colonie venue de cette île, qui fonda la ville de Sidon en Phénicie.

SIDRONA, ville de l'Illyrie, dans l'intérieur de la Liburnie, selon Ptolemée.

SIDUS, bourgade du territoire de Corinthe, & qui servoit de port à la ville de Mégare, selon Etienne de Bysance.

Ce lieu étoit à l'est de *Schœnus*.

SIDUS, bourgade de l'Asie mineure, dans l'Ionie, au voisinage de la ville de Clazomène, selon Etienne de Bysance.

SIDUS, nom d'une bourgade qu'Etienne de Bysance place dans le voisinage de la mer Erythrée.

SIDUS, lieu de l'Asie mineure, dans la Pamphylie, selon Etienne de Bysance.

SIDUSA, île de l'Asie mineure, sur la côte de l'Ionie, selon Pline.

SIEMIUM, siège épiscopal. (*Voyez la Martinière*).

*Géographie ancienne. Tome III.*

SIENE, nom de la dernière ville de l'Egypte, vers l'Ethiopie. Pline rapporte qu'elle étoit située dans une péninsule, sur le bord oriental du Nil, & qu'il y avoit une garnison romaine.

SIGA, fleuve d'Afrique, dans la Mauritanie césariensis. Ptolemée en place l'embouchure entre la ville de *Siga* & l'embouchure du fleuve *Asarath*.

SIGA, ville d'Afrique, dans la Mauritanie césariensis. Elle avoit le titre de colonie, & étoit située entre le port *Gypsaria* & l'embouchure du fleuve *Siga*, selon Ptolemée.

Strabon rapporte que cette ville fut détruite par les Romains, & que le palais de Syphax y étoit.

SIGA, ville royale, située en Afrique, dans la Numidie, & dans la partie occidentale du côté du fleuve *Mulucha*. Elle étoit la capitale du royaume de Syphax.

SIGALA, ville de l'Inde, en-deçà du Gange, selon Ptolemée. Il la place dans l'intérieur des terres, & la donne aux *Mandrales*.

SIGAMIA, fleuve de la Témiscyrène, selon Pline.

SIGANA, ville de l'Arachosie, selon Ptolemée.

SIGATHA, ville de la Libye, selon Strabon, cité par Etienne de Bysance.

SIGE, ville de l'Asie mineure, dans la Troade, selon Etienne de Bysance.

SIGENSUS PORTUS, port de l'Afrique, sur la côte de la Mauritanie césariensis, entre *Siga* & *Camarata*, selon l'itinéraire d'Antonin.

SIGESTERICA CIVITAS, ville de la Gaule, de laquelle il est fait mention au second concile de Mâcon.

SIGEUM, ville & port de l'Asie mineure, dans la Troade, à soixante stades de la ville de *Rhoeteum*, en côtoyant le rivage, & à cent stades de Ténédos, selon le géographe Agathimène. Strabon rapporte que cette ville étoit ruinée de son temps. Les Myliténiens bâtirent cette ville; bientôt après les Athéniens en chassèrent, ce qui occasionna une assez longue guerre entre ces deux peuples; mais enfin, selon Hérodote (*L. V*, § 194), ayant pris pour arbitre Périandre, fils de Cypsèle, ce prince l'adjugea aux Athéniens, l'an 564 avant notre ère. Si l'on suivoit les calculs d'Usserius, ce seroit l'an 589; mais je préfère ceux de M. Larcher. Les Athéniens conservèrent *Sigeum* jusqu'au temps d'Alexandre. Sous ses successeurs elle fut détruite par les peuples voisins. Elle l'étoit du temps de Strabon, & Pline en parle comme d'une ville qui ne subsistoit plus depuis long-temps: *Quondam Sigæum oppido*.

Elle fut rétablie sous les empereurs chrétiens, & même érigée en évêché dépendant de Cizyque.

*N. B.* Ce n'est plus maintenant qu'un misérable village, que les Turcs ont d'abord appelé *Jeni-hisard*, & qu'ils nomment actuellement *Gaurkioi*. Il y a devant l'église un marbre de neuf pieds de long, qui sert de siège aux Grecs. C'est sur ce marbre

S

que se trouve cette inscription curieuse, écrite en lignes qui vont alternativement de la gauche à la droite, & de la droite à la gauche ; manière d'écrire que l'on peut regarder comme très-ancienne, & qui probablement étoit le passage de l'écriture phénicienne qui traçoit de droite à gauche, à l'écriture enfin adoptée par les Grecs, & allant toute de gauche à droite. Pausanias parle aussi de l'épitaphe de Cypsèle écrite de cette manière, & que l'on nomme Βουστροφηδόν.

SIGEUM PROMONTORIUM, promontoire de la Troade. Il est près & au nord de l'embouchure du fleuve appelé autrefois *Scamandre*. Strabon (*L. XIII*, *p. 890*), le nomme le *port des Achéens*, parce que les Grecs y abordèrent en allant au siège de Troye. Il y avoit en ces lieux un grand lac que l'on croyoit avoir communication avec la mer. Ce promontoire se nomme actuellement *Ieni-Hisari*.

SIGINDUNUM, ville de la haute Mœsie, sur le bord du Danube, selon Ptolémée. L'itinéraire d'Antonin la marque sur la route de *Rimini* à *Byzance*, entre *Taurunum* & le mont d'Or.

SIGINNI, peuples de l'Asie. Ils avoient les mêmes mœurs que les Perses, selon Strabon.

SIGIPEDES, peuples dont fait mention Trébellius Pollion.

SIGISA, ville de l'Hispanie, sur le Tader, au nord-ouest de *Vergilia*.

SIGIUS, ville d'Italie, sur la côte de l'Ausonie, selon Appien.

SIGIUS MONS, montagne de la Gaule Narbonnoise, sur la côte de la mer Méditerranée, selon Strabon. Ptolémée écrit *Setius*.

SIGNANI, peuples de la Gaule Aquitanique, selon Pline, cité par Ortélius.

SIGNIA (*Segnie*), ville d'Italie, dans le Latium, à quelque distance à la droite de la voie latine & vers le sud-ouest d'*Anagnia*. On en voit encore des restes considérables.

Tite-Live rapporte que Tarquin-le-Superbe y envoya une colonie.

SIGNIA, montagne de l'Asie mineure, dans la grande Phrygie. Pline rapporte que la ville d'Apamée étoit bâtie au pied de cette montagne.

SIGNINI, Tite-Live nomme ainsi les habitans de *Signia*, ville du *Latium*.

SIGO, ville de la Palestine, dans la Galilée, selon Joseph.

SIGORUM, montagne d'Asie, dans la Mésopotamie, aux environs de la ville de Nisibe, selon Sozomène.

SIGRIANA, contrée de l'Asie, dans la Médie, selon Strabon.

SIGRIANI, montagnes de l'Asie mineure, sur la côte de la Propontide, selon Constantin Porphyrogénète.

SIGRIUM, promontoire de l'île de Lesbos, dans la partie la plus occidentale de l'île, vers le 39 degré 25 minutes de latitude.

SIGRUM, nom d'un port de l'île de Ténédos. On y voyoit une statue de Diane, selon Phavorin.

SIGUA, ville de l'Asie, dans la grande Arménie, selon Ptolémée.

SIGUITENSIS, SIGUITANUS ou SIGGITANUS, siège épiscopal d'Afrique, dans la Numidie, selon la conférence de Carthage.

SIGULONES, peuples de la Germanie. Ils habitoient dans la partie occidentale de la Chersonèse cimbrique, selon Ptolémée.

SIGUS (*Temfouke*), ville d'Afrique, de laquelle il est fait mention dans l'itinéraire d'Antonin. Elle étoit située à l'ouest de Théveste, sur le chemin qui conduisoit de cette ville à *Cirta*.

SIGUS, fleuve au voisinage de l'Hellespont, selon Nicétas.

SIGYMNI, peuples qui habitoient dans le voisinage du Pont-Euxin, dans la Colchide.

SIGYNNÆ ou SIGYMES, peuples qui habitoient sur le bord du Pont-Euxin, au-delà de l'Ister. M. Larcher remarque qu'il est nécessaire de les placer aussi en-deçà, puisqu'Hérodote ajoute qu'ils s'étendoient jusqu'aux Hénètes, qui demeuroient au fond du golfe Adriatique.

Hérodote rapporte qu'ils étoient habillés comme les Mèdes, & que, de son temps, c'étoient les seuls peuples de ces contrées qui fussent connus.

SIGYNNUS, ville de l'Egypte, selon Ctésias, cité par Etienne de Byzance.

SILA, forêt de l'Italie, dans le *Brutium*, au nord de la ville de *Rhegium*, & qui occupoit une partie de l'Apennin, selon Strabon.

SILA, nom d'une ville qui étoit située à cinq cens soixante-deux milles de la Japygie, selon Strabon.

SILÆ, nom d'une ville qui étoit située dans l'intérieur de l'Arabie heureuse, selon Ptolémée.

SILANA, ville dont parle Tite-Live, & qui devoit être dans la Thessalie ou dans la Macédoine.

SILANDUM, ville de l'Asie mineure, dans la Lycie. Il en est fait mention dans les actes du concile de Chalcédoine.

SILARUS, fleuve de l'Italie, qui se rendoit à la mer près de *Poestum*.

Il commençoit sur les terres des Hirpini, puis tournant par le nord-est, alloit par le sud-ouest se jetter dans la mer : il séparoit les *Picentini* de la Lucanie. On raconte, dit Strabon, que les eaux de ce fleuve ont la propriété de pétrifier les plantes que l'on y jette, sans leur faire perdre de leur couleur & de leur forme. Pline (*L. II*, *c. 103*), dit que même les feuilles s'y pétrifioient ; & Aristote rapporte que ce qu'on y a plongé, prend d'abord une couche pierreuse, & acquiert ensuite la dureté du caillou.

SILARUS, montagne d'Italie, dans la Lucanie, selon Ortélius.

SILAS, fleuve de l'Inde. Il tiroit sa source d'une fontaine du même nom, & couloit dans le pays des Siléens, selon Arrien.

SILBIUM, ville de l'Italie, dans la Japygie. Les Romains l'enlevèrent aux Samnites, selon Diodore de Sicile.

SILBIUM, nom d'une ville d'Asie, dans la grande Phrygie, selon Ptolemée.

SILDA, ville de l'Afrique, dans la Mauritanie Tingitane, selon Ptolemée. L'itinéraire d'Antonin marque cette ville sur la route de *Tocolosida* à *Tingis*, entre *Aquæ Dacicæ* & *Vospiscanæ*.

SILE, ville de la basse Egypte, sur la route dé *Serapium* à Péluse, entre *Magdolum* & *Thaubasium*, selon l'itinéraire d'Antonin.

SILEI VICUS, lieu de l'Asie mineure, sur la côte de la Lycie.

SILEMSILENSIS, siège épiscopal d'Afrique, dans la proconsulaire, selon la conférence de Carthage.

SELENI, nom d'un peuple de l'Inde. Pline le place dans le voisinage du fleuve *Indus*.

SILENIARUM LITTUS, nom d'un rivage, dont fait mention Eschyle.

SILENSIS, siège épiscopal d'Afrique, dans la Numidie, selon la notice des évêchés de cette province.

SILESTANTINA, ville de l'île de Taprobane, selon Jornandès, cité par Ortélius.

SILI, peuples de l'Ethiopie, sous l'Egypte, selon Strabon.

SILICE, ville de l'Afrique, dans la Libye intérieure, près du fleuve Bagradas, selon Ptolemée.

SILICENSE FLUMEN, fleuve de l'Hispanie, dans la Bétique, selon Hirtius.

SILICI, lieu de l'Asie, dans l'Assyrie, vers les sources du fleuve Zabus.

SILICI CLASSITÆ, peuple de l'Asie, dans la Mésopotamie, selon Pline.

SILINDIUM, nom d'une petite ville de l'Asie mineure, dans la Troade, près du mont *Ida*, selon Démétrius Scepsius, cité par Etienne de Byzance.

SILINGI, peuples d'entre les Wandales, dans l'Espagne Bétique. Isidore rapporte qu'ils furent exterminés par l'empereur Honorius.

SILINUS, fleuve du Péloponnèse, dans l'Elide. Il arrosoit le territoire de Scillunte, selon Pausanias. C'est le *Sellenus* de Xénophon, & le *Selinus* de Strabon.

SILIS, fleuve d'Italie, dans la Vénétie. Il prenoit sa source dans les monts *Taurisani*.

SILISSUM, nom d'un château de la Bulgarie, selon Curopalate. Nicéphore Calliste nomme ce château *Hilissum*.

SILLA, nom d'un fleuve de l'Inde. Il sortoit d'une montagne de même nom, & se perdoit ensuite dans la terre, sans avoir reçu l'eau d'aucun autre fleuve.

SILLEIS (le), rivière de la Troade. M. d'Anville croit avec raison, ce me semble, retrouver le Silléis dans un petit fleuve ou ruisseau, si l'on veut, qui se jette dans le Rhodius, un peu à l'ouest d'Arisba.

SILLIA, lieu de la Palestine, au voisinage de Césarée de Philippe, selon Guillaume de Tyr, cité par Ortélius.

SILLITANUS, siège épiscopal d'Afrique, dans la Numidie, selon la conférence de Carthage.

SILLYUS, ville de l'Asie mineure, dans l'Ionie, aux environs de Smyrne, selon Etienne de Byzance.

SILO, ville célèbre de l'Acrabatène, dans la tribu d'Ephraïm, à douze milles de Sichem, selon Eusèbe, & à dix milles, selon S. Jérôme.

SILO, ville de la Judée, dans la tribu d'Ephraïm. Il en est parlé au livre des Juges, ch. 21, p. 19.

Elle étoit située sur une montagne, au septentrion de Béthel, & à l'orient du chemin qui va de Béthel à Sichem, & au midi de la ville de Lebna.

On voit dans livre de Josué, ch. 18, qu'il y plaça le tabernacle du Seigneur, où il est resté plus de trois cens ans, jusqu'au temps du grand prêtre Héli.

C'est à cette époque que Josué partagea la terre de Canaan aux sept tribus qui avoient passé le Jourdain.

C'est en ce lieu que les Israëlites venoient consulter Dieu, lui offroient leurs sacrifices, & qu'ils recevoient ses ordres.

C'est de cette ville qu'on avoit amené l'arche d'alliance, quand elle fut prise par les Philistins & menée à Azot.

Le prophète Ahias demeuroit à Silo. 1er & 3e livres des Rois.

SILOE, SILOA, ou SILOAM, fontaine au pied des murs de Jérusalem, du côté de l'orient, entre la ville & le torrent de Cédron.

SILOE (tour de). Cette tour tomba sur dix-huit hommes, & les écrasa sous ses ruines.

SILPHIOFERA, contrée d'Afrique, dans la Pentapole, selon Ptolemée.

SILPHIUM, contrée de la Libye, qui avoit pris son nom de la plante appelée *Silphium*. Elle commençoit à l'est, vers Aziris, & l'île de Platée, & s'étendoit vers l'ouest jusqu'à la Syrte.

SILPIA, ville de l'Hispanie, dans la Tarragonoise, selon Tite-Live.

SILTIUS ou SILPIUS, montagne voisine de celle d'Antioche de Syrie, selon Eustathe & Suidas. Ce dernier écrit *Silpius*.

SILVA CIMINIA, forêt de l'Italie. Elle étoit aussi affreuse & aussi impénétrable que la forêt Hercynienne, dans la Germanie, selon Tite-Live.

SILVA HERCULI SACRA, forêt de la Germanie, entre le Wéser & l'Elbe. Elle étoit consacrée à Hertule, selon Tacite.

SILVA MALITIOSA, forêt de l'Italie, dans le pays des Sabins. Il s'y donna un rude combat entre ccs peuples & le roi Tullus, selon Tite-Live.

**SILVANI LAVACRUM**, bain de l'Italie, dans la Campanie, selon Ammien Marcellin.

**SILVANI LUCUS**, bois de l'Italie, dans l'Etrurie, près de la ville de *Cære*, selon Virgile. Cet auteur dit que ce bois étoit consacré à Silvain.

**SILVI**, siège épiscopal de l'Asie, dans la Pamphylie, selon Ortélius.

**SILVIUM**, lieu de l'Italie, dans la *Peucetia*, à l'est de *Venusia*. Ce nom de *Silvium*, formé de *Silva*, vient d'un bois qui se trouvoit en cet endroit, & qui doit être le *Saltus Bantini* dont parle Horace.

*N. B.* La carte de Peutinger, en général très-exacte, commence par la voie Appienne à être ici inexacte: la table d'Antonin s'accorde très-bien, depuis ce lieu jusqu'à Tarente, avec l'état actuel des lieux.

**SILURES** *ou* **SYLURES**, peuples de l'île d'Albion. Ils s'étendoient jusqu'à la mer d'Hybernie, selon Pline & Ptolemée. Ce dernier écrit *Sylures*, & ne leur donne que la ville de *Bullæum*.

**SILURUS MONS**, montagne de l'Hispanie, aux environs de la Bétique, selon Festus Avienus.

**SILUUM**, ville de l'Asie mineure, dans l'intérieur de la Pamphylie, selon Ptolemée.

**SILYS**. Pline rapporte que les Scythes donnent ce nom au Tanaïs, qui faisoit la séparation de l'Europe & de l'Asie, & au Jaxartes, qui tombe dans la mer Hyrcanienne.

**SIMÆTHII**, peuple de la Sicile, selon Pline. Il avoit habité sur le bord du fleuve *Simæthus*, & en avoit pris le nom.

**SIMÆTHUS**, fleuve de la Sicile, dans la partie orientale. Il couloit près & même dans le territoire de la ville de *Leontini*. ( *Voyez l'art.* SICILIA ).

**SIMAITANORUM CIVITAS**, ville de l'Asie, dans la Phrygie Pacatiane. Il en est parlé dans les actes du troisième concile de Constantinople.

**SIMANA**, ville de l'Asie, dans la Bithynie. Elle étoit située entre deux fleuves, selon Etienne de Bysance.

**SIMAS**, promontoire sur le Pont-Euxin. Vénus courtisanne y avoit une statue.

**SIMBRUINA STAGNA**, lacs de l'Italie, dans le *Latium*, selon Tacite.

**SIMBRUINI COLLES**, collines de l'Italie, dans le *Latium*. C'est d'où l'empereur Claude fit conduire de l'eau à Rome, pour faire des fontaines, selon Tacite.

**SIMENA**, ville de l'Asie mineure, dans la Lycie, selon Etienne de Bysance.

**SIMENI**, peuples de l'île d'Albion. Ptolemée leur donne la ville de *Venta*.

**SIMEON** ( *tribu de* ), l'une des douze tribus d'Israël. Il paroît qu'elle occupoit un terrain uni, de vingt-cinq milles du midi au septention, & vingt-huit milles d'occident en orient Toutes les villes de cette tribu furent tirées de celle de Juda.

Cette tribu étant fort nombreuse, envoya, au temps de David, une colonie au pays de Gader, & au temps d'Ezéchias, elle en envoya une autre dans la partie du mont Séir, qui étoit occupée par les Amalécites.

**SIMIDICCENSIS**, siège épiscopal d'Afrique, dans la proconsulaire, selon la conférence de Charthage.

**SIMINENSIS** *ou* **SIMMINIENSIS**, siège épiscopal d'Afrique, dans la province proconsulaire, selon la notice épiscopale d'Afrique.

**SIMINGITENSIS** *ou* **SIMINGITANUS**, siège épiscopal d'Afrique, selon la conférence de Carthage.

**SIMISTHUTH**, ville de l'Afrique, dans l'intérieur de la nouvelle Numidie, selon Ptolemée. Dans l'itinéraire d'Antonin, elle est marquée sur la route d'Hippone royale à Carthage, entre *Ad Aquas* & *Bussa regia*.

**SIMITTENSIS**, siège épiscopal de l'Afrique proconsulaire, selon la conférence de Carthage.

**SIMOIS**, fleuve de l'Asie mineure, dans la petite Phrygie. Il prenoit sa source au mont *Ida*, & se jetoit dans le *Xanthus*, selon Pline.

**SIMOIS**, nom d'un fleuve de la Sicile. On voit dans Strabon, que ce fleuve se joignoit au Scamandre, avant que ce dernier mouillât la ville de *Segesta*.

**SIMOIS**, fleuve de l'Epire. Virgile lui donne l'épithète de *falsus*.

**SIMOISIUS CAMPUS**, canton de l'Asie mineure, dans la petite Phrygie. Il prenoit son nom du fleuve *Simois*, qui l'arrosoit, selon Strabon.

**SIMONIADA**, village de la Palestine, aux confins de la Galilée, à soixante stades du canton appelé *Marnus Campus*, selon Joseph.

**SIMONITIS**, contrée de la Palestine, à l'orient de la Galilée, selon le même.

**SIMPSIMIDA**, ville de l'Asie, dans la Parthie, selon Ptolemée.

**SIMYLLA**, promontoire de l'Inde, selon Ptolemée. Il faisoit la partie la plus méridionale du *Canthi Colpus*, vers le 22e degré 30 minutes de latitude.

Ptolemée dit que *Simylla* étoit une échelle de commerce, au pays du peuple *Sadini*.

**SIMYLLA**, promontoire & lieu d'entrepôt ou de commerce, dans l'Inde, en-deçà du Gange, au pays du peuple *Sadini*, selon Ptolemée.

**SIMYRA** ( *Sumrah* ), ville de la Syrie. Elle étoit située dans une plaine à deux lieues au nord du mont Liban, à huit lieues au sud-sud-est d'Antaradus, & à une lieue & demie au sud de la rivière Ker.

Strabon dit que cette ville étoit la demeure des Zémarites.

Ptolemée place cette ville entre l'embouchure du fleuve *Eleutherus* & *Orthosia*.

**SIN** ( *les royaumes de Leo & de Camboya* ), grand pays de l'Inde, au-delà du Gange, selon Ptolemée.

SIN, ville & défert de la Terre-Sainte, dans l'Arabie pétrée.

SIN (le défert de). Ce défert étoit fur la côte orientale de la mer Rouge, entre Elim & Sinaï.

Le défert de Sin fut le lieu de la huitième station des Ifraélites.

SINA, ville de l'Afie, dans la Margiane, felon Ptolemée.

SINA, ville de la Capadoce, dans la préfecture de Cilicie, felon Ptolemée.

SINA, nom d'un lieu de l'île de Lesbos, felon Strabon, cité par Ortélius.

SINA ou JUSTINIAPOLIS, ville de l'Afie, dans la grande Arménie, felon le fixième concile de Conftantinople.

SINACA, nom d'une ville de l'Hyrcanie, felon Ptolemée.

SINÆ (les Sines), peuple de l'Inde, felon Ptolemée.

Il paroît que leur pays s'étendoit depuis le golfe de Siam jufqu'à une partie de la Chine.

SINÆI, peuple de la Palestine. S. Jérôme les place près d'Arcé, dans le mont Liban.

SINAI (le mont), montagne de l'Arabie pétrée, vers l'enfoncement qui fe trouve entre le golfe Hérocopolite, qui s'étendoit du côté de Suès, & le golfe Elanitique, qui s'étendoit du côté d'Elat & d'Afiongaber. Le mont Horeb étoit à l'occident, & Afiongaber à quelque diftance à l'orient.

Sinaï fut le lieu du douzième campement des Ifraélites.

Ce fut fur cette montagne que, felon l'Ecriture, Dieu donna les deux tables des commandemens.

SINAPATINGA, ville de l'Inde, en-deçà du Gange, au voifinage du fleuve Indus, & l'une de celles qui appartenoient aux Cathæi, felon Ptolemée.

SINARUM REGIO, contrée de l'Afie, & la dernière du côté de l'orient, felon Ptolemée.

SINARUS, fleuve de l'Inde. Il fe jetoit dans l'Hydafpe, felon Arrien.

SINCAR, ville de l'Afie, dans l'intérieur des terres, felon Ptolemée.

SINCIANUS PAGUS, canton de la Germanie, fur le bord du Rhin, felon Ortélius.

SINCIUM ou SINTIUM, lieu de la baffe Pannonie, felon l'itinéraire d'Antonin.

SINDA, ville de l'Inde, au-delà du Gange, felon Etienne de Byfance. Ce dernier la met fur la côte du grand golfe, entre Corgatha & Pagrafo.

SINDA, ville de l'Afie, dans la Pyfidie, aux confins de la Carie, felon Strabon.

SINDA, ville de la Sarmatie afiatique, fur le Bofphore cimm rien, entre les ports Syndicus & Eara, felon Ptolemée.

SINDÆ, nom de trois îles de la mer des Indes, au midi des îles Baruffæ, felon Ptolemée.

SINDE ou SINDA, village de la Phénicie, à environ vingt ftades de la ville de Tyr, felon Evagre.

SINDESSUS, ville de l'Afie mineure, dans la Carie, felon Etienne de Byfance.

SINDI, peuples de la Sarmatie afiatique, du nombre de ceux qui habitoient le Bofphore cimmérien, felon Strabon.

SINDIA, ville de l'Afie mineure, dans la Lycie, felon Etienne de Byfance.

SINDIANI, peuples Scythes, qui habitoient vers le Palus-Méotides, felon Lucien.

SINDICUS PORTUS, port de la Sarmatie afiatique, fur la côte du Bofphore cimmérien, felon le périple de Scylax.

SINDINICES (les Sindinices), peuples de la Germanie. Il faifoit partie de la nation des Vandales.

SINDITE, ville de la petite Arménie, dans la préfecture Mauriana, felon Ptolemée.

SINDOCANDA, ville que Ptolemée place fur la côte occidentale de l'île de la Taprobane, entre l'embouchure du fleuve Soana & le port Priapius.

SINDOMANA, ville de l'Inde, & la capitale des états de Muficanus, felon Arrien.

SINDONÆI, peuples qui habitoient dans la Thrace, felon Hécatée, cité par Etienne de Byfance.

SINDONALIA, contrée de l'Inde. Elle étoit habitée par les Sabatæ, felon Strabon.

SINDOS, ville de la Mygdonie, contrée de Macédoine, à l'oueft de Therma, entre cette ville & l'embouchure de l'Axius. Etienne de Byfance la nomme Sinthos. On ne fait à laquelle de ces deux manières d'écrire on doit donner la préférence, parce qu'Hérodote & lui font les feuls auteurs qui en ont parlé.

SINÆI (les Sinéens), nom de l'un des peuples qui habitoient dans la terre promife, avant que les Ifraélites fuffent venus s'y établir.

Ils habitoient le défert de Sin & le mont Sinaï.

S. Jérôme place un peuple de ce nom en Egypte, dans l'endroit où fut enfuite bâtia Pelufe.

SINERA, nom d'une ville de la Phénicie, felon Etienne de Byfance.

SINERA, ville de l'Afie, dans la petite Arménie, fur le bord de l'Euphrate, felon Ptolemée.

SINERVAS, ville de l'Afie, dans la petite Arménie, fur la route de Satala à Mélitène, entre Carfagis & Analiba, felon l'itinéraire d'Antonin.

SINGA, ville de la Syrie, dans la Comagène, felon Ptolemée.

SINGÆ, peuples de l'Inde, felon Pline.

SINGÆ PONS, nom d'un pont fur la rivière Singas, entre la ville de Sochos & l'Euphrate. Le pont étoit à l'eft de Sochos, vers le 36e degré 50 minutes de latitude.

SINGÆI, peuples de la Grèce, vers les confins de la Macédoine & de la Thrace, à ce qu'il paroît dans Thucydide.

SINGAMES, fleuve navigable de la Colchide, au voifinage de celui de Tarfuras, dont il n'étoit éloigné que de cent vingt ftades, felon Arrien.

SINGANUS, fleuve de l'Afie, dans la partie de la Colchide qui étoit à la droite du Phafe.

SINGARA (*Senjiat*), ville de grande confidé- ration, en Afie, dans la Méfopotamie, fur le bord de la rivière *Mygdonius*, vers le 36<sup>e</sup> degré 15 minutes de latitude.

Dion Caffius rapporte que *Singara* fut prife par Trajan. Elle devint enfuite colonie romaine, avec les furnoms d'*Aurelia* & de *Septimia*, comme on le voit fur les médailles.

SINGARA, ville de l'Afie, dans la Méfopo- tamie, fur le bord du Tigre, felon Ptolemée. Elle étoit la capitale des Arabes *Rhetavi*, felon Pline.

SINGARÆ MONS, montagnes de l'Afie, dans la Méfopotamie. Elles s'étendoient depuis le 36<sup>e</sup> degré 45 minutes de latitude, jufqu'au 35<sup>e</sup> degré 45 minutes. Elles étoient fituées nord-oueft & fud-eft.

SINGARAS, montagne de la Méfopotamie, dans l'Acabène, felon Ptolemée.

SINGAS (*Sinsja*), fleuve de l'Afie, felon Ptolemée, qui le fait fortir de la Piérie (canton le plus nord de la Syrie). Il alloit fe perdre dans l'Euphrate, au fud-eft & au-deffous de *Samofata*, entre *Arudis* & *Porfica*.

SINGIDAVA, nom d'une ville de la Dacie, felon Ptolemée.

SINGIDUNUM, SINGIDONUM CASTRA, ou SINGIDLINO CASTRA, ville de la Pannonie, fur la route d'Italie, en orient, en paffant par le mont d'Or, entre *Tarrunum Claffis* & le gîte appelé *Aureus Mons*, felon l'itinéraire d'Antonin.

SINGILI ((C'eft actuellement un lieu nommé *Puente de Don Gonzalo*), ville de l'Hifpanie, dans la Bétique, fur le *Singilis*, à l'oueft, & au fud-eft d'*Aftigi*.

SINGILIS (*le Xènil*), fleuve de l'Hifpanie, dans la Bétique.

SINGITICUS SINUS, golfe de la Macédoine, dans la mer Egée. Il avançoit beaucoup dans les terre la Chalcidie & la Praxie, depuis le promon- toire *Nymphæum* jufqu'à *Ampelus Extrema*, felon Ptolemée.

SINGONE, ville de la Germanie. Ptolemée la place dans le voifinage du Danube.

SINGUIRIUM ou SYNCERIUM, pofte de l'Italie, aux confins du *Latium* & du pays des Herniques, felon Denys d'Halycarnaffe.

SINGUS ou SINGOS, ville de la Macédoine, dans la Chalcidie, fur le golfe Singitique, felon Ptolemée.

Elle avoit donné fon nom au golfe.

SINGYA, ville de l'Afie mineure, dans la Pam- phylie, felon Etienne de Byfance.

SINHORIUM, lieu fortifié de la Colchide, aux confins de la grande & de la petite Arménie, felon Ammien Marcellin.

SINIANDI, fiège épifcopal d'Afie, dans la Pyfidie, felon des notices grecques.

SINIS, lieu de Grèce, dans l'Attique, felon Plutarque, cité par Ortélius.

SINIS COLONIA, ville de l'Afie, dans la petite Arménie & près de l'Euphrate, felon Ammien Marcellin.      dans

SINITENSIS, fiège épifcopal d'Afrique, e. la Numidie, felon la conférence de Carthag ns la

SINNA, nom de deux villes d'Afie, da Méfopotamie, felon Ptolemée.

SINNA, nom d'un lieu près du mont Liban. Il fervoit de retraite à des brigands, felon Strabon.

SINNACA, nom d'un défilé qui fe trouvoit dans les montagnes de la Méfopotamie, au voifinage de *Carrhæ*, près du Tigre, felon Plutarque.

SINNAUS, lac de l'Afie. Pline rapporte que l'eau de ce lac eft amère, par la grande quantité d'abfinthe qui croît aux environs.

SINNIPSENSIS, fiège épifcopal d'Afrique, felon la conférence de Carthage.

SINNUARITENSIS, fiège épifcopal de l'Afri- que proconfulaire, felon la conférence de Carthage.

SINNUS, fleuve de la Gaule cifalpine.

SINOESSA, nom d'une ville de la Sicile, felon Etienne de Byfance.

SINONIA, île de la mer Thyrrhène, felon Pomponius Méla.

SINOPE. La fituation de cette ville fur le Pont- Euxin étoit des plus avantageufes. Elle étoit bâtie à l'entrée d'une prefqu'île dont l'ifthme n'a que deux, ftades de largeur, & avoit un port de chaque côté, felon Strabon, *L. II, p. 545*, où il dit qu'elle étoit anciennement comprife dans la Paphlagonie.

Apollonius, *L. II, v. 948*, dit que l'ancienneté de cette ville remonte jufqu'au temps des Argo- nautes, ou du moins jufqu'au temps où des Cim- mériens s'y établirent, lorfque, chaffés de leur pays par les Scythes, ils vinrent en Afie, vis-à-vis de l'embouchure de l'*Ifter*.

Les commencemens de cette ville furent foibles; mais lorfqu'elle eut reçu une colonie de Miléfiens, elle s'éleva à un tel degré de puiffance, qu'elle fut en état de fonder d'autres colonies fur les côtes du Pont-Euxin. Strabon, *L. XII, p. 545*.

Elle jouiffoit de tous les avantages de la liberté, lorfqu'elle fut fubjuguée par Pharnace, roi de Pont: elle devint alors une ville royale, & comme la capitale du royaume de Pont; les rois y faifoient leur féjour, & Mithridate Eupator y prit naif- fance & y fut élevé. Lucullus prit la ville de Sinope, & lui rendit la liberté. La ville éprouva les plus grands malheurs fous la tyrannie du roi Pharnace; mais Jules Céfar, ayant vaincu ce prince, rétablit Sinope & y envoya une colonie romaine. Cette ville établit une nouvelle ère en honneur de ce bienfait, & prit fur les monumens le titre de *Colonia Julia Felix Sinope*. Cette colonie fut envoyée à Sinope l'an 709 de Rome.

La ville de Sinope fubfifta dans un état très- floriffant fous les empereurs Romains: fon com- merce, que lui procuroit l'avantage de fa fituation

& la commodité de fes ports, contribuoit également à fon opulence & à fa fplendeur. Strabon dit qu'elle étoit une des villes les plus confidérables de l'Afie.

On rendoit à Sinope un culte particulier à Sérapis : elle honoroit Mercure comme le dieu du commerce. Le culte idolâtre fubfifta dans cette ville jufqu'à la prédication de l'évangile.

Cette ville étoit gouvernée fur le modèle des autres colonies romaines : elle avoit des duumvirs, qui étoient les chefs du confeil des décurions.

Strabon, L. XII, & Pline, L. V, c. 27, difent que la ville de Sinope, fous les premiers empereurs, comprife dans la Paphlagonie, fit partie du gouvernement de Bithynie.

Pline le jeune, étant gouverneur de cette province, écrivit à l'empereur que l'on pouvoit procurer, à la colonie de Sinope, une fource d'eau abondante, dont elle avoit befoin, fi l'empereur vouloit permettre cet ouvrage.

La Paphlagonie fut détachée de la Bithynie, & forma une province particulière, vers le règne de Conftantin ; mais la ville de Sinope fut jointe avec quelques villes du Pont, pour former la province d'Hellefpont, en l'honneur d'Hélène, mère de Conftantin, felon la notice d'Hiéroclès. L'empereur Héraclius ayant partagé l'orient en divers départemens, la ville de Sinope fut de celui d'Arménie.

Le chriftianifme fut reçu dans cette ville vers la fin du troifième fiècle.

Le fameux philofophe Diogène le cynique, qui vivoit dans un tonneau, étoit de cette ville ; mais il fut enterré à Corinthe, près d'une des portes de la ville, où l'on voyoit fon tombeau avec un cippe, contre lequel étoit adoffé un chien, fait de marbre de Paros.

SINOPE, fleuve de l'Afie, dans la Paphlagonie. Il couloit près la ville de Sinope, felon Euftathe, cité par Ortélius.

SINOPIUM, montagne d'Egypte, dans, ou au voifinage de la ville de *Memphis*, felon Euftathe.

SINOREGA, lieu fortifié, dans l'Afie mineure, felon Appien.

SINOTIUM, ville de l'Illyrie, dans la Dalmatie, & l'une des cinquante principales que poffédoient les Dalmates. Strabon rapporte que cette ville fut réduite en cendres par Augufte.

SINSII, peuples de la Dacie. Ils habitoient au nord des *Saldenfii*, felon Ptolemée.

SINTÆ, peuples de l'Afrique propre, felon Strabon.

SINTHUS, ville de la Macédoine, dans l'Amphaxitide, près du golfe *Thermæus*, felon Hérodote, cité par Etienne de Byfance.

SINTHUS, nom du plus grand des fleuves qui fe jettent dans la mer Erythrée, felon Arrien.

SINTHUS, Ptolemée donne ce nom à une des bouches du fleuve *Indus*.

SINTI, peuples qui habitoient au-deffus du Bofphore de Thrace, felon Polyen.

SINTIA, ville de la Macédoine, aux environs de la Thrace, felon Etienne de Byfance.

SINTICA *ou* SINTICE, contrée de la Macédoine, aux environs de la Thrace, felon Ptolemée.

SINTII, nom de peuples qui habitoient dans l'île de *Lemnos*, felon Homère.

Ce nom doit être écrit avec une S, puifqu'Homère emploie le figne Σ. De plus, je ne lui trouve aucune origine commençant par un C. Il paroit que du temps d'Homère il y avoit à Lemnos, ou du moins que l'on croyoit qu'il y avoit eu des Sinthiens dans l'île de Lemnos. Je ne connois pas d'autres peuples auxquels on puiffe donner ce nom, qu'aux habitans de la ville de *Sindus* ou *Sinthus*, qui étoit fituée aux environs du golfe Thermaïque. Ils devoient être Thraces d'origine, & même appartenir à cette nation au temps d'Homère. J'ai donné deux manières d'écrire ce nom, parce qu'on lit *Sindus* (Σινδος) dans le texte d'Hérodote ; & *Sinthus* (Σινθος) dans Etienne de Byfance, qui cite cependant ce même hiftorien.

SINTOFUM, lieu fortifié de l'Afie, dans l'Arménie, felon Etienne de Byfance.

SINUESSA, ville d'Italie, fur les frontières du Latium & de la Campanie, tout près des marais de Mifturnes. Les eaux de ce lieu avoient la réputation d'être excellentes contre la folie & contre la ftérilité. Selon Strabon, c'étoit de la finuofité de la côte qui y forme un petit golfe, que cette ville avoit pris fon nom. Il en refte encore quelques veftiges, auffi-bien que des anciens thermes bâtis en ce lieu.

SINUESSANI *ou* POPULUS SINUESSANUS, habitans de la ville de *Sinueffa*, colonie Romaine en Italie, dans le *Làtium*, felon Tite-Live.

SINUNIA, ville de l'Afie, dans la Parthie, felon Ptolemée.

SINUS AD GRADUS, Ammien Marcellin fe fert d'une expreffion qui, entre autres, prouve que l'on appeloit *gradus* les branches du Rhône ; & on les défigne encore par le terme de *gras*.

SINUS HIPPONENSIS (*golfe de Bizerta*), golfe de l'Afrique, formé par le promontoire *Candidum*, au nord-oueft, & le promontoire *Appollinis* à l'eft.

SINUS MAGNUS, plufieurs golfes ont porté ce nom chez les anciens ; mais comme ce lieu fignifie *le grand golfe*, il n'en défigne aucun en particulier.

SINUS NUMIDICUS (*golfe de Stora*), golfe de l'Afrique, formé à l'oueft par le promontoire *Tritum*, & à l'eft par le promontoire *Tapfus*.

SINUS TRISTIS, nom que Solin donne au lac Afphaltide, ou mer Morte.

SINZITA, ville de la petite Arménie, dans la préfecture Muriane, felon Ptolemée.

SIODA, ville de l'Albanie, du nombre de celles que Ptolemée place entre les fleuves *Cyrrhus* & *Albanus*.

SION *ou* ZION, montagne de la Paleftine, ou, fi l'on veut fe reporter pour l'expreffion aux temps plus anciens, montagne du pays de Chanaan, &

fur laquelle fut bâtie la forterefle de Jérufalem. Cette montagne étoit efcarpée, puifque l'on ne montoit à la forterefle que par des degrés. On appeloit cette citadelle quelquefois la ville haute, & l'Ecriture la défigne quelquefois par l'expreffion de *fille de David*.

Cette montagne avoit environ une lieue de circuit.

SION, nom d'une ville de la Paleftine, dans la tribu d'Iffachar, felon le livre de Jofué.

SIONA. Etienne de Byfance nomme ainfi une ville du Pont.

SIOR, ville de la Paleftine, dans la tribu de Juda, felon Jofué.

SIOSTA, ville de la Dacie Ripenfe, felon la notice des dignités de l'empire.

SIPARUNTUM, ville qui étoit fituée dans l'intérieur de la Dalmatie, felon Ptolemée.

SIPEIA, nom d'un lieu qu'Hérodote place entre *Nauplia* & *Tirynthe*.

SIPHÆ, ville de Grèce, dans la Béotie, vers les confins de la Phocide, felon Ptolemée.

Thucydide place cette ville fur le bord de la mer, dans le golfe *Cirfæus*.

SIPHARE, ville de l'Afie, dans l'Arie, felon Ptolemée.

SIPHNOS, île qui faifoit partie des Cyclades, à l'oueft de Paros, & au nord de Mélos.

On voyoit fur le chemin de la mer à la ville, un tombeau de marbre blanc, d'une belle exécution. Le temple du dieu Pan étoit près de la ville; cette divinité champêtre a toujours été particuliérement révérée à Siphnos. Les bateaux feuls peuvent aborder à cette île. Elle étoit riche & célèbre dans l'antiquité par fes mines d'or & d'argent. Les prêtres d'Apollon mettoient les habitans à contribution, pour s'en approprier une partie; Paufanias affure que ce dieu exigeoit la dîme du produit de ces mines, & qu'il les fit inonder par les eaux de la mer, irrité de ce qu'on avoit voulu la lui refufer; car alors les prêtres étoient avides, & les peuples fuperftitieux.

Les anciens parlent d'une pierre fort tendre, dont on faifoit à Siphnos d'excellentes marmites, qui fe portoient enfuite dans toute la Grèce.

L'île de Siphnos étoit fituée au nord-eft de celle de *Melos*, au nord-oueft de celle de *Pholegandos* ou *Sicinos*, au fud-eft de celle de *Seriphos*, vers le 37e degré de latitude.

SIPHRIN, ville de l'Afie, qui étoit fituée dans une plaine, à l'occident du Tigre, vers le 37e degré 25 minutes de latitude.

SIPHRIS, ville de l'Afie, à cent cinquante ftades d'*Amida*, felon Procope, cité par Ortélius. Ce dernier croit que c'étoit une ville de la Méfopotamie.

SIPIA, lieu du Péloponnèfe, dans l'Argolide, auprès de la ville de Tirynthe, felon Hérodote.

SIPIA, lieu de la Gaule, dans la troifième Lyonnoife, felon la table de Peutinger, cité par Ortélius. La diftance marquée XVI entre *Condate* (Rennes) & *Sipia*, conduit au paffage d'une petite rivière nommée *Sèche*, à l'endroit appelé *Vi-Sèche*, nom formé probablement de *Vadum Sipiæ*.

SIPIBERIS, ville de l'Inde, an-delà du Gange, felon Ptolemée.

SIPH, nom d'un des peuples qui habitoient dans la Thrace, felon Etienne de Byfance.

SIPONTUM (*Voyez* SIPUNTUM).

SIPPARA *ou* SIPPHARA, ville de l'Afie, dans la Méfopotamie, fur le bord de l'Euphrate, felon Ptolemée. Elle étoit fituée fur le bord du canal *Narraga*. Pline nomme cette ville *Hipparenum*, & rapporte que c'étoit une école célèbre chez les Chaldéens, & que les Perfes détruifirent les murs de cette ville.

SIPPARA, ville de l'Inde, en-deçà du Gange, fur le golfe à qui ce fleuve donnoit le nom, entre l'embouchure du *Tyndis* & la ville de *Cottobara*, felon Ptolemée.

SIPPHARA, la même que SIPPARA. *Voyez* ce mot.

SIPPORUM EPISCOPATUS, fiège épifcopal, felon l'hiftoire eccléfiaftique de Socrate, cité par Ortélius, qui croit qu'il étoit en Syrie.

SIPUNTUM (*Siponto*), ville d'Italie, dans l'Apulie, au fond-eft, & prefque fur le bord de la mer, au fond d'un petit golfe. Elle devoit fa fondation à des Grecs, & portoit dans leur langue le nom de *Sepious*. Peut-être eft-ce parce qu'en grec *Sepia* fignifie un poiffon, que Strabon dit que fon nom lui venoit de l'abondance de fa pêche. Elle devint colonie Romaine. Après avoir été confidérablement affoiblie, elle fut rétablie de nouveau.

SIPYLUM, ville de l'Afie mineure, & la capitale de la Méonie, felon Pline. Il ajoute qu'auparavant elle avoit été nommée *Tantalis*.

SIPYLUS MONS, montagne de l'Afie mineure, près du Méandre, felon Plutarque, qui ajoute qu'on la nommoit autrefois *Ceraunius*.

SIR, ville grande & fort peuplée, & qui étoit la capitale des Illyriens, felon Suidas.

SIRA, citerne de la Paleftine, aux environs de la ville d'Hébron, felon le fecond livre des Rois.

SIRACELLA, lieu de la Thrace, fur la route de Macédoine à Conftantinople, entre *Cypfala* & *Apris*, felon l'itinéraire d'Antonin.

SIRACENI, peuples de la Sarmatie Afiatique. Ils habitoient au midi des Jaxamates, felon Ptolemée.

SIRACHIA, lieu de l'Afie mineure, au-delà du fleuve *Halys*, felon Cédrène, cité par Ortélius.

SIRACI, peuples de l'Afie, vers le mont Caucafe, fur les bords & près de l'embouchure du *Mermodas*, felon Strabon.

SIRÆ, lieu de la Macédoine, dans la contrée Odomantique, felon Tite-Live.

SIRAMNÆ;

SIRAMNÆ, peuples de l'Inde en-deçà du Gange, selon Ptolemée.

SIRANGÆ, peuples de la Libye intérieure. Ptolemée les compte au nombre des petites nations qui s'étendoient depuis Gétulie jusqu'au mont Mandrus.

SIRAQUI ou SIRAQUÆ, peuples qui habitoient vers le nord du mont Caucase, en allant du côté du lac Méotide.

C'étoit un peuple étranger qui avoit été chassé de son pays natal, & qui étoit venu s'établir dans ces contrées. Ils avoient des souverains particuliers, alliés du roi de Pont. Abéacus, roi des Siraques, fournit près de vingt mille chevaux à Mithridate & à Pharnace. Strabon a fait mention de ces peuples.

SIRBI, peuples de la Sarmatie Asiatique. Ils habitoient entre les monts Cérauniens & le fleuve Rha, selon Ptolemée.

SIRBITUM REGIO, contrée de l'Ethiopie, sous l'Egypte, selon Pline.

SIRBON LACUS (le lac de). Ce lac appartenoit à l'Egypte; mais il étoit du côté de la Syrie, près du mont Casius. (Voyez ÆGYPTE).

SIRBONIS, lac du pays des Philistins, sur le bord de la mer Méditerranée, entre la ville de Rhinocolura, & la branche du Nil nommée Pélusiaque.

C'est le même qui est aussi attribué à l'Egypte.

SIRENUM PROMONTORIUM, promontoire de l'Italie, sur la côte de la Lucanie, vis-à-vis l'île de Leucosia, que la mer en a détachée, selon Pline.

SIRENUSÆ, îles situées sur la côte de la mer Tyrrhène, selon Ptolemée.

SIRCIS, lieu de l'Asie, dans la petite Arménie, sur la route de Césarée à Mélitène, entre Comana & Ptandari, selon l'itinéraire d'Antonin.

SIRES, peuples de la Thrace. Ils habitoient au-dessus de Bysance, selon Etienne de Bysance.

SIRIDUS MONS, montagne où fut trouvée la colonne de pierre, que les enfans de Seth avoient érigée avant le déluge, selon Joseph, cité par Glycas.

SIRIO, lieu de la partie de la Gaule appelée Aquitaine. M. d'Anville croit en retrouver la position vers un lieu nommé Siron, ou le pont de Siron, à l'embouchure d'une petite rivière qui se jette dans la Garonne, à environ huit lieues de Bordeaux.

SIRIS (Siro), rivière de l'Italie, près de l'Aciris, dans la Lucanie.

L'an 437 de Rome, Pirrhus, roi d'Epire, remporta une victoire près des bords de cette rivière, sur le consul Levinus. Ce fut la première rencontre des Epirotes & des Romains.

Strabon place l'embouchure de cette rivière sur la côte du golfe de Tarente, près la ville de Siris.

SIRIS, ville de l'Italie, dans la partie appelée Lucanie, à l'embouchure du fleuve appelé aussi-

lement Siro, & par le peuple, Sino. On dit qu'elle avoit pris son nom du fleuve Siris; ce qui est plus probable que l'opinion de ceux qui le font remonter à Siris, fille de Morgès, roi de Sicile. Strabon prétend qu'elle fut fondée par des Troyens; je croirois bien qu'elle le fut par des Orientaux, Troyens ou Phéniciens, ainsi que beaucoup d'autres villes de la même côte. La preuve que donne Strabon ne nous paroîtra pas fort concluante. Selon lui, la statue de Minerve Iliade (c'est-à-dire venue d'Ilium) baissa les yeux lorsque les Ioniens, après s'être emparés de cette ville, arrachèrent les habitans qui s'étoient refugiés auprès de cette statue, où ils se tenoient en posture de supplians. Si la déesse eût été un peu plus irritée de cet affront, elle eût écrasé ces féroces vainqueurs du poids de sa colère.

Les Ioniens changèrent le nom de Siris en celui de Polierum.

Dans la suite, les Tarentins chassèrent les habitans de Siris; & ayant envoyé une colonie dans ce pays, ils bâtirent, à une petite distance de Siris, la ville d'Héraclée.

Strabon distingue aussi ces deux villes, & l'on ne voit pas pourquoi Pline (L. III, c. 10), veut qu'Héraclée & Siris soient une même ville. On peut croire qu'il a été induit en erreur par Aristote, qui le croyoit aussi. Les noms de Siris & de Polierum continuèrent à être connus; mais le premier fut plus en usage.

SIRIS, ville de la Pœonie, en Thrace. M. Larcher présume qu'elle appartenoit aux Siropœoniens.

SIRITIS ou SIRENTIS, contrée de l'Italie, dans la Lucanie. Elle prenoit ce nom de la ville de Siris, qui y étoit située, selon Strabon.

SIRIUS, fleuve de l'Afrique, près des îles Phaselusses, selon Etienne de Bysance.

SIRMIO ou SERMIO, lieu de l'Italie, dans la Gaule Transpadane, entre Brixia & Verona, selon l'itinéraire d'Antonin.

SIRMIS, village de la Syrie, dans la Cynégique, selon Nicéphore.

SIRMIUM (Sirmich), ville de la basse Pannonie, sur la gauche du Savus, dans l'endroit où ce fleuve reçoit le Bacuntius, selon Pline.

SIRMIUM, nom d'une ville de l'Hispanie, selon Siméon le Métaphraste, cité par Ortélius.

SIRNIDES INSULÆ, îles de la mer de Crète, dans le voisinage du promontoire Sammonium, selon Pline.

SIROPŒONI, peuple de la Thrace, dans la Pœonie. Il s'étendoit jusqu'au lac Prasias; Hérodote en parle, L. VIII, c. 115.

SIROPUM, village du nôme de Libye, selon Ptolemée.

SIROS, fleuve de l'Asie mineure, selon Pline, qui semble le mettre dans la Bithynie.

SIRRHA, nom d'une ville de la Thrace, selon Théopompe, cité par Etienne de Bysance.

T

SIRVIUM ou SIRPIUM, ville de l'Italie, dans le *Samnium*.

SIRY, Hérodote rapporte que les Grecs donnoient ce nom aux habitans de la Cappadoce.

SIS, lieu de la Paleftine, entre Jérufalem & Engaddi, felon Jofeph.

SISALO, ville de l'Hifpanie, fur la route d'*Emerita* à Sarragoce, en paffant par la Lufitanie, entre *Mirobriga* & *Carcuvium*, felon l'itinéraire d'Antonin.

SISAN, ville de l'Afie, aux confins de la Cilicie, felon Théodoret.

SISAPO (*Almaden*), ville de l'Hifpanie, dans la Bétique, à l'eft.

En fuppofant que ce lieu foit l'Almaden actuel, comme le penfent le P. Hardouin & M. d'Anville, il renfermoit, dès le temps des Romains, une mine de vif-argent très-eftimée, & dont les travaux & les revenus étoient un grand objet pour la république. Elle doit être la même que.....

SISAPONE, ville de l'Hifpanie, dans la Tarragonoife, vers les confins de la Bétique, & qui appartenoit aux *Orcani*, felon Ptolemée.

SISAR, fleuve d'Afrique, dans la Mauritanie Tingitane, entre la ville de Chobat & celle de Jarfath, felon Ptolemée.

SISARA, lieu de l'Afie, aux environs de *Nifibis*, felon Ammien Marcellin.

SISARA PALUS (*lac de Sefara*), en Afrique. C'eft la partie du fud du lac Hipponites. Il en eft fait mention par Ptolemée.

SISARACA, ville de l'Hifpanie, dans la Tarragonoife. Elle appartenoit aux *Murbogi*, felon Ptolemée.

SISARIS (*Manfourtah*), fleuve de la partie orientale de la Mauritanie céfarienfe. Ptolemée en fait mention. Son embouchure étoit à cinq lieues au nord-eft de celle du fleuve Nafava.

SISAURANUM, ville célèbre de la Perfe, à deux journées de *Dara*, & à trois milles de *Rabdion*, felon Procope. Il ajoute que cette ville fut prife & rafée par l'empereur Juftinien, qui en emmena force gens de cavalerie, avec Blifcane, qui les commandoit.

SISIGYLIS, nom d'une grande ville, qui étoit fituée près de la Celtique, felon Etienne de Byfance.

SISILA, nom d'une ville du Pont, felon la notice des dignités de l'empire.

SISILISON, forterefle de l'Afie, dans le pays des Tzaniens. Elle étoit bâtie au milieu d'une rafe campagne, dans un lieu nommé *Cena*. Procope rapporte que l'empereur Juftinien la fit réparer, & qu'il y mit une bonne garnifon.

SISIMITHRÆ PETRA, rocher de l'Afie, dans la Bactriane. Il avoit quinze ftades d'élévation, & quatre-vingt de circuit, & au fommet une plaine de terres labourables. Strabon rapporte qu'Alexandre s'étant rendu maître de ce lieu, y trouva Roxane,

fille d'Oxiartes, & l'époufa. (*Voyez* SOGDIANA PETRA & l'article précédent).

SISIUM, lieu fortifié de l'Afie, dans la Cilicie, felon Guillaume de Tyr, cité par Ortelius.

SISOLENSES, peuples de l'Italie. Ils habitoient dans la première région, felon Pline.

SISOPA, ville de haute Pannonie, & l'une de celles qui étoient éloignées du Danube, felon Ptolemée.

SISTRONIANENSIS, fiège épifcopal d'Afrique, dans la Numidie, felon la notice des évêchés de cette province.

SISYBA, nom d'une partie de la ville d'Ephèfe. Etienne de Byfance dit qu'elle avoit pris ce nom de l'Amazóne Sifybe.

SITACA, ville de l'Afie, dans la Perfide, près la ville de Babylone, à quinze ftades du Tigre, felon Xénophon. Elle eft auffi aappelée *Sitace*, felon la dialecte grecque employée par les auteurs. (*Voyez* l'article fuivant).

SITACE, ville grande & bien peuplée de l'Afie, à quinze ftades du Tigre. On voit dans la retraite des Dix mille, que les Grecs campèrent auprès de cette ville, dans le voifinage d'un grand & beau parc, rempli de toutes fortes d'arbres.

Cette ville étoit fituée à-peu-près à égale diftance du Tigre & de l'Euphrate, au nord-oueft de *Seleucia*.

SITACOS, fleuve de l'Afie, dans la Perfide : il fe jetoit dans le golfe Perfique, à huit cens ftades au-delà du torrent Aréon, felon Néarque.

SITANA, ville de l'Hifpanie, dans la Tarragonoife, felon Sextus Avienus.

SITENSIS, fiège épifcopal d'Afrique, dans la Mauritanie céfarienfe, felon la conférence de Carthage.

SITHA, ville de l'Afie, dans la Méfopotamie, entre *Megia* & *Dacira*, felon Zofime.

SITHENI, peuple qui habitoit fur le bord de la mer Rouge, felon le périple de Martian d'Héraclée, cité par Etienne de Byfance.

SITHON, nom d'une montagne de la Thrace, felon Servius, cité par Ortelius.

SITHON, nom d'une île de la mer Egée, felon Ovide.

SITHONIA, nom d'une partie de la Thrace. Elle avoit pris ce nom de Sithonius, roi des Odomanthes, felon Etienne de Byfance.

C'eft cette partie de la Thrace où étoient les villes de Torone, de Galepfus, de Sermyles, de Mécyberne & d'Olynthe. La Sithonie étoit fur le golfe Toronéen.

SITHONII, peuples de la Thrace, parmi lequel Orphée étoit né. Ils habitoient fur le bord du Pont-Euxin, felon Pline.

SITIA, ville de l'Hifpanie. Elle avoit voix dans l'affemblée de Cordoue, felon Pline.

SITICUM, nom d'une ville d'Italie, felon Etienne de Byfance.

SITIPHA ou SITIFI COLONIA (*Séteef*), ville d'Afrique, & la métropole de la Mauritanie fitifenfe. Ptolemée en fait mention : elle étoit fituée dans l'intérieur du pays, vers le fud-eft de *Saldæ*.

SITIFIS, ville de la Mauritanie céfarienfe, & qui fut depuis la capitale d'une des Mauritanies, à qui elle donna le nom.

SITILLA, lieu de la Gaule, entre *Aquæ Bonnonis* & *Procrinium* (Perrigni). M. d'Anville croit le retrouver dans le lieu appelé le *Tiel*.

SITIOENTA, ville de la baffe Mœfie, dans le voifinage du Danube, felon Ptolemée.

SITIOGAGUS, fleuve de l'Afie, dans la Perfide, du nombre de ceux qui fe jettent dans le golfe Perfique, felon Pline.

SITIPENSIS, fiège épifcopal d'Afrique, felon les actes de la conférence de Carthage.

SITIPHA, colonie d'Afrique, dans la Maurinanie céfarienfe, felon Ptolemée.

SITIUM. On trouve ce nom dans Frontin, comme étant celui d'une ville d'Italie ; mais d'après ce qu'il dit, on conjecture qu'il faut lire *Clufium*.

SITOMAGUM ou SITOMAGUS, nom d'une ville de l'île d'Albion, entre *Combretonium* & *Venta Icenorum*, felon l'itinéraire d'Antonin.

SITON, ville de Grèce, dans la Theffalie, felon Etienne de Byfance.

SITONE, ville de la Macédoine, dans le voifinage du mont Athos, felon Pline.

SITONES, nom de l'un des trois principaux peuples qui habitoient dans la Scandinavie, au-delà du mont *Sevo*, & bornés par la mer à l'occident & au midi, felon Tacite.

SITTACENE, contrée de l'Afie, dans l'Affyrie, auprès de la Sufiane, felon Ptolemée.

SITTACENI, peuples de la Sarmatie Afiatique, du nombre de ceux qui habitoient fur le bord des Palus Méotides, felon Strabon.

SITTAPHIUS, nom d'un champ de l'Afrique propre, au midi du pays des peuples *Salubures*, felon Ptolemée.

SITTEBERIS, ville de l'Inde, en-deçà du Gange, felon Ptolemée.

SITTIM, rivière de la Palestine, dans le *Peræa* ou *Pérée*.

SITTOCATES, fleuve de l'Inde, & l'un de ceux qui fe perdent dans l'*Indus*, felon Arrien.

SITUA, ville de l'Afie, dans la Paphlagonie, felon Ptolemée.

SIVA, ville de la Capadoce, dans la préfecture de Cilicie, felon Ptolemée.

SIVATA, ville de l'Afie, dans la Galatie, felon Ptolemée.

SIUEL, fur la côte, au fud-ouest de *Malaca*, & au fud-est de *Munda*.

SIUM, ville fituée dans le voifinage de la Thrace, felon Jornandès.

SIUPH, ville de l'Egypte, dans le nôme Saïtique. Elle étoit la patrie du roi Amafis, felon Hérodote.

SIUR, port de l'Afrique propre, dans le golfe de Numidie, entre le petit Collops & les promontoires d'*Hippus*, felon Ptolemée.

SIUS MONTIUM, au fud-ouest de *Mutina*, lieu de l'Italie, dans la Gaule cifalpine.

SIXUS, ville qu'Etienne de Byfance donne aux *Maftiens*, qui paroiffent des peuples de l'Afrique.

SIZARA ou ZIZARA. Etienne de Byfance rapporte que les Syriens nommoient ainfi la ville de Lariffe en Syrie.

SIZORUM, ville épifcopale de l'Afie mineure, dans la Carie, felon la notice de Léon-le-Sage.

SIZYGES, peuples de l'Afie, dans la Sérique, entre des peuples anthropophages & les *Annibi*, felon Ptolemée.

SKYROS, île de l'Archipel, à l'orient de la partie feptentrionale de l'île d'Eubée. On écrit ordinairement en françois *Sciros*. ( *Voyez* ce mot ).

SLAVI ( *les Slaves* ). C'étoient d'anciens peuples de la Sarmatie. Ils forcèrent, conjointement avec les Venèdes, les peuples fitués entre l'Elbe & la Viftule, à les recevoir dans leur pays, pour y former des établiffemens : mais nous manquons de l'époque de cet établiffement. Par ce que dit Jornandès de l'établiffement des Venèdes, on préfume que ce dut être à la fin du cinquième fiècle, ou au commencement du fixième ; car c'eft dans ce fiècle que l'on voit les Slaves paffer l'Elbe & s'avancer vers l'occident. Ils ont même formé des établiffemens, puifque, felon Paul Diacre, Taffillon, établi duc de Bavière par Childebert, roi de France, entra à main armée dans le pays des Slaves, & y fit un grand butin. Après une fuite d'autres guerres, ces peuples s'emparèrent du *Bohemium* ou Bohême, d'où ils prirent le nom de *Bohemi*.

Ils fe foumirent à Dagobert I, roi de France. Mais, fans que l'on en fache trop la raifon, ils fe jetèrent fur la Thuringe, où ils mirent tout à feu & à fang. Ils furent repouffés.

Procope & Jornandès font les premiers qui aient parlé des Slaves. Le premier, après avoir marqué la demeure des Venèdes ou Winides, dit que cette nation nombreufe fe partageoit en différens peuples, connus fous différens noms ; mais qu'on le divifoit principalement en deux, appelés *Sclavini* & *Autes*.

Procope ( *Bell. Goth. L. III, c. 14* ), dit que les Autes & les Slavons n'étoient autrefois qu'un même nom, & que l'antiquité les nommoit *Sporades*, c'eft-à-dire, difperfés, parce que leurs cabanes occupoient une grande étendue de pays : ils couvroient une grande partie des bords du Danube. Prætorius dérive le nom de ces peuples du mot *Slava*, qui dans la langue des Sarmates fignifie renommée & gloire ; de forte qu'il feroit plus naturel d'écrire *Slavi* que *Sclavi*, *Sclavini*.

Ce peuple guerrier devint par la fuite fi lâche & fi méprifable, que fon nom eft devenu une marque de baffeffe. Du mot *Slavi* les François

T 2

ont fait celui d'esclave, & les Italiens celui de *schiavi*; & par ce mot on n'entend plus que des hommes soumis à la plus humiliante servitude.

Nous avons les noms d'une partie des peuples qui composoient la nation des Slaves. 1°. Les Bohêmes, car on lit dans les annales de Charlemagne, *ad annum* 805, que Cacanus, prince des Huns, alla trouver l'empereur, & lui demanda la permission de s'établir entre *Sabaria* & *Carnuntum*, à cause des incursions continuelles des Slaves, appelés *Slavi Bohemani* (Bohêmes), qui ne permettoient pas à ses sujets de demeurer dans les pays qu'ils avoient jusqu'alors occupés. L'empereur envoya, la même année, dans la terre des Slaves, appelée *Echin* (Bohême), son fils Charles, à la tête d'une armée qui ravagea le pays, & tua le duc nommé Lechon. 2°. Les *Maharenses* étoient Slaves. Reginon (*L.* II, *ad annum* 890) dit que l'empereur Arnolfe accorda à Zundebolch, roi des Slaves, surnommés *Maharenses*, le duché de Bohême. 3°. Dans les annales de Charlemagne (*ad annos* 782 & 806), il est souvent parlé des Slaves, *Sorabes*, qui habitoient entre l'Elbe & la Sala, aux confins des Thuringiens & des Saxons (*apud Rubernum ad annum 822*). Les annales de l'empereur Louis-le-Débonnaire, nous apprennent qu'à la diète de Francfort, ce prince reçut les ambassadeurs & les présens que lui envoyèrent les Slaves victorieux; savoir, les *Obotrites*, les *Sorabes*, les *Wilzes*, les *Behemanes*, les *Momani*, les *Prædatecenteni* & les *Awares* de la Pannonie. On mit encore au nombre des Slaves les Luciciens, les Redariens, les Siléfiens, les Polonois, les Haveliens, les Poméraniens, les Cassubiens, les Wagriens, les Rugions.

Les Autes & les Slavons, dit Procope (*Bell. Goth. L. III, c. 14*), n'obéissent pas à un roi, mais ils vivent depuis long-temps sous un gouvernement populaire, & délibèrent publiquement de tout ce qui concerne leurs intérêts. Ces deux peuples observent les mêmes loix & les mêmes mœurs. Ils ne reconnoissent qu'un seul Dieu qui a créé & qui lance le tonnerre, & ils lui sacrifient des bœufs & d'autres victimes; bien loin de faire dépendre la vie des hommes de la destinée, ils ne croient pas seulement qu'il y en ait; mais lorsqu'ils se voient en quelque danger, ils promettent d'immoler une victime, quand ils en seront échappés, & ne manquent pas d'y satisfaire: alors ils croient tenir leur vie de la mort de la victime. Ils rendent aussi des honneurs aux rivières, aux nymphes, & à d'autres divinités, & leur présentent des sacrifices, d'où ils tirent des présages de l'avenir. Ils habitent de misérables chaumières, éloignées les unes des autres, & en changent souvent. Ils font la guerre à pied, tenant à leur main de petits boucliers & de petits dards. Ils ne portent point de cuirasses. Quelques-uns même ne portent ni tuniques, ni manteau. Ils se couvrent d'un haut-de-chausse, lorsqu'ils marchent contre l'ennemi. Ils parlent tous

la même langue, & ont une taille & une mine toutes semblables. Ils sont grands & robustes. La couleur de leur visage n'est pas fort blanche: leurs cheveux sont roux; ils sont naturellement sales & mal-propres. Ils sont simples dans leurs mœurs & leurs manières.

Quoi qu'en dise Procope, tous les Slavons ne vivoient pas sous un gouvernement populaire. Il paroît, par la chronique de Reginon, que les Slaves Maharenses étoient soumis à des princes, puisque leur roi Zundibloch obtint de l'empereur Arnolphe le duché de Bohême; & s'étant ensuite soulevé contre l'empereur, ce dernier entra, à la tête d'une armée, dans le pays des Maharenses, y ruina toutes leurs villes, & détruisit leur empire. Les annales de Charlemagne font mention des ducs qui gouvernoient les Slaves Bohêmes, & des roitelets qui régnoient chez les Slaves Wilzes. On trouve dans les annales de Louis-le-Débonnaire, que l'on porta à la diète de Francfort le différend entre deux frères, au plus jeune desquels les Wilzes avoient conféré la couronne. Enfin, les chefs des Obohiles sont qualifiés tantôt de rois, tantôt de ducs; de sorte que la forme du gouvernement chez les Slaves fut à-peu-près la même que chez les Germains. Quelques-uns d'entre eux conservèrent leur liberté, & d'autres furent soumis à des princes. Mais ils différent des Germains, en ce qu'ils n'eurent pas soin, comme ceux-ci, de se fortifier par des alliances mutuelles. Chaque peuple ayant voulu se soutenir seul, ils vinrent quelquefois à se ruiner les uns, les autres, & quelquefois ils se virent accablés par leurs voisins, ce qui les fit tomber dans un état de foiblesse qui les rendit l'objet du mépris des autres nations.

Les Slavons passèrent enfin le Danube sous l'empire de Justinien: ils inondèrent toute l'Illyrie, où ils prirent des forts qui jusqu'alors avoient été estimés imprenables. Les capitaines qui commandoient dans l'Illyrie, les repoussèrent quelquefois. Les Slavons se bornèrent quelque temps à des courses passagères; mais à la fin ils établirent une demeure plus stable que dans leur propre pays. Ils donnèrent entre autres leur nom à cette partie de la Pannonie qui est entre la Save & la Drave, qui fut appelée *Pannonie Slavienne*, & que l'on nomme encore actuellement *Esclavonie*.

**SMARAGDITES MONS**, nom d'une montagne que Pline place dans le voisinage de Chalcédoine.

**SMARAGDUS MONS**, montagne d'Egypte, sur la côte du golfe Arabique, entre *Nechesia* & *Lepte Extrema*, selon Ptolémée.

**SMENUS**, fleuve du Péloponnèse, dans la Laconie. Il avoit sa source dans le mont Taïgète, & son embouchure à la gauche d'un promontoire fort élevé, & sur lequel il y avoit un temple de Diane *Dictymnia*, selon Pausanias.

**SMILA**, ville de Grèce, dans la contrée

*Croſſæa*, aux confins de la Thrace & de la Macédoine, selon Hérodote.

SMINTO ( *Sminthium* ), étoit une ville de l'Asie mineure, dans la Troade, ou, comme dit Strabon, de l'Adramitène. Son véritable nom étoit *Chryſa*; mais, disoit-on, Apollon, qui y avoit un temple, étant irrité contre son prêtre, fit ravager la contrée par une multitude infinie de rats. Lorsque sa colère fut appaisée, lui-même ensuite les tua à coups de flèches. Le mot *σμνϑω* signifiant un *rat*, il est probable que l'on avoit voulu rappeler l'idée de cet animal, en donnant ce second nom à *Chryſa*. Voici ce qu'en dit madame Dacier : « Sminthe étoit » le nom des temples qu'Apollon avoit à Ténédos : » on y adoroit une statue de ce dieu, au pied de » laquelle on voyoit un rat. Une colonie grecque, » allant s'établir dans la Troade, reçut ordre de » se fixer dans le lieu où ils seroient attaqués par » les enfans de la terre. Parvenus dans la contrée » où furent bâties les villes de *Smintho* & de *Chryſe*, » une multitude de rats rongèrent les courroies de » leurs boucliers ; ce qui fut regardé comme l'ac- » complissement de l'oracle ». M. d'Anville a placé *Smithium* à peu de distance au sud de *Tros* ou *Troye*. Il paroît, par Homère, que cette ville étoit dans une île.

Elle donnoit son nom à une montagne voisine, que l'on nommoit *Sminthium Nemus*, selon Etienne de Byſance.

SMOCOBUM PRÆFECTURA , préfecture dont il est parlé dans les sanctions pontificales des empereurs d'Orient, où elle est mise dans un canton appelé *Baltitzes*.

SMOLENORUM REGIO, contrée de la Thrace, selon Nicétas, cité par Ortélius.

SMYRNE ou SMYRNE, l'une des villes Ioniennes de l'Asie mineure, située vers la partie du nord de l'isthme de la presqu'île de Colophon, sur un golfe portant le nom de la ville. Cette ville étoit très-ancienne. Elle subsiste encore, après avoir été détruite plusieurs fois, parce que la bonté de son port & sa situation, ont toujours invité à la relever.

Elle fut d'abord fondée par les Smyrnéens, qui habitoient un quartier d'Ephèse appelé *Smyrne*, & qui lui donnèrent le nom de ce quartier. Les Eoliens les en ayant chassés, ils se retirèrent à Colophon. Mais des Colophoniens ayant eu du dessous dans une sédition, & ayant été obligés de s'expatrier, les habitans de Smyrne leur donnèrent un asyle parmi eux. Quelque temps après ayant observé que les Smyrnéens célébroient hors de leur ville une fête en l'honneur de Bacchus, ils en fermèrent les portes, & s'en emparèrent. Les Eoliens vinrent au secours ; mais enfin il fut arrêté, d'un commun accord, qu'ils laisseroient les Ioniens en possession de la ville, & que ceux-ci leur rendroient tous leurs effets mobiliers. Les Smyrnéens ayant accepté cette condition, on les distribua dans les onze autres villes Eoliennes, qui leur accordèrent le droit de cité.

Les Lydiens s'emparèrent de Smyrne sous Ardys; & l'ayant détruite, ses habitans furent dispersés en différentes bourgades. Quatre cens ans après, Alexandre la rebâtit à vingt stades de l'ancienne. Strabon attribue son rétablissement à Antigone & à Lysimaque, sans faire mention d'Alexandre. Arrien, qui a écrit l'histoire de ce prince, n'en fait pas mention. Il y a donc grande apparence qu'Alexandre forma seulement le projet de la rebâtir, ou du moins, qu'il ne l'exécuta qu'en partie ; qu'Antigone le continua, & qu'il fut achevé par Lysimaque.

Cette ville fut détruite par un tremblement de terre, l'an 180 de notre ère, selon Eusèbe ; mais suivant Dion Cassius, ce malheur arriva deux ou trois ans plus-tôt ; & le *Chronicum Paſchale* le met l'an 178 de notre ère. Marc-Aurèle la rétablit.

Le Mélès couloit le long de ses murailles ; à sa source étoit un antre où l'on prétendoit que sa mère Arihéis lui avoit donné le jour, & où l'on disoit qu'Homère avoit écrit ses poëmes. De-là vient que Tibulle ( *L. IV, c. 1, v.* 200 ), appelle les poésies de ce poëte *Meletere carmen* ; car Smyrne s'attribuoit la gloire de lui avoir donné la naissance. Il y avoit à Smyrne un *Homerium*, c'est-à-dire, un portique quadrangulaire, avec un temple d'Homère & sa statue. Les Smyrnéens avoient aussi une monnoie de bronze qu'ils appeloient *homerium*.

La ville de Smyrne étoit bâtie en partie sur le penchant d'une montagne, & en partie dans une plaine ; vers le port & le gymnase étoit le temple de la mère des dieux. Les rues étoient pavées & coupées à angles droits, autant qu'avoit pu le permettre le local. On y voyoit de grands portiques carrés, à plusieurs étages, & une belle bibliothèque.

Smyrne étoit devenue le centre du commerce de l'Asie. Le luxe y attira les arts : elle fut décorée d'édifices superbes, & remplie d'une foule d'étrangers. Jamais il n'y eut à Smyrne de ces tyrans qui opprimèrent tant de villes grecques ; & les Romains même, qui vouloient être seuls libres dans l'univers, respectèrent le bonheur de Smyrne, & lui laissèrent une ombre de liberté.

*N. B.* Cette ville est encore actuellement l'une des plus grandes & des plus riches du Levant. Elle est, en quelque sorte, le rendez-vous des marchands des quatre parties du monde, & l'entrepôt de leurs productions.

SMYRNOPHORA REGIO , contrée de l'Arabie heureuse, au midi du pays des *Manitæ*, selon Ptolémée.

SOACA, ville qui étoit située dans l'intérieur de l'Arabie heureuse, selon Ptolémée.

SOAMUS ( *Tshamou* ), fleuve de l'Inde, en-deçà du Gange. Sa source étoit dans le mont *Emodius*, vers le sud de celle de l'*Hydaspes*, dans laquelle elle se rendoit au nord-est de *Bucephala*, vers le 32e degré 25 minutes de latitude.

SOANA, fleuve de la Sarmatie afiatique. Ptolemée en place l'embouchure fur la côte occidentale de la mer Cafpienne, au-deffus de la ville de *Telcba*.

SOANA, Ptolemée nomme ainfi un fleuve de l'île de Taprobane. Il en place l'embouchure fur la côte occidentale, entre le promontoire *Andrafimundum* & la ville *Sindocanda*.

SOANA, ville de l'Italie, dans l'Etrurie, vers le nord-oueft de *Vulfinii*. (*La Martinière.*)

SCANDA & SOANDUS, ville de la Capadoce, entre *Therma* & *Sacana*, felon l'itinéraire d'Antonin.

SOANES, peuples de l'Afie, dans la Colchide, du nombre de ceux qui étoient de l'affemblée générale de *Diofcurias*, & qui habitoient autour des fommets du mont Caucafe, au-deffus de la ville de *Diofcurias*, felon Strabon.

SOARA, ville de l'Inde, en-deçà du Gange, felon Ptolemée.

SOASTUS, fleuve de l'Inde. Il fe perd dans le Cophès, felon Arrien.

SOATRA, bourgade de l'Afie mineure, dans la Lycaonie, près de *Garfabora*, felon Strabon.

SOATRIS, ville de la baffe Mœfie, fur le Pont-Euxin, entre *Marcianopolis* & *Anchiale*, felon l'itinéraire d'Antonin.

SOBALA, ville de l'Afie mineure, dans la Carie, felon Etienne de Byfance.

SOBALASSARA, ville de l'Inde, en-deçà du Gange. Ptolemée la donne aux *Cafpirai*.

SOBANNUS, fleuve de l'Inde, en-deçà du Gange. Ptolemée en place l'embouchure entre *Pagrafa* & *Pithonobafte*.

SOBARENSIS, fiège épifcopal de l'Afie mineure, dans la Lycaonie, felon le premier concile de Conftantinople.

SOBOTALE, nom d'une ville de l'Arabie heureufe, felon Pline, qui en fait la capitale des *Atramites*.

SOCHCHOR, nom d'une ville que Ptolemée place dans l'intérieur de l'Arabie heureufe.

SOCHI, lieu de l'Afie, dans la Syrie, à deux journées du paffage des montagnes par où on entroit de la Syrie dans la Cilicie, felon Arrien.

SOCHOS, ville de l'Afie, dans la Syrie. Elle étoit fituée fur le bord de la rivière Singas, dans la partie méridionale de la ville de *Samofata*, vers le 36e degré 50 minutes de latitude.

SOCIENSIS, fiège épifcopal d'Afrique, dans la Mauritanie fitifenfe, felon la notice épifcopale de cette province.

SOCO ou SOCHO, ville de la Paleftine, dans la tribu de Juda, où Jofué dit qu'il fe retira avec fa famille.

Selon S. Jérôme, il y avoit ville haute & ville baffe, & il la place à neuf milles d'*Eleutheropolis*, du côté de Jérufalem.

SOCOTH, SOCHOTH, ou SOCHOT, ville de la Judée, qui appartenoit à la tribu de Gad, felon le livre de Jofué.

Cette ville étoit fituée de la mer de Généfaeth. C'eft où Jacob vint, après être forti de chez Laban. Il y bâtit une maifon, y dreffa fes tentes, & lui donna le nom de *Socoth*.

Gédéon fit écrafer fous des épines les principaux habitans de Socoth, pour l'avoir infulté lorfqu'il leur demanda des rafraîchiffemens.

SOCRATIS INSULA, île du golfe Arabique, fur la côte de l'Arabie heureufe, felon Ptolemée.

SOCUNDA, ville de l'Hyrcanie, felon Ammien Marcellin, cité par Ortélius. Ce dernier dit qu'elle eft nommée *Socanaa* par Ptolemée, qui la place fur la côte de la mer Cafpienne, entre les embouchures des fleuves *Maxera* & *Oxus*.

SODI, fleuve de la Babylonie, dont il eft parlé dans Baruc, ch. 4.

SODII, peuples de l'Afie, felon Pline, qui les place dans le voifinage de l'Ibérie.

SODINUS, fleuve navigable de l'Afie. Il alloit fe perdre dans le Cophes, felon Pline.

SODOMA (*Sodóme*), l'une des villes comprifes dans la fédération appelée *Pentapo'e*.

Elle fut détruite par un de ces événemens qui devoit paroître miraculeux, dans un temps où l'on ignoroit l'effet prodigieux des éruptions volcaniques; car peut-être Moyfe ne s'eft-il propofé qu'un but moral, en difant que le feu tomboit du ciel. Quoi qu'il en foit, l'état & le nom du lac Afphaltite prouvent que ce lieu a été ravagé par le feu, & que le lac occupe actuellement la vafte bouche d'un cratère volcanique. Je ne parle ici qu'en géographe: je préfume que ce qu'en dit l'Ecriture fainte fe trouve dans la partie de ce dictionnaire deftiné à la Théologie.

SODRES, peuples de l'Inde, du nombre de ceux qui furent fubjugués par Alexandre, felon Quinte-Curce, L. VIII, n. 12.

SODUCENA, contrée de l'Afie, dans la grande Arménie, au midi de la Colthène, felon Ptolemée.

SOETA, ville de la Scythie, au-delà de l'Imaüs, felon Ptolemée.

SŒTABIS, à quelque diftance au fud-oueft de l'embouchure du *Sucro*, chez les Cônteftans.

SOGANA, ville de la Judée, dans la demi-tribu de Manaffé, au-delà du Jourdain.

Elle étoit de la Gaulanite, & Jofeph la fit fortifier, lorfqu'il étoit gouverneur de la Galilée.

SOGDI, peuple de l'Inde, en-deçà du Gange, felon Quinte-Curce. Il les place fur la rive gauche de l'*Indus*, à quatre journées au-deffus des *Sabraca*.

Le même hiftorien nous apprend qu'Alexandre fit conftruire une ville dans le pays de ce peuple, & qu'il la nomma *Alexandria*.

SOGDIANA, contrée de l'Afie, entre les fleuves *Jaxartes* & *Oxus*, vers le nord-eft des parties connues des anciens.

Ptolemée y place les *Pafcæ*, près des monts *Oxii*, & vers le nord les *Iaxarti*, les *Iatai*, & les *Tachori* : au-deffous d'eux étoient les *Augali*.

Vers les montagnes appelées *Sogdii montes*, les *Oxidrancæ* & les *Drybactæ* avec les *Candari* : au pied des monts étoient les *Mardyeni*.

Le long de l'*Oxus*, les *Oxiani* & les *Chorafmii*; à l'eft étoient les *Ariftes*; près du *Iarxates*, entre l'*Oxus* & le mont *Imaüs*, le pays étoit nommé *Vandabanda*.

Les villes des montagnes étoient :

Près du Iaxarte, *Cyrefchana*.

Près de l'Oxus, *Oxiana*, *Maruca*, *Cholbefina*.

Et entre ces villes & les parties fupérieures, *Tribactra*, *Alexandria*, *Oxiana*, *Indicomondona*, *Drepfa*, métropole, & *Alexandria ultima*.

SOGDIANA PETRA, fortereffe de l'Afie, dans la Sogdiane, fur un roc efcarpé. Alexandre l'affiégea, la prit & y trouva Roxane, fille d'Oxiarte, felon Arrien.

SOGIUNTII *ou* SOGIONTII, peuples des Alpes, felon Pline.

SOGOCARA, ville de l'Afie, dans la grande Arménie, felon Ptolemée.

SOGOR, peuples de l'Afie; ils habitoient fur le bord du Til, felon Nicéphore Callifte.

SOINES, lieu où Hiéraces & Diofcorus furent envoyés en exil, & condamnés aux mines, felon S. Athanafe.

SOITA, ville de l'Afie, dans la grande Arménie, felon Ptolemée.

SOLANA, ville de l'Afie, dans la Sérique, felon Ptolemée.

SOLANIDÆ INSULÆ, iles fituées fur la côte orientale de l'Arabie heureufe, felon Ptolemée.

SOLCETANI, peuple qui habitoit fur la côte méridionale de l'ile de Sardaigne, entre *Populum* & *Cherfonnefus*, felon Ptolemée.

SOLCI, nom d'un port fur la côte méridionale de l'ile de Sardaigne, entre *Che-fonnefus* & *Populum*, felon Ptolemée.

SOLARIA, lieu de l'Italie, dans la Gaule cifal-pine, au fud-oueft de *Forum Livii*.

SOLARIA, lieu de l'Italie, dans l'Etrurie, fur la droite de l'*Arnus*, à l'oueft de *Florentia*.

SOLEADE, nom d'un peuple de l'Afie. Pline le place au pied du mont Caucafe.

SOLENTIS, rivière de l'Inde, dans la prefqu'ile en-deçà du Gange, & dans la partie orientale de *Colchi*, felon Ptolemée.

SOLENUS, fleuve de l'Inde, en-deçà du Gange. Il avoit fon embouchure dans le golfe Colchique, entre *Colchi Emporium* & *Cory*, felon Ptolemée.

SOLER. Ortélius rapporte que Sérapion nomme ainfi une montagne, qui devoit être dans le voifinage de l'Affyrie.

SOLES, ville de l'Afie, dans la Cilicie. Elle étoit fituée fur le bord de la mer. Philocyprus, qui régnoit dans cette ville, lui donna le nom de *Soles*, par honneur pour Solon, fon ami. Cette ville fut dans la fuite nommée *Pompeiopolis*. *V.* SOLÆ.

SOLES, ville de l'ile de Cypre. Il y avoit un temple de Vénus, felon le rapport de Strabon.

C'eft de cette ville, ou de la précédente, que s'eft formé le nom *folécifme*, pour indiquer une faute contre les régles de la langue, parce que, dit-on, on y parloit un grec fort corrompu.

SOLETUM, ville de l'Italie, dans la grande Grèce. Pline rapporte que de fon temps, cette ville étoit déferte.

SOLI, nom d'une ville de l'Afie mineure, dans la Cilicie. *Voyez* SOLES.

SOLICINIUM, nom d'une ville de la Germanie, felon Ammien Marcellin.

SOLIMA, bourg de la Gaulanite, pays de la Judée, dans la demi-tribu de Manaffé, au-delà du Jourdain. Jofeph en parle dans fa vie.

SOLIMARIACA, lieu de la Gaule Belgique, fur la route de *Tullum* (Toul) à *Andomatunum* (Langres), entre *Mofæ* & *Tullum*, felon l'itinéraire d'Antonin.

M. d'Anville croit en retrouver la pofition dans celle du lieu appelé *Soulaffe*.

SOLIMNA, nom d'une ville de l'Inde, felon Etienne de Byfance.

SOLIMNIA, ile de la mer Egée, felon Pline.

SOLINATES, peuples de l'Italie, dans l'Umbrie, felon Pline.

SOLIOCLITA, ville de la Gaule Lyonnoife, fur la route d'*Auguftodunum* à *Lutetia Parifiorum*, entre *Cinabum* & *Lutetia*, felon l'itinéraire d'Antonin.

*N. B.* Je ne fais où la Martinière a pris cet article. Ce nom ne fe trouve ni dans la notice de la Gaule de M. d'Anville, ni dans l'itinéraire d'Antonin, édit. de Weffeling, 1735.

SOLIS ARÆ, lieu de l'Hifpanie, au nord du promontoire *Artabrum*, fur la côte occidentale du pays des Artabres.

SOLIS CAMPUS, champ de l'Afrique, fur la route de Carthage à Décime, felon Ortélius.

SOLIS COLUMNA, nom d'un rocher des Alpes.

SOLIS DELUBRUM, temple du Soleil, dans l'Arabie heureufe, felon Théophrafte.

SOLIS FONS, fontaine d'Afrique, dans la Marmarique méditerranée, felon Ptolemée. Elle étoit confacrée au Soleil, & dans le voifinage du temple de Jupiter Ammon, felon Diodore de Sicile.

SOLIS INSULA, ile de l'Océan Indien, entre le promontoire *Coliacum* & l'ile de Taprobane, felon Pline.

SOLIS INSULA, ile de l'Océan Indien, fur la côte de la Carmanie, felon Pline.

SOLIS MONS, promontoire d'Afrique, dans la Mauritanie Tingitane, fur l'Océan Atlantique, entre l'embouchure du fleuve *Diur* & celle du fleuve *Thuth*, felon Ptolemée.

SOLIS MONS, montagne de l'Inde, fur le bord du fleuve Hydafpes, felon le livre des montagnes, attribué à Plutarque.

SOLIS PORTUS, port fur la côte orientale de l'île de Taprobane, entre *Procuri Civitas* & *Abaratha Civitas*, felon Ptolemée.

SOLIS PROMONTORIUM, promontoire de l'Arabie heureufe, au pays des *Narites*, entre la ville de *Rhegma* & l'embouchure du fleuve Lar, felon Ptolemée.

SOLIS AQUA, nom d'un fleuve de l'Arabie, dans l'île de Panchée, felon Diodore de Sicile.

SOLIUM ou SOLLIUM, ville de la dépendance des Corinthiens, felon Thucydide & Etienne de Byfance. Ce dernier écrit, *Sollium*.

SOLLINIENSIUM CIVITAS, nom d'une ville fituée dans les Alpes maritimes, felon la notice des provinces de l'empire.

SOLMISSUS, montagne de l'Afie mineure, dans l'Ionie, & dans le voifinage de la ville d'Edeffe, au-deffus du bois facré nommé *Ortygia*, felon Strabon.

SOLOBRIASÆ, peuple de l'Inde, felon Pline.

SOLŒ ou SOLES, ville de l'île de Cypre, bâtie, felon Strabon, par Acamas & Phalerus, tous deux Athéniens, &, fuivant Plutarque, par Démophon, fur les bords du fleuve Clarius. Cette ville étoit placée fur une hauteur dont le terroir étoit ftérile. Elle s'appeloit alors *Æpira*, nom qui, fignifiant *haute*, étoit relatif à fa pofition.

Plufieurs fiècles après, Solon étant venu en Cypre, fe lia d'amitié avec Phylocyptus, l'un des rois de l'île, & lui confeilla de tranfporter fa ville dans une belle plaine qui étoit voifine. Celui-ci le crut, la nouvelle ville fut bâtie dans la plaine & fur le bord d'une rivière, avec un port vis-à-vis de la Cilicie. La nouvelle ville fut appelée Σολοι, que l'on a rendu en latin par *Solæ*, & quelques auteurs par *Soli*, & par *Soles* en françois, parce que ce nom, en grec, eft au plurier. Ce nom rappeloit celui de Solon; c'eft aujourd'hui *Solin*.

Il y avoit en Cilicie une ville de même nom; mais Pline l'appelle *Solæ Cilicii*, pour la diftinguer. Elle fut depuis nommée *Pompeiopolis*.

SOLOE, cap de l'Afrique, fur l'Océan Atlantique, que le périple de Hannon place à trois journées au midi du promontoire *Hermæum*.

Hannon bâtit fur le fommet un autel à Neptune, que l'on orna par la fuite de bas-reliefs travaillés avec art, & qui rendit dès-lors ce lieu le plus refpecté de la côte.

SOLOEIS, promontoire de Libye, qui paroît à M. Larcher (*Gen. d'Hérod.*, pag. 342), l'extrémité de l'atlas. M. d'Anville eft du même fentiment. (*Géog. anc. tome III*, pag. 114.)

Ce promontoire fe nomme aujourd'hui le *cap Cantin*.

Hérodote dit que lorfqu'un vaiffeau, partant d'Egypte, paffoit les colonnes d'Hercule pour aller

vers le fud, le premier promontoire qu'il rencontroit étoit le *Soloeis*.

SOLOENTIA, promontoire de la Libye intérieure, entre l'embouchure du fleuve *Nunius*, & celle du fleuve *Maffa*, felon Ptolemée.

SOLOMATIS, nom de l'un des fleuves navigables de l'Inde, & qui alloit fe perdre dans le Gange, felon Arrien.

SOLON, ville des Allobroges. Tite-Live rapporte que ces peuples fe foulevèrent & furent domptés près de cette ville, par C. Pontinus.

SOLONATES, peuples de l'Italie, dans la huitième région, felon Pline.

SOLONIUM, ville de l'Italie, dans l'Etrurie, felon Denys d'Halycarnaffe.

SOLONIUS AGER ou CAMPUS, champ ou campagne d'Italie, dans le *Latium*. Tite-Live rapporte que les *Antiates* y firent des incurfions, ce qui obligea les Romains de leur faire la guerre.

SOLOON ou SOLOONTIS, fleuve de l'Afie, dans la Bithynie, felon Plutarque.

SOLOPOTAMIUS, nom d'un lieu de l'île de Cypre, felon Siméon le Métaphrafte.

SOLORIUS MONS, nom de l'une des montagnes qui féparoit l'Hifpanie Tarragonnoife de la Bétique & de la Lufitanie, felon Pline.

SOLVA, ville de la Valérie Ripenfe, felon le livre des notices des dignités de l'empire.

SOLVENSE OPPIDUM, ville de la Norique. (*Au refte, voyez la Martinière*).

SOLVENTII, peuples de la Libye intérieure. Ptolemée les place plus à l'orient que les *Sophucæi*.

SOLUNTINI ou SOLENTINI, habitans de *Solus*, ville de la Sicile, felon Cicéron & Diodore de Sicile.

SOLUS, ville de la Sicile, felon Pline. Dans l'itinéraire d'Antonin elle eft marquée fur la route du promontoire Lilybée à *Tyndaris*, en prenant le long de la côte, entre *Panormus* & *Thermæ*.

SOLUS, promontoire de la Libye, fur la côte de la mer Atlantique.

On voit dans le périple de Scylax, qu'il y avoit au fommet de ce promontoire, un temple dédié à la Vengeance & à Neptune.

SOLUSAPRA, ville de la Sicile, fur la route de *Tyndaris* au promontoire *Lilybæum*, felon l'itinéraire d'Antonin.

SOLYGIE, petit bourg de Corinthie, au fud-eft de Corinthe.

Il en eft parlé dans Etienne de Byfance, qui cite Thucydide. Ce dernier auteur dit que ce bourg & une montagne voifine portoient le même nom. Ce fut en ce lieu que les Athéniens fe campèrent auffi-tôt après avoir fait prifonnier un corps de Lacédémoniens dans l'île de Sphactérie, l'an 426 avant J. C. Il y eut un combat fort rude entre les Athéniens & les Corinthiens : ceux-ci furent défaits, & leur général demeura fur la place.

SOLYGIUS

SOLYGIUS COLLIS, colline du Péloponnèse, dans le territoire de Corinthe, & où il y avoit un village nommé *Soligea*, selon Thucydide.

SOLYMA, village de la Palestine, dans la Gaulanitide, selon Joseph.

SOLYMI, peuples de l'Asie mineure, du nombre de ceux qui se trouvoient éteints, selon Eratosthène, cité par Pline.

C'étoient les mêmes que les Milyens. On les nommoit *Solymes*, dans le temps que Sarpédon vint s'établir dans cette partie de l'Asie mineure que l'on nommoit alors *Milyade*, & qui depuis fut appelée *Lycie*. A l'arrivée de Sarpédon ils abandonnèrent la côte maritime de la Milyade, & se retirèrent plus avant dans les terres vers le nord; quelques-uns s'établirent en Pisidie, & occupèrent le pays des montagnes.

SOLYMI, peuples de la Scythie, selon Hésychius, cité par Ortélius.

SOLYMUS, colline de l'Asie mineure, au-dessus du promontoire Termessien, dans la Pisidie, selon Strabon.

SONDRÆ, peuples de l'Asie. Pline les place au pied du mont Caucase.

SONOBA, ville de l'Hispanie, dans la Bétique, selon Strabon.

SONTIA, ville de l'Italie, dans la partie de la grande Grèce appelée *Lucanie*.

SONTIUS (*le Lisonzo*), fleuve de la Carnie, à l'est. Il passoit auprès d'*Aquileia*.

SONUS ou NAMADUS, fleuve de l'Inde, en-deçà du Gange. Ce fleuve prend sa source dans des montagnes, coule à l'est, puis se courbe au nord-est, pour aller se perdre dans le Gange, un peu au-dessous du *Jomanes*, vers le 25ᵉ degré 45 min. de latitude, après un cours d'environ deux cens lieues. M. d'Anville pense que c'est le même fleuve qui est nommé *Audomatis* par Arrien. Car cet auteur dit que ce fleuve prend sa source chez les *Mandiadini*, & va se perdre dans le Gange. Ce qui ne peut convenir qu'au *Sonus*.

SOPÆUS, nom d'un lieu du Pont, selon Isocrate.

SOPHA, ville de la Palestine, dans la tribu de Zabulon, selon S. Epiphane.

SOPHACÆ ou SOPHACES, peuple barbare, dont parle Joseph, & que cet auteur semble mettre en Afrique.

SOPHAN ou ZAPHAN, nom de l'une des villes que les enfans de Gad rebâtirent, selon l'Ecriture sainte.

SOPHANIS, village du nôme de Libye, selon Ptolemée.

SOPHANITÆ, peuples de l'Arabie heureuse. Ptolemée les place dans la partie méridionale de cette contrée.

SOPHAR, ville de la Judée, dans la tribu de Gad. Il est dit dans le livre des nombres, que les enfans de Gad la rebâtirent.

SOPHENA (*Zoph*), contrée d'Asie, dans la grande Arménie, au nord de la Mésopotamie & de la Comagène, entre les monts *Masius* & *Amitaurus*, selon Strabon.

SOPHIENSES, peuples de l'Etolie, selon Strabon.

SOPHIN, siège épiscopal d'Asie, sous la métropole d'*Anida*, selon Guillaume de Tyr, cité par Ortélius.

SOPHITIS REGIO, contrée ou royaume de l'Inde.

SOPHON, montagne de l'Asie, dans la Bithynie, aux environs de Nicomédie, selon Cédrène, cité par Ortélius.

SOPHONE, contrée de l'Asie, dans l'endroit où le Tigre reparoissoit après avoir couru sous terre l'espace de vingt-cinq mille pas, selon Justin.

SOPHONIA, nom d'une île de la Magnésie. Elle étoit jointe au continent du temps de Pline.

SOPHETA, île du golfe Persique, sur les côtes de la Perside, vis-à-vis du promontoire Traoce, selon Ptolemée.

SOPHUCÆI, peuples qui habitoient dans la Libye intérieure, selon Ptolemée.

SOPIANÆ, ville de la basse Pannonie, sur la route de *Sirmium* à *Carnuntum*, entre *Antiana* & *Mansuetianus*, selon l'itinéraire d'Antonin.

SORA, ville de l'Asie, dans la Paphlagonie, selon Porphyrogénète, cité par Ortélius.

SORA, ville de l'Arabie déserte, aux confins de la Mésopotamie, selon Ptolemée.

SORA, ville de l'Inde, en-deçà du Gange, selon Ptolemée, qui lui donne le titre d'*Arcati Regia*.

SORA, nom d'une ville de la Phénicie, selon Etienne de Bysance.

SORA (*Sora*), ville d'Italie, dans le *Latium*, vers le nord-est, sur le *Liris*. On voit par un passage de Tite-Live, qu'il y eut un temps où elle appartenoit aux Samnites.

*Sora agri Volsci fuere, sed possederant Samnites.*

SORABI, peuples de la Germanie, compris au nombre des *Vénèdes*, & ensuite comptés parmi les Slaves.

SORACI, peuples qui habitoient dans le voisinage du Bosphore cimmérien, selon Tacite.

SORACTES, montagnes d'Italie, dans l'Etrurie, aux confins du pays des *Falisci*, & dans le voisinage du Tibre.

SORACTES, montagne d'Asie, dans la Galatie, selon Dioscoride, cité par Ortélius.

SORACTIA, nom d'une ville de l'Arabie heureuse. Pline la donne aux *Omani*.

SORÆ, peuples de l'Inde. Ils habitoient au voisinage de la Carmanie & de la Gédrosie, près du fleuve Cabéron, selon Pline.

SORÆ, peuples de l'Inde, en-deçà du Gange. Ptolemée en fait des peuples Nomades, & il les place entre les monts *Bitigus* & *Disathrus*.

SORÆI, peuples d'Afrique, dans la Mauritanie césariense, selon Ptolemée.

Y

SORDICEN STAGNUM. On a dit auffi *Fordicen* ; mais cette leçon eft fautive. Cét étang étoit celui de Leucate.

SORDICENÆ , peuples qui habitoient au pied des Pyrénées, felon Feftus Avienus.

SORDOLIBII , nom d'un peuple qui ne connoiffoit d'autre meuble que la cape & l'épée, felon Stobée.

SOREC , torrent qui paffoit dans la tribu de Dan.

SEREOS , lieu de l'Afie, dans la Bithynie, felon Siméon le Métaphrafte.

SORETANUM PARALIA , contrée maritime de l'Inde, dans la partie orientale de la prefqu'île en-deçà du Gange, au nord du fleuve *Chabaris*.

SORGÆ , peuples de l'Inde, felon Pline.

SORIANI , peuples de l'Inde, felon Etienne de Byfance.

SORICARIA , lieu de l'Hifpanie, dans la Bétique, felon Hirtius.

SORNUS ou SORNUM , ville de la Dacie.

SOROGA , ville de la haute Pannonie, felon Ptolemée, qui la met dans l'éloignement du Danube.

SORON , bois du Péloponnèfe, en Arcadie, à l'eft de *Pfophis*.

On y trouvoit différentes efpèces de bètes féroces, telles que des ours & des fangliers. On y trouvoit auffi des tortues, de l'écaille defquelles on pouvoit faire des lyres auffi grandes que celles qui fe faifoient avec les écailles des tortues des Indes.

Vers l'extrémité de ce bois on trouvoit, au temps de Paufanias, les ruines d'un village appelé *Paus*, & un peu au-delà *Siræ* ou *Sires*, lieu qui fe trouvoit fur les confins des terres des Elitoniens & des Pfophidiens.

SORON , ville de la Paphlagonie, felon le livre des Authentiques, cité par Ortélius.

SOROPOLITARUM REGIO , Siméon le Métaphrafte fait mention d'une contrée de ce nom.

SORORES , nom que l'on donnoit à quatre villes, à caufe de leur amitié & de leur concorde ; c'étoit Antioche, près de *Daphné*, *Séleucie*, dans la Piérie ; *Apamée* & *Laodicée*, felon Strabon.

SORTHIDA , ville de l'Afie, dans la Babylonie, felon Ptolemée.

SORVIODUM , ville de l'île d'Albion, fur la route de *Calleva* à *Viroconium*, en prenant par *Muridonum*, entre *Brige* & *Vindogladia*, felon l'itinéraire d'Antonin.

SORUTIS , fiège épifcopal, fous la métropole de Céfarée, felon Guillaume de Tyr, cité par Ortélius.

SORYGAZA , ville de l'Inde, fur le bord & au-delà du Gange, du côté de l'orient, felon Ptolemée.

SOSA ou SOZA , ville de la Dandarique, felon Tacite.

SOSANDRA , nom d'une île qui étoit fituée aux environs de celles de Crète , felon Etienne de Byfance.

SOSCUM , nom d'un lieu dont parle Cédrène. Ortélius penfe que c'étoit un lieu de la Bulgarie.

SOSIANA , ville épifcopale de l'Afrique, dans la Byzacène, felon la lettre adreffée à l'empereur Conftantin.

SOSIBES , nom d'un peuple qui habitoit aux environs de la Sarmatie Afiatique, & que Jules Capitolin compte dans le nombre de ceux qui avoient confpiré contre l'empire Romain, fous Marc-Antoine le philofophe.

SOSICURÆ ( *Titicarin* ), lieu de l'Inde, dans la prefqu'île en-deçà du Gange, fur la côte du golfe *Colchicus*, felon Ptolemée. Ce lieu étoit au fud-oueft de *Colchi*.

SOSIPPUS PORTUS , port de l'Arabie heureufe, fur la côte du golfe Arabique, entre *Mufa Emporium* & *Pfeudocelis*, felon Ptolemée.

SOSIRATE , nom d'une ville de l'Elymaïde, felon Pline.

SOSSINATI , nom de l'un des quatre peuples montagnards de l'île de Sardaigne. Ils habitoient dans des cavernes, felon Strabon.

SOSSIUS , fleuve fur la côte méridionale de la Sicile, entre la ville *Pintia* & l'embouchure du fleuve *Isburus*, felon Ptolemée.

SOSTEUM , nom d'une ville de l'Egypte, felon la notice des dignités de l'empire.

SOSTHENIS , ville de la Macédoine. Elle appartenoit aux Theffaliens, felon Ptolemée.

SOSTHENIUM , lieu de la Thrace, dans le voifinage de Conftantinople, felon Nicéphore Callifte.

SOSTIACA , ville de la Dacie ripenfe, felon la notice des dignités de l'empire.

SOSTOMAGUS , lieu de la Gaule, entre *Tolofa* & *Carcafo*. On ne connoît ce lieu que par l'itinéraire de Jérufalem.

SOSXETRA , ville de la Gédrofie, felon Ptolemée.

SOTEROPOLIS , Zonare rapporte que c'étoit une ville où il y avoit des bains d'eau chaude, dans lefquels l'empereur Conftantin-le-Grand fut empoifonné. Ortélius croit que c'étoit une ville de l'Afie mineure, aux environs de Nicomédie.

SOTERUS , port du golfe Arabique, felon Diodore de Sicile.

SOTIANI , nom d'un peuple Celtique, felon Athénée.

SOTIATES & SOTIATUM OPPIDUM , peuple & ville de la Gaule Aquitanique. On retrouve ce lieu dans celui de *Sos*.

SOTIRA , ville de l'Afie, dans l'Arie, felon Ptolemée.

SOTIRA , ville de l'Afie, dans la Capadoce, felon Pline, qui rapporte qu'elle étoit détruite.

SOTIRA , ville de la Parthienne, felon Arrien.

SOVENOCALCHI, peuples de la Sarmatie asiatique, sur le bord du Pont-Euxin, selon Ptolemée.

SOXALÆ où CAMELOBOSCI, peuples de la Germanie. Ils habitoient dans le voisinage des déserts, selon Ptolemée.

SOZA ou SOSA, ville qui étoit située dans la Dandarique, selon Ptolemée.

SOZO, ville de l'Asie, dans l'intérieur de la Médie, selon Ptolemée.

SOZOPETRA, ville de l'Asie, dans la Syrie. Elle fut détruite par Théophile, empereur d'Orient, selon Zonare, cité par Ortélius.

SOZOPOLIS, petite ville située dans le voisinage de Constantinople, selon Grégoras, cité par Ortélius.

SOZOPOLIS, ville de l'Asie, dans la Pisidie, selon Evagre, cité par Ortélius.

SOZUSÆ, Etienne de Bysance met une ville de ce nom dans la Pisidie, une dans la Phénicie, & une autre dans l'Ethiopie.

SPACORUM VICUS, lieu de l'Hispanie, sur la route de *Bracara* à *Asturica*, en prenant le long de la côte, entre *Aquæ Celinæ* & *ad duos Pontes*, selon l'itinéraire d'Antonin.

SPADA, nom d'un village de la Perse, où l'on fit les premiers eunuques, selon Etienne de Bysance.

SPALEI, peuples de la Sarmatie Asiatique, selon Pline.

SPALETHRA ou SPALATHRA, ville de Grèce, dans la Thessalie, selon Etienne de Bysance. Scylax écrit *Spalathra*, & en fait une ville maritime de la Magnésie.

SPANDEUS, fontaine de l'île de *Coa*, selon Vibius Sequester.

SPANYDRION, lieu de la Phénicie, où S. Epiphane s'étoit caché, selon Siméon le Métaphraste.

SPARTA ou SPARTE, célèbre ville de Grèce, dans le Péloponnèse, & la capitale de la Laconie. Elle étoit située au pied du mont Thornax, sur le bord, & à l'ouest de l'Eurotas.

Selon Strabon, cette ville avoit été fondée par Patrocles; mais la plus commune opinion en attribuoit l'origine à Lelex, en l'an 1516 avant J. C. Quelques-uns vouloient que ce fût à Lacédémon, en l'an 1400. En effet, elle portoit aussi ce nom. Cependant par les Spartiates on entendoit seulement les citoyens de cette ville; & par Lacédémoniens, les habitans de tout le pays.

Cette ville étoit bien plus ornée que l'on ne le croit communément : elle étoit cependant moins grande qu'Athènes, puisque, selon Polybe, elle n'avoit que quarante-huit stades.

Sparte fut long-temps sans murailles, parce que les Spartiates ne croyoient devoir employer que leur valeur pour sa défense. Cependant on en vint à construire des murs autour de la ville, lorsque l'ambition de Cassandre, & les fureurs de quelques

tyrans, eurent fatigué & abâtardi les courages. Pausanias dit que cette ville fut fortifiée à l'occasion des guerres de Démétrius & de Pyrrhus.

Les habitans n'exerçoient point les arts, mais l'exemple des autres grecs, & les besoins de différentes sortes, leur avoient fait sentir le mérite de ceux qui s'y distinguoient. Pausanias parle avec éloge de plusieurs morceaux de sculpture qu'il y avoit vus.

La place publique de Sparte renfermoit beaucoup de choses dignes d'être vues. Premièrement, le sénat des vieillards, le sénat de ceux qui étoient les conservateurs des loix, le sénat des Ephores, & le sénat des magistrats qu'ils appelloient *Bidiéens*.

Le sénat des vieillards étoit le souverain tribunal des Lacédémoniens, & celui qui régloit les affaires de l'état. Les autres sénateurs n'étoient, à proprement parler, que des archontes. Les éphores, au nombre de cinq, & les bidiéens de même : ceux-ci étoient commis pour veiller sur les jeunes gens, & pour présider à leurs exercices : les éphores étoient chargés de soins plus importans, & chaque année ils élisoient un d'entre eux pour les présider, & dont le nom servoit à marquer l'année.

Le plus bel édifice qu'il y eût sur cette place, étoit le portique des Perses, construit des dépouilles remportées sur ces peuples, après leurs défaites en Grèce. Ce qu'il y a de singulier, c'est que l'on y voyoit les statues des généraux ennemis, entre autres, celles de Mardonius & d'Arthémise, & que l'on n'y voyoit pas celles d'Eutichratès, de Miltiade & Léonidas, chefs de l'armée grecque. Deux temples, dont l'un étoit dédié à César & l'autre à Auguste, étoient ce qu'il y avoit de plus beau à voir sur cette place, après le portique des Perses.

On voyoit aussi trois statues sur cette place, l'une d'Apollon *Pythæs*, l'autre de Diane, & la troisième de Latone : ces statues étoient dans une enceinte que l'on appeloit du nom de *chœur*, parce que dans les lieux publics où les jeunes gens s'exerçoient, toute la jeunesse de Sparte y alloit, & y formoit des chœurs de musique en l'honneur d'Apollon. Il y avoit plusieurs temples dans les environs de ce lieu, un qui étoit consacré à la Terre, un à Jupiter *Agoreus*, un à Minerve *Agorea*, & un autre dédié à Neptune *Asphalius*. Apollon & Junon en avoient aussi chacun un. Une grande statue représentant le peuple de Sparte, étoit dans le même lieu, & un peu plus bas on voyoit un temple dédié aux Parques. En conséquence d'un oracle, les os d'Oreste furent transportés de Tégée à Sparte, & déposés dans un tombeau, au voisinage du temple des Parques.

Les Lacédémoniens révéroient tellement la mémoire de ce roi, qu'au temps de Pausanias, les actes publics étoient scellés de son sceau. Au même lieu il y avoit un Mercure *Agoreus* qui portoit un petit Bacchus. Les statues des éphores de ce temps-là, étoient rangées près de ce tombeau. Les falles où les Lacédémoniens prenoient leurs repas, qu'ils nommoient *Phiditia*, à caufe de la frugalité qui y régnoit, étoient près des Parques : on y voyoit auffi un Jupiter *hofpitalier* & une Minerve *hofpitalière*.

En fortant de la place par la rue des barrières, on voyoit la maifon du roi Polydore, qui fut nommée *Boonète*, parce que la reine fa femme la vendit, & en fut payée en bœufs.

Au-deffus du fénat des Bidiéens, il y avoit un temple de Minerve où l'on difoit qu'Ulyffe confacra une ftatue à la déeffe, fous le nom de Minerve *Celeuthea*.

On trouvoit une fépulture de héros, au bout de la rue des barrières, entre autres celle d'Iops, que l'on difoit avoir vécu vers le temps de Lélex & de Myles ; celle d'Amphiarus, fils d'Oïclès, & celle de Lélex même.

Le temple de Neptune, furnommé *Tenarius*, étoit auprès de ces tombeaux. Une ftatue de Minerve étoit près de ce temple : on difoit qu'elle lui avoit été confacrée par les Lacédémoniens qui furent fe tranfplanter en Italie.

La place Hellénie étoit du même côté : ce nom lui venoit, à ce que l'on difoit, de ce que tous les princes de la Grèce, ayant, pour Ménélas, entrepris le fiège de Troye, ils s'affemblèrent en ce lieu pour délibérer fur les moyens de tirer vengeance de Pâris, qui avoit enlevé Hélène.

Le tombeau de Talthibius fe voyoit auprès de cette place. C'étoit un héraut qu'Agamemnon avoit mené avec lui au fiège de Troye.

Le même quartier renfermoit encore un autel qui étoit dédié à Apollon Acritas, un temple de la Terre, & un temple qui étoit dédié à Apollon, furnommé *Maleatès*.

Tout contre les murs de la ville, après avoir paffé la rue des barrières, il y avoit une chapelle qui étoit dédiée à Dictynna, & à côté étoient les tombeaux des rois qui avoient été appelés *Euripontides*. Le temple d'Arfinoé étoit près de la place Hélénienne, & celui de Diane étoit du côté des remparts, & un peu plus loin fe voyoit la fépulture des devins, qu'on nommoit *Jamides*. Les temples de Maron & d'Alphée, deux célèbres capitaines, qui, après Léonidas, s'étoient le plus fignalés au combat des Thermopyles, étoient dans le même endroit. Près de ces derniers étoit celui que les Doriens élevèrent à Jupiter *Tropeus*, après avoir fubjugué les Achéens, qui alors étoient en poffeffion de la Laconie. De tous les temples qui étoient à Sparte, celui de la mère des Dieux étoit le plus révéré ; & derrière on voyoit le monument héroïque d'Hippolite, fils de Théfée, & celui d'Aulon, Arcadien.

A l'autre iffue de la grande place de Sparte, on trouvoit un édifice, qui étoit le *Scias*, où les habitans venoient prendre le frais, & le peuple s'y raffembloit encore au temps de Paufanias. On difoit

que c'étoit un ouvrage de Théodore de Samos, qui le premier trouva l'art de fondre le fer & d'en faire des ftatues. C'étoit de cette voûte de cet édifice que les Lacédémoniens fufpendirent la lyre de Timothée de Milet, après l'avoir puni, pour avoir ajouté quatre cordes aux fept de l'ancienne lyre.

Il y avoit une rotonde auprès de cet édifice, où l'on voyoit deux ftatues, dont l'une de Jupiter *Olympien*, & l'autre de Vénus *Olympienne*. Les tombeaux de Cynortas & de Caftor étoient à côté de cette rotonde, & le temple de ce dernier étoit auprès de fon tombeau. Proferpine *Confervatrice* avoit un temple auprès de la chapelle de Vénus *Olympienne* ; & près de celui-ci, Apollon *Carnéus* en avoit un. La ftatue d'Aphétéus étoit auprès de ce temple, & du même côté il y avoit des portiques quarrés, où on vendoit anciennement toutes fortes de merceries. On voyoit près de ces portiques trois autels, dont l'un étoit dédié à Jupiter *Ambulius*, l'autre à Minerve *Ambulia*, & le troifième aux Diofcures, à qui on donnoit auffi le furnom d'*Ambulii*.

L'éminence qui étoit vis-à-vis ces autels s'appeloit *Colona* ; & deffus, Bacchus, furnommé *Colonate*, y avoit un temple, qui tenoit prefque à un bois, que les Spartiates avoient confacré au héros qui mena Bacchus à Sparte : les prêtreffes facrifioient même au héros avant de facrifier au dieu.

Jupiter *Evarenus* avoit un temple auprès de celui de Bacchus, & on voyoit le monument héroïque de Pleuron, auprès du temple de Jupiter. La colline qui étoit dans les environs, étoit ornée d'un temple de Vénus *Argiva*, qui lui avoit été dédié, difoit-on, par Eurydice, fille de Lacédémon. Junon *Hyperchiria* avoit un temple dans le même endroit : il fut bâti par le confeil de l'oracle, dans le temps que l'Eurotas inondoit toute la campagne. Toutes les mères qui avoient des filles à marier, faifoient, dans ce temple, des facrifices à Vénus *Junon*, qui y avoit fa ftatue : elle étoit de bois & d'un goût fort ancien. On voyoit fur le chemin qui alloit à cette colline, la ftatue d'un Lacédémonien nommé *Héfymuclès*, fils d'Hippofthène : celui-ci avoit été couronné douze fois aux jeux olympiques, & fon fils onze.

De la place publique, prenant le chemin du couchant, on voyoit le cénotaphe de Brafidas : il avoit été un des plus grands capitaines de fon temps : il vivoit quatre cent-vingt cinq avant J. C., & il avoit fon tombeau à Amphipolis, felon Thucydide, *L. v.* Le théâtre étoit auprès de ce cénotaphe : c'étoit un bel édifice, bâti en marbre blanc. Le roi Paufanias, qui commandoit les Lacédémoniens au combat de Platée, avoit fon tombeau vis-à-vis le théâtre, & la fépulture de Léonidas étoit auprès. On faifoit tous les ans les oraifons funèbres de ces grands capitaines, & ces oraifons étoient fuivies de jeux funéraires, où il n'y avoit que des Lacédémoniens qui difputaffent le prix. Il y avoit une colonne dans le même endroit où étoient gravés les noms de ceux qui soutinrent l'effort des Perses aux Thermopyles. Les noms de leurs pères y étoient aussi gravés.

Le tombeau des rois dits *Agides*, étoient dans le quartier de la ville nommé le *Théomélide*. Le *Lesché*, ou le lieu de l'assemblée des Crotanes, étoit à côté. Le temple d'Esculape que l'on nommoit l'*Enapadon*, étoit auprès du Lesché. Neptune *Hippocurius* & Diane *Eginca*, avoient chacun un temple dans le même quartier, ainsi que Thétis. Sérapis & Jupiter *Olympien* avoient chacun un temple à Sparte.

Le Dromos étoit un quartier de la ville où encore, au temps de Pausanias, on exerçoit les jeunes gens à la course. En y entrant par le côté qui faisoit face à la sépulture des Agides, on voyoit le tombeau d'Eumèdes ; & un peu plus loin étoit une vieille statue d'Hercule : les jeunes gens, au sortir de l'adolescence, sacrifioient à ce dieu pour entrer dans la classe des hommes. Il y avoit deux gymnases sur le Dromos, dont l'un avoit été consacré à cet usage par Euryclide, citoyen de cette ville.

Au-dehors & près de la statue d'Hercule, on voyoit l'ancienne maison de Ménélas. Les temples des Dioscures, des Graces, de Lucine, d'Apollon *Carneus*, & de Diane *Hégémaque*, étoient au-delà de cette maison. Le temple d'Agnitas étoit à la droite du Dromos : ce nom d'Agnitas avoit été donné à Esculape, à cause du bois dont sa statue étoit faite. Après ce temple, on voyoit un trophée, que l'on disoit avoir été érigé par Pollux, après la victoire qu'il remporta sur Lyncée. Les Dioscures avoient leurs statues à l'entrée du Dromos, comme les divinités qui présidoient à la barrière. Le temple de Neptune *Domatilès*, & le monument héroïque d'Alcon, étoient un peu plus loin.

La ville de Sparte étoit située sur la rive droite du fleuve Eurotas, dans un lieu où ce fleuve s'avançant circulairement, formoit à l'est une espèce de presqu'île. C'étoit dans cette presqu'île, à la gauche du fleuve, qu'étoit le Plataniste. Au sud-ouest de Sparte, couloit un ruisseau appelé *Cnation* : il venoit du nord-ouest, & se jettoit dans l'Eurotas, au sud-est, & à peu de distance de Sparte. Le Plataniste étant séparé de Sparte par l'Eurotas, on y alloit par deux ponts : on avoit mis une statue d'Hercule à l'entrée de l'un, & un portrait de Lycurgue à l'entrée de l'autre ; car il avoit aussi fait des loix pour les exercices & les combats des jeunes gens, & c'étoit au Plataniste qu'étoit le plus ordinairement le rendez-vous de la jeunesse Spartiate, pour faire ses exercices.

Le collège où les jeunes gens étoient élevés, étoit hors de la ville & près du quartier appelé *Thérapné*. Les deux troupes de jeunes gens sacrifioient le petit d'une chienne au dieu Mars.

Le monument héroïque de Cynisca, fille du roi Archidame, étoit vers ce bois de platanes : c'étoit la première de son sexe qui eût remporté le prix aux jeux olympiques, sur un char attelé de quatre chevaux. On voyoit les monumens héroïques d'Alcime & d'Enaréphore, derrière un portique qui étoit là, & un peu plus loin celui de Dorcée & celui de Sébrus.

Hercule avoit un temple près de ces monumens héroïques, où il étoit représenté armé. Hélène en avoit aussi un dans le même lieu.

En sortant du Dromos par le côté de l'orient, on rencontroit un temple qui étoit dédié à Minerve *Axiopœnas* ou *Vengeresse* : on prétendoit que ce fut Hercule qui le fit bâtir. Minerve avoit aussi un temple dans cette rue, que l'on prétendoit lui avoir été consacré par Théras, lorsqu'il mena une colonie dans l'île de Calliste.

Hippostène, célèbre lutteur, avoit un temple près de celui de Minerve, & vis-à-vis étoit une statue très-ancienne, qui représentoit Mars enchaîné. Les Lacédémoniens s'imaginoient que par ce moyen il demeureroit toujours avec eux.

Il y avoit encore une autre Lesché à Sparte, que l'on nommoit le *Pœcile*, auprès duquel étoient les monumens héroïques de Cadmus, d'Œolycus, & d'Egée.

De tous les Grecs, les Lacédémoniens seuls révéroient Junon sous le nom de la déesse *Egophaze*, & lui immoloient une chèvre : ils prétendoient que c'étoit Hercule qui lui avoit élevé un temple, parce qu'elle ne lui avoit pas été contraire dans son combat contre Hippocoon & contre ses enfans.

Il y avoit à Sparte plusieurs temples dédiés à Esculape ; mais le plus célèbre de tous étoit près du Boonète. Une petite colline étoit en avant de ce temple, & sur cette colline un vieux temple de Vénus, dans lequel une statue représentoit la déesse armée. Pausanias dit qu'il y avoit deux temples l'un sur l'autre, & que c'étoit le seul qu'il eût vu de cette construction. Celui de dessus étoit dédié à Morpho, qui est un surnom de Vénus : la déesse y étoit représentée voilée, avec des chaînes aux pieds.

Des femmes de Sparte filoient tous les ans une tunique pour la statue d'Apollon qui étoit à Amyclées, & le lieu où elles filoient s'appeloit la *Tunique*.

Le temple le plus près de celui de Vénus étoit dédié à Hilaire & à Phœbé, & à la voûte de ce temple pendoit un œuf qui étoit enveloppé de bandelettes, & que le peuple croyoit être celui dont accoucha Léda.

Le monument héroïque de Chilon, qui fut autrefois en grande réputation de sagesse, étoit vers la porte de la ville.

Les Lacédémoniens avoient élevé un temple à Lycurgue, leur législateur, comme à un dieu, & vis-à-vis étoit la sépulture d'Eurybiade, qui commandoit la flotte des Lacédémoniens au combat de Salamine, contre les Perses, & à celui d'Artémisium.

Diane Orthia avoit un temple dans la rue nommée *Limnée*, & on prétendoit que la statue de la déesse étoit la même qu'Oreste & Iphigénie enlevèrent de la Taurique, qu'Oreste lui-même l'avoit apportée. Pour obéir à un oracle, on avoit l'usage d'y immoler un homme pour victime, & le sort en décidoit ; mais cette barbare coutume fut abolie par Lycurgue, qui y substitua la flagellation des jeunes gens, qui se pratiquoit encore au temps de Pausanias. La prêtresse présidoit à cette flagellation. Le temple de Lucine étoit près de celui-ci.

Il n'y avoit pas de citadelle à Sparte bâtie sur une hauteur, comme Larissa à Argos, ou la Cadmée à Thèbes ; mais ils avoient dans la ville plusieurs collines, & la plus élevée servoit de citadelle.

Il y avoit un temple de Minerve sur cette colline, qui lui étoit dédié sous les noms de *Poliuckos* & *Chalciæcos*. Ce temple avoit été commencé par Tyndare, & continué par ses enfans ; mais cet ouvrage n'étant pas achevé, les Lacédémoniens en construisirent un qui étoit tout d'airain, comme la statue de la déesse. Ce fut d'un nommé *Giriadas*, originaire & né à Sparte, dont on se servit pour la construction de ce temple. Les travaux d'Hercule, les exploits des Tyndarides, Vulcain dégageant sa mère de ses fers, & Persée allant combattre Méduse en Lybie, sont gravés sur l'airain au-dedans du temple. Tout ce qui avoit rapport à la naissance de Minerve y étoit aussi gravé ; mais un Neptune & une Amphitrite essaçoient tout le reste en beauté. Il y avoit deux portiques aux environs du temple, l'un au midi, & l'autre au couchant. Jupiter Cosmétès avoit une chapelle vers le portique du midi, & au-devant de cette chapelle étoit le tombeau de Tyndare. Il y avoit sur le second portique deux aigles éployées qui portoient chacune une victoire. Une chapelle consacrée aux Muses étoit à la gauche du temple d'airain, parce que les Lacédémoniens ne se servoient pas de trompettes pour aller à l'ennemi, mais de flûtes & de lyres. Derrière le temple d'airain étoit une chapelle dédiée à Vénus *Area*, où l'on voyoit des statues de bois aussi anciennes qu'aucune qu'il y eut en Grèce. A l'aile droite étoit un Jupiter en bronze ; c'étoit la plus ancienne statue de ce métal. Elle étoit faite de différentes pièces très-bien jointes. Deux statues de ce Pausanias qui commandoit les Lacédémoniens au combat de Platée, étoient à l'autel même du temple de Minerve. Une statue de Vénus *Ambologera*, & celle du Sommeil & de la Mort, sont aussi dans ce temple, auprès de celle de Pausanias. Le temple de Minerve qui étoit dans la Alpia, lui avoit, disoit-on, été consacré par Lycurgue, sous ce titre, parce que, dans une émeute, après avoir perdu un œil, sa vie n'avoit été en sûreté que dans cet endroit. Le temple d'Ammon & celui de Diane *Cnagia* étoient un peu plus loin.

On ne sait pas bien à quelle époque cette ville célèbre fut détruite. Ce dont on est bien sûr, au moins, c'est que la ville moderne de Misitra, qui lui a succédé, n'est pas précisément sur le même emplacement. Cet ancien emplacement porte le nom de *Paleochori*, corrompu de Παλαιάχωρα, vieille place ; & Misitra est à quatre milles environ de l'ancienne Sparte.

Le meilleur ouvrage que l'on puisse consulter sur ce sujet, est celui de M. le Roy, sur les monumens de la Grèce.

SPARTA, nom d'une ville qui étoit située dans les environs du Pont-Euxin, selon Etienne de Bysance.

SPARTACUS, nom d'une ville de Thrace, selon Eratosthène, cité par Etienne de Bysance.

SPARTANI, nom d'un peuple de l'Asie, selon Justin.

SPARTARIUS CAMPUS, campagne de l'Espagne, dont parle Strabon, *L. III*, *pag. 160.* Elle étoit sur la partie méridionale de la côte orientale où se trouve aujourd'hui le royaume de Murcie, & les terres y produisent encore du spart, espèce de jonc dont on fait principalement des cordages & des nattes ; mais dont on a fait aussi quelquefois une espèce d'étoffe.

SPARTOLUS, ville de Thrace, dans la Bottique, selon Thucydide.

SPARTUM, montagne voisine du Pont-Euxin, selon Thucydide.

SPASINI CHARAX, lieu célèbre de l'antiquité, sur la rive droite du fleuve *Eulæus* ou *Choaspes*, près & au nord-est de son embouchure, dans le *Pasitigris*.

Pline rapporte qu'un prince du pays, nommé *Spasines*, avoit élevé cette ville ; qu'Alexandre y transporta les habitans d'une ville royale, & lui donna le nom d'*Alexandrie* ; que les fleuves l'ayant fort endommagée, un Antiochus en répara les dommages, & lui donna son nom ; qu'enfin, un prince des Arabes du voisinage, & nommé *Pasinès*, la mit à couvert par de nouvelles levées.

SPASINUS, nom d'une digue ou retranchement construit à l'embouchure du Tigre, aux environs de Basra, pour mettre le plat pays à couvert des inondations dans le temps des grandes marées. Trajan y passa l'hiver de 116 à 117.

SPATANA, port sur le grand rivage de l'île de Taprobane, entre l'embouchure du fleuve Ganges & la ville de *Nagadiba*, selon Ptolémée.

SPATHE, ville que Cédrène semble mettre aux environs de l'Arménie.

SPAUTA PALUS ( lac d'*Ornia* ), lac de l'Asie, dans l'Atropatène, selon Strabon.

Ce lac s'étend à-peu-près d'un degré du nord au sud, entre les 37e & 38e degré de latitude.

SPEI FANUM *ou* TEMPLUM, temple d'Italie, à huit stades de la ville de Rome, selon Denys d'Halycarnasse.

SPELEUM, lieu de la Macédoine, dans le voisinage de la ville de *Pella*, selon Etienne de Bysance.

SPELTENI, peuple de l'Asie, dans la Bithynie, dans le voisinage des *Moxiani*, selon Ptolemée.

SPELUNCA, ville de l'Asie, dans la Syrie. Elle étoit située au sud-est de Chalybon, au nord-est de Chalcis, vers le 35e degré 30 minutes de latitude. Ptolemée place cette ville dans la Chalybonitide.

SPELUNCA, ville de l'Arabie, selon la notice des dignités de l'empire.

SPELUNCÆ (*ou les grottes*), lieu de l'Italie, sur le bord de la mer, à quelque distance à l'ouest de Gaëte.

Tacite rapporte à-peu-près ainsi l'événement qui rendit ce lieu célèbre. Dans le temps que Tibère, cédant aux insinuations de Séjan, se disposoit à quitter Rome pour l'île de Caprée, il leur arriva d'être ensemble dans une maison de campagne nommée *Spelunca*. Une des pièces de cette maison étoit formée d'une grotte naturelle; Tibère y mangeoit avec plusieurs Romains de sa cour. Tout-à-coup plusieurs pierres se détachèrent, écrasèrent quelques personnes de la compagnie, & firent craindre la chûte totale de la voûte. A la vue de ce danger, presque tout le monde s'échappa le plus diligemment qu'il lui fut possible. Séjan ne paroissant s'occuper que de la personne de l'empereur, qui étoit étendu à terre, se pencha sur lui, & appuyé sur un genou, il soutint de la tête & des mains les pierres prêtes à s'écrouler sur l'empereur. Ce trait de courage & d'attachement toucha vivement Tibère, qui, délivré du danger le plus éminent, ne cessa d'accumuler les graces sur la tête de son favori. On sait combien, d'ailleurs, il les méritoit peu.

SPERCHEA, promontoire de la Macédoine, sur la côte de la Phthiotide, sur le golfe Pélasgique, entre *Echinus* & *Theba Phthiotidis*, selon Ptolemée.

SPERCHIÆ, lieu de la Macédoine, dans le voisinage du fleuve *Aous*, selon Tite-Live.

SPERCHIUS, fleuve de la Thessalie, dans la Phthiotide. Il a son embouchure entre *Theba Phthiotidis* & *Scarphia*, selon Ptolemée.

Ce fleuve venoit du pays des Æniades, partie la plus reculée du mont Œta, passoit à *Sperchium*, à *Hypata*, & se rendoit dans le golfe Maliaque, auprès d'Anticyre. Ce fleuve est nommé dans l'Illiade. Selon Homère, ce fut au Sperchius que Pélée voua la chevelure d'Achille, si ce héros revenoit du siège de Troye dans sa patrie. C'est une méprise de la Martinière d'avoir fait dire à Apollodore que ce fleuve avoit été surnommé *Borus*.

Les critiques ont reconnu que ce passage avoit été introduit dans le texte par Ægius, son premier éditeur. Il se trouve *page 217* de l'édition de *Th. Gales*. Le sens est que Borus passoit pour être le fils de Ménesthius, mais qu'il l'étoit véritablement du fleuve Sperchius; ensorte que le véritable sens est le moins raisonnable.

SPERMATOPHAGI, peuples de l'Ethiopie, selon Strabon.

SPHA, ville ou bourgade de l'Asie, dans la Parthie, selon Ptolemée.

SPHACTERIE ou SPHAGIE, île de la Messenie, au sud-est de *Pylus*.

Elle formoit un petit golfe, qui se trouvoit entre cette île & la côte. Thucydide en parle à l'occasion de la longue défense qu'y firent quatre cens Lacédémoniens, contre les troupes des Athéniens. Mais il arriva tout le contraire; ceux-ci les assiégèrent, & leur ôtèrent si bien toute espérance de secours, qu'après quelques vigoureuses attaques, ils furent obligés de se rendre, avec perte de cent vingt-huit hommes. Ce petit siège avoit duré soixante-douze jours. Les deux peuples abandonnèrent Pyle & Sphacterie. Pausanias rapporte que l'on voyoit dans la citadelle une statue de la Victoire, donnée par les Lacédémoniens.

SPHÆRIA ou SPHERIE, île du golfe Saronique, très-près du continent, située au m. c. de Trézène, & en face de Pogon, port des Trézéniens.

Elle avoit probablement pris son nom de la forme montueuse du pays, ou de sa figure ronde. Mais les Grecs prétendoient qu'elle ne l'avoit porté que depuis la mort de l'écuyer de Pélos, lequel y avoit été inhumé. Dans la suite Etra, fille de Pithée, & femme d'Egée, y ayant fait bâtir un temple en l'honneur de Minerve, elle prit le nom d'*Hiera* ou d'*île sacrée*.

SPHAGEÆ, ville du Peloponnèse, dans la Laconie, selon Xénophon.

SPHAGITES, promontoire de la Scythie, selon Etienne de Bysance.

SPHECIA, ville de l'île d'Eubée, selon Etienne de Bysance, qui cite Lycophron.

SPHECIA, nom que Lycophron donne à l'île de Cypre, selon Eustathe.

SPHENDALA ou SPHENDALÆ, bourgade de Grèce, dans l'Attique, de la tribu Hippothoontide, selon Etienne de Bysance, Hésychius & Phavorin. Elle étoit entre Décise & Tanagres. Il n'en est parlé que dans Hérodote (*L. IX*, § 15), & dans quelques Lexicographes qui le citent.

SPHETTUS, municipe de Grèce, dans la tribu Acamantide, selon Etienne de Bysance.

Pausanias rapporte que c'étoit une bourgade de l'Attique, & qu'elle fut fondée par Sphettus, fils de Troezen.

SPHRAGIDIUM ANTRUM, l'antre Sphragidium, sur le mont Cithéron. Il servit, disoit-on, de retraite aux nymphes de cette montagne, appelées *Cithéronides*, & quelquefois aussi *Sphragitides*, selon Plutarque (*inita Arist.*). C'étoit sur le même côteau que les Platéens faisoient leur sacrifice dans la fête qu'ils appeloient des dédales. (*Paus. in Beot. c. 3*).

SPINA, ville de l'Italie, dans la Gaule Cispadane.

Cette petite ville fut fondée à l'embouchure du Pô, par des Pélasges, qui y vinrent, dit-on, avant la guerre de Troye. Pline dit qu'elle le fut par Diomède, qui y employa des richesses enlevées au temple de Delphe (1).

Selon Strabon, c'étoit une colonie grecque, qui avoit été très-florissante ; il ajoute qu'elle étoit réduite en l'état d'un simple village.

SINÆ, ville de l'île d'Albion, sur la route d'Ica à Calleva, entre Durocornovium & Calleva, selon l'itinéraire d'Antonin.

SPINAMBRI, nom de peuples Grecs établis dans la Toscane, & de qui les Tarquins tiroient leur origine, selon Justin.

SPINES, fleuve de l'Italie, selon Denys d'Halycarnasse.

SPIRA TAURICA, nom d'un lieu de la Chersonèse Taurique. On disoit, selon le rapport de Procope, cité par Ortélius, qu'il y avoit eu en ce lieu un temple de Diane.

SPIRÆUM, promontoire du Péloponèse, dans le golfe Saronique, entre Epidaure & le port des Athéniens, selon Ptolemée.

SPIREOSTOMA, nom de l'une des embouchures du Danube, selon Pline.

SPODENDUM, lieu que Constantin Porphyrogénète, cité par Ortélius, semble mettre aux environs de la petite Arménie.

SPOLETINI, Pline nomme ainsi les habitans de Spoletium, ville d'Italie.

SPOLETINUM, ville de l'Hispanie, dans la Bétique. Elle appartenoit aux Turdétains, selon Ptolemée.

SPOLETIUM (Spolette). Cette ville d'Italie, située dans l'intérieur des terres, à une égale distance à-peu-près de l'une & l'autre mer, étoit près du Nar, à la droite de ce fleuve. On sait peu de chose de ses commeucemens : on voit qu'elle devint colonie romaine sous le consulat de Manlius Torquatus, de Q. Lutatius, & de Q. Lutarius Celer, dans l'année, selon Velleius Paterculus (L. 1, c. 15) où furent institués les jeux floraux, c'est-à-dire, l'an de Rome 512 : elle devint municipale.

SPORADES, îles de l'Archipel, dont partie sont dans la mer de Crète, partie dans la mer Carpathienne, & partie dans la mer Icarienne, où sont les plus considérables, selon Pline.

C'étoit le nom générique par lequel on désignoit toutes celles qui, situées plus ou moins près des côtes, étoient en quelques sortes dispersées, & c'est ce que signifie leur nom. On l'opposoit à celui de

Cyclades, donné à celles qui formoient, ou à-peu-près, un cercle : ainsi, Cos, Pathnos, Icaria, Sanus, &c. étoient des Sporades.

On a aussi désigné par ce nom quelques îles du golfe Arabique.

SPORGAS, ruisseau de l'Asie mineure, qui se jette dans le Bosphore de Thrace, au nord du golfe Manolli.

SPORGILUS, bourgade de Grèce, dans l'Attique, selon Etienne de Bysance.

SPORI ou SPORADES. Procope rapporte que dans l'antiquité on appeloit ainsi les Antes & les Slavons.

SPORON, nom d'une île sur la mer Méditerranée, dans le voisinage des Pyrénées, selon la table de Peutinger, cité par Ortélius.

SPYNTUMA, ville de l'Ethiopie, sous l'Egypte, selon Pline.

STABATENSIS, siège épiscopal de l'Afrique, selon les actes du concile de Carbasusa.

STABATIO, lieu de la Gaule. On trouve ce lieu nommé dans la table de Peutinger, sur la route qui alloit de Vienna (Vienne) à Cularo (Grenoble). Ce lieu est placé entre Durotincum & Alpis Cottia. M. d'Anville croit retrouver la position de Stabatio dans celle de Monstier.

STABIÆ, ville de l'Italie, dans la Campanie. Pline rapporte qu'elle fut détruite par Sylla, sous le consulat de C. Pompée, & de L. Caton.

STABLO (Stoublon), village de la Gaule Narbonnoise, au sud-sud-ouest de Dinia.

Paul Diacre & Grégoire de Tours en parlent au sujet de l'irruption que les Saxons & les Lombards firent en Provence vers la fin du sixième siècle.

STABULA, lieu de la Gaule, sur le Rhin, à une petite distance au nord de Basilia (Bâle). Rhenanus dit que l'on trouve des restes d'antiquités entre Otmars-Heim & Bantz-Heim. Elles sont probablement des restes de Stabula.

STABULUM, ville de l'Asie mineure, dans la Mysie, selon Pline.

STABULUM ou AD STABULUM, lieu sur la route des Gaules en Hispanie, entre Salsulæ (Salse) & ad Pyrenæum ou Summus Pyrenæus, selon l'itinéraire d'Antonin. Ce lieu conserve son nom dans celui de Boulon.

STABULUM DIOMEDIS, lieu de Thrace, sur la route de la Macédoine à Constantinople, entre Otopisum & Impara, selon l'itinéraire d'Antonin.

STABULUM NOVUM, lieu de l'Hispanie, dans la Tarragonnoise, entre Barcelone & Tarragone.

STACHIR, fleuve de la Libye intérieure. Il prend sa source au mont Rysandius, auprès duquel il forme le marais Colonia, selon Ptolemée.

STADIA, l'un des noms que porta ancienne-ment l'île de Rhodes.

STADISIS, ville de l'Ethiopie, sous l'Egypte, près de la grande cataracte du Nil, selon Pline.

STAGIRA

---

(1) Scylax, qui avoit écrit sur des mémoires antérieurs de dix siècles à l'ère vulgaire, dit expressément que Spina étoit sur le bord de la mer. Strabon, vers l'an 18 de cette même ère, dit qu'elle en étoit à neuf stades dans le continent.

Les vestiges de cette ville sont submergés par le lac Commachio.

STAGIRA ou STAGIRÙS, ville de la Macédoine, dans le voisinage du mont Athos, sur le golfe Strimonique, entre *Amphipolis*, au nord, & *Acanthus*, au sud, selon Etienne de Bysance.

Thucydide écrit *Stagirus*. Il en fait une colonie des Andriens, & qui, conjointement avec la ville d'*Acanthus*, abandonna le parti des Athéniens. Cette ville étoit la patrie d'Aristote.

STAGNA VOLCARUM. On doit entendre sous cette dénomination, dit M. d'Anville, cette suite de lagunes ou d'étangs qui bordent la mer entre Aigues-Mortes & Agde, & qui ne sont séparées du rivage que par une plage ou langue de terre étroite & plate, à l'exception de l'endroit où étoit le mont *Setius*, & où est actuellement *Cette. Voyez ci-dessous.*

STAGNUM. Ce nom signifie un étang : Procope le donne à un port de l'Afrique, qui étoit à quarante stades du sud-ouest de Carthage, & qu'il dit être assez grand pour contenir toute une flotte.

STAGNUM PUBLICUM : les anciens nommoient ainsi la partie de l'Océan qui baigne les côtes de l'Aunis.

STAGNUM VOLCARUM, étangs de la Gaule Narbonnoise, près de la mer & de l'embouchure du Rhône, dans le pays des Volces Arécomiques. Celui de la partie occidentale étoit nommé *Stagnum Tauri*, & étoit bordé par deux montagnes, le mont *Setius* & le mont Fecius. Celui de la partie orientale étoit appelé *Stagnum Lateræ*, nom qu'il prenoit d'un château voisin, *Castellum Lateræ*, dont fait mention Pomponius Méla, *L. II, c. 5.*

STAGNUM SALSUM (ou *l'étang salé*). Cluvier le place dans la Lucanie.

STALIA, lieu dont il est fait mention dans le cinquième concile de Constantinople. Ortélius pense que ce lieu devoit être aux environs de la Cilicie.

STALIOCANUS PORTUS, port de la Gaule Lyonnoise, sur la côte de la mer Britannique, entre le promontoire *Gobæum* & l'embouchure du fleuve *Titus*, selon Ptolémée.

M. d'Anville en a trouvé la situation sur la côte méridionale de la Bretagne, dans un petit lieu que l'on appelle *port Sliocan*.

STAMENA, nom d'une ville qui appartenoit aux Chalybes, selon Etienne de Bysance.

STANACUM ou STANAGUM, lieu de la Norique, entre *Joviacum* & *Boiodurum*, selon l'itinéraire d'Antonin.

STANDITANUS, siège épiscopal de l'Asie mineure, dans la Lydie, selon les actes du concile de Nicée.

STAO ou STAON, fleuve de l'Asie, dans la Médie. Ptolémée en place l'embouchure sur la côte de la mer Caspienne, entre *Atcola* & *Mandagarsis*.

STASIS, ville de l'Asie, dans la Perside. Elle étoit bâtie sur un gros rocher, selon Etienne de Bysance.

STATANUM, nom d'une sorte de vin, qui étoit

*Géographie ancienne. Tome III.*

ainsi nommé du lieu où on le recueilloit, dans le voisinage de Falerne, selon Pline.

STATHENI, peuples de l'Inde, du nombre de ceux qui furent subjugués par Alexandre, selon Orose.

STATHMI, nom d'un lieu dans le voisinage de Pitane, selon Athénée.

STATIELLI, peuple de l'Italie, dans la Ligurie. On n'a d'ailleurs sur eux aucun détail intéressant.

STATINÆ AQUÆ, eaux de l'Italie, dans la Campanie. Il en est fait mention dans Stace.

STATIONA, ville de l'Italie, dans l'intérieur de l'Etrurie, selon Strabon. Elle étoit située vers l'est de *Cosa*.

STATONES. Strabon nomme ainsi le peuple de *Statonia*, ville d'Italie.

STAVANI, peuples de la Sarmatie européenne, selon Ptolémée.

STAVANI, peuple de l'Asie, dans la partie septentrionale de l'Arie, selon Ptolémée.

STAURI, peuples de l'Asie, aux environs de l'Hyrcanie, selon Pline.

STECTORIUM, ville épiscopale de l'Asie, dans la Phrygie salutaire, selon les actes du concile de Chalcédoine.

STELÆ, nom d'une ville de l'île de Crète, près de *Parasus* & du Rythimne, selon Etienne de Bysance.

STELÆ, île de la mer d'Afrique, selon Cédrène, cité par Ortélius.

STELENDENA, contrée de l'Asie, dans la Syrie, près des déserts de Palmyre, selon Pline.

STELESTA ou ETELESTA, village de l'Hispanie, dans le pays des Carpétains, selon Ptolémée.

STELLATIUM AGER. Cluvier indique un champ de ce nom dans l'Etrurie.

STELLATIS AGER ou CAMPUS, plaine ou campagne d'Italie, dans la Campanie, selon Tite-Live.

STENA ou STHENA, c'est ainsi que les Grecs appelloient les défilés des montagnes de la Chaonie, près de la ville d'Antigonie, selon Tite-Live.

STENÆ DEIRE, îles du golfe Arabique, dans le voisinage du mont *Pentadactyles*, selon Pline.

STENIMACHUM, lieu fortifié de la Thrace, dans la province de *Philippopolis*, selon Nicétas.

STENTORIDIS LACUS, lac de la Thrace, dans le voisinage de la ville *Aenos*, selon Hérodote.

STENTORIS, port de la Thrace, auprès de la ville *Aenos*, selon Pline.

STENYCLARUS, ville de la Laconie, sur le fleuve *Pamisus*, au nord du golfe de Messine. Elle est peu connue. On voit cependant par le témoignage de Strabon & de Pausanias, que Cresphonte, l'un des chefs des Héraclides, ayant eu la Messinie en partage, établit sa résidence dans cette ville & en fit sa capitale, que l'auteur grec appelle la *ville royale*, Βασιλειον.

X

Le champ de *Stenyclare*, de même nom que cette ville étoit célèbre par la bataille des Lacédémoniens. *Voyez* STENYCLARUS.

STENYCLARUS (*ou Stenyclare campus*), champ de la Messenie, à l'ouest du fleuve de *Pausanias*.

Il est connu par une bataille bien funeste aux Lacédémoniens, l'an 684 avant J. C. Ils avoient avec eux le poëte Tyrtée, dont les talens enflamant les courages, sembloient promettre une victoire assurée ; mais les Messeniens étoient commandés par le brave Aristomène, qui rentra triomphant dans Audanie.

Pausanias place cette plaine sur le chemin de *Magalopolis* d'Arcadie à Ithome.

STENYGRUS, nom d'un isthme de la Grèce, selon Apollodore.

STEPHANE, l'un des noms de l'île de Samos, selon Pline.

STEPHANE, ville de la Grèce, dans la Phocide, selon Etienne de Bysance.

STEPHANE, ville de l'Asie, dans la Paphlagonie, sur la côte du Pont-Euxin, avec un port où les vaisseaux étoient en sûreté, entre *Cimolis* & *Potani*, selon Arrien.

Ptolemée ne lui donne que le titre de village, qu'il place dans la Galatie, entre *Armène* & *Sinope*.

STEPHANE, nom que l'on donnoit anciennement à *Prænestini*, ville de l'Italie, dans le *Latium*, selon Pline.

STEPHANE, montagne de la Thessalie, dans la Phthiotide, selon Pline.

STEPHANICUM, ville dont parle Cédrène. Ortélius soupçonne qu'elle pouvoit être dans l'Arménie.

STEPHANOPOLIS & CORONA, nom d'une ville de la Dacie, selon Sambucus. C'est qu'en grec *Stephanè* signifie couronne.

STEPHON, lieu de la Béotie, dans la contrée Tanagrique, selon Plutarque.

STEREA, municipe de l'Attique, dans la tribu Pandionide, selon Lucien, cité par Ortélius.

STEREONTIUM, nom d'une ville de la Germanie, selon Ptolemée.

STESIARUS, montagne de l'Epire, dans la Molossie, selon Vibius Sequester, cité par Ortélius.

STETHE, c'est ainsi que Strabon nomme les morceaux de sable ou de vase, qui sont à l'embouchure du Danube.

STEUNOS, grotte ou antre de l'Asie mineure, dans la Phrygie, au quartier des Phrygiens, qui habitoient sur les bords du fleuve *Peucella*, & qui étoient originaires d'Asanie, selon Pausanias.

STHRUTHUNTUM, promontoire situé sur le golfe Argolique, au sud-ouest d'Hermioné.

STILPÆ, nom d'une ville de la Sicile, selon Etienne de Bysance.

STIMON, nom de l'une des villes de la Thessalie qui se soumirent aux Romains après la prise de *Gomphi*, selon Tite-Live.

STIPHANE, marais de l'Arménie, dans la

Phazémonitide, du coté de *Phanaroea*. Il étoit formé par les eaux de la mer, selon Strabon.

STIRIA, STIREA *ou* STEIREA, bourgade de Grèce, dans l'Attique, au voisinage du promontoire *Sunium*, selon Strabon & Etienne de Bysance. Ce dernier écrit *Steiria*, & en fait une bourgade de la tribu Pandionide.

STIRIA, petite île située très-près de l'île de Cypre, sur la côte septentrionale, mais à l'ouest, dans un petit golfe, entre le promontoire *Acamus* au nord-ouest, & la ville *d'Arsinoë* au sud-est.

STIRIS, ville de la Phocide : elle étoit située dans les environs des frontières de la Béotie. Les peuples de cette ville se vantoient d'être originaires Athéniens. Stiris étoit bâtie sur la cime d'une roche, & l'été on y manquoit souvent d'eau. On y voyoit un temple dédié à Cérès *Stiritis* : la statue de la déesse étoit de beau marbre, & tenoit un flambeau de chaque main.

On rendoit tous les honneurs imaginables à Cérès dans cette ville, selon Pausanias, *L. X*, *Phoc. c. 35.*

STULPI, ville qui étoit située dans l'intérieur de la Liburnie, selon Ptolemée.

STOBALASARA *ou* ASTOBALASARA, ville de l'Inde, en-deçà du Gange, selon Ptolemée.

STOBERA, nom d'une ville de l'Inde. Elle appartenoit aux peuples Ichthyophages, selon Philostrate, cité par Ortélius.

STOBI, ville de la Macédoine Salutaire, qui devint très-célèbre, lorsqu'elle eut succédé à la ville de Pélagonie, en la qualité de métropole de cette province. Elle reçut colonie romaine, selon Pline.

STOBORRHUM *ou* STOBORUM PROMONTORIUM ( *Mers-el-Berber* ), promontoire de l'Afrique propre, sur la côte du golfe de Numidie, entre le promontoire *Hippus* & la ville *d'Aphrodisium*.

STOEAE, ville de la Libye, selon Hécatée, cité par Etienne de Bysance.

STŒCHADES, îles de la mer Méditerranée, sur la côte de la Gaule Narbonnoise.

Il faut distinguer ces îles de celles que l'on appelle *Stœchades minores*.

Les premières sont, à n'en pas douter, les îles *d'Hières* ou *d'Ières*. Strabon en annonce cinq, dont trois seulement méritent que l'on en fasse mention. Ptolemée les indique sous le méridien du promontoire *Citharistes*, qui doit être le cap Cicier ; mais il se trompe. Il semble que leur nom de *Stœchades* vient de στοιχος, qui veut dire *en ordre*. Ces îles portoient chacune les noms suivans, en commençant par la plus occidentale, *Prote*, *Mese*, *Hypœa* ; c'est-à-dire, la première, celle du milieu, la plus éloignée ; c'étoit le sens de compter la longitude. On les appeloit aussi *Ligustiques*, parce qu'elles étoient près d'une côte où avoient habité des Ligures.

STŒCHADES MINORES, *ou les petites Stœchades*.

J'ai dit précédemment que Strabon en comptoit cinq, dont trois grandes. Agæthemer en compte également cinq, & dit qu'elles étoient en face de la côte habitée par les Marseillois. Mais il indique positivement les deux petites en face de Marseille. Ce doit être les îles de *Ratoneau* & de *Poméque* que l'on trouve à la fortie du port de cette ville. Ce fentiment n'eft pas, il eft vrai, celui de M. Valois, qui place ici les grandes Stœchades ; mais c'eft celui de M. d'Anville, qui a difcuté ce point avec précifion.

STŒNEI, peuples de l'Italie, dans la Ligurie, du nombre de ceux dont les Romains triomphèrent.

STOIDIS, île de l'Afie, vers la côte de la Carmanie, & au voifinage de l'Inde. On pêchoit des perles fur les côtes de cette île, felon Pline.

STOLMALIMNA, nom que Strabon paroît donner à un lac de la Gaule Narbonnoife.

STOLOS, nom d'une ville des Thraces barbares, & l'une de celles que les Chalcidiens enlevèrent aux *Edoni*, felon Etienne de Byfance.

STOMA, marais de l'Afie mineure, dans la Troade, aux environs de l'embouchure du Scamander, felon Strabon.

STOMALIMNA, nom que Strabon donne à l'ouverture par laquelle l'étang de Berre communique à la mer.

STOMATA. C'eft la première des mentions que donne l'itinéraire de Jérufalem, en partant de Bordeaux. Comme la diftance de fept lieues n'indique aucun local connu, on conjecture que l'auteur, en employant le mot στομα, a voulu défigner l'embouchure de quelque ruiffeau.

STONI, peuples des Alpes, felon Strabon, qui les joint aux *Lepontii* & aux *Tridentini*. Tite-Live rapporte que les *Stoni* furent fubjugués par le conful Q. Marcius.

STONIA, ville de la Cappadoce, dans le Pont Galatique, felon Ptolémée.

STOPONIUM, lieu de la Thrace, au voifinage de Sardique, felon Cédrène, cité par Ortélius.

STORNA, ville de l'Inde, au-delà du Gange. Elle appartenoit au peuple *Tangani*, felon Ptolémée.

STORTHYNGA, promontoire de l'Italie, felon Lycophron, cité par Ortélius.

STOSSII, peuple de la Sarmatie européenne. Ptolémée le place auprès de *Veltæ*.

STOVINUS, ville qui appartenoit aux Liguriens, felon Etienne de Byfance.

STRABONIANENSIS FUNDUS, campagne ou fonds de terre en Afrique, felon S. Auguftin.

STRADENSIS, lieu fortifié, aux confins de la première Mœfie, felon la notice des dignités de l'empire.

STRAGNA, fleuve de l'Afie, dans le voifinage de la Perfide, felon Cédrène, cité par Ortélius.

STRAGONA, nom d'une ville de la Germanie, felon Ptolémée.

STRAMBAE, nom d'une ville de la Thrace, felon Etienne de Byfance.

STRAPELLINI, peuple de l'Italie, dans la Pouille, felon Pline.

STRAPELLUM, ville de l'Italie, dans la partie de la grande Grèce appelée l'*Apulie*.

STRATA, contrée de l'Afie, dans la Syrie, au nord & près de la ville de Palmyre, felon Procope. Cet auteur rapporte que cette contrée fervit de prétexte à la guerre que Cofroès déclara à l'empereur Juftinien, lorfque Bélifaire eut commencé à réduire l'Italie.

STRATIA. Homère parle de cette ville dans l'énumération des villes de l'Arcadie. Il lui donne l'épithète d'ηνεμοεσσα, qui fignifie *oppofée aux vents* ; & par fuite de la même idée, *haute, élevée*, ce qui donne lieu de croire que ces villes étoient fur une montagne : mais on ignore la pofition.

STRATIUM, ville de l'Epire, dans l'Acarnie, felon Etienne de Byfance.

STRATOCTIA, ville de l'Afie, fur le Bofphore cimmérien, entre *Phanagoria* & *Cepi Milcfiorum*, felon Pline.

STRATON (*la tour de*). La tour de Straton étoit un lieu fombre dans le palais royal de Jérufalem, où Ariftobule, fils de Jean Hircan, roi des Juifs, fit tuer fon frère Antigone, au retour d'une expédition, où Antigone s'étoit conduit avec beaucoup de valeur, felon Jofeph.

STRATONICA, ville de la Macédoine, fur le golfe Singitique, felon Ptolémée.

STRATONICE, ville de l'Afie, dans la Méfopotamie, felon Pline.

STRATONICEA, ville de l'Afie mineure, dans les montagnes de la Carie. Elle étoit fituée à l'oueft d'*Alinda*, au nord-oueft du golfe de *Glaucus*, au nord-eft de celui *Doridis*, & à l'eft-nord-eft du golfe *Ceramicus*, vers le 37ᵉ degré 5 minutes de latitude. Il y avoit un théâtre dans cette ville. Stratonice avoit été fondée par les Macédoniens, & avoit reçu fon nom de Stratonice, femme d'Antiochus Soter. Cette ville conferva long-temps fa liberté fous les Romains, & l'empereur Adrien en rebâtit une partie. Elle étoit entourée par les dernières ramifications du mont Taurus. Jupiter *Chryfaoreus* avoit un temple près de cette ville, où tous les ans les habitans de toutes les villes de la Carie, envoyoient les députés offrir des facrifices & traiter des affaires de leur république fédérative.

STRATONICIA ou STRATONICEA, ville de l'Afie mineure, près du mont *Taurus*. Elle eft nommée *Stratonicia ad Taurum*, par Strabon, pour la diftinguer de Stratonice de Carie.

STRATONIS INSULA, île fituée en-dedans & vers l'embouchure du golfe Arabique, felon Strabon.

STRATOS ou STRATUS, ville de Grèce, dans la haute partie de l'Acarnanie, fur le fleuve *Achelous*, felon Thucydide.

Elle eft nommée *Stratum* par Strabon, qui rapporte qu'il faut faire plus de deux cens ftades fur le fleuve, pour aller de cette ville à la mer.

STRATOS ou STATON, fleuve de l'Afie, dans

d'Hyrcanie. Il prenoit fa fource dans le mont Caucafe, felon Pline.

Ptolemée écrit *Straton*, & rapporte que ce fleuve
venoit de la Médie, traverfoit le pays des *Ana-*
*ritæ*, & alloit fe jetter dans la mer Cafpienne.

STRATOS, ville du Péloponnèfe, dans l'A-
chaïe, felon Strabon, qui rapporte que cette ville
laiffa fon nom pour prendre celui de *Dyme*.

STRAVANI, peuple de la Sarmatie européenne, felon Ptolemée, qui les place auprès des
*Sudini*.

STRAVIANAE, lieu de la baffe Pannonie, fur
la route de *Sifcia* à *Murfa*, entre *Initerum* & *Murfa*,
felon l'itinéraire d'Antonin.

STRENOS, nom d'une ville qui étoit fituée
dans l'île de Crète, felon Etienne de Byfance.

STREPSA, nom d'une ville de la Macédoine,
felon le même.

STREPSÆI. Héfyche nomme ainfi le peuple
de *Strepfa*, ville de la Macédoine.

STREVINTA, nom d'une ville de la Germanie,
felon Ptolemée.

STROBELUS, lieu maritime, dans le voifinage
de la Thrace, felon Cédrène, cité par Ortélius.

STROBELUS, lieu de l'Afie mineure, dans la
Carie, felon Conftantin Porphyrogénète.

STROBUS, ville de la Macédoine. C'étoit une
colonie romaine, felon Etienne de Byfance.

STROE, nom d'une ville de la Libye, felon
Hécatée, cité par Etienne de Byfance.

STROGOLA, ville de l'Afie mineure, dans la
Lydie, felon Xanthus, cité par Etienne de Byfance.

STRONGYLE, l'une des îles Eoliennes, ou
*Stromboli* : elle eft au nord-eft par rapport aux
autres, & fe trouve la plus prôche de l'Italie. C'eft
encore une des îles dont le nom indiquoit la forme,
comme le dit Strabon, ἀπὸ τȣ σχήματος. Cornélius Severus a ainfi rendu cette idée :

*Infula, cui nomen facies dedit ipfa rotunda.*

Les voyageurs modernes affurent qu'en effet,
vue de loin, elle paroît exactement conique. Il
eft vrai que cette forme régulière difparoît lorfque
l'on en approche ; mais cette irrégularité n'eft-elle
pas l'ouvrage du temps & des feux qui y font fans
ceffe fentir leur action ?

C'étoit principalement dans cette île que les anciens avoient placé le fiège d'Eole. Cette idée chi-
mérique, fous un rapport général, peut cependant
avoir deux caufes raifonnables.

La première, c'eft qu'en effet les volcans oc-
cafionnent fouvent un dégagement d'eau en vapeurs,
qui produit un violent courant d'air, femblable à
celui qui fort de l'Eolipyle. Il n'en falloit pas
davantage pour faire croire que les vents réfidoient
dans cette île : & cette raifon peut bien avoir été
là première qui lui a donné la préférence. Obfer-

vous cependant que cet effet n'eft pas particulier
à l'île de Stromboli.

2°. Solin dit que les habitans de Stromgyle, par
l'activité du volcan & la direction de la fumée,
prédifoient les vents qui devoient fouffler : *quinam*
*flatus in triduo portenduntur, quo factum, uti Æolus*
*rex ventorum credetur*. Selon quelques anciens, Eole
avoir été roi de cette île, & fon talent dans ces
fortes de prédictions l'avoit fait regarder comme le
roi des vents, dont il n'auroit été au plus que le
prophète.

Mais puifque Mario Negio & quelques autres
auteurs rapportent qu'à travers certaines ouvertures
de la montagne qui forme cette île, il fort quelquefois des vents de la plus grande violence, je
ne crois pas qu'il faille chercher une autre explication de cette idée ancienne & fort naturelle, fi
c'eft à cet effet qu'elle doit fa naiffance.

STRONGYLE, île qu'Etienne de Byfance place
près de la ville de *Lyctus*.

STRONGYLE, c'eft l'un des noms que Pline donne
à l'île de Naxos.

STRONGYLE, nom d'une île de la mer de Lycie,
felon Pline.

STRONGYLE ou STRONGYLAE, île de l'Hifpanie,
fur la côte de la Bétique, felon Sextus Avienus,
cité par Ortélius.

STRONGYLUM, nom d'un fort bâti dans un
des fauxbourgs de Conftantinople, felon Cédrène.

STROGYLUS. On avoit donné ce nom à une
montagne de l'Afie, dans la Carmanie, à caufe
de fa forme ronde, felon Ptolemée.

STROPHADES, nom de deux îles de la mer
Ionienne, à quatre cens ftades de la côte du Pé-
loponnèfe, vis-à-vis & à l'occident d'*Yparifia*, felon
Strabon.

Les mythologues y avoient placé les Harpies.

STROPHÆ, peuples de l'Afie, dans la Babylonie. Ils dépendoient de l'Amordacie ou Mordacée,
felon Ptolemée.

STROPHIE, fontaine de la ville de Thèbes,
en Béotie, felon le fcholiafte de Callimaque, cité
par Ortélius.

STRUBUM ou NAPRESI, ville fituée fur le
bord & à la droite du *Danapris* ( le Dniéper), felon
Conftantin Porphyrogénète, & près de la dernière cataracte de ce fleuve.

STRUCHATES, nom de peuples qui étoient
compris fous le nom général de Mèdes, felon
Hérodote.

Ils étoient placés au nord-oueft des Arizantes,
à l'eft des Matinéens & des Dardanéens, au fud
un peu eft des Sapires.

STRUDÆ, nom d'un marais de la Dalmatie,
au voifinage du Drin, felon Nicéphore Callifte,
cité par Ortélius.

STRUMPITZA, lieu que Cédrène, cité par
Ortélius, paroît mettre dans la Thrace.

STRUTHIA, ville de l'Afie mineure, dans la

Phrygie, aux confins de la Lycaonie, selon Etienne de Byfance.

STRUTHUNTE ou STROUTHOUS, promontoire du Péloponnèfe, dans l'Argolide, felon Paufanias.

STRUTOPHAGI, peuples de l'Ethiopie, fous l'Egypte, dans le voifinage des *Elephantophagi*, felon Strabon.

STRYBIA, nom de l'une des îles Sporades, felon Etienne de Byfance.

STRYMA ou STRYME, ville de la Thrace, felon Etienne de Byfance. C'étoit une colonie des Tharfiens, felon Harpocration. Elle étoit fituée affez près de Liffus ; on y faifoit beaucoup de commerce. Il eft vrai que l'auteur que je viens de citer en fait une île ; mais peut-être entend-il que c'étoit une île formée par le lac *Ifmaris*, qui féparoit *Stryme* de *Maronée*. Elle a confervé fon nom.

STRYMALAGA, ville de l'Inde, en-deçà du Gange, du nombre de celles qui étoient fituées entre le fleuve *Bynda* & le *Pfeudoftomus*, felon Ptolemée.

STRYMON, nom d'un fleuve qui prenoit fa fource dans le mont *Hæmus*, & qui faifoit la borne entre la Macédoine & la Thrace, felon Pline, c'eft-à-dire, avant que les conquêtes des rois de Macédoine euffent étendu le royaume de ce côté.

Etienne de Byfance rapporte que ce fleuve mouilloit la ville d'*Amphipolis*, & avoit fon embouchure fur la côte du golfe, qui, de là, avoit pris le nom de *Strymonicus finus*.

STRYMONII, peuples qui habitoient le long du fleuve Strymon, felon Etienne de Byfance.

STRYMONIS, l'un des noms que Pline donne à la Bithynie.

STRYMONICUS SINUS, golfe de la mer Egée, fur la côte de la Macédoine & de la Thrace, à l'occident du golfe Piérique, felon Etienne de Byfance.

STUCIA, fleuve de l'île d'Albion. Ptolemée en place l'embouchure fur la côte occidentale, entre *Cancanorum promontorium* & l'embouchure du fleuve *Tuerobis*.

STULPINI, peuples de la Liburnie, du nombre des quatorze qui compofoient la nation, felon Pline.

STURA, rivière de l'Italie, dans la Ligonie. Elle coule perpendiculairement à l'*Orgus*, fe rend de la *Padus* au nord-oueft, & très-près d'*Augufta Taurinorum*.

STURA, nom de l'un des bras du fleuve *Indus*, felon Néarque.

STURII, peuples de la baffe Germanie, du nombre de ceux qui habitoient les îles fituées entre les embouchures du Rhin, felon Pline.

STURIUM, nom de l'une des petites îles Stoechades, dans la mer Méditerranée, fur la côte de la Gaule Narbonnoife, felon Pline.

STURNI, peuples de la Sarmatie européenne, au midi des *Vibiones*, & qui s'étendoient jufqu'au pays des *Alauni*, felon Ptolemée.

STURNINI, peuples de l'Italie, dans la Calabre, felon Pline.

STYELLA, lieu ou château fortifié de la Sicile.

STYGIS AQUÆ, fontaine dans l'intérieur de l'Arabie heureufe, près du mont Climax, felon Ptolemée.

STYMBARA, nom d'une ville de la Macédoine. Elle appartenoit aux Deuriopes, felon Strabon.

STYMPHA, montagne de la Macédoine. Strabon y place la fource du fleuve *Arachtus*.

STYMPHAEÆ & PARYAEÆ, nom de deux rochers de la Macédoine, felon Arrien.

STYMPHALIA, contrée de la Macédoine, où étoit fituée la ville de *Gyrtona*, felon Ptolemée.

STYMPHALIS, nom d'une ville de la Macédoine, felon Tite-Live.

STYMPHALUS ou STYMPHALE. Cette ville étoit dans la partie du nord-eft de l'Arcadie, à-peu-près au fud-eft de Phénéos, & au nord-eft d'Orchomène. Je foupçonne que celle dont parle Homère, eft l'ancienne ville de Stymphale, qui avoit exifté, felon Paufanias, peu loin du lieu où fut conftruite la nouvelle. Elle avoit eu pour fondateur Stymphalus, petit-fils d'Arcas : c'étoit dans cette ville que Téménion, fils de Pélafgus, avoit élevé Junon, & qu'il avoit fait bâtir trois temples en l'honneur de cette déeffe, qui étoit confidérée fous trois rapports différens ; à Junon enfant (παῖδι), à Junon devenue femme de Jupiter, adulte (Τελείαν), & à Junon veuve (χηραν), lorfqu'elle eut fait divorce avec fon époux. C'étoit près de cette ville qu'étoit le fameux lac *Stymphale*, fur les bords duquel Hercule avoit, difoit-on, tué & chaffé les ciseaux qui y caufoient une grande incommodité. (M. Gebelin a donné l'explication de cette fable dans fes allégories, *tome I, page* 213.

On y voyoit un temple de Diane *Stymphalide*, & la ftatue de cette déeffe y étoit en bois doré. La voûte du temple étoit ornée de plufieurs figures d'oifeaux appelées *Stymphalides*, fans doute pour rappeler le fouvenir de ceux qu'avoit tués Hercule. Derrière le temple étoient des ftatues de jeunes filles avec des cuiffes & des jambes d'oifeaux.

Tout ce petit canton étoit fujet à des inondations fubites, par l'accroiffement des eaux qui tomboient des montagnes. Paufanias cite l'exemple d'une biche & d'un chaffeur qui furent, de fon temps, emportés par les eaux & fubmergés fur le champ. Il en attribue la caufe à la colère de Diane, dont on avoit négligé le culte : avec quelques connoiffances de phyfique on n'eût pas eu befoin de recourir à ces caufes ridicules.

Près de Stymphale étoit une fontaine, dont Paufanias prétend qu'Adrien avoit fait conduire l'eau jufqu'à Corinthe. Cet ouvrage devoit donc être bien confidérable, vu les grands travaux qu'il fuppofe ; car il y avoit au moins fept lieues : il falloit de plus percer des montagnes & traverser des fleuves. On ne peut guère cependant révoquer ce fait en doute, puisque l'auteur grec semble parler de ce qu'il a vu; il est parlé ailleurs de cette eau conduite à Corinthe.

STYMPHALUS *ou* STYMPHALE, fleuve de l'Arcadie: il commençoit un peu au sud-est du mont Cyllène, & se rendoit au sud dans un lac de son nom. Ce lac étoit fameux par la défaite de certains grands oiseaux qu'Hercule avoit, disoit-on, tué sur les bords; d'autres disoient qu'il les avoit chassés par le son d'une cymbale.

Près-de-là il y avoit eu, dans les premiers temps, une ancienne ville nommée *Stymphale*, à laquelle on donnoit pour fondateur Stymphalus, petit-fils d'Arcas. Selon les traditions du pays, c'étoit dans cette ville que Téménion, fils de Pélasgus, avoit élevé Junon, & qu'il avoit bâti trois temples en l'honneur de cette déesse, considérée sous trois rapports différens, Junon souveraine de l'univers; Junon femme de Jupiter; Junon, veuve, ou ayant fait divorce avec son époux.

Cette ancienne ville étoit détruite au temps de Pausanias: on ignoroit même sa position.

STYMPHIUM, nom d'un lieu du Péloponnèse. Diodore de Sicile semble le placer dans le voisinage d'Argos.

STYRA, ville de Grèce, dans l'île d'Eubée, peu éloignée de Caryctus, & sur la même côte au nord-ouest. Ce lieu, qui n'est pas traité de ville par les auteurs, avoit été fondé par des habitans de Maraton. Comme Homère en parle dans l'énumération des vaisseaux, il faut croire qu'il la présumoit considérable au temps de la guerre de Troye, si même elle ne l'étoit encore de son temps.

STYRACIUM, nom d'une montagne de l'île de Crète, selon Étienne de Byzance.

STYREI, peuples de la Grèce. Hérodote leur donne une île nommée *Aegialia*.

STYX. Le Styx, regardé par les mythologues comme étant un fleuve des enfers, existoit réellement pour les voyageurs & les géographes, dans l'Arcadie, prenant sa source aux monts *Aoranii*, & se jetant dans le Crathis; mais comme ce ne peut être de ce fleuve qu'Homère entend parler dans le soixante-dixième vers de son catalogue, il a fallu supposer qu'il y en avoit un autre de même nom en Thessalie, vers la Macédoine. Ce ne peut être que la nécessité d'y retrouver le Styx qui, selon Homère, donnoit naissance au *Tiratesius*, qui a fait supposer un marais de ce nom vers la source du fleuve. Mais outre que les anciens supposoient très-gratuitement qu'un fleuve s'écouloit sous terre pour aller se remonter dans quelque lieu très-éloigné de sa première embouchure, il me semble que les anciens n'ont jamais été d'accord sur le lieu véritable où se trouvoit le Styx, par lequel les dieux devoient jurer pour rendre leurs sermens aussi solemnels qu'ils pouvoient l'être.

Les poëtes ont transporté ce fleuve dans les enfers, à cause, sans doute, de la mauvaise qualité de ses eaux. Pausanias, qui l'avoit vu dans l'Arcadie, rapporte que l'eau y distilloit d'un rocher. Cette eau, si sa qualité n'est pas changée, est si corrosive, qu'elle cause la mort aux hommes & aux animaux qui en boivent, & qu'elle ronge même les vases de métal dans lesquels on l'a mise: aussi quelques historiens qui ont dit qu'Alexandre avoit été empoisonné, ont-ils prétendu qu'il l'avoit été avec cette eau.

Pausanias dit que les vases faits de cornes de cheval, étoient les seuls sur lesquels elle n'eût pas de prise.

STYX, marais de la Grèce, dans la Thessalie. Le fleuve *Titaressus* y prenoit sa source, selon Pline.

STYX, fontaine de la Macédoine, selon Quinte-Curce.

SUAGELA, ville de l'Asie mineure, dans la Carie, selon Étienne de Byzance.

SUANA, ville d'Italie, dans l'Etrurie, selon Ptolemée.

SUANAGURA, ville de l'Inde, au-delà & dans le voisinage du Gange, selon Ptolemée.

SUANENSES. Pline nomme ainsi les habitans de *Suana*, ville de l'Etrurie.

SUANETES *ou* SUANITÆ, peuples qui habitoient dans les Alpes, & qui furent subjugués par Auguste, selon Pline.

Ptolemée écrit *Suanitæ*, & les place dans l'Etrurie.

SUANI, peuples de l'Asie, dans la Colchide, selon Pline.

SUARDENI, peuples de la Sarmatie asiatique, selon Ptolemée.

SUARDONES, peuples de la Germanie, selon Tacite, qui les comprend parmi les Suèves.

SUARI, peuples de l'Inde, selon Pline.

SUARRANI, peuples que Pline place en Italie, dans la sixième région.

SUASA, ville de l'Italie, dans l'intérieur de l'Umbrie, selon Ptolemée, chez les Sénonois.

SUASA, ville de l'Ethiopie, sous l'Egypte, selon Pline.

SUASTENE, contrée de l'Inde, en-deçà du Gange, autour du fleuve *Suastus*, & à la gauche du fleuve *Indus*. Il en est fait mention par Ptolemée.

SUASTUS, fleuve de l'Inde, en-deçà du Gange. Il prenoit sa source dans le mont *Emodus*, couloit au sud-ouest se jeter dans *l'Indus*, vers l'endroit où étoit située la ville d'*Aornos*.

SUAVENSIS *ou* SUABENSIS, siège épiscopal d'Afrique, dans la Numidie, selon la notice des évêchés de cette province.

SUAVIA, contrée dont fait mention Cassiodore. Il est probable qu'il entend parler du pays habité par les Suèves d'Asie, ainsi que d'Europe.

SUB LUPATIA, ville de l'Italie, dans la Pouille, entre *Silvianum* & *Canales*, selon l'itin. d'Antonin.

SUB ROMULA, lieu de l'Italie, entre *Eclanum* & *Pons Aufidi*, selon le même.

SUBAGRÆ, peuple de l'Inde. Orofe les met au nombre de ceux qui furent fubjugués par Alexandre-le-grand.

SUBASANI, peuples qui habitoient dans la partie méridionale de l'île de Corfe, felon Ptolemée.

SUBATTII, peuples de la Germanie, du nombre de ceux dont triompha Germanicus, felon Strabon.

SUBBARITANUS, fiège épifcopal d'Afrique, dans la Mauritanie céfarienfe, felon la notice des évêchés de cette province.

SUBDALIA, fiège épifcopal, fous le patriarchat de Conflantinople, felon Balfamon, cité par Ortélius

SUBDINUM, ville de la Gaule Celtique, felon la table de Peutinger.

SUBI, fleuve de l'Hifpanie, dans la Coffétanie, felon Pline.

SUBICARENSE CASTELLUM, lieu fortifié de l'Afrique, dans la Mauritanie, felon Ammien Marcellin.

SUBLÆUM ou SILBIUM, ville de l'Afie mineure, dans la première Phrygie Capatiane.

SUBLAQUEUM, ville d'Italie, dans le Latium. Pline dit que l'Anio paffe au travers de trois lacs fort agréables, qui avoient donné le nom à la ville de Sublaqueum.

Tacite donne ce même nom à la maifon de plaifance que Néron avoit fait bâtir dans ce quarter-là, & à laquelle il avoit donné le nom de la ville.

SUBLAVIO, ville de la Norique ou de la Rhétie, fur la route d'Augufta Vindelicum à Vérone, entre Vipitenum & Endideium.

SUBLECTINUS ou SULLECTINUS, fiège épifcopal d'Afrique, dans la Byzacène, felon la notice des évêchés de cette province.

SUBLEUM, ville de l'Afie, dans la Phrygie, felon Nicétas, cité par Ortélius.

SUBLUPATIA (Viglione), lieu d'Italie, dans la Meffapie, fur la route de Venufia à Tarentum.

SUBOCRINI, peuples des Alpes, du nombre de ceux qui habitoient entre Pola & Tergefte, felon Pline.

SUBRITA, nom d'une ville qui étoit fituée dans l'intérieur de l'île de Crète, felon Ptolemée.

SUBSANA, lieu dont parle S. Auguftin.

SUBSICIVUM, lieu de l'Italie, fur la route d'Equo Tutico à Regium, en prenant par Rofeianum, entre Succianum & Altanum, felon l'itinéraire d'Antonin.

SUBUR, fleuve d'Afrique, dans la Mauritanie, Tingitane. Ptolemée en place l'embouchure fur la côte de l'océan Atlantique, entre celle du fleuve Lix & le golfe Emporicus.

SUBUR, ville d'Afrique, dans l'intérieur de la Mauritanie ringitane, felon Ptolemée.

SUBUR, ville de l'Hifpanie, fur la côte de la Tarragonnoife, entre Barcinon & Tarracon. Ptolemée la donne aux Laletani.

Elle étoit fituée fur le Rubricatus, à l'oueft de Barcino.

SUBURGIA, ville de l'Afrique, dans la Mauritanie céfarienfe, près de la fource du fleuve Phæmius, felon Ptolemée.

SUBUTTUM, ville de l'Inde, en-deçà du Gange, entre le fleuve Bynda & Pfeudoftome, felon Ptolemée.

SUCARDENIS, fiège épifcopal d'Afrique, dans la Mauritanie céfarienfe, felon la conférence de Carthage.

SUCCABA, nom d'une île du golfe Arabique, felon Agatarchide, cité par Ortélius.

SUCCASSES, peuples de la Gaule Aquitanique, fnlon Pline.

SUCCEIANUM, lieu de l'Italie, fur la route d'Equo Tuticum à Regium, en prenant par Rofcianum, entre Cocintum & Subficivum, felon l'itinéraire d'Antonin.

SUCCHÆI, peuples de Libye, felon Etienne de Byfance.

SUCCI, ville qui étoit fituée aux confins de la Thrace & de la Dacie, près de l'endroit où étoit le pas ou le détroit de montagnes appelé Auguftiæ ou Clauftra fuccorum, felon Ammien Marcellin.

SUCCINENSE OPPIDUM, appelé auffi Succinium, ville de l'Italie, dans la Flaminie. Ammien Marcellin rapporte qu'elle étoit tellement engloutie dans la terre, qu'on n'en voyoit plus aucune trace.

SUCCOSA, ville de l'Hifpanie, dans l'intérieur de la Tarragonnoife, au pays des Ilergètes, felon Ptolemée.

SUCCOTH, lieu de la Paleftine, au fud du lac Tiberias.

SUCCUBAR, ville d'Afrique, dans la Mauritanie céfarienfe. Pline lui donna le titre de Colonia Augufta, & il la place dans l'intérieur.

SUCCUBENSIS, fiège épifcopal d'Afrique, felon la lettre fynodique des pères de la province proconfulaire au concile de Latran.

SUCCUBO, ville de l'Hifpanie, dans la Baftitanie. Elle étoit de l'affemblée générale de Cordoua, felon Pline.

SUCHE, ville de l'Ethiopie, dans le voifinage du golfe Adulique, felon Pline.

SUCIDAVA, ville de la baffe Mœfie, près du Danube, entre Tromarifca & Axium, fur la route de Viminacium à Nicomédie, en prenant le long du Danube, felon l'itinéraire d'Antonin.

SUCRO (le Xucar), rivière de l'Hifpanie citérieure, chez les Conteftani. Elle commençoit au nord-oueft dans des montagnes, & fe rendoit dans la mer, à quelque diftance de Satabis.

Dans Ptolemée, l'embouchure de ce fleuve eft marquée entre le port Illicitanus & l'embouchure du fleuve Pallantia.

SUCRO, ville de l'Hifpanie, que Strabon place à l'embouchure du fleuve de même nom; mais elle n'exiftoit plus au temps de Pline.

SUDANELANÆ, nom d'une ville de Thrace, l'empereur Justinien la fit fortifier, selon Procope, cité par Ortélius.

SUDASANNA, ville de l'Inde, en-deçà du Gange & près du fleuve *Indus*, selon Ptolémée.

SUDAVA, ville de l'Afrique, dans l'intérieur de la Mauritanie césariense, entre *Teniffa* & *Tufiagath*, selon Ptolémée.

SUDENI, peuple de la Sarmatie européenne, au midi des Marcomans, selon le même.

SUDERNUM, ville de l'Italie, dans l'intérieur de l'Etrurie, selon le même.

SUDERTANI, peuples de l'Italie, dans l'Etrurie, selon Pline.

SUDERTUM, ville de l'Italie, dans l'Etrurie.

SUDETI MONTES, montagnes de la Germanie, selon Ptolémée.

SUDIDENIS, ville de l'Afrique propre, & l'une de celles qui étoient situées entre les deux Syrtes, selon le même.

SUE, ville située au milieu des rochers, aux environs de l'Affyrie, à ce qu'il paroît dans Pline.

SUEBI ou SYEBI, peuples de la Scythie, en-deçà de l'Imaüs, selon Ptolémée.

SUECONI, peuples de la Gaule Belgique, selon Pline.

SUEDA, SUENDA, ou SUMEDO, lieu fortifié de la Capadoce. Il fut pris par Antiochus, selon Frontin.

SUEL, ville de l'Hispanie, sur la côte de la Bétique, selon Pline.

SUELLENI, peuple de l'Arabie heureuse, selon le même.

SUELTRI ou SUELTERI, peuple de la Gaule Narbonnoise, le long de la mer, selon M. d'Anville.

Le P. Papon les place aux environs de Fréjus, & ajoute que leur nom s'est conservé dans celui de la montagne de l'Esterel, & qu'il est surpris que M. d'Anville ait préféré de les placer entre le Luc & Brignole.

SUEMUS, SYRMUS ou SERMUS, fleuve de la Thrace. Il alloit se perdre dans l'*Hebrus*, selon Pline.

SUENSIS, siège épiscopal d'Afrique, dans la province proconsulaire, selon la lettre synodique de cette province, qui fut lue au concile de Latran.

SUESIA, nom de l'un des plus grands lacs de la Germanie, selon Pomponius Méla.

SUESSA AURUNCA ( *Sezza* ), ville d'Italie, dans la Campanie, vers le sud-est & très-près du *Liris*. Comme elle avoit appartenu aux Auronces, on lui en avoit conservé le nom. Ce surnom servoit de plus à la distinguer d'une autre *Suessa*, que ses habitans avoient abandonnée pour bâtir celle-ci. L'ancienne fut détruite par la jalousie des Sidiciens. Cette ville devint colonie romaine dans le temps de la république, & reçut une colonie nouvelle au temps d'Auguste,

SUESSA POMETIA, ville de l'Italie, dans le *Latium*, au nord-est d'*Antium*, à la droite de la voie Appienne. Elle fut la capitale des Volsques. Les Romains s'en emparèrent l'une des premières années du règne de Tarquin. Il est sûr que les Volsques la reprirent, puisque l'on voit dans Tite-Live, que l'on mena, dans une autre occasion, des troupes contre cette ville.

Ce fut des dépouilles de *Suessa*, que Tarquin bâtit le capitole. On rapporte que les Sidiciens la détruisirent par jalousie.

SUESSANÆ AQUÆ, bains de l'Italie, selon Tacite, peu éloignés, sans doute, d'une des villes appelées *Suessa*.

SUESSIONES ou SUESSONES, peuples de la Gaule Belgique. Ils dépendoient des *Rhemi*, selon Hirtius. Mais Pline les qualifie de *Liberi*. Leur territoire étoit étendu & fertile, selon César. Ils occupoient douze villes, & pouvoient mettre sur pied cinquante mille hommes, lorsqu'ils entrèrent dans la confédération avec les Belges. C'étoit le pays appelé depuis *Soissonois*.

SUESSITANI ou SUESSETANI, peuples de l'Espagne citérieure. Tite-Live rapporte que A. Térentius prit d'assaut la ville de *Corbio*, dans le pays de ces peuples.

SUESSULA, ville de l'Italie, dans la Campanie, entre Capoue & Nola, selon le table de Peutinger.

Frontin rapporte que Sylla y envoya une colonie.

SUESSULANI : Pline nomme ainsi les habitans de *Suessula*, ville de la Campanie.

SUESTASIUM, ville de l'Hispanie, dans l'intérieur de la Tarragonnoise, chez le peuple *Caristi*, selon Ptolémée.

SUESTHANI, peuples barbares, qui habitoient dans la Scandinavie, selon Jornandès, *de Reb. get. ch. 3*.

SUETA, ville de la Palestine, au sud-ouest de *Canatha*.

SUETRI ( les *Suètres* ), peuples des Alpes maritimes, au nord des *Velauni*. Il en est fait mention dans le trophée des Alpes.

M. d'Anville place ce peuple au territoire de Seillans, près de Fayence, dans la partie septentrionale du diocèse de Fréjus ; mais le P. Papon leur assigne le pays qui est le long de l'Esteron.

SUEVI ( les *Suèves* ), nom générique que Tacite ( *Germ. c. 38 & 54* ) donne aux peuples qui habitoient au-delà de l'Elbe, même dans la Sarmatie, au-delà des limites de la Germanie, & aux habitans de la Scandinavie ; & au-delà, tous les vastes pays qu'occupoient ces nations nombreuses, furent appelés du nom générique de *Suevia*.

Le même auteur ( *c. 2* ) nous apprend que quelques-uns profitant de la licence que donne l'antiquité, soutenoient que le dieu Tuiston avoit eu un plus grand nombre d'enfans qu'on ne lui en attribuoit ordinairement, & qu'un d'entre eux avoit

avoit donné le nom aux Suèves. D'autres ont voulu faire venir ce nom de la rivière *Suevus*, ou du mont *Sevo*, ou de la nation des *Sueones*. Quelques auteurs ont voulu tirer l'origine de ce même nom de l'humeur vagabonde de ces peuples. Ceux qui veulent qu'un roi ou héros des Germains ait donné son nom aux Suèves, approchent le plus de l'idée de Tacite. Il ne faut pas croire néanmoins que ce nom de Suève ait toujours été aussi général; car dans le temps de l'ancienne division des peuples de la Germanie en classes, si nous nous en rapportons à Pline ( *L. IV, c.* 14), les Suèves étoient compris sous les *Hermunduri.*

Les peuples auxquels on donne le nom de *Suèves*, ne se trouvent pas non plus toujours dans la même région : du temps de César ( *Bell. Gall. L. I, c. 3 & 5 : L. IV, c. 1 & 2; L. VI, c.* 9, 10 & 29), les Cattes étoient réputés Suèves. Les Marcomans, les Harudes & Séduciens, furent compris ensuite sous le même nom. Du moins ces peuples, lorsque Maraboduus les eut fait passer dans le *Bohemium*, sont-ils comptés parmi les Suèves. Strabon ( *L. VII*) dit : La nation des Suèves est très-grande, car elle s'étend depuis le Rhin jusqu'à l'Elbe; & une partie même des Suèves habite au-delà de l'Elbe. Mais depuis le troisième siècle, on voit le nom de Suèves se restreindre extrêmement à mesure que les peuples particuliers, compris auparavant sous ce nom général, se firent connoître par leurs victoires, comme les Goths, les Wendales, les Lombards & les Bourguignons. On trouve que dans le cinquième siècle, lorsque les Suèves passèrent en Espagne, le nom de ces peuples étoit encore celui de diverses nations : depuis ce temps, les Suèves ne paroissent plus avoir été qu'un peuple particulier, fixé dans le pays des anciens *Hermunduri.* Jornandès ( *de Reb. Goth*), en donnant les bornes des pays des Suèves, dit qu'il a les *Baioarii* à l'orient, les *Tranci* à l'occident, les *Burgondiones* au midi, & les *Thuringii* au nord; il ajoute que les *Alemani* étoient joints aux *Chevi*, & qu'ils étoient maîtres des Alpes Rhétiques. Enfin, les *Alemani* ayant abandonné entièrement la Germanie, les Suèves se mirent, peu à peu, en possession de leurs terres, s'étendirent jusqu'aux sources du Danube & jusqu'au lac de Constance, & donnèrent leur nom à tout ce pays. Il s'y est conservé jusqu'à présent, quoique un peu corrompu, sous le nom de *Suabe*, les Allemands dirent *Schivabnland.*

SUEVUS ou SUEBUS, nom d'un fleuve de la Germanie, selon Ptolémée, *L. II, c.* 10.

SUFARITANUS, siège épiscopal d'Afrique, dans la Mauritanie césarienne, selon la notice des évêchés de cette province.

SUFASARITANUS ou SUFARITANUS, siège épiscopal d'Afrique, dans la Mauritanie césarienne, selon la conférence de Carthage.

SUFETANUS, siège épiscopal d'Afrique, dans la Byzacène, selon la conférence de Carthage.

*Géographie ancienne. Tome III.*

SUFETULA ( *Spaitla* ). L'itinéraire d'Antonin fait mention de cette ville d'Afrique. Elle étoit située dans les terres, au sud de Therebinthina.

On trouve un superbe arc de triomphe à un stade à l'est de cette ville. Auprès est un magnifique portique, où après l'avoir passé, on voit les ruines de trois temples contigus.

SUFETUTENSIS, siège épiscopal d'Afrique, dans la Bizacène, selon la notice de cette province.

SUFICULA, siège épiscopal d'Afrique, dans la Byzacène, selon les actes du concile tenu sous S. Cyprien.

SUFIS ou SUFIBUS, siège épiscopal d'Afrique, dans la Byzacène, selon les actes du concile tenu sous S. Cyprien.

SUGABARRITANUS, siège épiscopal d'Afrique, dans la Mauritanie césarienne, selon la notice des évêchés de cette province.

SUGAMBRI ( *les Sugambres*), peuples de l'Indé, du nombre de ceux qui furent subjugués par Alexandre, selon Quinte-Curce.

SUGDIA, siège archiépiscopal de la Mœsie.

SUGDII MONTES, montagne de l'Asie, dans la Sogdiane. Ptolémée les place entre deux fleuves.

SUGGITANUS, siège épiscopal d'Afrique, dans la Numidie, selon la notice d'Afrique.

SUH ou SUETE, ville de la Judée, dans la terre de Hus, qui faisoit partie de la demi-tribu de Manassé, au-delà du Jourdain.

Cette ville étoit située au midi de Théman. Elle étoit la patrie de Baldad, l'un des trois amis de Job.

SUIDIADA, contrée de l'Asie, qui est arrosée par le fleuve Oxus, selon Tzetzès, *Chilliad.* 8, n°. 224.

SUILLATES, peuples de l'Italie, dans l'Umbrie, selon Pline, *L. III, c.* 14.

SUINDINUM, appellé depuis *Cenomani* ( le Mans ) : tel étoit le premier nom de la capitale des Cénomans. Dans Ptolémée on lit *Vindinum* : c'est la différente sorte d'aspiration.

Dans la notice des provinces de la Gaule, cette ville est placée immédiatement après la métropole de la troisième Lyonnoise.

SUINUM, fleuve de l'Italie, dans le Picenum, selon Pline, *L. III, c.* 13.

SUIONES, peuples septentrionaux, dont parle Tacite, après avoir décrit les côtes de la mer Suévique. On les place dans la Scandinavie, ou plus exactement dans la partie méridionale de la Suède.

SUISMONTIUM, montagne d'Italie, dans la Ligurie, selon Tite-Live, qui la joint à celle nommée *Balista.*

SUISSA, ville de l'Asie, dans la petite Arménie, sur la route de *Nicopolis* à *Satala*, entre *Araurací* & *Satala*, selon l'itinéraire d'Antonin.

SUISSATIUM, ville de l'Hispanie, entre *Beltia* & *Tullonium*, selon le même.

Y

SUITÆ, peuples de la Sarmatie, en Afie, felon Pline.

SULGAS FLUV. rivière de la Gaule, dans la Viennoife. Ce fut près de la jonction de cette rivière dans le Rhône, que Domitius Ænobarbus vainquit les Allobroges.

C'eft la Sorgue qui prend fa fource près de Vauclufe.

SULIANIS, fiège épifcopal d'Afrique, felon la notice épifcopale de ce pays.

SULIM, peuples de la Gaule Lyonnoife, felon la table de Peutinger.

SULIS, lieu de la Gaule, dans la troifième Lyonnoife, fur la route qui conduifoit de *Dariorigum* (Dariorig ou *Duronée*) à l'extrémité de la Bretagne. On trouve encore une petite rivière appellée *Seucl*, qui s'unit à celle de *Blevet*.

SULLECTI ou SUBLECTE (*Sulecto*), ancienne ville d'Afrique, fituée fur le bord de la mer, à cinq milles au fud-oueft de *Turis Hannibalis*. Il en eft fait mention dans la table de Peutinger.

SULLITANUS, fiège épifcopal d'Afrique, felon la conférence de Carthage.

SULMO (*Solmona*), ville d'Italie, dans le Samnium, au fud-eft. C'étoit une petite ville, fituée dans les montagnes. Elle ne mérite d'être remarquée que parce qu'elle fut la patrie d'Ovide. Ce poète parle des froids auxquels elle étoit expofée à caufe de fa fituation.

Céfar met cette ville à fept milles de *Corfinium*. Elle devint colonie Romaine, felon le rapport de Frontin.

SULMO, ville de l'Italie, dans le pays des Volfques; mais Pline rapporte qu'elle ne fubfiftoit plus.

SULULITANUS, fiège épifcopal d'Afrique, felon la conférence de Carthage.

SUMA, lieu de l'Afie, dans l'intérieur de la Méfopotanie, felon Ptolemée.

SUMATIA, ville du Péloponnèfe, dans l'Arcadie, au midi de *Lycoa*, & au nord-eft de *Megalopoïis*. Elle étoit en ruines au temps de Paufanias.

SUMARA, ville de l'Ethiopie, fous l'Egypte, du nombre de celles qui étoient fituées fur le bord du Nil, felon Pline.

SUMERE CASTELLUM (*Serra-men-raï*), lieu de l'Afie, fur la rive gauche du Tigre, & vis-à-vis de la ville d'Apamée, au 34e degré 20 minutes de latitude.

SUMMENSIS, fiège épifcopal d'Afrique, dans la Numidie, felon la conférence de Carthage.

SUMMULENSIS, fiège épifcopal d'Afrique, dans la Mauritanie céfarienfe, felon la notice des évêchés de cette province.

SUMMUM PYRENÆUM, ou la fommité des Pyrénées, au nord du pays des Indigètes. Affez près étoit un monument que Pompée avoit fait élever pour perpétuer la mémoire de fa victoire fur le parti de Sertorius. Strabon le nomme le

trophée *de Pompée*; Pline & Servius en parlent auffi. Ce monument fervoit, de ce côté, de bornes entre l'Hifpanie & la Gaule.

L'hiftorien du Languedoc, en en parlant, s'exprime ainfi: « Pompée, étant rappelé à Rome » après la guerre contre Sertorius, voulut, à fon » paffage dans les Pyrénées, laiffer un monument » public de fes victoires. Il fit, pour cet effet, » ériger un trophée, qui porte encore fon nom, » fur le fommet d'une de ces montagnes qui fé- » parent la Gaule de l'Efpagne, au col de Pertus, » & fituée entre le Rouffillon & la Catalogne.

» Lorfque Céfar, après avoir conquis toute » l'Efpagne fur les lieutenans de Pompée, reve- » nant par Narbonne à Marfeille, fut à l'endroit » des Pyrénées où Pompée avoit fait ériger le » trophée dont j'ai parlé, il voulut, à l'exemple » de ce général, laiffer un monument des victoires » qu'il venoit de remporter en Efpagne. Il fit » dreffer un autel de pierre fort grand fur le fom- » met de ces montagnes, auprès du trophée de » Pompée. On avoit reproché à ce dernier la » vanité d'avoir fait placer fa ftatue fur ce trophée. » Céfar, pour éviter le blâme que Pompée s'étoit » attiré par cette marque de vanité, & mieux » cacher la fienne fous une apparence de religion » & de fimplicité, fe contenta de faire dreffer un » autel ».

SUMMUS LACUS, bourgade au nord de l'Italie, dans le pays des *Euganæi*.

SUMMUS PENINUS ou SUMMUM PENINUM, lieu des Alpes Peninnes, entre *Augufta Prætoria* & *Octodurum*, felon l'itinéraire d'Antonin.

SUMMUS PYRENÆUS, lieu qui eft marqué dans l'itinéraire d'Antonin, fur la route de Narbonne à Tarragone, entre *ad Centuriones* & *Junicaria*.

SUMMUS PYRENÆUS, lieu fur la route de Sarragoffe à *Beneharnum*, entre *Forum Ligneum* & *Abellinum*, felon l'itinéraire d'Antonin.

SUMMUS PYRENÆUS, lieu fur la route de l'Hifpanie, dans la Gaule Aquitanique, entre *Turiffa* & *Imus Pyrenæus*, felon l'itinéraire d'Antonin.

SUMUCIS, ville de l'intérieur de l'Afrique propre, & l'une de celles qui étoient fituées entre les deux Syrtes, felon Ptolemée.

SUNA, ville de l'Italie, à quarante ftades de *Vesbola*. C'étoit une de celles où les Aborigènes avoient eu des établiffemens, & qui ne fubfiftoient plus du temps de Denys d'Halycarnaffe. C'étoit une belle ville remarquable par un ancien temple de Mars.

SUNDRIUM, nom d'un lieu de la partie feptentrionale de l'Italie, chez les *Euganæi*.

SUNEM ou SUNAM, ville de la Judée, dans la tribu d'Iffachar, felon le livre de Jofué.

C'eft dans cette ville que les Philiftins fe raffemblèrent avant de venir à Aphec, Saül étant pour lors à Gelboé.

Cette ville fut la patrie d'Abigaïl, que David épousa dans sa vieillesse.

Enfin, Sunem fut souvent honorée de la présence d'Elizée.

SUNICI, peuples de la Germanie, au-delà du Rhin. Ces peuples, qui ne furent connus que depuis le temps d'Auguste, paroissent avoir fait partie des Suèves. Ils avoient d'abord habité à l'orient du Rhin ; ils furent transplantés en-deçà, dans le pays des Ubiens & des Tongres.

SUNITI, peuples qui habitoient dans le voisinage des *Alani*, selon Procope, cité per Ortélius.

SUNIUM ( *Cap Colonne* ), promontoire de la Grèce, dans l'Attique, où aboutissoient les côtes orientales & méridionales de cette contrée, selon Strabon, Tite-Live & Ptolemée. Il étoit à 45 milles de Pyrée.

Vitruve nomme ce promontoire *Sunium Palladis* ; sans doute parce que l'on y avoit bâti un temple en l'honneur de Pallas.

On voit dans Pausanias qu'au bas de ce promontoire étoit une rade, & sur la montagne on voyoit un temple dédié à Minerve Suniade.

Il y avoit à ce promontoire un port, ou plutôt une rade où s'arrêtoient les vaisseaux, & un bourg de même nom, célèbre par le beau temple de Minerve Suniade. Ce bourg étoit de la tribu Léontide. Il y avoit aussi un temple de Neptune.

*N. B.* On nomme aujourd'hui ce promontoire *cap Coloni*, à cause des colonnes qui s'y voient encore, & qui faisoient autrefois partie de celles du temple de Minerve.

SUNIUM, bourg de l'Attique, sur le promontoire du même nom, selon Strabon.

SUNIUM, nom d'un promontoire de l'île de Paros, selon Ptolemée.

SUNIUM, Solin nomme ainsi une des îles situées sur la côte de l'Attique.

SUNONENSIS LACUS, lac de l'Asie mineure, dans la Bithynie, selon Ammien Marcellin.

SUODONA ; nom d'une ville méditerranée de l'Arabie, selon Ptolemée.

SUPARA *ou* SUPPARA ( *Sefer ou Siferdam* ), port de l'Inde, sur la côte de la contrée *Limyrica*, au sud-sud-est de *Tyndis*.

Ptolemée donne ce lieu aux *Ariaces*.

SUPERÆQUANI, peuples que Pline place dans la quatrième région de l'Italie, au pays des *Peligni*.

SUPERATII, peuples de l'Hispanie, dans la Tarragonnoise, selon Ptolemée.

SUPEREQUUM, lieu de l'Italie, dans le Samnium.

SUPERNI *ou* SUPENI, peuples de la Germanie, en-deçà du Rhin, selon l'itinéraire d'Antonin.

SUPHTHA, ville de l'Asie, dans la Parthie, selon Ptolemée.

SUPPENTONIA, lieu de l'Italie, dans le voisinage du mont Soracte, à deux milles de la ville de *Nepet* ou *Nepeta*, selon Ortélius.

SUPTU, ville de l'Afrique, dans la Mauritanie césarienne, selon Ptolemée.

SUR, grand désert de l'Arabie Pétrée, où les Israélites mirent pied à terre, lorsqu'ils eurent passé la mer Rouge.

SUR, ville de l'Arabie Pétrée, qui a donné son nom au désert de *Sur*.

SURA, fleuve de la Gaule Belgique, qui se jette dans la Moselle, selon Ausone, *in Mosella*, v. 354. C'est la Sour, dans le pays de Luxembourg.

SURA ( *Surieh* ), ville de l'Asie, dans la Syrie, sur le bord de l'Euphrate. Les notices ecclésiastiques font mention de *Sura*, comme d'un siège épiscopal de l'Euphratensis.

SURA, nom d'une ville de l'Ibérie, selon Ptolemée.

SURA, ville de l'Asie, dans l'Assyrie, selon Ptolemée.

SURA, lieu de l'Asie mineure, dans la Lycie, entre la ville de *Phellum* & celle de *Myre*, selon Plutarque, qui rapporte que l'on consultoit les augures dans ce lieu.

SURÆ, peuples de l'Inde, selon Pline.

SURAGANA, ville de l'Asie, dans la Sogdiane, auprès de l'*Oxus*, selon Ptolemée.

SURASENI, peuples de l'Inde. Arrien leur donne deux grandes villes, dont l'une se nommoit *Clisobora*, & l'autre *Methora*.

SURDAONES, peuple de l'Hispanie, dans la Tarragonnoise, sur le bord du fleuve *Sicoris*, selon Pline.

SURENETUM ( *Sorrento* ), ancienne ville de l'Italie, Silius Italicus a célébré ses zéphirs doux & bienfaisans.

On y voyoit encore quelques réservoirs & quelques inscriptions.

SURGERIÆ, lieu de la Gaule Aquitanique, ajourd'hui dans l'Aunis.

SURIATES, peuples de l'Italie, dans l'Umbrie, selon Pline.

SURIGA, ville d'Afrique, dans la Mauritanie tingitane, sur l'océan Atlantique, entre le promontoire *Usadium* & l'embouchure du fleuve *Una*, selon Ptolemée.

SURII, peuples qui n'admettoient aucun esclave à leurs sacrifices, selon Philarque, cité par Athénée.

SURISTENSIS, siège épiscopal d'Afrique, dans la Mauritanie sitifensis, selon la notice épiscopale de cette province.

SURIUM, ville de l'Illyrie, sur la côte de la Dalmatie, selon Pline, *L. III, c. 26.*

SURIUM ( *Sria* ), ville de l'Asie, dans la Colchide, à douze lieues à l'est-sud-est de *Rhizium*.

Ptolemée la met au nombre des villes situées dans l'intérieur de la Colchide.

SURO, ville ou rivière de l'Hispanie, où Métellus & Pompée combattirent contre Sertorius & *Perpenna*, selon Appien.

SURPICANUM, lieu de l'Italie, chez les *Picentes*.

SUROGANA, ville de l'Asie, dans la Bactriane; & l'une de celles qui étoient situées dans le voisinage du fleuve *Oxus*, selon Ptolemée.

SURRENTINI MONTES. Les monts Surrentins étoient en Italie, dans la partie de la Campanie qui forme le golfe au sud. A l'extrémité occidentale est un promontoire où l'on disoit que les Syrènes avoient eu anciennement leur habitation. Il y avoit, au temps des Romains, un temple de Minerve.

SURRENTINUM PROMONTORIUM, promontoire d'Italie, sur la côte de la Campanie, selon Tacite. Il étoit séparé de l'île de Caprée par un détroit de trois milles.

SURRENTIUM PROMONTORIUM, promontoire de la Libye intérieure. C'est la partie du mont *Bate*, qui court du côté de l'occident, selon Polybe, cité par Pline.

SURRENTUM, ville de l'Italie, dans la Campanie, sur le bord de la mer, entre le promontoire de Minerve & *Herculaneum*, selon Pomponius Méla.

SURRHA, ville de l'Ibérie, selon Ptolemée.

SURTA, ville de l'Asie, dans la petite Arménie, selon Ptolemée.

SURUBA, ville de la Sarmatie Asiatique, sur le bord du fleuve *Vardanus*, selon Ptolomée.

SURUM, ville de l'Asie, dans l'Euphratense, sur l'Euphrate, au-delà de Zénobie, selon Procope.

Cette ville fut assiégée par Cosroès; mais les murailles étoient si foibles, qu'elle ne résista qu'une demi-heure.

SUS, torrent de Grèce, dans la Béotie. Il tombe du mont Olympe, selon Pausanias.

SUS ou FITAS (le), fleuve de Sicyonie, qui avoit sa source en Achaïe, tout près d'*Olurus*, & avoit son embouchure sur le golfe de *Corinthe*, à l'ouest de Sicyonne.

SUSA (*Tuster* ou *Suster*), ville de l'Asie, la capitale, & qui donnoit le nom à la Susiane. Elle étoit située sur le fleuve *Eulæus*, vers le 31e degré de latitude.

Les rois de Perse y faisoient leur séjour pendant l'hiver, à cause de la chaleur que l'on y respiroit.

Le pays porta d'abord le nom de *Cissie*, & il étoit plus étendu que la Susiane. Ce nom vient de l'oriental *Susan*, qui signifie *Lys*. Daniel dit souvent le château de Suses.

Le nom de *Memnonia* lui avoit été donné, disoit-on, par Memnon, roi des Ethiopiens.

SUSACIM, nom d'un lieu aux environs de la Palestine, & au confluent de deux fleuves, selon Siméon le Métaphraste.

SUSACIS, nom d'une montagne entre l'Illyrie & la Thrace, selon Nicéphore Calliste.

SUSALEI VILLA, nom d'un lieu sur la côte orientale de l'île de Sardaigne, selon Ptolemée.

SUSANA, nom d'une ville de l'Hispanie, selon Silius Italicus.

SUSARÆ MONTES, montagnes de l'Afrique, selon Orose.

SUSANECHÆI, peuples qui étoient venus de de-là l'Euphrate, pour habiter dans le pays de Samarie.

SUSARGALA, montagne de la Libye intérieure, & dans laquelle le fleuve Bagradas prend sa source, selon Ptolemée.

SUSIA, ville de l'Asie, dans l'Arie. Arrien rapporte que c'est où Alexandre apprit la révolte de Bessus, & où Satibarzanes, satrape des Arriens, vint trouver Alexandre.

SUSIANA, contrée de la Perse, dont la capitale étoit Suse, à laquelle elle devoit son nom. Cette contrée avoit au nord, l'*Assyrie*; à l'est, l'*Elymaïde*; au sud, le golfe *Persique*; à l'ouest, le *Tigre*. Ptolemée l'étend davantage à l'est; c'est qu'il y comprend l'*Elymaïde*.

*Géographie, selon Ptolemée.*

Je me conforme à son indication sur le golfe Persique.

| | |
|---|---|
| *Tigridis*, ost. | *Eulæi*, fl. ost. |
| *Vallum Pasini.* | *Tenego.* |
| *Mosæi*, fl. ost. | *Oroatidis*, fl. ost. |
| *Pelodes* ou *Cenosus sin.* | |

Sur le Tigre.

*Agra.*
*Araca.*
*Aria.*

Dans les terres.

| | |
|---|---|
| *Palinza.* | *Abinna.* |
| *Sacrone.* | *Trajanna.* |
| *Bergan.* | *Sele.* |
| *Sufa.* | *Graan.* |
| *Saura.* | *Anuchta.* |
| *Dera.* | *Urzaz.* |
| *Agar.* | |

Ile sur la côte.

*Taxiana.*

SUSICANA, ville de l'Inde, en-deçà du Gange, & l'une de celles qui étoient situées sur le bord du fleuve *Indus*, selon Ptolemée.

SUSICAZIENSIS, siège épiscopal d'Afrique, dans la Numidie, selon la notice des évêchés de cette province.

SUSIDÆ PYLÆ, fameux détroit de montagnes, entre la Perside propre & la Susiane. Il prenoit quelquefois le nom de l'une & de l'autre contrée, selon Quinte-Curce.

Diodore de Sicile nomme ce détroit *Rupes Susiades* ; Arrien, *Pilæ Persides* ; & Strabon, *Portæ Persicæ.*

SUISII, nom que Strabon, *L. XV, p. 728,* donne aux habitans de la Susiane ; il ajoute qu'on les nomme aussi *Cissii.*

SUSIS CASTRUM, nom que Daniel donne à la ville de Suses, parce que les Chaldéé y avoient un palais.

SUSOBENI, peuples qui habitoient dans la partie septentrionale de la Scythie, vers des terres inconnues, en-deçà de l'Imaüs ; selon Ptolemée, *L. VI, c. 14.*

SUSORUM ARÆ, forteresse de Perse, dans la Susiane, & qui étoit environnée des eaux du fleuve Eülée, selon Pline.

SUSUARA, nom d'une île située sur la côte orientale de celle de Taprobane, en tirant vers le nord, selon Ptolemée, *L. VII, c. 4.*

SUSUDATA, ville de Germanie, selon Ptolemée, *L. II, c. II.*

SUSUS ou SUZUS, fleuve de l'Inde, qui produit des pierres précieuses, selon Ortélius, qui cite Tzetzès, *ch. 2, n°. 376.*

SUTHUL, ville de l'Afrique, dans la Numidie, sur le haut d'une montagne escarpée. Cette ville étoit ceinte d'une muraille, & c'est où Jugurtha avoit mis ses trésors, selon Saluste.

SUTRIUM, ville & colonie Romaine, en Italie, dans l'Etrurie, selon Tite-Live. Velléius Paterculus rapporte que cette colonie, qui avoit été augmentée par Auguste, y avoit été conduite sept ans après que les Gaulois se furent emparés de la ville de Rome.

SUZÆI, peuples de la Perside, selon Ptolemée. *L. VI, c. 4.*

SYAGRA, petite contrée de la Cilicie, près d'*Adun* & de *Laerte*, selon Etienne de Bysance.

SYAGROS, promontoire de l'Arabie heureuse, sur l'Océan Indien, au pays des *Ascitæ*, entre la bourgade de *Metacum* & le port *Moscha*, selon Ptolemée.

SYALIS, nom d'une ville qui appartenoit au peuple *Mastieni*, selon Etienne de Bysance.

SYANUS, ville de l'Asie, dans la grande Phrygie, aux confins de la petite, & près de *Dorylæum*, selon Ptolemée.

SYASSUS, bourgade de l'Asie mineure, selon Etienne de Bysance.

SYBARIS ( *Civita Mendonia* ), ville d'Italie, à l'embouchure d'un petit fleuve de même nom, sur le golfe de Tarente, & précisément au point de division entre le Brutium & la Lucanie. Les historiens Grecs & Latins n'ont point hésité à nous donner *Sybaris* pour une ville de fondation grecque : on peut cependant, je crois, démontrer à la raison qu'elle doit certainement ses commencemens à des Orientaux. Cette ville a porté successivement les noms de *Sybaris*, de *Thurium* & de *Copia*. Je montre en cent endroits de ce Dictionnaire, que les anciens, en changeant le nom actuel d'un lieu, en donnoient un qui avoit le même sens dans leur langue, ou réhabilitoient l'ancien nom du lieu, en y ajoutant une terminaison d'usage. D'après cela, si l'on examine la signification que *Sybaris* peut avoir eue dans son origine, on trouve que *Sheber*, en oriental ( *Voyez* la Genèse, *ch. 42, v. 1, 19* ), signifie *abondance de bled*, & le pays, en effet, étoit très-fertile. Le mot chaldéen *thor*, un bœuf, animal regardé comme un emblème de la fécondité, donna naissance, je crois, au mot Θύριον, d'où les Latins firent *thurium*. C'est encore un nom qui, à cause de son origine, emporte avec soi l'idée d'*abondance*. Enfin, pour ne pas s'écarter probablement de ce sens, les Romains, en lui donnant un nom latin, la nommèrent *Copia*. Voilà donc la même idée sous trois couleurs différentes ; mais le premier nom prévalut, quoique l'on ne fût pas son origine, parce que, sans doute, il s'étoit conservé parmi le peuple. Strabon & Etienne de Bysance font venir le nom de *thurium*, d'une fontaine ; ce n'est pas aller chercher bien loin son étymologie.

Selon Strabon, *Sybaris* fut fondée, ou du moins rétablie par des Achéens, conduits sur cette côte par Iselicée. Selon Justin, ce fut Philoctète qui fonda *Sybaris* ; Solin veut que c'ait été des Trézéniens. Rien ne prouve mieux dans quelle incertitude les anciens étoient à cet égard. La puissance de cette ville devint si considérable, qu'elle parvint à soumettre quatre nations voisines & vingt-cinq villes, & que, dans une occasion, elle mit jusqu'à trente mille hommes en campagne. Mais la prospérité des Sybarites amena leur décadence.

Parvenus à se procurer toutes les commodités de la vie, ils se laissèrent corrompre par le luxe le plus efféminé. L'histoire en cite plusieurs exemples. Ce luxe les mit enfin dans un état de foiblesse qui les fit tomber aisément sous les efforts de leurs ennemis. Cinq cens d'entre eux ayant été exilés par le préteur Télys, se réfugièrent à Crotone. On y porta des plaintes de ce qu'il leur avoit été donné asyle, & on les redemanda. Pythagore enseignoit alors à Crotone, il conseilla de ne pas violer les droits de l'hospitalité. Alors les Sybarites, piqués de ce refus, prétendirent emporter par la force des armes, ce que l'on n'avoit pas accordé à leurs demandes. Mais une saine politique eût suggéré une autre résolution, ou la circonstance un courage plus ferme. L'armée des Sybarites étoit nombreuse ; cependant les Crotoniates, ayant l'athlète Milon à leur tête, tombèrent sur les Sybarites, les battirent, & finirent cette guerre en soixante-dix jours par la prise de la ville, qui fut ruinée l'an 180 de Rome. Les vainqueurs y firent passer le fleuve, & en inondèrent

le terrein. Le petit nombre de Sybarites qui avoient
pu se sauver, étant revenus pour relever leurs anciens
murs, furent détruits par des Athéniens qui s'occupoient du même projet : du moins c'est ce que
l'on peut conclure du récit de différens historiens.
Ce fut alors que commença la nouvelle ville de
*Thurium*, qui depuis fut soumise aux Lucaniens.
Diodore, différant en cela de Strabon, dit que
cinquante ans après sa destruction, elle fut repeuplée par les Thessaliens, qui furent ensuite
chassés par les Crotoniates; & que ce fut alors
que des Athéniens y vinrent avec dix vaisseaux :
ce qui est plus probable.

Les Romains s'en étant rendus maîtres, y établirent une colonie sous le consulat de T. Sempronius Longus & de Scipion l'Africain, l'an de
Rome 559. *Thurium* prit alors le nom de *Copia*
( & non *Copiæ*, comme dit Strabon ), que l'on
retrouve sur quelques médailles, mais qui cependant ne fut pas généralement en usage.

Pausanias écrit que ceux qui sont versés dans
les antiquités de l'Italie, veulent la ville de
*Lupia*, qui est entre Brindes & Hydrunte, ait été
autrefois appelée *Sybaris*. Cet auteur ajoute que
cette ville a un port fait de main d'homme, par
ordre & sous l'empire d'Adrien.

SYBARIS, fontaine du Péloponnèse, dans l'A-
chaïe propre, près la ville de *Bura*, selon Strabon.

SYBARIS, ville de l'Asie, dans la Colchide.
Elle étoit la résidence du roi du pays, selon
Diodore de Sicile.

SYBARITES ( *les Sybarites* ), peuples de l'Italie,
qui habitoient la ville de Sybaris, située à l'embouchure de la rivière de même nom, sur la côte
du golfe de Tarente.

Les Sybarites ne sont guère connus que par
leur goût pour les plaisirs & l'excès de leur
mollesse.

Athénée, *L. XII, p. 518*, rapporte que l'un d'eux
étant à Sparte, fut invité à un de ces repas où
la frugalité qui y régnoit, les discours sérieux que
l'on y tenoit, & la dureté des sièges lui firent
dire qu'il ne s'étonnoit plus de la bravoure des
Lacédémoniens, puisqu'ils ne devoient point avoir
de regret de quitter une vie qu'ils passoient si
durement. Aussi les Sybarites n'estimoient en Italie
que les Tyrrhéniens, & dans la Grèce que les
Ioniens, parce que ces deux peuples avoient à-
peu-près les mêmes mœurs qu'eux.

Strabon, *L. VI, p. 182*, dans sa description de
l'Italie, dit que la ville de Sybaris étoit située
entre les rivières de Sybari & de Crathis, & à deux
cens stades de Crotone. Le même auteur ajoute
que ces peuples s'élevèrent à un tel point de
grandeur, qu'ils commandoient à quatre nations
voisines, qu'ils avoient l'empire sur vingt-cinq
villes, que le territoire de Sybaris occupoit cinquante stades de territoire, & qu'ils furent en
état de mettre trois cens mille hommes sous les
... pour demander raison aux Crotoniates

de ce qu'ils avoient donné retraite à cinq cens
Sybarites.

Diodore de Sicile, *L. VII*, dit que Thélis, un
de leurs généraux, persuada au peuple de chasser
cinq cens de leurs plus riches citoyens, & de
vendre leurs biens pour leur être distribués. Les
proscrits se retirèrent à Crotone, où Thélis envoya
des ambassadeurs pour les demander, & déclarer
la guerre en cas de refus.

Héraclide de Pont dit que les Sybarites secouè-
rent le joug de la tyrannie de Thélis, & qu'ils
massacrèrent jusqu'au pied des autels ceux qui
avoient eu quelque part à son gouvernement.

Athénée rapporte que les Crotoniates ayant envoyé trente de leurs concitoyens en ambassade aux
Sybarites, ils les massacrèrent & jettèrent leurs corps
dans les fossés de leur ville, & les laissèrent dévorer par les bêtes.

Milon, fameux athlète, fut nommé le général
de l'armée que les Crotoniates envoyèrent pour
se venger : il battit les Sybarites, les poursuivit &
les repoussa jusques dans leur ville capitale, de
laquelle il forma le siège : il s'en rendit le maître,
& l'ensevelit sous les eaux de ses deux rivières.
Ælien, *L. IX, c. 24*, dit que telle fut la fin de
cette république, devenue fameuse par son luxe
& sa mollesse.

Athénée dit qu'ils habilloient leurs enfans de
pourpre, & leur garnissoient les cheveux avec des
rubans tissus en or. Ceux des Sybarites qui donnoient des repas publics les plus somptueux,
étoient récompensés avec des couronnes d'or, &
leurs noms publiés dans les assemblées de religion
& de jeux publics.

Les femmes étoient une année d'avance averties
lorsqu'elles devoient assister à quelque festin public.

On avoit exempté de toute imposition publique
les pêcheurs & les marchands d'anguilles, ainsi
que ceux qui vendoient & mettoient en œuvre
la teinture en pourpre.

Les Sybarites établirent des jeux pour lesquels
ils proposèrent des prix considérables, pour faire
tomber ceux de la ville d'Olympie, dont ils étoient
jaloux.

Cinquante-huit ans après la ruine de Sybaris
par les Crotoniates, & sous l'archontat de Callimaque à Athènes, les anciens habitans dispersés,
se joignirent à quelques Thessaliens, & entreprirent
de rétablir leur ville sur ses anciens débris; mais
au bout de cinq ans les Crotoniates détruisirent
cette nouvelle ville & en chassèrent les habitans
pour toujours.

Diodore de Sicile, *L. XII*, dit que les Sybarites
chassés de la ville qu'ils vouloient rétablir, envoyèrent des ambassadeurs à Sparte & à Athènes,
pour demander des secours pour retourner dans
leur pays : les Athéniens firent armer dix vaisseaux, & firent publier l'offre des terres dans tout
le Péloponnèse, ce qui leur attira beaucoup de
monde, dont le plus grand nombre étoient des

Achéens & des Trézéniens. Cette flotte paſſa en Italie, & s'arrêta près de l'ancienne Sybaris, dans le lieu où étoit la fontaine Thuria: on y forma l'enceinte d'une ville que l'on nomma *Thurium*.

Les Sybarites, comme anciens propriétaires, s'attribuèrent les premières places dans le gouvernement, ils donnèrent les premières places dans les cérémonies publiques de la religion aux femmes des anciens habitans du pays, ils prirent pour eux les terres les plus près de la ville, comme étant plus aiſées à exploiter : cela souleva les autres citoyens; & comme ils étoient en plus grand nombre, ils maſſacrèrent preſque tout ce qui reſtoit des anciens Sybarites, ſelon le rapport d'Ariſtote, dans ſon livre des républiques.

Après cette expédition on fit venir des habitans de la Grèce, à qui on donna, par la voie du ſort, des maiſons dans la ville, & des terres à la campagne. Cette ville devint riche & puiſſante, ſe forma en gouvernement démocratique, & fit alliance avec les Crotoniates.

Ils firent enſuite choix de Charondas pour être leur légiſlateur. Il leur fit des loix très-ſages, & auxquelles on dérogea rarement, ſelon Diodore de Sicile.

Charondas périt victime d'une loi qu'il avoit faite; il étoit défendu, ſous peine de la vie, de porter des armes aux aſſemblées du peuple. Il revenoit de la campagne armé, lorſqu'il apprit que le peuple tenoit une aſſemblée remplie d'agitation : quelques mal-intentionnés virent ſon épée, & lui reprochèrent qu'il étoit le premier qui eût violé une loi qu'il avoit faite: il tira ſon épée, & ſe perça le ſein.

SYBERUS, nom d'une ville de l'Illyrie, ſelon Etienne de Byſance.

SYBOTA, port de l'Epire, ſur la côte d'Almène, entre l'embouchure du fleuve *Thiamis* & la ville de *Torona*, ſelon Ptolomée.

SYBOTA, nom d'une île ſituée ſur la côte de l'Epire, ſelon le ſcholiaſte grec de Thucydide.

SYBRA, lieu fortifié de l'Aſie, dans la Phrygie, ſelon Etienne de Byſance.

SYBRIDÆ, municipe de l'Attique, dans la tribu Eréchtheïde, ſelon le même.

SYBURPORES ou SUBURPORES, peuples de la Libye. Ils habitoient au midi du mont *Uſargala*, ſelon Ptolomée.

SYCÆ, lieu de la Thrace, dans le port & à l'oppoſé de la ville de Byſance.

SYCA, lieu de la Sicile, dans le voiſinage de la ville de Syracuſe, ſelon Etienne de Byſance.

SYCAMAZO, ſiège dont il eſt parlé dans les actes du concile d'Epheſe.

SYCAMINORUM OPPIDUM, SYCAMINOS, & SYCAMINON, ville de la Phénicie, au midi & au pied du mont Carmel, ſur la Méditerranée, vis-à-vis de Ptolémaïde.

SYCAMINOS, ville de la Phénicie, qui étoit ſituée dans le voiſinage du Carmel, à vingt-quatre

milles de Ptolémaïs, ſelon l'itinéraire d'Antonin. Ce n'étoit plus qu'un bourg au temps d'Euſèbe, qui étoit ſur le bord de la mer, entre Céſarée & Ptolémaïs, & on l'appelloit *Epha*.

SYCAMINOS, ville que Philoſtrate met aux confins de l'Egypte & de l'Ethiopie. Ptolémée écrit *Hiera Sicaminos*. Il la place ſur le bord oriental & au midi de la petite cataracte du Nil.

SYCE, nom d'une île ſituée ſur la côte de l'Ionie, ſelon Pline.

SYCELLA, nom que Joſeph donne au lieu où Saül campa, lorſqu'il pourſuivoit David, & où celui-ci, étant entré la nuit dans le tente de Saül, ſe contenta de lui enlever ſon javelot.

SYCHEUM, ville maritime de l'Arabie heureuſe, ſelon Siméon Sethi, cité par Ortélius.

SYCTA, ville de l'Aſie, dans l'intérieur des terres de la Perſide, ſelon Ptolomée. *L. VI, c. 4.*

SYCURIUM, ville de la Theſſalie, dans la Magnéſie, ſituée au pied du mont Oſſa, ſelon Tite-Live, *L. XLII, c. 54.*

SYCUSSA, île ſituée dans le voiſinage de l'Ionie, ſelon Pline, *L. V, c. 31.*

SYDERIS, fleuve qui avoit ſon embouchure dans la mer Caſpienne, dans l'endroit où cette mer commence à s'appeller mer d'Hyrcanie, ſelon Pline, *L. VI, c. 16.*

SYDOPTA, ville de l'Ethiopie, ſous l'Egypte, ſelon Pline, *L. VI, c. 29.*

SYDRACI, peuples de l'Inde, qui habitoient le pays où fut le terme des expéditions d'Alexandre de ce côté-là, ſelon Pline, *L. XII, c. 6.*

SYDRI, peuples de l'Aſie, dans l'Arachoſie, ſelon Ptolomée, *L. VI, c. 20.*

SYDRUS, ville de l'Inde, en-deçà du Gange, ſur le bord du fleuve Indus, entre *Parabaſi* & *Epiſauſa*, ſelon Ptolomée, *L. VII, c. 1.*

SYEDRA, ville de la Cilicie, ſelon Ptolomée. Strabon nomme cette ville *Sydra*, & il la place dans le voiſinage de *Coracæſium*.

SYENE, ville d'Egypte, dans la Thébaïde, ſur le Nil, aux confins de l'Ethiopie, à cinq mille ſtades d'Alexandrie, ſelon Pline, *L. II, c. 73.*

Elle étoit ſous le tropique, c'eſt-à-dire, à 23° 30 min. de latitude ſeptentrionale, ce qui produiſoit, au temps du ſolſtice, un effet naturel, mais qui étonne d'abord; c'eſt qu'à midi les corps n'y produiſoient aucune ombre. Strabon dit qu'il y avoit un puits dont on ſe ſervoit pour obſerver exactement le jour du ſolſtice. Ce jour-là l'image du ſoleil ſe voyoit à la ſurface de l'eau qui étoit au fond de ce puits.

Juvenal fut exilé à Syene, ſous le prétexte d'y commander une cohorte.

Pline dit que l'on donne auſſi le nom de *Syene* à une péninſule de mille pas de circuit, ſur les couſins de l'Ethiopie, du côté de l'Arabie, & dans laquelle il y avoit une garniſon romaine.

Syene porte aujourd'hui le nom d'*Aſſuan*.

SYENNA, nom de l'un des trois puits qu'Isaac creufa à *Gerara*, & que des pafteurs du voifinage l'obligèrent d'abandonner, felon Jofeph. *Antiq. L. 1, c. 17.*

SYESSA, nom d'une ville d'Italie, dans la Tyrrhénie, felon Etienne de Byfance.

SYESSA, nom d'une petite cabane fituée dans la Lycie, felon Etienne de Byfance.

SYGAROS, nom d'une ile fituée fur la côte de l'Arabie heureufe, felon Pline.

SYIA, nom d'une petite ville de l'ile de Crète. Elle fervoit de port à la ville Elyrus, felon Etienne de Byfance.

SYIS, ville de l'Egypte, felon Hécatée, cité par le même.

SYLÆUS, ville de l'Afie mineure, dans la Pamphylie, felon Conftantin Porphyrogénète, cité par Ortélius.

SYLAX, nom que l'on a autrefois donné au Tigre, felon Euftathe, cité par Ortélius.

SYLEUM, ville de l'Afie mineure, qui étoit fituée vers les confins de la Phrygie, de la Carie, de la Lycie & de la Pifidie. Elle étoit dans le voifinage & fous la dépendance des tyrans de Cibyre (*la Garnade*). Polybe & Tite.- Live en font mention.

SYLEUS, nom d'un champ de la Macédoine, aux confins de la Thrace, felon Hérodote.

SYLGA, fiège épifcopal dont il est fait mention dans les actes du concile d'Ephèfe.

SYLIONES, peuples de la Chaonie, felon Rhianus, cité par Etienne de Byfance.

SYLLÆ, lieu d'Italie, dans la Campanie.

SYLLECTUM, nom d'une ville maritime de l'Afrique propre, à une lieue de Carthage, felon Procope, *L. vandalic. c. 16.*

SYLLIUM ou SYLEUM, ville de l'Afie mineure, dans la Phrygie, felon Etienne de Byfance.

SYLLIUM, ville & place forte de l'Afie, dans la Pamphylie, & près de la ville de Side, felon Arrien.

SYLOES, promontoire de l'Afrique, où fe terminoit la Libye, felon Hérodote.

SYLVANECTUM, SYLVANECTES, SYLVANIS ou SILVANIS, ville du Pont. Il en est mention dans la notice des dignités de l'empire.

SYLVORUM CETENS, peuples de l'Afie, dans l'Ibérie, au voifinage de l'Albanie. Ils habitoient la chaîne de montagnes qui s'étend d'orient en occident, felon Pline.

SYLVOSUM PROMONTORIUM, nom d'un promontoire de la côte de l'Attique, au voifinage du promontoire *Sunium*, felon Sophocle.

SYLVOSUM PROMONTORIUM, nom d'un promontoire de l'Arabie heureufe, dans le voifinage de la ville de *Neffa*, felon Agatarchis.

SYMA ou SYME, cette ile étoit précifément au nord de Rhodes, & à l'entrée du petit golfe de Doride. On n'en fait rien de particulier. Homère,

Hérodote, Scylax & Strabon font mention de cette ile.

Les anciens ont dit qu'après avoir été déferte, Syme fut habitée par Chthonius, fils de Neptune & de Symë. Les Cariens s'en emparèrent après la guerre de Troye. Ils l'abandonnèrent enfuite. Il y vint depuis une colonie de Lacédémoniens & d'Argyens.

SYMÆI. C'est ainfi qu'Etienne de Byfance nomme les habitans de la ville de Syme.

SYMÆTHA, ville de Grèce, dans la Theffalie, felon Théopompe, cité par Etienne de Byfance.

SYMBACA, ville de l'Afie, dans la Médie, felon Strabon.

SYMBARI, peuples de l'Ethiopie, fous l'Egypte, felon Pline. Il les place du côté de l'Arabie, entre les montagnes & le Nil.

SYMBOLA, lieu de Grèce, dans l'Arcadie, près de la fource de l'Alphée, & où plufieurs petits ruiffeaux fe perdent dans ce fleuve, felon Paufanias.

SYMBOLON ou SYMBOLORUM PORTUS, port fur la côte méridionale de la Cherfonèfe taurique, entre la ville de Lampas & celle de Cheronèfe, felon Arrien.

L'entrée en étoit fort difficile. C'étoit le refuge ordinaire des *Tauri* qui couroient la mer en pirates.

SYMBOLUM, lieu de la Thrace, entre la ville de *Neapolis* & celle de *Philippi*. Dion Caffius rapporte que les Grecs nomment ainfi ce lieu, parce que le mont *Symbolus* s'y joint à une autre montagne qui avance dans le milieu du pays.

SYMBOLUM, lieu voifin du mont Olympe, felon Surius.

SYMBOLUS, montagne de Thrace, felon Dion Caffius.

SYMBRA, village de la Perfe, entre la ville de *Nisbara* & celle de *Nifchanaba*, felon Zofime.

SYMBRA, ville de l'Afie mineure, dans l'intérieur de la Lycie, felon Ptolemée.

SYMBRII, peuple de l'Italie, du nombre de ceux qui habitoient au-deffus des Vénètes, felon Strabon.

SYMBRY, peuple qui habitoit fur la côte occidentale de l'ile de Corfe, felon Ptolemée.

SYME, la même que *Syma*, petite ile fituée fur la côte de l'Afie mineure, vers le 36e degré 35 minutes de latitude. Ajoutez à ce que j'ai dit que, felon Athénée, elle devoit fon nom à une nymphe enlevée par le dieu marin Glaucus, qui la cacha fur cette ile, peu diftante des mers qu'il fréquentoit.

SYME, ville de l'Afie, dans la mer Carpathienne, fur la côte de la Doride, entre Cnide & *Loryma*, felon Strabon.

Thucydide rapporte qu'Aftiope, amiral des Lacédémoniens, dreffa dans cette ile un trophée à l'occafion de la victoire qu'il avoit remportée fur la flotte des Athéniens.

SYME,

SYME, nom d'une ville qui étoit située dans l'île de même nom, selon Etienne de Bysance.

SYMES, montagne située dans les environs du Pont-Euxin, selon Orphée, cité par Ortélius, qui juge qu'elle étoit près de la Colchide.

SYMITHA, ville de l'Afrique, dans l'intérieur de la Mauritanie céfarienfe, selon Ptolemée.

SYMPHORIUM, nom d'un lieu fortifié de l'Afie, dans la Syrie, selon Dion Cassius.

SYNA JUDÆORUM, ville de l'Afie, dans l'Ofrhoëne, selon la notice des dignités de l'empire.

SYNACA, lieux couverts de montagnes, selon Appien, cité par Ortélius.

SYNANGUS, ville de la Phénicie, selon Hérodote, cité par Etienne de Byfance.

SYNATHA, nom de la patrie du prophète Azarias, selon Dorothée.

SYNCERIUM, lieu de l'Italie où les troupes romaines furent envoyées en garnison sous le consulat de P. Valérius & de Spurius Lucrétius, selon Denys d'Halycarnaffe.

SYNDICUS, nom d'une ville de la Scythie. Elle avoit un port, selon Etienne de Byfance.

SYNDIOS, nom d'un canton dont il est parlé dans les Authentiques, coll. 9, tit. 22 in præfat.

SYNDROMADES, nom que Théocrite, in Idill. donne aux îles Cyanées.

SYNENES CASTRUM, lieu fortifié dans l'Ethiopie, au pays des Blemyes, selon George d'Alexandrie, cité par Ortélius.

SYNEPHIUM, ville de l'Afie, dans la Cilicie, selon Cédrène, qui rapporte que l'empereur Phocas s'empara de cette ville.

SYNHIETÆ, peuples de la Sarmatie afiatique, selon Pline.

SYNICENSIS, fiège épifcopal d'Afrique, selon S. Augustin.

SYNNADA, ORUM, ville de la grande Phrygie, voifine de celle de Docimia ou Docimeum.

SYNOPOLIS, fiège épifcopal de l'Afie, dans la Cilicie, fous la metropole de Séleucie.

SYNORMADES, nom qu'Eratofthène donne aux îles Cyanées.

SYOPII, nom de peuples voifins des Liburniens & des Hythmites, selon Hécatée, cité par Etienne de Byfance.

SYPA, fleuve de l'Inde, au-delà du Gange. Ptolemée en place l'embouchure fur la côte du Sabaracus, au pays des Byfingètes antropophages, entre Babyfinga & Baraba.

SYPALETTUS, municipe de l'Attique, dans la tribu Cécropide, felon Etienne de Byfance.

SYPHÆUM, ville de l'Italie, dans le Bratium. Tite-Live rapporte que cette ville fur du nombre de celles qui, laffées de la guerre punique, fe jetèrent entre les bras du conful C. Servilius.

SYPICIUS ou SUPICIUS PORTUS, port fur la côte orientale de l'île de Sardaigne, entre l'embouchure du fleuve Cæprus, & celle du fleuve Cædrus, selon Ptolemée.

SYRA, SYRIA & SYROS, île de l'Archipel, l'une des Cyclades, & voifine de celle de Paros, selon Strabon.

SYRACUSÆ (Syracufe), capitale de la Sicile, & fituée à-peu-près au milieu de fa côte orientale. Elle eft célèbre entre les plus célèbres de l'antiquité, &, par cette raifon, mérite une defcription un peu étendue.

Selon Denys d'Halycarnaffe & Strabon, elle avoit été fondée par une colonie de Corinthiens, arrivés en Sicile fous la conduite d'Archias (1). Je regarde cependant comme très probable que cette ville a été habitée avant la colonie dont parlent les Grecs. Je fonde mon opinion fur ceci, que c'eft un bon port de la côte; que les Sicaniens, les Sicules, les Leftrygons, avoient habité ce côté de la Sicile bien avant les colonies grecques; enfin, que puifque l'on trouve le nom de la reine fur une infcription, ce font autant de preuves, ou du moins de motifs d'une préfomption raifonnable que cette partie a été habitée bien avant l'époque de la fondation par Archias.

On dit que la partie d'abord habitée, fut la petite île d'Orthygie, jointe enfuite au continent par un pont. Ce fut dans la fuite la partie la plus refferrée de la ville, qui comprenoit cinq parties très-diftinctes, & féparées les unes des autres par des murailles, mais qui communiquoient entre elles habituellement. Ces parties étoient, 1°. l'île appellée Orthygie, 2°. l'Acradine, 3°. le Tyche (ou Tuqué), 4. la Neapolis, 5°. l'Epipole. Je vais indiquer les principaux monumens de chacune de ces parties.

1°. L'île d'Orthygie. Cette petite île étoit tout près de la côte, & probablement elle en avoit été plus loin d'abord; mais la côte s'étoit approchée, &, au moyen d'un pont, on forma une efpèce d'ifthme qui joignoit l'île au continent, ou plutôt la petite île à la grande. La direction de l'île, jointe au continent, étoit dans la direction du nord-ouest au fud-eft. A peu de diftance au nord, un promontoire s'avançant dans la même direction, laiffoit, entre fa côte & celle de l'île d'Orthygie, une petite baie qui s'avançoit jufqu'à l'ifthme; c'étoit le petit port. La partie la plus méridionale de l'île s'approchoit des terres de la côte oppofée, & formoit l'entrée du grand port qui s'avançoit à l'ouest, en un très-grand baffin oblong du nord au fud. Le petit port n'étoit rien en comparaifon.

---

(1) Strabon dit que Mycellas, qui fonda enfuite Croton, & Archias, arrivèrent enfemble à Delphos pour confulter l'oracle fur le choix des lieux où ils pourroient s'établir. Le dieu leur ayant demandé ce qu'ils preferoient dans ce choix, Archias repondit: à richeffe; Mycellas, la fanté. Chacun eut fa deftination, felon ce qu'il eftimoit davantage.

A l'extrémité méridionale d'Orthygie il y avoit un château, & de ce château, au côté opposé, on tendoit une chaîne qui fermoit l'entrée du grand port.

En fuivant la côte occidentale pour remonter vers le nord, on trouvoit la fontaine d'Aréthufe, fi célèbre dans la mythologie par l'amour qu'elle inspira au fleuve Alphée, qui venoit, dit-on, des côtes de l'Elide par-deffous la mer, pour fe joindre à fon amante. L'origine de cette fable n'étoit pas entièrement due au génie des poëtes: la nature, comme dans mille autres circonstances, en avoit fait les premiers frais. Je l'ai déjà dit à l'article de la Sicile: ce côté de l'île préfente auprès de la côte, une fuite de plufieurs fources qui s'élèvent du fond de l'eau, & forment des efpèces de champignons d'eau à la furface. C'eft une de ces fources que l'on diftingue très-bien être de l'eau douce, qui fe voit en face de la fontaine Aréthufe, & elle porte encore le nom d'*Alphée*.

Le temple de Minerve étoit un peu à l'eft (1).
Le temple de Diane.

Plus au nord étoit un paleftre pour des athlètes.

Et fur le bord de la mer, à l'oueft, étoient des bains que l'on appeloit bains de *Daphné*.

A l'eft, étoit une porte qui conduifoit au petit port. On fait que Denys ayant appris que Dion avoit formé un parti contre lui, diffimula, lui prodigua les expreffions de la plus tendre amitié; mais, arrivé au port, il le fit monter fur une barque, qui le trafporta en Italie.

Le petit port étoit auffi appelé le port de marbre, à caufe de la quantité de figures, d'obélifques, de portiques de marbre, &c. dont il étoit embelli: deux obélifques déterminoient fon entrée.

*L'Acradine.* Ce nom, formé évidemment du grec ἄκρα, *pointu, élevé*, indiquoit la partie la plus élevée de la ville. Elle occupoit en effet un rocher qui formoit la partie du nord-eft de la ville; &, comme elle s'avançoit à l'eft, elle avoit la mer au nord, à l'eft, & au fud, dont une partie fermoit le petit port.

En entrant dans l'Acradine, on trouvoit fucceffivement des murs faits par les Syracufains, lorfqu'ils eurent chaffé Thrafybule. C'étoit alors que les dix mille Mégariens que Gélon avoit fait recevoir au nombre des citoyens de Syracufe, s'étoient foulevés, pour parvenir aux mêmes honneurs dont jouiffoient les anciens habitans. Cette muraille s'étendoit depuis l'ifthme & le grand port, jufqu'à l'extrémité du rocher, au nord.

Une porte établiffoit ou défendoit la communication entre Orthygie & l'Acradine, elle étoit ornée de fept statues de marbre. Au-deffus de cette porte il y avoit une tête d'homme, célèbre par fa beauté.

Un peu au-delà, vers le nord-eft, on trouvoit réunis dans un efpace, il eft vrai, confidérable:
Une ftatue équeftre de Verrès, en bronze doré. Il y en avoit plufieurs autres de cette efpèce.

Derrière la ftatue de Verrès, étoit une fphère de bronze: elle étoit dans la place de la Concorde.

Je n'ai pas trop l'idée de cette fphère; elle étoit peut-être perfectionnée d'après celle qui avoit été imaginée par le philofophe Anaximandre. On a dit que cette fphère repréfentoit la marche des planètes, leur naiffance & leur difparition, les étoiles & d'autres objets de la région célefte.

Affez près étoient plufieurs ftatues de tyrans qui avoient régné à Syracufe. Ces ftatues furent renverfées lorfque Timoléon, aidé des Corinthiens, eurent chaffé Denys le jeune, Magon & Icétas de Leontium, dont la mémoire étoit en exécration.

Affez près étoit un portique avec une vafte galerie où les athlètes s'exerçoient pendant l'hiver & pendant les jours de pluie. Comme ces galeries étoient ouvertes, il eft probable que le peuple jouiffoit de la vue de ces effais, en attendant le jour du fpectacle complet.

Un peu à l'oueft, étoit l'autel de la Concorde.

Il étoit dans une belle place, en face de la ftatue de cette divinité, fous une coupole portée par quatre colonnes. Et puifque je parle de cette place de la Concorde, j'ajouterai:

Que Cicéron nous apprend qu'elle renfermoit les ftatues de plufieurs divinités, entre autres celle de Jupiter, de Diane, de Marfias, de Mercure, &c. lefquelles ftatues furent enlevées par ordre de Verrès.

Depuis la prife de Syracufe par Marcellus, on avoit inftitué une fête en mémoire de ce jour. Au premier coup-d'œil l'inftitution de cette fête paroît être une fuite de ce penchant des Grecs à l'adulation. Ce qui les juftifie cependant, c'eft qu'elle avoit été infpirée par la reconnoiffance. On ne célébroit pas le triomphe d'un ennemi, mais fa modération, la manière humaine & fage dont il avoit ufé de la victoire. On lui avoit auffi élevé plufieurs ftatues, monumens également honorables pour les vainqueurs & pour les vaincus. Mais ces mêmes Syracufains, préfervés des fléaux qui accompagnent ordinairement le fuccès d'un affaut, par la modération d'un général ennemi, eurent bien à fe plaindre dans la fuite du magiftrat qui devoit les protéger au nom d'une république dont ils étoient en quelque forte les membres. Le préteur Verrès enleva ces ftatues.

Ce fut auffi dans les édifices de cette place que les féroces foldats de Denys avoient mis le feu, dans l'intention d'incendier toute la ville.

Au temps de Denys le jeune, cette place étoit devenue deferte, au point que les herbes y croiffoient. Tel eft l'effet de la tyrannie: les hommes n'ofent fe communiquer, & ils abandonnent, pour la retraite, les lieux qu'ils fréquentoient le plus.

On difoit qu'autrefois Ducétius, roi des Sicules,

---

étoit venu se mettre dans cette place, seul & sans armes, à la merci des Syracusains, qu'il laissoit ainsi prononcer sur son sort & sur celui de ses états.

Ce fait, vrai ou controuvé, avoit rendu la place un objet de vénération. Il étoit défendu d'y paroître en armes ou chargé d'armes. Je soupçonne que l'on avoit ici fait un devoir religieux d'une précaution qui n'étoit que sage en politique. Il y a toujours du danger à laisser armés les citoyens en temps de paix. Mais cela marquoit bien davantage chez les Grecs & les Romains, qui ne portoient leurs armes qu'à la guerre. Cette défense, à laquelle on se conformoit, parut encore plus inviolable après l'événement que rapportent les historiens. On dit que le législateur Dioclès étant entré, par inadvertance, tout armé sur cette place un jour d'assemblée publique, se ressouvenant des peines qu'il avoit fait lui-même sanctionner contre ce sacrilège, tira son épée & s'en perça, en disant, qu'il devoit plutôt mourir pour avoir enfreint les loix, que de risquer de leur faire perdre de leur force.

Un peu au sud, étoit une statue de Verrès le fils. Si ce n'étoit pas l'ouvrage de l'adulation, c'étoit celui de la foiblesse. Cette statue étoit sous un arc.

Tout auprès il y avoit un gymnase où des lutteurs s'exerçoient au jeu que l'on nommoit palestre (1).

Le temple de Jupiter Olympien étoit vers le nord-ouest des monumens que je viens d'indiquer, tout près de la muraille occidentale. Il y avoit de chaque côté de ce temple deux grandes colonnes pyramydales : elles étoient plus hautes que le temple. Des trophées étoient attachés à ces colonnes. Elles avoient été élevées par Hiéron, qui y avoit suspendu des armes enlevées aux Gaulois & aux Illyriens, & dont le peuple Romain lui avoit fait présent.

Plus à l'est étoit le temple de Démétrius, où Agathocle fit le serment de favoriser le gouvernement populaire.

Tout-à-fait à l'est, près de la mer, étoit le temple de Junon, célèbre par la fameuse victoire de Gélon sur les Carthaginois, dont l'armée étoit de cent cinquante mille hommes. On sait que ce fut après cette victoire qu'il fut soupçonné d'aspirer à la tyrannie. Pour donner au peuple une preuve de la pureté de ses vues, il fit assembler ses soldats, parut sans armes au milieu d'eux, & expliqua modestement ce qu'il avoit fait jusqu'alors ; les raisons qu'il avoit eu de le faire. Cet exposé simple & vrai fut reçu du peuple avec transport ; on lui confia le gouvernement, & on lui éleva une statue. Il avoit une maison au nord & assez près de cet emplacement.

Un peu au nord, vers l'est, tout près des murailles, étoit la maison d'Archimède, où Platon avoit demeuré pendant son séjour à Syracuse.

Assez près au nord de cette maison étoit une colonne où l'on suspendit en triomphe le bouclier de Nicias après sa défaite : on sait qu'il commandoit les Athéniens avec Démosthènes, & qu'ils furent tous deux battus.

Un peu au nord étoit le temple d'Esculape. Il étoit en si grande vénération, & le concours du monde y étoit si considérable, qu'il y avoit des autels jusqu'à cent pas autour du temple pour satisfaire complètement la piété de la multitude qui s'y rendoit habituellement pour offrir des sacrifices.

C'étoit dans ce temple que l'on voyoit une statue d'Esculape à barbe d'or, que Denys lui fit élever.

A l'ouest, près de la muraille, étoit le temple de Jupiter Libérateur. Les Syracusains avoient élevé une statue à ce dieu, en mémoire du jour où ils chassèrent de la ville & du royaume le tyran Thrasybule, frère & successeur de Denys l'ancien. Ils le contraignirent de se retirer : il alla mener une vie privée à Locres.

Près de cette statue on célébroit tous les ans des jeux en mémoire de la liberté recouvrée.

Plus à l'est, à-peu-près à égale distance des murs occidentaux & de la mer, étoit la maison de Simon, questeur de Denys le tyran. Elle étoit d'une beauté surprenante. On rapporte qu'un jour Simon, faisant voir sa maison à Aristipe le philosophe, celui-ci cracha au visage de Simon, en lui disant que c'étoit-là qu'il avoit trouvé ce qu'il y avoit de moins propre dans ses appartemens.

Un peu au nord étoit le temple de Bacchus. On y voyoit la statue d'Aristée, fils d'Apollon & de Cyrène, & qui fut l'inventeur des ruches, de l'art de recueillir le miel, de tirer l'huile des olives & de faire cailler le lait. Il y avoit aussi dans ce temple une très-belle statue d'Epicharme, célèbre Syracusain.

Un peu à l'est, étoient deux temples, l'un du sacré Génie ; l'autre, de la Fortune forte.

En remontant vers le nord-ouest on rencontroit le temple de Vénus Callipygie, ou aux belles fesses (2).

---

(1) *Voyez* le Dictionnaire d'antiquité : ceci n'est pas de mon objet.

(2) Comme l'antiquité nous a transmis une statue de cette déesse, & que ce nom est très-connu des artistes modernes, je crois devoir donner l'origine de cette épithète de Venus, d'après Athénée, quoique cette origine ait tout l'air d'un conte absurde. Un homme de la campagne avoit deux filles, qui, n'étant pas d'accord sur la beauté de cette partie de leur corps dont le surnom est passé à la déesse, consentirent à prendre pour juge le premier homme qui passeroit sur le grand chemin. C'étoit un jeune homme d'une famille riche. Il prononça en faveur de l'aînée, & en devint amoureux. Son frere, admis aussi pour juge de ce différend, donna la préférence à la cadette, & en devint également amoureux. Leur pere, qui se refusoit d'abord à cette union, y consentit ensuite. Ce furent ces belles qui, les premières, firent bâtir un temple à Vénus Calipyge ou Callipyge.

Z 2

*Tyché*, prononcez, *Tujué*. Cette partie, tèrminée au nord par le rocher, s'étendoit dans fa partie feptentrionale depuis le bord de la mer (car l'Acradine occupoit une efpèce de promontoire de forme demi-circulaire), où il y avoit un fort, jufqu'à l'Epipole, à l'oueft, féparée auffi de Tyché, par une muraille & un fort. Si de cet angle on tire une ligne, qui, allant du nord-oueft au fud-eft, viendroit joindre, aux deux tiers de la longueur, la muraille qui enfermoit l'Acradine à l'oueft, on auroit toute l'étendue de cette partie de Syracufe: cela donne à-peu-près la forme d'un clavecin. Toute cette partie du fud étoit bornée par la forme du rocher lui-même, dont c'étoit l'extrémité: outre cela cependant il y avoit des murailles.

En partant de l'oueft, où l'angle étoit affez aigu, on trouvoit à l'eft un temple.

Puis un palais de Denys au fud, & un temple de Dioclès au nord.

Un peu au fud-eft de ce temple étoit un cadran folaire, conftruit par les ordres de Denys l'ancien; cet ouvrage étoit magnifique.

Au fud-eft du palais de Denys, il y avoit un temple de la Fortune.

Les connoiffances nous manquent pour donner une idée de la diftribution des rues. On retrouve feulement l'indication d'une place publique, vers le fud-eft du temple dont je viens de parler.

Vers l'eft, en gagnant l'Acradine, étoit un temple d'Hercule.

Et tout près de l'angle où fe terminoit le rocher, prefque contre la muraille de l'Acradine, on montroit un tombeau que l'on difoit être celui de Lygdamon, Syracufain, d'une fi haute ftature, que Paufanias, en parlant de lui, le compare à Hercule le Thébain. Il fut vaincu dans les jeux de Pancrace, à la XXVIII<sup>e</sup> olympiade.

*Neapolis.* Au bas du rocher qui contenoit la partie appelée *Tyché*, du côté du fud, le terrein formoit une efpèce de vallée, dans laquelle, du nord-oueft au fud-eft, couloit le *Timeris*, qui venoit fe rendre dans le grand port, tout près de l'ifthme & des bains de Daphné.

Un peu au fud-oueft, mais coulant dans le même fens, étoit le petit fleuve *Anapus.*

Entre ces deux fleuves, au nord-oueft, il y avoit une petite élévation de terrein appelée, d'après le premier de ces fleuves, *colline Témirite.*

La partie de cette vallée comprife entre le *Timeris* & les fortifications du fud de Tyché étoit nommée *Neapolis*, ou la *nouvelle ville.* Les murailles qui l'enfermoient au fud-oueft, fuivoient à-peu-près le cours du fleuve, & alloient joindre la forterefse qui étoit à l'extrémité de Tyché, près de l'Epipole: elle avoit auffi une forme triangulaire très-alongée.

Cette partie de la ville étoit traverfée dans fa longueur par un très-long aqueduc.

On trouvoit, à partir du nord-oueft, une ftatue d'Apollon, enfuite le palais de Timoléon, puis un temple & la porte Ménétide.

En fe rapprochant du port on trouvoit un temple de Cérès & de Proferpine, où fe célébroient des fêtes dans le temps de la moiffon.

Au nord de l'aqueduc & tout près de l'angle où le *Tyché* touchoit l'Acradine, on trouvoit dans un même local, à-peu-près, le théâtre, une latomie (on verra bientôt ce que c'eft), & l'emphithéâtre.

*Epipolis.* L'Epipole, c'eft-à-dire, partie ajoutée à la ville, étoit au nord-oueft. Elle ouvroit la place de ce côté. On y trouvoit une forterefse, un temple, une prifon. Le *Timeris* bordoit cette partie au fud-oueft.

Au-delà du fleuve Anape, on trouvoit quelques fources; la plus confidérable eft celle de la fontaine Cyane, près de laquelle il y avoit un temple.

Un peu plus loin étoit une autre fontaine, qui eut le nom de fontaine d'*Archimède.* Vénus Callipygie avoit auffi un temple de ce côté.

Et dans l'efpace compris entre la fontaine Cyane & la colline qui, pendant quelque efpace, fépare le terrein du cours de l'Anapus, il y avoit une campagne charmante, occupée par plufieurs belles maifons de campagne.

Le long de la partie nord-oueft du port il y avoit un bel arfenal, conftruit par Denys; & fur la partie occidentale une petite chapelle où les marins offroient des offrandes & faifoient des vœux, avant de s'embarquer.

Sur la partie de l'île qui bordoit le port au fud, il y avoit une forterefse.

Je vais actuellement effayer de faire connoître plus particulièrement quelques-uns de ces monumens, d'après ce qu'en rapporte M. Houël.

Si l'on fuppofe un voyageur dans la partie de l'Acradine qui approche vers le port, la roche lui paroît inclinée du couchant au levant. A quelque diftance du palais de Juftice font de vaftes cavités creufées dans la roche: c'eft ce que l'on appeloit *Latomies.* Cette roche eft calcaire & compacte. Il eft très-probable que les Syracufains en tiroient la pierre dont ils bâtirent & ornèrent leur ville. Ces latomies offrent dans leurs profondeurs des grottes immenfes.

Le fol s'abaiffoit auffi par le fud jufqu'au port; & dans cet efpace on trouve encore quelques monumens, mais ce ne font guère que ceux qui ont été taillés à même la roche, & qui n'ont pas été terminées. Voici comment s'exprime M. Houël (1).

« Le génie fublime des architectes de ces temps antiques prévoyant la barbarie des hommes & les

---

(1) On me jugeroit avec trop de rigueur, fi l'on me blâmoit d'anticiper ici fur la géographie moderne. Quand on lira ce qui y eft dit de l'état de Syracufe moderne, on verra bien au moins que ce que je dis ici, ne font pas des répétitions fuperflues.

ravages des siècles, jaloux de transmettre leurs travaux à la postérité la plus reculée, ont fait entrer dans leurs monumens les productions les plus indestructibles, & ils les y ont fait entrer en les altérant le moins possible. Ainsi, souvent ils n'ont fait que tailler le rocher, selon les dimensions assignées par leur art, relativement à l'édifice qu'ils se proposoient de construire. Ces monumens sont à-peu-près les seuls qui nous restent de l'ancienne Syracuse.

» C'est en vain que de cette roche élevée on jette un coup-d'œil attentif sur l'emplacement qu'occupoit cette ville superbe, & que l'on cherche ces palais, ces temples, ces tribunaux, ces panthéons, ces colonnades si variées, si riches, si élégantes; ces places publiques ornées d'obélisques, de colonnes triomphales ou astronomiques, de statues de bronze & de marbre; ces places où des autels étoient élevés à la bienfaisance & à l'amitié; ces musæum, ces lycées, ces cirques, ces hippodromes, ces naumachies, ces gymnases où les héros se formoient au grand art des combats; cette foule de monumens somptueux, dont le souvenir étonne l'imagination: c'est en vain qu'on les cherche, l'œil ne voit plus que des campagnes cultivées, & le rocher stérile, dont les cavités attestent encore que les édifices de Syracuse furent puisés dans son sein.

» De tant de merveilles il ne nous reste plus qu'un amphithéâtre, un vaste théâtre, des grottes servant de tombeaux, une prison, des tombeaux sculptés dans le roc & décorés d'architecture; d'immenses catacombes, des forts, quelques murs énormes qui partageoient les différens quartiers de Syracuse; quelques débris d'un édifice d'une construction singulière, ceux de trois temples; un escalier creusé dans le roc à une profondeur considérable, & au bas duquel on trouve un bain, des chemins, des grottes singulières, telles que celle qu'on appelle l'oreille de Denys.

Mirabella, né à Syracuse, & auteur d'une histoire de cette ville, rapporte que cette grotte fut surnommée l'oreille de Denys, à cause du parti qu'on avoit tiré de sa disposition. Selon lui, on y enfermoit, au temps de Denys, les prisonniers d'importance; & le geolier, en se plaçant dans un certain endroit d'un corridor qui existe encore à une certaine hauteur, & dont on voit l'ouverture à une grande hauteur, entendoit leur entretien, quelque bas qu'ils parlassent: il les reportoit ensuite à Denys. Mais, dit M. Houël, la forme de ces grottes & l'écho, qui y est très-considérable, a peut-être suffi pour faire imaginer ce petit conte.

Ce fut, dit-on, dans ce lieu que Denys fit enfermer le philosophe Philoxène, auquel il avoit témoigné tant d'amitié, mais qui cependant avoit eu le noble courage de lui dire que ses vers étoient mauvais.

Ce fut aussi dans cette grotte & dans quelques autres que les Syracusains enfermèrent les prisonniers Athéniens; après la défaite de Nicias, & que, faute d'une nourriture suffisante, ils mourent de misère ».

N. B. La petite partie circulaire du plafond de l'oreille de Denys contribue beaucoup à l'effet de l'écho que produit cette grotte; & cet écho seroit bien plus sûr & par conséquent bien plus fort, si cette grotte n'étoit pas tapissée en plusieurs endroits d'herbes & de mousses qui ont poussé le long des murs; & dont la végétation est entretenue perpétuellement par l'eau d'un canal construit sur cette grotte, & qui filtre sans cesse à travers les pores de la pierre. Ces herbes nuisent à la répercussion des sons.

« Cet écho merveilleux a, dans toute la Sicile, une réputation si grande, que tout Sicilien, ou tout étranger qui vient à Syracuse, passe pour n'avoir rien vu, s'il n'a pas été l'entendre.

» Ceux qui visitent cette grotte, y arrivent avec une grande prévention. Les uns y descendent avec des instrumens, & y jouissent d'une singulière cacophonie, qui n'est pourtant pas destituée d'agrémens. La confusion des sons offre des résultats singuliers. Elle enchante les uns, elle déplaît aux autres. Quelques-uns y portent des pistolets, des fusils, & alors l'effet de l'écho est si violent, qu'il peut à peine se soutenir, & qu'une oreille délicate courroit risque d'y devenir sourde.

Ce qui reste de l'amphithéâtre de Syracuse peut entrer dans le nombre des preuves du sentiment rapporté précédemment sur le soin que les architectes anciens prenoient de s'aider des avantages que leur offroit la nature. Cet amphithéâtre avoit été taillé à moitié dans la roche. Voici comment: Toute la partie inférieure avoit été creusée dans le rocher; la partie supérieure seulement avoit été construite en pierre & en moëllon.

N. B. Cette dernière partie, sur laquelle les hommes & les siècles ont exercé leur pouvoir, a été détruite, & a long-temps couvert de ses décombres la partie taillée dans la roche, &, en quelque sorte, indestructible. Les vents entassèrent, parmi ces débris, de la poussière & des terres qui achevèrent de les dérober entièrement à la vue.

Des curieux y ont fait fouiller il y a quelques années, & ils y trouvèrent des gradins taillés dans la roche même: leur forme ovale étoit très-régulière. Continuant toujours d'enlever des terres, ils rencontrèrent une galerie. Elle suivoit la direction des gradins; elle étoit construite en moëllons & en mortier. Elle soutenoit les escaliers de l'amphithéâtre.

Le grand diamètre de l'arène de cet amphithéâtre a 222 pieds, & le petit 138.

Le théâtre de Syracuse, tout détruit qu'il est par le laps du temps & par la barbarie des hommes, offre encore des beautés touchantes. Si l'on examine, dit M. Houël, sa forme générale jusques dans les détails, si l'on contemple les belles masses de ses débris, où l'on voit encore ses profils, tout intéresse, tout parle aux l'imagination le langage le plus éloquent; tout annonce également la beauté du génie de l'architecte. Il eut affez de hardieffe pour ofer tenter de fe paffer de l'art de la conftruction, art dont les monumens, quelque folides qu'ils foient, font pourtant trop faciles à détruire. Cet architecte conçut qu'il feroit plus fimple, plus prompt, plus fûr pour tranfmettre immanquablement un monument à des fiècles fans nombre, de le tailler dans la roche même. Il fe le repréfenta tout formé dans cette roche, comme le fculpteur voit la ftatue dans le bloc de marbre dont il fait la tirer.

Il ne lui fallut donc, pour exécuter fa grande idée, qu'enlever les portions de cette roche qui receloient le théâtre. Il les enleva comme des fuperfluités, afin d'aider, pour ainfi dire, la nature à enfanter ce miracle.

Mais hacher un rocher avec affez d'exactitude pour n'enlever que l'excédent de la matière dans laquelle on veut faire quelque édifice, n'eft pas une opération facile. Il n'y a rien à changer, rien à corriger, rien fur-tout à ajouter. Il faut que l'édifice ait été conçu dans toute fa perfection avant de donner un coup de cifeau, & qu'il forte tout entier du rocher comme d'un moule.

Le théâtre de Syracufe avoit, felon l'ufage, une forme demi-circulaire. L'arène étoit la partie la plus enfoncée de cet édifice, & le lieu où s'exécutoient les danfes, les combats, les cérémonies civiles ou religieufes. Cette arène avoit 120 pieds de diamètre. Dans la partie circulaire plufieurs étages de gradins s'élevoient en raifon de leur éloignement du centre. Ces gradins avoient à leur plus grande élévation environ 90 toifes de circonférence, fur 60 toifes de diamètre. Plus de dix mille perfonnes pouvoient s'y affeoir à l'aife, en y comprenant la galerie, formée d'une colonnade qui faifoit tout le tour du gradin fupérieur. Au furplus, je ne fuivrai pas mon excellent guide dans la defcription qu'il donne des théâtres anciens en général : je renvoie au Dictionnaire d'antiquités, qui doit être, je crois, d'une étendue convenable fur cet objet.

Le temple de Jupiter Olympien, le premier des dieux du paganifme, étoit auffi l'un des plus révérés dans le temps de la fplendeur de Syracufe. Le refpect pour le dieu avoit engagé l'architecte à en faire l'édifice le plus magnifique de tous ceux que la piété a confacrés. S'il faut croire ce que l'on en dit, fon culte devoit être pompeux, & la décoration intérieure très-riche, puifqu'on y dépofoit fouvent fes tréfors, & qu'on aimoit à lui faire des préfens. Il paroît que ce temple, comme beaucoup d'autres temples antiques, étoit une efpèce de citadelle, où l'on pouvoit fe retirer & fe défendre, quand la ville étoit prife. Le refpect religieux que ces dieux infpiroient, relevoit un peu le courage des vaincus, & engageoit quelquefois les vainqueurs à traiter avec eux & à leur accorder des conditions moins dures. De-là

proviennent toutes les déclamations & les exagérations qu'on nous débite fur ces demeures facrées.

Les anciens nous ont tranfmis fort peu de détails fur l'intérieur de leurs temples. Cicéron, qui a vifité avec foin toute la Sicile dans le temps qu'elle étoit floriffante, ne nous a pas parlé des objets dépofés dans ce lieu. Et Mirabella, qui a tant fait de recherches, fe contente de nous dire que ce lieu renfermoit de grandes richeffes.

L'objet le plus précieux contenu dans ce temple étoit la ftatue du dieu, de Jupiter Olympien. Non-feulement elle étoit un chef-d'œuvre de fculpture, mais encore elle étoit couverte d'un manteau d'or maffif, qui devoit être un chef-d'œuvre de fonte.

Hiéron lui avoit fait don de ce manteau. Denys le tyran, qui avoit de l'efprit, quoiqu'il fît mal des vers, enleva ce manteau, en difant qu'il étoit trop lourd pour l'été, & trop froid pour l'hiver. Ce qu'il eft très-aifé de préfumer, c'eft que ce manteau d'or devoit choquer le bon goût, & que cet or étoit plus utile dans le commerce que dans un temple. C'eft ce que Denys comprenoit très-bien.

On confervoit dans le temple la lifte des citoyens en âge de porter les armes. Les dépouilles des ennemis y étoient quelquefois portées après des victoires mémorables. Le bouclier de Nicias, l'un des deux généraux d'Athènes qui affiégèrent Syracufe, y fut appendu après la victoire des Syracufains.

La fontaine Aréthufe, fi célèbre chez les anciens, & fi dignement célébrée par les poëtes, eft réellement une fource très-confidérable qui fort d'un rocher, à l'occident de la ville actuelle de Syracufe, à peu de diftance de la cathédrale. Mais l'orifice par où jaillit l'eau actuellement n'eft pas le même que celui par laquel elle fortoit autrefois; du moins c'eft le fentiment de Mirabella.

La fable, dit M. Hoüel, s'eft exercée fur cette fource, comme fur celle de Cyané; mais elle a imaginé une hiftoire plus ingénieufe & moins finiftre. Elle fuppofe qu'Alphée, fleuve du Péloponnèfe, amoureux d'Aréthufe, nymphe de Sicile, la pourfuivit avec ardeur, & que la nymphe, épuifée de fatigue, près de tomber, implora Diane, qui, pour la fauver des tranfports d'un amant vainqueur, la métamorphofa en fontaine. Alphée voulut au moins mêler fes ondes avec celles de la nymphe, &, les conduifant des rives de la Grèce par-deffous la mer, il ne leur permit de fortir qu'aux rives de la Sicile, & fi près du bord où s'épanchent celles d'Aréthufe, qu'on a dit qu'elles fe mêloient enfemble. J'ai rapporté cette fable ici, quoique j'en euffe déjà parlé ailleurs, parce que je la voulois rapprocher de la vérité phyfique, donnée par l'infpection du local. J'emprunte les paroles de M. Hoüel.

« Non loin du rocher d'où s'écoulent les eaux de cette fontaine, on trouve au bord de la mer une fource d'eau douce. Les Naturaliftes foupçonnent que ces deux fources, appelées encore actuellement *Alphée* & *Aréthuse*, ont une origine commune.

Une tradition populaire & même historique, dit que l'on a vu sortir de ces deux sources des feuilles d'arbres & d'autres corps légers que ces eaux amenoient peut-être de très-loin. Ce fait suppose que ces eaux coulent d'abord à découvert : peut-être leur véritable source est-elle dans l'Etna.

Les eaux de l'Aréthuse ne sont pas bonnes à boire. Elles ont une saveur désagréable. On l'attribue au dérangement causé dans le sein de la terre ou de la roche, par quelques-uns des tremblemens de terre dont l'histoire de Sicile n'offre que trop d'exemples. Du temps des Romains, ces eaux étoient bonnes, & cette fontaine étoit très-poissonneuse.

Le temple de Minerve à Syracuse est un des plus anciens de cette ville, & cependant il est le moins détruit de tous ceux dont il reste quelques foibles débris. Il avoit six colonnes de face, & quatorze de chaque côté, en comptant celles des angles. Mirabella dit que la longueur de ce temple étoit d'environ vingt-sept toises, & sa longueur de dix & demie. Il ajoute qu'une tour quarrée s'élevoit au-dessus du temple, & qu'au sommet de cette tour on avoit appendu l'égide de Minerve, vaste bouclier de cuivre doré. Les rayons du soleil qu'il réfléchissoit avec force, le faisoient appercevoir de fort loin en mer. Les navigateurs qui partoient du grand port, après avoir adressé leurs vœux à Jupiter Olympien sur l'autel érigé à ce dieu, sur le rivage même, auprès de son temple, s'embarquoient & emportoient avec eux des vases, des gâteaux, du miel, de l'encens, des fleurs & des aromates. Ils quittoient la rive avec ces provisions, &, au moment qu'ils perdoient de vue l'égide de Minerve, ils les jettoient à la mer, comme une offrande à Neptune & à Minerve, & ils prioient ces divinités de leur accorder une heureuse navigation.

L'intérieur du temple, de Minerve lorsque les Romains firent la conquête de Syracuse, etoit orné de superbes peintures. On cite entre autres le tableau de Mentor, délivrant un lion d'une épine qui lui étoit entrée dans la patte ; & celui qui représentoit le fameux combat d'Agathocle à cheval, c'étoit celui qu'on estimoit le plus.

Il y avoit en outre, vingt-sept tableaux ou portraits des rois & des tyrans de Syracuse, dont Cicéron fait un grand éloge.

Au temps de Bélisaire ce temple avoit été converti en église : on dit même que ce fut lui qui en fit la dépense. Mais en 1100, le jour de Pâques, la voûte s'écroula, disjointe par un tremblement de terre. Presque tous ceux qui étoient dans l'église périrent.

Le temple de Diane passoit pour être le plus ancien ; il n'en reste plus que deux ou trois colonnes enclavées dans des maisons de particuliers.

On dit que Diane fut la première divinité adorée à Syracuse : cela doit s'entendre, sans doute, des colonies Grecques. L'île où ils commencèrent leur établissement lui fut particulièrement consacrée. Ils l'appellèrent Ortygie, parce que l'île de Délos, où la fable plaçoit la naissance de Diane, avoit aussi ce nom.

On dit aussi que ce fut dans ce temple que l'on chanta, pour la première fois, des vers bucoliques.

*Précis historique.* C'est une opinion assez généralement établie, que le gouvernement fut d'abord monarchique à Syracuse : Athénée & Elien font mention d'un prince qu'ils appellent *Polis*. On n'avoit, à la vérité, que ce nom seul d'un ancien roi, lorsque M. Houel trouva une inscription qui donne le nom d'une reine appellée *Philistis*, dont on a quelques médailles grecques. Aucun des écrits conservés jusqu'à nous ne parle de cette princesse. Il est probable qu'elle eût été plus connue, si plusieurs ouvrages de l'antiquité, & particulièrement vingt-cinq livres de l'Histoire universelle de Diodore, n'eussent pas été perdus sans espérance de les recouvrer jamais. Je vais placer ici, dans un petit tableau, les époques principales de l'histoire de cette ville célèbre ; je leur donnerai ensuite quelque développement.

## ÉPOQUES PRINCIPALES DE L'HISTOIRE DE SYRACUSE.

| An de Rome. | An de Rome. |
|---|---|
| 48. Syracuse, *fondée.* | 385. Denys le jeune. |
| 257. Hippocrate *gouverne.* | 397. Dion *gouverne.* |
| 262. Gélon. | 399. Calippus *son fils.* |
| 277. Hiéron I. | 400. Hypparinus, *fils de Denys.* |
| 287. Trasybule, *onze mois.* | 406. Denys *revient.* |
| *Soixante ans de liberté.* | 410. Timoléon *chasse Denys.* |
|  | 436. Agathocle. |
| 339. Syracuse *assiégée par les Athéniens.* | 479. Hiéron II. |
| 343. Guerre *contre les Carthaginois.* | 538. Hiéronyme *son fils.* |
| 348. Denys *l'ancien.* | 541. Marcellus *prend la ville.* |

Je ne me répandrai pas en conjecture sur ce qui précéda le temps de Gélon; car à peine trouve-t-on dans quelques historiens de simples apperçus. C'est à lui proprement que commence l'histoire de cette république intéressante.

Gélon descendoit d'une famille qui avoit éprouvé plusieurs de ces vicissitudes qui sont si communes dans les petites républiques. Il étoit de Géla, & l'un de ses ancêtres y avoit été pontife des dieux infernaux. Il s'étoit signalé dans les guerres qu'Hippocrate, tyran de Géla, fit aux états voisins. Après la mort du tyran (1) il feignit de vouloir faire conserver l'autorité à ses fils, & l'usurpa pour lui-même.

Peu après, en favorisant une des factions de Syracuse, il parvint à s'emparer des forces de toute la ville. Alors, il se fixa dans cette ville, & laissa Géla à son frère Hiéron.

Il faut convenir que lorsqu'il est nécessaire d'agir, soit pour étendre des conquêtes, soit pour des opérations intérieures du gouvernement, le génie d'un homme y met plus d'activité qu'un conseil composé de sages. On s'en apperçut à Syracuse. Il vouloit donner à cette ville de l'éclat & de la force. En même temps qu'il travailloit à l'embellir & à l'augmenter en étendue, il fit la guerre aux habitans de Camarina, les vainquit, & les amena à Syracuse, dont il augmenta ainsi la population. Il en fit autant des plus riches habitans de Mégare. Mais, en tyran, c'est-à-dire, en vainqueur absolu qui méconnoît tous les droits de l'homme & les premières conventions sociales, non-seulement il enleva le petit peuple de ses foyers, mais il le dispersa & le vendit comme esclave. Encore y mit-il cette condition, qu'il exigeoit des acheteurs que ces esclaves seroient transportés hors de la Sicile.

Il en arriva de ces usurpations ce qu'il avoit prévu, c'est-à-dire, que sa puissance contraindroit les Syracusains, & que les autres nations le respecteroient. La plupart des villes de Sicile & les deux plus puissantes villes de la Grèce recherchèrent son alliance. Athènes & Lacédémone lui envoyèrent des ambassadeurs pour l'engager à les secourir contre Xerxès, prêt à se jeter sur la Grèce avec une armée formidable. Cette démarche étoit presque inconsidérée, car ces républiques lui avoient refusé du secours dans un temps où la puissance n'étoit pas aussi formidable. Cependant Gélon

(1) Comme j'emploie ici ce mot d'après les auteurs Grecs, il convient que j'explique le sens qu'ils y attachoient. Cette épithète avoit moins de rapport à la manière de gouverner, qu'au titre en vertu duquel on gouvernoit: un tyran chez les Grecs, eût été appelé chez nous usurpateur. Il suffisoit de s'être emparé de l'autorité dans une ville célèbre, pour être appelé tyran, ou même aussi de l'avoir reçu de son père, qui l'avoit usurpée. Dès qu'une fois une ville avoit été libre, tous ceux qui la gouvernoient seuls, étoient réputés tyrans: il n'y avoit qu'une longue habitude qui pût leur obtenir le nom de roi.

promit le secours. Mais, comme si dès ce moment il se fût proposé d'en abuser, en leur offrant 200 galères, 20000 hommes armés, 2000 chevaux, 2000 archers & 2000 frondeurs, &c. & des subsistances pour toute l'armée, il en demanda le commandement; il voulut bien ensuite se contenter de commander ou la flotte, ou les troupes de terre. Toutes ses demandes furent également rejetées: il renvoya les ambassadeurs.

Lorsqu'il sut que Xerxès étoit entré dans la Thrace & la Macédoine, & qu'il marchoit contre les Grecs, il envoya des personnages distingués avec des présens pour le roi de Perse, en cas qu'il fût vainqueur. Les présens lui revinrent; les Grecs furent vainqueurs, & les envoyés très fidèles. Hérodote rapporte la chose un peu différemment, en disant que ce fut une irruption de la part des Carthaginois qui l'empêcha de secourir les Grecs.

Les Carthaginois s'étoient ligués avec les Perses pour écraser les Grecs, s'il étoit possible. Ils descendirent en Sicile sous la conduite d'Amilcar. Mais une ruse employée par Gélon lui procura le moyen de défaire absolument cette première armée. Il périt quinze mille hommes dans l'un des camps des Carthaginois. Cette défaite eut lieu, selon Diodore, le jour du combat des Thermopyles; selon Hérodote, le jour du combat de Salamine. Ce fut à l'occasion de cette victoire que les Agrigentins bâtirent ce fameux temple dont j'ai parlé précédemment. Les Carthaginois demandèrent la paix & l'obtinrent.

On remarque entre les conditions du traité, que Gélon exigea d'eux qu'ils renonceroient aux sacrifices humains.

Les traits suivans ne font pas moins d'honneur à son caractère.

Renonçant à toute espèce de prétention à l'égard du commandement, il alloit conduire une flotte au secours des Grecs, lorsqu'il apprit la défaite entière des Perses. Toute apparence de guerre étant évanouie, il licencia les troupes étrangères, convoqua une assemblée générale de tous les Syracusains en armes, & se présentant devant eux, leur remit le pouvoir. Je ne sais si l'offre étoit très-sincère, s'il n'y avoit pas dans l'assemblée des gens apostés pour entraîner les autres dans le parti que l'on prît, ou si les Syracusains étoient alors si peu dignes du bien qu'on leur offroit; seulement on peut dire qu'ils étoient ou trahis, ou imbéciles. Et, comme la multitude a toujours des chefs plus en état de juger de la suite des démarches, je ne puis croire que dans cette occasion les Syracusains ne furent pas trahis. Non-seulement on força Gélon de se revêtir du pouvoir suprême; mais même on passa un décret par lequel cette même puissance étoit assurée successivement à ses deux frères, Hiéron & Thrasybule. Ainsi, pendant qu'aux Thermopyles & à Salamine on mouroit pour assurer la liberté de son pays, à Syracuse on renonçoit, pour soi & pour los fiens, à une liberté qui étoit offerte. Une preuve même que Gélon n'étoit pas de bonne-foi, c'eſt qu'il accepta. Il eſt vrai qu'il n'uſa de ſa puiſſance que pour faire des travaux utiles. C'étoit la ſeule manière de ſe faire pardonner. Sous ſon règne, car il eut le titre de roi, Syracuſe augmenta beaucoup ſa population & ſes richeſſes, & jouit du ſort le plus heureux. Mais ce règne ne fut que de ſept ans.

Hiéron, frère aîné de Gélon, lui ſuccéda. L'hiſtoire, de ſon pinceau fidèle, l'a peint comme un tyran qui ſe mettoit au-deſſus des loix, & qui ſacrifia à ſes goûts & à ſon avarice le ſang & les biens de ſes ſujets. Les prêtres & quelques philoſophes qu'il a careſſés, & auxquels il a fait du bien, ont parlé de lui avec éloge, & en ont cité de beaux traits; tout cela fait honneur à leur reconnoiſſance. Mais on doit juger les ſouverains d'après leur conduite publique, & l'on a le droit de leur reprocher de n'y avoir pas montré les mêmes vertus que dans leur conduite privée.

On y voyoit Hiéron I, toujours occupé de guerre contre différentes villes de la Sicile. On ne trouve pas une de ces guerres aſſez néceſſaire pour y ſacrifier le ſang de ſes ſujets. Je ne mets pas dans ce nombre celle qu'il fit aux corſaires qui infeſtoient les côtes de la Sicile. Il eut la vanité de ſe montrer & de vaincre à la courſe des chars aux jeux olympiques; mais les Grecs ont ſenti que ce n'étoit pas l'eſpèce de gloire à laquelle devoit aſpirer un ſouverain.

Thraſybule lui ſuccéda. Ce fut un tyran cruel & ſanguinaire, dont le règne dut bien faire repentir les Syracuſains des ſuites de leur enthouſiaſme pour les vertus de Gélon. Sa cruauté ſecondoit ſon avarice, & ſon avarice nourriſſoit ſa cruauté. Il faiſoit mettre à mort les gens riches pour s'emparer de leurs biens, & faiſoit plier tout le reſte ſous le poids de ſa tyrannie. On le ſouleva, & il fut réduit à ſe cantonner dans une des parties de la ville, pour ne pas tomber entre les mains du peuple, devenu furieux & impitoyable par ſes injuſtices. D'autres villes de la Sicile joignirent leurs armes à celles des Syracuſains. Il obtint de meilleures conditions qu'il n'auroit oſé l'eſpérer. On lui laiſſa la vie ſauve, à condition que, renonçant à toute prétention au trône, il ſe retireroit en pays étranger. Il avoit régné dix mois.

Les Syracuſains recouvrèrent une liberté dont ils n'étoient pas réellement dignes. Tous les Grecs avoient le ſentiment de la liberté, le courage qui la procure; mais ils manquoient des lumières qui en aſſurent la jouiſſance. On commença par ériger une ſtatue coloſſale à Jupiter, & l'on inſtitua une fête en l'honneur de ce dieu, dans laquelle on immola quatre cens cinquante taureaux; cérémonie qui devoit ſe célébrer chaque année. C'eſt bien la joie d'un peuple enfant qui ſe prive d'un bien réel, pour un bien imaginaire. Enſuite on irrita les étrangers établis à Syracuſe par Gélon. Ils prirent

les armes, & malheureuſement n'étant pas les plus forts, ils furent taillés en pièces.

Le nouveau gouvernement étoit la démocratie, & les magiſtrats étoient choiſis par le peuple. Mais les vues ambitieuſes de pluſieurs particuliers qui avoient occupé des places éminentes ſous Gélon, Hiéron & Thraſybule, troublèrent ſouvent la tranquillité qui eût dû être la ſuite de ce gouvernement. On crut y remédier en inſtituant une loi appelée *le Pétaliſme* (1), parce qu'elle permettoit à tout citoyen convoqué à cet effet, d'inſcrire ſur une feuille le nom de celui qu'il croyoit aſpirer à la tyrannie. Celui qui portoit ombrage à un plus grand nombre de citoyens, étoit banni pour cinq ans. On voit, qu'au nom près, c'étoit l'oſtraciſme des Athéniens.

Dans cet intervalle de liberté, qui dura ſoixante ans, les Syracuſains éprouvèrent d'abord des pertes conſidérables contre Ducétius, chef des Sicules, qui s'étoient maintenus indépendans, & qui habitoient l'intérieur de l'île. C'eſt à ces Sicules que l'on doit attribuer les grands travaux que j'ai dit avoir été faits dans les montagnes. Ducétius, d'abord vainqueur, fut enſuite battu, & implora la clémence des Syracuſains.

Fier de ce ſuccès, ce peuple, que des forces de terre & de mer mettoient à la tête de tous ceux de la Sicile, voulut en abuſer pour les tenir dans une dépendance offenſante. Cent fois heureux le peuple ſage qui, après avoir recouvré ſa liberté, annonce qu'il ne prendra jamais les armes que pour repouſſer une uſurpation, & non pour ſe venger d'une prétendue offenſe !

Mais les anciennes républiques de la Grèce avoient la fureur de la domination. Je ſuppoſe que ce goût avoit pour premier principe le beſoin de la guerre, entretenu par le goût du luxe & des commodités de tout genre qui néceſſitoient un très-grand nombre d'eſclaves. Or, comme malgré la culture des lettres, des arts, & d'une certaine philoſophie, ils méconnoiſſoient tous le premier & le plus précieux des droits de l'homme, la liberté; qu'un barbare, qu'un grec, dès qu'il étoit priſonnier, étoit eſclave, le moyen de s'en procurer étoit de faire une guerre heureuſe, & d'avoir beaucoup de priſonniers. De quelque façon que ſes fiſſent les partages, il eſt ſûr qu'en regardant les hommes ſous ce rapport révoltant, c'étoit une denrée dont une victoire conſidérable pouvoit, d'un inſtant à l'autre, faire infiniment baiſſer le prix. Lorſque d'après les inſtitutions de l'Europe moderne, un prince a fait la conquête d'un pays, ſon état eſt plus conſidérable, ſans que perſonnellement il en ſoit beaucoup plus riche, & même la puiſſance de ſon état n'en devient plus grande que parce qu'il joint de nouvelles rétributions aux anciennes. Mais, chez les anciens Grecs ou Ro-

(1) Du mot grec *pétalon*, une feuille.

A a

mains, une partie des terres conquises étoient attribuées au fisc, le reste étoit donné au général, aux officiers, aux soldats. Les habitans étoient enlevés à leurs terres, à leurs foyers ; on se les partageoit, ou du moins, vu la quantité, on les vendoit d'abord à un prix médiocre.

Il est probable que ce furent ces motifs qui engagèrent les Syracusains à se jeter sur les terres de Léontins. Ceux-ci étoient une colonie de Chalcis, originaires d'Athènes. Les Léontins adressèrent leurs plaintes à cette ville, dont le peuple n'étoit ni plus raisonnable, ni moins ambitieux que les Syracusains.

Il y avoit long-temps que ce peuple avoit envie de se rendre maître de la Sicile : il crut en avoir trouvé l'occasion. Ils envoyèrent en effet une armée considérable, sous prétexte de secourir les Léontins. Mais à leur conduite, aux ravages qu'ils commirent, on découvrit aisément qu'ils cherchoient moins à secourir les Léontins, qu'à s'approprier tout le pays. Les Léontins, de leur côté, au lieu d'être secourus, ayant à craindre de tomber au pouvoir d'une puissance encore plus oppressive, se joignirent aux Syracusains, & les Athéniens furent trompés dans leurs projets ambitieux. Ils en rejetèrent la cause sur les généraux de l'armée, en bannirent deux, & contraignirent le troisième à payer une amende considérable.

Dix ans environ s'étoient écoulés ; il se présenta une nouvelle occasion de reprendre le projet d'envahir la Sicile. Les villes de Ségeste & de Sélinonte étoient en guerre, & n'étoient secourues par aucun peuple de la Sicile. Les Ségestains députèrent à Athènes ; &, malgré l'avis des meilleurs esprits, & notamment de Nicias, on arrêta de porter du secours aux Ségestains.

Alcibiade, Nicias, & Lamachus furent nommés pour commander la flotte, avec plein pouvoir de régler les affaires de la Sicile, dont on ne doutoit pas qu'ils fissent la conquête.

Je n'entrerai pas dans les détails de cette guerre, qui finit si malheureusement pour Athènes. Alcibiade, dont le caractère est connu, étoit d'avis de faire la conquête : Nicias ne vouloit que secourir les Ségestains. Mais l'avis contraire l'emporta, & causa la perte de l'armée. Malgré les secours envoyés d'Athènes, la flotte & les troupes de terre furent battues, & ce qui échappa au fer du vainqueur, fut obligé de se rendre. Le peuple de Syracuse, égaré par un orateur qui cherchoit à se rendre recommandable en flattant ses passions, se couvrit d'une honte éternelle en ne tenant aucune des conditions du traité. On fit battre de verges les généraux, puis on les mit à mort, & l'on enferma les soldats dans les carrières ou latomies, n'ayant, par jour, pour nourriture, que deux petites mesures de farine & une mesure d'eau. Presque tous y périrent de misère ; il n'en faut excepter que quelques-uns qui furent vendus comme esclaves : cette guerre avoit duré trois ans.

Les Syracusains récompensèrent généreusement leurs alliés. Mais les Ségestains, attaqués de nouveau par les habitans de Sélinonte, & craignant le ressentiment des Syracusains, envoyèrent des ambassadeurs à Carthage pour y demander de passer sous la domination de cette ville. En effet, après quelques délais, les Carthaginois les mirent en état d'attaquer à leur tour ceux qui les avoient provoqués. La conduite odieuse qu'avoit tenue Sélinonte, fut cause de sa perte. Les Carthaginois, appelés au secours des Ségestains, parvinrent à prendre Sélinonte, la pillèrent, la brûlèrent, & enfin la détruisirent de fond en comble, environ 250 ans après sa fondation. Peu après les Carthaginois prirent Himère, qu'ils traitèrent avec la même barbarie. Leur chef se nommoit Annibal : à son retour à Carthage, il fut reçu avec les honneurs les plus distingués.

Pendant ce temps, des troubles intérieurs préparoient à Syracuse des maux encore plus grands. Le malheur de toutes ces républiques Grecques étoit l'esprit de faction. Le peuple, entraîné par quelques chefs séditieux, se divise en différens partis ; & chacun veut ensuite que son parti soit le dominant.

Dioclès, auquel l'antiquité attribue de grandes lumières & les meilleures loix de Syracuse, étoit à la tête d'un parti nombreux, vertueux même, mais de principes très-sévères. Hermocrate, qui avoit servi avec gloire dans la dernière guerre contre Athènes, & qui avoit été envoyé depuis au secours des Lacédémoniens, avoit aussi ses partisans, mais moins nombreux & moins puissans ; ils ne purent empêcher qu'il ne fût cité en jugement pour certains points de sa conduite, & enfin banni, sans avoir été trop écouté : on lui conseilla de s'en venger ; il céda à cet avis condamnable, & entreprit de surprendre Syracuse avec une petite armée qui, trop foible pour cette entreprise, fut taillée en pièces, & lui-même fut tué. Tous ceux qui dans la ville avoient tenu son parti furent bannis ; Denis, son gendre, fut de ce nombre.

Pendant ce temps, les Carthaginois envoyèrent de nouvelles troupes en Sicile, sous la conduite d'Annibal, qui y avoit déjà commandé, & d'Imilcon qui le secondoit. Le premier succès de cette seconde expédition fut la prise & la ruine d'Agrigente, où l'on fit un butin immense. Le siège avoit duré huit mois.

La prise d'Agrigente occasionna de nouveaux troubles à Syracuse. On y accusa plusieurs des principaux personnages d'avoir contribué à la ruine de cette ville. La populace se livra à des actes de violence. Ce fut à la faveur de ces troubles, que ce Denis, que j'ai dit plus haut avoir été exilé parce qu'il étoit gendre d'Hermocrate, & qui avoit été rappelé, parvint à se mettre à la tête du parti dominant.

Il étoit brave, & possédoit le talent de la parole. Pour s'attirer pleinement la confiance du peuple, il le flatta dans ses soupçons contre les généraux, & contre les magistrats. Les gens éclairés démêlèrent ses vues, le citèrent devant le tribunal, & le firent condamner à payer une amende considérable, avant qu'il lui fût permis de paroître en public & d'y haranguer. Il n'avoit pas une fortune qui lui permît de payer cette somme; un homme, riche citoyen, la paya pour lui.

Il n'en devint alors que plus puissant, & bientôt il fit agréer au peuple de rappeler les citoyens exilés. Ils étoient nombreux; il eut en eux autant de partisans.

Un événement inattendu favorisa encore son usurpation. De grands troubles s'étoient élevés dans la ville de Géla. Il s'y porta avec des troupes, favorisa le parti du peuple, & mettant à mort les riches qui avoient prétendu dominer, il fit confisquer leurs biens, dont il obtint une partie pour payer les troupes qu'il avoit armées.

De retour à Syracuse, il mit en œuvre les manœuvres les plus odieuses pour égarer la multitude, & rendre les magistrats odieux.

Je pourrois, je le sens bien, abréger ces détails; mais nous sommes dans un moment qui doit rendre précieux tout ce qui peut tendre à faire distinguer ceux qui sont réellement bons patriotes, d'avec ceux qui ne cherchent à flatter le peuple que pour l'égarer.

Lorsque Denys reparut dans Syracuse, c'étoit précisément à l'instant où l'on sortoit du théâtre: on pouvoit même soupçonner qu'il avoit pris ce moment. Le peuple courut en foule au-devant de lui. Il montra de la reconnoissance de ce bon accueil, mais sur-tout une vive tristesse de la conduite des magistrats; il les accusa d'amuser le peuple par des spectacles, pendant qu'ils le trahissoient; il alla même jusqu'à dire que le général Carthaginois l'en avoit convaincu, en lui proposant de se laisser corrompre de même. Les esprits s'échauffèrent, & la crainte du danger, se joignant à un excès de confiance, on nomma Denys généralissime, & aussi-tôt il fit arrêter que l'on donneroit une double paie aux soldats.

Il faut bien se rappeler que presque toutes ces troupes étoient des étrangers. Les citoyens à Syracuse ne faisoient pas, comme à Paris, la plus forte partie de l'armée. Denys profita aussi de ce premier instant d'égarement pour se faire donner des gardes. Peu après s'étant retiré à Léontini, il réussit à se procurer une garde nombreuse, composée principalement d'étrangers, & avec laquelle il revint à Syracuse.

Peu après les Carthaginois, sous la conduite d'Imilcon, s'étant emparés de Géla & de Camarine, que Denys, qui s'étoit porté vers eux avec cinquante mille hommes, auroit pu défendre, sa cavalerie le soupçonna de trahison, le quitta, & revint à la hâte pour lui fermer les portes de la ville. Mais au lieu de prendre, en effet, les précautions les plus sages pour qu'il n'y pût rentrer, ils se portèrent à son palais, le pillèrent, & traitèrent sa femme avec tant d'indignité, qu'elle se donna la mort ensuite.

Denys accourut, mit le feu à la porte de la ville; & dès qu'il y fut entré, y commit des cruautés horribles. Peu après il conclut avec les Carthaginois, affoiblis par la peste qui s'étoit mise dans leur armée, une paix qui leur étoit avantageuse.

Pour empêcher que les Syracusains ne tournassent contre lui le repos que leur laissoit la paix avec les Carthaginois, il résolut de se fortifier contre eux dans la ville même; & pour cet effet, il fit bâtir des forts & des murailles autour de la partie appelée *Ortygie*.

Il étoit occupé d'un siège d'une petite ville, lorsqu'une partie de l'armée, & bientôt toute la ville se révoltèrent contre lui. Il revint, s'empara de l'Épipole; mais on l'y tint assiégé, & l'on envoya de toutes parts demander de nouvelles forces; c'étoit la cause de la liberté. Les députés furent bien reçus à Rhège & à Messine. Alors on fit publier que l'on donneroit une grande récompense à celui qui tueroit le tyran, & le droit de bourgeoisie à ceux de ses soldats qui l'abandonneroient.

Il s'ensuivit une désertion presque générale, & Denys mit en délibération avec ses amis s'il ne se tueroit pas. Il prit le parti plus doux de négocier, & obtint des Syracusains qu'il pourroit se retirer. Mais il avoit en même temps offert de grandes récompenses à des soldats Campaniens, auxquels Imilcon avoit confié la garde de ses conquêtes. Je vois avec douleur que presque toutes ces troupes de l'antiquité sont de farouches assassins, qui vendent leurs forces & la mort qu'ils peuvent donner, à qui veut les payer plus chèrement.

On avoit quitté les armes à Syracuse, & l'on croyoit le tyran prêt à partir, lorsque les Campaniens arrivèrent à l'improviste, pénétrèrent jusqu'à l'endroit où étoit Denys, d'autres arrivèrent encore; enfin, Denys parvint à se retrouver une seconde fois le maître. Il renvoya les soldats Campaniens. Mais ces hommes féroces & cruels s'étant portés à l'ouest, vers la ville d'Entella, demandèrent à y passer une nuit. Ils prirent ce temps pour égorger tous les hommes & s'emparer de leurs femmes & de leurs filles, avec lesquelles ils restèrent en possession de la ville.

Denys parvint à désarmer tous les Syracusains en s'emparant de leurs armes pendant qu'ils étoient occupés à leurs moissons. Il fortifia la citadelle, puis chercha à étendre ses conquêtes; & en effet, il réussit à s'emparer de Naxe, de Catane, de Léontini, d'Etna & d'Enna, &c. Les habitans furent traités avec beaucoup de bonté.

Rhège & Messine, qui avoient une flotte, offrirent leurs services aux Syracusains; mais la discorde se mit entre leurs chefs, & l'offre resta fans effet. Denys fit un traité avec ces deux villes.

Il fit enfuite les plus grands préparatifs contre Carthage, tant par le grand nombre d'armes qu'il fit conftruire, que par l'état dans lequel il mit la flotte, & il commença les hoftilités par un acte digne d'un tyran, en permettant à la populace de piller les biens des Carthaginois, qui, fur la foi des traités, s'étoient établis à Syracufe.

La première expédition importante fut la prife de Moyté, à l'oueft, dans laquelle les Carthaginois avoient établi leur magafin général: c'étoit la place la plus forte qu'ils euffent dans l'île.

Peu après Imilcon prit Meffine, & la rafa de fond en comble: il vint même mettre le fiège devant Syracufe. Mais les Syracufains remportèrent fur lui un avantage affez confidérable. Et perfuadés que l'oppreffion où les tenoit le tyran nuifoit à leurs fuccès, ils délibérèrent publiquement s'ils ne le chafferoient pas. Le général Lacédémonien, qui avoit amené des troupes au fecours de Syracufe, fe refufant à cette démarche, Denys, pour cette fois, n'en eut que la peur. Il répara avantageufement les torts qu'on lui reprochoit de fe laiffer vaincre, & il défit entièrement les Carthaginois. Il eft vrai qu'au lieu de les pourfuivre à outrance, comme il eût dû faire à l'égard d'un ennemi puiffant & irréconciliable, il reçut en fecret de l'argent pour en laiffer échapper une partie, compofée des feuls Carthaginois.

Délivré de la crainte des forces Carthaginoifes, Denys tourna fes forces contre Rhège, & ne fe propofoit pas moins que de fubjuguer toutes les villes de la grande Grèce. En effet, ayant battu les troupes alliées, il força Rhège à demander la paix; & même peu-à-près la guerre ayant recommencé, la ville foutint un fiège de onze mois, à la fin duquel le plus grand nombre des habitans périrent de faim & de fatigue. Il exerça la plus cruelle vengeance contre Phiton, qui avoit commandé pendant le fiège.

Je paffe fous filence tout ce qui concerne la conduite privée de Denys. Ce tyran mourut, & fon fils Denys le jeune lui fuccéda: fon oncle Dion prit foin de lui pendant les premières années de fon règne: mais les confeils de ce fage grec n'eurent pas l'effet qu'il en attendoit, & Denys fe plongea dans la débauche la plus crapuleufe. Les compagnons de fes plaifirs rendirent fufpect Dion, & même Platon, qui avoit été appelé à la cour par Denys. Dion fut exilé: peu après Platon fut renvoyé en Grèce d'une manière honorable. Quoique Denys eût promis de rappeler Dion, cependant lorfqu'il fut qu'il avoit été reconnu citoyen de Sparte, & traité avec les plus grands honneurs à Athènes, il le traita d'abord avec indifférence, & finit par ne lui pas envoyer fa penfion. Je paffe fous filence un troifième voyage de Platon à Syracufe. Denys maria la femme de Dion à l'un de fes courtifans. Mais

Dion, irrité de ce dernier outrage, & plus encore enflammé du defir de remettre fa patrie en liberté, raffembla des troupes, &, avec deux vaiffeaux feulement, vint fe préfenter au port de Minoa, près d'Agrigente. De-là il fe rendit par terre à Syracufe, où il fut reçu comme le libérateur de la patrie. Denys fe trouvoit alors abfent; il étoit à Caulonie en Italie. Dion prit d'affaut le château, en délivra tous les prifonniers, & entoura la citadelle.

Denys de retour, parvint cependant à y entrer. Il y tint quelque temps, fit des propofitions de paix, qui ne furent pas acceptées, & repaffa en Italie. Cependant ce peuple, qui avoit tant d'obligations à Dion, s'étant laiffé égarer par un ambitieux, nommé Héraclide, chaffa Dion avec fes troupes étrangères. Pendant ce temps, les troupes qui étoient dans la citadelle reçurent des vivres & des fecours, & fe jetèrent fur les Syracufains, que trop de fécurité laiffoit fans défenfe.

Le peuple alors fentit fa faute, & fa conduite devroit fervir d'exemple à tout peuple qui chérit fa liberté. On dépêcha de nouveau vers Dion; on le fupplia de venir. Ses ennemis avoient encore mis obftacle à ce retour. Cependant il vint, & fes troupes battirent celles de Nypfius, qui commandoit pour Denys. On prit la citadelle, que Dion laiffa au pouvoir des Syracufains: il n'avoit pas voulu s'y loger pour ne pas leur donner de l'ombrage. Ce grand homme s'occupa de la réforme du gouvernement; & comme il avoit trouvé tant d'inconftance dans le peuple, il établit un gouvernement ariftocratique. Ce même Héraclide, qui plus d'une fois avoit traverfé fes deffeins, tira parti de cette circonftance pour le rendre fufpect au peuple. Dion crut y remédier en le faifant affaffiner. Mais il en reffentit les plus vifs remords. Enfin, il fut même d'autres chagrins. Enfin, il fut affaffiné par un Athénien ambitieux, qui, quoique lié d'amitié avec lui, afpiroit à s'emparer de l'autorité à Syracufe.

Cet affaffin, nommé *Callipe*, ne jouit pas long-temps du fruit de fon crime. Aidé de quelques foldats Zacynthiens, il s'empara bien de l'autorité; mais ayant voulu fe porter vers quelques autres villes, il trouva par-tout de la réfiftance, & fut obligé de fe retirer à Rhège, où, après une vie miférable, il fut affaffiné.

Après des troubles affez longs, Denys trouva moyen d'en profiter, revint à Syracufe, y recouvra l'autorité, & s'y livra plus que jamais à fon caractère féroce.

D'un autre côté, les Carthaginois renouvellèrent leurs prétentions contre Syracufe. On y étoit fans chef habile. Le peuple députa à Corinthe, d'où l'on envoya Timoléon, guerrier habile, & l'ennemi le plus déclaré des tyrans. Mais un certain Icétas cherchoit à s'emparer de l'autorité à Syracufe. Lorfque Timoléon arriva, cet Icétas avoit forcé Denys de fe retirer dans la citadelle; mais il s'étoit arrogé le pouvoir. Cependant ce grand homme surmonta tous les obstacles. Icétas étoit maître de la ville. Les Carthaginois qui agissoient de concert avec lui, étoient maîtres du port, & Denys l'étoit de la citadelle. Celui-ci fit heureusement proposer à Timoléon de la lui remettre, s'il consentoit à le laisser partir ; ce qu'il accepta. Denys fut envoyé à Corinthe : après quelques combats, Timoléon parvint à se rendre entièrement maître de Syracuse ; & sur la demande de Corinthe, ayant rassemblé tous les fugitifs & envoyé une nombreuse colonie, repeupla entièrement cette ville.

Timoléon étendit le bienfait de la liberté sur les autres villes de la Sicile. Il chassa Icétas de Léontini, de Leptine, d'Apollonie ; & les Carthaginois, de presque toutes les places qu'ils occupoient, soit sur la côte, soit dans l'intérieur de l'île.

De retour à Syracuse, il y établit des loix propres au gouvernement démocratique. Il y avoit entre autres établissemens, un magistrat annuel, nommé *Amphipole de Jupiter Olympien*. On comptoit les années de la date de leur magistrature, usage qui subsista long-temps.

Peu après Timoléon ayant entrepris de faire renoncer toutes les villes de la Sicile à l'alliance des Carthaginois, ceux-ci envoyèrent une armée de 70,000 hommes, avec 200 vaisseaux de guerre, & 1000 vaisseaux de charge, pour prévenir l'effet de ce dessein ; mais cet habile & courageux général réussit à les battre & à faire un butin immense. Les Carthaginois effrayés des suites que pouvoit avoir cette victoire, demandèrent la paix, & l'obtinrent. Timoléon en profita pour abolir la tyrannie dans plusieurs villes grecques de la Sicile : & vainqueur des tyrans, il les fit mettre à mort.

Après tant de succès, Timoléon fit comme le libérateur de l'Amérique, le sage Washington ; il se démit de l'autorité, & passa des jours tranquilles, soit dans une belle maison qu'on lui avoit donnée à la ville, soit dans une autre, très-commode, qu'on lui avoit donnée à la campagne. Il eut le malheur de perdre la vue dans sa vieillesse. Pendant le reste de sa vie, les Syracusains reconnoissans, ainsi qu'à sa mort, lui accordèrent les plus grands honneurs.

Pendant vingt années à-peu-près, Syracuse fut heureuse & tranquille. Mais il n'y avoit pas alors parmi les Grecs assez de philosophie, pour se choisir la meilleure forme de gouvernement & s'y attacher. Un officier, d'une naissance obscure, d'un extérieur imposant, perdu de débauche & dévoré d'ambition, étoit parvenu, du rang de simple soldat, à l'un des grades les plus considérables de l'armée. Ayant épousé la veuve très-riche d'un homme dont il avoit été l'infame favori, il se trouva l'un des premiers personnages de Syracuse.

Cependant il fut banni de cette ville par Sosistrate, qui y dominoit à son gré, parvenant à faire éloigner tous ceux qui lui donnoient quelque ombrage.

Agathocle, c'étoit son nom, se retira en Italie, où sa réputation militaire lui procura un accueil distingué d'abord à Crotone, puis à Tarente : mais ayant voulu successivement s'emparer de ces deux villes, il en fut chassé honteusement ; aucune ville ne voulut ensuite le recevoir.

Il n'avoit avec lui qu'un petit corps de troupes. Il s'en servit avantageusement pour battre Sosistrate qui assiégeoit Rhège. Peu après les Syracusains chassèrent de leur ville Sosistrate avec environ 600 citoyens qui vouloient abolir la démocratie. Il appela à son secours les Carthaginois ; les Syracusains appelèrent Agathocle, auquel on donna le commandement de toutes les forces. Il se conduisit bien comme général, & très-mal comme citoyen, puisqu'après avoir battu les ennemis, il voulut s'emparer de l'autorité. On s'en défia, il fut éloigné. Mais il trouva le moyen de rassembler des troupes, de tromper les Syracusains par des sermens qu'il étoit résolu d'enfreindre : il finit enfin par abandonner Syracuse à un massacre général de tous les citoyens honnêtes. Il ne resta qu'une soldatesque effrénée & la lie du peuple, qui le déclarèrent roi.

Son premier acte de souveraineté fut l'abolition des dettes & le partage égal des terres entre les riches & les pauvres. C'étoit une injustice révoltante. Il la colora de l'amour du bien public & de l'égalité. Il avoit été cruel & injuste par ambition ; cette même passion le rendit doux & humain. Sûr d'avoir terrassé ses ennemis, il s'occupa du bonheur de ceux qui avoient survécu au massacre général de la partie la plus considérable des citoyens.

Il se montra très-populaire, fit de bonnes loix ; mais au lieu de ne se proposer que le bonheur de l'état dont il s'étoit rendu maître, il prétendit à la gloire trompeuse des conquêtes. Ses premières expéditions furent heureuses ; il soumit presque toutes les villes de la Sicile ; car il n'en faut excepter que quelques-unes qui appartenoient aux Carthaginois.

Ils en prirent de l'ombrage, & envoyèrent en Sicile une flotte considérable portant une nombreuse armée de terre. Une tempête affreuse dispersa & détruisit bientôt une grande partie de cet armement. Le général, avec ce qui lui restoit de troupes, campa près d'Himère. Agathocle l'y attaqua, força ses retranchemens, & tailla en pièces la moitié des troupes : cependant ceux qui avoient pu s'échapper, ayant en ce moment reçu un renfort considérable, revinrent vers leur camp, y massacrèrent les Syracusains qui s'amusoient à le piller, & forcèrent enfin Agathocle de regagner Syracuse, où ils l'assiégèrent. Ses cruautés l'avoient rendu odieux : il fut abandonné de ses alliés.

Dans cette situation douloureuse, il conçut un projet qui ne pouvoit entrer que dans la tête d'un grand homme. Il réfolut de porter le foyér de la guerre fous les murs même de Carthage. Cependant la flotte de cette république bloquoit le port; mais ayant fait équiper 60 galères, il efpéra quelques événemens heureux pour fortir, & fon efpérance ne fut pas trompée : on apperçut au loin un convoi de vivres deftiné pour Syracufe. Les Carthaginois allèrent au-devant du convoi. Pendant ce temps la flotte fort: la petite flotte de Carthage revint fur elle ; mais il étoit trop tard. Il étoit trop tard auffi pour arrêter le convoi, qui pendant ce temps entra & ravitailla la ville.

Arrivé fur la côte d'Afrique, Agathocle brûla fa flotte, pour ôter aux foldats toute efpérance de fuite, s'empara de plufieurs places, battit les Carthaginois, qui s'étoient avancés entre la ville & lui. Il parvint même à raffembler un grand nombre de troupes Africaines. Mais ayant cru fa préfence néceffaire en Sicile, il y paffa, laiffant le commandement de l'armée à fon fils. L'événement lui prouva l'imprudence de cette conduite. Son fils fut battu : les troupes fe foulevèrent contre lui à fon retour. Il s'enfuit en Sicile, eut encore quelques fuccès, pilla quelques villes de l'Italie, les îles de Lipari, & finit enfin par être empoifonné, après s'être montré grand général dans fes expéditions, & tyran cruel fous tous les rapports.

C'étoit Agathocle qui avoit eu à fa folde une troupe guerrière, formée de foldats venus de la Campanie, mais qui avoient pris le nom de Mamertains après s'être emparés de Meffane. Voyez MES-SANA.

Après la mort d'Agathocle, celui qui l'avoit empoifonné ufurpa l'autorité fouveraine. Il fut, peu après, chaffé par Icétas; mais, fecondé par les Carthaginois, il entra dans Syracufe, où il ne prit que le titre de préteur. Il le conferva huit ans. Mais dans le cours de la neuvième année, un certain Tenion ayant profité de fon abfence, caufée par une révolte des Agrigentains, voulut s'emparer de l'autorité: elle lui fut difputée par un autre ambitieux nommé Sofiftrate.

Les Carthaginois, à la faveur de fes troubles, s'emparèrent de plufieurs villes de la Sicile, & mirent le fiège devant Syracufe. Les deux compétiteurs fe réunirent, & invitèrent Pyrrhus de venir au fecours de Syracufe (1). Ce roi, dont on connoît affez l'ambition, fuivit ce prétexte de paffer en Sicile, & y mit pied à terre, au milieu des tranfports & d'une joie univerfelle: fon armée étoit de trente mille fantaffins & de cinq mille cavaliers. Sa flotte étoit de deux cens voiles. La conduite de ce prince en Sicile n'eft pas de mon objet. Il en fortit peu après pour retourner en Italie.

Après fon départ, & défirant fe mettre en état de défenfe contre les Carthaginois, les Syracufains donnèrent le commandement de leurs forces à Hiéron, fils d'Hiérocles, l'un des defcendans de Gélon. Sa conduite juftifia ce choix. Il s'attacha d'abord à éloigner toutes les caufes de troubles intérieurs & de féditions. Je ne dois pas omettre qu'il prit un moyen fi cruel pour fe défaire des troupes étrangères, que la néceffité né me paroît pas fuffire, ou du moins fuffit à peine pour le juftifier; il les mena contre les Mamertins, & les abandonna. Ils furent hachés en pièces. Cette conduite avoit eu le double avantage de le délivrer d'une troupe féditieufe & d'affoiblir leurs vainqueurs. Il lui fut plus facile enfuite de contenir & de guider l'armée de Syracufe, & de battre les Mamertins; ce qu'il fit. Ce fuccès le rendit redoutable aux Carthaginois. Hiéron, fept ans après avoir été nommé capitaine général, fut nommé roi.

Il étoit fur le point d'être maître de Meffane par capitulation, lorfque les Carthaginois trouvèrent moyen de s'en emparer. Cependant la plus grande partie des habitans vouloient appeler les Romains. Ceux-ci avoient refufé jufqu'alors de fecourir les Mamertins dans leur ufurpation. Mais à la nouvelle que les Carthaginois s'en étoient mis en poffeffion, ils y envoyèrent des troupes, & parvinrent à s'en emparer.

Ce fut là, felon les hiftoriens Romains, l'origine de la guerre entre les Romains & les Carthaginois: fuivant beaucoup de bons efprits, ce n'en fut que le prétexte; car l'ambition romaine ne cherchoit qu'une occafion de recommencer la guerre contre les Carthaginois. Ce fut auffi un fujet de guerre contre Hiéron & les Romains. Pour ne pas perdre le fruit de fes préparatifs contre Meffane & contre les Carthaginois, il fit alliance avec eux, contre les Romains. Le fuccès ne feconda pas fa politique. Les Romains continuèrent d'obtenir des avantages. Se croyant trahi par les Carthaginois, il fit, l'année fuivante, avec les Romains, une paix qui dura cinquante ans. Les hiftoriens font le plus grand éloge des vertus de ce prince, & de la fageffe de fon gouvernement ; d'un autre côté, fa politique à demeurer conftamment ami des Romains, affura à Syracufe un repos & un bonheur dont elle n'eût pas joui fans cette prudence. Ce prince mourut à l'âge de quatre-vingt-dix ans, dont il en avoit régné cinquante-quatre. Par fon teftament il laiffa la couronne à fon petit-fils Hiéronyme.

Quelque précaution qu'il eut prife pour affurer à ce jeune prince & à Syracufe un règne tranquille, il en arriva tout autrement.

Sa conduite privée fut tout-à-fait méprifable. Sa première démarche politique fut le fignal des maux qu'éprouva peu après Syracufe. Il venoit de faire alliance avec les Carthaginois lorfqu'il fut affaffiné par une troupe de conjurés.

Cette mort fut suivie des plus grands troubles. Les bons efprits follicitoient, & prefque la totalité des citoyens confentoient la continuation de l'alliance avec les Romains. Elle auroit eu lieu fans les menées fourdes & adroites de quelques partifans des Carthaginois. Ils réuffirent à fe rendre maîtres de la ville.

Marcellus commandoit alors les forces romaines en Sicile. Il venoit de s'emparer de Léontini ; il auroit voulu pouvoir rétablir la paix entre Rome & Syracufe par la voie des négociations. Cela lui fut impoffible. Hippocrate & Epicyde, partifans des Carthaginois, & devenus maîtres de la ville, firent tout difpofer pour un fiège. Je n'en entreprendrai pas le récit ; comme événement, il appartient aux détails de l'hiftoire ; comme fiège, il eft du reffort de la partie militaire. Je dirai feulement qu'il ne dura trois ans, que parce qu'Archimède employa, pour la défenfe de Syracufe, toutes les reffources de fon puiffant génie.

Ce ne fut qu'après des efforts incroyables de courage dans l'attaque & dans la défenfe, que Syracufe fut prife par furprife. Marcellus abandonna la ville au pillage, mais en même temps il y mit le plus grand ordre, & défendit fur-tout toute efpèce de maffacre. Malgré des difpofitions fi fages & des ordres fi humains, le grand homme qui avoit fi bien mérité de fa patrie, & que la nature avoit deftiné à une gloire qui durera autant que le monde, périt dans cette occafion, maffacré par un foldat.

La prife de Syracufe entraîna la réduction de prefque toute la Sicile. D'ailleurs les affaires générales de cette île ne font pas ici de mon objet. Cette île fut comptée au nombre des provinces romaines ; & comme elle avoit précédemment traité avec les Romains, qu'elle fut leur première conquête hors de l'Italie, on la traita avec beaucoup de ménagemens ; auffi devint-elle très-floriffante. Elle éprouva dans la fuite de grandes révolutions, & eut beaucoup à fouffrir depuis les invafions des Arabes & les conquêtes des Normands ; mais ces événemens appartiennent à l'hiftoire & à la géographie moderne.

SYRACUSANUS PORTUS, port fur la côte méridionale de l'île de Corfe, entre *Palla Civitas* & *Rubra Civitas*, felon Ptolemée.

SYRACUSII, peuple qui habitoit dans la partie méridionale de la Sicile, en allant vers le levant, felon Ptolemée. Apparemment qu'il dépendoit de la ville de Syracufe.

SYRADELLA, place qui fe trouve fur la carte de l'Afie mineure de M. d'Anville, & dont je ne fais rien de plus.

SYRAPUS, fleuve de l'Italie, dans la Lucanie, felon Vibius Sequefter.

SYRASTENE ou SYRASTRENE, contrée de l'Inde en-deçà du Gange, à l'eft des embouchures du fleuve *Indus*, & fur le golfe *Canthi-Colpus.* Ptolemée & Arrien parlent de cette contrée.

SYRASTRA ( *Saringa* ). Le nom de lieu fe trouve dans le périple de la mer Erythrée, comme indiquant l'endroit où fe tenoient des mariniers qui remorquoient les bâtimens fur le fleuve *Namadus*, pour les faire remonter à *Barigaza*.

SYRBANE, nom d'une île fituée dans l'Euphrate, felon Quadratus, cité par Etienne de Byfance.

SYRBOTÆ, peuples de l'Ethiopie, felon Pline, *L. VI, c. 30.*

SYRECÆ, peuples de l'Ethiopie, compris fous les Troglodytes, felon Pline, *L. VI, c. 29.*

SYRENTIUM, ville de l'Italie, dans la Tyrrhénie, que l'on nommoit auffi *Syrenium*, felon Etienne de Byfance.

SYRENUSSÆ INSULÆ, ( ou îles des *Syrènes* ), îles de la Méditerranée, à l'eft de l'île de Caprées, & au fud du promontoire de Minerve. C'étoient & ce font encore trois rochers, que l'on difoit avoir été habités par les Syrènes.

SYRGIS ou SYRGES, nom de l'un des quatre grands fleuves de la Scythie européenne. Il prenoit fa fource dans le pays des Thyffagètes, & fe jetoit dans le Palus-Méotides, felon Hérodote.

SYRI. Les Syriens, peuples d'Afie, habitant à-peu-près toute la partie de l'Afie qui s'étend entre l'Euphrate & la Méditerranée.

*Origine.* Ils font nommés dans l'écriture *Aramæi*, Araméens & Aramites. Il eft facile de faire voir que les Syriens, ou du moins la partie des Syriens qui porta le nom d'Araméens, defcendoit de Sem par *Aram*. Mais, fi, comme je l'ai quelquefois penfé, on peut préfumer que Moïfe, en trouvant des noms de peuples, leur a donné, de fon gré, un chef de même nom, alors on s'en tiendra à ce que l'on fait feulement de ce peuple ; favoir, que les plus anciennement connus dans ce pays furent appelés *Araméens*.

*Gouvernement.* Les Syriens paroiffent avoir eu de bonne heure des rois : on voit cependant que quelques villes fe gouvernoient en république. Mais l'ambition de quelques-uns des rois, fur-tout de ceux de Damas, fit beaucoup de mal aux peuples du pays, & à leurs voifins.

*Religion.* Les Syriens furent idolâtres très-anciennement, & les détails fur leurs divinités ont été traités très au long par plufieurs auteurs. Ce n'eft pas ici le lieu de s'en occuper. Peut-être en fera-t-il queftion dans le Dictionnaire d'Antiquités. C'étoit, comme je l'ai dit, à Hiéropolis qu'étoit le centre du culte. Il y avoit un très-beau temple : près de ce temple étoit un lac, regardé comme facré. Dans le temple étoit un oracle, pour la réputation duquel les prêtres avoient multiplié toutès les fourberies dont cette espèce d'hommes étoit susceptible.

Ces prêtres Syriens étoient partagés en plusieurs classes: on sait qu'entre eux étoient ceux qu'on appeloit *Galli* ou *Galles*, qui renonçoient volontairement à la puissance d'avoir des fils pour successeurs. On fait remonter l'origine de cet usage à un certain Combabus, qui donna cette preuve de dévouement à la crainte des soupçons que l'on eût pu former contre sa vertu. Les Syriens avoient des sacrifices sanglans.

Entre autres usages singuliers, relatifs à la religion, je remarquerai que quiconque entreprenoit le voyage d'Hiéropolis, commençoit par se raser la tête & les sourcils; après cela, il offroit une brebis. Il ne lui étoit plus permis ensuite de se baigner que dans l'eau froide, ni de boire d'aucune liqueur, ni de coucher autrement que sur la dure, avant que d'être arrivé au terme de son pélerinage.

Lorsque ces pélerins étoient arrivés, ils étoient entretenus aux dépens du public, & logés avec ceux que l'on nommoit instructeurs ou maîtres: ces maîtres leur enseignoient les rites & les cérémonies d'usage.

Tous les pélerins étoient marqués au col & aux poignets. Les jeunes gens & les enfans consacroient à la déesse les prémices de leur barbe & de leur chevelure: on les conservoit dans le temple, dans quelque vase d'or ou d'argent, sur lequel étoit écrit le nom de celui qui avoit fait l'offrande.

La vue d'un mort emportoit avec elle l'idée d'une souillure qui empêchoit d'entrer dans le temple de tout le jour; mais les parens du jeune homme ne pouvoient y entrer qu'un mois après le trépas de leur parent, & ils se rasoient la tête.

*Révolutions historiques.* On peut diviser en deux classes, ce me semble, la suite des rois de la Syrie. Je mettrai dans la première ceux que nous fait connoître l'écriture ou Joseph, connus seulement par les Orientaux; & les rois Séleucides, successeurs d'Alexandre, connus par les auteurs Grecs.

La première dynastie renfermera,

### Rois de Zobah.

| Suivant l'Ecriture. | Selon Joseph. | Suiv. Nic. de Damas. |
|---|---|---|
| Rehob. . . . . . . . . . . . . | | |
| Hadadezer. , . . . Adrazar. . . . , . . . . . | | |

### Rois de Damas.

| | | |
|---|---|---|
| . . . . . . , . . . . Adad. . . . Adad I. | | |
| Rézon. . . . . . . . *incertain.* . . Adad II. | | |

| Suivant l'Ecriture. | Selon Joseph. | Suiv. Nic. de Damas. |
|---|---|---|
| Hézion. . . . . . . . . . . . | | Adad III. |
| Tabrimon. . . . . . . . . . | | Adad IV. |
| Ben-Hadad I. . . . Adad. . . . | | Adad. V. |
| Ben-Hadad II. . . . . . . . . | | Adad VI. |
| Hazael. . . . . . . . . . . | | Adad VII. |
| Ben-Hadad III. . . . . . . . . | | Adad VIII. |
| . . . . . . . . . . . . . . . . | | Adad IX. |
| Rezin. . . . . . . . | Rases. . . . | Adad X. |

### Rois d'Hamath.

| | | |
|---|---|---|
| Toï ou Tohi. . . . . . . . . . | | |
| Joram. . . . . . . | Joram. . . . | |

### Rois de Geshur.

| | | |
|---|---|---|
| Ammihud. . . . . . . . . . . | | |
| Talmaï. . . . . . . . . . . . | | |

La seconde dynastie renferme la suite de rois Grecs, successeurs d'Alexandre. Ce sont:

*Av. J. C.*

312. Séleucus Nicator, ou *le Vainqueur*, 31 ans.
282. Antiochus Soter, ou *le Sauveur*, 20.
262. Antiochus Théos, ou *le Dieu*, 15.
247. Séleucus II, Callinicus, ou *le Victorieux*, 20.
227. Séleucus III, Céraunus, ou *le Foudre*, 3.
224. Antiochus III, Mégas, ou *le Grand*, 37.
187. Séleucus IV, Philopator, ou *qui aime son père*, 11.
176. Antiochus IV, Epiphanès, ou *l'Illustre*, 12.
164. Antiochus V, Eupator, le bon père (sous la tutelle de Lisias), 2.
162. Démétrius Soter, 11.
151. Alexandre Balas, 5.
146. Démetrius II, Nicator, 1.
145. Antiochus, fils de Balas, 2.
143. Diodote Tryphon, *usurpateur*, 4.
139. Antiochus VII, Sidètes, ou *le chasseur*, 9.
131. Démétrius Nicator, *rétabli*, 4.
129. Alexandre Zébina, *tyran*.
127. Séleucus V, 1.
126. Antiochus VIII, Gripus, 12.
114. Antiochus IX, Cyzicénus, 18.
97. Séleucus VI, fils de Cripus, 2.
95. Antiochus X, fils de Cyzicénus, 1.
94. Antiochus XI, *n'est pas compté*.
93. Philippe, Démétrius III, Antiochus XII, *en guerre*.
84. Tygranes, 18.
69. Antiochus XII.
66. Tygranes, *soumis aux Romains*.
63. La Syrie, *province Romaine*.

Je vais dire rapidement un mot de chacun de ces règnes.

Le premier roi connu de Zobah est, comme on l'a

l'a dit, d'après l'Ecriture, Rehob; mais on ne sait rien de son règne.

*Hadadezer*, dont le nom se lit aussi Hadareger (1), fut un prince puissant & ambitieux. Il soutint une guerre malheureuse contre David, qui s'empara d'une partie de la Syrie. Après ce prince, il n'est plus parlé du royaume de Zobah.

*Rezon*, qui avoit commandé des troupes pour Hadadezer, s'étant fait un parti puissant, fut le premier roi de Damas. Il fit la guerre aux Israélites sous le règne de Salomon.

*Hézion*, qui régna ensuite, vécut en bonne intelligence avec les rois d'Israël & de Juda. Je ne dois pas dissimuler que quelques auteurs ont pensé que Rezon & Hézion étoient deux noms différens du même prince.

*Tabrimon* se conduisit aussi paisiblement que son père.

*Ben-Hadad I*, son fils, fut engagé par Asa, roi de Juda, à faire la guerre au roi d'Israël.

*Ben-Hadad II* continua la guerre commencée par son père. Il marcha contre Achab, roi de Samarie, & mit le siège devant cette place. Cependant le roi d'Israël ayant eu le courage de s'avancer vers les Syriens avec une troupe d'élite, mais si peu nombreuse, qu'on ne soupçonna pas qu'elle vînt pour combattre, cette erreur fut cause que l'on ne se mit pas en défense. Les Syriens surpris, furent battus & mis en fuite. L'année suivante ils furent également battus; enfin, Achab, complètement vainqueur, eut le plaisir de donner à son ennemi. A la fin cependant le roi d'Israël succomba, & fut blessé à mort; mais ce fut ensuite, & dans une autre guerre. C'est sous le règne de ce Ben-Hadad qu'arriva l'histoire de Naaman, que l'on doit lire ailleurs qu'ici. Après d'autres succès, le roi de Syrie fut assassiné, étant fort avancé en âge.

*Hazaël*. Il n'étoit d'abord qu'un simple officier de Ben-Hadad II; mais le prophète Elisée ayant fait éclorre dans son cœur un mouvement d'ambition, qui n'y eût peut-être jamais été connu, en lui annonçant qu'il seroit roi; & le prophète ajoutant que Ben-Hadad malade, pouvoit guérir, mais qu'il mourroit; ce monstre trouva le moyen de donner à la prophétie toute la réalité dont elle étoit susceptible. Il tua Ben-Hadad, & prit assez bien ses mesures pour lui succéder.

Ce prince fit la guerre à outrance contre le royaume d'Israël, puis tourna ses armes contre celui de Juda. Les historiens Juifs l'ont peint comme un monstre, les Syriens le regardèrent comme un

de leurs plus grands princes, & le déifièrent après sa mort.

*Ben-Hadad III*, fils d'Hazaël, n'offre rien d'intéressant; son règne fut obscur & malheureux.

*Rezin*, que Joseph appelle *Rasès*, fut le dernier des rois Orientaux de la Syrie. Il fit la guerre au royaume de Juda, & porta ses armes jusqu'à Elath, sur la mer Rouge, où il plaça une colonie.

Mais ces conquêtes ayant donné de l'ombrage au roi d'Assyrie, appelé dans l'écriture *Teglat-Phalasar*, sollicité de plus par le roi de Juda, ce prince vint en Syrie avec une armée considérable, & détruisit le royaume de Damas.

### Rois d'Hémath.

*Tohi* est le premier roi connu d'Hémath; mais on n'a pas l'époque fixe du commencement de son règne; on voit seulement qu'il étoit contemporain de David, auquel il fut en quelque sorte soumis.

*Joram* ou *Hadoram* son fils, est assez généralement regardé comme ayant été son successeur. Il vécut en bonne intelligence avec les rois de Juda. Mais on doit observer que ces deux règnes précédèrent la fondation du royaume d'Hémath.

### Rois de Geshur.

On comprend sous ce nom une famille de fort petits princes; le premier que l'on connoisse, se nommoit *Hamminhud*, & fut père de Talmaï.

*Talmaï* son fils lui succéda, fut beau-père de David, & sa fille fut mère d'Absalon. Mais ce petit royaume de Geshur fut presque toujours soumis au royaume de Damas.

Depuis la dévastation de la Syrie par Tefat-Phalasar, & la destruction des petits royaumes qui y existoient jusqu'à l'établissement des rois Grecs, l'histoire en est peu connue. Je passe donc à cette époque brillante du royaume de Syrie.

### Rois Grecs de Syrie, appelés ordinairement Séleucides.

*Séleucus*, l'un des généraux d'Alexandre, étant entré avec ses concurrens dans le partage des états de ce prince après sa mort, eut, pour sa part, la Syrie, avec plusieurs autres provinces. Il fut surnommé *Nicator*, à cause de ses victoires, qui s'étendirent jusqu'à l'Inde & au Bosphore Cimmérien. On lui reproche d'avoir fait mourir en prison Démétrius Poliorcète, & d'avoir constamment montré beaucoup d'ambition. C'est ce prince qui, par tendresse pour son fils Antiochus, eut assez de force sur lui-même pour lui céder sa femme Stratonice, belle-mère de ce jeune prince.

*Antiochus*, succéda à son père, & mérita le surnom de *Soter*, ou sauveur, pour avoir délivré l'Asie des Gaulois, qui y faisoient des courses

---

(1) Cette différence de lettres en latin & en françois vient de la ressemblance qui se trouve en hébreu entre le *daleth* & le *rech*.

très-désastreuses. Il bâtit, dans la Margiane, la ville d'Antioche, & dans la Phrygie, celle d'A- pamée, qui porta ainsi le nom de sa mère.

*Antiochus*, qui lui succéda, étoit de lui & de Stratonice. Les habitans de Milet lui donnèrent le surnom de *Dieu*, parce qu'il les avoit délivrés de la tyrannie de Timaque. Il mourut empoisonné par une de ses femmes, jalouse de ce qu'il avoit épousé une autre femme, & qu'il l'avoit ré- pudiée.

*Séleucus II*, succéda à son père. Son surnom le plus ordinaire est celui de *Callinique*, ou le *beau vainqueur*, à cause de la grande victoire qu'il remporta sur son frère Antiochus, & en mémoire de laquelle il fit bâtir dans la Mésopotamie, une ville appelée *Calliniopolis* ou *la belle victoire*. Mais il eut aussi le surnom de *Pogonos* ou *barbu*, par dérision, sans doute, parce qu'il n'avoit pas de barbe. Il eut deux fils qui lui succédèrent l'un après l'autre.

*Séleucus III* mérita le surnom de *Ceraunus* ou *le foudre*, pour s'être jeté, avec la rapi- dité de l'éclair, sur les ennemis qui venoient de battre son père. Il fut empoisonné par ses lieute- nans, lorsqu'étant en Phrygie, il marchoit contre le roi Atale.

*Antiochus III*, surnommé *Mégas* ou *le grand*, succéda à son frère, obtint ce surnom par son activité, sa passion pour la guerre, & la vaste étendue de ses projets. Cependant il fut battu par Ptolémée Epiphanes, roi d'Egypte, puis par les Romains. Il succomba enfin après un règne glo- rieux.

*Séleucus IV* mérita le surnom de *Philopator* par sa tendresse pour son père, qu'il suivit très-jeune à la guerre. Il est parlé de lui dans le second livre des Machabées. Ce fut lui qui envoya Héliodore pour piller le temple, & qui, par ce trait, a fourni le sujet d'un des plus beaux tableaux de Raphaël.

*Antiochus IV* étoit aussi fils d'Antiochus-le- Grand : il avoit dû étendre ses connoissances sur le gouvernement & les mœurs des Romains, puisqu'il y avoit passé trois ans comme ôtage. Il eut un assez beau règne : mais sa vanité folle lui suggéra l'extravagante idée de se donner pour un dieu. Car, au lieu de prendre simplement l'épithète d'*E- piphanos*, ou d'illustre, il l'a fait graver ainsi sur ses médailles : ΒΑΣΙΛΕΩΣ ΑΝΤΙΟΧΟΥ ΘΕΟΥ ΕΠΙΦΑΝΟΥΣ, du roi Antiochus, Dieu qui s'est manifesté. Il s'occupa beaucoup des affaires de la Judée, & y porta la désolation. Il tomba de son char en revenant de la Perse pour livrer Jéru- salem à de nouveaux malheurs. Sa chûte fut re- gardée par les Juifs comme une punition du ciel.

*Antiochus V* fit d'abord la paix avec les Juifs,

puis bientôt la guerre. On le surnomma *Eupator* ou *le bon père*.

*Démétrius*, surnommé *Soter*, étoit fils de Sé- leucus IV, & avoit été envoyé en ôtage à Rome à la place d'Antiochus son oncle. Instruit des troubles de son pays, il s'échappa de Rome, vint à Antioche, & fut reconnu roi. Il fit d'abord alliance avec Judas Machabée ; mais il la rompit peu après. Il reçut des Babyloniens le nom de *Soter* ou *Sauveur*, parce qu'il avoit fait mourir un gouverneur qui abusoit à Babylone de l'autorité.

*Alexandre I*, dit *Balas*, du nom de sa mère, appelée *Bala*, fut reconnu roi par le peuple d'Antioche, révolté contre Démétrius. Il se disoit fils d'Antiochus l'illustre. Démétrius s'opposa à cette usurpation ; mais il fut tué par ses propres sujets. Cet Alexandre fit alliance avec Jonathas. On lui donna le surnom de *Theopator*, parce que son père passoit pour dieu ; & d'*Evergètes*, parce qu'il étoit bienfaisant.

*Démétrius II*, Nicator, succéda à Alexandre, & fit la paix avec la Judée. Son état se trouvant en paix, il crut n'avoir plus affaire de ses vieilles troupes, il les renvoya. Cette faute lui fut bien funeste. Un ambitieux, nommé Tryphon, en pro- fita pour s'emparer de l'autorité, sous le prétexte qu'il le vouloit faire recouvrer au jeune Antiochus, fils d'Alexandre Bala.

*Antiochus VI* étoit jeune ; cependant il se conduisit bien à la guerre qu'il fit contre Démé- trius. Il se rendit maître d'Antioche ; mais Try- phon, qui l'avoit élevé, ne le laissa régner que ce qu'il jugea nécessaire pour affoiblir le parti de ses ennemis, puis il le tua. On remarque qu'il est nommé sur les médailles *Thos*, *Epiphanes*, *Nicé- phoros*. Ce dernier nom lui fut donné après qu'il eut vaincu & mis en fuite Démétrius.

*Tryphon*, que l'on ne compte pas entre les rois de Syrie, prit le titre d'*Autocrator*, qui répond à celui d'empereur.

*Antiochus VII*, appelé *Sidetès*, étoit frère de Cléopâtre, femme de Démétrius, si opiniâtrement persécuté. Il avoit été fait prisonnier par les Perses, & l'armée s'étoit donnée à cette princesse. Il pour- suivit Tryphon, l'assiégea dans Apamée. Cet usur- pateur fut pris & tué. Antiochus périt avec une partie de son armée dans la Parthie.

Enfin Démétrius, avec des courses, des fatigues & des preuves d'une persévérance que rien n'avoit pu abattre, remonta sur le trône ; mais son hu- meur & son caractère, aigris peut-être par les malheurs, le rendirent insupportable à son armée & à ses autres sujets. On proclama un autre roi.

*Alexandre II*, Zébina, quoique fils d'un mar- chand, fut reconnu roi. Démétrius, devenu odieux,

& fuyant l'ufurpateur, fut affaffiné. On prétend que fa femme eut un peu de part à ce crime.

*Séleucus V*, fon fils, prit le diadême, & prétendit lui fuccéder. Mais fa mère, craignant qu'il ne voulût venger la mort de fon père, le fit périr.

*Antiochus VIII.* Gripus ou Griphus, avoit été fufcité contre Zebina, par Ptolemée Phifcon, qui l'avoit placé fur le trône, & dont il avoit mé-connu les bienfaits: cet Antiochus étoit le frère cadet de Séleucus. Il faut remarquer que ce nom de Gryphon, qui lui avoit été donné parce qu'il avoit le nez crochu, ne fe trouve pas fur fes médailles; aulieu de cela, c'eft celui d'Epiphanès, ou d'illuftre. Sa mère eût également voulu l'em-poifonner, mais il la força lui-même de boire le poifon qu'elle lui avoit fait préparer. Tout le monde connoit la belle tragédie de Rodogune, dans laquelle l'ambition cruelle de cette femme dénaturée eft peinte à fi grands traits par Cor-neille.

*Antiochus IX*, Cyzicenus, ou de Cyzique, frère de Gripus, arma contre lui, le mit en fuite, & le dépouilla du royaume. Mais il n'avoit prefque que des qualités baffes & indignes d'un fouverain. On dit qu'il s'appliquoit & réuffiffoit très-bien à faire danfer des marionnettes. Il faut même blâmer en lui fon application à la mécanique, puifqu'on ne cite de lui que quelques ouvrages qu'il n'auroit pas dû préférer aux foins de fes états. Il avoit fait des oifeaux artificiels qui pouvoient marcher & voler. Il fut battu & défait par fon neveu, & emporté par fon cheval dans le camp ennemi: il fe tua pour n'être pas pris vivant.

*Séleucus VI* étoit fils d'Atiochus Gryphon: il ne régna que fur une pattie de la Syrie, qui avoit été foumife à fon père.

*Antiochus X*, furnommé le *Pieux*, étoit fils d'Antiochus de Cyzique. On le furnomma auffi *Philopator*, à caufe de l'attachement qu'il montra pour fon père, en cherchant à venger fa mort & en déclarant la guerre à fon oncle.

*Antiochus XI* n'eft pas compté par quelques auteurs, & l'eft par quelques autres. Il étoit frère de Séleucus VI. Il fe joignit à Philippe, pour venger la mort de leur frère. Mais il fut défait par Antiochus-le-Pieux, & fe noya en fe fau-vant.

*Philippe*, fils d'Antiochus VIII, fuccéda à fon frère qui venoit de fe noyer. Il régnoit fur une partie de la Syrie, pendant qu'Antiochus-le-Pieux régnoit fur l'autre. Ils fe firent la guerre.

*Démétrius III*, quatrième fils de Gryphon, fut auffi élevé fur le trône de Syrie par Ptolemée Lathurus, & Philippe partagea avec lui le royaume de Démétrius, qui, peu-à-près, fut pris par les Parthes.

Alors le cinquième fils d'Antiochus Gryphus fe fit reconnoître roi à Damas; mais il fut vaincu par les Arabes, contre lefquels il porta la guerre; Antiochus-le-Pieux & Philippe fe faifoient une guerre cruelle.

Les Syriens, fatigués de tant de guerres, ap-pelèrent, pour les gouverner, Tigrane, roi d'Ar-ménie. Mais Antiochus & fon frère Séleucus ré-gnèrent fur une partie de la Syrie que Tigrane ne put foumettre.

Cependant les Romains, conduits par leur am-bition, fe mêlèrent plus que jamais des affaires de la Syrie. Lucullus battit Tigrane. Pendant ce temps Antiochus XII, l'Afiatique, fe mit en poffeffion de la Syrie. Mais il en fut dépouillé par Pompée, qui ne lui laiffa que la province de Comagène. Dès ce moment la Syrie fut comptée entre les provinces romaines.

SYRIA ( la Syrie ). Par la divifion que j'ai adoptée & conftamment fuivie dans l'excécution de tout cet ouvrage, je borne le nom de Syrie à cette partie de l'Afie qui, baignée par la Mé-diterranée à l'oueft, avoit au nord le mont *Taurus*; à l'eft, l'*Euphrate* & une petite portion de l'A-rabie; au fud, la *Judée* ou *Paleftine*.

Les Orientaux appeloient ce pays *Aram*. On n'eft pas d'accord fur l'étymologie du nom de Syrie en ufage chez les Grecs & les Latins. On préfume avec beaucoup de vraifemblance, qu'il eft une corruption du mot *Affyrie*, comme le pays lui-même étoit un démembrement du vafte empire qui avoit porté ce nom.

La géographie phyfique de ce pays nous y offre plufieurs chaînes de montagnes dont il eft fouvent parlé dans les auteurs, & quelques fleuves remar-quables.

*Montagnes*. La partie de montagnes que j'ai in-diquée au nord, comme faifant partie du *Taurus*, fe nommoit particuliérement *Amanus mons*. Elle eft inclinée du nord-eft au fud-oueft. C'eft de ce côté & fur le bord de la mer que le paffage affez étroit qu'elle laiffe, portoit le nom de *Plæ Syriæ*.

Une autre petite branche commençant à quelque diftance au nord des *Pylæ Syriæ*, defcend affez droit au fud, en s'inclinant vers l'oueft, où, à la hauteur d'Antioche, elle force l'Oronte, qui vient du fud, de fe replier tout-à-coup, & de couler par le fud-oueft dans une efpèce de petit golfe. La petite chaîne de montagnes forme, au nord de ce petit golfe, une petite prefqu'île, dont la côte court vers le nord-oueft & fe termine par un promontoire. Cette chaîne s'abaiffe dans la mer, mais elle laiffe appercevoir, à peu de diftance du promontoire, un petit rocher, que les anciens appeloient *Rhofficus Scopulus*, ou le rocher de *Rhofus*, d'après la ville de ce nom, placée fur la côte feptentrionale de cette petite péninfule.

Tout près d'Antioche, au fud, eft une chaîne de montagnes qui fépare le cours de l'Oronte de la Méditerranée, & le force de s'élever par le nord jufqu'à Antioche, où elle s'abaiffe tellement, que c'eft-là que le fleuve tourne à l'oueft. Cette chaîne s'étend ainfi en defcendant au fud, jufqu'au 34ᵉ degré de latitude, & porte en général le nom de *Liban*. Cependant on trouve au nord, & comme en faifant partie, fous le 36ᵉ degré, une des montagnes qui portoit le nom de *Lafius*.

Sous le 34ᵉ degré la même chaîne continue en fe portant vers le fud-oueft jufqu'au bord de la mer, où eft Tyr.

Une autre chaîne plus à l'eft, mais fuivant à-peu-près la même direction, & s'avançant jufques fous le 33ᵉ degré, porte le nom d'*anti-Libanus*, ou montagne oppofée au Liban. Quelques autres branches de montagnes fe trouvent encore à l'eft.

Ce font les vallées comprifes entre ces montagnes, & fur-tout celle qu'arrofe le *Léontes*, que l'on comprend fous le nom de *Cœlo-Syria*, ou Célo-Syrie, c'eft-à-dire, creufe creufe.

La nature a donc elle-même établi cette première divifion du pays que je décris, par la diftribution des chaînes de montagnes : la Syrie & la Célo-Syrie : cette dernière peut renfermer un efpace d'environ vingt-cinq lieues dans un fens, & vingt-cinq lieues dans l'autre.

*Fleuves.* Le plus confidérable fleuve de la Syrie eft l'Oronte (*Orontes*), appelé aujourd'hui *El-Afi* (1).

Ce fleuve commence au fud, dans l'une des montagnes de l'anti-Liban ; tout près de fa fource étoit une des villes qui a porté le nom de *Chalcis*. Il couloit d'abord dans la partie appelée *Phœnicia Libani*, ou Phénicie du Liban. L'efpèce de vallée que l'Oronte y arrofe au fortir de fa fource, fe nommoit *Marfyas campus*, ou campagne de Marfyas. Il remontoit ainfi par le nord-eft jufques affez près d'Emèfe (*Emefa*) à l'eft, ayant affez loin à l'oueft *Laodicea Cabiofa*, appelée auffi Laodicée du Liban.

D'Emèfe, l'Oronte remontant par le nord, faifoit un coude près d'*Arhetufa* ; puis du fud-eft au nord-oueft il côtoyoit une petite chaîne de montagnes qui le bordoit à fa droite ; c'eft là que, fous le 35ᵉ degré de longitude, il arrofoit la ville d'*Hemath* & depuis nommée *Epiphania*. En continuant par le nord-oueft, il arrofoit *Lariffa*, continuoit dans la même direction, jufqu'à ce qu'ayant décrit un coude pour revenir vers l'eft, il trouvoit au nord *Apamex*, fous le 35ᵉ degré de latitude : là, il traverfoit un lac formé par fes propres eaux & par celles du Marfyas.

En fortant du lac, l'Oronte entroit dans la partie

que l'on a appelée *Seleucias* : il la féparoit de la Chalcidique, paffoit enfuite entre des montagnes, dont celles de l'eft portoient le nom de *Mons Belus*. Plus au nord l'Oronte fuivoit une longue vallée, dans laquelle il arrofoit entre autres villes, *Seleuco-Belus* ; c'eft à l'extrémité de cette vallée qu'ayant fait un coude pour retourner du nord vers le fud-oueft, il arrofoit la ville d'Antioche, puis *Daphné*, d'où, peu après, il fe jetoit dans la mer.

On trouve l'Oronte appelé *Axius*, & l'on préfume que les Macédoniens lui donnèrent ce nom par allufion au fleuve de ce nom, le plus grand de ceux qui arrofent la Macédoine.

Le *Leontes* arrofoit, du nord au fud, la longue vallée qui portoit effentiellement le nom de *Célo-Syrie* : il commençoit au nord d'Héliopolis. J'en ai parlé à l'article de la Phénicie.

*Divifions & villes.* Les quatre anciens royaumes connus en Syrie, chez les Orientaux, étoient ceux qui avoient pour capitales *Damas*, *Zohab*, *Hamath* & *Ceshur*. Ces divifions fouffrirent des altérations & des augmentations en différens temps, & felon différentes circonftances.

Après la mort d'Alexandre, on divifa la Syrie en cinq provinces fort grandes. Cette divifion comprenoit la Comagène, la Séleucide, la Célo-Syrie, la Phénicie & la Judée. C'eft en fuivant à-peu-près cette divifion, que Strabon dit que la Syrie comprenoit auffi quatre grandes nations, les Hébreux (Ιsδαιus), les Iduméens, les Gazéens & Azotiors.

Les partages faits fous les rois de Syrie, donnèrent lieu à un plus grand nombre de provinces. Voici les noms des divifions que l'on trouve dans Ptolémée pour la Syrie proprement dite : la Comagène, la Piérie, la Cyrrheftique, la Séleucide, la Caffiotide, la Chalybonitique, la Chalcidique, l'Apamène, la Laodicène, la Phénicie méditerranée, la Célo-Syrie & la Palmyrène. Un changement dans ces divifions donna lieu à une grande province formée à l'eft par l'Euphrate, & connue fous le nom d'*Euphratenfis*.

1°. La Comagène (*Comagene*) étoit la partie la plus feptentrionale de la Syrie : elle s'étendoit au nord-eft entre le mont *Amanus*, allant du fud oueft au nord-eft, le mont *Taurus* au nord, & l'Euphrate à l'eft & au fud ; car ce fleuve fe rapproche confidérablement de l'*Amanus*, un peu au-deffus du 37ᵉ degré de latitude. Si tout ce qui eft montagnes autour de la Comagène, étoit eau, cette province ne feroit qu'une prefqu'île.

*Samfoata* ou *Samofa* (Sémifat), fur la droite de l'Euphrate & dans l'endroit où ce fleuve, coulant de l'eft à l'oueft depuis *Juliopolis*, fait un angle très-aigu pour tourner vers le fud-eft.

En remontant par le nord-eft, on trouvoit *Cholmodata* (Hefn-Manfour), à l'embouchure d'un torrent qui s'y jette dans l'Euphrate. En remon-

---

(1) Ce nom Arabe fignifie le *renverfé*, & paroît à M. d'Anville avoir été donné à l'Oronte, parce qu'il coule dans le fens contraire à l'Euphrate. Mais ne pourroit-on pas le regarder comme formé d'*Axius*, nom qu'a auffi porté l'Oronte ?

faisant ce torrent; *Perre* (Perin); *Lacobena* (Lacoben), *Zapetra* (Zabatra), étoient à l'ouest de cette dernière ville, au pied des montagnes. *Metita*, forteresse, étoit à l'est, sur une hauteur, dont le pied étoit baigné par l'Euphrate. En descendant ce fleuve, *Claudias* (Ara-Cloudeh), au sud; *Juliopolis* (Kerker) au sud-ouest, & *Guba* (Guba), à l'ouest: assez près du château, que forme l'Euphrate resserré entre les montagnes.

2°. *L'Euphratensis* s'étendoit le long de l'Euphrate, dont le cours est, dans toute cette partie, du nord-ouest au sud-est. Elle avoit une chaîne de montagnes à l'ouest, dont la direction étoit à-peu-près la même. On y trouvoit *Pindemissus*, forteresse; une petite rivière appelée *Singas* (Sinja); la ville de *Sochos*, appelée aussi *Syco - Basilisses*. Un peu à l'est étoit une *Mansio*, ou lieu de repos, sous le nom de *Pons-Singæ*: vers l'embouchure de cette rivière étoit *Arudis*; vers le sud-ouest étoit une forteresse nommée *Doliche* (Doluc); à l'est, sur l'Euphrate, à l'embouchure d'une petite rivière appelée actuellement *Simerin*, étoit *Zeugma* (Roum-Cala) (1). C'étoit une place considérable, & son nom grec signifie un pont. Le lieu conserve encore le nom de *Zecme*. Etienne de Bysance dit qu'Alexandre avoit construit un pont de bateaux avec des chaînes: mais la marche connue de ce prince ne se dirige pas vers cet endroit.

*Deba* (Aïm-tab), étoit à l'ouest; dans un autre temps ce château appartint à la Cyrrhestique, aussi-bien que *Chaonia*, qui étoit au sud & au nord-est de cette dernière, *Abara*. Plus près de l'Euphrate étoit *Hieropolis*, ou la ville Saente. Elle avoit pris ce nom de ce que le culte de la grande déesse Syrienne y étoit établi dans sa plus grande splendeur: son nom syrien étoit *Bambyce*, que les Grecs avoient défiguré de *Mabog*, qui étoit le nom vraiment oriental. C'est de ce dernier que s'est formé le nom actuel *Membigz*. Au sud-est, sur l'Euphrate, étoit *Ceciliana* ou *Cecilia*, comme le porte le texte de Ptolemée: encore plus à l'est, dans un angle que forme le fleuve, étoit *Bethammaris*; au sud de celle-ci, *Serre* (Seruk); & encore au sud, *Appammaris*. Ici le fleuve fait un coude vers l'ouest. On y trouvoit *Eragiza* (Rajik): *Barbalissus* (Beles), au sud-est, étoit près des bords de l'Euphrate. Le ruisseau qui y passoit, se nommoit *Daradax*. La ville de *Barbalissus* étoit considérable lors de la retraite des Dix-mille. Le Satrape de la contrée y avoit un palais & un jardin planté d'arbres de toute espèce. Le petit fleuve appelé *Daradax*, contribuoit encore à l'embellissement de ce lieu. *Derrima* (Korna-zebad), étoit tout-à-fait au sud.

Au nord-est, sur la droite de l'Euphrate, on trouvoit deux petites places appelées *Athis* & *Aladis*.

A partir du 37° degré de longitude, un grand terrein qui s'étend jusqu'au-delà du 38°, ayant l'Euphrate au nord & à l'est, portoit le nom de *Barbaricus campus*: c'est du moins le nom que Procope lui donne. On y trouvoit *Resafa*, que Ptolemée indique dans la Palmyrène. Ce nom qui en langue Syrienne, signifioit *lieu de repos*, avoit, pendant quelque temps, fait place à celui de *Sergiopolis*, ou ville de Sergius; c'étoit un saint alors en grande vénération, sous l'invocation duquel on y avoit bâti un monastère. On dit que l'on en voit encore quelques ruines. Cette ville porte encore le nom de *Resafa*, auquel on ajoute le surnom d'*Ebn-Hesam*, calif dans le huitième siècle, & fils du calife Abd-el-melik. Et la raison qui lui fit donner ce surnom vient à l'appui de l'étymologie ancienne; c'est que ce prince y étoit venu chercher un air frais & pur, dans un moment où la peste ravageoit une partie de ses états. Je dois observer, avant de finir cet article du *Barbaricus campus*, que c'est la plaine immense que les Arabes appellent *Siffin*, & dans laquelle combattirent Moavia & Ali, fils de Houssaïn, & petit-fils d'Ali, gendre de Mahomet.

Au sud-ouest étoit *Cholle*, où est El-come; fontaine chaude.

En suivant l'Euphrate, qui entouroit au nord & à l'est le *Barbaricus campus*, à partir d'*Alatis*, on trouvoit (2) *Sura* (Surich), *Alamatha* (Alamora), & enfin *Thapsacus*, dans un lieu où l'Euphrate venant du nord-ouest, puis du nord, s'avance un peu au sud-ouest, presque vers le 38° degré de longitude, portoit aussi le nom de *Vada Euphratis* & d'*Amphipolis*. C'étoit en effet un passage sur l'Euphrate très-fréquenté. Ce fut par cette ville que passa Alexandre, marchant à la tête de son armée, au-devant de Darius. Quelques-unes des villes que je viens de nommer sont attribuées à la Palmyrène.

3°. *La Palmyrène*. Je parle de cette partie la plus orientale de la Syrie, parce qu'elle étoit au sud du pays que je viens de décrire. Elle tiroit son nom de la ville de Palmyre, appelée aussi *Tadmor*. La Palmyrène offroit un sol fertile & des eaux pures dans un canton tout environné de sables. Les noms *Tadmor* & *Palmyra* signifiant également un palmier, l'un en oriental, l'autre en grec, avoient leur origine dans la nature de ce sol: c'étoit l'arbre le plus abondant de cette contrée.

On y trouvoit, au centre du pays, Palmyre, (*Voyez* PALMYRA). Au nord de cette ville étoit d'abord *Hara* (Iareca), puis, entre les montagnes, *Oriza* (Sukneh): un petit torrent qui y passe, &

---

(1) Ou forteresse romaine: il est probable que ce château, qui subsiste encore, occupe l'emplacement du château ancien.

(2) Je ne nomme pas quelques villes qui étoient sur la gauche du fleuve, & par conséquent hors de la Syrie.

dont les anciens nous ont laiſſé ignorer le nom, porte actuellement celui de *Gadir - Hater ;* & la chaîne de montagnes qui borne la Palmyrêne au nord, ſe nomme *Dgebel & Beshar.*

Au nord - oueſt de Palmyre, dans le déſert, il y avoit des ſources que les anciens appeloient *Centum putei.*

Au ſud, à-pen-près ſous le 34ᵉ degré de latitude, à commencer par l'oueſt, tout près de la Phénicie du Liban, étoient *Goaria* (Hovarein), *Danaba, Nehala, Evaria, Heliaramia.*

4°. La Célo-Syrie étoit la partie la plus méridionale de la Syrie. J'ai déjà dit qu'elle étoit renfermée entre le Liban & l'anti-Liban. Les principales villes étoient *Damaſcus* (Sham, en Arabe, quelquefois Demesk & Damas en françois ), quoiqu'à la rigueur cette ville ne devroit pas être compriſe dans la Célo-Syrie, parce qu'elle eſt à l'eſt des montagnes. C'étoit proprement la capitale de la Phénicie du Liban, & fut une des plus célèbres de l'Orient : on ſait qu'elle eſt dans une vallée fertile & que des vergers agréables l'environnent. ( *Voyez* DAMASCUS). La plus grande partie des eaux qui arroſent la ville de Damas & ſon territoire, ſortent des montagnes à l'oueſt, & ſe jettent à l'eſt dans un lac que l'on nomme actuellement *Buhairat-el-margi,* ou le lac du pré.

Au nord-oueſt de Damas, étoit *Abyla Lyſaniæ,* ou Abyla de Lyſanias, qui peut-être en avoit été le plus puiſſant ſouverain : c'eſt aujourd'hui Nebi-Abel. *Soana* étoit dans les montagnes au nord. Ces montagnes forment une chaîne qui s'étend environ vingt-cinq lieues de l'oueſt à l'eſt ; on la nommoit *Alſadamus mons.*

Au ſud-oueſt de Damas, étoit un aſſez petit lieu nommé *Cochaba* ; & plus encore au ſud - oueſt, *Paneas* (Banias).

C'eſt au nord de Paneas qu'eſt la chaîne de montagnes qui, bornant au ſud le lit du *Leontes* ( Leirane ), monte par le nord un peu eſt, ſous le nom d'anti-Liban, & laiſſe entre elle & la chaîne de l'oueſt, qui va plus directement du ſud au nord, un eſpace de deux, quatre, & même ſix lieues. Cette longue vallée, qui portoit eſſentiellement le nom de Célo-Syrie, eſt actuellement nommée *Bekah.* La partie reſſerrée étoit nommée *Aulon.*

*Heliopolis* ( Baalbek ), étoit dans la partie ſeptentrionale de cette longue vallée. Cette ville, dont le nom ſignifie ville du ſoleil, renfermoit effectivement un des plus beaux temples qui aient été élevés à cette divinité. Sa longueur extérieure étoit de 192 pieds & ſa largeur de 96 : on comprend dans cette étendue le ſuperbe périſtyle qui l'entouroit, chaque colonne, d'ordre corinthien, ayant ſix pieds trois pouces de diamètre à ſa partie inférieure. Il y en avoit quatorze de chaque côté du temple, & huit à chaque bout, en comprenant les colonnes des angles, dans chaque nombre.

Je renvoie aux voyageurs modernes pour la deſcription de ce célèbre monument.

5°. *Phœnicia Libani.* La Phénicie du Liban formoit une partie de la Syrie. On y trouvoit *Medera, Odomana* ( Nebk ), & *Caſama,* ſur un petit fleuve coulant de l'oueſt à l'eſt ; *Carræ* (Kara) au-nord-oueſt de cette dernière.

Dans une longue vallée qui, à l'eſt de l'anti-Liban, s'étend depuis les montagnes qui couvrent le nord de Damas, étoit la ſource & le commencement du cours de l'Oronte. Les Arabes y nomment *Nalg - el-Aſi,* une eſpèce de lac fort alongé, ou plutôt un canal qui paroît formé des mêmes eaux, & dont la direction, ainſi que celle du fleuve, eſt du ſud-oueſt au nord-eſt ; il ſe nomme actuellement *Bahr-al-Kadès,* ou *Lac ſaint.*

Les villes principales de cette partie étoient, en commençant par le ſud, *Chalcis* (Kalkos), *Iabruda* (Iabrud) ; au nord, *Ocurura & Paradiſus* vers le nord-eſt, toutes les deux ſur le fleuve. A l'oueſt du fleuve, & dans la partie ſeptentrionale de la vallée appelée *Campus-Marſyas* au nord, étoit *Œleda.*

6°. La partie appelée *Loſdicene* ou Laodicène, étoit au nord. On y trouvoit *Laodicea ad Libanum,* ou Laodicée du Liban : on la nommoit auſſi *Laodicea Cabioſa* ; c'eſt aujourd'hui Jonſchia. A l'eſt, de l'autre côté de l'Oronte, étoit *Emeſa* ou Emèſe ( Hems ), où étoit un célèbre temple du Soleil ou d'Elogabal. Au nord-oueſt, ſur le fleuve *Arethuſa* (Reſtan) ; au nord, *Epiphania,* appelée, en ſyrien *Hamath* (Hama) (1), étoit ſur l'Oronte ; à l'oueſt étoit *Raphanea* (Rafineh), ſur le fleuve *Eluetherus* ( Nahr-el Kibbir ).

Au ſud, entre les montagnes, étoit *Lybum.*

Au nord de *Lybum,* & à l'oueſt de *Raphanea* étoit *Demetrias* (Akkar) ; & au nord-eſt de cette dernière, *Cario*. Au nord - oueſt, ſur l'*Eleutherus* ( Nahr-el-Kibbir ), *Mariamme.*

7°. L'*Apamène* étoit au nord de la Laodicène. L'Oronte la traverſoit du ſud - eſt au nord-oueſt. On y trouvoit *Lariſſa* ( Schizar ), ſur l'Oronte ; vers le nord-oueſt, auſſi ſur l'Oronte, il y avoit une poſition indiquée ſeulement ſous la dénomination de *Ad Orontem: Apamea* (Famieh), étoit ſur le bord d'un lac au ſud, & entourée d'un lac : c'étoit une ville conſidérable ; elle avoit été bâtie par Seleucus Nicator, qui y entretenoit ſes éléphans. On dit qu'il en avoit cinq cens : Apamée prit dans la ſuite le titre de métropole de la ſeconde Syrie. Le petit fleuve *Marſyas,* venant du nord-oueſt, ſe jettoit dans le lac.

Au nord-eſt d'Apamée, étoient *Marra* (Marra) & *Androna* (Andrenels).

A l'eſt, *Caparea & Theleda.*

---

(1) C'eſt dans cette ville d'Hamah qu'Abulſédas, auteur d'une géograpie Orientale, régnoit avec le titre de ſultan, vers le milieu du quatorzième ſiècle.

A compter du 35ᵉ degré de latitude, ou à-peu-près, qui eſt la hauteur d'Apamée, la Syrie s'é-tendoit à l'oueſt juſqu'au bord de la mer; & cette partie occidentale, entre l'Oronte & la mer, porta pendant long-temps le nom de Séleucide. Une petite chaîne de montagnes bordoit à l'oueſt le cours du Marſyas; & à l'oueſt de cette chaîne étoit une vallée allant du ſud-eſt au nord-oueſt: elle étoit peuplée par une portion de Syriens que l'on nommoit Nazerini.

8°. Séleucide. Je vais nommer d'abord les villes qui ſe trouvoient ſur le bord de la mer, en com-mençant par le ſud.

Marathus ( Marakia ), Balanea ( Belnias ), Pal-tus, Gabala ( Gebileh ), & au nord-oueſt, en gagnant un petit promontoire, Laodicta ad mare ( Ladikieh ). La langue de terre qui s'avance au nord-oueſt, portoit le nom générique de Cherſo-neſus; à l'extrémité eſt le cap Ziaret; ſur la côte ſeptentrionale de cette même preſqu'île étoit une petite foltereſſe appelée Heraclea ( Meintaburg ); à peu de diſtance de la mer étoit, vers l'eſt, une petite place appelée Cathela.

A quelque diſtance au nord, ſur le bord de la mer, à l'extrémité ſeptentrionale d'une petite pé-ninſule, il y avoit une petite place nommée Po-ſidium ( Poffidi ). De cette place, la côte au-delà forme, au ſud-eſt, une petite anſe, remontant vers le nord-eſt, où ſe trouvoit un autre petit golfe, dans lequel étoit l'embouchure de l'Oronte dans ce golfe, étoit la petite île Melibæa.

La côte enſuite court à l'oueſt, puis au nord-oueſt. Où cette ſeconde partie commence, il y avoit la ville de Seleucia, ſurnommée Pieria, à cauſe du mont Pierius, qui, au nord, formoit une petite preſqu'île: c'étoit cette ville qui avoit donné à la province le nom de Séleucide. On retrouve à peine une trace de cet ancien nom dans celui de Suveideih, qui n'offre que des ruines.

C'étoit à l'extrémité de la côte que je décris, que ſe trouvoit le rocher Rofficus ſcopulus. Cette côte forme une petite péninſule. Sur la côte ſep-tentrionale étoit la ville de Rhoſas ( Roſos ).

La côte méridionale de l'Aſie mineure, ou plus particuliérement de la Cilicie champêtre, s'avançoit un peu en pointe au nord-oueſt de Rhoſus, en-ſorte que la mer ſe trouve former un golfe trian-gulaire, dont je prends de ces côtés depuis le promontoire à l'oueſt de Rhoſus, juſqu'à l'embou-chure du Pyramus, où ſe trouvoit Ægæ. L'angle oppoſé à ce côté eſt fort aigu. Il ſe terminoit à ce paſſage entre les montagnes & la mer, appelé Syriæ Pylæ. Ce golfe portoit le nom d'Iſſicus Sinus, d'après la ville d'Iſſus, qui, placée ſur la côte ſeptentrionale, appartenoit à la Cilicie.

Sur la côte orientale, en remontant vers le nord-eſt de Rhofficus, on trouvoit Myriandrus, & depuis Alexandrie, la ville d'Alexandria-Cata-Iſſon, ou Alexandrie vers Iſſus ( Alexandrette ).

Je vais indiquer actuellement les villes qui ſe trouvoient dans l'intérieur des terres, à partir de l'angle formé par deux chaînes de montagnes, dont l'une, venant du ſud-oueſt, forme, ſur le bord de la mer, les Syriæ Pylæ; l'autre, ſe di-rigeant vers le ſud-oueſt, ſert de ce côté de borne à l'Euphratenſis.

Cet angle eſt l'extrémité ſeptentrionale d'une vallée, dans laquelle coule un petit fleuve qui ſe rend au ſud, dans le lac placé au nord-eſt d'Antioche. Au milieu de cette vallée & du cours du fleuve, étoit la ville d'Hieracome; & plus au ſud, ſur une montagne, la forterefſe de Gindarus; à l'oueſt, étoit Gephyra, ſur une petite rivière; au ſud-oueſt, Pagræ ( Bagras ).

A peu de diſtance au ſud, étoit la célèbre ville d'Antioche, Antiochia, ſur l'Oronte. ( Voyez An-tiochia ). Cette ville, fondée par Séleucus, étoit la réſidence des rois de Syrie: elle devint une des plus puiſſantes de l'Orient. Quelques auteurs l'ont ſurnommée Theopolis, ou ville de Dieu, parce que ce fut à Antioche que le chriſtianiſme devint d'abord la religion dominante, & que ce fut là que l'on fit, pour la première fois, uſage du nom de Chriſtiani. Quelquefois, pour diſtinguer cette ville d'Antioche de quelques autres de même nom, on la nommoit Antiochia Epi-Daphnès, ou près de Daphné, à quatre ou cinq milles.

Au ſud, étoit le lieu appelé Daphné. On l'a quelquefois traité de fauxbourg d'Antioche, parce qu'en effet il n'en étoit pas éloigné. C'étoit un lieu très-agréable, & qui prenoit ſon nom de la quantité de lauriers qui y croiſſoient. Les eaux abon-dantes & fraîches qui y entretenoient la verdure & l'agrément, lui donnent encore aujourd'hui le nom de Beit-el-ma, ou maiſon d'eau.

Imma ( Harem ), vers l'eſt, n'étoit & n'eſt encore qu'une citadelle.

En remontant l'Oronte, qui arroſe une belle vallée, ayant à l'oueſt le mont Caſius ſur lequel étoit un temple, on trouvoit Platanus ( Blatanus ), & un peu plus au ſud, Baccaiæ ( Bakas ), puis Seleuco-Belus ( Shagr ), qui tiroit ſon ſurnom du mont Belus, fermant preſque la vallée au ſud.

9°. La Cyrrheſtique, ou Cyrrheſtica, étoit à l'eſt d'Antioche. Elle tiroit ſon nom de Cyrrhus ( Corus ); c'étoit un pays peu étendu, arroſé par le fleuve Chalus ( Koeic ). Au nord étoient Deba ( Aïn-tab ) & Ciliza ( Kilis ), chacune ſur une des deux branches qui, ſe réuniſſant, formoient le Chalus. A cette réunion étoit Chaonia; au nord-eſt, Aba-rara; au ſud-eſt, Regia ( Séjour ); & preſque au ſud de Cyrrhus, la petite ville d'Aza ( Ezaz ); au ſud-eſt, Thura, puis Artas ( Itérib ).

10°. La Chalybonite ( Chalybonitis ) étoit au ſud de la Cyrrheſtique, & au nord de la Chalcidique: elle tiroit ſon nom de la ville de Chalybon, ap-pelée auſſi Beræa ( à préſent Alep ), ſur une hauteur, près & à la gauche du Chalus,

Au nord étoit *Miasena* ; à l'est, *Bannis*, & *Thiltauri* dans les montagnes.

11°. La Chalcidique ( *Chalcidice* ), étoit au sud & joignoit l'Apamène. Elle tiroit son nom de la ville de *Chalcis* ( Kinesrin ), située à l'endroit où le *Chalus* se jette dans un petit lac, qui n'est lui-même formé que par l'abondance des eaux du fleuve, n'ayant aucun autre débouché. A l'est étoit aussi un autre lac que la faveur de ses eaux faisoit nommer *Lacus salsus*, & sur les bords duquel on trouvoit, au nord-est, *Gabbala* ( Gebul ). Au sud-ouest étoit *Thelmenissus* ( Sermin ).

Telles étoient, ce me semble, les principales villes de la Syrie.

Pour mettre plus de précision dans cette description nécessairement un peu sèche, je vais reprendre successivement toutes les divisions qui ont porté le nom de Syrie.

Par le mot *Syrie*, on entend ordinairement le royaume de Syrie, dont Antioche fut la capitale depuis le règne des Séleucides.

La *Célé-Syrie*, dont on a vu les bornes précédemment, mais qui, dans un sens plus étendu, comprend tout le pays qui obéissoit aux rois de Syrie, depuis Séleucie jusqu'à l'Arabie & à l'Egypte.

La *Syrie de Damas* s'étendoit à l'orient, le long du Liban, & avoit Damas pour capitale.

La *Syrie d'Emath* avoit pour capitale Emath, sur l'Oronte.

La *Syrie des deux fleuves*, ou la Mésopotamie de Syrie, en hébreu *Aram Nahazaim*, étoit comprise entre l'Euphrate & le Tigre.

La *Syrie de Maacha* s'étendoit au-delà du Jourdain : elle fut donnée à Manassé.

La *Syrie de la Palestine*. C'étoit la Palestine, appelée Syrie, lorsqu'elle fut sous la dépendance des rois de Syrie.

La *Syrie de Rohole*, est cette partie de la Syrie dont Rohole étoit la capitale. Cette ville étoit à l'extrémité septentrionale de la Palestine. Elle a fait, pendant quelque temps, un petit état particulier.

La *Syrie de Soba*, appelée aussi de *Sobal*, n'est connue que de nom dans l'Ecriture, car on ne sait pas trop bien quelle portion de la Syrie elle indique.

La *Syrie de Tob*, étoit aux environs du Liban ; mais on ne peut la désigner avec précision.

Au reste, ces différentes divisions n'ont pas toutes eu lieu en même temps, & quelques-unes ne sont connues que par la Bible : on peut donc les regarder comme comprises nécessairement dans celles que j'ai données plus haut, d'après les Grecs, en en exceptant la Mésopotamie & la Palestine. Mais

pour ne rien laisser à desirer sur la géographie de cette partie intéressante de l'Asie, je vais finir par la géographie de la Syrie, selon Ptolemée.

### La Syrie, selon Ptolemée.

La Syrie étoit bornée, au nord, par la Cilicie ; & partie de la Cappadoce ; au couchant, par la mer de Syrie.

Après Issus & les portes de la Cilicie, on trouvoit,

1°. Sur la côte :

| | |
|---|---|
| *Alexandria* penes Issum. | *Posidium.* |
| *Myriandrus.* | *Heraclea.* |
| *Rhossus.* | *Laodicia.* |
| *Scopulus Rhossicus.* | *Gabala.* |
| *Seleucia Pieria.* | *Paltos.* |
| *Orontis*, fl. ostia. | *Balanæœ.* |

Ptolemée donne ensuite la côte de la Phénicie, puis il nomme les fleuves.

2°. Villes de l'intérieur des terres dans la Comagène.

| | |
|---|---|
| *Areca.* | *Catamana.* |
| *Antiochia* penes Taurum montem. | *Doliche.* |
| *Singa.* | *Deba.* |
| *Germanicia.* | *Chaonia.* |

Et sur l'Euphrate.

| | |
|---|---|
| *Cholmadara.* | *Samosata* legio. |

Dans la Piérie.

| | |
|---|---|
| *Pinara.* | *Syriæ Pylæ.* |
| *Pagræ.* | |

Dans la Cyrrhistique.

| | |
|---|---|
| *Ariseria.* | *Hierapolis.* |
| *Rhegias.* | *Cyrrhus.* |
| *Roba.* | *Berrhœa.* |
| *Heraclea.* | *Thœna.* |
| *Niara.* | *Paphara.* |

Et sur l'Euphrate.

| | |
|---|---|
| *Urema.* | *Bethammaria.* |
| *Arudis.* | *Gerrhe.* |
| *Zeugma.* | *Arrimara.* |
| *Cecilia.* | *Eragiza.* |

Dans la Séleucide.

| | |
|---|---|
| *Gephyra.* | *Imma.* |
| *Gindarus.* | |

Dans

## Dans la Caffotide.

Intiochia super Orontem. *Epiphania.*
Daphne.                     *Raphaneæ.*
Iactæalle.                  *Antaradus.*
Andea.                      *Marathus.*
Seleucus penes Belum.       *Mariame.*
Larissa.                    *Mamuga.*

### Dans la Chalybonitide.

Thema.                      *Chalybon.*
Acoraca.                    *Spelunca.*
Derrhima.

### Et sur l'Euphrate.

Barbarissus.                *Athis.*

### Dans la Chalcidique.

Chalcis.                    *Tolmidessa.*
Asaphidana.                 *Coara.*
Maronia.

### Dans l'Apamène.

Nazama.

### Et à l'orient de l'Oronte.

Thelminissus.               *Emissa* ou *Emesa.*
Apamea.

### Dans la Laodicène.

Laodicea Cabiosa.           *Iabruda.*
Paradisus.

### Dans la partie appelée Phénicie.

Arca.                       *Gabala.*
Palæobiblus.                *Cæsarea Paniæ.*

### Dans la Célé-Syrie.

Heliopolis.                 *Idara.*
Abila Lysanii.              *Adra.*
Gaana.                      *Scythopolis.*
Ina.                        *Gerasa.*
Damascus.                   *Pella.*
Samulis.                    *Dium.*
Abida.                      *Gadora.*
Hippus.                     *Philade'phia.*
Capitolias.                 *Canatha.*

### Dans la Paluryrène.

Rh.                         *Adada.*
Cholle.                     *Palmyra.*
Oriza.                      *Adacha.*
Putea.                      *Danaba.*

*Géographie ancienne. Tome III.*

Goaria.                     *Odmana.*
Avera.                      *Ateïa.*
Casama.

### Et sur l'Euphrate.

Alalis.                     *Alamata.*
Sura.

Les villes & les îles que Ptolemée nomme ensuite n'appartiennent pas à la Syrie ; cependant puisqu'il les y place, les voici.

Gerrha.                     *Nelaxa.*
Elere.                      *Adrama.*

Les îles d'*Aradus* & de *Tyrus* ou Tyr.

SYRIA, île sur la côte de l'Asie mineure. Pline rapporte que de son temps ce n'étoit plus une île, mais une partie du continent près de la ville d'Ephèse.

SYRIA SALUTARIS. Pompée conquit la Syrie sur Tigrane, roi d'Arménie, l'an de Rome 690 ; & sous le règne de Théodose-le-Jeune, elle fut partagée en deux ; la seconde eut pour métropole la ville d'Apamée, & fut nommée *Salutaris*, à cause de ses bains chauds, qui étoient dans les montagnes situées entre l'Oronte & la mer.

SYRIACUM MARE, nom de la partie de la mer Méditerranée, qui baignoit les côtes de la Syrie, selon Ptolemée.

SYRÆ PYLÆ, nom d'un défilé à l'extrémité orientale de la mer Méditerranée, par lequel on alloit du golfe d'Issus dans la Syrie. Ce défilé étoit à l'extrémité de l'une des branches du mont Amanus, vers le 36e degré 40 minutes de latitude.

SYRIANA. La notice des dignités de l'empire semble mettre une ville de ce nom dans la Syrie.

SYRIAS, promontoire de l'Asie, dans la Paphlagonie, sur le bord du Pont-Euxin, entre le château *Potami* & la bourgade Harmenes, selon Marcian d'Héraclée.

SYRIENI, peuples de l'Inde, selon Pline.

SYRIETÆ, peuples que Pline met au nombre des Nomades Indiens.

SYRINGA, ville de l'Hyrcanie, près de Tambrace. Selon Polybe, Antiochus-le-Grand se rendit maître de cette ville, après un siège long & meurtrier.

SYRINGÆ, lieu de l'Egypte, au-delà du Nil, & près de Thèbes, selon Pausanias, *L. 1, c. 42.*

SYRINTHUS, nom d'une ville de l'île de Crète, selon Etienne de Byzance.

SYRIS, appelée aussi *Seranum*, ville d'Italie, sur la côte orientale de la Lucanie, éloignée du golfe de Tarente, à l'embouchure d'un fleuve de ce nom. Cette ville étoit d'origine Phocéenne, mais moins considérable qu'Héraclée, qui étoit fans port : elle étoit devenue fon entrepôt pour le commerce maritime.

SYRIS, petit fleuve de l'Italie, dans la Lucanie ; il couloit de l'ouest à l'est, & fe jetoit dans le golfe de Tarente à la ville de fon nom.

SYRIUM, fleuve de l'Afie, dans la Bithynie, felon Pline.

SYRMÆUM, champ de l'Arabie heureufe, entre le pays des Nomades & celui des Nabathéens, felon Etienne de Byfance.

SYRMATÆ, nom d'un peuple qu'Etienne de Byfance place fur le bord du Tanaïs. Il ajoute que ce peuple étoit auffi nommé Sauromatæ.

SYRMATÆ. Pline place un peuple de ce nom fur le bord du fleuve Oxus.

SYRNA, ville de l'Afie mineure, dans la Carie, felon Etienne de Byfance.

SYRNEUM PROMONTORIUM, promontoire de l'Afie mineure, fur le Bofphore de Thrace, dans la partie feptentrionale du pomonoire Æthérodon.

SYRNIS, ville de l'Inde, en-deçà du Gange, & dans le voifinage du fleuve Indus, felon Ptolemée.

SYRNOS, île de la mer Egée, à quatre-vingt milles d'Andros, felon Pline.

SYROCILICES, peuples de l'Afie mineure, felon Pomponius Méla.

SYROMEDIA, contrée de l'Afie, dans la Médie. Elle s'étendoit le long de la Perfe, felon Ptolemée.

SYROPÆONES, peuples de la Thrace, felon Hérodote.

SYROPHÈNICIA. Ç'a été, à une certaine époque, une des divifions de la Syrie. ( Voyez SYRIA ).

SYROS, nom de l'une des îles Cyclades. Elle étoit fituée vers le 37e degré 30 minutes de latitude, au fud-oueft de l'île de Ténos, au fud de celle d'Andros, à l'oueft de celle de Délos, & au nord-oueft de celle de Paros.

Syros ne fut point célèbre par fa puiffance, ou par le commerce de fes habitans ; mais cette île donna le jour à Phérécide, qui fut le maître de Pythagore.

SYROS, île fituée fur la côte de la Carnanie, felon Etienne de Byfance.

SYROS, ville de l'île de même nom, l'une des Cyclades.

Cette ville étoit fituée fur le bord de la mer.

SYROS, ville de l'Afie mineure, dans la Carie, felon Paufanias.

SYROS ou SYRUS, fleuve du Péloponnèfe, dans l'Arcadie. Ce fleuve fe mêle avec le Malluus, & ils vont enfemble fe perdre dans l'Alphée, felon Paufanias.

SYROTA, nom d'une île fituée entre la Sicile & la côte d'Afrique, felon l'itinéraire d'Antonin.

SYRTES ( les Syrtes ). En général on connoît dans la géographie ancienne, fous le nom de Syrtes, deux golfes qui fe trouvent fur la côte feptentrionale de l'Afrique : l'une entre le 7e degré 30 minutes, & le 9e de longitude : l'autre, entre le 13e & le 15e. La première étoit appelée Syrtis minor ; elle étoit fur la côte de la Byfacène ; la feconde, appelée feulement Syrtis, ou Syrtis major, étoit fur la côte de la Cyrénaïque, c'est actuellement le golfe de la Sydre. La petite Syrte fe nomme golfe de Gabes ou Gapes.

Si ce nom n'a pas une étymologie orientale plus ancienne, il paroît au moins venir du grec συρειν, trahere. La raifon en eft bien fenfible pour ceux qui fréquentent cette côte. Par un effet phyfique, dont le développement ne feroit pas ici à fa place, la mer tend continuellement à entrer dans ces Syrtes, & à fe porter vers la côte : les vaiffeaux y courent les plus grands dangers : quand ils n'y naviguent pas avec de grandes précautions, ils font jetés à la côte, où fe trouvent des écueils.

Les anciens en ont parlé comme de deux parties de la côte d'Afrique qui méritoient la plus grande circonfpection de la part de navigateurs. Méla dit, en parlant de la petite Syrte : Syrti finus eft centum ferè millia paffum quà mare accipit patens : trecenta, quà cingit. Verum importuofus atque atrox, & ob vadorum frequentium brevia magifque etiam ad alternos motus Pelagi ad fluentis & refluentis infeftus L. 1, c. 7, n. 17.

Scholtius fait cette remarque fur le mot centum ferè millia, il dit : Minor Syrtis Plinio quàque C. M. paff. adïtu ; C. C. C. ambitu. Straboni verò ( lib. ult. ) aditu LXXV. ambitu, C. C. M. habere. ( Voyez l'édition de Weffeling, page 40. )

Méla parlant enfuite de la grande Syrte, dit : Tum Leptis altera & Syrtis, nomine atque ingendo par priori : celerum altero ferè fpatii quà dehifcit quàque flexum agit, amplior. Ejus promontorium eft Bryon ab eoque incipiens ora, quam Lolaphagi tenuiffe dicuntur, ufque ad Phycunta ( & id promontorium eft ) importuofo littore pertinet.

Par rapport à cette Syrte, la note citée précédemment ajoute : Major vero D. C. XXV, ambitu eidem Plinio & Marciano capella, aditu CCC XIII, M. paff. diverfo à Mela numero, ibid.

On trouvoit fur la côte d'Afrique qui entoure la petite Syrte, en commençant par la partie de l'oueft appelée Byfacium & Emporia, à partir du petit promontoire, où fe trouvoit Caputuada, au nord de l'île Cercina, les lieux fuivans : Ufilla, Taphrura Thenæ, ville plus confidérable que les lieux précédens. Maxcmades minores, Picentium, Præfidium, Tacape, lieu confidérable. Agma, à l'extrémité du nord-eft, étoit l'île de Menix.

Sur les côtes de la grande Syrte étoient, en commençant au nord-eft, le Cephalæ promontorium, appelé auffi Tricorum promontorium : puis Cafa Rinoniana, Cifternæ, Afpis portus : au fond du golfe,

*Euphrantus Turris*, *Prætorium*, *Macômades Syrtis*, *Berenia*, *Hadiana* & *Arsinoé*.

SYRTIDÆ, îles dont parle Tzetzès, fur Lycophron. Ortélius croit qu'il eft queftion des îles Abfyrtides.

SYRTIS. Ariftote nomme ainfi la côte de l'Italie, qui eft baignée par la mer Ionienne, & par la mer de la Japygie. Pour le furplus *voyez* SYRTES.

SYRUM *ou* SYROS, ville de l'Afie mineure, dans la Carie, felon Paufanias.

SYSCIA *ou* SISCIA, ville de la haute Pannonie,

fur le *Savus*, au confluent de la riviére *Colapis*, & au midi de l'île *Segeftica*, felon Ptolemée.

L'itinéraire d'Antonin la met fur la route de *Sirmium* à *Œmona*, entre *Quadrata* & *Varianæ*.

SYSCIUM, montagne fituée dans les environs de l'Epire, felon Dicéarque, cité par Ortélius.

SYSPIERITIS, nom d'une contrée que Strabon femble placer dans la grande Arménie.

SYTHAS, fleuve du Péloponnèfe, dans la Sicyonie. Il fe perd dans la mer, felon Paufanias.

SYVERUS, fleuve de Grèce, dans l'Attique,

# TAB

# TAB

TABABCARIENSIS, siège épiscopal d'Afrique, dans la Mauritanie césariense, selon la notice épiscopale d'Afrique.

TABÆ, promontoire de l'Ethiopie, fur le golfe *Barbarieus*, felon Arrien.

TABÆ, ville de l'Afie, dans la Cilicie, felon Pline.

TABÆ. Etienne de Byfance met trois villes de ce nom dans l'Afie mineure; une dans la Carie, une autre dans la Pérée, & la troifième dans la Lydie.

TABÆ, ville de l'Afie, aux confins de la Pifidie, du côté de la mer de Pamphilie, felon Tite-Live.

TABAICARIENSIS, fiège épiscopal d'Afrique, felon la conférence de Carthage.

TABALTHA, ville de l'Afrique, fur la route de *Tuburbum* à *Tacapæ*, entre *Cellæ Picentinæ* & *Septimunicia*, felon l'itinéraire d'Antonin.

TABALUM, ville de l'Afie mineure, dans le voifinage de l'Ionie, felon Hérodote.

TABANA (*Mankoup*), ville de l'intérieur de la Cherfonèfe Taurique, felon Ptolemée.

Elle étoit fituée au fud-oueft de *Palatium*.

M. de Peyffonnel, dans fes obfervations hiftoriques & géographiques, dit que Mankoup eft une forterefle prefque ruinée; mais qui paroît avoir été très-importante.

TABAS, nom d'une ville de la *Paretacena*, felon Quinte-Curfe.

TABAS, nom d'un lieu de la Sicile, felon Italicus.

TABASI ou TABASSI, peuples de l'Inde, endeçà du Gange, entre les monts *Sardonicus* & *Bettigus*, felon Ptolemée.

TABASO ou TABASSO, ville de l'Inde, endeçà du Gange, près de *Magaruris*, entre le *Bynda* & *Pfeudoflomus*, felon Ptolemée.

TABATHE, bourgade de la Palefine, à cinq milles au midi de *Gaza*.

TABARAGENSIS, fiège épiscopal d'Afrique, felon la conférence de Carthage.

TABEA, ville de l'Afie mineure, dans la grande Phrygie, felon Strabon.

TABEA, ville d'Afrique, felon les actes du concile de Carthage, tenu fous S. Cyprien, cités par Ortélius.

TABEERA, nom d'un campement des Ifraëlites dans le défert, felon le livre des nombres.

TABELLARIA, lieu de l'Italie, dans l'Etrurie.

TABENI, peuples de l'Afie, vers les déferts de la Carmanie, felon Etienne de Byfance.

TABENSIS, fiège épiscopal de l'Afie mineure, dans la Carie, felon des notices grecques.

TABENUS CAMPUS, pays de l'Afie mineure, aux confins de la Phrygie & de la Myfie, felon Strabon.

TABERNA FRIGIDA, vers le fud-eft de *Carara*, lieu de l'Italie, dans l'Etrurie.

TABERNÆ. On trouve plufieurs pofitions fous ce nom dans l'itinéraire d'Antonin & dans la table de Peuttinger.

TABERNÆ, dans la première Belgique, fur la route qui conduifoit le long du Rhin de *Saletio* (Seltz) au fud, à *Noviomagus* (Spire), au nord. C'eft actuellement Rhimzabem.

TABERNÆ, dans la même province, fur la route d'*Argentoratum* (Strasbourg), à *Divodurum* (Metz). Ce lieu fe nomme actuellement *Saverne*.

Ces *Tabernæ* étoient des efpèces d'hôtelleries, d'où l'on a fait *Tavernes*. Un grand nombre de lieux peut avoir porté ce nom; mais la géographie ne remarque que ceux qui fervoient à indiquer quelque point d'où l'on partoit pour mefurer les diftances.

TABERNÆ ou TABERNÆ AD RHENUM, lieu fitué fur la route de Milan à Mayence, en paffant par les Alpes Pennines, felon l'itinéraire d'Antonin.

TABES, ville de l'Afie, dans les montagnes de la Parétacène, fur les frontières de la Perfe & de la Babylonie, felon Quinte-Curfe & Strabon.

TABETANÆ, ville de l'Hifpanie, felon Ortélius, qui cite le concile de Tolède.

TABIÆ, lieu de l'Italie, dans la Campanie, près du lieu nommé *Surento*, felon Galien. On conjecture que c'eft le même lieu que *Staliæ*.

TABIANA, ile du golfe Perfique, fur les côtes de la Perfide, felon Ptolemée.

Elle étoit fituée au voifinage & à l'occident de l'ile *Sophtha*, & vis-à-vis du promontoire Taoce.

TABIDIUM, ville de l'intérieur de l'Afrique, vers la fource du fleuve *Bagrada*. Ce fut une de celles fubjuguées par Cornélius Balba.

TABIENI, peuples de l'Ethiopie, fous l'Egypte, au midi du peuple *Colobi*, felon Ptolemée.

TABIENI, peuples de la Sythie, en-deçà du mont *Imaüs*, au midi des *Zaratæ*, felon Ptolemée.

TABIS, ville de l'Afie, vers les déferts de la Carmanie, felon Hécatée, cité par Etienne de Byfance.

TABLÆ, lieu de l'ile des Bataves, à dix-huit milles de *Cafpingium*, & à douze de Peuttinger.

M. d'Anville remarque que la première de ces diftances est défectueuse. C'est actuellement, selon lui, *Albras* & *Ablasses.*

TABORENSIS, siège épiscopal de l'Afrique proconsulaire, selon la conférence de Carthage.

TABORENTENSIS, siège épiscopal d'Afrique, dans la Mauritanie césarienne, selon la notice épiscopale d'Afrique.

TABORUM, ville épiscopale de l'Asie mineure, dans la Carie, selon la notice de Léon-le-Sage.

TABRACENSIS, siège épiscopal d'Afrique, dans la Mauritanie césarienne, selon la conférence de Carthage.

TABRÆSII, peuples de l'Inde, au-delà du Gange, selon Diodore de Sicile.

TABRESIUM, ville de l'Asie, dans l'Assyrie, aux environs de la Médie, selon Curopalate & Cédrène.

TABUCENSIS, siège épiscopal de l'Afrique proconsulaire, selon la lettre synodique des évêques de cette province, au concile de Latran, tenu sous le Pape Martin.

TABUDA, fleuve de la Gaule Belgique, dans le pays des *Morini*, près de *Gessoriacum Navale*, selon Ptolemée.

En plaçant ce fleuve dans la seconde Belgique. Ptolemée en indique l'embouchure entre *Gesoriacum* (Boulogne), & l'embouchure de la Meuse. C'étoit un des noms qu'a l'Escaut, appelé plus ordinairement *Scaldis.*

TABUDENSIS, siège épiscopal d'Afrique, dans la Numidie, selon la notice épiscopale d'Afrique & la conférence de Carthage.

TABULUM, nom d'une ville de l'Asie mineure, selon Hérodote.

TABUNIENSIS, siège épiscopal d'Afrique, dans la Mauritanie césarienne, selon la notice des évêchés de cette province.

TABURNUS MONS, montagne de l'Italie, dans le *Samnium*, & au voisinage de *Caudium.*

Vibius Séquester écrit *Taburnus Samnitum.*

TACANENSIS; siège épiscopal de l'Afrique proconsulaire, selon les actes du concile de Carthage, tenu en 348.

TACAPES, nom d'une ville de l'Afrique, selon Pline, Ptolemée & Procope.

Elle a eu un siège épiscopal connu sous le nom de *Tacapitanus*, dans la notice épiscopale de ce pays-là.

TACAPHORIS, ville de l'Afrique, dans l'intérieur de la Marmarique, entre *Lucæ* ou *Alba-Nabæ* & *Dioscoron*, selon Ptolemée.

TACAPITANUS. *Voyez* TACAPES.

TACARATENSIS, siège épiscopal d'Afrique, dans la Numidie, selon la notice des évêchés d'Afrique & la conférence de Carthage.

TACASARTA, ville de l'Egypte, sur la route de Memphis à Péluse, entre Daphenes & Thou, selon l'itinéraire d'Antonin.

TACASIN, ville de la Judée, dans la tribu de Zabulon, selon le livre de Josué.

TACATUA ( *Tuckus* ), ville située sur la côte de l'Afrique, entre *Ruscades* & *Hippone*, selon Ptolemée.

Elle étoit à l'est du promontoire *Tapsus*, & à l'ouest du promontoire *Hippi.*

TACHARI, peuples Nomades de l'Asie, dans l'Hyrcanie. Strabon les met au nombre de ceux qui chassèrent les Grecs de la Bactriane.

TACHASARA, ville de l'Asie, dans l'intérieur de la Médie, entre *Zalaca* & *Pharambara*, selon Ptolemée.

TACHEMPSO ou TACHOMIPSO, île de l'Ethiopie, dans le voisinage de la Libye, selon Etienne de Byzance. Dans Hérodote on lit *Tachompso.*

Elle étoit à douze journées de navigation au-dessus d'Elephantine, en suivant le cours tortueux du Nil. Etienne de Byzance met cette île dans sa proximité de Philé; mais Ptolemée la plaçant à vingt minutes plus au midi que cette ville, il résulte qu'Hérodote est d'accord avec Ptolemée, & qu'il ne faut pas prendre à la rigueur l'expression d'Etienne de Byzance.

La moitié de cette île étoit occupée par des Egyptiens, & l'autre par des Ethiopiens.

TACHORSA, village de l'Afrique, dans le nôme de Libye, selon Ptolemée.

TACLÆ MONTANENSIS, siège épiscopal de l'Afrique proconsulaire, selon les actes du concile de Carthage, tenu l'an 525.

TACINA, lieu de l'Italie, dans le *Brutium*, sur la route d'*Eqotuticum* à *Rhegium*, entre *Scyllaceum* & *Meto*, selon l'itinéraire d'Antonin.

TACOLA IMPERIUM ( *Junkelon* ou *Junkselon*), port sur la côte occidentale de l'Inde, en-deçà du Gange, selon Ptolemée. C'étoit le commencement de la presqu'île.

TACOMPSO ou TACOMPSON. Pline appeloit ainsi trois places situées sur le bord du Nil.

TACORREI, peuples de l'Inde, au-delà du Gange, entre & au nord des monts *Imaüs* & *Bepyrrus*, selon Ptolemée.

TACUA, fleuve de l'Italie, dans la Ligurie, à l'est de *Rutuba.*

TADAMATENSIS, siège épiscopal d'Afrique, dans la Mauritanie césarienne, selon la notice épiscopale d'Afrique.

TADER ( *la Segura* ), fleuve de l'Hispanie citérieure, chez les *Contestani.*

Ce fleuve prenoit sa source à l'ouest, dans les monts *Orospeda.*

Il est nommé *Tader* par Pline, & on croit que c'est le *Terebis* de Ptolemée.

TADIATES, peuples de l'Italie. Pline les place dans la quatrième région.

TADINŒ, au nord de *Nuceria*, lieu de l'Italie, dans l'Umbrie.

TADINATES, peuples de l'Italie, dans la sixième région, selon Pline.

TADMOR. Comme il eſt très - probable que cette ville de l'Aſie, vers l'Euphrate, eſt la même que Palmyre, pour ne pas me répéter ici, je renvoie à PALMYRA & à l'article de la Palmyrène, dans celui de SYRIA.

TADNOS, fontaine de l'Egypte, dads le voiſinage de *Myos-Hormos*, ſelon Pline.

TADUENSIS, ſiège épiſcopal d'Afrique, dans la province proconſulaire, ſelon la lettre ſynodique des pères de cette province au concile de Latran, tenu ſous le pape Martin.

TADUTTI (*Tattubt*), lieu de l'Afrique, dans la Numidie, ſelon l'itinéraire d'Antonin. Elle étoii ſituée entre Sambêſe Gemellæ. On y voit des ruines d'où l'on a tiré de colonnes de granite.

TADRANS *ou* TADSANS, peuples d'entre les Goths vaincus par les Wandales, ſelon Jornandés, *de reb. getic. c. 23.*

TÆNARIA, TENARIUM, *ou* TAENARUM (*cap Matapan*), promontoire du Péloponnèſe, au ſud de la Laconie, entre le golfe de Meſſénie & celui de Laconie,

Pauſanias écrit *Tænarum*, & dit que ce promontoire avance conſidérablement dans la mer.

On y voyoit une grotte, dont on avoit depuis fait un temple de Neptune : cela rendoit ce lieu très-célèbre, parce qu'il étoit regardé comme une des bouches de l'enfer. C'étoit par-là, diſoit-on, qu'Hercule & Pſyché y étoient deſcendus. Hécatée avoit trouvé raiſonnable de dire qu'il s'y retiroit un ſerpent affreux, qu'Hercule avoit amené en vie à Euriſthée, & que de-là étoit venue la fable de Cerbère enchaîné par Hercule.

Ce temple étoit fort révéré. Cornélius Népos en parle dans la vie de Pauſanias, roi de Sparte, comme d'un lieu d'aſyle, puiſque que ſon envoyé vers Artabaze, s'y étoit retiré par le conſeil des Ephores, afin de l'y attirer lui-même. Il ajoute que ce lieu étoit inviolable, puiſque ce jeune Argien n'avoit rien à y craindre des violences de ſon maître.

On voyoit ſur ce promontoire, entre autres monumens, une ſtatue d'airain repréſentant Arion aſſis ſur un dauphin & jouant de la lyre Une fontaine qui ſe trouvoit au même promontoire, paſſoit pour avoir produit autrefois le merveilleux effet de laiſſer voir au fond de ſes eaux des vaiſſeaux & des ports. On répondit à Pauſanias, qui regrettoit de n'y rien voir de ſemblable, que cette fontaine avoit perdu cette rare propriété, depuis qu'une certaine femme y avoit lavé ſes vêtemens.

TÆNARIUM, ville du Péloponnèſe, entre le golfe de Meſſénie & celui de Laconie, & ſur le promontoire *Tænaria*, ſelon Ptolemée.

Pauſanias nomme cette ville *Cænopolis*, & ajoute que ſon ancien nom étoit *Tænarum*.

TÆNARUM FLUMEN, fleuve de la Thrace, près de la ville *Ænus*, ſelon Chalcondyle.

TÆNIA, village de l'Aſie mineure, dans la

Myſie, au voiſinage de la ville de *Lampſacus*, ſelon Siméon le Métaphraſte.

TÆNIOLONGA, ville d'Afrique, dans la Mauritanie tingitane, ſur l'océan Ibérique, entre *Achath* & *Seſtiaria Extrema*, ſelon Ptolemée.

TÆNUR, ville de l'Inde, en-deçà du Gange, dans l'intérieur du pays du peuple *Pandioni*, ſelon Ptolemée.

TÆPA, ville de l'Aſie, dans l'intérieur de la Perſide, entre *Parodana* & *Tragonice*, ſelon Ptolemée.

TAGABAZA, ville de l'Inde, en-deçà du Gange, au voiſinage de *Bradaotis*. Ptolemée la donne aux *Brolingæ*.

TAGÆ, ville de l'Aſie, dans la Parthie, vers le fleuve *Oxus*, & aux confins de l'Hyrcanie, ſelon Polybe.

TAGAMA, ville de l'Afrique, dans l'intérieur de la Libye, ſur le bord du Niger, entre *Vellegia*, ſelon Ptolemée.

TAGAMUTENSIS, ſiège épiſcopal d'Afrique, dans la Byzacène, ſelon la conférence de Carthage & la notice épiſcopale d'Afrique.

TAGARA, ville de l'Inde, dans l'Intérieur de la contrée *Limyrica*, ſelon le périple de la mer Erythrée.

TAGARATENSIS, TAGARITANUS *ou* TACATENSIS, ſiège épiſcopal d'Afrique, dans la Byzacène, ſelon la conférence de Carthage & la notice épiſcopale d'Afrique.

TAGARATENSIS, ſiège épiſcopal de l'Afrique proconſulaire, ſelon la conférence de Carthage.

TAGARBALENSIS, ſiège épiſcopal d'Afrique, dans la Byzacène, ſelon la notice épiſcopale d'Afrique.

TAGASENSIS, ſiège épiſcopal d'Afrique, dans la Byzacène, ſelon la lettre adreſſée à l'empereur Conſtantin, par les évêques de ce pays.

TAGASTA, ville d'Afrique, dans la Numidie, ſur la route d'Hippone à Céſarée, entre Hippone & *Maruggara*, ſelon l'itinéraire d'Antonin.

TAGASTENSIS, ſiège épiſcopal d'Afrique, dans la Numidie, ſelon la conférence de Carthage.

TAGINA, ville de l'Italie, au pied de l'Apennin, aux environs de l'Umbrie & de l'Etrurie, ſelon Procope.

TAGONIUS, nom d'une rivière de l'Hiſpanie, ſelon Plutarque.

TAGORA, ville de l'Afrique, dans la Numidie, ſelon l'itinéraire d'Antonin.

TAGORA *ou* TACORA, ville de l'Afrique proconſulaire, ſelon la table de Peutinger.

TAGORENSIS, ſiège épiſcopal d'Afrique, dans la proconſulaire, ſelon la conférence de Carthage.

TAGORENSIS, ſiège épiſcopal d'Afrique, dans la Numidie, ſelon la conférence de Carthage.

TAGORI, peuple de la Sarmatie Aſiatique, ſelon Pline.

TAGRUM ou TAGRUS, promontoire de l'Hispanie, dans la Lusitanie, selon Varron.

TAGURIA, lieu de l'Asie, aux environs de la Bactriane, selon Polybe.

TAGUS, fleuve de l'Ethiopie; selon Sidonius Apollinaris, in panegyr. socer. sui. v. 75. Mais le P. Sirmond a fait voir qu'il faut lire *Gir* au lieu de *Tagus*. Il cite un manuscrit de Claudien, où on lit:

> . . . . . Et Gir notissimus amnis
> Æthiopum, simili mentibus gurgite nilum.

TAGUS ( le Tage ), l'un des principaux fleuves de l'Hispanie citérieure.

Pline parle de ce fleuve, & Silius Italicus le compare avec le Pactole.

TAJAMENTUS ( le Tagliamento ), fleuve de la Carnie. Il couloit du nord au sud.

TAIONNACUS, nom d'un lieu de la Gaule, selon Sidonius Appollinaris.

TAIZALI ou TEXALI, peuple de l'île d'Albion, selon Ptolemée.

TAIZALUM, promontoire de l'île d'Albion, entre l'embouchure du *Celnius* & celle du *Diva*, selon Ptolemée.

TALABRIGA ( Terocas ), ville de l'Hispanie, dans la Lusitanie, au sud, sur la *Vaena*. Appian, qui la nomme dans la guerre d'Espagne, dit qu'elle traita souvent avec les Romains, & que souvent aussi elle manqua à ses engagemens. Cette ville étoit peu éloignée de la mer, au sud-ouest de *Langobriga*.

TALABROCA, nom d'une des plus célèbres villes de l'Hyrcanie, selon Strabon.

TALACORI, lieu d'entrepôt, dans l'île de Taprobane, sur le bord du grand rivage, selon Ptolemée.

TALALALUM ou THALATATUM, ville de l'Afrique propre, sur la route de *Tacapæ* à la grande *Leptis*, entre *Thenadassa* & *Vinaza*, selon néraire d'Antonin.

TALAMINA, non d'une ville de l'Hispanie citérieure. Ptolemée la donne aux *Seburri*.

TALAMONIUM, ville de la Scythie de Thrace, selon la notice des dignités de l'empire.

TALANII, peuples de la Grèce, aux environs de l'Achaïe, selon Polybe.

TALAPTENSIS, siège épiscopal d'Afrique, dans la Bizacène, selon la lettre adressée à l'empereur Constantin, par les pères de cette province.

TALAPTULENSIS, siège épiscopal d'Afrique, dans la Byzacène, selon la notice épiscopale d'Afrique.

TALARA, ville de l'Inde, en-deçà du Gange, près de *Sata*, selon Ptolemée.

TALARENSES, peuples de la Sicile, selon Pline.

TALARES, nom d'un peuple de la Thessalie, selon Strabon.

TALARIA, ville de la Sicile, dans la dépendance de *Syracuse*, selon Etienne de Byzance.

TALARIGA, ville de l'Inde, au-delà & sur le bord du Gange, près d'*Aganagora*, selon Ptolemée.

TALAURA, ville de l'Asie, dans la Cappadoce, selon Plutarque & Dion Cassius.

TALAURIUM. C'est le nom que l'on donnoit à une campagne dans l'endroit où le Danube se courbe vers Bude, à ce que l'on croit.

TALBENDA, ville de l'Asie, dans la Pisidie, ou la Pamphylie, selon Ptolemée.

TALBONDANA, ville de l'Asie, dans la Pisidie, selon les actes du concile de Chalcédoine.

TALBORENSIS, siège épiscopal de l'Afrique proconsulaire, selon la lettre synodique des pères de cette province.

TALCINUM, ville que Ptolemée indique dans l'intérieur de l'île de Corse, entre *Sermicium* & *Venicium*.

TALENSIS, siège épiscopal d'Afrique, dans la Mauritanie césarienne, selon la conférence de Carthage.

TALETUM, nom d'un temple du soleil, bâti dans la Laconie, au somet du mont *Taygetus*, au-dessus de *Bryseææ*, selon Pausanias.

TALIA, ville de la haute Mœsie, sur la route de *Viminatium* à *Nicomédie*, entre *Novæ* & *Ægeta*, selon l'itinéraire d'Antonin.

TALICUS ou DAICUS, fleuve de la Scythie, selon Ammien Marcellin & Ptolemée. Ce dernier écrit *Daius*.

Ce fleuve avoit son embouchure dans le mer Caspienne.

TALIO, nom d'un ruisseau aux confins des des villes *Atella* & *Colonia Augusta*, selon Hygin.

TALMENA, port de l'Asie, dans la Carmanie, à quatre cens stades de *Canasida*, selon Arrien.

TALORI, peuple de l'Hispanie, du nombre de ceux qui bâtirent le pont d'Alcantara, selon une ancienne inscription que l'on voit sur ce pont.

TALUBATH, ville de l'Afrique, dans l'intérieur de la Libye, à quelque distance du Niger, selon Ptolemée.

TALUCTÆ, peuples de l'Inde, aux environs du Gange, selon Pline.

TALY, nom d'un fleuve de l'Egypte. Il se perdoit dans la mer par l'embouchure du Nil appelée *Ostium Bolbitinum*, selon Ptolemée.

TAMA, ville de l'Ethiopie, dans le voisinage du Nil, à soixante-douze milles d'*Hiera-Sicaminum*.

TAMADENSIS, siège épiscopal d'Afrique, dans la Mauritanie césarienne, selon la notice épiscopale d'Afrique.

TAMAGANI, peuples de l'Hispanie, dans la Lusitanie, selon une ancienne inscription qui se voit dans la ville de Chiaves.

TAMAGANI, lieu de de l'Hifpanie, entre *Calle*, au fud-ouest, & *Aquæ Flaviæ* au nord-est, dans le pays des Callaïques.

TAMAGRISTENSIS ou THAMAGRITENSIS, siége épifcopal d'Afrique, dans la Mauritanie fitifenfe, felon la conférence de Carthage.

TAMALLENSIS ou TAMALLUMENSIS, siège épifcopal d'Afrique, dans la Mauritanie fitifenfe, felon la conférence de Carthage.

TAMALLUMENSIS, fiège épifcopal d'Afrique, dans la Bizacène, felon la notice épifcopale d'Afrique.

TAMALME, conrree de l'Afie, aux environs de la Cilicie ou de la petite Arménie, felon Siméon le Métaphrafte.

TAMANNUNA ou TAMAUNUNA, municipe dans la Mauritanie céfarienfe, felon la table de Peutinger.

TAMARA, fleuve de l'Hifpanie. Il paroit avoir donné fon nom aux Tamariques. Il commençoit dans les montagnes à l'ouest de *Lucus Augufti*, & fe rendoit dans la mer à l'ouest d'un petit golfe, fur les bords duquel fe trouvoient *Grandinirum* & *Acræ Seftianæ*. Pomponius Méla nomme ce fleuve *Tanaris*, & il l'indique au voifinage du promontoire Celtique.

TAMARA, ville de l'île d'Albion. Ptolemée la donne aux *Damnonii* ou *Dumnonii*.

TAMARICI ( *les Tamariques* ), peuples de l'Hifpanie, dans la Tarragonnoife, au pays des Callaïques. Pomponius Méla les indique le long des bords du fleuve *Tamaris*.

TAMARIS. *Voyez* TAMARA. Ce fleuve de l'Hifpanie, eft nommé *Tanaris* par Pomponius Méla, & *Tamara* par Ptolemée.

TAMARITIUM ou PALMAS, lieu de la Sicile, fur la route du détroit à Lilybée, entre Meffine & *Tauromenium Naxon*, felon l'itinéraire d'Antonin.

TAMARUM, nom d'une montagne de l'Afie, felon Strabon.

TAMARUS, fleuve de l'île d'Albion. Ptolemée en indique l'embouchure fur la côte méridionale, entre celle du *Cenion* & celle de l'*Ifaca*.

TANIARUS, nom d'une montagne de l'Afie, felon Strabon.

TAMARUS, lieu de l'Italie, aux environs de la Campanie, entre *Bovianum* & *ad Equotuticum*, felon l'itinéraire d'Antonin.

TAMARUS, fleuve de l'Italie, dans le Samnium propre.

TAMARUS, montagne de la Macédoine, vers l'Epire, felon Strabon.

TAMASCANIENSIS, fiège épifcopal d'Afrique, dans la Mauritanie fitifenfis, felon la conférence de Carthage.

TAMASIDAVA, ville fituée dans l'intérieur de la baffe Mœfie, à quelque diftance du fleuve *Hierafus*, entre *Zargidava*, & *Piroboridava*, felon Ptolemée.

TAMASIS, ville de l'Inde, en-deçà du Gange, dans la contrée Sandrabite, felon Ptolemée.

TAMASSUS ou TAMASUS, ville fituée dans l'intérieur de l'île de Cypre, à l'ouest de *Ledra*, fur un des ruiffeaux qui fervoient à former le *Pedæus*.

Cette ville eft nommée par Pline & Etienne de Byfance *Tamafeus*; & le dernier ajoute que Polybe écrit *Tamefia*.

TAMASTINI MUNICIPIUM, municipe d'Afrique, dans la Mauritanie céfarienfe, felon la table de Peutinger.

TAMAZENUS, fiège épifcopal d'Afrique, dans la Byzacène, felon la lettre fynodique des pères de cette province, au concile de Latran, tenu fous le pape Martin.

TAMAZITES, peuples de la Sarmatie européenne. Une rivière les féparoit des *Roxolani*, felon Jornandès.

TAMBAIENSIS, fiège épifcopal d'Afrique, dans la Bizacène, felon la conférence de Carthage.

TAMBEITANUS, fiège épifcopal d'Afrique, dans la Byzacène, felon la notice épifcopale d'Afrique.

TAMBRAX, ville de l'Afie, dans l'Hyrcanie, chez les Parthyéens, felon Etienne de Byfance. Selon Polybe, c'étoit une grande ville où il y avoit un palais royal.

TAMBYZI, peuples de l'Afie, dans Bactriane. Ptolemée les indique fur le bord de l'*Oxus*, au midi des *Acinacæ*.

TAMIA, ville de l'île d'Albion, dans le voifinage de *Banatia* & d'*Alata-Caftra*. Ptolemée la donne aux *Vacomage*.

TAMIANI, nom de peuples que Tite - Live compte parmi les troupes auxiliaires des Rhodiens.

TAMICENSIS, fiège épifcopal d'Afrique, felon la conférence de Carthage.

TAMIRUM, ville de l'Italie, felon un manufcrit de Frontin, cité par Ortélius.

TAMNA, ville de l'Arabie, felon Etienne de Byfance. Pline la nomme *Tamna templorum*, & l'indique dans l'Arabie heureufe.

TAMNA, ville de la Paleftine, dans la tribu de Juda, felon le livre de Jofué, *ch. 15*.

TAMNACUM, nom d'une ville de l'Arabie heureufe. Elle fut ruinée par les Romains, felon Pline.

TAMNUM, ville de la Gaule Aquitanique, fur la route de *Burdigala* à *Auguftodunum*; entre *Blavutum* & *Novioregum*, felon l'itinéraire d'Antonin. C'eft aujourd'hui Talmon.

TAMOGADENSIS ou TAMUGADENSIS, fiège épifcopal d'Afrique, dans la Numidie, felon la notice épifcopale d'Afrique.

TAMONBARI, ville de la Thrace, dans la province de Rhodope, felon Procope. Cet auteur la met au nombre des forts que l'empereur Juftinien fit élever dans ce pays-là.

TAMONITIS,

**TAMONITIS**, contrée de l'Asie, dans la Syrie. Strabon rapporte qu'après la défaite d'Antiochus-le-Grand, cette contrée fut jointe à l'Arménie.

**TAMOS**, promontoire que forme le mont *Taurus*, sur l'Océan oriental, selon Pomponius Méla.

**TAMUADA** ou **TAMUDA**, fleuve de l'Afrique, dans la Mauritanie tingitane, selon Pomponius Méla.

**TAMUCUM**, lieu de l'Afrique, dans la Mauritanie césarienfe, selon la notice des dignités de l'empire.

**TAMUDA**, fleuve de l'Afrique, dans la Mauritanie césarienfe, avec une ville de même nom, bâtie sur ses bords, selon Pline.

**TAMUGADA**, ville de l'Afrique, dans la Mauritanie, sur la route de Lambèfe à *Cirta Colonia*, entre Lambèfe & *ad Rotam*, selon l'itinéraire d'Antonin.

**TAMUSIDA**, ville de l'Afrique, dans la Mauritanie tingitane, dans l'intérieur des terres, entre *Banasa* & *Silda*, selon Ptolemée.

**TAMUSIGA**, ville de l'Afrique, dans la Mauritanie tingitane, sur la côte de l'Océan, entre le port d'Hercule & le promontoire *Ufadium*, selon Ptolemée.

**TAMYARS** ou **TAMYRAS**, fleuve de la Phénicie, entre Berythe & Sidon, selon Strabon.

**TAMYNA**, ville de l'île d'Eubée, dans le territoire de celle d'Erétrie, selon Strabon & Etienne de Byfance.

**TAMYRACA**, ville de la Sarmatie européenne, près du golfe Carcinite, selon Ptolemée, Etienne de Byfance & le périple d'Arrien.

**TAMYRACES**, promontoire de la Sarmatie européenne, selon Strabon.

**TAMYRACUS SINUS**, golfe de la Sarmatie européenne, près du golfe Carcinite, selon Strabon.

**TANA** ou **TANAS**, fleuve de l'Afrique, dans la Mauritanie. Sallufte rapporte que Marius s'approcha de ce fleuve pour aller s'emparer de *Capfa*.

**TANABASTRA**, lieu de l'Afrique, dans la Marmarique, aux confins du territoire d'Alexandrie, entre *Ariftea* & *Parætonium*, selon l'itinéraire d'Antonin.

**TANADARIS**, ville de l'Asie, dans la petite Arménie. Ptolemée l'indique dans la Cataonie.

**TANADASSA**, ville de l'Afrique propre, sur la route de la grande *Leptis* à *Tacapæ*, entre *Thalatum* & *Mefphæ*, selon l'itinéraire d'Antonin.

**TANAGER** (*il fiume Negro*), fleuve de l'Italie, dans la Lucanie, selon Virgile. Cet auteur lui donne l'épithète de *Siccus*. Il prend sa source au mont appelé alors *Albufnus*, actuellement, *monte Poftiglione*. Il se jetoit dans le Silanus : c'est le *Negro* des modernes.

**TANAGRA** (*la Tanagra*), ville affez considérable de la Béotie, à l'ouest, sur une hauteur, à quelque diftance de l'embouchure de l'Afope.

Cette ville avoit pris son nom de Tanagra, époufe de Pémandre, defcendant de Neptune ; & Tanagra elle-même étoit d'origine divine, soit qu'elle defcendît d'Eole, soit qu'elle dût le jour au fleuve Afope. Comme cette ville fut auffi nommée pendant quelque temps *Grea*, ainfi qu'on le voit dans Homére ; on prétendit que ce nom, qui fignifie la *vieille*, lui avoit été donné à caufe de la longue vie de la princeffe Tanagra, qui la première avoit porté ce furnom.

Entre autres curiofités de cette ville on remarquoit dans le temple de Bacchus une belle ftatue de ce dieu, & fur-tout un triton, d'un ouvrage admirable. Des deux fables que l'on rapportoit fur la caufe qui avoit donné lieu à l'exécution de ce dernier morceau, je choifis celle qui a le plus de vraifemblance. Un triton, ou plutôt quelque monftre amphibie, fe jettoit depuis affez long-temps fur les beftiaux & fe dévoroit. Les Tanagrées s'aviferent de mettre du vin fur le bord de l'eau, le triton en but, & s'enivra : ne pouvant plus fe foutenir, il tomba du haut d'un rocher, un Tanagréen arrivant avec une hache, lui coupa la tête. Selon l'autre tradition, c'étoit Bacchus lui-même qui la lui avoit coupée pour préferver des femmes Tanagréenes de la rapacité de ce monftre. Ce qu'il y a de fûr, c'eft que Paufanias ne vit point de tête au triton de marbre placé dans le temple (1).

Outre le temple de Bacchus il y avoit encore à Tanagre ceux de Thémis, de Vénus, d'Apollon & de Mercure, & même ce dernier dieu en avoit deux : dans l'un il étoit révéré fous le nom de *Porte-bélier*, ou *Criophoros* ; & dans l'autre, fous celui de *Promachus* ou *Défenfeur*. En effet, dans le premier de ces temples, le fculpteur Calamis avoit repréfenté ce dieu portant un bélier fur fes épaules, peut-être à caufe de la fable qui vouloit que Mercure eût autrefois volé Apollon ; mais les gens du pays prétendoient que c'étoit en mémoire de ce que Mercure avoit délivré Tanagre, affligée de la pefte, en portant fur fes épaules un bélier autour de la ville. La même cérémonie étoit obfervée tous les ans par un des plus beaux garçons de la ville. Quant au furnom de Promachus, on le lui avoit donné de même par reconnoiffance, parce que dans une occafion où les Tanagréens attaqués par leurs ennemis, Mercure lui-même s'étoit mis à la tête de la jeuneffe. Dans ce même temple on confervoit les reftes d'un arbre, fous lequel on prétendoit que Mercure étoit né.

Dans l'endroit de la ville le plus apparent, étoit le tombeau de Corinne, fi fameufe par fa beauté & par fon talent pour la poéfie, au point qu'à

---

(1) Cet auteur donne enfuite la defcription du triton comme fi effectivement ce monftre exiftoit dans la nature, & qu'il en eût vu.

D d

**TAN**

Thèbes même elle remporta un prix fur Pindare.
On y voyoit auffi le tombeau d'Orion.

Les Tanagréens conftruifoient leurs temples loin
du commerce des hommes, par refpect pour les
dieux. *Paufanias in Bcot.* ch. 20 & 22.

TANACRA, ville de l'Afie, dans l'intérieur
de la Perfide, & au voifinage d'*Ozoa* & de *Ma-
rafium*, felon Ptolemée.

TANAGRA, lieu qu'Etienne de Byfance indique
auprès d'*Oropus*, fur le bord de la mer.

TANAGRÆA ou GRÆA, ville de l'île d'Eubée,
dans le territoire d'Etrérie, felon Etienne de Byfance.

TANAIS (*le Don*), grand fleuve qui prend
fa fource vers l'orient d'été, dans les campagnes
des Thyrfagètes, traverfe les campagnes des Sarmates du couchant au levant, fe recourbe vers le
midi, & va fe perdre dans le lac Méotide. Son
cours eft fi rapide, qu'il ne gèle jamais. Ses rives
font habitées par les Sarmates. Pline, Ptolemée
& un grand nombre d'anciens géographes font
mention de ce fleuve. Le Tanaïs, à l'angle de fa
plus grande courbure, s'approche très-près du
fleuve *Rha*. Les deux embouchures du Tanaïs
font éloignées de foixante-dix ftades l'une de
l'autre felon Strabon ; mais les glaces empêchent
de fréquenter celle qui eft la plus feptentrionale.

Lucain a dit, en parlant de ce fleuve :

> ..... *Tanaïs diverfi nomina mundi*
> *Impofuit ripis, Afiæque & terminus idem*
> *Europæ, mediæ dirimens confinia terræ*
> *Nunc hunc, nunc illum, quá flectitur, ampliat*
> *orbum.*

TANAIS, ville de la Sarmatie européenne, fituée
entre les bouches du Tanaïs, felon Ptolemée.
*L. V, c. 9.* Etienne le géographe lui donne le titre
d'entrepôt.

C'étoit le marché commun de tous les peuples.
nomades de ces environs, felon Strabon. Ils y
amenoient des efclaves & des pelleteries, qu'ils
échangeoient contre des étoffes & du vin.

TANAIS (*Wedel Thainée*), fleuve de l'Afrique,
qui fe jette dans la Méditerranée, au fud-oueft,
à cinq milles de Théna. Salluíte dit que les Romains y firent provifion d'eau, dans l'expédition
de Marius contre Capfa.

TANAIS, Ptolemée dit qu'à l'embouchure du
Danube il y a une île nommée *Alopetia*, & qu'on
l'appelle auffi l'île du *Tanaïs*.

TANAITÆ, peuples de la Sarmatie européenne,
fur le bord du *Tanaïs*, dans l'endroit ou ce fleuve
fe courbe, felon Ptolemée.

TANAITIS, contrée de l'Afie, dans l'Arménie, près du fleuve *Cyrnus*, felon Dion Caffius.

TANAPE, ville de l'Ethiopie, fous l'Egypte,
où étoit la réfidence de la reine de Candace,
felon le même.

TANARUS (*le Tanaro*), fleuve de l'Italie, dans
la Ligurie. Il couloit du fud-oueft au nord-eft.

Il fe formoit du concours de plufieurs rivières,
& fe jettoit dans le *Padus*, au nord-oueft de
*Dertona*.

TANARUS ou AD TANARUM, lieu de l'Italie,
fur la route de Rome au lieu nommé *ad Columnam*,
entre *ad Calorem* & *Nuceria*, felon l'itinéraire
d'Antonin.

TANATIS, ville de la haute Mœfie, au voifinage du Danube, entre *Viminatium Legio* & *Eteta*,
felon Ptolemée.

TANEA ou THARA, village de l'Afie, dans
le pays des Parthes.

C'eft où Darius fut pris par fes parens, &
chargé de chaînes d'or.

TANETANI, peuple de la Gaule Cifpadane.
Pline en fait mention, & les indique dans la huitième région.

TANETUM, lieu de la Gaule Cifalpine, vers
l'eft de *Parma*.

TANETUS, bourgade de l'Italie, fur la route
de *Dertona* à *Ariminum*, felon l'itinéraire d'Antonin & la table de Peutinger.

Selon Polybe, cette bourgade appartenoit aux
Boïens.

TANFANÆ LUCUS, bois facré, dans la Germanie, au pays des Marfi.

Tacite rapporte qu'il y avoit dans ce bois un
temple fameux, & qu'il fut détruit ou rafé, jufqu'aux fondemens, par Germanicus.

TANGALA, ville de l'Inde, en-deçà du Gange,
dans l'intérieur du pays du peuple *Pandioni*, &
au voifinage de *Modura*, felon Ptolemée.

TANGANI, peuple de l'Inde, au-delà & fur le
bord du Gange. Leur pays étoit traverfé par le
fleuve *Sarabas*. felon Ptolemée.

TANIS, ville d'Egypte, fituée entre la bouche
Mendéfienne du Nil, à l'oueft, & la bouche Pé-
lufienne à l'eft. Elle étoit plus près de la première,
dans le *Deltam parvum*. Elle étoit fur une petite
branche du Nil, & donnoit fon nom à l'embouchure qui fe trouvoit au-delà entre les bancs de
fable que forme la mer au nord-eft. Cette ville
étoit la capitale du nôme *Tanites*.

C'étoit une petite ville. Voici ce qu'en dit Jofeph
(*de Bell. Jud. L. IV, c. 11*): Titus partit d'Alexandrie
pour fe rendre à Jérufalem. Il alla d'abord par terre
à Cynopolis, où il s'embarqua. Il aborda à la ville
de Thmuis, & fe rendit par terre à la petite ville
de Tanis. De-là il arriva, la feconde journée, à
Héracleopolis (*Parva*), & le troifième jour à
Pélufe.

Le pays où Tanis étoit fitué étoit marécageux,
& fes habitans, bien loin de tirer aucun agrément
de leur territoire, manquoient même des matériaux
propres à la conftruction de leurs maifons. Il eft
bien étonnant que Bochart, qui avoit dû lire ce

qui eſt dit de cette ville (1), en ait fait une ville royale. Peut-être l'état de cette ville avoit-il changé ; car, ſelon le Pſalmiſte (*Pſal. LXXVII, v. 12—43*), Moyſe avoit fait des miracles dans ſes campagnes : le Syncelle a auſſi donné de l'éclat à cette ville, en rapportant une liſte des rois de Tanis, rois qu'il appelle paſteurs. On peut donc croire que la ville du Pſalmiſte n'eſt pas cette Tanis ; car quel prince eût jamais établi le ſiège de ſon empire dans une place manquant de tout ; car, ſi, comme on le voit par ſa poſition, c'étoit une petite ville dans le temps que ſon commerce étoit le plus floriſſant, & qu'elle ne pût rien ſe procurer que par mer, dans quel état devoit-elle être avant que les Egyptiens fréquentaſſent ces élémens ?

TANITICUM OSTIUM, nom de la ſixième embouchure du Nil, en allant d'occident en orient, & dont l'eau venoit du canal Bubaſtique ou Pélaſiaque, ſelon Strabon, Pline & Ptolemée.

TANITES, TANITICUS NOMUS *ou* TANITICA PRÆFECTURA, nom d'une préfecture de la baſſe Egypte, le long de la branche du Nil appelée Tanitique.

TANNETA *ou* TANNETUM, lieu de l'Italie, dans la Campanie, ſelon Aimoin, cité par Ortélius.

Paul Diacre nomme ce lieu *Tannetum*, & dit que ce fut dans cet endroit que Narſès défit & tua Buccelin.

TANOS, fontaine de l'Egypte, aux environs de *Myos-Hormos*, ſelon Pline.

TANOS, nom d'une ville de l'île de Crète, ſelon Etienne de Byſance.

TANTALUS, nom d'une ville ſituée dans l'île de Lesbos, ſelon Etienne de Byſance.

TANTALUS, ville de l'Aſie mineure, ſur le bord du Méandre, ſelon Nicétas.

TANTARENE, ville de l'Ethiopie, ſous l'Egypte, ſelon Pline.

TANTHARAGI, peuples de l'Inde, en-deçà du Gange. Arrien les indique dans l'intérieur du pays, aux environs de *Barygaza*.

TANUDAIENSIS, ſiège épiſcopal d'Afrique, ſelon la conférence de Carthage.

TANUS, fleuve de la Grèce, dans le Peloponnèſe. Il avoit ſa ſource dans le mont Parnon, traverſoit l'Argolide, & alloit ſe perdre dans le golfe de Thyrée, ſelon Pauſanias.

TAOCE, ville de l'Aſie, dans l'intérieur de la Perſide, près de la ville *Orebatis*. ſelon Ptolemée.

Néarque dit que cette ville étoit ſituée à deux cens ſtades de l'embouchure du fleuve Granide, & que les rois de Perſe y avoient un palais.

---

TAOCE, promontoire de l'Aſie, ſur les côtes de la Perſide, à cinq cens ſtades de l'embouchure du fleuve *Oroatis*, & à ſept cens ſtades de celle du fleuve *Rhogomanus*, ſelon Marcien d'Héraclée.

Ptolomée nomme auſſi ce promontoire, & le place de même, entre l'embouchure de ces deux fleuves.

TAOCENA, contrée de l'Aſie, dans la Perſide, au voiſinage de la Mardienne & du pays des Hippophages, ſelon Ptolemée.

TAOCHI ( *Les Taoques*), peuples de l'Aſie, dans les montagnes de l'Arménie. Xénophon les place près des Chalybes & des Phaſiens. Les vivres manquèrent aux Grecs dans le pays de ces peuples, parce qu'ils occupoient des lieux forts où ils les avoient tranſportés.

Etienne de Byſance place ce peuple dans l'intérieur du Pont.

TAPÆ, nom d'une ville de la Dacie. Elle étoit du royaume de Décébale, ſelon Xiphilin, cité par Ortélius.

TAPANITÆ, peuple de l'Afrique, dans la Marmarique, ſelon Ptolemée.

TAPARA, nom d'un entrepôt ſur le golfe Arabique, dans le voiſinage du port Avalites, ſelon Arrien.

TAPASSORUM, ville épiſcopale de l'Aſie mineure, dans la Carie, ſelon la notice de Léon-le-Sage.

TAPATEGE, lieu de l'Ethiopie, entre le petit *Daphnon* & *Niloptolemæum*, ſelon Arrien, dans ſon périple de la mer Rouge.

TAPÆ, ville de l'Aſie, dans l'Hyrcanie. Strabon lui donne le titre de *Regia*.

TAPHIAS, nom d'une île que Pline & Etienne de Byſance indiquent être le voiſinage des îles Taphies ou Téléboïdes. Le dernier dit qu'elle étoit ſituée à trente ſtades de la ville de *Taphus*, ſituée dans l'île de Céphalénie.

TAPHII, peuples de la Scythie européenne, ſur la côte la plus reculée du golfe Carcinite, ſelon Strabon.

TAPHITIS, promontoire de l'Afrique propre, au voiſinage de la ville de *Néapolis*, ſelon Strabon.

TAPHIUS, montagne ſituée dans le pays des Locres Ozoles. C'eſt où le centaure Neſſus fut enterré, ſelon Antigonus.

TAPHNIS, ville de l'Egypte, dans laquelle Jérémie parle ſouvent. Ce prophète & les Iſraélites qui étoient avec lui, ſe retirèrent dans cette ville.

TAPHOSSUS *ou* TAPHIASSUS, colline de la Grèce, dans l'Etolie, aux environs de la ville de Calydon, ſelon Strabon & Pline.

TAPHRA *ou* TAPHRÆ ( *Orkapi* ou *Percop*), ville qui étoit ſituée dans l'iſthme de la Cherſonèſe Taurique. Pline en fait mention, ainſi que Strabon.

Callistrate attribue la fondation de cette ville à une troupe d'esclaves qui avoient eu commerce avec les femmes de leurs maîtres, pendant qu'ils étoient occupés à la guerre contre les Thaces. Ils se réfugièrent dans l'isthme, y bâtirent cette ville, & s'y fortifièrent.

Le mot *Taphros* désigne, en grec, un fossé, & se trouve dans plusieurs noms appartenans à la géographie.

TAPHRON ou TAPHROS. C'étoit une des plus belles villes de l'Arabie heureuse, selon Ammien Marcellin.

TAPHROS, nom que l'on donnoit au détroit qui sépare l'île de Sardaigne de celle de celle de Corse, selon Pline.

TAPHRURA, TAPARURA ou TAPHRA, ville de l'Afrique propre, sur le golfe de Numidie, selon Ptolemée.

Cette ville est nommée *Taphra* par Pomponius Méla, & *Taparura* par la table de Peutinger & par l'Anonyme de Ravenne.

TAPHUA, ville de la Palestine, dans la tribu de Juda, selon Josué.

TAPHUA, ville de la Palestine. Elle appartenoit à la tribu d'Ephraïm, & étoit située sur la frontière de celle de Manassé.

TAPHUS. C'étoit, selon Strabon, l'ancien nom d'une île qui, de son temps, étoit appelé *Taphiusa*. Etienne de Byzance dit la même chose d'une ville de l'île de Céphalénie; mais aucun auteur de l'antiquité ne parle de cette ville, & les critiques croient que c'est une erreur.

TAPORI, peuple de l'Asie, dans la Margiane, selon Ptolemée.

TAPOSIRIS, ville de l'Egypte, à quelque distance de la mer, & à une journée au couchant d'Alexandrie, entre *Cynossema* & *Pinthyna*.

Il se tenoit tous les ans à *Taposiris*, selon Strabon, une assemble pour cause de religion.

TAPOSIRIS ou PARVA TAPOSIRIS, ville d'Egypte, dans une langue de terre étroite, entre la mer & le canal qui conduisoit de Canope à Alexandrie, selon Strabon.

TAPROBANA ou TAPROBANE; car on trouve ce nom avec l'une & l'autre terminaison, ce qui ne lui est pas particulier, vu que selon telle ou telle dialecte, les Grecs mettoient un *n* ou un *a*.

Avant de donner, d'après M. d'Anville, les raisons qui font regarder l'île de Ceylan comme la Taprobane des anciens, j'exposerai en deux mots le sentiment de M. Cassini.

Cet habile astronome voyant que Ptolemée donne 14 degrés d'étendue à la longueur de la Taprobane, & qu'il en place la partie méridionale au-delà de l'équateur, conjectura que l'état physique des parties adjacentes à la presqu'île de l'Inde, avoient pu éprouver quelques grands changemens: & cette révolution physique n'est pas sans vraissemblance, puisque plusieurs exemples prouvent ailleurs des révolutions à-peu-près pareilles.

Il pense donc que les îles Maldives, comprenant douze ou treize mille îles, séparées entre elles par de très-petites portions d'eau, pouvoient bien autrefois avoir été plus découvertes, & n'avoir formé qu'une grande île. Ce fait, considéré sous son rapport physique, non-seulement n'est pas impossible, mais même est très-vraisemblable. Il est vrai cependant que ce n'est ici qu'une probabilité, & que l'on n'est pas plus certain que l'ancienne Taprobane n'ait compris tout l'espace qu'occupent aujourdhui les Maldives, qu'on ne l'est que l'ancienne Atlantide ait existé sur l'Océan qui porte encore son nom, & dont les Açores & les Canaires & Madères seroient les derniers fragmens; ainsi je ne donne donc le sentiment de M. Cassini que comme une conjecture (1). Il y a eu d'autres opinions si erronées, si peu vraisemblables, que je n'en fais pas mention ici. Je passe au sentiment de l'habile M. d'Anville.

Et d'abord je remarquerai que M. d'Anville, qui certainement ne pouvoit pas ignorer l'opinion de M. de Cassini, puisqu'elle se trouve imprimée à la fin d'une description de Siam, par la Loubère, n'a pas entrepris de les réfuter dans le petit morceau où il traite de la Taprobane : ce morceau fait partie de son ouvrage sur l'Inde des anciens. Il est vrai que ce morceau, quoique détestablement écrit, ainsi que tout ce qui est sorti de la plume de M. d'Anville, est presque une démonstration que l'île de Ceylan actuelle étoit l'ancienne Taprobane: on en jugera par l'analyse que j'en vais donner ici.

La connoissance de cette île chez les Grecs fut une suite des victoires d'Alexandre. Mais cette connoissance demeura long-temps imparfaite, sans doute, puisque Hipparque, qui vivoit environ 140 ans avant notre ère, disoit, au rapport de Pomponius Méla, que c'étoit une île très-grande, ou le commencement d'un autre monde. Ptolemée est le premier des anciens qui en ait parlé d'une manière positive. Mais ce qu'il en dit paroît, au premier coup-d'œil, fait pour étonner les critiques; car il dit que cette île est coupée par la ligne équinoxiale (2); c'est ce qui avoit fait soupçonner à Mercator & à quelques autres savans que la Taprobane pourroit bien être l'île de Sumatra.

Les notions que l'on tire de Strabon ne sont propres qu'à nous égarer, puisque, chez lui, la Taprobane s'étend vers l'Ethiopie; car dans l'hypothèse même de M. Cassini, elle en eût encore été fort éloignée.

Ptolemée, en indiquant que sa forme, ronde par en-bas, va, par le haut, en se retrécissant,

(1) Cependant il auroit pu être arrêté par la réflexion suivante, c'est que Ptolemée dit à la fin de l'article: c'est qu'en deçà de la Taprobane il y a une multitude d'îles que l'on dit être au nombre de 1378.

(2) On trouvera à la fin de cet article la géographie de la Taprobane, selon Ptolemée.

donne à la Taprobane la figure de la Ceylan actuelle ; c'est un premier rapport. De plus, il la place fort près de la côte de l'Inde.

Mais ce qui doit étonner, c'est de voir ce géographe compter 15 degrés de largeur à la Taprobane, dont 12½ au nord de l'équateur, & 2½ au sud, tandis que l'île de Ceylan n'occupe que quatre degrés entre le sixième & le dixième de latitude septentrionale. Ensorte que la surface actuelle de l'île n'est que le quatorzième de celle que décrit Ptolémée. C'est donc une grande erreur dans l'ouvrage de Ptolémée, & une grande erreur de la part de son auteur.

M. d'Anville paroît avoir trouvé la raison de l'erreur qui se lit dans Ptolemée ; & ceci n'est pas une des moindres preuves de la sagacité de cet habile homme.

On lit, dit-il, dans Strabon, qu'Ezatosthène avoit évalué la longueur de cette Taprobane, regardée assez généralement comme le commencement d'un autre monde, à 8000 mille stades. Pline, il est vrai, dit 7000 mille, en quoi il a été copié par Solim, & suivi par Marcien d'Héraclée & par Elien. En partant du milieu de ces deux nombres, on aura 7500.

Or, le principe connu de Ptolémée est de prendre 500 stades pour un degré de grand cercle. Il paroît n'avoir admis qu'une espèce de stades ; or les 7500 devoient lui donner les 15 degrés qu'il attribue à la Taprobane. On voit aussi qu'Onesicrite, premier pilote sur la flotte d'Alexandre, fixoit l'étendue de cette même île à 5000 stades, ce qui doit s'entendre de la côte de l'île dans la longueur. Or ces stades, d'après des mesures connues, étoient de onze à douze cens au degré.

Voilà donc la cause de l'erreur de Ptolémée. On lui a donné la longueur de cette île en stades, dont il ignoroit la juste étendue : il les a cru plus grands, & les a confondus avec le stade dont il faisoit usage, & il est parti de cette opinion pour donner une étendue bien plus considérable à cette île qu'elle ne l'est réellement.

M. d'Anville examinant ensuite le rapport des détails que donne Ptolémée, avec ceux que présente la connoissance de la géographie de l'île, démontre que cette connoissance étoit présente à l'esprit du géographe ancien lorsqu'il décrivoit sa Taprobane.

Ptolémée indique sur la côte, dans la partie méridionale, une ville qu'il nomme Dagana, & qui étoit consacrée à la Lune (1). On rencontre deux convenances relativement à cette position.

1°. C'est que le même lieu se nomme actuelle-ment Thana-war. Or, Thana ressemble fort à Dagana, dit M. d'Anville ; il auroit trouvé encore plus de ressemblance avec le mot Dava, que j'ai sous les yeux. Quant au mot, cette addition, prise dans la langue Shingalaise ( des anciens Insulaires ), dans laquelle Nwar ou Neûr, signifie ville. On voit que c'est assez l'usage de terminer ainsi les noms des villes par celui de Negapatnam, Masulinpatnam , &c.

2°. Ce lieu conserve encore aujourd'hui le souvenir d'un ancien culte, & passe pour avoir été autrefois très-révéré.

3°. Ce lieu, dans Ptolémée, est à 15 degrés du Boreum promontorium. La géographie moderne nous montre ce même lieu, au sud, à 4 degrés du nord, c'est donc une preuve que Ptolémée ne s'est trompé que dans l'évaluation des stades en degrés, & que d'ailleurs il a connu la position des lieux.

Ptolémée nomme sur la côte orientale une ville appelée Bocana (2), au nord d'une rivière. Or, on trouve actuellement une rivière de ce côté nommée Ko-Bokan-oye, ou Wei, c'est-à-dire, rivière de Bokan.

Ptolémée nomme Malea des montagnes que la carte représente formant une espèce de croissant dans la partie méridionale de l'île. M. d'Anville trouve que dans cette même partie le terme appellatif de malé ou mallé signifie montagnes.

La haute montagne dont Ptolémée fait sortir trois rivières, est, selon lui, à 4 degrés de la côte méridionale ; & la plus haute montagne que nous connoissions dans cette île, le Pic-d'Adam, que les Orientaux ont rendu célèbre, en prétendant qu'Adam y avoit habité & y avoit imprimé son pied ; cette montagne, dis-je, n'est guère qu'à 1 degré 10 minutes de la même côte, mesure qui répond à 4 degrés de Ptolémée.

Il faut même observer que Ptolémée ajoute, en parlant des monts Maleas : καὶ εἰσὶν ὑπὸ τȣτο τὸ ὄρος μέχρι ϑαλασσης ελεφάντων νομαί, est même une nouvelle espèce de rapprochement. « Depuis cette montagne, dit-il, jusqu'à la mer, sont » les pacages des éléphans ». Et c'est précisément dans cette partie que se trouve cette espèce d'animaux. On sait qu'encore aujourd'hui les éléphans de l'île de Ceylan sont fort estimés dans l'Inde ; seulement je crois me rappeler que quelques-uns disent qu'ils sont moins gros que ceux du continent : au lieu que je trouve dans Pline, qu'ils sont plus grands & plus propres à la guerre que ceux de l'Inde : Majores bellisioresque quàm in India.

M. d'Anville trouve encore d'autres rapports entre la Taprobane de Ptolémée & le Ceylan de nos jours.

Au commencement de l'article de cette île ( *Ptolm. L. VII, c. 4.* ), Ptolémée dit : ἥτις ἐκαλεῖς πάλαι σιμυνδ'α τὖνδε σαλίκη. « Cette île s'appeloit » d'abord l'île de *Simondus* ; elle se nomme actuel- » lement *Salice* ». Il ajoute, καὶ οι κατεχοντες αυτην κοινως αλαι, « & ceux qui l'habitent sont » en général appelés *Sales*. On voit que ce nom *Salice* avoit pû se former de *Sales*, ou du mot *Salice* : on avoit dit les *Sales*. Or, ce nom ancien a un rapport assez marqué avec le nom moderne.

Cosmas, écrivain Grec du sixième siècle, que le commerce avoit conduit à Ceylan, dit qu'elle se nommoit Σιελεδίβα, *Siélédiba*. C'est le mot *Salice* un peu altéré, avec celui qui, en indien, signifie *île*. Les Orientaux de leur côté l'appellent *Selendib* & *Sérendib* ; c'est encore le nom moderne ; car, *Selen* & *Ceylan*, sont la même chose, & le mot *dib* n'est qu'un ajouté pour exprimer ce qu'est une île. Quant au nom de *Taprobane*, & à celui de *Simondus*, on n'en retrouve aucune trace.

Ptolémée nomme *Anuro-grammum* avec le titre de métropole. Il la place un peu plus haut que la source du Gange (de la Taprobane), à 7 degrés 20 minutes ; & à-peu-près dans ce même emplacement, vers le nord-ouest, on trouve des vestiges, que l'on nomme *Anurod-gurro*, & qui ont appartenu à une ancienne ville, sur laquelle les Shingulais, portion considérable des habitans de l'île, racontent des merveilles.

M. d'Anville examine ensuite ce qui est dit de la Taprobane dans Pline. Selon cet auteur, sous le règne de Claude, l'affranchi d'un Romain, qui avoit pris à ferme les droits de traite sur la mer Rouge, navigant le long de l'Arabie & des côtes de la Carmanie, après avoir été pendant quinze jours battu de la tempête par un vent de nord, relâcha dans un port nommé *Hipparos*. Cet étranger fut bien accueilli, & l'on fut charmé de l'entendre parler de ce qui concernoit les Romains, dont on connoissoit la réputation. Il eut ainsi le moyen de s'instruire de plusieurs détails concernant la terre où il avoit abordé.

Il sut que la ville de *Palesimun*, la plus considérable de la contrée, avoit un port adjacent vers le midi ; que dans l'intérieur il y avoit un lac de trois cens soixante-quinze mille de circonférence, d'où il sortoit trois rivières, entre lesquelles étoit le *Palesimundus*, près de la ville de même nom, & communiquant avec le port par trois canaux.

Il apprit aussi qu'à quatre journées de navigation, il y avoit, sur la côte de l'Inde, un promontoire appelé *Promontorium Coliacum.*

M. d'Anville ne doute pas que ce Romain n'ait abordé à l'île de Ceylan. Il trouve le lac dont il est parlé dans une lacune longue & étroite, qui, de Jafana - Patnam, va se terminer à un lieu nommé *Molo-dive*. Quelques détails donnés par Pline sur ce lac, confirment son identité avec la lacune dont je viens de parler.

*Geographie de la Taprobane ; selon Ptolémée.*

En face du promontoire *Cory*, est un promontoire de l'île de Taprobane, appelée autrefois *Simondos*, actuellement *Salice*. On y recueille du miel, du gingembre, &c. on y trouve de l'or & de l'argent ; des éléphans & des tigres. Ce promontoire est nommé le Cap du nord *Boreum promontorium.*

Les lieux qui se trouvent sur les côtes sont :

### A l'ouest.

| | |
|---|---|
| *Ogaliba*, prom. | *Odoca*, ville. |
| *Marguna*, ville. | *Orneon*, prom. |
| *Iogana.* | *Dana*, ville consacrée à la |
| *Andrasimodni*, prom. | Lune. |
| *Soanæ*, fl. ost. | *Corcoba.* |
| *Sindocanda*, ville. | *Dionisii*, prom. |
| *Priapius*, port. | *Cetæum*, prom. |
| *Anubiagara.* | *Baraei*, fl. ost. |
| *Jovis*, prom. | *Comana*, ville. |
| *Prasodes*, golfe. | *Mardulamne* (1). |
| *Nubarta*, ville. | *Abaratha*, ville. |
| *Azani*, fl. ost. | *Hélios*, port. |

### Sur la grande côte.

| | |
|---|---|
| *Procuri*, ville. | *Pasi*, golfe. |
| *Rhizala*, port. | *Anubingara*, ville. |
| *Oxia*, prom. | *Modutus*, comptoir, ou lieu |
| *Gangis*, fl. ost. | de commer. (*Emporium*) |
| *Spatana*, port. | *Phasis*, fl. ost. |
| *Nagadiba*, ville. | *Talacoris*, comptoir. |

Les principales montagnes de l'île sont :

Les monts *Galibi*, d'où sortent le *Phasis* & le *Ganges.*

Les monts *Malea*, d'où sortent le *Soanas*, l'*Azanos* & le *Baraces.*

Au-dessous de ces dernières montagnes sont les pacages des éléphans.

Les habitans sont, en commençant par le nord,

Les *Galibi*,
Les *Mudutti.*

Au sud de ceux-ci sont :

Les *Anurogrammi.*
Les *Nagadibii.*

Sous les premiers, étoient :

Les *Oani.*

(1) N'est-ce pas Μαρδ'απιμης, *Mardi portus ?*

Et fous les feconds:

Les *Emni*.

Vers l'oueft, au fud de ces derniers:

Les *Sandocandæ*.

A l'eft, fur la côte, étoient:

Les *Tarachi*.

Au-deffous d'eux:

Les *Bocani*.
Les *Diorduli*.

Enfin, les plus orientaux, appelés *Rhodogani* & *Nagiri*.

Les villes de l'intérieur de l'île étoient:

*Anurigrammum*, v. royale. *Poduce*.
*Naagrammum*, métrop. *Ulipada*.
*Adifamum*. *Nacaduma*.

C'eft à la fuite de ceci que Ptolemée place des îles, qui font au nombre de mille trois cens foixante-dix-huit, dont il nomme quelques-unes.

**TAPRURENSIS**, fiège épifcopal d'Afrique, daas la Byzacène, felon la conférence de Carthage.

**TAPSAGAS**, ville de l'Afie, dans la Syrie, felon Quinte-Curce. *L. x.*

**TAPSAGUM**, ville de l'intérieur de l'Afrique, & l'une de celles qui furent fubjuguées par Cornelius Balbus, felon Pline.

**TAPSAS**, nom d'un fleuve de l'Afrique. Il couloit près de la ville de Ruficade, felon Vibius Sequefter.

**TAPSENSIS** ou **TAPSISTANUS**, fiège épifcopal d'Afrique, dans la Byzacène, felon la notice épifcopale d'Afrique.

**TAPSUS** ou **THAPSUS**, péninfule fur la côte orientale de la Sicile, entre *Hybla Parva* & *Syracufa*, felon Virgile. Elle eft nommée *Thapfus* par Thucydide.

Plutarque, dans la vie de *Nicias*, y place une ville du même nom.

**TAPSUS** (*Ras-Hadid*), promontoire d'Afrique, à douze lieues à l'eft du promontoire Tritum. C'eft nn rocher efcarpé, qui forme l'extrémité orientale du Sinus Numidicus.

**TAPURA**, ville de l'Afie, dans les montagnes de la petite Arménie, entre *Domana* & *Nicopolis*, felon Ptolemée.

**TAPURI** ou **TAPYRI**, peuples de l'Afie, dans la Médie, felon Ptolemée & Pline. Ce dernier écrit *Tapyri*.

Strabon joint ces peuples aux *Anariaca* & aux *Hyrcani*. Polybe les indique auffi dans le voifinage des *Hyrcani*.

**TAPURI MONTES**, montagnes de la Scythie, en-deçà du mont *Jamaiis*, felon Ptolemée.

**TAPYRI**. *Voyez* **TAPURI**.

**TARABI**, peuple de l'Afie, auxen virons de la Perfe, felon Procope.

**TARACHI**, peuples qui habitoient dans la partie orientale de l'île de la Taprobane, au nord des *Bocani* & des *Morduli*, felon Ptolemée.

**TARACHIA**, nom d'une île fituée auprès de celle de Corcyre, felon Pline.

**TARANAMUSA**, lieu de l'Afrique, dans la Mauritanie céfarienfe, fur la route de *Cala* à *Rufucurrum*, entre *Velifci* & *Tamaricentum Præfidium*, felon l'itinéraire d'Antonin.

**TARANDOS**, contrée de l'Afie, dans la Phrygie, felon Etienne de Byfance.

**TARANEL**, peuples Arabes qui habitoient vers la Syrie, felon Pline.

**TARANTUS** ou **DARANDUS**, ville de l'Afie, dans la Bithynie, felon Etienne de Byfance.

**TARAQUENSIS**, fiège épifcopal de l'Afrique, dans la Byzacène, felon la lettre des évêques de cette province, adreffée à l'empereur Conftantin.

**TARAS**, petite rivière de l'Italie. Elle paffoit à Tarente, & lui avoit probablement donné fon nom. C'eft d'ailleurs un très-petit ruiffeau.

**TARAS**, fleuve de l'Italie, dans la Japygie, felon Paufanias & Etienne de Byfance.

**TARAS**, nom d'un fleuve de l'Epire, felon Vibius Sequefter.

**TARAS**, nom d'une ville de l'Afie mineure, felon Curopalate, cité par Ortélius.

**TARAS**, nom que Valerius Flaccus, donne à un fleuve de la Scythie.

**TARASCO** (*Tarafcon*), ville de la Gaule Narbonnoife, fur la gauche du Rhône, & au nord d'*Arelate*.

Le P. Papon penfe que cette ville fut bâtie par les Marfeillois, lorfque Pompée leur eût donné les deux bords du Rhône.

**TARASII**, lieu maritime de l'Europe, dans le voifinage du Bofphore de Thrace, felon Cédrène.

**TARATI**, peuples montagnards de l'île de Sardaigne. Selon Strabon, ils habitoient dans des cavernes, & s'adonnoient à la piraterie.

**TARAZENSIS**, fiège épifcopal d'Afrique, dans la Byzacène, felon la notice épifcopale d'Afrique.

**TARBA**, ville fituée fur la côte méridionale de l'île de Crète, entre *Liffus* & *Pœcilafium*, felon Ptolemée.

**TARBASSUS**, ville de l'Afie, dans la Pifidie, felon Artémidore.

**TARBELLI**, peuples de la Gaule, dans l'Aquitaine. Ils font nommés les premiers entre ces peuples, par Céfar. Leur territoire s'étendoit le long du golfe Aquitanique. Ce territoire n'étoit borné d'un autre côté que par les Pyrénées.

Il eft prouvé, par les monumens hiftoriques, que la baffe-Navarre & le pays de Soule, étoient de ce territoire. La capitale *Aquæ Augustæ*, *Tarbellicæ* (Tarbes).

TARBELUS, montagne de la Doride, aux environs de la ville de *Caunus*, selon Quintus Calaber.

TARCHIA, nom d'une ville de la Sicile, selon Etienne de Bysance.

TARCHONIUM, ville de l'Italie, dans l'Etrurie, selon le même.

TARDINUM, petit lieu de l'Italie, dans l'Ombrie, selon Cluvier.

TARCYNITÆ ou TARCYNÆI, peuples des pays les plus septentrionaux, selon le même.

TARDISTILI, nom d'un peuple de l'Inde, selon Pline.

TARELEI, peuples de l'Ethiopie, vers les sources du Niger, selon le même.

TARENTASIA, ville située dans les Alpes Graiennes, au pays des Centrons, entre *Casuaria* & *Bergentrum*, selon l'itinéraire d'Antonin.

TARENTINI ( les *Tarentins* ), habitans de la ville de Tarente en Italie, dans la grande Grèce. Les premiers Grecs qui vinrent s'établir dans cette ville y furent, dit-on, amenés par Phallante, l'an 996 avant notre ère. On reproche aux Tarentins de s'être laissés amollir par un luxe excessif. Maitres d'une ville superbe par son étendue, presque imprenable par sa situation, & assez puissante pour mettre sur pied une armée de trente mille hommes de pied, & de trois mille chevaux; on n'y formoit cependant aucun des citoyens à la guerre. De-là vint qu'aux premières alarmes, en cas de guerre, ils étoient obligés d'appeler à leur secours des princes étrangers. Aussi voit-on les Tarentins, dans une guerre contre les Messapiens & les Lucaniens, appeler à leur secours Alexandre, roi des Molosses, & oncle d'Alexandre-le-Grand; dans la guerre qu'ils eurent contre les Romains, ils appelèrent Pyrrhus, roi d'Epire & descendant d'Achile. Ce qui doit donner une bien mauvaise idée de leur gouvernement, c'est que tous les Tarentins, occupés de philosophie, ignoroient les forces des différens peuples, & la situation de leurs voisins.

Aussi, lorsque, pour la première fois, des vaisseaux romains parurent devant leur ville, les Tarentins, surpris à la vue de ceux qui les montoient, commencèrent par les insulter; ils s'en applaudirent même en les voyant se retirer avec assez de promptitude. Mais bientôt il parut à Tarente des ambassadeurs Romains pour demander réparation de cette injure. On les reçut en plein théâtre. Ils y furent tournés en dérision; un insolent eut même l'extravagance de salir de son urine le vêtement de l'un d'eux. Cet outrage décida du sort de Tarente. Les Romains, retournés chez eux, firent leur rapport. On déclara la guerre aux Tarentins; Pyrrhus, venu à leur secours, gagna d'abord les deux batailles d'Héraclée & du Lyris; mais ce fut avec une perte si considérable, qu'il

sortit bientôt de l'Italie. La ville tomba au pouvoir des Romains. ( *Voyez* TARENTUM ).

TARENTUM ( *Tarente* ), ville de l'Italie, dans la grande Grèce, sur un petit promontoire de la Messapie, qui, s'avançant du sud vers le nord, forme un port magnifique entre la ville, à l'ouest, & la terre-ferme, à l'ouest. On a débité plusieurs contes sur l'origine de Tarente par rapport à son ancienneté. Ceux qui n'admettent que des notions certaines, en attribuent la première fondation aux Crétois, qui, quelque temps après la guerre de Troye, s'étoient établis en ce pays. Enfin une peuplade de Lacédémoniens, nés pendant les dix ans que dura la guerre de Messine, y vint sous la conduite de Phallante, l'an 996 avant J. C. L'heureuse situation de cette ville la fit parvenir assez rapidement à un très-haut degré de prospérité. Placée au centre de trois mers, elle faisoit tout le commerce de la mer Adriatique, de la mer de Grèce, ou Ionienne, & de la portion de Méditerranée, appelée *Tyrrhenienne* : le pays d'ailleurs étoit fertile en grains & abondant en fruits; les pâturages y sont excellens; les troupeaux y portoient une laine très-fine. Tout paroissoit concourir aux richesses de cette belle ville, & au luxe de ses habitans, qui en est ordinairement la suite.

Cependant on s'occupa à Tarente de philosophie; c'étoit un usage assez général parmi les villes grecques d'adopter de préférence les opinions de quelque philosophe; & comme ces opinions déterminoient les sectes, plus la ville étoit célèbre, & plus la secte en recevoit aussi d'illustration. Tarente se déclara hautement pour la secte de Pythagore, quoiqu'elle exigeât un régime austère. Architas qui y enseignoit publiquement la doctrine de ce philosophe, y attira tant de considération, qu'il mérita que Platon vînt exprès à Tarente pour le voir & l'entendre. J'ajouterai un trait qui ne fait pas moins honneur à ce philosophe qu'aux Tarentans eux-mêmes, c'est que, pénétrés d'estime & de vénération pour ses lumières, ils lui déférèrent la principale autorité.

Les arts y furent cultivés avec éclat. Strabon parle avec éloge d'un beau Gymnase, d'une place où se voyoit un colosse de bronze représentant Jupiter, qui ne le cédoit en grandeur qu'à celui de Rhodes. Quant aux morceaux de peinture & de sculpture, on peut en juger par la quantité de tableaux & de statues que Fabius Maximus y trouva, & dont il orna son triomphe. Tite-Live le compare, pour les richesses de ce genre, à celui de Marcellus après la prise de Syracuse. Le théâtre de Tarente étoit magnifique. ( *Voyez* TARENTINI ).

Cette ville fut exposée aux horreurs des guerres qui désolèrent la partie méridionale de l'Italie. Non-seulement ils attirèrent contre eux les armes romaines, par des outrages commis à l'égard de quelques ambassadeurs Romains; mais l'an 541 de

Rome,

Rome; Annibal s'étant emparé de Tarente, les Romains envoyèrent contre cette ville des troupes sous la conduite de Fabius Maximus, qui la reprit : il en emporta de grandes richesses. Son état cependant s'adoucit avec le temps. En·664 ou 665, elle devint municipale. En assez peu de temps, Tarente, qui avoit conservé ses goûts, redevint une ville délicieuse ; &, malgré la mollesse que lui reproche Horace, on voit qu'après Tibur, il n'eût désiré que le séjour de Tarente.

Pendant que Totila ravageoit l'Italie en 546 de J. C., les Grecs s'emparèrent de Tarente & l'abandonnèrent bientôt à l'approche d'un détachement de troupes du roi Goth : ce fut en 548. Cependant en 552 les troupes de Narsès la reprirent : mais, comme si sa destinée eût été de ne pouvoir demeurer au pouvoir des Grecs, elle leur fut encore enlevée par Romwald I. duc de Bénévent, l'an 668. Le sort de Tarente appartient, depuis cette époque, à l'histoire moderne.

N. B. Je croirai faire plaisir à mes lecteurs en ajoutant quelques mots sur l'état actuel de Tarente, pris dans l'ouvrage de M. l'Ali-Champpy, qui a écrit sur les lieux, & qui a donné à tout ce qu'il a vu la plus scrupuleuse attention.

« Au centre d'un enfoncement de terres de » près de 400 milles de côtes, est un double » port ; l'un est des plus vastes, & ne seroit même » qu'une rade, sans deux îles qui en resserrent » l'entrée ; l'autre, plus petit, est formé dans ce » premier par un bras de mer qui pénètre huit » milles dans les terres. Il n'a pas un mille dans sa » plus grande longueur, & de plus, est fort resserré » en deux endroits. L'un est à l'entrée où se trouve » le port par lequel on arrive à la ville, & qui » en ferme ainsi l'embouchure ; l'autre se trouve » vers le milieu, où je crois que fut le port dont » parle Strabon. Ce port étoit soutenu par des » arches assez grandes pour ne pas arrêter les » vaisseaux qui entroient en effet jusqu'au fond du » port. Il s'ensuit de cette forme des ports, que » l'un & l'autre sont séparés par une langue de » terre d'une base droite le long du petit, & curviligne sur le grand. C'est sur cette langue de terre » ou presqu'île qui fut presqu'entièrement couverte » jusqu'à son isthme, qui étoit l'ancienne ville de Tarente, ce qui lui suppose une fort grande étendue, » puisque la Tarente moderne, quoique passablement grande, n'occupe cependant qu'une pointe » de cette presqu'île. Le château étoit, selon » Strabon, sur une éminence entre la bouche du » port & la grande place : il commandoit absolument la ville & le petit port.

» Le double port de Tarente est maintenant » presque hors d'usage. Cette ville est sans activité » & presque sans commerce. Elle ne tire avantage » des mers qui l'environnent, que pour se fournir » d'une quantité prodigieuse de poissons, dont » chaque mois offre une espèce particulière & » délicieuse. Par rapport à la beauté des toisons

» de brebis ; on y retrouve encore ce qu'en a dit » l'antiquité ; ce n'est pas de la laine, mais de la » soie. Le vin y est excellent, & les fruits bien » meilleurs qu'en tout autre endroit de l'Italie ; » enfin il ne tient qu'aux circonstances que Tarente » redevienne tout ce qu'elle fut autrefois, le physique du pays y est absolument le même ».

TARETICA, promontoire de la Sarmatie Asiatique, sur le Pont-Euxin, entre *Taxos* & *Ampsalis*, selon Ptolemée.

TARGALLA. Théodoret fait mention d'un village de ce nom. Ortélius pense qu'il étoit dans la Syrie, au voisinage de la ville de *Cyrus*.

TARGARUM, ville de l'Afrique propre, au midi d'*Adrumettum*, entre *Bixacina* & *Kararus*, selon Ptolemée.

TARGINES, fleuve d'Italie, dans le *Brutium*, au pays des Locres, selon Pline.

TARIANA, ville de l'Asie, dans la Susiane, dans l'intérieur des terres, entre *Albina* & *Sele*, selon Ptolemée.

TARICHÆA, ville maritime de la Galilée, à trente stades de Tibériade, selon Joseph.

Pline indique cette ville au midi du lac de Génésareth.

TARICHÆ, lieu sur les côtes de l'Egypte, dans l'embouchure du Nil, qui portoit le nom de *Canopique*, selon Hérodote, *L. II*. Cet auteur dit que Pâris, retournant à Troye après l'enlèvement d'Hélène, fut jetté dans cet endroit par la tempête. Voici ce que dit M. Larcher sur les Tarichées :

« C'étoit moins le nom d'une ville que d'un lieu où l'on conservoit les corps des hommes & des animaux embaumés à la manière que l'on appeloit Ταριχεία, *Taricheia*. Ce nom par cette raison étoit commun à plusieurs endroits de l'Egypte : aussi Etienne de Byzance parle-t-il des Tarichées Mendesiennes, des Tarichées Scéniques, qui sont peut-être les Tanitiques ( car ce mot est corrompu ) des Tarichées Canopiques ».

TARICHIÆ ( *Jouwries* ), îles situées sur la côte d'Afrique, dans la mer Méditerranée, entre *Leptis* & *Thapsus*. Strabon en fait mention.

TARINA, ville de l'Asie, dans la grande Arménie, entre *Astacacana* & *Balisbiga*, selon Ptolemée.

TARINATES, peuples de l'Italie, dans le pays des Sabins, selon Pline.

TARIONA, nom d'un lieu fortifié, que Pline indique dans la Liburnie.

TARNADÆ, lieu chez les Helvétiens, entre *Octodurum* & *Penneloci*, selon l'itinéraire d'Antonin. Il étoit près de l'endroit où est actuellement S. Maurice.

TARNE ou TARNA, ville du Péloponnèse, dans l'Achaïe, selon Etienne de Byzance.

TARNE, ville de l'Asie mineure, dans la Lydie, selon Homère & Strabon.

TARNE ou TARNIS, fontaine de l'Asie mineure,

dans la Lydie. Pline en place la source dans le mont *Tmolus*.

TARNIS, fleuve de la Gaule Aquitanique, selon Pline & Sidonius-Apollinaris. C'est aujourd'hui le *Tarn*.

TARODUNUM, ville de la Germanie, près du Danube, & au voisinage d'*Aræ Flaviæ*, selon Ptolemée.

TARON, nom d'une contrée de l'Asie, selon Curopalate & Cédrène. Ortélius juge que c'étoit une contrée de la Syrie.

TARONA (*Tchongar*), ville de la Chersonèse Taurique, au sud-est de *Taphra*, & à l'est de *Satarcha*.

Ptolemée l'indique dans l'intérieur des terres.

TAROSIA, nom d'une ville épiscopale sous la métropole de *Sergiopolis*, selon Guillaume de Tyr.

TAROZA ou CAROSA, siège épiscopal, sous la métropole de *Theodoscopolis*, selon les notices des patriarches d'Antioche & de Jérusalem.

TARPÆUM ou TARPÆUS MONS. C'est ainsi qu'Etienne de Bysance nomme le mont Tarpéien ou Capitolin.

TARPE, ville de l'Italie, sur le mont Tarpéien ou Capitolin, selon Etienne de Bysance. Cet auteur dit que les anciens la nommoient *Saturnia*.

TARPETES, peuples de la Sarmatie asiatique, sur le bord du Pont-Euxin, selon Strabon.

TARPHARA, ville de l'Arabie heureuse, selon Etienne de Bysance.

TARPHÉ, ville de Grèce, dont parle Homère dans l'énumération des vaisseaux : Pausanias n'en parle pas. Etienne croit que c'est la même que *Pharyge* ou *Pharyges*; mais Strabon les distingue. Au reste, je ne connois la position d'aucune des deux.

Par la place qu'elle occupe dans Homère entre d'autres villes, on peut croire qu'elle appartenoit aux Locriens-Epicnémidiens.

TARPHE, fontaine dans le pays des Locres Epicnémidiens, & au voisinage de la ville *Pharyge*, selon Etienne de Bysance.

TARQUINIENSES, peuples de l'Italie, dans l'Etrurie, selon Pline.

Au rapport de Justin, ces peuples tiroient leur origine des Grecs.

TARQUINII (*la Turchina*), sur la Marta, qui sort du lac Vulsiniensis pour aller se rendre à la mer. C'étoit une des principales des Etrusci : elle avoit donné son nom à la famille des Tarquins; & Lucius Tarquin, surnommé l'ancien, aussi-bien que Tagès, inventeur des augures, y étoient nés. On avoit inventé dans cette ville l'art de faire des statues de terre. Strabon (*L. V*), prétend qu'elle avoit pris son nom de Tarchon, prince Lydien; ses habitans eurent de fréquentes guerres contre les Romains, & l'an de Rome 395, ils firent égorger trois cens sept prisonniers

de guerre faits sur l'armée de Fabius Ambustus : les Romains s'en vengèrent bien dans la suite. Vers la fin de la république, Tarquinii fut détruite; mais on ne sait pas précisément dans quel temps.

TARRA, ville de l'Asie mineure, dans la Lydie, selon Etienne de Bysance.

TARRA, Etienne de Bysance indique une ville de ce nom près du mont Caucase.

TARRA, nom d'une ville de l'île de Crète, selon Etienne de Bysance & Pausanias.

TARRA, nom d'une montagne de l'île de Crète, selon Plutarque, cité par Ortélius.

TARRABENI, peuples qui habitoient par bourgades, dans la partie occidentale de l'île de Corse, au midi des *Cervini*, selon Ptolemée.

TARRACINA. Tite-Live nomme ainsi un fleuve de l'Italie.

TARRACO (*Tarragone*), ville de l'Hispanie citérieure, chez les *Cosetani*. Cette ville étoit ancienne au temps des Romains. Des auteurs Espagnols n'ont pas craint d'en trop reculer la fondation, en l'attribuant à Tubal. D'autres, avec plus de vraisemblance, l'attribuent aux Phéniciens, qui la nommèrent *Tarcon*, d'où les Romains firent *Tarraco*. Elle avoit déja été détruite lorsqu'elle fut rétablie par les deux Scipions. Publius & Cornélius y établirent une cour de Justice (conventus), avec une colonie. Strabon dit que son port n'étoit pas bon; mais que sa situation rendroit cette ville intéressante pour le passage des généraux en Hispanie. On sait que, devenue capitale d'une très-grande partie de cette région, elle lui donna le nom d'*Hispanie Tarragonnoise*. Les eaux y étoient excellentes pour l'apprêt du lin, auquel elles donnoient un lustre éblouissant.

Auguste étant passé en Hispanie à l'occasion de la guerre contre les Cantabres, tomba malade à *Tarraco*, où l'on porta si loin l'adulation pour sa personne, que ce fut, dit-on, dans cette ville que l'on éleva le premier autel en son honneur. Soit politique, soit raison, Auguste ne parut pas infiniment sensible à cette flatterie, qui alloit jusqu'à l'impiété; &, dans la suite, les Tarraconois étant venus lui annoncer, comme un présage heureux, qu'il croissoit un palmier sur l'autel qu'ils lui avoient élevé. « C'est une preuve excellente, dit-il; de » votre assiduité à y brûler de l'encens ».

Les Tarraconois ne furent guère mieux traités par Galba, l'an de J. C. 63, par un acte d'adulation à-peu-près pareil. Ils lui avoient offert une couronne d'or, en l'annonçant du poids de quinze livres; Galba la fit fondre, & comme il en manquoit trois onces, il les leur demanda, & se les fit donner.

Ce fut pendant le séjour qu'Adrien fit à *Tarraco*, vers l'an 121 ou 122 de J. C., qu'il rétablit à ses frais, le temple bâti dans cette ville en l'honneur d'Auguste, sous le règne de Tibère.

On a plusieurs médailles de *Tarraco*, la plupart représentant la tête d'Auguste, & d'autres où il est assis. Des deux *TT* qui se lisent au travers, le P. Florez prend l'un pour la lettre initiale de la ville, & l'autre pour celle du mot *Togata*, ayant rapport à la *Toga*, habillement romain que l'on y avoit adopté. Le *V* est la première lettre de *Victrix*, ou la *Victoricuse*, épithète qui lui avoit été donnée à cause de son attachement au parti des Romains.

TARRACONENSIA JUGA, nom que Sydonius Appollinaris donne à des montagnes de l'Hispanie. Cet auteur compare à du miel le sel que l'on trouve dans ces montagnes.

TARRAGA, lieu de l'Hispanie, au sud de *Pompelo*.

TARRAGENSES, peuples de l'Hispanie citérieure : ils étoient alliés des Romains, selon Pline.

TARRAS, ville située sur la côte occidentale de l'île de Sardaigne, entre le port *Coracodes* & l'embouchure du fleuve *Thyrsus*, selon Ptolemée.

TARRUM (*Nador*), ville de l'Afrique, dans la Mauritanie césarienne, sur le mont *Malethubalus*, selon Ptolemé. Cet auteur la place à deux dégrés au midi de *Victoria*.

TARUALTÆ, peuples de l'Afrique, dans la Lybie intérieure, selon Ptolemée.

TARSA, village bien peuplé de l'Asie, au voisinage de l'Euphrate, à 150 stades au-dessus de *Samosata*, selon Etienne de Byzance.

TARSATICA, nom d'une ville de l'Illyrie, selon Ptolemée & Pline.

Dans l'itinéraire d'Antonin, cette ville est nommée *Tarsaticum* ou *Tharsaticum*, & elle y est indiquée sur la route d'*Aquilée* à *Siscia*, en prenant par la Liburnie, entre *ad Titulos* & *ad Turres*.

TARSEIUM, ville située près de colonnes d'Hercule, selon Polybe, cité par Etienne de Byzance.

TARSI, ville de l'Asie, dans la Syrie, selon Hésychius, cité par Ortélius.

TARSIA, contrée de l'Asie mineure, dans le voisinage de la Bithynie, selon Constantin Porphyrogénète.

TARSIA, nom d'une ville de l'Asie mineure, selon Nicétas.

TARSIA, promontoire de l'Asie, dans la Carmanie, & fort avancé dans le golfe Persique, selon le journal de la navigation de Néarque, où il est indiqué à moitié chemin entre *Sidoduna* & *Catæa*.

TARSIANA, ville de l'Asie, dans l'intérieur de la Carmanie, entre *Chodda* & *Alexandria*, selon Ptolemée.

TARSIUM, ville de la basse Pannonie, éloignée du Danube, & située entre *Bassiana* & *Sirmium*, selon Ptolemée.

TARSIUM, Arrien nomme ainsi le promontoire que Néarque appelle *Tarsia*. ( *Voyez* ce mot).

TARSIUS, nom d'un fleuve de l'Asie mineure, dans la Troade.

TARSURA, fleuve de l'Asie, dans la partie de la Colchide, qui étoit à la droite du Phase.

Arrien place l'embouchure de ce fleuve entre celles du *Singames* & de *l'Hippus*.

TARSUS, ville de l'Asie, dans l'intérieur de la Cilicie, & traversée par le fleuve *Cydnus*. Il en est fait mention par Denys le Périgète, Ptolemée, Pomponius Méla, Pline & Strabon. Ce dernier ajoute qu'elle étoit très puissante & très-peuplée ; que ses habitans excelloient dans l'étude de la philosophie & de toutes les sciences qui étoient cultivées chez les Grecs ; & qu'en cela ils surpassèrent Athènes, Alexandrie & toutes les autres académies du monde.

Selon Étienne de Byzance, cette ville étoit une colonie de l'Argolide. Pline la qualifie de libre, & dit qu'elle jouissoit de sa liberté sous les Romains.

Quelques auteurs disent que *Tarsus* mérita le titre de colonie Romaine, à cause de son attachement pour Jules César.

On lit dans Xénophon, que Syennesis, roi de Cilicie, avoit un palais à *Tarsus* ; qu'à l'approche de Cyrus, Syennesis & les habitans s'enfuirent dans un lieu fort, sur les montagnes.

Les troupes de Cyrus pillèrent la ville ainsi que le palais du roi. Ce prince y séjourna vingt jours, & y eut une entrevue avec Syennesis, qui lui donna de grandes sommes d'argent pour payer son armée. Les Grecs refusoient d'aller plus loin ; mais Cyrus leur ayant promis une augmentation de paye, ils le suivirent.

TARSUS ou TARSEA, ville de l'Asie, dans la Bithynie, selon Etienne de Byzance.

TARSUS, contrée de l'Asie, dans la Bithynie, selon Etienne de Byzance.

TARSUS, nom d'un lieu de l'Inde, selon Isidore de Charax.

TARTANIUS AMNIS, fleuve dont il est fait mention dans un fragment de l'histoire de Salluste. Il semble que ce fleuve étoit aux environs de la Bithynie.

TARTARUS, fleuve de la Phtie, près la ville de *Melita*, selon Antonius Liberalis.

TARTARUS, fleuve entre le *Mincius* à l'ouest, & *l'Athesis* à l'est.

TARTESIORUM-SALTUS, forêt de l'Hispanie, selon Justin.

TARTESSUS, ville de l'Hispanie, dans la partie appelée Bétique. Elle étoit située entre les deux bras par lesquels le fleuve *Bætis* se jette à la mer. Strabon ( *L. III.* ), & Pausanias ( *L. VI, c. 19* ), s'expliquent ainsi formellement sur la situation de cette ville. Pomponius Méla n'en parle point ; mais il fait mention de deux canaux par lesquels le Bétis se jettoit dans la mer : *Ubi non longe à mari grandem lacum facit, quasi ex uno fonte geminus exoritur quantusque simplici alveo venerat tantus singulis effluit* (Pomp. Méla, de situ ort. L. III, c. 1).

De ces deux bras, l'un a tout-à-fait disparu,

Ee 2

l'autre subsiste encore & se jette dans la mer à San Lucar de Barrameda, un peu au-dessus de l'ancienne *Cæpionis Turris*, aujourd'hui Chipiona.

Sepulveda, & quelques autres savans, se sont élevés, en Espagne, contre ceux qui ont prétendu que le Bétis avoit perdu une de ses embouchures. Cependant il existe encore actuellement un cédule d'Alphonse XI, roi de Castille, du 6 décembre. 1291, par laquelle ce prince exempte les habitans de Séville d'un droit que payoient les barques qui descendoient de cette ville à Xérès. Il faut donc convenir qu'indépendamment du canal actuel du Guadalquivir, il y avoit alors un autre canal qui passoit par Xérès. Avant d'arriver à cette ville, il passoit à *Nebrissa*, aujourd'hui Lebrija, à *Asta*, & se jettoit dans la mer au-dessous du port Marie: c'est donc entre Cadix & San Lucar de Barrameda qu'il faut chercher l'ancienne Tartessus.

Les Tyriens s'étant établis à Gadès, Tartessus déchut peu après; cependant elle existoit encore lorsque les Romains firent la conquête de l'Hispanie, si l'on peut ajouter foi à une médaille de cette ville que rapporte M. Carter dans son voyage de Calpé à Malaga, entrepris en 1772. Ce qu'il y a de certain, c'est que du temps de Strabon la situation de cette ville n'étoit plus connue, & qu'il n'en restoit plus que la mémoire. C'est cette raison qui a fait croire que Gadès étoit l'ancienne Tartessus.

Strabon croit que d'abord le fleuve *Bætis* fut nommé *Tartessus*; mais il pense que la ville de même nom a été nommée ensuite *Cartheia*; ce qui est différent du sentiment exposé précédemment.

C'étoit une opinion chez les anciens, que le roi Arganthonius avoit regné à Tartessus, & qu'il avoit vécu cent vingt ans, & régné quatre-vingts.

TARTESSUS INSULA, M. d'Anville nomme ainsi l'espèce d'île que laissoit le *Bætis* entre les branches de son embouchure.

TARTESSUS MONS, montagne de l'Hispanie, dans la Bétique, selon Sextus Avienus.

TARUANA, lieu de l'Asie, dans l'intérieur de la Carmanie, selon Ptolémée.

TARUDA, ville de l'Afrique, dans la Mauritanie césarienfe, près d'*Ægæa* selon Ptolémée.

TARUENNA, ville de la Gaule, dans la seconde Belgique: on a dit aussi *Teruenna*. M. d'Anville dit que la distance indiquée par l'itinéraire d'Antonin & *Gesoriacum*, n'étant que de XVIII, doit être corrigée & lue XXIII.

*N. B.* On sait que Charles-Quint se vengea sur cette ville de son mauvais succès devant Metz, & la détruisit de fond en comble. Il n'y reste qu'un bourg traversé par la Lys, & que l'on nomme encore *Teroneme*.

TARUESEDE, lieu de l'Helvétie, selon l'itinéraire d'Antonin.

TARUIDUM, TARUEDUM ou ORCAS, promontoire sur la côte septentrionale de l'île d'Albion,

près de l'embouchure du fleuve *Nabaus*, selon Ptolémée.

TARVISIUM ( *Trévise* ), ville d'Italie, dans la Vénétie, au nord-ouest. Il ne paroît pas que cette ville remonte à une haute antiquité, puisqu'il n'est pas mention d'elle au temps de la république. Pline, il est vrai, parle des montagnes Trévisanes; mais il n'indique pas une ville de ce nom.

On voit dans Procope, que Bélisaire s'en empara.

TARUS ( *le Taro* ), fleuve de la Gaule Cispadane. Il couloit vers le nord-est, & à l'est de la *Trebia*.

Pline fait mention de ce fleuve.

TARUSATES, peuples de la Gaule Aquitanitanique, selon César, qui en parle dans le troisième livre de ses commentaires: l'expédition de Crassus, lieutenant de César, les obligea de se soumettre. Leur cité portoit le nom de *Vicus Julii*, & aussi celui d'*Atures*.

TARUSCO, ville de la Gaule Narbonnoise, près de *Glanum*. Ptolomée la donne aux Salyes.

TARUSCONIENSES, peuples de la Gaule Narbonnoise, selon Pline. Ils occupoient une partie du territoire de Tarascon sur le Rhône.

Dans quelques manuscrits cet auteur on lit *Tascodunitari*, *Tascoduni* & *Tarusconenses*. Mais on n'est pas sûr à laquelle des deux villes de Tarascon appartenoient ces peuples: l'une est sur le bord du Rhône, l'autre est dans le pays de Foix. M. d'Anville penche pour cette dernière.

TASACARTA, lieu de l'Egypte, sur la route de *Memphis* à Péluse, entre *Daphnès* & *Thou*, selon l'itinéraire d'Antonin.

TASACCURENSIS, siège épiscopal d'Afrique, dans la Mauritanie césarienfe, selon la notice épiscopale de cette province.

TASAGORA, ville de l'Afrique, dans la Mauritanie césarienfe, sur la route de *Cala* à *Rusucurum*, entre *ad Regias* & *Castra-Nova*, selon l'itinéraire d'Antonin.

TASARTA ou THASARTE, lieu de l'Afrique propre, sur la route de *Telepte* à *Tacapæ*, entre *Capse* & *Aquæ Tacapinæ*, selon l'itinéraire d'Antonin.

TASBATTENSIS ou ATHASBATTE, siège épiscopal d'Afrique, dans la Byzacène, selon la notice épiscopale d'Afrique, & la conférence de Carthage.

TASCI, peuples de l'Asie, dans la Perside, au voisinage des *Pasargardæ*, selon Denys le Périégète.

TASCIACA, lieu de la Gaule, dans la première Aquitaine. Il est probable qu'il occupoit l'emplacement de Tezée sur le Cher.

TASCODUNITARI. *Voyez* TARUSCONIENSES.

TASCONI, peuples de la Gaule Narbonnoise, dont fait mention Pline. Il paroît qu'ils devoient occuper une partie du diocèse de Montauban. Leur ville porta le même nom, & se trouvoit au nord de *Tolosa*.

TASCUTINI, peuples de l'Afie. Diodore de Sicile les indique dans le Pont, aux environs de la Colchide.

TASITIA, village de l'Ethiopie, fous l'Egypte, fur la rive occidentale du Nil, près de *Boum*, felon Ptolemée.

TASOPIUM, ville de l'Inde, en-deçà du Gange, près de *Caricardama*. Ptolemée la donne aux *Sabaræ*.

TASSIACA, nom d'une ville de la Gaule, felon un fragment de la table de. Peutinger.

TASTA, ville de la Gaule Aquitanique, chez les *Datü*, felon Ptolemée.

TASTACHE, ville de l'Afie, dans la Parthie, entre *Marriche* & *Arminia*, felon Ptolemée.

TASTINA, ville de l'Afie, dans la grande Arménie, entre *Surta* & *Coçala*, felon Ptolemée.

TATHILBA, ville de l'Inde, en-deçà du Gange. Elle appartenoit aux *Bidamæi*, felon Ptolemée.

TATHIS, village de l'Ethiopie, fur le bord occidental du Nil, près de *Nacis*, felon le même.

TATHYRIS, village de l'Egypte, dans l'intérieur de la contrée Memnon, felon le même.

TATILLUM, ville de l'Afrique, dans la Mauritanie céfarienfe, fur la route de Carthage à Céfarée, entre *Aræ* & *Aufa*, felon l'itinéraire d'Antonin.

TATTA ou TATTÆI LACUS, marais de la grande Cappadoce, dans la Morimène, felon Strabon. Pline & Diofcoride nomment ce marais *Tattæilacus*.

TATU, île fituée dans le Nil, au voifinage de la ville de Méroé, felon Pline.

TAUA, ville de l'Egypte, & la métropole du nôme *Phthemphthus*, felon Ptolemée & Etienne de Byfance.

TAUA, ville de l'Afie, entre *Namaris* & *Augara*, felon Ptolemée.

TAUA, golfe que Ptolemée indique fur la côte orientale de l'île d'Albion.

TAUACA, nom d'une ville de la Sicile, felon Etienne de Byfance.

TAUACENA, contrée de l'Afie, dans la Drangiane, felon Ptolemée.

TAUCHIRÆ ou TAUCHIRA, ville de l'Afrique, dans la Libye, au territoire de Barcé, felon Hérodote. Cette ville prit enfuite le nom d'*Arfinoé*. Elle étoit à 43 milles d'*Hefperifou Berenice*, au nord-eft. M. d'Anville croit que c'eft aujourd'hui Teukéra. M. Larcher, dans fon dictionnaire géographique d'Hérodote, page 358, dit que M. Wefleling, dans fa note, apparemment fur Arfinoé; car celui de *Tauchera* ne s'y trouve pas, donne *Tolometa*. Par le nom moderne de cette ville, je ne vois rien de cela. *Voyez* l'itinéraire d'Antonin, page 44. C'eft *Ptolemaïs* qui, felon lui, porte le nom de *Tolometa*.

TAUENI, peuples qui habitoient dans l'intérieur de l'Arabie heureufe, felon Pline.

TAUGA, ville de l'Afrique propre, felon la notice des dignités de l'empire.

TAUGETON ou TAYGETUS, montagne du Péloponnèfe, dans le voifinage de l'*Eurotas*. Elle commandoit la ville de Sparte, felon Etienne de Byfance & Plutarque.

Cette montagne eft nommée *Taygetus* par Pline.

TAVIUM ou TAVIA, ville de l'Afie, dans la Galatie, & la capitale des *Trocni*, felon Ptolemée, Strabon & Pline.

Dans l'itinéraire d'Antonin elle eft nommée *Tavia*.

TAULANTII, peuples de l'Illyrie, au voifinage d'*Epidamnum*, felon Thucydide.

TAUPANA, ville de l'Afie, dans l'Arie, entre *Orthiana* & *Aftanda*, felon Ptolemée.

TAURACINENSIS, fiège épifcopal d'Afrique, dans la province proconfulaire, felon la lettre fynodale des pères de cette province dans le concile de Latran, tenu fous le pape Martin.

TAURANIA, nom d'une ville de l'Italie, dans la Campanie. Elle ne fubfiftoit plus au temps de Pline.

TAURAS ou TARAS, ville de l'Afie, dans l'Arménie, felon Cédrène & Curopalate. Ce dernier écrit *Taras*.

TAURASIA, ville de l'Italie, dans la Gaule Tranfpadane.

TAURASINI CAMPI, plaine de l'Italie, dans le pays des Sabins, & voifine de la ville de *Malaventum*, felon Tite-Live. Le même auteur la nomme *Taurafinorum Ager*, & dit que l'on y tranfporta des Liguriens.

TAURASIUM, ville de l'Italie dans le Samnium propre.

TAURAUNTIUM REGIO, contrée de l'Afie, dans l'Arménie, entre *Artaxata* & *Tigranocerta*, felon Tacite.

TAUREI PALÆTRA, lieu de la Grèce, dans l'Attique, felon Lucien.

TAURENTINUM, felon Strabon; TAUROENTA CASTELLUM, felon Céfar; TAURENTUM, felon l'itinéraire d'Antonin; & TAUROENTIUM, felon Ptolemée, lieu de la Gaule, fur le bord de la Méditerranée.

Dans l'itinéraire d'Antonin ce lieu eft marqué.

TAURESIUM, ville de la Dardanie européenne, au-delà du territoire de *Duras*, & près du fort de Bédériane.

Juftinien, le réparateur de l'empire, eft né dans cette ville, qu'il fit entourer d'une muraille carrée, & il fonda tout auprès une magnifique ville, qu'il nomma la première *Juftinienne*.

TAURI (les *Taures*), peuples de la Sarmatie, au voifinage de la Scythie. On lit dans Hérodote que les Scythes envoyèrent des ambaffadeurs aux Taures pour les aider à fe défendre contre Darius roi de Perfe ; & que le roi de ce peuple fut un de ceux qui s'affemblèrent pour délibérer fur cette armée qui venoit envahir la Scythie. Selon le même hiftorien, les Taures avoient la coutume d'immoler à Iphigénie, fille d'Agamemnon, les étrangers qui échouoient fur leurs côtes, & tous les Grecs qui y abordoient & qui tomboient entre leurs mains. Après les cerémonies ils les affommoient d'un coup de maffue fur la tête. Il ajoute que quant à leurs ennemis, fi un Taure faifoit un prifonnier dans le combat, il lui coupoit la tête & l'emportoit chez lui : il la mettoit enfuite au bout d'une perche, qu'il plaçoit fur fa maifon. Selon le même auteur, ce peuple fubfiftoit du butin qu'il faifoit à la guerre.

TAURI STAGNUM, étang de la Gaule. C'eft actuellement l'étang de *Tau*, ou plus exactement de *Taur*.

TAURIA, île de la mer Méditerranée, entre Carthage la neuve & Céfarée de Mauritanie, felon l'itinéraire d'Antonin.

TAURIANA, ville de l'Italie, dans la partie de la grande Grèce, appelée le *Brutium*.

TAURIANA REGIO, contrée de l'Italie, dans la Lucanie, au-deffus du pays de *Turii*, felon Strabon.

TAURIANUM, ville de l'Italie, dans le *Brutium*, au voifinage du port d'Orefte, felon Pline & Pomponius Méla

TAURIANUS SCOPULUS, rocher de l'Italie, fur la côte de la mer Tyrrhène, dans le *Brutium*, felon Ptolemée.

TAURICA CHERSONESUS ( *la Crimée* ). Cette prefqu'île eft l'une des parties orientales de l'Europe, à laquelle elle eft jointe par un ifthme fort étroit. Elle a la figure d'un triangle, & fa partie orientale eft fort montagneufe.

Sur l'ifthme qui la joignoit à la terre-ferme étoit la ville de *Taphræ* (Or-Capi), à l'extrémité oppofée, au fud, étoit le promontoire appelée *Criu-metopon*, ou le front du bélier ( *Karadgé-bouron* ) ; à l'eft, étoit un autre promontoire qui refferroit à l'oueft le détroit appelé *Bofphore Cimmérien* ou *Bofphorus Cimmerius*. Je ne trouve pas de nom ancien à ce cap : à l'oueft étoit le *Tartherium promontorium* ( *Eski faros* ). L'ancienne hiftoire de la Grèce plaçoit à ce lieu, chez les *Tauri*, la retraite d'Iphigénie enlevée par Diane, & la reconnoiffance de cette princeffe & de fon frère Orefte.

Comme cette partie de l'Europe eft devenue, depuis quelque temps, l'objet des vœux de deux grandes puiffances ; comme même les prétentions de ces deux vafte empires, la Ruffie & la Turquie, ont fixé l'attention des politiques de ce côté & fur tout ce qui environne la mer Noire, je préfenterai d'abord ici ce qui appartient plus particulièrement à la Cherfonéfe Taurique : mais à caufe de l'importance de toutes les côtes de la mer Noire, je mettrai à la fin de cet article de la Taurique, des détails qui devroient plus particulièremnt fe trouver à l'article PONTUS EUXINUS, & que les éditeurs de cet ouvrage, fi jamais il eft réimprimé, jugeront certainement convenable d'y reporter. Je les y invite même, parce que je crois que ces détails y feront plus à leur place. Je les tire d'un ouvrage fort favant, dont j'ai connu l'auteur, & qui s'étoit, pour cet objet, beaucoup aidé des recherches faites par fon père : c'étoit le favant M. Peyffonel, qui depuis a écrit fur le commerce de la mer Noire & fur la fituation politique de l'Europe. Son ouvrage ne me paroiffant pas de nature à être réimprimé, deviendra de plus en plus rare : d'où je conjecture que c'eft rendre fervice aux amateurs de la géograhie & de l'hiftoire ancienne, que de leur conferver ici ce que cet ouvrage renferme de plus intéreffant. Voyez *Obfervations hiftoriques & géographiques fur les peuples barbares qui ont habité les bords du Danube & du Pont-Euxin*, &c. Il s'en trouve encore en ce moment (feptembre 1791 ), quelques exemplaires chez M. Tillard, rue de la Harpe.

« La Cherfonéfe Taurique, aujourd'hui la Tartarie-Crimée, après avoir été gouvernée dans les temps les plus reculés, par des fouverains particuliers, conquife par les Taures, peuples de la Scythie européenne, qui lui donnèrent leur nom, prife fur eux par Mithridate, roi de Pont, reprife par les Romains, & foumife aux rois du Bofphore, demeura enfin fous le pouvoir des empereurs d'Orient dans le partage de l'empire. Les Chazares, barbares Orientaux, défignés par Procope fous le nom de *Huns*, s'y établirent enfuite, & y étoient déjà connus du temps de Juftin. Nous voyons dans cet hiftorien que Gyrgène, roi d'Ibérie, ayant imploré la protection des Romains contre les Perfes, l'empereur envoya Probus pour faire une levée de Huns à Bofphore, ville maritime, que ceux qui navigoient fur le Pont-Euxin avoient à leur gauche ; elle étoit fituée à vingt journées de Cherfon, qui étoit la dernière frontière de l'empire Romain. Le pays entre ces deux villes étoit occupé & poffédé par les Huns ; il avoit autrefois appartenu aux habitans du Bofphore, qui depuis fe foumirent à l'empereur Juftin. Ces Huns ou ces Chazares qui avoient envahi la Cherfonéfe Taurique, & qui y étoient encore établis du temps de Conftantin Porphyrogénète, donnèrent auffi à cette prefqu'île le nom de *Chazarie*, qu'elle portoit encore dans le quatorzième fiècle, quoiqu'elle fût déjà occupée par les Tartares d'aujourd'hui. L'an 1333, le pape envoya à Conftantinople deux miffionnaires, dont l'un, appelé *François di Camerino*, fut fait archevêque de *Vofpo* ou Bofphore dans la Chazarie ; l'autre, nommé *Richard*, fut nommé évêque de Cherfone, & eut ordre d'y bâtir une églife de S. Clément, & d'y fixer fon fiège, parce que l'on croyoit que ce faint pape y avoit fouffert le martyre.

On peut déduire du chapitre 53 de Conftantin Porphyrogénète, que la prefqu'île de Crimée étoit, de son temps, divisée en deux peuples, les Cherfonites & les Bofphoriens.

Les Cherfonites étoient fidèles & foumis aux empereurs d'Orient; ils étoient gouvernés par un officier appelé *Protevon*, qui avoit pour confeil des fénateurs ou vieillards, que l'on appeloit *les pères de la ville*. On leur envoya dans la fuite des prêteurs; Pétronas, qui, fous le règne de Théophile, bâtit la ville de *Sarcel*, fut le premier prêteur de Cherfone. Ces peuples étoient commerçans, & faifoient tout le trafic de la mer Noire; il leur convenoit de vivre en paix avec les Romains, leurs vaiffeaux étant comme un gage perpétuel que ceux-ci avoient de leur fidélité; auffi Conftantin Porphyrogenète donne pour avis, que s'ils venoient à fe révolter, il n'y auroit qu'à faire arrêter fur le champ leurs bâtimens fur les côtes d'Arménie, de Paphlagonie & des Bucellariens. Il fe fonde fur ce que ces peuples ne fauroient fubfifter s'ils ne faifoient les voyages de Romanie pour vendre leurs cires & leurs cuirs, dont ils trafiquoient avec les *Patzinacites*, & s'ils ne tiroient des denrées d'*Aminfus*, de la Paphlagonie, des Bucellariens & des autres peuples qui confinent avec l'Arménie. On peut obferver ici en paffant, que le commerce de Crimée étoit, dès ce temps-là, à peu près le même qu'il eft aujourd'hui; les cuirs & la cire en font encore les plus importans articles. Les habitans de cette contrée font encore un grand commerce avec la Romanie & la côte méridionale de la mer Noire, qui comprend ce qu'on appeloit autrefois la Bythinie, la Paphlagonie & le Pont; ils n'ont plus, à la vérité, befoin des grains de cette régions, qui croiffent chez eux en très-grande abondance; mais ils en tirent encore des fruits & une infinité d'autres denrées.

Les Bofphoriens, rivaux des Cherfonites dans la Cherfonèfe Taurique, habitoient la ville de Bofphore, capitale d'un royaume qui comprenoit autrefois tous les Sarmates des environs du *Palus Mæotide* ou de mer de Zabache. On trouve dans Conftantin Porphyrogenète une hiftoire abrégée des guerres qu'il y a eues en divers temps entre les Cherfonites & les Bofphoriens. Sous le règne de Dioclétien ceux-ci s'étant avancés dans la Colchide ou pays des Lazes, jufqu'au fleuve *Halis*, fous la conduite d'un certain Crifcon; Conftance, depuis empereur, qui avoit été envoyé pour s'oppofer à leur progrès, ayant de la peine à les contenir, fe fervit fort à propos contre eux d'une diverfion des Cherfonites. Ces derniers prirent la ville de Bofphore, & ne la rendirent que lorfque Crifcon eut fait fa paix avec les Romains. Le Protevon de Cherfone étoit alors Chriftus, fils de Papias, fous le protevon Diogène, fils de Diogène; le même Conftans, devenu empereur, employa encore les Cherfonites à une autre diverfion contre les Scythes de la petite Scythie, & leur accorda en reconnoiffance un grand nombre d'exemptions & de privilèges. Sous Byfcus, fils

de Supolichus, les Cherfonites battirent les Bofphoriens, & les firent jurer de ne plus fortir à l'avenir de leurs limites, qu'ils fixèrent à *Caffa*. Sous Pharnace, les limites des Bofphoriens furent reftraintes à *Cybernicum*, & les Cherfonites ne leur laifsèrent que quarante milles d'étendue en-deçà du détroit. Ces limites fubfiftoient encore du temps de Conftantin Porphyrogenète. Il y eut dans la fuite une confpiration des Bofphoriens contre les Cherfonites; les premiers s'étant introduits & cachés dans *Cherfone*, devoient y mettre tout à feu & à fang. Cette conjuration fut heureufement découverte par une fille nommée *Gycia*: on lui érigea des ftatues, fur le piédeftal defquelles étoit gravé le précis de cette aventure.

Le féjour que j'ai fait en Crimée en qualité de conful de Sa Majefté auprès du Khan, dit M. Peyffonel, m'a mis à même de faire diverfes obfervations géographiques, qui me paroiffent trouver ici naturellement leur place.

Il y avoit dans la Cherfonèfe Taurique une infinité de villes grecques & d'autres, dont les noms font rapportés par divers géographes. Pour tâcher de les placer dans leur ordre, je commencerai par la côte occidentale de la Cherfonèfe. *Cherfone* étoit la principale des villes grecques de cette partie de la prefqu'île & le chef-lieu des Cherfonites. Elle eft connue des anciens fous le nom de *Heraclea Cherfonefus:* Pline prétend qu'elle a auffi été appelée *Mégarice*, & qu'elle fut rendue libre par les Romains; Scylax la range au nombre des villes grecques, & Strabon la donne pour une colonie des habitans d'Héraclée du Pont. Cette ville devoit être habitée par les Taures & les Grecs, puifque Méla compte dans la Cherfonèfe trois peuples; les Satarches, qu'il place vers le feptentrion; les Grecs feuls, fur la côte maritime; & les Taures confondus avec les Grecs du côté du midi. Après l'invafion des Huns ou des Chazares, les Barbares y habitoient fans doute auffi en communauté avec les anciens Taures & les Grecs, fous la domination des empereurs d'Orient.

Ce fut vraifemblablement ce qui engagea les Chazares à prendre le parti des Cherfonites lorfque l'empereur Juftinien II forma le projet de les exterminer. Le pape Martin, exilé à Cherfone, fait une peinture peu avantageufe du féjour de cette ville. « Nous fommes, dit-il, non-feulement féparés de tout le refte du monde, mais même privés de la vie; les habitans du pays font tons payens, & ceux qui y viennent d'ailleurs en prennent les mœurs, n'ayant aucune charité, pas même la compaffion naturelle qui fe trouve parmi les Barbares. Il ne nous vient rien que de dehors par les barques qui arrivent pour charger du fel; & je n'ai pu acheter autre chofe qu'un boiffeau de bled pour quatre fols d'or ». Il paroît que dès ce temps-là le fel des falines de *Tapra* & de *Cherfone*, doivent être, comme aujourd'hui, une des principales branches du commerce de ce pays-là. Cherfone doit être néceſſairement la ville appelée aujourd'hui *Koſlof* par les Ruſſes, & *Guſlevé* par les Turcs ; les indications des anciens écrivains ne laiſſent pas lieu d'en douter. L'empereur Conſtantin Porphyrogenète établit une diſtance de 300 milles du fleuve *Danapris* ou *Boriſthène*, à Cherſone. Cette diſtance ne répondroit pas à la vérité au calcul des milles Italiques. L'on ne trouve du Boryſthène à *Perecop* que 36 lieues tartares, qui font environ 40 lieues communes de 3000 pas géométriques, & 18 lieues tartares, ou 20 lieues communes de *Perecop* à *Guſlevé*. Le compte eſt exact & je l'ai vérifié moi-même la montre à la main ; de ſorte qu'il n'y a en tout de ce fleuve à Gueſlevé, que 60 lieues communes, qui ne feroient que 180 milles ; mais il eſt manifeſte que Conſtantin Porphyrogenète parle de milles beaucoup plus courts, & de ceux par leſquels on compte aujourd'hui dans toute la Turquie, dont il faut cinq pour une lieue de vingt au degré ; ce qui le prouve à n'en pas douter, eſt que ce prince compte également 300 milles *de Cherſone* au Boſphore : or il eſt inconteſtable que de *Guſlevé*, où étoit cette ville, à *Kazundip*, qui eſt le lieu le plus avancé du Boſphore vers la mer de Zabache, il n'y a que 60 lieues communes, qui font préciſément les 300 milles de cet auteur. M. de Tournefort dans ſon voyage du Levant, a fait avant moi la même obſervation ſur les milles de Turquie. « Il eſt » ſurprenant, dit-il, que les meſures des anciens » ſe trouvent quelquefois ſi conformes à celles des » Grecs d'aujourd'hui ; il ſemble que ces derniers les » aient conſervées par tradition : car ils n'ont point » de meſures certaines, & ne ſe ſervent que de » pas communs, &c. ». Le pas commun eſt évalué à trois pieds de roi, & le pas géométrique à cinq ; par conſéquent il faut 5000 pas communs ou 3000 de Turquie pour une lieue de 3000 pas ou de 3000 géométriques ; ainſi les 60 lieues qu'il y a du Boryſthène à *Guſlevé*, reviennent à la diſtance de 300 milles, que Conſtantin a établie entre le *Danapris* & *Cherſone*. Les indications des géographes bien plus anciens concourent pareillement à déterminer à *Guſlevé* la place de cette ancienne ville. Pline & Mela ſont ceux qui s'expriment avec le plus de netteté à ce ſujet. Suivant Pline, après *Taphra*, qui eſt inconteſtablement *Perecop*, vient *Heraclea Charoneſus* ; cet auteur ne faiſant pas mention des villes d'*Eupatoria* & de *Dandaca*, que Ptolémée place entre *Taphra* & *Cherſone* ; la première après *Taphra*, ſuivant ſon ſyſtème, doit être *Cherſone*. Gueſlevé eſt en effet la première ville que l'on trouve après *Perecop*, en deſcendant vers le midi ; c'eſt le ſeul lieu notable qu'il y ait dans cet eſpace. Cette ville paroît avoir été autrefois très-grande & floriſſante, telle que *Cherſone* eſt dépeinte par Pline, qui la dit ceinte d'un mur de 5000 pas de circuit. Gueſlevé eſt encore entouré aujourd'hui de murailles flanquées de tours ; & c'eſt la ſeule ville dans cette partie de la

preſqu'île qui puiſſe repréſenter l'ancienne *Cherſone.* Conſtantin Porphyrogenète donne une autre indication bien frappante : ἐν τῷ μέτρῳ δὲ λίμναι κὴ λιμὺ υές εἰσιν, ἐν αἷς χερσωνίται ἅλας ἐργάζονται, au milieu, dit-il, ( c'eſt-à-dire entre le *Danapris* & *Cherſone* ), il y a des ports & des étangs où les *Cherſonites* font le ſel. En effet, entre le Boryſthène & Guſlevé on trouve les ſalines de *Perecop* ou *Orkapi*, ſituées à quatre lieues au midi de l'iſthme, en-dedans de la preſqu'île ; elles conſiſtent en deux lacs, dont chacun a environ trois lieues de circonférence : on ne tire du ſel que de celui qui eſt à l'occident, & qu'on appelle *Khalal-Gheul*, ou lac permis : on ne touche pas à l'autre nommé *Kharam-Gheul*, ou le lac défendu, quoiqu'il ſoit auſſi abondant que le premier ; je penſe que la ſeule raiſon eſt qu'on n'en a pas beſoin : car le premier fournit plus de ſel qu'il n'en faut pour le commerce & pour la conſommation annuelle des habitans ; on ne fait qu'en écorner tant ſoit peu les bords, & on en tire encore plus de ſel qu'il n'eſt poſſible d'en débiter. Ces deux étangs ne ſe deſſèchent jamais ; & l'on y voit avec ſurpriſe le ſel ſe former entre deux eaux comme une croûte de l'épaiſſeur de trois ou quatre pouces. Il commence à ſe coaguler au mois de mai ; & dès qu'il a pris une certaine conſiſtance, la pluie l'engraiſſe au lieu de le diſſoudre ; mais lorſqu'il ſurvient de fortes pluies en mars & en avril, avant que le ſel ſoit formé, la coagulation n'a pas lieu, & il n'y a plus d'eſpoir de récolte pour cette année-là.

On trouve auſſi à une lieue au ſud-eſt de *Guſlevé*, que j'ai démontré être l'ancienne *Cherſone*, deux autres grands étangs ſalés, à-peu-près de la même étendue que ceux dont je viens de parler, & dont on tire pareillement une prodigieuſe quantité de ſel. Ceux-ci ſont immédiatement attenans à la mer, & doivent être ce que Ptolémée appelle le port de *Ctenus*, dont l'entrée paroît avoir été fermée inſenſiblement par la grande quantité de ſable que la mer y a entraîné, & avoir formé ces deux étangs qui touchent à la mer, & repréſentent un port dont l'embouchure a été comblée. Suivant Strabon, l'un de ces deux lacs devoit être le port de *Ctenus* ; mais pour pouvoir retrouver l'indication de ce géographe, il faut ſuppoſer, comme on le voit ſur ma carte, qu'autrefois les deux lacs n'en faiſoient qu'un, qui ſe joignoit à la mer, & que l'eſpace qui le ſéparoit du port *des Symboles*, formoit l'iſthme de cette petite Cherſoneſe que Strabon dit être partie de la grande. Moyennant cette hypothèſe très-vraiſemblable, les ſalines d'aujourd'hui ſuppoſées réunies enſemble, & jointes à la mer, forment avec le golfe de *Felenk-Bournou*, ou le port *des Symboles*, une véritable preſqu'île ; & la ville de *Ctenus*, qui, ſuivant Strabon, étoit ſituée vers le milieu du lac, ſe trouve alors, comme le dit ce géographe, à une égale diſtance de Cherſone & du

port

port des Symboles, & précifément dans le point où je l'ai placée.

On ne trouve plus les moindres veftiges des deux villes d'*Eupatoria* & de *Dandaca*. La première pourroit avoir été placée dans la rade mal fûre où eft aujourd'hui le petit village d'*Akmefchid*, & l'autre dans le lieu que les Tartares appellent encore *Eski-Foros*, ou l'ancien Phare, fur la pointe de la prefqu'île qui s'étend fort loin vers l'occident, au nord de *Gucuflevé*. Je ne faurois leur affigner d'autres places. Nous voyons dans Strabon, qu'*Eupatoria* fut bâtie par Diophantus, général des troupes de Mithridate, qui lui donna apparemment le nom de ce prince : elle a été appelée dans la fuite *Pompéïopolis*. Continuons d'examiner la côte occidentale de la Cherfonéfe.

Pline indique avec raifon immédiatement après *Cherfone*, le promontoire *Parthenium*, que Ptolémée a placé mal-à-propos au nord de cette ville, car depuis *Gucuflevé* vers le nord, jufqu'à *Perecop*, il n'y a pas fur la côte la moindre montagne, colline, ni élévation qui puiffe jamais avoir été appelée promontoire ; c'eft un pays entièrement plat ; & la pointe d'*Eski-Foros*, qui s'étend fort avant-dans la mer, au feptentrion de *Gucuflevé*, n'eft qu'une plage de la même nature. *Parthenium* eft donc indubitablement, fuivant l'indication de Pline, le cap de *Felenk-Bournou*, peu éloigné de *Gucuflevé* du côté du midi. Ce cap eft parfaitement défigné dans Pomponius Méla, ce géographe dit que le *Portuofus*, & à caufe de cela nommé Καλός λιμην, que l'on trouvoit après la ville de *Cherfone*, étoit formé par deux promontoires, dont l'un étoit le cap *Parthenium*, & l'autre le cap *Criumetopon*, Κριᾶ μέτωπον, qui faifoit face au promontoire *Carambicus* en Afie. Le promontoire *Parthenium* eft donc, comme je l'ai déjà dit, le cap appelé *Felenk - Bournou*; le *Sinus Portuofus* eft le golfe du même nom que le cap; il eft en effet fi rempli de ports, que l'on en compte jufqu'à dix-neuf dans toute fon étendue. La côte feptentrionale de ce golfe eft appelée *Becht-Liman*, ou les cinq ports, parce qu'il y en a réellement cinq excellens, & propres pour toutes fortes de navires. La côte méridionale eft connue fous le nom de *Ondeurt-Liman*, ou les quatorze ports, parce qu'on y en trouve effectivement quatorze, tant bons que mauvais. Le promontoire *Criumetopon*, eft le cap formé par les montagnes de *Baly-Klava*; c'eft le plus avancé de toute la prefqu'île vers le midi; il eft auffi, comme dit Pomponius Méla, directement oppofé au cap *Keriné* dans la Natolie, entre *Anaboli* & *Ghidoros*; ce cap eft le *Carambicus* des anciens, dans la Paphlagonie. Le long du promontoire *Criumetopon* on trouve le port d'*Avlita*, reconnu pour très-bon par les navigateurs de la mer Noire, & celui de *Baly-Klava*, le meilleur de toute la prefqu'île: il eft rond, fermé de tous côtés par de hautes montagnes; fon entrée eft fi étroite, que deux vaiffeaux auroient de la peine à s'y introduire de

front; il y a cependant affez de fond pour donner paffage à des vaiffeaux du premier rang. Sur la montagne qui forme le flanc oriental de l'embouchure du port, il y a une forfereffe ruinée, que l'on dit avoir été bâtie par les Génois, mais que je croirois d'une antiquité plus reculée; elle prouve en toute manière que la place devoit être de quelqu'importance. Ce port répond à ce qu'Ortélius appelle dans fa carte *Boreæ Antrum*; fon embouchure eft en effet fi étroite, qu'elle annonce plutôt l'entrée d'un antre ou d'une caverne que celle d'un port. Immédiatement après le port de *Baly-Klava* vient la pointe d'*Aïa*, qui eft le véritable *Criumetopon*, & forme l'angle le plus avancé de tout le promontoire. Je croirois que c'eft aux environs de *Baly-Klava* qu'étoient les κάεφα τῶν Κλιμάτων, urbes *Climatum* de Conftantin Porphyrogenète. C'eft en effet dans cet endroit-là que M. de l'Ifle les a placées dans fa carte de l'empire d'Orient, compofée d'après le thème de ce prince.

La plûpart de nos géographes modernes veulent que *Parthenium* foit le cap *Rofaphar*, *Criumetopon Famar*; le port *Symbolon*, *Sibula*; le promontoire *Carambicus*, le cap *Picello*, ainfi du refte. Il n'y a dans toute la Crimée ni *Rofaphar*, ni *Famar*, ni *Sibula*; il n'y a pas plus de *Picello* dans la Natolie; & tous les noms orientaux font fi fort défigurés par nos Européens, qu'il eft impoffible de les retrouver fur nos cartes. J'allai en Tartarie en 1754, muni des deux cartes de ce pays-là, dreffées par ordre de l'impératrice de Ruffie, lors de la dernière guerre des Ruffes avec les Turcs, & tirées d'après les originaux, levés fur les lieux par MM. les généraux Munich & Lazzi. Je croyois que ces cartes me feroient d'une grande utilité; il me fut impoffible de m'y reconnoître, ni pour la configuration de la prefqu'île, ni pour les noms des lieux, à l'exception de ceux des principales villes, qui y font même encore extrêmement défigurés. Je fus obligé de recourir à une carte turque infiniment exacte à tous égards, & d'après laquelle j'ai dreffé celle que j'ai inférée dans mon ouvrage.

C'eft après la pointe d'*Aïa* que commence la côte orientale de la Cherfonéfe Taurique, dont le premier promontoire étoit celui de *Charax*: c'eft certainement le même que les Tartares appellent aujourd'hui *Cara-Kaïa*, qui fignifie la roche noire. Le mot *cara*, dont ils ont fait une épithète, eft vifiblement le nom de *Charax* un peu changé; de *Charax-Aïa*, ou la roche de *Charax*, ils ont fait *Cara - Kaïa*, ou la roche noire. Après ce cap, Ptolémée indique la ville de *Lagyra*, Λαγύρα; elle devoit être placée où eft aujourd'hui le bourg de *Belbek*. Je penfe que le fleuve appelé à préfent *Salghir*, qui prend fa fource dans ce diftrict, tiroit fon nom de celui de l'ancienne *Lagyra*, que les Tartares ont enfuite un peu corrompu. Le même géographe place après cette ville le promontoire *Corax*, qui eft certainement le cap connu de nos jours sous le nom de *Kirkinos-Bournou* ; c'est le seul cap notable que l'on trouve depuis la pointe d'Aïa jusqu'à *Caffa*. L'étymologie du nom me paroît décisive ; ce promontoire *Corax* aura été nommé par les Grecs du bas empire Κορακήνος ἄκρος, *promontorium Coracenum* , & les Tartares en auront fait par corruption *Kirkinos-Bournou* , ou le cap *Kirkinos*. Le mot turc *Bouroun*, dit aussi *Bournou*, qui , dans sa véritable acception signifie le nez, se prend aussi pour cap , & toute pointe de terre avancée dans la mer.

Quant au fleuve *Istrianum*, Ιστριανος , dont Ptolemée place l'embouchure après la ville de *Lagyra*, je puis assurer que c'est un être de raison : car il n'y a très-certainement depuis *Baly-Klava*, ou le cap *Criumetopon*, jusqu'à *Jenikalé*, que je crois être *Panticapæum*, aucun fleuve, rivière ni ruisseau qui se décharge dans la mer Noire. Les rivières qui arrosent la Crimée sont, *Boulganak*, *Alma* , *Tchuruk-Sou*, *Katchi*, *Cabarta* & *Kaziklu-cuzen*, qui se jettent dans la mer Noire entre *Baly-Klava* & *Guslevé*, & *Salghir*, *Sari-Sou*, le grand *Kara-Sou*, le petit *Kara-Sou*, le *Kourou-Indal*, l'*Indal*, & un second *Tchuruk-Sou*, qui ont leur embouchure dans la mer Pourrie, dont je parlerai ci-après ; ainsi l'erreur de ce géographe est manifeste, à moins de supposer l'absolu desséchement de ce fleuve prétendu.

Après le cap *Corax*, doit suivre, suivant mon opinion, la ville de *Cytæum*, que Ptolemée a , je pense, rangée mal-à-propos dans la classe des villes Méditerranées ; c'est le bourg appelé aujourd'hui *Soudag*, dont la position répond parfaitement à la place qu'Ortélius a donnée dans sa carte de la Taurique, à l'ancienne ville de *Cytæum* ; il l'a seulement un peu trop avancée dans les terres, en suivant l'indication de Ptolemée. *Soudag* est situé sur une élévation assez éloignée de son port ; c'est peut-être à cause de cela que les géographes en ont fait une ville Méditerranée. Cette place paroît avoir été autrefois de quelque considération ; on y voit les débris d'une ancienne forteresse, & une tour encore existante que l'on a contenue avec des cercles de fer pour en empêcher l'écroulement. L'étymologie du mot *Soudag* peut favoriser mon hypothèse. Ptolemée l'écrit Κυταίων, Scylax Κυταία, & Vossius le corrige par Κυδαία, l'υ prononcé *ou*, & le κ comme un *c* par les Latins & les Génois qui ont long-temps possédé cette ville, doivent avoir fait *Coudea* ou *Ceula*, & les Tartares venus après eux auront insensiblement converti ce nom en *Soudag*, mot significatif qui veut dire montagne de l'eau, & qui a rapport à la position de cette ville , sur une montagne auprès de la mer. Tous les Orientaux sont extrêmement portés à changer les noms géographiques en noms significatifs de εἰς τὴν πόλιν , εἰς τον ou τιν polin , les Turcs ont d'abord fait *Istambool*, nom qu'ils donnent à la ville de Constantinople leur capitale ; ils l'ont ensuite converti en *Istamboole*, qui signifie la foi abondante,

ou l'abondance de la foi : c'est ainsi qu'on le voit écrit aujourd'hui sur toutes les monnoies de l'empereur Turc frappées dans cette ville.

Pline parle-très-succinctement de la côte orientale de la Chersonèse Taurique ; il se contente de dire qu'après le promontoire *Criumetopon* les Tauriens ont plusieurs ports, & il passe tout de suite à *Theodosia*. Scylax compte cette ville au nombre des villes grecques ; il la place à 125 milles de *Criumetopon*, & à 145 milles de *Chersone* ; c'est bien-là l'éloignement exact de *Baly-Klava* ou *Criumetopon*, & de *Guslevé* ou *Chersone*, à *Caffa*, qui est l'ancienne *Theodosia*. La première distance est fixée aujourd'hui à 25 lieues communes, qui font les 125 milles ; & la seconde à 29 lieues, qui reviennent aux 145 milles de Scylax, en évaluant toujours la lieue commune à 5000 de ces enjambées naturelles par lesquelles les anciens comptoient leurs milles. *Caffa* est encore aujourd'hui une ville grande & florissante, & l'on y fait un immense commerce. Les Turcs l'appellent *la Constantinople de Crimée*. On n'y voit aucun monument d'une antiquité bien reculée, & les édifices anciens qui y restent, sont, ou du plus bas empire, ou du temps des Génois. En 1321 le pape Jean XXII érigea cette ville en évêché, & détermina les bornes de ce diocèse, depuis *Varna* dans la Bulgarie jusqu'à *Saraï*, qui étoit alors la capitale de l'empire de *Kaptchak*, & le séjour des khans. Cet évêché s'étendoit par conséquent depuis la rive occidentale du Pont-Euxin jusqu'aux frontières de la Russie. Le premier évêque fut un nommé *frère Jérôme*. Théodosia avoit déjà depuis plusieurs siècles un évêque grec. M. Fleury dit qu'il y en a aujourd'hui un du rit arménien : cela est vrai ; mais les limites du diocèse ne sont plus les mêmes ; il a été divisé & partagé entre deux évêques : l'un est celui de *Caffa*, qui fait sa résidence au monastère de *Surpazvazazin* ou de la sainte Vierge ; son district s'étend depuis *Caffa* jusqu'à la province de *Cabarta* dans la Circassie. L'autre réside au monastère de *Surpkhatche* ou de la sainte Croix, à cinq lieues au couchant de *Caffa* ; son diocèse comprend toute la partie occidentale de la Crimée & des états du khan en Europe jusqu'à *Kawchan* ou *Kaouchan* dans la Moldavie Tartare. Ces deux évêques sont à la nomination du patriarche de Constantinople.

Pline place *Citæ* ou *Citæum* après Theodosia ; mais il se trompe, & je crois l'indication de Ptolemée plus exacte. J'ai déjà déduit au long les raisons qui me déterminent à penser que *Cytæum* est le bourg de *Soudag*, qui précède *Caffa* en allant d'orient en occident.

Ortélius, dans sa carte de la Chersonèse Taurique, marque immédiatement après Theodosia, un lieu qu'il appelle *Cazeca*. Je ne sais de quel auteur il a tiré ce nom. Strabon, Pline & Ptolemée n'en parlent point. La place qu'Ortélius lui donne répond à *Zavita* au-deſſus de *Caffa*, que je crois être le *Zephyrium* de Pline.

Strabon, Ptolemée & Scylax placent entre *Theodoſia* & *Panticapæum*, la ville de *Nimphæum*, Νύμφαιον, que ce dernier appelle Νύμφαια, & qu'il dit avoir été bâtie par les Grecs. Pline l'indique après *Acra* & *Zephyrium*. Strabon la qualifie ville ayant un bon port; ce qui ne me laiſſe pas lieu de douter qu'ce doit être la ville de *Kerche* d'aujourd'hui: car au-deſſus de Caffa il n'y a abſolument point d'autre port que celui de *Kerche*, où tous les bâtimens de *Jenikalé* & de *Taman* vont remiſer en hiver; & il n'y a aucun autre lieu qui paroiſſe avoir été autrefois de quelque importance. On y voit encore les débris d'une ancienne forhtereſſe: la ville eſt petite; on y fait un grand commerce de poiſſon ſalé & de ſel que l'on tire des ſalines voiſines.

*Acra*, dont Pline fait mention, devoit être une place peu conſidérable; car Strabon l'appelle Ἄκρα κώμιον, *Acra*, petit village des Panticapéens. Ce devoit être quelque hameau placé ſur la pointe de *Nimpheum* ou *Kerche*, & qui avoit pris de-là le nom de Ἄκρα, qui ſignifie pointe, promontoire. Hiéroclès, dans ſon Syncedeme de l'empire d'Orient, parle d'une ville d'*Acra* dans la province de Scythie; il l'appelle Ἄκραι, mais peut-être a-t-il voulu déſigner quelqu'autre ville du même nom.

Je ne vois point où pouvoit être la ville de *Dia* que Pline indique après *Nimpheum*. Je crains bien qu'il n'y ait ici une erreur de ce géographe. Le père Hardouin l'a ſenti, & s'en eſt expliqué dans ſes notes, où il dit qu'Etienne de Byſance renvoie cette ville beaucoup plus loin, & en fait une place de la Scythie, vers le *Phaſe*.

Ptolemée eſt le ſeul qui cite une *Tyriſtata* après *Nympheum*: ce devoit être un lieu aſſez obſcur, puiſque les autres géographes n'en ont rien dit.

On n'a pas encore décidé ſi *Boſphore*, ville capitale des Boſphoriens, eſt la même que *Panticapæum*. Le ſavant Cellarius paroît pencher pour cette opinion, quoique divers auteurs anciens ſemblent les diſtinguer: Etienne de Byſance en fait deux articles ſéparés; mais c'eſt peut-être ſimplement à cauſe des deux noms: car ce qu'il dit de l'une & de l'autre n'établit pas une différence bien marquée: Eutrope en fait deux villes ſéparées; il dit qu'Auguſte ajouta à l'empire toutes les places maritimes du Pont, entre autres les villes remarquables de *Boſphore* & de *Panticapæum*. Je penſe cependant que Strabon, Ptolemée, Pline & Procope décident ce point. Strabon parle de *Panticapæum*, & ne dit rien de *Boſphore*, de même que Ptolemée; Procope ne fait mention que de *Boſphore*, & garde un profond ſilence ſur *Panticapæum*; d'où l'on doit conjecturer que ces deux noms appartiennent également à une même ville, diverſement appelée en différens temps. Celui de *Panticapæum*, que l'on trouve dans Strabon, Pline,

Ptolemée & les autres géographes anciens, doit être le premier nom qu'elle portoit dans l'antiquité la plus reculée. Celui de *Boſphore*, ſous lequel elle eſt déſignée par Procope, hiſtorien du moyen âge, ne lui a été donné ſans doute que depuis l'établiſſement du royaume de Boſphore dont elle étoit la capitale. Pline dit en effet, que *Panticapæum* eſt auſſi appelée *Boſphore* par quelques-uns. Il paroît donc que ce dernier témoignage doit réſoudre la queſtion. Le même auteur dit que cette ville étoit originairement une colonie de Miléſiens, & par conſéquent une ville grecque; mais les Tauro-Scythes, les Satarches, les peuples du Pont & de la Colchide, les Huns ou les Chazares, & tous les autres barbares qui envahirent ſucceſſivement la Cherſonèſe, s'y confondirent dans la ſuite avec les Grecs. Elle devoit même, dans les derniers ſiècles, être poſſédée par les Huns dont parle Procope, qui s'en étoient ſans doute emparés après la deſtruction du royaume du Boſphore, & qui ſe ſoumirent à Juſtin. Procope rapporte une harangue des Arméniens contre cet empereur, dans laquelle ils s'écrient: « N'a-t-il » pas impoſé le joug de la ſervitude aux Tzaniens? » N'a-t-il pas établi un gouverneur au-deſſus » du roi des Laxiens? N'a-t-il pas envoyé des » capitaines aux Boſphoriens, ſujets des Huns, » pour ſe rendre maîtres d'une ville ſur laquelle il » n'avoit aucun droit de droit » ? La ville de *Boſphore*, ſuivant le calcul de Pline, devoit être inconteſtablement où ſe trouve aujourd'hui le fort de *Jenikalé* bâti par les Turcs. Ce géographe la place à l'entrée du Boſphore, à une diſtance de 87 milles pas de *Theodoſia* ou *Caffa*. On compte en effet de *Caffa* à *Jenikalé* 16 lieues tartares, qui font à-peu-près 17 & demie de nos lieues communes de 3000 pas géométriques, ce qui revient exactement au compte de Pline, en évaluant, comme je l'ai dit, pluſieurs fois les milles des anciens à raiſon de cinq pour une de nos lieues. M. de l'Iſle, dans ſa carte dreſſée ſur le thême de Conſtantin Porphyrogenète, place en effet *Boſphorus* où eſt à préſent *Jenikalé*, vis-à-vis de la ville que ce prince appelle *Tamatarca*, qui eſt inconteſtablement *Taman* d'aujourd'hui, & le *Phanagorium* de Pline. C'eſt la première ville de la province du *Couban*; elle eſt ſituée ſur la rive orientale du Boſphore & directement oppoſée à *Jenikalé*. La province du Couban a pris ſon nom d'un grand fleuve qui l'arroſe, & qui ſe jette dans la mer de Zabache & dans la mer Noire; c'eſt le *Vardanus* des anciens, & je penſe que deux de ſes branches forment le *Chader* & le *Burlic* de Conſtantin Porphyrogenète.

A 20 ſtades de la ville de *Panticapæum*, le long du flanc occidental du Boſphore, on trouvoit, ſuivant l'indication de Strabon, la ville de *Myrmecion*, rapportée également par Pline, Méla, Ptolemée & Scylax. Ptolemée en fait un promontoire, & l'appelle μυρμήκιον ἄκρον; cependant Strabon, Pline & Méla la qualifient de πολίχνιον, d'*Oppidum*, c'eſt-à-dire, bourg ou petite ville ; & Scylax la met au nombre des ville grecques de la Cherſonèſe. Je n'en trouve abſolument point les veſtiges, non plus que de *Hermiſium* rapporté par Pline & par Méla.

Strabon détermine ſi bien la place du village *Parthenium*, κώμη Παρθένιον, qu'il eſt impoſſible de le méconnoître. Il l'indique à 60 ſtades au-deſſus de *Panticapœum* dans l'endroit le plus étroit du Boſphore, vis-à-vis d'*Achillœum* en Aſie. C'eſt préciſément la place où ſe trouve aujourd'hui le village de *Kaʒandip*. A *hillœum*, ſelon cette indication, auroit dû ſe trouver ſur la pointe de *Tchochekha - Bournou* ou le cap du Cochon, qui eſt vis-à-vis la pointe de *Kaʒandip*, à l'embouchure ſeptentrionale du détroit ; mais je ne ſais pas ſi les anciens n'ont pas placé cet *Achillœum* trop près de l'embouchure. Le fort d'*Achou*, qui eſt environ à huit lieues plus à l'orient ſur le Palus Mœotide, ne ſeroit-il point le véritable *Achillœum* dont les Tartares auroient corrompu & abrégé le nom ?

Ptolemée place après *Parthenium*, en allant d'orient en occident, le long de la côte occidentale du Palus Mœotide, les villes d'*Heracleum* & de *Zenonis Cherſoneſus*, ſur leſquelles il y a quelques obſervations à faire. Ce géographe, le ſeul qui faſſe mention de ces deux villes, pourroit bien s'être trompé au ſujet de cette Cherſonèſe de Zenon. Je crois que ce n'étoit point une ville, mais réellement une Cherſonèſe, & je ne doute pas que ce ne fût cette langue de terre extrêmement longue & étroite qui s'avance du ſud au nord entre la mer de Zabache & la mer Pourrie juſqu'au niveau de l'iſthme de *Perecop* ; les Tartares l'appellent aujourd'hui *Zéniské*, qui eſt viſiblement une abréviation du mot *Zenonis Cherſoneſus*. Dans cette hypothèſe la ville d'*Heracleum* devoit ſe trouver où eſt à préſent le fort de *Ribat*, à l'entrée de cette petite preſqu'île. La mer Pourrie eſt inconteſtablement le lac *Bicé*, Βύκη λίμνη de Ptolemée, & le *Buges* de Pline, qui eſt joint au Palus Mœotide (comme dit très-bien cet auteur), par un canal ou un foſſé, *lacus Buges foſſâ emiſſus in mare*. Cette mer avoit déjà, du temps de Strabon, le même nom qu'elle porte aujourd'hui ; cet ancien géographe l'appelle Σάπρα λίμνη, ou l'étang Pourri, & les Tartares *Tchuruk - Degniʒ*, ou la mer Pourrie : il lui donne une étendue de 4000 ſtades, qui embarraſſe avec raiſon Cellarius, & lui fait penſer que Straben a voulu parler de tout le Palus Mœotide, auquel cette mer eſt jointe par un canal ; mais Cellarius n'a pas fait attention à un paſſage ſuivant, dans lequel Strabon dit que le Palus Mœotide a 8000 ſtades de circuit, & par conſéquent les 4000 ſtades qui précèdent, & la deſcription qu'il donne, ne peuvent appartenir qu'au lac *Bycé*, ou la mer Pourrie. Il la dépeint extrêmement marécageuſe, & aſſure qu'on peut à peine y naviguer avec de petits bateaux, parce que les vents deſſèchent aiſément ſon lit bour-

beux, & la rendent par-là impraticable à de plus gros bâtimens. L'étendue de 4000 ſtades eſt ſans doute le tour ; cette mer, fort étroite, n'a pas plus de trente lieues communes de longueur ; & en calculant toutes les diverſes ſinuoſités qu'elle forme, on pourroit tout au plus lui donner quatre-vingt-dix lieues de circonférence, ce qui reviendroit au compte de Strabon, en ſuppoſant la ſtade de 76 toiſes.

Il me reſte à parler des villes Méditerranées de la Cherſonèſe Taurique, dont le plus grand nombre n'eſt connu que de Ptolemée : Strabon en cite quelques-unes, & Pline n'en parle point. Voyons ſi, à l'aide des veſtiges d'antiquité qui reſtent encore en Crimée, & avec le ſecours de l'étymologie des noms, il ne ſeroit pas poſſible d'en trouver un certain nombre.

La ville de *Satarcha* devoit être le chef-lieu des Satarches, qui habitoient, comme nous l'avons déjà dit, dans la partie ſeptentrionale de la preſqu'île, au-deſſous de *Taphra*, qui eſt à préſent *Perecop*. Le village de *Tcheterlik* aujourd'hui, & le diſtrict qui en dépend, ſont ſitués préciſément au-deſſous du territoire de *Perecope*, dans la place que les géographes donnent à l'ancienne *Satarcha*. L'étymologie du nom eſt une preuve inconteſtable. La racine de *Tcheterlik* eſt *Tcherter*, qui devoit être le nom de cette ancienne nation Scythe & de ſa ville capitale dans ſon exacte prononciation. La ſyllabe *lik* n'eſt qu'un affixe, qui, en turc & en tartare, change le ſubſtantif ſimple en un nom de lieu, de propriété ou d'action ; comme *orman*, forêt ; *ormalik*, pays de bois ; *kadi*, juge ; *kadilik*, judicature ; *deli*, fol ; *delilik*, folie, &c. Les grecs n'ont jamais eu dans leur langue ni le *tché*, ni le *dgé*, ni le *ché*, ni le *gé* des Orientaux ; & les Grecs modernes qui cohabitent & ne font preſque qu'un même peuple avec les Turcs depuis pluſieurs ſiècles, ne peuvent pas encore exprimer ces conſonnes, même en parlant la langue turque, & les prononcent comme une S ou comme un Z. Il eſt manifeſte que du nom de *Tcheter* ils ont fait *ſeter* & *ſatar* & *ſatarcha*, comme ils ont fait *ſatan* du mot *chaïtan*, qui ſignifie le diable. A l'égard du changement de la voyelle *e* en *a*, c'eſt une faute que font preſque tous ceux qui étudient le turc, le tartare, l'arabe, & le perſan dans les livres, ſans acquérir l'uſage de la langue, parce que dans les caractères qui ſont communs à ces quatre langues, l'*elif*, qui eſt la première lettre de l'alphabet, & répond à notre *a*, eſt priſe ordinairement pour un *a* ; mais elle exprime cependant auſſi l'*e*, l'*i* & l'*u*, ſuivant l'exigence des mots. Il n'y a que l'uſage de la langue qui puiſſe enſeigner cette différence ; auſſi voit-on que dans preſque toutes les grammaires & les dictionnaires où les mots de ces quatre langues ſont exprimés en caractères latins, la plûpart des ſyllabes qui doivent être prononcées *e*, ſont écrites par un *a*. L'on ne doit plus s'étonner, après ces divers éclaircissemens, que le mot *tcheter* ait été converti en *satar*.

La place qu'Ortélius donne à l'ancienne *Tarona* répond au village & au district de *Tchongar*, au fud-est de *Perecop*, & à l'est de *Tcheterlik* ou *Satarcha*. Les villes de *Parosta* & de *Postigia* de Ptolemée sont si obscures, qu'il est impossible d'en découvrir la trace. Dans les places qui leur sont assignées on ne trouve aujourd'hui ni les plus légers vestiges d'antiquité, ni aucun nom moderne qui ait le moindre rapport avec les anciens ; il faut donc s'en rapporter uniquement aux indications de Ptolemée, & le croire sur sa parole.

Après ces deux villes, ce géographe indique *Cimmerium*, que Méla & Pline ont cependant placée en Asie sur le bord oriental du Bosphore, en face de *Panticapæum* ; mais le sentiment de Ptolemée est confirmé par celui de Strabon, & il n'y a pas lieu de douter que cette ville étoit située dans l'intérieur de la presqu'île. Ce dernier dit que dans la partie montagneuse de la Chersonèse on trouve le mont *Cimmerius*, qui a tiré son nom des Cimmériens, peuples qui commandoient anciennement à tout le Bosphore. La ville appelée aujourd'hui par les Tartares *Eski-Krim*, est certainement l'ancienne *Cimmerium* de Ptolemée ; elle est reconnue traditionnellement pour la plus ancienne, & celle qui a donné le nom à la Chersonèse ; elle est située au pied d'une haute montagne isolée, qu'on appelle *Aghirmiche-Daghi* ; son nom de *Krim*, qui est aussi celui de la presqu'île de Crimée, est visiblement le mot *Cimmerium*, Κιμμέριον défiguré par les Tartares. Cette ville, qui n'est aujourd'hui qu'un misérable bourg, paroît avoir été autrefois vaste & florissante. Il y a encore plusieurs monumens des siècles reculés du moyen âge & du temps des Génois.

La ville de *Portacra*, que Ptolemée place à 50 minutes à l'occident de *Cimmerium*, peut être la ville de *Kara-Sou*, qui se trouve à huit lieues à l'ouest d'Eskikrim. C'est aujourd'hui la place la plus considérable de Crimée après *Caffa*, tant par sa grandeur que par son commerce. Il y a quantité de Grecs & d'Arméniens, & ils y ont des églises bien bâties. L'armée Moscovite entra dans cette ville en 1737 ; elle y fit beaucoup d'esclaves & peu de dégât.

Je ne sais où retrouver *Chavus* & *Neapolis* de Strabon, ni *Bœum* & *Iluratum* de Ptolemée, & j'en abandonne volontiers la découverte à quelqu'un de plus éclairé que moi.

*Argoda* & *Tazus* pourroient bien avoir été où se trouvent aujourd'hui les villages d'*Arghun* & de *Tachely*, qui semblent avoir retenu leurs noms, & dont la situation répond aux places qu'Ortélius a données à ces anciennes villes ; la première au midi, & la seconde à l'orient de *Portacra*, que j'ai dit être *Kara-Sou*. *Arghun* peut sans difficulté être dérivé d'*Argoda* ; & *Tache* ou *Tachely*, avec l'affixe *ly*, peut très-bien venir de *Tazos*. Peut-

être que les anciens Scythes appeloient réellement cette ville *Tache* ou *la Pierre*, & que les Grecs, qui, comme j'ai déjà dit, n'ont jamais pu prononcer le *che* que comme une ʃ ou un χ, l'ont appelée *Taχ* & ensuite *Taχos*, avec la terminaison grecque.

*Badatium*, citée par Ptolemée, paroît, suivant la carte d'Ortélius, avoir été située à-peu-près où est aujourd'hui *Bakchesarai*, capitale de la Crimée, auprès du mont *Trapezus*, qui est la chaîne des montagnes de *Jachelow*, de *Bakchesarai* & de *Katchi*. Le nom de cette ancienne ville a été défiguré par Ptolemée ou ses éditeurs ; le véritable nom est *Palatium*, Παλάτιον, que lui donne Strabon. On lit en effet aux notes marginales de Ptolemée dans le théâtre de Bertius, *Badatium Palatium Strabonis*. Je hasarderai à ce sujet une conjecture. Le mot *Bakchesaraï* ne seroit-il pas la traduction tartare du Παλάτιον des Grecs ? Le mot *saraï* signifie palais ; on y a ajouté le mot *bakche*, qui veut dire jardin, parce qu'avant que la ville de *Bakchesaraï* fût bâtie, les khans avoient un jardin dans cet endroit-là, qui étoit peut-être la place de l'ancienne *Palatium*, & en avoit retenu le nom. Dans cette hypothèse, cette ancienne ville devoit se trouver à l'extrémité occidentale du vallon de *Bakchesaraï*, sur une roche fort élevée, où est actuellement *Tchifout-Kaleßi*, ou le château des Juifs, qui par sa position ressemble beaucoup à une place de défense des anciens, quoique les murs du château actuel, qui sont encore en assez bon état, paroissent avoir été bâtis par les Génois ou par les Grecs du plus bas empire. Il est habité par des Juifs Karaïtes, qui y jouissent d'une infinité de privilèges. L'ancienne *Palatium* pouvoit être aussi dans l'endroit que les Tartares appellent *Tepekirman*, ou le château de la Cime, à une demi-lieue de *Bakchesaraï*, vers l'extrémité septentrionale de la vallée de *Katchi*. On voit, dans cet endroit-là une montagne isolée & assez haute, en forme de pain de sucre, sur le sommet de laquelle on trouve encore les vestiges d'une forteresse & d'une ville de l'antiquité la plus reculée. Il y a sur-tout une infinité de cavernes creusées dans le roc avec beaucoup d'ordre, à-peu-près comme les *Columbaria* des anciens, & qui devoient être des tombeaux. En descendant de-là vers le midi, jusques à environ demi-lieue, une montagne fort haute & taillée perpendiculairement en précipice, qui forme le flanc occidental du vallon, est toute percée de ces mêmes cavernes, rangées dans le même ordre, depuis le milieu de la montagne jusques au sommet.

L'ancienne *Tabana* peut avoir été la ville de *Mankoup* d'aujourd'hui, dont la place répond exactement à celle que Ptolemée, & Ortélius après lui, ont assignée à cette ancienne ville. *Mankoup* est une forteresse presqu'entièrement ruinée, mais qui paroît avoir été autrefois importante. Elle est située sur une roche d'une prodigieuse hauteur; & presque inacceffible; la plupart des habitans font Juifs, & il n'y a qu'un très-petit nombre de Tartares.

Les anciens ont compté dans la Cherfonèfe Taurique trois principales montagnes. Le mont *Trapezus*, comprenant les montagnes de *Jachelon*, de *Batcheſeraï* & de *Katchi*; le mont *Cimmerius*, qui eft *Aghirmiche - Daghi*, & le mont *Berofus*, qui comprenoit la montagne de *Tchavir - Daghd*, la plus haute de toute la prefqu'île, & celles de *Baly-Klava* & de *Cabarta*.

### Géographie de plufieurs contrées des environs du Pont-Euxin (1).

Je vais placer de fuite les opinions de M. Peyſſonel, ſur la géographie de la Colchide, ſur celle des environs du Pont-Euxin, & enfin ſur celle qui appartient à la navigation des Ruſſes.

### Defcription de la Lazique & de la Colchide.

Nous trouvons dans Procope une defcription de la Lazique. Suivant cet auteur, le fleuve *Boas* prend ſa ſource dans le pays des Arméniens, qui habitent *Pharangion*, proche des frontières des *Tzaniens*; il coule aſſez loin vers le côté droit, toujours étroit & guéable juſqu'aux extrémités de l'Ibérie & aux pieds du mont Caucafe, contrée qui eſt habitée par diverſes nations, les Alains, les Abaſques chrétiens & alliés des Romains, les Zéchiens & les Huns Salviniens. En cet endroit le fleuve s'accroît par un grand nombre de ruiſſeaux qui s'y déchargent; il quitte le nom de *Boas*, prend celui de *Phafé*, & porte de grands vaiſſeaux juſqu'à ſon embouchure dans le Pont-Euxin. C'eſt ſur les bords de ce fleuve qu'eſt la Lazique. Le côté droit de cette province eſt fort peuplé juſqu'aux frontières de l'Ibérie, & comprend diverſes villes, dont les principales ſont *Archeopolis*, qui eſt très-forte, *Sebaſtopolis*, *Rhodopolis* & *Monoriſis*: on y voit auſſi les forts de *Pytium*, *Deſcandra* & de *Sarapana*. Le côté gauche eſt un eſpace d'une journée de chemin; mais cet eſpace eſt défert, & n'eſt habité que par quelques Romains ſurnommés *Pontiques*. C'eſt dans cette partie inhabitée de la Lazique, ajoute Procope, que Juſtinien bâtit la ville de *Pétrée*, au nord de laquelle étoient les frontières de l'empire & pluſieurs villes fort peuplées, comme *Rizée*, *Athènes* & *Trapezande*. Cette relation de Procope a rapport à la géographie du moyen âge, & du temps où il écrivoit. Dans les ſiècles plus reculés, la Lazique faiſoit partie de la Colchide proprement dite. Le fleuve

*Boas*, les villes d'*Archeopolis*, de *Rhodopolis* & de *Monoriſis*, ont été inconnus des anciens géographes. Je penſe devoir placer ici quelques obſervations géographiques que j'ai faites ſur cette contrée, d'après les relations exactes que je me ſuis procurées dans mon voyage de la mer Noire.

La Colchide proprement dite comprenoit autrefois toute l'étendue qui eſt depuis Trébizonde juſqu'au Phafé, & au-delà de ce fleuve juſqu'aux frontières de l'Ibérie, & au pied du mont Caucaſe. Strabon étend ſes limites vers le nord juſqu'aux villes de *Pythium* & de *Dioſcurias*, où il dit que finit la côte du Pont, priſe depuis les Boſphoriens, & que commence celle de la Colchide. Ptolemée rapporte que la côte maritime de la Colchide étoit habitée par les Laziens, & la partie ſupérieure par les *Mancali*, qui ſont viſiblement les Mingreliens d'aujourd'hui. Le Phafé diviſoit la Colchide à-peu-près par le milieu, & en formoit deux parties, que j'appellerai *Tranſphaſienne* & *Ciſphaſienne*. Ce fleuve célèbre a conſervé juſqu'aujourd'hui le nom qu'il portoit autrefois; les Turcs l'appellent encore *Nehr Fache*, le fleuve Fache; Strabon, Pline, Méla & Ptolemée en font mention; Pline & Strabon ſont d'accord avec Procope touchant ſa ſource, qu'ils placent dans les montagnes d'Arménie. Les anciens géographes indiquent dans l'étendue de la Colchide Tranſphaſienne une infinité de fleuves & de rivières; j'en retrouve à-peu-près le nombre, mais il eſt, je penſe, bien difficile d'en déterminer l'ordre, quoiqu'Ortélius leur en ait donné un dans ſa carte du Pont-Euxin. On peut ſeulement deviner à-peu-près la poſition de quelques-uns de ces fleuves qui ont retenu le nom qu'ils avoient autrefois. Ceux que l'on trouve cités dans Ptolemée, Pline, Strabon & Arrien, ſont le *Corax*, l'*Anthemus*, le *Hippus*, le *Cyaneus* ou *Glaucus*, l'*Aſtelephus*, le *Tartura*, le *Singanus* ou *Tilaneus*, le *Chryforhoas*, le *Chariſtus* ou *Charus*, ou *Charieis*, & le *Chobus*. C'eſt préciſément-là le même nombre de fleuves que l'on compte aujourd'hui depuis le Phafé excluſivement juſqu'au *Charvaſiday*, qui ſépare la Géorgie du pays des *Abaſſes*, qui ſont les *Abſidæ* de Pline, & les *Abaſgi* de Procope & de Conſtantin Porphyrogenète. Les noms modernes de ces fleuves dans l'ordre qu'ils occupent véritablement du nord au midi, ſont le *Charvaſiday*, le *Koudouri*, le *Mamidzkhali*, le *Mochidzkhali*, l'*Azgour*, le *Lourlé*, l'*Erdizkhali*, l'*Anakria*, le *Cianidzkhali* & le *Kobidzkhali* que les Turcs appellent par corruption *Kemkhal*. Le mot *Dzkhali* en géorgien ſignifie eau courante, ou rivière; il paroît donc manifeſtement que le *Kobi-dzkhali* & le *Cianidzkhali* ſont le *Chobus Fluvius* & le *Cianeus Fluvius* des anciens, dont les noms n'ont abſolument point été altérés. Ceci renverſe l'ordre établi par Ortélius, qui place le *Hippus* & le *Singanus* entre le *Cianeus* & le *Chobus*, tandis que ceux-ci doivent ſe ſuivre immédiatement. Il met auſſi mal-à-

---

(1) Ceci doit être, ſelon moi, tranſporté, lors d'une nouvelle édition, à l'article *Pontus-Euxinus*; on pourroit auſſi tranſporter à la Colchide, au Danube, &c. les articles qui ſemblent plus particuliérement leur appartenir.

propos le *Charistus* entre le *Chobus* & le *Phase*, qui se succèdent dans le même ordre, sans que l'on trouve aucune autre rivière dans l'espace qui les sépare; de sorte que le *Charistus*, le *Singanus* & le *Hippus* doivent être plus septentrionaux que le *Chobus* & le *Cianeus*. La conformité des noms modernes de ces deux derniers avec les anciens, détermine incontestablement leur position. Ceux des autres fleuves sont si fort défigurés, qu'on ne peut pas faire usage du secours des étymologies pour les retrouver, & l'on ne sauroit former que des conjectures. Le *Charvasiday* doit être le *Corax*, le dernier fleuve de la Colchide vers le nord; il répond en effet à la place qu'Ortélius lui a assignée dans sa carte. C'est un peu au-delà de ce fleuve que devoit être le fort de *Pythium*, cité par Strabon comme une place importante, & regardé par la plupart des auteurs comme le dernier terme du Pont & de l'empire Romain. Pline dit que cette place étoit extrêmement florissante, & qu'elle fut ravagée par les Hénioques. Je pense que la véritable place de *Pythium* est le lieu appelé aujourd'hui par les Turcs *Pejevend*; il est éloigné d'environ neuf lieues du fond du golfe de *Sohoum*, où devoit se trouver l'ancienne *Sebastopolis* ou *Dioscurias*; ce qui revient à la distance de 350 ou 360 stades, indiquées entre ces deux villes par Strabon & par Arrien: cet éloignement fait à-peu-près aussi les deux journées de Procope. Cet auteur dit que les Romains bâtirent sur le rivage de la mer les deux forts de *Sebastopolis* & de *Pythium*, éloignés l'un de l'autre de deux journées. Il a sans doute parlé des journées de troupes & de celles qu'on appelle en Levant des journées de caravanes, qui sont d'environ cinq lieues.

Toutes les indications des anciens géographes concourent à prouver que *Dioscurias* ou *Sebastopolis* devoit se trouver auprès de la ville appelée ajourd'hui *Sohoum*, dans le fond du golfe de ce nom. Tous les auteurs disent unanimement que cette ancienne ville étoit située dans le point le plus avancé du Pont-Euxin vers l'orient, & dans l'endroit où commence l'isthme qui sépare cette mer de la mer Caspienne. Le golfe de *Sohoum*, en effet, peut être regardé comme l'extrémité orientale de la mer Noire, & le véritable point où l'isthme commence de se former. Arrien détermine un espace de 2260 stades entre *Trapezus* & *Sebastopolis*; l'on compte aujourd'hui de Trébizonde à *Sohoum* environ quatre-vingt-dix lieues, qui font à-peu-près les 2260 stades d'Arrien. D'ailleurs les ruines d'une ancienne ville que l'on voit auprès de *Sohoum*, & que les gens du pays appellent encore *Savatopoli*, ôtent tous les doutes qui pourroient encore rester sur ce point. Mela & Pline prétendent que la ville de *Dioscurias* fut ainsi appelée du nom des Dioscures, ou *Castor* & *Pollux*, qui en furent les fondateurs. Pline paroît la distinguer de *Sebastopolis*; mais Cellarius a démontré assez clairement son erreur. Ortélius a mis

dans sa carte deux *Sebastopolis*; je ne sais pas où il a pris la seconde, qu'il place au midi du *Phase*, à l'embouchure du fleuve *Acinasis*.

Il n'est pas aisé de décider quel étoit le fleuve qui couloit auprès de *Dioscurias*; Strabon veut que ce soit le *Charus*, Περὶ δέ την Διοσκυριάδα, ῥεῖ ὁ χάρις Ποταμος; Pline prétend que c'est l'*Anthemus*, *Coraxi urbe Colchorum Dioscuriade juxta fluvium Antemunta*; & Ptolemée place immédiatement après *Dioscurias* l'embouchure du fleuve *Hippus*. Peut-être ont-ils raison tous les trois; car trois fleuves se déchargent dans le golfe de *Sohoum*, le *Koudouri*, le *Mamidzkhali*, & le *Mochidzkhali*. L'ancienne *Dioscurias* ou *Sebastopolis* placée, comme je l'ai démontré, au fond du golfe de *Sohoum*, devoit être peu éloignée de ces trois fleuves, qui sont fort voisins les uns des autres: ainsi l'on doit raisonnablement conclure de cette observation, que le *Koudouri*, le *Mamidzkhali* & le *Mochidzkhali*, sont le *Hippus*, l'*Anthemus* & le *Charus*, sans qu'il soit possible cependant d'assigner précisément à chacun de ces trois fleuves le nom ancien qui doit légitimement lui appartenir. Les autres fleuves *Azigour*, *Lowlé*, *Erdidzkhali* & *Anakria* doivent être l'*Asclephus*, le *Tarsura*, le *Singanus* & le *Chrysorrhoas*. Mais je laisse à quelqu'un de plus intelligent que moi, le soin de les ranger dans l'ordre où ils doivent être, & de faire la juste distribution des noms.

Je ne trouve absolument point les villes de *Neapolis* & de *Thiapolis*, qui n'ont été connues que de Ptolemée, & dont aucun autre auteur ancien n'a parlé. Je ne sais non plus où placer *Æa* ou *Æapolis*, que Ptolemée dit être maritime, & que Pline indique sur le bord du *Phase* à quinze milles de la mer. Appollonius en parle comme d'une ville où l'on alloit par eau, sans dire si elle étoit située sur la mer ou sur le fleuve. Le passage de Pline donne lieu de croire que cette place étoit considérable: *maximè autem inclaruit Æa xv millibus passuum à Mari*.

Je serois assez porté à croire que la ville d'*Anacria* d'aujourd'hui, située à l'embouchure du fleuve du même nom, est l'ancienne *Heracleum* de Pline. Cet auteur la place à soixante-dix milles de *Sebastopolis*, ce qui revient à-peu-près aux quinze lieues que l'on compte d'*Anacria* au fond du golfe de *Sohoum*, où sont les ruines de *Sebastopolis*; mais je pense que Ptolemée s'est trompé sur la ville de *Gyganeum* Γυγάνεων, qu'il place au-delà du *Phase*; cette ville pourroit bien être *Guznia*, située sur la mer Noire, au midi du fleuve *Tchorok*: le nom s'est assez bien conservé, & l'étymologie n'est point forcée.

La plupart des villes Méditerranées de la Col-Transi hasienne citées par les anciens géographes sont faciles à retrouver: car leurs noms n'ont presque point été altérés, & les vestiges en subsistent encore. La ville Méditerranée voisine du *Phase*, appelée par Pline *Cyta*, & par Etienne de

Byfance Κυτα, eft inconteftablement la ville de *Cutatis*, capitale de la Géorgie Turque, & fituée à cinq ou fix lieues au nord de ce fleuve. Properce & Valérius Flaccus en ont parlé. Etienne de Byfance prétend qu'elle a été la patrie de Médée. On retrouve, à peu de diftance de-là, le fort de *Scandra*, dont Procope a fait mention ; c'eft le vieux fort de *Skender*, fitué à fix lieues à l'eft de *Cutatis*. A dix lieues au fud-eft de cette ville étoit le château de *Sarapana*, que Strabon place dans le lieu où le Phafe ceffe d'être navigable, & qu'il dit être fi vafte qu'il pourroit contenir une ville. Ce château a retenu fon ancien nom : les Turcs l'appellent encore *Choraban* ; ils y ont bâti une forterelle, & y tiennent garnifon. On y voit encore des reftes de murailles, de tours, & tous les débris du fort bâti par les Romains. Pline indique fur les bords du Phafe les villes de *Tyndaride*, de *Circæum* & de *Cygnus*. Je ne retrouve ni le nom ni la place de la dernière. *Tyndaride* eft le lieu appelé par corruption *Pandary* fur le bord feptentrional du Phafe, à huit lieues de fon embouchure, & environ à fept lieues au fud - oueft de *Cutatis* : on y voit encore les débris d'un vieux château ruiné. *Circæum* appartient à la Colchide Cifphafienne, & j'en parlerai ci-après. L'ancienne *Mechleſſus* eft aujourdhui *Meckhel*, au nord de la Géorgie turque, vers la rivière de *Rioun* : à un certain éloignement du village moderne, on retrouve des monumens de l'ancienne ville *Zadris* ou *Zadra* vers la frontière des *Oſſes*, où l'on voit encore un château ruiné. *Madia*, qui eft fans doute le *Matium* de Pline, doit être le village de *Maïs* fitué fur la mer Noire, un peu au nord de l'embouchure du Phafe, & auprès du cap du même nom. Ptolemée met cette ville au nombre des Méditerranées ; mais Pline, plus exaçt fur ce point, la place fur la côte du Pont-Euxin. J'ignore où pouvoit être *Sarace*. *Surium* n'eft point du reſſort de la Colchide Tranfphafienne, & j'en parlerai en traitant des villes en-deçà du Phafe. Au nord de la Géorgie turque, à douze ou quinze lieues du Phafe, vers la frontière de *Souanes*, &, comme dit Procope, auprès des limites de l'Ibérie, on trouve les veftiges de l'ancienne *Rhodopolis* ; les Géorgiens ont changé l'*R* en *D*, & en ont fait *Dodopolis*, qui fignifie en leur langue nouvelle Mariée. Ils prétendent que cette ville fut bâtie par une jeune princeſſe, dont ils racontent une hiftoire fabuleufe, & qu'il feroit fuperflu de rapporter. Je ne retrouve point *Archæopolis* que Procope dit avoir été la métropole des Lazes du temps de Juftinien, lorfque ces peuples habitoient fort avant dans la Colchide, vers les confins de l'Ibérie. Voilà ce qui concerne la Colchide au-de-là du Phafe. Paſſons à la Cifphafienne.

La plus célèbre des villes qui bordoient le Phafe, étoit *Phafis* citée par Strabon, Pline & Pomponius Méla, & qui avoit donné fon nom à ce fleuve. Elle étoit fituée fur la rive méri-

dionale vers l'embouchure. Elle fubfifte encore, & n'a point changé de nom ; les Turcs l'appellent aujourdhui *Fache* : il y a une forterelle avec une garnifon de Janiſſaires. Méla prétend que cette ville fut bâtie par Thémiftagore, Miléfien. On y voyoit le temple de Phryxus, & un bofquet renommé par la fable de la toifon d'or. *Circæum* étoit placé auſſi fur la rive méridionale du fleuve, & devoit être indubitablement le vieux château ruiné dont les Turcs ont un peu défiguré le nom, & qu'ils appellent *Irké*. Il y a auprès du village un pont qui porte fon nom, & que les gens du pays nomment *Irké-Keupruſſi*. La ville de *Surium* eft aujourd'hui *Sria*, qui fe trouve environ à douze lieues au nord de *Riçé*. Des gens du pays m'affuré que le nom de *Sria* fignifie *grande* dans la langue des Lazes. J'ai découvert à cette occafion que les Lazes de nos jours, indépendamment de la langue turque qui leur eft familière, ont encore une ancienne langue lazienne, qui n'a rien de commun avec le turc, l'arménien, le géorgien, le circaſſien & les autres langages voifins. On retrouve encore les veftiges de la plûpart des autres villes de la Colchide Cifphafienne ; & leurs noms même n'ont prefque point été défigurés. *Athènes* eft *Athina* à douze lieues au nord de *Riçé*, ville aujourd'hui très - floriſſante par fon commerce, & qui a confervé fon ancien nom *Rhizium*. *Opius* eft la ville d'*Oph*, fituée un peu au nord de Trébizonde. Le vieux château ruiné & inhabité, que les Turcs appellent aujourd'hui *Kordile*, doit être *Chordyla* de Ptolemée. Il eft fitué à fix ou fept lieues au midi de *Gugnié*, que je foupçonne, comme je l'ai déjà dit, être l'ancienne Γυγάνεων, que Ptolemée a placée mal-à-propos dans la Colchide Tranfphafienne. A trois lieues de Kordile on trouve d'autres ruines d'une ancienne ville, qui pourroit être *Morthula*, rapportée par le même géographe. Le lieu appelé actuellement par les Turcs *Ixil*, reſſemble beaucoup à *Xylina*, dont Ptolemée a auſſi fait mention. Il n'y a pas lieu de douter que *Trébizonde* d'aujourd'hui ne foit l'ancienne *Trapezus*, & tout concourt à le prouver. Je penfe que les reftes d'une ancienne ville que les Turcs nomment *Eski-Trabʒan*, ou l'ancienne *Trapezus*, font les débris de la ville de *Pétrée*, citée par Procope, qui fut bâtie par l'empereur Juftinien, & dont le nom ne fubfifte plus.

Les anciens géographes ont compté dans la Colchide Cifphafienne, ou la Lazique proprement dite, à-peu-près le même nombre de fleuves & de rivières qui arrofent aujourd'hui cette contrée. En recueillant les noms de tous ceux qui font rapportés par Pline, Ptolemée & Arrien, on en trouve dix-fept. Ortélius en a arrangé comme il a pu le plus grand nombre dans fa carte du Pont-Euxin ; mais je penfe néanmoins qu'il eft bien difficile de déterminer leur ordre précis. Ces fleuves font l'*Ifis*, l'*Acinaſis*, le *Bathis*, l'*Apſorrus* ou *Apſarus*, l'*Archabis*, le *Pixites*, le *Prytanis*, le *Zagatis*,

l'*Adienus*,

l'*Adienus*, l'*Ascurus*, le *Rhisius*, le *Psychra* ou *Ophis* & le *Hyssus*. Ortélius a passé sous silence le *Cissa* de Ptolémée, le *Mogrus* & le *Calus* d'Arrien, & l'*Acampsis* & l'*Heracleum* de Pline. On ne peut tirer à ce sujet que très-peu de lumières de Pline & de Ptolémée, parce qu'ils ne rapportent l'un & l'autre qu'un très-petit nombre de ces fleuves situés depuis le Phase jusqu'à Trébizonde. Pline paroît marcher, dans sa description, du midi au septentrion; il place après Trapezus le fleuve *Pixites*, au-delà les peuples appelés *Sanniens* & *Héniogues*, puis le fleuve *Apsarus*, avec un château de ce nom à son embouchure, éloignée de Trapezus de 140 milles; ensuite les fleuves *Acampsis*, *Isis*, *Mogrus*, *Bathys*; les Colches, la ville de *Matium*, le fleuve & le promontoire *Heracleum*, & enfin le *Phase*, le plus célèbre fleuve du Pont. Ptolémée suit la même direction que Pline, du sud au nord. Après *Trapezus*, il indique *Opius*, puis *Chordyla*, *Morthula*, *Xylina*, l'embouchure du fleuve *Cissa*, & celle de l'*Apsarus*. Les relations succintes de ces deux géographes fournissent peu d'éclaircissemens, mais me paroissent conformes à la vérité. Je ne pense pas de même de celle d'Arrien, qui est cependant la plus étendue & la plus détaillée. Ce dernier descend du septentrion au midi de la manière qui suit. Il place d'abord à 110 stades du Phase le fleuve *Mogrus*, qu'il dit être navigable; il met ensuite l'*Isis*, l'*Acinasis* & le *Bathys*, puis l'*Apsarus*; après celui-ci l'*Archabis*, le *Pixites* & le *Prytanis*, éloignés de 90 stades les uns des autres; ensuite *Athenes*, à 180 stades de laquelle l'*Adienus*, puis l'*Ascurus* à un moindre intervalle, ensuite le *Rhisius*, le *Calus*, le *Psycra* ou *Ophis*, & à 90 stades par-delà, le fleuve & le port de *Hyssus*, éloignés de Trapezus de 180 stades.

Pour manifester les erreurs d'Arrien, je dois commencer par établir l'ordre des fleuves qui coulent dans la Lazique ou la Colchide Cisphasienne. Tous les fleuves connus aujourd'hui depuis le Phase jusqu'à Trébizonde, en descendant du nord au sud, sont le *Batoum*, le *Tchorok*, le *Nigal-Khevi*, dans lequel se jettent les rivières de *Mogaridzé* & de *Gourgour*; ensuite vient le *Fortuna-Soui*, & deux petits ruisseaux anonymes; le *Soouk-Soui* & un autre ruisseau sans nom; l'*Esbet*, deux ruisseaux anonymes, la petite rivière d'*Ocdebessi*, & une autre plus méridionale, qui se jette dans la mer un peu au-dessus de Trébizonde. Les informations que j'ai eues sur ce point sont conformes à la carte de la petite Tartarie & de la mer Noire, gravée par Ottens; d'après les positions de De l'Isle, & à celle de la mer Noire que feu mon père a fait dresser à grands frais & avec beaucoup d'exactitude. Le fleuve *Bathys* a conservé son nom; les Turcs l'appellent encore aujourd'hui *Bathoum*; ainsi l'on ne sauroit douter de sa position; son embouchure est dans la mer Noire, à six lieues au midi de celle du Phase. Il n'y a

pas la moindre eau courante entre ces deux fleuves; ainsi le *Mogrus*, l'*Isis* & l'*Acinasis* d'Arrien que ce géographe a placés dans cet intervalle, ne peuvent s'y trouver, & cette indication me paroît totalement fausse. Suivant le système de Pline, le *Mogrus* étant plus méridional que le *Bathys*, pourroit être la rivière *Mogaridzé*, dont le nom moderne semble assez clairement dérivé de l'ancien; alors l'*Isis* & l'*Acinasis*, que je crois être le même que l'*Acampsis* de Pline, seront le *Tchorock* & le *Nigal-Kevi*; l'*Apsarus* qu'Arrien place immédiatement après, sera le *Fortuna-Soui*, dont l'embouchure est éloignée de vingt-huit lieues communes de Trébizonde; ce qui revient précisément à la distance de 140 mille pas indiquée par Pline depuis *Trapezus* ou Trébizonde, jusqu'à l'embouchure de ce fleuve, en évaluant le pas des anciens sur le pied de cinq mille pour une lieue commune, comme je tâcherai de le démontrer ci-après. Je ne vois point de place pour le fleuve *Heracleum* de Pline; je ne sais non plus où placer le *Cissa* de Ptolémée, l'*Archabis*, qui doit être le même que l'*Arcabis*, le *Pixites*, ni le *Prytanis*, qu'Arrien place entre l'*Absarus* & *Athènes*. Cette ville a retenu son ancien nom; c'est incontestablement le château ruiné appelé aujourd'hui *Athina* par les gens du pays, & situé environ à douze lieues au nord de *Rizé*. Entre *Athènes* & le fleuve de *Fortuna-Soui*, qui doit nécessairement être l'*Absarus*, on ne trouve que deux petits ruisseaux anonymes. Il est bien difficile par conséquent d'accorder le système d'Arrien avec la géographie moderne & la connoissance des lieux. Ce géographe indique après *Athènes*, l'*Adienus*, l'*Ascurus* & le *Rhisius*. L'*Adienus* pourroit être le *Soouk-Soui*; mais je ne hasarderai point des conjectures sans aucun fondement, & je veux dans ce que j'avance pouvoir m'appuyer tout au moins sur les étymologies des noms. Il est certain que le *Rhisius* doit être la petite rivière qui se décharge dans la rade de *Rizé*, ville aujourd'hui extrêmement peuplée & d'un grand commerce, & dont le nom n'a point été altéré. L'*Ascurus* ressemble beaucoup aussi à la rivière ou au ruisseau qui passe auprès d'un bourg appelé aujourd'hui *Curé*, auquel cette rivière a peut-être donné son nom. C'est aux environs de ce bourg que sont les mines inépuisables d'où l'on tire le cuivre qui va à Trébizonde, à Rizé, à Tripoli & à *Asbié*, qui est l'ancienne *Abisa*. L'*Esbet* pourroit être le *Calus* d'Arrien, qui n'est connu que de lui seul. Le nom de l'*Ophis* ou *Psychra* détermine incontestablement la position de ce fleuve; ce ne peut être que le dernier ruisseau que l'on trouve avant Trébizonde en venant du nord au sud, suivant la direction d'Arrien. Ce ruisseau passe auprès de la ville d'*Oph* ou l'ancienne *Opius*, qui a pris son nom, ou lui a peut-être donné le sien. Voici à présent une erreur manifeste d'Arrien, qui prouve indubitablement le peu d'exactitude de sa relation,

Ce géographe place à 90 ftades de l'*Ophis*, le port & le fleuve *Hyffus*, éloignés, dit-il, de 180 ftades de *Trapezus* ; il détermine par conféquent un efpace de 270 ftades ou de onze lieues de l'*Ophis* à Trébizonde. Il eft certain cependant que de l'*Ophis*, que j'ai prouvé être la rivière d'*Oph*, jufqu'à Trébizonde, il n'y a que quatre lieues, & l'on ne trouve plus aucune eau courante dans cet efpace. L'*Hiffus* n'a par conféquent jamais exifté dans cet intervalle ; mais Ptolemée a très-bien indiqué fa véritable place immédiatement avant Trébizonde, en allant du midi au feptentrion. Suivant la direction que ce géographe a fuivie du fud au nord, ce fleuve eft le *Horchid* des Turcs, dont l'embouchure eft à fept lieues au fud-oueft de Trébizonde. Cette diftance répond exactement aux 180 ftades d'Arrien, mais ce font 180 ftades en-deçà de Trébizonde, & cet auteur les a comptées au-delà ; ainfi au lieu de placer l'*Hiffus* à 90 ftades de l'*Ophis*, & à 180 ftades de Trébizonde, il devoit compter 90 ftades de l'*Ophis* à Trébizonde, & 180 ftades de cette ville au port & au fleuve *Hiffus*. On peut conclure de cette difcuffion, que les anciens géographes ont à-peu-près rapporté le nom de tous les fleuves qui fe trouvent dans la Colchide & la Lazique, mais qu'ils les ont mal arrangés. En effet, la pofition indubitable de ceux qui ont confervé leurs noms anciens, eft une preuve certaine de la tranfpofition des autres, comme je me fuis efforcé de le démontrer.

Les riches mines de la Colchide qui fourniffent encore aujourd'hui à l'empire Ottoman tant de métaux précieux, étoient connues du temps de Procope ; il y a même apparence que la découverte en avoit été faite dans les temps les plus reculés ; & c'eft peut-être là la véritable toifon d'or dont l'appas engagea Jafon & les Argonautes à entreprendre le voyage. Procope indique à-peu-près la place de ces mines, & donne à fujet une description géographique affez mal arrangée, dont voici le précis. Il nous dit que lorfqu'on va d'Arménie en Perfarménie, on a, au côté droit, le mont Taurus, dont la chaine s'étend jufqu'en Ibérie & d'autres pays voifins. On trouve au côté gauche un long chemin dont la pente eft douce, & hautes montagnes couvertes de neige en toutes faifons. C'eft dans ces montagnes qu'eft la fource du Phafe, qui arrofe la Colchide. Ce pays a été habité de tout temps, pourfuit-il, par les *Tzaniens*, appelés auparavant *Saniens*, peuples barbares, & autrefois indépendans, mais qui, du fon temps, avoient embraffé le chriftianifme, & fervoient les Romains. Procope ajoute que lorfqu'on a paffé la frontière de cette nation, on trouve une vallée très-profonde & pleine de précipices qui s'étend jufqu'au mont Caucafe ; elle eft extrêmement peuplée, & produit des vignes & des arbres fruitiers en abondance ; il y a un efpace d'environ trois journées, qui relève des Romains ; le refte

fait partie de la frontière des Perfarméniens. C'eft-là, continue cet auteur, qu'il y a des mines d'or, dont le roi de Perfe avoit donné la direction à un homme du pays nommé Siméon. Celui-ci voyant que la guerre s'échauffoit entre les Romains & les Perfes, prit la réfolution de fruftrer le roi du tribut qu'il lui devoit pour la ferme de ces mines ; il paffa dans le parti des Romains, & leur livra le fort de *Pharangion*, mais avec la condition qu'ils ne participeroient en aucune manière au produit des mines, dont il fe réferva tout le profit. Ce fut dans ce temps-là que Narfès & Aratius, qui avoient autrefois livré bataille à Bélifaire dans la Perfarménie, paffèrent dans le parti des Romains. Ifaac leur frère, voyant le bon accueil qu'on leur avoit fait, livra auffi aux Romains le fort de Bolon.

*Géographie des pays fitués au nord & au midi du Danube.*

Les pays qui bordent le Danube au feptentrion & au midi, depuis fon confluent avec la Save jufqu'à fon embouchure, ont été de tout temps le rendez-vous & le réceptacle de tous les Barbares qui fe font ramaffés dans cette région de la terre, pour fe répandre de-là, non-feulement dans les provinces voifines, mais dans toute l'Europe, & même dans les cantons les plus reculés de l'Afie & de l'Afrique. Avant de parler des incurfions des différens peuples qui ont fucceffivement inondé l'Europe, il eft important de donner une idée précife de la géographie de ces divers pays, qui ont entre eux une connexion & un rapport intimes, & dont la connoiffance eft indifpenfable pour pouvoir débrouiller la confufion extrême que les invafions de tous ces peuples barbares répandent dans l'hiftoire des derniers fiècles.

Les pays fitués le long du Danube depuis fon confluent avec la Save jufqu'à fon embouchure dans le Pont-Euxin, ont été connus en divers temps fous des noms différens. Les peuples qui bordent la rive méridionale de ce fleuve étoient appelés dans les premiers temps *Scythes* & *Triballes* : les premiers habitoient à l'orient vers l'embouchure, & les autres à l'occident ; le fleuve les féparoit des Iftriens ou Iftrianiens, c'eft-à-dire, voifins du Danube, auquel on donnoit le nom d'*Ifter* à fon embouchure, & celui de *Danubius* dans le refte de fon cours. L'étendue de terrein qu'il y avoit encore depuis le pays occupé par les Triballes & les Scythes, jufqu'à la Save, étoit comprife dans l'Illyrie, & avoit fes rois particuliers.

Dans la fuite des temps toute cette région ayant été fubjuguée par les Romains, on lui donna le nom de *Mœsie*. Depuis Adrien, cette province fut divifée en Mœsie première ou fupérieure, & Mœsie feconde ou inférieure ; la première s'étendoit vers la Save, & l'autre vers le Pont-Euxin.

Les deux Mœsies étoient donc deux provinces romaines, bornées par la Save à l'occident, & le Pont-Euxin à l'orient, la Thrace & la Macédoine au midi, & le Danube au septentrion.

Comme sous les empereurs suivans on avoit de la peine à contenir les Daces qui habitoient au nord du Danube, Aurélien leur assigna des terres au midi de ce fleuve; & les deux Mœsies se trouvèrent coupées par une nouvelle province, qui eut aussi le nom de Dacie, & s'étendoit assez avant du septentrion au midi pour être subdivisée en trois parties, *Dacia Ripensis*, *Dacia Mediterranea*, & *Dacia Prævalitana*; & alors tout le pays depuis le Pont-Euxin jusqu'à la Save, qui comprenoit simplement les deux Mœsies, fut subdivisé en quatre provinces: c'est-à-dire,

La Scythie Pontique, que Constantin-le-Grand voulut qu'on distinguât de la Mœsie seconde ou orientale. Cette province, appelée aujourd'hui le *Dobrogé*, étoit bornée à l'orient par le Pont-Euxin, au midi par cette partie de la Thrace connue sous le nom de *Diœcesis Europæ*, au septentrion par le Danube, & au couchant par le reste de la Mœsie orientale qui conserva le nom de Mœsie seconde.

La seconde Mœsie, qui ne fut plus alors que le reste de la Mœsie orientale, dont la Scythie Pontique avoit été démembrée, & qui se trouvoit par conséquent bornée à l'orient par cette nouvelle province, au midi par la partie de la Thrace appelée *Diœcesis Hœmi Montis*, & le territoire de Sardique, aujourd'hui Sophie, & à l'occident par la nouvelle Dacie.

La nouvelle Dacie, qui, ayant été démembrée de la première Mœsie par Aurélien, se trouvoit subdivisée en *Dacia Ripensis* sur la rive du Danube, *Dacia Mediterranea*, qui est le territoire de Nissa, & *Dacia Prævalitana*, qui s'étendoit vers l'Albanie. Cette province confinoit à l'orient avec la seconde Mœsie & le territoire de Sardique, au midi avec l'Albanie, & à l'occident avec le reste de la Mœsie occidentale, qui retint le nom de la première Mœsie.

La première Mœsie, qui est cette portion de la Servie qui s'étend depuis Nissa jusqu'à la Save.

Les diverses incursions des Barbares changèrent insensiblement les noms de toutes ces contrées. Les Bulgares, barbares orientaux venus de la grande Bulgarie au-delà du Volga, s'emparèrent de la Scythie Pontique & de la seconde Mœsie, & comme le mont Hœmus, qui s'étend d'abord d'orient en occident, prend ensuite une autre direction du septentrion au midi, & sépare la partie de la Thrace appelée *Diœcesis Hœmi Montis*, du territoire de Sardique; les Bulgares, dis-je, qui se répandirent de ce côté-là, donnèrent le nom de Bulgarie à toute cette région qui comprend la Scythie Pontique, la seconde Mœsie, le territoire de Sardique, & une partie de la nouvelle Dacie. Le reste de cette dernière province, & la première

Mœsie, furent occupés par des barbares septentrionaux du nombre de ceux que l'on comprend sous le nom général de *Slaves* ou *Sclavons*; & auxquels on donna le nom de Serviens, *Servii à Serviendo*, parce qu'ils étoient soumis aux empereurs Grecs, tandis que les Bulgares leur faisoient la guerre; les empereurs les employoient même utilement à faire des diversions contre ces derniers. C'est de-là qu'est venue la dernière division de ces pays en deux parties, dont l'une est la Servie, qui s'étend aujourd'hui depuis la Save jusqu'au territoire de Nissa; l'autre est la Bulgarie, qui comprend tout ce qui est depuis Nissa jusqu'au Pont-Euxin: elle confine au midi avec cette partie de la Thrace qui porte aujourd'hui le nom de Romanie, & renferme les diocèses d'*Europa* & de *Hœmi Mons*, & tout ce qui borde la mer de Marmara jusqu'à l'île de Samothrace. Il y a dans Claudien quelques vers relatifs à la description que je viens de donner de ces différens pays.

*Quos tamen impavidus contra spumantis ad Hebri*
*Tendis aquas, seu ante tubas aciemque precatus*
*Mavors, nubifero seu tu procumbis in Hœmo,*
*Seu te cana gelu Rhodope, seu remige Medo*
*Sollicitatus Athos, seu Caligantia nigris*
*Ilicibus Pangæa tenent, accingere mecum,*
*Et Thracas deffende tuos.*

L'étendue de terre qui est au nord du Danube, comprenoit le pays des Gètes & des Daces. Ces deux peuples étoient vraisemblablement venus d'orient en occident, & avoient la même origine que les Scythes, qui avoient occupé les rives méridionales du Danube vers le Pont-Euxin. C'est l'opinion de Pline, qui dit dans le douzième chapitre de son quatrième livre, *ab eo* (*id est Istro*) *in plenum quidem omnes Scytharum sunt gentes, variæ tamen littori adposita tenuere, alias Getæ, Daci Romanis dicti, alias Sarmatæ, Græcis Sauromatæ, eorumque Hamaxobii aut Aorsi: alias Scythæ, degeneres, à servis orti, aut Troglodytæ. Mox Alani & Roxolani.* On voit clairement par ce passage, qu'on doit regarder comme Scythes orientaux tous les barbares qui ont commencé de se jeter vers l'occident sous les noms de *Daces*, de *Gètes* & de *Sarmates*. Ils venoient, comme on le verra ci-après, des côtes orientales du Pont-Euxin, qui font également partie de la Scythie asiatique. Il est vrai que l'on comprend aussi le même nom toute la grande Tartarie; mais en ne donnant à la Scythie que l'étendue déterminée par Justin, c'est-à-dire, depuis les monts Riphées jusqu'au fleuve Halis, ses limites doivent renfermer tous les pays qui se trouvent entre la mer Caspienne & la mer Noire, & tout ce qui est au septentrion de ces deux mers, c'est-à-dire, les contrées arrosées par le Volga, que les anciens appeloient *Rha*, & que les géographes du moyen âge ont ensuite nommé *Adel* ou *Edel*, nom que les Tartares lui donnent encore aujourd'hui ; le *Donetz* qui eft le véritable Tanaïs ; le *Don*, appelé auffi Tanaïs par les anciens, & dans le moyen âge *Géek* ; le *Boryfthène*, connu d'abord fous le nom d'*Olbia*, enfuite de *Boryfthène*, & enfin fous celui de *Danapris* ou *Dnieper*, dans lequel fe jette l'*Axiace*, aujourd'hui appelé *Bog* par les Ruffes, & *Akfou* par les Turcs, & que l'on ne peut confondre avec le *Danafiris*, appelé actuellement par les Ruffes *Dniefter*, & par les Turcs *Tourla*. Strabon appelle petite Scythie toute la région qui s'étend depuis l'ifthme formé par la mer Cafpienne & le Pont-Euxin, jufqu'au *Boryfthène* ; & Hérodote donnoit déjà le nom de vieille Scythie à toute l'étendue de terre qui eft depuis le Danube jufqu'à la ville de *Carcinite*. Cette ancienne ville étoit fituée à l'occident de l'ifthme de la Cherfonéfe Taurique, au fond du golfe du même nom, qui eft aujourd'hui le golfe d'*Akmefchid*, & à l'embouchure du *Gerrhus*, dans lequel venoit fe jeter l'*Hypacaris*. Ces deux fleuves dévoient être néceffairement deux rameaux du petit ruiffeau que les Tartares appellent *Canilfchak*, qui eft à fix heures de chemin de l'ifthme de Perecop vers l'occident, & où les voyageurs trouvent à peine de l'eau pour fe défaltérer. Dans la campagne que j'ai faite avec le khan des Tartares en 1758, j'ai eu occafion de parcourir toute cette côte, & je puis affurer qu'il n'y a point d'autre eau courante depuis l'ifthme de Perecop jufqu'au Boryfthène, & que le *Gerrhus* & l'*Hypacaris* ne peuvent être autre chofe que ce petit ruiffeau. Les anciens géographes ont placé dans cet efpace une infinité de villes ; il eft cependant difficile de croire que les peuples de l'antiquité euffent choifi, pour fonder des villes, un pays où il n'y a point d'eau courante, & où tous les puits que l'on peut pratiquer ne donnent qu'une eau très-mal faine & dégoûtante à l'excès. On ne trouve pas les moindres veftiges de ces anciennes villes, à moins qu'il n'y en ait eu quelqu'une dans le lieu appelé *Kipkoïou*, où l'on voit encore un grand nombre de puits qui paroiffent avoir été creufés dans des temps reculés : l'eau qu'ils fourniffent, eft moins mauvaife que celle des autres. Cet endroit pourroit être la place de l'ancienne *Tamyraca*, dont le golfe *Carcinite* a auffi porté le nom.

C'eft dans ces contrées qui environnent le Pont-Euxin, que l'on trouve les veftiges des peuples de la Colchide & de la Scythie afiatique, des Huns, des Avares, des Alains, des Turcs Hongrois, des Bulgares, des Patzinacites & des autres venus en différens temps faire des incurfions fur les bords du Danube, qui avoient été envahi avant eux par les Gaulois, les Vandales, les Bafarnes, les Goths, les Gépides, les Slaves, les Cattes, les Serviens & tous les peuples defcendus du feptentrion au midi.

Les Gètes occupoient la Beffarabie depuis le Pont-Euxin jufqu'au Pruth, appelé alors *Hyeraffus*,

où font aujourd'hui les Tartares du Boudjak ; plus au nord étoient les *Britologes*, & ce qu'on appeloit *Getarum folitudo* s'étendoit depuis le *Tyras*, aujourd'hui *Dniefter*, jufqu'à l'*Axiace* ou le fleuve *Bog*. Cette région étoit occupée par les *Roxolani*, que l'on trouve auffi au feptentrion du *Palus Mæotide* dans la Sarmatie européenne ou la Ruffie méridionale.

Les Daces habitoient toute l'étendue qui eft entre le Pruth, le Danube, le Tibifc & les monts Carpates. C'étoit ce qu'on appeloit *Dacia vera* ou *Provincia Trajani* ; elle comprenoit la Moldavie, la Valaquie & la Tranfylvanie. Strabon nous apprend que les Athéniens avoient tiré des Gètes & des Daces, appelés anciennement *Davi*, les noms de *Geta* & de *Davus*, fi communs parmi leurs efclaves.

Les Daces étoient connus fous différens noms : les plus voifins des Gères étoient les *Jafcii*, qui, au rapport de Cellarius, ont donné leur nom à la ville de *Jaffi*, capitale de la Moldavie, & fituée dans le même lieu où Ptolemée place l'ancienne *Petrodava*, principale ville des Jaffiens. A l'occident de ceux-ci étoient les *Teurifcy*, & après eux les *Anartes* dont le pays étoit borné au couchant par le Tibifc. Au-delà de ce fleuve, & dans l'angle qu'il forme avec le Danube, étoient placés les *Jazyges Metanafta*, peuple Sycthe ou Sarmate, defcendu par les monts Carpates dans cette partie de la Pannonie : on les appeloit *Metanafia* pour les diftinguer des *Jazyges Mæotæ*, qui habitoient fur la côte feptentrionale du *Palus Mæotide*. Ils furent détruits dans le treizième fiècle par les rois de Pologne.

Au feptentrion des monts Carpates étoient les *Baftarnes*, qui s'étendoient vers la Pologne jufqu'au Boryfthène ; & les Slaves, qui, fous le nom de Chrobates, tiré des monts Carpates d'où ils étoient fortis, vinrent s'établir dans la Croatie & la Servie. L'origine des *Baftarnes* eft affez incertaine ; les uns les croient defcendus des premiers peuples Germains ou Tudefques qui ont envahi l'occident ; d'autres croient qu'ils viennent des *Vendi* ou *Finni*, peuples Sclavons venus du nord de la Sarmatie, & qu'il ne faut pas confondre avec les Vandales, peuples Germains, comme on le voit dans ma differtation fur l'origine de la langue fclavonne. La plupart des favans regardent cependant les *Baftarnes* comme une colonie que les Gaulois laifférent au-delà des monts Carpates ; lorfqu'ils pafférent, fous la conduite de Brennus, d'orient en occident.

*Obfervations géographiques fur la navigation des Ruffes.*

Les Ruffes faifoient partie des Sclavons feptentrionaux. Conftantin Porphyrogenète les place depuis Kiovi & les monts Carpaths ; il fait l'énumération de divers peuples Sclavons, leurs tributaires, tels que les *Berbiani*, les *Drungutitæ*, les *Cribitzæ*, les *Cribitani*, les *Lanzecani*, &c.

Les Ruffes, fuivant cet auteur, n'avoient chez eux ni bœufs ni moutons, & venoient les acheter des Patzinaces. Les Sclavons tributaires des Ruffes, coupoient tous les hivers de grands arbres dont ils formoient des *monoxyles*, ou bateaux d'une feule pièce de bois, qu'ils faifoient paffer par les lacs jufqu'au Boryfthène, appelé *Danapris* (Dnieper). Ils s'embarquoient fur ce fleuve pour venir jufqu'à *Kioba* (Kiovie). Là ils vendoient leurs bateaux aux Ruffes, qui, des vieux bateaux de l'année précédente, faifoient des rames & d'autres inftrumens néceffaires pour les nouveaux. Les Ruffes s'embarquoient dans le mois de juin fur le *Danapris* & defcendoient à *Biretzebé*, place qui leur étoit tributaire. Là ils raffembloient tous leurs bateaux pour paffer, en forme de convoi, les fauts du fleuve. Ces fauts font formés par des rochers fous l'eau, qui rendent le courant extrê-mement rapide en cet endroit. Ils étoient obligés de décharger leurs bateaux pour les faire paffer comme ils pouvoient par-deffus les rochers, en les pouffant avec des pieux. On remarquoit le long de ces fauts du *Danapris*, fept places; la pre-mière s'appeloit *Effupé* (qui fignifie en fclavon, ne pas dormir); la feconde, *Ulborfi*, en ruffe & en fclavon Oftrobuniprach, c'eft-à-dire, l'île du lieu efcarpé; la troifième, *Gélandie*, qui veut dire en fclavon, bruit du lieu efcarpé; le nom de la quatrième, en ruffe, étoit *Aiphar*, & en fclavon *Neaffet*, parce que les pélicans y font leurs nids. Dans cet endroit-là les Ruffes étoient obligés de porter leurs marchandifes eux-mêmes pendant près de fix mille pas, & de traîner après eux leurs bateaux, en faifant bonne garde contre les Patzi-nacites. La cinquième place étoit connue des Ruffes fous le nom de *Baruphorum*, & des Sclavons fous celui de *Bulneprach*, le fleuve y formoit un lac où les Ruffes remettoient leurs bateaux à l'eau, pour aller jufqu'à la fixième place, appelée *Leanti* en ruffe, & en fclavon *Beruntzi*, comme qui diroit fource d'eau. La feptième place étoit dé-fignée en ruffe par le nom de *Strubun*, & en fclavon par celui de *Naprefi*, qui fignifie une petite élévation, ou un petit endroit efcarpé. Ceux qui favent la langue fclavonne, peuvent rechercher ces étymologies, dont les cartes modernes ne font aucune mention. On peut obferver que l'on faifoit du temps de Conftantin Porphyrogenète quelque différence de la langue ruffe à la fclavonne, puifque ces diverfes places avoient des noms diffé-rens dans l'une & dans l'autre langue. Ces fauts du Boryfthène ont été appelés par les Ruffes *Poropi*, & ont donné, à ce que l'on croit, le nom aux Cofaques Zaporowski, ou Zaporoviens; ils font défignés aujourd'hui par douze noms différens, qui font *Kudac, Surski, Luchan, Swonetz, Sinalava, Nevafintz, Volna, Tovolfieni, Budik, Limni, Sternik, Zobora*. Ces noms font conformes à la lifte qui m'en a été donnée par M. Microwitz, colonel Cofaque, ci-devant au fervice de Pologne,

établi depuis long-temps à Baktcheféraï, & ils fe trouvent écrits de même dans la carte dreffée par les Ruffes en 1736.

Les Ruffes, après avoir paffé les fauts du Bo-ryfthène, venoient dans un lieu appelé *Trajectus Crafii*, ou le pas de Crafius : c'eft par-là que les Cherfonites, peuples qui habitoient la Crimée, & dont j'ai déjà parlé fort au long, paffoient pour entrer en Ruffie. Ce paffage, fuivant le rapport de Conf-tantin Porphyrogenète, n'étoit guère plus large que l'Hyppodrome ou la grande place de Conftantinople. Les Patzinacites y venoient pour fe battre avec les Ruffes, lorfqu'ils étoient en guerre, & pour traiter avec eux en temps de paix. Ce pas devoit être dans l'endroit où les Turcs fe réfervèrent de bâtir un bourg pour faciliter le paffage de ce fleuve, lorfqu'ils confentirent, par le traité de 1700, que les terres limitrophes des Mofcovites demeureroient défertes & inhabitées. Les Ruffes defcendoient de-là à l'île de Saint-George, qui ne peut être autre chofe que cette grande île que l'on voit dans le Boryfthène, vers l'embouchure du *Bog*. Dans cet endroit-là, la bouche du fleuve s'élargit & forme une efpèce d'étang qui va jufqu'à la mer, & au bout duquel fe trouve l'île à laquelle les Grecs donnoient le nom de *Saint-Ethere*. Les Ruffes s'arrêtoient dans cette île pour y radouber leurs bateaux, & fe mettre en état de naviguer fur la mer. Enfuite, lorfque le vent étoit favorable, ils partoient de cette île, & venoient au fleuve Blanc, où s'étant de nouveau radoubés, ils s'avançoient à l'île de *Selina*, qui étoit devant l'une des bouches du Danube appelée *Paraclitus*, ou *Paraclidion*.

L'île de Saint-Ethere mentionnée par Conftantin Porphyrogenète, doit être celle qui fe trouve di-rectement à l'embouchure du Boryfthène, entre la pointe d'*Okzakow* & celle de *Kilbouroun*; & l'étang dont parle le même auteur, doit s'entendre de l'étendue que le Boryfthène même fe trouve avoir entre ces deux places, & qui eft d'environ quatre lieues, ou bien du lac *Berezen*, qui eft à deux lieues au fud-oueft d'*Okzakow*, & qui commu-nique à la mer par une embouchure fort étroite. Ce lac eft formé par une petite rivière qui prend fa fource à quelques lieues de cette ville. C'eft vis-à-vis de ce lac *Berezen* que fe trouve cette île, que je crois avoir été le nom de Saint-Ethere. Il ne faut pas la confondre avec d'autres îles fituées plus à l'orient vers la Crimée, & appelées par Conftantin Porphyrogenète, *Adara*, d'où les Tar-tares ont tiré par corruption le nom de *Tentere*, qu'ils leur donnent actuellement. Le fleuve *Blanc*, où les Ruffes alloient fe radouber après être partis de l'île de Saint-Ethere, doit probablement fe trouver à la moitié du chemin entre le Boryfthène & le Danube, & ne peut être que le *Dniefter*, que l'auteur appelle ailleurs *Danafiris*. On peut conjecturer qu'il lui donne ici, d'après les Ruffes, le nom de fleuve *Blanc*, à caufe de la ville ap-pelée *Afpron*, ou la ville blanche, qui étoit fituée à fon embouchure. Les Tartares & les Turcs lui ont conſervé le même nom , & l'appellent aujourd'hui *Akkierman*, qui ſignifie château blanc. Les Moldaves l'appellent auſſi *Zetaté-Alba*, qui a la même ſignification. Cette ville a porté anciennement le nom de *Mont-Caſtro*, & il y a toute apparence que c'eſt l'*Axia* des anciens. L'île de *Selina*, que Conſtantin Porphyrogenète place devant les bouches du Danube , eſt une petite île qu'on trouve effectivement à quarante milles de l'embouchure de ce fleuve. Les Turcs l'appellent *Ilan-Aduſſy*, ou l'île des Serpens : la tempête m'y jeta dans le mois de novembre 1754, lorſque je paſſai la mer Noire pour aller occuper le poſte de conſul du roi auprès du khan des Tartares. Cette île eſt entiérement déſerte , & elle n'eſt habitée que par une quantité innombrable de ſerpens qui ne font aucun mal à leurs hôtes. C'eſt de-là qu'elle a tiré le nom qu'elle porte aujourd'hui. Elle n'étoit pas marquée ſur les anciennes cartes de la mer Noire ; mais elle eſt bien exactement placée dans celle qui a été dreſſée par les ſoins de feu mon père , la meilleure qui ait encore paru.

Cellarius eſt fort embarraſſé pour placer une île que les anciens appeloient l'île d'*Achille*. Comme il ſuppoſe qu'elle étoit unique, il la confond avec l'île *Melaſite*, qu'il croit être l'île de *Leucé* des anciens , où étoient le temple & le tombeau d'Achille. Mais il ne ſait enſuite comment concilier ce que diſent les uns de l'île d'*Achille*, qu'ils placent devant l'embouchure du Boryſthène, avec ce qu'en rapportent les autres de l'île *Melaſite*, qu'ils diſent être entre le *Tyras* ou *Dnieſter*, & l'*Iſter* ou le *Danube*. Cette difficulté s'éclaircit, dès que l'on ſait qu'il y a réellement deux îles placées comme les anciens les déſignent. Méla a raiſon quand il dit , dans le *chapitre VII* de ſon *ſecond livre*, que l'île de *Leucé* eſt ſituée devant la bouche de Boryſthène ; Strabon paroît avoir fait la même erreur que Cellarius ; il dit dans ſon huitième livre que l'île de *Leucé* eſt éloignée de 500 ſtades de l'embouchure du *Tyras ;* qu'elle eſt conſacrée à Achille ; qu'elle eſt fort avancée dans la mer , & ſéparée du Boryſthène par un eſpace d'environ 600 ſtades. Il eſt évident que ce géographe a pris l'île *Melaſite*, que Conſtantin Porphyrogenète appelle *Selina*, pour l'île de *Leucé* ou d'*Achille*, puiſque l'île *Melaſite* eſt réellement, à peu de choſe près, dans la poſition qu'il a indiquée (1). Il paroît donc ma-

niféſtement , par le paſſage de Méla & l'erreur de Strabon, que l'île de *Leucé* doit être l'île de *Saint-Ethere*, dont j'ai parlé ci-devant, placée, comme dit Méla, à la bouche du Boryſthène. Ce qui confirme encore mon opinion , eſt que cette île ſe trouve devant la pointe de *Kilbouroun*, qui eſt l'eſpace auquel les anciens donnoient le nom de *Dromos Achilleos*, ou *Curſus Achillis*. Méla rapporte qu'Achille étant entré dans la mer Pontique pour ſe repoſer des travaux de la guerre, célébra dans cet endroit-là des jeux, & s'exerça à la courſe avec ſes compagnons: ce qui fit donner à ce lieu le nom de *Dromos Achilleos*, Δρόμος Ἀχιλλέως, ou la courſe d'Achille. Méla fait enſuite une deſcription du terrein qui convient parfaitement à la terre de *Kilbouroun*, qui s'avance dans la mer en pointe fort aiguë, & s'élargiſſant inſenſiblement, préſente, comme dit Méla, la figure d'une épée. Cette pointe eſt ſi déliée, que les Turcs lui ont donné le nom de *Kilbouroun*, ou la pointe des cheveux. On peut conclure de ce que je viens de dire, que l'île de *Leucé* ou d'Achille, eſt l'île de *Saint - Ethere*, placée à la bouche du Boryſthène ; & que l'île *Melaſite* eſt celle de *Selina*, appelée par les Turcs *Ilan-Aduſſy*, & ſituée devant l'embouchure du Danube. Meletius, géographe moderne très - exact, s'explique bien clairement au ſujet de la première, dans le quatorzième thême de ſon troiſième chapitre. « Vis- » à-vis de l'embouchure du Boryſthène, dit-il , » eſt l'île d'*Achille*, qui a auſſi été appelée *Leucé* » par les anciens (2) ».

Conſtantin Porphyrogenète, après avoir placé devant les bouches du Danube l'île de *Selina*, qui ne peut être, comme je l'ai déjà dit, que l'île des *Serpens*, donne le même nom à un fleuve qui n'eſt autre choſe qu'une des bouches du Danube, appelée aujourd'hui par les Turcs, les Moldaves & les Bulgares *Solina*. Juſques-là les Ruſſes avoient à craindre des Patzinacites ; mais en-deçà ils n'avoient plus rien à appréhender, parce qu'ils entroient dans les terres des Bulgares, nation amie, avec laquelle ils venoient commercer. Lorſqu'ils étoient arrivés ſur les côtes de Bulgarie, ils alloient du Danube à *Conope*, de-là à *Conſtance*, puis au fleuve *Varna*, à la rivière de *Ditzina* ; ils arrivoient enfin à *Meſembria*, où ſe terminoit le cours de leur voyage.

On peut voir par l'idée de la navigation

---

(1) M. d'Anville a fait la même erreur, ſi c'en eſt une ; car toute la différence vient de ce qu'il a plutôt adopté une opinion qu'une autre. Il n'ignoroit pas qu'il y avoit, comme le dit Méla, une île ſituée devant la bouche de Boryſthène : elle eſt indiquée ſur la partie orientale de l'*Imperium Romanum*. Mais il appela, avec Strabon , île de *Leucé*, l'île qui eſt à 500 ſtades de l'embouchure du *Tyras*, & y plaça le tombeau d'Achille. Cette dernière île eſt celle appelée *Melaſite*. Je conviens qu'il eſt plus naturel d'adopter pour l'île *Leucé*,

celle qui ſe trouve près du *Dromos Achillis*, d'après ce que l'on dit que ſon tombeau y étoit.

(2) M. d'Anville n'a pas appelé *Dromos Achillis*, ou la courſe d'Achille, la langue de terre occidentale à l'extrémité de laquelle eſt *Kilbouroun* ; mais il donne ce nom à une pointe qu'il figure plus au ſud-eſt, & qu'il termine par le promontoire *Tamirace*, qui n'eſt pas ſur la carte de M. Peyſſonel. Comme je ne trouve rien de tout cela ſur la carte ancienne de l'atlas de cet ouvrage ( l'Encyclopédie ), je ne puis pas m'en ſervir pour me faire mieux entendre de mes lecteurs.

Ruffes pour le commerce, quelle pouvoit être celle qui avoit pour objet les courfes qu'ils venoient faire de temps en temps fur les côtes du Pont-Euxin. Il paroît qu'ils firent la même route lorfque, fous la conduite d'Igor, leur prince, ils vinrent attaquer les Grecs par mer, fous le règne de Romain, qui ne peut être que le collègue de Conftantin Porphyrogenète, puifqu'Igor a été contemporain de ces deux princes, & eft mort en 950. C'eft pour cela que je crois devoir placer ici cet événement. Igor étoit duc de *Kiovie* & de *Novogorod*, & fils de Rurich. Son expédition maritime contre les Grecs, eft une des plus mémorables entreprifes des Ruffes dont l'hiftoire du moyen âge faffe mention. Luitprand nous dit fimplement que ce prince, qu'il appelle *Inger*, fut défait dans un combat naval par Romain, empereur de Conftantinople. Mais Zonare, fans nommer Igor, nous apprend que les Ruffes s'avancèrent jufques à Conftantinople avec une flotte de quinze mille navires, qui probablement devoient être de petites barques. Cette armée navale fut entièrement détruite; il n'échappa qu'un très-petit nombre de Ruffes, & cette défaite les mit pendant quelque temps hors d'état d'attaquer les Grecs.

Le pays qui eft entre le Danube & le Boryfthène, faifant partie de l'étendue que je me fuis prefcrite, j'ajouterai encore ici quelques obfervations qui pourront contribuer à éclaircir la géographie ancienne de cette contrée. Après le fleuve *Ifter*, qui eft le Danube, les anciens plaçoient, en allant du fud au nord, le fleuve *Tyras*, qui doit être inconteftablement le *Dniefter*, puifqu'il a été auffi appelé *Danaftris* dans le moyen âge. Les peuples placés entre ces deux fleuves étoient appelés *Iftriani*. Conftantin Porphyrogenète compte qu'il y avoit 40 milles du Danube au *Danaftris*, & 80 milles du *Danaftris* au Boryfthène. Ce calcul n'eft pas exact, & le *Dniefter* fe trouve placé à-peu-près à une égale diftance entre le Boryfthène & le Danube. Les Ruffes l'ont reconnu, & l'ont marqué de même dans la carte qu'ils ont dreffée lors de la campagne de 1736. Meletius a fait le même calcul; il compte 50 milles du Boryfthène au Dniefter, & 100 milles du Boryfthène au Danube. Dans la route de terre que j'ai faite, je n'ai trouvé qu'environ deux lieues de différence entre ces deux diftances. J'ai compté 24 lieues du Boryfthène au Dniefter, & environ 22 de celui-ci au Danube. La côte maritime eft dans la même proportion. Strabon dit qu'en s'avançant dans le *Tyras*, on trouvoit à une diftance de 140 ftades, les villes d'*Ophiufa* & de *Niconia*, fituées, la première, fur la rive méridionale, & l'autre fur la feptentrionale du fleuve. La ville d'*Ophiufa* a été depuis appelée *Tyras*, du nom du fleuve: elle devoit fe trouver où eft aujourd'hui le bourg de *Palanca*, fur le bord méridional du fleuve, à fix lieues de fon embouchure, qui font à-peu-près les 140 ftades de Strabon. On ne trouve plus

les moindres veftiges de ces deux villes; toutes les places qui bordent la rive méridionale du Dniefter, depuis fon embouchure jufques à *Bender*, font des villages & des bourgs bâtis nouvellement par des Moldaves fujets du khan des Tartares, & dont les noms modernes n'ont aucune affinité avec les anciens. Sur le bord feptentrional du *Tyras* ou *Dniefter*, on ne voit aucuns débris de quelque ville que ce puiffe être. Cellarius eft embarraffé pour déterminer la pofition d'une île de ce fleuve, que Pline dit être habitée par les *Tyrigites*; il ne trouve d'autre expédient que de fuppofer que le *Tyras* avoit autrefois deux embouchures. Cette fuppofition feroit auffi fauffe qu'inutile; & ce fleuve forme, entre *Palanca* & *Bender*, une île affez confidérable, & qui doit être celle que Pline a défignée: on la trouve marquée dans quelques cartes modernes. Une grande queftion à préfent, eft de placer les trois fleuves *Axiaces*, *Rhodus* & *Hypanis*; les quatre peuples appelés *Chrobize*, *Axiaces*, *Callipides* & *Boryfthenitæ*, & les trois villes *Axiaca*, *Odeffus* & *Olbia* ou *Olbiopolis*, qui étoient entre le *Tyras* & le Boryfthène.

Méla dit que l'*Hypanis* borne les *Callipides*, & que l'*Axiace*, fleuve voifin, defcend entre les *Callipides* & les *Axiaces*, qui font féparés des Iftriens par le *Tyras*.

Pline prétend que le *Tyras* eft éloigné de *Pfeudoftome* de 130 mille pas; qu'enfuite on trouve les *Axiaces*, ainfi appelés du nom du fleuve, & qu'au-deffus de ceux-ci font les *Chrobyzi*, le fleuve *Rhodus*, le golfe *Sagaricus*, & le port *Odeffus*.

Ptolémée fuit à-peu-près la même direction; & Ortélius, dans la carte qu'il a dreffée d'après fon fyftème, place après le *Tyras*, l'*Axiace*, puis les *Chrobyzes*, le fleuve & le golfe *Sagaricus*, & la ville d'*Ordeffus*; enfuite le fleuve *Hypanis*, la ville d'*Olbia*, au confluent de ce fleuve, avec le Boryfthène; & enfin, vers le nord, les *Boryfthenites* & les *Callipides*.

Meletius confond les *Callipides* avec les *Axiaces*, & n'en fait qu'une même nation, à laquelle il donne pour ville principale *Axiaca*. Il prétend que c'eft la même que les Turcs appellent aujourd'hui *Odeu* ou *Ozou*, & les Mofcovites *Okzakow*. Il dit enfuite dans le XIVe thème du 3e chapitre, ce que Strabon avoit dit avant lui, que la ville d'*Olbiopolis*, appellée auffi *Miletopolis* & *Boryfthenis*, étoit fituée à 200 ftades de l'embouchure du Boryfthène. On voit une contradiction manifefte entre ces différens auteurs, & l'on n'en peut rien inférer qui détermine la place de ces fleuves, de ces nations & de ces villes anciennes.

J'ai cru entrevoir que ce qui les a tous induits en erreur, eft d'avoir pris le fleuve que nous appelons aujourd'hui le *Bog* pour l'*Hypanis*. J'ofe avancer en effet que leur relation n'eft pas admiffible. Strabon nous dit dans fon VIIe livre, que la ville d'*Olbia* eft fituée à 200 ftades de l'embou-

TAU

chure du Borysthène, & dans le périple de l'Anonyme, on lit que cette ville eft bâtie dans le confluent de l'Hypanis & du Borysthène, à 240 ftades de la mer. Le fleuve que nous appelons aujourd'hui le Bog, fe jette dans le Borysthène, à une très-petite diftance de fon embouchure. Si le Bog étoit l'Hypanis, comment pourroit-on retrouver les 240 ftades qu'il doit y avoir de l'embouchure du Borysthène à la ville d'Olbia, laquelle doit fe trouver au confluent de ces deux fleuves? D'ailleurs, où fera l'Axiace? Tous les auteurs conviennent que ce fleuve doit être entre le Tyras & l'Hypanis, comme on l'a vu par les paffages que j'ai cités; ce doit auffi être un grand fleuve, puifque Ptolémée nous dit qu'il parcourt la Sarmatie, un peu au-deffus de la Dacie; il doit enfin, fuivant Mela, féparer les Callipides des Axiaces. Or, je me fuis convaincu par mes propres yeux, que depuis le Bog, que l'on prend mal-à-propos pour l'Hypanis, jufques au Dniefter ou le Tyras, il n'y a que des petits ruiffeaux, qui ne méritent pas même le nom de rivières. L'Axiace ne peut donc pas fe trouver entre le Tyras & l'Hypanis, puifque ce doit être un grand fleuve qui parcourt la Sarmatie, & non pas un petit ruiffeau. D'ailleurs fi le fleuve fe trouvoit dans le lieu où on l'a placé, il ne fépareroit plus les Axiaces des Callipides, qui étoient au-delà de l'Hypanis. Ainfi, dans l'hypothèfe que l'Hypanis foit le Bog, il eft impoffible de retrouver l'Axiace. Voici donc le fyftême que j'ai imaginé pour pouvoir accorder tous ces divers auteurs. Il faut néceffairement fuppofer que le Bog eft l'Axiace des anciens. Les Turcs, en effet, le nomment Akfou, qui n'eft autre chofe que le nom d'Axiace, dont ils ont fait, fuivant leur coutume ordinaire, le nom fignificatif Akfou, qui fignifie eau blanche. Cette hypothèfe arrange tout. Alors l'Axiace fe trouve être un grand fleuve parcourant la Sarmatie, comme le veut Ptolémée; il fépare alors les Callipides, qui fe trouvent au nord de ce fleuve, des Axiaces, qui font au midi, & qui prennent fon nom.

L'Hypanis devient l'Inguletz, qui fe jette dans le Borysthène, à-peu-près à l'éloignement de 240 ftades de fon embouchure, indiqué dans le périple de l'Anonyme; & ce nouvel Hypanis inclut alors, comme dit Mela, les Callipides, qui fe trouvent dans l'intervalle que ce fleuve fait avec le Bog, & les fépare des Borysthenites, qui font dans l'angle oppofé que celui-ci forme avec le Borysthène. Le golfe Berezen devient le Sinus Sagaricus, & fe trouve dans la véritable place qui lui eft affignée. La rivière de Berezen, qui eft au fond de ce golfe, eft le Sagaris; le Safik-Berezen eft le Rhodus; & le Lycus & le Penius d'Ovide, font les deux petites rivières de Deligheul & d'Atchily.

Il me refte à retrouver les trois villes d'Axiace, d'Odeffus & d'Olbiopolis. Etant à Okzakow, à la fin de l'année 1758, j'appris qu'il y avoit environ à 60 milles vers le nord une ancienne ville ruinée,

que les Cofaques appellent Czarna. On me dit auffi que l'on avoit découvert les débris d'une autre ville ancienne à une très-petite diftance d'Okzakow, vers la rivière Berezen, & que les Turcs s'étoient fervi des pierres & des marbres qu'on en avoit tirés, pour réparer les murs d'Okzakow, que les Ruffes avoient fort endommagés, lorfqu'ils prirent cette place dans la dernière guerre. On m'affura que M. Venture de Paradis, conful auprès du khan des Tartares, & l'un de mes prédéceffeurs, avoit envoyé alors des gens fur les lieux, & avoit enlevé plufieurs infcriptions grecques, qui ne font jamais venues à ma connoiffance. Cette dernière ville nouvellement découverte, pourroit bien être la ville d'Axiaca dont parle Meletius, perdue depuis long-temps, & dont les Ruffes ont véritablement tiré le nom d'Okzakow, qu'ils ont transféré à la ville exiftante aujourd'hui. Alors Okzakow d'aujourd'hui, que bien de gens ont pris pour l'ancienne Olbia ou Olbiopolis, fera l'ancienne Odeffus, dont les Turcs ont corrompu le nom, & en ont fait Odou. Enfin Olbiopolis trouvera naturellement fa place, foit dans le confluent de l'Inguletz & du Borysthène, où eft aujourd'hui Kazikirman, foit dans le lieu où fe trouve la ville ruinée de Czarna, & en toutes manières elle fera chez les Borysthenites, auxquels elle doit appartenir, puifque ces peuples avoient tiré leur nom de celui de Borysthenis, qu'elle portoit autrefois. Cette ville d'Olbiopolis étoit une colonie des Miléfiens, & elle a été auffi appelée Miletopolis.

Si mon fyftême n'eft pas vrai, il me paroît au moins le plus vraifemblable, & j'ofe le foumettre au jugement des favans. Au refte, ce que je viens de dire regarde la géographie la plus ancienne; dans celle du moyen âge on voit les pays occupés d'abord par les Turcs hongrois, enfuite par les Patzinacites, & enfin par les Cofaques & les Tartares.

*Sur les peuples qui ont habité ces contrées dans l'antiquité & dans le moyen âge.*

Plufieurs de ces peuples qui ont inondé les parties orientales de l'Europe, n'ont pas été connus de l'antiquité & ne font pas plus connus aujourd'hui. Leurs incurfions forment un intermédiaire entre l'ancienne & la nouvelle géographie. J'ai parlé de la plupart à leurs articles particuliers; mais trouvant, au moyen de l'ouvrage de Peyffonel, à donner un enfemble qui aide à lier ce que j'ai dit de chacun d'eux, je vais le préfenter, en parlant féparément des peuples appelés Barbares par les Grecs, dont les uns vinrent du nord, les autres de l'oueft, d'autres de l'eft.

*Première incurfion des Scythes fur les rives occidentales du Pont-Euxin dans les temps les plus reculés.*

Les Argonautes étant venus dans le royaume de Colchide, aujourd'hui la Géorgie turque; pour y cherchèr la toison d'or, donnèrent lieu à la première tranfmigration des Scythes fur les rives occidentales du Pont-Euxin. Médée devenue amoureufe de Jafon, chef de cette expédition célèbre, le mit en poffeffion de la toifon & s'enfuit avec lui. Aéthès, fon père, roi de Cholchos, la pourfuivit pendant long-temps, & Médée, pour l'arrêter, mit en pièces fon frère Abfyrte, & difperfa fes membres fur la route. Ovide a décrit très-élégamment cette tragique aventure dans fes Triftes; il prétend même que le nom de *Tomis*, *Tous*, ville fi célèbre par l'exil de ce poëte, & qui a été long-temps métropole de la Scythie Pontique, tire fon étymologie du mot grec Τόμος, qui fignifie ce qui eft coupé.

*Inde Tomis dictus locus hic, quia fertur in illo*
*Membra foror fratris confecuiffe fui.*
Ovid. lib. III, T. E. 9.

Quelques auteurs affurent qu'Abfyrte, appelé *Œgiale* par Diodore de Sicile, ne fut point mis à mort par Médée fa fœur, mais qu'il pourfuivit fa route le long du Danube, & s'arrêta dans les îles de l'Illyrium, qu'on appeloit d'abord *Phrygeides*, enfuite *Abfyrtides*, & qui font aujourd'hui les îles de *Cherfo*, d'*Olero*, de *Veglia* & de *Pago*. Pline n'adopte pas cependant cette opinion, & parle dans fon troifième livre du fleuve *Abfyrtes* de la Colchide, qui fut formé par le fang du malheureux Abfyrte maffacré par Médée fa fœur.

Rudsbekius s'eft rendu célèbre par le favant roman qu'il a donné au public, pour établir fon paradoxe de l'île Atlantique. Il la confond avec la Suède fa patrie, & y transporte la plupart des événemens des fiècles fabuleux; il prétend fur-tout que les Argonautes, après leur expédition en Colchide, étoient montés vers le nord, & fuivant le cours de quelques-uns des fleuves qui fe jettent dans la mer Glaciale, avoient pénétré dans l'Océan par le détroit de Weigath, & s'étoient repatriés en rentrant dans la Méditerranée par celui de Gibraltar. Quoi qu'il en foit de ce fyftême, fi l'on en croit le témoignage de Juftin, les Argonautes, après l'enlèvement de la toifon & de Médée, furent pourfuivis par les Scythes de la Colchide jufques fur les bords occidenraux du Pont-Euxin, où quelques-uns s'établirent. Ils peuvent être regardés comme les premiers colons de la Scythie Pontique, & du pays des Gètes & des Daces, connus dans les premiers temps fous le nom d'*Iftriens* ou habitans des bords du Danube.

Le même auteur ajoute que ceux des Scythes de la Colchide qui s'obftinèrent à la pourfuite des Argonautes, remontèrent le Danube & la Save, & portant enfin leurs bateaux fur leurs épaules, traverfèrent les terres jufqu'à Aquilée, où n'ayant point trouvé les Argonautes, & honteux de retourner dans leur pays fans avoir exécuté leur commiffion, ils s'arrêtèrent dans cette contrée,

qui, depuis ce temps, a été appelée *Iftrie*, du nom de ces nouveaux peuples venus des rivages de l'*Ifter* ou du Danube; ils y fondèrent une république, *refpublica Polenfis*, ou la république des Exilés; le mot *pola* ayant dans la langue fcythe cette fignification. Spon, qui dans fon fecond livre rapporte ce fait, d'après le poëte Callimaque, parle d'une infcription qu'il remarqua dans cette ville, dépendante de Venife, fur le piédeftal d'une ftatue de l'empereur Sévère; elle y eft appelée *refpublica Polenfis*. Elle fut auffi, fuivant le rapport de Pline, colonie romaine fous le nom de *Pietas Julia*: cette ville a donné le nom au golfe de Pola, *Sinus Polaticus*, & au promontoire appelé *promontorium Polaticum*.

## Des barbares Orientaux fous les Perfes & les Macédoniens.

Sous le règne de Cyaxare, roi de Perfe, 635 avant J. C., des Scythes, fortis des environs du Palus Mœotides, après avoir chaffé les Cimmériens, s'avancèrent dans la Médie, y bâttirent l'armée de ce prince, fe répandirent de-là dans l'Afie & jufqu'en Egypte, & laiffèrent une colonie dans la ville de *Bethfan*, de la tribu de Manaffé; elle fut appelée de leur nom *Scythopolis*: Jofephe la nomme *Antiqua Scytopolis*. C'eft dans cette ville que les Philiftins fufpendirent le corps de Saül, comme on le voit dans le chapitre treizième du premier livre des rois.

Environ 520 ans avant J. C., Darius, premier roi de Perfe, ayant formé le deffein de châtier les Scythes de l'incurfion que leurs pères avoient faite dans la Médie, vo ut porter la guerre dans leur pays; il groffit fon armée des fecours des Ioniens & de plufieurs autres nations grecques qui habitoient les côtes de l'Afie mineure; il paffa fur un pont de bateaux le Bofphore de Thrace, & s'avança fur les bords du Danube, qu'il traverfa de la même manière. Les Scythes évitèrent d'engager une action; & fuivant la méthode pratiquée encore par les Tartares d'aujourd'hui, ils fe contentèrent de reculer à mefure que les Perfes avançoient, & de les attirer ainfi le plus avant qu'il leur fut poffible, ayant foin de boucher les puits & les fontaines dans tous les endroits où leurs ennemis devoient paffer: de forte que l'armée de Darius courut rifque d'être entièrement anéantie, & de périr miférablement dans ces déferts. Ce prince fe vit forcé de renoncer à cette entreprife, & s'eftima heureux de pouvoir paffer le Danube, & ramener fes troupes en Afie. Après la retraite des Perfes, les Scythes paffèrent eux-mêmes ce fleuve, & ravagèrent la Thrace.

Cette incurfion des Perfes & des Grecs dans la Scythie, peut avoir donné origine à quelques colonies que ces derniers fondèrent fur les rives occidentales du Pont-Euxin. Ovide, dans fes Triftes, témoigne fon étonnement d'avoir trouvé des villes grecques dans un pays habité par des Barbares.

Philippe de Macédoine, père d'Alexandre, 350 ans avant J. C., porta la guerre dans la Scythie Pontique, pour ramaffer, par le pillage, de quoi faire fubfifter fes troupes occupées au fiège de Byzance. Il fuppofa d'avoir, pendant ce fiège, fait un vœu d'élever une ftatue à Hercule, & de la placer à l'entrée du Danube. Le refus que fit Mathæus, roi des Scythes, lui fervit de prétexte pour fe venger de ce prince, qui n'avoit pas voulu contribuer aux frais du fiège. Philippe retira en effet toutes les troupes qu'il avoit devant cette ville, & porta la guerre en Scythie, d'où il amena vingt mille femmes, autant d'enfans, & quantité de beftiaux; mais à fon retour les Triballes lui coupèrent le chemin; il fut même bleffé dans le combat, & toute cette capture fut perdue.

Le premier foin d'Alexandre, après la mort de Philippe, fut de fubjuguer les nations voifines du Danube auxquelles fon père avoit fait la guerre, & qui penfoient à profiter de la jeuneffe du fils pour fecouer le joug. Ce prince vainquit les Triballes, paffa le Danube, mit en fuite les Gètes, & les fit repentir d'avoir fièrement répondu à fes ambaffadeurs qu'ils ne craignoient dans ce monde que la chûte du ciel.

### Première invafion des Barbares occidentaux.

La première invafion des peuples occidentaux dont l'hiftoire ait confervé le fouvenir, eft celle des Gaulois, qui, après avoir faccagé & brûlé Rome, furent chaffés par Camille, vinrent d'occident en orient fous la conduite de Brennus, 370 ans avant J. C., & laiffèrent, à ce qu'on affure, aux environs des monts Carpates une colonie qui donna origine aux Baftarnes, peuples qui occupoient la Siléfie & la Pologne méridionale.

Ceux de ces Gaulois qui continuèrent leur route, après avoir ravagé la Macédoine & la Grèce, paffèrent dans l'Afie mineure, où ils occupèrent le pays connu fous le nom de Galatie ou Gallo-Grèce, & furent eux-mêmes appelés Galates. Cette province, qui étoit divifée en Galatie propre, Paphlagonie & Ifaurie, confinoit au nord avec le Pont-Euxin, à l'orient avec la Cappadoce, à l'occident avec la grande Phrygie, la Bythinie & le Pont, & au midi avec la Pamphylie.

Les Gaulois qui s'arrêtèrent, comme j'ai déjà dit, vers les monts Carpates, prirent part dans la fuite aux affaires des fucceffeurs d'Alexandre. Philippe, le pénultième de ces rois, avoit conçu le deffein d'attirer les Baftarnes dans la Thrace, pour l'aider à détruire les Dardaniens qui ravageoient la Macédoine; & il efpéroit, après les avoir établis dans ce pays, pouvoir les engager à y laiffer leurs femmes & leurs enfans, & à paffer avec lui en Italie pour envahir & piller les terres

des Romains. Les Baftarnes s'étoient déjà mis en chemin quand ce prince mourut : ils continuèrent pendant leur route malgré cet événement, & firent la guerre aux Dardaniens; mais Perfée, fucceffeur de Philippe, ayant défavoué auprès des Romains l'entreprife de ces Barbares, ceux-ci furent obligés de retourner dans leurs pays. Ils voulurent traverfer le Danube fur la glace, qui n'étoit pas encore affez ferme, elle rompit en effet, & le plus grand nombre fut englouti.

On peut obferver ici que les incurfions des peuples barbares, fi fréquentes dans la fuite, doivent être regardées moins comme un effet du hafard ou du caractère inquiet de ces peuples, que de la politique des divers princes, qui attiroient ces barbares dans leur parti, pour s'en fervir à faire des diverfions néceffaires à leurs intérêts. Perfée lui-même, ayant rompu avec les Romains, appela les Baftarnes à fon fecours; mais il eut lieu de fe repentir de les en avoir dégoûtés par une avarice mal entendue : car ils reprirent le chemin du Danube, & en fe retirant chez eux, ravagèrent toutes les provinces voifines de ce fleuve.

Ces Baftarnes doivent être regardés comme les auteurs des Ruffes & des Sclavons, qui ont enfuite porté leur langue au midi du Danube par des tranfmigrations dont je parlerai dans la fuite.

### Des Barbares Occidentaux depuis la deftruction de l'empire de Macédoine jufqu'à Dioclétien.

La Mœfie ayant été réduite en province romaine après la deftruction de l'empire de Macédoine, l'attention des premiers empereurs Romains fut de contenir dans l'obéiffance les peuples qu'ils avoient foumis au midi du Danube, & d'étendre leurs conquêtes au-delà de ce fleuve.

Ovide envoyé en exil à Tomi, métropole de la Scythie Pontique, nous décrit dans fes Triftes & dans fes épîtres écrites du Pont-Euxin, la fituation de ces peuples, qui ne tenoient plus que bien foiblement à l'empire Romain, & avoient bien de la peine à demeurer tranquilles. Il les repréfente couverts de peaux de bêtes, & les caractérife par les culottes à la perfane qu'ils portoient. Il fe plaint d'être parmi des nations barbares dont il n'entend pas le langage, & qui n'entendent point le fien. Il convient qu'il y a encore quelques reftes de colonies grecques; mais il ajoute que les Gètes, qu'il confond avec les Scythes, font le peuple dominant, dont les Grecs même, tranfplantés dans ces contrées, ont adopté la langue & les mœurs. Il dépeint Tomi comme une ville fortifiée de murailles, dans l'enceinte defquelles il étoit obligé de fe tenir renfermé pour éviter les infultes des barbares, qui profitoient de la glace du Danube pour faire du ravage en-deçà de ce fleuve.

Il y avoit, fous le règne de Tibère, plufieurs légions romaines deftinées à contenir ces peuples dans le devoir. On en compte deux dans la Pannonie, qui est la Hongrie & l'Autriche ; deux dans les deux Mœsies, qui sont la Servie & la Bulgarie ; & deux dans l'Illyrie, appelée aujourd'hui la Sclavonie.

Domitien fit la guerre aux Cattes, aux Sarmates & aux Daces, & triompha de ces peuples.

Decebale, roi des Daces, s'étant révolté sous le règne de l'empereur Trajan, ce prince, l'an 106 de Jesus-Christ, porta la guerre en Dacie, défit deux fois ces peuples, & forma de leur pays une province romaine, qui fut long-temps appelée *Provincia Trajani*. On voit encore à deux heures de chemin de la ville *Galats* dans la Moldavie, des lignes de circonvallation du camp de Trajan ; & leur circuit s'appelle encore la *Trajane*. J'y passai en 1758 ; les paysans du pays qui m'en parlèrent les premiers, nommoient improprement cet endroit la *Troïana* ; mais des personnes de marque à *Galats* m'assurèrent effectivement que c'étoit le lieu où Trajan avoit fait son premier campement, lorsqu'il passa le Danube pour châtier les Daces. Cet empereur établit dans cette province plusieurs colonies, dont la principale fut *Ulpia Trajana*, appelée autrefois *Sarmizgethusa*, comme on le voit dans une inscription relative à Antonin, & rapportée par Gruterus, p. 257. *inscr. I.*

IMP. CAES. ANTONINO
PIO AUG. COLONIA
SARMI.

Et dans une autre de l'empereur Nerva :

FELICIBUS AUSPITIIS
CAESARIS DIVI NERVAE
TRAIANI AGUSTI
CONDITA COLONIA DACIA
SARMIZ. PER M.
SCAURIANUM EJUS PROPR.

Une troisième inscription du même recueil lui donne aussi le nom de *Dacica*.

COLON. ULPIA TRAJAN
AUG. DACICA. SARMIZGETHUSA.

On croit que c'est aujourd'hui la ville de *Gradiska*, dans la Walaquie.

Trajan, pour faciliter la communication de cette province avec la Mœsie, fit construire sur le Danube un pont, que son successeur Adrien fit abattre, prétendant qu'il ne servoit qu'à faciliter les incursions des Barbares. Les légions romaines entretenues dans ces pays, & les colonies que Trajan y avoit fondées, ont probablement introduit aux environs du Danube la langue latine, dont la

Valaque & la Moldave sont des idiômes, comme je l'ai déjà remarqué. L'auteur de l'histoire de Moldavie prétend que ces deux derniers peuples se sont formés des débris de ces légions & de ces colonies romaines ; il observe que le mot *Walaque* signifie italien, soit que Βλακος soit le terme corrompu Ιταλικος, ou que ce nom tire son étymologie d'un *Flaccus* que l'on suppose avoir été commandant des légions romaines établies dans cette province, & qui y sont demeurées. Je traiterai ce point avec plus d'étendue lorsque je parlerai des Walaques.

Sous l'empereur Marc-Aurèle les Vandales & les Marcomans, peuples de la Germanie, qui demeuroient entre le Rhin, le Danube & le Neker, se joignirent aux Quades, qui habitoient entre la Bohême, le Danube & la rivière de Mark ; s'avancèrent dans la Pannonie ; passèrent le Danube, & ravagèrent les terres de l'empire. Marc-Aurèle les repoussa vivement, & en les poursuivant s'avança jusqu'en Bohême. Ce fut dans cette expédition, l'an 174, que l'armée de ce prince étant sur le point de périr de soif, fut sauvée, à ce que l'on dit, par les eaux du ciel, que les prières des soldats chrétiens de la légion Mélitine firent miraculeusement descendre sur la terre. Cet empereur soutint une seconde guerre contre ces peuples, & mourut à *Sirmium* ou *Sirmich*, dans la Pannonie.

Cette incursion des Quades & des Marcomans dans la Pannonie, ne fut que passagère, puisqu'ils se virent d'abord forcés de rétrograder & de retourner dans leur pays. Pertinax, depuis empereur, que Marc-Aurèle employa dans cette guerre, étoit alors gouverneur des deux Mœsies & de la Dacie.

Commode & Maximin furent également obligés de porter la guerre en Hongrie, pour remettre sous le joug les peuples qui s'étoient révoltés. Le dessein de Maximin étoit de soumettre toute la Sarmatie, & de porter les armes romaines jusqu'à la mer Glaciale. Sur le point d'exécuter ce vaste projet, il fut massacré avec son fils par ses soldats, autorisés par un décret du sénat, qui l'avoit déclaré ennemi de la patrie, à cause de ses cruautés. Ce prince étoit barbare, né en Thrace, d'un père goth & d'une mère de la nation des Alains.

Ces premières incursions des peuples Germains, qui, sous les noms de Quades & de Marcomans, vinrent dans la Pannonie & les autres provinces voisines du Danube, y ont peut-être porté la langue theutone ou tudesque qui y subsiste encore en quelques endroits. Ces peuples occidentaux firent dans la suite d'autres courses. Les Marcomans furent enfin vaincus par Dioclétien l'an 299, & les Quades se mêlèrent aux peuples barbares qui inondèrent l'empire Romain dans le quatrième siècle & les siècles suivans.

*Premières incursions des Barbares septentrionaux.*

Sous le règne de Marc-Aurèle on commença à connoître & à mettre au nombre des ennemis de l'empire Romain, les Barbares septentrionaux sous les noms de Vandales & de Sarmates.

Les Vandales habitoient le long de la mer Baltique, entre la Vistule, l'Elbe & la Chasule, aujourd'hui la Drave. Ils avoient au midi les *Istœvons* & les *Hermions*, & au septentrion les *Ingevons*. Ils étoient divisés en différens peuples, les *Angles*, les *Varins*, les *Carions*, les *Thuringiens*, les *Eudoles*, les *Sindinices*, les *Suardoniens*, les *Nuithons*, les *Wardons*, les *Rugiens*, les *Herules*, les *Limoriens*, les *Carins*, les *Guttons* ou *Gottons*, les *Longobards* & les *Bourguignons*. Ils occupoient la partie de la Pologne qui est au couchant de la Vistule, l'electorat de Brandebourg, la Poméranie & le duché de Mecklembourg. Quelques-uns de ces peuples situés à l'occident vers l'embouchure de l'Elbe, sont ceux qui ont été connus depuis sous le nom de Vandales, & qui, après avoir ravagé les Gaules, vinrent l'an 410, battre les Romains dans l'Espagne Bétique; ils y avoient été précédés par les Celtes, peuples germains comme eux, qui, s'étant mêlés avec les Ibériens, donnèrent le nom de Celtibérie aux provinces les plus voisines des Gaules, & les Vandales laissèrent le leur à celle de Vandalicie, qui a été depuis appelée par corruption Andaloufie. Environ trente ans après que les Vandales se furent établis en Espagne, ils en furent chassés par les Suèves, & ensuite par les Goths, & allèrent en Afrique fonder un royaume, que Bélisaire, général de l'empereur Justinien, détruisit l'an 533, par la défaite & la prise du roi Gelimer. Ces Vandales occidentaux sont entièrement étrangers à mon sujet; ceux qui, sous Marc-Aurèle, passèrent avec les Quades & les Marcomans dans la Pannonie, devoient être les Vandales situés à l'orient le long de la Vistule, & à portée de se joindre avec les peuples qui confinoient au midi.

Les mouvemens des Vandales avoient une source plus éloignée; ils ne se jettoient sur les peuples méridionaux, que parce qu'ils étoient pressés eux-mêmes par les Goths, qui étoient plus au septentrion, & avoient déjà remué dans le nord long-temps avant que les Vandales parussent sur les terres des Romains.

Les Goths, que Tacite & Justin appellent *Getones*, & qu'on trouve sous le nom de *Guttones* dans Pline, habitoient originairement une partie de ces terres qui sont entre l'Océan septentrional & la mer Baltique. Ils quittèrent cette première demeure, & descendirent jusques sur les bords de la Vistule, plus de 300 ans avant J. C.; alors ils se trouvèrent mêlés avec les Vandales, & l'on conjecture qu'ils occupoient le Palatinat de Mazovie & les deux Russies. Ayant ensuite étendu

leur domination par les conquêtes qu'ils firent sur les Herules, les Cassubiens, les Rugiens, les Sidins, les Carins, & quelques autres Vandales, ils ne firent plus avec toutes ces différentes nations, qu'un seul peuple sous le nom de *Goths*, nom qui comprenoit généralement tous les Vandales orientaux; celui de *Vandales* étant demeuré, comme je l'ai déjà dit, aux seuls Vandales occidentaux, qui passèrent en Espagne & en Afrique. Ainsi les Vandales, qui, sous Marc-Aurèle, joints avec les Quades & les Marcomans, faisoient la guerre aux Romains, & les Goths, qui, l'an 215, commencèrent sous Caracalla d'inonder les terres de l'empire, n'étoient pas deux nations différentes, mais un même peuple connu sous les noms di⬤ns de *Vandales* & de *Goths*, & divisé en un nombre infini de tribus.

La résistance que les Vandales trouvèrent de la part des Romains dans les tentatives qu'ils firent pour pouvoir s'établir dans la Pannonie & la Dacie, les engagea à chercher fortune vers l'orient. Ceux qui restèrent sur les bords de la mer Baltique, & principalement dans les îles Electrides, vers les bouches de la Vistule, furent appelés *Gépides*, que l'on dit signifier *paresseux*. Les autres passèrent la Vistule sous la conduite du roi Filisner, s'étendirent dans l'orient vers la Sarmatie, devinrent, en s'avançant, plus nombreux, par la jonction des Bastarnes, passèrent le Borysthène, s'avancèrent vers le Palus Mœotides, & poussèrent leurs courses jusqu'au Tanaïs; mais ils y furent mal accueillis par les habitans de cette région, dont les principaux étoient les Alains & les Huns, qui faisoient partie des Scythes & des Sarmates orientaux.

Les Alains, peuples Tartares, habitoient dans le triangle de la Sarmatie asiatique, formé par le Tanaïs, le Volga & le mont Caucase. Procope détermine plus précisément leur position depuis cette montagne jusqu'aux portes Caspiennes, & indique par conséquent le pays que nous appelons aujourd'hui la Circassie, le Cabasta & le Daguestan. Ces Alains descendus des anciens Scythes, qui, dans les temps les plus reculés, avoient fait des courses jusqu'en Egypte, & qui firent une expédition plus mémorable en Médie sous le règne de l'empereur Vespasien; ces peuples aguerris résistèrent aux Goths, qui étoient venus, comme je l'ai déjà dit, jusqu'au Tanaïs, & les empêchèrent de pénétrer plus avant. On donnoit aussi le nom d'Alains à une infinité d'autres peuples qui avoient été subjugués par eux, comme les *Videns*, les *Gelons*, les *Neures*, les *Agathyrses* & plusieurs autres nations qui habitoient depuis le Palus Mœotides jusques vers le Gange & les frontières de l'Inde. Ammien Marcellin donne une idée de leurs mœurs & de leurs coutumes, qui ressembloient beaucoup à celles des Tartares d'aujourd'hui.

Les Huns, que l'on place aux environs du Palus Mœotides, devoient être situés entre le Tanaïs &

le Borysthène, dans le pays auquel on donne aujourd'hui le nom d'Ukraine-Moscovite ; mais ils ne furent connus sous le nom de Huns que vers la fin du quatrième siècle, sous le règne de Valens.

Les Goths furent arrêtés par ces peuples scythes, & ne pouvant pas les soumettre, il y a lieu de croire qu'ils se les associèrent dans la suite ; & qu'ayant pris le parti de rétrograder vers l'occident, & de retourner du côté du Danube, ils menèrent avec eux plusieurs de ces nations Scythes, ou qu'ils leur donnèrent en se retirant, envie de les suivre, pour aller comme eux tenter fortune sur les terres des Romains. C'est pour cette raison que l'on confond souvent depuis ce temps-là les Goths avec les Scythes ; soit que par leur mélange ils fussent devenus un seul & même peuple, soit qu'étant demeurés séparés, on n'ait pas laissé de les confondre, parce que toutes les incursions qu'ils ont faites depuis ce temps vers le Danube, avoient une même direction d'orient en occident. Cela explique ce que disent plusieurs auteurs, que les Alains étoient Goths ; & c'est par la même raison que l'on voit ces deux peuples si souvent mêlés & confondus dans les guerres postérieures.

*Nouvelles incursions des Scythes orientaux.*
*Origine des Bulgares.*

Les courses continuelles des Goths & des Scythes d'orient en occident, donnèrent beaucoup d'occupation aux successeurs de Gordien ; & les guerres qu'ils eurent à soutenir contre eux sont appelées, par la plupart des historiens, *guerres contre les Scythes.*

Sous l'empereur Dèce ces barbares avoient passé le Danube & ravagé la Thrace. Gallus, à qui ce prince avoit confié la garde du Tanaïs, s'acquitta assez négligemment de sa commission, dans l'intention de donner de l'embarras à l'empereur ; il finit même par le trahir, d'intelligence avec ces barbares, & l'engagea dans un marais auprès d'Abrut en Mœsie, où il périt avec son fils.

Gallus fit la paix avec les Scythes, moyennant un tribut annuel qu'il s'engagea de leur payer. Cette paix, faite à des conditions si honteuses pour les Romains, fut bientôt rompue. Les Barbares passèrent de nouveau le Danube, & commirent d'affreux désordres dans la Thrace, la Thessalie & la Macédoine. Emilien, gouverneur de Mœsie, les battit sur les frontières de la Sarmatie, & les repoussa jusques dans leurs anciennes demeures.

Valérien avoit promis au sénat de terminer la guerre des Scythes ; mais il crut devoir commencer par soumettre des Perses leurs alliés. Il fut trahi & retenu prisonnier dans une conférence qu'il eut au sujet de la paix avec Sapor, roi de Perse ; & après dix ans du plus dur esclavage, d'où son fils se soucia très-peu de le tirer, Sapor le fit écorcher

vif, fit teindre sa peau en rouge, & la déposa dans un temple, pour la montrer ensuite aux ambassadeurs romains.

Sous Gallien, fils de ce malheureux prince, il y eut une double incursion de barbares. Les Goths, mêlés aux Scythes, fondirent du côté du nord sur la Dacie & la Mœsie, au nombre de 320 mille hommes ; une autre multitude de Scythes vint séparément par mer des côtes de l'Asie mineure aux embouchures du Danube. Ils s'embarquèrent sur le Pont-Euxin dans des navires qui leur avoient été fournis par les peuples du Bosphore ; ils prirent Trébizonde, passèrent tous les habitans au fil de l'épée, se rendirent maîtres de Calcédoine, de Nicomédie & de Nicée ; mirent à feu & à sang tout le territoire de Byzance, d'où ils emportèrent un immense butin ; ils entrèrent de-là dans le Danube, & dévastèrent toutes les provinces romaines voisines de ce fleuve.

On peut regarder cette dernière incursion des Scythes par le Pont-Euxin, comme l'époque de l'établissement des Bulgares dans la Scythie Pontique ; ils n'étoient pas encore connus sous ce nom, qu'ils ne prirent que long-temps après. On doit observer que le nom de Bulgares ne tire point son étymologie du fleuve Volga, comme quelques-uns l'ont prétendu ; ce fleuve, connu par les anciens sous le nom de *Rha*, a été appelé dans le moyen âge *Atel* ou *Edel*, nom que les Tartares lui donnent encore aujourd'hui, & par lequel Constantin Porphyrogenète le désigne dès le dixième siècle ; c'est plutôt le fleuve lui-même qui a pris le nom de la Bulgarie ou Volgarie, en prononçant comme les Grecs le B en V. Ce pays se nomme aujourd'hui la *Bulgarie noire* ou *grande Bulgarie*. C'est de cette partie de la Scythie au-delà du Volga, & au nord de la mer Caspienne, que sont sortis les Scythes orientaux, qui, sous le nom de Bulgares, sont venus s'établir dans la Scythie Pontique ; & au lieu que les Scythes, Huns & Alains, qui avoient suivi les Goths dans leur expédition, se trouvèrent confondus avec eux, & firent partie des Barbares septentrionaux. Les Scythes Bulgares, qui, à leur exemple, vinrent fondre sur l'empire Romain par une autre route, c'est-à-dire, par l'Asie mineure & le Pont-Euxin, furent distingués long-temps après leur arrivée, par le nom de Bulgares. Il me paroît qu'on doit attribuer l'origine de cette distinction aux différens chemins que prirent ces Barbares pour venir inonder les terres de l'empire. Les Bulgares peuvent être mis au rang des Scythes Tartares ; mais ils adoptèrent dans leur nouvelle habitation la langue slave, par leur voisinage & leur commerce continuel avec les peuples Sclavons, comme je l'ai déja fait observer plus haut. Les Huns & les Alains au contraire étoient des Scythes véritablement Sclavons ou Sarmates. J'ai tâché d'en apporter des preuves dans ma dissertation sur l'origine de la langue fclavonne que j'ai mife à la tête de mon ouvrage fur ces Barbares.

La néceffité où fe trouvèrent les Romains, de repouffer les Barbares qui les inondoient de tous côtés, donna lieu aux ufurpations de trente tyrans qui prirent le titre d'empereur, pendant que Gallien jouiffoit paifiblement des délices de Rome.

Les incurfions maritimes des Scythes continuèrent fous l'empereur Claude-le-Gothique ; ils avoient remonté le Danube fur deux mille barques. Ce prince remporta fur eux une victoire mémorable dans laquelle il écrivit lui-même avoir tué ou pris trois cens mille hommes, & s'être emparé de deux mille barques. Ses lieutenans chaffèrent les Barbares de la Thrace, de Theffalonique & de Byfance, dont ils s'étoient rendu maîtres. Aurélien, qui avoit eu la plus grande part à cette victoire, fuccéda à Claude, mort de la pefte. Comme il étoit occupé à la guerre de Syrie contre Zénobie, il accorda la paix aux Scythes qui la lui demandèrent. Ce prince, après des victoires que leur rapidité rend prefque incroyables, fut affaffiné par fon fecrétaire, l'an 275, dans un lieu nommé *Cœnofurium*, entre Héraclée & Byfance.

Tacite défit les Scythes dans une action ; & Florien régna trop peu de temps pour avoir rien à démêler avec eux.

### *Conceffions de terres faites aux Barbares par les empereurs.* *Le Chriftianifme introduit chez les Scythes.*

J'ai déjà dit qu'il y avoit eu fous Gallien deux incurfions de Barbares, l'une du côté du feptentrion faite par les Goths mêlés avec les Huns & les Alains, l'autre du côté de l'orient par les Scythes venus du Pont-Euxin & de l'Afie mineure. L'empereur Aurélien accorda aux premiers des établiffemens au midi du Danube, dans la première Mœfie, où fe forma cette province que l'on appela nouvelle *Dacie*. Probus, à fon exemple, après les avoir battus, jugea à propos de fe les attacher en leur donnant des terres dans la province qui porte aujourd'hui le nom de Bulgarie. Quelques-uns demeurèrent fidèles, mais la plupart trompèrent la politique de l'empereur. Ce prince permit aux Gaulois & aux Pannoniens de planter des vignes ; il en fit planter lui-même fur le mont *Almus*, auprès de *Sirmium*, & fur le mont *Aureus*, dans la Mœfie fupérieure. Nous lui fommes redevables des vins de Bourgogne & de Hongrie. C'eft à ces conceffions de terres aux Barbares qu'il faut rapporter l'époque du premier établiffement des Serviens & des Bulgares, dont les noms n'étoient pas encore connus lors de cet événement. Ces deux nations qui venoient toutes les deux de la Scythie, font cependant bien diftinguées par les différentes routes qu'elles prirent, & même par les dates des donations que les empereurs leur firent de ces terres en-deçà du Danube.

Ces conceffions continrent pendant quelque temps le plus grand nombre de ces Barbares dans le devoir ; on n'entendit prefque point parler d'eux fous les règnes de Carus, de Carin, de Numérien ; Dioclétien même n'eut à faire qu'aux Gaulois, aux Marcomans & aux Barbares occidentaux ; & après fon expédition d'Afie, étant retourné en Europe, il y trouva les Scythes, les Alains, les Sarmates, les Baftarnes, les Carpes, & tous les Barbares en paix. Si quelqu'un d'entre eux remuoit, les mouvemens étoient de fi peu d'importance, que Dioclétien ayant fait afficher un édit contre le chriftianifme, un chrétien de qualité eut la hardieffe de le déchirer, fe moquant des victoires de l'empereur contre les Goths & les Sarmates, dont il y étoit fait mention, & que ce chrétien ne jugea pas fans doute dignes d'être citées.

Je dois examiner ici l'idée que l'empereur Conftantin Porphyrogenète donne de la fituation de ces pays du temps de Dioclétien. Il fuppofe que ce prince avoit établi dans la Dalmatie & les autres provinces qui font entre le Danube & la mer Adriatique, plufieurs colonies romaines ; il prétend que ces Romains, entièrement féparés des Barbares par le Danube, ignoroient même quels pouvoient être les peuples qui habitoient au-delà de ce fleuve ; il ajoute que la curiofité les engagea à le traverfer pour reconnoître les habitans de l'autre rive ; mais que ceux-ci les furprirent, les battirent, & vinrent eux-mêmes en-deçà du fleuve ravager les provinces romaines. Ce narré ne me paroît pas jufte. Il eft vrai que Dioclétien, peu content du féjour de Rome, établit fa demeure à Nicomédie ; il eft vrai auffi qu'après fon abdication il paffa le refte de fes jours dans la Dalmatie fa patrie ; cet empereur peut avoir établi des colonies dans cette province ; mais ces colonies n'étoient pas féparées des Barbares par le Danube ; ceux-ci poffédoient déjà des terres en-deçà du fleuve, & l'on fe feroit eftimé fort heureux s'ils avoient voulu s'en contenter. Les tentatives qu'ils venoient faire de temps en temps en-deçà du mont *Hæmus*, & même du mont *Rhodope* dans la Thrace & la Macédoine, formoient le fujet des guerres que l'on étoit obligé de foutenir contre eux. Conftantin-le-Grand réprima les efforts de ces Barbares, mais il n'entreprit point de leur faire repaffer le Danube ; au contraire, lorfqu'il fit de la Scythie Pontique une province féparée de la Mœfie, il les confirma dans la poffeffion des terres que fes prédéceffeurs leur avoient données en-deçà de ce fleuve.

Les Goths & les autres peuples voifins du Danube étoient déjà chrétiens, & la religion leur avoit donné des mœurs plus douces. Ces nations avoient commencé de fe convertir dans les incurfions qu'elles firent environ foixante ans auparavant fous l'empereur Gallien ; les évêques qu'ils tenoient captifs leur avoient infpiré l'amour de la religion par leurs vertus & leurs miracles ; les avoient inftruits , & fondé chez eux des églifes. Philoftorge remarque que fous l'empereur Conftantin une grande multitude de Gètes ou de Goths furent chaffés de leur pays à caufe de leur religion , & que l'empereur les plaça dans la Mœfie. Protogène affifta au concile de Nicée en qualité d'évêque de Sardique , & il paroît que fa jurifdiction s'étendoit fur la Dacie , la Dardanie & les pays voifins , & par conféquent fur les peuples barbares à qui Aurélien avoit permis de s'établir en-deçà du Danube ; mais l'évêque de Theffalonique fut chargé de faire publier les décifions du concile, non-feulement dans la Grèce & la Macédoine , mais encore dans les deux Scythies ; & l'on ne voit point qu'il foit fait mention de *Tomi* , qui a été depuis métropole de la Scythie Pontique , & qui devoit être encore alors une efpèce de diocèfe *in partibus*. Les Scythes , qui , fous l'empereur Probus , vinrent s'établir dans la feconde Mœfie , étoient encore des hôtes trop nouveaux pour avoir embraffé la religion chrétienne. Le concile de Nicée ayant décidé que la pâque devoit être célébrée le dimanche , & non pas le 14 de la lune , Audius , auteur du fchifme , fut relégué par Conftantin dans la Scythie ; il y demeura plufieurs années , paffa fort avant chez les Goths , où il inftruifit plufieurs perfonnes dans le chriftianifme , & établit des vierges , des afcètes & des monaftères très-réguliers. Ces Goths étoient ceux qui s'étoient établis en-deçà du Danube dans le pays des anciens Gètes & des Daces. Théophile , leur évêque , qui affifta au concile de Nicée , n'eft point qualifié évêque d'une ville particulière , mais feulement évêque des Goths. Cette nation errante ne pouvoit pas indiquer un fiège à fon évêque , n'ayant point elle-même d'habitation fixe ; l'évêque étoit celui de la nation. En 360 il parut au concile de Conftantinople un nommé *Ulfilas* fous le titre d'évêque des Goths , qui alors étoient encore catholiques.

Les chofes demeurèrent à-peu-près dans le même état fous Conftantin, Conftans & Conftance , fils de Conftantin-le-Grand. L'an 355 , fous le règne de Conftance , après la défaite & la mort de Sylvain , les Quades & les Sarmates ravagèrent la Pannonie & la Mœfie fupérieure. Le 6 de novembre de la même année , Julien ayant été déclaré Céfar , fut envoyé dans les Gaules pour y calmer les troubles caufés par la révolte des Barbares occidentaux. Après avoir vaincu & pris Cnodomaire , roi des Allemands , & terminé cette guerre avec beaucoup de fuccès , il paffa dans la Pannonie , & reçut , à *Naiffe* en Dacie , la nouvelle de la mort de Conftance , qui revenoit de fon expédition contre les Perfes. Il prit alors la réfolution de venir à Conftantinople , & il y arriva le 11 décembre de l'année fuivante ; il paffa de-là en Perfe , où un coup de flèche termina fes jours. Sous le règne de ce prince & celui de Jovien fon

fucceffeur , les Barbares ne firent aucun mouvement ; ils commencèrent à remuer fous Valentinien & Valens , qui s'étoient partagé l'empire.

*Les Huns commencent à paroître.*

Les Goths s'étoient déjà fi bien établis dans l'ancienne Dacie & dans le pays des Gètes , qu'ils y formoient deux peuples , les Oftrogoths qui occupoient la région orientale depuis le Pruth jufqu'au Pont-Euxin , & les Vifigoths qui habitoient la partie occidentale jufqu'au Tibifc ; les premiers avoient pour roi Eritigerne , allié des Romains ; les autres étoient gouvernés par Athanaric , ennemi de l'empire. Comme ce prince étoit encore payen & perfécuteur des chrétiens , il y eut fous fon règne plufieurs martyrs.

Les Goths fe trouvant encore trop refferrés au-delà du Danube , tentèrent de paffer le fleuve : Valens , avant de marcher contre eux , voulut être baptifé ; il le fut par un Arien , dont il adopta les erreurs. Ce prince , après trois ans de guerre , réduifit les Barbares à demander la paix , & la leur accorda , à condition qu'ils ne paroîtroient plus en-deçà du fleuve. Au retour de cette expédition il paffa à *Tomi* , métropole de la Scythie Pontique ; l'évêque des Scythes , nommé *Vetranion* , y étoit alors établi ; l'emperear n'ayant pu attirer ce prélat à l'arianifme , l'exila , & le rappela peu de temps après , afin de ne pas irriter les Scythes , peuples courageux , & néceffaires aux Romains pour la défenfe de fes frontières. Les troupes que les Romains entretenoient dans cette province étoient commandées par un général qui avoit le titre de duc de Scythie. Junius Sauranus étoit revêtu de cette dignité , lorfque les Goths firent fouffrir le martyre à S. Sabas ; il fit retirer du Danube le corps du martyr qui y avoit été jeté , & l'envoya dans la Cappadoce fa patrie.

Les Goths qui avoient perfécuté les chrétiens ne tardèrent pas d'en être punis par les Huns , qui paffèrent le Palus Mœotide , les attaquèrent & les défirent entièrement. Une partie de ces Goths appelés Turvinges envoyèrent demander à Valens la permiffion de venir en-deçà du Danube s'établir dans la Thrace. Le chef de la députation étoit leur évêque Ulfilas , qui , pour plaire à l'empereur , embraffa l'arianifme , & inftruifit dans fes erreurs fon peuple , qui dès-lors devint arien. Ce fut cet Ulfilas qui donna aux Goths l'ufage des lettres ; fes caractères étoient formés fur ceux des Grecs ; il traduifit en leur langue l'écriture fainte. Nous en avons encore les évangiles imprimés ; & l'on voit qu'elle étoit alors la langue des peuples Germains. Valens accorda aux Goths la permiffion de former des établiffemens dans la Thrace ; mais les vexations des officiers Romains leur donnèrent bientôt un prétexte de révolte , & ils ravagèrent cette province. L'empereur fe hâta de terminer la guerre de Perfe , à laquelle

il étoit alors occupé, pour venir foumettre les Barbares. Leur roi déclara qu'il fe contenteroit que
l'on permît à fes fujets de demeurer dans la Thrace
avec leurs troupeaux; mais Valens ne voulut pas
écouter leurs propofitions, & ne différa pas de
leur livrer bataille, pour ne pas partager l'honneur
de la victoire avec fon neveu Gratien, devenu
empereur d'Occident depuis la mort de Valentinien.
La bataille fut donnée auprès d'Andrinople, le 9
d'août 378; les Romains y furent battus, & il fe
fauva à peine un tiers de leur armée. Valens
bleffé s'étant refugié dans une maifon de payfan
pour faire mettre un appareil fur fa plaie, y fut
confumé par les flammes. Les ravages des Goths
après cette victoire s'étendirent jufqu'aux Alpes.

On vient de voir que les Goths n'avoient paffé
le Danube & violé la paix conclue avec Valens
que parce qu'ils fe voyoient chaffés par les Huns,
des pays au-delà de ce fleuve. Les Huns n'avoient
pas encore été connus fous ce nom. Les Alains
avoient commencé à faire des courfes, unis avec
les Goths, qu'ils fuivirent dans le nord, & avec
lefquels ils defcendirent du feptentrion au midi.
Les Scythes, que j'ai dit être auteurs des Bulgares,
étoient fitués au-deffus des Alains & voifins du
Volga. Les Huns étoient encore plus feptentrionaux
que ceux-ci, & devoient habiter au-deffus de
cette partie de la Sarmatie européenne qui eft
arrofée par le Tanaïs, & dans le coude que ce
fleuve forme au-deffus de la mer Cafpienne.
Il ne faut pas les confondre avec les Hongrois,
qui, dans le neuvième fiècle, fortirent du Tur-
queftan, & vinrent dans la Dacie & la Pannonie
fous le nom de Turcs. Claudien parle des Huns
en ces termes:

*Eft genus extremos Scythiæ vergentis in ortus,*
*Trans gelidum Tanaïm, quo non famofius ullum*
*Arctos alit; turpes habitus obfcenaque vifu.*
*Corpora, mens duro numquam ceffura labori;*
*Præda cibus, vitanda ceres, frontemque fecari*
*Ludus, & occifos pulchrum juvare parentes.*
*Nec plus nubigenas duplex natura biformes.*
*Cognatis aptavit equis, acerrima nullo*
*Ordine mobilitas, infperatoque recurfus.*
Claud. in Ruf. v. 323, Lib. 1.

Ammien Marcellin dit que les Huns, peuples
peu connus des anciens, habitoient entre le Palus
Mœotide & l'océan Glacial; il paroît défigner par-là
les anciens Mofcovites: *Hunnorum gens veterum*
*monumentis leviter nota ultra Paludes Mæoticas,*
*Glacialem oceanum accolens; omnem modum feritatis*
*excedit.* Il les repréfente auffi toujours à cheval:
*Curabant Hunni omnia negotia equis infidentes, &*
*vix flare firmiter folo poterant.* Les portraits que
le poëte & l'hiftorien nous donnent de ces peuples,
reffemblent infiniment à nos Tartares d'aujourd'hui,
& fur-tout aux Nogaïs, qui font extrêmement
laids & mal-propres, agiles, infatigables, toujours

à cheval, ne fachant prefque pas faire ufage de
leurs jambes, & poffédant parfaitement l'art de fe
rallier après avoir été défaits & mis en fuite dans
le combat. Quoique l'on obferve entre ces deux
nations une parfaite reffemblance de mœurs, &
qu'elles puiffent avoir une origine commune dans
les temps les plus reculés, il faut les regarder
cependant comme deux peuples très-diftincts, puifque leurs langues n'ont pas la moindre affinité.
Les Huns étoient des Scythes Sclavons ou Sarmates, & les Nogaïs font des Scythes Tartares
& Circaffiens. De plus, M. de Guignes a démontré
que les Huns venoient des parties voifines de la
Chine à l'oueft, d'où les Chinois les chafsèrent.

*Eclairciffemens fur les Scythes Nomades. Migration*
*des Goths vers l'occident.*

Après la mort de Valens, Gratien fut feul
empereur, mais il s'affocia bientôt Théodofe, duc
de Mœfie. Jufques-là il n'y avoit eu qu'un évêque
pour les Goths, & un autre pour les Scythes.
Sous Théodofe, la ville de *Tomi* fut déclarée métropole de la Scythie, & l'évêque de cette nation
y établit fon fiège. Il y avoit pourtant encore
auprès du Danube des Scythes payens & errans,
qu'on appeloit *Nomades;* ils étoient venus des
pays qui font au-delà du Boryfthène. Pomponius Méla les place auprès du fleuve *Hypacaris,*
& dit que le fleuve *Panticapes* les féparoit de ceux
qu'il défigne par le nom de *Georges.* Hérodote
rapporte auffi que l'étendue de terre qui eft entre
le Boryfthène & le *Panticapes* étoit habitée par les
Scythes *Georges,* c'eft-à-dire, cultivateurs; & que
depuis le *Panticapes* jufqu'au *Gerrhus* on trouvoit
les Scythes nomades ou bergers, qui ne labouroient
ni ne femoient, & ne fixoient leur demeure dans
un endroit, qu'autant que les pâturages pouvoient
fuffire à la nourriture de leurs troupeaux. Je ne
crois pas que les hiftoriens & les géographes foient
fondés à affigner une place fixe à ces fortes de
Scythes; il eft évident que le nom de Nomades
n'a pas été donné fpécialement à une feule tribu,
mais que c'eft un nom commun à tous les Scythes
errans & pafteurs, dont il y avoit une infinité de
troupes répandues dans diverfes régions. Antiochus III, roi de Syrie, ennuyé de la durée de la
guerre contre les rebelles qui s'étoient foulevés
dans les fatrapies fupérieures, réfolut, après plufieurs combats, de rendre fon amitié à leur chef
Euthydème; il lui envoya Télée pour traiter de
la paix: Euthydème pour engager l'ambaffadeur
du roi à accepter les conditions qu'il propofoit,
menaça Télée d'une nombreufe troupe de Scythes
Nomades qui devoient paroître inceffamment, &
dont la venue feroit également funefte aux deux
partis, parce que ces Scythes introduits dans le
pays, y porteroient leurs mœurs féroces, & cor-
romproient la nation, qui dégénereroit bientôt par
le mélange & le commerce de ces barbares. Ces
raifons influèrent beaucoup fur la réfolution que
prit

prit Antiochus d'accepter les conditions de paix. Il n'est pas vraisemblable qu'Euthydème eût été chercher les Scythes au-delà du Tanaïs ; il falloit qu'ils fussent plus à sa portée, & qu'ils habitassent dans l'isthme entre la mer Caspienne & le Pont-Euxin, qui faisoit partie de la petite Scythie, & où il devoit y avoir des Scythes Nomades, que l'on trouvoit par-tout, & dont les courses & les migrations continuelles répandent la confusion dans leur histoire & dans la géographie des pays qu'ils ont habités.

S. Chrysostôme ayant appris que les Scythes Nomades desiroient d'être instruits dans la religion chrétienne, leur envoya des hommes apostoliques qui y travaillèrent avec beaucoup de succès. Il y avoit de ces Scythes à Constantinople même. S. Chrysostôme leur destina une église particulière, & leur donna des prêtres, des diacres & des lecteurs en leur langue. Il alloit quelquefois lui-même leur parler, & les endoctriner par interprète. Ces Nomades étoient vraisemblablement venus avec les autres Scythes qui traversèrent le Pont-Euxin sous le règne de Gallien ; & ceux que l'on voyoit à Constantinople, s'y étoient sans doute établis lorsqu'ils ravagèrent cette ville, alors nommée Byzance, avant de traverser le Danube. Tout cela fait voir qu'il ne faut chercher que chez les Scythes l'origine des Bulgares.

Les Goths qui étoient au-delà du Danube n'a-voient point encore d'évêques sédentaires. S. Jean Chrysostôme, dans sa XLIVᵉ lettre à Olympiade, lui écrit en ces termes : « Olemus, le grand évêque » que j'ai ordonné il y a quelque temps, & en-» voyé en Gothie, est mort après avoir fait de » grandes choses, & le roi des Goths prie qu'on » lui envoie un évêque ». Les Goths devoient s'étendre alors jusqu'à l'endroit où est aujourd'hui *Okzakow*, & même vers la Crimée : car S. Chry-sostôme ajoute : « faites-leur différer leur voyage ; » aussi-bien ne leur est-il pas possible d'aller main-• tenant vers le Bosphore ».

L'empereur Théodose eut beaucoup de peine à réprimer les incursions des Barbares. Ruffin, tuteur de son fils Arcade, engagea les Goths à faire des courses dans la Thrace, par une trahison contre laquelle Claudien a si vivement déclamé dans le poëme qu'il a composé à ce sujet. L'eunuque Eu-trope, sans avoir peut-être de meilleures intentions que Ruffin, découvrit la trahison de ce dernier, traversa ses desseins, & le fit massacrer aux pieds même d'Arcade ; mais s'étant brouillé ensuite avec l'impératrice Euxodie, il fut disgracié lui-même & décapité pour satisfaire le peuple irrité de l'insolence de cet eunuque. Vers l'an 400, sous le règne d'Honorius, empereur d'Occident, Stilicon joua à-peu-près le même rôle que Ruffin venoit de joüer auprès d'Arcade, & eut la même destinée.

Les Goths depuis trente ans se trouvoient dans une situation violente ; les Huns les pressoient du côté du nord ; les Romains refusoient de les recevoir au midi ; ils prirent le parti de se jeter vers l'occident, sous la conduite de leur roi Alaric, & les Huns, sous celle de Radaguse, les suivirent de près. Stilicon les battit les uns après les autres, & ses victoires sont le sujet des éloges que lui donne Claudien ; mais ce poëte, qui étoit créature de Serène, femme de Stilicon, n'a pas parlé des soupçons qui furent formés sur la fidélité de ce général. Cependant quand on vit reparoître les Barbares, on l'accusa de les avoir attirés lui-même pour susciter de mauvaises affaires à Honorius, & placer son propre fils Eucher sur le trône. Ils furent décapités l'un & l'autre. Le détail des expéditions des Barbares dans l'Italie, les Gaules & l'Espagne, est étranger à mon sujet, qui doit se borner aux révolutions qui ont eu lieu sur les bords du Danube & du Pont-Euxin.

La mort de l'empereur Honorius donna un libre cours à l'ambition de Jean, le premier des secrétaires de l'empire ; il monta sur le trône l'an 424. Aëtius, comte de l'empire, un des plus habiles capitaines de son siècle, avoit embrassé ses intérêts, & venoit de l'Italie à son secours avec une nombreuse armée de Huns sous la conduite d'Aspar ; mais Jean fut battu par le parti de Théodose-le-Jeune, qui demeura paisible possesseur de l'empire.

Le règne de Théodose-le-Jeune fut assez tranquille par la bonne conduite de sa sœur Pulchérie. Vers la seizième année du règne de ce prince, qui revient à l'an 424, les Gépides, desquels se formèrent ensuite les Lombards & les Avares, occupoient & possédoient des habitations aux environs de *Singidon* & de *Sirmium* ; c'est en effet le théâtre des premiers exploits des Avares dont on ait entendu parler. Ce n'est point au reste, comme le prétend Constantin Porphyrogenète, sous le règne de Théodose-le-Jeune, mais à la fin de celui de Justin, qu'ils commencèrent d'être connus sous ce nom, & ils ne s'avancèrent vers les rives du Danube, que sous Justin son successeur. L'auteur de l'histoire Mêlée a rapporté aussi au règne de Théodose-le-Jeune, l'expédition des Lombards en Italie, unis d'intérêts avec les Avares qui s'étoient joints à eux ; mais Dodwel a prouvé incontestablement dans sa savante dissertation sur l'Excepteur de Strabon, que l'écrivain de l'histoire Mêlée s'est trompé, & que cette affaire ne s'est passée que vers la onzième année de Justin. La fin du règne de Théodose-le-Jeune fut cependant agitée par les troubles causés dans la Thrace par les Huns, sous la conduite d'Attila. Cette première levée de bouclier de ce conqué-rant célèbre dans les provinces en-deçà du Danube, ne fut que le prélude de l'incursion qu'il fit en Italie sous le règne de Valentinien II, l'an 451, à la tête d'un nombre prodigieux de Barbares. Il fut battu par les Romains sous la conduite d'Aëtius, par les Visigoths sous celle de Théodoric, & par les François, commandés par leur roi Mérovée ;

Ces trois nations s'étoient réunies contre les Huns par le commun intérêt qu'elles avoient de s'opposer à leurs entreprises. C'est cette marche d'Attila qui obligea divers peuples de se retirer dans les îles de la mer Adriatique, & donna lieu à la fondation de Venise. Attila, après sa défaite, ramena le reste de son armée dans la Pannonie.

*On commence à connoître les Bulgares, qui, jusques-là, avoient été compris sous le nom général des Scythes.*

Il faut se former à présent un nouveau tableau de la situation des peuples qui habitoient les pays dont je traite. Ils étoient, en ce temps-là, divisés en trois nations bien distinctes.

En-deçà du Danube étoient les Scythes, que nous allons bientôt voir paroître sous le nom de Bulgares, sans qu'il y ait eu aucune nouvelle migration de ces peuples dans le pays qu'ils habitoient, c'est-à-dire, dans la Scythie Pontique, dont *Tomi* étoit la métropole.

Au-delà du Danube on trouvoit les Goths, que l'on commençoit d'appeler *Ostrogoths* ou *Goths* orientaux, pour les distinguer de ceux qui avoient passé dans l'occident & dans la Pannonie.

Enfin le reste de ces Huns, qui, après le mauvais succès de leur expédition d'Italie, étoient retournés dans leur pays. Il y a lieu de croire qu'ils y cherchèrent à réparer leurs pertes, en se procurant des alliés dans le nord; & ils s'associèrent aux Hérules & aux Lombards, dont les premiers occupoient le Meklembourg, & les autres le Brandebourg. Ces peuples imitèrent les Huns, & firent route vers l'Italie; les Ostrogoths, à l'exemple des Goths, prirent le parti des Romains contre ces nouveaux aventuriers. Ceci est très-remarquable, & lie parfaitement les événemens de l'histoire de ces temps là.

*Goths.* Marcien, qui régna après Valentinien, ménagea les Ostrogoths comme des peuples dont les services, dans la dernière guerre contre Attila, méritoient de la reconnoissance. Léon, son successeur, fit aussi avec eux une alliance; & lorsque Odoacre, Ruge de nation, & chef des Hérules mêlés avec les débris des Huns, eut pris le chemin de l'Italie, & par le seul bruit de sa marche eut porté Augustule, le dernier des empereurs d'Occident, à abandonner l'empire; Zénon, empereur d'Orient, employa utilement les Goths contre cette nouvelle troupe de barbares, comme on s'en étoit servi sous les règnes précédens contre Attila & les Huns.

Théodoric, roi des Ostrogoths, qui avoit été élevé comme ôtage à la cour de Constantinople, & qui, depuis son avénement au trône, avoit toujours vécu en bonne intelligence avec les Romains, vint, l'an 476, demander à Zénon la permission de passer en Italie contre Odoacre. Il fut obligé sur la route de livrer combat aux Bulgares, qui

s'opposoient à son passage. Il rencontra Odoacre à Vérone, le vainquit, le fit prisonnier & le mit à mort. Il s'empara ensuite de l'Italie, & y fonda le royaume des Ostrogoths sur les débris de celui des Hérules.

*Bulgares.* Il faut observer que ce n'est qu'en ce temps-là que l'on commence à voir les Bulgares dans l'histoire. Quelques auteurs ont conjecturé que ces Bulgares étoient de nouveaux peuples venus dans la Mœsie en 499; mais cette opinion n'a pas de fondement, puisqu'il étoit déjà parlé d'eux sous ce nom dès l'an 476, lorsqu'ils voulurent empêcher Théodoric, roi des Ostrogoths, de passer sur leurs terres, & de traverser la Mœsie pour aller combattre Odoacre, roi des Hérules. Il est vrai que l'an 500 on voit ce nom donné à des peuples de la Mœsie; & que l'an 514 ou environ ils conclurent un traité avec l'empereur Anastase; mais cela ne prouve point qu'il y ait eu en ce temps-là aucune nouvelle incursion de peuples orientaux dans la Mœsie; & ce fait n'étant nullement démontré, j'ose hasarder encore la conjecture que j'ai déjà avancée; & il me paroît que l'on doit regarder les Bulgares comme les mêmes Scythes qui, dès le deuxième siècle, étoient venus par le Pont-Euxin & le Danube, s'établir dans cette région; ils étoient demeurés tranquilles depuis ce temps: j'ai dit même que la plupart avoient déjà reçu les lumières de la foi, & que leur évêque avoit son siège à *Tomi*, métropole de la Scythie Pontique; ce qui suppose que le christianisme étoit la religion dominante dans cette province: mais j'ai observé aussi qu'il y avoit encore des Scythes nomades & payens qui vivoient errans & ambulans sur les bords du Danube, & que l'on travailloit à leur conversion: ce sont probablement ces Scythes que l'on appela *Bulgares*, pour les distinguer des autres: ce nom étoit relatif au pays d'où ils étoient venus, c'est-à-dire, à la grande Bulgarie, qui est aujourd'hui le royaume de Bulgare, situé à l'orient du Volga, entre le royaume de Casan & celui d'Astracan. Cette origine étoit commune aux Scythes chrétiens & aux nomades; aussi les voit-on très-souvent confondus dans l'histoire, qui les appelle tantôt Scythes & tantôt Bulgares. C'étoit en effet la même nation, & qui ne formoit peut-être qu'une même société; avec cette différence, que tant que les Scythes chrétiens & policés y prédominèrent, ils ne furent connus que sous le nom des Scythes, au lieu que lorsque les Scythes payens, grossis par le reste des Goths qui étoient restés dans le pays, jouèrent le premier rôle, on les appella Bulgares. C'est sous ce nom qu'on les verra dans la suite de cet article donner beaucoup d'inquiétude aux empereurs Grecs, & devenir indépendans dans la Mœsie, qui, de nouveau couverte des ténèbres du paganisme, ne retourna à la foi de Jesus-Christ que dans le huitième siècle. Dans le temps dont je parle à préfent, les Scythes chrétiens tenoient encore le premier rang dans la nation, puifque l'on va voir que la première guerre de ces peuples contre les empereurs Grecs, fut une guerre de religion occafionnée par un excès de zéle de la part des Scythes orthodoxes.

Le patriarche Thimothée, après avoir d'abord adhéré au concile de Calcédoine, avoit enfuite chanté la palinodie, pour complaire à l'empereur. Les chrétiens de Scythie refufoient de communiquer avec lui, & ce refus les expofoit à une rude perfécution. Leur patience étant pouffée à bout, ils fe révoltèrent, & prirent pour chef le comte Vitalien leur compatriote, qui fe chargea de leur vengeance. Il fe mit en campagne, s'empara de la Mœfie, de la Thrace & de l'Illyrie, & l'an 510 s'avança fort près de Conftantinople. Ses fuccès obligèrent l'empereur Anaftafe de demander la paix, qui fut conclue en 514. L'empereur promit de rappeler les prélats exilés, de rétablir Macédonius dans le fiège patriarchal de Conftantinople, & de faire ceffer les vexations qu'on avoit exercées contre les catholiques. A ces conditions Vitalien, vainqueur, mit bas les armes; mais l'empereur ne remplit aucun de fes engagemens. Dans la fuite, Juftin, fucceffeur d'Anaftafe, attira Vitalien à Conftantinople, le créa conful, & le fit maffacrer le 7 mars de l'année 520, à l'inftigation de fon neveu Juftinien, qui craignoit en lui un rival dangereux, aimé des peuples, jouiffant d'une haute réputation & d'un crédit fans bornes, & partageant même avec l'empereur toute l'autorité.

On voit par ce que je viens de dire, que les Scythes chrétiens prédominoient encore; mais fous l'empire de Juftinien, qui monta fur le trône après fon oncle Juftin, les Scythes payens ou nomades prirent le deffus dans la nation, fous le nom de Bulgares, & furent du nombre des peuples que Bélifaire foumit aux Romains. Ce général travailla plufieurs années à fubjuguer les Goths d'Italie. L'eunuque Narsès termina enfin cette guerre, dont la durée avoit été de dix-huit ans; & comme on s'étoit fervi des Oftrogoths pour détruire en Italie la domination des Hérules, on fe fervit enfuite contre les Oftrogoths de ces mêmes Hérules, qui, étant retournés en Pannonie, s'y étoient affociés avec les Lombards. Narsès ayant compris par des lettres de Juftin II, qui fuccéda enfuite à Juftinien, que l'empereur étoit jaloux de fon autorité & de fes victoires, n'ofa plus retourner à Conftantinople; & pour fe rendre néceffaire, engagea les Lombards à venir faire des courfes en Italie. Ceux-ci s'établirent en effet dans cette contrée, à laquelle ils ont donné leur nom; & il ne refta plus aux empereurs en Italie que l'exarchat de Ravenne. Les conquêtes de ces Barbares, & les opérations des généraux Romains de ce côté-là, n'ont, pour le préfent, rien de relatif à mon fujet.

*Les reftes des Huns avec leurs alliés, connus fous les noms d'Avares & de Slaves.*

On a déjà vu que les Huns ayant paffé en occident fous Valentinien II, y furent battus par les Romains, les Goths & les François réunis. Ceux qui échappèrent de cette défaite retournèrent dans la Pannonie, & s'allièrent avec les Hérules & les Lombards, peuples du Meklembourg & du Brandebourg. Les Hérules étant allés en Italie, y furent fuivis & vaincus par les Oftrogoths; & pour fubjuguer ces derniers, Narsès fe fervit des Lombards, qui fe fixèrent dans la Lombardie. C'eft à-peu-près là le réfumé de ce que j'ai dit plus en détail.

Suivant le rapport de Paul Diacre, Alboin, roi des Lombards, en quittant la Pannonie pour paffer en Italie, y laiffa en poffeffion de ce pays quelques reftes des Huns qu'il y avoit trouvés; & ces Huns parurent dans la fuite fous le nom d'Avares, qu'on leur donnoit indifféremment. On voit donc par tout ce qui précède, qu'il faut chercher l'origine des Bulgares chez les Scythes Pontiques, & celle des Avares chez les Huns. Paul Diacre en effet s'exprime en ces termes: *Hunni qui & Avares funt:* on les appeloit auffi *Avarici.* Ce fut l'an 31 du règne de Juftinien, 558 de l'ère vulgaire, que l'on vit paroître les Avares, qui fe tenoient depuis long-temps dans leurs habitations vers *Singidon* & *Sirmium,* fans avoir encore été connus fous ce nom. L'auteur de l'hiftoire mêlée rapporte que l'on vit entrer dans Conftantinople une nation inconnue, qu'on appeloit les *Avares.* Tous les habitans de la ville accouroient pour les examiner, n'ayant jamais vu d'hommes de cette efpèce. Jufqu'à ce temps-là ces barbares n'avoient fait aucune entreprife fur les provinces romaines, & ils étoient tout-à-fait inconnus hors des limites de leur territoire. Dans l'année 563, trente-fixième du règne de Juftinien, ils envoyèrent à ce prince une ambaffade folemnelle, & parurent vouloir rechercher fon amitié.

Conftantin Porphyrogenète fait defcendre les Avares des Goths, & dit qu'ils étoient compris comme eux fous le nom de Sclavons, qui étoit le nom générique, tiré de la langue qui leur étoit commune; mais ce n'eft-là abfolument qu'une queftion de noms. Il eft vrai que fous les règnes précédens, les Scythes ou Bulgares qui étoient en-deçà du Danube, les Goths & les Oftrogoths qui habitoient au-delà, & les Huns qui étoient venus fondre fur ces derniers, étoient trois nations différentes & bien diftinctes; mais dans les temps dont je parle, comment pouvoir débrouiller le mélange de ces différens peuples? il eft vraifemblable de croire que les débris de tous les Barbares qui étoient demeurés dans la Pannonie, ou y étoient retournés après le mauvais fuccès de leurs expéditions, doivent tellement s'y être confondus, qu'il feroit bien difficile, quand même nous vivrions dans ces temps-là, de déterminer précisément lequel de ces peuples a donné origine aux Avares. Cependant plufieurs paffages de divers hiftoriens concourent à prouver qu'ils étoient Huns. Conftantin Porphyrogenète n'eft pas d'accord avec lui-même fur ce point, & je crois devoir faire obferver ici une contradiction de cet auteur, qui me paroît évidente. Après avoir dit que les Goths, les Gépides & les Vandales ne différoient entre eux que par le nom, & avoient une même langue, c'eft-à-dire, la fclavonne, il ajoute que toutes ces nations s'étoient avancées jufqu'au Danube du temps d'Arcade & d'Honorius, que les Gépides s'étoient arrêtés auprès du *Singidum* & de *Sirmium*; & que de ces mêmes Gépides avoient enfuite été féparés les Lombards & les Avares. Un moment après, en parlant d'Attila, qui eft connu de tout le monde pour le roi des Huns, il l'appelle le roi des Avares. Si les Avares étoient fortis des Goths ou des Gépides, on ne pouvoit pas dire qu'Attila fût roi des Avares, puifque ce prince étoit chef d'une nation qui eft venue fondre fur les Goths, & a été leur fléau. Ainfi, puifqu'Attila étoit roi des Avares, on doit conclure que les Avares étoient des Huns, & non pas des Goths; & tout ce que l'on peut dire pour juftifier le peu d'exactitude de Conftantin Porphyrogenète, eft que le refte des Huns vaincus par les Goths, étant retourné dans la Pannonie, s'y étoit mêlé avec les Hérules & les Lombards, qui étoient des peuples Vandaliques ou Tudefques comme les Goths. Cette confufion eft même une fuite naturelle de la vie errante & paftorale qu'ils menoient. Ainfi quoique les Avares & les Huns fuffent dans leur origine, très-différens des Goths, dont ils avoient d'abord été les ennemis, on peut dire, eu égard aux temps dont je parle, que cette différence ne fubfiftoit plus, & que lorfque le réfidu de tous ces peuples forma une même nation, qui commença de jouer un rôle dans le monde fous le nom d'Avares, on pouvoit également rapporter leur origine aux Hérules Lombards, peuples Vandaliques, venus des bords de l'Oder, & aux Huns qui étoient defcendus des rives feptentrionales du Tanaïs; de forte que ce n'étoit plus en effet qu'une queftion de nom.

Conftantin Porphyrogenète, qui écrivoit dans le dixième fiècle, nous apprend que dès le temps d'Héraclius, quatre cens ans avant lui, tous ces peuples avoient une même langue, c'eft-à-dire, la fclavonne. Il place les Sclavons au nord & au midi des monts Carpates: au-delà de ces montagnes, dans le pays où étoient autrefois les Jazyges & les Baftarnes, il place les Ruffes, defquels font defcendus les Mofcovites & les Polonois; il y met auffi les Chrobates non baptifés, qui devoient être le Syléfiens, les Boïens & les Bohémiens d'aujourd'hui. Il comprend toutes ces nations fous le nom général de Sclavons; en-

forte que l'on peut inférer de la façon dont il s'explique, que le berceau de cette langue doit avoir été au-delà des monts Carpates, dans cette étendue de terre où font à préfent les Bohémiens, les Syléfiens, les Ruffes Polonois & les Ruffes Mofcovites. Il faut obferver en effet que la langue de Bohême a encore aujourd'hui une affinité extrême avec la fclavonne; & cette langue, qu'on peut conjecturer avoir été portée dans ce pays par les incurfions des peuples Celtes & des *Vindi* ou *Finni*, qui s'y étoient arrêtés fous le nom de Baftarnes; cette langue, dis-je, pouvoit avoir été commune, ou tout au moins communiquée dans la fuite aux nations gothiques ou vandaliques, qui du feptentrion s'étoient avancées vers le midi jufqu'aux monts Carpates, & de-là jufqu'au Danube. Les Alains & les Huns qui étoient venus des régions orientales fe mêler avec les peuples feptentrionaux, devoient également avoir apporté avec eux la même langue, que l'on obferve avoir été propre aux Scythes Sarmates; de forte qu'en-deçà des monts Carpates, dans les contrées où étoient autrefois les Daces & les Gètes, où furent enfuite les Goths mêlés avec les Alains, & après eux les Huns, confondus depuis avec les Hérules & les Lombards; dans ces pays, dis-je, où il ne reftoit plus que le débris de toutes les différentes nations, n'en formant plus qu'une feule fous le nom d'Avares, il eft naturel de penfer que la langue de ces Avares ne pouvoit être que la fclavonne : auffi Conftantin Porphyrogenète a-t-il dit que les Avares étoient Sclavons.

*Les Huns employés par Juftin II, dans fon expédition contre les Perfes.*

Outre les Huns établis dans les provinces qui bordent le Danube, & connus depuis le temps de Juftinien fous le nom d'Avares, il y avoit d'autres Huns qui habitoient entre le Boryfthène & le Tanaïs, dans la Cherfonèfe Taurique & les pays qui font entre le Tanaïs, le Volga, la mer Noire & la mer Cafpienne. Juftin fe fervit utilement de ces derniers, & en tira des fecours dans la guerre qu'il eut à foutenir contre les Perfes pour la défenfe des Ibériens, dont le roi, appelé *Gyrgène*, avoit imploré fa protection; mais l'on doit obferver que les Huns de la Cherfonèfe n'étoient pas les mêmes que ceux d'Attila & les Avares, qui doivent être rangés dans la claffe des Scythes Sarmates ou Sclavons; c'étoient d'autres Huns, du nombre des Scythes Tartares & Turcs, dont je parlerai en détail dans la fuite.

Probus, l'un des généraux de l'empereur Juftin, fut envoyé dans la Cherfonèfe Taurique pour négocier avec les Huns; il en obtint un fecours de troupes, qu'il mena dans le pays des Lazyens, où Gyrgène, roi des Ibériens, s'étoit réfugié, ne fe fentant pas affez fort pour réfifter à Cavade, roi de Perfe, contre lequel il avoit réclamé la prorection de l'empereur. Les Lazyens habitoient autrefois, suivant le témoignage de Procope, dans la Colchide, & obéiſſoient aux Romains: ceux-ci ſe ſervoient d'eux pour réprimer les inondations des Huns dont je viens de parler, qui deſcendoient par le Caucaſe, & ſe répandoient dans la Lazyque & les terres de l'empire. Ils entretenoient commerce avec les Romains du Pont, & leur donnoient des pelleteries & des eſclaves en échange du bled & du vin qu'ils recevoient d'eux. Ces deux articles ſont encore aujourd'hui les principaux objets du commerce de la Géorgie Turque, dont l'ancienne Lazyque faiſoit partie. Quand on avoit paſſé les limites de l'Ibérie, en venant du nord au ſud, on trouvoit ſur les terres des Lazyens deux forts, deſquels les Romains avoient toujours confié la garde aux gens du pays, qui vivoient dans une extrême miſère; ils ſe contentoient du pain de millet; leur territoire ne produiſoit ni bled, ni vin, ni aucune autre denrée; & l'on ne pouvoit y en apporter que de fort loin ſur le dos des hommes. Cette façon de tranſporter les marchandiſes à dos d'homme, s'eſt conſervée juſqu'à nos jours dans la Géorgie Turque; & cela s'y pratique pendant tout l'hiver, ſaiſon où les chemins ſont impraticables pour les chevaux, les mulets & les autres bêtes de charge. L'empereur Juſtin ôta aux gens du pays la garde des deux forts dont je viens de parler, & y mit une garniſon romaine, à qui d'abord les Lazyens portèrent des vivres; mais ils s'en laſſèrent bientôt, & la faim obligea les Romains d'abandonner ces deux places. Ce fut là un des principaux motifs qui déterminèrent Juſtin à ſaiſir le prétexte de la défenſe de Gyrgène & des Ibériens pour déclarer la guerre aux Perſes, à qui prétendoient auſſi que les Romains contribuaſſent pour leur moitié aux frais de l'entretien des troupes employées pour garder les Portes Caſpiennes, & défendre les terres des deux empires contre l'invaſion des Huns.

Depuis que les Romains, ſous la conduite de Pierre, furent venus dans la Lazyque pour ſecourir Gyrgène, roi d'Ibérie, qui s'étoit retiré, les ſoldats romains employés dans cette expédition y reſtèrent & s'y établirent. Un nommé Jean Tzibes perſuada à l'empereur de bâtir dans cette province une ville qui fut nommée *Pétrée*, & d'où ce Tzibes vexoit les Lazyens par ſes monopoles. Ceux-ci recoururent à Choſroès, roi de Perſe; & il paroît viſiblement par leur harangue, que les Colches & les Lazyens étoient un même peuple. Choſroès ſaiſit cette occaſion pour envoyer des colonies dans la Lazyque, ſe défiant des Lazyens qui étoient chrétiens, & ne pouvoient outre cela ſe paſſer du commerce des Romains. Ce prince vouloit ſe ménager un paſſage dans leur pays, pour avoir entrée dans le Pont-Euxin, & pouvoir enſuite plus commodément réduire les peuples de la Bithynie, de la Galatie & de la Cappadoce. Les Lazyens ont encore conſervé leur nom, & ils ſont connus aujourd'hui des Turcs ſous celui de Lazes; leur pays eſt appelé le pays des Lazes, ou la province de Trébizonde.

Pour ſuivre le fil de l'hiſtoire des Barbares, il faut à préſent ſe repréſenter un troiſième tableau. Il n'eſt plus néceſſaire de faire aucune attention à la différente origine de ces peuples, qui, dans les ſiècles précédens, ont fait toutes les diverſes incurſions dont j'ai parlé aſſez en détail; il ne faut plus les conſidérer que comme des Sclavons, dont les uns ſont payens & non baptiſés, au-delà des monts Crapaks, & les autres ſont établis en-deçà du Danube dans les pays que nous appelons aujourd'hui la *Servie*, la *Croatie* & la *Sclavonie*, & y ont reçu les lumières de l'évangile. Tous ces Sclavons ſeptentrionaux & méridionaux ayant la même origine, ont auſſi la même langue. Les Bulgares n'ont rien de commun avec eux; ce ſont, comme je l'ai déjà dit, des Scythes venus de la grande Bulgarie à travers le Pont-Euxin, pour s'établir dans un pays auquel, dès les premiers temps, d'autres peuples, Scythes comme eux, avoient déjà donné le nom de Scythie Pontique. Depuis ce temps je les ai fait voir chrétiens, tranquilles & ſoumis aux Romains, ſe révoltant cependant quelquefois par zèle pour la religion. Ces Scythes, auxquels on a donné le nom de Bulgares, ont ſimplement emprunté la langue ſclavonne des Sclavons ſeptentrionaux & méridionaux, avec leſquels ils ont toujours commercé ſans interruption. Je l'ai déjà obſervé plus haut, & je tâcherai de le prouver encore plus au long dans la ſuite.

Juſtin II & Tibère furent principalement occupés à la guerre de Perſe, & à celle qu'ils ſoutinrent en Italie contre les Lombards unis aux Avares. Il y a des preuves certaines que ſous le règne de Juſtin II, les Avares commencèrent leurs actes d'hoſtilité contre les Romains. Les hiſtoriens en parlent de manière à faire entendre qu'ils paſſèrent alors le Danube pour la première fois. C'eſt le ſentiment de Dodwel, appuyé ſur le témoignage d'Evagre. Ce dernier dit que ce prince, au commencement de ſon règne, appela Juſtin ſon parent, qui étoit alors vers le Danube pour en défendre le paſſage aux Avares. Dodwel remarque très-judicieuſement qu'Evagre ne ſauroit ſe tromper ſur un fait arrivé de ſon temps, & lorſqu'il avoit déjà atteint l'âge viril, puiſqu'il étoit né au commencement du règne de Juſtinien. Ménandre même, cité par Conſtantin Porphyrogénète, qui a erré ſur l'époque de la première apparition des Avares; Ménandre, dis-je, rapporte que l'ambaſſade envoyée par ces peuples à l'empereur Juſtinien, la trente-ſixième année de ſon règne, 563 de J. C., eut lieu à l'inſtigation de Juſtin, parent de Juſtin II, qui gardoit alors, comme je l'ai déjà dit, le paſſage du Danube, avant que les Avares fuſſent en poſſeſſion de la Dalmatie. Il paroît de-là manifeſtement que l'an 31 du règne de Juſtinien, ces barbares n'étoient pas encore connus à Conſtantinople, & n'avoient encore

fait aucun mal aux Romains ; & l'on doit conclure qu'ils paſſèrent pour la première fois le
Danube lorſqu'ils réſolurent d'envoyer à ce prince
l'ambaſſade dont je viens de parler ; ils n'eurent
même des poſſeſſions en-deçà de ce fleuve que
ſous le règne de l'empereur Maurice. Ce fut en
effet du temps de ce prince, lorſque Priſcus
gouvernoit l'Illyrie, & qu'Héraclius, depuis empereur, commandoit les armées en Perſe en qualité de ſimple général ; ce fut alors, dis-je, que
les Avares, connus auſſi ſous le nom de Slaves
ou Sclavons, commencèrent à s'établir dans les
provinces Ciſiſtriennes.

Conſtantin Porphyrogenète ſemble vouloir rapporter les premières incurſions des Avares au temps
de Dioclétien. Je rappellerai encore à ce ſujet un
paſſage de cet auteur, que j'ai déjà cité. « L'em-
» pereur Dioclétien, dit-il, aima beaucoup la
» Dalmatie ; c'eſt ce qui l'engagea à y amener
» des colonies romaines. Ces peuples étoient ap-
» pelés Romains, parce qu'ils venoient de Rome,
» & on leur donne encore le même nom aujour-
» d'hui. Ils tentèrent un jour de paſſer le Danube,
» juſqu'auquel s'étendoient leurs limites. Ils trou-
» vèrent les Sclavons, qu'on appeloit auſſi Avares,
» gens ſans armes, qui habitoient le pays qu'oc-
» cupent aujourd'hui les Turcs ( c'eſt-à-dire, la
» Hongrie ). Tous les ans les Romains prenoient
» les armes à Salone, & alloient garder les bords
» du fleuve. Ceux d'entre eux qu'ils envoyèrent ſur
» l'autre rive, tombèrent dans une embuſcade des
» Sclavons, qui, après les avoir tués, s'emparèrent
» de leurs armes, paſſèrent le fleuve, battirent les
» Romains qui y faiſoient la garde, envahirent
» Salone, & ſe rendirent maîtres des lieux élevés
» où les Romains s'étoient réfugiés. Ceux qui
» échappèrent à leur fureur, ſe retirèrent ſur les
» côtes de la mer Adriatique, où ils bâtirent Ra-
» guze nouvelle, Aſpalatum, Tetrangurium, Dia-
» dora, Arbé, Bécla & Opſara, dont les habitans
» portent encore aujourd'hui le nom de Romains ».
( Conſt. Porph. chap. 29 & 30 ) ». Cet auteur
ajoute en particulier, au ſujet de Raguze, que les
anciens Raguzois Ραγαξοι habitoient autrefois la
ville d'Epidaure ; mais que cette place ayant été
priſe par les Sclavons, les citoyens qui ſe déro-
bèrent à la barbarie des vainqueurs, allèrent chercher leur ſûreté dans des lieux eſcarpés où ils
s'établirent, & fondèrent enſuite la nouvelle Raguze, l'an 449, ſous le règne de Théodoſe-le-Jeune.
Le nombre des habitans de cette ville fut conſidérablement augmenté par la tranſmigration de
ceux de Salone, & l'on fut obligé juſqu'à quatre fois
d'étendre le circuit des murailles. Cette fondation
a donné lieu aux ſavantes recherches de Banduri,
que l'on trouve dans ſes notes ſur Conſtantin
Porphyrogenète.

Il eſt évident, par le témoignage de la plupart
des hiſtoriens, que les Avares n'ont commencé de
paroître ſous ce nom que vers le milieu du ſixième

ſiècle, à la fin du règne de Juſtinien, & au commencement de celui de Juſtin II. Ce qui me paroît avoir donné lieu à l'erreur de Conſtantin
Porphyrogenète, & de divers auteurs plus modernes, c'eſt qu'ils ont confondu les Avares avec
les Slaves ou Sclavons, nom générique de ces
Barbares ; mais les Sclavons, qui commencèrent
leurs courſes ſous le règne de Dioclétien, & les
fondateurs de Raguze & de toutes les autres
villes dont je viens de parler, n'avoient point
encore pris le nom d'Avares, ſous lequel ils n'ont
été connus que quelque temps après des empereurs
de Conſtantinople, & qui n'a été donné, je penſe,
qu'aux dernières nations ſclavonnes qui ont déſolé
l'empire Romain. Mais comme les Avares étoient
venus de la Pannonie, & du même pays que les
Huns & les Slaves, peuples ſclavons comme eux,
pluſieurs écrivains ont dit que les Huns & les
Sclavons étoient Avares, au lieu que ces derniers
n'étoient qu'une tribu ſclavonne, dont le nom
particulier a été confondu avec le nom générique
de toute la nation.

L'hiſtoire nous apprend que les Avares, dans l'in-
curſion qu'ils firent ſous le règne de l'empereur Maurice, s'avancèrent de la Dalmatie dans la Thrace, &
vinrent juſqu'aux portes de Conſtantinople. On
n'auroit pas pu même les amener à une paix ſans
le ravage que la peſte fit dans leur armée. Maurice ayant rompu cette paix, ſans aucun ſujet
légitime, fut battu ; & le refus qu'il fit de payer
au cagan des Avares la rançon des priſonniers,
fut cauſe que ce barbare les fit tous mourir.
Maurice ſe reprocha la dureté de ſon refus, qu'il
expia par la réſignation avec laquelle il ſubit ſon
ſupplice, après avoir ſoutenu le ſpectacle du
meurtre de ſes enfans, que Phocas fit tous décapiter à ſes yeux, l'an 602.

C'eſt, à ce que l'on préſume, au règne de
Phocas que l'on doit rapporter l'époque de l'in-
curſion des Chrobates ou Croates, dans la Sclavonie
& la Croatie. Si l'on en croit Conſtantin Porphyrogenète, les Avares avoient à peine chaſſé
les Romains de la Dalmatie, qu'ils y furent ſuivis
par les Croates qui les en dépoſſédèrent eux-
mêmes. Ces Croates demeuroient baptiſés demeuroient,
comme je l'ai déjà dit, au-delà des monts Crapaks,
& faiſoient partie des Sclavons, Baſtarnes d'origine,
qui occupoient la Ruſſie Polonoiſe, la Siléſie &
la Bohême. Ils confinoient avec les Francs, qui
ſont les Saxons, auxquels ils étoient ſoumis. « Ils
» habitoient, dit Conſtantin Porphyrogenète, vers
» la France, que l'on appelle auſſi la Saxe, &
» obéiſſoient à Othon-le-Grand, roi de France ».
Une de ces tribus ſclavonnes paſſa en Dalmatie &
y trouva les Avares, avec leſquels elle ſoutint une
guerre qui dura pluſieurs années ; ces derniers
furent vaincus & ſe trouvèrent après leur défaite
confondus avec les Croates. C'eſt pour cela que
l'on trouvoit encore, du temps de Conſtantin
Porphyrogenète, dans la nouvelle Croatie, des

vestes de ces Avares, dont on distinguoit parfaitement l'origine. Les Croates, victorieux des Avares,
se divisèrent en deux tribus. L'une passa dans la
Pannonie, & y demeura encore pendant quelques
années soumises aux Francs ou Saxons; mais elle
secoua bientôt le joug, reçut le baptême, vécut
libre, & fut divisée en onze zupanies ou seigneuries,
mot dont les Walaques & les Moldaves ont tiré
celui de zupouni, qui signifie en leur langue sieur
ou seigneur. Constantin Porphyrogenète a donné
l'énumération de ces onze districts, qui me meneroit
trop loin. Il suffit d'observer l'époque de l'établissement des ces Sclavons dans le pays qui a retenu
leur nom de Sclavonie entre la Save & la Drave.
La seconde tribu de ces Sclavons mêlés avec les
Avares qu'ils avoient vaincus, s'avança, sous le
nom de Croates, dans le pays auquel elle a donné
le nom de Croatie.

Ces Croates ayant fait des progrès vers l'occident, abandonnèrent insensiblement ces terres d'où
ils avoient chassé les anciens habitans, & que
nous appelons aujourd'hui la Servie, du nom des
Serviens qui vinrent y fixer leur demeure sous le
règne d'Héraclius. Ces derniers étoient aussi du
nombre de ces Sclavons établis au-delà des monts
Crapaks, mais plus vers l'occident que les Croates,
& du côté de la Bohême. Le chef de cette nation eut deux fils, dont l'un avec une nombreuse troupe de Sclavons offrir ses services à
Héraclius. Cet empereur leur donna d'abord des
terres dans la partie de la province de Thessalonique, qui, depuis ce temps-là, s'appela Servie,
du nom de ces Sclavons qui furent appelés Serviens,
parce qu'ils servoient les empereurs. Quelque temps
après, ces nouveaux venus voulurent retourner
dans leur pays; mais dès qu'ils eurent passé le
Danube, ils changèrent de résolution, & par le
conseil du gouverneur de Belgrade où de Taurunum, ils écrivirent à Héraclius pour lui demander la permission de s'établir dans les terres qui bordent le Danube & la Save. Elles étoient demeurées
inhabitées depuis que les Croates, mêlés avec les
Avares, ayant chassé les anciens habitans vers la
mer Adriatique, s'étoient retirés eux-mêmes dans
la Sclavonie & la nouvelle Croatie. L'empereur
Héraclius leur concéda ces terres; ils s'y établirent, & y retinrent le nom de Serviens. Ils étoient
soumis aux empereurs d'Orient, pour l'intérêt
desquels ils firent depuis plusieurs diversions sur
les Bulgares, qui s'étoient rendus indépendans.
Constantin Porphyrogenète entre dans divers détails sur les guerres des Serviens contre les Bulgares; mais je me borne à indiquer ici l'origine
des Sclavons qui sont venus occuper la Sclavonie,
la Croatie & la Servie. L'histoire nous apprend
que vers la fin du douzième siècle, en 1199,
Étienne Zupan, de Servie, voulut se soustraire à
la dépendance des rois de Hongrie, dont cet état
relevoit alors, & prendre lui-même le titre de
roi. Il envoya des ambassadeurs au pape pour le

prier de le lui conférer. Cette demande irrita le
roi de Hongrie, qui le déposséda, & mit à sa
place Voule ou Vulcan, auquel il consentit que le
pape donnât la couronne royale & le titre de roi
de Dalmatie; ce qui fut exécuté; & la Servie,
par-là, fut érigée en royaume.

La victoire des Croates sur les Avares, & leur
retraite vers l'occident, doivent être rapportées à
un temps postérieur au siège de Constantinople,
que les Avares firent en 627, d'intelligence avec
les Perses. Ceux-ci, l'année précédente, s'étoient
emparés de Calcédoine dans l'Asie mineure. Constantinople fut délivrée par une résistance extraordinaire des habitans, qu'on regarda comme un
miracle, & qui fut suivie des victoires d'Héraclius sur Chosroès, roi de Perse.

### Des Chazares.

Sous le règne de cet empereur, les Romains
commencèrent à connoître les Chazares, qu'ils
désignoient par le nom de Turcs orientaux. Ces
peuples étoient des Scythes qu'on doit regarder
comme une tribu de Turcs. L'auteur de la Bibliothèque orientale prétend qu'ils tiroient leur nom
de Khozar ou Khazar, fils de Japhet & frère de
Turc. Ce Khazar se sépara de ses frères établis
dans diverses contrées du vaste pays connu aujour-
d'hui sous le nom de grande Tartarie, & vint sur
les bords du fleuve Edel, qui est le Volga d'aujourd'hui; il y fonda une ville, à laquelle il donna
son nom, & fit semer dans son territoire du millet,
le seul grain qui croît dans cette région. Les habitans de ce pays retinrent le nom de la nouvelle
ville, & furent appelés Khozariens. Leur territoire
embrassoit le nord de la mer Caspienne depuis le
Volga vers l'orient; & c'est d'eux que cette mer
a pris le nom de Bahr-Khozar ou mer de Khozar,
que les Persans & les Turcs lui donnent encore
de nos jours. Ces Khozariens sont les mêmes que
l'on trouve cités dans les historiens Grecs &
Latins qui ont écrit sur les démêlés d'Héraclius
& de Chosroès. Ils ont aussi donné origine aux
Khozariens, qui, vers le second & le troisième
siècle de l'hégire, ont fait diverses irruptions en
Asie. Le pays de Khozar est voisin de celui de
Kapschak, & ces deux noms sont même souvent
confondus dans les histoires. Quelques auteurs
croient que les Chazares avoient établi leur demeure dans la Chersonèse Taurique, aujourd'hui
la Tartarie-Crimée, & que leur domination s'étendoit jusques dans le nord de la Russie: ce sont
probablement les Huns de Crimée dont parle
Procope. Constantin Porphyrogenète les place sur
la côte méridionale de la mer de Zabache, depuis
le Couban jusqu'à Azoph, dans le pays qui est
actuellement habité par l'horde des Nogaïs du
Couban, sujets du khan de Crimée; ils occupoient
aussi les neuf régions, novem regiones, qui étoient
vraisemblablement les îles formées par le détroit

de *Jenikalé*, anciennement le *Bosphore Cimmérien*, & les branches du fleuve *Couban*. Ils obéiſſoient à un prince qui avoit le titre de cagan, qui n'eſt autre choſe que le mot de *khan* mal prononcé. Ils étoient diviſés en pluſieurs tribus, dont l'une étoit celle des Cabares, qui ſe joignirent aux Turcs proprement dits, & firent leur demeure dans le grand & le petit *Cabarta*, deux provinces orientales de la Circaſſie, qui s'étendent le long du mont Caucaſe juſques vers le *Dagueſtan*; elles étoient anciennement ſoumiſes au khan des Tartares, comme tout le reſte de la Circaſſie; elles ſont demeurées neutres & indépendantes par le dernier traité de Belgrade, & ont formé une eſpèce de république. Les habitans des deux Cabartas ont auſſi aujourd'hui le nom de *Tcherkes*, qui leur eſt commun avec tous les autres Cir-caſſiens: il y a cependant encore au nord de la Géorgie une tribu de Tartares qui a conſervé le nom de *Chazares*; Adil-Schah, ſucceſſeur de Thamaz-Koulikan, combattit contre eux au com-mencement de ſon règne: j'en ai parlé dans la ſeconde partie de mon Eſſai ſur les troubles de Perſe & de Géorgie, imprimé à Paris en 1753.

Conſtantin Porphyrogenète fait l'énumération d'une infinité d'autres tribus de Chazares: les *Necés*, les *Madgiards*, les *Ordoudjermak*, les *Tarians*, les *Ge-nach*, les *Cares* & les *Caſes*, toutes ces diverſes races de Chazares ſe confondirent avec les Turcs & leur donnèrent leur langue, qui devoit être la langue Circaſſienne, comme je tâcherai de le prouver dans la ſuite.

L'an 625, Héraclius ſe ligua avec les Chazares contre Choſroés, roi de Perſe. Ces Barbares, commandés par un nommé Ziébil, lieutenant de leur cagan, paſſèrent la Porte Caſpienne, & ſe jetèrent dans la Médie, où ils commirent d'affreux déſordres. Héraclius partit du pays des Laziens pour les joindre, & porter, de concert avec eux, la guerre dans la Perſe. L'accueil que ces peuples firent à l'empereur, étoit une preuve indubitable de leurs bonnes diſpoſitions. Ce prince, pour en témoigner ſa reconnoiſſance à Ziebil, lui fit de riches préſens, & s'engagea à lui donner en ma-riage ſa fille Eudoxie; il lui tint parole, & la princeſſe ſe mit en voyage l'année ſuivante pour aller remplir ſa deſtinée; mais Ziebil mourut pendant qu'elle étoit en route, & le mariage n'eut pas lieu.

Il ne ſe paſſa rien de mémorable ſous les règnes d'Héraclius Conſtantin, d'Héracléonas & de Conſ-tans. Les ſucceſſeurs d'Héraclius eurent principa-lement affaire aux Bulgares. J'ai déjà traité aſſez au long de l'origine de ces peuples; je les regarde comme une tribu de Scythes nomades & payens, errante aux environs du Danube, & groſſie par quelques reſtes des Goths, qui pouvoient s'être joints à eux. Leurs courſes dans la Thrace com-mencèrent l'an 681. L'empereur Conſtantin Po-gonat, fils de Conſtans, fut forcé de faire avec

eux une paix honteuſe, & même de leur payer un tribut. On leur accorda par le même traité, des terres de la première Mœſie, où *Ternobum*, aujourd'hui *Ternova*, devint enſuite leur capitale.

Juſtinien II, fils de Conſtantin Pogonat, rompit le traité que ſon père avoit conclu avec les Bul-gares; mais il fut pareillement réduit à demander la paix, & ne put l'obtenir qu'en leur rendant tout ce qu'il leur avoit pris. Ce prince, au rapport de Dioclès, remporta une victoire mémorable ſur les Sclavons; après les avoir vaincus, il ſut tirer parti d'eux, & en employa trente mille dans la guerre qu'il fit aux Sarrazins, commandés par Ab-dumaleck, khalife de Damas. Mais Mahomet, général du khalife, voyant que le corps des Scla-vons faiſoit la principale force de l'armée de l'em-pereur, corrompit les chefs, & parvint à en attirer environ vingt mille dans ſon parti, avec le ſecours deſquels il défit & tailla en pièces l'armée de Juſtinien. Ce prince ſe vengea ſur les Sclavons qui lui étoient demeurés fidèles, de la défection des autres, & il les fit exterminer avec leurs femmes & leurs enfans. Le mauvais ſuccès de cette guerre entraîna la ruine de ce prince. Il revint à Conſtantinople honteux de cette malheureuſe ex-pédition, & bientôt après il eut le nez & la langue coupés, & fut relégué à *Cherfone* par les intrigues de Léonce qui lui ſuccéda, & ne tarda pas de ſubir le même ſort: car Tibère Abſimare ſe ſaiſit de lui, lui fit couper le nez, & le ren-ferma dans le monaſtère de Dalmate.

Tibère ayant été déclaré empereur, voulut faire mourir Juſtinien dans le lieu de ſon exil; mais celui-ci trouva le moyen de s'échapper, & ſe réfugia chez Buſiris, cagan des Chazares, qui le reçut avec bonté, & lui donna en mariage ſa fille Théodora; mais enſuite ce barbare écouta les propoſitions de Tibère, qui, à force de préſens & de promeſſes, vint à bout de le corrompre, & de le porter à violer les droits de l'hoſpitalité, en attentant à la vie de Juſtinien. Théodora, qui fut informé du complot, en avertit ſon mari; & celui-ci, après s'être débarraſſé des perſonnes qui avoient ordre de le faire périr, s'enfuit chez les Bulgares, & demanda du ſecours à Terbelle leur prince, auquel il promit de faire épouſer Théodora ſa fille. Terbelle accepta ſon offre, & lui fournit une nombreuſe armée qui l'aida à remonter ſur le trône. L'an 706, Théodora, fille du cagan de Chazares, fut pro-clamée impératrice à Conſtantinople. Quelque temps après Juſtinien voulut porter la guerre chez les habitans de Cherfone, les exterminer & détruire leur ville, pour ſe venger de leur trahiſon; mais ces Chazares s'y oppoſèrent & l'obligèrent à revenir ſur ſes pas. Les Cherſonites élurent pour empereur Bardone, général grec, que Tibère Abſimare avoit exilé chez eux, & Juſtinien trahi par ſes ſoldats, fut maſſacré l'an 716. Ceci prouve en quelque manière, que les Cherſonéites & les autres peuples habitans de la Cherſonèſe Taurique,

quoique

quoiqu'originairement Grecs, devoient y être confondus & mêlés avec les Huns de la même nation que les Chazares, puisque ceux-ci prenoient leur défense contre l'oppression des empereurs d'Orient.

### Origine des Athingans ou Bohémiens.

Dans le cours des cinq années qui suivirent la mort de Justinien II, Dardanne, connu sous le nom de Philippique, Anastase & Théodose, occupèrent le trône de Constantinople, & firent place à Léon l'Isaurien. Celui-ci se servit utilement des Bulgares dans la guerre qu'il eut à soutenir contre les Sarrasins, qui vinrent assiéger Constantinople, & furent obligés d'en lever le siège l'an 718. Il ne se passa rien de remarquable entre les Romains & les Barbares depuis cette époque, jusques au règne de Constantin Copronyme. L'an 755, ce prince ayant pris *Theodosiopolis* & *Melitine*, près de l'Euphrate, ramena avec lui les Syriens & des Arméniens, auxquels il donna des habitations dans la Thrace. Ces étrangers étoient la plupart Pauliciens, espèce de Manichéens desquels sont sortis les Athingans ou Bohémiens qui subsistent encore dans la Bulgarie, & dont je parlerai plus au long ci-après. C'est aussi de cette migration des Arméniens que les familles arméniennes établies aujourd'hui à Caffa & dans les autres villes de Crimée, prétendent tirer leur origine. Ils avoient déjà dans leur pays subi le joug des kaliphes. L'an 1755, lorsque le khan voulut augmenter la capitation des chrétiens, les Arméniens de Baktchesaraï me montrèrent un diplome original en arabe, du kaliphe Moavia, qui régloit la perception de ce droit, mais qu'ils produisirent inutilement. L'an 763, les Bulgares déclarèrent la guerre aux Romains; elle duroit encore en 775, lorsque Constantin mourut d'un charbon à la cuisse, dans une expédition qu'il avoit entreprise contre ces peuples dans la même année.

Léon IV, qui lui succéda, fut surnommé Chazare, à cause d'Irène sa mère, fille du roi des Chazares. Constantin Porphyrogenète rapporte qu'il avoit aussi épousé une femme de la même nation, & qu'il mourut d'une fièvre chaude, précédée de charbons, pour avoir porté une couronne, prise dans le temple de sainte Sophie, sans le consentement du patriarche. Ce fut sous son règne, en 777, que Téléric, prince Bulgare, s'étant refugié à Constantinople, y fut baptisé, & épousa Irène, parente de l'empereur, qui avoit été son parrain. Constantin succéda à Léon, & régna avec Irène sa mère. Il attaqua mal-à-propos les Bulgares en 790, par le conseil de quelques astrologues. Il fut battu & perdit plusieurs personnes considérables dans cette expédition.

Bardanne, surnommé le Turc, refusa l'empire, dont le patrice Nicéphore s'étoit mis en possession l'an 802, après avoir fait enfermer Irène sa bienfaitrice. En 811, Nicéphore étant entré en Bul-

garie, refusa la paix que le roi Crumne lui offrit; il fut enfermé, attaqué, & tué dans sa tente, & le roi des Bulgares fit faire une coupe de son crâne. C'est sous le règne de ce prince que commencent les fastes de cette étrange espèce d'hommes que nous connoissons sous le nom de Bohémiens, & que les Turcs appellent *Tchinghenès.* L'empereur Nicéphore étoit ami passionné des Pauliciens ou Manichéens, qui habitoient dans la Phrygie & la Lycaonie, son pays natal; leurs superstitions, connues de tout le monde, étoient de son goût; il leur donna la liberté de s'établir dans tout son empire. Constantin Copronyme les avoit déjà établis dans la Thrace. Cette secte prit de nouvelles forces en Arménie sous Michel; on les appeloit *Athingans*, d'où est venu par corruption le nom du *Tchinghenès* que leur donnent encore les Turcs & les autres nations de l'Orient. M. de Fleury rapporte en effet l'origine des Bohémiens aux Juifs & aux Athingans, qui étoient en très-grand nombre dans la haute Phrygie sous le règne de Michel-le-Bègue. Cet empereur étoit lui-même né à *Ammonium*, ville de la même province. Les Athingans étoient, à ce que l'on croit, les mêmes hérétiques que les anciens Melchisédéchiens, & ce nom étoit aussi commun aux Pauliciens & aux Manichéens d'Arménie. De ces deux sectes des Juifs & des Athingans, dont je viens de parler, il s'en étoit formé une troisième dont Michel-le-Bègue avoit embrassé les erreurs, qui lui avoient été transmises par la tradition de ses ancêtres. Les Athingans de cette troisième secte recevoient le baptême, & rejetoient la circoncision; mais ils observoient pour tout le reste la loi mosaïque; & chacun d'eux avoit chez lui un juif ou une juive, qui gouvernoit sa maison, tant pour le spirituel que pour le temporel. L'empereur Jean Zimiscès les plaça dans la Thrace, aux environs de *Philippopolis*, à la sollicitation du moine Théodore, que ce prince avoit élevé au siège d'Antioche, en reconnoissance de ce qu'il lui avoit prédit l'empire. Ce prélat pria l'empereur de transporter en Occident, & de confiner dans des lieux déserts, les Manichéens qui infectoient tout l'Orient de leurs infames superstitions. Ils habitèrent dans la Thrace avec assez de tranquillité jusqu'à l'an 1112, que l'empereur Alexis les poursuivit sous le nom de *Bogomiles*, ou gens implorant la miséricorde de Dieu. Basile, leur chef, fut brûlé à Constantinople. Euthymius Zygabène a parlé au long de leur hérésie dans sa Panoplie. Ces *Bogomiles* étoient une branche des Pauliciens transplantés aussi comme les Manichéens dans la Thrace. Le prince Cantimir, dans sa préface, explique le caractère des peuples qui habitoient l'Arménie majeure & la Turcomanie; recevant un prince de la main du Grand-Seigneur, & vivant comme les Tartares sous des tentes, changeant de demeures, & se transportant sans cesse d'un lieu dans un autre, professant en

Kk

apparence la religion mahométane, mais en négligeant tout-à-fait les préceptes. Il ajoute ensuite que le sultan Mourad ou Amurath IV, obligea quelques bandes de ces peuples de passer en Europe; il les mit en possession des plaines situées entre les différentes montagnes de la chaîne du mont *Hœnus*, que les Turcs nomment aujourd'hui *Tchenghe-Balkan*, depuis la ville d'*Aetos* jusques à *Philippopolis*.

Les Athingans ou Tchinganès sont en très-grand nombre aujourd'hui dans tout l'empire Ottoman; mais ils sont principalement répandus dans la Romélie ou Turquie en Europe; on en trouve une prodigieuse multitude dans toute la Thrace & la Bulgarie, dans la Walachie & la Moldavie, la Bessarabie & tous les états du khan des Tartares. Ils habitent particuliérement au midi du Danube, dans le *Tchenghe-Balkan*, où le sultan Amurath IV les avoit confinés. Ils s'occupent à la culture des terres & aux ouvrages de forge, qui font un très-grand objet de commerce dans la Bulgarie. Leurs femmes & leurs filles s'appliquent ordinairement à acquérir & perfectionner les talens des courtisannes de Turquie, la musique vocale & instrumentale, & la danse lascive; elles se prostituent souvent aux passans; il y a même dans toute la Romélie des lieux publics remplis de femmes bohémiennes, parmi lesquelles on en trouve quelquefois d'extrêmement séduisantes. Dans la Walaquie la forge est l'unique occupation des Bohémiens; ils ont obtenu du vaivode, avec privilège exclusif, la ferme de l'or que produit la rivière de *Bouzew*. Ils en retirent une assez grande quantité, en grains & en paillettes, qu'ils trouvent dans le sable & le limon qui forment le lit de cette rivière. En Moldavie ils sont tous esclaves; les seigneurs du pays les emploient à la culture de leurs terres, & à toutes sortes de services; ils en trafiquent même entre eux, & les vendent à très-vil prix; mais ils ne veulent pas que les étrangers en achètent, & ils se font une peine de les laisser sortir du pays. En passant à *Jaffy*, capitale de la Moldavie, j'eus envie d'en acheter un qui étoit rempli de talens, & divertissant à l'excès; on me l'auroit cédé par grace spéciale; mais un François qui se trouvoit là, me dissuada de m'en charger, & m'assura que ces sortes d'esclaves ne sont pas susceptibles d'attachement envers qui que ce soit; que non-seulement ils s'enfuient dès qu'ils en trouvent l'occasion, mais qu'ils poussent souvent l'infidélité jusques à voler & assassiner leurs maîtres.

Ces Athingans ou Bohémiens ne forment plus dans l'empire Ottoman une secte particulière, ils embrassent la religion des peuples qui les souffrent chez eux, & avec lesquels ils vivent; mais ils mêlent à la religion qu'ils professent les infames superstitions qu'ils ont reçues par la tradition de leurs pères. Ils sont chrétiens dans la Walaquie & la Moldavie, & mahométans dans les états du khan des Tartares, & dans toute la Romélie. Le mot de Romélie, en Turc *Roumili*, est le nom que les Mahométans-Sarrasins donnoient aux pays dépendans des Romains ou des Grecs. Les Turcs appellent encore ces derniers *Roums* & *Ouroums*, & la Turquie en Europe *Roumili*; parce que lorsqu'ils conquirent Constantinople, l'empire Romain étoit réduit pour tout domaine à une simple partie de cette région de l'Europe. Le nom de *Roumili* s'étendoit en effet autrefois à l'Asie mineure, lorsqu'elle appartenoit aux empereurs Grecs; la ville d'*Erzerom* a tiré son nom de *Arz-Roum*, qui signifie le territoire ou le champ des Romains, parce que cette ville étoit effectivement alors la plus avancée du domaine des Romains en Asie. Les Mahométans ont toujours conservé aux Grecs le nom de Romains, qu'ils affectoient de se donner eux-mêmes, pour relever Constantinople comme la nouvelle Rome. L'an 968, Luitprand, évêque de Crémone, ayant été envoyé à Constantinople par l'empereur Othon, pour demander à Nicéphore Phocas, une fille de l'empereur Romain-le-Jeune, pour le jeune Othon, ce prélat se trouvoit un jour à table avec l'empereur Grec; il fut piqué de ce que ce prince lui avoit reproché que ses compatriotes n'étoient pas des Romains, mais des Lombards & des Barbares. Il répondit à l'empereur: « Nous autres Lombards, Saxons » & Francs, nous n'avons pas de plus grande in- » jure à dire à un homme que de l'appeler Ro- » main; ce nom signifie parmi nous tout ce qu'on » peut imaginer de bassesse, de lâcheté, d'avarice, » d'impureté & de fourberie ». Dans la même année le pape Jean XII, ayant envoyé des nonces à Constantinople avec une lettre, dans laquelle il qualifioit Othon d'empereur des Romains, & donnoit à Nicéphore le titre d'empereur des Grecs, les courtisans de celui-ci s'écrièrent: « Comment la » mer a-t-elle pu souffrir un tel blasphème sans » engloutir le vaisseau qui le portoit? Le pape » ignore apparemment, ajoutèrent-ils, que lorsque » Constantin transporta le siège de l'empire à » Constantinople, il y amena le sénat & la no- » blesse Romaine, & qu'il ne laissa à Rome que » de vils esclaves, des pêcheurs, des cuisiniers, » & une vile populace ».

Staurace, fils de Nicéphore, étant mort de la blessure qu'il avoit reçue dans la malheureuse expédition de son père contre les Bulgares, Michel Rhangabé lui succéda. Celui-ci étoit gouverné par Théocrite, maître des offices; ce ministre lui fit un scrupule de rendre aux Bulgares payens les prisonniers & les transfuges qui s'étoient convertis. On pouvoit obtenir la paix à ce prix; la guerre continua, & les Bulgares prirent *Mesembria*, ville du Pont-Euxin, sur les confins de la Bulgarie & de la Thrace. Banduri, dans ses notes sur Constantin-Porphyrogénète, prétend que le mot sclavon *Eria* signifie une ville, & que c'est pour cela que l'on trouve tant de noms de lieux terminés de cette

façon, comme *Mefembria*, *Selimbria*, &c. Ceci
donne lieu à une obfervation. Ovide, dans fes
Triftes, fait mention de la ville de *Mefambria*;
il faut donc fuppofer que les Sclavons ont pris ce
terme de quelque langue antérieure au temps des
empereurs, & cela autorife toujours ma conjecture, que la langue felavonne eft fortie de celle
des anciens Baftarnes.

La bataille que Michel Rhangabé perdit contre
les Bulgares auprès d'*Andrinople*, l'engagea à abdiquer l'empire. Léon l'Arménien l'accepta, & ne
put empêcher la prife de cette ville, dont les
Bulgares s'emparèrent. Ils enlevèrent l'archevêque
Manuel, qui travailla le premier à leur converfion
l'an 813.

Léon périt par une conjuration de Michel-le-
Bègue, qui lui fuccéda, & qui fut remplacé lui-
même en 829, par fon fils Théophile. Sous le
règne de ce dernier, certains Barbares, conduits
par trois chefs, ravageoient les terres des Romains: ces Barbares devoient être les Turcs Hongrois, dont j'aurai bientôt occafion de parler, &
qui commençoient à faire des mouvemens. Théophile réfolut de s'oppofer à leurs progrès; & pour
pénétrer, par une efpèce de divination, quel feroit
le fuccès de cette guerre, on dit qu'il effaya de
rompre les trois têtes d'une figure de bronze d'un
ferpent qui étoit dans l'Hyppodrome. Cette figure
fubfifte encore aujourd'hui dans le même état,
dans cette place célèbre de Conftantinople. C'eft
au même empereur qu'il faut attribuer auffi la
porte Trajane, comme on peut le prouver par l'infcription que l'on y voit encore aujourd'hui. Il paroît
que fous le règne de Théophile, les Chazares vivoient
en bonne intelligence avec les Romains. Lorfque
ces Barbares voulurent bâtir la ville de *Sarcel*,
fur la rive occidentale du Tanaïs, Pechus, cagan
des Chazares, envoya des ambaffadeurs à l'empereur, pour le prier de la lui faire bâtir. Ce
prince lui accorda fa demande, & lui envoya
un candidat des Spathares, nommé *Petronas*, qui
paffa à *Cherfone*, pour s'y pourvoir des navires
& des ouvriers néceffaires, & s'avança de-là dans
le Tanaïs, jufques au lieu où l'on devoit jeter
les fondemens de la nouvelle ville. Petronas revint
à Conftantinople, après avoir exécuté fa commiffion, & confeilla à Théophile, s'il vouloit
contenir fous fon obéiffance la ville & le domaine
de *Cherfone*, d'établir dans cette ville un préteur,
& de ne pas fe fier à leur protevon, qui gouvernoit, comme j'ai dit ci-devant, conjointement
avec une efpèce de fénat, compofé des vieillards
& des primats de la ville. L'empereur goûta ce
projet, & après avoir revêtu Petronas de la dignité
de protofpathare, il l'envoya lui-même à *Cherfone*
en qualité de préteur, & ordonna au protevon
de lui obéir. Théophile mourut de chagrin de la
prife d'*Ammonium* fa patrie, qui lui fut enlevée
par le kaliphe Moutafem: c'étoit une ville de
Phrygie, dans l'Afie mineure.

Son fils Michel III régna après lui fous la tutèle de Théodora fa mère, & le confeil de l'eunuque Théoctifte, de Bardas, frère de l'impératrice,
& de fon oncle Manuel. C'eft de ce Michel dont
il eft parlé dans l'infcription qui fe trouve fur la
principale porte de la ville de *Sélivrée*. L'impératrice Théodora renouvella le traité de paix avec
Bogoris, roi des Bulgares, & lui rendit fa fœur
qui étoit captive. Cette princeffe, pendant fa ca-
tivité, avoit embraffé le chriftianifme; à fon retour
elle jeta dans le cœur de fon frère les premières
femences de la religion. L'an 865, ce prince,
à l'occafion d'une grande famine dont fon pays étoit
affligé, fongea à avoir recours au Dieu des chrétiens, dont fa fœur lui racontoit les merveilles.
La famine ceffa; Bogoris reçut le baptême avec
le nom de Michel, & l'année d'après, il écrivit
à Louis-le-Germanique pour lui demander un
évêque & des prêtres. Ce prince lui en envoya,
& ils furent même précédés par des légats ex-
pédiés de la part du pape, pour aller réfoudre
certaines queftions dont les Bulgares avoient demandé la folution. Elles rouloient fur quelques fcru-
pules qui leur avoient été infpirés par les Grecs,
defquels ils avoient reçu les premières inftructions.
Parmi des doutes affez férieux, ils demandoient
entre autres fi les femmes pouvoient porter des
caleçons, & s'il étoit abfolument néceffaire de
prier les mains jointes. Le crédit que les légats
du pape acquirent chez les Bulgares fut un puiffant
motif de jaloufie pour le patriarche Photius, &
l'un des plus grands intérêts du fchifme des Grecs,
parce que les patriarches vouloient difputer aux
papes la jurifdiction fur ces nouveaux profélytes.
Les ambaffadeurs du roi des Bulgares, qui affif-
tèrent en 870 au concile de Conftantinople, demandoient fi, pour la jurifdiction fpirituelle, ils devoient être foumis au pape ou au patriarche de
Conftantinople? Les légats d'Orient décidoient en
faveur du patriarche, fe fondant fur ce que les
Bulgares avoient conquis leurs pays fur les Grecs,
& y avoient trouvé des prêtres Grecs, defquels
ils avoient reçu les premières lumières de la religion.
Les légats d'Occident oppofoient à cela que cette
différence ne concluoit rien, & que le pape, quoique
latin, établiffoit en plufieurs endroits des évêques
grecs; que la divifion des empires n'entraînoit point
celle des fièges; & que le pape, par fon légat
à *Theffalonique*, avoit de tout temps gouverné
l'Epire, la Macédoine, la Theffalie & la Dardanie,
qui faifoient partie du pays des Bulgares; & 
qu'ayant perdu ce pays par l'invafion des Bulgares
payens, ils venoient de le recouvrer par leur
converfion, d'autant mieux qu'elle avoit été volontaire. Les arbitres de ce différend décidèrent cependant que les Bulgares fubiroient la jurifdiction
du patriarche de Conftantinople; & les légats du
pape fe retirèrent, après avoir protefté contre ce
jugement. Il eft dit que ni les Romains, ni eux
n'entendoient les Orientaux, qui vraifemblable-

ment parloient syriaque; mais la copie de la sentence fut donnée aux Bulgares en grec, qui sans doute étoit alors leur langue, puisqu'ils étoient Scythes Pontiques, comme ceux qu'ils avoient conquis, & ne différoient d'eux que par la religion.

Ceci concourt à justifier encore ce que j'ai dit ci-devant, que la langue sclavonne n'étoit point originairement la langue des Bulgares, & qu'ils ne l'ont adoptée que par le commerce qu'ils ont eu d'un côté avec les Sclavons méridionaux, & de l'autre avec les occidentaux. En effet, il vint avec les légats du pape deux moines nommés Constantin & Méthodius, qui traduisirent les livres saints en sclavon, & inventèrent des caractères pour cette langue. Cela ne fut pas fait pour les Bulgares, mais seulement pour les Sclavons établis dans la Moravie, dont le prince avoit demandé des missionnaires à l'empereur Michel, & qui ne connoissoient point encore l'art de l'écriture: ce qu'on ne peut pas dire des Bulgares; puisqu'ils avoient déja écrit des lettres au pape & à Louis-le-Germanique. Constantin & Méthodius, dans le séjour d'environ cinq ans qu'ils firent en Moravie, traduisirent en langue sclavonne tous les livres pour l'usage de l'église, dont les Sclavons se servent encore aujourd'hui; ce qu'ils auroient fait tout de suite pour les Bulgares chez lesquels ils avoient été envoyés, si le sclavon eût été la langue de ces peuples. Il faut observer bien plus que Constantin ne l'apprit lui-même que dans le voyage qu'il fit à *Cherfone*, en allant, par ordre de l'empereur Michel, chez les Sclavons septentrionaux, sur la demande qu'en avoit faite le prince des Chazares. Ce ne fut qu'à son retour qu'il se trouva en état d'exercer l'apostolat chez les Sclavons occidentaux dans la Moravie; & les Bulgares n'eurent rien de commun dans aucune de ces deux missions; au contraire, en vertu de la sentence des légats dont j'ai déja parlé, on leur donna un archevêque & des évêques tous Grecs, qui établirent entièrement le rit grec dans cette église; tous les efforts que firent les papes pour recouvrer la jurisdiction sur la Bulgarie furent inutiles. Constantin & Méthodius, qui avoient leur mission du pape, n'auroient pas même été soufferts dans ce pays-là; & en effet, quand le pape les appela à Rome pour les faire évêques, Constantin embrassa la vie monastique, & prit le nom de Cyrille, sous lequel sa mémoire est honorée; & Méthodius ne fut pas renvoyé en Bulgarie, mais en Moravie, où il continua d'exercer les fonctions de l'épiscopat. Le pape lui défendit même d'abord de faire la lithurgie en sclavon; mais quelque temps après, l'an 880, il lui écrivit en ces termes: « Nous approuvons les lettres sclavonnes inventées » par le philosophe Constantin, & il n'est point » contraire à la foi d'employer la même langue » pour célébrer la messe & lire l'évangile, ou » chanter les autres offices de l'église. Nous » voulons toutefois que pour marquer plus de » respect aux livres saints, on lise d'abord l'évangile en latin, puis en sclavon, en faveur du » peuple qui n'entend pas le latin ». Mais il est évident que ceci ne regarde absolument que la Moravie & les autres Sclavons des environs, puisqu'alors les Bulgares étoient entre les mains des Grecs, ne connoissoient absolument que leur rit, & n'avoient d'autre langue que la grecque. Ce n'est, je le répète encore, que par leur commerce avec les Sclavons établis dans la Moravie & la Servie, qu'ils ont dans la suite adopté la langue sclavonne. A l'égard de la messe & des offices divins, ils ont conservé jusques aujourd'hui l'usage de chanter en grec & en sclavon, de sorte qu'un chœur répète en sclavon ce que l'autre a chanté en grec. Ils disent indifféremment la messe dans l'une ou l'autre langue, suivant que le nombre des Grecs ou des Bulgares prédomine dans l'église; & soit que le prêtre célèbre la messe en grec ou sclavon, on y fait toujours la lecture de l'évangile dans les deux langues.

*Premières incursions des Russes vers le midi.*

Ce fut sous le règne de l'empereur Michel III, que l'on commença à entendre parler des Russes; l'an 861 ils se montrèrent à l'entrée du Pont-Euxin, & même dans les îles les plus voisines de Constantinople; ils s'avancèrent de-là jusques dans la Thrace. Leurs courses passagères se changèrent bientôt en une navigation annuelle & réglée, qui avoit le commerce pour objet, & commença de porter chez les Bulgares la langue sclavonne, qui peu à peu leur devint commune. La navigation des Russes commençoit à *Kiovie*, & finissoit à *Mesembria*, ville frontière, entre la Bulgarie & la Thrace. Leurs fréquens voyages dans ces régions méridionales, donnèrent bientôt lieu à leur conversion: l'empereur Basile, successeur de Michel, ayant gagné leurs chefs par des présens, leur persuada de se faire chrétiens, & d'accepter un archevêque & des prêtres pour les instruire. Ce qui augmenta toujours de plus en plus les liaisons & le commerce des Russes & des Sclavons septentrionaux avec les Bulgares, & mit insensiblement ces derniers dans la nécessité d'apprendre leur langue. Nous voyons en effet que le pape Jean XIII, ayant permis en 950 l'établissement d'un couvent en Bohême, dont les peuples, de même que les Polonois, étoient Sclavons, ce pontife leur défendit de suivre le rit des Bulgares & des Russes, & même de se servir de la langue sclavonne pour l'office divin. Ce qui indique, dès-lors, la confusion des Russes avec les Bulgares, par l'uniformité du rit grec; que le pape ne vouloit pas laisser établir dans la Bohême, qui étoit sous sa jurisdiction.

Basile étoit né dans un bourg auprès d'*Andrinople*, de parens pauvres; il avoit été élevé en Bulgarie, où il fut transporté l'an 813, après la prise d'Andrinople. On peut voir dans Zonare les présages fabuleux de son élévation pendant qu'il étoit chez les Bulgares, avec lesquels il n'eut aucun démêlé. L'an 890, sous le règne de Léon-le-Sage, son fils & son successeur, les Bulgares déclarèrent la guerre aux Romains, & prirent pour prétexte les levées injustes que les ministres de l'empire avoient voulu faire sur eux. Léon assembla pour les repousser une nombreuse armée, qui fut entièrement mise en déroute ; les Bulgares firent un grand nombre de prisonniers, & les renvoyèrent à Constantinople, après leur avoir fait couper le nez. Le désir de tirer vengeance de cet affront, fit concevoir à l'empereur le dessein de se liguer avec les Turcs Hongrois, qui, sous la conduite de leur chef Arpad, habitoient alors dans la *Bessarabie* & la *Walaquie*, sur les bords du Danube. Il fit avec ces Barbares toutes sortes d'avances, & leur envoya même des présens afin de les mettre dans ses intérêts, & de les engager à faire une diversion sur les Bulgares. En attendant, pour tromper & amuser ces derniers, il leur envoya un émissaire avec une commission supposée, & pendant ce temps-là il assembla ses troupes, & en donna le commandement à Léon Phocas. Mais les Bulgares ne prirent pas le change ; ils retinrent l'émissaire, & se mirent en campagne. Les Turcs exécutèrent le projet qu'ils avoient concerté avec l'empereur ; ils tombèrent en effet sur les Bulgares, & les poussoient avec tant de vigueur, que ceux-ci se virent obligés de quitter les Romains pour aller s'opposer à ces nouveaux ennemis. Ils leur livrèrent bataille sur le bord du Danube ; mais ils furent défaits, & contraints de se retirer en déroute à *Distra*. Cet échec les obligea de faire à l'empereur des propositions de paix. Mais ayant eu avis ensuite que les Romains étoient disposés à abandonner l'alliance des Turcs, & que ceux-ci se trouvoient dépourvus d'armes & de provisions, ils saisirent une conjoncture si favorable pour se venger de ces Barbares ; ils entrèrent dans leur pays, & firent un affreux carnage des habitans.

C'est, je pense, au règne de Léon-le-Sage qu'il faut rapporter la première incursion des Turcs Madgiars ou Hongrois dans la Moravie ; quoique des écrivains de l'histoire de Hongrie prétendent que cet événement arriva l'an 744, sous Constantin Copronyme. L'empereur Constantin Porphyrogenète, qui écrivoit l'an 949, parle de l'invasion des Turcs comme d'une affaire arrivée cinquante ans auparavant. Il faut donc fixer cette époque à l'an 898 ou 899. Le témoignage de Rheginon confirme cette opinion. Cet abbé de Prum, dans le diocèse de Trèves, a composé une chronique qui s'étend depuis la naissance de Jésus-Christ jusqu'à l'an 908. Il rapporte cet événement à l'an 889, qui revient toujours au règne de Léon-le-Sage, puisque ce prince monta sur le trône l'an 886, & mourut l'an 911.

Michel Ritius, Napolitain ; Abraham Bakcshay, Hongrois, & quelques autres auteurs, prétendent que les Turcs Hongrois dont je parle actuellement, étoient les mêmes que les Huns, qui avoient envahi la Pannonie du temps de Valens, & commis tant de désordres sous le roi Attila. Suivant le témoignage de ces deux écrivains, après la mort d'Attila, Chaba & Aladarius, ses fils, se disputèrent long-temps la royauté. Arderic, roi des Gépides, profita de leur division pour faire la guerre aux Huns conduits par Aladarius, qui fut entièrement défait, & périt dans un combat. Chaba, avant cette déroute, étoit retourné dans son ancienne patrie, avec soixante de ses frères, & une grande partie des Huns, dont il ne resta qu'un petit nombre dans la Pannonie. Ces Huns, au rapport des mêmes historiens, revinrent en Occident l'an 744 ; ils étoient conduits par sept chefs, dont le principal étoit Arpad, qui se ligua, comme on l'a déjà vu, avec l'empereur Léon-le-Sage contre les Bulgares. Ces historiens, pour prouver la vérité de leur système, font descendre cet Arpad de la race des premiers Huns : ils le supposent fils d'Almus, fils d'Eleud, fils d'Ugek, fils d'Ed, fils de Chaba, fils d'Attila, & joignent cette généalogie à celle de ce prince, que l'on trouve chez presque tous les écrivains de l'histoire de Hongrie, & qui n'a pas plus de fondement. Bonfinius en effet se moque de l'une & de l'autre, & proteste qu'il ignore où ces auteurs peuvent les avoir puisées ; il paroît même persuadé que les Huns n'ont jamais quitté la Pannonie. C'est l'opinion la plus probable. Les Turcs peuvent bien, à la vérité, avoir la même origine que les premiers Huns ; mais il faudroit en chercher la source dans les temps les plus reculés ; & dans l'époque dont je parle, il paroît que ces deux nations étoient tout-à-fait différentes ; il n'en faut pas d'autres preuves que la diversité des langues qu'elles ont portées dans la Pannonie. Les Huns, peuples Sclavons, y ont introduit la langue sclavonne, & les Turcs y ont porté & y parlent encore la hongroise, qui n'a aucune affinité avec la première.

Les Turcs Madgiars ou Hongrois, qui partirent de la Sarmatie, & envahirent dans la suite la Moravie, étoient situés alors sur la côte septentrionale du Palus Mœotide, entre le Tanaïs & le Borysthène, dans le pays où est aujourd'hui la horde des Nogaïs de l'Ianboïlouk, sujets du khan des Tartares de Crimée, dans le pays où coule le *Chydmas*, appelé aussi *Chingilus*. Ce fleuve doit être le *Berda-major*, que M. de l'Isle place effectivement dans cet endroit-là. On appeloit alors ces Turcs *Sabartæ Asphali* ; ce nom leur étoit venu d'un lieu appelé *Sabaria*, que les géographes placent sur la rive septentrionale du *Palus Mœotide*. Ils avoient été long-temps amis, alliés des Chazares, & les accompagnoient même dans toutes leurs courses. Le cagan des Chazares, pour les récompenser de leurs services, donna sa fille en mariage à Lebidias leur chef. Le nom de Hongrois leur vient de celui d'*Ongour*, que les historiens de la Byzantine ont donné par corruption aux hordes d'*Igours*, qui font paffés à l'occident du Volga, fe font confondus avec les Turcs leurs compatriotes, & les ont fuivis dans leurs conquêtes. Dans la pofition où fe trouvoient alors ces Turcs Hongrois, ils avoient à l'orient les Patzinacites, qui habitoient entre le Tanaïs & le Volga, & confinoient avec les Uzes & les Bulgares noirs.

Au midi des Turcs & des Patzinacites, en allant d'orient en occident, on trouvoit d'abord, vers la mer Cafpienne, les Uzes, les Cabares, tribu des Chazares, dont j'ai déjà parlé, & qui occupoient les deux Cabartas. A-peu-près dans les temps dont je parle, il s'éleva chez ces peuples une difcorde civile, & il fe forma deux partis qui fe livrèrent bataille; ceux des vaincus qui ne furent pas tués dans l'action, fe refugièrent chez les Turcs dans la terre des Patzinacites, où ils s'établirent. Les deux nations s'accommodèrent à merveille enfemble; les Cabares enfeignèrent même aux Turcs la langue des Chazares, & occupèrent en communauté avec eux le terrein qui avoit auparavant appartenu aux Patzinacites.

Après les Cabares venoient dans la même direction d'orient en occident, les Alains dont j'ai fait mention, & les Ziques; & après ceux-ci les Papages & les Chazaks, dont les pays formoient partie de ce qu'on appelle aujourd'hui la Circaffie proprement dite. C'eft, je penfe, dans la Chazakée qu'il faut chercher l'origine des Cofaques d'aujourd'hui, qui furent vraifemblablement du nombre des divers peuples qui, fous les noms d'Uzes, de Madgiars, de Cabares, &c. vinrent s'établir dans les terres fituées entre le Don & le Boryfthène, après en avoir chaffé les Patzinacites, comme on le verra ci-après. Je n'oferois combattre l'opinion du favant auteur de l'hiftoire des Huns, qui penfe que le mot de *Cofaque* vient par corruption du nom du pays de *Kaptchak*, fitué à l'orient du Volga, d'où il prétend que les Cofaques font originaires. Il me paroit cependant qu'il n'eft pas néceffaire d'avoir recours à cette étymologie, puifque dès le temps de Conftantin Porphyrognète ces peuples avoient déjà le nom de Chazaks, que les Turcs & tous les Orientaux leur donnent encore aujourd'hui, & qu'ils diftinguent parfaitement de celui de *Kaptchak*. Cela même n'a rien de contradictoire avec leur première origine. Il eft certain en effet qu'avant d'occuper la contrée connue du temps de Conftantin fous le nom de Chazakie, ils doivent être venus de plus loin, & être fortis des pays au-delà du Volga, comme tous les autres Barbares de cette région, qui fe font infenfiblement avancés d'orient en occident. Quelques-uns croient que les Polonois ont donné aux Cofaques ce nom, du mot *Cofak*, qui fignifie une chèvre, parce qu'ils s'habilloient anciennement de la peau de cet animal. Il eft certain au refte, que cette nation n'eft guère connue fous ce nom en Europe, que depuis le milieu du feizième

fiècle. Elle eft aujourd'hui divifée en quatre branches principales: les Cofaques d'Ukraine, les Zaporowki ou Zuporoviens, les Donski ou Cofaques du Don, & ceux du Jaïk. Il y en a une cinquième branche, qui forme une petite tribu dépendante du khan des Tartares de Crimée; on les appelle *Sari-Inad* ou *Sari-kamiche-Caʒaki*; ils habitent au nord du fleuve Couban, vers la côte orientale de la mer de Zabache. Les Cofaques d'Ukraine font les plus nombreux; on comprend fous ce nom tous ceux qui occupent la province d'Ukraine, & une partie de la Podolie & de la Ruffie Rouge. Je crois devoir hafarder ici une obfervation que j'ai faite fur le nom de la province d'Ukraine, dont je ne trouve l'étymologie nulle part; il me femble l'avoir découverte dans une ancienne infcription rapportée par le père Montfaucon dans fon recueil d'antiquités. Il y eft fait mention du maufolée de la famille Plautia, fur lequel on lit l'épitaphe de Tibérius Plautius, conçue en ces termes:

*Propraetor Moeſiæ, in quâ plufquam centum millia ex numero tranſdanuvianorum ad præſtanda tributa cum conjugibus ac liberis & principibus aut regibus fuis tranſduxit, &c. Scytharum quoque regem, Acheronenſi, quæ eſt ultra Boruſtenem, obſidione ſummoto. Primus ex eâ provinciâ magno tritici modo annonam. P. R. adlevavit.*

Cette province d'Acherone, qui étoit en-delà du Boryfthène, reffemble beaucoup à l'Ukraine, & il eft très-vraifemblable que du mot *Acheronia* on aura fait par corruption *Okrainia*, nom que les Ruffes & les Polonois lui donnent actuellement.

Les Chazares habitoient, dans les temps dont je parle, fur la côte orientale de la mer de Zabache, depuis le Couban jufques vers Azoph; ils occupoient auffi cette étendue de pays coupée par le Bofphore Cimmérien & les bouches du Couban, qui forment des efpèces d'îles, où ces peuples étoient établis en neuf différens diftricts, qu'on appeloit *novem regiones Chaʒariæ*. Ils confinoient avec les Patzinacites, les Uzes & les Alains; leur principale ville étoit *Sarcel* fur le petit *Tanaïs* ou le *Doneʒ*. Conftantin Porphyrogenète obferve que le prince des Alains peut porter la guerre chez les Chazares, parce que la contrée appelée *Novem Regiones* fe trouve limitrophe avec l'Alanie. Il ajoute qu'une femblable guerre réduiroit la Chazarie à la dernière extrémité, parce qu'elle tire fa fubfiftance de cette petite contrée des *Novem Regiones*. On peut juger de-là, comme je l'ai déjà dit, que les Chazares habitoient le long de la rive orientale du Palus Moeotide & du Tanaïs. De forte que pour pouvoir commercer avec les Cherfonites, les Bofphoriens & les neuf régions, il falloit que les Alains leur donnaffent le paffage; & lorfqu'ils étoient en guerre avec ceux-ci, la communication étoit interceptée. D'où Conftantin conclut qu'il convenoit aux premiers de maintenir la paix & la bonne intelligence. Il y a lieu de penser, ainsi que je l'ai déjà observé, que les neuf régions étoient les îles de *Taman*, d'*Achou*, & les autres îles que forment les branches du Couban, entre la mer de Zabache & la mer Noire.

Au midi des Chazares, sur la rive du Pont-Euxin, étoient les *Abasgii*, qui sont les Abases d'aujourd'hui.

C'est-là-à-peu-près l'idée que l'on doit se former de la position où se trouvoient les peuples barbares qui environnoient le Palus Mœotide, vers la fin du neuvième siècle, lorsqu'ils commencèrent de se chasser les uns les autres, & que leur déplacement donna lieu à l'irruption des Turcs dans la Pannonie.

Les Uzes étoient, comme on l'a déjà vu, les peuples les plus voisins de la mer Caspienne; ils sont les auteurs des Tartares Usbeks; on les appeloit aussi *Madgiars*, nom que les Turcs donnent encore aux Hongrois d'aujourd'hui, & qui montre visiblement les progrès de ces peuples orientaux. Vers le commencement du neuvième siècle les Uzes se liguèrent avec les Chazares, & firent ensemble guerre aux Patzinacites. Ce démêlé est le principe de cette fameuse transmigration des Turcs Hongrois, qui s'avança des bords de la mer Caspienne jusqu'à la Pannonie, appelée alors *Moravie*.

Les Patzinacites habitoient la pointe du triangle que forment l'*Atel* & le *Géek*, en se rapprochant l'un de l'autre. L'*Atel* est le *Volga*; les Tartares l'appellent encore *Edel*, & dans la relation de Rubruquis, envoyé par S. Louis au grand khan des Tartares, ce fleuve est appelé *Etilia*. Le *Géek* est le *Don*; & M. de l'Isle a observé que le *Donetz*, ou le petit Don, est le véritable *Tanaïs* des anciens. Les Patzinacites, dans cette position, avoient au midi les Uzes vers la mer Caspienne; les Cabares, les Alains & les Ziques sur le mont Caucase; & les Chazares sur la mer de Zabache. Au commencement du neuvième siècle, ces Patzinacites furent attaqués par les Uzes joints aux Chazares; & ayant été mis en déroute, & chassés de leur pays, ils se virent contraints de se jeter sur les Turcs, qui habitoient, comme on l'a vu ci-devant, entre le Don & le Borysthène, sur la côte septentrionale du Palus Mœotide. Quelques-uns d'entre eux suivirent les Uzes leurs vainqueurs, & se confondirent avec eux.

La guerre s'alluma bientôt entre les Patzinacites & les Turcs; ceux-ci ayant été vaincus, se divisèrent en deux bandes; les uns passèrent en Orient, & se répandirent dans la Perse, d'où ils vinrent dans l'Asie mineure fonder l'empire des Ottomans. Ceux-ci reconnoissent encore aujourd'hui pour leurs frères les Turcs Madgiars ou Hongrois, qui, lors de cette séparation, prirent le chemin de l'occident, & se jettèrent sur la rive occidentale du Pont-Euxin. Ce sont les Barbares

qui commencèrent à ravager les terres des Romains sous l'empereur Théophile. Ils étoient conduits par Lébidias leur chef. Constantin Porphyrogenète nous apprend que le cagan des Chazares voulut mettre ce général à le tête de tous les Turcs; mais il refusa cet honneur, & aima mieux qu'il fût conféré à Arpad, fils d'Almus, que les historiens Hongrois font descendre d'Attila. Par ce premier déplacement des Barbares, les Uzes se trouvèrent établis dans le pays qu'ils conquirent sur les Patzinacites, entre le Volga & le Don. Les Chazares leurs alliés, profitèrent de cette révolution pour s'étendre vers le Donetz ou le Tanaïs, sur le bord duquel ils fondèrent la ville de *Sarcel*, avec le secours de l'empereur Théophile. Les Patzinacites s'établirent entre le Don & le Borysthène, dans le territoire d'où ils avoient chassé les Turcs. Ceux-ci s'arrêtèrent le long du Pont-Euxin, dans la province d'*Okzakow*, & dans la Bessarabie ou le Boudgeak, jusques au Danube; ils s'étendirent même jusques dans la Moldavie & la Walaquie. Ces deux provinces étoient habitées alors, comme aujourd'hui, par les descendans des légions romaines, mêlés avec le reste des Barbares qui avoient successivement inondé ces contrées.

Les écrivains de l'histoire de Hongrie ne font point mention de ces démêlés des Turcs avec les différentes nations; ils les supposent partis du fond de la Sarmatie, avec le dessein formé de conquérir la Pannonie; & ils nous donnent le détail de leur route, depuis qu'ils ont passé le Tanaïs, jusques à leur arrivée dans la Moravie. Suivant le rapport de Bonfinius, ils traversèrent le pays des *Roxolans*, des *Hamaxobes*, des *Sarmates* & des *Tauro-Scythes*, comme des voyageurs, & sans commettre le moindre acte d'hostilité. Bien loin de-là, ils brûloient d'un si violent desir d'arriver dans la Pannonie, qu'ils dissimuloient les insultes qu'on pouvoit leur faire en chemin, crainte que la nécessité d'en tirer vengeance ne les engageât dans quelque guerre qui auroit pu retarder leur voyage. Ils passèrent ensuite chez les Bastarnes, & s'avancèrent chez les *Besses* & les *Albanois*. Plusieurs auteurs ont assuré que les *Sicules* ou les *Huns*, qui, sous la conduite d'Attila, s'étoient emparés de cette partie de la Dacie qui est aujourd'hui la Transylvanie, & l'avoient occupée jusques alors, vinrent au-devant de leurs prétendus compatriotes, jusques chez les Roxolans & les Hamaxobes, qui sont les Russes d'aujourd'hui. Les Turcs fatigués d'une si longue route, s'arrêtèrent sous les monts *Amadoros* & les monts *Peucins*, & se seroient peut être déterminés à se fixer dans cette contrée, & à la cultiver, s'ils n'en avoient été détournés par la fabuleuse aventure des aigles, dont une multitude innombrable vint fondre sur leurs chevaux & leurs bestiaux, & enlever même les viandes sur leurs tables. Ils prirent cela pour un mauvais augure, & un avertissement de poursuivre leur entreprise. Ils passèrent en effet les monts,

& allèrent se fixer dans la partie de la Dacie qu'on appelle à présent la Transylvanie, malgré les efforts que firent les Bastarnes, les Peucins & les Besses pour les en empêcher.

Cette station des Turcs dans la Transylvanie, rapportée par les historiens Hongrois, me paroît la même époque que leur venue dans la Bessarabie, la Walaquie & la Moldavie. Le témoignage de Constantin Porphyrogenète est plus digne de foi sur ce point qu'aucun autre, parce que ce prince nous parle d'un événement arrivé, pour ainsi dire, de son temps & sur ses terres, & dont probablement il a dû être mieux informé qu'aucun autre historien. Ce fut de cette nouvelle habitation que les Turcs Hongrois passèrent dans la Moravie, à la sollicitation de l'empereur Arnoul, qui les y attira lui-même, pour l'aider à soumettre *Swietopolk* ou *Seutoplochus*, ou *Suathès*, duc de Moravie, qui s'étoit révolté contre lui, & régnoit dans cette contrée. Ces Barbares étoient divisés en sept corps de 30,857 hommes chacun, qui formoient ensemble une armée de 216,000 combattans, tirés de cent huit tribus différentes. Ils avoient à leur tête sept chefs, dont le premier étoit Arpad, fils d'Almus; les autres étoient Zabolch, Gycla, Lehel, Chund, Verbuch & Urs. Ils formèrent sept camps, qu'ils fortifièrent de fossés très-profonds. Cet endroit a été depuis appelé *Siebenbourg*, ou les sept châteaux.

Les Turcs Hongrois, avant de faire des tentatives pour pénétrer dans la Pannonie, envoyèrent Cusid, fils de Chund, pour reconnoître le terrein. Celui-ci partit, accompagné de peu de personnes; il passa les monts *Crapaks* & le *Tibisc*, & prenant sa route par le pays des Jaziges Matanastes, il s'avança jusqu'au Danube, & se rendit chez Seutoplochus, à qui il exposa le motif de sa mission. Ce duc voyant ses fertiles pays dépeuplés, fut charmé de l'arrivée de ces nouveaux colons, dont il se flatta dès-lors de tirer de grands avantages pour la guerre & pour l'agriculture. Il promit de donner aux Turcs des terres & des habitations, & renvoya leur émissaire avec des marques de sa munificence. Cusid, satisfait du succès de sa légation, rapporta à son retour à Arpad, un peu de terre, d'herbe & d'eau du Danube, pour lui donner une idée de la fertilité du terrein. Arpad assembla tous les autres chefs pour leur faire savoir que tout avoit réussi suivant leurs desirs. Il adressa ensuite une longue prière à Mars & à Hercule, & fit une libation avec l'eau du Danube. Après quoi les chefs envoyèrent en reconnoissance à Seutoplochus, par le même Cusid, un cheval blanc magnifiquement enharnaché. Mais lorsqu'ils jugèrent que le temps étoit arrivé de s'emparer de la Pannonie, ils firent leurs préparatifs, descendirent par les monts *Crapaks* jusques aux bords du Danube, & envoyèrent de-là un ambassadeur à Seutoplochus, pour lui signifier de la part des sept chefs, qu'il eût à abandonner au plûtôt la terre qu'il leur avoit vendue,

& dont le cheval avoit été le prix. Le duc alarmé de se voir intenter une aussi étrange querelle, par des hôtes auxquels il préparoit l'accueil le plus favorable, se mit en devoir de repousser la violence dont il étoit menacé. Il assembla une armée, & passa sur la rive septentrionale du Danube. Après plusieurs escarmouches, il voulut tenter une bataille décisive, dont le sort lui fut funeste; ses troupes furent mises en fuite, & lui-même périt en repassant le fleuve avec le plus grand nombre de ses soldats. Ceux qui se sauvèrent furent ensuite taillés en pièces par les ennemis, qui les poursuivirent jusques sur l'autre bord. Une victoire aussi complète mit les Turcs Hongrois en possession de toute la Pannonie. Ils s'y confondirent avec les anciens Huns, les Avares & les Sicules, qui s'étoient venus avant eux; ils ne formèrent plus qu'une même nation, & combattirent dès-lors sous les mêmes drapeaux. Ces Barbares se trouvèrent par-là établis dans la grande Moravie, la Transylvanie, la Moldavie & la Walaquie. Les Moraves & les Sclavons chassés de leur pays se dispersèrent de tous côtés, & se répandirent chez les Serviens, les Croates, & principalement chez les Bulgares, auxquels ils rendirent la langue sclavonne encore plus familière.

Cette incursion des Turcs, suivie de celle des Patzinacites, effraya si fort l'Occident, qu'à cette occasion on agita le problème, si ces nouveaux Scythes n'étoient point le peuple ennemi de Dieu, dont il est parlé dans les prophètes sous le nom de *Gog* & de *Magog*. On voit par une dissertation qui parut dans ce temps-là, qu'on les appeloit Hongrois, sans savoir pourtant quelle nation ce pouvoit être, ce nom ayant été inconnu jusques alors.

Les Turcs établis dans ce nouveau pays, qui fut depuis appelé la *Hongrie*, y étoient divisés, suivant les historiens Hongrois, en sept districts; & au rapport de Constantin Porphyrogenète, en huit familles confédérées, qui avoient chacune leur chef, & étoient cependant toutes soumises à un général ou vaivode. Il paroît que cette dignité fut héréditaire dans la postérité d'Arpad, dont le fils & le successeur fut Zoltan ou Sultan; celui-ci eut Toxus, duquel naquit Geysa, père de S. Etienne, qui fut le premier roi de Hongrie. Au reste, le pays que les Turcs Hongrois envahirent dans cette transmigration, est désigné par Constantin Porphyrogenète d'une manière à ne pas s'y méprendre, par les ruines du *pont de Trajan*, la ville de *Belgrade*, éloignée de deux journées de Sirmium ou *Sirmich*, & par les rivières de *Temeses*, de *Marese*, & de *Titza*, qui arrosoient cette contrée, & qui sont la *Tamisch*, la *Marriza* & la *Thaïsse* d'aujourd'hui. Le territoire des Turcs, suivant le même auteur, étoit borné à l'orient par les Bulgares Pontiques, qui en étoient séparés par le Danube; au midi par les Croates & les Serviens; au couchant par les Francs ou Saxons; & au septentrion

septentrion par les Patzinacites. Cette description n'est cependant pas tout-à-fait exacte, puisque par la situation oblique du terrein, les Patzinacites, qui se trouvoient alors sur les côtes de la mer Noire, étoient plûtôt à l'orient qu'au septentrion.

Examinons à présent quelle devoit être la langue des Turcs Hongrois. J'ai déjà dit plus haut, que les Cabares, & d'autres tribus de Chazares, qui se joignirent aux Turcs, lorsqu'ils habitoient encore aux environs du Tanaïs, leur avoient donné leur langue, c'est-à-dire, celle des Chazares, qui leur devint commune, & qu'ils se rendirent encore plus familière, par le commerce & l'union qu'ils entretinrent avec eux pendant plusieurs années. Lorsque Constantin, apôtre des Sclavons, fut envoyé par l'empereur Michel chez les Chazares, pour les instruire dans la foi, il s'arrêta quelque temps à Chersone, pour y apprendre leur langue. On a douté si cette langue des Chazares étoit la sclavonne. Mais ce doute est décidé par l'observation qui précède, puisqu'il est démontré que cette langue des Chazares étoit la même que celle des Turcs Hongrois; que la langue de ces Turcs, qui subsiste encore dans la Hongrie, n'a aucun rapport avec le sclavon, ni aucun autre langage connu en Europe. Il est vrai que Constantin étudia aussi le sclavon à Chersone, où il étoit bien à même de l'apprendre par le concours des Russes & des autres peuples sclavons qui commerçoient avec les Chersonites; mais cela ne prouve pas que cette langue fut celle des Chazares, & l'on pourroit plus raisonnablement conclure qu'il apprit l'une & l'autre dans ce voyage. Tout cela confirme l'opinion que j'ai déjà mise au jour, que la langue hongroise doit être fille de la circassienne; cette dernière langue est très-ancienne: elle a toujours été en vigueur dans les pays situés entre le Pont-Euxin, le Caucase & la mer Caspienne; on ne peut pas douter que les Chazares, les Abasges, les Ziques, les Cabares, les Uzes, & toutes les tribus qui se sont mêlées avec les Turcs, ne fussent des nations circassiennes. Il est donc probable que le circassien étoit leur langue, puisque les Chazares, les Abasges & les Cabartins d'aujourd'hui, qui sont leurs descendans, la parlent encore. On sait, par le témoignage de tous les auteurs, que les Turcs Hongrois adoptèrent la langue des Chazares. Si donc ces peuples avoient eu une autre langue que la circassienne, on en trouveroit les vestiges dans la hongroise, & il est manifeste que cette dernière n'a pas le plus léger rapport, ni la moindre affinité avec aucun autre langage connu, si ce n'est avec le circassien & le tartare. Il faut donc nécessairement que le fond de la langue hongroise soit le circassien, & que les racines tartares que l'on y retrouve soient les débris de la langue tartare, qui, dans les premiers temps, devoit être commune aux Turcs Hongrois, puisque leur première origine remonte dans la grande Tartarie. L'uniformité

de quelques noms hongrois, illustres dans l'histoire, avec les noms circassiens, est encore une sorte de preuve de ce que j'avance. Michel Ritius, dans son livre *de Regibus Hungariæ*, dit qu'un des chefs des Turcs Hongrois, qu'il appelle *Huns*, étoient un nommé *Sciia*; ce pouvoit être un beg du Cabilé ou tribu circassienne qui porte le nom de *Seiii*. Bonfinius, dans le neuvième livre de sa première Décade, raconte que *Zabolch*, l'un de ces mêmes chefs, donna origine à la tribu des *Chaki*; & l'on trouve aujourd'hui la tribu de *Chaka* dans la Circassie. Un autre chef, appelé *Gyla*, ne peut-il pas avoir été quelque beg de la tribu circassienne de *Gylo-Kouadje?* On retrouve des noms circassiens dans des temps bien plus reculés: Procope nous dit que les Portes Caspiennes appartenoient à *Ambasace*, Hun de nation, & grand ami des Romains, qui offrit de céder ces Portes à l'empereur Anastase. Cet Ambasace étoit certainement un beg de la tribu d'*Abasace*, qui est une des plus considérables de la Circassie, & dont le nom a été un peu altéré par l'historien grec. Je pourrois trouver encore beaucoup de noms aussi conformes; mais je crois qu'il suffit d'en avoir cité quelques-uns. J'ai donné l'énumération exacte de toutes les tribus circassiennes dans un ouvrage manuscrit sur *l'état présent de la petite Tartarie*, que j'ai envoyé à la Cour en 1755.

Après avoir conduit les Turcs Hongrois jusques dans la grande Moravie, il est temps de dire ce que devinrent les Patzinacites, qui les chassoient devant eux, & s'emparoient successivement de leurs habitations. Dans le temps dont parle Constantin Porphyrogenète, c'est-à-dire, 50 ans avant celui où il écrivoit, les Patzinacites s'emparèrent des terres que les Turcs quittèrent pour passer dans la Pannonie. On ne sait pas bien s'ils les en avoient encore chassés, ou s'ils en prirent seulement possession, parce qu'ils les virent abandonnées. Il paroît en toute manière que les Patzinacites occupoient dans ce temps-là, en-deçà du Borysthène, l'ancien pays des Gètes, la Moldavie, le long des rivières de *Pruth* & de *Seret*, la Bessarabie, & ce que nous appelons aujourd'hui le territoire d'*Olzakow*, & qu'ils s'étendoient en-deçà du Borysthène jusques à la ville de *Sacel*, que les Chazares avoient bâtie sous l'empereur Théophile. On comptoit de cette ville au Danube soixante journées de chemin.

Les Patzinacites étoient divisés en huit tribus; dont quatre appelées *Cuartzizur*, *Syrucalpée*, *Borotulmat* & *Bulatzorpon*, étoient au-delà du Borysthène; il y en avoit quatre autres en-deçà de ce fleuve, celles de *Giazichopon* vers la Bulgarie, celle de *Gyla* du côté des Turcs, celle de *Characæ* sur les frontières de Russie, & celle de *Jubdiutin*, qui confinoit avec les *Ultini*, les *Berblenini*, les *Lanzaneni*, & d'autres peuples sclavons tributaires des Russes. On voyoit dans ces cantons en-deçà du Borysthène, des vestiges de quantité de villes & d'églifes chrétiennes, de même que des croix taillées dans le tuf. C'étoit apparemment les débris des monaftères que les premiers miffion-naires envoyés chez les Goths & chez les Scythes nomades, avoient fait bâtir fur les côtes du Pont-Euxin.

La fituation des Patzinacites engageoit les em-pereurs de Conftantinople à rechercher leur amitié, parce qu'ils pouvoient s'en fervir utilement contre les Ruffes, les Turcs & les Bulgares. On verra dans la fuite combien les Ruffes avoient à craindre de leur part, & combien ils fe précautionnoient contre eux dans leur navigation du Boryfthène & du Pont-Euxin, jufqu'à ce qu'ils fuffent arrivés aux bouches du Danube. Ils étoient la terreur de tous leurs voifins, à caufe de leur multitude & de leur valeur; on les voyoit toujours prêts à fe jeter fur les terres de ceux qui fe mettoient en cam-pagne pour quelqu'expédition. Ils menoient une vie errante, fuivant les faifons, tantôt au-delà & tantôt en-deçà du Boryfthène. En temps de paix ils vivoient du produit de leurs troupeaux, & fourniffoient aux Ruffes des moutons & des bœufs, & même des chevaux. Ils avoient auffi une efpèce de commerce de tranfport & de cabotage, qui confiftoit à voiturer, tant par terre que par mer, moyennant un certain prix, les denrées, les épi-ceries, les pelleteries & les étoffes, que l'on faifoit paffer de Conftantinople ou de Cherfone dans la Ruffie, & chez les Chazares & les Circaffiens. Ils étoient infidèles, avares & pillards; on voit que les Ruffes, quand ils venoient négocier dans la Bulgarie & la Romélie, les évitoient comme des bandits & des voleurs. Lorfque l'empereur ou d'autres princes envoyoient des émiffaires pour traiter avec eux, ceux-ci avoient la précaution de fe rendre d'abord à Cherfone, d'où ils donnoient avis aux chefs des Patzinacites de leur arrivée, & de la commiffion dont ils étoient chargés; & ils ne manquoient pas, avant d'entrer en négociation, de fe faire remettre quelques perfonnages diftingués, en garantie de la bonne-foi de ces barbares. C'étoit-là la manière dont on traitoit avec ceux qui habitoient au-delà du Boryfthène. Quant à ceux qui demeuroient entre le fleuve & le Da-nube, on s'abouchoit avec eux fur la côte de la mer Noire, & on les obligeoit pareillement de donner des ôtages, que l'on retenoit dans les navires jufqu'à ce que la négociation fût ter-minée. Les Patzinacites étoient libres & indépen-dans, idolâtres & fuperftitieux; ils faifoient des facrifices au pied des chênes, & immoloient des oifeaux; mais ils mettoient auparavant, tout à l'entour des victimes, des flèches garnies de pain ou de viande, & ils tiroient au fort, pour favoir s'ils devoient les tuer, les manger, ou leur donner la liberté: on nous raconte à-peu-près la même chofe des Tartares Oftiaques, & des autres peuples feptentrionaux. Leurs habits étoient courts & ne venoient qu'aux génoux, ils étoient même

fans manches; & c'eft à-peu-près l'habillement des payfans Bulgares d'aujourd'hui.

A la mort de Léon-le-Sage, les Bulgares recher-chèrent férieufement l'amitié des Romains, & envoyèrent à Alexandre fon frère, qui lui fuc-céda l'an 911, des ambaffadeurs, pour lui pro-pofer de vivre en paix & en bonne intelligence. Mais ce prince répondit avec beaucoup de fierté & de mépris à ces avances, & témoigna une ferme réfolution de fe rendre redoutable aux Bul-gares. Siméon leur roi, fut outré de la réception qu'on avoit faite à fes ambaffadeurs, & médita dès-lors des projets de vengeance, dont Alexandre ne put pas voir l'exécution, parce que la mort l'enleva l'an 912.

Conftantin Porphyrogénète fut à peine fur le trône, qu'il éprouva les effets du reffentiment de Siméon, & eut à foutenir contre les Bulgares, cette guerre pour laquelle leur roi avoit fait fes préparatifs pendant le règne d'Alexandre. Au mois d'août de la même année, Siméon fe pré-fenta devant Conftantinople, & ouvrit la tranchée du côté des Blaquernes, jufques à la porte Dorée. Mais défefpérant de fe rendre maître de cette place, il ne tarda pas d'en lever le fiège, & fit des propofitions de paix qui furent rejetées. Offenfé de ce refus, il fondit fur la Thrace, & s'empara de la ville d'Andrinople, qui fut rachetée par l'im-pératrice Zoé. Cette guerre dura encore long-temps; Léon Phocas, général de l'armée impé-riale, ayant voulu entrer dans la Bulgarie l'an 917, fut battu au bord du fleuve Acheloüs, & obligé de fe retirer en déroute à Mefembria. L'empereur méditoit une alliance avec les Patzinacites, qu'il vouloit appeler à fon fecours; mais cette négo-ciation échoua par la mal-adreffe de ceux qui en étoient chargés. Ces peuples, cinq années aupara-vant, étoient entrés pour la première fois dans la Ruffie: leurs actes d'hoftilités finirent par la paix qu'ils conclurent avec Igor, qui venoit de fonder un royaume dans les régions feptentrionales. L'an 920, ce même Igor leur livra bataille, & après les avoir défaits, fe ligua avec eux pour venir ravager les terres des Romains; ils paffèrent en-femble le Danube, & l'on ne put s'en délivrer qu'à force de préfens & de foumiffions. Ce fut alors que l'empereur penfa inutilement à contracter une alliance avec eux, pour en tirer des fecours contre les Bulgares. Siméon, animé par fes premiers fuccès, marcha de nouveau vers Conftantinople; mais Léon Phocas prit fa revanche, & remporta fur eux une victoire fignalée, qui rendit le calme à la capitale. A la fin de l'année 927, Romain, qui partageoit le trône avec Conftantin Porphyrogénète, termina cette guerre par le ma-riage de Marie, fille de l'empereur Chriftophle, avec Pierre, fils de Siméon.

Quelques temps après les Turcs Hongrois fe répandirent dans les terres de l'empire, ravageant la Thrace, & s'avancèrent même jufques à Conftantinople. Les empereurs Conſtantin & Romain envoyèrent contre eux le général Théophanes, qui les repouſſa, & conclut avec eux une trève de cinq ans. L'an 944, un capitaine turc, nommé *Boulogoud*, vint à Conſtantinople, & y embraſſa la religion chrétienne: L'empereur Conſtantin Porphyrogenète le fit patrice; mais il ne perſiſta pas long-temps dans la foi de Jéſus-Chriſt, il retourna dans ſon pays, & reprit ſon ancienne créance. Il fit depuis diverſes incurſions ſur les Romains & ſur les Saxons; mais l'empereur Othon l'ayant fait priſonnier, le fit pendre. Un autre chef des Turcs, nommé *Gilas*, qui avoit accompagné Boulogoud, & reçu avec lui le baptème à Conſtantinople, fut plus ferme dans ſa converſion; il emmena avec lui un moine nommé Hiérothée, que le patriarche avoit ſacré évèque de Turquie, & qui fit dans ce pays-là un grand nombre de proſélytes.

Le règne de Romain-le-Jeune, fils de Conſtantin Porphyrogenète, fut court & obſcur. Ce prince, ſi indigne de ſon père, monta ſur le trône au mois de novembre de l'an 759, & mourut au mois de mars de l'année 963. On ne voit point dans l'hiſtoire qu'il ait eu rien à démêler avec les Barbares.

Sous le règne de Nicéphore Phocas, ſon ſucceſſeur, les Turcs Hongrois recommencèrent leurs courſes dans l'empire, & commirent d'affreux déſordres dans la Thrace. Les Bulgares étant alors en paix avec les Romains, Nicéphore écrivit à Pierre, leur roi, & le ſollicita de faire tous ſes efforts pour défendre aux Turcs le paſſage du Danube. Mais ce prince conſervoit un vif reſſentiment contre l'empereur, ce qu'il avoit refuſé de le ſecourir lorſqu'il s'étoit trouvé dans le même cas avec ces Barbares. Il répondit en effet qu'il ne vouloit pas violer les traités qu'il avoit conclus avec eux. L'empereur réſolut de ſe venger de Pierre, & envoya Calocyr, fils du prince de Cherſonèſe, chez Swiatoſlaw, roi des Ruſſes, que les hiſtoriens Grecs ont appelé *Splendoſllabe*, pour négocier avec lui, & fondre ſur la Bulgarie. Ses propoſitions furent écoutées favorablement; les Ruſſes, avides de butin, & cherchant que des occaſions de piller, ne manquèrent pas de ſervir les deſſeins de Nicéphore, & vinrent déſoler cette contrée.

Mais les Romains ſe repentirent bientôt de les avoir mêlés dans leur différend; & la guerre qu'ils furent obligés de ſoutenir contre eux, eſt un des événemens les plus remarquables du règne de Jean Zimiſcès. Les Ruſſes, après avoir vaincu les Bulgares, & fait priſonniers leurs chefs, Romain & Boriſès, formèrent le deſſein de s'établir euxmêmes dans la Bulgarie qu'ils avoient ſubjuguée. Pour y parvenir plus facilement, ils crurent devoir corrompre Calocyr, & ils lui promirent de l'aider à monter ſur le trône impérial; celui-ci s'engagea de ſon côté à leur céder à perpétuité la

Bulgarie. Dès que les Ruſſes eurent conclu cette convention, ils commencèrent de traiter avec mépris les ambaſſadeurs de l'empereur, & pouſſèrent les mauvais procédés à un tel excès, que Zimiſcès pénétra leurs vues, & ſe mit en devoir de s'y oppoſer. Il aſſembla ſes légions, & en donna le commandement à Bardas Sclerus. Swiatoſlaw ſe hâta de prévenir par des traités les obſtacles que ſes voiſins auroient pu mettre à ſes entrepriſes. Il étoit alors en guerre avec les Patzinacites, qui, l'an 968, avoient aſſiégé Kiovie, après la mort de ſon père Igor. Il fit la paix avec les Bulgares, les Patzinacites & les Turcs; il s'allia même avec eux, & ne ſongeoit plus qu'à tourner toutes ſes forces contre les Romains, il paſſa le mont *Hœmus*, entra dans la Thrace avec une armée de 308 mille hommes, & menaça de venir mettre le ſiège devant Conſtantinople. Mais la première campagne lui fut funeſte. Bardas Sclerus, qui vint à ſa rencontre l'an 970, lui livra bataille, & le vainquit. Jean Zimiſcès ne voulut pas laiſſer à ſon général la gloire de terminer entièrement cette guerre; il marcha en perſonne l'année ſuivante, força les Ruſſes dans leurs retranchemens, & en fit un carnage effroyable. Cet avantage fut ſuivi de la priſe de *Preſtlabe*, qui eſt aujourd'hui *Jamboly*, ville de la Bulgarie, ſituée à vingt-deux lieues au nord d'Andrinople, ſur la rivière de *Tundja*. Calocyr, qui y étoit enfermé, prit la fuite, & ſe ſauva dans le camp des Ruſſes. L'empereur trouva dans la ville Boriſès, roi des Bulgares, & fils de Pierre, avec toute ſa famille, & d'autres grands de cette nation; il les traita avec bonté, proteſtant toujours qu'il n'avoit point pris les armes pour ſubjuguer les Bulgares, mais pour les délivrer de l'oppreſſion des Ruſſes, qui étoient ſes ſeuls ennemis. Zimiſcès ſatisfait de tous ces ſuccès, ne crut pas devoir pouſſer à bout un ennemi auſſi redoutable que Swiatoſlaw, & lui fit offrir une derniere paix, à condition qu'il retourneroit dans ſes états. Mais ce prince obſtiné refuſa ſes propoſitions, & perdit une ſeconde bataille, qui fut ſuivie du ſiège de *Doroſlo*, où il s'étoit réfugié, avec les débris de ſon armée. Il voulut enfin riſquer une dernière action, dans la vue de délivrer cette place, & de ſatisfaire ſes ſoldats, réſolus de vaincre ou de périr. On en vint aux mains le 25 juillet de l'an 973. Mais l'empereur eut encore le deſſus, & Swiatoſlaw n'eut plus d'autre reſſource que de ſe mettre à la diſcrétion de ſon vainqueur, qui ſe lui accorda la paix. Ce malheureux prince, en retournant dans ſes états, fut maſſacré par les Patzinacites, qui taillèrent en pièces le peu de troupes qui lui étoient reſtées de cette funeſte expédition. Zimiſcès, comblé de gloire, rentra en triomphe dans Conſtantinople l'an 974. Il étoit ſuivi de Boriſès, roi des Bulgares, & de Romain ſon frère; tous les ornemens des rois de Bulgarie étoient dans un char à quatre chevaux qui précédoit l'empereur; & au haut de ce char étoit l'image de la vierge, protectrice de cette capitale. L'empereur dépouilla publiquement Borifès de tous les attributs de la royauté, il lui donna le titre de général de l'empire, & la couronne des rois de Bulgarie fut portée dans le temple de fainte Sophie.

Zimifcès mourut empoifonné l'an 976. Sa mort fut immédiatement fuivie de la défection des Bulgares, qui rappelèrent Borifès. Ce prince s'étant échappé de Conftantinople habillé à la grecque, avec fon frère, fut tué dans une forêt, par un Bulgare, qui le prit pour un grec. Son frère Romain arriva fain & fauf; mais il ne tarda pas de retourner à Conftantinople; il avoit d'ailleurs été fait eunuque pendant fa captivité par le chambellan Jofeph. La poftérité de Borifès fe trouvant éteinte, les Bulgares confièrent le gouvernement de leur pays à quatre frères appelés David, Moïfe, Aaron & Samuel. Ils étoient fils d'un comte très-puiffant, & qui jouiffoit d'un grand crédit dans la nation. Les trois premiers de ces frères étant morts bientôt après, Samuel régna feul. Il profita des guerres civiles qui occupoient l'empereur Bafile contre Bardas Sclerus, pour ravager & conquérir même plufieurs provinces romaines. Il envahit la Thrace, la Macédoine, a Grèce, & une partie du Péloponnèfe. Il faut obferver que lors de cette expédition, les Bulgares étoient indifféremment défignés par le nom de Sclavons, comme on le voit dans plufieurs auteurs, qui parlent de leurs incurfions dans les provinces occidentales & méridionales de l'empire. Ces pays ne demeurèrent pas long-temps foumis à leur domination, puifqu'ils ne changèrent point de nom, & qu'ils n'ont jamais été connus fous celui de Bulgarie, ni de Sclavonie.

L'an 979, fuivant le calcul de Dodwel, ou l'an 981, felon le rapport de Zonare, l'empereur Bafile marcha en perfonne contre les Bulgares, & fit le fiège de Sardique, qu'il leva inconfidérément, parce qu'on lui donna un faux avis que Léon Méliffène, à qui il avoit confié la garde des paffages, étoit retourné à Conftantinople, pour s'y faire proclamer empereur. Samuel tira parti de la précipitation avec laque le Bafile fe mit en marche, pour entrer dans la capitale; il le pourfuivit, lui préfenta le combat, & l'obligea de fe refugier en déroute a Philippopolis, où il reconnut, mais trop tard, la fidélité de Léon, qui n'avoit pas quitté fon pofte. Le mauvais fuccès de cette campagne, donna lieu à la révolte de Bardas Phocas, neveu de l'empereur Nicéphore. Celui-ci fe mit à la tête de plufieurs mécontens, & parvint à fe faire proclamer empereur l'an 987. Mais la mort fubite & imprévue de ce rebelle, arrivée l'an 989, rendit la tranquillité à Bafile, & lui permit de travailler férieufement à châtier les Bulgares.

· La même année fut marquée par un évènement mémorable, Wolodimir, prince des Ruffes, qui avoit époufé Anne, fœur des empereurs Bafile & Conftantin, embraffa la religion chrétienne à la follicitation de cette princeffe. Il eft regardé par les Ruffes comme l'apôtre de la nation; quoique l'empereur Bafile I, fucceffeur de Michel III, eût déjà jeté parmi eux les premières femences du chriftianifme dans le fiècle précédent. Il eft vraifemblable qu'ils étoient depuis retournés aux erreurs du paganifme, puifque long-temps après la princeffe Olga ou Hélène, vint à Conftantinople fous Conftantin Porphyrogenète, ou fous Jean Zimifcès, & s'y fit chrétienne. Cette Olga étoit femme d'Igor, mère de Swiatoflaw, & aïeule de Wolodimir. Elle gouverna quelque temps après la mort de fon mari, & fe vengea des Dreflians, qui en avoient été les auteurs; elle remit enfuite les rênes du gouvernement à fon fils Swiatoflaw, dès qu'il fut en âge de majorité. Depuis la converfion de Wolodimir, les Ruffes ont toujours confervé le rit grec dans les cérémonies de la religion. Ce prince, qu'ils honoroient comme un faint, eft enterré à Kiovie. Il étoit fils naturel de Swiatoflaw, & avoit deux frères légitimes, Jatoploë, duc de Kiovie, & Oglus, duc de Pereaflaw; ce dernier périt par la trahifon de fes foldats; Wolodimir fit mourir l'autre dans une entrevue qu'il eut avec lui: il demeura par-là feul & paifible poffeffeur des états de fon père. Il fubjugua, & rendit tributaires fes voifins les Bulgares, les Croates, les Viatiques & les Jazyges, & enleva aux Romains la ville de Cherfone. Il fit la paix avec eux, & cette paix fut fuivie de fon mariage & de fa converfion.

Samuel, roi de Bulgarie, avoit fu tirer tous les avantages poffibles des guerres inteftines qui déchiroient l'empire; il étoit temps que Bafile penfât à mettre obftacle à fes ufurpations & à fon agrandiffement. L'an 995, dès que la guerre civile fut terminée, l'empereur confia à Grégoire Taronite le commandement d'une armée qu'il envoya dans la Thrace. Il lui donna ordre de mettre bonne garnifon dans Theffalonique, & de contenir Samuel. Ce général détacha fon fils Afor pour aller reconnoître l'armée ennemie; celui-ci donna dans une ambufcade, & fon père en ayant eu avis, vola pour lui donner du fecours; mais pendant qu'il faifoit des efforts pour l'arracher des mains des Bulgares, il fut enveloppé lui-même, & périt en combattant. Sa mort entraîna la perte de la bataille que ce combat avoit engagée. A la nouvelle de cette défaite, Nicéphore Uranus fut envoyé pour fe mettre à la tête de l'armée, dont il raffembla les débris. Il atteignit Samuel, qui avoit déja paffé la vallée de Tempé & le fleuve Pénée, dans la Theffalie, & alloit entrer dans le Péloponnèfe; il le furprit fur le bord du fleuve Sperchius, & tailla fon armée en pièces. Le roi lui-même & fon fils Romain ne purent fe fauver, qu'en fe tenant long-temps cachés fous les morts, & ils retournèrent dans la Bulgarie.

Les Turcs Hongrois, après avoir long-temps inquiété les Grecs, avoient tourné leurs armes vers l'occident. Ils avoient foutenu des guerres fanglantes contre les François, les Saxons, & tous les autres peuples occidentaux; & ils étoient devenus la terreur de l'Europe. A la fin de ce fiècle ils commencèrent de fe policer. Ils eurent des demeures fixes & devinrent cultivateurs; le germe de la religion chrétienne, que Charlemagne avoit jettée, fructifioit de jour en jour; Geyza, leur dernier duc, contribua beaucoup à la propagation de la foi chez ces peuples; faint Eftienne fon fils, mit la dernière main à leur converfion, & acheva de répandre le chriftianifme dans toute la Hongrie. Geyza fon père ne pouvant plus foutenir le poids de la fouveraineté, lui remit en 997, les rênes du gouvernement, avec l'agrément de toute la nation, qui lui prêta ferment de fidélité, & lui donna le titre de roi. Après la mort de Geyza, faint Eftienne envoya un ambaffadeur au pape Benoît VII, pour lui demander le diadême royal, qui lui fut accordé, quoique les Hongrois prétendent que ce diadême defcendît du ciel. Le pontife refufa la même grace au roi de Pologne Miciflas, qui l'avoit demandée dans le même temps. On n'a jamais trop bien pénétré les raifons de ce refus.

Samuel, roi de Bulgarie, étoit à peine retourné dans fes états après fa défaite, que fa foibleffe pour fa fille le plongea dans de nouveaux malheurs. Cette princeffe, devenue éperdument amoureufe d'Afot Taronite, demeuré captif chez les Bulgares depuis la mort de fon père, menaçoit de fe tuer fi on refufoit de le lui donner pour époux. Samuel confentit à ce mariage, & donna à Afot la préfecture de Dyrrachium. A peine ce prince y fut-il arrivé, qu'il détermina fa femme à le fuivre. Il retourna chez l'empereur, & après avoir livré aux Grecs la ville de Dyrrachium, il entra dans la Bulgarie par Philippopolis, & ravagea plufieurs places dans le territoire de Sardique. L'an 1000, l'empereur affembla de nouveau une formidable armée, & l'envoya contre les Bulgares, fous le commandement de Théodoracan & de Nicéphore Xiphias, qui, dans cette campagne, prirent les villes de Preflabe & de Pliskow. L'année fuivante, l'empereur fe mit lui-même à la tête de fes troupes, & les mena en Bulgarie. Il vint à Theffalonique, après avoir conquis les villes de Berrée, de Servie & d'Udine. L'an 1002, il enleva d'affaut Viddin, après un fiége de huit mois, & mit en fuite l'armée de Samuel au-delà du fleuve Axius. Il tenta enfuite inutilement le fiége de Pernik, & retourna à Conftantinople.

Dans la même année, des peuples qui habitoient au-delà & en-deçà du Danube, dans la Mœfie inférieure, jufques au Pont-Euxin, & que Bonfinius prend pour des Bulgares, vinrent, fous la conduite de leur chef Céas, ravager la Pannonie & la Hongrie. Saint Eftienne raffembla des forces con-

fidérables pour attaquer ces ennemis redoutables par leur nombre, leur valeur, & la nature du terrein où ils étoient fortifiés. Il entra dans la Myfie, & y trouva beaucoup de réfiftance; il livra plufieurs combats, dans lefquels la victoire demeura indécife. Les Barbares furent enfin forcés de céder & de prendre la fuite; leur chef Céas fut tué, leur camp fut pillé, & tous les foldats Hongrois retournèrent chargés de butin. On y trouva une fi grande quantité d'or, d'argent & de pierreries, qu'il eft à croire que ces Barbares perdirent dans une feule journée le profit de toutes leurs guerres précédentes. Je penfe que Bonfinius fe trompe, en attribuant aux Bulgares un événement qui me paroît regarder les Patzinacites, qui habitoient en effet alors au-delà du Danube, vers le Pont-Euxin. Les Bulgares étoient dans ce temps-là trop occupés avec les Grecs pour fonger à inquiéter leurs voifins. D'ailleurs on ne voit pas qu'ils aient eu aucun roi, ni chef appellé Céas; Ducange, qui en donne une fuite très-exacte, n'en fait pas mention. Il me paroît donc qu'il convient de mettre cette incurfion fur le compte des Patzinacites. Quelque temps après la deftruction du royaume de Bulgarie par Bafile, les Bulgares furent tranfplantés vers le Pont-Euxin, dans les provinces cififtriennes, qui prirent alors le nom de Bulgarie. C'eft ce qui a fait dire à Albertus Aquenfis, vers l'an 1106, que la Bulgarie étoit habitée par les Patzinacites; & c'eft peut-être auffi ce qui a donné le change à Bonfinius.

Chaque année étoit marquée par de nouvelles entreprifes des Romains contre les Bulgares. Mais la plus glorieufe des campagnes de Bafile fut celle de 1014. Samuel, informé de fes préparatifs, garda fi bien tous les paffages, que l'empereur défefpéra de les pouvoir forcer. Mais Nicéphore Xiphias alla paffer le mont Balabifte, & fondit par les derrières fur l'armée Bulgare, qui fut taillée en pièces; Samuel lui-même fe fauva avec beaucoup de peine, par le fecours de fon fils, qui le mit fur un cheval, & le conduifit à Preftlabe. Bafile fit dans cette action quinze mille prifonniers; il les divifa par centaines, & les fit tous aveugler, ne laiffant qu'un œil à un feul homme par centaine, pour ramener les autres à Samuel. Ce malheureux prince fut pénétré d'une fi vive douleur, à la vue d'un fi effroyable fpectacle, qu'il mourut deux jours après. Il eut pour fucceffeur fon fils Gabriel, appelé auffi Romain ou Radomire.

Ce prince avoit autant de valeur & de grandeur d'ame que fon père, mais beaucoup moins de prudence. Il fit avancer Neftoritza avec une armée vers Theffalonique; mais ce général fut battu par Théophilacte Botoniate, préfet de cette ville. Pendant ce temps-là Bafile travailloit à forcer les défilés de Bulgarie; à la nouvelle de cette victoire, il donna ordre à Théophilacte de charger de nouveau les ennemis; mais celui-ci tomba dans un piège où il laiffa la vie, & fon armée fut mife en fuite: cet échec obligea l'empereur de rentrer dans Constantinople. Au printemps de l'année fuivante 1015, il ramena fes troupes dans la Bulgarie, reprit *Udine*, & vint à *Theffalonique*, où il reçut un ambaffadeur de Gabriel, qui lui promit hommage & fidélité. Mais Bafile s'en méfia, & continua les hoftilités. Peu de temps après, il apprit que Gabriel avoit été tué par Jean Uladiflas, fon coufin, qui lui fuccéda. Celui-ci étoit fils d'Aaron, frère de Samuel; il fut à peine monté fur le trône, qu'il fe foumit à Bafile. Tous les grands de Bulgarie prêtèrent ferment de fidélité à l'empereur, & les conventions refpectives furent confirmées par une bulle d'or. Jean porta quelque temps après la guerre dans la Servie & la Dalmatie, & après avoir pris & ravagé toutes les villes voifines de *Rague*, il revint en Bulgarie. Bafile foupçonna que cette expédition de Jean Uladiflas dans la *Dalmatie*, n'étoit qu'un prétexte pour ramaffer toutes fes forces, & les tourner enfuite contre les Grecs. Dans la vue de prévenir ce deffein, il rentra dans la Bulgarie, s'empara des villes d'*Oftrovo*, de *Sofque* & d'*Achride*, où étoit le palais des rois; il fit crever les yeux à tous les Bulgares qui tombèrent fous fes mains. Il vola de-là contre Jean, qui affiégeoit *Dyrrachium*. Les généraux Gofiafte & Orefte, furent battus par Ibatzès, noble Bulgare, d'un mérite diftingué. L'empereur termina cependant la campagne par la prife de *Strummitz*, de *Triaditza* & de *Bojon*, & retourna à Conftantinople. Il fe remit en campagne l'an 1016; il divifa fon armée, & donna le commandement d'une partie à Conftantin Diogène, qui fut attiré dans un piége & enveloppé par les troupes de Jean. L'empereur fut à temps de lui donner du fecours; les Bulgares prirent l'épouvante, & tournèrent le dos à l'afpect de ce prince; il les pourfuivit, & fit beaucoup de prifonniers. Après cette victoire, il vint à *Udine*, & retourna de-là dans fa capiale au mois de janvier 1017. A peine y fut-il arrivé, qu'il apprit la mort de Jean Uladiflas, qui avoit été tué dans un combat fous *Dyrrachium*; il fe rendit à Andrinople & de-là à *Serres*, où tous les grands de Bulgarie vinrent fe donner à lui. Marie, veuve de Jean, fit avec lui certaines conventions, en vertu defquelles elle lui abandonna la Bulgarie. Ibatzès fut le feul qui fit encore quelque réfiftance, mais il fut pris & aveuglé. Bafile, après cette glorieufe expédition, fit une entrée triomphante dans Conftantinople, précédé de la reine Marie & de toute la famille royale; il alla rendre à Dieu des actions de grace dans le temple de fainte Sophie, & le peuple lui donna le furnom glorieux de *Bulgaroctone*. Dès-lors la Bulgarie devint une province de l'empire, & fut gouvernée dans la fuite par des ducs, qui tenoient cette dignité des empereurs.

Pendant le règne de Bafile, Conftantin, qui étoit affocié avec lui à l'empire, n'avoit eu que le nom d'empereur; mais après fa mort, ce dernier

régna trois ans feul. De fon temps les Patzinacites paffèrent le Danube, & fe répandirent dans la Bulgarie, où ils commirent quelques défordres. Ils furent chaffés par Conftantin Diogène, gouverneur de *Sirmich*, & duc de Bulgarie; ils fe jetèrent fur les Ruffes, & affiégèrent plufieurs fois la ville de Kiovie; mais Jaroflaw, duc de Ruffie, qui fe trouvoit alors à Novogorod, raffembla les Varèges & les Slaves, avec le fecours defquels il repouffa entièrement ces Barbares.

Il ne fe paffa rien de mémorable pendant le règne de Romain Argire, fucceffeur de Conftantin. Ce prince fut occupé à étouffer la révolte de Prufien, fils de Jean Uladiflas, roi de Bulgarie & général de l'empire, & de Conftantin Diogène, gouverneur de *Sirmich*, qui tentèrent l'un & l'autre de s'élever au trône. Il eut une guerre malheureufe aux Sarrafins, & fut empoifonné en 1034, après un règne de cinq ans, par les intrigues de fa femme Zoé, qui, après fa mort, époufa & plaça fur le trône Michel de Paphlagonie, avec lequel elle avoit depuis long-temps un commerce criminel.

Les Patzinacites parurent de nouveau en-deçà du Danube, & ravagèrent la Bulgarie au commencement du règne de Michel. Quelque temps après, les Bulgares fe révoltèrent, & élurent pour roi un nommé Pierre Deleanus, qui fe prétendoit iffu de la race royale, & fe difoit fils de Romain, frère de Samuel. Bafile Synadénus, gouverneur de *Dyrrachium*, marcha contre cet impofteur, fans attendre les ordres de l'empereur. Ses ennemis firent envifager cette démarche à l'empereur comme un acte d'indépendance qui fuppofoit des deffeins criminels. Ce prince fit emprifonner Bafile, & envoya à fa place Dermocaïtas, qui fut battu & mis en fuite par les Bulgares. Il s'éleva chez ces rebelles une nouvelle faction en faveur d'un nommé Thiomire, dont le règne fut de peu de durée. Deleanus fon adverfaire l'invita à venir partager avec lui le fouverain pouvoir, & le fit lapider par la populace. Michel voulut commander lui-même l'armée contre les Bulgares; mais une terreur panique le fit rentrer en défordre dans Conftantinople. Il laiffa tout le bagage fous la garde de Michel Ibatzès, Bulgare, & d'un eunuque fon chambellan, qui le livrèrent à Deleanus après le départ de l'empereur. Cette ridicule expédition fut fuivie de plufieurs défavantages; les Grecs furent battus en diverfes rencontres. Mais les affaires de l'empire furent rétablies peu après par le patrice Alufien. Celui-ci étoit fecond fils d'Aaron, frère de Samuel, roi de Bulgarie; il fe trouvoit au fervice de l'empire en qualité de préfet de *Theodofiopolis*; un fujet de mécontentement le porta à fe retirer de Conftantinople, & à paffer chez Deleanus, qui partagea la royauté avec lui, & lui confia en 1040, le commandement d'une armée de quarante mille hommes. Il fut attaqué près de *Theffalonique*, &

mis en déroute par Conftantin, coufin de l'empereur ; quinze mille Bulgares demeurèrent fur la place, & plufieurs furent faits prifonniers. Cette défaite fema la défunion & la méfiance entre les deux chefs. Alufien crut devoir prévenir fon collègue ; il enivra Deleanus dans un feftin, lui fit crever les yeux, & fe refugia chez l'empereur. Cet événement engagea Michel à marcher lui-même contre les Bulgares, qu'il trouva encore en défordre ; il les battit, & fe faifit de Deleanus & du traître Ibatzès. Il fubjugua enfuite aifément toute la province, & après y avoir établi un préfet, il retourna victorieux dans fa capitale, où il mourut peu de temps après, l'an 1041. La Bulgarie demeura foumife depuis ce temps-là, & fut gouvernée jufques à Ifaac l'Ange par des préfets, avec le titre de duc.

L'année du règne de Conftantin Calaphate ne préfente aucun événement relatif à mon fujet.

Conftantin Monomaque qui lui fuccéda, vit le commencement de fon règne agité par les troubles qui s'élevèrent en Bulgarie fous Boïfthlaw, qui fut vaincu dans une bataille, par Eftienne, préfet de Dyrrachium.

On parle, à-peu-près dans le même temps, d'une incurfion maritime des Ruffes, que je croirois devoir rapporter au temps de Jaroflaw, duc de Ruffie. Leur armée navale fut entièrement détruite par les Grecs & par la tempête.

La guerre que Conftantin Monomaque eut à foutenir contre les Patzinacites, fut plus longue & plus fanglante. Ces peuples étoient divifés en deux factions, dont l'une étoit commandée par un chef nommé Tyrak, prince d'une naiffance illuftre ; mais fes vices & fa lâcheté en obfcurciffoient tout l'éclat. La feconde faction s'étoit élevée par les intrigues d'un nommé Cégènes, qui avoit acquis dans la nation un crédit fort étendu ; il s'étoit rendu célèbre par fes victoires contre les Uzes, qui commençoient dès-lors d'infefter les côtes du Pont-Euxin ; il favoit fe faire eftimer, par les vertus oppofées aux vices qui rendoient fon collègue méprifable. Son pouvoir naiffant excita la jaloufie de Tyrak, qui marcha contre lui, le défit, & l'obligea de fe fauver dans les marais du Boryfthène, d'où il parvint à faire révolter deux hordes de Patzinacites, qui l'aidèrent à prendre fa revanche. Il battit l'armée de Tyrak, & alla enfuite à Conftantinople, où il embraffa la religion chrétienne, & fut fait patrice. Sa converfion engagea même Conftantin Monomaque à lui fournir des fecours, avec lefquels il s'avança fur les bords du Danube, & fit beaucoup de mal aux Patzinacites de la faction oppofée. Tyrak, pour fe venger de la protection que l'empereur avoit accordée à fon adverfaire, entra dans la Thrace avec huit cens mille hommes, & mit à feu & à fang les provinces de l'empire. Mais la dyffenterie ayant mis prefque toutes fes troupes hors de combat, l'empereur les vainquit aifément ;

& Tyrak vint à Conftantinople, où il reçut auffi le baptême. Conftantin affigna aux Patzinacites des habitations dans la Bulgarie ; mais ces peuples reprirent bientôt les armes. La faction de Cégènes ayant foupçonné que Conftantin vouloit faire périr fon chef, qu'il retenoit à Conftantinople, fe réunit à la faction oppofée, & toutes les deux, de concert, marchèrent vers Andrinople. Conftantin Arianites, général de l'empereur, eut d'abord quelques avantages ; mais il fut bientôt mis en fuite. Nicéphore amena plufieurs légions d'Orient, qui ne combattirent pas avec plus de fuccès. Les Patzinacites rentrèrent dans la Thrace & dans la Macédoine, prirent Andrinople, battirent les Grecs en plufieurs occafions, & commirent des cruautés inouïes dans tous les pays où ils portèrent leurs armes. L'empereur qui avoit toujours retenu Cégènes dans les fers depuis la défection de fon parti, l'envoya pour tâcher de remettre le bon ordre ; mais il fut maffacré par les fiens. Quelque temps après, le fort des armes fut plus favorable à Conftantin ; fes généraux, Brienne & Michel Acoluthus, reprirent Andrinople, & remportèrent une victoire complète dans la Macédoine. On choifit parmi les prifonniers quinze mille hommes d'élite pour les employer contre les Turcs en Afie ; mais ils refufèrent de fervir, fe révoltèrent, rejoignirent leurs compatriotes, & firent de nouveaux ravages. Cette guerre finit par une négociation, dans laquelle on conclut avec les Barbares une trève de trente ans.

Zoé, Théodora & Michel Stratiatique occupèrent le trône depuis 1042 jufques en 1057. Pendant ce temps-là les Bulgares demeurèrent foumis aux Grecs fous des ducs, à la nomination des empereurs, & les Barbares ne firent aucune expédition qui mérite d'être rapportée.

Ifaac Comnène, qui fuccéda à Michel, obligea les Hongrois qui avoient fait quelques mouvemens, à demander la paix ; il fut heureux auffi dans plufieurs combats contre les Patzinacites. Il époufa Catherine, dans la famille des rois de Bulgarie, & abdiqua l'empire en 1059 en faveur de Conftantin Ducas.

Sous le règne de ce prince les Uzes défolèrent l'empire. Ces peuples, plus connus en orient qu'en occident, avoient habité autrefois fur la rive occidentale de la mer Cafpienne ; ils s'étoient répandus depuis peu fur les côtes du Pont-Euxin, & avoient eu de grands démêlés avec les Patzinacites. Ils paffèrent le Danube au nombre de fix cens mille hommes, & ravagèrent la Bulgarie & la Thrace. Nicéphore Botoniate, & Bafile Apocapes, qui vinrent à leur rencontre, furent battus, & tombèrent même au pouvoir des Barbares. Cette victoire leur laiffa la liberté de pouffer leurs courfes jufques dans la Macédoine & dans la Grèce, où ils firent d'horribles dégâts ; ils tirèrent d'immenfes contributions de l'empereur, qui ne crut pas pouvoir acheter trop cher la paix avec eux. Une maladie contagieuse, qui se mit dans leur armée, les obligea cependant de songer à leur retraite. Ils furent attaqués, en retournant chez eux, par les Bulgares & les Patzinacites, qui les taillèrent en pièces, & cette innombrable multitude fut presque entiérement anéantie. Ces Barbares firent pourtant encore beaucoup de mal à Romain Diogène, successeur de Constantin, par leur jonction avec les Turcs asiatiques.

Les princes qui gouvernoient là Croatie, avoient toujours reçu l'investiture & le diadême des empereurs de Constantinople, qui envoyoient même quelquefois des préfets dans les provinces, pour les contenir sous l'obéissance, & empêcher qu'il ne s'y passât rien de contraire à leurs intérêts. Démétrius Suinimir fut à peine installé, qu'il tâcha de s'attirer les bonnes graces du pape, & profita de la lâcheté & de l'indolence de Michel Ducas Parapinace, pour se rendre indépendant. L'empereur marcha contre lui, & remporta quelques avantages; mais il ne put parvenir à le subjuguer, & à le faire rentrer dans le devoir. Démétrius s'affranchit entiérement du joug des empereurs, & reçut à Salone en 1076, la couronne royale pour les royaumes de Servie & de Croatie, par les mains de Gébizon, légat du pape Grégoire VII, auquel il promit l'hommage & un tribut annuel de deux cens bezuns d'or. Ce prince, avant son couronnement, n'avoit que le titre de duc ou de ban de Croatie & de Dalmatie, de même que Slavisa & Crésimir III, ses prédécesseurs. Démétrius avoit épousé Hélène, fille de Béla, & sœur de Geyza & de Ladislas, rois de Hongrie; il n'en eut point de postérité. Il eut pour successeur Estienne, fils de Crésimir III, dont le règne fut court, & après lequel la Croatie & la Dalmatie furent annexés au royaume de Hongrie, comme on le verra ci-après.

La guerre de Croatie fut suivie de la révolte d'un nommé Nestor, chef d'une tribu voisine du Danube. Celui-ci conclut une alliance avec Tat, prince des Patzinacites; & ils vinrent de concert ravager les terres de l'empire. Il y a lieu de croire que c'est le même Tat qui donna son nom à une tribu de Patzinacites, qui s'établit dans la partie méridionale de la Crimée, lorsque cette nation descendit vers le Pont-Euxin. Cette tribu y subsiste encore. Les Tartares l'appellent *Tat-Ely*, & le khan, dans ses titres, prend celui de souverain des Tats. Ils sont aujourd'hui chrétiens du rit grec, & habitent plusieurs villes & villages dans la partie montagneuse de la Crimée.

Les Bulgares contenus par leurs ducs n'avoient pas remué depuis assez long-temps. Les troubles qui agitoient l'empire, & l'occupation que donnoit à l'empereur la guerre contre les Turcs, leur fournirent une occasion de révolte, dont ils crurent devoir profiter. Ils élurent pour roi Constantin Bodin, fils de Michaelitza, roi de Servie. Mais l'empereur envoya Nicéphore Brienne en

Bulgarie pour remédier à ces désordres; Bodin fut pris & amené à Constantinople. Les Vénitiens le rachetèrent ensuite, & il fut fait roi de Servie.

L'empereur Michel Ducas eut pour femme Marie, fille du roi des Alains & des Ibériens, qui sont les Circassiens d'aujourd'hui. Cette alliance, & le nom de la princesse, prouvent que ces peuples avoient alors reçu les lumières de la foi, & faisoient profession du christianisme. Ils sont aujourd'hui mahométans en apparence, mais ils n'ont dans le fond d'autre créance qu'un amas de superstitions honteuses, puisées dans toutes les religions, & au travers desquelles on découvre encore des vestiges du christianisme. Il y a entre autres dans le centre de la Circassie, où habitoient autrefois les Alains, un arbre fameux auquel ces peuples rendent un culte à la manière des anciens Scythes; ils l'appellent *Panadgiasan*. Ce nom est visiblement une corruption du nom de *Panaghia*, que les Grecs donnent à la sainte Vierge, & par extension à certaines chapelles, ou lieux de dévotion qui lui sont dédiés. Il y avoit sans doute dans le temps des empereurs Grecs quelques-unes de ces chapelles auprès de cet arbre célèbre, dont les Circassiens n'ont pas encore si fort défiguré le nom, qu'on ne puisse bien clairement le reconnoître. L'abus que le vulgaire fait toujours de la piété, a changé insensiblement le culte de la mère de Dieu en une idolâtrie complète, que ces peuples allient aujourd'hui avec le mahométisme.

Nicéphore Botoniate, successeur de Michel Ducas, fut inquiété par les Patzinacites, qui contractèrent une alliance avec Nicéphore Basilace, gouverneur de *Durazzo* ou *Dyrrachium*, & ils l'aidèrent à se faire proclamer empereur. Ce fut le seul mouvement que firent les Barbares occidentaux sous ce règne.

Alexis Comnène monta sur le trône en 1081. Il eut de grands démêlés avec les Normands d'Italie, les François, & tous les croisés pour la conquête de la terre-sainte. Un historien qui n'auroit ni religion, ni patrie, pourroit peut être avec une sorte de justice ranger ces peuples au nombre des Barbares qui sont le sujet de cet ouvrage. Une multitude ramassée de toutes parts, des hommes ignorans & indisciplinés, n'ayant pour toute vertu qu'une bravoure féroce, quittant leur pays, parés du prétexte saint de la religion, pour porter la désolation & le carnage chez des nations auxquelles ils n'avoient aucune raison légitime de déclarer la guerre, se livrant à une licence effrénée après la victoire, violant les traités les plus saints, & les engagemens les plus solemnels; de tels hommes différoient bien peu des Goths, des Huns, des Avares, & des autres Barbares qui ont ravagé l'empire Romain.

Démétrius Suinimir, roi de Croatie & de Dalmatie, que les historiens Hongrois appellent Zélomir, étoit mort, & n'avoit point eu d'enfans d'Hélène sa femme, fille de Bela I, roi de

Hongrie.

Hongrie. Cette princeffe, opprimée par les ennemis de Suinimir, qui vouloient ufurper le trône, demanda du fecours à fon frère Ladiflas I, qui régnoit alors en Hongrie. Celui-ci fe mit en marche avec une nombreufe armée, paffa la Drave & la Save, entra en Dalmatie, mit en fuite les ennemis d'Hélène, reprit toutes les places dont ils s'étoient emparés, & remit fa fœur en poffeffion de fes états. Celle-ci, en reconnoiffance, lui céda fes droits fur la Croatie & la Dalmatie, & ces deux états demeurèrent depuis fous la domination des rois de Hongrie.

L'an 1091, Ladiflas établit roi de Croatie & de Dalmatie fon neveu Almus, fils de Geyza fon frère ainé & fon prédéceffeur. Dans le même temps Alexis Comnène ayant befoin du fecours des Vénitiens pour fe défendre contre Robert Guifcard & les Normands, donna à Vital Falier, doge de Venife, le titre de duc de Dalmatie. Quelques auteurs prétendent même que Ladiflas n'avoit que la Croatie méditerranée, & que les Vénitiens étoient déjà en poffeffion de toute la côte maritime de la Dalmatie, & des villes de Pola, de Belgrade, de Jadra, de Subinico & de Spalatro.

Almus ayant abdiqué la couronne de Hongrie en faveur de Coloman fon frère, celui-ci defcendit dans la Dalmatie avec des troupes formidables, pour conquérir les villes que Ladiflas fon oncle n'avoit pu réduire. Ce pays étoit alors infefté par les Normands, fous la conduite de Robert Guifcard. Coloman, pour réuffir plus facilement dans fon deffein, s'allia avec les Vénitiens, qui firent une diverfion dans la Pouille; mais après avoir engagé fes alliés avec les Normands, il eut plus de liberté pour fes opérations en Dalmatie. Il attira tous les grands dans fon parti, & ils lui promirent de rentrer fous fon obéiffance. Coloman prolongea encore quelque temps fon alliance avec les Vénitiens contre les Normands, jufqu'à ce qu'il fe fût bien affuré des difpofitions des grands & du peuple; mais peu de temps après il rompit la ligue, il défit, & tua dans une bataille près du mont Médrufe, appelé aujourd'hui Pétergazd, un nommé Pierre, qui s'étoit fait reconnoître roi de Dalmatie; l'an 1105, la ville de Jadra fe donna à lui, & reçut garnifon; & les Dalmates commencèrent de montrer ouvertement leur prédilection pour la domination hongroife. La ville de Jadra ne demeura pas long-temps au pouvoir de Coloman. Le doge Ordefalo Falier la reprit par famine. Sebinico fe donna aux Vénitiens, qui paffèrent les monts, pénétrèrent dans la Croatie, & prirent même alors le titre de ducs de Croatie. Ils s'en retournoient glorieux, chargés de butin, & emmenant avec eux un grand nombre de prifonniers; mais Coloman raffembla fes troupes, forma le fiège de Jadra, & battit Ordefalo, qui étoit venu au fecours de la place. Cette victoire remit Coloman en poffeffion de la ville de Jadra

& de toute la Dalmatie; il retourna en Hongrie, traînant en triomphe un nombre infini de captifs, & les Dalmates furent entièrement délivrés du joug des Vénitiens. Ceux-ci envoyèrent peu de temps après des ambaffadeurs à Coloman pour lui demander la paix, & obtinrent une trève de cinq ans.

Après la mort de Coloman, l'an 1114, les Vénitiens reprirent une partie de ce qu'ils avoient perdu dans la Dalmatie; leur doge, Ordefalo Falier, fit, l'an 1115, une alliance avec Alexis Comnène, entra dans la Dalmatie, & s'empara des villes de Jadra & de Biograde, mais il ne put fe rendre maître de la citadelle de Jadra, qui fit encore quelque réfiftance. Au mois de mai de la même année, cette citadelle, & les villes de Spalatro & de Tragurium, fe donnèrent à Falier, & l'année d'après Biograde fuivit leur exemple. En 1117 les fuccès des Vénitiens obligèrent les Hongrois de rentrer dans la Dalmatie. Falier, au bruit de leur venue, y accourut avec une flotte, & leur livra une bataille dans laquelle il perdit la vie. Ducange rapporte ces derniers événemens au règne de Jean Comnène; mais je croirois qu'il fe trompe, puifque ce prince ne monta fur le trône que l'an 1118.

Alexis fut affez heureux dans une guerre qu'il foutint contre les Patzinacites; il perdit à la vérité la première bataille, mais la victoire qu'il remporta dans la feconde, lui foumit entièrement ces barbares, & il en tranfporta un bon nombre dans le territoire des Mogleniens.

Les Bulgares étoient tranquilles, & ne firent, fous le règne d'Alexis, aucune tentative pour fecouer le joug. L'empereur leur donna pour duc Nikitz ou Nicétas, qui fut pris dans un combat contre les Hongrois, & recouvra enfuite fa liberté. Le même Nikitz défit une partie de l'armée chrétienne qui marchoit à la conquête de la Terre-Sainte, fous la conduite de Pierre l'Hermite. Il fut remplacé par un autre duc appelé Guzh, qui continua de contenir les Bulgares fous l'obéiffance, & ces peuples ne firent plus aucun mouvement jufques au temps d'Ifaac l'Ange.

Alexis Comnène mourut en 1118, & laiffa l'empire à fon fils Jean Comnène. Le règne de ce prince commença par des démélés avec les Vénitiens, qui avoient refufé de faire confirmer par une bulle d'or la poffeffion de la Dalmatie, & les privilèges anciens qu'ils tenoient des empereurs de Conftantinople. Leur doge, Dominique Michielé, à fon retour de l'expédition de la Terre-Sainte, enleva aux Grecs plufieurs îles. Les Hongrois avoient mis à profit le temps où les Vénitiens étoient occupés à la croifade, & avoient repris plufieurs places dans la Dalmatie. Michielé paffa dans ce pays-là, reconquit les villes de Tragurium, de Spalatro & de Biograde; il fe rendit de-là à Jadra, dont les habitans le reconnurent & le reçurent comme leur fouverain.

L'an 1221, Jean Comnène marcha contre les

Patzinacites, qui avoient paſſé le Danube, & ravageoient la Thrace & la Macédoine. Il voulut tenter d'abord avec eux la voie de la négociation; il leur envoya des émiſſaires qui poſſédoient leur langue, pour les porter à mettre bas les armes, & tâcher de les amener à un traité. Cette nation étoit alors diviſée en pluſieurs tribus, qui n'obéiſſoient pas toutes à un même chef; Jean fit des avances aux principaux capitaines, leur donna de ſplendides feſtins, leur fit de riches préſens, & parvint, à force de careſſes, à les ébranler, & à les faire balancer entre la paix & la guerre. Il ſaiſit cet inſtant d'irréſolution, fit avancer ſon armée vers *Berrée*, ſurprit les Barbares encore indécis, & leur livra bataille. Le carnage fut horrible de part & d'autre; Jean commandoit lui-même avec une valeur & une préſence d'eſprit peu communes; il obligea les ennemis de céder & de ſe retirer dans un retranchement qu'ils formèrent avec leurs chariots; ils en ſortoient de temps en temps pour retourner au combat, & y rentroient pour s'y repoſer en ſûreté. Ils firent enfin une ſortie générale dans la vue de décider l'action; l'empereur demeura victorieux, mais fut bleſſé au pied d'un coup de flèche; il tailla en pièces la plus grande partie de ces Barbares, les força de détruire leurs retranchemens, pilla leur camp, fit un nombre infini de priſonniers, & les diſperſa dans les provinces occidentales de l'empire, où ils s'établirent, & fondèrent un grand nombre de bourgs & de villages. Les Hamaxobes, qui s'étoient trouvés mêlés avec les Patzinacites, furent extrêmement maltraités dans cette journée. Jean, en action de grace de cette glorieuſe expédition, fonda une fête qu'on appela la *fête des Patzinacites*.

Dans l'année ſuivante 1122, Jean dompta les Triballes, qui ſont les Serviens & les Dalmates d'aujourd'hui. George, roi de Servie, avoit violé les traités, & pris la ville de *Raſe*. Ce prince, fils de Bodin, dont j'ai parlé ci-devant, étoit monté ſur le trône en 1115, au préjudice des enfans de Braniſlaw. Ceux-ci ayant été informés qu'il vouloit les faire empriſonner, ſe réfugièrent chez Goiſlaw leur oncle, à l'exception de Grubeſſa, qui fut détenu dans les fers. Jean Comnène envoya une nombreuſe armée en Albanie. Les uns prétendent qu'il la conduiſit lui-même; d'autres aſſurent qu'il en donna le commandement à Calo-Jean Cumanus, & que ce nom de Calo-Jean, que l'empereur portoit auſſi, avoit fait croire que l'empereur s'étoit trouvé en perſonne dans cette expédition. Les fils de Braniſlaw joignirent leurs forces à celles des Grecs; Georges fut mis en fuite; l'empereur victorieux s'empara de la ville de *Scutari*, délivra Grubeſſa, qui y étoit enfermé, & le déclara roi de Servie & de Dalmatie, du conſentement des peuples. L'armée grecque revint enrichie du butin immenſe qu'elle fit dans cette campagne. L'empereur aſſigna à quelques priſonniers, des habitations dans la province de *Nicomédie*,

dans l'Aſie mineure; il en incorpora d'autres dans ſes légions, & rendit toute la nation tributaire.

Eſtienne II, roi de Hongrie, alarmé des progrès des Vénitiens, entra dans la Dalmatie l'an 1123, y découvrit leurs artifices, étouffa leur cabale, & raffermit les eſprits, qui commençoient de ſe laiſſer ébranler par leurs ſéductions & leurs promeſſes. Cette expédition fut très-pacifique, & Eſtienne retourna chez lui, après avoir rétabli le bon ordre. C'eſt ce qui a fait dire à Bonfinius, que la reddition de *Jadra* doit être rapportée au règne de Vital Michielé, & non à celui de Dominique Michielé, puiſque la perte de cette place auroit été un ſujet de guerre, & qu'Eſtienne, dans ce voyage en Dalmatie, ne commit aucun acte d'hoſtilité, & ſe contenta de faire uſage de la politique pour ruiner les projets des Vénitiens.

Les Hongrois n'avoient rien eu à démêler depuis aſſez long-temps avec les empereurs. Eſtienne II, leur roi, avoit entrepris une expédition contre les Ruſſes, pour rétablir Bezen, duc de Ruſſie, chaſſé de ſes états, qui s'étoit réfugié chez lui, & avoit imploré ſon aſſiſtance. La mort de Bezen, tué au ſiège de la première ville frontière, rendit la bonne volonté d'Eſtienne inutile. Il retourna en Hongrie, où, après être demeuré pendant trois ans dans l'inaction, il déclara la guerre à l'empereur. Il paſſa le Danube, pilla *Braniζop* & *Sardiχue*, s'avança de-là dans la Bulgarie, la Thrace, la Macédoine & la Grèce, & ravagea toutes ces provinces. Bonfinius donne pour prétexte de cette guerre, quelques propos peu meſurés que Jean Comnène tint au ſujet du roi de Hongrie, en préſence de l'impératrice ſa femme. Cette princeſſe, appelée Pyriſca par les Hongrois, & Hélène par les Grecs, étoit fille de Ladiſlas, & par conſéquent tante paternelle d'Eſtienne. Elle informa ſon neveu que l'empereur avoit parlé de lui dans des termes très-offenſans, & lui inſpira le déſir d'en tirer raiſon. Nicétas & Cinnamus aſſurent que le grief d'Eſtienne étoit l'accueil favorable que Jean Comnène avoit fait à Almus, qui, après avoir été chaſſé de Hongrie, où il avoit voulu faire valoir ſon droit au trône, s'étoit réfugié à Conſtantinople. Ce motif paroit plauſible. Quoi qu'il en ſoit, l'empereur marcha vers *Philippopolis*, & repouſſa d'abord les Hongrois; il s'arrêta dans cette ville pour raſſembler toutes ſes troupes, & faire préparer des navires ſur le Danube. Il alla enſuite à la rencontre des ennemis, qu'il fit reculer juſques au Danube. Il leur livra, ſur ce fleuve un ſanglant combat naval, dans lequel il remporta une victoire complète. On aſſure que dans cette journée les Grecs, pour brûler les barques des Hongrois, firent uſage d'un feu que l'eau ne pouvoit éteindre, & qui devoit être ce que nous appelons aujourd'hui *le feu grégeois*. La flotte hongroiſe fut en effet entièrement détruite & conſumée par les flammes. L'empereur paſſa le Danube, & Eſtienne ramaſſa toutes ſes forces

pour l'attaquer sur terre. Les deux armées engagèrent l'action sur les bords de la petite rivière
appelée *Carasus* ; on combattit avec vigueur de
part & d'autre, mais Jean Comnène demeura
vainqueur. Le gain de cette bataille le rendit maître
de *Frangocorio*, de *Zégumin*, & de toute la partie
de la Hongrie qui est entre le Danube & la Save,
& il termina cette guerre par une paix glorieuse.

Je relèverai ici quelques erreurs manifestes qui
se trouvent dans Bonfinius & dans Nicétas. Le
premier nous dit que Pyrisca, fille de Ladislas,
épousa Manuel Comnène. Il est cependant manifeste qu'elle fut femme de Jean Comnène. Il place
ensuite l'exil d'Almus, & sa fuite à Constantinople,
après la guerre dont je viens de parler, tandis
qu'elle doit l'avoir précédée, puisqu'elle en étoit
le motif le plus apparent. On trouve assez souvent
dans cet auteur de semblables anachronismes.
Nicétas n'est pas plus exact quand il nous donne
Almus pour un frère d'Estienne. Almus étoit
fils de Ladislas, frère de Coloman, & par
conséquent oncle d'Estienne. Il n'est pas décidé
d'ailleurs que ce prince fut encore vivant dans le
temps de cette guerre ; il est certain que son frère
Coloman l'avoit fait aveugler ; & plusieurs auteurs
hongrois, entre autres Abraham Bakschay, prétendent même qu'il le fit mourir peu de temps
après l'avoir privé de la vue.

Grubessa, placé par Jean Comnène sur le trône
de Servie, avoit régné pendant sept ans avec assez
de tranquillité. George, le roi détrôné, craignant
de tomber entre ses mains, s'étoit enfui en Rascie,
où, lassé enfin de se voir errant & fugitif, il leva
une puissante armée, entra dans la Dalmatie, &
attaqua Grubessa, qui fut tué dans cette action.
Sa mort rendit la couronne de Servie à George.
Celui-ci craignant les mouvemens que Pradinha,
Draghillus & Draghina, frères de Grubessa, pourroient faire pour la lui ravir, crut devoir se concilier leur amitié par de bons procédés ; il leur
rendit leurs biens, les attira à sa cour, & les
traita avec toutes sortes de ménagemens. Draghillus fut même envoyé dans la Podgorie, où
il s'empara de la comté d'*Onogoste*, & rendit des
services signalés à George. Ce prince lui confia
aussi la commission de faire rentrer dans le devoir
les Rasciens qui s'étoient révoltés, & lui donna
la Jupanie de cette province, après qu'il y eut
remis le bon ordre. Mais George ne tarda pas
d'être jaloux du pouvoir de Draghillus & de ses
frères ; il le fit mettre en prison, & Draghina fut
obligé de se réfugier à *Raguze* avec ses fils, Pa-
vosck, Grubessa, Neeman & Sirok.

Dans ces entrefaites Jean Comnène mourut
l'an 1143, & eut pour successeur son fils Manuel.
Pyrigord, général des troupes de l'empereur, fut
touché du malheur des princes de Servie, marcha
contre George, s'empara de *Varania* & d'*Anti-
baris*, & auroit même poussé ses progrès plus
loin, s'il n'avoit été rappelé. Alexis Condoste-

phantus fut nommé à sa place à la préfecture de *Dyrrachium*. George, alarmé des succès des princes de
Servie, fit crever les yeux à Draghillus & à Michel,
fils de Waldimir, qu'il tenoit en sa puissance ;
mais Alexis marcha contre lui avec de nombreuses
troupes, le surprit, le mit en fuite, & tailla son
armée en pièces. Draghina fut proclamé roi, &
George, pour se dérober à la fureur de l'ennemi,
se retira dans les montagnes. Il fut pris peu de
temps après dans la forteresse d'*Okoleno*, & on le
conduisit à Constantinople où il finit ses jours.

Draghina, successeur de George, gouverna la
Servie pendant onze ans, suivant Ducange. Il
semble qu'il y a ici une erreur de quelques années.
Ce prince fut proclamé roi sous le règne de Manuel
Comnène, qui n'est parvenu à l'empire qu'en 1143 ;
la défection des Serviens, qui obligea Manuel
Comnène de marcher contre eux, comme on le
verra ci-après, est une époque qui doit être rapportée à l'an 1151, & Draghina étoit déjà mort
en ce temps-là, puisque Rodoslaw, son fils &
son successeur, régnoit alors depuis quelque temps
en Servie. Il est donc impossible que Draghina
ait occupé le trône pendant plus de sept ans, ou
huit ans à toute rigueur.

Rodoslaw III ne prit point le titre de roi, &
se contenta de celui de comte. On assure qu'il
vint à Constantinople recevoir de Manuel Comnène l'investiture des états de son père, qu'il
gouverna de concert avec ses frères Jean, &
Wladimir. Son règne fut agité par des discordes
civiles, dont les auteurs furent quelques grands
du pays, qui osèrent, l'an 1151, tourner leurs
armes contre les Grecs, pendant que l'empereur
étoit occupé à repousser Roger, roi de Sicile.
L'an 1153, Manuel Comnène marcha en personne contre les rebelles avec une armée légère.
L'Archi-Jupan, que Nicétas appelle le Satrape,
& qui étoit le principal auteur de la révolte,
se présenta d'abord avec de nombreuses troupes ;
mais il reconnut bientôt que ses forces étoient inférieures à celles des Grecs ; il prit le premier
l'épouvante, & se sauva dans les montagnes.
L'empereur fondit sur cette multitude alarmée &
découragée par la fuite de son chef ; il la dispersa sans peine, ravagea le pays, & amena à
Constantinople un grand nombre de prisonniers.

Pendant que les choses se passoient ainsi en
Servie, les rois de Hongrie continuoient de posséder la Dalmatie & la Croatie ; les Vénitiens occupoient quelques places sur la côte maritime, &
faisoient tous leurs efforts pour reprendre celles
qu'ils avoient perdues, pendant que de son côté
l'empereur de Constantinople affectoit le domaine
direct de ces deux provinces, & tâchoit d'en
chasser également les Hongrois & les Vénitiens.
Ceux-ci, l'an 1149, avoient envoyé une flotte
nombreuse sur les côtes d'Istrie, & leur doge,
Dominique Morosini s'étoit emparé des villes de
*Pola*, *Rubino*, *Parenté*, *Hemonia* & *Humago*.

Les Serviens s'étant de nouveau . foulevés en 1154, Manuel Comnène ne différa pas de fe mettre en campagne, & de les attaquer; mais ceux-ci firent une vigoureufe réfiftance, avec les puiffans fecours qu'ils avoient obtenus de Geyza II, roi de Hongrie. Jean Cantacuzène commença l'action, & perdit les doigts dans le combat. L'empereur fe battit corps pour corps avec l'Archi-Jupan Bacchin, homme d'une taille gigantefque; il fut d'abord bleffé au vifage, mais ayant affoibli le barbare, par un coup qu'il lui porta fur la main, il le prit vivant. Cette victoire ranima les troupes, dont le courage commençoit à fe ralentir; les Serviens furent défaits, & entièrement difperfés. Manuel voulut auffi fe venger des Hongrois, & crut devoir profiter pour cela de l'abfence de leur roi, qui étoit alors occupé à une expédition contre les Ruffes. D'abord après la défaite des Serviens, il ne laiffa pas refroidir la bonne volonté de fes troupes; il paffa la Save, fe jeta fur *Frangochorio*, & mit à feu & à fang l'étendue de pays qui eft entre le Danube & la Save, où font les villes de *Zeugmin* & de *Sirmich*. Un hongrois ofa préfenter à l'empereur le combat fingulier, mais ce prince le fit tomber mort d'un coup de fabre entre les deux yeux. Manuel, après cette glorieufe expédition, retourna à Conftantinople avec un butin immenfe; il y fit une entrée pompeufe, & orna fon triomphe d'une multitude innombrable de captifs.

Dans le même temps que les Scythes pafferent le Danube & ravagèrent plufieurs places qui bordoient ce fleuve, l'empereur envoya contre eux le général Coloman, qui s'acquitta très-mal de fa commiffion; il fut mis en déroute, & perdit la vie dans le combat. Les Scythes continuèrent tranquillement leurs déprédations, repafferent enfuite le Danube, & emportèrent chez eux de riches dépouilles.

Je ne fais pas fi l'on peut déterminer précifément quels pouvoient être les Scythes auxquels Nicétas attribue cette incurfion. Les Patzinacites occupoient encore alors les bords occidentaux du Pont-Euxin; les Chuns, confondus avec les Walaques, habitoient la Moldavie & la Walaquie, & les Comains commençoient de fe montrer dans les provinces Tranfiftriennes. Ils vinrent dans la fuite en-deçà du Danube faire plufieurs courfes, dont je parlerai ci-après. Ces derniers peuples étoient des Tartares venus de la Comanie, pays fitué à l'occident de la mer Cafpienne, au-deffus de la Géorgie. C'eft-là que fe trouvent actuellement les Calmouks, qui font la même nation, & ont les mêmes mœurs que les Nogaï d'aujourd'hui. Les Scythes dont parle Nicétas reffemblent fi fort à ces Tartares dans la defcription que cet auteur donne de leur manière de faire la guerre, qu'il n'y a pas lieu de douter qu'il n'a voulu défigner les Comains. Mais comme ces derniers étoient vraifemblablement joints aux Patzinacites,

aux Chuns & aux Walaques, il les a compris fous le nom général de Scythes, qui appartient également à toutes ces nations. Le pays des Calmouks, on des anciens Comains, eft borné à l'orient par la mer Cafpienne, à l'occident par la Géorgie, au feptentrion par le Cabarta, & au midi par le pays des Lefquis, ou le Dagueftan. Il y a lieu de croire que cette contrée avoit tiré le nom de Comanie, de l'ancienne fortereffe de *Cumania* ou *Comania*, dont Pline fait mention. Ce géographe la place fur une roche élevée auprès des Portes Caucafiennes, & dit qu'elle étoit munie d'une bonne garnifon pour défendre le paffage à une infinité de Barbares qui habitoient au-delà du Caucafe. Cette fortereffe devoit être la même que les Turcs & les Tartares appellent aujourd'hui *Kizlar-Kaleffi*, ou le château du fleuve Kizlar. Les Portes Caucafiennes font inconteftablement celles qui fe trouvent encore à l'extrémité orientale du mont Caucafe, & que les Tartares nomment actuellement *Demir-Kapi*, ou la Porte de Fer, nom qui répond parfaitement à la defcription de Pline. *Ingens naturæ opus, montibus interruptis repente, ubi fores obditæ feratis trabibus, fubter medias amne diri odoris fluente, citraque in rupe Caftello, quod vocatur Cumania, communito ad arcendas tranfitu gentes innumeras.* « Ouvrage immenfe de la nature, dit-il, » formé par l'interruption naturelle des montagnes, » revêtues & renforcées de barres de fer; fous » celle du milieu il paffe un fleuve qui répand une » très-mauvaife odeur; & fur une roche au-deçà » on voit le château appelé *Cumania, &c.* » Le fleuve dont parle Pline dans ce paffage, eft vraifemblablement la rivière de *Kizlar*, qui eft effectivement très-bourbeufe, & bordée de marécages; & l'ancien château de *Cumania* doit être, comme je l'ai déjà dit, le fort de *Kizlar*, qui fe trouve dans la même pofition, & paroît avoir été bâti pour la même fin. Pline s'élève avec raifon contre l'erreur infigne de ceux qui ont appelé ces portes, les Portes Cafpiennes. *Corrigendus eft error in hoc loco, multorum, eorum etiam qui in Armeniâ res proximè cum Corbulone geffere.* Nam hi Cafpias portas adpellavere Iberas, quas Caucafias diximus vocari. « Il » faut, dit-il, corriger ici l'erreur de plufieurs, & » même de ceux qui ont en dernier lieu fait les » campagnes d'Arménie avec Corbulon; ils ap- » pellent Cafpiennes, les Portes d'Ibérie, que j'ai déjà » dir devoir être nommées Portes Caucafiennes ». Procope, dans fon hiftoire de la guerre de Perfe, a fait la même faute. Voici à-peu-près le précis de fa relation. Le mont Taurus de la Cilicie s'étend dans la Cappadoce, l'Arménie, la Perfarménie, l'Albanie, l'Ibérie, & d'autres pays habités par des peuples libres & d'autres foumis à l'obéiffance des Perfes. Quand on a paffé les frontières de l'Ibérie, on trouve un chemin fort étroit, long de 50 ftades, & fe terminant à une montagne efcarpée & inacceffible, où il n'y a d'autre iffue qu'une porte faite par les mains de la nature, que l'on appelle de toute antiquité la *Porte Caspienne*. On découvre au-delà une large campagne où il y a de l'eau en abondance, & qui est fort propre à nourrir des chevaux ; c'est un endroit que les Huns habitent, & ils s'étendent de-là jusques au Palus-Mœotides. Procope parle ici des Huns du Cabarta, qui habitoient au nord des Portes Caucasiennes. Un autre passage prouve incontestablement qu'il a confondu ces deux portes. Il dit dans la suite, que les Ibériens habitent dans l'Asie auprès des Portes Caspiennes, dont ils sont bornés au septentrion ; & il est manifeste que ce sont celles du Caucase, qui se trouvent au nord de l'Ibérie. Il attribue aussi à ces dernières ce qui appartient aux Portes Caspiennes ; car il dit dans un autre endroit qu'Alexandre ayant considéré l'assiette de ce lieu, y bâtit des portes & une citadelle, qui, après avoir été possédées par divers maîtres, ont enfin appartenu à Ambasace, Hun de nation, intime ami des Romains, & il offrit ces portes à l'empereur Anastase, qui les refusa. Ce qu'il dit d'Alexandre regarde indubitablement les Portes Caspiennes, qui se trouvoient dans le mont *Caspius*, entre l'Arménie & la Médie. Ce sont celles qui furent bâties par Alexandre - le - Grand dans son expédition. Mais l'affaire du Hun Ambasace a rapport aux Portes Caucasiennes. Ce Hun étoit certainement quelque beg de la tribu Circassienne, appelée *Absache*, qui subsiste encore aujourd'hui. Cet ami des Romains étoit plus vraisemblablement en possession des Portes du Caucase, qui étoient dans son voisinage, que des Portes Caspiennes, fort éloignées de chez lui. Procope, dans son ouvrage de la guerre des Goths, paroit être un peu revenu de son erreur, & distingue deux différentes portes. Il dit, dans le troisième chapitre du quatrième livre, que la partie orientale du Caucase aboutit à des portes, par lesquelles les Huns s'introduisent dans les provinces des Perses & des Romains. Il ajoute que l'une s'appelle *Tzur*, & que l'autre a conservé son ancien nom de Porte Caspienne.

Manuel Comnène conservoit toujours son ressentiment contre les Hongrois ; dès que les affaires de Sicile & de Calabre lui donnèrent le temps de respirer, il résolut de porter la guerre chez ces peuples. Il assembla les légions d'occident, & vint avec une armée à *Sardique* en 1156. Mais les Hongrois négocièrent la paix, & l'empereur tourna ses armes contre l'Archi-Jupan de Servie. L'ordre chronologique semble indiquer que cet Archi-Jupan étoit alors Primislaw, successeur de Rodoslaw III. Ce prince étoit demeuré pendant quelque temps soumis à l'empereur ; il ne tarda pas de vouloir se rendre indépendant, & sa défection l'auroit fait dépouiller de ses états, s'il n'avoit obtenu son pardon par un acte de soumission. En effet, la marche de Manuel lui ayant donné l'alarme, il abandonna sur-le-champ le parti des Hongrois, & se remit sous le joug dont il avoit tenté de s'affranchir. Mais il se révolta de nou-

veau peu de temps après, & l'empereur, poussé à bout, le destitua, & lui donna pour successeur son frère Béla. Manuel s'arrêta encore quelque temps dans la Thessalie, renvoya une partie de ses troupes, & rentra bientôt après dans Constantinople. Au commencement de l'hiver, il se remit en campagne, & vint dans la Pélagonie, province septentrionale de la Macédoine. Geyza II, roi de Hongrie, qui régnoit encore, menaçoit de vouloir recommencer la guerre. Andronic Comnène s'étoit emparé des duchés de *Branisob* & de *Belgrade* ou *Biograde* en Dalmatie, & il entretenoit une intelligence secrète avec les Hongrois, par le secours desquels il vouloit détrôner Manuel, & usurper l'empire. La conspiration fut découverte, & Andronic fut convaincu d'avoir été l'auteur du complot. Son emprisonnement entraîna une rupture formelle. Le roi de Hongrie mit le siège devant *Branisob*, & ravagea une grande étendue de pays. L'empereur de son côté envoya contre lui Basile Zinziluce, qui attaqua les Hongrois, & les mit en déroute. Mais ce général profita mal de sa victoire ; il poursuivit les ennemis avec trop de témérité ; ceux-ci se rallièrent, lui firent face, & se dédommagèrent bien de l'échec qu'ils venoient d'essuyer. L'empereur, à la nouvelle de cette défaite, se mit en marche, dans l'espérance que les Hongrois, au bruit seul de sa venue, abandonneroient ces provinces. La chose arriva comme il l'avoit prévue ; il conclut avec eux une paix aussi avantageuse qu'il pouvoit l'espérer dans de pareilles circonstances ; & après avoir remis le bon ordre dans *Branisob* & dans *Belgrade*, il retourna à Constantinople.

L'année 1163, la dix-huitième du règne de ce prince, fut marquée par la naissance de Genghizkhan, sous lequel les Tartares commencèrent de menacer l'occident, & dont les successeurs s'avancèrent ensuite jusques en Hongrie, en Pologne & en Bohême. On sait que ce ne fut pas le premier nom de ce prince magot, & que ce conquérant célèbre fut d'abord connu sous le nom de Témougin, & servit long-temps sous les ordres du plus puissant prince du Turquestan, appelé Ungkhan, ou Jean, fils de David, chrétien Nestorien, que l'on croit être le même que le prince désigné par le nom de prêtre Jean.

Les Syriens en effet avoient déjà pénétré dans la Chine dès l'an 737 de notre ère, & y avoient porté le christianisme. On trouvoit déjà dans la haute Tartarie une infinité de Nestoriens instruits dans la religion par les missionnaires de *Mosoul* & de *Bassora*, qui s'étoient introduits dans cet empire à la suite des caravanes de *Samarcande*, de *Bokhara*, & des autres villes voisines. Genghizkhan ayant eu avis que Ungkhan vouloit se débarrasser de lui, le fit périr lui-même, & se fit proclamer empereur l'an 1204. L'auteur de l'histoire des Huns rapporte cet événement à l'année 1206, & croit Genghizkhan fils de Yessoukaï, dont les ancêtres avoient formé une horde qui habitoit au nord du pays appelé aujourd'hui *Cartchin*. Yessoukaï, qui s'étoit rendu extrêmement puissant, & avoit subjugué plusieurs hordes voisines, ayant eu des démêlés avec les Tartares proprement dits, marcha contre eux, les soumit à son obéissance, & fit prisonnier leur roi Temougin. Au retour de cette expédition il eut un fils, auquel il voulut donner le nom de prince vaincu, pour perpétuer le souvenir de son triomphe. Temougin étoit fort jeune lorsque son père Yessoukaï mourut ; il fut, suivant l'usage, attaqué par ses parens & ses voisins, entre autres par l'horde des Taïcous, qui étoient de la même famille que la sienne ; mais il fut assez heureux pour les vaincre, & rendre leurs efforts inutiles. A peine s'étoit-il débarrassé de ces premiers ennemis, qu'il en vit s'élever de nouveaux, encore plus dangereux. Les Naïmans, horde extrêmement redoutable alors, & dont Temougin étoit vassal, vinrent, sous la conduite de Tayamkhan leur chef, ravager les états du jeune prince, qui les défit entièrement, & Tayamkhan fut tué dans le combat. Ces nouveaux succès rendirent Temougin encore plus formidable ; il fit des courses sur les frontières du Tangut, & après avoir infiniment étendu sa domination, il rassembla à la source du fleuve *Onon* toutes les hordes qui lui étoient soumises, se fit déclarer empereur, & prit le nom de Genghizkhan. On retrouve ici en détail à-peu-près la même aventure que M. de Fleury a racontée en gros. Des princes de la race royale de Tartarie m'ont expliqué l'origine du nom de *Djanghiz*, que je n'ai trouvée nulle part. Nous prononçons mal-à-propos *genghiz*, par une corruption invétérée. Le mot tartare *Djanghiz*, signifie *seul*, comme *Jaligniz* en turc. Temougin prit le nom de *Djenghizkhan*, ou parce qu'il étoit fils unique de son père, qui, en mourant, l'avoit laissé seul, & abandonné à lui-même, ou parce que, lorsqu'il se fit déclarer empereur, il voulut être reconnu pour le seul khan, & l'unique souverain de toute la Tartarie.

### Des Walaques.

L'origine des Walaques, l'étymologie de leur nom ne sont pas bien connues. Æneas Sylvius, qui fut pape sous le nom de Pie II, a cru que les Walaques de la Dacie supérieure, qui sont les Moldaves d'aujourd'hui, & ceux de la Dacie inférieure, avoient tiré leur nom de Flaccus, général Romain, sans doute le même dont Ovide a parlé dans ces vers :

*Præfuit his, Græcine, locis modo Flaccus, & illo*
*Ripa ferax Istri sub duce tuta fuit,*
*Hic tenuit Mysas gentes in pace fideli ;*
*Hic arcu fusos terruit ense Getas.*

(Ovid. 4. de Pont. Eleg. 9.)

D'autres auteurs ont prétendu que ces peuples avoient pris le nom d'une fille de l'empereur Dioclétien, qui fut mariée à un de leurs princes. Bonfinius tire du grec l'étymologie du mot walaque ἀπο τȣ Βάλλειν καί τῆς ἄκιδος, à cause de leur adresse à manier l'arc & la flèche. L'auteur de l'histoire des Huns, dit, d'après Rubruquis, que les Walaques ont conservé le nom de la rivière d'*Ili* dans le Turquestan, des environs de laquelle ils sont venus en Europe. Cet écrivain se fonde sur ce que les Tartares ne pouvant prononcer le *b*, disent *Ilak*, au lieu de *Blak ;* mais j'ose croire que cette étymologie n'est pas exacte ; les Tartares à la vérité ne profèrent jamais la consonne *b*, mais ils la prononcent comme une *m*, & non pas comme un *i ;* ils disent *Mengly Guerai khan*, au lieu de *Benghly Gueraï Kan*, &c. D'ailleurs le nom que les Tartares & les Turcs donnent aux Walaques, n'est point *Ilak*, mais *Wlak*, & quelquefois *Istak*. L'auteur anonyme de l'histoire de Moldavie regarde l'étymologie tirée de Flaccus, & toutes les autres, comme fabuleuses. Il assure que le nom de Walaques est le même que plusieurs nations donnent aux Italiens, ou Romains, desquels il prétend que ces peuples sont descendus. Les Allemands, dit-il, appellent également les uns & les autres *Welsch ;* il y a même encore en Italie une contrée que les François appellent *Vallais*, & les Latins *Vallesia*. Les Polonois donnent aux Italiens le nom de *Wolch*, & aux Walaques celui de *Wolochi*. Les Hongrois nomment les Italiens *Olach*, & les Moldaves & Walaques *Oulach*, l'Italie *Wloschazème*, & la Walaquie *Woloschazème*. Je pense que l'opinion de ce dernier auteur est la plus plausible. La plupart des écrivains en effet font descendre les Walaques des Romains, & regardent ces peuples comme les débris des troupes & des colonies Romaines amenées dans la Dacie par Trajan & ses successeurs. L'auteur anonyme en rapporte une autre preuve assez mal fondée, qu'il tire de la conformité des habillemens, & sur-tout d'une prétendue ressemblance des mœurs des Walaques avec celles des Italiens. L'origine de ces peuples est bien plus solidement prouvée par leur langue, argument incontestable : cette langue est manifestement un idiome latin, qu'une longue suite de siècles, & le concours de tant de Barbares n'ont pu entièrement anéantir. Mais sa corruption extrême, & la prodigieuse quantité de mots grecs, sclavons, allemands, hongrois & turcs, qui s'y sont glissés, confirment aussi le sentiment de l'auteur de l'histoire des Huns, qui fait venir les Walaques du Turquestan. On doit en effet regarder ces peuples comme un mélange de Romains & de Grecs, avec les Daces, les Gètes, les Gépides, les Jazyges, les Sarmates, les Saxons, les Goths, les Huns, les Avares, les Slaves, les Patzinacites, les Turcs, & tous les Barbares orientaux & septentrionaux qui ont successivement occupé le pays

que les Moldaves & les Walaques habitent aujourd'hui. Depuis la venue de Trajan dans la
Dacie, les Walaques ont eu plusieurs noms différens ; ils furent d'abord appelés *Mysiens*, suivant
le témoignage de Nicétas, ensuite Ρέμανοι τῆς
Εϸδελίας· *Roumouni tcs Erdelias.* C'est ainsi que
les Hongrois appellent aujourd'hui la Transylvanie :
on comprenoit autrefois sous ce nom la Transylvanie & la Walaquie occidentale qui est entre le
Danube & le Tibisc. Les Walaques se donnent
encore aujourd'hui le nom de Romains ; & en
sortant de *Fokciam*, ville dont la moitié est du
district de Moldavie, & l'autre de celui de Walaquie, je fus fort étonné d'entendre un paysan
répondre à un de mes gens, qui lui avoit demandé
où nous étions, *à venit domieta la tzara Roumou-
nesca*, c'est-à-dire, votre seigneurie est venue dans
l'empire ou dans le pays romain. Il y a lieu de
croire que ces peuples n'ont quitté que fort tard
le nom de Romain pour prendre celui de Walaques.
Il paroît aussi par l'histoire, que le nom de Walaquie ne se bornoit pas à la Dacie Transistrienne,
ou au-delà du Danube, & que des pays situés
en-deçà de ce fleuve étoient aussi compris sous la
même dénomination. Nous voyons dans Nicétas,
qu'on appeloit *grande Walaquie*, la partie montagneuse de la Thessalie. Τις τὰ Θετταλίας κατέχων
μετέωρα ἃ νῦν μεγάλη Βλαχία κικλήσκεται. Les
habitans du mont *Hœmus*, & les Bulgares,
étoient aussi nommés Walaques. Nicétas, depuis
le règne d'Isaac l'Ange, jusqu'à la fin de son
histoire, ne désigne plus les Bulgares que par ce
nom, & attribue aux Walaques toutes les opérations & les faits d'armes que la plupart des écrivains mettent sur le compte des premiers. C'est
sans doute parce que le domaine de Walaquie
étoit uni auparavant au royaume de Bulgarie.
Nicétas dit en effet, en parlant de la révolte
d'Asan, que ce rebelle, non content de régner
sur la Mysie ou la Walaquie sa patrie, d'où il
avoit chassé l'armée romaine, voulut la joindre
à la dynastie des Bulgares, comme elle étoit autrefois. C'est peut-être aussi parce que les Walaques, unis aux Bulgares, jouoient le principal
rôle dans ces derniers démêlés avec les empereurs
Grecs, tant par leur propre bravoure, que par
le secours des Comains & des autres Scythes leurs
voisins, qu'ils entraînoient dans leur parti, &
mettoient de moitié dans toutes leurs incursions.
On voit effectivement les Walaques sans cesse
liguées avec les Scythes dans tout le cours de leurs
dissensions avec les empereurs de Constantinople.

Depuis la destruction de la monarchie des Bulgares par Basile, la Bulgarie étoit demeurée soumise aux empereurs, & avoit été gouvernée par
des ducs, vassaux de l'empire. L'an 1185, deux
Walaques, frères, appelés Asan & Pierre, formèrent le projet de délivrer la Bulgarie & la Walaquie du joug auquel elles avoient été asservies
pendant assez long-temps ; ils encouragèrent les

peuples à la révolte par les prophéties de quelques
prétendus inspirés, & se servirent adroitement du
fanatisme & de l'enthousiasme pour favoriser leur
dessein. Ils commencèrent leurs opérations par le
siège de *Prestlabe*. Mais n'ayant pu réussir à s'emparer de cette ville, ils descendirent par le mont
*Hœmus* dans les terres de l'empire Grec, y firent
un butin immense, & enlevèrent un prodigieux
nombre d'hommes & de bestiaux. L'an 1187,
Isaac l'Ange marcha contre eux, & les força de
se retirer dans leurs défilés & leurs retranchemens ; il les y surprit à la faveur d'un brouillard
épais, & dispersa ces rebelles, qui, ne trouvant
plus de sûreté en-deçà du Danube, passèrent ce
fleuve, & se refugièrent chez les Scythes, qui
habitoient la rive septentrionale. Asan se ligua
avec ces barbares, en tira de puissans secours,
& se forma une armée d'élite, avec laquelle il
revint à la charge, & chassa les Grecs de toute
la Mysie.

L'empereur reconnut la faute qu'il avoit faite
de ne pas profiter de ses premiers avantages, &
d'avoir sur-tout négligé, après la défaite de ces
barbares, de retenir en ôtage quelques-uns de
leurs enfans, & de mettre de bonnes garnisons
dans les forteresses. Il résolut de recommencer la
guerre, & se mit en marche sur des avis qu'il
eut, que ces ennemis avoient quitté leurs montagnes & formé un campement dans le champ
d'*Agathopolis*. Il se rendit à *Tavrocome*, auprès
d'*Andrinople*, & attendit que toutes ses troupes
fussent ramassées dans le lieu où il leur avoit
assigné le rendez-vous. Il se flattoit aussi que
l'empereur Conrad viendroit se joindre à lui, sur
les instances qu'il lui en avoit faites ; mais celui-ci
passa dans la Palestine avec les croisés, & lui
manqua de parole. Isaac envoya tous ses bagages
à *Andrinople*, & partit de *Tavrocome*, pour aller
attaquer les ennemis. Les espions vinrent lui rapporter que les Walaques pilloient les environs de
*Lardée*, avoient tué un grand nombre d'hommes,
& enlevé une infinité de captifs, & qu'ils étoient
sur le point de se retirer avec de riches dépouilles.
L'empereur pressa sa marche, & se trouva en peu
de jours auprès de *Berrée*, à portée des Scythes
& des Walaques, qui, au bruit de sa venue,
rétrogradèrent pour lui présenter bataille. Ils confièrent tout le butin qu'ils avoient fait, à un détachement de leurs troupes, auquel ils ordonnèrent
de continuer la route, & de se hâter de gagner
les montagnes. Ils fondirent avec vigueur sur la
cavalerie des Grecs, combattant à la manière de
leurs ancêtres ; ils firent d'abord plusieurs décharges de flèches, & en vinrent ensuite à la
lance ; ils feignoient de temps en temps de prendre
la fuite pour engager les Grecs à les poursuivre,
& dès qu'ils les voyoient approcher, ils retournoient sur leurs pas pour les charger avec plus
de fureur. Ils répétèrent plusieurs fois cette ma-
nœuvre, & la victoire commença à se déclarer

pour eux, ils voulurent terminer l'action le fabre à la main. Le carnage fût horrible, & la défaite des Grecs auroit été entière, fi l'empereur n'avoit donné lui-même avec fa cavalerie d'élite. Ce prince arracha aux mains des Barbares plufieurs captifs; il fut néanmoins forcé d'abandonner le champ de bataille, & de fe retirer à *Andrinople*. Nicétas l'avoit accompagné en qualité de fcribe dans cette malheureufe expédition. On retrouve ici dans la plus grande exactitude la manière dont les Tartares, les Nogaïs & les Calmouks fe battent encore aujourd'hui. Ils commencent toujours la bataille par des décharges de flèches qu'ils décochent avec une adreffe infinie; & lorfqu'ils font affez près de l'ennemi pour en venir à la mêlée, la lance & le fabre décident le combat. Leurs lances font extrêmement longues; il y en a qui ont plus de vingt pieds: elles font armées d'un fer triangulaire & délié, de deux ou trois pieds de longueur; ils les appellent *Sungu*. Les Tartares proprement dits, ont prefqu'entièrement abandonné cette arme, qui eft plus familière aujourd'hui aux Nogaïs, aux Circaffiens & aux Calmouks.

Malgré ce revers, l'empereur ne négligea rien pour s'oppofer aux progrès des Barbares, & engagea fes plus habiles généraux feconder fes efforts. Mais comme il ne pouvoit pas fe trouver par-tout, fa vigilance, & la célérité avec laquelle il fe portoit d'un lieu dans un autre, n'empêchèrent pas que ces dangereux ennemis ne fiffent un extrême ravage. Afan pilla tous les villages aux environs d'*Agathopolis* & de *Philippopolis*. L'empereur voulut s'emparer de *Zagora*, pour tenter encore de faire rentrer la Myfie fous fon obéiffance; dans cette intention il partit de *Philippopolis*, pour fe rendre à *Tridiazza*, qui eft la *Sophie* d'aujourd'hui. Cette ville a été bâtie par Juftinien des ruines de *Sardique*. Le nom de *Sophie* lui a été donné à caufe d'une églife de Sainte Sophie, qui y fut conftruite autrefois fur le modèle de celle de Conftantinople, & qui eft actuellement une mofquée des Turcs. La rigueur de la faifon empêcha Ifaac l'Ange de pénétrer dans le mont *Hœmus*, & le força de retourner à Conftantinople. Il fe remit en campagne au printemps, affiégea inutilement pendant trois mois le fort de *Lobize*, & revint encore après bien des fatigues fans avoir rien fait de remarquable.

L'an 1190, les affaires de l'empire Grec étoient en affez mauvais état. Les Walaques & les Comains défoloient toutes les provinces. L'empereur fe mit encore en marche, s'avança au-delà d'*Anchiale*, & entra dans le mont *Hœmus*. Mais il ne vit rien qui exigeât fa préfence. Il trouva les fortifications des places réparées, & beaucoup mieux gardées qu'auparavant. La crainte d'une incurfion des Scythes, & la faifon qui étoit déjà propre à leur faciliter le paffage du Danube, ne permirent point à ce prince de faire cette cam-

pagne plus longue, & elle fut terminée en deux mois. Il ne jugea pas à propos cependant de retourner par le même chemin par lequel il étoit venu, & voulut chercher une route plus courte & plus agréable pour fe rendre à *Berrée*. Il s'enfonça avec fon armée dans les défilés étroits des montagnes où coule un petit torrent. C'étoit fans doute les vallées étroites & profondes que forme le *Tchenghé Balcan*, ou le mont *Hœmus*, du côté *Choumla*, & dans lefquelles on voit ferpenter une petite rivière, qui fe replie en divers contours fi tortueux, que l'on eft obligé de la paffer plus de trente fois en traverfant la chaîne de ces montagnes. Les Walaques furprirent l'empereur dans ces dangereux paffages; l'avant-garde de l'armée ne fut point attaquée, parce que les Barbares n'arrivèrent pas à temps, ou peut-être parce qu'ils vouloient réunir toutes leurs forces pour fe jeter fur la phalange du milieu, où fe trouvoit l'empereur avec fes miniftres, & tous les officiers de marque. Ils fondirent en effet fur cette phalange avec beaucoup d'impétuofité; l'infanterie grecque fe défendit pendant quelque temps; mais fe voyant accablée par les flèches, par les pierres énormes que les Barbares faifoient rouler du haut des montagnes, elle fe battit d'abord en retraite avec quelque ordre, & fut bientôt entièrement difperfée. L'empereur enveloppé dans cette embufcade, échappa avec beaucoup de peine au péril qui le ménaçoit; il fut redevable de fon falut à un nombre de valeureux combattans, qui fe facrifièrent pour lui, & foutinrent le choc des ennemis affez long-temps pour lui donner le moyen de fe fauver. Il fe rendit par la route de *Crinus* à *Berrée*, où il rejoignit l'avant-garde de fon armée, qui avoit déjà défefpéré de le revoir, parce qu'on avoit répandu le bruit qu'il étoit péri dans le combat.

L'année fuivante les Walaques enorgueillis & animés par tant de fuccès, ne connurent plus de frein, & commirent les plus grands défordres; ils ne fe bornèrent pas à ravager les campagnes, & à piller les villages, ils s'emparèrent des places fortifiées. Ils faccagèrent *Anchiale*, prirent *Varna*, & détruifirent prefqu'entièrement *Triadizza*. L'empereur s'efforça de réparer les maux qu'ils avoient faits, & fit remettre en état les places qu'ils avoient ruinées. Les exploits de Conftantin l'Ange, que l'empereur avoit choifi pour fon général contre les Serviens, en impoférent aux Walaques, & retinrent Pierre & Afan, qui s'étoient propofés de venir ravager le territoire de *Berrée* & de *Philoppopolis*. *Berrée* doit être la petite ville de *Bra* dans la Bulgarie, fituée à dix ou douze lieues de *Philoppopolis*, fur la rivière de *Bracza*, qui fe jette dans la *Maritza*. Conftantin ayant voulu ufurper l'empire, fut aveuglé; les Walaques, charmés de n'avoir plus rien à craindre du feul général qu'ils croyoient pouvoir s'oppofer à eux, recommencèrent leurs incurfions, & s'avancèrent, joints à une immenfe troupe de Scythes;

fur les terres de l'empire. Ils mirent *Philippo-polis* à feu & à sang, surprirent *Sardique*, & pénétrèrent jusqu'à *Andrinople*. Les Grecs com-battoient foiblement dans les diverses rencontres, & mettoient peu d'obstacles aux progrès des Bar-bares, qui profitoient de plus en plus de leur dé-couragement.

Dans le cours de l'année 1195, le fort des armes fut également favorable aux Walaques & aux Scythes. L'empereur avoit envoyé contre eux une armée nombreuse, sous la conduite de deux généraux Alexis Gui & Basile Batatzès, dont le premier commandoit les légions d'orient, & l'autre celles d'occident. Ils livrèrent aux Barbares une bataille sanglante & malheureuse: Gui, après avoir perdu la plus grande partie de ses troupes, prit la fuite avec le reste, & Batatzès périt dans le combat avec celles qu'il avoit sous ses ordres. L'empereur se préparoit à marcher en personne pour faire un dernier effort, lorsqu'il fut dépossédé par son frère Alexis Comnène, qui lui fit crever les yeux.

Alexis monté sur le trône, envoya, l'an 1195, des ambassadeurs à Asan & à Pierre, pour leur faire des propositions de paix; mais les Barbares répondirent avec tant d'insolence, & offrirent des conditions si dures & si honteuses, que l'empe-reur ne crut pas devoir les accepter. Tandis que ce prince étoit occupé en Orient, ces deux frères firent une incursion dans le territoire de *Serres*, battirent les troupes impériales, s'emparèrent de plusieurs places, & retournèrent chez eux avec un immense butin. L'empereur détacha Isaac Se-bastocrator, son gendre, avec un certain nombre de troupes, pour aller prévenir de nouveaux dé-sordres; mais ce général encore jeune, & peu expérimenté, ayant eu avis que les ennemis étoient venus de nouveau ravager les environs de *Serres*, se mit en devoir de les attaquer. Sans examiner quelles étoient leurs forces, & s'il étoit lui-même en état de leur faire face, il donna le signal du combat, & fit faire à sa cavalerie une marche forcée de trente stades à bride abattue; il fatigua par-là si fort sa cavalerie, & son infanterie qui la suivoit, que l'une & l'autre arrivèrent en pré-sence de l'ennemi presque hors d'état de combattre. Il chargea le champ les Barbares, sans donner à ses soldats le temps de se reposer. Asan avoit eu le soin de distribuer une partie de ses troupes dans des embuscades, où l'armée des Grecs se trouva enveloppée; Isaac lui-même, après avoir perdu beaucoup de monde, fut enlevé par les Scythes, demeura captif entre leurs mains, & mourut dans les chaînes quelque temps avant le meurtre d'Asan. Celui-ci fut tué par un nommé Ibancus, ou Jean, qu'il avoit accusé d'un commerce cri-minel avec sa femme, & qu'il vouloit faire périr. Cet Ibancus, après avoir mis à mort le tyran, se fit un parti, & s'empara de la ville de *Ternobe*, qui est la *Ternova* d'aujourd'hui; il y fut assiégé

par Pierre, frère d'Asan; il fit pendant quelque temps une assez vigoureuse résistance, avec des secours que l'empereur lui avoit envoyés; mais voyant que Pierre se renforçoit tous les jours par le concours des troupes qui lui venoient de toutes parts, & s'appercevant aussi que les Grecs ne se défendoient que bien foiblement, il prit le parti de la fuite, & se réfugia auprès de l'empereur. Ce prince l'accueillit avec bonté, & lui offrit en mariage la fille d'Isaac Sebastocrator; mais on croit qu'il préféra sa veuve, appelée Anne, qui étoit encore dans la fraîcheur de l'âge, & dont il devint amoureux. Cet Ibancus servit utilement l'empereur contre les Scythes, qui commirent d'affreux dé-sordres dans la Thrace & la Macédoine. Quelque temps après la mort d'Asan, Pierre fut aussi mas-sacré, & un troisième frère, nommé Jean, lui succéda.

L'an 1198, les Scythes, accompagnés d'une armée de Walaques, passèrent le Danube, & vinrent le jour de la fête de S. George piller plusieurs villages de la Thrace, dans le voisinage de *Mesen*, & de *Zurule*. Cette ville est la même que les Turcs appellent aujourd'hui *Tchiorlou*. Ces Barbares avoient projeté de se rendre à *Cupe-rium*, lieu voisin de *Zurule*, où il y avoit ce jour-là un prodigieux concours de monde pour célébrer la fête de S. George; mais un grand brouillard, qui s'éleva dans la matinée, leur fit changer de route; ils se répandirent dans d'autres endroits, & s'avancèrent même jusqu'à la ville maritime appelée *Radœstus*, aujourd'hui *Rodosto*. Quelques-uns d'entre eux cependant passèrent à *Cuperium*; les gens assemblés pour la célébration de la fête, résolurent de se défendre; ils se retranchèrent derrière leurs chariots, qu'ils rangèrent autour de l'église, & résistèrent par-là à la première attaque des Barbares, peu accoutumés à former des sièges, ni à forcer des retranchemens. Ceux-ci se retirè-rent en effet, & enlevèrent seulement tous les Grecs, qui, ayant pris l'épouvante, avoient abandonné l'église, pour tâcher de se sauver à Zurule. Cet événement avoit été prédit par Théo-dore Branas, qui, ayant prévu l'irruption des Scythes, avoit inutilement défendu, pour cette année, la célébration de la fête. Les Barbares retournant chez eux chargés de dépouilles, furent attaqués par les Grecs de la garnison de *Byzia*, qui est la ville de *Vizé* d'aujourd'hui; ils furent mis entièrement en déroute, & perdirent la plus grande partie de leur proie. Mais l'avidité des Grecs les empêcha de profiter de cet avantage; tandis qu'ils étoient en effet occupés à arracher des mains des vaincus tout le butin qu'ils avoient enlevé, les fuyards se rallièrent, revinrent à la charge, & battirent les Grecs, qui se virent forcés à leur tour de prendre la fuite.

L'empereur se rendit l'année suivante à *Thessa-lonique*, pour porter de-là ses armes contre un nouvel ennemi, nommé *Chrysus*, Walaque de nation, qui s'étoit emparé de *Strumiça*, & avoit établi sa résidence dans le château de *Prosaca*. Cette dernière place étoit extrèmement forte ; la nature & l'art l'avoient rendue imprenable ; mais elle étoit depuis long-temps négligée par les Grecs, qui n'y avoient laissé qu'une foible garnison. Chrysus y fit entrer ses meilleurs soldats, eut soin de s'y pourvoir de toutes les munitions de guerre & des provisions nécessaires pour soutenir un long siège, & s'y enferma ensuite ; bien résolu de faire une vigoureuse résistance. Les généraux les plus expérimentés dans l'art de la guerre, conseilloient à l'empereur de ne pas attaquer d'emblée cette place, dont la prise étoit extrèmement douteuse ; de commencer au contraire d'encourager les troupes, en s'emparant des bourgs & des villages du domaine de Chrysus ; ils lui représentoient que les soldats, animés par les premiers succès & par le goût du pillage, attaqueroient alors *Prosaca* avec plus d'ardeur & de bonne volonté. Les jeunes gens soutenoient au contraire qu'il étoit important d'entamer la campagne par le siège de cette place, dont la prise assuroit la conquête de tout le reste. Cette dernière opinion prévalut ; l'empereur assiégea *Prosaca*, ses soldats firent des prodiges de valeur, tentèrent plusieurs assauts, mais ils furent repoussés toujours avec beaucoup de perte : l'empereur reconnoissant enfin l'impossibilité de prendre cette importante forteresse, leva le siège, & fit avec Chrysus un accommodement, par lequel il lui abandonna entièrement *Strumiça* & *Prosaca*, avec leur territoire ; il lui promit de le marier avec une fille de son choix. En effet, à son retour à Constantinople, il lui envoya la fille du protospathare, qui avoit été séparée de son mari ; un nommé Constantin Sébatte fut chargé de la conduire ; mais elle fut assez mal reçue de son nouvel époux. Dans la même année les Scythes, divisés en quatre corps, fondirent sur la Macédoine, avec plus de fureur qu'ils n'avoient jamais fait ; ils étoient en si grand nombre, que personne n'osa s'opposer à eux ; ils passèrent le mont *Gauus*, attaquèrent plusieurs places fortifiées, forcèrent les monastères situés sur le sommet des montagnes les plus élevées, pillèrent les églises, & massacrèrent une infinité de religieux.

Les Valaques & les Comains firent, l'an 1200, une nouvelle irruption dans la Thrace, ravagèrent les plus belles contrées de cette province, & se retirèrent avec une entière liberté, sans que personne osât mettre obstacle à leur passage. Ils se seroient venus jusques aux portes de Constantinople, si les Russes, qui étoient alors chrétiens, n'avoient eu compassion des Grecs opprimés, & n'avoient arrêté les progrès de ces Barbares. Romain, duc de Rassiz, ramassa à la hâte une nombreuse armée, & fit une diversion sur les terres des Comains, où il répandit la désolation ; il y mit tout à feu & à sang, sans rencontrer le moindre obstacle, & il amena un secours imprévu aux Grecs, qui

étoient réduits à la plus affreuse extrémité. Les Comains habitoient alors le pays qui est entre le Danube, la mer Noire & le Dniester, c'est-à-dire, la Moldavie & la Bessarabie. Ils étoient encore payens ; & ce ne fut qu'en 1227, que le pape Grégoire IX envoya l'évêque de Strigonie avec la qualité de légat, pour travailler à la propagation de la foi chez ces peuples, dont le prince, appelé *Boris*, avoit demandé d'embrasser la religion chrétienne. Ces Barbares n'avoient encore ni villes, ni villages, ni habitations fixes ; ils étoient sans cesse campés sous des tentes de feutre, qu'ils transportoient d'un lieu dans un autre ; ils étoient parfaitement semblables aux Nogaïs d'aujourd'hui, qui sont à-peu-près la même nation.

Les Comains jouèrent un rôle important dans les guerres des latins contre les Grecs. Après que Baudouin, comte de Flandres, eut été élu empereur, & se fut rendu maître de Constantinople, les Grecs implorèrent le secours de Jean, roi de Bulgarie. Celui-ci empressé de profiter de ce démêlé, pour écraser les deux partis, & s'élever sur leurs ruines, fit d'abord agir les Comains contre les Latins. Ces Barbares, au mois de mars de l'an 1205, s'avancèrent vers le camp des François & des Vénitiens, qui assiégeoient Andrinople, & ils enlevèrent des troupeaux & des bestiaux dans le voisinage. Les Latins offensés de cette insolence, voulurent châtier leur témérité ; ils montèrent à cheval, & les poursuivirent. Les Comains prirent la fuite, en se contentant de faire de temps en temps quelques décharges de flèches, par derrière, sans arrêter leur marche, comme font encore les Tartares d'aujourd'hui. Les Latins ne purent atteindre ces ennemis, qui étoient armés plus légèrement qu'eux, & avoient des chevaux plus vîtes & mieux exercés à la course. Pendant cet intervalle, Jean, roi de Bulgarie, occupa les passages & les défilés, & fit cacher des troupes dans les montagnes ; il expédia ensuite un second détachement de Comains, sous la conduite de Cozas, pour continuer d'amuser les Latins, & faire ensorte de les attirer dans le piège qu'il leur avoit tendu. Les Latins ayant apperçu une seconde fois les Barbares, firent de nouveaux efforts pour les joindre, mais ils poussèrent la poursuite trop loin ; ceux-ci ménagèrent si bien leur fuite, qu'ils les amenèrent insensiblement dans l'embuscade, où ils se trouvèrent enveloppés par de nouvelles troupes de Barbares, toutes fraiches, qui les chargèrent avec vivacité. Déjà fatigués d'une longue course, & accablés par une énorme multitude, ils se virent forcés de succomber, & furent taillés en pièces, après avoir fait des prodiges de valeur. Le comte de Blois périt dans l'action, l'empereur Baudouin fut fait prisonnier, & amené chargé de chaines à *Ternobe*, où le roi des Bulgares lui fit subir quelque temps après la mort la plus affreuse. Le doge de Venise, Dandolo, qui commandoit l'arrière-garde, & qui se trouvoit par conséquent moins avancé, se sauva avec ses troupes, & se retira dans le camp, qu'il abandonna la nuit même. Il alla à *Rodosto* avec Henri, frère de Baudouin, & retourna de-là à Constantinople, où il mourut à la fin de la même année.

Jean, roi des Bulgares, après la défaite des Latins, songea à tomber sur les Grecs, & se rendit maître en peu de temps de plusieurs provinces de l'empire. Il continua de se servir utilement des Comains, qui, animés par tant de succès, & sur-tout par la victoire signalée qu'ils venoient de remporter, ne voyoient plus rien qui pût les arrêter, & commettoient impunément les plus affreux ravages. Henri avoit succédé à son frère Baudouin, & s'efforçoit de rétablir les affaires des Latins, qui étoient dans un horrible désordre. Il remporta de grands avantages sur les Bulgares & les Walaques, & délivra la ville d'*Andrinople*, dont ils vouloient former le siège; les troupes qu'il envoya contre eux les mirent en fuite, & reprirent vingt mille prisonniers & trois mille chariots chargés de butin, que ces Barbares emmenoient chez eux en se retirant. Ce prince porta même la guerre jusques en Bulgarie, détruisit plusieurs villes, & retourna dans sa capitale chargé de dépouilles. Quelque temps après le roi de Bulgarie revint mettre le siège devant *Andrinople*, à la sollicitation de l'empereur Grec Théodore Lascaris, qui implora son assistance contre Henri, par les troupes duquel il se voyoit attaqué en Asie. Les Comains étoient encore de moitié avec les Bulgares & les Walaques dans cette expédition; ils ravagèrent toutes les campagnes, & poussèrent même leurs courses jusques à Constantinople. Mais ils abandonnèrent leurs alliés, & retournèrent chez eux, dans un temps où la ville d'*Andrinople* étoit réduite à la dernière extrémité. Leur retraite sauva la place, & les Bulgares furent forcés de lever le siège.

Genghizkhan, reconnu empereur des Tartares en 1206, commençoit d'asservir l'Asie, & ses progrès dans cette partie du monde annonçoient l'orage qui devoit bientôt fondre sur l'Europe. Ce prince, ni chrétien, ni musulman, & l'effroi des uns & des autres, poussoit ses conquêtes vers le midi de l'Asie. Dès l'année 1225, il s'étoit déjà rendu maître de la Chine en partie, du Maourennhaar, du Mazanderan, & d'une infinité d'autres provinces de la Perse & de l'Inde; il avoit soumis les villes célèbres d'*Otrar*, de *Bokhara* & de *Samarcande*, dont il avoit fait passer le plus grand nombre des habitans au fil de l'épée, & dispersé le reste; il s'étoit rendu principalement redoutable aux Mahométans, par les cruautés qu'il avoit exercées contre les Sarrasins; les Russes même avoient déjà ressenti les effets de sa puissance, & son fils Touschi-khan les avoit vaincus dans une bataille. Enfin sa domination s'étendoit, en 1226, dans tout le nord de l'Asie, depuis la Chine jusques à la Moscovie, lorsque la mort vint arrêter le cours rapide de ses conquêtes. Tous les princes de la maison impériale réunis, élurent pour son successeur Octaï-khan. Touschi étoit mort peu de temps avant Genghizkhan; & celui-ci avoit donné à Battou son fils, le titre de khan de Kapschak; Octaï-khan le confirma dans la possession des états de son père, le mit à la tête d'une formidable armée, & lui ordonna de tenter la conquête des pays septentrionaux de l'Europe. Dans le cours des années 1240 & 1241, Battoukhan attaqua les Russes, les Bulgares & les Slaves. Ses Tartares, au nombre de cinq cens mille, entrèrent en Russie, prirent Kiovie, désolèrent la Pologne & la Bohême, & ravagèrent la Hongrie. Béla IV, qui y régnoit alors, ayant voulu tenter le sort d'une bataille, fut mis en fuite auprès d'*Agria*, & repoussé jusques dans les îles de la mer Adriatique. Il fut ensuite remis en possession de ses états, par le secours des chevaliers de Rhodes, auxquels il donna en reconnoissance un grand nombre de bourgs & de villages, avec une infinité de beaux privilèges. Les Tartares poussèrent leurs courses jusques à *Waradin*, & sur les frontières de l'Autriche, & Battou-khan retourna, l'an 1243, à *Saraï*, ville située sur le *Volga*, dans laquelle il avoit établi sa résidence, & qui a été depuis la capitale de l'empire de Kapschak. Ce prince, dans son expédition en Europe, défit aussi Cuthen, roi des Comains, & força ces Barbares d'abandonner leurs demeures. Ils se réfugièrent chez Béla IV, roi de Hongrie, qui leur donna un asyle. Mais ils ne tardèrent pas d'en abuser; ils firent de très-grands maux dans le pays, & causèrent un mécontentement extrême ces peuples contre le roi Béla, qui, par sa facilité, avoit donné lieu à ces désordres. J'ai déjà dit que l'an 1227, le prince des Comains avoit demandé au pape d'être instruit dans le christianisme, & que le souverain pontife lui avoit envoyé l'évêque de *Strigonie* avec la qualité de légat. Mais les soins que ce prélat se donna pour leur conversion, furent alors presque entièrement infructueux, & jetèrent à peine le premier germe de la religion chez ces Barbares. L'an 1279, Ladislas, roi de Hongrie, promit leur déclarer la guerre, ou de leur faire observer les articles qui avoient été accordés dans les traités conclus avec leurs princes Uzuc & Telon. Ces articles portoient que les Comains recevroient le baptême, quitteroient leurs montagnes & leurs maisons de feutre, & viendroient habiter les villes. Ladislas rendit un édit en conséquence; mais ses ordres ne furent point exécutés, ce prince fut même massacré quelques années après par ces Barbares auprès du château de *Kereszes*. Les Comains ne se convertirent que dans le siècle suivant, sous Louis d'Anjou, roi de Hongrie, qui leur fit enfin embrasser le christianisme. Ils habitoient alors la Moldavie & la Bessarabie jusques au Pont-Euxin, & aux bouches du Danube. Cette région a été long-temps le théâtre des guerres des Hongrois, des Polonois, des Tartares & des Turcs. On l'a vue plusieurs fois conquise par les uns, & les autres, & la nation des Comains s'est insensiblement confondue avec les Walaques, les Moldaves & les Tartares, qui sont enfin demeurés en possession de ces pays, & y habitent encore aujourd'hui.

Je renvoie le lecteur à l'histoire des Huns & aux autres historiens pour ce qui concerne la suite des opérations des Tartares en Europe, leur établissement dans la Crimée, la fondation de la monarchie, connue aujourd'hui sous le nom de petite Tartarie, & la succession des princes qui ont occupé ce trône jusqu'à nos jours, & qui depuis Mahomet II, se sont soumis aux empereurs Turcs.

Après que la Bulgarie eut été conquise par les rois d'Hongrie, & rendue tributaire de cette couronne, il paroît que la Walaquie en fut démembrée, & devint un état à part, qui eut ses souverains particuliers. Cromérus, dans son histoire de Pologne, avoue qu'il n'y a rien de si obscur que l'origine de cette principauté; il dit que la nation des Walaques a été presqu'entièrement inconnue, & que l'on ne trouve son nom dans les historiens de Hongrie, que sous le règne de Charles. Il n'a pas tout-à-fait raison sur ce point, puisque Nicétas en parle environ deux siècles auparavant. Il est vrai que l'époque de l'établissement de cette principauté n'est pas fixée par les historiens, & que l'on ne voit nulle part comment elle s'est formée. Il paroît indubitable que dès son origine elle étoit, comme la Bulgarie, dépendante & tributaire du royaume de Hongrie, puisque Bazarad, le premier vaïvode de la Walaquie dont l'histoire fasse mention, payoit un tribut annuel au roi Charles.

Bonfinius nous apprend que l'an 1330, Thomas, vaïvode de Transilvanie, & un nommé Denis, fils de Nicolas, homme ambitieux, qui avoit des vues sur la Walaquie, & qui espéroient s'emparer de cet état, s'ils pouvoient en chasser Bazarad, engagèrent le roi à lui intenter une guerre. Il n'y avoit aucun reproche légitime à lui faire, il ne s'étoit jamais écarté de la fidélité qu'il devoit à son souverain, lui avoit toujours payé le tribut avec la plus scrupuleuse exactitude, & ne l'avoit frustré d'aucun de ses droits. Charles se laissa cependant entraîner par les insinuations de Thomas & de Denis, & après avoir mis de bonnes garnisons sur ses frontières, il marcha en personne contre les Walaques avec une armée nombreuse. Il s'empara en peu de jours de la ville de Severino, & mit à feu & à sang tous les villages des environs; il donna à Denis le domaine de cette place, dont la conquête lui ouvrit tout le vaste pays qui est depuis les frontières de le Transylvanie jusqu'au Pont-Euxin. Bazarad, informé & surpris de l'injuste procédé du roi, voulut, avant de

prendre les armes pour la défense de son pays, tenter les voies de la négociation; il fit dire à Charles que s'il consentoit à se retirer, & à lui accorder la paix, il lui abandonneroit la ville de Severino, avec ses dépendances, & lui céderoit à jamais tous ses droits sur le domaine de cette place; qu'il lui rendroit comme auparavant l'hommage, & lui paieroit le tribut annuel. Il lui offrit de plus sept mille livres d'argent, pour le dédommager des frais de sa campagne, & promit de lui envoyer à sa cour, son propre fils en ôtage de sa fidélité. Mais il ajouta que si le roi refusoit des offres si avantageuses, il devoit s'attendre de sa part à la plus vigoureuse résistance, & qu'il pourroit peut-être se repentir de l'injuste querelle qu'il lui avoit intentée. Ces menaces irritèrent Charles, & l'empêchèrent d'écouter les propositions qui les avoient précédées. Il se mit en marche pour aller attaquer Bazarad. Il lui fallut, pour s'avancer vers l'ennemi, conduire son armée à travers les montagnes & les forêts; les vivres lui manquèrent, il ne trouva sur la route que des villages abandonnés, la fatigue & la faim réduisirent ses troupes à une extrémité si affreuse, qu'il se vit contraint de faire la paix, & de se borner à demander l'humiliante permission de retourner chez lui. Bazarad, pour mieux se venger du roi, feignit de consentir à sa retraite, & tandis que ce prince rétrogradoit avec une parfaite sécurité, il occupa tous les défilés & les sommets des montagnes, & dès que les Hongrois se furent enfoncés dans les passages les plus étroits, il les enveloppa de tous côtés, les accabla de flèches & de pierres, & en fit un horrible massacre. Les personnages les plus distingués de l'armée périrent dans l'action; le roi lui-même eut beaucoup de peine à se sauver par un stratagème; il changea d'habit & d'armure avec Deseus, fils de Denis, qui avoit été un des principaux auteurs de cette fatale expédition; il trouva par-là le moyen de s'enfuir sans être reconnu. Le malheureux Deseus fut pris pour le roi, & mis à mort par les ennemis. C'est ici le premier fait d'armes que l'on connoisse des Walaques proprement dits, & sous la conduite d'un souverain particulier. On pourroit soupçonner de-là que ce Bazarad fut le premier qui démembra la Walaquie du royaume de Bulgarie, auquel elle avoit sans doute été annexée jusqu'à ce temps-là, puisque les historiens qui ont parlé des événemens relatifs au douzième & treizième siècles, ont confondu & désigné par le même nom les Walaques & les Bulgares.

Si l'on en croit l'auteur anonyme de l'histoire de Moldavie, c'est aussi au règne de Charles, roi de Hongrie, que l'on doit rapporter l'origine de cette principauté, & l'époque de son établissement. Cette province, qui faisoit autrefois partie de la Dacie, portoit, dans le temps dont je parle, le nom de Walaquie cisalpine, celui de Moldavie ne lui a été donné que sous le règne de Dragon Voda, le premier de ses souverains; il a été tiré de la *Moldava*, rivière qui arrose cette contrée. L'auteur anonyme remonte même à l'étymologie du nom de la rivière; il le prétend dérivé de celui d'une chienne célèbre appelée *Molda*, qui, après avoir poursuivi une bête sauvage, alla boire à cette rivière, & mourut de lassitude sur le bord. Bonfinius donne au nom de Moldavie une autre origine; il le regarde comme un abrégé de *Mollis Davia*, parce que les Daces ont aussi été appellés *Daves* dans les premiers temps. Mais cette étymologie est bien hasardée, & le nom de Moldavie ne date pas de si loin. Les Turcs appelloient autrefois les Moldaves *Ak Iflak*, ou *Ak Wlak*, c'est-à-dire, Walaques blancs, pour les distinguer des Walaques proprement dits, qu'ils nomment *Cara Iflak*, ou Walaques noirs. Ils donnent aujourd'hui aux Moldaves ou Walaques septentrionaux, le nom de *Bogdans*, à cause de leur prince Bogdan-Voda, le premier qui se rendit dépendant des empereurs Turcs, ou, suivant quelques-uns, du mot turc *Bogdaï*, qui signifie froment, parce que cette province en produit une très-grande quantité. L'auteur anonyme avance très-mal-à-propos que la Moldavie est appelée aussi *Ietzan*, & il rapporte à ce sujet, sans aucune autorité, une fable tout-à-fait absurde. Dragon-Voda, auquel il attribue la seconde habitation de la Moldavie, étant, suivant lui, descendu dans les plaines de cette province, alors déserte & inhabitée, arriva dans un endroit où est aujourd'hui le monastère de *Ietziani*, il y trouva des ruches gardées par un homme originaire de la Russie Polonoise, qui s'appelloit *Ietzi*, & du nom duquel le pays fut nommé par Dragon-Voda *Ietzan*. Il est faux que la Moldavie ait jamais été appelée *Ietzan*, ni dans les siècles passés, ni de nos jours; on ne comprend sous cette dénomination que les plaines qui sont au-delà du *Dniester*, depuis *Bender* jusqu'à *Okzakow*. Elles ont nouvellement tiré ce nom d'une des quatre hordes des Nogaïs soumises au khan des Tartares, qui s'y est établie. Cette horde s'appelle *Iedsan*, ou *Iedi-San*, c'est-à-dire, sept mille, parce qu'elle étoit originairement composée de sept mille hommes : elle a depuis extrêmement multiplié, & elle est aujourd'hui fort nombreuse. Cette seule horde révoltée a dépossédé Alim Gueraï-Khan, & placé sur le trône Crim-Gueraï-Khan, mort il y a quelque temps à Batchéséraï. C'étoit un prince d'un très-grand mérite.

La Moldavie, suivant un auteur anonyme, a été peuplée deux fois. Trajan y fonda les premières colonies, après avoir vaincu les Daces. Cette province fut depuis ravagée par les Bulgares sous leur roi Darabal ou Terbelle, & demeura déserte depuis lors environ 700 ans. L'auteur a fait ici une erreur de chronologie; il a fixé l'époque de la dévastation de la Moldavie par les Bulgares sous Terbelle à l'an 590, tandis que ce prince n'a commencé de régner que vers l'an 700, & a été contemporain de Justinien II. Cette province fut ensuite repeuplée par Dragon-Voda, qui est reconnu pour le premier prince de Moldavie. L'auteur anonyme est embarrassé pour déterminer le temps de cet événement, & se contredit assez mal-à-propos à ce sujet. Il lui étoit bien facile, en suivant son propre raisonnement, de retrouver cette époque; il n'avoit qu'à calculer les années du règne de Dragon-Voda & de ses de ses successeurs, jusqu'à Estienne I, qui mourut du temps de Casimir-le-Grand, roi de Pologne. Ces années sont très-précisément indiquées par Vréké Vornico, qu'il cite lui-même. Suivant le rapport de ce dernier, Dragon-Voda régna deux ans, Sass-Voda quatre ans, Lasco-Voda huit ans, Bogdan-Voda six ans, Pierre Voda seize ans, Romain Voda & Estienne Voda son successeur, régnèrent sept ans; ce qui fait en tout quarante-trois ans. On voit dans Cromerus que cet Estienne Voda mourut vers l'an 1358, & que Casimir-le-Grand prit part au démêlé qui s'éleva pour la principauté entre ses deux enfans Pierre & Estienne. Il faudroit donc soustraire de 1358 les quarante-trois ans qui sont la somme des règnes d'Estienne & de ses prédécesseurs. Il reste 1315, qui devoit être l'époque précise de la seconde habitation de la Moldavie sous Dragon-Voda. L'on devroit par conséquent rapporter cet événement au règne d'Andronic Paléologue, empereur de Constantinople, & non pas à celui de Michel son père, comme le prétend Vréké Vornico. Cet événement répond pareillement au second règne de Ladislas Loketik en Pologne, & à celui de Charles en Hongrie. L'époque de l'établissement de la principauté de Moldavie seroit bien exactement fixée par ce calcul, si l'on pouvoit se rapporter à l'auteur anonyme & à Vréké Vornico; mais par malheur ces écrivains se trouvent contredits en plusieurs points par nos histoires, qui sont bien plus authentiques, & appuyées sur de bien plus solides autorités.

Il paroît par le témoignage de Bonfinius & de Michel Ritius, historiens de Hongrie, que la Moldavie fut de nouveau abandonnée, à cause de l'irruption des Tartares, & que Bog-dan-Voda y amena une troisième peuplade, que l'auteur anonyme confond avec la seconde habitation.

Les historiens ne nous apprennent aucune circonstance du règne de Dragon-Voda, fondateur de la principauté de Moldavie; l'auteur anonyme débite sur son compte quelques fables, sans aucune autorité. J'en ai déjà rapporté une, au sujet du nom de *Iedsan*, qu'il prétend mal-à-propos appartenir à la Moldavie. Il ajoute avoir oui dire à des vieillards du pays, qui tenoient cette tradition de leurs ancêtres, que ce Dragon-Voda fit construire une église de bois dans un lieu appelé *Olowetzi*, & y fut enterré. Estienne Voda, surnommé le Débonnaire, fit transporter cette

église au monastère de *Patna*, où il la rebâtit
telle qu'on la voit aujourd'hui, & il en fit élever
une de pierres à *Olowetzi*, à la place de celle de
bois qu'il avoit ôtée. Le règne de Dragon-Voda
fut très-court. Vréké Vornico, cité par l'auteur
anonyme, le fixe à deux ans, pendant lesquels
il ne se passa vraisemblablement rien de fort remarquable.

On n'est pas mieux informé des détails du règne
de Saft-Voda, son fils & son successeur, que l'on
dit avoir régné quatre ans. Il fut remplacé, suivant
Vréké-Vornico, par Lasco Voda, de sorte que
ce dernier devoit avoir commencé de régner vers
l'an 1321. Mais nous voyons dans l'histoire ecclésiastique de M. de Fleury, que Lasco, duc de
Moldavie, & la nation des Walaques, instruit
par quelques frères Mineurs, résolut de quitter le
schisme dans lequel lui & ses sujets avoient vécu
jusqu'alors. Il en informa le pape Urbain V, qui
fut élu en 1363, & mourut en 1371. Ce pontife
affranchit la ville de *Serete*, & tout le duché de
Moldavie de la jurisdiction du diocèse de *Kalitz*,
ou *Halitz*, dans la Russie poloroise, dont l'évêque
étoit schismatique. Il ordonna que la ville de
*Serete* fût érigée en évêché, & que toute la province relevât à l'avenir de ce diocèse. La bulle
rendue à cet effet est de l'an 1370. Un passage
aussi incontestable renverse l'ordre de succession
établi par l'auteur anonyme. Lasco, suivant son
système, ayant commencé de régner vers l'an
1321, & n'ayant occupé la principauté que huit
ans, devroit avoir précédé de beaucoup Estienne I,
que nous savons certainement, par le témoignage
de Cromerus, être mort vers l'an 1358. Il est
manifeste cependant, par l'autorité de M. de
Fleury, qu'il n'est venu que long-temps après lui.
On ne peut pas supposer un autre Lasco, puisque
l'on n'en trouve qu'un dans la suite des princes
de Moldavie. Il faut donc mettre ce Lasco au
rang des successeurs d'Estienne I, au lieu de le
ranger, comme a fait l'auteur anonyme, au
nombre de ses prédécesseurs. J'en donnerai ci-
après des preuves encore plus fortes. Il en est de
même de Bogdan I, que l'auteur anonyme dit
avoir été fils & successeur de Lasco ; il doit être
aussi placé après Estienne I, ainsi que Pierre &
Romain ses successeurs, comme je tâcherai de le
démontrer dans la suite.

On ne sait absolument rien, à ce que dit l'auteur anonyme, du règne de Pierre Voda, quoiqu'il ait été de seize ans. Il le fait succéder à
Bogdan I, & se plaint du silence des historiens
à l'égard de ce prince. Il en attribue la cause à
l'invasion des Tartares, qui avoient sans doute
forcé les Moldaves d'abandonner les plaines, &
de se retirer dans les montagnes, & sur les hauteurs, où ils ont mené une vie assez obscure, &
se sont dérobés aux recherches des écrivains,
qui n'ont pas pu suivre avec exactitude les faits
qui les concernent.

Pierre Voda, suivant le même auteur, eut
pour successeur Romain Voda. Celui-ci transporta
son trône au château de *Romano*, qui prit son
nom. Notre historien apporte pour preuve de ce
fait, une bulle d'or, qu'il dit avoir été écrite du
temps de ce prince. Il auroit dû nous en donner
un extrait, ou tout au moins la date, on en auroit
peut-être tiré quelques lumières. Il fait régner ce
prince l'an du monde 6900, & veut en même
temps qu'il ait été prédécesseur d'Estienne I. Son
calcul revient à l'an de J. C. 1392, puisque les
Grecs modernes comptent 7271 ans depuis la
création du monde, & Estienne est mort vers
l'an 1358, comme on peut le prouver par l'autorité de Cromérus. Il y a donc ici une contradiction manifeste, qui, jointe à celle qui concerne
Lasco, concourt à me convaincre que les quatre
princes, Lasco, Bogdan, Pierre & Romain,
doivent suivre Estienne I, au lieu de le précéder.
On en verra ci-après les raisons encore mieux
détaillées.

Je pense qu'il faut substituer à ces quatre princes
un Alexandre, dont l'auteur anonyme ne fait
pas mention, mais duquel Bonfinius a rapporté
quelque chose. Dès le commencement du règne
de Louis, roi de Hongrie, c'est-à-dire, vers l'an
1342 ou 1343, l'exemple de cet Alexandre, duc
de la Walaquie Transalpine, ne contribue pas
peu à pacifier les troubles qui agitoient la Hongrie.
Ce vaivode s'étoit révolté sous le roi Charles,
& avoit voulu se soustraire à la domination des
rois de Hongrie, desquels la Walaquie étoit devenue dépendante & tributaire par plusieurs traités
conclus par lui-même & par ses prédécesseurs.
On n'avoit jamais pu ramener Alexandre à son
devoir, ni par les prières, ni par les menaces,
ni par la violence ; la seule réputation de Louis
le fit rentrer dans les bornes de la soumission. Il
alla se jeter aux pieds du roi, lui demanda pardon
de sa faute, lui porta de riches présens, auxquels il ajouta mille livres d'or en dédommagement de plusieurs années de tribut dont il l'avoit
frustré ; il promit de demeurer à l'avenir soumis
au roi, & de lui obéir aveuglément. Louis lui
pardonna sa désobéissance passée, & le renvoya
comblé de bienfaits. Alexandre touché de la clémence & de la magnanimité du roi, renouvela
ses traités avec lui, & ne s'écarta jamais dans la
suite de la fidélité qu'il lui avoit promise.

On voit, par ce que je viens de dire, qu'A-
lexandre régnoit déjà depuis long-temps lorsque
Louis monta sur le trône de Hongrie, puisqu'il
avoit frustré Charles de plusieurs années de tribut.
Il paroît aussi qu'il occupa encore long-temps la
principauté sous Louis. Ainsi le règne de ce
vaivode, eu égard à sa durée, peut très-bien
remplir la lacune d'environ trente-trois ans, qui
resteroit dans l'histoire, si l'on ôtoit les quatre
princes Lasco, Bogdan, Pierre & Romain, de la
place que l'auteur anonyme leur a donnée, pour

les transporter où ils doivent être. L'époque du règne d'Alexandre répond parfaitement aussi à celle de ces quatre princes, & en laissant subsister Dragon-Voda, qui a régné deux ans, & Sass-Voda, qui en a régné quatre, Alexandre rempliroit le vuide qu'il y auroit depuis l'an 1321 jusques au règne d'Estienne I. On peut m'opposer que cet Alexandre est qualifié duc de la Walaquie Transalpine, & non de la Moldavie. Queique la Moldavie soit réellement la Walaquie Cisalpine, & que la Transalpine soit la Walaquie proprement dite; on peut cependant prouver par un passage de Cromérus, que les Walaques transalpins sont queiquefois appelés Moldaves par les historiens Polonois & Hongrois, par une dénomination tout-à-fait opposée à celle dont nous usons aujourd'hui. *Posteriore quidem tempore gens una in duos Dominatus secta, nominibus quoque distingui cæpit, sic uti ii qui septentrionem & orientem vergunt, & Podoliæ finitimi sunt, Walachorum nomen retineant; qui vero meridionalem Transylvaniæ latus attingunt Multani à nostris, à cæteris vero Transalpinenses vocentur.* (Crom. lib. 12.) Suivant ce passage de Cromérus, il peut très-bien se faire que Bonfinius ait exprimé la Moldavie par le nom de Walaquie Transalpine. Ce qui le prouve, c'est que cet auteur s'est servi de la même dénomination en parlant de Laicus ou Lasco, que nous savons incontestablement par l'autorité de M. de Fleury, avoir été duc de Moldavie.

On ne connoît rien de la vie d'Estienne I; on sait seulement qu'il mourut l'an 1358, & laissa deux fils, appelés Estienne & Pierre, qui se disputèrent la principauté. Suivant le rapport de Cromérus, Pierre, quoique le cadet, se fit un puissant parti, & gagna les cœurs par sa libéralité, son affabilité, & la douceur de son caractère. Il se procura aussi des secours de Hongrie, & usurpa aisément la souveraine autorité. Estienne II se voyant exclu de l'héritage de son père, & craignant de la part de son frère quelque coup de trahison, se réfugia chez Casimir, roi de Pologne, avec quelques-uns des nobles qui lui étoient attachés. Il promit à ce prince de se soumettre à lui, & le détermina facilement à lui prêter son assistance pour le remettre en possession des états de son père. Casimir assembla dans la petite Pologne & dans la Russie une armée assez nombreuse, & l'envoya en Walaquie sous le commandement d'Estienne même, & de quelques autres généraux. Le commencement de cette expédition fut assez heureux; les troupes du roi remportèrent d'abord quelques avantages dans plusieurs escarmouches. Mais Pierre voyant que les forces de l'ennemi surpassoient les siennes, eut recours au stratagème. Les Polonois pour pouvoir pénétrer dans l'intérieur de la Moldavie, devoient passer à travers une épaisse forêt, appelée *Ploziny*, à cause de la stérilité du terrein. Pierre occupa ce passage, & fit scier tous les arbres de la forêt par le pied

sans les abattre, mais de façon qu'ils tenoient encore légèrement au tronc, & que la moindre impulsion pouvoit les renverser. Dès que les Polonois eurent pénétré assez avant dans le bois, les Walaques sortirent des embuscades où ils s'étoient tenus cachés, & renversèrent tous les arbres, dont la chûte écrasa la plus grande partie de l'armée d'Estienne; ceux des soldats qui échappèrent à cette ruse militaire, tombèrent vivans entre les mains des ennemis. Pierre remporta dans cette journée une victoire complète, prit un grand nombre de drapeaux, & fit une infinité de prisonniers, parmi lesquels on comptoit plusieurs personnages distingués. Quant il envoya quelque temps après des émissaires pour traiter de leur rançon. Cette perte ne découragea point Estienne; il sollicita de nouveaux secours du roi de Pologne, & la guerre se ralluma entre les deux frères avec plus d'ardeur qu'auparavant; mais les historiens nous en laissent ignorer l'issue: on ne sait pas non plus combien de temps régna Pierre, ni ce que devint Estienne.

L'auteur anonyme laisse ici une espèce de lacune, ou du moins n'ose pas déterminer précisément l'ordre de la succession des princes suivans. Après avoir avoué qu'il ignore la suite des événemens relatifs à Pierre & à Estienne, il paroit marcher à tâtons jusqu'au règne d'Alexandre-Voda, qui parvint à la principauté vers l'an 1401, comme je le prouverai ci-après. Quant à moi, dans l'intervalle qu'il y a entre les démêlés de Pierre I & d'Estienne II, & l'avénement d'Alexandre II au trône, je crois devoir placer Lasco, Bogdan I, Pierre II, & Romain I, que l'auteur anonyme a fait mal-à-propos prédécesseurs d'Estienne I.

Il est incontestable, par le passage de M. de Fleury, cité ci-devant, que Lasco Voda régnoit en 1370, & qu'il ne peut par conséquent avoir précédé Estienne I, mort en 1358. Ce Lasco, le même dont Bonfinius parle sous le nom de Laicus, étoit, suivant cet écrivain, vaivode de la Walaquie Transalpine; M. de Fleury, en le qualifiant duc de Moldavie, ajoute qu'il étoit de la nation des Walaques. Il peut se faire en effet que ce fût un prince de Walaquie, qui eût profité de la désunion de Pierre I & d'Estienne II, & des troubles causés par les dissensions de ces deux concurrens, pour s'emparer de la Moldavie, ou pour se rendre le compétiteur des deux frères ennemis. A peine Louis, roi de Hongrie, fut monté sur le trône de Pologne, que Laicus ou Lasco se révolta contre lui, & voulut secouer le joug des Hongrois. Le roi, qui se regardoit comme le seigneur direct des deux Walaquies, se hâta de marcher contre lui pour le châtier de sa défection, & se faire rentrer dans l'obéissance. Dès qu'il eut mis quelque ordre aux affaires de Pologne, il assembla avec une extrême diligence deux corps d'armée, & entra dans la Walaquie par deux différens endroits; il donna ordre à Michel, vaïvode de Transylvanie, & à Simon, fils de Maurice, de se faire jour par les frontières de cette province, & il prit ses mesures pour pénétrer lui-même du côté de la Bulgarie. Tandis que Lasco faisoit tous ses efforts pour défendre au roi le passage du Danube, Nicolas entra par les derrières avec ses troupes, & campa auprès de la rivière *Ialomitza*; il s'empara de quelques forts, attaqua la cavalerie Walaque, commandée par Dragmer, & la mit en fuite, après un combat assez long. Mais les ennemis eurent leur revanche; car Nicolas, après cette victoire, ayant pénétré dans l'intérieur de la province, & s'étant imprudemment avancé dans les forêts & les défilés des montagnes, se trouva enveloppé dans une embuscade, où il périt avec la plus grande partie de son armée. Les soldats qui échappèrent de cette défaite, trouvèrent cependant le moyen d'enlever aux Walaques le corps de leur général, & le portèrent à *Strigonie*, dans le monastère de la sainte Vierge, où il fut inhumé. Nicolas Gara répara cette perte; il fit passer le Danube à l'armée du roi, malgré les efforts de Lasco qui s'y opposoit; il attaqua les Walaques sur la rive septentrionale du fleuve, en fit un affreux carnage, & s'empara de toutes les places voisines. Cette victoire rétablit entièrement les affaires de Louis. Ce prince, pour pouvoir à l'avenir contenir plus aisément les peuples de Walaquie dans le devoir, fit réparer la forteresse de *Severino*, qui étoit entièrement délabrée; il fit bâtir aussi sur le bord du *Hierassus* ou du *Pruth*, un fort appelé *Terk*, laissa dans l'une & dans l'autre de fortes garnisons, & après avoir rétabli le bon ordre & la tranquillité dans cette province, il retourna en Hongrie. Si l'on en croit Bonfinius, ce fait arriva immédiatement après l'avènement de Louis au trône de Pologne, c'est-à-dire, l'an 1370 ou 1371, ce qui s'accorde parfaitement avec le passage de M. de Fleury, par lequel il est démontré que Lasco régnoit l'an 1370. Il est donc impossible que ce prince ait précédé Estienne I, & je crois que ces preuves sont suffisantes. D'ailleurs, dans le système que j'avance, on retrouve également la succession des quatre princes que l'auteur anonyme a transposés. Ce Lasco ou Laïcus pourroit bien être le même que Vulcaïcus dont parle Ducange, qui maria sa fille Slava avec Vrosius.

Bogdan I, successeur de Lasco, devroit, dans le système de l'auteur anonyme, avoir commencé de régner en 1329, & cette époque se rapporteroit au temps de Charles, roi de Hongrie. Bonfinius cependant place la transmigration de Bogdan dans la Moldavie sous le règne de Louis, & n'en parle qu'après la guerre de ce prince contre Laïcus ou Lasco. Michel Ritius rapporte aussi la réhabitation de la Moldavie par les Walaques à la fin du règne de Louis, & après son avènement au trône de Pologne. Ce qui prouve bien que cet événement a été postérieur à la guerre de ce prince contre Lasco, & doit être rapporté à la fin du même règne. Il paroît aussi par-là, que Bogdan I a été réellement successeur de Lasco. La Moldavie avoit sans doute été dans ce temps-là dévastée par les incursions des Tartares, & les guerres intestines excitées par la discorde des princes qui se disputoient la souveraineté. Bonfinius rapporte en effet que sous le règne de Louis, le mauvais voisinage des Tartares avoit obligé Bogdan, prince des Walaques, d'abandonner la Moldavie, & de se retirer à *Marmarusia* ou *Maramoros*. Quelque temps après cependant, il ramassa de nouveau ses Walaques, & les ramena dans cette province, dépendante alors des rois de Hongrie. Louis fut irrité de cette démarche, qui avoit été faite sans sa permission. Mais comme il jugea dans la suite que cette nation multiplieroit à vue d'œil, & repeupleroit la province qui étoit déserte, il y donna son consentement, & céda à Bogdan le domaine de Moldavie, à condition que les vaivodes rendroient toujours hommage, & paieroient tribut aux rois de Hongrie.

L'auteur anonyme parle d'un Pierre Voda qui régnoit en 1388, & le croit le même que Pierre I, fils d'Estienne I, qui succéda à son père; je crois qu'il se trompe, & je l'appelerai Pierre II. Quoi qu'il en soit, Cromérus rapporte que ce Pierre, palatin, ou duc de Moldavie, secoua le joug des Hongrois, & vint avec les personnages les plus distingués de sa cour à *Léopol*, où il eut, avec le roi de Pologne, une entrevue, dans laquelle il lui demanda sa protection, & lui promit hommage & fidélité. C'est-là le Pierre II, successeur de Bogdan I, & le troisième des princes qui ont été placés mal-à-propos au nombre des prédécesseurs d'Estienne I. L'auteur anonyme dit que Mirzavoda, prince de Walaquie, suivit son exemple, & se soumit au roi de Pologne. En effet, Cromérus nous apprend que l'on trouve dans les archives de ce royaume un traité d'alliance offensive & défensive entre Ladislas, Jagellon, & Mirza, palatin de Walaquie. Ce traité doit être postérieur à l'an 1394. L'auteur anonyme est embarrassé pour placer un Estienne, qui, suivant le rapport de Bonfinius, gouvernoit les deux Walaquies sous Sigismond, roi de Hongrie, dans un temps, dit-il, où Pierre Voda régnoit en Moldavie, & Mirzavoda en Walaquie. Il ne fait pas attention que cela n'a rien de contradictoire, puisque Estienne, dont parle Bonfinius, gouvernoit les deux états l'an 1390, c'est-à-dire, la quatrième année après le couronnement de Sigismond, & il n'est fait mention de Mirza dans l'histoire, que vers l'an 1394. Notre auteur croit cet Estienne le même qu'Estienne II, fils aîné d'Estienne I. Cela n'est pas impossible; il peut très-bien se faire que ce prince, chassé de Moldavie par son frère Pierre I, se fût rabattu sur la Walaquie, & qu'ensuite, dans quelque favorable révolution, il eût aussi repris la Moldavie, dont il étoit

le

le légitime héritier. Dans des pays auffi agités que ceux-là par les guerres inteftines, & divisés en plufieurs partis, les règnes des princes font ordinairement courts ; les mêmes compétiteurs reparoiffent plufieurs fois fur la fcène, & l'on ne doit pas s'étonner même de voir deux ou trois princes à la fois, comme cela doit être arrivé très-fouvent dans ces deux états. Sous le règne de Marie, reine de Hongrie, fur Eftienne II, fupportant impatiemment le joug d'une femme, s'étoit révolté, & refufoit de rendre l'hommage & de payer le tribut ordinaire. Sigifmond marcha contre lui en 1390. Eftienne, au bruit de la venue du roi, raffembla de nombreufes troupes, & s'empara de tous les défilés. Sigifmond s'avança néanmoins vers les montagnes, où l'ennemi vint à fa rencontre. Il y eut une action très-vive, dans laquelle les Walaques furent mis en fuite. Cette victoire ouvrit le chemin au roi, qui pénétra bientôt jufqu'à la ville où Eftienne s'étoit retiré, dans l'intention de s'y bien défendre. Mais ce vaivode défefpérant de pouvoir réfifter aux forces de Sigifmond, eut recours à la voie de la prière & de la foumiffion pour obtenir la paix : il alla au-devant du roi, fe proferna à fes pieds avec les feigneurs qui l'accompagnoient, lui demanda grace, & jura entre fes mains de lui être à jamais foumis & fidèle. Le roi le traita avec clémence, & retourna à *Bude*, après avoir fait fentir aux Walaques les effets de fa puiffance, & pacifié les troubles de cette province. Ce même Eftienne eut avec Bajazet, empereur des Turcs, de grands démêlés, dont on peut voir les détails dans le premier volume de l'hiftoire de l'empire Ottoman, par le prince Cantimir. Il faut obferver cependant que cet hiftorien a confondu cet Eftienne II, avec Eftienne V, dit le Grand, père de Bogdan III, qui fe foumit aux Turcs. Il dit, *vol. II*, *page 302*, que Soliman reçut en 1529, un ambaffadeur de Bogdan, qui vint lui offrir les deux Moldavies. Il dit dans le même volume, *page 368*, que Bogdan fit cette démarche la feptième année de fon règne, & à la *page 365*, il fixe la durée du règne d'Eftienne à quarante-fept ans & cinq mois. Voici le calcul qu'il faudroit faire pour démontrer l'erreur du prince Cantimir. Si l'année 1529, époque de la reddition de la Moldavie, étoit la feptième du règne de Bogdan, ce prince devoit donc avoir fuccédé à Eftienne fon père en 1522 ; celui-ci ayant régné quarante-fept ans & cinq mois, devoit être parvenu à la principauté en 1475. Comment donc pouvoit-il être le même Eftienne qui avoit la guerre avec Bajazet en 1390, quatrevingt-cinq ans auparavant ? Je ne crois pas qu'il y ait aucune replique à faire à cette objection. D'ailleurs, on fait certainement qu'Eftienne-le-Grand commença à régner en 1457. Le calcul du prince Cantimir eft faux, même dans d'autres points ; car ce n'eft pas dans la feptième année du règne de Bogdan que Soliman reçut l'hom-

*Géographie ancienne. Tome III.*

mage de la Moldavie, comme je le prouverai ci-après.

L'an 1392 les Walaques fe foulevèrent de nouveau, & furent encore punis de cette feconde révolte, malgré le fecours des Turcs avec lefquels ils avoient fait alliance. Sigifmond défit entièrement dans une bataille leurs armées réunies, fit un carnage affreux de Turcs & de Walaques, & les pourfuivit jufqu'à *Nicopoli*, ou ils s'enfermèrent. Le roi mit le fiège devant cette place, s'en rendit maître en peu de temps, & fit paffer au fil de l'épée, ou emmena captifs tous ceux qui s'y étoient retirés.

Après Pierre Voda, on trouve chez l'auteur anonyme un Gioga Voda, dont les auteurs Polonois & Hongrois ne font mention. Son regne fut court ; il fit quelque bien au pays, batit des villes & des villages, fortifia plufieurs places, & commença à monter une cavalerie réglée. Mais après deux ans de règne, Mirza, vaivode de Walaquie, l'attira chez lui, & le retint auprès de fa perfonne. Je ne fais pas fi l'on doit s'en rapporter à l'auteur anonyme, & placer ce Gioga Voda dans la fuite des princes de Moldavie, ou le regarder comme une efpèce d'intrus dont le règne a été fi court & fi peu remarquable, que les hiftoriens voifins n'en ont rien dit.

En fuivant, en effet, le fil de l'hiftoire de Cromérus, il paroît que le fucceffeur de Pierre II fut Romain I, le quatrième des princes que je crois avoir été tranfpofés par l'auteur anonyme ; j'en ai rapporté déjà une preuve bien forte, que j'ai tirée des paroles même de cet écrivain. Il dit que ce prince, l'an du monde 6900, tranfporta fon trône au château de *Romano*, auquel il donna fon nom. Cet événement fe rapporte à l'année 1392 de l'ère vulgaire, fuivant le calcul des Grecs modernes, qui comptent 7271 ans depuis la création du monde jufqu'à notre temps ; de forte que cette époque détruit entièrement l'ordre de fucceffion que cet hiftorien a établi, dans lequel Romain I fe trouve prédéceffeur d'Eftienne I, mort en 1358 ; mais elle convient parfaitement au fucceffeur de Pierre II, que nous favons avoir régné en Moldavie en 1388. On ne fauroit déterminer le temps précis auquel Romain I parvint à la principauté. Ce prince fut fait prifonnier & emmené en Podolie par Sarigellon, frere de Ladiflas Jagellon, roi de Pologne, & qui commandoit alors dans cette province. Le roi délivra la Moldavie de l'oppreffion de fon frère, & donna la liberté à Romain I, qui, en reconnoiffance de ce bienfait, fe rendit, avec les principaux fieurs des Moldaves auprès de Jagellon, prêta entre fes mains ferment de fidélité & d'obéiffance, & fit avec lui une ligue offenfive & défenfive, contre les Pruffiens & les Lithuaniens. Ici l'hiftoire perd de vue Romain I, & ne fait plus mention que d'Alexandre fon compétiteur.

Alexandre II, dont on ignore l'origine, profita

fans doute de la captivité de Romain I, pour s'emparer de la principauté. Cromérus nous apprend que l'an 1403, il rendit hommage à Jagellon, roi de Pologne, & fe mit fous fa protection. Deux ans après, l'an 1405, le roi l'appela avec fes miniftres & fes confeillers à *Kaminieck*, où il promit folemnellement d'être à jamais fidèle & foumis au roi, à la reine, à la famille royale, & au royaume de Pologne. Cromérus ajoute que l'année précédente Romain avoit fait la même chofe; ce qui fixe l'époque de cet acte de foumiffion de Romain à l'an 1404. On peut auffi conjecturer de-là, que ces deux perfonnages fe difputoient alors la principauté. Jagellon employa Alexandre, fon vaffal & fon allié, dans la guerre qu'il intenta à Sigifmond, roi de Hongrie. Il engagea même à ce vaivode, pour la fomme de mille roubles, les places de *Sniatin*, de *Colomée*, & tout le diftrict de *Pocuce*. Dans la même année il parut en Moldavie un concurrent d'Alexandre, appelé Eftienne, qui renouvella au roi de Pologne la promeffe de fidélité & de foumiffion que fes prédéceffeurs lui avoient jurée; il s'engagea de venir lui-même en réitérer le ferment, & traiter avec le roi pour la reftitution du diftrict de *Pocuce*. Cet Eftienne étoit peut-être encore Eftienne II, dont j'ai parlé affez au long ci-devant, qui eut des démêlés avec Sigifmond, roi de Hongrie, & qui réuniffoit en 1390, les deux principautés de Moldavie & de Walaquie. L'an 1415, Alexandre II reparut fur la fcène, & renouvella à Ladiflas le ferment de fidélité, qu'il lui avoit déjà prêté au commencement de fon règne. Il fecourut auffi ce prince dans la guerre contre les Pruffiens, lui envoya quatre cens cavaliers Walaques d'élite, qui firent des merveilles en diverfes occafions. Ce fut à-peu-près vers le même temps, l'an 1418, que Mahomet I foumit la Walaquie à fa domination, & impofa aux Walaques le tribut annuel qu'ils ont continué de payer jufqu'à aujourd'hui aux empereurs Turcs, malgré les efforts de Cazyklu Voda, que nous connoiffons fous le nom de *Dracula*, & les inutiles révoltes de plufieurs de leurs princes, qui ont vainement tenté de fecouer le joug. Alexandre II fut un prince fage, pieux, & doué de très-grandes vertus; fa mémoire eft encore chère aux Moldaves, qui lui ont donné le furnom de *Débonnaire*. Il fonda les monaftères de *Bitriza* & de *Moldaviiza*, & fit tranfporter de *Trébizonde* en Moldavie, le corps du martyr S. Jean-le-Jeune. Il fonda, avec la permiffion du fiège d'Orient, l'archevêché de *Soutzava*, & les évêchés de *Romano* & de *Radaouzi*. Il régla le gouvernement, & établit le confeil des Boyars, tel qu'il fubfifte aujourd'hui. Ce prince mourut en 1433. L'auteur anonyme dit qu'il avoit occupé la principauté pendant trente-deux ans & huit mois: ainfi il faut rapporter l'époque de fon avénement à l'année 1401, ou à la fin de l'an 1400.

Alexandre II laiffa deux fils légitimes de deux femmes qu'il époufa fucceffivement, & dont l'une étoit Sophie, fille de Ladiflas Jagellon. Avant de mourir, il défigna pour fon fucceffeur Eliafco ou Elie, qui étoit l'aînée, & fils de la princeffe Sophie. Celui-ci chaffa fon cadet Eftienne III, né de la feconde femme d'Alexandre; il fit en même temps étrangler la mère, dont on ignore le nom. Eftienne fe réfugia d'abord chez le prince de Walaquie, Dracula, que les Turcs ont appelé *Gaziclu Voda*, ou le faifeur de pieux, à caufe de la cruauté qu'il avoit eue de faire empaler fix mille hommes, pour un très-mince fujet. Dracula donna à Eftienne quelques troupes, avec le fecours defquelles il vainquit fon frère dans un lieu appelé *Lolonis*, & le dépoffeda de la principauté. Elie implora l'affiftance de Jagellon, & promit folemnellement fidélité & obéiffance au roi & au fénat de Pologne. Mais Eftienne fit la même démarche; il l'accompagna de riches préfens, & fe concilia la bienveillance des grands du royaume. Ceux-ci repréfentèrent au roi que la faine politique exigeoit de maintenir Eftienne, qui étoit aimé de fes fujets, & d'abandonner Elie, qui s'en étoit fait abhorrer. Ainfi, quoique cet dernier fût petit-fils du roi par fa mère Sophie, il fut réfolu que l'on donneroit à Eftienne III l'inveftiture de la principauté. Le roi accorda à Elie un apanage, à condition qu'il demeureroit tranquille, & ne prendroit plus aucune part au gouvernement. Cet arrangement ne plut point du tout à Elie; & bien loin d'y donner les mains, il entra avec des troupes dans la Moldavie, & livra bataille à fon frère dans un endroit appelé *Dermanefti*; mais il fut vaincu pour la feconde fois; il recourut de nouveau aux Polonois, & les trouva fi peu difpofés à le fecourir, que pour lui ôter tous les moyens de caufer de nouveaux troubles, ils l'enfermèrent, par ordre du roi, dans le château de *Siratzo*, fur le fleuve *Varta*, avec fa femme & tous fes enfans.

Eftienne III demeura quelque temps paifible poffeffeur de la principauté, & donna, en 1434, des fecours au roi contre les Tartares: cette année fut marquée par la mort de Jagellon, qui eut pour fucceffeur Ladiflas V. A peine ce prince fut monté fur le trône, qu'Elie fe fauva de prifon, & vint de nouveau attaquer fon frère. Mais il fut encore battu dans deux actions différentes; & enfin Ladiflas, pour les mettre d'accord, leur partagea la principauté. Il donna à Eftienne la baffe Moldavie, avec les villes d'*Afpro Caftro*, de *Chotin*, de *Soutzava* & de *Jaffy*, & abandonna à Elie toute la haute Moldavie, jufqu'à *Kili*. Celui-ci, accompagné des principaux feigneurs de fon parti, alla trouver le roi de Pologne à *Léopol*; mit fon étendard à fes pieds, en figne de foumiffion, & promit de lui payer tous les ans un tribut de cent chevaux, quatre cens bœufs, deux mille & deux cens ocques du poiffon appelé *Morone*, & quatre cens habillemens de pourpre. Il rendit au roi le château de *Sibin*, qui avoit été cédé à fon père Alexandre, suivant l'auteur anonyme, & ce prince lui donna en échange le domaine de la ville de *Kalitz*. Estienne suivit l'exemple de son frère, & envoya des ambassadeurs à Ladislas, avec des présens considérables. Il promit au roi d'obéir à ses ordres, & de vivre à l'avenir en bonne intelligence avec Elie. Ces deux frères eurent en effet une entrevue à *Aspro Castro*, & quatre ans après, en 1438, ils allèrent ensemble, avec tous les grands du pays, se présenter au roi. Estienne promit alors de payer annuellement à ce prince un tribut deux mille sequins, & de lui donner outre cela quatre cens chevaux, toutes les fois qu'il en auroit besoin. Mais dans la suite Estienne se montra mécontent du partage qu'il avoit fait avec son frère. L'auteur anonyme dit, d'après des historiens Moldaves, qu'il invita Elie à un festin, & le fit aveugler; mais ce fait n'est confirmé par aucun écrivain digne de foi. Le même auteur ajoute que ces deux princes régnèrent encore sept ans ensemble, & qu'Estienne, après la mort d'Elie, occupa seul le trône pendant cinq ans. Il y a ici une impossibilité manifeste. L'auteur anonyme fixe l'époque de l'aveuglement d'Elie à l'an du monde 6956, qui revient à l'an de J. C. 1444; de sorte que le règne d'Estienne III, selon ce calcul, auroit été prolongé jusqu'en 1456; & il est certain par l'histoire, que dès l'an 1448, les deux frères ne vivoient plus, comme on va le voir dans l'instant.

Romain II, fils d'Eliasco, ou d'Elie, succéda aux états de son père. Son premier soin fut de chercher l'occasion de se venger de la cruauté d'Estienne son oncle; il se ligua avec quelques grands du pays, se saisit de sa personne, le fit décapiter en 1448, & s'empara de toute la Moldavie. Pierre III, fils & successeur d'Estienne III, se voyant dépossédé par son cousin, passa en Hongrie, & eut recours à Jean Huniade, qui, à sa sollicitation, entra en Moldavie, & en chassa Romain l'an 1449: celui-ci se sauva chez Casimir, roi de Pologne, son cousin, lui représenta l'injustice de Pierre, & lui demanda du secours. Le roi lui répondit qu'il prendroit un parti, dans le voyage qu'il se proposoit de faire en Russie. Lorsque Casimir arriva à *Léopol*, la mère de Romain, tante du roi, vint aussi elle-même accompagnée de deux cens Moldaves, & implora son assistance contre la tyrannie de Pierre. Le roi lui accorda des troupes; mais ayant appris, avant qu'elles fussent en marche, que Romain avoit été empoisonné par son compétiteur, il se contenta d'envoyer des émissaires à Pierre, pour le sommer de venir rendre compte de sa conduite, renouveller son serment de fidélité, & lui rendre le Knez Michel, fils de Sigismond, duc de Lithuanie, qui s'étoit réfugié chez lui. Pierre répondit qu'il ne balanceroit pas de se rendre auprès du roi, pour lui faire de nouveaux actes de soumission, s'il ne craignoit quelque piège & quelque trait de

trahison de sa part, qu'il ne pouvoit pas au reste violer le droit des gens en lui livrant le Knez Michel; mais qu'il se contenteroit de le mettre hors de ses états. Il l'obligea en effet d'en sortir, & celui-ci se sauva chez les Tartares, avec le secours desquels il fit de grands maux aux Polonois. Les historiens cessent ici de parler de Pierre III, & l'on ne sait pas quelle fut la durée de son règne. Mais il y a apparence qu'il finit la même année. Les historiens Moldaves, & l'auteur anonyme donnent à ce prince deux successeurs, dont les écrivains Polonois & Hongrois n'ont rien dit. L'un est Estienne IV, qui régna un an, & l'autre est Gombert, ou Djombert, dont le règne ne fut que de deux mois.

Après ces deux princes, parut Bogdan II, fils naturel d'Alexandre II le Débonnaire. Il semble que Cromérus rapporte le commencement de son règne à l'an 1450. Ce prince eut pour compétiteur un Alexandre III, fils d'Eliasco; mais il le défit dans une bataille très-sanglante qui fut donnée à *Tamasceni*, auprès de *Romano*. Alexandre, âgé alors de quinze ans, s'enfuit en Pologne, & demanda du secours au roi, qui fit marcher vers la Moldavie les troupes de Russie & de Podolie, chassa Bogdan, prit *Chotin*, *Nemez* & *Soutzava*, & plaça Alexandre III sur le trône. Mais Bogdan, après la retraite des Polonois, assembla des troupes, repoussa son concurrent, & rentra en possession de la principauté. Alexandre retourna en Pologne, pour implorer de nouveau l'assistance de Casimir. Le sénat conseilloit d'abord au roi, pour terminer tous ses différends, de s'emparer entièrement de la Moldavie, d'en faire une province Polonoise, & au lieu de la laisser sous la domination de ses princes, d'y mettre des gouverneurs affidés. Mais ensuite on trouva l'exécution de ce projet difficile, à cause du voisinage des Turcs, & du caractère altier de la nation Moldave, qui ne pouvoit se plier à aucune domination étrangère. Cette réflexion prévalut, & le roi se contenta d'envoyer en Moldavie de nouvelles forces pour rétablir Alexandre. Bogdan se mit en état de défense; il feignit cependant de céder, & offrit au roi de reconnoître Alexandre, pourvu qu'on lui laissât l'administration des affaires, jusqu'à ce que ce jeune prince fût en âge de prendre les rênes du gouvernement, mais son intention étoit d'amuser les Polonois, & de les attirer insensiblement dans des défilés, où il se proposoit de les envelopper. Après plusieurs événemens, dont on peut voir les détails dans Cromérus & chez l'auteur anonyme, il y eut entre les deux armées une action très-vive, dans laquelle les Polonois demeurèrent vainqueurs. Cependant Alexandre désespérant de se soutenir en Moldavie, tant qu'il auroit affaire à un si redoutable concurrent, se retira en Pologne, pour tâcher d'engager le roi à redoubler ses efforts pour le débarrasser entièrement de son ennemi. L'an 1452, un nommé

Pierre, que j'appelerai Pierre IV, prit le parti d'Alexandre, entra en Moldavie, & tua Bogdan II, qui finit ses jours après un règne de deux ans. Il paroît qu'Alexandre III régna quelque temps seul, puisque l'année suivante 1453, il fit hommage au roi de Pologne.

Mais l'an 1455, Pierre fit mourir Alexandre par le poison, & usurpa la principauté. Il est vraisemblable que ce Pierre IV étoit fils d'Eliasco ou d'Elie, & frère d'Alexandre III, puisque la plupart des auteurs donnent à ces deux princes une mère commune, appelée Domna Maria, veuve d'Eliasco. Le règne de Pierre IV ne fut que de deux ans.

L'an 1457, Estienne V dit le Grand, fils de Bogdan II, & qui s'étoit refugié en Walaquie après le meurtre de son père, en sortit avec de nombreuses troupes, attaqua Pierre IV, le défit dans plusieurs rencontres, & le força enfin de se sauver en Pologne; Estienne eut aussi pour concurrent un nommé Berendeius, dont on ignore l'origine. Il s'en débarrassa également, & la suite de ce compétiteur en Hongrie, donna lieu à la glorieuse expédition qu'il fit en Transylvanie, la cinquième année de son règne, c'est-à-dire, l'an 1462. Etienne-le-Grand, après avoir régné quarante-sept ans & cinq mois, mourut l'an 1504, & eut pour successeur son fils Bogdan III, qui se rendit tributaire des Turcs. L'auteur anonyme prétend que celui-ci ne régna que douze ans & quelques mois. Il devroit donc être mort en 1516, & dans le fragment de Bernard Vapovius, il est cependant encore fait mention de lui après l'an 1518. Il est incontestable d'ailleurs qu'il envoya en 1529 son ambassadeur Theutuk Logotheta à Soliman, empereur des Turcs, pour lui offrir l'hommage & le tribut des deux Moldavies. Ainsi l'erreur de l'auteur anonyme est manifeste. Mais le prince Cantimir en a fait aussi une très-grande, en rapportant cet événement célèbre à la septième année du règne de Bogdan, qui régnoit déjà depuis vingt-cinq ans, puisqu'il avoit remplacé son père Estienne mort en 1504.

On peut déduire de tout ce que j'ai rapporté ci-dessus, que depuis que la Walaquie a été démembrée du royaume de Bulgarie, elle a formé deux états, qui ont été gouvernés par des souverains particuliers, & quelquefois réunis sous un même prince. Ces deux principautés ont toujours été, depuis leur établissement, dépendantes & tributaires de quelque puissance étrangère. Elles ont d'abord relevé de la Hongrie, puis de la Pologne, & sont enfin demeurées soumises aux empereurs Turcs. Ces deux états sont aujourd'hui séparés, & le Grand-Seigneur nomme & destitue à son gré les deux vaivodes, qui ne sont plus actuellement que des espèces de pachas chrétiens. Ils sont choisis pour l'ordinaire dans quatre familles grecques, qui mettent ces places à l'enchère, & sont sans cesse occupées à se les arracher. La plus ancienne de ces familles est celle de Gika, qui n'est pourtant connue que depuis environ cent ans. La seconde est celle de Maurocordato; la troisième, celle de Racowitza: ces deux-ci sont encore plus modernes. La quatrième est tout-à-fait nouvelle, & le premier vaivode de cette famille, qui étoit drogman de la Porte, & dont j'ignore le nom, a été envoyé en Moldavie 1758. Ces vaivodes n'ont que le rang de pachas à deux queues; ils jouissent cependant de certains droits honorifiques que n'ont pas même les pachas à trois queues, ou les visirs. On a laissé subsister dans les deux principautés une espèce de conseil d'état, composé de vingt-quatre boyards, qui représentent les anciens seigneurs du pays, & l'on entrevoit encore à la cour de ces vaivodes une légère lueur de souveraineté. Mais ils n'en sont pas moins dans le plus affreux abaissement, & tremblent à l'apparition du moindre seigneur Turc ou Tartare. Ils se vengent sur les peuples de l'état d'humiliation où ils sont réduits, & tâchent de tirer d'eux, par les plus criantes extorsions, de quoi fournir aux présens immenses qu'ils sont sans cesse obligés de faire pour cultiver leurs protecteurs à la Porte, & se maintenir en place. Les Moldaves & Walaques, exédés de leurs vexations, desireroient bien que le ministère Ottoman voulût anéantir ce fantôme de liberté qu'on leur a conservé, & leur donner des pachas, dont le gouvernement seroit infiniment plus doux & plus tolérable que celui de ces orgueilleux petits tyrans, dont il n'y a pas un seul qui ne s'estime autant que le plus puissant monarque de la terre.

Je crois donner quelque facilité à mes lecteurs pour retenir plus aisément la suite des princes nommés précédemment, en rapprochant ici la liste de leurs noms.

*Princes de Moldavie.*

Dragon, fondateur de la principauté, sous le règne de Ladislas Loketik, roi de Pologne, en 1315. Saff.

Alexandre I, qui régnoit en 1343, du temps de Louis, roi de Hongrie.

Estienne I, mort vers l'an 1358.

Estienne II & Pierre I, compétiteurs.

Pierre I, seul.

Lasco, qui vivoit en 1370.

Bogdan I, qui repeupla la Moldavie vers la fin du règne de Louis de Hongrie.

Pierre II, qui régnoit en 1388, & Estienne II, compétiteurs.

Gioga, qui régna deux ans.

Romain I, qui régnoit en 1392.

Romain I & Alexandre II, qui parut l'an 1401, compétiteurs.

Alexandre II & Estienne II, en 1404, compétiteurs.

Alexandre II, seul, mort en 1433.

Eliafco ou Elie I, & Eftienne III, compétiteurs.
Eftienne III, feul, en 1444.
Romain II, en 1448.
Pierre III, en 1449.
Eftienne IV, règne un an.
Gombert, règne deux mois.
Bogdan H, en 1450.
Bogdan II & Alexandre III, compétiteurs.
Alexandre III, feul, en 1452.
Pierre IV, en 1455.
Pierre IV & Eftienne V, en 1457, compétiteurs.
Eftienne V & Berendeius I, compétiteurs
Eftienne V, dit le Grand, feul.
Bogdan III, en 1504, fe rend tributaire des Turcs
en 1529.

TAURINI ou TAURINIENS. Ces peuples habitoient à l'orient de *Segufiani*, & s'étendoient jufques aux bords du Pô. Les anciens n'ont pas trop
fait connoître leur origine, car Tite-Live, Strabon
& Pline, les donnent pour Liguriens, & l'exact
Polybe ( *L. II & III* ), pour Illyriens. On peut
au moins affurer en général qu'ils étoient Celtes.

TAURINIA, ville de la Sarmatie européenne,
dans la péninfule appelée *la courfe d'Achille*, felon
Etienne de Byfance.

TAURINUS SALTUS, nom d'un endroit dans
les Alpes, par où pafferent les Gaulois pour pénétrer en Italie, felon Tite-Live.

TAURIO, ville de la Sarmatie européenne,
dans la péninfule appelée *la courfe d'Achille*, felon
Suidas.

TAURISCI ( les *Taurifques*), peuple Celte, dont
l'établiffement étoit autour du Danube. Ils n'étoient
féparés des Scordifces que par une montagne, que
Pline appelle le *mont Claude*. Il place les Taurifques au nord de cette montagne. Ils étoient voifins
des Boïens, & les uns & les autres vivoient fous
la domination du roi Critafirus, qui fut défait par
Boérabiftas; auffi les Taurifques furent contraints
d'aller chercher un nouvel établiffement dans les
provinces voifines. Ils furent dans la Noricie, du
côté d'*Aquilée* & de *Nauportum*. Ce fut là que leur
ancien nom fe perdit & fut changé en celui de
Noriciens; mais leur repos fut court. Etant aux
portes de l'Italie, ils furent l'une des premières
conquêtes d'Augufte, l'an de Rome 718. Les Alpes
étoient habitées par plufieurs peuples qui portoient
le nom de Taurifques. Strabon en place d'autres
dans la Thrace, & Ptolémée veut qu'il y en ait
dans la Dacie.

TAURISCI, nom d'un peuple qu'Etienne de
Byfance indique dans les Alpes. Je crois qu'il a
voulu défigner les *Taurini*.

TAUROCINI, peuples de l'Italie, dans la
grande Grèce, fur le bord du fleuve *Taurocinium*,
au voifinage de la ville de *Rhegium*, felon le livre
des origines de Caton, cité par Probus.

TAUROCINIUM, fleuve de l'Italie, dans la
grande Grèce, felon le livre des origines de Caton.

TAUROENTUM, nom d'une colonie que les
anciens Marfeillois avoient fondée fur le rivage de
la mer, à droite en entrant dans la baie de la
Ciotat. Il en refte encore quelques veftiges, qu'on
découvre au fond de l'eau.

TAUROIS, TAURENTUM & TAURENTINUM,
ville de la Gaule, felon Etienne de Byfance.

On lit *Taurentinum* dans Strabon, & *Taurentum*
dans l'itinéraire d'Antonin.

TAUROMENIUM ( *Taormina* ), ville de la
Sicile, fur la côte orientale, au nord de Catane,
& au fud de Meffane. Il paroît qu'elle avoit été
fondée par des Naxiens. C'étoit ordinairement fur
fon rivage qu'étoient jetés les débris des bâtimens
qui périffoient dans le gouffre de Carybde.

Cette ville avoit le titre de colonie, & avoit
été nommée *Naxos*, felon Pline.

TAUROMINIUS, fleuve de la Sicile, entre
Meffine & Syracufe, felon Vibius Séquefter.

Ce fleuve eft nommé *Onobala* par Appien.

TAUROPOLION, nom d'un temple fitué dans
l'île de Samos, felon Etienne de Byfance.

Ce temple étoit dédié à Artémide ou Diane.

TAUROPOLION, nom d'un temple confacré à
Diane, dans l'île d'*Icaria*, felon Strabon.

TAUROPOLIS, ville de l'Afie mineure, dans
la Carie, felon Etienne de Byfance & Conftantin
Porphyrogenète.

TAUROSCYTHÆ, TAURO-SCYTHÆ, ou
TAURI-SCYTHÆ, peuple de la Sarmatie européenne, dans la péninfule appelée *la courfe d'A-
chille*, & qui faifoit partie du peuple *Tauri*, felon
Ptolémée & Pline.

TAURUNUM, ville de la baffe Pannonie, à
l'embouchure du *Savus*, dans le Danube, felon
Ptolémée.

TAURUS MONS ( *le mont Taurus*). Les anciens
ont particulièrement donné ce nom à une chaîne
de montagnes qui commence dans l'Afie mineure,
occupe la partie feptentrionale de la Cilicie, &
va joindre, au nord de la Syrie, le mont *Amanus*:
depuis on a étendu le nom de *Taurus* à toute la
chaîne de montagnes qui s'étend du *Taurus* des
anciens jufqu'au fud de la mer Cafpienne.

TAURUS, nom d'un promontoire qui eft indiqué, par Ptolémée, fur la côte orientale de la
Sicile.

TAURUS ou TAURUS-SCYTHICUS, montagne
de la Scythie. C'eft une branche du mont *Taurus*,
qui s'étend aux environs des Palus-Méotides & de
la mer Cafpienne, felon Jornandès.

Hérodote & Denys le Périégète la placent dans
le voifinage de la Cherfonèfe Taurique.

TAURUS. Tacite & Pomponius Méla nomment
ainfi une montagne de la Germanie.

TAURUS, montagne de l'Ethiopie, felon Agatarchide & Diodore de Sicile.

Strabon indique deux montagnes de ce nom en
Ethiopie.

TAURUS, lieu de la Palestine, à l'entrée de la ville de Jéricho, selon Strabon.

TAURUS, fleuve de la Grèce, dans le Péloponèse. Selon Athénée, il couloit près la ville de Trœzène.

TAURUS, fleuve de l'Asie, dans le voisinage de la Pamphylie, selon Tite-Live.

TAURUS, nom de l'un des trois canaux par lesquels la ville d'Alexandrie d'Egypte communiquoit à la mer, selon Pline & Solin.

TAURUS. Diodore de Sicile nomme ainsi un lieu de la Sicile, à soixante stades de la ville de Syracuse.

TAURUS, ville située dans le voisinage des Ismaélites, selon Cédrène. Ortélius pense que c'étoit une ville de l'Arménie.

TAURUS, marais de la Gaule Narbonnoise, selon Sextus Avienus.

TAUS ou TAUA. Tacite nomme Taus, un fleuve de l'île d'Albion, qui est appelé Taua par Ptolemée.

TAUTANTUM, nom d'une ville de la Valérie Ripensis, selon la notice des dignités de l'empire.

TAUTICE, ville de l'Asie, dans la Médie, selon Ptolemée.

TAXGÆTIUM, ville de la Rhétie, vers la source du Rhin, auprès de Brigantium, selon Ptolemée. M. d'Anville la place, avec Cluvier, tout près de l'Helvétie, dans le Tavetscher-thal, en-deçà du Worden-Rhin.

TAXIANA, île située dans le golfe Persique, sur la côte de la Susiane, à l'occident de l'île Tabiana, selon Ptolemée.

Etienne de Bysance indique cette île près du golfe Pélodes.

TAXILA, grande ville de l'Inde, en-deçà du Gange, selon Strabon, Etienne de Bysance & Ptolemée.

TAXILÆ ou TAXILI, peuple de la ville de Taxila, selon Pline & Strabon. Ce dernier écrit Taxili.

Ce peuple avoit la coutume d'exposer leurs morts aux vautours.

TAXIMIRA, nom d'une ville de la Phénicie, selon Strabon.

TAXUS, siège épiscopal, sous la métropole de Césarée de Straton, selon Guillaume de Tyr.

TAXUS, fleuve de l'intérieur de la Thrace, selon Suidas.

TAYGETA, fleuve du Péloponèse, dans la Laconie. Vibius Séquester rapporte que les habitans du pays y baignoient leurs enfans, pour les endurcir au froid.

TAYGETUS MONS (ou mont Taygète), montagne de la Laconie, qui se trouvoit au sud-ouest de Bryseæ, & n'étoit qu'une portion d'une petite chaîne de montagnes allant du promontoire de Tenare aux frontières de l'Arcadie.

Il étoit fort renommé par l'abondance de sa chasse. On peut sans doute en regarder comme faisant partie de ce mont, un lieu que Pausanias appelle l'Εὐωπας, que l'on liroit en françois l'Evoras, & qui signifie le mont heureux, parce que, selon ce même auteur, on y trouvoit beaucoup de bêtes fauves (θῆρα), & sur-tout des chèvres sauvages.

Assez près étoit aussi sur le Taygète un lieu consacré au soleil, & que Pausanias appelle Talet. On y sacrifioit entre autres victimes des chevaux, ainsi que cela se pratiquoit en Perse. On a quelques médailles qui en portent le nom avec une tête ceinte d'un large bandeau: on soupçonne que c'est celle du grand-prêtre. On en peut conclure que ce lieu étoit considérable.

TAZATA, île de la mer Caspienne, près la côte de l'Hyrcanie, selon Pline.

Cette île est nommée Talca par Ptolemée, & Talga par Pomponius Méla.

TAZINA, ville de l'Asie, dans la Médie, près de Sabææ-Aræ, selon Ptolemée.

TAZUS (Tachely), ville de l'intérieur de la Chersonèse Taurique, à l'orient de Portacra.

Il en est fait mention par Ptolemée.

TAZUS ou TAZOS, ville de la Sarmatie Asiatique, sur la côte septentrionale du Pont-Euxin, selon Ptolemée.

TEANUM (Tiano), ville d'Italie, dans la Campanie, vers le sud-est. Elle étoit surnommée Sidicinum ou des Sidiciens, parce qu'elle avoit appartenu à ce peuple. Elle fut colonie Romaine. C'étoit une ville assez considérable.

Pline, Tite-Live & Strabon, font mention de cette ville.

TEANUM, ville de l'Italie, dans l'intérieur de la Pouille, selon Pomponius Méla & Ptolemée.

Elle est surnommée Apulum par Strabon, & Apulorum par Pline.

TEARI. Pline nomme ainsi les habitans de Tiara-Julia, ville de l'Hispanie citérieure.

TEARUS, fleuve de la Thrace, selon Pline & Hérodote. Il alloit se perdre dans l'Hebrus.

TEATE (Chieti), ville d'Italie, dans le Samnium, sur une montagne, à une petite distance du golfe Adriatique. Elle étoit la capitale du peuple Marrucini, selon Ptolemée.

Dans l'itinéraire d'Antonin, cette ville est marquée sur la route de Rome à Hadria, en passant par la voie Valérienne.

TEBENDA, ville de l'Asie, dans l'intérieur du pont Galatique, selon Ptolemée.

TEBURI, peuple de l'Hispanie, dans la Tarragonnoise. Ptolemée leur donne la ville de Nemetobriga.

TECELIA, ville située dans la partie septentrionale de la Germanie, selon Ptolemée.

TECENUS, nom d'un fleuve de l'Italie, selon Elien.

TECHEDIA, île de la mer Egée, au voisinage de celle de *Pharmacufa*, selon Pline.

TECLITIUM ou TEGLITIUM, ville de la basse Mœsie, sur la route de *Vininatium* à *Nicomédie*, en prenant le long du Danube, entre *Candidiana* & *Doroftorum*, selon l'itinéraire d'Antonin.

TECMON, ville de l'Epire, dans la Thesprotie, selon Etienne de Byfance. Tite-Live l'indique dans la Moloffide.

TECOLATA ou TETOLATA, ville de la Gaule Narbonnoife, sur la voie Valérienne, entre *Ad Turrem* & *Aqua Sextiæ*, selon l'itinéraire d'Antonin.

TECPANI, peuple de l'Afrique, dans la basse Libye, entre les monts *Mandrus* & *Sagapola*, selon l'itinéraire d'Antonin.

TECTOSAGES ou VOLCÆ TECTOSAGES. Ce peuple, compris entre ceux qui habitèrent la partie méridionale de la Gaule, fembloit appartenir plus particulièrement au Languedoc. C'eft ce qui engagea, fans doute, l'académie de Touloufe à propofer, il y a quelque temps, pour fujet du prix, la queftion fuivante :

*Déterminer l'origine & le caractère des Tectofages, l'étendue & l'état de la partie de la Celtique qu'ils occupèrent jufqu'à l'entrée des Romains dans leur pays, enfin les excurfions qu'ils firent avant cette époque.*

M. Sabbathier, profeffeur au collège de Châlons-fur-Marne, compofa fur ce fujet une differtation qui eft très-intéreffante. Je crois donc rendre fervice aux lecteurs en l'inférant ici.

Pour fuivre quelque méthode, dit-il, dans l'examen de cette queftion, je traiterai, 1°. de l'origine des Tectofages, 2°. de leur caractère, 3°. des excurfions qu'ils firent avant que les Romains fuffent entrés dans leur pays, 4°. de l'étendue de ce pays, 5°. de l'état où il fut jufqu'alors.

### I.

#### De l'origine des Tectofages.

Les écrivains de l'antiquité, tant Grecs que Latins, qui font mention des Tectofages, ne les connnoiffent que fous le nom de Gaulois, ou d'anciens habitans de la Gaule. Strabon dit quils habitoient originairement cette partie de la Gaule méridionale qui s'étend vers les Pyrénées; que ce fut de-là qu'une partie de ces peuples paffa dans la Phrygie, province limitrophe de la Cappadoce & de la Paphlagonie, où ils fixèrent leur demeure, après s'en être rendu les maîtres. Ce qu'ajoute enfuite ce géographe, confirme encore qu'il n'a jamais regardé les Tectofages que comme des peuples Gaulois. Parlant des Trocmes & des Tholiftoboges, autres peuples qui étoient allés auffi chercher une demeure dans la Phrygie, il dit que ces nations étoient également parties de la Gaule, que leur reffemblance avec les Tectofages, en étoit une preuve.

Selon Etienne de Byfance, les Tectofages étoient un peuple Gaulois.

Environ trois cens ans avant Jefus-Chrift, Antiochus faifant la guerre à Molon, on voyoit, au rapport de Polybe, des Gaulois Tectofages dans les deux armées.

Après la fameufe expédition que les Gaulois firent dans le territoire de Delphes, contre le temple de cette ville célèbre, Juftin rapporte que quelques-uns de ces peuples s'arrêtèrent le long du Danube, où ils s'établirent; mais que les Tectofages (il faut l'entendre d'une partie feulement), retournèrent à Touloufe, leur ancienne patrie. Et ailleurs, le même auteur affure que l'origine des Gaulois d'Afie étoit la même que celle des Gaulois d'Italie. Perfonne ne révoque en doute que ceux-ci ne fuffent fortis des Gaules.

Pour remonter auffi haut qu'il eft poffible, près de fix cens ans avant l'ère chrétienne, lorfque les Gaulois quittèrent, pour la première fois, leur patrie, pour aller chercher ailleurs des habitations, l'hiftoire nous apprend que les Tectofages étoient de ce nombre.

Il eft donc conftant que les Tectofages ont été regardés, par les écrivains même les plus anciens, comme un peuple originaire de la Gaule. Il faut convenir néanmoins que d'habiles auteurs parmi les modernes, font d'une opinion contraire. Le célèbre M. de Leibnitz eft de ce nombre. Dans la préface de la nouvelle édition qu'il a publiée des hiftoriens de Bavière, il donne à entendre que les Tectofages, devenus fi célèbres par leurs excurfions en différentes contrées, tant de l'Europe que de l'Afie, étoient originairement des Germains, & non pas des Gaulois. Mais fon fentiment eft folidement réfuté par les favans auteurs de l'hiftoire du Languedoc.

L'origine des Tectofages ne pouvant donc être différente de celle des Gaulois, il faut effayer d'éclaircir l'origine des derniers, pour connoître celle des premiers. Mais, comment percer ces ténèbres épaiffes, dont les commencemens des Gaulois font enveloppés? car il n'y a peut-être point de peuple dans toute l'antiquité, dont l'origine foit plus difficile à développer. Bien des auteurs anciens & modernes ont entrepris de le faire. Leurs fentimens font partagés; examinons quel eft le plus vraifemblable.

On raconte, dit Diodore de Sicile, qu'autrefois un roi fameux de la Celtique avoit une fille d'une taille & d'une beauté extraordinaires. Cette princeffe, que ces avantages rendoient très-fière, ne jugea digne d'elle aucun de ceux qui la recherchoient. Hercule, qui faifoit la guerre à Géryon, s'étoit pour lors arrêté dans la Celtique, où il bâtiffoit la ville d'Aléfie. La princeffe ayant vu que ce héros furpaffoit le commun des hommes, autant par la nobleffe de fa figure & par la grandeur de fa taille, que par fon courage, fut éprife d'un violent amour pour lui; & fes parens y confentant avec joie, elle l'époufa. De ce mariage, naquit un fils nommé Galatès, qui fut fupérieur à tous les habitans de ce pays par fa force & par fes vertus. Quand il fut devenu grand, il monta fur le trône de fes pères. Il augmenta fon royaume de plufieurs états voifins, & s'acquit beaucoup de réputation à la guerre. Enfin, il donna à fes fujets le nom de *Galates*, & au pays de fa domination, celui de *Galatie* ou de *Gaules*.

Quelques-uns ont affuré, lit-on dans Ammien Marcellin, que les Gaulois étoient nés dans les pays ou ils font; qu'ils ont été appelés Celtes, du nom de leur roi, & Galates, du nom de fa mère; car, le mot de Galates, en grec, fignifie Gaulois. D'autres ont dit que les Doriens ayant fuivi le vieil Hercule, avoient habité les lieux voifins de l'Océan. Les Druides racontent qu'à la vérité une partie du peuple étoit née dans le pays; mais que d'autres auffi y étoient venus des îles éloignées & des contrées d'au-delà du Rhin, contraints de quitter leur pays à caufe des fréquentes guerres qu'ils y avoient à foutenir, & à caufe des violens débordemens de la mer. Il s'en trouve qui difent qu'après le fac de Troye, une poignée de gens, fuyant les Grecs, qui étoient répandus par-tout, trouva ces lieux vuides, & y fixa fa demeure. Mais, ce que les gens du pays affurent par-deffus tout, & que nous avons lu nous-mêmes, gravé fur leurs monumens, c'est qu'Hercule, fils d'Amphytrion, fe hâta de venir combattre les cruels tyrans, Géryon & Taurifcus, dont l'un ravageoit les Efpagnes, l'autre les Gaules; & que les ayant défaits l'un & l'autre, il eut de plufieurs femmes de la première qualité, plufieurs enfans qui donnèrent leurs noms aux pays où ils régnoient.

Ces deux anciens écrivains, comme on voit, s'accordent à dire que les Gaulois defcendoient d'Hercule. Mais on peut d'abord obferver que Diodore de Sicile ne donne pas comme une chofe inconteftable ce qu'il rapporte. Son ex-preffion, *on raconte* (1), eft garant de ce que j'avance. Enfuite, on ne peut difconvenir qu'Ammien Marcellin ne foit d'un fentiment oppofé, puifqu'il affure que c'étoit une opinion générale-ment adoptée des habitans des Gaules; &, ce qui eft bien plus fort, qu'il l'avoit vu de fes propres yeux gravée fur les monumens qui fub-fiftoient encore de fon temps. Pour détruire une opinion de cette nature, il fuffit de faire obferver que les Gaules étoient habitées, avant que le héros de la fable y eût mis le pied. La preuve, c'est que, felon Diodore de Sicile, il y époufa la fille du roi, & felon Ammien Marcellin, il y prit plufieurs femmes de la première qualité; ce qui fuppofe, fans contredit, des habitans antérieurs à

l'arrivée d'Hercule, & conféquemment que ces habitans ne pouvoient tirer de lui leur origine.

Quant à cette autre opinion rapportée par le même historien, qu'il y en a qui donnent aux Gaulois une origine Troyenne, elle eft très-an-cienne, ayant été en vogue du temps de Tima-gènes, duquel Ammien l'avoit empruntée, c'est-à-dire, qu'elle remonte au moins jufqu'au règne d'Augufte. M. l'abbé Dubos croit que les Romains avoient donné cours à cette opinion pour cimenter leur union avec les Gaulois; car ils fe difoient auffi originaires des Troyens. Mais, de la manière dont s'exprime Lucain, il ne femble pas que les Romains en fuffent les auteurs; car ce poëte trouve que les Arvernes, aujourd'hui Auvergnats, fe donnoient trop de liberté de prétendre frater-nifer avec eux. Quoi qu'il en foit du commence-ment de cette opinion, il eft certain qu'elle étoit établie dans les Gaules long-temps avant que les François y entraffent. Il eft vrai que quand ils s'y furent établis, ils voulurent auffi defcendre des Troyens pour avoir la même origine que les anciens habitans de leur nouvelle patrie. Mais examinons fi ceux-ci defcendoient, en effet, des Troyens.

C'est une opinion qui ne porte fur aucun fon-dement folide. En voici la preuve. La prife de Troye fe place, felon les uns, à l'an du monde 2816, & avant Jefus-Chrift 1184 ans; & felon d'autres, à l'an du monde 2718, & avant Jefus-Chrift 1282 ans, c'est-à-dire, qu'elle n'arriva qu'en-viron 1816 ou 1718 après le déluge. En conféquence, ces fertiles provinces des Gaules feront demeurées incultes pendant près de deux mille ans, fans qu'il ait pris envie à aucun peuple d'aller s'y établir, puifque les Troyens (2) qui s'y retirèrent, après la ruine de leur patrie, trouvèrent le pays défert & fans aucun habitant. Y a-t-il quelqu'un qui fût perfuadé d'un pareil fentiment? Ajoutons qu'Hercule, qui vécut dans le fiècle qui précéda la ruine de Troye, trouva, comme nous l'avons obfervé ci-deffus, les Gaules pleines d'habitans, lorfqu'il y paffa. Elles n'étoient donc pas alors dé-fertes, encore moins quelques années après. Ainfi l'opinion touchant l'origine Troyenne des Gau-lois eft une chimère. Paffons à une autre qui lui reffemble.

Nous lifons dans Céfar que tous les Gaulois fe difent defcendus de Dis, autrement Pluton, ce qu'ils ont appris des druides, leurs prêtres. Cette expreffion de Céfar, fe on M. de la Nauze, jointe à un paffage d'Antoninus Libéralis, qui nous ap-prend qu'il y avoit vers l'Epire un peuple appelé *Celtes*, qui prit les armes pour Géryon, contre Hercule, jette quelque foupçon qu'il pourroit fe

(1) ώς φασὶ,

(2) Quidam aiunt paucos poft excidium Trojæ fugitantes Græcos ubique difperfos, loca hæc occu-paffe tunc vacua. *Amm. Marcell. L. XV, c. 9.*

faire

faire que les Gaulois fuſſent originaires de ce pays, & que Thefprotus ait été le Dis, auteur de leur origine.

C'eſt d'après des principes établis par M. de la Nauze, qu'on peut montrer que le témoignage d'Antoninus Libéralis, rapproché même de la tradition générale des Gaulois, ne ſauroit faire naître le moindre ſoupçon que ces peuples deſcendiſſent de Thefprotus, qui eſt un ancien roi d'Épire. En effet, au rapport de M. de la Nauze, l'établiſſement des Thefprotes, ainſi nommés de Thefprotus leur fondateur, ſuivit de près celui des Chaoniens, qui, ſelon le même M. de la Nauze, arriva environ deux cens ans avant le ſiège de Troye. Ainſi les Thefprotes n'ont commencé à exiſter que dans le ſiècle qui précéda celui de la ruine de Troye.

Il faut maintenant ſuppoſer de toute néceſſité un certain eſpace de temps, pendant lequel les deſcendans de Thefprotus deviennent aſſez nombreux pour envoyer des colonies dans d'autres pays. Quelque courte durée qu'ait eue cet eſpace, on ne pourra, ce me ſemble, lui donner guère moins d'un ſiècle; ce qui nous conduit déjà à celle de la ruine de Troye. Mais, j'ai montré que dans ce ſiècle, c'eſt-à-dire, ſous le règne d'Hercule, on trouvoit dans les Gaules un grand nombre d'habitans, gouvernés par des rois. Or, ces habitans exiſtoient ſans doute depuis plus d'un ſiècle; par conſéquent, leurs commencemens ſont antérieurs aux commencemens des Thefprotes. Ils ne deſcendoient donc pas de Thefprotus, père de ces derniers.

Mais, dira-t-on peut-être, d'où ſortoient ces Celtes qu'Antoninus Libéralis place en Épire à côté des Thefprotes & des Chaoniens, du temps d'Hercule? Voici ma réponſe. Il faut remarquer que les anciens ne donnoient pas le nom de Celtes aux Gaulois ſeulement, mais aux Germains, aux Cimbres, aux peuples des îles Britanniques, aux Allobroges, aux Eſpagnols, aux Illyriens & à beaucoup d'autres. Il ne ſeroit donc pas étonnant que les Celtes qu'Antoninus Libéralis compte au nombre des nations qui ſe déclarèrent contre Hercule, fuſſent un eſſaim ou de Gaulois ou d'autres peuples, compris ſous le nom général de Celtes, qui étoient allés vraiſemblablement, s'établir dans quelque canton vers l'Epire. On ſait d'ailleurs que les Gaulois, & en particulier ceux qu'on appeloit Celtes, étoient dans l'uſage d'envoyer des colonies dans les pays étrangers.

Etant démontré que les Gaulois ne tirent leur origine ni d'Hercule, ni des Troyens, ni de Dis ou Thefprotus, qui ont vécu cependant dans les ſiècles les plus reculés, de qui fera-t-on deſcendre ces anciens peuples? Pour trouver leurs commencemens, nous allons rapprocher quelques autres paſſages, leſquels, après ce qui vient d'être expoſé, paroîtront, ſinon ſans replique, du moins beaucoup vraiſemblables. Ammien Marcellin, comme on l'a déjà vu, rapporte qu'il y en a qui ont

aſſuré que les Gaulois étoient nés dans les pays où ils ſont. Il ajoute encore que les Druides racontent qu'une partie du peuple étoit née dans le pays. Ces deux témoignages, qui donnent aux Gaulois une origine auſſi ancienne que le monde, du moins depuis le déluge, ne me paroiſſent pas Pour être tout-à-fait hors de vraiſemblance. Convaincu de ce que j'avance, plaçons à côté de ces deux témoignages, ceux de quelques autres écrivains, dont l'autorité d'ailleurs ne laiſſe pas d'être d'un certain poids.

Joſephe, parlant de la manière dont les deſcendans de Noé ſe diſperſèrent en divers endroits de la terre, s'exprime ainſi: « La diverſité des » langues obligea la multitude preſque infinie du » peuple à ſe répandre en diverſes colonies, ſelon » que Dieu les y conduiſoit par ſa providence. » Ainſi, non-ſeulement le milieu des terres, » mais les rivages de la mer furent peuplés » d'habitans .... Les enfans de Noé, pour ho» norer leur mémoire, donnèrent leurs noms aux » pays où ils s'établirent. C'eſt pourquoi les ſept fils » de Japhet qui s'étendirent dans l'Aſie, depuis » les monts Taurus & Aman, juſqu'au fleuve du » Tanaïs, & dans l'Europe juſqu'à Gadès, au» jourd'hui Cadis, donnèrent leurs noms aux » terres qu'ils occupèrent, & qui n'étoient point » encore peuplées. Gomor ou Gomer établit la » colonie des Gomarites, que les Grecs nom» ment maintenant Galates, autrement Gaulois ».

Voilà donc le ſentiment d'un des meilleurs écrivains que l'antiquité ait produit, les Gaules peuplées dès les premiers temps qui ſuivirent le déluge, & ſes habitans deſcendus immédiatement de Noé, par Gomer, leur père commun. Il eſt hors de doute que Joſephe ne forgea pas de lui-même cette opinion, & qu'il falloit, comme le préſume un ſavant Bénédictin, qu'elle fût autoriſée de quelque monument qui ne ſera pas venu juſqu'à nous. D'ailleurs elle a été adoptée par quantité d'illuſtres auteurs, poſtérieurs à l'hiſtorien des Juifs. Car Euſtathe d'Antioche, Iſidore, ſaint Jérôme, Joſeph, fils de Gorion, & autres, font venir les Gaulois du petit-fils de Noé. On doit donc l'embraſſer comme la plus vraiſemblable, pour ne pas dire la plus certaine.

Cette opinion reçoit encore un nouveau degré de certitude, de ce qui ſe lit dans la Geneſe, que les fils de Japhet furent Gomer, Magog, Madaï, Javan, Thubal, Moſoch & Thiras; les fils de Gomer, Aſcénès, Riphath & Thogorma; les fils de Javan, Eliſa, Tharſis, Cetthim & Dodanin; & qu'ils partagèrent entre eux les îles des nations, s'établiſſent en divers pays, où chacun eut ſa langue, ſes familles & ſon peuple particulier. La ſeule différence qu'il me ſemble exiſter entre ce récit de l'écriture ſainte & celui de Joſephe, qui l'a copiée dans ſon hiſtoire des Juifs, c'eſt que l'un détermine d'une manière particuliere, les lieux même où allèrent ſe fixer les deſcendans de

Noé, au lieu que l'autre ne fait que les défigner d'une manière générale.

Tel est, ce me femble, le fentiment le plus fûr que l'on puiffe fuivre touchant l'origine des premiers habitans de la Gaule. Tous les autres, ainfi que je l'ai montré, font vifiblement faux, & répugnent quelquefois avec les faits même, qui en font la bafe ; tandis que celui-ci, outre les fortes raifons qui lui fervent d'appui, peut s'accorder avec tous les points de l'hiftoire facrée & profane. Et pour en citer un exemple, quiconque l'embraffera, fera-t-il étonné de trouver les Gaules remplies d'une multitude d'habitans, lorfque Hercule les parcourut ? Mais il eft temps de mettre fin à nos difcuffions fur l'origine des Gaulois ou des Tectofages. Voyons à préfent quel fut le caractère de ces mêmes peuples.

## I I.

### Du caractère des Tectofages.

Il en eft du caractère des Tectofages comme de leur origine ( 1 ), c'eft-à-dire, que l'on ne peut fe former une jufte idée de leur caractère, que par la connoiffance de celui des Gaulois. Nous allons recueillir ce que l'hiftoire nous en apprend.

C'eft, fans doute, à caufe de la grande célébrité que les Gaulois fe font acquife autrefois, qu'il eft fait mention d'eux dans une multitude d'auteurs anciens. Mais, la manière dont ils parlent de ces peuples, varie, pour ainfi dire, à l'infini. Il paroit qu'ils les ont dépeints avec des couleurs plus ou moins vives, felon qu'ils étoient affectés à leur égard. La plupart des écrivains Romains fur-tout, dans le portrait qu'ils tracent de nos premiers pères, montrent une partialité qui eft trop fenfible, pour ne pas jeter quelque foupçon que le portrait n'eft pas tiré d'après nature.

Tite-Live, par exemple, nous repréfente partout les Gaulois comme un peuple barbare, féroce, furieux dans fa colère, endurci au froid, mais incapable de fupporter les chaleurs & les travaux, dont les armées nombreufes fans difcipline, & plus propres à répandre de vaines terreurs qu'à donner des batailles, rempliffoient tous les lieux d'alentour de leurs chants barbares, de leurs cris & d'un bruit épouvantable. S'ils font

victorieux à la journée d'Allia, felon Tite-Live, ils ne doivent la victoire qu'à la colère des dieux, qui répandent l'efprit de vertige fur les généraux de Rome, & une terreur panique dans toute l'armée. « Que cette multitude, fait-il dire par » Camille aux Ardéates, ne vous étonne pas. Ces » grands corps n'ont que l'apparence; leur courage » n'eft qu'une fougue qui s'éteint en un inftant. » Au premier choc, ils font plus que des hommes; » mais dans la mêlée, ils font moins que des » femmes. Qu'ont-ils fait depuis la bataille & la » prife de la ville qui leur a été abandonnée ? Ils » ont voulu attaquer le capitole qui fe défendoit, » & une poignée de foldats Romains les a repouffés » & renverfés jufqu'à deux fois. Déja même re- » butés par la longueur du fiège, ils s'éloignent » & fe répandent dans la campagne. Avides de » viandes & de vin, dès qu'ils s'en font rémplis » & que la nuit approche, ils fe couchent par » terre étendus comme des bêtes le long des ruif- » feaux, épars çà & là, fans retranchement, fans » corps-de-gardes ni fentinelles ». Et pour achever ce portrait, Tite-Live fait encore dire par Camille, dans un autre endroit, « que cette nation, » lâche & infolente dans la profpérité, eft encore » d'une avarice infatiable, & qui ne refpecte rien. Les » traités, la foi jurée, les fermens folemnels, tout » cède, dit-il, au plus vil intérêt ».

Strabon, plus équitable, ce me femble, que l'hiftorien Romain, nous donne les Gaulois pour une nation féroce, belliqueufe, fimple par caractère, mais fans malice. C'eft pourquoi, quand on vient les attaquer, ajoute Strabon, on les voit auffi-tôt fe réunir & voler au combat. Leur extrême ardeur ne leur permettant pas de prendre toutes les précautions néceffaires, on les furprend facilement, fi pour les vaincre on emploie la rufe & l'artifice. Il n'eft pas non plus difficile de les attirer au combat lorfqu'on le veut, & pour quelque raifon qu'on le veuille, & ils n'y apportent d'autres armes que la force & la hardieffe. On n'a point de peine à leur perfuader d'embraffer le meilleur parti qu'on leur préfente. Ils aiment les belles-lettres. Leur force vient en partie de la grandeur de leurs corps. Ils peuvent aifément s'affembler en grand nombre à caufe de la fimplicité & de la liberté qui régnent parmi eux. Ils prennent toujours la défenfe de leurs voifins, qui fe croient injuftement attaqués. Aujourd'hui, comme Strabon, ils vivent en paix fous les loix des Romains qui les ont affujettis. Mais ils ont été dans les temps paffés tels que nous venons de les préfenter. C'eft ce qu'atteftent les coutumes des Germains, lefquelles fe maintiennent encore dans toute leur vigueur. Non-feulement ces deux peuples fe reffemblent pour le caractère & pour les mœurs, mais ils font alliés les uns aux autres, leurs pays n'étant féparés que par le fleuve du Rhin.

Que l'on mette préfentement ces deux portraits en parallèle, on reconnoîtra bientôt l'injuftice de

---

(1) Je ne penfe pas qu'il foit néceffaire de m'étendre ici pour prouver cette affertion. Ce que j'ai allégué pour montrer l'origine des Tectofages & des Gaulois, doit, ce me femble, fuffire pour montrer auffi l'identité de leur caractère. J'ajouterai feulement une nouvelle preuve, qui ne doit rien laiffer à défirer, même fur les deux propofitions que j'ai avancées. La voici : Juftin parlant des Gaulois qui s'étoient établis en Afie, dit que, *ad illos de bellum occupaverunt, fedibus tantùm diftare, orti cum quodam ac variorum, ginofque pugnæ idem habere, tanto pæ his fagaciora effe, quam illis ingenia.* L. XXXVIII, c. 2.

l'un, & la justice, ou plutôt, s'il est permis d'employer cette expression, la sincérité de l'autre. Au reste, on fera moins frappé du portrait des Gaulois que Tite-Live nous a laissé, si l'on fait attention que cet historien, d'ailleurs l'un des plus excellens dont les ouvrages soient parvenus jusqu'à nous, étoit, sans doute, alors occupé de la prise de Rome par les Gaulois, c'est-à-dire, que pour flatter la vanité des Romains, il a cherché à couvrir, ou du moins à diminuer leur honte, au préjudice de leurs ennemis.

César, à peu de chose près, se joint à Tite-Live dans le jugement qu'il porte des Gaulois. Ils sont prompts, dit-il, à prendre les armes, mais ils perdent cœur au premier désavantage, & manquent de force & de résolution dans l'adversité. Le témoignage de ce dernier me semble aussi suspect que celui de Tite-Live. Comme Romain, il étoit également intéressé à rabattre du mérite de ses ennemis, qui lui donnèrent à lui-même bien de l'exercice, avant que d'être soumis. Selon Appien d'Alexandrie, jusqu'à l'époque de leur soumission, le peuple Romain les avoit tellement appréhendés, que dans la loi qui exemptoit les prêtres & les vieillards du service militaire, il y avoit une exception pour la guerre des Gaulois. Aussi étoient-ils, au rapport de l'empereur Julien, regardés par les anciens Romains, comme une nation invincible; enforte qu'ils ordonnoient des prières publiques, & offroient des sacrifices, dès qu'ils se croyoient menacés de leurs armes.

Ce n'est pas néanmoins que je veuille soutenir que les Gaulois n'ont mérité aucun des reproches que leur font Tite-Live & César. Strabon lui-même, qui, à ce que je crois, a prétendu leur rendre toute la justice qui leur étoit due, & qui n'avoit point d'intérêt à agir autrement, ne laisse pas, ainsi qu'on vient de le voir, de les charger, & de leur imputer en particulier une certaine férocité. De-là vient, sans doute, ce que Diodore de Sicile raconte des Gaulois, qu'ils pendoient au cou de leurs chevaux, les têtes des soldats qu'ils avoient tués à la guerre; que leurs serviteurs portoient devant eux les dépouilles toutes couvertes du sang des ennemis qu'ils avoient défaits, & qu'ils les suivoient, en chantant des chants de joie & de triomphe; qu'ils attachoient ces trophées aux portes de leurs maisons, comme ils le faisoient à l'égard des bêtes féroces qu'ils avoient prises à la chasse; mais que pour les têtes des plus fameux capitaines qu'ils avoient tués à la guerre, ils les frottoient d'huile de cèdre, & les conservoient soigneusement dans des caisses; qu'ils se glorifioient aux yeux des étrangers, à qui ils les montroient avec ostentation, de ce que ni eux ni aucun de leurs ancêtres n'avoient voulu changer contre des trésors ces monumens de leurs victoires; qu'on dit enfin qu'il y en a eu quelques-uns qui, par une obstination barbare, avoient refusé de les rendre à ceux même qui leur en offroient

le poids en or. Diodore ajoute cette réflexion: «Si d'un côté une ame généreuse ne met point » à prix d'argent les marques de la gloire, de » l'autre, il est contre l'humanité de faire la guerre » à des ennemis morts».

Le même historien dit ailleurs des Gaulois, qu'ils étoient terribles à voir; qu'ils avoient la voix grosse & rude; qu'ils parloient peu dans les compagnies, & toujours d'une manière fort obscure, affectant de laisser à deviner une partie des choses qu'ils vouloient dire; que l'hyperbole étoit la figure qu'ils employoient le plus souvent, soit pour s'exalter eux-mêmes, soit pour rabaisser leurs adversaires; que leur son de voix étoit menaçant & fier; qu'ils aimoient dans leurs discours, l'enflure & l'exagération jusqu'au tragique; qu'ils étoient cependant spirituels & capables de toute érudition.

Si nous consultons de nouveaux écrivains, il s'en trouvera qui ne garderont pas plus de ménagement que la plupart de ceux qui viennent d'être cités, & qui feront passer les Gaulois pour des gens timides, légers, insolens, rusés, fourbes, cruels, inhumains, aimant à boire & à manger jusqu'à l'excès, d'un caractère dur & sec, à charge à ceux qui les gouvernent, & incapables de supporter la moindre sévérité. D'autres, au contraire, leur donneront de la noblesse & du courage, & plusieurs autres belles qualités; mais comme l'on ne finiroit pas si on vouloit rapporter en détail tout ce que les anciens racontent des Gaulois, soit en bien, soit en mal, je bornerai ici mes recherches sur cette matière. Je crois en avoir dit assez pour montrer quel fut le caractère de nos premiers pères, qui n'étoient pas, à beaucoup près, tels qu'on se l'imagine pour l'ordinaire, parce qu'on n'en juge que d'après des auteurs intéressés à les dépeindre de la sorte. S'ils ont fait paroître de la férocité dans certaines occasions, ils ne laissoient pas d'avoir des sentimens d'humanité. Si on les a vu porter l'avarice jusqu'à vouloir dépouiller des temples, on les a vu aussi montrer une ame noble & généreuse. J'en appelle à leur conduite après la ruine de Rome. Devenus les arbitres du sort des Romains, ils rendirent, comm l'a très-bien prouvé M. Melot, de l'académie des belles-lettres, contre le sentiment de Tite-Live, ils rendirent, dis-je, la liberté & la ville à ce peuple fameux. S'ils ont usé quelquefois de ruse & d'artifice à la guerre, ils l'ont souvent faite en gens de cœur. La timidité & la lâcheté, qu quelques-uns leur reprochent, étoient compensées par la hardiesse & le courage, que d'autres leur donnent. Leur candeur & leur simplicité tempéroient la sécheresse & la dureté qu'on remarquoit en eux. En un mot, l'empressement avec lequel ils voloient au secours de leurs voisins injustement opprimés, sera toujours un témoignage non suspect de cette bonté qui fut le fond de leur caractère, & qui est encore de nos jours le fond de celui de leurs successeurs.

### III.

#### Excursions des Tectosages.

On prétend que les Tectosages, outre leur penchant naturel pour la guerre, avoient des raisons particulières de porter les armes chez les nations étrangères. C'étoit d'abord leur trop grand nombre qui faisoit que la même contrée qui les avoit vu naître, ne pouvoit suffire pour les nourrir tous ; & puis les dissensions presque inséparables de la multitude, & d'autres causes de cette espèce. Mais sans entrer dans ces discussions qui paroîtroient étrangères à mon sujet, je vais suivre les Tectosages dans leurs différentes excursions.

Les Gaulois commencèrent à quitter leur pays vers l'an de Rome 162. Bellovèse & Sigovèse furent les chefs de leurs premières expéditions. On sait que Bellovèse dirigea sa marche vers l'Italie. Comme les Tectosages ne faisoient point partie de son armée, & qu'il est certain, au contraire, qu'ils faisoient la principale partie de l'armée de de Sigovèse, il faut laisser là l'expédition du premier, pour ne parler que de celle de l'autre & de ses suites.

César, ainsi que Tite-Live, nous apprend que la forêt d'Hercynie étoit échue en partage à Sigovèse, & que ce fameux capitaine alla s'y établir avec les Gaulois de sa suite. Les Tectosages étoient de ce nombre, comme je viens de l'avancer. En voici une preuve. Il y eut un temps, dit César, que les Gaulois, surpassant en valeur les Germains, leur déclaroient volontiers la guerre ; & que tant à cause de leur nombre, qu'à cause de la stérilité du pays qu'ils habitoient, ils envoyoient des colonies au-delà du Rhin. C'est pourquoi, les Volces Tectosages, s'étant emparés des campagnes les plus fertiles de la Germanie, qui sont à l'entour de la forêt d'Hercynie ... y établirent leur demeure. On ne peut donc révoquer en doute que les Tectosages n'aient suivi Sigovèse, lorsqu'il alla chercher une demeure aux environs de la forêt d'Hercynie.

Les Tectosages devenus maîtres du voisinage de la forêt en question, s'y maintinrent plusieurs siècles de suite, puisqu'il y en avoit encore du temps de César. Mais ce fut sans doute de-là que partirent les diverses colonies qui se répandirent dans la Grèce, la Thrace & l'Asie. Ils étendirent d'abord leurs conquêtes dans la Pannonie & l'Illyrie, ayant fréquemment la guerre avec leurs voisins. Cependant, on en vit passer les monts Riphées, & porter leurs armes jusqu'à l'extrémité de l'Europe. Les savans Bénédictins, auteurs de l'histoire de Languedoc, placent ici sous l'an de Rome 432, ce que nous apprenons de Polyen, qu'Antigonus étant en guerre avec

Antipater, prit à sa solde des Tectosages, qui furent commandés par Briderius. Le combat s'étant engagé, Antipater fut vaincu, & les Gaulois mal récompensés par le prince qu'ils avoient si bien servi. *Polyen, Stratag. L. IV, c. 6.*

Dans la suite, des Gaulois, ayant à leur tête Cambaules, pénétrèrent dans la Thrace ; mais ils n'osèrent pas passer outre, parce qu'ils ne se croyoient pas en état de résister aux Grecs. Il n'est plus parlé de Cambaules depuis cette expédition. Cependant l'heureux succès qu'elle avoit eu, excita bientôt les Gaulois à porter de nouveau la guerre chez d'autres nations. Les chefs qui commandoient l'armée se partagèrent. Céréthrius entra dans le pays des Thraces & celui des Triballiens ; Belgius, dans la Macédoine & l'Illyrie ; Brennus & Acichorius allèrent dans la Péonie. A la vue d'une armée si formidable, tous les peuples trembloient de frayeur. Ptolémée, roi de Macédoine, fut le seul qui ne s'en alarma point. Il marcha à la rencontre des ennemis ; mais le succès ne répondit pas à ses espérances. Il perdit la vie avec la bataille. Belgius, satisfait apparemment de ce qu'il avoit fait, ne se mit pas en peine de profiter de la victoire ; ce qui donna le temps à Sosthènes d'assembler quelques jeunes gens, & avec cette nouvelle troupe, il rétablit les affaires des Macédoniens, en chassant les Gaulois de dessus leurs terres. Cette action de valeur mérita la couronne à Sosthènes.

Brennus, informé de la conduite de Belgius, dont il ne sera plus fait mention, non plus que de Céréthrius, sans qu'on sache ce qu'ils devinrent, en fut indigné ; & pour ne pas laisser échapper la dépouille d'un pays aussi riche, il persuada aux Gaulois de tenter une seconde expédition. Il se rendit lui-même dans la Macédoine, à la tête d'une armée nombreuse. Sosthènes entreprit encore de résister ; mais il fut vaincu, & tout le pays ravagé.

Brennus, dit Justin, dédaignant, pour ainsi dire, les dépouilles terrestres, forma la résolution de s'emparer de celles des dieux. Le temple de Delphes, rempli de richesses immenses, excita surtout son avidité. Ayant pris avec lui Acichorius, il se mit en marche. Il paroît que le pays qu'ils rencontrèrent sur le chemin, furent saccagés ; car, selon Pausanias, non-seulement la Macédoine, mais l'Ionie, la Thessalie, &c. furent exposées à leurs excursions. Cependant les Grecs envoyèrent une armée qui se saisit du passage des Thermopyles. Pendant qu'elle y étoit campée, on apprit que les ennemis étoient déjà maîtres de la Magnésie & de la Phthiotide. C'est pourquoi, on détacha un corps de cavalerie pour leur disputer le passage du Sperchius. Brennus, aussi rusé qu'expérimenté, eut bientôt trouvé le moyen de passer ce fleuve, sans que les Grecs s'en aperçussent. Le Sperchius une fois passé, aussi-bien que le territoire d'Héraclée, qui fut abandonné au pillage, Brennus s'avança vers les Thermopyles, dans le deſſein d'attaquer l'armée grecque. Il fut prévenu & obligé de céder. Quelques jours après, on tenta inutilement de forcer le paſſage du mont Œta. Enfin, Brennus après avoir perdu beaucoup de monde, & fait ravager l'Etolie par un corps de troupes qui s'étoit rendu dans cette contrée, en traverſant la Theſſalie, ſous la conduite de Combutes & d'Oreſtrius, engagea les Eniens & les Héracléens à lui montrer un chemin par où il pût paſſer le mont Œta. Ce moyen lui réuſſit. Les Grecs, qui ne s'étoient apperçus de rien, ſe trouvèrent tout-à-coup inveſtis. Après une défenſe vigoureuſe, ils furent obligés de ſe retirer.

Alors Brennus, n'ayant plus d'ennemis à combattre, ne penſa plus qu'à l'exécution de ſon projet ſacrilège. Pendant qu'Acichorius, qu'il avoit laiſſé pour garder le camp, venoit le joindre, il marcha vers le temple de Delphes. Perſonne n'ignore le ſuccès de cette entrepriſe, ni les prodiges fabuleux que les écrivains de l'antiquité ont ajoutés à la vérité du fait. Ainſi, il eſt inutile de s'y arrêter. Cette expédition fut ſi funeſte aux Gaulois, que, ſelon Juſtin & Pauſanias, il ne s'en ſauva pas un ſeul. Il eſt vrai que Juſtin, en cela, n'eſt pas d'accord avec lui-même, puiſqu'il dit ailleurs qu'après la mort de Brennus, ceux d'entre les Gaulois qui s'étoient ſauvés de la déroute preſque générale, paſſèrent les uns dans la Thrace, les autres dans l'Aſie.

Quoi qu'il en ſoit, il eſt certain qu'une armée de Gaulois, ſous la conduite de Comontorius, entra l'année ſuivante dans la Thrace, & que les Byzantins, en particulier, ſouffrirent conſidérablement de leurs excurſions, ayant été contraints de payer annuellement un impôt, qu'on augmenta inſenſiblement juſqu'à la ſomme de quatre-vingts talens. Ce fut de-là qu'une partie paſſa enſuite dans l'Aſie, où les villes d'Ancyre & de Peſſinunte furent les premiers fruits de ſes excurſions, tandis qu'une autre revint ſur ſes pas.

Je reprendrai l'hiſtoire des Gaulois, qui ſe retirèrent dans l'Aſie, après que j'aurai fait connoître la marche des autres.

Parmi ces derniers, il y en eut (c'étoient des Tectoſages), qui retournèrent à Toulouſe, leur ancienne patrie. Mais quelques-uns, conduits par Bathanatus, s'arrêtèrent le long du Danube, vers l'embouchure de la Save, où ils fixèrent leur demeure. On voit que ce pays faiſoit partie de celui où leurs ancêtres s'étoient fixés long-temps auparavant; & comme il eſt hors de doute qu'ils n'avoient pas tous quitté le pays en queſtion, ainſi qu'on le verra ci-après, lorſqu'on envoya des colonies de côté & d'autre, il eſt à préſumer que ceux qui revinrent de Thrace, ne firent que ſe réunir à leurs compatriotes. Juſtin prétend qu'ils y prirent le nom de Scordiſques.

« Un ancien hiſtorien, diſent les ſavans Béné-

» dictins, aſſure que la route que prirent les Gaulois » pour ſe rendre dans ce pays, s'appeloit encore » de ſon temps, *le chemin de Bathanatus*, & qu'on » nomma ces mêmes Gaulois, *Bathanates*, du » nom de ce général. Cet auteur loue beaucoup le » mépris que les Scordiſques faiſoient de l'or. Mais » il invective en même temps contre leurs brigan- » dages. Ces peuples étendirent, en effet, leurs » excurſions dans la Pannonie, & dans une partie » de la Thrace; s'étant enſuite mêlés & con- » fondus avec les naturels du pays; ils portèrent » leurs armes chez les peuples voiſins, & firent » des courſes dans l'Illyrie, & juſques vers l'em- » bouchure du Danube dans le Pont-Euxin ».

Je placerai encore ici quelques autres expédi- tions, auxquelles les Gaulois, revenus de Thrace, eurent ſans doute part. Juſtin nous apprend que les Gaulois que Brennus avoit laiſſés en partant, pour garder & défendre les frontières de la nation, aſſemblèrent une armée de quinze mille hommes de pied, & de trois mille chevaux; & qu'après avoir mis en fuite les Gètes & les Triballiens, ils députèrent vers le roi de Macédoine, pour lui offrir la paix. Antigonus fit un bon accueil aux ambaſſadeurs, & leur montra ſes richeſſes. De retour chez eux, les ambaſſadeurs groſſirent les objets, pour exciter ceux de leur nation à faire la guerre aux Macédoniens. Elle fut en effet en- trepriſe. Le camp du roi fut pris; mais tandis qu'ils pilloient les vaiſſeaux, lorſqu'ils s'y attendoient le moins, on les attaqua, & on en fit un horrible carnage.

Sans doute qu'Antigonus ſe réconcilia avec les Gaulois; car on en vit l'année ſuivante dans ſon armée, lorſqu'il fut attaqué par Pyrrhus, qui avoit auſſi des Gaulois à ſon ſervice; de ſorte qu'on vit alors ces peuples combattre les uns contre les autres. Antigonus ayant été vaincu, Pyrrhus s'em- para de la plupart des villes de la Macédoine. Il laiſſa en garniſon dans celle d'Egée la principale de toutes, une partie des Gaulois auxiliaires qui pillèrent cette ville, & fouillèrent même juſqu'aux tombeaux des rois, pour en enlever les richeſſes qu'on y enſeveliſſoit avec eux. Pyrrhus, qui ſen- toit le beſoin qu'il avoit des Gaulois, fit ſemblant d'ignorer cette eſpèce de révolte. Ce prince ſe ſervit enſuite de ces peuples pour aller faire le ſiège de Sparte, qu'il fut obligé de lever, ayant fait une perte conſidérable. De-là il marcha vers la ville d'Argos, & à peine étoit-il en chemin, que les ennemis, étant tombés ſur l'arrière-garde, compoſée de Gaulois & de Moloſſes, les maſſa- crèrent preſque tous. Ceux qui échappèrent, ſui- virent Pyrrhus à Argos, où s'étant d'abord diſ- tingués, ils tombèrent enſuite entre les mains d'Antigonus, qui étoit venu au ſecours des Argiens, & qui ſe rendit maître de l'armée de Pyrrhus, après la mort tragique de ce prince.

J'ai déjà dit, d'après Polybe, qu'une partie de cette colonie Gauloiſe étoit allée ſe fixer dans la Thrace ; & d'après Memnon & Juſtin, qu'une partie de cette colonie étoit paſſée dans l'Aſie. Les auteurs, pour le dire en paſſant, ne s'accordent pas entre eux, ni quelquefois avec eux-mêmes, ſur les excurſions des Gaulois. Juſtin en fait foi, ainſi que je l'ai déjà obſervé. Tite-Live raconte différemment la deſcente des Gaulois dans la Thrace, & leur paſſage dans l'Aſie. Nous apprenons de cet auteur célèbre, que dans le temps que Brennus étoit en chemin pour l'expédition qu'il méditoit, une partie de ſes troupes s'étant ſoulevée dans la Dardanie, vingt mille hommes ſe détachèrent de ſon armée. Ils ſe retirèrent dans la Thrace, ſous la conduite de Léonorius & de Lutarius. Après en avoir rendu tributaires les habitans, ils s'étendirent juſqu'à Byſance, & ſur la côte de la Propontide, dont ils s'emparèrent. Enſuite, informés de la fertilité de l'Aſie, ils réſolurent d'y paſſer. Dans ce deſſein, s'étant rendus maîtres de Lyſimachie & de toute la Cherſonnèſe, ils entrèrent dans l'Helleſpont, où, pour quelque diſpute qu'ils eurent enſemble, ils ſe ſéparèrent. Léonorius retourna à Byſance. Cependant, Lutarius paſſa dans l'Aſie, où il fit d'abord quelques incurſions ſur les côtes. Bientôt, Léonorius y paſſa auſſi, & s'étant réconciliés, ils rendirent un ſervice ſignalé à Nicomède, roi de Bithynie. Ils tournèrent leurs armes contre Zybée, qui avoit entrepris d'envahir les états de ce roi ; & déjà il en étoit maître d'une partie, lorſqu'il fut défait par les Gaulois. Enſuite ces peuples continuèrent leurs courſes en Aſie, quoiqu'il ne leur reſtât plus que dix mille combattans. Ils répandirent tellement la frayeur en-deçà du mont Taurus, que toutes les nations vinrent ſe ſoumettre à leur empire.

Comme cette colonie étoit compoſée de trois ſortes de peuples, ſavoir, les Toliſtoboges, les Trocmes, & les Tectoſages, ils partagèrent entre eux les pays de l'Aſie qu'ils avoient conquis. La côte de l'Helleſpont échut aux Trocmes ; l'Eolide avec l'Ionie, aux Toliſtoboges ; & la partie méridionale de l'Aſie mineure, aux Tectoſages. En un mot, toute cette contrée ſituée en-deçà du Taurus, avoit été rendue tributaire. Il faut obſerver que les bornes de cette province, connue dans la ſuite ſous le nom de Galatie, n'étoient pas ſi étendues, c'eſt-à-dire, que nos Gaulois ne ſe maintinrent pas toujours dans la poſſeſſion de tous les pays dont ils s'étoient d'abord rendu maîtres.

Après un établiſſement ſi conſidérable, les Gaulois ne demeurèrent pas en repos. On les vit bientôt encore porter leurs armes en diverſes contrées. Le ſavant Dom Martin Bouquet place ici une expulſion des Gaulois d'Aſie par Antiochus, ſurnommé Soter. C'eſt d'après Appien d'Alexandrie. Cet ancien auteur n'en dit pas davantage. Il nous apprend ſeulement que c'étoient des Gaulois paſſés d'Europe en Aſie. Peu de temps après, Nicomède, roi de Bithynie, qui s'étoit

fait des alliés de nos Gaulois, les appela à ſon ſecours contre Antiochus, roi de Syrie. Les Gaulois marchèrent auſſi-tôt ; mais ayant livré bataille, ils furent défaits & perdirent beaucoup de monde. On prétend que ce fut cette victoire qui valut à Antiochus le ſurnom de Soter, qui veut dire ſauveur. Ces malheurs n'empêchèrent pas les Gaulois d'aller au ſecours de Zéilas, que Nicomède ſon père avoit déshérité. Après la mort de ce prince, Zéilas entreprit de monter ſur le trône, dont on avoit voulu le priver. Ce fut principalement aux Gaulois qu'il fut redevable de l'heureux ſuccès de ſon entrepriſe. Ils ſe retirèrent chez eux chargés des dépouilles de la ville d'Héraclée ; qu'ils avoient miſe à contribution.

Les Gaulois recommencèrent enſuite leurs hoſtilités contre cette ville, & après en avoir ravagé le territoire pluſieurs fois, ils furent contraints de ſe retirer, ayant perdu les deux tiers de l'armée. C'eſt encore à la même année que l'on rapporte ce que dit Pauſanias ; ſavoir, que Ptolemée Philopator fit venir quatre mille Gaulois dans ſes états, afin de s'en ſervir contre Magas, ſon frère utérin, qui avoit pris les armes contre lui. Le roi d'Egypte s'étant apperçu que ces Gaulois ne méditoient rien moins que la conquête de ſon royaume, les fit conduire, ſous prétexte de quelque expédition, dans une ile déſerte, où ils périrent tous.

Quelques années après les Gaulois déclarèrent la guerre à Antigonus, ſans qu'on en ſache la raiſon. La cruauté qu'ils montrèrent envers leurs femmes & leurs enfans, en les ſacrifiant tous, immédiatement avant la bataille, fut punie par la déroute générale de leur armée.

Antiochus, ſurnommé Hiérax, eut auſſi recours aux Gaulois dans la guerre qu'il eut à ſoutenir contre Sélecus ſon frère, nommé Callinicus, roi de Syrie. Celui-ci fut vaincu, & Antiochus dut cette victoire à la valeur des Gaulois, qui tournèrent enſuite leurs armes contre lui-même. Ce ne fut qu'à force d'argent qu'il détourna de deſſus ſa tête les malheurs dont il étoit menacé.

A peine s'étoit-il délivré de ces nouveaux ennemis, qu'il fut obligé d'implorer derechef leur ſecours. Attale, roi de Pergame, ou, ſelon d'autres, Eumène, roi de Bithynie, conſidérant l'état déplorable de la Syrie, épuiſée par les guerres de deux frères, réſolut de s'en emparer, & déclara en même temps la guerre aux Gaulois, à qui il oſa le premier refuſer de payer le tribut, qu'ils avoient impoſé ſur-toute l'Aſie mineure. On en vint bientôt aux mains. Les Gaulois, contre toute eſpérance, furent défaits.

Les Epirotes ayant pris des Gaulois à leur ſolde, en mirent huit cens dans Phénica. Les Illyriens étant venus aſſiéger cette ville, les Gaulois, loin de la défendre contre ces peuples, la leur livrèrent. Sélecus, avec une nombreuſe armée, s'étant avancé juſqu'au-delà du Taurus, fut ſurpris par un corps de Gaulois qui étoit commandé par Apéturius & Nicanor. Ce prince ayant péri dans l'action, Achéus entreprit de venger sa mort. Les deux chefs des Gaulois furent tués. Deux ans après, les Gaulois étoient en guerre avec les Byfantins ; car Polybe nous apprend que Cavare, un de leurs rois, se rendit à Byfance dans le deffein de la terminer. Prufias & les Byfantins, qui ne le defiroient pas moins, y donnèrent volontiers les mains.

Achéus ayant manqué de fidélité à Antiochus, s'empara de son royaume, s'unit avec Ptolemée Philopator, & devint formidable aux princes d'Afie. Attale, roi de Pergame, fut attaqué. Celui-ci eut recours aux Gaulois de Thrace, dont il fit paffer un grand nombre en Afie. Ils le servirent d'abord avec zèle & fidélité. Mais un phénomène les détacha de ses intérêts. Une éclipse de lune qui furvint, lorfqu'ils étoient campés sur le bord du fleuve Mégifte, fut prise pour un mauvais augure. Ils refuférent donc d'aller plus avant ; ce qui jetta Attale dans un grand embarras, parce qu'il appréhendoit qu'ils ne se joigniffent à son ennemi ; mais les Gaulois ayant pris le parti de se retirer fur la côte de l'Hellefpont, Attale s'en retourna dans son royaume. Cependant ces peuples se mirent à ravager les campagnes & à piller les villes. Après avoir tenté en vain de prendre Ilium, ils furent encore chaffés de toute la Troade. Enfuite ils se rendirent maîtres d'Arisbe, ville d'Abydène, d'où ils firent une guerre cruelle aux autres villes du voifinage. Prufias, roi de Bithynie, marcha contre eux, & les paffa au fil de l'épée. Les femmes & les enfans ne furent pas épargnés. Polybe obferve ici que Prufias, par cette victoire, non-feulement délivra les villes de l'Hellefpont, mais apprit encore aux habitans de l'Afie, que l'on ne devoit pas y appeler témérairement les barbares de l'Europe.

Antiochus, étant en guerre avec les Romains, employa à son fervice des Gaulois d'Afie. Tite-Live remarque qu'ils conservoient encore leur valeur martiale. On en voyoit entre autres quatre mille dans l'armée de ce prince, tandis qu'il affiégeoit Attale dans la capitale de son royaume. Ces peuples cauférent pour lors les plus grands ravages dans la campagne. Quelques jours après, mille archers Gaulois allèrent insulter le consul romain dans son camp. Le général ayant attaqué l'armée ennemie auprès de Magnéfie, elle fut entièrement défaite. Au rapport d'Appien, les Gaulois qui la composoient en partie, étoient des Tectofages, des Trocmes & des Toliftoboges.

Les secours que les Gaulois avoient donnés dans cette occasion à Antiochus contre les Romains, furent les motifs dont ceux-ci se fervirent pour leur déclarer la guerre. Au refte, il ne me paroît pas nécessaire d'entrer dans le détail de cette guerre ; cela pourroit paroître étranger à mon sujet, puifqu'on n'y verroit pas proprement de nouvelles excurfions, mais feulement des peuples qui vendirent cher la foumiffion qu'on voulut exiger d'eux. Depuis que la paix eut été conclue, il eft encore fait mention de quelques expéditions, où les Gaulois d'Afie eurent part. Quand le roi Eumène marcha au fecours des Romains contre Perfée, roi de Macédoine, il y avoit dans son armée des Gaulois d'Afie, & dans celle de l'ennemi des Gaulois d'Europe ; je dis d'Europe, étant vraisemblable que ceux d'Afie qui venoient d'être réduits par la force des armes, fous la puiffance de la république Romaine, n'auroient pas ofé se déclarer contre elle. D'ailleurs, Juftin dit que ces Gaulois étoient ceux qu'on appeloit *Scordifques*. Or, ceux-ci, ainfi qu'on l'a déja vu, étoient fitués le long du Danube. Quoi qu'il en foit, ce fut avec ces Gaulois que Perfée obligea les Romains à lever le fiége de la ville de Caffandrie ; & on penfe que fi l'avarice de ce prince ne l'eût pas empêché d'en faire venir un plus grand nombre ( il n'en avoit que deux mille ), il auroit évité, & sa propre perte, & celle de ses états. En effet, Clondic, un des chefs des Gaulois, qui étoit alors dans l'Illyrie avec une armée de vingt mille hommes, convint avec Perfée d'aller à son fecours, moyennant une certaine fomme. Ce roi, ayant différé d'exécuter sa promeffe, les Gaulois retournèrent fur leurs pas, après avoir ravagé la Thrace. Eumène, dont nous venons de parler, étant repaffé en Afie avec les Gaulois, ne laiffa pas d'envoyer mille chevaux de cette nation à Attale son frère, qui étoit au fervice des Romains dans la Macédoine. De ces mille cavaliers, les uns furent tués, & les autres faits prifonniers.

Dans la fuite, les Gaulois eurent encore affaire avec plufieurs princes, tels qu'Attale, Eumène, Prufias, & Ariarathe. Mais ces différends n'eurent pas de grandes fuites, parce que les Romains employèrent leur médiation pour les terminer. Tels furent, pour le dire en peu de mots, les exploits les plus mémorables des Gaulois, dont nous ayons connoiffance, du moins avant l'entrée des Romains dans les pays où ils étoient originaires.

Avant que de quitter cette troifième partie, il eft à propos de joindre ici quelques courtes obfervations. Dans le récit que je viens de faire ; 1°. j'ai nommé rarement les Tectofages, me contentant de citer les Gaulois. C'eft une méthode que j'ai cru devoir fuivre, pour éviter la confufion. Je ne crois pas que l'on en conclue que les Tectofages n'eurent peut-être point de part à une partie de ces excurfions. Du moins, un tel fentiment feroit combattu par prefque tous les anciens écrivains, qui, pour l'ordinaire, ne font mention que des Tectofages, quand ils parlent de ces Gaulois qui allèrent porter leurs armes dans la Germanie.

2°. Sans m'arrêter à ce que racontent les écrivains modernes des excurfions des Tectofages, e me fuis attaché uniquement à rapporter ce que nous en apprenons des écrivains anciens.

3°. Quelques modernes rapportent à la première fortie des Gaulois de leurs pays, quelques excurfions dont je n'ai pas parlé. L'auteur du *Florus Gallicus* fait paffer une. colonie de ces peuples dans l'île de la Grande-Bretagne. On peut répondre d'abord que l'on ignore où il a puifé fon affertion. On ne connoît aucun auteur qui l'autorife. Enfuite, Bertault ne dit pas quel peuple des Gaules c'étoit. Le même écrivain, ainfi que d'autres, rapporte encore vers le même temps une feconde expédition des Gaulois en Efpagne. Le fait eft vrai, étant appuyé du témoignage de plufieurs anciens. Mais, d'un autre côté, on ne convient pas de l'époque, puifqu'il fe trouve plufieurs auteurs graves modernes qui placent cette tranfmigration au cinquième fiècle de la république romaine. Les auteurs de la nouvelle hiftoire du Languedoc paroiffent embraffer ce dernier fentiment. Au refte, à cette difficulté, qu'il eft prefque impoffible de réfoudre, il s'en joint une autre, non moins épineufe. C'eft de favoir fi c'étoient des Tectofages, ou bien d'autres peuples de la Celtique, qui pafsèrent en Efpagne. Les anciens écrivains ne fourniffant aucune lumière, puifqu'ils ne parlent que des Celtes en général, le parti le plus fûr, c'eft de garder un profond filence là-deffus. Tout ce que l'on pourroit dire, ne porteroit que fur de pures conjectures.

4°. Enfin, il y en a qui croient que les Tectofages ont eu part aux expéditions d'Italie. Les Bénédictins ont très-bien répondu à cette difficulté dans leurs notes fur l'hiftoire du Languedoc. On peut voir ce qu'ils difent à ce fujet, & en général dans ces notes on trouvera certains éclairciffemens fort intéreffans & relatifs principalement à l'objet de cette troifième partie.

## I V.

*De l'étendue de la partie de la Celtique poffédée par les Tectofages avant l'entrée des Romains dans leurs états.*

Il s'agit maintenant de déterminer l'étendue de cette contrée que les Tectofages occupèrent autrefois dans la Celtique, avant l'entrée des Romains dans leur pays. Pour fatisfaire à cette queftion, je crois qu'il eft à propos de rechercher les divers cantons qui étoient de leur dépendance. Car, quoique le territoire de Touloufe fût, pour ainfi dire, le chef-lieu de ces peuples, il y avoit encore plufieurs autres territoires qui dépendoient d'eux. Ptolemée nous en marque la plus grande partie, quand il dit que les villes d'Iliberis, Rhufcinum, Tolofa, Ceffero, Carcafo, Bætiræ & Narbon, appartenoient aux Tectofages.

MM. Catel & Andoque, dans leur hiftoire du Languedoc, ainfi que les Bénédictins dans la leur,

& plufieurs autres modernes, ont embraffé le fentiment de Ptolemée. On eft d'autant plus autorifé à le fuivre, qu'il n'eft pas contredit par les anciens écrivains. Strabon, quoi qu'en dife Samfon, eft peut-être le feul, dont on puiffe s'appuyer pour l'infirmer; encore ne feroit-ce qu'en partie. Cet auteur femble attribuer aux Volces Arécomiques la ville de Narbonne. Mais, outre que cela ne peut être vrai, ce me femble, fuivant la defcription qu'il donne lui-même de l'étendue du pays des Volces Tectofages, voici la réflexion de Cellarius à ce fujet : *Videtur Strabo Volcis Arécomicis Narbonem tribuere. Horum*, inquit, *navale Narbo dicitur. Sed dum ibidem dicit caput Arecomicorum Nemaufum effe, quæ, ut ipfe cenfet, cum Narbone non conferenda erat, iftum extra Arecomicos pofitum effe non obfcurè fubindicavit, quod Ptolemæus clariùs adfirmat, in Volcarum Tectofagum urbibus Narbonem numerans coloniam.*

De plus, quand on lit avec quelque attention la fuite de l'endroit où Strabon donne aux Arécomiques la ville de Narbonne, on s'apperçoit facilement que ce géographe n'a pas deffein de parler des Volces Arécomiques en particulier, mais des peuples qu'il qualifie en général Arécomiques, & qui, felon lui, poffédoient tous les pays qui s'étendent jufqu'aux Pyrénées. J'aurai occafion de citer le paffage dans la fuite.

J'ai dit que les Bénédictins, dans leur hiftoire du Languedoc, étoient du nombre de ceux qui ont fuivi le fentiment de Ptolemée, fur l'étendue du pays poffédé par les Tectofages. Cela eft clair, en effet, par la defcription qu'ils en donnent. « Les Volces, difent-ils, étoient divifés en Tec- » tofages & en Arécomiques. Il paroît que ceux- » là occupoient au midi toute la côte, depuis » Cervera & le promontoire de Vénus en Rouf- » fillon, jufqu'au cap de Cette & aux confins » du diocéfe de Montpellier, & qu'ils s'éten- » doient depuis les Pyrénées jufqu'au nord & au » midi des Cévennes ». M. de Mandajors, de l'académie des infcriptions & belles-lettres, eft encore du nombre de ceux qui paroiffent avoir fuivi la même opinion. En effet, dans une differtation qui fe trouve dans le huitième tome des mémoires de fa compagnie, il donne aux Volces Tectofages les villes de Narbonne, de Touloufe & de Béziers.

Enfin, cela eft confirmé par Strabon lorfqu'il dit : *Cemmenum porro montem attingunt, ejufque auftrinam partem ufque ad promontoria accolunt Volcarum Tectofages. . . . . Tectofages ad Pyrenam accedunt, & feptentrionalem Cemmenorum montium partem non nihil attingunt.*

Cependant, dans ce qui vient d'être dit, l'étendue de la partie de la Celtique que les Tectofages poffédoient, n'eft marquée que d'une manière générale. Il faut donc entrer dans un certain détail, pour la déterminer d'une manière particulière ; c'eft-à-dire, qu'il eft néceffaire de fixer les

les limites des états de ces peuples. C'eſt ce que je vais tâcher de faire, ſans m'écarter des principes généraux qui ont été poſés, & qui vont ſervir de baſe à ce qui ſuit.

1°. Les Toloſates, qui n'étoient diſtingués du reſte des Tectoſages que par le premier rang qu'ils tenoient, occupoient, ſelon quelques modernes, tout l'ancien diocèſe de Toulouſe. En conſéquence, on leur donne non-ſeulement les diocèſes de Pamiers, de Rieux, &c., mais encore celui de Lombez au de-là de la Garonne. Je crois que c'eſt trop étendre de ce côté-là les bornes du pays des Toloſates. En effet, les Bénédictins qui, entre autres, ont ſuivi ce dernier ſentiment, ſe fondent ſur ce que le gouvernement eccléſiaſtique s'étant d'abord réglé ſur le civil, la connoiſſance de l'étendue des anciens diocèſes doit ſervir de règle pour fixer celle de chaque ancienne cité, ou peuple particulier. Adopter ce principe ſans reſtriction, à moins, comme ajoutent ces ſavans, qu'on n'ait des preuves des changemens qui peuvent être arrivés, c'eſt s'expoſer à prendre ſouvent le faux pour le vrai. En voici des preuves tirées des pays même voiſins de celui des Toloſates.

Perſonne n'ignore que le diocèſe de Condom, par exemple, ſitué dans l'Aquitaine, le long de la Garonne, entre ceux de Lectoure & de Bazas, faiſoit anciennement partie du diocèſe d'Agen. Suivant l'opinion que je combats, il s'enſuivroit que toute cette contrée de l'Aquitaine qu'on nomme aujourd'hui Condomois, appartenoit autrefois aux Nitriobroges, peuples de la Celtique. Suivant la même opinion, les Vaſates, qui étoient compris dans l'Aquitaine, auroient fait partie des Celtes, puiſque le diocèſe de Bazas s'étend dans la Celtique, au de-là de la Garonne, juſques vers la Dordogne. Encore, le diocèſe de Bordeaux ſe trouve-t-il également partagé par la Garonne, d'où il faut conclure, ou que la partie de ce diocèſe renfermée dans la Celtique, dépendoit de l'autre partie qui étoit dans l'Aquitaine, ou, réciproquement, que celle-ci dépendoit de la première. Et pour montrer en peu de mots combien un pareil principe eſt capable d'induire en erreur, ſelon Céſar, Strabon, Pomponius Méla, Ammien Marcellin, &c., dont les paſſages ſeront cités ci-après, l'Aquitaine étoit ſéparée du reſte des Gaules ou de la Celtique, par la Garonne. Or, cela ſeroit infoutenable d'après ce qui précède, puiſque la Garonne auroit à peine borné les Aquitains, dans la quatrième partie de ſon cours. De ces courtes réflexions, on doit inférer que les moyens dont les Bénédictins, en particulier, ſe ſont appuyés pour déterminer les bornes de la province Narbonnoiſe & des divers peuples qui la compoſoient, doivent néceſſairement les avoir engagés dans pluſieurs erreurs. On pourra s'en appercevoir dans ce que je vais dire.

Comme on ne peut donc, ce me ſemble, ſou-

ténir raiſonnablement que le pays des Toloſates s'étendit au-delà de la Garonne, du moins d'après les raiſons dont je viens de montrer les inconvéniens, il faut voir ſi l'on ne pourroit pas établir, d'après d'autres raiſons qui portaſſent ſur des fondemens plus ſolides, que ces peuples étoient bornés du côté de l'Aquitaine par la Garonne. Pline dit que les Tectoſages étoient voiſins des Aquitains, ou limitrophes de la province d'Aquitaine, Aquitaniæ contermini. D'autres, tels que Strabon, Pomponius Mela, Céſar & Ammien Marcellin, rapportent que les habitans de cette dernière contrée étoient renfermés entre la Garonne, les Pyrénées & l'Océan. La lecture de leurs paſſages ne ſera pas inutile. Strab. fines eorum. ( Aquitan. ) Garumna & Pyrene, hos inter habitant. Pomp. Méla à Pyrenæo ad Garumnam Aquitani. Cæſ. Gallos ab Aquitanis Garumna flumen. . . . dividit. Aquitania à Garumna flumine ad Pyrenæos montes, & eam partem Oceani quæ ad Hiſpaniam pertinet, ſpectat. Amm. Marcell. & Gallos quidem qui Celtæ ſunt, ab Aquitanis Garumna diſterminat flumen. . . . Ces paſſages, comme on voit, montrent évidemment que les Aquitains étoient ſéparés du reſte des peuples des Gaules par le fleuve de Garonne. D'un autre côté, les Tectoſages n'ont jamais été compris, ni en tout ni en partie, parmi les habitans de l'Aquitaine. Ils en devoient donc être ſéparés par les bornes qu'on donne à ces derniers, c'eſt-à-dire, par la Garonne, puiſqu'ils étoient limitrophes.

Auſſi Baudrand marque-t-il ce fleuve pour limites des Tectoſages; & M. d'Anville dit : « Deux peuples, auxquels le nom de Volcæ étoit » commun, l'un diſtingué par le nom d'Areco- » mici, l'autre par celui de Tectoſages, occupoient » dans la province Narbonnoiſe, tout l'intervalle » qu'il y a du Rhône à la Garonne ».

Au reſte, les Bénédictins prévoyant ſans doute les objections de toute eſpèce que l'on ne manqueroit pas de faire contre leur ſentiment, ont entrepris de répondre d'avance à celle-ci. « On » pourroit ne pas convenir, obſervent-ils, que la » partie de l'ancien Touloufain, qui eſt à la gauche » de la Garonne, dépendît de la Narbonnoiſe, » ſur ce que les anciens itinéraires qui comptent » par milles dans toute cette province, & par » lieues dans le reſte des Gaules, emploient cette » dernière manière de compter, depuis Bourdeaux juſqu'à Toulouſe incluſivement, comme » l'on peut voir dans l'itinéraire de Bourdeaux à » Jéruſalem. ( Obſervez que ce qui ſuit, confirme » ce que je viens d'établir. ) On peut répondre, » continuent-ils, à cette difficulté, en ſuppoſant » avec aſſez de vraiſemblance, que, quoique le » pays des Tectoſages, ou le Touloufain, s'é- » tendît anciennement des deux côtés de la Ga- » ronne, il n'y eut cependant d'abord & avant » le temps de Céſar, que la partie de ce pays

» fituée à la droite de ce fleuve, qui fût foumife » aux Romains ».

Je crois qu'il fuffit d'avoir rapporté la réponfe, pour en montrer le foible. Il n'eft certainement pas vraifemblable que les Romains ayant foumis les Tectofages, euffent abandonné la partie de leur pays qui étoit au-delà de la Garonne. Concluons donc que ces peuples devoient être néceffairement bornés par ce fleuve, & que c'eft trop hafarder, pour ne rien dire de plus, que de donner une plus grande étendue à leur pays, fur ce que le diocèfe de Touloufe comprenoit jadis celui de Lombez.

Mais pourquoi, objectera-t-on peut-être, le diocèfe de Touloufe, par exemple, fe trouvoit-il anciennement étendu au-delà de la Garonne? Je penfe qu'on pourroit en apporter plufieurs raifons. En voici d'affez vraifemblables, qu'on doit appliquer à tous les cas de cette efpèce. Il eft hors de doute que la ville des Élufates fut érigée en évêché avant celle des Aufces. Le titre de métropole qu'elle porta d'abord, en fait foi. En conféquence, le reffort de l'évêque d'Eaufe auroit été d'une étendue très-confidérable, s'il n'avoit eu d'autres limites que la Garonne. Il y a apparence que dans ce cas l'on aura foumis à la jurifdiction de l'évêque de Touloufe, tous les peuples qui habitoient le long de ce fleuve du côté de l'Aquitaine. Car enfin, ils étoient bien plus à fa bienféance qu'à celle de l'autre évêque, qui s'en trouvoit fort éloigné. On pourroit encore dire que, dans les premiers temps de l'églife, un évêque avoit l'ordinaire fous fa jurifdiction, quant au fpirituel, les peuples qui avoient été éclairés des lumières de l'évangile, ou par fon canal, ou par celui de fes prédéceffeurs. Or, il pourroit très-bien fe faire que les anciens habitans du diocèfe de Lombez fuffent dans ce cas, par rapport à l'évêque de Touloufe.

2°. Les Conforanni, qui habitoient entre les fources de la Garonne & les Pyrénées, devoient être auffi de la dépendance des Tectofages. Strabon attribue aux Arécomiques, tous ces petits peuples peu connus, qui s'étendoient jufqu'aux Pyrénées (1). D'un autre côté, le même auteur, ainfi que plufieurs autres déjà cités, ne donne aux Aquitains que le pays entre la Garonne & les Pyrénées. Il eft donc évident que tout ce qui étoit au-delà de la Garonne le long des Pyrénées, devoit appartenir aux Tectofages, qui font défignés fous le nom général d'Arécomiques. Par conféquent, le territoire des Conforanni leur appartenoit auffi.

A l'autorité que je viens d'employer, on peut joindre celle d'un paffage qui fe trouve dans la vie de faint Lyzier, ancien évêque de Conferans:

obiit (*fanctus Lycerius*) *in territorio Tolofano in civitate quæ vocatur Conferanis.* Ce paffage eft auffi rapporté dans la notice de la Gaule de M. de Valois, & dans celle de M. d'Anville. On pourroit cependant me faire, ce me femble, une forte objection; c'eft que Pline place les Conforanni parmi les Aquitains. Cet écrivain a raifon, pourvu qu'on l'entende du temps où il vivoit. Le pays des Conforanni étoit en effet pour lors compris dans l'Aquitaine, parce qu'il y avoit été renfermé lors de l'arrangement des provinces de la Gaule fait par Augufte. Tel eft le fentiment de M. d'Anville.

Les Bénédictins eux-mêmes femblent l'embraffer, lorfqu'ils difent que quand même le Conferans & toute la partie qui eft à la droite de la Garonne, auroient appartenu à la province Romaine, & conféquemment aux Tectofages, du temps de Céfar & de Pompée, il eft certain que depuis Augufte ces pays firent partie de l'Aquitaine. Mais, dira-t-on peut-être, pourquoi appeller le Conferans, le territoire de Touloufe, plufieurs fiècles après fa réunion à l'Aquitaine? Cela ne doit pas paroître furprenant. Car, fans fortir des exemples que j'ai produits plus haut, le Condomois eft depuis long-temps de la dépendance de la Guyenne, & cependant il eft toujours compté parmi les pays qui compofent la Gafcogne.

3°. On ne peut difconvenir que les autres peuples qui étoient fitués le long des Pyrénées jufqu'à la mer Méditerranée vers Cervéra, ou le port de Vénus, ne dépendiffent auffi des Tectofages. Si cela n'étoit fuffifamment établi par les témoignages de Strabon & de Ptolemée, on joindroit celui de M. de Marca, qui, en faifant voir que les limites de la Narbonnoife alloient jufques vers le promontoire de Vénus, a prouvé ce que j'avance.

4°. Il eft encore conftant que les états des Tectofages s'étendirent depuis les Pyrénées, le long de la Méditerranée, jufques vers l'embouchure de l'Éraut. Car on ne fauroit douter que les dépendances des villes, telles qu'Iliberis, Rufcinum, Narbo, Bæterræ, &c. que Ptolemée, comme je l'ai obfervé, attribue aux Tectofages, ne s'étendiffent le long de cette mer.

5°. Mais, la plus grande difficulté, c'eft de déterminer au jufte les limites qui féparoient les Volces Tectofages des Volces Arécomiques. M. d'Anville eft perfuadé qu'une ligne de divifion entre les deux peuples, feroit téméraire & trop hafardée. Cependant, comme il paroît certain que les Bæterræ s'avançoient jufqu'à l'Éraut, ce qui femble confirmé par la pofition de Ceffero fur cette rivière, & que les Lutevani, auffi fitués en-deçà de la même rivière, au rapport des Bénédictins, appartenoient aux Tectofages; on ne peut guère révoquer en doute que ces peuples ne fuffent diftingués de leurs voifins par l'Éraut. En effet,

---

(1) Ἆλλα δέ φσίν ἀδοξα ἔθνη καὶ μικρὰ παρακείμενα τοῖς Ἀρεκομίσκοις μέχρι Πυρήνης. Strab. L. IV, p. 186,

l'Éraut, qui prend ſes ſources aux Cévennes, & va ſe rendre enſuite dans la Méditerranée, ſemble une ligne pratiquée par la nature même, pour diviſer les deux peuples. D'ailleurs, on doit ſe rappeler que Strabon donne aux Tectoſages la partie méridionale des Cévennes, juſqu'aux promontoires; ce qui me paroît confirmer ce que je viens d'établir. Car, 1°. au-delà des ſources de l'Éraut, les Cévennes prennent une autre direction; enſorte que la partie méridionale de ces montagues devient orientale. 2°. Strabon, par ces promontoires dont il parle, a ſans doute voulu déſigner le promontoire qu'on voit ſur toutes les cartes à l'embouchure de l'Éraut. Cela eſt aſſez vraiſemblable d'après la deſcription qu'il fait lui-même. Toutes ces circonſtances pourront du moins contribuer à autoriſer la borne que j'ai poſée.

Néanmoins, les Bénédictins, ainſi que je l'ai rapporté ailleurs, prétendent que le pays occupé par les Tectoſages alloit juſqu'à Cette; c'eſt-à-dire, qu'ils donnent à ces peuples la partie du dioceſe d'Agde qui eſt au-delà de l'Éraut. Leur ſentiment ne peut être fondé que ſur les mêmes raiſons pour leſquelles ils ont étendu les états de ces mêmes peuples au-delà de la Garonne. Par conſéquent, un tel ſentiment n'eſt pas aſſez fondé. Au reſte, je viens d'expoſer les motifs qui m'ont déterminé à choiſir l'Éraut pour limites de nos Tectoſages; je m'en rapporte pour la déciſion à l'illuſtre compagnie qui doit me juger ainſi que pour les autres endroits, où je n'ai pas cru devoir ſuivre aveuglement le ſentiment de ceux qui ont travaillé avant moi ſur la même matière.

6°. De ce qui précède, il s'enſuit que la partie méridionale des Cébennes, depuis les ſources de l'Éraut, dépendoit également des Tectoſages, & même en ſe retournant, une partie du côté ſeptentrional de ces mêmes montagnes, comme le témoigne Strabon dans un paſſage cité. Mais, ce géographe, ſuivi par Auſone, ne donnant aux Tectoſages qu'une très-petite partie de pays de ce côté (1), il eſt hors de doute que le territoire de ces peuples ne devoit pas s'étendre au-delà du Tore, mais ſeulement le long de cette rivière, qui, après avoir pris ſa ſource aux Cébennes, va ſe jeter dans l'Agout. De-là, il devoit encore s'étendre le long de ce dernier fleuve, juſqu'à ſon embouchure; puis le long d'une ligne juſqu'au Teſcon, le long de cette rivière juſqu'au Tarn où elle ſe rend; de-là enfin, le long du Tarn juſqu'au confluent de ce fleuve & de la Garonne.

D'après l'autorité de Strabon, & même de celle d'Auſone, les Tectoſages ne devoient pas s'étendre au-delà du Tore, & de cette autre partie de l'Agout que j'ai marquée. Ajoutez à cela que M. d'Anville, l'un d'entre nos plus célèbres géographes, place en-deçà de ces deux rivières, des peuples tels que les *Umbracini* & les *Ruteni provinciales*. Quoique l'on n'ait pas des preuves bien certaines de la poſition de ces peuples, & ſur-tout des premiers, on doit du moins conjecturer, par ce qu'en dit M. d'Anville, qu'ils pouvoient très-bien être ſitués dans ce canton. D'ailleurs, un autre auteur met les *Ruteni* dans le voiſinage du Touloufain.

Depuis la réunion de l'Agout & du Tarn, j'ai ſuppoſé une ligne juſqu'au Teſcon ou Teſcou, & depuis cette rivière juſqu'à ſon embouchure. On conçoit que la ligne n'eſt ſuppoſée que pour joindre le Teſcon, qui ſervit anciennement de bornes aux pays des Touloufains. Nous en trouvons une preuve authentique dans la vie de S. Théodore, archevêque de Narbonne. Hic (*Taſco*), lit-on ſur la fin de cette vie, *ſuo decurſu, confinia Toloſani Caturcenſiſque ruris liquido dirimit patenter inflexu, qui.... poſt modicum terræ ſpatium Tarno immergitur flumini.* De plus, il y avoit autrefois ſur le Teſcon un lieu appellé *Fines*. C'étoit la route de Toulouſe à Cahors. Le même M. d'Anville dit qu'on peut appliquer à cette poſition ces deux vers de Théodulphe.

*Nempe Toloſani locus eſt rurisque Cadurci*
*Extimus, hoc finit pagus uterque loco.*

Pour la partie du Tarn, que j'ai encore déſignée pour limites des Tectoſages, il n'y a nulle difficulté; tout le monde convenant, d'après le témoignage de Pline, que les Tectoſages étoient ſéparés de leurs voiſins par ce fleuve, vers ſon embouchure. *Tarne quæ Amne diſcreti à Toloſanis Petrocori.* Scaliger, qu'on ſuit ordinairement, a cru appercevoir ici une erreur; c'eſt-à-dire, que ce n'étoient pas les *Petrocori* qui étoient diſtingués des *Toloſates* par le Tarn. En cela, il n'a pas tort; mais je ne crois pas qu'il ait raiſon d'y mettre en place les *Nitiobroges*, les anciens habitans de ſa patrie. Du moins, il ne paroît pas que ceux-ci s'étendiſſent juſqu'au Tarn. C'étoient les Cadurces qui y aboutiſſoient, vers l'embouchure; cela eſt inconteſtable. C'étoient donc eux auſſi qui devoient être ſéparés des Touloufains, par le fleuve en queſtion. Ce qui eſt encore atteſté par ce qui vient d'être dit, au ſujet de Teſcon.

D'après ce qui a été expoſé dans cette quatrième partie, il paroît que les Tectoſages ont poſſédé anciennement les dioceſes de Toulouſe, de Rieux, de Couſerans, de Pamiers, de Perpignan, d'Alet, de Mirepoix, de Carcaſſonne, de Saint-Papoul, de Narbonne, de Saint-Pons, de Béziers, de Lodève, de Lavaur, de Montauban, avec la partie du dioceſe de Comminges en-deçà de la Garonne & celle du dioceſe d'Agde en-deçà de l'Éraut.

---

(1) Ἐφαπτόνται δὲ μικρὰ καὶ τοῦ προσαρκτίου πλευροῦ τῶν Κεμμένων. Strab. p. 287.

### V.

*De l'état du pays des Tectosages, avant que les Romains y fussent entrés.*

Dans les temps les plus reculés, je veux dire sous le règne de Tarquin l'ancien, toute cette partie de la Gaule connue sous le nom de Celtique, obéissoit à un seul roi. Les Bituriges, qui, selon Tite-Live, tenoient alors le premier rang parmi les peuples qui habitoient cette contrée, donnoient ce roi, qui commandoit à tous les Celtes. Les Tectosages, comme les autres, étoient en la dépendance de ce prince ; car on les a vus précédemment suivre Sigovèse, neveu d'Ambigate, qui tenoit, dans ce temps-là, les rênes de la Celtique, & qui, selon le même Tite-Live, n'envoya des colonies, soit en Italie, soit en Allemagne, que pour décharger ses états d'une partie des habitans. C'est tout ce que nous savons de ces premiers temps.

Il paroit que dans la suite la Celtique, ainsi que le reste des Gaules, se trouva partagée en différens états, indépendans les uns des autres, qui réunissoient quelquefois leurs forces, lorsque la cause commune le demandoit. A la tête de chaque état, qualifié par César, *Civitas*, on voyoit un chef, appellé *Regulus*, c'est-à-dire, petit roi. Chez les historiens Latins, on en trouve des preuves incontestables, sur-tout dans Tite-Live, lorsqu'il parle du passage d'Annibal par les Gaules.

« Les Gaulois, dit cet historien, n'eurent pas » plutôt appris qu'Annibal avoit déjà passé les » Pyrénées, qu'appréhendant d'être traités comme » les Espagnols qu'on avoit soumis par la force, » coururent aux armes & allèrent camper auprès » de Ruscino, pour empêcher l'ennemi d'avancer. » Informé de leur dessein, Annibal craignit que » leur résistance ne lui fît perdre trop de temps ; » il envoya donc vers les petits rois des Gau- » lois, pour leur dire qu'il desiroit avoir avec » eux une entrevue ; que s'ils vouloient venir à » *Illiberis*, où il étoit campé, il les recevroit avec » plaisir dans son camp, sinon, qu'il iroit lui- » même les trouver, s'ils l'aimoient mieux ; qu'il » n'étoit pas entré dans les Gaules comme ennemi, » mais comme hôte ; qu'en un mot, si l'on ne » s'opposoit pas à son passage, il tireroit point » l'épée qu'il ne fût arrivé en Italie. Les petits » rois se rendirent sans difficulté auprès du Car- » thaginois ; & gagnés par les présens qu'il leur » fit, ils consentirent à le laisser passer tranquille- » ment par leur pays ».

Les Gaulois, qui allèrent s'établir en Asie, s'y étant partagés en trois parties, on voyoit aussi à la tête de chacune un petit roi. Sans doute que ces nouveaux habitans de l'Asie se conformèrent en cela à la forme de gouvernement établi dans leur ancienne patrie ; ce qui est d'autant plus vrai-semblable, que Tite-Live appelle quelquefois *Regulos* les chefs même qui les conduisirent dans leurs excursions depuis leur sortie des Gaules. Ainsi, il y a lieu de croire que les Tectosages ont été anciennement gouvernés par un chef particulier, qui fut d'abord dépendant de ce roi de la Celtique dont j'ai fait mention, mais qui, ayant secoué dans la suite le joug de ce prince, ( ce qui dut lui être commun avec celui des autres états ), commença dès-lors à jouir lui-même d'une autorité royale. Ce roi régnoit toute sa vie ; & quoique la couronne ne fût pas héréditaire, cependant, quand il étoit mort, on lui donnoit d'ordinaire pour successeur, un de ses enfans ou de ses proches.

S'il falloit de nouvelles preuves de ce qu'on vient d'établir, on en trouveroit encore dans Plutarque, dans Tacite, dans César. Plutarque assure que les Tectosages avoient un roi ou un chef souverain nommé *Copillus*, que Sylla, lieutenant de Marius, fit prisonnier, parce qu'il s'étoit ligué avec les Cimbres & les Teutons contre le peuple Romain. Tacite met les termes suivans dans la bouche de Cérialis, qui adresse la parole à quelques peuples de la Gaule : « Vous avez toujours » eu des rois & des guerres dans votre pays, » jusqu'à ce que nous soyons venus pour vous dé- » livrer ». Et César dit que de son temps les royautés étoient ordinairement envahies par les plus puissans.

Quoique les cités des Gaules fussent soumises à un roi, il ne laissoit pas d'y avoir un sénat dans chacune de ces cités. Ce sénat étoit composé d'un certain nombre de personnes, qui, par leur naissance ou par leurs dignités, y avoient droit de séance. C'étoit le premier ordre des citoyens, qui est nommé dans les monumens *Ordo, splendidissimus ordo, sacratissimus ordo.* Il étoit le dépositaire de l'autorité publique, & tenoit ses assemblées dans la ville capitale. Tel dut être anciennement l'état politique des Tectosages ; c'est-à-dire, qu'il ne tenoit pas tellement de la monarchie, qu'il ne participât aussi de l'aristocratie ; & voilà sans doute pourquoi Strabon assure qu'il y eut dans les pays dépendans de ces peuples, quelques villes dont le gouvernement étoit républicain ou aristocratique.

TEDAMENSII, peuple de l'Afrique propre, selon Ptolémée.

TEDANIUM ou TEDANIUS, fleuve de l'Illyrie. Il servoit de borne entre cette province & la Japygie, selon Pline.

Ce fleuve est nommé *Tidanus* par Ptolémée.

TEDIASTUM, ville que Ptolémée indique dans l'intérieur de la Liburnie, près d'*Arucia*.

TEDIUM, ville de l'Arabie déserte, près de la Mésopotamie, selon Ptolémée.

TEGÆA ( *Jimmel* ), ville de l'Afrique. Il en est fait mention par Hirtius. Elle étoit située au sud-ouest de *Leptis*.

TEGAMUS ou TEGANUS, selon Pline & Solin. C'étoit le nom d'un des trois canaux qui communiquoient d'Alexandrie à la mer.

TEGANON, île de la Méditerranée, au voisinage de celle de Rhodes, selon Pline.

TEGANUSA ou THEGANUSA, île que Pline indique dans le golfe de Laconie; mais Pausanias, qui la nomme *Theganusa*, la place dans le golfe de Messénie. Elle étoit au-devant du promontoire *Acritas*, entre Methone & Corone, villes de la Messénie.

TEGE, ville de l'Afrique propre, entre les deux Syrtes, selon Ptolémée.

TEGEA ou TEGÉE. Cette ville étoit dans la partie du sud-est de l'Arcadie, à peu de distance de l'Argolide; & sa position bien indiquée par Pausanias & par Polybe, a été bien saisie par M. d'Anville, qui la retrouve dans la ville moderne de *Moklia*.

Quoique bâtie par Aléus, fils d'Aphidas, & petit-fils d'Arcas, elle prit cependant le nom du canton, qui dès-lors se nommoit Tégée, d'après Tégéatès, fils de Lycaon: ce prince avoit seulement donné le surnom d'*Alea*, à la Minerve du temple qu'il avoit construit à Tégée: un incendie ayant consumé cet édifice, la seconde année de la XCVIᵉ olympiade (c'est-à-dire, l'an 395 avant Jésus-Christ), on en reconstruisit un autre. Celui-ci, au rapport de Pausanias, étoit le plus beau de tout le Péloponnèse: cet auteur en fait une description intéressante. Pendant long-temps on a prétendu avoir dans ce temple les défenses du sanglier de Calydon; mais Auguste empêcha les Tégéates, de s'enorgueillir plus long-temps de cette belle dépouille: voulant se venger d'eux, parce qu'à l'exemple des autres Arcadiens, excepté ceux de Mantinée, ils avoient pris les armes contre lui, en faveur d'Antoine, il fit enlever ces défenses & les fit transporter à Rome, avec la statue de Minerve *Alea*. La vénération crédule des Grecs, trouva quelque dédommagement à cette perte, dans le plaisir de croire qu'ils conservoient encore la peau de cet animal; & ils mirent une nouvelle statue à la place de l'ancienne: ce temple renfermoit un grand nombre d'autres curiosités: le sacerdoce étoit confié à une jeune fille, qui le quittoit à l'âge de quinze ans.

Près de ce temple, étoit un stade où l'on célébroit des jeux en l'honneur de Minerve, & d'autres jeux en mémoire d'une victoire remportée sur les Lacédémoniens. La place publique étoit fort orné: on y voyoit un temple & beaucoup de statues; je ne parlerai ici que d'une figure de Mars *Gynécothœne* (ΤΥΝΝΚΟΘΟΙΝΕ), sculptée sur une colonne. Cette épithète, qui signifie le *convive des femmes*, rappeloit le souvenir d'une autre victoire due à la valeur des femmes de Tégée: elles n'avoient admis aucun homme au repas qui avoit suivi cette cérémonie. Je dirai ci-après comment Poliæan raconte ceci. A peu de distance de la place publique, étoit un magnifique théâtre, entouré de statues de bronze: il n'en restoit plus que les piédestaux, au temps de Pausanias, sur l'un desquels on lisoit l'épitaphe de Philopémen. Cette ville eut beaucoup à souffrir dans les guerres qui se firent en Arcadie, au temps de la ligue des Achéens.

Pausanias rapporte qu'on y voyoit un temple de Vénus *Uranie*, bâti près de celui dédié à Cérès & à Proserpine.

La place de cette ville étoit un quarré long, d'où Vénus, qui y avoit son temple, avoit pris la dénomination de Vénus *in Plintho*.

Les Tégéates étoient un peuple vaillant. Hérodote en parle avec éloge, *L. 1. c. 65*. Les Lacédémoniens avoient presque toujours eu du dessus dans leurs guerres contre les Tégéates. Sous le règne d'Agasidès, (le texte d'Hérodote porte, Hégésiclès selon le dialecte ionien), les Lacédémoniens, vainqueurs dans leurs autres guerres, avoient échoué contre les seuls Tégéates. Long-temps auparavant ils étoient les plus mal policés des presque tous les Grecs, & n'avoient aucun commerce avec les étrangers, ni même entre eux; mais dans la suite ils passèrent, de la manière que je vais dire, à une meilleure législation.

Lycurgue jouissoit à Sparte de la plus haute estime. Arrivé à Delphes pour consulter l'oracle, à peine fut-il entré dans le temple qu'il entendit ces mots de la Pythie: *Te voilà dans mon temple célèbre, ami de Jupiter & des habitans de l'Olympe; mon oracle incertain hésite s'il te déclarera un dieu ou un homme; je te crois plutôt un dieu.*

Quelques auteurs ajoutent que la Pythie lui dicta les loix qui s'observent maintenant à Sparte. Mais les Lacédémoniens conviennent eux-mêmes que Lycurgue apporta ces loix de Crète, après avoir été instruit par son neveu, sous le règne de Léobotas. En effet, aussi-tôt après la bataille, il réforma les loix anciennes & prit des mesures contre les transgressions nouvelles. Il régla ensuite ce qui concernoit la guerre, &c. &c.

Ce fut ainsi que les Lacédémoniens substituèrent des loix sages à leurs anciennes coutumes. Comme ils habitoient un pays fertile & très-peuplé, leur république ne tarda pas à s'accroître & à devenir florissante. Mais ennuyés du repos, & se croyant supérieurs aux Arcadiens, ils consultèrent l'oracle de Delphes sur la conquête de l'Arcadie. La Pythie répondit: *Tu me demandes l'Arcadie; ta demande est excessive: je la refuse. L'Arcadie a des guerriers nourris de glands, qui repousseront ton attaque: je ne te porte cependant pas envie, ou mieux encore, je ne me refuse cependant pas entièrement à tes vœux. Je te donne Tégée pour y danser, & ses belles plaines pour les mesurer au cordeau.*

Sur cette réponse de l'oracle, les Lacédémoniens marchèrent contre Tégée, munis d'une grande quantité de chaînes, qu'ils destinoient aux prisonniers. Mais ils furent battus ; & voici comment Polyæen rapporte cet événement.

« Les Lacédémoniens ravageant le territoire de Tégée, Alnès, roi d'Arcadie, envoya tous ceux qui étoient en âge de porter les armes, dans un lieu qui dominoit l'ennemi, avec ordre d'attaquer au milieu de la nuit. Il commanda aux femmes, aux vieillards & aux enfans de se tenir devant la ville, & d'y allumer à la même heure un très-grand feu. Les ennemis, étonnés à la vue de ce feu, avoient toujours la vue dirigée de ce côté. Mais pendant qu'ils cherchoient à en deviner la cause, ceux qui étoient sur la hauteur, fondirent sur les Lacédémoniens, en tuèrent un très-grand nombre, & ayant fait beaucoup de prisonniers, ils les lièrent, & travaillant en cet état aux terres des Tégéates, ils les mésurèrent au cordeau ».

Ce fut au temps de Créfus, dit plus bas Hérodote, sous le règne d'Anaxandridès & d'Ariston à Sparte, que les Lacédémoniens acquirent de la supériorité sur les Tégéates.

Depuis leur défaite ils avoient envoyé consulter l'oracle pour apprendre quel étoit le dieu qu'ils devoient se rendre favorable pour triompher de Tégée. La Pythie leur répondit qu'ils en triompheroient s'ils emportoient chez eux les offemens d'Oreste, fils d'Agamemnon. Comme ils ne pouvoient découvrir son monument, ils envoyèrent de nouveau demander à l'oracle dans quel endroit reposoient les cendres de ce héros. Il leur fut répondu « : Dans les plaines de l'Arcadie est
» une ville ( on la nomme Tégée ), où la puissante nécessité fait souffler deux vents. On y
» voit le type & l'anti-type, le mal sur le mal.
» C'est-là que le sein fécond de la terre enferme le
» fils d'Agamemnon. Si tu fais apporter ses offemens à Sparte, tu feras vainqueur de Tégée ».

Les Lacédémoniens se livrèrent donc à cette recherche. Lichas, de l'ordre des Agathoerges (1), étant venu à Tégée, entra chez un forgeron, qu'il regarda battre du fer sur l'enclume. Il admira ce travail. Le forgeron lui dit : « Lacédémoniens vous
» auriez été bien étonné, si vous eussiez vu la même
» merveille que moi, vous pour qui le travail
» d'une forge est un objet de surprise. Creusant
» un puits dans cette cour, je trouvai un cercueil
» de sept coudées de long. Comme je ne pouvois
» me persuader qu'il eût jamais existé des hommes
» plus grands que ceux d'aujourd'hui, je l'ouvris.
» Le cadavre que j'y trouvai égaloit la longueur
» du cercueil. Je l'ai mesuré, puis recouvert de
» terre ».

Lichas faisant réflexion sur le récit du forgeron, se douta que ce cadavre pouvoit être celui d'Oreste, indiqué par l'oracle. Ses conjectures lui montrèrent, dans les deux soufflets, les deux vents ;

dans le marteau & l'enclume, le type & l'anti-type ; & le fer battu sur l'enclume, le mal ajouté sur le mal, parce que le fer n'avoit été découvert, selon lui, que pour le malheur des hommes.

L'esprit occupé de ces conjectures, Lichas revient à Sparte, y raconte son aventure. On ne doute pas de la découverte ; & pour le mettre à portée d'en jouir pleinement, on lui suppose une mauvaise affaire ; il part : il est condamné à l'exil.

Obligé, en apparence, de sortir de la Laconie, il retourne à Tégée, va chez le forgeron, lui conte ce qui lui est arrivé, & l'engage à lui louer sa maison. Le forgeron, qui s'y refusoit d'abord, s'étant ensuite laissé persuader, Lichas s'y logea, ouvrit le tombeau, en retira les offemens d'Oreste & les porta à Sparte. Depuis ce temps, ajoute Hérodote, les Lacédémoniens acquirent une grande supériorité sur les Tégéates.

TEGEA, nom d'une ville de l'île de Crète ; elle avoit été habitée par Agamemnon, selon Velleius Paterculus & Etienne de Byfance.

TEGEA, nom d'une ville de la Macédoine ; selon Appien.

TEGEATÆ ( *les Tégéates* ). Polybe & Etienne de Byfance nomment ainsi les habitans de la ville de *Tegea*, en Arcadie.

TEGENUM, ville de la Lucanie, selon Frontin.

TEGERANI, peuples de la Germanie, selon Trithème.

TEGESSUS, ville de l'île de Cypre, selon Etienne de Byfance.

TEGIANUM, ville de l'Italie, dans la Campanie, selon Cluvier. Il paroît certain que c'est la même ville attribuée par d'autres auteurs à la Lucanie, sous le nom de *Tegenum*.

TEGIUM, ville de l'Asie mineure, dans la Troade, selon Pline.

TEGNA, ville de la Gaule, sur les bords du Rhône, peu éloignée de *Valentia*, au nord. C'est aujourd'hui *Tein*.

TEGULA, ville de l'île de Sardaigne, sur la route de *Sulci* à *Nora*, selon l'itinéraire d'Antonin.

TEGULATA ( *grande Peigière* ), lieu de la Gaule Narbonnoise, à seize milles à l'est d'*Aquæ Sextiæ*, & à seize de *Turrim*. La voie aurélienne y passoit. La fameuse bataille de Caius Marius se donna contre les Cimbres dans cette plaine, où l'on croit voir encore des restes d'un trophée que ce général fit élever après la victoire.

TEGULATENSIS ou TEGLATENSIS, siège épiscopal d'Afrique, dans la Numidie, selon la conférence de Carthage & la notice épiscopale d'Afrique.

TEGYRA, ville de la Grèce, dans la Béotie ; selon Etienne de Byfance.

Plutarque semble indiquer cette ville vers le mont Ptoon, entre le lac Copaïs & l'Euripe.

TEIRIA, ville des Leuco-Syriens, selon Hécatée, cité par Etienne de Byfance.

---

(1) On doit trouver dans le dictionnaire d'Antiquités, l'explication de ce mot. Ils étoient pris entre les plus anciens cavaliers.

TEÏUM, ville de l'Afie mineure, fituée fur le Pont-Euxin, fur la frontière de la Paphlagonie, près de la petite rivière Billis, à 370 ftades de la ville d'Héraclée. C'étoit une colonie grecque ionienne, qui devoit fon nom & fon origine à Tios, prêtre miléfien, felon Arrien & Pomponius Méla. Cette ville reçut le culte de Jupiter d'un nommé Patarus, felon Démofthène. Le territoire de cette ville étoit borné du côté de l'orient par le fleuve Parthénius. La ville de Téïum reçut un grand accroiffement, lorfque l'empire des Perfes fut détruit. Amaftris, fœur de Darius & femme de Denys, tyran d'Héraclée, fe retira dans ce canton, & fe forma un état de quatre villes, dont Téïum étoit du nombre; mais cette ville ayant voulu fe féparer de la ligue, elle déchut confidérablement, felon Strabon.

TELA, ville de l'Hifpanie, fur la route d'Afturica à Sarazoce, entre Intercatia & Pintia, felon l'itinéraire d'Antonin.

TELA ou CONSTANTIA, lieu de l'Afie, dans la Méfopotamie, près des montagnes, vers le 37ᵉ degré 25 minutes de latitude.

TELADUSII, peuples de l'Afrique, dans le Mauritanie Cefarienfe, felon Ptolemée.

TELAMON, promontoire de l'Italie, dans l'Etrurie, felon Polybe, Ptolemée, &c. Pline y place un port du même nom.

TELAMONIS PORTUS, port de l'Italie, fur la côte de l'Etrurie, au pied du promontoire Telamon, entre le fleuve Almina & le fleuve Alma, felon l'itinéraire d'Antonin.

Ce port eft nommé Télamon par Pline.

TELAMUS, montagne de l'Afie, dans la Paphlagonie, felon Lycophron.

TELANA, nom d'une très-ancienne ville de l'Afie, dans l'Affyrie, felon Etienne de Byfance. Cet auteur ajoute que le roi y faifoit fa réfidence avant que l'on eût bâti la ville de Ninive.

TELANDRIA, île que Pline indique fur la côte de la Lycie, province de l'Afie mineure. Il ajoute qu'il y avoit une ville dans cette île; mais qu'elle étoit détruite de fon temps.

TELANDRUS, ville de l'Afie mineure, dans la Lycie, felon Pline. Elle eft indiquée dans la Carie, par Etienne de Byfance.

TELANESSUS, village dont fait mention Théodoret. Ortelius foupçonne que ce village étoit en Afie, vers la Syrie.

TELCHINES, peuples qui tiroient leur origine de l'île de Crète. Ils s'établirent dans celle de Cypre, & enfin dans celle de Rhodes, où ils inventèrent l'ufage du fer & de l'airain, felon Stobée, cité par Ortelius.

TELCHIR ou THELCHIR, ville de l'Inde, en-deçà du Gange, felon les interprètes de Ptolemée.

TELCHIS, ville de l'Ethiopie, aux confins de la Libye, felon Etienne de Byfance.

TELEBA, ville de l'Albanie, entre l'embouchure du Soana & celle du Gerrus, felon Ptolemée.

TELEBOÆ (les Télébons), peuples de la Grèce, dans l'Acarnie, felon Antonius Libéralis, cité par Ortélius. Il y en avoit auffi dans l'île de Taphos, l'une des Echinadæs. Amphytrion les vainquit.

TELEBOAS, fleuve de l'Afie, aux environs des fources du Tigre, felon Etienne de Byfance & Xénophon. Ce dernier ajoute que ce fleuve étoit environné d'un grand nombre de villages.

Le Teleboas prenoit fa fource dans les montagnes de la Moxoène, & prenoit fon cours vers le nord-oueft.

TELEBOIS: Etienne de Byfance appelle ainfi une contrée de l'Acarnie.

TELEDA, village très-grand & très-peuplé, en Afie, dans la Syrie, auprès du mont Coryphes, felon Théodoret.

TELEM, ville de la Paleftine, dans la tribu de Juda, vers l'extrémité de cette tribu, le long des frontières d'Edom, felon Jofué.

TELENSIS ou ZELLENISS, fiège épifcopal d'Afrique, dans la proconfulaire, felon la notice épifcopale d'Afrique.

TELEPHIS, ville de l'Afie, dans la grande Arménie. Elle étoit fituée dans un lieu efcarpé, au voifinage du fleuve Phafis, à ce qu'il paroit par un paffage d'Agathias.

TELEPHIUS, nom d'une tribu & d'une fontaine de l'Afie mineure, dans la Lycie, à fept ftades de Patara, felon Etienne de Byfance.

TELEPTENSIS, fiège épifcopal d'Afrique, dans la Byzacène, felon la conférence de Carthage.

TELESIA, lieu de l'Italie, dans le Samnium propre.

TELESSAPHI, lieu voifin de la ville d'Afcalon. C'étoit les Arabes qui lui donnoient ce nom, felon Guillaume de Tyr.

TELESSIA ou TELESIA, ville de l'Italie, dans le Samnium, felon Tite-Live & Ptolemée.

Frontin lui donne le titre de colonie romaine.

TELETHRIUM, nom d'une montagne de l'île d'Eubée, près d'Œchalia, felon Pline, Strabon, &c.

TELIS, THELIS ou TECUM, felon les divers manufcrits de Pline, fleuve de la Gaule Narbonnoife.

Pomponius Méla le nomme Tichis. C'eft le Tet, que les écrivains ont quelquefois auffi nommé Rafcius, du nom de la ville qu'il arrofoit au pied des Pyrénées.

TELITHON: Jofeph nomme ainfi une ville des Moabites.

TELIUM, ville fituée au nord de l'Italie, chez les Euganæi.

TELLENA, lieu de l'Italie, felon Cluvier, qui l'indique dans le Latium.

**TELLIADES**, peuple ou famille du Péloponnèse, dans l'Elide, felon Hérodote.

**TELLONUM**, lieu de la Gaule, dans l'Anquitanie, près du bord de la mer, au fud-eft de *Burdigala*.

**TELMERA**, ville de l'Afie mineure, dans la Carie, felon Etienne de Byfance.

**TELMESIUS**, montagne de la Grèce, dans la Béotie, au territoire de Thèbes, felon Palephatus.

**TELMISSUS**. Il y avoit trois villes de ce nom dans l'Afie mineure, l'une à 60 ftades d'Halicarnaffe, dans la Lycie, felon un grand nombre d'auteurs anciens, & dans la Carie, felon Etienne de Byfance & Cicéron. Elle étoit fituée au fond de la partie fud-eft du golfe de Glaucus, à deux lieues & un quart & au nord-eft du promontoire *Telmeffius*, près & au fud-oueft de l'embouchure du fleuve Glaucus, vers le 36e degré 50 minutes de latitude. Arrien fait remonter l'exiftence de cette ville avant Gordius, père de Midas. Ses habitans étoient habiles dans l'art des augures; & Midas ne dut le trône de Phrygie qu'aux talens de fa femme, qui, par l'interprétation adroite d'un oracle, engagea les Telmiffiens à couronner fon époux, felon Arrien, *de exped. Alex.*, *L. II.* Cette ville avoit un fort beau théâtre.

Cicéron, il eft vrai, dit qu'elle étoit en Carie; mais, comme Pline l'indique pour être la dernière de la Lycie, on voit que cette différence ne vient que d'un peu plus ou d'un peu moins d'extenfion dans fes limites.

La troifième *Telmiffus* étoit dans la Pifidie. On la nommoit plus fouvent *Termiffus*.

**TELMISSUS PROMONTORIUM**, promontoire de l'Afie mineure, dans la partie orientale du golfe de *Glaucus*, vers le 36e degré 50 minutes de latitude. L'ancienne ville de *Telmiffus* étoit au nord-eft de ce promontoire à environ deux lieues un quart. Ce promontoire étoit à l'eft-fud-eft de celui de *Crya*.

**TELMISSUS**, montagne de l'Afie mineure, dans la Lycie, au voifinage de la ville de *Xantus*, felon Paléphatus.

**TELO MARTIUS** (*Toulon*), port de la Gaule Narbonnoife. Aucun monument ne prouve qu'il y ait eu une ville avant le quatrième fiècle de l'ère chrétienne. Les Romains y avoient, au commencement du cinquième fiècle, une teinturerie, qui donna vraifemblablement naiffance à la ville. Les eaux de Toulon, qui font excellentes pour la teinture, & la facilité d'avoir du kermès & du murax, décidèrent les empereurs à établir cette manufacture.

**TELOBIS**, ville de l'Hifpanie, dans la Tarragonoife, chez le peuple *Jaccetani*, felon Ptolemée.

**TELONIUS** (*Salto*), fleuve ou rivière de l'Italie, dans le pays des Sabins. Il commençoit vers le fud de *Carfeoli*, & alloit par le nord fe perdre dans le *Velinus*.

**TELONNUM**, lieu de la Gaule, indiqué par la table de Peutinger, au fud-oueft d'*Auguftodunum* ou Autun.

**TELOS** (*Pifcopia*), île de l'Archipel, qui étoit fituée au fud-eft de l'île de Cos, & au nord-oueft de celle de Rhodes, vers le 36e degré 30 minutes de latitude, au fud du promontoire *Triopium*. Pline dit qu'elle étoit célèbre par fes parfums; & il ajoute que Callimaque l'appelle *Agathaffa*.

**TELOS**, nom d'une île de l'océan Indien, felon Ifidore de Charax.

**TELPHUSSA** ou **TELPHUSA**, ville du Péloponèfe, dans l'Arcadie, fur une hauteur, à quelque diftance du fleuve Ladon, & au fud-eft de *Trophæa*.

Elle avoit été confidérable; mais elle étoit bien peu de chofe au temps de Strabon; la place publique qui en avoit occupé le centre, étoit alors à une des extrémités.

On prétendoit qu'Efculape, à fa naiffance, avoit été expofé près de cette ville.

Il n'y avoit pas loin de *Telphufa* à un temple de Cérès, où cette déeffe étoit révérée fous le nom de *Lufia*.

**TELPHUSSIUM**, nom d'une ville de la Grèce, dans la Béotie, felon Etienne de Byfance.

**TELUCH**, ville & contrée que Curopalate indique aux environs du mont *Taurus*; mais Ortélius penfe pouvoir les mettre dans la Médie.

**TELUMNUM**, ville de la Gaule Aquitanique, fur la route d'*Aquæ Tarbellicæ* à *Burdigala*, entre *Cæquofa* & *Salomacum*, felon l'itinéraire d'Antonin. La même que *Tellonum*.

**TELUS** ou **TELOS**, île de la mer Egée, à l'orient de celle nommée *Aftypalæa*, felon Strabon.

**TEMALA**, fleuve de l'Inde, au-delà du Gange; Ptolemée en indique l'embouchure près de *Berabonna* & du promontoire *Temala*.

**TEMALA** (*Négraès* ou *Négrais*), ville maritime dans l'Inde, fur la côte occidentale au-delà du Gange, felon Ptolemée. Elle étoit fituée au fud de *Berabonna*, à l'endroit où la côte commençoit à courir, à l'eft, fur l'embouchure la plus occidentale du fleuve *Sabaracus*.

**TEMATHEA**, montagne du Péloponèfe, dans la Meffénie. Paufanias dit que la ville de Corone étoit fituée au pied de cette montagne.

**TEMBASA**, ville de la Grèce, dans le Péloponèfe. Elle étoit célèbre, felon Pline.

**TEMBICES** ou **TEMNICES**, peuples barbares de la Grèce, dans la Béotie, felon Strabon.

**TEMBRIUM** ou **TYMBRIUM**, ville de l'Afie, dans la Phrygie, felon Etienne de Byfance.

**TEMBROGIUS**, fleuve de l'Afie, dans la Phrygie. Il fe perdoit dans le *Sangarius*, felon Pline.

**TEMBRUS**, ville de l'île de Cypre, felon Etienne de Byfance.

TEMENI

TEMENI-PORTA, petite ville de l'Afie mineure, dans la Lydie. Le torrent *Oceanus* paffoit auprès de cette ville, felon Paufanias.

TEMENIA, ville de l'Afie, dans la Phrygie, aux confins de la Lycaonie, felon Etienne de Byfance.

TEMENITES, nom du fommet d'une montagne de la Sicile, dans le voifinage de Syracufe, felon Thucydide & Etienne de Byfance.

TEMENITES, colline de la Thrace, au voifinage du pays des *Triballi*, felon Etienne de Byfance.

TEMENITIS, fontaine de la Sicile, dans le territoire de Syracufe, felon Pline.

TEMENIUM. ou TEMENION, nom d'une forterffe du Péloponnéfe, fur les confins de l'Argolide. Elle avoit pris fon nom de *Temenus*, fils d'Ariftomaque. On y voyoit deux temples ; l'un dédié à Neptune & l'autre à Vénus. Le tombeau de *Temenus* y étoit auffi. Paufanias place cette forterffe à cinquante ftades de *Nauplia*.

La pofition de ce lieu fur la côte du golfe Argolique, paroît n'être pas le même dans Paufanias & dans Strabon ; & M. d'Anville les croyoit, en effet, différens. Mais c'eft qu'il s'en étoit rapporté à la traduction de l'abbé Gédoyn, qui n'avoit guère confulté que la traduction latine. J'ai réfolu cette difficulté, fi toutefois c'en eft une, à l'article GRÆCIA, en décrivant cette partie de l'Argolide.

TEMERICUS AGER, petit pays de la Gaule Narbonnoife, vers la fource du Rhône, felon Sextus Avienus.

TEMERINDA, nom que les Scythes donnoient aux Palus-Méotides, felon Pline.

TEMESA, ville de l'Italie, dans le *Brutium*. Elle fe nommoit *Tempfa* ou *Temfa*, au temps de Strabon. Selon cet auteur, cette ville fut d'abord bâtie par les Aufones ; les Ætoliens, compagnons de Thoas, la rebâtirent, & enfuite les Brutiens chafferent les Etoliens du pays.

TEMISIDA, contrée de l'Afie, dans la Perfide, felon Ptolemée.

TEMMELISSUS ou TEMMELISON, ville de l'Afie, dans la Syrie, fur la route de *Calecome* à *Lariffe*, entre *Chalcida* & *Apamea*, felon l'itinéraire d'Antonin.

TEMNOS, ville de l'Afie mineure, dans l'Ionie, à l'embouchure au nord du fleuve *Hermus*, felon Pline ; mais cet auteur dit qu'elle fubfiftoit plus de fon temps.

Hermagoras, qui a écrit fur la rhétorique, étoit de cette ville.

TEMONIANENSIS, TEMORIARENSIS ou THE-MUNIANENSIS, fiège épifcopal d'Afrique, dans la Byzacène, felon la notice épifcopale d'Afrique & la conférence de Carthage.

TEMPE, célèbre vallée de la Theffalie, entre les monts *Offa* & *Olympe*. Ovide dit *Theffalica Tempe*.

Elien, Pline & Strabon, lifent que c'eft une vallée de quarante ftades de longueur, au milieu de laquelle le fleuve Pénée roule fes eaux : ce fleuve féparoit la Theffalie de la Macédoine.

Tite-Live dit que ce que l'on appelle *Tempé*, eft un bois, qui, fans être dangereux pour une armée, eft difficile à paffer, parce qu'il y a des défilés de cinq milles de longueur, où il n'y a de paffage que pour un cheval chargé. Il ajoute qu'on étoit effrayé du bruit que faifoit le fleuve Pénée, & de la profondeur de la vallée dans laquelle il coule.

Ce nom *Tempé* vient du grec τεμπη, pluriel, qui fignifie, en Eolien, *des bois*, au lieu de *Temenos*.

TEMPE HELORIA, lieu de plaifance, en Sicile. Il étoit arrofé par le fleuve *Helorius*, felon Ovide.

TEMPLUM, nom que l'on donnoit à une partie de la Ligurie, felon Tacite.

TEMPLUM ou AD TEMPLUM, lieu de l'Afrique propre, fur la route de *Tacapæ* à la grande *Leptis*, entre *Turris Tamelleni* & *Berezei*, felon l'itinéraire d'Antonin.

TEMPLUM APOLLINIS ALÆI, lieu de la grande Grèce, dans le *Brutium*.

TEMPLUM HERCULIS, temple d'Hercule, à douze milles au nord-oueft de *Mergablum*, & à pareille diftance de la ville de Gades, felon l'itinéraire d'Antonin & Strabon.

Ce temple étoit dans une petite île fur la côte d'Efpagne, dans l'Océan.

TEMPLUM JOVIS APENNINI, temple de Jupiter fur l'Apennin, dans l'Ombrie.

TEMPLUM JOVIS CLITUMNI, autre temple de Jupiter, auffi dans l'Ombrie.

TEMPLUM JOVIS PALENI, temple de Jupiter, en Italie, dans le *Samnium*.

TEMPLUM JUNONIS LACINIÆ, temple de Junon, dans la partie de la grande Grèce appelée le *Brutium*.

TEMPSA, ville d'Italie, dans le *Brutium*, au fud-oueft, fur le bord de la mer. Elle devoit fon origine aux anciens Aufoniens. Elle fut dans la fuite conquife par une colonie d'Eoliens. V. TEMESA.

Elle eft détruite ; mais elle étoit un peu au nord du *Sinus Hippinates*, ou golfe d'*Hipponium*.

TEMPYRA, paffage étroit dans la Thrace, aux confins & au feptentrion du pays des Ænii, felon Tite-Live.

TENÆA, bourgade de la Grèce, près la ville de Corinthe, felon Suidas.

TENAGUS, lieu de l'Afie, dans la Sufiane, fur le golfe Perfique, & près de l'embouchure du fleuve *Oroates*, felon Ptolemée. Cet auteur lui donne l'épithète d'*Arenofus*.

TENARIUM ou TENARE (*cap Matapan*), promontoire du Péloponnéfe, à l'extrémité de la prefqu'île la plus aventurée, entre le golfe de

Meſſine & le golfe Laconique. Sur la côte occidentale de ce cap, étoit un temple de Diane.

Hérodote rapporte (*L. I, c. 24*), qu'Arion, ſauvé par un dauphin, qui le tranſporta ſur ſon dos de Tarente à Corinthe, avoit offert à Tenare (ſans doute dans le temple de Diane), une petite ſtatue qui le repréſentoit ſur ce dauphin. Sur la baſe de cette ſtatue, dit Elien (*de Nat. Anc. L. XII, c. 45*), il y avoit une inſcription que voici : « Cette » voiture a ſauvé de la mer de Sicile, ſous la » conduite des immortels, Arion, fils de Cylon.

Il y avoit une ville de même nom, à quarante ſtades du promontoire.»

*N. B.* Le cap de Ténare s'appelle aujourd'hui *cap de Matapan*, du mot grec μέτωπον, le front ; on dit auſſi, cap des cailles, à cauſe de la grande quantité de ces oiſeaux, qui s'y trouvent en certaine ſaiſon.

TENARUS *ou* TÆNARUS, montagne du Péloponnèſe, dans la Laconie, ſelon Vibius Séqueſter.

TENCRUS, nom d'une plaine de la Béotie, à environ trente ſtades de Thèbes, ſur la route qui menoit à Oncheſte. On y voyoit un temple d'Hercule, ſurnommé Hippodète. Pauſanias, *L. 9. Béotie. c. 26.*

TENCTERI *ou* TENCTERES, peuple qui habitoit en Germanie, dans le pays qui répond aujourd'hui à une partie de l'évêché de Munſter, & à une partie du duché de Juliers. Ils en furent chaſſés par les Suèves ; mais ils crurent pouvoir ſe conduire, à l'égard des Ménapiens, comme avec les Suèves à leur égard. Mais ces Ménapiens gardèrent ſi bien les paſſages, que les Tenctères ne purent entrer chez eux à leur arrivée. Mais feignant de ſe retirer, ils revinrent pendant la nuit, & trouvèrent les Ménapiens dans une ſécurité qui leur devint funeſte. Ils furent battus, & les Tenctères s'emparèrent du pays qui répond au pays de Dreuth & de Zutfen.

TENDEBA, ville de l'Aſie mineure, dans la Carie, ſelon Etienne de Byſance.

TENEA, ville de Corinthie, ſur les frontières de la Sicyonie, au ſud d'*Epiecia*.

Elle prétendoit devoir ſa fondation à des Troyens, faits priſonniers dans l'île de *Tenedos*, & amenés dans ce pays par Agamemnon. Apollon y étoit honoré d'une manière particulière.

Pauſanias la place à ſoixante ſtades de Corinthe, & ajoute que les habitans de cette ville ſe diſoient Troyens.

TENEBIUM, village de l'Egypte, ſelon Nicétas, cité par Ortélius.

TENEBIUM, lieu de l'Aſie, au voiſinage de la Lydie & de la Cilicie, ſelon Diodore de Sicile.

TENEBRIUM, promontoire de l'Hiſpanie, chez les *Ilercaones*, ſelon Ptolemée.

Ce promontoire étoit au ſud de l'embouchure du fleuve *Iberus.*

TENEBRIUS PORTUS, port de l'Hiſpanie

citérieure, chez les *Ilercaones*, & près du promontoire *Tenebrium*, ſelon Ptolemée.

TENEDOS, petite île ſur les côtes de l'Aſie mineure, & très-près de la Troade. Cette île, qui n'eſt qu'un point, a été ſucceſſivement célèbre par Homère & par Virgile. Ce dernier, en même temps qu'il rappelle ſa ſplendeur au temps du ſiège de Troye, donne une idée de ce qu'elle étoit lorſqu'il écrivoit :

*Eſt in conſpectu Tenedos, notiſſima famâ,*
*Inſula, dives opum, Priami dum regna manerent*
*Nunc tantum ſinus & ſtali male fida carenis.*

« A la vue de Troye ſe trouve *Tenedos*, île » célèbre & riche, tant que le royaume de Priam » ſubſiſta ; n'offrant maintenant qu'un golfe & une » rade peu ſûre pour les vaiſſeaux ».

Selon Diodore de Sicile, cette île avoit autrefois porté le nom de *Leucophris* ; mais que *Tenès* ou *Tennès*, après y avoir bâti une ville, la nomma *Tenedos*.

Pauſanias rapporte que cette île, qui étoit ſituée à la vue de la ville de Troye, devint miſérable après la priſe de cette ville, & fut obligée de ſe donner à ſes voiſins, qui avoient bâti Alexandrie, ſur les ruines de Troye.

*Tenedos* fut une des premières conquêtes des Perſes. Ils s'en rendirent maîtres après avoir défait les Ioniens à l'île de *Lada*.

Elle ſe déclara pour les Athéniens, contre les Lacédémoniens, puiſqu'un amiral de ces derniers la ravagea & en tira des contributions.

Les Romains jouirent de *Tenedos*, & Verrès en pilla le temple, d'où il emporta la ſtatue de *Tennès*, le fondateur de la ville.

Strabon donne quatre-vingt ſtades de tour à cette île, & la met à onze ſtades de la terre ferme ; mais Pline l'éloigne de douze milles.

TENERICUS, champ de la Grèce, dans la Béotie, au voiſinage du lac *Copaïs*, ſelon Strabon & Pauſanias.

TENESIS, contrée intérieure de l'Ethiopie, ſous l'Egypte. Elle étoit habitée par des Egyptiens proſcrits par Pſammitichus, ſelon Strabon.

TENIÆ, fontaine du Péloponnèſe, dans l'Arcadie. Pauſanias l'indique à une petite diſtance du ſépulcre d'Ariſtocrate, & à ſept ſtades de la ville *Amilius*.

TENISSA, ville de l'Afrique, dans l'intérieur de la Mauritanie céſarienſe. Dans le livre de Ptolemée, elle eſt marquée entre *Irath* & *Sudava*.

TENITANUS, ſiège épiſcopal d'Afrique, dans la Byſacène, ſelon la conférence de Carthage.

TENITRUS, montagne de la Macédoine, dans le voiſinage d'Apollonie, & à la vue de *Dyrachium*, ſelon Vibius Sequeſter.

TENIUM, ville du Péloponnèſe, dans l'Achaïe, ſelon Etienne de Byſance.

TENNAGORA, ville de l'Inde, en-deçà du Gange, dans l'intérieur de la Paralie, chez les Soërtanes, ſelon Ptolemée.

**TENNONENSIS**, siège épiscopal de l'Afrique proconsulaire, selon la notice épiscopale d'Afrique.

**TENOS**, nom de l'une des îles Cyclades. Elle est située au 37ᵉ degré 25 minutes de latitude, au sud-est & très-près de l'île d'Andros, au nord-ouest de celle de Délos, & au nord-est de celle de Syros.

Tous les historiens s'accordent à dire que cette île étoit remplie de serpens; elle en prit même le nom d'*Ophiuffa*, & donna, dans la Grèce, à la vipère, celui de *Tænia*. Ils y étoient si abondans & si dangereux, que les habitans auroient été obligés de l'abandonner, si Neptune ne fût venu à leur secours, & ne ne les eût délivrés. Ils lui élevèrent un temple magnifique dans un bois près de la ville de Ténos. Ce dieu y étoit honoré comme un grand médecin, & l'on y célébroit des fêtes en son honneur. Ce temple avoit des droits d'asyle fort étendus, qui furent depuis réglés par Tibère, ainsi que ceux dont jouissoient tant de lieux de la Grèce, selon Tacite, *Ann. L. III, c. 60.*

Cette île fut aussi appelée *Hydruffa*, à cause de l'abondance de ses eaux.

**TENOS**, nom d'une ville dans l'île de même nom. Elle étoit située près de la mer, dans la partie sud-ouest de l'île.

**TENOS**, ville de la Grèce, dans la Thessalie, selon Aristote.

**TENOS** ou **TENUS**, ville de l'Æolide, selon Hérodote.

**TENSA.** Solin indique une île ainsi nommée, sur la côte de la grande Grèce, contrée de l'Italie.

**TENTYRA** ou **TENTYRIS**, ville de l'Egypte, & la capitale d'un nôme qui en prenoit le nom de *Tentyrites*, selon Strabon, Pline, Ptolemée & Etienne de Byzance.

**TENTYRITES NOMUS**, nôme de l'Egypte. Il prenoit ce nom de la ville de *Tantyra*, sa capitale.

**TENTYRITES**, peuples de l'Egypte. C'étoit les habitans du nôme *Tentyrites*, & étoient fort adroits à la chasse du crocodile.

**TENUPSIS**, ville de l'Ethiopie, sous l'Egypte. Pline la donne aux *Nubæ*.

**TEOS**, ville de l'Asie mineure, en Ionie, sur la côte méridionale d'une péninsule qui devenoit île lorsque la mer étoit haute ou agitée. Elle étoit située vis-à-vis l'île de Samos, au sud-ouest de *Smyrna*, & à l'est du promontoire *Coryceon.*

*Teos* est célèbre pour avoir vu naître Anacréon. Les habitans de cette ville étoient renommés par leur courage. Ils aimèrent mieux abandonner leur ville que d'y vivre sous la tyrannie des Perses: Hérodote les loue de cette action. *Teos* fut traitée avec plus de douceur par les empereurs Romains.

Bacchus avoit un magnifique temple à *Teos*; Vitruve a donné la description de ce monument.

Il y avoit autrefois à *Teos* un conseil général pour toutes les affaires de l'Ionie, parce que cette ville étoit au centre de l'Ionie.

**TEOS**: Pline indique une île de ce nom sur la côte de l'Ionie.

**TEOS**, nom d'une ville de la Scythie. Etienne de Byzance la donne au peuple *Dyrbæi.*

**TEPHLIS** ou **TELPHIS**, ville de l'Asie, au voisinage de la Médie, selon Cédrène & Curopalate.

**TEPHRICE**, ville de l'Asie, au voisinage de la Cilicie & de l'Arménie, selon Curopalate, Cédrène & Zonare.

**TEPULA AQUA**, nom d'un aqueduc, dont l'eau venoit du territoire appelé *Lucullanus*, & qui la conduisoit à Rome & dans le capitole, selon Pline.

**TERABDON.** Arrien semble donner ce nom à un enfoncement que la mer creuse sur le rivage du continent de l'Inde, entre les embouchures des fleuves *Arabius* & *Tomerus.*

**TERACATRI CAMPI**, plaine de la Germanie, dans le voisinage du Danube, selon Ptolemée.

**TERACATRIÆ.** On nommoit ainsi le peuple de la Germanie, qui habitoit la plaine de *Teracatri.*

**TERAPIA**, lieu de la Thrace, sur le Bosphore de Thrace, vers le nord-ouest du golfe *Pharmacius.*

*N. B.* Ce lieu porte encore le même nom: c'est où est située la maison de campagne de l'ambassadeur de France. Le coup-d'œil y est magnifique pour la vue qui porte au travers du détroit, au-dessus d'une partie de la mer Noire, jusques sur les côtes d'Asie. Il n'est pas besoin d'observer que la côte d'Asie qui borde le détroit, au sud-est, est en face de *Terapia.*

**TERAPSA**, nom d'une petite île située sur la côte d'Afrique, au-devant de la ville de Carthage.

**TERBUNIOTÆ**, nom d'un peuple de la Scythie. Cédrène semble le placer vers l'Esclavonie.

**TERDETIA**, nom d'une ville de la Sicile, selon Etienne de Byzance.

**TEREBIA**, ville de l'Asie, dans la grande Arménie, à l'orient des sources du Tigre, selon Ptolemée.

**TEREBUS**, ville de l'Hispanie, dans la Tarragonnoise. Ptolemée en place l'embouchure entre le promontoire *Scombraria* & la ville *Alonæ.*

**TEREDON**, ville de l'Asie, dans la Babylonie, dans l'île que forme le Tigre à son embouchure, selon Ptolemée.

Denys le Périégète met la ville de *Teredon* à l'embouchure de l'Euphrate.

Cette ville est nommée *Diridotis* par Arrien.

**TEREA** ou **TERÈS**, montagne de la Dardanie, de laquelle parle Homère, mais dont la position n'est pas connue. Elle ne devoit pas être éloignée des villes de *Parium* & de *Pityca.*

TERENTUM, lieu de l'Italie, dans le champ de Mars, près du Tibre, selon Valère Maxime.

TERENUTHIS, nom d'une ville de l'Egypte, selon Etienne de Byfance.

TERESES, peuples de l'Hifpanie, dans la Bé-tique. Ils furent furnommés *Fortunates*, selon Pline.

TERESSA, nom d'une ville de l'Æolide, felon Pomponius Méla.

TEREUS, nom d'un fleuve de l'Italie. Il alloit fe perdre dans le *Liris*, felon Pomponius Sabinius.

TERGAZA, ville d'Afrique. Selon Orofe, elle étoit du nombre de celles dont Manlius fe rendit maître dans la troifième guerre punique, & qu'il pilla.

TERGEDUM, ville de l'Ethiopie, fous l'Egypte, felon Pline.

TERGESTE (*Triefte*), ville de l'Hiftrie, à l'eft & fur le bord du golfe de fon nom : elle fut colonie romaine.

On peut voir que Strabon en parle comme d'un village ; mais cependant au temps d'Augufte elle étoit nommée ville. Quelques auteurs l'ont attribuée à la Carnie.

TERGESTICUS SINUS, golfe de l'Italie, fur la côte de la mer Adriatique. Il prenoit fon nom de la ville de Tergefte, qui y étoit fituée.

TERGILANI, peuple de l'Italie, dans la Lu-canie, felon Pline.

TERGILUM, lieu de l'Italie, dans la grande Grèce, en Lucanie.

TERGIS, ville de l'Afrique, dans la Libye, aux confins de l'Ethiopie, felon Etienne de By-fance.

TERGISONUS, fleuve de l'Italie, dans la Vénétie, au nord du fleuve *Padus*.

TERIA, montagne de l'Afie mineure, dans la Troade, felon Homère.

TERIAS, TEREAS & TURIAS, fleuve de la Sicile. La première leçon eft de Pline ; la feconde de Thucydide, & la troifième de Diodore de Sicile.

TERICIÆ, lieu de la Gaule, dans la feconde Narbonnoife, fur la route qui de *Glanorum* con-duifoit par le fud-eft vers *Aquæ Sextiæ*. M. d'An-ville retrouve cette pofition aux environs d'*Ai-guières* ou d'*Aureilles*.

On a trouvé plufieurs pierres milliaires dans les environs.

TERIDATA, ville de l'Afie, dans la Méfo-potamie, fur le bord de l'Euphrate, felon Pto-lemée.

TERINA, ville d'Italie, fur la côte occiden-tale du *Brutium*, & dans la partie feptentrionale du golfe d'*Hipponium*. Cette ville fut prife par Annibal, qui, défefpérant de la pouvoir garder, la détruifit de fond en comble.

Cette ville eft nommée *Crotonenfium Terina* par Pline, parce qu'elle avoit été bâtie par les habi-tans de Crotone.

TERINA, ville de l'Afie, qui étoit fituée dans des montagnes, à l'occident de la Moxoène, & environ au 38e degré 45 minutes de latitude.

TERIOLI (*vulgo Tiroli*), lieu de la Réthie.

TERIOLUM, nom d'une ville de la Rhétie, felon la notice des dignités de l'empire.

TERIUM, ville de la Macédoine, dans la Piérie, felon Polybe.

TERMERA ou TERMERIUM, ville libre de l'Afie mineure, dans la Carie, felon Pline & Strabon. Ce dernier la nomme *Termerium*, & la place près du promontoire des Myndiens.

Ptolemée la met au nombre des villes de la Lydie & de la Méonie.

TERMERUM, lieu que Strabon indique au-deffus de l'île de *Coa* ou de *Co*.

TERMES (petit lieu nommé *Tierme*), ville de l'Hifpanie citérieure, chez les *Arevaci*, au fud de Numance. Elle paroît avoir été dans les intérêts de cette ville, & elle eut en même temps qu'elle la guerre avec les Romains.

On voit qu'elle étoit confidérable. Appien l'in-dique dans la Celtibérie.

TERMETIS, nom d'une montagne de l'Afie mineure. Pline dit que par le pied, elle étoit jointe au mont Olympe.

TERMISSUS ou TELMISSUS, ville de l'Afie, dans la partie méridionale de la Pifidie, au détroit des montagnes par où l'on entroit dans la Milyade, felon Strabon.

Arrien & Euftathe la nomment *Telmiffus*.

TERMUS, nom d'un fleuve de l'île de Sar-daigne. Ptolemée en place l'embouchure fur la côte occidentale, entre le promontoire *Hermæum* & le port *Coracodes*.

TERNAMUSENSIS ou TERNAMUNENSIS, fiège épifcopal d'Afrique, dans la Mauritanie céfarienne, felon la notice épifcopale de cette province & la conférence de Carthage.

TERNOBUM, ville des Bulgares, & la réfi-dence de leur roi, felon Grégoras, cité par Or-télius.

Cette ville étoit dans la Myfie, & fituée au fommet d'une montagne qui faifoit partie du mont *Hemus*, felon Nicétas.

TERPHALÆI, peuples de l'Afie. On voit au premier livre d'Efdras, qu'ils furent transférés de l'Affyrie dans les villes de Samarie, par Aféna-phar.

TERPILLUS, ville de la Macédoine, dans la Mygdonie, felon Ptolemée.

TERPONUS, nom d'une ville de l'Illyrie. Elle appartenoit aux Japodes, & Céfar s'en rendit le maître, felon Appien.

TERRA CHABUL, nom d'une petite région de la Paleftine, dans la Galilée fupérieure, au nord de la chaîne de montagnes appelée *Scala Tyriorum*.

TERRACINA (*Terracine*), ville de l'Italie dans le *Latium*, vers le nord-eft, & fur le bord de la mer. Son premier nom étoit *Anxur*. Son nom de *Terrachine* ou *Terracine*, exprimoit l'âpreté de la montagne fur laquelle elle avoit d'abord été bâtie. Peu à peu elle s'étoit étendue vers le rivage. Elle devint colonie Romaine l'an 425. On a dit qu'il y avoit près de cette ville une fontaine de Neptune, dont l'eau étoit mortelle.

TERSATICA, lieu affez obfcur de l'Italie, dans la Carnie.

TERTA, nom d'une ville que Ptolémée indique dans l'intérieur de la Thrace, entre *Sardica* & *Philippolis*.

TERUIGI, peuples compris parmi les Goths, felon Ortélius, qui cite le panégyrique de l'empereur Maximien.

TERUNIOTÆ, peuples que Curopalate femble placer dans le voifinage de l'Illyrie.

TESA, ville de l'Afie, dans la Carmanie, fur le golfe *Paragon*, felon Ptolémée.

TESARIOSTI ou TESSARIOSTI REGNUM, royaume des Indes, au voifinage de la Bactriane, à ce que fait entendre Strabon.

TESCAPHE, ville de l'Afie, dans la Méfopotamie, fur le bord du Tigre, au-deffous de *Seleucia*, felon Ptolémée.

TESCYLETIUM, lieu ou ville de l'Italie, fur la côte de la grande Grèce, entre le temple de Junon Lacinienne & la ville de *Locri*, felon Diodore de Sicile.

TESPIS, ville de l'Afie, dans l'intérieur de la Carmanie, & près de *Carmana*, felon Ptolémée.

TESSARA, nom d'une ville de l'Ethiopie, fous l'Egypte, felon Pline.

TESSARESCÆ DECAPOLIS, contrée de l'Afie, dans la Céléfyrie, felon Etienne de Byfance.

TESSUINUM ou TERVIUM, felon les divers manufcrits de Pline, ville de l'Italie, aux confins de la région Prétulienne & du *Picenum*.

TESTINA, ville d'Italie; chez les Sabins. Il en eft parlé dans Denys d'Halycarnaffe, que cite Strabon. M. d'Anville la place hors de la Sabine, au fud-oueft d'*Amiternum*.

TETAGODA, nom d'une ville de l'Albanie, felon Ptolémée.

TETARIUM, nom d'une ville de l'Afie. Elle étoit fituée dans la partie de la Lycaonie que Ptolémée comprend dans la Galatie.

TETCITANUS, fiège épifcopal d'Afrique, dans la Byfacène, felon la notice épifcopale d'Afrique.

TETHRINE, nom d'un fleuve de l'île de Crète, felon Paufanias.

TETHRONIUM, ville de la Grèce, dans la Phocide. Elle eft du nombre de celles qu'Hérodote indique au voifinage du fleuve Céphife.

TETIUS, fleuve de l'île de Cypre. Il couloit du nord-oueft au fud-eft, & fe jetoit dans la mer, près du promontoire de *Dades*, après avoir arrofé *Citium*.

TETRACHORITÆ. C'eft un des noms que Etienne de Byfance donne aux peuples *Beffi*.

TETRAGONIS, ville de l'Arachofie, au pied du mont Caucafe, & que l'on nommoit auparavant *Cartana*, felon Pline.

TETRAPHYLIA, lieu de la Macédoine, dans l'Athamanie. Selon Tite-Live, c'étoit dans ce lieu où l'on gardoit le tréfor royal.

TETRAPOLIS-ATTICA, nom d'une contrée de la Grèce, au feptentrion de l'Attique. Strabon rapporte qu'il y avoit quatre villes bâties par Xuthus, dans le temps que ce prince régnoit dans ce quartier de la Grèce.

TETRAPOLIS DORICA, contrée de la Grèce dans la Doride, entre le pays des Etoliens & celui des Enianes, felon Strabon.

TETRAPOLIS SYRIÆ, contrée de l'Afie, dans la Syrie, felon Strabon: elle renfermoit quatre villes principales, qui avoient eu le même fondateur, & elles étoient appelées fœurs, à caufe de leur bonne intelligence.

TETRAPYRGIA, ville de la Cappadoce, dans la Garfaurie, felon Ptolémée.

TETRAPYRGIA ou TETRAPYRGIUM, ville de l'Afrique, fur la côte de la Marmarique, auprès de *Portus-Phycus*, felon Strabon.

TETRICA, ville des Sabins, que nous fait connoître Virgile, en obfervant que Varron place cette ville aux environs du mont *Fifcellus*, qui étoit au nord. On voit que cette ville devoit y être auffi; & même Servius les donne pour appartenir au *Picenum*, fans doute parce que de fon temps, les limites avoient changé. M. l'abbé Chaupi la place où eft actuellement Léoneffe. C'eft-là, dit-il, que fe trouvent les rochers horribles (*horrentes rupes*) dont parle Virgile.

TETRICUS MONS ou TETRICARUPES, montagne très-efcarpée de l'Italie, aux confins & dans le pays des Sabins, felon Pline.

TETUS FLEUV. fleuve de la Gaule, vers la prefqu'île la plus avancée à l'oueft. M. d'Anville croit que c'eft la rivière d'*Avranche*.

TEUCA, nom d'une montagne de la Sarmatie européenne, felon Ptolémée.

TEUCERA, lieu de la Gaule Belgique, fur la route qui conduifoit d'Arras à Amiens: la pofition de ce lieu répond à celle de Tièvre.

TEUCILA, ville de l'Afie, au voifinage de l'Euphrate, fur la route de Mélitène à *Samofata*, entre *Zimara* & *Sabus*, felon l'itinéraire d'Antonin.

TEUCRIS (la *Teucride*), petite contrée aux environs de Troye. Elle s'étendoit vers la mer: fon nom lui venoit de Teucer, qui y régna.

TEUDERIUM, ville de la Germanie, dans le voifinage de *Bogadium* & de *Mediolanium*, felon Ptolémée.

TEUDURUM, lieu de la Gaule, dans la Germanie feconde, fur la route qui conduifoit de *Colonia* à *Agripina* par *Juliacum* ou *Juliers*.

TEU

TEUGLUSSA, île que Thucydide semble indiquer sur la côte de l'Asie mineure, au voisinage de la Doride.

TEUMES, fleuve de la Grèce, dans la Béotie. Il arrosoit la ville de Thèbes, selon Hésyche.

TEUMESSUS, bourg de la Béotie, sur une montagne, à l'est de Thèbes, & près d'un petit fleuve appelé Thermodon. On y voyoit un temple de Diane Telchinia. C'étoit dans ce lieu, selon les gens du pays, que Jupiter vint cacher Europe après l'avoir enlevée. Un conte encore plus ridicule relevoit le mérite de Teumesse dans l'esprit de ses crédules habitans. Bacchus s'étant servi d'un renard de Teumesse pour se venger des Thébains; ceux-ci obtinrent de Diane un chien qui poursuivit le renard. Il alloit être pris, lorsque les deux animaux furent changés en éperviers. Cette fable étoit trop merveilleuse pour qu'Ovide ne trouvât pas agréable de l'insérer dans son poëme. Selon lui on croyoit voir encore le renard s'enfuir & entendre le chien aboyer. *Métamorphose*, *Paus. in Beot. c. 19.*

TEUMESSUS, montagne de la Grèce, dans la Béotie, sur la voie militaire, au territoire de Thèbes, selon Strabon & Pausanias.

TEUOCHIS, nom d'un lac & d'une ville de l'Egypte, selon Etienne de Bysance.

TEURIOCHÆMÆ, peuples de la Germanie. Ptolémée les indique au nord des monts Sudètes.

TEURISCI, peuples indiqués par Ptolémée dans la partie septentrionale de la Dacie, entre les *Anarti* & les *Cistoboci.*

TEURISTÆ, peuples de la Germanie. Strabon semble les placer au voisinage du Danube & des Alpes.

TEURNIA, ville de la Norique, au midi du Danube, entre *Virunum* & *Idunum*, selon Ptolémée & Pline.

TEUTHEA, ville peu considérable du Péloponnèse, dans l'Achaïe, à l'ouest de *Tritæa*. On en fit la ville de *Dyma*, où l'on voyoit un temple dédié à Diane Némidienne, selon Strabon.

TEUTHIS, ville du Péloponnèse, dans l'Arcadie. On y voyoit un temple de Vénus & un de Diane, selon Etienne de Bysance & Pausanias. Au temps de ce dernier, ce n'étoit plus qu'un village.

TEUTHRANIA, ville & petit pays de Mysie, dans les terres, situés vers l'est, & près de la source du Caïque, au-dessus de l'Eolie & d'une partie de la Troade, entre Elæa, Pirame, l'Atarnée & Pergame, à plus de 70 stades de ces villes ou contrées.

Hérodote dit que la Teuthranie étoit autrefois un golfe, & que le Caïque le combla peu à peu: ce qui est très-probable. Nous voyons, par le voyage de M. Choiseul-Gouffier, ce qui est arrivé à l'embouchure du Méandre. Les anciens en étoient convaincus.

La mer, dit Pline (*L. V, c. 30*), couvroit autrefois Ilium, la Teuthranie, & toute cette campagne qu'arrose le Méandre. On en trouve encore la preuve dans le fait suivant.

Augé, fille d'Aleus, roi d'Arcadie, ayant un enfant d'Hercule, Aleus, enferma la mère avec l'enfant dans un coffre, qui fut exposé sur la mer. Le coffre arriva dans les états de Teuthras, roi des Ciliciens & des Mysiens. Il falloit donc qu'alors les côtes de la Teuthranie fussent baignées par la mer? Cependant je sens que l'on pourroit répondre que les états de Teuthras pouvoient s'étendre jusqu'au bord de la mer, sans que ce fût la partie appelée strictement *Teuthrania*. Mais pourquoi chercher des raisons contre un fait qui n'est que douteux, même avec cet argument; au lieu que beaucoup d'autres faits d'histoire naturelle peuvent le faire regarder comme vrai?

TEUTHRANIA, contrée & ville de l'Asie mineure, dans la Mysie, selon Strabon.

TEUTHRANIA & THYMANA, noms d'une ville de l'Asie, dans la Galatie, selon Ptolémée.

Arrien marque cette ville entre *Ægiali* & *Carambi.*

TEUTHRONE, ville de la Laconie, dans une petite baie, sur le golfe Laconique, au nord-est de *Pyrrhicus*.

On prétendoit que cette ville avoit été fondée par Teuthrias, athénien. Les habitans révéroient sur-tout Diane *Isoria*, d'après le *Scyras*, espèce de ruisseau qui tomboit au fond de la baie. On prétendoit qu'il portoit ce nom depuis qu'Achille, parti de l'île de Syros pour venir épouser Hermione, avoit abordé à son embouchure, & y avoit débarqué heureusement. Au temps de Pausanias, la fontaine Naïa étoit la seule chose curieuse qu'il y eût à voir dans cette ville.

TEUTLUSSA, île qu'Etienne de Bysance indique sur la côte de l'Ionie, province de l'Asie mineure.

TEUTOBODIACI, peuples qui s'emparèrent de la meilleure partie de la Cappadoce, de concert avec les Tectosages, selon Pline.

TEUTOBURGENSIS SALTUS, bois ou forêt de la Germanie. Cet endroit étoit célèbre par la défaite des Romains, sous Quintilius Varus, selon Tacite.

TEUTOBURGIUM, ville de la basse Pannonie, sur le bord du Danube, selon Ptolémée.

Dans l'itinéraire d'Antonin, cette ville est marquée entre *Mursa* & *Cornacum.*

TEUTONES, peuples de la Germanie, & dont le nom paroit s'être conservé dans celui de *Taïch*, qui, en langue allemande, signifie *Allemand*. Ils étoient, au temps où les Romains les connurent, liés d'intérêt avec les Cimbres, qui peut-être n'étoient qu'une tribu différente d'un même peuple. Les Cimbres habitoient, selon l'opinion commune, la Chersonèse, que l'on nomme actuellement *Jutland*, & que l'on nommoit alors *Cimbrique*. Il est probable que les Teutons n'en étoient pas éloignés.

L'origine du mot *Teutones*, écrit aussi *Teutoni*, *Theutones*, *Theuthoni*, &c. n'est pas connu. Les auteurs rapportent bien qu'ils adoroient une divinité sous le nom de *Theut* ou *Theutas*, nom dans lequel on retrouve les élémens du *théos* des Grecs, & même du *thot* Egyptien ; mais ce n'est pas une raison pour que la nation porte un nom qui en dérive ; à moins qu'ils n'aient, dès les commencemens, regardé ce *Theut* comme un de leurs ancêtres, qu'ils divinisèrent à leur manière. Je crois que c'étoit un peu la manie des anciens ; en cherchant à faire croire qu'ils connoissoient l'origine des nations, ils formoient le nom d'un héros ou d'un patriarche quelconque, d'après le nom de la nation, & le donnoient pour en être l'auteur.

Les Teutons furent connus avant que les Cimbres, réunis avec eux, inondassent les terres soumises aux Romains : car on a prouvé qu'ils habitoient les bords du *Codani Sinus* & l'île appelée *Codania Insula*, d'où ils portèrent aussi le nom de *Codani*. Pitheas de Marseille, selon le témoignage de Pline, est le premier qui ait fait mention des Teutons (*L. XXXVII, c.* 2). Pomponius Mela dit que les *Teutoni* habitoient près du golfe *Codanus* : *In eo sunt Cimbri & Teutoni* (*L.* III, *c.* 3, n°. 44).

Il est très-vraisemblable que les Teutons s'étoient fort étendus dans le pays qui étoit à leur disposition le long de la mer Baltique, que les circonstances ou l'espérance de s'emparer de quelques grandes possessions qui leur offriroient un séjour plus agréable. Ces émigrations étoient des expéditions vraiment guerrières. Ils se transportoient avec leurs armes & leurs bagages, leurs femmes & leurs enfans, & pilloient, désoloient tous les lieux par où ils passoient.

Ce fut l'an de Rome 640, qu'ils commencèrent à être connus des Romains. Ils s'étoient avancés au sud du Danube, dans la partie appelée le *Noricum*. Ils y défirent le consul C. Papirius Cursor, qui s'étoit avancé pour leur fermer les passages de ce côté de l'Italie. Ils s'avancèrent alors vers la Gaule, & entrèrent chez les Helvétiens (la Suisse). Arrivés dans la Gaule Narbonnoise, les Cimbres y furent défaits par le consul Aurélius. Mais les Teutons essayèrent d'entrer en Italie par les Alpes occidentales. Marius les attendoit, campé en général habile. Il s'étoit placé de manière qu'il avoit le Rhône d'un côté, la mer de l'autre, & un nouveau bras qu'il avoit fait faire à ce fleuve. Les Barbares sentoient bien qu'ils ne pouvoient s'avancer en le laissant derrière eux : ils firent tous leurs efforts pour l'engager à combattre. Un officier Teuton lui porta même personnellement un défi ; mais Marius lui fit seulement répondre, *que s'il étoit las de vivre, il n'avoit qu'à se tuer.*

Ils prirent enfin le parti de s'avancer ; cette marche dura six jours. Il firent demander aux Romains, en les raillant, s'ils n'avoient pas de commissions à leur donner pour leurs femmes qui étoient à Rome. Cette espérance des Teutons ne dura pas long-temps. Marius sortit & se campa sur des hauteurs, où les Barbares, ardens au carnage, & persuadés qu'ils voloient à la victoire, ne tardèrent pas à les attaquer ; mais le désavantage du terrein & des armes, le courage ferme des Romains triompha de l'emportement des Teutons. Les historiens les plus modérés font monter le nombre des morts à cent mille, en y comprenant ceux des Gaulois qui avoient péri dans un combat donné quelques jours auparavant. Marius fut comblé d'honneurs de la part de son armée, du peuple Romain & du sénat. Il défit ensuite les Cimbres en Italie.

TEUXUNTA, ville de la Sicile : elle avoit été bâtie par Micythus, roi de *Rhegium* & de *Zancle*, selon Diodore de Sicile.

THABATHA, lieu peu considérable de la Palestine.

THABBA, ville située dans l'intérieur de l'Arabie heureuse, au voisinage de *Menumbis* & de *Saba*, selon Ptolemée.

THABBA (*Ebba*), ancienne ville d'Afrique, selon Ptolemée. Elle étoit située dans le voisinage de *Tichafa*.

On y voit encore quelques vestiges des Romains.

THABENA, nom d'une ville de l'Afrique propre, selon Hirtius.

THABILIACA, ville de l'Albanie, entre les fleuves *Gerrus* & *Soanas*, selon Ptolemée.

THABOR, nom d'une ville de la Judée, qui fut comprise dans le partage de la tribu d'Issachar, selon le livre de Josué.

Elle étoit située sur le sommet du mont Thabor, selon Polybe, & Joseph le fait entendre lorsqu'il dit qu'il fit fermer de murailles le mont Ithabyrius, dont les habitans n'avoient point d'autre eau que celle des pluies.

THABOR, montagne de la Judée, dans la tribu de Zabulon.

C'est sur cette montagne que la prophétesse Débora ordonna à Barac de conduire les troupes de Nephtali & de Zabulon, pour combattre Sisara, dont l'armée fut défaite, selon le livre des Juges.

Josué place cette montagne sur les confins de la tribu d'Issachar.

Joseph, *L.* IV, *c.* 8, dit que le *Thabor* a 30 stades de hauteur, & qu'à son sommet il y a une plaine de 26 stades de circuit, & environnée de murailles.

Le mont *Thabor* étoit auprès de Nazareth.

THABORTENUS MONS, montagne de l'Asie, dans la Parthie. Séleucus y bâtit une ville nommée *Dara*, selon Justin.

THABRACA COLONIA (*Tabarka*), ville & colonie Romaine de l'Afrique, dans la Numidie, selon Ptolemée. Elle est nommée *Tabracha* par Pline, & *Tabraca* par Pomponius Mela. Cette ville étoit située sur le bord occidental & près de l'embouchure du fleuve Tusca. On y voit encore des ruines de murailles & de citernes.

THABUCA, ville de l'Hispanie, dans l'intérieur de la Tarragonoise, chez le peuple *Varduli*, selon Ptolemée.

THABUSIUM, lieu fortifié de l'Asie, sur le bord du fleuve *Indus*. Il en est fait mention par Tite-Live.

THACASIN, ville de la Palestine, dans la tribu de Zabulon, selon Josué.

THACCONA, ville de l'Asie, dans la Babylonie, sur un bras de l'Euphrate, selon Ptolemée.

THACES, peuples de la Scythie, près & en deçà de l'*Imaüs*, selon Ptolemée.

THACIS, nom d'un lieu de la ville de Thèbes, selon Euripide, cité par Ortélius.

THADITÆ, peuples que Ptolemée indique dans l'Arabie heureuse.

THÆMA, ville située dans l'intérieur de l'Arabie, déserte, selon Ptolemée.

THÆNA, THENÆ ou THÆNÆ, ville que Strabon, Pline & Ptolemée indiquent sur la côte de l'Afrique, vers le commencement de la petite Syrte.

L'itinéraire d'Antonin met cette ville à dix-sept milles de *Marcomades*.

THÆNA, ville de l'Asie, dans la Syrie. Selon Ptolemée, elle étoit dans la Cyrrhestique.

THAGORA (*Tingoran*), port de l'Inde, dans le fond d'un petit golfe de la partie orientale de la presqu'île au-delà du Gange. Ptolemée en fait mention.

THAGULIS, ville de l'Afrique, & l'une de celles situées entre les deux Syrtes, selon Ptolemée.

THAGURIS, montagne de l'Asie, dans la Sérique, selon Ptolemée.

THAHATH, lieu de la vingt-troisième station des Israélites, où ils furent camper en sortant de Maceloth.

*Thahath* devoit être dans le désert de l'Arabie, vers le midi de Maceloth.

THAIPHALI, peuple Scythe, au-delà du Danube, & dont une partie habitoit dans la Dacie, dans le voisinage du fleuve *Hierasus*, selon Zosime.

THALA (*Ferre-Anach*), ville de l'Afrique, dans la Numidie, selon Salluste & Tacite.

C'étoit une grande ville située au milieu des montagnes & des déserts.

THALA, montagne de l'Afrique, dans la Libye intérieure, selon Ptolemée.

THALÆ, peuples de l'Afrique, dans la Libye intérieure, près le mont *Thala*, selon Ptolemée.

THALAMA, forteresse de Triphylie, dans la partie septentrionale, au nord-est d'*Onus*.

Elle étoit construite entre les montagnes près de l'Arcadie & d'Achaïe, servant de défense à l'entrée du pays de ce côté.

THALAMÆ ou THALAMIA, lieu peu remarquable du Péloponnèse, dans la Laconie, au nord & sur le bord de la mer. Polybe parle de ce lieu & le nomme *Thalamia*. Il étoit à 80 stades d'*Œtylus*, & à 20 stades de *Pephnus*. C'est le même lieu que THALAMA. (*Voyez* ci-dessus).

THALAMANÆI, peuples de l'Asie, dans la Perside, selon Hérodote & Etienne de Bysance.

THALAMEPOLIS, nom d'une ville qui avoit le titre de royale, selon Sozomène. Ortélius soupçonne qu'elle étoit en Asie.

THALAMIA, ville de la Grèce, dans la Thessalie, selon Etienne de Bysance.

THALASSAR, province de l'Asie, qui devoit être vers la Mésopotamie & l'Arménie. Il en est parlé au IVe livre des Rois, c. 19, v. 22; & dans Ezéchiel, c. 37, v. 12.

THALASSUS, ville ou port, dans la partie méridionale de l'île de Crète. Il en est fait mention dans les actes des apôtres.

THALATHA, ville de l'Asie, dans la Babylonie, sur le bord du Tigre, & au midi d'Apamée. Cette ville est nommée par Ptolemée.

THALATTA, lac d'eau salée, en Ethiopie, au voisinage du promontoire *Fatholaüs*, selon Strab. Ce promontoire étoit sur le golfe Arabique.

THALATTA, nom d'un lac ou étang, au pied du mont Caucase, aux environs du pays du peuple *Coraxi*. Ce lac rendoit ses eaux dans le Pont-Euxin, près du lieu nommé *Bathea-Ponti*, selon Aristote.

THALBIS, fleuve de l'Albanie, entre les fleuves *Gerrus* & *Soanas*, selon Ptolemée.

THALCA, ville de la Palestine, dans la tribu de Siméon, selon Josué.

THALI ou THALLI, peuples de l'Asie, au voisinage des Sauromates, à l'orient de l'embouchure des *Fauces-Caspii-Maris*, selon Pline.

THALIADES, lieu du Péloponnèse, dans l'Arcadie, sur le bord du fleuve Ladon, selon Pausanias.

THALINA, ville de l'Asie, dans la grande Arménie, sur le bord de l'Euphrate, selon Ptolemée.

THALISAMUS, village que Procope indique à 40 stades d'*Amida*. Ortélius soupçonne qu'il étoit dans la Mésopotamie.

TALLABA (*Talaban*), ville de l'Asie, dans la Mésopotamie, sur le bord du fleuve *Chaboras*, selon la table Théodosienne. Elle étoit située à l'est-sud-est de *Refaina*.

THALMIS ou TALMIS, ville de l'Egypte, entre *Taphis* & *Tutzis*, selon l'itinéraire d'Antonin.

THALPUSA, ville du Péloponnèse, dans l'Arcadie. Elle appartenoit aux Orchoméniens, selon Etienne de Bysance.

THALSEA ou THELSEA, ville de la Phénicie, selon la notice des dignités de l'empire.

Dans l'itinéraire d'Antonin, cette ville est marquée sur la route de *Bemmaris* à *Neapolis*, entre *Geroda* & *Damascum*.

THALUDA,

**THALUDA**, fleuve de l'Afrique, dans la Mauritanie Tingitane. Son embouchure est placée par Ptolemée, sur la côte de l'Océan Ibérique, entre *Jagath* & le promontoire *Olcastrum*.

**THALUDÆI**, peuples de l'Arabie heureuse, selon Pline.

**THAMA**, ville de la Phénicie, selon la notice des dignités de l'empire.

**THAMALLA**, nom d'une ville de l'Afrique propre, selon la notice des dignités de l'empire.

**THAMANA**, ville que la notice des dignités de l'empire indique dans l'Afrique propre.

**THAMANÆI** ou **THAMANI**, peuples de la Perse. Ils faisoient un même département avec l'Arménie.

**THAMANORUM VICUS**, village situé au voisinage des monts Carduques, selon Agathias, cité par Ortélius.

**THAMAR**, ville de la Judée, à une journée de *Malis* ou *Malathe*, & où il y avoit une garnison romaine, selon Eusèbe.

**THAMAR**, fleuve de l'Arabie heureuse, selon Pline.

**THAMARITA**, ville de l'Afrique, dans la Mauritanie césariense, selon Ptolemée.

**THAMARO**, ville de la Palestine, dans la partie occidentale du Jourdain, selon Ptolemée.

**THAMARUS**, nom d'un fleuve de l'Italie, selon l'itinéraire d'Antonin.

**THAMASCHALTIS**, ville de l'Afrique propre, sur la route de la grande *Leptis* à *Tacapæ*, entre *Thramusdisis* & *Thentei*, selon l'itinéraire d'Antonin.

**THAMBES**, montagne de l'Afrique propre, selon Ptolemée.

**THAMESIS** ou **THAMESIS**, fleuve de l'île d'Albion, selon Orose & César. Il est nommé *Jamissa* par Ptolemée.

La ville de *Londinium* étoit située sur la rive septentrionale de ce fleuve.

**THAMIA**, ville de Grèce, dans la Thessalie, selon Etienne de Bysance.

**THAMIATHIS**, **DAMIATA** ou **DAMIETTE**, ville de l'Egypte, située sur le bord oriental du Nil, à cinq milles de la mer, & à soixante milles au nord-nord-ouest de *Pelusium*.

Strabon parle de cette ville, & nomme *Phatnique*, la branche du Nil sur laquelle elle étoit située.

**THAMNA**, ville célèbre de la Palestine, sur le chemin de *Diospolis* à *Jérusalem*. Elle étoit la capitale de la Toparchie Thamnitique, & elle devint fameuse dans les derniers temps de la république des Juifs.

**THAMNA** ou **TAMNAS**, ville de la Palestine, dans la tribu de Juda.

C'est près de cette ville que Juda commit un inceste avec Thamar, selon Josué.

**THAMNA** ou **TAMNATA**, ville des Philistins, dans laquelle Samson se maria, selon le livre des juges.

**THAMNATA**, ville de la Palestine. Joseph en fait mention.

**THAMNATH-SAAR** ou **THAMNATH-SARE**, ville de la Palestine, dans la province de Samarie, dans la tribu & sur le mont *Ephraïm*, au septentrion du mont *Gaas*.

Cette ville avoit été bâtie par Josué, & on y voyoit encore son tombeau au temps de S. Jérôme, quoiqu'elle ne subsistât plus.

**THAMNERIA**, ville de l'Asie, dans la Médie, au voisinage du pays du peuple *Cadusii*, selon Xénophon.

**THAMUDA**, lieu au voisinage des Arabes Nabatéens, selon Etienne de Bysance.

**THAMUNDACANA**, ville de l'Asie, dans la Libye intérieure, au midi du fleuve Niger, selon Ptolemée.

**THAMYRIS** ou **THOMYRIS**, ville de la Mœsie, au voisinage du Danube. Selon Jornandès, cette ville fut bâtie par Thamyris, reine des Gètes.

**THANÆ**, ville de la Palestine, dans la demi-tribu de Manassé, en-deçà du Jourdain, selon Josué.

Au temps d'Eusèbe & de S. Jérôme, c'étoit encore un grand lieu.

**THANATH** ou **THENATH**, bourg de la Palestine, à dix milles de Sichem, du côté du Jourdain, selon Eusèbe.

S. Jérôme écrit *Thenaht*.

**THANATHSELO**, lieu de la Palestine, vers la frontière de la tribu d'Ephraïm, selon Josué.

**THANE**, lieu près des eaux de *Mageddo*. On voit dans le livre des Juges, que c'est où les rois de Canaan ont combattu.

**TANNURIS**, nom de deux villes de l'Asie, selon la notice des dignités de l'empire. L'une étoit dans l'Osrhoène, & l'autre dans la Mésopotamie.

**THANONTADA**, nom d'une ville de l'Afrique propre, selon Ptolemée.

**THANTIA**, ville de la Palestine, dans la Batanée, à l'est vers les montagnes, au sud-est d'*Adraa*.

**THANUETÆ**, nom d'un peuple de l'Arabie heureuse, selon Ptolemée.

**THANUTIS**, nom d'un village que Ptolemée indique dans le nôme de Libye.

**THAPAUA**, ville située dans l'intérieur de l'Arabie heureuse, selon Ptolemée.

**THAPHARUM**, lieu dont fait mention Nicéphore Calliste. Ortélius soupçonne qu'il étoit aux environs de l'Inde on de l'Arabie.

**THAPSA**, ville de la Palestine, dans la tribu d'Ephraïm. Sellum, fils de Jabès, ayant mis à mort Zacharie, roi d'Israel, Manaham, général des troupes de ce prince, se fit reconnoître pour roi. La ville de Thapsa lui ferma ses portes; mais il parvint à la prendre de force, & y exerça les plus horribles cruautés. On y ouvrit le ventre aux femmes enceintes pour en arracher leurs enfans, & les faire ainfi périr avant leur naiffance.

THAPSACUS ou AMPHIPOLIS (*El Dor*), ville grande & floriffante de l'Afie, dans la Syrie, far le bord de l'Euphrate, vers le 35e degré 20 min. de latitude.

C'étoit une ville de grand paffage, à caufe de l'Euphrate: on voit que Cyrus le jeune & toute fon armée le traverfèrent à pied fans ce lieu, ayant de l'eau jufqu'à la poitrine. Lorfqu'Alexandre, en fortant de l'Égypte, fut à *Tapfacus*, il y trouva deux ponts fur l'Euphrate.

Cette ville étoit fituée au 35e degré de latitude.

Xénophon rapporte que Cyrus y féjourna cinq jours, & que ce fut là qu'il inftruifit les généraux Grecs qu'il fe propofoit de marcher à Babylone. Les foldats fe mutinèrent d'abord; mais les promeffes de Cyrus les gagnèrent.

THAPSIPOLIS. Etienne de Byfance donne ce nom pour être celui d'une ville, & qu'il place près de Chalcédoine. Comme on n'y connoit pas de ville de ce nom, & qu'il y a beaucoup de fautes de copiftes dans l'ouvrage de cet auteur, tel que nous l'avons, Berkelius penfe avec bien de la juftice, ce me femble, qu'il faut lire dans le grec:

Θαψις, πόλις πλησιον Καρχηδονος.

Ce fera alors *Thapfis*, ville près de Chalcédoine.

THAPSIS, fleuve de la Scythie, aux environs des Palus Méotides, félon Diodore de Sicile.

THAPSUS (*Demafs*), ville maritime de l'Afrique, fur une langue de terre baffe, au midi de la petite *Leptis*. Il en eft fait mention par Pline & par Ptolemée.

Cette ville avoit un port fait de main d'homme. On en voit encore une partie, ainfi qu'une grande quantité d'autres ruines.

THAR, ville de l'Arabie heureufe, chez le peuple *Themi*, félon Ptolemée.

THARASENSIS, fiège épifcopal d'Afrique, dans la Numidie, félon la notice épifcopale d'Afrique.

THARE, nom d'un campement des Ifraélites dans le défert, d'où ils vinrent à Methca, félon le livre des nombres, *ch. 33, v. 27.*

Ce lieu devoit être dans l'Arabie même, fur le chemin qui pouvoit ramener les Ifraélites vers Afiongaber. *Tharé* fut la vingt-quatrième ftation des Ifraélites.

THARELA, ville de la Paleftine, dans la tribu de Benjamin, félon Jofué.

THARIBA. Etienne de Byfance nomme ainfi un village, qu'il indique à trois fchœnes de la ville de *Candara*.

THARNE, montagne de la Grèce, dans l'Attique, félon Pline.

THARO, nom d'une île que Ptolemée indique dans le golfe Perfique.

THARRA, ville de l'Inde, au-delà du Gange, dans la Cherfonèfe d'or, félon Ptolemée.

THARRANA, ville de l'Inde, au-delà du Gange, fur la côte du grand golfe, félon Ptolemée.

THARSANDALA, foreffe de la Thrace, dans la province de Rhodope. Selon Procope, l'empereur Juftinien la fit élever pour préferver le pays des courfes des ennemis.

THARSIA, ville de l'Afrique propre, & l'une de celles que Ptolemée indique entre le fleuve *Bagradas* & la ville de *Thabraca*.

THARSIS. Ce lieu n'eft connu que par les textes de l'écriture fainte; mais il en eft parlé en plufieurs endroits. Il femble donc que fon exiftence ne puiffe pas être mife en queftion. D'un autre côté, comment fe peut-il qu'un lieu d'où les flottes de Salomon jointes à celles de Tyr, rapportoient de fi grande richeffes, n'ait pas été connu des géographes Grecs? Cette queftion eft affurément difficile à réfoudre. Je vais préfenter ici les paffages où il eft queftion de ce lieu; puis je dirai ce que je crois de plus probable fur les idées qu'il doit emporter avec lui.

1°. Parce que fa flotte (de Salomon), *avec celle du roi Hiram, faifoit voile de trois en trois ans, & alloit en Tharfis d'où elle rapportoit de l'or, de l'argent, des dents d'éléphans, des finges & des paons.* Rois L. III, c. 10. v. 22 (1). Il faut obferver que ce verfet eft précédé d'un autre, qui dit que l'argent n'étoit plus confidéré, & que l'on n'en tenoit aucun compte fous le règne de Salomon; & la raifon s'en trouve dans le verfet fuivant. *Parce que*, &c.

2°. Dans le fecond livre des Paralipomènes, (ch. 9. v. 21), on lit que la flotte du roi alloit en Tharfis, &c. *Voyez* la note.

3°. Dans le livre de Judith, on lit dans le fecond chapitre: *Il paffa* (Holopherne) *delà aux confins de l'Affyrie. Il vint aux grandes montagnes d'Auge qui font à gauche de la Cilicie. Il entra dans tous les châteaux, & fe rendit maître de toutes les places fortes. Il prit d'affaut la célèbre ville de Mélathe. Il pilla tous les habitans de Tharfis & les enfans d'Ifmaël qui étoient à la tête du défert & au midi de la terre de Cellon. Il paffa l'Euphrate & vint en Méfopotamie. Il força toutes les grandes villes qui étoient là depuis le torrent de Mambré jufqu'à la mer, & il fe rendit maître depuis la Cilicie jufqu'aux confins de Japhet, qui font au midi.*

4°. Dans les Paralipomènes, L. II, c. 20, v.

---

(1) Selon le texte hébreu il y a: « Parce que le roi avoit en mer un vaiffeau de Tharfis avec le vaiffeau d'Hiram; & ce vaiffeau de Tharfis revenoit tous les trois ans ». Au L. II des Paralipomènes on lit, c. 9, v. 21, que le roi (Salomon), avoit des vaiffeaux qui alloient à Tharfis avec les ferviteurs d'Hiram; mais le texte hébreu ne parle que d'un feul vaiffeau, & il eft probable que les Tyriens comptoient l'équipage.

36 & 37, on lit : *Josaphat, roi de Juda, fit amitié avec Ochozias, roi d'Israël, dont les actions furent très-impies : il convint avec lui qu'ils équiperoient une flotte pour aller à Tharsis ; & ils firent bâtir des vaisseaux à Asiongaber ; mais Eliezer, fils de Dodan de Maresa prophétisa à Josaphat, & lui dit : « Parce » que vous avez fait alliance avec Ochozias, Dieu » a renversé vos desseins, & vos vaisseaux ont été » brisés ; de sorte qu'ils n'ont pu aller à Tharsis ».*

5°. Dans le pseaume XLVII, v. 8, on lit : *vous briserez les navires de Tharsis par un vent impétueux.* Mais dans le texte hébreu, ce qui est bien important : *vous les avez brisés, comme le vent d'orient brise les vaisseaux de Tharsis.*

6°. Pseaume LXX, v. 10 : *Les rois de Tharsis & les îles offriront des présens. Les rois d'Arabie & de Saba lui apporteront des dons.*

7°. Dans Isaïe, ch. 11, v. 16, on lit ... que le jour du seigneur éclatera... *sur tous les vaisseaux de Tharse & sur-tout ce qui est beau & qui plaît à l'œil.*

8°. Jérémie, ch. 4, v. 9, s'exprime ainsi : *on rapporte de Tharsis le meilleur argent ( ou l'argent en lames ), ( argentum involutum ), & d'Ophas l'or le plus pur.*

9°. Ezéchias, ch. 48, v. 13, dit : *Sabas, Dedon, les négocians de Tharsis vous diront : « Ne venez-» vous pas prendre les dépouilles ? Vous avez assem-» blé tout notre monde pour vous saisir du butin, » pour enlever l'argent & l'or, pour emporter les » meubles & tout ce qu'il y a de précieux, & » pour piller des dépouilles infinies ».*

10°. Le prophète Jonas parle aussi de Tharsis, ch. 1, v. 3. *Jonas se mit donc en chemin ; mais il résolut d'aller à Tharsis pour fuir de devant la colère ( la face ) du seigneur. Il descendit à Joppé, & ayant trouvé un vaisseau qui faisoit voile pour Tharsis, il y entra avec les autres.*

Le respect que l'on doit aux livres sacrés, mais qui doit sur-tout s'accorder aux faits essentiels à la religion, me paroît avoir été la cause des longues & très-ennuyeuses discussions des savans sur les passages cités ci-dessus. M. Huet, Don Calmet, M. le Grand, le pere Bonefrerius, &c. ; puis en remontant vers l'antiquité, S. Jérome, Joseph, les paraphrases Caldaïques, &c. ; ont je pense, donné trop d'importance à ce qui se trouve de géographie dans l'écriture en général. On a sur-tout fait, ce me semble, une grande méprise, en prenant le mot de Tharsis dans le même sens.

Les Hébreux, dont la langue s'étoit formée d'une langue orientale, comme plus ancienne, appeloient la mer, *Tharsis.* C'est de ce mot que les Grecs avoient fait θαλασσα ou *Thalassa.* Dans les livres des rois, comme dans celui de Jonas, il me paroît pris en ce sens. Je ne me crois pas même obligé d'insister sur ce dernier : quant aux livres des rois & aux livres des paralipomènes, je pense que ceux qui les ont écrits, quels qu'ils soient,

n'ont pas voulu désigner un lieu particulier par ce mot *Tharsis,* mais la mer en général. Le sens se prête très-bien à cette opinion. Je crois même de plus que les écrivains & tous les Hébreux ensemble, au temps de Salomon, n'ont pas eu des idées justes des lieux d'où venoient les richesses qui se trouvoient dans le commerce. On sait que les Tyriens, les Phéniciens en général, cachoient leurs routes & les lieux de leur destination. Ç'a toujours été le foible des nations commerçantes. Les Espagnols, de nos jours, ne gardent-ils pas avec une précaution timide, la carte de l'intérieur de l'Amérique méridionale ? Les Hollandois ne nous cachent-ils pas le plus possible les détails de l'état physique des côtes de toutes les Moluques ? Au reste, je ne conclus seulement pas par analogie : l'antiquité rapporte qu'un vaisseau qui voyageoit hors du détroit de Gadès, se voyant suivi par un bâtiment d'une autre nation, préféra de se faire échouer à la crainte de laisser prendre une juste connoissance de sa route & du lieu de sa destination. On a donc tort, selon moi, de se tourmenter pour trouver, d'après les livres des juifs, un lieu nommé Tharsis, où se trouvoient de l'argent, de l'or, des dents d'éléphans. Les vaisseaux qui voyageoient sur la mer Rouge, & peut-être par le golfe Persique, suivoient, les uns les côtes d'Afrique, les autres celles d'Asie ; & chacun d'eux revenoit avec des richesses, sans dire précisément d'où elles étoient tirées. Voilà pourquoi on cherche en vain la position d'Ophir, de celle de Tharsis.

Quant à la marche d'Holopherne, il se peut qu'il ait avancé dans l'Asie mineure, jusqu'à la ville de *Tarsus* en Cilicie. Au reste, la marche est mal décrite. Je crois que le respect dû aux livres saints quant aux parties qui peuvent exiger ce respect, a reçu trop d'extensions, & que la géographie, la chronologie, & même l'histoire ne peuvent, que gagner, lorsqu'on le permettra, à l'égard de ces livres, une critique sage & éclairée.

THASIS, contrée de l'Ibérie Asiatique, selon Pline.

THASUS, THASSUS ou THASSOS, île située sur la côte de la Thrace, à l'opposite de l'embouchure du fleuve *Nestus.*

On lit *Thasus* dans la plupart des anciens géographes ; mais Etienne de Byzance & Polybe écrivent *Thassos,* & Pline *Thassus.*

Thasus, fils d'Agénor, roi des Phéniciens, passe pour avoir demeuré plusieurs années dans cette île, pour l'avoir peuplée & lui avoir donné son nom. Elle fut ensuite augmentée d'une colonie grecque, que l'on y mena de *Paros,* ce qui la rendit une des plus considérables de la mer Égée ; mais elle fut soumise des Céniriens & les Eutriens, peuples de la Thrace ou des confins de l'Asie.

Les Athéniens se rendirent les maîtres de cette île, & en traitèrent les habitans avec beaucoup de riguenr ; mais ils furent chaſſés par les Macédoniens, & ceux-ci par les Romains.

THAUANA, ville ſituée dans l'intérieur de l'Arabie heureuſe, ſelon Ptolemée.

THAUBA, ville que Ptolemée indique dans l'intérieur de l'Arabie heureuſe.

THAUBA, ville de l'Arabie déſerte, près de la Méſopotamie, ſelon Etienne de Byſance.

THAUBASIUM, lieu de l'Egypte, ſur la route de *Serapiu* à *Péluſe*, entre *Serapiu* & *Sile*, ſelon l'itinéraire d'Antonin.

THAUMACI. Strabon place cette ville au nombre de celles de la Phthiotide : Pline & Favorin en reconnoiſſent une de ce nom dans la Magnéſie. Quelques auteurs ont cru cependant qu'il n'y en avoit qu'une de ce nom. Je ſuis très-porté à croire qu'il y en avoit deux, ſinon enſemble, au moins ſucceſſivement, & en des lieux diſtans l'un de l'autre. Dans le vers 123 du catalogue des vaiſſeaux, Homère paroît faire l'énumération des villes qui appartenoient à la Magnéſie, & qui étoient ſituées, au moins celles que l'on connoît, ſur la côte orientale : or, le mont Oſſa de ce côté pouvoit très-bien offrir une poſition élevée pour une ville dont la vue, ſe portant au loin dans la plaine du côté de la Theſſalie, ſoit du côté de la mer, lui aura mérité comme à l'autre le nom de *Thaumacia*, formé du verbe admirer. Car ſelon Tite-Live, c'étoit-là l'origine du nom de la ville de Thaumacie, que l'on rencontroit après avoir paſſé *Lamia*, avant de deſcendre de la belle & vaſte plaine qui s'étendoit juſqu'à Lariſſe & au-delà.

THAUMASIUS MONS, montagne de l'Arcadie, au nord-oueſt de *Mantinea*, qui dominoit ſur le fleuve *Moloſſus*.

Ce nom, qui emporte avec ſoi l'idée de quelque vénération, avoit peut-être été donné à la montagne à cauſe des orages qui s'y formoient ; peut-être auſſi ſeulement à cauſe de la fable ſuivante. On prétendoit que Rhéa, enceinte de Jupiter, s'y étoit retirée, & qu'Hoplodamas & d'autres géans y étoient accourus pour la ſecourir, en cas de quelque violence de la part de Saturne. Quoique même les Arcadiens convinſſent que cette divinité avoit accouché ſur le mont Lycée, ils prétendoient que c'étoit ſur le mont Thaumaſius qu'elle avoit préſenté à Saturne la pierre *abadis*, qu'il avoit dévorée au lieu de ſon fils. Sur le haut de cette montagne une grotte portoit le nom de grotte de *Rhéa* ; il n'étoit permis d'y entrer qu'aux femmes deſtinées à célébrer les myſtères de la déeſſe.

THAURIS, île de la mer d'Illyrie, ſelon Hirtius.

THEA, ville de Péloponèſe, dans la Laconie, ſelon Philochorus, cité par Etienne de Byſance.

THEAME, ville de l'Aſie, dans la Babylonie, aux confins de l'Arabie déſerte, ſelon Ptolemée.

THEANGELA, ville de l'Aſie mineure, dans la Carie ; ſelon Etienne de Byſance & Pline.

THEANI : Pline le jeune nomme ainſi des peuples, qu'il paroît placer vers la Bithynie.

THEANUM (*Teano*), ville d'Italie, dans la Campanie, ſur la voie latine, vers le ſud-eſt de *Caſinum*. Sur les limites communes des habitans de *Theanum* & de *Cales*, ces deux peuples avoient bâti à frais communs un temple à la Fortune. On y trouve encore des reſtes d'antiquités.

Un auteur qui a été ſur les lieux, a cru pouvoir faire regarder comme une choſe digne de remarque, l'expreſſion employée par un mari dans l'épitaphe de ſa femme, qui ſe lit encore aujourd'hui ſur un marbre abandonné au milieu du chemin. On y lit : .... *Qui cum vixit annis XXII cujus* (*uxoris*), *dolorem cœpit alium nullum niſi mortis ejus* : c'eſt-à-dire, que pendant 22 ans qu'il vécut avec elle, il n'en éprouva d'autre ſujet de chagrin que celui de ſa mort.

THEANUM, nom d'un fleuve de l'Italie, ſelon Oroſe.

THEAUA, ville de l'Hiſpanie, dans l'intérieur de la Tarragonoiſe, ſelon Ptolemée.

THEBÆ ou THEBES, ville conſidérable & en quelque ſorte la première de la Béotie, preſqu'au milieu du pays près du fleuve Iſmène, au ſud-eſt du lac Copaïs.

Cette ville devoit ſon commencement à Cadmus ; mais s'étant conſidérablement augmentée, la partie de la ville qui étoit ſur une hauteur, & que l'on appelloit Cadmée, du nom de ſon fondateur, fut regardée comme la citadelle, par rapport à la ville-baſſe. Amphion & Zethus s'étant emparés du pays à la tête d'une armée, ils joignirent la ville haute à la baſſe, & lui donnèrent le nom de Thèbes. Homère dit qu'ils la fermèrent de ſept portes, & qu'ils élévèrent des tours d'eſpace en eſpace. Myron de Byzance dit qu'Amphion fut le premier qui érigea un autel à Mercure, & que le dieu, pour récompenſer ſon zèle, lui donna une lyre.

Les Thébains eurent pluſieurs guerres heureuſes & malheureuſes, contre les Platéens, au ſujet de leurs limites ; & contre les Athéniens, à Platée, pour avoir recherché l'amitié du roi de Perſe, contre l'intérêt commun des Grecs. Dans la ſuite les Thébains eurent leur revanche, car ils battirent les Athéniens à Delium près de Tanagre. Les Macédoniens, après la bataille de Chéronée, mirent garniſon dans Thèbes, & elle y reſta juſqu'après la mort de Philippe. Ils ſecouèrent le joug ſous le règne d'Alexandre ; mais ayant pris cette ville, il en chaſſa les habitans, qui ſe retirèrent à Athènes. Caſſander, fils d'Antipater, les y rétablit par la ſuite, aidé par les Athéniens, les Meſſéniens & les Mégalopolitains. Les Romains leur rendirent ce que Sylla leur avoit ôté ; car il les réduiſit à la dernière miſère, pour s'être déclarés en faveur de Mithridate.

Au temps de Pauſanias toute la ville baſſe étoit

en ruines, excepté les temples, & il n'y avoit que la citadelle d'habitée, qui étoit simplement appelée Thèbes.

Les sept portes de cette ville se nommoient Electride, Prœtide, Néitide, Crénea ; celle du Très-haut, la porte Ogygie & la porte Homoloïde. On voyoit près des murs de la ville le tombeau des citoyens qui périrent en combattant contre Alexandre, roi de Macédoine.

Le temple d'Apollon étoit sur une petite colline près de la porte Homoloïde : le fleuve Ismène qui y passoit, avoit donné le surnom d'Ismenius au dieu & à la colline. Mercure & Minerve avoient chacun un statue de marbre à l'entrée du vestibule de ce temple. Le Mercure étoit fait par Phidias, & la Minerve par Scopas. La statue d'Apollon qui étoit dans le temple, étoit de bois de cèdre. On montroit près de la porte Electride, les ruines de la maison qu'Amphitrion vint habiter lorsqu'il fut obligé de quitter Tirynthe. Hercule *Promachus* avoit un temple près de cette porte, où la statue du dieu étoit en marbre. Le temple d'Ammon avoit une statue qui avoit été faite par Calamis, & dédiée par Pindare. Le temple de la Fortune étoit auprès de celui-ci : la déesse tenoit Plutus dans ses bras sous la forme d'un enfant. On croyoit que le temple de Cérès *Thesmophore* ou légiflatrice étoit autrefois la maison de Cadmus : on ne montroit que le buste de la statue de la déesse ; le reste étoit caché.

Le théâtre étoit du côté de la porte Prœtide, & auprès un temple de Bacchus *Lysius*.

Le temple de Diane *Euclea* étoit dans le même quartier : c'étoit Scopas qui avoit fait la statue de la déesse.

Amphion & Zéthus avoient un tombeau commun : c'étoit un petit tertre, d'où les habitans de Tithorée, dans la Phocide, prenoient de la terre tous les ans, pour la répandre sur le sépulcre d'Antiope, espérant que cela rendroit leurs terres plus fertiles & nuiroit à celles des Thébains.

En sortant de Thèbes par la porte Prœtides, on prenoit la route de Chaleis : sur le chemin, on voyoit le tombeau de Mélanippus, un des plus grands capitaines qu'ait en la ville de Thèbes.

Jupiter surnommé le *Très-haut* avoit un temple près de la porte qui étoit désignée par le surnom du dieu.

Il y avoit un lieu d'exercice que l'on nommoit Iolas, & il étoit près de la porte Prœtide & ensuite un stade, qui étoit une espèce de longue terrasse, comme à Olympie.

Il y avoit au-dessus du stade une lice pour la course des chevaux, au milieu de laquelle étoit le tombeau de Pindare.

Le tombeau de Menœcée, qui se donna la mort en conséquence d'un oracle de Delphes, étoit près de la porte Néitide. On montroit près de ce tombeau l'endroit où les fils d'Œdipe s'entretuèrent. Pour perpétuer la mémoire de ce funeste

combat, on avoit élevé une colonne & on y avoit attaché un bouclier de marbre, qui se voyoient au temps de Pausanias.

Le fleuve d'Ircé passoit près de Thèbes, & au-delà on voyoit les ruines de la maison de Pindare, & une chapelle que ce poëte fit bâtir en l'honneur de Cybelle. La statue de la déesse étoit de marbre du mont Pentélique, ainsi que le piédestal. Il n'étoit permis d'entrer qu'un seul jour de l'année dans cette chapelle.

On voyoit un temple de Thémis en sortant de Thèbes par la porte Néitide : la statue de la déesse étoit en marbre blanc. Jupiter Agorœus & les Parques avoient aussi leurs temples de ce côté-là. Les Parques n'avoient pas de statues, mais le dieu en avoit une en marbre. Hercule surnommé Rhinocoluftès, avoit une statue en pleine campagne auprès de cette porte.

Le bois sacré de Cérès *Cabiria* & de Proserpine, étoit à vingt-cinq stades de Thèbes, en sortant par la porte Néitide : il n'y avoit que les initiés aux mystères de ces déesses qui pussent entrer dans ce bois. Le temple des Cabires n'en étoit qu'à sept stades.

Selon Pausanias, on voyoit à Thèbes une statue de Vénus Uranie, que les Thébains assuroient avoir été faite des éperons des navires qui avoient amené Cadmus en Grèce. Il ajoute que les Thébains lui avoient dit que c'étoit la plus ancienne statue de Vénus qu'il y eut en Grèce.

THEBÆ ( *Thèbes* ), ville de la haute Egypte, à la droite du Nil.

Homère, dans ses vers, donne la plus grande idée de cette ville. Elle étoit une des plus célèbres de l'antiquité. Ptolémée l'indique au 25e degré 3 minutes de latitude, & au 62e de longitude. La latitude de ses ruines actuelles donne la même latitude ; mais la longitude est 49 degrés 30 minutes à-peu-près du méridien de l'île de Fer.

Les anciens ont bien varié sur l'étendue de Thèbes, regardée pendant long-temps comme la capitale de toute l'Egypte, puis seulement de la haute Egypte. Selon Diodore de Sicile, son circuit étoit de 140 stades ; selon Caton, 400 de longueur ; selon Eustathe, sur le 248e vers & suivans de Denys le Périégète, 420. Strabon, qui avoit accompagné le gouverneur Elius Gallus en Egypte, ne donne que 80 stades de longueur à cette ville. Pour concilier ces différens sentimens, M. d'Anville suppose, 1°. qu'il faut substituer dans quelques-uns de ces auteurs, le mot de circuit à celui de longueur, & l'on aura, au lieu de longueur un circuit de 400 stades, selon Caton ; de 420, selon Eustathe, dont le diamètre est de 140 stades, tel que le donne Diodore pour la longueur de la ville.

2°. Il suppose que pour rapprocher les 140 stades indiqués par Diodore, des 80 donnés par Strabon, il ne faut que considérer de quel ſtade ces deux auteurs entendoient parler. Diodore dit que ce qu'il rapporte eſt tiré des monumens égyptiens ; il eſt donc probable qu'il employoit le ſtade de 51 toiſes, dont les 140 font 7140 toiſes, ou à-peu-près trois lieues. Strabon emploie le ſtade olympique de 54 toiſes & demie : ce qui donne 7260 toiſes. Or ces deux grandeurs ſont aſſez rapprochées pour être regardées comme étant d'un même objet qui n'aura pas été meſuré rigoureuſement.

Au temps de Strabon, cette ville étoit déjà détruite : il ne vit que des hameaux dans ſon emplacement. Elle avoit d'abord été ſpoliée par Cambyſe ; elle fut enſuite dépouillée de ſes richeſſes par Ptolémée Philométor, qui la puniſſoit auſſi d'avoir ſuivi le parti de ſa mère ; enfin, ſous le règne d'Auguſte, Gallus ſévit contre elle, pour cauſe de rébellion.

Depuis ce temps, elle tomba dans un état de dépériſſement dont elle ne put ſe relever. Tacite en parle comme d'une ville en ruines ; & Juvénal dit, en en parlant : Cette ville s'étoit étendue de chaque côte du Nil, quoique particuliérement ſituée à la rive droite de ce fleuve ; elle avoit un quartier conſidérable à la gauche, qui, ſelon Strabon, portoit le nom de *Memnonium*. Delà l'étendue de ſes veſtiges actuels.

On en voit encore des reſtes, qui donnent l'idée de la plus magnifique conſtruction.

M. Bruce y a trouvé pluſieurs monumens intéreſſans, entre autres des grottes, où il a trouvé des peintures repréſentant des joueurs de harpe dont les inſtrumens ſont à-peu-près comme les nôtres.

THEBÆ. Pluſieurs villes de l'antiquité ont porté le nom de Thèbe. Je remarquerai ſeulement que Thèbes en Béotie s'écrit en grec Θηβαι, & qu'Homère nomme celle-ci Θηβη ; de ſorte que pour l'exactitude, il faut l'écrire en françois au ſingulier. Celle dont il eſt queſtion qui, avoit appartenu à des peuples alliés des Troyens, étoit dans la Myſie, à quelque diſtance à l'eſt du golfe d'Adramytte. On n'a point de détail ſur l'hiſtoire de cette ville, & on ignore actuellement juſqu'à ſa juſte poſition.

THEBÆ, ville de l'Aſie, dans la Cilicie Hypoplacienne, ſelon Etienne de Byſance. Elle étoit dans une plaine, au pied du Mont-Placion.

Cette ville n'exiſtoit plus au temps de Strabon ; mais il dit qu'elle avoit été ſituée à quatre-vingt ſtades de la ville d'*Adramyttium*.

THEBÆ, ville ou bourg de la Judée, dans la demi-tribu de Manaſſé, en-deçà du Jourdain.

Abimelech, après avoir brûlé la tour de Sichem, vint l'aſſiéger, & il y fut écraſé par un morceau d'une meule, qu'une femme lui jeta ſur la tête, ſelon le livre des juges, ch. 9. v. 50.

THEBÆ, ville de la Macédoine, dans la Phthiotide, au-deſſous de la campagne appelée *Crocius*, & à cent ſtades de la ville d'*Alos*, ſelon Strabon.

Tite-Live rapporte que Philippe de Macédoine ôta à cette ville ſon commerce maritime.

THEBÆ, ville de l'Aſie mineure, dans l'Ionie, au voiſinage de celle de Milet, ſelon Etienne de Byſance.

THEBÆ, ville de la Grèce, dans l'Attique, ſelon Etienne de Byſance.

THEBÆ, ville de l'Aſie, dans la Cataonie, ſelon Etienne de Byſance.

THEBÆ. Etienne de Byſance place une ville de Thèbes en Aſie, dans la Syrie.

THEBÆ, nom d'une colline milliaire de l'Italie, dans le pays des Sabins, au voiſinage de Réate, ſur la voie Salarienne, ſelon Varron.

THEBÆ, ville de la Paleſtine, dans la tribu d'Ephraïm. Ce fut au ſiège de cette ville qu'Abimelech, fils de Gédéon, fut tué, 1233 ans avant l'ère vulgaire.

THEBÆ, ville de l'Arabie heureuſe, ſur le bord de la mer Rouge, dans le pays de *Cinædocolpites*, ſelon Ptolémée.

THEBÆ. Euſèbe fait mention d'une bourgade de ce nom, qu'il indique à treize milles de Sichem, en allant vers *Scythopolis*.

THEBÆ CORSICÆ, nom que Pline donne à la ville de Thèbes, capitale de la Béotie.

THEBÆ CORSICÆ, ville de la Grèce, dans la Béotie, près de l'Hélicon, au fond du golfe de Corinthe, ſelon Pline.

THEBÆ LUCANÆ, ville de l'Italie, dans la Lucanie. Elle ne ſubſiſtoit plus au temps de Pline. Cet auteur dit qu'il eſt fait mention de ſa deſtruction dans les origines de Caton.

THEBAIS : on a nommé ainſi la partie de l'Egypte où étoit Thèbes. Les premiers ſiècles de l'égliſe ont rendu la Thébaïde célèbre par le nombre aſſez conſidérable de ſolitaires qui s'y étoient retirés.

THEBAIS, fleuve de l'Aſie mineure, dans la Carie. Il traverſoit la ville de *Trallis*, ſelon Pline.

THEBAIS, lieu ſur le bord du Pont-Euxin. Selon Etienne de Byſance, il étoit ainſi nommé d'une des Amazones enlevées par Hercule.

THEBANA, lieu de la Gaule, ſelon Dioſcoride. Mais on ne ſait quel lieu il peut appeler ainſi.

THEBARMAI (*Ormia*), ville de l'Aſie, au ſud-oueſt & à quelque diſtance du lac *Spauta*, entre une montagne & une petite rivière qui alloit ſe perdre dans ce lac.

En ſortant de *Gaza*, pour pourſuivre Chofroès, Héraclius paſſa à *Thabarnai*, avant de s'engager dans les défilés du mont *Zagros*.

Le culte du feu étoit particuliérement recommandé dans cette province, parce qu'on étoit perſuadé que le premier pyrée avoit été allumé par Zoroaſtre lui-même.

THEBASA, village de la Paleſtine, à quinze ſtades au midi de *Gaza*, ſelon Nicéphore Calliſte.

THEBASA, nom d'un lieu dont il est fait mention dans l'histoire Miscellanée. Ortélius pense que ce lieu étoit dans l'Asie mineure.

THEBATA ou TEBBATH, lieu de la Palestine, selon les Septante. Il est nommé Tebbath dans la Vulgate.

THEBITHA, lieu fortifié de l'Asie, dans la Mésopotamie, selon Arrien, cité par Etienne de Bysance.

THECHES, montagne de l'Asie, dans l'Arménie, selon Xénophon, qui dit que les Grecs, en partant de Gymnias, arrivèrent le cinquième jour à la montagne sacrée, que l'on nommoit Théchès, & que de-là, ceux qui les premiers apperçurent la mer, poussèrent de grands cris de joie, parce qu'ils appercevoient le Pont-Euxin.

THÉCOORUM, nom d'une contrée de la Palestine, selon Siméon le Métaphraste.

THECUA ou THECUE, ville de la Palestine, dans la tribu de Juda, selon la Vulgate. Cette ville étoit située à douze milles au midi de Jérusalem, selon Eusèbe & saint Jérôme. Et Joseph, de Bello, L. v, c. 7, dit que Thécué étoit voisine du château Herodium.

Ce fut à Thcua que Jonathas & Simon Machabée se sauvèrent avec leurs amis, après la mort de Judas, leur frère, & qu'ils se remirent en état de repousser leurs adversaires, selon le premier livre des Machabées, ch. 9.

Cette ville fut fortifiée par Roboam. Elle fut la patrie du prophète Amos.

THEEMARRACINUM, lieu de l'Italie, sur la voie Salarienne, entre Interbronium & Hadria, selon l'itinéraire d'Antonin.

THEGANUSSA INSULA ou THEGANUSE, ou plutôt THEGANUSE, île de la Messenie, au sud d'Acristas.

Pline la place mal-à-propos dans le golfe de Laconie. Ce n'étoit qu'un rocher désert dès le temps de Pausanias.

THEGONIUM, ville de la Grèce, dans la Thessalie, selon Hellanicus, cité par Etienne de Bysance.

THEISOA ou THISOA, ville du Péloponèse, dans l'Arcadie, selon Etienne de Bysance. Au temps de Pausanias, ce n'étoit plus qu'une bourgade, dans le territoire de Megalopolis.

THEIUM, ville de la Grèce, dans l'Athamanie, selon Tite-Live.

THEIUS, rivière de Péloponèse, dans l'Arcadie, selon Pausanias. Elle alloit se perdre sur la rive gauche du fleuve Alphée.

THELAMUSA, lieu fortifié de l'Arabie, près de l'Euphrate, selon Quadratus, cité par Etienne de Bysance.

THELBALANA, ville de l'Asie, dans la grande Arménie, selon Ptolémée.

THELBENCANA, ville de l'Asie, dans la Babylonie, sur un bras de l'Euphrate, selon Ptolémée.

THELDA, ville de l'Asie, dans la Mésopotamie, sur le bord de l'Euphrate, selon Ptolémée.

THELEBOÆ, peuple de l'Epire, dans l'Acarnanie. Ils passèrent en Italie, & s'établirent dans l'île de Caprée.

THELEDA, ville de l'Asie, dans la Syrie. Elle étoit située dans une plaine à l'ouest de Seriane, à l'est de Capparæ, vers le 34e degré 55 minutes de latitude.

THELLA, village de la Palestine, sur le bord du Jourdain, aux confins de la Galilée, selon Joseph.

THELMENISSUS, ville de l'Asie, dans la Syrie. Elle étoit située dans une grande plaine, dans la partie orientale de l'Oronte, au nord d'Apamea, au sud-ouest de Chalcis vers le 35e degré 20 minutes de latitude.

THELONUS, fleuve dont fait mention Ovide. C'est le Tolenus dont parle Orose, & qu'il indique en Italie, au pays du peuple Narsi.

THELPUSA, ville & petite contrée du Péloponèse, dans l'Arcadie, selon Pausanias & Pline.

THELSEA, ville de l'Asie, dans la Cœlesyrie, sur la route de Bemmaris à Neapolis, entre Geroda & Damascum, selon l'itinéraire d'Antonin.

THEMA, ville de la Syrie, dans la Chalibonitide, selon Ptolémée.

THEMA, nom d'une ville de l'Arabie déserte. Il en est fait mention dans la Genèse.

THEMACI, ville de l'Attique, dans la tribu Erechthéïde, selon Etienne de Bysance.

THEMAN, ville de l'Arabie Pétrée, à cinq milles de Petra, & où il y avoit garnison Romaine, selon Eusèbe.

THEMAN, ville de la Judée, dans la terre de Hus, qui faisoit partie de la demi-tribu de Manassé, au-delà du Jourdain.

Cette ville étoit célèbre par la sagesse de ses habitans.

Eliphaz, un des trois amis de Job, étoit de Théman.

THEMBRIENUS, ville de l'Asie mineure, dans la Carie, selon Etienne de Bysance.

THEMELANUM, ville de l'Afrique propre, sur la route de Tacapæ à la grande Leptis, entre Tabalatis & Tillabaris, selon l'itinéraire d'Antonin.

THEMELLA, ville de la Syrie, dans la Sélencie, selon Strabon.

THEMEONTICHOS ou TEMFONTICHOS, lieu fortifié de la Thrace, selon Æmilius Probus.

THEMI, peuples de l'Arabie heureuse. Ptolemée leur donne plusieurs villes.

THEMINISSUS, ville de l'Asie, dans la Syrie, sur la rive orientale du fleuve Orontes, près d'Apamia, selon Ptolémée.

THÉMIS, ville de l'Afrique propre, du nombre de celles qui étoient situées entre la ville Thabraca & le fleuve Bagradas, selon Ptolémée.

THEMISCYRA, ville de l'Asie mineure, dans le royaume de Pont. Elle étoit située dans les campagnes à qui elle donnoit le nom , sur le bord de la rivière du *Thermodon* , vers son embouchure dans le Pont-Euxin , selon Strabon & Diodore de Sicile. Ce dernier dit que c'étoit la ville royale des Amazones, à qui elle devoit sa fondation.

Scylax & Ptolemée disent que c'étoit une ville Grecque.

On voit dans Diodore , qu'Hercule navigea jusqu'à l'embouchure du Thermodon , & qu'il campa près de la ville de Themiscyre , où étoit le palais royal de la reine des Amazones.

THEMISCYRA , campagnes de l'Asie mineure, dans le royaume de Pont , sur la côte méridionale du Pont-Euxin , au-delà de la ville d'Amasie. Les Amazones vinrent occuper ces campagnes , lorsqu'elles quittèrent les bords du Tanaïs , au rapport de Salluste.

Les campagnes thesmiscyriennes, selon Hécatée , étoient à onze cens stades d'Héraclée & de soixante d'Amise : baignées d'un côté par la mer , & de l'autre elles s'avancent vers les montagnes , dont les eaux réunies dans la plaine , forment la rivière du Thermodon.

THEMISONES. Pline nomme ainsi le peuple de la ville *Themisonium* , en Asie , dans la Phrygie.

THEMISON , peuple de l'Asie mineure , dans la Lycie , selon Ptolemée.

THEMISONIUM *ou* THEMIPISONIUM , ville & contrée de l'Asie, dans la Phrygie , selon Pausanias, Strabon & Etienne de Bysance.

THEMISSUS , ville de l'Asie mineure , dans la Carie , selon Etienne de Bysance.

THEMISTEAS , promontoire de l'Asie , dans la Carmanie , selon Pline.

THEMISTOCLEUM , lieu dont il est fait mention par Aristote. Il paroît que c'étoit un lieu de la Grèce , dans l'Attique.

THEMNA , TEMNA *ou* THAMNATA , nom d'une ville de la Palestine , qui fut du partage de la tribu de Dan , selon le livre de Josué , ch. 19. v. 43.

C'est dans cette ville que Samson apperçut une jeune fille qu'il demanda en mariage. Il tua un jeune lion furieux , qui étoit dans les vignes auprès de cette ville.

THEMNA , ville de l'Arabie déserte , aux confins de la Mésopotamie , selon Ptolemée.

THENA ou THENÆ ( *Thainée* ), ancienne ville d'Afrique , située au nord-est & près du fleuve Tanaïs. Elle étoit bâtie sur un terrein bas & pierreux , & avoit près de deux milles de circuit.

THENA , ville de la Samarie , dans le voisinage de Sichem , selon Ptolemée.

THENA , ville de l'Ethiopie , sous l'Egypte , selon Pline.

THENAC *ou* THANAC , ville royale de la Judée , dans la demi-tribu de Manassé, en-deçà du Jourdain , selon Josué.

Elle fut donnée aux Lévites de cette tribu , qui étoient de la famille de Caath , la première des Lévites.

Le roi de cette ville est au nombre de ceux qui furent vaincus & tués par Josué.

THENÆ ou THENNÆ , ville de l'île de Crète , dans le voisinage de *Cnossus* , selon Callimaque.

On lit *Thenna* dans Etienne de Bysance.

THENATH , *voyez* THENAC.

THENTEOS , lieu de l'Afrique propre , sur la route de *Tacapæ* à la grande *Leptis* , entre *Thamascaltis* & *Aurus* , selon l'itinéraire d'Antonin.

THEOBRICULA *ou* DEOBRICULA , ville de l'Hispanie , selon l'itinéraire d'Antonin.

THEODALENSIS , siège épiscopal de l'Afrique proconsulaire , selon la conférence de Carthage.

THEODORA , nom d'un fort de la Dacie. Il fut bâti par Trajan , au bout du pont que ce prince fit construire sur le Danube , selon Procope.

THEODORIAS , ville de l'Asie , aux confins de la Colchide , selon Agathias.

THEODORIAS , lieu dont il est parlé dans les Authentiques.

THEODORIAS , province ecclésiastique de l'Asie , dans la Cœlé-Syrie. Elle avoit la ville de Léodicée pour métropole , selon la notice de Léon-le-Sage.

THEODOROPOLIS , nom de l'un des forts que l'empereur Justinien fit bâtir au-delà du fort du Pont de Trajan sur le Danube , selon Procope.

THEODOROPOLIS , ville de la Mœsie , fondée par l'empereur Justinien , qui l'appela ainsi du nom de sa femme , selon Procope.

THEODORUS , fleuve de l'Ibérie Asiatique , selon Procope.

THEODORUS , nom d'un marais de l'Hispanie , dans la Bétique , selon Festus Avienus.

THEODOSIA ( *Caffa* ) , ville située sur la côte sud-est de la Chersonèse Taurique.

Pline & Scylax parlent de *Theodosia*. Le dernier la compte au nombre des villes Grecques; il la place à cent vingt-cinq milles du promontoire *Criumetopon* , & à cent quarante-cinq milles de Chersone.

M. de Peyssonnel , dans ses observations historiques , dit que l'on n'y voit aucun édifice d'une antiquité très-reculée , & que ceux qui restent sont ou du plus bas empire , ou du temps des Génois.

*Theodosia* étoit située dans une jolie campagne & avoit un port qui pouvoit contenir au moins cent navires.

THEODOSIA *ou* THEODOSIANA , siège épiscopal de l'Asie , dans la Phrygie Capatiane , sous la métropole de Laodicée , selon la notice de Hiéroclès.

THEODOSIA , ville de l'Asie , dans la grande Arménie , selon Procope.

THEODOSIOPOLIS , ville de l'Asie , dans la grande

grande Arménie ; sur les frontières de la Persarménie.

Procope. rapporte que lorsque Théodose fut maître du royaume d'Arsace , il fit bâtir un fort sur une colline , & lui donna son nom. Anastase y fit construire une ville dans laquelle il enferma la colline & le fort. Justinien y fit creuser des fossés profonds , y fit faire des fortifications pareilles à celles de *Dara* , & en fit une place imprenable.

On voit dans Cédrène , que , sous le règne de l'empereur Constantin Monomaque , cette ville étoit grande , puissante , & passoit pour imprenable.

THEODOSIOPOLIS , ville de l'Asie , dans la Mésopotamie , sur le fleuve *Chaborras*. Selon Procope , l'empereur Justinien en fit réparer les murailles , pour arrêter les courses des Barbares.

THEODOSIOPLIS ou PEPERINES , siège épiscopal de l'Asie , sous la métropole d'Ephèse , selon la notice de Léon-le-Sage.

THEODOSIOPLIS ou THEODOSIOPLIS NOVA , siège épiscopal de la Thrace , selon les lettres des évêques de cette province à l'empereur Léon.

THEODOSIOPLIS , siège épiscopal de l'Asie Proconsulaire , sous la métropole d'Ephèse , selon la notice de Hiéroclès.

THEODOSIOPLIS , siège épiscopal d'Egypte , dans la première Thébaïde , sous la métropole d'*Antino* , selon la notice de Léon-le-Sage , & sous la métropole d'*Hermui* ou *Hermai* , selon celle de Hiéroclès.

THEODOSIOPLIS , siège épiscopal de l'Asie , dans l'Osrhoène , sous la métropole d'Edesse , selon la notice de Hiéroclès.

THEOPHILA , ville de l'Inde , en - deçà du Gange. Ptolémée l'indique à l'occident & à quelque distance de ce fleuve.

THEOPOLIS ( *Théoux* ou *Dromon* ) , ville de la Gaule Narbonnoise , chez les *Avantici* , au nord-est de *Forum Neronis*.

Cette ville ne subsiste plus ; mais on trouve des preuves de son ancienne existence dans les restes d'anciennes habitations qu'on découvre en cet endroit. ( *Le P. Papon.* )

THERA , l'une des îles Sporades , dans la mer Egée , située entre l'île de Crète & les Cyclades. Elle fut d'abord nommée Caliste , ou la *Belle*. On prétend que cette île & quelques autres qui l'avoisinent , sont sorties du fond de la mer. Rien n'est plus probable dans un lieu qui a é:é souvent élaboré par le feu , & qui offre dans mille endroits des traces de volcans.

Théra , dit - on , prit son nom de Théras , prince de la race de Cadmus , qui , ne pouvant s'accommoder du séjour de Lacédémone , où il menoit une vie privée , passa dans cette île qui étoit alors occupée par les descendans de Membliarès.

Strabon ne donne à cette île que douze stades de tour. Mais , ou c'est une faute , ou cette île a pris des accroissemens par l'éruption des volcans.

Pline dit qu'elle parut la quatrième année de la CXXXVe olympiade. Mais , si ce n'est pas une erreur de Pline , il faut entendre cela d'un accroissement occasionné par l'éruption d'un volcan. Cette île fut habitée par Membliarès , ( selon M. Larcher ) , 1550 ans avant notre ère ; ce qui donne 1313 ans avant l'époque assignée par Pline.

○ *N. B.* On appelle aujourd'hui cette île de *Thera* Saint-Erini , ou Sentorini. Ou l'on a altéré le nom de *Thera* , ce qui est très-probable , ou l'île a pris son nom moderne de Sainte-Irène , qui est devenue la patronne de l'île , & qui a mérité cet honneur , je crois , à cause de l'altération du nom. M. Larcher nous apprend que cette sainte qui étoit de Thessalonique , y fut martyrisée le premier jour d'avril de l'an 304 , sous le neuvième consulat de Dioclétien , & sous le huitième de Maximilien Hercule.

Selon M. de Tournefort , cette île n'est qu'une carrière de pierre ponce : les côtes en sont si affreuses , qu'on ne sait de quel côté les aborder.

THERA , ville de l'île de même nom , l'une des Cyclades. Cette ville étoit située sur une montagne au sud de l'île : elle étoit magnifique , & continua d'être florissante jusques sous les empereurs Romains. Le peuple de Thera avoit érigé deux statues , l'une à Marc-Aurèle , & l'autre à Antonin : elles étoient en marbre. Les Rhodiens y élevèrent un temple à Neptune *Asphalien* , selon Strabon ; & le scholiaste de Pindare dit qu'il y en avoit un dédié à Minerve. Hérodote , Pausanias & Strabon s'accordent à lui donner pour fondateur Theras , fils d'Antésion. Ce prince passa avec une colonie de Lacédémoniens dans l'île de Calista , à laquelle il donna son nom , & il y bâtit une ville.

Les Théréens ne pleuroient ni les enfans qui mouroient avant sept ans , ni les hommes qui mouroient au-delà de cinquante.

THERA , ville de l'Asie mineure , dans la Carie , entre *Idymus* & *Pystus* , selon Ptolémée.

THERA , nom d'une ville qui appartenoit aux Rhodiens , & qui étoit située en un lieu fort bas , selon Etienne de Bysance.

THERA , ville de l'Asie , dans la Sogdiane , selon Etienne de Bysance.

THERACUM , ville de l'Egypte , selon la notice des dignités de l'empire.

THERÆ , espace du Péloponèse , dans la Laconie , entre le lieu appelé *Taletum* & la forêt *Euortis* , selon Pausanias.

THERAMBUS , ville de la Macédoine , dans la péninsule de Pallène , selon Hérodote.

THERAMNÆ , THERAPNÆ ou THERAPNE. *Voyez* ce dernier mot.

THERAMNÆ , ville de l'Asie mineure , dans la Lycie. Elle étoit consacrée à Apollon , selon Lutatius Placidus , cité par Ortélius.

T t

THERANDA, ville de la Sicyonie, au fud-eft de *Titana* & à l'eft de *l'Afopus* : ce lieu eft peu connu.

THERAPNÆ, nom d'une ville de l'île de Crète, felon Pline.

THERAPNE, ville de la Laconie près du fleuve *Eurotas* & un peu au fud-eft d'*Amyclæ*.

On prétendoit qu'elle avoit reçu fon nom d'une fille de Selex. On y voyoit un temple renfermant, difoit-on, les cendres de Ménélas & d'Hélène.

Sur le chemin qui conduifoit d'Amyclées en cette ville étoit un temple d'Efculape *Cotyleus*, dont on attribuoit la fondation à Hercule : peu loin de là étoit un temple de Mars fondé par Caftor & fon frère Pollux.

Au fud-eft de Therapné on trouvoit un lieu découvert où s'exerçoit la jeuneffe, & dans ce lieu un temple des Diofcures où l'on facrifioit au dieu Effyalios, qui eft le même que Mars. Paufanias prétend avoir vu à Thérapné la fameufe fontaine Mafféis. *L. III. ch. 20.*

Cette ville étoit encore célèbre pour être le lieu ou Diane fut adorée pour la première fois.

THÉRASIA, nom d'une petite île parmi les Cyclades. Elle étoit fituée au 36e degré 30 minutes de latitude, à l'oueft & très-près de celle de *Thera* ; cette île n'étoit vraifemblablement qu'un démembrement de celle de *Thera*, qui en avoit été féparée par la deftruction des terreins intermédiaires. Pline nous apprend que l'île de *Therafia* fut féparée de celle de *Thera* 237 ans avant Jefus-Chrift, & felon Strabon, cette île fut produite par un volcan 233 ans avant Jefus-Chrift. Et ce fait n'eft pas improbable, puifque plufieurs îles de ce même Archipel portent des traces reconnues des ravages du feu.

THERCOLA, nom d'un lieu que Curopalate indique auprès d'*Hierapolis.*

THÉREBINTE (*vallée du*), vallée de la Paleftine, dans la tribu de Juda. C'eft dans ce lieu que David vainquit & tua le Philiftin Goliath, felon le premier livre des rois, ch. 17. Cette vallée étoit auprès de la ville d'Adullam-Socho.

THERENUS, fleuve de l'île de Crète, auprès de *Gnofia*, felon Diodore de Sicile.

THERGUBIS, ville de l'Afie, dans l'intérieur de la Méfopotamie, felon Ptolémée ; elle étoit fituée fur le bord & vers la fource du fleuve *Chaboras*, vers le 36e degré 45 minutes de latitude.

THERIODES. Cette épithète, que Ptolémée & Hérodote donnent à la Libye, fignifie abondante en bêtes farouches.

THERIONARCE, île que Pline indique fur la côte de la Doride, au voifinage de Gnide.

THERMA, bourgade de la Sicile, felon Philifte, cité par Etienne de Byfance. Par la fuite les Romains y établirent une colonie à laquelle ils donnèrent le nom de *Therma Himera*. Voyez SICILIA.

THERMA PYTHIA, bains de l'Afie mineure, dans la Bithynie, felon Etienne de Byfance.

Procope fait mention de ce lieu, & dit que Juftinien y fit conftruire un bain pour l'ufage du public ; qu'il y fit faire un canal neuf pour y conduire des eaux fraîches ; & qu'il y laiffa d'autres marques d'une magnificence toute royale.

THERMA, ville de la Cappadoce, fur la route de *Tavia* à Céfarée, entre *Tavia* & *Soanda*, felon l'itinéraire d'Antonin.

THERMA, ville fituée aux confins de la Macédoine, ou plutôt de la Theffalie, vers les Thermopyles, felon Etienne de Byfance.

Cette ville étoit fituée fur le golfe *Thermæus*, à qui elle donnoit fon nom, felon Suidas.

THERMÆ. C'eft le nom que les anciens donnoient à de vaftes bâtimens deftinés à des bains d'eau chaude. On y paffoit ordinairement en fe levant, fouvent avant de fe mettre à table, & même dans d'autres inftans de la journée, felon le befoin ou le plaifir. Ces fortes d'édifices publics contenoient, outre les bains, des lieux d'exercice pour le corps & d'autres pour l'efprit.

Ce mot *Thermæ*, vient du grec Θερμος, & fignifie *chaud.* Avec *Thermæ* on fous-entend *Aquæ.*

THERMÆ, lieu fur la côte méridionale de la Sicile, près d'*Heraclea*, felon Pomponius Méla.

Pline donne à ce lieu le titre de colonie Romaine. Antonin nomme *Aquæ Larodæ* les fources d'eau chaude qui avoient donné le nom de *Therma* à ce lieu. *Voyez* SICILIA.

THERMÆ SELINUNTIÆ, ou les bains de Sélinonte.

C'étoient des eaux minérales chaudes, en Sicile, qui étoient affez renommées. *Voyez* SICILIA.

THERMÆ, fources d'eau chaude très-falée de la Grèce, au voifinage de la ville de Corinthe. On y avoit pratiqué des bains.

THERMÆUS SINUS, golfe de la mer Egée, fur la côte de la Macédoine. Il s'enfonce plus de trente lieues dans les terres, à compter depuis le cap *Canaftræum*, dans une largeur inégale, jufqu'à la ville de *Theffalonica*, devant laquelle il forme un baffin très-fpacieux.

Ce golfe mouille la péninfule de Pallène, la Paroxie, la Chreftonie, la Mygdonie, la Piérie, la Perrhébie & la Magnéfie ; ce qui fait que Pline la nomme *Sinus Macedonius.*

THERMAX, municipe de la Grèce, dans l'Attique, de la tribu Erechthéide, felon Suidas.

THERMENÆ, ville de la première Cappadoce, felon les actes du fixième concile de Conftantinople.

THERMES, ou THERMES, ville de l'Hifpanie citérieure, au fud de Numance.

THERMEUSIS, île de la mer Egée, felon Pline.

THERMIDA , ville de l'Hifpanie , dans la Tarragonoife , chez le peuple *Carpetani* , felon Ptolemée.

THERMIDAVA , nom d'une ville que Ptolemée indique dans l'intérieur de la Liburnie.

THERMITZA , lieu fortifié aux environs de *Theffalonica* , felon Cédrène.

THERMODON , fleuve de la Cappadoce. Ptolemée en indique l'embouchure dans le Pont Polémoniaque.

Ce fleuve arrofoit les campagnes Thémifcyriennes , & alloit fe perdre dans le Pont-Euxin. La ville de Thémifcyre étoit bâtie près de fon embouchure , felon Diodore de Sicile.

Ce fleuve étoit particuliérement célèbre , parce que ç'avoit été fur fes bords qu'avoient , difoit-on , habité les Amazones.

Il prenoit fa fource dans les montagnes qui féparoient le Pont de la petite Arménie , au fud du pays des Chalybes , couloit vers le nord-oueft & arrofoit les villes *Caltioriffa* , *Anniaca* , ayant au nord les montagnes appelées *Amazonius Mons* ; plus , entrant dans les champs appelés *Themifcyra* , il montoit au nord fe rendre dans le Pont-Euxin , à l'eft du *Promontorium Heracleum*.

THERMODON , torrent dans la Béotie. Il commençoit au mont *Hypatos* , couloit au fud-oueft jufqu'à *Glifas* , puis au fud-eft pour fe rendre dans l'Afop au fud-oueft de Tanagre. Le nom de *Chirmarron* , que lui donne Paufanias , porte à croire que le Thermodon n'étoit qu'un torrent roulant des eaux en hiver , & fe trouvant à fec en été. *Pauf. in Beot. c. 19.*

THERMONTÆ , peuple de la Sarmatie Afiatique , felon Ptolemée.

THERMOPOLIS , ville fituée aux environs de l'Ilyrie , felon Procope.

THERMOPYLÆ , (ou *les Thermopyles* ) , paffage étroit qui fe trouvoit entre l'extrémité de l'Œta à l'eft , & le bord de la mer ; c'étoit & c'eft encore le feul paffage praticable pour entrer en Grèce au fortir de la Theffalie.

Le nom de Thermopyles eft compofé du nom *pyles* , qui , en grec , fignifie *portes* , & du nom *thermus* , dont on a vu plus haut la fignification , c'eft qu'il y avoit des eaux chaudes en cet endroit.

On fait que les Grecs , fous la conduite de Léonidas , défendirent ce paffage contre l'armée de Xerxès l'an 480 avant J. C. ; & depuis , contre l'armée des Gaulois. Mais des traîtres , comme il s'en trouve par-tout en tout temps , indiquèrent à ces deux époques quelques défilés entre les montagnes.

M. l'abbé Barthélemy a donné , avec fon bel ouvrage d'Anacharfis , un petit plan très-inftructif du paffage des Thermopyles.

J'ajouterai au peu que j'ai dit , ce que je trouve dans la géographie d'Hérodote , du favant M. Larcher.

Le paffage des Thermopyles étoit un défilé étroit , fermé à l'oueft par des montagnes , & à l'eft par la mer ; par des marais & par des terres couvertes d'eau & de fange. Il menoit de la Theffalie dans la Locride & la Phocide. C'eft vers *Trachis* que le paffage fe retrécit & qu'il n'a plus qu'un demi-plêtre ou demi-arpent , vers le bourg d'Alphènes ; au fud , derrière les Thermopyles , il n'y a que pour paffer une voiture , & devant les Thermopyles , au nord , vers la rivière de Phénix , près de la ville d'Anthèle , ce défilé n'a auffi de largeur que pour une voiture.

Hérodote nous apprend lui-même l'étymologie de ce nom. Les Phocidiens , pour avoir une barrière contre les Theffaliens , leurs implacables ennemis , bâtirent une muraille par ce paffage , qui étoit l'unique voie par où l'on pût paffer de Theffalie en Phocidée. Ils laiffèrent quelques ouvertures dans cette muraille ; elles furent appelées *portes* , πύλαι , & à caufe de quelques bains chauds , on y ajouta ϑέρμαι , *chaudes* , à caufe de quelques bains chauds des environs.

THERMUS ou THERMÆ , bourgade de l'Etolie , felon Polybe , Etienne de Byfance & Strabon. Ce dernier écrit *Thermæ*.

THERMUTIACUS , fleuve de l'Egypte , felon Ptolemée.

THERMYDRA , nom que l'on donnoit au port d'une ville de l'île de Rhodes , felon Etienne de Byfance.

THERMYDRUS MONS , montagne dont fait mention Lycophron , cité par Ortélius.

THERNE , nom d'une ville de la Thrace , felon Etienne de Byfance.

THEROGONUS , colline de l'Inde , au voifinage du fleuve Hydafpes , & près du mont Elephantus , felon l'auteur du livre des fleuves & des montagnes.

THERSA ou THAFSA , ville royale de la Judée , dans la demi-tribu de Manaffé , en-deçà du Jourdain , felon le livre de Jofué.

Les Ifraélites s'en emparèrent après en avoir tué le roi. C'eft en cette ville que la femme de Jéroboam fe retira.

Therfa fut le fiège , la capitale & le lieu de fépulture des premiers rois d'Ifraël. Il en eft parlé au quatrième livre des rois , *ch. 15. v. 14.*

THERSA ou THERZA , ville de la Paleftine , dans la tribu d'Ephraïm , felon Jofué.

THERSARA , ville de l'Afie , dans l'intérieur de l'Affyrie , felon Ptolemée.

THERSITÆ , peuples de l'Hifpanie , dans l'Ibérie. Ils étoient du nombre de ceux qu'Annibal fit paffer en Afrique , felon Polybe.

THERUINGI , peuples qui habitoient une partie de la Dacie , au-delà du Danube , au temps d'Eutrope.

Ammien Marcellin fait auffi mention de ces peuples.

THESBON , ville de la Paleſtine , au-delà du Jourdain , dans la tribu de Gad , au pays de Galaad , ſelon Joſeph.

C'étoit la patrie du prophète Elie , que l'écriture appelle le Thesbite & habitant du pays de Galaad.

THESCUS ou THESCON , ville da la Cherſonéſe de Thrace, ſelon Agathias & Procope.

THESEI-ARA ou THESEI-SAXUM, la Roche de Théſée , lieu du Péloponéſe , dans l'Argolide , ſur le chemin qui conduiſoit de Trœzène à Hermioné. Cette roche ſe nommoit autrefois l'autel de Jupiter Sthenius , & ne fut appelée la roche de Théſée , que depuis que ce héros y trouva les marques qui le firent reconnoître pour fils d'Egée.

Près de cette roche étoit un temple dédié à Apollon Plataniſtus , ſelon Pauſanias.

THESPANIS , fleuve de la Sarmatie Aſiatique. Ptolemée en indique l'embouchure entre celle du *Rhombitus* & la ville d'*Azara*.

THESPIA ou THESPIÆ , ville de la Béotie, qui étoit ſituée au bas du mont Hélicon , à environ cinquante ſtades de la ville de Thèbes. On y voyoit une ſtatue en bronze , qui repréſentoit Jupiter ſauveur.

Les Theſpiens avoient une très-grande vénération pour Cupidon : la ſtatue de ce dieu étoit une pierre ſans être travaillée. Praxitèle leur fit un Cupidon avec un beau marbre du mont Penthélique. Lyſippe leur en fit auſſi un de bronze. Les Theſpiens diſoient que la ſtatue faite par Praxitèle leur fut enlevée par Caïus , empereur Romain ; mais que Claudius la leur renvoya , & que Néron les en dépouilla encore & la fit transporter à Rome , où elle fut conſumée par le feu. Cette ſtatue étoit ſi belle que Cicéron contre Verrès, L. IV , & Pline, L. XXXVI , ch. 5 , diſent que l'on alloit à Theſpie , uniquement pour voir le Cupidon de Praxitèle. Le Cupidon que l'on voyoit au temps de Pauſanias , étoit imité de celui de Praxitèle , par Ménodore , Athénien; mais on y voyoit une Vénus & une Phryné en marbre, faites par Praxitèle même.

On voyoit dans un autre quartier de la ville , un temple qui étoit conſacré à Vénus *Melinis*.

Le théâtre & la place publique , étoient d'une grande beauté : cette dernière étoit ornée d'une ſtatue d'Héſiode en bronze. Près de là étoit une victoire auſſi en bronze , & une chapelle conſacrée aux Muſes , où chacune d'elles avoit une petite ſtatue en marbre.

La prêtreſſe du temple d'Hercule à Theſpies , faiſoit vœu de chaſteté perpétuelle. La raiſon que l'on en donnoit , étoit qu'Hercule , en une même nuit, débaucha les cinquante filles de Theſtius , à la réſerve d'une , qui ne voulut pas condeſcendre à ſes volontés. Hercule l'honora de ſon ſacerdoce , mais la condamna à demeurer toujours vierge. Pauſanias , L. IX , *Béotic.* Ch. 27.

Pauſanias & Etienne de Byzance écrivent ce nom au ſingulier , *Theſpia* ; M. d'Anville l'écrit au pluriel. Pauſanias , qui indique très-bien a poſition de cette ville , la place au bas de l'Hélicon : Θεσπεια ὑπὸ τὸ ὄρος τον Ελικῶνα ὤκιςαι. Il y avoit une ancienne tradition ſelon laquelle cette ville avoit été fondée par Theſpia , l'une des filles du fleuve Aſopus. Un ſentiment plus raiſonnable eſt que Theſpius , fils d'Erechthée , étoit venu d'Athènes en Béotie , & avoit donné ſon nom à cette ville. Je ne puis me refuſer au plaiſir de rapporter une petite hiſtoriette qui ſe débitoit au ſujet d'une ſtatue de bronze de Jupiter ſauveur , placée à Theſpie. Cette ville étoit , diſoit-on , déſolée par un dragon horrible. Jupiter , à la puiſſance duquel on avoit eu recours pour faire ceſſer ce fléau , ordonna de faire tirer au ſort un certain nombre de jeunes gens , & d'expoſer à la fureur du monſtre , celui ſur lequel le ſort tomberoit. Un aſſez grand nombre avoit péri de cette manière, lorſque le ſort tomba ſur Cléoſtrate. Méneſtrate , qui l'aimoit paſſionnément , voulant le préſerver de la dent du dragon , lui fit faire une cuiraſſe d'airain , garnie de crochets aigus : cet expédient n'eut pas le ſuccès qu'en avoit eſpéré Méneſtrate , car Cléoſtrate périt : mais le monſtre expira auſſi de ſes bleſſures. Comme ſa mort fut le ſalut des autres jeunes gens qui auroient été expoſés au dragon , on éleva une ſtatue à Jupiter ſauveur. Au temps de Pauſanias , on voyoit à Theſpie pluſieurs autres belles ſtatues.

Vénus avoit à Theſpie , une ſtatue de marbre , faite par Praxitèle.

THESPIÆ , ville de la Theſſalie , dans la Magnéſie , ſelon Etienne de Byſance & Pline.

THESPIUS , fleuve de la Grèce , dans la Béotie, ſelon Héſyche.

THESPROTI ( les *Theſprotes* ) , peuples de l'Epire , dans Theſprotie , au voiſinage des Ambraciotes , ſelon Hérodote.

L'établiſſement de ce peuple en Epire , fut moins ancien d'une génération que celui des Chaoniens; car Theſprotus , qui donna ſon nom à la Theſprotie , ſelon Euſtathe , étoit , ſelon Stephanus , fils de Pelaſgus , fils de Lycaon ; de ce Pelaſgus qui conduiſit le premier les Pélaſges en Epire.

Les Chaoniens & les Theſprotes ne faiſoient vraiſemblablement qu'un ſeul peuple ſous deux noms différens ; car dans ces premiers temps , il étoit ordinaire de voir changer de nom aux peuples, à meſure qu'ils changeoient de maîtres.

Pirithoüs ayant pris les armes pour aller chercher une femme , Théſée alla avec lui dans la Theſprothie , pour enlever la femme du roi des Theſprotes ; mais après avoir perdu une grande partie de leur armée , ſelon Pauſanias , ils furent faits priſonniers par Theſprotus , qui les mit aux fers dans la ville de *Cichyrus*. Diodore de Sicile rapporte que cette ville fut priſe par Hercule , qui délivra Théſée & Pirithoüs , après avoir tué

Phyléas ou Phylas, un des fucceffeurs de Thefprotus.

Paufanias, en expliquant la defcente d'Enée aux
enfers, dit que fa femme étant morte, il fut dans un
endroit de la Thefprotie appelé Aorne, où l'on confultoit un ancien oracle pour l'évocation des morts.

THESPROTIA ou THESPROTIS, petite contrée
de l'Epire, au midi de la Chaonie, & elle avoit
à l'orient le lac Ambracius & l'Ambracie.

Il eft fait mention de cette contrée par Thucydide, Hérodote, Scylax, Strabon, Paufanias,
Étienne de Byfance, &c.

Les Dryopes furent maîtres de la Thefprotie
pendant une partie du temps que dura la prifon
de Théfée; mais ils furent vaincus & difperfés
par Hercule. Cela ne mit pas fin à la monarchie des
Thefprotes, puifque Homère parle d'un nommé
Phidon, roi des Thefprotes & contemporain d'U-
liffe; mais elle ne fut plus d'une longue durée,
car Plutarque dit que Néoptolème, fils d'Achille,
à fon retour de la guerre de Troye, trouvant
qu'on avoit envahi les états de fon père en Theffalie, fut en Epire, avec beaucoup de troupes,
s'empara du pays & s'y établit.

Le lieu Aorne où l'on alloit confulter un ancien oracle pour l'évocation des morts, étoit dans
la Thefprotie. Ce mot fignifie fans oifeaux ou
contraire aux oifeaux.

Les auteurs nommés ci-deffus, mettent l'Aché-
ron, fleuve d'enfer, dans la Thefprotie.

La Thefprotie, confidérée comme partie de
l'Epire, avoit à l'eft Ambracia & le golfe Ambra-
cien que l'on appelle aujourd'hui golfe d'Ambracie,
& au fud elle avoit la mer.

Mais dans la fuite, les Caffiopéens ayant été
féparés des Thefprotiens, la Thefprotie eut des
bornes plus étroites.

Ce pays étoit arrofé par trois fleuves, qui font
de l'oueft à l'eft, le Thiamis, le Cocyte & l'A-
chéron. Ces deux derniers traverfoient le lac Ache-
rufia & fe rendoient enfuite à la mer.

Paufanias prétend qu'Homère ayant vu ces
deux derniers fleuves dans fes voyages, & leurs
eaux ne lui ayant pas paru telles, il en fit les
fleuves des enfers. Delà s'eft confervé le nom du
Cocyte, qui certainement ne feroit guère connu
fans la place que les poëtes lui ont fait occuper.

THESSALIA (la Theffalie), contrée célèbre
de la Grèce. Elle avoit des bornes naturelles, que
les événemens politiques n'ont pu changer; auffi
ce nom de Theffalie demeura-t-il affez conftamment à la même érendue de pays.

Cette province avoit au nord le mont Olympe,
partie d'une petite chaîne de montagnes qui la
féparoit de la Macédoine; à l'eft, la mer Égée
& les monts Offa & Pélion; au fud, une chaîne
de montagnes appelée le mont Œtha & l'Othrys;
& à l'oueft, le Pindus ou Pinde: fa forme eft
très-irrégulière au fud-eft, où elle forme deux
prefqu'îles; l'une, renfermant une partie de la

Magnéfie; l'autre, une partie de la Phthiotide. La
première, en fe recourbant vers le fud-eft, refferre
l'entrée d'un golfe appelé Sinus Pelafgicus, ou golfe
Pélafgique: la feconde, au contraire, fe dirige
vers le fud-oueft, & laiffe un détroit entre elle &
l'île d'Eubée. Entre cette prefqu'île & le continent,
il y a auffi un golfe appelé Maliacus Sinus; fon
entrée eft fermée par les Thermopyles du côté
du continent, & du côté de la prefqu'île, par une
pointe de terre où étoit la ville d'Echinus.

Les principales rivières de la Theffalie étoient,
1°. le Peneus ou Pénée (la Salampria), venant du
nord-oueft, où fa fource fe trouve dans la chaîne
de montagnes qui, en venant vers le fud, forme
le Pinde. Il coule d'abord vers le fud-eft, arrofe
la ville de Gomphi, puis tourne à l'eft, arrofe Pellinæum, Pharcadon, Atrax, Lariffa, où il remonte
un peu au nord (1), puis reprend fon cours
vers l'eft, où étoient quelques forpereffes; enfin
il entre dans la belle vallée de Tempé, puis fe rend
à la mer, ayant le mont Offa au fud, & la
fuite de l'Olympe au nord.

2°. L'Aphidanus venoit du fud, où étoit la
Dolopia, remontoit au nord, traverfoit dans la
Theffaliotide les plaines de Pharfale, puis fe ren-
doit dans l'Alphée à l'oueft de Lariffa.

3°. L'Oncheftus commençoit affez loin au fud de
Lariffa, paffoit par le Palus Bœbeis, & après
avoir reçu le Naurus, fe rendoit dans le golfe
Pélafgique, entre Démétrias à fa gauche, & Pa-
gafæ à fa droite.

4°. Le Sperchius, qui, commençant au fud-oueft
dans un angle que forme une des chaînes du
Pinde avec celles du mont Œta, remonte vers
le nord-eft, arrofoit Sperchium, tournoit à l'eft,
paffoit à Hypata, recevoit l'Achelous (de Theffalie), qui fortoit du mont Othrys; & depuis
Lamina, ils fe rendoient enfemble dans le golfe
Maliaque, que l'on eût dû nommer Lamiaque,
fi ce nom n'eût pas été altéré.

Il y avoit même beaucoup d'autres fleuves;
car ce pays eft très-arrofé, parce qu'il eft, en
quelque forte, entouré de montagnes. Cette difpofition phyfique des terres rend très-vraifemblable ce que les anciens ont dit du déluge de
Deucalion. Il a pu exifter une abondance de neige
fur les montagnes, & enfuite une fonte de ces
neiges telle que l'intérieur du pays, auffi-bien
que les terres au fud, en fuffent fubmergées.

Ces terres, long-temps marécageufes, ne furent
pas d'abord habitables; c'eft ce qui fit, felon
M. Freret, que leurs premiers habitans fe tinrent fur
des chevaux, pour y conduire leurs troupeaux dans
des pâturages abondans. De-là la fable & le nom
des centaures ou pique-bœufs, qui, vus de loin,
parurent moitié hommes & moitié chevaux.

De-là auffi une très-grande abondance de

_____

(1) Cette direction a été donnée par M. Choifeul-
Gouffier; elle étoit inconnue à M. d'Anville.

plantes, les unes curatives & médicinales, les autres vénéneuses & malfaisantes. La connoissance de leurs différentes propriétés influa sur la réputation des Thessaliens ; ils furent regardés comme des espèces d'enchanteurs, qui avoient l'art de produire des effets surnaturels. Voyez l'histoire très-ancienne du vieil Eson & des filles de Pélias, qui suppose que l'on avoit pensé à la transfusion du sang, & que les enchantemens des Thessaliens le rendoient possible. Voyez aussi les enchantemens dont il est parlé dans l'Ane d'or d'Apulée.

L'antiquité n'a pas tout blâmé dans la Thessalie. Elle a, au contraire, beaucoup vanté les charmes de la belle vallée de Tempé ; elle est étroite & près de la mer, mais à l'abri du froid des hautes montagnes & des fortes chaleurs des plaines ; les troupeaux y trouvoient une pâture abondante & un air bienfaisant ; les bergers s'y plaisoient, & l'amour présidoit à leurs fêtes.

Les principaux peuples de la Thessalie étoient les Æthices, fort reculés vers le nord-ouest. C'étoit chez eux qu'étoit la ville d'Oxinia, auprès d'un lac, entre de petites chaînes de montagnes ;

Les Pelagoni Tripoliti, dans un grand bassin, séparé de la Macédoine par la chaîne de montagnes appelée Cambrunii montes. On les surnommoit Tripolitains, ou des trois villes, à cause des villes de Doliche, Pythium & Azorus, qui leur appartenoient ; dans la partie orientale de ce bassin il y avoit l'Ascuris Palus, ou le marais Ascuri.

Les Perrhebi étoient au sud des montagnes qui formoient ce bassin ; ils s'étendoient de l'ouest à l'est, au nord du Pénée. On trouvoit chez eux les fleuves Curatius, Eurotas, Atrax, Titaresius, coulant du nord au sud, & dont le Pénée recevoit les eaux.

Au sud du Pénée, vers l'ouest, étoit l'Estiaeotis ou l'Estiotide, arrosée par les fleuves Ion & le Thæus, qui venoient aussi du nord dans le Pénée. Ce pays avoit à l'ouest & au sud, le mont Pindus. Les villes les plus considérables étoient Gomphi, Trica, Pellinaeum, Pharcadon.

La Pelasgiotis ou Pélasgiotide, étoit à l'est, ayant le Pénée au nord : elle commençoit à l'ouest, ce me semble, de l'Apidamus : ce fleuve y recevoit à sa droite, l'Enipeus, qui passoit à Pharsale.

Les principales villes de cette partie de la Thessalie étoient, Larissa, regardée comme la capitale de toute la Thessalie ; Pharsalus ou Pharsale, Scotussa, Cranon, &c.

La Thessaliotis étoit, au sud, arrosée par la partie inférieure du cours de l'Enipeus. Elle avoit au sud le mont Othrys, & au sud-ouest, la Dolopia.

Sa principale ville étoit Melitaea sur l'Enipeus.

La Phthiotis ou Phthiotide, étoit au sud-est, & se terminoit, comme je l'ai dit, par une presqu'île. Quoique le bassin de l'Amphrysus fût formé par une petite chaîne de montagnes allant du nord-ouest au sud-est, on peut, je crois, regarder comme appartenant à la Phthiotide les villes qui

se trouvoient au sud-ouest de cette chaîne ; & par conséquent les terres arrosées par une partie du cours du Sperchius & par l'Achelous. Les principales villes étoient Pheræ, au nord ; Thaumaci, à l'ouest ; Alos & Lamia au milieu ; Phalara au fond du golfe Amaliaque ; dans la presqu'île, Thebæ, Larissa, Cremasta & Echinus ; à l'extrémité le port d'Aphetæ, où vinrent les Argonautes ; Heraclæa Trachinia, au sud-est. A partir de cette ville, le chemin conduisoit aux Thermopyles, qui en étoient fort proche.

La Magnesia ou Magnésie, n'étoit séparée de la mer que par le mont Pélion. On y trouvoit Demetrias, ville considérable, mais moderne, en comparaison d'Io'cos, qui en étoit tout près. Au sud-est, sur la côte orientale, étoit la ville de Magnesia ; & à l'extrémité de la presqu'île au sud-ouest, la ville d'Antium.

Au fond du golfe Pelasgiotique il y avoit deux petites îles, connues sous le nom de Deucalion & de Pyrrha.

La Dolopia étoit vers l'Étolie, & ne renfermoit pas de villes considérables.

L'extrémité du sud-est de la Magnésie étoit terminée par le promontoire Sepias, où la flotte de Xerxès fut battue de la tempête.

Au reste, les Thessaliens ont eu dans l'antiquité une réputation assez équivoque. Leur cavalerie étoit estimée ; mais la nation passoit pour être perfide. Une trahison, une pièce de fausse monnoie, se nommoit un tour, une pièce de Thessalie.

THESSALONICA, ville de la Macédoine, située sur le golfe Thermaïque. Elle est construite sur le penchant d'une montagne élevée en amphithéâtre, dont le sommet étoit défendu par un château d'une vaste étendue. Strabon dit que ce lieu étoit nommé Therma, & n'étoit qu'un village ; mais Cassandre l'agrandit considérablement, & y transporta les habitans de quelques villes voisines, & lui donna le nom de Thessalonique, sa femme, sœur d'Alexandre-le-Grand.

Lorsque la Macédoine fut conquise sur Persée, son dernier roi, par Paul Emile, 168 ans avant J. C., elle fut divisée en quatre parties : Thessalonique fut la capitale de la seconde. Le gouvernement particulier de la ville de Thessalonique étoit réglé par des magistrats, que l'on nommoit Politarques. Sous l'empire grec, cette ville continua d'être gouvernée par un sénat.

Cicéron, lors de son exil, passa quelque temps à Thessalonique.

Cette ville adoroit plusieurs divinités, & a rendu un culte public à plusieurs empereurs. Jupiter étoit principalement honoré à Thessalonique, comme père d'Hercule, tige de la famille royale.

Apollon étoit aussi représenté sur les monumens. Un Cabire avoit un temple dans Thessalonique. Les jeux cabiriens & les jeux pythiques furent représentés dans cette ville en l'honneur des Cabires ; les jeux olympiques y furent aussi célébrés en l'honneur de Jupiter.

Cette riche & puissante ville avoit, pour les spectacles & pour l'amusement de ses citoyens, un amphithéâtre où l'on donnoit des combats de gladiateurs, & un cirque pour les jeux publics. Les empereurs Valérien & Gallien lui donnèrent le titre de colonie. Elle avoit le titre de Néocore.

THESSALIOTIS ou THESSALIOTIDE: elle faisoit partie de la Thessalie. Cette partie étoit petite & rétrécie entre l'Estiæotide au nord, & le Pinde au sud. De l'est, elle s'élargissoit & s'avançoit au sud vers la Grèce, entre les Driopes à l'ouest, & la Thrachinie à l'est. Elle étoit bornée au sud par le mont Œta, & à l'est par la Phthiotide.

THESTE, fontaine de la Libye, près d'Irasa, où les Egyptiens furent battus par les Cyrénéens, selon Hérodote, L. IV, §. 159.

THESSYRIS, fleuve de la Sarmatie Asiatique. Ptolémée en indique l'embouchure entre Œnantia & le lieu nommé Fortia Mœnia.

THESTIA, ville de l'Epire, dans l'Acarnanie, selon Polybe.

THESTIA, fleuve du Péloponèse, dans la Laconie, sur le fleuve Eurotas, selon Cédrène.

THESTIDION, ville de Grèce, dans la Thessalie, selon Hellanicus, cité par Étienne de Bysance.

THESTIDION, marais de la Thrace, sur le bord duquel étoit bâtie la ville de Nysa, selon Etienne de Bysance.

THESTIS, ville qui appartenoit aux Arabes, selon Etienne de Bysance.

THESTIS, ville de l'Afrique, dans la Libye, selon Etienne de Bysance.

THESTIS, fontaine de l'Afrique, dans la Cyrénaïque, près de la ville d'Irasa.

Hérodote rapporte que les Cyrénéens remportèrent une victoire signalée sur les Egyptiens, près de cette fontaine. La même que Theste.

THESTORUS, ville de la Thrace, selon Théopompe, cité par Etienne de Bysance.

THESTROTONICA, lieu de l'Asie mineure, dans la Carie, selon Etienne de Bysance.

THETIDIUM, bourgade de la Thessalie, près de la vieille & de la nouvelle Pharsale, selon Polybe.

THEUBATUM, lieu fortifié de la basse Egypte, entre Péluse & Babylone, selon S. Jérôme.

THEUDALIS ( Thimida ), village de l'Afrique, sur le bord du lac d'Hippo Zaritus, à sept milles au sud-ouest de cette ville. Il en est fait mention par Ptolémée.

On y trouve quelques restes d'antiquités.

THEUDENSE, ville de l'Afrique propre, selon Pline.

Dans la notice des évêchés de l'Afrique, cette ville est comptée pour épiscopale, & placée dans la Byzacène.

THEUDORIA, nom d'une ville de l'Atha-

manie, selon Polybe : les Macédoniens en furent chassés par les Romains.

THEUDURUM, ville de la basse Germanie, sur la route de Colonia Trajana à Colonia Agrippina, entre Mederiacum & Coriovallum, selon l'itinéraire d'Antonin.

THEVESTE ( Tiffeste ), ville de l'Afrique propre, selon Ptolémée. Elle étoit dans une belle plaine de l'intérieur du pays, sur le bord d'une rivière à l'est de Sigus, & à l'est-sud-est de Cirta.

Dans l'itinéraire d'Antonin, cette ville a le titre de colonie Romaine, & est placée sur la route de Carthage à Césarée, entre Ammedera Colonia & Attaba.

THEUMA, nom d'un village de la Macédoine, selon Tite-Live.

THEUMUSIA ARVA, & THEUMUSIA JUGA, champs & montagnes de la Grèce, dans la Béotie, selon Stace.

THEU-PROSOPON, promontoire de la Phénicie, entre Tripolis & Botrys, selon Ptolémée.

Ce promontoire est nommé Euprosopon, par Pomponius Méla.

THEUSTHES, nom de l'un des peuples Barbares qui habitoient dans la Scandinavie, selon Jornandès.

THEUTIS, petite ville de l'Arcadie, au sud du fleuve Ladon & près de celui Tuthoa.

Elle tiroit son nom d'un ancien héros, chef des troupes que ses habitans envoyèrent se joindre aux autres Grecs prêts à partir pour Troye. Un différend survenu entre lui & Agamemnon, lui fit abandonner la cause commune ; il revint dans sa patrie. Cette ville n'étoit plus qu'un bourg au temps de Pausanias : les temples de Vénus & de Diane en étoient les plus considérables.

THIA ou DIVINE, île qui parut l'an 46 de J. C. sous l'empire de Claude, selon Sénèque, L. II, ch. 26. C'étoit l'une des Cyclades, & elle étoit située entre celles de Thera & de Therasia, à environ 190 toises de cette dernière. Elle aura disparu ou aura été réunie à celle d'Hiera, vers l'an 726, lors d'une violente éruption qui eut lieu dans ce temps-là.

THIA, lieu de la Grèce, dans la Béotie, au voisinage de la ville de Delphes, selon Hérodote.

THIA, ville du Pont Cappadocien, sur la route de Trapézunte à Satala, entre Zigana & Sedissca-pisonti, selon l'itinéraire d'Antonin.

THIAGOLA, nom que l'on a donné à l'embouchure la plus septentrionale du Danube, & aux marais qu'elle forme avant de se jeter dans le Pont-Euxin, selon Ptolémée.

THIALLELA, bourgade de l'Arabie heureuse, chez les Adramites, selon Ptolémée.

THIAR, ville de l'Hispanie, sur la route de Tarragone à Castulo, entre Illicis & Carthage, selon l'itinéraire d'Antonin.

THIAUMA, ville de l'Albanie, entre les fleuves *Cafius* & *Gerrus*, felon Ptolemée.

THIBARI, fiège épifcopal d'Afrique, dans la Byfacène, felon les actes du concile tenu fous S. Cyprien en 255.

THIBINIS, ville de l'Afrique, dans l'intérieur de la Mauritanie Céfarienfe, felon Ptolemée.

THIBURSICUMBURE (*Tuberfok*), petite ville d'Afrique, qui étoit fituée fur le bord d'une petite rivière qui fe perdoit à la droite du fleuve Bagrada, un peu au-deffous de cette ville.

Elle étoit fituée fur le penchant d'une colline, au fud-oueft de Tunes.

On y voit les ruines d'un temple, & une belle fontaine qui y étoit enfermée autrefois.

Cette ville a été fiège épifcopal de la province proconfulaire.

THICATH, ville de l'Afrique. Ptolemée l'indique dans l'intérieur de la Mauritanie Tingitane.

THICIS, ou TICERI, fleuve de l'Hifpanie, dans la Tarragonoife, près de la ville de *Rhoda*, felon Pomponius Méla.

THICIS ou TICHIS, fleuve de la Gaule Narbonnoife, felon Pomponius Méla.

THIENNA, fiège épifcopal de la province d'Hellade, felon le concile de Chalcédoine, cité par Ortélius.

THIGA, ville de l'Afrique, dans la Libye intérieure, fur le bord feptentrional du Niger, felon Ptolemée.

THIGIBA, ou THIGNICA COLONIA (*Tunga* ou *Tannica*), colonie Romaine en Afrique, dans la nouvelle Numidie, felon Ptolemée.

Elle étoit fituée fur la droite du fleuve *Bagrada*, au fud-oueft de *Tunes*.

On y voit les ruines d'un temple.

THILALICOMUM, ville de l'Afie, vers la Cyrrheftique, fur la route de Callecome à *Ediffa*, entre *Hierapolis* & *Bathæ*, felon l'itinéraire d'Antonin.

THILBISINA, ville de l'Afie, dans la Méfopotamie, felon la notice des dignités de l'empire.

THILLAAMANA, nom d'une ville de l'Ofrhoène, felon la notice des dignités de l'empire.

THILLACAMA, nom d'une ville de l'Ofrhoène, felon la notice des dignités de l'empire.

THILLADA-MIRRHADA, maifon royale de l'Afie, dans la Méfopotamie, fur le bord de l'Euphrate, au fud-eft de *Nicephorium*.

THILLAFICA, ville que la Notice des dignités de l'empire indique dans l'Ofrhoène.

THILLATICOME, ville de la Méfopotamie, dans l'Ofrhoène. Elle étoit fituée dans une plaine entre une chaine de montagnes & l'Euphate, à l'orient de ce fleuve, vers le 35ᵉ degré 55 minutes de latitude.

THILLAZAMARA, ville de l'Afie, dans l'Ofrhoène, felon la notice des dignités de l'empire.

THILTAURI, ville de l'Afie, dans la Syrie. Elle étoit fituée au fommet des montagnes, dans la partie occidentale de l'Euphrate, à l'eft de la ville de Chalbon, vers le 35ᵉ degré 45 minutes de latitude.

THILUTHA (*Anatelbes*), île avec une ville du même nom, dans le cours de l'Euphrate, vers le 33ᵉ degré 55 minutes de latitude.

Dans la marche de Julien, décrite par Ammien Marcellin, on trouve *Thiluttha*, place très-forte, en un lieu très-élevé au milieu du fleuve. Il ajoute que cette ville ne répondit point à la fommation qui lui fut faite de fe rendre.

THIMANEI, peuples de l'Arabie heureufe, au voifinage des *Nabathæi*, felon Pline.

THIMARUM, ville peu confidérable de la Theffalie, felon Tite-Live.

THIMBRUS, lieu de l'Afie mineure. Il en eft fait mention par Xénophon.

THIMONEPSIS, ville de l'Egypte, au-delà du Nil, fur la route de l'Arabie, entre *Alyis* & *Aphrodites*, felon l'itinéraire d'Antonin.

THINA, ou THIUA, fiège épifcopal, fous la métropole de *Tarfus*, felon la notice des patriarchats d'Antioche & de Jérufalem, publiées par Schelftrate.

THINÆ ou SINÆ, ville de l'Inde, près du fleuve *Cotiaris*, & la métropole du pays des Sines, felon Ptolemée.

THINGA, ville de l'Afrique, dans la Libye, felon Hécatée, cité par Etienne de Byfance.

THINIAS, promontoire de la Thrace, fur le Pont-Euxin, felon Ptolemée.

THINISA, fiège épifcopal d'Afrique, dans la province proconfulaire, felon les actes du concile tenu fous S. Cyprien.

THINISSA (*Mezel-je-meine*), village qui étoit fitué fur le bord du lac d'*Hippo-Zaritus*, à trois milles au fud-eft de cette ville. Il en eft fait mention par Ptolemée.

On y trouve quelques reftes d'antiquités.

THINITES ou THŒNIS, nôme de l'Afrique, dans la Marmarique, felon Ptolemée & Agatarcis.

*Ptolemaïs Hermiï* étoit la métropole de ce nôme.

THINODUS, montagne de l'Egypte, entre les monts *Ogdamus* & *Azar*, felon Ptolemée.

THINTIS, ville de l'Afrique, dans l'intérieur de la Pentapole, felon Ptolemée.

THIROPHAGI, peuple de la Sarmatie Européenne, à la fource du fleuve *Rha*, felon Ptolemée.

THIRZA, petit lieu de la Paleftine.

THIS, ville de l'Egypte, au voifinage d'*Abydos*, felon Etienne de Byfance.

Gronovius remarque avec raifon qu'aucun auteur ne parle de cette ville ; à quoi l'on peut ajouter que l'on ne connoît d'*Abydos* que fur l'Héléfpont : ce qui rend très-fufpect d'erreur le fentiment d'Etienne de Byfance.

THISA,

THISA, ville du Péloponèse, dans l'Arcadie, près du mont Lycée, selon Pausanias.

THISAPHALTA, lieu de l'Asie, aux environs de la Méfopotamie, selon Ammien Marcellin.

THISBE, ville de la Grèce, dans la Béotie. Elle étoit située entre deux montagnes, dont l'une étoit sur le bord du golfe de Corinthe.

La ville de *Thisbe* étoit située dans la partie occidentale de la Béotie, près de l'Hélicon, & peu éloignée, à l'est, de la partie du golfe de Corinthe appelée *Alcyonium Mare*. On avoit pratiqué une digue pour empêcher, dans le fond où elle étoit, les eaux de submerger les terres. M. d'Anville a porté l'attention jusqu'à indiquer cet amas d'eau sur sa carte de la Grèce.

Pausanias dit que de *Thisbe* à *Bulis*, il y avoit un chemin de quatre-vingts stades de long. Cette ville renfermoit un temple d'Hercule, où il étoit représenté en marbre & debout. On y célébroit tous les ans des fêtes en l'honneur de ce dieu. Au reste *Thisbe* étoit censée avoir reçu son nom d'une nymphe du pays.

Comme les historiens ne donnent aucun détail sur cette ville, on ne voit pas ce qui peut lui avoir mérité de la part d'Homère, l'épithète de πολυτρήρωνα, formée de τρήρων, une colombe, & d'un mot qui signifie *nombreux*, *abondant*.

THISBE, ville de la Palestine, dans la Galilée, au midi de celle de Cades.

THISBE, fontaine de l'Asie, dans la Cilicie, selon S. Clément.

THISICA, ville de l'Afrique propre, & l'une de celles que Ptolemée indique entre la ville de *Thabraca* & le fleuve *Bagradas*.

THISOA, ville de l'Arcadie, au nord du mont *Lyceus*, & à l'ouest de *Megalopolis*.

Elle avoit appartenu aux Parrhasiens; elle fit ensuite partie des terres de Megalopolis. On en attribuoit la fondation à l'une des nymphes qui avoient élevé Jupiter.

THISOA, lieu peu connu de l'Arcadie, à l'est du fleuve *Ladon*. Pausanias le désigne par le nom χωρά, région, emplacement.

THISSAMISSA, ville de l'Asie mineure, dans la Carie, selon Pomponius Méla.

THISSE, lieu de la Sicile, à ce qu'il semble à Ortélius, qui cite Silius Italicus.

THISTZIMA, ville de l'Afrique, dans l'intérieur de la Mauritanie Césarienne, selon Ptolemée.

THIZIBIS, ville de l'Afrique propre, selon Ptolemée.

THMUS ou THMUIS, ville de la basse Egypte, vers la bouche du Nil appelée Mendese, entre *Tanis* & *Cynon*, selon l'itinéraire d'Antonin. On voit que Titus s'étant embarqué à *Cynopolis*, y aborda.

Ce nom signifioit en langue égyptienne un bouc. Elle avoit donné son nom au nôme Thmuites.

*Géographie ancienne. Tome III.*

THNOCIA, ville du Péloponèse, dans l'Arcadie, selon Pausanias.

THOANA, ville que Ptolemée indique dans l'intérieur de l'Arabie Pétrée.

THOANES, peuple de l'Asie, au-dessus de la Colchide, & au voisinage des *Phthirophagi*, selon Strabon.

THOANTIUM, lieu sur la côte de l'île de Rhodes, selon Strabon; mais Ptolemée dit que c'est un promontoire de l'île *Carpathus*, qu'il indique sur la côte de l'île de Rhodes.

THOAR, ville de l'Afrique, sur la côte septentrionale de l'île Meninx, selon Pline.

Cette ville est nommée *Gerra* par Ptolemée.

THOARIS, fleuve de l'Asie, dans la Cappadoce. Arrien indique son embouchure entre celle du fleuve *Beris* & le lieu nommé *Œnoe*, à soixante stades du premier, & à trente du second.

THOAS, nom que l'on donnoit anciennement au fleuve *Achelous*, qui séparoit les Etoliens des Acarnaniens, selon Strabon & Etienne de Bysance.

THOCEN ou THOCHEN, ville de la Palestine, dans la tribu de Siméon, selon les Paralipomènes.

THOES, peuples qui habitoient aux confins de la Thrace, selon Ortélius, qui cite un fragment du second livre de Porphyre.

THOITORUM, peuples de l'Egypte, selon une lettre des évêques de leur pays, à l'empereur Léon.

THOLAD, ville de la Palestine. La tribu de Juda la céda à celle de Siméon, selon Josué.

THOLOBI. Ce mot ressemble assez à celui de *Tolobis*, que l'on trouve dans Ptolemée, pour qu'on ne croie celui du même lieu de l'Hispanie; mais les différentes manières de lire Pomponius Méla ont fait croire à quelques auteurs que c'étoit dans ce géographe celui d'un fleuve: peut-être y avoit-il une bourgade & un fleuve de ce nom.

THOLUBANA, ville de l'Inde, en-deçà du Gange. Ptolemée l'attribue aux *Poruari*.

THOLUS ou THALYNTES, ville de l'intérieur de l'Afrique. Appien rapporte qu'elle fut prise par Syphax, qui passa la garnison romaine au fil de l'épée.

THOMAITE, nom d'un patriarchat, selon les constitutions des empereurs d'Orient, citées par Ortélius.

THOMANII, peuples de l'Asie, aux environs de la Parthie, selon Hérodote.

THOMUM ou THOMUS, ville de l'Egypte, au-delà du Nil, entre *Chenoboscion* & *Panu*, selon l'itinéraire d'Antonin.

THON, nom d'une ville de l'Afrique propre. Selon Appien, ce fut où se retira Annibal, après la défaite de son armée par Scipion.

THONIS, ville de l'Egypte, vers l'embouchure Canopique, selon Etienne de Bysance & Strabon; mais elle ne subsistoit plus au temps de ce dernier.

V v

THOPHEL, lieu en-deçà du Jourdain & près de la mer Rouge. *Deutéronome.*

THOPO ou THOPHO, ville de la Judée. Elle avoit été fortifiée par Bacchides, & il en est parlé au premier livre des Machabées.

THORA, ville de l'Italie, dans la Campanie, selon Florus.

THORÆ, peuples de la Grèce, dans la tribu Antiochide, selon Etienne de Byfance.

THORAX, montagne de la Magnésie, selon Diodore de Sicile & Strabon. Ces auteurs rapportent qu'un certain grammairen nommé Daphitis fut crucifié sur cette montagne par ordre d'un des rois de Lydie, pour avoir offensé les rois de Lydie dans quelques vers. Il ajoute qu'un oracle lui avoit annoncé qu'il eût à se défier du mont Thorax.

THORAX, ville située en Etolie, selon Etienne de Byfance.

THORIEUS, bourg de l'Attique, de la tribu Acamantide. Strabon ( *L. IX, p.* 611 ), en parle, mais sans en rien dire de particulier. Ce lieu étoit sur la côte orientale, un peu au nord du promontoire *Sunium.*

Pline dit que ce lieu étoit riche en émeraudes & en mines d'argent. On dit actuellement Thorico.

THORNAX, nom d'une montagne du Péloponnèse, dans la Laconie. Cette montagne étoit couverte de bois qui étoient pleins de bêtes sauves, & on y voyoit une statue d'Apollon *Pythaeüs*, qui étoit faite sur le modèle de celle qui étoit à Amyclées. Pausanias, *L. III, Lacon. ch.* 10.

Au sommet de cette montagne étoit un temple dédié à Jupiter.

Pausanias dit que, lorsque Jupiter se fut métamorphosé en coucou sur cette montagne, elle prit le nom de *Coccygion* du mot Κοκκυξ, un coucou.

Le temple d'Apollon qui étoit au bas de la montagne n'avoit ni toit, ni porte, ni statue.

THORNOS, île située dans le voisinage de celle de Corcyre, en allant vers la côte de l'Italie, selon Pline.

THORSUS ou THYRSUS, fleuve qui coule au milieu de l'île de Sardaigne, selon Pausanias. Il est nommé *Thyrsus* par Ptolémée.

THORUNUBA, ville de l'Afrique propre. Ptolémée l'indique entre le fleuve *Bagradas* & la ville de *Thabraca.*

THORICIUM, ville de l'Italie, au voisinage de celles de Crotone & de *Crimissa*, selon Isacius, cité par Ortelius.

THOSPIA ( *Erzen* ), ville de l'Asie, au sommet du lac *Thospites*, selon Ptolémée. Cette ville donnoit son nom au lac & à la contrée.

THOSPITES, lac de l'Asie, près du mont *Niphates*. Ce lac étoit traversé par le Tigre, selon Ptolémée.

THOSPITIS, contrée de l'Asie, où étoit situé le lac *Thospites* & la ville *Thospia* qui lui donnoit son nom.

THOU, ville de l'Egypte, sur la route de Péluse à Memphis, entre *Tacasarta* & *Scenæ Vetera*, selon l'itinéraire d'Antonin.

THRABUNACTUM, ville de l'Afrique propre, sur la route de *Tacapæ* à la grande *Leptis*, entre *Adaugmagdum* & *Framus Dispis*, selon l'itinéraire d'Antonin.

THRACIA ( *la Thrace* ), grand pays de l'Europe, situé au sud-est. La nature avoit donné pour bornes à ce pays, au sud la mer Egée, la Propontide & le Bosphore de Thrace ; à l'est, le Pont-Euxin. Les anciens politiques ne sont pas également d'accord sur les bornes de ce pays, au nord & à l'ouest. Deux causes ont dû y apporter de la différence & des changemens.

1°. Les Grecs, très-différens des Thraces pour les mœurs & pour le langage, les ont long-temps traités de barbares, & n'ont pas connu ce pays dans tout son intérieur.

2°. Ce pays n'a pas conservé toute l'étendue qu'il a eue nécessairement. Car on ne connoît d'abord au-delà de la Thrace, en remontant au nord, que la Scythie : on le voit par Hérodote. Il est probable que tout l'espace qui va jusqu'au Danube, étoit nommé Thrace ou Scythie. Mais lorsque les conquêtes eurent fait connoître les détails du pays, que les Scythes se furent éloignés, que ces provinces eurent été soumises aux Romains, la Thrace eut pour bornes, au nord, la chaîne du mont *Hæmus.*

Il en fut de même des bornes de la Thrace à l'ouest. Certainement avant le règne de Philippe, & d'Alexandre, la Thrace devoit s'étendre jusqu'à l'*Axius* au golfe Thessalonique. Mais les rois de Macédoine ayant porté leurs conquêtes de ce côté, & soumis le pays jusqu'au Strymon & même au-delà, la chaîne de montagne qui du nord au sud sépare le *Strymon* du *Nestus*, servoit de bornes à la Thrace.

Une presqu'île au sud, entre le *Melanes Sinus* ou le golfe Mélanique, & l'Hélespont, faisant partie du continent de la Thrace, en avoit pris le nom de Chersonèse de Thrace. Mais elle fut conquise par les Grecs d'assez bonne heure.

Le continent de la Thrace peut être divisé en six parties, savoir :

1°. La partie bornée à l'ouest par le *Melas*, petit fleuve qui se jetoit au fond du golfe de son nom. Elle avoit au sud la Chersonèse & la Propontide ; à l'est, le Bosphore de Thrace & le Pont-Euxin.

Les principales villes de cette partie étoient, sur le bord de la Propontide, *Ganos* ; *Bisanthe*, appelée aussi *Rœdestus* ; *Perinthus*, appelée aussi

*Heraclea ; Selymbria , Byſantium.* Sur le Pont-Euxin , *Dercon , Salmydeſſus.*

C'étoit à partir de l'eſt de Périnthe , que , formant une courbure vers le nord , le *Macrontichos* , ou la longue muraille , s'étendoit juſqu'à la ville de *Dercon :* mais cet ouvrage étoit d'un temps poſtérieur à la haute antiquité.

2°. La ſeconde partie de la Thrace s'étendoit du *Melas* à l'*Hebrus.* Elle étoit étroite , & ne renfermoit guère de villes conſidérables que ſur les bords de l'Hèbre. Ce fleuve commençant au nord , au mont *Hæmus* , arroſoit pluſieurs villes: les principales étoient , *Philippolis* , & *Adrianopolis* , apelée d'abord *Oreſtis ; Trajanopolis* , & ſe rendoit à l'entrée du golfe Mélanique , près la ville d'Enos.

3°. La troiſième partie étoit entre l'Hèbre & le lac *Biſtonis* à l'oueſt , d'où l'on tiroit une ligne pour remonter vers le nord ; & même quelques auteurs ont diviſé cette partie en deux: l'une de l'Hèbre au *Liſſus ;* l'autre du *Liſſus* au lac *Biſtonis.* On y trouvoit ſur le bord de la mer , *Maronea* , & dans les terres , *Scaptahyla* , ville riche par ſes mines.

4°. Entre le lac *Biſtonis* & le *Neſtus* à l'oueſt ; cette partie étoit fort étroite. La ſource du *Neſtus* étoit vers le nord-oueſt dans le mont Rhodope , qui étoit moins au nord que le mont *Hæmus.* On trouvoit le long du *Neſtus* les villes de *Iamphorinum* & de *Nicopolis ad Neſtum.*

5°. La partie qui étoit au nord du *Tæarus* , fleuve dont la ſource eſt dans des montagnes au ſud de *Delnetum* , & peu loin du Pont-Euxin , & qui ſe rendoit dans l'Hèbre par la gauche.

6°. La ſixième partie étoit au nord de cette partie de l'Hèbre qui , depuis *Beſſa* , couloit vers le ſud-eſt juſqu'à *Oreſtis.* On y trouvoit la ville de *Berœa* & celle de *Cabyla* , au ſud de l'*Hæmus.* Si l'on étend cette partie juſqu'au Pont-Euxin , on y placera ſur la côte , ou très-près en deſcendant du promontoire formé par l'extrémité de l'*Hæmus* , & par cette raiſon nommé *Hæmi-extrema ;* ou trouvera , dis-je , les villes de *Meſembria* , de *Delvanius* , d'*Apolloni a ;* & le long de la côte , le petit pays appelé *Aſtica* , où étoit *Bizya.*

La Cherſonèſe de Thrace avoit pour bornes , au ſud-eſt , l'Héleſpont , & une petite portion de la Propontide: au nord , le continent de la Thrace ; au nord-oueſt , le golfe de Cardiaque , appelé ainſi d'après la ville de *Cardia* , ou bien *Mélanique* , d'après le fleuve *Melas.* C'eſt la preſqu'île de Romanie ; un mur la ſéparoit du continent.

Ceux qui veulent retrouver l'origine de tous les peuples dans l'ancien Teſtament , font deſcendre les Thraces de *Tiras* , l'un des premiers deſcendans de Japhet. Plus j'examine cette opinion & les textes qui y ont donné lieu , & plus je perſiſte à croire que ce ſont les noms connus des anciens peuples ,

qui ont fait imaginer les noms que l'on cherchoit à donner à leurs ancêtres. Mais quelle qu'ait été l'origine des Thraces , il paroît certain que ce fut de bonne heure un peuple guerrier , mais féroce , vivant à-peu-près comme les ſauvages.

Ils étoient diviſés en différentes hordes , comme les anciens Scythes & comme les Tartares de nos jours.

Voici les noms des hordes les plus connues , avec les noms de leurs villes:

| | |
|---|---|
| Les *Derſæi.* | Les *Syropæones.* |
| Les *Medobithyni.* | Les *Turpili* ou *Torpidi.* |

Leurs principales villes étoient:

| | |
|---|---|
| *Philippipolis.* | *Doperus.* |
| *Œſima.* | *Otopinium.* |

| | |
|---|---|
| Les *Cicones.* | Les *Biſtones.* |

Les principales villes étoient:

| | |
|---|---|
| *Nicopolis.* | *Stabulum* où *Turris Diomedis.* |
| *Abdera.* | |
| *Maximianopolis.* | *Biſtonia.* |
| *Tinda.* | *Maronea.* |

Le *Campus Doriſcus* , où étoient:

| | |
|---|---|
| *Æneum.* | *Paﬁya.* |
| *Cypſelus.* | *Aphrodiſias.* |
| *Biſante* ou *Rhædeſton.* | |

Les *Odriſæ* , qui poſſédoient:

| | |
|---|---|
| *Perinthus.* | *Bergulæ.* |
| *Ganos.* | *Apros.* |
| *Tranjanopolis.* | |

Dans la province de Byſance on trouvoit:

| | |
|---|---|
| *Byſantium.* | *Rhegium.* |
| *Phinopolis.* | *Athyras.* |
| *Delron.* | |

Enfin dans la Thrace , au-delà du Rhodope , on trouvoit les villes:

| | |
|---|---|
| De *Bizia.* | D'*Apollonia magna.* |
| De *Flaviopolis.* | De *Develtus.* |
| D'*Anchialus.* | De *Sadama.* |
| De *Sarpedon.* | D'*Adrianopolis.* |
| De *Salmideſſus.* | D'*Oſtodiſum.* |
| De *Plotinopolis.* | |

On y trouvoit auſſi les *Agriones* , appelés auſſi *Agræi* , & les *Perianthæ* , chez leſquels étoit *Pontaïa.*

Enfin chez les *Beſſi*, on trouvoit :

| | |
|---|---|
| *Philippopolis.* | *Milotinum.* |
| *Pergamum.* | *Zerna.* |
| *Briſica.* | |

Ce pays, moins froid par ſa poſition relativement à l'équateur, que par ſes montagnes, étoit regardé par les Grecs avec une eſpèce d'horreur. Les poëtes en avoient fait le ſéjour de Borée & des Aquilons ; c'étoit la patrie des glaces & des frimas. Peut-être ce pays étoit plus couvert de bois qu'il ne l'eſt actuellement ; mais un préjugé défavorable à la Thrace demeura long-temps maître des eſprits ; & Pomponius Méla, qui n'eſt pas de la haute antiquité, en fait un portrait aſſez défavantageux, L. II, c. 2. *Regio nec cælo læta, nec ſolo & niſi quâ mari propior eſt, infœcunda, frigida, eorumque quæ feruntur, malignè admodum patiens. Rarò uſquam pomiferam arborem, vitem frequentius tolerat : ſed nec ejus quidem fructus maturat ac mitigat niſi ubi frigora objectes frondium cultores arcuere.*

*Viros benignius alit non ad ſpeciem tamen ; nam & illis aſper atque indecens corporum habitus eſt : ceterum ad ferociam & numerum, ubi multi immiteſque ſint, maximè ferax.* Cet auteur va un peu plus loin, & les peint comme une nation féroce. J'en dirai ce qu'il convient d'en ſavoir, lorſque j'aurai donné la diviſion de la Thrace dans le temps du bas-empire, c'eſt-à-dire, lorſqu'elle fut bien connue.

Dans la notice de l'empire on trouve une diviſion de l'empire en cinq grands dioceſes : pour la partie ſoumiſe au préfet du prétoire de l'Orient, j'en ai dreſſé un tableau aſſez intéreſſant, que j'ai publié avec la partie de ma *géographie comparée* qui traite de l'*Italie ancienne* ; mais ſans y renvoyer, pour ce qui regarde la Thrace, je vais préſenter ici ce qui la concerne.

La Thrace, conſidérée ici en grand, ſe diviſoit en *ſix* provinces, ſavoir :

| | |
|---|---|
| L'*Europe.* | L'*Héminont.* |
| Le *Rhodoppe.* | La ſeconde *Mœſie.* |
| La *Thrace.* | La *Scythie.* |

Selon la notice d'Hiéroclès, ces ſix provinces renfermoient cinquante-trois villes, ſavoir : la *Thrace d'Europe,*

| | |
|---|---|
| *Eudoxiopolis.* | *Callipolis.* |
| *Heraclea.* | *Morixus.* |
| *Arcadiopolis.* | *Siltica.* |
| *Bizia.* | *Synadia.* |
| *Panonium.* | *Aphrodiſia.* |
| *Orni.* | *Aprus.* |
| *Ganus.* | *Cœlia.* |

La province de *Rhodoppe* :

| | |
|---|---|
| *Ænus.* | *Pyrus* ou *Pirus.* |
| *Maximianopolis.* | *Nicopolis.* |
| *Trajanopolis.* | *Cercopyrgus.* |
| *Marona.* | |

La province de *Thrace* proprement dite :

| | |
|---|---|
| *Philippopolis.* | *Sebaſtopolis.* |
| *Beron.* | *Dioſpolis.* |
| *Diocletionopolis.* | |

La province d'*Héminont* :

| | |
|---|---|
| *Adrianopolis.* | *Plutinopolis.* |
| *Achialus.* | *Tyoides.* |
| *Dibertius.* | |

La ſeconde *Mœſie* :

| | |
|---|---|
| *Marcionopolis.* | *Novæ.* |
| *Odyſſus.* | *Appiaria.* |
| *Doroſtulus.* | *Ebrættus.* |
| *Nicopolis.* | |

La province de *Scythie* :

| | |
|---|---|
| *Tomi.* | *Axiopolis.* |
| *Dionyſſopolis.* | *Capidaura.* |
| *Acræ.* | *Carſus.* |
| *Calatæ.* | *Troſmis.* |
| *Iſtrus.* | *Novio Odunus.* |
| *Conſtantiana.* | *Ægiſſus.* |
| *Zedelpa.* | *Almyrus.* |
| *Tropæus.* | |

Les poſitions de la plupart de ces lieux ſont inconnues.

Il paroît que la Thrace a eu des rois très-anciennement. Mais le premier qui y ait donné des loix propres à régler & à adoucir les mœurs, fut Zamolxis, diſciple de Pythagore.

Il faut donc regarder comme un temps de barbarie, celui où régna Therrée, époux de Philomèle, dont la fable a tranſmis ou ſuppoſé les crimes. Il eut deux fils, Sitalie & Sparatlocus. Leurs deſcendans régnèrent dans le déſordre & la confuſion, juſqu'à ce que Seuthès reconquit une partie des états de ſon père Muëſadès, & tranſmit ſa ſucceſſion paiſible à ſon fils Cotys, père de Cheſoblepte.

A la mort de Cotys les diviſions recommencèrent, &, au lieu d'un roi de Thrace, il y eur trois, Cheſoblepte, Bériſade, & Amadocus. Après une viciſſitude d'événemens, Cheſoblepte dépoſſéda les deux autres princes. Philippe, roi de Macédoine, le dépouilla lui-même &, le fit priſonnier.

La république d'Athènes, après les victoires de Salamine & de Marathon, conquit beaucoup de villes, ſur les côtes & dans la Thrace même ; telles, entre autres, *Pidna, Potidée,* & *Méthone.* Ces villes ſecouèrent le joug dès que Lacédémone, à la fin de la guerre du Peloponnèſe, eut abaiſſé la puiſſance d'Athènes. Mais Timothée, général athénien, les remit encore ſous l'obéiſ fance de fa patrie. Philippe les leur enleva & fe rendit maître des trente-deux villes de la Thrace. Alexandre acheva la conquête de ce pays, dont les peuples ne recouvrèrent leur liberté qu'après fa mort.

Un autre Seuthès, fils ou petit-fils de Chefoblepte, voulut rentrer dans les états qu'avoient gouvernés fes ancêtres. Il livra deux fanglantes batailles à Lyfimaque, l'un des fucceffeurs d'Alexandre. Il paroît que le fuccès couronna fon entreprife.

Mais la tranquillité de la Thrace fut troublée de nouveau, & pour une caufe à laquelle on ne devoit pas s'attendre. Une partie des Gaulois qui, fous la conduite de Brennus, ravageoit la Grèce, fe détacha du gros de l'armée, & vint chercher à s'établir en Thrace.

Le premier roi de ces Gaulois, devenus Thraces, fe nommoit Comontorius: le dernier fut Clyœus, fous lequel les Thraces exterminèrent les Gaulois établis chez eux, & remirent fur le trône Seuthès, iffu des anciens rois.

Ce prince & fes defcendans régnèrent fans interruption jufqu'à Vefpafien, qui parvint à réduire la Thrace en province romaine. Ce pays partagea depuis le fort de la Grèce, jufqu'enfin il paffa au pouvoir des Turcs, qui le poffèdent encore fous le nom de Roumili.

Voici ce que l'on trouve en général fur les Thraces.

Selon Hérodote, c'étoit la plus grande nation de la terre après les Ioniens. Et fi elle eût été fous la domination d'un feul prince, & qu'elle eût été bien unie & bien d'accord avec elle-même, elle eût été invincible, & plus forte que toutes les autres. Mais il étoit difficile que les Thraces s'accordaffent bien enfemble, & cela leur étoit comme impoffible. C'eft ce qui étoit caufe qu'ils étoient fi foibles & qu'ils étoient vaincus fi facilement. Chaque peuple de cette nation avoit des noms différens, comme on l'a vu, felon la contrée qu'il habitoit. Ils avoient néanmoins les mêmes loix & les mêmes coutumes, excepté les Gètes, les Traufes, & ceux qui habitoient au-deffus des Creftoniens.

Les Traufes fuivoient prefque en tout les inftitutions des Thraces, fi ce n'eft aux cérémonies des naiffances & des morts. Lorfqu'un enfant naiffoit parmi eux, tous fes parens s'affembloient autour de lui & pleuroient, preffentant les maux qu'il auroit à fupporter pendant fa vie. Mais quand un homme étoit mort, ils l'enterroient en riant & avec joie, bien convaincus qu'il étoit délivré des peines de ce monde, & n'ayant pas des idées trop nettes fur ce qu'il pourroit avoir à fouffrir dans l'autre. Au contraire, ils croyoient, en général, qu'il y jouiroit d'une félicité que rien ne pourroit plus interrompre.

Quant à ceux qui habitoient au-deffus des Creftoniens, chacun d'eux avoit plufieurs femmes, &

lorfque quelqu'un étoit mort, il s'élevoit une difpute entre les veuves pour décider laquelle avoit été le plus tendrement aimée de fon mari. Chacune prétendoit à cet avantage. Les parens, les amis étoient interrogés: enfin on décidoit la queftion, & celle qui l'avoit emporté fur fes rivales, après avoir reçu mille félicitations de tous fes amis, de toute la famille, étoit affommée par fon plus proche parent, fur le tombeau de fon mari; on dépofoit enfuite fon corps auprès de celui du mari. Les autres femmes, toutes honteufes d'avoir été jugées dignes de la vie, s'en retournoient chez elles cacher leur honte. Ce qui fe paffe encore aux Indes à la mort d'un brame, rend ces faits croyables.

Tous les autres Thraces vendoient leurs enfans pour être emmenés de tous côtés, & ne fe mettoient pas en peine de garder chaftement leurs filles. Au contraire, ils leur permettoient de voir dans l'intimité tous les hommes qui leur plaifoient. Mais ils gardoient foigneufement leurs femmes, & les achetoient de leurs familles pour d'affez groffes fommes d'argent. Ils croyoient qu'il étoit honorable de porter plufieurs cicatrices fur le front, & qu'il étoit honteux de n'en avoir point. Ils tenoient à honneur d'être oififs, & à déshonneur de labourer la terre. Ils regardoient comme le comble de la gloire de vivre de guerre & de pillage.

Ils n'adoroient de tous les dieux que Mars, Bacchus & Diane. Mais les rois adoroient particuliérement Mercure, ne juroient que par lui, & difoient qu'ils en étoient defcendans.

Les Grands faifoient leurs fépultures de cette manière. Ils expofoient en public le corps du mort, pendant trois jours. Ils immoloient toutes fortes de victimes, en faifant des gémiffemens & des lamentations; enfuite ils faifoient des feftins. Enfin ils brûloient le corps, ou le mettoient en terre, élevoient par-deffus un tertre en terre, & faifoient autour, en l'honneur du mort, toutes fortes de combats, & particuliérement d'homme contre homme.

Il y avoit auffi des Thraces en Afie; cela eft confirmé par plufieurs auteurs. Hérodote (L. I, 28), dit, en parlant des nations que Créfus avoit fubjuguées, les Thraces, c'eft-à-dire, les Thyniens & les Bithyniens. Dans le L. VII, p. 75, parlant de ces mêmes peuples, il nomme également Thraces, il ajoute: « Ces peuples étoient paffés » en Afie, où ils avoient pris le nom de Bithy- » niens. Ils s'appeloient auparavant Strymoniens, » comme ils en conviennent eux-mêmes, dans le » temps qu'ils habitoient les bords du Strymon, » d'où les avoient chaffés, fuivant eux, les Teu- » criens & les Stryfiens ». De même Euftate (ad Dionys Perieg. v. 793), affure qu'il y avoit des Thraces en Afie, & qu'ils y étoient paffés fous la conduite d'un certain Patarus. Strabon eft de même fentiment, lorfqu'il dit : « on convient gé-

» néralement que les Bithyniens, qui étoient aupa-
» ravant des Myſiens, prirent le nom de Thraces
» Bithyniens & Thyniens, qui paſſèrent en Bi-
» thynie. On en apporte pour preuve, à l'égard
» des Thyniens, qu'il y a encore actuellement en
» Thrace quelques Bithyniens, & à l'égard des
» Thyniens, que l'on voit encore le rivage Thy-
» nies, près d'Apollonie & de Salmydeſſe ».

On voit auſſi que Xénophon ( *Hellenic. L. III,*
c. 2, §. 2 ), appelle la Bithynie, Thrace Bithynienne; & ailleurs ( *Expéd. des dix-mil. L. VI*,
c. 2, §. 9 ) : « Chiriſophe, au ſortir d'Heraclée,
» coupa à travers les tetres ; mais lorſqu'il fut
» arrivé en Thrace ( on voit que la Thrace eſt
» ici la Bithynie), il marcha le long de la mer....
» Quant à Xénophon, il aborda avec ſes vaiſ-
» ſeaux ſur les confins de l'Héracléotide & de la
» Thrace ». Selon la géographie adoptée par M.
d'Anville, la Bithynie s'étendoit à l'eſt d'Héraclée, juſqu'à l'embouchure du petit fleuve Parthenius. Dans ce cas, ſi tout ce qui étoit Bithynie
étoit Thrace, l'Héracléotide avoit dû y être compriſe. Mais Xénophon ne le penſoit pas ainſi. Auſſi
dit-il ( *ch.* 4. §. 1 ), que « cette Thrace com-
» mence à l'embouchure du Pont-Euxin, & s'étend
» juſqu'à Héraclée ; ceux qui navigent l'ont à
» droite ». Mais M. d'Anville a ſuivi le périple
d'Arrien, qui dit ( *Arrian. Perip. Pont. Eux. p. 14* ) :
« Les Bithyniens, peuple de Thrace, s'étendent
» juſqu'au fleuve *Parthenius* ».

THRACHYS, montagne du Péloponèſe, dans
l'Arcadie, au nord d'Orchomène.

THRACIS, ville de Grèce, dans la Phocide,
ſelon Pauſanias.

THRACIUM MARE. C'eſt ainſi que Strabon
appelle la partie de la mer Egée qui baigne les côtes
de la Thrace.

THRACIUS PAGU, bourg de l'Aſie mineure,
dans l'Helleſpont, fort près de la ville de
Cyzique.

THRACON, village qu'Etienne de Byſance
indique dans le voiſinage de la ville d'Antioche.

THRACON, ville de l'Aſie mieure, dans l'Etolie,
ſelon Cicéron.

THRAMBUS, promontoire de la Macédoine,
ſelon Etienne de Byſance. Berkelius penſe que
ce devoit être un de ceux de la péninſule de
Pallène. Hérodote, *L. V*, ſemble auſſi indiquer
ce promontoire dont Etienne de Byſance a voulu
parler. Car en détaillant les villes dont Xerxès
tira les vaiſſeaux dont il avoit beſoin, il en nomme
une *Therambus*, qu'il place dans la péninſule de
Pallène.

THRAMBUSIUS VERTEX : Lycophron, ſelon
Ortélius, place un promontoire de ce nom dans
la Pallène. On penſe que c'eſt le même lieu que
le précédent.

THRAMUS DUSIS, ville de l'Afrique propre,
ſur la route de *Tacapæ* à la grande *Leptis*, entre

*Tabunagdis* & *Tamaſcaltis*, ſelon l'itinéraire d'Antonin.

THRANIPSÆ, peuple de l'Aſie, dans les environs du Pont, ſelon Xénophon.

THRASI, nom de l'un des forts que l'empereur Juſtinien fit bâtir dans la province de Rhodope, ſelon Procope.

THRASYLLUM ou THRASYLLUS, montagne de
l'Aſie, dans la Myſie, au voiſinage du fleuve
*Caïcus*, ſelon le livre des fleuves & des montagnes,
attribué à Plutarque.

THRAUSTON ou THRASION, ville du Péloponèſe, dans l'Elide, ſelon Xénophon, qui l'attribue aux Acroriens.

Elle eſt nommée *Thraſion* par Diodore de
Sicile.

THRESA, nom d'un lieu de l'Idumée, ſelon
Joſeph.

THRESSA, nom d'un fleuve de la Thrace,
ſelon Tzetzès, cité par Ortélius.

THREX ou THRAX, lieu de la Paleſtine, à
l'entrée de la vallée de Jéricho, ſelon Strabon. Cet
auteur dit que c'eſt un des deux endroits où les
tyrans cachoient leurs tréſors.

THRIA, bourg de la Grèce, dans l'Attique,
entre Athènes & Eleuſis, ſelon Thucydide. Ce
bourg étoit de la tribu Œnéide.

Galien dit qu'étant parti de Corinthe avec un
ami pour ſe rendre à Athènes, il paſſa par Mégare,
Eleuſis & la plaine Thriaſienne.

M. d'Anville a donc eu tort de mettre *Thria*
à une trop grande diſtance ſur la gauche de
ceux qui vont d'Eleuſis à Athènes.

THRIASI, les *Thriaſiens*, habitans du bourg
de *Thria*.

THRIASII, les *Thriaſiens*, habitans d'un bourg
de l'Achaïe, que Pline appelle *Thriaſii*.

THRINCA ou THRINCE, ville ſituée aux environs des colonnes, ſelon Etienne de Byſance.

THRISOLIDA, nom qu'Æthicus le ſophiſte,
cité par Ortélius, dit que l'on donne à la dernière
île de l'Océan ſeptentrional.

THRISTISIMA, ville de l'Afrique, dans l'intérieur de la Mauritanie céſarienne, ſelon Ptolémée.

THRIUS, ville du Péloponnèſe, dans l'Elide.
Elle avoit autrefois été de l'Achaïe, ſelon Etienne
de Byſance.

THRIUS, fleuve du Péloponnèſe, dans l'Elide,
ſelon Quintus Calaber. Homère en fait auſſi mention.

THRIXAS, ville du Péloponnèſe, dans l'Elide.
Il paroît par un paſſage d'Hérodote, que c'eſt
une de celles qui furent bâties par les Myniens.

THROANA, ville de l'Inde, au-delà du Gange.
Ptolémée la donne au peuple *Leſti*, ou pirates.

THROANA, ville de la Sérique, près des
montagnes, au voiſinage d'*Aſmiræa*, ſelon Ptolémée.

THROANI, peuples de la Sérique, à l'orient
des *Iſſedones*, ſelon Ptolémée. C'eſt le peuple de

la ville de *Troana*, que ce géograhe indique au voisinage de la ville *Asmiræa*.

THRONI, ville de l'île de Cypre, sur la côte méridionale au sud-ouest de *Leucolla*, & à quelque distance au nord-ouest du promontoire *Pedalium*.

Ptolemée indique un promontoire *Throni*, auprès de cette ville.

THRONION ou THRONIUM, ville que tous les auteurs s'accordent à donner aux Locriens, à l'exception de Scylax, qui l'indique dans la Phocide. Mais, ou il se trompoit, ou il parloit d'une époque où les Phocéens dominoient sur cette partie de la Locride. Strabon l'indique à vingt stades de la mer; & c'est cette position que lui a donné M. d'Anville sur sa carte.

Polybe, après avoir parlé de la conférence qui fut tenue avec Philippe dans la Locride, sur le rivage près la ville de Nicée, dit qu'elle fut renvoyée au lendemain, & que l'on convint de s'assembler sur le rivage, du côté de *Thronium*.

THRONIUM, ville de l'Abantide, contrée de la Thesprotide, en Épire, vers les monts Cérauniens. Au retour de la guerre de Troye, les vaisseaux des Grecs ayant été dispersés, les Locriens de *Thronium* & les Abantes de l'Eubée, furent jetés avec huit vaisseaux vers les monts Cérauniens. Ils s'établirent en ce lieu, & bâtirent une ville, qu'ils nommèrent *Thronium*, & donnèrent à cette contrée le nom d'*Abantide*. Ils en furent chassés par les Apolloniates.

THRYANDA, ville de l'Asie mineure, dans la Lycie, selon Etienne de Byzance.

THRYASII, peuples du Péloponnèse, dans l'Achaïe propre, selon Pline.

THRYOESSA, ville qui n'est connue que par ce qu'en dit Homère. Elle est plus connue sous le nom de *Thryon*, qu'elle avoit pris des joncs qui naissoient dans ses environs. Du temps de Strabon elle se nommoit *Epitalium*. Selon Homère *Thryoessa* étoit située sur les bords de l'Alphée. En effet, les auteurs, & M. d'Anville d'après eux, y placent *Epitalium* sur la rive gauche, à l'est d'Olympie.

THRYUS ou THRYUM. Cette ville est nommée Θρύον par Homère, *Thryon* par Pline. Elle étoit certainement dans l'Elide, puisqu'elle étoit située sur l'Alphée, & qu'Homère met en droit de le conclure par ce qu'il dit des villes qui devoient en être proche; mais on ne sait rien de sa position.

THUBEN, ville de l'intérieur de l'Afrique, & l'une de celles qui furent subjuguées par Cornelius Balbus, selon Pline.

THUBUNA (*Tubnab*), ville de la Mauritanie Sitifensis, selon Ptolemée. Elle étoit située dans les montagnes, entre deux rivières, au sud-ouest d'*Igilgili*.

THUBURSICA, ville d'Afrique, dans la nouvelle Numidie, selon Ptolemée.

THUBUTIS, ville de l'Afrique propre, près de *Bullaria*, selon Ptolemée.

THUCABERUM, ville de l'Afrique. Il en est fait mention par S. Augustin.

THUCCA ou TUCCA (*Dugga*), ville de l'intérieur de l'Afrique, de laquelle Ptolemée fait mention. Elle étoit située à l'extrémité d'une petite chaîne de collines, à environ deux milles au sud de *Tibursicumbure*.

On y trouve encore plusieurs mausolées & le portique d'un temple orné de belles colonnes. Cette ville étoit fournie d'eau par un aqueduc.

THUDACA, ville de l'Afrique, dans la Mauritanie césarienne, près de *Tingis*, selon Ptolemée.

THUELATH, ville maritime de l'Afrique, sur la côte de la Libye, entre *Autolatæ* & *Thagana*, selon Ptolemée.

THUIDI, peuples d'entre les Goths. Ils furent vaincus par les Wandales, selon Jornandès.

THULE ou THYLE, île de l'Océan septentrional, que les anciens ont désignée d'une manière un peu vague; cependant Procope a fait croire qu'ils entendoient par île de *Thule*, les îles Schetlands.

Sommaise écrit *Thyle*, & veut qu'on life ainsi dans Pline; ce qui est conforme aux manuscrits de Plaute. Les Grecs, comme Strabon, Ptolemée, Agathamère & Etienne de Byzance écrivent Θουλη ou *Thule*. Virgile (*Georg. L. 1, v. 30*), & Sénèque (*Medea, v. 379*), appellent cette île *Ultima Thule*.

Il est difficile de déterminer au juste sa situation. Strabon (*L. IV*), dit que ce que l'on rapportoit de *Thule* étoit fort incertain, & il en donne pour raison le grand éloignement: Περὶ δὲ τῆς Θουλης ἐπιμᾶλλον ἀσαφης ἡ ἱστορια, διὰ τὸν ἐκτοπισμόν. Il reproche ensuite à Pythéas d'avoir dit beaucoup de choses fausses sur cette île: cependant ce qu'il reproche à Pythéas, peut très-bien s'entendre, & se trouveroit conforme à la vérité, je crois, si nous avions le texte de Pythéas sous les yeux; car il y avoit été, & c'étoit un homme qui réunissoit des lumières de plusieurs genres.

Pline, qui peut-être lui-même avoit puisé dans les écrits de Pythéas, dit que quand le soleil est au solstice d'été, il n'y a pas de nuit dans cette île, & qu'en hiver il n'y avoit pas de jour; ce qui devoit paroître un fait d'une grande singularité pour ces hommes qui n'avoient pas une certitude phisique de la rondeur de la terre, & qui ne regardoient cette opinion que comme quelques idées avancées sans preuves, par ces philosophes Grecs.

Ptolemée place le milieu de cette île à 63 degrés de latitude; & il dit ailleurs, qu'au temps des équinoxes, les jours y sont de vingt-quatre heures; ce qui ne peut être vrai pour le temps des équinoxes, mais pour celui des solstices; encore faut-il que le pays soit au 66e degrés 30 minutes, c'est-à-dire, sous le cercle polaire.

Agathemère a répété depuis la même chose. Etienne de Byzance donne une indication, ce me femble, plus exacte, lorfqu'il dit : *Thule infula magna in Oceano fub Hyperboreas partes ubi Æſtivus dies ex vigenti horis æqualibus conſtat, nox verò ex quatuor. Hybernæ verò dies è contrario.*

On voit donc que par cette île de *Thule*, les anciens n'ont pas voulu défigner une île qui fe trouve fous le cercle polaire, mais à trois degrés en-deçà; d'où l'on a raifon de conclure que cette île ne pouvoit être l'Iſlande : mais la curiofité n'eſt qu'à demi fatisfaite, & ce n'eſt pas affez d'avoir trouvé quelle île ce n'eſt pas, il eſt agréable de pouvoir dire quelle eſt cette île, & laquelle des îles, ou des parties du continent connues des modernes, ce peut être.

Comme les anciens ne nous ont pas donné la dimention de l'île de *Thule*, quelques auteurs fe font cru en droit de conclure que ce nom avoit été donné à la Scandinavie, en général fort mal connue des anciens. Ce qui a pu engager à adopter cette opinion, c'eſt ce qu'en rapporte Procope, qui écrivoit à *Terentia* dans un temps bien poſtérieur à celui des auteurs latins & grecs que j'ai cités plus haut.

Selon Procope ( *L. III, de bell. Goth. c.* 14), une partie des Éruliens, vaincus par les Lombards, alla chercher une demeure jufqu'aux extrémités de la terre. Ils traverfèrent tout le pays des Sclavons, & enfuite une vafte folitude qui eſt au-delà. Ils entrèrent dans le pays des Varnes, & dans le Danemarck, arrivèrent à l'Océan, où ils s'embarquèrent, & abordèrent à l'île de *Thule*.

Cette île, ajoute Procope, eſt dix fois plus grande que la Grande-Bretagne, & en eſt affez éloignée du côté du feptentrion; la plus grande partie eſt déferte. Celle qui eſt habitée contient treize peuples, commandés par autant de rois. Tous les ans, vers le folſtice d'été, le foleil paroit quarante jours de fuite fur l'horizon; fix mois après, les habitans ont quarante jours de nuit, qui font pour eux des jours de douleur & de triſteſſe, parce qu'ils ne peuvent entretenir aucun commerce.

On voit par ce que dit ici Procope de la longueur du plus long jour, que le lieu qu'il indique étoit au-delà du cercle polaire, par conféquent bien au-delà du 63ᵉ degré, où Ptolémée plaçoit le milieu de *Thule*. Jamais, dit Procope, je n'ai pu aller dans cette île, quoique je l'aie fort defiré, afin d'y voir, de mes propres yeux, ce que j'en ai entendu dire. J'ai donc demandé, ajoutet-il, à ceux qui y avoient été, comment le foleil s'y lève & s'y couche : ils m'ont répondu que le foleil éclairoit l'île pendant quarante jours de fuite, tantôt du côté de l'orient, & tantôt de celui de l'occident. Sans doute que cela veut dire qu'il tourne autour d'eux, & qu'au lieu de fe coucher du côté de l'occident & de terminer ainfi le jour, il en recommence un nouveau au lieu de la nuit. Quand le foleil eſt retourné au même point

de l'horifon d'où il étoit parti, on compte alors un jour révolu.

Pendant la faifon des quarante nuits ils mefurent le temps par les heures; quand il y en a trente-cinq d'écoulées, quelques-uns montent fur les montagnes les plus élévées, & avertiffent ceux qui font en bas, que dans cinq jours ils reverront le foleil. On fe réjouit de cette heureufe nouvelle par la célébration d'une fête, qui fe folemnife dans les ténèbres avec plus de cérémonie qu'aucune autre. Quoique cela arrive chaque année, il femble néanmoins que les habitans de cette île appréhendent que le foleil ne les abandonne entièrement.

Parmi les nations barbares qui habitent cette île, il n'y en a pas d'auffi fauvages que les Scritifines. Ils ne connoiffent pas l'ufage des habits ni de la chauffure; ils ne boivent pas de vin, & ne mangent rien de ce que la terre produit : auffi ne prennent-ils pas la peine de la cultiver; mais les hommes comme les femmes s'adonnent à la chaffe. Les forêts, les montagnes leur fourniffent du gibier en abondance : ils vivent de la chair des bêtes, & fe couvrent de leurs peaux, qu'ils attachent avec des nerfs, ignorant l'art de coudre. Ils nourriffent leurs enfans de la moëlle des animaux tués à la chaffe, au lieu de les laiffer allaiter par le fein de leurs mères. Quand une femme eſt accouchée, elle enveloppe fon enfant dans une peau, l'attache à un arbre, lui met de la moëlle dans la bouche, & va auffi-tôt à la chaffe, exercice auquel les femmes ne s'adonnent pas moins que les hommes.

Ces peuples adorent plufieurs dieux & plufieurs génies, dont ils difent que les uns habitent dans le ciel, les autres dans l'air, les autres fur la terre & fur la mer, & quelques-uns moins puiffans dans les fleuves & dans les fontaines.

Ils offrent fouvent des facrifices & immolent toutes fortes de victimes; mais ils croient que la plus digne de leurs dieux eſt le premier homme qu'ils prennent à la guerre, & qu'ils facrifient à Mars, le plus grand de tous leurs dieux.

La forme de leur facrifice n'eſt pas fimplement de le tuer, mais c'eſt de le pendre à un arbre, ou de le rouler fur des épines, ou de le faire périr de quelque autre manière bien cruelle.

Du nombre des habitans de cette île font les *Gautes*, nation nombreufe, qui reçut les Etuliens, lorfqu'ils allèrent s'y établir. Les Étuliens, qui demeuroient parmi les Romains, & qui avoient tué leur roi, envoyèrent les plus confidérables d'entre eux à l'île de *Thule*, pour voir s'ils trouveroient quelqu'un qui fût de la famille royale. Ces députés en trouvèrent plufieurs, entre lefquels ils en choifirent un; mais comme il mourut en chemin, ils y retournèrent & en prirent un autre, qui fe nommoit *Todafius*. Ce prince emmena fon frère nommé *Aondus*, & deux cens hommes de cette île.

**En**

En comparant ce paffage avec ceux de Pline, de Ptolemée, Etienne de Byfance, &c. les aureurs ont été fort embarraffés de décider fi, au lieu de prendre l'Iflande pour le *Thulé*, il ne falloit pas plutôt attribuer à la Scandinavie, ce que l'on avoit dit de cette prétendue île.

Je penfe, moi, qu'il ne faut pas attribuer aux mêmes lieux tout ce qui eft dit par ces différens écrivains. Les anciens ont parlé d'une île, ou de quelques îles qui n'étoient pas tout-à-fait fous le cercle polaire. Il eft probable que leur *Thulé* répondoit, comme je l'ai dit au commencement de cet article, aux îles Scheftand, qui font au nord de l'Ecoffe.

Quant à la *Thulé* de Procope, ce ne peut être cette même île des anciens. On n'avoit pas encore affez de détails pour en bien diftinguer toutes les parties. Ainfi, on aura nommé *Thulé* tout ce qui aura été à-peu-près connu vers le nord; & tous les détails que nous donne Procope, lefquels concernoient très-vraifemblablement des peuples habitant la Laponie, il les attribue aux habitans de *Thulé*, parce que pour lui *Thulé* eft ce qu'il y a de plus feptentrional.

THUMATA, ville des Arabes. Pline l'indique fur le bord du Tigre, à dix journées de navigation de la ville de *Petra*.

THUMATHA, ville fituée dans l'intérieur de l'Arabie heureufe, entre *Chabuata* & *Olaphia*, felon Ptolemée.

THUMELITHA, ville de l'Afrique, dans la Libye intérieure, aux environs de la fource du fleuve *Cinyphis*, felon Ptolemée.

THUMNA, ou de deux villes fituées dans l'intérieur de l'Arabie heureufe, l'une entre *Mockura* & *Aluare*, & l'autre entre *Mariama* & *Vodona*, felon Ptolemée.

THUNATÆ, peuple de la Dardanie. Strabon les indique dans la partie orientale de l'Europe, & limitrophes des Mèdes, peuples de Thrace.

THUNICATES, peuples que Ptolemée indique dans la partie la plus feptentrionale de la Vindélicie.

THUNUDROMUM, ville avec le titre de colonie romaine, en Afrique, dans la nouvelle Numidie, felon Ptolemée. Elle eft nommée *Tynidrumenfe Oppidum*, par Pline.

THUNUSDA, ville de l'Afrique propre, felon Ptolemée. Pline la nomme *Thunufidenfe Oppidum*.

THUPÆ ou THUPPÆ, ville de l'Afrique, dans l'intérieur de la Libye, fur le bord méridional du Niger, felon Ptolemée.

THUPPA, ville que Ptolemée indique en Afrique, dans l'intérieur de la Libye, fur la rive feptentrionale du fleuve *Gira*.

THURIA, ville de la Meffénie, fur le fleuve *Aris*, au fud-oueft d'*Alagonia*.

Elle étoit une de celles qui avoient été offertes à Achille, & dont par conféquent il doit être parlé dans Homère: Paufanias prétend que c'eft

celle que ce poëte défigne par le nom d'*Anthle*; felon d'autres auteurs, c'eft celle qu'il nomme *Epéa* ou *Aipée*: elle étoit partagée en haute & baffe ville. Pour la punir, ainfi que les habitans de plufieurs autres places, d'avoir pris parti contre lui, Augufte avoit donné leur ville aux Lacédémoriens.

Il y avoit dans la ville haute un temple dédié à la déeffe Aftarté, divinité Syrienne. M. Larcher a prouvé que c'étoit la même que Vénus.

THURIA, fontaine de l'Italie, dans le voifinage de la ville de *Sybaris*, felon Diodore de Sicile.

THURIA, île de la mer Egée, dans le voifinage de celle de *Naxos*, felon Plutarque.

THURII MONTES, montagne de l'Italie, dans la grande Grèce, felon Appien.

THURINGI, peuples de la Germanie, lefquels, felon quelques auteurs, avoient fait partie des Vandales. Ils ne font guère connus que depuis la chûte de l'empire Romain.

Quelques auteurs ont cru retrouver leur nom dans ceux de *Doren* ou *Toren*, parce qu'il fignifie *Liche*; & comme Tacite dit que les Chéruſques étoient lâches, on les a fait defcendre de ces Chéruſques de Tacite: d'autres ont cherché une étymologie plus raifonnable, mais fans prouver davantage leurs opinions. C'eft donc inutilement que l'on chercheroit leur origine en s'éclairant de l'étymologie de leur nom: il faut s'en tenir à ceci. Les auteurs du temps de la république n'en ont point parlé; mais Jornandès, Procope, Grégoire de Tours en parlent: c'étoit donc un peuple nouveau aux fecond & troifième fiècles, ou au moins un nom nouveau donné à un peuple ancien.

Ces Thuringiens habitoient, lorfque l'on commença à les connoître, le pays où l'on avoit connu les Chéruſques.

Vers la fin du cinquième fiècle & au commencement du fixième, la Thuringie avoit un roi. On fent bien que c'étoit alors moins des rois que des chefs pour les expéditions guerrières. Ils voulurent étendre les frontières de leur pays, qui étoit à-peu-près la Thuringe actuelle, fans doute à l'imitation des Francs qui venoient de s'emparer de la Gaule. Mais précifément ils rencontrèrent ces mêmes Francs qui s'étoient eux-mêmes étendus du côté de la Germanie. Ils furent battus, & devinrent leurs tributaires. Les détails de leur hiftoire & de leur géographie appartient aux temps modernes.

THURIS, ville qui étoit fituée dans l'intérieur de l'Arabie heureufe, felon Ptolemée.

THURIUM & THURII ( *les Thuriens* ). La ville de *Thurium* fuccéda à l'ancienne ville de *Sybaris*, & occupa à-peu-près le même emplacement. Elle dut fa fondation à Lampon & à Xénocrite.

Diodore de Sicile en parle à-peu-près en ces termes. Les Sybarites, chaffés de leur ville, en voyèrent des ambassadeurs dans la Grèce, à Athènes & à Lacédémone, pour prier ces deux villes de favoriser leur retour dans leur patrie, & de grossir même par une colonie Grecque, le nombre de leurs concitoyens. Les Spartiates n'acceptèrent pas cette proposition. Mais les Athéniens s'y prêtèrent, & envoyèrent aux Sybarites dix vaisseaux remplis d'hommes, à la tête desquels étoient Lampon & Zénocrite. Ils firent publier en même temps dans tout le Péloponèse, qu'ils protégeroient cette colonie, & qu'ils favoriseroient tous ceux qui voudroient s'y joindre. Plusieurs se laissèrent gagner par ces offres ; & ayant consulté l'oracle d'Apollon avant leur départ, il leur fut répondu qu'ils devoient bâtir une ville dans un endroit où ils ne trouveroient qu'une médiocre quantité d'eau, mais où ils verroient une grande abondance de pain.

Ils voguèrent donc du côté de l'Italie, & étant arrivés à Sybaris, ils cherchèrent le lieu qui leur étoit indiqué par l'oracle. Ils trouvèrent non loin de Sybaris, une fontaine appelée Thurie, qui rendoit l'eau par un tuyau d'airain, que les habitans des environs nommoient *Tonne*. Jugeant que c'étoit-là le lieu que l'oracle leur avoit indiqué, ils firent une enceinte de mur, au-dedans de laquelle ils tracèrent le plan d'une ville, dont le terrein devoit avoir dans le sens de la longueur, quatre quartiers ; le premier porteroit le nom d'*Hercule*, le second celui de *Vénus*, le troisième celui d'*Olympie*, & le quatrième celui de *Bacchus*. Ils en dessinèrent trois autres dans le sens de la largeur, dont l'un s'appelleroit le *Héros*, l'autre *Thurie*, & le dernier *Thurin* : les ayant tous divisés par des rues bordées de belles maisons, la ville parut fort bien construite. Mais les citoyens ne vécurent de bonne intelligence entre eux que peu de temps ; & ils tombèrent en discussion pour un sujet assez considérable.

Les plus anciens habitans de Sybaris s'approprièrent toutes les charges de quelque distinction, & ne laissèrent aux nouveaux que les moins importantes. Ils voulurent de même que ce fussent leurs femmes qui sacrifiassent les premières aux dieux, & que celles des autres ne fussent admises qu'après elles à cette fonction. Outre cela, ils prirent pour eux dans la distribution des terres, celles qui se trouvoient les plus proches de la ville, en abandonnant les plus éloignées à ceux qu'ils appeloient les étrangers, ou le derniers venus. L'animosité de ceux-ci alla si loin, qu'étant en bien plus grand nombre, & ayant bien plus de valeur que les anciens, ils tuèrent presque tous, & demeurèrent seuls possesseurs d'une grande enceinte de murailles.

Cependant, comme la campagne des environs étoit aussi fort étendue, ils firent venir de la Grèce un grand nombre de familles, avec lesquelles ils partagèrent & les maisons de la ville & la campagne qui l'environnoit. Les uns & les

autres devinrent bientôt très-opuléns ; & ayant fait alliance avec les Crotoniates, ils se conduisirent en tout d'une manière qui leur acquit de la réputation. Ils établirent parmi eux le gouvernement démocratique, & partagèrent tous les citoyens en dix tribus, auxquelles ils donnèrent le nom des nations dont ils sortoient. Ils nommèrent, par exemple, *Arcadique*, *Achaïque* & *Eléenne*, les trois tribus formées de ceux qui venoient de ces trois provinces du Péloponèse, & Béotienne ; *Amphictionique* & *Dorique*, trois autres tribus tirées des provinces voisines qui portoient ce nom.

Les quatre dernières s'appelèrent *Jades*, *Athénaïque*, *Cuboïque* & *Nésiotis*, par une raison semblable.

Ils choisirent pour législateur Charondas, l'homme de son temps le plus estimé dans la science des mœurs. Celui-ci, ayant examiné à fond les loix de tous les pays, choisit pour sa patrie les plus sages & les plus convenables. Il en ajouta d'autres tirées de ses propres méditations. Nous rapporterons ici quelques-unes de celles où nous croyons que les lecteurs pourront trouver quelqu'utilité. *Diod. Sicul. p. 295.*

### Loix de Charondas.

Charondas régla d'abord que ceux qui donneroient une belle-mère à leurs enfans, seroient exclus de tout conseil public ; jugeant que les hommes capables de rendre un si mauvais service à leur famille, seroient mal intentionnés pour leur patrie. Car, disoit-il, si leur premier mariage a été heureux, ils devoient s'en tenir là ; & si au contraire, il a été malheureux, il faut qu'ils aient été bien insensés pour en risquer un second.

Il ordonna ensuite que tous ceux qui seroient convaincus de calomnie, seroient conduits par les rues, portant sur la tête une couronne de tamarin, comme pour faire voir à tout le monde qu'ils étoient parvenus au premier rang de la méchanceté. Quelques-uns de ceux qui avoient été condamnés à cette fâcheuse espèce de triomphe, se donnèrent la mort pour en prévenir l'ignominie. Ce genre de malfaiteur ayant été exterminé de la ville, par ce moyen on y mena une vie tranquille & heureuse.

Charondas en ce même temps, par une précaution que les législateurs paroissoient avoir négligée, publia une loi contre la fréquentation des méchants. Il étoit persuadé que l'habitude & l'amitié que les hommes nés les plus vertueux, avoient contractées avec des gens de mauvaises mœurs, les avoient souvent corrompus eux-mêmes, & que ce commerce contagieux faisoit insensiblement un grand ravage parmi des citoyens. Car, enfin, disoit-il, la pente vers le mal est très-grand ; & plusieurs de ceux même qui avoient d'abord aimé la vertu, se sont laissés entraîner par l'appât des féductions fecrètes jufqu'aux plus grands vices. Le légiflateur voulant prévenir cette perverfion, défendit donc par fes loix toute liaifon avec les méchans ; il fit des réglemens particuliers à ce fujet , & menaça de grandes peines ceux qui en tranfgrefferoient quelques articles. Il établit une autre loi non moins importante, & oubliée auffi par tous ceux qui l'ont précédé. Il ordonna que tous les fils de famille apprendroient à lire & à écrire fous des maîtres gagés par le public. Car il jugeoit bien que fans cette condition, ceux dont les parens ne feroient pas en état de payer les maîtres, feroient privés de cet avantage. Il étoit perfuadé avec raifon que cette connoiffance doit précéder toutes les autres. Car, c'eft par l'écriture que s'exécutent toutes les chofes les plus utiles de la vie ; les fcrutins pour les nominations aux charges, les lettres miffives, les difpofitions teftamentaires, l'inftitution des loix , & tout ce qui entretient la fociété. En effet , qui pourroit jamais raffembler dans un éloge complet toutes les utilités de cet art ? C'eft par lui feul que les actions des morts illuftres demeurent dans la mémoire des vivans ; que ceux qui font les plus féparés les uns des autres, par la diftance des lieux , fe rendent préfens à leurs amis , & converfent avec eux ; que les guerres les plus vives fe terminent entre les rois & les nations, & fe changent par la foi des traités & des fignatures mutuelles, en une paix folide & durable ; que les fentences & les maximes des fages, les réponfes des dieux , les leçons de toute efpèce de philofophie, paffent dans tous les pays, & font tranfmifes à la poftérité la plus éloignée. En un mot, c'eft la nature qui nous a donné la vie. Mais, l'écriture feule nous a appris à bien vivre. Ce font là les richeffes que Charondas voulut procurer à fes citoyens ; & il crut qu'un foin fi important étoit digne de l'attention & des dépenfes même de la république. Il a par ce réglement autant furpaffé les légiflateurs qui ont voulu que les médecins fuffent payés par le public, que la guérifon des ames par l'inftruction eft fupérieure à celle des corps par les remèdes. Nous fouhaitons d'ailleurs de n'avoir jamais befoin des médecins, au lieu que nous cherchons continuellement ceux qui peuvent nous inftruire.

Au refte, plufieurs poëtes ont célébré dans leurs vers les deux premières d'entre les loix que nous venons de rapporter ; nous avons encore ceux-ci au fujet de la fréquentation des méchans.

Je m'épargne le foin d'éprouver par lui-même
Celui qui s'affocie aux hommes vicieux ;
Quand il feroit bien né, ce choix pernicieux
Le rendra tel que ceux qu'il aime.

En voici d'autres, où l'on fait parler ainfi ce légiflateur contre les feconds mariages, ou l'introduction des belles-mères.

Quiconque à fes enfans préfente une marâtre,
D'aucun emploi public n'illuftrera fon nom ;
Il feroit de fa ville un tragique théâtre,
Comme il le fait de fa maifon.

Si ton premier hymen feconda ton envie,
C'étoit affez pour toi ; mais s'il fut malheureux,
Infenfé, falloit-il dans le cours d'une vie
Tenter deux fois un fort affreux ?

Charondas établit une autre loi pour l'éducation des orphelins. Sur la fimple expofition, on n'en apperçoit pas bien le motif ; mais à la confidérer attentivement, elle marque une grande prévoyance dans fon auteur , & mérite beaucoup d'éloges ; elle ordonne que les biens des orphelins feront adminiftrés par les parens les plus proches du côté du père , & que les orphelins eux-mêmes foient élevés par les parens les plus proches du côté de la mère. On ne voit pas d'abord le fondement de cette diftinction. Mais, en cherchant attentivement pourquoi le légiflateur veut que les biens foient gouvernés par les uns, & les enfans même par les autres, on en découvre une raifon, qui fuppofe une grande connoiffance du cœur de l'homme. Car les parens de la mère n'ayant rien à efpérer de la fucceffion des enfans , n'auront aucun intérêt à rien entreprendre contre leur vie ; & les parens du père , n'ayant point ces enfans chez eux, ne feront pas à portée de rien attenter quand ils le voudroient, contre leurs perfonnes. D'un autre côté, comme les parens paternels font héritiers de ces enfans, en cas que la maladie, ou d'autres accidens les enlèvent dans leur jeuneffe, ils veilleront avec plus de foin à la confervation des biens qui peuvent un jour leur revenir.

Une autre loi de Charondas eft portée contre ceux qui quittent leur rang à l'armée, ou qui refufent de prendre les armes pour le fervice de la patrie.

Au lieu que les autres légiflateurs ont décerné la peine de mort contre cette lâcheté ; celui-ci condamne les coupables à être expofés trois jours de fuite dans la place publique, en habits de femme. Outre qu'il y a quelque chofe de moins cruel dans cette punition, elle infpire peu à peu du courage par la crainte d'une ignominie, & à quelque chofe de plus fâcheux que la mort même. D'ailleurs, cette loi conferve des citoyens, qui peuvent être encore utiles, même pour la guerre, par l'empreffement qu'ils auront d'effacer leur honte par des actions extraordinaires.

Au refte, Charondas jugeoit que la rigueur étoit le maintien des loix ; ainfi il ordonna que les fiennes fuffent obfervées, quand même on les trouveroit mal portées ; laiffant néanmoins le droit de les corriger, fous certaines conditions que nous indiquerons plus bas. Mais il paroit de ce principe, qu'il étoit auffi avantageux de fe foumettre à la loi, qu'il eft dangereux de la foumettre elle-même à tous les particuliers , qui croiroient propofer des chofes utiles. Ainfi , dans les jugemens , il reprenoit & faifoit taire tous les accufés , qui fubftituant des tours d'éloquence & des interprétations arbitraires à la lettre de la loi , en violoient, difoit-il, l'autorité & la majefté. Auffi, quelques-uns de ceux qui portoient ces accufations devant les juges , quand ils les voyoient incertains fur la fentence qu'ils prononceroient, ne manquoient pas d'affifter , en leur difant qu'ils avoient à fauver ou la loi ou le coupable.

On ajoute que Charondas fit à ce fujet un réglement très fingulier , & dont on n'avoit jamais vu d'exemple. Frappé du défordre & des féditions qu'il voyoit arriver en plufieurs villes par la multitude de ceux qui vouloient redreffer les loix, parce qu'étant fufpendues dans cet intervalle, elles laiffoient les peuples dans une efpèce d'anarchie, il ordonna qu'aucun particulier ne fe préfentât dans la place publique pour y propofer la réforme d'une loi , fans s'être mis lui-même la corde au col, qu'il y garderoit jufqu'à ce que le peuple eut prononcé fon jugement à l'égard de cette réforme. Si on l'acceptoit, le propofant feroit dégagé auffi-tôt ; mais , fi le peuple jugeoit le changement de la loi inutile ou dommageable , le réformateur feroit étranglé fur le champ avec fa corde. Ce réglement ferma la bouche à ces nouveaux légiflateurs ; & tout le monde craignit de rifquer fes réflexions fur ce fujet. Auffi depuis ce temps-là, on ne trouve chez les Thuriens que trois exemples de loix changées , fur l'avis de trois hommes qui eurent le courage de fe préfenter à l'affemblée en des circonftances remarquables.

Il y avoit une loi qui portoit que fi un homme crevoit un œil à un autre , on lui en crevât un de même. Or, cette bleffure avoit été faite à un homme , qui, ayant déjà perdu un œil, étoit devenu tout-à-fait aveugle ; il veut repréfenter à l'affemblée, qu'à s'en tenir à la lettre de la loi , la punition de fon adverfaire ne feroit point égale à l'offenfe qu'il avoit reçue de lui ; & que celui qui rend aveugle un citoyen, n'eft pas fuffifamment puni en perdant un œil; qu'ainfi l'équité demandoit que l'on crevât les deux yeux à celui qui lui avoit fait perdre le feul qui lui reftoit. En un mot , cet aveugle défolé , après avoir déploré fon propre malheur devant l'affemblée, ofa encore lui propofer de changer la loi , & préfenta auffi-tôt fon col & fa corde. Mais on ne fe contenta pas de lui laiffer la vie, la loi fut encore réformée fuivant fa demande.

Une feconde loi permettoit aux femmes de renoncer à leur mari & d'en époufer un autre. Un homme avancé en âge, ayant été abandonné par la femme qui étoit jeune, confeilla aux Thuriens de réformer leur loi par l'addition d'une claufe ; favoir, qu'une femme ne pourroit point prendre un fecond mari plus jeune que le premier , comme il ne feroit pas permis à un mari de choifir une

femme plus jeune que celle qu'il auroit quittée. Cet homme réuffit dans fon entreprife , & non-feulement il fe fauva de la corde , & obtint qu'on fît à la loi l'addition qu'il propofoit ; mais , il parvint encore à faire que fa femme, qui ne pouvoit plus en époufer un autre plus jeune que lui , retournât dans fa maifon , & s'en tînt à fon premier mariage.

On corrigea enfin une troifième loi , qui fe trouve auffi parmi celles de Solon. Cette loi portoit que le plus proche parent d'une héritière univerfelle , a droit de la demander en mariage devant les juges : comme auffi une orpheline a droit de demander en mariage fon plus proche parent. Mais ce parent pouvoit fe difpenfer de ce mariage, en donnant, à fa parente pauvre, cinq cens dragmes en dot. Or, une orpheline de très-bonne famille , mais qui avoit à peine de quoi vivre , & qui faute de bien , ne trouvoit point de mari , eut recours à l'affemblée du peuple ; là , fondant en larmes, elle repréfenta fon indigence , & l'oubli où elle étoit tombée ; elle eut le courage d'ajouter à fes plaintes , la propofition de retrancher de la loi la claufe des cinq cents dragmes , & d'obliger l'héritier univerfel à époufer lui-même fa parente. Le peuple touché de compaffion envers cette fille, non-feulement lui fauva la vie , mais il obligea même fon parent qui étoit fort riche, à l'époufer, quoiqu'elle ne lui apportât aucune dot. *Ibid. p. 295.*

THURIUM , ville de l'Italie , qui fut fondée par une colonie d'Athéniens, à quelque diftance de la ville de *Sibaris.* Tite-Live dit expreffément qu'elle étoit fituée fur le bord de la mer.

Après la deftruction de *Sybaris, Thurium* devint un état confidérable , fous la difcipline de Charondas. C'eft ce que l'on vient de voir.

*Thurium* fut long-temps floriffante fous la domination des Romains ; mais lorfqu'elle tomba en décadence elle prit le nom de *Copia. Voyez* SYBARIS pour fes étymologies.

Hérodote mourut à *Thurium.* Il eft fait mention de cette ville par Diodore de Sicile , Pline & Ptolémée.

THURIUM , lieu de la Grèce , dans la Béotie. C'étoit , felon Plutarque , la croupe d'une montagne fort rude , & qui finit en pointe.

THUSCI , nom d'une terre qui appartenoit à Pline. Cet auteur dit qu'elle étoit fituée dans l'intérieur de l'Etrurie, & même au pied de l'Apennin.

THUSCUS VICUS , nom de l'une des fept montagnes de la ville de Rome. Elle étoit auparavant nommée *Cœlius mons ,* felon Varron.

THUSDRITANUS, fiège épifcopal d'Afrique, dans la Byzacène , felon la conférence de Carthage.

THUSII : ces peuples , que nous appelons en françois *Thufiens,* paroiffent avoir appartenu à la nation des *Cauci* ou *Cauques.* Ils habitoient , à ce que l'on penfe, le pays que le Zuiderzée couvre actuellement en grande partie. On croit que le bourg d'Oppertoes près de Medenblik, est le seul qui reste de leurs habitations.

THUSSA, ville de l'Italie, dans l'Etrurie, selon Mvrsilus de Lesbos, cité par Ortélius.

THUTHOA, fleuve du Péloponnèse, dans l'Arcadie. Il alloit se perdre dans le Ladon, selon Pausanias.

THUSICATH, ville de l'Afrique propre, sur le golfe de Numidie, entre le promontoire Fretum & le golfe Olcachites, selon Ptolemée.

THYA, canton de la Grèce, près de Delphes & du fleuve Cephissus, où les Delphiens offroient des sacrifices. Hérodote est le seul auteur qui en ait parlé, L. LVI, c. 178.

THYAMIA, ville du Péloponnèse, dans la Sicyonie, selon Xénophon.

THYAMIS, nom d'une ville de l'Arachosie. Elle devoit sa fondation à Sémiramis, selon Etienne de Bysance.

THYAMIS ou THYAMUS, nom d'un promontoire de l'Epire. Il servoit de bornes entre la Thesprotie & la Cestrinie, selon Ptolemée. Dans Thucydide on lit Thyamus.

THYAMUS ou THYAMIS, nom d'un fleuve de l'Epire, selon Strabon & Pausanias.

THYARIS, rivière de l'Asie, dans la Phrygie salutaire. Elle couloit dans la partie septentrionale de cette province, aux environs de la ville de Dorylée, & se rendoit dans le Sangare.

THYATIRA (Akhissar), ville de l'Asie mineure, dans la Lydie, selon Etienne de Bysance, Ptolemée & Pline. Le premier dit que dans la haute antiquité, cette ville a été appelée Pelope, Pelopea ou Pelopia, & qu'elle fut ensuite nommée Sémiramis. Pline rapporte qu'elle a aussi porté le nom d'Evippa. Elle reçut celui de Thyatire de Seleucus Nicanor, qui le lui donna d'un mot grec qui signifie une fille, parce que, comme on le lit dans la relation du voyage que M. de Peyssonel a fait en cette ville, se trouvant dans Thyatire lorsqu'il faisoit la guerre à Lysimaque, il reçut la nouvelle qu'il lui étoit né une fille. Etienne de Bysance rapporte ce fait, & lui donne aussi une autre origine; il raconte que les Mysiens voulant bâtir une ville, consultèrent l'oracle, qui leur répondit qu'ils devoient en jetter les fondemens dans le lieu où ils trouveroient une biche fuyant, après avoir été atteinte d'une flèche. Ils la rencontrèrent en ce lieu, & y fondèrent cette ville.

M. de Peyssonnel rapporte une inscription de Thyatire; il dit qu'elle paroit postérieure au règne d'Adrien, & prouve que cet empereur avoit un temple dans cette ville, d'où le marbre de l'inscription étoit sorti. Il ajoute que l'on trouve des médailles frappées en l'honneur d'Adrien, & qu'il ignore pourquoi cette ville n'y est pas qualifiée de Néocore; qu'il semble que ce titre lui appartenoit légitimement, puisqu'il y avoit des jeux établis, & des temples élevés en l'honneur des empereurs.

Strabon dit que la ville de Thyatira étoit considérée par quelques auteurs, comme la dernière du district de la Mysie. Cet auteur ajoute qu'elle étoit une colonie des Macédoniens.

On lit dans le voyage à Thyatire, par M. de Peyssonnel, que Philippe, roi de Macédoine, de concert avec Antiochus-le-Grand, dans l'expédition qu'il fit en Asie pour dépouiller le jeune Ptolemée Epiphane, l'an 202 avant J.C., marcha vers cette ville. Il ajoute qu'il n'est pas dit dans l'histoire si ce prince fit alors quelque tentative, ni quel en fut le succès. Il y passa encore l'an 190 avant J.C., pour retourner à Sardes, après que les Romains se furent déclarés contre Antiochus.

Après que Scipion eut défait Antiochus près de Magnésie du Sipyle, la ville de Thyatire envoya des ambassadeurs aux Romains, pour leur rendre hommage & se soumettre à eux.

Thyatire fut prise par Aristonicus, l'an 130 avant J.C.; mais ce prince ayant été pris la même année par le consul Perpenna, cette ville rentra sous la domination des Romains.

Thyatire reçut de grands bienfaits de l'empereur Caracalla, selon une inscription que rapporte M. de Peyssonnel, qui ajoute qu'une médaille de cette ville, frappée au nom de l'empereur Geta, citée par le P. Hardouin, d'après Tristan, paroit prouver qu'elle prenoit sous le règne de ce prince le titre de Néocore. Le même auteur dit qu'il y a lieu de croire que l'empereur Caracalla avoit été à Thyatire, & que l'on y avoit exécuté les jeux pythiens en sa présence; que l'on peut le conjecturer par la médaille de ce prince, où l'on voit l'empereur désignant son heureuse arrivée dans la ville, en donnant la main au génie de Thyatire, représenté sous la figure d'une amazone, qui, suivant Etienne de Bysance, doit être l'amazone Pelopia.

Thyatire a été une des sept églises de l'Asie dont il est fait mention dans l'Apocalypse. La religion chrétienne y fut introduite par les apôtres & leurs disciples; mais on ne sait pas si cette église a été fondée par S. Paul ou par S. Jean. Il est cependant certain que lorsque le dernier écrivoit l'Apocalypse, il y avoit eu plusieurs chrétiens dans cette ville, & qu'ils y étoient même sous la direction d'un évêque.

Les habitans de Thyatire avoient une vénération particulière pour Diane. M. de Peyssonnel dit que plusieurs inscriptions trouvées à Thyatire, font foi du culte que ces peuples rendoient à cette divinité. Dans une de ces inscriptions, cette déesse est qualifiée Diana montana, la Diane montagarde, épithète qui lui avoit été donnée à cause des montagnes qui entourent la ville, & où les habitans alloient vraisemblablement prendre le divertissement de la chasse. Cet auteur ajoute qu'il a rapporté deux médailles de Thyatire; que l'on voyoit dans l'une une tête de femme couronnée de tours, & au revers un aigle tenant la foudre. La seconde, avoit une tête de Pallas, & au revers la figure

d'une femme portant une corne d'abondance.
On a remarqué que l'aigle repréfenté fur les médailles de *Thyatire*, eft le fymbole de Jupiter, qui
y étoit adoré ; la tête de Pallas fait croire à M. de
Peyffonnel que l'on y rendoit un culte à cette
déeffe.

La ville de *Thyatire* étoit située au pied & au
fud d'une chaîne de montagnes, fur la route de
Pergame à Sardes, & elle étoit arrofée par un
rameau du fleuve *Caïcus*.

M. de Peyffonnel dit que les premiers qui
trouvèrent la véritable pofition de *Thyatire*, font,
M. Ricaut, conful d'Angleterre à Smyrne, &
M. Luke, marchand de la même nation. Il ajoute
qu'il n'y a plus à Akhiffar aucun monument antique qui mérite d'être remarqué, & que l'on n'y
voit que de bien foibles veftiges de fon ancienne
fplendeur.

Un tremblement de terre arrivé fous le règne
de Tibère, renverfa un grand nombre de monumens dans la ville de *Thyatire*, comme il paroît
par une infcription rapportée par M. de Peyffonnel.

THYBARNI ou THYBARNÆ, peuples de
l'Afie mineure, dans le voifinage de la ville de
*Sardis*, felon Diodore de Sicile.

THYBARRA, lieu de l'Afie, dans le voifinage du Pactole. C'eft où fe tenoient les affemblées
de la baffe Syrie, felon Xénophon.

THYBII ou THIBII, peuples de l'Afie, dans
les environs du Pont, felon Philarque, cité par
Plutarque. Ils font nommés *Thibii* par Pline.

THYBRIS, nom d'un fleuve de la Sicile, qui
couloit fur le territoire de Syracufe, felon le
fcholiafte de Théocrite.

Servius, *in Æneid. L. VIII, v. 322*, écrit *Tybris*,
l'appelle *Foffa Siracufanæ*, & dit qu'elle fut creufée
par les Africains & les Athéniens, près des murs
de la ville, pour infulter les habitans.

THYDONOS, ville de l'Afie mineure, dans
la Carie, felon Pline.

THYELLA, ville de l'Italie, dans l'Œnotrie,
felon Hérodote, cité par Etienne de Byfance.

THYESSOS, ville de l'Afie mineure, dans la
Lydie, felon le même.

THYESSOS, ville de l'Afie, dans la Pifidie,
felon le même.

THYGATA, ville épifcopale d'Afrique, felon
Ortélius, qui cite les canons du concile de Carthage.

THYIA, nom d'un lieu de la Grèce, felon
Hérodote.

THYMATADÆ, municipe de la Grèce, dans
l'Attique. Il étoit de la tribu Hippothoontide.
Suidas écrit *Thymoitada*, & Héfychius *Thymiotadæ*.

THYMATERIUM, ville de l'Afrique, dans
la Libye, à deux journées de chemin au-delà des
colonnes d'Hercule, felon le périple de Hannon.
C'eft la *Thymateria* d'Etienne de Byfance.

Scylax, dans fon périple, la nomme *Thymia-*

*tirias*, & il la place au-deffus du promontoire *So-
loentum*.

THYMBRA ou THYMBRÉ, ville de l'Afie mineure, dans la Troade, felon Etienne de Byfance,
qui dit qu'elle avoit été fondée par Dardanus, &
qu'il la nomma ainfi d'après Thymbrios fon ami.
On y avoit bâti un temple à Apollon, qui en
avoit eu le furnom de *Thymbrien*.

Strabon dit que ce n'étoit qu'un canton, au
travers duquel couloit un ruiffeau appelé *Tym-
brius* : felon ce même auteur, ce ruiffeau alloit fe
perdre dans le Scamandre, auprès du temple d'A-
pollon.

Servius rapporte que ce fut dans ce champ
qu'Achille fut bleffé par Pâris ; d'où l'on dit que
la bleffure avoit été faite par Apollon.

THYMBRA ou TYMBRA, montagne de l'Afie,
dans la Phrygie, felon Vibius Sequefter.

THYMBRÆUS MONS, montagne de l'Afie
mineure, dans la Troade. C'eft de ce lieu, felon
Feftus, qu'Apollon avoit pris le furnom de *Thym-
bréen*.

THYMBRIA, lieu de l'Ionie, à quatre ftades
à l'eft-fud-eft de *Myus*. La caverne *Charonium*
étoit près de *Tymbria* : on la croyoit une des bouches de l'enfer ; il en fortoit des vapeurs pefti-
lentielles qui frappoient les oifeaux jufques dans
les airs.

THYMBRIS, fleuve d'Afie, dans la Bithynie,
( *La Martinière* ).

THYMBRIUM, ville de l'Afie, dans la Phrygie,
à dix parafanges de *Cayftropedium*. Cyrus y vint
en fortant de cette dernière ville. On voyoit à
*Thymbrium* une fontaine, que l'on appeloit la
fontaine de Midas, roi de Phrygie.

THYMBROS ou ATHYMBROS, fleuve dont il
eft fait mention dans le grand étymologifte. Ortélius juge que c'étoit un fleuve de la Carie,
province de l'Afie mineure.

THYMIATUM, contrée de l'Afrique, dans la
Libye, fur le bord de l'océan Atlantique, felon
le périple de Hannon.

THYMNIAS, golfe que Pline indique fur la
côte de la Doride, province de l'Afie mineure.
Pomponius Méla parle auffi de ce golfe, qu'il
place auprès d'un promontoire du même nom.

THYNE, ville de l'Afrique, dans la Libye,
felon Etienne de Byfance.

THYNI, nom d'un peuple de la Thrace, felon
Strabon.

THYNI. En parlant des peuples d'Afie foumis
à Créfus ( *L. I, c. 28* ), Hérodote nommé les
Thraces, & fon favant traducteur M. Larcher
ajoute à ce mot *Thraces*, celui d'*Afie* ; puis il s'explique ainfi dans fa note fur ce paffage, *p. 215*.

Par Thraces d'Afie, il faut entendre les Bithyniens & les Thyniens. Ces peuples étoient originaires d'Europe, d'où ils furent chaffés par les
Teucriens & les Myfiens. On les nommoit alors
Strymoniens ; ils paffèrent en Afie, où ils prirent

le nom de Bithyniens : Euſtache aſſure qu'il y avoit des Thraces en Aſie, & qu'ils y étoient paſſés ſous la conduite d'un certain Patarus. Strabon auſſi nous apprend que l'on croyoit généralement que les Bithyniens, qui étoient auparavant des Myſiens, prirent leur nom des Thraces Bithyniens & Thyniens qui paſſèrent en Bithynie. On en apporte pour preuve, dit-il, à l'égard des Thyniens, qu'il y a encore actuellement en Thrace quelques Bithyniens ; & à l'égard des Thyniens, qu'on en voit encore ſur le rivage Thynias près d'Appollonie & de Salmydeſſus.

On peut joindre à cette autorité celle de Xénophon. Il appelle, dans ſes Helléniques (*L. III*, *c. 2*, §. *2*), la Bithynie, il l'appelle, dis-je, Thrace Bithynienne ; & ailleurs il donne à ce pays tout ſimplement le nom de Thrace ; les Arcadiens, dit-il, retraite des Dix-mille (*L. VI*, *c. 2.* §. *11*), ayant obtenu des vaiſſeaux des habitans d'Héraclée, s'embarquèrent les premiers, afin de tomber à l'improviſte ſur les Bithyniens, & de faire un butin conſidérable. Ils abordèrent à Capée, port ſitué vers le milieu de la Thrace. Chiriſophe, au ſortir d'Héraclée, coupa à travers les terres ; mais lorſqu'il fut arrivé en Thrace, il marcha le long de la mer, parce qu'il étoit déjà malade. Quant à Xénophon, il aborda avec ſes vaiſſeaux ſur les confins de l'Héracléotide & de la Thrace, & s'avança par le milieu des terres. Le port de *Calpe*, dit-il ailleurs (*ch. 4*, §. *1.*), eſt dans la Thrace Aſiatique ; cette Thrace commence à l'embouchure du Pont-Euxin, & s'étend juſqu'à Héraclée : ceux qui naviguent vers le Pont, l'ont à droite. Arrien lui donne les mêmes bornes dans ſon périple du Pont-Euxin. « Les Bithyniens, dit-il, peuples de Thrace, s'étendent juſqu'au fleuve Parthenius ».

Auſſi M. Larcher, dans ſa géographie d'Hérodote, ou, ſi l'on veut, dans ſes notes géographiques, dit-il :

« Les Thyniens étoient Thraces d'origine. Ils habitoient aux environs de Salmydeſſe & d'Apollonie ; & encore actuellement, dit Strabon, il y a vers ces villes une côte que l'on nomme *Thynias*. Ils paſſèrent en Aſie & habitèrent avec les Myſiens. Ils occupèrent les bords de la mer, & quelque peu d'étendue de terrein dans les terres. Les Bithyniens, autres peuples ſortis de Thrace, étoient plus avant dans les terres. Ils touchoient à l'eſt aux Mariandryens.

Il paroît qu'ils avoient acquis de la célébrité dans l'art de graver les pierres précieuſes. On le voit par ces vers de Mécène ſur la mort d'Horace, que nous a conſervés Iſidore dans ſes origines, *eg. 32* :

   *Nec percandida margarita quæro*
   *Nec quos Thynica lima perpolivit*
   *Anellos, nec jaſpios lapillos.*

THYNIA, contrée de l'Aſie, dans la Bithynie, ſelon Pline, *L. v, c. 32.*

Strabon, *L. XII*, p. *541*, dit que les Thyniens aſiatiques tiroient leur nom de ceux de l'Europe, qui habitoient dans la Troade.

THYNIAS ou THYNNIAS, île du Pont-Euxin, à l'oppoſite de la Bithynie, ſelon Pline ; mais Strabon l'indique ſur la côte de la Bithynie.

Il eſt auſſi fait mention de cette île par Pomponius Méla, & dans le périple de Marcian d'Héraclée.

THYNOS, nom d'une ville de l'Aſie, dans la Cilicie, ſelon Pline.

THYRÆI, peuples de l'Italie, dans la Japygie. Ils habitoient au milieu de l'iſthme qui eſt entre *Tarentum* & *Brunduſium*, ſelon Strabon.

THYRAMIS, fleuve de l'Epire, dans la Theſprotie, ſelon Athénée.

THYREA, ville de l'Argolide, ſur un lieu élevé, dans la partie qui touche à la Laconie, c'eſt-à-dire, ſur la côte occidentale du golfe Argolique. La contrée où elle étoit ſituée portoit le nom de *Cynuria* ou Cynourie. Ce canton, dit Hérodote (*L. I*, p. *82*), faiſoit partie de l'Argolide ; mais les Lacédémoniens l'en avoient retranché & ſe l'étoient approprié (1). *Tyrée*, comme le remarque très-bien M. Larcher (*notes*, p. *318*), étoit de la plus grande importance pour les Argiens : elle leur ſervoit de communication pour ſe rendre par terre aux autres places de la même côte.

« Les Argiens étant venus au ſecours du territoire » qu'on leur avoit enlevé, on convint dans un » pour-parler, que l'on feroit combattre 300 » hommes de chaque côté ; que ce terrein demeu- » reroit au vainqueur ; que les deux armées n'aſſiſ- » teroient point à ce combat, & ſe retireroient » chacune dans ſon pays.

» Les deux armées ſe retirèrent après cet accord, » & il ne reſta que les guerriers choiſis de part & » d'autre. Ils combattirent des deux côtés avec tant » d'égalité, que de ſix cens hommes il n'en reſta que » trois : Alcenor & Chromius du côté des Argiens, » & Othyades de celui des Lacédémoniens ; & » encore fallut-il que la nuit les ſéparât. Les deux » Argiens coururent à Argos annoncer leur vic- » toire, ou, comme le porte le grec, comme » victorieux. Pendant ce temps Othyades, guerrier » des Lacédémoniens, dépouilla les Argiens tués » dans le combat, porta leurs armes dans ſon » camp, & ſe tint dans ſon poſte. Le lendemain (2)

---

(1) Cet auteur obſerve à la ſuite de ceci que toute la côte occidentale du golfe avoit auſſi appartenu aux Argiens, tant ce qui eſt en terre-ferme, que l'île de Cythère & les autres îles. Les Argiens redemandèrent ce pays dans la guerre du Péloponnèſe. (Thucydide, *L. v, 41* )

(2) On ſent bien qu'Hérodote omet quelques circonſtances, ou plutôt arrange l'hiſtoire à ſon gré ; car dès la veille les Argiens ont été apprendre la nouvelle

» les deux armées arrivent inftruites de l'événe-
» ment, elles s'attribuent quelque temps la victoire ;
» les Argiens, parce qu'ils avoient l'avantage du
» nombre ; les Lacédémoniens, parce qu'ils prou-
» voient que les combattans d'Argos avoient pris
» la fuite, tandis que leur guerrier étoit refté
» dans fon pofte, & qu'il avoit dépouillé leurs
» morts. Enfin la difpute s'étant échauffée, on en
» vint aux mains ». Je dois faire obferver que
Plutarque dit que les Amphictions(2) s'étant tranfportés fur les lieux, & qu'ayant été témoins de
l'action d'Othyades, ils adjugèrent la victoire aux
Lacédémoniens. D'un autre côté Paufanias affure
que les Argiens s'attribuèrent la victoire : Les
Lacédémoniens en firent autant.

« Depuis ce temps, continue Hérodote, les
» Argiens, qui jufqu'alors avoient été obligés de
» porter leurs cheveux, fe raferent la tête ; & par
» une loi, accompagnée d'imprécations contre les
» infracteurs, ils défendirent aux hommes de laiffer
» croître leurs cheveux, & aux femmes de porter
» des ornemens d'or, avant que l'on cût recouvré
» Thyrée. Les Lacédémoniens, qui auparavant
» avoient des cheveux courts, s'impoferent la loi
» contraire de les porter fort longs. Quant à Othya-
» des, refté feul de trois cens Lacédémoniens, on
» dit que, honteux de s'en retourner à Sparte après
» la perte de fes compagnons, il fe tua fur le
» champ de bataille ». Voyez fur ce fujet les notes
de M. Larcher. Hérod. L. 1, p. 323 & fuiv.

THYREA, ville de la Grèce, dans la Phocide :
Paufanias rapporte que Phocus, fils d'Harmythion,
y mena une colonie.

THYREA, île qui étoit fituée fur la côte du
Péloponnèfe. Selon Hérodote, les habitans de la
ville d'Hermione, la donnèrent à ceux de Samos.

THYREUM, petite ville de l'Arcadie, au
midi de Mégalopolis.

Elle avoit été fi fort affoiblie par la fondation
de Mégalopolis, qu'elle étoit déferte au temps de
Paufanias.

THYRGANIDES, peuples de la Grèce, dans
l'Attique, felon Héfyche.

THYRGONIDÆI, municipe de l'Attique, dans
la tribu Ptolémaïque, felon Suidas.

THYRI, peuple de l'Afie, dans la Sérique,
felon Pline.

THYRIDES, ville de la Laconie, au fud-eft
de Maiffa : fon nom, qui paroît venir du mot
grec qui fignifie fenêtre, pourroit peut-être fe rendre
en françois par Belle-vue ; fa fituation déterminoit
ce fens d'une manière bien naturelle. On voyoit
près de Thyrides, les ruines de la ville Hippola,
au milieu defquelles fubfiftoit encore, au temps

de Paufanias, une chapelle de Minerve Hippo-
laïtis.

THYRIDES, nom du fommet du Ténare, dans
le Péloponnèfe, à 30 ftades du promontoire Tænarum, & auprès duquel on voyoit les ruines de
la ville Hippola, felon Paufanias. Même lieu que
le précédent.

Pline nomme Thyrides, trois îles du golfe Afinæus.

THYRIUM, nom d'une ville de l'Acarnanie,
felon Etienne de Byfance & Tite-Live.

THYRSUS (Oriftagni), fleuve de l'île de Sardaigne. Il couloit du nord au fud, & fe jetoit à
l'oueft dans la mer.

THYSANUSA, ville de l'Afie mineure, dans
la Carie, felon Pline.

THYSDRUS, nom d'une ville de l'Afrique
propre, & l'une de celles que Ptolémée indique
au midi de la ville d'Adrumetum.

THYSSAGETÆ (les Thyffagètes), peuples qui
habitoient au-deffus des Sarmates, dans l'endroit
où le Tanaïs prenoit fa fource. Ammien Marcellin
dit que ce peuple demeure dans de vaftes forêts
& vivoient de chaffe. Il ajoute qu'ils avoient leurs
femmes & leurs enfans en commun.

Au-deffus des Bodins, dit Hérodote, L. IV,
c. 21 & 22, on trouve d'abord un pays défert
dans l'étendue de fept journées de marche ; après
ce défert, en déclinant un peu vers l'eft, on
trouve les Thyffagètes, nation nombreufe, qui
fe gouverne par fes propres loix. Pline les place
à-peu-près au même endroit, & après eux les Turcs.
Le P. Hardouin, dans une note fur cet endroit
de Pline, dit qu'ils habitoient fur les bords du
Tanaïs, vers la courbure où ce fleuve s'approche
le plus du Wolga, & où eft aujourd'hui le territoire d'Aftracan ; il ajoute que c'eft de-là que font
venus les Turcs ; mais Hérodote met dans le
voifinage de Thyffagères les Iyrques, & non pas
les Turcs.

THYSSUS, ville de la Macédoine, aux environs & fur le mont Athos, felon Pline & Thucydide.

On lit Thyfus dans Hérodote.

THYSTIUM ou THYTIUM, ville de l'Etolie,
felon Suidas.

TIABA, ville de l'Afie mineure, dans la
Carie, felon Strabon.

TIAGAR, ville de l'intérieur de l'Arabie heureufe, entre Inapha & Appa, felon Ptolémée.

TIAGURA, ville de l'Inde, en-deçà du Gange,
& à l'Orient du fleuve Nomadus, felon Ptolémée.

TIARÆ, lieu de l'île de Lesbos, au voifinage
de Mitylène, felon Pline & Athénée.

TIARANTUS, nom d'un fleuve de la Scythie.
Il alloit fe perdre dans le Danube, felon Hérodote.
C'eft l'Alut.

TIARE, ville de l'Afie mineure, dans la Troade,
felon Pline.

TIARIULIA, ville de l'Hifpanie citérieure,
dans

---

à Argos ; & ici c'eft le lendemain qu'en revenant, les
deux armées apprennent l'iffue du combat.

(2) Confultez pour ce mot le dictionnaire des Antiquités.

dans l'intérieur du pays des Ilercaons, selon Ptolemée.

TIASE, nom d'une rivière du Péloponnèse, dans la Laconie, qui couloit entre Sparte & Amycle, selon Pausanias, *L. III, Lacon. c. 18.*

TIASSA ou TIASSOS, fontaine ou fleuve de la Macédoine, selon Hésychius. Athénée écrit *Tiassos*, & dit que c'est un fleuve.

TIASUM, nom d'une ville de la Dacie, au voisinage de *Nentidava* & de *Zugma*, selon Ptolemée.

TIAUSPA, ville de l'Inde, en-deçà du Gange, à l'occident & près de ce fleuve, selon Ptolemée.

TIBARANIA ou TIBARENIA, contrée de l'Asie, dans le Pont, au voisinage de la Cappadoce, & touchant au pays des Chalybes, selon Etienne de Bysance.

TIBARENI, les Tibareniens, peuple de l'Asie, dans le Pont, aux environs de la Cappadoce, & dont le pays touchoit à celui des Chalybes, selon Pomponius Méla.

Ce peuple est nommé *Tibari* par Eusèbe, qui ajoute qu'ils avoient la coutume de circoncire leurs enfans.

Xénophon les indique sur le bord du Pont-Euxin, aux environs des Mosynœques, & dit que les Grecs mirent deux jours à traverser leur pays.

Selon Strabon, les Tibaréniens étoient à demi-sauvages, & habitoient sur le bord du Pont-Euxin, près du Phase.

Ils faisoient consister la véritable félicité à jouer & à rire. Ces peuples étoient tellement attachés aux loix de l'équité, qu'ils n'auroient pas voulu attaquer leurs ennemis, même en guerre, sans les avoir avertis du lieu & de l'heure du combat.

TIBARITANUS, siège épiscopal d'Afrique, dans la Bysacène, selon la conférence de Carthage.

TIBELIUS, lieu de l'Asie, dans le voisinage de la Lazique, & qui faisoit la borne entre les Misimiens & les Absiliens, selon Agathias.

TIBERIA, nom d'une ville de la Thrace. Elle avoit été fondée par l'empereur Tibère, dont elle portoit le nom, selon Calliste.

TIBERIACUM, ville de l'Italie, dans le voisinage de Ravenne.

TIBERIACUM, ville de la basse Germanie, sur la route de *Colonia Trajana*, à *Colonia Agrippina*, entre cette dernière & *Juliacum*, selon l'itinéraire d'Antonin.

TIBERIANI CAMPI, champs de l'Italie, dans le voisinage de Rome, selon Frontin.

Ces champs avoient pris le nom de l'empereur Tibère, parce que ce prince les avoit fixés à vingt-cinq arpens.

TIBERIAS ou GENESARETH, ville de la Palestine, dans la tribu de Zabulon, sur le bord du lac de Tibériade, dans la partie occidentale de ce lac, & au nord de *Magdala*.

Joseph rapporte que cette ville fut bâtie par Hérode le tétrarque, & que ce prince lui donna ce nom en l'honneur de Tibère.

TIBERIAS, ville de l'Asie, dans la Bithynie. Elle étoit située dans la partie occidentale d'un lac, vers le 32e degré 35 minutes de latitude.

TIBERINA CASTRA, nom d'un lieu de la Vindélicie.

TIBERINA INSULA, île du Tibre, dans la ville de Rome, selon Vitruve. Elle est nommée île d'Esculape par Suétone.

Selon Plutarque, cette île étoit appelée à Rome, l'île Sacrée & l'île des deux Ponts; parce qu'il dit que l'on consacra à Mars, un champ qui appartenoit aux Tarquins; on jeta dans la rivière les bleds qui venoient d'être coupés, ainsi que les arbres qui étoient dans ce champ. Comme les eaux de la rivière étoient basses, ces matières s'arrêtèrent près de là; & jointes au limon que l'eau charrioit, cela forma une île, où l'on bâtit divers temples & plusieurs portiques.

TIBERINA REGIO, contrée de l'Asie, dans la Cappadoce, où étoit le lieu nommé *Ariatzus*.

Il est fait mention de cette contrée dans les lettres de S. Grégoire de Naziance, citées par Ortélius.

TIBERIOPOLIS, ville de l'Asie, dans la grande Phrygie, selon Ptolemée.

TIBERIOPOLIS, ville de la Bulgarie, sur le bord du Pont-Euxin, selon Leunclavius, qui cite Curopalate.

TIBERIS, ou le Tibre (*il Tevere*), fleuve d'Italie. Il a sa source dans l'Apenium, vers l'endroit où se trouvoit *Tifernum*, surnommé *Teberinum*. Il couloit à-peu-près au sud, & passant par *Perusia*, jusqu'à *Tuder*; il se détournoit pour aller vers le sud-ouest, à la hauteur de *Vulsinii*, dont il n'approchoit cependant pas. Ayant reçu le *Clanis*, il tournoit vers le sud-est, recevoit le *Nar* à *Hortanum*, & continuoit dans cette direction jusqu'à un point qui se trouve entre *Capena* & *Cures*. Reprenant alors une route assez directe vers le sud, il passoit à Rome, puis s'alloit rendre par le sud-ouest à la mer auprès d'*Ostia*, dont le nom signifie embouchures, & où en effet il y en avoit plusieurs. Malgré sa célébrité, qu'il n'a dû qu'à la circonstance d'arroser la capitale du monde dans l'antiquité, ce fleuve étoit peu de chose jusqu'à *Hortanum*; mais grossi par les eaux du *Nar*, du *Velinus*, de l'*Anio*, il pouvoit à Rome porter de petits bâtimens.

Les anciens, comme pour rehausser sa gloire, ont dit qu'il recevoit jusqu'à vingt autres fleuves: il faut comprendre dans le nombre bien des ruisseaux. Il a porté aussi bien des noms. Les plus connus sous l'*Albula*, ou le *Rongeur*, parce qu'il ravage ses bords; le *Flavus* ou le *Blond*, à cause de la couleur de ses eaux chargées de limon; le *Janus*, d'après le prince vrai ou supposé de ce nom; enfin, le *Tiberis*, dont les Italiens ont fait

*Tevère*, & nous *Tibre*. Varron dit aussi qu'il porta le nom de *Dehebris*, ce que M. Court de Gebelin explique par *fleuve qui ravage, qui fait du mal.*

**TIBIGENSE OPPIDUM**, ville de l'Afrique propre, selon Pline. Elle est nommée *Thigiba* par Ptolemée.

**TIBII**, peuple l'Asie, aux environs de la grande Arménie, & dont la métropole étoit nommée *Tibium*, selon Cédrène & Curopalate.

Selon Strabon, on donnoit le nom de *Tibii*, aux esclaves que l'on tiroit de la Paphlagonie.

**TIBILIS**. ( *Ash-coure* ), lieu de l'Afrique, dont fait mention l'Anonyme de Ravenne. Il étoit à dix lieues au sud-ouest & *Hippo Regius*, & à seize à l'est de *Cirta*.

On y voit encore des ruines.

**TIBILITANUS**, siège épiscopal d'Afrique, dans la Numidie, selon la notice épiscopale d'Afrique.

**TIBISCA**, ville de la basse Mœsie, selon Ptolemée.

**TIBISCUM**, nom de l'une des plus considérables villes de la Dacie, selon Ptolemée.

**TIBISCUS** ou **TIBISIA**, nom d'un fleuve de la Dacie. Il alloit se perdre dans le Danube, selon Ptolemée.

Ce fleuve est nommé *Tibisia* par Jornandès & par l'Anonyme de Ravenne. Pline écrit *Pathissius*.

**TIBISENA OSTIA**. Valerius Flaccus nomme ainsi l'embouchure d'un fleuve de la Scythie.

**TIBISIA**, *voyez* TIBISCUS.

**TIBISIS**, grande rivière qui sort du mont *Hæmus*, &, qui coulant vers le nord, se décharge dans l'Ister. La Martinière a tort de croire que c'est le *Tibisas* ou le *Pathissus* de Pline.

**TIBIUM**, montagne de l'Asie, dans la Phrygie. Selon Etienne de Byzance, elle donnoit le nom aux esclaves appelés Tibiens.

**TIBIURA**, ville de l'Afrique, selon l'acte du martyre de S. Félix, évêque.

**TIBRACANA**, ville de l'Asie, dans l'intérieur de la Médie, selon Ptolemée.

**TIBULA** ou **TIBULÆ**, ville située sur la côte septentrionale de l'île de Sardaigne, selon Ptolemée & l'itinéraire d'Antonin.

**TIBUR** ( *Tivoli* ), ville d'Italie près de l'*Anio*, vers le nord-est de Rome, dans le pays des Sabins. Elle étoit si ancienne au temps où Pline écrivoit, qu'il ne croyoit pas exagérer en faisant remonter sa fondation au siècle qui avoit précédé le siège de Troye. Selon lui, elle fut fondée par Tiburnus, l'un des fils d'Amphiaraüs, aidé de ses deux frères, Catille & Corax. Mais Denys d'Halicarnasse prétend que Tibur avoit été bâtie par les Siculçs avant cette époque. Sa situation, qui se retrouve encore dans celle de Tivoli, offre un des plus beaux spectacles que puisse présenter la nature. Placée sur un terrein uni d'un côté, elle voit de l'autre la montagne coupée à pic, &

l'*Anio* qui en arrosant majestueusement le côté de la plaine, se précipite ensuite avec un bruit considérable du haut de cette montagne, dans la vallée où la force de son courant a formé de profondes excavations.

Pour présenter en peu de mots les grandes beautés qu'Horace admiroit à Tibur, il ne faut que traduire ici trois vers de la septième ode du premier livre. « Rien ne me frappe tant, dit ce poëte, que la » maison de la retentissante Albunée, la haute cas- » cade de l'*Anio*, le bois sacré de Tiburnus, & » ses jardins arrosés d'une eau qui se renouvelle » sans cesse ».

Comme il s'agit dans cet article d'un lieu intéressant en lui-même, & par son rapport avec le poëte qui en donne en peu de mots une idée si magnifique, je vais reprendre en quelques mots chacun de ces objets.

I. La maison de la retentissante Albunée, ( *Domus Albuneæ resonantis* ), est la soufrière ou *solfatare* de Tivoli. Cette soufrière est un lac ou plutôt un gouffre, reste de quelque ancien volcan, dont il étoit probablement le cratère. On a dit avoir trouvé dans son intérieur les eaux échauffées : je n'assurerai pas le fait ; je ne le crois pas même, parce que la chaleur s'étendroit à la surface ; mais il se dégage perpétuellement un gaz qui fait élever des bouillonnemens que l'on aura bien pu attribuer à la chaleur. Sur les bords abandonnés aujourd'hui de cette soufrière, étoient autrefois différens monumens, & particulièrement un temple où étoit un oracle. L'effet de l'eau, les vapeurs méphitiques que l'on éprouvoit en cet endroit, en avoient fait attribuer la cause à des divinités ; &, outre le temple des Muses, on a découvert dans le siècle dernier un monument qui montre que la déesse de la santé, la bienfaisante Hygie, y étoit adorée. Ce culte avoit été inspiré par la reconnoissance, sans doute ; car Strabon nous apprend que ces eaux étoient curatives pour différentes maladies, & que l'on en faisoit usage, soit en s'y baignant, soit en s'y lavant. Suétone rapporte qu'Auguste y alloit & en faisoit usage : il y avoit donc là des thermes.

Quant à l'oracle, Virgile nous apprend de quelle manière on le consultoit. On s'y étendoit, dit ce poëte, sur les peaux des victimes, & on s'y livroit au sommeil. C'étoit alors qu'à la faveur des songes, les dieux manifestoient leurs volontés, soit par la vue des objets que l'on vouloit connoître, soit par des sons qui prescrivoient ce qu'il convenoit de faire après le réveil. On a remarqué que pour cet oracle on se conduisoit de la même manière qu'à celui d'Amphiaraüs à Thèbes. On ne doit pas en être surpris, si l'on admet que cette ville dut sa fondation à des princes Thébains.

II. Le *Præceps Annio*, dont parle Horace, fait une image qui ne peut être rendue en deux mots françois, & qui est assez célèbre pour admettre ici une courte glose. L'*Anio* ( il Teverone ), dit

M. l'abbé Chaupir (1), roule tranquillement ses flots jusqu'à la ville de Tivoli ; mais lorsqu'il y est arrivé, le terrein lui manque, il est forcé de se jeter avec un bruit effroyable & blanchissant d'écume, dans un précipice très-profond. Dans ce précipice, où peu de gens descendent à cause de la difficulté & de la terreur que produit le bruit de cette chûte, on voit que la violence de l'eau a percé des deux côtés un rocher affreux, ce qui forme deux bras du fleuve, lesquels se réunissent pour se précipiter encore avant de reprendre un lit paisible (2).

III. Tiburnus, fondateur de Tibur, fut regardé après sa mort comme un dieu ; on lui consacra un bois dans lequel on lui rendit un culte ; ensuite on lui éleva un temple. Tout porte à croire que ce temple & ce bois se trouvoient dans la belle vallée où coule le Teverone, après la cascade, & qui se trouve au-dessous de Tivoli. L'inspection du local démontre que ce n'a pu être que là ; mais le texte de Strabon dit positivement que « l'Anio après sa chûte admirable de la plus haute » rive dans la plus profonde des vallées, coule » à travers le bois qui s'y trouve sous la ville ».

IV. Quant aux vergers & aux eaux qui les arrosoient, beautés locales dont parle Horace, on les retrouve encore dans la plaine qui est au-dessous de Tivoli, & sur ce côteau où se voient des vignes & des oliviers. On sait combien le vin de ce canton étoit estimé.

La beauté de ce séjour, qui fixe encore l'admiration des voyageurs, y avoit attiré les premiers citoyens de Rome. Je ne parlerai ici que de quelques temples & des principales maisons de campagne.

Il y avoit un temple d'Hercule, qui devint célèbre par ses sorts. Construit vers le penchant de la montagne, on y avoit fait des *substructions* considérables pour en assurer la solidité. Elles forment encore le sol qui soutient la cathédrale, l'évêché, & la place qui est en face de ces édifices.

Ce temple consacré à Hercule vainqueur, avoit un collège de prêtres & un curateur. Il étoit accompagné 1°. d'un beau portique, sous lequel Suétone nous apprend qu'Auguste rendoit assez ordinairement la justice lorsqu'il se trouvoit à Tibur ; 2°. d'une belle bibliothèque dont parle Aulugelle dans ses Nuits attiques. Selon Appian, ce temple renfermoit aussi de grandes richesses, provenues, sans doute, de la crédulité des ceux qui consultoient les sorts.

Mais Hercule, non plus que les nymphes

Albunes, n'étoient pas les seuls à Tibur en possession d'annoncer l'avenir, puisqu'il y avoit un temple de Sibyle, dont les restes portent encore le même nom. Ce temple, admirable par son élégance, étoit étonnant, sur-tout par le travail qu'avoient exigé ses fondations. Elles avoient leur base dans le précipice où se jette l'Anio, & s'élevoient jusqu'en haut pour y soutenir le temple au niveau de la ville : on les voit encore aujourd'hui.

De magnifiques restes qui comprennent une fort grande étendue, portent actuellement le nom de château de Mécène. Mais M. l'abbé Chaupi qui a examiné ce local, trouve à ces ruines tous les caractères d'un monument public. La voie Tiburtine y aboutissoit, & une grande partie de ce bâtiment existe avec ses fondations au fond du précipice, d'où ils ne purent être élevés au niveau de Tibur, qu'avec des frais immenses & par des travaux publics. Le savant que j'ai cité dit que ces ruines ont appartenu à quelque grande basilique, monument essentiel dans une ville, & qui ne pouvoit qu'être considérable dans Tibur, dont plusieurs habitans occupoient les premières places à Rome, vers la fin de la république.

Mais ce n'avoit été qu'avec le temps qu'il s'étoit établi entre ces deux peuples une si parfaite intelligence. Tibur, fière de son ancienneté & du rang qu'elle occupoit avant la fondation de Rome, ne vit qu'avec peine les efforts de cette dernière pour son agrandissement. Elle y opposa toute la résistance dont elle fut capable. Il est probable même que si les Tiburtains avoient été bien secondés par les Gaulois, avec lesquels ils avoient fait alliance lorsqu'ils vinrent jusques sous les murs de Rome ; cette ville, devenue depuis la capitale de tout l'Occident, eût cédé la place à Tibur.

Mais les Gaulois, défaits & craignant les suites de ce désastre, se retirèrent ; de leur côté les Romains mirent tant d'opiniâtreté dans leur conduite, tant d'intelligence dans la manière de varier leurs attaques, qu'enfin les Tiburtins succombèrent. Ils furent entièrement soumis vers l'an 400 de Rome.

Vers la fin de la république, la belle campagne de Tibur étoit remplie de superbes maisons de campagne. De ce nombre étoient celle de Quintilius Varus, dont parle Aulugelle, en disant qu'étant arrivé pauvre en Syrie, province qu'il avoit trouvée riche, il avoit changé d'état avec elle, & l'avoit laissée comme il y étoit venu ; on en voit les ruines seulement appelées encore d'après lui *Quintiliolo* ; celle du poète Catule, qui étoit sur le bord de l'Anio, opposé à la ville ; le château de Cinthie, cette tendre amante de Properce ; celles de Brutus & de Cassius, de Pison, &c. celle de Mécène, que M. l'abbé Chaupi conjecture avoir été sur le mont d'Acori ; celle de Vopiscus, né à Syracuse, philosophe & historien, & devenu si riche sous le règne de Dioclétien. Stace en a fait une une des-

---

(1) Découverte de la maison de campagne d'Horace, tome II, page 398.

(2) Cette description ne tient pas moins à la géographie ancienne qu'à la géographie moderne ; & comme elle ne se trouve pas dans cette dernière à la partie de l'Encyclopédie qui en traite, j'ai pensé que l'on ne seroit pas fâché de la trouver ici.

cription magnifique, dont les découvertes modernes n'ont fait que donner une confirmation. Ce
bâtiment devoit être où est actuellement l'église
de S. Antoine.

Mais aucun bâtiment n'approchoit, ce me semble
du Tiburnum d'Adrien, dont les ruines semblent
encore appartenir à plusieurs châteaux. On n'en sera
pas surpris en lisant le passage suivant, traduit de
Spartius, son historien. « Il (Adrien) fit bâtir sa
» maison de campagne de Tibur avec la plus
» grande magnificence. Il imagina d'y rapprocher
» par l'imitation les lieux les plus célèbres qu'il
» avoit visités. Ainsi telle partie de la maison
» portoit le nom du lycée, de l'académie, du
» prytané, du pécile d'Athènes ; de la ville de
» Canope en Egypte ; de la vallée de Tempé en
» Thessalie ». On sent bien que pour le peu que cet
empereur ait voulu donner un air de grandeur
& de vérité à chacune des parties de son bâtiment, quelle devoit être l'étendue de la totalité (1). La quantité & la richesse des ornemens
répondoient à la grandeur de son emplacement.
Les fouilles de plusieurs siècles n'ont pas encore
épuisé ces ruines ; & les morceaux qui s'y trouvent,
servent d'ornemens aux plus beaux cabinets. Après
le vaste palais d'Adrien, je n'en devrois nommer aucun. Je ne puis cependant passer sous
silence le Tiburtinum de l'illustre & malheureuse
Zénobie. Cette reine dont l'historien vante également la beauté, la valeur & le savoir, vaincue
par l'empereur Aurélien, la fierté barbare de ce
prince n'eut pas honte de la mener publiquement
en triomphe. Peut-être crut-on faire beaucoup que
de lui laisser la vie & une certaine aisance, l'empereur lui ayant accordé une maison de campagne
à Tibur, où elle vécut en simple dame romaine.
Les ruines s'en voient encore sur le chemin de
Ponte-Lucano à Monticelli, éloignées d'un mille
des ruines du palais d'Adrien.

TIBURICENSIS, siège épiscopal de l'Afrique
proconsulaire, selon les actes du concile de Latran, tenu sous le pape Martin.

TIBURNIA, nom d'une ville de la Norique
ou de la Rhétie, selon Ortélius.

TIBURSICENSIS, siège épiscopal de l'Afrique
proconsulaire, selon la lettre synodique des pères
de cette province.

TIBUZABETENSIS, siège épiscopal d'Afrique,
selon la conférence de Carthage.

TICANONA, TACONA, ICANONA ou
ICATONA, ville de l'Egypte, entre Cène &
Oxyrynchon, selon l'itinéraire d'Antonin.

---

(1) On ne soupçonnera pas sans doute cet empereur
d'avoir fait à Tibur, comme quelques amateurs modernes
ont fait dans leurs jardins prétendus anglois, où l'on
trouve en quelques arpens, des fleuves, des tours, des
ruines, des villages, le tout en miniature : ce n'étoit pas
le caractère du génie romain ; & la puissance d'un empereur inspiroit d'ailleurs d'autres idées.

TICARIUS, fleuve de l'île de Corse. Ptolemée
en indique l'embouchure sur la côte occidentale.

TICELIA, siège épiscopal d'Afrique, dans la
Libye, selon les actes du concile de Chalcédoine
tenu l'an 451.

TICENA, ville de l'Afrique propre, au midi
de la ville de Carthage, & entre les fleuves
Bagradas & Triton, selon Ptolemée.

TICENSIS, siège épiscopal d'Afrique, dans la
Byzacène, selon la conférence de Carthage.

TICHASA (Te-Gewse), ville de l'Afrique
propre, au midi de Carthage, entre les fleuves
Bagradas & Triton, selon Ptolemée.

Cette ville étoit située à douze lieues de sud-
ouest de Capsa. On y voit encore quelques vestiges
des Romains.

TICHIOES, lieu fortifié aux environs de Tra-
china, selon Etienne de Byzance.

TICHIS, fleuve de l'Hispanie citérieure, au
pied des Pyrénées, selon Pline.

TICHIS FLUV. rivière qui sortoit des Pyrénées ; c'est le Tech actuel, dans le département
des Pyrénées orientales. M. d'Anville fait observer
que plusieurs écrivains ne connoissant pas le nom
particulier de cette rivière, l'ont nommée du nom
de la ville principale qu'elle arrose ; & que de
plus Pline, nomme Tichis une rivière qui sort également des Pyrénées, mais qui coule en Espagne ;
c'est qu'il n'avoit pas une juste connoissance du
cours de ce fleuve.

TICHIUM, ville de la Grèce, dans l'Etolie,
selon Thucydide.

TICHIUS, lieu de la Thessalie, dans le passage des Thermopiles. Selon Strabon, ce lieu
avoit été bâti par les Lacédémoniens.

TICHIUSA, lieu fortifié de l'Asie mineure,
dans le territoire de Milet, selon Thucydide.

TICHON. Ezéchiel nomme ainsi une des limites de la nouvelle terre promise dont il fait la
description.

TICHOS ou TICHUS, forteresse de l'Achaïe,
dans la partie orientale au sud du promontoire
Araxum.

Elle étoit sur une montagne escarpée & avoit
peu d'étendue ; mais ses murs étoient fort hauts :
on leur donnoit trente coudées. C'est sans doute
à cause de cette force qu'elle devoit à la nature
& à l'art, au rapport de Polybe, que l'on en attribuoit la fondation à Hercule. On voit qu'elle
avoit appartenu aux Eléens ; car dans la guerre
que fit contre eux Philippe, roi de Macédoine, il
s'empara de cette place pour la donner aux habitans de Dyme, à la bienséance desquels elle se
trouvoit.

TICIBUS, ville épiscopale d'Afrique, dans la
Byzacène, selon la notice épiscopale d'Afrique.

TICINUM (Pavie), ville de la Gaule transpadane, au sud-ouest, sur le Ticinus & très-près
du Pô. On ignore quand elle commença à devenir considérable ; mais il paroît constant qu'elle

n'étoit qu'un village au temps de la seconde guerre punique. Dans la suite elle eut le rang de municipale.

Ayant été détruite par Odoacre, roi des Hérules, elle fut rebâtie sous le nom de *Papia* ; & c'est de ce dernier nom que par corruption le T s'étant changé en *P*, on a fait *Pavie*.

TICINUS ( *le Tésin* ), fleuve de la Gaule transpadane. Il commençoit fort haut vers le pays des Lépontiens, traversoit le lac *Verbanus*, & se rendoit dans le Pô un peu au-dessous de *Ticinum*.

Ce fleuve est célèbre par la fameuse bataille de son nom, entre les Romains, conduits par P. Cornelius Scipion, père de Scipion l'Africain, & les Carthaginois, conduits par Annibal, l'an de Rome 535. Les Romains furent défaits.

TICUALTENSIS, siège épiscopal d'Afrique, dans la Byfacène, selon la notice épiscopale d'Afrique.

TIDÆUM, ville de la Grèce, dans le voisinage de l'Afrique, selon Appien.

TIDIDITANUS ou TIDITANUS, siège épiscopal d'Afrique dans la Numidie, selon la notice des évêchés de l'Afrique.

TIESA, TIASA ou TIASUS, fleuve du Péloponèse. On le rencontroit sur la route de Sparte à *Amyclæ*, selon Pausanias. Il est nommé *Tiasus* par Athénée.

TIFATA MONS, montagne de l'Italie, dans la Campanie, & près de Capoue, qu'elle dominoit, selon Tite-Live. La table de Peutinger en met deux temples, l'un désigné par les mots *ad Dianam*, & l'autre par ceux *Jovis Tifationus*.

TIFATA, ville de l'Italie, dans le *Latium*, selon Pline.

TIFERNUM ou TIFERNUS, fleuve de l'Italie, dans le *Samnium*, selon Pline & Pomponius Méla.

TIFERNUM, montagne de l'Italie, dans le *Samnium*, selon Tite-Live.

TIFERNUM METAURUM, ville de l'Italie, dans le *Samnium*, selon Tite-Live.

TIFERNUM TIBERINUM ou TIFERNUM du Tibre ( *Citta di Castello* ), ville d'Italie, dans l'Umbrie, au nord-ouest, vers les bords du fleuve dont elle avoit emprunté son surnom. Elle fut municipale. Pline avoit une maison de campagne auprès de cette ville.

TIFILTENSIS, siège épiscopal d'Afrique, dans la Mauritanie césarienne, selon la notice épiscopale d'Afrique.

TIGA, ville de l'Afrique, dans la Mauritanie césarienne, sur le bord de l'Océan Atlantique, selon Strabon.

TIGABITANUS, siège épiscopal d'Afrique, dans la Mauritanie césarienne, selon la notice des évêchés de cette province.

TIGAMIBENENSIS, siège épiscopal d'Afrique, dans la Mauritanie césarienne, selon la notice épiscopale de cette province.

TIGARA, ville de l'Afrique, dans l'intérieur de la Mauritanie césariense, selon Ptolémée.

TIGAVA ( *Tuckereah* ). Ptolémée place une ville de ce nom dans l'intérieur de la Mauritanie césarienne, à environ trente milles au midi du mont *Zalacus*.

TIGAUDA, municipe de l'Afrique, dans la Mauritanie césarienne, sur la route de *Rusucurrum* à *Cala*, entre *Castellum Tingitanum* & *Oppidum Novum*, selon l'itinéraire d'Antonin.

TIGENSE OPPIDUM, nom d'une ville de l'Afrique propre, selon Pline.

TIGIENSIS ou TIZIENSIS, siège épiscopal d'Afrique, dans la Byfacène, selon la conférence de Carthage.

TIGILLAVENSIS ou TIGILLABENSIS, siège épiscopal d'Afrique, dans la Numidie, selon la conférence de Carthage.

TIGIMMENSIS, siège épiscopal de l'Afrique proconsulaire, selon la conférence de Carthage.

TIGIS HERBA, ville de l'intérieur de la Mauritanie césarienne, de laquelle Ptolémée fait mention. Elle étoit près d'une rivière & au sud d'*Icosium*.

Dans l'itinéraire d'Antonin, elle est marquée sur la route de *Rusucurrum* à *Scaldæ*.

TIGISTANUS, siège épiscopal d'Afrique, dans la Numidie, selon la conférence de Carthage.

TIGISITANUS, siège épiscopal d'Afrique, dans la Mauritanie césarienne, selon la conférence de Carthage.

TIGNICENSIS, siège épiscopal d'Afrique, dans la Numidie, selon la conférence de Carthage.

TIGNIUM, ville de l'Italie, dans le *Picenum*, selon César.

TIGRA, ville de basse Mœsie, sur la route de *Viminiacum* à Nicomédie, entre *Exantaprislis* & *Appiaria*, selon l'itinéraire d'Antonin.

TIGRANA, ville de l'Asie, dans l'intérieur de la Médie, selon Ptolémée.

TIGRANAAMA, ville de l'Asie, dans la grande Arménie, & l'une de celles qui étoient situées à l'orient des sources du Tigre, selon Ptolémée.

TIGRANOCERTA ( *Sered* ), ville de l'Asie, dans la grande Arménie, à quelque distance à la gauche du Tigre, sur le fleuve *Nicephorius*, & au nord-ouest de son embouchure dans le Tigre.

Cette ville fut bâtie par Tigrane, du temps de la guerre de Mithridate. Selon Plutarque, elle étoit grande, belle & puissamment riche ; mais selon Strabon, l'arrivée de Lucullus en Arménie, fut cause qu'elle demeura imparfaite ; & dans la suite elle devint grande & bien peuplée. Il ajoute que lorsque Lucullus prit cette place, il renvoya les habitans dans les diverses villes d'où on les avoit tirés pour la peupler.

Tacite rapporte que *Tigranocerta* étoit située sur un terrain élevé & presque environnée par le *Ni-*

*cephorius* ; qu'elle étoit bien fortifiée & défendue par une bonne garnifon.

TIGRIS ( *le Tigre* ), grand fleuve de l'Afie, qui prend fa fource dans la grande Arménie, dans la plaine d'Elegofine. Ce fleuve, felon Pline, étoit nommé *Diglito*, depuis fa fource jufqu'au mont *Taurus*, qu'il traverfe, & fe nommoit *Tigris* à fa fortie de l'autre côté de la montagne, jufqu'à la mer, où il va fe perdre dans le golfe Perfique. Cet auteur dit, *L. VI, ch. 27*, que ce fleuve traverfe le lac Arétufe fans y mêler fes eaux. Strabon, *L. XV, p. 729*, & Arrien, *in Indicis*, n°. 42, donnent le nom de *Pafitigris* à l'embouchure du *Tigris* ; & Pline, *L. VI, ch. 27*, donne le nom de *Pafitigris* à la partie de ce fleuve qui fe fépare en deux bras, &, qui, après avoir formé une île, fe rejoignent pour couler dans un feul lit.

Ce fleuve eft appelé *Chiękel* par Moïfe. *Genef. ch. 11, v. 14*.

Voilà comment M. Larcher s'exprime fur ce fleuve, dans fa géographie d'Hérodote.

Le Tigre eft un des plus grands fleuves de l'Afie ; mais je dois faire obferver que ce favant ne s'exprime ainfi, ce me femble, que relativement aux fleuves que connoîoient les anciens, comme le *Krifcha*, le Gange, &c. dans l'Inde : les grands fleuves de la Chine & de la Tartarie font incomparablement plus grands.

Il a fa fource dans les montagnes de l'Arménie, & fe rend dans le golfe Perfique. Aujourd'hui le Tigre & l'Euphrate tombent dans la mer par un canal commun ; mais autrefois ils s'y déchargeoient féparément ; & du temps de Pline, on voyoit encore les veftiges de leurs anciens lits féparés. Cet auteur ( *L. VI, ch. 27* ), dit que la fource du Tigre eft au milieu d'une campagne de la grande Arménie, qu'il entre dans le lac d'Aréthufe & paffe au travers fans y mêler fes eaux. Enfuite il remonte le mont *Taurus*, s'enfonce en terre, paffe par-deffous la montagne, & va reparoître de l'autre côté : la caverne où il entre, s'appelloit *Zoroanda* ; & une preuve que c'eft le même fleuve & non un autre, qui fort de la montagne, c'eft qu'il rend à fa fuite ce qu'on y a jeté à l'entrée dela caverne. Ce fleuve eft à l'eft de l'Euphrate, Méfopotamie fe trouvant entre les deux. Strabon paroît avoir pris pour la fource du Tigre, a fortie du mont *Taurus*, puifqu'il le met hors de l'Arménie.

Les principaux lieux qu'arrofoit le Tigre, étoient depuis le lac *Arethufa*, le lac *Thofpitis*, au fortir duquel il trouvoit la ville de *Thofpia*, appellée auffi *Auzaniorum* ( Erzen ), & peu après *Nahavra* ; un peu au-deffous de cette ville, il recevoit les eaux d'une autre branche qui venoit du nord-oueft, pendant que la première venoit du nord-eft : cette feconde branche avoit paffé par *Artagicerta* ( Ardis ) ; *Amida* ( Kara-Amid ou Diar-Bekir ) ; & enfin par *Caftrum Cepha* ( Hefn-Keifa ), au fud de laquelle ville, les deux fleuves fe réuniffent & coulent enfemble fous le nom de Tigre.

Il arrofoit, en allant vers le fud-eft, à fa droite, *Sapha* ( Safa ), *Zabdicena* ( Zabda, appelé auffi Gezirat IbnOmar ) ; plus bas, auffi à fa droite, *Labbana*, ( Moful ): au fud-eft de cette dernière, fur la gauche du fleuve, & tout-à-fait en face, eft un petit lieu appelé *Nino*, qui fait conjecturer que c'eft l'emplacement qu'occupoit Ninus ou Ninive. Mais dans le pays, par ignorance, on prétend que Moful a fuccédé à Babylone. Plus au fud, le Tigre avoit à gauche *Lariffa*, puis de ce même côté recevoit le *Zabus minor* ( Altun-Son ). Au confluent de ce fleuve avec le Tigre, étoit *Cœne* ( Senn ), plus bas, du même côté, étoit *Pary Satidis Pagi Domus* ; fur la droite plus au fud, étoit *Birtha* ( Te Krit ) ; puis *Apamea Meffenes*. Là commençoit un canal que l'on nommoit *Archous*, qui s'éloignoit un peu du Tigre à l'oueft, arrofoit du nord au fud, la partie de ce pays appelée *Meffene*. Ce canal fe nomme aujourd'hui *Digeit*, ou petit Tigre. prefqu'en face d'*Apamea Meffenes*, fur la gauche du Tigre, étoit *Sumere* (Samira ou Serra-Men-Rai) ; plus au fud & du même côté, étoit *Opis*, appelée auffi *Antiochia*. C'étoit en face de cette ville, fur la droite du fleuve, que commençoit une muraille, qui, formant une courbe vers le nord, alloit joindre l'Euphrate au lieu nommé *Maccpraeta* ( Karagol ). Cette muraille, garnie d'un foffé & de tours, étoit appelée *Murus Mediæ* ; & auffi *Murus Semiramidis*, parce qu'une ancienne opinion l'attribuoit à *Sémiramis*.

Le canal dont j'ai parlé traverfoit cette muraille, & alloit par le fud, rejoindre le Tigre au lieu où eft actuellement Bagdad. Il abrégeoit de beaucoup la navigation, parce que le Tigre, qui eft plus à l'eft, fait un très-grand nombre de petits circuits, & même un affez grand, ce qui l'éloigne d'autant plus de la ligne droite.

Un peu au-deffous de la ville actuelle de Bagdad étoit *Séleucia*, la plus célèbre de toutes celles qui ont porté ce nom. Elle avoit tout auprès & du même côté, c'eft-à-dire, fur la droite du Tigre, un petit lieu nommé *Coche* ( Soliman Tak ), & en face, fur la gauche du fleuve, la ville de *Ctefiphon*. ( La ville qui a fuccédé à cette dernière a reçu le nom d'Al-Modaïn, ou les deux villes. )

Le fleuve couroit enfuite du fud-eft vers l'eft, & arrofoit *Akula*.

Après avoir été quelques temps vers l'eft, le Tigre revient au fud-oueft, où étoit *Cybate* ( Wafith ), fur fa droite ; puis il redefcend par le fud-eft. On n'y connoît pas de lieu diftingué dans l'antiquité jufqu'à fa jonction actuelle avec l'Euphrate, qui, ayant quitté fon ancien lit à la hauteur d'*Apamea* ( Korna ), mais plus à l'oueft, vient s'y jeter en face de cette ville. Il eft probable que l'on avoit fait de l'un à l'autre de ces fleuves, un canal de communication, & que ce canal a absorbé le fleuve.

Depuis cette jonction le Tigre est sensiblement plus large.

Un peu au nord d'*Apamia* ou *Apamea*, il recevoit le *Gyndes*, grossi des eaux du *Mosœus* ( *Ab-Zal* ).

Un peu au sud du canal qui va du Tigre à Basra, étoit *Apologos* ( Obaleh ), puis *Aphle* ( Asfar ), *Aginis* ( Zeïni ) à gauche, *Forath* à droite.

Il paroît que les anciens ont nommé le cours du Tigre, depuis *Apologos*, ils l'ont nommé, dis-je, *Pasi-Tigris*; on le nomme aujourd'hui *Shat-Oul-Arab*.

Le canal qui passe à Basra, va joindre l'ancien lit de l'Euphrate.

TIGRIS FONS, fontaine de l'Asie, dans les montagnes qui sont au sud de la Maxoène, environ par les 38 degrés 25 minutes de latitude. Cette fontaine formoit un ruisseau qui couloit vers le sud-ouest, & alloit se perdre dans le lac *Arethusa*.

TIGUALENSIS, siège épiscopal d'Afrique, dans la Byzacène, selon les actes de la conférence de Carthage.

TIGULIA ET SEGESTA TIGULIORUM, ville de l'Italie, dans la Ligurie, selon Pline.

TIGURINA, ville métropole de la Norique, selon Ortelius.

TIGURINI ( *les Tigurins* ), peuples Gaulois, qui, selon Tite-Live, s'étoient retirés de leur ville, pour s'établir dans un canton des Helvétiens, taillèrent en pièces sur les confins des Allobroges, le consul L. Cassius.

Selon Strabon, ce peuple se joignit aux Cimbres, quand ceux-ci entreprirent de passer en Italie.

TIGURINUS PAGUS, nom de l'un des quatre cantons qui composoient la société Helvétique, selon César : on croit que c'est Zurich. *Voyez* TIGURINI.

TIGUTIA, lieu de l'Italie, dans la Ligurie, au nord-est de *Monilia*.

TIJUCENSIS ou TYSICENSIS, siège épiscopal de l'Afrique proconsulaire, selon la conférence de Carthage.

TIL, nom d'une rivière de l'Asie, sur les bords de laquelle habitoit la nation nommée Sogor, selon Nicéphore Calliste.

TILATÆI, nom d'un peuple de la Thrace. Thucydide les indique sur le mont *Scomius*.

TILAVEMPTUS FLUV. fleuve de l'Italie, dans la Vénétie.

TILAVENTUM MAJUS ET MINUS, nom de deux fleuves de l'Italie, dans la Vénétie, selon Pline.

TILE, lieu de la Gaule, au sud-ouest d'*Andomaturum*. Malgré quelques petites difficultés que

présente l'accord des distances d'après les mesures anciennes & modernes comparées, on convient cependant que ce lieu doit être Thil-le-Château.

TILLABARUM, ville de l'Afrique propre, sur la route de *Tacapæ* à la grande *Leptis*, entre *Thebelamum* & *Adaugmagdum*, selon l'itinéraire d'Antonin.

TILLIUM ou TILIUM, ville située sur la côte occidentale de l'île de Sardaigne, entre le promontoire *Gorditanum* & le port *Nymphæus*, selon Ptolemée.

TILMOGNUS, lieu de l'Asie, dans la Cœlesyrie, selon Nicéphore Calliste.

TILO-GRAMMUM ( *Ougli* ). Ce lieu, selon que M. d'Anville le juge, doit être aujourd'hui Ougli.

Ptolemée nomme cette ville, qui étoit située à la droite du bras le plus occidental du Gange, vers le 23e degré de lat.

TILOLES, nom d'une bourgade d'Egypte, dans la dépendance d'Héraclée. Selon Suidas, c'étoit la patrie d'Héracléon.

TILOX, promontoire sur la côte septentrionale de l'île de Corse, entre l'embouchure du fleuve *Valirius* & le rivage appelé *Casiæ Littus*.

TILPHOSSA, fontaine de la Grèce, dans la Béotie, dont fait mention Aristophane.

Strabon, L. IX, p. 413, dit qu'elle étoit près de la ville de *Tilphosium*, à qui elle donnoit son nom.

Pausanias, L. IX, ch. 33, parle de cette fontaine, & dit qu'elle étoit située à environ cinquante stades de la ville *Aliartus*.

Etienne le géographe en fait aussi mention.

TILPHOSSÆUM, nom d'une petite contrée de la Grèce, dans la Thessalie, selon Etienne de Bysance.

TILUM, nom d'une ville de l'Hellespont, selon le concile de Chalcédoine, cité par Ortelius.

TILUTHA, nom d'une île de l'Asie, qui étoit dans le cours de l'Euphrate, vers le 33e degré 55 minutes de latitude.

TIMACHUS, nom d'un fleuve de la Mœsie, dans la Dardanie, selon Pline.

TIMACUM, nom d'une ville que Ptolemée indique dans la haute Mœsie, & éloignée du Danube.

TIMÆA, ville de l'Asie, dans l'intérieur de la Bithynie, selon Ptolemée.

TIMÆI, peuple de la Sicile, selon Ortelius, qui cite Etienne de Bysance. Mais je ne trouve pas ce nom dans Etienne de Bysance; il y a eu quelque erreur de copiste.

TIMAGENUS, nom d'une île du golfe Arabique, selon Ptolemée.

TIMANDI, siège épiscopal de l'Asie, dans la Pisidie, selon les notices grecques.

TIMAVUS, fontaine, lac, fleuve & port de la Vénétie, dans la partie septentrionale de l'Italie. Ce fleuve sortoit du lac par sept ou huit ouvertures, couloit entre *Tergefte* & *Concordia*, & se jetoit dans la mer par une feule embouchure, felon Pomponius Méla, *L. II*, *ch.* 4.

Tite-Live fait mention du lac, *L. XXXXI*, *ch. I.*

Strabon dit qu'il y avoit dans cet endroit un temple de Diomède, un port, & un bois fort agréable. Cet auteur donne fept fources au fleuve *Timavus*, & dit qu'après s'être formé un lit vafte & profond, il va auffi-tôt fe perdre dans la mer.

TIMENUTHERENSIS, fiège épifcopal de l'Afie, dans la Phrygie Pacatiane, felon des notices Grecques.

TIMETHUS, fleuve de la Sicile, felon Ptolemée. Il en indique l'embouchure fur la côte feptentrionale, entre *Tyndarium* & *Agathyrium*.

TIMICI (*Abat-el-Wed*), lieu de l'Afrique, au fud-eft d'*Arfinaria*. Ce lieu étoit fur le bord d'une des rivières qui formoient le *Carteimus*. Il en eft fait mention par Pline & par Ptolemée.

On y voit encore des ruines.

TIMICITANUS, fiège épifcopal d'Afrique, dans la Mauritanie céfarienfe, felon la notice épifcopale de cette province.

TIMIDANENSIS, fiège épifcopal d'Afrique, dans la Mauritanie céfarienfe, felon la notice épifcopale de cette province.

TIMIDENSIS, fiège épifcopal de l'Afrique proconfulaire, felon la notice épifcopale de cette province.

TIMO, nom d'un fleuve de l'Italie, felon Ortelius, qui n'en donne pas de meilleure indication.

TIMOGITTIA, ville de la Scythie, fur le bord du Pont-Euxin, fur la route de *Viminiacum* à Nicomédie, entre *Calatis* & *Dionyfiopolis*, felon l'itinéraire d'Antonin.

TIMONIACENSES, peuple de l'Afie, dans la partie de la Paphlagonie qui étoit limitrophe avec la Bithynie, dans la contrée *Timonitis*, felon Pline.

TIMONITIS, contrée de l'Afie, dans la Paphlagonie, au voifinage de la Bithynie, felon Strabon & Ptolemée.

Cette contrée prenoit ce nom d'un lieu appelé *Timonium*.

TIMONIUM, lieu fortifié de l'Afie, dans la partie de cette province qui étoit limitrophe avec la Bithynie, felon Etienne de Byfance.

TIMONIUM, nom d'une maifon qu'Antoine fit bâtir auprès d'Alexandrie d'Egypte, pour s'en faire une retraite, felon Strabon.

Plutarque rapporte qu'Antoine fit bâtir cette maifon auprès du phare, fur une jetée qu'il fit faire dans la mer.

TIMPORUM, TIMERUM, TIMPIRIS ou TOMPIRIS, felon les divers exemplaires de l'itinéraire d'Antonin, lieu fur la route de *Dyrrachium* à Byfance, entre *Milolitum* & *Trajanopolis*.

TIMUS, nom d'une ville de l'Afie mineure. Elle fut renverfée par un tremblement de terre, felon Nicéphore Callifte.

TIMYRA, ville de l'Afie, dans l'Ifaurie, felon Etienne de Byfance.

TIMYRA: Etienne de Byfance nomme ainfi un fleuve qu'il indique dans l'Inde.

TINCAUSARIS, lieu de l'Afrique, dans la Cyrénaïque, fur la route de Carthage à Alexandrie, entre *Boreum* & *Atticis*, felon l'itinéraire d'Antonin.

TINCONTIUM ou TINCONCIUM, ville de la Gaule Lyonnoife, entre *Avaricum* & *Deccidæ*, felon l'itinéraire d'Antonin.

Il eft prefque certain que la ville de Sancoins actuelle a remplacé ce lieu ancien.

TINDA, ville de la Thrace ; mais elle ne fubfiftoit plus au temps de Pline.

TINDIUM, ville de l'Afrique, dans la Libye, felon Etienne de Byfance. Elle eft indiquée en Egypte par Athénée.

TINGENA, contrée de l'Afie, dans la Méfopotamie, au midi de la Gaufanite, felon Ptolemée.

TINGENTERA (*Algéciraz*), ville de l'Hifpanie, dans la Bétique, au fud-oueft.

Il paroît que c'eft la même ville qui eft nommée dans Antonin *Portus Albus*, & *Julia Traducta*. J'ai pris le nom que lui donne Pomponius Méla, dont elle étoit la patrie. Cet auteur dit qu'à fa naiffance, elle étoit ville romaine, & que depuis elle étoit devenue ville africaine ; c'eft-à-dire, habitée par des peuples venus d'Afrique (1).

TINGES, ville de l'Afrique propre, dans le voifinage de *Byzacium*, felon Procope.

TINGIS (*Tanger*), ville d'Afrique, qui étoit fituée fur le détroit, entre le promontoire, les côtes & l'embouchure du fleuve *Valon*, felon Ptolemée, *L. IV*, *ch. I*, qui la furnomme *Cæfarea*.

---

(1) M. de la Nauze explique très-heureufement ce paffage de Méla. Cette ville, au rapport de Strabon, avoit été d'abord habitée par des Africains, venus de *Zilis* (Arzilia, fur la côte occidentale, au fud-oueft de *Tingis*, Tanger ). Mais dans la divifion que l'empereur Claude fit de l'empire Romain, il tranfporta le nom de *Julia Traducta* de la ville, qui étoit dans la Bétique, à *Tingis*, qui étoit en Mauritanie. C'eft probablement alors que cette ville, qui avoit été municipale pendant long-temps, ceffa en quelque forte d'être romaine, & rentra dans la claffe de celles qui étoient habitées par des peuples originairement Africains. M. de la Nauze préfume même que le nom de *Tingentera* eft formé comme celui de *Matertera*, qui, felon Feftus, eft l'équivalent de *Mater altera*, ou *l'autre mère*. Ainfi *Tingentera* fignifieroit, dans Méla, *l'autre Tingis*, fi cette ville, en effet, avoit perdu le nom de *Traducta Julia*. Comme il y avoit pris naiffance, il cherchoit à en relever l'éclat en la nommant l'autre, ou l'ancienne *Tingis*.

*Pomponius*

Pomponius Méla , *L. 1 , ch. 5*, & Pline , *L. V ,*
*ch. 1* , dit que c'étoit une ville très - ancienne &
qui avoit été fondée par le géant Antée.

Cette ville donna son nom à la Mauritanie
Tingitane , dont elle étoit la capitale.

Pline dit que le nom de cette ville fut changé
en celui de *Traduſta Julia* , lorſque l'empereur
Claude y envoya une colonie.

Plutarque , *in Sertorio*, nomme cette ville *Tin-*
*gena* , & dit que les habitans racontoient que ce
ne fut point Antée qui fut le fondateur de leur
ville ; mais un fils que la veuve Tinga eut avec
Hercule , que l'on appela Sophax : il fonda cette
ville & lui donna le nom de ſa mère.

TINGRI , nom d'un peuple de la Germanie ,
ſelon Ptolemée.

TINIA *ou* TENEAS , fleuve de l'Italie , dans
l'*Umbria*, ſelon Pline & Strabon , ce dernier écrit
*Teneas.*

Silius Italicus fait entendre que c'étoit un petit
fleuve qui alloit ſe perdre dans le Tibre.

TINIORIDI TIMORIDI *ou* TINIODIRI , lieu
de l'Afrique, dans la Cyrénaïque , ſur la route de
Carthage à Alexandrie, entre *Anabucis* & *Boreum* ,
ſelon l'itinéraire d'Antonin.

TINISA , nom d'une ville de l'Afrique , ſelon
le concile tenu ſous S. Cyprien.

TINISSA , ville de l'Aſie , dans la grande Arménie, ſelon Ptolemée.

TINISTENSIS *ou* TINISENSIS , ſiège épiſcopal
de l'Afrique , ſelon la conférence de Carthage.

TINNA *ou* TINA , fleuve de l'île d'Albion ,
entre les golfes *Taua* & *Boderia*, ſelon Ptolemée.

TINNA FLEUV. , petit fleuve de l'Italie , dans
le *Picenum.*

TINNETO , nom d'un village de la Rhétie ,
ſelon l'itinéraire d'Antonin.

TINNISENSIS , ſiège épiſcopal de l'Afrique
proconſulaire , ſelon la notice épiſcopale d'A-
frique.

TINPHADUM *ou* TIMPHADUM , lieu de l'A-
frique, dans la Numidie , ſur la route de The-
veſtes à *Sitifis* , entre Theveſte & *Vegeſela* , ſelon
l'itinéraire d'Antonin.

TINTIBERITANUS LIMES , contrée de l'A-
frique Tripolitaine , ſelon la notice des dignités
de l'empire.

TINURTIUM ( *Tournus* ) , ville de la Gaule ,
ſur la route de *Lugdunum* à *Geſſoriacum*, ſelon l'itinéraire d'Antonin. Ce lieu ſe nomme aſtuellement
Tournus.

TIORA , ville de l'Italie , dans le pays des
Sabins, ſur la route de *Reate* à *Liſta* , métropole
des Aborigènes , entre *Vatia* & *Liſta.*

TIOS *ou* TIEUM , ville de l'Aſie , dans la Paphlagonie , ſelon Etienne de Byſance. Elle eſt nommée *Teium* par Strabon.

Ptolemée appelle cette ville *Tion* , & il l'indique
ſur le bord du Pont – Euxin , entre *Pſyllium* &
l'embouchure du fleuve *Parthenius.*

TIPANÆA *ou* TIPANÉE , ville de la Triphyſie ,
dans l'Elide , au nord-oueſt d'*Epium.*

TIPANISSÆ , peuples de l'Aſie , auprès du
mont Caucaſe , ſelon Etienne de Byſance.

TIPARENUS INSULA , île de Tiparène , ſituée
dans le golfe Argolique.

Le petit canal qui la ſéparoit du continent ,
établiſſoit la communication entre le golfe Hermione & le golfe Argolique. C'eſt aſtuellement
*Specie.*

TIPASA ( *Tipſa* ) , ville de l'Afrique, dans la
Mauritanie céſarienne , ſelon Ptolemée & l'itinéraire d'Antonin, où elle a le titre de colonie , &
marquée ſur la route de Carthage à *Tingis* , entre
*Cæſarea Colonia* & *Caſæ Caluenti.*

Cette ville conſerve encore ſa principale porte ,
& quelques reſtes de ſes vieux murs.

C'eſt vraiſemblablement la même que Pline indique dans la Numidie.

TIPASENSIS , ſiège épiſcopal d'Afrique , dans
la Numidie , ſelon la notice épiſcopale d'A-
frique.

TIPASITANUS , ſiège épiſcopal d'Afrique ,
dans la Mauritanie céſarienne , ſelon la notice des
évêchés de cette province.

TIPENISES , nom d'un fleuve dont il eſt fait
mention dans le grand Etymologiſte ; mais ſans
dire à quelle contrée il appartient.

TIPHA , petite ville de Grèce , dans la Béotie.
Elle étoit ſituée ſur le bord du golfe de Corinthe ,
& on y voyoit un temple d'Hercule , dont la fête
ſe célébroit tous les ans , ſelon Pauſanias , *L. IX ,*
*Beotic. ch. 32.*

TIPHICENSE *ou* TIRICENSE OPPIDUM , ville
de l'intérieur de l'Afrique propre. Pline la met
au nombre des trente villes libres de ce pays-là.

TIQUADRA , nom de l'une des plus petites
îles ſituées aux environs des îles Baléares. Il ajoute
qu'elle étoit près de la ville de *Palma.*

TIRACHEA , ville de la Judée , dans la Décapole. Elle étoit ſituée ſur le bord de la mer
de Galilée.

TIRALLIS , ville de l'Aſie , dans la petite Arménie. Ptolemée l'indique dans la Cataonie.

TIRANADUM *ou* TIRINADUM , ville de l'A-
frique, dans la Mauritanie céſarienne , ſur la route
de Carthage à Céſarée , entre *Rapidum* à *Caput-*
*cillanum* , ſelon l'itinéraire d'Antonin.

TIRASIA. Il paroît que c'eſt le nom d'un lieu
de l'île de Crète. *Ortelius.*

TIRATHABA , village de la Paleſtine , près
de la montagne Garizim , & qui appartenoit aux
Samaritains, ſelon Joſeph.

TIRGUBIS *ou* TIGUBI , ville de l'Aſie , dans
la Méſopotamie , ſur le bord du fleuve *Chaboras* ,
ſelon la table Théodoſienne & Ptolemée. Ce dernier écrit *Tirgubis*. Elle étoit ſituée au nord-oueſt
de *Reſaina.*

TIRIPANGADA , ville de l'Inde , en-deçà du
Gange, ſelon Ptolemée.

Z z

TIRISCUM, nom d'une ville de la Dacie, selon Ptolomée.

TIRISTA, ville de la basse Mysie, près du Danube, entre *Trimanium* & *Durustorum*, selon Ptolemée.

TIRISTRIA ou TETRISIA, promontoire de la basse Mœsie, sur le Pont-Euxin, entre *Dionysopolis* & *Odessus*, selon Ptolemée. Il est nommé *Tetrisia* par Arrien.

TIRITHIA, ville de l'Asie, dans l'intérieur de la Mésopotamie, selon Ptolemée.

TIRIZA, ville de l'Asie, dans la Paphlagonie, selon Etienne de Byfance.

TIRIZIPHANES, peuple de l'Asie, dans la Paphlagonie, il habitoit la ville de *Tiriza*, selon Créfias, cité par Etienne de Byfance.

TIRSÆ, ville de la Macédoine, dans la Mygdonie. Elle tiroit son nom de Tirfe, une des femmes du fils de Mygdon, selon Théagène, cité par Etienne de Byfance.

TIRYNS, ville de l'Argolide, au nord de *Midea*, située dans une enceinte de montagnes. Elle étoit d'abord nommée *Halieis*, ou ville des pêcheurs, du grec Ἁλιεῖς, parce que des pêcheurs Hermionéens habitoient en cet endroit. Enfuite elle prit le nom de fon fecond fondateur.

Les gens du pays faifoient remonter fon nom & fon origine à Tiryus, fils d'Argus, fils de Jupiter. Une origine fi refpectable, n'avoit pas arrêté les Argiens, qui, l'ayant dépeuplée pour en tranf-porter les habitans à Argos, empêchèrent qu'on ne s'y établit de nouveau.

Lorfque Paufanias voyagea en Grèce, on n'en voyoit que les ruines. Il parle de la groffeur des pierres qui avoient été employées à la conftruction des murs de cette ville. Et c'étoit une preuve encore fubfiftante qu'elle avoit mérité l'épithète que lui donne Homère, de τειχιοεσσαν. On difoit que ces murailles avoient été bâties par les Cyclopes.

En partant de cette ville pour tourner vers l'Inachus, on trouvoit un édifice en forme de pyramide, qui conftatoit à la poftérité le lieu où Prætus & Acrifius avoient autrefois combattu pour la couronne d'Argos ; on prétend qu'en cette occafion les Argiens fe fervirent pour la première fois du bouclier : les leurs furent toujours les plus eftimés dans la fuite.

TISÆUS ou TISÆUM, montagne fort élevée dans la Theffalie, selon Tite-Live. Elle eft nommée *Tifæum* par Polybe & par Suidas.

TISALPHATA, ville de l'Asie, dans la Méfopotamie. Elle étoit fituée à l'occident du Tigre, fur une des petites rivières qui alloit fe perdre dans le fleuve *Mygdonius*. Cette ville étoit vers le 36e degré 30 minutes de latitude.

TISANIENSIS, fiège épifcopal d'Afrique, selon la conférence de Carthage.

TISARCHI, nôme & village de la Libye, felon Ptolemée.

TISDRA, TUSDRO ou THYSDRUS (*Jemme*), selon Hirtius, ville d'Afrique, fituée à fix lieues au fud-oueft de *Sarfura*, & à cinq lieues au fud-oueft d'*Achola*.

On y voit plufieurs reftes d'antiquités, des autels, des infcriptions, des colonnes de différentes efpèces, quantité de corps & de bras de ftatues de marbre. On y voit auffi les reftes d'un amphithéatre.

TISEBARICA, contrée de l'Ethiopie, selon Arrien, elle commençoit près du port de Bérénice, & s'étendoit le long de la mer Rouge, jufqu'au pays des Mofchophages.

TISEDITENSIS, fiège épifcopal d'Afrique, dans la Numidie, selon la conférence de Carthage.

TISIA, ville de l'Italie, dans le *Brutium*, selon Appien.

Il eft auffi fait mention de cette ville par Etienne de Byfance.

TISIANUS, fleuve de la Sarmatie en Europe, selon Jornandès.

TISIAUS. Strabon nomme ainfi une des villes d'Afrique, qui furent ruinées de fond en comble, pendant la guerre de Céfar contre Scipion.

TISIDIUM, nom d'une ville d'Afrique. Selon Salufte, Metellus en donna le commandement à Jugurtha.

TISIS, nom d'une ville d'Egypte, selon Etienne de Byfance.

TISSA ou TISSE, petite ville de la Sicile, au pied & au feptentrion de l'*Ætna*, près du fleuve *Onobala*, selon Ptolemée. Silius Italicus dit que c'étoit un petit lieu, & il le nomme *Tiffe*.

TISSÆ, nom d'un petit pays de la Sicile, selon Etienne de Byfance.

TISURUS (*Tozer*), ville de l'Afrique propre, au midi de celle d'Adrumète, selon Ptolemée.

Elle étoit fituée à quatre lieues au fud-oueft de *Tichafa*.

On y voit encore quelques reftes des Romains.

TITACIDÆ, municipe de l'Attique, dans la tribu Antiochide, selon Etienne de Byfance.

TITANA, ville de la Sicyonie, à l'eft du fleuve *Sitas*, & à l'oueft du fleuve *Afopus*.

Elle étoit fur une montagne & étoit plutôt regardée comme une foreffe, que comme une ville. C'étoit probablement de cette pofition, plutôt que du nom d'un titan, qu'elle avoit pris fon nom de *Titana* ; car, comme l'obferve très-bien M. l'abbé Bergier, le mot *tan* eft oriental, & fignifie *élévation* & quelquefois *profondeur*.

On y voyoit un temple d'Efculape & une ftatue de ce dieu, couverte d'une robe & d'un manteau, enforte que l'on ne voyoit de fa figure que le vifage & les mains. La déeffe Hygeia ou de la fanté, y avoit auffi fa ftatue. On nourriffoit dans ce temple d'Efculape des ferpens facrés, dont la préfence effrayoit d'abord ceux qui y entroient fans en être prévenus, & qui fe croyoient expofés à la fureur de ces reptiles. Mais, accoutumés à voir du monde & à en recevoir à manger, ils ne faifoient aucun mal.

Coronis avoit une ftatue de bois, dans le temple d'Efculape. Les habitans portoient cette ftatue dans le temple de Minerve, & là ils l'adoroient : ils brûloient toutes les victimes qui lui étoient offertes, à la réferve des oifeaux qu'ils mettoient fur les autels.

TITANA, petite contrée du Péloponèfe, dans la Sicyonie, felon Etienne de Byfance.

TITANA. Claudien nomme ainfi une ville qu'il indique en Egypte.

TITANA, fleuve de l'Afie, qui prenoit fa fource vers le mont Zagrus, & alloit fe jeter dans le fleuve Sillas.

TITANIS, port fur la côte occidentale de l'île de Corfe, entre l'embouchure du fleuve Ticarius & la ville de Fifera, felon Ptolemée.

TITANUS, fleuve de l'Afie mineure. Ptolemée en indique l'embouchure fur la côte de l'Æolide.

TITANUS, nom d'une montagne de l'Afie mineure, felon Quintus Calaber.

TITANUS, ville de l'Afie mineure, fur la côte de l'Æolide, fur le bord du fleuve de même nom, felon Pline.

TITARESSUS, ville de l'Afie, dans la petite Arménie, & dans la contrée nommée Mélitène, felon Ptolemée.

TITARESUS ou TITARESSUS, fleuve de la Theffalie, comme cela fe voit dans Homère.

Quelques auteurs avoient cru que ce fleuve eft le même que l'Eurotas de la Theffalie; mais M. d'Anville a reconnu que c'étoient deux fleuves différens. Le Titarefius prenoit fa fource au nord-eft, fur les confins de la Macédoine, au mont Titarus, couloit par l'oueft de l'Olympe, pour fe jeter dans le Pénée. Quelque différence dans la nature de leurs eaux les faifoient diftinguer l'un de l'autre, quoique coulant dans un même lit.

Lucain, L. VI, v. 376 & fuivans, a répété prefque littéralement ce que dit Homère dans le 260e vers de fon catalogue. « Le feul Titarèfe, dit-il, » en perdant fon nom dans ce fleuve ( le Pénée) » n'y perd pas fes eaux ; il roule fur le Pénée » comme fur un lit folide, fans fe confondre avec » lui. On dit que, forti du Styx & fier de fa noble » origine, il ne veut point fe méfallier, ni que les » dieux ceffent de le craindre ».

TITARUM, ville de la Grèce, dans la Theffalie, felon Lycophron, cité par Etienne de Byfance.

TITARUS, montagne de la Grèce, dans la Theffalie. Le fleuve Titarefus y prenoit fa fource, felon Strabon. Il ajoute que cette montagne touchoit au mont Olympe.

TITENUS PLUVIUS, fleuve de la Sarmatie

Afiatique, ou de la Colchide. Il alloit fe perdre dans le Pont-Euxin, felon Apollonius & fon fcholiafte.

TITHA, nom d'une ville de l'Arabie, felon la notice des dignités de l'Empire.

TITHOREA, ville de la Grèce, dans la Phocide, fur le mont Parnaffe, à quatre-vingts ftades de Delphes.

Hérodote, L. VIII, n. 32, dit qu'auprès de la ville de Néon, il y avoit une cime du mont Parnaffe appelée Tithorea; mais Paufanias dit qu'il y a apparence que toute la contrée fe nommoit autrefois Tithorea, & que dans la fuite, les habitans des villages voifins, étant venus s'établir dans la ville de Néon, elle prit peu-à-peu le nom de Tithorea. Il ajoute qu'environ trente ans avant fa naiffance, cette ville ayant eu la fortune contraire, fut ruinée. On y voyoit cependant les veftiges d'un théatre & d'une place publique. Ce qui reftoit de plus confidérable étoit un bois facré dédié à Minerve, un temple avec une ftatue de la déeffe, & le tombeau d'Antiope & de Phocus.

Le temple d'Efculape Archagète, étoit à foixante & dix ftades de Tithorea. Ce dieu étoit en grande vénération parmi ces peuples & dans toute la Phocide. Les miniftres du dieu étoient logés dans le parvis; le temple étoit au milieu; la ftatue du dieu étoit de marbre, avec une grande barbe, & elle avoit douze pieds de hauteur. On immoloit au dieu toutes fortes de victimes, excepté des chèvres.

L'enceinte qui renfermoit une chapelle d'Ifis, étoit quarante ftades plus éloignée que le temple d'Efculape. C'eft l'endroit de la Grèce où l'on révéroit le plus cette divinité égyptienne. On avoit deux foires par an à Tithorea, en l'honneur d'Ifis: elles étoient précédées de cérémonies & de facrifices pendant trois jours.

L'huile des environs de Tithorea étoit fi bonne, que l'on en envoyoit aux empereurs Romains.

TITHRAS, bourg de l'Attique, dans la tribu Egéïde, felon Etienne de Byfance.

TITHRASUS, ville de l'Afrique, dans la Libye. Elle étoit arrofée par un fleuve de même nom, felon Suidas.

TITHRASUS, municipe de la Grèce, dans l'Attique. Il appartenoit aux Gorgones, felon Suidas.

TITHRONIUM, ville de la Grèce, dans la Phocide, dans laquelle on voyoit un bois facré d'Apollon, avec quelques autels & un temple, mais fans ftatue.

Cette ville étoit fituée à quinze ftades d'Amphicée, & à vingt de Drymée, près du fleuve Céphiffe, felon Paufanias, L. x, Phoc. ch. 33.

TITIANI, peuples de l'île de Corfe. Ptolemée les indique entre les Tarrabeni & les Balatoni.

TITICUS VICUS, fur le fleuve Ariminus, lieu de la partie de l'Italie appelée Gaule Cifpadanne, chez les Sénonois.

TITIOPOLIS, ville de l'Afie, dans l'Ifaurie,

ou dans la feconde Cilicie, felon Conftantin Porphyrogénète.

Dans la notice de Hiéroclès, cette ville eft
mife au nombre des vingt-trois qui étoient fous
la métropole de Séleucie. Elle eft nommée *Titopolis* par Guillaume de Tyr.

TITIUM FLUMEN, fleuve de l'Illyrie. Il
fe perdoit dans la mer à *Scaidona*, & fervoit
de bornes entre la Liburnie & la Dalmatie, felon
Pline.

Ce fleuve eft nommée *Titus* par Ptolemée.

TITONEUS, nom d'un fleuve, felon Lycophron. Son fcholiafte remarque qu'il étoit en Italie, au voifinage du promontoire *Circæum*.

TITONEUS, montagne fituée aux confins de la
Thrace & de la Macédoine, felon Etienne de
Byfance & Lycophron.

TITONI REGIA, nom d'un fameux palais de
l'Ethiopie, fous l'Egypte.

Quinte-Curfe, *L. IV*, *ch. 8*, dit que la curiofité
de voir ce palais, emporta Alexandre prefque au-
delà des bornes du foleil.

Diodore de Sicile, *L. II*, *p. 109*, *édit. Wechel.*
1604, dit que Memnon, général des Ethiopiens &
des Surians, bâtit un palais fuperbe dans la fortereffe de Suze, & ce palais porta le nom de
Memnon jufqu'à l'établiffement de la monarchie
des Perfes; mais, ajoute cet auteur, les Ethiopiens, habitans de l'Egypte, révoquent en doute
ce trait d'hiftoire, & montrent encore chez eux
ce fameux palais de Memnon, qui conferve encore
le nom de fon fondateur.

TITOPOLIS, *voyez* TITIOPOLIS.

TITTHI, peuples de l'Hifpanie, dans la Celtibérie, au voifinage de la ville de *Segeda*, felon
Appien.

TITTIS, village dans la préfecture d'Apamée,
felon Sozomène.

TITTUA, ville de l'Inde, en-deçà du Gange.
Elle appartenoit aux Caréens, felon Ptolemée.

TITUA, ville épifcopale de l'Afie, dans la
Pamphylie, felon les actes du concile de Conftantinople, cités par Ortélius.

TITUACIA, ville de l'Hifpanie citérieure, chez
les *Carpetani*, felon Ptolemée.

TITUENSIS, fiège épifcopal de l'Afie, dans
la Pamphylie, felon le concile tenu à Conftantinople en 381.

TITULCIA, ville de l'Hifpanie citérieure,
entre *Mantua*, au nord-eft, & *Toletum*, au fud-
oueft.

Dans l'itinéraire d'Antonin, elle eft marquée
fur la route de Sarragoffe à *Emerita*.

TITULITANUS, fiège épifcopal de l'Afrique
proconfulaire, felon la notice épifcopal d'Afrique.

TITYRUS MONS, montagne de la partie
occidentale de l'île de Crète, dans la contrée ou
plage nommée Cydonie, felon Strabon. Il ajoute
que fur cette montagne étoit un temple nommé
*Dictynæum Templum,*

Quelques exemplaires de cet auteur, mettent
la montagne & le temple dans la ville *Cydonia.*

TIVA, ville de l'Hifpanie, dans le pays des
*Oretani*, felon les exemplaires latins de Ptolemée.

TIZIENSIS, fiège épifcopal d'Afrique, dans
la Byfacène, felon la notice épifcopale d'Afrique.

TIZILENSIIS, fiège épifcopal de l'Afrique proconfulaire, felon les actes du concile de Carthage,
tenu en l'an 525.

TLETES, nation de l'Hifpanie, dans l'Ibérie,
aux environs des Tarteffiens, felon Etienne de
Byfance.

TLOS, ville de l'Afie mineure, dans la Lycie,
au paffage d'une montagne, du côté de *Cybera*,
felon Strabon.

Ptolemée la met au nombre des villes intérieures de la Lycie, dans le voifinage du mont
*Cragas.*

TLOS, ville de l'Afie, dans la Pifidie, felon
Etienne de Byfance.

TMARIUM, montagne du Péloponèfe, dans
l'Arcadie, felon le Lexique de Phavorin.

TMARUS, montagne de l'Epire, dans la Thefprotie, au pied de laquelle étoit un temple, felon
Strabon.

Cette montagne étoit auffi nommée *Tamarus*
& *Tomarus*. Cette dernière orthographe eft employée par Pline. Etienne dit *Tomurus.*

TMOLUS MONS, montagne de l'Afie mi-
neure, dans la Lydie. Strabon dit que la ville de
Sardes étoit dominée par le *Tmolus*, montagne
riche, au haut de laquelle les Perfes avoient bâti
une guérite, d'où l'on découvre toute l'étendue
des campagnes voifines, & fur-tout celles qui
font arrofées par le *Cayftrus.*

Homère donne à cette montagne l'épithète de
venteufe, à caufe de fon extrême hauteur.

Selon Pline, le *Pactole*, le *Chryforrhoas* & la
fontaine *Tarne*, prenoient leurs fources dans cette
montagne. Elle produifoit d'excellent vin, dont
Pline parle comme étant extrêmement doux &
agréable. Vitruve en fait auffi l'éloge.

La partie du mont *Tmolus* où étoit fituée la
citadelle de Sardes, eft dominée par le centre de
la montagne, dont le fommet eft prefque toujours
couvert de neige.

Le mont *Timolus* occupoit à-peu-près le centre
de la Lydie. Il avoit d'abord porté le nom de
*Timolis*, felon Pline, & Ovide emploie ce nom
dans fes vers.

*Defernere fibi nymphæ?... Timoli.*

Selon la mythologie, c'étoit fur cette montagne qu'Apollon avoit puni Mydas, roi de Phrygie, en lui donnant des oreilles d'âne.

Les terres y étoient propres à la culture des
vignes, & l'on a parlé avec éloge du vin qu'elles

connoient. Cependant comme il étoit élevé, Denys le Périégète lui donne l'épithète de *Ventosus*. C'étoit dans le *Tmolus* que le célèbre Pactole, qui passoit à Sardes, prenoit sa source.

TMOLUS, ville de l'Asie mineure, dans la Lydie, sur le mont *Tmolus*, à qui elle donnoit le nom, ou de qui elle le prenoit.

Selon le rapport de Tacite ( *Ann. L.* 11, *c.* 47), cette ville étoit du nombre des douze villes qui furent renversées par un tremblement de terre, la cinquième année du règne de Tibère, l'an 117 de l'ère vulgaire. Ce prince la fit rebâtir.

TMORUS, nom de l'un des sommets des monts Cérauniens, en Epire, selon Cédrène.

TNYSSUS, ville de l'Asie mineure, dans la Carie, selon Etienne de Bysance, qui cite Hécatée.

TOANA, ville de l'Inde, en-deçà du Gange, à l'orient de ce fleuve, chez le peuple *Nanichæ*, selon Ptolemée.

TOANI, peuples de l'Arabie heureuse, dans les environs du détroit du golfe Arabique, selon Pline.

TOB ou TUBIA, pays au-delà du Jourdain, dans la partie la plus septentrionale du partage de Manassé. C'est dans ce pays que Jephté se retira, lorsqu'il fut chassé par ses frères, selon le second livre des juges.

TOBATA, ville de l'Asie, dans l'intérieur de la Paphlagonie, selon Ptolemée.

TOBIUS, fleuve de l'île d'Albion. Ptolemée en place l'embouchure sur la côte occidentale, entre le promontoire *Octapitarum* & celle du *Ratostathybius*.

TOBRUS, ville de l'Afrique propre, du nombre de celles situées entre le fleuve *Bagradas* & la ville *Thabraca*, selon Ptolemée.

TOCHARI, peuple de l'Asie, dans la Perside, selon Pline, & dans la Bactriane, selon Ptolemée.

Denys le Périégète & Eustathe en font une nation Scythe.

TOCMIA ou TOCMIE, ville de l'Arcadie, dans la partie méridionale au nord-ouest de *Megalopolis*, & à l'est de l'Alphée.

Elle avoit pris son nom d'un fils de Lycaon; son emplacement étoit sur un hauteur; mais elle étoit ruinée au temps de Pausanias.

TOCOLOSIDA, ville de l'Afrique, dans la Mauritanie Tingitane, selon Ptolemée.

L'itinéraire la marque dans les terres, à cent quarante-huit milles de *Tingis*, & à trois milles de *Volubilis*.

TOCOSANNA, fleuve de l'Inde, au-delà du Gange, selon Ptolemée. Cet auteur en place l'embouchure dans le Gange.

TODUCÆ, peuples de l'Afrique, dans la Mauritanie césariense, vers la source du fleuve *Ampsaga*, selon Ptolemée.

TOEMPHOEMBIUS, fleuve de l'Afrique, dans la Mauritanie césariense, selon Ptolemée.

TOENII, peuples de la Germanie, au voisinage d'un lac qui étoit commun entre eux, les Rhétiens & les Vindéliciens, selon Ptolemée.

TOESOBIUS, fleuve de l'île d'Albion. Il avoit son embouchure, selon Ptolemée, sur la côte occidentale, entre le golfe *Sateia* & le promontoire *Ganganorum*.

TOGA, ville de l'Asie, dans la grande Arménie, selon Ptolemée.

TOGANUS, nom que Chalcondyle donne à une montagne. Ortélius soupçonne qu'elle étoit dans la Thrace.

TOGIA, siège épiscopal d'Afrique, dans la proconsulaire, selon la lettre de Paul, patriarche de Constantinople, où souscrit Victor, évêque de ce lieu.

TOGISONUS, fleuve de l'Italie, dans la Vénétie, & l'un de ceux qui se jetoient dans le port de *Brundulus*, selon Pline.

TOHUM, nom d'une ville de l'Egypte, selon la notice des dignités de l'empire.

TOICENA, ville de l'Egypte, selon la lettre que les évêques de ce pays-là écrivirent à l'empereur Léon.

TOIDIS, île de l'Inde, auprès de laquelle on pêchoit des perles, selon Pline.

TOLASTRA REGIO, contrée de l'Asie, dans la Galatie, selon Ptolemée.

TOLBIACUM, ville de la Gaule Belgique, selon Tacite. Elle étoit sur la route de *Treveri* à *Colonia Agrippina*, mais plus près de cette dernière.

TOLEN, ville de l'Egypte, à cinq journées de Méroé, du côté de la Libye, & à douze de la ville d'*Esar*, selon Pline, qui cite Aristocréon.

TOLENTINUM, au sud-ouest de *Ricina*, ville de l'Italie, dans le Picenum.

TOLENUS, fleuve de l'Italie, dans le pays des *Marsi*.

Selon Orose, cité par Ortélius, c'est sur les bords de ce fleuve que Rutilius fut pris, ainsi que huit mille Romains qui étoient avec lui.

TOLERATES, nom d'un peuple de la Germanie, selon Isidore, cité par Ortélius.

TOLERIA, nom d'un petit lieu du Latium, selon Cluvier.

TOLERIENSES : Pline nomme ainsi les habitans de la ville de *Tolerium*. Denys d'Halycarnasse écrit *Tolerini*.

TOLERIUM, ville de l'Italie, dans l'ancien Latium, & l'une de celles qui furent prises par Coriolan, selon Plutarque, & Etienne de Bysance.

TOLETANI, nom que Pline donne au peuple de la ville de *Toletum* ( Tolède ).

TOLETUM ( *Toledo* ou *Tolède* ), ville de l'Hispanie citérieure, chez les *Carpetani*, au sud-ouest, sur le *Tagus*.

Si l'on en croit les historiens espagnols, Silva,

entre autres, la fondation de cette ville doit être attribuée à une portion confidérable du peuple Juif, qui, au fortir de la captivité, 540 ans avant l'ère vulgaire, vinrent s'y établir, & la nommèrent *Toledothe* ou *Toledath*, c'eft-à-dire, mère des peuples. Il feroit affez étonnant que les Romains n'euffent rien dit de ce cette nation juive établie au milieu d'un peuple avec lequel ils ont été fi long-temps en guerre. Quoi qu'il en foit de cette origine, il paroît que *Toletum* fut dans la fuite une colonie Romaine ; &, comme cette ville étoit confidérable, on y tenoit la caiffe des tréfors qui devoient être envoyés à Rome. Céfar en fit une place d'armes; & Augufte, le fiège principal de la juftice pour les provinces de l'Hifpanie qui étoient dans fon département. Don Antoine de Ponz rapporte plufieurs reftes d'antiquités qui fe voient encore à Tolède & dans fes environs, tels qu'un aqueduc, un chemin, &c. Il penfe même que le nom de *Camino de la Plata*, ou chemin d'argent, eft une corruption de *via lata*, ou grand chemin.

TOLIAPIS, nom de deux îles fituées fur la côte de l'île d'Albion, à l'embouchure du fleuve *Thamefis*, felon Ptolemée.

TOLISTOBOII ou TOLISTOBOGI, peuples de l'Afie, dans la Galatie, felon Tite-Live. Leur capitale, felon Pline, étoit nommée Peffinunte. *Voyez* l'article GALATIA & TECTOSAGES.

TOLLEGATŒ, lieu de l'Italie, dans la Gaule Cis-alpine.

TOLLENTINATES, peuples de l'Italie, dans l'intérieur du *Picenum*, felon Pline.

TOLMIDESSA, ville de la Syrie, dans la petite contrée appelée Chalcidique, felon Ptolemée.

TOLOHA, nom d'une ville de la Paleftine, felon la notice des dignités de l'empire.

TOLOPHON, ville de la Grèce, dans le pays des Locres Ozoliens, felon Etienne de Byfance & Thucydide.

TOLOSA, ville de la Gaule, dans la province Narbonoife, arch. de Touloufe.

TOLOSATES, petit peuple de la Gaule, dans la province Narbonoife. On croit qu'il occupoit tout le territoire qui a depuis formé le diocèfe de Touloufe, avant les changemens qu'il a foufferts. *Voyez* l'article TECTOSAGES.

TOLOTÆ, peuples de l'Afrique, dans la Mauritanie céfarienfe.

Ptolemée les indique avec d'autres peuples, entre le mont *Durdus* & les monts *Garaphi*.

TOLOUS, lieu de l'Hifpanie, entre *Ilerda* & *Pertufa*, felon l'itinéraire d'Antonin.

TOLPIA, village de la Gaule Belgique, entre *Belgica* & *Cologne*, felon l'itinéraire d'Antonin.

TOMABEI, peuples de l'Arabie heureufe, felon Pline.

TOMADÆORUM INSULÆ, nom de deux îles fituées dans le golfe Arabique, felon Ptolemée.

TOMÆUS, montagne du Péloponèfe, dans la Meffénie, près du promontoire *Coryphafium*, felon Thucydide & Etienne de Byfance.

TOMALA, nom d'une ville de l'Arabie heureufe, felon Pline.

TOMARA, ville de l'Inde, au-delà du Gange, felon Ptolemée.

TOMARE, montagne qui étoit aux confins de la Thefprotie & de la Chaonie, deux contrées de l'Epire. Homère en fait mention.

TOMEROS, fleuve de l'Afie, dans la Carmanie, felon Arrien.

TOMERUS, fleuve de l'Inde, à l'oueft de l'*Indus* & de l'*Arabius*. Néarque le nomme. Il prenoit fa fource vers le 27e degré 20 minutes de latitude, traverfoit le pays des *Oritæ*, & alloit fe perdre dans la mer vers le 25e degré de latitude.

TOMI, ville de la baffe Mœfie, vers l'embouchure du Danube, près du Pont-Euxin, felon Pomponius Méla, Ptolemée, &c.

Cette ville étoit peu confidérable. Mais on fait qu'Ovide, envoyé en exil à *Tomi*, métropole de la Scythie Pontique, décrit dans fes Triftes & dans fes épîtres écrites du Pont-Euxin, la fituation de ces peuples, qui ne tenoient que bien foiblement à l'empire Romain. Il fe plaint d'être parmi des nations barbares dont il n'entend point le langage, & qui n'entendent point le fien. Il dépeint *Tomi* comme une ville fortifiée de murailles, dans l'enceinte defquelles il étoit obligé de fe tenir renfermé pour éviter les infultes des barbares.

On ignore pour quel fujet Ovide fut exilé dans cette ville par Augufte. Selon ce poëte, dans fon troifième livre des Triftes, cette ville devoit fa fondation à une colonie qui y fut envoyée de Milet.

On lit dans les obfervations hiftoriques de M. de Peyffonnel, que la ville de *Tomi*, fous Théodofe, fut déclarée métropole de la Scythie, & que l'évêque de cette nation y établit fon fiège.

TOMISA, ville de l'Afie, fur le bord oriental de l'Euphrate, vers le 37e degré 15 minutes de latitude.

TOMISSA, petite contrée de l'Afie mineure, felon Etienne de Byfance. Elle féparoit la Cappadoce du mont *Taurus*.

TOMISUM ou TOMISUS, ville de l'Afie, dans la grande Arménie, & dans la contrée nommée Sophène, felon Strabon.

TONDARBA, ville de l'Afie, dans l'intérieur de la Médie, felon Ptolemée.

TONDEROS, fleuve de l'Afie, aux environs de l'Aric, entre les fleuves *Indus* & *Arabis* ou *Arbis*, felon Pline. Il eft nommé *Tuberon* par Pomponius Méla, & *Tomeros* par Arrien.

TONI , nom d'un étang de l'Hispanie citérieure , selon Festus Aviénus.

TONICA, entrepôt de l'Afrique, entre le promontoire Sérapion & l'embouchure du fleuve Bapton , selon Ptolemée.

TONNONENSIS , siège épiscopal de l'Afrique proconsulaire, selon la conférence de Carthage.

TONOSA , ville de l'Asie , qui étoit située sur le fleuve *Melas* , à l'ouest de *Godafa* , vers le 38ᵉ degré 25 minutes de latitude.

TONOSA ou TONOZA , ville de l'Asie , dans la Cappadoce , sur la route de Sébaste à Cocuson , entre Sébaste & *Ariarathia* , selon l'itinéraire d'Antonin,

TONZI , ville de la Thrace , sur la côte du Pont-Euxin , entre Apollon & *Peronticum* , selon Ptolemée.

TONZOS ou TONZUS , ville située dans l'intérieur de la Thrace, selon Ptolemée.

TOORNÆ , peuples de l'Asie , du nombre de ceux compris sous le nom général de *Sacæ*, selon Ptolemée.

TOPAZOS ou TOPAZIUS , île que Pline indique dans la mer Rouge , à trois cens stades du continent. Elle est nommée *Topazius* par Etienne de Byzance , qui la place dans l'Inde. Il ajoute qu'elle étoit autrefois appelée *Topaxius*.

TOPHETH , lieu de la terre promise , près de la mer Morte. Ce lieu étoit ainsi nommé parce que les faux prophètes de l'idole de Moloch battoient du tambour , pendant qu'on faisoit passer les enfans par le feu , en l'honneur de ce faux dieu , pour empêcher que l'on n'entendit leurs cris. Josias détruisit ce lieu en détruisant l'idolatrie.

TOPIRIS , ville située dans l'intérieur de la Thrace, selon Pline & Ptolemée.

TOPIUM , lieu de l'Italie, dans la Vénétie.

TOPLITZUM , lieu fortifié dans la Thrace , selon Cédrène , cité par Ortélius.

TOPOS , lieu de la Thrace, selon Curopalate.

TORA , lieu de l'Italie , que M. d'Anville place dans le pays des Sabins , sur le *Telonius* au nordouest de *Carseoli*.

TORALLIBA , île de la mer des Indes , près de l'embouchure du fleuve *Indus* , & à neuf mille pas de l'île *Bybaga* , selon Pline.

TORBOLETÆ , peuples de l'Hispanie, dans le voisinage de Sagunte , selon Appien.

TORECCADÆ , peuples de la Sarmatie Européenne , près du marais de *Bice* , selon Ptolemée.

TORETÆ ou TOREATÆ , peuples de l'Asie , dans le Pont , selon Pline & Strabon. Ce dernier écrit *Toreatæ*.

TORINGI , peuples de l'Inde , en-deçà du Gange , selon Ptolemée.

TORINI : Valerius Flaccus semble indiquer des peuples de ce nom dans la Scythie.

TORMIS ( *Tormes* ) , fleuve de l'Hispanie , dans la Lusitanie. Il se réunissoit au *Durius*.

TORNA , fleuve de l'Asie , aux environs de la Mésopotamie , du côté de la Perse , selon l'histoire Miscellanée.

TORNADOTUS ou PHYSCUS , le même que le *Gorgus* ( aujourd'hui Odorneh ) , rivière de l'Asie , près & à la gauche du Tigre , dans lequel elle alloit se perdre où étoit située la ville d'*Opis*. Xénophon la nomme *Physcus* , & Ptolemée *Gorgus*.

TORNATES , peuples de la Gaule Aquitanique , selon Pline.

M. d'Anville remarque que le nom de *Tornates* subsiste dans celui de Tournai , petite ville du diocèse de Tarbes.

TOROCCA , ville dans l'intérieur de la Sarmatie Européenne , près du fleuve Carcinite , selon Ptolemée.

TORON , nom d'un lac de la Chalcidie , selon Pline. Ortélius soupçonne que c'étoit de la Chalcidie en Macédoine.

TORONÆUS ou TORONAICUS SINUS, golfe de la mer Egée , sur la côte de la Macédoine , & séparé des golfes Singitique & Thermée , par deux grandes peninsules , selon Tacite.

Ce golfe prenoit ce nom de la ville de Torone , qui étoit située sur son rivage.

Il étoit entre le promontoire *Canastrum* & celui *Derris* , qui est au sud du promontoire d'*Ampelos*. Ce golfe , que l'on nommoit *Toronéen* ou *Toronaïque* , est nommé par Pline *Mécybernien*.

TORONE , ville de la Macédoine , sur le golfe Toronaïque , à qui elle avoit donné son nom. Elle est mise dans la Paraxie par Ptolemée ; mais Thucydide l'indique dans la Chalcidie.

Thucydide dit qu'il y avoit à environ trois stades de la ville , un temple de Castor & Pollux. Etienne de Byzance fait remonter l'origine de son nom à une princesse Toronne , fille de Protée ou de Poseidon , c'est-à-dire , Neptune. On sent bien le cas qu'il faut faire de semblables origines.

TORONE , nom d'une ville de l'Epire , selon Ptolemée.

TORONE ou TORRHONNA , ville de la Sicile , selon Etienne de Byzance.

TORFIDI , peuples de la Thrace. Appien les indique à l'orient & au voisinage de la ville de Philippe , dans des détroits de montagnes.

TORRHEBII ou TORYBI , peuple de la ville de *Torrhebus* , dans la Lydie.

Etienne de Byzance écrit *Torrhebii* , & Denys d'Halycarnasse *Torybi*.

TORRHEBUS , ville de l'Asie mineure , dans la Lydie , selon Etienne de Byzance.

TORTI , ville de l'île de Cypre , selon Siméon le Métaphraste.

TORTOMIUM , ville de l'Asie , entre la Syrie & l'Arménie , selon Etienne de Byzance.

TORTUNI , peuple du Péloponèse , dans l'Achaïe propre , selon P**.** , *L. IV* , *ch. 6.*

TORTYRA, nom de l'une des sept villes que le roi Cyrus donna à son favori Pytharcus, selon Athénée.

Ortélius soupçonne que cette ville étoit aux environs de l'Asie mineure.

TORUS, colline ou montagne de la Sicile, entre Héraclée & *Agrigentum*, selon Polybe.

TORYNA, nom d'un lieu sur la côte de l'Epire. Plutarque rapporte que Jules César eut l'adresse de s'emparer de cette ville, en se hâtant de traverser la mer d'Ionie, pendant qu'Antoine étoit à l'ancre près du cap d'*Actium*.

TOSALE, ville de l'Inde, au-delà & près du Gange, & qui avoit le titre de métropole, selon Ptolémée.

TOSIOPI, peuple de l'Asie, dans les environs de la Galatie, selon Plutarque.

TOSMUANASSA, ville de l'Asie, dans la Bactriane, selon Ptolémée.

TOSPITIS (la *Tospitide*), contrée de l'Asie, dans l'Arménie majeure, vers le midi des sources du Tigre & de l'Euphrate, selon Ptolémée.

TOTTAIUM, lieu de l'Asie, dans la Bithynie, sur la route de Constantinople à Antioche, entre *Oriens - Medio* & *Dablis*, selon l'itinéraire d'Antonin.

TOXANDRI ou *les* TOXANDRES. Ces peuples, selon Pline, avant lequel aucun auteur n'en parle, habitoient au-delà de l'Escaut, c'est-à-dire, hors des limites de la Belgique. On croit que cette nation a été divisée en plusieurs cantons. Mais d'habiles critiques ont reproché à Cluvier de les avoir portés jusques dans le pays nommé actuellement *Zélande*. On croit qu'ils s'emparèrent avec le temps d'une partie des terres des Ménapiens. Le centre de leurs possessions devoit être aux environs de Maftrecht. On trouve qu'au temps de Julien, les Francs avoient un. établissement dans un lieu qu'Ammien Marcellin appele *Toxandria Locus*.

TOXANDRIA LOCUS: selon Ammien Marcellin, Julien marcha contre les Francs qui avoient formé un établissement en cet endroit. On retrouve cette position dans celle de Tessenderloo, bourg de la Campine, au nord du Brabant.

TOXILI, TAXILI ou TAXILÆ, peuples de l'Inde, du nombre de ceux qui habitoient entre les fleuves Cophes, Indus, Hidafpe & Acéfine, selon Denys le Périégète.

TRABALA, ville de l'Asie mineure, dans la Lycie, selon Etienne de Bysance.

TRABUNACTUM, ville de l'Afrique propre, sur la route de *Tacapæ* à la grande *Leptis*, entre *Adaugmagdum* & *Tramusdusis*, selon l'itinéraire d'Antonin.

TRACANA, ville de l'intérieur de la Sarmatie européenne, dans le voisinage du fleuve Carcinite, selon Ptolémée.

TRACHÆ, nom qu'Ovide donne à la ville d'*Anxur*.

TRACHE. Pline nomme ainsi une île de la mer Ionienne, qu'il indique auprès de celle de Corcyre.

TRACHEA, l'un des surnoms de la ville d'Ephèse, selon Pline.

TRACHIA, nom que, selon Etienne de Byfance, l'on donnoit à toute l'Isaurie, parce que son terrein étoit montueux.

TRACHIA ACTE, nom d'un lieu entre *Seftus* & *Abydos*, selon Isacius.

TRACHINIA, canton de la Theffalie, dans la Phthiotide, près du mont Œta. Ce même coin de pays se nommoit aussi Mélide ; du moins il me semble que ce devoit être la même chose. Quand on lui donnoit le nom de *Trachinia*, on avoit égard aux montagnes qui l'entouroient & qui en faisoient un pays rude & âpre ; mais quand on avoit égard au fleuve *Melas*, qui y couloit de l'ouest à l'est, alors cette petite vallée se nommoit *Mélide* : elle avoit pour ville Héraclée, qui en prenoit le nom d'*Heraclea Trachiniæ*, selon Thucydide, *L. III*, § *92. Voyez* TRACHIS.

TRACHINIÆ PETRÆ, en grec Τρηχένεαι πέτραι. Hérodote, *L. VII*, ch. *198*, les roches, Trachiniennes. Sur le golfe Maliaque, on trouve une plaine, vaste dans quelques endroits, étroite dans d'autres. Cette plaine est bordée de montagnes hautes & inaccessibles que l'on appeloit *Trachiniæ Petræ*. Elles environnoient la Mélide de tous côtés. C'est entre ces roches & la mer que couloit le petit fleuve *Melas*, qui donnoit son nom à la Mélide, & qui étoit là ville d'*Heraclea Trachinia*.

TRACHINIUM, ville de Grèce, dans l'Etolie, selon Strabon.

TRACHIRIS, fleuve de la Libye intérieure, Ptolémée en indique l'embouchure dans le golfe Hefpérien, au-dessus du port de *Perphofius*.

TRACHIS, ville de la Theffalie. Elle fut bâtie par Hercule, au pied du mont Œta, selon Etienne de Byfance ; elle étoit vers l'embouchure de l'Afope. Cette ville est mise aux confins du pays du peuple *Octæ*, par Thucydide. Elle avoit été nommée *Thrachis*, à cause de l'inégalité de son terrein qui étoit montueux, du mot grec Τραχύς, *afper;* Homère parle de cette ville. Ayant été détruite, les Lacédémoniens la firent rebâtir à six milles de l'ancienne ; autant vaudroit dire qu'ils en bâtirent une nouvelle, à laquelle ils donnèrent le nom d'*Héraclée*. Cet événement est fixé par M. Larcher à l'an 426 avant l'ère vulgaire.

TRACHON, nom d'un lieu dont fait mention Lucien. Il devoit borner les états du roi du Bofphore Cimmérien, du côté de la Scythie.

TRACHONES, nom de deux collines, situées au - delà de la ville de Damas de Syrie, selon Strabon.

TRACHONITÆ ARABES, peuples Arabes, qui habitoient dans la Saccée, au pied du mont *Alfadamus*, selon Ptolémée.

TRACHYS

**TRACHYS MONS**, montagne du Péloponèse, dans l'Arcadie, selon Paufanias.

**TRACONITIS** (*la Traconite*), pays rude & montueux de la Paleſtine, au-delà du Jourdain. S. Jérôme dit que cette province étoit au-delà de Boſtra, en tirant du côté de Damas. M. d'Anville l'a placée au bas de l'anti-Liban, dont pluſieurs branches s'étendent au ſud-eſt, ferment ce pays, où ſe trouvoit le mont *Hermon* : le lieu principal étoit *Ænos*.

**TRACTARI**, peuples de la Cherſonèſe Taurique, ſelon Pline.

**TRAEIS** (*Trionto*), rivière de l'Italie, dans le *Brutium*.

**TRÆMENOTHURITÆ**, peuples de l'Aſie mineure, dans la Troade. Ptolemée leur donne la ville de *Trajanopolis*.

**TRAGEA** ou **TRAGIA**, île ſituée dans le voiſinage des Cyclades, & qui étoit la patrie de Théogiron le péripatéticien, ſelon Etienne de Byſance. Cette île eſt nommée *Tragia* par Plutarque.

**TRAGÆA**, ville de l'île de Naxos. On y rendoit un culte particulier à Apollon Tragien, ſelon Etienne de Byſance.

**TRAGASÆ**, nom d'une contrée de l'Epire. Il y avoit une campagne où l'on faiſoit du ſel, ſelon Etienne de Byſance.

**TRAGASÆÆ SALINÆ**, ſalines de l'Aſie mineure, dans la Troade, près d'*Hamaxitum*, ſelon Strabon.

**TRAGEÆ**. Les îles de ce nom étoient ſituées ſur la côte de l'Ionie ; mais elles ont été jointes au continent par les terres charriées par le Méandre.

Ces îles ſervoient de retraite aux pirates, au rapport de Strabon. Elles étoient au nord du promontoire *Poſideum*, au ſud-eſt de celui de *Trogilium*, & à l'oueſt de la ville de *Miletus*.

**TRAGIÆ**, île que Pline indique ſur la côte de l'Ionie, province de l'Aſie mineure. *Voyez* **TRAGES**.

**TRAGILUS**, ville de la Thrace, entre la Cherſonèſe & la Macédoine, ſelon Etienne de Byſance.

**TRAGŒDIA**, nom d'une maiſon de campagne qui appartenoit à Pline le jeune. Elle étoit ſituée ſur des rochers qui dominoient le lac de Côme, & elle étoit bâtie à la façon de celles qui étoient du côté de Bayes. Cet auteur en fait la deſcription. *L. IX, epit. 7, ad Rom.*

**TRAGONICE**, ville de l'Aſie, dans l'intérieur de la Perſide, ſelon Ptolemée & Ammien Marcellin.

**TRAGURIUM**, nom d'une ville de la Dalmatie, qui étoit connue par ſon marbre, ſelon Ptolemée, *L. II, ch. 17.*

Cet ville fut priſe, en 1017, par Alexis Comnène.

**TRAGUS**, fleuve du Péloponèſe, dans l'Arcadie, ſelon Pauſanias. Il prenoit naiſſance d'un gros ruiſſeau.

*Géographie ancienne. Tome III.*

**TRAIA CAPITA**, lieu de l'Hiſpanie citérieure, chez les *Ilercaones*, entre *Oleaſtrum* & *Dertoſa*, ſelon l'itinéraire d'Antonin.

**TRAJANA** ou **TREA**, ville de l'Italie, dans l'intérieur du *Picenum*, ſelon Ptolemée. Elle eſt nommée *Trea* dans l'itinéraire d'Antonin.

**TRAJANA LEGIO**, ville de la Gaule Belgique, ſelon Ptolemée.

**TRAJANI FORUM**, lieu l'île de Sardaigne, ſelon l'itinéraire d'Antonin.

**TRAJANI MUNIMENTUM**, nom d'une fortereſſe que Trajan fit bâtir dans le territoire des Allemands, ſelon Ammien Marcellin.

**TRAJANOPOLIS**, ville de l'intérieur de la Thrace, ſur le bord du fleuve *Hebrus*, ſelon Ptolemée.

Dans l'itinéraire d'Antonin, cette ville eſt marquée entre *Bricizes* & *Cypſela*.

**TRAJANOPOLIS**, ville de la Myſie, à une petite diſtance de la mer, entre *Antandrus* & *Adramytte*, ſelon la table d'Agathodæmon. Ptolemée indique une ville de ce nom dans la grande Myſie.

**TRAJANOPOLIS** ou **TRANOPOLIS**, ville de l'Aſie, dans la Phrygie Pacatiane, ſelon la notice de Léon-le-Sage.

**TRAJANOPOLIS**, ville de l'Aſie, dans la Cilicie Trachée. C'eſt où mourut l'empereur Trajan, ſelon Dion Caſſius.

Cette ville eſt la même que celle de Sélinunte.

**TRAJANUS**, fleuve de l'Egypte. Il traverſe les villes des Héros & de Babylone, ſelon Ptolemée.

**TRAJANUS PORTUS**, port de l'Italie, ſur la côte de l'Etrurie, ſelon Ptolemée. Ce doit être le même que le ſuivant.

**TRAJANUS PORTUS**, port de l'Italie, à l'embouchure du Tibre. Ce port fut conſtruit par l'empereur Claude, & réparé par Trajan, qui en bâtit un autre plus commode & plus ſûr, à qui il donna ſon nom. Suétone, *in Claudio, ch. 20.*

**TRAJECTUM** (*Utrecht*), ville des Bataves, ſur le Rhin. Il paroît par la formation de ſon nom, que c'étoit un lieu de paſſage ſur le fleuve. Le ſeul monument Romain qui en parle, eſt l'itinéraire d'Antonin. On peut croire cependant que *Trajectum* fut un des cinquante châteaux que Druſus éleva dans ce pays pour s'aſſurer du cours des plus grandes rivières.

Cette ville, également expoſée aux inondations & aux invaſions des Barbares, fut plus d'une fois détruite & rebâtie, tantôt d'un côté d'un fleuve, tantôt de l'autre. Les Wiltes & les Slaves la renverſèrent ſous l'empire de Valentinien, & fortifièrent un camp ſur la rive droite. Ils la nommèrent Wiltenbourg. Les Romains s'étant rendus maîtres de ce camp, rétablirent la ville dans ſa première place. C'eſt alors que la ville eut le nom de *Trajectum Ulpii*, en l'honneur d'Ulpius

A a a

Trajan. Les Normands la renversèrent de fond en comble sous le pontificat d'Hunger. Balderic, l'un de ses successeurs, & qui avoit été précepteur de l'empereur Othon II, se servoit du crédit qu'il avoit auprès de ce prince, pour en obtenir les fonds nécessaires à la reconstruction de la ville. C'est aux auteurs qui s'occupent de géographie moderne à décider si la ville actuelle existe réellement sur l'emplacement de l'ancienne *Trajectum*. On y a trouvé, ainsi que dans ses environs, un très-grand nombre d'antiquités.

Malgré cela, de bons critiques croient que *Trajectum* n'étoit, au temps des Romains, qu'un lieu de passage & un magasin; que dans la suite quelques négocians y bâtirent des maisons, & que ce ne fut que sous les rois de France qu'elle devint une des plus considérables. On y établissoit les nouveaux convertis, & les maires du palais avoient soin d'y entretenir une bonne garnison, afin de les mettre à l'abri des insultes des idolâtres.

TRAJECTUS, lieu de l'île d'Albion, sur la route de *Calleva* à *Isca*, entre *Abon* & *Aquæ Solis*, selon l'itinéraire d'Antonin.

TRAJECTUS CASII (*ou* le Pas de Casius). M. de Peyssonnel dit, dans ses observations historiques & géographiques, que ce lieu devoit être à la droite du Dniéper, dans l'endroit où les Turcs se réservèrent de bâtir un bourg pour faciliter le passage de ce fleuve, lorsqu'ils consentirent, par le traité de l'an 1700, que les terres limitrophes des Moscovites demeureroient désertes & inhabitées.

C'étoit là que les Chersonites, peuples de la Chersonèse Taurique, passoient pour entrer en Russie. Ce passage, selon Constantin Porphyrogénète, n'étoit guère plus large que l'Hippodrome de Constantinople. Les Patzinacites y venoient pour se battre avec les Russes, lorsqu'ils étoient en guerre, & pour traiter avec eux en temps de paix.

TRALITÆ, peuples de l'Ethiopie, sous l'Egypte, selon Ptolémée.

TRALLI *ou* TRALLES, peuples de l'Illyrie, dans la contrée appelée *Trallia*, selon Tite-Live. Plutarque les nomme *Tralles*, & les indique dans la Thrace.

TRALLIA, nom d'une contrée de l'Illyrie. Elle étoit aussi appelée *Troalicida*, selon Etienne de Bysance.

TRALLICON, ville de l'Asie mineure, dans le voisinage de la Carie, & qui étoit arrosée par le fleuve *Harpasus*, selon Pline.

TRALLIS, ville de l'Asie mineure, située dans l'intérieur de la Lydie, selon Ptolémée, *L. v, ch. 2*, Pline & Etienne le géographe. Strabon, qui la nomme *Tralles*, dit qu'elle étoit riche & bien peuplée, & fortifiée de tous côtés par la nature.

Plutarque, *in Cæsare*, dit qu'il y avoit un temple de la Victoire à *Trallis*, dans lequel étoit une statue de César.

Etienne le géographe dit que cette ville fut autrefois nommée *Antheia*, à cause de la quantité de fleurs qui venoit dans ses environs.

Pline, *L. v, ch. 29*, dit que *Trallis* a eu les surnoms D'EUANTHIA, de SELEUCIA & D'ANTIOCHIA.

TRALLIUM, peuples de l'Asie, dans la Bithynie, sur le golfe Astacène, selon Etienne de Bysance.

TRAMARICIUM, lieu de l'Afrique propre, sur la route de Carthage à Alexandrie, entre *Scina* & *Aubureum*, selon l'itinéraire d'Antonin.

TRAMPE, ville de l'Asie mineure, dans l'Ionie, selon Etienne de Bysance.

TRAMPYA, ville de l'Epire, près celle de *Bunimos*, selon Etienne de Bysance.

TRANADUCTA, ville de l'Hispanie, dans la Bétique, au pays des Bastules, entre *Menralia* & *Barbesola*, selon Ptolémée.

TRANOMONTANI, peuple de la Sarmatie Européenne, selon Ptolémée.

TRANSACINCUM, ville de la Valérie Ripensis, selon la notice des dignités de l'empire.

TRANSALBA, nom d'une ville de la Valérie Ripensis, selon la notice des dignités de l'empire.

TRANSAQUÆ, lieu de l'Italie, dans le pays des *Marsi*, & près du lac *Fucinus*, selon le Martyrologe Romain.

TRANSCELLENSIS MONS, montagne de l'Afrique, près du municipe nommé par Ammien Marcellin, *Sugabarritanum*.

Cette ville étoit de la Mauritanie césariense, au sud de la ville de *Zucchabbari*, & près du fleuve *Chinalaph*.

TRANSDIERNUM, nom d'une ville de la Dacie Ripensis, selon la notice des dignités de l'empire.

TRANSDROBRETA, ville de la Dacie Ripensis, selon la notice des dignités de l'empire.

TRANSLUCUM, lieu de la Dacie Ripensis, selon la notice des dignités de l'empire.

TRANSMARISCA, ville de la basse ou de la seconde Mœsie, sur la route de *Viminacium* à Nicomédie, entre *Appiaria* & *Candidiana*, selon l'itinéraire d'Antonin.

TRANSTHEBAITANI, peuples de l'Egypte, au-delà de la ville de Thèbes ou au-delà de la Thébaïde, selon Trébonius Pollion, cité par Ortélius.

TRAPERA, ville ou lieu de l'Inde, près du *Barygazenus Sinus*, selon Arrien.

TRAPEZA, promontoire de l'Asie mineure, dans la Troade, à l'entrée de l'Hellespont, & à dix-huit milles de la petite ville de *Dardanium*, selon Pline.

TRAPEZOPOLIS , ville de l'Afie mineure , dans l'intérieur de la Carie , felon Ptolemée. La notice épifcopale en fait un fiège de la Phrygie Pacatiane.

TRAPEZOPOLITÆ , nom que Pline donne aux habitans de *Trapezopolis* , ville de la Carie.

TRAPEZUM , colline de l'Afie , dans la Syrie , au voifinage de la ville d'Antioche , felon Strabon.

TRAPEZUS ( *Trébifonde* ), ville grecque très-peuplée , à l'eft du Pont , & fur le bord du Pont-Euxin. C'étoit une colonie de Sinope. On voit dans la retraite des dix-mille , que les Grecs féjournèrent environ un mois près de cette ville , campant fur les terres des Colchidiens , d'où ils enlevèrent beaucoup de butin. Comme ils avoient un grand nombre de bœufs , ils firent des facrifices à Jupiter *fauveur* , à Hercule , & au refte des dieux. Ils célébrèrent auffi des jeux gymniques fur la montagne où ils campoient.

Les habitans de Trébifonde donnèrent aux Grecs un vaiffeau à cinquante rames , & un à trente.

C'eft à *Trapezus* que finiffoit l'ancien royaume de Pont , & que commençoit la Colchide.

M. de Peyffonnel indique cette ville au fond & fur le bord d'une baie que forme le Pont-Euxin , au nord des monts *Paryadres* , & à l'eft de *Tripolis*.

TRAPEZUS , ville de l'Arcadie , au fud & près du fleuve Alphée , à l'oueft , & un peu loin de *Megalopolis*. Je foupçonne qu'elle avoit pris fon nom de fa forme , plutôt que d'un héros.

Elle étoit , avec le temps , tombée en ruines , depuis qu'à la fondation de *Megalopolis* , fes habitans avoient mieux aimé paffer en Afie , que de concourir avec les autres Arcadiens à l'agrandiffement de cette ville.

En avançant le long de l'Alphée , on trouvoit fur la gauche un lieu nommé *Bathos* , ou profondeur : tous les trois ans on y célébroit les myftères de la grande déeffe.

Là étoit auffi la fontaine *Olympias* , où l'on prétendoit que l'eau ne paroiffoit que tous les deux ans. On y voyoit des feux s'élever de terre : felon les Arcadiens , c'étoit-là que les géans avoient combattu contre les dieux.

TRAPEZUS MONS , montagnes de la Cherfonèfe Taurique , à l'oueft - fud - oueft du mont *Cimmerius*.

M. de Peyffonnel , dans fes obfervations hiftoriques & géographiques , dit que le *Trapezus* comprenoit les montagnes nommées aujourd'hui *Jachtlow* , *Bakchefarai* & *Katchi*.

TRAPEZUSA , ville de l'Afie , dans l'intérieur du Pont Cappadocien , felon Ptolemée.

TRAPHE , ville qu'Etienne de Byfance indique aux environs du Pont.

TRAPHIA , ville de la Grèce , dans la Béotie , felon Etienne de Byfance.

TRARON : Lycophron fait mention d'une montagne de ce nom. Ifacius dit qu'elle eft dans la Troade.

TRASELLIS , fiège épifcopal de l'Afie , dont un des fept diacres qui furent baptifés par Simon le magicien & l'eunuque , fut évêque , felon Dorothée.

TRASIMENUS LACUS ou de TRASIMENE ( *le lac de Péroufe* ), lac de l'Italie , vers l'Etrurie , au fud-eft de *Cortona*.

Ce lac , fort poiffonneux , eft fur-tout fameux par la bataille qui porte fon nom , dans laquelle Annibal , l'an de Rome 536 , défit les Romains , commandés par Flaminius : quinze mille Romains y furent tués , dix mille mis en fuite , & quinze cens périrent de leurs bleffures (1).

TRAUASSA , ville de l'Afie , dans l'intérieur de la Médie , felon Ptolemée.

TRAUCHENII , peuples qui habitoient aux environs du Pont - Euxin , felon Etienne de Byfance.

TRAUSI ( *les Traufes* ), peuples de la Thrace , aux environs du mont *Hemus* , felon Hérodote. Voici ce que dit Hérodote ( *L. v* , *c*. 4 ).

Les mœurs des *Traufi* reffemblent parfaitement aux ufages du refte des Thraces , excepté en ce qui regarde les enfans nouveaux - nés & les morts. Lorfqu'il naît chez eux un enfant , fes parens , affis autour de lui , font une énumération de tous les maux auxquels la nature humaine eft fujette , & gémiffent fur le fort fâcheux qu'il doit néceffairement éprouver pendant fa vie. Mais fi quelqu'un meurt , ils en témoignent de la joie en le mettant en terre , & fe réjouiffent du bonheur qu'il a d'être délivré d'une infinité de maux.

C'eft d'après ces mêmes idées d'une philofophie un peu fombre , que les femmes fauvages de l'Orénoque étouffoient leurs filles à leur naiffance ; c'eft ce fentiment qu'a exprimé Cicéron :

*Nam nos docebat cœtum celebrantes domus ,*
*Lugere , ubi effet aliquis in lucem editus ,*
*Humanæ vitæ varia reputantes mala.*

　　　　　　　　Cic. Tufc. L. 1, §. 48.

TRAUSIUS CAMPUS , nom d'une campagne d'Italie. Diodore de Sicile rapporte que c'eft où les Gaulois , qui s'étoient avancés jufqu'au promontoire *Japygium* , furent maffacrés par les *Cerii* , dans le temps qu'ils cherchoient à repaffer fur les terres des Romains.

TRAUSUS , nom d'un peuple Scythe , felon Héfychius , cité par Ortélius.

C'eft le même , je crois , que les *Thraufi* , excepté qu'on les confidère comme Scythes au lieu de Thraces.

---

(1) Le champ de bataille paroît avoir été dans un lieu appelé *Offaria* , & dont parlent Cluvier & Dempfter.

TRAVUS. Hérodote nomme ainfi un fleuve dans la Thrace. Il fe jetoit dans le lac de *Biftonis*.

TRAXITÆ, nom d'un peuple qui faifoit partie des Goths, & qui habitoit au-delà du pays des *Antes*, felon Procope.

TREA, ville de l'Italie, dans le *Picenum*, entre *Septempeda* & *Auximum*, felon l'itinéraire d'Antonin.

TREBA ou TREBÆ AUGUSTÆ, ville de l'Italie, dans l'intérieur du *Latium*, felon Ptolemée. Elle eft nommée *Treba Augufta* par Frontin.

TREBELLICA VINA, vins ainfi nommés d'un territoire de l'Italie, où ils croiffoient, felon Pline. C'étoit un territoire de la Campanie.

TREBENDA, ville de l'Afie mineure, dans l'intérieur de la Lycie, felon Ptolemée.

TREBIA (la Trébie), fleuve qui coule du fud au nord, commençoit en Ligurie, au midi d'une vallée habitée par les Friniates; & remontant dans la *Gallia Cifpadana*, au travers des terres des *Anamani*, elle arrofoit la ville de *Plazentia*, & fe jettoit dans le *Padus*. La *Trebia* eft devenue fameufe par la victoire qu'Annibal remporta près de fon embouchure fur le préfomptueux & imprudent Sempronius, l'an de Rome 435. Les Romains y perdirent vingt-fix mille hommes.

TREBIA, ville de l'Italie, dans l'Umbrie, au fud de *Fulzinium*.

TREBIATES. Pline nomme ainfi le peuple de la ville de *Trebia* en Umbrie.

TREBULA MUTUSCA, ville que Strabon & Pline placent chez les Sabins, & dont plufieurs infcriptions annoncent encore l'exiftence. Mais Cluvier s'eft trompé, & M. d'Anville après lui, en difant que ce lieu répond à celui que l'on nomme actuellement *Monte Leone*. Il n'y a point de ruines en cet endroit, fi ce n'eft une pierre ou deux; mais à un mille de-là, à l'endroit où eft l'églife de S. Victor, on y retrouve, entre les pierres même, des piliers de cet édifice, des pierres anciennes chargées d'infcriptions. On y a donné fi peu d'attention en s'en fervant, qu'il y en a où les lettres font fur le côté; d'autres où elles font le haut en bas. Devant l'églife eft une très-grande quantité de marbres antiques. A peu de diftance fe voit encore un théâtre taillé dans la colline à mains d'hommes; on voit auffi des ruines de thermes & de voies antiques. Virgile, en nommant cette ville par fon furnom (*L. VII*), lui donne l'épithète de *productrice d'olives*: il eft à remarquer que tout près de S. Victor il y a un lieu qui porte le nom d'*Oliveto*.

TREBULA SUFFENATA, ville de l'Italie, dans la Sabine. Comme il paroît, par une épigramme de Martial (*L. v*, *ep. 72*), que l'on y avoit en toute faifon du froid & à peu près les rigueurs de l'hiver, on ne peut guère chercher fa pofition que dans un fond. M. l'abbé Chaupi, qui a fort

examiné le local, penfe qu'elle pouvoit avoir été fituée dans la vallée de *Turano*, peut-être à l'endroit appelé *Rocca Sinibalda*.

TREBULA, nom d'une colonie romaine, felon Frontin, cité par Ortélius.

TREBULANUM, nom d'un lieu de l'Italie. Il en eft fait mention dans les épîtres de Cicéron à Atticus.

TRECASSES, TRICASSES ou TRICASII, peuple de la Gaule Celtique ou Lyonnoife, felon Pline & Ptolemée. Ce dernier écrit *Tricafii*. Ils ne font pas nommés dans Céfar ni dans Strabon; c'eft ce qui a fait préfumer que la cité (*civitas Tricaffium*), qui appartenoit à la Lyonnoife quatrième ou Sénonoife, étoit foumife, au temps de Céfar, à la cité de Sens (*civitas Senonum*), qui étoit alors très-puiffante.

TRECHINIA ou TRACHINIA, nom d'une petite contrée de la Theffalie, occupant toute la partie montagneufe qui fe trouvoit à l'oueft du golfe Maliaque, entre le fleuve Sperchius, au nord, & le mont Œta, au fud. Il y avoit même très-près du golfe une ville qui en avoit pris fon furnom, & que l'on nommoit *Heraclea Trachinia*. On fait que ce nom, felon fon étymologie, fignifie rude, âpre, & par fuite montagneux: mais *voyez* TRACHINIA & TRACHIS.

TRECHIS, ville de la Theffalie, dans la Tréchinie, à cinq ftades du fleuve Mélas, felon Hérodote. Ortélius croit que c'eft la ville *Thracis* dont parle Paufanias. *Voyez* TRACHIS.

TREENSIS AGER, territoire de l'Italie, dans le *Picenum*. Selon Frontin, il prenoit ce nom de la ville *Trea*.

TREIA, ville de l'Italie, dans le *Picenum*, au fud-eft de *Cingulum*.

TREMILLE. Etienne de Byfance dit que l'on donnoit anciennement ce nom à la Lycie.

TREMITHUS, village de l'île de Cypre, felon Etienne de Byfance; mais Ptolemée en fait une ville, qu'il indique dans l'intérieur de l'île.

TREMON, nom d'une île fituée dans le voifinage de celle de *Delos*. Il en eft fait mention par Lycophron & par Euftathe. Selon ce dernier, elle étoit fujette à de fréquens tremblemens de terre.

TREMULA, ville d'Afrique, dans la Mauritanie Tingitane, fur la route de *Procolofida* à *Tingis*, à douze milles au-deffus d'*Oppidum Novum*, felon l'itinéraire d'Antonin.

TREMULA, ville de l'Hifpanie, chez les *Baftitani*, felon Ptolemée.

TREPSEDI, peuple de l'Afie mineure. Il ne fubfiftoit plus au temps d'Eraftothène, felon cet auteur, cité par Pline.

TRERES. Etienne de Byfance nomme ainfi les habitans de la contrée *Trerus*.

Thucydide les indique fur le mont *Scomius*, qui tient au mont Rhodope.

TRERONES: ce peuple faifoit partie des Cimmériens. Ils faifoient fouvent des courfes à la droite au Pont-Euxin, & jusques dans la Paphlagonie & la Phrygie, selon Strabon.

TRERUS, contrée aux environs de la Macédoine, de la Picrie & de la Dardanie, selon Pline. Etienne de Bysance fait aussi mention de cette contrée, qu'il indique dans la Thrace.

TRERUS, fleuve de l'Italie, dans l'Ausonie. Selon Strabon, il arrosoit la ville de *Fabrateria*, située dans le *Latium*.

TRES ARBORES ( ou *les trois arbres* ). L'itinéraire de Jérusalem marque un relai sous ce nom en allant de *Vasatæ* à *Eluſa*. Il étoit, selon cet itinéraire, à cinq lieues gauloises de Bafas. On ne fait pas quel endroit y répond.

TRES INSULÆ ( ou *les trois îles* ). Antonin, dans son itinéraire, désigne ainsi trois petites îles de la Mauritanie céfarienfe, situées à dix milles au nord-ouest du fleuve *Malva*.

TRES TAB...., au sud-est de *Laus Pompeia*. On voit que c'est ici une abréviation pour *Tres Tabernæ*: c'étoit un lieu de rafraîchissement, espèce d'endroit, sans doute, qui se trouvoit en Italie, dans la Gaule Cisalpine, au sud-est de *Laus Pompeia* ou Lodi.

TRES TABERNÆ, lieu de l'Italie, près de la voie Appienne: Cicéron en fait mention.

Selon Zosime, c'est l'endroit où fut tué l'empereur Sévère, par Maxence.

L'itinéraire d'Antonin marque ce lieu sur la route de Rome à la colonne, en suivant la voie Appienne, entre *Aricia* & *Appii Forum*.

TRES TABERNÆ, lieu de la Macédoine, sur la route de *Dyrrachium* à Byfance, entre *Scampis* & *Lychnidum*, selon l'itinéraire d'Antonin.

TRESA FLUV. fleuve de la partie septentrionale de l'Italie. Il couloit chez les *Lepontii*, & se jetoit dans le lac *Verbanus*.

TRETA, ville de l'île de Cypre, au sud-ouest de l'île, & très-près de *Palæ-Paphos*, au sud. Strabon indique cette ville entre *Boofura* & le promontoire d'où l'on précipitoit ceux qui avoient touché l'autel d'Apollon.

TRETE, île de la mer Rouge, sur la côte de l'Arabie, selon Ptolemée.

TRETUM, petite ville de l'Argolide, presqu'au nord d'Argos.

Dans les montagnes près de cette ville, on montroit une caverne où se retiroit, disoit-on, le lion féroce dont les poëtes ont attribué la mort à Hercule, & dont on fait un de ses travaux. Il est connu dans la mythologie par le nom *de lion de la forêt de Némée*, à cause du voisinage de cette ville, qui étoit un peu plus à l'ouest.

Selon Pausanias, un des chemins qui conduisoit de Cléone à Argos, passoit à *Tretum*.

TRETUM *ou* TRITUM, promontoire de l'Afrique propre, sur la côte du golfe de Numidie, selon Ptolemée.

Ce promontoire est nommé *Tritum* par Strabon; & cet auteur l'indique à six mille stades de celui de *Metagonium*.

TRETUM *ou* TRITUM, lieu de l'Asie, dans la Syrie, aux environs de l'un des fauxbourgs de la ville d'Antioche qui étoit appelé Daphné, selon Procope.

TRETUS, port de l'Arabie heureuse, dans le pays des *Adramitæ*, selon Ptolemée.

TREVA, nom d'une ville située dans la partie la plus septentrionale de la Germanie, selon Ptolemée.

TREVA, ville de l'Italie, dans la Flaminie. Elle étoit arrosée par le fleuve *Clytumnus*, selon la remarque d'un glossaire de Juvénal.

TREVENTINATES, peuples de l'Italie, que Pline indique dans la quatrième région. Selon Frontin, leur ville étoit nommée *Treventum*, & avoit le titre de colonie.

TREVENTUM, lieu de l'Italie, dans le *Samnium* propre.

TREVERI *ou* TREVIRI. Les écrivains & les monumens sont partagés entre ces deux manières. Tacite & les inscriptions disent *Treveri*, quoiqu'au singulier on ait dit *Trevir*. Les *Treveri*, selon Tacite, tiroient vanité de sortir des Germains : *circà adfectationem Germanicæ originis ultro ambitiosi sunt.*

Ils occupoient un grand pays depuis la Meuse jusqu'au Rhin : *hæc civitas*, dit César, *Rhenum tangit*; & le pont qu'il construisit sur le Rhin étoit appuyé au rivage qui appartenoit à cette cité : *firmo in Treveris præsidio ad pontem relicto.*

L'établissement de plusieurs nations Germaniques en-deçà du Rhin, sous Auguste, n'écarta pas les *Treveri* des bords du fleuve : le *Vicus Ambiatinus*, où Pline avoit écrit que Caligula étoit né, selon le témoignage de Suétone, & situé, *supra confluentes*, au-dessus de Coblentz, étoit *in Treveris*, c'est-à-dire, sur le territoire de Trèves ; car Trèves répond à l'ancienne position de *Treveri*.

Ce n'est pas qu'on ne voie quelque difficulté sur ce sujet. Les *Treveri* étant compris dans la Belgique première, puisque leur capitale en étoit la métropole, on voit néanmoins dans la notice de l'empire, que le général, qui résidoit à Mayence, métropole de la Germanie première ou supérieure, commandoit à différens postes en descendant le long du Rhin, jusqu'à *Antunnacum* ou Andernach inclusivement, où son département atteignoit les limites de la Germanie seconde ou inférieure, que le cours d'une rivière nommée *Obringa* séparoit de la première Germanie, selon Ptolemée.

Mais comme ces limites n'ont rien de commun avec ce qui constitue jusqu'à nos jours le district des sièges de Mayence & de Trèves, & que celui de Trèves conserve son extension jusqu'au Rhin; on peut croire que le commandement militaire général de la frontière, n'avoit pas privé la cité de *Treveri* de la possession où elle étoit de pousser son territoire jusqu'au Rhin. ( *Notice de la Gaule,* de M. d'Anville ).

TREVIDON, lieu de la Gaule, dans le voisinage du pays du peuple *Rutini*, selon Sidonius Apollinaris, qui en parle ainsi.

*Ibis Trevidon, & calumniosis,*
*Vicinum nimis, heu ! jugum Rutenis.*

Ce lieu devoit donc être sur la frontière du Rouergue. Je me sers ici d'une expression ancienne, pour aider davantage cette partie de la géographie; car à l'aide des anciennes limites des provinces & des diocèses, on parvenoit souvent à retrouver la position & l'étendue du territoire d'une ancienne cité; au lieu que ces anciennes divisions n'auroient aucun rapport avec les départemens actuels.

M. d'Anville croit retrouver ce nom de *Trevidon* dans un lieu nommé actuellement *Trèves*, sur une petite rivière nommée *Trévésel*; & le mont Lesperon, où le *Trévésel* prend sa source, répond très-bien au *Jugum vicinum Rutenis* de Sidoine Apollinaire.

TRIA CAPITA ( ou *les trois têtes* ), sur la côte des *Ilercaones*, à quelque distance de la mer, au nord-est de *Dertosa*, dans l'Hispanie.

TRIACENSES, peuples de l'Italie, dans le *Picénum*, selon Pline.

TRIACONTA SCHŒNUM, contrée de l'Egypte, entre les montagnes des Ethiopiens & le Nil, selon Ptolemée.

TRIADOZZA ( *Sophie* ), ville de la Bulgarie. L'empereur Justinien la fit élever des ruines de Sardique.

Cette ville fut presqu'entièrement détruite par les Walaques, en l'an 1191.

TRIARATHIA, ville de l'Asie, dans la petite Arménie, sur la route de Sébaste à Cocuson, entre *Tonosa* & *Coduzabala*, selon l'itinéraire d'Antonin.

TRIARE, contrée de l'Ibérie Asiatique. Pline l'étend jusqu'aux monts *Pæriadræ*.

TRIBALLI, peuples de la basse Mœsie, sur le bord du Danube. Ils s'étendoient jusqu'à l'île de *Peuce*, selon Strabon, c'est-à-dire, jusqu'au Danube.

Les fragmens de géographie, à la suite de Denys le Périégète, les nomment *Serviens*. Hérodote ne fait pas mention de ces peuples; mais il parle de la plaine Triballique.

TRIBANTA, ville de l'Asie, dans la grande Phrygie, selon Ptolemée.

TRIBAZINA ou TRIBASINA, ville ou bourg de l'Asie, dans l'Arie, selon Ptolemée.

TRIBOCOI, TRIBOCI ou TRIBOCES, peuples de la Germanie, en-deçà du Rhin, selon Ptolemée.

Strabon & César indiquent ces peuples sur le bord du Rhin, entre les *Mediomatrici* & les *Treviri*. Le dernier écrit *Triboci* & *Triboces*; & Pline & Strabon, *Triboci*.

Selon César, ils étoient entre les nations Germaniques qui composoient l'armée d'Arioviste.

Ils avoient au nord les *Nemetes* & au sud les *Raurari*. Leur capitale étoit *Argentoratum* ou Strasbourg.

TRIBOLA, nom d'une ville de l'Hispanie, selon Appien, cité par Ortélius.

TRIBULIUM, lieu fortifié, dans la Liburnie. Selon Pline, il étoit fameux par les batailles que le peuple Romain y avoit données.

TRIBUNCI. Ammien-Marcellin, parlant de la fuite de Chnodomaire, roi des *Alemani*, & vaincu près d'*Argentoratum* par Julien, s'exprime ainsi : *rex Chnodomarius, celeritate rapidâ properabat ad castra, quæ propè Tribuncos & Concordiam, munimenta Romana, fixit intrepidus, ut adscensis navigiis, surdum paratis ad casus ancipites, in secretis se cessibus evaderet.*

La connoissance que l'on a de *Concordia* sur la rivière de *Lauter*, au-dessous de Weissembourg, conduit à celle des *Tribunci*.

On croit qu'un lieu nommé *Bergens*, vis-à-vis de Lauterbourg, doit répondre au lieu appelé *Trebunci*; un manuscrit porte *Tribuni*.

TRICA, ville de l'Italie, dans la Pouille. Elle fut détruite par Diomède, selon Pline.

TRICADIBA, île de l'Inde, sur la côte en-deçà du Gange, en allant du golfe Canticolpe au golfe Colchique, & au midi de l'île d'*Heptanesia*, selon Ptolemée.

TRICALUM ou TRICALA, ville de l'intérieur de la Sicile, selon Etienne de Bysance.

Cette ville est nommée *Triocla* par Ptolemée, & *Triocala* par Diodore de Sicile.

TRICAMARUM, lieu de l'Afrique, à cent quarante stades de Carthage. Selon Procope, ( histoire des Wandales, traduction de Cousin ), c'est où les Romains gagnèrent une bataille sur les Wandales qui y étoient campés.

TRICARANA, lieu fortifié du Péloponèse, dans la Phliasie, selon Etienne de Bysance.

TRICASSES. Ces peuples appartenoient à la Gaule; mais ils ne sont pas nommés dans César ni dans Strabon. Pline & Ptolemée en font mention, comme d'un peuple de la Gaule Lyonnoise : or, *Civitas Tricassium* est une de celles de la Lyonnoise quatrième, ou Sénonoise, dans la Notice ou province de la Gaule. Dans Ammien Marcellin & dans une inscription du Recueil de Gruter, on trouve des *Tricassini*. Le silence de César sur ce peuple, a fait présumer à quelques auteurs que de son temps, le district de Troyes relevoit de la cité de Sens, qui étoit très-puissante.

TRICASTINI ou TRICASTENI, peuples de la Gaule Narbonoise. Annibal passa par leur pays pour aller aux Alpes, selon Tite-Live. Ils sont nommés *Tricasteni* par Ptolemée.

Il est fait mention de ce peuple dès le temps du passage des Gaulois en Italie, sous la conduite de Bellovèse lequel, selon Tite-Live *in Tricastinos venit* en prenant sa route vers les Alpes. Car l'hiftorien ajoute, *Alpes indè oppofitæ erant.* On trouve, comme je l'ai dit, le nom de ce peuple, *Tricaftini* dans la marche d'Annibal, qui, ayant paffé le Rhône plus bas que n'étoit la pofition de ce peuple, prit fur la gauche : *ad lævam in Tricaf-iinos flexit*, dit Tite-Live.. Il paffa enfuite près des limites des *Voconfii*, dont le territoire étoit limitrophe. *Indè per extremum oram Vocontiorum agri.*

Pline ne fait mention des *Tricaftini* qu'en citant leur capitale *Augufta.*

On trouve *Tricaftini* dans Ptolemée. Mais la pofition qu'il leur donne eft bien différente de celle qu'il falloit leur donner. Il les indique à trois degrés & demi de longitude au-delà des *Segalauni*, & en latitude, plus au nord, de deux tiers de degré.

Car il eft certain que les *Tricaftini* habitoient fur le côté gauche du Rhône, dans le petit pays appelé Tricaftin, & que leur capitale *Augufta* devoit répondre à S. Paul-trois-châteaux. Or, on connoît la jufte pofition de cette ville.

TRICCA, ville de la Grèce, en Theffalie, dans l'Eftiéotide. Un lieu moderne nommé *Tricala* en donne la jufte pofition, & fe trouve conforme à ce que dit Strabon de la pofition de cette ville. Selon cet auteur, le Pénée, quelque temps après avoir pris naiffance dans le Pinde, laiffoit à fa gauche *Trica* & *Pellinæum.* Elle étoit fi éloignée en effet de la gauche de ce fleuve, qui recevoit le fleuve *Lathæus*, prefqu'au fortir de *Tricca.* J'ajouterai que c'étoit fur les bords de ce petit fleuve que l'on difoit qu'Efculape avoit pris naiffance. C'eft pour n'avoir pas connu la jufte pofition de *Tricca*, que la Marrinière confond le Léthée avec le Pénée. Car *Tricala* n'eft pas fur la *Salampria*, qui eft l'ancien Pénée ; mais à une petite diftance, fur une autre rivière, qui eft l'ancien Léthée.

Vénus étoit adorée dans cette ville, felon Strabon, qui obferve qu'on lui facrifioit des pourceaux.

TRICCIANA, ville de la Pannonie, fur la route de *Sirmium* à *Carnuntum*, entre *Pons Manfuetianus* & *Cimbrianæ*, felon l'itinéraire d'Antonin.

TRICESIMÆ. Ammien Marcellin cite ce pofte comme étant au nombre de ceux que Julien, étant Céfar, fit réparer fur la frontière du Rhin. Il nomme ce pofte en remontant du Bas-Rhin vers le haut, & place *Tricefima* entre *Quadriburgium*, que l'on croit avoir été fitué vers la féparation du Wahal d'avec le Rhin, & *Novefium*, qui eft Neuff ou Nuis.

Dans l'itinéraire d'Antonin, on ne trouve pas ces indications. Car à la fuite de *Vetera* on lit *Legio xxx Ulpiæ.* Ce qui vient fans doute de ce que dans cet itinéraire, on ne nomme que les lieux principaux. Ptolemée en fait auffi mention. Ce furnom d'*Ulpia*, emprunté d'un des noms de *Trajan*, a pu faire confondre ce lieu avec *Colonia-Trajana.*

Mais plufieurs infcriptions portent LEG. XXX.

V. V. dont les dernières lettres s'expliquent *Ulpia Victrix.* Ayant été trouvées fur le bord du Rhin, auprès de *Vetera*, il y a tout lieu de croire qu'il faut diftinguer le camp Romain établi par *Trajan*, d'avec la colonie fondée par lui. Ainfi, le lieu appelé *Kola*, près de Clèves, repréfente l'ancien emplacement de *Colonia Trajana*, ou bien celui du camp *Tricefimæ*, tout près de *Vetera* a difparu. *Voyez* VETERA.

TRICESIMUM ( *Ad* ). Les anciens itinéraires nous offrent beaucoup dépofitions fur des dénominations du genre de celle-ci, & tirées de la diftance des lieux à l'égard des villes principales, qui, de leur emplacement, comptoient ainfi dans l'étendue du territoire de leur dépendance. Le *Tricefimum* dont il eft queftion ici, eft relatif à Narbonne, comme l'itinéraire de Bordeaux à Jérufalem le fait affez connoître, en marquant deux diftances de quinze milles chacune entre *Tricefimum* & *Narbo.*

Pour retrouver l'emplacement de ce lieu, il ne faudroit donc que mefurer la même diftance.

TRICHAICES, peuples de l'île de Crète, felon Homère & Strabon, cités par Ortélius. Mais la Martinière a remarqué, d'après Strabon qu'il cite (1), que ce nom de *Trichaices* indiquoit, non, un peuple de ce nom, mais une réunion de trois peuples.

Dans l'Odyffée, ce poëte dit, *L. 1, v. 177,* Δωριεῖς τε Τριχάικες ; mais Strabon dit que des des Doriens, voifins du Parnaffe, étant paffés dans l'île de Crète, y bâtirent trois villes, *Erineum, Boeum* & *Cytinium* ; ce qui les a fait furnommer par les poëtes *Trichäices.*

TRICHIS, nom d'une ville d'Egypte, felon Etienne de Byfance.

TRICHONIUM, ville de Grèce, dans l'Etolie ; felon Etienne de Byfance & Paufanias.

Paufanias dit qu'Arriphon étoit originaire de cette ville. Il fait enfuite connoître cet Arriphon, qui étoit un favant fort eftimé des Lyciens. Entre autres productions de ce favant, l'auteur cite qu'il avoit remarqué le premier que tout ce qui concernoit les myftères de *Lene*, foit en vers ou en profe, étoit écrit en dialecte dorique. Or, comme avant l'arrivée des Héraclides dans le Péloponèfe, les Argiens parloient l'Ionien, de même que les Athéniens, il s'enfuivoit que ces myftères, ou du moins les ouvrages ne remontoient pas plus haut que cette invafion.

TRICOLLORI, peuples de la Gaule Narbonnoife. Ils avoient pour capitale la ville d'Alarante.

Ces peuples occupoient le territoire de Sifteron. C'eft du moins le fentiment du P. Hardouin. Mais M. d'Anville n'ayant pas admis ce peuple dans fa notice, cela me fait préfumer qu'il n'a

---

(1) Excepté qu'il dit *L. x, page 477* ; il faut lire *page 476.*

pas jugé la leçon de Pline fidelle en cet endroit.

TRICOLONI ou TRICOLONS, ville de l'Arcadie, au nord-est de *Megalopolis*.

On y voyoit un temple de Neptune, avec une statue de ce dieu, que Pausanias dit avoir été quarrée (τετραγ ονον), ce qu'il dit doit s'entendre apparemment d'une figure comme celle de nos *thermes* : autour du temple étoit un bois sacré.

Peu loin delà étoit une éminence appelée la sépulture de Califto : on n'y avoit bâti un temple de Diane, surnommée *Califte*.

TRICOMIA, ville de l'Asie, dans la grande Phrygie, selon Ptolemée.

TRICOMIA, ville de l'Arabie heureuse, selon la notice des dignités de l'empire.

TRICOMIS, lieu de la Palestine, selon Cédrène ; c'est où les Scythes bâtirent la ville de *Scythopolis*.

TRICON, nom d'une montagne aux environs de la Propontide, à ce qu'il paroît par les dialogues de Palladius, cités par Baronius.

TRICONIENSIS, siège épiscopal sous la métropole de Césarée de Straton, selon Guillaume de Tyr, cité par Ortélius.

TRICORII (les *Tricores*), peuples de la Gaule Narbonoise. Lucain en fait mention dans le premier livre de sa Pharsale. Mais Tite-Live & Polybe en avoient parlé avant lui, à l'occasion de la route d'Annibal. Aussi M. d'Anville fait-il dépendre la position de ce peuple de l'examen critique de cette marche.

Selon Tite-Live (*L. XXI, sect. 31*), Annibal ayant passé le Rhône, prit sa route sur la gauche, par le pays des *Tricastini*, & rasant le territoire *Vocontii*, il entra dans celui des *Tricorii*. Remontant ensuite le long du Rhône, il arriva le quatrième jour de marche (*quartis castris*), à la jonction d'une rivière avec le Rhône, aux confins des Allobroges, qui habitoient entre les deux rivières.

Quoique le nom de cette rivière fut écrit dans Polybe Σκωρας, & qu'on y ait substitué Αραρος que même on life *Arar* (la Saône) dans Tite-Live, il faut convenir que les meilleurs critiques regardent ce nom comme une erreur, soit des auteurs eux-mêmes qui ne connoissoient que les grandes rivières, soit de leurs copistes. Enfin, on convient que la rivière en question ne peut être que l'Isère.

Annibal ne prenoit pas le plus droit, ni peut-être le plus commode des chemins pour se rendre aux Alpes. Mais c'est qu'il vouloit éviter de rencontrer les Romains avant d'arriver en Italie.

C'est donc de ce point, aux environs du confluent de l'Isère & du Rhône, qu'il convient de partir pour arriver chez les *Tricorii*, après avoir traversé l'entrée du territoire des *Vocontii* : per *extremam oram Vocontiorum agri retendit* (Annibal), *in Tricorios*.

Or, du point dont on part, cette extrêmité du pays ne peut s'entendre que de la partie septentrionale de l'ancien diocèse de Die, qui étoit dans la dépendance des *Vocontii*. Les *Tricorii*, dont l'emplacement succédoit, sans intervalle à cette partie du territoire des *Vocontii*, doivent avoir habité dans la partie méridionale de l'ancien diocèse de Grenoble, & en montant vers les sources de ce *Drac*, dans le duché de Champsaure.

Quelques auteurs, & même M. de Valois, placent les *Tricorii* à *Vapincum* ou Gap. Mais il faudroit qu'Annibal eût passé à Gap & près du mont Genèvre, pour traverser les Alpes. On trouve en effet qu'il rencontra d'abord en Italie, les *Taurini*. Mais Annibal s'est approché de l'Isère ; il faut donc placer un peu plus haut les *Tricorii* ; c'est ce qu'a fait M. d'Anville.

TRICORNESII, peuples de la haute Mœsie, aux confins de la Dalmatie, selon Ptolemée.

TRICORNIUM, ville de la haute Mœsie, près du Danube, selon Ptolemée.

TRICORRYTHUS, bourg de l'Attique, dont parle Strabon, mais dont il ne dit rien de particulier.

TRICORYPHOS, montagne de l'Arabie, selon Pline & Diodore de Sicile. Le dernier dit qu'on lui avoit donné ce nom à cause de ses trois sommets, sur chacun desquels il y avoit un temple.

TRICRANA, île située sur la côte & au sud-est de la presqu'île de l'Argolide, ayant au sud l'île *Ariftera*, au nord-ouest l'île d'*Hydrea*, & au nord le promontoire d'*Acra*.

Pausanias fait mention de cette île.

TICRENA ou TRICRINA, les trois fontaines, lieu du Péloponèse, dans l'Arcadie, à l'est de *Phencos*.

Il y avoit en effet en ce lieu trois fontaines, où l'on prétendoit que les Nymphes avoient lavé Mercure, aussi-tôt après sa naissance.

Pausanias indique ce lieu près du mont *Sepia*, & à la gauche du mont *Géronte*.

TRICRINI, peuples de l'Italie, selon Denys d'Halycarnasse.

TRIDENTE, ville de l'Italie, chez les *Cenomani*, selon Ptolemée. Mais elle étoit hors de l'Italie, & portoit le nom de *Tridentum*. C'est aujourd'hui la ville de Trente, sur l'Adige.

TRIDENTINI : Pline nomme ainsi les habitans de la ville de *Tridente*.

TRIELISCUS MONS, nom de la montagne sur laquelle la ville de Capoue a été bâtie, selon Sigonius, cité par Ortélius.

TRIENSES, peuples de la Macédoine, selon Pline.

TRIENTIUS AGER, territoire de l'Italie, à cinquante milles de Rome. Tite-Live rapporte qu'il fut partagé à divers particuliers, en paiement de l'argent qu'ils avoient prêté à la république, pour les frais de la guerre de Carthage.

TRIERÈS,

TRIERES, peuples de l'Afie, dans la Bithynie, felon Etienne de Byfance & Arrien.

TRIERES *ou* TRIERIS, ville de l'Afie, dans la Syrie, felon Polybe & Etienne de Byfance. Elle fut brûlée par Antiochus.

Pline la nomme *Trieris*, & il l'indique dans la Phénicie.

TRIERON, promontoire de l'Afrique propre, à l'extrémité de la petite Syrte, & près de *Cinfterna*, felon Ptolemée.

TRIFANUM, lieu de l'Italie, dans la Campanie, entre *Sinueffa* & *Minturnæ*, felon Tite-Live.

TRIGABOLI, peuples de l'Italie, dans l'Etrurie. Polybe les indique à l'embouchure de l'*Eridanus*.

TRIGABOLI, lieu chez les *Lingones*, peuples Gaulois de la Gaule-Cifalpine, en Italie.

TRIGÆCINI, peuples de l'Hifpanie, felon Florus. Ils devoient habiter près des *Aftints*. Car on voit que ceux-ci furent trahis par les *Trigæxini*, du deffein qu'ils avoient formé d'attaquer les trois corps romains.

TRIGLYPTON, ville de l'Inde, au-delà du Gange, dans le pays appelé *Randamarcotta*, felon Ptolemée.

TRILENSES, peuples du Péloponèfe, dans l'Achaïe propre, felon Pline.

TRILEUCI SCOPULI, écueils de l'Océan Cantabrique, à l'embouchure du fleuve *Mearus*, felon Ptolemée.

TRILEUCUM PROMONTORIUM *ou* LAPACIA CORY, promontoire fur la côte feptentrionale de l'Hifpanie, au nord du pays des Callaïques.

Ptolemée indique ce promontoire entre *Flavium Brigantium* & l'embouchure du fleuve *Mearus* ou *Mearus*.

TRIMACHI : Pline nomme ainfi les habitans de *Timacum*, ville de la Mœfie.

TRIMITARIA, contrée de l'Afie, dans la Phrygie Capatiane, & où il y avoit une ville nommée Laodicée, felon Ortelius.

TRIMITHUS ( *Trimitufa* lieu ), ville de l'île de Cypre, dans la partie orientale, mais à quelque diftance des côtes au nord de *l'Eucolla*, & vers l'eft du promontoire *Pedalium*.

TRIMMANIUM *ou* TRIAMAMMION, ville de la baffe Mœfie, fur le Danube, felon Ptolemée.

Dans l'itinéraire d'Antonin, elle eft nommée *Triamammion*, & marquée fur la route de *Viminacium* à Nicomédie, entre *Scaidana* & *Exantapriftis*.

TRIMONTIUM, lieu de l'île d'Albion, chez les *Selgovæ*, felon Ptolemée.

On n'eft pas d'accord fur la ville moderne qui y répond. Quelques auteurs croient que c'eft Atterith, en Ecoffe ; d'autres que c'eft Dunfreys.

TRIMONTIUM : c'étoit un des noms de la ville de *Philippopolis* de Thrace, felon Ptolemée.

TRINACIA *ou* TRINACRIA, ville de la Sicile. Elle étoit riche & puiffante, & confidérée comme la première de l'île. Elle tint toujours tête à celle de Syracufe, felon Diodore de Sicile.

On préfume que le véritable nom de cette ville étoit *Tiracia*, lequel a été altéré.

Les Tiraciens furent défaits en bataille rangée, par les Syracufains, qui les réduifirent en efclavage.

TRINACIOTÆ, peuples de l'Afie, dans la Bithynie, au voifinage de la ville de Nicée, felon Pachymère.

TRINASI MŒNIA, ville ou château du Péloponèfe, dans la Laconie, & dont on voyoit les murs à environ trente ftades dans l'intérieur du pays, à la gauche de Gythée, felon Paufanias.

Le nom ci-deffus fignifie les murs de *Trinafius* ; & ce nom lui-même fignifie les trois îles. Paufanias préfume que ce ne fut jamais qu'un château. Il n'en vit que les ruines.

TRINEMEIS, bourg de la Grèce, dans l'Attique. Il étoit de la tribu Cécropide, felon Strabon. Cet auteur dit que le fleuve *Cephiffus* avoit fa fource dans ce bourg.

TRINEMII, peuple du bourg *Trinemeis*, dans l'Attique, felon Strabon.

TRINESIA, ville de l'Inde, en-deçà du Gange, dans le golfe Colchique, felon Ptolemée.

TRINESSA, ville de l'Afie, dans la Phrygie, felon Théopompe, cité par Etienne de Pline.

TRINIUM, fleuve de l'Italie, dans le *Samnium*, au pays du peuple *Frentani*, felon Ptolemée.

TRINOBANTES, TRINOANTES *ou* TRINUANTES. La première orthographe eft de Céfar ; la feconde de Ptolemée, & la dernière de Tacite.

Ces peuples de l'île d'Albion envoyèrent faire des foumiffions à Céfar, voyant que ce général s'approchoit de leur pays. En même temps ils le fupplièrent de prendre fous fa protection Mandrobatius leur roi, qui s'étoit retiré dans les Gaules, après la mort d'*Immanuantius*, fon père, auquel Caffivellaunus avoit ôté la vie, après lui avoir enlevé fes états. Céfar promit de leur envoyer Mandubatius ; à condition qu'ils lui fourniroient des vivres, & qu'ils lui livreroient quarante ôtages ; à quoi ils confentirent fur le champ.

Les Romains ne fe comportèrent pas bien dans la fuite à l'égard des peuples Bretons, & les Trinobantes furent des premiers à fe foulever contre eux.

TRINOMII *ou* TRIMEMIS, *ou pluôt* TRINEMII ; car c'eft une faute fur la carte de la Grèce de M. d'Anville, que le mot *Trinomii*, au lieu de *Trinemii* : c'étoit un bourg de l'Attique, de la tribu

Céropide. Selon Etienne de Byfance, c'étoit près de cette ville que le fleuve *Cephiffe*, qui tomboit dans le Pyrée, prenoit fa fource.

TRINYTHIS, nom d'une ville d'Egypte, felon la notice des dignités de l'empire.

TRIOBRIS, fleuve de la Gaule Aquitanique, felon Sidonius Apollinaris.

Cette rivière fe rend dans l'Ojt: fon nom actuel eft *Truyère*.

TRIOCALINI, nom des habitans de la ville de *Tricalum*, en Sicile, felon Pline.

TRIODUS, lieu du Péloponèfe, dans l'Arcadie, fur le mont Ménale, felon Paufanias.

TRIOPALA, nom d'un fleuve dont fait mention Vibius Séquefter.

TRIOPIDÆ, nom de l'une des tribus de l'île de Cos, felon le fcholiafte de Théocrite, cité par Ortélius.

TRIOPIUM. Hérodote (*L. 1*, ch. 174) dit, en parlant des Cnidiens qui habitoient dans la Carie, leur pays, qu'on appelle *Triopium*, regarde la mer. Je penfe donc que c'eft erreur dans le dictionaire d'Etienne de Byfance, ou négligence de la part de l'auteur, de ce qu'on y lit Τριοπιον, πόλις Καρίας. Cet auteur eft le moins inftruit de tous ceux qui en ont parlé, & Hérodote dit feulement que le pays avoit porté ce nom: cela peut s'entendre de la petite prefqu'île. Les autres auteurs ne parlent que d'un promontoire de ce nom. A cet égard on fent très-bien que l'on peut avoir confondu le promontoire avec toute la prefqu'île.

Selon Etienne de Byfance, le nom de *Triopium* venoit de Triopus, père d'Eryfichton. Il fut, felon cet auteur, le fondateur d'une ville; mais s'il n'y eut pas de ville de ce nom, il s'enfuivra qu'il a feulement donné fon nom au promontoire. C'eft ce même lieu, fans doute, qui, felon Héfychius, avoit porté le nom de Ἀγνυκέρως; excepté feulement que cet auteur dit que c'étoit la ville de Cnide qui avoit eu ce nom; au lieu qu'il eft très-probable que ce fut le promontoire. Ce nom fignifie *la corne du bélier*, & encore aujourd'hui, on dit *capo crio*, qui fignifie la tête du bélier, dans lequel nom fe retrouve le même fens.

Je remarquerai en paffant qu'il ne feroit pas impoffible que cet ancien nom de Ἀγνυκέρως eût été altéré & eût fervi à former le nom de *Carie*.

Sur ce promontoire on avoit élevé un templε à Apollon, où les Doriens célébroient des jeux en l'honneur de ce dieu. Il faut obferver que le fcholiafte de Théocrite (*ad Idyll. XVII, v. 69*) dit que l'on y joignoit Neptune & les nymphes, & que M. Larcher affure que ce fcholiafte fe trompe.

Il fe tenoit dans ce temple une affemblée générale des Doriens de l'Afie, femblable à celles des Grecs d'Europe, aux Thermopyles; mais elle avoit manqué fon but. Tous les Grecs d'Afie n'au-

roient dû faire qu'un corps, afin de s'oppofer d'une manière unanime à la puiffance des barbares, de même que les Grecs d'Europe n'en faifoient qu'un, dont les affemblées générales fe tenoient tantôt aux Thermopyles, tantôt à Delphes. Ils n'auroient pas été fubjugués fi aifément.

TRIOPS, promontoire de Cnide, felon Théocrite.

TRIPARADISUS, nom d'une ville de la haute Syrie, felon Diodore de Sicile.

TRIPHOLINUS MONS, montagne de l'Italie, dans la Campanie, felon Gelien, *de Antidotis, L. 1*, cité par Ortélius.

Pline, *L. XIV*, ch. 6, appelle *Tripholina vina*, les vins que l'on recueilloit fur cette montagne, & Juvénal, *fat. IX, v. 56*, nomme le territoire où on les recueilloit *Tripholinus Ager*.

Martial fait mention de ces vins, *L. XIII, epigram. 14*.

TRIPHULUM, nom d'une ville de la Dacie, felon Ptolemée.

TRIPHYLIA, contrée du Péloponèfe, dans l'Elide. Strabon ne lui donne d'autre ville maritime que celle de *Samicum*. Polybe écrit *Tryphalia*, & il indique cette contrée fur la côte du Péloponèfe, entre l'Elide & la Meffénie.

Ce nom fignifie les *trois tribus*.

TRIPODICUS ou TRIPODISQUE, efpèce de village ou de bourg fondé par Corœbus d'Argos, qu'il ne faut pas confondre avec Corœbus d'Elide de la victoire duquel ou compte les Olympiades. Sous le règne de Crotopus, roi d'Argos, Pfamathé, fa fille, accoucha d'un enfant dont on crut dans la fuite qu'Apollon étoit le père: pour cacher cette faute, elle expofa l'enfant, & des chiens affamés le dévorèrent: dans le même temps une bête féroce ayant paru dans le pays, la peur en fit un monftre; & comme l'aventure de Pfamathé étoit devenue publique, on prétendit qu'Apollon avoit envoyé ce monftre pour venger la mort de fon fils. Corœbus, l'un des premiers du pays, touché du malheur de fes concitoyens, chaffa le monftre & le tua. La pefte fuivit: on l'attribua encore à la colère du dieu. Corœbus fe tranfporta à Delphes, pour expier la mort du monftre. La pithie, en lui défendant de retourner à Argos, lui ordonna de prendre un trépied dans le temple, & de bâtir un temple à Apollon dans le lieu où ce trépied, lui échappant des mains, tomberoit à terre. En effet, auprès du mont Géramen le trépied étant tombé, Corœbus bâtit un temple & fit conftruire des maifons, qui, multipliées avec le temps, formèrent le bourg dont nous parlons: & c'eft de fon origine qu'il avoit gardé le nom de Tripodifcus, du grec.

On montroit à Mégare le tombeau de ce Corœbus. *Paufan., in Attica, c. 43*.

TRIPOLIS, contrée du Péloponèfe, dans l'Ar-

cadie. Elle étoit ainsi nommée, parce qu'il s'y trouvoit trois villes, selon Pausanias.

Ce nom, par-là même qu'il signifie trois villes,
se trouve dans plusieurs contrées où existoit une
ville composée de trois parties, ou bien dans
lesquelles il y avoit une association de trois
villes.

TRIPOLIS, ville de la Phénicie, qui étoit située
à environ une demi-lieue de la mer, à dix-huit
milles d'Orthosie. Diodore de Sicile, *L. XVI*,
Pomponius Méla, *L. 1, ch. 12*, & Strabon,
*L. XVI, p. 519*, disent que ce nom lui venoit,
parce que dans l'origine c'étoient trois villes, éloignées d'une stade les unes des autres : l'espace
qui les séparoit ayant été couvert de bâtimens,
de ces trois villes il ne s'en forma qu'une, qui
devint très-considérable par son commerce, les
Phéniciens en ayant fait un lieu d'entrepôt de
leurs marchandises & le lieu de leurs assemblées
pour délibérer sur les affaires de la nation. Alexandre-le-Grand soumit cette ville, qui, après sa mort,
passa à Ptolémée Soter, dont les successeurs en
jouirent jusqu'au règne d'Antiochus-le-Grand,
roi de Syrie, qui la leur enleva avec toute la
Phénicie, vers l'an 219 avant J. C.

Lorsque Pompée vint en Syrie, il fit couper la
tête à Denys qui s'étoit emparé de cette ville,
& depuis ce temps elle passa sous la domination
des Romains, mais comme ville libre, ayant le
droit de se gouverner par ses propres loix. Tripoli prit le surnom de *Flavienne* sous l'empire de
Vespasien. Cette ville embrassa le christianisme &
eut ses évêques, dont quelques-uns assistèrent à
différens conciles. La campagne de Tripoli étoit
arrosée par plusieurs rivières & divers ruisseaux
qui descendoient du Liban. A deux lieues à l'o-
rient de Tripoli, on voyoit un tombeau taillé
dans le roc, que les chrétiens Syriens croient être
le sépulcre de Chanaan, le père des Phéniciens,
34e degré 30 minutes de latitude.

TRIPOLIS, ville ou contrée du Péloponèse,
dans l'Arcadie, & d'où l'on enleva une grande
quantité d'hommes & de bétail, selon Pausanias.

TRIPOLIS, contrée de la Thessalie, où se trouvoient les villes de *Pythium*, *Azorum* & *Doliche*,
selon Tite-Live.

TRIPOLIS, ville de l'Asie, sur le Méandre, &
la première de la Carie, selon Ptolémée & Etienne
de Bysance. Elle est indiquée dans la Lydie,
par Pline.

TRIPOLIS (*Tripoli*), ville de l'Asie, sur le
bord du Pont-Euxin, à l'ouest de Trébizonde.
Dans le périple d'Arrien, ce lieu est indiqué
entre *Zaphirium* & *Argyria*. Pline le met dans le
Pont, & y place un fleuve de même nom.

TRIPOLISSI, peuples de l'Epire, dans la Thesprotie, selon Etienne de Bysance.

TRIPOLITANA-REGIO ou TRIPOLIL, contrée de l'Afrique, baignée au nord par la mer
Méditerranée ; à l'orient le fleuve *Cinyps* ou *Ci-*

*nyphus* la bornoit : elle avoit au midi la Libye
intérieure, & à l'occident le fleuve *Triton*, selon
Solin, qui y place quatre villes.

Procope, *Vandal, L. 11, ch. 10*, dit que Sergius fut établi gouverneur de cette province par
l'empereur Justinien. Le même auteur dit, dans
son livre des édifices, *L. VI, ch. 3*, que le rivage
sert de limites à la province de Tripoli, habitée
par des Maures qui descendent des Phéniciens.

Solin est le plus ancien des auteurs qui ont parlé
de *Tripoli* d'Afrique : mais il ne la donne pas
pour une ville, mais, pour une contrée où se
trouvoit trois villes. *Achæi*, dit-il, *Tripolis lingua sua signant de trinum urbium numen, Oeæ, Sabratæ,
Leptis-Magna.*

Isidore de Séville a répété la même chose ; mais
au lieu de *Tripolis*, il dit *Tripolitana Regio* : ce qui
est plus exact. Sextus Rufus & divers autres auteurs qui ne sont pas plus anciens, font aussi mention de cette *Tripolis* comme d'une région.

Les habitans de cette province avoient, selon
Procope, une ville nommée *Cidame*. Il y avoit à
cette époque, long-temps qu'ils étoient alliés des
Romains : ils avoient embrassé la religion chrétienne à la persuasion de Justinien. On les appeloit *alliés des Romains*, parce qu'ils observoient fidellement la paix avec eux. Enfin Procope ajoute que *Tripolis* étoit éloignée de *Pente-
polis* de vingt journées de marche d'un homme
de pied.

Comme Pline donne quelquefois à la Pentapole, le nom de province Pentapolitaine ; *provincia Pentapolitana*, ainsi de *Tripolis*, on a fait Tripolitaine.

Il paroît que cette province n'a commencé à
être appelée du nom de ses trois villes que depuis Ptolémée ; car tous ceux qui ont employé
le nom de *Tripolis*, par rapport à l'Afrique, ont
écrit depuis lui. Dans la suite, le nom de la province fut communiquée à l'une des principales
villes *Oeæ*.

Dans les notices ecclésiastiques on trouve la
Tripolitaine. Elle renfermoit quelques évêchés.
Voici ceux que fournit la notice épiscopale d'A-
frique : on sous-entend le mot *Urbs* ou *Edes*.

| | |
|---|---|
| *Septimagnensis.* | *Oensis.* |
| *Sabratensis.* | *Tacapitanus.* |
| *Girbitanus.* | |

TRIPOLITANI : Pline nomme ainsi les habitans de la ville de *Tripolis*, en Lydie ; mais qu'E-
tienne de Bysance indique dans la Carie.

TRIPOLUS, lieu de l'île de Crète, selon Diodore de Sicile.

TRIPONTIUM, lieu d'Italie, dans le Latium,
sur la voie Appienne. La colonne milliaire qui
s'y trouve encore actuellement, apprend que l'on
est au trente-neuvième mille ; & par l'inscription on
voit que la chaussée qui forme trois différens arcs

pour le passage des eaux, fut réparée par l'empereur Trajan. Les Goths y avoient construit une tour qui embrassoit presque toute la voie. C'est-là que l'on trouvoit, il y a quelques années, les premières eaux des marais Pomptins.

TRIPONTIUM, lieu de l'île d'Albion, entre *Isanavatia* & *Vennonæ*, selon l'itinéraire d'Antonin.

TRIPYLUM, lieu de l'Asie mineure, dans la Carie, selon Arrien.

TRISANTUS, fleuve de l'île d'Albion. Ptolémée en indique l'embouchure sur la côte méridionale, entre *Magnus Portus* & *Novus Portus*.

TRISARCHI, village de l'Afrique, dans la Marmarique, sur la côte du nôme de Libye, selon Ptolémée.

TRISIDIS, ville de l'Afrique, dans l'intérieur de la Mauritanie Tingitane, selon Ptolémée.

TRISIPENSIS, TRISIPELLENSIS ou TRISIPELLIS, siège épiscopal d'Afrique, dans la province proconsulaire, selon la conférence de Carthage.

TRISMACRIA, forteresse de la basse Mœsie, sur le bord du Danube, près du fort Centon, & vis-à-vis de celui de Daphné, selon Procope.

TRISMIS ou TROSMIS, ville de la basse Mœsie, près du Danube, selon Ptolémée.

Dans l'itinéraire d'Antonin, cette ville est nommée *Trosmis*, & marquée sur la route de *Viminacium* à Nicomédie, entre *Biroen* & *Arrubium*.

TRISPLÆ, peuple de la Thrace, selon Hécatée, cité par Etienne de Bysance.

TRISSUM, ville qui appartenoit aux Jazyges Métanastes, selon Ptolémée.

TRISTOLUS, ville de la Macédoine, dans la Sintique, selon Ptolémée.

TRISTÆ ou TRISTÉES, ville de la Phocide. Elle étoit, selon Hérodote, aux environs du *Cephissus*.

TRITÆA ou TRITÉES, ville de l'Achaïe, dans la partie méridionale, sur le fleuve *Melas*.

Il seroit bien difficile de dire au juste qui fut le fondateur de cette ville, puisque l'on n'avoit que des doutes à cet égard au temps de Pausanias. L'opinion la plus généralement reçue, c'est qu'elle devoit sa fondation à Ménalippus, fils de Tritia, prêtresse de Minerve, & devenue mère à la suite de ses amours avec le dieu mars. Quelques auteurs prétendoient que le fondateur de cette ville étoit Celbidas, qui étoit venu de Cyme dans la terre Opique, ou la Campanie.

Le principal temple de la ville étoit celui des grands dieux. Ce n'est pas ici qu'il convient de chercher à quelle divinité ils auroient dû attribuer cette magnifique épithète, ni même à quels êtres imaginaires ils l'attribuoient. Il suffira d'ajouter que leurs statues n'étoient que de terre, & que tous les ans on les honoroit par des fêtes qui ressembloient parfaitement aux cérémonies en usage dans celles de Bacchus. La statue de Minerve qui avoit

fait partie de cette belle suite, étoit si belle qu'elle avoit été transportée à Rome. Cette ville étoit une de celles qu'Auguste mit dans la dépendance de *Patrées* ( Patras ).

TRITE, ville qu'Etienne de Bysance indique dans le voisinage des colonnes d'Hercule.

TRITEA ou TRITEIA, ville de la Grèce, dans la Phocide, selon Pline. Etienne de Bysance l'indique aux confins de la Phocide & du pays des Locres Ozoles. C'est la même que TRITÆ.

TRITEA ou TRITIA, ville de l'Asie, dans la Troade. Elle avoit été bâtie par les Arisbæens, selon Etienne de Bysance.

TRITIUM METALLUM, ville de l'Hispanie citérieure, au nord-ouest de Numance.

Ptolémée indique cette ville chez les Béroniens, peuples qui dépendoient des Autrigons.

TRITIUM, petit lieu sur la mer des Cantabres, dans l'Hispanie citérieure, au pays des Caristes, au sud-est de Vesperies.

TRITIUM TUBORICUM, ville de l'Hispanie citérieure, chez les *Varduli*, selon Ptolémée.

TRITON, marais de l'Afrique propre, où le fleuve de même nom prend sa source, selon Callimaque, cité par Pline, *L. v*, ch. 4, où il dit que ce marais fut surnommé *Pallantias*.

Ce lac a vingt lieues de long de l'est à l'ouest, & environ six lieues de large, & il y a un grand nombre de petites îles.

Triton, étoit aussi l'un des noms du Nil.

TRITON, fleuve de l'Afrique propre. Il prend sa source dans le marais de même nom, & a son embouchure dans la mer Méditerranée, au golfe de la petite Syrte, selon Ptolémée. Hérodote fait aussi mention de ce fleuve.

TRITON, marais de l'Afrique, au pied du mont Atlas, près de la côte de l'Océan Atlantique, selon Diodore de Sicile. Cet auteur ajoute que ce marais fut desséché par un tremblement de terre.

TRITON, fleuve de l'île de Crète, selon Diodore de Sicile. Cet auteur ajoute que près de la source de ce fleuve, étoit un temple dédié à Minerve Tritogénie.

TRITON. Vibius Sequester donne ce nom à un marais de la Thrace.

TRITON, ville de l'Afrique, dans la Libye, selon le scholiaste d'Apollonius.

TRITON (r), marais de l'Afrique, dans la Cyrénaïque, près du promontoire *Pseudopenias*, & où la ville de Bérénice étoit bâtie, selon Strabon. Cet auteur dit que dans ce marais il y avoit une île sur laquelle étoit un temple dédié à Vénus.

TRITON, lieu de l'Asie mineure, sur le bord de la Propontide, selon Constantin Porphyrogénète.

---

(1) Je mets ici cet article, parce qu'il peut être arrivé que le marais dont parle Hérodote ne soit pas le même dont il est parlé par Strabon.

TRITON, ville de la Grèce, dans la Béotie, selon le fcholiafte d'Apollonius.

TRITON, torrent de la Grèce, dans la Béotie. Selon Paufanias, il paffoit près du village nommé Alalcomène.

TRITONIS LACUS (*lac des Marques*), grand lac d'Afrique, dans la Libye. Hérodote dit que le fleuve Triton fe jette dans ce lac, & que l'île de *Phla* y eft fituée. Je ferois fort porté à croire que c'eft le même que le lac précédent, dont le nom eft altéré.

Sur la carte de M. d'Anville on voit une petite chaîne de montagnes qui le fépare de la contrée appelée *Byzacium* : felon ce même auteur, ce lac s'étend du nord-eft au fud-oueft, & forme prefque deux lacs : la partie méridionale fe nomme *Libya Palus*, ou marais Libyen.

C'étoit autour de ce lac qu'habitoient les Machbyes & les Auféens.

Hérodote croyoit ce lac peu éloigné de la grande Syrte. Mais Strabon, mieux inftruit fur cette partie de l'Afrique, l'indique près de la petite Syrte ; & c'eft en effet près de ce côté que le docteur Schaw a trouvé le lac Faraoulh, appelé par lui *Low-El-Deah*. Ce qui fignifie lac des marques.

TRITONOS, nom d'une petite ville de la Macédoine, felon Etienne de Byfance.

TRITONOS, petite ville de la Doride. Elle fut prife par Philippe de Macédoine, felon Tite-Live.

TRITUM PROMONTORIUM ( *Sebba-Rous* ), promontoire d'Afrique, à l'entrée oueft du golfe de Numidie, felon Strabon. Pomponius Mela le nomme *Metagonium.*

TRITURITA, maifon de campagne en Italie, dans l'Etrurie, au fud de Pife, fur le bord de la mer, près d'un port fort fréquenté, & duquel la defcription fe voit dans l'itinéraire d'Antonin. Rutilius ( *Itiner. L. 1, p. 527* ) donne la defcription de cette maifon & du port qui en étoit proche.

*Indè Triturri tam petemus, fic villa vocatur,*
*Quæ latet expulfis infula pene fretis,*
*Namque manu junctis procedit in æquora faris,*
*Quique domum pofuit condidit ante folum,*
*Continuum ftupui portum, quem fama frequenta,*
*Pifarum Empori, divitifque maris.*

TRIVICUM ( *Trivico* ), petite ville d'Italie, fur les frontières des Hirpins & de l'Apulie. Elle étoit fur la voie Trajane, affez loin à l'eft du Bénevent. Ce lieu n'a prefque pas changé de nom : il eft bien peu de chofe, & fe trouve dans les montagnes.

TRIULLATI, peuple des Alpes maritimes, au midi, en tirant un peu vers l'orient, des *Gallitæ.*

Ils font nommés dans le trophée des Alpes.

M. d'Anville ne parle pas de ce peuple.

Le P. Papon le place entre le Vardon & le Var,

TRIUMPILINI ou TRIUMPHILINI, peuples de l'Italie, dans la Gaule Cifalpine. Ils faifoient partie des *Euganei*, & habitoient dans la vallée nommée *Trompla*, felon Pline. Cet auteur dit auffi que ce peuple étoit du nombre de ceux dont Augufte triompha.

TRIZI, peuples qui habitoient dans le voifinage du Danube, felon Hécatée, cité par Etienne de Byfance.

TROAS ( *la Troade* ), contrée de l'Afie mineure, qui commençoit au promontoire *Lectum*, & delà s'étendoit jufqu'à la Propontide. Elle avoit pris fon nom de la fameufe ville de Troye, fa capitale. Elle s'étendoit peu au fud.

Mais fi l'on entendoit par Troade toute l'étendue du pays qui fut foumife aux Troyens, c'eft-à-dire, prefque tout le royaume de Priam, il y faudroit comprendre prefque toute l'étendue que l'on nomme les deux Myfies & la petite Phrygie.

Mais, je le répète, la Troade propre ne prenoit que le pays qui eft entre la Dardanie au nord-eft, & le pays des Lelegès, au fud-eft, l'Helefpont & la mer Egée.

Ptolémée renferme la Troade dans la petite Phrygie.

Les principaux fleuves étoient le *Simois*, le Scamandre ou *Xantipus* & l'*Andrius*.

Les principales villes *Troja* ou *Illium Sigeum*, *Sminthime*, &c.

TROCHMI, nom de l'un des trois peuples Gaulois qui, felon Strabon, allèrent s'établir dans la partie de la Galatie qui regarde le Pont-Euxin, & celle qui touche à la Cappadoce.

Pline fait auffi mention de ces peuples. *Voyez* GALATIA & GALATÆ.

TROCHOS, village du Péloponèfe, fur le chemin d'Argos à Tégée, & près du fort Cenchrée, felon Paufanias.

C'eft-là que l'on voyoit la fépulture commune des Argiens qui défirent l'armée de Lacédémone auprès d'Hyfies, au temps que Pififtrate étoit archonte d'Athènes.

TROCMI ou TROCMENI, peuple Thrace, felon Etienne de Byfance.

TROCHOIDES LACUS ( ou *le lac Trochoïde* ) ; il étoit dans l'île de *Delos*, felon Athenagoras, cité par Ortélius.

Ce fut fur les bords de ce lac, que felon les mythologues, Latone accoucha d'Apollon & de Diane. On avoit conftruit tout auprès un temple à la première de ces divinités.

Callimaque, *Hymn. in Apoll. v. 59*, le nomme ρ μγὴς λίμην ; & *Hymn. in Del. v. 261*, il dit Τροχοεσσα. Mais ces noms, ainfi que celui de *Trochoïdes* que lui donne Hérodote, fignifient *rond.*

Quant au temple qui étoit près de ce lac, voici ce qu'en dit Callimaque, *v. 59.*

Apollon n'ayant encore que quatre ans, conftruifit près du lac Rond ( περιπγεος ἐγγυθι λίμνης ) un autel avec des bois de cerf entrelacés. On eut tant de respect pour cet autel, que, dans la suite du temps, on éleva un temple, dans lequel il se trouva renfermé. Plutarque avoit vu cet autel.

« En considérant, dit - il ( *de Solertia Anim.* ) le nid de l'Alcyon, il m'est souvent venu dans la pensée de dire & de chanter avec Homère. Tel est l'autel de bois de cerf que j'ai vu à Delos dans le temple d'Apollon, & qu'on met au rang des sept merveilles ». Il faut observer que Plutarque, en disant qu'il lui vint dans l'esprit de chanter avec Homère, cite réellement un vers de ce poëte ( *Odyss. L. VI , v.* 762 ), auquel il fait un léger changement. Le sens est : « Telle est cette plante » de palmier, que je vis à Delos, près de l'autel d'A- » pollon ».

Le temple d'Apollon étoit donc près du lac Trochoïde. On peut en donner encore la preuve suivante. Théognis ( *Theogn. sent. v.* 5, &c. ) dit : « lorsque la vénérable Latone, vous enfanta (Apollon) sur les bords du lac *Trocheis* , elle saisit avec ses mains un palmier ». Or, ce palmier étoit, selon Homère, près de l'autel d'Apollon, & selon la tradition des Déliens, ce dieu étoit né dans l'endroit même où l'on avoit bâti le temple. C'est ce qui fait dire à Cicéron ( *in Verrem*, L. I , § 17) *est, tanta, apud eos ( Delius) ejus fani religio, atque antiquitas, ut in eo loco ipsum Apollinem natum esse arbitrentur.*

On ne peut douter après cela que ce lac ne soit le même qu'indique M. Spon. ( *T. I , p. 106*), & c'est certainement bien à tort que M. de Tournefort ( *T. I , p. 290 & 291* ) reprend M. Spon; car il indique un marais qu'il avoit trouvé au nord de l'île ; mais il le falloit trouver auprès des ruines du temple pour établir l'identité.

TROESOS, village de l'Asie, dans la Carmanie, & sur le bord de la mer, selon Arrien.

TRŒZEN ou TREZEN (*Damala*), ville située vers l'extrémité du sud-est de la presqu'île de l'Argolide. Elle étoit à une petite distance de la mer, & à la jonction de deux petits fleuves, le *Chrysorrhoès* & l'*Hylycus*. Cette ville avoit pris son nom d'un héros, fils de Pélops, & frère de Pithée. Ce dernier y régna, & y fit admirer ses vertus & la douceur de son gouvernement. C'est de lui que Racine a fait dire à Hippolite, dans sa belle tragédie de Phèdre :

» Pithée, estimé sage entre tous les humains, » Daigna m'instruire encore au sortir de ses mains.

La vénération qu'avoit inspiré ce prince, subsistoit encore au temps de Pausanias. On y montroit comme un monument de la sagesse & de la bienfaisance de ce bon roi, trois sièges de marbre, sur lesquels, accompagné de deux assesseurs, il s'asseyoit pour rendre lui - même la justice à son peuple : un peu plus haut on voyoit un lieu où

il ne dédaignoit pas de donner des leçons dans l'art de parler & de discuter les affaires. S'il en faut croire Pausanias, ou si lui-même n'a pas été trompé par les gens du pays, il avoit vu un livre composé par Pithée.

Entre autres monumens que renfermoit Trézen, il ne faut pas omettre le tombeau de Pithée lui-même, dans un temple élevé à Diane *Conservatrice*, par Thésée, à son retour de Crète, en reconnoissance de ce qu'il avoit échappé à la fureur du Minautaure.

Un portique orné de statues représentant des femmes & des enfans. Ces statues rappeloient un événement honorable pour les Trézéniens, lorsque Xerxès étoit venu assiéger Athènes, & que les Athéniens, par le conseil de Thémistocle, s'étoient retirés sur leurs vaisseaux, leurs femmes & leurs enfans avoient été envoyés à Trézène, où ils avoient été bien reçus.

Je dois faire observer que les habitans d'Halycarnasse en Carie, regardoient Trézène comme leur métropole.

Malgré le témoignage de la fable, qui prétendoit qu'Hyppolite avoit péri par l'effet de la malédiction de son père, & traîné par ses chevaux, les Trézéniens le regardoient comme une divinité, & prétendoient qu'ayant été changé en constellation, c'étoit lui que l'on désignoit sous la figure du *Cocher*: ils lui avoient élevé un temple. Peut-être cette assertion n'étoit-elle que dans la bouche des prêtres, car les gens du pays montrèrent à Pausanias un olivier sauvage, sur le bord de la mer, du côté de Celenderis, autour duquel on assuroit que les chevaux d'Hippolite s'étoient embarassés.

Cette ville portoit aussi les noms de *Posidonia* & de *Saronia*; le premier, parce qu'elle étoit consacrée à Neptune, nommé en grec ποσειδῶν ; le second, sans doute, à cause du voisinage du marais *Saronique*, formé par les eaux de la mer.

Pausanias s'est étendu sur la description de cette ville, qui même est intéressante pour nous, à cause de l'histoire d'Hippolite. Je vais donner un peu de développement à ce qui a été plus haut.

Dans la place de Troezen, Ptolemée dit Trœzene, on voyoit, dit l'auteur grec, un temple & une statue de Diane conservatrice. Les Trœzéniens assuroient que ce temple avoit été consacré par Thésée, & que l'on avoit donné ce surnom à la déesse, lorsque ce héros se sauva si heureusement de Crète, après avoir tué Astérion, fils de Minos. Dans ce temple il y avoit des autels consacrés aux dieux infernaux. Ces autels cachoient, à ce qu'on disoit, deux ouvertures, par l'une desquelles Bacchus retira Sémélé des enfers ; & par l'autre, Hercule avoit forcé Cerbère de le suivre, & l'avoit emmené sur terre.

Derrière le temple étoit le tombeau de Pithée, sur lequel il y avoit trois sièges de marbre blanc, où l'on dit qu'il rendoit la justice avec deux hommes le mérite, qui l'affistoient dans cette auguste fonction.

Près de là on voyoit une chapelle confacrée aux Mufes; c'étoit un ouvrage d'Ardalus, fils de Vulcain, que les Trézéniens difoient avoir inventé la flûte : de fon nom on nommoit quelquefois les mufes *Ardalides*. Ils affuroient que Pitthée enfeignoit dans ce lieu l'art de bien parler, & l'on voyoit un livre compofé par ce premier roi. Au-delà de cette chapelle il y avoit un autel fort ancien : une vieille tradition portoit qu'il avoit été confacré par Ardalus. On y facrifioit aux mufes & au fommeil ; car de tous les dieux, difoient les Trézéniens, c'eft le fommeil qui eft le plus ami des mufes. Auprès du théâtre on voyoit un temple de Diane Lycea, bâti par Hippolite.

Paufanias préfumoit que ce furnom de Diane avoit fon origine de ce qu'Hippolite avoit purgé le pays des loups, dont il étoit infecté, ou bien de ce que ce héros defcendoit, par fa mère, d'une des amazones, lefquelles avoient dans leur pays un temple de Diane fous ce même nom.

Devant la porte de ce temple il y avoit une groffe pierre, appelée la *pierre facrée*, & fur laquelle on prétendoit qu'Orefte avoit été purifié du meurtre de fa mère par d'illuftres perfonnages de Tœzène, au nombre de neuf. Affez près de là on trouvoit plufieurs autels peu éloignés les uns des autres ; l'un confacré à Bacchus fauveur, en conféquence d'un certain oracle : un autre à Thémis, & que Pithée lui-même avoit confacré : un troifième avoit été confacré au Soleil libérateur, par les Trézéniens, lorfqu'ils fe virent délivrés de la crainte qu'ils avoient eue de tomber fous l'efclavage de Xerxès & des Perfes.

On voyoit auffi un temple d'Apollon Thearius, & qui paffoit pour avoir été rétabli & décoré par Pithée : c'étoit le plus ancien des temples que connût Paufanias. La ftatue que l'on y voyoit étoit un préfent d'Aulufcus, & l'ouvrage du ftatuaire Hermon, né dans le pays. On y voyoit encore les deux ftatues des Diofcures : elles étoient de bois, & auffi données par Aulufcus.

Dans la même place il y avoit un portique orné de plufieurs ftatues de femmes & d'enfans ; ces ftatues étoient de marbre. Elles rappeloient le fouvenir de ces femmes & ces enfans que les Athéniens avoient confiés à la fidélité & au courage des Trézéniens, lorfqu'ils prirent la réfolution d'abandonner Athènes, dans l'impoffibilité où ils fe trouvoient de la défendre contre les forces de terre & de mer de leurs ennemis. On n'érigea des ftatues qu'aux plus confidérables d'entre elles. Devant le temple d'Apollon on remarquoit un vieil édifice, appelé la *maifon d'Orefte*, & dans laquelle on croyoit qu'il avoit demeuré féparé des autres hommes, jufqu'à ce qu'il fût lavé de la tache qu'il avoit contractée en trempant fa main dans le fang de fa mère ; car on difoit que jufques-là aucun Trézénien n'avoit ofé le recevoir chez foi, de forte qu'il avoit été obligé de paffer quelque temps dans cette folitude ; où l'on prenoit foin de le punir & de le purifier, jufqu'à ce fon crime fût entièrement expié. Au temps de Paufanias, les defcendans de ceux qui avoient été chargés de cette purification, fe réuniffoient à certains jours de fête pour manger enfemble dans cette maifon.

On difoit qu'auprès de cette maifon, dans le lieu où l'on avoit enterré les chofes qui avoient fervi à cette purification, un laurier étoit forti de terre, & qu'il s'étoit toujours confervé depuis. Ceci rappelle le laurier du tombeau de Virgile, que les *Ciceroni* Napolitains montrent perfévéramment aux voyageurs, & qui s'y trouve réellement toutes les fois qu'on l'y a placé.

Les Trœzéniens avoient auffi une fontaine Hyppocrène, au fujet de laquelle ils avoient une tradition différente de celle des Béotiens ; car quoiqu'ils rapportaffent comme eux que Pégafe ayant frappé du pied contre terre, il en fortit une fontaine, ils difoient de plus, que Bellerophon étoit venu à Trœzène pour demander à Pithée fa fille Ethra en mariage ; & qu'avant d'avoir pu l'époufer, il fut banni de Corinthe.

On voyoit auffi dans le même lieu une ftatue de Mercure Polygius, devant laquelle ils affuroient qu'Hercule avoit confacré fa maffue, faite de bois d'olivier. Quant à ce qu'ils ajoutoient, dit Paufanias, que cette maffue avoit pris racine & pouffé des branches, c'eft une merveille que le lecteur auroit peine à croire. Nous conviendrons, nous, que l'on offroit affez d'autres objets à la foi des voyageurs, pour efpérer qu'ils ne rejetteroient pas cette petite fable, après en avoir adopté tant d'autres. Il me femble que l'on auroit pu dire de Trœzène, ce que Racine dit des temps où vivoient Athalie & Jofas :

Et quel *lieu* fut jamais plus fertile en miracles ?

On voyoit auffi à Troezène un temple de Jupiter *Soter* ou Sauveur, bâti, à ce que l'on difoit, par Aëtius, lorfqu'il avoit pris poffeffion du royaume, après la mort de fon père Antha.

Les Trœzéniens donnoient encore pour une merveille, leur fleuve Chryforrhoès, qui, pendant une féchereffe de neuf années qu'il ne tomba pas une goutte de pluie, & que tous les autres fleuves tarirent, fut le feul qui conferva fes eaux, & coula comme à l'ordinaire.

Ils avoient un fort beau bois confacré à Hippolite, avec un temple où l'on voyoit une ftatue d'un goût très-ancien. Ils croyoient que ce temple avoit été bâti par Diomède, qui, le premier, avoit rendu des honneurs divins à Hippolite ; ils honoroient donc Hippolite comme un dieu. Le prêtre chargé de fon culte étoit perpétuel, & la fête du dieu fe célébroit tous les ans ; entre autres cérémonies, les jeunes filles coupoient leur chevelure & les lui confacroient dans fon temple. Au refte, ils ne convenoient pas qu'Hippolite fût mort emporté & traîné par ſes chevaux; mais ils vouloient perſuader que les dieux l'avoient placé dans le ciel au nombre des conſtellations, & que c'étoit celle que l'on nommoit le *cocher*, ou le conducteur du char.

Dans le même bois il y avoit un temple d'Apollon *Epibaterius*, & qui, ſous ce nom, avoit été dédié à Diomède, après s'être ſauvé de la tempête qui accueillit les Grecs lorſqu'ils revenoient du ſiège de Troye. Ils diſoient même que Diomède avoit inſtitué le premier les jeux pythiques en l'honneur d'Apollon. Ils rendoient un culte à Auxéſia & à Lamia, auſſi-bien que les Epidauriens & les Eginètes; mais ils racontoient différemment l'hiſtoire de ces divinités. Selon eux, c'étoient deux jeunes filles qui vinrent de Crète à Trœzène dans le temps que cette ville étoit diviſée entre deux partis contraires. Elles furent les victimes de la ſédition, & le peuple, qui ne reſpectoit rien, les aſſomma dans ſa fureur à coups de pierres. C'eſt pourquoi on célébroit tous les ans une fête que l'on appeloit *la Lapidation*.

De l'autre côté étoit un ſtade nommé le *ſtade d'Hippolite*; & un peu plus loin il y avoit un temple de Vénus, ſurnommé la *Regardante*, parce que c'étoit de-là que Phèdre, épriſe d'amour pour Hippolite, le regardoit toutes les fois qu'il venoit s'exercer dans la carrière; & c'eſt auſſi là que l'on voyoit un myrthe qui avoit les feuilles toutes criblées; car la malheureuſe Phèdre, poſſédée par ſa paſſion, & ne trouvant aucun ſoulagement, trompoit ſon ennui en s'amuſant à percer les feuilles de ce myrthe avec ſon aiguille à cheveux.

Cette princeſſe malheureuſe avoit là ſon tombeau. Un peu plus loin étoit celui d'Hippolite; mais celui de Phèdre étoit plus près du myrthe. On y remarquoit auſſi la ſtatue d'Eſculape, faite par Timothée, & l'on croyoit à Trœzène que c'étoit la ſtatue d'Hippolite. Comme parmi toutes ces choſes, quelque crédule que ſoit Pauſanias, il ſent bien que beaucoup paroîtront un peu apocryphes; il croit devoir inſiſter ſur quelques-unes particulièrement. C'eſt ainſi qu'après avoir parlé de ce myrthe dont les feuilles étoient percées, &c., il dit: « Quant à la maiſon où Hippolite demeuroit, » je l'ai vue: il y avoit en face de la porte une » fontaine qui portoit le nom de *fontaine d'Hercule*, » parce que l'on diſoit qu'elle avoit été découverte par » ce héros ».

Dans la citadelle de Trœzène on voyoit un temple de Minerve Sthéniade, où la déeſſe étoit repréſentée en bois; c'étoit un ouvrage de Callon, ſtatuaire de l'île d'Egine.

En deſcendant de la citadelle on trouvoit une chapelle dédiée à Pan le libérateur, en mémoire du bienfait que les Trœzéniens avoient reçu de lui, lorſque, par des ſonges favorables, il indiqua aux Trœzéniens les moyens de remédier à la

famine qui affligeoit le pays & encore plus l'Attique.

En allant vers la plaine, on voyoit ſur le chemin un temple d'Iſis ( ce qui prouve l'exiſtence de quelque ancienne colonie d'Egyptiens), & au-delà, un temple de Vénus Acréa.

Le premier avoit été bâti par les habitans d'Halycarnaſſe, ſelon Pauſanias, ou du moins ſelon les gens du pays; mais, encore une fois, je crois plutôt qu'ainſi que Cécrops s'étoit établi à Athènes, après y être paſſé d'Egypte ou de la côte de Phénicie, de même ſur la côte de Trœzène, il s'étoit d'abord établi quelques Egyptiens ou Phéniciens; car pourquoi les Grecs d'Halycarnaſſe auroient-ils bâti un temple d'Iſis à Trœzène, parce qu'ils la regardoient comme leur métropole. La ſtatue de la déeſſe avoit été faite aux frais du peuple de Trœzène.

Dans les montagnes, du coté d'Hermioné, on rencontroit, premièrement, la ſource du fleuve *Hylicus*, qui s'étoit autrefois appelé *Taurius*, de plus, une roche qui avoit pris le nom de *roche de Théſée*, depuis que ce héros, tout jeune encore, la déplaça pour prendre la chauſſure & l'épée de ſon père, qu'il avoit cachées deſſous; & auparavant elle ſe nommoit l'autel de Jupiter Sthenelus.

Près de-là on montroit la chapelle de Vénus ſurnommée Nymphe, bâtie par Théſée, lorſqu'il épouſa Hélène. Hors des murs de la ville il y avoit un temple de Neptune Phytalmius, ſurnommé ce dieu, parce que dans ſa colère, il avoit inondé tout le pays des eaux ſalées de la mer: tous les fruits alors ſur terre avoient péri, & ce fléau n'avoit ceſſé qu'après que l'on eut appaiſé ce dieu par des vœux & des ſacrifices.

Au-delà le temple de Cérès légiſlatrice, conſacré, diſoit-on, par Althippus.

En allant au port ſitué du côté de Célenderès, on voyoit un lieu appelé le berceau de Théſée, parce que c'étoit-là que Théſée étoit né: vis-à-vis on avoit bâti un temple au dieu Mars, dans le lieu même où Théſée défit les Amazones. C'étoit apparemment un reſte de celles qui avoient combattu dans l'Attique contre les Athéniens, commandés par ce héros.

En avançant vers la mer Pſéphée on trouvoit un olivier ſauvage nommé le *Rhachos*, c'eſt-à-dire, le tortu; on le nommoit ainſi, parce que c'étoit autour de cet arbre que les rênes des chevaux d'Hippolite s'étoient embarraſſés, accident qui avoit fait renverſer ſon char.

Deux petites îles dépendoient de Trœzène; ſavoir, l'île de Sphérie, ou l'île Ronde, & l'île de Calaurie.

Une bonne partie du pays de Trœzène étoit, à proprement parler, une iſthme qui s'avance conſidérablement dans la mer; ce territoire s'étendoit juſqu'à Hermione, à l'oueſt.

Le port des Trœzéniens étoit au nord de leur ville, & ſe nommoit *Pogonis portus*.

Ce n'étoit pas faute de soins si les Trœzéniens ne parvenoient pas à donner une grande idée d'eux. Leur premier roi portoit le nom d'Orus. Ils se disoient originaires du pays ; mais Pausanias lui-même sent bien que ce nom étoit égyptien, & non pas grec. Ce fut d'après ce roi que le pays fut d'abord appelé l'*Orea*. Athépus, fils de Neptune & de Leïs, fille d'Orus, ayant succédé à son aïeul, toute la contrée prit le nom d'*Althépie*.

Ce fut sous le règne de ce prince que Bacchus & Minerve disputèrent à qui auroit le pays sous sa protection. Jupiter les mit d'accord, en partageant entre eux cet honneur ; c'est pour cela que les Trœzéniens honoroient Minerve sous les deux noms de Poliades & de Sthéniade ; & Neptune sous le titre de Bazileus ou de roi. L'ancienne monnoie du pays portoit, d'un côté, un trident ; & de l'autre, une tête de Minerve. Il est probable que l'intention de ceux qui l'avoient fait frapper avoit été de réunir les idées des conseils de la sagesse, avec celles de la navigation, parce que Trézène étoit une petite puissance maritime : on avoit ensuite imaginé la petite fable.

Saron succéda à Althépus ; ce prince bâtit un temple en l'honneur de Minerve Saronides, dans le lieu où les eaux de la mer forment un marécage, que l'on appeloit quelquefois le marais Phébéen.

On ne connoissoit pas la suite des rois depuis Saron jusqu'à Hypérétès & à Antha, fils de Neptune & d'Alcyone, fille d'Atlas : ce furent eux qui bâtirent dans le pays Hipérée & Anthée.

Aëtius, fils d'Antha, ayant succédé à son père & à son oncle, changea le nom d'une de ces villes, & voulut qu'on l'appelât *Posidonia*, ou ville de Neptune ; mais Trœzen & Pithée étant venus s'établir dans ce pays, on ne sait trop par quel événement il y eut à la fois trois rois ; mais bientôt les deux fils de Pélops devinrent les plus puissans ; ce qui le prouve, c'est que Pythée, après la mort de Trœzen, joignant ensemble Hypéride & Anthée, de ces deux villes il n'en fit qu'une seule, qu'il nomma Trœzene, d'après le nom de son frère.

Plusieurs années après, les descendans d'Aetius, fils d'Antha, ayant eu ordre de conduire des colonies en divers lieux, allèrent fonder Mycales & Halycarnasse dans la Carie.

Quant aux fils de Trœzen, Amphlystus & Sphettus, ils se transplantèrent en Attique, où ils donnèrent leur nom à deux bourgades.

Après le retour des Héraclides dans le Péloponnèse, les Trœzéniens reçurent les Doriens dans Trœzène, c'est-à-dire, ceux des Argiens qui voulurent y demeurer. Ils se souvenoient même, au temps de Pausanias, qu'ils avoient été soumis à la domination d'Argos ; car Homère, dans son catalogue, dit qu'ils obéissoient à Diomède : or, Diomède Euryalus, fils de Mécistée, après avoir

*Géographie ancienne. Tome III.*

pris la tutèle de Cyanippe, fille d'Egiclée, conduisirent les Argiens à Troye. Quant à Sthéhélus, il étoit d'une naissance beaucoup plus illustre, de la race de ceux que l'on nommoit Anaxagorides ; c'est pourquoi il étoit resté maître de tout le royaume d'Argos. Voilà à-peu-près tout ce que l'on sait du petit & intéressant pays de Trœzène. Il me semble qu'actuellement on ne voit pas de restes de Trœzen ; un lieu peu considérable l'a remplacée sous le nom de Damala.

TRŒZEN, ville du Péloponnèse, dans l'intérieur de la Messénie, selon Ptolemée, qui l'indique dans les terres.

TRŒZENE, ville de l'Asie mineure, dans la Carie. Selon Strabon, elle avoit pris ce nom des Trœzéniens, qui autrefois habitèrent dans la Carie.

Pline fait aussi mention de cette ville.

TROFINIANENSIS ou TROFIMIANENSIS, siège épiscopal d'Afrique, dans la Bysacène, selon la notice épiscopale d'Afrique & la conférence de Carthage.

TROGILIA MICALES ou TROGILION, lieu ou plutôt promontoire dont il est parlé dans Etienne de Byzance.

Ortélius croit que ce lieu est le même que le promontoire de Mycale, indiqué par Hérodote, *L. v, c. 2*, & en même temps que *Trugilium* de Ptolemée, entre Ephèse & l'embouchure du Méandre.

Aussi M. d'Anville a-t-il indiqué ce promontoire à l'extrémité sud-est de la petite chaîne qui forme le mont Mycale, en face de Samos.

TROGILIUM, promontoire de l'Asie mineure, dans l'Ionie, au ouest-sud-ouest du mont Mycale, & au sud-sud-est du promontoire *Posidium*. Le même que le précédent.

TROGILORUM PORTUS, port de la Sicile, près de la ville de Syracuse, selon Tite-Live.

TROGILUS, contrée de la Macédoine, selon Etienne de Byzance.

TROGITIS, marais de la Lycaonie, au voisinage de la ville *Iconium*, selon Strabon.

TROGLODYTÆ ( *les Troglodites* ), peuples qui faisoient leur demeure dans des cavernes ; & comme ce nom est évidemment formé des deux mots grecs Τρώγλη, *caverna*, une caverne, & δύω ou δύμι, *subeo*, se placer dessous, ou dans l'intérieur de quelque chose : on voit que c'est plutôt une espèce d'épithète que le nom propre d'une nation. Ces peuples, ce me semble, devoient avoir, dans leur langue, encore un autre nom. C'est comme les *Pitti* de la Grande-Bretagne, dont le nom propre devoit être *Caledoni* ou *Caledones*.

C'est cette raison qui fait que l'on trouve des Troglodytes en Egypte, sur le golfe Arabique, dans la Palestine, dans l'Ammoniaque, canton de la Marmarique, dans l'Orient & dans la Scythie. On peut ajouter à ceux-ci, indiqués par les

Ccc

Anciens, ceux dont M. Hoüel nous a fait connoître les demeures, & dont j'ai parlé d'après lui dans l'article SICILIA.

Avec la même espèce de demeures, ils devoient avoir à-peu-près les mêmes habitudes, les mêmes besoins; à moins que les uns ne se fussent retirés dans les cavernes par simplicité de mœurs, & les autres par la crainte de leurs voisins. Ceux qui habitoient le long du golfe Arabique, ou mer Rouge, sont les plus connus; & c'est sur-tout de ceux-là que nous ont parlé les anciens, qui, au reste, ne conviennent pas des bornes de leur pays. Avant d'exposer ce qu'en dit M. Bruce, qui a vu par lui-même ce pays des Troglodytes, je vais rapporter ce que l'on en trouve dans les auteurs grecs & latins. Strabon en parle (*L. XVI*), & l'on peut conclure de ce qu'il dit, que plusieurs petites nations sont connues sous le nom de *Troglodytes*.

Il commence la Troglodytique dans la partie la plus avancée du golfe Arabique. Ptolémée (*L. IV, c. 8*), appelle Troglodyque tout le rivage qui borde les golfes Arabique & Avalique.

Pline (*L. VI, c. 29*), paroît avoir été du même sentiment; car il dit que Ptolemée Philadelphe, qui le premier subjuga la Troglodytique, y bâtit la ville d'Arsinoé, qu'il appela ainsi du nom de sa sœur, & donna le nom de Ptolemée au fleuve qui arrose cette ville; ce que Pline n'auroit pas dit, s'il n'avoit pas cru qu'Arsinoë, placée au fond du golfe, appartenoit à la Troglodytique.

Cependant, entre les anciens, il y en a qui reculent les Troglodytes au-delà du tropique du cancer, & qui les mettent au nombre des peuples Amphisciens, ou qui ont leurs ombres tantôt d'un côté, tantôt de l'autre; car, selon Pline (*L. II, c. 74*), Eratosthène dit que dans toute la Troglodytique, les peuples ont trois mois de l'année leur ombre contraire à ce qu'ils ont coutume de l'avoir dans le reste du temps; ce qui devoit en effet arriver, s'ils étoient placés un peu au-delà du tropique. Une ancienne carte, dressée d'après les latitudes & les longitudes de Ptolemée, étend la Troglodytique depuis le tropique jusqu'au golfe Avalite & au-delà.

Pour accorder ces auteurs, il faut convenir que dans un sens étendu, le pays des Troglodytes comprenoit toute la côte occidentale du golfe Arabique; & que, dans un sens plus rigoureusement précis, il ne comprenoit que la partie de cette même côte qui s'étend depuis la ville de Bérénice, que Pline (*L. II, 73*), appelle ville des Troglodytes, ou depuis le tropique jusqu'au golfe Avalite.

L'écriture sainte ne parle des Troglodytes qu'au second livre des Paralypomènes (*c. 12, v. 3*). *Lybies & Troglodytæ & Æthiopes*; & selon l'hébreu, les *Lubims*, les *Suchims* & les *Chushims*. La plupart des interprètes, dit dom Calmet, sont persuadés que par, *Suchim* il faut entendre les Troglodytes.

On peut voir à ce sujet Bochart (*L. IV, c. 29, Phaleg*). Il y montre qu'en hébreu *sucha* signifie un antre, une caverne, & que Pline place la ville de *Sucha* sur le bord de la mer Rouge, dans le pays des Troglodytes.

Grotius, & quelques autres savans, pensent que par le nom des *Suchim*, dont parlent les Paralypomènes, & qui étoient dans l'armée de Sésac, roi d'Egypte, on doit entendre des peuples qui demeurent sous des tentes, comme les Arabes Séenites. Il y avoit beaucoup de ces Arabes dans l'Arabie pétrée, & aux environs de l'Egypte. Ils ne prenoient pas la peine de cultiver les terres, ni de bâtir des maisons.

Les Troglodytes, selon Strabon (*L. XVI*), s'appliquèrent à élever du bétail. Ils avoient plusieurs tyrans parmi eux: leurs femmes & leurs enfans étoient en commun, si ce n'est les femmes des tyrans; & celui qui en corrompoit une, étoit à l'amende d'une brebis. Les Troglodytes combattoient souvent pour les pâturages. Ils commençoient d'abord le combat avec les mains; ils en venoient ensuite aux pierres. Lorsqu'il y avoit quelqu'un de blessé, ils avoient recours aux flèches & aux épées. Les femmes alors s'avançoient au milieu d'eux, &, par leurs prières, les engageoient à faire la paix. Ils se nourrissoient de chair, qu'ils piloient avec les os, enveloppant le tout dans une peau, & le faisant rôtir.

Ils vivoient aussi de sang & de lait mêlé ensemble. Pline dit qu'ils se nourrissoient aussi de serpens; qu'ils alloient tout nuds, portant seulement une peau qui leur couvroit le milieu du corps, & qu'ils pratiquoient la circoncision comme les Egyptiens. Quelques-uns d'entre eux enterroient leurs morts, & les ensevelissoient d'une manière assez particulière. Ils lioient la tête du cadavre avec ses pieds, & joyeux & rians le portoient, ainsi ramassé, sur quelques collines, où chacun lui jettoit des pierres jusqu'à ce qu'ils l'eussent absolument couvert. On mettoit simplement une corne de chèvre sur cette espèce de tertre, & l'on s'éloignoit.

Quand ils étoient en marche la nuit, ils attachoient des sonnettes au cou de leurs animaux mâles, afin d'épouvanter par ce bruit les animaux carnaciers; & quand ils s'arrêtoient, ils allumoient de grands feux autour d'eux & de leurs troupeaux. Cet expédient, indiqué par la nécessité & par la nature, se pratique encore par tous les voyageurs exposés aux mêmes périls: seulement les Troglodytes faisoient quelque chose de plus, & que l'on a négligé, parce que cela n'a pas paru indispensable; ils chantoient des chansons à la mode de leur pays.

Le peu que je viens de dire des Troglodytes d'après les anciens, démontre assez qu'ils n'avoient pas sur ce peuple des idées bien précises. Il en eſt de même de preſque tous les points d'antiquité: on voit même que les plus inſtruits d'entre eux n'avoient pas, dans leurs recherches, cet eſprit d'analyſe que nous portons dans les nôtres; & de plus, ils avoient négligé l'étude des langues étrangères. Je crois donc que l'on trouvera très-bien placées ici les opinions de M. Bruce ſur les peuples qui, en général, peuplèrent la partie de l'Afrique qui m'occupe actuellement. Il eût pu n'en pas charger ſon voyage d'Abyſſinie, dont les deux tiers ſont ſuperflus; mais puiſqu'il en a pris la peine, & que ce morceau eſt d'autant plus intéreſſant, qu'il eſt compoſé par un homme qui a une connoiſſance profonde de l'antiquité, jointe à celle du local actuel, on doit le voir ici avec d'autant plus de plaiſir, qu'il y eſt à ſa véritable place. *Voyez le premier volume du Voyage aux ſources du Nil, in-4°. page 418.*

Plus on remonte dans l'hiſtoire des nations orientales, plus on a lieu d'être étonné au récit de leurs immenſes richeſſes & de leurs magnificences. Les perſonnes qui liſent l'hiſtoire de l'Egypte, ſont comme les voyageurs qui en parcourent les villes antiques & déſertes, où tout eſt palais ou temples, & dans leſquelles il ne reſte pas la trace d'une demeure ordinaire. Ainſi tous les anciens écrivains qui parlent de ces villes, aujourd'hui renverſées & écroulées, ne font nous ſeulement de leur puiſſance, de leur ſplendeur, de leur opulence & du luxe qui en étoit la ſuite ordinaire, ſans nous laiſſer un fil au moyen duquel nous puiſſions remonter à la ſource d'où découloient ces étonnantes richeſſes, ſans nous mettre ſeulement à portée d'arriver à une époque où les Egyptiens étoient foibles & pauvres, ou du moins dans un état de médiocrité, tel qu'a été pendant long-temps celui de toutes les nations de l'Europe.

L'Ecriture ſainte, la plus ancienne & la plus croyable de toutes les hiſtoires, repréſente la Paleſtine, dont elle traite préciſément, non-ſeulement comme remplie, dans les premiers âges du monde, de nations puiſſantes & policées, mais auſſi comme poſſédant de l'or & de l'argent (*Exod. L. XXXVIII, c. 32* ), en bien plus grande proportion que l'on n'en pourroit trouver de nos jours dans aucun état de l'Europe, quoique l'Europe ſoit maîtreſſe des contrées ſi riches de ce nouveau monde, qui fournit abondamment de l'argent & de l'or à l'ancien. Cependant la Paleſtine réduite aux productions de ſon ſol & à ſes propres reſſources, n'eſt qu'une contrée fort pauvre, & elle auroit toujours été de même, ſans quelques liaiſons extraordinaires avec d'autres pays. Il n'y a jamais eu dans ſon territoire de mines d'or ni d'argent; & quoiqu'à certaines époques, il paroiſſe que la population en ait été diminuée, les récoltes n'y ont jamais ſuffi pour en nourrir les habitans, quelque peu nombreux qu'ils fuſſent.

Monteſquieu, en parlant des tréſors de Sémiramis, penſe que les richeſſes de l'empire étoient le fruit du pillage exercé ſur quelque nation ancienne & opulente que cette reine avoit vaincue, & que les Aſſyriens détruiſirent, comme ils furent détruits à leur tour, par un ennemi plus pauvre & plus vaillant qu'eux. Cependant, quelque vrai que pût être ce fait, il ne réſoudroit pas certainement la difficulté: elle ſe renouvelleroit relativement à l'opulence de cette autre nation ſubjuguée par les Aſſyriens, & à laquelle ceux-ci durent leur ſplendeur. Je crois qu'il y a peu d'exemples qu'un grand royaume ſe ſoit enrichi par la guerre. Alexandre conquit preſque toute l'Aſie connue alors, une partie de l'Afrique, & beaucoup de pays en Europe. Il enleva les tréſors des ſucceſſeurs de Sémiramis & de tous les rois qu'elle avoit rendu tributaires. Il pénétra dans les Indes, bien plus avant que Sémiramis elle-même n'avoit pénétré, quoique ſon empire s'étendît juſqu'aux rives de l'*Indus*. Malgré cela, la Macédoine, ni aucune des provinces de la Grèce, ne purent jamais être comparées pour l'opulence aux petits diſtricts de Tyr & de Sidon.

La guerre diſſipe les richeſſes dans le moment même qu'elle les acquiert; mais le commerce bien entendu, ſoutenu avec conſtance & avec droiture, exercé avec exactitude & économie, eſt le ſeul moyen qui puiſſe toujours enrichir un grand état; & cent mains occupées à manier la navette de tiſſerand, ſeront d'un plus grand avantage pour leur pays, que ſix mille autres qui ne ſauront que porter la lance & le bouclier. Nous n'avons pas beſoin d'aller chercher bien loin pour donner une preuve de cette vérité.

Les ſujets de Sémiramis & les peuples qui vivoient dans ſon voiſinage, faiſoient venir par terre les épiceries dans le royaume d'Aſſyrie. Les Iſraélites & les Madianites partoient de l'Ethiopie, & paſſoient directement de la Paleſtine dans les états de cette reine; & ce fut pendant quelque temps la ſeule route que ſuivit le commerce des Indes. Mais en exécutant le projet inſenſé d'envoyer une armée dans l'Inde pour s'enrichir tout d'un coup, Sémiramis fit ceſſer le commerce & ruina ſon empire, qui fut bientôt après anéanti.

Quiconque parcourt l'hiſtoire des plus anciennes nations, voit que les richeſſes & le pouvoir ont pris naiſſance dans l'orient; que de-là elles ont fait des progrès inſenſibles vers l'occident, en s'étendant tout à la fois au ſeptentrion & au midi: on verra en même temps que les richeſſes & la population des peuples ont toujours diminué en raiſon de l'abandon du commerce. Ces obſervations doivent rappeler à tous les eſprits judicieux une vérité conſtamment prouvée dans l'arrangement de tout ce qui compoſe l'univers: c'eſt que Dieu ſe ſert des moindres cauſes & des plus petits moyens pour opérer les plus grands effets. Dans ſes mains, un grain de poivre eſt le fondement du pouvoir, de la gloire & de l'opulence de l'Inde. Il fait naître un gland, & par le moyen du chêne qui en provient, les richeſſes

& le pouvoir de l'Inde font bientôt communiquées à des nations qu'un efpace immenfe de mer fépare d'elle.

Mais revenons à l'Egypte. Quelque temps avant l'époque dont nous venons de parler, Séfoftris paffa, avec une flotte compofée de grands vaiffeaux, du golfe d'Arabie dans l'Océan Indien, & ouvrit à l'Egypte le commerce de l'Inde par mer. Je ne veux point croire tout ce qu'on raconte de la quantité de vaiffeaux & de la navigation des anciens, ou du moins rien n'offre des difficultés & des contradictions : d'ailleurs je n'ai befoin que de parler de fon expédition, & non du nombre de fes vaiffeaux. Il paroît que ce prince renouvella plutôt qu'il ne découvrit cette manière de faire le commerce des Indes orientales ; commerce qui, interrompu de temps en temps, peut-être même oublié par les fouverains qui fe difputoient l'empire du continent d'Afie, n'étoit pourtant jamais abandonné par les peuples eux-mêmes. Ils continuoient à partir des ports de l'Inde & de l'Afrique, & du port d'Edom fur la mer Rouge.

Les pilotes de ces ports étoient feuls inftruits d'un fecret, ignoré du refte des navigateurs, & dont dépendoit le fuccès du voyage. C'étoit le phénomène des vents alifés & des mouffons. Les pilotes de Séfoftris en avoient auffi la connoiffance, & Néarque femble en avoir en quelque idée dans le voyage qu'il fit long-temps après Séfoftris, & dont nous allons bientôt parler.

L'hiftoire rapporte que les Egyptiens regardoient Séfoftris comme leur plus grand bienfaiteur, pour leur avoir ouvert le commerce de l'Arabie & des Indes, pour avoir renverfé l'empire des rois pafteurs, & enfin pour avoir rendu à chaque Egyptien les terres qui leur avoient été ravies par la violence des pafteurs Ethiopiens lors de l'invafion de ces princes en Egypte.

On dit qu'en mémoire de ces événemens, Séfoftris fit bâtir un vaiffeau de cèdre de cent vingt verges de long, dont le dehors étoit tout couvert de lames d'or, & le dedans de plaques d'argent, & qu'il confacra ce magnifique ouvrage dans le temple d'Ifis. Je ne veux point entreprendre de défendre ce fait, ni prouver que Séfoftris eut raifon de conftruire un vaiffeau de cette grandeur, lorfqu'un beaucoup moindre auroit fuffi pour l'objet auquel on le deftinoit. Ce vaiffeau n'étoit vraifemblablement qu'un monument hiéroglyphique des actions de ce prince, auquel l'Egypte devoit le commerce de l'or & de l'argent des mines d'Ethiopie, & l'ufage de naviguer fur l'Océan dans des vaiffeaux conftruits avec du bois : il montroit par-là que c'étoient les feuls que l'on dût employer à cette navigation. Avant le règne de Séfoftris les vaiffeaux Egyptiens étoient faits avec cette efpèce de rofeau que l'on nomme papyrus, & recouverts de peaux d'animaux ou de cuir ; conftruction avec laquelle on n'ofoit fe hafarder fur l'Océan.

Les hommes qui réfléchiffent, voient, par les changemens que fit Séfoftris, de quels avantages les Egyptiens lui furent redevables. Quand nous nous faifons à l'efprit un tableau de tous ces avantages, ce qui eft très-aifé à tous ceux qui ont voyagé en Egypte & en Arabie, où l'efprit des peuples a peu changé jufqu'à ce jour, on trouve bientôt la folution d'un grand problème ; c'eft que c'étoit le commerce qui, par degrés, pofa les fondemens de la grandeur immenfe de l'Orient ; qui polit les peuples ; qui les revêtit d'étoffes d'or & de foie, & qui porta les arts & les fciences parmi eux à un point de perfection qu'on n'a point encore furpaffé ; & cela, avant que les nations de l'Europe euffent d'autres habitations que leurs forêts natales, d'autres vêtemens que des peaux de bêtes fauvages ou domeftiques, & d'autre gouvernement que l'empire accordé par la nature au plus fort.

Cherchons à préfent quels furent les rapports que Séfoftris établit entre l'Egypte & les Indes ; quel fut ce commerce de l'Ethiopie & de l'Arabie par lequel il enrichit l'Egypte, & quelles relations la péninfule des Indes avoit avec ces autres contrées. Rappelons auffi ces rois qui exercèrent en même temps deux métiers fi oppofés, celui de conquérant & celui de pafteur ; & voyons ce qu'étoient ces pafteurs, affez voifins de l'Egypte, & affez puiffans pour ravir les terres de quatre millions d'habitans.

Je prie le lecteur de rapprocher ce qui va fuivre fur ces anciens peuples pafteurs, de ce que j'ai dit du peuple, regardé comme étant le même, d'après M. l'abbé Mignot & d'autres favans. Cet article fe trouve au mot PHŒNICES.

*Des pafteurs qui s'emparèrent de l'Egypte* (1).

Pour bien entendre ce que M. Bruce fe propofe d'expofer fur les peuples pafteurs qui s'emparèrent de l'Egypte, il faut, felon lui, entrer dans quelques détails préliminaires. Ces détails jettent un grand jour fur l'hiftoire ancienne de cette partie du monde, & même fur celle de tout l'ancien continent. Ce n'eft qu'à l'aide de ces recherches que l'on peut en avoir une idée précife, auffi-bien que des différentes nations qui habitent la péninfule de l'Inde. On voit que l'unique fource des richeffes de l'Orient étoit le commerce très-ancien, mais très-bien établi entre l'Inde & l'Afrique. Ce qui rend ces chofes plus faciles à expliquer, pour un homme qui a été fur les lieux, c'eft que les travaux & les occupations de ces peuples étoient, dès les premiers âges, ce qu'ils font encore aujourd'hui. Les peuples eux-mêmes ont été, à la vérité, un peu altérés par les colonies étrangè-

_____

(1) Cet article, dans la Vocabulaire général, doit être rapproché de ce que j'ai dit des pafteurs à l'article PHŒNICES, & a auffi rapport à l'article ÆTHIOPES.

les, qu'on a introduites parmi eux ; mais leurs mœurs, leurs usages sont les mêmes qu'ils étoient dans l'origine. Mais il ne faut rapporter ici que ce qui a rapport à leur ancienne histoire.

La Providence a placé les habitans de la péninsule de l'Inde dans un climat qui a de grands inconvéniens. La partie où l'air est pur & salubre est couverte de montagnes stériles & escarpées, & en certains temps de l'année, il y tombe des torrens de pluie qui viennent inonder les plaines fertiles qui sont au-dessous. A peine les pluies ont-elles cessé, qu'un soleil brûlant leur succède, & ses effets sont tels que les hommes de ces contrées en deviennent foibles, énervés, & incapables des travaux qu'exige l'agriculture. Ces plaines unies, sont traversées par de grands fleuves & des rivières qui, n'ayant que peu de pente, coulent lentement dans les prairies, dont le sol est gras & noir, y laissent des eaux stagnantes en beaucoup d'endroits, charrient considérablement de débris d'arbres & de plantes, & remplissent l'air d'exhalaisons putrides. Le riz même, la nourriture ordinaire des habitans de ces contrées, leur aliment le plus sûr & le plus chéri, ne peut croître que lorsqu'on a inondé le champ où on l'a semé, &, par ce moyen, il les rend pendant plusieurs mois inhabitables. La Providence a ainsi ordonné les choses. Mais toujours infaillible dans sa sagesse, elle a amplement dédommagé les peuples de l'Inde.

Ils ne sont point en état de supporter les fatigues du laboureur, ni leurs terreins ne sont propres à une culture ordinaire. Mais le pays produit une grande quantité d'épiceries, & sur-tout une petite graine qu'on nomme poivre, & que l'on regarde, avec raison, comme celle qui est la plus amie de la santé des hommes. Le poivre croît spontanément & peut être recueilli sans peine. C'étoit autrefois un remède excellent pour les naturels du pays, & un grand moyen de richesse, par la vente que l'on en faisoit aux étrangers. Cette espèce d'épicerie ne vient que dans l'Inde, quoiqu'elle soit également utile dans toutes les régions insalubres, & malheureusement sujettes aux mêmes maladies. La nature n'a pas placé par tout, comme dans l'Inde, le remède à côté du mal ; mais en forçant un homme à avoir besoin de l'autre, elle a sagement préparé le bonheur du genre humain en général. Dans l'Inde & dans les climats qui y correspondent, on n'emploie pas le poivre en petite quantité, mais on le consomme presque comme du pain.

La nature n'a pas été moins favorable aux Indiens, pour ce qui concerne le vêtement. Le ver à soie, sans que les hommes le soignent beaucoup, sans presque avoir besoin de leur secours, leur fournit un tissu très-fin, dont on peut faire une étoffe qui est tout-à-la-fois la plus douce, la plus légère, la plus brillante, & conséquemment la plus assortie aux climats chauds. Ils ont aussi le coton,

production végétale qui croît autour d'eux en abondance, sans exiger aucun travail, & qui peut être considérée comme égalant presque la soie à beaucoup d'égards, & lui étant supérieure à quelques autres. Le coton est d'ailleurs moins cher & d'un usage plus général. Chaque arbre de l'Inde produit sans culture des fruits excellens. Chaque arbre donne un ombrage agréable, sous lequel, avec une légère navette de roseau à la main, chaque habitant peut passer sa vie avec délices, occupé à jouir raisonnablement & paisiblement, fabriquant ses étoffes pour son usage personnel, pour les besoins de sa famille, ou pour la richesse de sa patrie.

Cependant quelque abondante que fussent les épiceries, quelque quantité qu'ils en consommassent eux-mêmes, & quelque quantité d'étoffes que les Indiens employassent pour eux, il leur en restoit tant, qu'ils furent naturellement induits à chercher des objets contre lesquels ils pussent troquer leur superflu. Ils voulurent l'employer à se procurer des choses que la nature leur avoit refusées, & dont par légéreté, par goût de luxe, ou du moins sans beaucoup de nécessité, leur imagination leur avoit créé le besoin.

Loin d'eux, & à l'occident de leur pays, mais sur le même continent, étoit la péninsule d'Arabie, séparée par un long désert & une côte dangereuse. L'Arabie ne produisoit point d'épiceries, quoique la nature soumît les habitans aux mêmes maladies qui régnoient dans l'Inde. Mais ce climat étoit absolument semblable, & conséquemment le grand usage de ces végétaux échauffés étoit aussi nécessaire dans l'Arabie que dans l'Inde, où ils croissent.

Il est vrai aussi que l'Arabie n'étoit pas totalement abandonnée à l'insalubrité de son climat. La nature y avoit placé la myrrhe & l'encens, qui, employés en parfums & en fumigations, sont de puissans anti-septiques, mais dont on se sert plutôt comme de préservatifs, que comme de remèdes propres à combattre une maladie qui a déjà fait quelques progrès. Ces productions étoient d'ailleurs montées à un prix qu'aujourd'hui nous ne pouvons concevoir, mais qui pourtant ne diminuoient jamais, quelque chose qui arrivât dans le pays où on les recueilloit.

La soie & le coton des Indes étoient naturellement blancs, sans aucune variété, & très-sujets à se salir ; mais l'Arabie produisoit des gommes & des teintures de plusieurs couleurs qui flattoient singulièrement le goût des Asiatiques. Nous voyons que l'écriture parle des vêtemens de diverses couleurs, comme d'une marque d'honneur. Salomon, dans les Proverbes, dit aussi qu'il para son lit avec des tapis d'Egypte. Mais l'Egypte n'avoit de manufactures ni de soie, ni de coton, ni même de laine. Les couvertures que Salomon en tiroit y étoient venues des Indes.

Le baume, ou le balsam étoit aussi une production de l'Arabie. On le vendoit toujours très-cher, & le prix s'en est soutenu dans l'Orient jusques aux derniers siècles. Quand les Vénitiens faisoient le commerce des Indes par la voie d'Alexandrie, le baume valoit encore son poids d'or. Il croît toujours dans le même lieu, &, je pense, dans la même quantité qu'il croissoit jadis; mais, parce que depuis la découverte de l'Amérique, on a obtenu des productions à-peu-près pareilles, il est actuellement fort baissé de prix.

C'est donc les mains de la Providence, qui, dès le commencement des siècles, posèrent la base du commerce & des rapports que ces deux contrées devoient avoir entre elles. Les besoins de l'une étoient remplis, par ce que lui fournissoit l'autre. Elles n'auroient pas eu un très-long chemin à faire, si elles avoient pu se communiquer par mer, mais des vents violens, opiniâtres, indomptables, sembloient rendre le passage de l'Océan impossible, & nous ne devons pas douter que ce ne fût, pendant très-long-temps, la cause par laquelle le commerce des Indes se faisant par terre seulement, se répandit dans le Continent & devint la source des richesses de Sémiramis.

Cependant les productions de l'Arabie, toutes précieuses qu'elles étoient, ne pouvoient ni par la quantité, ni par la qualité, balancer celles que lui envoyoit l'Inde. Peut-être pouvoient-elles seulement payer ce qu'elle consommoit elle-même. Mais par-derrière sa péninsule étoit un vaste Continent, portant le nom d'Afrique, capable d'acheter plusieurs centaines de fois autant de marchandises que l'Arabie. Placée sous la même zone que l'Inde, & même en partie, plus au sud, les maladies occasionnées par le climat, & les besoins de ses nombreux habitans, étoient les mêmes que dans l'Inde & en Arabie. En outre, elle avoit la mer Rouge, & diverses communications ouvertes au nord.

Mais, dans ces contrées diverses, ni les objets de première nécessité, ni les objets de luxe, n'étoient les mêmes que ceux de l'Europe. Et certes, dans les temps dont nous parlons, l'Europe n'étoit peuplée que de bergers, de chasseurs & de pêcheurs, qui ne connoissoient aucune espèce de luxe, ni n'avoient rien qui pût égaler les productions de l'Inde. Vivant dans les bois & dans les marais, ils ne s'occupoient que des animaux qui servoient à les vêtir & à les nourrir.

Les habitans du vaste continent de l'Afrique avoient donc le soin de se procurer des choses de nécessité & de fantaisie. Mais ils ne possédoient ni celles dont l'Arabie avoit besoin, ni celles que demandoit l'Inde. C'est du moins ce qu'ils crurent pendant long-temps, & ce qui les empêcha alors de s'adonner au commerce.

Les Abyssiniens conservent une tradition qu'ils disent avoir eue de temps immémorial, & qui est également reçue parmi les juifs & parmi les chrétiens : c'est que, peu de temps après le déluge,

Cush, petit-fils de Noé par Cham, passa avec sa famille par la basse Egypte, alors inhabitée, traversa l'Atbara (contrée actuelle de l'Abyssinie, au sud de l'Egypte), & vint jusqu'aux terres élevées qui séparent le pays enfoncé d'Atbara, des hautes montagnes d'Abyssinie.

En jetant les yeux sur une bonne carte, on peut voir une chaîne de montagnes qui commence à l'isthme de Suez, se prolonge comme une muraille à environ quarante milles de la mer Rouge, jusqu'à ce qu'arrivant par le 13e degré de latitude, elle se divise en deux branches. L'une suit les frontières du nord de l'Abyssinie, traverse le Nil, & s'étend, en traversant l'Afrique, jusqu'aux bords de l'Océan Atlantique. L'autre va du côté du sud, & tourne à l'est, conservant une direction parallèle au golfe Arabique. Ensuite elle s'avance encore au sud tout le long de l'Océan Indien, de la même manière qu'elle a suivi la mer Rouge.

La tradition Abyssinienne rapporte que Cush & sa famille, épouvantés par l'événement terrible du déluge, toujours présent à leur mémoire, & appréhendant d'éprouver de nouveau un pareil malheur, aimèrent mieux habiter des cavernes dans le flanc des montagnes, que de s'établir dans les plaines. Il est plus que probable que, bientôt après leur arrivée, témoins des pluies du tropique, qui excèdent ordinairement en durée celles qui occasionnèrent le déluge, ils observèrent qu'en traversant l'Atbara, c'est-à-dire, cette partie de la Nubie actuelle située entre le Nil & l'Astaboras, & qu'on a depuis nommée Méroé, ils étoient tombés d'un climat très-sec, qu'ils avoient rencontré d'abord; qu'ils étoient parvenus, dis-je, dans un climat très pluvieux, & que les pluies augmentoient même à mesure qu'ils avançoient vers le sud; ce qui leur fit préférer de s'arrêter aux premières montagnes, où le pays étoit fertile & agréable, plutôt que d'aller plus loin risquer d'être engloutis dans une terre submergée, qui pourroit être aussi fatale à leur postérité, que la terre habitée par Noé l'avoit été à leurs pères.

Ce n'est qu'une conjecture probable que je me permets d'exposer : car les motifs qui déterminèrent la famille de Cush ne peuvent certainement pas être connus. Mais ce qui est indubitable, c'est que cette race d'hommes se creusa, avec une industrie étonnante, & avec des outils qui nous sont absolument inconnus, des demeures non moins commodes qu'admirables, dans le sein des montagnes de marbre & de granit; demeures qui se sont conservées en grand nombre tout entières jusqu'à ce jour, & qui semblent devoir rester de même jusqu'à la fin des espèces.

Ces maisons d'une si singulière structure, s'étendirent bientôt dans les montagnes voisines. Les descendans de Cush s'y établirent à mesure qu'ils se multiplièrent, & ils portèrent leur industrie & leurs arts du côté de la mer occidentale, comme du côté de la mer de l'orient. Mais, contens de leur premier choix, ils n'abandonnèrent jamais leurs cavernes pour réfider dans les plaines.

Il est bien fingulier que S. Jérôme n'ait pas fu où il devoit chercher les descendans de Cufch, quoique l'écriture en parle auffi souvent & auffi clairement que d'aucun autre peuple de l'ancien testament. En décrivant le caractère particulier de leur pays, qui n'a jamais varié, l'écriture indique qu'ils étoient dans le lieu que je viens de leur fixer. Ils ont demeuré depuis, & ils font encore à préfent dans ces mêmes montagnes, dans ces mêmes cavernes qui ont été creufées par leurs premiers pères. Cependant Bochard, en traitant ce fujet ( *L. IV*, ch. 3 ), y répand encore plus d'obfcurité que fur l'Egypte. Je laiffe à ceux qui voudront examiner son ouvrage, le foin de juger par eux-mêmes, plutôt que d'en citer ici des paffages, qui répandroient la confufion de fes idées fur cette narration.

Les Abyffiniens difent encore que les enfans de Cufch bâtirent la ville d'*Axum* quelque temps avant la naiffance d'Abraham. Bientôt après ils étendirent leur colonie jufqu'à l'Atbara, où nous favons, d'après le témoignage d'Hérodote, qu'ils cultivèrent les sciences très-anciennement, & avec beaucoup de fuccès. C'est parce qu'ils s'établirent vers le pays d'Atbara que Joseph appelle les habitans Méroëtes, ou habitans de l'île de Méroë.

Les prodigieux fragmens des statues coloffales de la constellation du chien, qu'on voit encore à *Axum*, prouvent fuffifamment combien ils croyoient cet objet digne de leur attention ; & *Seir*, qui, dans le langage des Troglodytes & dans celui du pays de Méroë, fignifie *chien*, nous apprend pourquoi cette province portoit le nom de *Siré*, & le grand fleuve qui l'aborde, celui de *Siris*.

Je crois entrevoir la raifon pour laquelle, fans abandonner leurs anciennes demeures dans les montagnes, ils choifirent l'île de Méroë pour y bâtir une ville (1). Il y a grande apparence qu'ils remarquèrent qu'un défavantage pour Siré & pour leurs cavernes qui étoient au-deffous, réfultoit de leur climat. Ils étoient au-delà des pluies du tropique, & conféquemment gênés & interrompus dans leurs obfervations des corps céleftes, & dans les progrès de l'aftronomie, dont ils s'occupoient avec tant d'ardeur. Ils durent fentir la néceffité de bâtir Méroë peut-être plus loin d'eux qu'ils n'auroient voulu, par la même raifon qu'ils avoient bâti *Axum* dans les hautes contrées de l'Abyffine ; c'est-à-dire, pour éviter la mouche (appelée en abyffinien, *Tfaltfalya*, en arabe, *Zimb*. Mais le mot fignifie feulement mouche, & en grec *Cynomia*, ou la mouche du chien :

cette mouche eft un fléau horrible dans la faifon où elle paroît), qui les pourfuivoit par tout les climats où les pluies du tropique tombent, & qui doit avoir réglé impérieufement, dans ces premiers temps, les établiffemens des defcendans de Cush. Ils partirent donc de leur pays jufques au feizième degré de latitude, dans l'endroit où M. Bruce a vu des ruines que l'on dit être celles de Méroë (2), & des cavernes dans les montagnes qui font immédiatement au-deffus, lefquelles ont indubitablement fervi de demeures précaires aux fondateurs de cette première école des fciences.

Il eft probable qu'après leurs premiers fuccès à Méroë, ils ne perdirent pas de temps pour s'avancer jufqu'à Thèbes, ou, fi l'on veut, pour y revenir ; car cette ville étoit plus près de nous, au nord du pays de Méroë. On n'eft pas fûr s'ils en venoient directement ou non. Il doit s'être écoulé très-peu de temps entre la fondation de ces deux colonies ; car on trouve au-deffus de Thèbes, comme au-deffus de Méroë, c'est-à-dire, au fud de l'une & au nord de l'autre, un grand nombre de cavernes que les nouveaux-arrivans creufoient prefqu'au fommet de la montagne pour leurs premières demeures, & qui font encore toutes habitées jufqu'à ce jour. Déjà nous pouvons juger que leurs premières craintes d'un déluge ne les avoit pas quittés, tandis qu'ils voyoient que toute l'Egypte pouvoit être inondée chaque année, fans qu'il y tombât une goutte de pluie. Ils ne fe confioient point abfolument, comme actuellement, à la ftabilité des villes, telles que Siré & Méroë, placées fur des colones, ou des pierres les unes fur les autres. Ils trouvoient que leurs excavations dans les montagnes fe faifoient avec moins de peine, & qu'elles étoient bien plus commodes que des maifons qu'il faut encore réparer, après avoir eu la peine de les bâtir. Cependant ils ne tardèrent pas à montrer plus de courage.

Tandis que les defcendans de Cusch étendoient leurs progrès d'une manière fi heureufe dans le centre & au nord de leur territoire, leurs frères, placés dans le fud, ne reftoient point oififs. Ils s'avançoient au contraire dans les montagnes qui fe prolongent parallèlement au golfe d'Arabie. Ce pays fut, dans tous les temps, appelé *Saba* ou *Azaba*, mots qui, l'un & l'autre, fignifient le fud. Il ne portoit pas ce nom, parce qu'il étoit, comme l'ont dit quelques auteurs, au fud de Jérufalem ; mais parce qu'il étoit fur la côte méridionale du golfe d'Arabie, & qu'en partant d'Arabie & d'Egypte, c'étoit la première terre au fud, qui fervoit de frontière au continent d'Afrique, plus riche alors, plus important & plus connu que le refte du monde.

En s'établiffant dans ce pays, ce peuple acquit la propriété de tous les parfums & les aromates

---

(1) Les anciens ont nommé cette partie de la Nubie *île*, parce qu'elle fe trouve entourée des eaux du Nil à l'oueft, & de celles de l'*Aftaboras* à l'eft.

(2) Au lieu nommé *Gerri*.

de l'Orient, de la myrrhe, de l'encens & de la caffe, qui croissent spontanément sur cette lisière de terre, depuis la baie de Bilur jusqu'à l'occident de l'Azab, jusqu'au cap Garde-Fan, & qui de-là, au tournant sud le long de l'océan Indien, va se terminer auprès de la côte de Mélinde, où l'on trouve la cannelle, mais une cannelle de qualité inférieure à celle de Ceylan.

L'Arabie ne s'étoit pas probablement alors regardée comme la rivale de cette autre côte de la mer Rouge, ni elle n'avoit point encore tiré de l'Assyrie, l'encens & la myrrhe, pour les naturaliser chez elle, comme elle l'a entrepris depuis. Il n'y a nul doute que le principal marché de ces gommes précieuses ne fût, dans l'origine, établi auprès de Saba, où on les recueilloit. Mais la consommation augmentant avec le temps, elles furent transplantées en Arabie, où la myrrhe n'a jamais réussi.

Les Troglodytes se répandirent encore plus avant dans le sud. Comme astronomes, ils avoient besoin de s'éloigner des pluies du tropique & d'un ciel nébuleux, qui les empêchoit de faire des observations correspondantes avec celles de leurs frères de Thèbes & de Méroë. Mais, plus ils pénétroient au-delà du tropique du sud, plus ils voyoient que les pluies étoient abondantes, & ils continuèrent à construire leurs maisons comme la crainte du déluge le leur avoit appris. Ils trouvèrent là de très-hautes montagnes, d'un roc solide, & situées sous un beau climat. Plus heureux encore que leurs frères qui s'en étoient allés du côté du nord, ils découvrirent que leur nouveau pays receloit beaucoup d'or & d'argent ; ce qui détermina leur genre de travail & devint la source de leurs richesses dans ces montagnes, appelées les montagnes de *Sofala*, fournissant des grains purs, sans aucun alliage, & conséquemment sans aucun besoin de préparation.

La balance du commerce, qui avoit été si long-temps défavorable à l'Arabie & à l'Afrique, tourna alors à leur avantage, d'après la puissante influence qu'eurent les métaux précieux des montagnes de Sofala, placées précisément sous les pluies du tropique du sud.

L'or & l'argent avoient été considérés dans l'Inde, comme les objets les plus propres à servir de retours pour ses marchandes. Il est impossible de dire si ce fut la qualité ou la beauté de ces métaux, ou quelques autres raisons plus puissantes, qui déterminèrent les hommes à en faire le signe général du commerce. L'histoire des événemens de ce temps-là est perdue, si tant il est vrai qu'elle ait été écrite. Ainsi toutes nos recherches à cet égard sont vaines.

Le choix des Indiens semble cependant avoir été très-convenable, puisqu'il fut maintenu dans leur pays, pendant un grand nombre de siècles, & qu'il a été adopté depuis par toutes les nations commerçantes, à-peu-près au même taux &

dans les mêmes proportions que l'or & l'argent eurent d'abord. C'est dans l'Inde que ces métaux commencèrent à être portés dès les premiers temps ; & c'est la même route qu'ils suivent encore, & qu'ils suivront probablement jusqu'à la fin des siècles. Qu'est devenue la quantité immense que les Indiens en ont reçue ? est-elle consommée ? est-elle cachée, ou par quelle voie s'écoule-t-elle ! Voilà des questions que je n'ai jamais vu résoudre d'une manière satisfaisante.

Les descendans de Cusch, établis dans les premières montagnes, y demeurèrent, tandis que les colonies du nord s'avançoient de Méroë à Thèbes, & s'occupoient sans relâche des progrès de l'architecture & de la fondation des villes, pour lesquelles on commençoit à quitter les cavernes. Ainsi, les nouveaux colons devinrent laboureurs, commerçans, artistes ; ils firent plus encore, ils furent astronomes-pratiques, par l'avantage qu'ils eurent d'être placés sous un méridien, nuit & jour, exempt de nuages ; car tel étoit celui de la Thébaïde.

Mais comme il n'en étoit pas de même de leurs frères, que six mois de pluies, chaque année, confinoient dans leurs cavernes, nous ne devons pas douter que leur vie sédentaire ne leur fût utile, en les engageant à s'occuper de la réduction des observations astronomiques très-multipliées, que faisoient tous les jours ceux qui vivoient sous un ciel plus pur. Nous savons aussi que les lettres, ou du moins une sorte de lettres, & les caractères arithmétiques, furent inventés par les Cushites du centre, pendant que le commerce, l'astronomie, l'histoire naturelle des vents & des saisons, occupoient nécessairement ceux qui s'étoient avancés vers le sud jusqu'à Sofala (1).

_____

(1) Il paroît donc que les parties élevées de l'Abyssinie furent habitées de très-bonne heure. Les anciens auteurs Grecs & Romains n'en avoient que des idées vagues, & ne connoissoient pas du tout l'histoire naturelle de cette partie : cependant, ce qu'ils ont dit de l'île de Méroë, & qui est susceptible d'extension, suffit, je crois, pour y supposer le berceau des premières connoissances.

Peut-être M. Dupuy, qui a si savamment traité de l'origine du zodiaque, mais qui a été obligé d'en faire remonter l'origine à une époque assez reculée pour que la saison des débordemens, qui commence en juin en Egypte, commençât au sixième mois correspondant, ce qui fait une demi-révolution des points équinoxiaux, peut-être, dis-je, n'auroit-il pas eu besoin de faire remonter si haut l'origine du zodiaque.

Il a très-bien distingué que trois signes du zodiaque ont rapport à la marche apparente du soleil ; ce sont le *Cancer*, la *Balance* & le *Capricorne*. L'application en est facile. Arrivé au premier de ces signes, le soleil paroît rétrograder ; c'est la marche de l'écrevisse. Parvenu au second, il y a égalité de jours & de nuits ; cette égalité est parfaitement bien indiquée par le signe de la Balance. Le soleil, arrivé à sa partie la plus éloignée de notre zénith, & en apparence la plus abaissée vers notre horizon, se rapproche, en ap-

• La nature des occupations de ces derniers, le soin de ramasser l'or, de recueillir & de préparer les épiceries, les retint continuellement chez eux; mais leur intérêt demandoit qu'ils répandissent ces mêmes épiceries sur la surface du continent; autrement leurs mines & le commerce qui suivoit de cette possession, ne leur auroient pas été d'un grand avantage.

Un messager étoit absolument nécessaire aux Cushites pour charier leurs marchandises, & la nature leur en avoit préparé un chez une nation voisine. Cette nation étoit, à beaucoup d'égards différente d'eux. Elle avoit les cheveux longs, les traits européens, la couleur de la peau d'un brun foncé, mais non pas comme le noir, ou le neigre. Elle vivoit dans les plaines, avoit des maisons faciles à transporter, soignoit des troupeaux nombreux de bétail, & erroit au gré de ses besoins, & suivant les changemens qui survenoient dans le pays qu'elle habitoit.

Ces hommes étoient appelés en hébreu *Phut*, ce qui signifie, ainsi que leurs noms dans toutes les langues, *Pasteurs*. Et on les appelle encore de même; car ils existent encore. Ils ont toujours la même occupation; jamais ils n'en commencent d'autres: ainsi, l'on ne peut s'y méprendre. Ils se désignent sous différens noms, comme Balouz, Bagla, Belovée, Berberis, Barabras, Zilla & Habal, qui tous, avec quelques modifications, signifient

---

parence, & remonte vers le sommet de la voûte céleste; il est au signe du Capricorne ou de la Chèvre, dont ses goûts habituels sont de parcourir les montagnes.

Mais, dit M. Dupuy, le Capricorne lui-même est un signe qui emporte avec soi l'idée de l'eau, par la manière dont il est figuré dans certains planisphères; le Verseau & les Poissons sont évidemment des signes aquatiques; or, c'est précisément alors que le Nil est retiré en Égypte. Ainsi, en même temps que les Egyptiens ont inventé le zodiaque, on voit que la nature même de leur climat & des révolutions périodiques des saisons s'opposoient à ce qu'ils indiquassent la saison des eaux lorsqu'ils en avoient. Il a donc fallu, conclut M. Dupuy, qu'ils inventassent ces signes dans un temps où ils avoient des saisons contraires à celles qu'ils ont actuellement.

Mais ce que nous savons de l'Abyssinie suffit, ce me semble, pour l'origine du zodiaque; au moins quant aux signes qui ont rapport aux eaux. Ils indiquoient tout simplement le temps des pluies. Or, les pluies y commencent en novembre, & durent pendant décembre, janvier, février & mars, & même avril, avec plus ou moins de force; il n'est donc pas étonnant que ces premiers astronomes, ces Troglodytes, étudiant & travaillant dans les grottes de leurs montagnes, aient indiqué comme des mois pluvieux, ceux où réellement ils voyoient tomber les pluies. Ils les indiquoient à ceux qui étoient établis au loin, à ceux de l'Égypte, par exemple, qui n'en avoient pas même l'idée. Il est plusieurs autres points du système de M. Dupuy, que l'on pourroit expliquer de même, quoique d'ailleurs le mémoire que je connois soit très-savant & très-philosophique, & enfin, peut-être plus vrai que mon explication.

---

*pasteur:* c'étoit aussi le sens du mot *Hycsos*, que l'on trouve dans les écrivains Grecs.

Ces auteurs, en parlant des pasteurs, paroissent connoître fort peu ceux de la Thébaïde, & encore moins ceux de l'Ethiopie. Mais ils se bornent à parler de ceux du Delta, comme s'ils n'avoient pour objet que de repasser dans l'Assyrie, en Palestine & en Arabie. Ils ne disent ni quelle fut leur origine, ni par quels moyens ils devinrent si puissans, ni quelles étoient leurs occupations, ni quel pays ils habitoient d'abord, ni ce qu'ils sont devenus depuis. Sur-tout il paroît qu'ils regardoient cette race comme absolument éteinte.

Toute l'occupation des pasteurs fut de répandre dans le continent les marchandises de l'Arabie & de l'Ethiopie. C'est-là ce qui les fit devenir une grande nation, parce, qu'à mesure que leur commerce augmenta, ils accrurent le nombre de leurs bestiaux, ils se multiplièrent, & occupèrent une plus grande étendue de terrein.

On connoît cette chaîne de montagnes qui, très-élevées, s'étendent du sud presque droit au nord, tout le long de l'Océan Indien, parallèlement à la côte, & jusqu'au cap Gardefan. Là elle change de direction, ainsi que la côte, & se prolonge vers l'ouest jusqu'au nord de Bab-el-Mandeb, renferment le lieu où croissent l'encens & la myrrhe, pays très-considérable à l'occident de celui que l'on appelle actuellement Azab. De Bab-el-Mandeb, ces montagnes s'avancent vers le nord, en suivant la côte de la mer Rouge, & elles se terminent enfin aux plaines de Zelle de l'isthme de Suez, qui tira probablement son nom de *Suah*, pasteurs.

La longue lisière de terre qui s'étend sur les bords de l'Océan Indien & de la mer Rouge, étoit sans doute nécessaire aux pasteurs pour charier les marchandises dans les ports de ces mers, & de-là à Thèbes & à Memphis, sur le Nil. Cependant le principal siège de leur résidence & de leur empire étoit cette partie basse & unie de l'Afrique, qui se trouve entre le tropique du nord & les montagnes de l'Abyssinie. Ce pays est divisé en plusieurs districts. Celui qui s'étend le long de la côte, depuis Massuah jusqu'à Suakem, & qui ensuite tourne vers l'occident & continue à suivre cette direction jusqu'aux déserts de Sélima & aux confins de la Libye, borné par le Nil au midi & par le tropique, au septentrion, se nomme le pays de Beja. La contrée voisine est ce district qui a la forme d'un bouclier, où Méroë étoit, dit-on, bâtie.

Ce nom de Méroë lui fut donné par Cambises. On l'appelle aujourd'hui l'Atbara. Il est situé entre le Nil & l'*Astaboras*. Entre le fleuve Mareb, l'ancien *Astusaspes* à l'orient, & l'Atbara à l'occident, est la petite plaine de Derkin, autre district des pasteurs (1)

---

(1) Je dois convenir qu'en suivant rigoureusement des yeux sur la carte, cette description me parut

Toute cette chaîne de montagne qui va de l'eft à l'oueft, le Derkin & l'Atbara au fud, & où commencent les contrées montueufes de l'Abyffinie, eft habitée par le nègre Cushite, aux cheveux laineux, que l'on nomme Shangala, qui loge, comme fes premiers pères, dans des cavernes, & qui, après avoir été le peuple le mieux cultivé & le plus favant de l'univers, eft tombé, par un revers étrange, dans une ignorance brutale. Il fe voit maintenant chaffé par fes voifins, comme une bête fauvage dans ces mêmes forêts où il vivoit jadis au fein de la liberté, de la magnificence & du luxe.

Mais les plus nobles, les plus belliqueux de tous les pafteurs font, fans contredit, ceux qui habitoient jadis & qui habitent encore les montagnes d'Habas, dont la chaîne s'étend depuis les environs de Mafuah jufqu'à Suakem.

Dans l'ancienne langue de ce pays, *So* & *Suah* fignifient *pafteur* & *pafteurs*. Quoique nous ne connoiffions aucune diftinction parmi eux, nous pouvons croire que ceux qu'on appeloit fimplement *pafteurs*, compofoient la claffe ordinaire qui gardoit les troupeaux. Quelques-uns fe défignoient par le nom d'*Hicfos*, que l'on prononce dans le pays *Agfos*, & qui fignifie *pafteurs armés*, ou pafteurs qui portent le harnois. Ceux-là étoient fans doute les foldats ou les pafteurs qui fe dévouoient à combattre pour leur nation.

La troifième claffe, dont on nous a confervé le fouvenir, s'appeloit *Ag-ag*, que l'on croit être les nobles, ou les chefs des pafteurs armés. C'eft delà que vint leur titre de roi des rois : tel étoit le nom d'*Amalec*, roi pafteur, mis fi cruellement à mort par Samuel. Le plurier de ce mot eft Agagi, que l'on écrit, felon l'orthographe éthiopienne, Agaazi.

Ce mot a beaucoup embarraffé Scaliger & Ludolf. Car voyant dans les livres Abyffiniens que ce peuple s'appeloit *Agaazi*, ils fe tourment eux-mêmes pour en trouver l'étymologie. Ils imaginent que les Agaazi étoient les Arabes des environs de la mer Rouge, & M. Ludolf penfe que ce mot veut dire *hommes bannis*. Scaliger forme des conjectures à-peu-près auffi puériles, & qui font toutes fans aucun fondement.

Mais le peuple qui prend encore de nos jours le nom d'Agaazi, eft une race de pafteurs qui habitent les montagnes d'Habab, & qui fe font répandus peu à peu dans toute la province du Tigre (entre les 13e & 15e degré de latitude, & les

38 & 40e de longitude), dont la capitale eft Axum, nom formé d'*Ag* & de *Suah*, ce qui fignifie métropole ou principale ville des pafteurs armés.

Rien n'étoit plus diamétralement oppofé que les mœurs & la manière de vivre du Cushite, & celles du pafteur fon meffager.

Le premier, quoiqu'il eût abandonné fes cavernes & qu'il vécût dans les cités qu'il avoit bâties, reftoit néceffairement confiné chez lui, ramaffant de l'or, arrangeant les envois de fes épiceries, & chaffant, pour fe procurer de l'ivoire, & de quoi manger pendant l'hiver. Les montagnes & les villes qu'il fonda, étoient placées fur une terre noire & graffe, de forte que dès que les pluies du tropique commençoient à tomber, un phénomène étonnant le privoit de fes beftiaux. Ce fléau rendoit le Cushite abfolument dépendant du pafteur; mais ce pafteur étoit auffi quelquefois incommodé par ce fléau.

Cet infecte, qu'aucun naturalifte n'a encore décrit, s'appelle en arabe *Zimb*, ou mouche, comme on l'a vu plus haut (1). Auffi-tôt que cette mouche paroit, & que l'on entend fon bourdonnement, tous les beftiaux ceffent de paître, & courent égarés, dans la plaine, jufqu'à ce qu'ils tombent morts de terreur, de fatigue & de faim. On ne peut remédier à ce fléau, qu'en fe hâtant d'abandonner la terre noire, & de conduire les troupeaux dans les fables de l'Atbara, où on les laiffe pendant tout le temps de la pluie. Leur cruel ennemi n'ofe jamais les pourfuivre jufques-là.

Ce qui rend le pafteur capable de faire fes longs & pénibles voyages à travers l'Afrique, c'eft le chameau que les Arabes nomment pompeufement le *navire du défert*. Il femble avoir été créé exprès pour le commerce, & doué de toutes les qualités néceffaires pour le travail auquel on l'emploie. Le chardon le plus fec, le buiffon le plus dépouillé de feuilles, fuffit pour nourrir cet utile quadrupède; & il ne les mange même, pour ne pas perdre de temps, qu'en avançant dans fa route, fans s'arrêter, fans occafionner un feul inftant de retard. Comme il a befoin de traverfer des déferts immenfes où l'on ne trouve pas d'eau, & où la terre n'eft jamais humectée par les rofées du ciel, il a la faculté, quand il arrive à une fource, de pou-

---

manquer d'un point de jufteffe qui me fait foupçonner qu'il y a erreur dans la copie originale, ou dans la traduction. Je tâcherai de voir le texte; car la contrée ou diftrict qui a le tropique au nord, & le Nil au fud, & la forme d'un bouclier, peut très-bien être le pays où pénétra Cambyfe; & je le crois de même; mais c'eft à cinq degrés plus au fud que fe trouve l'Atbara décrit enfuite, & qui doit être la Méroé des anciens.

(1) Il eft un peu plus gros qu'une abeille, & d'une forme moins alongée. Ses ailes, plus longues que les ailes de l'abeille, & féparées comme celles d'une mouche ordinaire, font d'une membrane qui reffemble à de la gaze, fans aucune tache ni variété de couleur. Il a la tête groffe, la partie fupérieure de fa bouche eft tranchante & fe termine par un poil très-fort & pointu, d'environ un quart de pouce de longueur. La partie inférieure eft auffi armée de deux poils femblables; & ces trois poils, joints enfemble, réfiftent prefqu'autant au doigt qu'une forte foie de cochon; fes jambes font inclinées en dedans, entièrement velues, & d'une couleur brune.

voir prendre une provision d'eau qui le défaltère pendant trente jours de suite. Pour qu'il puisse contenir cette grande quantité de fluide, la nature a formé, au-'dedans de lui, de larges citernes qu'il remplit, & dont il tire ensuite ce qu'il veut, pour le verser dans son estomac, de la même manière que s'il le tiroit d'une source. Par ce moyen, il marche tout le long du jour, avec patience, avec vigueur, portant des fardeaux prodigieux dans ces contrées désolées par des vents empoisonnés, & couvertes d'un sable ⬛ urs brûlans.

Mais, quoique le chameau soit d'une grande taille & d'une force étonnante, quoique sa peau soit très-épaisse, & défendue par un poil dur & serré, il lui est impossible d'endurer les violentes piquures de la mouche zimb ; & dès qu'elle paroît, il ne faut pas perdre de temps pour le mener aux sables de l'Atbara ; car, s'il a été attaqué par elle, son corps, sa tête, ses jambes, se couvrent de grosses tumeurs, qui s'excorient, se putréfient & font périr le malheureux chameau.

L'éléphant & le rhinocéros qui, en raison de leur masse énorme, ont besoin, chaque jour, d'une grande quantité de pâture & d'eau, ne peuvent pas se sauver dans le désert dans les endroits arides, quand la saison le requiert : mais ils se roulent dans la vase ou dans la boue, qui, ensuite desséchée sur eux, forme une espèce de cuirasse, & les rend capables de résister à leur ennemi ailé. Cependant j'ai trouvé quelques tubercules sur la peau des éléphans & les rhinocéros que j'ai vus ; & je ne puis, dit M. Bruce, les attribuer qu'à la piquure du zimb.

Les peuples du rivage de la mer, depuis Mélinde au cap Gardefan, à Saba & le long de la côte du sud de la mer Rouge, sont obligés de quitter leurs demeures dès que la saison des pluies commence, & de se transporter dans les contrées sablonneuses les plus voisines. Pour prévenir la destruction totale de leur bétail, ce n'est point une émigration de quelques personnes seulement, mais les habitans de tout le pays qui s'étend du côté du nord des montagnes de l'Abyssinie aux bords du Nil, & à l'Astaboras, sont obligés, une fois tous les ans, de changer de séjour & de chercher un asyle sûr dans les sables du Béja. Il n'y a point d'alternative. Il ne leur reste aucun moyen d'éviter ce voyage, quoi qu'une bande de voleurs soit toujours dans leurs chemins, prêts à les dépouiller de la moitié de leur subsistance. Ces brigands sont même aujourd'hui plus dangereux que jamais, dans le royaume de Sennaar.

Entre tous ceux qui ont parlé de ces contrées, le prophète Isaïe est le seul qui ait fait mention du zimb, & de la manière dont il agit. « Et il arrivera, dit-il, il arrivera en ce jour que le » seigneur fera entendre sa voix & appellera la » mouche qui se tient sur les bords des rivières » de l'Egypte ; & elles viendront, & elles se rien-

» dront toutes dans les vallées du désert, & dans » les trous des rochers, & sur les herbes &, sur » les buissons : » c'est-à-dire, qu'elles empêcheront le bétail de se retirer dans le désert, sa retraite accoutumée, parce qu'elles s'en empareront elles-mêmes, & que ce bétail les rencontrera dans les endroits qui lui servent de refuge, quand il veut les éviter.

Les montagnes dont j'ai parlé & qui traversent le pays des pasteurs, divisent les saisons si exactement, par une ligne tirée tout le long de leur sommet, que tandis que le côté de l'est, faisant face à la mer, est inondé de pluie pendant les six mois qui font notre hiver en Europe, le côté de l'ouest jouit d'un soleil toujours pur, & d'une végétation active. Ensuite, pendant les six mois qui sont notre été d'Europe, l'Atbara, ou le côté de l'ouest de ces montagnes, est sans cesse couvert de nuages & d'ondées. Le pasteur de l'est, vers la mer Rouge, fait paître ses troupeaux dans de grands pâturages, dans des prairies couvertes de la plus riche verdure, où il jouit d'un ciel toujours serein, sans craindre le zimb, ni aucun autre ennemi de cette espèce. De si grands avantages ont naturellement engagé le pasteur à choisir sa résidence dans le Béja & l'Atbara, & l'ont soumis en même temps à la nécessité de changer souvent de place. Cependant cet inconvénient est si peu de chose, ce voyage si court, qu'en fuyant les pluies qui tombent à l'ouest des montagnes, un homme peut, dans quatre heures de temps, jouir d'une autre saison, & trouver un soleil brûlant du côté de l'est.

Lorsque Carthage fut bâtie, les charrois de cette ville commerçante, furent confiés aux Lehabim ou Lubim, peuples dont on a fait le nom de Libye, & qui habitoient le pays que les Grecs désignoient par ce nom. Cela augmenta beaucoup les occupations, la puissance & le nombre des pasteurs. Dans les pays où les vaisseaux ne pouvoient pas aller, on suppléa à la navigation par des multitudes innombrables de chameaux, & nous voyons que, dès les premiers âges, cette manière de faire le commerce étoit du côté de l'Arabie, entre les mains des Ismaélites, qui, de la pointe de sud de la péninsule, se rendoient avec des chameaux en Palestine & en Syrie. La Genèse nous apprend même qu'ils portoient de la myrrhe & des épiceries, ou du poivre, qu'ils troquoient contre de l'argent. Ils avoient aussi du baume ; mais il semble que dans ce temps-là, ils tiroient ce baume de Giléad.

Nous sommes fâchés, en recueillant un fait si curieux, conservé par l'écriture, de trouver en même temps, que dès les premiers siècles du commerce de l'Inde, on y avoit joint étroitement un autre commerce, que la philanthropie, ou pour parler françois, le respect & l'amour de l'humanité auroient dû faire regarder de tout temps comme un opprobre, & l'un des fléaux qui affligent l'humanité. On voit clairement par ce passage de la Genèse ( *cap. 37, v. 25 & 28* ), que l'usage de vendre des hommes étoit universellement établi. Joseph est acheté aussi promptement, & vendu ensuite en Egypte avec autant de facilité que le feroit de nos jours un bœuf ou un chameau. Trois nations, Javan, Tubal & Meshech, sont citées ( *Ezech. cap. 27, v. 13* ), pour avoir fait leur principal commerce des hommes, qu'elles alloient vendre à Tyr. S. Jean rapporte que de son temps, ce commerce étoit en vigueur à Babylone ( *Ap. c. 18, v. 13* ). Malgré cela, nulle défense de la part de Dieu, nulle censure de la part des prophètes, qui ne taxent pas ce commerce d'être immoral, & même abominable. Au contraire, il en est toujours parlé dans les livres saints aussi favorablement que d'un autre commerce : ces faits font conclure à M. Bruce qu'apparemment il est aussi naturel de vendre des hommes que des moutons. Ceux qui soutiennent le commerce de la traite des nègres, pourront puiser aussi des argumens dans la même source, & ils auront autant de force. Mais certainement en employant ainsi l'écriture à servir nos passions, on s'expose à voir ceux qui sont d'une opinion contraire, à n'avoir que deux moyens de répondre. Ou bien, diront-ils, le créateur de tout l'univers, en s'attachant à la conservation de toutes les espèces, ne fait, comme l'a voulu Voltaire, aucun cas des individus, qu'il laisse s'égorger & dévorer les uns par les autres ; ou bien, ce qu'a dicté son esprit aux écrivains sacrés, ne nous est pas parvenu dans toute sa pureté. Puisque la raison seule suffit pour faire voir dans ce commerce des esclaves abus de la force, vexation, tyrannie, violence, & une source continuelle de maux pour l'humanité : l'exemple même de Joseph le prouve. Si les frères de Joseph sont coupables d'enlever un fils chéri à son père, les marchands ne le sont-ils pas de lui en faciliter les moyens ? Si l'on m'objecte qu'ils l'auroient tué, il est aisé de répondre qu'ils auroient commis un crime un peu plus grand en soi, crime expressément défendu, mais qu'à l'égard de Jacob, ce fut presque la même chose, puisqu'il crut son fils mort. Et croira-t-on que ces frères de Joseph, aussi-bien que ces marchands, n'étoient pas également féroces & barbares ? Croira-t-on que ce jeune homme, enlevé à un père tendre, n'ait pas dit qui il étoit, n'ait pas employé les larmes & les supplications pour toucher les cœurs de ces malheureux ? Et l'historien ne les couvre pas de malédictions ! Ah ! sans doute, il ne nous a donné qu'une courte analyse de ce que Dieu lui inspiroit alors. Certainement sa majesté n'étoit pas moins outragée alors, que quand les descendans de Jacob couchoient avec les filles de Moab.

Les pasteurs Ethiopiens portèrent d'abord le commerce du côté de la mer Rouge, qu'ils habitoient. Ils introduisirent les marchandises qui venoient des Indes à Thèbes, & parmi les différentes nations des Nègres répandues dans le sud-ouest

de l'Afrique, dont ils reçurent en échange de l'or, qui leur revenoit sans doute moins cher que celui d'Ophir, parce qu'ils avoient moins de chemin à faire pour transporter leurs marchandises.

Thèbes devint opulente & superbe, quoique d'après la plus grande enceinte qu'on lui ait supposée, elle ne pût jamais être ni très-grande, ni très-populeuse. Cette ville n'est pas désignée dans l'Ecriture sainte par son ancien nom. Avant le temps où vivoit Moïse, elle fut détruite par Salatis, prince des Agaazi, ou des pasteurs Ethiopiens. Le nom qu'elle porte aujourd'hui veut dire la même chose que celui qu'elle avoit déjà porté. La première signification de son nom Médinet Tabu, est, je crois, la ville de notre père : l'histoire nous apprend que ce fut en mémoire de son père, que Séfostris la nomme ainsi. Dans l'ancien langage, cette même ville se nommoit Ammon ou Ammon-No : on doit regarder comme une explication bien forcée, celle qui fait venir ce nom de Thèbes, du mot *Theba*, l'arche de Noé ; à moins que l'on n'ait donné d'abord ce nom à une grande enceinte où des peuples pouvoient se retirer en sûreté, comme les fondateurs de *Gades* ( Cadix ), nommèrent d'abord ce lieu *Gadir*, qui signifie enceinte.

Les pasteurs, presque toujours amis & alliés des Egyptiens ou Cushites, étoient cependant quelquefois en guerre avec eux. Il n'est pas difficile d'en deviner les motifs. Il y en a plusieurs vraisemblables, pris dans les mœurs opposées, & sur-tout dans la différence du régime diététique. Les Egyptiens, laboureurs, adoroient la vache, & les pasteurs errans d'une contrée à une autre, la tuoient & la mangeoient : ces derniers étoient en même temps Sabéens, ou adorateurs des corps célestes, le soleil, la lune, & les étoiles.

Immédiatement après la fondation de Thèbes, & les progrès des élémens de la sculpture, l'idolâtrie la plus grossière, & un matérialisme stupide, corrompirent les mœurs pures & la religion spéculative des Sabéens. Il y avoit peu de temps que cette ville étoit bâtie lorsque, suivant l'écriture, l'épouse d'Abraham avoit des idoles. D'après tout ce qui s'est passé entre les hommes d'opinions différentes, en fait de religion, nous ne devons guère chercher d'autres causes des divisions & des guerres qui eurent lieu entre ces peuples.

Thèbes fut donc détruite par Salatis, qui renversa la première dynastie des Cushites, ou des anciens rois d'Egypte, commençant à Menès.

Ce fut alors l'époque où le commencement de ce qu'on appelle le second âge de l'histoire d'Egypte, ou de la première dynastie des pasteurs, qui exercèrent une tyrannie si cruelle, & qui ravirent les terres à ceux auxquels elles appartenoient. Séfostris détruisit cette dynastie ; ensuite il appela Thèbes d'après le nom de son père Ammon-No ; il fit faire des embellissemens, que M. Bruce a vus, du moins dont il a vu les restes dans les sépulcres de Thèbes ; il fonda la ville de Diospolis, sur la rive opposée du Nil.

La seconde fois que les pasteurs conquirent l'Egypte, ils étoient commandés par Sabaco. On a imaginé que Thèbes fut renversée par ce prince, tandis qu'Ezéchias étoit roi de Juda. Il est dit en effet qu'Ezéchias fit la paix avec le roi d'Egypte So, comme l'appelle le traducteur, (*Rois*, L. II, c. 17, v. 4), qui prend pour le nom propre de roi, le nom de *So*, qui désigne seulement un pasteur.

D'après cela, il est certain que tout ce que dit l'écriture sainte de Ammon-No, doit s'appliquer à Diospolis, située sur l'autre bord du Nil. Diospolis & Ammon-No, quoique séparées par le fleuve, étoient pourtant regardées comme une même ville, au milieu de laquelle le Nil couloit & qu'il divisoit en deux parties. L'histoire profane nous démontre clairement ce fait, & le prophète Nahum (c. 3, v. 8), s'explique aussi exactement, si, au mot de *mer*, on substitue celui de *fleuve*, ainsi que cela doit être.

Il y eut encore une troisième invasion des pasteurs ; alors Memphis étoit déja bâtie. On dit qu'un roi d'Egypte, nommé Misphragmutosis, (*Manethon, apud Jos. Cont. Apion, L. I*), renferma dans une ville nommée *Abaris*, deux cens quarante mille de ces barbares, qu'il prit par capitulation, & qu'il bannit de la terre de Chanaan. J'avoue qu'il me semble très-peu probable que deux cens quarante mille hommes aient été renfermés dans une ville de manière à ne pouvoir soutenir un siège, sur-tout dans un temps où l'usage des armes à feu n'étant pas connu ; on ne peut pas supposer leurs ennemis pourvus de fusils & de canons, tandis qu'ils en seroient entièrement privés.

Mais, quand le fait seroit vrai, il s'ensuivroit seulement que Memphis, bâtie dans la basse-Egypte, près de Delta, fut en guerre avec les pasteurs de l'isthme de Suez, ou des districts voisins, comme Thèbes l'avoit été avec les pasteurs de la Thébaïde. Cependant ce que l'on a écrit de l'expulsion totale des pasteurs, par quelque roi d'Egypte que l'on nomme, & dans quelque endroit que l'on désigne, est absolument fabuleux, puisqu'ils ont demeuré jusqu'à ce jour dans les lieux qu'ils avoient envahis. A la vérité ils n'y sont peut-être pas en aussi grand nombre que quand le commerce des Indes suivoit la route du golfe d'Arabie ; mais leur nation y est encore bien plus considérable que toute autre.

Les montagnes, actuellement habitées par Agaazi, s'appellent *Habab*, nom qui, dans leur langue, ainsi que dans l'arabe, signifie un serpent.

Suivant la chronique d'Axum, le plus ancien recueil des antiquités de cette partie de l'Afrique & pour lequel on a, dans leur pays, autant de vénération que pour les livres de l'ancien testament : selon ce livre, dis-je, entre la création du monde & la naissance de J. C., il s'écoula 5560 ans. Le pays, c'est-à-dire, l'Abyssinie, ne fut peuplée que 1808 ans avant cette même ère. Et 200 ans après que les premiers établissemens y eurent été faits, ce qui donne 1608 ans, le pays fut submergé par un déluge, ravagé & défiguré ; de sorte qu'on le nomme *Ouré-midre*, c'est-à-dire, la campagne dévastée.

Environ 1400 ans avant J. C., un grand nombre d'hommes qui parloient différens langages, en vinrent prendre possession. Comme ils étoient amis des Agaazi, pasteurs qui habitoient les hautes terres du Tigré, ils s'établirent paisiblement, & chacun occupa la terre qui lui convient le mieux. Cet établissement est appelé dans la chronique *Angaba*, c'est-à-dire, l'entrée des nations ; d'où se forma le peuple de l'Abyssinie.

La tradition dit encore que ce peuple venoit de la Palestine. Tout cela, dit M. Bruce, me semble porter un grand caractère de vérité. Quelque temps après l'année 1500, il y eut une inondation qui fit de très-grands ravages. Pausanias dit que cette inondation arriva en Ethiopie, pendant que Cécrops régnoit dans la Grèce. Environ 1490 avant l'ère vulgaire, les Israélites entrèrent dans la terre promise sous Caleb & sous Josué. Nous ne devons point être étonnés de l'impression terrible que fit cette invasion sur l'esprit des habitans de la Palestine. Nous voyons, par l'histoire de la femme de mauvaise vie qui reçut les espions hébreux, que les différentes nations établies dans le pays, avoient été dès long-temps informées par des prophéties, publiquement accréditées parmi eux, que ces peuples devoient être exterminés par les Israélites, qui, pendant quelque temps, menaçoient leurs frontières. Je ne puis m'empêcher de m'interrompre ici, pour observer la crédule bonhomie de M. Bruce, qui suppose des prophéties chez des nations en faveur desquelles, à cause de la manière dont l'écriture sainte les traite, on ne peut pas supposer de miracles. Au lieu de voir dans les discours de cette femme, le résultat des opinions de quelques gens de bon sens, qui, sachant que cette horde d'Israélites s'avançant insensiblement, avoit annoncé qu'enfin elle parviendroit à s'emparer du pays. Et on le disoit probablement, afin d'engager ces petites nations à se réunir. J'admire bien sincèrement le savoir & le grand courage de M. Bruce ; mais je trouve souvent sa critique bien foible & sa foi bien aveugle. Je vais cependant reprendre le fil de la narration.

J'admire seulement que M. Bruce semble vouloir accréditer l'opinion de l'existence de ces prophéties, par la manière dont il conclut ou du moins termine sa narration. Alors, dit-il, quand Josué eut passé le Jourdain, qu'il sépara miraculeusement avant que son armée eût conquis le pays de Canaan, & qu'il eût fait tomber les murailles de Jéricho ; une terreur panique s'empara de tous les peuples de la Syrie & de la Palestine. Mais vraiment il n'étoit pas besoin de prophéties bien anciennes pour effrayer à l'approche d'un peuple devant lequel les eaux se féparoient, les murailles tomboient d'elles-mêmes, & ce qui, peu après, ne fut pas moins étonnant, en faveur duquel le foleil avoit donné un plus long jour, ce que l'on appelloit alors s'arrêter. Car enfin ce long jour avoit dû être fenfible pour toute la terre, & les gens du pays devoient en attribuer la caufe au peuple pour lequel ils avoient vu s'opérer des merveilles fi étonnantes, qu'actuellement elles nous paroiffent à peine croyables.

Les divers peuples de ces états nombreux, mais foibles, qui parloient chacun un langage différent, voyant un conquérant fuivi d'une armée immenfe, déjà en poffeffion d'une partie du pays, & qui, loin de fuivre les loix ordinaires des vainqueurs, faifoit périr les vaincus fous les focs & les herfes de fer, exterminoit les hommes, les femmes & les enfans, & fouvent même le bétail; ces peuples, dis-je, ne purent pas fe déterminer à attendre plus long-temps l'arrivée d'un ennemi fi redoutable. Ils durent chercher leur fûreté dans une prompte fuite. Les pasteurs de l'Abyffinie & l'Atbara étoient ceux chez qui ces malheureux devoient le plus naturellement fe refugier; le commerce leur avoit depuis long-temps fait connoître réciproquement leurs mœurs; & ils avoient droit de réclamer les loix de l'hofpitalité, puifqu'ils avoient fouvent traverfé le pays les uns des autres.

Procope ( de Bello vind. L. II, ch. 10 ) fait mention de deux colonnes qui, de fon temps, étoient encore debout fur la côte de la Mauritanie, vis-à-vis de Gibraltar, & fur lefquelles on lifoit des infcriptions en langue phénicienne. Cette infcription, il eft vrai, citée par un auteur arabe, Ibn-al-Rukike, dit qu'elle étoit dans des montagnes près de Carthage. Peut-être, quoique rapportée par l'auteur arabe & par l'auteur grec, n'étoit-elle qu'une tradition dont elle ne conftatoit l'authenticité. Quoi qu'il en foit, voici ce qu'elle portoit. « Nous fommes Cananéens, fuyant devant la face du fils de Nun, Jofué, le brigand ». Ils lui avoient fans doute donné ce titre à caufe de fa violence & de fa férocité, & bien des gens s'étonnent qu'il en ait jamais eu un autre. Mais, fi ce qui contiennent ces infcriptions eft vrai, il eft croyable que les différentes nations qui s'enfuyoient alors, cherchèrent leur falut parmi leurs amis, & ceux de leur patrie, plutôt, dit M. Bruce, que de traverfer un pays immenfe pour aller au fond, (il eût fallut dire, M. Bruce, aux extrémités ) de la Mauritanie, courir rifque d'éprouver un mauvais accueil des étrangers qui y étoient, ou peut-être même de la trouver inhabitée.

On peut très-bien répondre à M. Bruce, que les peuples de la côte qui devoient être en relation avec les Tyriens, & qui tenoient la place de ceux que les Grecs ont appelés Phéniciens, ont pu s'embarquer, & paffer même au loin, dans des lieux où fe trouvoient déjà des colonies. D'autres, il eft vrai, ont pu fuivre la route de terre par l'ifthme & le long de la côte de la mer Rouge.

En examinant, dit M. Bruce, les diverfes contrées où ces nations fe font placées, il femble évident que leurs établiffemens fe font faits paifiblement & de bon accord. Elles ne font point féparées entre elles par de hautes montagnes, ni par de larges rivières; mais bien par de petits ruiffeaux, qui font à fec la plus grande partie de l'année; par des éminences où des levées de terres, où des lignes imaginaires de démarcation font tracées fur le fommet de quelques montagnes éloignées. Ces bornes n'ont jamais été ni conteftées, ni changées; mais elles font affermies par une très-ancienne tradition. Les peuples dont nous parlons, ont chacun leur langage différent, comme nous apprenons, dans l'écriture, que les petits états de la Paleftine avoient chacun le leur : mais ils ne connoiffent tous d'autre caractère d'écriture que le Dgiz, qui eft l'écriture que le Cushite pafteur inventa & employa le premier, comme on le prouvera dans ce qui fuit.

Je puis ajouter, dit M. Bruce, pour renforcer encore les preuves que j'ai données de l'origine de ces peuples, que la malédiction de Canaan femble les avoir fuivis. Ils n'ont aucune fouveraineté : mais ils ont fervi tous les rois des Agaazi, ou des pafteurs. Ils ont coupé du bois, ils ont puifé de l'eau, & ils le font encore : tel eft un des efforts de la critique de M. Bruce. Qu'eft-ce que cette prophétie avoit befoin-là ?

La première & la plus confidérable de ces nations, occupa la province d'Amhara. Elle étoit à fon arrivée auffi peu connue que les autres. Mais il furvint une révolution dans le pays qui obligea le roi de fe retirer à Amhara, & la cour fe tint plufieurs années dans cette province. C'eft là la caufe qui fit que le Dgiz, ou langue des pafteurs, ceffa d'être parlée & qu'on la conferva pour l'écrire feulement, comme une langue morte. Les livres facrés étant tous dans cette langue, il en réfulta un avantage confidérable pour le Dgiz, qui fut fauvé d'un oubli total.

La feconde de ces nations étoit celle des Agows ( ou Agas ) qui s'établirent à Damot, l'une des provinces du fud de l'Abyffinie, fituée immédiatement au-deffous des fources du Nil.

La troifième eft celle des Agas de Lafta, ou les Tcherátz Agas, nom qui leur vient de Tchéra, leur principal établiffement. Leur langage eft différent des autres. Ils font Troglodytes, vivant dans des cavernes. Ils paroiffent adorer les Siris, ou Tacatze ( l'Aftaboras ), à peu près de la même manière que les habitans de Danos adorent le Nil.

Je préfume, dit M. Bruce, que les anciens noms de ces deux dernières nations fe confondirent dans leur nouvel établiffement, & que celui qu'elles portent depuis, n'est qu'un composé de ces deux mots *Ar-Cha*, qui, en oriental, signifient les pasteurs du fleuve. J'imagine aussi, ajoute-t-il, que l'idolâtrie qu'ils introduisirent dans ces contrées en adorant le Nil & le *Siris*, est une preuve qu'ils sortent du pays de Canaan, où l'on avoit remplacé par un matérialisme absurde, le pur sabéisme des pasteurs, qui fut long-temps la seule religion de cette partie de l'Afrique.

La quatrième de ces nations est celle qui vit dans la partie méridionale du Nil, près de Damot. Elle s'est donné le nom de *Gafat*, mot qui veut dire opprimé, arraché, repoussé, chassé par violence.

Si nous suivons l'idée que nous présente le nom de *Gafat*, nous serons portés à croire que cette nation, dit M. Bruce, faisoit partie de tribus persécutées par Roboam, fils & successeur de Salomon. Je ne donne pourtant point ceci comme un fait digne de foi. L'aspect seul de ce peuple & la tradition du pays, dissuadent de l'idée qu'il ait jamais été juif, & qu'il ait même eu quelque affinité avec la colonie qui vint s'établir en Afrique sous les auspices de Menilek & de la reine de Saba, lesquels y fondèrent, selon M. Bruce, la hiérarchie hébraïque. Les *Gafats* disent qu'ils sont payens & qu'ils l'ont toujours été. Ils disent qu'ils partagent avec les Agas, leurs voisins, le culte qu'ils rendent au Nil, culte dont il paroît impossible à M. Bruce d'expliquer l'étendue & la particularité.

Le cinquième peuple est une tribu, laquelle, si nous en croyons la ressemblance des temps, nous feroit imaginer que nous avons découvert dans ce canton de l'Afrique, une partie de cette grande nation des Gaulois, qui s'est si prodigieusement étendue en Europe & en Asie. Une comparaison de son langage & de ce qui nous reste des Gaulois, doit être certainement très-curieuse. Ce peuple se nomme *Galla* : il est le plus considérable d'entre ces nations. Dans cette langue le nom de *Galla* signifie pasteur. Ils disent qu'anciennement ils vivoient sur les bords du pays où les pluies d'été en-dedans du tropique du sud ; qu'ainsi que les pasteurs de l'Atbara, ils faisoient les charrois entre l'Océan Atlantique & l'Océan Indien, & pourvoyoient des marchandises des Indes, tout l'intérieur de la péninsule.

L'histoire de ce commerce est inconnue. Il devoit être un peu moins ancien, mais presque aussi étendu que celui qui se faisoit en Egypte. C'est sans doute, à l'époque de l'abandon des ruines de Sofa-la, après la découverte du nouveau monde qu'il commença à déchoir. Les Portugais le trouvèrent dans un état florissant, au temps de leurs premières conquêtes sur cette côte : il se fait encore de la même manière, mais avec peu de vigueur du côté du cap Nègre, sur l'Océan Atlantique. C'est delà, c'est des environs du cap-Nègre, qu'il faudroit partir pour commencer les

découvertes dans l'intérieur de la péninsule d'Afrique, & sur les deux côtesopposées du tropique du sud. On trouveroit probablement partout de la protection & des secours dans ce grand trajet, & l'on n'auroit besoin que d'un peu d'intelligence du langage.

Quand cette multitude d'hommes n'eut plus d'occupation ni pour ses bestiaux, ni pour elle-même, elle abandonna son pays natal, & se jeta du côté du nord, où elle se trouva auprès de la ligne, enveloppée par la pluie, le froid, & des nuages qui ne lui laissoient presque jamais voir le soleil. Impatient de ces affreux climats, ces hommes s'avancèrent encore plus loin ; & vers l'an 1537, ils se débordèrent dans la province de Bali, & quittèrent bientôt l'usage de leurs chameaux, pour monter à cheval. A présent ils sont tous cavaliers.

Les Falasha sont aussi un peuple de l'Abyssinie, qui a son langage particulier. L'histoire de ce peuple paroît très-curieuse. Cependant je ne puis pas plus dire d'eux, dit M. Bruce, que des Galla, sinon qu'ils devoient faire partie des nations qui s'enfuirent en Palestine aux approches de Josué. Ils ont toujours été & sont encore juifs. Ils conservent ces traditions de leur origine, & des causes qui les obligèrent de se séparer de leurs compatriotes.

Parmi les divers habitans qui possédoient l'Abyssinie depuis ses limites méridionales jusqu'au tropique du cancer, ou aux frontières de l'Egypte, il y avoit d'abord les descendans de Cusch, peuple policé, demeurant dans les villes, après avoir été troglodytes & avoir vécu dans des cavernes ; ensuite les pasteurs.

Après ceux-ci venoient enfin les nations que nous croyons être sorties de la Palestine, les Angara, les Agass, les Damots, les Agass de Tchera, les Cafats.

Les interprètes, moins instruits des détails historiques de ces contrées que les prophètes, par ignorance ou par inattention, ont répandu sur leurs traductions, une obscurité qui n'est sûrement pas dans le texte. L'écriture, en parlant de tous ces peuples, les décrit d'une manière caractéristique, & qui auroit dû empêcher qu'on ne les confondît. S'ils ont occasionné des doutes & des difficultés, c'est uniquement la faute des traducteurs & sur-tout du Septante.

Quand Moyse revint avec sa femme Sephora, ou, selon l'hébreu, Zippoah, fille du souverain des pasteurs de Madian, lesquels alloient prendre les marchandises de l'Inde à Saba, pour les porter dans la Palestine, & qui étoient établis dans l'Idumée, c'est-à-dire, dans l'Arabie, auprès d'Edon, où ils tenoient leur principale foire, Aaron, & Marie, ou Miriam, sa sœur, cherchèrent querelle à Moïse, parce qu'il avoit pris une épouse laquelle, dit le traducteur, étoit Ethiopienne.

Mais ce motif eût été insensé. Moïse n'étoit qu'un fugitif lorsqu'il épousa Zipporah ; & Zipporah avoit pour père le grand-prêtre de Madian, chef de tout un peuple. De plus elle étoit aussi juive, & sûrement plus attentive alors à conserver les préceptes de la loi des juifs, que Moïse lui-même. Il ne pouvoit donc y avoir en cela aucune raison qui parlât contre Zipporah, laquelle sembloit certainement à tous égards, supérieure à Moïse.

Mais si les traducteurs avoient entendu ce passage, & qu'ils l'eussent rendu, en disant qu'Aaron & Miriam firent querelle à Moïse pour avoir épousé une négresse, une maure, le reproche eût été fondé, & la traduction eût été exacte.

En effet, quelque mérite particulier qu'eût Zipporah, & qu'on pût lui reconnoître par la suite, elle dut paroître au premier abord, une de ces femmes étrangères, de ces payennes avec lesquelles il étoit défendu de se marier. En outre, si malgré le désavantage de leur couleur, les négresses ont été & sont encore recherchées par des hommes de couleur différente, ce n'est guère, en général, par des législateurs, qui ne cherchoient dans les plaisirs des sens que des compagnes dignes d'eux.

On peut citer pour second exemple Zérah, roi de Géfar, qui vint pour combattre Asa, roi d'Israël, avec une armée d'un million d'hommes & trois cens charriots : & cette querelle semble avoir été décidée en un moment.

Géfar étoit un petit district qui ne produisoit que des acacias, arbre d'où découle la gomme arabique, & dont il a tiré son nom. Il n'y avoit dans ce canton d'autre eau que celle de quelques puits qu'Abraham y creusa, & qui y occasionnèrent plusieurs débats entre lui & les habitans du pays, qui voulurent le priver de ses puits, comme on raviroit un trésor.

Abraham & son neveu Loth, à leur retour d'Egypte, ne purent, quoiqu'ils ne fussent que de pauvres pasteurs, subsister ensemble dans le pays de Gérar, parce qu'ils y manquèrent d'eau & de pâturage, & ils se séparèrent d'un commun accord.

On doit avouer que, comme il n'y a point de miracle annoncé, on ne trouvera pas dans tout Hérodote une fable plus invraisemblable que ce passage de la traduction de la Bible. Les traducteurs appellent zérah un éthiopien, ce qui signifie qu'il vivoit en Arabie, où il demeuroit effectivement ; séjour qui ne lui donnoit pas plus d'avantage ; ou bien il signifie qu'il étoit étranger, & qu'il sortoit originairement des contrées situées au-dessus de l'Egypte.

Mais de quelque pays qu'il fût, il lui auroit été impossible de rassembler un million d'hommes, c'est-à-dire, une des plus grandes armées qui aient jamais pu couvert la face de la terre, & il n'eût pas pu les nourrir, quand même il leur eût fait fait manger tous les acacias qui croissoient dans son petit territoire. Il y a plus ; il n'auroit pas eu de quoi donner un seul verre d'eau à boire par jour à chaque homme, en prenant celle qui étoit dans tous ses puits.

Comme donc il n'est pas question de miracle dans ce combat & cette victoire, non plus que dans les moyens d'entretenir une si grande armée, ne pouvant soupçonner l'écriture d'avoir dit des extravagances, il faut donc croire que les traducteurs ont mal rendu ce passage. Il eût donc fallu, selon M. Bruce, traduire que Zerah étoit un Maure, un cushite, un prince des Gushites qui faisoit le commerce de l'isthme, un pasteur éthiopien enfin, la difficulté s'évanouiroit. Vingt couriers montés sur des chameaux, pouvoient faire rassembler, en très-peu de temps, un million d'hommes ; & comme Zerah étoit l'agresseur, il étoit le maître de choisir le moment qui lui convenoit le mieux pour l'attaque. Chacun de ces pasteurs pouvant avoir avec lui sa provision d'eau & de farine, suivant l'invariable coutume du pays, il auroit pu combattre Asa à Gérar sans coûter à Zerah, ni un morceau de pain ni une pinte d'eau.

Un passage, dont je ferai aussi mention, est celui-ci. « Le labourage de l'Egypte, & les mar- » chandises de l'Ethiopie & des Sabéens, hommes » de haute taille, reviendront chez toi & t'appar- » tiendront (Isaïe, c. 45, v. 14) ». Ici les différentes nations sont très-distinctement & séparément caractérisées ; mais tout le sens du passage auroit été perdu, si la situation de ces différentes nations n'avoit pas été parfaitement connue, ou si les Sabéens n'avoient pas été mentionnés séparément ; car les Sabéens & les Cushites étoient certainement Ethiopiens. Ce verset signifie donc que le fruit de l'agriculture d'Egypte, c'est-à-dire, le bled & les productions du nègre, l'or, l'argent, l'ivoire & les parfums, seroient portés par les pasteurs sabéens, nation très-puissante, qui se joindroit au peuple de Dieu.

Ezéchiel dit (ch. 30, v. 8 & 9): « Ils connoî- » tront que je suis le Seigneur, lorsque j'aurai allumé » un grand feu en Egypte, & que tout ses dé- » fenseurs seront consternés. En ce jour j'enverrai » des vaisseaux avec des messages pour épouvanter » les insolens Ethiopiens ». Nabuchodonosor ou Nébuchadrezar, étoit prêt à détruire l'Egypte depuis les frontières de la Palestine jusqu'aux montagnes qui sont au-dessus de l'Atbara, première résidence des cushistes. Entre ce pays & l'Egypte il y a un grand désert. Le pays qui est au-delà ou au sud, étoit possédé par un demi-million d'hommes. Le Cushite, ou nègre marchand, étoit par conséquent tranquille ; il ne craignoit pas d'être attaqué par terre ; mais la mer restoit ouverte. Il n'avoit point de défenseurs de ce côté ; & des messages venus sur des vaisseaux, pouvoient avoir un accès libre chez lui, afin de le tenir en alarmes & d'empêcher qu'il ne marchât en Egypte contre

Nabuchadnezar,

Nébuchadnézar, & qu'il n'interrompît les cantons des projets que le prophète avoit en vue.

Mais rien de tout cela n'est exprimé dans la traduction de la Bible, qui rend Cush par Ethiopien. Les Ethiopiens les plus approchés de Nébuchadnézar, les plus-puissans, les plus capables de s'arrêter dans ses conquêtes, étoient les pasteurs éthiopiens de la Thébaïde, & certainement ils n'avoient rien à craindre des vaisseaux ; mais ces pasteurs, qui vivoient à côté du théâtre où devoient s'exécuter les scènes sanglantes préparées par Nébuchadnézar, étoient ennemis des Cushites, habitans des villes ; ils les avoient eux-mêmes battus plusieurs fois. Ainsi, ils n'avoient d'autre envie que de rester tranquilles spectateurs de ces destructions.

Le même prophète parle des Cushites dans plusieurs autres endroits, comme d'une nation commerçante, qui vivoit en bonne intelligence avec les habitans des villes de l'Egypte, & indépendante des pasteurs, qui étoient réellement leurs ennemis, tant par rapport à la différence de leurs mœurs, que par rapport à celle de leur religion : « Et le » glaive se promenera sur l'Egypte, & une grande » douleur se ressentira en Ethiopie, quand l'Egypte » tombera sous les coups de la mort ». C'est donc, comme je l'ai déjà dit, l'Ethiopie qui est la basse contrée des pasteurs, les plus près de l'Egypte ; mais ceux-ci n'avoient rien de commun avec les Cushites qui habitoient les villes égyptiennes. C'étoient les autres Cushites d'Ethiopie, qui étoient marchands & qui demeuroient dans les cités, lesquels devoient s'affliger pour le peuple d'Egypte.

Je ne citerai plus qu'un seul passage de l'écriture, ajoute M. Bruce : « L'Ethiopien peut-il changer sa » couleur, ou le léopard sa peau mouchetée » ? (Jerem. cap. 13, v. 23). Ici Cush est rendu par éthiopien ; & plusieurs Ethiopiens étant blancs, on ne voit pas pourquoi ce peuple a été choisi plûtôt qu'un autre, pour servir d'exemple de ce que le prophète veut exprimer. Mais si Cush avoit été traduit par nègre ou Maure noir, l'idée de Jérémie auroit été bien comprise ; le nègre peut-il changer sa couleur, ou le léopard sa peau mouchetée ?

Jérémie parle des chefs du peuple mélangé qui demeuroit dans les déserts. Ezéchiel dit aussi qu'ils étoient indépendans de tous les autres, tant Cushites que pasteurs, ou Libyens leurs voisins ; & il les désigne par le nom de peuple mélangé. Isaïe (cap. 18, v. 2), les appelle une nation dispersée & dépouillée de sa peau ; un peuple terrible depuis son origine jusqu'à ce moment ; une nation rejetée, foulée aux pieds, & dont la rivière a gâté les terres. Voilà assurément une description caractéristique qui explique qu'ils avoient été chassés de leur patrie, & que le lieu de leur nouvel établissement avoit souffert, peu de temps auparavant, les ravages d'un déluge.

Je vais joindre à tout ce que je viens de dire sur les premiers habitans de cette ancienne partie

du globe, ce que je trouve ensuite dans le même ouvrage de M. Bruce, sur l'ancienne écriture de ce pays. J'aurai soin d'avertir, dans un mot d'avertissement, de tout ce que peut renfermer d'intéressant cet article Troglodytæ, trop long, sans doute, si je n'y parlois que de ce peuple, mais qui mérite son étendue, par ce qu'il peut jeter de lumières sur ce qui concerne les premiers âges de l'Egypte & de l'Ethiopie. Voyez le Voyage en Abyssinie, in-4°. vol. I, p. 471.

On doit observer, dit M. Bruce, que j'ai déjà dit, en parlant du langage des Habesch, ou des peuples mêlés de l'Abyssinie qu'ils n'ont point. de caractères qui leur soient propres ; mais que, quand ils écrivent, ce qui est très-rare, il faut qu'ils se servent de l'alphabet Dgiz. Cependant Kirker dit que l'on trouve deux sortes de caractères en Abyssinie, & il nomme l'un le Syriaque ancien & sacré ; & l'autre, le vulgaire ou le Dgiz commun, dont il est question en ce moment. Mais certainement c'est une méprise, pour ne pas dire une erreur. Je ne sache pas, dit expressément M. Bruce, qu'il y ait jamais eu plus de deux caractères originaux venant d'Egypte. Le premier est le Dgiz, le second, le Saïtique, & tous deux sont les plus anciens caractères du monde, & dérivent des hiéroglyphes.

Quoiqu'il me soit impossible d'éviter de dire ici quelque chose concernant l'origine des langues, on ne doit pas attendre que je veuille me conformer aux opinions à la mode, que l'on a débitées sur ce sujet, ni admettre que toutes les anciennes divinités du paganisme, sont les patriarches de l'ancien Testament. Malgré tout le respect que j'ai pour Sanchoniaton & pour ceux qui ont adopté ses idées, je ne croirai pas plus qu'Osiris, le premier roi d'Egypte, & que Thot ait été son ministre, que je ne puis croire que Saturne étoit le patriarche Abraham ; Rachel, Minerve, & Lia, Vénus. Je ne veux point fatiguer mes lecteurs raisonnables ; mais si Osiris étoit un personnage, s'il étoit roi d'Egypte, & que Thot fût son secrétaire ou son ministre, certainement ils voyagèrent dans de bonnes intentions, puisque tous les peuples de l'Europe & de l'Asie semblent s'accorder à dire que ces deux personnages furent les premiers qui leur communiquèrent eux-mêmes les lettres & l'art d'écrire, quoiqu'à la vérité à des époques très-différentes & très éloignées.

Thèbes fut bâtie par une colonie d'Ethiopiens, qui sortoient de Siré, c'est-à-dire, de la ville de Séir, ou de la Canicule. Diodore de Sicile dit que les Grecs, en mettant un O devant Siris, avoient rendu ce mot inintelligible pour les Egyptiens. Siris étoit donc Osiris ; mais il n'étoit ni le soleil, ni Abraham, ni un personnage réel. C'étoit l'étoile Syris, ou la canicule, désignée par la figure d'un chien, à cause de l'avertissement qu'il donnoit à l'Atbara, où furent faites les premières observations du lever héliaque, ou de son dégagement des rayons du soleil qui le rendoit facilement perceptible à l'œil nud. C'étoit encore l'aboyant Anubis; & l'on comparoit figurément son premier aspect au jappement d'un chien, parce qu'il annonçoit que l'on se préparât à la prochaine inondation. Je pense donc que ce fut le premier hiéroglyphe & qu'Isis, Osiris & Thot furent ensuite des inventions qui s'y rapportoient. Je suis d'autant mieux fondé à avancer cela, dit M. Bruce, que dans tout Axum, qui fut jadis une grande ville, il n'y avoit pas un seul autre hiéroglyphe que le chien, autant que j'en ai pu juger par les fragmens grossiers des figures de cet animal, représentées en différentes postures, & que l'on distingue facilement parmi les ruines sur tous les piédestaux.

Il n'y a nul doute que, non pas l'astronomie, mais les hiéroglyphes, furent inventés à Thèbes, où la théorie de la constellation du chien fut particulièrement étudiée, à cause des rapports qu'elle avoit avec l'année rurale des Egyptiens. Ptolémée nous a conservé l'observation d'une ascension héliaque de Sirius, le quatrième jour après le solstice d'été qui répond à l'année 2250 avant J. C. Il y a de très-fortes raisons de croire que, long-temps avant cette époque, les Thébains étoient d'assez bons astronomes, c'est-à-dire, de bons observateurs du cours apparent des corps célestes. De plus, on peut penser que ceci donne à Thèbes une bien plus haute antiquité que ne le fait la chronique d'Axum, citée plus haut.

Le cadran, ou cercle d'or d'Osimandyas (du moins celui dont les historiens attribuent l'exécution à ce roi), montre les progrès immenses que les Anciens avoient faits en si peu de temps dans l'astronomie. Il est aussi la preuve de la décadence très-ancienne & du renouvellement des arts en Egypte, puisque la connoissance & l'usage de la sphère armillaire furent perdus au temps de la destruction de Thèbes, & qu'elle ne fut découverte de nouveau, que sous le règne de Ptolémée Soter, trois cens ans avant J. C. Je crois, dit M. Bruce, que cette immense quantité d'hiéroglyphes qui couvrent toutes les murailles des temples & les faces des obélisques, ne contiennent que des observations astronomiques.

Ces hiéroglyphes paroissent être les éphémérides de plusieurs siècles; & cela donne suffisamment la raison de leur nombre. Si leur ancienneté est incontestable, peut-être en peut-on dire autant de leur exactitude. Sans doute elles restoient ainsi exposées, afin qu'on pût les consulter dans toutes les occasions; & la profondeur à laquelle on avoit creusé en les gravant, la dureté des pierres que l'on avoit choisies, l'épaisseur, la masse de ces blocs énormes, tout concouroit & a concouru, en effet, à les sauver des injures du temps.

Nul témoignage ne nous apprend que les lettres fussent connues avant le temps de Noë; & toute recherche à cet égard, seroit sans doute inutile. Cependant, dit M. Bruce, il me paroît très-difficile qu'aucune société adonnée à différens travaux, puisse subsister long-temps sans elles. Il n'y a point de doute, ce me semble, qu'elles n'aient été inventées, bientôt après le déluge & long-temps avant Moïse, & qu'elles ne fussent, du temps de ce législateur, d'un usage commun parmi les peuples idolâtres.

Il me semble également probable que le premier alphabet étoit éthiopien, & qu'il fut d'abord formé d'hiéroglyphes, & ensuite de caractères plus courans, plus faciles à tracer, & plus propres à être appliqués aux affaires ordinaires. M. Fourmont est tellement de cet avis, qu'il dit que trois lettres de l'alphabet éthiopien, ont encore évidemment un caractère hiéroglyphique, & que le *beta* ressemble à la porte d'une maison ou d'un temple.

Mais je me permettrai de lui observer que les portes des temples, ainsi que celles des maisons qu'on bâtissoit dans les premiers temps étoient carrées, parce qu'on ne connoissoit point alors les cintres. Le *beta* fut fait d'après les portes des Troglodytes, qui vivoient dans les montagnes. Ces portes étoient rondes & firent naître l'idée de faire des cintres, lorsque l'architecture se perfectionna.

Quelques auteurs ont attribué aux lettres une origine divine. Ils disent que Dieu même les enseigna à Abraham. Mais ce fait n'est appuyé sur aucune autorité, quoiqu'on ne puisse nier que, d'après le témoignage de l'écriture, il paroît qu'il y avoit deux caractères connus de Moïse, quand Dieu lui parla sur la montagne de Sinaï. Les deux premières tables, dit M. Bruce, furent écrites par le doigt de Dieu. Il n'est pas dit en quels caractères; mais Moïse qui les reçut pour les lire au peuple, devoit certainement les entendre. Quand il eut brisé ces tables, & qu'il eut un second entretien avec Dieu sur la montagne, au sujet de la loi, il en eut l'ordre spécial d'écrire non en caractères égyptiens ou hiéroglyphiques, mais en écriture courante, pareille aux caractères dont se servoient les marchands Ethiopiens, *pareille aux lettres d'un cachet*. C'est-à-dire, qu'il ne devoit pas tracer une *peinture* en hiéroglyphes qui représentassent les choses; car la loi le défend, & les conséquences dangereuses qui en seroient résultées étoient évidentes. Mais il devoit écrire la loi en caractères courans, qui indiquassent des sons, & non rien de ce qui étoit apparent dans le ciel ou sur la terre, en lettres dont les Ismaélites, les Cushites, & les nations qui faisoient le commerce de l'Inde, se servoient dès long-temps dans les affaires, en signant leurs envois, leurs marchés. Et c'est-là le sens de ces mots: *pareille aux lettres d'un cachet*.

D'après cela, on voit clairement que ce n'est pas Dieu qui donna les lettres aux hommes, & que ce n'est pas Moïse qui en fut l'inventeur; mais qu'avant la promulgation de la loi fur le mont Sinaï, Moïfe connoiſſoit les deux différens caractères qui exiſtoient ; parce qu'il avoit appris à les connoître en Egypte , & pendant le long féjour qu'il avoit fait parmi les Cushites & les paſteurs de l'Arabie pétrée. Il paroît auſſi que l'écriture facrée des Egyptiens étoit conſidérée comme profane & défendue aux Hébreux , & que les caractères vulgaires des Ethiopiens étoient les caractères facrés des Juifs , & ceux dans leſquels leur loi fut d'abord écrite. Le texte eſt clair & précis. « Et les pierres , où feront les noms des enfans » d'Ifraël , feront au nombre de douze , conformé » ment à ces mots , & gravées comme un cachet ; » & chaque pierre aura un nom , conformément » au douze tribus ». ( Exod. cap. 28 , v. 21 ). Cela veut dire tout fimplement , vous n'écrirez point fuivant la manière employée juſqu'à ce jour , parce qu'elle induit le peuple en erreur , & le mène à l'idolatrie. Vous ne repréſenterez pas Juda fous l'emblème d'un lion, Zabulon fous celle d'un vaiſſeau , Iſſachar fous celle d'un âne couché entre deux fardeaux. Mais au lieu de porter aux yeux par des peintures , vous vous ſervirez de l'écriture vulgaire dont ſe fervent les marchands , & cette écriture indique des fons & non des chofes. Il en fut de même pour la plaque d'or qu'Aaron portoit fur fon fein ; elle étoit écrite comme la gravure d'un cachet.

Ces cachets, inventés dans l'Orient, dès la plus haute antiquité, y font comme d'un uſage général juſqu'à ce jour , & on les porte fur la main. On y lit le nom de la perfonne qui les porte , ou quelque fentence religieuſe. Les Grecs après les Egyptiens, ſe ſervirent de la méthode hiéroglyphique , & ils gravèrent des fignes fur leurs cachets.

Nous trouvons enfuite qu'au lieu de ſe fervir de pierre , Moïfe, pour plus de commodité , écrivit dans un livre.

Quoique Moïfe n'ait inventé aucun caractère d'écriture , il eſt preſque fûr qu'il en connoiſſoit deux , & qu'il s'en fervit. Peut-être auſſi eſſayat-il de faire des altérations à l'alphabeth éthiopien , alors en uſage , afin d'accroître la différence entre l'écriture dont ſe fervoient les nations idolâtres , & celle qu'il vouloit rendre particulière aux Hébreux. Le premier changement fut d'écrire de droite à gauche tandis que l'éthiopien étoit & eſt encore aujourd'hui écrit de gauche à droite , ainſi que l'alphabet hiéroglyphique. Le fecond fut de fupprimer les points qui , dans tous les temps, doivent avoir exiſté dans l'écriture éthiopienne , & avoir fait partie des lettres avec leſquelles ils ont été ſans doute inventés. Je ne vois même pas comment elle pouvoit avoir été lue fans ces points. Auſſi , quelque chofe qu'on prétende fur l'antiquité de l'application des points maforétiques , l'invention n'en eſt certainement pas

nouvelle. Ils doivent au contraire avoir exiſté dès l'inſtant que la langue fut écrite.

Je préfume, dit M. Bruce, que les changemens faits par Moïfe, furent promptement adoptés après que la loi fut écrite , & qu'ils furent appliqués aux nouveaux caractères, parce que, peu de temps après, Moïfe reçut l'ordre de Dieu de foumettre la loi au peuple , ce qui auroit été parfaitement inutile, fi les caractères n'avoient pas été aſſez familiers à tous les Hébreux pour qu'ils puſſent aiſément les lire.

A ce qu'on vient de dire fur quelques points d'antiquité, & qui tient d'une manière plus ou moins rapprochée à la Géographie des premiers âges, je vais ajouter quelques morceaux fur les voyages de ces anciens temps. Je fens que l'on pourroit m'objecter qu'ils auroient eu une place plus naturelle aux articles OPHIR & THARSIS , mais il en eſt de la rédaction d'un ouvrage de fi longue haleine , comme de la première édition d'un ouvrage ordinaire. Il ne faut quelquefois que fix mois de publication pour rendre celui-ci fuſceptible d'augmentations très - importantes ; comme auſſi pendant le cours de l'impreſſion de cette partie de l'Encyclopédie, il eſt venu à ma connoiſſance des morceaux qu'il m'a paru intéreſſant de recueillir. Il ne faut pas oublier qu'il n'a jamais été rien entrepris d'auſſi détaillé & d'auſſi complet fur la Géographie ancienne, & qu'il eſt de l'intérêt du public & du devoir de l'écrivain de lui préſenter tout ce qui peut ajouter à fes connoiſſances en ce genre. J'ai donc encore ici recours à M. Bruce, vol. 1, ch. 4, p. 289.

On a vu précédemment que M. Bruce tire , en quelque forte , de l'oubli , les nations qui ont les premières habité la terre & qui , non-feulement ont connu les lettres, mais porté les ſciences & les arts à une haute perfection. Ces arts & ces ſciences avoient jeté en Orient de profondes racines qui n'en ont pas été aiſément extirpées.

Le premier & le plus funeſte coup qu'ils reçurent , fut la deſtruction de Thèbes & de fes rois. Lorſque les paſteurs, commandés par Salatis , s'emparèrent de l'Egypte , les ſciences & les arts furent alors renverſés de fond en comble. On les releva , mais ils éprouvèrent encore un nouvel échec quand les paſteurs , ayant à leur tête Sabaco , revinrent faire la conquête de la Thébaïde. Enfin leur troiſième chûte eut lieu lorſque l'empire de la baſſe Egypte , & non pas, je crois , celui de la Thébaïde , fut transféré à Memphis , & que cette ville fut priſe, comme le racontent les hiſtoriens, par les ſeuls paſteurs d'Abaris , ou du Delta ; quoiqu'il foit peu probable que, pour une chofe auſſi agréable aux paſteurs que le renverſement d'une ville , toute la nation leur ait prêté fon aſſiſtance.

Ce font là , comme le penſe M. Bruce , les principales époques de la décadence des arts & des ſciences en Egypte. Quant aux invaſions de Nébuchadnézar & de ſes Babyloniens , elles ne furent fatales qu'aux villes & à leurs habitans. Elles furent d'ailleurs passagères, & les conséquences n'en pouvoient être de longue durée. La conquête des Assyriens ne fut qu'une expédition de pillage. Les Babyloniens étoient, après les Egyptiens, le peuple le mieux policé. L'Egypte souffrit de leur rapacité, non de leur ignorance ; au lieu qu'elle eut à souffrir horriblement de l'ignorance des pasteurs pendant tout le temps de leurs conquêtes.

Après la destruction de Thèbes, le commerce, & probablement les arts, s'enfuirent de l'Egypte pendant un certain temps, & se retirèrent à Edom, ville dont l'histoire nous est très-peu connue, mais qui étoit pourtant à cette époque, ainsi que son territoire, le pays le plus riche du monde. David, qui régnoit dans le voisinage de Sidon & de Tyr, appelle Edom la cité forte. « Qui me portera » dans la cité forte ? qui me conduira dans Edom » ? ( *Pf. LX*, v. 9, & *pf. CVIII*, v. 10 ).

David, à la suite d'une ancienne querelle, &, sans doute aussi, à l'instigation des Tyriens, ses anciens amis, s'empara d'Edom, la détruisit & en dispersa les habitans, il étoit alors le guerrier le plus puissant du continent : Tyr & Edom étoient rivales ; & le prince Hébreu, en faisant la conquête de cette dernière ville, qu'il unit à son royaume, auroit anéanti le commerce par les mêmes moyens qu'il employoit pour le cultiver & l'approprier, si Tyr n'avoit pas été en état de succéder à Edom, & de rassembler ses marins & ses ouvriers que la conquête avoit dispersés.

David prit possession de deux ports, Eloth ou Elath, & Asion ou Ezion Gaber, d'où il fit avec beaucoup de succès, jusqu'à la fin de son règne, le commerce à Ophir & à Tarshish. Nous demeurons frappés d'étonnement, quand nous réfléchissons aux sommes immenses que ce prince reçut en si peu de temps des mines d'Ophir. Ce qui est rapporté, que David & ses fils fournirent pour l'édification du temple de Jérusalem, excède huit cens millions de notre monnoie, si toutefois le talent dont parle l'écriture en cet endroit, étoit le talent hébraïque & non un poids, qui eût la même dénomination, dont la valeur fût moindre, & qu'on réservât spécialement pour le commerce de ces métaux précieux, l'or & l'argent : mais je laisse à discuter ce point d'antiquité au savant auteur du dictionnaire d'Antiquités.

Salomon, qui monta sur le trône après David, son pere, succéda également à l'amitié que David avoit contractée avec Hiram, roi de Tyr. Salomon visita en personne Elath & Asion-Gaber, & les fortifia. Il rassembla un grand nombre de pilotes & de gens de mer qui s'étoient enfuis d'Edom, lorsque son pere en avoit fait la conquête, & dont la plupart s'étoient retirés à Tyr & à Sidon, les deux seules villes commerçantes de la Méditerranée. Hiram lui fournit beaucoup de matériaux ; mais les matelots de Tyr n'étoient pas capables d'exécuter les projets de Salomon,

s'ils n'eussent pas été dirigés par des pilotes & des marins accoutumés à la navigation du golfe d'Arabie & de l'Océan Indien ; des hommes enfin tels qu'étoient ceux qui vivoient autrefois à Edom, & que le roi des Hébreux venoit de recueillir à Elath & à Asion-Gaber.

La navigation de la mer des Indes étoit bien différente à tous égards de celle de la Méditerranée ; car la Méditerranée peut être regardée, en comparaison de la mer des Indes, comme un paisible étang, dont les rivages sont très-peu écartés l'un de l'autre. D'ailleurs, cette petite étendue de mer est si remplie d'îles, que le pilote avoit besoin de plus d'art & d'habileté pour éviter la terre, que pour l'aborder. Elle est de plus sujette à des vents variables, puisqu'elle se trouve au nord du 30e degré de latitude, limites que la nature a données à ces vents sur toute la circonférence du globe. La navigation de l'Océan Indien est gouvernée par des loix plus régulières & plus commodes pour les marins, & très-différentes de celles auxquelles la Méditerranée est soumise. Peut-être ne sera-t-on pas fâché de trouver ici un mot sur ce phènomène.

Tous ceux qui connoissent un peu l'histoire d'Egypte, savent que les vents du nord y règnent pendant les six mois de la plus grande chaleur, & qu'on les y nomme vents *Ethésiens*, ou vents d'été. Ces vents balaient la vallée du nord au sud, qui est la direction de l'Egypte, ainsi que celle du Nil, qui la partage dans sa longueur. Les deux chaines de montagnes qui bordent l'Egypte à l'orient & à l'occident, forcent le vent de suivre cette direction précise.

Il est naturel de penser qu'il en seroit de même pour le golfe Arabique, si cette mer avoit une direction parallèle à la terre d'Egypte, c'est-à-dire, du septentrion au midi. Cependant le golfe d'Arabie, ou ce que nous appelons la mer Rouge, s'étend presque du nord-ouest ou sud-est, depuis Suez jusqu'à Moka. Là elle tourne, & va presque de l'est à l'ouest, jusqu'à sa jonction avec l'Océan Indien par le détroit de Bab-el-Mandeb.

Ainsi les vents Ethésiens, qui sont directement nord en Egypte, prennent ici la direction du golfe, & soufflent avec force dans cette direction pendant tout l'été, c'est-à-dire, que depuis le mois d'avril jusqu'au mois d'octobre, le vent règne du nord-ouest sur toute l'étendue de la mer Rouge, en descendant jusqu'au détroit ; & que de novembre en mars, il est directement contraire, & remonte le golfe Arabique, depuis le détroit de Bab-el-Mandeb jusqu'à l'isthme de Suez.

Ces vents sont appelés par quelques personnes, les vents alisés ; mais c'est par erreur qu'on leur a donné ce nom, qui peut servir à répandre de la confusion dans les relations, & à les rendre inintelligibles.

Le vent alisé est un vent qui souffle pendant tout le cours de l'année, & qui a toujours soufflé du même point de l'horizon ; tel est le vent du sud-ouest, au sud de la ligne nègre, sur l'Océan Pacifique & sur l'Océan Indien.

Mais, au contraire, les vents dont je parle actuellement s'appellent *moussons*. Chaque année ils soufflent régulièrement six mois du nord, & six mois du sud sur le golfe Arabique, tandis que sur l'Océan Indien, au-delà du détroit de Bab-el-Mandeb, leur direction est précisément opposée pendant le même temps, c'est-à-dire, que pendant l'été ils viennent du sud, & pendant l'hiver ils viennent du nord avec une légère inclinaison à l'est ou à l'ouest.

On observera donc, qu'un vaisseau partant de Suez ou du golfe d'Elath, dans quelque mois de l'été que ce soit, rencontrera un vent de nord-ouest très-violent, qui le portera directement du golfe à Moka. A Moka, la côte va de l'orient à l'occident jusqu'au détroit de Bab-el-Mandeb : ainsi le vaisseau parti de Moka, aura, pendant un court espace de chemin, des vents variables, mais la plupart du temps soufflant de l'ouest, & ces vents le conduiront bientôt au détroit. Il n'a donc plus besoin de la mousson du golfe qui venoit du nord ; & quand il a passé dans l'Océan Indien, il rencontre une autre mousson directement opposée, pendant les six mois d'été, à celle qui l'avoit favorisé sur la mer. Cette mousson ne lui est pas moins favorable. Elle souffle du sud-ouest, & le porte à pleines voiles, sans aucun délai, sans aucun obstacle, dans quelque port de l'Inde qu'il veuille aller.

A son retour, il a le même avantage ; il fait voile pendant les mois d'hiver avec la mousson propre à cet océan, qui souffle alors du nord-est, & qui le conduit au détroit de Bab-el-Mandeb. Le détroit franchi, il trouve dans le golfe un vent de sud-est directement opposé à celui qui est dans l'Océan ; mais la route qu'il a besoin de faire est également contraire à celle qu'il a faite d'abord ; & ce vent de sud-est suivant la direction du golfe, le mène à Suez, ou dans le golfe d'Elath ou d'Elan ; enfin en quelque endroit qu'il ait besoin. Jusques-là tout est simple, clair, aisé à comprendre, & c'est la raison pour laquelle, dans les premiers âges du monde, le commerce de l'Inde se fit sans aucune difficulté.

Cependant il s'est élevé beaucoup de doutes sur le port appelé *Ophir*, d'où l'on tira l'immense quantité d'or & d'argent qui étoit nécessaire dans le temps où l'on voulut se préparer à bâtir le temple de Jérusalem. On n'a pu encore s'accorder sur la partie du monde, dit M. Bruce, où étoit situé cet Ophir. Quant à moi, j'ai adopté l'opinion de ceux qui le placent à Sofala, sur la côte d'Afrique. *Voyez* ce mot OPHIR. Mais continuons à voir ce que dit M. Bruce.

Avec le voyage d'Ophir on en faisoit un à Tarshish ou Tharsis. On a vu que j'ai adopté l'opinion que quelquefois ce nom, dans l'écri-

ture, désigne la mer ; mais je ne la regarde pas comme exclusive. La même flotte, dit M. Bruce, alloit dans ces deux endroits pendant la même saison.

Pour reconnoître, ajoute-t-il, avec certitude le lieu où étoit Ophir, il est nécessaire d'examiner ce qu'en dit l'Ecriture, & de rassembler tout ce qui le décrit précisément, sans permettre que notre imagination nous emporte trop loin.

Premièrement, pour aller faire le commerce à Ophir, on partoit du golfe d'Elan, ou Elamithe, & l'on traversoit l'Océan Indien.

Secondement, les retours étoient en or, en argent & en ivoire ; mais principalement en argent.

Troisièmement enfin, les flottes demeuroient, pour aller & pour revenir, précisément trois ans, & elles ne restèrent jamais ni plus ni moins de temps dans ce voyage.

Or, si les flottes de Salomon partoient du golfe Elamithe pour l'Océan Indien, leur voyage exigeoit de toute nécessité qu'elles se servissent des moussons, parce qu'il ne règne point d'autres vents sur ces mers ; & ce qui prouve indubitablement qu'elles en profitoient, c'est le terme précis de trois ans qu'elles mettoient pour se rendre à Ophir, & revenir à Ezion-Gaber ; car il est clair, de manière à n'avoir besoin ni de preuve, ni de l'appui d'aucun raisonnement, que si ce voyage avoit été fait avec des vents variables, on n'auroit jamais dû observer qu'il falloit un terme déterminé pour l'allée & pour la venue. Les flottes auroient pu retourner d'Ophir dans deux, trois, quatre ou cinq ans, & le terme fixe de trois années auroit été impossible à observer, dans quelqu'endroit du globe qu'eût pu être situé Ophir.

Ni l'Hispanie, ni le Pérou (qui probablement n'étoit pas alors connu), n'ont point été l'Ophir des anciens. Pendant une partie du voyage qu'il eût fallu faire pour s'y rendre, on auroit trouvé des vents variables, & conséquemment le retour eût été incertain. L'île de Ceylan (autrefois Taprobane), ne pouvoit pas non plus être Ophir. On s'y rend & on en revient à la vérité avec les mêmes moussons ; mais un an est tout ce qu'il faut pour un pareil voyage. En outre, Ceylan a de l'ivoire, il est vrai ; mais elle n'a ni argent ni or : & quant aux îles de l'Amérique, elles n'ont ni or ni ivoire.

Quand les Tyriens découvrirent l'Hispanie, ils y trouvèrent une immense quantité d'argent en masses énormes ; mais ils le portèrent à Tyr par la Méditerranée, & ils l'envoyèrent ensuite par terre jusqu'à la mer Rouge, afin de payer les marchandises qui venoient des Indes.

Tharsis n'est pas non plus un port que l'on eût pu trouver dans aucun de ces voyages ; ainsi cette partie de la description pèche ; & d'ailleurs il n'y avoit pas non plus des éléphans dans l'Hispanie.

Ce furent les mines d'Ophir qui fournirent probablement de l'or en Orient, dans les premiers âges ; conféquemment il auroit dû paroître de grandes excavations. Cependant, dans aucun des endroits dont on vient de parler, on ne trouve de grande marque de l'exploitation d'aucune mine. Les anciennes traces des mines d'argent qui étoient dans l'Hifpanie, font peu confidérables, en comparaifon de ce qu'elles auroient dû être (1), & il n'y a pas eu de mines d'or.

Juan-Dos-Santos (voyez fon *Voyage publié par le Grand*), moine Dominicain, dit que fur la côte d'Afrique, dans le royaume de Sofala, fitué vis-à-vis l'île de Madagafcar, il y a des mines d'or & d'argent, plus abondantes qu'aucune autre mine connue, fur-tout celles d'argent. Elles paroiffent avoir été exploitées dès les premiers temps. Elles étoient comme ouvertes, & on y travailloit, quand les Portugais conquirent cette partie de la péninfule, & vraifemblablement qu'on les a abandonnées depuis la découverte du nouveau monde, plutôt par politique que par aucune autre raifon.

Juan-Dos-Santos raconte qu'il aborda à Sofala dans l'année 1586, & qu'il remonta la grande rivière de Cuama, où les moines de fon ordre defirant toujours d'être dans le voifinage de l'or, avoient placé leur couvent. De-là il pénétra à environ deux cens lieues dans le pays, & il vit les mines d'or que l'on exploitoit alors dans les montagnes d'Afura : à une diftance confidérable de ces mines étoient les mines d'argent de Chicona. Dans les unes & dans les autres on trouve des excavations qui paroiffent très-anciennes ; & auprès de ces divers endroits, les maifons des rois font actuellement faites de paille & de boue, tandis qu'il y fubfifte encore des reftes confidérables de bâtiment, conftruits avec des pierres & de la chaux.

C'eft une tradition généralement adoptée dans ce pays, que ces ouvrages ont appartenu autrefois à la reine de Saba, & qu'ils y furent bâtis dans le temps du commerce de la mer Rouge ; & à caufe de ce commerce, tous les *Cafres* confervent parmi eux mémoire de ce fait.

Eupolémus, ancien auteur cité par Eufèbe, dit, en parlant de David, qu'il fit conftruire des vaiffeaux à Eloth, ville d'Arabie, & qu'il envoya des mineurs, ou, comme il les appelle, des *hommes à métal*, à Orphi ou Orphir, île de la mer Rouge. Mais par la mer Rouge, cet écrivain entend, fans doute, l'Océan Indien ; & par Orphi, vraifemblablement il défigne l'île de Madagafcar. Orphi ou Orphir paroit avoir été le nom du continent, au lieu de Sofala.

Les rois des îles font fouvent cités dans ces voyages, Socotera, Madagafcar, les Commores & plufieurs petites îles des environs, font appa-

remment ce que l'écriture appelle *les îles*. Tout fe réduit donc alors à trouver un lieu, foit Sofala, foit quelqu'autre contrée adjacente, qui puiffe fournir indubitablement de l'or, de l'argent & de l'ivoire en grande quantité, qui ait de vaftes excavations & qui, en même temps, foit dans une pofition telle, en rapport aux mouffons, qu'il faille abfolument trois ans pour en faire le voyage, fans qu'il exige plus de temps, ni qu'on puiffe le faire en moins ; & ce lieu eft Ophir.

Effayons maintenant de nous rendre à ces mines de Dos-Santos, avec les mouffons que nous avons déjà expliquées. Les flottes ou les vaiffeaux partant en juin d'Ezion-Gaber, fe rendoient à Moka avec la mouffon du nord. Là, non la mouffon, mais la direction du golfe change, & la violence des vents de fud-oueft qui règnent dans l'Océan Indien, fe fait quelquefois fentir dans la route de Moka.

Les vaiffeaux mouillent alors dans ce port, & y attendent un temps plus calme & des vents plus favorables qui les conduifent jufqu'au dehors du détroit de Bab-el-Mandeb, dans le court paffage duquel le vent eft toujours variable. S'ils avoient befoin de fe rendre aux Indes, leur route feroit à l'eft-nord-eft, ou au nord-eft, quart-de-nord, & ils trouveroient un vent très-fort de fud-oueft, qui les porteroit dans quelque partie de l'Inde qu'ils vouluffent aller, dès qu'ils auroient doublé le cap Gardefan (2).

Mais il en eft autrement, fi ces vaiffeaux font deftinés pour Sofala ; leur route eft prefque au fud-oueft, & ils rencontrent au cap Gardefan un vent violent du fud-oueft qui leur eft directement contraire ; étant obligés de retourner dans le golfe, ils prennent ce vent pour un vent alifé, parce qu'ils ne peuvent faire la route de Moka qu'avec la mouffon d'été, qui ne les conduit que jufqu'au détroit de Bab-el-Mandeb, & qui les laiffe enfuite abandonnés à un vent contraire, à un courant très-fort & à une mer orageufe.

Il étoit abfolument impoffible de tenter un pareil voyage à la voile, parce que les vaiffeaux n'alloient, dans les premiers temps, que vent-arrière. Si l'on avoit voulu achever, il auroit fallu employer des rames & beaucoup de dépenfes ; & la perte d'un grand nombre d'hommes eût été les conféquences néceffaires de ces effais. Ceci n'eft pas une fimple conjecture.

Le prophète Ezéchiel décrit le fait, en parlant des voyages des Tyriens, & peut-être même de celui que l'on vient de tracer. Il dit : « Tes rameurs t'ont porté dans les grandes eaux (l'Océan), » & le vent d'orient t'a brifé dans le milieu des » mers ». En un mot, le vent d'orient, c'eft-à-dire,

---

(1) M. Bruce dit que l'on ne connoit aucune trace de mine d'argent en Efpagne. S'il veut fe convaincre du contraire, il n'a qu'à lire l'ouvrage de Bowle ou ma Géographie ancienne de l'Efpagne.

(2) C'eft le véritable nom de ce cap : il fignifie *cap des funérailles* ; comme Bab-el-Mandeb, *porte des peines, des afflictions*. Par ignorance du fens, on a altéré les mots, & l'on a dit Bab-el-Mandel, Guardafui,

le vent du nord-eft, étoit la vraie mouffon propre à les conduire à Sofala. Cependant, n'ayant pas de voiles, étant fur une côte où le vent donnoit en plein, fur une côte très-dangereufe & dans une mer très-groffe, il leur eût été impoffible, avec leurs rames, d'échapper au naufrage.

Enfin la philofophie, l'obfervation, la perfévérance infatigable de l'homme, qui cherche à exécuter tous les projets que fon intérêt lui fuggère, triomphèrent de ces difficultés, & apprirent aux navigateurs du golfe d'Arabie, que ces vents périodiques, qu'ils avoient d'abord regardés comme des obftacles invincibles au commerce de Sofala, étoient, quand on les connoiffoit, les moyens les plus fûrs & les plus prompts d'exécuter ce voyage.

Les vaiffeaux qui alloient trafiquer à Sofala partoient en été du golfe d'Arabie, ainfi que je l'ai dit. Ils profitoient d'une mouffon du nord, qui les conduifoit à Moka. Là, la mouffon leur manquoit, par rapport au changement de direction du golfe. Les vents du fud-oueft qui foufflent en dehors du cap Guardefan, dans l'Océan Indien, avoient tant de violence, qu'ils fe faifoient fentir jufques dans la route de Moka, & rendoient cet endroit affez difficile pour les vaiffeaux. Mais bientôt le vent changeoit, le temps devenoit calme, & les vaiffeaux (j'imagine) étoient, dans le mois d'août, tranquillement à l'ancre fur le cap Gardefan, où étoit le port que, long-temps après, on appela *promontorium Aromatum*.

Là, les vaiffeaux étoient obligés de demeurer jufqu'en novembre, parce que pendant tous les mois de l'été, les vents, au fud du cap, fouffloient du fud-oueft, & étoient, comme je l'ai expofé plus haut, directement contraires au voyage de Sofala.

Mais le temps n'étoit pas perdu; on achetoit une partie des marchandifes que l'on vouloit rapporter, telles que l'ivoire, l'encens & la myrrhe, & les vaiffeaux même étoient le lieu où l'on tenoit le marché de ces divers objets.

Je penfe, dit M. Bruce, qu'en novembre les vaiffeaux partoient avec un vent de nord-eft, avec lequel ils avoient bientôt fait le voyage. Mais à la hauteur de la côte de Mélinde, ils rencontroient au mois de décembre, une mouffon irrégulière du fud-oueft, que, de nos jours, le docteur Hallay a obfervée le premier. Cette mouffon les empêchoit d'arriver à Sofala, & les obligeoit de relâcher dans le petit port appelé aujourd'hui *Moka* (1), près

de Mélinde, ou plus près encore, dans celui que l'on nomme *Tarhish*, que nous trouvons ici par accident, & que nous regardons comme un puiffant garant de la rectitude de nos idées fur tout le refte du voyage.

Dans les annales de l'Abyffinie, nous voyons qu'Amda-Sion ayant porté la guerre fur cette côte, dans le quatrième fiècle, avoit dans le nombre de fes vaiffaux rebelles, un chef de Tarshish, pays défigné dans le même endroit où nous venons de le placer.

Les vaiffeaux de Salomon étoient donc obligés de s'arrêter à Tarshish jufqu'en avril de l'automne fuivante. En mai le vent paffoit au nord-eft, & probablement il les portoit dans le cours du même mois à Sofala.

Tout le temps qu'ils paffoient à Tarshish (2), étoit utilement employé. Une partie de leur cargaifon devoit être prife là, & fans doute on l'achetoit, ou l'on en concluoit le marché, pour la prendre au retour. Depuis le mois de mai, la feconde année jufqu'à la fin de la mouffon en octobre, les vaiffeaux ne pouvoient pas quitter le port. Le vent étoit nord-eft; mais pendant ce temps, les navigateurs commerçans embarquent les marchandifes, que, j'imagine, ils avoient trouvées toutes prêtes.

Les vaiffeaux repartoient de Sofala, ou plutôt d'Ophir, dans le mois de décembre de la feconde année, avec les mouffons du fud-oueft, qui, en peu de femaines, les avoit portées dans le golfe d'Arabie, fi, à la hauteur de Moka, près de Mélinde & de Tarshish, ils n'avoient pas rencontré la mouffon de nord-eft, laquelle les obligeoit d'entrer dans ce port jufqu'à ce qu'elle fût changée. Enfuite le vent de fud-oueft venoit à leur fecours, au mois de mai de la troifième année. Avec ce vent ils franchiffoient le détroit de

_____

(1) On ne doit pas être étonné de retrouver ici un lieu nommé Moka; on trouve trois lieux de ce nom dans le Voyage de Sofala.
Le premier dans l'Arabie déferte, prefque par le 30e degré de latitude nord, & non loin de l'extrémité du golfe de Suez.
Le fecond eft par les 13e degrés, à peu de diftance du détroit de Bab-el-Mandeb.
Le troifième eft par 3 degrés de latitude fud, près de Tarshish, fur la côte de Mélinde.

Ce nom, en langue éthiopienne, fignifie une prifon. Il eft précifément appliqué aux trois endroits dont je viens de parler, parce qu'un vaiffeau eft forcé de féjourner quelques mois dans chacun d'eux pour attendre les changemens de mouffons, & avoir la liberté de pourfuivre fon voyage.
A Moka, du golfe de Suez, un vaiffeau qui a befoin de faire voile au fud, refte emprifonné tout l'hiver, jufqu'à l'inftant où la mouffon d'été vient à le délivrer.
A Moka, de l'Arabie heureufe, il en arrive autant au vaiffeau qui veut fe rendre à Suez pendant le mois d'été. Il eft obligé d'attendre que les mouffons du fud-eft viennent lui donner la facilité d'achever fa route.
Après qu'on a doublé le cap, la mouffon d'été, qui fouffle du nord-eft, porte le vaiffeau vers Sofala; mais une mouffon anomale l'arrête à la hauteur de Mélinde, & le fait aborder à Tarshish où il eft emprifonné pendant fix mois dans un autre Moka.
Ainfi l'on voit que par-tout où ce nom eft celui d'un lieu, il fert à défigner un lieu de féjour, ou une efpèce de prifon.
(2) On voit que le mot Tharsish eft ici celui d'un lieu; mais il peut être pris ailleurs pour la mer elle-même, comme je l'ai dit à l'article THARSIS.

Bab-el-Mandeb, & se rendoient à Moka, du moins au lieu que ce port représente. Ils étoient confinés par les mouffons d'été, qui régnoient sur le golfe d'Arabie, depuis Suez jusqu'à l'Iémen. Là ils attendoient que cette mouffon du nord changeât & passât au sud-est, en octobre ou en novembre, & alors ils faisoient aisément route pour le golfe d'Elan, où ils arrivoient vers le milieu ou à la fin de décembre de la troisième année. Ils n'avoient pas besoin de plus de temps pour compléter leur voyage ; mais il étoit impossible d'en employer moins. En un mot, ils avoient changé six fois de mouffon, ce qui fait exactement trente-six mois, ou trois ans. Et, autant que j'en puis juger, ajoute M. Bruce, il n'y a point d'autres combinaisons de mouffon sur toute l'étendue du globe, qui pût être aussi bien appliquée à ce voyage.

Mais les jours prospères du commerce qui enrichit le golfe d'Elan ou Elanite, s'étoient affoiblis par les troubles de l'Abyssinie, & sur la fin du règne de Salomon. Cependant après la révolte des dix tribus, Edom demeurant à la famille de David, on continua à faire quelque trafic sur cette mer, malgré les difficultés que l'on avoit à y surmonter. Ces expéditions durèrent jusqu'à la fin du règne de Josaphat ; alors Joram succédant à ce prince, les Edomites se révoltèrent, se choisirent un roi de leur nation, & ne furent plus soumis aux rois de Juda, jusqu'au règne d'Ozias, où, selon l'Hébreu Uzziach qui conquit Elath, le fortifia, & l'ayant peuplée d'une colonie de juifs, y fit revivre l'ancien commerce. Les choses demeurèrent ainsi jusqu'au règne d'Achas ou Ahaz, quand Rezin, roi de Damas, s'empara d'Elath, en chassa les juifs, & établit à leur place une colonie de Syriens.

Mais le vainqueur ne jouit pas long-temps de son triomphe. L'année suivante, il fut vaincu lui-même par Teglath-Phalasar ou Tiglath-Pileser ; & l'un des fruits de la victoire fut la prise d'Elath, qui ne rentra pas depuis cette époque sous la domination des Juifs, & ne leur fut d'aucun avantage.

Les guerres continuelles qui dévastèrent les villes du golfe d'Elath, l'expulsion de Edomites ou Iduméens, tous les grands événemens enfin qui se suivirent immédiatement l'un après l'autre, interrompirent le commerce de la mer Rouge, dont les ports n'avoient plus aucune sûreté, étant sans cesse sous des puissances étrangères & remplis d'une soldatesque toujours ardente au pillage. Ce commerce passa donc dans un lieu qui étoit le centre d'un grand empire, & où il devoit plutôt espérer de trouver un gouvernement doux & policé, que dans des villes toujours peu sûres & sur des frontières continuellement exposées aux ravages.

Les marchands des Indes & ceux d'Afrique convinrent de se rendre en Assyrie, comme ils avoient fait au temps de Sémiramis. Les uns s'y

rendoient par le golfe Persique & l'Euphrate, les autres en traversant l'Arabie. L'Assyrie devint donc le principal marché du commerce de l'orient.

Les conquêtes de Nabapolassat & de son fils Nabuchodonosor ou Nébuchadnezar, avoient répandu une quantité prodigieuse d'or & d'argent dans Babylone. Le premier de ces conquérans ayant non-seulement pillé Tyr, mais encore le temple de Salomon, & tout l'or que le prince Hiram avoit autrefois tiré d'Ophir, il avoit en outre conquis & dévasté l'Egypte, & interrompu la communication du commerce dans toutes les villes, en exterminant la plus grande partie de leurs habitans. Ainsi de toutes parts, il acquit des richesses immenses, heureusement pour les personnes qui faisoient le commerce. L'Assyrie avoit des loix écrites, & cet avantage particulier sauva les propriétés de la violence & de l'injustice.

Je pense que la phrase de la Bible, « la Loi des » Mèdes & des Perses n'est point altérée » ( *Dan.* cap. 6, v. 8 ), doit désigner les loix écrites d'après lesquelles ce pays étoit gouverné, au lieu de demeurer abandonnés au caprice des juges, comme étoit le reste de l'Orient, & comme il l'est à présent tout entier.

L'empire des Assyriens se trouvoit dans la situation que je viens d'exposer, lorsque Cyrus parut. Ce prince ayant conquis Babylone & fait égorger Balthazar ou Betshazzer, qui en étoit roi, devint maître du commerce & de toutes les richesses de l'Orient. Quel que soit le caractère que les historiens attribuent à ce conquérant célèbre, la conduite qu'il tint par rapport au commerce de l'Orient, décèle une grande foiblesse.

Non content de l'étonnante prospérité qui avoit élevé son empire sur les ruines des autres états, & qui peut-être aussi étoit dûe à la fidélité gardée aux marchands étrangers, par son peuple que des loix écrites rendoient circonspect, Cyrus forma le plus absurde, le plus désastreux de tous les projets, celui de tourmenter les commerçans & d'envahir une Inde entière, afin de ravir en un seul coup toutes les richesses qu'elle possédoit. Il exécuta ce plan d'une manière aussi folle qu'il l'avoit conçu. Il savoit que de grandes caravanes de marchands venoient des Indes en Perse & en Assyrie, en traversant l'*Ariena*, c'est-à-dire, la côte déserte qui s'étend tout le long de l'Océan Indien, jusqu'au golfe Persique, & qui est proprement entièrement dépourvue d'eau & d'autres provisions, dont les caravanes ont toujours soin de se pourvoir. Il tenta de suivre la même route pour entrer dans l'Inde avec une grande armée.

Treize cens ans auparavant Sémiramis avoit voulu exécuter un pareil dessein ; mais son armée périt dans le désert ; & celle de Cyrus périt de même, sans qu'il fût possible d'enlever un seul cornet de poivre dans aucune partie de l'Inde.

La même destinée attendoit Cambyse, son fils

&

& fon fucceffeur. Cambyfe, voyant la prodigieufe quantité d'or qui paffoit de l'Ethiopie dans l'Egypte, réfolut de marcher à la fource, & d'enlever en un feul jour ces tréfors, que, felon lui, le commerce amenoit trop lentement.

L'expédition que fit Cambyfe en Afrique eft trop bien connue pour qu'il foit befoin que je m'arrête à la décrire. Elle eft devenue fameufe par l'extravagance qui l'avoit fait concevoir, par les défaftres & l'énormité des pertes qu'elle entraîna, & par le châtiment terrible & mérité qui en fut le prix.

Ce fut enfin l'une de ces monftrueufes folies qui ont rendu célèbre la vie d'un des princes infenfés qui ont déshonoré les annales du monde. Le caractère le plus lâche eft peut-être le plus enclin à l'avarice; mais quand une fois cette paffion s'empare du cœur humain, elle eft affez forte pour l'exciter à des entreprifes auffi hardies que celles qui font dictées par les plus nobles vertus.

Tandis que Cambyfe envahiffoit l'Egypte, & s'y abandonnoit aux plus horribles excès, il apprit que du midi de ce pays, il venoit beaucoup d'or pur, indépendamment de celui qui arrivoit du haut du golfe d'Arabie, & qui étoit alors tranfporté en Affyrie, où il circuloit dans le commerce. Ce renfort d'or appartenoit en propre & exclufivement à l'Egypte, &, par ce moyen, elle faifoit avec l'Inde un commerce fort lucratif, quoique peu étendu. Cambyfe apprit auffi que les gens qui étoient les maîtres de ces tréfors, étoient *Macrobii*, c'eft-à-dire, qu'ils vivoient long-temps, & qu'ils poffédoient un pays féparé de lui par des lacs, des montagnes & des déferts. Mais ce qui le frappa davantage, c'eft que dans le chemin par où il falloit paffer pour les attaquer, il y avoit de ces multitudes de ces belliqueux pafteurs, dont j'ai déjà affez parlé pour qu'on les connoiffe fuffifamment.

Voulant alors flatter ces pafteurs & conferver la paix avec eux, Cambyfe tomba avec fureur fur les dieux & les temples de l'Egypte. Il égorgea le bœuf Apis, détruifit Memphis & tous les édifices qu'il rencontra fur fon paffage. Cette conduite ne pouvoit que plaire aux pafteurs, également ennemis de ceux qui rendoient un culte aux animaux, & de ceux qui bâtiffoient des villes. Auffi, après ces fanglans préliminaires, Cambyfe conclut avec eux une paix folemnelle, chaque nation jurant l'une à l'autre une éternelle amitié. Malgré cela, il ne fut pas plutôt rendu à Thèbes, dans la haute Egypte, qu'il envoya une grande partie de fon armée piller le temple de Jupiter Hammon, l'un des plus grands objets de la vénération des pafteurs; mais ce détachement de fon armée périt, fans qu'il en reftât un feul homme. J'imagine que tout fut enveloppé par quelques-uns de ces épais nuages de fable que le vent charrie fouvent dans les déferts. Cambyfe marcha alors contre les *Macrobii*, en rémontant le long des bords du Nil. Là le pays trop élevé pour pouvoir être fertilifé par les débordemens du fleuve, reftoit fans culture. Un grand nombre de Perfes & d'Affyriens y périrent faute de fubfiftance.

Un détachement de l'armée fe rendit dans le pays des pafteurs, qui lui fournirent des vivres: mais indignés du facrilège dont ces Perfes s'étoient rendus coupables envers Jupiter Ammon, ils conduifirent ces troupes dans des endroits où elles ne purent fe procurer de l'eau. Cambyfe avoit déjà fouffert toutes ces pertes, & il n'étoit pas encore arrivé au-delà du 24e degré de latitude, qui eft le parallèle défigné.

Delà il dépêcha des ambaffadeurs ou des efpions pour reconnoître les contrées qui étoient devant lui, parce qu'il fentit bien qu'il ne pouvoit plus compter fur le fecours des pafteurs. Ces efpions trouvèrent un pays rempli de nègres guerriers, d'une haute ftature & d'une force de corps prodigieufe, qui s'exerçoient continuellement à la chaffe des lions, des éléphans & des autres animaux de ces forêts.

Ces peuples poffédoient une fi grande quantité d'or, que leurs inftrumens & leurs uftenfiles les plus communs, étoient faits de ce métal; mais, en même temps, ils ne connoiffoient pas le pain, & leur pays étoit de nature à ne produire aucune efpèce de grain dont on pût en faire. Ils ne fe nourriffoient que de chair crue féchée au foleil, & principalement de celle des giraffes, des rhinocéros & des éléphans, qu'ils tuoient à la chaffe. C'eft avec de tels alimens qu'ils vécurent toujours & qu'ils vivent encore; & c'eft ainfi que j'ai vécu moi-même, dit M. Bruce, tout le temps que j'ai demeuré parmi eux.

A l'arrivée des envoyés de Cambyfe, ils ne furent pas alarmés; au contraire, ils les regardèrent comme des hommes d'une efpèce inférieure. Ils leur demandèrent de quoi ils fe nourriffoient; &, en apprenant qu'ils mangeoient du pain, ils appellèrent cet aliment de la fiente (*ftercus*). Ceux à qui ces ambaffadeurs s'étoient adreffés ne virent qu'un trait de démence dans la demande que faifoit Cambyfe de fe foumettre à lui, & comme une folie complète, l'imprudence d'avoir conduit une armée fi près de chez eux.

Ils parlèrent avec ironie de l'efpérance qu'avoit ce prince de les conquérir; & en fuppofant même qu'il eût furmonté tous les obftacles que lui offroit le paffage du défert, & que fon armée fût prête à entrer dans leur pays, ils lui confeillèrent de retourner fur fes pas, pendant qu'il le pouvoit encore, au moins pour un certain temps, c'eft-à-dire, jufqu'à ce qu'il pût produire un homme de fon armée qui bandât l'arc qu'ils lui envoyoient, ajoutant qu'alors ils pourroient continuer à s'avancer, & former des efpérances de conquêtes.

On verra bientôt la raifon qui les engageoit à

envoyer un arc à Cambyfe. Je fais mention, dit M. Bruce, de la quantité d'or qu'ils avoient alors de la chaffe qu'ils faifoient aux éléphans, de leur manière de vivre de chair crue, & furtout de la circonftance de l'arc, parce que ce font des chofes que je puis certifier avoir vues moi-même encore en ufage chez eux. Certes, en voyageant c'eft un grand plaifir que de pouvoir être à portée de prouver des vérités que, par un manque de connoiffance du pays, on a traitées de menfonge, & dont on s'eft fervi pour décréditer les hiftoriens.

Les Perfes étoient tous de fameux archers; auffi l'humiliation qu'ils éprouvèrent en ne pouvant pas bander l'arc qu'on leur avoit envoyé, leur fut très-fenfible. Mais le récit de l'immenfe quantité d'or que les ambaffadeurs avoient vu, fit encore une plus grande impreffion fur l'efprit de Cambyfe. Toutefois il étoit hors d'état de fe procurer ces richeffes, parce qu'il n'avoit point de provifions & qu'il lui étoit impoffible de s'en procurer dans le pays où il vouloit marcher. Son armée diminuoit chaque jour; la mort lui enlevoit beaucoup de foldats; d'autres fe diperfoient : il fut contraint de fe retirer en Egypte, après avoir vu une partie de ceux qui l'avoient accompagné, réduits à l'extrême néceffité de fe manger les uns les autres, felon l'expreffion de Lucain ( *L. x*, *v.* 280 ).

Un autre roi de Perfe, Darius, effaya d'une manière généreufe & vraiment digne d'un monarque, de faire fleurir le commerce. Il fit partir des vaiffeaux, qui pafferent de l'*Indus* dans l'Océan, & qui de-là pénétrèrent dans la mer Rouge. Vraifemblablement ce voyage lui procura les connoiffances néceffaires pour bien établir ce commerce dans fes états; car fes vaiffeaux durent traverfer le golfe Perfique, & fuivre la route tout le long de la côte orientale de l'Arabie. Ils durent voir les comptoirs où fe vendoient les parfums & les épiceries à l'entrée de la mer Rouge, & apprendre la manière de traiter pour de l'or & de l'argent, comme il étoit néceffaire qu'on traitât dans ces lieux de commerce, lefquels étoient précifément fitués fur la même côte d'où l'or & l'argent étoient tirés.

Je ne fais pourquoi M. de Montefquieu ( *Efp. des loix, L. 1, c. 8* ) a parlé avec tant de mépris de cette expédition de Darius. Il paroît pourtant qu'elle fut exécutée fans beaucoup d'embarras & de dépenfes, & fans qu'on y perdît des hommes, ou qu'ils euffent à fouffrir. Ce qui, felon M. Bruce, eft une preuve certaine que le plan, dès l'origine, avoit été fagement combiné. Darius étoit fameux par fon amour pour les fciences, ce que nous pouvons voir par l'envie qu'il eut d'être admis parmi les mages, & par le cas qu'il faifoit d'un tel honneur, puifqu'il voulut qu'on le gravât fur fa tombe.

L'expédition d'Alexandre, dans l'Inde, fut de tous les événemens, celui qui menaça le plus le commerce du continent d'être totalement détruit, ou du moins d'être difperfé dans divers canaux.

D'abord le renverfement de Tyr y fut très-nuifible, parce qu'il anéantit pendant quelque temps la navigation du golfe d'Arabie. Enfuite le commerce eut auffi à fouffrir de la marche d'Alexandre à travers l'Egypte, lorfque ce prince entra fur les terres des pafteurs, & qu'il forma le projet de pénétrer par l'Ethiopie, jufqu'aux fources du Nil. Si nous jugeons de lui par ce que nous favons de cette expédition, nous ne ferons pas trop difpofés à croire, avec quelques auteurs, que ce prince mêlât de grands projets de commerce à fes projets de conquête. L'inquiétude qu'il témoigna fur fa naiffance dans le temple de Jupiter Ammon, & la première queftion qu'il fit au grand-prêtre : « Où le Nil prend-il fa fource », décèlent un efprit occupé de toute autre chofe que de commerce. Il fe trouvoit précifément dans le lieu le plus propre à acquérir des lumières fur les rapports de nations commerçantes; il fe trouvoit dans le fanctuaire du dieu connu, du dieu qu'adoroient ces pafteurs, les voituriers africains des productions de l'Inde; il étoit enfin dans un temple qui, quoique fitué au milieu des fables de la Libye, & ne poffédant ni or, ni argent, pouvoit fournir plus de renfeignemens fur le commerce de l'Inde & de l'Afrique, que l'on n'en auroit raffemblé dans aucun autre lieu du monde. Cependant on ne voit nulle part qu'Alexandre ait fait alors aucune queftion, ni qu'il ait pris le moindre arrangement relativement au commerce de l'Inde avec Thèbes ou avec Alexandrie qu'il bâtit enfuite.

Après avoir examiné le grand Océan au fud, Alexandre donna ordre à Néarque de ranger la terre, avec fa flotte, en remontant le golfe Perfique, tandis qu'une partie le fuivoit par terre, & qu'ils pourroient fe prêter mutuellement des fecours, parce qu'il y avoit beaucoup de difficultés à vaincre pour ceux qui devoient faire la route par terre, & que de bien plus grands dangers attendoient les navigateurs, qui s'expofoient dans des mers inconnues à aller contre les mouffons. Néarque lui-même s'étant rendu à Babylone, apprit au roi de Macédoine le fuccès de fon voyage, & ce prince lui ayant dit de pourfuivre fa route fur la mer Rouge, Néarque fe rendit heureufement jufqu'à l'extrémité de cette mer.

L'hiftoire nous apprend que l'intention d'Alexandre étoit de faire le commerce de l'Inde part le golfe Perfique; & c'eft par cette raifon qu'il brifa toutes les cataractes & les chofes que les Perfes avoient conftruites fur les rivières qui communiquoient avec l'Euphrate. Cependant il paroît qu'il ne fit aucun ufage de la connoiffance qu'il avoit de l'Arabie & de l'Ethiopie; ce qui me fait croire que l'expédition de fa flotte n'étoit pas une idée de conquérant. Il eft rapporté que lorfque

Alexandre alla dans l'Inde, l'Océan Indien étoit parfaitement inconnu aux Grecs. Malgré cela, je suis porté à croire, dit M. Bruce, que ce voyage fut fait d'après quelques mémoires qui étoient restés des voyages de Darius. Ce voyage de Darius est parvenu jusqu'à nous avec ses circonstances, & il est très-probable qu'il n'étoit pas ignoré d'Alexandre. Mais je ne crois pas que jamais ce conquérant ait eu le dessein de porter le commerce de l'Inde à Babylone.

Certes, quand il auroit eu, au contraire, le dessein formel de l'empêcher, il n'auroit pas pu faire des choses qui y eussent plus contribué que le renversement de Tyr, la dispersion des habitans de cette ville commerçante, la persécution des Orites, qui charioient les marchandises à travers le grand désert de l'*Ariana*, enfin la fondation d'Alexandrie sur la Méditerranée.

En bâtissant la ville d'Alexandrie, il appela le commerce de l'Inde, & il y eût été fixé éternellement si le passage par le cap de Bonne-Espérance n'eût pas été découvert.

Les Ptolémées, les princes les plus sages qui aient été assis sur le trône d'Egypte, s'appliquèrent avec la plus grande attention à cultiver le commerce de l'Inde, à se maintenir en paix & en bonne intelligence avec toutes les contrées qui pouvoient entretenir quelque branche de ce commerce ; & au lieu de chercher à le troubler en Asie, en Arabie ou en Ethiopie, comme avoient fait leurs prédécesseurs, ils n'épargnèrent aucun soin pour l'encourager de tous les côtés.

Ptolémée I régnoit alors à Alexandrie, dont il prépara la grandeur, mais qu'il eut le bonheur de voir arriver au plus haut point de sa gloire. Ce prince disoit souvent que la vraie puissance du roi ne consiste point à acquérir lui-même des richesses, mais à enrichir ses sujets. Il avoit donc ouvert les ports de l'Egypte à toutes les nations commerçantes, il encouragea tous les étrangers, protégea les caravanes & la navigation de la mer Rouge, & il rendit, en peu d'années, Alexandrie l'entrepôt général des marchandises de l'Inde, de l'Arabie & de l'Ethiopie. Il fit plus encore : pour assurer la durée de son empire, dans le temps même qu'il paroissoit n'avoir d'autre intérêt que le bonheur de son peuple, il éleva avec le plus grand soin son fils Ptolémée Philadelphe : & l'heureux génie de ce prince répondit à tout ce qu'un tel père avoit droit d'en attendre. Aussi, dès que le père vit son fils en âge de gouverner, fatigué lui-même par les longues guerres qu'il avoit eu à soutenir, il lui remit sa couronne.

Ptolémée Philadelphe avoit été nourri dès l'enfance au métier de la guerre. Aussi entretint-il sans cesse des forces militaires qui le firent respecter de toutes les nations, dans ces temps de troubles & de ravages. Il avoit toujours prête à marcher une flotte de deux cens vaisseaux qu'il tenoit dans le port d'Alexandrie, la seule partie de ses états pour laquelle il pût craindre quelque insulte. Tout ce qui bordoit la dernière de son royaume étoit sagement gouverné, & faisoit un commerce florissant, à la prospérité duquel la paix étoit nécessaire. Enfin ce grand prince mourut dans le sein du repos, après avoir mérité le glorieux titre de *Soter*, ou sauveur du royaume, que lui seul fonda, & dont la plus grande partie du peuple différoit de lui, par le langage, les mœurs & la religion.

On est vraiment étonné quand on considère jusqu'à quel point de perfection Ptolémée avoit porté le commerce de l'Inde, de l'Ethiopie & de l'Arabie, & quels progrès il avoit déjà faits pour le réunir à celui de l'Europe. La preuve en est dans Athénée (*L. v*), qui en fait mention à l'occasion d'une fête que Ptolémée Philadelphe donna au peuple d'Alexandrie, à son avénement au trône que son père venoit de lui céder.

On fit une espèce de procession, ou de marche pompeuse, dans laquelle, indépendamment des femmes des autres pays, il y avoit un grand nombre d'Indiennes ; & par Indiennes, nous devons entendre non-seulement les Indiennes d'Asie, mais encore les Abyssiniennes & les habitans des hautes parties de l'Afrique, parce que toutes ces contrées sont comprises sous la dénomination générale de l'Inde. Ces Indiennes étoient en habit d'esclaves, & chacune d'elles conduisoit un chameau chargé d'encens, de sheher, de canelle, & d'autres aromates. Après elles, venoient plusieurs noirs Ethiopiens, portant les dents de six cens éléphans. Une autre troupe avoit une grande quantité d'ébène ; une quatrième étoit chargée de cet or très-pur qui n'est point souillé dans les mines ; mais qui, dans la saison des pluies du tropique, est entraîné par les eaux qui tombent des montagnes, & se trouve en petits grains ou boulettes, que les gens du pays & les commerçans appellent de nos jours *tibbar*.

A la suite, on menoit 24,000 chiens de l'Inde asiatique, c'est-à-dire, de la péninsule de l'Inde. Ces chiens étoient suivis par un nombre prodigieux d'animaux étrangers & d'oiseaux, tels que des perroquets, & d'oiseaux d'Ethiopie, qu'on portoit dans des cages. Derrière eux marchoient 130 moutons d'Ethiopie, 300 de l'Arabie, & 20 de l'île de Nubie, c'est-à-dire, ce me semble de l'île de Méroé ; 26 bufles de l'Inde, aussi blancs que la neige, & 8 d'Ethiopie, 3 ours bruns & 1 blanc, lequel sans doute venoit du nord de l'Europe ou de l'Asie ; 14 léopards, 16 panthères, 4 lynx, une giraffe & 1 rhinocéros d'Ethiopie. Quand nous voyons ce prodigieux mélange d'animaux réunis ainsi, nous devons imaginer quelle quantité d'objets ordinaires de négoce il devoit y avoir dans Alexandrie.

Le flux du commerce se porta vers cette ville avec la plus grande impétuosité ; on y trouvoit en abondance tout ce qui servoit au luxe de l'O-

rient. L'or & l'argent qu'on envoyoit anciennement à Tyr, prirent la route plus courte de l'ifthme,
quand Tyr n'exifta plus ; delà on les portoit à
Memphis, & on les embarquoit fur le Nil pour
Alexandrie. L'or qui fortoit de l'occident & du
midi de ce continent, étoit rendu dans le même port
en moins de temps encore & avec moins de rifque, parce qu'il n'avoit pas befoin de traverfer
la mer Rouge, & qu'on trouvoit avec profufion
dans Alexandrie, toutes les marchandifes de l'Arabie & de l'Inde.

Pour faliciter la communication de l'Egypte
avec l'Arabie, Ptolémée bâtit dans la contrée des
pafteurs, fur la côte de la mer Rouge, une ville
à laquelle il donna le nom de fa mère Bérénice. Ce
lieu fut deftiné à fervir de relâche aux commerçans
qui remontoient ou defcendoient le golfe, & qui
venoient de l'Inde ou de l'Ethiopie ; de-là les car-
gaifons de ceux qui craignoient de perdre le temps
des mouffons, ou qui l'avoient déjà perdu, étoient
portées en trois jours fur le Nil par les habitans
de la campagne voifine, & enfuite le Nil les conduifoit à Alexandrie.

Ptolémée voulut encore rendre la communication
entre le Nil & la mer Rouge plus facile, & il
tenta ce qui avoit été effayé deux fois avec de
grandes pertes. Il effaya de joindre par un canal
de cent pieds de large, la mer Rouge & le Nil,
& il eut le bonheur d'y réuffir, en le faifant conduire de la mer Rouge dans la branche orientale du Nil appelée *Pelufiaque*. On dit de plus
que Ptolémée fit conftruire (*Strabon*, *L. VII*, *p.
932*), en ouvrant ce canal, différentes éclufes ;
mais elles dévoient affurément être très-peu néceffaires ; car, affure M. Bruce, entre le Nil &
la mer Rouge, la différence du niveau n'eft prefque rien.

Ce grand ouvrage ne fut pourtant pas auffi utile
dans le commencement que Ptolémée l'avoit ef-
péré. Les marchands, fatigués de la longueur du
temps qu'il falloit employer pour fe rendre à
l'extrémité du golfe, & plus fatigués encore de
la navigation intérieure du canal, & enfuite de
celle du Nil, préféroient la manière plus prompte
& plus commode de charger par terre leurs marchandifes à Bérénice, &, après trois jours de
chemin, de leur faire defcendre le Nil jufqu'à
Alexandrie. Le canal fut donc abandonné. Les
marchandifes continuèrent à être tranfportées par
terre de Bérénice au bord du Nil : & cet ufage
dure encore à préfent.

Il femble que Ptolémée vouloit forcer les vaiffeaux
de l'Inde & de la mer Rouge à faire le commerce de
la péninfule, & que la manière d'aller traiter dans
l'Inde directement avec les vaiffeaux Egyptiens,
reftoit ignorée ou du moins oubliée. Auffi le roi
d'Egypte envoya-t-il deux ambaffadeurs, Mégaf-
thènes & Denys, pour connoître par leur rapport
quel étoit l'état de l'Inde depuis la mort d'A-
lexandre. Ces ambaffadeurs firent leur voyage

avec promptitude & fans dangers ; &, fi ce qu'il
racontèrent de l'Inde étoit exactement vrai, il devoit, à tous égards, animer les Egyptiens à fuivre
le commerce de ces contrées. Pendant ce temps,
Ptolémée voulant procurer plus de facilité aux
vaiffeaux qui faifoient la navigation de la mer
Rouge, réfolut de pénétrer dans la partie de l'E-
thiopie qui s'étend le long des côtes de cette
mer. Il avoit même l'intention, à ce que difent
les hiftoriens, de dépouiller les Ethiopiens de ce
commerce.

Cependant on ne peut guère fuppofer que Ptolemée fût affez mal inftruit de ce que produifoit
un pays fi près de l'Egypte, pour ne pas favoir
qu'il n'y avoit ni or ni argent, & que de vaftes
forêts le couvroient dans toute fon étendue ; car
ce pays n'étoit que la partie de l'Ethiopie appelée alors Barbaria, aujourd'hui Barabra, & habitée par des pafteurs errans, avec leur bétail, des
plaines dans les montagnes, felon que les pluies
l'exigent. Une conjecture plus probable, c'eft que
le roi d'Egypte defiroit de changer les mœurs de
ces peuples, afin qu'ils puffent lui devenir utiles
pour un objet de la plus grande importance.

Ptolemée eut foin d'entretenir, ainfi que l'a fait
fon père, une flotte nombreufe & une puiffante
armée ; mais il ne poffédoit pas, comme plufieurs
des princes fes rivaux, beaucoup d'éléphans, dont
on faifoit alors ufage à la guerre. Les Ethiopiens,
qui en avoient un grand nombre dans leur pays,
faifoient la chaffe à ces animaux & fe nourriffoient de leur chair. Probablement Ptolemée defiroit avoir les éléphans en vie, parce qu'il fe propofoit de réferver pour lui ceux qui lui feroient
néceffaires, & d'employer les autres comme un
objet de commerce, dont il pourroit profiter avec
fes voifins.

La manière dont il voulut exécuter fon entreprife a quelque chofe de ridicule, &, fans doute,
a été altérée pour les auteurs mal inftruits.

Craignant de trouver trop de difficulté à fubfifter
dans ce pays, il prit, dit-on, cent cavaliers
Grecs, qu'il fit revêtir d'une forme monftrueufe
& d'une grandeur démefurée, qui ne laiffoient
paroître que les yeux de ceux qui les portoient ;
leurs chevaux étoient également mafqués avec des
harnois énormes qui les cachoient entièrement.
Ainfi déguifés, ces guerriers entrèrent dans la partie
de l'Ethiopie qu'ils vouloient conquérir, femant,
par leur feul afpect, une terreur que la vigueur de leur courage augmenta encore toutes
les fois qu'ils en vinrent aux mains. Mais, ni la
force, ni les prières ne purent rien gagner fur
les pafteurs. Ils ne voulurent point abfolument
condefcendre à changer la manière de fe nourrir, manière à laquelle ils étoient accoutumés depuis fi long-temps. Tout le fruit que Ptolemée
put recueillir de fon expédition, fut de bâtir une
ville fur le rivage de la mer, dans un coin
qui eft au fud-eft du pays ; & il lui donna le nom

de Ptolemée *Théron* , c'est-à-dire , Ptolemaïs dans la contrée des bêtes sauvages.

J'ai déjà dit, & je le répéterai encore, que la raison pour laquelle les vaisseaux qui remontent ou qui descendent le golfe d'Arabie, rangent toujours le rivage Ethiopien, & pour laquelle la plupart des villes sont bâties sur le rivage, c'est que l'eau y est beaucoup plus abondante que sur la côte d'Arabie. Aussi étoit-il très-important pour le commerce que ce rivage fût connu & civilisé dans toute son étendue. Il est vraisemblable que les cent Grecs de Ptolemée ne se proposoient pas de faire une conquête, mais seulement d'examiner le pays, & quels étoient les moyens à employer pour rendre cette côte peuplée de villes.

Ptolemée Evergètes, fils & successeur de Ptolemée Philadelphe, se chargea lui-même d'achever la découverte. S'étant mis à la tête d'une armée en bon ordre & munie de tout ce qui lui étoit nécessaire, & ayant ordonné à sa flotte de côtoyer le rivage pour remonter la mer Rouge, il pénétra à travers le pays des pasteurs, jusqu'à celui des Ethiopiens Troglodites, peuple au teint noir & aux cheveux laineux, qui habitent les contrées adossées aux montagnes de l'Abyssinie. Il fit même plus; il franchit ces montagnes, força les habitans de se soumettre à lui, bâtit un grand temple à Axum, capitale du pays appelé *Siré*, & éleva un grand nombre d'obélisques, dont plusieurs sont encore debout; ensuite il marcha au sud-est, & descendit dans le pays de la myrrhe & de la canelle, pays situé derrière le cap Guardefan, où se réunissent la mer Rouge & l'Océan Indien. Là, il traversa la mer pour se rendre sur la côte opposée: il y trouva les Homérites, nation qui, vivant sur le rivage de l'Arabie, & séparée des Abyssiniens par la mer, ne forme pourtant avec eux qu'un même peuple.

Ptolemée Evergètes dompta quelques princes Arabes qui voulurent d'abord lui résister; & il eût été en son pouvoir de faire cesser dans ces contrées le commerce de l'Inde, s'il n'avoit pas été aussi grand politique que vaillant guerrier. Mais il n'usa de la victoire que pour engager & forcer ces princes à protéger le commerce, à encourager les étrangers, & à défendre de tout leur pouvoir la sûreté des rapports du négoce, en faisant de rigoureux exemples des voleurs de terre & de mer.

Cependant, si les trois premiers Ptolemée surent fonder le commerce & maintenir sa splendeur, le règne des derniers princes de leur nom qui les remplacèrent, sembloit n'être fait que pour accélérer son déclin. Mais sur le penchant de sa ruine, le commerce d'Alexandrie fut soutenu par deux événemens célèbres dans l'histoire, la destruction de Carthage par Scipion, & celle de Corinthe par le consul Mummius.

Ces deux événemens sauvèrent l'Egypte, &

maintinrent sa prospérité, malgré les ravages qu'elle a soufferts dans les temps de la guerre entre Ptolemée VI & Ptolemée VII. Alexandrie fut alors assiégée; & non-seulement on lui enleva ses richesses, mais on la réduisit aux dernières extrémités; & si les vexations horribles de Ptolemée VII avoient duré plus long-temps, cette ville seroit restée absolument déserte. Cependant les effets de l'injustice de Ptolemée firent une forte impression sur ce prince lui-même. Il révoqua bientôt les édits cruels par lesquels il avoit banni d'Alexandrie tous les marchands étrangers. Il s'appliqua dès-lors à soutenir le commerce & à faire fleurir les sciences & les arts.

Toutefois la rigueur impolitique qu'il avoit déployée au commencement de son règne, avoit affecté le commerce jusques dans l'Inde même: c'est du moins ce que semble prouver l'anecdote que nous a conservée Possidonius, & que Strabon critique assez inutilement. Un jour, des troupes postées sur le bord du golfe Arabique, trouvèrent un vaisseau abandonné à la merci des flots, & dans lequel il n'y avoit qu'un seul Indien, presque mort de faim & de soif: on le mena au roi. Cet Indien raconta, qu'ayant fait voile d'un port de l'Inde, il s'étoit égaré dans sa route, & qu'après avoir consommé toutes ses provisions & avoir vu périr tous ses compagnons de voyage, il avoit été conduit par les vents dans le lieu où l'on venoit de le trouver, sans qu'on sût où il étoit. Il finit son discours en offrant au roi de servir de guide à ceux que ce prince voudroit envoyer dans l'Inde. Cette proposition fut acceptée, & le roi nomma Eudoxe pour accompagner l'Indien. Strabon se moque de cette histoire. Cependant nous pouvons dire qu'il n'a pas saisi ce qu'elle a de plus ridicule.

On dit que le roi ordonna que l'on apprît la langue grecque à l'Indien, & qu'il attendit avec patience qu'il la sût parler. Sûrement il falloit que le maître chargé d'instruire cet Indien eût quelque langage commun avec son écolier, & il valoit mieux que l'on apprît à Eudoxe la langue indienne, parce que cela auroit été aussi aisé & plus utile dans le voyage qu'il devoit entreprendre: en outre, est-il possible de croire que depuis le temps que les Egyptiens trafiquoient dans l'Inde, il n'y avoit pas un seul homme dans Alexandrie qui pût servir d'interprète au roi, tandis qu'un grand nombre d'Egyptiens alloient tous les ans faire le commerce dans l'Inde, & y séjournoient plusieurs mois à chaque voyage? Ptolemée Philadelphe avoit pu trouver dans Alexandrie six cens femmes indiennes à la fois, lorsqu'il donna une fête à son père; & dans le moment où le commerce duroit depuis bien plus long-temps, le nombre des Indiens avoit-il pu décroître dans la capitale de l'Egypte? ou bien leur langue y étoit-elle moins entendue? Ajoutons encore que la sagesse du roi ne brilla dans la confiance qu'il marqua en cet Indien, auquel il confia un vaisseau & quelques-uns de ses sujets, quoiqu'à son premier voyage il se soit égaré avec ses compagnons.

Croyons plutôt que l'Inde & l'Océan qui la baigne, étoient aussi bien connus en Egypte, qu'il le sont à présent ; & la magnificence qui accompagna Eudoxe dans son ambassade, semble démontrer, soit que l'histoire de l'Indien trouvé fût vraie ou non, que l'ambassadeur n'avoit d'autre but que de détruire les funestes impressions qu'avoient faites sur les nations commerçantes les extorsions & les injustices dont le roi s'étoit permis d'accabler les étrangers au commencement de son règne.

Quand Eudoxe revint de l'Inde, Ptolemée VII n'étoit déjà plus. Cependant Cléopâtre, veuve de ce prince, sentit si bien l'importance de l'ambassade d'Eudoxe, qu'elle projeta d'en envoyer une seconde, & fit faire en conséquence des préparatifs encore plus considérables que pour la première.

Mais Eudoxe voulant apparemment tenter des expériences relatives aux vents alisés, manqua son passage, & fut jeté sur la côte d'Ethiopie. Il y aborda, se rendit très-agréable aux gens du pays, & rapporta en Egypte une description assez particulière de ces contrées & de leurs productions, pour fournir aux Ptolemées toutes les circonstances qui avoient rapport à l'ancien commerce de l'Arabie.

Dans le cours de son voyage, Eudoxe découvrit une partie de la proue d'un vaisseau qui avoit été brisé par la tempête. La figure du cheval, sculptée sur cette proue, l'engagea à s'informer d'où il pouvoit être, & quelques-uns des matelots qui étoient avec lui, & qui avoient été employés dans les voyages d'Europe, reconnurent aussi-tôt que la proue qu'ils voyoient, appartenoit à un de ces navires qui naviguent sur l'Océan Atlantique. Eudoxe, dit Pline ( *L. II, c. 67* ), sentit tout de suite l'importance de cette découverte, qui ne prouvoit rien moins que l'existence d'un passage autour de l'Afrique, de l'Océan Indien dans l'Atlantique. Plein de cette idée, à son retour en Egypte, il montra la proue qu'il avoit trouvée à plusieurs navigateurs européens. Tous déclarèrent que c'étoit celle d'un vaisseau de Gadès dans la Bétique.

Cette grande découverte ne pouvoit être plus intéressante pour qui ce fût autant que pour Eudoxe ; car peu de temps après, étant tombé dans la disgrace de Ptolemée Lathyras, le huitième des Ptolemées, & se trouvant en danger de perdre la vie, il s'embarqua sur la mer Rouge, fit le tour de la péninsule d'Afrique, traversa l'Océan Atlantique, & arriva heureusement à Gadès.

Ce voyage d'Eudoxe réveilla bientôt, en Egypte, le goût des découvertes, & le désir de parcourir le monde. Différens voyageurs portèrent leurs recherches dans l'intérieur du pays, où l'on trouva, dit-on, des nations si ignorantes, qu'elles ne connoissoient pas même l'usage du feu, chose qui nous paroîtroit presque incroyable, si l'exemple ne s'en étoit pas renouvelé de nos jours.

Ce fut sous le règne de Ptolemée IX, qu'Agatharcidès composa sa description de la mer Rouge.

Quoique les règnes des autres Ptolemees, qui finirent avec le treizième de ce nom, soient remplis de grands événemens, ils n'ont rien qui se rapporte au sujet que nous traitons à présent. Leur magnificence continuelle, leurs profusions, doivent sans doute avoir fait consommer une grande quantité d'objets de commerce, & il n'en falloit pas davantage ; ou si le commerce avoit eu besoin de plus grands encouragemens, il les auroit sans doute obtenus. Lorsqu'il arriva à son haut point de prospérité, sous le règne de la célèbre Cléopâtre, que sa magnificence, sa beauté & ses talens rendirent plus admirable qu'aucune des merveilles de sa capitale. De son temps toutes les nations se rendoient à Alexandrie, où la curiosité, ainsi que le commerce, les attiroit également. Arabes, Ethiopiens, Troglodytes, Mèdes, Juifs, étoient accueillis & protégés par la reine d'Egypte, qui leur parloit à tous leurs différens langages.

La découverte de l'Hispanie, la possession des mines d'Afrique, d'où les Egyptiens tiroient leur argent, & la révolution qui survint au sein de l'Egypte même, interrompirent le commerce de la côte d'Afrique. Du temps de Strabon, peu de ports de l'Océan Indien, même ceux qui étoient les plus près de la mer Rouge, étoient connus. Je croirois volontiers que dès le moment où César fit la conquête de l'Egypte, le commerce qu'Alexandrie faisoit avec l'Inde, commença à décroître.

Les mines que les Romains possédoient dans l'Hispanie, près des sources du *Bétis* (selon Strabon, *L. III*), ne leur rendoient pas plus de 352,500 livres par an, & cette somme n'étoit assurément pas suffisante pour faire le commerce de l'Inde : aussi les immenses richesses des Romains semblent plutôt être provenues des prix excessifs des marchandises, que de l'étendue du commerce. Nous voyons en effet par Pline ( *L. VI, c. 23* ), que l'on faisoit cent pour cent de bénéfice dans le négoce ordinaire, sur tout ce qui venoit de l'Inde.

L'Egypte & les pays circonvoisins commencèrent alors à se voir livrés à la guerre, dont ils avoient été exempts depuis très-long-temps. Le nord de l'Afrique fut sans cesse rempli d'étrangers après le premier renversement de Carthage ; de sorte que nous pouvons penser que le commerce de l'Inde commença encore de ce côté-là à se faire à-peu-près de la même manière qu'avant le règne d'Alexandre ; mais il s'étoit beaucoup étendu du côté de la Perse, & il avoit trouvé un passage court & facile dans le nord de l'Europe, où s'établit dès lors un marché d'épiceries.

Néanmoins je dois avouer que, s'il est vrai, comme le dit Strabon ( *L. II* ), que les Romains employassent au commerce de l'Inde cent vingt vaisseaux, il avoit fort peu perdu de sa vigueur.

Mais dans ce cas, nous devons croire que les voyages se faisoient pour le compte des marchands étrangers & avec leurs fonds. Jusques au règne de Ptolemée Physcon, les Juifs d'Alexandrie firent une grande partie du commerce de l'Inde. Toute la Syrie étoit remplie de marchands, & le plomb, le cuivre, le fer, suppléèrent en quelque sorte l'or & l'argent, qui ne reparurent plus qu'en petite quantité, jusqu'au moment où l'Amérique fut découverte.

Mais l'ancien commerce de l'Inde qui se faisoit par le golfe d'Arabie & par l'Afrique, & dont l'or & l'argent étoient les seuls moteurs, continua chez les Éthiopiens, & ne souffrit point de diminution. Ces peuples, défendus par de vastes déserts, étoient heureux de pouvoir jouir de leurs richesses avec sécurité, jusqu'à ce qu'une nouvelle découverte leur eut donné des rivaux & des maîtres pour leur commerce.

Une des raisons qui me font imaginer que le commerce des Indes n'étoit pas florissant, où du moins en grande estime, quand les Romains eurent envahi l'Egypte, c'est que bientôt après Auguste tenta la conquête de l'Arabie. Il y envoya Elius Gallus, qui partit d'Egypte avec une armée, & qui ne trouva en Arabie qu'un peuple timide, efféminé, étoient à peine capable de se mettre en défense lorsqu'il y étoit réduit par la violence, & ignorant absolument tout ce qui avoit rapport à la guerre.

Elius ou Ælius découvrit par-tout bientôt que les Arabes étoient plus rusés que les Romains, & qu'ils l'emportoient sur eux par une connoissance du pays, que leur avoit donnée l'usage de charier des marchandises. Les guides que prit le général Romain le conduisirent de désastre en désastre, jusqu'à ce que son armée eût presqu'entiérement péri de faim & de soif, sans avoir vu la moindre partie de ces richesses, dont son maître vouloit s'emparer.

Telle est cette expédition d'Auguste, conçue avec le même esprit, & aussi justement malheureuse que celle de Sémiramis, de Cyrus & de Cambyse l'avoient été.

On voit dans Strabon ( *L. II* ), que le commerce de l'Afrique fut perdu, comme celui de l'Inde; car, parlant du voyage d'Eudoxe, cet auteur le traite de fable. Mais son raisonnement prouve précisément qu'il put n'en pas être une; & ce voyage devoit servir d'encouragement, pour que l'on dût chercher à rouvrir le commerce, & qu'on essayât à connoître parfaitement la côte. L'abandon du commerce d'Afrique paroît aussi clairement, par ce qu'a écrit Ptolemée ( *L. IV, c. 9* ), qui, en parlant du promontoire opposé à l'île de Madagascar, dit que la côte d'Afrique étoit habitée par des anthropophages; que tout ce qui étoit au-delà du 8e degré étoit inconnu, & que la côte s'étendoit depuis ce cap jusqu'au continent de l'Inde, auquel elle étoit jointe.

*Du pays appelé dans l'écriture* Saba, & *du voyage de la reine de ce pays à Jerusalem*. Extrait de l'ouvrage de M. Bruce.

Ceux des lecteurs qui sont plus intimement pénétrés du rapport des choses entre elles, que rigoureusement attachés à l'ordre des mots, ne seront pas étonnés,

1°. Qu'à propos des Troglodytes, j'aie parlé de tout ce qui concerne la partie de l'Afrique où ils étoient situés, & qui alloit à les faire encore mieux connoître.

2°. De ce qui avoit trait au commerce de ces mêmes contrées, l'un des plus intéressans objets de la Géographie ancienne.

3°. Enfin de ce que je vais placer ici un morceau sur le pays appelé *Saba*, puisqu'il s'agit encore de la même partie du globe, & que l'on doit regarder comme agréable d'avoir un moyen de fixer ses idées à cet égard. J'entre donc en matière.

Nous ne devons point être étonnés, si le commerce continuel, & l'importance des affaires que les Tyriens & les Juifs faisoient avec les Cushites & les pasteurs de la côte d'Afrique, les avoient si bien familiarisés les uns avec les autres. Cela fut au point que la reine de Saba, souveraine de ces contrées, conçut naturellement le desir de voir par elle-même ce que devenoient les trésors qu'on exportoit de chez elle depuis tant d'années, & elle voulut connoître le prince qui les employoit avec tant de magnificence. Il ne peut, dit M. Bruce, y avoir de doute sur son voyage: Payens, Arabes, Maures, Abyssiniens, tous les peuples d'alentour l'attestent, & en parlent presque dans les mêmes termes que l'Ecriture.

Plusieurs anciens auteurs (tels que Justin, S. Cyprien, S. Epiphane, S. Cyrille), ont cru cette reine Arabe. Mais Saba étoit un royaume particulier, & les Sabéens un peuple distinct des Ethiopiens & des Arabes; & ils n'ont cessé de l'être depuis ce temps. L'histoire nous apprend que les Sabéens avoient coutume d'être gouvernés par une reine plutôt que par un roi, coutume qui se conserve encore parmi leurs descendans.

. . . . . . . *Medis levibusque Sabæis,*
*Imperat hos Sexus Reginarumque sub armis,*
*Barbariæ pars magna jacet,*

dit Claudian, qui, par *Barbaria* désigne le pays situé entre le tropique & les montagnes d'Abyssinie, le pays des pasteurs.

Les Arabes prétendent que le nom de la reine de Saba qui vint à Jerusalem étoit Belkis; les Abyssiniens le nomment Maqueda. Dans l'évangile elle est nommée reine du midi, & on ne lui donne pas d'autre nom; mais les paroles mises dans la bouche de Job, atteſtent la vérité de ce voyage. « La reine du midi, dit-il, s'élevera au » jour du jugement contre cette génération, & » la condamnera : car elle vint des extrémités » de la terre pour entendre la ſageſſe de Salomon, » & elle contemplera celui qui eſt plus grand que » Salomon ».

Cependant l'écriture ne raconte aucune particularité concernant cette reine ; mais il n'eſt pas probable que J. C. eût dit qu'elle venoit des extrémités de la terre, ſi elle eût été arabe, & qu'elle eût eu près de 50 degrés du continent derrière elle ; l'or, la myrrhe, l'encens étoient des productions de ſon pays ; & les diverſes raiſons que donne Pinedo pour prouver qu'elle étoit arabe, ne ſervent qu'à me convaincre davantage qu'elle étoit Ethiopienne, ou de la race des paſteurs Cuſhites.

Une choſe qui démontre clairement qu'elle n'étoit pas arabe, c'eſt que les Sabéens arabes ou les Homérites qui habitoient la côte de l'Arabie oppoſée au rivage d'Azab, étoient gouvernés par des rois & non pas par des reines : au lieu que les paſteurs ont toujours obéi à des reines & leur obéiſſent encore. De plus les rois des Homérites, ne ſortoient jamais de leur pays ; & dès qu'ils paroiſſoient en public, on les aſſommoit à coups de pierres. Aſſurément un peuple qui traitoit ainſi ſes ſouverains, n'auroit pas ſouffert que ſa reine allât voyager, ſi, par haſard, il eût été gouverné par une reine ; ce qui n'étoit pas.

On ne ſait pas ſi la reine de Saba faiſoit profeſſion de la religion juive, ce qui n'eſt pas probable, ou du paganiſme. M. Bruce paroit porté à croire qu'elle n'étoit pas payenne, ſoit à cauſe de ce que cette princeſſe dit à Salomon, ſoit à cauſe de la manière dont il en parle dans l'évangile. Mais il faut conſidérer que tout ce qui a été dit & fait, a pris certainement la teinte des opinions de ceux qui l'ont écrit. Ce même ſavant inſiſte ſur ce que le but de ſon voyage étoit de s'aſſurer par elle-même ſi Salomon étoit auſſi ſavant & auſſi ſage que ſa réputation le publioit. Ce motif d'une ſimple curioſité eût été bien puéril. Je crois plutôt que, s'il eſt vrai qu'elle ſoit venue à Jeruſalem, ç'aura été pour admirer par elle-même la beauté de ce règne. Quant aux queſtions qu'elle propoſa, c'étoit l'uſage de ces temps, & elle eût été bien vaine de ſe croire plus habile qu'un roi qui avoit la réputation de l'être.

Mais ſi le but du voyage de la reine de Saba étoit tout ſimplement d'avoir un fils d'une ſi haute race, ſon objet, ſelon les Abyſſins, fut rempli ; car elle eut un fils de Salomon. Il n'auroit pu même s'y refuſer honnêtement, à moins qu'il n'eût prétexté la fidélité qu'il devoit à ſes femmes & à ſes concubines.

Les Abyſſins appellent le prince fils de Salomon, Menilek ; mais je ſupprimerai ce qui regarde ce prince,

Quant à ce que l'on dit, ajoute M. Bruce, pour prouver que la reine de Saba étoit arabe, la fauſſeté en eſt ſuffiſamment démontrée. Tous les habitans de l'Arabie heureuſe & principalement ceux de la côte oppoſée à Saba ou Azab, étoient réputés Abyſſiniens, & leur pays faiſoit partie de l'Abyſſinie dès les premiers ſiècles, juſqu'aux conquêtes des Mahométans, & même long-temps après. Ils étoient ſujets de l'empire d'Abyſſinie : d'abord ſous les paſteurs Sabéens, comme les autres ſujets de cet empire ; enſuite, dit la tradition, convertis au judaïſme, durant l'édification du temple de Jeruſalem, ils continuèrent à être juifs juſqu'à 622 de l'ère chretienne qu'ils devinrent mahométans.

TROIA, village de la Grèce, dans l'Attique. Au temps d'Etienne de Byſance, il étoit nommé *Xypete.*

TROIA, ville de la Chaonie, dans la Ceſtrie, ſelon Etienne de Byſance.

TROIA, village de l'Egypte, au voiſinage du mont *Troicus.* C'étoit l'ancienne demeure des Troyens qui ſuivirent Ménélaüs dans ſa captivité, ſelon Strabon. Etienne de Byſance en fait une ville.

TROIA, ville de l'Italie, dans le fond du golfe Adriatique, dans le pays des Vénètes, ſelon Etienne de Byſance.

TROIA, ville de l'Aſie, dans la Cilicie, ſelon Etienne de Byſance.

TROIA, lieu de l'Italie, dans le territoire de la ville de *Laurentum.* Selon Tite-Live, on donna ce nom à l'endroit où Enée prit terre en arrivant en Italie,

Denys d'Halycarnaſſe indique ce lieu à quatre ſtades de la mer.

TROICUS MONS, montagne de l'Egypte, au voiſinage du lieu d'où l'on avoit tiré la pierre pour bâtir les pyramides, & auprès de laquelle auſſi, étoit le village *Troia*, ſelon Strabon.

Ptolémée nomme cette montagne *Troici Lapidis Mons*, & Hérodote *Arabicus Mons* ou *Arabiæ Mons.*

TROILIUM, ville de l'Italie, dans l'Etrurie. Elle fut priſe par Carvilius, ſelon Tite-Live.

TROITUM PHALISCORUM, nom d'une ville d'Italie, dans le voiſinage de l'Etrurie, ſelon le livre appelé les origines de Caton.

TROJA ( *Troye* ), ville célèbre de l'Aſie mineure, capitale du petit pays appelé *Troas* ou Troade, & *Phrygie mineure*, & ſituée au nord-oueſt.

Je n'ai donné qu'un expoſé très-ſuccinct à l'article TROAS, & je conviens qu'il ſeroit inſuffiſant, ſi je n'avois pas l'occaſion de préſenter ici de plus grands détails.

On appeloit ce pays Phrygie, parce que les Phrygiens en poſſédèrent une grande partie ; les uns diſent avant l'événement de la guerre de Troye, d'autres diſent après. Quant à l'épithète de mineure, elle fut ajoutée pour la diſtinguer de l'autre Phrygie, dans laquelle Midas régna. Sous le règne de Priam, le nom de Troade fut presque le seul en usage.

Ce pays étoit divisé en deux parties.

La partie maritime étoit nommée *Hellespontique*. La partie intérieure étoit nommée *Epictète*, ou ajoutée.

La première avoit emprunté son nom de l'Hellespont, & s'étendoit le long du rivage depuis la ville de *Percote* à l'est, jusqu'au promontoire de *Lectum* au sud-ouest, en face de la côte du nord-ouest de l'île de Lesbos.

C'est cette partie que, rigoureusement parlant, on nommoit Troade, quoique le royaume de Troye s'étendît depuis le fleuve *Æsepus*, sur l'Hellespont & à l'ouest de Lampsaque, jusqu'aux bords du *Caïcus*, à l'ouest, en face de Lesbos. Il comprenoit ainsi, non-seulement la Troade, mais aussi la grande & la petite Mysie.

La seconde, ou l'Epictète, étoit la partie de la Phrygie mineure qui s'avançoit dans les terres : elle s'étendoit jusqu'au voisinage du mont Olympe à l'est. Dans des temps postérieurs à la haute antiquité, cette partie appartint à Prusias, roi de Bithynie, qui la céda à Eumène, roi de Pergame, d'où lui vint le nom d'*Ajoutée* ou d'Epictète. Cependant ces dénominations sont souvent confondues ensemble, l'une & l'autre ayant été données par quelques auteurs à toute la Phrygie.

J'en puis citer, entre autres exemples, ceux-ci. Strabon ( *L. XIII* ), distingue quelquefois la Troade Hellespontique, de la Troade Epictète ; & d'autres fois il les confond ensemble ; souvent même il fait de l'Epictète une partie de la grande Phrygie ; en quoi il s'accorde avec Ptolemée. ( *Voyez* l'article PHRYGIA ). Eusthate distingue trois Phrygies ; savoir, la grande Phrygie, où régna Midas, & qui s'étendoit jusqu'à la Pisidie ; la Phrygie mineure, située sur l'Hélespont, d'où elle s'étendoit jusqu'au mont Olympe ; enfin la Phrygie Epictète, près de *Dorylæum*.

En prenant un sentiment qui résulte d'un examen critique de ces différentes opinions, on voit que la Phrygie mineure, comprenant l'Hélespontiaque & l'Epictète, étoit bornée, au nord, par l'Hélespont & une petite partie de la Propontide ; à l'est, par la Mysie mineure ; au sud-ouest, par la mer Égée.

*Montagnes.* Le mont *Ida* est la seule montagne de ce pays, ou plutôt c'est une masse formée de plusieurs chaînes. Il s'étendoit depuis la ville de Zeléa, jusqu'au promontoire de *Lectum* & aux frontières. La mythologie raconte que ce fut sur ce mont que Pâris, reconnu pour juge de la beauté entre trois déesses, donna la pomme à Vénus.

*Fleuves.* Entre les fleuves qui arrosent la Troade, on doit remarquer sur-tout le Scamandre & le Simoïs.

Le Scamandre tire sa source du mont Ida, après avoir reçu, à quelque distance au-dessus de

Troye, le Simoïs ; il se jette dans la mer. Hérodote dit que l'armée de Xerxès but toute l'eau du Scamandre. Dans la suite ce fleuve fut appelé *Xanthe*, parce qu'on croyoit qu'il communiquoit une couleur jaune aux brebis qui buvoient de ses eaux. ( *Voy. Ælian, de anim. L. VIII, c. 21* ). Selon Homère, le nom de Scamandre lui fut donné par les dieux, & celui de Xanthe par les hommes : ainsi le nom le plus moderne étoit venu des hommes, & le plus ancien étoit des dieux. Ce fleuve a été nommé divin par Hésiode.

C'étoit une coutume du pays que les nouvelles mariées allassent se baigner dans ce fleuve immédiatement avant leur mariage. On raconte qu'un Athénien, nommé Cimon, ayant usé de supercherie pour faire croire à la jeune Collirhoé qu'il étoit le dieu du Scamandre, abusa de cette circonstance pour lui enlever le trésor que gardoit sa vertu, & que livra son innocence. Ce crime fut cause que l'on supprima la cérémonie.

Le Simoïs n'offre rien d'intéressant, si ce n'est les événemens qui ont eu lieu sur ses bords, & qui sont célébrés dans l'Iliade.

*Villes.* Les villes situées le long de la côte étoient, en commençant à l'est :

| | |
|---|---|
| *Percote*. | *Rhœteum*. |
| *Abydos*. | *Sigeum*. |
| *Arisba*. | *Troja* (Troye), ou *Ilion*. |
| *Dardanus*. | |

A l'ouest :

| | |
|---|---|
| *Larissa*. | *Colonæ*, &c. |
| *Alexandria Troas*. | |

Il est fréquemment parlé de *Percote* dans Strabon, Pline, Arrien, & Homère (1), qui parle de Mérops & de ses deux fils, comme ayant été de cette ville. *Abydos* ou Abyde, avoit été bâtie par les Milésiens, sur l'Hélespont, & a été célèbre par les amours & les malheurs de Héro & de Léandre, qui étoit d'Abydos. Ce fut cet endroit que Xerxès commença à faire construire ce fameux pont sur lequel, selon Hérodote, il fit passer en sept jours & sept nuits, dix-sept cens mille hommes d'infanterie & quatre-vingt mille chevaux, sans compter les chameaux & les voitures de charge. Ce fut là aussi que toute la cavalerie d'Alexandre, & la plus grande partie de son infanterie, mirent pied à terre, sous la conduite de Parménion, quand son armée passa d'Europe en Asie.

Je crois l'avoir déjà observé ; il faut abandonner absolument l'idée populaire où l'on a été trop

_____

(1) Chacun de ces lieux a son article particulier ; on peut les consulter : je n'y renverrai pas, parce que cela se suppose de reste dans un dictionnaire ; mais je suppléerai quelquefois à ce qui manque à ces articles.

long-temps que les châteaux actuels des Dardanelles ont été bâtis ſur les ruines de *Seſtos* & d'*Abydos*. Les châteaux ſont en face l'un de l'autre, au lieu que *Seſtos* étoit beaucoup plus près de la Propontide qu'*Abydos* : auſſi Strabon ( *L. XIII* ), compte-t-il 3750 pas depuis le port d'Abydos juſqu'à celui de Seſtos. Ils étoient ſitués ſur le canal qui établit la communication entre l'Héleſpont & la Propontide.

J'ai parlé à l'article HELLESPONTUS, d'une des étymologies de ce nom, qui le fait deſcendre d'Helle, fille d'Athamas, & ſœur de Phryxus, avec lequel elle aſpiroit arriver en Colchide.

Quant au nom de Dardanelles, il eſt probablement pris de la ville de *Dardanus*, peu éloignée autrefois des châteaux actuels, & même toute la contrée avoit porté le nom de Dardanie. Une grande portion du détroit portoit le nom d'Héleſpont ; la partie orientale étoit nommée détroit d'Abyde.

*N. B.* L'ancien Héleſpont eſt à préſent le détroit de Gallipoli, & canal des Dardanelles ; le détroit d'Abydos eſt auſſi appelé le bras de Saint-Georges, à cauſe d'une fameuſe égliſe conſacrée à ce ſaint, dans un village nommé *Periſtaſis*, à une petite diſtance de Gallipoli. Les Turcs appellent *Boghaas*, ou détroit de la mer Blanche.

L'entrée du canal eſt défendue par deux bons châteaux que Mahomet IV fit bâtir en 1659 pour mettre ſa flotte en ſûreté contre les inſultes des Vénitiens qui venoient l'inſulter. Les eaux qui paſſent par ce détroit, coulent avec beaucoup de rapidité en venant de la Propontide. Quand le vent vient du nord, aucun vaiſſeau ne ſauroit y entrer ; mais quand il eſt au ſud, le courant ne s'apperçoit qu'à peine. Tournefort aſſure que l'embouchure de l'Héleſpont a plus de quatre milles & demi de l'argeur ; le Brun ne lui donne qu'un mille & un quart. Suivant Spon, dans l'endroit où ſont les vieux châteaux, l'Héleſpont eſt large de près de deux milles. Le nom d'Abydos ou d'Avido, eſt inconnu aux habitans du lieu. D'un autre côté, le Brun aſſure que le détroit, à l'endroit des vieux châteaux, n'a qu'un demi-mille, & qu'un d'eux s'appelle encore préſentement Seſtos, & l'autre Avido. Il ajoute que cette mer, dans l'endroit où elle eſt le plus large, n'a que cinq quarts de lieue, & un demi-mille où elle eſt le plus étroite. Strabon lui donne environ un mille dans l'endroit le plus étroit ; Pline & Hérodote lui donnent ſept ſtades, & Polybe, ſeulement deux.

Cette largeur, & ſur-tout la force du courant font aſſez ſentir la puérilité de l'hiſtoire de Héro & de Léandre, qui, ſe trouvant par une nuit obſcure & ſur le point de ſe noyer, s'écrioit aux flots agités, ſelon Martial,

*Parcite dum propero, mergite dum redeo.*

Il eſt repréſenté ſur les médailles de Caracalla & d'Alexandre Sévère, nageant en travers de la mer, & conduit par un amour qui vole devant lui, tenant en main une torche allumée.

Les habitans d'Abydos ſe défendirent courageuſement contre Philippe de Macédoine ; & quand il leur fut impoſſible de tenir plus long-temps, ils aimèrent mieux ſe donner la mort que de ſe rendre.

Quelques critiques regardent le trait de Xerxès, rapporté par Hérodote, qui dit que le roi de Perſe fit donner 300 coups de fouet à la mer, comme entièrement fabuleux. Gilles qui a écrit ſur le Boſphore de Thrace, ſoupçonne que ces 300 coups de fouet, ſont 300 ancres qui furent jetées pour arrêter les vaiſſeaux formant le pont ; & que par les fers, il font entendre les chaînes de métal par le moyen deſquelles on avoit arrêté les vaiſſeaux les uns aux autres. Gilles penſe que ce trait d'extravagance, de vouloir châtier la mer, lui fut attribué par les poëtes Grecs, & qu'Hérodote prit la choſe à la lettre.

Ariſbe fut le lieu du rendez-vous général lorſque l'armée d'Alexandre eut paſſé l'Héleſpont.

*Dardanus* ou *Dardanum* avoit été bâtie par le roi Dardanus, près du promontoire de ce nom. Elle fut la réſidence de ce prince & de ſon fils Erichtonius. Ce fut là que ſe fit la paix entre Sylla, traitant au nom des Romains, & Mithridate.

*Rethæum* étoit célèbre par le tombeau d'Ajax, qui, ſelon Strabon ( *L. XIII* ), avoit été enterré dans cette ville.

*Sigæum* formoit un promontoire ſur lequel étoit une ville de même nom ; la mer même qui baignoit cette côte, en avoit pris le nom de mer de Sigée ; ( *Virg. Æneid. L. II, v. 312* ). Un tombeau que l'on diſoit être celui d'Achille, ſur ce promontoire en grande vénération. Alexandre, à ſon paſſage en Aſie, alla le viſiter. Un auteur ( *Salmaſii Pliniana Exercit* ) dit qu'il y avoit eu pendant long-temps en ce lieu une ſtatue d'Achille, ayant quelques ornemens de femme. Selon Pline ( *L. XVI, c. 44* ), aſſez près de là étoit le tombeau de Proteſilas entouré d'arbres auxquels il attribue une propriété ſingulière. Quand ils avoient aſſez gagné en hauteur, pour pouvoir être apperçus de Troye, ils commençoient à ſouffrir & mouroient peu après ; enſuite ils repouſſoient de nouveau, & croiſſoient merveilleuſement bien juſqu'à ce qu'ils euſſent atteint leur première hauteur.

Ils ſéchoient enſuite, par recroître de nouveau. Il aſſure que ce phénomène continua d'avoir lieu depuis la mort & l'inhumation de Proteſilas, qui, le premier des Grecs avoit alors mis le pied ſur cette terre ennemie, & fut auſſi le premier qui y fut tué. On peut mettre, ce me ſemble, cette merveille avec celle du tombeau de Virgile près de Naples, ſur lequel on voit un laurier éternel, c'eſt-à-dire, à la volonté des hommes du pays.

Troye, appelée aussi Ilion, avoit été, dit-on, bâtie par Tros, roi du pays. Cette ville reçut d'après lui le nom de Troye ; & d'après son fils celui d'Ilion.

Elle étoit située sur une hauteur, au pied du mont *Ida*, à environ cinq milles du rivage. Il en restoit à peine quelques traces au temps de Strabon ; & c'est une chose assez commune aux auteurs, de confondre l'ancienne & la nouvelle ville de ce nom.

La première, qui existoit au temps dont parle Homère, étoit au sud du détroit appelé Helespont, & avoit successivement porté les noms de *Teucria*, *Dardania*, *Troja*, *Ilium*, & même de *Pergama*, en donnant à la ville le nom de la citadelle. Selon les observations les plus récentes, elle étoit sous ou très-près du quarantième degré de latitude. Elle avoit, au nord, le *Simoïs*, qui couloit de l'est à l'ouest, & au sud-ouest, le *Scamandre*, appelé aussi le *Xanthe* : il venoit du sud-est. Ces deux rivières se réunissoient au nordouest de la ville : à peu de distance à l'est étoit le mont *Ida*.

Il paroit qu'elle eut pour fondateur, Teucer, ou Scamander, dont le règne remonte à l'an 1552 avant Jesus-Christ, selon la chronologie ordinaire. Dardanus lui succéda, pris Tros ou Troas, dont elle reçut le nom sous lequel elle est le plus connue. Ce fut d'Ilus qu'elle prit, dans la suite, le nom d'Ilium Priam. Le dernier des rois de cette ville y fit bâtir, sur une montagne, une forteresse qu'il nomma Pergame. Du temps de ce prince Troye étoit la capitale d'un royaume fort étendu, très-florissant. On peut croire cependant que les richesses & la puissance de ce royaume paroissent avoir été un peu exagérées par Homère.

Long-temps après la prise & la destruction de Troye, il se forma de ses ruines une nouvelle ville, non pas sur le même emplacement, mais un peu plus au nord, au-delà de la jonction du Simoïs & du Scamandre, plus près des rives de l'Helespont que n'avoit été la première. Ce n'étoit encore qu'un bourg quand Alexandre arriva dans la Troade après la bataille du Granique. Ce conquérant sacrifia à Minerve, dans un temple que cette déesse avoit à Ilium, & ordonna l'agrandissement du bourg, qui reçut par la suite, de très-grands accroissemens sous les Romains, dont la chimère étoit de se croire descendus d'Enée & des Troyens transportés par lui en Italie.

Les édifices construits, & ceux qui avoient été réparés par Lysimachus, sous les ordres d'Alexandre, reçurent de nouveaux accroissemens de la part de César. Auguste y envoya une colonie, embellit la ville de plusieurs autres monumens, & lui prodigua les plus beaux privilèges. On craignoit même qu'il n'y voulût transporter le siège de l'empire Romain ; & l'on ajoute que ce fut pour affermir l'esprit de ce prince dans le dessein de ne rien innover, qu'Horace composa sa belle

belle ode : *Justum & tenacem propositi virum*, L. III, od. 3 ; & plus spécialement encore celle *Pastor cum traheret Helenam*, &c. L. 1, od. 15.

Cette nouvelle ville est quelquefois nommée par les auteurs, Troas, & par d'autres, *Alexandria* ; son premier nom même étoit *Antigonia*, d'après Antigonus, son fondateur. Mais Lysimaque, en l'agrandissant, lui donna celui d'Alexandre.

Les Turcs la nomment, ou plutôt en nomment les ruines Eski-Stamboul, c'est-à-dire, l'ancienne Constantinople.

*N. B.* Deux voyageurs Anglois ont été sur les lieux, il y a peu d'années, & l'Iliade en main ils ont reconnu toute la disposition du terrein décrit par Homère : & ce n'est pas là que se trouvent les ruines. Celles que l'on voit appartiennent à la nouvelle Troye. Du temps de Bellonius (*L. II, c. 6*), on voyoit encore des murailles & quelques restes de tours : il mit quatre heures à en faire le tour tant à pied qu'à cheval. Il vit autour de ces murailles une grande quantité de tombeaux de marbre d'un travail exquis, dont le dessus étoit encore tout entier. Il en restoit encore deux quand M. Spon visita cet emplacement. Ce voyageur assure que ces tombeaux avoient été bâtis dans le goût des Romains, & avoient beaucoup de rapport avec ceux d'Arles.

D'où il infère que ce sont les restes de cette Troye qui fut rebâtie par les Romains. Bellonius remarque aussi les ruines de trois grandes tours, l'une au bas d'une montagne, à une petite distance du rivage ; l'autre, à mi-côte ; & la troisième, au bas, avec un grand nombre de citernes, pour recevoir l'eau de la pluie. Pour ce qui est du Xante & du Simoïs, il assure que ce sont des ruisseaux, dont les eaux se trouvent même taries en été. Mais Sandys soutient qu'ils sont plus grands que le dit Bellonius, & présume qu'il a vu quelques ruisseaux & n'a pas vu les deux fleuves. Spon apperçut au midi du port trois colonnes entre les ronces ; deux étoient entières, chacune d'une seule pièce, & longues de 30 pieds : la troisième étoit cassée en trois endroits, & avoit 35 pieds de longueur, & 4 pieds 9 pouces de diamètre : elles étoient toutes de marbre grenu. Le Brun vit les restes d'un superbe édifice à la distance d'environ cinq milles de la côte. Les quatre portes de cet édifice, encore entières alors, avoient environ 45 pieds de hauteur, & près de là étoit une muraille d'une épaisseur extraordinaire, avec quatorze portes de grandeur convenable : les ruines de ce bâtiment qui doit avoir été superbe, occupoient une étendue de 130 pieds de long, & de 100 de large ; & peuvent, suivant notre auteur, le disputer en magnificence aux plus beaux monumens de l'antiquité.

Le port de Troye, dont les anciens ont tant parlé, est à présent bouché par le sable qui s'y est amassé ; cependant on y voit encore des morceaux de colonnes, auxquels on attache les vaisfeaux & les galères. A en jugerpar ces colonnes, Spon croit que le port peut avoir eu un mille & demi de circonférence.

En attendant que M. de Choiseul-Gouffier nous donne dans son superbe & excellent ouvrage, un état des lieux actuels, ce qu'on a le droit d'attendre de ses lumières & de son goût, je crois y suppléer, quoiqu'imparfaitement en rapprochant de ce que disent Bellonius, le Brun & Spon, ce qu'en rapporte M. Wood dans son excellent ouvrage sur Homère ( *an Essay on Homer*).

Il commence par ces vers de l'Enéide, *L. II* :

*Juvat ire & Dorica castra,*
*Desertosque videre locos, littusque relictum*
*Hic Dolopum manus, hic Sævus Achilles*
*Classibus hic locus, hic acies certare solebat.*

ce qui jette un nouvel intérêt sur les parties qu'il va décrire. Les personnes auxquelles cette description ne suffira pas, seront obligées de recourir à l'ouvrage même de M. Wood, où se trouve une carte représentant l'état des lieux tels qu'il les a vus en 1750.

Si l'on compare, dit-il, en même temps sa carte avec les descriptions d'Homère, on apercevra les changemens survenus depuis que le poëte a écrit. La source du Scamandre est maintenant beaucoup plus éloignée de la mer qu'elle ne semble l'avoir été quand le poëte Grec la vit. Je crois que l'aspect du pays est considérablement changé : j'exposerai, ajoute-t-il, les causes qui paroissent avoir contribué à cette révolution. Les régions de l'Asie mineure sont très-sujettes aux tremblemens de terre; j'ai vu plusieurs parties de l'Ida & du Tmolus, que l'un de ces tremblemens a évidemment détachées des deux montagnes ; & il y a sur les plaines du Scamandre des blocs de rocher massif qui ont eu originairement une autre situation. Il est sûr que la source du Scamandre n'est plus aujourd'hui la même.

En allant de Constantinople, dit M. Wood, aux îles de la Grèce, nous mouillâmes le 25 juillet 1750 au-dessous du promontoire de Sigée, & débarquâmes à l'embouchure du Scamandre. Le pays, souvent infesté de bandits, étoit alors si tranquille, que nous eûmes la facilité de remonter, sans danger, jusqu'à la source du fleuve. Après avoir loué des chevaux & des guides, nous emmenâmes notre tente, nos domestiques & notre équipage de campagne, & nous employâmes quinze jours à parcourir ce petit pays.

Avant de débarquer nous avions examiné toute l'enceinte du royaume de Priam, & une autre fois nous avions vu quelques parties de l'intérieur (1).

_____

(1) Voyez, s'il est possible, la belle carte de l'Asie mineure de M. d'Anville; car celles qui se trouvent dans l'Atlas de l'Encyclopédie sont incomplètes sous tous les rapports.

Une ligne droite tirée du Caïcus à l'Æsopus formeroit à-peu-près la borne orientale & intérieure des domaines de Priam. Selon cette estimation, la circonférence en auroit été d'environ cinq cens milles anglois, dont trois font une de nos lieues. Il faut comprendre dans ce nombre, plus de deux cents milles formant les côtes lavées par la Propontide, l'Hélespont, & la mer Egée. Il y a peu de pays de cette étendue qui réunissent autant d'avantages. Le climat est tempéré & sain, des bois couvrent par-tout les collines, & les plaines fertiles, revêtues de blé & de pâturages, sont bien arrosées. Les montagnes renferment des mines qu'on n'a jamais assez fouillées. Il y a des eaux minérales & des bains chauds, que les naturels du pays emploient utilement dans plusieurs maladies. La contrée produit de l'huile, & quelques cantons y étoient autrefois célèbres par la qualité de leurs vins.

Les Grecs assurent que si on y cultivoit la vigne avec soin, elle donneroit un raisin aussi bon que le muscat de Ténédos.

La forme péninsulaire de la Troade & son heureuse situation, ses havres très-commodes & tous ses bois la rendent très-propre à la navigation & au commerce.

Cependant, si l'on peut juger d'un peuple si ancien, d'après quelques monumens épars, il semble que ce fut un principe de sa constitution religieuse & civile de décourager la navigation & d'exciter l'agriculture & l'industrie domestique. Un vieux proverbe qui subsiste encore aujourd'hui, avertissoit des dangers du commerce : les loix punissoient sévèrement celui qui voloit un bœuf, une charrue ou quelque instrument d'agriculture. Quoique ces maximes ne soient pas conformes à l'esprit de commerce qui domine dans la politique moderne, elles paroîtront fort judicieuses, si on considère le génie & les mœurs de ces anciens temps. Lorsqu'une contrée a reçu de la nature tout ce qui est nécessaire aux besoins de la vie, c'est travailler au bonheur de ses habitans, que de concentrer leur industrie & leur attention dans l'intérieur de leur patrie, & de prévenir tout commerce avec les étrangers. En un mot, quand les mots navigation & pyraterie étoient presque des termes synonymes, un peuple qui avoit des troupeaux, du bled, du vin & de l'huile, devoit naturellement fuir un commerce où il ne pouvoit que gagner peu & perdre beaucoup : la loi des nations, n'avoit pas encore établi ce système de sécurité & de confiance qui règne entre les peuples civilisés ; & voilà pourquoi l'Égypte & les autres pays riches détestoient les étrangers.

Le sort de la Troade, en effet, a justifié leurs craintes ; car malgré toutes leurs précautions, ils avoient été conquis & pillés trois fois avant le temps d'Homère. On donna à ces invasions des prétextes si frivoles, que vraisemblablement elles ne seroient jamais arrivées, si ces peuples n'avoient pas été plus riches que leurs voisins. Le même appât du butin occasionna probablement la migration des Æoliens. L'historien Grec a jugé à propos de pallier sous ce terme l'injuste conquête qu'ils firent de ce pays. Le voyageur qui remonte l'Hélespont concevra aisément que les premiers habitans qui firent des émigrations dans cette partie du monde , quittoient une contrée pauvre pour en chercher une fertile : en effet, la côte d'Asie présente un aspect plus pittoresque & plus riche que celle d'Europe.

Homère , parlant du pays de Priam , l'appelle en général , Troye , & ses habitans Troyens. Mais , quand il fait une énumération exacte des soldats commandés par les différens chefs , il donne en particulier le nom de Troyens aux habitans de Troye ou Ilion , la capitale.

Avant de parler de ses découvertes dans l'intérieur du pays , M. Wood , expose les points de vue qu'offrent les côtes , quand on les range de près. Du cap de Boba ( anc. Lectum , au nord de Lesbos ) , au cap Janissari , ( anc. Sigeum prom. à l'emb. sud de l'Hélespont ) , la côte court presque directement au nord. Sur le premier de ce cap , le cap Boba , il y a un château pour défendre le pays contre les corsaires Maltois. Les Turcs craignent si fort leurs invasions , qu'on voit peu de villages sur la côte , jusqu'à ce qu'on approche de l'Hélespont.

La côte est couverte d'arbres de Valonie , sorte de chêne dont l'écorce & le fruit sont employés dans les tanneries. Le pays a moins de montagnes à mesure que l'on avance au nord jusques vis-à-vis l'île Ténédos , qui reste sur la gauche.

On apperçoit à un charmant paysage , sur un côteau penché , revêtu de bois , & les navigateurs jouissent en même temps en plein de la vue de la ville de Troye & des ruines vénérables qui l'entourent. En continuant la route au nord , on trouve la côte toujours plus escarpée , jusqu'à ce qu'elle se termine enfin à un rocher élevé sur le cap Janissari , qui sépare la mer Ægée de l'Hélespont. En tournant à l'est , dans cette mer étroite , le même cap a une échancrure qui se présente tout-à-coup au milieu d'une plaine couverte de beaux arbres. C'est ici que le Scamandre verse ses eaux , & le château dont on a parlé est placé à l'embouchure , afin de défendre l'entrée du détroit. On en a construit un autre sur la rive opposée pour le même objet. Du cap Janissari , la côte plate & marécageuse se retire , formant une courbe bornée à l'est , par le cap Barbieri , ( anc. Prom. Rhetæum ) : il est plus bas & moins escarpé que le cap Janissari. Dardanum étoit , sans doute , dans les environs , comme on peut en juger par le détroit qui conserve le nom des Dardanelles. Les châteaux construits pour la sûreté de ce passage à Constantinople , répondent aux châteaux anciens nommés Sestos & Abydos.

En examinant ce que dit l'Iliade de ces côtes & de ces mers , on y trouve ce qu'Homère distingue très-bien , entre la mer Ægée & l'Hélespont. Ce poëte n'en parle jamais qu'avec les épithètes & les circonstances qui conviennent à l'une & à l'autre.

Au commencement du premier livre , le prêtre Chryses , qui a réclamé en vain sa fille , s'en retourne silencieux & triste le long du rivage de la mer turbulente ou furieuse (1). La situation de la ville de Chrysa , à l'ouest , sur la côte , montre qu'il est question de la mer Ægée dans ce passage. L'épithète turbulente ou furieuse , le démontre encore ailleurs ; car l'Hélespont & le canal n'ont pas assez de largeur pour que les flots y soient furieux. Je dois remarquer que le terme insaniens qu'Horace applique au Bosphore (2) , ne signifie pas turbulent ; mais que rien n'exprime mieux la contrariété des courans dont ce détroit est rempli.

Dans le même livre de l'Iliade ( v. 350 ) , Achille se retire sur la grève écumeuse pour se livrer aux transports de sa colère , & de-là il regarde la mer sombre ; les vagues se brisent sur la côte avec violence ; & le tableau au total ne ressemble qu'à la mer Ægée. On sait en effet qu'Achille étoit là campé : dès qu'il est question de l'Hélespont , on le dépeint par d'autres circonstances qui sont également précises.

On est d'abord surpris qu'Homère donne plusieurs fois l'épithète de large à l'Hélespont , qui est moins large que beaucoup de rivières. Orphée parle aussi du large Hélespont. Eustathe & d'autres commentateurs ont tâché d'expliquer ce terme ; mais leurs conjectures ne sont pas satisfaisantes : en voici une , dit M. Wood , qui s'est présentée à mon esprit , tandis que j'étois sur les lieux.

En naviguant de la mer Ægée dans l'Hélespont , nous fûmes obligés d'affronter un courant perpétuel , très-vif , qui fait faire communément trois nœuds par heure , sans le secours du vent de nord. Nous étions en même temps enfermés de tous côtés par les terres ; nous ne voyions que la campagne , & chaque objet faisoit naître l'idée d'un beau fleuve qui traverse l'intérieur d'une contrée. J'avois peine alors à croire que j'étois en mer. Nous parlions de sa largeur , de son embouchure , de la beauté de son lit , de ses rives couvertes de bois , & enfin de plusieurs autres circonstances qui n'appartiennent qu'aux rivières. Le poëte ( Ili. M. v. 30 , B. v. 847 ) , lui applique l'épithète de rapide ,

_____

(1) M. Wood ajoute & triste , ce qui étoit vrai , mais qui n'est pas exprimé dans la ce beau vers , que je ne puis m'empêcher de citer ici ; c'est un des plus connus comme poésie imitative , par la belle épithète de la mer , & le bel effet que produit à l'oreille le nom même de mer , & ensuite les voyelles qui entrent dans son épithète.

Βῆ δ' ἀκέων παρά θῖνα πολυφλοίσβοιο θαλάσσης.

(2) Insanientem navitæ Bosphorum tentabo. L. III , Od. 4.

qu'il ne donne à aucune autre mer : il ne le confi-
deroit donc que comme le courant d'une rivière ;
& Hérodote qui examina l'Hélefpont avec la
curiofité d'un voyageur, l'appelle auffi un fleuve.

La defcription que fait Homère du mont *Ida*,
répond à fon état actuel. Ses *fommets divers* font
encore couverts de pins, & l'on y trouve beaucoup de fontaines. Nous y avons fait un voyage
pendant la nuit ; les hurlemens perpétuels des jac-
kats, le mouvement des bêtes farouches, au milieu des buiffons, l'agitation intariffable des ruiffeaux nous rappeloient d'une manière très-frap-
pante les rites de Cybèle ; car on célébroit fes
fêtes dans la même faifon, au milieu de la nuit
& de ces mêmes forêts élevées & fauvages dont
je viens de parler.

Le mont *Gargara*, le *Cotyle*, le *Lectum*, n'ont
changé que de nom, & ils ont un afpect auffi
brillant qu'au temps de l'Iliade. Pline remarquoit
cependant déjà que les rivières dont parle Homère ne font plus telles qu'autrefois, & l'on ne
doit pas s'en étonner, car le pays eft très-fujet
aux tremblemens de terre. C'eft dans ces montagnes que l'on tiroit le bois à brûler & les bois
de conftruction. Pâris & Enée y coupèrent celui
de leurs vaiffeaux. Le héros de Virgile ne pouvoit pas choifir un endroit plus commode pour
conftruire les fiens, qu'Antandros, au pied du
mont Ida. Quand il fe rendit à ce chantier, il
dut s'échapper de Troye par une porte oppofée
à celle qui avoit fervi d'entrée à l'ennemi, lors de
la prife de la ville. Antandros étoit le lieu de
toute la côte, le plus retiré & le plus à l'abri de
la flotte grecque. Du temps des Romains, ce
port approvifionnoit de bois toute la province.
Il commet pourtant deux erreurs quand il dit :

. . . . . . *Claffemque fub ipfo,*
*Antandro ac Phrygiæ molimur montibus Idæ ;*

car Antandros n'étoit pas encore bâti, & la
Troade ne s'appeloit pas *Phrygia*.

Nous avons examiné avec foin, dit M. Wood,
la fource du Scamandre ; il fort d'un rocher, &
il fe répand au même inftant dans un baffin circulaire de fept ou huit pieds de diamètre, à l'ombre
d'un platane. Il tombe enfuite entre des bois &
des rochers très-pittorefques, & il eft bientôt
joint par un autre ruiffeau, avant de prendre fa
direction vers la mer. Il y a environ vingt-trois
milles en ligne droite de la fource à l'embouchure du Scamandre ; mais la diftance eft plus
confidérable, fi l'on comprend les détours de la
rivière, qui, dans un petit efpace, arrofe bien
des cantons différens. De fa fource jufqu'au-deffous de Chifflik, fon lit eft pierreux & efcarpé,
& il faute par cafcades plutôt qu'il ne roule : de-là
il ferpente dans une riche plaine jufqu'à Enée, le
plus grand village de ce pays, où il y a un
pont de bois. Il reçoit le Simois dans les environs,

parmi des champs de bled entremêlés de jolis
mûriers.

Au-deffous de la jonction de ces deux rivières,
on voit les ruines d'un ancien pont, & celles de
Bornabafchi ; il roule fes eaux à travers des montagnes pleines de roches, où l'on voit quelques
pins & d'autres arbres, & qui reffemblent beaucoup aux Alpes.

La largeur des vallons qu'il parcourt eft irrégulière : quand nous les vimes, il occupoit une
petite partie de fon lit, qui n'eft rempli entièrement qu'en hiver. Nous dreffâmes notre tente
dans la portion du canal qui étoit fèche, fur un
terrein graveleux & près du courant, alors fi petit,
qu'une armée moindre que celle de Xerxès auroit
pu le mettre à fec. Dans cet état d'épuifement,
nous trouvâmes cependant de très-belles cafcades
au-deffous de Chifflik. A Bornabafchi il quitte la
chaîne de collines dans laquelle il entre aux mines
du vieux pont, & il coule fans bruit jufqu'à la
mer parmi des bas marécageux, qui font extrêmement fertiles, quand on les deffèche & qu'on les
cultive. Dès-lors on diftingue à peine fon courant. Bornabafchi fignifie la fource. Il y a un joli
ruiffeau qui donne ce nom au village, compofé
d'une demi-douzaine de cabanes. L'eau qui fe précipite ici du rocher, forme tout-à-coup un courant plus confidérable que celui que nous avons
trouvé dans le canal du Scamandre ; mais ces eaux
ne fe joignent au fleuve, elles reftent ftagnantes
parmi les rofeaux des marais, quoiqu'un gouverneur turc ait fait un deffèchement pour les conduire à la mer Egée. Les plaines à l'embouchure
de Cayfter & du Méandre ( qui font plus au fud ),
& des autres rivières de l'Afie mineure, font exactement les mêmes que celles-ci. Toutes ces rivières gagnent du terrein fur la mer ; car elles
fe trouvent engorgées & croupiffantes au milieu
des décombres qu'elles y amènent pendant l'hiver.
Le Scamandre étoit au degré le plus bas, quand
M. Wood l'a vifité, & il n'avoit pas affez d'eau
pour entretenir un courant de fa fource à la mer.
Il formoit un amas de plufieurs petits ruiffeaux de
différentes origines, & qui fe perdoient dans un
lit graveleux, après une petite courfe languiffante
& foible.

Mais on voit, par la longueur de fon lit & la
longueur des trois ponts, qu'il eft bien plus gros
en hiver ; & quoique les habitans n'aient pas
alors parlé à M. Wood des ravages que produi-
fent les inondations de l'équinoxe & de l'hiver,
il avoit fous les yeux des pierres énormes amenées
du haut de la montagne, des buiffons, des arbres
déracinés, mêlés & confondus avec du limon &
des décombres de différentes efpèces : on découvroit des lambeaux de gazons fufpendus à des
arbres, à douze ou treize pieds de terre, par les
inondations de la faifon pluvieufe. On en trouva
fur-tout entre les ruines du vieux pont de Bor-

nabafchi ; car le lit eſt ici reſſerré , & les eaux ne peuvent groſſir ſans ſe répandre.

On voit dans l'Iliade que cette rivière eſt tantôt paiſible & tantôt turbulente. Homère parle d'un arbre tombé qui rempliſſoit l'intervalle d'un bord à l'autre , & rien ne peint mieux l'état d'épuiſement où M. Wood l'a trouvé. D'un autre côté, dans ſon état de fureur & de violence, elle a pu démolir de fond en comble les retranchemens des Grecs, comme le dit Homère, & peut-être que l'impétuoſité & les dévaſtations ſubites du Scamandre lui ont fourni l'idée de cette belle fiction.

Homère fait de la Troade une deſcription différente de celle qu'on trouve ſur la carte de M. Wood. Troye n'eſt plus à la même diſtance de la mer, qui , depuis cette époque, s'eſt un peu retirée de la côte. La nouvelle Troye eſt ſituée ſur les bords de la mer ; mais ce n'eſt pas la Troye du poëte Grec. Celle-ci étoit un peu plus haut ſur l'Héleſpont, & non ſur la mer Egée. M. Wood eſt très-ſûr que la poſition du Scamandre a auſſi beaucoup changé ; car la ſource chaude étoit, ſuivant le poëte, une des ſources de cette rivière ; mais elle eſt maintenant fort au-deſſous de la ſource actuelle, & elle n'a point de communication avec le Scamandre: ſes ſources, ſuivant Homère, étoient près des murailles de la ville ; mais le terrein aux environs de la ſource qui s'y voit actuellement eſt trop eſcarpé & trop inégal pour la poſition d'une ville. Cette ſituation eſt contraire d'ailleurs à la marche d'Hector & à pluſieurs autres incidens du poëme. La diſtance de cette ſource à l'Héleſpont eſt auſſi trop grande, pour qu'il ſoit arrivé tout ce qu'on raconte dans la journée. La ville ne devoit pas être éloignée de la mer, autrement la flotte n'auroit pas pu voir le camp des Grecs. Virgile a peut-être eu tort de ſuppoſer qu'on découvroit la ville du haut d'une tour , car il auroit été inutile d'envoyer Polytes à la tombe d'Aſiètes pour reconnoître l'ennemi. D'après le plan que le poëte Romain donne de Troye, il eſt probable que pendant ſon ſéjour en Grèce, il n'a pas viſité la Troade.

Les révolutions qu'a éprouvées la ſource du Scamandre ont dû arriver au temps de Strabon, qui ſemble avoir trouvé le pays dans l'état où il eſt actuellement. Il le compare avec la deſcription d'Homère , & il en conclut qu'il eſt arrivé du changement depuis ce poëte. Je haſarderai, dit M. Wood, de fixer l'ancienne ſource de la rivière & la ſituation de la ville au-deſſous de la ſource actuelle du Scamandre, mais plus haut que la plaine: cette poſition approche plus de celle d'Homère.

On a lieu de remarquer que le Simoïs & le Scamandre ont toujours été réunis avant de parvenir à l'ancien pont ; mais on peut d'ailleurs fixer le lit de leur réunion à l'endroit qui convient le mieux à l'action du poëme ; car les torrens changent fréquemment de lit, & l'on en voit par-tout des traces.

Homère ne parle jamais de la route du Scamandre du vieux pont à Bornabafchi ; ſi l'on en juge par la ſituation du terrein, c'eſt le ſeul canton où l'on puiſſe aſſurer avec quelque certitude, que la rivière conſerve ſon ancien lit.

La plaine qui aboutit à l'Héleſpont comme à Bornabafchi, l'hiſtoire, ainſi que l'aſpect des lieux , dépoſent qu'une partie de cette plaine a été créée depuis Homère. Le ſol qui vient ſe placer à l'embouchure du Scamandre accroît cette terre, ainſi que l'Egypte a été agrandie par le Nil. La côte d'Aſie ſur-tout, & en particulier aux environs du Méandre (1), l'île de Ludé, n'étoit pas éloignée de la côte, & Strabon & Pauſanias la placent vis-à-vis de Milet ; mais aujourd'hui elle fait partie du continent.

Ayant ainſi réduit la diſtance entre les ſources du Scamandre & l'Héleſpont, M. Wood ſuppoſe que le camp des Grecs occupoit toute la côte de la mer devant la ville. Pour prouver que toute cette étendue étoit néceſſaire, il eſt à propos de conſidérer leurs forces & leur manière de camper. Il paroît qu'il y avoit cent mille ſoldats ; mais leur ſuite n'étoit pas embarraſſante comme celle de nos armées ; on ne connoiſſoit point alors le train de l'artillerie, & la ſimplicité des mœurs militaires n'exigeoit ni cuiſiniers, ni un nombreux domeſtique. Je crois cependant , dit M. Wood, que plus de femmes ſuivoient les troupes qu'aujourd'hui. C'étoit un uſage conſtant parmi les officiers & les ſoldats d'un certain rang, de laiſſer les femmes dans la maiſon, & de n'emmener que ſa maîtreſſe ; & l'on voit que la gouvernante du vieux Neſtor ſervoit tour-à-tour aux plaiſirs du maître & aux travaux du ménage. Les femmes formoient alors une portion conſidérable du butin des armées ; & ce qui ruine ſi ſouvent un officier, compoſoit ſa richeſſe. Si on y ajoute les enfans que produiſirent ces cent mille Grecs en dix ans, il eſt raiſonnable de ſuppoſer que leur camp pouvoit renfermer cinquante mille perſonnes. Les chevaux & les charriots occupoient un grand eſpace, & un petit ne ſuffiſoit pas aux vaiſſeaux. Ces bâtimens étoient mis à terre & dépoſés parmi les tentes. M. Pope n'a pas fait attention à cette circonſtance, & il commet de fréquentes erreurs, parce qu'il ne voit pas que les tentes & les vaiſſeaux étoient placés pêle-mêle. Ces bâtimens n'étoient à la vérité que de transport, que de petits bateaux. Quant aux tentes , il paroît, par celle d'Achile, que c'étoient des eſpèces de baraques ou de hutes qui mettoient à l'abri de toute ſorte de temps.

Il y avoit en outre au front du camp, du côté de Troye, un grand retranchement compoſé d'un rempart à tours & à créneaux, & défendu par un

_____

(1) J'en ai parlé ailleurs, d'après le voyage intéreſſant de M. Choiſeul-Gouffier.

foſſé paliſſadé, aſſez conforme au ſyſtême de fortification qu'on ſuivoit en Europe avant l'invention de la poudre à canon. Du côté de l'Héleſpont, ils avoient laiſſé entre le camp & la mer, un eſpace ſuffiſant pour y aſſembler, au beſoin, les principaux officiers. Homère détermine expreſſément l'étendue de ce camp, à gauche, par les deux promontoires bien connus de Sigée & de Rhétée. Achille étoit campé du côté du premier, & Ajax du côté du ſecond. Ulyſſe occupoit le centre, comme la partie la plus propre à tenir conſeil, quand on avoit beſoin de ſon éloquence ou de ſa ſageſſe. Si Agamemnon veut raſſembler les chefs de l'armée grecque, il ſe rend au vaiſſeau d'Ulyſſe, vis-à-vis la tente de ce héros, & de-là il élève la voix le plus qu'il lui eſt poſſible, pour ſe faire entendre dans les tentes d'Ajax & d'Achille, aux deux extrémités du camp. Selon pluſieurs monumens de l'antiquité, l'une de ces extrémités n'étoit pas éloignée de moins de ſix milles de l'autre. Ainſi le monarque grec qui ſe trouvoit au milieu de cet eſpace, ſe faiſoit entendre à ſix milles de chaque coté ; ce qui eſt incroyable. Il y a donc de l'exagération poétique dans les expreſſions.

Il n'eſt pas aiſé de déterminer quelle fut la ſituation préciſe de Troye ; & il ne reſte pas aujourd'hui le moindre monument qui puiſſe nous en inſtruire. Les tremblemens de terre & les inodations rapportées par pluſieurs écrivains, ont entièrement bouleverſé la ſurface de ce pays. Les poëmes, les hiſtoriens & les diſſertations compoſées en l'honneur de Troye, nous apprennent quelle vénération on avoit pour cette ville. Le temps de ſa priſe fut regardé comme une des principales époques de la Grèce ; elle avoit déja été ſaccagée trois fois, ſi l'on en croit les meilleurs auteurs de l'antiquité. Lycophron, dans la perſonne de Caſſandre, déplore ainſi ſes malheurs.

« O ma chère patrie, ton malheureux ſort m'af-
» flige : tu as éprouvé trois fois l'invaſion des en-
» nemis ; tu as vu tes édifices renverſés, & tes
» biens ſont devenus la proie des flammes » !

Le poëte veut dire que Troye fut priſe par Hercule, par les Amazones, & enfin par les Grecs, ſous la conduite des Alcides. Homère fait alluſion à l'invaſion des Amazones ; mais il n'ajoute pas, comme d'autres auteurs, que la ville tomba entre les mains de ces héroïnes. Charydemus Orytès s'en empara auſſi, ainſi que nous l'apprenons de Plutarque & de Polyen : & enfin C. Fimbria, queſteur ſous Valérius Flaccus, dans la guerre de Mithridate, s'en rendit encore le maître.

On a remarqué que le cheval fut toujours fatal aux Troyens, dit M. Wood. Ils furent d'abord ſubjugués par Hercule, lors de la diſpute ſur les chevaux de Laomédon. Les Amazones ſervoient toutes dans la cavalerie, & la figure du cheval décoroit leur bannière ; & les Grecs ſurprirent la ville au moyen du cheval de bois, inventé par Ulyſſe. Enfin elle tomba entre les mains de Charidèmus, parce qu'un cheval s'abattit à l'entrée la ville & empécha de fermer les portes. Il nous reſte une vieille épigramme latine faite ſur un homme dont le nom ſemble avoir été Aſellus, & qui ne montroit pas un grand reſpect pour les ouvrages d'Homère. Elle renferme une alluſion aux hiſtoires vraies ou fauſſes que je viens de rapporter.

*Carminis Iliaci Libros conſumpſit Aſellus,*
*Hoc fatum Trojæ eſt ; aut Equus, aut Aſellus.*

Charydémus & Fimbria ne prirent pas l'ancienne Ilium, mais la nouvelle Troye, ſituée à quelque diſtance de l'emplacement de la première, & qu'on croit avoir été bâtie ou du moins agrandie par Alexandre-le-Grand & par Lyſimaque. Il ſubſiſte encore de beaux reſtes de cette dernière ville ; mais depuis bien des ſiècles on ne trouve aucune trace de la véritable & fameuſe Troye. Il n'y a pas une ſeule pierre qui puiſſe atteſter ſa poſition. On la cherchoit déja en vain du temps de Strabon. Et Lucain, après avoir rappelé qu'on fit la même tentative avec auſſi peu de ſuccès ſous Jules-Céſar, remarque que les ruines elles-mêmes de cette ville célèbre ont été anéanties.

En face de Troye étoit l'île de *Tenedos*, éloignée de la côte d'environ deux lieues. Cette île avoit été d'abord nommée *Leucophrys*. On croit que l'autre nom lui vint d'un certain Ténès ou Tennès qui y conduiſit une colonie. Ce prince étoit fils de Cycnus, roi de *Colonne*, ville ſituée ſur la côte preſque en face de l'île. Il eſt repréſenté par Diodore de Sicile (*L. v*), comme un prince bienfaiſant & juſte, qui, après avoir été les délices de ſes ſujets pendant ſa vie, en fut adoré après ſa mort. Les anciens habitans de l'île rapportoient, concernant Ténès, quelques particularités que Diodore traite de fables, mais que Suidas & Pauſanias ſemblent regarder comme vraies.

Selon eux, Ténès étoit fils de Cycnus & de Proclée, ſœur de Caletor, qui fut tué par Ajax, en voulant brûler les vaiſſeaux de Protéſilas. Cycnus, après la mort de ſa femme Proclée, épouſa Philonome, qui, étant devenue amoureuſe de Ténès, & n'ayant pu l'engager à ſa paſſion, ſe plaignit à ſon mari que ce prince avoit voulu lui faire violence. Il produiſit en témoignage, un homme qu'elle avoit gagné & qui étoit joueur de flûte. Cycnus, perſuadé par les diſcours de ſa femme, fit enfermer Ténès dans une caiſſe de bois que l'on jeta à la mer. Ce fut préciſément ce qui fit ſon bonheur. Car les flots portèrent la caiſſe ſur la côte de l'île de Leucophrys, où il fut reçu comme un préſent des dieux.

Quelque temps après, Cycnus, convaincu de l'innocence de ſon fils, ſe rendit à Ténedos pour lui marquer les regrets que lui cauſoit la conduite qu'il avoit tenue à ſon égard. Mais Ténès, s'étant porté au rivage, ne vit pas plutôt le vaiſſeau amarré,

qu'il

qu'il coupa l'ancre avec une hache : cette hache fut portée par Périchyte, citoyén de Ténédos, à Delphes, où elle fut déposée dans le temple. Les Ténédiens en firent faire deux autres pareilles, qu'ils déposèrent dans un temple de leur ville.

On prétend que des faits que l'on vient de lire, il étoit résulté deux expressions proverbiales. L'une, c'est que quand on disoit d'un homme, Τενέδιος αυλπτης, c'est un flûteur Ténédien; c'étoit comme si l'on eût dit c'est un faux témoin, ou au moins c'est un menteur. Comme aussi quand on vouloit exprimer une résolution inébranlable, on disoit Τενέδιος πελεκυς; il est comme la hache de Ténédos. Il est vrai qu'Aristote donne une autre origine à ce dernier proverbe. Il dit qu'un roi de Ténédos ayant fait une loi par laquelle l'adultère étoit défendu sous peine de mort, le premier qui viola cette loi fut son propre fils, auquel il fit couper la tête avec une hache qui fut transportée à Delphes. Peut-être la petite histoire fut-elle inventée dans un temps où l'on ne pouvoit plus expliquer une ancienne médaille de l'île, qui représentoit d'un côté cette hache, & de l'autre, les têtes des deux amans. On dit aussi que la hache étoit l'instrument ordinaire du supplice dans cette île, & que toutes les fois que les juges siégeoient, ils avoient derrière eux un homme portant une hache, tout prêt à exécuter leurs jugemens. Delà les expressions Τενέδιος ανθρωπος, & Τενέδιος συνηγορος, un homme ou un juge de Ténédos, pour dire un homme ou un juge sévère.

Ce fut dans l'île de Ténédos, selon Virgile, que les Grecs se cachèrent, quand ils feignirent de lever le siège de Troye. Après la destruction de cette ville, les habitans de Ténédos se soumirent aux Ioniens. Cette île fut une des premières conquêtes des Perses, après la défaite des Ioniens, Elle fut subjuguée par les Athéniens, ou du moins elle se joignit à eux contre les Lacédémoniens. Cette alliance lui devint funeste. Nicolochus, général de Sparte, la ravagea, & la mit à contribution, malgré les secours que vouloient y porter les Athéniens.

Les Romains à leur tour, devinrent maîtres de Ténédos, & ce fut encore un nouveau malheur pour cette île. Le temple fut pillé par Verrès, qui, au grand regret de tous les habitans, emporta la statue de Ténès.

Cette île peut avoir dix-huit milles de tour. Elle contenoit une ville, deux ports, un temple dédié à Apollon surnommé Smynthius.

N. B. Il n'y a d'autres ruines à voir actuellement à Ténédos, que celles des magasins que Justinien y avoit fait bâtir, pour y conserver le bled que l'on transportoit d'Alexandrie à Constantinople, & qui auroit risqué de se moisir à bord, lorsque les vaisseaux étoient arrêtés trop long-temps au détroit, par les courans ou par les vents contraires. Ces magasins, au rapport de Procope, avoient 280 pieds de long & 90 de large.

*Géographie ancienne. Tome III.*

Le vin muscat de Ténédos est le plus délicieux de tout le Levant; & quoiqu'il n'ait pas été célébré par les anciens, comme celui de Scio & de Lesbos, on peut démontrer cependant par plusieurs médailles, que Ténédos a toujours produit une grande quantité d'excellens vins, par cela même que le revers de quelques médailles de cette île a une branche de vigne garnie de plusieurs grappes de raisin.

HABITANS DE LA TROADE. *Origine.* Les peuples de la Troade étoient certainement un très-ancien peuple; mais on n'est pas d'accord sur leur origine. On en peut juger par la diversité d'opinions qui existent à ce sujet. Les uns prétendent qu'ils descendoient des Samothraces; d'autres, des Grecs. On ajoute que Teucer, le premier roi de Troye, selon quelques auteurs, étoit Athénien de naissance, & seigneur d'un village nommé *Axomus;* d'autres croient que les premiers Troyens vinrent de Crète; mais ils disent que Dardanus étoit leur conducteur. Virgile, adoptant les préjugés des Romains, ou voulant flatter leur vanité, les fait venir d'Italie.

Bochard (*Pholeg. L. III, ch. 9*), qui ne s'en tient pas ordinairement à des origines si modernes, fait descendre les Phrygiens, dont les Troyens firent partie, d'Ascenez ou Ashkenas, fils aîné de Gomer, & trouve les traces de son nom dans celui du lac *Ascanius,* de la ville d'*Ascania,* du fils de Virgile, Ascagne, &c. Je supprime la quantité d'autres preuves qu'il apporte de son sentiment. Il est plus simple de les lui accorder que de discuter chacune d'elles.

*Gouvernement.* Le gouvernement fut d'abord monarchique & héréditaire. Car depuis Dardanus jusqu'à Priam, on voit constamment le fils succéder au père, & le frère cadet succéder à son frère-aîné. Ce pays fut au commencement, comme beaucoup d'autres, partagé, ou plutôt subdivisé en divers petits royaumes, puisque l'on trouve Cycnus, Pandarus, Eurypile, & d'autres petits souverains de petits territoires, entre les limites de la seule Phrygie mineure. Mais tous ces princes disparurent, soit qu'ils aient été battus & leurs états démembrés, soit au moins qu'ils soient devenus tributaires des rois de Troye. C'est sans doute ce qui fait que Strabon (*L. XIII*) compte jusqu'à neuf petits royaumes dépendant des Troyens, sans compter l'île de Lesbos, qui en dépendoit aussi. Ce fut probablement la cause qui fit traîner en longueur la prise de Troye. Il falloit subjuguer chacun de ces petits états avant de parvenir à réunir toutes ses forces contre cette ville. C'étoit une hydre dont il s'élevoit continuellement quelque tête.

Diodore assure que les Troyens furent soumis par Ninus. Mais on voit par ce que dit Philostrate, qu'ils étoient alliés des Assyriens, & point du tout leurs tributaires. Il paroît que les rois avoient sur leurs sujets, une autorité despotique. Au reste, on ne sait rien de leurs loix.

Hhh

*Religion.* La religion des Troyens ne différoit guère de celle des habitans de la grande Phrygie. Leur principale divinité semble avoir été Cybèle, qu'ils nommèrent *la grande Déesse*, ou mieux encore, *la grand-mère des Dieux.* Elle étoit particulièrement adorée sur les monts *Ida, Dindymus, Berecynthus.* Apollon avoit un temple dans la citadelle de Troye, que l'on appeloit Pergame : ce fut, dans ce temple, selon Homère, qu'Apollon cacha Enée jusqu'à ce que les blessures qu'il avoit reçues de Diomède, fussent guéries par les soins de Latone & de Diane, l'une mère, l'autre sœur d'Apollon.... Minerve ou Pallas : Cassandre s'étoit réfugiée dans son temple ; elle en fut arrachée par les Grecs victorieux, pendant que la ville étoit en flammes. Le fameux palladium étoit une statue de bois, représentant cette déesse, tenant en main un bouclier, & de l'autre une lance : elle étoit faite par un travail tout divin ; de sorte qu'en agitant sa lance, elle tournoit en même temps les yeux d'une manière menaçante. La chûte de la sainte ampoule, ou du ciel en terre, apportée, selon quelques-uns, par un ange, n'étoit qu'un réchauffé de l'histoire du palladium des Troyens. Selon eux, la statue de Minerve étoit tombée du ciel : puis elle alla se placer elle-même dans le temple. Un oracle, consulté à ce sujet, répondit que la ville ne seroit jamais prise tant qu'elle conserveroit ce présent céleste. Cette réponse ne fut pas ignorée des Grecs ; delà leur ardeur à s'en emparer. Ce fut à la prudence & à la valeur des Grecs qu'ils durent cet avantage. Diomède & Ulysse, étant parvenus à s'introduire dans la citadelle & dans le temple, y tuèrent les gardes, & en emportèrent le palladium. Aussi la ville fut-elle prise, comme l'on sait. Par une autre folie du même genre, les Romains étoient persuadés que le palladium avoit été apporté chez eux, & qu'il y étoit conservé dans le temple de Vesta. Je ne sache rien d'aussi absurde que de voir une foule de savans, tels que Selden, Rosinus, rechercher gravement l'origine de cette statue, & comment elle avoit pu être apportée en Italie par Enée, qui ne sortit de Troye qu'à la prise de la ville ; tandis que la statue miraculeuse en avoit déja été enlevée. Ou ils n'avoient pas le coup-d'œil bien pénétrant, ou ils craignoient donc bien de s'expliquer sur les fourberies des prêtres. Venus étoit aussi une divinité des Troyens. On révéroit de plus Apollon avec l'épithète de Sminthien, mot formé de *sminthos*, qui, en phrygien, signifie une souris champêtre. Strabon ( *L.* XIII ), & Ælien ( *L. IV* ) nous racontent que cette espèce de souris avoit tellement ravagé les champs de la Troade, que les habitans, après avoir tenté vainement toutes sortes de moyens pour les détruire, eurent recours à l'oracle de Delphes, qui leur répondit que pour être délivrés de ce fléau, ils n'avoient qu'à sacrifier à Apollon Sminthien. Ils le firent, &, de plus, érigèrent un temple dans

Amaxito, à leur puissant libérateur. L'authenticité de cette histoire n'étoit pas cependant tellement reconnue, que l'on n'en eût pas une autre à lui opposer. Car quelques auteurs ont prétendu que ce culte d'un Apollon souris, venoit de ce que, dans une occasion où les Troyens se trouvoient près d'en venir aux mains avec un ennemi redoutable, des souris parvinrent en une nuit à ronger toutes les cordes des arcs, & fournirent ainsi aux Troyens l'occasion d'une victoire aisée.

*Caractère, coutume, commerce.* Les Troyens étoient un peuple vaillant & guerrier. Ils paroissent avoir été de zélés adorateurs de leurs dieux, & très-respectueux envers leurs princes. On manque d'ailleurs de détails sur la plus grande partie de ce qui les concerne. Ils passoient pour un des peuples les plus civilisés de la terre ; & sous les règnes de leurs derniers rois, ils se distinguèrent par une grande magnificence ; ce qui suppose une connoissance assez étendue de plusieurs arts.

Il est probable que leur langue étoit celle de toute la Phrygie. On peut croire qu'ils connoissoient le commerce, tant par les richesses qu'elle renfermoit, que par les productions du pays, & la position même de la ville, qui leur en présentoit la possibilité.

*Histoire.* L'opinion la plus accréditée fait commencer l'histoire de Troye à Teucer, né en Phrygie ; ce que l'on vouloit probablement faire entendre, en disant qu'il étoit fils du fleuve *Scamandre* & de la montagne *Ida.* Virgile étoit dans une autre opinion, soit qu'il eût eu de meilleurs mémoires, soit qu'en sa qualité de poëte, il traita ce point d'antiquité un peu légèrement. Quoi qu'il en soit, il suppose que Teucer étoit Crétois d'origine. Il est en cela de l'opinion de Bérose ; & voici comment il s'exprime à ce sujet :

*Creta Jovis magni medio jacet insula Punto,*
*Mons Idæus ubi & gentis cunabula nostræ,*
*Centum urbes, habitant magnas, uberrima regna*
*Maximus indè pater, si ritè audita recordor,*
*Teucrus Rhœteas primum est ad rectus in oras,*
*Optavitque locum regno ; nondum Ilium, & arces*
*Pergameæ steterant, habitabant vallibus imis,*
*Hinc mater cultrix Cybele, Corybantiaque æra,*
*Idæumque nemus ; hinc fida silentia sacris,*
*Et juncti currum dominæ subiere leones.*

Æn. L. III, v. 104, &c.

Ainsi Teucer, selon Virgile, étoit fils de Scamandre, natif de Crète. Teucer, dans un temps de famine, ayant quitté cette île avec le tiers de ses habitans, pour aller au loin chercher un autre séjour, arriva dans cette partie de la Mysie, sur les bords de l'Hélespont. On voit encore ici reparoitre une petite histoire de souris. L'oracle lui avoit prescrit de s'établir dans un lieu où un ennemi, sorti de terre, « viendroit l'attaquer pen-» dant la nuit ». Ce fut en effet dans ce lieu que l'oracle s'accomplit. Car à peine étoit-il descendu à terre, près du promontoire *Rhetæum*, qu'il fut incommodé toute la nuit par un nombre prodigieux de souris. Eclairé par cet événement sur le sens de l'oracle, il résolut de s'établir en ce lieu, & d'abord éleva un temple à Apollon Sminthien. Il donna à la montagne la plus prochaine le nom d'*Ida*, montagne de Crète, & au fleuve, le nom de *Scamandre*, que portoit son père. Jusqu'alors ce fleuve avoit été nommé *Xanthus*; ce qui fait dire à Homère que ce dernier nom étoit celui que lui donnoient les dieux, au lieu que l'autre lui étoit donné par les hommes. Ce même prince introduisit aussi dans sa nouvelle ville, le culte de Cybèle.

On dit qu'il fut très-heureux dans toutes ses entreprises. Il donna sa fille en mariage à Dardanus, en le désignant pour son successeur.

Dardanus étoit, dit-on, fils de Corythe & d'Electre. Corythe étoit roi de Samothrace, & Dardanus, en lui succédant, avoit montré sur le trône toutes les vertus d'un prince religieux & père de son peuple. Ce fut ce qui engagea Teucer à lui faire épouser sa fille. Devenu roi de Troye, il fit la guerre heureusement contre ses voisins, & agrandit son état naissant. On dit qu'il bâtit les villes de *Dardanus* & de *Thymbra*. On donne à ce prince un règne de 64 ans.

Erichthon, son fils, lui succéda. Son règne fut heureux, & l'amour de ses peuples fut le prix des biens qu'il leur avoit procurés: il régna 40 ans.

Tros, son fils monta sur le trône; on fixa le commencement de son règne à l'an 1368 avant notre ère. Ce fut lui qui jeta les fondemens de la ville célèbre dont le génie d'Homère a pour jamais éternisé la mémoire. Dès que ce grand ouvrage fut achevé, il invita les princes voisins à en célébrer avec lui la dédicace. Tantale seul fut excepté. On ne sait pas la cause de cette exclusion; mais on rapporte que Tantale s'en vengea en enlevant Ganimède, fils de Tros. D'autres disent que ce jeune prince fut tué: Tros déclara la guerre au ravisseur; mais cette guerre fut malheureuse, & ce prince en mourut de douleur.

Ilus, son autre fils, lui succéda, & continua la guerre commencée par son frère, & parvint à chasser Tantale de l'Asie. Après le départ de son ennemi, Ilus s'occupa du soin de son état, & le rendit heureux.

A la mort d'Ilus, Tithon, son fils aîné, étoit absent; Laomédon, son frère, monta sur le trône. Ce fut ce prince qui bâtit la citadelle de Troye. Les mythologues ont prétendu qu'Apollon l'avoit aidé dans cette noble entreprise. On explique cette fable, en disant qu'il employa en travaux l'argent consacré à ce dieu. Plusieurs événemens fâcheux affligèrent son règne. De grandes inondations couvrirent les terres, la peste emporta un grand nombre de ses sujets: malheurs que les prêtres ne manquèrent pas d'attribuer à la témérité d'avoir touché aux trésors sacrés.

A ces malheurs, dont le fanatisme & la fourberie lui imputoient la cause, il en succéda d'autres que son peuple encore partagea avec lui, & qui seul il auroit dû supporter, parce que lui seul en étoit l'auteur. Les Argonautes passoient dans leurs bâtimens; ils mouillèrent devant Troye, & demandèrent des rafraîchissemens. Laomédon les leur refusa, & menaça même de les attaquer, comme ennemis, s'ils ne se hâtoient de se rembarquer. Ce fut pour venger cet affront, qu'après l'expédition heureuse de la Colchide, Hercule (ou quelque autre guerrier, car je n'ai pas trop foi à l'existence de l'Hercule des mythologues), revint devant Troye avec douze galères, l'assiégea & la prit: ce même héros combattant contre le roi, il le tua.

D'autres disent pour plus grande merveille, qu'Apollon & Neptune avoient été engagés par Laomédon, pour un prix convenu, à lui aider dans la construction des murailles de Troye. Il avoit ensuite refusé le paiement: de-là l'épidémie, qui vengeoit Apollon, & l'inondation, qui vengeoit Neptune.

On ajoute que l'oracle lui avoit ordonné, pour apaiser les dieux, & se délivrer de ces fléaux, d'exposer sa fille Hésione à la fureur d'un monstre qui désoloit la plage. Cette princesse fut délivrée par Hercule. Mais Laomédon, que les malheurs n'avoient pas changé, se permit encore un acte de mauvaise foi, & refusa de donner à Hercule la récompense dont il l'avoit flatté. La conduite d'Hercule prouve au moins contre lui qu'il n'avoit pas eu la générosité de faire une belle action, pour la belle action en elle-même; car il fut si irrité du refus de Laomédon, qu'il assiégea & prit Troye, en tua le roi, & donna la belle princesse en mariage à Télamon, qui l'emmena en Grèce.

Des cinq fils qu'avoit Laomédon au commencement du siège, il n'en restoit plus qu'un; c'étoit Priam: il succéda à son père; mais il restoit deux filles, qui toutes, ou à-peu-près, ont une petite place dans l'histoire.

Hésione avoit suivi Télamon; mais elle n'occupoit pas la première place dans sa maison: il y avoit au-dessus d'elle une femme grecque, épouse de Télamon. Priam l'ayant appris, la fit demander; on la refusa; & ce fut, dit-on, une des causes de la guerre.

Cilla & Astyoche sont à peine connues.

Mais Antigone est représentée comme une femme hautaine & acariâtre; ce qui donna lieu à la fable de dire qu'elle avoit voulu disputer de beauté avec Junon, & que cette déesse irritée, l'avoit changée en cigogne.

Proclie épousa Cycnus, dont elle eut Tenus & Hémithée.

Euthrie, prise & devenue captive des Grecs qui l'avoient mise dans un de leurs bâtimens, fut si indignée de cet état & de la servitude à laquelle

elle & les autres femmes grecques étoient destinées, qu'elle persuada à ses compagnes de se délivrer de cet état douloureux, par le sacrifice de leur vie. Les Grecs, à leur retour, ayant pris terre, vers le promontoire de Pallène, & ayant laissé les femmes sur la flotte, elles y mirent le feu, & périrent elles-mêmes dans cet embrasement. Les Grecs furent alors très-embarrassés, n'ayant pas d'autres vaisseaux pour continuer leur voyage.

Le seul fils de Laomédon qui vécût alors, & qui, comme je l'ai dit, avoit été emmené avec sa sœur Hesione, se nommoit alors Podarcès. Il fut racheté à prix d'argent & placé sur le trône. Ce fut de ce qu'il avoit été racheté, que les Grecs lui donnèrent le nom de *Priam* (1). Son premier soin, après être monté sur le trône, fut d'entourer de bonnes murailles la ville de Troye, affligée de tant de calamités sous le règne de son père. Dans le même temps on découvrit une mine d'or près d'Abydos, dont le produit fut consacré à la construction de plusieurs monumens publics, tels que châteaux, tours, aqueducs. Il entretint sur pied une armée considérable, subjugua plusieurs petits états des alentours; enfin, sa puissance devint telle, qu'il fut regardé en quelque sorte comme le souverain de l'Asie mineure.

Les historiens donnent à ce prince successivement deux femmes, dont la première, moins connuë & nommée Arisbé, ne lui donna qu'un fils appelé Æsace; la seconde fut la célèbre Hécube. Sa famille fut nombreuse, & le nom de chacun de ses enfans est passé jusqu'à nous avec un titre plus ou moins marqué au souvenir de la postérité.

Les fils de Priam & d'Hécube, furent Hector, Pâris, qui porta aussi le nom d'Alexandre, Déiphobe, Helenus, Politès, Antiphus, Hipponoüs, Polydore & Troïle.

Les quatre filles furent Créuse, Laodicé, Polyxène & Cassandre.

Mais comme Priam avoit encore, selon l'usage des souverains de son temps, un grand nombre de concubines, on lui compte jusqu'à cinquante enfans.

Je n'entrerai pas dans le détail des événemens qui ont rapport au siège & à la prise de Troye. Cet événement à jamais célèbre par le grand nombre de vaillans guerriers qui y eurent part, par les sanglantes batailles qui y eurent lieu, par sa longueur, par la prise enfin d'une ville puissante, & par les colonies qui en furent les suites, appartient presque autant à la poésie qu'à l'histoire. On doit d'ailleurs en chercher la description ailleurs qu'ici. Je ne traiterai donc que quelques faits principaux. Et d'abord il faut abandonner la fable de Pâris, jugeant de la beauté sur le mont

---

(1) Du verbe πρίαμαι, *emo, redimo*; mais peut-être avoit-il chez les Mysiens un autre nom.

Ida, entre trois déesses qui y prétendoient également.

On convient généralement que les Grecs ne s'armèrent contre Troye que pour venger l'injure faite à leur nation, par l'enlévement d'Hélène, femme de Ménélas. Mais comment Priam, plutôt que de s'exposer à toutes les horreurs d'un siège, & sur-tout d'une guerre injuste, ne força-t-il pas son fils à rendre une femme dont il étoit le ravisseur? Comme il est plus que probable que cette femme y avoit consenti, les deux coupables méritoient d'être punis & chassés ensemble. Mais probablement les mœurs barbares & féroces de ces temps reculés, admettoient ces sortes de traitemens de nations à nations; & c'étoit une suite de vengeances réciproques, auxquelles, par cela même, on attachoit de l'héroïsme. Ce qu'il y eut de particulier dans cet enlévement d'Hélène, c'est qu'étant encore fille, chez son père Tyndare, elle avoit été enlevée par Thésée, qui l'avoit ensuite rendue. Une foule de prétendans ne s'en présentoient pas moins pour obtenir sa main. Tyndare leur fit promettre à tous, ne pouvant la donner qu'à un seul, qu'ils respecteroient le choix de la jeune princesse, & se réuniroient contre quiconque entreprendroit de l'enlever. C'en étoit assez, comme on le voit, pour les réunir contre un ravisseur qui n'avoit aucun parti parmi eux, puisqu'il étoit étranger. De plus, Agamemnon, frère de Ménélas, donnoit alors le ton à toute la Grèce. Il dut donc alors suffire qu'il voulût la guerre, pour qu'elle fût entreprise.

Le nombre des vaisseaux employés à cette expédition montoit à environ onze ou douze cens; car les auteurs varient. Il est vrai que ces bâtimens n'approchoient pas de la force des nôtres. On en a la preuve par le peu d'hommes que chaque bâtiment portoit. Les vaisseaux Béotiens, qui étoient les plus grands, n'avoient à bord que 120 hommes, & ceux de Philoctète, qui étoient les plus petits, n'en portoient que cinquante. Tout homme, à l'exception des chefs, étoit en même temps matelot & soldat, de sorte qu'en supposant la flotte de 1200 voiles, comme Thucydide l'assure, & que prenant pour terme moyen le nombre de 85, l'armée grecque doit avoir été forte de 102,000 hommes. Par la connoissance que l'on a de l'état de la Grèce à cette époque, on voit qu'il eût été possible d'y lever une armée bien plus considérable.

Cette armée devoit paroître plus que suffisante pour réduire un petit état & prendre une ville; on pouvoit même craindre de ne pas trouver de vivres pour un plus grand nombre. Cependant ce fut un malheur de n'avoir qu'environ 100,000 hommes, parce qu'une grande partie des états de l'Asie mineure, ayant entrepris de secourir Priam; les Thraces eux-mêmes, sous la conduite de Rhésus, y étant venus avec un puissant secours; Memnon y ayant amené des Assyriens & des Éthiopiens au nombre de 20,000, la défense fut nécessairement vigoureuse & sur-tout bien longue.

Avant de commencer tout acte d'hostilité, les Grecs envoyèrent redemander Hélène & les trésors qu'elle avoit emportés avec elle. Si le fait rapporté par Hérodote est vrai, fait qu'il tenoit des prêtres Egyptiens, qui lui apprirent qu'Hélène & Pâris avoient été jetés sur les côtes de leur pays, & que Protée, alors roi d'Egypte, retint Hélène & les trésors pour les rendre à Ménélas, en renvoyant seulement Pâris; on voit comment les ambassadeurs des Grecs ont dû revenir sans la princesse & les trésors. Ce fait donne une apparence de réalité au mécontentement des ambassadeurs, qui revinrent, dit-on, sans avoir rien obtenu, & à la déclaration de guerre, suivie de l'effet. Mais d'un autre côté, est-il possible que les Egyptiens aient ignoré les résolutions des Grecs & leurs préparatifs; ou qu'en les sachant, ils n'aient pas rendu la princesse, comme un premier moyen d'empêcher la guerre? Il faut bien, au reste, que cette princesse ait été envoyée à Troye, puisqu'elle y étoit pendant le siège.

Dès la première attaque on perdit un des chefs nommé Protésilas, qui fut tué par Hector. On parvint cependant à camper; mais bientôt on manqua de vivres. Ce qui prouve entre autre fait, que la marine étoit encore à son enfance, c'est qu'au lieu d'établir des courses régulières de bâtimens qui seroient venus s'approvisionner dans la Grèce, une petite portion de l'armée passa dans la Cherfonèse de Thrace, & y cultiva la terre, pour y obtenir des récoltes. D'autres allèrent piller sur les côtes les plus proches. Il est vrai que sur celles de Thrace & tout le long de celles de l'Asie mineure, ils trouvoient des ennemis, que ce pillage étoit une véritable guerre. Aussi dit-on que la guerre eut lieu pendant neuf ans dans ces pays, & que le blocus de Troye fut seulement d'un an.

Enfin on s'occupa avec beaucoup plus d'activité que jamais de la prise de cette ville. Tous les chefs se réunirent sous ses murs. On y combattit à outrance. Patrocle fut tué par Hector, lequel, peu après, fut tué par Achille. Ce héros, percé au talon par une flèche qu'avoit lancée Pâris, périt & priva l'armée grecque de son plus ferme appui. Cependant la ville fut prise pendant la nuit. Quelques auteurs disent qu'Enée & Antenor, qui commandoient les Dardaniens, voyant que Priam ne vouloit se prêter à aucun accommodement, firent leur paix en particulier, & livrèrent la ville; ce qui présente un moyen plus vraisemblable que la fable du cheval de bois, imaginé depuis par les auteurs grecs.

Il se commit dans le sac de cette ville toutes sortes de cruautés; & sans distinction de sexe ou d'âges, on y massacra tous les habitans, à l'exception de ceux qui, échappés à ce premier mouvement de fureur, furent emmenés en captivité.

Ce qui peut être de plus intéressant pour la géographie dans ce douloureux événement, c'est

la dispersion & les colonies qui en furent la suite; car peu de ces héros eurent le bonheur de retourner dans leurs foyers.

Mnesthée, roi d'Athènes, mourut à Mélos. Teucer, fils de ce Télamon qui avoit emmené la princesse Hésione, fixa sa demeure en Cypre, où il bâtit une ville qu'il nomma Salamine, d'après la capitale des états de son père.

Agapénor, qui commandoit les Arcadiens, bâtit aussi dans l'île de Cypre, une ville qu'il appela Paphos.

Pyrrhus, fils d'Achille, s'établit en Epire, & y bâtit Ephyra.

Ajax, fils d'Oïlée, périt en chemin.

Quelques-uns des Locriens furent portés sur les côtes d'Afrique, & d'autres sur celles de l'Italie. Ceux-ci s'établirent au sud, sur la côte de Brutium, près le promontoire *Zephirium*, d'où ils reçurent le nom de Locriens Epizéphyriens.

Plusieurs même, au rapport de Thucydide, de ceux qui avoient gagné leur pays, le trouvèrent occupé par des usurpateurs assez puissans pour s'y maintenir. Ils furent forcés d'aller chercher des établissemens ailleurs.

On sait le sort d'Agamemnon, brouillé avec son frère Ménélas; sur le point de mettre à la voile, ils séparèrent leur flotte. Une partie se porta avec Ménélas, à l'île de Ténédos; pendant que l'autre, commandée par Agamemnon, resta sur les côtes de la Troade.

Ceux qui avoient accompagné Ménélas, n'étant pas d'accord entre eux, se séparèrent, & chacun retourna dans sa patrie.

Agamemnon arriva à Mycènes, où sa femme Clytemnestre avoit une liaison criminelle avec Egisthe. Dans la crainte que ce crime ne fût su de son mari, elle l'assassina. Cette mort entraîna d'autres crimes. Oreste, pour venger la mort de son père, tua sa mère Clytemnestre, l'adultère Egisthe & leur fille Hélène.

Quant à Ulysse, dont les aventures sont décrites par Homère dans l'Odyssée, en n'admettant pas tout ce qui se lit dans ce poème, il en résulte au moins qu'il fut bien du temps à rentrer dans son île.

Les Troyens n'éprouvèrent pas de moindres malheurs. Défaits, dispersés, le peu qui échappa n'eut de ressource qu'à s'éloigner pour chercher fortune ailleurs.

Anténor passa en Italie; le peuple qu'il y amena, porta le nom de *Heneti* ou *Venetii*, les Vénètes.

Hélénus, l'un des fils de Priam, passa en Macédoine, y fixa son séjour & y bâtit une ville du nom d'Ilion. Quelques auteurs l'ont accusé d'avoir passé, pendant le siège, dans le camp des Grecs, & de les avoir éclairés sur les moyens de prendre la ville.

Enée, comme on le sait, vint en Italie; du moins c'étoit la prétention des Romains. Il y fonda

dit - on , la ville d'Albe. Peut - être me per-
mettra-t-on de préfenter dans une note, les raifons qui militent fur ce point contre le fentiment
des Romains (1).

---

(1) Le fentiment qu'Enée vint en Italie, a trouvé bien
des contradicteurs. On va voir leurs principales opinions, & les argumens dont on les appuie.

Premièrement, ce fentiment eft directement contraire
à celui d'Homère ( *Il. L.* xx ), qui fuppofe qu'Enée
refta en Phrygie; car il introduit Neptune, qu'il repréfente comme favorable à Enée dans toutes les occafions , affurant ce prince que lui & fes defcendans
régneroient fur les Troyens; ce que certainement ce
poète n'auroit eu garde de faire annoncer par un dieu,
s'il eût fu que l'événement n'eût pas juftifié la prophétie. C'eft la coutume des poètes de faire prédire à
leurs dieux, ou à leurs prophètes, les chofes donc la
vérité leur eft démontrée, & qui ont eu lieu depuis le
moment de la prophétie. Homère auroit donc commis
une faute dont il n'étoit pas capable, s'il eût dit que
ce prince devoit refter en Phrygie, tandis que toute
la Grèce auroit fu le contraire.

On a cru répondre à cette objection, en difant qu'Enée
vint d'abord en Italie établir une colonie, puis retourna
en Phrygie. Cette réponfe, qui n'a aucun fondement
dans l'hiftoire, n'eft pas même probable aux yeux de
la raifon. Elle ne mérite pas d'être réfutée.

Denys d'Halycarnaffe ( *L.* 1 ), croit que la prophétie
de Neptune n'eft s'entendre de cette manière; favoir ,
qu'Enée, quelque part qu'il aille, régnera fur des Phrygiens, dont il fera le chef. Mais alors ce n'eft pas un
avantage qui lui foit particulier; car Anténor, Alceftes,
Capys, Hélénus, & plufieurs autres, eurent précifément
le même avantage. Au lieu qu'il femble que le but
d'Homère eft de diftinguer Enée par quelque avantage
qui lui foit particulier, qu'il devoit regarder comme une
faveur de Neptune.

On cite de plus , en faveur de cette opinion, ces mots
de Vénus, ἐν Τρώεσσιν ἀνάξει, qui ne peuvent fignifier
autre chofe, finon qu'Enée régneroit dans le pays des
Troyens. C'eft auffi là le fens que Strabon ( *L.* xiii ,
*v.* 305), donne aux vers d'Homère, & qu'il rapporte ; les
voici:

Ἤδη γὰρ Πριάμου γηνὴν ἤχθηρε Κρονίων
Νῦν δὲ δὴ Aἰνείας βίη Τρώεσσιν ἀνάξει
Καὶ παῖδες, παίδων, τοίκεν μετοπίσθε γένωνται,

Ce qui fignifie :

« Car actuellement Jupiter a en horreur la race de
» Priam, Déformais Enée régnera fur Troye ; fes fils
» & leurs defcendans auront le même avantage ».

Mais comme Strabon vivoit au milieu des Romains ,
il n'attaque pas directement leurs prétentions ; il rapporte feulement cette opinion ; on peut croire
que c'eft la fienne, puifqu'il l'appuie de l'autorité d'Homère, dont les vers font ici d'un grand poids. Auffi
ajoute-t-il que l'on croit qu'Enée refta dans le pays
des Troyens, & que la famille de Priam étant éteinte,
il hérita de la couronne, qui fut tranfmife à fa poftérité.

Eufthate, cet intrépide commentateur d'Homère &
de plufieurs autres auteurs grecs, voulant conferver
aux Romains toute leur prétention dans fa force, fait
un raifonnement qui nous donne la mefure de fa bonne-
foi ou de fa logique. Selon lui, par les Phrygiens,
Neptune entend les Troyens ; & comme on auroit à
lui oppofer qu'Homère même ne devoit pas connoître

---

La ville de Troye étant entièrement ruinée ;
& la plupart des habitans ayant été exterminés,
les Phrygiens & les Lydiens , à ce que quelques
auteurs affurent , s'emparèrent de la Troade , qui
commença alors à porter le nom de Phrygie. D'autres croient qu'Enée, après avoir raffemblé les reftes
épars des Troyens , rebâtit la ville , & que fes
defcendans & ceux d'Hector régnèrent dans la
Troade , jufqu'à ce que le pays fut fubjugué par
les Lydiens, dont la puiffance augmenta au point
de devenir redoutable à toute l'Afie mineure. Si
pourtant les Troyens ont eu quelques rois de leur
nation après la deftruction de leur ville, ces princes
doivent avoir été bien peu puiffans, puifqu'ils
ne font pas feulement nommés dans l'hiftoire.

---

les Romains, qui n'ont pris naiffance que long-temps
après lui, il répond habilement qu'Homère avoit pu
en être inftruit par deux fortes de voies qui lui paroiffent très-admiffibles. L'une , qu'Homère avoit connoiffance des vers fibyllins, qui prophétifoient d'avance
l'exiftence des Romains, ou du moins que le génie
des poètes ayant réellement quelque chofe de furnaturel, il avoit pu prévoir que les Romains defcendroient
un jour d'Enée. Cette force de raifonnement étoit bien
celle d'un théologien Grec.

Agathocle le Cyzicénien , cité par Feftus (voce ROMA),
dit que plufieurs témoignages dépofoient qu'Enée
avoit été enterré dans la ville de Bérecynthe, près du
fleuve *Nolos*, ou, felon d'autres, *Gallus*, près de
Troye.

Etienne de Byfance ( *voce* AΣKANIA ), cite un paffage
de Nicolas de Damas , qui vient à l'appui du fentiment
contraire à celui des Romains. Selon Nicolas de Damas,
(*hift.* IV ), Σκαμανδριος Εκτορος και Ανδρομάχης, ἐκ τῆς
Ἰόδης και του Δασκυλείου και της Ἀσκανίας καλουμενης,
ὧν ἐκλιθὴν ὁ Ἀινευ παῖς Ασκάνιος. On voit qu'il regarde
la ville d'Afcania comme fondée par Afcanius, fils
d'Enée.

Pomponius Méla , en parlant d'*Antandrus* , ville de
l'Æolis (L. 1, c. 18), dit: *Alii Afcanium Ænea filium
cùm ibi regnaret captum à Pelafgis, eâ fe redemiffe commé-
morant.* Voilà encore une ville bâtie par Afcagne ,
fils d'Enée. Ce prince y régnoit ; il fut pris par les
Pélafges , & donna la ville pour fa rançon.

Il eft vrai qu'Hellanicus , dans fa Trcade, fait paffer
Enée en Thrace , & de-là à Pallene ; mais enfin ce n'eft
pas en Italie. De plus, il dit expreffément qu'Afcagne
refta dans la Troade, & qu'il y régna.

Strabon affure auffi que la ville de *Scepfis*, fituée
auprès de Troye, en fut placée à 60 ftades par Scamandre, fils d'Hector, & par Afcagne, fils d'Enée ; &
il ajoute que les deux familles régnèrent durant plufieurs années dans cette ville ; & que le gouvernement
ayant été changé d'abord en olygarchie , & enfuite
en démocratie, on ne laiffa pas de continuer à donner
le titre de rois à ceux qui defcendoient des familles
dont les ancêtres l'avoient été.

Bochart ajoute à ces autorités ( *Epift. num Æneas un-
quam fuit in Italia* ), deux argumens d'une grande force.
D'abord , que les principales divinités des anciens
Troyens, comme Vénus, Apollon, Cybele, &c. furent, pendant long-temps, entièrement inconnues aux
Romains : fecondement, qu'il n'y a pas le moindre
rapport entre l'ancien phrygien & le langage des Romains. Mais , en dernière analyfe, cela ne prouve rien
contre Virgile , qui n'a fait qu'adopter une opinion
reçue, & qui en a tiré un fi grand parti.

TROMELIA, ville du Péloponèse, dans l'Achaïe propre, selon Athénée, cité par Ortélius.

TROMENTUS CAMPUS, campagne de l'Italie, &, à ce que l'on croit, dans l'Étrurie. Elle avoit donné son nom à la tribu Tromentine, selon Festus. Cette tribu fut une des quatre que l'on ajouta aux vingt-une anciennes, l'an 368 de la fondation de Rome, selon Tite-Live.

TRONIS, contrée de la Grèce, dans la Phocide, au pays des Dauliens, selon Pausanias. Tronis renfermoit alors plusieurs monumens. On y voyoit le tombeau d'un héros, qu'ils regardoient comme leur fondateur ; les uns disoient que c'étoit Xantippe, homme de réputation à la guerre ; & les autres, que c'étoit Phocas, petit - fils de Sisyphe.

Ce héros, quel qu'il fût, étoit honoré tous les jours par des sacrifices. On faisoit couler le sang des victimes sur son tombeau, par une ouverture destinée à cet usage : les chairs des victimes étoient consumées par le feu.

TRONODERUM, nom qui appartient à la géographie de moyen âge. On croit que c'est celui de la ville de Tonène.

TRONUM, lieu sur la route de *Dyrrachium* à Salone, entre *Pons Tiluri* & *Biludium*, selon l'itinéraire d'Antonin.

TROPÆA & TROPÆUM. On trouve ce nom donné à plusieurs villes de l'antiquité. Dans sa signification première, il signifie trophées, c'est-à-dire, monument érigé pour perpétuer le souvenir d'une victoire. Ce mot vient du grec τρέπομαι, je mets en fuite, je fais retourner en arrière. On a fait ensuite τρόπαιον, monument érigé à l'occasion d'une fuite ou d'une défaite. Dans ces mêmes lieux où avoient été élevés de ces monumens, il s'éleva des villes. Delà l'origine du nom qu'elles ont porté.

TROPÆA (*Tropea*), ville d'Italie, dans le *Brutium*, à l'ouest. Son nom signifie trophée : Holstenius croit qu'on le lui donna d'après une victoire remportée en ce lieu par Sextus Pompée. Etienne de Bysance la place dans la Sicile : on présume que cela vient de ce que de son temps on appeloit aussi Sicile, la partie méridionale de l'Italie.

TROPÆA DRUSI, ville de la Germanie, selon Ptolémée. Elle étoit à moitié chemin entre la Sala & le Rhin, dans l'endroit où Drusus mourut, selon Ortélius, qui s'appuie du témoignage de Dion Cassius. Mais on lui objecte que Dion Cassius dit positivement ( *L. XV*, *initio* ) que Drusus ne mourut pas dans l'endroit où ses trophées avoient été enlevés, mais après qu'il eut recommencé à retourner sur ses pas, avant cependant d'être arrivé jusqu'au Rhin.

Tacite rapporte que c'est aussi l'endroit où Ti-

bère fut salué empereur par l'armée romaine. Les Romains, après leur victoire, élevèrent un trophée avec les armes des vaincus, & mirent au bas le nom de toutes les nations qui avoient eu part à la défaite. Dans la suite il s'y forma une ville.

TROPÆA POLLUCIS ou TROPHÉES DE POLLUX : ils étoient dans la ville de Sparte, après avoir passé le temple d'Esculape, selon Pausanias, qui ajoute que l'on disoit que Pollux les érigea lui-même, après la victoire qu'il remporta sur Lyncée.

TROPÆA POMPEII. Pompée, dit M. d'Anville, ( notice de la Gaule ), ayant terminé la guerre d'Espagne contre Sertorius, éleva au passage des Pyrénées un monument, sur lequel, au rapport de Pline, il fit inscrire, que depuis les Alpes jusqu'à l'extrémité de l'Espagne ultérieure, il avoit soumis 876 villes. Le monument étoit orné de dépouilles conservées ; & Strabon, par cette raison, se sert du terme αναθωματα ( *L. III* , *p. 156* ) pour le désigner. Il indique précisément le lieu de ces trophées, en disant qu'ils sont sur la voie qui donne entrée en Espagne par la plaine de *Juncaria*. Ce qui contribue encore à fixer cette position, c'est qu'il dit que des trophées de Pompée qui séparent la Gaule d'avec l'Espagne, la distance jusqu'à Narbonne est de LXIII milles. Or, voici le décompte des itinéraires les plus circonstanciés, & vérifié sur le local. De Narbonne à *Vigesimum*, XX ; de *Vigesimum* à *Combustæ*, XIV ; de *Combustæ* à *Ruscino*, VI ; de *Ruscino* à *Illiberis*, VIII ; d'*Illiberis* à *Centuriones*, XII ; de *Centuriones* au *Summus Pyrenæus*, V. Total, LXV. Et s'il surpasse de deux milles l'indication de Strabon, c'est de la même manière que lorsqu'il ne compte que LXXXVIII milles entre Narbonne & Nismes : les itinéraires par leur détail de position en position, en font compter 91.

TROPÆA ROMANORUM & SYLLÆ ou *Trophées des Romains & de Sylla*. Ces trophées furent érigés par les Romains & par Sylla, dans la plaine de Chéronée, en Béotie, pour une victoire remportée sur Taxile, général de l'armée de Mithridate, selon Pausanias.

TROPÆA, ville du Péloponèse, dans l'Arcadie, sur la route de Psophis à *Telphusa*, à la gauche du Ladon, & près du bois nommé *Aphrodisium*, selon Pausanias.

Sur la carte de M. d'Anville il y a *Trophæa*. Mais Pausanias dit Τροπαια : c'est le mot grec ; on le rend en latin par *Trophæa*.

TROPÆA AUGUSTI, ville de l'Italie, dans la Ligurie, selon Ptolémée. Elle étoit près de *Portus Herculis*.

TROPÆA AUGUSTI, c'est-à-dire, Trophées d'Auguste. Ptolémée, dit M. d'Anville ( notice de la Gaule, p. 659 ), a connu ces trophées dans le voisinage de la mer, entre Nice & le *Portus*

*Monæci* (1), ou, comme on difoit, *Portus Herculis Monæci.* « Quoiqu'il foit répréhenfible, continue » le même auteur, d'avoir fait diftinction d'un » port d'Hercule féparément du *Monœcus*, il n'eft » pas moins conftant qu'il a placé Τροπαια Σε-»ϐαϛου dans le canton qui convient à cette pofi-» tion. On a cru ne pouvoir élever ce monu-» ment en lieu plus apparent que fur le fommet de » l'*Alpis maritimus*, dont la pente atteignant le » bord de la mer, forme une pointe que l'on » nomme actuellement cap d'Aglio. Ce lieu con-» ferve le nom de *Tropœa*, un peu altéré dans » celui de *Turbia* ou *Torbia*. Selon la grande carte » topographique des Alpes, levée dans le plus » grand détail par ordre du roi, la pofition de » *Turbia* eft diftante en droite ligne de Monaco, » de 12 à 1300 toifes, entre le nord & le cou-» chant. Pline ne parle pas ( *L. III*, *c.* 20 ) du » trophée des Alpes, pour en indiquer la pofition, » mais pour en rapporter l'infcription, qui fait le » dénombrement des peuples foumis par Augufte » à l'obéiffance du peuple Romain dans tout ce » que les Alpes ont d'étendue, *à mari fupero ad* » *inferum.* On voit que c'eft au terme final de cette » étendue, & près de la dernière des deux mers, » que le monument a été érigé.

» Plufieurs favans font tombés dans une grande » méprife, en confondant cette infcription avec » celle de Sufe. Le docte Lucas Holftenius eft » de ce nombre, comme il paroît dans fes anno-» tations fur l'Italie de Cluvier. On peut auffi nom-» mer l'hiftorien de Provence, Honoré Bouche. » Cependant, l'objet de l'infcription de l'arc de Sufe » eft très - différent, puifqu'il ne regarde que les » peuples foumis au gouvernement de Cottius, » dont l'état ne fut réuni à l'empire que fous » Néron ».

» Pline témoigne précifément, que les peuples » de ce gouvernement ne font point compris dans » l'infcription du trophée, & il en donne la rai-» fon : *non funt adjectæ Cottianæ civitates quæ non* » *fuerunt hoftiles.* On n'y ajoute pas les cités dépen-» dantes de Cottius, parce qu'elles n'étoient pas » ennemies.

» Je remarque, ajoute M. d'Anville, que la puif-» fance tribunitienne d'Augufte eft citée dans cette » infcription du trophée, fans que l'année en foit » marquée dans le texte de Pline, quoiqu'on y » trouve *Imp. XIIII*, ce qui fignifie que jufques-là » Augufte avoit été proclamé *Imperator* pour la » quatorzième fois. Mais, fuivant que l'infcription » exifte en partie à Turbia, comme je la trouve dans » Cluvier ( *Ital. antiq.*), la date de la puiffance » tribunitienne eft XVII. On croit qu'Augufte » n'accepta cette prérogative que l'année de fon

---

(1) Il y a ici, dans l'ouvrage de M. d'Anville, une faute répétée plus bas. On lit *Monœos* ; mais le grec porte Μονοικον λιμην, *Monæci Portus.*

» onzième confulat, quoiqu'elle lui eût été offerte » après la mort d'Antoine, fept ans auparavant. » Mais, en ne remontant qu'au onzième confulat » d'Augufte, qui eft l'an 23 avant l'ère vulgaire, l'an-» née 17 de la puiffance tribunitienne fixe la date » de l'infcription à la feptième des années anté-» rieures à l'ère chrétienne. Cette année fuivit im-» médiatement celle qui convient à la circonftance » d'*Imp. XIIII*, & qui tombe à l'an de Rome 744, » fignalée par des fuccès en Germanie, où Au-» gufte avoit confié le commandement à Tibère. » L'infcription de l'arc de Sufe eft de l'an XV de » la puiffance tribunitienne, & elle diffère ainfi par » cet endroit, comme par le fond de ce qu'elle » contient, de l'infcription du trophée des Alpes ».

TROPÁS, ville de l'Italie. Nicéphore l'enleva aux Sarrafins, felon Curopalate & Cédrène.

TROPATENA, nom d'une contrée de l'Afie. Ptolémée l'étend depuis le pays des *Geli-Margafi*, jufqu'à celui des *Amariaci*, felon Ptolémée.

TROPÆUM Q. *Fabii Maximi Æmiliani*, ou trophées de Fabius Maximus Emilien. Selon Strabon, près de l'endroit où l'Ifère fe jette dans le Rhône, trente mille Romains, commandés par Quintus Fabius Maximus Emilien, défirent deux cens mille Gaulois ; & ce général fit élever fur le champ de bataille un trophée de pierres blanches. Orté-lius, dans fa carte de l'ancienne Gaule, marque ce trophée aux confins des Helviens & des Ar-vernes, près & à la droite du Rhône.

TROPHONII *Lucus & Antrum*, le bois facré & l'antre de Trophonius. Cet antre de Tropho-nius, auffi-bien que le bois facré, fe trouvoient en Béotie, auprès de Lébadée. C'étoit une ou-verture qui s'étoit faite fous terre dans un rocher, où il falloit defcendre pour confulter l'oracle. Suidas nous rapporte les cérémonies qui s'obfer-voient dans ces circonftances.

Ce Trophonius étoit, dit-on, fils d'Apollon ; felon quelques-uns, c'avoit été un des premiers architectes Grecs, frère d'Agamedès, qui excelloit auffi dans cet art : ils étoient fils d'Erginas, roi de Thèbes. Ces deux architectes firent plufieurs ouvrages, entre autres un temple de Neptune près de Mantinée, dans le Péloponnèfe, & le fameux temple de Delphes. On faifoit des jeux publics un jour de l'année au héros Trophonius, dans la ville de Lébadie, & la jeuneffe grecque s'empreffoit d'y montrer fon adreffe.

Paufanias, qui avoit été fur les lieux même, nous en donne la defcription fuivante ( *In Beot.* *c. 39*). « On difoit qu'un jour Hercine, jouant en ce lieu avec la fille de Cérès, laiffa échapper une oye qui faifoit tout fon amufement: cette oye alla fe cacher dans un antre fous une groffe pierre. Proferpine ayant couru après, l'attrapa, &, de deffous la pierre où étoit l'animal, on vit auffi-tôt couler une fource d'eau, d'où fe forme un fleuve qui, d'après cette aventure, porte auffi le nom d'Hercine ».

On

On voyoit encore au temps de Paufanias, fur le bord de ce fleuve, un temple dédié à Hercine, & dans ce temple la ftatue d'une jeune fille qui tenoit une oye avec fes deux mains.

L'antre où ce fleuve avoit fa fource étoit orné de deux ftatues debout, tenant une efpèce de fceptre avec des ferpens entortillés à l'entour, de forte qu'on les auroit pris pour Efculape & Hygéia. Mais peut-être étoit-ce Trophonius & Hercine; car, dit Paufanias, les ferpens ne font pas moins confacrés à Trophonius qu'à Efculape. On voyoit auffi fur le bord du fleuve le tombeau d'Arcéfilas, dont on difoit que les cendres avoient été apportées de Troye par Léitus.

Ce que l'on trouvoit de plus digne d'attention dans le bois facré, étoit :

1°. Le temple de Trophonius avec fa ftatue, ouvrage de Praxitèle. Cette ftatue, auffi-bien que la première dont il a été parlé, reffembloit à celle d'Efculape :... 2°. Le temple de Cérès, furnommée Europe, & une ftatue de Jupiter Pluvieux, expofée aux injures de l'air (ἐν ὑπαίθρῳ).

En defcendant par le chemin qui conduifoit à l'oracle, on trouvoit deux temples, l'un de Proferpine *Chafferefſe* (1), l'autre de Jupiter roi. Celui-ci étoit demeuré imparfait, foit à caufe de fa grandeur, foit à caufe des guerres qui n'avoient pas permis de l'achever; dans l'autre on voyoit les ftatues de Saturne, de Junon & de Jupiter. Il y avoit auffi un temple d'Apollon.

Ceux qui vouloient obtenir un oracle de Trophonius, pratiquoient ce qui fuit. Lorfque l'on avoit réfolu de pénétrer dans fon antre, on étoit obligé de paffer un certain nombre de jours dans un petit édifice qui étoit tout près. Le lieu étoit confacré au bon génie & à la bonne fortune. On y employoit le temps à fe purifier par l'abftinence de toutes les chofes illicites, & même des bains chauds. Il devoit fe laver dans le fleuve Hercyna. Il fe nourriffoit de la chair des victimes, dont il faifoit lui-même les frais; car il étoit obligé de facrifier à Trophonius, à Apollon, à Saturne, à Jupiter roi, à Junon Herniocha, & à Cérès furnommée Europe, que l'on difoit avoir été nourrice de Trophonius. Un devin jugeoit, par l'infpection des entrailles des victimes, fi Trophonius agréoit le facrifice, & s'il étoit difpofé à rendre fes oracles; mais c'étoit fur-tout dans les entrailles du bélier que l'on appercevoit la vérité d'une manière plus jufte. On l'immoloit fur la foffe, en invoquant Agamèdes. Les autres victimes, quelque efpérance que l'on en eût conçue, étoient comptées pour rien, fi le bélier n'offroit un afpect tel que l'on en pût tirer un augure favorable; alors on defcendoit fans crainte, & l'on étoit

affuré du fuccès. Il y avoit cependant encore quelques cérémonies à pratiquer.

Cette même nuit on étoit conduit fur les bords du fleuve Hercine. Là on étoit frotté d'huile & nettoyé par deux enfans de la ville, âgés de douze ans : on les nommoit des hermès. On étoit enfuite conduit par des prêtres auprès de deux fontaines, l'une nommée Léthé, l'autre Mnémofyne : elles étoient proches l'une de l'autre.

Après ces préparations on montroit à l'initié la ftatue du dieu, faite par Dédale; car c'étoit un privilège refervé uniquement à ceux qui venoient confulter l'oracle. On faifoit les prières devant cette ftatue; on marchoit enfuite vers l'antre, vêtu d'une tunique de lin, orné de bandelettes & chauffé à la manière du pays.

Cet antre étoit dans une montagne, au-deffous du bois facré. Une baluftrade de marbre régnoit autour; cette baluftrade n'avoit pas deux coudées de haut, & l'efpace renfermé au dedans formoit une très-petite place. Sur la baluftrade on avoit élevé des obélifques de bronze, qui étoient comme attachés par un cordon de même métal. La porte d'entrée étoit au milieu de ces obélifques; au dehors de l'enceinte il y avoit une ouverture que l'art avoit pratiquée avec une grande induftrie & une forte de proportion; car on l'auroit prife pour un four creufé fous terre. Cette efpèce de four pouvoit avoir environ quatre coudées de long & huit de hauteur; mais il n'y avoit pas de marches pour y defcendre. Quand on y vouloit entrer, on appofoit une échelle. On defcendoit premièrement dans une foffe qui étoit entre le rez-de-chauffée & la caverne. Cette foffe avoit deux empans de largeur & un de hauteur. On tenoit à la main une efpèce de pâte pétrie avec du miel, & l'on gliffoit dans la foffe en y paffant d'abord les pieds, puis les genoux; & lorfqu'on avoit paffé tout le corps, on fe fentoit emporté dans la foffe avec autant de rapidité que fi l'on y eût été entraîné par un courant rapide d'un grand fleuve.

C'eft alors que l'avenir étoit révélé de plus d'une manière; car on voyoit & l'on entendoit. Lorfque la curiofité étoit fatisfaite, on remontoit par le même chemin, & avec au moins autant de peine; car il falloit faire aller les pieds les premiers, comme on avoit fait pour defcendre. On difoit que tous ceux qui étoient defcendus dans l'antre de Trophonius, aucun n'y étoit mort, fi ce n'eft un fatellite de Démétrius qui avoit négligé les cérémonies d'ufage en l'honneur du dieu, & qui étoit venu moins pour confulter l'oracle, que pour emporter les tréfors qu'il croyoit trouver en ce lieu. Son corps fut jeté hors de l'antre, non par cette ouverture facrée par laquelle on defcendoit, mais par une autre iffue (2). Quand le confultant

_____

(1) M. l'abbé Gédoyn dit Proferpine *Confervatrice*. Il y a dans le grec, Κόρης ἐστὶ καλουμένη Θήρας, de Proferpine appelée Chafferefſe, en latin *Venatricis*. *Géographie ancienne, Tome III.*

(2) Il n'eft pas befoin, je crois, de faire obferver que cette autre iffue étoit celle que fe réfervoient les prêtres, & qu'elle n'étoit pas la moins utile à la réputation de l'oracle.

étoit sorti de l'antre, les prêtres le faisoient asseoir sur le trône de Mnémosyne qui étoit auprès; ils lui demandoient ce qu'il avoit vu, ce qu'il avoit entendu; & après qu'il leur en avoit rendu compte, ils le remettoient entre les mains d'autres personnes, qui le conduisoient dans la chapelle de la bonne Fortune & du bon Génie. On étoit là quelque temps à reprendre ses esprits; car d'abord, au sortir de l'antre on étoit si troublé, qu'il sembloit qu'on eût perdu connoissance; mais peu à près on revenoit à soi, & l'on reprenoit son état naturel.

L'oracle de Trophonius avoit été pendant long-temps ignoré dans la Béotie. Voici comment il devint célèbre. Le pays fut affligé d'une si grande sécheresse, qu'en deux ans il n'étoit pas tombé une goutte de pluie. Dans cette calamité les Béotiens envoyèrent des députés de chaque ville pour consulter l'oracle d'Apollon. Ces députés ayant demandé du remède à leurs maux, la Pythie leur répondit que c'étoit de Trophonius qu'il en falloit attendre, & qu'ils allassent le chercher à Lébadée. Ils obéirent; mais comme ils ne pouvoient trouver d'oracle en cette ville, Saon, le plus âgé d'entre eux, aperçut un essaim d'abeilles, & observa de quel côté il tournoit; il vit que ces abeilles voloient vers un antre; il les suivit, & découvrit ainsi le lieu de l'oracle.

On disoit que Trophonius l'avoit instruit lui-même de toutes les cérémonies de son culte, & de la manière dont il vouloit être honoré.

TROPIANA, ville de l'Italie, dans la Calabre. Il en est fait mention dans le sixième concile de Constantinople, tenu sous l'empereur Constantin.

TROPIS, île dont fait mention Artémidore, cité par Etienne de Byzance.

TROSSULUM, ville de l'Italie, dans l'Etrurie, au voisinage du pays des Volsques, selon Pline. Un corps de cavalerie romaine s'étant emparé de cette ville, on donna aux cavaliers le nom de *Trossuli*; mais, selon Pline (*L. XXXIIII, c. 2*), ce titre, dont l'origine étoit honorable, devint bientôt un titre d'ignominie, dont les cavaliers eurent honte. C'est que le mot latin *Trossulus*, signifie un homme délicat, efféminé.

TRUCONES, nom d'une île de la mer de l'Illyrie, selon Pomponius Méla.

TRUENTUM ou CASTRUM TRUENTINUM, château de l'Italie, à l'embouchure du fleuve *Truentus*, selon Pomponius Méla & Pline. Ce dernier écrit *Truentum.*

TRUENTUS (*le Tronto* ou *Otronte*), fleuve d'Italie, dans le *Picenum*, au sud, & passant par *Asculum*. Ptolemée fait mention de ce fleuve. A son embouchure il y avoit un lieu fortifié, nommé *Castrum Truentum*. Il falloit qu'il fût détruit au temps de Ptolemée, puisqu'il n'en fait pas mention. Strabon cite une fille de même nom que le fleuve, qu'il nomme Τρυέντινος ποταμός. Quelques savans

ont cru que Ptolemée, en indiquant l'embouchure du fleuve, Τρυετίνε ποταμύ εκβολαι, vouloit désigner le château qui étoit à cette embouchure.

TRULLA, port de l'Arabie heureuse, dans le pays des Adramites, selon Ptolemée.

TRUTULENSIS PORTUS, port de l'île d'Albion, selon Tacite, dans la vie d'Agricola. On ne sait pas précisément la situation de ce port; cela a donné lieu à différentes conjectures, entre lesquelles on distingue celle qui fixe le *Trutulensis Portus*, à l'emplacement qu'occupe aujourd'hui Richborough, dans le comté de Kent.

TRYBACTRA ou TRIBATRA, village de l'Asie, dans la Sogdiane, selon Ptolemée & Ammien Marcellin: ce dernier écrit *Tribatra.*

TRYCHÆ ou TRYCHAMIA, ville de la Grèce, dans l'île d'Eubée, selon Etienne de Byzance.

TRYCHATA. Selon Ortélius, Isacius donne ce nom à une montagne de l'Eubée.

TRYMALIA, lieu dans le voisinage de la Servie, selon Cédrène.

TRYPHALIA, contrée maritime du Péloponèse, entre la Messénie & l'Elide, selon le quatrième livre de Polybe.

TRYPHONII ou SANCTI TRIPHONII INSULA, île de la Propontide. Il en est fait mention dans les constitutions de l'empereur Alexis Comnène.

TUÆSIS, golfe sur la côte orientale de l'île d'Albion, entre le golfe *Varar* & l'embouchure du fleuve *Celnius*, selon Ptolemée.

TUBANTE (*les Tubantes*), peuple de la basse Germanie, au-delà du Rhin. Pline (*L. VIII*), en parle sous le nom de *Tubantii*, & Ptolemée Τεβαντοι (*L. II, c. 11*). Un savant, Alting (*Notit. Bataviæ & Frivisæ ant.*), croit que le nom germain étoit *Tho-Benten*, & qu'il leur avoit été donné parce que c'étoit une troupe de gens qui changeoient souvent de demeure; ce que l'on appelle encore aujourd'hui *Bende* ou *Bande.*

Cluvier (*Géog. antiq., L. III, c. 12*), a prouvé que les *Tubantes* avoient habité d'abord les pays appelés aujourd'hui les comtés de Ruvensberg & de la Lippe; ainsi le village de Bentdorp pourroit bien avoir reçu son nom de ses anciens habitans.

De ce pays ils passèrent sur les terres qui sont entre le Rhin & la Sala, & que les Romains, avec le secours des *Treucterii* & des *Usipi* avoient enlevées aux Ménapiens, puis abandonnées à leurs soldats. Ces terres étoient sans doute alors vacantes; car Tacite (*Ann. L. III, c. 11 & 56*), dit que les Chamaves, qui ne faisoient que de les occuper, les avoient aussi-tôt laissées.

La raison que donne Cluvier pour révoquer en doute cette migration des *Tubantes*, n'est d'aucune solidité. Il prétend que Tacite ne fait chasser les Ménapiens par les Usipiens, qu'après que les *Tubantes* eurent habité ces terres. Mais il est aisé de répondre que Tacite, dans cet endroit, n'entend pas parler de ce qui se passa avant César, & qu'il raconte seulement ce qui se passa dans ce quartier;

après qu'il eut été abandonné aux soldats Romains, & toutes les fois qu'ils s'en éloignèrent. En effet, il donne à entendre que la première fois le pays fut occupé par les Chamaves, ensuite par les Tubantes, puis par les Usipiens; après cela par les Frisons, & enfin par les Ampsibariens. Ainsi Cluvier a eu grand tort de croire que Tacite s'étoit trompé en cette occasion. Nous voyons encore dans cet ancien historien, que les Tubantes, contraints de quitter le pays, furent chercher une nouvelle demeure chez les Usipiens & les Cattes, vers les sources de la Lippe, où l'on trouve des traces de leur nom dans le village de Bentesuo. Il est à croire qu'après la défaite des Marses & des Bructères, les Tubantes allèrent occuper une partie de leur pays sur les deux bords de la rivière de Wecht, avant que les Ampsibariens s'y fussent établis. Trop de lieux portent, dans ce quartier, le nom de ces peuples, pour qu'on puisse douter qu'ils y aient fait quelque demeure. On y voit Bentlage, qui signifie le camp des Tubantes; Benthein, la demeure des Tubantes, outre Bentlô, Bentinge, Bente, & peut-être encore quelques autres. Tout cela porte Alting à conclure que les Tubantes ont habité tout le pays qui est entre l'Enus & le comté de Benthein, y compris ce comté & la seconde Salique. (Salland.)

TUBERNICENSE OPPIDUM ( Tubernoke), ville de l'Afrique, bâtie en forme de croissant, dans un enfoncement, entre les sommets d'une montagne, à sept lieues au sud-ouest de Tunes. Pline en fait mention.

TUBERNIS, ville de l'Afrique, dans la Mauritanie Tingitane.

TUBERO ou TOMEROS, fleuve de l'Asie, au voisinage de l'Arie, selon Pomponius Méla. Ce fleuve est nommé Tomeros par Arrien, & cet auteur dit qu'il coule entre les fleuves Indus & Arabis ou Arbis.

TUBIENSIS, siège épiscopal d'Afrique, dans la Mauritanie Sitifense, & aux confins de la Numidie. Il en est fait mention dans les actes de la conférence de Carthage.

TUBINIENSIS ou TUBUNIENSIS, siège épiscopal d'Afrique, dans la Numidie, selon la conférence de Carthage, & la notice épiscopale d'Afrique.

TUBUCCI, petit lieu de la Lusitanie, près du Tagus, vers l'est de Scalabis.

TUBULBACENSIS, siège épiscopal d'Afrique, dans la Bysacène selon la conférence de Carthage.

TUBUNENSIS, siège épiscopal d'Afrique, dans la Mauritanie Césarense, selon la notice des évêchés de cette province.

TUBURBITANORUM MAJORUM, siège épiscopal d'Afrique, selon la conférence de Carthage.

Cette ville étoit épiscopale du temps de S. Cyprien, qui étoit fort uni avec son évêque Sadatus; elle étoit surnommée Licernaria, pour qu'on la

distinguât d'une autre ville que l'on appeloit Tuburbo Minus, ou la petite Tuburbe, dans la même province.

Sainte Perpétue & sainte Félicité, avec les compagnons de leur martyre, étoient de cette ville, au temps de l'empereur Sévère, cinquante ans avant S. Cyprien: c'étoit parce que sainte Maxime, sainte Donatille & sainte Seconde étoient de cette ville, qu'on les nomme les martyres Tuburbitaines. S. Fauste, évêque de Tuburbes, écrivit beaucoup contre les donatistes, sous le règne de Constantin. Il assista au concile d'Arles en 314. S. Serf ou Serve, martyr au cinquième siècle, sous Huméric, roi des Vandales, étoit de cette ville.

TUBURBANOBUM MINORUM, siège épiscopal d'Afrique, dans la proconsulaire, selon la conférence de Carthage.

C'étoit pour distinguer cette Tuburbo, qu'on la désignoit par le nom de minor. Voyez l'article précédent.

TUBURBUM MINUS ou TUBURBO, ville de l'Afrique, dont il est fait mention dans l'itinéraire d'Antonin. Elle étoit située sur la rive gauche du fleuve Bagradas, à six lieues à l'ouest de Tunes, & à six lieues au sud-est de Materense Oppidum. On y voit les ruines d'un amphithéâtre.

TUBURNICENSIS, siège épiscopal de l'Afrique proconsulaire, selon la notice épiscopale d'Afrique.

TUBURSICENSIS, siège épiscopal d'Afrique, dans la Numidie, selon la conférence de Carthage.

TUBURSICUBURENSIS, siège épiscopal de l'Afrique proconsulaire, selon la notice épiscopale d'Afrique.

TUBUSICENSIS, siège épiscopal d'Afrique, dans la Numidie, selon la notice des évêchés de cette province.

TUBUSUBDITANUS, TUBUSUBTU ou THUGUSUBDITANUS, siège épiscopal d'Afrique, dans la Mauritanie Sitifense, selon la notice épiscopale d'Afrique.

TUCA, ville que Dion Cassius semble indiquer en Afrique.

TUCABATH, ville de l'Afrique, dans l'intérieur de la Libye, selon Ptolémée.

TUCABORENSIS, siège épiscopal de l'Afrique proconsulaire, selon la conférence de Carthage.

TUCCA TEREBINTHINA ( Sheebak), ville de l'intérieur de l'Afrique. Elle étoit située près & au sud-ouest d'Assurus. Ptolémée en fait mention.

TUCCABORI ou THUCCABORI ( Tuchaaber), village de l'Afrique, situé au sud-ouest de Tuburbum, sur la rive gauche du fleuve Bagrada. Il en est fait mention par S. Cyprien & par S. Augustin.

TUCCENSIS, siège épiscopal d'Afrique, dans la Bysacène, selon la conférence de Carthage.

TUCCENSIS, siège épiscopal d'Afrique, dans la Numidie, selon la conférence de Carthage.

TUCCENSIS *ou* THUCCENSIS, fiège épifcopal d'Afrique, dans la Mauritanie Sitifenfe, felon la notice des évêchés de cette province.

TUCCI ( *Martos* ), ville de l'Hifpanie, dans la Bétique, au fud de Caftulo. Nous voyons par Pline que cette ville fut nommée *Augufta Gemella;* & Appian la nomme feulement *Gemella,* en parlant de la guerre de Viriathus; mais c'eft en employant le nom qu'elle portoit de fon temps, pour un temps où elle ne le portoit pas encore; car ce nom de *Gemella,* elle ne le prit qu'au temps des empereurs, d'après la légion qui y fut établie.

TUCCI, ville de l'Hifpanie, dans la Bétique, à peu de diftance à l'oueft d'*Hifpalis.* On n'en fait rien d'intéreffant.

On ignore quelle ville moderne y répond.

TUCCITORA, nom d'un village que Ptolemée indique dans le nôme de Libye.

TUCUBI *ou* TACUBIS, ville de l'Hifpanie, dans la Lufitanie, felon l'itinéraire d'Antonin. Elle eft nommée *Tacubis* par Ptolemée.

TUCULUS, lieu de l'Afrique propre, fur la route de Carthage à Alexandrie, entre *Digdica* & *Banadedari,* felon l'itinéraire d'Antonin.

TUDÆ, ville de l'Hifpanie citérieure, chez les peuples *Gravii,* felon Ptolemée.

TUDELASCA, fleuve de l'Italie, dans la Ligurie, felon Ortélius, qui cite une ancienne infcription fur cuivre, confervée à Gênes.

TUDER ( *Todi* ), ville de l'Italie, dans l'Umbrie, au fud-oueft, dans les montagnes. C'étoit une petite ville qui devint colonie Romaine.

Le nom que l'on lit ici eft celui qui fe trouve dans les écrivains du fiècle d'Augufte: dans ceux du moyen âge, comme Paul Diacre, & quelques autres, écrivent *Tudercum.* Frontin lui donne le nom de *Fida colonia Tuder.*

TUDERNUM, ville de l'Italie, dans l'Etrurie, felon un fragment de l'itinéraire d'Antonin.

TUDERTES: c'eft ainfi que Pline nomme les habitans de la ville de *Tuder.*

TUDES, ville de l'Hifpanie, fur la route de *Bracara* à *Afturica,* entre *Limia* & *Burbida,* felon l'itinéraire d'Antonin.

TUDROMIUM, lieu que l'hiftoire Mifcellanée femble placer aux environs de la Bulgarie.

TUEROBIUS, fleuve de l'île d'Albion. Ptolemée en indique l'embouchure fur la côte occidentale.

TUESIS, ville de l'île d'Albion, chez les *Vocomagi,* felon Ptolemée.

TUFICANI. Pline nomme ainfi les habitans du *Tuficum,* ville de l'Italie.

TUFICUM, ville de l'Italie, felon Frontin, dans fon livre des limites.

TUGENI, peuple d'entre les Helvétiens, dans la contrée nommée *Pagus Tugenus,* & qui confinoit avec le pays des Ambrons, des Tiguriens & des Rhétiens.

TUGGENSIS CIVITAS ( *Meftura* ), ville de l'Afrique, felon l'itinéraire d'Antonin.

Elle étoit fituée dans les plaines qui font au-deffous de *Laribus Colonia.*

TUGGENSIS *ou* MUNICIPIUM TOGIÆ, fiège épifcopal de l'Afrique proconfulaire, felon la conférence de Carthage.

TUGIA, chez les Baftitans, au fud de *Mentefa Baftitana,* & au nord-oueft de *Bafti.*

TUGIA, ville de l'Hifpanie, fur la route de *Caftulo* à *Malaca,* entre *Caftulo* & *Traxinum,* felon l'itinéraire d'Antonin.

TUGMA, ville de l'Inde, au-delà & près du Gange, avec le titre de métropole, felon Ptolemée.

TUISI, peuple de l'Hifpanie, vers la fource du fleuve *Ebrus,* dans le pays des Cantabres, felon Strabon.

TULANENSIS, fiège épifcopal de l'Afrique proconfulaire, felon la notice épifcopale d'Afrique.

TULCIS, petite rivière de l'Hifpanie. Elle mouilloit la ville de Tarragone, felon Pomponius Méla.

TULEDON, montagne de l'Italie, dans la Ligurie, aux environs de la ville de *Genua,* felon une ancienne infcription fur cuivre, confervée dans cette ville, & citée par Ortélius.

TULEUS *ou* THULEUS, lieu de la Thrace, dans la province de Rhodope, felon Procope. Cet auteur dit que c'étoit une des fortereffes que l'empereur Juftinien fit élever dans cette province.

TULINGI, peuples de la Gaule, dans le voifinage des Helvétiens, felon Céfar.

TULINSII, peuples de l'Afrique, dans la Mauritanie céfarienfe, felon Ptolemée.

Ce peuple habitoit dans une plaine, vers le fud-eft du mont *Phruræfus.*

TULIPHURDUM, ville de la Germanie, felon Ptolemée.

TULISURGIUM, ville que Ptolemée indique dans la Germanie.

TULLICA, ville fituée dans l'intérieur de l'Hifpanie citérieure, & qui appartenoit au peuple *Carifti,* felon Ptolemée.

TULLIENSIS, fiège épifcopal de l'Afrique proconfulaire, felon les actes du concile de Carthage, tenu l'an 525.

TULLUM, nom d'une montagne de l'Illyrie, felon Strabon.

TULLUM ( *Toul* ), ville de la Gaule. Ptolemée donne deux villes aux *Leuci, Tullum* & *Nafium;* & l'une & l'autre de ces villes fe trouvent dans l'itinéraire d'Antonin & dans la table de Peutinger. La notice des principales villes de la Gaule ajoute le nom de la capitale à celui de *Leuci,* fous le nom de la première Belgique, *Civitas Leucorum Tullo.*

Quoique ce nom fe foit confervé, lorfque la plupart des capitales ont perdu celui qui leur étoit propre, parce qu'elles ont pris celui du peuple où elles tenoient le premier rang; cependant il eft mention de *Tullum* fous le nom de *Leuci*, dans un diplôme de Dagobert I, & dans plufieurs auteurs des vies des rois de France de la feconde race. M. Wesseling cite la vie de Léon IX, dont le pontificat eft du onzième fiècle, dans laquelle la ville de Toul eft appelée *Leuca urbs*.

TULONIUM *ou* TULLONIUM, ville de l'intérieur de l'Hispanie, chez le peuple *Varduli*, felon Ptolemée.

Dans l'itinéraire d'Antonin, cette ville eft marquée fur la route d'*Afturica* à *Burdigala*, entre *Suissatium* & *Alba*.

TUMANUNA, municipe de l'Afrique, dans la Mauritanie césarienfe, felon la table de Peutinger.

TUMAR, lieu important de l'Afrique, dans le mont Aurafe. Selon Procope, les Romains s'en emparèrent, & réfolurent de ne plus l'abandonner.

TUMARRA, ville de l'Afrique, dans la Mauritanie césarienfe, felon Ptolemée.

TUMMARA, lieu de la Perfe, dans le voifinage du Tigre, felon Zofime.

TUNCASSI, peuple Scythe, du nombre de ceux qui furent vaincus par les Huns, felon Jornandès.

TUNCENSIS, fiège épifcopal d'Afrique, dans la Numidie, felon la conférence de Carthage.

TUNES ( *Tunis* ), ville de l'Afrique, en grande partie fur une colline, à l'oueft & fur le bord du port nommé *Stagnum* par Procope. Cette ville étoit vers le fud-eft de Carthage, & environnée de lacs & de marais. Tite-Live a parlé de *Tunes*.

TUNEYENSIS, fiège épifcopal d'Afrique, dans la proconfulaire, felon la conférence de Carthage.

TUNGRI, *ou* les Tongres. Selon Tacite, le nom de ce peuple avoit fuccédé à celui de *Germain*, par lequel on défignoit les premiers des peuples d'au-delà du Rhin qui avoient enlevé des terres aux Gaulois. Mais felon d'autres auteurs, les Tongres habitoient le pays de Liège longtemps avant l'entrée des Romains dans les Gaules. Vainqueurs des Eburons, ils leur fuccédèrent, au point que ceux-ci furent entièrement oubliés.

Les Contrufiens & les Suniques reconnurent leur fouveraineté. Ils conquirent infenfiblement tout le pays qui répond aux comté d'Oye, au Limbourg, au diftrict d'Aix-la-Chapelle & à celui de Cologne. Peu après ils passèrent la Meufe & s'étendirent dans la Flandre, le Brabant, le Hainaut, le comté de Namur jufqu'à Maftricht. Quoique cette nation ait été fubjuguée par les Francs, & qu'Attila, à la tête des Huns, ait achevé de l'exterminer, on voit cependant que les évêques confervoient le titre d'évêques de Tongres, dont la jurifdiction s'étendoit jufqu'au diocéfe de Reims. Malines, dans ce même temps à-peu-près, fous le pontificat de Paul IV, reconnoissoit la jurifdiction des évêques dont le fiège primitif étoit à Tongres.

TUNGRORUM FONS, eaux minérales de la Gaule Belgique, dans le pays du peuple *Tungri*, felon Pline.

TUNNOCELUM, ville de l'île d'Albion, felon la notice des dignités de l'empire.

TUNTOBRIGA, ville de l'Hifpanie citérieure, chez les Callaïques Brucariens, felon Ptolemée.

TUNUDISENSE OPPIDUM. Pline nomme ainfi une des places que les Romains avoient dans l'Afrique propre. Elle eft appelée *Thunufda* par Ptolemée.

TUNUGABENSIS, fiège épifcopal d'Afrique, felon la conférence de Carthage.

TUNUSUDENSIS, fiège épifcopal d'Afrique, felon la conférence de Carthage.

TUOLA *ou* TUOLE, fleuve de l'île de Corfe. Ptolemée en indique l'embouchure fur la côte orientale.

TUPATA, nom d'une ville de l'Afie. Elle étoit plus orientale que *Chorafa*, felon Siméon Séthi, cité par Ortélius.

TUPATUS, nom d'un fleuve de l'Inde; il va fe perdre dans l'*Acefines*, felon Arrien.

TUPHIUM, ville de l'Egypte, dans la Thébaïde, felon Ptolemée.

TURANIANA, ville de l'Hifpanie, dans la partie orientale de la Bétique, vers le fud-oueft d'*Urfi*.

Dans l'itinéraire d'Antonin, cette ville eft marquée fur la route de *Caftulo* à *Malacca*, entre *Urci* & *Murgi*.

TURAPHILUM (*Shil-Ellah*), ville de l'Afrique, dans la Mauritanie Céfarienfe, felon Ptolemée.

Elle étoit fituée dans les montagnes de l'intérieur, au fud d'*Icofium*.

TURBA, ville de l'Hifpanie, felon Tite-Live.

TURBA, ville de la *Novempopulani*, chez les Aquitains, dans la Gaule. Dans la notice des provinces, *Civitas Turba ubi Caftrum Bigurra*, eft une des cités de la Novempopulanie. C'eft la capitale des *Bigerrones ou Bigerri*, nommée *Civitas Bigurra* par Grégoire de Tours, en parlant d'un accord fait entre les rois Childebert & Gontran. On a dit depuis *Tarvia* & *Tarbe*.

Le fiège épifcopal, dans le lieu qui étoit *Caftrum Bigurra*, eft nommé *le Saéc*.

TURBA. *Voyez* TURBULA.

TURBANIA, fontaine de la Paleftine, au pied du mont Gelboé, felon Guillaume de Tyr.

TURBESSEL, lieu fortifié de l'Afie, dans la Méfopotamie, au voifinage de l'Euphrate, & à vingt-quatre milles d'Edeffe, felon Guillaume de Tyr.

TURBULA (*Teruel*), ville de l'Hifpanie citérieure, au fud, mais en tirant vers le fud-oueft.

Ptolemée la nomme *Turbula*, & on penfe que c'eft la même que Tite-Live, L. XXXIII, c. 44, appelle *Turba*. On y voit que les Hifpaniens avoient été battus l'an de Rome 557, par Q. Minucius;

qu'ils avoient eu douze mille hommes tués, & que Budar, un de leurs chefs, avoit été pris, & le reste mis en fuite.

Cette ville étoit située au nord-est de *Segobriga*.

TURCÆ, peuples qui habitoient aux environs des Palus Méotides, selon Pomponius Méla. Ils sont indiqués dans le voisinage des Portes Caspiennes, dans l'histoire Miscellanée.

Selon Eustathe, les Perses donnent le nom de *Turcæ* aux Huns.

TURCI, peuple ainsi nommé par Suidas.

TURCILINGI, peuples de la Scythie en Europe, selon Jornandès.

TURCOPULI : il est fait mention d'un peuple de ce nom par Grégoras.

TURDE, ville de l'Italie, chez les *Velumbri*, selon Ptolémée.

TURDETANI, les Turdestans, peuple considérable de l'Hispanie, dans la Bétique.

On voit par Strabon, qu'ils occupoient une grande partie de la Bétique, puisque cette province, qui tiroit l'un de ses noms du fleuve *Bætis*, prenoit des Turdétans celui de Turdétanie : καλουσι δε απο μεν τε ποταμε Βαιτικην απο δε των ενοικουντον Τουρδητανιαν.

Etienne de Bysance dit aussi que le nom Bœtique & Turditanie (car il met un *i* au lieu de l'*éta*), étoient synoynmes. Peut-être étoit-ce parce que ce peuple étoit puissant, que l'on regardoit les *Turduli* comme étant le même, ou du moins n'en formant qu'une partie. Quelques auteurs cependant, & c'étoient sans doute les mieux instruits, puisque Polybe est de ce nombre, mettoient les *Turdetani* au nord des *Turduli*. Ptolémée en fait aussi deux peuples différens.

Au reste, les Tudétans passoient pour être les peuples les plus éclairés de l'Hispanie. Ils s'appliquoient à l'étude de leur langue ; ils avoient d'anciennes histoires & des loix écrites en vers : on les regardoit aussi comme les plus polis de toute la province, à cause du commerce qu'ils avoient avec les étrangers, & particuliérement avec les Phéniciens.

Lorsque les Phéniciens abordèrent pour la première fois sur les côtes de la Turdétanie, ils y trouvèrent l'argent si commun, que tous les meubles les plus vils de ce peuple étoient de ce métal : on cite entre autres les lits des enfans nouveaux-nés & les tonneaux. Les navigateurs firent alors ce que font encore ceux de nos jours chez les nations qui ne connoissent pas le prix que nous attachons à ce qu'ils possèdent ; ils leurs offrirent des bagatelles & de petits objets de clincaillerie, pour les meubles qu'ils prenoient en échange. On dit que dans ce premier voyage les Phéniciens reçurent une si grande quantité d'argent, que leurs vaisseaux s'en trouvant remplis & leur avidité n'étant pas satisfaite, ils en forgèrent des ancres.

Quelques auteurs modernes ont dit que cette grande quantité d'argent en Hispanie, venoit d'un embrâsement de quelques parties des Pyrénées, à la suite duquel on avoit découvert des mines à la surface de la terre. Mais il n'étoit pas besoin de recourir aux Pyrénées, où ce n'est pas de l'argent que l'on trouve. Il y avoit des mines d'argent dans la Bétique. Le *Marianus mons*, actuellement Sierra Morena, en renfermoit à *Metallum*, à *Mellaria*, &c. ; & de nos jours on trouve encore des traces de ces anciennes mines dans la partie que j'indique du côté de Guadalcanal, de Constantine.

Les Phéniciens ayant fait alliance avec les Hébreux du temps d'Hiram, roi de Tyr, ami de David & de Salomon, ils leur indiquèrent les richesses de l'Hispanie ; du moins quelques auteurs le croient. Mais ils ajoutent, sans en avoir aucune preuve, que c'étoit-là qu'étoit l'Ophir de Salomon ; & ce n'est pas du tout mon opinion. On peut voir à ce sujet les articles OPHIR, THARSIS & TROGLODYTÆ.

Strabon dit que les Turdétains, lorsqu'ils eurent été soumis aux Romains, prirent les mœurs de leurs vainqueurs, & oublièrent leur propre langage pour celui des Romains. Leurs provinces surpassèrent les autres en richesses & en propreté d'habits, en honnêteté & en zèle religieux.

On retiroit alors de ce pays quantité de froment, du vin, de l'huile, des pois, du miel, de la cire, du safran, du vermillon, & sur-tout des laines très-fines.

*Géographie de la Turdétanie, selon Ptolémée.*

1°. A l'orient de l'embouchure du fleuve *Anas* ;

Onoba Œstuaria.

L'embouchure orientale du fleuve *Bætis*.

Les sources de ce fleuve.

Le golfe voisin d'*Asta*.

2°. A l'occident de l'embouchure du fleuve *Anas* (1) :

Balsa.
Ossonoba.

Le promontoire *Sacrum*.

L'embouchure du fleuve *Calipodes*.

Salacia.
Cætobrica.

3°. Dans les terres :

| Canaca. | Osca. |
| Seria. | Cæriana. |

(1) Mais Ptolémée met ici des lieux qui appartenoient à la Lusitanie.

| | |
|---|---|
| *Orium.* | *Nertobriga.* |
| *Illipula.* | *Contributa.* |
| *Setida.* | *Regina.* |
| *Plucci.* | *Curſus.* |
| *Sala.* | *Mirobriga.* |
| *Nabriſſa.* | *Spoletinum.* |
| *Ugia.* | *Lepa magna.* |
| *Aſta.* | *Iſpalis.* |
| *Corticata.* | *Obulcola.* |
| *Lælia.* | *Calicula.* |
| *Italica.* | *Oleaſtrum.* |
| *Maxilna.* | *Uurbona.* |
| *Ucia.* | *Baſilippo.* |
| *Cariſſa.* | *Fornacis.* |
| *Calduba.* | *Arſa.* |
| *Paſula.* | *Aſyla.* |
| *Saguntia.* | *Aſtygis.* |
| *Aſtndum.* | *Charnionia.* |

TURDETANORUM URBS, ville de l'Hiſ-
panie, dans la Bétique, au pays des *Turdetani.*
Elle fut ruinée par les Romains, ſelon Tite-
Live.

TURDITANUS, ſiège épiſcopal d'Afrique, dans
la Byſacène, ſelon la lettre que les évêques de
ce pays adreſſèrent à l'empereur Conſtantin.

TURDULI ( *les Turdules* ), peuples de l'Hiſpanie, dans la Bétique, vers le ſud-eſt, de l'autre
côté des montagnes.

Pline indique des *Turduli* dans la Luſitanie &
dans l'Hiſpanie citérieure. Mais, ſelon Strabon,
les *Turduli* & les *Turdetani* étoient le même peuple,
& ils habitoient dans la Bétique.

Ptolemée leur attribue les villes ſuivantes.

*Géographie des Turduli, ſelon Ptolemée.*

1°. Sur la côte :

| | |
|---|---|
| *Maneſthti hortus.* | *Belonis*, fl. oſtia. |
| *Junonis templum.* | *Belon*, ville. |

2°. Dans les terres :

| | |
|---|---|
| *Setia.* | *Sala.* |
| *Iturgis.* | *Balda.* |
| *Vogia.* | *Ebora.* |
| *Calpurniana.* | *Onoba.* |
| *Cæcilia.* | *Ilipula magna.* |
| *Cinniana.* | *Selia.* |
| *Corduba.* | *Veſcis.* |
| *Julia.* | *Eſcua.* |
| *Obulcum.* | *Aſtigis.* |
| *Arcilacis.* | *Calicula.* |
| *Detonda.* | *Lacibis.* |
| *Murgis.* | *Sacilis.* |
| *Salduba.* | *Lacippos.* |
| *Tucci.* | *Illiberis.* |

TURECIONICUM, lieu de la Gaule dans la
province Viennoiſe, au ſud-eſt de Vienne, chez
les Allobroges.

La table de Peutinger, dit M. d'Anville, trace
une route de Vienne à *Cularo* (Grenoble), & les
lieux intermédiaires ſur cette route ſont *Turecionicum* & *Morginnum.*

On ne ſauroit douter que ce dernier nom ne
ſoit Moiran, dont la diſtance à Grenoble s'accorde
avec l'indication de la table, qui eſt XIIII. Il faut
donc trouver *Turecionicum* entre Vienne & Moiran.
La diſtance à l'égard de Vienne eſt marquée XV,
& à l'égard de *Morginnum* XIIII, comme elle eſt
rejettée entre *Morginnum* & *Cularo.* Mais en conſidérant le local, je vois que les indications de
la table de Vienne à *Morginnum* ne rempliſſent pas
ce qu'il y a d'eſpace de Vienne juſqu'à Moiran ;
car cet eſpace peut s'eſtimer de 29,000 toiſes au
moins, ce qui renferme 38 milles romains, ſans
compter ce que la meſure itinéraire, dans un pays
inégal, doit avoir de plus que la meſure directe.

Après avoir examiné, ajoute-t-il, ſur le paſſage
de la voie, ſi quelque lieu n'auroit pas quelque rapport à *Turecionicum*, je m'arrête à Ornacien, près
de la côte de S. André ; & la diſtance entre
Ornacien & Moiran eſt déterminée de 14 à 15,000
toiſes, dont il réſulte 19 milles romains. Or, entre
cette poſition & Vienne, il conviendra de compter
20. Ainſi de Vienne à Moiran 39. ( *Notice de la
Gaule, p. 663* ).

TURENSIS ou TURRENSIS, ſiège épiſcopal
d'Afrique, dans la Byſacène, ſelon la conférence
de Carthage.

TURENUM, petit lieu de l'Italie, dans la
partie de la grande Grèce appelée l'*Apulie.*

TURGANA, île ſur la côte de l'Arabie heureuſe. Il y avoit un très-grand temple dédié à
Sérapis, ſelon Ammien Marcellin.

TURIA, fleuve d'Italie, dans la Campanie,
ſelon Cluvier, qui le place au-deſſous de l'*Allia* :
mais *voyez* TURIAS.

TURIAS ( *le Guadalaviar*), fleuve de l'Hiſpanie
citérieure, ſur le bord duquel étoit bâtie la ville
de *Valentia.*

Ce fleuve eſt nommé *Turium* par Pline, & *Turias*
par Salluſte.

TURIAS, rivière ou ruiſſeau de l'Italie, ſelon
Silius Italicus, qui en parle ainſi ( *L. XIII, v. 5* ) :

> . . . *Nulla lædens ubi gramina ripa
> Turia deducit tenuem ſine nomine rivum
> Et tacite tuſcis inglorius affluit undis.*

On croit que c'eſt la même rivière que Tite-
Live ( *L. XXVI, c. 11* ), met à ſix milles de Rome,
Mais Sigonius & Gronovius, au lieu de *ad Turiam
fluvium*, liſent *ad Tutiam fluvium.* Comme les manuſcrits de Tite-Live varient, & que dans quelques-uns de Silicus Italicus on lit *Tucia* & *Tutia*,
au lieu de *Turia*, il eſt difficile & au reſte aſſez

indifférent de dire laquelle de ces orthographes est la meilleure. ( *Voyez* THURIA ).

TURIASO ( *Taraçona* ou *Taraxona* ), ville de l'intérieur de l'Hispanie citérieure, au-sud-oueft. Pline parle avec éloge de fon fer. On voit fur une médaille d'Augufte, & fur une de Tibère, qu'elle fut municipale. La tête de femme qui fe trouve fur quelques médailles de *Turiafo*, eft foupçonnée par le P. Florez, être celle de Livie, femme d'Augufte.

Cette ville étoit à l'eft de Numance, & au fud-oueft de *Calaguris*.

TURICUM ( *Zurich* ). Une infcription trouvée à Zurich, fait mention de cette ville fous le nom de *Statio Turicenfis*.

*Turicum* étoit dans l'Helvétie, au fud-oueft de *Vitodurum*. C'eft en altérant ce nom que l'on en fait Zurich.

TURIGA, ville de l'Hifpanie, dans la Bétique. Selon Pline, elle étoit autrefois appelée *Ucultiniacum*.

TURII ou THURII, peuple de l'Italie, dans le lieu nommé *Turinum*, felon Céfar.

TURINGI ou TORINGI, peuples de la Germanie, felon Sidonius Apollinaris & Végétius.

TURINUM, lieu de l'Italie, dans le territoire duquel étoit fituée la ville de *Cofa* ou *Compfa*, felon Céfar.

TURISSA, ville de l'Hifpanie, au pied des Pyrénées, dans le pays des Vafcons, au nord-eft de *Pompelo*.

Dans l'itinéraire d'Antonin elle eft marquée à dix-huit mille pas de la haute Pyrénée.

Quelques géographes ont cru que cette ville étoit la même que l'*Iturifa* de Ptolemée ; mais M. Marqua les diftingue. Selon lui, *Turifa* eft la ville de Subiri, entre Burguette & Pampelune ; au lieu que l'*Iturifa* de Ptolemée eft Tolofa, dans le Guipufcoa.

TURITANI, peuples de l'Hifpanie, dans la Bétique, felon Etienne de Byfance.

TURIVA, nom de l'une des deux fatrapies de la Baêriane, qui furent enlevées aux Grecs par les Parthes Eucratides, felon Strabon.

TURIUM. *Voyez* TURIA.

TURMENTINI, peuples de l'Italie, dans la feconde région & dans l'intérieur des terres, felon Pline.

TURMODIGI, peuples de l'Hifpanie. Ils étoient de l'affemblée générale de *Clunia*, & ils y menoient avec eux quatre peuples, parmi lefquels étoient les *Segifamonenfes* & les *Segifamejulienfes*, felon Pline.

TURMOGUM, ville de l'Hifpanie, dans l'intérieur de la Lufitanie, felon Ptolemée.

TURMULOS, lieu de l'Hifpanie, entre *Caftra Cœcilia* & *Rufticiana*, felon l'itinéraire d'Antonin.

TURNACUM ( Tournay ), ville de la Gaule, dans la feconde Belgique, chez les *Nervii*,

« Les plus anciens monumens qui en font mention font l'itinéraire d'Antonin & la table de Peutinger. On trouve dans la notice de l'empire une milice romaine diftinguée par le nom de cette ville, *Numerus Turnacenfium*. La notice des provinces de la Gaule met *Turnacum* au rang des cités de la Belgique feconde ; & parce que le nom des *Nervii* ne paroît pas dans cette notice, comme celui de beaucoup d'autres peuples indiqués par le nom qu'avoit pris leur capitale, il y a apparence que l'ancien territoire de cette puiffante nation s'y trouve partagé entre les deux cités de Cambray & de Tournay. La ville de Tournay a mérité depuis d'être appelée *Civitas Regalis*. C'eft ainfi que S. Ouen s'exprime dans la vie de S. Eloi ; c'eft qu'elle a été la réfidence de plufieurs rois.

La jurifdiêion du fiège épifcopal de Tournay s'étendoit fur tout ce qui compofe aujourd'hui les diocèfes de Gand & de Bruges.

TURNI, ville de l'Italie, dans l'intérieur de la Calabre, felon Ptolemée.

TURNI LACUS, nom d'un lac de l'Italie, felon Columelle.

TURNUS, fleuve de l'Italie, dans l'Umbrie, felon Vibius Séquefter.

TUROBOLI MINOR ou TURUBLUM MINUS, lieu de l'île de Sardaigne, fur la route de *Tibulæ* à *Caralis*, entre *Tibulæ* & *Elephantaria*, felon l'itinéraire d'Antonin.

TUROBRICA, ville de l'Hifpanie, dans la Bétique, felon Pline.

TUROCELO, ville de l'Italie, dans l'Umbrie, felon Pline. Cet auteur la furnomme *Netrolium*, & felon quelques exemplaires, *Vetriolum*

TURODI, peuples de l'Hifpanie citérieure. Ptolemée leur donne la ville de *Aquæ Læœ*.

TURONES ou TURONI, peuples de la Gaule. Leur pays confinoit avec celui des cités maritimes, felon Céfar. Lucain leur donne l'épithète d'*Inftabilis* :

*Inftabiles Turones circumfita Caftra coercent.*
Luc. L. 1, v. 437.

Selon Ptolemée, ils poffédoient une ville qu'il nomme *Cæfarodunum*, & il appelle le peuple *Turupii* ; ce qui eft encore une faute.

Ce nom, comme on le voit, s'écrivoit de deux manières. Pline dit *Turones*, & Tacite *Turonii*.

Quoique leur capitale, ainfi que la plus grande & la meilleure partie de leur territoire fût au midi de la Loire, & que l'Aquitaine, augmentée en étendue par Augufte, fe foit étendue jufqu'à cette rivière, cependant les *Turones* qui étoient un peu vers le nord-oueft, appartenoient à la troifième Lyonnoife, dont leur ville devint la métropole.

Ils avoient la réputation de ne pas aimer la guerre ; Tacite les nomme *Turoni imbelles*, & Sidoine Apollinaire dit auffi d'eux, *bella timentes defendit Turones.*

TURONES

TURONES ( *Tours* ). On ne fait pas le premier nom de cette ville de la Gaule. Elle étoit fituée fur la Loire, en face de l'embouchure du *Caris* ou *Carus*. C'étoit la capitale de la cité des *Turones*: on conjecture qu'elle étoit fortifiée, parce que les Romains, en lui donnant le nom de *Cæfar*, y ajoutèrent celui de *Dunum*, qui défigne ordinairement les lieux fitués fur quelque élévation, & qu'il n'y a point d'élévation ni de montagnes à Tours. Dans la fuite elle prit le nom du peuple, ou peut-être fut-ce le premier nom qui reprit fon avantage.

La fituation avantageufe de cette ville & la beauté du pays, furent probablement la caufe de la préférence que lui accorda Honorius, en l'établiffant métropole de la troifième Lyonnoife.

Lorfque l'empire Romain fut détruit dans les Gaules, les Wifigoths s'étoient rendu maîtres de toute la partie fituée au midi de la Loire, la ville de *Turones* tomba en leur pouvoir, fous le règne d'Euric ; & elle y étoit encore fous celui d'Alaric en 506. Mais Clovis ayant vaincu & tué ce prince en 507, il fe rendit maître de tout ce qui s'étendoit de la Loire aux Pyrénées, & il affujettit la ville de *Turones*. Ce fut depuis qu'elle changea fon nom en celui de Tours; & de cette époque fon hiftoire appartient à la géographie moderne.

TURONI, peuple de la Germanie, felon Ptolemée.

TUROQUA, ville de l'Hifpanie, fur la route de *Bracara* à *Afturica*, entre *Burbida* & *Aquæ Celeniæ*, felon l'itinéraire d'Antonin.

TURREBLANDENSIS, fiège épifcopal d'Afrique, dans la Byfacène, felon la notice épifcopale d'Afrique.

TURRENA AUGUSTALIS, ville de l'Italie, dans l'Etrurie, felon le livre des origines, cité par Ortélius.

TURRE TAMALLIENSIS, fiège épifcopal de l'Afrique proconfulaire, felon les actes du concile de Carthage, tenu l'an 348.

TURRE TAMALLUMENSIS, fiège épifcopal d'Afrique, dans la Byfacène, felon la conférence de Carthage.

TURRES, petit lieu de la grande Grèce, dans le *Brutium*. On en trouve plufieurs fous cette dénomination & fous celle de *ad Turrim*. C'étoient des tours qui fervoient à renfermer des corps-degarde, ou d'autres troupes.

TURRES ALBÆ, lieu de l'Hifpanie, dans la Lufitanie, chez les *Celtici*, felon Ptolemée.

TURRES AMMENIARUM, fiège épifcopal d'Afrique, dans la Numidie, felon la notice épifcopale d'Afrique.

TURRES ANNIBALIS, nom de deux lieux, dont l'un étoit en Afrique, & l'autre en Hifpanie, felon Pline. Le dernier étoit entre *Acholla* & *Thapfus*, felon Tite-Live.

TURRES AURÆLIANÆ, lieu de l'Italie, dans la Peucétie, fur le bord de la mer, à l'eft de *Barium*. On croit le retrouver dans le lieu appelé actuellement *Polignano*.

TURRES JULIANÆ, lieu de l'Italie, fur la route d'*Odrontum* à *Aquilonia*, entre *Turres Aurelianæ* & *Beros*.

TURRIM (AD) ( *Tourves* ). « Ce lieu eft placé par l'itinéraire d'Antonin, entre *Matavonium* & *Tegulata*, & la diftance de *Matavonium* eft marquée XIII, & XIV à l'égard de *Tegulata*. La table de Peutinger fe trouve conforme à cette dernière diftance; mais elle doit être corrigée pour l'autre, en fubftituant XIII à XVII qui s'y trouve.

« Or, ce lieu, dont le nom eft ici *Turris*, conferve en quelque forte fa dénomination dans celle de Tourves, qui fe lit *Torreves* dans l'ancien Pouillé, au diocèfe d'Aix, rapporté par Honoré Bouche, & *Torvis* dans les bulles de Grégoire VII & d'Innocent III ». ( *Notice de la Gaule* , par M. *d'Anville.*

TURRIS, nom d'une ville bâtie par Trajan, fur le bord du Danube. Selon Procope, l'empereur Juftinien envoya une ambaffade aux Antes & aux Efclavons, pour les prier de venir habiter dans cette ville.

TURRIS, lieu ou ville de la Mœfie, fur la route du mont d'Or à Byfance, entre *Remifiana* & *Meldia*, felon l'itinéraire d'Antonin.

TURRIS ALBA, lieu de l'Afie, dans la Perfide, aux environs de la ville de Suze, felon Pline.

TURRIS ALBA ou TURRE ALBA, fiège épifcopal d'Afrique, felon la conférence de Carthage.

TURRIS AUGUSTI, lieu de l'Hifpanie, près de la rivière de Sars, felon Pomponius Méla.

TURRIS CÆSARIS, lieu de l'Italie, dans l'Apulie, entre *Barium* & *Egnatia*, felon la table de Peutinger.

TURRIS CÆSARIS, lieu de l'Afrique propre, à quinze milles de *Sugus* & à quarante milles de *Cirta*, felon l'itinéraire d'Antonin.

TURRIS CALARNEA, lieu de la Macédoine, entre le mont *Athos* & le fleuve *Strymon*, felon Pomponius Méla.

TURRIS CALIGULÆ, ou Tour de l'empereur Caligula. On fait que ce prince ayant été avec fon armée jufques fur les bords de l'Océan, vers l'embouchure du Rhin, pour fe venger de ce que la mer avoit englouti quelques-uns de fes vaiffeaux, il fit mettre fes troupes en bataille, & défia au combat cet élément. Le défi ne fut pas accepté. Alors il fit ramaffer par fes troupes une grande quantité de coquillages comme autant de dépouilles de l'ennemi, & fit même élever une tour comme un monument de fa victoire.

Cette tour a fervi long-temps de phare pour montrer l'entrée du fleuve.

N. B. Ses ruines font aujourd'hui fous les eaux, à plus d'une lieue de Britten, vers Catwyck; & les pêcheurs rapportent que quand ils jettent leurs filets en cet endroit, ils ramènent des branches d'arbres, & fentent avec le croc des reftes de bâtiment. Je dois peut-être ajouter ici que ce fort de Britten eft fous les eaux, mais que la mer l'a quelquefois laiffé à fec, particuliérement en 1596, pendant quinze jours. Quelques auteurs penfent avec beaucoup de vraifemblance, qu'il étoit le camp de l'armée de Caligula. Il paroit auffi que c'eft lui que l'on trouve défigné dans les auteurs anciens par les noms d'*Arx*, de *Præfidiarium* & d'*Armentarium*.

TURRIS CONDIENSIS *ou* AD TURRES CONCORDIÆ, fiège épifcopal d'Afrique, dans la Numidie, felon la notice des évêchés d'Afrique.

TURRIS FERRATA, lieu de la Pannonie, près de *Sirmium*. C'eft où fut affaffiné l'empereur Probus, felon Aurelius Victor.

TURRIS HANNIBALIS (*El Medea ou Africa*), ville de l'Afrique, fituée dans une péninfule, à cinq milles au fud de *Thapfus*.

Par fes ruines, on voit qu'elle a été confidérable & forte.

TURRIS LAPIDÆA, lieu de l'Afie, dans le pays du peuple *Sacæ*, felon Ptolemée.

TURRIS OVIDI, lieu de la Thrace, à l'entrée du Bofphore de Thrace, fur la côte du Pont-Euxin.

TURRIS ROTUNDA *ou* TORRE ROTUNDA, fiège épifcopal d'Afrique, dans la Numidie, felon la conférence de Carthage.

TURRIS STRATONIS, au fud de *Cæfarea*, lieu de la Palestine. (*Voyez* PHÆNICIA).

TURRIS TAMALLENI, lieu de l'Afrique propre, fur la route de *Tacapæ* à la grande *Leptis*, entre *Agariabæ* & *ad Templum*, felon l'itinéraire d'Antonin.

TURRUS, fleuve de l'Italie, dans la Vénétie, felon Pline.

Ce fleuve fe joignoit au *Nalifo*, à quelque diftance au fud de *Forum Julii*,

TURSAMBICA TRALAGORRA, lieu de la Gaule, dans la Novempopulanie, felon la notice des provinces des Gaules.

TURSENA, lieu de l'Italie, fur la voie Aurélienne, felon un fragment de l'itinéraire d'Antonin.

TURUDENSIS, fiège épifcopal de l'Afrique proconfulaire, felon la conférence de Carthage.

TURULIS, fleuve de l'Hifpanie citérieure. Ptolemée en indique l'embouchure dans le pays des Edétains.

TURULLUS, lieu de la Thrace, au nord de *Perinthus*, fur le *Zorulus*, & peu loin à l'oueft du *Macron-Tichos*.

TURULLUS, ville la Thrace, felon Suidas. (*Voyez* TURRULLUS).

TURUM, ville de la Norique, fur la route de *Pons-Oeni* à un lieu nommé *ad Cafira*, entre *Pons-Oeni* & *Jovifura*, felon l'itinéraire d'Antonin.

TURUNTUS, fleuve de la Sarmatie Européenne? Ptolemée en indique l'embouchure entre celle du *Rubo* & celle du *Chefinus*.

TURUPII. *Voyez* TURONES.

TURUPTIANA, ville de l'Hifpanie citérieure ; dans le pays des *Callaici Lucenfii*, felon Ptolemée.

TURUSITANUS, fiège épifcopal de l'Afrique proconfulaire, felon la conférence de Carthage.

TURZA *ou* TURCETA (la d'Afrique, à fix lieues au fud-oueft de *Tunes*.

Ce n'eft plus qu'un monceau de ruines.

TURZO (*Truzza*), ville d'Afrique, dont fait mention Ptolemée. Elle étoit fiutée à huit lieues à l'oueft de *Vicus Augufti*.

TUSCA (*la Zaine*), fleuve de l'Afrique. Il féparoit l'Afrique propre de la Numidie, felon Pline.

TUSCAMIENSIS, fiège épifcopal d'Afrique, dans la Mauritanie céfarienfe, felon la notice des évêchés de cette province.

TUSCANENSES, peuples de l'Italie, dans l'Etrurie, felon Pline.

TUSCANIA, au nord-eft de *Tarquinii*, petit lieu de l'Etrurie ; il avoit pris fon nom des *Tufci*, & a donné en quelque forte le fien à la Tofcane.

TUSCI, peuples de la Sarmatie Afiatique, entre le mont Caucafe & les monts Cérauniens, felon Ptolemée.

TUSCI. Pline nomme ainfi la maifon de campagne qu'il avoit dans l'Etrurie, & qui étoit fituée vers la fource du Tibre.

TUSCI, lieu de l'Italie, chez les *Senones*, au fud-oueft de *Seftinum*.

TUSCI & TUSCIA. *Voyez* ETRURIA.

TUSCULANUM, lieu de l'Italie, fur la rive du lac *Benacus*, au nord-oueft.

TUSCULANUM CICERONIS, c'eft-à-dire, maifon de campagne de Cicéron à *Tufculum*. M. l'abbé Chaupi, dans fon ouvrage fur la maifon de campagne d'Horace, a très-bien démontré que cette maifon devoit être fur le haut de la montagne & non à *Gulta Ferrata*, comme plufieurs auteurs l'ont prétendu.

Cette fuperbe maifon étoit compofée au moins de trois grands corps de bâtiment, d'un portique de bains, d'un très-grand parc, de très-belles pièces d'eau. Il paroit qu'il y avoit trois étages: d'abord le rez-de-chauffée ; au-deffus étoient les pièces qui portoient le nom de *Lycée* ; & au-deffus de celui-ci, l'*Académie*. C'étoit dans le Lycée qu'étoit la bibliothèque ; il étoit entouré de belles allées pour la promenade, & d'où s'étoit formé le nom de la fecte péripatéticienne. Cette maifon étoit d'ailleurs ornée avec une dépenfe que l'on auroit peine à croire, fi l'on n'avoit une idée de la fortune immenfe des premiers perfonnages de la république aux temps dont je parle. Ce fut, dit M. l'abbé Chaupi, dans le *Tufculanum* de Cicéron que parut la première table de ce bois de cèdre, si rare & si cher, qu'il ne put l'acquérir qu'au prix d'un million de sesterces (1) ; ce qui fait, selon l'estimation de M. l'abbé Chaupi, environ 250000 livres tournois. Les statues qu'il avoit fait venir de Mégare lui avoient coûté deux millions quatre cens mille sesterces, ce qui doit faire de notre monnoie cinq cens mille livres. Il y en avoit un très-grand nombre d'autres, & Cicéron en nomme plusieurs dont il faisoit le plus grand cas. On voit des vestiges de cette maison près de Frascati, dans le lieu appelé aujourd'hui i Centroni, ou plutôt i Grottoni d'Amadei. Ce sont des voûtes souterreines qui formoient le rez-de-chaussée & servoient de caves, dont il paroît que les anciens n'avoient pas l'usage : ces ruines s'étendent encore bien plus loin.

TUSCULANUM LUCULLI, ou la maison de campagne de Lucullus, située à *Tusculum*. Ce Romain qui, après avoir débuté par le barreau, avoit été ensuite homme de cabinet, puis militaire, avoit fini par s'abandonner a une mollesse si excessive, que c'est presque par l'excès de son luxe & de ses dépenses qu'il a été connu des siècles qui ont suivi le sien. Pendant son commandement il avoit exigé par-tout de fortes contributions, qu'il avoit pu enrichir considérablement le trésor public, & que l'on fut offensé de la quantité de richesses qu'il faisoit passer dans le sien. Il en avoit fait bâtir plusieurs maisons de campagne ; celle, entre autres, de *Tusculum* étoit si vaste, les bâtimens si multipliés occupoient une si grande quantité de terrein, que l'on disoit, en l'en raillant, qu'il avoit accordé plus de champs à ses frotteurs qu'à ses laboureurs. Du moins c'est ainsi que je rends ce passage de Pline : *Qui in genere censoria castigatio erat. Minus arare, quàm verrere.* ( Pline, L. XVIII, c. 6). Si quelque chose peut réclamer un peu d'indulgence en faveur de tant de dépense, c'est qu'il avoit à *Tusculum* une bibliothèque si considérable, que Cicéron même y trouvoit des livres qui n'étoient pas chez lui. On y nourrissoit des oiseaux de toutes les espèces, & une quantité énorme de poissons distribués dans différentes piscines. Lorsque Caton, son beau-frère, devenu administrateur de ce vaste héritage, en qualité de tuteur du fils de Lucullus, voulut vendre les poissons rares pour diminuer un peu ce luxe, il en retira 450000 sesterces, c'est-à-dire, environ 100000 liv. Il paroît très-démontré à M. l'abbé Chaupi, que la ville actuelle de Frascati est bâtie sur les ruines du *Tusculanum* de Lucullus.

N. B. Je ne parlerai pas des autres maisons de campagne situées dans ce même endroit. On peut voir l'ouvrage de M. l'abbé Chaupi : *Découverte de la maison de campagne d'Horace*, in-8°. 3 vol., tomes I & II.

(1) Le sesterce est une petite monnoie d'argent qui pese 25 grains, & que l'on peut, par cette raison, estimer environ 5 sous de notre monnoie.

TUSCULUM ( *Frescati* ou *Frascati* ), ville du *Latium*, à peu de distance de Rome, vers le sud-est. Cette ville, à-peu-près aussi ancienne qu'Albe, faisoit remonter son origine au temps d'Ulysse. On lui donnoit pour fondateur Télégone, fils de ce prince & de Circé. Cette opinion étoit tellement adoptée, que l'on regardoit comme étant de la postérité de Télégone la famille Mamilienne ; & l'on voit un Ulysse sur les médailles qui nous en restent.

*Tusculum* ne se distingua pas moins par son courage que par sa politique à l'égard des Romains. Ses habitans étoient à la tête des alliés dans la guerre des peuples Latins. Elle fut ensuite soumise par les Romains, & devint municipale. La beauté de sa situation, sur une montagne & entre des collines, y avoit attiré les plus riches d'entre les Romains, qui y avoient de superbes maisons de campagne. Voici l'idée qu'en donne Strabon : « En-» deçà, dit-il ( de la masse de montagnes où est » Preneste ), il en est un autre où l'on voit une » chaîne haute qui commence près des *Algidus*, & » qui forme avec le mont d'Albe, une vallée. C'est » sur cette montagne que s'élève la ville de *Tus-» culum*, ville bien bâtie : mais ce qui la rend sur-» tout recommandable, ce sont les superbes châteaux » & les beaux parcs qui occupent ses dehors, » sur-tout du côté de Rome. De ce côté la mon-» tagne non-seulement s'étend en pente douce, » mais s'y compose de plusieurs autres, toutes d'un » sol également bon & abondant en eau. On ne » peut exprimer combien de ce côté il présente » d'aspects agréables. Le côté du mont d'Albe n'est » pas moins beau, & l'on en a tiré un aussi grand » parti. Plus loin est la plaine qui, d'un côté, s'étend » jusqu'à la mer, & de l'autre jusqu'à Rome. Le » côté de la mer est moins riche, parce que l'air » y est moins bon, mais le côté de Rome ne le » cède à aucun autre en ornement ; il est sur-tout » remarquable par les plus belles promenades ».

La ville de *Tusculum* étoit donc sur la partie de la montagne qui précédoit immédiatement sa colline & qui se trouvoit vis-à-vis du sommet d'Albe. Horace dit de cette ville :

; . ; . ; . *Superni villa candens Tusculi ;*

ce qui indique un lieu élevé. Or, dit M. l'abbé Chaupi, cette partie n'est pas douteuse ; c'est celle que les gens du pays nomment *il Tusculo*, au pied duquel on se trouve dès que l'on a franchi la colline & que l'on est entré dans la vallée. C'est en effet sur ce mont que l'on en retrouve toutes les vestiges. Selon Tite-Live, *Tusculum* avoit une citadelle qui n'étoit pas moins considérable relativement à cette ville, que le capitole l'étoit par rapport à Rome : on reconnoît encore les vestiges sur un haut rocher qui devoit faire partie de la ville à l'est. Du côté de l'occident étoit l'amphithéâtre ; on en voit encore des restes : de ce même côté étoient des aqueducs, dans lesquels on peut entrer encore par une ouverture qui est dans l'enclos des Camaldules. Avant de parler des plus célèbres maisons de campagne qui furent bâties près de *Tusculum*, & qui, de leur position, avoient pris chacune le nom de *Tusculanum*, je vais ajouter deux mots du fort de cette ville, & dire d'où lui vient son nom moderne, puisque cela n'a pas été rapporté au mot FRESCATI. ( *Géog. mod.* ).

*Tusculum* avoit continué de se soutenir avec assez d'éclat; & il est probable que par-là même elle avoit excité la jalousie des Romains. En 1167 elle prit parti pour l'empereur Frédéric I, contre le pape Alexandre; & ses troupes, sous la conduite du duc Raimon, battirent les Romains. Ceux-ci, furieux de honte & de dépit, résolurent de s'en venger. En 1191 l'empereur Henri V ayant voulu se faire couronner à Rome, & le pape ayant exigé que ce prince éloignât les troupes allemandes qui étoient dans *Tusculum*, les Romains se hâtèrent de profiter de l'état de foiblesse dans lequel se trouvoit cette ville. Ils la prirent, y commirent toutes sortes de cruautés, en emmenèrent les habitans, & la détruisirent de fond en comble. Cet événement est du vendredi-saint 10 avril de l'année 1191, selon M. de S. Marc; ou du 1190, selon M. l'abbé Chaupi. Les infortunés Tusculans s'étant fait en pleine campagne des *abris de branchages*, appelés en italien *frasche*; on appela par dérision ceux qui en étoient à couvert, *des gens aux branchages*, ou les *Frascati*: de-là le nom actuel du lieu, qui ne se trouve pas sur le mont où étoit *Tusculum*, mais sur les ruines de la maison de Lucullus, qu'il appeloit son *Tusculanum*. ( *Voyez* ci-dessus ).

TUSCUM ou THUSUM MARE, nom de la partie de la mer Méditerranée qui baignoit les côtes de l'Etrurie, & jusques sur les côtes de la Sicile, selon Pomponius Méla.

TUSIAGATH, ville de l'Afrique, dans l'intérieur de la Mauritanie césarienne, selon Ptolémée.

TUSO, fleuve de l'Inde, en-deçà du Gange, & où il se perd, selon Ptolémée.

TUTATIO, lieu de la Norique, sur la route d'*Aquilée* à *Lauriacum*, entre *Gabromagus* & *Ovilabis*, selon l'itinéraire d'Antonin.

TUTELA, ville de l'Hispanie, dans la Celtibérie, selon Martial.

TUTHOA, rivière de l'Arcadie, qui couloit de l'est à l'ouest au sud de *Telphuse*, se jetoit dans le Ladon, au-dessous d'*Oncion*.

TUTIA ou TUTTIA, ville de l'Hispanie citérieure. Les Romains la reprirent après que Sertorius fut assassiné, & que Perpenna eut été vaincu & livré à Pompée, selon Florus. Plutarque la nomme *Tuttia*.

TUTICUM, ville de l'Italie, dans le *Samnium*, selon Ptolémée.

Dans l'itinéraire d'Antonin cette ville est nommée *Æquus Tuticus*.

TUTIENSES, peuples de l'Italie, dans le *Latium*, & dans la première région, selon Pline.

TUTINI, peuples de l'Italie, dans la Calabre, selon Pline.

TUTUNCRUS ou TUNCRUS, selon les différentes éditions de Sidonius Apolinaris. Cet auteur parle d'un fleuve.

TUTZIS, ville de l'Egypte, entre *Talmœ* & *Pselcis*, selon l'itinéraire d'Antonin.

TUXIUM, ville de l'Italie, & la capitale du *Samnium*, selon Plutarque. Cet auteur rapporte que Fabius Fabricianus, en pillant cette ville, en enleva la Vénus victorieuse qui y étoit adorée, & la fit transporter à Rome.

TUZUDRUMES, siège épiscopal de l'Afrique proconsulaire, selon les actes du concile de Carthage, tenu l'an 525.

TUZURITANUS, TUSURITANUS ou TUZIRITANUS, siège épiscopal d'Afrique, dans la Bysacène, selon la notice épiscopale d'Afrique & la conférence de Carthage.

TYANA, ville de la Cappadoce, dans la préfecture Tyanitide, selon Ptolémée. C'étoit la seule ville de cette préfecture, selon Strabon; mais, selon Ptolémée, il y en avoit trois autres.

Le nom de cette ville lui avoit été donné par Thoas, roi de la Chersonèse Taurique.

*Tyane* est sur-tout connu pour avoir été la patrie d'Apollonius, que l'on surnomme de Tyane, célèbre imposteur de son temps.

TYANA, contrée de l'Egypte, selon Etienne de Byzance.

TYANITIS PRÆFECTURÆ, préfecture de l'Asie, dans la Cappadoce, au pied du mont *Taurus*, près des Portes Ciliciennes, qui lui facilitoient la communication avec la Cilicie & la Syrie, selon Strabon. Cet auteur ne lui donne que la seule ville de *Tyana*, & ajoute que la contrée se nommoit aussi *Eusebia ad Taurum*; qu'elle étoit fertile, & consistoit en plaines pour la plus grande partie. Cet auteur ne lui donne que la ville de *Tyana*; mais Ptolémée en marque quatre.

| | |
|---|---|
| Dratœ. | Bazis. |
| Tyana. | Sylaa. |

TYBA, lieu de l'Asie, au-delà de l'Euphrate, selon Cicéron.

TYBERIM, lieu de l'Asie, dans la Syrie, selon Guillaume de Tyr. Cet auteur dit que de son temps ce lieu étoit nommé *Toronum Castrum*.

TYBRESTUS, ville de l'Arabie, sur le bord du fleuve *Gyrbes*, selon Vibius Séquester.

TYCHÆUM, montagne de la Grèce, entre la Béotie & l'Erétrie, selon Etienne de Byzance.

TYDE ( *Tui* ), ville de l'Hispanie citérieure, au sud d'*Iria Flavia*.

Sur l'itinéraire d'Antonin elle est nommée *Tude*;

& Pline, en parlant de cette ville, se sert de l'épithète *Castellum*, qui indiquoit une forteresse, un château.

TYDEI SEPULCRUM ( *le tombeau de Tydée* ). Ce tombeau étoit en Grèce, dans la Béotie, entre *Thèbes* & *Chalcis*.

Pausanias, *L.* IX, *c.* 18, dit que près du tombeau de Mélanippus étoient trois grosses pierres, que ceux qui connoissoient les antiquités du pays disoient être le lieu de la sépulture de Tydée, qui avoit été tué par Mélanippus, quand les Argiens assiégeoient la ville de Thèbes.

TYDII, peuples de la Sarmatie Asiatique. Pline les indique sur le mont Caucase.

TYENIS, fleuve & ville de l'Asie, dans la Colchide, selon Etienne de Bysance.

TYLANGIUM, ville du Péloponnèse, dans la Triphylie, selon Polybe, *L.* IV. Dans le même endroit cet auteur la nomme *Stylangium*. Elle est nommée *Styllagium* par Etienne de Bysance.

TYLIS, ville de la Thrace, sur le mont *Hæmus*, selon Polybe & Etienne de Bysance.

TYLLESII ou TYLESSOS, montagne de l'Italie, dans la grande Grèce, selon Lycophron, cité par Ortélius. Etienne de Bysance cite aussi Lycophron, & la nomme *Tylessos*.

TYLLESII, montagne de la Thessalie, selon Cantérus.

TYLUS, ville du Péloponnèse, fut la côte du golfe de Messénie, entre les îles *Tyrides* & la ville de *Leuctrum*, selon Strabon.

Cette ville est nommée *Œtyle* par Pausanias, & il l'indique sur la côte orientale du golfe de Messénie, entre le port de *Messa* & *Talama*.

M. d'Anville a adopté la leçon de Pausanias, & comme lui, l'attribue à la Laconie, mais au bas du mont Taygète à l'ouest. Du temps de cet auteur, on n'y voyoit de remarquable qu'un temple de Sérapis sur la place publique, & une statue d'Apollon Carnéate.

Son nom lui venoit d'un ancien héros Argien, qui se nommoit *Tylos* ou *Œtylos*.

TYLUS, île du golfe Persique, à vingt-quatre heures de navigation de l'embouchure de l'Euphrate, selon Arrien.

TYLUS ou TYLUS MINOR, île du golfe Persique, à dix milles de la grande *Tylos*, selon Pline. Elle est nommée *Arados* par Strabon, & *Arathos* par Ptolemée.

TYMANDENUS, siège épiscopal de l'Asie, dans la Pisidie.

TYMBRA, ville de l'Asie, dans la Pisidie, selon les actes du sixième concile de Constantinople.

TYMBRIANI, peuples de l'Asie mineure, dans les environs de la Lycaonie, selon Pline.

TYMENÆI, peuples de l'Asie. Etienne de Bysance les indique dans la montagne *Tymenæum*.

TYMENÆUM, montagne de l'Asie, dans le voisinage de la Phrygie, selon Etienne de Bysance.

TYMENNA, village de l'Asie mineure, dans la Lycie, selon Etienne de Bysance.

TYMES, ville de l'Afrique, dans la Lybie, selon Etienne de Bysance.

TYMIUM, petite ville de l'Asie, dans la Phrygie, selon Eusèbe & Nicéphore Caliste.

TYMNISSUS, ville de l'Asie mineure, dans la Carie, selon Etienne de Bysance. Pomponius Méla la nomme *Tisanusa* ou *Tissanusa*.

TYMNUS, ville de l'Asie mineure, dans la Carie, selon Etienne de Bysance. Elle tiroit son nom du promontoire que Pomponius Méla appelle *Tymnias*.

TYMPANIA, ville du Péloponnèse, dans l'intérieur de l'Elide, selon Ptolemée.

TYMPHÆA, ville de la Thesprotie, selon Etienne de Bysance.

TYMPHÆI, peuples de la Thesprotie, vers les sources du Pénée, selon Strabon.

Pline connoît deux peuples de ce nom ; il en indique un dans l'Etolie, & l'autre dans la Bisaltie.

TYMPHE, nom d'une montagne de la Thesprotie, selon Etienne de Bysance.

TYMPHRESTUS, montagne de la Thessalie, au voisinage de la Dolopie, selon Strabon ; & comme Phœnix régna sur ces peuples, c'est ce qui a donné occasion à Lycophron ( v. 420 ), de dire, en parlant du retour de ce prince dans sa patrie :

Κρύψει πρινὴ Τυμφρεστὸν αὐγάσαι λέπας.

*Abscondet antequam, Tymphrestum spectaverit collem.*

TYNA ( *Pater* ), fleuve de l'Inde, dans la partie orientale de la presqu'île en-deçà du Gange, selon Ptolemée.

Sur la carte de M. d'Anville ce fleuve est marqué au nord de *Maliarpha*.

TYNDARIDÆ ou TYNDARIDES, lieu de l'Asie, dans la Bithynie, sur le bord du Pont-Euxin, entre *Posideum* & *Nymphæum*, selon Arrien.

Denys le Périégète indique ce lieu sur le bord du Pont-Euxin, près de la Colchide.

TYNDARII SCOPULI, écueils de la mer d'Egypte, au nombre de trois, selon Ptolemée.

TYNDARIS ( *Pandari* ), ville de l'Asie, dans la Colchide, sur la rive droite du *Phasis*, à l'est-nord-est de *Circæum*, & au sud-ouest de *Cyta* ( *Cutatis* ), à sept lieues. Pline fait mention de cette ville.

TYNDARIS ( *Tindare* ), ville de la Sicile, vers le sud-ouest, & de l'autre côté d'un petit golfe : elle fut colonie romaine.

Cette ville est nommée *Tyndarium* par Ptolemée,

& *Tyndaris* par Pline. Ce dernier dit qu'il y en eut la moitié de détruite par la mer.

TYNDARIUM, ville de la Sicile, selon Ptolemée, qui l'indique ( *L. III, c. 4* ), entre les embouchures des fleuves *Helicon* & *Tymethus*. Il est probable que c'est celle que Strabon nomme *Tyndaris* ( *L. VI, p. 266* ) ; Pline ( *L. III, c. 8* ), lui donne le titre de colonie.

Dans une ancienne inscription ses habitans sont nommés Τυνδαρεῖς, ce qui se rend en latin par *Tyndarienses ;* mais dans plus d'un endroit des Verrines de Cicéron, on lit *Tyndaritani.* Peut-être par cette expression faut-il entendre les seuls habitans de la ville ; au lieu que par celle de l'inscription on comprend tous ceux qui formoient l'état, tant de la ville que de la campagne.

Cicéron la qualifie de *nobilissima civitas,* & en différens endroits il la place au nombre des villes les plus considérables de la Sicile. Il ajoute : Ses habitans étoient les amis & les alliés du peuple Romain.

Au temps de Pline la mer avoit englouti la moitié de cette ville. ( *L. II, c. 92* ).

TYNDARIUM PROMONTORIUM : Zonare nomme ainsi un promontoire de la Sicile, qu'il indique sur la côte septentrionale.

Cet auteur rapporte qu'en l'année de Rome 495, sous le consulat d'Attilius Calatinus & de Caius Sulpitius, la flotte des Carthaginois se mit en embuscade à l'abri de ce promontoire, qui tiroit son nom de la ville que l'on y avoit bâtie.

TYNDENSES, peuples de l'Afrique, aux environs de la Mauritanie Sitifense, selon Ammien Marcellin.

TYNDIS ( *Danda* ), port de l'Inde, sur la côte de la contrée *Limyrica,* selon le périple de la mer Erythrée. Il devoit être vers l'est-sud-est de *Naura.*

L'auteur du périple dit que ce port, comme celui de *Muziris,* appartenoit à un prince nommé Ceprobotus.

TYNDIS ( *Yanaon* ), fleuve de l'Inde, dans la presqu'île en-deçà du Gange, selon Ptolemée.

Il prenoit sa source vers le 21e degré de latitude, couroit au sud-est se jeter dans la mer, vers le 17e degré de latitude, entre les fleuves *Dosaron* & *Monda.*

TYNES, nom d'une ville de la Sicile, selon Etienne de Bysance.

TYNIDRUM ou THUNUDRONUM COLONIA ( *Hydrah* ), ville de l'Afrique, de laquelle Ptolemée fait mention ; il la place à plus de deux degrés à l'ouest de *Sicca Veneria.*

TYNNA, ville de l'Asie, dans la petite Arménie, & dans la préfecture nommée *Cataonia,* selon Ptolemée.

TYNNA, fleuve de l'Inde, en-deçà du Gange : son embouchure étoit dans le pays des *Avari,* selon Ptolemée.

TYORA, surnommée *Matienna,* ville des Aborigènes, selon Denys d'Halycarnasse, du côté du *Latium.* Elle étoit distinguée par un très-ancien oracle de Mars, dont le modeste organe étoit un pivert, placé au haut d'une colonne de bois.

TYPÆA MONS, petite montagne de Triphylie, près des bords du fleuve de l'Alphée.

Une loi des Eléens ordonnoit de précipiter du haut de ce mont toute femme qui seroit surprise assistant aux jeux olympiques, ou même qui auroit passé l'Alphée lors de ces jeux. Cette loi étoit fondée sur ce que les athlètes combattoient nuds : or, la décence & le bon ordre exigeoient que des femmes ne fussent point admises à ce spectacle.

Une femme cependant qui avoit assisté aux jeux, échappa à la rigueur de la loi. Elle se nommoit Callipatira ou Phérénise ; demeurée veuve, elle n'avoit qu'un fils, qui se préparoit à combattre aux jeux. Persuadée que ce fils, nommé Pisidore, seroit vainqueur, elle voulut assister au moment même de sa victoire. Afin de n'être pas reconnue, elle s'habilla comme les maîtres d'exercice, & se prépara avec eux dans l'enceinte qui leur étoit réservée. Il arriva ce moment qu'elle avoit tant désiré & qu'elle avoit prévu : Pisidore gagna le prix ; ne pouvant alors contenir sa joie, & ne délibérant si on feroit grace à la mère en faveur du fils, elle lui sauta au cou & le tint long-temps serré entre ses bras. La nature, si éloquente dans ce beau moment, intéressa pour elle toute l'assemblée, & l'on pardonna, en faveur d'une affection si respectable, un crime irrémissible à la simple curiosité.

Mais pour qu'un pareil événement n'eût pas lieu, il fut ordonné que dans la suite les maîtres d'armes paroîtroient aux jeux aussi nuds que les autres.

TYPHÆA MONS. On n'a rien de certain sur la position que les anciens assignoient à cette montagne.

Comme elle étoit sur-tout désignée écrasant de son poids l'énorme géant Typhon, on sent bien qu'une telle désignation n'étoit pas propre à lui assigner une position connue. Il est à croire que l'on aura qualifié de cet avantage quelque volcan.

Quelques auteurs l'ont indiquée en Lydie, & d'autres en Cilicie. On sent qu'il seroit ridicule de s'appesantir sur ce point de géographie ; mais je ne puis m'empêcher de faire remarquer que le nom d'*Inarime* dont se sert Virgile ( Enéide, *L. 9, v. 716* ), & que l'on dit désigner l'île appelée aussi *Ænaria* & *Pithæasa* ( actuellement *Ischia* ), placée dans la Méditerranée, en face du promontoire de Misène ; que ce nom, dis-je, semble avoir été formé à plaisir par Virgile, des deux noms grecs employés par Homère dans le vers 290 du catalogue, où le poète dit, en parlant de la situation du mont *Typhœ,* qu'il est, εν Αριμοις, *chez les Ariméens.* Virgile ne faisant qu'un seul mot de la préposition & du substantif, a parlé de l'île *Inarimé* où étoit enseveli le géant Typhon,

TYPHAONIA PETRA, nom d'un lieu du mont Caucase, selon Apollonius.

TYPHAONIUM, nom d'une montagne que Tzetzès indique dans la Béotie.

TYPHIUM, montagne de la Grèce, dans la Béotie, selon Hésychius.

TYPHOEUS, nom que Silius Italicus donne au mont Ætna, parce que l'on disoit que le géant Typhaon ou Typhon avoit été enfoui dans cette montagne.

TYPHONEUM SPECUS, caverne de l'Asie, dans la Cilicie, selon Pomponius Méla.

TYPHONIS INSULA, île de la mer Méditerranée, sur la côte de la Troade, selon Q. Smirneus, cité par Ortélius.

Il est probable que c'est la même île que Lycophron nomme *Typhonis scopuli* ou *les écueils de Typhon*. Je m'écarte en cela de l'avis de son commentateur Isacius, qui croyoit que ces *Scopuli Typhonis* étoient des montagnes de Cilicie. Il est vrai que Pomponius Méla (*L. 1, c. 13*), indique en Cilicie une caverne qu'il nomme *Typhoneum Specus*; mais une caverne n'est pas un écueil.

Je présume que, d'après l'idée fabuleuse que Typhon avoit été écrasé par les foudres de Jupiter, on aura donné le nom de ce géant à plusieurs endroits où se voyoient des traces de volcan.

TYPHRESTUS, ville & montagne de la Thessalie, dans la Trachinie, selon Etienne de Bysance.

TYR, ville de la Phénicie, distante de 23 mille pas de Sidon sa rivale, selon l'itinéraire d'Antonin.

Il y a eu deux villes de ce nom en Phénicie; la première, située dans le continent & plus ancienne; la seconde, dans une île voisine.

Hérodote donne à cette dernière, qu'il avoit vue, une époque très ancienne: il raconte qu'ayant demandé aux prêtres qui desservoient un temple combien il y avoit de temps qu'il étoit bâti, ils lui répondirent que leur temple étoit aussi ancien que la ville, qui subsistoit depuis 2300 ans, & Hérodote écrivoit environ 450 ans avant l'ère chrétienne. Joseph, *antiq.*, place la fondation de cette ville à 1255 ans avant l'ère chrétienne, lorsque les Israélites étoient encore sous la domination des juges. La tradition que Cédrène nous a conservée de quelques auteurs qui prétendoient qu'elle avoit été fondée 1366 ans avant l'ère vulgaire ne paroît pas fondée. Ces époques ne conviennent pas à Tyr l'insulaire, & ne sont pas non plus celles de la fondation de Tyr du continent, que l'on fait avoir été antérieure de beaucoup à l'insulaire. Celle du continent étoit bâtie & connue avant que les Israélites se missent en possession de la terre de Canaan. Josué, *ch. 19, v. 29*, donne Tyr pour limites à la tribu d'Azer, & c'étoit déjà un lieu très-important, car il l'appelle une ville très-forte. Les fondemens, selon Sanchoniaton, en avoient été jetés par Memroumos, qui le premier habita le lieu où elle est située. Ce lieu étoit dans le continent, & est distingué par l'auteur Phénicien

de l'île sur laquelle fut depuis bâtie la ville qui porta le même nom.

Les Sidoniens, pour décharger leur ville ou pour étendre leur commerce, envoyèrent par la suite dans l'ancienne Tyr une colonie qui l'augmenta considérablement; & c'est à cette augmentation, faite vraisemblablement à diverses reprises, que les anciens auront appliqué les différentes époques qu'ils nous ont transmises de Tyr l'insulaire.

Tyr du continent, augmentée par cette colonie de Sidoniens, devint puissante, éclipsa sa métropole, & devint elle-même métropole de plusieurs villes, que ses colonies fondèrent en divers endroits, selon Pline, *L. v, c. 19*. Les Tyriens n'étoient pas encore connus au temps de la guerre de Troye, selon Strabon, *L. xvi, p. 520;* & Homère, qui parle souvent des Phéniciens, ne nomme jamais que les Sidoniens; mais apparemment que Tyr étoit encore sous la dépendance de sa métropole, & que ses habitans auront été compris sous le nom général de Sidoniens.

Tyr du continent eut dans les commencemens ses rois particuliers; mais vraisemblablement sous la dépendance de ceux de Sidon, qui dans la suite fut elle-même soumise à Tyr; mais Sidon secoua le joug quand Salmanazar, roi d'Assyrie, vint assiéger Tyr avec toutes ses forces l'an 720 avant l'ère vulgaire. Après un siège ou un blocus de cinq ans, les Tyriens furent délivrés par la mort de Salmanazar. Nabuchodonosor, roi de Babylone, assiégea cette ville 586 ans avant J. C. Ethbaal, qui en étoit roi, la défendit pendant treize ans, au bout desquels elle fut emportée par les assiégeans, qui n'y trouvèrent presque rien, les habitans s'étant réfugiés dans l'île voisine avec leurs effets les plus précieux, selon Joseph. Nabuchodonosor irrité de n'y rien trouver dans cette ville, la fit raser jusqu'aux fondemens. Elle étoit située sur le bord de la mer, où elle avoit un port considérable & des plus fréquentés. Elle n'a jamais été rebâtie, & ce qui en étoit resté ne forma plus qu'un bourg ou village, connu sous le nom de Palætyr. Dans une lettre d'Hiram, roi de Tyr, à Salomon, que Joseph dit avoir tirée des archives de cette ville, il le prie de lui envoyer du bled en échange des matériaux qu'il lui avoit fournis pour le temple de Jérusalem: il donne pour raison de cette demande, qu'il habitoit une île dans laquelle il n'en croissoit pas. Par les travaux que ce prince fit faire à Tyr l'insulaire, on voit que s'il n'en fut pas le fondateur, il n'y avoit pas long-temps qu'elle avoit été construite. Hiram fit réunir les deux rochers sur lesquels elle étoit assise: selon Joseph & selon les relations de Dius & de Ménandre, ce prince augmenta la ville du côté de terre ferme; il y renferma le temple de Jupiter Olympien, & réunit les deux îles en comblant l'intervalle.

Vraisemblablement les habitans de Tyr du continent qui s'étoient retirés dans l'île lors du siège fait par Nabuchodonofor, avoient capitulé avec ce prince, car il leur donna Baal pour roi, & à fa mort les Babyloniens n'y mirent plus que des gouverneurs à temps, ce qui dura jufqu'au commencement de la monarchie des Perfes. Ils furent rétablis dans leurs anciens privilèges par Cyrus ou par Darius, fils d'Hyftafpes: ils eurent encore la liberté d'avoir un roi, qu'ils confervèrent tant que la monarchie des Perfes fubfifta; & comme ils faifoient prefque feuls tout le commerce du continent, ils égalèrent la grandeur, les richeffes & la magnificence de l'ancienne Tyr avant fa deftruction.

Juftin, L. XVIII, rapporte la révolution que cette ville éprouva par la révolte des efclaves qui maffacrèrent tous leurs maîtres, & époufèrent leurs maîtreffes. Straton, feul de tous les Tyriens, fut épargné par fon efclave, qui le cacha avec fa famille. Ce Straton fut élu roi, & fa famille étoit fur le trône de Tyr quand Alexandre entra en Phénicie.

Lorfqu'Hérodote alla à Tyr, ceux qui gouvernoient étoient tributaires des Perfes. Cet auteur, L. II, p. 120, dit qu'il remarqua, dans le temple confacré à Hercule, une colonne d'or très-pur & une d'émeraude; mais Ménandre d'Ephèfe dit que c'étoit Jupiter qui étoit adoré dans ce temple: il ajoute que la colonne d'or y avoit été mife par Hiram, roi de Tyr, qui, felon Eupolème, cité par Eufèbe, l'avoit reçue de Salomon. Il y avoit auffi dans cette ville un temple dédié à Hercule le Thafien. Tyr renfermoit une ftatue d'Apollon d'une hauteur extraordinaire: c'étoit un préfent que leur avoient fait les Carthaginois, & ils la placèrent dans leur ville, où ils l'adoroient. Les Carthaginois l'avoient prife dans la ville de Géla en Sicile, 405 ans avant l'ère chrétienne, felon Diodore de Sicile.

Tyr paffa de la domination des Perfes à celle des Grecs, à la conquête de l'empire des Perfes, par Alexandre: mais je vais reprendre le commencement de Tyr, pour développer ce premier apperçu.

Comme cette ville eft une des plus célèbres de l'antiquité, il me paroît effentiel de rapprocher & d'offrir dans cet ouvrage ce que l'on fait de mieux fur fes commencemens.

On ne connoît pas de rois de cette ville avant Abibal, par qui Jofeph & Théophile d'Ephèfe commencent la fucceffion des rois de Tyr, qu'ils avoient tirés de Ménandre, de la ville d'Ephèfe, & de Dius, auteurs que Jofeph regarde comme parfaitement dignes de foi.

Dius, qui étoit Phénicien, écrivit l'hiftoire de Tyr, ayant fous fes yeux les annales publiques, gardées foigneufement dans cette ville. De fon côté Ménandre, comme le dit Jofeph, eut recours aux archives des lieux dont il vouloit parler, lorfqu'il compila les vies de quelques princes, tant Grecs que Barbares.

Abibal eft donc le premier roi de Tyr, & doit être le même que Théophile nomme Abeimal; mais on ignore la durée & les particularités de fon règne. Il étoit contemporain de David; on préfume qu'il étoit ligué avec les nations voifines contre ce prince, puifque par un paffage du pfeaume LXXXIII, v. 7, on voit que David le compte entre fes ennemis. Quelques favans conjecturent même que les officiers Tyriens qui fervirent les Philiftins contre Samuel, avoient été envoyés par Abibal.

Hiram lui fuccéda. Ce nom, purement oriental, a été défiguré par Théophile, qui dit quelquefois Hieromus, & d'autres fois Hieromenus. Tatien & Zonare difent Chiramus: mais Jofeph dit Hiram; & fi l'on trouve auffi dans fon texte Irom, c'eft que la différence des caractères de l'écriture hébraïque & grecque a donné lieu à ces variantes.

Le roi Hiram fut lié d'une étroite amitié avec David, auquel il envoya des ambaffadeurs. On croit qu'ils avoient pour miffion principale de féliciter le roi des Hébreux de fa victoire fur les Jebuféens, qui venoient d'être chaffés de la citadelle de Sion, & de conclure une alliance au nom de leur prince.

Lorfque David fut mort, & que Salomon fut monté fur le trône, l'affection qu'Hiram avoit eue pour le père, le porta à envoyer une ambaffade au fils, pour lui faire les complimens ordinaires en pareille occafion. Salomon profita du retour des ambaffadeurs pour écrire à Hiram la lettre fuivante.

« Le roi Salomon au roi Hiram, falut.

» Le roi mon père avoit un defir extrême de » bâtir un temple en l'honneur de Dieu; mais il » ne l'a pu, à caufe des guerres continuelles où il » s'eft trouvé engagé, & qui ne lui ont permis » de quitter les armes qu'après avoir vaincu fes » ennemis & les avoir rendus fes tributaires. Main-» tenant que Dieu me fait la grace de jouir d'une » profonde paix, je fuis réfolu d'entreprendre cet » ouvrage, qu'il a prédit à mon père que j'aurois » le bonheur de commencer & d'achever. C'eft » ce qui me porte à vous prier d'envoyer quelques-» uns de vos ouvriers pour couper, avec les miens, » fur les montagnes du Liban, le bois néceffaire » à ces travaux; car nuls autres, à ce qu'on dit, » ne font auffi habiles en ce genre que les Sido-» niens. Je laiffe à votre difpofition les conditions » du paiement. »

Le roi Hiram accueillit bien cette demande, & y répondit la lettre fuivante.

« Le roi Hiram au roi Salomon.

» Je rends grace à Dieu de ce que vous avez » fuccédé à la couronne du roi votre père, qui » étoit un prince très-fage & très-vertueux; & » je ferai avec joie ce que vous defirez de moi; » je commanderai même que l'on coupe dans mes

forêts

».forêts quantité de poutres de cyprès & de cèdre,
» que je ferai conduire par mer, attachés ensemble,
» jusques sur le rivage de tel lieu de vos états que
» vous jugerez le plus commode, pour être de-là
» menés à Jérusalem. Je vous prie de vouloir, en
» récompense, permettre une traite de bled, dont
» vous savez que nous manquons dans cette île ».
(Joseph, *L. VIII, c. 2.*)

Joseph assure que les originaux de ces deux
lettres se voyoient encore de son temps, non-
seulement dans les archives des Juifs, mais aussi
dans celles des Tyriens. Ce qui peut cependant faire
jeter quelque doute sur la réalité de ces deux lettres,
c'est que de son côté Eusèbe, qui avoit fait des recherches historiques, nomme le même roi Suron, &
rapporte de ce prince une lettre très-différente
de celle que l'on vient de lire. Il dit aussi que
Suron envoya à Salomon quatre-vingt mille Phéniciens & Tyriens : il ajoute même quelques autres
particularités qui ne sont pas dans Joseph. Je présume que les Orientaux ont traité & embelli
l'histoire de Salomon comme celle d'Alexandre &
celle de Rustan. On ajoutoit, ou l'on retranchoit
certains faits, selon que cela convenoit à l'imagination
ardente de l'écrivain.

Il faut convenir que les lettres rapportées par
Joseph s'accordent très-bien avec ce que dit l'Écriture.

Salomon fut très-satisfait du procédé du roi
Hiram. Pour lui en marquer sa reconnoissance, il
lui accorda un présent annuel de vingt mille
mesures de froment, & vingt mesures d'huile.
Outre les bois de cèdre & d'autres matériaux pour
la construction du temple, Hiram envoya à Salomon un homme célèbre à Tyr, par son talent
dans l'art de travailler l'or, l'argent & les autres
métaux : cet artiste eut la conduite des travaux de
ce genre. Hiram donna 120 talens d'or pour
achever l'édifice.

Salomon, de son côté, signala sa reconnoissance
par de magnifiques présens. Outre le don annuel
de froment & d'huile, il fit encore présent à Hiram
de vingt villes du pays de Galilée ; mais elles
étoient peu à la convenance de ce prince : il les
refusa. Ce fut-là l'origine du nom de *Caboul* ou
déplaisant, donné à cette partie de pays.

Hiram ne fut pas moins utile à Salomon pour
lui procurer les moyens d'étendre le commerce que
faisoient ses sujets dans la Méditerranée & la mer
des Indes. Ayant appris que ce prince vouloit
construire une flotte à Elath & à Ezion-Gaber sur
la mer Rouge, il lui fournit autant d'ouvriers
qu'il en avoit besoin. Il lui donna aussi des hommes
de mer & des pilotes instruits.

Si l'on en croit Diu, que cite Joseph, c'étoit
sur-tout l'amour de la sagesse qui formoit le lien
intime entre Hiram & Salomon. Mais la sagesse
de ce temps-là a quelque chose d'un peu puérile
aux yeux des philosophes de celui-ci : elle consistoit à se proposer des questions obscures,

On sait que la reine de Saba en proposa à
Salomon. On dit qu'il y eut aussi de semblables
défis entre Salomon & Hiram : celui des deux
qui ne pouvoit résoudre l'énigme payoit l'amende.

Le royaume de Tyr étoit alors dans une condition très-florissante. Plusieurs villes avoient été
réparées & embellies. La capitale sur-tout reçut
un grand accroissement. Elle étoit sur le continent.
Hiram joignit par une chaussée cette ville au temple
qui étoit dans une petite île en face. Il érigea
dans cette même île deux autres temples, l'un en
l'honneur d'Hercule, l'autre en l'honneur d'Astarté :
ces deux temples furent enrichis de magnifiques
présens. Il fit faire de plus une belle statue d'Hercule.

On ne trouve qu'une expédition militaire sous
son règne ; c'est celle contre les Eycéens, qui
refusoient de payer le tribut auquel ils étoient im-
posés ; mais ce prince les mit à la raison. Trois
historiens Phéniciens, Théodote, Hysicrate &
Mochus, cités par Tatien ( *orat. contra Græcos* ),
disent que le roi Hiram donna sa fille en mariage
à Salomon. Ils ne disent pas si ce fut pour elle
un grand avantage : elle n'avoit pas-là un mari bien
fidèle. Si ce qu'il ajoute est vrai, elle contribua
pour sa part aux égaremens que l'écriture reproche à Salomon, en lui faisant adorer Astharaht ou
Asthoreth, déesse des Sidoniens.

Hiram vécut cinquante-trois ans, & en régna
trente-quatre.

Baléazar, appelé aussi Baleostartus, & Bazor,
fils d'Hiram, succéda à son père. On varie sur la
durée de son règne ; mais on n'en dit rien d'intéressant.

Abdastartus son fils lui succéda. Joseph & Théophile ne sont pas d'accord sur la durée de son
règne : l'un dit qu'il fut de neuf, l'autre de douze
ans. Quoi qu'il en soit, il paroit certain qu'il fut
assassiné par les quatre fils de sa nourrice : l'aîné
d'entre eux s'empara de la couronne.

Cet usurpateur n'est pas compté dans la suite
des rois de Tyr. On voit que son règne fut de
douze ans.

Astartas, frère d'Abdastartas, réussit à remettre
le sceptre dans sa famille. Il régna douze ans.

Un troisième frère, qui devoit alors être un peu
âgé, lui succéda, & au bout de douze ans il fut
tué par son frère Phelles, qui s'empara du trône,
mais fut tué le huitième mois de son règne.

Ithobal, que Théophile nomme Juthobal, fils
d'Astarimus & grand-prêtre de la déesse Astarté,
possédoit ainsi la seconde place de l'état ; car ce
grand-prêtre marchoit immédiatement après le roi.
Théophile & Joseph né sont pas d'accord sur les
années de son règne. Il est donné dans l'écriture
pour roi des Sidoniens, & nommé Eth-Baal. Mais
comme Joseph l'appelle roi de Tyr & de Sidon,
c'est une preuve que ces deux villes obéissoient
alors à un même souverain.

Ithobal fit bâtir les villes de *Botrys* en Phénicie, & d'*Auzates* en Afrique. Sous le règne de ce prince il y eut, felon Ménandre, cité par Jofeph, une grande féchereffe en Phénicie qui dura depuis le mois d'hyperberoteus jufqu'au même mois de l'année fuivante. Ce prince, ajoute-t-il, fit faire de grandes prières, & elles furent fuivies d'un grand tonnerre. On préfume qu'il eft ici queftion de la grande féchereffe dont il eft parlé dans l'Ecriture, fous le règne d'Achal. Ithobal étoit père de la fameufe Jézabel. Badczor, ou comme dit Théophile, Bœzor, qui étoit fils d'Ithobal, lui fuccéda. On varie fur les années de fon règne.

Il en eft de même pour celui de Mettinus fon fils, qui lui fuccéda. Ce prince, en mourant, laiffa deux fils, Pygmalion & Barca, & deux filles, Elifa & Anne.

Pygmalion monta fur le trône de fon père immédiatement après fa mort. Il étoit très-jeune encore. Ce fut, dit-on, dans la feptième année de fon règne qu'Elifa, nommée auffi Didon (1), s'enfuit de Tyr, & fe retira fur un promontoire de l'Afrique, où elle bâtit Carthage. Je ne donne que ce qui fuit que comme les opinions adoptées par le plus grand nombre des hiftoriens.

Pygmalion, felon eux, convoitoit les richeffes immenfes de fon oncle Sichæus ou Sichée, prêtre d'Hercule, & qui avoit époufé Elife. Mais ne pouvant les lui enlever de fon vivant, il imagina un moyen de lui procurer la mort. C'eft pourquoi il l'invita un jour à une partie de chaffe; & pendant que tout le monde étoit occupé de l'attaque d'un fanglier, il le perça d'un coup de lance, puis le jeta dans un précipice, où l'on dit que l'avoit emporté fon cheval. Quelques auteurs affurent qu'il fut tué au pied des autels; mais fa veuve foupçonnoit l'auteur & la véritable caufe de fa mort. Réfolue de mettre en fûreté fa perfonne & fes richeffes, elle diffimula; & fous le prétexte d'un établiffement peu éloigné, elle obtint la permiffion de fe mettre en mer avec fes richeffes. Dès qu'elle y fut, elle fit voile vers le lieu où étoit déjà bâtie une citadelle Phénicienne, fous le nom de Byrfa. Elle étoit déjà bien loin vers l'oueft, lorfque Pygmalion fut qu'en effet fa fœur avoit abandonné fes états fans retour. Si cette hiftoire étoit vraie dans toutes fes circonftances, elle ne pourroit pas fe concilier, ce me femble, avec ce que l'on rapporte d'ailleurs de Pygmalion; car il ne feroit guère probable qu'il n'eut pas envoyé quelque bâtiment à la pourfuite de Didon, ou qu'apprenant qu'elle fondoit une colonie, pouvant devenir la rivale de Tyr, il n'ait pas envoyé des forces pour s'y oppofer. Il paroît qu'il l'auroit pu aifément, s'il eft vrai, comme Etienne de Byfance le dit, qu'il ait fondé la ville de Carpafie dans

l'île de Cypre, & que dans un autre temps il ait envoyé au temple d'Hercule, fitué à Gadès, ou très-près, un fuperbe ouvrage d'or maffif repréfentant un olivier, dont les fruits étoient d'émeraudes, imitant parfaitement la nature.

Le premier roi que fait enfuite connoître l'hiftoire fe nommoit Elulæus: il régnoit du temps de Salmanazar, roi d'Affyrie. Ce prince voyant les Philiftins extrêmement affoiblis par la guerre qu'Ezéchias leur avoit faite, voulut profiter de cette occafion pour fe rendre maître de Geth, qui s'étoit fouftraite depuis quelque temps à l'obéiffance des Tyriens. Mais Salmanazar prit la défenfe de cette ville, & entra dans la Phénicie à la tête d'une puiffante armée. La paix fe fit peu après; il s'en retourna. Il eft vrai que ce ne fut pas pour long-temps; car plufieurs villes de la Phénicie, telles que Sidon, Arcé, &c. fecouèrent le joug des Tyriens, & reconnurent Salmanazar pour leur roi.

Cette révolte entraîna une nouvelle guerre entre les Tyriens & le roi d'Affyrie. Ce prince ne négligea rien pour s'emparer de la ville de Tyr. Outre les forces de terre, il fit armer foixante navires. Mais les Tyriens, avec douze vaiffeaux feulement, diffipèrent & battirent cette flotte. Cette défaite fit craindre à Salmanazar l'iffue d'un fecond combat. Il convertit le fiège en blocus, & s'en retourna en Affyrie. Les troupes réduifirent la ville à la plus grande extrémité par la difette d'eau. Ils bouchèrent les aqueducs, & s'emparèrent des fources. On y fuppléa cependant en creufant des puits qui donnèrent de l'eau affez abondamment pour mettre les Tyriens en état de foutenir ce fiège pendant cinq ans; encore n'eft-il pas bien prouvé que la ville n'eût pas tenu plus long-temps; mais Salmanazar venoit de mourir: Elulæus régna treize ans.

Ithobal II paroît avoir fuccédé à Elulæus. Il régna du temps de Nabuchodonfor, ou Nabuchadnézar, roi de Babylone. Ce prince mit auffi le fiège devant Tyr; & c'eft un des événemens les plus célèbres de l'hiftoire de cette ville. Il dura treize ans. On trouve dans Ezéchiel une efpèce de defcription de ce fiège.

Enfin le roi de Babylone fe rendit maître de cette ville. Les habitans l'avoient abandonnée, après en avoir ou emporté ou brûlé les richeffes. La fureur du vainqueur fut à fon comble. Il en fit tomber le poids fur les édifices & fur le peu de malheureux qui n'avoient pu s'échapper. La ville fut donc abfolument détruite.

Pour concilier ce récit de l'Ecriture avec ce que difent d'autres hiftoriens, que Baal régna après Ithobal, il faut fuppofer qu'ils n'ont pas tout décrit. En évacuant leur ville, les Tyriens s'étoient retirés, avec tout ce qu'ils avoient pu emporter, dans une île éloignée du rivage d'un demi-mille. Il eft probable auffi qu'ils y bâtirent une ville, laquelle fut bientôt foumife par Nabuchodonofor. On croit que ce fut ce prince qui y établit **Baal** vice-roi, & que même ce fut lui qui établit à Tyr dès magistrats nommés suffetes ou juges.

Le gouvernement changea donc à Tyr après la mort de Baal. Entre ces juges on trouve le gouvernement d'un grand-prêtre, qui fut de trois mois. On ignore la cause du changement qui survint peu après; mais on voit que la royauté fut rétablie.

Balator fut reconnu roi; mais pendant soixantedix ans, lui & ses successeurs, demeurèrent tributaires des Assyriens; & pendant ce temps on compte bien des règnes. Baal ne régna qu'un an.

Merbal de Babylone, auquel les Tyriens offrirent ensuite la couronne, n'en régna que quatre.

Irun, son frère & son successeur, régna vingt ans. Ce fut, selon les annales phéniciennes, la quatorzième année de son règne que Cyrus s'empara de l'empire des Perses. ( *Voyez la table des empires d'Assyrie, de Babylone & de Perse. Géog. anc. vol. I, pag. 232* ).

Mapen succéda à Irun. Les Tyriens ne purent, ce me semble, profiter de la chûte de Babylone pour recouvrer leur liberté, & de sujets de cet empire, devenir alliés de celui des Perses: car on voit dans Hérodote ( *L. VIII* ), de quelle manière Xerxès se comporta avec eux. Mapen servoit avec des vaisseaux de sa nation dans l'armée de Xerxès, lorsqu'il porta la guerre en Grèce: on prétend même que ce fut lui qui conseilla d'attaquer la flotte des Grecs auprès de Salamine; ce qui ne donne pas grande idée de son savoir en tactique navale. Mais à peine la bataille de Salamine étoit-elle perdue, que Xerxès fit couper la tête aux principaux Tyriens, pour les empêcher, disoit-il, de calomnier les Perses & en les accusant d'avoir perdu la bataille par leur lâcheté. Cependant on voit dans la suite que les Tyriens servirent toujours avec distinction dans les armées navales des Perses, & que les rois de cette nation avoient pour eux beaucoup d'égards.

On présume que ce fut à-peu-près vers ce temps que Straton monta sur le trône. Personne n'ignore le trait que rapporte Justin, relatif à l'élévation de ce prince. Je ne le rappelerai qu'en deux mots. Dans une conspiration générale, les esclaves avoient ôté la vie à leurs maîtres; Straton seul avoit été conservé par le sien. Devenus maîtres de l'état, ils convinrent que celui-là seroit roi, qui, en pleine campagne, appercevroit le premier la lumière du soleil.

L'esclave de Straton, dirigé par son maître, se tourna vers l'ouest, & ayant apperçu la clarté du soleil sur le sommet de quelques hautes montagnes, il la fit appercevoir aux autres, qui furent frappés de la supériorité de son esprit. On le soupçonna de n'avoir pas créé cette idée. Il avoua qu'il la devoit à son maître auquel il avoit conservé la vie à cause de ses vertus. La conviction de sa bonté & de ses lumières, réunit tous les suffrages en

faveur de Straton, que l'on regarda comme spécialement destiné au trône par le pouvoir des dieux.

Plusieurs des successeurs de Straton nous sont inconnus. Celui dont le nom se trouve après Straton, est Azelmic, sous le règne duquel arriva le siège & la prise de Tyr par Alexandre.

A l'approche de ce prince, les Tyriens avoient envoyé au-devant de lui le fils de leur roi avec une suite assez nombreuse, avec des présens & des provisions pour lui & pour son armée. Mais, au lieu de se contenter de cet hommage, il alla en avant & prétendit entrer dans la ville. La visite d'un conquérant est, comme on sait, une prise de possession. Les Tyriens le craignoient; ils se refusèrent à ce que demandoit Alexandre. Il fit marcher ses troupes contre la ville & crut qu'il alloit l'emporter d'emblée. Il se trompoit.

Il y avoit entre l'île où elle étoit située & le continent, un espace d'un demi-mille. Les murailles, hautes de cent cinquante pieds, étoient fortifiées de tours, & toute la ville étoit pourvue de munitions de bouche & de guerre. Et les Carthaginois, maîtres de la mer, leur avoient promis des secours considérables.

Mais les secours carthaginois ne vinrent pas, à cause des divisions intérieures qui troubloient cet état. L'armée d'Alexandre parvint à faire une chaussée du continent de l'île, ayant 200 pieds de large. Enfin, à l'aide de grandes & fortes machines, d'une flotte bien active & d'une armée déterminée à vaincre ou à périr, Alexandre parvint à s'emparer de Tyr, après un siège de sept mois.

Cette ville fut brûlée jusqu'aux fondemens, & les habitans ou égorgés, ou emmenés en esclavage. Ce prince, que tant d'historiens ont admiré, se conduisit en barbare féroce, puisque deux mille hommes, épargnés par le fer, furent crucifiés par son ordre.

On dit que les Sidoniens en sauvèrent à peu près quinze mille, qu'ils cachèrent sur leurs vaisseaux. Alexandre maintint cependant le roi dans sa dignité & renvoya chez eux les Carthaginois qui s'étoient rendus à Tyr, sous prétexte d'un vœu à Hercule. Il leur donna ordre en même temps de dire à leur république, que dès ce moment il leur déclaroit la guerre.

Peu de temps après le départ de ce prince, les Tyriens, sauvés par les Sidoniens, ainsi que les femmes & les enfans envoyés à Carthage pour le temps du siège, revinrent dans la ville & en rebâtirent les principaux édifices.

Alexandre revint à Tyr, à son retour de l'Egypte. Il y offrit de grands présens à Hercule, y fit célébrer des jeux & donner différens spectacles. Cette ville redevint, en assez peu de temps, aussi puissante qu'avant sa prise; car, l'an 313 elle fut en état de soutenir un siège contre Antigone, comme on l'apprend par Diodore de Sicile. Ce ne fut qu'au bout de quinze mois que les Tyriens furent obligés de capituler, & de recevoir garnison.

Tyr appartint à différentes puissances, jusqu'à Antiochus-le-Grand, qui s'en rendit maître l'an 218. Elle appartint toujours depuis aux Séleucides.

On voit ensuite que Cassius fit un certain Marion prince de Tyr. C'étoit un des moyens qu'employoient les gouverneurs Romains pour satisfaire leur insatiable avarice : ils vendoient dans leur gouvernement tout ce qui pouvoit être acheté. Ainsi Cassius ayant partagé la Syrie en petits districts, les vendit au plus offrant ; & Marion s'étoit trouvé assez riche pour acheter la principauté de Tyr. Lorsque Antigone, frère d'Hircan, & frère cadet d'Aristobule, cherchoit à envahir la Judée, il lui procura des secours. Antigone fut défait par Hérode.

Tyr embrassa d'assez bonne heure la religion chrétienne. On voit que J. C. y a prêché, & qu'il a fait quelques miracles dans les environs : cependant il n'y entra pas. On dit que ce fut parce qu'il y avoit des gentils, & que par la même raison il défendit à ses disciples d'y entrer. Cette raison en soi est ridicule ; car ni J. C. ni les apôtres ne prêchoient les gens convertis : il falloit donc qu'au contraire ils recherchassent les gentils. Mais on peut croire que ses prédications y eussent excité quelques rumeurs, quelque soulévement, ce qu'il vouloit prévenir. Cependant la doctrine de l'évangile y avoit pénétré avant S. Paul, puisqu'en y arrivant, il y trouva plusieurs familles chrétiennes. Sous les empereurs il y eut beaucoup de martyrs.

On dit qu'Origène finit ses jours à Tyr, & pendant long-temps on y montra son tombeau.

La ville de Tyr eut le titre de métropole & celui de premier siège archiépiscopal sous le patriarchat d'Antioche : c'est ce qui la fit appeler *Protothronos*, ou premier siège.

La notice de Léon-le-Sage lui donne quinze suffragans. TYRUS métropole.

### Suffragans.

| | |
|---|---|
| Sidon. | Arcæ. |
| Ptolemaïs. | Orthosias. |
| Berythus. | Bothrys. |
| Biblus. | Vicus Gerarta. |
| Aradus. | Gonastii Sabtus. |
| Antaradus. | Villa Golitiana. |
| Paneas. | Villa Trieris. |
| Tripolis. | |

Elle passa aux Arabes avec le reste de la Syrie.

Avant d'être réduite à l'état misérable où elle est actuellement, & qui doit être décrit dans la géographie moderne, la ville de Tyr fut assiégée deux fois par les chrétiens du temps des croisades.

La première, en 1112, par Beaudoin I, qui, après un siège de quatre mois, fut obligé de se retirer.

La seconde, en 1124, pendant la captivité de Beaudoin II, par les princes chrétiens, qui,

prenant l'occasion de l'arrivée d'une puissante armée de Vénitiens, l'assiégèrent par mer & par terre. Malgré la force de la place & la vigoureuse défense des assiégeans, divisés en deux corps de troupes ; l'un, aux ordres du calife d'Egypte, & occupant deux parties de la ville ; l'autre, aux ordres du soudan de Damas, possédant la troisième ; la ville enfin fut prise par les chrétiens, après un siège de quatre mois.

Saladin l'attaqua inutilement en 1192. Mais en 1291, Kalil, soudan des Mamlucs, l'obtint par capitulation & en rasa les forts.

TYR ou TYRUS, petite ville d'Italie, près du lac de Bolséna, dont les eaux, dit-on, ont gagné le territoire qu'occupoit cette ville, de sorte qu'il n'en est resté que quelques vestiges que l'on appelle aujourd'hui Isola Bisentina. Bayle dit que Tyr a donné la naissance à Sainte-Christine, vierge & martyre.

TYRA, ville de la Sarmatie européenne, sur le bord du fleuve *Thyras*, selon Pline, *L. IV, c. 12*, & Etienne le Géographe. Pline ajoute qu'autrefois elle étoit nommée *Ophiusa*.

Strabon, *L. VII*, dit que la ville de *Tyra* étoit située sur la gauche, & à 140 stades de l'embouchure du fleuve *Tyras*.

TYRA, peuple de l'Egypte, dans le voisinage de la ville des Héros, selon Pline.

TYRACA, marais de la Sicile, auprès de la ville de *Syracusa*, selon Vibius Séquester.

TYRACINÆ ou TYRACINUM, ville de la Sicile, selon Etienne de Bysance.

TYRAMBE, ville de la Sarmatie Asiatique, à 600 stades du fleuve *Rhombites*, selon Strabon ; mais Ptolémée place cette ville entre *Azabites Mitra* & l'embouchure du fleuve *Atticirus*.

TYRAMBE, nom d'un peuple de la Sarmatie Asiatique, selon Ptolémée.

TYRANNOBOAS, lieu de l'Inde, en-deçà du Gange, selon Arrien. Cet auteur en fait un lieu d'entrepôt, un *emporium*.

TYRAS ou DANASTRIS ( *le Dniester* ), grand fleuve qui avoit son embouchure dans le Pont-Euxin, au nord-nord-est de celle du Danube. Constantin Porphyrogénète l'appelle *Danastris*, & dit que ce fleuve étoit à 40 milles du Danube, & à 80 milles du Borysthène. Strabon parle du *Tyras*.

Selon Scimnus de Chio, le *Tyras* est une belle rivière, profonde, & dont le cours est propre à la navigation ; les bâtimens chargés là remontent fort haut. Les bords de cette rivière étoient habités par un grand nombre de peuples ; les Tyrigètes avoient plusieurs villes sur sa rive orientale, vers son embouchure, selon Hérodote ; & selon ce même auteur, il commençoit à un grand lac qui séparoit la Scythie de la Némide.

TYRATBA, bourgade de la Palestine, près de la montagne Garizim. Selon Joseph, plusieurs Samaritains s'y étant assemblés en armes, sur la foi l'un imposteur, qui promettoit de leur découvrir les vases sacrés qu'on y avoit enfouis autrefois. Pilate marcha contre eux, les mit en fuite, & en fit mourir plusieurs, l'an 36 de J. C.

TYRCÆUS, montagne que Diodore de Sicile indique sur le bord du golfe Arabique, dans l'endroit où ce golfe a le plus de largeur.

TYREDIZA ou TYRODIZA, ville de la Thrace, derrière le promontoire *Serrhium*, selon Etienne de Byfance. Cet auteur ajoute qu'Hellanicus la nomme *Tyroriza*.

Cette ville est nommée par Hérodote *Tyrodiza*, & il la donne aux Périnthiens, parce que le canton où elle étoit appartenoit à ce peuple; car d'ailleurs elle étoit fort éloignée de Périnthe: ainsi, l'article de cette ville, dans la Martinière, renferme une erreur.

TYREN, lieu dans le pays des Clazoméniens, selon Hésychius, cité par Ortélius.

TYRIÆUM, ville confidérable de l'Asie, dans la Pisidie, selon Hiéroclès. Elle est nommée *Tyros* par Etienne de Byfance, qui dit qu'elle étoit de la Lydie & de la Pisidie. Cyrus y féjourna trois jours, pendant lesquels il montra son armée en bataille à la reine de Cilicie.

TYRICTACE ou TYRICTATA, ville de la Cherfonèse Taurique, sur le Bosphore Cimmérien, selon Ptolémée.

TYRIDA, lieu indiqué sur la carte de l'Asie mineure de M. d'Anville.

TYRIGITES, peuples qui habitoient, selon Pline, dans une île du fleuve *Tyras* ( le Dniester).

M. de Peyssonnel, dans ses observations historiques & géographiques, dit que ce doit être une île assez confidérable, qui est entre Bender & Palanca.

TYRII: c'est ainsi que l'on nommoit anciennement les *Vetones*, peuples de l'Hispanie citérieure, selon Strabon.

TYRINI, nom d'un siège épiscopal, selon Sozomène. Ortélius juge que cet évêché étoit en Asie.

TYRIS ou TIRIS, selon les différentes éditions de Pline. C'étoit une île que cet auteur indique sur la côte de l'Italie, près du pays des Locres.

TYRISSA, ville de la Macédoine, dans l'Emathie, selon Ptolémée.

TYRISSÆI. Pline nomme ainsi le peuple de la ville de *Tyriffa*, située dans l'Emathie.

TYRISTASIS, ville de la Cherfonèse de Thrace, vers la Propontide, selon Pline.

TYRITACITE, ville de l'Asie, dans le Pont, & sur le bord du Phase, selon Etienne de Byfance.

TYRIUM. Ce nom se trouve dans la grande Grèce d'Ortélius. Mais on reconnoît généralement que c'est une erreur; c'est la ville de *Thurinea*, appellée auparavant & depuis *Sybaris*.

TYRIUS, nom d'un fleuve de l'Italie, selon Sextus Aviénus.

TYRMIDÆ, nom d'une partie de la tribu

Œnéile, selon Etienne de Byfance & Suidas.

TYRODIZA. *Voyez* TYREDIZA.

TYROPŒCIA, nom d'une ville très-forte, selon Curopalate. Ortélius foupçonne qu'elle étoit dans la Cappadoce.

TYROPŒUM, lieu fortifié, dans la Thrace ou en Asie. Il en est fait mention par Curopalate, Cédrène & Zonare.

TYRRA, ville de l'Asie mineure, dans la Lycie. Il en est fait mention dans le grand Etymologique.

TYRRHENE, lieu de la Macédoine, felon Strabon, *Epitom.*

TYRRHENIA ou TYRRHÉNIE. Cette contrée répondoit à la partie de l'Italie que l'on nomme actuellement Toscane. Mais elle étoit beaucoup plus étendue vers le nord & l'est-sud. Ce pays a plusieurs fois changé de nom & d'habitans.

Les Ombriques en furent chassés par les Pélasges: ceux-ci le furent à leur tour par les Lydiens, sous la conduite de Tyrrhenus, fils du roi de Lydie, d'où lui vint le nom de Tyrrhénie.

Comme les Tyrrhéniens étoient fort religieux & faifoient souvent des sacrifices, les Grecs leur donnèrent le nom de *Thufis* ou *Thufces*, qui signifie sacrificateurs, du verbe βύω, je facrifie. ( M. Larcher, *Géog. d'Hérod. t. VII. p. 391.* ) *Voyez* ÉTURIA.

TYRRHENIA ou TYRRHENES, ville de l'Italie, selon Etienne de Byfance.

TYRRHENIA STAGNA, ou étang Tyrrhénien. On trouve ce nom dans une ancienne inscription. On croit que ce nom défigne l'embouchure de l'Ebre dans la Méditerranée. Mais n'exista-t-il pas sur la côte de l'Etrurie quelques lagunes qui aient mérité ce nom, sans aller le chercher presque sur la côte de l'Espagne?

TYRRHENUS SINUS, golfe de l'Italie, sur la côte de l'Etrurie. Dion Cassius l'étend depuis le promontoire *Misenus* jusqu'à Pouzzol. Selon Denys d'Halycarnaffe, ce golfe étoit autrefois nommé *Aufonius Sinus.*

TYRRHEUM, nom d'une ville que Tite-Live indique dans l'Acarnanie.

TYRRIA, lieu de l'île de Cypre. Il y avoit une mine de fer, selon Aristote.

TYRSETA, nom d'une ville de l'Italie, dans la Zapygie, selon Etienne de Byfance.

TYRSIS, nom de la ville & du palais de Saturne, dans les îles des Bienheureux, selon Homère & Pindare. C'est un champ trop vague pour la géographie.

TYRSUS, nom d'un fleuve que l'histoire Miscellanée semble indiquer aux environs de la Mœsie.

TYRUS, ville du Péloponèse, dans la Laconie, selon Etienne de Byfance.

TYRUS, ville de l'Asie mineure, dans la Lydie, selon Etienne de Byfance.

TYRUS, île située sur la côte de la Syrie, tout près du continent, selon Ptolémée. Cette île étoit au-devant de la ville de Tyr, selon Ortélius.

TYRUS, lieu fortifié, au-delà du Jourdain, aux confins de l'Arabie & de la Judée, & aux environs de l'Eſſébonitide, ſelon Joſeph.

TYRUS ou TYLOS, île ſituée dans le golfe Perſique, ſelon Strabon.

Etienne de.Byſance dit que cette île eſt nommée Tylos par Artémidore.

TYSCA, contrée ou grande campagne de l'Afrique, où il y avoit cinquante villes. Il y eut un différend pour la poſſeſſion de ce pays, entre Maſſiniſſa & les Carthaginois, & l'affaire fut portée au ſénat de Rome, ſelon Appien.

TYSCON, village de l'Aſie mineure, aux environs de la Phrygie, & qui n'étoit pas éloigné du fleuve Alandrus, ſelon Tite-Live.

TYSIA, nom d'un fleuve de la Scythie Européenne, ſelon Jornandès.

TYTANE ou TITANE. On ne connoît, ce me ſemble, qu'un lieu de ce nom, & dans la Sicyonie. Je ne vois pas comment, en indiquant ce lieu, Etienne de Byſance cite le 242ᵉ vers du catalogue d'Homère, puiſqu'il eſt évident que la montagne qui y eſt nommée devoit ſe trouver dans la Theſſalie.

Voici quelle eſt ma conjecture : c'eſt qu'Homère déſigne par Titana, l'une des montagnes qui ſervoient d'armes aux Titans, conformément à cette opinion des anciens, ſi bien exprimée par Virgile dans ſes Géorgiques, L. 1, v. 281.

TYZICA, ville de l'Afrique, ſelon S. Auguſtin, cité par Ortélius.

TZACHATÆ, peuples qui habitoient dans le voiſinage des Scythes, ſelon Chalcondyle.

TZAMANDUS, ville de l'Aſie, aux environs de la petite Arménie, ſelon Cédrène.

Cette ville étoit bâtie ſur un roc eſcarpé, ſelon Strabon. Cet auteur la nomme Daſmenon.

TZANI, peuple de l'Aſie, &, ſelon Procope, ( de Ædif. L. III, c. 6.) voiſins de l'Arménie. Voici ce qu'en dit cet auteur. Selon lui ils étoient autrefois indépendans & menoient une vie ſauvage ; ils adoroient les bois, les oiſeaux & d'autres bêtes. Ils habitoient des montagnes couvertes de forêts épaiſſes & ſombres. Ils ne vivoient que de larcins. Ils n'étoient point accoutumés à l'agriculture. Aux endroits où leur pays n'eſt pas couvert de montagnes fort hautes, il l'eſt au moins d'une chaîne de collines pierreuſes & ſtériles. La terre ne peut être labourée & ne produit jamais de bled ; on n'y voit ni prairies, ni pâturages ; il n'y croît que des arbres ſauvages. Il n'y a point de variété dans les ſaiſons. L'hiver y eſt continuel & la terre y eſt toujours couverte de neige. Je me conforme ici au récit de Procope, car je ne crois pas le fait ; je préſume cependant que cela peut s'entendre de la partie montagneuſe, & ſans doute ils s'y retiroient le plus ordinairement.

Voilà, dit cet auteur, la raiſon pour laquelle les Tzaniens vivoient autrefois dans une entière liberté. Mais ils la perdirent ſous Juſtinien, &

comme ils virent qu'ils ne pouvoient réſiſter à Tzita, qui commandoit les troupes de cet empereur, ils ſe rendirent volontairement. Ce fut alors qu'ils embraſſèrent le chriſtianiſme.

En prenant une nouvelle religion, ils prirent auſſi d'autres mœurs, renoncèrent à leurs brigandages & ſervirent dans les armées romaines.

Juſtinien, pour les retenir ſous ſon obéiſſance, fit abattre une partie des forêts qui les environnoient, applanir leurs montagnes, combler leurs vallées. Il fit enſuite bâtir une égliſe dans un lieu nommé Scanalinique, pour qu'ils y fiſſent leurs prières : il eut ſoin qu'ils y célébraſſent les ſaints myſtères. Il fit auſſi bâtir différens forts pour donner moyen aux Tzaniens d'entretenir correſpondance avec les autres nations, ſans nuire à la ſûreté du pays.

Il y avoit, au temps de Procope, trois chemins, qui, par leur rencontre, faiſoient le commencement des limites des trois peuples intéreſſés à leur conſervation ; ſavoir, les Romains, c'eſt-à-dire, les Grecs formant de ce côté l'empire Romain, les Perſazméniens & les Tzaniens. Juſtinien fit bâtir en cet endroit un château extrêmement fort, nommé Oronon. L'hiſtorien fait remarquer qu'en en jetant les fondemens, on jeta auſſi ceux de la paix ; car ce fut par là que les Romains entrèrent pour la première fois dans le pays des Tzaniens. Il y établit auſſi un commandant que les Romains appeloient duc, c'eſt-à-dire, chef, capitaine.

Il y avoit, à deux journées d'Oronon, auprès des limites des Tzaniens, ſurnommés Océnites, car ces peuples étoient diviſés en pluſieurs cantons, un fort nommé Carton, qui, par une longue négligence de ceux du pays, étoit tombé en ruines. Juſtinien le fit réparer, & y établit une garniſon pour la défenſe du pays d'alentour.

Quand de-là on avançoit vers l'orient, on rencontroit une vallée profonde qui s'étend du côté du ſeptentrion. Juſtinien y fit bâtir un autre fort qu'il nomma Barcon. Un peu au-delà, au pied d'une montagne, il y avoit quantité d'érables où les Tzaniens Océnites nourriſſoient des bœufs & des vaches ; non pas qu'ils s'en ſerviſſent au labour, mais pour ſe nourrir de leur lait & de leurs chairs.

Juſtinien fit encore rebâtir un autre fort nommé Siſiliſie, que le temps avoit ruiné, dans un lieu nommé Cena, au milieu d'une raſe campagne, en tirant vers l'occident, & il y mit une bonne garniſon.

Il fit bâtir à gauche, vers le ſeptentrion, un autre fort qu'il appela le bourg de Nicé. L'endroit où étoit ce fort avoit été nommé le foſſé de Longin, parce que ce général, qui étoit Iſaurien, y avoit autrefois campé avec les troupes qu'il commandoit, lorſqu'il faiſoit la guerre aux Tzaniens.

Enfin, ce même prince fit conſtruire ſur les frontières des Tzaniens Coxyliniens, deux autres forts, dont un s'appeloit Scimalinique & l'autre Tzanzaque, & il y mit un gouverneur.

*N. B.* Les mémoires du prince Démétrius nous apprennent que les Tzaniens ne font aujourd'hui l'aucune religion. Ils n'ont ni temples, ni autels, ni prêtres, ni culte. On voit feulement chez eux quelques fourbes qui ufurpent leur confiance crédule & prédifent l'avenir. Leurs idées fur l'origine du monde ne font pourtant pas fans efprit.

Ils croient que l'être qui avoit créé la terre fe nommoit Hel-Hié, l'avoit faite fans montagnes, qui y prirent naiffance par la force d'un déluge. L'envie fut une des premières créatures de ce monde. Elle répandit beaucoup de maux fur la terre; elle fe croyoit plus belle que le foleil; mais l'ayant vu elle alla fe cacher & ne parut plus que de nuit. Les Tzaniens ne reconnoiffent aucun être diftinct de la matière, & n'ont pas même de mot pour exprimer cette idée.

**TZIDRAMA**, rocher efcarpé, en Afie, dans la Galatie, felon Siméon le Métaphrafte.

**TZUDADER** *ou* **TZUNDADAER**, lieu fortifié aux confins de la Perfe & des Indes, felon Cédrène. Il eft nommé *Tzundadaer* par Nicéphore Callifte.

**TZURULUM**, ville de la Thrace, felon Cédrène, cité par Ortélius. Ce n'étoit qu'un château, felon Zonare.

**V**ABAR, ville de l'Afrique, sur la côte de la Mauritanie césarienſe, ſelon Ptolemée.

VABAR (*Ash-oune-mon-kar*), promontoire de la partie orientale de la Mauritanie césarienſe, ſelon Ptolemée. Le port *Saldæ*, dont fait mention Strabon, étoit au ſud-eſt de ce promontoire.

VABBA, ville de l'Afrique, dans la Mauritanie Tingitane. Elle étoit autrefois ſurnommée *Julia Campeſtris.*

VACARIA, AUACARIA ou CLUACARIA, lieu de l'Afrique propre, ſur la route d'Hippone à Carthage, entre *Vicus Auguſti* & *Tuburbo Minus*, ſelon l'itinéraire d'Antonin.

VACATUM ou VACCATUM, fortereſſe de l'Aſie, au voiſinage de la Perſe, ſelon Ammien Marcellin.

VACCA, ville de l'Hiſpanie, dans les monts Pyrénées, ſelon Iſidore, cité par Ortélius.

VACCA, VAGÆ, BATA ou VAGENSE OPPIDUM (*Bay-Jah*). La première leçon eſt de Saluſte ; la ſeconde de Ptolemée ; la troiſième de Plutarque, & la dernière de Pline : ville de l'Afrique, dans la Numidie, à dix lieues de *Materenſe Oppidum.*

Selon Salluſte, cette ville appartenoit à Jugurtha, & étoit le plus fameux entrepôt de ſes états. Il ajoute qu'il s'y établit beaucoup d'Italiens lorſqu'elle ſe révolta : Metellus vint la réduire.

VACCA ou VACUA, fleuve de l'Hiſpanie, dans la Luſitanie, ſelon Pline.

Ce petit fleuve couloit de Peſt à l'oueſt, paſſoit à *Talabriga*, & ſe rendoit peu après dans la mer.

Ce fleuve eſt nommé *Vacua* par Strabon, & *Vacus* par Ptolemée.

VACCEI (*les Vaccéens*), peuples de l'intérieur de l'Hiſpanie citérieure, au ſud d'une partie du pays habité par les Aſtures.

Diodore dit que les Vaccéens étoient les plus doux & les plus polis des Celtibères. Tous les ans ils faiſoient le partage des terres, dont chaque part ſe confioit à un métayer, puni de mort s'il fraudoit ſon maître.

Ce peuple eſt du nombre de ceux qui furent ſubjugués par L. Lucullus & Cl. Marcellus. Il en eſt parlé dans une ancienne inſcription rapportée par Gruter, *page 324, n. 10.* Voici le paſſage : *Modeſtus Intercat : ex gente Vaccæorum uxori pientiſſimæ.*

Ces peuples ſont nommés par Strabon Οὐακαῖοι ; par Ptolemée, Οὐακκαῖοι ; & par Etienne de Byſance, Βακαῖοι ; d'où l'on voit, ce me ſemble, que les anciens Grecs n'avoient pas la prononciation du *V*, ou, ſi l'on veut, qu'ils donnoient la prononciation de cette lettre au *B*, comme le font

les Grecs modernes ; mais alors ils auroient manqué de *B*. Mais je crois la prononciation du *B* plus ancienne ; elle étoit, chez les Orientaux, *Baal*, *Babylone*, &c. ; au lieu que le *V* peut s'être formé chez les Latins, qui ont cherché à rendre l'expiration des Grecs : on en a bien des exemples. Les noms propres des Latins commencent par des *V*, comme en grec par Οὐ, & pluſieurs noms commencent par une aſpiration en grec ; tels que ἕσπερος, αόρνος, &c. ont été rendus par les Latins par *Veſper*, *Avernus*, &c.

Par la même raiſon peut-être les Grecs trouvant des mots commençant en latin par des *V*, les ont écrits ſoit en commençant par Οὐ, ſoit en commençant par un *B*. De-là l'uſage qui s'eſt établi & qui ſubſiſte encore en Eſpagne & dans la langue des peuples qui en ſont ſortis, de prendre indifféremment le *B* pour le *V*.

Il paroît que ce peuple étoit conſidérable, par le grand nombre de villes que Ptolemée lui attribue. Les voici :

| | |
|---|---|
| Bergiacis. | Viminacium (Οὐιμιναχιον). |
| Intercatia. | Porta Auguſta. |

Il manque ici deux villes dans le texte grec : la traduction les donne avec les latitudes & les longitudes.

| | |
|---|---|
| Antraca. | Lacobriga. |

Le texte reprend :

| | |
|---|---|
| Lovia (1). | Eldana. |
| Septontia paramica. | Gongium (Κιουγιον). |
| Gella. | Cauca. |
| Albocella. | Octodurum. |
| Randa. | Pintia- |
| Segiſana Julia (Σεγισαμα Ιουλία.) | Sentica. |
| Palantia. | Sarabis. |

VACOMAGI, peuples de l'île d'Albion, au midi des Calédoniens, ſelon Ptolemée.

VACONIANUM, bourg ou lieu de la Sabine, près du temple de la déeſſe Vacune. Ce lieu ſe nomme actuellement Bucchiniano : c'eſt que ſur une colline on trouve des ruines que l'on préſume être celles de l'ancien temple de la déeſſe.

VACONTIUM, ville de la baſſe Panonnie, & éloignée du Danube.

(1) La traduction que j'ai ſous les yeux dit : *Avia.*
VACORIUM,

# VAD

VAD                                                457

**VACORIUM**, ville de la Norique, au midi du Danube, selon Ptolemée.

**VACUA.** *Voyez* VACCA.

**VACUATÆ**, peuple de l'Afrique, dans la Mauritanie Tingitane, selon Ptolemée.

**VACUNÆ FANUM**, temple de l'Italie, dans le pays des Sabins. Il étoit consacré à la déesse *Vacuna*, selon Horace.

La déesse Vacune étoit en grande vénération chez les Sabins; mais c'est à tort, selon M. l'abbé Chaupy, que l'on a dit qu'elle étoit la déesse de la paresse. Il prouve par des autorités, que c'étoit plutôt la déesse de la sagesse & de la victoire.

**VACUNÆ NEMORA**, forêt de l'Italie, sur le mont *Fiscellus*, au territoire de la ville de *Reate*, selon Pline.

**VADA**, lieu qui appartenoit aux Bataves, à l'ouest de *Batavodurum*. Il n'en est parlé que dans un endroit de Tacite. Civilis, vaincu par Céréalis auprès de *Vetera*, s'étoit retiré dans l'île des Bataves. Les Romains en occupoient la partie supérieure & la plus resserrée, entre le Rhin & le Vahal. Ils avoient des légions à *Arenacum*, à *Batavodurum*, & des détachemens à *Grinnes* & à *Vada*. M. d'Anville, qui avoit trouvé à placer tous ces autres lieux par des notions certaines, convient d'avoir été réduit pour l'emplacement de *Vada* à de simples conjectures. D'autres auteurs croient pouvoir assurer que *Vada* occupoit l'emplacement où se voit aujourd'hui le château de Wageningen.

**VADA SABATIA** (*Vai*), ville d'Italie, dans la Ligurie, en remontant la côte. Le nom de cette ville étoit *Sabata*; & comme il y avoit en cet endroit de ces bancs de terre que les marins appellent *bas-fonds*, & que les Latins appeloient *Vada*, ils donnèrent à cette ville le nom de bas-fonds Sabatiens, ou *Vada Sabatia*.

**VADA VOLATERRA**, lieu de l'Italie dans l'Etrurie. Il y a encore un lieu en cet endroit que l'on nomme *Seches de Vada*. Il est près de l'ancienne *Vada*, qui est à présent sous les eaux.

**VADATA**, ville de la Cappadoce, dans la préfecture nommée *Chamane*, selon Ptolemée.

**VADAVERO**, montagne de l'Hispanie, dans la Celtibérie, selon Martial.

**VADDASI**, peuple de l'Asie, dans la Médie, au pied du mont *Jasonius*, selon Ptolemée.

**VADENI**, peuple de l'Arabie heureuse. Ptolemée les indique sur le mont *Zametus*, avec les *Masæmanes*.

**VADENSIS**, siège épiscopal d'Afrique, dans la Numidie, selon la notice des évêchés de cette province.

**VADENTINIANENSIS** ou **VALENTINIANENSIS**, siège épiscopal d'Afrique, dans la Bizacène, selon la notice épiscopale d'Afrique.

**VADESITANUS**, siège épiscopal d'Afrique, dans la Numidie, selon la conférence de Carthage.

*Géographie ancienne. Tome III.*

**VADICASSES**, peuples de la Gaule. En présentant le tableau des grandes divisions de la Gaule & des peuples qu'elle renfermoit, j'ai indiqué dans une note, que MM. d'Anville & Beley différoient d'opinions sur ce peuple : comme ce point de géographie est d'autant plus important, & qu'il a été traité savamment par M. l'abbé Beley, on ne sera pas fâché, sans doute, de retrouver ici une grande partie des extraits des mémoires de ce savant, insérées dans le XXXI<sup>e</sup> vol. des mém. de l'académie des belles-lettres. (*Part. hist.*, p. 227 *& suiv.*)

Les Gaulois appeloient *armoriques*, c'est-à-dire, dans leur langue, maritimes, les cités dont le territoire s'étendoit sur le rivage de la mer Océane. César fait mention de la cité des *Lexovii* ( de Lisieux ), & de la cité des *Unelli*, qui répond indubitablement au diocèse de Coutances. Il ne parle point de la cité de Bayeux, qui étoit plus puissante que les deux précédentes, ou du moins il ne la désigne point sous un nom qui nous soit certainement connu. On ne peut admettre l'opinion qui paroît être adoptée par les auteurs du *Gallia Christiana* ( t. XI, p. 346 ), que les anciens habitans de la cité de Bayeux étoient les *Curiosolites* des commentaires: cette opinion ne peut être proposée depuis la découverte qui a été faite des ruines de la ville des *Curiosolites* à Corseulet, près de Dinan en Bretagne.

Pline est le premier auteur connu qui fasse mention des anciens peuples de Bayeux. En décrivant la Gaule Lyonnoise ( *Plin. L. IV, c. 18*, édit. Hard. in-fol., p. 225 ), il dit : *Lugdunensis Gallia Habet Luxovios*, & dans la suite, *Viducasses, Bodiocasses, Unelli, Curiosolites*. Depuis la découverte de la ville des *Viducasses* à Vieux, à deux lieues au-dessus de Caen, les *Bodiocasses* se trouvant placés ainsi que les *Viducasses* & les *Unelli*, peuples du Cotentin, il est bien naturel de conclure de la description de Pline, que les *Bodiocasses* sont les peuples de Bayeux. M. d'Anville, dans sa notice de l'ancienne Gaule (*p. 139*), ne fait aucune difficulté d'admettre cette position des peuples *Bodiocasses*.

Le texte de Pline a plusieurs variantes de ce nom. Dalechamp cite un manuscrit qui porte *Vadiocasses*; d'autres manuscrits ont la leçon *Bodicasses*.

Hermolaüs Barbarus, qui a donné tant de corrections sur le texte de Pline, a expliqué le mot *Bodicasses* par celui de *Vadicasses* : cette leçon se trouve dans l'édition de 1497, & dans presque toutes les éditions postérieures de Pline, jusqu'à celles du P. Hardouin, qui a employé le nom de *Bodiocasses* d'après les manuscrits qu'il avoit consultés.

Ptolemée ( *L. II, c. 8* ), qui écrivoit sous le règne d'Antonin Pie, fait aussi mention des peuples *Viducasses*, sous le nom de Βιδ'ουκάσιοι, & suivant le manuscrit Palatin, Οὐιδ'ουκάσσιοι; il les place sur la côte de l'Océan, près les peuples

Mmm

*Unelli*, qui font aujourd'hui les peuples du diocèse de Coutance.

Ce géographe fait auſſi mention des peuples ou de la cité des *Vadicaſſes*, dont la ville capitale étoit *Næomagus* ; mais il les place avec les *Meldi* ou *Meldæ*, dans l'intérieur de la Lyonnoiſe, & fort loin des côtes de l'Océan, à l'orient des peuples *Segufiani* ( du Forez ), près la Belgique : Σεγυσιανοι τῶν δὲ εἰρημενῶν ἀνατολικώτεροι Μέλδαι, μεθ᾽ ὃς, προς τῇ Βελγικῇ, Ο᾿υαδικάσσιοι, καὶ πολις Νοιόμαγος.

Cette poſition a été ſuivie dans les tables ou cartes de Ptolemée, dreſſées par Gérard Mercator, ſur ſes huit livres, qui ſe trouvent dans l'édition de Bertius. Si on jette les yeux ſur la troiſième carte, qui eſt celle de la Gaule, on voit qu'à l'orient des peuples *Segufiani*, ſont placés les peuples *Meldæ* ; & à l'orient de ceux-ci les peuples *Vadicaſſes*, à l'eſt de la ville d'*Auguſtodunum* ( Autun ).

Les ſavans modernes, qui connoiſſent mieux la France que la Gaule n'étoit connue du temps de Ptolemée, ont ſéparé les peuples *Meldæ* d'avec les *Vadicaſſes*, qui étoient voiſins, ſuivant Ptolemée : ils ont fixé les peuples *Meldæ* dans le pays de Meaux, ſur la rivière de Marne, qui eſt leur véritable poſition ; mais ils ſe ſont étrangement partagés ſur la poſition des *Vadicaſſes*.

Ortélius, ſavant géographe, n'a pas oſé trop s'écarter de la poſition donnée par Ptolemée ; il les a placés entre la ville d'Autun, la Saône & la Loire, dans le pays de Charolois ; mais il n'a pas fait attention que ce pays faiſoit partie du territoire de l'ancienne cité des *Ædui*, c'eſt-à-dire, d'Autun.

Joſeph Scaliger ( *Notit. Galliæ* ), trompé par la reſſemblance des noms, s'étoit perſuadé que *Næomagus* des *Vadicaſſes* étoit *Noviomagus*, ou Noyon en Picardie ; mais Noyon n'étoit point une cité, c'étoit un château, *Caſtrum Noviomacum*, ſelon Fortunat ( *Vit. S. Meſardi* ), de la cité des *Veromandui*, dans la Belgique.

Nicolas Sanſon, & après lui, Philippe Briet, ont cru que les *Vadicaſſes* étoient dans les environs de la ville de Nevers ; mais cette ville étoit la cité des *Ædui*. *Noviodunum Æduorum*, dont Céſar fait mention dans ſes commentaires, & dont le nom *Noviodunum* eſt différent de *Næomagus* de Ptolemée.

Cluvier, à cauſe de la reſſemblance du nom, a imaginé que *Næomagus* étoit Nuits en Bourgogne, & que les peuples *Vadicaſſes* étoient ſitués dans ce canton ; mais il auroit dû remarquer que Nuits étoit la cité d'Autun, qui s'étendoit juſqu'à la Saône, & que les habitans de Nuits ne pouvoient être d'une cité différente.

Adrien de Valois ( *Notit. page 136* ), dans ſa notice de la Gaule, s'éloigne de tous les ſentimens précédens : il place les *Vadicaſſes* dans le pays de Châlons-ſur-Marne, & penſe que la ville de Châlons étoit la ville de *Næomagus* de Ptolemée :

il croit ſe fonder ſur le nom de *Noviomagus*, qu'on lit ſur une voie romaine décrite dans la table de Peutinger, qui place *Noviomagus* aux environs de Reims : on répond que Châlons-ſur-Marne n'eſt point près de la Belgique, προς τῇ Βελγικῇ, mais dans la Belgique même ; que le *Noviomagus* de la table ne peut être confondu avec Châlons, le *Noviomagus* étant au nord-eſt de Reims, & à douze lieues gauloiſes de la même ville.

Ce *Noviomagus* étoit ſur une voie qui conduiſoit de Reims à Cologne, en paſſant par Sedan ; Bergier, qui connoiſſoit parfaitement ce pays, nous aſſure que de ſon temps ce chemin étoit l'un des plus beaux, des plus hauts & des plus entiers de toute la Belgique. *Il paroît*, dit-il, *ſur une haute levée qui tire droit à Van-d'Erée ( Vallis-Strata, ſur la rivière de Suippe ), enſuite à Attigny ( ſur la rivière d'Aiſne ), & à Sedan, ſur la Meuſe*. On ſait qu'Attigny, *Attimacum*, a été un lieu célèbre ſous la ſeconde race de nos rois ; c'étoit une de ces terres & maiſons royales qu'on appeloit *Villa Publica*, *Villa Regia* & *Palatium*.

Le P. Hardouin, dans ſon édition de Pline, s'éloigne encore de toutes les opinions précédentes, & place les *Vadicaſſes* près de Meaux à Château-Thiéry, *ubi nunc Theodorici Caſtrum* (Hard. not. 20) ; mais il devoit penſer que Château-Thiéry eſt du diocèſe de Soiſſons & de l'ancienne cité des *Sueſſiones*, qui a toujours été de la Belgique.

M. d'Anville, qui a dreſſé en 1745, une carte de la Gaule pour l'hiſtoire Romaine de M. Rollin, penſoit alors que les peuples *Vadicaſſes* de Ptolemée étoient les mêmes que les *Vadicaſſes* de Pline, comme effectivement c'eſt le même nom ; & conſéquemment il les a placés au diocèſe de Bayeux & aux environs de cette ville. On ne voit point ſur cette carte que les *Vadicaſſes* de Ptolemée ſoient placés ailleurs.

Ce ſavant géographe, en travaillant à ſon grand ouvrage de la notice de l'ancienne Gaule, place les *Vadicaſſes* de Ptolemée, non à Bayeux, qu'il reconnoît être, ſuivant les différentes leçons, les *Vadicaſſes* ou les *Bodiocaſſes* de Pline ; mais il place les *Vadicaſſes* de Ptolemée dans le pays de Valois, voiſin de Meaux, près de la Belgique ; & ſon opinion eſt appuyée ſur ce que le pays de Valois eſt nommé dans les capitulaires de nos rois, *Pagus Vadiſus*, qui, ſelon lui, a été formé du nom abrégé de *Vadicaſſes* ; & conſéquemment il penſe que la ville de *Neomagus*, capitale des Vadicaſſes, eſt le lieu de Vez en Valois, qui, à l'exemple de pluſieurs autres villes de la Gaule, aura pris ſon nom des peuples dont il étoit la ville capitale, *Vadicaſſes*, Vez. ( *Notice de l'ancienne Gaule, p. 668 & 487* ).

M. l'abbé Belley, dans un mémoire qu'il a lu à l'académie des belles-lettres le 20 novembre 1761, n'examine que la poſition des peuples *Vadicaſſes* de Ptolemée, & la poſition de la ville d'*Arigenus* ; & il entreprit de prouver,

1°. Que la cité des *Vadicaſſes* de Ptolemée n'a point pu exiſter dans le Valois.

2°. Que cette cité étoit la même que la cité des *Vadicaſſes*, ou *Vadiocaſſes*, ou *Bodiocaſſes* de Pline, la cité de Bayeux.

3°. Que la ville d'*Arigenus*, capitale des peuples *Viducaſſes* de Pline, que Ptolemée appelle auſſi *Viducaſſes*, eſt Vieux, près de Caen, dont on a découvert les ruines, & non la ville de Bayeux.

4°. Que Bayeux eſt l'ancienne *Næomagus*, capitale des peuples *Vadicaſſes* de Ptolemée, ou *Bodiocaſſes*, *Vadiocaſſes*, *Vadicaſſes* de Pline, qui a pris le nom de ſon peuple.

5°. Il ajoute à ces diſcuſſions différens traits d'hiſtoire de cette ville.

6°. Quelques réflexions ſur l'étendue du dioceſe de Bayeux.

I. Pour prouver que les *Vadicaſſes* de Ptolemée ne peuvent être fixés dans le pays de Valois, il ſuffiroit d'appliquer ici la réponſe déciſive de M. d'Anville contre M. de Valois (1), qui plaçoit

---

(1) Voici l'article de M. d'Anville, dont le rapprochement mettra le lecteur plus à portée de juger de la force des raiſons reſpectives. (*Voyez Not. de la Gaule*, *p. 666*). « Ptolemée fait mention d'un peuple ſous le nom de O'*vaδixaσσοι*, dans la Celtique ou Lyonnoiſe, à la ſuite des *Meldæ*, ou ceux de Meaux, & ſur la frontière de la Belgique, comme il s'en explique poſitivement, *πρὸς τῇ Βελγικῇ*, *ad Belgicam*, dans la verſion latine. On trouve dans les éditions de Pline, depuis celle d'Hermolaüs Barbarus, en 1498, le nom de *Vadicaſſes*, qui toutefois dans les manuſcrits eſt *Bodiocaſſes*, comme le témoigne le P. Hardouin ; & vu que Pline cite les *Bodiocaſſes* à la ſuite des *Viducaſſes*, dont on connoît l'emplacement dans le dioceſe de Bayeux, il ſeroit bien violent de tranſporter du fond des terres, & des confins de la Belgique, juſques dans la partie maritime de la Lyonnoiſe ſeconde, les *Vadicaſſes* de Ptolemée, en les confondant avec les *Bodiocaſſes*. M. de Valois (*Notic. p. 137*), loin de l'écarter de la Belgique, veut donner aux *Vadicaſſes* qu'indique Ptolemée, le territoire de *Catalauni*. Pour adopter cette opinion, il faudroit que les *Catalauni* n'euſſent pas fait partie de la Belgique même, & être fondé à croire que leur diſtrict a été enlevé à la Lyonnoiſe, dans laquelle les *Vadicaſſes* ſont compris.

» Sanſon & le P. Briet ont fait un autre uſage des *Vadicaſſes*, en les plaçant dans le Nivernois, quoique le territoire de Nevers, qui eſt une ancienne dépendance des *Ædui*, ne ſoit pas contigu à la Belgique. Ils ont cru apparemment pouvoir confondre le nom de *Næomagus*, qui, dans Ptolemée, eſt celui de la ville principale des *Vadicaſſes*, avec le nom de *Noviodunum*, que la ville de Nevers avoit porté avant d'être appelée *Nevirnum*.

» Or, ſur les indices que Ptolemée donne de la poſition des *Vadicaſſes*, ſavoir, qu'ils ſont voiſins des *Melda* ou *Meldi*, & ſur les confins de la Belgique, il y apparence que cette poſition ſe rapporte aux Valois, dont le nom eſt *Vadiſus*, dans les capitulaires de Charles-le-Chauve, datés de *Silvacum* en Lyonnois, l'an 853, *Vadenſis* dans des actes poſtérieurs. On ne ſauroit diſconvenir que ce qui diſtingue le nom de *Vadicaſſes* de pluſieurs autres, en faiſant abſtraction de la finale, ne ſoit conſervé dans le nom de *Vadiſus*. La terminaiſon qui lui eſt commune avec d'autres dénominations,

---

ces anciens peuples dans le territoire de Châlons-ſur-Marne. Pour adopter cette opinion, il faudroit que les peuples du Valois (du *Pagus Vadiſus*), n'euſſent pas fait partie de la Belgique même, & être fondé à croire que leur diſtrict a été enlevé à la Lyonnoiſe, dans laquelle les *Vadicaſſes* ſont compris. Le *Pagus Vadiſus* des capitulaires étoient de la cité des *Sueſſiones* ; le château de Vé, *Vadum*, qui lui a donné le nom de *Vadiſus* ou *Vadenſis*, & qui eſt ſitué dans la forêt de Villers-Cotterets, a toujours été & eſt encore du dioceſe de Soiſſons, qui s'étend même du côté du midi, en-deçà de Vé, à quatre ou cinq lieues, juſqu'auprès de Nanteuil-le-Haudouin. On ſait que la cité des *Sueſſiones* a toujours été de la Belgique.

Le *Pagus Vadiſus* s'étendit dans la ſuite ſur une partie du *Pagus Silvanectenſis*. Les ſeigneurs de Crépy, de la cité & du dioceſe de Senlis, étant devenus ſeigneurs du château de Vé, prirent le nom de comtes de Valois, *comites Vadenſis* ou *Vadenſium*. Rodolphe II, ſeigneur de Crépy, *comes Vadenſis*, aſſiſta en 1059, au couronnement de Philippe I, roi de France. Le pays de Valois s'étendit encore dans la ſuite dans le pays d'Orxois, *Pagus Urciſus*, qui étoit voiſin vers l'orient : ces deux *Pagus* ſont expreſſément diſtingués dans les capitulaires de l'an 853 : *Miſſi in Urciſo & Vadiſo*.

Il eſt fait mention du *Pagus Urciſus* dans un diplôme du roi Carloman, fils aîné du roi Pepin, de l'an 771. Flodoard, dans ſon hiſtoire de l'égliſe de Reims, fait mention de *villa Noviliacum in pago Urcinſe*, aujourd'hui Neuilly-Saint-Front : ce *Pagus*, ſelon quelques-uns, a pris ſon nom de la rivière d'Ourcq, *Urcus fluvius*, que Flodoard appelle *Ulcum*, appelé enſuite *Ulcheium*, Ouchy, lieu conſidérable, qui a été une ville, & qui eſt aujourd'hui partagé en deux lieux différens & voiſins, Ouchy-le-château, & Ouchy-la-ville.

M. de Valois (*Not. p. 624*), dit qu'on ne connoît plus le *Pagus Urciſus*, *nunc obſcurus & ignotus vel in colis*. Ce ſavant étoit mal informé :

---

*Tricaſſes*, *Bajocaſſes*, *Viducaſſes*, n'eſt pas ce qui fait la partie propre & diſtinctive de chacune de ces dénominations ; & cette terminaiſon eſt même tombée par un uſage poſtérieur de dire *Trecæ*, *Bajocæ*, *Veocæ*.

» On ne découvrira pas d'emplacement qui ſoit plus d'accord aux circonſtances de celui des *Vadicaſſes* dans Ptolemée, que la ſituation de Valois, ayant Meaux d'un côté, & de l'autre Soiſſons, qui eſt de la Belgique. Pour ce qui eſt d'aſſigner des limites, c'eſt ce qu'on n'eſt pas en état de faire. On peut préſumer qu'elles n'étoient pas auſſi étendues que ce que les diverſes châtellenies qui compoſent actuellement le duché de Valois, occupent de pays, & que ces limites fuſſent plus reſſerrées ; c'eſt ce qui ne paroîtra pas plus extraordinaire, que de voir dans le voiſinage un territoire auſſi borné que celui des *Silvanectes*, nonobſtant que les *Silvanectes* aient conſervé le rang de cité que les *Vadicaſſes* ont perdu. Il eſt indiſpenſable de croire que ce qui appartenoit aux *Vadicaſſes* a été partagé entre les dioceſes de Meaux & de Soiſſons, puiſque ces dioceſes ſont contigus ».

on connoît, par les anciens titres & par la dénomination de plusieurs lieux actuels, le pays d'Orxois, entre Ourchi, qui en étoit le chef-lieu, situé sur une voie romaine qui conduisoit de Soissons à Château-Thiéry : on connoît encore la Ferté en Orxois, Neuilly-Saint-Front en Orxois ; Chési en Orxois, Vaux en Orxois. Le pays *Urcisus* prit, dans le XII<sup>e</sup> & XIII<sup>e</sup> siècle , le nom d'*Urceius*, d'où s'est formé le nom d'Orxois ou d'Orçois ; comme le *Pagus Vadisus* fut nommé, vers le même temps, *Valeius*, *Valesius*, le Valois.

Le pays de Valois, qui ne comprenoit primitivement que le territoire des environs du château de Vé, *Vadum*, est composé aujourd'hui ( c'est-à-dire, avant la division par départemens ) de six grandes châtellenies ; savoir, de Crépy, de la Ferté-Milon, de Pierre-Fons, de Bétizy & de Verberie ; de Ouchy-le-Château, & de Neuilly-Saint-Front. M. l'abbé Belley, qui a fait le fond de cet article, renvoie, pour une plus ample connoissance de tous ces détails, à la nouvelle histoire du duché de Valois.

L'auteur de la notice sur l'ancienne Gaule ( M. d'Anville), en plaçant les *Vadicasses* dans le pays de Valois, ne peut citer ni auteur, ni notice, ni monument qui puissent appuyer son opinion. Dans aucun temps on n'a connu aucune cité intermédiaire entre les cités des *Suessiones*, des *Silvanectes* & des *Meldi*. On sait que les anciens diocèses de la France ont été bornés & limités sur les territoires des anciennes cités de la Gaule ; & pour pouvoir déroger à ce système général, il faut rapporter des preuves, & non des conjectures appuyées uniquement sur des apparences & sur des ressemblances de nom. En attendant ces preuves, nous devons penser que les limites des diocèses de Soissons, de Senlis & de Meaux, dans l'étendue du duché de Valois, répondent aux limites des territoires des cités des *Suessiones*, des *Silvanectes* & des *Meldi*.

Mais, dira-t-on, le pays de Valois est voisin de Meaux, comme les *Vadicasses*, selon Ptolemée, étoient voisins des *Meldæ* ou *Meldi*, & sur les confins de la Belgique. On a déjà prouvé que le *Pagus Vadicus* n'étoit point sur les confins de la Belgique, mais dans la Belgique même. Si l'on suit à la lettre le texte & la graduation en longitude & en latitude donnée par Ptolemée, les *Vadicasses*, relativement aux *Meldæ*, devoient plutôt être placés à Château-Thiéry, comme l'a cru le P. Hardouin. On ne doit pas trop insister sur le texte de Ptolemée qui place les peuples *Meldæ* & les *Tu·nes*, dans le voisinage des peuples *Segusiani*. Voudroit-on, en suivant Ptolemée, placer les cités de Meaux & de Tours dans le voisinage du pays de Forez ?

Mais, dira-t-on, « il y a toute apparence que » cette position se rapporte au Valois, dont le » nom est *Vadisus* dans les capitulaires. On ne » sauroit disconvenir que ce qui distingue le nom

» de *Vadicasses*, ne soit conservé dans le nom de » *Vadisus* (1) ».

Mais cette apparence ne subsiste plus, lorsque l'on prouve que le nom *Vadisus* ne vient point de *Vadicasses*, mais du nom *Vadum*, un gué, comme il sera établi dans le quatrième article de ce mémoire. Tout le fondement de l'opinion qui place les *Vadicasses* dans le Valois, est donc appuyé sur une fausse ressemblance de nom. Nous allons voir que la ressemblance de nom se trouve entre les *Bodiocasses*, les *Vadicasses* de Pline, & les *Vadicasses* de Ptolemée.

II. On reconnoît que les *Bodiocasses* de Pline, ou, suivant d'autres leçons, les *Vadiocasses*, sont les peuples du territoire de Bayeux, dont la position entre la cité des *Viducasses*, Vieux, & la cité des *Unelli*, qui est le diocèse de Coutances.

Il est évident que le nom de *Vadicasses* de Ptolemée est le même nom que celui des *Vadicasses* qu'on lit dans la plupart des éditions de Pline, depuis Hermolaüs jusqu'à celles du P. Hardouin : on croit même que ce nom, dans les éditions, a été emprunté de Ptolemée. Il est également évident que les variantes *Bodiocasses*, *Vadiocasses* de Pline, ressemblent à la leçon *Vadicasses* des éditions, & qu'elles désignent le même peuple. On doit inférer de cette identité ou ressemblance de nom, que les *Vadicasses* de Ptolemée doivent être les peuples du territoire de Bayeux.

Mais, dit M. d'Anville ( *voyez* la note précédente, *page 459*), « il seroit bien violent de » transporter du fond des terres & des confins de » la Belgique, jusques dans la partie maritime de » la Lyonnoise seconde, les *Vadicasses* de Ptolemée, » en les confondant avec les *Bodiocasses* ». Cet auteur donne lui-même ailleurs les moyens d'expliquer ou d'excuser ce *violent* déplacement : il avertit dans la préface que « le désordre se trouve » dans les positions données par Ptolemée » ; & il le répète souvent dans sa notice. En parlant des peuples *Abrincatui* ( *page 30* ), il dit : « Ptolemée » les a étrangement déplacés en les établissant sur » la Seine, loin de la mer & de l'Avranchim ». A l'égard des *Aulerci Eburovices*, peuples d'Evreux, il dit ( *page 130* ) : « Ptolemée étoit peu exactement » informé de leur position, en l'établissant sur la Loire » d'un côté, comme sur la Seine de l'autre ». En parlant des peuples *Atrebates*, peuples de l'Artois, « Ptolemée les déplace *étrangement*, en disant qu'ils » sont voisins de la Seine ». Sans parler des autres exemples du désordre qui se trouve dans les positions données par Ptolemée, il suffit de citer encore les peuples *Remi*, de Reims. « Ptolemée, » dit M. d'Anville ( *Notice*, *page 544* ), les place » sur la Seine, faute, apparemment, d'avoir connu » la distinction de la Marne, qui traverse la fron- » tière des *Remi*, d'avec la Seine ». Après tous ces

_____

(1) Expressions de M. d'Anville. *Voyez* la note précédente.

exemples, peut-on dire que la position des *Vadi-cassès* dans le territoire de Bayeux, seroit un *violent* & un *étrange* déplacement, loin des confins de la Belgique ?

Il faut se rappeler que, selon Ptolemée, le côté oriental de la Lyonnoise joint à la Belgique, suit le cours de la rivière de Seine, ἢ δ'ἀνατολικοὶ τῶν πλευρῶν συνῆπται μὲν τῇ Βελγικῇ κατὰ τὴν Σηκοάναν ποταμόν. ( Ptolemée, *L.* II, *c. 8*); & il commence la description de la côte septentrionale de la Belgique, à l'embouchure de la Seine, μετὰ τὰς τῦ Σηκοάνα ποτ. ἐκβολάς. Cela étant, la position des *Vadicassès* dans le territoire de Bayeux, n'est pas un déplacement étrange : des limites de la cité des *Bodiocassès* à la rivière de Seine, où, suivant Ptolemée, commence la Belgique, il n'y a d'intermédiaire que la cité de Vieux, & celle de Lisieux, qui font un espace d'environ dix-huit lieues communes. Les géographes modernes, en tirant avec raison les peuples *Meldæ* des environs des *Segusiani*, pour les placer à Meaux sur la Marne, font un déplacement plus *violent* & plus considérable; ce déplacement est d'environ soixante-dix lieues communes de France.

Pour résumer en peu de mots les deux articles précédens, on ne peut pas compter sur l'exactitude des positions données par Ptolemée. On a vu que les déplacemens y sont fréquens & *étranges*; que les peuples *Vadicassès* de Ptolemée ne peuvent être fixés dans la province Lyonnoise, que dans le canton où Pline a placé les *Bodiocassès*, les *Vadicassès*, entre les peuples *Viducassès* & les *Unelli*, dans le pays de Bayeux. Il ne reste donc plus de difficulté à placer, après le texte de Pline, les *Vadicassès* de Ptolemée dans le territoire de Bayeux: il faut examiner quelle étoit la capitale de cette ancienne cité.

III. Depuis la découverte de l'ancienne capitale des peuples *Viducassès* ( *Voyez* mém. de l'acad. des belles - lettres, *tome 1, hist. p. 290*), il n'est plus douteux que cette ville n'ait été différente de la cité des *Vadicassès* ou *Bodiocassès*, de Bayeux. Le lieu Fins, *Fines*, que l'on connoît sur les limites de ces deux territoires, prouve incontestablement l'ancienne distinction des deux cités : elles ne furent réunies en une sous le nom de cité des *Bajocassès*, qu'après le IV° siècle, lorsque la ville des *Viducassès* eut été ruinée. Ptolemée nous donne le nom de l'ancienne capitale de cette cité; il l'appelle, suivant le texte grec de l'édition de Bertius, Ἀργένυς, ou, suivant les manuscrits de la bibliothèque du roi, Ἀργένες. La position d'*Arigenus*, capitale des *Viducassès*, que la table de Peutinger appelle *Araegenue*, est fixée à Vieux par l'inscription du marbre de Torigny, où elle est appelée *Civitas Viducassium*, découvert dans les ruines de cette ville. M. l'abbé Belley a établi dans un mémoire lu à l'académie ( *tome XXVIII, page 475*), que cette position est prouvée par les distances itinéraires de la table de Peutinger; mais,

dira-t-on, la position d'*Arigenus*, *Aragenue* de la Table, est liée à la rivière d'*Argenus*, dont on lit le nom dans la traduction latine de Ptolemée; & cette rivière doit être celle d'*Ara* ou d'*Aura*, qui passe près de Bayeux, & qui a son embouchure dans la mer au grand Vé; d'ailleurs, on ne lit point dans le texte de Ptolemée ὦν πόλις, qu'il emploie ordinairement pour désigner la capitale d'un peuple.

On a déjà remarqué que ces mots *Argenus, fluv. ostia*, de la version latine, ne se trouve dans aucun des textes grecs que nous connoissons; ainsi l'induction que l'on tire de la version latine n'est pas certaine: d'ailleurs, si Ptolemée avoit voulu désigner l'embouchure d'une rivière sur cette côte de l'Océan, il auroit plutôt nommé la rivière de Vire, qui est navigable, comme il a nommé l'embouchure de la rivière d'Orne. L'Aure, qui passe à Bayeux, est peu considérable; elle est appelée, dans le cartulaire de Bayeux, *Aura*, *Aure*, nom différent d'*Argenus*. Si le texte de Ptolemée ne porte pas les mots ὦν πόλις, que M. de Valois cite comme faisant partie du texte, Ptolemée ne les a pas employés non plus pour les villes de Κροκιάτονον, des peuples *Unelli*, & de Νοιόμαγος, capitale des peuples *Lexovii*; & d'ailleurs, cette omission n'empêche pas de regarder *Arigenus* comme la capitale des peuples *Bajocassès*.

Mais ce qui prouve que la ville d'*Arigenus* étoit la ville capitale des *Viducassès*, Vieux, & non la ville de Bayeux, c'est la distance de vingt-quatre lieues gauloises que la table de Peutinger donne entre *Augustodurum*, le passage de la rivière de Vire, près de S. Fromont, & entre *Arigenus* ou *Araegenue*, capitale des *Viducassès*, distance qui tomba précisément sur Vieux.

Pour faire cadrer la distance à la position de Bayeux, il faudroit changer le nombre de vingt-quatre de la table, & y substituer celui de quatorze. « La manière, dit M. d'Anville ( *Not. de* » *l'anc. Gaule, p. 83*), dont l'indication est ins-» crite sur la table qui est X | XIII, divisée par la » trace de la route, donne lieu de soupçonner que » ce trait, partageant le nombre, a fait partager » mal-à-propos une dixaine ». Mais on ne change pas d'autres nombres de la table qui sont également divisés par la trace de la route; teis sont le nombre XL | VII | I, entre *Condate*, Rennes en Bretagne, & *Legedia*, dans un canton peu éloigné de celui où étoit située la ville d'*Araegenue*. Le nombre XX | VI, entre *Riobe* & *Agetincum*, la ville de Sens; le nombre X | XVIII, entre *Andemantunno*, Langres, & le lieu *File* ou *Tile* : tous ces nombres ont été employés dans la notice dans leur entier; & l'on n'a pas soupçonné que la ligne qui indique la trace de la route, dût les diviser ou les changer.

On doit donc conserver le nombre XXIIII de la table entre *Augustodunum* & *Araegenue*, & fixer à Vieux, d'après les distances locales & positives, la ville d'*Arigenus*, qui est visiblement la même qu'*Araegenue* : cette ville, comme on le voit par les ruines, étoit très-confidérable.

J'ajouterai à la defcription qui s'en trouve dans les mémoires de l'académie (*tome I, hift. p. 290*), une infcription qu'on y a déterrée, & qui n'a pas été inconnue à M. Foucault : elle étoit gravée fur un cippe de marbre, haut de quatre pieds & demi, long d'un pied neuf pouces.

## NOVIUS VIC
## TOR MEMO
## RIAE DOMI
## TIAE PANFILE.

Une voie romaine, dont M. de Laveyne, ingénieur de la généralité de Caen, a envoyé à M. le comte de Caylus une defcription très-exaéte, venoit du côté d'Eximes, paffoit à Vieux, & de-là à la ville de Bayeux.

La ville d'*Arigenus*, comme la plupart des capitales des peuples de la Gaule, prit le nom de fon peuple *Viducaffes*, qui aura été abrégé en *Viducæ* & *Veocæ* : on lit dans la charte de fondation de l'abbaye de Fontenay, peu éloignée de Vieux (c'eft de l'an 1070), *totam decimam Molendini de Veocis*, de Vieux. M. l'abbé Belley préfume que cette ville fut ruinée à la fin du vi<sup>e</sup> fiècle, ou dans les premières années du fiècle fuivant : elle eft repréfentée comme confidérable dans la table de Peutinger, qu'on croit avoir été dreffée fous le règne de Théodofe-le-Grand, & elle ne paroît plus dans la notice des provinces & des cités de la Gaule, rédigée fous le règne d'Honorius ; elle aura été apparemment ruinée dans la grande invafion des Barbares qui ravagèrent la Gaule depuis le Rhin jufqu'à l'Océan : ravage affreux, dont Salvien & d'autres auteurs ont fait une defcription touchante. Les Saxons, qui, depuis deux fiècles, défoloient les côtes de la Gaule, ont probablement détruit la ville des *Viducaffes* : elle étoit peu éloignée de la mer, & voifine de la rivière d'Orne, qu'on pouvoit remonter en bateau. Quoi qu'il en foit, S. Jérôme nomme les Saxons au nombre des peuples qui défolèrent alors la Gaule. Après avoir fixé la ville d'*Arigenus* à Vieux, il faut examiner la pofition de la ville de *Næomagus*, capitale des *Vadicaffes*.

IV. Depuis la conquête des Gaules par Jules Céfar, les guerres civiles des Romains, qui durèrent pendant plufieurs années, empêchèrent de régler la police & le gouvernement des provinces conquifes ; toutes chofes y étoient en défordre, felon Dion (*L. LIII*), ἀκατάστατα ἔτι. Enfin, l'empereur Augufte, l'an de Rome 727, fe rendit à Narbonne ; il y donna des réglemens pour les mœurs & pour l'adminiftration de ces nouvelles provinces ; & enfin le dénombrement, καὶ αὐτῶν

τὰς ἀπογραφὰς ἐποιήτατο, καὶ τὸν Βίον τῆντε πολιτείαν διεκόσμησε. Ce fut à cette occafion que, pour égaler, en quelque façon, les trois nouvelles provinces de la Gaule, qui étoient l'Aquitaine, la Gaule Lyonnoife & la Gaule Belgique, qui comprenoit les deux Germanies, ce prince détacha quatorze cités du peuple de la Lyonnoife, pour les unir à la province d'Aquitaine, dont les limites furent portées de la Garonne jufqu'à la Loire. On préfume auffi qu'Augufte, pendant fon féjour à Narbonne, lorfqu'il régla l'ordre des provinces des Gaules, *provinciis incertam formam redaétis*, fit l'arrondiffement de plufieurs cités, & diminua le territoire de quelques unes qui étoient trop étendues, pour en former de nouvelles : par exemple, le territoire des peuples *Bellovaci*, de Beauvais, que Jules Céfar repréfente comme les plus puiffans d'entre les Belges, devoit être plus étendu que le diocèfe aétuel de Beauvais ; & on peut croire qu'Augufte détacha alors une partie de leur territoire pour en former la cité des *Silvanaétes*, de Senlis, & qu'il en fit la capitale d'un lieu ancien, canton auquel il donna le nom d'*Auguftomagus*, qui eft le nom de l'ancienne ville de Senlis. M. l'abbé de Longuerue croyoit que cette nouvelle cité avoit été nommée *Silvanaétes* par les Romains, à caufe de fa pofition au milieu des bois & des forêts.

Si la cité des *Vadicaffes* de Ptolemée a été placée dans le Valois, elle aura exifté avant le règne d'Augufte, & fa capitale *Næomagus*, dont le nom eft purement celtique, a dû précéder le règne de ce prince. Outre ce qui a été dit dans l'article II de ce morceau, on peut prouver que la ville de *Næomagus* n'exiftoit pas dans le Valois au temps d'Augufte, & conféquemment que la cité des *Vadicaffes* dont elle étoit la capitale, n'étoit pas fituée dans ce canton.

Il eft prouvé dans les *éclairciffemens géographiques fur l'ancienne* (*p. 335*), publiés en 1741, que, « la voie publique qui fut élevée fous les ordres » d'Agrippa, depuis Lyon jufqu'à Boulogne, n'étoit » pas direéte dans toute fa longueur ; elle fuivoit » différentes direétions, pour paffer par les prin- » cipales villes de la Gaule, qui fe trouvoient aux » environs de la route ; communément d'une ville » à l'autre elle étoit alignée ; mais dans fa totalité » elle formoit un grand nombre d'angles pour ren- » contrer les grandes villes ». De Lyon elle paffoit à Châlons-fur-Saône ; de-là par Autun, enfuite à Auxerre par Châlons-fur-Marne ; à Reims, de Reims, à Soiffons ; de-là « elle fe détournoit vers » le fud-fud-oueft, jufqu'à Senlis (*Auguftomagus*) » de Senlis à Beauvais (*Cæfaromagus*), πρὸς Βελλουκοῖς » (Strabon, *L. VI*). Elle reprendroit de l'oueft au » nord de Beauvais, pour paffer par Amiens » (*Samarobriva*, καὶ Ἀμβιανοῖς), elle déclinoit un » peu du nord vers l'eft. La route d'Amiens » à Boulogne (*Gefforiacum*, fur la mer, ἐπὶ τὸν » Ὠκεανόν (Strabon, *L. IV*), approchoit un peu » plus du nord. Il eft fenfible, par ce détail, que

» cette grande voie romaine changeoit de direction » pour paffer par les grandes villes, *par les capitales des peuples* ».

Il eft prouvé dans ces mêmes éclairciffemens (*p. 335*), que cette grande voie, faite par ordre d'Agrippa, gendre & favori d'Augufte, fut achevée, au plus tard, l'an 735 de Rome, lorfque Augufte étant retourné de Samos à Rome, envoya Agrippa pour achever de régler les affaires des Gaules.

D'après ces obfervations, fi la ville de *Næomagus* des *Vadicaffes* eût exifté alors dans le lieu qu'on appelle Vé, dans le Valois, la voie romaine de Soiffons à Senlis auroit dû paffer par ce lieu de Vé, qui eft placé dans la ligne directe de l'une à l'autre de ces villes : or, cette voie d'Agrippa, qui fubfifte encore en partie, & que l'on connoît dans le pays fous le nom de *chauffée de Brunehaut*, ne paffe point à Vé en Valois ; elle en eft éloignée de deux lieues vers l'oueft ; d'où il réfulte évidemment que la ville de *Næomagus* de Ptolémée ne peut être le lieu de Vé, & conféquemment que la cité des *Vadicaffes* n'étoit point dans le Valois.

Pour rendre la preuve complète, le nom de Vé ne vient point du nom *Vadicaffes*, abrégé dans le moyen âge en *Vadicæ* : le nom de Vé fe trouve dans tous les anciens titres *Vadum*. L'auteur de la tranflation des reliques de S. Arnoul de Crépy, qui écrivoit vers l'an 960, rapportée par les Bollandiftes, dans les actes (18 *juillet*, *t. IV*, *p. 415*), dit, en parlant du lieu de Vé en Valois : *Vadum, ex cujus vocabulo comitatus appellari confuevit Vadenfium*. Le *Vadenfis comitatus*, ou *Pagus*, eft nommé *Vadifus* dans les capitulaires, *Vadenfis Pagus* dans les actes du xiᵉ fiècle. On croit que l'ancien château a d'abord été bâti fous le règne de Charlemagne ; le fecond château a été conftruit vers l'an 1221, par Raoul d'Eftrées, à qui le roi Philippe-Augufte avoit donné le vieux château & la terre. Au refte, ce lieu a été nommé *Vadum*, qui fignifie *vé* ou *gué*, parce que l'ancien château de Vé eft fitué fur une hauteur, au-deffus d'un gué ou paffage à travers de la vallée de la rivière d'Autonne ; c'eft une vallée fort humide, marécageufe, coupée de plufieurs ruiffeaux.

Il ne faut pas s'imaginer que le mot de Vé, *Vadum*, défigne toujours le paffage d'une grande rivière : on connoît en Normandie un lieu célèbre dans l'hiftoire de cette province, *Vadum Berengarii*, le Vé Berenger, fur un ruiffeau, à trois lieues au levant de Caen, près du village de Vimont, & dans le Valois. Il y avoit anciennement à Crépy une rue & une ferme de Vé, près le gué de S. Thomas, dans le fauxbourg : on pourroit en citer encore d'autres exemples. Quoi qu'il en foit, le lieu de Vé en Valois, doit être écrit, non pas Vez, mais Vé, de *Vadum*, comme l'ont écrit MM. de Valois & de Longuerue, & comme on lit dans le regiftre *olim* du parlement, & dans les anciens titres du pays.

On a prouvé, dans le fecond article de ce morceau, que la cité des *Vadicaffes* de Ptolémée, étoit la même que la cité des *Vadicaffes*, des *Vadiocaffes*, ou des *Bodiocaffes* de Pline, la ville de Bayeux. Il en réfulte que la ville de *Næomagus*, fa capitale eft la ville même de Bayeux, appellée *Civitas Baiocaffium*, dans la notice des provinces & cités de la Gaule. Elle aura eu, dans le moyen âge, à l'exemple de tant d'autres villes, le nom de fon peuple *Baïocaffes*, abrégé enfuite en *Baioca*, comme on le voit dans la notice des dignités de l'empire, d'où s'eft formé le nom françois *Baex*, *Bajex* ou *Baïeves*, comme on lit dans le roman du Rou, écrit en vers par Robert Vaire, chanoine de Bayeux, vers l'an 1160. On difoit encore *Baïeves* au commencement du quatorzième fiècle, d'où s'eft formé le nom moderne de Bayeux.

On dira peut-être que Bayeux ne peut avoir été appellé *Næomagus*, du temps de l'empire Romain, parce qu'on auroit pu le confondre avec *Næomagus* capitale des *Lexovii*, de Lifieux ; mais on fent qu'il ne peut y avoir de difficulté ; les deux villes auront été diftinguées par l'addition du nom de leurs peuples, *Næomagus Baïocaffium*, *Næomagus Lexoviorum* ; c'eft ainfi qu'on a diftingué, d'après les commentaires de Céfar, *Noviodumum Æduorum*, Nevers, & *Noviodunum Biturigum*, Noüan près de Bourges. On a pareillement diftingué *Noviomagus Nemetum*, Spire, de *Noviomagus Trevirorum*, Numagens près de Trèves. Et même on n'a point confondu deux noms anciens, les mêmes & dans la même cité. On connoît dans la cité de Bayeux deux Condé, *Condate*, Condé fur Noireau & Condé fur Vire : ces lieux font diftingués par les rivières fur lefquelles ils font fitués.

Il faut paffer aux antiquités & rapporter quelques détails de l'hiftoire de la ville de Bayeux.

V. Nous avons vu que la ville de Bayeux eft très-ancienne, comme le nom *Næomagus*, purement celtique, le prouve inconteftablement. La forme de l'enceinte de cette ville étoit carrée, comme la plupart des cités romaines dans la Gaule. La bâtiffe eft encore reconnoiffable dans l'ancienne enceinte du côté du midi ; le goût du travail eft le même que celui du palais des Thermes de l'empereur Julien à Paris, & l'on croit que ce palais eft plus ancien que le féjour de ce prince en cette ville. Les habitans de Bayeux, quoique fitués à l'extrémité de la Gaule, cultivoient les beaux-arts & recherchoient les ouvrages des bons artiftes. M. le comte de Caylus a donné le deffin & l'explication de quelques ftatues & de quelques vafes, qui ont été découverts dans le voifinage de cette ville : on voit dans le même recueil, que la voie romaine qui venoit de Vieux à Bayeux, continuoit fa direction vers la ville de Saint-Lo ; on en reconnoît le paffage entre les deux villes, dans la forêt de Cérifi, où l'ancienne voie eft appellée le *chemin chauffé*.

C'eft apparemment fur cette voie que l'on a

trouvé une colonne milliaire de Tétricus, dont il est parlé dans les mémoires de l'académie des belles-lettres (t. XIV, hist. p. 154 ; & t. XXIII, hist. p. 206), & qui étoit posée à une lieue gauloise de la capitale (L. 1), c'est-à-dire, *Leuga prima.*

La ville de Bayeux étoit celtique dans son origine ; on ne sera point étonné de voir au IVᵉ siècle, une famille de druides établie dans cette cité ; on sait qu'ils étoient les prêtres, les philosophes & les légiflateurs des anciens Gaulois. L'empereur Auguste avoit défendu à tout citoyen romain de s'engager dans cet ordre. Tibère les avoit chassés de la ville de Rome. Claude avoit supprimé une partie de leurs superstition ; cependant leur autorité & leur philosophie, du moins quant à la divination, subsistèrent encore long-temps dans les Gaules.

A l'avénement de Vespasien, les druides fomentèrent la révolte des Gaulois, en prédisant une prochaine révolution dans le gouvernement. (*Tacit. hist. L. IV, c. 53*). On dit qu'une femme druide (*Lamprid. in Alex. p. 135. c.*), prédit à Sévère Alexandre, sa mort prochaine ; l'ayant rencontré dans sa marche, elle lui cria en gaulois : *Gallico sermone, vadas, nec victoriam speres, nec militi tuo credas.* Une femme druide du pays de Tongre, (*Vopis. in Numer. p. 252. c.*) prédit à Dioclétien qu'il parviendroit à l'empire lorsqu'il auroit tué Aper : *Imperator eris cùm Aprum occideris.* Pour accomplir cette prétendue prophétie, Dioclétien, après qu'il eut été élevé à l'empire, tua de sa main Aper, le beau-père de Numérien. Nous savons actuellement à quoi nous en tenir quant à toutes ces belles prophéties. Il s'ensuit seulement que les ministres de la religion des Gaulois abusoient de la crédulité des peuples ; & malheureusement nous avons éprouvé que ce charlatanisme n'a pas cessé avec eux.

Ainsi, on voit que les druides étoient établis en différentes cités de la Gaule. Ausone, qui écrivoit à la fin du IVᵉ siècle, nous apprend (*Auson. Profoss. num. 4*), qu'une famille de druides habitoit la cité de Bayeux. En parlant d'Avitus Patesa, qui avoit été professeur d'éloquence à Bordeaux, il dit :

> *Doctor potentum rhetorum*
> *Tu Baiocasses stirpe druidarum satus.*

Il est probable que le christianisme acheva de détruire la secte & le nom des druides.

La ville de Bayeux étoit une place importante dans les Gaules, à cause de son voisinage de la mer. Les empereurs y entretenoient, comme à Coutance, une garnison sédentaire de Bataves & de Suèves, enrôlés au service de l'empire, sous le commandement d'un général Romain : *Magister militum præsentalium*, comme on lit dans l' notice des dignités de l'empire, dressée d'après le règne d'Arcadius & d'Honorius : *Præfectus Lætorum bata-*

*vorum & Gentium Suevorum, Bajocas & Constantiâ Lugdunensis secundæ.*

La côte maritime de la seconde Lyonnoise étoit exposée, depuis plus d'un siècle, aux incursions & aux pirateries des Saxons ; c'est pourquoi cette côte est nommée, dans la même notice de l'empire, *Littus Saxonicum.* Les Romains y entretenoient un autre corps de troupes, dans le lieu appelé *Grannona*, sous le commandement du duc du département de l'Armorique, & du pays des Nerviens : *Sub dispositione viri spectabilis ducis tractus Armoricani & Nervicani, tribunus cohortis primæ novæ Armoricæ, Grannona in littore Saxonico.* Nous verrons bientôt qu'une peuplade de Saxons étoit établie dans la cité de Bayeux ; & de-là on infère que le lieu de *Grannona* étoit sur la côte maritime de la même cité, sur un ancien hâvre, à l'embouchure de la rivière de Seule, près du village de Gray, à quatre lieues au nord-est de Bayeux. M. de Lavergne, ingénieur de Caen, a levé le plan de cet ancien port, & d'un camp romain, qui n'en étoit pas éloigné. M. le comte de Caylus a inséré ces plans, & en donne l'explication dans le cinquième volume de son recueil d'antiquités.

Les Saxons qui infestoient les côtes maritimes de la Gaule, depuis la fin du IIIᵉ siècle, redoublèrent au Vᵉ leurs incursions & leurs pirateries. Le gouvernement Romain, qui étoit alors foible, fut obligé de leur abandonner des quartiers : ce fut alors, probablement, que les Saxons s'établirent dans la cité de Bayeux. Cet établissement fut permanent ; ils durent passer sous la domination des François, lorsque les provinces Armoriques se soumirent à Clovis. Il est certain que les Saxons de Bayeux, *Saxones Bajocassini*, obéissoient aux ordres de ses petits-fils. Le roi Chilpéric les envoya dans la Bretagne Armorique en 578, contre le comte Varoch, qui les surprit & les défit : *Dolose* (dit Grégoire de Tours, hist. L. v, c. 27) *super Saxones Bajocassinos mens, maximum exindè partem interfecit.* La reine Frédégonde, pendant la minorité de Clotaire II son fils, par des motifs particuliers, envoya au secours du même Varoch, vers l'an 590, un corps de Saxons de Bayeux, *Feredegundis* (Id. L. x, c. 29)....*Bajocassinos Saxones......in solatium Varochis abire præcepit.* On voit que ces Saxons étoient soumis aux rois de France, comme les anciens habitans du pays.

Ces Saxons possédoient dans la cité de Bayeux, un canton particulier, qui est appelé, dans les capitulaires de Charles-le-Chauve de l'an 853, *Othingua Saxonia*, c'est-à-dire, en langue Tudesque & Anglo-Saxone, la possession des Saxons. Voyez le Glossaire Germanique de Waëter. M. Huet dans ses origines de Caen, place ce *pagus* ou pays des Saxons, *Otlingua Saxonia*, sur la côte du diocèse de Bayeux, entre les rivières d'Orne & de Dive ; & il dérive de leur langue plusieurs noms de lieux, en en particulier celui de Caën, ville nouvelle, qui n'étoit qu'un bourg sous les premiers ducs de Normandie. Le nom de Caën, selon ce savant ( *Huet, origine de Caën, p. 4¹7 & suiv.* ), vient de *Cathim*, qui signifie la *maison du conseil*, d'où s'est formé le nom de Cahen, ensuite Caën, de deux syllabes, comme on le voit dans ce vers du roman de Rou:

> *A Caën longues conversui.*

On a ensuite prononcé Caën, Can, d'une syllabe. On ne fait pourquoi M. l'abbé Lebeuf ( *Mém. de l'acad. des B. L., t. XVI, p. 509*), a placé le *pagus Otlingua Saxonia* à Saon (1), & Saonet dans les terres au sud-ouest, & à deux lieues de la ville de Bayeux. Le nom de Saxon s'est perpétué jusqu'à nos jours, dans le nom de plusieurs familles de ces pays-là, le *Saisne* ou le *Sesne*, c'est-à-dire, le Saxon. En effet, les anciennes chroniques de Normandie traduisent les mots *Saxones Bajocassini*, par ceux-ci, les Sesnes de Bayeux.

Si les incursions des Saxons causèrent de grands maux sur cette côte, les Danois ou Normands y commirent les plus horribles excès & les plus grandes cruautés au IX.ᵉ siècle: ils ravagèrent non-seulement les côtes, mais ils portèrent la désolation dans presque toutes les provinces du royaume, où ils pillèrent, mirent à feu & à sang les campagnes & la plupart des villes. Le diocèse de Bayeux en particulier, sentit les effets de leur fureur; ils massacrèrent à Livri ( *Livibriacum* ), paroisse à trois lieues de Bayeux, Sulpice, évêque de Bayeux, en 844. Son successeur, le même sort en 858. Sur la fin du même siècle, la ville de Bayeux fut pillée & brûlée : *Rollo Bojocas petit, eamque violenter cepit totamque funditus subvertit.*

Après que Rollon ou Raoul (2) eut embrassé la religion chrétienne, & que le roi Charles-le-Simple lui eut cédé cette partie de la Neustrie en propriété, *in alodo & infundo in semper tenum*, sauf l'hommage & la souveraineté, la ville de Bayeux se releva de ses ruines, & fut bientôt

rétablie; mais elle fut presque entièrement habitée par les Danois ou Normands : on y parloit la langue danoise, comme on parloit la langue normande à Rouen : c'est pourquoi Guillaume premier, dit Longue-épée, duc de Normandie, envoya le jeune Richard, son fils, à Bayeux, pour y être élevé. ( *Voyez* Dud. p. 112 ) : *Quoniam Rothomagensis civitas Romaná potiús quàm Daciscá utitur eloquentiá, & Bajocassensis fruitur frequentius Daciscá linguá quàm Romaná : volo igitur ut ad Bajocassensia deferatur quamociùs mœnia*, ou, comme dit un autre écrivain ( Wilkl. Gemet, p. 237 ), *Bajocas mittenæ, ut ibi lingua eruditus Danicá, &c.* Quoique la langue danoise & le saxon fussent des dialectes de la langue tudesque, il paroît que les Saxons n'entendoient pas le danois. *Quis tibi Daciseæ regionis linguam Saxonibus inexpertam docuit.* ( Dud. p. 100 ).

La ville de Bayeux reçut de grands biens sous Guillaume-le-Conquérant. Son frère utérin Odon, ou Eudes, évêque de cette ville, enrichit son église, & y fit beaucoup de fondations : ce fut apparemment de son temps-là que l'on donna à cette église la tapisserie qui s'y voit encore, & qui représente les principaux exploits du duc Guillaume. M. Lancelot ( *Mém. de l'acad. des B. L., t. VI, p. 39 ; & t. VIII, p. 602*), en a donné une savante explication. Peu de temps après la mort de l'évêque Odon, pendant la guerre que Henri I, roi d'Angleterre, faisoit à son frère aîné, Robert, duc de Normandie, le roi Henri n'épargna pas la ville de Bayeux, qui tenoit le parti de son frère ; il brûla la ville & la cathédrale. Cette ville se rétablit encore, & l'église cathédrale fut réédifiée dans l'état où elle est aujourd'hui, par les soins de Philippe de Harcourt, évêque de Bayeux, l'an 1160. On frappoit monnoie en cette ville sous la première & la dernière race de nos rois. Le Blanc ( *Traité hist. des monnoies, p. 81, &c.* ), a rapporté de monnoies d'or de la première race, avec l'inscription BAIOCAS, & les deniers d'argent de Charles-le-Chauve avec cette inscription : BAIOCAS CIVITAS. M. l'abbé Belley finit ce mémoire par quelques réflexions sur l'étendue actuelle du diocèse de Bayeux (3).

VI. On sait qu'en général les anciens diocèses de France répondoient aux territoires des cités de la Gaule. Il y a cependant des exceptions ; lorsque les cités étoient peu étendues, on en comprenoit deux dans un même diocèse, sous la juridiction d'un évêque. Les cités de Térouene & de Boulogne, distinguées dans la notice des provinces & des cités de la Gaule, ne composèrent qu'un seul diocèse, sous la juridiction de l'évêque

---

(1) Le nom de Saon, qu'on prononce San, doit venir du latin *Sadunum*, comme de *Laudunum* on a fait Laon, prononce Lan. Le nom de *Saxones* a été traduit Saisnes ou Sesnes.

(2) On trouve dans les chroniques du Nord, que les Normands qui infestoient alors les côtes de France, étoient conduits par un des fils de Rongwald, comte des Orcades. Il se nommoit Hrold ou Hérold. Ayant d'abord infesté les côtes de la Norwege, il avoir été banni, & s'étoit retiré dans les îles de Sodoroé (ou Westernes). Il y trouva une foule de bandits qu'il conduisit le long des côtes de l'Angleterre, de l'Allemagne & de la France, jusqu'à l'embouchure de la Seine, où il arriva en 876. On lui céda la partie de la Neustrie, qui prit le nom de Normandie en 912 ; il reçut le baptême, & prit le nom de Rollon ou Raoul. Je me suis permis de placer ici ce trait, parce qu'il ne se trouve pas à l'article NORMANDIE, dans le dictionnaire de géographie moderne.

(3) Ces réflexions sont d'autant plus précieuses & dignes d'être conservées, que l'étendue de tous les diocèses n'a plus de rapport avec les anciens peuples de la Gaule.

de Térouène : cette dernière ville ayant été ruinée en 1555, par l'empereur Charles-Quint, on créa en 1559, de nouveaux évêchés ; on n'en établit qu'un à Boulogne, qui comprenoit toute la partie du diocèse de Térouène, qui dépendoit alors de la France. Les cités du Mans & de Jublent, *civitas Cenomanorum* & *civitas Diablintum*, sont deux cités distinguées dans la même notice, & qui furent comprises dans le diocèse & sous la jurisdiction de l'évêque du Mans : on peut même dire que ce diocèse comprend une troisième cité, la cité des Arviens, qui avoit été ruinée avant le cinquième siècle, & réunie à la cité des *Cenomani*. On doit à M. d'Anville la découverte de la position de cette cité.

La cité de Bayeux, *civitas Bajocassium* de la notice, comprenoit le territoire des *Bajocasses* & des *Viducasses*, dont la ville avoit été ruinée. Ces deux cités réunies formèrent le diocèse de Bayeux sous la jurisdiction de cette ville. La cité de Bayeux, *civitas Baiocassium*, est nommée la première de la seconde Lyonnoise, après Rouen, la métropole. Les évêques de Bayeux ont toujours prétendu, à cause de la prééminence de leur cité épiscopale, avoir des honneurs & le pas sur les évêques des autres cités de la même province. Le premier évêque connu de Bayeux, S. Exupère, que l'on appelle aussi S. Spire, vivoit à la fin du IV⁰ siècle & au commencement du v⁰. On ne sait plus l'opinion qui faisoit remonter les premiers évêques des églises septentrionales des Gaules jusqu'aux siècles des Apôtres.

Le diocèse de Bayeux, composé du territoire de deux cités, est très-étendu. Ses bornes naturelles sont, du côté du couchant, la rivière de Vire, depuis ses sources jusqu'à son embouchure dans la mer, qui le sépare du diocèse de Coutance ; au septentrion, la côte de la mer ; au levant, la rivière de Dive, depuis son embouchure dans la mer, jusqu'à la hauteur de Mésidon, *Mantio Odonis*, ancien lieu connu dans les écrivains de Normandie. La rivière de Dive sépare les diocèses de Bayeux & de Lisieux ; au midi le diocèse de Bayeux est séparé de celui de Séez par une ligne tirée au travers des terres, depuis Mésidon jusqu'aux sources de la rivière de Vire.

Telles sont les limites de l'ancienne cité de Bayeux ; mais dans la suite des temps il y a eu des changemens occasionnés par les conventions des évêques. La ville de *Briovera*, aujourd'hui S. Lo, étoit primitivement de la cité de Bayeux, étant située à la droite de la rivière de Vire. La ville de *Briovera* étoit un très-ancien domaine de l'église de Coutance ; les évêques de cette ville y faisoient souvent leur séjour. La ville de *Briovera*, ainsi appelée d'un pont sur la rivière de Vire, étoit le séjour des premiers évêques de Coutance. *Leontius* ou *Leontianus*, assista au premier concile d'Orléans de l'an 511, & souscrivit *episcopus ecclesia Constantinæ* ; & dans deux manuscrits, *ex*

*civitate Briovera*, & l'évêque Lanto ou Landus souscrivit aux actes du cinquième concile d'Orléans de l'an 549, *Lanto episcopus ecclesiæ Constantiæ, vel Brioverensis*. Cet évêque étant mort à *Briovera*, la ville prit dans la suite son nom S. Lo, qu'elle a encore aujourd'hui. L'église de Coutance a toujours conservé le domaine de S. Lo, qui lui fut confirmé en 1056, par Guillaume, duc de Normandie. En 1576, Artur de Cossé, évêque de Coutance, aliéna la baronnie de S. Lo en faveur du maréchal de Matignon, qui donna en échange le château de la Motte, situé à deux lieues sud-ouest de S. Lo.

On voit donc que dans les souscriptions des conciles, les prélats ont pris le titre d'évêques de *Briovera*. Ils obtinrent des évêques de Bayeux, que la ville de *Briovera* & son territoire seroient détachés du diocèse de Bayeux, & annexés au diocèse de Coutance. En effet, la ville de S. Lo, & quatre paroisses voisines, étoient de ce diocèse, & sous la jurisdiction de l'évêque de Coutance. D'un autre côté, par une pareille convention, la jurisdiction de l'évêque de Bayeux s'étendoit sur quatre ou cinq paroisses du Cotentin, enclavées dans le diocèse de Coutance ; le lieu principal étoit Sainte-Marie, & une autre paroisse, appelée Lieusaint, & presque aux portes de Valogne.

La baronnie de Combremer, enclavée dans le diocèse de Lisieux, étoit un ancien domaine de l'église de Bayeux, & qui avoit été exempté de la jurisdiction de l'évêque de Lisieux. Philippe de Harcourt, évêque de Bayeux, fonda l'abbaye de Val-Richer en 1150, dans l'étendue de cette baronie, & déclara que le Val-Richer étoit de son diocèse : *Locus Valles Richerii qui & parrochiâ nostrâ situs est* ; & dans les lettres de l'archevêque de Rouen qui confirment la fondation, *qui est de feodo Bajocensis ecclesiæ, & parrochia*. D'un autre côté, l'église de Lisieux possédoit la baronnie de Nonant, dans le diocèse de Bayeux, entre les villes de Bayeux & de Caën. Cette baronnie avoit été aussi exemptée de la jurisdiction de l'évêque de Bayeux, & soumise à l'évêque de Lisieux. Jourdain du Houmet, évêque de Lisieux, fonda, avant l'an 1216, l'abbaye de Mondée, ordre de Prémontrés, sur le territoire de cette baronie. L'abbaye & quatre paroisses dans l'étendue de cette baronie, dépendoient, pour le spirituel, de l'évêque de Lisieux.

Tels sont les changemens arrivés dans les limites de l'ancienne cité de Bayeux, quoique cette ville ait souffert par les accroissemens de la ville de Caen, qui est devenue l'une des plus belles & des plus grandes villes de France. Cependant Bayeux est encore une ville considérable.

A ce que l'on vient de lire, & qui prouve incontestablement que les peuples *Vadicasses* ne doivent pas être placés où l'a cru M. d'Anville, je vais ajouter ce que dit M. l'abbé Belley,

(*Mém. de l'acad. des B. L.*, t. *XXXI*, hist. p. 25), touchant ce même point de géographie. Il prouve :

1°. Que la ville d'*Arigenus*, que l'on reconnoît être la même que l'*Arægenue* de la Table, doit être fixée à Vieux, & non à Bayeux.

2°. Que les peuples nommés par Pline font les mêmes, & ont le même nom que les peuples nommés par Ptolemée, avec une légère différence, qui est moindre entre le texte de Ptolemée & quelques variantes de Pline, qu'elle n'est entre les variantes de Pline même. Dans cet objet de comparaison, il cite un grand nombre de manuscrits & d'éditions de Pline, & le consentement unanime des savans qui, depuis près de trois siècles, assurent que Pline & Ptolemée ont parlé d'un seul & même peuple ; & comme on reconnoît que ces peuples, tels qu'ils sont nommés par Pline, sont les anciens peuples de la cité de Bayeux, il s'ensuit que ce sont les peuples de Bayeux qui ont été nommés par Ptolemée, & que la ville de Bayeux est l'ancienne *Nœomagus*.

3°. Si Ptolemée avoit placé les *Vindicasses* sur la côte septentrionale de la Lyonnoise, près des confins de la Belgique, il n'y auroit plus de difficulté ; mais comme ce géographe a placé les *Vindicasses* avec les *Meldi* à l'extrémité de cette province, vers le sud-est, il est visible qu'il les a étrangement déplacés. Il rapporte ensuite de nouveaux exemples de pareils déplacemens qui écartent des peuples & des villes de la Gaule de leur véritable position de cent jusqu'à quatre-vingts lieues.

Il conclut que la géographie de Ptolemée, ouvrage d'ailleurs estimable, ne peut être cité pour la détermination des positions locales dans la Gaule.

4°. Il finit ce mémoire par plusieurs observations sur plusieurs voies romaines.

I. Avant la découverte des ruines des villes des peuples *Unelli* & *Viducasses*, l'ancienne géographie de cette partie de la Gaule étoit obscure & presque inconnue : les savans étoient partagés sur la position de ces peuples & de leurs anciennes capitales. Quant aux *Unelli*, quelques-uns, comme l'auteur des commentaires de César, avouent qu'ils étoient inconnus, *Unelli ignoti* ; les autres les ont placés dans le Perche & dans le Maine, ou en Bretagne : enfin, ceux qui, après Nicolas Sanson, ont fixé ces peuples dans le Cotentin, ont varié sur la position de la ville capitale ; les uns la plaçant à Coutances, les autres à Carentan.

La position des peuples *Viducasses* n'étoit ni moins incertaine, ni moins contestée entre nos auteurs : les uns ont distingué les *Viducasses* de Pline, d'avec les *Vadicasii* de Ptolemée, & les ont placés dans des cantons différens. M. Huet & le P. Hardouin regardoient le nom de *Viducasses* de Pline, comme une variante du nom *Vadicasses* ou *Bodiocasses*, qui avoit passé de la marge dans le texte. M. Huet a fixé les *Vadicasses* ou *Viducasses* de Pline à Bayeux, & les *Viducasii* de

de Ptolemée près de Caën. Le P. Hardouin dit que si les *Viducasses* de Pline sont les mêmes que les *Viducaisii* de Ptolemée, il faut les placer à Dinan en Bretagne ; enfin Adrien de Valois, Cellarius & l'abbé de Longuerue, ont cru que ces peuples *Viducasses* dans Pline & dans Ptolemée, étoient les mêmes que les *Bajocasses*, les peuples de Bayeux.

Tel étoit, au commencement de ce siècle, l'état d'incertitude & d'indécision de nos auteurs sur les anciens peuples de cette partie de la Gaule. M. Foucault, honoraire de l'académie des belles-lettres, & intendant de Caën, pour satisfaire son goût pour les antiquités de notre nation & une curiosité louable, fit fouiller en 1695, d'anciennes ruines près de Valognes. Les recherches & les travaux qu'il publia ne furent pas inutiles : on y trouva de magnifiques restes d'une grande ville romaine, un amphithéâtre, des bains, & plusieurs morceaux d'architecture ; des souterreins, un grand nombre de tombeaux, d'urnes sépulcrales, de médailles d'empereurs en tous métaux. On y voit encore dans une grande étendue de terrein des morceaux de briques & de tuiles : tous ces monumens annoncent l'emplacement de *Crociatonum*, capitale des *Unelli*, qui est fixée par la table de Peutinger, dans cette partie du Cotentin.

Quelque temps après, en 1704, M. Foucault, accompagné de M. Galland, aussi de l'académie des belles-lettres, examina les ruines du village de Vieux, à deux lieues de Caën ; les plus apparentes étoient un aqueduc, un reste de chaussée romaine, quelques débris de colonnes, des fragmens d'inscriptions, &c. On fit fouiller dans le village & aux environs, & l'on découvrit plusieurs édifices dont les fondations étoient encore entières, & dont le plus remarquable étoit un gymnase complet avec des bains. On déterra un grand nombre de médailles antiques du haut & du bas empire, depuis les premiers Césars jusqu'aux enfans de Constantin, & plusieurs inscriptions romaines. On avoit découvert à Vieux, au XVIe siècle, ce fameux marbre qui a été transporté au château de Torigny : ce marbre, dont trois faces sont écrites, est une base qui soutenoit la statue de *Titus Sennius Sollemnis*, originaire de la cité des *Viducasses*, à qui les trois provinces des Gaules (l'Aquitaine, la Lyonnoise & la Belgique) (1), avoient érigé ce monument dans la ville.

TRES PROV. GALL.

....MONVM. IN SVA CIVITATE

POSVERVNT.

---

(1) C'étoient les trois grandes provinces soumises d'abord par César.

Le sénat de la ville assigna le terrein où la statue fut placée.

LOCVM ORDO CIVITATIS

VIDVC. LIBENTER DED. P. XVIII.

AN. PIO ET PROCVLO COS.

Ce consulat est de l'an 235 de J. C. sous l'empire de Maximin.

M. Foucault & M. Galland envoyèrent à l'académie la relation dés découvertes, qui a été imprimée dans le premier volume des mémoires de l'académie des belles-lettres, *hist. p. 290.* Ils y joignirent leurs réflexions sur cette grande & ancienne ville des *Viducasses,* que l'on trouve ainsi nommée dans Ptolémée, & dont Pline fait mention, *Viduasses,* en les distinguant de *Vadicasses,* ou plutôt, selon d'anciens manuscrits, *Vadiocasses,* que Pline nomme immédiatement après, & qui sont ceux de Bayeux.

En effet, l'ancienne ville des *Viducasses* dont on a découvert les ruines à Vieux, & que M. Huet, auteur des origines de Caen, a prises pour un camp romain, étoit la ville capitale du peuple ou de la cité. Tous les monumens qu'on y a trouvés sont des témoignages irrécusables d'une ville principale; le marbre de Torigny en particulier le prouve démonstrativement. Les inscriptions dressées en l'honneur de *Titus Sennius Solemnis,* grand-prêtre de la cité des *Viducasses,* étoient gravées sur le piédestal de la statue qui lui fut érigée par le décret des trois provinces de la Gaule, dans la ville & dans la place qui fut assignée par le sénat de cette ville. Or, la ville indiquée par l'assemblée générale des Gaules, la ville où résidoit le sénat, ne pouvoit être que la ville capitale, qui renfermoit un ou plusieurs temples consacrés à Mercure, à Mars & à Diane, dont Sennius étoit le grand-prêtre. . . . . . . VIR ERAT SENNIVS MERCVRI, MARTIS ATQVE DIANAE PR. SACERDOS. Cette ville avoit le goût de la magnificence romaine. Après la mort de ce grand-prêtre, elle donna en son honneur toutes sortes de spectacles: OMNE GENVS SPECTACVLORVM, & fit célébrer des jeux consacrés à Diane: TAVRINICIA DIANAE RECEPTA. Pendant quatre jours de suite elle dépensa pour cette solemnité vingt-sept mille sesterces, *millia nummum XXVII,* qui feroient de notre monnoie environ cinq mille quatre cens livres.

Ces faits curieux & intéressans sont tirés de l'édition du marquis de Maffei (*Gall. antiq. select. p. 77.*), comparée avec une ancienne copie de l'inscription qui a été prise sur le marbre avant qu'il fut autant déparé qu'il l'a été depuis. M. l'abbé Lebeuf a vu ce marbre en 1746, & a copié exactement ce qui est encore apparent de cette ins-

cription. On peut voir dans son mémoire plusieurs faits importans pour l'histoire & le gouvernement politique des Gaules. M. l'abbé Belley a traduit ces mots de l'inscription, IN SUA CIVITATE, *dans sa ville,* d'après MM. Foucault & Galland; en parlant de l'érection d'une statue dans un lieu déterminé, on ne peut pas traduire autrement. Le nom de *civitas,* dans les commentaires de César, exprime presque toujours un peuple; mais ce mot a encore d'autres significations dans les auteurs anciens; il signifie le droit de bourgeoisie, tout le peuple d'une ville, la ville même. Varrius Flaccus, cité par Aulugelle (*L. XVIII, c. 7*), dit: *civitas & pro loco, & pro oppido & pro jure quoque omnium, & pro hominum multitudine.* Douze villes célèbres de l'Asie, suivant Tacite (*Ann. L. II, c. 47*), furent renversées par un tremblement de terre: *Duodecim celebres Asiæ urbes, conlapsæ nocturno motus terræ.* Tibère fit rebâtir ces villes par ses libéralités: *Urbium damna,* dit Velleius Paterculus (*L. c. 126*), *principis munificentia vindicat, restituæ Asiæ urbes.*

Le sénat fit graver sur les monnoies, en l'honneur de l'empereur, l'inscription CIVITATIBVS ASIÆ RESTITVTIS. Ce monument démontre qu'au siècle d'Auguste le mot *civitas* avoit quelquefois la même signification que le mot *urbs;* l'inscription des *Viducasses* est du milieu du IIIᵉ siècle: il est certain qu'avant la fin du même siècle on employoit dans la Gaule le mot *civitas* pour désigner une ville. Le rhéteur Emmenius, dans le discours qu'il prononça l'an 297, en présence & en l'honneur de l'empereur Constance, père de Constantin, sur le rétablissement de la ville d'Autun, qui avoit été ruinée, dit: *civitas Æduorum. . . . . . nunc extructione veterum domorum, & refectione operum publicorum, & templorum instauratione consurgit.* On a donc pu & on a dû traduire ces mots de l'inscription *in suâ civitate,* par ceux-ci, *dans sa ville,* où la statue du grand-prêtre fut érigée, & dans les ruines de laquelle le piédestal a été trouvé.

On est curieux de connoître le nom primitif & celtique de cette ville magnifique, capitale des *Viducasses:* nous en devons la connoissance à Ptolémée (*L. II*), qui a donné les noms anciens de plusieurs autres villes de la Gaule. Ce géographe, en décrivant la côte septentrionale de la Lyonnoise, parle de trois peuples & de leurs capitales, dans l'ordre suivant, des *Viducasses, Arigenus,* des *Venelli, Crociatonum;* des *Lexubii Naeomagus;* Βιδουχασίων, Ἀριγένος; Ούενέλων, Κροκιατονων; Λεξυβίεον, Νοίμαγος. Ptolémée ne met point, suivant les anciens manuscrits connus, avant le nom des villes, ὢ πολις, ou κατ πόλις, qu'il emploie ordinairement; mais il omet également ces expressions à l'égard d'autres villes capitales de peuples, de *Lugdunum* des *Batavi;* d'*Antipolis* des *Deciates.* Cette omission ne peut donc pas faire de difficulté à l'égard d'*Arigenus* des *Viducasses,*

Vieux, comme elle n'en fait aucune à l'égard de *Crociatonum* de *Venelli*, Valognes ; de *Nœomagus* des *Lexubii*, Lifieux, & des autres capitales de peuples, déjà citées.

La découverte des deux capitales, faites fous les ordres & par les foins de M. Foucault, répand un grand jour fur l'ancienne géographie de cette partie des Gaules, & fixe l'incertitude de nos auteurs. La pofition de *Crociatonum* étant déterminée aux ruines qui font voifines de Valognes, & celles d'*Arigenus* à Vieux, M. l'abbé Belley a confulté la table de Peutinger, qui décrit des voies romaines dans ce même pays : il a penfé qu'*Arægenne*, repréfentée comme une ville capitale, étoit la même ville qu'*Arigenus*, comme c'eft effectivement le même nom ; & ce qui l'a confirmé dans fon opinion, c'eft que les diftances des mefures anciennes répondent exactement aux diftances réelles & pofitives ; favoir, vingt-une lieues gauloifes depuis *Crociatonum* jufqu'à *Augufto-durum*, au paffage de la rivière de Vire, près de Saint-Fromond, & de-là vingt-quatre lieues gauloifes jufqu'à *Arigenus* ou *Arægenne*, Vieux. C'eft une chaîne itinéraire dont les extrémités font attachées aux ruines de deux grandes villes, qui font deux points fixes & indubitables.

On ne peut transporter à Bayeux la pofition d'*Arigenus* ou d'*Arægenne*, fans rompre cette chaîne ; ce qui rendroit la découverte des deux villes inutile, puifqu'elle ne répondroit plus à la diftance donnée par les anciens. La table de Peutinger eft un monument refpectable & précieux, auquel on ne doit rien changer legèrement, & fans y être forcé par les circonftances locales. Dans le cas préfent, ces circonftances demandent qu'on ne faffe aucun changement. Le paffage de la ligne itinéraire, qui partage en deux le nombre XXIIII, n'eft pas une raifon fuffifante ; on a montré précédemment par plufieurs exemples femblables, que le paffage de cette ligne ne doit opérer aucun changement dans le monument.

On dira que, fuivant la traduction latine du texte de Ptolémée *Argenis fluvii oftia*, la ville d'*Arigenus* devoit être fituée fur une rivière qui fe décharge dans l'Océan ; & que Vieux étant fituée près d'une petite rivière qui tombe dans la rivière d'Orne, à quatre lieues de l'Océan, ne peut être l'*Arigenus* de Ptolémée. On répond que le texte original de Ptolémée, foit dans les manufcrits, foit dans les imprimés connus, ne donne point après Ἀριγενους, ces mots ποτομυ ἐκβολαι ; & que par cela même la traduction latine devient fufpecte. Le traducteur a pu avoir fous les yeux un manufcrit qui portoit ces mots ; mais ce pouvoit être la faute d'un copifte qui, ayant lu dans la ligne précédente πητυ ποτ. ἐκβολάι, & voyant le mot Ἀριγένυς feul, aura ajouté par inattention ou par ignorance, les mots ποτ. ἐκβολάι. La faute vient peut-être auffi du traducteur, qui voyant le nom *Arigenus* dans le texte grec, &

croyant que c'étoit le nom d'une rivière, on a ajouté ces mots, *fluvii oftia*. Mais ce qui montre que c'eft une faute, foit du copifte, foit du traducteur, c'eft qu'on ne voit aucun exemple dans la Gaule de Ptolémée, que ce géographe, après le nom d'un peuple, ait employé feulement le nom d'une rivière, & qu'il ait omis le nom de la ville capitale. On ne peut donc oppofer cette traduction latine au texte original, foit des manufcrits foit des imprimés.

Quand même le texte original porteroit ces mots, Ἀριγενυς ποτ. ἐκβολαι, on n'en pourroit pas conclure certainement que la ville d'*Arigenus* fût fituée fur une rivière qui fe décharge dans l'Océan. Ptolémée donne avec affez d'exactitude la notice des provinces & des villes de la Gaule ; mais il n'eft pas auffi exact lorfqu'il détermine la pofition des lieux ; on en a déjà offert plufieurs exemples ; il n'eft pas plus exact fur cette partie de la Gaule dont il s'agit ; il décrit deux fois la côte feptentrionale de la Lyonnoife dans cet ordre. 1°. D'occident en orient, depuis le promontoire *Goleim*, le port *Staliocan*, l'embouchure du fleuve *Tetus* des *Biducéfiens*, des *Viducaffes Arigenus*, des *Venelli Crociatonum*, près de l'embouchure de la rivière d'Orne, des *Luxubii*, *Nœomagus* ; l'embouchure de la Seine.

2°. Je reprends la même côte d'orient en occident dans cet ordre ; depuis la Seine, les *Caletæ*, dont la capitale eft *Juliobona*, enfuite, les *Lexubii*, enfuite les *Venelli* ; après ceux-ci les *Biducaffii* ou *Viducaffes* ; & ces derniers peuples, jufqu'au promontoire *Gobæum*, les *Ofifmii*, dont la capitale eft *Vorganium*.

On voit par cette defcription répétée, que Ptolémée n'eft point exact dans la pofition des peuples & des lieux : les *Ofifmii* occupoient la partie occidentale de la côte jufqu'au cap Saint-Mahé en Bretagne, & il place immédiatement après ces peuples, les *Biducaffii* ou *Viducaffes* ; il place ceux-ci à l'occident de *Venelli*, peuples du Cotentin ; pendant que les *Viducaffes*, d'après des preuves indubitables, font à l'orient, du côté de Caën. Le même géographe étend les *Venelli* jufqu'aux *Lexubii*, peuples de Lifieux : on voit un déplacement dans toute la defcription de cette côte. Quand même ce géographe auroit dit dans fon texte original, qu'*Arigenus* eft fitué fur une rivière qui tombe dans l'Océan, ce qui ne fe trouve que dans la traduction latine, pourroit-on oppofer cette expreffion incertaine, fufpecte, & même fauffe, aux preuves réunies & indubitables tirées des monumens découverts à Vieux & des diftances données par la table de Peutinger ? Enfin, fi l'on veut défendre la leçon *Argenis fluvii oftia*, de la verfion latine, on ne peut pas dire que cette rivière d'*Argenus* eft la petite rivière d'Aure qui paffe à Bayeux. Ptolémée place les *Biducaffii* entre les *Ofifmii*, peuples fitués en Bretagne, & les *Venelli*, peuples du Cotentin ; la rivière d'*Argenus* feroit placée, fuivant ce géographe, aux environs de Dinant, en Bretagne, à trente lieues de Bayeux ; & par une conféquence néceffaire, cette ville de Bayeux ne peut être la ville d'*Arigenus*.

II. La ville d'*Arigenus* de Ptolémée, ou *Aræ-genue*, fuivant la table, ne pouvant être placée à Bayeux, il faut, pour l'éclairciffement de la géographie, rechercher quel pouvoit être le nom de cette ancienne ville de Bayeux, capitale de peuple fous l'empire Romain, & où l'on découvre encore des veftiges de fon enceinte bâtie du temps des Romains. On reconnoît aujourd'hui que les peuples Bajocaffes ont été défignés par Pline, fous le nom de *Bodicaffes*, de *Bodicaffes*, ou de *Va-diocaffes*, fuivant les variantes des manufcrits, ou de *Vadicaffes*, fuivant la plupart des imprimés de cet auteur. En effet, Pline place ces peuples entre les *Viducaffes*, la cité de Vieux, & les *Venelli*, ou les *Unelli*, peuples du Cotentin; & cet ordre eft conforme à la fituation refpective & réelle de ces trois peuples. Ptolémée a placé dans la Lyonnoife, comme Pline, les peuples *Vadicaffes*, dont la capitale étoit *Nœomagus*. Si ces peuples font les mêmes que ceux de Pline, le nom de la ville de Bayeux, qui, d'ailleurs, n'eft pas connu, fera *Nœomagus*. Ce point, qui eft intéreffant, mérite d'être examiné.

Tous les manufcrits & les imprimés de Ptolemée donnent cette leçon : Ο'υαδικάσσιοι, και πόλις Νοιόμαγος.

Il n'en eft pas de même de Pline : on trouve des variantes, foit dans les manufcrits, foit dans les imprimés; les variantes des manufcrits connus fe réduifent à trois, favoir : *Bodicaffes*, *Bodicaffes* & *Vadiocaffes*.

La leçon *Bodicaffes* fe trouve dans les plus anciens manufcrits; dans fix manufcrits de la bibliothèque du roi, un du IXe fiècle, un du XIIe, un du XIIIe, & trois du XIVe; dans cinq manufcrits de la bibliothèque du Vatican, dont le plus ancien eft du IXe ou Xe fiècle, les autres font du XIVe ou du XVe; dans un manufcrit de la bibliothèque impériale de Vienne, du commencement du XIIe fiècle; dans le manufcrit de Beffarion, à la bibliothèque de Saint-Marc, à Venife, du XVe fiècle; dans le manufcrit de la bibliothèque du collège de Baliol, à Oxford, en beaux caractères & anciens; & dans le manufcrit de la bibliothèque Bodléienne de la même ville.

La leçon *Bodicaffes* fe trouve dans quatre manufcrits de la bibliothèque du roi, dont un du XIVe fiècle & les trois autres du XVe; dans fept manufcrits de la bibliothèque du Vatican, & dans feize manufcrits qu'avoit confultés Publius - Auguftus Graziani, dans les années 1518, 1519 & 1520; fuivant une note qu'on a bien voulu communiquer de la même bibliothèque.

La leçon *Vadicaffes* ne s'eft trouvée jufqu'à préfent, que dans le feul manufcrit de Chifflet, qui fut communiqué à Jacques Dalechamps, & dont il eft fait mention dans les éditions.

Quant aux imprimés, les variantes de Pline fe réduifent à trois, favoir : *Bodicaffes*, *Vadicaffes* & *Bodiocaffes*, fuivant plus de quarante éditions de Pline.

La leçon *Bodicaffes* fe trouve dans les plus anciennes éditions, qui tiennent lieu de manufcrit; dans l'édition de Venife, la première de toutes, de l'an 1469; dans celle de 1470; dans une autre de Venife en 1472, chez Nicolas Jenfon; dans celle de 1476; dans une autre en italien, de la même année. Dans les éditions de Trévife, de l'an 1479; dans deux de Parme de l'an 1480 & 1481; dans celle de Venife de 1483, par les foins de Reynal de *Novimago*; dans une autre de 1495; dans celle de Verceil de 1503, & dans l'édition de Paris de 1516; dans une très-ancienne édition de Bodélienne, fans date ni lieu d'impreffion, & dont les initiales font enluminées.

La leçon *Vadicaffes* fe voit dans l'édition de Venife de 1497, chez *Benalius*; dans l'édition d'Hagneau de 1518; de Paris, 1524; dans celle de Cologne de la même année, par les foins de *Jean Cæfarius*; dans l'édition de Paris de 1526; dans deux éditions de Paris de l'an 1532; l'une chez Jean Petit, par Pierre Bellocinias, l'autre d'après Hermolaüs, chez Galliot du Pré, & dans toutes les éditions poftérieures, au nombre de vingt, données d'après différens auteurs, Hermolaüs Barbarus, Erafme, Jean Nicolas Victorius, Sigifmond Gélenius, avec les variantes de Turnèbe, de Jofeph Scaliger & de Lipfe, d'après Dalechamps, & dans les éditions des *Variorum*.

La leçon *Bodiocaffes* ne fe trouve que dans les éditions du P. Hardouin des 1685 & 1723.

D'après ce détail, on voit que la leçon *Bodio-caffes* fe trouve dans les plus anciens manufcrits, que la variante *Bodicaffes* fe voit dans le plus grand nombre de manufcrits; que la leçon *Va-diocaffes* ne fe trouve que dans un feul manufcrit, & que la leçon *Vadicaffes*, qui ne fe trouve dans aucun manufcrit connu, a été employée pendant près de deux fiècles d'après Hermolaüs Barbarus & d'autres favans, dont quelques-uns difent, à la tête de leur édition, avoir confulté des manufcrits, & n'ont mis aucune variante fur ce mot.

Il eft difficile de prononcer fur ces différentes variantes quelle eft la meilleure; on peut croire néanmoins que c'eft la leçon qui approche le plus de *Bajocaffes*, & conféquemment que c'eft la leçon de Chifflet. En effet, *Vadiocaffes* ou *Badio-caffes*, qui eft le même chofe, eft le même nom que *Bajocaffes*, à la différence du *d*, qui fe trouve fupprimé dès le quatrième fiècle. Sidonius Apollinaire (*L. IV, epift. 18*), évêque de la cité d'Auvergne en 472, c'eft à-dire, de Clermont, mort en 482, appelle *prædia Bajocaffina*, des terres fituées dans la cité de Bayeux; & Aufone (*Auf. Prof. num. 4*), mort vers 392, appelloit les habitans de cette cité *Bajocaffes* : le même nom a été employé par Grégoire de Tours, & on lit BAIQCAS fur les monnoies des rois de France de la première race.

De toutes ces variantes de Pline, celle qui approche le plus de *Vadicasses* ou *Badicasses* de Ptolemée, est la leçon *Bodicasses*, qui se trouve dans le plus grand nombre de manuscrits, & dans les plus anciennes éditions; la seule différence est la première syllabe *Ba*, qui se voit dans les manuscrits de Chifflet. Il y a moins de différence entre les *Badicasses* de Ptolemée & les *Bodicasses* de Pline, qu'il n'y en a entre les *Bodicasses* & entre les *Bodiocasses* & les *Vadiocasses* du même auteur. C'est pourquoi les savans éditeurs de Pline n'ont pas fait difficulté d'adopter, d'après Hermolaüs Barbarus, la leçon *Vadicasses*, comme on l'a montré ci-dessus. Il y a plus, les savans ont regardé les peuples nommés par Pline & par Ptolemée, comme ne faisant qu'un seul & même peuple. Je range dans cette classe Ortélius, Paul Merula, Bertius dans son édition de Ptolemée; Adrien de Valois, Cellarius, & le P. Hardouin. Celui-ci, dans une de ses notes sur Pline, dit: *Bodiocasses*, Ptolemæo Ουαδίκασσοι.

On ne peut dire que tous ces savans ont été trompés par Hermolaüs Barbarus, qui auroit interpolé le texte de Pline.

1°. Plusieurs éditeurs n'ont point suivi Hermolaüs Barbarus, & ils ont travaillé sur leur propre compte. On lit dans l'édition de Cologne de 1524, que Jean Cæsarius avoit fait plusieurs notes & corrections au texe de Pline: *quam operam eidem Joanni Cæsario, omnes bonarum litterarum studiosi vetustos codices.* Jean-Nicolas Victorius, dans l'édition de Lyon de 1561, dit l'avoir rédigée, *partim è vetustissimorum codicum collatione;* ainsi ces savans n'auront pas tiré la leçon *Vadicasses* d'Hermolaüs Barbarus.

2°. Quand même ils l'auroient prise d'Hermolaüs, on ne peut pas dire que ce savant ait interpolé le texte de Pline; il mourut en 1403: & dans l'édition de 1495, que M. Capperonier a communiquée avec les variantes des manuscrits de la bibliothèque du roi sur ces mots du IV° Liv. *Inducasses, Bodicasses,* on lit cette note d'Hermolaüs: Ptolemæus *Viducasses* & *Vadicasses,* sans citer d'autres autorités. On voit que dans cette édition, faite après la mort d'Hermolaüs, le texte de Pline n'étoit pas changé, qu'Hermolaüs n'y avoit rien inséré, &, conséquemmeut, qu'il n'avoit point *interpolé*: il avoit seulement expliqué le texte de Pline, par le texte de Ptolemée. Au lieu de la leçon *Inducasses* des anciennes éditions, il proposoit de lire *Viducasses,* la vraie leçon, qui est confirmée par de très-anciens manuscrits, & qui l'a été invinciblement depuis par le marbre de Thorigny.

Quant à la seconde leçon qu'il propose, *Vadicasses,* on ne la trouve point exactement dans aucun manuscrit de Pline qui nous soit connu; mais elle se voit, à la différence d'une seule lettre,

dans la plupart des manuscrits de cet auteur; & cette leçon a paru si fondée, qu'elle a été donnée ou suivie par plusieurs éditeurs célèbres, & par des savans distingués.

3°. Hermolaüs Barbarus ne doit pas être considéré comme un simple littérateur, ou comme un critique ordinaire: c'étoit un savant du premier ordre, d'une ancienne famille patricienne de Venise; il a mérité les éloges des plus grands hommes de son temps: il savoit le grec parfaitement; il a donné une paraphrase sur Aristote, une traduction de Dioscoride avec des notes. Il a laissé d'autres ouvrages. Le cardinal Pierre Bembo le représente comme un homme aussi vertueux que savant: *Doctissimum præstantissimumque omnibus indisciplinis virum, sanctissimumque hominem.* Son mérite étoit si reconnu, que, pendant qu'il étoit ambassadeur de Venise à Rome, le pape le nomma patriarche d'Aquilée. Hermolaüs accepta le patriarchat, sans avoir obtenu le consentement du sénat de Venise; & se voyant menacé par le conseil des dix, que son père ne put fléchir, il resta à Rome, où il mourut le 21 mai de l'an 1493, dans la trente-neuvième année de son âge, presque abandonné de tout le monde. Pierius Valerianus, qui a composé un petit ouvrage de *litteratorum infelicitate,* fait mention honorable de l'infortuné Hermolaüs. Ce savant homme, dans environ cinq mille corrections qu'il avoit proposées sur Pline, a bien pu se tromper quelquefois; mais on a vu que celles dont il s'agit, sont fondées sur les variantes même des manuscrits de Pline, & sur l'aveu d'un grand nombre de savans.

Au reste, la légère différence qui se trouve entre les variantes des manuscrits de Pline & la leçon de Ptolemée, est moindre que celle que l'on remarque en d'autres noms des peuples de la Gaule, nommés par Pline & par Ptolemée, qu'on regarde indubitablement, malgré cette différence, comme un seul & même peuple. Il suffit d'en rapporter quelques exemples sur un plus grand nombre. *Diablendi* de Pline, *Diauleææ* de Ptolemée, Jublains. *Eburovices, Eburaici,* Evreux'; *Vellocasses, Veneliocassi,* le Vexin; *Ulmanetes, Sumanecti,* ceux de Senlis; *Suessiones; Onessones,* ceux de Soissons; *Salluvii, Salices,* ceux d'Aix en Provence; *Turones, Turupii,* ceux de Tours, &c.

Si Ptolemée avoit placé les peuples *Vadicasses* sur la côte septentrionale de la Lyonnoise, tout le monde reconnoîtroit sans peine que ces peuples sont les mêmes que ceux qui sont mentionnés par Pline, quoiqu'il y ait une légère différence entre les noms donnés par les deux auteurs: toute la difficulté se réduit à ce que Ptolemée a placé les *Vadicasses* à l'extrémité de la Lyonnoise, du côté de Lyon. Il faut donc examiner quelle peut être l'autorité de Ptolemée dans la détermination qu'il donne aux peuples & aux villes de la Gaule.

III. Ptolemée florissoit dans la ville d'Alexandrie, sous les règnes d'Adrien & d'Antonin-Pie : c'étoit un célébre astronome & un savant géographe. Il a recueilli, dans son Almageste, un grand nombre d'observations importantes : ses huit livres de géographie font un monument précieux ; nous lui devons la connoissance des anciens noms de plusieurs capitales des peuples de la Gaule, que nous ignorerions ; la plupart de ces villes ayant quitté leur nom primitif pour prendre le nom du peuple. Ce géographe paroît avoir eu sous les yeux une notice exacte des provinces de la Gaule, des peuples & des villes qui la composoient ; mais il ne paroît pas avoir eu une connoissance aussi précise de la position respective des peuples & des villes ; il les a souvent & étrangement déplacés. *Ptolemæus*, dit Bertius, dans la préface de son édition, *Alexandriæ cùm scriberet & tabularum ab aliis scriptarum fidem lequeretur, non est mirum, si loca quædam aliter descripserit, quàm revera sitâ sint. Nusquam enim facilius quàm in hac parte erratur.* En effet, un géographe qui n'a pas voyagé, quelque habile qu'il soit, ne peut employer, dans son cabinet, que les cartes, les descriptions, les mémoires, les observations qu'il a pu rassembler, ou qu'on lui communique. M. l'abbé de Longuerue, dans sa description de la France, dit avec raison : « Ptolemée, qui demeuroit dans Alexandrie, en Egypte, n'avoit pas une connoissance fort exacte des Gaules, si éloignées de son pays, & s'est trompé en beaucoup d'endroits. Si l'on jette les yeux sur l'*index* de la notice des Gaules de M. de Valois, on voit que ce savant a souvent corrigé, repris & expliqué ce géographe. Ptolemée lui-même avoue, ( *L. 1. c. 18* ) dans le premier livre de la géographie, qu'il est très-facile de se tromper sur la position des villes, sur lesquelles on n'a pas des observations exactes, & que l'on n'en a que sur un petit nombre ; que d'ailleurs, il est difficile de concilier les différens sentimens des auteurs qui ne font pas d'accord sur la longitude ou sur la latitude d'un lieu. La méthode qu'a suivie Ptolemée, facilite encore la multiplicité des erreurs : il assigne à chaque lieu la longitude & la latitude qu'il croit lui convenir ; il l'exprime par un nombre de degrés & par des portions de degré, & il est facile de se tromper, soit dans ces nombres, soit dans ces portions de degré. Ces erreurs peuvent s'étendre à un grand nombre de lieues. D'ailleurs, en supposant que Ptolemée ne s'est pas trompé en marquant ces nombres, on ne peut assurer que les copistes de son texte, ou les traducteurs, n'y ont pas fait de changemens. Une preuve évidente qu'ils en ont fait, c'est qu'on remarque souvent des différences de nombre de degrés ou de portions de degré, soit dans les manuscrits, soit dans les traductions.

Il ne faut donc pas être étonné si l'on trouve dans Ptolemée, des déplacemens considérables dans la Gaule. M. l'abbé Belley a remarqué ailleurs que ce géographe place les *Abrincatui*, Avranches, sur la Seine ; les *Eburovices*, Evreux, sur la Loire d'un côté, & sur la Seine de l'autre : il représente les *Atrebates*, comme peuples maritimes & voisins de la Seine ; les peuples *Remi*, de Reims, sur la même rivière.

A ces déplacemens, qui font frappans, on peut en ajouter plusieurs autres. Ptolemée place les *Redones*, ceux de Rennes, sur la Loire, près des *Senones*, & dans le voisinage des peuples *Cadurci*, du Quercy ; les peuples *Ruteni*, du Rouergue, & leur capitale *Segodunum*, Rhodès, au-delà de la Garonne & d'Auch, vers la rivière d'Adour, au pied des Pyrénées ; les peuples *Tricastini*, de Saint-Paul-trois-Châteaux, sur le lac de Genève ; & pour abréger l'énumération des fautes de Ptolemée sur la Gaule, il suffit de renvoyer à la carte dessinée par Gérard Mercator, d'après ce géographe ; on y voit de fréquens déplacemens sans aucun rapport des positions des villes, soit entre elles, soit avec les côtes maritimes.

Mercator dit qu'il a dressé les tables de Ptolemée, *ad autoris mentem*, d'après cinq versions les plus authentiques, soit manuscrites, soit imprimées : il ne se flatte pas d'y avoir réussi. Après un long & pénible travail, il a reconnu que le texte de Ptolemée a été altéré par la négligence ou par la hardiesse des copistes ; ensorte qu'on ne peut assurer que de dix noms de lieu un seul soit dans sa vraie position. *Adeò ut ne decimâ quidem post eorum, quæ apud Ptolemæum sunt nominum, hodie suis locis certò & sine omni controversiâ designari queat.* (Gérard. Merc. præf. p. 1.) C'est pourquoi il a donné un grand nombre d'explications & de corrections sur les cartes de Ptolemée.

Bertius les a revues, augmentées & corrigées : cependant, malgré ce travail, il y a trouvé encore un grand nombre de difficultés, & a remarqué que les exemplaires de Ptolemée différent beaucoup entre eux, *exemplararia Ptolemaïca admodum inter se dissentire*, & que les copistes ont eu la hardiesse de changer les lieux, les nombres & le discours : *Tantumque sibi vel scribarum licentiam, vel aliorum audacium sumpsise, ut & loca & numerus & orationem immutarint.* Il a trouvé sur-tout beaucoup de diversité dans les nombres qui désignent les degrés de longitude & de latitude. Il en donne pour exemple une seule page, qui est la 96e, dans laquelle il a trouvé jusqu'à dix fautes ; & entr'autres, une erreur de treize degrés sur la longitude ; & il ajoute que cet exemple doit suffire entre mille : *Atque hæc in unâ piginâ. Infinitum esset reliqua recensere : sufficiat pro mille correctionibus una ista observatio.*

Ainsi parloient les savans qui ont étudié & approfondi la géographie de Ptolemée ; & pour se convaincre que l'on ne peut compter sur la certitude de la géographie de Ptolemée, c'est qu'elle a été donnée jusqu'à présent, ni sur les mesures en longitude

longitude & en latitude, il fuffit de lire avec quelque attention les préfaces de Bertius & de Mercator, & Snellius, dans fon *Eratofthenes Batavus.*

Cependant, quoique la géographie de Ptolemée ait été étrangement altérée par les copiftes & par les traducteurs, elle eft encore un monument précieux & utile; & pour ne parler que de la Gaule, qui eft notre objet actuel, ce géographe donne une bonne notice des provinces, des peuples & des villes. Quant à la pofition des lieux, quoiqu'il fe foit fouvent trompé, on peut tirer des avantages de fa géographie en la comparant avec les anciens auteurs, avec les itinéraires, les notices civiles & eccléfiaftiques, avec les actes & les écrivains du moyen âge, & enfin avec la pofition réelle & pofitive des lieux.

C'eft ainfi qu'on peut rappeller à leur véritable pofition les lieux que Ptolemée a déplacés. M. l'abbé Belley donne quelques exemples de corrections que l'on peut faire au texte de Ptolemée.

Céfar, dans fes commentaires, avoit nommé les peuples *Redones*, au nombre des peuples armoriques ou maritimes. Ptolemée les place dans l'intérieur des terres, loin de l'Océan, fur la Loire : παρὰ τον Αιγειρα ποταμον, dans le voifinage des peuples Sénonois ; &, par les nombres en longitude & latitude, il les fait voifins des *Cadurci*, & leur donne pour capitale *Condate*. Il a été facile de corriger cet étrange déplacement de Ptolemée, en rappelant, d'après les commentaires, ces peuples vers les côtes de l'Océan. Suivant les notices des provinces & des cités, ces peuples étoient de la troifième Lyonnoife, dont Tours étoit la métropole. Ils avoient un évêque dès la fin du quatrième fiècle. Leur capitale, fuivant Ptolemée, étoit *Condate*, qui prit, comme tant d'autres, ce nom de fon peuple *Redones*, & l'on a connu, par les itinéraires, que la ville de *Condate* eft Rennes en Bretagne.

Les peuples *Abfincatui*, fuivant Pline, étoient dans la Lyonnoife. Ptolemée les fait voifins de la Seine, μέχρι τε Σηκόανα ποταμοι Α'ϐριγκάτονοι, & leur donne pour capitale, la ville d'*Ingena.* La notice des provinces & des villes, place les peuples *Abfincatæ*, dans la feconde Lyonnoife, fous la métropole de Rouen. Ces peuples eurent un évêque dès la fin du vi.e fiècle. On fait, par une tradition conftante, que les évêques de ces peuples ont réfidé dans leur capitale, qui prit le nom du peuple *Abfincatæ* ou *Abfincates*, & dans la fuite *Abrincæ*, Avranches. Par-là on rétablit ces peuples fur la côte de l'Océan, dans leur vraie pofition, bien loin des rives de la Seine.

Ptolemée, par un déplacement auffi étrange, avoit tranfporté les *Turones*, les *Meldi*, les *Vadicaffes*, dans l'intérieur de la Gaule Lyonnoife, dans le voifinage des *Segufiani*, du Forez : il a été facile de corriger les erreurs de Ptolemée. Céfar, Pline & Tacite ont parlé des *Turones* ou *Toroni* : Ptolemée leur donne pour capitale *Cæfarodunum*,

qui a pris le nom du peuple *Turones.* La notice les place dans la troifième Lyonnoife. Ils ont eu des évêques dès le iv.e fiècle, qui ont porté le nom de cette ville, & l'on a connu par la réunion de cinq voies romaines, que *Cæfarodunum* eft la ville de Tours.

Céfar fait mention des *Meldi*, qui devoient être fitués fur une grande rivière, puifque l'on conduifoit de-là, fur l'Océan, des vaiffeaux ou navires que l'on y fabriquoit. Strabon & Pline parlent de ces peuples. Ptolemée leur donne pour capitale, la ville d'*Iatinum*, qui prit le nom du peuple *Meldi.* La notice des provinces les place dans la quatrième Lyonnoife, fous la métropole de Sens : elle a eu, dès la fin du quatrième fiècle, des évêques qui y ont toujours fait leur réfidence. La table de Peutinger, décrit une voie romaine qui paffoit par cette ville, à feize lieues gauloifes d'*Auguftomagus*, Senlis. Toutes ces circonftances combinées, ont fervi à corriger fùrement l'erreur de Ptolemée, en plaçant les *Meldi* à Meaux, à environ foixante-dix lieues de la pofition que Ptolemée leur avoit affignée.

Quant aux *Vadicaffes*, qui font l'objet principal de cet article, Ptolemée les place après les *Meldi*, vers la Belgique : πρὸς τῇ Βελγικῆ, & leur donne pour capitale *Næomagus.* Nous avons vu dans le fecond article, que Pline place auffi dans la Lyonnoife les peuples *Bodiocaffes*, ou, fuivant d'autres variantes, *Bodicaffes* & *Vadiocaffes* ; que ces peuples de Pline ont le même nom que les *Vadicaffes* de Ptolemée. Or, on reconnoît aujourd'hui que les peuples nommés par Pline font ceux de Bayeux ; on doit reconnoître par conféquent que les peuples nommés par Ptolemée font les peuples de Bayeux.

Et ce qui prouve que ces deux noms défignent le même peuple, c'eft que jufqu'à préfent on n'a pu affigner, dans toute l'étendue de la Lyonnoife, aucun autre lieu où l'on puiffe placer les *Vadicaffes* de Ptolemée. M. l'abbé Belley ne parle pas de fix ou fept opinions différentes appuyées fur l'autorité de Ptolemée, qui ont placé en différens milieux les *Vadicaffes* ; opinions difcutées ailleurs : il examine ici feulement l'opinion de trois auteurs, qui, en s'attachant à l'expreffion πρὸς τῇ Βελγικῆ, vers la Belgique, ont fixé les *Vindicaffes* à Chalonsfur-Marne, ou à Château-Thiéry, ou dans le Valois.

On répond à ces auteurs, que, fuivant Ptolemée, les peuples dont il s'agit faifoient partie de la Lyonnoife, & que Châlons, Château-Thiéry & le Valois, ont toujours été de la Belgique même.

De ces trois pofitions, la plus difficile à foutenir eft la pofition dans le Valois, aux environs du château de Vé.

1.° Le nom de Vé, que l'on croit abrégé des *Vindicaffes*, vient du mot *Vadum*, comme on le voit par un très-ancien acte du x.e fiècle : *Vadum, ex cujus vocabulo comitatus appellari confuevit Va-*

*densium.* Le *comitatus* ou *pagus Vadensis*, est nommé *Vadisus* dans les capitulaires. Ce comté a été ainsi nommé d'un ancien château appelé *Vadum*, parce qu'il étoit situé auprès d'un gué ou passage, sur la petite rivière d'Autonne; & si ce château n'a pas été construit dans le fond de la vallée, au passage même de la rivière, c'est que les seigneurs qui l'ont fait construire auront préféré une situation & plus saine & plus sûre. On pourroit encore citer d'autres exemples où le passage d'une petite rivière ou d'un ruisseau a été nommé *Vadum.*

Mais on voit évidemment que le nom *Vadisus* ne peut venir de *Vadicasses*, si l'on compare ce nom avec d'autres noms de peuples qui avoient la même terminaison. De *Bajocasses* on a formé *Bajocasinus; de Durocasses, Duocassinus* ou *Dorcassinus; de Tricasses, Tricassinus; de Veliocasses, Valiocassinus*: en suivant la même analogie de *Vadicasses* on a dû dire, *Vadicassinus*, & non pas *Vadisus*. Or, *Vadicassinus* ou *Badicassinus* est le même nom abrégé en *Basiginus*, *Baïsinus*, le bassin, le pays de Bayeux.

2°. On a prouvé précédemment que les anciennes capitales des peuples de la Gaule étoient toutes situées sur une ou plusieurs voies romaines, puisque les colonnes étoient numérotées en partant de la capitale de chaque côté. Or, aucune voie romaine ne passe par le lieu de Vé, qui étoit cependant dans l'alignement de la route de Soissons à Senlis, & la voie qui conduisoit de l'une à l'autre de ces villes, & qui subsiste encore en partie, passe à deux lieues de Vé. La traversée d'une forêt, une vallée profonde n'auroient point empêché le gouvernement Romain de faire passer à Vé, suivant l'usage général, la voie publique, si ce lieu eût été une capitale de peuples.

3°. Enfin le lieu de Vé a toujours été de la cité & du diocèse de Soissons. On ne trouve aucun acte, aucun indice qui puisse faire soupçonner le contraire. C'est un principe reconnu, qu'en général les anciens diocèses de la France répondent aux territoires des anciennes cités de la Gaule. Si ce principe étoit contesté, on pourroit le prouver, parce que le gouvernement ecclésiastique fut réglé dans l'empire Romain, quant à l'étendue des diocèses sur le gouvernement civil. Quelque révolutions qui soient arrivées depuis dans les états, on n'a pas aisément changé ces anciennes divisions. Ce système général a été suivi dans la Gaule; & l'on voit que les lieux nommés *Fins*, sur les limites des diocèses, sont encore les mêmes que les *Fines* des anciennes cités. Pour pouvoir déroger au système général, il faudroit opposer des preuves claires, certaines & évidentes. On ne combat un principe par de simples conjectures, ou par des vraisemblances: ainsi le lieu de Vé étant de temps immémorial du diocèse de Soissons, nous devons assurer qu'il a toujours été de la cité des *Suessones*, & qu'il n'a jamais été le chef-lieu d'une cité différente.

On connoît plusieurs exceptions au système général; mais ces exceptions ne sont admises que parce qu'elles sont fondées sur des preuves incontestables. Le diocèse de Rouen (ci-devant), étoit composé du territoire des deux cités de *Velliocasses*, dont *Rotomagus* étoit la capitale, & des *Caleti*, qui avoient pour capitale *Juliobona*. Il est prouvé dans les mémoires de l'académie des belles-lettres (*t. XIX, p. 655*), que *Juliobona* est Lillebonne, d'après la réunion de cinq voies romaines, plusieurs actes du moyen âge, des ruines & autres antiquités qu'on voit encore à Lillebonne.

La ville ayant été ruinée avant la fin du IV.e siècle, puisque cette cité ne se trouve point dans la notice des provinces de la Gaule, lorsque la religion chrétienne se fut établie dans les provinces septentrionales, la ville de *Juliobona* & les peuples *Caleti* furent soumis à la juridiction de l'évêque de Rouen: ainsi il est constaté par des preuves certaines & indubitables, que le diocèse de Rouen contient les territoires de deux anciennes cités.

Le diocèse du Mans (l'ancien) comprenoit les territoires de trois cités, des *Aulerci Cenomani*, des *Diablinies* & des *Arvii*. La distinction des deux dernières cités d'avec les *Cenomani*, est connue par des preuves certaines & indubitables. Il est prouvé par la notice des provinces de l'empire, que les *Diablintes* formoient encore une cité particulière au commencement du V.e siècle, *civitas Diablintum*. Il est aussi prouvé que leur capitale *Nœodunum*, est le lieu que l'on appelle aujourd'hui Jublains, dans le Maine, où l'on voit encore des terres de l'ancienne enceinte de la ville. La cité des *Arvii* ne subsistoit plus au commencement du V.e siècle, du moins on ne la trouve point dans la notice des provinces; mais on connoît encore les vestiges de la capitale de ce peuple, sous le nom de cité d'*Erve*, sur le bord d'une petite rivière de même nom. Ces deux cités n'étant pas assez considérables pour avoir chacune un évêque particulier, furent soumises, pour le spirituel, à l'évêque qui résidoit dans la capitale des *Cenomani*: elles ont donc fait partie du diocèse du Mans.

Le diocèse de Laon dépendoit anciennement de la cité ou du diocèse de Reims: *Lugdunum Clavatum* ou *Laudunum Cloatum*, étoit un château, *Castrum*, qui sous la première race de nos rois, avoit ses comtes particuliers. S. Remy, évêque de Reims, sépara une partie de son diocèse, *partem ex Remensi parochia delegavit* (Flodoard, *hist. eccl. Rem. L. III, c. 22*). Il établit à Laon un évêque, & nomma Génébaud, illustre par sa naissance & par ses qualités personnelles: cette érection est d'environ l'année 514. On pourroit ajouter quelques autres exemples de deux cités réunies en un seul diocèse; mais ces exemples, qui sont des exceptions au système ou principe général, sont fondés par des faits connus & certains. On ne peut donc comparer à ces exemples des présomption fondées uniquement fur des conjectures incertaines , & fur des reffemblances de nom.

Il faut donc reconnoître que l'autorité de Ptolemée, après tous les exemples de fréquens & étranges déplacemens dans un grand nombre de positions de la Gaule, ne doit pas empêcher que les peuples *Vadicaffes* de ce géographe, ne foient confidérés comme les mêmes que les peuples de Pline, qu'on reconnoît aujourd'hui être les *Bajocaffes*, les peuples de Bayeux. On dira peut-être qu'il faut donc *effacer* dans le texte de Ptolemée ces expreffions μετὰ ὲς (Μέλδας) πρὸς τῇ Βελγικῇ Ὀυαδικάσσιοι , *poft Meldas verfus Belgicam Vadicaffes, quorum urbs Nœomagus.*

Le texte des anciens auteurs doit toujours être refpecté; on n'y peut rien changer fans y être autorifé par les manufcrits. Ainfi on ne doit point *effacer* ces expreffions de Ptolemée, qui regardent les *Vadicaffes*; mais il faut tâcher de les expliquer en les rapprochant des autres auteurs anciens. Si l'on ne peut y parvenir, il faut avouer de bonne foi que cet auteur, qui s'eft fi fouvent trompé dans d'autres pofitions de la Gaule, s'eft auffi trompé dans celle dont il s'agit. On ne doit point effacer dans Ptolemée ces expreffions qui regardent les *Atrebates* : Κατεχοῦσι δὲ τὴν , παραλίου.... παρὰ μὲν τὴν Σηκόαναν , *tenent maritima juxta fiquanam fluvium* ; ni ces expreffions qui placent le *Abrincatui* après les *Naumetæ* fur la Seine : μέχρι τοῦ Σηκόανα ποταμοῦ ; ni cette autre expreffion qui porte les *Redones* fur la Loire, dans le voifinage de Sens : παρὰ μὲν τὴν Λίγειρα ποταμὸν Ρἠδόνες , και ἀνατολικώτεροι ἀυτῶν Σένονες. On n'efface point ces expreffions dans Ptolemée ; & comme on ne peut ni les expliquer, ni les excufer, on eft obligé de convenir que l'auteur s'eft trompé, comme dans beaucoup d'autres occafions.

Cependant on pourroit excufer l'expreffion de Ptolemée, πρὸς τῇ Βελγικῇ , *verfus Belgicam,* en difant que les *Vadicaffes*, placés après la ville de Bayeux, feroient peu éloignés des confins de la Belgique, que ce géographe étend jufqu'à la Seine. Il n'y a que dix-huit ou vingt lieues communes de France entre les frontières de cette cité & l'embouchure de la Seine.

En plaçant les *Vadicaffes* à Bayeux, toutes les difficultés difparoiffent, le géographe fe trouve d'accord avec Pline. L'ancien nom de Bayeux, qui d'ailleurs feroit inconnu, eft *Nœomagus*, nom celtique, qui convient à une très-ancienne ville, fituée fur une voie romaine où l'on a découvert des antiques. D'ailleurs ce fentiment eft conforme à l'opinion de prefque tous les éditeurs de Pline, du P. Hardouin même, & des autres favans qui ont penfé que les peuples de Pline & de Ptolemée étoient un feul & même peuple. Si ces écrivains n'ont pas placé ces peuples à Bayeux, c'eft, ou parce qu'ils ont trop déféré à l'autorité de Ptolemée, dont le texte fembloit les placer ailleurs, ou parce que plufieurs d'entre eux ont cru que les peuples

de Bayeux étoient les *Viducaffes* de Pline. Mais l'importante découverte des ruines de Vieux, faite fous les ordres & par les foins de M. Foucault, a répandu un grand jour fur cette partie de la géographie de la Gaule. Cette découverte a démontré que la capitale des *Viducaffes* étoit fituée à Vieux, & qu'on ne devoit plus la confondre avec la capitale des *Badiocaffes*, qui font les *Vadiocaffes* ou *Badiocaffes* de Pline , & les *Vadicaffes* de Ptolemée.

On a prouvé précédemment, article II, que Pline & Ptolemée ont placé dans la Lyonnoife des peuples dont le nom eft le même ; & dans le troifième, que l'autorité de Ptolemée n'eft pas une raifon fuffifante pour en faire deux peuples diftincts & féparés. Or, on ne peut leur affigner aucune autre pofition dans cette étendue de la Lyonnoife : donc, par une conféquence néceffaire , les peuples nommés par Ptolemée doivent être placés dans la même cité.

*N.B.* Cet article, peut-être, paroîtra un peu long ; mais je prie, 1°. d'obferver qu'il éclaircit un point important de la géographie de l'ancienne Gaule ; 2°. qu'il fert auffi pour l'article *Viducaffes* ; 3°. que la nouvelle divifion de la France interrompant toute efpèce de rapport avec la divifion des Gaules, puifqu'elle détruit les anciens diocèfes ; ce qui rappelle le rapport de ces anciens diocèfes avec les cités des Gaulois, eft précieux à conferver dans un ouvrage confacré à la géographie ancienne ; 4°. qu'il s'y trouve des remarques d'une critique éclairée fur la géographie de Ptolemée, que je n'avois pas eu occafion de mettre ailleurs, & qui font ici en dépôt, fans être étrangères à l'article, puifqu'il n'y eft rien dit de la France.

VADICASSII ou VADICASSES, peuples de la Gaule Celtique, ou Lyonnoife, après les *Meldi*, aux confins de la Belgique, felon Ptolemée. Pline écrit *Vadicaffes*. ( *Voyez* l'article précédent ).

VADIMONIS LACUS, lac de l'Italie, dans l'Etrurie, au voifinage d'*Ameria*, & près de la terre de Calpurnius Fabatus, nommée par Polybe *Amerina Prædia.*

VADNIA, ville de l'Hifpanie citérieure, chez les *Cantabri*, felon Ptolemée.

VADOMARII, bourg ou canton de la Germanie, au voifinage de la Rhétie, & qui appartenoit aux *Alamanni*, felon Ammien Marcellin.

VÆRIACA, nom d'une ville de la Phénicie , felon la notice des dignités de l'empire.

VÆSAPA, ville de l'Afie, dans la petite Arménie, vers les montagnes, & éloignée de l'Euphrate, felon Ptolemée.

VAGA ( *Tagadempt* ou *Swamma* ), ville de l'Afrique, dans l'intérieur de la Mauritanie céfarienfe, à l'orient de la ville de *Cirta*, felon Ptolemée.

Cette ville étoit fituée vers le fud-eft de *Victoria*.

Elle eft nommée Βάγα, *Baga*, par Plutarque, & par Ptolemée Ὀυάγα, *Vaga*.

C'eſt de cette ville dont parle Silius Italicus, *L. III, v. 2 9.*

*Tum Vaga, & antiquis dileſtus regibus Hippo.*

En rapprochant ce que dit Plutarque, de ce que dit Saluſte, on voit que c'eſt la *Baga* de l'hiſtorien Grec, que l'hiſtoire appelle *Vacca.* Elle fut un des ſièges épiſcopaux de la Numidie.

VAGÆ. *Voyez* VACCA.

VAGABBANTA, lieu de l'Aſie, au voiſinage de la Perſide, & où il étoit difficile de mettre les légions en bataille, ſelon Ammien Marcellin.

VAGADENSIS, ſiège épiſcopal d'Afrique, dans la Numidie, ſelon la notice épiſcopale d'Afrique.

VAGAL, ville de l'Afrique, dans la Mauritanie céſarienſis, ſur la route de *Ruſucurrum* à *Catama*, entre *Gadaum Caſtra* & *Caſtellum Tingitanum*, ſelon l'itinéraire d'Antonin.

VAGALITANUS, ſiège épiſcopal d'Afrique, dans la Mauritanie céſarienſe, ſelon la conférence de Carthage.

VAGEATENSIS, ſiège épiſcopal d'Afrique, ſelon la conférence de Carthage.

VAGENI, VAGENNI, BAGENI, *ou* VAGIENNI, peuples de l'Italie, dans la Ligurie, vers les ſources de l'*Eridanus*, ſelon Silius Italicus. Pline les nomme *Vagienni Ligures.*

La capitale ſe nommoit *Auguſta Vagiennorum.* Silius dit, en parlant, de ce peuple, *L. VIII, c. 607:*

*Tùm pernix Ligus, & Sparſes per Sexa Vagenni In decus Annibalis durus miſere nepotes.*

Ils étoient proche des *Taurini;* car on ſait que la Ligurie s'étendoit au nord juſqu'au Pô, voilà pourquoi Silius Italicus les place dans les montagnes: c'eſt en effet où ils habitoient cette partie de l'Apennin.

VAGENSE OPPIDUM. *Voyez* VACCA.

VAGIENNI. *Voyez* VAGENI.

VAGNIACÆ, lieu de l'île d'Albion, ſur la route de *Vallum* à *Portus Ritupis*, entre *Novimagum* & *Durobrivæ*, ſelon l'itinéraire d'Antonin.

VAGORITUM, ville de la Gaule Lyonnoiſe, chez les *Aruvii* ou *Arubii*, ſelon Ptolémée.

VAGORITUM, ville des *Arvii*, dans la Gaule. « Les veſtiges de cette ville, dit M. d'Anville, » ſous le nom de cité d'Ervé ou d'Arvé, dans le » Maine, ont fait découvrir l'emplacement ci-devant » inconnu d'un peuple de la Gaule, dont il n'eſt » fait mention que dans Ptolémée. *Voyez* l'article » ARVII. Il faut conclure même du nom d'Arve, » qui a ſubſiſté, que la ville des *Arvii*, ainſi que » la plupart des autres capitales, avoit quitté le » le nom qui lui étoit propre, pour être déſignée

» par celui du peuple ». *Notice de la Gaule, par* M. *d'Anville, p. 688.*

VAGOSALA, nom d'un fleuve de la Scythie, ſelon Jornandès, cité par Ortélius.

VAGOTH, peuples barbares qui habitoient dans la Scandinavie, ſelon Jornandès.

VAGRAUTENSIS, ſiège épiſcopal de l'Afrique proconſulaire, ſelon la notice épiſcopale de cette province.

VAGUM, promontoire que Ptolémée indique ſur la côte orientale de l'île de Corſe.

VAGUS, fleuve que Jornandès indique aux environs de la Scandinavie.

VAHALIS: ce nom, qui ſe trouve auſſi écrit *Vachalis*, ſe retrouve même en françois dans le nom de Vahal.

De tout temps le Rhin, à l'entrée du pays des Bataves, s'eſt partagé en deux branches, dont celle qui couloit par la gauche, alloit vers l'oueſt dans la Gaule; l'autre, montant vers le nord, ſervoit de borne entre les Bataves & les Germains, puis ſe rendoit à l'Océan. Ce bras gauche fut appelé de bonne heure *Vahalis.*

On croit que ce nom venoit de l'ancien tudeſque *Waalen*, qui ſignifie détourner, parce que cette branche du Rhin ſe détournoit de la direction totale du fleuve pour tourner vers l'occident.

*Vahalis*, après s'être ſéparé du Rhin, ſe joignoit à la Meuſe: l'eſpace de terre qui étoit entre ces fleuves, ſe nommoit l'*île des Bataves*. Quoiqu'il ſoit arrivé des changemens dans les circonſtances locales du pays, M. d'Anville conjecture que la jonction du Wahal & de la Meuſe ſe faiſoit auprès de Dordrecht, avant que la mer couvrît un canton du pays appelé Bies-bos, ou bois de jonts, qui fut ſubmergé en 1421.

« Je crois, dit M. d'Anville, que Céſar ne ſouffre pas que l'on deſcende cette jonction à environ vingt mille pas, comme a fait Cluvier, &, après lui, Menſo Alting; car après avoir dit, *Moſa parte quadam Rheni receptâ, quæ adpellatur Valis* ( c'eſt ainſi qu'on lit dans le texte ): ce qu'ajoute Céſar, *inſulam efficit Batavorum, neque longiùs ab eo ( nempe Rheno) millibus paſſuum* LXXX *in Oceanum tranſit,* ne peut s'entendre de tout l'éloignement qu'il y a entre la ſéparation du Wahal d'avec le Rhin, & l'arrivée de la Meuſe dans la mer. Il faut ſavoir que l'eſpace, en ligne directe, eſt de 200 milles, & que ſans faire ſcrupuleuſement les replis d'un fleuve, on n'en comptera guère moins de 80 entre Skenk & Dordrecht. La longueur de 100 milles, que Pline donne à l'île des Bataves, & qui ſe trouve très-conforme au local, prouve bien que Céſar n'applique pas 80 milles à un eſpace qui correſpond à cette longueur de 100 milles, & qui même eſt cenſé la ſurpaſſer, vu qu'il s'agit d'un cours de rivière plutôt que d'une ligne directe. Je ne me ſuis point épargné cette diſcuſſion, ajoute ce ſavant, qui indique le vrai ſens d'un paſſage de Céſar, & qui juſtifie en même temps l'idée qu'on

doit avoir de l'endroit où le Wahal, dans son premier cours, a dû joindre la Meuse. On croit que
les communications qui précèdent aujourd'hui celles-
là, n'ont pas toujours existé, & qu'elles ont dérangé
l'ancien cours de la Meuse qui étoit plus direct au-
dessous de Barenbourg, & se rendoit au pied de
*Mons Littoris*, qui a pris le nom de Sainte - Ger-
trude. Le nom de Wahal se lit *Vahalis* dans Tacite,
qui dit se conformer aux gens du pays. *Vahalem
accolæ dicunt* ».

Sidoine Apollinaire & Fortunat voulant apparemment éviter la dureté de l'aspiration dans leurs poésies,
ont dit *Vacalis*. La table Théodosienne représente un
cours de rivière sous le nom de *fiu Patabus*, le long
d'une route qui remonte depuis le rivage de la
mer jusqu'à *Naviomagus* ou Nimègue ; ce qui paroît
répondre au *Vahalis*. On sent bien qu'il faut lire
*Batavus* au lieu de *Patabus*.

VALREPHAIM, vallée de la Palestine.

VALA, ville de l'intérieur de la Thrace, selon
Ptolemée.

VALA, ville de l'Afrique, dans l'intérieur de la
Mauritanie Tingitane, selon Ptolemée.

VALATHA, lieu de l'Asie, dans la Syrie,
près de la ville d'Antioche, au voisinage de
*Daphne*, selon Joseph. Cet auteur dit que le prudent Saturnius donna ce lieu, qui étoit fortifié,
à un Juif de Babylone, qui avoit passé l'Euphrate
avec quinze cens archers.

VALCUM, lieu de la basse Pannonie, sur la
route des Gaules, entre *Silacensis* & *Mogetiana*,
selon l'itinéraire d'Antonin.

VALDANUS, ou VALDASUS, fleuve de la
Pannonie. Pline en indique l'embouchure au-dessus
de celle du *Savus*.

VALENA, ville située dans la haute Pannonie, & éloignée du Danube, selon Ptolemée.

VALENSES, ou VIOMENSES, peuples de l'Italie,
entre Rome & Ravenne, selon Ortélius.

VALENTIA ( *Valence* ), ville de l'Hispanie
citérieure, sur le *Turia*.

On ne sait pas le commencement de cette ville ;
on voit seulement par l'épitome du LV<sup>e</sup> livre de
Tite-Live, que, l'an de Rome 614 ou 615, le
consul Junius Brutus, étant en Hispanie, donna
cette ville aux troupes qui avoient servi sous Viriatus. On y a trouvé l'inscription suivante :

C. VALENTE HOSTILIANO

MESSIO. QUINCTIO

NOBILISSIMO. CÆS.

PRINCIPI JUVENTUTIS

VALENTINI

VETERA ET VETERES.

Pompée, dans la guerre de Sertorius, ayant
défait C. Herennius, détruisit *Valentia* : elle fut

ensuite rétablie par César. Elle a sur quelques
médailles le titre de colonie, & Pline en est d'accord. Il est vrai que quelques auteurs avoient douté
que les médailles trouvées appartinssent à *Valentia*
d'Hispanie ; mais le P. Florez le prouve par de
bonnes raisons, entre autres, par leur rapport
avec celles de *Saguntum*, & la figure d'un vaisseau
qu'on y voit : ce qui prouve qu'elle étoit une ville
maritime.

VALANTIA, ville & colonie de la Gaule Narbonnoise, chez les *Segalauni*, selon Ptolemée ; &
chez les *Cavares*, selon Pline.

Dans l'itinéraire d'Antonin, cette ville est marquée sur la route de *Mediolanum* à *Lugdunum*,
entre *Augusta* & *Ursolæ*.

Selon M. d'Anville, il convient de corriger
la ponctuation dans les éditions de Pline en cet
endroit, *Arausio Secundanorum. In agro Cavarum
Valentia* ; car le point doit être déplacé, & transporté entre le nom de *Cavares* & *Valentia*, parce
que *Valentia* n'étoit point du territoire des Cavares,
dont elle étoit séparée par les terres des *Tricastini*
& des *Vacontii*, étant renfermée dans le district
des *Segalauni*, comme Ptolemée l'indique formellement. Il la qualifie de colonie ; & Ammien Marcellin nomme cette ville entre celles qui décoroient
la province Viennoise.

Cette ville, à la chûte de l'empire Romain,
fut soumise aux Bourguignons, puis aux François
Mérovingiens. Sous les Carlovingiens, elle fut du
royaume de Bourgogne & d'Arles.

On croit que le nom de Valence lui a été
donné à cause de sa force. *Valentia à viribus &
robore*, dit Hofmann.

VALENTIA, nom d'une contrée de l'île d'Albion,
selon Ammien Marcellin. Cette contrée fut conquise par Théodose l'ancien, qui s'en empara sur
les Pictes, & en fit une cinquième province
romaine. Il lui donna le nom de l'empereur Valentinien, qui régnoit alors.

VALENTIA, nom d'une ville du Pont, selon la
notice des dignités de l'empire.

VALENTIA, ville de l'Italie, dans la Messapie,
entre *Clipiæ* & *Civitas Brindisi*, selon l'itinéraire
de Jérusalem.

VALENTIA, nom d'une ville de l'Hispanie. Le
consul Junius la donna avec des terres aux soldats qui
avoient combattu sous Viriatus, selon Tite-Live.

VALENTIA, ville située dans l'intérieur de
l'île de Sardaigne.

VALENTINI, peuples que Ptolemée indique
dans l'intérieur de l'île de Sardaigne.

VALENTINI, peuples de l'Italie, dans la Calabre, selon la plupart des éditions de Pline, *L.
III, c. II*.

VALENTINIANI MUNIMENTUM. On ap-
prend d'Ammien Marcelin, que Valentinien fit
fortifier un grand nombre de places le long du
Rhin, dans toute l'étendue de son cours. Il décrit
particulièrement le travail par lequel ce prince

voulut empêcher que le Neker ne détruisît la forteresse qu'il avoit fait construire à son embouchure, dans le lieu vraisemblablement que Manheim occupe aujourd'hui. Voici ce qu'il dit : *Cum reputaret* (Valentinianus) *munimentum celsum & tutum, quod ipse à primis fundaret auspiciis præter labente Nicro nomine fluvio, paulatim subverti posse undarum pulsu immani, meatum impsum aliorsum vertere cogitavit, &c.*

VALENTINIANOPOLIS, ville de laquelle il est fait mention dans les actes du concile de Chalcédoine. Ortélius croit qu'elle étoit dans l'Asie mineure.

VALENTIUM, siège épiscopal de l'Asie, sous la métropole d'*Amida*, selon Guillaume de Tyr. Ce siège est nommé *Valentini* dans la notice du patriarchat d'Antioche, publiée par Schelstrate.

VALEPONGA, ville de l'Hispanie citérieure, au pied & vers l'est des monts *Ubeda*, près de la source du fleuve *Turia*.

Dans l'itinéraire d'Antonin elle est marquée sur la route de *Laminium* à *Toletum*, entre *ad Putea & Urbiaca*.

VALERIA (*Valera*), ville de l'intérieur de l'Hispanie citérieure, au sud d'*Ergavica*. Pline la met au nombre des colonies. Ortélius lui donne l'épithète de *Julia*; mais les savans ne sont pas de son avis.

Le P. Florez rapporte plusieurs inscriptions concernant cette ville; & D. Ant. de Ponz parle de plusieurs restes de monumens anciens.

Cette ville étoit dans la Celtibérie, un peu à l'est de la droite du *Sucro*, & à l'ouest de *Lobetum*.

VALERIA, ville de l'île de Corse. Elle avoit le titre de colonie, selon Ptolémée. Les exemplaires latins de cet auteur portent *Valeria*, & dans les grecs on lit *Aleria*.

VALERIA, nom d'une contrée de la Germanie. Elle comprenoit une partie de la Pannonie; &, selon Ammien Marcellin, elle fut ainsi appelée par Galère Maximien, du nom de Valérie sa femme, fille de l'empereur Dioclétien.

Selon Sextus Rufus, la Valérie de Pannonie étoit renfermée entre le Danube & la Drave.

VALERIA, nom de la treizième province de l'Italie, à laquelle la Nurtie étoit annexée, selon Paul Diacre. Cet auteur dit que la Valérie étoit entre l'Umbrie, la Campanie & le Picenum. Il ajoute qu'elle comprenoit le pays des Marses & leur lac appelé *Fucinus*.

VALERIA, ville de l'Italie, dans le Latium, sur la voie Valérienne, selon Strabon.

VALERIA BACCARUM, du nombre de la seconde Mœsie, du nombre de ceux où il y avoit garnison, selon la notice des dignités de l'empire.

VALERIANA VILLA, maison de campagne en Italie, dans le Brutium, selon Vopiscus. Cette maison est nommée *Valerii villa* par Cicéron.

VALETIUM, lieu de l'Italie, dans la partie de la grande Grèce que l'on appeloit Messapie.

VALI, peuples que Pline indique sur le bord du lac Méotide.

VALII, peuples de l'Ethiopie, à cinq journées de Œcalices, selon Pline.

VALLÆ, ville de la Macédoine, dans la Piérie, selon Ptolémée.

Pline donne aussi le nom de *Vallæ* au peuple qui habitoit cette ville.

VALLATA, ville de l'Hispanie citérieure, sur la route d'*Asturica* à Tarragone, entre *Asturica & Interamnum*, selon l'itinéraire d'Antonin.

VALLATUM, lieu de la Vindélicie, entre *Abusina & Submontorium*.

VALLEBANA, nom d'un lieu de la Gaule. Il en est fait mention par Ausonne.

VALLENSES, nom d'un peuple des Alpes. Ils habitoient dans la petite contrée nommée *Valinsa*, selon la notice des dignités de l'empire.

VALLI, peuples de l'Asie, sur les monts Gordiens, près des Portes Caucasiennes, qui étoient dans ces montagnes, selon Pline.

VALLIS, ville de l'Afrique propre, sur la route de Carthage à *Cirta*, entre *Sicilibra & Coreva*, selon l'itinéraire d'Antonin.

Ce mot signifie en général un fond qui s'étend à deux montagnes.

VALLIS ACHOR (ou *Vallée d'Achor*), vallée de la Palestine, au septentrion de Jéricho, selon S. Jérôme.

VALLIS AIALON (ou *Vaïalon*), vallée de la Palestine, dans la tribu de Dan, entre *Thammath & Bethsames*. Selon Josué, c'étoit de cette vallée que parloit ce conducteur du peuple d'Israël, lorsqu'après avoir arrêté le soleil, il disoit à la lune: « arrête-toi sur la *Vallée d'Aïalon* ». Comme aucun auteur de l'antiquité ne parle de cet événement, il est peu important de remarquer que l'on n'étoit pas dans la nouvelle lune; car Josué n'auroit pas vu ensemble le soleil dans un certain lieu, & la lune dans un autre. Au reste, il y a long-temps que l'on laisse aux écoles savantes de théologie les argumens qu'elles tirent de cette expression de l'écriture, pour infirmer le mouvement de la terre autour du soleil.

VALLIS ALBA, lieu de l'Asie, dans la Phénicie; selon la notice des dignités de l'empire.

VALLIS ARTIFICUM (ou *Vallée des Ouvriers*), vallée de la Palestine, dans la tribu de Benjamin, près du Jourdain.

VALLIS ARUNDINIS (ou *Vallée du Roseau*), vallée de la Palestine, près la mer Morte, selon Josué.

VALLIS BENEDICTIONIS, vallée de la Palestine, dans la tribu de Juda, à l'occident de la mer Morte, selon les Paralipomènes.

VALLIS CARINIANA, lieu de la Pannonie, sur la route de *Sopianæ* à *Acincum*, entre *Ponte*

*Sociorum* & *Corſium* ou *Gorgium*, ſelon l'itinéraire d'Antonin.

VALLIS CADAVERUM ( ou *Vallée de Tophat*): c'étoit la voirie de Jéruſalem.

VALLIS DOMITIANA, lieu de la baſſe Mœſie, ſur la route d'*Arrubium* à Nicomédie, entre *Salmorude* & ad *Salices*, ſelon l'itinéraire d'Antonin.

VALLIS ( ou *Vallée de Gad*), vallée de la Paleſtine, aude-là du Jourdain, dans le partage de la tribu de Gad, ſelon le livre des rois.

VALLIS GEHONIS (ou *Vallée du Gehon*), ſource qui couloit près de Jéruſalem, & ſe jetoit dans le torrent de Cédron.

VALLIS EMONA, ville de la Judée, dans la tribu de Benjamin, ſelon le livre de Joſué, ch. 18, v. 20.

VALLIS ( ou *Vallée de Jephtaël* ), vallée de la Paleſtine, ſelon Joſué.

VALLIS JEZRAEL, vallée de la Paleſtine, ayant la chaîne du mont *Hermon* au nord-eſt. Elle avoit pris ſon nom de la ville de Jezraël, qui y étoit conſtruite. Un torrent qui paſſoit à cette ville, couloit dans la vallée par le ſud-eſt, & venoit ſe jetter dans le Jourdain un peu au-delà de *Scythopolis*: on le nommoit auſſi *Eſdrelon*, ou le grand champ.

VALLIS ILLUSTRIS (ou *Vallée illuſtre* ), vallée de la Paleſtine, près de Sichem. *Geneſ.*

VALLIS MONTIUM (ou *Vallée des montagnes* ), nom que le prophète Zacharie donne aux vallées qui ſont autour de la ville de Jéruſalem, & où les habitans ſe ſauvèrent lorſque leur ville fut aſſiégée par les Romains.

VALLIS PENNINA. C'eſt ainſi que ce nom doit être écrit, quoique dans quelques inſcriptions on liſe *Pœnina*. Ce nom eſt emprunté du dieu *Peninus*, ou *Penninus*, & non des *Pœni*, comme on peut voir à l'article ALPIS PENNINA, ſans oublier que dans la norice des provinces de la Gaule, on lit *Alpium Penninarum*. Quoique les habitans de cette vallée fuſſent compris ſous le nom général de *Vallenſes*, que l'on trouve dans la même notice, qui partage la province des Alpes Grecques & Pennines entre deux cités, dont l'une eſt *civitas Vallenſium*; cependant on diſtingue quatre peuples dans ce que le Walais à étendue; ſavoir, *Nantuates*, *Veragri*, *Seduni*, *Viberi*, & ces derniers ſont une partie des *Lepontii*. M. Bochar rapporte une inſcription trouvée à S. Maurice par M. Abauzit, où on lit.... IIII *Vallis Poninæ*; & il eſt à préſumer que le terme de *civitates*, ou un équivalent, précédoit ce nombre IIII, qui s'accorde avec la connoiſſance que nous avons, que le Walais étoit autrefois diviſé en autant de peuples. Quand le nom de *Vallis Pennina* a ceſſé d'être en uſage, le Walais a été appelé ſimplement *pagus Vallenſis*, comme il en eſt fait mention dans un titre que l'on prétend ſe rapporter à la fondation du monaſtère d'*Agaunum*, ou S. Maurice, par Sigiſmond,

roi des Bourguignons, au commencement du ſixième ſiècle. ( *D'Anville.* )

VALLIS ou *Vallée de Sennim*, vallée de la Galilée, aux environs de Sennaa & de Cadès de Nephtali, ſelon le livre des juges.

VALLIS SILVESTRIS, ou *Vallée du Bois*, vallée de la Paleſtine, où étoient bâties les villes de Sodôme & de Gomorre, & où, depuis, ſe forma le lac Aſphaltite, ou mer Morte.

VALLIS, ou *Vallée des Tentes*, vallée de la Paleſtine, au-delà du Jourdain, & aux environs de la ville de Scoth.

VALLIS, ou *Vallée du Térébinthe*, vallée de la Paleſtine, ou étoit campé Saül, avec l'armée d'Iſraël, lorſque le géant Goliath vint inſulter les troupes des Hébreux. Cette vallée eſt au midi de Jéruſalem, vers Soco & Azeca.

VALLITANUS, ſiège épiſcopal de l'Afrique proconſulaire, ſelon la conférence de Carthage.

VALON, fleuve de l'Afrique, dans la Mauritanie Tingitane, ſelon Ptolemée.

VALTHA, nom d'une ville de l'Arabie, ſelon la notice des dignités de l'empire.

VALVA, montagne de l'Afrique, & l'une des plus conſidérables de la Mauritanie céſarienſe, ſelon Ptolemée.

VALVATA, lieu de l'Italie, dans l'Etrurie, près de l'*Arnus*, ſur la gauche & à l'eſt de *Piſæ*.

VAMA, nom de l'un des fleuves navigables de l'Inde, & qui alloit ſe perdre dans le Gange, ſelon Pline. Mais comme on n'eſt pas d'accord ſur ce nom, voyez le P. Hardouin ſur Pline, *L. VI, c. 18.*

VAMA, ville de l'Hiſpanie, dans la Bétique, chez les *Bætici-Celtici*, ſelon Ptolemée.

VAMACURES, peuples de l'Afrique propre, ſelon Pline.

VAMALLENSIS, ſiège épiſcopal d'Afrique, dans la Mauritanie ſitifenſis, ſelon la notice épiſcopale de cette province.

VAMICELA, ville de l'Afrique, dans la Mauritanie céſarienſe, ſelon Ptolemée.

VANACENI, peuples que Ptolemée indique dans la partie ſeptentrionale de l'île de Corſe.

VANARIONENSIS, ſiège épiſcopal d'Afrique, ſelon la conférence de Carthage.

VANDABANDA, contrée de l'Aſie, dans la Sogdiane, entre le mont *Caucaſus* & le mont *Imaüs*, ſelon Ptolemée.

VANDALI ( les *Vandales* ). Ce peuple n'appartient pas à la haute antiquité. Il fait partie des nations connues par la géographie du moyen âge, & qui ont eu une part ſi conſidérable au renverſement de l'empire Romain. Il paroît qu'ils habitoient la Germanie, le long de la mer Baltique, entre la Viſtule, l'Elbe & la Trava : ils avoient au midi les Iſtævons & les Hermions ; au nord, les Ingævons.

On comprenoit divers peuples ſous le nom des Vandales ; ſavoir, les Angles, les Varins, les

Cavions, les Deuvengiens, les Eudofes, les Sidoniens, les Suardoniens, les Mithons, les Vardons, les Rugiens, les Hérules, les Lémoviens, les Cariens, les Guttons, les Lombards & les Bourguignons; de forte qu'ils occupoient la partie de la Pologne qui eft au couchant de la Viftule, l'électorat de Brandebourg, la Poméranie & le duché de Meklenbourg. Il arriva dans la fuite que les Eudofes, les Sidoniens & les Mithons, qui demeuroient au couchant de l'embouchure de l'Elbe, firent une ligue enfemble, & prirent plus particulièrement le nom de Vandales.

Le premier roi des Vandales qui nous foit connu, s'appelle Godigifèle ou Godifèle; il fut tué dans un combat contre les Francs, l'an 406. C'en étoit fait de tous les Vandales, fi Refpendiol, chef des Alains, ne fût venu à leur fecours & n'eût empêché les Francs de les exterminer entièrement. Gonderic fuccéda à fon père Godigifèle, & forma le projet de conquérir les Gaules. Il reçut de grands échecs, en tentant d'y pénétrer; mais cela ne l'empêcha pas de continuer fa conquête. Il y entra & ravagea tout le pays, & paffa dans l'Hifpanie, l'an 209 : il s'empara de la partie du nord-oueft en 411, étendit fes conquêtes & établit dans fes états une monarchie nouvelle.

Il rapporte que ce roi barbare ayant étendu la main contre l'églife de Séville, appelée alors *Hifpalis*, peu après la prife de cette ville, fut tout d'un coup faifi par un démon, & qu'il mourut en cet état. On fait quel fond on doit faire fur le récit du crédule Idace. Genferic, frère de Gonderic, lui fuccéda. Quelques auteurs l'accufent d'apoftafie, & prétendent que de catholique, il étoit devenu arien.

L'an 429, ce prince, à la réquifition du comte Boniface, paffa en Afrique. On varie, il eft vrai, fur l'époque de cet événement; car S. Profper indique l'année 427, Baronius, l'an 428. J'ai adopté l'opinion du P. Pagi.

Genferic s'empara en peu de temps de toutes les villes d'Afrique, à l'exception de Cyrtha, de Carthage & d'Hippone, qui, dans la fuite, eurent le même fort. Le comte Boniface qui s'étoit repenti de fa conduite, voulut en vain arrêter les progrès du mal dont lui-même étoit l'auteur. Il fut défait l'an 430, & affiégé dans Hippone, trois mois avant la mort de S. Auguftin.

L'an 431, vers le mois de juillet, les Vandales levèrent le fiège d'Hippone, qui duroit depuis quatorze mois. On fe crut délivré d'eux dans cette ville malheureufe; mais ces barbares ayant vaincu les Romains en bataille rangée, revinrent contre cette ville, la prirent & la brûlèrent en 432 : elle avoit été abandonnée par fes malheureux habitans.

En 435, Genferic fit la paix avec l'empereur Valentinien III; mais fon active fureur fe tourna contre les catholiques; & c'eft de cette année que, dans les annales eccléfiaftiques, on compte la première perfécution des Vandales.

En 439, le 19 octobre, les Vandales prirent Carthage qu'ils brûlèrent. Cet événement parut fi glorieux à Genferic, qu'il en datoit les premières années de fon règne.

D'Afrique, Genferic paffa en Italie; & l'an 455, il entra dans Rome. Il y avoit été appelé par l'impératrice Eudoxie, femme de Maxime, pour venger la mort de Valentinien, fon premier mari. S. Léon préferva Rome du fer & de la flamme; mais ce fut tout ce qu'il put obtenir, & pendant quatorze jours la ville fut abandonnée au pillage. Ainfi le peuple étoit facrifié à la fureur de fes fouverains. L'impératrice & fes deux filles Placidies, furent emmenées en Afrique. Genferic mourut en 477, après trente-fept ans trois mois & fix jours, à ne compter que de la prife de Carthage.

Hunneric, fils de Genferic, lui fuccéda & fe montra d'abord plus raifonnable à l'égard des catholiques. En 479, il permit d'élire un évêque pour l'églife de Carthage, qui étoit fans pafteur depuis l'an 455.

Mais l'an 483, il commença une perfécution qui fut une des plus cruelles que l'églife eût effuyées : elle dura prefque deux ans. Hunneric mourut l'an 484, le 11 décembre, après avoir régné fept ans dix mois & dix jours.

Gurthamond lui fuccéda & régna onze ans. La dixième année il rappela les évêques exilés, & permit d'ouvrir les églifes d'Afrique, qui étoient fermées depuis plus de neuf ans.

Trafamond fuccéda à fon frère en 496 : ce fut une des plus cruels perfécuteurs des catholiques. Tous les écrivains eccléfiaftiques s'élèvent, avec raifon, contre cette conduite abominable, qui révolte encore tous les efprits raifonnables, toutes les ames fenfibles. Mais ce à quoi l'on ne fait pas ordinairement réflexion en lifant ces ouvrages, c'eft que malheureufement les catholiques fe font comportés au moins auffi cruellement à l'égard de tous ceux qu'ils ont appelés hérétiques. C'eft que l'homme réuni en fociété, & mu par fes paffions, devient aifément & promptement féroce; c'eft que les chrétiens avoient adopté les livres de l'ancien teftament, qui, dans beaucoup de circonftances, préfentent des actes de cruautés faits au nom de Dieu; & enfin, c'eft que, malgré la douceur de l'efprit évangélique, on y trouve encore quelques exemples d'intolérantifme dont on a abufé. Affurément les Vandales ne traitèrent pas plus mal les catholiques, que depuis on ne traita, en Allemagne & en France, Jean Hus, Jérôme de Prague, Dubourg, & cent mille autres. En fait de cruautés iniques, impardonnables les, catholiques n'ont rien à reprocher aux Domitiens, aux Valériens, aux Vandales, que d'avoir été auffi forcenés qu'eux. Heureufement qu'enfin un jour plus pur nous éclaire, & que, grace à quatre ou cinq mille ans d'expérience, les hommes font enfin devenus affez raifonnables pour ne plus vouloir tourmenter

ni

ni contraindre les consciences & les opinions. Graces soient rendues à cette sage & douce philosophie ! Mais combien le genre humain a perdu à la méconnoître si long-temps !

On cite entre les persécutions exercées par Trasamond, qu'il relégua loin de leurs sièges jusqu'à douze évêques, entre lesquels étoit S. Fulgence. Mais on ne peut nier que la conduite de ces prélats, emportés par un faux zèle, ne provoquât, dans mille circonstances, la vengeance du souverain.... Ce prince mourut en 523, dans la vingt-septième année de son règne.

Hilderic lui succéda : il étoit son cousin-germain. Ce prince rappela les prélats catholiques ; mais il fut détrôné par Gélimer, en 530, & enfermé dans une prison.

L'empereur Justinien, lié d'amitié avec Hilderic, ayant appris qu'il avoit été détrôné, fit la paix avec les Perses, afin de pouvoir tourner ses armes contre les Vandales. Bélisaire fut chargé de cette guerre, qu'il termina en deux ans, par la conquête de tous les pays qui étoient au pouvoir des Vandales, tant en Afrique qu'en Sicile, en Sardaigne & sur les côtes d'Italie. Gélimer, lui-même, fut obligé de se rendre, l'an 534, au général Phara, que Bélisaire avoit envoyé contre lui. Ainsi finit la domination des Vandales en Afrique, après avoir duré 105 ans. ( *Voyez* Procope, *de Bello Vandal.*). Ceux qui échappèrent de ces troupes vandales, vécurent ignorés dans le pays, & l'on croit en retrouver encore des traces dans quelques endroits de l'intérieur de la côte de Barbarie.

VANDALICI MONTES, montagnes dans lesquelles l'Elbe prend sa source, selon Dion Cassius.

VANDALORUM CASTRUM, lieu fortifié de la Sicile, selon l'histoire Miscellanée.

VANESIA. Dans l'itinéraire de Bordeaux à Jérusalem, entre *Elusa* & la capitale des *Ausci*, sous le nom d'*Auscius*, on trouve *Vanesia* ; & la distance à l'égard d'*Elusa* est marquée XII ; à l'égard d'*Auscius* VIII. La voie romaine paroît exister, & elle est tracée en droite ligne sur une carte du diocèse d'Auch, publiée par Maullart - Sanson. Mais l'échelle de cette carte est vicieuse par sa graduation ; car l'intervalle d'Euse ou d'Ause à Auch y est égal à 29 minutes & demie de la latitude, dont il résulteroit au moins 28000 toises ; au lieu que par des opérations sur le local, cet espace est déterminé à environ 23000 toises, ou peu au-delà. Le calcul de 20 lieues gauloises donne 22680 ; & pour se rapprocher encore davantage, il faut avoir égard à ce que l'emplacement de l'ancienne *Elusa*, qui se distingue par le nom de la Ciutat, est plus près d'Auch que la position actuelle d'Euse, comme la carte que je cite s'y trouve conforme. Or, selon la proportion des distances entre Eause & Auch, on reconnoît que *Vanesia* est précisément le passage de la Baïse, qui traverse la route, aux trois cinquièmes de l'intervalle d'Euse à Auch, selon que 12, comme il est marqué dans l'itiné-

raire, est à cet intervalle sur le pied de 20, & le nom de Baïse n'est pas sans analogie à celui de Vanésie que donne l'itinéraire. La table Théodosienne nous trace la même route, quoique le nom d'*Eleusa* soit écrit *Clusa*, & qu'Auch y paroisse sous le nom de *Cliterre*, qui est *Climberris*, que cette ville a porté avant celui d'*Augusta*, remplacé finalement par celui d'*Ausci* : un lieu intermédiaire est nommé *Besino*, à X d'*Eleusa*, XIII de *Climberris*. On voit que la somme de ces distances ne convient point au local, comme ce que donne l'itinéraire de Jérusalem, plus correct que la table. Il a paru à M. Wesseling, que le lieu indiqué par la table sous le nom de *Besino*, pourroit être la même que *Belsinum* dans l'itinéraire d'Antonin, & la ressemblance des noms inviteroit à le croire, si *Belsinum* n'étoit placé sur la route qui tend de *Climberris* à *Lugdunum des Convecæ*, & par conséquent fort à l'écart de celle qui fait la communication d'Auch avec Euse. On peut être étonné que Vic - Fezenzac, qui a été le chef - lieu d'un comté dont on a connoissance dès le temps de Charlemagne, & fort étendu, puisqu'il comprenoit l'Armagnac, & dont le nom vient de *Fidentia*, qui est une dénomination purement romaine, ne soit point cité sur la route d'Euse à Auch, puisque cette route y passe précisément.

VANGIONES, peuples de la Gaule Belgique, & originaire de la Germanie. César, *commen. Bel. Gal. L. I*, dit qu'ils étoient dans l'armée d'Arioviste, avec les *Tribocei* & les *Nemetes*, &c. Pline, *L. IV, c. 16*, nous apprend qu'ils s'emparèrent de la patrie du pays de *Mediomatrices*, le long du rivage du Rhin. Cluvier, *Germ. Ant. L. II. c. 10*, croit que ces peuples étoient établis dans les Gaules avant la guerre d'Arioviste, parce que les Marcomans, les Séduiens, les Harudes & les Suèves, que ce prince avoit amenés avec lui, ou qui l'avoient joint depuis son arrivée, furent tous chassés de la Gaule, après que César les eût battus ; au lieu que les Némètes, les Vangions & les *Tribocei*, demeurèrent toujours dans leurs terres, sur la rive gauche du Rhin. Il paroît que ces trois nations n'étoient point soumises à Arioviste, puisqu'elles demeuroient dans la Gaule Belgique. Elles pouvoient être seulement en alliance avec lui, ou peut-être même sous sa protection, ce qui les engagea à lui donner du secours contre les Romains. On ne sait point en quel temps les Vangions passèrent le Rhin, pour s'établir dans les Gaules. Cluvier met leur migration un peu avant la guerre d'Arioviste, parce que l'expulsion des *Mediomatrices* étoit si récente, que César lui - même les nomme au nombre des peuples qui habitoient sur le Rhin, ce qui n'étoit plus néanmoins ; les *Tribocei*, les Némètes & les Vangions leur ayant enlevé cette portion de leur pays. Spencer ; *Notit. Germ. Ant. L. IV, c. 5*, est du même sentiment.

Les bords du Rhin, dit-il, étoient si bien munis du temps d'Auguste, qu'il n'étoit pas possible

Ppp

aux Germains de paſſer le Rhin pour venir s'établir dans les Gaules: d'ailleurs, Céſar les ayant nommés avec les *Triboci* & les Nimètes, en parlant des troupes qui étoient dans l'armée d'Arioviſte; il eſt à croire qu'ils habitoient dans le même quartier où ils ſe trouvoient du temps de Pline. *l. iv, c. 18.* L'autorité de Strabon, qui place les *Mediomatrices* ſur le Rhin, n'embarraſſe ni Cluvier, ni Spencer, parce que ce géographe s'en rapporte ordinairement à Céſar pour ce qui regarde les Gaules. Cependant Spencer penſe qu'il ſeroit encore plus ſûr de dire que les *Triboci* furent d'abord les ſeuls qui habitoient ſur le Rhin: que du temps de Céſar les *Mediomatrices* poſſédoient encore une partie du rivage; & que dans la ſuite les *Vangiones* & les *Nemètes* les forcèrent de s'en éloigner. Selon Cluvier, les *Vangiones* étoient bornés au nord & à l'orient par le Rhin, au midi par les Nemètes & à l'occident par les *Mediomatrices.* Ptolémée, *L. ii, c. 9,* leur donne pour villes *Borbetomagus* & *Argentoratum;* mais il devoit leur donner pareillement *Mocontiacum,* qu'il met mal-à-propos dans la Germanie inférieure, puiſque cette ville étoit la capitale de la Germanie ſupérieure.

VANNIA, ville de l'Italie, dans la Vénétie: elle appartenoit aux *Bechuni,* ſelon Ptolémée.

VANNIANUM REGNUM, royaume de la Sarmatie européenne, ſelon Pline.

Tacite rapporte que c'eſt le royaume de Vannius, que Druſus avoit donné à la portion des Suèves qu'il avoit envoyés fixer leur demeure au-delà du Danube, entre le *Marus* & le *Cuſus.*

VANNIDENSIS, ſiège épiſcopal d'Afrique, dans la Mauritanie céſarienſe, ſelon la notice épiſcopale de cette province.

VANTENA, ville de l'Egypte, ſelon Ortélius.

VAPANES, nom d'un lieu de l'île de Corſe, ſelon Strabon.

VAPINCUM (*Gap*), ville de la Gaule Narbonnoiſe, entre *Caturigæ* & Alabons.

VAPINEUM: on n'en trouve point de mention qui ſoit antérieure à celle que l'on doit à l'itinéraire d'Antonin, & à l'itinéraire de Bordeaux à Jéruſalem; & quant aux diſtances qui ont rapport à cette poſition, on peut conſulter les articles des lieux qui en ſont immédiatement voiſins dans la notice des provinces de la Gaule. *Civitas Vappicenenſium* eſt compriſe dans la ſeconde Narbonnoiſe; ſon diſtrict paroît un démembrement des Caturiges, nonobſtant que le chef-lieu de ce peuple, connu pour tel par le nom même de Caturiges, en paroiſſe ſéparé par les limites des deux provinces différentes, étant renfermé dans celle des Alpes maritimes, ſelon quelques écrits du moyen âge: le nom de *Vapincum* eſt *Vappicum* & *Vappigum;* & il eſt arrivé de la première lettre de ce nom comme de l'*W* double, de le convertir en G, en diſant Gap.

VAPLUARII, peuple qui habitoit vers l'embouchure du Rhin, ſelon un ancien fragment de la table de Peutinger, cité par Ortélius.

VARADA, ville de l'Hiſpanie citérieure, chez les *Carpetani,* ſelon Ptolémée.

VARADÉTUM. Ce lieu eſt placé, dans la table Théodoſienne, ſur la route de *Divona* ou de Cahors, à *Segodunum* ou Rodez; & la diſtance de *Divona,* comme il convient de lire, & non pas *Bibona,* eſt marquée xv. La carte du Querci, par Tarde, chanoine de Sarlat, indique préciſément ſur la direction de cette route, un lieu dont le nom de Varaie conſerve la plus grande analogie à celui de *Varadetum.* Selon l'échelle de cette carte, l'intervalle de Cahors à Varaie n'eſt que de trois lieues & demie: mais j'ai quelque raiſon d'eſtimer la meſure des lieues de cette échelle, de même que de la carte du dioceſe de Sarlat, du même auteur, ſur un très-grand pied, & d'environ quinze au degré. Ainſi, les trois lieues & demie s'évaluent à 13300 toiſes, ce qui ne pouvant néanmoins renfermer qu'environ douze lieues gauloiſes, il en réſulteroit que l'indication de la Table devoit être xii plutôt que xv. En raſſemblant la diſtance que donne la Table entre *Divona* & *Segodunum,* la ſomme, qui eſt 45, peut avoir quelque choſe de trop vis-à-vis du local, où l'eſpace n'eſt que d'environ 45000 toiſes, & qui ne renferme que 39 lieues gauloiſes; il en réſulte que ce n'eſt pas ſans raiſon que l'analyſe de la diſtance particulière du *Divona* à *Varadatum* demande quelque rabais.

VARAMUS, fleuve de l'Italie, dans la Vénétie. Il alloit ſe perdre dans l'*Anaſſus,* ſelon Pline.

VARANIA, ville de la Servie. Pyrigorde, général des troupes de Manuel, empereur de Conſtantinople, s'en empara en l'an 1143.

VARAR, golfe ſur la côte orientale de l'île d'Albion, ſelon Ptolémée.

VARARITANUS, ſiège épiſcopal d'Afrique, dans la Byſacène, ſelon la notice épiſcopale de cette province.

VARATEDUM. On lit auſſi dans la Table, & il ſeroit peut-être mieux de lire *Varadetum,* comme dans l'article précédent. Ce lieu eſt placé ſur une route qui conduit de Bordeaux à *Viſunna,* ou Périgueux. La diſtance eſt omiſe à l'égard de Bourdeaux; elle paroît marquée xviii à l'égard de *Corterate,* qui ſuit *Varatedum.* Sur cette route, *Corterate* étant inconteſtablement Coutras, la poſition intermédiaire, ou *Varatedum,* ſe retrouve dans celle d'un lieu nommé *Varais,* ſur la rive gauche de la Dordogne, &c. Dans la direction de la voie préciſément, pour ſuppléer à l'omiſſion de la diſtance, j'obſerverai que l'eſpace entre Bordeaux & Varais peut s'eſtimer d'environ 10000 toiſes, ce qui répond à neuf lieues gauloiſes. Il faut ajouter que l'eſpace ultérieur de Varais à Coutras, ne ſurpaſſe guère le précédent; d'où l'on peut conclure le même nombre de lieues gauloises, en admettant, si l'on veut, quelque fraction de lieues par-delà. Ainsi, l'indication de la Table, savoir, XVIII, ne convenant point entre *Veratedum* & *Cortrate*, peut s'entendre de la distance entière de Bourdeaux à *Corterate*.

VARCIA, ville de la Gaule Belgique, sur la route de *Cambrai* à *Andematunum*, entre *Vesontio* & *Andematunum*, selon l'itinéraire d'Antonin.

VARCIA. Ce lieu est placé dans l'itinéraire d'Antonin, entre *Andomatunum* ou Langres & Besançon. La distance à l'égard de Langres est marquée XVIII, & à l'égard de Besançon XXIIII. On trouve aussi *Varcia* dans la table théodosienne, où la distance, à partir de Langres, diffère de l'itinéraire, ne paroissant que X sur la ligne que représente la voie en cet intervalle. Mais la table indiquant une position particulière entre *Varcia* & Besançon, sous le nom de *Segobodium*, & la distance de *Varcia* à *Segobodium* étant marquée VI, & de *Segobodium* à Besançon XVIII, l'union de ces distances s'accorde à l'indication XXIII de *Varcia* à Besançon dans l'itinéraire. Quant à la distance antérieure, ou de Langres à *Varcia*, la différence qu'il y a entre l'itinéraire & la table, est à l'avantage de l'itinéraire; car l'espace absolu, & même direct, de Langres à Besançon, étant d'environ 46000 toises, il peut bien en résulter sur la route à-peu-près 42 lieues gauloises, selon le compte que fournit l'itinéraire; & le compte de 34 dans la table, dont le calcul n'est que de 38 à 39000 toises, est trop insuffisant pour cet espace. En faisant la recherche du lieu qui peut convenir à *Varcia*, je pars du point qui est plus à portée, savoir, *Segobodium*, que l'on retrouve sous le nom de *Seveux*, dans l'endroit où la voie traverse la Sâone; & la mesure des VI lieues gauloises auxquelles se borne la distance entre *Segobodium* & *Varcia*, tombe sur un lieu nommé *Larrets*, parce qu'en suivant la trace même de la voie, on peut juger, à une centaine de toises près, d'arriver au terme de ce nombre de lieues, dont le calcul en rigueur est de 6800 toises. Je remarque à l'article *Segobodium*, que les 18 lieues indiquées entre *Segobodium* & Besançon, ne remplissent pas bien complettement ce qu'il y a d'espace sur le local; mais par une compensation que l'examen scrupuleux des itinéraires donne quelquefois, je vois que la distance actuelle de Seveux à Langres peut avoir besoin du supplément que lui fournit ainsi un espace contigu.

VARCIANI, peuples que Ptolémée indique dans la partie orientale de la haute Pannonie.

VARCOSSOS, siège épiscopal de l'Asie, selon la notice du patriarchat d'Antioche, publiée par Schelstrate.

VARDA, lieu de l'Italie dans la Sabine.

VARDANUS ( *le Couban* ), nom d'un grand fleuve, qui se jettoit dans le Pont - Euxin, & dans le *Palus Mœotis*.

VARDO FLUV. Sidoine-Apollinaire cite le Gardon, *Vardonem, flavis rubrum glareis*. Dans le poëme adressé par Théodulfe, évêque d'Orléans, à ses juges, & qui est postérieur de trois à quatre cens ans, on lit *Wardo*. Le Gardon formé par deux rivières, que l'on nomme Gardon d'Alais, & Gardon d'Anduse, passe après leur union sous le fameux pont du Gard, qui soutenoit un aqueduc tendant à Nîmes, & construit du temps des Romains. Ce n'est pas précisément *apud Bellum-quadrum*, comme M. de Valois s'en explique, que cette rivière se jette dans le Rhône, mais à quelques milles plus haut & près d'un lieu dont le nom de Cous paroît venir de *Cuneus*.

VARDONES ( *les Wardons* ), peuple de la Germanie. Il faisoit partie de la nation des Vandales.

VARDULI ( *les Vardules* ), peuples de l'Hispanie citérieure, sur la côte, entre les Pyrénées, à l'est, & les *Caristes*, à l'ouest.

Ptolémée leur donne la ville de *Menosca*.

VARELATÆ, nom d'un peuple de l'Inde, selon Pline.

VARENSIS LIMES, lieu de l'Afrique, selon la notice des dignités de l'empire.

VARENTANUM, VERENTUM, ou VARENTUM, ville de l'Italie, dans l'Étrurie, selon l'itinéraire d'Antonin.

VARENUS, siège épiscopal de l'Hélespont, sous la métropole de Cyzique, selon la lettre adressée à l'empereur Léon.

VARETUM, fleuve de l'Asie, dans la Cappadoce, selon quelques exemplaires de Pline.

VARGIONES, peuples de la Germanie, selon Ptolémée.

VARIA, ville de l'Hispanie citérieure, sur l'*Iberus*, au nord-ouest de *Calaguris*.

Il est fait mention de cette ville par Pline, Strabon & Ptolémée. Ce dernier la donne aux *Berones*.

VARIA ( *Vico-varo* ), ville de l'Italie, dans la Sabine, mais appartenant au peuple Latin : elle étoit sur la voie Valérienne à huit milles de *Tibur* & à vingt-sept de Rome. On voit, par ce qu'en dit Horace, qu'elle étoit ou une petite ville, ou un bourg considérable. Avec le temps le nom de cette ville changea, &, à cause de la voie *Valeria*, & du nom de *Varia*, elle prit celui de *Valeria*, rapporté par Anastase. Elle est qualifiée par cet auteur de ville des Marses, ce qui avoit fait croire à Cluvier que c'étoit une autre ville que *Varia*; mais on ne trouve nulle part cette autre ville, & l'on sait que les Romains ayant voulu éteindre le nom des Eques, auxquels cette ville avoit d'abord appartenu, celui des Marses s'en étendit d'autant.

VARIANA, ville de la basse Mœsie, sur la route de *Viminacium* à Nicomédie, entre *Augustæ* & *Valeriana*, selon l'itinéraire d'Antonin.

VARIANÆ, ville de la Pannonie, sur la route

d'Œmona à *Sirmium*, entre *Sifcia* & *Menneianæ*, felon l'itinéraire d'Antonin.

VARICA, ville de l'Ibérie Afiatique, felon *Ptolemée*

VARINA, ville de la Dacie Ripenfe, felon la notice des dignit s de l'empire.

VARINI ( *les Varins* ): c'étoient des peuples de la Germanie, & qui faifoient partie des Vandales, felon Pline.

VARIS, lieu de l'île d'Albion, fur la route de *Deva* à *Segoncium*, entre *Conovium* & *Deva*, felon l'itinéraire d'Antonin.

VARISTI ou NARISCI, peuples de la Germanie, felon Ptolemée. Tacite les nomme *Narifci*.

VARNA, ville de l'Afie, dans l'intérieur de la Médie, felon Ptolemée.

VARNALIS ou VARUALIS, fiège épifcopal de l'Afie, dans la Syrie, fous la métropole d'*Hieropolis*, f. lon la notice du patriarchat d'Antioche, publiée par Schelftrate.

VARNI, peuple de l'Afie, dans la Bactriane, felon Ptolemée.

VARNON ou VATNON, fiège épifcopal de l'Afie, dans la métropole d'Edeffe, felon la notice du patriarchat d'Antioche, publiée par Schelftrate.

VARNUS AGER, territoire de l'Italie, dans la Calabre, ainfi nommé d'une ville qui y étoit fituée, felon le livre des limites.

VARODOPA ou VERODOPA, province aux environs de la Macédoine, felon Eutrope. Ortélius en fait une contrée de la Thrace; mais il écrit *Rodopa*.

VARPNA, nom d'une ville de l'Afie, felon Ptolemée.

VARUANI: peuple de l'Italie Tranfpadane, felon quelques éditions de Pline.

VARUARIA, nom d'une ville de la Liburnie, felon Ptolemée.

VARUBARINI; Pline nomme ainfi des peuples qu'il indique dans la Liburie

VARUS ou VARUM FLUMEN ( *le Var* ), fleuve qui, du temps de Strabon & de Pline, faifoit la féparation des Gaules & de l'Italie.

Ce qui diftingue particulièrement cette rivière, c'eft d'avoir été regardée comme faifant la féparation de la Gaule d'avec l'Italie : *Varus, quia Italiam finit*, en me fervant des termes de Méla. Strabon, Pline, Ptolemée, Vibius Sequefter, font d'accord fur ce point, & on croiroit n'avoir rien à oppofer à un témoignage qui paroît univerfel. Cependant, c'eft en reculant les limites de l'Italie au-delà de leur terme naturel, ou du fommet de l'*Alpis maritima* que le Var fera cette féparation ; & dans ce vers de Lucain,

*Finis & Hefperiæ, Promoto limite Varus,*

Le *Promotus limes* ne peut s'entendre que de cette manière. On fait que l'Italie a été appelée *Hefperia* par les Grecs ; & cette dénomination lui

eft reftée, lors même qu'on connoiffoit des pays plus reculés vers le côté du monde appelé *Hefperus* ou *Vefperus*. Les poètes en fourniroient plufieurs exemples, & je me contenterai de citer Silius Italicus en deux mots: *Cannas*, *tumulum Hefperiæ*. Mais ce qu'il y a de réel, c'eft que la Gaule a confervé ce qui lui appartenoit.

Les dépendances de la province des Alpes maritimes ont embraffé *Camenelium* & fon diftrict, au-delà du Var. On lit dans la vie de S. Pons, publiée par Baluze: *Fines Italiæ tranfiens ( Pontius) urbem fub Alpium jugo procul fitam petiit nomine Cimelam*. Ainfi, pour arriver à *Cimela*, qui eft la forme que prend le nom de *Camenelium* dans les écrits du moyen âge, S. Pons, qui, felon Ufuard, fouffrit le martyre fous Valérien & Gallien, avoit, en traverfant les Alpes, franchi les bornes de l'Italie: il eft à remarquer que Nice, qui, pendant un temps, a reconnu pour évêques ceux de *Camenelium*, ne borne pas précifément l'extenfion de fon diocèfe à l'*Alpis maritima* dans Eginhard. Sous l'an 813, il eft mention de Nice, comme étant *provinciæ Narbonenfis*. Les comtes de Provence ont poffédé Nice jufques vers l'an 1400: cette ville, par un cas de rébellion, s'étant donnée alors à Amédée VII, comte de Savoie, elle lui fut cédée en forme quelques années après, par Joland, mère de Louis d'Anjou, comte de Provence & roi de Sicile. J'ai cru qu'il étoit néceffaire d'entrer dans cette difcuffion, pour qu'on ne trouve point à redire que dans notre carte les limites de la Gaule ne s'arrêtent point au Var, nonobftant ce qu'on lit dans les auteurs nommés ci-deffus.

VARUSA, fleuve de l'Italie, dans la Gaule Cifalpine. Il fe jetoit dans le Pô, au-deffous du confluent de ce fleuve & du *Ticini*.

VARUTHA, ville de l'Afie, dans la grande Arménie, felon Ptolemée.

VASADENSIS, fiège épifcopal de l'Afie, dans l'Ifaurie, felon les actes du concile d'Antioche.

VASÆDA, nom d'une ville que Ptolemée indique dans l'Ibérie Afiatique.

VASAGADA ou VAZAGADA, ville de l'Afrique, dans la Mauritanie céfarienfe, felon Ptolemée.

VASALETUS, VASALÆTUS ou USALETUS, montagne de l'Afrique propre, felon Ptolemée.

VASAMA, ville de l'Hifpanie citérieure, fur la route d'*Afturica* à Saragoffe, entre *Rauda* & *Voluce*, felon l'itinéraire d'Antonin.

VASANA, ville de l'Afrique, dans l'intérieur de la Mauritanie céfarienfe, felon Ptolemée.

VASARII, peuples de la Gaule Aquitanique, au midi des *Itiobrices*, felon Ptolemée.

VASATES. Ils ont été connus de Ptolemée, quoique leur nom y foit *Vafarii*, au lieu de *Vafatii*, & que leur emplacement, qu'il fait plus feptentrional que la pofition de Bordeaux, & fuivi immédiatement des *Gabali*, ne foit guère convenable. On trouve le nom de *Vafates*, comme il doit être écrit dans Ausone ; & la capitale de ce peuple est appelée *Vasata* par Ammien Marcellin & par d'autres écrivains. Indépendamment de ce qu'il est aussi mention des *Vasates*, il est très-vraisemblable que le nom de *Vocates* qu'on trouve dans le troisième livre des commentaires, est celui des *Vasates*. Crassus, lieutenant de César, ayant réduit à composition la ville des *Sociates*, Sos, dans le nord du diocèse d'Auch, s'avance dans le territoire des *Vocates*, qui est en effet limitrophe & chez les *Tarusates*, qu'on croit avoir été compris dans le diocèse d'Aire, contigu à celui de Basas, qui représente les *Vasates*. Dans le dénombrement des peuples de l'Aquitaine qui se soumettent, on remarque de suite les noms de *Vocates*, *Tarusates*, *Elusates*. Ainsi, voilà les *Vocates* également adhérans aux *Elusates*, qu'à deux autres peuples nommés précédemment, ce qui ne convient pas moins au diocèse de Basas. Il ne paroît pas douteux que le nom qui, dans Pline, se lit *Basabocates*, ne désigne les *Vasates*, quoique sous une forme qui paroît étrangère, par la confusion du nom de *Vasates* avec celui de *Vocates*, le nom de *Latusates*, qui l'accompagne immédiatement, tenant la place de *Tarusates*, comme plusieurs critiques l'ont estimé ; on voit qu'il en est de même pour la proximité, que dans les commentaires sur les *Vocates* & les *Vasates* : ainsi, quelque réserve qu'on doive garder pour n'être point trop libre en conjecture, M. l'abbé de Longuerue, dans sa description de la France, se rend trop difficile sur l'identité des *Vasates* avec les *Vocates* de César, & les *Basabocates* de Pline. Comme on peut dire en général que les limites des diocèses représentent les cités des premiers temps, à moins que des faits particuliers d'union ou de démembrement de territoire n'y fasse déroger : en ce cas, le diocèse de Basas donne aux *Vasates* une portion de pays entre la Garonne & la Dordogne ; cependant je ne sais si cette portion de pays n'a pas fait partie d'un ancien comté d'Agenois. Elle a été possédée, dans le dixième siècle, par Guillaume Sanche, duc de Gascogne, qui rétablit le monastère de Squiers sous le nom de *Regula*, ou de *Réole*, de concert avec son frère Gombaud, évêque de Basas, qui s'est intitulé *Rasconensis episcopus*, dans un temps où les églises de la Gascogne manquoient de pasteurs. Or, de-là on pourroit soupçonner que cette extension du duché de Gascogne auroit donné lieu à celle du diocèse de Basas dans cette partie. Elle est distinguée par le nom de *Pagus Alliardensis* dans le titre du renouvellement de la Réole.

VASATICA URBS, ville de la Novempopulanie, selon la notice des provinces des Gaules.

VASBARIA, ville de l'Afrique, dans l'intérieur de la Mauritanie césarienne, selon Ptolémée.

VASCO ou VASIORUM CIVITAS, ville de la Gaule Narbonnoise, selon Ptolémée & Pline. Ce dernier écrit *Vasco*.

VASCONES, peuple de l'Hispanie citérieure,

au pied des Pyrénées. Ce peuple, qui s'est depuis étendu en passant dans les Gaules, où il a pris le nom de Gascons, étoit à l'est des Cantabres, dans le pays appelé aujourd'hui la Navarre ; il s'étendoit depuis les Pyrénées au nord, jusqu'à l'*Iberus* au sud.

Leurs principales villes étoient *Pompelo*, *Calaguris* & *Graccuris*.

VASCONIÆ SALTUS ou VASCONUM SALTUS, contrée de l'Hispanie citérieure, entre les Pyrénées & l'Océan Cantabrique, selon Ausone & Pline.

VASINABRONCÆ, peuples d'entre les Goths, selon Jornandès. Ils furent vaincus par les Vandales.

VASIO. Cette ville est citée par Méla, entre les plus opulentes de la Narbonnoise. On lit dans Pline, *Vocontiorum civitas fœderatæ duo capita*, *Vasio & Lucus Augusti*. Ptolémée ne nomme point d'autre ville que *Vasio* chez les *Vocontii* ; dans la notice des provinces de la Gaule, *Civitas Vasiensium*, est une de celles de la Viennoise. Sidoine Apollinaire l'appelle *Vasonense oppidum*. Cette ville, en conservant son siège épiscopal, est réduite presque à rien, & on distingue l'ancien Vaison, qui est sur la gauche : cependant plusieurs vestiges des édifices qui décoroient la capitale des *Vocontii* témoignent qu'elle existoit dans un état florissant, conformément à l'idée qu'en donne Méla. Une inscription consacrée *Marti & Vasioni*, fait connoître que les *Vocontii*, ainsi que d'autres peuples, avoient divinisé leur ville principale. Par les inscriptions, l'ethnique de *Vasio* est *Vasienses*, comme on a pu remarquer qu'il est employé dans dans la notice. ( M. d'Anville ). J'ajouterai deux mots aux notes que l'on trouve dans la nouvelle histoire de Provence de M. l'abbé Papon.

Cette ville étoit de la Gaule Narbonnoise, & l'une des deux capitales des *Vocontii*, au nord-est d'*Avenione*.

Cette ville a été totalement ruinée, mais on voit encore dans son emplacement, quantité de débris d'édifices romains, les restes d'un amphithéâtre, un pont d'une seule arche, des ruines de bains, & celles de différens aqueducs.

A *Vasio* on rendoit un culte aux *Proximis*. Le P. Papon dit que c'étoit vraisemblablement les dieux pénates, ou les génies que les anciens donnoient à chaque homme au moment de sa naissance.

VASSEI, peuples de la Gaule Aquitanique, selon Pline.

VASSIADIUM ou USADIUM, promontoire de l'Afrique, dans la Mauritanie Tingitane, selon Ptolémée.

VASSIATES, ville de la Gaule Aquitanique, selon Ausone.

VASSINASSENSIS, siège épiscopal d'Afrique, dans la Bysacène, selon la notice épiscopale de cette province.

VASSIONENSE OPIDUM, ville dont fait mention Sidonius Apollinaris.

VASTAUNA, ville de l'Asie, qui étoit située dans la partie sud-est du lac *Arsissa*, vers le 38° degré de latitude.

VATA. Strabon fait mention d'une ville de ce nom. Cet auteur rapporte qu'elle étoit du nombre de celles qui furent détruites dans les guerres de César contre Scipion.

VATARBENSIS, siège épiscopal d'Afrique, selon la conférence de Carthage.

VATIA, lieu de l'Italie, dans la Sabine, éloigné de Réate de trente stades.

VATRENUS, fleuve de la Gaule cispadane. Elle arrosoit la ville de *Forum Cornelii*, selon Pline.

VATUSICUM CASEUM: Pline fait mention d'un fromage ainsi nommé du lieu où l'on le faisoit; ce lieu étoit dans les Alpes Graïennes, chez les *Centrones*.

VATUSIUM. On ne connoît point cette dénomination par elle-même, & on n'en peut juger que par son ethnique, que l'on trouve dans Pline, en parlant des pâturages des Alpes qui donnoient les fromages les plus estimés à Rome : *Centronicæ ( Alpes ) Vatusicum ( ea seum mittunt )*. Selon Daléchamp, dans son édition de Pline, ces fromages sont ceux de Passi, & Passi est un lieu du Faucigni, près de Salauche. De *Vatusium* peut dériver le nom de Passi, sans qu'il soit nécessaire de croire avec Daléchamp, que l'ethnique *Vatusicus* soit altéré dans Pline, & qu'il faille lui substituer *Passiacus*.

VAUNIA, ville de l'Italie, chez les *Bechuni*, selon Ptolemée.

VAX VILLA REPENTINA, lieu de l'Afrique propre, sur la route de Carthage à Alexandrie, entre *Sabatra Colonia* & *Occa Colonia*, selon l'itinéraire d'Antonin.

VAZUA, ville de l'Afrique propre, entre le fleuve *Bagradas* & la ville de *Thabraca*, selon Ptolemée. La conférence de Carthage en fait un siège épiscopal.

UBABENSIS, siège épiscopal d'Afrique, dans la Mauritanie césarienfe, selon la notice épiscopale de cette province.

UBARA, lieu fortifié de l'Asie, dans l'Isaurie, selon Cédrène.

UBARTUS, fleuve de l'Italie, dans la Vénétie.

UBATA, nom d'une ville d'Afrique. Ptolemée l'indique au midi d'Adrumète.

UBII : leur première demeure étoit au-delà du Rhin, n'étant séparés de la Gaule que par le cours du fleuve : *Ubii*, dit César, *cæteris (Germanis) humaniores, propterea quod Rhenum attingunt..... & ipsi, propter propinquitatem, Gallicis sunt moribus adsuefacti*. Pressés par les Suèves, ils eurent recours à César, *ut sibi auxilium ferret, quod graviter ab Suevis premerentur*. Enfin, Agrippa, qui le premier des Romains, après César, passa le Rhin, selon Dion Cassius, transporta les *Ubii* de la rive ulté-

rieure du Rhin à la rive citérieure, comme on l'apprend de Strabon ; & Tacite fait entendre qu'on les voit ainsi établis, moins pour leur sûreté que pour celle de cette frontière de l'empire : *experimento fidei, super ipsam Rheni ripam collocati, ut arcerent, non ut custodirentur*. La colonie Agrippine ayant été fondée chez eux sous le règne de Claude, ils prirent volontiers le nom d'*Agrippinenses* ; & leur attachement aux Romains anima particuliérement contre eux Civilis dans les premiers mouvemens de sa révolte, comme Tacite le témoigne : *Infestius in Ubii, quod gens Germanicæ originis, ejuratâ patriâ. Romanorum nomen Agrippinenses vocarentur*. Ils s'étendoient le long du Rhin, depuis les *Treveri*, jusqu'aux terres dont les *Gugerni*, qui étoient Germains comme eux, avoient été mis en possession, & qui faisoient auparavant partie de celles des *Menapii*. ( *Notice de la Gaule* ).

Les Ubiens habitoient donc sur la rive droite du Rhin, où se voyant continuellement harcelés par les Sicambres, ils se laissèrent persuader de passer le fleuve, & de le prendre pour barrière contre des voisins si incommodes. Agrippa leur fit bâtir une ville qui fut d'abord appelée *Ubiorum civitas*. Agrippine, voulant ensuite montrer l'ascendant qu'elle avoit sur l'esprit de Claude son mari, envoya dans cette ville une colonie romaine, & la nomma *Colonia Agrippinæ*. Comme cette ville est aujourd'hui Cologne, on voit quel canton avoient habité les Ubiens.

Ces peuples faisoient partie du corps Germanique, qu'ils quittèrent pour entrer dans la ligne des peuples Celtiques. Cette séparation des Ubiens, est vers l'an 37 avant notre ère. Ces peuples adoroient Mars.

UBIMUM, ville de la Gaule, selon un fragment de la table de Peutinger, cité par Ortélius.

UB...UM. C'est ainsi qu'avec un vuide de quelques lettres, on lit dans la table théodosienne le nom d'un lieu, sur une route qui communique d'*Augustoritum*, ou de Limoges, à *Augustonemetum*, ou Clermont; & entre *Fines*, sur les confins des *Lemovices* & des *Arverni*, & *Augustonemetum*. La distance à l'égard de *Fines* est marquée x ; à l'égard d'*Augustonemetum* VIII ; & autant qu'on en peut juger par les cartes, ces distances paroissent convenables. Dans cet intervalle, en partant de *Fines*, le passage de la rivière de Sioule se rencontre au Pont-Armoi, au-delà duquel un lieu nommé Obie, pourroit être celui que désigne la table, en lisant par conjecture *Ublium*, ou même *Ulbium*.

UBRIX, ville de l'Afrique, sur la côte de la Libye, selon Ptolemée.

UCA, ville de l'Asie, dans l'intérieur de la Médie, selon Ptolemée.

UCENA, ville de l'Asie, dans la Galatie, chez les *Trochmi*, selon Ptolemée.

UCENI. L'inscription du trophée des Alpes, rapportée dans Pline, place les *Uceni* à la suite

des *Medulli*, & immédiatement avant les Caturiges. Or, l'emplacement qui convient aux premiers dans la partie inférieure de la Maurienne,
sur la frontière des *Allobroges*, comme on peut
voir à l'article *Medulli*, & la connoissance qu'on
a des autres du côté d'Embrun, font juger que
la position des *Uceni* dans le quartier des montagnes qui renferment le bourg d'Oisans est très-
convenable, selon l'opinion qu'en ont déjà eue le
président de Boissieu & Honoré Bouche. Sanson
voudroit que les *Siconii* (ou *Iconii*), que l'on
trouve dans Strabon, & qui ne sont point connus
d'ailleurs, fussent les mêmes que les *Uceni*.

UCETIA ou UCECIA, ville de la Gaule Narbonnoise.

UCETIA. Quoique les anciens géographes &
les itinéraires n'en fassent point mention, cependant les monumens romains qu'on y a trouvés,
& le nom d'*Ucetiæ* sur un marbre déterré à
Nîmes, & dont M. Ménard rapporte l'inscription,
suppléent à d'autres témoignages sur l'antiquité
d'Uzès. Dans la notice des provinces de la Gaule,
*Castrum Uceciense* termine la Narbonoise première.
Cette ville étoit néanmoins un siège épiscopal
dès le milieu du cinquième siècle. Constantin, son
évêque, ayant souscrit à la lettre des évêques
de la Gaule au pape S. Léon, M. de Valois
paroît assez persuadé qu'*Ucetia* est la même ville
que *Vindomagus* dans Ptolemée pour l'inférer, selon
l'ordre alphabétique de sa notice, sous ce nom,
plutôt que sous celui qui lui est propre; il y a
toutefois des raisons pour ne point confondre
*Vindomagus* avec *Ucetia*.

UCETIA, ville de la Gaule Transpadane, selon
Strabon.

UCHALIGES, peuple de l'Afrique, dans la
Lybie intérieure, selon Ptolemée.

UCIBI, ville de l'Afrique propre, dans la
nouvelle Numidie, selon Ptolemée.

UCIMATH, ville de l'Afrique, dans la Libye
intérieure, sur la rive septentrionale du fleuve
*Gir*, selon Ptolemée.

UCRATIS, ville capitale de la Sarmatie Blanche,
vers l'Océan septentrional, selon Chalcondyle.

UCUBIS, ville de l'Hispanie, dans la Bétique,
selon Hirtius.

UCUTENSIS, siège épiscopal de l'Afrique proconsulaire, selon la conférence de Carthage.

UCUTINIACUM ou UCULTNIACUM: selon
Pline, c'étoit anciennement le nom d'une ville
de la Bétique; & de son temps elle étoit appelée
*Turiga*.

UDACENSES, montagnes de l'Asie, dans la
Corduène, dans la partie méridionale du lac
*Arsissa*, environ par les 37e degrés, 30 minutes
de latitude.

UDINI, peuple de la Scythie, à la droite &
à l'entrée du détroit, par lequel les anciens
croyoient que la mer Caspienne communiquoit
avec la mer Chronienne, selon Pline.

UDITTA, ville de l'Afrique propre, entre
les deux Syrtes, selon Ptolemée.

UDON, fleuve de la Sarmatie Asiatique. Ptolemée en indique l'embouchure dans la mer Caspienne, entre celle de l'*Alontas* & celle de *Rha*.

UDURA, ville de l'Hispanie citérieure, chez
les *Jaccetani*, selon Ptolemée.

VEAMINI : ils sont cités dans l'inscription de
l'arc du Suse, entre les peuples soumis à Cottius;
& pareillement dans celle du trophée des Alpes,
que Pline rapporte. On peut conjecturer que le
haut & le bas Toramenos, dont le nom est *To-
ramina*, ont du rapport aux *Veamini*; ces lieux
sont situés à la droite du Verdon, au-dessous de
Colmar (*d'Anville*).

Voici ce que dit M. l'abbé Papon. Les *Veamini*
étoient un des peuples des Alpes maritimes, au
sud-est des *Edenates*. Il en est fait mention dans
le trophée des Alpes.

Il ajoute que *Veamini* signifie les habitans des
montagnes Rouges; en conséquence il les place
à Torame, dans le diocèse de Senez, où il y a
des montagnes dont la terre est de cette couleur.

VEASCIUM, ville de l'Italie, qui étoit alliée
des Romains : elle fut attaquée par les Gaulois
à leur sortie de Rome; mais Camille étant survenu, les défit entiérement, selon Diodore de
Sicile, *L. XIV, c. 118.*

Plutarque, *in Camillo*, dit que les Gaulois, en
quittant Rome, furent camper à huit milles de
cette ville, dans le *Latium*, sur la route de *Gabies*.

VECA, nom d'une contrée de l'Hispanie citérieure, selon Pline.

VECILIUS MONS, montagne de l'Italie, dans
le *Latium*. Il en est fait mention par Tite-Live.

VECTIS, île de la mer Britannique, au midi
du grand port, selon Ptolemée & Pline.

VEDIANTII. Pline en fait mention en ces
termes : *Oppidum civitatis Vediantiorum Cemelion*.
Selon Ptolemée, ce nom s'écrivoit *Vesdiatii* : mais
une inscription dans Honoré Bouche & dans Spon,
qui porte *Matronis Vediantiabus*, assure la leçon
de Pline. Les déesses tutélaires d'un district &
d'une ville ou d'un lieu en particulier, étoient
appelées *Matronæ*, ou bien *Matres*. Ptolemée range
en Italie le peuple dont il s'agit; & en établissant les limites de la Narbonnoise au Var, il en
excluoit effectivement les *Vediatii*. Mais outre que
ces limites sont équivoques, & que le sommet
des Alpes y met une distinction plus marquée,
la ville de *Cemenelium*, que Ptolemée connoît chez
les *Vediantii*, & qui étoit leur capitale, est de la
province des Alpes maritimes, dans la notice des
provinces de la Gaule. Il faut encore remarquer
que Ptolemée s'écarte fort de l'Italie, & même
du territoire que pouvoient occuper les *Vediantii*,
en leur attribuant *Sanitium*, ou Senez, indépendamment de *Cemenelium*, dont on connoît les vestiges à *Cimuis*, près de Nice.

VEDINUM ( *Udine* ), ville de la Carnie, au nord-ouest : on n'en fait rien de particulier.

VEDRA, fleuve dont Ptolemée indique l'embouchure fur la côte orientale de l'île d'Albion.

VEGESELA, ville de l'Afrique, dans la Numidie, fur la route de Thevefte à *Sitifis*, en paffant par Lambèfe, entre *Mafcula* & *Tinphadis*, felon l'itinéraire d'Antonin.

VEGESELA, ville de l'Afrique, dans la Byfacène, fur la route de Thevefte, entre *Sufetula* & *Menegefes*, felon l'itinéraire d'Antonin.

VEGESELITANUS, fiège épifcopal d'Afrique, dans la Byfacène, felon la notice épifcopale de cette province.

VEGETI, peuple de l'Afie, felon Pomponius Méla.

VEGISTUM ou VETESTUM, ville de l'Afie, dans la Galatie, chez les *Tolifobogi* ou *Tolisboti*, felon Ptolemée.

VEGIUM ou VEGIA, ville maritime de la Liburnie, felon Pline & Ptolemée. Ce dernier écrit *Vegia*.

VEIENNE ou VEIENTANI. La première orthographe eft de Cicéron, & la feconde de Pline. Ces auteurs défignent, par ces noms, les habitans de la ville de *Veii* ou *Véies*. Ils font nommés *Vexii* par Diodore de Sicile.

VEIENSE OPPIDUM, ville de l'Hifpanie, entre *Epora* & *Caftulo*, felon l'itinéraire d'Antonin.

VEIENTANUM, maifon de campagne en Italie, fur le bord du *Tiberis*, fur la voie Flaminienne. Elle appartenoit à Livie, femme d'Augufte, & elle fut nommée *ad Gallinas*, felon Suétone.

VEIENTANUS, fiège épifcopal, qui étoit fuffragant d'Aquilée, felon Sigonus.

VEII ou VEIES, ville de l'Italie, dans l'Etrurie, au fud de *Falerii*, mais plus près du Tibre, & fur-tout de Rome. C'étoit une ville ancienne & confidérable par fes richeffes & par le courage de fes habitans; elle étoit le fiège d'une lucumonie, ou divifion de l'Etrurie. On dit que fon premier nom étoit *Veja*, qui étoit auffi chez les anciens Ofques le nom d'un de ces charriots fur lefquels ils habitoient avant d'avoir des villes. Le voifinage de Rome fut caufe du malheur de Véies. La jaloufie de cette ville naiffante s'alluma par la vue d'une ville opulente, & que Denys d'Halycarnaffe donne pour avoir été auffi grande & auffi forte qu'Athènes. Depuis Romulus, la guerre fe fit fans intervalle entre les deux peuples. Enfin Véies fut prife par Camille, après un fiège de dix ans, l'an de Rome 356 ou 357. Le butin y fut confidérable; on en envoya une partie au temple d'Apollon Pythien. On ne peut mieux faire l'éloge de la fituation de Véies, qu'en rapportant qu'après la prife de Rome par les Gaulois, on mit en délibération fi l'on ne feroit pas de cette ville la capitale de la république. Dans la

fuite les premiers perfonnages de Rome eurent des maifons de plaifance fur fon territoire.

VEITURII, peuple de l'Italie, dans la Ligurie, felon une ancienne infcription fur cuivre, citée par Ortélius.

VEL, ville fituée dans l'intérieur de l'Afrique, & du nombre de celles qui furent fubjuguées par Cornélius Balbus, felon Pline.

VELABORI, peuples qui habitoient fur la côte occidentale de l'Hibernie, au midi des *Gangani*, felon Ptolemée.

VELATODURUM, felon les dénominations compofées, avoit du rapport à celle-ci, il eft plus conforme à l'ufage décrire *Velatodurum*, que comme on lit dans l'itinéraire d'Antonin *Velatudurum*. Ce lieu y eft placé fur la route qui conduifoit de Befançon à *Epamanduodurum* ou Mandeure. Les diftances font marquées XXII à l'égard de Befançon, XII à l'égard de Mandeure; mais pour être fcrupuleux fur cet article, il faudroit en rabattre quelque chofe. Le total de Befançon à Mandeure eft plutôt 32 que 34, comme on le peut voir dans l'article *Epamanduodurum*. Plufieurs ont rapporté la pofition de *Velatodurum* à un lieu nommé Vellerot, en prenant une route écartée du Doubs fur la droite. Ils n'ont pas obfervé qu'indépendamment de ce que la diftance de Vellerot à Mandeure n'eft pas fuffifante, le terme de *durum*, dans la dénomination de *Velato-durum*, indique prefque par-tout où il fe rencontre, un paffage de rivière qu'on ne trouve point à ce Vellerot. En combinant les diftances fur la repréfentation topographique & très-circonftanciée du local, il me paroît que la pofition de *Velatodurum* doit fe placer à l'endroit où, pour fe rendre de Befançon à Mandeure, il faut traverfer le Doubs aux environs de Clerval; & un lieu qui fe nomme Pont-pierre indique peut-être ce paffage. Au refte, cette route ne me paroît pas différente de celle qui eft tracée dans la table, & fur laquelle elle place, en d'autres diftances, un lieu nommé *Lopafagium*, en omettant *Velatodurum*; de même que l'itinéraire marque *Velatodurum* préférablement à *Lopofagium*. C'eft mettre une dépenfe fuperflue ( fi l'on peut s'exprimer ainfi ), fur le compte des peuples foumis à la domination romaine, que de doubler fans néceffité les voies qui tendent aux mêmes lieux; & on auroit occafion de répéter ce point de critique fur plufieurs grands hommes de la Gaule.

VELAUNI: ils font cités dans l'infcription du trophée des Alpes à la fuite de *Nerufii*, dont l'emplacement eft bien connu, parce que *Vintium*, ou Vence, étoit le chef-lieu de leur territoire. Honoré Bouche les établit avec quelque probabilité dans le comté de Beuil, dont le nom, dans les archives de Provence à Aix, eft *Bellio*.

Voici ce qu'en dit M. l'abbé Papon. Les *Velauni* étoient un peuple des Alpes maritimes, près

près de la mer, à l'est des *Nerusii*. Il en est fait mention dans le trophée des Alpes.

J'ajoute que le nom de ce peuple signifiant, en celtique, embouchure & rivière, il convient de le placer vers l'embouchure du Var, & non pas à Beuil, dans la partie septentrionale du diocèse de Glandève, comme ont fait MM. Bouche & d'Anville.

VELCERA, ville située sur la côte de l'Illyrie, entre l'embouchure du fleuve *Œneus* & la ville de *Senia*, selon Ptolemée.

VELDIDENA, nom d'un lieu de la Germanie, selon l'itinéraire d'Antonin.

VELEGIA, ville de l'Afrique, dans la Libye intérieure. Elle étoit située au nord & sur le bord du fleuve Niger, selon Ptolemée.

VELEIA, ville de l'Hispanie citérieure, selon la notice des dignités de l'empire.

VELEIA, au sud de *Placentia*, ville de l'Italie, dans la Gaule Cispadane. Il paroit que cette ville a été écrasée par la chûte d'une montagne. On en a découvert depuis dix à douze ans une partie de ses ruines.

VELESITANUS, siège épiscopal d'Afrique, dans la Numidie, selon la notice épiscopale de cette province.

VELIA ou HELIA, ville d'Italie, dans la Lucanie, à l'ouest, sur un petit golfe de son nom, qu'elle avoit pris du petit ruisseau *Heles*, sur lequel elle étoit bâtie. Ce mot *Helia* venoit du grec, & signifie marais. Comme il porte avec soi-même aspiration, les Latins l'ont rendus dans leur langue par le *V*. C'est ainsi que d'ἕσπερ ou Hesper, les mêmes Latins ont fait *Vesper* ou le soir, & d'où nous avons fait *Vespres*. Selon quelques auteurs elle avoit été fondée par des Phocéens, venus, non pas de la Phocide en Grèce, mais de *Phocea* en Asie; d'où vinrent aussi ceux qui fondèrent Marseille. Selon M. l'abbé Chauppy, elle dut son origine à des Sybarites. Quoiqu'en général elle fût habitée que par des pêcheurs, elle est cependant recommandable par la naissance de Parménide & de Zénon, disciples célèbres de Pythagore.

VELIA, ville située dans l'intérieur de l'Hispanie citérieure, chez les *Caristi*, selon Ptolemée.

VELIA, canton marécageux de l'Italie, au voisinage de *Cutilia*. Selon Denys d'Halycarnasse, les Aborigènes cédèrent ce canton aux *Pelasgi*, après avoir fait alliance avec eux.

VELIA, lieu de la ville de Rome. C'étoit, selon Denys d'Halycarnasse, une éminence escarpée, qui commandoit la place publique.

VELIARUM-LUCI, bois de l'Italie, selon Symaque.

VELIATES ou VELEATES, peuples de l'Italie, dans la Lygurie, selon Pline & Valérius Flaccus. Ce dernier écrit *Veleates*.

VELICER, fleuve de la Germanie, selon Sidonius Apollinaris.

VELIENSES, peuples de l'Hispanie. Selon Pline, ils formoient une des cinq cités des peuples *Vennenses*.

VELIENSES, peuples de l'Italie, dans le *Latium*, selon Pline.

VELINUS (*le Velino*), petit fleuve du pays des Sabins, dans la partie septentrionale: ses sources étoient à environ 20 milles de Réate, vers l'est, dans des montagnes très-abondantes en eau. Ce fleuve passoit, en allant vers le sud, par un lieu appelé *Vacunis*, puis par *Interocrea*. Jusques-là le *Velinus* coule dans une vallée étroite, qui ne s'élargit même que six milles au-delà de la ville. Mais à *Interocrea* il tournoit à l'ouest, & trouvoit dans la plaine la ville de *Cutilia*. Là se trouvoit un fonds en eau assez considérable (*Voy. Cutilia*). Grossi de ces eaux & de celles du *Salto* & du *Thurano*, il se rendoit à Réate. En remontant ensuite par le nord-ouest, le *Velinus* entroit dans une plaine immense couronnée de hautes montagnes, & y avoit long-temps formé un très-grand lac. Ces eaux stagnantes & sulfureuses incommodoient: on leur envioit d'ailleurs les belles terres dont elles étoient en possession. M. Curius fit faire en cet endroit des travaux considérables: une montagne fut percée, & un canal ouvert au *Velinus*: ses eaux dès-lors eurent un écoulement facile dans la mer, en laissant à découvert une vallée que Cicéron compare à la vallée de Tempé. Cette terre nouvellement acquise au profit & pour l'agrément des habitans de Réate, leur parut un objet de délices. De belles roses dont elle se couvrit, ils l'appelèrent *Rosea* (Voy. *Rosea Rura*). Le *Velinus* se rendoit dans le *Nar* près d'*Interamna*.

VELINUS. Vibius Sequester nomme ainsi une des sept montagnes de la ville de Rome.

VELIOCASSES: ce nom se trouve diversement; *Velocasses* dans César, *Vellocasses* dans Pline, & *Veneliocasti* selon Ptolemée. César joint cette cité aux *Caleti*, & à d'autres peuples d'entre les Belges, que la Seine séparoit d'avec les Celtes. Mais la division de la Gaule par Auguste, fit entrer les *Veliocasses*, ainsi que les *Caleti*, dans la Lyonnoise; & ils sont cités comme faisant partie de cette province, par Pline & par Ptolemée. *Rotomagus*, leur capitale, devint même la métropole de la seconde des Lyonnoises, lorsque la Lyonnoise d'Auguste fut divisée en deux provinces. Dans l'étendue de pays qu'ont occupé les *Veliocasses*, la partie qui est située entre la rivière d'Andelle & l'Oise, a conservé leur nom dans celui de *Vulcassinus pagus*, divisé, comme l'on fait, en Vexin normand & Vexin françois, par rapport aux limites du duché de Normandie, fixées à la rivière d'Epte, dont le cours fait la séparation d'un Vexin d'avec l'autre. Ce qui étoit compris dans le district des *Vellocasses* aux environs de Rouen, a été distingué par le nom de *Pagus Rotomagensis* ou *Rotoniensis*, dont il subsiste un reste dans ce qu'on appelle le *Roumois*, quoique ce nom foit actuellement reftraint au canton qui eft au midi de la Seine, jufqu'au bord de la Rifle, où le diocèfe de Rouen confine au diocèfe de Lizieux.

VELISCUM, lieu de l'Afrique, dans la Mauritanie céfarienfe, fur la route de *Rufuccurum* à *Clama*, entre *Sufafar* & *Taranamufa caftra*, felon l'itinéraire d'Antonin.

VELITIÆ, nom d'une ville de l'Italie, felon Feftus.

VELITRÆ ou VELLETRI, ville d'Italie, dans le *Latium*, au pays des Volfques. Elle étoit fur la gauche, à quelque diftance de la voie Appienne, au fud-eft d'Albe. Elle devint confidérable fous les Romains. Une infcription confervée dans fon hôtel-de-ville, attefte qu'il y avoit à Velitres un amphithéâtre; mais il n'en refte aucune trace. Deux voies conduifoient à Velitres; l'une à l'oueft, fe détachoit de la voie Appienne; l'autre, à l'eft, communiquoit avec la voie Latine. On a trouvé affez près, en 1763, le deffus d'un farcophage qui préfente une infcription en grec & en latin : elle eft de Julie Solémie, mère de l'empereur Héliogabale, laquelle l'avoit en l'honneur de Sextus Varius Marcellus, fon époux.

VELITRANI ou VELITERNI, felon les différentes éditions de Denys d'Halycarnaffe. Cet auteur défigne les habitans de la ville de *Velitræ*.

VELLADIS, ville de l'Hifpanie, dans la Lufitanie, felon quelques éditions latines de Ptolemée.

VELLANIS, ville de la haute Mœfie. Elle étoit éloignée du Danube, felon Ptolemée.

VELLATES, peuples de la Gaule Aquitanique, entre les *Aufcii* & les *Rhuteni*, felon Pline.

VELLAVI. Cette leçon eft préférable à celle de *Velauni*, que donnent quelques éditions des commentaires, & à laquelle Ptolemée eft conforme. Selon Strabon, *Vallavi*. La notice des provinces de la Gaule, où la capitale de *Vellavi* eft appellée *civitas Vellavorum urbs*, confirme la leçon de *Vellavi*. Du temps de Céfar, les *Vellavi* étoient foumis aux *Arvni*, ainfi que les *Gabali* leurs voifins : *Sub imperio Arvernorum effe confueverant*. Mais, affranchi vraifemblablement par Augufte, ils formoient, felon Strabon, une cité particulière. Le diocèfe du Pui repréfente leur territoire; ce qu'on ne fauroit dire également de la petite province qui porte le nom de *Vellai*, annexée au gouvernement de Languedoc : car l'ancienne capitale des *Vellavi*, qui porte actuellement le nom de S. Paulin ou Paulhan, comme on dit dans le pays, eft enclavée dans la province d'Auvergne. C'eft un étrange déplacement dans Ptolemée, de faire les *Velauni* ou *Vellavi*, voifins des *Aufcii*.

VELLAUNODUNUM. Céfar partant d'*Agedincum*, ou de Sens, & y laiffant les bagages de fon armée, pour fe rendre en diligence à *Genabum*, ou Orléans, rencontre fur fa route, & le lendemain de fon départ, *altero die*, une ville

des *Senones*, nommée *Vellaunodunum*; &, après l'avoir reçue à compofition, il arrive en deux jours à *Genabum*. Dans les éclairciffemens géographiques fur l'ancienne Gaule, qui ont paru en 1741, la fituation de *Vellaunodunum* eft établie à Beaune en Gâtinois. On remarque en effet, que cette pofition eft comprife dans le diocèfe de Sens, *Oppidum Senonum Vellaudunum*, & qu'elle fe rencontre fur la route directe de Sens à Orléans. Sa diftance à l'égard de Sens de 40 & quelques milles romains, convient à deux jours de marche d'une armée fans bagages, & qui faifoit diligence. Végèce dit précifément que la marche commune du foldat romain en cinq heures d'été, qui valent environ fix & un quart de nos heures aftronomiques, & égales en toutes faifons, étoit de 20 milles; &, en l'accélérant, qu'elle étoit de 24, la diftance de Beaune à Orléans n'étant que d'environ 30 milles, la route en deux jours n'eft que plus facile à admettre le nom de *Belna*, fous lequel il eft fait mention de Beaune *villa Belna, Empago Vaftinenfi Cita*.

VELLEIACIUM, ville de l'Italie, au milieu des collines de la Gaule Cifpadane, felon Pline.

VELLICA, ville de l'Hifpanie, dans l'intérieur de la Tarragonoife, felon Ptolemée. Selon Florus, Augufte battit les Cantabres fous les murs de *Vellica*.

VELLOCASSES, peuples de la Gaule Belgique, felon Céfar. Ils font indiqués dans la Lyonnoife, par Pline & Ptolemée. Cette différence vient de ce qu'Augufte tira quatre peuples, les *Vellocaffes* compris, de la Gaule Belgique, pour les mettre dans la Lyonnoife.

VELPI, montagnes de la Cyrénaïque, aux confins de l'Afrique propre. C'eft fur ces montagnes qu'habitoient les *Macatutæ*, felon Ptolemée.

VELTÆ, peuples de la Sarmatie Européenne, dans une partie du golfe Vénédique.

VELUCA, ville de l'Hifpanie citérieure, chez les *Arevaci*, felon Ptolemée.

VEMANIA, lieu de la Rhétie, fur la route de la Pannonie dans les Gaules, en paffant par *Sofianæ*, entre *Campodunum* & *Brigantia*, felon l'itinéraire d'Antonin.

Ptolemée nomme ce lieu *Viana*.

VEMPSUM, ville de l'Italie, dans le *Latium*, felon Ptolemée.

VENAFRUM (*Venafro*), ville d'Italie, dans la Campanie, au nord, vers le *Samnium*; elle devint une colonie romaine. Elle étoit renommée par fes oliviers & par fes huiles.

VENAMI, peuples de la Gaule Aquitanique, felon Pline.

VENARIA ou VENERIA, île de la mer de Tyrrhène, felon Pline & Marcian d'Héraclée.

VENASII, peuple de l'Afie, dans la Cappadoce, felon Strabon.

VENAXAMODURUM, ville de la Rhétie, felon la notice des dignités de l'empire.

VENDELIA, ville de l'Hispanie citérieure, chez les *Autrigones*, selon Ptolemée.

VENDENIS, ville de la haute Mœsie, & éloignée du Danube, selon Ptolemée.

VENDUM, nom de l'une des quatre villes que possédoient les Japodes, dont le pays s'étendoit depuis les Pannonies jusqu'à la mer Adriatique, selon Strabon.

VENDUPALIS, fleuve de l'Italie, dans la Ligurie, selon une ancienne inscription, citée par Ortélius.

VENECA, ville de l'Asie, dans l'intérieur de la Médie, selon Ptolemée.

VENEDI, peuples originaires de la Sarmatie, qui habitoit d'abord sur le golfe Vénédique, dont ils occupoient toute la côte : de-là ils passèrent dans la Germanie avec les Slaves, où ils habitèrent les terres que les Germains avoient abandonnées, selon Ptolemée, *L. III*, *c. 5*.

Jornandès, *de Reb. Getic.* dit que ces peuples, avant cette migration, furent vaincus & soumis par Hermanricus, roi des Goths.

VENEDICI MONTES, montagnes de la Sarmatie européenne, selon Ptolemée.

VENEDICUS SINUS, nom de la partie de la mer Baltique où se trouvent les embouchures du *Turuntus*, du *Chesinus*, du *Rubo*, & du *Chronus*, selon Ptolemée. C'est la partie de cette mer au-dessus de la Vistule.

VENELI ou VENELLI, peuple qui habitoit dans la partie maritime de la Gaule Lyonnoise, & qui avoit pour capitale la ville de *Crociatonum*, selon Ptolemée.

Ce peuple est nommé *Venelli* par Pline.

VENENI, peuple de l'Italie, dans la Ligurie, selon Pline.

VENERIA ou APHRODISIUM (*Faradeese*), ville de l'Afrique, qui étoit située sur le bord de la mer, au nord-nord-ouest d'*Adrumetum*.

Ptolemée parle de cette ville.

VENERIS ÆNADIS TEMPLUM, nom que l'on donnoit à un temple que les Troyens bâtirent à l'honneur de Vénus, lorsqu'ils arrivèrent sur la côte de l'Epire, & qu'ils eurent pris terre dans la péninsule appelée *Lucas*, selon Denys d'Halycarnasse.

Ce temple étoit sur le promontoire d'*Actium*.

VENERIS ARSINOES FANUM, temple de l'Egypte, sur le promontoire *Zephyrium*, entre Canope & Alexandrie, selon Strabon.

VENERIS AUREÆ CAMPUS, champ de l'Egypte, dans le territoire de *Memphis*, selon Diodore de Sicile.

VENERIS INSULA, ile du golfe Arabique, sur la côte d'Egypte, selon Pline.

VENERIS LACUS, nom d'un lac que Pline indique à *Hierapolis* de Syrie. C'étoit un étang fort poissonneux, dans la ville même d'*Hierapolis*, près du temple de Junon, selon Lucien.

VENERIS MONS, montagne de l'Hispanie, au midi du fleuve *Tagus*, & au voisinage du pays des *Carpetani*, selon Appien.

VENERIS PORTUS, port de la Gaule Narbonnoise, sur la mer Méditerranée, entre les promontoires des Pyrénées, & au nord de *Cervaria*, selon Pomponius Méla.

Ce port étoit fameux par un temple de Vénus que l'on y avoit élevé.

VENERIS PORTUS, port de l'Italie, dans la Ligurie, aux confins de l'Etrurie, entre *Segesta* & *Portus Delphini*, selon l'itinéraire d'Antonin.

VENERIS PORTUS, port de l'Egypte, sur le golfe Arabique, selon Agatarchides.

C'étoit autrefois un fameux entrepôt, que l'on nommoit *Myos hormos* ou *Muris Statio* ; il fut ensuite appelé *Magnus Portus*, & enfin *Veneris Portus*, selon Ptolemée. Cet auteur dit que ce port étoit près du promontoire *Drepanum*.

VENETHAL, siège épiscopal, sous la métropole de *Sexiopolis*.

VENETI (les *Venetes* ou *Henetes*), peuple d'Italie, dans la Vénétie. Ils étoient d'origine celtique. Quelques historiens les font descendre d'une colonie de Troyens qui étoient venus s'y établir après la ruine de leur patrie ; mais Hérodote dit que c'étoit une nation illyrique, ce qui est plus vraisemblable.

VENETI, peuples de la Gaule Celtique, dans l'Armorique, qui habitoient dans la péninsule au-dessus des Namnètes, selon César, *de Bell. Gall. L. III*, *c. 8*, qui leur donne la gloire d'être les plus puissans de tous les peuples qui habitoient sur cette côte, & qui devoient cet avantage à la grande quantité de vaisseaux qu'ils avoient, à la science & à la pratique de la navigation.

Ptolemée, *L. II*, *c. 8*, nomme leur ville *Dariorigum*.

La cité de Vennes étoit plus puissante sur mer qu'aucune autre, & les *Veneti* se distinguoient par leur habileté dans la marine, selon César : il employa aussi pour désigner leur territoire le nom de *Venetia*, qui n'est pas la forme usitée à l'égard des cités de la Gaule. Strabon a mal connu les *Veneti*, en les disant Belges, ainsi que les *Osismii*. Les *Veneti* sont cités dans Pline, & les iles adjacentes à leur continent sont appelées par lui *Veneticæ insulæ*. Le nom des *Veneti* est oublié dans le texte grec de Ptolemée, mais non pas dans la version latine, qui, n'étant pas récente, est regardée à-peu-près comme un texte.

VENETIA (La *Vénétie*). Cette contrée de l'Italie commençoit à l'est de la Gaule, à-peu-près au lac *Benacus* & au *Mincius* qui en sortoit. Ses bornes n'étoient pas trop distinctes au nord-est.

Ses rivières principales, outre le Pô, étoient l'*Athesis*, le *Medoacus major* & le *Plavis*.

Ce pays étoit très fertile en pâturages, on y trouvoit de nombreux troupeaux, il fournissoit aussi d'excellens

Le peuple de cette contrée portoit le nom de Vénètes ou Hénètes.

Leurs principales villes étoient *Hadria*, *Ateste*, *Patavium*, *Verona*, *Vicentia*, *Altinum*, *Tarvisium*, &c.

VENETICÆ INSULÆ ou VENETORUM INSULÆ. Selon Pline, on désignoit par ces noms, un grand nombre d'îles situées sur la côte occidentale de la Gaule Celtique ou Lyonnoise.

VENETICÆ INSULÆ. On lit dans Pline: *Insulæ complures Venetorum quæ & Veniticæ appellantur*. On voit que cette dénomination générale comprend Bellisle, Houat, Hedic, Groa ou Grouais, même Quiberon, ou, comme on lit dans les titres de plusieurs siècles Kéberoen, qui devient île dans les grandes marées. On sait que toutes ces îles sont opposées à la partie du continent qu'occupoient les *Veneti*, plus distingués dans la marine qu'aucun des autres peuples Arméricains, au rapport de César.

VENETULANI, peuple de l'Italie, dans l'ancien *Latium*, selon Pline. Il ne subsistoit plus du temps de cet auteur.

VENETUS LACUS, nom de l'un des deux lacs que le Rhin forme vers sa source, selon Pomponius Méla.

VENETUS LACCUS *vel* BRIGANTINUS. Méla parle de deux lacs formés par le Rhin descendu des Alpes: *Rhenus ab Alpibus dicidens, propè à capite duos lacus efficit, Venetum Æronum*. On ne trouve point ailleurs cette distinction de deux lacs, ni leurs dénominations. Le lac qui porte actuellement le nom Boden-sée, & qu'on appelle plus communément le lac de Constance, est appelé *Brigantinus* par Pline, & *Brigantia* par Ammien Marcellin, en ces termes: *Rhenus lacum invadit, quem Brigantium accola Rhetus appellat*. Cet historien a mal connu la figure & l'étendue de ce lac, en disant: *rotundum perque quadraginta & sexaginta stadia longum, parique penè spatio latè diffusum*. Strabon, qui en fait mention sans le distinguer par un nom particulier, ne lui donne que 300 stades de longueur, sur 200 de largeur; ce qui pèche encore par excès dans la rigueur. Le nom actuel de Boden-sée est tiré d'un lieu nommé Bodman, situé à l'extrémité du lac opposée à celle où est Bregentz, dont le nom de *Brigantia* a fait celui de *lacus Brigantinus* dans Pline; celui de Bodman a été distingué par un palais sous les rois des Germains du sang de Charlemagne. Il en est fait mention dans un diplome de Charles-le-Gros, de l'an 881, rapporté par Crusius, dans les annales de Souabe, & qui s'exprime ainsi: *Ad Lacum Podamecum, in arce & palatio Bodmen*; & j'en prends occasion de remarquer qu'une position admise dans notre carte, & que donne la table Théodosienne, en traçant une route qui doit joindre les bords du Danube, se rencontre au passage d'une petite rivière qui se rend dans le lac peu loin de Bodman: je pense même que la

Table étant peu correcte en beaucoup de dénominations, on seroit autorisé à lire *Brigobadme*, au lieu de *Brigobanne*. Mais pour terminer ce qui concerne le lac dont il est question, l'île dans laquelle Strabon rapporte que se retira Tibère, après avoir livré un combat naval aux *Vendelici*, pourroit s'entendre de la langue de terre presque entièrement isolée entre les deux espèces de cornes que l'extrémité du Boden-sée forme avec l'autre lac qui se répand au-dessous de Constance sous le nom d'*Unter-sée* ou de lac inférieur. La source du Danube à Doneching (sans la rechercher plus haut), que Tibère alla voir, à une journée de distance du lac, selon Strabon, en est éloignée d'environ 36 milles romains.

Dans les actes du concile tenu à Soissons en 862, il peut être regardé comme une abréviation du nom de *Vallauna*, puisque l'altération la plus commune dans les dénominations a été de les réduire ou de les tronquer. Je ne répéterai point ici ce qui est dit dans l'ouvrage que j'ai cité, pour réfuter la position qu'un savant a voulu donner à *Vellaudunum*, auprès d'Auxerre, en déplaçant en même temps *Genabum* de sa position à Orléans; mais je ne terminerai point cet article sans remarquer que l'on reconnoît la trace d'une ancienne voie, dont la direction, à partir de Sens, se fait remarquer par de grands vestiges entre le passage du Loir, auprès du lieu nommé *Dordive* & *Beaune*, & paroit vouloir, en passant plus loin, croiser la route qui de *Lutia* se rend à *Genabum* avant que cette route arrive à Orléans. On est assez prévenu que le local fait trouver ainsi de pareilles voies, sans qu'il en soit mention dans les anciens itinéraires. Celle-ci n'est pas précisément la même que dans la table Théodosienne, entre *Genabum* & *Agedincum*, par des lieux nommés *Finis* & *Aquæ Segeste*, quoiqu'elle n'en paroisse pas fort écartée.

VENICIUM, ville que Ptolémée indique dans l'intérieur de l'île de Corse.

VENICNII, peuples qui habitoient sur la côte occidentale de l'Hibernie, selon Ptolémée.

VENICNIUM PROMONTORIUM, promontoire sur la côte septentrionale de l'Hibernie, selon Ptolémée.

VENIDATES, peuples de l'Italie, dans la Transpadane, selon Pline.

VENNENSES, peuples de l'Hispanie, parmi les Vacéens, au voisinage des *Gallæci*. Selon Pline, ils étoient de l'assemblée générale de *Clunia*.

VENNONÆ, ville de l'île d'Albion, sur la route de la muraille à *Portus Rutupis*, entre *Bennavenna* & *Manduessuum*, selon l'itinéraire d'Antonin.

VENNONII ou VENII, peuples de la Rhétie. Ils étoient du nombre de ceux des Alpes, qui prirent les armes contre les Romains, & qui furent vaincus par Publius Silius, selon Dion Cassius.

Ce font les *Vinnones* de Ptolemée, & les *Venones* de Strabon.

VENOSTES, peuples des Alpes, du nombre de ceux qui furent subjugués par Auguste, selon Pline.

VENSANENSIS, siège épiscopal d'Afrique, dans la Numidie, selon les actes de la conférence de Carthage.

VENTA BELGARUM, ville de la Grande-Bretagne, sur la route de *Regnum* à *Londinum*, entre *Clausentum* & *Calleva-Atrebatum*, selon l'itinéraire d'Antonin.

VENTA ICENORUM, ville de la Grande-Bretagne, à cent trente-huit milles de *Londinium*, & à trente-deux milles de *Sitomagum*, selon l'itinéraire d'Antonin.

VENTA SILURUM, ville de la Grande-Bretagne, sur la route de *Calleva* à *Isca*, entre *Isca* & *Abone*, selon l'itinéraire d'Antonin.

VENTIA ou VENSIENSIUM CIVITAS, ville située dans les Alpes maritimes, selon la notice des provinces des Gaules.

Dion Cassius, parlant d'une expédition qu'il date de l'an de Rome 693, contre les *Allobroges* qui s'étoient révoltés, fait mention d'une ville sous le nom de *Ventia*, qui devoit être peu éloignée de l'Isère. Selon quelques circonstances de cette expédition, il y a lieu de croire, avec M. de Valois, que c'est Vinai, entre Moirène ou Tullin & S. Marcellin, à quelque distance de la rive droite de l'Isère. Dans le même mouvement de guerre, il est parlé d'une autre ville sous le nom de *Solonium* ou *Solon*, comme on lit dans l'épitome du livre CIII de Tite-Live, mais dont la situation me paroît inconnue, & est peut-être cachée sous quelque nom de saint, qui, ayant succédé à une première dénomination, l'a fait oublier, comme il est arrivé à beaucoup d'autres lieux.

VENTIS PONTE, ville de l'Hispanie, dans la Bétique, dans le voisinage de *Caracca*, selon Hirtius.

VENTRÆ, nom d'une ville de l'Italie. Les Romains y envoyèrent une colonie vers l'an 351 de la fondation de Rome, selon Diodore de Sicile.

VENUSIA (*Venosa*), ville de l'Italie, dans l'Apulie, près du Mont *Vultur*, & arrosée par une petite rivière qui portoit quelquefois le nom d'*Aufidus*, à laquelle elle se joignoit peu après. Selon Servius, elle avoit été fondée par Diomède, & porta d'abord le nom d'*Aphrodisia*. C'est en grec, le même nom que *Venus*, en latin; & il semble qu'ils emportent tous deux avec eux l'idée de la beauté. Alors on auroit voulu faire allusion à la situation de cette ville. Elle devint colonie romaine en 460. C'étoit une alliée sûre des Romains. Le reste des troupes de Terrentius Varron, y chercha un asyle en fuyant de Cannes.

On y voit beaucoup de ruines, & un beau portique. Sur le milieu de la place est un tronçon de marbre antique, sur lequel est un buste d'Horace. On sait que ce poète philosophe y prit naissance, & qu'à ce titre le nom de *Venusia* sera immortel. Les Barbares ont détruit les bains, les théâtres & les temples.

VEPILLIUM ou VEPILLUM (*E-Billée*), ville de l'Afrique, vers le midi de Carthage, selon Ptolemée.

Elle étoit située à deux lieues au sud-est d'*Almena*, & on y voit encore quelques vestiges des Romains.

VERA, ville de l'Asie, dans la Médie, dans un lieu élevé & fort par sa situation. Selon Strabon, elle fut prise par Antoine, dans son expédition contre les Parthes.

VERA, nom d'un fleuve de la Gaule, selon Ortélius.

VERAGLASCA, fleuve de l'Italie, dans la Ligurie, selon une ancienne inscription citée par Ortélius.

VERAGRI, peuples des Alpes, dans la vallée Pennine. César nomme leur chef-lieu *Octodurus* ou *Octodorus*.

VERAGRI. César les place entre les *Nantuates* & les *Seduni*. Dion Cassius, en disant que les *Veragri* s'étendent depuis les *Allobroges* & le lac Léman jusqu'aux Alpes, n'a point trouvé la même chose dans César, qui, au commencement du troisième livre des commentaires, décrit l'expédition de Sergius Galba son lieutenant, dont il est question dans cet endroit de Dion. Ainsi, ce qu'on lit dans cet historien ne sauroit nuire à ce qu'on connoît d'ailleurs, que les *Nantuates* séparent les *Veragri* des *Allobroges*. L'inscription du trophée des Alpes nomme les *Salassi*, qui habitoient la vallée d'Aouste, ce qui est très-convenable; Pline les désigne par l'ethnique de leur capitale en les appellant *Œtodurenses*. Voyez l'article *Œtodurus*.

VERALA, ville de l'Hispanie citérieure, entre *Calaguris* & *Tritium*, selon l'itinéraire d'Antonin.

VERANOCA, ville de l'Asie, dans la Phénicie, selon la notice des dignités de l'empire.

VERANUS AGER, champ du territoire de Rome, sur la voie tiburtine, selon Pline.

VERBALIS, lieu de l'Afrique, selon S. Augustin, cité par Ortélius.

VERBANUS (*le Lac Majeur*), lac de la Gaule Transpadane. Il étoit le plus occidental de ce pays. Sa partie septentrionale étoit dans la Rhétie; sa partie méridionale étoit dans la Gaule.

VERBICÆ, peuple de l'Afrique, dans la Mauritanie Tingitane, selon Ptolemée.

VERBINUM, ville de la Gaule Belgique, chez les *Veromandui*, sur la route de *Bagacum Nerviorum* à *Durocortorum*, entre *Buronum* & *Catusiacum*, selon l'itinéraire d'Antonin.

VERBINUM. Ce lieu étant le plus remarquable de ceux qui se rencontrent sur la grande route de Bavai à Reims, je crois devoir disputer dans cet article ce qui concerne cette route, par rapport à son étendue en général; & il est à propos de combiner avec l'itinéraire d'Antonin, ce que représente la trace de la même route dans la table Théodosienne. On trouve de *Bagacum* à *Duronum*, XII dans l'itinéraire, XI dans la table. De *Duronum* à *Verbinum*, dont le nom dans la table est *Vironum*, X également. De *Verbinum* à *Catusiacum* VI, & de *Catusiacum* à *Minaticum* VII. Dans l'itinéraire la table comprend ces deux distances en une seule, qui est XVIII. Enfin, d'*Auxienua* à *Durocortorum* il y a X; d'un côté comme de l'autre, la somme de ces distances particulières, qui est 63 dans l'itinéraire de cette route : *iter à Bagaco Nerviorum, Durocortoro Remorum usque,* M. P. LIII. Mais ce qui en décide souverainement, & fait voir en même temps que nonobstant que ces distances soient marquées M. P., il est question de lieues gauloises, c'est que l'espace de Reims à Bavai, fixé par des opérations, est d'environ 65,000 toises, dont il ne peut résulter qu'environ 54 lieues gauloises. Il faut en conclure, qu'à quelques fractions de lieues près, qui auront été négligées dans le détail des distances, la somme de 53 est celle qu'il convient d'adopter. Pour ce qui regarde la position de *Verbinum* en particulier, je remarque que sur la distance depuis Bavai jusqu'à Reims, celle de Bavai à Vervins y entre pour 23 lieues gauloises, & cet intervalle admet ce que l'évaluation du total de l'espace à 54 lieues prend d'excédent sur la somme de ci-dessus à 53 entre Vervins & Reims : ce qu'il y a d'espace en droite ligne ne paroît répondre qu'à environ 31 lieues. On peut consulter l'article qui concerne chacun des autres lieux mentionnés sur cette route, pour connoître le plus ou le moins de justesse des distances qui les séparent.

VERCELLÆ ou VERCELLES ( *Verseilles* ), ville d'Italie, dans la Gaule Transpadane, & la capitale du peuple *Sessites*. Strabon n'en parle que comme d'un village. Il y avoit dans son territoire un temple & un bois consacrés à Apollon. On prétend qu'auprès de cette ville il y avoit des mines d'or.

VEREA, siège épiscopal de l'Asie, selon la notice du patriarchat d'Antioche, publiée par Schels-Trate.

VEREA SUCCA, sur la côte des pays des Cantabres, entre *Salia* & *Blendium*.

VEREBAGAN, nom d'un lieu de la Bulgarie, selon l'histoire miscellanée.

VEREGABORI, peuples qui habitoient dans le voisinage de la Sarmatie européenne, selon l'histoire miscellanée.

VEREI, ville de la Pannonie, entre *Mursa Civitas* & *Mariniana.*

VERENSIS, siège épiscopal de l'Afrique proconsulaire, selon la notice des évêchés de l'Afrique.

VERENTUM, à l'ouest du lac de Trasymène.

VERESIS, fl. 4 millia passuum infra Tibur Anieni miscetur.

VERETUM, ville de l'Italie, dans la Messapie, aux confins du pays des *Salentini*, selon Strabon. Cet auteur dit que *Veretum* avoit autrefois porté le nom de *Baris*.

VERGÆ, ville de l'Italie, dans le *Brutium*, selon Tite-Live.

VERGELLUS, torrent ou fleuve de l'Italie, dans l'Apulie, au voisinage du lieu où se donna la bataille de Cannes. Ce fleuve est fameux, parce qu'Annibal y fit faire un pont avec les corps des Romains, pour faire passer son armée, selon Valère Maxime & Florus.

VERGENTUM, ville de l'Hispanie, dans la Bétique. Selon Pline, elle étoit surnommée *Julii-Genius.*

VERGILIA ( *Murcie* ), ville de l'Hispanie citérieure, au sud-ouest. Les Antiquaires espagnols ont prétendu que les Orientaux l'avoient d'abord nommée Tadmir ou Tadmor, c'est-à-dire productrice des palmiers; qu'elle eut depuis différens noms. Cascares prétend au contraire qu'elle se nommoit *Murcia*. Les Romains en firent un lieu consacré à Vénus *Murcia*.

VERGINIUS OCEANUS, nom que Ptolemée donne à la partie de l'Océan qui baigne la côte méridionale de l'Hibernie, & les provinces occidentales de l'île d'Albion.

VERGIUM CASTRUM, nom d'un lieu fortifié de l'Hispanie. Il servoit de retraite à des brigands, selon Tite-Live.

VERGOANUM, ville que Pline indique dans une des îles Stœcades. Selon cet auteur, de son temps il n'en restoit plus que des traces.

VERGUNI. On le trouve dans l'inscription du trophée des Alpes, qui se lit dans Pline. Il paroît convenable d'en rapporter l'emplacement aux environs d'un lieu qui conserve le nom de Vergons, & qui est nommé *Vergunnis* dans les actes du moyen âge. Honoré Bouche en a pensé de même ; & une grande carte manuscrite de la province m'indique que Vergons est situé entre Senez & Glandève, sur une même ligne, & presque à égale distance.

VERGUNNI, peuple des Alpes maritimes, au sud des *Veamini*. Il en est fait mention dans le trophée des Alpes. Le P. Papon les place au village de Vergons, à l'extrémité méridionale du diocèse de Senez.

VERINOPOLEOS, siège épiscopal de l'Asie, dans la Galatie, selon les notices grecques.

VERISA, ville de l'Asie, dans la petite Arménie, selon Ptolemée.

Dans l'itinéraire d'Antonin, **cette ville est** marquée sur la route de *Tavia* à *Sebaſtia*, entre *Sebaſtopolis* & *Phiaraſis*.

**VERLUCIO**, ville de l'île d'Albion, sur la route d'*Iſca* à *Calleva*, entre *Aquæ Solis* & *Cunetio*, selon l'itinéraire d'Antonin.

**VERNACIA**, VENACIA, VENEATIA, VENIATIA, VERNATIA ou VENIANÆ, ville de l'Hiſpanie, sur la route de *Bracara* à *Aſturia*, entre *Complutica* & *Petavonium*, selon l'itinéraire d'Antonin.

**VERNEMETES**, lieu de la Gaule Aquitanique, aux environs de *Burdigala*, selon Fortunat.

**VERNIA**, nom qu'Euſtathe donne à l'une des îles Britanniques. Ortélius ſoupçonne que cet auteur entend parler de l'Hibernie.

**VERNODUBRUM FLUMEN.** Pline décrivant la partie maritime de la Narbonnoiſe, à commencer par ce qui eſt plus voiſin des Pyrénées, nomme trois rivières *Flumina*, *Tecum*, *Vernodubrum*. Il eſt à remarquer que Strabon applique aux rivières qui traverſent le Rouſſillon dans toute ſa largeur, les noms de *Ruſcino* & d'*Illiberris*, qui ſont proprement ceux des villes près deſquelles coulent ces rivières; & on peut dire la même choſe de Ptolemée, quoique les noms y ſoient altérés. Méla a connu les dénominations particulières du *Telis* & de *Tichis*; & on voit bien que c'eſt la rivière qui conſerve le nom de Tec. M. de Marca & M. de Valois ne voyant point l'autre rivière, qui eſt *Telis* dans Méla, *Ruſcino* dans Strabon, ont opinion que c'eſt ſous le nom de *Vernodubrum* que Pline en fait mention; mais ſur ce point, je ſuis du même avis que M. Aſtruc; & le nom de Verdoubre, ou Verdouble, que porte une rivière qui groſſit celle d'Agli, peu inférieure à la Tet, ou *Telis*, eſt trop conforme à celui de *Vernodubrum*, pour qu'il n'y ait pas la plus grande apparence que Pline paſſant par-deſſus la Tet, fait mention de l'Agli, ſous le nom de *Vernodubrum*.

**VERNODUBRUM**, nom d'un fleuve de la Gaule Narbonnoiſe, ſelon Pline. *Voyez ci-deſſus.*

**VERNOSOL.** Ce lieu eſt marqué dans l'itinéraire d'Antonin, ſur une route qui, partant de *Bencharnum*, & paſſant à *Lugdunum* des *Convenæ*, conduit à Toulouſe, & où le Vernoze, entre la poſition de *Calagoris* ou de *Cazeus*, mentionnée ſur cette route, eſt Toulouſe. Pour plus grand éclairciſſement voyez l'article AQUÆ SICCÆ.

**VERNOSOLA**, lieu de la Gaule Aquitanique, à quinze milles d'*Aquæ Siccæ*, ſelon l'itinéraire d'Antonin.

**VERODUNENSES.** Il n'en eſt fait aucune mention avant la notice des provinces de la Gaule, que l'on croit avoir été dreſſée au commencement du cinquième ſiècle. *Civitas Veroduren-ſium* y tient une place de capitale d'un peuple particulier, & eſt nommée la dernière dans la première des deux Belgiques. On trouve néanmoins *Verodinum*, ou Verdun dans l'itinéraire

d'Antonin; ſur une route de *Durocortum*, ou Reims à *Divodurum*, ou Metz. M. de Valois confond des routes très-différentes, en prenant *Vironum* dans la table Théodoſienne, & qui eſt Vervins, ſur la route de Reims à Bavai, pour *Virodunum*. Il cite Pline, au livre IV, chapitre XVII, comme faiſant mention des *Veruni* entre les nations de la Belgique; & il reprend vivement Sanſon, d'avoir eu l'opinion qu'il faut lire dans Pline *Verduni*, au lieu de *Veruni*: mais je cherche en vain ces *Veruni* dans les éditions de Daléchamp & du P. Hardouin, que j'ai ſous la main. Ce qui déſigne préciſément un territoire particulier aux *Verodunenſes*, & ſéparé des *Mediomatrices*, c'eſt de trouver un lieu nommé *Fines* entre *Virodunum*, dans l'itinéraire d'Antonin.

**VERODUNUM**, ville de la Gaule Belgique, ſur la route de *Durocorcorum* à *Divodurum*, entre *Ad-Fines* & *Axuenna*, ſelon l'itinéraire d'Antonin.

**VERODUNUM.** J'écris ainſi, d'après le nom de *Verodunenſes* que donne la notice des provinces. On lit *Virodunum* dans l'itinéraire. Grégoire de Tours a écrit *Viredunum*, & d'autres écrivains du moyen âge *Viridunum* & *Verdunum*. Les monumens romains ne nous laiſſent rien à dire de plus ſur Verdun, comme ſur le Verdunois dans l'article précédent.

**VEROFABULA**, ville de l'Aſie, dans la Phénicie, ſelon la notice des dignités de l'empire.

**VEROLAMIUM**, VELOLAMIUM, VELOVANIUM ou VERULAMIUM, ville de la Grande-Bretagne, ſur la route du retranchement à *Portus-Rutupis*, entre *Durocobrivæ* & *Sulloniacæ*, ſelon l'itinéraire d'Antonin.

Tacite donne à *Verolamium* le titre de municipe; & ſelon Dion Caſſius, elle étoit la capitale des *Catuellani*, que Ptolemée appelle *Catycuchlani*.

**VEROMANDUI**, peuple de la Gaule Belgique, ſelon Céſar & Pline.

Ce peuple habitoit au midi des *Nervii*, au nord des *Sueſſones*, à l'orient des *Ambiani*, & au couchant de la forêt d'Ardennes. Ils ne purent fournir que mille hommes, dans la guerre commune contre les Romains.

**VEROMENDUI.** Céſar les nomme entre les Belgiques, & comme limitrophes des *Nervii* & des *Atrebates*. Leur nom ſe lit auſſi *Viromandui*; & on peut citer des inſcriptions pour autoriſer cette leçon. Mais c'eſt par altération qu'on trouve *Romandues* dans Ptolemée. Pline a connu les *Veromandui*. Dans la notice des provinces de la Gaule, ſous la métropole de la ſeconde Belgique, qui eſt Reims, *civitas Veromanduorum* ſuit immédiatement les cités de Soiſſons & de Châlons. On peut croire que les limites des *Veromandui* étoient les mêmes du côté des *Ambiani* & des Sueſſones, que ceux de l'ancien dioceſe de leur capitale *Auguſta Veromanduorum*, dont le ſiège a été transféré à Noyon : un lieu nommé *Feris*, ſur la frontière du diocèse de Cambrai témoigne une extenfion de territoire qui n'a point changé de ce côté-là. Mais j'ai peine à croire qu'avant l'établiffement d'un fiège épifcopal à Laon par S. Remi, & la formation d'un nouveau diocèfe, les *Veromandui*, que l'on juge avoir été puiffans, fur ce qu'en dit Céfar dans fes commentaires, fuffent auffi refferrés du côté de leur ville principale, que le diocèfe de Noyon l'eft actuellement près de S. Quentin. Le grand crédit dont a joui S. Remi, fur-tout dans la province dont il étoit l'évêque métropolitain, a bien pu faire démembrer quelque partie de l'ancien Vermandois en faveur d'une églife, à laquelle ce prélat s'affectionnoit affez pour la doter de fes propres fonds.

VEROMETUM, ville de la Grande-Bretagne, entre *Rata* & *Maridunum*, felon l'itinéraire d'Antonin.

VERONA ( *Vérone* ), ville d'Italie, dans la Vénétie, à l'oueft, fur l'*Athefis*.

Elle devoit fa fondation aux Euganiens, defquels elle avoit paffé aux Cénomans, qui, fortis de *Brixia*, s'y étoient établis. Auffi Catule, qui étoit de *Verona*, appelle-t-il *Brixia*, la mère de fa patrie. Martial dit que *Verona* ne devoit pas moins à la naiffance de Catule que *Mantua* à celle de Virgile. Sous le règne de Vitellius, les partifans de Vefpafien en firent une place d'armes. Vers l'an 249 de J. C., l'empereur Philippe fut tué dans cette ville, ou dans fes environs, par l'ordre de Décius. Sous l'empire de Carus, l'an 284, Sabinus Julianus s'étant révolté, s'empara de *Verona* ; mais l'empereur le défit près des murs de la ville. Elle ferma fes portes à Conftantin, lorfqu'il s'empara de l'empire fur Maxence. Cependant après la bataille dans laquelle le dernier fut défait, elle ouvrit fes portes au vainqueur, qui ufa modérément de fa victoire.

*Verona* paffa en 568 au pouvoir des Lombards.

VERREGINIS VILLA, maifon de campagne de la Gaule Aquitanique, dans le territoire de *Burdigala*, felon Fortunat.

VERREGINUM *ou* VERRUGO, ville de l'Italie, dans le *Latium*, au pays des Volfques, felon Diodore de Sicile & Tite-Live.

VERRONENSIS, fiège épifcopal d'Afrique, felon la conférence de Carthage.

VERRUCA, lieu de la Rhétie, au nord & très-près de l'Italie.

VERRUCINI. On lit dans Pline, *regio Camatullicorum, Dein Suelteri, fupraque Verrucini. In ora, &c.* Honoré Bouche penfe qu'un lieu nommé Verignon peut indiquer leur pofition. L'analogie eft affez marquée ; à la fituation du lieu entre Draguignan & Rez, paroît convenable à un emplacement qui foit au-deffus, *fuprà*, de celui qu'on peut affigner aux *Suelteri*.

Voici ce qu'en dit le P. Papon. Les *Verrucini* étoient un peuple des Alpes maritimes, au nord-oueft des *Suelteri*. Pline parle de ce peuple.

On eft d'accord à les placer à Vérignon.

VERSICINIA *ou* VERSINICIA, ville que l'hiftoire mifcellanée femble indiquer dans le voifinage de la Thrace.

VERTACOMACORI, peuple de la Gaule Narbonnoife, felon Pline.

VERTACOMECORI. Pline leur attribue la fondation de Navarre, dans la Gaule Cifalpine, & nous apprend qu'ils faifoient partie de *Vocontii* : *Navarria, ex Vertacomecoris, Vocontiorum hodieque pago, non ( ut cato excifimat ) ligurum.* Ce *pagus* des *Vocontii* nous eft indiqué par le nom de *Vercors*, que conferve un canton dans la partie feptentrionale du diocèfe de Die, entre le diocèfe de Valence & celui de Grenoble. L'effet ordinaire de l'altération des anciennes dénominations eft de les abréger ; & dans les titres du Dauphiné, ce canton eft appelé *Vercoreum*. Je m'étonne que M. de Valois ait cru voir dans cette dénomination de *Vercors* celle de *Vocontii*.

VERTÆ, nom d'un peuple de l'Afie. Il étoit allié des Perfes, & fe trouva au fiège d'*Amida*, felon Ammien Marcellin.

VERTERIS, ville de la Grande-Bretagne, fur la route de *Blatum-Bulgium* à *Caftra-Exploratorum*, entre *Brovonacis* & *Livaftris*, felon l'itinéraire d'Antonin.

VERTINÆ, petite ville de l'Italie, dans l'intérieur de la Lucanie, felon Strabon.

VERTOBRIGE, ville de l'Hifpanie, dans la Bétique, felon Pline.

VERUCINI *ou* VERRUCINI, peuples de la Gaule Narbonnoife, au-deffus des *Suelteri*, felon Pline.

VERUES, peuples d'Afrique, dans la Mauritanie Tingitane, au midi des *Succofii* & des *Macanitæ*, felon Ptolemée.

VERULÆ *ou* VERULANUM, ville de l'Italie, dans le *Latium*, au pays des Herniques, felon Florus. Elle eft mife, par Frontin, au nombre des colonies romaines.

Cette ville eft nommée *Verulanum* par Tite-Live.

VERULANI. Pline nomme ainfi les habitans de *Verulæ*, dans le *Latium*.

VERULUM ( *Veroli* ), ville de l'Italie, dans le *Latium*, à peu de diftance d'*Alatrium*. On y trouve encore des reftes d'antiquité.

VERURIUM, ville de l'Hifpanie, dans l'intérieur de la Lufitanie, felon Ptolemée.

VESAPPE, ville de l'Afie, dans l'intérieur de la Médie, felon Ptolemée.

VESBOLA, ville de l'Italie, au voifinage des Monts Cérauniens, à environ foixante ftades de *Trebula*, & à quarante de *Suna*, felon Denys d'Halycarnaffe. Cet auteur la donne aux Aborigènes.

VESCELIA, lieu fortifié de l'Hifpanie. Il fut pris par le proconful M. Fulvius, felon Tite-Live.

VESCELLANI, peuple de l'Italie, dans la feconde région, felon Pline.

VESCETHER,

VESCETHER, ville de l'Afrique, dans la Mauritanie Césarienne, selon Ptolemée.

VESCERITANUS ou BERCERITANUS, siège épiscopal d'Afrique, dans la Numidie, selon la notice épiscopale d'Afrique.

VESCIS, port de l'Hispanie citérieure, selon Pline.

VESCIA, ville de l'Italie, dans l'Ausonie, selon Etienne de Bysance.

Tite-Live fait mention de cette ville & de son territoire.

VESCIANUM, mot que l'on trouve dans Cicéron. Ortélius croit que c'étoit une maison de campagne située dans le territoire de *Vescia*.

VESCIATES. Etienne de Bysance appelle ainsi les habitans de *Vescia*, ville de l'Ausonie.

VESCI ou VESCI, ville de l'Hispanie, dans l'intérieur de la Bétique, au pied du Mont *Illipula*, chez les Turdules, selon Ptolemée.

Pline la nomme *Vesci*, & la surnomme *Faventia*.

VESCITANI ou les VASCETANS, au pied des Pyrénées, entre les Vascons & les Ilergètes.

VESELITANUS, siège épiscopal d'Afrique, dans la Numidie, selon la notice épiscopale de cette province.

VESENTINI, peuple de l'Italie, dans l'Etrurie, sur le bord du lac Volsinien, selon Pline.

VESENTIUM, lieu principal des *Vescentini* : mais la position n'en est pas bien connue.

VESERIS, lieu de l'Italie, dans la Campanie, & dans les plaines qui sont au pied du mont *Vesuvius*, selon Tite-Live. Cet auteur rapporte que c'est dans ce lieu que se donna la fameuse bataille des Romains contre les Latins, où P. Décius Mus se dévoua aux dieux Mânes, pour le salut de l'armée romaine.

VESIDIA FLUMEN ( *le Versiglia* ), petite rivière d'Italie, dans l'Etrurie.

VESIONICÆ, au sud-ouest d'*Iguvium*, lieu de l'Italie dans l'Umbrie.

VESIONICATES, peuple de l'Italie, dans l'Umbrie, selon Pline.

VESONTIO. César, qui dans la guerre contre Arioviste, fit de Besançon sa place d'armes, décrit l'avantage de sa situation, en disant qu'elle est presque entourée d'une rivière, & qu'à l'endroit où cette rivière ne l'enveloppe point, elle est couverte d'une montagne escarpée sur les flancs, & qui remplit tout l'espace que le cours de la rivière laisse vuide. Telles sont en effet les circonstances qui distinguent le local de Besançon. Il y a cependant une observation à faire sur ce qu'on lit dans César, que l'espace occupé par la montagne n'a que DC pieds de largeur. Je remarque que la base de cette montagne est d'environ 225 toises, qui sont l'équivalent d'environ 1500 pieds romains; & si l'on veut maintenir le nombre de DC, il faut conclure que César a voulu parler de pas & non de pieds, & spécialement

*Géographie ancienne. Tome III.*

de pas communs qui n'ayant que moitié du pas géométrique, se réduisent à deux pieds & demi-quart; les 1500 pieds conduisent à cette supposition; & le rapport de César ne peut s'expliquer autrement; à moins qu'il ne soit plus simple de croire que c'est par faute de chiffre qu'on ne voit pas MD, plutôt que DC dans le texte des commentaires. Quoi qu'il en soit, il est évident que dès-lors Besançon étoit la ville des *Sequani* la plus considérable; & depuis César elle s'est maintenue dans le premier rang, ce qui l'a élevée à la dignité de métropole, lorsque plusieurs cités unies à celle des *Sequani* ont formé une province sous le nom de *Maxima Sequanorum*. Ainsi, quand on trouve dans Ptolemée une ville qui précède *Vesontio* chez les *Sequani*, sous le nom de *Didatium*, ce ne peut être que par une position que Ptolemée a cru antérieure, en suivant la méthode de ranger les lieux dans un ordre de longitude & de latitude. On lit sur une médaille de Galba, dans le trésor de Goltzius, *Mun. Visinitium* : & sur une colonne milliaire qui porte le nom Trajan, & trouvée à Mandeure, on lit *Vesant*. Ammien Marcellin faisant énumération des villes les plus considérables de la Gaule; *apud Sequanos*, dit-il, *Bisontios Videmus, & Rauracos.*

VESPASLÆ, lieu de l'Italie, dans le pays des Sabins, au haut d'une montagne, à six milles de *Nursia*.

Selon Suétone, on voyoit en ce lieu divers monumens qui prouvoient l'ancienneté de la noblesse de la famille vespasienne.

VESPERIES, ville de l'Hispanie citérieure, chez les *Varduli*, selon Pline. Elle étoit située au nord-est de *Flaviobriga*.

VESPOLA, ville d'Italie, attribuée par Denys d'Halycarnasse, aux Aborigènes. Elle étoit dans la dépendance de *Reate*, avant l'établissement des Sabins dans cette ville, à la distance de soixante stades de *Tichela*, assez près des monts Cérauniens. Mais ce nom étoit aussi donné à d'autres montagnes. Cette ville étoit sur la voie *Quintia*.

VESSA, très-grande & très-florissante ville de la Sicile.

Selon Polixnus, Phalaris s'en empara, par stratagème, sur Teutus, prince de cette ville.

VESSALIENSES, peuple de l'Afrique, dans la Mauritanie, selon Ammien Marcellin, de l'édition d'Accurse.

VESSANUM FORUM, lieu de l'Italie, où naquit un hermaphrodite, qui fut jetté dans la mer, selon Obséquens.

VESTINI, peuple de l'Italie, regardé comme Samnites; mais étant Sabin d'origine, on les comprenoit quelquefois sous le nom de Marses. Ils habitoient entre les *Prætilii*, les *Marrucini* & les *Peligni*. M. Gébelin remarque que comme leur pays se trouvant former une espèce d'île entre la mer ou golfe Adriatique, le *Matrinus* & l'*Aternus*, de-là s'étoit formé leur nom, d'*habitans du pays des eaux*, qu'il dérive de *ui*, pays, & de *es* & *ues*, rivière. Leur principale ville étoit *Aterrum*, à l'embouchure du fleuve de ce nom.

VESTINUS MONS, montagne de l'Italie, dans les environs de Minturne, felon Hygin, cité par Ortélius.

VESTINUS FLUVIUS, fleuve de l'Italie, dans la Campanie. Il fe perdoit dans le *Sarnus*, felon Vibius Séquefter.

VESUBIANI, peuples que l'on peut attribuer à l'Italie, puifqu'ils habitoient dans la Ligurie.

Le nom de ce peuple eft tiré de l'infcription de l'Arc de Suze, qui fait mention du peuple dont le domaine de Cottius eft compofé, & on peut recourir à l'article *Efubiani*, pour connoître que c'eft uniquement fur une parfaite reffemblance de dénomination que le nom de *Verubiani* eft placé fur les cartes de l'ancienne Italie, dans la vallée que traverfe un torrent nommé *Verubia*.

VESULUS MONS ( *le Mont Vifo* ), montagne de la Gaule Tranfpadane. C'eft où le *Padus* ( le Pô ) prenoit fa fource.

VESULUS MONS, montagne de l'Italie, dans la Pouille, felon Vibius Séquefter.

VESUNI, peuple de l'Afrique, dans la Mauritanie Tingitane, felon Pline.

VESUNNA, *pofteà* PRETROCORII. Ptolemée indique la capitale des *Petrocorii* fous le nom de *Vefuna*. Dans une infcription romaine on lit *Vefunne*. Cette ville fe rencontre fur des voies que décrivent l'itinéraire d'Antonin, & la table théodofienne. Quoique le nom du peuple foit devenu celui de la capitale, comme il eft arrivé à la plupart des autres, cependant les veftiges de l'ancienne ville, qui fubfiftent à Périgueux, font encore appellés *la Vifone*. On ne fauroit décider qu'il foit queftion des *Petrocorii* en général, plutôt que des habitans de leur capitale en particulier, dans ces paroles de Sidoine Apollinaire : *quid agunt Nitiobriges quid Vefunici tui ?*

VESUVIANÆ AQUÆ. Tacite nomme ainfi une petite rivière de la Campanie, & qui arrofoit la ville de *Neapolis*.

VESUVIUS, mont Véfuve : il eft fitué à une petite diftance de la mer, au fud-eft de *Neapolis*. Au temps de Strabon, qui écrivoit fous Tibère, quoiqu'il parût que cette montagne eût déjà vomi des feux, elle étoit cependant fertile, très-agréable, & cultivée en grande partie dans tout fon contour. Mais la première du règne de Tite, l'an de J. C. 97, il fe fit une éruption dont la defcription qu'en fait Pline le jeune eft tout à la fois terrible & magnifique. Son favant & vertueux oncle, Pline le naturalifte, y périt en voulant trop étudier les particularités de cet effrayant phénomène. La ville d'*Herculanum*, vers l'oueft, & celle de *Pompeia* furent entièrement enfevelies fous la matière enflammée du volcan, & que l'on appelle *lave*. Il eft arrivé d'autres éruptions depuis ce temps : les deux plus confidérables ont été en

472, & l'autre en 1631. Un village & fes habitans périrent à l'occafion de cette dernière & les cendres s'élevèrent à plus de dix pieds au-deffus de fon clocher.

VETERA. Ce pofte avoit paru avantageux à Augufte, pour refferrer les Germains : *quippe illis Hibernis*, dit Tacite, *abfuderi, punicæ Germanias, Auguftus crediderat*. Ptolemée en fait mention. Mais ce qui eft plus propre à en déterminer la pofition, c'eft la diftance marquée XIII dans la table théodofienne à l'égard d'*Afciburgium* ; car en partant des veftiges d'*Afciburgium*, ou d'Asburg & en fuivant la trace de la voie qui fubfifte, cette diftance conduit à Santen, qu'une églife dédiée à de faints martyrs a fait ainfi nommer. On reconnoît dans un lieu élevé qui eft auprès, & qu'on nomme Vorftenberg, la fituation convenable à *Vetera*, parce qu'on lit dans Tacite : *pars caftrorum in collem leniter adfurgens*. Au pied de cette élévation, une plaine humide & inondée quelquefois par le Rhin, répond encore à ce que rapporte Tacite de la qualité du terrein de *Vetera*, *latitudo camporum fuopte ingenio humentium*, & à ce qu'il ajoute, que Civilis, par une digue y fit refluer les eaux du Rhin : *addiderat Civilis obliquam in Rhenum molem, cujus objectu revolutus amnis adjacentibus fuperfunderetur*. Ainfi, la pofition de *Vetera* eft également déterminée par les circonftances du local, comme par la diftance du lieu connu. Il y a même de quoi juger cette pofition convenable par une autre diftance, qui eft celle de *Colonia Trajana*. Le local qui la donne pofitivement de onze lieues gauloifes, fait voir que le nombre figuré de cette manière XI, dans la table, entre *Colonia Trajana* & *Vetera*, ne doit point être pris pour XL, mais pour XI, en rabaiffant le chiffre qui marque l'unité à la hauteur de celui qui marque la dixaine.

VETERES CAMPI, champs de l'Italie, dans la Lucanie. C'eft où périt Gracchus, felon Tite-Live.

VETINA, ville de l'Italie, dans la grande Grèce : elle devoit fe trouver dans la ligne de Sybaris à Métaponte ; mais fa jufte pofition eft inconnue.

VETTII, peuples belliqueux, qui habitoient dans la troifième Macédoine, felon Tite-Live.

VETTIONENSES, peuples de l'Italie, dans l'Umbrie, felon Pline.

VETTONA, ville de l'Italie, dans l'Ombrie.

VETTONES ( *les Vettons*), peuples de l'Hifpanie, dans la Lufitanie. Ce peuple s'étendoit du fud au nord dans la partie orientale.

Les Vettons avoient pour maxime qu'on doit fe tenir en repos ou combattre. Strabon rapporte que quelques-uns d'eux, voyant quatre ou cinq centurions Romains fe promener, aller & venir en caufant, crurent qu'il étoit furvenu quelque dérangement dans leurs têtes, & leur offrirent de bonne-foi de les conduire où ils avoient dessein d'aller.

Pline dit que ce fut eux qui découvrirent les propriétés de la bétoine ; & la bétoine des Vettons passoit pour être la meilleure.

VETTONIANA, ville de la Vindélicie, selon l'Itinéraire d'Antonin.

VETULONII ou VETULONIENSES, ville d'Italie, dans l'Etrurie, à l'ouest, sur le bord de la mer. C'étoit une des cités des Etrusques. Silius Italicus la donne même pour une de leurs plus belles villes. C'est d'elle, selon cet auteur, que les Romains avoient pris l'usage des faisceaux, des licteurs, de la chaise curule & des trompettes. Mais comme elle fut détruite dès les commencemens de Rome, il en est peu parlé dans l'histoire.

VETULONIUM ou VETULONIA, ville de l'Italie, dans l'intérieur de l'Etrurie, selon Ptolémée. Elle est nommée Vetulonia par Silius Italicus.

VETUSSALINA, VETUSALINÆ ou VETUSSALINÆ, ville de la Valérie Ripense, selon la notice des dignités de l'empire.

Dans l'itinéraire d'Antonin, cette ville est mise sur la route de Taurunum dans les Gaules, en suivant le rivage de la Pannonie, entre Anamascia & Campona.

VEXALA, golfe sur la côte occidentale de l'île d'Albion, selon Ptolémée.

VEXII. Voyez VEIENNES.

UFENS ou OUFENS, fleuve de l'Italie, dans le nouveau Latium, à l'orient des marais Pontins, & va se jetter dans la mer. Il en est fait mention par Virgile & Silius Italicus.

Ce fleuve est nommé Oufens par Festus, qui ajoute qu'il donna le nom à la tribu Oufentina.

UFENS, fleuve de la Gaule Cispadane. Il en est fait mention par Tite-Live.

UFFUGUM, ville peu considérable de l'Italie, dans le Brutium, selon Tite-Live.

UGERNUM. Quoique ce nom dans le texte de Strabon soit Gernum, Casaubon lit Ugernum, ut paullò antè habebant libri veteres, comme il s'explique dans une note. Ce lieu est cité avec Tarascon, pour être sur la voie de Nîmes à Aquæ Sextiæ, ou Aix. On lit Ugerni (ou Génit), dans une inscription trouvée à Nîmes, & rapportée par Menard. Sidoine Appollinaire, parlant de l'élévation d'Avitus son beau-père à la dignité impériale, fait mention d'Ugernum : Fragor atria complet Ugerni.

Dans Grégoire de Tours, Ugernum est appelé Castrum Arelatense ; ce qui est remarquable en ce qu'il est à présumer qu'antérieurement ce lieu devoit être du nombre des vingt-quatre petites villes ou bourgades, qui, selon le témoignage uniforme de Strabon & de Pline, dépendoient de Nîmes à Ugernum, paroissent avoir été numérotées jusques-là, à partir de Nîmes, comme on peut l'inférer de la colonne du numéro XIII, à moins de deux milles de Beaucaire, qui représente

Ugernum. C'est donc par un démembrement, auquel l'élévation d'Arles à un rang supérieur aura donné lieu, qu'Ugernum a été annexé au territoire de cette ville, qui renferme Beaucaire dans son diocèse. Ce qu'on lit dans l'Anonyme de Ravenne, Ugernon quæ confinatur cum Arelato, peut avoir du rapport à ce que je viens d'observer ; la position sur le bord du Rhône est attestée par Jean, abbé de Biclard, qui écrivoit dans le sixième siècle : Castrum Odierno, lutissimum valdè, in ripâ Rhodani fluminis positum. La distance de Nemausus à Ugernum est marquée XV dans la table théodosienne, & la colonne dont j'ai parlé ci-dessus, justifie assez précisément cette indication, de même qu'un intervalle qui passe onze cent toises sur le local peut y correspondre. M. Menard veut qu'il y ait une ville d'Ugernum, indépendamment du seul Ugernum dont il soit mention, se fondant sur ce qu'on a trouvé quelques vestiges d'antiquité à quelques milles en-deçà de Beaucaire. On adoptera plus volontiers ce qui concerne une île sous le nom de Gernica, située inter Belcaire & Tarasconem, selon un titre de l'an 1125, cité par M. de Valois, & nom de Gernica paroissant tiré d'Ugernum, M. Astruc a prouvé clairement que cette île, par le desséchement du bas du Rhône qui l'enveloppoit du côté de la partie basse, se nomme la Gernegue. On voit par le titre mentionné ci-dessus, que cette île conservoit un reste du nom d'Ugernum dans un temps où le château adjacent l'avoit quitté, pour être appelé Bellum quadrum. Dans la table, Ugernum est entre Nemausus & Arelate ; mais si la distance à l'égard de Nîmes a paru convenable, elle ne l'est pas également à l'égard d'Arelate, étant marquée VIII, parce que sept à huit mille toises entre Beaucaire & Arles renferment dix milles romains.

UGGADE. On trouve un lieu sous cette dénomination dans l'itinéraire d'Antonin, entre Rotomagus & Mediolanum Aulercorum, qui est Evreux. La distance de Rotomagus est marquée IX, & d'Uggade à Mediolienum XIIII. Ce qu'il y a d'espace en droite ligne du point de l'église métropolitaine de Rouen à la cathédrale d'Evreux étant de 23 à 24000 toises, ne renferme que 21 à 22 lieues gauloises ; mais il est naturel que la mesure itinéraire surpasse cette mesure directe, pour mieux répondre au compte de 23 lieues que donne l'itinéraire. On ne voit point de position qui convienne à Uggade dans cet intervalle, que celle du Pont-de-l'Arche, qui est précisément le lieu de passer la Seine en se rendant de Rouen à Evreux : s'est s'écarter de la route, que d'aller prendre Elbeuf pour Uggade, comme a fait Sanson. Le nom de mi-voie, media-via, en suivant le bord de la Seine au-dessus de Rouen, indique le passage de l'ancienne voie qui conduit au Port-de-l'Arche ; & si on trouve que la mesure itinéraire ne remplit jusques-là qu'environ huit lieues gauloises, au lieu de neuf que marque l'itinéraire, aussi trouve-t-on qu'entre le Pont-de-l'Arche & Evreux, la diſtance eſt à-peu-près de quinze lieues gauloiſes, au lieu de quatorze. Cette compenſation des diſtances particulières dans le total. qui en réſulte, eſt aſſez ordinaire, en faiſant l'application des anciens itinéraires au local actuel. S'il eſt mention du Pont-de-l'Arche ſous le nom d'*Archas* dans Guillaume de Jumiége & dans Dudon de Saint-Quentin, c'eſt qu'on a remplacé le terme d'*Arcus* par celui d'*Archa*, quoique improprement. Les auteurs que je viens de citer y ajoutent un autre nom, qui eſt *Haſdam*, ou ſans aſpiration *Aſdam*; & on connoit à la diſtance d'un mille au-deſſus du Pont-de-l'Arche un lieu nommé Lédam, dont l'égliſe eſt une ſuccurſale de celle qui eſt paroiſſiale au Pont-de-l'Arche.

UGIA, ville de l'Hiſpanie, dans l'intérieur de la Bérique, chez les *Turdetani*, ſelon Ptolemée. Dans l'itinéraire d'Antonin elle eſt marquée entre *Aſta* & *Onippo.*

VIA (*Turretta Chica*), lieu de l'Afrique, dans la partie de l'eſt de la Mauritanie céſarienſe. Ptolemée en fait mention. C'eſt au bord de la mer, à quelques milles à l'oueſt d'*Icoſium*. On y voit quelques murailles & citernes des Romains.

VIA FLEUV. (*Ulla*), fleuve de l'Hiſpanie citérieure. Il couloit du nord-eſt au ſud-oueſt, paſſoit par *Iria Flavia*, & ſe rendoit à la mer.

VIA APPIA. *Voyez ci-après.*

VIA DOMITIANA ou VOIE DOMITIENNE. Cette voie, exécutée par les ordres de l'empereur dont elle porta le nom, & dont Stace a fait la deſcription, *L. IV*, ſe détachoit de la voie Appienne, à peu de diſtance de *Sinueſſa*, dans le lieu où eſt aujourd'hui Mont-Dragone. Cette voie s'ouvroit par un arc de triomphe très-riche en marbres & en métaux. Elle alloit le long de la mer par *Vulturnum*, *Liternum*, *Cumæ* & *Bayæ* juſqu'à *Puteoli*.

VIA CURIA, voie romaine que Denys d'Halycarnaſſe indique dans la Sabine, & ſur laquelle étoient les villes ſuivantes: *Curſula*, à 80 ſtades de Réate; *Iſſa*, près de Curſalin. Les interprètes ont été embarraſſés pour retrouver cette voie, & quelques-uns ont cru qu'elle étoit la même que la voie Latine. M. l'abbé Chaupi, d'après la direction que lui donne Denys par les villes qu'il indique, penſe que ce n'a pu être que le nom de via *Curia* altéré, & que cette voie paſſoit pour la belle plaine que M. Curius avoit débarraſſée des eaux du *Velinus* (*Voyez* ce mot.).

VIA QUINTIA. Cette voie romaine, dont il eſt parlé dans Denys d'Halycarnaſſe, appartenoit au pays des Sabins. Holſtenius dit que d'après un monument qu'il avoit vu, cette voie étoit la même que la via *Salaria*, ou voie Salaire. (*Voyez ce mot.*)

Denys d'Halicarnaſſe place ſur cette voie les villes *Palatium*, à 25 ſtades de Réate; *Trebula*, à 60 ſtades de *Palatium*; *Veſpola*, à 60 ſtades de *Trebula*; *Sima*, à 40 ſtades de *Veſpola*; *Mephyle*, à 30 ſtades de *Suna*; *Orvinium*, à 40 ſtades de *Mephyle.*

VIA VETUS ou STRATA VIA, chemin de la Thrace, ſelon la chronique d'Euſebe & l'hiſtoire miſcellanée.

VIACIENSES ou VIATIENSES, peuples de l'Hiſpanie citérieure. Ils étoient compris ſous le nom général d'Orétains, ſelon Pline.

VIADUS ou VIADRUS, fleuve de la Germanie, ſelon Ptolemée. Il prenoit ſa ſource dans l'ancienne Suévie, & ſe perdoit dans la mer Suévique, ou *Codanus Sinus*.

Ce fleuve eſt nommé *Guttallus* par Pline.

VIÆ ROMANÆ ou VOIES ROMAINES. Comme je me propoſe de rapprocher dans cet article ce que je crois devoir dire ſur les voies romaines, je préviens que j'y renverrai de l'article de chacune des voies où l'on ne trouvera que leurs noms. Je préviens auſſi que je ne compte pas donner ici un traité ſur l'art employé pour la conſtruction des grands chemins de l'empire: on peut conſulter le ſavant ouvrage de Bergier. Mais je ferai connoître le nombre de voies dont le centre étoit à Rome, & qui en partoient pour ſe porter juſqu'aux extrémités de l'Italie, & de-là dans tout l'empire.

*Idée générale des voies romaines.* Ces voies étoient des chemins publics dont le beſoin ſe fit ſentir dès que les Romains eurent un peu étendu les bornes de leur état. Cette nation qui a imprimé à tous ſes ouvrages un caractère de grandeur, que 2000 ans n'ont pu effacer, s'étoit particulièrement attachée à donner à ſes chemins toute la ſolidité dont ils étoient ſuſceptibles. Ils leur avoient en même temps donné les autres degrés d'utilité ou d'agrément que la nation pouvoit déſirer: je comprends entre ces avantages, les banquettes ſur les bords des chemins pour repoſer les gens de pied; les colonnes milliaires qui indiquoient les diſtances; les tombeaux dont l'extérieur étoit plus ou moins orné, &c. Je vais reprendre ces objets.

I. La conſtruction d'une voie romaine commençoit par une excavation profonde, juſqu'à ce que l'on appelle le tuf: s'il étoit trop avant, ou que le terrein n'en préſentât point, alors on formoit un fort piloti. Lorſque cette excavation étoit faite de toute la largeur que devoit avoir le chemin, on conſtruiſoit de chaque côté de gros murs qui s'élevoient juſqu'au-deſſus du niveau de la terre, pour y former un large parapet. L'intervalle laiſſé entre ces deux murailles étoit rempli de différentes couches de matériaux, dont quelques-unes étoient de mortier fait avec la pierre que nous appellons *pouzzolane*, & qui eſt un produit volcanique, abondant en Italie & ſur-tout à Pouzzol, d'où il emprunte ſon nom. Par-deſſus & par-deſſous ces couches de maſtic on plaçoit des pierres les plus dures qu'il fût poſſible de ſe procurer, & elles étoient auſſi maſtiquées entre elles. Il eût fallu trop de temps pour les aſſujettir à une forme régulière; mais on avoit grand ſoin de les ſerrer de près les unes contre les autres, & de faire renter les angles faillans des unes dans les interſtices que laiſſoient les autres, de manière qu'elles ne fiſſent toutes enſemble qu'une grande maſſe.

II. 1°. Le parapet qui s'élevoit de terre, en même temps qu'il aſſuroit la ſolidité de la route, offroit un ſiège commode à ceux qui voyageoient à pied, D'eſpace en eſpace il y avoit des pierres plus hautes dont ſe ſervoient les gens à cheval, parce que les Romains n'eurent pas dans ces commencemens l'uſage des étriers.

2°. Les temples & les tombeaux ſe trouvoient aſſez communément ſur les bords des chemins, & contribuoient à leur ornement.

3°. Les diſtances étoient indiquées par des colonnes de pierre ſur leſquelles étoient marquées les diſtances. D'abord on ne marqua que les diſtances du lieu de la colonne à la ville de Rome; dans la ſuite, on marqua la diſtance relativement à la capitale de la province, & quelquefois à une ville que l'on déſignoit. Il me ſemble que l'on ne connoît que deux exemples de colonnes milliaires portant trois noms. M. le comte de Caylus en parle dans ſes antiquités gauloiſes; l'une eſt en Italie, l'autre en France (1). La meſure romaine étoit le mille ( voyez MILLIUM ). J'obſerverai ſeulement ici que cette meſure de mille pas avoit ſon élément dans la nature. Elle étoit compoſée de mille pas, comptés non de l'ouverture d'une ſeule jambe; mais du port entier du corps, ne regardant le pas de l'autre jambe que comme un point d'appui. Le pas ainſi meſuré comprenoit ſix palmes.

Les auteurs modernes ont été pendant quelque temps d'avis différens ſur le point où il falloit compter les diſtances à la ville. Pluſieurs croyoient qu'il ſuffiſoit de compter de la porte de la ville par laquelle ſortoit la voie. Mais les meſures même priſes ſur les lieux, ont fait rejetter enfin cette opinion. On convient généralement qu'il faut compter les diſtances de la colonne milliaire, ou milliaire doré, auquel, ſelon Plutarque, toutes les voies romaines venoient aboutir. Il étoit élevé près du temple de Saturne, ſitué au pied de la capitale où commençoit la place publique, ſi connue dans les auteurs latins ſous le nom de Forum Romanum. M. d'Anville, Mémoires de Littér. t. 30, & M. l'abbé Chauppy, maiſon de campagne d'Horace, t. 11, p. 122, ont traité des voies

romaines. Je vais puiſer dans ces deux auteurs les choſes qui me paroîtront convenir à ce ſujet, en les expoſant dans l'ordre qui me ſemblera le plus méthodique.

Pour expoſer la direction première de ces voies, ne pouvant accompagner cet article d'une carte faite exprès, je vais y ſuppléer autant qu'il me ſera poſſible, par la manière ſuivante.

Je ſuppoſe que ſur un plan de Rome, j'aie tiré un méridien allant du nord au ſud, & paſſant juſte ſur le mille doré, & qu'enſuite j'aie tiré une ligne perpendiculaire à cette première.

Allant par conſéquent de l'oueſt à l'eſt, j'aurai diviſé la ville & ſon territoire en quatre parties jointes au point des quatre angles. L'une de ces parties eſt au ſud-eſt, une autre au nord-eſt, la ſuivante au nord-oueſt, la dernière au ſud-oueſt.

Je vais indiquer les voies qui ſe rencontroient dans chacune de ces parties, en commençant dans la partie du ſud-eſt par celles qui ſe trouvoient le plus près des méridiens du mille-doré, & remontant auſſi du ſud à l'eſt par les points ſud-ſud-eſt, ſud-eſt, eſt-quart-ſud-eſt & eſt.

I. Partie du ſud-eſt. 1°. La première de ces voies eſt la via Appia ou voie Appienne, aux portes de Romes. Cette voie commençoit au mille même, & couroit par le ſud-eſt. 2°. Au ſortir de Rome commençoit à ſa droite, la via Ardeatina ou voie d'Ardée, qui ſe rapprochoit du ſud, & deſcendoit juſqu'à Ardée, preſque perpendiculairement au méridien. 3°. Dans l'enceinte de Rome même, au pied du mont Cælius, à la gauche de la voie Appienne, commençoit la via Latina, ou voie Latine, qui couroit aſſez directement au ſud-eſt. 4°. A ſept milles & demi commençoit, par la gauche de la voie Latine, la via Tuſculana ou voie Tuſculane.

Il faut obſerver que de ces quatre voies, une ſeule commençoit au mille doré, c'étoit la voie Appienne. 5°. A l'eſt commençoit la voie qui, dans la ville, portoit le nom de via Sacra. 6°. De cette voie dans l'intérieur de la ville, la via Campana s'avançoit vers le ſud-eſt, à partir du lieu où a été élevé depuis l'amphithéâtre Flavien: de ce même point, mais plus vers l'eſt, la voie continuoit juſqu'à la porte de la ville où commençoient deux voies. 7°. La via Labicana ou voie de Labicum, couroit à peu-près eſt-un-quart-ſud. 8°. La voie qui ſe rapprochoit davantage de la ligne de l'eſt, portoit le nom de via Prœneſtina, ou voie de Préneſte. 9°. Vers le cinquième mille de Rome ſe formoit à la gauche de cette voie, la via Collatina, ou voie Collatine, qui entroit un peu dans la partie du nord-eſt, & ſe rendoit à Collatia qu'elle paſſoit, juſqu'au Vereſis.

II. Partie du nord-eſt. 1°. La première, c'eſt-à-dire, celle qui alloit le plus droit à l'eſt dans cette partie, étoit la voie Tiburtine, ou via Tiburtina. Elle alloit, comme ſon nom l'indique,

---

(1) Celle-ci ſe voit en Bourbonnois, ſur les frontières du Berry, dans la cour de M. Pajonel, curé d'Alichamps, qui l'a découverte il y a long-temps, & l'a fait dreſſer contre un mur. J'en donne la deſcription au mot ALISII CAMPI : & dans le même endroit je parle des vertus reſpectables & des connoiſſances de ce vertueux curé, qui a fait un grand nombre de découvertes dans le territoire de ſa paroiſſe, peu étendue, & qui conſacre tous ſes momens à la pratique de ſes devoirs & à l'étude de l'antiquité. On ne doit pas omettre dans ſon éloge, la manière obligeante dont il accueille les perſonnes que le goût des antiquités conduit chez lui.

*Tibur* & au-delà. 2°. La voie Nomentane, où *Nomentana*, alloit au nord-est jusqu'au dixième, puis remontoit assez directement au nord jusqu'à *Nomentum* & au-delà. 3°. La *via Salaria*, ou voie Salaire, ne peut pas être comptée entre les grandes voies, puisque se détachant à la porte Col-lone, de la gauche de la voie *Nomentana*, elle remontoit directement au nord jusqu'au huitième mille, puis alloit rejoindre la même voie à *Eretum.*

III. *Partie du nord-ouest.* 1°. Du mille doré par-toit une voie qui, tournant d'abord autour du mont Capitolin, passoit par l'ancienne porte triom-phale, & portoit d'abord le nom de *via Flaminia*, ou voie Flaminienne. Elle remontoit ainsi jusqu'au pont *Milvius*, où se trouvoient deux voies, la Flami-nienne, qui continuoit de remonter au nord. 2°. La *via Claudia*, qui alloit vers le nord-ouest : au sixième mille elle se séparoit, & donnoit naissance. 3°. à la *via Cassia*, qui alloit à Véies ; puis au-delà, 4°. la voie Triomphale ou *via Triomphalis*, ne s'é-tendoit que depuis le mille doré, & la porte triomphale jusqu'au neuvième mille, où elle se joignoit à la voie Claudienne. 5°. Une voie assez courte, sous le nom de *via Cornelia*, alloit par l'ouest un quart nord, jusqu'au dixième mille. 6°. La *via Aurelia*, qui sortoit de Rome par la porte du Janicule, passoit un peu dans la partie que j'appellerois, d'après ma division, partie du sud-ouest ; mais bientôt remontant au nord-ouest, elle alloit gagner le bord de la mer, d'où elle remontoit le long des côtes.

IV. *Partie du sud-ouest.* 1°. La *via Portuensis* ou voie du Port, sortoit de Rome par la porte de son nom, & alloit par le sud-ouest se joindre à la route qui suivoit les sinuosités du Tibre, sous le nom de *via Littoralis* ; delà cette dernière alloit jusqu'au *portus Augusti*. 2°. La *via Ustrensis*, tirant d'abord au sud, passoit au nord-ouest du *Circus Maximus* ; puis ayant traversé l'*Almo* aux portes de Rome, elle tournoit au sud-ouest pour aller à Ostie. 3°. Au cinquième mille & demi sur cette voie, commençoit à sa gauche la *via Laurentina*, qui alloit au sud jusqu'à *Laurentum*.

Voilà donc vingt-une voies, qui, partant du centre de Rome, s'étendoient plus ou moins dans les dif-férentes parties de l'Italie.

Ce petit précis suffit, sans doute, pour donner un premier aperçu des voies romaines : les dé-tails que je vais ajouter intéresseront davantage les personnes qui cherchent des connoissances plus approfondies de l'état de la géographie au temps des Romains : je les prends dans l'excellent ouvrage de Bergier, édition de Paris, chez Morel, 1623, p. 382 & suivantes ; car tout ce qui précède ne renferme presque que des recherches qui appar-tiennent à différens points d'antiquité, & moins essen-tiellement à la géographie que ce qui va suivre.

Bergier, après avoir considéré les voies ro-maines dans la ville de Rome, entre en matière sur la longueur & la direction de ces mêmes voies en Italie. 1°. Ce que nous avons fait en gros, dit-il, de la ville de Rome, il est temps maintenant d'en faire de même de l'Italie toute entière ; c'est de donner ici une idée générale de la lon-gueur & du nombre des chemins militaires que les magistrats & empereurs romains y ont faits ; ce que nous ferons, ajoute-t-il, par l'ordre même que nous avons observé ci-dessus, commençant par la longueur d'iceux, puis finissant par le nombre.

2°. Donc, pour ce qui est de la longueur, nous ne saurions plus clairement la faire entendre que par la longueur & largeur de l'Italie même, qui étoit en tous sens la mieux garnie de grands che-mins pavés qu'aucune des provinces de l'empire. Or, est-il à remarquer que l'Italie avoit deux sortes de limites : c'est à savoir de *nature* & de *droit*, & se trouve une notable différence entre les uns & les autres. Selon la nature, elle s'étend des Alpes jusqu'à la mer qui regarde la Sicile & la Macédoine ; & de cette étendue, parle Siculus Flaccus, dans son livre *de Conditionibus agrorum*.

Les limites de droit sont celles que le peuple romain y a mises diversement, selon la diversité des temps, les terminant tantôt à la rivière d'*Æsis*, tantôt au Rubicon, du côté de la mer Adriatique, & par les fleuves *Arnus* ou *Arno*, ou du Var, du côté de la Tyrrhenie, selon la doctrine de Stra-bon, ( *L. V* ). Quand donc nous parlons ici de la longueur de l'Italie, c'est de celle que la na-ture lui a déterminée, qui est toujours une, & non pas de celle que les Romains lui ont assignée, qui étoit sujette au changement.

3°. Pour en venir donc à la longueur naturelle de l'Italie, nous nous contenterons de ce que Pline nous apprend sans en faire plus diligente enquête. Cet auteur, qui étoit originaire italien, commence l'Italie par la ville que ceux du pays appellent *Aosta*, les François *Oste* ( Aoste ), les Allemands *August*, & les Latins *Augustam prætoriam*, qui est un petit bourg en Lombardie. ( C'est actuellement une ville, capitale du val qui en porte le nom ). Elle étoit dans la contrée des vieux Sallassiens ( *Salasses* ), lesquels au rang des nations Alpines. . . . Delà Pline conduit la longueur de l'Italie à travers la ville de Capoue jusqu'à Rhège, qui tient l'autre extrémité de l'Italie sur le détroit de Sicile. . . . De l'une de ces places à l'autre, Pline dit y avoir un million & vingt mille pas, qui font mille vingt milliaires italiques, revenant à 500 lieues de France (1), & dit qu'elle est en-core plus longue en plusieurs endroits.

_____

(1) On sent bien que par cette mesure il faut en-tendre celle de la route, & non celle que donneroit l'étendue de l'Italie en degrés au nombre d'un peu plus de neuf, depuis le 37e degré 40 minutes jusqu'au 47e, dans la partie la plus élevée vers le nord ; ce qui fait un peu plus de 235 lieues.

Quant à la largeur, il dit qu'elle est fort variable, & qu'à l'endroit de la rivière du Var & d'Arse, dont l'une se décharge dans la mer de Tirrhènes, & l'autre dans le golfe Adriatique, l'Italie a quatre cens dix milliaires, qui donnent 205 de nos lieues, & qu'elle a beaucoup moins en plusieurs endroits, spécialement aux environs de la ville de Rome, où elle n'a d'une mer à l'autre que cent trente milles de largeur, qui valent 68 de nos lieues. Voici le passage de Pline, L. III, c. 5. *Patet ab Alpino Prætoriæ Augustæ per urbem capuam, cursumeante Rhegium oppidum, in humero ejus situm, in quo veluti cervicis incipit flexus, decies centena & viginti M. passuum multoque amplior mensura fieret Lacinium usque, ni latis obliquitas ni latus digredi videretur, latitudo ejus varia est CCCCX millium inter duo Maria inferum & superum amnesque Varum atque Arsium mediæ atque ferme circa urbem Romam, ab ostio Aterni amnis, in Adriaticum mare influentes, ad Tyberina ostia CXXXVI.* 4°. C'est donc dans l'espace de 510 lieues françoises de longueur, que les grands chemins d'Italie peuvent avoir leur étendue; & de fait l'itinéraire d'Antonin donne pour premier chemin militaire d'Italie, celui qui s'étend de Milan à la Colonne (1), qu'il dit être de neuf cents cinquante-six milles de longueur, qui font quatre cents soixante & dix-huit lieues françoises. Et, partant il ne s'en faut que de 32 lieues que ce chemin ne s'étende d'un bout de l'Italie à l'autre. Or, ces 32 lieues se trouvent moins que le nombre total, d'autant que ce chemin n'est pas commencé de la racine des Alpes (où est la ville d'Oste, aux frontières de Lombardie). Mais de Milan, capitale de ladite province, qui peut bien être à 32 lieues d'Ostie, en tirant au-dedans de l'Italie; & quant à la ville, ou plutôt à la bourgade de Colonne (2), qui tient l'autre extrémité dudit chemin, elle est assise assez près de Rhège, sur un rivage d'Italie qui regarde à l'opposite de soi le promontoire de Sicile, nommé *Pelorus.* Hermolaus Barbarus, en ses corrections de Pline, dit que les Grecs la nommoient *Stilidam*, c'est-à-dire *Collumellam*, d'où elle a tiré le nom de *Stylarium*, que plusieurs lui donnent maintenant, au lieu de Colonne.

5°. Que si vous ne demandez le nom de ce grand chemin, qui a près de 500 de nos lieues, je vous dirai que l'itinéraire d'Antonin faisant registre entier de ce qu'il y avoit des chemins militaires par l'étendue de l'Italie, n'en appelle toutefois pas un de son nom, ou au moins des noms propres que Publius Victor nous donne à la fin de son livre *de XIIII*

(1) Voici le titre de l'itinéraire, édit. de *Wesseling*, pag. 98, ITALIÆ.
*Iter quod à Mediolano per Picenum & Campaniam ad Columnam, id est, trajectum Siciliæ, ducit.* MP. DCCCCLVI.

(2) Il me semble que M. Bergier se trompe : ce n'étoit ni une ville, ni une bourgade; c'étoit simplement une colonne élevée sur le détroit.

*urbis regionibus*, & en fait de même des chemins des provinces; car il ne tient autre forme, ni façon de discerner ses chemins les uns des autres, sinon en les signifiant & désignant par les noms des deux villes qui contiennent les deux extrémités : comme par exemple,

*Ab urbe Mediolanum*
*A Mediolano Aquileiam*
*Ab Arimino Ravennam*
*A Cremona Bononiam.*

& ainsi des autres.

Sous cette forme de parler il nous décrit cinquante chemins ou environ par toute l'Italie, qu'il commence à certains lieux & finit à d'autres, sans indiquer les noms propres que portoient ces noms, & dont plusieurs noms sont transmis par l'histoire. Il se contente de prendre certaines villes & cités les plus célèbres, pour en faire les commencemens & les fins, sans dire ni exprimer si c'est la voie Appienne, Flaminienne, ou autre, que courent & s'étendent les chemins dont il parle, si ce n'est bien rarement.

6°. Que si quelquefois il fait mention de la voie Appienne, Flaminienne, Claudienne, Valérienne, ou autre, ce n'est que par accident; car son dessein n'est de prendre aucune de ces voies pour les conduire d'un bout à l'autre, & les décrire en leur entier; mais commençant & finissant les chemins où bon lui semble, il donne quelquefois avis que le chemin qu'il décrit & dont il parle, s'étend le long de la voie Appienne, Flaminienne, ou autres de celles que l'histoire appelle par les noms propres, tels que ceux que nous avons dit être empruntés des auteurs desdits chemins, ou des villes & des provinces auxquelles ils tendent, ou de quelque autre cause particulière. Vous trouverez donc quelques-uns des grands chemins de l'itinéraire qui feront partie de l'un ou de l'autre des grands chemins que l'histoire indique par leurs propres noms. Les autres commençant sur l'un des grands chemins, vont se terminer à un autre qui en dépend, comme une moindre branche d'une plus grosse.

7°. Bref, il ne s'est asservi aux termes, limites, ou étendue précise d'aucun des chemins militaires : mais il a pris dans chacun d'eux autant d'espace & de distance qui lui en étoit de besoin pour désigner les chemins, observant néanmoins à la rigueur, de ne ranger aucune cité, gîte, poste, ou autre place dans ses chemins, sinon ceux qui se trouvent sur les chemins militaires. Tout ce que l'auteur dudit itinéraire n'a pas fait sans cause; d'autant que son dessein n'étoit pas de nous faire l'histoire des grands chemins, & de nous dire où ils ont été commencés & finis par ceux qui les ont faits. Mais son entreprise étoit de montrer, comme eux, que par ces grands chemins on pouvoit aller d'une ville ou d'une province à l'autre ; qui est le vrai dessein d'un itinéraire : car comme ainsi que soit que lesdits chemins aient été faits principalement pour conduite des armées & courses de postes, toutes les armées qui devoient faire voyage, n'étoient pas toujours à Rome, comme au centre d'où les chemins ont tiré leur commencement avec leurs noms propres. Et tous les couriers ne partoient pas non plus de la ville de Rome. Il falloit aller de lieu à autre par les terres de l'empire & de long & de travers. C'est pourquoi tout ainsi que sur les cartes marines, il y a des rums de vent, & en plusieurs endroits de la mer, afin que les navigateurs puissent prendre celui qui est le plus proche de l'endroit où ils sont, & le plus commode pour leur course ; ainsi l'auteur de l'itinéraire a établi plusieurs départemens dans toute l'étendue de l'Italie, qu'il a attachés aux principales cités, autour desquelles les armées pouvoient faire quelque séjour. Et comme un ou plusieurs chemins avoient leur direction par lesdites cités, il commence par l'une d'elles l'indication de la route, & finit par une autre, prenant celle que bon lui semble, sans se soucier si c'est là que commencent ou finissent les chemins militaires désignés par un seul nom, ou si de deux chemins il enjambe sur un autre qui lui est attenant. Comme, par exemple, il ne décrit pas la voie Flaminienne à part d'un bout à l'autre, & l'Emilienne à part ; mais quelquefois il commence l'un des chemins de son itinéraire au milieu d'un chemin connu par l'histoire, & le finit au milieu d'un autre, n'en faisant ainsi qu'un de plusieurs. Et c'est d'où vient qu'il se contente de les désigner en gros par les noms des villes qui en occupent les deux extrémités, ainsi qu'on va le voir.

1°. *Ch. 19, du L. III.* Voilà ce que nous pouvons dire en général des grands chemins de l'Italie, qui ont plus de cinq cents lieues pour s'étendre dans toute sa longueur, & plus de deux cents sur la largeur. Il faut maintenant venir au nombre d'iceux, duquel nous parlerons en deux manières ; l'une selon l'histoire, & l'autre, selon l'itinéraire d'Antonin.

Selon l'histoire, nous donnerons à chaque chemin militaire son nom propre.

Selon l'itinéraire d'Antonin, nous ne les nommerons autrement que par les villes qui en occupent les deux extrémités.

Et cependant le nombre des uns devient, à bien peu de chose près, au nombre des autres. Et ils ont cela de commun, que tant dans l'histoire que dans l'itinéraire, même sur la carte de Peutinger, les uns prennent leur commencement aux portes de Rome, & les autres au beau milieu de l'Italie.

2°. Les chemins militaires qui partent immédiatement des portes de Rome, suivant la table de Peutinger, & qui ont leurs noms consacrés par l'histoire, sont au nombre de onze, dénommés

& rangés autour de la ville de la manière suivante.

## V I A

| | |
|---|---|
| FLAMINIA. | LATINA. |
| SALARIA. | APPIA. |
| NUMENTANA. | HOSTIENSIS. |
| TIBURTINA. | AURELIA. |
| PRÆNESTINA. | TRIUMPHALIS. |
| LAVICANA. | |

A ces onze, nous ajouterons les douze placés ci-dessous, qui, selon Onuphre, avoient aussi leur commencement aux portes de Rome, comme les précédent.

## V I A

| | |
|---|---|
| COLLATINA. | ALBANA. |
| CABINA. | ARDEATINA. |
| CAMPANA. | LAURENTINA. |
| VALERIA NOVA. | PORTUENSIS. |
| VALERIA VETUS. | VITELLIA. |
| TUSCULANA. | AURELIA NOVA. |

Quant aux grands chemins qui prenoient leur commencement au milieu de l'Italie, en voici les noms :

## V I A

| | |
|---|---|
| ÆMILIA LEPIDI. | QUINCTIA. |
| CASSIA. | IUNIA. |
| CLAUDIA *ou* CLODIA. | TRAJANA. |
| ANNIA. | NUMICIA. |
| AUGUSTA. | SETINA. |
| CIMINA. | DOMITIANA. |
| AMERINA. | ASINARIA. |
| SEMPRONIA. | CORNELIA. |
| POSTHUMIA. | ÆMILIA SCAURI. |

Outre ces chemins il y en a sept ou huit, de la direction desquels on ne peut rien assurer, car on est incertain s'ils étoient dans Rome ou dehors, & il est impossible de déterminer leur fin ni leur commencement ; ce sont les suivans :

## V I A

| | |
|---|---|
| TRAJANA 2. | GALLICANA. |
| TRAJANA 3. | GALLICA. |
| PATINARIA. | LATICULENSIS. |
| TIBERINA. | FLAVIA. |

Tels sont les grands chemins connus par l'histoire, & qui sont au nombre de quarante-neuf, dénommés ci-dessus.

3°. Je passe actuellement à ceux que l'itinéraire d'Antonin nous fait connoître & qu'il étend dans la longueur & la largeur de l'Italie, soit à commencer de Rome, soit de quelques autres grandes villes.

## VIÆ ITALIÆ.

*Iter quod à Mediolano per Picenum & Campaniam ad Columnam, id est trajectum Siciliæ ducit.* . . . . . . . . . MP. DCCCC. LV.

Item. *Ab urbe , Appia via , recto itinere ad Columnam.* . . . . . . . . . . . . MP. CCCC. LV.

*In medio Falerno ad Tanarum.* . . . . . . . . . . MP. XXV.

*Iter à Capua Equotuticum.* MP. LIII.

Idem. *Ab Equotutico per Roscianum , Rhegium.* . . . . MP. CCCC. LXXVIII.

*Ab Equotutico Hydruntum.* MP. CC. XXXV.

*A Brundusio Tarentum ad Littus.* . . . . . . . . . MP. XLIIII.

*A Bario per compendium Tarentum.* . . . . . . . . . MP. LX.

*A Benevento Hydruntum.* . MP. C. LXV.

*A Benevento Tarentum.* . . MP. LXVI.

*A Tarracina Beneventum.* . MP. C. XIII.

*A Tarracina Neapolim.* . . . MP. LXXXVI.

*A Neapoli Nuceriam Constantiam.* . . . . . . . . . . . MP. XXXVI.

*A Literno Misenam.* . . . MP. XII.

*Ab urbe Mediolanum.* . . . NP. D. XXVIII.

*Indè Aquileiam.* . . . . . . . MP. CC. IX.

*Ab urbe Ariminum.* . . . . MP. CC. XXII.

*Ab Arimino recto itinere Ravenam.* . . . . . . . . . . . MP. XXXIII.

*Indè Concordiam.* . . . . . MP. XXXI.

*Ab Arimino Aquileiam.* . . MP. CCCC. LXXXV.

*A Brigantia per lacum Mediolanum usquè.* . . . . . . . MP. C. XXXVIII.

*A Brigantia Comum.* . . . MP. CXCV.

*Ab Aquileia Bononiam.* . . MP. CC. XVI.

*A Verona Bononiam.* . . . MP. CV.

*A Vercellis Laudem.* . . . . MP. LXX.

*A Cremona Bononiam.* . . MP. CXII.

*A Faventia Lucam.* . . . . MP. CXX.

*Iter à Parmá Lucam.* . . . . MP. C.

## VIA CLODIA.

*Iter ad Romam per Clodiam.* MP. CC. XXXVIII.

*Iter ab Ariminio Dertonam.* MP. CC. XXIX.

## VIA AURELIA.

*A Roma per Tusciam & Alpines maritimes Arelatum usque.* . . . . . . . . . . MP. DCCLXI.

*Géographie ancienne. Tome III.*

*A Roma Cossam.* . . . . . . MP. LXI.

Item *à Roma per Portum.* . .

*Centum Cellas.* . . . . . . MP. LXIX.

*Ab urbe Ostiam.* . . . . . . MP. XVI.

### PRÆNESTINA.

*Ab urbe Beneventum usque.* MP. CLXXXVIII.

### LAVICANA.

*Ab urbe Beneventum usque.* . MP. CLXX.

### LATINA.

*Ab urbe Compitum.* . . . . . MP. XLVIII.

*Intra in Lavicam Salaria.*

*Ab urbe Hadriam usque.* . . MP. CLVI.

### VALERIA.

*Ab urbe Hadriam usque.* . . MP. CXLVIII.

### FLAMINIA.

*Ab urbe per Picenum.*

*Aconam, indè Brundusium.* MP. DC. XXVII.

*Ab Helvillo Anconam.* . . MP. DC. XXVII.

*A Septempeda Castrum Truentinum.* . . . . . . . . . . . MP. LXXIV.

### De Italia in Gallias.

*A Mediolano Arelate per Alpes Cottias.* . . . . . . . . MP. CCCC. XI.

*Iter à Mediolano per Alpes Graias Viennam.* . . . . . . MP. CCC. VIII.

Item. *A Mediolano per Alpes Graias Argentoratum.* . . MP. D. LXXVI.

Item. *A Mediolano per Alpes Pennines Maguntiacum.* . . MP. CCCC. XIX.

*A Mediolano per Alpes Cottias Viennam.* . . . . . . . . MP. CCCC. IX.

4°. C'est donc ainsi que l'itinéraire d'Antonin fait reconnoître les grands chemins de l'Italie, par les noms des villes qui les terminent de part & d'autre , & qui se trouvent jusqu'au nombre de quarante-sept, chacun desquels est accompagné du nombre des milles qui se trouvent de l'une de ses extrémités à l'autre. Que si nous venons à supputer lesdits milles, & les ajouter en une somme, nous trouverons que dans la seule Italie les Romains ont fait de main d'homme plus de quatre mille cinq cens lieues de chemins pavés, soit de gravas ou de cailloux, garnis pour le dedans de matériaux disposés en la forme & manière que nous avons dit ( *Voyez* le livre II de l'ouvrage de Bergier.), sans mettre en ligne de compte les ponts qui les contiennent par terre & les ports qui les contiennent fur les rivages de la mer.

1°. *CHAP. XX, L. III.* Léon-Baptiste Albert a fort bien dit que les grandes voies terreftres, foit au-dedans les villes, foit au-dehors, commencent ou finiffent à des portes, ( *L. III, de re ædificatoria, cap. 6* ); & dans un autre endroit ( *L. IV, c. 5* ), il remarque que felon l'art qui fe doit obferver au bâtiment des grandes villes, il faut que le nombre des portes foit correfpondant au nombre des chemins militaires qui y viennent aboutir. ( Ce M. Albert étoit un homme bien fin, de deviner cela; il auroit dû dire qu'il falloit ouvrir les portes fermées toutes les fois que l'on vouloit y paffer ), *portarum ratio per viarum militarum numero habenda eft.*

2°. Or, quant aux Romains, ils n'ont pas ap-proprié les portes de leur ville à leurs chemins militaires; mais leurs chemins militaires à leurs portes, de plufieurs defquels ils n'ont pas fait partir par un feul chemin militaire; mais deux ou plufieurs, comme nous l'apprenons d'Onu-phrius Panninus, qui dit : *ab una autem porta plores vias deduci, atque eas in diverfa loca dividi mani-feftum eft.* Et delà eft venu que plufieurs portes ont eu le nom de quelques-uns des chemins mili-taires, comme, au contraire, quelques chemins militaires celui des portes d'où ils partoient.

3°. Pour donc difcourir clairement & nettement des grands chemins d'Italie, il nous faut dire quelque chofe des portes de l'ancienne Rome, afin que par le nombre & la fituation de chacune, nous puiffions faire entendre le nombre & la fituation des grands chemins qui, delà, s'éten-doient par toute l'Italie, foit qu'ils partent im-médiatement defdites portes, ou qu'ils foient joints, & comme entés fur ceux qui en fortent immé-diatement.

4°. Or, eft-il que le nombre & la fituation defdites portes a été fort différente, felon la diffé-rence des temps; car au commencement de la fondation de Rome, lorfqu'elle ne comprenoit en-core que le mont Palatin & la vallée prochaine, où étoit le *Forum*, elle n'avoit que trois portes. Puis lorfque les Sabins furent admis par Romulus au droit de bourgeoifie romaine, l'enceinte de la ville fut augmentée, le capitole s'y fut renfermé, & une quatrième porte bâtie pour y donner en-trée du côté du capitole. C'eft de ces trois portes & de la quatrième en fuivante, que Pline veut parler quand il dit : *Urbem tres portas habentem Romulus reliquit aut ( ut plurimas tradentibus credamus ) quatuor.* Pli. L. III, c. 5. Mais puifque Pline ne fait pas connoître les noms de ces portes, il faut recou-rir à Varron, qui, ( *L. IV, de ling. latin.* ), parle ainfi des trois premières : *Præterea intra muros video portas dici in palatio, mutionis à mugitu, quod ea pecus in bucitatum antiquum oppidum exigebant. Al-teram Romulam, quæ eft dicta à Roma, tertia Januali dicta à Jano.*

On voit donc que la première porte eut le nom de *porta Mutionis*, des mugiffemens des bêtes à cornes que l'on envoyoit par-là aux pâturages voifins; celle appellée *Romula*, appellée ainfi du nom même de la ville, & la troifième *Janualis* du dieu Janus, qui avoit autrefois habité ces quar-tiers. Quant à la quatrième, elle eut le nom de *porta Carmentalis*, de Carmenta, femme d'Evandre, qui avoit eu fa demeure en cet endroit, au pied du capitole, comme nous l'apprenons de ces mots de Solin: *Pars infima capitolini montis, habitaculum Carmentæ fuit, urbi & Carmentale fanum nunc eft : à quo Carmentalis portæ nomen eft.* Tite-Live, L. XVII, & Plutarque, dans la vie de Ca-mille, faifoit mention de cette porte, dont Vir-gile parle dans le livre VIII de l'Enéide.

*Et Carmentalem Romano nomine portam.*

5°. La ville de Rome étoit alors de figure carrée, aux entrées & iffues de laquelle ces quatre portes pouvoient fuffire. Mais dans les fiècles fuivans fon enceinte ayant été dilatée à plufieurs fois, il fallut fouvent y faire des portes toutes nouvelles, ces quatre premières ne fervant de rien à la forereffe & à la clôture de la ville; car bientôt après Numa Pompilius, fucceffeur de Romulus, ajouta à la ville de Rome une partie du mont Quirinal. Et comme le peuple fuivant à s'accroître grandement fous les règnes fuivans, Tullus Hoftilius y joignit le mont Cœlius : Ancus Martius, le Janicule; Servius Tullius, le refte du Quirinal & le Viminal. Long-temps depuis, Sylla, Jules-Céfar, Augufte & Tibère augmen-tèrent l'enceinte de la ville de plufieurs grandes places qu'ils y enfermèrent. Néron, après y avoir mis le feu, l'agrandit encore plus qu'elle n'avoit été jufqu'alors. Trajan y fit auffi de l'augmenta-tion, auffi-bien qu'Aurélien, qui, le premier envi-ronna le champ de Mars d'un enclos. Enfin Conf-tantin-le-Grand fut le dernier qui l'augmenta du côté des portes Viminale & Tiburtine, ayant pour cet objet, jeté à bas l'ancien camp prétorial qui étoit en ces quartiers.

6°. C'eft donc des portes de cette large enceinte de ville que nous avons à traiter, d'autant que c'eft de celles-là que partoient les grands chemins de l'Italie, & par eux le refte des grands chemins de toutes les provinces de l'empire. Or, le nombre def-dites portes eft diverfement affigné par les auteurs. Pline dit que, de fon temps, il y en avoit vingt-quatre; car, c'eft ainfi qu'il faut lire ce paffage du troifième livre, chap. 5, de fon hiftoire natu-relle, où il parle des portes de Rome qui étoient du temps de Vefpafien & de fes deux enfans. *Quæ funt hodie XXIII*, & non pas XXXVII. Les autres n'en comptent que quatorze, entre lefquels eft Procope ( *de Bell. Goth.* ), où, parlant de Juf-tinien, il dit : *habet autem circumjectus urbi murus portas decem & quatuor : portulafque alias quafdam.*

7°. Pour accorder ces deux auteurs ensemble, nous pouvons dire qu'en effet à Rome, il n'y avoit que quatorze portes royales & principales, que l'on pourroit appeler *impériales* & *militaires*, d'autant qu'à ces quatorze ou quinze portes se rapportoient toutes les voies militaires de l'Italie, soit qu'elles portassent leur nom jusques-là, ainsi que des branches attachées à leur tronc; ou bien qu'elles dépendissent d'autres, par le moyen desquelles elles y fussent portées. De ces quatorze portes militaires, on va mettre ici les noms, avec les noms modernes qui y répondent dans l'ordre qu'elles occupent autour de la ville.

*Porta Flumentana*, puis *Flaminia*, porte du peuple.

*Porta Collatina*, puis *Pinciana*.

*Porta Agonensis*, puis *Quirinalis*, puis *Collatina*, & enfin *Salaria*.

*Porta Viminalis*, porte de Sainte-Agathe.

*Porta Gabiusa*, porte de S. Laurent.

*Porta Esquilina*, autrement *Labicana*, puis *Prænestina*, porte Majeure.

*Porta Cælimontana*, puis *Asinaria*, porte de S. Jean.

*Porta Ferentina*, puis *Latina*.

*Porta Capena*, puis *Appia*, porte de S. Sébastien.

*Porta Trigemina*, puis *Ostiensis*, porte de S. Paul.

*Porta Navalis*, puis *Portuensis*.

*Porta Janiculensis*, porte de S. Pancrace.

*Porta Fontinalis*, puis *Septimiana*.

*Porta Aurelia*, près du mole d'Adrien.

8°. Quant aux dix autres portes qui étoient à Rome du temps de Pline, il est à croire que c'étoient des portes de moindre apparence; ce que Procope appelle *portulas*, lesquelles portoient les noms suivants:

*Porta Querquetularia*, ou bien *Querquetulana*, sur le mont Viminal.

*Porta Piacularis*.

*Porta Catularia*.

*Porta Minutia*.

*Porta Mugiona*.

*Porta Sanqualis*.

*Porta Nævia*.

*Porta Rauduscula*, ou bien *Raudusculana*.

*Porta Lavernalis*.

*Porta Libitinensis*.

9°. Outre ces vingt-quatre portes il y en avoit encore une qui servoit d'entrée à la ville de Rome, du côté du mont Vatican, en-deçà du Tibre, & qui n'est pas comprise dans le nombre des portes principales, sans que nous en sachions la cause,

vû qu'elle est une des plus célébres, & que c'est par elle que les triomphes entroient dans la ville, d'où elle avoit pris le nom de *Porta triumphalis*, à travers laquelle passoit une rue célébre du même nom. Quant à quelques autres qui sont mentionnées dans l'histoire; savoir, *Porta Saturnia* ou *Paudana*, *Porta Ratumena Salutaris*, *Sterconaria*, c'étoient des portes du dedans de la ville qui ne servoient ni d'entrée, ni d'issue, & qui pouvoient bien être des sept portes que Pline dit n'être pas venues jusqu'à son temps: *Prætereunturque*, dit-il, & *veteribus septem quæ esse desierant*.

*Chap. XXI.* 1°. Il est temps enfin, dit M. Bergier, de faire partir des portes de la ville de Rome, toutes les voies en particulier, dont on a, jusqu'à présent, traité en général, & de les conduire les unes après les autres par toute la longueur & largeur de l'Italie. Pour remplir cet objet, nous commencerons par celles qui ont des noms propres dans l'histoire, & que nous déduirons selon l'ordre qu'elles avoient entre elles. Nous accommoderons à chacune d'elles celles qui sont dans l'itinéraire d'Antonin, dénuées de leurs propres noms. Quelques-unes seront avec leurs noms propres & d'autres sans noms. Nous rapprocherons ainsi les unes des autres le plus près qu'il nous sera possible.

2°. De plus, nous y observerons cet ordre qu'ayant discouru d'une voie militaire, qui part immédiatement de l'une desdites portes. On traitera ensuite de toutes celles qui en dépendoient, comme autant de rameaux de leurs principales branches. Ce qui servira en même temps à faire connoître les rapports que chaque voie pouvoit avoir avec la ville, & en même temps à faire connoître la grandeur de leur étendue.

3°. Nous commencerons par la voie Flaminienne, non pas seulement parce qu'elle est une des plus anciennes & des plus renommées de toutes, mais aussi à cause de la situation de la porte Flumentane, de laquelle elle prenoit son commencement pour s'étendre dans la campagne. Nous avons annoncé que nous traiterions des grands chemins, suivant l'ordre des portes où elles commencent; or, celle-ci étant assise au-delà du Tibre, à notre égard, & plus près du Tibre que pas une autre, nous tirerons delà en avant vers les autres portes dans le territoire des anciens Latins, prenant chaque voie & chaque porte à son tour, jusqu'à ce que nous ayons rejoint le Tibre à l'autre partie de la ville. Passant la rivière, nous continuerons notre route par celles en-deçà, jusqu'à ce que nous soyons parvenus à la dernière.

4°. Or, que la porte Flumentane soit assise auprès du Tibre, cela est même prouvé par son nom qu'elle a tiré du voisinage de ce fleuve: *Flumentana Porta*, dit Festus Pompeius, *Romæ appellata quod Tiberis partem ex fluxisse affirmant.* Et même on voit qu'elle en étoit si près, que le

Tibre ayant autrefois débordé hors de son lit, ruina plusieurs édifices aux environs de cette porte, ainsi qu'on le voit dans Tite-Live : *Tiberis infestiore quam prius impetu illatus urbi , duos pontes , ædificia multa maximè circà portam Flumentanam evertit.* ( Liv. XXXV. )

5°. Il faut cependant convenir qu'à présent elle n'est plus si près du Tibre qu'au temps de l'empereur Aurélien ; d'autant que cet empereur voulant mettre dans l'enclos de Rome , le champ de Mars, qui en avoit toujours été dehors jusqu'à son temps, fut contraint de ruiner l'ancienne porte Flumentane qui étoit tout près du champ de Flore , & de la transporter ailleurs ; ce qui fit précisément qu'elle reçut le nom de porte Flaminienne, parce qu'elle se trouve en face de cette voie. C'est la porte que l'on nomme actuellement *Porta del popolo.*

6°. C'est donc à cette porte que la voie Flaminienne prenoit son commencement pour tirer du côté des champs. Comme Festus Pompeius dit que la voie Appienne prend son commencement à la porte Capena , qui lui est diamétralement opposée , ce n'est pas cependant qu'elles n'ayent eu leur origine dans la ville ; car la voie Flaminienne s'avançoit de ladite porte bien avant vers le *Forum Romanum*, jusqu'à ce qu'elle se joignît à une autre grande voie appellée *Via Lata*, qui étoit entre la voie Flaminienne & le Forum , & qui par ce moyen la conduisoit assez droit jusqu'au mille doré (1).

7°. Mais je passe à la partie qui étoit hors de la ville. Les auteurs ne s'accordent pas sur le temps ni sur la personne du Flaminius qui fit faire cette voie ; car les uns l'attribuent à ce Flaminius qui fut tué à la bataille du lac de Trasimène , sous le consulat de Lucius Veturius & de Caïus Lutarius, l'an de Rome 533 : tel est le sentiment de Festus, de Florus & de Cassiodore. Mais selon Strabon , ce fut le fils de ce Flaminius. Il fit , selon cet auteur, paver deux grandes voies en Italie ; l'une alloit de Rome à *Ariminum* (Rimini) , ce fut la voie *Flaminia* ; l'autre alloit d'*Ariminum* à

(1) Ce fut , dit-on , Caïus Gracchus qui fit le premier mesurer les grands chemins & planter des pierres à chaque mille ; on ne sait pas bien de quel point de Rome il partit pour déterminer ces distances. Mais nous savons positivement , par le témoignage des historiens , qu'Auguste fit planter au milieu du *Forum* ou place publique de Rome , une colonne dorée , appelée *Milliarium Aureum* , d'où l'on partit pour mesurer de nouveau & à jamais tous les grands chemins de l'Italie.

Cette colonne commençoit à se déplacer au temps de Vespasien, qui la fit rétablir & consolider. Nerva la fit réparer aussi ; & sous Adrien , quelques particuliers y firent aussi faire quelques réparations. Les ravages des barbares dans Rome avoient renversé & fait disparoître cette colonne , qui a été trouvée depuis dans des ruines sur la voie Appienne. Elle est de figure ronde , placée sur un piédestal d'ordre corinthien , avec un chapiteau toscan & une boule au-dessus.

*Bononia* (Bologne) , & à *Aquileia* (Aquilée) ; elle fut nommée *via Æmilia.*

Cette voie, quel qu'en fut l'auteur, s'étendoit donc de Rome à Rimini ; sur le bord de la mer Adriatique, où elle fut conduite au travers l'Etrurie & de l'Ombrie. Strabon ( *L. v.* ) le dit expressément , & dit que ce fut l'ouvrage de M. Lépidus & de Caïus Flaminius , après leurs victoires sur les Liguriens.

8°. De plus , lorsque César Auguste entreprit de la réparer , Suétone dit expressément qu'elle alloit jusqu'à Rimini : *Desumpta sibi Flaminia via Arimino tenus munienda.* Ce qui est encore confirmé par l'itinéraire d'Antonin , qui nous décrit , entre autres chemins , celui qui s'étendoit de Rome à *Ariminum*, & qui ne peut être que la voie Flaminienne, quoiqu'il ne la désigne que par ce nom. Il se contente seulement de dire route de Rome ( *ab urbe* ) , sans même ajouter le nom de la place à laquelle elle se trouve.

Voici les lieux qui , selon lui , se trouvoient sur cette route.

## A B U R B E.

| | | | |
|---|---|---|---|
| *Rostratam* villam. | | NP. | *XXIV.* |
| *Ocricolos* civitatem. | | MP. | *XXV.* |
| *Narniam* civ. | | MP. | *XII.* |
| *Interamniam* civ. | | MP. | *VIII.* |
| *Spoletium* civ. | | MP. | *XVIII.* |
| *Forum Flaminii* vicum. | | MP. | *XIX.* |
| *Helvillum* vicum. | | MP. | *XXVII.* |
| *Callem* vic. | | MP. | *XXIII.* |
| *Forum Sepronii.* | | MP. | *XVIII.* |
| *Fanum Fortunæ.* | | MP. | *XVI.* |
| *Pisaurum.* | | MP. | *VIII.* |
| *Ariminum.* | | MP. | *XXIV.* |

Voici la même voie décrite par la carte de Peutinger.

## V I A F L A M I N I A.

| | |
|---|---|
| *Ad Rubras.* | *VI.* |
| *Ad Vicesimum.* | *XI.* |
| *Aqua viva.* | *VII.* |
| *Interamnio.* | *VII.* |
| *Adrine Recine.* | *XI.* |
| *Fano fugitivi.* | *II.* |
| *Spoleto.* | *V.* |
| *Menavio.* | *XII.* |
| *Foro Flamini.* | *XVI.* |
| *Nuccrio Camellaria.* | *XII.* |
| *Halvillo.* | *XV.* |
| *Ad Ensem.* | *X.* |

Ad Calem. . . . . . . . . . . . . . . . . . . . VII.
Ad Intercifa. . . . . . . . . . . . . . . . XIV.
Foro Sempronii. . . . . . . . . . . XII.
Fano Fortunæ. . . . . . . . . . . . XVI.
Pifauro. . . . . . . . . . . . . . . . . VII.
Arimino. . . . . . . . . . . . . . . XXIII.

9°. Si l'on veut favoir la diftance précife de Rome à Rimini par l'itinéraire d'Antonin, fur la voie Flaminienne, il ne faut qu'ajufter tous ces nombres, pour n'en former qu'un, & l'on trouvera que cette route avoit 222 milles romains (1). Par la carte de Peutinger, il n'y avoit que 194 milles. Il y avoit donc quelque différence dans la direction des deux routes.

10°. Panuinus dit qu'en plufieurs endroits du duché de Spolette, mais principalement entre Rome & Ocriculi, on en voit encore beaucoup de veftiges, & que le long de cette voie il paroiffoit, de fon temps, plufieurs tombeaux, que leur vétufté empêchoit de diftinguer à leur infcription. Entre autres il y avoit eu les tombeaux de deux efclaves affranchis par leurs maitres, & qui leur avoient fait dreffer des tombeaux en marbre. L'un étoit celui de Pâris, joueur de flûte, affranchi de Néron. C'eft de ce tombeau que parle Martial, quand il dit, (L. II, epif. 14):

Quifquis Flaminiam teris, viator,
Noli nobile præterire marmor.

L'autre étoit celui de Glaucias, affranchi d'Atedius Melior, citoyen romain, qui mourut jeune, & auquel Papinius Stalius éleva un monument plus durable que celui de marbre que lui avoit fait élever fon ancien maître. C'eft le premier poëme du fecond livre de Stace, par lequel il effaie de confoler Atedius fur la perte qui l'afflige.

Quid mirum? plebs cuncta, nefas & prævia Aomina,
Flamino quæ limite milvius agger fterunt tranfvehit.

Martial dit auffi de ce tombeau, (L. VI, ep. 28):

Sub hoc marmore Glaucias humatus
Juncto Flaminiæ jacet fepulchro.

11°. C'étoit auffi fur la même voie qu'étoit placée la maifon de campagne d'Augufte, appelée la maifon des poules (villa ad Gallinas). On la nommoit auffi villa Cæfarum (2). Vefpafien, dans

la fuite, perça une roche auprès de Furlo, pour continuer cette voie dans une ligne droite de mille pieds.

Quant à la différence des diftances données par l'itinéraire & la table de Peutinger, elle a été depuis bien du temps le fujet de plufieurs differtations, mais qui entraineroient trop de détails ici.

CHAP. XXII. L'hiftoire nous fait connoître neuf chemins militaires, qui partoient de la voie Flaminienne. De toutes ces voies, celle qui porte le nom de via Æmilia eft la plus ancienne, la plus connue, & la plus grande de toutes; car par la longueur elle furpaffoit de beaucoup la voie Flaminienne, & elle étoit auffi ancienne.

2°. Pour l'antiquité, on voit, par le témoignage de Strabon, qu'elle fut faite en même temps que la voie Flaminienne. Quant à la dignité, Andrea Palladio la met au rang des trois plus renommées & des plus excellentes de toutes, favoir, la voie Appienne, la voie Flaminienne, & la voie Emilienne. Quant à fa longueur, elle s'étendoit depuis Ariminum jufqu'à Bononia, & de-là à Aquileïa. On va voir quels lieux s'y trouvoient.

### VIA ÆMILIA.

#### Selon l'itinéraire d'Antonin.

| | | |
|---|---|---|
| Ab Arimino Cæfenam civ. . . . | MP. | XX. |
| Faventiam. . . . . . . . . . . | MP. | XXIV. |
| Forum Cornelii civ. . . . . . . | MP. | X. |
| Bononiam civ. . . . . . . . . | MP. | XXIV. |
| Mutinam civ. . . . . . . . . | MP. | XXV. |
| Regium civ. . . . . . . . . | MP. | XVIII. |
| Parmam civ. . . . . . . . . | MP. | XIX. |
| Fidantiolam vicum. . . . . . | MP. | XX. |
| Platentium civ. . . . . . . . | MP. | XXIV. |

---

(1) Je pourrois b'en difcuter ici, & j'aurois pu, dans mille autres endroits, difcuter l'évaluation des milles en lieues de France; mais ce rapprochement appartient aux antiquités, & fe trouvera fûrement dans le dictionnaire qui en traite.

(2) Cette maifon étoit à neuf milles de Rome. Je ne fais pas quel fait véritable & raifonnable avoit pu donner lieu à la petite fable que l'on a racontée : quoi

qu'il en foit, voici ce que Suétone en rapporte. « Il y avoit peu de temps qu'Augufte avoit époufé Livie, lorfque cette princeffe, fe trouvant à la maifon de campagne de fon époux, un aigle, qui emportoit une poule encore vivante, la laiffa tomber fur fes genoux. La poule étoit blanche, & tenoit dans fon bec un rameau de laurier avec fes petits grains. Les Arufpices, confultés fur cet événement, répondirent qu'il falloit nourrir la poule & planter en terre le rameau de laurier. La poule donna des œufs, le rameau produifit des branches. Mais comme on refpecta les œufs de la poule & les poulets qui en étoient éclos, il en vint une fi grande quantité, que la maifon en prit le nom de Villa ad Gallinas. Le laurier auffi produifit fi abondamment, qu'il put fournir une branche pour couronner tous les généraux qui triomphèrent alors. L'hiftorien ajoute que l'on obferva que peu de temps avant la mort de Néron, le dernier de la famille des Céfar, le laurier fe flétrit, & tous les poulets mururent. On voit bien que par le fond de cette fable, on a voulu fe jouer de la crédulité du peuple romain. Mais quel étoit le but d'Augufte ? quel étoit celui de ceux qui ont terminé l'hiftoire des prodiges : c'eft ce que je ne fais pas.

| | |
|---|---|
| *Laudem* civ. . . . . . . . . . . . | MP. *XXIV.* |
| *Mediolanum* civ. . . . . . . . . | MP. *XVI.* |
| *Bergomum* civ. . . . . . . . . . | MP. *XXXIII.* |
| *Brixiam* civ. . . . . . . . . . | MP. *XVIII.* |
| *Sirmionem* maufionem. . . . . . | MP. *XXII.* |
| *Veronam* civ. . . . . . . . . . | MP. *XXXIII.* |
| *Vicentiam* civ. . . . . . . . . | MP. *XXXIII.* |
| *Patavium* civ. . . . . . . . . | MP. *XXVII.* |
| *Altinum* civ. . . . . . . . . . | MP. *XXXIII.* |
| *Concordiam* civ. . . . . . . . | MP. *XXXI.* |
| *Aquileiam* civ. . . . . . . . . | MP. *XXXI.* |

La même route, felon la table de Peutinger.

| | |
|---|---|
| *Ab Arimino Rubia* fl. . . . . . . . | *XI.* |
| *Ad Novas*. . . . . . . . . . . . . | *III.* |
| *Sabis*. . . . . . . . . . . . . . | *XI.* |
| *Curva Cefena*. . . . . . . . . . | *XI.* |
| *Foro Populi*. . . . . . . . . . | *VII.* |
| *Foro Livii*. . . . . . . . . . . | *VII.* |
| *Faventia*. . . . . . . . . . . . | *X.* |
| *Sinum* fl. . . . . . . . . . . . | *III.* |
| *Foro Cornelii*. . . . . . . . . | *VI.* |
| *Silarum* fl. . . . . . . . . . . | *VII.* |
| *Claterva*. . . . . . . . . . . . | *VII.* |
| *Ifex* fl. . . . . . . . . . . . | *VI.* |
| *Bononia*. . . . . . . . . . . . | *IV.* |
| *Foro Gallorum*. . . . . . . . . | *XVII.* |
| *Mutina*. . . . . . . . . . . . . | *VIII.* |
| *Lepido Regio*. . . . . . . . . . | *XVII.* |
| *Tannetum*. . . . . . . . . . . . | *XI.* |
| *Panna*. . . . . . . . . . . . . | *XI.* |
| *Fidentia*. . . . . . . . . . . . | *XV.* |
| *Florentia*. . . . . . . . . . . | *X.* |
| *Placentia*. . . . . . . . . . . | *XV.* |
| *Laude Pompeia*. . . . . . . . . | *XXII.* |
| *Mediolanum*. . . . . . . . . . | *XVI.* |
| *Camo*. . . . . . . . . . . . . | *XXXV.* |
| *Bergomum*. . . . . . . . . . . | *XX.* |
| *Leuceris*. . . . . . . . . . . | *XXXV.* |
| *Brixia*. . . . . . . . . . . . | *XXXII.* |
| *Ariolica*. . . . . . . . . . . | *XIII.* |
| *Verona*. . . . . . . . . . . . | *XXXIII.* |
| *Vicentia*. . . . . . . . . . . | *XXII.* |
| *Patavis*. . . . . . . . . . . . | *XXX.* |
| *Altino*. . . . . . . . . . . . | *XXX.* |
| *Concordia*. . . . . . . . . . . | *XXX.* |
| *Aquileia*. . . . . . . . . . . | *XIV.* |

3°. En rapprochant, pour les comparer, les diftances de l'itinéraire de celles de la Table, on voit que l'indication de l'une eft différente de l'indication donnée par l'autre; & ce que l'on dit du nom des lieux, on peut auffi le dire des diftances entre les lieux de même nom.

Selon l'itinéraire, il y avoit d'*Ariminum* à *Aquileia* 485 milles.

Selon la Table, il y en avoit 527.

4°. De plus, on voit que la Table, en paffant de *Curva Cæfena* à *Forum Populi*, il fe fait un faut d'un chemin à l'autre fans aucun milieu, ces deux places étant affifes fur deux lignes différentes, & qui ne paroiffent ici communiquer entre elles par aucun chemin de traverfe. Mais de *Placentia* à *Laus Pompeia*; de *Mediolanum* à *Comum*, & d'*Altinum* à *Concordia*, il y avoit changement de route, ce qui ne fe pouvoit faire que par des chemins de traverfe, fervant à établir la communication d'un chemin à l'autre; enforte que ce qui n'eft qu'un feul chemin dans l'itinéraire, femble appartenir à deux ou trois fur la carte.

5°. Quant à l'origine de la voie Emilienne, Tite-Live la commence à *Ariminum*, & femble ne la conduire que jufqu'à Plaifance, quand il dit, en parlant d'Emilius: *Pacatis Liguribus in agrum Galliam exercitum duxit: viamque ab Placentia, ut Flaminiæ committeret, Ariminum perduxerit.* Le poëte Martial, parlant à fon livre, fait mention de ce grand chemin, & de l'une des cités qui s'y trouvoit, ( *L. III*, *ep. 4*).

> *Romam vade, liber, fi veneris undè requiret,*
> *Æmiliæ dicas de regione viæ,*
> *Siquibus in terris, qua fimus in urbe rogabit,*
> *Corneli referas me licet effe fero.*

6°. Ce n'eft pas fans raifon qu'il emploie le mot *Regio Viæ Æmiliæ*, puifque des onze régions qui, d'après la divifion d'Augufte, partageoient l'Italie, il y en avoit deux qui avoient pris ces noms des voies qu'elles comprenoient; favoir, la *Flaminia* & l'*Æmilia*; & même ces noms leur furent confervés lors même que l'Italie eut été divifée en dix-fept provinces par les derniers empereurs qui y ont commandé.

7°. La feconde branche de la voie Flaminienne eft celle qui, du nom de Caffius, fon auteur, eft appelée Caffienne. Cicéron parle de cette voie dans fa deuxième Philippique, la mettant pour l'une des trois par lefquelles on pouvoit aller de Rome à Modène. *Très viæ funt ad Mutinam*, dit-il, à *fupero mari Flaminia: ab Infero, Aurelia, Media, Caffia.* Ce n'eft pas que la voie Caffienne ait eu fon origine à Rome; mais c'eft qu'elle commençoit à la Flaminienne, au pont *Milvius* (Ponte Mole), bâti fur le Tibre, à deux milles de Rome (1).

---

(1) C'eft-à-dire, à deux milles du *Forum* t c'eft où eft actuellement le château S. Ange.

: fut tout auprès de ce pont que Constantin-
-Grand vainquit le tyran Maxence, qui, pour
enfuir, vouloit faire fa retraite dans Rome ;
ais le pont étant rompu à caufe de la multitude
nombrable qui le furchargeoit, il tomba dans le
euve, & y perdit la vie avec l'empire. De-là
voie fe féparoit & prenoit fa direction par la
ille de Sutri.

8°. La troifième branche qui fe détachoit de
voie Flaminienne, c'étoit la voie Claudienne,
ui y étoit jointe certainement, puifqu'Ovide dit
L. 1, de Ponto ) :

*Nec quos pomiferis pofitos in collibus hortos*
*Spectat Flaminiæ Claudia juncta viæ.*

Cette voie fe trouve décrite dans l'itinéraire
l'Antonin, non pas de Rome à *Lucca*, qui en
ont les deux extrémités, mais de Luque à Rome.

La voici felon l'itinéraire d'Antonin.

### VIA CLODIA.

#### Iter ad Lucam.

| | | |
|---|---|---|
| Per Clodiam. | MP. | CCXXXVIII. |
| Sic Piftorium. | MP. | XXVIII. |
| Florentiam. | MP. | XXV. |
| Ad fines five Cafus Cæfarianas. | MP. | XXV. |
| Arretium. | MP. | XXV. |
| Ad Statuas. | MP. | XXV. |
| Clufium. | MP. | XII. |
| Vulfinios. | MP. | XXX. |
| Forum Caffi. | MP. | XXVIII. |
| Sutrium. | MP. | XII. |
| Romam. | MP. | XXI. |

#### Selon la table de Peutinger.

| | |
|---|---|
| Leuca. | XII. |
| Ad Martis. | VIII. |
| Piftoris. | VI. |
| Hollana. | IX. |
| Ad Solaria. | IX. |
| Florentia Tufcorum ad Aquileia. | VIX. |
| Bitunfa. | X. |
| Adretia. | X. |
| Ad Novas. | IX. |
| Clufio. | VIII. |
| Volfinis. | VIII. |
| Aquas Paffarias. | IX. |
| Foro Caffi. | IV. |

| | |
|---|---|
| Vica Matrini. | XVI. |
| Sutrio. | XI. |
| Veras. | VI. |
| Ad Sextum via Claudia Roma. | VI. |

En examinant les nombres donnés par ces deux
textes, on trouve que, felon l'itinéraire, il y
avoit de *Luca* à Rome 239 milles ; & que felon
la carte, il n'y en avoit que 145 : d'où l'on voit
que la différence eft de 73.

9°. Il y avoit de plus les voies Annienne,
Auguftane, Cimine, Amérine, Sempronienne &
Pofthumienne, qui, commençant en différens endroits de la Flaminienne & Pofthumienne, & prenant leurs commencemens en différens points de
la voie Flaminienne, s'étendoient de-là comme
autant de rameaux à travers les différentes régions
de l'Italie fituées entre la ville de Rome & le
Pô.

De toutes ces voies, celle appelée Annienne,
n'eft connue que par une ancienne infcription
trouvée dans les ruines de la ville d'*Axuma*.

La voie Cimine étoit entre une montagne & le
lac de fon nom affez près de Viterbe. Virgile en
parle ( *En. L. VII* ).

*Cimini cum monte Lucum, Lucofque Capenos.*

La voie Aménienne avoit pris fon nom de
la ville d'*Amelia*, du côté de Spolette.

La voie Sempronienne avoit pris fon nom de la
ville de *Forum Sempronii*, d'où elle s'étendoit
jufqu'à *Fulginia* ou *Fulcinium in Umbria*.

Quant à la voie Pofthumienne, elle paffoit dans
la Gaule que les Romains appeloient *Togata* ; ce
que l'on voit par Tacite, qui en parle ainfi :
*Siftere tertiam legionem in ipfo viæ Pofthumiæ aggere*
*tubet.*

*CHAP. XXIII.* Après la porte Flamentane étoit
celle appelée Collatine, bâtie fur une colline
nommée *Collis Hortulorum*, à caufe des beaux &
grands-jardins que plufieurs Romains y avoient.
Cependant ce n'étoit pas du mot *collis*, une
colline, qu'elle avoit pris fon nom, mais du
bourg appelé *Collatia*, fitué près de Rome. On
le voit par Feftus, qui dit *Collatia oppidum fuit*
*propè Romam eo quod opes aliarum civitatum ibi*
*fuerint Collata*, à quâ porta Romæ Collatina dicta eft.
Cette porte avoit été d'abord plus près du Tibre
& du champ de Flore. Mais Aurélien la tranfporta fur la colline, lorfqu'il augmenta la ville de
ce côté. Depuis, elle eut le nom de *Porta Pin-*
*ciana*, à caufe du palais des Pinciens qui en étoit
voifin. C'eft de ce nom que Procope l'appelle,
lorfqu'en parlant de Bélifaire, il dit : *Pincianam*
*is fermè & proximam huit Salariam portam tenebat,*
*ut fufpectiores & neceffarias ; ea namque parte op-*
*pugnari facile poterat murus.* ( *De Bel. Goth. L. 1* ).

2°. De la porte Collatine ſortoit-la grande voie du même nom ; elle commençoit dans l'intérieur de la ville de Rome, près l'aqueduc appelé *Aqua Virgo* : elle venoit ſe joindre à la Flaminienne, près de celle que l'on appelloit *Viam Latam*, allant l'une & l'autre juſqu'au *Forum*.

De ce lieu la voie s'étendoit par la porte de ſon nom, à-peu-près droit au ſeptentrion. Elle rencontroit à quelque diſtance celle qui portoit le nom de *Via Salaria*.

3°. Enſuite étoit la porte appelée *Porta Collina*, d'après la colline aux jardins, nommée autrefois *Agonenſis*, depuis *Quirinalis*, & enfin *Salaria*. Feſtus Pompeius s'exprime ainſi : *Agonia*, dit-il, *quæ fiebat in monte hinc Roma mons Quirinalis, Agonius, & Collina porta Agonenſis* ; & ailleurs il dit : *Quirinalis porta dicta ſive quod ea in collem Quirinalem itur, ſive quod proximè eam eſt Quirini Sacellam.*

Tite-Live dit que ce fut par cette porte que les Gaulois entrèrent dans Rome, lorſqu'elle fut priſe & brûlée par eux. Ce fut auſſi de ce côté qu'Annibal s'approcha avec ſon armée, lorſqu'il ſe fit voir aux Romains de deſſus leurs remparts : du moins c'eſt ce que l'on lit dans Juvénal (*Sat. VI*) :

— *Proximus urbi*
*Hannibal, & ſtantes Collina intare mariti.*

Quant au nom de *Salaria*, c'eſt le dernier de ceux que reçut cette porte, & cela parce que la voie de ce nom y commençoit ; car on n'en peut douter d'après ce paſſage de Tacite : *Tertium agmen per Salariam portæ Collinæ appropinquabat.*

4°. C'étoit donc de la porte Colline que la voie dont nous parlons prenoit ſon commencement. De-là elle s'étendoit vers le ſeptentrion au travers du pays des Sabins, recevant la voie No-mentane au village d'*Heretium*, ſitué à XVIII milles de Rome, ſur le rivage du Tibre. C'eſt ce que l'on voit très-poſitivement par Strabon (*Géog. L. V*) : *Per ipſos*, dit-il, (*Sabinos*) *via Salaria, in quam apud Heretium Sabinorum vicum ſuper Tiberim jacen-tem Nomentana incidit, non magnæ longitudinis. Strata eſt, ex eadem Collinæ portæ inchoans.* Au reſte, elle eut ce nom, ainſi que cela ſe voit par Sextus Pompeius & Pline, de ce que c'étoit ſur cette voie que les Sabins charioient le ſel qu'ils alloient chercher à la mer : *Salaria via Romæ eſt appellata*, dit Sext. Pompeius, *quia per eam Sabini ſal à mari deferebant.* De ſon côté, Pline (*L. XXXI, c. 7*) dit : *Honoribus etiam militiæque interponitur : Sala-riis inde dictis magna apud antiquos auctoritate : ſicut apparet ex nomine Salariæ viæ ; quoniam illa ſal in Sabinos portari conſueverat.*

5°. Voici les poſitions de cette voie, connues par l'itinéraire d'Antonin & par la table de Peu-tinger.

## VIA SALARIA.

### Selon l'itinéraire.

| | | |
|---|---|---|
| Eretum. | MP. | XVIII. |
| Vicum novum. | MP. | XIV. |
| Reate. | MP. | XVI. |
| Cutilias. | MP. | XVIII. |
| Interocrium. | MP. | VI. |
| Falacrinum. | MP. | XVI. |
| Vicum Badies. | MP. | IX. |
| Ad Conteſinum. | MP. | X. |
| Aſclum. | MP. | XII. |
| Caſtrum Truentinum. | MP. | XX. |
| Caſtrum Novum. | MP. | XII. |
| Hadriam. | MP. | XV. |

### Selon la table.

| | |
|---|---|
| Ereto. | XIX. |
| Ad Novas. | XIV. |
| Reate. | XVI. |
| Aquæ Cutiliæ. | IX. |
| Interocrio. | VII. |
| Foroecri. | XII. |
| Palacrinis. | IV. |
| Firmo Viceno. | X. |
| Caſtello Firmani. | XII. |
| Cupa maritima. | XII. |
| Caſtro Trentino. | XVII. |
| Caſtro novo. | XVIII. |
| Hadria. | VII. |

D'après cet expoſé, on voit que la route in-diquée par l'itinéraire étoit de 166 milles, & ſelon la table 168 ; ce qui eſt preſque la même choſe.

Près & le long de la voie *Salaria* étoient bâtis les temples de Vénus Ericine & de Vénus *Ver-ticordia* : plus loin celui de l'Honneur. On préten-doit que l'on avoit trouvé en cet endroit une lance, ſur laquelle étoient écrits ces mots : *Domina Ho-noris*, & de-là on s'étoit cru dans la néceſſité d'y bâtir un temple. Cicéron en parle au ſecond livre des loix ( *de Legibus* ) : *Noſtis extra portam Collinam ædem honoris.*

Sur cette voie étoient auſſi rangés pluſieurs tombeaux magnifiques, entre leſquels étoit celui de Marius, qui fut ſept fois conſul, & celui de Licinus, qui fut le barbier d'Auguſte, que les poëtes ont un peu ridiculiſé pour ſes prétentions bien plus élevées que ſon état. C'eſt à ſon ſujet que Varron, qui vivoit de ſon temps, fit ce diſ-tique qui peint ſon indignation :

*Marmoreo*

*Marmores tumulo Licinus jacet : at Catæ parvo.*
*Pompeius nullo. Credimus esse Deos ?*

7°. Ce fut à treize milles de la ville de Rome, sur la même voie, que les Gaulois, conduits par Brennus, remportèrent une victoire sur les Romains au bord de l'*Allia*. Ce petit fleuve prend sa source aux montagnes Crustumiennes, & vient en cet endroit se rendre dans le Tibre.

8°. De la voie Salaire, comme d'un tronc principal, dépendoient deux autres voies qui lui étoient bien inférieures ; savoir, la voie Quinctienne & la voie Junienne. Denys d'Halycarnasse fait mention de la première : *Palatium quidem quinque & viginti stadiis à Reate distans urbe nunc etiam à Romanis habitata, viæ Quinctiæ proximum.* — Il parle aussi de l'autre, en disant : *A Reate rursus stadiis* LXXX *via Junia eundo juxta Coritum montem Cursulæ est nuper diruta.*

9°. Après la porte Colline se trouvoit la porte Viminale, qui tiroit son nom d'une colline appelée ainsi, sur laquelle elle étoit placée. *Viminalis & porta & Collis appellantur*, dit Sextus Pompeius, *quod ibi Viminum Sylva fuisse videtur, ubi est & ara Jovi vimini consecrata.* On voit par ces mots de Strabon, qu'elle étoit placée d'abord aux remparts que Tarquin l'ancien fit élever pour fortifier la ville : *In aggere autem medio tertia porta ejusdem nominis cum Colle viminali.* Il dit ici trois voies ; c'est qu'il écrivoit dans un temps où la porte Flaminienne & la porte Colline étoient les seules portes de ce côté. Car la porte Collatine fut construite depuis Strabon, au temps des empereurs. Et ce fut alors que la porte Viminale fut transportée au lieu où elle se trouve encore actuellement sous le nom de porte de Sainte-Agnès, d'après l'église de cette sainte qui en est voisine.

10°. De la porte Viminale la voie Numentane prenoit son origine & s'étendoit au nord-est jusqu'à Nomentum, que Léander appelle Lamentane, ville des Sabins, dans l'ancien Latium. Ovide parle de la voie & de la porte dans les deux vers suivans :

*Hac mihi Nomento Romam cum luce redirem*
*Obstitit in media Caudida Turba via.*
               Fast. L. IV.

Tite-Live ( *L. III.* ) dit que l'ancien nom de cette voie étoit *via Ficulnensis*, la voie aux figues ou aux figuiers : *via Nomentana, cui Ficulnensi nomen fuit, profecti castra in monte sacro locavere.*

11°. Ce fut entre ces deux grandes voies *Saleria* & *Nomentana*, à quatre milles de Rome, que Néron, ayant été jugé par le sénat ennemi du peuple Romain, se retira dans la métairie d'un de ses affranchis nommé Phaon, où, de désespoir, il se tua lui-même.

A deux milles de la ville, sur la voie Nomentane, étoit le temple de Bacchus, de forme ronde & cou-

vert d'une coupole : dans la suite il changea de destination ; & enfin il devint le tombeau de la famille des Constantins.

Il y avoit sur cette même voie plusieurs autres temples & sépulchres que la nature de cet ouvrage me force de passer sous silence.

12°. M. Bergier dit ensuite : « Je ne m'arrêterai point à parler ici d'une ancienne porte qui étoit fermée dès le temps de Procope, & que l'on appelloit *portam Quelquetulanam*, ni d'une voie de même nom qui passoit entre le camp prétorial & un vivier prochain, d'autant qu'elle n'est pas entre les quatorze portes principales de Rome, mais de celles qui furent murées de très-bonne heure.

Je passe donc à la description de la porte appelée *Gabinia* ou *Gabiusa*, que l'on tient être le même que la *porta Tiburtina*, aujourd'hui de S. Laurent. Quelques auteurs ont même prétendu que la voie Tiburtine & Gabienne n'étoient qu'une ; quant à la porte, elle fut appelée *Gabinia* ou *Gabiusa*, parce que c'étoit la sortie pour aller à *Gabium*, & on la nomma Tiburtine, parce qu'elle étoit aussi du côté de Tibur.

13°. D'autres écrivains prétendent cependant que ce furent deux voies qui sortoient à la vérité d'une même porte ; car la voie Gabienne étoit plus orientale que la Tiburtine, d'autant qu'elle tiroit à droite vers la voie Prénestine, le long de laquelle s'étendoit le territoire des Gabiens, ainsi que nous l'apprend Strabon, qui dit : *Sane Gabii extant in Prænestina via siti.* ( *L. V.* ) Mais la voie Tiburtine prenoit sa direction à gauche droit au nord-est, conduisant aux lieux délicieux qui environnent Tibur.

Ce fut sur la voie Gabienne que Furius Camille défit les Gaulois après la prise & l'embrasement de Rome. Car Tite-Live dit : *Justiore altero deinde prælio ad octavum lapidem Gabina via, quò se ex fuga contulerant, ejusdem ducta auspicioque Camilli, Galli vincuntur.*

Sur cette même voie étoit située le superbe tombeau de Pallas, affranchi de l'empereur Tibère, avec cette arrogante inscription :

TI. CLAUDIUS ANG. L.
PALLAS
HUIC SENATUS OB FIDEM.
PIETATEMQUE ERGA
PATRONOS, ORNAMENTA
PRÆTORIA DECREVIT
ET. H. S. CENTIES QUIN
QUAGIES CUJUS HONORE
CONTENTUS FUIT.
         *Panninus in sua Roma.*

Chap. XXIV. La porte Esquiline avoit tiré son nom de l'une des sept montagnes de Rome, appelée *Esquilius mons* : elle suivoit immédiate-

                              T t t

ment la porte Gabienne. De-là fortoient deux grandes voies, l'une appelée Préneftine, l'autre Lavicane, ainfi que Strabon nous l'apprend par ces mots : *Porro in unum cadit Labicana*, à *porta quidem Efquilana infcipiens : Aqua & Prenestina.* On l'appelle actuellement porte majeure, *porta, majore*, à caufe de la grandeur de l'édifice fous lequel elle étoit placée : c'eft un des regards de l'aqueduc de Claudius. 2°. Mais, dit Bergier, pour en revenir à nos deux voies, la Préneftine avoit fon commencement dans Rome, non loin du Forum, au lieu appelé *Clivius Urbicus.* Tout près, elle s'alloit joindre à une autre grande rue qui portoit le nom de Patricienne ; de-là, tirant en droite ligne vers la porte, elle en fortoit en tendant vers le nord-eft. En prenant à gauche relativement à la Lavicane, elle portoit le même nom jufqu'à la ville d'*Anagnia*, où elle fe réuniffoit à la voie Latine ; de-là elle tiroit à Bénevent. C'eft ce que l'on voit par l'itinéraire.

## VIA PRÆNESTINA.

### Selon l'itinéraire.

| | | |
|---|---|---|
| Ab urbe Beneventum ufque... | NP. | CLXXXVIII. |
| Gabios | MP. | XII. |
| Prænefte | MP. | XI. |
| Sub Anagniam | MP. | XXIV. |
| Frufionem | MP. | VII. |
| Fregellanum | MP. | XIV. |
| Fabrateriam | MP. | III. |
| Aquinum | MP. | VIII. |
| Cafinum | MP. | VII. |
| Venafrum | MP. | XVI. |
| Teanum | MP. | XVIII. |
| Alifas | MP. | XVII. |
| Telefiam | MP. | XXV. |
| Beneventum | MP. | XVIII. |

### Selon la table de Peutinger.

| | |
|---|---|
| Gabios | XI. |
| Cranefle | XI. |
| Treblis | XV. |
| Cafulis | VI. |
| In monte Gravi | V. |
| In monte Carbonario | V. |

Ici fe fait mutation de chemin.

| | |
|---|---|
| Anagnio | IX. |
| Ferentinum | VII. |
| Fabrateriæ | IV. |

| | |
|---|---|
| Melfel | IV. |
| Aquino | IX. |
| Cufinum | VIII. |
| Ad Flexum | IX. |
| Theano Secdicido | VIII. |

Ici fe fait une traverfe.

| | |
|---|---|
| Ebutiana | IX. |
| Ad Lefas | VI. |
| Sepinum | XII. |
| Sirpium | XVIII. |
| Beneventum | IV. |

Quant à la voie Lavicane, elle eft une de celles qui commençoient à porter leur nom dans la ville de Rome ; elle fortoit dans la campagne par la porte de fon nom, & paffoit entre deux aqueducs nommés, l'un, *Aqua martia Teupula & Julia*, & l'autre, *Aqua Claudia.* Elle venoit fe joindre à la voie Latine, au lieu même d'*Anagnia*, ainfi que la voie Préneftine.

## VIA LAVICANA.

### Selon l'itinéraire.

| | | |
|---|---|---|
| Ab urbe Beneventum ufque... | MP. | CLXX. fic. |
| Ad Quintanas | MP. | XV. |
| Ad Pictas | MP. | X. |
| Compitum | MP. | XV. |
| Ferentinum | MP. | VIII. |
| Frufionem | MP. | VII. |
| Beneventum manfionibus quibus & in Prænestina | MP. | CI. |

### Selon la table de Peutinger.

| | |
|---|---|
| Ad Quintanas | III. |
| Ad Statuas | VI. |
| Ad Pactas | V. |
| Sublanubium | X. |
| Compita | |
| Anagnino | VIII. |

Il femble cependant que Strabon, parlant de cette voie, ne la conduife pas fi loin ; car il dit que, laiffant à main gauche la voie Préneftine & le champ Efquilin, elle s'avançoit de la longueur de fix-vingts ftades (formant quinze milles italiques), & qu'étant parvenue jufqu'à l'ancien bourg de Lavicum, elle le laiffoit à droite, comme auffi *Tufculum*, & que de-là elle venoit aboutir au lieu nommé *ad Pictas*, à la voie Latine. Or, on voit à l'œil fur la table de Peutinger, que la voie Lavicane finissoit à *Lanuvium*, placé plus bas de vingt-neuf milles qu'*Anagnia*; que lesdites voies venoient joindre la voie Latine, ainsi que l'itinéraire & Strabon nous l'apprennent. Il falloit nécessairement qu'elles traversassent la voie Campanienne, attendu qu'elle étoit entre la voie Lavicane & la voie Latine; ou bien il falloit que ces quatre voies vinssent toutes se réunir à la ville d'Anagnie, & qu'en cet endroit la voie Campanienne & la voie Latine se croisassent, pour se porter en différentes parties.

4°. Près de la porte Esquiline étoit le lieu où l'on faisoit anciennement mourir les malfaiteurs, comme on le voit par ce passage de Tacite : *Sumptum more prisco extra Esquilinam de nocentibus supplicium.*

De plus, c'étoit de ce coté qu'étoient les sépultures des gens pauvres & des dernières classes, après que les corps avoient été brûlés. Il y eut un temps aussi, où, au lieu de les brûler, on les jettoit tout simplement sur une espèce de voirie, où les oiseaux & les bêtes fauves accouroient & les dévoroient. C'est ainsi que Porphirio entend ce passage d'Horace de l'ode v.

> *Post in sepulta membra different lupi*
> *Et Esquilinæ alites.*

Sur cette même voie étoit le tombeau de Q. Atticus, poète comique. Ce fut sur la voie Lubicane qu'étoit celui de l'empereur Didius Julianus qui acheta l'empire, & après sa mort fut placé dans le tombeau de Salvius Julianus, son trisaieul, à la cinquième pierre ( ou cinquième mille ) de la voie Labicane.

5°. En poursuivant notre route autour de la ville de Rome, nous rencontrons la porte qui, du mont Celius, se nommoit anciennement *porta Célimontana*; elle fut depuis nommée *porta Asinaria* ( la porte S. Jean. )

Ce fut par cette même porte qu'Alaric, & depuis lui Totila, entrèrent dans la ville de Rome, dont ils s'emparèrent, comme on le voit dans Procope, *L. I & III, De bello Goth.*

6°. De la porte Célimontane ou Asinaire sortoit tout droit la voie appelée Campanienne, ainsi appelée parce qu'elle conduisoit dans la Campanie. Cette voie fut une de celles qui commençoient dans l'intérieur de la ville de Rome; elle étoit ornée de plusieurs temples & de plusieurs sépulcres magnifiques.

De la même porte, ou du moins très-près, il sortoit deux voies, savoir, la voie Tusculane & la voie Albane, que M. Messala fit réparer sous l'empire d'Auguste, comme on le voit par Tibule, *L. I. eleg. 8.*

> *Nec taceam monumenta viæ, quæ Tuscula tellus*
> *Candidaque antiquo detinet alba lare.*

7°. Or, comme il étoit d'usage que les grands chemins qui portoient les noms d'une des portes de

Rome avoient ce nom, parce qu'en effet ils sortoient de cette porte, il y a donc grande apparence que la voie appelée *Asinaria*, commençoit à la porte Célimontane ou Asinaire.

J'en fais la remarque parce que Festus Pompeius semble ranger cette voie *Asinaria* bien loin de la porte Célimontane, entre les voies Latine & Ardéates, qui étoient plus à main droite ( en sortant de Rome ). Le passage de Festus a trompé Onuphre.

*Chapitre XXV.* La porte qui étoit la plus proche ensuite, en descendant au sud, étoit la porte appelée *porta Latina*, parce qu'elle conduisoit particulièrement dans l'ancienne Latium. On conjecture qu'elle a porté aussi celui de *Ferentina*, 1°. parce que Strabon dit que les villes de *Ferentium* & de *Frusinum* étoient sur la voie Latine; 2°. parce que Plutarque fait mention d'une *Férentine*, près de laquelle il dit que se faisoient certaines expiations, instituées autrefois par Romulus pour purifier la ville. Il est donc probable que l'on a quelquefois appelé voie Férentine celle qui conduisoit à la ville de *Ferentium*, & que celle qui porta quelquefois ce nom ne fut autre que la voie Latine.

2°. La voie Latine commençoit à la porte de ce nom; elle tiroit droit entre l'ouest & le midi, pour aller joindre la grande voie Appienne, auprès de *Casinum* à dix-neuf stades de Capoue. Les détails que donne Strabon sur les voies placées de ce côté sont intéressans. *Aliarum vero in Latina civitatum, quædam aliis insignibus, quædam nobilissimis discernuntur viis, quæ per Latinam strata visuntur. Præclarissimæ sunt Appia, Latina, Valeria, una quidem ad mare Latinæ partes separans, usque sinuessam pretenditur. Altera in Sabinam, usque ad Marsus. Inter has media Latina est, quæ ad Casinum oppidum conjungitur Appiæ, ab capua XIX distans stadiis.* On peut conclure de ce passage l'ordre & la situation des trois grandes voies Appienne, Latine & Valérienne, qui étoient les plus considérables de toutes celles du Latium. Car la voie Valérienne, au sortir de Rome tiroit à gauche, la voie Appienne alloit vers la droite, & la voie Latine étoit entre les deux.

3°. Mais il y avoit deux voies du nom de Valérienne, l'une ancienne & l'autre nouvelle, ainsi qu'on le voit par P. Victor. L'itinéraire d'Antonin fait mention de l'une, & Strabon de l'autre. Il est vrai que l'on ne sait pas bien précisément de quelle porte de Rome la voie Valérienne de Strabon devoit partir; car puisqu'il la met sur la gauche de la voie Latine, il falloit qu'elle partît de la porte Célimontane, avec la voie Campanienne, & qu'elle fût placée entre la voie Campanienne & la voie Latine. Et cependant il semble que puisqu'elle tiroit vers le port des Sabins, il falloit qu'elle laissât la voie Campanienne entre elle & la voie Latine; ce qui n'est pas facile à adopter.

Quant à la voie Valérienne dont il eſt parlé dans l'itinéraire, il paroît qu'elle partoit de la porte Tiburtine, & qu'elle laiſſoit la voie Tiburtine & Gabienne à main droite. Voici ce qui en eſt dit dans cet ouvrage.

### VIA VALERIA.

#### Selon l'itinéraire.

| | | |
|---|---|---|
| Ab urbe Hadriam uſque... | MP. | CXLVIII, ſic. |
| Tibur. . . . . . . . . | MP. | XX. |
| Carceolos. . . . . . . . | MP. | XXII. |
| Albamficentiam. . . . . . . | MP. | XXV. |
| Corfinniam. . . . . . . . | MP. | XXIII. |
| Corfinium. . . . . . . . | MP. | XVIII. |
| Interpromium (1). . . . . . | MP. | XI. |
| Teate Marucinum. . . . . . | MP. | XVII. |
| Hadriam. . . . . . . . | MP. | XIV. |

#### Selon la table de Peutinger.

| | |
|---|---|
| Tiberi. . . . . . . . | VIII. |
| Varie. . . . . . . . | V. |
| Lamnas. . . . . . . . | X. |
| Curſulis. . . . . . . . | VI. |
| Cirſenna. . . . . . . . | V. |
| Corfinio. . . . . . . . | |
| Inter primum (2). . . . . . | VII. |
| Tea Nomatucinoceio. . . . . . | V. |
| Alba. . . . . . . . | XIV. |
| Hadria. . . . . . . . | VII. |

Je ne reprendrai pas la différence qui ſe trouve entre ces deux meſures, pour ne pas alonger inutilement cet article : les perſonnes qui ſeront curieuſes de connoître ces rapports, pourront elles-mêmes en faire la comparaiſon.

4°. La voie Latine eſt celle que les anciens Romains avoient d'abord nommée Auſonienne : Martial lui donne ces deux noms ; car la voie qu'il nomme voie Latine dans les deux vers ſuivans :

*Herculis in magni vultu deſcendere Cæſar*
*Dignatus, Latiæ dat nova templa viæ.*
L. IX. p. 65.

il la nomma ailleurs Auſonienne.

*Appia, quam ſimili venerandus in Hercule.*
*Conſecrat Auſoniæ maxima fama Cæſar viæ.*

(1) Le texte porte *Interbromium* ; mais c'eſt une faute, car le texte de l'itinéraire. édit. de Weſ., porte *Interpomium.*
(2) C'eſt bien encore ici une faute, mais elle n'eſt pas de Bergier ; elle eſt de la table.

Dans l'itinéraire la voie Latine eſt coupée en deux parties. L'une eſt décrite ainſi :

### VIA LATINA.

#### Selon l'itinéraire.

| | | |
|---|---|---|
| Ab urbe ad Decimum. . . . . . . | MP. | X. |
| Roboraria. . . . . . . . . . | MP. | VI. |
| Ad Piſtas. . . . . . . . . | MP. | XVII. |
| Copitum. . . . . . . . . . | MP. | XV. |

Au de-là ſe trouve *Anagnia* & les autres villes indiquées précédemment ſur la voie Préneſtine.

5°. Sur cette voie ſe trouvoit le temple de la Fortune féminine, avec ſa ſtatue, que les femmes mariées pouvoient ſeules toucher ſans commettre un ſacrilège. Il y avoit auſſi la métairie de Phylis, nourrice de Domitien, où elle dépoſa les cendres de cet empereur.

Entre les tombeaux on peut remarquer celui dont Auſonne nous rapporte l'inſcription ſuivante :

*Non nomen, non quo genitus, non unde, quid egi*
*Mutus in æternum, ſum cinis, oſſa, nihil,*
*Nec ſum, nec fueram : genitus tamen e nihilo ſum*
*Mitte, nec exprobres ſingula ; talis eris.*

6°. Après la porte Latine étoit la porte Capène, que Feſtus Pompeïus dit être le commencement de la grande voie Appienne. Ce qu'il faut entendre de la partie qui ſortoit & s'avançoit dans la campagne, car la voie Appienne étoit diviſée en deux parties, qui ſe rendoient à cette porte ; l'une fermoit une des grandes rues de la ville, & alloit de cette porte un tournant juſqu'au monument appelé *Septizonium Severis*, placé tout auprès de la borne neuve qui côtoyoit le grand cirque vers le *Forum.* L'autre étoit hors de la ville & s'étendoit au dehors.

### VIA APPIA.

Cette voie avoit pris ſon (1) nom d'Appius Claudius *Cæcus*, ou l'aveugle, qui avoit été honoré des premières charges, & fut cenſeur, deux fois conſul, préteur, édile-curule, interrex, dictateur. Il remporta de grands avantages ſur les Sabins & ſur les Etruſques, après leſquels il fit élever un temple en l'honneur de Bellone. Ce fut pendant ſa cenſure qu'il fit paver la voie qui prit ſon nom, & qu'il fit venir de l'eau à Rome en conſtruiſant un très-bel aqueduc.

Des différens auteurs qui ont parlé de la voie Appienne, aucun ne l'a auſſi bien décrite que Procope dans ſon premier livre de *Bello Gothico.*

(3) Ceci eſt extrait du même ouvrage (Hiſt. des grands chemins de l'Europe), L. II, ch. 26.

Cet auteur dit qu'Appius, étant censeur, l'avoit fait faire & l'avoit nommée de son nom; il y avoit déjà 900 ans jusqu'à l'époque où il écrivoit, qu'elle étoit d'une telle étendue qu'un homme prompt & habile ne la pouvoit parcourir en moins de cinq journées; que sa longueur étoit de Rome à Capoue, & qu'elle étoit si large que deux voitures y pouvoient passer de front; que les grands carreaux de pierre dont elle étoit pavée ( qui étoient de la pierre la plus dure qu'on eut pu trouver ) ont été charriés & amenés, sur les lieux, de carrières fort éloignées; qu'il les fit équarrir, polir & applanir à coup de ciseaux, puis joindre ensemble avec tant de soin que l'on n'y distinguoit pas les jointures; enfin, qu'en les regardant on ne pouvoit pas y démêler le travail des hommes, mais que plutôt c'étoit un lieu de la terre traité ainsi par la nature.

On ne peut lire sans étonnement que, pendant neuf siècles que cette route avoit été constamment fréquentée, elle n'eût souffert aucune dégradation. Il n'est pas douteux que le climat de l'Italie, beaucoup moins pluvieux que le nôtre, ne contribue au maintien du bon état des chemins.

Il se présente cependant quelque difficulté sur le récit de Procope. D'abord il dit qu'il y avoit 900 ans que cette voie Appienne existoit. Mais si elle fut achevée l'an de Rome 441, il s'en faudra bien une cinquantaine d'années qu'il n'y ait eu les 900 ans : à la vérité, c'est une observation légère : car cinquante ans de plus ne devoient pas détériorer une route qui étoit en si bon état après 850 ans. Il y a une seconde difficulté; c'est que quelques auteurs croient qu'Appius ne la fit paver que jusqu'à Capoue, tandis que d'autres croient que ce fut jusqu'à Brindes ( Brundusium ). L'auteur de la vie des hommes illustres, qui passe sous le nom de Pline, dit expressément : Appiam viam Brundusium usque lapidibus straviss. Mais il est bien plus probable que cette seconde partie de la voie ne fut pavée que depuis.

Avant d'arriver à Capoue la voie passoit à Terracine sur le bord de la mer. Et voici ce qu'en dit Strabon ( L. V. ) Hoc in loco mari adjungitur Appia via, strata à Roma usque Brundusium. Tacite rapporte ( Lib. II. Ann. ) ce trait extravagant de Lib. Drusus, qui consultoit en lui-même : an habiturus pret opes quis viam Appiam Brundusium usque pecunia operirat. Cet extravagant personnage examinoit s'il auroit assez de pièces de monnoie pour en couvrir la voie Appienne de Rome à Brindes. Horace parle aussi de Brindes comme du terme de ce voyage, quand il dit ( L. I. Sat. 5 ):

Brundusium longæ finis chartæque, viæque.

### VIA APPIA.
#### Selon l'itinéraire.

| | |
|---|---|
| Ab urbe Capuam. . . . . . . . . | MP. CXXV. |
| Aricia. . . . . . . . . . . . . | MP. XVI. |

| | |
|---|---|
| Tribus Tabernis. . . . . . . . . . . | MP. XVII. |
| Appi Foro. . . . . . . . . . . | MP. X. |
| Tarracine. . . . . . . . . . . . | MP. XVIII. |
| Fundis. . . . . . . . . . . . | MP. XVI. |
| Formis. . . . . . . . . . . . | MP. XIII. |
| Minturnis. . . . . . . . . . . | MP. IX. |
| Sinuessa. . . . . . . . . . . | MP. IX. |
| Capua. . . . . . . . . . . . | MP. XXVI. |

Ici la route se dirigeoit vers deux points assez différens, ou plutôt deux nouvelles routes commençoient à Capoue, & se rendoient, l'une à l'extrémité de l'Italie sur le détroit de la Sicile, l'autre sur la mer Ionienne à Brundusium.

| | |
|---|---|
| A Capua ad Columnam. . . . . | MP. CCCXXXIX. |
| Nola. . . . . . . . . . . . . | MP. XXI. |
| Nuceria. . . . . . . . . . . | MP. XVI. |
| Inmedio Salerno ad Tanarum. | MP. XXV. |
| Ad Calorem. . . . . . . . . | MP. XXIV. |
| In Marcelliana. . . . . . . . | MP. XXV. |
| Cæsariana. . . . . . . . . . | MP. XXI. |
| Nerulo. . . . . . . . . . . | MP. XXXVI. |
| Summurando. . . . . . . . | MP. XIV. |
| Caprassis. . . . . . . . . . | MP. XXI. |
| Consentia. . . . . . . . . . | MP. XXVIII. |
| Ad Sabbatum fluvium. . . . . | MP. XVIII. |
| Ad Turres. . . . . . . . . . | MP. XVIII. |
| Vibona. . . . . . . . . . . | MP. XXI. |
| Nicotera. . . . . . . . . . . | MP. XVIII. |
| Ad Mallios. . . . . . . . . | MP. XXIV. |
| Ad Columnam. . . . . . . . | MP. XIV. |

L'autre route alloit de Capoue à Brundusium.

| | |
|---|---|
| Capua Brundusium. . . . . . . . | MP. CCXCII. |
| Capua Equotuticum. . . . . . . | MP. LIII. |
| Caudium. . . . . . . . . . . | MP. XXI. |
| Beneventum. . . . . . . . . | MP. XI. |
| Equotuticum. . . . . . . . . | MP. XXI. |
| Eas. . . . . . . . . . . . . | MP. XVIII. |
| Erdonias. . . . . . . . . . | MP. XIX. |
| Canusium. . . . . . . . . . | MP. XXVI. |
| Rubos. . . . . . . . . . . . | MP. XXIII. |
| Budruntum. . . . . . . . . | MP. XI. |
| Barium. . . . . . . . . . . | MP. XII. |
| Tunes. . . . . . . . . . . . | MP. XXI. |
| Egnatiam. . . . . . . . . . | MP. XVI. |
| Spetuncas. . . . . . . . . . | MP. XX. |
| Brundusium. . . . . . . . . | MP. XIX. |

L'itinéraire ajoute les distances qui se trouvoient sur la route jusqu'à *Hyduntrum*.

*Lupias* . . . . . . . . . . . . . . . . . . MP. XXV.
*Hydruntum* . . . . . . . . . . . . . . . XXV.

Mais, on le répète, Appius n'avoit conduit le chemin que jusqu'à Capoue. Non-seulement le passage de Jules Frontin est formel sur ce point, quand il dit : *Appia aqua inducta est, ab Appia Claudio censore : qui est viam Appiam à porta Capena, ad urbem Capuam muniendam curavit.* Et même de son temps les parties de la grande Grèce qu'elle parcouroit au-delà de Capoue n'étoient pas encore des provinces dans la dépendance des Romains. Mais il reste à savoir par qui fut fait ce second ouvrage ; on présume que ç'a pu être par Jules César, qui fut nommé par le peuple commissaire de la voie Appienne ; & Plutarque assure qu'il y employa une grande somme d'argent : *Appiæ curatorem factum, plurimum pecuniæ in eam impendisse.*

Je ne croirai pas trop m'éloigner de mon sujet, & en même temps je repandrai un peu d'agrément sur cet article, en mettant ici le récit que fait Horace de son voyage le long de cette route. C'est presque transporter le lecteur sur les lieux ; & comme cette route se trouve sur les bonnes cartes de l'Italie ancienne, entre lesquelles je puis citer celle que j'ai donnée dans mon Atlas, il seroit, ce me semble, agréable & facile de suivre ce voyage, & d'avoir une idée un peu plus nette de cette partie de l'Italie au temps d'Horace. La description de son voyage se trouve dans ses satires ( *L. I. nᵒ. V* ), & commence par ces mots : *Egressum magna, &c.*

*Voyage d'Horace sur la voie Appienne.*

« Au sortir de la plus grande ville du monde (1) je vins loger dans une modeste auberge de la ville d'Aricie (2). J'avois avec moi le rhéteur Héliodore, le plus savant de tous les Grecs. De-là nous allâmes à *Forum Appii* (3), lieu principalement habité par des bateliers & des cabaretiers fripons. N'en voulant prendre qu'à notre aise, nous fîmes cette route en deux jours ; des gens plus actifs l'auroient faite en un. Mais la voie Appienne est moins fatigante au petit pas. Dans cet endroit, à cause de l'eau qui y est détestable, je déclarai la guerre à mon pauvre estomac ( que je mis à la diète ), & j'attendis, non sans quelque impatience, mes compagnons de voyage qui soupoient de leur mieux.

» Déjà la nuit commençoit à étendre ses ombres sur la terre & à parsemer le ciel d'étoiles : alors commence le tapage ; les esclaves jurent contre les bateliers, les bateliers contre les esclaves.... allons, aborde ici.... tu fais entrer plus de trois cents personnes.... hola donc, on est assez. Tandis qu'on fait payer, que l'on attelle la mule, il s'écoule plus d'une heure. Les cousins importuns, les grenouilles criardes repoussent loin de nous le sommeil. Le batelier ivre chante sa maîtresse absente ; un

---

(1) Ces notes sont extraites en grande partie du savant & illisible ouvrage de M. l'abbé Chauppi sur la découverte de la maison de campagne d'Horace, 3 vol. *in-8°.* d'environ 550 pages chacun. *Voyez* vol. III, page 367 & suiv.

La voie Appienne commençoit à la colonne milliaire, appelée le *Mille doré*, dont l'historien Dion nous apprend qu'Auguste se servit comme d'un point unique pour la mesure générale de toutes les voies. Il étoit alors *curator viarum*. Cette colonne étoit à la tête du *Forum* du côté du temple de Saturne, qui en occupoit la partie orientale : c'est donc devant ce temple qu'étoit le *Millium Aureum.*

La voie tournoit le mont Palatin, non par le côté droit vers le cirque, mais par le côté gauche, en filant les arcs de Titus & de Constantin, & passant devant le septizone de Sévère. Elle sortoit par la porte Capène, placée alors où est la porte S. Sébastien, mais vers l'église de Saints Nérée & Achille, où elle débouchoit sur les voies Appienne & Latine. Ce fut donc par cette porte qu'Horace sortit de la plus

grande ville du monde ( *magna urbe* ). De ce côté la ville de Rome s'étendoit au moins jusqu'au cinquième mille ; mais cet agrandissement n'eut lieu que dans la suite.

(2) Riccia, ville moderne, n'occupe que la place du château de l'ancienne *Aricia* : cette ville étoit située dans un bas, & l'on en voit encore les ruines. La montée de la voie la conduisoit, au sortir d'Aricie, sur la hauteur que les anciens nommoient *mons Virbius* : deux voies se détachoient de cette première, dont une alloit au temple de Jupiter *Latialis*, & l'autre au temple de Diane, au fond du cratère du lac d'Aricie.

(3) *Forum Appii*, que quelques auteurs nomment en françois la Fore d'Appius, d'autres le marché d'Appius, étoit une petite ville située à 43 milles du Mille-doré : on n'y voit que des ruines. Ce lieu est vis-à-vis le lieu moderne appelé *Sezzelsetia*, dont il relève, & une petite voie y conduisoit. Il n'y avoit que 30 milles entre Aricie & *Forum Appii*. La première étoit au treizième mille, & la seconde au quarante-troisième. Il avoit divisé cette route en deux journées, & il avoit dû s'arrêter à l'endroit appelé *tres Tabernæ*, les trois Tavernes, qu'il ne nomme pas sans doute à cause du peu d'importance du lieu, mais parce que ce nom auroit mal figuré dans des vers. Quelques commentateurs, d'après l'expression d'Horace, *Altius præcinctis*, faisant allusion à la marche d'un homme qui a retroussé ses vêtemens pour marcher plus vîte ; quelques auteurs, dis-je, s'étoient cru en droit de conclure qu'Horace avoit fait la route à pied ; mais c'est plutôt parce qu'il étoit en voiture que le cahot de la route devoit l'incommoder. A Aricie, Horace prit une voiture par eau. Ce voyage continuoit au travers des marais Pomptins. Ordinairement on s'embarquoit le soir, & l'on debarquoit à six heures du matin ; mais comme le conducteur de la mule après s'être avisé de boire, s'étoit amusé à dormir, on ne put arriver qu'à la quatrième heure du jour. Or, le jour commençoit à six heures chez les Romains, la quatrième étoit dix heures. Mais pour que l'on pût aller par eau, la voie continuoit par terre jusqu'à *Anxur* ou Terracine.

paſſager en fait autant. Enfin, celui-ci s'endort; & l'autre, cédant à ſa pareſſe, attache le bateau à la pierre qui marque le mille, lâche ſa mule dans le pré, & s'étend ſur l'herbe pour dormir.

» Il étoit déjà grand jour lorſque nous nous apperçûmes que la barque n'avançoit pas; l'un de nous, plus expéditif que les autres, ſaute ſur la rive, & tombant ſur la mule & ſur le muletier, leur careſſe un peu rudement la tête & les reins avec un bâton de ſaule. Enfin nous débarquâmes à grande peine ſur les dix heures. Nous nous lavons les mains & la bouche avec l'eau de la fontaine ô Feronie (4); nous dejeûnons, puis nous rampons (5) de notre mieux l'eſpace de trois milles, juſqu'à *Anxur*, placé ſur des rochers qui s'appercevoient de loin. Là devoient ſe rendre l'excellent Mécène & Coccéïus, tous deux chargés d'affaires importantes, tous deux accoutumés à réconcilier des amis. Pendant que je m'occupe à ſoulager mes yeux malades avec un noir collyre, Mécène arrive, puis Coccéïus avec Fontéïus Capito, le plus aimable des hommes, & le meilleur ami d'Antoine. Nous quittons ſans regret Fundi & Aufidius Luſcus, ce préteur qui, jadis ſcribe, porte actuellement la robe bordée de pourpre avec le laticlave, & fait placer devant lui la caſſolète, dignes récompenſes de ſes anciens ſervices.

» De-là nous allâmes, pour nous délaſſer, paſſer un jour dans la ville des Marmures (6), où Murena nous fournit le logement, & Capito la bonne chère.

Le lendemain fut un jour délicieux pour nous, par le plaiſir que nous eûmes de trouver à *Sinueſſa* (7) Plautius, Varius & Virgiles, les plus belles ames que le ciel ait jamais créées, & auxquels perſonne n'eſt plus attaché que moi. Quelle joie! quels tendres embraſſemens! Tant que je conſerverai la raiſon, rien ne me ſera auſſi précieux qu'un véritable ami.

» Nous nous arrêtâmes enſuite dans la petite métairie que l'on voit près du pont de Campanie; les chefs de ce lieu nous y fournirent le bois & le ſel, comme ils le devoient. De-là nous allâmes faire repoſer nos mules à Capoue (8). Mécène

---

(4) Les eaux dont parle Horace étoient certainement celles qui ſe trouvent au lieu où ſont les tours de Terracine. M. l'abbé Chauppi le conclut, 1°. de ce que la voie ne put ſe rencontrer plutôt, ni plus tard, puiſqu'elle ſe trouvoit juſques-là dans la plaine Pométine, dans laquelle on eſt certain qu'il n'y a aucune ſource, toutes les eaux s'y rendant des montagnes des environs; 2°. parce que c'eſt-là uniquement que l'on trouve une eau belle, douce & tranſparente, telle que l'on peut en avoir fait une divinité: on y voit de plus les ruines d'un temple & d'un canal qui y conduiſoit l'eau.

(5) Horace *millia... repimus*, nous rampons trois milles. C'eſt qu'à partir de la fontaine, il falloit monter pour arriver au haut des monts ſur leſquels il avoit apperçu de loin la ville d'*Anxur*; car cette ancienne ville d'*Anxur* étoit au haut de la montagne, & l'on y voit encore de très-ſuperbes reſtes. La ville de *Terracina*, qui ſuccéda à *Anxur*, fut bâtie au bas de la montagne; mais elle n'exiſtoit pas encore. La ville actuelle eſt ſur la côte, & participe des deux ſituations anciennes. Je crois l'avoir dit en plus d'un endroit. Je ſoupçonne que la principale raiſon qui fait qu'une ville ne ſuccède pas phyſiquement pour l'emplacement à une autre ville détruite, c'eſt l'embarras d'en déblayer tous les matériaux. Il eſt cent fois plus aiſé de la bâtir ailleurs pour y établir des fondations nouvelles, & de ne regarder les ruines de l'ancienne ville que comme un vaſte attelier où l'on prend les pierres dont on a beſoin. C'eſt probablement d'après ce principe, que ceux qui bâtirent la ville actuelle de Terracine ne la mirent ni ſur la montagne, ni dans le bas, mais à mi-côte.

(6) C'eſt la ville de *Formiæ*. Je n'ai pas ſous les yeux les différens commentateurs d'Horace, ainſi je ne puis juger s'ils n'ont pas eu la même idée que moi. Il me ſemble que ce poëte, en diſant, la ville des Marmures fait alluſion au nom de cette ville, qui a du rapport avec *Formia*, une fourmi, que l'on nomme en grec Μυρμηξ: du moins je ne vois pas d'autre étymologie en ce moment. Dans tout l'eſpace qui s'étend de Fondi & même de Terracine à Minturne, on paſſe encore ſur la voie Romaine.

(7) La ville de *Sinueſſa* étoit ſur les bords de la mer, & la voie Appienne y conduiſoit, ainſi que le dit Horace, & l'on en voit encore des ruines, entre autres de très-belles pierres veinées comme des marbres: on voit auſſi les ruines de la ville. On retrouve auſſi des anciens bains, ſur leſquels les nouveaux ont été conſtruits; car on y trouve encore des eaux ſulfureuſes. La forme même de la côte eſt une preuve que la ville étoit en ce lieu: car, ſelon lui, elle avoit pris le nom de *Sinueſſa*, du mot *Sinus*, qui, en latin, ſignifie un golfe; auſſi dit-il Σινυεσσα εν κολπω.... La ville de *Senza* actuelle répond à l'ancienne *Sueſſa Aurunca*, ou Sueſſia des Auronques, & une voie y conduiſoit; mais ce fut une voie particulière à cette ville, & elle fut faite par Hadrien, comme on le voit par une inſcription qui ſe trouve à Senza même.... *Parthici F. Divi Nervæ Nepos Trajanus Hadrianus, Aug. Pont. Max. Trib. Pot. VII, Coſ. III Viam SUESSIANI municipibus ſua pecum fecit.* Lorſque l'uſage eut fait abandonner la route qui ſuivoit le bord de la mer, on donna également à cette route-ci le nom de voie Appienne; mais ce nom ne lui vint que par ſucceſſion de temps.

La véritable voie Appienne ſortoit de *Sinueſſa* par le lieu où eſt actuellement le gros bourg de Mont-Dragone; on y en voit encore la colonne miliaire CXI. Mais, qui le croiroit? dans un pays où tout ce qui tient à l'antiquité devoit être un objet de recherches & de ſoins, cette pierre a été employée à bâtir, & elle ſert de pierre angulaire à un vieux arc des priſons: on n'en apperçoit l'inſcription qu'avec difficulté. Au-delà de ce lieu la voie Appienne eſt bien plus dégradée que dans toute la partie qui précède.

(8) La ville de Capoue, vers laquelle la voie Appienne étoit dirigée, & à laquelle on ceſſoit de compter les milles indicateurs de l'eſpace entre Rome & cette ville, n'eſt pas celle qui ſubſiſte aujourd'hui ſous le même nom. On ne voit plus que les ruines de l'ancienne, dans une poſition admirable; mais ces ruines atteſtent la magnificence & la grandeur de cette ville. Cependant l'amphithéâtre ſeul rappelle des formes connues & majeſtueuſes: on a porté à la nouvelle Capoue tout ce que les ruines de l'ancienne offroient de curieux.

Au-delà de Capoue on voit par des milles encore exiſtans, qu'on avoit recommencé à compter par I, II, III, &c.

va jouer, Virgile & moi, nous. allons dormir; car le jeu de paulme ne vaut rien pour les yeux malades & pour les mauvais eſtomacs. Nous fûmes enſuite reçus dans la riche métairie (9) de Cocceïus, placée au-deſſous des hôtelleries de *Caudium*.

» Ici, muſe, redis-moi en peu de mots les combats du bouffon Sarmentus & de Meſſius Cicerrus: rappelle à ma mémoire de quel père étoit né l'un & l'autre de ces deux champions; Meſſius tiroit ſon illuſtre origine du ſang des Oſques : mais la maîtreſſe qu'a ſervi Sarmentus exiſte encore. C'eſt avec la fierté que peut donner une ſi illuſtre origine que tous deux entrent en lice.

» Sarmentus commence l'action : oh ! que tu as bien l'encolure d'un cheval ſauvage, dit-il.... Ce début nous fit tous rire.... J'accepte le défi, dit Meſſius en branlant la tête..... Ah ! dit le premier, ſi l'on ne t'avoit pas ſcié une corne du front, que ferois-tu donc, puiſque tout écorné que tu es tu menaces ?.... En effet, ſon front hériſſé comme celui d'un ſanglier, étoit déſigné du côté gauche par une cicatrice..... Puis il le plaiſanta ſur la maladie campanienne, ſur ſa figure, & lui dit de danſer le cyclope, puiſqu'il n'avoit beſoin ni de maſque, ni d'échaſſes pour en avoir l'air.

» Cicerrus, à ces mots, ne demeure pas muet. Il demande à Sarmentus s'il a fait enfin hommage de ſa chaîne aux dieux Lares, & s'il croit, parce qu'il eſt écrivain, ne plus appartenir à ſa maîtreſſe ? & enfin comment il a pu ſonger à s'enfuir, lui ſi chétif qu'une livre de pain ſuffiroit pour ſa nourriture. Nous eûmes du plaiſir à prolonger cette fois notre ſouper.

» De-là nous allâmes droit à Bénevent, où notre hôte empreſſé manque de mettre le feu à ſa maiſon,

en voulant nous faire rôtir ſur la braiſe des grives étiques. Car le feu qui avoit pris au vieux bâtiment de la cuiſine, ſe répandoit par-tout & commençoit à gagner le toît. C'étoit un ſpectacle intéreſſant que de voir les convives affamés & les valets tremblans, occupés les uns à ſauver les plats, les autres à éteindre l'incendie.

» En ſortant de Bénevent (10) je commençai à découvrir les montagnes de l'Apulie que brûle le vent Atabulus, & dont nous aurions eu peine à nous tirer, ſans une métairie où nous fûmes regalés d'une fumée qui nous faiſoit tous pleurer, & que produiſoit un bois trop verd & en feuilles nuancées.

» De-là nous fîmes en poſte, dans de bonnes voitures, vingt-quatre milles pour arriver à une petite bourgade (11) dont le nom ne ſe prête pas au mètre d'un vers. Mais il eſt aiſé de le déſigner. On y vend l'eau, le moins rare des alimens ; mais le pain y eſt ſi bon, que le voyageur prudent a ſoin d'en faire une petite proviſion pour la ſuite de

---

Horace ne parle pas du défilé des fourches Caudines où la voie paſſoit, & où il dut paſſer lui-même : ce ſouvenir n'étoit pas aſſez flateur pour les Romains. « On y reconnoît la gorge, dit M. l'abbé Chauppi, à » la ſeule levée dont les auteurs de la voie purent la » rendre praticable ; & l'on apprend que ce fut-là la » gorge de *Caudium*, par une pierre que je trouvai ſer- » vant de ſiège devant une maiſon de pauvre à Arpaïa, » où le fragment d'inſcription qui s'y lit offre le nom » de cette ville bien conſervé. Ces fragmens portent:

*Luvius* M. F.
C A U D I
S O U S
O R . . . . III.
& *Priſci*.

Le défilé des fourches Candines n'a de longueur qu'un petit mille, au-delà duquel il va en s'élargiſſant juſqu'à acquérir plus de trois milles en tout ſens ; mais il y avoit un bois épais qui contribuoit à rendre le défilé dangereux.

(9) La métairie ou le château de Cocceïus devoit être ſur la gauche de l'eſpèce de plaine que préſente le défilé en s'élargiſſant ; & là il étoit placé au-deſſus des hôtelleries de *Caudium*.

---

(10) Cette ville ſe nommoit d'abord *Maleventum*. On le changea en celui de *Boneventum*, ainſi qu'on le lit ſur une médaille de la famille de *Scribonia* : on écrivit enſuite *Beneventum* : elle étoit regardée comme la capitale du *Samnium*. Dans la ſeule ville devint colonie romaine. On y voit les ruines d'un ſuperbe théâtre & de magnifiques thermes : de tous côtés on y voit des fragmens de pierres anciennes avec des inſcriptions ; M. l'abbé Chauppi en vit même que l'on avoit employées à paver à un chemin nouvellement refait. On y admire ſur-tout un bel arc de triomphe élevé à Trajan par le ſénat & le peuple Romain.

(11) Une petite bourgade, le latin dit *Opidulo*. Le nom de cette petite ville, qui ne convenoit pas à la cadence d'un vers, avoit fort embarraſſé les commentateurs. Pluſieurs croyoient que c'étoit le lieu nommé *Equo Tuticus* (a) ; mais M. l'abbé Chauppi a prouvé que les voyageurs n'avoient pas ſuivi la voie qui paſſoit par cette ville, & que le lieu qui n'eſt pas nommé par le poëte eſt *Aſculum Appulum*. Il a trouvé dans la ville actuelle d'Aſcoli le LXII, qui ſont juſte le terme des deux journées qu'Horace avoit employées à ſon voyage depuis Bénevent, ayant couché près de *Trevicum*, qui ſe trouvoit ſur l'ancien chemin de l'Apulie. Cette première journée avoit été très-fatigante, à cauſe des montagnes qu'il faut traverſer, & ces mêmes inconvéniens s'y retrouvent encore. Comme la ſeconde journée ne fut, ſelon Horace, que de 24 milles, que la colonne miliaire d'*Aſculum* portoit LXII, il s'enſuit que cette première journée ſi fatigante dut être d'environ 14 milles plus longue que la ſeconde. Outre ce rapport de diſtance, M. l'abbé Chauppi remarque qu'encore aujourd'hui le pain y eſt d'une blancheur éclatante, & beaucoup meilleur que dans toute cette partie de l'Italie. Quant à l'eau, en effet elle y eſt rare, parce qu'il n'y a en tout qu'une fontaine au bas de la montagne, au haut de laquelle eſt la ville actuelle d'Aſcoli, & l'on eſt obligé de l'y faire tranſporter ſur le dos d'une bête de ſomme. Quoique l'on y voie deux colonnes antiques attenant la porte de l'égliſe, le peu d'eſpace qu'occupent les ruines, ſont un indice qu'en effet *Aſculum* méritoit le nom d'*Oppidulum*.

(a) M. l'abbé Chauppi prouve qu'il n'étoit pas ſur cette voie, comme on l'a cru.

fon voyage. Car à Carnufe il eſt pierreux , & l'eau n'y eſt pas moins chère. Ici Varus affligé quitta ſes amis , qui donnèrent des larmes à cette ſéparation.

» De-là nous allâmes, accablés de fatigues, juſqu'à Rubes (12) , car la pluie avoit prodigieuſement gâté les chemins.

» Le lendemain le temps fut plus beau, les chemins plus mauvais, juſqu'à *Barium* (13) , port ſi abondant en poiſſons. De-là nous allâmes à *Egnatia* (14) , petite ville bâtie en dépit des nymphes, où l'on nous donna matière à plaiſanterie ; car on nous aſſura qu'il y avoit ce lieu un temple où l'encens brûloit ſans approcher du feu. A la bonne heure que le juif Appella le croie ; mais ce ne ſera pas moi, car je ſais que les dieux vivent là-haut fort tranquilles, & que ſi la nature produit quelquefois des faits extraordinaires, ce ne ſont pas eux qui nous les envoient dans leur colère. Enfin, nous arrivons à *Brunduſium* (15) , terme de cette route & de ma narration ».

7°. Trois autres grandes voies dépendoient de la voie Appienne. 1°. Celle que Trajan fit con-

---

(12) La voie Romaine que ſuivoit Horace, paſſoit au pont de *Canuſium* , ville qui fut le terme de la troiſième journée d'Horace. Ce lieu eſt remplacé par le bourg de Cérignole, où ſe voit une colonne milliaire, portant le nombre LXXXI. Ceſt-là que la voie Appienne recevoit la voie qui paſſoit par *Equotuticum*, voie que n'avoit pas dû ſuivre Horace, comme on l'a cru. *Canuſium* n'eſt plus qu'un bourg bien peu conſidérable, ſur la hauteur où étoit le château de la ville ancienne. Les ruines occupent un aſſez grand eſpace. On y voit un arc de triomphe, l'ovale de l'arche du amphithéâtre & les reſtes d'un aqueduc ; enfin on y admire ſur-tout ſix grandes colonnes de vert antique, telles qu'on n'en rencontre pas ailleurs de ſemblable, &c. La ville appelée *Rubi* par les Latins , ou Rubes en françois, n'eſt plus qu'un village portant le nom de Ruvi.

(13) *Barium* porte actuellement le nom de Bari. On y voit chez différens particuliers beaucoup de vaſes antiques , dits ordinairement étruſques, mais qu'il faut plutôt appeler Campaniens ; car c'étoit dans cette partie de l'Italie qu'ils ſe faiſoient , & ils s'y faiſoient , parce que c'eſt-là que la nature a placé l'argile dont ils ſont compoſés.

(14) *Egnatia* ne conſerve d'entier que l'enceinte de ſes murs, dans le lieu où eſt une tour où ſe tient une garde pour veiller à la ſûreté de la côte : elle ſe nomme *Torre d'Agnazzo* : elle eſt ſix milles avant Monopoli , formée des débris d'*Egnatia*.

(15) Le nom de *Brunduſium* étoit meſſapien, & ſignifioit *tête de cerf*. On l'avoit donné à cette ville à cauſe de la forme de ſon port, qui conſiſte en un grand ovale & en deux longues pointes qui en naiſſent. La ville préſente eſt aſſez exactement embraſſée par ces cornes, & ne s'étend pas au-delà ; mais l'ancienne ville étoit plus conſidérable. Le nom moderne eſt *Brindiſi*, dont nous avons fait Brindes. Il n'y reſte que des inſcriptions connues & deux colonnes de marbre cipollin, qui ont cent palmes de haut, & qui ſont ſituées dans le lieu du port où devoit être le *Forum* de la ville. Les chapiteaux en ſont ornés de groupes de Syrènes & de Tritons, divinités nées de tous les

---

duire de Bénevent à Brindes. 2°. Celle que Numicius fit aller auſſi à Brindes, & dont Horace parle quand il dit :

*Brunduſium Numici melius via ducat , ait Appi.*

3°. La voie appelée *Setina via*, d'après une ville de la Campanie , nommée *Setia* : j'en ai parlé précédemment.

*Chap. XXVI.* (Hiſt. des gr. chem. de l'empire. ) Je trouve une notable différence ſur la voie que l'on appelle Ardéatine, conſiſtant en ce que les uns la font partir de la voie Appienne, bien près de la porte Capène, ainſi que l'on voit en la charte d'Ambroſius Wambillus, faite en l'an 1582, contenant les principales places, montagnes, rivières, remparts & portes de la ville de Rome, avec la figure des grandes voies qui en ſortent. On y voit la voie Ardéatine prendre ſon commencement à la voie Appienne, hors de la ville, & tirer dans les champs à main droite. Mais d'autres auteurs prétendent qu'elle commençoit dans l'enceinte même de la ville, au-deſſous du mont Aventin, près des bains d'Antoine Caracalla. Ils prétendent que de-là elle ſortoit dans la campagne par une porte qui portoit ſon nom : elle devoit, ſelon eux, aller auſſi à la ville d'*Ardea*, paſſant entre la voie Appienne & la voie d'Oſtie.

Onuphre dit expreſſément : *Hæc ( Ardeatina) intra urbem ſub Aventino juxta thermas antonianas principium habebat.* Quant à la porte Ardéatine, elle eſt indiquée dans pluſieurs chartes de l'ancienne Rome, entre autres dans celles de Pyrrhus Ligotius, romain, & d'Etienne du Pérac, françois, où ſe voit la voie Ardéatine ſortant de ladite porte en tirant d'abord au ſud, puis tournant vers l'orient à quelque diſtance de la ville.

2°. Au-delà de la voie Ardéatine, en continuant à droite, on rencontre la voie Lamentane qu'Aulugelle nous aſſure être placée entre la voie Ardéatine & l'Oſtienſis. Cependant Pline le jeune, dans une de ſes épîtres , nous indique que la voie Lamentine étoit voiſine de la voie Oſtienſis, car il dit que l'on pourroit aller à ſa maiſon Laurentine par l'une ou l'autre voie. *Aditus non una via, Nam & Laurentina & Oſtienſis codem ferunt. Sed Laurentina à* XV *, lapides ; Oſtienſis ab* XI *relinquenda eſt.*

3°. La dernière porte de Rome à l'oueſt du Tibre, où eſt celle que l'on appelle à préſent la Porte de S. Paul, & que les anciens nommoient *porta Trigeminæ*, parce que, dit-on, ce fut par-là que ſortirent les trois frères jumeaux, ſi connus par le nom d'Horaces. Cette porte avoit été d'abord bâtie au pied du mont Aventin ; Tite-Live dit expreſſément : *Ædiles extra portam Trigeminam in Aventinum porticum ſtraviſſe.* Mais depuis, l'empereur Claude ayant enfermé le mont Aventin dans l'enceinte de la ville, cette porte fut tranſportée où elle se voit à préfent, & où elle eft indiquée par Ammien Marcellin, Procope & quelques autres écrivains de leur temps, fous le nom de *porta Hofienfis*, près du fépulcre de Feftius, qui a la forme d'une pyramide, & qui touche aux remparts près de cette porte.

4°. Il eft plus que probable que cette porte, ainfi que la voie, ont pris leur nom, de ce qu'elles communiquoient le plus directement avec le port d'Oftie, fitué au fud de la ville. Et de fait, cette voie partoit de Rome directement au fud. Procope qui en parle, dit : *à porta, via recta ad urbem ducit plana quidem & prorfus nil impedita hanc à principio Romani conftarunt.*

5°. Pour ce qui eft de la longueur de cette voie, on a dit précédemment que l'itinéraire ne lui donne que feize milles. Mais Procope femble lui donner jufqu'à dix-neuf milles & plus, lorf-que parlant du port d'Oftie, où finit cette voie, il dit qu'il eft à cent vingt-fix ftades loin de Rome, & qu'il n'y a que ce peu d'intervalle qui empêche que Rome ne foit une ville maritime : *Vitiges locum quem partium vocant Romani, præoccupare animo deftinat ; qui ferme ab urbe centum fexque & viginti ftadiis abeft. Hoc tantulo & fola intercapedine, ne maritima fit urbs Rome diriminur.* Or, vingt ftades rendent précifément dix-neuf milles & un huitième.

*Chap. XXVII.* 1°. Après les portes & les voies qui font à l'oueft du Tibre, appartenant à la partie la plus confidérable de la ville, il ne refte plus à traiter que de celles qui étoient à l'oueft. Cette partie de la ville étoit & eft encore bien petite en comparaifon de l'autre.

2°. La première porte qui fe rencontre dans la route que nous paroiffons fuivre, eft celle que l'on nommoit *porta Navalis*, parce qu'elle eft près du lieu où les bateliers du Tibre avoient un établiffement, même avant que Claude & Trajan euffent fait bâtir le port d'Oftie. Sextus Pompée lui donne ce nom, & en donne la même raifon : *Navalis porta,* dit-il, *à vicinio navalium dicta.* Depuis qu'à l'embouchure du Tibre Claude eut à conftruire un très-beau port, embelli encore par Trajan, la porte & la voie furent nommées *porta & via Portuenfis.*

3°. Que fi l'on me demande, dit Bergier, pourquoi ce port a plutôt donné fon nom à la porte de la ville qu'à celle que l'on appelle *Ofienfis* au de-là du Tibre, vu que par l'une & par l'autre on alloit audit port ; je réponds que le Tibre, dans l'endroit où il approche le plus près de la mer en ce lieu, fe partage en deux bras & forme une île à peu-près triangulaire, que les anciens appeloient *île facrée.* De ces deux bras, celui qui tiroit à gauche étoit le plus grand, & porte le nom de Tibre jufqu'à la mer. Sur la rive gauche de ce bras eft la ville d'Oftie. Il ne faut donc pas s'étonner fi la porte & la voie qui étoient au-delà du Tibre &

qui conduifoit à cette ville, en avoient pris le nom de *porta & via Oftienfis.*

L'autre bout du Tibre eft celui qui fe détache fur la droite & paffoit fur le territoire des Etruf-ques. Ce bout de fleuve, beaucoup plus petit que l'autre, fe nomme actuellement, par cette raifon, *Fiumicino.* Sur la rive droite de celui-ci eft le port que l'on appelle actuellement le port d'Oftie, & que les anciens appeloient fimplement *Portus.* On voit ainfi qu'il n'eft pas joint à la ville dont il porte le nom, car il appartient à l'un des bras, & la ville appartient à l'autre, & l'île facrée fe trouve entre-deux. A la rigueur même on pourroit dire que le mot *Oftie* fignifiant ici embouchure de fleuve, il peut appartenir à l'une & à l'autre de ces deux embouchures, mais il eft plus particulièrement confacré à la première. Et comme ceux qui demeurent dans la partie occidentale de Rome, peuvent aller directement par terre à ce port ; de-là s'étoit établi ce nom, par la route qu'ils pratiquoient, *de via Portuenfis.* C'eft ce qui fait dire à Procope ( *L. III* ), *Ex altera ripa fluminis parte, portuenfifque via, pedeftres exercitus fubfidio veniebas.* — Et peu après : *Tum Belifarius navibus ftatim ad tenam vix Portuenfis è regione fubductu.*

4°. Cette voie étoit belle & commode, & même avoit des avantages fur les autres. Elle étoit divifée en deux parties, entre lefquelles exiftoit une divifion en pierre, fermée par une efpèce de muraille. Par l'une de ces routes on alloit au port ; par l'autre, on en revenoit, c'eft-à-dire, par tous les chemins ; car je fuppofe que c'étoit pour les voitures une obligation, mais feulement une fureté de plus pour les gens de pied. Voici ce qu'en dit Baptifte Albert ( *L. IV. Archit. c. 5* ) : *Ex ad rem fit, quod ad viam Portuenfem annotavi. Quando enim Ægypto, Africa, Libya, Hifpaniis, Germania, infulis, hominum ingens numerus, mercium maxima via confluebat : ftratam efficere duplam ; & in medio, lapidum ordo eminens ut linea extabat pedem, ut proderent altera redirent altera, vitala properantium offenfione.*

5°. La feconde porte de deçà le Tibre eft celle que l'on appeloit *Janiculenfis*, parce qu'elle étoit affife fur le mont Janicule ( *Janiculum mons* ) ; elle étoit entre le fud & l'oueft. Dès le temps de Procope, il y avoit près de cette porte une églife dédiée à S. Pancrace, d'où elle étoit alors nommée *porta Pancratiana*, ou *Sancti Pancratii.* Il en parle ainfi ( *L. I, de bello Gotti.* ): *Inter hæc Beffas qui Præneftinam portam cuftodiendam acceperat, ad Belifarium mifit, qui nunciaret teneri ab hoftibus urbem, per portam aliam introgreffis, quæ fupra Tiberim eft & fanctii Pancratii dicitur.* De la porte de faint Pancrace partoit la voie Vitellienne, tirant au fud-oueft : Tacite en fait mention, fans nommer, à la vérité, la porte du mont du faint, qui n'étoit pas alors connu à Rome. *Indicia,* dit-il, *Vitelliæ ftirpis diu manfive conftat : viam Vitelliam ab Janiculo ufque ad mare ; itemque coloniam ejufdem nominis,* &c.

6°. La troisième porte en-deçà du Tibre, étoit celle appelée la Septiminienne; elle étoit sur la rive droite du Tibre, affez près du mont Janicule, tournée vers l'occident. Cette porte s'étoit nommée d'abord Fontinale; Festus en parle ainsi : *Fontinalia Fontium sacra, undè & Romæ Fontinalis porta.* Tite-Live dit aussi : *Ædiles alteram porticum ad portam Fontinalem ad Martis curam, quâ in campos iter sit, perduxere.* Mais depuis, Septime Sévère lui donna le nom de Septiminienne, parce qu'il avoit fait construire des étuves auprès de cette porte, ainsi que Spartien nous l'apprend dans la vie de ce prince. De cette porte partoit une voie qui tiroit à l'occident, &, prenant son cours le long de la contrescarpe du fossé, alloit se joindre, non loin de là, à la voie Triomphale.

7°. La voie Triomphale a eu ce nom parce que les généraux romains, & depuis, les empereurs, lorsqu'ils avoient obtenu les honneurs du triomphe, entroient par cette voie dans la ville de Rome. Elle étoit assise entre la Septiminienne & l'Aurélienne, près de la montagne du Vatican, & d'un pont de même nom, bâti sur le Tibre.

Cette porte, du temps de Procope, étoit peu fréquentée : peut-être même étoit-elle bouchée, puisqu'il n'en fait pas mention lors du siège de Rome par les Goths, placés de ce côté.

8°. Suétone, parlant des honneurs que le sénat ordonna être rendus à l'empereur Auguste après sa mort, dit qu'entre autres, on compta pour beaucoup d'honneur de faire passer ses funérailles par cette porte : *Funus triumphali portâ ducendum.* Tacite dit aussi : *Tum consultatum de honoribus : ex queis maximè insignes usi ut porta Triumphali duceretur funus.*

9°. Quant aux empereurs vivans qui faisoient par cette porte leur entrée triomphale, on en a l'exemple dans celle de Vespasien & de Tite, qui, ayant vaincu les Juifs & pris la ville de Jérusalem, entrèrent par cette porte en triomphe. C'est ce que l'on voit par Joseph, qui dit : *De triumphali principes, qui non in palatio, sed prope Isidis templum nocte illa quieverant, prima jam aurora incipiente procedunt, lauro quidem coronati, amicti vero patria veste purpurea.* Puis quelques lignes plus bas il ajoute : *Ibi cum milites alloquutus fuisset solemnibusque mitis susceptis solvisset, Imperator ipso cum Tito Cæsare ad portam recedit, quæ ab eo quid per illam semper triumphorum pompa dicitur, nomen acceptat. Ibi triumphalibus vestibus amicti, dicis ad portam collocatis, cæsa Hostia, inter spectacula transeuntes triumphum ducebant.*

10°. Or la voie qui passoit par cette porte & que, par cette raison, on nommoit Triomphale, voie sur laquelle étoient conduits les triomphateurs, se divisoit en deux parties ainsi que beaucoup d'autres, dont une en descendant de la ville & & l'autre en dehors.

La première partie s'étendoit de la porte par-dessus le pont triomphal jusques au capitole,

ayant à droite les théâtres de Pompée & de Marcellus. Et quant à l'autre partie, elle conduisoit de la porte, entre les montagnes du Janicule & du Vatican, tout le long du cirque de Caïus & de Néron, qui étoit sur la droite, & qui alloit jusques dans la campagne.

*Chap. XXVIII.* La dernière des portes de la ville de Rome, en deçà du Tibre, étoit la porte Aurélienne, appellée ainsi d'après une voie militaire de même nom, ou bien d'après un édifice appelé *Aurelium Tribunal*, bâti près de cette porte, & dont parle Cicéron dans l'oraison *in Pisonem.*

Cette porte étoit placée près du mole d'Adrien ( le château S. Ange ); mais elle fut démolie sous le pontificat de Léon IV, lorsque augmentant la ville de ce côté, il enferma le mont Vatican dans son enceinte. Quelques auteurs ont cru que cette porte étoit la même que celle appelée depuis de saint Pancrace; mais Procope, dans quelques passages de son ouvrage sur la guerre des Goths, les distingue très-bien. On peut citer sur-tout le passage suivant, qui est décisif. *Itaque factum est, ut circa Aureliam portam omnia intus jam essent ad portam rem Pancratianam quæ trans Tiberim est, cum Hostium copiæ pervenissent, ob loci difficultatum nihil per eas gestum est memoria dignam.*

2°. Quant à la voie Aurélienne, quelques auteurs disent qu'elle eut ce nom d'un citoyen de Rome qui la fit exécuter. Voici du moins ce qu'en dit le Palladio, dans son ouvrage, sur l'architecture : *Celebratissima la via Aurelia, chiamata cosi da Aurelio, citadino Romano che la fece.* Quelques auteurs disent de plus, que comme il avoit été consul, on avoit donné à cette voie le nom de Consulaire.

Il y avoit en Italie deux grands chemins de ce nom, l'un plus ancien, l'autre plus nouveau.

L'ancienne voie sortoit de la porte Aurélienne, s'étendoit le long du bord de la mer jusqu'au *Forum Aurelii* pendant 80 milles d'étendue. Ce lieu avoit été le terme de la voie au temps d'Aurélien. Elle fut depuis conduite au travers de la Gaule, en conservant le même nom.

3°. Nous trouvons dans la Géographie de Strabon qu'Æmilius Scaurus la prit au *Forum Aurelii*, & la conduisit par les villes de Pise & de Lucques jusqu'aux temps des Sabatiens ( *à vada Sabatii* ); cette longeur étoit de 380 milles. Il y ajouta un chemin de là à *Dertona*, qui étoit de 26 milles. *Hic ille Scaurus*, dit-il, *qui per Pisam & Lucam usque Sabatios viam stravit Æmiliam, & hinc per Dertonam.* Cette nouvelle voie eut le nom de *via Æmilia Scauri;* au lieu que celle dont il a été parlé précédemment se nommoit seulement *via Æmiliana.*

4°. Mais cette voie fut poussée encore plus loin; car, selon Eutrope, elle alloit jusqu'aux Alpes. Il dit expressément : *Etruriæ per Aureliam usque ad Alpes maritimas ingentes agri sunt; hique fertiles & silvosi.*

L'itinéraire d'Antonin lui fait paſſer les Alpes, & la conduit de Rome, par une ſuite continuelle de villes, de mutations & de manſions, juſques dans la Gaule Narbonnoiſe, où il la termine à la ville d'Arles, ainſi que le fait la carte de Peutinger. C'étoit une des plus longues & des plus célèbres voies militaires. Mais les deux monumens anciens qui nous la font connoître diffèrent entre eux, ainſi qu'en ce qui concerne les routes que j'ai données précédemment.

### VIA AURELIA.

Selon l'itinéraire d'Antonin.

| A Roma per Tuſcam & Alpes maritimæ, Arelatum uſque.. | MP. | DCCXCVI ſic. |
|---|---|---|
| Lorium. | MP. | XII. |
| Ad Turres. | MP. | X. |
| Pyrgos. | MP. | XII. |
| Caſtrum Novum. | MP. | VIII. |
| Centum Cellas. | MP. | V. |
| Martham. | MP. | X. |
| Forum Aurelii. | MP. | XIV. |
| Coſſum. | MP. | XXV. |
| Ad Lacum Aprilem. | MP. | XXII. |
| Salebronem. | MP. | XII. |
| Manliana. | MP. | IX. |
| Populonium. | MP. | XII. |
| Vada Volaterrana. | MP. | XXV. |
| Ad Herculem. | MP. | XVIII. |
| Piſas. | MP. | XII. |
| Papiriana. | MP. | XI. |
| Lunam. | MP. | XII. |
| Boaceas. | MP. | XII. |
| Bodetiam. | MP. | XXVII. |
| Tegulatam. | MP. | XII. |
| Delphinos. | PM. | XXI. |
| Genuam. | MP. | XII. |
| Libanum. | MP. | XXXVI. |
| Deotonam. | MP. | XXXV. |
| Aquas. | MP. | XXVIII. |
| Crixiam. | MP. | XX. |
| Cannaliam. | MP. | X. |
| Vada Sabatia. | MP. | XII. |
| Pullopicem. | MP. | XII. |
| Albingaunum. | MP. | VIII. |
| Lucum Burmani. | MP. | XV. |
| Coſtam Balenæ. | MP. | XVI. |
| Albintimilium. | MP. | XVI. |
| Lumonem. | MP. | X. |

| Alpem Summam. | MP. | VI. |
|---|---|---|

*Huc uſque Italia ab hinc Gallia.*

| Cemenclum. | MP. | IX. |
|---|---|---|
| Varum Flumen. | MP. | VI. |
| Antipolim. | MP. | X. |
| Ad Horrea. | MP. | XII. |
| Forum Juli. | MP. | XVIII. |
| Forum Voconi. | MP. | XII. |
| Mautavonium. | MP. | XII. |
| Ad Turrem. | MP. | XIV. |
| Tegulatam. | MP. | XVI. |
| Aquas Sextias. | MP. | XVI. |
| Maſſiliam. | MP. | XVIII. |
| Calcariam. | MP. | XIV. |
| Foſſas Marianas. | MP. | XXXIV. |
| Arelate. | MP. | XXXIII. |

*Ex chartâ Peutingeri.*

| Lorio. | XII. |
|---|---|
| Bebiana. | |
| Alſium. | VI. |
| Pyrgos. | X. |
| Punicum. | VI. |
| Caſtro novo. | IX. |
| Centum Cellis. | IV. |
| Mindo fluvius. | |
| Foro Aurelii. | III. |
| Armenta. | IV. |
| Ad Novas. | III. |
| Succoſa. | II. |
| Coſa. | XX. |
| Albinia fl. | VIX. |
| Haſta. | VIII. |
| Fluvius Umbro. | VIX. |
| Saleboma. | XII. |
| Maniliana. | VIX. |
| Populonio. | XII. |
| Vadis Volaterris. | X. |
| Velinis. | X. |
| Ad fines. | XIII. |
| Piſcinas. | VIII. |
| Turrita. | XVI. |
| Piſis. | IX. |
| Foſſis Papirianis. | XV. |
| Ad Taberna frigida. | XII. |
| Lune. | X. |

| | |
|---|---|
| Boron. | *XVI.* |
| In Alpe Pennino. | *II.* |
| Ad Monilia. | *XIII.* |
| Ad Solaria. | *VI.* |
| Ricina. | *XV.* |
| Genua. | *VII.* |
| Liburnum. | *XXVI.* |
| Dertona. | *XXVII.* |
| Aquis Tatelis. | *X.* |
| Crixia. | *XXII.* |
| Calavico. | *XX.* |
| Vadis Sabates. | *XII.* |
| Albingauno. | *XXIX.* |
| Luco Boramii. | *XV.* |
| Cofta Bellenæ. | |
| Albentimilio. | *XVI.* |
| In Alpe Maritima. | *IX.* |
| Genunello. | *IX.* |
| Varum. | *VI.* |
| Antipoli. | *X.* |
| Ad Horrea. | *XII.* |
| Foro Julii. | *XVII.* |
| Foro Voconi. | *XVII.* |
| Matavone. | *XXII.* |
| Ad Turrem. | *XVII.* |
| Tegulata. | *XVI.* |
| Aquis Sextis. | *XV.* |
| Maffilia Græcorum. | *XVIII.* |
| Calcaria. | *XXXIII.* |
| Foffis Marianis. | *XXXIII.* |
| Arelato. | *XXXIII.* |

5°. Les connoiffances modernes viennent encore à l'appui du témoignage des anciens fur l'étendue de la voie Aurélienne jufqu'à la ville d'Arles. Car encore en Provence, du moins au temps de Bergier, on appeloit les traces de cette voie romaine *lou grand camin Aurelian.* Ce n'eft pourtant pas, on le repète, qu'Aurélien l'ait conduite jufqu'à la ville d'Arles. On fent bien qu'à mefure que les Romains ont étendu leurs conquêtes, ils ont auffi alongé les routes par lefquelles ils devoient paffer. Polybe dit que dès le temps de Scipion, un grand chemin pavé & divifé par des colonnes de mille en mille, s'étendoit jufqu'aux Alpes. Augufte & quelques autres empereurs firent auffi exécuter des voies militaires au-delà des Alpes. Bergier rapporte plufieurs inscriptions qui viennent à l'appui de fon opinion.

7°. Il ne refte plus à faire connoître qu'une voie en Italie, mentionnée par deux infcriptions. C'eft la voie Cornélienne, dont on ne connoit guère la direction que par les conjectures que l'on tire de ces infcriptions rapportées par Gruter.

La feconde eft celle C. Popilius, honoré des plus belles charges de l'empire fous Antonin-le-Pieux.

On voit que cette voie Cornélienne paffoit par le Picenum, l'Apulie, &c.

8°. Quant à quelques autres voies pavées hors de la ville de Rome & nommées dans l'hiftoire & principalement par Publius Victor, telles que les voies *Patinaria, Tiberina, Gallina, Gallicana, Laticulenfis* & *Flavia,* il a été impoffible à Bergier d'en découvrir la direction, & je ne fache pas qu'aucun antiquaire en foit plus inftruit actuellement. Probablement elles font du nombre de celles qui fe trouvent fur la table de Peutinger fans avoir de nom.

*Chap.* XXIX. On vient de voir quelles étoient les voies romaines en Italie, & l'on a vu que toutes, ou prefque toutes, partoient du centre même de Rome. Elles y communiquoient directement ou indirectement. Ce plan d'une communication facile étoit digne d'un grand peuple, & comme c'étoit un peuple de conquérans, que ces chemins avoient pour objet principal le paffage commode des troupes, ces voies s'appeloient des voies militaires. Il eft probable que fi les Carthaginois ont fait de pareilles voies en Afrique, ou dans les parties de l'Europe qui ont été à leur difpofition, ils ont nommé ces voies *Commerciales,* ou du moins d'un nom qui indiquoit qu'elles étoient deftinées à faciliter le tranfport des marchandifes que l'on voitureroit d'un lieu à l'autre.

Les Romains continuèrent auffi les voies par toute l'étendue de leur empire, par terre & même par mer, c'eft-à-dire, qu'ils indiquèrent de quel port on devoit partir pour fe rendre à tel autre, & quelle étoit la diftance entre ces lieux.

1°. Nous commencerons, dit Bergier, par les terres, & montrerons que les grands chemins de l'empire y étoient continués fans interruption de province en province, & comment les provinces les plus proches le recevoient pour les diftribuer aux autres felon la fituation de chacune, prochaine ou éloignée, jufqu'aux limites les plus reculées de l'empire.

3°. La forme de l'Italie étoit affez bien connue des anciens, puifque Strabon dit ( *L. 1.* ) : *Facit autem Italiam peninfulam Tyrrhenum mare incipiens à Liguftico, & Aufonium, & Adriaticum.* Et ( *L. II.* ) *reliqua Italia angufta quidem & oblonga, in duos excurrit vertices : hinc quidem in ficulum fretum : hinc autem ad Apigiam. Utrinque vero ftringitur, & ab Adriatico finu & à Tirrheno mari :* cette forme, dis-je, ne laiffoit que d'un feul côté la poffibilité de continuer les voies de terre, c'étoit le côté feptentrional.

La province qui fe trouvoit la plus proche & la feule qui, recevant les voies, les pouvoit communiquer aux autres , étoit *la Gallia Cifalpina.* Car quoique cette province foit depuis long-temps regardée comme faifant partie de l'Italie , cependant jufqu'au règne d'Augufte , elle porta le nom de Gaule Cis-Alpine, *Gallia Cis - Alpina.* J'ai donné au mot ITALIA la divifion de cette partie de l'Europe. Mais je vais la préfenter ici dans un petit tableau qui l'a rendra plus fenfible.

GALLIA
- Cis - Alpina *appelée auffi* Togata
  - Cis-padana.
  - Trans-padana.
- Trans-Alpina
  - Braccata. ou *Narbonenfis.*
  - Comata
    - Belgica.
    - Celtica.
    - Aquitania.

On verra à l'article de chacun de ces noms quelle en eft l'étymologie.

5°. C'étoit donc la province Gauloife Cis-Alpine qui recevoit toutes les voies, forties de Rome, pour les tranfmettre aux autres provinces. Et c'eft de cette Gaule, & non d'aucune autre, qu'il faut entendre le fragment de l'itinéraire d'Antonin, dont parle Iofias Simlerus, où fe trouvent ces mots : *Ab urbe Gallias itur itineribus fex maritimo, Littoreo , Aureliano , Caffiano , Tiberino , Flaminio.* Car aucun de ces chemins n'arrivoit jufqu'à la Gaule Tranfalpine.

6°. Voici donc les villes nommées dans ce fragment.

### ITER.

#### Maritimum tenet.

| | |
|---|---|
| *Pheregenas.* | *Vada.* |
| *Caftrum novum.* | *Lygurnum.* |
| *Celtas.* | *Erycis.* |
| *Hercubem.* | *Entelliam.* |
| *Thelamonem.* | *Delphinum.* |
| *Caput Hetrioniæ.* | *Genuam inter Porfenam & Pheritonem.* |
| *Phalifcas.* | |
| *Trajanum.* | *Monachum.* |
| *Populonium.* | *Niceam.* |

#### Lilloreum continet.

| | |
|---|---|
| *Alfium.* | *Volaterras.* |
| *Cœre.* | *Pifam.* |
| *Tyrganum.* | *Lunam.* |
| *Forum Cellæ.* | *Et Ipfum tranfitum in Gallias.* |
| *Gravifcas.* | |
| *Cofas.* | *Cariaram.* |

Aurelianum quod & Claudianum , fertur per ipfum Aureliam.

| | |
|---|---|
| *Thermas Stygianas.* | *Pagorum Claudii.* |
| *Forum novum.* | *Tarquinas.* |

| | |
|---|---|
| *Saturniam.* | *Rofetum.* |
| *Volcem.* | *Turfenam.* |
| *Tuniatem montem.* | *Tranfitum Apuam.* |
| *Rofellas.* | |

#### Caffiano Itinere , itur per.

| | |
|---|---|
| *Politorium.* | *Verentanum.* |
| *Arcenum.* | *Vimbronem montem.* |
| *Minionem.* | *Senam Coloniam.* |
| *Forum Caffii.* | *Phocenfes.* |
| *Aruntes.* | *Lucam & Caphronianum.* |
| *Camillarios.* | *Tranfitum in Galias.* |
| *Tudernum.* | |

#### Tiberrinum quod & Cyninium fertur.

| | |
|---|---|
| *Galera.* | *Volturnæ.* |
| *Partheniane* five *Veiente.* | *Larthe amni.* |
| *Rofula.* | *Volfinis.* |
| *Sutrio.* | *Clufio ulteri* olim. *Comerfolo.* |
| *Lacu elbii & Jugis Cymmis.* | *Clufio novo,* à quo dictus |
| *Fano, volturnæ* cujus claris | *Clufentinus.* |
| geftis in vidit Livius. | *Tranfitus Annibalis.* |
| *Salcumbrone.* | & *Phefulæ tranfitus.* |

#### Flaminium habet.

| | |
|---|---|
| *Caftrum novum.* | *Spoletum.* |
| *Ocream & Oriculum.* | *Camerinum.* |
| *Namiam* olim. *Nequinam.* | *Urbinum.* |
| *Tuder.* | *Pifaurium.* |
| *Hifpellum.* | *Ariminum.* |
| *Aut à Caftro novo.* | |

7°. Ce fragment a quelque chofe de femblable avec l'itinéraire d'Antonin & la table de Peuringer, & beaucoup de chofes différentes. On foupçonne qu'il peut avoir été fuppofé par Annius de Viterbe qui en a fait le commentaire, comme on l'accufe d'avoir fuppofé ce qu'il a publié, en l'attribuant à Bérofe & à Manethon. Quoi qu'il en foit, il eft certain que c'eft par la Gaule Cifalpine des Romains, que ces chemins militaires font prolongés dans les provinces les plus éloignées.

8°. Ce qui fe faifoit par deux endroits , l'un pour aller au travers des Alpes, pour aller en Efpagne, en Gaule, dans la Grande-Bretagne & en Germanie ; l'autre par le pied des Alpes, en tournoyant autour du golfe de Venife pour aller en Illyrie , & de là dans la Pannonie , dans la Mœfie fupérieure & dans la Mœfie inférieure , en Scythie & en Thrace , jufqu'à Conftantinople ; enfin dans les autres parties feptentrionales & orientales de l'Europe.

*Chap.* xxx. Pour donner une idée des grandes routes qui fe trouvoient hors de l'Italie , nous commencerons par celles qui paffoient dans la Gaule, que les Romains appelloient Tranfalpine , d'autant que c'étoit la province la plus proche de toutes , & par l'entremife de laquelle ces chemins se dirigeoient vers l'Hispanie, la Grande-Bretagné, la haute & basse Germanie en deçà du Rhin.

Pour (1) y procéder avec quelque ordre, il faut entendre qu'il se trouve plusieurs titres généraux dans l'itinéraire d'Antonin, qui se subdivisent ensuite en plusieurs titres particuliers qui en dépendent. Tel est ce titre général: *Iter de Pannoniis in Gallia*, qui comprend sous soi plusieurs chemins particuliers qui alloient de la Pannonie dans la Gaule. Tel est celui que nous avons à traiter, qui porte ces mots généraux: *De Italiam in Gallias*. Ce titre, aussi généralement pris, se divise ensuite en plusieurs chemins qui s'en vont dans la Gaule, & qui tous commencent à Milan, ville d'Italie.

Et cependant, dans le chapitre précédent nous avons vu que le fragment de l'itinéraire qui y est cité, appelle Gaule Cisalpine la province dans laquelle la ville de Milan est située; car elle est assise au-delà du Po, dans la Gaule que les Romains appeloient Transpadane, qui fait partie de la Cisalpine. Comment est-ce donc que sous le titre général des chemins qui vont d'Italie dans la Gaule, l'itinéraire comprend ceux qui vont de Milan à Arles, à Vienne & ailleurs à travers les Alpes? Le titre ne seroit-il pas mieux, s'il étoit conçu en ces termes: *Iter à Gallia Cisalpina ad Transalpinam?*

2°. Pour bien entendre ce titre, il faut savoir que la plupart des terres du monde ont eu différens noms, selon les différens temps. De ce nombre est notre Gaule Cisalpine. Car dès les temps les plus anciens relativement à l'Italie, ce pays s'étend du Tibre aux Alpes appartenoit entièrement aux Umbriers & aux Toscans, appelés par les historiens, *Umbri & Hetrusci*. Mais une troupe de Gaulois ayant passé ces monts, & chassé les Etruriens d'une partie de leurs établissemens, donnèrent le nom de Gaule à la partie dont ils avoient fait la conquête. Ils s'étendirent jusques sur le Rubicon, petit fluve qui se jette dans la mer Adriatique, & qui a long-temps servi de limites entre la Gaule & l'Italie: car jusques au siècle de Jules César les Romains regardoient encore cette partie de l'Italie pour une partie de la Gaule, attendu qu'ayant décerné à Jules César, à plusieurs fois & pour plusieurs années le gouvernement de la Gaule, il commandoit également dans la Gaule Transalpine & dans la Gaule Cisalpine, & il y pouvoit conduire ses troupes sans enfreindre les loix & sans paroître attenter à la liberté de la république. Aussi ne passa-t-il le Rubicon avec son armée que lorsqu'il eut pris la résolution de faire la guerre à son pays.

3°. Depuis ce temps la république Romaine a éprouvé de grands changemens, tant dans son gouvernement que dans la distribution de ses provinces, principalement sous Auguste, Adrien & Constantin.

Premièrement, Auguste étendit l'Italie & comprit sous ce nom toute la Gaule Cisalpine tant en-deçà qu'au-delà du Po. Le nom d'Italie s'étendoit des Alpes au détroit de Sicile, & ce pays fut divisé en onze régions.

Constantin divisa l'Italie de nouveau & changea les onze régions en dix-sept provinces, renfermées en deux diocèses. Le premier diocèse étoit celui de Rome; il comprenoit les provinces nommées *Campania, Tuscia & Umbria, Picenum Suburbicarium, Sicilia, Apulia, Calabria, Brutii & Lucania, Samnium, Sardinium, Corsica & Valeria*. Le second diocèse avoit le nom de diocèse Italique, & comprenoit les provinces suivantes. *La Venetia & l'Histria, l'Æmilia, la Flaminia* avec le *Picenum Annonarium, la Liguria*, les *Alpes Cottiæ, la Rhætia prima, la Rhætia secunda*. On mit à la tête de cette division deux vicaires ou lieutenans de préfets du prétoire, *præfectus prætorio Italiæ*; l'un se nommoit *vicarium urbis*, & avoit son siège à Rome; l'autre, *vicarium Italiæ*, & avoit son siège à Milan.

4°. Il arriva alors & par cette raison, que le nom d'Italie fut pris en plusieurs significations, tantôt d'une manière plus, tantôt moins étendue, selon les temps & les circonstances. Car à l'égard du préfet du prétoire d'Italie, il est certain que son autorité s'étendoit sur toute l'Italie, en y comprenant même les iles de Sicile, de Corse, & de Sardaigne, sur lesquelles son autorité s'étendoit également. S'il s'agissoit du vicaire de l'Italie, son autorité ne s'étendoit que sur les provinces qui lui étoient soumises. Mais s'il étoit question de la police ecclésiastique, quoiqu'elle ait été à-peu-près calquée sur la police civile, les églises métropolitaines ayant été instituées dans les villes déjà reconnues dans l'état comme métropoles; alors le mot d'Italie se prenoit dans un sens plus restreint. Ainsi, quand S. Anasthase appelle la ville de Milan τῆς Ἰταλίας μετρόπολιν, ou la métropole de l'Italie, il ne faut pas pourtant entendre qu'elle étoit la métropole de la partie entière de l'Italie qui étoit sous la jurisdiction du vicaire de l'Italie, puisque cette même partie comprenoit encore des villes métropolitaines; savoir, Ravennes & Aquilée, sur lesquelles l'archevêque de Milan n'avoit aucun pouvoir. Mais la partie de l'Italie sur laquelle Milan avoit le droit de métropolitaine, c'étoit celle qui avoit été nommée Gaule Transpadane.

5°. C'est dans l'une ou l'autre de ces dernières significations qu'il faut entendre le mot d'Italie au titre général de l'itinéraire, qui porte *De Italia in Gallia*, sur lequel il fait une énumération des chemins militaires qui vont de Milan dans la Gaule à travers les Alpes. On voit dans le fragment précédent plusieurs acceptions différentes du mot *Italie*.

---

(1) Je cède d'autant plus volontiers au desir de ne rien supprimer de ces légers details sur l'itinéraire d'Antonin, que la connoissance de ce monument est liée à celle de la géographie ancienne.

6°. De même que nous avons vu les chemins de l'intérieur de l'Italie fortir de Rome, ainfi les chemins dont nous allons parler fortoient de Milan, dans la partie qui avant portoit le nom de Gaule Cifalpine ; de Lyon ( *Lugdunum* ) dans la Gaule Tranfalpine ; de Reims ( *Duro-Cortorum* ) dans le Belgique, & de plufieurs autres villes métropolitaines des provinces de l'Europe, de l'Afie & de l'Afrique, que les Romains avoient prifes pour les points du départ des grandes routes qu'ils avoient fait paver pour parvenir d'une province ou d'une métropolitaine à l'autre.

*Chap. XXXI.* Pour traiter avec méthode les chemins qui conduifoient d'Italie dans les Gaules, à travers les Alpes, nous commencerons par ceux qui alloient vers la mer de Ligurie, puis nous pafferons à ceux qui alloient vers la mer Adriatique, renfermant ainfi toute l'étendue des Alpes, allant d'une mer à l'autre. Cet ordre eft d'autant plus naturel, que Strabon nous apprend que les Alpes prennent leur commencement *ab ora Liguftica*, à la côte Liguftique ou des Liguriens, d'où ces montagnes fe continuent en demi-cercle & vont fe terminer à l'Hiftrie, tout près de la mer Adriatique.

2°. Polybe, au rapport de Strabon, dit qu'il y avoit de fon temps quatre grands chemins pour paffer d'Italie en Gaule.

L'un par les Liguriens, tout auprès de la mer de Tyrrhène.

L'autre, par la partie des Alpes où paffa Annibal.

Un troifième, par la vallée où fe trouvoit *Augufta prætoria*, au travers du pays des Sallaffes.

Enfin, un quatrième par la Rhétie : *Unam viam per Ligures, alteram per Tauronos, qua ufus fit Hannibal, tertiam per Salaffos, quartam per Rhœtos.*

Mais depuis le fiècle de Polybe, le nombre des chemins de cette partie de l'Italie avoit prodigieufement augmenté, parce qu'infenfiblement ils avoient traverfé les différentes parties des Alpes connues fous le nom d'*Alpes.... Maritimas....,* Cottias...., Grœcias...., Pennoninas...., Lepontias...., Rhœticus...., Tridentinas...., Julias...., Venetas...., Carnicas.... & Noricas.

3°. Le premier de tous ces chemins eft celui qui continuoit la voie Aurélienne jufqu'à Arles. Cette voie eft indiquée dans l'itinéraire d'Antonin fous ce titre :

### V I A   A U R E L I A.

*A Roma per Tufcia & Alpes maritimas Arelatum ufque .............* MP. DCCXCVI.

Il en a été parlé précédemment. On fait que les Alpes maritimes avoient pris leur nom de leur pofition, au voifinage de la mer de Ligurie, à partir du lieu appellé *Vada Sabatia*, du côté de l'Italie, jufqu'à celui que l'on appeloit *Tegulata*,

du côté de la Gaule, c'eft ce que dit pofitivement le paffage de Strabon : *Alpes vero à Sabatiis initium capiunt.*

L'opinion des gens les plus inftruits eft que la voie qui paffoit par les Alpes maritimes fut la première de toutes celles qui communiquoient de l'Italie dans la Gaule ; ce qui appuie ce fentiment, c'eft que les parties méridionales de ce côté furent les premières habitées. Ajoutez à cela que cette partie des Alpes eft moins efcarpée & préfente plus de facilité au paffage : ainfi, quoique l'on trouve fur cette route un lieu appellé *Alpem fummam*, il n'en faut pas conclure que c'eft le plus élevé des Alpes, mais le plus haut de la partie où paffe la voie.

4°. Au nord des Alpes maritimes étoient les Alpes Cottiennes, appelées ainfi d'après Cottius, roi des Allobroges, lequel, felon Ammien Marcellin, fut fe tenir tellement à l'écart lorfque Jules Céfar fit la conquête de la Gaule, que, retiré dans les rochers, il ne fut pas queftion de lui. *In via locorum afperitate confifus*, &c. Mais depuis, il fut gagner l'amitié & la confiance d'Augufte, & fit faire avec beaucoup de dépenfe & de foin un grand chemin au travers des montagnes qu'il habitoit : & ce chemin établiffoit une communication plus facile entre l'Italie & la Gaule. Voici comment s'exprime Ammien Marcellin ( *L. V.* ) : *Lenito tandem timore, in amicitiam Octavii principis receptus, molibus magnis extruxit ad vicem memorabilis, compendiarias & viantibus opportunas, medias inter Alpes vetuftas.*

Ce prince, qui fit ainfi fa cour aux Romains, avoit douze villes fous fa puiffance ; elles étoient placées au pied des Alpes du côté de l'Italie. De-là vient que dans le livre des dignités de l'empire, les Alpes Cottiennes font mifes au rang des provinces de l'Italie.

Voici dans quel ordre Pline place les peuples de cette partie des Alpes ( *L. III, c. 20* ) : *Sunt præterea latio donati incolæ : ut octodorenfes, & finitimi centrones, Cottianæ civitates, catoriges, & ex catorigibus viti vagienni Ligures, & qui montani dicuntur.*

L'itinéraire d'Antonin nous donne deux paffages d'Italie dans les Gaules par les Alpes Cottiennes. Nous allons les rapporter tous deux.

Voilà cette voie, felon l'itinéraire & felon la table de Peutinger.

### D E   I T A L I A   I N   G A L L I A S.

L'Itinéraire. — Première voie.

| | |
|---|---|
| *A Mediolano Aurelate per Alpes* | |
| *Cottias* fic. . . . . . . . . . . . | MP. CCCCXI. |
| *Ticinum.* . . . . . . . . . . . . | MP. XXII. |
| *Laumellum.* . . . . . . . . . . | MP. XXII. |
| *Cottias.* . . . . . . . . . . . | MP. XXIII. |
| *Carbantiam.* . . . . . . . . . | MP. XII. |
| | *Rigo magum* |

Rigomagum. . . . . . . . . . . . MP. XII.

Quadratas. . . . . . . . . . . . MP. XVI.

Taurinos. . . . . . . . . . . . MP. XXIII.

Fines. . . . . . . . . . . . . . MP. XVIII.

Segusionem. . . . . . . . . . . MP. XXXIII.

Ad Martis. . . . . . . . . . . . MP. XVI.

Brigantionem. . . . . . . . . . MP. XXIV.

Rome. . . . . . . . . . . . . . MP. XIX.

Fbmodunum. . . . . . . . . . . MP. XVIII.

Caturigas. . . . . . . . . . . . MP. XVII.

Vapincum. . . . . . . . . . . . MP. XII.

Alabontem. . . . . . . . . . . MP. XVIII.

Segusteronem. . . . . . . . . . MP. XVI.

Alaunium. . . . . . . . . . . . MP. XXIV.

Catolucam. . . . . . . . . . . MP. XVI.

Apta Juliam. . . . . . . . . . . MP. XV.

Fines. . . . . . . . . . . . . . MP. XVI.

Cabellionem. . . . . . . . . . . MP. XII.

Glavum. . . . . . . . . . . . . MP. XVI.

Ernaginum. . . . . . . . . . . MP. XII.

Arelate. . . . . . . . . . . . . MP. VII.

Selon la table de Peutinger.

## MEDIOLANUM.

Ticeno. . . . . . . . . . . . .

Laumellum. . . . . . . . . . . XXI.

Cutias. . . . . . . . . . . . . XII.

Vergellis. . . . . . . . . . . . XIII.

Eporedia. . . . . . . . . . . . XXXIII.

Augusta Taurinorum. . . . . . . .

Finibus. . . . . . . . . . . . . XVIII.

Segusione. . . . . . . . . . . XXII.

Martis. . . . . . . . . . . . . XVII.

Gadaone. . . . . . . . . . . . VIII.

Brigantione in Alpe Cottia. . . . . . . VI.

Ramo. . . . . . . . . . . . . XIX.

Fbioruno. . . . . . . . . . . . XVII.

Catorigomagus. . . . . . . . . VII.

Ictodurum. . . . . . . . . . . VI.

Vapincum. . . . . . . . . . . . XVIII.

Alarante. . . . . . . . . . . . XVI.

Segusterone. . . . . . . . . . XVI.

Alaunio. . . . . . . . . . . . XIV.

Camacia. . . . . . . . . . . . XVI.

Apta Julia. . . . . . . . . . . XII.

Ad Fines. . . . . . . . . . . . XII.

Caballine. . . . . . . . . . . XII.

Géographie ancienne. Tome III.

Clavo. . . . . . . . . . . . . . XII.

Ernagina. . . . . . . . . . . . XV.

Arelate. . . . . . . . . . . . . VI.

Seconde voie qui conduisoit d'Italie dans les Gaules par les Alpes Cottiennes, selon l'itinéraire.

## A MEDIOLANO PER ALPES COTTIAS VIENNAM. . . . . . . . . . . MP. CCCCIX,

N. B. Cette route conduisoit bien plus loin : nous la reprendrons dans la suite.

Ticinum. . . . . . . . . . . . MP. XXII.

Laumello. . . . . . . . . . . . MP. XXII.

Rigomago. . . . . . . . . . . MP. XXXVII.

Quadratis. . . . . . . . . . . MP. XVI.

Taurinis. . . . . . . . . . . . MP. XXI.

Ad Fines. . . . . . . . . . . . MP. XVI.

Segusione. . . . . . . . . . . MP. XXIV.

Ad Martis. . . . . . . . . . . MP. XVI.

Brigantione. . . . . . . . . . MP. XIX.

Rame. . . . . . . . . . . . . MP. XVIII.

Esuroduno. . . . . . . . . . . MP. XVII.

Caturigas. . . . . . . . . . . MP. XVI.

Vapinco. . . . . . . . . . . . MP. XII.

Monte Seleuco. . . . . . . . . MP. XXII.

Luco. . . . . . . . . . . . . . MP. XXVI.

Dea Vocontiorum. . . . . . . . MP. XII.

Angusti. . . . . . . . . . . . MP. XXIII.

Valentia. . . . . . . . . . . . MP. XXII.

Ursolis. . . . . . . . . . . . MP. XVII.

Vienna, &c. . . . . . . . . . . MP. XXVI.

6°. Il faut remarquer en passant que c'est à la ville de Segusio ( Suze ) que commence la largeur des Alpes Cottiennes vers l'Italie , d'où elles se dirigent vers les Gaules jusqu'à Eburodunum ( Embrum ), capitale des peuples Caturiges & de la province des Alpes maritimes. Dans le livre des dignités de l'empire, il est dit : metropolis hujus provinciæ Eburodunum , civitas Caturigum.

Le chemin de l'un à l'autre lieu est si bien exposé par Ammien Marcellin, que l'on ne peut se dispenser d'insérer ici cette description.

In his Alpibus Cottiis , quarum initium à Segusione oppido est , procelsum erigitur jugum, nulli fere sine discrimine penetrabile est enim è Galliis venientibus prona , humilitate devexum , pendentium Saxorum altrinsecus visu terribile; præsertim verno tempore ; cum liquente gelu , nivibus que solutis , flatu calidiore ventorum per deruptas utrinque angustias & lacunas pruinarum congerit latebrosas , descendentes cunctantibus *plantæ homines & jumenta procidunt & carpenta. Idque remedium ad arcendum exitium repertum solum, quod pleraque vehicula vastis funibus illigata, ponte cohibente virorum, vel boum nisu valido, vix gressu reptante paulo tutius devolvuntur. Et hæc ( ut diximus ) anni verno contingunt. Hieme vero humus cruslata frigoribus ; & tanquam levigata ideoque labilis, incessum precipitantem impellit. Et patulæ valles per spatia plana glatiæ perfidæ, vorant nonnumquam transeuntes ; ob quæ locorum callidi eminentes ligneos stylos per cautiora loca defigunt ; ut eorum series viatorum ducat innoxium. Qui si nivibus operti latuerint, montanis defluentibus rivis eversi, agrestibus præviis difficile pervaduntur. A summitate autem hujus Italici clivi planities, ad usque stationem nomine Martio, per septem extenditur millia : & hinc celsitudo erectior, ægreque superabilis, ad matronæ porrigitur verticem cujus vocabulum casus fœminæ nobilis dedit. Unde declive quidem iter. Sed expeditius ad usque castellum virgatum patet : hujus sepulchrum reguli, quem itinera struxisse retulimus, Segusione est mœnibus proximum : manesque ejus ratione gemina religione colitur quod justo moderamine rexerat suos, & ascitus in societate rei Romanæ quietem genti præstitit sempiternum.*

7°. Après les Alpes Cottiennes font les Alpes Grées ( *Alpis Graia* ), *inter Centrones & Salassos.* Pline parle ainsi du voisinage des Alpes Grées & de la vallée qu'elles renferment : *Salassorum Augusta prætoria juxta geminas Alpium fauces Graïas & Penninas.*

Ces deux bouches ou passages, font les mêmes que ceux dont parle Strabon, quand il dit : *illis itaque qui ex Italiâ super montes positi sunt, uno per vallem Salassorum, jam memorata via est. Inde bifariam dividiter, una quidem per Penninum ( Sic enim dicitur ) ; ducit per Alpium summitates, jumentis inaccessibilis : altera per Centrones prolixior.* Voilà donc, selon cet auteur, près de la vallée habitée par les Sallaces, un chemin qui se divise en deux branches ; l'une par les monts Pennins, où les bêtes de somme ne peuvent passer ; l'autre plus à l'ouest, & par où se peuvent faire les charrois ; mais elle étoit plus longue que l'autre.

Ces routes avoient été faites par Auguste : voici ce qu'en dit Bergier ( *Livre 1, c. 28* ). 1°. Je ne répéterai pas ce que j'ai dit ( *c. 9, L. 1.* ) de la voie Domitienne, qui est une des premières faites au-delà des Alpes, & dont l'auteur fut Domitius Ænobarbus, l'an 629 de Rome. Je passe à celles que fit faire César Auguste, & qui furent taillées dans le roc vif, pavées & massivées en différens endroits avec des peines & des frais indicibles. Il y employa même plusieurs légions, soit qu'elles travaillassent elles-mêmes, soit qu'elles assurassent les travaux & les personnes des travailleurs contre les attaques des montagnards, auxquels ces grands travaux présageoient la perte de leur liberté.

2°. Car il faut savoir que les Alpes qui séparent l'Italie de la Gaule occupent un grand espace, fait en croissant à l'extérieur. Dans ces montagnes, il y avoit au temps d'Auguste plusieurs peuples non encore soumis, vivant de brigandages, & si fiers de leur position presque inaccessible, qu'ils attaquoient même les armées romaines, lors de leur passage d'Italie dans la Gaule. C'est ainsi qu'ils forcèrent Décimus Brutus, fuyant de *Mutina*, de leur payer une drachme par tête pour accorder un libre passage à ses troupes. Messala ayant eu son camp, pendant un hiver, au pied de ces montagnes, fut obligé de leur donner de l'argent pour obtenir la permission d'aller couper du bois dans les montagnes (1). Qui plus est, dit naïvement Bergier, ils détroussèrent un jour le bagage d'Auguste avec son argent. Ils tiroient grand parti des avantages que leur présentoit le local, & forçoient même ceux que les Romains employoient dans les mines, à payer l'eau dont ils avoient besoin pour leurs travaux.

3°. Les Romains vainqueurs de tant de nations & d'une grande partie du monde alors connu, étoient aussi surpris qu'indignés qu'une petite portion d'hommes placés, pour ainsi dire, à leurs portes, trouvassent moyen de leur imposer des loix & de leur résister. Il sembloit que ces rochers fussent réservés pour mettre le dernier sceau à la gloire de leurs conquêtes.

4°. Comme c'étoit sur-tout la difficulté des chemins qui ôtoit tout moyen de parvenir jusqu'à ces montagnards, Auguste forma le projet d'ouvrir des routes dans ces montagnes, en brisant les rochers comme avoit fait Annibal. Mais ce n'étoit pas une médiocre entreprise, puisque l'on avoit tout à la fois à vaincre l'âpreté des lieux, & la valeur de ceux qui les habitoient.

Voici comment Strabon en parle dans sa géographie ( *L. IV* ) : *Augustus enim Cæsar ad latronum delendas insidias, magnum, quantum licuit viarum apparatum apposuit. Non enim propter vastissima petrarum ingenitum præcipitia, ubique naturam violare fas ab fuerat : cum hinc quidem supra vias imminerent, hinc autem irruerent.* Ainsi donc il falloit faire la guerre aux rochers autant qu'aux hommes. Ces grands travaux furent entrepris & exécutés. Aussi, Strabon ajoute-t-il : *Hâc autem ætate,* en parlant de ces terribles rochers, *aut deleti sunt, aut mansuetiores facti penitus, ut cum antea transcensus per eorum montes pauci & difficiles essent nunc multis ex locis per eos, mortales & tuti, & transitu faciles propter eorum apparatum habeantur.* Voici, selon le même auteur, quelle étoit la distribution de ces voies : *Ubi verò ex Italiâ supra conscenderis, via in exteriorem Galliam,*

(1) Telles étoient les maximes despotiques des Romains, qu'ils regardoient ces demandes comme des extorsions, quoique cependant ce peuple fût sur ses terres & dans ses propres biens. C'est ainsi que les nobles traitoient d'un crime punissable la mort d'un lapin tué par le paysan dont le bled l'avoit nourri.

*& ad septentriones est per Salaſſos : ducit Lugdunum: ea verò bifariam est : altera quidem prolixior plaustra per meabilis , per Centrones ; altera verò recta , & angusta compendiariaque , per Appenninum* (1).

N. B. Je retourne actuellement au L. III, c. 31, de Bergier.

7°. Des deux chemins que l'itinéraire d'Antonin indique au travers des Alpes Gréées, voici le premier, comparé à la carte.

Selon l'itinéraire.

| | | |
|---|---|---|
| A MEDIOLANO PER ALPES GRAIAS VIENNAM | MP. | CCCVIII. |
| Novariam | MP. | XXXIII. |
| Vercellas | MP. | XVI. |
| Eporediam | MP. | XXXIII. |
| Vitriciam | MP. | XXI. |
| Augustam Prætoriam | MP. | XXV. |
| Arebrigium | MP. | XXV. |
| Bergintrum | MP. | XXIV. |
| Darantaſiam | MP. | XIX. |
| Oblimum | MP. | XIII. |
| Ad Publicanos | MP. | III. |
| Montanam | MP. | XVI. |
| Lemincum | MP. | XVI. |
| Labiſconem | MP. | XIV. |
| Augustum | MP. | XIV. |
| Berguſiam | MP. | XVI. |
| Viennam | MP. | XX. |

La même route selon la table de Peutinger.

| | |
|---|---|
| Mediolanum | |
| Ticeno | |
| Laumelum | XXI. |
| Cutias | XII. |
| Vergellis | XIII. |
| Eporedia | XXXIII. |
| Utricio | XXI. |
| Augusta Prætoria | XXVIII. |
| Arebrigum | |
| Ariolica | |
| In Alpe Graïa | |

(1) Ces travaux furent les derniers entrepris par Auguste. Ce fut peu après qu'il fit fermer le temple de Janus, se flattant d'avoir donné au monde une paix universelle. Le peuple & le sénat lui firent ériger au sommet des Alpes, entre les monts appelés aujourd'hui le grand & le petit S. Bernard, un arc de triomphe magnifique, dont Pline rapporte l'inscription.

| | |
|---|---|
| Bergintrum | |
| Axunam | |
| Darataſia | |
| Obilemia | |
| Ad Publicanos | |
| Mantiala | |
| Lemnico | |
| Laniſcone | |
| Augustum | |
| Berguſium | |
| Vigenna | |

La seconde voie qui partoit de *Mediolanum* ( Milan ), alloit à *Argentoratum* ( Strasbourg ).

Selon l'itinéraire d'Antonin.

| | | |
|---|---|---|
| ITER A MEDIOLANO PER ALPES GRAIAS ARGENTORATUM | MP. | DLXXVII. |
| Sic. | | |
| Picinum | MP. | XXII. |
| Laumellum | MP. | XXII. |
| Vercellas | MP. | XXVI. |
| Eporædiam | MP. | XXXIII. |
| Vitricium | MP. | XXI. |
| Augustam Prætoriam | MP. | XXV. |
| Arebrigium | MP. | XXV. |
| Bergintrum | MP. | XXIV. |
| Darantaſiam | MP. | XVIII. |
| Caſnariam | PM. | XXIV. |
| Bautas | MP. | XVIII. |
| Cenabum | MP. | XXV. |
| Equestrim | MP. | XVII. |
| Lacum Lauſonium | MP. | XX. |
| Urbam | MP. | XVIII. |
| Arioricam | MP. | XXIV. |
| Viſontionem | MP. | XVI. |
| Velatudurum | MP. | XXII. |
| Epamantadurum | MP. | XC. |
| Gramatum | MP. | XIX. |
| Largam | MP. | XXV. |
| Uruncim | MP. | XVIII. |
| Montem Briſiacum | MP. | XXIV. |
| Elcebum | MP. | XXV. |
| Argentoratum | MP. | XXX. |

Selon la table de Peutinger.

| | |
|---|---|
| Mediolanum | |
| Covio | XXXV. |

| | |
|---|---|
| Clavenna. | XVIII. |
| Tarueffedo. | XX. |
| Cunuavreum. | X. |
| Lapidaria. | XVII. |
| Fluvius Novaria. | |
| Juria. | XXXII. |
| Magia. | XVI. |
| Clunia. | XVIII. |
| Brigantio. | XVII. |
| Arbor Felix. | X. |
| Ad Fines. | XXI. |
| Vinedomiffa. | VIII. |
| Augusta Rauracum. | XXII. |
| Arialbinum. | VI. |
| Cambette. | VII. |
| Argentovaria. | XII. |
| Elcllum. | XII. |
| Argentorate. | XII. |

9°. Je ne faurois paffer outre, dit Bergier, après avoir renouvelé le conte du paffage d'Hercule dans les Alpes, fans indiquer le chemin que Pompée-le-grand fit ouvrir au travers de ces montagnes. Ce chemin paffoit par la pointe du mont Chryfus entre les Alpes Grées & les Alpes Cottiennes.

Pompée donc, encore bien jeune, envoyé par le fénat & le peuple de Rome en Efpagne pour y faire la guerre contre Sertorius, & étant obligé de traverfer les Alpes, voulut s'ouvrir une route nouvelle. C'est ce qu'il exécuta en paffant par le mont Chryfus (le mont Cénis). On préfume que c'est le chemin que l'on y fait encore actuellement, & que dès-lors on nomma Strata Romana.

C'est de ce chemin que parle Appien quand il dit: *Senatus exercitum ducemque alium in Iberiam Pompeiam mifit; qui illi ( Sertorio ) obfifteret adolefcentem adhuc : verum fama illuftrem, ob eaque in Libya, & in ipfa It lia fub Sylla gefferat. Is igitur ad Alpes penetrandis magno animo projectus, non per Hannibalis illud memoratum iter, verum haud longe à Rhodani, atque Eridani fontibus (1) iter cepit; quæ ambo flumina, parvo inter fe fpatio capuunt exeunt.* C'est de cet ouvrage que Pompée fe vante lui-même, dans une épître adreffée de l'Hifpanie au fénat de Rome : elle fe trouve parmi les fragmens de Saluste. On y trouve le paffage fuivant : *Hoftes in cervicibus jam Italiæ agentes, ab Alpibus in Hifpaniam fummovi : per eas iter aliud atque Hannibal, nobis oportunius pætefeci.* Quant à la facilité du chemin, voici ce qu'en dit Jofias Simlerus : *Illud enim iter multo oportunius eft Penninis Alpibus, per*

---

---

*quas Hannibal tranfiviffe creditur. At hodie propterea quod omnium utiliffimum fit ex Hifpania & Gallia & Britannia Romam euntibus ftrata Romana ab Italis nominatur.*

Chap. XXXII. Je paffe actuellement aux Alpes Pennines. On n'est pas d'accord fur l'étymologie de ce nom (2). C'est par le mont *Pennius* ( Grand S. Bernard ) que paffoit la plus étroite des deux voies qui alloient dans les Gaules.

La voici, felon les itinéraires :

Selon l'itinéraire d'Antonin.

*ITER A MEDIOLANO PER ALPES*

| *PENNINAS MAGONTIACUM.* | MP. | CCCCXIX. |
|---|---|---|
| Sic. | | |
| Novariam. | NP. | XXXIII. |
| Vercellas. | MP. | XVI. |
| Eporediam. | MP. | XXXIII. |
| Vitricium. | MP. | XXI. |
| Auguftam Pretoriam. | MP. | XXV. |
| Summum Pennium. | MP. | XXV. |
| Ocelurum. | | |
| Tarnadas. | MP. | XII. |
| Pennelocos. | MP. | XIII. |
| Ufecum. | MP. | IX. |
| Bromagum. | MP. | IX. |
| Minnidunum. | MP. | VI. |
| Aventicum Helvetiorum. | MP. | XIII. |
| Pereficam. | MP. | XIII. |
| Salodurum. | MP. | X. |
| Auguftam Rauracum. | MP. | XXII. |
| Cambetem. | MP. | XII. |
| Stabula. | MP. | VI. |
| Argentovarium. | MP. | XIX. |
| Elcebum. | MP. | VI. |
| Argentoratum. | MP. | XII. |
| Saletionem. | MP. | VII. |
| Tabernas. | MP. | XIII. |
| Noviomagum. | MP. | XI. |
| Borbitaniagum. | MP. | XIV. |
| Banconicam. | MP. | XIII. |
| Maguntiacum. | MP. | XI. |

Selon la table de Peutinger.

*MEDIOLANUM.*

| | |
|---|---|
| Ticeno. | |
| Laumellum. | XXI. |

---

| | |
|---|---|
| *Cutias.* | *XII.* |
| *Vercellis.* | *XIII.* |
| *Eporedia.* | *XXXIII.* |
| *Utricio.* | *XXI.* |
| *Augusta Prætoria.* | *XXVIII.* |
| *Endracinum.* | *XXV.* |
| *In Summo Pennino.* | *XIII.* |
| *Octoduro.* | *XXV.* |
| *Tarnajas.* | *XII.* |
| *Pennolucos.* | *XIV.* |
| *Vivisco.* | *XIV.* |
| *Viromagus.* | |
| *Minodum.* | *VI.* |
| *Aventicum Helvetiorum.* | *XVIII.* |

Jusqu'ici le chemin va d'orient en occident, puis il retourne en orient.

| | |
|---|---|
| *Aventicum Helvetiorum* (1). | *XVI.* |
| *Petenisca.* | *X.* |
| *Salodurum.* | *XXII.* |
| *Augusta Rauracum.* | *XXII.* |

### Retour à l'occident.

| | |
|---|---|
| *Arialbinum.* | *VI.* |
| *Cambete.* | *VII.* |
| *Argentovaria.* | *XII.* |
| *Helellum.* | *XII.* |
| *Argentorate.* | *XII.* |
| *Brocomacus.* | *VII.* |
| *Saletione.* | *XVIII.* |
| *Tabernis.* | *XI.* |
| *Noviomago.* | *XII.* |
| *Bergetomagi.* | *XIII.* |
| *Bonconica.* | *XI.* |
| *Magontiaco.* | *IX.* |

5°. Je passe aux Alpes Lépontiennes. César dit que le Rhin prenoit sa source au milieu des peuples Lépontins qui habitent les Alpes d'une autre part. Pline dit que les Vibériens, peuples Lépontins, habitent sur les sources du Rhône. Mais il est à présumer que les anciens non connoissoient pas parfaitement le lieu des sources de plusieurs fleuves qui sortoient des Alpes. De plus, comme il ne passoit aucune route au travers des Alpes Lépontiennes, il n'en doit pas être fait mention ici. Je passe donc aux Alpes Rhétiennes, appellées par les anciens *Ræthicas Alpes.* Voici l'étendue que Strabon

leur donne, puisque ces montagnes n'avoient ce nom que d'après le peuple qui les habitoit. *Ræthi enim*, dit Strabon, *ad Italiam spectant supra Comum & Veronam.*

Des différens chemins qui traversoient ces montagnes, Bergier n'en cite que trois.

| | | |
|---|---|---|
| *A* BRIGANTIA PER LACUM | | |
| MEDIOLANUM USQUE | MP. | CXXXVIII. |
| Sic. | | |
| *Curiam.* | MP. | *L.* |
| *Tinnetionem.* | MP. | *XX.* |
| *Mutum.* | MP. | *XV.* |
| *Summum Lacum.* | MP. | *XX.* |
| *Comum.* | MP. | *XV.* |
| *Mediolanum.* | MP. | *XVIII.* |

L'autre voie passoit par les lieux suivans :

| | | |
|---|---|---|
| ALIO ITINERE A BRIGANTIA | | |
| COMUM. | MP. | CXCV. |
| Sic. | | |
| *Curiam.* | MP. | *L.* |
| *Taruesede.* | MP. | *LX.* |
| *Clavennam.* | MP. | *XV.* |
| *Ad Lacum Comacenum.* | XP. | *X.* |
| *Ad Lacum Comum usque.* | MP. | *XL.* |

9°. Sur ce chemin est un gros village, nommé *Spelunga*, distant de Coïre de trente-six milles, & de *Clavenna* de vingt-sept. Quant à la montagne de *Spelunga*, c'est celle que les Grisons appellent *Colmen del orso*.

10°. Le second des chemins qui passoit par les Alpes est celui qui alloit du lac *Larius* dans la Rhétie. Voici comment Alciat le décrit : *Sunt Rhætiæ Alpes quibus in Rhatos vadimus, quos vulgo Chrisons vocant : incipiunt ab Adya monte (Straboni corrupte legitur, nunc Adula, nunc Aduella) idem inaccesso ; vernacula simplicitas montem Bralium nuncupat in vulturrena : seu, ut imperiti, in valle Telina & in venetiam protenduntur, donec Ocræ subeant.* Jovius dit de même : *his aliæ Rhæticæ succedunt, quæ ab Lario lacu per volturenam vallem supra Aldue fontes, & Burnias aquas, celsissimum, Adnæ montis culmem habent, quod hodie mongranum vocant.*

11. On croit que ce fut à travers de ces monts Rhétiens que Stilicon fit passer son armée d'Italie en Germanie, lorsqu'il y alla porter la guerre : c'est à quoi Claudian fait allusion, lorsqu'il dit :

*Protinus umbrosa vestit qua litus oliva.*
*Larius, & dulci mentitur nerea fluctu,*
*Parva puppe lacum præter volat ocyus : inde*
*Scandit inaccessus brumnali frigore montis*
*Nil hiemis cœlive memor.*

---

(1) Je me conforme absolument au texte de Bergier.

Et peu après décrivant poétiquement la difficulté de ces paſſages, il dit :

*Sed latus, Heſperiæ quæ Rhætia jungitur oræ.*
*Præruptis ſerit, aſtra jugis : panditque tremendum*
*Vix æſtate viam, multi, ſeu gorgone viſa*
*Obriguere gelu ; multos hauſere profundæ,*
*Vaſta male nives ; cumque ipſis ſæpe juvenis*
*Naufraga candenti merguntur plauſtra baratro*
*Interdum ſubitam glacie labente minam*
*Mons dedit, & tepidis fundamina ſubunt aſtris*
*Pendenti maleſido ſolo : per talia tendit*
*Frigoribus mediis Stilico loca.*

12°. Le troiſième chemin qui traverſoit les montagnes Rhétiennes étoit celui qui paſſoit à *Tridentum* ( Trente ). Jovius le décrit en ces termes : *Secundum eas ſunt Rhæticæ, quibus à Tridento per montis cremeris clementia juga in via deliciam & ad loca ad Œmum amnem, hiſpurcho oppido proxima penetratur.* Quelques auteurs prétendent que les montagnes de Trente ne faiſoient pas partie de celles des Griſons, mais ce ſentiment eſt contraire à ce que diſent Strabon & Pline.

Ce chemin, dit Bergier, étant parvenu juſques au comté de Tirol, ſe diviſe en deux, près de la ville que les Latins appeloient *Œnipontem* & les Allemands Inſpruck, c'eſt-à-dire, le pont de l'Œnus, & dans ce lieu il ſe diviſoit en deux bras pour entrer en Germanie : l'un à droite de ceux qui deſcendent ſelon le cours de ce fleuve, qui conduit droit au duché de Bavière, que les anciens appeloient *Noricum*. Mais à gauche, le ſecond alloit droit aux Vindéliciens ( *Vindelicii* ).

Ce chemin eſt décrit ainſi dans l'itinéraire d'Antonin.

*ITER AB AUGUSTA VINDE-*
   *LICORUM* (1) *VERONAM* . . MP. CCLXXII.
   Sic.

| | | |
|---|---|---|
| *Abuzacum.* . . . . . . . . . . . | MP. | XXXVI. |
| *Parthanum.* . . . . . . . . . . | MP. | XXX. |
| *Vildidenam.* . . . . . . . . . | MP. | XXX. |
| *Vipitenum.* . . . . . . . . . | MP. | XXXVI. |
| *Sublavionem.* . . . . . . . . | MP. | XXXII. |
| *Endidas.* . . . . . . . . . | MP. | XXVI. |
| *Tridentum.* . . . . . . . . . | MP. | XXIV. |
| *Ad Palatiam.* . . . . . . . . | MP. | XXIV. |
| *Veronam.* . . . . . . . . . | MP. | XXXVI. |

Quant aux deux bras que formoit la route au-delà d'Œnipons, voici ce que l'on en trouve dans l'itinéraire.

*ITER A PONTE ŒNI AD CAS-*
   *TRA.* . . . . . . . . . . MP. CL.
*Turum.* . . . . . . . . . MP. XLI.

(1) Act. Ausbourg.

| | | |
|---|---|---|
| *Joviſuram.* . . . . . . . . . . | MP. | LXIV. |
| *Ad Caſtra.* . . . . . . . . . | MP. | XLII. |

*ITEM A PONTE ŒNI VELDI-*
   *DENAM.* . . . . . . . . . . NP. XC.
   Sic.

| | | |
|---|---|---|
| *Albiancum.* . . . . . . . . . | MP. | XXXVIII. |
| *Maſtiacum.* . . . . . . . . . | MP. | XXVI. |
| *Veldidenam.* . . . . . . . . . | MP. | XXVI. |

13°. Ces routes étoient très-difficiles. C'eſt ce que le poëte Gunterus a décrit en très-beaux vers.

*Ventum erat ad fauces, anguſtaque clauſtra viarum*
*Qua ſe nubiferis horrendæ rupibus Alpes*
*Exiguo tantum penetrandas limite præbent :*
*Uniuſque capax ſcopuloſi ſemita calle*
*Arcta laboranti pandit veſtigia turbæ.*
*Hinc fractis præ rupta jugis, tenebroſa vorago*
*Pandit mane chaos ; baratrique ſimillimus horror*
*Exanimes feciſſe potet. Atheſamque fragoſis*
*Sub pedibus rauco certantem murmure ſaxis*
*Accipit attonita, quam non videt, aure viator.*
*Hinc ſe nubifero ſuper æthera rupes*
*Tollit ; & lingenti late loca protegi umbra ;*
*Eque ſuperato ſcopuloſi verticis unus,*
*Conatu facili, lapſuraque ſaxa movendo*
*Mille poteſt arcere viros, adituſque viarum*
*Claudere, vel miſſis incautos perdere ſaxis.*

*Chap. XXXIII.* Les Alpes Juliennes qui étoient à l'eſt des précédentes, avoient pris leur nom de Jules Céſar, à l'occaſion d'un chemin qui y fut fait de ſon temps. Si l'on en croit Sextus Rufus, il avoit été conſtruit par ſon ordre & celui d'Octave : *Sub Julio,* dit-il, *& Octaviano Cæſaribus per Alpes iter factum eſſe.* Il faut remarquer en même temps qu'il ſe trouve des Alpes Juliennes en trois endroits différens.

Les premières ſont celles dont parle Tite-Live, quand il dit que les Gaulois entrèrent en Italie, *per Taurinos ſaltus, Juliaſque Alpes.* S'il n'y a pas de faute dans le texte, il y auroit donc eu des Alpes Juliennes, près du Piémont actuel. Auſſi quelques auteurs ont-ils cru qu'il falloit lire : *in vias Alpes.*

Les autres ſont dans les montagnes de la Rhétie, près d'un mont que l'on appeloit *Mons Septimus.*

Les troiſièmes ſont celles qui ſont les plus connues ſous ce nom. C'eſt de celles-ci que Tacite dit : *A Veſpaſiano ducibus Veronam & Vicentiam poſſeſſas, et interceptum exercitum per Rhæticam Juliaſque Alpes : ac ne pervium illæ Germanicis exercitibus foret, obſeptum.* Ammien, qui en parle auſſi, dit que ce ſont celles que l'on avoit d'abord appellées *Alpes Venetas,* Alpes des Venètes.

2°. Elles ſe trouvoient entre les Alpes Tridentines & les Alpes Carniques. Voici les lieux que leur attribue l'itinéraire.

A OPITERGIO TRIDENTUM. MP. XXVIII.
Sic.

| | |
|---|---|
| Ad Cepasias . . . . . . . . . . | MP. XXVIII. |
| Feltriam . . . . . . . . . . . . . | MP. XXVIII. |
| Ausugum . . . . . . . . . . . . | MP. XXX. |
| Tridentum . . . . . . . . . . . . | MP. XXIII. |

4°. La dernière portion de cette chaîne qui porte le nom d'Alpes, étoit nommée *Carnices Alpes*.

5°. Au travers de ces Alpes passoit la voie sur laquelle se rencontroient les lieux suivans:

ITER AB AQUILEIA PER COM-
PENDIUM VELDIDENAM... MP. CCXV.
Sic.

| | |
|---|---|
| Ad Tricensinum . . . . . . . . . | MP. XXX. |
| Julium Carnico . . . . . . . . | MP. XXX. |
| Loncium . . . . . . . . . . . . | MP. XXII. |
| Aguntum . . . . . . . . . . . . | MP. XVIII. |
| Littamum . . . . . . . . . . . | MP. XXIII. |
| Sebatum . . . . . . . . . . . . | MP. XXIII. |
| Vipitenum . . . . . . . . . | MP. XXXIII. |
| Veldidenam . . . . . . . . . . . | MP. XXXVI. |

Il devoit y avoir encore d'autres routes au travers des Alpes; mais les traces en sont effacées.

*Chap. XXXIV.* Bergier, dans les trois numéros ou *alinéa* de ce chapitre, s'étend assez longuement pour faire observer que hors de l'Italie les Romains ont pris dans chaque province de grandes villes pour terme de départ des grandes routes. Ainsi, de la ville de Milan, partoient les routes suivantes, qui se trouvent dans l'itinéraire d'Antonin:

ITER QUOD A MEDIOLANO PER PICENUM ET
CAMPANIAM, AD COLUMNAM, ID EST TRA-
JECTUM SICILIÆ, DUCIT... MP. DCCCCLVI.

A MEDIOLANO ARELATE PER
ALPES COTTIAS . . . . . . MP. CCCCXI.

ITER A MEDIOLANO PER AL-
PES COTTIAS VIENNAM . . . . MP. CCCCIX.

ITER A MEDIOLANO PER AL-
PES GRAIAS VIENNA . . . MP. CCCVIII.

ITER A MEDIOLANO PER AL-
PES GRAIAS ARGENTORA-
TUM . . . . . . . . . . . . MP. DLXXVII.

ITER A MEDIOLANO PER AL-
PES PENNINAS MAGUNTIA-
CUM . . . . . . . . . . . . NP. CCCCXLI.

A MEDIOLANO VAPINCUM, TRANS ALPES
COTTIAS, MANSIONIBUS SUPRADICTIS.

Nous avons vu précédemment toutes ces routes. En général dans l'itinéraire il faut distinguer deux sortes de routes; les unes établissent une communication directe de Rome aux villes les plus éloignées, & d'autres forment des routes de traverses servant à la communication des villes entre elles.

Ordinairement on n'obtient la connoissance des premières qu'en réunissant ensemble les détails de plusieurs grandes routes. Ainsi pour avoir la route de Rome à Gadès, il faudra réunir les routes suivantes:

A ROMA PER TUSCIAM ET ALPES MARITIMAS
ARELATUM USQUE . . . . . . MP. DCCXCVI.

C'est la voie Aurélienne.

AB ARELATE NARBONEM . . . MP. CI.

INDE CARTHAGINEM SPARTA-
RIAM . . . . . . . . . . . . MP. CCCXI.

INDE CASTULONEM . . . . . . MP. CCCIII.

ITER A CASTULONE MALACAM. MP. CCXCI.

ITER A MALACA GADIS . . . . MP. CXLV.

Cette route est celle qu'Auguste répara & fit aller jusqu'à Cadix.

*Chap. XXXV. Des chemins de l'Hispanie.*

On peut traiter ce qui concerne ces chemins, comme on a fait précédemment ceux de l'Italie, c'est-à-dire, consulter d'une part les itinéraires; de l'autre, l'histoire.

3°. Quant aux chemins que donne l'itinéraire d'Antonin, outre ceux que j'ai indiqués au-dessus, il y en avoit un qui alloit de Milan au travers de l'ancienne Gaule Narbonnoise, jusqu'au pays des Gallicins, appartenant actuellement au royaume de Portugal. Le voici:

# IN HISPANIAS.

ITER DE ITALIA IN HISPANIAS.

A Mediolano Vapincum, trans Alpes Cottias Mansionibus supra dictis . . . . MP. CCLV.
Inde ad Gallæciam ad Legio-
nem Geminam . . . . . . . MP. DCCCCLXXV.
Sic.

| | |
|---|---|
| Alamontem . . . . . . . . . | MP. XVII. |
| Regusturonem . . . . . . . . | MP. XVI. |
| Alaunium . . . . . . . . . . | MP. XXXVI. |

| | | |
|---|---|---|
| Apta Juliam. | MP. | XXVIII. |
| Cabellionem. | MP. | XXII. |
| Arelate. | MP. | XXX. |
| Nemaufum. | MP. | XIX. |
| Ambruffum. | MP. | XV. |
| Sextationem. | MP. | XV. |
| Forum Domiti. | MP. | XV. |
| Arauram five Ceseronam. | MP. | XVIII. |
| Beterras. | MP. | XII. |
| Narbonem. | MP. | XVI. |
| Salfulas. | MP. | XXX. |
| Ad Stabulum. | MP. | XLVIII. |
| Ad Pyrenæum. | MP. | XVI. |
| Juncariam. | MP. | XVI. |
| Gerundam. | MP. | XXVII. |
| Barcinoneno. | MP. | LXVI. |
| Stabulum novum. | MP. | LI. |
| Tarraconem. | MP. | XXIV. |
| Ilerdam. | MP. | LXII. |
| Toloum. | MP. | XXXII. |
| Pertufam. | MP. | XVIII. |
| Ofcam. | MP. | XXIX. |
| Cæfar Auguftam. | MP. | XLVI. |
| Cafcantum. | MP. | L. |
| Calagurrim. | MP. | XXIX. |
| Variam. | MP. | XVIII. |
| Tritium. | MP. | XVIII. |
| Olbiam. | MP. | XVIII. |
| Sege Samundum. | MP. | VII. |
| Veronefcam. | MP. | XI. |
| Segefamonem. | MP. | XLI. |
| Lacobrigam. | MP. | XXX. |
| Camalam. | MP. | XXIV. |
| Lanciam. | MP. | XXIX. |
| Ad Leg. VII Gimaam. | MP. | IX. |

On voit par cet exposé que de Milan à *Legio feptima Gemina* il y avoit douze cents trente milles romains. Il eft très-probable que cette voie eft celle dont parle Polybe, & qu'il affure avoir été faite par les Romains, & divifée par eux de huit en huit ftades.

4°. Il y avoit encore plufieurs autres routes dans l'Hifpanie, & qui nous font connues par l'itinéraire d'Antonin, mais non pas par la table de Peutinger, qui ne préfente rien pour ce pays. Ce qui fuit fera pris feulement de l'itinéraire d'Antonin.

| | | |
|---|---|---|
| Iter ab Arelate Narbone. | MP. | CI. |
| Inde Tarraconem. | MP. | CCXXXIV. |

| | | |
|---|---|---|
| Inde Carthagine Spartariam. | MP. | CCCCLX. |
| Inde Caftulone. | MP. | CCCIII. |
| Nemaufum. | MP. | XIV. |
| Ambruffum. | MP. | XV. |
| Sextantionem. | MP. | XV. |
| Foro Domiti. | MP. | XV. |
| Ceferone. | MP. | XVIII. |
| Bitterris. | MP. | XII. |
| Narbone. | MP. | XII. |
| Ad Vigefimum. | MP. | XX. |
| Combufta. | MP. | XIV. |
| Ruscione. | MP. | VI. |
| Ad Centuriones. | MP. | XX. |
| Summo Pyrenao. | MP. | V. |
| Juncaria. | MP. | XVI. |
| Ci niana. | MP. | XV. |
| Aquis Voconis. | MP. | XXIV. |
| Secerras. | MP. | XV. |
| Prætorio. | MP. | XV. |
| Barcinone. | MP. | XVII. |
| Fines. | MP. | XX. |
| Antiftiana. | MP. | XVII. |
| Palfuriana. | MP. | XII. |
| Tarracone. | MP. | XVII. |
| Oleaftrum. | MP. | XXI. |
| Traja capita. | MP. | XXIV. |
| Dertofa. | MP. | XVII. |
| Intibili. | MP. | XXVII. |
| Ildum. | MP. | XXIV. |
| Sepelaci. | MP. | XXIV. |
| Saguntum. | MP. | XXII. |
| Valentia. | MP. | XVI. |
| Sucronam. | MP. | XX. |
| Ad Statuas. | MP. | XXII. |
| Ad Turres. | MP. | IX. |
| Adello. | MP. | XXIV. |
| Afpis. | MP. | XXIV. |
| Ilici. | MP. | XXIV. |
| Thiar. | MP. | XXVII. |
| Cathagine Spartaria. | MP. | XXV. |
| Eliocroca. | MP. | XLVI. |
| Ad Morum. | MP. | XXVI. |
| Bafti. | MP. | XXVI. |
| Acci. | MP. | XXVII. |
| Acatucci. | MP. | XXVIII. |
| Viniolis. | MP. | XXVIII. |
| Mentefa Baftia. | MP. | XX. |
| Caftulone. | MP. | XXV. |

ITER A CORDUBA CASTULONE.   MP.   ICXIX.
Calpurniana. . . . . . . . . . . . . . MP.   XXV.
Urcaone. . . . . . . . . . . . . . . . MP.   XX.
Iliturgis. . . . . . . . . . . . . . . MP.   XXXIV.
Castulone. . . . . . . . . . . . . . MP.   XV.

ALIO ITINERE A CORDUBA CASTU-
    LONE. . . . . . . . . . . . . . . . LXXVII.
Epora. . . . . . . . . . . . . . . XXVIII.
Uciense. . . . . . . . . . . . . . XVIII.
Castulone. . . . . . . . . . . . . XXXII.

ITER A CASTULONE MALA-
    CAM. . . . . . . . . . . . . . . MP.   CCXCI.
Sic.
Tugia. . . . . . . . . . . . . . . MP.   XXXV.
Traxinum. . . . . . . . . . . MP.   XVI.
Hactara. . . . . . . . . . . . . MP.   XXVI.
Acci. . . . . . . . . . . . . . . MP.   XXXII.
Alba. . . . . . . . . . . . . . . MP.   XXXII.
Urci. . . . . . . . . . . . . . . MP.   XXIV.
Turaniana. . . . . . . . . . . MP.   XVI.
Murgi. . . . . . . . . . . . . . MP.   XII.
Saxatanum. . . . . . . . . . MP.   XXXVIII.
Caviclum. . . . . . . . . . . MP.   XVI.
Menoba. . . . . . . . . . . . MP.   XXXIV.
Malaca. . . . . . . . . . . . . MP.   XII.

ITER A MALACA GADIS. . . NP.   CXLV.
Sic.
Sivel. . . . . . . . . . . . . . MP.   XXI.
Cilniana. . . . . . . . . . . . MP.   XXVI.
Barbariana. . . . . . . . . . MP.   XXXIV.
Calpe Castežam. . . . . . . MP.   X.
Porta Albo. . . . . . . . . . MP.   VI.
Mellaria. . . . . . . . . . . . MP.   XII.
Belone Claudia . . . . . . . MP.   VI.
Besippone. . . . . . . . . . . MP.   XII.
Mergablo. . . . . . . . . . . MP.   VI.
Ad Herculem. . . . . . . . MP.   XII.
Gadis. . . . . . . . . . . . . MP.   XII.

ITER GADIBUS CORDUBA. . . NP.   CCXCV.
Sic.
Ad Pontem. . . . . . . . . . MP.   XII.
Portu Galitano. . . . . . . MP.   XIV.
Arta. . . . . . . . . . . . . . MP.   XVI.
Ugia. . . . . . . . . . . . . . MP.   XXVII.
Orippo. . . . . . . . . . . . MP.   XXIV.

*Géographie ancienne. Tome III.*

Hispali. . . . . . . . . . . . . MP.   IX.
Basilippo. . . . . . . . . . . MP.   XXI.
Carula. . . . . . . . . . . . MP.   XXIV.
Ilipa. . . . . . . . . . . . . . MP.   XVIII.
Ostippo. . . . . . . . . . . . MP.   XIV.
Barba. . . . . . . . . . . . . MP.   XX.
Antiquaria. . . . . . . . . . MP.   XXIV.
Angellas. . . . . . . . . . . MP.   XXIII.
Ipagro. . . . . . . . . . . . MP.   XX.
Ulia. . . . . . . . . . . . . . MP.   X.
Corduba. . . . . . . . . . . MP.   XVIII.

ITER AB HISPALI CORDUBAM.   MP.   XCIII.
Sic.
Obucula. . . . . . . . . . . MP.   XLII.
Astigi. . . . . . . . . . . . . MP.   XVI.
Ad Aras. . . . . . . . . . . MP.   XVI.
Corduba. . . . . . . . . . . MP.   XXIV.

AB HISPALI ITALICAM. . . . NP.   VI.

ITER AB HISPARI EMERITAM.   MP.   CLII.
Sic.
Carmone. . . . . . . . . . . MP.   XXII.
Obucula. . . . . . . . . . . MP.   XX.
Astigi. . . . . . . . . . . . . MP.   XV.
Celti. . . . . . . . . . . . . MP.   XXVII.
Regiana. . . . . . . . . . . MP.   XLIV.
Emerita. . . . . . . . . . . MP.   XXVII.

ITER A CORDUBA EMERITAM.   MP.   CXLIV.
Sic.
Mellaria. . . . . . . . . . . MP.   LII.
Artigi. . . . . . . . . . . . . MP.   XXXVI.
Metellinum. . . . . . . . . MP.   XXXII.
Emerita. . . . . . . . . . . MP.   XXIV.

ITER AB OLISIPONE EMERI-
    TAM. . . . . . . . . . . . . MP.   CXLI.
Sic.
Equabona. . . . . . . . . . MP.   XII.
Catobriga. . . . . . . . . . MP.   XII.
Ciciliana. . . . . . . . . . . MP.   VIII.
Malceda. . . . . . . . . . . MP.   XVI.
Salacia. . . . . . . . . . . . MP.   XII.
Ebora. . . . . . . . . . . . MP.   XLIV.
Ad Adrum flumen. . . . . MP.   IX.
Dipone. . . . . . . . . . . . MP.   XII.
Evandriana. . . . . . . . . MP.   XVII.
Emerita. . . . . . . . . . . MP.   IX.

ITER A SALACIA OSSONOBA. MP. XVI.

ITER AB OLISSIPONE EMERITAM............ NP. CXLV.
Sic.
Aritio................ NP. XXXVIII.
Abel Terio............ NP. XXVIII.
Matusaro............ NP. XXIV.
Ad Septem Aras........ NP. VIII.
Budua.............. NP. XII.
Plagiaria............ NP. XII.
Emerita............ NP. XXX.

ITEM ALIO ITINERE AB OLISIPONE EMERITAM.... NP. CCXX.
Sic.
Jerabrica............. NP. XXX.
Scalabiu............. NP. XXXII.
Tubucei............. NP. XXXII.
Fraxinum............ NP. XXXII.
Memdobriga.......... NP. XXX.
Ad Septem Aras........ NP. XIV.
Plagiaria............ NP. XX.
Emerita............ NP. XXX.

ITER AB OLISIPONE BRACASAM AUGUSTAM...... MP. CCXLIV.
Sic.
Jerabrica............ MP. XXX.
Scalabin............ MP. XXXII.
Sellium............. MP. XXXII.
Conembrica........... MP. XXXIV.
Eminio.............. MP. X.
Talabriga............ MP. XL.
Lancobriga........... MP. XVIII.
Calem.............. MP. XIII.
Bracara............ MP. XXXV.

ITER A BRACARA ASTURICAM....... MP. CCXLVII.
Sic.
Salacia............ MP. XX.
Prasidio........... MP. XXVI.
Caladuno........... MP. XXVI.
Ad Aquas........... MP. XVIII.
Pinetum............ MP. XX.
Roboretum.......... MP. XXXVI.
Complentica......... MP. XXIX.
Veniatia............ MP. XXV.
Petaronium.......... MP. XXVIII.

Argentiolum......... MP. XV.
Asturica............ MP. XIX.

ITER PER LOCA MARITIMA A BRACARA ASTURICAM... MP. CCVII.
Aquis Celenis........ MP. CLXV.
Vico Spacorum stad. MP. CXCV.
Ad duos Pontes...... MP. CL.
Grandimiro.......... MP. CLIII.
Trigundo........... MP. XXII.
Brigantium......... MP. XXX.
Carania........... MP. XVIII.
Luco Augusti....... MP. XIV.
Timatino........... MP. XXII.
Ponta Nevia........ MP. XII.
Uttari............ MP. XX.
Bergido........... MP. XVI.
Asturicas.......... MP. L.

ITER DE ESURI PACE JULIA. MP. CCLXIV.
Sic.
Balsa............ MP. XXIV.
Ossonoba........... MP. XVI.
Aranni............ MP. LX.
Rarapia........... MP. XXXII.
Ebora............ MP. XLIV.
Sarpa............ MP. XIII.
Fines............ MP. XX.
Arucei............ MP. XXII.
Pace Julia.......... MP. XXX.

Item. ALIO ITINERE A BRACARA ASTURICAM...... MP. CCXXII.
Sic.
Salaniana.......... MP. XXI.
Aquis originis........ MP. XXVIII.
Aquis Querquennis...... MP. XIV.
Geminas........... MP. XIII.
Salientibus......... MP. XVIII.
Prasidio........... MP. VIII.
Nemetobriga........ MP. XIII.
Foro............ MP. XIX.
Gemestario......... MP. XVIII.
Bergido........... MP. X.
Interamnio Flavio...... MP. XX.
Asturica........... MP. XXX.

ITER A BRACARA ASTURICAM. MP. CCCXCIX.
Sic.
Limia............ MP. XIX.
Tude............ MP. XXIV.

| | | |
|---|---|---|
| Bulbida. | MP. | XVI. |
| Turoqua. | MP. | XVI. |
| Aquis Celinis. | MP. | XXIV. |
| Pria. | MP. | XII. |
| Asseconia. | MP. | XXIII. |
| Brevis. | MP. | XII. |
| Martiæ. | MP. | XX. |
| Luco Augusti. | MP. | XVI. |
| Timalino. | MP. | XXII. |
| Ponte Neviæ. | MP. | XII. |
| Uttaris. | MP. | XX. |
| Bergido. | MP. | XVI. |
| Inter Amnio Flavio. | MP. | XX. |
| Asturica. | MP. | XXV. |

ITER AB ESURI PER COM-
PENDIUM PACE JULIA. ... MP. LXXVI.
Sic.

| | | |
|---|---|---|
| Myrtili. | MP. | XL. |
| Pace Julia. | MP. | XXXVI. |

ITER AB OSTIO FLUMINIS
ANÆ EMERITAM USQUE. ... MP. CCCXIII.
Sic.

| | | |
|---|---|---|
| Præsidio. | MP. | XXIII. |
| Ad Rubras. | MP. | XXVII. |
| Onoba. | MP. | XXVIII. |
| Ilipa. | MP. | XXX. |
| Tucci. | MP. | XII. |
| Italica. | MP. | XVIII. |
| Monte Mariorum. | MP. | XLVI. |
| Curica. | MP. | XLIX. |
| Contributa. | MP. | XXIV. |
| Perceiana. | MP. | XX. |
| Emerita. | MP. | XXIV. |

ITER AB EMERITA CÆSAR-
AUGUSTAM. ... MP. DCXXXII.

| | | |
|---|---|---|
| Ad Sorores. | MP. | XXVI. |
| Castris Celitis. | MP. | XX. |
| Turmulos. | MP. | XX. |
| Rusticiana. | MP. | XXII. |
| Capara. | MP. | XXII. |
| Cecilionico. | MP. | XXII. |
| Ad Hippos. | MP. | XII. |
| Sentice. | MP. | XII. |
| Salmatice. | MP. | XXIV. |
| Sibariam. | MP. | XXI. |
| Ocelloduri. | MP. | XXI. |

| | | |
|---|---|---|
| Albucella. | MP. | XXII. |
| Amallobrica. | MP. | XXVII. |
| Septimanea. | MP. | XXIV. |
| Nivaria. | MP. | XXII. |
| Cauca. | MP. | XXII. |
| Segovia. | MP. | XXIX. |
| Miacum. | MP. | XXIX. |
| Titulcia. | MP. | XXIV. |
| Complutum. | MP. | XXX. |
| Arriaca. | MP. | XXII. |
| Cesada. | MP. | XXIV. |
| Segontia. | MP. | XXVI. |
| Arcobriga. | MP. | XXIII. |
| Aquæ Bilbitanorum. | MP. | XVI. |
| Bilbili. | MP. | XXIV. |
| Nertobriga. | MP. | XXI. |
| Segontia. | MP. | XIV. |
| Cæsar-Augusta. | MP. | XVI. |

ALIS ITINERE AB EMERITA
CÆSAR-AUGUSTANO. ... MP. CCCXLIX.
Sic.

| | | |
|---|---|---|
| Lacipea. | MP. | XX. |
| Leuciana. | MP. | XXIV. |
| Augustobrica. | MP. | XII. |
| Toletum. | MP. | LV. |
| Titulciam. | MP. | XXIV. |
| Complutum. | MP. | XXX. |
| Arriaca. | MP. | XXII. |
| Cesada. | MP. | XXIV. |
| Segontia. | MP. | XXVI. |
| Arcobriga. | MP. | XXXIII. |
| Aquæ Bilbitanorum. | MP. | XVI. |
| Bilbili. | MP. | XXIV. |
| Nertobriga. | MP. | XXI. |
| Cæsar-Augusta. | MP. | XXIV. |

ITER AB ASTURICA CÆSAR-
AUGUSTAM. ... MP. CCCCXCVII.
Sic.

| | | |
|---|---|---|
| Betunia. | MP. | XX. |
| Brigecio. | MP. | XX. |
| Vico Aquario. | MP. | XXXIII. |
| Oceloduri. | MP. | XII. |
| Titulciam mansionibus suprà scriptis. | MP. | CXCIV. |

ITER AB ASTURICA PER CAN-
TABRIAM CÆSAR-AUGUSTA. MP. CCCI.

| | | |
|---|---|---|
| Brigecio. | MP. | XL. |

Yyy 2

| | | |
|---|---|---|
| Intercatia. | MP. | XX. |
| Tela. | MP. | XXII. |
| Pintiam. | MP. | XXIV. |
| Rauda. | MP. | XXVI. |
| Cluniam. | MP. | XXIV. |
| Voluce. | MP. | XXV. |
| Numantia | MP. | XXV. |
| Auguſtobriga. | MP. | XXIII. |
| Turiaſſone. | MP. | XVII. |
| Caravi. | MP. | XVIII. |
| Cæſar-Auguſta. | MP. | XXXVII. |

ITER A TURIASSONE CÆSAR-
AUGUSTA. . . . . . . . . MP. LVI.

| | | |
|---|---|---|
| Balſione. | MP. | XX. |
| Allobone. | MP. | XX. |
| Cæſar-Auguſta. | MP. | XVI. |

PER LUSITANIAM AB EME-
RITA CÆSAR-AUGUSTA. . . NP. CCCCLVIII.
Sic.

| | | |
|---|---|---|
| Contoſolia. | MP. | XII. |
| Mirobriga. | MP. | XXXVI. |
| Siſalone. | MP. | XIII. |
| Carcuvium. | MP. | XX. |
| Ad Turres. | MP. | XXVI. |
| Mariana. | MP. | XXIV. |
| Lamini. | MP. | XXX. |
| Alces. | MP. | XL. |
| Vico Cuminario. | MP. | XXIV. |
| Titulciam. | MP. | XVIII. |

CÆSAR - AUGUSTAM manſio-
nibus ſuprà ſcriptis. . . . . MP. CCXV.

ITER A LAMINIO TOLETUM. . MP. XCV.
Sic.

| | | |
|---|---|---|
| Murum. | MP. | XXVII. |
| Conſabro. | MP. | XXVIII. |
| Toletum. | MP. | XL. |

ITEAM LAMINIO ALIO CÆSAR-
AUGUSTAM. . . . . . . . MP. CCXLIX.

| | | |
|---|---|---|
| Caput fluminis Anæ. | MP. | VII. |
| Libiſoſia. | MP. | XIV. |
| Parienitis. | MP. | XXII. |
| Satici. | MF. | XV. |
| Ad Putea. | MP. | XXXII. |
| Cæſar-Auguſta. | MP. | XIX. |

ITER AB ASTURICA TAR-
RACONE. . . . . . . . MP. CCCLXXXVI.

| | | |
|---|---|---|
| Vallata. | MP. | XVI. |
| Interamno. | MP. | XIII. |
| Palantia. | MP. | XIV. |
| Viminacio. | MP. | XXXI. |
| Lacobriga. | MP. | XV. |
| Deſſobriga. | MP. | XV. |
| Segiſamone. | MP. | XV. |
| Deobrigula. | MP. | XV. |
| Tritium. | MP. | XXII. |
| Viroveſca. | MP. | XI. |
| Atiliana. | MP. | XXX. |
| Barbariana. | MP. | XXXII. |
| Graccuris. | MP. | XXXII. |
| Balſione. | MP. | XXVIII. |
| Cæſar - Auguſta. | MP. | XXXVI. |
| Gallicum. | MP. | XV. |
| Bortinæ. | MP. | XVIII. |
| Oſcam. | MP. | XII. |
| Caum. | MP. | XXIX. |
| Mendiculeia. | MP. | XIX. |
| Ilerda. | MP. | XXII. |
| Ad Novas. | MP. | XVIII. |
| Ad ſeptimum decimum. | MP. | XIII. |
| Tarraconem. | MP. | XVII. |

ITER A CÆSAR-AUGUSTA
BENEHARNO. . . . . . MP. CXII.
Sic.

| | | |
|---|---|---|
| Foro Gallorum. | MP. | XXX. |
| Ebellino. | MP. | XXII. |
| Summo Pyrenæo. | MP. | XXIV. |
| Foro Ligneo. | MP. | V. |
| Aſpaluca. | MP. | VII. |
| Ilurone. | MP. | XII. |
| Beneharnum. | MP. | XII. |

## DE HISPANIA IN AQUITANIAM.

AB ASTURICA BURDIGA-
LAM. . . . . . . . . . . MP. CCCCXXI.
Sic.

| | | |
|---|---|---|
| Vallata. | MP. | XVI. |
| Interamnio. | MP. | XIII. |
| Palantia. | MP. | XIV. |
| Viminacio. | MP. | XXXI. |
| Lacobriga. | MP. | XV. |
| Segiſamone. | MP. | XV. |
| Deobrigula. | MP. | XV. |

*Tritium.* . . . . . . . . . . . . . MP. XXI.

*Viroveſca.* . . . . . . . . . . . MP. XI.

*Vindeleia.* . . . . . . . . . . . MP. XII.

*Deobriga.* . . . . . . . . . . . MP. XIV.

*Beleia.* . . . . . . . . . . . . . MP. XV.

*Suiſſatio.* . . . . . . . . . . . MP. VII.

*Tullonio.* . . . . . . . . . . . MP. VII.

*Alba.* . . . . . . . . . . . . . . MP. XII.

*Araceli.* . . . . . . . . . . . . MP. XXII.

*Alantone.* . . . . . . . . . . . MP. XVI.

*Pompelone.* . . . . . . . . . . MP. VIII.

*Turiſa.* . . . . . . . . . . . . . MP. XXII.

*Summo Pyrenæ.* . . . . . . . MP. XVIII.

### Dans la Gaule.

*Ineo Pyrenæo.* . . . . . . . . . MP. V.

*Caraſa.* . . . . . . . . . . . . . MP. XII.

*Aquis Tarbelicis.* . . . . . . . MP. XXXIX.

*Moſconnum.* . . . . . . . . . . MP. XVI.

*Segoſa.* . . . . . . . . . . . . . MP. XII.

*Loſa.* . . . . . . . . . . . . . . MP. XII.

*Boios.* . . . . . . . . . . . . . MP. VII.

*Burdigalam.* . . . . . . . . . . MP. XVI.

*Ejuſd. capit.* n°. 8. On vient de voir, ainſi qu'on l'avoit fait remarquer précédemment, pluſieurs exemples de villes capitales ou métropolitaines des principales provinces de l'empire, deſquelles, ainſi que de Rome, partent pluſieurs grands chemins, & traverſent le reſte du pays. On voit par l'itinéraire qu'il y avoit neuf chemins tirés de la ſeule ville d'*Emerita*; huit de *Cæſar Auguſta*, ſept d'*Aſturica*, cinq de *Corduba*, quatre d'*Uliſſipo*, quatre de *Bracara*, trois d'*Hiſpalis* & trois de *Caſtulo*. On voit de plus les rapports que ces villes avoient avec les autres villes de l'Hiſpanie, & qu'ainſi l'on pouvoit voyager dans toutes les parties de cette vaſte péninſule.

*CHAP. XXXVI.* 1°. Je paſſe aux grandes routes de la Gaule, que les Romains appeloient Trans-Alpine.

Cette étendue comprenoit les pays appelés actuellement France, Pays-bas & Provinces-unies, les parties de l'Allemagne en-deçà du Rhin, la Suiſſe.

2°. La Gaule, ayant alors cette étendue, recevoit les chemins romains par trois endroits différents. Premièrement, il en venoit d'Italie par les Alpes; ſecondement, de l'Hiſpanie par les Pyrénées; troiſièmement, de la Pannonie, du côté du Noricum & de la Rhétie. Les premiers nous venoient de Rome directement; les autres n'étoient

à la rigueur que des communications de grandes provinces entre elles.

3°. Pour commencer donc par les chemins qui nous venoient de l'Italie & conduiſant droit à Rome, on a vu plus haut qu'il y avoit une route de cette ville à celle de Milan, & que de Milan il en ſortoit pluſieurs qui traverſoient les Alpes. Voici quelles étoient ces voies:

*A MEDIOLANO PER ALPES*

*COLTIAS VIENNAM.* . . . . . MP. CCCCIX.

*INDÈ DUROCORTORUM*, quæ fuit leg. XX. . . . . . . . . MP. CCCCXXXII.

*INDÈ GESSORIACUM*, quæ fuit leg. XX. . . . . . . . . MP. CLXXIV.

Sic.

*Ticinum.* . . . . . . . . . . . MP. XXII.

*N. B.* Cette route a été miſe précédemment avec celles qui ſortoient de l'Italie, juſqu'au mot *Viennam*, MP. XXVI.

*Lugdunum* aut per compendium. . . . . . .

*Aſſa Paulini.* . . . . . MP. XV.   leg. X.

*Lunnam.* . . . . . . . MP. XV.   leg. X.

*Maliſconem.* . . . . . MP. XV.   leg. X.

*Tinurtium.* . . . . . . MP. XIX.   leg. X.

*Cabellionem.* . . . . . MP. XXI.   leg. X.

*Auguſtodunum.* . . . . MP. XXX.   leg. XIV.

*Sidolucum.* . . . . . . MP. XXVII.   leg. XVIII.

*Aballonem.* . . . . . . MP. XXIV.   leg. XVI.

*Auteſiodorum.* . . . . MP. XXX.   leg. XXII.

*Enburobrincam.* . . . MP. XVIII.   leg. XII.

*Tricaſſes.* . . . . . . . MP. XXXIII.   leg. XXII.

*Artiacam.* . . . . . . . MP. XVIII.   leg. XII.

*Durocatelaunos.* . . . MP. XXX.   leg. XXII.

*Durocortorum.* . . . . MP. XXVII.   leg. XVIII.

*Sueſſonas.* . . . . . . . MP. XXXVII.   leg. XXV.

*Noviomagum.* . . . . MP. XXVII.   leg. XVIII.

*Ambianos.* . . . . . . MP. XXXIV.   leg. XXIII.

*Pontes.* . . . . . . . . MP. XXXVI.   leg. XXIV.

*Geſſoriacum.* . . . . . MP. XXX.   leg. XV.

### Selon la table de Peutinger (1).

*MEDIOLANUM.* . . . . . . . . . . . .

*Ticeno.* . . . . . . . . . . . . . .

*Laumellum.* . . . . . . . . . . . XXI.

---

(1) Cette route n'ayant pas été donnée précédemment, je la place ici toute entière.

| | |
|---|---|
| *Cutias.* | XII. |
| *Vergellis.* | XIII. |
| *Eporedia.* | XXXIII. |
| *Augusta Taurinorum.* | |
| *Finibus.* | XVIII. |
| *Segusione.* | XXII. |
| *Martis.* | XVII. |
| *Gadaone.* | VIII. |
| *Brigantion in Alpe Cottia.* | VI. |
| *Roma.* | XIX. |
| *Eburuno.* | XVII. |
| *Catorigomagus.* | VII. |
| *Ictodurum.* | VI. |
| *Vapincum.* | |
| *Alarante.* | XVIII. |

Hic fit Saltus.

| | |
|---|---|
| *Luco.* | XVIII. |
| *Ad Deam Bocontiorum.* | XII. |
| *Augustam.* | XII. |
| *Valentia.* | XXII. |
| *Tegna.* | XIII. |
| *Figlinis.* | XVI. |
| *Vigenna.* | XXI. |

Lugduno caput Galliarum ufque hic legos.

| | |
|---|---|
| *Lugdunum.* | XVI. |
| *Matiscone.* | XIV. |
| *Tinurtio.* | XII. |
| *Cabillone.* | |
| *Augustodunum.* | XXI. |
| *Sidotoco.* | XVIII. |
| *Aballo.* | XVI. |
| *Anteffio Duro.* | XXII. |
| *Eburobriga.* | |

Hic fit Saltus.

| | |
|---|---|
| *Durocortum.* | XII. |
| *Aug. Suefforum.* | XXI. |
| *Lura.* | XVI. |
| *Rodium.* | IX. |
| *Setucis.* | X. |
| *Sanmarobriva.* | XXXI. |
| *Teneera.* | XII. |
| *Nemetaco.* | XIII. |
| *Ternanna.* | XXII. |
| *Callelle Menapiorum.* | XII. |
| *Gefogiaco, quod nunc Bononia.* | XXIV. |

5°. Ce chemin étoit le plus confidérable de tous ceux de la Gaule, puifque, commençant hors de la Gaule, il la traverfoit d'une extrémité à l'autre; & fi l'on compte depuis Milan, on verra qu'il renfermoit 914 milles de cette ville à Boulogne. Il eft vrai qu'il y a des fautes dans les nombres généraux déduits des nombres particuliers. Mais je renvoie à l'ouvrage même d'Antonin, publié par Wefleling (1).

*CHAP. XXXIX.* Mais, outre les chemins connus par l'itinéraire, il y en a encore de connus par l'hiftoire. Strabon nous apprend qu'Agrippa regardant la ville de Lyon comme le fiège principal des forces romaines dans la Gaule, en fit le point de départ des grandes routes qu'il y fit tracer. Voici ce qu'il dit en parlant de cet objet ( *L. IV* ): *Cæterum Lugdunum in medio inftar arcis fitum eft, cùm iter amnes confluunt & partibus omnibus propinquum fit. Ea propter Agrippa hoc ex loco partibus eft vias. Unam quæ per cemmenos montes ufque ad Auctones & Aquitaniam; aliam ad Rhemum; tertiam ad Occenum & Belloacos & Ambianos. Quarta ducet in agrum Narbonenfem, litufque Maffilienfe.*

2°. Mais on voit que dans la fuite la ville de Reims, appelée par Céfar *Durocortum*, par Strabon Δυρρικόρτορα; par Ptolemée, Δυροκοτορον, & par Etienne de Byfance Δυροκοτιορος, devint un point principal de départ. On a vu plus haut que le chemin qui conduifoit des frontières de l'Italie & même de Rome au pas de Calais, paffoit auffi par cette ville. On peut les expofer fucceffivement, d'après l'itinéraire qui préfente cette première en fens contraire.

| | | | | |
|---|---|---|---|---|
| *Tricaffes.* | | | | |
| *Artiacam.* | | MP. XVIII. | leg. | XII. |
| *Durocatelaunos.* | | MP. XXXIII. | leg. | XXII. |
| *Durocortorum.* | | MP. XXVII. | leg. | XVII. |

Un autre chemin partoit de Reims, & fe dirigeoit vers *Divodurum* ( ou Metz ).

*ITER A DUROCORTORO DIVODURUM USQUE.* . . . . . . . . . . MP. LXII.

*Bafilia.* . . . . . . . . . . . . . . MP. X.

(1) On vient de voir le nom de *Lengæ* ou *lieues* cité à côté de celui de *Millia* ou *milles*, c'eft que la Gaule n'ayant pas été conquife ni divifée par les Romains à une même époque, ils avoient d'abord établi d'une manière abfolue l'ufage des milles dans leurs premières conquêtes, telles que la *Provincia* ou Gaule Narbonnoife; mais, trouvant dans tout le refte de ce vafte pays, c'eft-à-dire, dans l'Aquitaine, dans la Celtique & la Belgique, le nom de lieues en ufage, ils ne purent fe refufer à l'adopter, & pour plus de facilité, à le rapprocher de leur mille. Au refte, la lieue gauloife étoit de 1500 pas romains, ou de 1134 toifes, le mille en ayant 756.

*Axuenam.* . . . . . . . . . . . . . . . MP. XII.
*Virodunum.* . . . . . . . . . . . . . MP. XVII.
*Fines.* . . . . . . . . . . . . . . . MP. IX.
*Ibliodurum.* . . . . . . . . . . . . . MP. VI.
*Divodurum.* . . . . . . . . . . . . . MP. VIII.

Le troifième chemin étoit celui-ci.

*ALIO ITINERE A DUROCOR-*
*TORO DIVODURUM USQUE.* MP. LXXXVII.
Sic.

*Fanum Minervæ.* . . . . . . . . MP. XIV.
*Ariolano.* . . . . . . . . . . . . . MP. XVI.
*Caturigas.* . . . . . . . . . . . . MP. IX.
*Nafium.* . . . . . . . . . . . . . MP. IX.
*Tullum.* . . . . . . . . . . . . . MP. XVI.
*Sçarponam.* . . . . . . . . . . . MP. X.
*Divodurum.* . . . . . . . . . . . MP. XII.

Cette même route eft donnée ainfi par la table de Peutinger.

*Tanomia.* . . . . . . . . . . . . . XXV.
*Caturices.* . . . . . . . . . . . . . IX.
*Nario.* . . . . . . . . . . . . . . . XIV.
*Ad Fines.* . . . . . . . . . . . . . V.
*Tullio.* . . . . . . . . . . . . . . X.
*Scarpona.* . . . . . . . . . . . . . XIV.
*Divodurum Mediomatricum.* . . . . . . . . XLI.

10°. Un quatrième chemin s'étendoit de Reims à *Treveri* (Trèves): le voici.

*ITEM A DUROCORTORUM TREVEROS USQUE.*

*Ungum vicum.* . . . . . . . . . . . . . leg. XII.
*Sepoiffum.* . . . . . . . . . . . . . . leg. XII.
*Orolaunum vicum.* . . . . . . . . . . . leg. XX.
*Andetannale vicum.* . . . . . . . . . . leg. XV.
*Treveros civitas.* . . . . . . . . . . . leg. XV.

Ce chemin partoit d'une porte qui portoit le nom de *porta Treverenfis,* au lieu que la porte qui lui étoit oppofée, fe nommoit *porta Valefia* ou porte Gauloife.
12°. Un cinquième chemin alloit à *Bagacum* (Bavai); l'itinéraire le donne en fens contraire.

*ITER A BAGACO NERVIORUM DUROCORTORUM*
*RHEMORUM USQUE.* . . . . . . MP. LIH.
Sic.

*Duronum.* . . . . . . . . . . . . . MP. XII.
*Verbinum.* . . . . . . . . . . . . . MP. X.
*Catufiacum.* . . . . . . . . . . . . MP. VI.

*Minaticum.* . . . . . . . . . . . . . MP. VII.
*Mnemam.* . . . . . . . . . . . . . MP. XVIII.
*Durocortorum.* . . . . . . . . . . . . MP. X.

14°. Le fixième chemin fe divifoit du cinquième. Le voici d'abord, felon l'itinéraire.

*ITER A TARNENNA DUROCOR-*
*TORUM.* . . . . . . . . . . . . NP. CIII.
Sic.

*Nemetacum.* . . . . . . . . . . . . . MP. XXII.
*Camaracum.* . . . . . . . . . . . . . MP. XIV.
*Auguftam Veromanduorum.* . . . . . . MP. XVIII.
*Centra Aginnum.* . . . . . . . . . . . MP. XIII.
*Auguftam Sueffonum.* . . . . . . . . . MP. XIII.
*Fines.* . . . . . . . . . . . . . . . MP. XIII.
*Durocortorum.* . . . . . . . . . . . . MP. XII.

M. Bergier indique une route plus droite pour aller de Reims à Terouenne, & qui fubfifte, quoique dégradée, comme voie romaine, mais qui n'eft pas celle de l'itinéraire.
15°. Il y avoit une feptième voie qui alloit au nord-oueft.

*A DUROCORTORO GESSORIACUM.*

*Sueffionas.* . . . . . . . MP. XXXVI. leg. XXV.
*Noviomagum.* . . . . . . MP. XXVI. leg. XVIII.
*Ambianos.* . . . . . . . . MP. XXXIV. leg. XXIII.
*Pontes.* . . . . . . . . . MP. XXXVI. leg. XXIV.
*Gefforiacum.* . . . . . . MP. XXXVX. leg. XXVI.

*CHAP. XL.* 1°. M. Bergier paffe enfuite aux chemins qui joignoient la Gaule avec les provinces voifines. Il commence par ceux qui venoient de l'Hifpanie, & remarque que dans l'itinéraire on diftingue un chemin qui venoit de l'Hifpanie dans l'Aquitaine, & un autre de l'Aquitaine dans la Gaule, comme fi la Gaule alors n'eût pas été cenfée renfermer l'Aquitaine. C'eft que réellement & pendant long-temps les Romains n'ont nommé Gaule proprement dite, que la partie qu'ils appeloient Celtique. Car l'itinéraire les place après ceux de l'Hifpanie, qu'il ne donne qu'après ceux de la Gaule.
2°. Voici le premier de ces chemins.

# DE HISPANIA IN AQUITANIAM.

*AB ASTURIEA BURDIGALAM.* MP. CCCCXXI.
Sic.
*Vallatam.* . . . . . . . . . . . . . MP. XVI.
*Interamnium.* . . . . . . . . . . . . MP. XIII.
*Palantiam.* . . . . . . . . . . . . . MP. XIX.
*Viminatium.* . . . . . . . . . . . . MP. XXXI.

Lacobrigam. . . . . . . . . . . . MP. XV.
Sagisamonem. . . . . . . . . . MP. XV.
Deobriculam. . . . . . . . . . MP. XV.
Tritium. . . . . . . . . . . . . MP. XXI.
Virovescam. . . . . . . . . . . MP. XI.
Vindeleism. . . . . . . . . . . MP. XII.
Deobrigam. . . . . . . . . . . MP. XIV.
Beleiam. . . . . . . . . . . . . MP. XV.
Suissatium. . . . . . . . . . . MP. XVII.
Tullonium. . . . . . . . . . . MP. VII.
Albam. . . . . . . . . . . . . MP. XII.
Aracælim. . . . . . . . . . . MP. XXI.
Alantonem. . . . . . . . . . . MP. XVI.
Pompelonem. . . . . . . . . . MP. VIII.
Turissam. . . . . . . . . . . . MP. XXII.
Summum . Pyrenæum. . . . . . . MP. XVIII.
Imum Pyrenæum. . . . . . . . MP. V.
Carasam. . . . . . . . . . . . MP. XII.
Aquas Tarbellicas. . . . . . . . MP. XXXIX.
Monscoannum. . . . . . . . . . MP. XVI.
Segosam. . . . . . . . . . . . MP. XII.
Losam. . . . . . . . . . . . . MP. XII.
Boïos. . . . . . . . . . . . . MP. VII.
Burdigalam. . . . . . . . . . . MP. XVI.

3°. Il y avoit deux chemins dont l'étendue étoit renfermée dans l'Aquitaine seule, & partant d'un même lieu s'étendoient en sens contraire, dont l'un allant au nord, & l'autre vers l'est.

Voici le premier :

ITER AB AQUIS TARBELLICIS
    BURDIGALAM. . . . . . . . . MP. LXIV.
Sic.
Coquosa. . . . . . . . . . . . MP. XVI.
Tellonum. . . . . . . . . . . MP. XVIII.
Salomaco. . . . . . . . . . . MP. XII.
Burdigala. . . . . . . . . . . MP. XVIII.

Autre chemin dirigé vers l'est.

ITER AB AQUIS TARBELLICIS
    TOLOSAM. . . . . . . . . . . NP. XVX.
Beneharum. . . . . . . . . . . MP. XIX.
Oppido novo. . . . . . . . . . MP. XVIII.
Aquis Convenarum. . . . . . . MP. VIII.
Lugdunum. . . . . . . . . . . MP. XVI.
Calagosis. . . . . . . . . . . MP. XXVI.
Aquis Siccis. . . . . . . . . . MP. XVI.
Vernesole. . . . . . . . . . . MP. XV.
Tolosa. . . . . . . . . . . . . MP. XV.

4°. Comme si donc l'Aquitaine n'eût pas fait partie de la Gaule surnommée Transalpine, l'itinéraire donne ensuite les routes qui conduisoient de l'Aquitaine dans les Gaules. La première est celle qui conduisoit de Bordeaux à Autun.

## DE AQUITANIA IN GALLIAS.

ITER A BURDIGALA AUGUS-
    TODUNUM. . . . . . . . . MP. CCCLXXIV.
Sic.
Blanatum. . . . . . : . . . . . MP. XIX.
Tamnum. . . . . . . . . . . . MP. XVI.
Novioregum. . . . . . . . . . MP. XII.
Mediolanum Santonum. . . . . MP. XV.
Annedonnacum. . . . . . . . . MP. XVI.
Rauranum. . . . . . . . . . . MP. XX.
Limonium. . . . . . . . . . . MP. XXI.
Fines. . . . . . . . . . . . . MP. XXI.
Argantomagum. . . . . . . . . MP. XXI.
Evodurum. . . . . . . . . . . MP. XXVI.
Avaricum. . . . . . . . . . . MP. XXIII.
Tinconcium. . . . . . . . . . MP. XX.
Deccidas. . . . . . . . . . . MP. XXII.
Alisincum. . . . . . . . . . . MP. XIV.
Augustodunum. . . . . . . . . MP. XXII.

Quant au second chemin, il paroîtroit à M. Bergier qu'il ne conduit qu'à une ville Aquitanique, parce qu'il se termine à douze milles en-delà d'Argantomagum (Poitiers), que le livre des dignités de l'empire indique dans l'Aquitaine. Probablement ces limites ont varié.

## DE AQUITANIA IN GALLIAS.

ITER A BURDIGALA ARGANTO-
    MAGUM. . . . . . . . . . . MP. CXCVII.
Sistonem. . . . . . . . . . . MP. XV.
Ussubium. . . . . . . . . . . MP. XX.
Fines. . . . . . . . . . . . . MP. XXIV.
Aginnum. . . . . . . . . . . MP. XII.
Excisum. . . . . . . . . . . MP. XIII.
Trajectum. . . . . . . . . . . MP. XXI.
Vesunnam. . . . . . . . . . . MP. XVIII.
Fines. . . . . . . . . . . . . MP. XXI.
Augustoritum. . . . . . . . . MP. XXVIII.
Argantomagum. . . . . . . . . MP. XXI.

6°. Ces chemins parvenus dans la Gaule Celtique, avoient plusieurs rapports avec les principales villes du pays, d'où ils communiquoient ensuite avec la Belgique première & la Belgique seconde. Ainsi, la ville d'Autun ayant reçu ce grand chemin

chemin de Bordeaux, en partoit un autre jusqu'à Paris, où, se divisant en deux branches, il s'en alloit à Rouen d'un côté, à Beauvais de l'autre. Voyez les routes suivantes:

AB AUGUSTODUNO LUTE-
   TIAM PARISIORUM. . . . .   MP.   CLXXXVII.
   Sic.

| | | |
|---|---|---|
| Alifincum. . . . . . . . . . . | MP. | XXII. |
| Decetia. . . . . . . . . . . | MP. | XXIV. |
| Nevirnum. . . . . . . . . . | MP. | XVI. |
| Condate. . . . . . . . . . | MP. | XXIV. |
| Brivodurum. . . . . . . . . | MP. | XVI. |
| Belca. . . . . . . . . . . | MP. | XV. |
| Cenabum. . . . . . . . . . | MP. | XXII. |
| Saliocliia. . . . . . . . . | MP. | XXIV. |
| Lutetia. . . . . . . . . . | MP. | XXIV. |

Autre chemin vers Paris.

ITER A ROTOMAGO LUTE-
   TIAM USQUE. . . . . . .   MP.   LXXVII.
   Sic.

| | | |
|---|---|---|
| Uggade. . . . . . . . . . . | MP. | IX. |
| Mediolano Aulercorum. . . . | MP. | XIV. |
| Durocasses. . . . . . . . . | MP. | XVII. |
| Dioduro. . . . . . . . . . | MP. | XXII. |
| Lutetia. . . . . . . . . . | MP. | XV. |

Troisième chemin vers Paris.

ITER A CÆSAROMAGO LUTE-
   TIAM USQUE. . . . . . .   MP.   XLVI.
   Sic.

| | | |
|---|---|---|
| Petromantalum. . . . . . . . | MP. | XVII. |
| Brivaisaræ. . . . . . . . . | MP. | XIV. |
| Lutetiam. . . . . . . . . . | MP. | XV. |

7°. D'autres chemins établissoient la correspondance entre la Celtique & la Belgique.

ITER A PORTU GESSONA-
   CENSI BAGACUM USQUE. .   MP.   LXXXIII.
   Sic.

| | | |
|---|---|---|
| Taruenna. . . . . . . . . . | MP. | XVIII. |
| Castello. . . . . . . . . . | MP. | IX. |
| Viroviacum. . . . . . . . . | MP. | XVI. |
| Turnacum. . . . . . . . . . | MP. | XVI. |
| Ponte Scaldis. . . . . . . . | MP. | XII. |
| Bagacum. . . . . . . . . . | MP. | XII. |

A CASTELLO PER COMPENDIUM
   TURNACUM USQUE. . . . . .   MP.   XXXVIII.
   Sic.

| | | |
|---|---|---|
| Minariacum. . . . . . . . . | MP. | XI. |
| Turnacum. . . . . . . . . . | MP. | XXVII. |

ITER A TARUENNA TURNACUM.   MP.   LXIX.
   Sic.

| | | |
|---|---|---|
| Nemetacum. . . . . . . . . | MP. | XXII. |
| Turnacum. . . . . . . . . . | MP. | XXVII. |

A SAMAROBRIVA SUESSONAS
   USQUE. . . . . . . . . . .   MP.   LXXXIX.
   Sic.

| | | |
|---|---|---|
| Curmiliaca. . . . . . . . . | MP. | XII. |
| Cæsaromago. . . . . . . . . | MP. | XIII. |
| Litanobriga. . . . . . . . | MP. | XVIII. |
| Augustomago. . . . . . . . | MP. | IV. |
| Suessonas. . . . . . . . . | MP. | XXII. |

ITER AB ANTEMATUNNO TUL-
   LUM LEUCORUM USQUE. . .   MP.   XLII.
   Sic.

| | | |
|---|---|---|
| Mosa. . . . . . . . . . . | MP. | XII. |
| Solimariaca. . . . . . . . | MP. | XVII. |
| Tullum. . . . . . . . . . | MP. | XV. |

CHAP. XLI. 1°. Après avoir passé sous silence plusieurs routes de communications intérieures, M. Bergier traite de celles qui étoient dans la partie orientale de la Gaule. On en a déjà vu quelques-unes.

Dans la première Lyonnoise il y avoit deux chemins qui alloient dans la première Belgique. Les voici:

ITER A CAVILLONO TREVEROS.

Cette route est perdue.

L'autre est celle donnée précédemment sous ce titre:

ANDAMATUM TULLUM LEUCO-
   RUM USQUE. . . . . . . . . .   MP.   XLIII.

3°. Dans la Belgique première on trouvoit plusieurs chemins qui s'étendoient dans les provinces appelées Germaines. Il y en avoit deux remarquables, partant de Trèves (Treveri), dont un alloit à Cologne (Colonia Agrippina), & l'autre à Strasbourg (Argentoratum.) Les voici:

| | | |
|---|---|---|
| A TREVERIS AGRIPPINAM. . . | leug. | LXVI. |
| Bedam vicum. . . . . . . . . | leug. | XII. |

Zzz

Aufavam (1) vicum......... leug. XII.

Egorigium vicum.......... leug. XII.

Marcomagum vicum......... leug. VIII.

Belgicam vicum........... leug. VIII.

Tolbiaeam vicum supernorum.... leug. X.

Agrippinam civitatem........ leug. XVI.

Voici le chemin qui alloit de Trèves à Strasbourg.

ITER A TREVERIS ARGENTO-
RATO............... MP. CXXIX.
Sic.

Baudobrica............ MP. XVIII.

Salissone............. MP. XXII.

Bingio.............. MP. XXIII.

Magontiaco............ MP. XII.

Borbitomago........... MP. XVIII.

Noviomago............ MP. XVIII.

Argentorato........... MP. XVIII.

Il y avoit en outre d'autres chemins qui, ne commençant pas à Trèves, alloient aussi dans l'une ou l'autre des Germanies ; telles sont les routes suivantes :

A CASTELLO COLONIAM US-
QUE............... MP. CLXXII.
Sic.

Minariacum............ MP. XI.

Nemetacum............ MP. XIX.

Camaracum............ MP. XIV.

Begacum............. MP. XVIII.

Vodgoriacum........... MP. XII.

Geminiacum............ MP. X.

Perniciacum........... MP. XXII.

Aduaca Tongrorum........ MP. XIV.

Coriovallum........... MP. XVI.

Juliacum............. MP. XVIII.

Colonia............. MP. XVIII.

Un autre alloit de Langres ( Antematunnum ) à Caemps ( Cambatem ), sur le Rhin.

ITER AB ANDEMATUNNO CAM-
BALEM USQUE........ MP. CII.
Sic.

Varcia.............. MP. XVI.

Vesontione............ MP. XXIV.

Epamanduoduro.......... MP. XXXI.

Cambate............. MP. XXXI.

Il y avoit de plus des chemins dont toute l'étendue étoit dans l'intérieur des Germanies , & qui n'établissoient la communication avec aucune province. Tel étoit celui qui venoit de Leyde ( Lugdino ) à Strasbourg ( Argentoratum. )

A LUGDUNO, CAPITE (2) GERMANIARUM AR-
GENTORATUM......... MP. CCCXXV.
Sic.

Albinianis............ MP. X.

Trajecto............. MP. XVII.

Mannaritio........... MP. XV.

Carvone............. MP. XXII.

Harenatio........... MP. XXII.

Burginatio........... MP. VI.

Colonia Trajana........ MP. V.

Veteribus............ MP. I.

Calone............. MP. XVIII.

Novesiæ............. MP. XVIII.

Colonia Agrippina....... MP. XVI.

Bonna.............. MP. XI.

Antunnaco........... MP. XVII.

Confluentibus.......... MP. IX.

Vinco.............. MP. XXVI.

Noviomago........... MP. XXXVIII.

Treveros............ MP. XIII.

Divodurum........... MP. XXXIV.

Ponte Sarvix.......... MP. XXIV.

Argentorato.......... MP. XXII.

Un autre chemin allant de Colonia Trajana à Colonia Agrippina appartenoit aux Germanies. Le voici :

ITER A COLONIA TRAJANA COLONIAM AGRIP-
PINAM USQUE........ MP. LXXI.
Sic.

Mediolano............ MP. VIII.

Sablonibus........... MP. VIII.

Mederiacum........... MP. X.

Tendurum............ MP. IX.

Coriovallum........... MP. VII.

Juliacum............. MP. XII.

Tiberiacum........... MP. VIII.

Colonia Agrippina....... MP. X.

Je finirai cet article des voies de la Gaule par les réflexions suivantes de M. l'abbé Lebœuf. Mém. de Lit. t. XXXI, 274.

(1) Bergier dit Aufanam ; cette leçon est reconnue vicieuse.

(2) C'est à-dire à l'extrémité de la Germanie , & non pas la première ville de la Germanie.

On peut dire avec certitude que deux voies romaines ne font pas une feule & même voie, lorfque les lieux mentionnés fur une voie ne fe trouvent pas fur l'autre, & lorfque la direction d'une voie eft différente de la direction de l'autre voie. La table de Peutinger décrit une voie de Reims à Cologne : *Durocortoro*, *Noviomagu*, *Moza*, *Meduanto*, *Memerica Agrippina*. L'itinéraire d'Antonin décrit une autre voie de Reims à *Durocortoro*, à Trèves, *Treveros ufque*, de cette manière : *Vungo vicus*, *Epoiffo*, *Orolauno vicus*, *Andethamæ vicus*, *Treveros civitas*. Le même itinéraire donne une voie de Trèves à Cologne, *à Treveris Agrippinam Beda vicus*, *Agrippina civitas*. La table décrit même la route de Trèves à Cologne avec les mêmes noms de lieu, à l'exception de *Tolbiacum*. On voit qu'aucun des noms qui fe lifent dans la table, de Reims à Cologne, ne fe trouvent ni fur la route de Reims à Trèves, ni fur la route de Trèves à Cologne ; d'où il réfulte évidemment que la route décrite dans la table, de Reims à Cologne, eft différente de celle qui conduifoit de Reims à Trèves, & de Trèves à Cologne. Mais ce qui rend ce fait encore plus fenfible, c'eft que la direction de la voie de Reims à Cologne étoit différente de la direction de la voie de Reims à Trèves. La première voie fubfifte encore dans une étendue affez confidérable & paffe par Vau-d'Etrée, par Attigny ; de-là, en fuivant la même direction, elle alloit paffer la Meufe à Sédan, d'où elle continuoit au travers des Ardennes jufqu'à Cologne. Guillaume de l'Ile, dans fa carte de Champagne, a tracé cette voie depuis Reims jufqu'à Attigny. La voie de Reims à Trèves laiffoit fur la gauche, à quelque diftance de Reims, cette première voie, paffoit par la Neuville, & traverfoit la rivière d'Aifne à Vaon, éloigné de deux lieues d'Attigny, alloit paffer la Meufe à Mouzon, à quatre lieues de Sédan, &, en fuivant cette direction, paffoit par Ivois, & par les autres lieux mentionnés dans l'itinéraire, jufqu'à Trèves, en s'écartant de plus en plus de la voie de la table. La voie de Reims à Cologne & celle de Reims à Trèves ne peuvent donc pas être confondues comme faifant une feule & même voie.

La table de Peutinger décrit une voie à *Subdinnum* (le Mans) à *Autricum* (Chartres), & marque la diftance de cinquante lieues gauloifes. La même table trace une autre voie de *Subdinnum* (le Mans), à *Cæfarodunum* (Tours), en paffant par le lieu *Fines*, à la diftance de feize lieues gauloifes. La diftance de *Fines* à *Cæfarodunum* n'eft point marquée ; on ne doit donc pas confondre ces deux routes différentes.

1°. Le lieu *Fines* ne peut être placé fur la route du Mans à Chartres, parce que la ville de Chartres étant à environ quatre cents neuf lieues gauloifes du Mans, le nombre 4, donné par la table, remplit feul cet efpace ; & le nombre de feize lieues gauloifes du Mans à *Fines* feroit vicieux & furabondant. D'ailleurs les confins des diocèfes de Chartres & du Mans (anciens) qui répondoient aux anciens *Fines*, font à vingt-une & non à feize lieues gauloifes du Mans.

2°. Si l'on examine avec foin la table de Peutinger, on remarque que les noms de lieux font en général placés, non au-deffous, mais au-deffus de la ligne itinéraire qui les regarde. Le lieu *Fines* dont il s'agit, eft écrit au-deffous de la ligne itinéraire du Mans à Trèves ; ainfi le lieu *Fines* appartient à cette dernière voie. Et en effet, la diftance de feize lieues gauloifes porte le lieu *Fines* aux environs du château du Loir, fur les confins des diocèfes du Mans & de Tours.

Strabon nous apprend qu'Agrippa ( *Strab. L. IV, p. 208* ) fit construire quatre grandes voies depuis Lyon, comme au centre, jufqu'aux extrémités de la Gaule ; la première, paffant par les Cévennes, conduifoit dans l'Aquitaine, jufqu'à la Saintonge ; la feconde conduifoit jufques fur les bords du Rhin : και την επι τον Ρίνον. La troifième tendoit à l'Océan par les cités de Beauvais & d'Amiens : la quatrième conduifoit à la côte Narbonnoife. Le même géographe obferve qu'une autre route, en fortant de l'Italie, conduifoit fur le Rhin. En defcendant des Alpes Pennines, le Grand-S.-Bernard, on laiffoit fur la gauche Lyon & le pays qui eft au-deffus de cette ville ; on paffoit le Rhône, où l'on traverfoit le lac Léman ( lac de Genève), enfuite on paffoit la plaine des Helvétiens, enfuite le mont Jura, le pays des Séquanois, on arrivoit au pays des *Lingones*, de Langres, où cette voie fe féparoit en deux branches, διο δοι γιζονται, dont une conduifoit fur le Rhin par Toul, Metz, Trèves & Coblentz, au confluent du Rhin & de la Mofelle. Ce lieu a toujours été très-important à caufe de fa fituation. La ville des Ubiens n'étoit point encore colonie romaine. Sous le confulat de C. Auliftius & de M. Smilius, l'an 50 de J. C. Agrippine, femme de l'empereur Claude, fit envoyer, felon Tacite ( *Ann. XII, p. 27* ), une colonie de vétérans dans la ville des Ubiens où elle étoit née : on lui donna fon nom ; elle fut appelée *colonia Agrippina*. C'eft la célèbre ville de Cologne, fur le Rhin.

La feconde voie d'Agrippa qui conduifoit de Lyon au Rhin, traverfoit le pays des Séquanois par Befançon, Mandeure, & arrivoit au Rhin dans la haute-Alface, au-deffous de la ville de Bâle. Cette route avoit environ deux cents milles romains de longueur. Guichenon, dans l'hiftoire de Breffe ( *Hift. de Breffe, p. 13* ) parle de cette voie, & dit qu'elle paffoit par Montluel : on reconnoît le paffage de cette route au lieu nommé Eftrées, dans la Breffe. Le P. D. Jourdain, bénédictin, & d'autres favans de Franche-Comté, qui ont recherché les antiquités de leur pays, ont trouvé plufieurs veftiges de cette ancienne voie jufqu'à Befançon. La fuite depuis Befançon par Mandeure eft connue par les itinéraires.

Il eſt probable que ce fut fur cette voie que Tibère fit ſes courſes rapides dont Pline parle ( *L. VII, c. 20* ). Tibère , envoyé par Auguſte en Germanie , ſur la nouvelle qu'il reçut de Druſus Germanicus , fit en vingt - quatre heures , ſur trois chariots de poſte en relais , deux cents milles de chemin , qui valent environ ſoixante-dix lieues communes de France. Au reſte , ces trois voies romaines qui établiſſoient la communication entre ces villes capitales & peuplées , entre Reims & Cologne , le Mans & Tours , Lyon & Beſançon , devoient avoir place dans une carte itinéraire de la Gaule. On y a quelquefois placé d'autres voies qui ne ſe trouvent ni dans les itinéraires , ni dans les anciens auteurs.

M. Bergier paſſe enſuite aux routes qui , des provinces germaniques , communiquoient avec la Pannonie.

5°. Cette province s'étendoit le long du Danube , du côté de l'Eſclavonie.

6°. C'eſt de *Sirmium* ( Sirmiſch ) que l'itinéraire indique le chemin qui établiſſoit la communication entre la Pannonie & la Belgique première. Cette route étoit d'une étendue conſidérable. La voici :

## ITER DE PANNONIS IN GALLIAS PER MEDITERRANÆA LOCA: ID EST A SIRMIO PER SOPIANAS TREVEROS USQUE.

Cette route eſt formée de quatre parties.

1°. A SIRMIO LAURIACO. MP. CCCCXXXVII.

2°. AUGUSTA VINDELICORUM. . . . . . . . . MP. CCXVI.

3°. AD FINES. . . . . . . MP. CXXXVI.

4°. AD TREVEROS. . . . . MP. CCXXXI.

Détails de la route.

| | | |
|---|---|---|
| Ulrnos. | MP. | XXVI. |
| Cibalis. | MP. | XXIV. |
| Murſa. | MP. | XXII. |
| Antianis. | MP. | XXIV. |
| Sopianis. | MP. | XXX. |
| Limuſa. | MP. | XXII. |
| Silacenis. | MP. | XVI. |
| Valco. | MP. | XXVIII. |
| Mogeliana. | MP. | XXX. |
| Sabaria. | MP. | XXXVI. |
| Scarabantia. | MP. | XXXVI. |
| Muteno. | MP. | XII. |
| Vindebona. | MP. | XXII. |
| Comagenis. | MP. | XXIV. |

| | | |
|---|---|---|
| Cetio. | MP. | XXVI. |
| Arlape. | MP. | XXII. |
| Loco Felicis. | MP. | XXVI. |
| Lauriaco. | MP. | XX. |
| Ovilabis. | MP. | XXVI. |
| Laciaco. | MP. | XXXIII. |
| Jovavi. | MP. | XXIX. |
| Bidaïo. | MP. | XXXIII. |
| Ponte Æni. | MP. | XVIII. |
| Iſoniſca. | MP. | XX. |
| Ambre. | MP. | XXXII. |
| Auguſta Vindelic. | MP. | XXVII. |
| Roſtro Nemaviæ. | MP. | XXV. |
| Campoduno. | MP. | XXXV. |
| Vemania. | MP. | XV. |
| Brigantia. | MP. | XXIV. |
| Arbore Felici. | MP. | XX. |
| Ad Fines. | MP. | XX. |
| Vindoniſſa Leugas. | MP. | XXX. |
| Artalbino. | MP. | XXIII. |
| Monte Briſiaco. | MP. | XXX. |
| Argentorato. | MP. | XXXVIII. |
| Tabernis. | MP. | XIV. |
| Decem Pagis. | MP. | XX. |
| Divodoro. | MP. | XX. |
| * * * | MP. | XII. |
| Treveros. | MP. | XVI. |

Il y avoit encore un autre chemin qui venoit de la Pannonie dans la Germanie & dans la Gaule , juſque dans la Gaule Belgique.

## ITER PER RIPAM PANNONIÆ A TAURUNO IN GALLIAS AD LEG. XXX USQUE.

Ce chemin étoit formé de quatre parties.

1°. TAURUNO-LAURIACUM. MP. DLXXXVII.

2°. INDE AUGUSTA VINDELICUM. . . . . . . . MP. CCXXII.

3°. ARGENTORATO. . . . . . MP. CCCCXXII.

4°. AD LEG. XXX . . . . Le nombre manque.

Voici les détails.

| | | |
|---|---|---|
| A Laurino. | MP. | XXV. |
| Ritti. | MP. | XXXIII. |
| In Medio Aciminci. | MP. | CXIII. ſic. |
| Cuſi. | MP. | XXXIII. |
| Bononia. | MP. | XVI. |

| | | |
|---|---|---|
| Cucci. . . . . . . . . . . . . . . | MP. | XVI. |
| Cornaco. . . . . . . . . . . . . | MP. | XVI. |
| Tentiburgo. . . . . . . . . . . | MP. | XVI. |
| Mursa. . . . . . . . . . . . . | MP. | XVI. |
| Ad novas & aureo monte An- | | |
| tianis. . . . . . . . . . . | MP. | XXIV. |
| Altino in medio Lugione. . . . | MP. | XXV. |
| Ad Statuas in medio Alisca ad | | |
| latus ripa alta. . . . . . . | MP. | XXIX. |
| Lussunio. . . . . . . . . . . | MP. | XVIII. |
| Annamatia in medio intercisa. | MP. | XXIV. |
| Vetussalina in medio Matrica. . | MP. | XXVI. |
| Campona in medio Acinco leg. II, | | |
| adjut. . . . . . . . . . . | MP. | XXIII. |
| Ad Lacum Felicis. in medio | | |
| Crumero. . . . . . . . . . | MP. | XXVI. |
| Azao in medio Bregetione leg. | | |
| adjut. . . . . . . . . . . | MP. | XVIII. |
| Ad mures & ad Statuas in medio | | |
| Arrabona. . . . . . . . . . | MP. | XXX. |
| Quadratis in medio Plexo. . . | MP. | XXX. |
| Gerulata in medio Carnunto. . . | MP. | XXII. |
| Legio XIX Gemina. . . . . . | | |

7°. On ne doit pas être surpris en voyant des chemins de cette étendue communiquer de la Pannonie à Trèves ; plusieurs empereurs y ont habité. C'est à quoi les vers d'Ausonne font allusion, dans sa description de la Moselle, à laquelle il fait honneur du séjour des empereurs dans la Belgique, quand il dit :

*Salve amnis laudate aquis, laudate colonis.*
*Vignata imperio debeat cui mænia Belgæ.*

Il ajoute peu après.

— *Nec præmia in undis*
*Sola, sed Augustæ veniens quod mænibus urbis*
*Spectavit junctos natique patrisque triomphos.*
*Hostibus exactis nicrum super, & Lupodunum.*

Ce poëte fait ici allusion à la victoire remportée par Valentinien & Gratien son fils, sur les nations barbares qui avoient traversé le Rhin. Lorsque ce fleuve étoit glacé ces nations se jettoient sur les terres de l'empire ; & c'étoit pour être à portée de les repousser que ces princes passoient ordinairement l'hiver à Trèves. Aussi Ammien dit-il : *Milites ad hyberna, imperatoris Treveros revertunt :* Et Pompinius Lætus dit de même : *Valentianus exacta Treveris hyeme, Gallias revertitur.*

Outre les chemins que l'on vient de citer & qui traversoient de la Pannonie dans la Germanie, il

y en avoit encore plusieurs autres, tels que les suivans :

| | | |
|---|---|---|
| **ITER A LAURIACO VELDIDENA.** | MP. | CCLXVI. |
| Sic. | | |
| Ovilabis, . . . . . . . . . . . | MP. | XX. |
| Laciaco. . . . . . . . . . . | MP. | XXXII. |
| Jovari . . . . . . . . . . . | MP. | XXVIII. |
| Bidaïo. . . . . . . . . . . | MP. | XXXIII. |
| Ponte Æni. . . . . . . . . . | MP. | XVIII. |
| Isinisca. . . . . . . . . . . | MP. | XX. |
| Ambre. . . . . . . . . . . | MP. | XXXII. |
| Ad Pontes Tessenios . . . . . | MP. | XL. |
| Parthano. . . . . . . . . . | MP. | XX. |
| Veldidena. . . . . . . . . . | MP. | XXIII. |
| **ITER AB HEMONA PER SISCIAM SIRMI US-** | | |
| QUE. . . . . . . . . . . | MP. | CCCXI. |
| Sic. | | |
| Prætorio Latovicorum. . . . . . . | MP. | XXXIV. |
| Novioduno. . . . . . . . . . | MP. | XXXI. |
| Quadrata . . . . . . . . . . | MP. | XXVIII. |
| Siscia. . . . . . . . . . . | MP. | XXIX. |
| Varianis. . . . . . . . . . . | MP. | XXIII. |
| Menneianis. . . . . . . . . . | MP. | XXIV. |
| Inicero. . . . . . . . . . . | MP. | XXVIII. |
| Picentino. . . . . . . . . . | MP. | XXV. |
| Leucono. . . . . . . . . . . | MP. | XXVI. |
| Citisa. . . . . . . . . . . | MP. | XII. |
| Cibalas. . . . . . . . . . . | MP. | XXII. |
| Ulnos. . . . . . . . . . . | MP. | XXII. |
| Sirmi. . . . . . . . . . . | MP. | XXVI. |
| **ITER A VINDOBONA PÆTO-** | | |
| VIONE. . . . . . . . . . . | MP. | CLXXXIV. |
| Sic. | | |
| Aquis. . . . . . . . . . . | MP. | XXVIII. |
| Scarabantia. . . . . . . . . . | MP. | XXXI. |
| Sabaria. . . . . . . . . . . | MP. | XXXIII. |
| Arrabone. . . . . . . . . . | MP. | XX. |
| Alicano. . . . . . . . . . . | MP. | XL. |
| Pætovione. . . . . . . . . . | MP. | XXXI. |
| **ITER A PÆTOVIONE CAR-** | | |
| NUNTO. . . . . . . . . . . | MP. | CLXXIV. |
| Sic. | | |
| Halicarno. . . . . . . . . . | MP. | XXXI. |
| Salle. . . . . . . . . . . | MP. | XXX. |
| Sabaria. . . . . . . . . . . | MP. | XXXI. |
| Scarabantia. . . . . . . . . . | MP. | XXXIV. |
| Carnunto. . . . . . . . . . | MP. | XXXVIII. |

A SABARIA BREGETIONE... MP. CH.
Sic.

| | | |
|---|---|---|
| Bassianz. | MP. | XVIII. |
| Mursella. | MP. | XXXIV. |
| Arrabona. | MP. | XX. |
| Bregetione. | MP. | XXX. |

A SABARIA ACINCO.... MP. CLXVIII.
Sic.

| | | |
|---|---|---|
| Mestrianis. | MP. | XXX. |
| Mogentianis. | MP. | XXV. |
| Cæsariana. | MP. | XXX. |
| Osonibus. | MP. | XXIV. |
| Floriana. | MP. | XXVI. |
| Acinco. | MP. | XXX. |

A SOPIANIS ACINCO.... MP. CXXXV.

| | | |
|---|---|---|
| Ponte Sociomno. | MP. | XXV. |
| Valle Cariniana. | MP. | XXX. |
| Corsio sive Hercul. | MP. | XXX. |
| Jasulonibus. | MP. | XXV. |
| Acinco. | MP. | XXV. |

ITER A SOPIANIS BREGE-
TIONE.... MP. C.
Sic.

| | | |
|---|---|---|
| Jovia. | MP. | XXXII. |
| Gurtiana. | MP. | XXV. |
| Herculia. | MP. | XX. |
| Floriana. | MP. | XV. |
| Bregetione. | MP. | VIII. |

ITER A SCISCIA MURSA.... MP. CXXXIV.
Sic.

| | | |
|---|---|---|
| Varianis. | MP. | XXIV. |
| Aquis Balissis. | MP. | XXXI. |
| Micero. | MP. | XXV. |
| Stravianis. | MP. | XXIV. |
| Mursa. | MP. | XXX. |

ITER A PŒTOVIONE SISCIA. MP. C.
Sic.

| | | |
|---|---|---|
| Aquaviva. | MP. | XIX. |
| Pyrri. | MP. | XXX. |
| Dautonia. | MP. | XXIV. |
| Siscia. | MP. | XXVII. |

A SABARIA VINDOBONA... MP. LXXXVIII.

| | | |
|---|---|---|
| Scarabantia. | MP. | XXXIV. |
| Muteno. | MP. | XVIII. |
| Vindobona. | MP. | XXXVI. |

V I Æ

ITER AB ACINCO CRUMEROQUE CASTRA CONS-
TITUTA SINCIO.... MP. XLII.
Sic.

| | | |
|---|---|---|
| Ulcisia castra. | MP. | XIX. |
| Cirpi mansio. | MP. | XII. |
| Ad Herculem Castra. | MP. | XII. |
| Salva mansio. | MP. | IX. |

ITER A SIRMIO CARNUNTO.. MP. CCCXI.
Sic.

| | | |
|---|---|---|
| Ulmo. | MP. | XXVI. |
| Cibalis. | MP. | XXIX. |
| Mursa. | MP. | XXII. |
| Antianis. | MP. | XXIV. |
| Sopianis. | MP. | XXX. |
| Ponte Mansuetina. | MP. | XXV. |
| Tricciana. | MP. | XXV. |
| Cimbrianis. | MP. | XXV. |
| Crispiana. | MP. | XXV. |
| Arrabona. | MP. | XXV. |
| Flexo. | MP. | XXV. |
| Carnunto. | MP. | XXX. |

ITER A SIRMIO SALONAS... MP. CCLXXVI.
Sic.

| | | |
|---|---|---|
| Budalia. | MP. | VIII. |
| Spaneta. | MP. | VIII. |
| Ulmos. | MP. | X. |
| Cibalis. | MP. | XXII. |
| Cirtisa. | MP. | XXIV. |
| Urbate. | MP. | XXV. |
| Servitti. | MP. | XXIV. |
| Ad Ladios. | MP. | XXIV. |
| Æmate. | MP. | XIX. |
| Leusata. | MP. | XIII. |
| Sarnade. | MP. | XVIII. |
| Silviæ. | MP. | XXIII. |
| Pelva. | MP. | XVIII. |
| Æquo. | MP. | XVII. |
| Salonas. | MP. | XXI. |

CHAP. XLII. 1°. Nous avons vu les chemins qui conduisoient de l'Italie dans les Gaules, &c. par la gauche, en traversant les Alpes; nous allons voir actuellement ceux qui traversent par ce qui reste de plaine entre les Alpes & la mer de Venise jusques à Aquilée.

2°. Or il y avoit plusieurs chemins qui conduisoient de cette ville à Bologne. Les voici;

| | | |
|---|---|---|
| ITER AB AQUILEIA BONONIAM........... | MB. | CCXVI. |
| Concordiam........... | MP. | XXXI. |
| Altinum............ | MP. | XXX. |
| Patavium........... | MP. | XXXII. |
| Cetefte............ | MP. | XXV. |
| Æneïanum.......... | MP. | XX. |
| Vicum Vatianum........ | MP. | XV.II. |
| Vicum Serminum........ | MP. | XX. |
| Mutinam........... | MP. | XXIII. |
| Bononiam........... | MP. | XVIII. |

Le second alloit de Rimini à Bologne, & de-là à Aquilée par une autre voie.

| | | |
|---|---|---|
| Item ab Arimino Cæsenam... | MP. | XX. |
| Traventiam civ......... | MP. | XXIV. |
| Forum Cornelii civ....... | MP. | X. |
| Bononiam civ.......... | MP. | XXIV. |
| Mutinam civ.......... | MP. | XXV. |
| Regium civ........... | MP. | XVIII. |
| Parmam civ.......... | MP. | XIX. |
| Fidentiolam vic........ | MP. | XX. |
| Placentiam civ........ | MP. | XXIV. |
| Laudem civ.......... | MP. | XXIV. |
| Mediolanum civ........ | MP. | XVI. |
| Bergomum civ......... | MP. | XXXIII. |
| Brixiam civ.......... | MP. | XVIII. |
| Sirmionem manfionem..... | MP. | XXII. |
| Veronam civ.......... | MP. | XXXIII. |
| Vicentiam civ......... | MP. | XXXIII. |
| Patavium civ.......... | MP. | XXVII. |
| Altinum civ.......... | MP. | XXXIII. |
| Concordiam civ........ | MP. | XXXI. |
| Aquilëiam civ......... | MP. | XXXI. |

Les autres chemins partent de cette même ville pour paffer en Illyrie & en Dalmatie.

## DE ITALIA PER ISTRIAM IN DALMATIA.

| | | |
|---|---|---|
| ITER AB AQUILEIA PER ISTRIAM EXTRA MARE SALONAS.......... | MP. | CXCVIII. |
| Sic. | | |
| Ponte Timavi.......... | MP. | XII. |
| Tergefte............ | MP. | XII. |
| Ningum............ | MP. | XXVIII. |
| Parentium........... | MP. | XVIII. |
| Polam............ | MP. | XXXI. |
| Trajectus Sinus Libromici Sader ufque Stadia.......... | MP. | CCCCL. |

| | | |
|---|---|---|
| Blandona............ | MP. | XX. |
| Aranfa............ | MP. | XX. |
| Prætorio........... | MP. | XXX. |
| Tragurio........... | MP. | XVI. |
| Salonas............ | MP. | XIII. |

Cette ville de Salones étoit la patrie de l'empereur Dioclétien, & le lieu de fa retraite volontaire lorfqu'il eut abdiqué l'empire. De Salones il y avoit une route qui alloit à Sirmium fous ce titre:

| | | |
|---|---|---|
| ITER A SIRMIO SALONAS... | MP. | CCLXXV. |
| Budalia............ | MP. | VIII. |
| Spaneta............ | MP. | VIII. |
| Ulmos............ | MP. | X. |
| Cibalis............ | MP. | XXII. |
| Cirtifa............ | MP. | XXIV. |
| Urbate............ | MP. | XXV. |
| Servitti............ | MP. | XXIV. |
| Ad Ladios........... | MP. | XXIV. |
| Æmate............ | MP. | XIX. |
| Leufaba............ | MP. | XIII. |
| Sarnade............ | MP. | XVIII. |
| Silviæ............ | MP. | XXIV. |
| Pelva............ | MP. | XVIII. |
| Æquo............ | MP. | XVII. |
| Salonas............ | MP. | XXI. |

Ainfi la ville de Sirmium pouvoit avoir une communication directe avec Rome, en prenant la route, un peu longue à la vérité, de Salones.

D'un autre côté, la ville de Salones communiquoit auffi avec Dyrrhachium.

## ITER DE DALMATIA IN MACEDONIAM.

| | | |
|---|---|---|
| ID EST, SALONIS DYRRHACHIUM............ | MP. | CCCII. |
| Sic. | | |
| Ponte Tiluri.......... | MP. | XVI. |
| Trono............ | MP. | XII. |
| Bilubio............ | MP. | XIII. |
| Aufuftianis.......... | MP. | XVIII. |
| Narona............ | MP. | XXV. |
| Dallunto........... | MP. | XXV. |
| Leufinio........... | MP. | XL. |
| Andarba........... | MP. | XXIX. |
| Sallunto........... | MP. | XVIII. |
| Alata............ | MP. | XVII. |
| Birziminio.......... | MP. | X. |

Cinna. . . . . . . . . . . . . . . MP. XVIII.

Scodra. . . . . . . . . . . . . . MP. XII.

Dyrrhachio. . . . . . . . . . . MP. L.

3°. De plus, il y avoit encore un autre chemin d'Aquilée à Sisieg (*Siscia*), dans la haute Pannonie.

*AB AQUILEIA PER LIBURNAM*

     SISCIAM. . . . . . . . . . MP. CCXIII.

Sic.

Ponte Timavi. . . . . . . . . . . MP. XII.

Avesica. . . . . . . . . . . . . . MP. XII.

Ad Malum. . . . . . . . . . . .

Ad Malum. . . . . . . . . . . MP. XIX.

Ad Titulos. . . . . . . . . . MP. XVII.

Tharsatico. . . . . . . . . . MP. XVII.

Ad Turres. . . . . . . . . . MP. XX.

Senia. . . . . . . . . . . . . MP. XX.

Avendone. . . . . . . . . . MP. XVIII.

Arupio. . . . . . . . . . . . MP. X.

Bibium. . . . . . . . . . . . MP. X.

Romula. . . . . . . . . . . . MP. X.

Quadrata. . . . . . . . . . MP. XIV.

Ad Fines. . . . . . . . . . MP. XIV.

Siscia. . . . . . . . . . . . MP. XXI.

4°. Mais le plus grand & le plus remarquable de tous, étoit celui qui alloit de la ville d'Aquilée à la ville de Constantinople, située à l'extrémité sud-est de l'Europe. Mais non-seulement il alloit à Constantinople par les lieux que l'on va voir, mais il alloit aussi dans l'Asie mineure à Calcédoine & à Bythinie, ce qui fait un chemin de 1250 milles.

Ce chemin est divisé en trois routes, savoir:

1°. ITER THRACIA A CABYLE PER COMPENDIUM HADRIANOPOLIM.

2°. A PLOTINOPOLI HERACLEAM.

3°. ITEM PER RIPAM A VIMINACIO NICOMEDIAM.

On les présente ici successivement.

*A CABYLE PER COMPENDIUM HADRIANOPOLIM*

     *USQUE.* . . . . . . . . . . MP. LXXVIII.

Sic.

Orudisza ad Burgum. . . . . MP. XXX.

In Medio. . . . . . . . . . MP. XXV.

Hadrianopolis. . . . . . . . . MP. XXIII.

*A PLOTINOPOLI HERACLEAM.* MP. XCII.

Sic.

Trajanopoli. . . . . . . . . . . MP. XXII.

Apris. . . . . . . . . . . . . . MP. XXIII.

Resisto. . . . . . . . . . . . . MP. XXII.

Heraclea. . . . . . . . . . . . MP. XXV.

*ITER PER RIPAM (DANUBII) A VIMINACIO*

     *NICOMEDIAM XII.* . . . . . MP. LXXII (1).

Sic.

Cuppis. . . . . . . . . . . . . . MP. XXIV.

Novas. . . . . . . . . . . . . . MP. XXIV.

Talia. . . . . . . . . . . . . . MP. XII.

Egeta. . . . . . . . . . . . . . MP. XXI.

Aquis. . . . . . . . . . . . . . MP. XVI.

Dortico. . . . . . . . . . . . . MP. X.

Bononia. . . . . . . . . . . . . MP. XVII.

Ratiaria leg. XIV Gemina. . . . MP. XVIII.

Almo. . . . . . . . . . . . . . MP. XVIII.

Cebro. . . . . . . . . . . . . . MP. XVIII.

Augustis. . . . . . . . . . . . MP. XVIII.

Variana. . . . . . . . . . . . . MP. XII.

Valeriana. . . . . . . . . . . . MP. XII.

Œsco leg. V. Maced. . . . . . MP. XII.

Uto. . . . . . . . . . . . . . . MP. XIV.

Securisca. . . . . . . . . . . . MP. XII.

Dimo. . . . . . . . . . . . . . MP. XII.

Novas leg. I. Ital. . . . . . . . MP. XVII.

Scaidava. . . . . . . . . . . . MP. XVIII.

Trimammio. . . . . . . . . . . MP. VII.

Sexantapistis. . . . . . . . . . MP. VII.

Tigra. . . . . . . . . . . . . . MP. IX.

Appiaria. . . . . . . . . . . . MP. XIII.

Transmariscam. . . . . . . . . MP. XVI.

Candidiana. . . . . . . . . . . MP. XIII.

Teglicio. . . . . . . . . . . . . MP. XII.

Dorostoro leg. XI. Claud. . . . MP. XII.

Sucidava. . . . . . . . . . . . MP. XVIII.

Axiopoli. . . . . . . . . . . . MP. XII.

Capidava. . . . . . . . . . . . MP. XVIII.

Cirso. . . . . . . . . . . . . . MP. XVIII.

Cio. . . . . . . . . . . . . . . MP. X.

Biroe. . . . . . . . . . . . . . MP. XVIII.

Trosmis leg. I. Jovia. . . . . . MP. XVIII.

(1) On convient que ce nombre est corrompu. Voyez l'édit. de Wesseling, page 217. M. Bergier a trouvé, en rapprochant les nombres, 1150 milles. On cite quelques manuscrits qui donnent au total 1132.

SCYTHIA.

## SCYTHIA.

| | | |
|---|---|---|
| Arrubio. | MP. | IX. |
| Diniguttia. | MP. | IX. |
| Novioduno, *leg. II, Herculea.* | MP. | XX. |
| Ægiso. | MP. | XXIV. |
| Salsovia. | MP. | XVII. |
| Salmorude. | MP. | IX. |
| Valle Domitiana. | MP. | XVII. |
| Ad Salices. | MP. | XXVI. |
| Histario. | MP. | XXV. |
| Tomos. | MP. | XXXVI. |
| Callatis. | MP. | XXX. |
| Timogittia. | MP. | XVIII. |
| Dionysopoli. | MP. | XXIV. |
| Odisso. | MP. | XXIV. |
| Marcianopoli. | MP. | XVIII. |
| Soastris. | MP. | XXVI. |
| Anchialis. | MP. | XXIV. |
| Debelco. | MP. | XXIV. |
| Sadame. | MP. | XVIII. |
| Tarpodizo. | MP. | XVIII. |
| Ostudizo. | MP. | XXXII. |
| Burtudizo. | MP. | XXVIII. |
| Bergule. | MP. | XVIII. |
| Drizipara. | MP. | XIV. |
| Izirallo. | MP. | XVI. |
| Heraclea. | MP. | XVIII. |
| Cenophrurio. | MP. | XVI. |
| Melantiada. | MP. | XXVII. |
| Byfantio. | MP. | XVIII. |
| Pantichio. | MP. | XV. |
| Libyssa. | MP. | XXIV. |
| Nicomedia. | MP. | XLII. |

6°. Ce chemin, dit Bergier, s'étend de *Viiimium* fur la rive du Danube, dans la haute Mœsie, jufqu'au lieu nommé *Sucidava*, dernière ville de cette même province. De-là il entre dans la partie de la Scythie qui dépendoit de l'empire Romain ; car il faut obferver que quoiqu'Itinéraire, comme on vient de le voir, ne place le mot *Scythia* qu'après *Trofmim*, cependant nous favons, par la Notice de l'empire, que les villes d'*Artopolis*, de *Capidana*, de *Carfo*, de *Cio*, de *Birœ* & de *Trofmis*, étoient du département du gouverneur de Scythie : *Sub difpofitione ducis Scythiæ*.

De *Suicadava* ce chemin conduifoit jufqu'aux bouches du Danube, nommé en Scythie *Ijter* ; il alloit droit à la ville de *Tomos* ou *Tomi*, où l'on difoit que Médée avoit maffacré fon frère Abfyrte ;

mais plus juftement célèbre pour avoir été le lieu d'exil du poëte Ovide, qui dit, en parlant de ce lieu :

*Indè Tomos dictus hic quia fertur in illo*
*Membra foror fratris diffecuiffe fui.*

Le chemin rentroit enfuite dans la Thrace, pour fe rejoindre à une autre route, au lieu nommé *Oftudizum*, d'où l'on fe rendoit à Conftantinople, puis par le Bofphore de Thrace à Nicomédie.

7°. Ainfi les Romains avoient fait exécuter & mefurer des routes jufques dans les parties les plus éloignées, quoiqu'alors il y eût peu d'étendue de ce pays qui leur parût habitable. Voici comment en parle Ovide, *Trift. L. III* :

*Bofphorus & Tanaïs fuperant, Scythiæque Paludes*
*Vixque fatis noti nomina para loci,*
*Ulterius nihil eft, nifi non habitabile frigus*
*Hœc ! quàm vicina eft ultima terra mihi !*

Mais il y a plus, c'eft que ce chemin étoit pavé ; c'eft pourquoi, en en parlant, les auteurs ont employé l'expreffion de *Strata*. Eutrope, parlant du meurtre de l'empereur Aurélien, maffacré dans une des menfions de ce chemin, appelé *Cœnophrarium*, s'exprime ainfi : *Interfectus eft itinere medio quod inter Conftantinopolim & Heracleam eft Strata veteris. Locus Cœnophurium appellatur.*

*CHAP. XLIII.* Jufqu'à préfent, dit Bergier, nous avons parlé des chemins qui paffoient d'Italie dans les autres provinces par terre : nous allons voir actuellement ceux qui, ne pouvant établir la communication que par mer, fe communiquoient de part en part.

2°. Le premier chemin dont il fera queftion ici, eft celui qui paffoit de la Gaule dans la Bretagne. Je remarque, en paffant, que Bergier étoit dans l'opinion que le *Portus Ictius* dont parle Céfar, eft le lieu actuellement appelé *Boulogne* ; au lieu que les bons critiques font depuis long-temps dans l'opinion que ce lieu correfpondant eft Wiffand. Bergier s'appuie fur ce que la table de Peutinger dit *Gefogiaco quod nunc Bononia* : auffi n'eft-ce pas cette identité qui eft en queftion, mais celle de ce lieu avec le *Portus Ictius*. On ne peut difconvenir que le port de *Gefogiacus* ou *Gefforiacus* n'ait été très-fréquenté très-peu de temps après le paffage de Céfar ; mais cela ne prouve pas qu'alors il exiftoit. Il eft probable que le *Portus Ictius*, que je fuppofe ici à Wiffand, étant fitué fur un endroit de la côte un peu plus près de la Bretagne, quoique fort petit, pût fuffire aux befoins des Gaulois & des Bretons ; mais que quand le paffage devint plus fréquente, & que l'on s'y fervit de bâtimens faits pour transporter des troupes, & par conféquent plus grands que les barques des Celtes, on ait conftruit un port plus

grand & plus commode à l'embouchure de la
Liane. Ce port même devoit être alors plus profond
qu'il ne l'est actuellement, & il n'y avoit probablement que la ville haute d'habitée. On voyoit
il y a peu de temps, & peut-être les voit-on
encore, des traces d'anneaux qui avoient dû servir
à amarrer les bâtimens, & ces traces sont dans les
caves d'une maison près du séminaire au bas de
la haute ville, mais fort loin du port actuel. Le
mot de *Boul* signifiant élevé, & le nom de la
rivière étant *Liane*, ou approchant en gaulois, le
nom de Boulogne peut s'en être formé. Les Romains, qui avoient déjà *Bononia* en Italie, auront prononcé ici de même; comme souvent chez
nous, bien de gens disent Boulogne en Italie au
lieu de Bologne. Au reste, on peut voir dans
Bergier les preuves qu'il apporte de la très-
ancienne existence du port de *Bononia*. Selon l'itinéraire il n'y avoit de distance entre *Gessoriacum*
au port de la Bretagne que 450 pas.

*Routes dans la Bretagne.*

9°. (1) Le premier de ces chemins porte ce titre :

*A Limite id est Vallo Præ-*
     TORIUM USQUE. . . . . . . . . MP. *CLVI.*

Pour entendre l'expression de *Vallum* employée
ici, il faut savoir que l'empereur Adrien avoit
fait construire une muraille, connue sous le nom
de *Vallum*, pour borner la Bretagne au septentrion
& la séparer de la Calédonie : elle avoit LXXX
milles de longueur (2). Je remarquerai ici que
que M. Bergier regarde le rempart construit par
Adrien, comme étant le même qui eut dans la
suite le nom de *Sévère*, & il croit que ce dernier
prince ne fit qu'augmenter le premier de trente-
deux mille pas. Au lieu que par l'inspection même
du local, on doit entendre ces trente-deux mille
pas de toute la longueur d'un autre rempart,
construit plus au nord, en le *Glota* (la Clyd)
& *Bodotria*, ou le fond du golfe, dont la ville
d'Edimbourg est voisine vers le milli : ce sont les
propres expressions de M. d'Anville.
On peut remarquer aussi que l'itinéraire commence la route par le nord pour venir vers le
sud. Voici cette route :

*A Bremenio Corstopitum.* . . . MP. XX.
*Vindomora.* . . . . . . . . . . MP. IX.
*Vinovia.* . . . . . . . . . . MP. IX.
*Cataractoni.* . . . . . . . . . MP. XXII.

*Isurium.* . . . . . . . . . . MP. *XXIV.*
*Eburacum, leg. VI, victrix.* . MP. *XVII.*
*Derventione* . . . . . . . . . MP. *VII.*
*Delgovita.* . . . . . . . . . . MP. *XIII.*
*Prætorio.* . . . . . . . . . . MP. *XXV.*

Le second chemin commençoit aussi au nord &
venoit vers le sud.

*ITER A VALLO AD PORTUM*
     *RITUPUS.* . . . . . . . . MP. *CCCCLXXXI.*
Sic.

*Luguvallo.* . . . . . . . . . MP. *XII.*
*Voreda.* . . . . . . . . . . MP. *XII.*
*Brovonacis.* . . . . . . . . MP. *XIV.*
*Verteris.* . . . . . . . . . MP. *XIII.*
*Lavatris.* . . . . . . . . . MP. *XIV.*
*Cataractoni.* . . . . . . . . MP. *XIII.*
*Isurium.* . . . . . . . . . . MP. *XXIV.*
*Eburacum.* . . . . . . . . . MP. *XVII.*
*Calcaria.* . . . . . . . . . MP. *IX.*
*Camboduno.* . . . . . . . . MP. *XX.*
*Mamucio.* . . . . . . . . . MP. *XVIII.*
*Condate.* . . . . . . . . . MP. *XVIII.*
*Deva leg. XX victrix.* . . . . MP. *XX.*
*Bovio.* . . . . . . . . . . MP. *X.*
*Mediolano.* . . . . . . . . MP. *XX.*
*Rutunia.* . . . . . . . . . MP. *XII.*
*Uroconio.* . . . . . . . . . MP. *XI.*
*Uxacona.* . . . . . . . . . MP. *XL.*
*Penno Crucio.* . . . . . . . MP. *XII.*
*Etoceto.* . . . . . . . . . MP. *XII.*
*Manduessedo.* . . . . . . . MP. *XVI.*
*Venonis.* . . . . . . . . . MP. *XII.*
*Bannavenna.* . . . . . . . . MP. *XVII.*
*Lactoduro.* . . . . . . . . MP. *XII.*
*Magiovinto.* . . . . . . . . MP. *XVII.*
*Durocobrivis.* . . . . . . . MP. *XII.*
*Verolamio.* . . . . . . . . MP. *XII.*
*Sulloniacis.* . . . . . . . . MP. *IX.*
*Londinio.* . . . . . . . . . MP. *XII.*
*Noviomago.* . . . . . . . . MP. *X.*
*Vagniacis.* . . . . . . . . MP. *XVIII.*
*Durobrivis.* . . . . . . . . MP. *XIX.*
*Durolevo.* . . . . . . . . . MP. *XIII.*
*Duroverno.* . . . . . . . . MP. *XII.*
*Ad Postum Ritupis* (3). . . . MP. *XII.*

---

(1) Je répète pour la dernière fois, que les chiffres
que je place ici ont rapport à ceux des chapitres de
Bergier.
(2) Depuis le fond du golfe Solwaisirt jusqu'à Tin-
mouth.

(3) On sera peut-être surpris de trouver la terminaison

Il y en avoît encore treize autres. Les voici.

**ITER A LONDINIO AD POR-**
**TUM DUBRIS.** . . . . . . . MP. LXVI.
Sic.
Durobrivis. . . . . . . . . . MP. XXVII.
Duroverno. . . . . . . . . . MP. XXV.
Ad Portum Dubris. . . . . . MP. XIV.

**ITER A LONDINIO AD POR-**
**TUM LEMANIS.** . . . . . . MP. LXVIII.
Sic.
Durobrivis. . . . . . . . . . MP. XXVII.
Duroveno. . . . . . . . . . MP. XXV.
Ad Portum Lemanis. . . . . MP. XVI.

**ITER A LONDINIO LEUGU-**
**VALLIO AD VALLUM.** . . . MP. CCCCXLIII.
Sic.
Cæsaromago. . . . . . . . . MP. XXVIII.
Colonia. . . . . . . . . . . MP. XXIV.
Villa Faustini. . . . . . . . MP. XXXV.
Icianos. . . . . . . . . . . MP. XVIII.
Camborioco. . . . . . . . . MP. XXXV.
Duroliponte. . . . . . . . . MP. XXV.
Durobrivas. . . . . . . . . MP. XXXV.
Causennis. . . . . . . . . . MP. XXX.
Lindo. . . . . . . . . . . . MP. XXVI.
Segeloci. . . . . . . . . . . MP. XIV.
Dano. . . . . . . . . . . . MP. XXI.
Legeolio. . . . . . . . . . . MP. XVI.
Eburaco. . . . . . . . . . . MP. XXI.
Isubrigantum. . . . . . . . MP. XVII.
Cataractoni. . . . . . . . . MP. XXIV.
Lavatris. . . . . . . . . . . MP. XVIII.
Verteris. . . . . . . . . . . MP. XIII.
Brocavo. . . . . . . . . . . MP. XX.
Liguvallio. . . . . . . . . . MP. XXII.

**ITER A LONDINIO LINDO.** . MP. CLVI.
Sic.
Verolami. . . . . . . . . . MP. XXI.
Durocobrivis. . . . . . . . MP. XII.
Magiovinio. . . . . . . . . MP. XII.
Lactodoro. . . . . . . . . . MP. XVI.
Isannavatia. . . . . . . . .

Tripontio. . . . . . . . . . .
Vennonis. . . . . . . . . . .
Ratis. . . . . . . . . . . . .
Verometo. . . . . . . . . . .
Margiduno. . . . . . . . . .
Ad Pontem. . . . . . . . . .
Crococatano. . . . . . . . .
Lindo. . . . . . . . . . . . .

**ITER A REGNO LONDINIO.** MP. XCVI.
Sic.
Claulsentum. . . . . . . . . MP. XX.
Venia Relgarum. . . . . . . MP. X.
Calleva Atrebatum. . . . . . MP. XXII.
Portibus. . . . . . . . . . . MP. XXII.
Londinio. . . . . . . . . . . MP. XXII.

**ITER AB EBURACO LONDI-**
**NIUM.** . . . . . . . . . . MP. CCXXVII.
Sic.
Lagecio. . . . . . . . . . . MP. XXI.
Dano. . . . . . . . . . . . MP. XVI.
Angeloco. . . . . . . . . . MP. XXI.
Lindo. . . . . . . . . . . . MP. XXIV.
Crococalano. . . . . . . . . MP. XXIV.
Margiduno. . . . . . . . . . MP. XVI.
Vernemeto. . . . . . . . . . MP. XII.
Ratis. . . . . . . . . . . . MP. XII.
Vennonis. . . . . . . . . . MP. XII.
Banavanto. . . . . . . . . . MP. XVIII.
Magiovinio. . . . . . . . . MP. XXVIII.
Durocobrivis. . . . . . . . MP. XII.
Verolamio. . . . . . . . . . MP. XII.
Londinio. . . . . . . . . . . MP. XXI.

**ITER A VENTA ICENORUM**
**LONDINIO.** . . . . . . . . MP. CXXVIII.
Sic.
Sitomago. . . . . . . . . . MP. XXXII.
Combretonio. . . . . . . . MP. XXII.
Ad Ansam. . . . . . . . . . MP. XV.
Camuloduno. . . . . . . . MP. VI.
Canonio. . . . . . . . . . . MP. IX.
Cæsaromago. . . . . . . . . MP. XII.
Durolito. . . . . . . . . . . MP. XVI.
Londinio. . . . . . . . . . . MP. XV.

**ITER A CLANOVENTA ME-**
**DIOLANO.** . . . . . . . . MP. CL.
Sic.
Galava. . . . . . . . . . . MP. XVIII.

---

des noms à différens cas; c'est que Bergier emploie
toujours l'accusatif, & que Wesseling, que je suis quelquefois, met les noms au datif.

| | | |
|---|---|---|
| Alone. | MP. | XII. |
| Galacum. | MP. | XIX. |
| Bremetonaci. | MP. | XXVII. |
| Coccio. | MP. | XX. |
| Mancunio. | MP. | XVII. |
| Coulate. | MP. | XVIII. |
| Mediolano. | MP. | XVIII. |

ITER A SEGONCIO DEVAM.    MP. LXXIV.
Sic.

| | | |
|---|---|---|
| Conovio. | MP. | XXIV. |
| Varis. | MP. | XIX. |
| Deva. | MP. | XXXII. |

ITER PER MURIDONUM VI-
ROCONIUM. . . . . . . . . MP. CCLXXXVI.
Sic.

| | | |
|---|---|---|
| Vindomi. | MP. | XV. |
| Venta Belgarum. | MP. | XXI. |
| Brige. | MP. | XI. |
| Sorbioduni. | MP. | IX. |
| Vindogladia. | MP. | XII. |
| Durnovaria. | MP. | VIII. |
| Muriduno. | MP. | XXXVI. |
| Isca Dumnuniorum. | MP. | XV. |
| Leucaro. | MP. | XV. |
| Nido. | MP. | XV. |
| Bomio. | MP. | XV. |
| Isca leg. II Augusta. | MP. | XXVII. |
| Burrio. | MP. | IX. |
| Gobannio. | MP. | XII. |
| Magnis. | MP. | XXII. |
| Bravinio. | MP. | XXIV. |
| Viroconio. | MP. | XXVII. |

ITER AB ISCA CALLEVA. . .    MP. CIX.
Sic.

| | | |
|---|---|---|
| Burrio. | MP. | IX. |
| Blestio. | MP. | XI. |
| Ariconio. | MP. | XI. |
| Clevo. | MP. | XV. |
| Durocomovio. | MP. | XIV. |
| Spinis. | MP. | XV. |
| Calleva. | MP. | XV. |

ITEM ALIO ITINERE AB ISCA
CALLEVA. . . . . . . . . MP. CIII.
Sic.

| | | |
|---|---|---|
| Venta Silurum. | MP. | IX. |
| Abone. | MP. | IX. |

| | | |
|---|---|---|
| Trajectus. | MP. | IX. |
| Aquis solis. | MP. | VI. |
| Verlucione. | MP. | XV. |
| Cunetione. | MP. | XX. |
| Spinis. | MP. | XV. |
| Calleva. | MP. | XV. |

ITER A CALLEVA ISCA DUM-
NUIORUM. . . . . . . . . MP. CXXXVI.
Sic.

| | | |
|---|---|---|
| Vindomi. | MP. | XV. |
| Venta Belgarum. | MP. | XXI. |
| Brige. | MP. | XI. |
| Sorbioduni. | MP. | VII. |
| Vindogladia. | MP. | XII. |
| Durnonovaria. | MP. | VIII. |
| Muriduno. | MP. | XXXVI. |
| Isca Damnuniornm. | MP. | XV. |

CHAP. XLIV. Passages de la Thrace dans l'Asie
mineure.

On va voir ici quels étoient les chemins qui,
non pas de tous les ports, mais de quelques-uns,
conduisoient d'Europe en Asie, avec le titre de
voies militaires.

Il y avoit deux chemins à l'orient, qui tous
deux partoient de la Thrace & conduisoient dans
l'Asie mineure: le premier, par le Bosphore de
Thrace (détroit de Constantinople): le second
par l'Hellespont (détroit des Dardanelles). Le
premier n'ayant que cinq cents pas de longueur, &
le second seulement sept stades. On a cette longueur
par deux passages de Pline, L. IV, ch. 12. *Vastum
mare*, dit-il, *præjacens Asiæ, & ab Europa porrecto
Chersonensi littore expulsum, angusto meatu irrumpit
in terras, VII stadiorum intervallo Europam auferens
Asiæ. Primas Augustias Hellespontum vocant. Hac
Xerxis Persarum rex constructo in navibus ponte duxit
exercitum. Porrigitur indè tenuis Euripus LXXXVI MP.
Spatio ad urbem Priapum Asiæ, qua magnus Alexander
transcendit indè expatiatur æquor: rursusque in arctum
coït laxatat. Propontis appellatur Angustiæ; Thracius
Bosphorus, latitudine D. passum, qua Darius pater
Xerxis capias ponte transvexit tota ab Hellesponto
longitudo CCXXXIX. M. P.*

PREMIER CHEMIN D'EUROPE EN ASIE.

2°. Le premier de ces chemins est celui qui,
de Constantinople, passe au travers du Bosphore
de Thrace. Le voici:

BYZANTIUM QUÆ EST CONSTANTINOPOLIS.

| | | |
|---|---|---|
| Trajectus in Bithyniano. | MP. | IV. |
| Pantichio. | MP. | XV. |

*Libyſſa* . . . . . . . . . . . . . MP. *XXIV.*
*Nicomedia* . . . . . . . . . . . MP. *XXII.*

3°. Quant au port du côté de la Thrace, Zoſime en fait mention, lorſque diſcourant (*L. II*), de la fondation de Conſtantinople ſur les ruines de l'ancienne Byſance, il dit: *Eodem modo & aquilonari colle deorſum ductus erat, uſque ad portum quod navale dicunt. Et ulterius uſque ad mare, quid directo ſitum eſt ad id oſtium, per quid in Euxinum Pontum navigatur.* C'eſt donc de ce port que l'on paſſoit d'Europe en Aſie, & d'où l'itinéraire a pris le commencement du premier chemin qu'il conduit par Calcédoine en Nicomédie. Strabon met ainſi l'une de ces villes à la ſuite de l'autre. *Hujus* (dit-il, *L.* IV), *eſt Chalcedon, in Ponti ore ſita, quam Megarenſes condidere. Poſt Chalcedonem ſequitur litus, quod Aſtacenus ſinus appellatur, qui Propontidis pars eſt. In eo condita eſt Nicomedia dicta de nomine regis cujuſdam Bithyni qui eam condidit.*

Le ſecond chemin eſt bien plus étendu. Le voici.

*A CONSTANTINOPOLI USQUE*

   *ANTIOCHIA* . . . . . . . . . MP. DCCXVI.
   Sic.

*Item Libo.* . . . . . . . . . . . MP. *XXI.*
*Nicæa.* . . . . . . . . . . . . . MP. *XXIII.*
*Oriens medio.* . . . . . . . . . MP. *XVI.*
*Totaïo.* . . . . . . . . . . . . . MP. *XXVIII.*
*Dablis.* . . . . . . . . . . . . . MP. *XXVIII.*
*Canon Gallicanon.* . . . . . . MP. *XXIV.*
*Dadaſtanæ.* . . . . . . . . . . MP. *XXI.*
*Juliopolim.* . . . . . . . . . . MP. *XXVI.*
*Laganeos.* . . . . . . . . . . . MP. *XXIV.*
*Minizo.* . . . . . . . . . . . . MP. *XXIII.*
*Manegordo.* . . . . . . . . . . MP. *XXVIII.*
*Ancyra.* . . . . . . . . . . . . MP. *XXIV.*
*Corbeunca.* . . . . . . . . . . MP. *XX.*
*Roſologiaco.* . . . . . . . . . . MP. *XII.*
*Aſpona.* . . . . . . . . . . . . MP. *XXXI.*
*Parnaſſo.* . . . . . . . . . . . MP. *XXIV.*
*Ozzala.* . . . . . . . . . . . . MP. *XVII.*
*Nitazi.* . . . . . . . . . . . . . MP. *XVIII.*
*Coloniam Archelaida.* . . . . . MP. *XXVII.*
*Nantianulus.* . . . . . . . . . MP. *XXV.*
*Saſima.* . . . . . . . . . . . . MP. *XXIV.*
*Andabalis.* . . . . . . . . . . MP. *XVI.*
*Tyana.* . . . . . . . . . . . . MP. *XVI.*
*Fauſtinopolis.* . . . . . . . . MP. *XVIII.*
*Pondando.* . . . . . . . . . . MP. *XVI.*
*Namſucrone.* . . . . . . . . . MP. *XXVII.*

*Ægeas.* . . . . . . . . . . . . MP. *XXI.*
*Catabolo.* . . . . . . . . . . . MP. *XXIV.*
*Baïs.* . . . . . . . . . . . . . . MP. *XVI.*
*Alexandria.* . . . . . . . . . . MP. *XVI.*
*Pagnis.* . . . . . . . . . . . . MP. *XVI.*
*Antiochia.* . . . . . . . . . . MP. *XVI.*

De-là cette même voie ſe prolongeoit juſqu'à l'Egypte par les lieux ſuivans.

*Platanos.* . . . . . . . . . . . MP. *XXV.*
*Cathela.* . . . . . . . . . . . . MP. *XXIV.*
*Laudicia.* . . . . . . . . . . . MP. *XVI.*
*Gabala.* . . . . . . . . . . . . MP. *XVIII.*
*Balarea.* . . . . . . . . . . . . MP. *XXVII.*
*Antarado.* . . . . . . . . . . MP. *XXIV.*
*Arcas.* . . . . . . . . . . . . . MP. *XXXII.*
*Tripoli.* . . . . . . . . . . . . MP. *XVIII.*
*Byblo.* . . . . . . . . . . . . . MP. *XXXVI.*
*Beryto.* . . . . . . . . . . . . MP. *XXIV.*
*Sidona.* . . . . . . . . . . . . MP. *XXX.*
*Tyro.* . . . . . . . . . . . . . MP. *XXIV.*
*Ptolemaïdam.* . . . . . . . . . MP. *XXXII.*
*Sycamina.* . . . . . . . . . . MP. *XXIV.*
*Cæſarea.* . . . . . . . . . . . MP. *XX.*
*Betaro.* . . . . . . . . . . . . MP. *XVIII.*
*Diopoli.* . . . . . . . . . . . . MP. *XXII.*
*Iamnia.* . . . . . . . . . . . . MP. *XII.*
*Aſcalona.* . . . . . . . . . . . MP. *XX.*
*Gaza.* . . . . . . . . . . . . . MP. *XVI.*
*Raphia.* . . . . . . . . . . . . MP. *XXII.*
*Rhinocorura.* . . . . . . . . . MP. *XXII.*

Ici commençoit l'Egypte.

### ROUTE EN EGYPTE.

*Oſtracena.* . . . . . . . . . . MP. *XXVI.*
*Caſſio.* . . . . . . . . . . . . . MP. *XXVI.*
*Pentaſchæno.* . . . . . . . . . MP. *XX.*
*Peluſio.* . . . . . . . . . . . . MP. *XX.*
*Heracleus.* . . . . . . . . . . MP. *XXII.*
*Tanis.* . . . . . . . . . . . . . MP. *XXII.*
*Thmuis.* . . . . . . . . . . . . MP. *XXII.*
*Cyno.* . . . . . . . . . . . . . MP. *XXV.*
*Tava.* . . . . . . . . . . . . . MP. *XXX.*
*Andro.* . . . . . . . . . . . . MP. *XII.*
*Nithine.* . . . . . . . . . . . MP. *XII.*
*Hermupoli.* . . . . . . . . . . MP. *XXIV.*
*Chereu.* . . . . . . . . . . . . MP. *XXIV.*
*Alexandria.* . . . . . . . . . . MP. *XX.*

Cette route continue à travers l'Egypte jusqu'aux confins de l'Ethiopie.

| | | |
|---|---|---|
| Chercu | MP. | XXIV. |
| Hermupoli | MP. | XX. |
| Andro | MP. | XXI. |
| Niciu | MP. | XXXI. |
| Letus | MP. | XXVIII. |
| Memphi | MP. | XX. |
| Pesne | MP. | XX. |
| Isiu | MP. | XX. |
| Cene | MP. | XX. |
| Taeona | MP. | XX. |
| Oxyryncho | MP. | XXIV. |
| Ibiu | MP. | XXX. |
| Hermopoli | MP. | XXIV. |
| Cusis | MP. | XXIV. |
| Lyco | MP. | XXXV. |
| Apollonos minoris | MP. | XVIII. |
| Hisoris | MP. | XXVIII. |
| Ptolemaida | MP. | XXII. |
| Abydo | MP. | XXII. |
| Diospoli | MP. | XXVIII. |
| Tentyra | MP. | XXVII. |
| Contra Copto | MP. | XII. |
| Papa | MP. | VIII. |
| Hermunthi | MP. | XXX. |
| Lato | MP. | XXIV. |
| Apollonos Superioris | MP. | XXXII. |
| Contra Thmuis | MP. | XX X. |
| Contra ombos | MP. | XXIX. |
| Contra Siene | MP. | XXIII. |
| Parembole | MP. | XVI. |
| Tzitzi | MP. | II. |
| Taphis | MP. | XIV. |
| Talmis | MP. | VIII. |
| Tutzis | MP. | XX. |
| Pselcis | MP. | XII. |
| Corte | MP. | IV. |
| Hiera Sycamino | MP. | IV. |

Cette ville, dont le nom signifie Sycaminon la sainte, étoit hors de l'Egypte, en regardant Syéné comme la dernière ville de ce pays vers le sud. Aussi les gens que Néron avoit envoyés à la découverte de ce côté lui annoncèrent-ils qu'ils étoient à 54 milles au-delà, comme on le voit par le passage de Pline, L. VI; c. 29 : *Neronis exploratores renunciavere his modis. A Syene Hieram Sicaminon, LIV. MP. Inde Tania LXXV. MP. Regionem Enominiton Ethyopum primam CXX.*

Ce chemin conduisoit encore jusqu'à *Clismos.*

### ITER PER PARTEM ARABICAM TRANS NILUM.

| | | |
|---|---|---|
| Contra Pselcis | MP. | XV. |
| Contra Talmis | MP. | XXIV. |
| Contra Taphis | MP. | X. |
| Philis | MP. | XXIV. |
| Syene | MP. | III. |
| Ombos | MP. | XXX. |
| Contra Apollonos | MP. | XL. |
| Contra Lato | MP. | XL. |
| Thebas | MP. | XL. |
| Vico Appollonos | MP. | XXII. |
| Copton | MP. | XXII. |
| Chenoboscio | MP. | XL. |
| Thomu | MP. | L. |
| Pano | MP. | IV. |
| Selino | MP. | XVI. |
| Anteu | MP. | XVI. |
| Muthi | MP. | VIII. |
| Isiu | MP. | XXIV. |
| Hieracon | MP. | XX. |
| Pesla | MP. | XXVIII. |
| Antinou | MP. | XXIV. |
| Peos Artemidos | MP. | VIII. |
| Musæ | MP. | XXXIV. |
| Hipponon | MP. | XXX. |
| Alyi | MP. | XVI. |
| Thimonepsi | MP. | XVI. |
| Aphrodito | MP. | XXIV. |
| Scenas Mandras | MP. | XX. |
| Babylonia | MP. | XII. |
| Helia | MP. | XII. |
| Scenas Veteranorum | MP. | XVIII. |
| Vico Judæorum | MP. | XII. |
| Thore | MP. | XII. |
| Hero | MP. | XXIV. |
| Serapiu | MP. | XVIII. |
| Clismo | MP. | L. |

Cette route, d'une étendue immense, étoit composée d'une suite d'autres routes, dont le rapprochement, fait par Bergier, donne 4779 milles romains, formant plus de 2000 lieues françoises; savoir :

| | | |
|---|---|---|
| *AB URBE ARIMINUM* | MP. | CCXXII. |
| *AB ARIMINO MEDIOLANUM* | MP. | CCXXIV. |

A MEDIOLANO AQUILEIAM. MP. CCLXI.

AB AQUILEIA AUREUM MONTEM........ MP. CCCCLXXXI.

AB AUREO MONTE CONSTANTINOPOLIM...... MP. DCCX.

A CONSTANTINOPOLI ANTIOCHIAM......... MP. DCXCV.

AB ANTIOCHIA ALEXANDRIAM......... MP. DCCCXXI.

AB ALEXANDRIA HIERASYCAMINON........ MP. DLXII.

PER PARTEM ARABICAM TRANS NILUM CLYSMON. MP. DCCCII.

Ce n'étoit pas la seule route qu'il y eut en Egypte: il y en avoit encore quelques autres pour l'intérieur du pays. Les voici:

ITER A PELUSIO MEMPHI. MP. CXXII.
Sic.

Daphno........... MP. XVI.

Tacasarta......... MP. XVIII.

Thore............ MP. XXIV.

Scenas Veteranorum...... MP. XXVI.

Heliu............ MP. XVI.

Memphi.......... MP. XXIV.

ITER A PERAPIO PELUSIO. MP. LX.
Sic.

Thaubasio........... MP. VIII.

Sile............ MP. XXVIII.

Magdolo.......... MP. XII.

Pelusio.......... MP. XII.

ITER A COPTO BERONICEM USQUE........ MP. CCVIII (1).

Peniconon........... MP. XXIV.

Didime........... MP. XXIV.

Afrodito......... MP. XX.

Compasi........... MP. XXII.

Jovis............ MP. XXIII.

Aristonis.......... MP. XXX.

Phalagro.......... MP. XXX.

Apolonos.......... MP. XXIV.

Cabalsi.......... MP. XXIV.

Cenon Ydruma........ MP. XXVII.

Beronicem.......... MP. XVIII.

(1) J'adopte la leçon suivie par Wesseling, car d'autres éditions portent CCLXVI.

ITEM A COPTO BERONICEM. MP. CCLVIII.

Pœniconicon........ MP. XXVII.

Didime............ MP. XXIV.

Afrodito............ MP. XX.

Compasi............ MP. XXII.

Jovis............ MP. XXXIII.

Aristonis.......... MP. XXV.

Falacro.......... MP. XX.

Apollonos.......... MP. XXIII.

Cabalsi............ MP. X .VII.

Cenondidreuma....... MP. XXVII.

Breonicem........... MP. X. ..

En examinant la totalité des ch... ... en Egypte par les Romains, on trouve qu'il y en a plus de 1500 milles de longueur, tous pavés & bien disposés.

CHEMIN EN ASIE.

On va reprendre actuellement les chemins de l'Asie, sans se conformer à l'ordre que présente l'itinéraire qui n'est pas assez méthodique, au lieu que l'ordre géographique convient mieux & sera plus utile. On commence par ceux de l'Asie mineure.

*Dans la Bithynie.*

ITER A CLAUDIOPOLI ANCYRAM........... MP. CXXXIII.
Sic.

Cratia........... MP. XXIV.

Carus vicus......... MP. XXX.

Legna........... MP. XXIV.

Crentius.......... MP. XXXII.

Ancyram.......... MP. XXIV.

ITER A PESINUNTE ANCYRAM........... MP. XCIX.
Sic.

Germa........... MP. XVI.

Vindia........... MP. XXIV.

Papira........... MP. XXXII.

Anciras........... MP. XXVII.

ITER A TAVIA CÆSAREAM USQUE........ MP. CIX.
Sic.

Therma........ NP. XIX.

Soanda........... NP. XVIII.

Sacœna........... NP. XXXII.

Ochras........... NP. XVI.

Cæsarea........... NP. XXIV.

**ITER A DORILAO ANCYRAM.** MP. **CXLI.**
Sic.

| | | |
|---|---|---|
| Accelaio............ | MP. | XXX. |
| Germa............ | MP. | XX. |
| Vindia............ | MP. | XXXII. |
| Papira............ | MP. | XXXII. |
| Ancyra. | MP. | XXVII. |

**ITER AB ANCYRA TAVIAM.** MP. **CXVI.**
Sic.

| | | |
|---|---|---|
| Bolelasgus.......... | MP. | XXIV. |
| Sarmalius.......... | MP. | XXIV. |
| Ecobrogis.......... | MP. | XX. |
| Adapera.......... | MP. | XXIV. |
| Tavia.......... | MP. | XXIV. |

**ITER A SEBASTIA COCUSUM.** MP. **CCVI.** Sic.

| | | |
|---|---|---|
| In Medio.......... | MP. | XXV. |
| Tonosa. | MP. | XXV. |
| In Medio.......... | MP. | XXIV. |
| Ariarahia. | MP. | XXV. |
| Coduzabala.......... | MP. | XX. |
| Comana. | MP. | XXIV. |
| Ptandari. | MP. | XXIV. |
| Cocuso.......... | MP. | XXXVIII. |

**ITER A COEUSO ARABIS-
SUM.**.......... MP. **LII.**

| | | |
|---|---|---|
| Ptandari.......... | MP. | XXVIII. |
| Arabisso. | MP. | XXIV. |

**ITER A COCUSO MELITE-
NAM.**.......... MP. **CLIII.** Sic.

| | | |
|---|---|---|
| Ptandari.......... | MP. | XXVIII. |
| Arabisso.......... | MP. | XXII. |
| Asdara.......... | MP. | XXVIII. |
| Dandexena.......... | MP. | XXIV. |
| Arcas.......... | MP. | XXII. |
| Melitena.......... | MP. | XXVIII. |

*Dans la Galatie.*

Les autres chemins passoient de la Galatie dans la Capadoce.

**ITER A TAVIA SEBASTIAM.** MP. **CLXI**
Sic.

| | | |
|---|---|---|
| Corniaspa.......... | MP. | XXI. |
| Pardorsena.......... | MP. | XXV. |
| Sibora.......... | MP. | XXV. |
| Agriane.......... | MP. | XX. |

| | | |
|---|---|---|
| Simos............ | MP. | XXX. |
| Sebastia........... | MP. | XL. |

**ITER A TAVIA PER SABASTOPOLIM SEBASTIAM
USQUE.**.......... MP. **CLXVI.**
Sic.

| | | |
|---|---|---|
| Mogaro.......... | MP. | XXX. |
| Darano.......... | MP. | XXIV. |
| Sebastopoli. | MP. | XL. |
| Verisa. | MP. | XXIV. |
| Phiarasi.......... | MP. | XII. |
| Sebastia.......... | MP. | XXXVI. |

**ITER A SEBASTIA COCUSO
PER CÆSAREAM.**.... MP. **CCLVIII.**
Sic.

| | | |
|---|---|---|
| Scanatu.......... | MP. | XXVIII. |
| Malandara.......... | MP. | XXX. |
| Armaxa.......... | MP. | XXVIII. |
| Eulepa.......... | MP. | XXIV. |
| Cæsarea. | MP. | XVI. |
| Artaxata. | MP. | XXIV. |
| Coduzabala. | MP. | XVIII. |
| Comana. | MP. | XXIV. |
| Ptandari.......... | MP. | XXIV. |
| Cocuso.......... | MP. | XXXVIII. |

**ITER A SEBASTIA COCUSO
PER COMPENDIUM.**... MP. **CCVI.**
Sic.

| | | |
|---|---|---|
| Tonosa. | MP. | L. |
| Ariarathia. | MP. | L. |
| Coduzabala. | MP. | XX. |
| Comana. | MP. | XXIV. |
| Ptandari. | MP. | XXIV. |
| Cocuso. | MP. | XXXVIII. |

Passage en Pisidie à travers la Lydie & la Mæonie.

**ITER AB ANCYRA PER NYSSAM CÆSAREAM
USQUE.**.......... MP. **CXCVIII.**
Sic.

| | | |
|---|---|---|
| Gorbeus. | MP. | XXIV. |
| Orsologiaco.......... | MP. | XVIII. |
| Aspona. | MP. | XX. |
| Parnasso. | MP. | XXII. |
| Nyssam. | MP. | XXIV. |
| Osiana. | MP. | XXXII. |
| Saccasena. | MP. | XXVIII. |
| Cæsarea. | MP. | XXX. |

Paſſage de Piſidie en Mœonie.

ITER A CÆSAREA SATALAM. MP. CCCXXIV.
Sic.

| | | |
|---|---|---|
| Eulepâ | MP. | XVI. |
| Armaxa | MP. | XXIV. |
| Marandaras | MP. | XXVIII. |
| Scanatus | MP. | XXXVIII. |
| Sebaſtia | MP. | XXVIII. |
| Camiſa | MP. | XXVII. |
| Zara | MP. | XXVII. |
| Dagolaſſo | MP. | XX. |
| Nicopoli | MP. | XXIV. |
| Olotadariza | MP. | XXIV. |
| Dracontes | MP. | XXVI. |
| Ara | MP. | XXIV. |
| Satâla | MP. | XXVI. |

Paſſage de l'Arménie mineure juſques ſur l'Euphrate.

ITER AB ARABISSO PER COMPENDIUM SATALAM. . . . MP. CCLXVIII.
Sic.

| | | |
|---|---|---|
| Tonoſa | MP. | XXVIII. |
| Zoana | MP. | XXV. |
| Gundaſa | MP. | XXIII. |
| Eumeis | MP. | XXX. |
| Zara | MP. | XVIII. |
| Dagolaſſo | MP. | XX. |
| Nicopoli | MP. | XXIV. |
| Olotœdariza | MP. | XXIV. |
| Ad Dracones | MP. | XXVI. |
| Açala | MP. | XXIV. |
| Sâtala leg. XV Apollinaris | MP. | XXVI. |

ITER A NICOPOLI ARABISSUM. . . . . . . . . . MP. CCXXVI.
Sic.

| | | |
|---|---|---|
| Dagalaſſo | MP. | XXIV. |
| Zara | MP. | XX. |
| Camiſa | MP. | XVIII. |
| Sebaſtia | MP. | XXIV. |
| In Medio | MP. | XXV. |
| Ariarathia | MP. | XXV. |
| Coduzabala | MP. | XX. |
| Comana | MP. | XXVI. |
| Ptandari | MP. | XXIV. |
| Arabiſſo | MP. | XXII. |

*Géographie ancienne. Tome III.*

ITER A NICOPOLI SATALAM. MP. GXXII.
Sic.

| | | |
|---|---|---|
| Olotœdariza | MP. | XXIV. |
| Carſat | MP. | XXIV. |
| Araurucos | MP. | XXIV. |
| Suiſſa | MP. | XXIV. |
| Satala | MP. | XXVI. |

ITER A TRAPEZUNTE SATALAM. . . . . . . . . MP. CXXXV.
Sic.

| | | |
|---|---|---|
| Ad Viceſimum | MP. | XX. |
| Zigana | MP. | XXXII. |
| Thia | MP. | XXIV. |
| Sedis Scapifonti | MP. | XVII. |
| Domana | MP. | XXIV. |
| Satala | MP. | XVIII. |

Paſſage de Mœonie par les confins de la Myſie, la Lydie & la Phrygie juſques ſur l'Euphrate, à l'extrémité de la Syrie & de l'empire.

ITER A SATALA MELITENAM PER RIPAM SAMOSATA USQUE. . . . . . . MP. CCCXLI.
Sic.

| | | |
|---|---|---|
| Suiſſa | MP. | XVII. |
| Araucos | MP. | XVIII. |
| Carſagis | MP. | XXIV. |
| Sinervas | MP. | XXVIII. |
| Analiba | MP. | XXVIII. |
| Zimara | MP. | XVI. |
| Teucila | MP. | XVI. |
| Sabus | MP. | XXVIII. |
| Daſcuſa | MP. | XVI. |
| Ciaca | MP. | XXXII. |
| Melitena | MP. | XVIII. |
| Miaſena | MP. | XII. |
| Lacotena | MP. | XXVIII. |
| Perre | MP. | XXVI. |
| Samaſata | MP. | XXIV. |

ITER A CÆSAREA MELITENEM. . . . . . . . . MP. CCXXVIII.
Sic.

| | | |
|---|---|---|
| Artaxata | MP. | XXIV. |
| Coduzalaba | MP. | XXIV. |
| Comana | MP. | XXVI. |
| Siricis | MP. | XXIV. |
| Ptandaris | MP. | XVI. |
| Arabiſſo | MP. | XII. |

Ofdara. . . . . . . . . . . . . . . MP. XXVIII.

Dandaxena. . . . . . . . . . . MP. XXIV.

Arcas. . . . . . . . . . . . . . . MP. XXII.

Melitenem. . . . . . . . . . . MP. XXVIII.

ITER A MELITENE SAMO-
    SATA. . . . . . . . . . . . MP. XCI.
    Sic.

Meffena. . . . . . . . . . . . . MP. XII.

Lacotena. . . . . . . . . . . . MP. XXVIII.

Perre. . . . . . . . . . . . . . . MP. XXVII.

Samofata. . . . . . . . . . . . MP. XXIV.

Paffage par la Cilicie.

ITER A CÆSAREA ANA ZAR-
    BUM. . . . . . . . . . . . MP. CCXXI.
    Sic.

Arafaxa. . . . . . . . . . . . . MP. XXIV.

Coduzabala. . . . . . . . . . MP. XXIV.

Comana. . . . . . . . . . . . . MP. XXIV.

Siricis. . . . . . . . . . . . . . MP. XXIV.

Cocufo. . . . . . . . . . . . . MP. XXIV.

Laranda. . . . . . . . . . . . . MP. XVIII.

Badimo. . . . . . . . . . . . . MP. XVIII.

Pretorio. . . . . . . . . . . . MP. XXII.

Flaviada. . . . . . . . . . . . MP. XXII.

Anazarbo. . . . . . . . . . . . MP. XVIII.

Paffage par la Syrie & la Mœfopotamie au-delà de l'Euphrate.

A GERMANICIA PER DOLICHEM ET ZEUGMA
    EDISSAM USQUE. . . . . MP. LXXXVII.
    Sic.

Sico Bafiliffes. . . . . . . . . MP. XX.

Doliche. . . . . . . . . . . . . MP. X.

Zeugma. . . . . . . . . . . . . MP. XII.

Bemmaris. . . . . . . . . . . . MP. XX.

Ediffa. . . . . . . . . . . . . . MP. XXV.

ITER A GERMANICIA PER
    SAMOSATA EDISSA. . . . MP. LXX.
    Sic.

In Catabana. . . . . . . . . . MP. XV.

Nifus. . . . . . . . . . . . . . . MP. XVI.

Tharfe. . . . . . . . . . . . . . MP. XIV.

Samofata leg. VII. . . . . . . MP. XIII.

Ediffa. . . . . . . . . . . . . . MP. XII.

ITER A CYRRO EDISSAM. . . MP. XCII.

Ciliza five Urmagiganti. . . . MP. XII.

Abarara. . . . . . . . . . . . . MP. X.

Zeugma. . . . . . . . . . . . . MP. XXII.

Bemmari Canna. . . . . . . . . MP. XL.

Bathnas mari . . . . . . . . . MP. VIII.

Ediffa. . . . . . . . . . . . . . MP. X.

ITER A NICOPOLI EDISSAM. MP. CXXXVII.
    Sic.

Aliaria. . . . . . . . . . . . . . MP. XIII.

Gerbediffo. . . . . . . . . . . MP. XV.

Doliche. . . . . . . . . . . . . MP. XX.

Zeugma. . . . . . . . . . . . . MP. XXIV.

Cannaba. . . . . . . . . . . . . MP. XXV.

In Medio. . . . . . . . . . . . MP. XXII.

Ediffa. . . . . . . . . . . . . . MP. XVIII.

ITER A CALECOME EDISSA. . MP. LXXXV.
    Sic.

Bathnas. . . . . . . . . . . . . MP. XXIV.

Hierapoli. . . . . . . . . . . . MP. XXI.

Thilaticomum. . . . . . . . . . MP. X.

Bathnas. . . . . . . . . . . . . MP. XV.

Ediffa. . . . . . . . . . . . . . MP. XV.

ITER A CARRIS HIERAPOLIM. MP. LXXXIII.
    Sic.

Bathnas . . . . . . . . . . . . MP. XXX.

Tilaticomum. . . . . . . . . . MP. XXII.

Hierapoli. . . . . . . . . . . . MP. XXXI.

Autres chemins de Syrie :

ITER AB ANTIOCHIA EME-
    SAM. . . . . . . . . . . . MP. CXXXIII.
    Sic.

Niacaba. . . . . . . . . . . . . MP. XXV.

Caberturi. . . . . . . . . . . . MP. XXIV.

Apamia. . . . . . . . . . . . . MP. XX.

Lariffa. . . . . . . . . . . . . . MP. XVI.

Epiphania. . . . . . . . . . . . MP. XVI.

Arethufa. . . . . . . . . . . . MP. XVI.

Emefa. . . . . . . . . . . . . . MP. XVI.

ITER A CYRRHO EMESAM. . MP. CLI.
    Sic.

Minniza. . . . . . . . . . . . . MP. XX.

Beroa. . . . . . . . . . . . . . MP. XXII.

Chalcida. . . . . . . . . . . . MP. XVIII.

Avra. . . . . . . . . . . . . . . MP. XX.

Cappareas. . . . . . . . . . . MP. XXIII.
Epiphania. . . . . . . . . . . MP. XVI.
Arethusa. . . . . . . . . . . MP. XVI.
Emesa. . . . . . . . . . . MP. XVI.

ITER A DOLICHE SERIANEM. MP. CXXXVIII.
Sic.
Hanunea. . . . . . . . . . . MP. XXV.

ITER A CALECOME LARISSA. MP. LXXIX.
Sic.
Chalcida. . . . . . . . . . . MP. XVIII.
Temmeliso. . . . . . . . . . . MP. XX.
Apamii. . . . . . . . . . . MP. XXV.
Larissa. . . . . . . . . . . MP. XVI.

ITER A DAMASCO EMESAM. MP. CLII.
Sic.
Abila. . . . . . . . . . . MP. XXXVIII.
Eliopoli. . . . . . . . . . . MP. XXXII.
Conna. . . . . . . . . . . MP. XXXII.
Laudicia. . . . . . . . . . . MP. XXXII.
Emesa. . . . . . . . . . . MP. XVIII.

Autres routes par la Phénicie & la Palestine.

ITER AB EUMARI NEAPOLIM. MP. CCXXVII.
Sic.
Geroda. . . . . . . . . . . MP. XL.
Thelessæ. . . . . . . . . . . MP. XVI.
Damasco. . . . . . . . . . . MP. XXIV.
Ære. . . . . . . . . . . MP. XXXII.
Neve. . . . . . . . . . . MP. XXX.
Capitoliada. . . . . . . . . . . MP. XXXVI.
Gadara. . . . . . . . . . . MP. XVI.
Scythopoly. . . . . . . . . . . MP. XVI.
In Medio. . . . . . . . . . . MP. X.
Neapoli. . . . . . . . . . . MP. VII.

ITER A SERIANE SCYTHO-
POLI OCCORA. . . . . . . . MP. CCCXVIII.
Sic.
Salaminiada. . . . . . . . . . . MP. XXXII.
Emessa. . . . . . . . . . . MP. XVIII.
Laudicia. . . . . . . . . . . MP. XVIII.
Lybo. . . . . . . . . . . MP. XXXII.
Heliopoli. . . . . . . . . . . MP. XXXII.
Abila. . . . . . . . . . . MP. XXXVIII.
Damasco. . . . . . . . . . . MP. XVIII.
Ære. . . . . . . . . . . MP. XXXII.
Neve. . . . . . . . . . . MP. XXX.

Capitoliada. . . . . . . . . . . MP. XXXVI.
Gadara. . . . . . . . . . . MP. XVI.
Scythopoli. . . . . . . . . . . MP. XVI.

ITER A CÆSAREA ELEUTHE-
ROPOLIM. MP. LXXVII.
Sic.
Betaro. . . . . . . . . . . MP. XXXI.
Diospoli. . . . . . . . . . . MP. XXVIII.
Eleutheropolim. . . . . . . . . . . MP. XVIII.

ITER A NAPOLI ASCALONEM. MP. LXXIII.
Sic.
Ælia. . . . . . . . . . . MP. XXX.
Eleutheropoli. . . . . . . . . . . MP. XX.
Ascalona. . . . . . . . . . . MP. XXIV.

1°. Bergier place ici une courte explication sur quelques-unes des villes dénommées ci-dessus; & comme il peut être utile de le retrouver de même ici, plutôt que d'aller parcourir tout l'ouvrage, d'autant mieux que cela n'est pas long, je vais le transcrire à-peu-près mot à mot.

« Je suivrai, dit-il, le même ordre que j'ai adopté pour la disposition des provinces, & commencerai par Claudiopolis : deux villes en Asie ont porté ce nom.

L'une étoit en Galatie, selon Ptolemée, in Trocmio.

L'autre en Bithynie, & par cette raison dite in Bithynio : c'est de cette dernière qu'étoit ce vil Antinoüs, dont la statue offre encore un si beau modèle aux artistes modernes.

De même il y a eu deux villes d'Ancyre, l'une en Phrygie, près de Blairos ; l'autre en Galatie, chez les Tectosages. C'est celle que l'on nomme actuellement Angouri.

Pesinus ou Pessinus, que quelques auteurs ont appelée Tribanta, & les autres Possene, étoit en Paphlagonie.

Tavia étoit en Galatie : elle devint épiscopale.

Arabessus, Sebastia & Sebastopolis étoient en Cappadoce, selon Pline & Ptolemée.

Mais quant à Cocusos ou Cocusus, que l'itinéraire donne pour une ville considérable de l'Asie, puisqu'un assez grand nombre de routes y aboutissoient, elle n'est d'ailleurs connue par aucun géographe. S. Jean Chrysostôme nous apprend que cette ville étoit placée dans une vaste solitude de l'Arménie, sur le Pont-Euxin. Sous Arcadius, il y fut envoyé en exil, à soixante-dix journées de Constantinople. Voyez le passage suivant, tiré de son épître : Ad Constantium Presbyterum. Septuaginta, diebus, dit-il, in itinere consumptis, aliquando tandem Cocusum pervenimus, locum totius propter solitudinem gravissimum. Puis il ajoute peu après : Quando quidem & nos tertium *jam annum in exilio agentes, in fame, peste bellis continuis, obsidionibus, solitudine in credibili, morte quotidiana, ensibus Isauricis non mediocriter animos adjicit, & consoletur affectionis vestræ abondantia, & constantia & fiduciæ stabilitas.* Ce que l'on sait donc de cette ville de *Cocusus*, c'est qu'elle étoit à l'extrémité de l'empire d'Orient, qu'elle étoit épiscopale, & qu'un de ses évêques souscrivit au concile de Calcédoine, sous la dénomination de *Bonnus, episcopus Cocysi.*

A l'égard de Césarée, on sait qu'il y a eu plusieurs villes de ce nom.

L'une étoit en Bithynie; on l'appeloit aussi *Smyrales.*

Une autre, en Cilicie, surnommée *Sebaste.*

La troisième, en Palestine, & connue sous différens noms, tels que *Turris Stratonis, Apollonia Colonia, Prima Flavia, Siferia Gad Palestinarum.*

La quatrième étoit *Cæsarea Banias,* & aussi *Cæsarea Philippi :* elle étoit en Phénicie : elle eut les noms de *Lefer,* de *Dan,* de *Neronis,* de *Maggelon* & de *Dalmanutha.*

Il y a eu pareillement deux villes de *Satala,* l'une en Mœonie, l'autre en Arménie, sur les rives de l'Euphrate.

C'étoit aussi en Arménie qu'étoient les villes de *Nicopolis* & de *Melitene.*

En Syrie il y avoit *Germanicia, Damas, Emese, Deliche, Hierapolis,* & sur l'Euphrate même, *Samosate.* Au-delà de l'Euphrate *Edesse* & *Charræ,* si connue par la défaite de Crassus & la perte des enseignes des légions romaines.

11°. Mais ce qu'il faut particulièrement remarquer ici, c'est que Trajan ayant passé l'Euphrate, a laissé pour indices de ses victoires, deux grandes voies militaires, à partir de *Charræ ;* savoir, l'une jusqu'au Tigre & au royaume de Perse; & l'autre à droite jusqu'à l'Euphrate. Ammien Marcellin appelle ces deux voies *Viæ Regiæ.* Voici ce qu'il en dit : *Mœstus deinde digressus venit Cursu proper. Carras, antiquam Oppidum, Crassorum & Romani exercitus ærumnis insigne, unde duæ ducentur perfidem viæ regiæ distinguuntur. Leva per Adialenam & Tigridem ; dextra, per Assyrios & Euphratem.* C'est de cette espèce de chemins, c'est-à-dire, de chemins pavés, que le même auteur parle lorsqu'il dit que Julien l'apostat vint de la ville de *Hiérapolis,* située dans la Syrie Comagène, sur l'Euphrate, *solitis itineribus,* par les chemins en usage, c'est-à-dire par les voies militaires.

12°. Enfin en Phénicie & en Palestine étoient les villes de *Neapolis, Scythopolis, Cæsarea Ascalon* & *Eleutheropolis.* Ammien Marcellin parle de quelques-unes de ces villes, dans le passage suivant : *Sydonem est Palestina per intervalla magna pretenta, cultis abundans terris, ac nitidis ; & civitates habens quasdam egregias nullam nulli cedentem ; sed sibi vicissim velut ad perpendiculum æmulat. Cæsaream,*

*quod ad honorem Octaviani principis ædificavit Herodes & Eleutheropolim & Neapolim.*

C'est à-peu-près tout ce que pouvoit présenter d'intéressant le premier passage d'Europe en Asie par le détroit de Byzance.

## SECOND CHEMIN D'EUROPE EN ASIE (1).

Ce chemin porte dans l'itinéraire le titre général *DE THRACIA IN ASIAM,* & il comprend deux titres particuliers, que l'on va faire connoître l'un après l'autre.

I. *A TRAJANOPOLI, CALLIPOLIM AD TRAJECTUM ASIÆ.* . . . . . . . . MP. CXXIX.
Sic.

| | | |
|---|---|---|
| A Trajanopoli Dimen. . . . . . | MP. | XII. |
| Siracellam. . . . . . . . . . . | MP. | XXXVIII. |
| Apros. . . . . . . . . . . . . | MP. | XXI. |
| Aphrodisiadem. . . . . . . . | MP. | XXXIV. |
| Callipolim. . . . . . . . . . | MP. | XXIV. |

Ce chemin, comme on le voit, ne s'étendoit pas au-delà de la Thrace, il s'arrêtoit à *Callipolis* sur le bord du détroit, que l'on traversoit pour passer en Asie : de ce côté étoient *Callipolis* & *Sestos ;* de l'autre, en Asie, *Lampsacus* & *Abidos.* Pline dit expressément, en parlant de l'Hellespont : *Et Hellespontus, septem ut diximus stadiis Europam ab Asia dividens, quatuor illinc inter se contrarias urbes habet. In Europa, Callipolim & Seston ; in Asia, Lampsacuma & Abidon.* C'est ce détroit célèbre dans la fable par les malheurs de Héro & de Léandre ; dans l'histoire, par le passage de l'armée de Xerxès.

II. C'est de *Callipolis* que partoit le second chemin, qui servoit, en cet endroit, de passage en Asie, & qui s'étendoit à travers la Phrygie, par l'ancienne ville de Troye, selon quelques autres jusqu'à Laodicée, ville de Lydie, sur le *Licus.* Voici cette route :

*A CALLIPOLI TRAJECTUM IN ASIAM LAMPSACUM USQUE.* . . . . . . . i
Sic.

| | | |
|---|---|---|
| Stadia. . . . . . . . . . . | MP. | LX. |
| Inde Abydum. . . . . . . . | MP. | XXII. |
| Dardanum. . . . . . . . . | MP. | IX. |
| Ilium. . . . . . . . . . . . | MP. | XII. |
| Troadem. . . . . . . . . . | MP. | XVI. |
| Antandrum. . . . . . . . . | MP. | XXXV. |
| Adramuthium. . . . . . . . | MP. | XXXI. |

(1) Ceci est la continuation du *chapitre XLIV, L. III* des grands chemins de l'empire.

Pergamum. . . . . . . . . MP. LIII.
German. . . . . . . . . . . MP. XXV.
Thyatira. . . . . . . . . . MP. XXXIII.
Sardes. . . . . . . . . . . MP. XXXIII.
Philadelphiam. . . . . . . . MP. XXVIII.
Tripolim. . . . . . . . . . MP. XXXIII.
Hierapolim. . . . . . . . . MP. XII.
Laodiciam. . . . . . . . . MP. VI.

Chap. XLV. Des paſſages d'Italie dans les îles de Sicile, de Corſe & de Sardaigne.

### Chemins en Sicile.

On ſait que la Sicile eſt de forme triangulaire, & qu'elle eſt terminée par les trois promontoires de Lilybée, de Pélore & de Pachine.
Le premier de ces chemins étoit le long de toute la côte orientale, puis méridionale, depuis le détroit de Sicile juſqu'au promontoire Lilybée.

A TRAJECTO LILYBÆO. . . . MP. CCLVIII.
Sic.
Meſſana. . . . . . . . . . MP. XII.
Tamaricio. . . . . . . . . MP. XX.
Per Tauromenium. . . . . . MP. XV.
Acio. . . . . . . . . . . MP. XXIV.
Catina. . . . . . . . . . MP. IX.
Capitoniana. . . . . . . . MP. XXIV.
Gelaſium Philoſophianis. . . . MP. XXI.
Petilianis. . . . . . . . . MP. XXVII.
Agrigentum. . . . . . . . . MP. XXVIII.
Cena. . . . . . . . . . . MP. XVIII.
Allavar. . . . . . . . . . MP. XII.
Ad Aquas. . . . . . . . . MP. XII.
Ad Fluvium Lanarium. . . . MP. XXIV.
Mazaris. . . . . . . . . . MP. X.
Lilybæum. . . . . . . . . MP. XII.

L'autre route alloit en ſens contraire.

ALIO ITINERE A LILYBÆO
MESSANAM. . . . . . . . . MP. CCC.
Sic.
Aquis Larodis. . . . . . . . MP. XLVI.
Agrigento. . . . . . . . . MP. XL.
Calviſiana. . . . . . . . . MP. XL.
Hyble. . . . . . . . . . . MP. XXIV.
Acris. . . . . . . . . . . MP. XVIII.
Syracuſis. . . . . . . . . MP. XXIV.
Catina. . . . . . . . . . MP. XLIV.

Tauromenio. . . . . . . . . MP. XXXII.
Meſſana. . . . . . . . . . MP. XXXII.
A MESSANA TYNDARIDEM. . MP. XXXVI.
ITER A LILYBÆO PER MARITIMA LOCA TYNDARIDE USQUE. . . . . . . MP. CCVIII.
Sic.
Trepanis. . . . . . . . . . MP. XVIII.
Aquis Segeſtanis ſive Pintanis. . . MP. XIV.
Parthenico. . . . . . . . . MP. XII.
Hyccara. . . . . . . . . . MP. VIII.
Panormo. . . . . . . . . . MP. XVI.
Solunto. . . . . . . . . . MP. XII.
Thermis. . . . . . . . . . MP. XII.
Cephalodo. . . . . . . . . MP. XXIV.
Halæſo. . . . . . . . . . MP. XXVIII.
Calacte. . . . . . . . . . MP. XXVI.
A Calacte Soluſapre. . . . . . MP. IX.
Agatinno. . . . . . . . . . MP. XX.
Tindaride. . . . . . . . . MP. XXIX.

ITER A THERMIS CATINA. . . MP. XCI.
Sic.
Enna. . . . . . . . . . . MP. LII.
Agurio. . . . . . . . . . . MP. III.
Centuripa. . . . . . . . . MP. XII.
Ætna. . . . . . . . . . . MP. XII.
Catina. . . . . . . . . . MP. XII.

ITER A CATINA AGRIGENTUM MANSIONIBUS NUNC INSTITUTIS. . . . . . MP. XCI.
Sic.
Capitonianis. . . . . . . . MP. XXIV.
Philoſophianis. . . . . . . . MP. XXI.
Callonianis. . . . . . . . . MP. XXI.
Corconianis. . . . . . . . . MP. XII.
Agrigentum. . . . . . . . . MP. XIII.

ITER AB AGRIGENTO PER MARITIMA LOCA SYRACUSIS. . . . . . . . MP. CXXXVII.
Sic.
Dædalio. . . . . . . . . . MP. XVIII.
Plintis. . . . . . . . . . MP. V.
Refugio Chalis. . . . . . . . MP. XVIII.
Plaga Calviſianis. . . . . . . MP. VIII.
Plaga Meſopotamio. . . . . . MP. XII.
Plaga Heres ſive Cymbæ. . . . MP. XXIV.
Refugium Apolline. . . . . . . MP. XX.
Plaga Syracuſis. . . . . . . . MP. XXXII.

ITER AB AGRIGENTO LILY-
     BÆO. . . . . . . . . . . MP. CLXXV.
Sic.
Picinianis. . . . . . . . . . MP. IX.
Comicianis. . . . . . . . . . MP. XXIV.
Petrine. . . . . . . . . . . . MP. IV.
Pirina. . . . . . . . . . . . . MP. XXIV.
Panormo. . . . . . . . . . . MP. XXIV.
Hyccaris. . . . . . . . . . . MP. XVIII.
Logarico. . . . . . . . . . . MP. XXIV.
Ad Olivam. . . . . . . . . . MP. XXIV.

ITER AB HYCCARIS PER MARITIMA LOCA DRE-
     PANIS USQUE. . . . . . . . MP. XLVI.
Sic.
Parthenico. . . . . . . . . . MP. XII.
Ad Aquas Perticianenfes. . . . MP. XVI.
Drepanis. . . . . . . . . . . MP. XVIII.

### CHEMINS DANS LA SARDAIGNE.

La route la plus ordinaire aux vaiffeaux romains étoit de partir du port d'Oftie, à l'embouchure du Tybre, & d'arriver à *Tibula* fur la côte de Sardaigne.

ITER SARDINIÆ, A PORTU
     TIBULIS CARALIS. . . . . . MP. CCLII.
Sic.
Turublo minore. . . . . . . . MP. XVIII.
Elephantaria. . . . . . . . . MP. XV.
Longones. . . . . . . . . . . MP. XII.
Ulbia. . . . . . . . . . . . . MP. XXXVIII.
Coclearia. . . . . . . . . . . MP. XV.
Porta Luguidonis. . . . . . . MP. XII.
Fano Carifi. . . . . . . . . . MP. XV.
Viniolis. . . . . . . . . . . MP. XV.
Sulcis. . . . . . . . . . . . MP. XXXV.
Porticenfes. . . . . . . . . . MP. XXIVI
Sarcopos. . . . . . . . . . . MP. XX.
Ferraria. . . . . . . . . . . MP. XX.
Caralis. . . . . . . . . . . . MP. XIII.

ALIO ITINERE AB ULBIA (1)
     CARALIS. . . . . . . . . . MP. CLXXIII.
Sic.
Caput Thyrfi. . . . . . . . . MP. XL.
Sorabile. . . . . . . . . . . MP. XLVI.

(1) Quelques exemplaires portent *Olbia*.

Biora. . . . . . . . . . . . MP. XLV.
Caralis. . . . . . . . . . . MP. XLII.

A TIBULIS CARALIS. . . . . MP. CCXIII.
Sic.
Gemellas. . . . . . . . . . . MP. XXV.
Lugdonee. . . . . . . . . . . MP. XXV.
Hafa. . . . . . . . . . . . . MP. XXIV.
Molaria. . . . . . . . . . . MP. XXIV.
Ad Medias. . . . . . . . . . MP. XII.
Foro Trajani. . . . . . . . . MP. XV.
Othoca. . . . . . . . . . . . MP. XVI.
Aquis Neapolanis. . . . . . . MP. XXVI.
Caralis. . . . . . . . . . . MP. XXVI.

A PORTU TIBULIS PER COM-
     PENDIUM ULBIA. . . . . MP. XVI.

ITER A TIBULIS SULCIS. . . . MP. CCLX.
Sic.
Viniolis. . . . . . . . . . . MP. XII.
Erucio. . . . . . . . . . . . MP. XXIV.
Ad Herculem. . . . . . . . . MP. XXII.
Ad Turrem. . . . . . . . . . MP. XVIII.
Nure. . . . . . . . . . . . . MP. XVII.
Carbia. . . . . . . . . . . . MP. XVI.
Bofa. . . . . . . . . . . . . MP. XXV.
Cornos. . . . . . . . . . . . MP. XVIII.
Tharros. . . . . . . . . . . MP. XVIII.
Othoea. . . . . . . . . . . . MP. XII.
Neapoli. . . . . . . . . . . MP. XVIII.
Metalla. . . . . . . . . . . MP. XXX.
Sulcis. . . . . . . . . . . . MP. XXX.

ITER A SULCIS NURA. . . . MP. LXIX.
Sic.
Tegula. . . . . . . . . . . . MP. XXXIV.
Nura. . . . . . . . . . . . . MP. XXXV.

ITER A CARALIS NURA. . . . MP. XXXII.

Du port de *Tibula* il n'y avoit qu'un très-petit trajet pour paffer dans l'île de Corfe. Elle offroit plufieurs ports; favoir, *Portus Titanus*, *Portus Syracufanus*, *Portus Philonii Favorii*, & *Portus Dianæ* : ce dernier étoit le plus confidérable; il étoit près de *Mariana*, qui avoit pris fon nom du fameux Marius, fous les ordres duquel il y avoit été établi une colonie.

Les Romains n'avoient pavé qu'un chemin en Corfe.

A MARIANA PALAS. . . . . . MP. CCXV.
Aleria. . . . . . . . . . . . MP. XL,

*Præsidio.* . . . . . . . . . . . . . . MP. XXX.

*Pontu Favoni.* . . . . . . . . . MP. XXX.

*Pallas.* . . . . . . . . . . . . . . . MP. XXV.

## CHEMINS DE L'AFRIQUE.

On sait qu'au temps de Constantin l'Afrique fut divisée en six provinces.

*PROVINCIA PROCONSULARIS, IN QUA EST CARTHAGO.*

De plus ;

> *Numidia.*
> *Bizacium.*
> *Tripolis.*
> *Mauritaniæ duæ.*
> *Sitifensis.*
> *Cæsariensis.*

La route la plus ordinaire pour le passage d'Italie en Afrique étoit du port d'Ostie à celui de Carthage. Aussi est-ce par les routes qui partoient de cette ville que je vais commencer.

*A CARTHAGINO CIRTA.* . . . MP. CCCCXXI.

*Sitifi.* . . . . . . . . . . . . . . . MP. C.

*Cæsarea.* . . . . . . . . . . . . MP. CCC (1).

Sic.

### A CARTHAGINE.

*Unuca.* . . . . . . . . . . . . . MP. XXII.

*Sicilibra.* . . . . . . . . . . . . MP. VII.

*Vallis.* . . . . . . . . . . . . . MP. XVI.

*Correva.* . . . . . . . . . . . . MP. XX.

*Musti.* . . . . . . . . . . . . . MP. XXVIII.

*Laribus colonia.* . . . . . . . . MP. XXX.

*Altieuros.* . . . . . . . . . . . MP. XVI.

*Ad Medera colonia.* . . . . . . MP. XXXII.

*Theveste colonia.* . . . . . . MP. XXV.

*Altaba.* . . . . . . . . . . . . MP. XVIII.

*Justi.* . . . . . . . . . . . . . MP. XVIII.

*Mercimeri.* . . . . . . . . . . MP XXIV.

*Maermadibus.* . . . . . . . . MP. XXIV.

*Sigus.* . . . . . . . . . . . . MP. XXVIII.

*Cirta colonia.* . . . . . . . . MP. XXV.

*Milecem.* . . . . . . . . . . MP. XXV.

*Idicra.* . . . . . . . . . . . . MP. XXV.

*Cuiculi.* . . . . . . . . . . . MP. XXV.

*Sitifi.* . . . . . . . . . . . . MP. XXV.

(1) Il manque ici des nombres, mais on ne les trouve dans aucun manuscrit.

*Perdices.* . . . . . . . . . . . . MP. XXV.

*Cellas.* . . . . . . . . . . . . . MP. XXVIII.

*Macri.* . . . . . . . . . . . . . MP. XXV.

*Zabi.* . . . . . . . . . . . . . . MP. XXV.

*Aras.* . . . . . . . . . . . . . . MP. XXX.

*Tatilti.* . . . . . . . . . . . . . MP. XVIII.

*Aura.* . . . . . . . . . . . . . . MP. XLIV.

*Rapidi.* . . . . . . . . . . . . . MP. XVI.

*Tirinadi.* . . . . . . . . . . . . MP. XXV.

*Caput Cilani.* . . . . . . . . . MP. XXV.

*Sufasar.* . . . . . . . . . . . . MP. XVI.

*Aquis.* . . . . . . . . . . . . . MP. XVI.

*Cæsarea.* . . . . . . . . . . . . MP. XXV.

*ITER A CARTHAGINE IN BYSANTIO SUFECTULA USQUE.* . . . . . . . . . . . MP. CLXXII.

Sic.

*Unuca.* . . . . . . . . . . . . . MP. XXII.

*Vallis.* . . . . . . . . . . . . . MP. XXII.

*Coreva.* . . . . . . . . . . . . . MP. XX.

*Musti.* . . . . . . . . . . . . . MP. XXVI.

*Assuras.* . . . . . . . . . . . . MP. XX.

*Tucca Terebinthina.* . . . . . . MP. XII.

*Sufibus.* . . . . . . . . . . . . MP. XXV.

*Sufetula.* . . . . . . . . . . . . MP. XXV.

*ITER A CARTHAGINE PER ADRUMETUM SUFETULA USQUE.* . . . . . . MP. CXC.

Sic.

*Vina.* . . . . . . . . . . . . . . MP. XXXIII.

*Putput.* . . . . . . . . . . . . . MP. X.

*Horrea Cælia.* . . . . . . . . . MP. XXXII.

*Adrumetum.* . . . . . . . . . . MP. X.

*Vico Augusti.* . . . . . . . . . MP. XXV.

*Aquis regiis.* . . . . . . . . . . MP. XXV.

*Masclianis.* . . . . . . . . . . MP. XVIII.

*Sufetula.* . . . . . . . . . . . . MP. XXXVI.

*A CARTHAGINE CLYPEIS.* . . . MP. LXXXV.

Sic.

*Maxula Prates.* . . . . . . . . MP. X.

*Casula.* . . . . . . . . . . . . . MP. XX.

*Curubi.* . . . . . . . . . . . . . MP. XXV.

*Clypeis.* . . . . . . . . . . . . MP. XXX.

*ITER A CARTHAGINE THENIS.* MP. CCXVII.

*INDE LEPTI MAGNA.* . . . . . MP. CCCCXXII

*INDE ALEXANDRIA.* . . . . . MP. DCCCCII.

Sic.

*A Carthagine.* . . . . . . . . . .

| | | |
|---|---|---|
| Maxula civitas. | MP. | XVIII. |
| Vina civitas. | MP. | XXVIII. |
| Putput vicus. | MP. | X. |
| Horrea Cælia vicus. | MP. | XXX. |
| Adrumetum colonia. | MP. | XVIII. |
| Leptiminus civitas. | MP. | XVIII. |
| Tufdro colonia. | MP. | XXXIII. |
| Ufula civitas. | MP. | XXXII. |
| Thenis colonia. | MP. | XXVII. |
| Macomadibus municipium. | MP. | XXVIII. |
| Cellas vicus. | MP. | XXVI. |
| Tacapas colonia. | MP. | XXX. |
| Agma five fulgurita villa. | MP. | XXX. |
| Gitti municipium. | MP. | XXV. |
| Ponte Zita municipium. | MP. | XXXV. |
| Villa magna, villa privata. | MP. | XXX. |
| Fifida vicus. | MP. | XXXI. |
| Cafas villa aniciorum. | MP. | XXVI. |
| Sabrata colonia. | MP. | XXX. |
| Vax villa Repentina. | MP. | XXVII. |
| Aæ colonia. | MP. | XXVIII. |
| Megradi villa anciorum. | MP. | XXXV. |
| Minna villa marfi. | MP. | XXIX. |
| Lepti magna colonia. | MP. | XXIX. |
| Seggera. | MP. | XX. |
| Berge. | MP. | XXIX. |
| Bafe. | MP. | XXV. |
| Thebunte. | MP. | XXX. |
| Auxiqua. | MP. | XXX. |
| Annefel. | MP. | XXX. |
| Aurui. | MP. | XXVIII. |
| Aftiagi. | MP. | XXV. |
| Macomadibus Syrtis. | MP. | XXX. |
| Ifcina. | MP. | XXX. |
| Tramariciolo. | MP. | XXXI. |
| Anbereo. | MP. | XXV. |
| Diedica. | MP. | XXIV. |
| Tugulus. | MP. | XXIV. |
| Banadedari. | MP. | XXV. |
| Anabucis. | MP. | XXV. |
| Tiniodiri. | MP. | XXV. |
| Boreo. | MP. | XII. |
| Tinci Aufari. | MP. | XXIV. |
| Attici. | MP. | XXV. |
| Charotus. | MP. | XXV. |
| Caminos. | MP. | XXII. |
| Efronicc. | MP. | XXX. |

| | | |
|---|---|---|
| Adriane. | MP. | XXVIII. |
| Teuchira. | MP. | XVIII. |
| Ptolemaïs. | MP. | XXVI. |
| Semeros. | MP. | XXXII. |
| Lifamices. | MP. | XXV. |
| Cyrene. | MP. | XXV. |
| Limmiade. | MP. | XXI. |
| Darnis. | MP. | XXIV. |
| Hippon. | MP. | XXVIII. |
| Michera five Helene. | MP. | XXX. |
| Badin. | MP. | XXV. |
| Aufufal. | MP. | XX. |
| Catabathmon. | MP. | XXV. |
| Alexandria. | MP. | IX. |

8°. Mais, comme le remarque fort bien M. Bergier, tous les chemins de l'itinéraire ne partent pas de la principale ville. L'auteur a fait pour l'Afrique, ce qu'il avoit fait par rapport à la Grande-Bretagne; il a commencé par une extrémité: tel eft, par exemple, le premier chemin détaillé dans l'itinéraire, & que voici:

## COLUMNÆ HERCULIS.

A TINGI, MAURITANIÆ, id eft, UBI BA-CUETES ET MACENITES BARBARI MORAN-TUR, PER MARITIMA LOCA CARTHAGINEM USQUE.    MP. XVIII XLIX.

| | | |
|---|---|---|
| AB EXPLORATIONE, QUÆ AD MERCURIOS DICITUR TINGI USQUE. | MP. | CLXXIV. |
| RUSADER. | MP. | CCCXVIII. |
| CÆSAREA MAURITANIÆ. | MP. | CCCCXCIII. |
| SALDIS. | MP. | CCXVIII. |
| RUSSICADE. | MP. | CCCXVIII. |
| HIPPONE REGIO. | MP. | CCXV. |
| CARTHAGINE. | MP. | CXIII. |

Littora manfionibus his.

| | | |
|---|---|---|
| Ad Mercurios. | MP. | CLXXIV. |
| Salaconia. | MP. | XVI. |
| Thamufida. | MP. | XXXII. |
| Banafa. | MP. | XXXII. |
| Frigidis. | MP. | XXIV. |
| Lix col. | MP. | XVI. |
| Tabernis. | MP. | XVI. |
| Zili. | MP. | XIV. |
| Ad Mercuri. | MP. | VI. |
| Tingi colonia. | MP. | XVIII. |

A TINGI LITORIBUS NAVIGATUR USQUE AD PORTUS DIVINOS. . . .

| | | |
|---|---|---|
| Ad Septem fratres. | MP. | LX. |
| Ad Abilem. | MP. | XIV. |
| Ad Aquilam minorem. | MP. | XIV. |
| Ad Aquilam majorem. | MP. | XIV. |
| Ad Promontorium Barbari. | MP. | XII. |
| Tænia longa. | MP. | XXIV. |
| Cobucla. | MP. | XXIV. |
| Parietina. | MP. | XXIV. |
| Promontorium. | MP. | XXV. |
| Ad Sex Infulas. | MP. | XII. |
| Promontorio Cannarum. | MP. | XXX. |
| Promontorio. | MP. | L. |
| Luffader col. | MP. | XV. |
| Ad Tres Infulas. | MP. | LXV. |
| Flumen Malva. | MP. | XII. |

FLUMEN MALVA DIRIMIT MAURITANIAS DUAS INCIPIT CÆSARIENSIS. . .

| | | |
|---|---|---|
| Lemnis. | MP. | XXII. |
| Popleto flumen. | MP. | XXX. |
| Ad Fratres. | MP. | VI. |
| Artifiga. | MP. | XXV. |
| Portu Cœli. | MP. | XII. |
| Siga municip. | MP. | XV. |
| Portu Sigenfi. | MP. | III. |
| Camarata. | MP. | XII. |
| Ad Salfum flumen. | MP. | XII. |
| Ad Crifpas. | MP. | XXV. |
| Gilva colonia. | MP. | V. |
| Caftra Puerorum. | MP. | XXIII. |
| Portus divinos. | MP. | XVIII. |
| Portum magnum. | MP. | XXXVI. |
| Quiza municip. | MP. | XL. |
| Arfenaria. | MP. | XL. |
| Cartenna col. | MP. | XVIII. |
| Lar Caftellum. | MP. | XIV. |
| Cartili. | MP. | XV. |
| Gunugus. | MP. | XII. |
| Cæfaria colonia. | MP. | XII. |
| Ripafa colonia. | MP. | XVI. |
| Cafæ Calventi. | MP. | XV. |
| Icofium colon. | MP. | XXXII. |
| Rufguniæ colon. | MP. | XV. |
| Rufubbicari. | MP. | XXIV. |
| Cifi municip. | MP. | XII. |
| Rufuccuro col. | MP. | XII. |

| | | |
|---|---|---|
| Iomnio munic. | MP. | XVIII. |
| Rubazis munic. | MP. | XXXVIII. |
| Saldis colon. | MP. | XXXV. |
| Muftubio. | MP. | XXVII. |
| Coba municip. | MP. | XXVIII. |
| Igilgili colon. | MP. | XXXVIII. |
| Paccianis Maltidiæ. | MP. | XIV. |
| Chulli munic. | MF. | LX. |
| Ruficcade. | MP. | L. |
| Parætianis. | MP. | XXV. |
| Culucitanis. | MP. | XVIII. |
| Tacatua. | MP. | XXII. |
| Sulluco. | MP. | XXII. |
| Hippone regio col. | MP. | XXXII. |
| Ad Dianam. | MP. | XXXII. |
| Nalpotes. | MP. | XL. |
| Thabraca. | MP. | XXIV. |
| Hippone Zarito. | MP. | LX. |
| Tuniza. | MP. | XX. |
| Membrone. | MP. | X. |
| Utica. | MP. | VI. |
| Ad Gallum Gallinacium. | MP. | XII. |
| Carthagine. | MP. | XV. |

D'autres routes fe rendoient à Carthage, en partant de différens lieux. Tels font les fuivantes :

| | | |
|---|---|---|
| ITER AB HIPPONE REGIO CARTHAGINEM. | MP. | CCXVIII. |
| Sic. | | |
| Onellaba. | MP. | L. |
| Ad Aquas. | MP. | XXV. |
| Simittu colonia. | MP. | V. |
| Bulla Regia. | MP. | VII. |
| Novis Aquilanis. | MP. | XXIV. |
| Vico Angufti. | MP. | XVI. |
| Cluacaria. | MP. | XXX. |
| Tuburbo minus. | MP. | XV. |
| Cigifa. | MP. | XXVIII. |
| Carthagine. | MP. | XVIII. |

| | | |
|---|---|---|
| ITEM ALIO ITINERE AB HIPPONE REGIO CARTHAGINEM. | MP. | CCXXVIII. |
| Sic. | | |
| Tagafte. | MP. | LIII. |
| Naraggara. | MP. | XXV. |
| Sicca. | MP. | XXXII. |
| Mufti. | MP. | XXXIV. |
| Membreffa. | MP. | XXXV. |

| | | |
|---|---|---|
| Sicilibba. | MP. | XVII. |
| Unuca. | MP. | XIII. |
| Pertufa. | MP. | VII. |
| Carthagine. | MP. | XIV. |

Il y avoit vingt-trois autres chemins qui parcouroient le reste des fix provinces d'Afrique : les voici dans l'ordre adopté par Bergier, & qui, pour en faire usage en géographie, est infiniment plus commode que celui de l'itinéraire.

| | | |
|---|---|---|
| ITER AB TOCOLOSIDA TINGI. | MP. | CXLVIII. |
| Sic. | | |
| Volubilis col. | MP. | III. |
| Aquis Dacicis. | MP. | XVI. |
| Gilda. | MP. | XII. |
| Vopifcianis. | MP. | XXIII. |
| Tremulis. | MP. | XVIX. |
| Oppido novo. | MP. | XII. |
| Ad Novas. | MP. | XXXII. |
| Ad Mercuri. | MP. | XII. |
| Tingi colonia. | MP. | XVIII. |
| ITER A SITIFI SALDAS. | MP. | LXXIX. |
| Sic. | | |
| Hoena. | MP. | XVIII. |
| Lesbi. | MP. | XVIII. |
| Tubufuptus. | MP. | XXV. |
| Saldas. | MP. | XVIII. |
| ITER A LAMBESSE SITIFI. | MP. | CII. |
| Sic. | | |
| Tadutti. | MP. | XVIII. |
| Nova Sparfa. | MP. | XXXIII. |
| Gemellas. | MP. | XXVII. |
| Sitifi. | MP. | XXV. |
| ITER A THEVESTE PER LAMBESSEM. | MP. | CCXII. |
| Sic. | | |
| Timphadi. | MP. | XXII. |
| Vegefela. | MP. | XX. |
| Mafcula. | MP. | XVIII. |
| Glandi. | MP. | XXII. |
| Tamugadi. | MP. | XXII. |
| Lambeffe. | MP. | XIV. |
| Diana. | MP. | XXXIII. |
| Nova Petra. | MP. | XIV. |
| Gemellas. | MP. | XXI. |
| Sitifi. | MP. | XXV. |

| | | |
|---|---|---|
| ITER A TURRI CÆSARIS CIRTA. | MP. | XI. |
| Sic. | | |
| Sigur. | MP. | XV. |
| Cirta. | MP. | XXV. |
| ITER A TAMUGADI LAMASBAM. | MP. | LXII. |
| Sic. | | |
| Tadutti. | MP. | XXVIII. |
| Diana Veteranorum. | MP. | XVI. |
| Lamasba. | MP. | XVIII. |
| ITER A LAMASBA SITIFI. | MP. | LXIII. |
| Sic. | | |
| Zarai. | MP. | XXV. |
| Perdicibus. | MP. | XII. |
| Sitifi. | MP. | XXV. |
| ITER A CALAMA RUSUCURRUM. | MP. | CCCXCIV. |
| Sic. | | |
| Ad Rubras. | MP. | XX. |
| Ad Albulas. | MP. | XXX. |
| Ad Dracones. | MP. | XIV. |
| Ad Regias. | MP. | XXIV. |
| Tafaccora. | MP. | XXV. |
| Caftra Nova. | MP. | XVIII. |
| Ballene Præfidio. | MP. | XX. |
| Mina. | MP. | XVI. |
| Gadavum Caftra. | MP. | XXV. |
| Vazal. | MP. | XVIII. |
| Caftellum Tingitii. | MP. | XVIII. |
| Tigauda municipio. | MP. | XXII. |
| Oppido Novo col. | MP. | XXXII. |
| Tigava Caftra. | MP. | II. |
| Malliana. | MP. | XVI. |
| Sufafar. | MP. | XXIX. |
| Velifci. | MP. | XV. |
| Tanaramufa Caftra. | MP. | XVI. |
| Tamariceto Præfidio. | MP. | XVI. |
| Rapida Caftra. | MP. | XVI. |
| Rufuccura colonia. | MP. | XII. |
| ITER RUSUCCURO SALDIS. | MP. | CVIII. |
| Sic. | | |
| Tigifi. | MP. | XII. |
| Bidil municipium. | MP. | XVII. |
| Tubufuptus. | MP. | XL. |
| Saldis colonia. | MP. | XXVIII. |

| | | |
|---|---|---|
| *Iter Saldis Igilgili.* | MP. | CLIX. |
| Sic. | | |
| Ad Olivam. | MP. | XXX. |
| Ad Sava municipio. | MP. | XXV |
| Sitifi colonia. | MP. | XXIV. |
| Satafi. | MP. | XVI. |
| Ad Basilicam. | MP. | XVI. |
| Ad Ficum. | MP. | XV. |
| Igilgili. | MP. | XXXIII. |
| *Iter a Lambese Cirta.* | MP. | LXXXIV. |
| Sic. | | |
| Tamugadi. | MP. | XIV. |
| Ad Rotam. | MP. | XXX. |
| Ad Lacum Regium. | MP. | XX. |
| Cirta colonia. | MP. | XX. |
| *Iter a Musti Cirta.* | MP. | CXCIX. |
| Sic. | | |
| Sicca. | MP. | XXXII. |
| Naraggara. | MP. | XXX. |
| Thagura. | MP. | XX. |
| Tipafa. | MP. | XXXIV. |
| Gafaufula. | MP. | XXXV. |
| Sigus. | MP. | XXXIII. |
| Cirta. | MP. | XXV. |
| *Iter a Cirta Hippone Regio.* | MP. | XCIV. |
| Sic. | | |
| Aquis Tibilitanis. | MP. | LIV. |
| Ad villam Servilianam. | MP. | XV. |
| Hippone Regio. | MP. | XXVI. |
| *Iter a Thenis Theveste.* | MP. | CLXXV. |
| Sic. | | |
| Ovifce. | MP. | XXV. |
| Amudarfa. | MP. | XXV. |
| Autenti. | MP. | XXV. |
| Sufetula. | MP. | XXX. |
| Vegefela. | MP. | XXX. |
| Menegefem. | MP. | XX. |
| Thevefte. | MP. | XX. |
| *Iter ab Aquis Regis Sufibus.* | MP. | XLII. |
| Sic. | | |
| Marazanis. | MP. | XV. |
| Sufibus. | MP. | XXVIII. |
| *Iter ab Assuris Thenas.* | MP. | CXCII. |
| Sic. | | |
| Tucca Terebinthina. | MP. | XV. |

| | | |
|---|---|---|
| Sufibus. | MP. | XXV. |
| Sufctula. | MP. | XXV. |
| Nara. | MP. | XV. |
| Madaffuma. | MP. | XXV. |
| Scplimunicia. | MP. | XXV. |
| Tabalta. | MP. | XX. |
| Macomadibus. | MP. | XV. |
| Thenis. | MP. | XVII. |
| *Iter a Tuburbo per Vallos Tacapas.* | MP. | CCCVIII. |
| Sic. | | |
| Vallis. | MP. | XVIII. |
| Coreva. | MP. | XX. |
| Mufti. | MP. | XXVI. |
| Affuras. | MP. | XXX. |
| Tucca Terebinthina. | MP. | XII. |
| Sufibus. | MP. | XXV. |
| Septimunicia. | MP. | XXV. |
| Tabalta. | MP. | XX. |
| Cellis Picentinis. | MP. | XXX. |
| Tacapis. | MP. | XXX. |
| *Iter a Tusdro Theveste.* | MP. | CXCV. |
| Sic. | | |
| Vico Augufti. | MP. | XXXI. |
| Aquis regiis. | MP. | XXXV. |
| Mafclianis. | MP. | XVIII. |
| Suffetula. | MP. | XXXVI. |
| Cilio. | MP. | XXV. |
| Meneggere. | MP. | XXV. |
| Thevefte. | MP. | XXV. |
| *Item alio itinere a Theveste Tusdrum.* | MP. | CLXXXV. |
| Sic. | | |
| Meneggere. | MP. | XXV. |
| Cilio. | MP. | XXV. |
| Sufetula. | MP. | XXV. |
| Mafclianis. | MP. | XXXVII. |
| Agnis regiis. | MP. | XVIII. |
| Germaniciana. | MP. | XXIV. |
| Eliæ. | MP. | XVI. |
| Tufdro. | MP. | XVIII. |
| *A Sufibus Adrumetum.* | MP. | CVIII. |
| Sic. | | |
| Marazanis. | MP. | XXVIII. |
| Aquis regiis. | MP. | XX. |
| Vico Augufti. | MP. | XXXV. |
| Adrumetum. | MP. | XXV. |

A SUFETULA CLYPEA. . . . MP. CCXVI.
Sic.

Mafclianis. . . . . . . . . . MP. XXXVI.

Aquis regiis. . . . . . . . . MP. XVII.

Vico Augufti. . . . . . . . . MP. XXXV.

Adrumetum. . . . . . . . . . MP. XXV.

Horrea. . . . . . . . . . . . MP. XVIII.

Putput. . . . . . . . . . . . MP. XXX.

Curubi. . . . . . . . . . . . MP. XXVI.

Vel Neapoli. . . . . . . . . MP. XII.

Clypeis. . . . . . . . . . . . MP. XX.

ITER, QUOD LIMITEM TRIPOLITANUM PER
TURREM TAMALLENI A TACAPIS LEPTI
MAGNA DUCIT. . . . . . . MP. DCV.
Sic.

A Tacapis ad Aquas. . . . . MP. XVIII.

Agariabas. . . . . . . . . . MP. XXX.

Turre Tamelleni. . . . . . . MP. XXX.

Ad Templum. . . . . . . . . MP. XII.

Eerezeos. . . . . . . . . . . MP. XXX.

Aufilindi. . . . . . . . . . . MP. XXXII.

Agma. . . . . . . . . . . . MP. XXII.

Augemmi. . . . . . . . . . . MP. XXX.

Tabelati. . . . . . . . . . . MP. XXX.

Thebalami. . . . . . . . . . MP. XXV.

Tillabari. . . . . . . . . . . MP. XX.

Adaugmagdum. . . . . . . . MP. XXX.

Tabunagdi. . . . . . . . . . MP. XXV.

Tramufdufim. . . . . . . . . MP. XXV.

Tamafcaltin. . . . . . . . . MP. XXX.

Thenteos. . . . . . . . . . . MP. XXX.

Auru. . . . . . . . . . . . . MP. XXX.

Vinaza. . . . . . . . . . . . MP. XXXII.

Thalalati. . . . . . . . . . . MP. XVI.

Thenadaffa. . . . . . . . . . MP. XXVI.

Mefphe. . . . . . . . . . . MP. XXX.

Leptimagna. . . . . . . . . MP. XL.

TELEPTE TECAPAS. . . . . . MP. CXLII.
Sic.

Gemellas. . . . . . . . . . . MP. XXII.

Gremellas. . . . . . . . . . MP. XXV.

Capfe. . . . . . . . . . . . MP. XXIV.

Thafarte. . . . . . . . . . . MP. XXXV.

Aquas Tacapitanas. . . . . . MP. XVIII.

Tacapas. . . . . . . . . . . MP. XVII.

Il refte, dit Bergier, un grand chemin à examiner ; favoir, celui qui s'étendoit de Carthage à Alexan-drie & alloit fe joindre à d'autres chemins, au moyen defquels Carthage communiquoit non-feulement avec l'Egypte, mais avec plufieurs villes d'Afie. Il y a plus, c'eft que ces routes de Carthage communiquoient avec Rome même, allant de province en province, fans autre inter-ruption que celle du détroit de Conftantinople. On va voir la preuve de ce qu'avance M. Bergier, par l'expofé des routes fuivantes.

ITER AB URBE MEDIOLA-
NUM. . . . . . . . . . . MP. DXXVIII.

INDE AQUILEIAM. . . . . . MP. CCLX.

INDE SIRMIUM. . . . . . . MP. CCXXII.

INDE NICOMEDIAM. . . . . MP. DCCCXV.

INDE ANTIOCHIAM. . . . . MP. DCLXXXII.

INDE ALEXANDRIAM. . . . MP. DCCCII.

Quant au chemin de Carthage à Alexandrie, on le trouve indiqué de la manière fuivante.

ITER A CARTHAGINE THE-
NAS. . . . . . . . . . . . MP. CCXVII.

INDE LEPTIM MAGNAM. . . MP. CCCCXXII.

INDE ALEXANDRIAM. . . . MP. DCCCII.

C'eft ainfi que la célèbre ville d'Alexandrie fervoit comme d'un centre commun entre Rome & Carthage, à travers de vaftes provinces de l'Eu-rope, de l'Afie & de l'Afrique.

De la première de ces voies, celle qui partoit de Rome étoit de 2680 milles ; la feconde, par-tant de Carthage, de 1541 : en tout 4221.

Le dernier chemin étoit celui qui s'étendoit de Ptolémaïs, ville de la Pentapole, jufqu'à la ville d'Alexandrie, au travers la Cyrénaïque & la Mar-marique, provinces de l'Egypte. Le voici :

ITEM ALIO ITINERE A PTOLEMAIDA IN
ALEXANDRIAM.

Semeros. . . . . . . . . . . MP. XXXIII.

Lafamices. . . . . . . . . . MP. XXV.

Cyrene. . . . . . . . . . . . MP. XXV.

FINES MARMARICÆ.

Limniade. . . . . . . . . . . MP. XXI.

Darnis. . . . . . . . . . . . MP. XXIV.

Hippon. . . . . . . . . . . . MP. XXVIII.

Papi. . . . . . . . . . . . . MP. XXIV.

Paniuros. . . . . . . . . . . MP. XXX.

Michera. . . . . . . . . . . MP. XX.

Jucundiu. . . . . . . . . . . MP. XL.

| | | |
|---|---|---|
| Gereatis. | MP. | XXXII. |
| Catabathmon. | MP. | XXXV. |

#### FINES ALEXANDRIÆ.

| | | |
|---|---|---|
| Geras. | MP. | XVIII. |
| Zigilis. | MP. | XXXII. |
| Aristeu. | MP. | XX. |
| Thabrasta. | MP. | XXXII. |
| Paraetonio. | MP. | XXVI. |
| Euthicu. | MP. | XL. |
| Phædone. | MP. | XXVI. |
| Caportis. | MP. | XVI. |

Bergier finit par faire obferver que fi l'on joint enfemble tous les nombres que donne l'étendue des chemins faits dans les fix provinces d'Afrique, non compris l'Egypte, on aura pour la totalité 9348 milles.

*CHAP. XLVII.* Bergier fait remarquer que la conquête de la Macédoine & de celle la Grèce fuivit affez immédiatement celle de Carthage.

La Macédoine n'étoit féparée de l'Italie que par le golfe Adriatique. Les ports les plus fréquentés de l'Italie étoient: *Rhegium, Colonna, Tarentum, Hydruntum* & *Brundufium.* Il y avoit en Italie des routes qui conduifoient à chacun de ces ports, & la voie Appienne en étoit en quelque forte le tronc principal, dont les autres n'étoient que les branches.

Les voici dans l'ordre que les préfente Bergier.

#### ITER AB URBE APPIA VIA RECTO ITINERE AD COLUMNAM. . . . . MP. CCCCLV.

Sic.

| | | |
|---|---|---|
| Aricia. | MP. | XVI. |
| Tribus Tabernis. | MP. | XVII. |
| Appi Foro. | MP. | X. |
| Tarracina. | MP. | XVIII. |
| Fundis. | MP. | XVI. |
| Fornis. | MP. | XIII. |
| Minturnis. | MP. | IX. |
| Sinueffa. | MP. | IX. |
| Capua. | MP. | XXVI. |
| Nola. | MP. | XXI. |
| Nuceria. | MP. | XVI. |
| In medio Salerno ad Tanarum. | MP. | XXV. |
| Ad Calorem. | MP. | XXIV. |
| In Marcelliana. | MP. | XXV. |
| Cæfariana. | MP. | XXI. |
| Nerulo. | MP. | XXXVI. |
| Summutano. | MP. | XIV. |
| Caprafis. | MP. | XXI. |

| | | |
|---|---|---|
| Confentia. | MP. | XXVIII. |
| Ad Sabbatum fluvium. | MP. | XVIII. |
| Ad Turres. | MP. | XVIII. |
| Vibona. | MP. | XXI. |
| Nicotera. | MP. | XVIII. |
| Ad Mallias. | MP. | XXIV. |
| Ad Columnam. | MP. | XIV. |

Mais de Capoue (*Capua*) le chemin conduifoit à Bénevent & à une autre ville que l'itinéraire nomme *Equotuticum;* c'eft ce que l'on va voir.

#### ITER A CAPUA EQUOTUTIO UBI CAMPANIA LIMITEM HABET. . . . . MP. LIII.

Sic.

| | | |
|---|---|---|
| Caudis. | MP. | XXI. |
| Beneventum. | MP. | XI. |
| Equo Tutico. | MP. | XXI. |

De ces deux villes partoient plufieurs chemins qui conduifoient à trois villes maritimes.

Le premier étoit celui qui alloit de Bénevent à Tarente.

#### ITER A BENEVENTO TARENTUM. . . . . MP. CLIV.

Sic.

| | | |
|---|---|---|
| Eclano. | MP. | XV. |
| Sub Romula. | MP. | XXI. |
| Ponte Aufidi. | MP. | XXII. |
| Venufia. | MP. | XVIII. |
| Silvium. | MP. | XX. |
| Blera. | MP. | XIII. |
| Sub Lupatia. | MP. | XIV. |
| Canales. | MP. | XIII. |
| Tarento. | MP. | XX. |

Le fecond chemin eft défigné fous ce titre dans l'itinéraire.

#### A BENEVENTO HYDRUNTUM. . . . . MP. CLXV.

Sic.

| | | |
|---|---|---|
| Eclano. | MP. | XV. |
| Sub Romula. | MP. | XXI. |
| Ponte Aufidi. | MP. | XXII. |
| Venufio. | MP. | XVIII. |
| Ad Silvianum. | MP. | XX. |
| Sub Lupatia. | MP. | XXI. |
| Canales. | MP. | XIII. |
| Hydrunto. | MP. | XXV. |

Le troisième chemin paſſoit par *Equotuticum* pour aller à *Brunduſium* & à *Hydruntum*. Il porte ce titre :

*AB EQUOTUTICO HYDRUNTO*
   *AD TRAJECTUM*. . . . . . MP. CCXXXV.
   Sic.

| | | |
|---|---|---|
| Ecas. . . . . . . . . . . . | MP. | XVIII. |
| Erdonias. . . . . . . . . . | MP. | XIX. |
| Canuſio. . . . . . . . . . | MP. | XXVI. |
| Rubos. . . . . . . . . . | MP. | XXIII. |
| Butuntus. . . . . . . . . . | MP. | XI. |
| Barium. . . . . . . . . . | MP. | XII. |
| Tavribus. . . . . . . . . . | MP. | XXI. |
| Egnatiæ. . . . . . . . . . | MP. | XVI. |
| Speluncas. . . . . . . . . . | MP. | XX. |
| Brunduſium. . . . . . . . . | MP. | XX. |
| Lipias. . . . . . . . . . | MP. | XXV. |
| Hyd-unto. . . . . . . . . . | MP. | XXV. |
| Ponte Longo. . . . . . . . . | MP. | XXX. |
| Lirunto. . . . . . . . . . | MP. | XXX. |
| Salinis. . . . . . . . . . | MP. | XV. |
| Aufidena. . . . . . . . . . | MP. | XL. |
| Reſpa. . . . . . . . . . | MP. | XXIII. |
| Barium. . . . . . . . . . | MP. | XIII. |
| Arneſto. . . . . . . . . . | MP. | XXII. |
| Guatiæ. . . . . . . . . . | MP. | XV. |
| Speluncis. . . . . . . . . . | MP. | XXI. |
| Erunduſium. . . . . . . . . | MP. | XVIII. |

Outre ces chemins, remarque Bergier, il s'en trouve encore un de Rome à Brindes, qui étoit fort long & tournoyant ; car il commençoit par la voie Flaminienne, de laquelle il tiroit juſqu'à la marche d'Ancône, puis retournant le long du rivage Adriatique, il alloit finir à Brindes par les villes & lieux dénommés ſous le titre ſuivant :

## FLAMINIA.

*AB URBE PER PICENUM ANCONAN ET INDÈ*
   *BRUNDUSIUM*. . . . . . MP. DCXXVII.
   Sic.

| | | |
|---|---|---|
| Utriculi. . . . . . . . . . | MP. | XLVII. |
| Narniæ. . . . . . . . . . | MP. | XII. |
| Ad Martis. . . . . . . . . . | MP. | XVII. |
| Mevaniæ. . . . . . . . . . | MP. | XVI. |
| Nucceriæ. . . . . . . . . . | MP. | XVIII. |
| Dubios. . . . . . . . . . | MP. | VIII. |
| Prolaque. . . . . . . . . . | MP. | VIII. |
| Septempeda. . . . . . . . . | MP. | XV. |

| | | |
|---|---|---|
| Trea. . . . . . . . . . | MP. | IX. |
| Auximo. . . . . . . . . . | MP. | XVIII. |
| Ancona. . . . . . . . . . | MP. | XII. |
| Numana. . . . . . . . . . | MP. | VIII. |
| Potentia. . . . . . . . . . | MP. | X. |
| Caſtello Firmano. . . . . . . | MP. | XII. |
| Caſtro Truentino. . . . . . . | MP. | XXIV. |
| Caſtro Novo. . . . . . . . . | MP. | XII. |
| Hadriæ. . . . . . . . . . | MP. | XV. |
| Oſtia Aterni. . . . . . . . . | MP. | XVI. |
| Angulo. . . . . . . . . . | MP. | X. |
| Ortona. . . . . . . . . . | MP. | XI. |
| Anxano. . . . . . . . . . | MP. | XIII. |
| Hiſtonios. . . . . . . . . . | MP. | XXV. |
| Uſcoſio. . . . . . . . . . | MP. | XV. |
| Arenio. . . . . . . . . . | MP. | XIV. |
| Corneli. . . . . . . . . . | MP. | XXVI. |

Ici Bergier dit : « Etant donc parvenus de Rome en ces villes maritimes, il nous reſte à voir comment de ces ports les trajets ſe faiſoient dans les ports des villes oppoſées de Macédoine & d'Epire. Il n'y a pas de doute que de ces villes, Brindes ne fût la plus fréquentée, puiſqu'elle étoit la plus commode pour paſſer d'Italie en Macédoine & en Epire, comme d'Epire & de Macédoine en Italie ».

Auſſi Strabon dit-il : *È Græcia præterea navigantibus atque Aſia, longe reſtior Brunduſium eſt navigatio. Itaque omnes quibus propoſitum eſt iter Romam, huc applicunt.* C'eſt-à-dire, que ceux qui voyagent par mer de la Grèce & de l'Aſie, viennent aborder à Brindes comme par la voie la plus courte, & qu'ainſi ceux qui vouloient ſe rendre à Rome débarquoient à ce port. Ceux pareillement qui vouloient paſſer d'Italie en Grèce, Macédoine & Illyrie, s'embarquoient le plus ſouvent au port de Brindes, d'où il y avoit, au rivage oppoſé, deux paſſages communs par la mer. L'un étoit de Brindes aux roches Cérauniennes, ſur le rivage de l'Epire & de la Grèce ; l'autre, vers la ville de *Dyrrhachium*, appelée par les Grecs *Epidaunum*. Cette dernière étoit la plus longue, puiſqu'elle étoit de 1800 ſtades, valant 225 milles d'Italie ; mais c'étoit la plus commode & la plus fréquentée : ce que l'on ſent bien par la poſition de *Dyrrhachium*, ſituée ſur les confins de la Macédoine & de l'Illyrie. Auſſi voilà comme Strabon s'exprime à ce ſujet, L. VII : *Atenim Brunduſio in tranſmarinam ripam navigatio eſt : una quidem ad Ceraunia, lituſque deinceps reliquum Epiri & Græciæ : altera ad Epidam numquam prima longior ; nam mille & DCCC ſtad. eſt. Trita & hæc eſt, cum commode & ad gentes Illyricas & Macedonia ſita eſt.*

Ce paſſage ſe trouve dans l'itinéraire d'Antonin, indiqué par ces mots.

*A Brundusio trajectus Dirrhachium usque* . . . . . . *stad. num.* I. **CCCC.**

Mais le texte est, sans doute, corrompu en cet endroit. Il est aisé de le rétablir d'après le texte de Strabon, qui, comme on l'a vu, fait ce trajet de MDCCC. stades, valant CCXXV milles.

Pline ne met que CCXX milles, ce qui ne fait pas, au reste, une différence considérable. Voici comment il s'exprime, L. II, ch. II : *Brundusium* L. M. P. *ab Hydrunte in primis Italiæ portu nobile ac veluti certiore transitu sicuti longiore, excipiente Illyrica urbe Dyrrhachio* CCXX. MP. *trajectu.*

Le second passage d'Italie en Macédoine, ou de la Macédoine en Italie, étoit par la ville & le port de Tarente, ainsi que Strabon nous l'enseigne, quand il dit que ceux qui viennent de la Macédoine ou de la Grèce par *Brundusium*, ont deux chemins à choisir. Il y en avoit un par lequel on ne pouvoit passer qu'avec des mulets. Mais ceux qui prenoient leur chemin par Tarente pouvoient, en un jour, gagner la voie Appienne, plus commode que toute autre pour les charrois : *Altera*, dit-il ( L. VII ), *per Tarentum paulisper ad Ceram, & si quanta diei est, circuitionem feceris, via Appia offertur plaustris commodior.* Puis il ajoute, conformément à l'itinéraire, que l'une & l'autre de ces deux voies venoient se rendre à Bénevent : *Coëuntque Ambæ ad Beneventum & Campaniam ex Brundusio.*

Le troisième passage, suivant le même auteur, étoit par le port de *Rhegium*, par lequel on entroit en Italie sur les terres du *Brutium* & de la Lucanie. Ce chemin venoit joindre la voie Appienne, selon Strabon, qui dit : *Tertia è Rhegio per Bruttos & Lucanos & Samnium ad Campaniam Appiæ jungitur.*

Le quatrième chemin étoit du port de Brindes à Aulon, ville de l'Illyrie ; Ptolémée le nomme πόλιν ἐπίνειον, ou cité navale ( ce qui n'est pas la même chose que ville maritime ), à cause de son port. Ce trajet est exprimé de cette manière dans l'itinéraire.

*Item a Brundusio sive Hydrunte trajectus Aulonem, stadiæ. num.* I.

Le cinquième avoit son passage d'*Hydruntum* à Velon.

*Item recto itinere ab Hydrunte Aulonem.* . . . . . . . . . . . . *stad.* I.

Mais Bergier remarque qu'il y a ici faute sur le nombre de stades ; car il est certain qu'il y a plus d'une stade de Brindes ou d'Otrante à Velone : & l'on voit, par un passage de Pline, qu'il y en avoit plus de CCCC ; car cet auteur assure que d'*Hydruntum* à Apollonie, ville de l'Illyrie, où le trajet est le plus court pour passer de l'Italie dans la Grèce, il y avoit cinquante mille pas ; ce qui

revient à CCCC stades. Voici le texte : *Ex adverso Apollonia oppidum latitudine inter currentis freti quinquaginta millia, non amplius.* Or, il devoit y avoir plus loin encore d'*Hydruntum* à Velon, puisque Pline dit ( L. III, ch. II ), qu'entre ces deux villes : *Brevissimus erat in Græciam transitus.*

Mais avant que de mettre fin à ce discours, dit Bergier ( n. 9, ch. XLVII ), il faut remarquer que ces cinq trajets, avec les chemins d'Italie qui en dépendoient, venoient presque tous aboutir à la grande & célèbre voie Appienne : aussi étoit-ce sur cette voie que les ambassadeurs ou envoyés des peuples grecs ou asiatiques prenoient leur chemin pour se rendre à Rome, ou pour se rendre dans leurs pays au sortir de cette ville. Ensorte que Juste Lipse a eu raison de dire qu'elle surpassoit toutes les autres en étendue de pays & en célébrité de passage. *Via Appia*, dit-il ( L. III, *de magnitudine Romæ*, ch. 10 ), *celebritate & longitudine inter Italicas eminebat, quia à Roma in Græciam, Asiam, & trans mare ducebat.*

*Chap. XLVIII.* I. Après avoir suivi les routes de l'Italie jusqu'aux bords de la mer, & les avoir, pour ainsi dire, suivies jusques sur les côtes opposées appartenant à la Macédoine & à l'Epire, M. Bergier traite des routes dans l'intérieur de la Grèce.

Il commence par celles qui partoient de la ville de *Dyrrhachium*, ville célèbre dès le temps de Cicéron, & la plus proche du rivage de l'Italie. C'est de cette ville qu'il dit ( Epist. L. XIV ), *Dyrrhachium veni, quod & libera civitas est, & proxima Italiæ.*

II. De cette ville partoit un grand chemin qui s'étendoit à travers la Macédoine & la Thrace jusqu'à Constantinople, sur la longueur de 754 milles italiques. Voici cette route.

*Iter quod ducit a Dyrrachio per Macedoniam et Thraciam Byzantium usque.*

*A Brundusio trajectus Dyrrhachium usque* . . . *stad. num.* I . . .    **CCCC.**

| | | |
|---|---|---|
| *A Dyrrhachio Bysantium* . . . . . . . . . . . | MP. | DCCLIV. |
| Sic. | | |
| *Claudiana.* . . . . . . . . . | MP. | XLIII. |
| *Scampis.* . . . . . . . . . . | MP. | XX. |
| *Tres Tabernas.* . . . . . . . | MP. | XXVIII. |
| *Lignido.* . . . . . . . . . . | MP. | XXVII. |
| *Nicia.* . . . . . . . . . . . | MP. | XXXIV. |
| *Heraclea.* . . . . . . . . . . | MP. | XI. |
| *Cellis.* . . . . . . . . . . . | MP. | XXXIV. |
| *Edessa.* . . . . . . . . . . . | MP. | XXVIII. |
| *Pella.* . . . . . . . . . . . | MP. | XXVIII. |
| *Thessalonica.* . . . . . . . . | MP. | XXVII. |

| | | |
|---|---|---|
| Melliſſurgin. | MP. | XX. |
| Apollonia. | MP. | XVII. |
| Amphipoli. | MP. | XXX. |
| Philippis. | MP. | XXXIII. |
| Neapoli. | MP. | XII. |
| Acontiſma. | MP. | IX. |
| Topiro. | MP. | XVII. |
| Coſinto. | MP. | XIII. |
| Porſulis quæ modo Maximia- | | |
| nopolis. | MP. | XXIII. |
| Brendice. | MP. | XXI. |
| Milolito. | MP. | XII. |
| Timporo. | MP. | XVI. |
| Trajanopoli. | MP. | IX. |
| Dymis. | MP. | XVI. |
| Zervis. | MP. | XXIV. |
| Plotinopolim. | MP. | XXIV. |
| Hadrianopolim. | MP. | XXI. |
| Oſtudiʒo. | MP. | XIX. |
| Burdiʒio. | MP. | XIX. |
| Bergulæ. | MP. | XVII. |
| Druſiparo. | MP. | XVI. |
| Tirallo. | MP. | XVI. |
| Perintho Heraclea. | MP. | XVIII. |
| Cenophrurio. | MP. | XVIII. |
| Melantiada. | MP. | XXVII. |
| Byſantio, quæ eſt Conſtantino- | | |
| polis. | MP. | XIX. |

Le ſecond chemin, commençant à Velone & prenant ſa route à gauche, s'étendoit par le rivage de la mer Ionienne & Adriatique; puis entrant dans les terres par la ville de Delphes, il alloit gagner le rivage de la mer Egée, paſſant par les villes les plus célèbres de la Grèce, telles que Mégare, Eleuſis, Athènes, Thèbes, Chalcis, Theſſalonique. Les voici, avec les autres moins conſidérables, rangées ſous le titre ſuivant:

ITER A BRUNDUSIO SIVE AB HYRDUNTE TRA-
JECTUS AULONAM. STAD. NUM. I.

INDÈ PER LOCA MARITIMA IN EPIRUM ET
THESSALIAM ET MACEDONIAM.
Sic.

| | | |
|---|---|---|
| AD ACROCERANIA. | MP. | XXXIII. |
| Phœnice. | MP. | XLI. |
| Butroto. | MP. | LVI. |
| Clycis Limen. | MP. | XXX. |
| Aetia Nicopoli. | MP. | XX. |
| Achelou fluvium. | MP. | XXV. |

| | | |
|---|---|---|
| Eveno. | MP. | XX. |
| Delpht. | MP. | XL. |
| Pholide. | MP. | XL. |
| Theſpias. | MP. | XL. |
| Megara. | MP. | XL. |
| Eleuſina. | MP. | XIII. |
| Athenis. | MP. | XIII. |
| Oropo. | MP. | XLIX. |
| Thebis. | MP. | XXXVI. |
| Chalcide. | MP. | XXIX. |
| Opunte. | MP. | XLVIII. |
| Demetriade. | MP. | XIV. |
| Lariſſa. | MP. | XLIV. |
| Dio. | MP. | XXIV. |
| Berœa. | MP. | XVIII. |
| Theſſalonica. | MP. | LI. |
| Melliſſurgin. | MP. | XXI. |

Comme le titre de cet article manque du nombre général des milles & du nom de la dernière ville où ſe termine la route, on pourroit, ſelon Bergier, les rétablir ainſi:

Le premier, par ſes nombres ſinguliers, qui donnent enſemble le nombre de 752 milles.

Le ſecond, par le nom de la dernière ville, qui eſt Melliſurgis. Voici alors quel ſeroit le titre en ſon entier.

ITER PER LOCA MARITIMA AB AUSONE IN
EPIRUM ET THESSALIAM MACEDONIAM MEL-
LISURGIM.     MP. DCCLII.

3°. La troiſième voie part de la ville même de Velone, & prenant ſa direction vers Apollonie, paſſe à travers la Macédoine & la Thrace auſſi bien que le premier, avec lequel il va joindre Conſtantinople. Il eſt compris ſous le titre ſuivant:

ITEM RECTO ITINERE AB HYDRUNTE AULO-
NAM, STAD. I.

INDÈ PER MACEDONIAM USQUE CONSTANTI-
NOPOLIM.     MP. DCCLVI.
Sic.

| | | |
|---|---|---|
| Apolloniam. | MP. | XXV. |
| Ad Novas. | MP. | XXIV. |
| Clodianas. | MP. | XXV. |
| Scampim. | MP. | XXII. |
| Tres Tabernas. | MP. | XXX. |
| Lychoridum. | MP. | XXVII. |
| Scirtianam. | MP. | XXVII. |
| Caſtra. | MP. | XV. |
| Heracleam. | MP. | XII. |

| | | |
|---|---|---|
| Cellas. . . . . . . . . . | MP. | XXXIII. |
| Edessam. . . . . . . . . . | MP. | XXXIII. |
| Dicæopolim. . . . . . . . . | MP. | XXX. |
| Thessalonicam. . . . . . . | MP. | XXIX. |
| Apolloniam. . . . . . . . . | MP. | XXXVI. |
| Amphipolim. . . . . . . . | MP. | XXXII. |
| Philippos. . . . . . . . . | MP. | XXXII. |
| Acontisma. . . . . . . . | MP. | XXI. |
| Olopiscum. . . . . . . . | MP. | XVIII. |
| Stabulum Diomedis. . . . . . | MP. | XXII. |
| Imparam sive Pyrsoalim nunc Maximianopolim. . . . . . | MP. | XVIII. |
| Bricizem. . . . . . . . . | MP. | XX. |
| Trajanopolim. . . . . . . . | MP. | XXVII. |
| Cypselam. . . . . . . . . | MP. | XXIX. |
| Syracellam. . . . . . . . | MP. | XXX. |
| Apros . . . . . . . . . | MP. | XXV. |
| Resiston. . . . . . . . . | MP. | XXVI. |
| Heracleam . . . . . . . . | MP. | XXVI. |
| Cœnophrurion. . . . . . . | MP. | XXIX. |
| Melantiada. . . . . . . . | MP. | XXVIII. |
| Byfantium. . . . . . . . | MP. | XIX. |

Ce chemin n'avoit rien de commun avec le premier, finon les deux dernieres ftations; favoir, Cœnophrurion & Melantiada. Ce fut dans la premiere de ces villes qu'Aurélien fut mis à mort.

C'eft, fans doute, ce troifieme chemin que Strabon appelle *Viam Egnatiam*, en deux endroits du L. VII de fa géographie.

Dans le premier endroit il dit : *Ionii Sinus primæ portes funt Epidamnus five Dyrrhachium, & Apollonia. Ex Apollonia in Macedoniam Egnatia in Orientem via eft, quam per millia paffuum menfa funt : lapidefque Columnis ufque Cypfelum & Hebrum amnem., mil. paf. D. atque XXXV diftinxerunt. Computatis verò per fingula millias ftadiis octo, ftadiorum erunt millia quatuor, ducenta & LXXX.*

Dans un autre endroit il prend le commencement de ce grand chemin dès la ville de *Dyrrhachium*, & le conduit par Apollonie à travers les nations de la Macédoine, dont il parle en ces termes : *Per has gentes Egnatia via à Dyrrhachia & Apollonia perducitur.*

Dans cette route on trouvoit deux villes portant le nom d'Apollonie. La premiere eft celle dont parle Strabon dans ces deux paffages, fituée entre *Dyrrhachium* & *Velone*, fur le rivage de la Macédoine, tout auprès du lieu où la mer Adriatique eft divifée de la mer Ionienne. La feconde étoit fituée entre Theffalonique & Amphipolis, villes de la Macédoine, vers le Strymon, fleuve qui divifoit la Macédoine de la Thrace.

Or, quoique Strabon femble terminer ce chemin à la ville de *Cypfclus*, fituée fur le fleuve *Hebrus*, entre *Trajanopolis* & *Sivacelle*; cependant elle ne laiffoit pas de s'étendre d'un côté jufqu'à Conftantinople, de l'autre jufqu'à l'Hellefpont; car cette route fe partageoit en deux à *Trajanopolis*. L'une des branches s'avançoit jufqu'à Conftantinople, pour paffer delà à Calcédoine & à Nicomédie : l'autre tiroit vers la droite, directement à *Callipolis*, fur le détroit de l'Hellefpont, pour aller reprendre au-delà, à la ville de Lampfaque. On en a la preuve dans Cicéron, qui, dans fon traité *de Provinciis confularibus*, parle de cette grande voie, qui paffoit par la Macédoine & s'étendoit jufqu'à l'Hellefpont. *Via illa noftra*, dit-il, *quæ per Macedoniam eft ufque ad Hellefpontum militaris.*

5°. De ces deux paffages, l'un de Strabon, l'autre de Cicéron, il réfulte plufieurs connoiffances relatives aux chemins.

La première eft que ce chemin eft un de ceux que les Romains avoient conftruits au travers des provinces avant Augufte. Ce que l'on peut conclure de ces mots d'un auteur qui le précédoit au moins de quelque temps : *Via noftra militaris.* C'eft comme s'il difoit que c'eft un ouvrage romain, pareil aux autres chemins qui portoient le nom de chemins militaires.

La feconde, c'eft que ce n'étoit pas feulement une partie du chemin qui étoit ainfi pavée, mais qu'il avoit été continué jufqu'à l'extrémité de l'Europe, où, en cet endroit, elle touche à l'Hellefpont.

La troifième, c'eft que Céfar n'a pas été le premier qui ait mefuré les grands chemins des provinces par milles italiques, & divifés par des colonnes milliaires, puifque celui-ci l'étoit déjà au temps de Cicéron.

La quatrième eft que la mefure obfervée dans l'étendue de la Grèce n'eft pas différente de celle dont on fe fervoit en Italie; favoir, la mefure appelée *mille*, au lieu que celle qui étoit en ufage parmi les Grecs, étoit la ftade. Mais comme cette mefure eft bien moins étendue que le mille, il en eût réfulté le double défavantage d'augmenter le travail, en multipliant le nombre des colonnes milliaires.

On voit de plus, par le témoignage de Strabon, que le mille italique dont on fe fervoit pour la mefure des grands chemins, comprenoit huit ftades (1).

Bergier finit fon chapitre XLVIII.

6°. Nous voilà donc enfin parvenus, dit-il, au dernier chemin de l'itinéraire; non pas en l'ordre qu'il y a rangé, mais en celui que nous avons

(1) On trouvera à la fin de ce volume, entre autres morceaux relatifs à la géographie ancienne, un petit précis de ce qu'a donné M. d'Anville fur les mefures géodéfiques des anciens.

tenu pour en faciliter l'étude; &, par la suite, l'intelligence de cette grande machine & entreprise de chemins, que le peuple & les empereurs de Rome ont été seuls capables de faire exécuter.

Ainsi me suis-je acquitté, ajoute-t-il, de la promesse que j'avois faite de prendre les grands chemins de l'empire au beau milieu de la ville capitale, & de les conduire de-là ainsi que les lignes d'un cercle qui s'étendent du centre à la circonférence.

Or, pour dire ce qui en est, les monts & les mers s'y opposant, les grands chemins n'ont pas pu être conduits par-tout en ligne droite, ceux qui les ont faits ayant été contraints de fléchir & s'accommoder à la nature des lieux. *Et in hoc itinerario sit animadvertendum*, ainsi que le dit Jérôme Surita, *vias defecti pro situ urbium aut oppidorum, quibus pro consules provincias obire consuverant.* Mais nonobstant cela, les pièces desdits chemins, à les prendre à part, étoient tirées à ligne droite sur les grandes & admirable étendues, ainsi qu'il se peut voir par les voies militaires qui abordent à Reims, qui, s'étendant en droite ligne sur l'espace de quinze à vingt lieues continuelles à travers la campagne & le territoire de l'ancienne seigneurie Rémoise, ainsi que je l'ai vu & considéré avec admiration.

Mais en cela il faut suppléer par la raison, ce qui défaut à la disposition naturelle desdits grands chemins. Ce qui se fera en prenant les bouts & extrémités de chaque chemin en son esprit, & les conférant l'un avec l'autre depuis Rome jusques aux confins de l'empire par une relation qui ne dépend que de l'entendement; lequel par la promptitude de son action, peut imaginer une ligne droite à travers les monts & les mers, qui joignent les deux extrémités de chaque chemin ensemble.

Comme, par exemple, puisqu'il y a des chemins qui s'entresuivent l'un l'autre de Rome au fond de l'Espagne, de la Gaule, de l'Angleterre, de la Hongrie, de la Scythie, des Arméniens, de Syrie, de Palestine, d'Egypte & de la Libye; qui empêche mon esprit de prendre les deux extrémités de chacun d'iceux, & par la force de sa faculté raisonnable & vertu intelligible, tirer une ligne droite du milieu de la ville de Rome & milliaire doré, jusqu'aux extrémités d'iceux, à travers les terres & les mers?

7°. Et partant pour conclusion de ce discours, nous pouvons dire que toutes les provinces de l'empire qui étoient en terre ferme, & quelques îles des principales, tant de l'Océan que de la mer Méditerranée, étoient remplies & accommodées de grands chemins pavés (ce qui étoit du commencement bien difficile à croire), & qu'ils allioient les provinces dudit empire avec Rome, ansi que les membres avec leur chef: car ces chemins étoient comme les nerfs, les veines & les artères par lesquels Rome donnoit vie & mou-

vement à ce grand corps d'empire; ainsi que nous ferons paroître clair comme le jour au livre suivant, où nous traiterons de l'usage d'iceux.

On ne trouvera donc plus dorénavant si étrange le dire de Jérôme Surita, que les grands chemins de l'empire ont été faits par une entre-suite continuelle & immuable de l'orient en occident, & jusques aux terres inhabitables, avec des levées admirables, & substructions de matières sans nombre; qu'ils ont été redressés, applanis, mesurés & distingués par des pierres milliaires, le tout avec tant d'artifice & de fermeté, que la multitude des siècles & la longueur du temps n'avoient su renverser les monumens, ni effacer les vestiges qui paroissent encore par toutes les anciennes provinces dudit empire. Il sera d'autant plus facile d'ajouter foi à Marcus Velferus, qui dit, qu'il ne croit point qu'en tous les chemins décrits dans la charte de Peutinger, en ce qui est de l'étendue de l'empire Romain, il y en ait d'autres que ceux qui ont été pavés, que vulgairement on appeloit prétoriaux, consulaires & militaires ».

*N. B.* C'est ici que finit ce que Bergier dit de la direction & de l'étendue des grands chemins romains.

Dans les chapitres XLIX & L qui suivent, & dans lesquels il traite de la largeur des chemins & de la différence qui existoit entre eux, il donne les définitions suivantes des mots *Iter*, *Via*. Je n'en prendrai que les définitions.

*ITER*, pris pour nom de genre, a sous soi les espèces, qui sont: *via*, *actus*, *iter*, *semita*, *callis*, *trames*, *ambitus*, *divortia*, & quelques autres qui signifient quelques espèces de chemins. Voici ce que dit Varron ( *Orig. Verb. L. xv* ).

*VIA, siquidem Iter, quod ea vehendo teritur.*

*ACTUS, iter in agria, iter iterum quod agendo teritur;*
*Etiam ambitus iter, quod circum eundo teritur.*

Isidore ( *Lib. differ.* ) dit aussi:

*CALLIS est iter pecudum inter montes angustum & tritum.*

*TRANITES, sunt transversa in agris itinera.*

Ailleurs il dit : *Inter semitam & Callem & tramitem differentia est.*

*SEMITA, hominis est.*

*CALLIS, pecorum & ferarum.*

*TRAMITES vero transversa in agris itinera.*

*Propriè ergo callis semita tenuis, callo pecorum prædurata, semita autem quasi semis via.*

Le mot *ACTUS*, cité plus haut, avoit différentes significations : mais, dans le sens de route, il signifioit un chemin pris & pratiqué entre des terres labourables, & par lequel on pouvoit passer tant à pied qu'à cheval. Il étoit même possible d'y faire passer les charrois, pour transporter les fruits des champs : auffi ce mot vient-il d'*agendo*, qui fignifie également conduire des bêtes de fomme & des voitures.

Quant au mot *Via*, qui a le fens le plus étendu, il fignifioit trois efpèces de chemins.

Les *Viæ publicæ*.... les *Viæ privatæ*, & les *Viæ vicinales*. Voici le précis de ce que l'on peut dire ou defirer favoir de chacune de ces fortes de voies.

1°. Les *Viæ publicæ* étoient les chemins que les Grecs appeloient τὰς ὁδοὺς βασιλικάς, c'eft-à-dire, chemins royaux. Les Romains, qui n'eurent pas de ces fortes de chemins du temps de leurs rois, les nommèrent *Vias prætorias* & *Vias confulares*, des noms de leurs principaux magiftrats.

Cependant on compte jufqu'à vingt noms différens donnés à cette forte de voies, favoir : *VIA... regia.... militaris.... prætoria.... confularis..... ordinaria.... communis.... bafilica.... vulgaris... privilegiata.... equeftris.... aperta.... celebris.... receptitua.... illuftris.... urbica.... frequentata.. inoffenfa.... pulverulenta.... niteras.... eximia.*

On appeloit ces efpèces de voies du nom des voies publiques, *Viæ publicæ*, parce que le fol de ces voies appartenoit au public.

2°. Les *Viæ privatæ*, ou voies privées, étoient celles dont le fol faifoit partie de quelque propriété particulière. Auffi Julien Taboëtius dit-il : *Via enim privatæ folum alienum eft : juftamen eundi & agendi nobis competit.* Cette forte de voie étoit fufceptible des épithètes fuivantes, recueillies par ce même auteur. *VIA.i... agraria... campeftris... ruftica.... ferviles.... tranfverfa.... ferviens.... obnoxia.... prædialis femita... Via privati juris... peculiaris, domeftica.*

3°. *Viæ vicinales*, ou voies vicinales, font celles qui n'appartenoient qu'à quelques villages, & établiffoient la communication entre eux ; leur nom vient de *vicus*. Elles recevoient trois fortes d'épithètes, & l'on pouvoit dire : *VIA.... vicana.... pagonica.... folitaria.*

*Via vicinalis* ou *Via vicana* offre à-peu-près le même fens, excepté qu'il paroit que par *vicani* on entend la rue qui traverfe le village, comme *Via urbica* eft la rue qui traverfe la ville.

*Via pagonica* eft une voie paffant à travers un certain canton ou territoire particulier d'une province, ou que les Latins appeloient *Pagus*. C'eft dans ce fens que Céfar dit de l'Helvétie : *Omnis civitas Helvetiorum in quatuor pagos divifa eft.*

Les noms les plus ordinaires chez les Grecs étoient ceux d'ὁδος & de λαοφόρος.

VIAMATA, montagne de la Thrace, à ce qu'il femble dans la notice des dignités de l'empire.

VIANA. Voyez VEMANIA.

VIANA, nom d'une ville de la Norique, felon Pline.

VIBANTANARIUM ou VIBANTAVARIUM, ville de la Sarmatie européenne, felon Strabon & Ptolemée.

VIBELLI, peuple de l'Italie, dans la Ligurie, felon Pline.

VIBERI. Pline en fait mention comme faifant partie des *Lepontii*, & les place aux fources du Rhône : *Lepontiorum qui Viberi vocantur, fontem Rhodani accolunt.* Ils occupoient donc la partie fupérieure du Valais ; & un lieu qui eft nommé Pfin, au-deffus de Sion, fur le bord du Rhône, paroit indiquer les limites qui les féparoient des *Seduni* ; en remontant plus haut, un refte de retranchement qui ferme le paffage entre la rive gauche du Rhône & la montagne qui eft appelée *Murus Vibericus*. Les *Viberi* font nommés à la fuite des *Lepontii* dans l'infcription du Trophée des Alpes.

VIBI FORUM, lieu de l'Italie, dans la Gaule Cis-Alpine.

VIBI PACIANI AGER, nom d'une terre en Hifpanie. Selon Plutarque, elle appartenoit à Vibius Pacianus.

VIBINATES ou VIBARNATES, peuples de l'Itale, dans la Peucétie, felon Pline.

VIBINUM, lieu de l'Italie, dans l'Apulie, faifant partie de la grande Grèce.

VIBISCUS, ville de la Gaule Celtique ou Lyonnoife, chez les Helvétiens, felon l'itinéraire d'Antonin.

VIBO, VIBONA, ou VINOBA, felon les divers manufcrits de l'itinéraire d'Antonin, ville de l'Italie dans le *Brutium*, fur la route de Rome à Colonne, par la voie Appienne, entre *Ad Turres* & *Nicotera*.

Cette ville eft nommée *Vibo* par Cicéron.

VIBRANUM, ville de l'Italie, dans l'intérieur du pays des Dauniens, felon Ptolemée.

VICARIA BASIACENSIS, lieu de la Gaule Aquitanique, aujourd'hui dans l'Aunis.

VICELLENSES, peuples de l'Italie. Pline l'indique dans la première région.

VICENSIS ou VICOPACENSIS, fiège épifcopal d'Afrique, dans la Numidie, felon la notice épifcopale de cette province.

VICENTIA (*Vicence* ou *Vicenza*), ville de l'Italie, dans la Vénétie, fur le *Medoacus minor* ( le Barchiglione ). Quelques auteurs, tels que Pline & Tacite, auffi bien qu'une infcription rapportée par Gruter, nomment cette ville *Viceria*. Cependant, comme d'autres auteurs & la table de Peutinger, &c. écrivent *Vicentia*, ce dernier nom a prévalu. On ne fait rien de fa fondation ; feulement on voit qu'elle fut une colonie romaine & municipale : elle étoit la patrie de Cécina, ce général fi connu dans l'hiftoire de Vitellius, pour lequel il combattoit, & qu'il trahit enfuite ; c'eft pourquoi ( l'an de J. C. 69 ), les partifans de Vefpafien, dit Tacite ( *Hift. L. III, c. 8* ), s'en emparèrent le plutôt qu'il leur fut poffible.

VICO ATERI ou VICO ATERIENSIS, fiège épifcopal d'Afrique, dans la Byfacène, felon la conférence de Carthage & la notice épiscopale d'Afrique.

VICO PACENSIS *ou* PACATENSIS, siège épiscopal d'Afrique, dans la Numidie, selon la notice épiscopale d'Afrique, & selon la conférence de Carthage.

VICO TURRENSIS, siège épiscopal de l'Afrique proconsulaire, selon la conférence de Carthage.

VICTOPHALI *ou* VICTOBALI, peuples de la Dacie, selon Eutrope & Ammien Marcellin. Le premier écrit *Victophali*, & dit que leur pays avoit été subjugué par Trajan.

VICTORIA ( *Mascar* ), ville de l'Afrique, dans l'intérieur de la Mauritanie Césariense, au sud-est d'*Arsinaria*. Il en est fait mention par Ptolémée.

VICTORIA, ville de l'île d'Albion, chez les *Damnii*, selon Ptolémée.

VICTORIÆ MONS, montagne de l'Hispanie citérieure, dans le voisinage du fleuve *Ebrus*, selon Tite-Live.

VICTORIÆ JULIO BRIGENSIUM PORTUS, port & ville de l'Hispanie citérieure, chez les *Varduli*, selon Pline.

VICTORIANENSIS, siège épiscopal d'Afrique, dans la Byzacène, selon la notice épiscopale de cette province.

VICTUMVLÆ, entrepôt ou lieu de marché en Italie, dans la Cispadane. Les Romains la fortifièrent pendant qu'ils avoient la guerre contre les Gaulois, selon Tite-Live.

Ce lieu ayant été pris par Annibal, il le pilla & le ruina entièrement.

VICUS JULI. *vel* ATURES. La plus ancienne mention qui soit faite dans cette ville, se tire de la notice des provinces de la Gaule, où *Civitas Aturensium* est une de celles de la Novempopulanie. On trouve d'*Atures* ou Atures, dans Sidoine Apollinaire; mais M. de Valois veut que ce ne soit pas le même lieu que celui-ci. *Vicus Juli* est un autre nom de la même ville: on trouve une souscription de la part de l'évêque, *de Civitate Vico Juli*, au concile d'Agde: elle est de 506; & le nom de *Vicus Juli* est employé par Grégoire de Tours dans l'accord des rois Childebert & Gontran. Que *Vicus Juli* soit *Atures*, c'est ce que témoigne une notice, où dans la Novempopulanie on lit, *Civitas ad Torensium Vico Juli*. Il est évident que le nom d'*Atures*, ou celui d'*Adura*, selon l'usage des temps postérieurs, est tiré du fleuve *Atur* ou Adour, sur lequel la ville d'Aire est située; & ce nom d'*Atures* ou *Aturenses*, pourroit avoir été celui d'un peuple, avant que d'être appliqué à la ville dont le nom propre étoit *Vicus Juli*: mais ce peuple nous est d'ailleurs inconnu. Tibulle, en félicitant Messala d'avoir réduit les Aquitains, semble néanmoins désigner un peuple par le nom d'*Atur* dans ce vers:

*Quem tremeret forti milite Victus Atur.*

M. de Valois & Cellarius paroissent avoir la même opinion sur ce sujet.

VICUS JULIUS: il n'en est mention que dans la notice de l'empire, comme d'un poste sous les ordres du général résidant à Mayence, & il est placé entre *Taberna* ou Rhin-Zabern, & *Nemetes* ou Spire. Dans cet intervalle on ne voit point de position plus convenable que celle de Germers-Heim à l'embouchure de la Queich, dans le Rhin.

VICUS, bourgade de la Rhétie, dans le voisinage de la source du Rhin, selon Ptolémée.

VICUS APOLLONOS, lieu dans la partie Arabique de l'Egypte, au-delà du Nil, entre *Thebæ* & *Coptos*, selon l'itinéraire d'Antonin.

VICUS AQUARIUS (elle paroît répondre à *Villa de Para*), ville peu considérable de l'Hispanie, dans la Lusitanie, au nord, dans le pays des *Vettones*. Quelques auteurs attribuent ce lieu à l'Hispanie Tarragonoise; mais je me conforme à M. d'Anville qui l'a mise en Lusitanie.

VICUS AUGUSTI (*Kair Wan*), ville de l'Afrique, dans une grande plaine, au sud-ouest d'*Adrumetum*. Dans l'itinéraire d'Antonin elle est marquée entre *Aquilianæ* & *Cluacaria*.

VICUS AUGUSTI, lieu de l'Afrique propre, sur la route de Carthage à *Sufetula*, entre *Adrumetum* & *Aquæ Regiæ*, selon l'itinéraire d'Antonin.

VICUS BADIUS, lieu de l'Italie, sur la route de Rome à *Adria*, entre *Palacrinum* & *Centesimum*, selon l'itinéraire d'Antonin.

VICUS CÆSARIS, lieu de l'Afrique propre, selon S. Augustin, cité par Ortélius.

VICUS CUMINARIUS, lieu de l'Hispanie citérieure, chez les *Carpentani*, à peu de distance, sur la gauche du *Tagus*.

Dans l'itinéraire d'Antonin elle est marquée sur la route d'*Emerita* à *Cæsar Augusta*, entre *Alces* & *Titulcia*.

VICUS JUDÆORUM, lieu de l'Egypte, au-delà du Nil, entre *Thou* & *Scenæ Veteranorum*, selon l'itinéraire d'Antonin.

VICUS JULII *ou* VICUS JULIUS, lieu de la Gaule, selon Ortélius.

VICUS JULIUS, lieu de la Gaule Belgique, dans le pays des Némètes, selon la notice des dignités de l'empire.

VICUS MATRINI, lieu de l'Etrurie, selon Cluvier.

VICUS NOVUS (*Vico*), petit lieu d'Italie, dans la Campanie, à quelque distance au sud-est de *Calatia* & de *Capua*, qui est plus loin dans la même direction. M. d'Anville n'a pas placé de petit lieu sur sa carte. On y voit encore des ruines.

VICUS NOVUS, lieu de l'Italie, dans l'Umbrie, sur la route de Rome à *Adria*, entre *Eretum* & *Reate*, selon l'itinéraire d'Antonin.

VICUS SERNINUS, au nord-est de *Mutina*, dans la partie de l'Italie appelée Gaule Cisalpine.

VICUS SPACORUM, au fud d'une petite baie, fur la côte des Callaïques, au nord - ouest de *Tyde*.

VICUS VALERIUS *ou* VICUS VARRONIS, lieu de l'Italie, dans le *Latium*, chez les Æquícoles, felon Sabellicus, cité par Ortélius.

VICUS VARIANUS, lieu de l'Italie, fur le *Padus*, au fud-eſt de *Verona*.

VICUS VIRGINIS, fur le bord de la mer, à égale distance à-peu-près de *Genua*, à l'eſt, & de *Vada Sabatia* à l'ouest.

VIDENSIS LIMES, lieu de l'Afrique, dans la Mauritanie Céfarienne, felon la notice des dignités de l'empire.

VEDIANA, fleuve que Ptolemée indique dans l'Armorique.

VIDICINORUM OPPIDUM, ville de l'Italie, dans le *Picenum*, & qui fut détruite par les Romains, felon Pline, fur le rapport de Valerianus.

VIDINI, peuples de la Sarmatie européenne, felon Ammien Marcellin.

VIDIOARII, peuples qui habitoient à l'embouchure du fleuve *Vistula*, felon Agathias.

VIDOTARA, golfe fur la côte feptentrionale de l'île d'Albion, felon Ptolemée.

VIDRUS, nom d'un fleuve de la Germanie. Ptolemée en indique l'embouchure entre *Marmanis Portus* & l'embouchure du fleuve *Amafius*.

VIDUA, fleuve que Ptolemée indique fur la côte feptentrionale de l'Hibernie.

VIDUBIA. Ce lieu eſt tiré de la table Théodofienne & de la trace d'une voie entre Langres & Châlons : *Andematunno* XXVIII *filen* XIX *Vidubia* XX *Cabillono*. Il faut donc chercher *Vidubia* dans une pofition qui convienne entre *File*, ou, pour mieux dire, *Tile*, qui eſt indubitablement Til-le-Château & Châlons. On peut prendre confiance dans les nombres indiqués par la Table, fur ce que le total de 39 lieues gauloifes entre Châlons & Til, dont le calcul de 44226 toifes quadre à la diſtance que des opérations fur le local fixent dans cet intervalle à environ 43300 toifes, ce qui n'eſt au-deffous du calcul des lieues, qu'autant qu'il eſt naturel que la mefure itinéraire excède un eſpace en ligne directe & aérienne. Or, je remarque que les nombres de la Table, à partir de Châlons d'un côté, & de l'autre à partir de Til, fe rencontrent au paffage d'une petite rivière, dont le nom eſt Vouge, à un endroit auquel on a donné le nom de S. Bernard, dans les bois de Cîteaux ; & je fuis informé que les vestiges encore fubfiſtans de cette voie paffent par cet endroit. J'ajoute que fi on lit *Vidugia*, au lieu de *Vidubia* dans la Table, où l'on fait que les dénominations font fouvent peu correctes, on découvre de l'analogie avec le nom actuel de la petite rivière de Vouge. Je confens même qu'en opinant ainfi actuellement, ce foit infirmer ce que j'ai mis en avant dans un ouvrage publié en 1741 ; favoir, que *Vidubia* pourroit être Nuits ; car, outre que les diſtances

refpectives de Châlons & de Til s'y rapportent moins, la pofition de Nuits s'écarte de la trace de l'ancienne voie d'environ une lieue commune d'aujourd'hui. ( *Notice de la Gaule* ).

VIDUCASSES. L'inſcription d'un marbre qui eſt confervé dans le château de Thorigny en baſſe Normandie, fait mention du fénat de la cité des *Viducaffes* : ORDO CIVITATIS VIDDUAS, & la découverte qui a été faite au commencement de ce fiècle de la capitale de ce peuple près de la rivière d'Orne, un peu au-deffus de Caën, fixe les *Viducaffes* dans une partie de ce qui compofe aujourd'hui le diocèfe de Bayeux. La féparation des limites entre les *Viducaffes* & les *Bajocaffes*, dont le *Pagus Bajocaffinus*, ou le Beſſin, a confervé le nom, m'eſt indiquée par un lieu nommé Fins, *Fines*, entre les paroiffes de Villy & S. Vaaſt, au nord de Villers-le-Bocage. J'en indique précifément la pofition, parce qu'elle n'eſt point marquée dans la carte du diocèfe de Bayeux qui a paru en 1736 ; mais une carte manufcrite que j'ai du même diocèfe, dreffée dans un plus grand détail par l'auteur de la carte du diocèfe de Coutance, qui eſt publique, me donne la connoiffance de cette pofition. Elle doit paroître très-remarquable par la diſtinction qu'elle donne lieu de conclure entre deux cités qui font actuellement confondues dans le même diocèfe. Il eſt mention des *Viducaffes* dans Pline, & leur nom y eſt fuivi immédiatement de celui de *Bodiocaffes*, qu'il y a tout lieu de prendre pour les *Bajocaffes*, limitrophes des *Viducaffes*. Les *Biducefii* dont Ptolemée fait mention en décrivant le pays maritime de la Lyonnoife, paroiffent être les *Viducaffes*, par une grande affinité dans la dénomination ; nonobstant l'erreur de Ptolemée de les féparer des *Lexovii* par les *Veneli*, puifque le déplacement de beaucoup d'autres pofitions dans Ptolemée ouvre fouvent matière à critique.

Ce qui concerne la capitale des *Viducaffes* doit faire le fujet d'un article particulier. Le premier volume de l'académie des belles-lettres fournit un détail intéreffant fur les vestiges qui fubfiſtent de cette ville dans la paroiffe de Vieux, à quelque diſtance du rivage gauche de la rivière d'Orne, & qui en donnent une autre idée que celle d'un fimple camp romain, felon l'opinion qu'en avoit M. Huet, évêque d'Avranche, comme il s'en explique dans fes antiquités de Caen. Ce lieu, nommé Vieux, étoit autrefois confidérable, & plufieurs paroiffes des environs font des démembremens de fon ancien territoire.

Les titres de l'abbaye de Fontenai, qui n'en eſt féparé que par la rivière d'Orne, en font mention fous le nom de *Vidoca* & de *Veoca*. Ces dénominations devroient empêcher M. Huet de confondre le nom de Vieux, avec le terme qui défigne un gué. Il eſt évident que comme de *Tricaffes* on a fait *Truæ*, Troies ; de *Durocaffes*, *Droæ*, Dreux ; de même le nom de *Viducaffes* a été converti en

*Veocæ*, Vieux. Quant au nom que portoit cette ville avant que de prendre celui du peuple dont elle étoit la capitale, M. l'abbé Belley, dont je respecte les lumières & l'érudition, croit qu'il faut y rapporter le nom d'*Aragenus*, que l'on trouve dans la table Théodosienne. J'avoue néanmoins qu'après avoir balancé entre les raisons qui servent de fondement à son opinion, & quelques autres qui donnent la préférence à Bayeux, j'ai cru devoir me déterminer pour cette ville, plutôt que pour Vieux, comme on peut voir dans l'article qui a pour titre *Aragenus*. Quoi qu'il en soit, entre les circonstances qui distinguent la position de Vieux, il faut remarquer qu'il en sort des voies romaines. La chaussée que l'on attribue mal à propos à Guillaume-le-Conquérant, & que l'on appelle *la Terre élevée*, tend d'un côté vers Exme ou Jesme, *Oximum*, qui a donné le nom à un *Pagus* de grande étendue du côté opposé; les vestiges d'une pareille voie, à commencer au passage d'un ruisseau qui coule sous Vieux, indiquent la direction de cette voie vers Bayeux, selon la trace d'une partie de sa longueur, que je trouve sur la carte dont j'ai parlé dans l'article précédent. Je remarque encore que la route qui conduit actuellement de Lisieux à Caën, passant près d'un lieu appelé Estrez, *Strata*, avant que d'arriver à la rivière de Dives, qui traverse cette route, tend, par sa direction dans la plus grande partie de la distance, à Vieux, plutôt qu'à Caën. On juge bien que les capitales devoient aussi communiquer les unes avec les autres; & par cette communication, la carte fait voir une suite de voies romaines non interrompue depuis *Rotomagus*, la métropole de la seconde Lyonnoise, jusqu'à l'extrémité la plus reculée de cette province. (*Not. de la Gaule*). *Voy.* VADICASSES.

VIDUCATIUM CIVITAS, ville de la Gaule, & la capitale des *Vadiocasses* ou *Badiocasses*. On y voyoit un gymnase & des bains qui avoient été construits suivant les règles de Vitruve.

Pline fait mention de cette ville dans le dénombrement des peuples de la seconde Lyonnoise. *Voyez* VIDUCASSES.

VIDUCASSES, peuples de la Gaule Lyonnoise, selon quelques exemplaires de Pline.

VIENNA ou VIENNIENSIUM CIVITAS, l'une des plus opulentes villes de la Gaule, & la capitale des Allobroges, selon Pomponius Méla. Pline lui donne le titre de colonie.

Cette ville jouissoit du droit de cité romaine, & de la prérogative de fournir des sujets au sénat de Rome. Selon Tacite, cette prérogative lui avoit été accordée sous le consulat de P. Rutilius, l'an de Rome 664.

La première mention qui en soit faite, est au septième livre des Commentaires. Selon Strabon, les plus considérables d'entre les *Allobroges*, en se rassemblant dans ce lieu comme la principale, avoient formé une ville, le reste de la nation étant dispersé dans des villages: elle est mise au nombre des plus opulentes de la Narbonnoise par Méla, & citée comme colonie dans Pline. Rien ne marque mieux la dignité de Vienne, que le discours de Claude au sénat en faveur des Gaulois, pour leur accorder le droit de bourgeoisie romaine: *Ornatissima colonia, valentissimaque Viennensium, quàm longo jam tempore senatores huic Lusiæ confert?* Ptolémée n'indique que cette seule ville chez les *Allobryges*; c'est ainsi qu'il écrit le nom de la nation. Par la première division de l'ancienne Narbonnoise en plus d'une province, Vienne devint métropole de celle qui fut distinguée par le nom de Viennoise; & cette province étoit formée du commencement du quatrième siècle, puisqu'il en est mention dans les actes du concile d'Arles, tenu en 314. On peut croire qu'une ville aussi considérable se rencontre sur les voies romaines; mais il y a quelque difficulté à expliquer. L'itinéraire d'Antonin, en marquant de *Vienna* à *Lugdunum* XXIII, ajoute: *aut per compendium* XVI. Ce nombre XVI se trouve également dans la table Théodosienne, & il est confirmé par Sénèque, qui dit, en parlant de l'empereur Claude, *Lugduni natus est*; ajoutant ensuite, *ad sextum decimum, lapidem à Vienna natus est.* Or, qu'il y ait une route entre Lyon & Vienne qui soit assez détournée d'une voie directe pour compter 23 au lieu de 16, c'est ce qui ne paroît guère vraisemblable, à moins que de supposer qu'au lieu de passer sur les terres du Dauphiné, on chemine par la rive droite du Rhône, qui circule en creusant le Lyonnois avant que de se rendre sous Vienne, ce qui décrit un arc, dont l'autre route est la corde, & il en pourroit résulter plus de vingt milles au lieu de seize. Je vois qu'en assujettissant l'échelle d'une grande carte manuscrite du Dauphiné à des espaces déterminés en rigueur géométrique, la distance de Lyon à Vienne approche de 14000 toises: elle ne va pas tout-à-fait à 13000 toises, en consultant d'autres cartes sur ses positions, & il résulte de là environ 17 milles romains, ou environ 18. Il y a une observation à faire sur ce sujet; savoir, que l'intervalle des milles sur cette route se comptoit en partant de Vienne jusqu'aux confins de son territoire, & aux limites de Lyon: ces limites ne sont pas tellement bornées au Rhône, qu'il n'y ait une lisière de terrein au-delà du Rhône à l'égard de Lyon, ce qui peut donner lieu à l'excédent qui paroît sur le compte de 16 milles en cette distance, pour y avoir négligé un supplément jusqu'au point central de la position de *Lugdunum* précisément. C'est là, ce me semble, tout ce qu'une grande délicatesse sur l'analyse des distances peut exiger, & il faut abandonner Strabon dans le compte qu'il donne de 200 stades entre Vienne & Lyon. (*Notice de la Gaule.*)

VIERUEDRUM, promontoire de l'île d'Albion, selon Ptolémée.

**VIGENSE OPPIDUM**, ville de l'Afrique propre, felon Pline.

**VIGESIMUM** (*Ad*): il eft indiqué dans l'itinéraire d'Antonin fur la route qui conduit de Narbonne en Efpagne, & la diftance eft marquée **xx**, comme la dénomination du lieu le défigne. M. de Marca porte cette pofition aux cabanes de Fiton; mais, vu que Fiton s'écarte de Narbonne d'environ 58000 toifes, ce qui paffe 22 milles romains, fans compter ce que la mefure itinéraire, qui tourne l'étang de Sigeau, doit avoir de plus que la ligne directe; j'eftime que ce que l'on nomme les cabanes de la Plame, à environ quatre milles en deçà de Fiton, font plus convenables au *Vigefimum*. Le même itinéraire, qui, dans un autre endroit, conduit de Narbonne à *Safulæ* en marquant **xxx**, exigeroit que l'on trouvât dix milles entre les cabanes de Fiton & Salfes, fi ces cabanes répondoient à la pofition de *Vigefimum*. Or, je ne vois qu'environ cinq milles entre les cabanes de Fiton & Salfes, dans la grande carte des Pyrénées qui a été levée par ordre du roi.

On trouve un autre lieu de même nom dans l'itinéraire de Bordeaux à Jérufalem, en partant de Touloufe: *Ad Nonum mil. VIIII, ad Vigefinum mil. XI*. Les lieux qui portent de pareilles dénominations, font un témoignage du privilège des cités, de compter les diftances du point de la capitale jufqu'au terme du territoire.

**VILLA**, bourgade de l'Afrique, dans l'intérieur de la Mauritanie Céfarienfe, felon Ptolemée.

**VILLA DULCIS**, lieu de la Gaule Aquitanique, au pays que nous appelons l'Aunis.

**VILLA FAUSTINI**, lieu de la Grande-Bretagne, entre *Colonia* & *Iciani*, felon l'itinéraire d'Antonin.

**VILLA MAGNA** *ou* **VILLA PRIVATA**, lieu de l'Afrique propre, fur la route de Carthage à Alexandrie, entre *Fontezita* & *Fifida Vicus*, felon l'itinéraire d'Antonin.

**VILLA MAGNENSIS**, fiège épifcopal de l'Afrique proconfulaire, felon la conférence de Carthage.

**VILLA NOBENSIS**, fiège épifcopal d'Afrique, dans la Mauritanie Céfarienfe, felon la notice des évêchés de cette province.

**VILLA PUBLICA**, lieu de l'Italie, hors la ville de Rome, felon Tite-Live.

**VILLA REGENSIS**, fiège épifcopal d'Afrique, dans la Numidie, felon la conférence de Carthage.

**VILLA SALIS**, *ou plutôt* **OPPIDUM SALIS**, ville de la Paleftine, dans la tribu de Juda. Elle tiroit fon nom des falines qui étoient dans fon voifinage.

David remporta, près de ce lieu, une grande victoire fur les Iduméens. Le même peuple perdit auffi dans ce lieu une bataille contre Amafias, roi de Juda.

**VILLENSIS**, fiège épifcopal de l'Afrique proconfulaire, felon la conférence de Carthage.

**VILUMBRI**, peuples de l'Italie, dans l'Umbrie, & à l'occident du pays des Sabins, felon Ptolemée.

**VIMA**, lieu de l'Afie, dans la Phénicie, entre *Byblos* & *Béryte*, felon Guillaume de Tyr.

**VIMANIA**, ville de la Rhétie, felon le notice des dignités de l'empire.

**VIMINACIUM** *ou* **VIMINATIUM**, ville de l'Hifpanie citérieure, chez les *Vaccæi*, felon Ptolemée. Dans l'itinéraire d'Antonin elle eft marquée entre *Palentia* & *Lacobriga*.

**VIMINATIUM LEGIO**, ville de la haute Mœfie, fur le bord du Danube, felon Ptolemée. Dans l'itinéraire d'Antonin, cette ville eft marquée fur la route du mont d'Or à Conftantinople, entre *Municipium* & *Idcuminacum*.

**VIMITELLANI**, peuples de l'Italie, dans la première région, felon Pline.

**VINAZA**, ville de l'Afrique propre, fur la route de *Tacapæ* à la grande *Leptis*, entre *Aurus* & *Thalatum*, felon l'itinéraire d'Antonin.

**VINCEIA**, ville de la haute Mœfie, entre le mont d'Or & *Margum*, felon l'itinéraire d'Antonin.

**VINCENTIA**, ville de la Valérie Ripenfis, felon la notice des dignités de l'empire.

**VINCIA** (*Vence*), ville de la Gaule Narbonnoife, au nord d'*Antipolis*, & la capitale des *Narufii*, felon Ptolemée.

*Vincia* paroît avoir été confacrée au dieu Mars. Cybelle y étoit adorée.

**VINCUM**, ville de la baffe Germanie, felon l'itinéraire d'Antonin.

**VINDALIUM**. On lit dans l'épitome du livre LXI de Tite-Live, que Domitius, furnommé Ænobarbus, *contra Allobroges ad Oppidum Vindalium féliciter pugnavit*. Le nom qui fe lit *Undalum*, felon Scaliger, l'épitome de Tite-Live le veut ainfi, & il en eft de même de Paul-Orofe. Strabon, parlant de la victoire remportée par Domitius, en indique le lieu au confluent de la rivière *Sulga* avec le Rhône; & cette rivière eft appelée par Florus *Vindalius fluvius*, en faifant allufion à cette victoire. Or, la Sorgue, qui étoit nommée *Sulgas*, fe joint au Rhône à quelques milles au-deffus d'Avignon, dans un endroit qu'on nomme la Truille. L'itinéraire de Bordeaux à Jérufalem, qui, dans la route d'Avignon à Orange, paffe néceffairement près de l'embouchure de la *Sulgas*, & qui même fait mention d'un lieu nommé *Cypreffeta*, dont l'emplacement peut convenir au pont de Sorgue, peu au-deffus de cette embouchure, ne connoît pas *Vindalium*, quoiqu'il en foit queftion comme d'une ville, πόλις, dans Strabon, ainfi qu'*Oppidum* dans l'épitome. Je vois, peu loin d'un bras de la Sorgue, car elle en forme plufieurs, qu'il exifte un lieu fous le nom de Védène, qui paroît tenir de *Vindalium*; & comme ce lieu n'eft diftant que d'environ une lieue de la jonction de la Sorgue avec le Rhône, l'indication d'un vafte champ de bataille ne détermine pas de pofition qui ne puiffe rouler dans un efpace de plufieurs milles,

VINDALIUM ( *Védène* ), village de la Gaule Narbonnoife, fur la gauche du Rhône, au nord-oueft de *Cypreffeta.*

Tite-Live dit que Domitius Ænobarbus y défit les Allobroges; & Strabon, qu'elle étoit fituée près de l'endroit où le *Sulgas* fe jettoit dans le *Rhodanus.*

Quelques auteurs mettent *Vindalium* à Bedarides; mais M. d'Anville, qui s'appuie de l'analogie des noms, la met à Védène. Le P. Papon dit que puifque Domitius Ænobarbus y défit une armée de Gaulois, il eft plus vraifemblable que cette ville étoit fituée où eft Védène, dans une plaine, à une lieue de la jonction de la Sorgue & du Rhône, qu'à Bédarides, qui eft au confluent des deux rivières, & où les armées n'auroient pu fe déployer.

VINDANA, port de la Gaule Lyonnoife, felon Ptolemée.

VINDINA PORTUS. Ptolemée, qui nous indique ce port, le place entre l'embouchure du fleuve *Erius*, qui eft la Vilaine, & le promontoire *Gobæum*, qui eft le cap de Mahé, ou Finiftère. Or, ce qu'on peut juger avoir été plus remarquable, fur la connoiffance de Ptolemée, eft le Morbihan, au fond duquel étoit fituée la capitale des *Veneti*, peuple diftingué par fa puiffance dans la marine. La dénomination de Morbihan, c'eft-à-dire, petite mer, dans la langue des Bretons, répond à l'idée qui fait préférer cet endroit maritime à tout autre pour y placer le *Vindana portus.* L'ancienne *Navale*, felon le terme propre aux Romains, fe fait connoître à l'entrée du Morbihan: on l'appelle encore actuellement *Navalo.*

VINDELICIA ( la *Vindelicie* ), contrée d'Europe, au nord des Alpes, & au fud du Danube, près de la Rhétie. Il faut obferver que les Latins ont plus généralement dit *Vindelici*, les Vindeliciens, que *Vindelicia*, la Vindelicie, expreffion plus ordinaire aux Grecs, qui difoient Ουϊνδελικία. Suétone, dans la vie d'Augufte ( chap. *21.*); Vallérius-Paterculus ( L. *11, c. 39* ), nomment les peuples & non les pays; mais Sextus Rufus ( ch. *8* ), fe fert du nom du pays, ce qui fuffit pour le faire regarder comme un mot latin, & lui donner place dans ce dictionnaire.

Je fuis très-difpofé à regarder comme très-admiffible la conjecture de ceux qui font venir ce nom de ceux de deux fleuves qui arrofent le pays. L'un fe nommoit le *Vindo* (le Wertach, qui paffe à Ausbourg); & l'autre le *Lichus* (le Lech). On trouve ces deux noms réunis dans ce vers:

*Pergis ad Auguftam, quam Vindo Licufque fluentat.*

Strabon & Ptolemée n'affignent pas les mêmes bornes à ce pays. Il paroît plus raifonnable de s'en tenir au premier de ces deux auteurs, parce qu'il vivoit plus près du temps où les Vindeliciens furent foumis par les Romains, auffi bien

que les Rhétiens leurs voifins; car Strabon les met enfemble dans les montagnes : Εξῆς δὲ τὰ πρὸς ἕω μέρη τῶν ὀρῶν, καὶ τὰ επιϲρεφοντα πρὸς νέτο Ραιτοι και Ουϊνδελικοι κατεκϲι, ϲυναπλοτες Ελουντιοις και Βοϊοις. Strabon, L. VII, p. 206.

Ils étoient, felon cet auteur, près des Salaffes, & « habitoient la partie des montagnes qui regar-» dent l'orient & tournent vers le midi. Il ajoute, » qu'ils étoient limitrophes des Helvétiens & des »Boïens ». Et il ajoute plus haut: Οἱ δὲ Ουϊνδελικοὶ και Νωρικοὶ τὴν ἐκτὸς παρωρείαν κατέχουϲι τὸ πλέον μετα Βρευνῶν και Γεναυνων, ἤδη τούτων Ιλλυριῶν. Selon ce même auteur, les Rhétiens ne touchoient le lac de Conftance que dans une partie de fes bords; favoir, entre le Rhin & Bregentz; car cette ville, que Ptolemée donne aux Rhétiens, appartenoit aux Vindéliciens. Strabon le dit formellement: Καὶ οι Εϲπάνες δὲ τῶν Ουϊνδελικῶν εἰϲι, και Βριγαντιον και πόλεις αὐτῶν, Βριγαντιον, και Καμπόδουνον και ἡ τὸν Νικατίαν ωϲπερ ακρόπολις Δαμασια.

On voit donc que les Helvétiens & les Vindéliciens occupoient une très-grande partie des bords du lac: *Lacum Rhæti exiguâ parte majore Helvetii & Vindelici attingunt.*

Pline, Tacite & Sextus Rufus achèvent de nous donner les bornes de la Vindélicie.

Le premier nous apprend ( L. *III, c. 20* ), que les Noriques & les Vindéliciens étoient voifins: *Juxta Carnos*, dit-il, *quondam Taurifci appellati nunc Norici. His contermini Rhæti & Vindelici.* Or, fi les Vindéliciens touchoient les Noriques, il falloit qu'ils s'étendiffent jufqu'à l'*Aenus* ( l'Inn ); car, felon Tacite ( *Hift.* L. *III, c. 5* ), l'*Aenus* féparoit la Norique de la Rhétie, prife en général, comme renfermant la Vindélicie.

Enfin, comme Sextus Rufus dit ( ch. *8* ), qu'Augufte régla que la Vindélicie, la Norique, la Pannonie & la Mœfie feroient la féparation des terres des Romains d'avec celles des Barbares; il s'enfuit que la Vindélicie & la Norique s'étendoient jufqu'au Danube, qui, de ce côté, fervoit de borne à l'empire Romain.

On voit par-là que l'ancienne Vindélicie avoit le Danube au nord, & que l'*Aenus* ou *Ænus* la féparoit en Norique du côté de l'orient: du côté de l'occident elle s'étendoit depuis le lac de Conftance jufqu'au Danube. Les bornes du côté du midi ne font pas fi aifées à déterminer. Strabon dit que les Vindéliciens poffédoient des plaines montueufes à l'extrémité des Alpes. Strabon refferre trop cette contrée en la renfermant entre le *Licus* & l'*Ænus.*

Voici ce que dit M. d'Anville dans fa géographie ancienne ( in-12. t. 1, p. 147): « Il faut maintenant parler du pays des *Vindelici*, qui depuis la ville de *Brigantia* (Bregentz), fur le lac qui prenoit le nom de *Brigantius* avant d'être appelé lac de Conftance, s'étendoit jufqu'au Danube, & que la partie inférieure du cours de l'*Ænus* ou

de

de l'Inn féparoit du Morbihan. Une puiſſante colonie étoit établie dans l'angle formé par deux rivières, *Vindo* & *Licus*, dont il femble que la nation tiroit fon nom de *Vindelici*; & celui d'*Augufta*, donné à cette colonie, fe conferve, comme on fait, dans c lui d'Augsbourg, entre les deux rivières Leck & Wertach, dont la première fépare actuellement la Suabe d'avec la Bavière.

En faifant choix de quelques autres lieux, on citera *Gambodunum*, aujourd'hui Kempten. Une pofition diftinguée fur une voie romaine, fous le nom de *Samulocenis*, conviendroit à Saulgen, qui eft pareillement dans la Suabe. Sur le Danube, *Regina* conferve fon nom dans celui de Regensberg, & ce nom lui vient de la rivière de Regen, que le fleuve reçoit fur la rive oppofée à l'emplacement de cette ville, que notre ufage eft d'appeler Ratisbonne. Plus bas, & fur une pointe de terre, au confluent de l'Inn, la pofition de *Batava Caftra*, eft celle de Paffau. Un lieu nommé *Pons Œni* ou *Æni*, eft placé par la direction d'une voie romaine, au lieu nommé actuellement Muldorf. Il ne fauroit être pris pour Infpruk, comme le rapport de dénomination dans le langage germanique le feroit croire; & fi l'antiquité connoît une pofition qui foit applicable à Infpruk, c'eft *Veldidena*, dont le nom fe conferve dans un petit lieu contigu appelé *Vilten* ».

Il refte à remarquer que la Vindélicie, lorfqu'elle eut été fubjuguée par les Romains, fut toujours jointe à la Rhétie, & que toute la contrée qui fe trouve renfermée entre le lac de Conftance, le Danube, l'Inn & le pays des *Carni*, des Venètes & des Infubres, fut prefque toujours appelé *Rhætia* ou *Provincia Rhætia*.

Il faut remarquer cependant que les Rhétiens & les Vindéliciens formoient deux peuples féparés, quoique dans une même province. C'eft pour cela que Tacite ( *Germ. ch. 41*), qualifie *Augufta Vindelicorum* de *Splendidiffima Rhætiæ provinciæ Colonia*. Et Horace appelle les habitans de la Vindélicie *Rhæti Vindeli*, pour les diftinguer des habitans de la Rhétie proprement dite.

**VINDELIS** *ou* **VINDILIS**, île que l'itinéraire d'Antonin place entre les Gaules & la Grande-Bretagne. Mais, comme il y marque auffi plufieurs autres îles dont il n'offre pareillement que le nom, fans donner aucune diftance ni quelque autre particularité, on ne peut guère former que des conjectures. Quelques auteurs penfent que c'eft l'île de Port-land. ( *La Martinière*).

**VINDENATI**, peuple de l'Italie, felon une ancienne infcription citée par Ortélius. On lit dans Goltzius, au lieu de *Vindenati*, *Vindenattes*, donné par une infcription. Pline écrit *Vindinates*. Voyez VINDILIS.

**VINDENSIS**, fiège épifcopal d'Afrique. Selon la conférence de Carthage, c'étoit Reparatus qui en étoit alors évèque; mais on ignore quelle étoit cette province.

**VINDENUTA**, VINDUNITÀ, VINDIMITÀ *ou* VINDONITENSIS INSULA, île de la France, dans la dépendance de la ville de Nantes. Selon Grégoire de Tours c'eft l'île de Vindonite, fur la Loire, où fe retira Friard en 560, pour y vivre en hermite inutile, après avoir été laboureur. Il fut cependant mis au rang des faints fous le nom de S. Friard.

**VINDERIUS**, nom d'un fleuve de l'Hibernie. Ptolémée en indique l'embouchure fur la côte orientale, entre le promontoire *Ifamnium* & l'embouchure du fleuve *Logia*.

Camden croit que c'eft aujourd'hui Bay of Knocfergus.

**VINDIA** ou **VINDA**, ville de l'Afie, dans la Galatie, fur la route de Peffinunte à Ancyre, entre *Germa* & *Papira*, felon l'itinéraire d'Antonin.

**VINDILI** ou **VANDILI**, c'eft ainfi que Pline nomme les Vandales, peuples de la Germanie : Tacite les appelle *Vandalii*.

**VINDILIS INSULA**. L'itinéraire maritime en fait mention à la fuite d'*Uxatis* & de *Sira*, ou de *Sæna*. Les titres du moyen âge nous apprennent que l'île qui porte le nom de Belle-Ifle avoit antérieurement un autre nom, qui eft *Guedal*. C'eft fous ce nom que Geoffroi, comte de Bretagne, en fait don au monaftère de Redon, & qu'Alain, fils de Géofroi, confirme cette donation en 1026. Il paroit extraordinaire que la plus confidérable des îles voifines de la côte de Bretagne fût oubliée dans l'itinéraire, lorfqu'il en nomme plufieurs autres bien moindres; & on voit affez d'affinité entre le nom *Guedel* & celui de *Vindilis*, pour reconnoître que c'eft Belle-Ifle qu'il indique fous ce nom de *Vindilis*.

**VINDINATES**, peuples de l'Italie, dans l'Umbrie, felon Pline.

**VINDINUM**, ville la Gaule Lyonnoife, chez les *Aulerci* ou *Cenomani*, felon Ptolémée.

**VINDINUM**, ville de l'Italie, dans l'Ombrie, felon Cluvier.

**VINDIUS** ou **VINNIUS MONS**, l'une des montagnes les plus confidérables de l'Hifpanie citérieure, felon Ptolémée & Florus. Ce dernier écrit *Vinnius* & la furnomme *Eminentiffimus*.

On varie fur le nom actuel de cette montagne, ou plutôt on ne fait à quelle montagne appliquer ce nom. On préfume avec affez de vraifemblance que c'eft à cette chaîne qui, fe détachant des Pyrénées, traverfe la Bifcaye & les Afturies, & forme, à l'entrée de la Galicie, deux branches, dont une s'étend jufqu'au cap Finiftère, & l'autre, tournant au fud, traverfe le pays des anciens Bracares.

**VINDIUS MONS**, montagne de l'Inde, en-deçà du Gange, felon Ptolémée.

Elle s'étendoit du fud-oueft au nord-eft, au fud de la contrée *Sandrabatis*, & vers le 25ᵉ degré de latitude.

**VINDO**, fleuve de la Germanie, dans la

E e e e

Vindélicie, selon Fortunat, & dont le nom actuel est Wertach.

Quelques auteurs ont cru qu'il falloit écrire *Vinde* ; cependant outre le vers de ce poète, cité plus haut (*art.* VINDELICIA), & qui se trouve dans la vie de S. Martin, on lit aussi dans le poète Ricardus qui est plus moderne :

*Respicit & latè Fluvias Vindamque Licumque.*

Il n'y a de différence que *Vinda*, au lieu de *Vindo.*

VINDOBONA (*Vienne en Autriche*), ville de la Pannonie supérieure, à six milles de *Cetium*, selon la table de Peutinger.

Dans l'itinéraire d'Antonin elle est marquée sur la route de *Sirmium* à Trèves, en passant par *Sopianæ*, entre *Motanum* & *Comagenes*.

Les auteurs ont écrit ce nom de bien des manières différentes.

Cette ville, qui n'étoit pas considérable sous les premiers empereurs, le devint dans la suite, & au temps de Ptolemée, la dixième légion germanique y étoit en garnison.

VINDOGLADIA, VINDUGLADIA ou VINDO-CLADIA, ville de la Grande-Bretagne, sur la route de *Calleva* à *Vriconium*, entre *Sorviodunum* & *Durnovaria*, selon l'itinéraire d'Antonin.

VINDOMAGUS. Ce lieu ne nous est connu que par Ptolemée, qui donne deux villes aux *Volcæ Arecomici* ; savoir, *Vindomagus* & *Nemausus*, nommant *Vindomagus* la première, parce qu'elle devance *Nemausus* en longitude. Il est assez difficile sur cette indication d'assigner une position certaine à *Vindomagus* : mais, si faute d'être plus instruit, on se livre à quelques conjectures, les monumens d'antiquité trouvés au Vigan, peuvent faire préférer sa position à plusieurs autres qui ont été proposées. Dire que le Vigan ne sauroit être *Vindomagus*, parce que ce lieu est nommé *Vicanus* dans des écrits de six à sept cens ans, c'est ne vouloir point qu'*Ugernum*, compris dans la même contrée des *Arecomici* soit Beaucaire, parce que le nom de Beaucaire est *Bellum Quadrum*, selon des écrits à-peu-près du même âge. D'ailleurs, fixer précisément *Vindomagus* sur ce que la position marquée par Ptolemée est au même parallèle que Nîmes, & à un demi-degré seulement de différence en longitude, c'est accorder aux positions de Ptolemée plus d'autorité qu'elles n'en doivent avoir, & ne pas prendre garde à leur peu de justesse & de conformité au local actuel. Sans sortir de la Narbonnoise, ne voit-on pas que Nîmes de Ptolemée s'écarte de la mer d'un degré & deux tiers, bien que cette ville n'en soit distante que d'environ un tiers de degré ? La distance de hauteur entre Narbonne & Toulouse, que Ptolemée fait d'un degré & un quart, n'est que d'environ deux cinquièmes de degré ; & la différence de longitude, au lieu d'un demi-degré,

passe un degré & demi ; encore est-il vrai de dire que cette partie de Narbonnoise n'est pas ce qui montre le plus de désordre dans la Gaule de Ptolemée. M. de Valois, qui veut que *Vindomagus* soit *Ucetia*, auroit dû, ce me semble, trouver quelque difficulté dans cette opinion, en considérant qu'*Ucetia* existe sous le nom qui lui est propre, avant que le temps de la domination romaine dans la Gaule soit expiré. Ce n'est point par convenance avec Ptolemée que M. de Valois s'est déterminé, puisqu'*Uzès* est directement au nord de Nîmes, & non pas au couchant. On pourroit s'autoriser de Ptolemée, à quelque différence près, en faveur du Vigan.

VINDOMORA, ville de la Grande-Bretagne, sur la route du retranchement au Prétoire, entre *Corstopitum* & *Vinovia*, selon l'itinéraire d'Antonin.

VINDOMUM ou VINDONIUM, ville de la Grande-Bretagne, sur la route de *Caleva* à *Viroconium*, en passant par *Muridunum*, entre *Viroconium* & *Bulgarum*, selon l'itinéraire d'Antonin.

VINDONISSA. Tacite en fait mention, & y fixe le quartier de la vingt-unième légion, ce qui est confirmé par une inscription trouvée sur les lieux. La position de *Vindonissa* est liée à plusieurs voies romaines. La distance marquée XXII, dans la table Théodosienne, à l'égard d'*Augusta Rauracorum*, paroît plus convenable que l'indication de XXVII dans l'itinéraire d'Antonin. L'espace qui répond en droite ligne sur le local, peut faire estimer la mesure itinéraire, en traversant le *Vocetius* ou Bœtzberg, de vingt ou vingt-deux lieues gauloises, autrement d'environ trente-deux milles romains ; & le moyen d'y conformer l'itinéraire est de substituer XXII à XXVII. Une route qui de *Vindonissa* se rendoit dans la Rhétie par *Arbor-Felix* est expliquée dans l'article *Vitodurum*. La table donne la trace d'une autre voie, qui, en nous écartant de notre sujet, conduiroit sur le Danube : elle nous feroit découvrir beaucoup de lieux, qui, jusqu'a présent, n'ont point été fixés. Mais il faut se borner ici à celui qui suit immédiatement *Vindonissa* sous le nom de *Tenedo* ; & la distance marquée VIII, porte vers un lieu nommé Tingen, sur la rive ultérieure du Rhin, presque vis-à-vis de Keyserstul, que l'on croit être *Forum Tiberii*. *Vindonissa* est nommée *Vindo* dans un panégyrique de Constantin, par Eumène ; *Castrum Vindonissense* dans la notice des provinces de la Gaule, *in Maximâ Sequanorum*. Cette ville a été un siège épiscopal ; mais ayant été ruinée vers la fin du sixième siècle, ou le commencement du septième, cet évêché est devenu celui de Constance, qui reconnoît Mayence pour métropole, quoique *Vindonissa*, renfermée dans la Séquanoise, dût reconnoître Besançon en cette qualité. Le lieu qu'elle occupoit sur le bord de la Russ, près de sa jonction avec l'Aar, s'appelle Windisch.

**VINEMAGUM**, lieu de la Gaule Celtique, dans la Neuſtrie, ſelon Ortélius.

**VINENSIS**, ſiège épiſcopal de l'Afrique pro-conſulaire, ſelon la conférence de Carthage : du moins on trouve au bas d'une lettre la ſignature d'un évêque qui l'intitule *Vinenſis epiſcopus*. Cette pièce eſt une lettre ſynodique, écrite dans le concile de Latran, ſous le pape Martin. Il eſt vrai que dans la conférence de Carthage on lit *Binenſis* au lieu de *Vinenſis*; c'eſt un léger changement d'une lettre pour une autre.

**VINGENNA**, nom d'un fleuve de la Gaule. Il va ſe perdre dans la Loire, ſelon Fortunat.

**VINIOLÆ** *ou* **VINEOLÆ**, lieu de l'île de Sardaigne, ſur la route de *Portus Tibulis* à *Caralis*, entre *Fanum Cariſi* à *Sulci*, ſelon l'itinéraire d'Ant.

Comme ce nom ſe retrouve ſur une autre route dans la même île, la Martinière penſe que ce doit être un lieu différent: cela eſt aſſez peu important en ſoi.

**VINIOLÆ**, lieu de l'Hiſpanie, chez les *Carpetani*, entre *Accatucci* & *Menteſa Baſtia*.

**VINIUS FLUV.**, fleuve de l'Italie, dans le voiſinage de la ville de *Caſinum*, ſelon Varron. On lit dans un autre, *L. III, Rei Ruſtic. c. 4*, à *Vinio*; mais quelques critiques croient que cet endroit eſt corrompu, & qu'il faut lire *ab Imo*. Cependant Ortélius & Baudrand penſent que ce fleuve exiſtoit ſous le nom de *Vinius*, & que c'eſt aujourd'hui le *Fiume di San Germano*.

**VIGNOLASCA**, ruiſſeau de l'Italie, dans la Ligurie, ſelon une ancienne inſcription conſervée à Gênes, & cité par Ortélius.

**VINOVIA**, **VINONIA**, *ou* **VICONIA**, ville de la Grande-Bretagne, ſur la route du retranchement au prétoire, entre *Vindomora* & *Catareɛtori*, ſelon l'itinéraire d'Antonin.

On convient que c'eſt actuellement Bincheſter près de la Were, un peu au-deſſous de Bishops-Auckland. Il n'y a pas long-temps que l'on voyoit encore ſur un côteau les ruines de cette ville.

Ptolémée attribue cette ville aux *Brigantes*.

**VINOVILOTH**, peuples d'entre les Barbares de la Scandinavie, ſelon Jornandès.

**VINTIUM**. C'eſt la ville des *Neruſi* ou *Neruſu*, dans Ptolémée, & on connoît des inſcriptions en l'honneur de Gordien & de Trajan-Dèce, où on lit CIVIT. VINT. Dans la notice des provinces de la Gaule, *Civitas Vintuntium* eſt une de celles des Alpes maritimes. On a écrit *Vincium* dans les temps poſtérieurs, & ce nom ſe conſerve dans celui de Vence.

**VINZELA**, ville de l'Aſie, dans la Galatie, chez les *Teɛtoſages*, ſelon Ptolemée.

**VINZELA**, ville de l'Aſie, dans la Piſidie, ſelon le texte grec de Ptolemée.

**VIOLACENSIS PAGUS**, nom d'un lieu de la Gaule. Selon Sidonius Apollinaris, les légions Juliennes y avoient leur quartier d'hiver; & dans la ſuite il fut appelé *Martialis*.

**VIOR** *ou* **DIUR.**, fleuve de l'Afrique, dans la Mauritanie Tingitane, ſelon Pline & Ptolemée. Ce dernier écrit *Diur*. Le P. Hardouin dit que ce fleuve ſe nomme aujourd'hui *Sus*. On connoît en effet un fleuve de ce nom ſur les confins du royaume de Maroc.

**VIORUM VALENTIA** *ou* **VION VALENTIA**, ville d'Italie, dans l'intérieur du *Brutium*, ſelon Ptol.

**VIPITENUM**, ville de la Germanie, entre *Veldidena* & *Sublavio*.

On croit que c'eſt aujourd'hui Stertzingen, ou bien Am-Luz, village au pied du mont Brenner. (*La Martinière.*)

**VIR**, fleuve de l'Hiſpanie. Ptolémée en indique l'embouchure près du promontoire où étoient les autels du Soleil.

**VIRACELLUM**, lieu de l'Italie, dans la Ligurie, au ſud-eſt d'*Apua*.

**VIRBIUS MONS**, ou le mont *Virbius*; on diſoit auſſi les collines. Elle faiſoit partie de la montagne que l'on appelle aujourd'hui *Monte Albano*. On croit que celle qui porte ce nom eſt celle qui domine aujourd'hui *Albano*. Son nom de *Vir-bius* avoit, ſelon les anciens, pour étymologie, les mots *vir* (homme), & *bis* (deux fois). Il avoit, dit-on, été donné à ce lieu en l'honneur d'Hippolyte, qui, mis à mort par un monſtre ſuſcité par Neptune, avoit été rappelé à la vie par la protection de Diane. De la voie Appienne ſe détachoit une voie particulière qui alloit à un temple de Diane placé ſur ce mont. Mais comme Hippolyte avoit été renverſé par ſes chevaux, on ne pouvoit s'y faire traîner en char: cette petite route ſe faiſoit à pied. Là auſſi ſe rendoit une foule de mendians qui commençoient par briſer les voitures, & finiſſoient par incommoder fort les voyageurs. Il en eſt parlé dans Juvénal.

Le mont *Virbius* étoit ſur la voie Appienne. Il s'en détachoit en ce lieu deux autres voies, dont une alloit au temple de Jupiter *Latialis*, ſur le mont *Albano*, & l'autre au temple de Diane, au fond du cratère du lac d'Arménie. La première de ces voies ſubſiſte preſque toute entière; mais on ne voit que quelques veſtiges de la ſeconde.

**VIRBIUS**, fleuve du Péloponnéſe, dans la Laconie, ſelon Vibius Séqueſter.

**VIRCHI**, ſiège épiſcopal de l'Aſie, dans la Méſopotamie, ſous la métropole d'Edeſſe, ſelon la notice du patriarchat d'Antioche.

**VIRENA**, lieu de l'Italie, où il y a des fontaines dont les eaux ſont acides, ſelon Vitruve. C'étoient, ſans doute, des eaux gazeuſes; mais on eſt incertain quelle fontaine actuellement, comme autrefois, a porté ce nom.

**VIRGANTIA**, nom de la ville des Séguſiens, ſelon Ammien Marcellin. Elle eſt nommée *Brigantium* par Strabon, Ptolémée & l'itinéraire d'Antonin. C'eſt actuellement Briançon.

**VIRGAO ALBA**, ville de l'Hiſpanie citérieure, ſelon Pline.

Dans les divers exemplaires de l'itinéraire d'Antonin, cette ville est nommée *Urcao*, *Vircao*, ou *Virgao*, & elle y est marquée entre *Calpurniana* & *Iliturgis*.

VIRGI *ou* URCE, ville de l'Hispanie, sur le golfe *Virginitanus Sinus*, selon Pomponius Mêla. Elle est nommée *Urce* par Ptolemée & Marcian d'Héraclée.

VIRIBALLUM, promontoire que Ptolemée indique sur la côte occidentale de l'île de Corse, entre le golfe *Casalus* & l'embouchure du fleuve *Cicidius*. On croit que c'est actuellement Punta di Adiazza.

VIRITIUM, ville située dans la partie septentrionale de la Germanie, selon Ptolemée.

VIROSIDUM, ville de la Grande-Bretagne, selon la notice des dignités de l'empire. Camden croit que c'est aujourd'hui Warwick, bourg du Cumberland.

VIROSSA, siège épiscopal de l'Asie, dans le pays des Moabites, sous la métropole de *Ruba*, selon une ancienne notice, rapportée par Guillaume de Tyr. Mais comme ce nom ne se trouve pas ailleurs, & que dans la notice du patriarchat de Jérusalem, on trouve sous la métropole de *Teca* le siège de *Virosamum*, on présume que c'est le même lieu.

VIROVESCA, ville de l'Hispanie citérieure, au sud-est de *Juliobriga*. C'étoit une des dix cités des *Autrigones*, selon Pline.

Dans l'itinéraire d'Antonin elle est marquée sur la route des Gaules au lieu nommé *Ad Legionem Geminam*, entre *Segasamundum* & *Segesamone*.

Ptolemée, qui indique cette ville, la nomme *Virucsta*, & l'attribue aux *Autrigones*. Le nom actuel est *Briviesca*.

VIROVIACUM. Ce lieu est placé dans l'itinéraire d'Antonin entre *Castellum* & *Turnacum*, Cassel & Tournai. La distance est également marquée XVI à l'égard de *Castellum* comme de *Turnacum*. Dans la table on trouve *Virovita* à XII de *Castellum*, & de-là à *Turnacum* XI. La position de *Virovacum* subsistant dans celle de *Vervik*, l'erreur des distances ne sauroit tirer à conséquence. La voie qui conduisoit de *Castellum* à *Viroviacum* me paroît avoir été commune dans une partie de sa longueur, avec celle qui de Cassel conduisoit à *Minariacum*, & quoique la distance en droite ligne de Cassel à Vervik ne passe guère 20000 toises, la mesure itinéraire devoit être moins de 58 lieues gauloises. L'espace de Vervik à Tournai étant de près de 17000 toises, il en résulte à-peu-près 15 lieues gauloises; ainsi la route de Cassel à Tournai en passant par Vervik, fait compter 33 lieues gauloises, & on peut remarquer que l'itinéraire en approche par la somme des distances, qui est 32.

VIRTA, forteresse importante de l'Asie, à l'extrémité de la Mésopotamie, & que l'on disoit

avoir été bâtie par Alexandre-le-Grand, selon Ammien Marcellin.

On croit que c'est la ville de *Birtha*, indiquée par Ptolemée dans la Mésopotamie, près du Tigre.

VIRUCINATES, peuples de la Vindélicie, selon l'inscription du trophée des Alpes, qui nous a été conservée par Pline.

Le P. Hardouin prétend qu'il faut lire *Rucinates*, ce qui est très-probable, puisque ce peuple est aussi connu par Ptolemée, qui les nomme *Rucinatæ*, & les place de même dans la Vindélicie.

VIRUNI, peuples de la Germanie. Ptolemée les indique avec les *Teutonari*, entre le pays des Saxons & celui des Suèves.

VIRUNUM, ville située dans la partie la plus septentrionale de la Germanie, selon Ptolemée.

Il est probable que cette ville appartenoit aux *Viruni*. Cluvier pense que c'est actuellement Waren, dans le Mecklenbourg.

VIRUNUM, ville de la Norique, ou île Norique, au midi du Danube, sur la route d'Aquilée à *Lauriacum*, entre *Santicum* & *Candalica*, selon l'itinéraire d'Antonin.

Dans la table de Peutinger cette ville est nommée *Varunum*; mais il faut corriger ce nom, puisqu'il n'est pas conforme à l'orthographe des inscriptions. Cellarius en cite une rapportée par Gruter, p. 108, n. 7. La voici:

S. P. CENSORIUS JUSTUS VIRUNO

L. VOLCEIUS SEVERUS SESTINO

Q. SEXTILIUS RUFUS FLANONA

C. VALERIUS VERANIUS TRIDENTE.

On croit que l'empereur Claude y établit une colonie, d'après une autre inscription de Gruter, p. 569, n. 7. Cellarius pense que c'est aujourd'hui Volckmarek dans la Carinthie.

VIRUXENTINI, peuple de l'Italie, selon Hygin, cité par Ortélius.

VISBURGII, peuple de la Germanie, au nord de la forêt Hercynienne, selon Ptolemée.

Cluvier, dans sa Germanie ancienne, pense que les *Visburgii* sont le même peuple que Ptolemée place dans la Sarmatie, & qu'il nomme *Burgiones*. Il pense qu'ils étoient dans les montagnes de la Sarmatie & la Wistule; que du nom de cette rivière, ils étoient nommés *Thi-Wisselburges*, & que c'est par corruption que les Latins ont dit *Visburgi*, & d'autres *Burgiones*.

VISCLA, fleuve que Jornandès semble indiquer aux environs de la basse Mœsie.

VISENSIS, siège épiscopal d'Afrique, selon la conférence de Carthage.

VISENTIUM *ou* VISENTUM, ville de l'Italie, dans l'Etrurie, sur la rive occidentale du lac de Trasimène.

Pline indiqué cette ville chez les *Vesentini*, qui habitoient près le lac Vulcinien. C'est aujourd'hui *Bisentio*.

VISICENSIS, siège épiscopal de l'Afrique proconsulaire, selon la conférence de Carthage.

VISIO. Antonin, dans son itinéraire maritime, marque sur la côte de la Méditerranée, en venant de Rome à Arles, un lieu nommé *Avisione Portus*, qu'il place à vingt-deux milles d'*Hercules Monæi* (ou Monaco), & il compte quatre mille pas d'*Ab Avisione* à *Anaone Portus*, en continuant toujours la route vers Arles.

Simler croit qu'il y a faute dans cet endroit d'Antonin, & qu'au lieu d'*Avisione Portus*, il faut lire *ad Visionis Portum*. Par conséquent on lira pareillement *à Visionis Portus*, au lieu d'*Ab Avisione*.

Cluvier (*Ital. antiq. L. 1, c. 8*), veut qu'*Avisione* & *Anaone* soient des noms corrompus.

On lui passera aisément qu'ils sont corrompus, mais on ne sauroit lui accorder que ce soient deux noms d'un même lieu; les manuscrits, comme les imprimés, en font deux ports différens.

Quant à celui dont il est ici question, & que l'itinéraire d'Antonin a dû, selon les apparences, nommer *Visionis Portus* ou *Avisio*, on sait sa juste position. Il y a encore aujourd'hui, au voisinage du port des Malles, un village appelé vulgairement *Ese*, & que le catalogue des bourgs & villages du diocèse de Nice nomme *I'sio*.

C'en est assez pour nous fixer & pour conclure avec Bouche, dans son histoire de Provence (*L. III, c. 5*), que c'est l'*Avisione*, ou plutôt le *Visionis Portus* de l'itinéraire d'Antonin. Il se trouve à la vérité de la différence par rapport au nombre des milles; mais il n'y a qu'à réformer le chiffre de l'itinéraire, qui n'est pas moins fautif que l'écriture. (*La Martinière*.)

VISONTIUM, ville de l'Hispanie citérieure, chez les *Pelendones*, selon Ptolémée.

VISONTIUM, ville de la haute Pannonie, du nombre de celles qui sont éloignées du Danube, selon Ptolémée.

VISORONTIA, lieu de la Gaule Narbonnoise, dans le territoire de la ville de *Vienna*, selon Ortélius, qui cite Grégoire de Tours.

VISPE, que l'on trouve aussi écrit *Uspe*, dans quelques exemplaires manuscrits de Tacite (*Annal. L. 11*). C'étoit une ville du pays de Saraces, au voisinage du Bosphore de Thrace. Cet auteur fait entendre que cette ville n'étoit pas éloignée de la rivière *Pania*. Il dit que c'étoit une place forte, tant par son enceinte, que par ses fossés; mais que l'enceinte n'étoit que de gazon & de fascines. D'espace en espace on y avoit élevé des tours plus hautes que les courtines.

Les Romains, assistés d'Eumones, roi des Adorses, ayant pris les armes pour s'opposer à celles de Mithridate, se présentèrent devant la ville de *Vispe*, & y donnèrent un assaut, dans lequel ils furent repoussés. Le lendemain, comme ils attaquoient la place par escalade, les habitans envoyèrent une députation demander la vie pour les personnes libres, & offrir de donner dix dix mille esclaves. Les assiégeans rejetèrent ces conditions, parce qu'ils vouloient faire un exemple qui jetât la terreur dans les esprits des révoltés. Cependant, comme ils trouvoient de la cruauté à massacrer des gens qui se rendoient volontairement, & trop de sévérité à mettre en prison un si grand nombre de personnes, ils aimèrent mieux user du droit de la guerre: exemple horrible de la férocité des Romains. Ils donnèrent le signal de l'escalade : les échelles étoient déjà placées. On entra ainsi dans la ville, qui fut censée avoir été prise de force, & traitée en conséquence. Il paroît que ce traitement horrible a entraîné la destruction totale de *Vispe*, car on ne la trouve nommée dans aucun auteur depuis l'époque de cet événement.

VISSALSENSIS, siège épiscopal d'Afrique, dans la Mauritanie Césarienne, selon la notice épiscopale de cette province.

VISTULA (*la Vistule*), grand fleuve de l'Europe, qui depuis sa source jusqu'à son embouchure, termine la Germanie à l'orient, selon Ptolemée. Cet auteur donne ce fleuve pour le commencement de la Sarmatie européenne. Il est nommé *Biscula* par Ammien Marcellin.

VISURGIS FLUV. (*le Weser*), fleuve de la Germanie, & l'un des plus considérables de ceux qui se jettent dans l'Océan, selon Pomponius Méla.

Ce fleuve faisoit la séparation entre les Romains & les Chérusques, selon Pline. Il devint célèbre par la défaite de l'armée romaine sur ses bords, selon Velleïus Paterculus (*L. 11, c. 3*).

Les Grecs nommoient ce fleuve Ο υισυργις & Ο υισέργιος, du moins selon Ptolémée.

VITACA, ville de l'Afrique, dans la Mauritanie Césarienne, selon Ptolémée.

VITÆ, peuples de la Germanie, selon Bule, qui dit que les *Cattuarii* & les *Vectirii*, c'est-à-dire, les habitans de l'île de Wight & de la partie de l'Angleterre opposée à cette île, étoient sortis de ces anciens peuples. Ortélius pense que les *Vitæ* ont donné leur nom à la ville de Wirtemberg en Saxe.

VITELLIA, ville de l'Italie, dans le *Latium*, au pays *Æque*. Tite-Live la met au nombre des villes dont Coriolan s'empara; &, selon Suétone, elle prenoit son nom de la famille des Vitellius, qui demandèrent à la défendre à leurs propres dépens contre les efforts des *Æques*.

VITELLIA VIA, chemin de l'Italie: il menoit depuis le Janicule jusqu'à la mer selon Suétone. Les antiquaires romains prétendoient que la famille des Vitellius avoit donné son nom à cette route,

& en tiroient un argument en faveur de l'ancienneté de cette famille. Ne pourroit-il pas se faire aussi que ce nom vint de ce qu'il y auroit eu une ville de ce nom ? (*Noyez* VITELLIA.

VITENSIS, siège épiscopal d'Afrique, dans la Byfacène, selon la notice épiscopale de cette province.

VITIA, contrée de l'Asie, au voisinage de l'Arménie & de la mer Caspienne, selon Strabon.

VITIA, contrée de l'Asie, aux environs de la Médie, & dans laquelle elle avoit été bâtie par les *Ænianes* de la Thessalie selon Strabon, & qu'ils nommèrent *Æneiana*. Cet auteur ajoute que l'on y montroit des armes à la manière des Grecs, aussi bien que des vases d'airain & des sépulcres.

VITIA. Strabon, en parlant ( *L. 11* ) de la contrée qu'il nomme *Vitia*, dit que le nom de la principale ville de cette contrée étoit *Æneiana* ; mais un peu plus loin, il nomme une ville de *Vitia*, à laquelle il donne les mêmes fondateurs qu'à celle indiquée précédemment : il s'ensuit donc que c'est la même désignée tantôt par le nom de la contrée, & tantôt par le nom de ses fondateurs.

VITII, peuples que Strabon indique parmi ceux qui habitoient sur le bord de la mer Caspienne.

Il est très-probable que c'étoient les habitans de la contrée & de la ville *Vitia*.

VITIS *ou* UTENS, fleuve de l'Italie, dans la Cis-padane, au voisinage de Ravenne, entre le *Sapis* & l'*Anemo*, selon Pline.

Ce fleuve est nommé *Utens* par Tite-Live, qui le donne pour bornes aux Sénonois du côté du nord : *Tum Senones recentissimi advenarum ab Utente Flumine ad Æsim fines habuère*. Quelques auteurs pensent que c'est actuellement le Montone.

VITODURUM. Une inscription que Guilliman & plusieurs autres savans ont rapportée, fait mention de ce lieu, où les empereurs Dioclétien & Maximien, *Murum Vitoduremsem à solo instaurârunt*. L'itinéraire d'Antonin en indique la position entre *Vindonissa* ou Windisch, & *Fines* ou Pfin. La distance de *Fines* à *Vitodurum* XXII, & de *Vitodurum* à *Vindonissa* XXIIII, sont à rejeter. L'étude que j'ai faite du local de la Suisse, me donne lieu d'estimer l'espace en droite ligne de Windisch à Pfin d'environ vingt-sept lieues gauloises, ou de quarante-un milles romains, & la mesure itinéraire doit avoir quelques lieues ou quelques milles de plus, vu les circonstances du terrein. Dans un autre endroit de l'itinéraire, où, sans faire mention de *Vitodurum*, il passe de *Fines* à *Vindonissa*, la distance qui est indiquée *leugas XXX* (& remarquez cette qualification de mesure *leugas*), paroît bien plus d'accord avec le local. Mais pour connoître ce qui peut convenir à la position de *Vitodurum* en particulier, je remarque que dans une carte topographique & fort détaillée du côteau de Zurich, en six feuilles, la position de Wintertur

est au tiers de la distance de Pfin à Wirdisch ; d'où l'on peut conclure que cette distance étant estimée d'environ trente lieues gauloises de mesure itinéraire entre *Fines* & *Vindonissa*, il faut en compter dix de *Fines* à *Vitodurum*, & vingt de *Vitodurum* à *Vindonissa*. On ne forme point de doute sur la position de *Vitodurum* à Wintertur.

VITRICIUM, ville située dans les Alpes, sur la route de l'Italie, dans la Germanie, en passant par les Alpes Graïennes, entre *Eporedia* & *Augusta Prætoria*, selon l'itinéraire d'Antonin.

On croit que c'est le même lieu qui se trouve nommé *Bitriceum* dans l'Anonyme de Ravenne.

VITULARIA VIA, nom d'un chemin de l'Italie, selon Cicéron, *Epist. ad Q. Fratrem ex eo loco ( Manliano ), rectà Vitularia Via profecti sumus in Fusidianum fundum*.

VIVA *ou* VINA, ville de l'Afrique propre, sur la route de Carthage à *Sufetula*, entre Carthage & *Putput*, selon l'itinéraire d'Antonin.

Par la table de Peutinger elle est nommée *Vina Vicus*, & ce mot de *Vicus* indique moins qu'une ville ; cependant ce lieu devint un siège épiscopal.

VIVENTANI, peuples de l'Italie, dans l'Umbrie, selon Pline.

VIVISCUS. Ce nom, écrit ainsi dans la table Théodosienne, semble plus conforme à la dénomination actuelle de Vevai que *Bitiscus*, selon l'itinéraire d'Antonin. Les distances qui ont rapport à cette position sont discutées dans les articles BROMAGUS, LACUS LAUSONIUS & PENNI-LUCUS, auxquels on peut avoir recours.

ULÆ, peuples de la Sarmatie Asiatique, sur le bord de la mer Caspienne, selon Ptolémée.

ULAMA, ville de la Palestine, au sud-est de *Dio Cæsarea*. Selon D. Calmet, il y avoit douze milles de distance entre cette ville & ce lieu.

ULAMAIS, ancien nom de la ville de *Dan*, selon les Septante ; mais le texte hébreu porte *Ulam-Laïs*, c'est-à-dire, autrefois Laïs. Ce seroit le contraire.

ULAMUS *ou* ULAM-LUS. Les Septante, qui devoient cependant bien mieux entendre l'hébreu que nous, disent que c'étoit l'ancien nom de Béthel ; au lieu qu'en traduisant, d'après les connoissances que nous avons de cette langue, il faut dire Bethel, autrefois *Luz* : on voit que le mot *Ulam*, mot oriental, a du rapport avec *Olim* des Latins.

ULATHA, ville que Joseph indique entre la Galilée & la Trachonite.

ULBANECTES, peuples de la Gaule Belgique, selon Pline. Cet auteur dit qu'ils étoient libres ; mais on croit qu'il y a faute dans les manuscrits qui portent ce nom, & qu'il faut lire *Subanecti*, qui furent appelés dans la suite *Silvanectenses*.

ULBORSI *ou* OSTROBUNIPRACH : le premier mot est russe ; le second sclavon.

Conſtantin Porphyrogénète dit que c'étoit une des ſept villes ſituées ſur la droite du *Danapris* ( Dnieper ) au-deſſous d'*Eſſupe*, & près de la ſeconde cataracte de ce fleuve.

ULCI, ville, de l'Italie, dans l'intérieur de la Lucanie, ſelon Ptolémée.

On croit que cette ville porta auſſi le nom de *Ulceja* ; car on lit dans une inſcription *Ulcejanæ civitates*. Holſtenius croit que ce ſont les mêmes que les *Volcentani*, connus par Pline.

ULCISIA CASTRA, lieu de la Pannonie, ſur la route d'*Acincum* à *Sincium*, entre *Acincum* & *Cirpi-Manſio*, ſelon l'itinéraire d'Antonin.

ULIA ( *Monte Major* ), ville de l'Hiſpanie, dans la Bétique, au nord-eſt : elle paroît avoir été un peu conſidérable. Une médaille rapportée par Gruter, prouve qu'elle formoit un petit état, qui prenoit le titre de république. Quelques auteurs anciens écrivent *Ulla*, ce qui n'eſt probablement qu'une différence entre des copiſtes, auſſi bien que *Julia*, qui eſt une autre faute.

On penſe donc que, dans Pline, au lieu de *Julia Fidentia*, il faut lire *Ulia Fidentia*. Cette épithète honorable lui fut donnée à cauſe de ſa rare fidélité à l'égard des Romains. Voici ce que l'on trouve dans Hirtius. Cn. Pompée aſſiégeoit la ville d'*Ulia* ( qui ſans doute avoit cru voir en lui un ennemi de la république ), & étoit arrêté par cette place depuis pluſieurs mois. Dès que l'on eut appris dans cette ville l'arrivée de Céſar, on lui envoya demander du ſecours ; ce général, qui ſavoit que de tout temps cette ville avoit bien mérité de la république, lui envoya ſix cohortes & un petit corps de cavalerie, le tout commandé par L. Junius Paciecus. Au moyen d'une petite ruſe, ils entrèrent dans la ville. Dans le même temps Céſar s'étant approché de *Corduba*, Sextus Pompée qui la défendoit, manda ſon frère, & lui fit ainſi lever le ſiège d'*Ulia*.

ULIBILIANI, peuple de l'Afrique, dans la Mauritanie Tingitane, ſelon Ptolémée.

ULIARUS ( *l'île d'Oléron* ), île ſur la côte de la Gaule Aquitanique.

Voici ce qu'en dit M. d'Anville.

ULIARUS INSULA. Pline, après avoir mention des îles des *Veneti*, ajoute : *Et in Aquitanico ſicut Uliarus.* Sidoine Apollinaire appelant les lièvres de cette île *Olarcontenſes*, donne au même nom une forme différente, de laquelle eſt ſortie la dénomination actuelle d'*Oléron*. Il ne nous eſt pas permis de citer dans notre Gaule l'île de Ré comme celle d'Oléron, parce qu'on ne trouve point le nom de *Radis* avant le milieu du huitième ſiècle. L'Anonyme de Ravenne, parlant de quelques îles dont il déſigne la ſituation en diſant *poſt Aquitaniam*, nomme de ſuite *Ollarione*.

ULISPADA, ville ſituée dans l'intérieur de l'île de Taprobane, ſelon Ptolémée.

ULIZIBIRRHA, ville de l'Afrique propre,

vers le midi d'Adrumète, ſelon Ptolémée. Elle eſt nommée *Uluſubritanum Oppidum* par Pline.

ULLITANUS, ſiège épiſcopal d'Afrique, dans la Numidie, ſelon la notice épiſcopale de cette province.

ULMERUGI, peuple de la Germanie, ſur le bord de l'Océan, ſelon Jornandès.

ULMI, nom d'une ville de la Pannonie, ſelon l'itinéraire d'Antonin.

ULMOS VICUS, lieu de la baſſe Pannonie, entre *Cibalis* & *Sirmium*, ſelon l'itinéraire d'Antonin.

ULPIA CASTRA LEG. 30, ville de la Gaule Belgique, ſur le bord du Rhin, entre *Burginatium* & *Vetera*, ſelon l'itinéraire d'Antonin. M. d'Anville a traité, avec ſa critique ordinaire, ce qui concerne ce lieu. *Voyez* TRICESIMÆ ; c'eſt le nom qu'emploie Amaien Marcellin.

ULPIANUM, ville de la haute Mœſie, dans la Dardanie, ſelon Ptolémée.

Procope rapporte que cette ville fut réparée & embellie par Juſtinien ; & qu'après, cet empereur la nomma *Juſtiniana ſecunda*.

ULPIANUM. Ptolémée nomme ainſi une des principales villes de la Dacie.

ULPON, nom d'une ville de l'Italie, ſelon Etienne de Byſance.

ULTERIOR PORTUS. Céſar parle d'un port dans lequel il tenoit une partie des bâtimens deſtinés à faire le trajet dans la Grande-Bretagne, & il le nomme Ultérieur, par rapport à celui d'*Itius*. La ſituation du port *Itius* à Wiſſand ſemble déſigner Calais, lorſqu'il eſt queſtion d'un autre port ſitué au-delà : on peut même attribuer au nom de Calais la ſignification qui eſt propre au nom de *cale*, pour déſigner un endroit favorable à l'abord & au mouillage des bâtimens.

ULTIZURI, peuples barbares, compris ſous le nom général de Huns, ſelon Agathias. Il ajoute que ce peuple ſe rendit célèbre juſqu'au règne de l'empereur Léon.

ULUBRÆ, bourgade de l'Italie, dans le *Latium*, dans le voiſinage de *Velitræ* & de *Sueſſa Pometia* : elle étoit colonie romaine, ſelon Frontin ; & ſelon Juvenal, c'étoit un lieu déſert.

Horace, pour prouver que l'on peut être heureux dans un petit coin de la terre, ſi l'on y cultive ſon ame en paix, dit :

. . . . . . . . . . . . . *Navibus atque*
*Quadrigis petimus bene vivere ; quod petis, hic eſt ;*
*Eſt Ulubris ; animus ſi te non deficit æquus.*
       Epiſt. II, v. 28.

Ce petit lieu étoit même déſert, comme on l'apprend de Juvenal, *Satyr. X*, *v.* 101.

*Et de menſura jus dicere, vaſa minora*
*Frangere pannoſus vacuis Ædilis Ulibris.*

Cependant Frontin met cette ville au rang des colonies romaines.

ULUBRANI, c'est ainsi que Cicéron nomme les habitans d'*Ulubræ* ( *L. VII*, *Epist. 12* ) ; & Pline dit *Ulubrenses* ( *L. III*, *c. 5* ).

ULUCITRA, ville de la Thrace, dans la province de Rhodope, selon la notice des dignités de l'empire.

ULVERNATES, peuples de l'Italie, selon Pline.

ULULA, ville épiscopale d'Afrique, selon les actes du concile tenu sous S. Cyprien.

ULULEUS, fleuve qui fournissoit de l'eau à la ville de *Dyrrachium*. On le nomme aujourd'hui l'*Argenta*, selon la Martinière.

ULURTINI, nom d'un peuple de l'Italie, selon Pline.

ULYSSEA, ville de l'Hispanie, dans la Bétique, sur les montagnes, au-dessus d'*Abdera*, selon Strabon. Cet auteur rapporte qu'il y avoit à *Ulyssea* un temple dédié à Minerve, & que l'on y voyoit des monumens des voyages d'Ulysse.

ULYSSIS PORTUS, port sur la côte orientale de la Sicile, près de Catane, selon Virgile & Pline.

On voit que ce nom tient à l'ancienne opinion qu'Ulysse avoit abordé en ce lieu. Cependant, selon Homère, en admettant comme vrais les récits de l'Odyssée, Ulysse avoit abordé au promontoire de *Pachynum*. Ainsi, quand Virgile & Pline mettent le *Portus Ulyssis* près de Catane, c'est qu'ils suivent quelques commentateurs ou la tradition du pays. Je crois en découvrir la raison. Vers le lieu qui portoit ce nom, à une petite distance de la côte, il y a des blocs énormes de basalte dans la mer ( *Voyez* l'article SICILIA ). Les Grecs avoient imaginé de supposer que l'un de ces rochers avoit été lancé contre Ulysse par Polyphème : Homère même en parle. Il falloit donc que le héros grec eût habité, ou même abordé près de ce lieu. Dans l'exacte vérité, le Polyphème qui lança le roc, n'est autre que l'Etna. On a dit la même chose concernant Acis, amant aimé de Galathée.

ULYSSOPOLIS, ville de la Thrace, selon Nicéphore Caliste, cité par Ortélius. Ce dernier ajoute que c'est l'*Odissus* de Ptolémée.

ULZINGURES, peuples barbares, qui faisoient partie des Huns, selon Jornandès.

UMBENNUM. Ce lieu est placé dans l'itinéraire de Bordeaux à Jérusalem, entre *Batiana*, qui est Baix, sur la rive droite occidentale du Rhône & de Valence. La distance à l'égard de *Batiana* est marquée XII, & à l'égard de *Valentia* VIIII ; mais on peut voir à l'article BATIANA, que l'indication de la table entre *Batiana* & Valence, qui est XVIII, excède moins ce qu'il y a d'intervalle de Baix à Valence que le compte de vingt-un milles qui résulte de l'itinéraire ; d'ailleurs, le lieu qui peut répondre à *Umbennum* précisément, m'est inconnu. On peut le supposer

vers le passage de Lénieu, en suivant le même bord du Rhône que celui de Baix, & à environ neuf milles de Valence, selon l'indication qui regarde cette distance dans l'itinéraire.

UMBER, OMBROS ou UMBROS, lac de l'Italie, dans l'Umbrie, selon Etienne de Byfance & Properce. Ce dernier écrit *Umber*.

*Et lacus æstivis intepet Umber aquis.*

Si l'on en croit Scaliger, ce lac est le même que le *Vadimonis lacus* de Tite-Live.

UMBER FLUV., fleuve de la Grande-Bretagne, coulant à l'est : on le nomme aujourd'hui *Humber*.

UMBRA FLUV., petit fleuve d'Italie, dans l'Etrurie.

UMBRÆ, peuples de l'Inde, selon Pline, qui est le seul des anciens à nous les faire connoître.

UMBRÆNATES, peuples de l'Italie, dans la huitième région, selon Pline.

UMBRACINI. Quand on voit le nom d'*Umbranicia* comme celui d'une contrée particulière dans la table Théodosienne, & répondant au nom d'*Umbranici*, dont Pline fait mention en traitant de la Gaule Narbonnoise, on est fort tenté de ne point omettre dans la carte de la Gaule un article aussi répété en plus d'un endroit. Il faut néanmoins convenir qu'on est dépourvu d'indices sur lesquels on puisse assigner aux *Umbranici* une place certaine. Pline, en suivant l'ordre alphabétique dans une énumération des villes & des peuples de la Narbonnoise, n'a pas eu pour objet de nous faire juger de leur position par un ordre géographique ; d'un autre côté, il y a peu de sûreté à se fonder sur la place que la table donne à quelques noms de peuples & de pays, parce que la plupart sont manifestement hors du lieu qu'on leur connoît d'ailleurs. On pourroit dire néanmoins d'*Umbranicia* que ce nom est moins déplacé dans la table que beaucoup d'autres, parce qu'il y est renfermé dans un canton convenable à la Narbonnoise, dans l'étendue de laquelle Pline comprend les *Umbranici* ; & si l'on considère que le nom d'*Umbranicia* dans la table suit immédiatement celui des *Volcæ Tectosages*, on peut conjecturer qu'*Umbranicia* étoit limitrophe, & plutôt vers les Cévennes qu'en se tournant vers les Pyrénées. Quoique le diocèse d'Albi & celui de Castres, qui en est un démembrement, aient été rangés dans l'Aquitaine première, cependant il y a lieu de présumer que ce canton, du moins en partie, étoit antérieurement annexé à la province romaine ou Narbonnoise ; car il n'y a point d'autres positions que les *Ruteni*, distingués par le nom de *provinciales* dans César, aient pu occuper, comme je le représente dans l'article qui les concerne en particulier. Or, les *Umbrani*, dont le nom ne paroît que depuis César, sont peut-être cachés sous ce nom des *Ruteni* de la province, ou peuvent avoir été placés dans leur voisinage.

Les

Les recherches que j'ai faites fur ce fujet ne m'ont rien appris de plus pofitif. M. de Valois croit voir pareillement dans la Table que les *Umbranici* étoient contigus aux Tectofages. Mais on peut être étonné de ce qu'il foupçonne quelque affinité entre leur nom & celui d'Auragues: c'eft ainfi qu'il écrit le nom de Lauragues, qui eft *Lauracenfis*, dérivé de *Laurde*, lieu principal du canton ainfi appelé, & fitué fur la frontière commune des diocéfes de Mirepoix & de S. Papoul.

UMBRIA ( *l'Ombrie* ), grande contrée de l'Italie, ayant au nord une partie de la Gaule Cis-padane; au nord-eft, le golfe Adriatique; à l'eft, le *Picenum*; à l'oueft, l'Apennin, qui la féparoit de l'Etrurie.

Cette région, qui étoit très-montagneufe, renfermoit auffi les Sénonois dans la partie feptentrionale.

Cette contrée, qui étoit partagée en deux parties par l'Apennin, étoit nommée par les Grecs Ομβρικη, mot formé d'Ομβρος, *Imber*, à caufe, dit-on, des pluies qui inondoient le pays. Je doute un peu de cette étymologie, car les Ombriens étoient une nation gauloife, qui n'avoit pas emprunté fon nom du latin. Je doute de plus, qu'il pleuve plus dans l'Ombrie que dans l'état de Milan, dont les habitans n'étoient pas nommés *Umbri*. On fait combien les Latins fe connoiffoient mal en étymologie, & dans quelles erreurs le défaut de connoiffances des Langues a entraînés même les plus favans d'entre eux. On les voit toujours chercher dans le latin, & même prefque jamais dans le grec, qui n'étoit qu'une langue moderne en comparaifon des langues orientales: auffi Pline s'en tient-il à l'opinion reçue de fon temps. Il dit, L. III, c. 34: *Umbrorum gens antiquiffima Italiæ exiftimatur ut quos Umbrios à Græcis putent dictos, quod inundatione terrarum imbribus fuper fuiffent.*

Solin, *de Italia*, dit que d'autres ont prétendu que les Umbriens étoient defcendus des Gaulois. Si ce fait n'eft pas généralement adopté comme vrai, on ne voit pas non plus ce qui pourroit le démentir pofitivement; & c'eft une préfomption en faveur de cette opinion, de voir que les Sénonois fe mêlèrent avec eux, après avoir commencé par habiter une partie de leur pays.

On peut remarquer, en obfervant la manière dont les Grecs & les Latins écrivoient les mêmes mots, que les Grecs commençoient ce nom par un *o*, & les Latins par un *u*. Etienne de Byfance dit expreffément: Όμβρικοι, λέγονται Όυβροι παρὰ τοῖς Ιταλικοῖς συγγραφεῦς. Les Ombriciens font appelés Ombriens par les écrivains Latins.

Properce étoit de l'Ombrie, ainfi qu'il le dit lui-même:

*Proxima fuppofito contingens Umbria campo*
*Me genuit terris fertilis uberibus.*

*Géographie ancienne. Tome III.*

Le fingulier du mot *Umbri* étoit *Umber*. Catule dit:

*Si Urbanus effes, aut Sabinus, aut Tybur*
*Aut parcus Umber, aut obefus hetrufcus.*

On voit auffi dans une infcription rapportée par Gruter, *p. 75, n. 5:*

## QUOS UMBER SULCARE SOLET, QUOS TUSCUS ARATUR.

L'Umbrie maritime, ou du moins la plus grande partie de ce côté, qui avoit été habitée par les Gaulois Sénonois, conferva toujours le nom d'*Ager gallicus* ou *Gallicanus*, même après que le pays eut été reftitué à fes anciens habitans: c'eft ce qui fait dire à Tite-Live, L. IX, c. 44: *Coloniæ duæ, Potentia in Picenum, Pifaurum in Gallicum Agrum de ductæ funt.*

Ptolemée attribue à l'Umbrie les villes fuivantes, qui étoient dans l'intérieur des terres.

| | |
|---|---|
| Pitinum. | Pertia ou Perufia. |
| Tifernum. | Sentinum. |
| Forum Sempronii. | Æfifium. |
| Ifnium. | Camarinum. |
| Æfis. | Nuceria Coloniæ. |
| Ifuium. | |

Mais plufieurs de ces noms ne font pas connus, ou font corrompus. Les villes placées fur la carte de M. d'Anville font les fuivantes:

| | |
|---|---|
| Ariminum. | Iguvium. |
| Pifaurum. | Tifernum Tiberinum. |
| Fanum Fortunæ. | Niceria. |
| Urbinum Hortenfe. | Camerinum. |
| Urbinum Metaurenfe. | Tuder. |
| Forum Sempronii. | Spoletium. |
| Sena Gallica. | Ameria. |
| Æfis. | |

C'étoit au nord de ce pays qu'étoit le Rubicon, fervant de limite à l'Italie proprement dite.

UMBRO ( *l'Ombro* ou *Ombrone* ), fleuve d'Italie, dans l'Etrurie. Il commençoit au nord-eft de *Sena*, & venoit fe jeter dans la mer par le fud-oueft, affez près de *Ruffellæ*.

Pline en parle comme d'un fleuve propre à la navigation; & Rutilius, L. I, v. 337, s'exprime ainfi:

*Tangimus Umbronem, non eft ignobile flumen*
*Quod tuto trepidas excipit ore rates.*

L'itinéraire d'Antonin, dans la route maritime de Rome à Arles, met *l'Umbronis fluvius* entre le *Portus Telamonis* & le *Lacus Aprilis*, à douze

Ffff

milles du premier de ces lieux, & dix-huit milles du second. C'est aujourd'hui l'Ombrone, dans la Toscane.

UMBRO MONS, lieu de l'Italie, dans l'Etrurie, selon l'itinéraire d'Antonin.

UMMA ou AMMA, ville de la Palestine, dans la tribu d'Azer, selon Josué, ch. 19, v. 30.

UNA, fleuve de l'Afrique, dans la Mauritanie Tingitane. Ptolémée en indique l'embouchure entre *Suriga* & l'embouchure dn fleuve *Agna*.

UNCHÆ, ville de l'Asie, dans l'Assyrie, à deux journées de chemin des détroits qui donnent entrée dans cette province, selon Quinte-Gurce.

UNDALUS. Ce nom, qui se lit dans Strabon comme étant celui d'une ville des Gaules, est évidemment corrompu, & il a paru tel à M. d'Anville, puisqu'il ne l'a pas placé dans sa notice de la Gaule.

Selon Strabon (*L. IV*), *Undalus* étoit une ville de la Gaule Narbonnoise, dans l'endroit où la rivière *Sulgæ* (la Sorgue), se jette dans le Rhône. Il ajoute que Domitius Ænobarbus défit près de cette ville une grande quantité de Gaulois. Mais Tite-Live (*Epist. 50*), en parlant de cette victoire du proconsul Cn. Domitius Ænobarbus, dit que ce fut sur les Allobroges qu'il la remporta; & au lieu de nommer la ville *Undalum*, il la nomme *Oppidum Vindalium*. Voici ses propres termes: *Cn. Domitius proconsul contrà Allobroges ad Oppidum Vindalium feliciter pugnavit*.

Il y a donc grande apparence que *Vindalium Oppidum* ou *Vindalium*, sont les vrais noms de cette ville; & que l'*Undalus* ou *Undalum* de Strabon sont des noms corrompus.

En effet, Florus (*L. III, c. 2*), vient à l'appui de cette conjecture, car en parlant des quatre fleuves qui furent témoins de la victoire des Romains, il met de ce nombre le *Vindalicus*. Or, ce *Vindalicus* doit être le *Sulga* de Strabon, & sans doute il avoit donné son nom à la ville de *Vindalum*, placé à son embouchure.

UNELLI *vel* VENELLI. César fait plus d'une fois mention des *Unelli* avec d'autres peuples Armoriques ou maritimes, les *Veneti*, les *Ossismii*, *Curiosolites*, *Redones*; mais il ne s'ensuit pas qu'il faille les placer dans la Bretagne, selon l'opinion du P. Hardouin, *Minori Britanniæ accusendi*. Ptolémée, qui les nomme *Venelli*, décide de leur emplacement dans le Cotentin, en indiquant leur capitale sous le nom de *Crociatonum*, dont la position est celle de Valognes: on trouve dans Pline le nom des *Unelli* à la suite de celui des *Bodiocasses*, qui sont limitrophes dans le Bessin. C'est par une faute de transposition que Ptolémée place les *Venelli* entre les *Biducesii* ou *Viducasses* & les *Lexovii*. Dans la notice des provinces de la Gaule, *Civitas Constantia*, dont le nom de Cotentin est dérivé, figure comme capitale dans le canton qu'occupoient les *Unelli*.

UNGRI, peuples qui habitoient sur le bord du Danube, selon Zonare, cité par Ortélius.

UNIUM (*l'Odiel*), fleuve de l'Hispanie, dans la Bétique. Il se joignoit avec le *Luxia*.

UNIXÆ, peuple que Jornandès place parmi les Barbares qui habitoient dans la Scandinavie.

UNIZIBERENSIS, siège épiscopal d'Afrique, dans la Byzacène, selon la notice épiscopale d'Afrique.

UNUCA, ville de l'Afrique propre, sur la route de Carthage à Césarée, entre Carthage & *Sicilibra*, selon l'itinéraire d'Antonin.

UNURICOPOLITANUS, siège épiscopal d'Afrique, dans la Byzacène, selon la notice épiscopale de cette province.

VOBERGA, ville de l'Hispanie citérieure, dans un pays de chasse, selon Martial, *L. 1, Epig. 52, v. 14*.

> *Præstabit illic ipsa fingendas prope.*
> *Vobisca prandenti feras.*

Quelques auteurs ont écrit, comme on voit, *Vobisca* au lieu de *Voberga*.

VOBERNA ou VOBERNUM, ville de la Gaule Transpadane, sur le bord de la rivière *Clusius* ou *Clesius* (la Chiesa). On y a déterré l'inscription suivante:

> P. ANTINIUS L. F. FAB.
> HIC SITUS EST
> . . . . PERLEGE UT RE-
> QUIETUS QUEÆS DICERE
> SÆPE TUIS FINIBUS ITA-
> LIÆ MONUMEFNTUM
> VIDI VOBERNA IN QUO
> EST ATINI CONDITUM.

VOBRIX, ville de l'Afrique, dans l'intérieur de la Mauritanie Tingitane, selon Ptolémée. Selon Marmol, c'est le bourg actuel de Lampta, dans le royaume de Fez. On dit que l'on y voit encore des ruines considérables.

VOCA, ville de l'Hispanie citérieure, chez les *Callaici Lucenses*, selon Ptolémée.

VOCANUS AGER, territoire de l'Afrique propre, dans le voisinage de la ville *Acholla* & de celle de *Thapsus*, selon Tite-Live.

VOCATES, peuples de la Gaule Aquitanique, du nombre de ceux qui furent subjugués par Crassus, selon César. Scaliger croit que ces peuples sont les mêmes que les *Boates*, & M. d'Anville ne les a pas nommés dans sa notice de la Gaule.

VOCETIUS MONS. Il est mention de ce mont dans Tacite, au sujet d'un mouvement de guerre dans l'Helvétie. Le nom de cette montagne est appliqué à une branche du mont Jura qui s'approche du Rhin au dessus d'*Augusta Rauracorum*, dans une carte de ce pays, publiée en 1555, par Auton Salamanca, & le nom actuel de Boertberg conserve de l'analogie avec l'ancienne dénomination. Je ne saurois donc adhérer à l'opinion d'Ortélius, qui veut substituer le nom de *Vogesus* à celui qu'on lit dans Tacite.

VOCLADE, lieu de la Gaule Aquitanique, chez les Pictaves.

Ce lieu étoit célèbre par la défaite d'Alaric, que le roi Clovis tua de sa propre main.

VOCONTII, peuple de la Gaule Narbonnoise, au nord des *Memini*.

Au rapport de Pline, ce peuple possédoit Die & Vaison, capitales de dix-neuf villes d'un ordre inférieur, & se gouvernoit par ses propres loix.

Strabon nomme ce peuple *Vocontii*; il dit qu'il étoit libre & limitrophe des Allobroges.

Voici ce qu'en dit M. d'Anville : Les *Vocontii* sont cités dans Tacite en parlant de la route que tint Annibal pour se rendre au passage des Alpes. Selon Strabon, ils s'étendoient jusqu'à la frontière des Allobroges dans des vallées profondes & de difficile accès. On trouve leur nom dans Méla, en faisant mention de *Vasio* leur capitale. Pline témoigne qu'ils étoient puissans, en leur attribuant indépendamment de deux villes capitales, dix-neuf villes d'un ordre inférieur ; & à ces deux capitales on pourroit ajouter *Dea Vocontiorum* ou Die ; car dans la notice des provinces de la Gaule, *Civitas Decusium* y tient une place comme *Civitas Vasicusium*. Les *Vocontii* se gouvernèrent par leurs propres loix : Pline les met au rang des peuples alliés, en disant *Vocontiorum Civitas fœderata*. Ptolémée n'a point oublié un peuple de cette confédération. Il paroît que les *Vocontii* occupoient non-seulement les diocèses de Vaison & de Die, mais qu'une partie de l'extension a pris le diocèse de Gap, dans lequel on ne connoît point d'ancien peuple en particulier, & un démembrement du domaine des *Vocontii*. On peut dire la même chose d'un canton du diocèse de Sisteron, qui est détaché de ce qui compose l'arrondissement de ce diocèse & limitrophe de Vaison, & dont le nom est *Vallis Bodonensis*, aujourd'hui Val Benois.

VODGORIACUM. C'est le premier lieu qui soit marqué dans l'itinéraire d'Antonin & dans la table Théodosienne, également sur la voie romaine de Bavai à Tongres, qui est très-remarquable dans le pays, sous le nom de chaussée de Brunehaut, ou du haut chemin. L'itinéraire & la table sont d'accord à marquer XII entre *Bagacum* & *Vodgoriacum*, dont on reconnoît le nom, quoique altéré dans celui de Voudrei, petit lieu un peu en-deçà de Bruche. Je trouve que l'espace de cet intervalle passe 14000 toises ; & quoique la voie soit très-directe en pays uni, on peut estimer que la mesure itinéraire excède les douze lieues gauloises, & roule entre douze & treize.

VOECA, ville de l'Hispanie citérieure, chez les *Callaïci Lucenses*, selon Ptolémée.

VOGESUS MONS *vel* VOSEGUS MONS. La chaîne de montagnes qui porte ce nom, commence à s'élever sur les confins des *Lingones*, comme on lit dans César ; mais on ne distingue point la Volge aux sources de la Meuse, que César fait sortir *ex monte Vogeso qui est in finibus Ligonum*. Après avoir couvert la partie septentrionale du pays des *Sequani*, la chaîne des Vosges se prolonge vers le nord entre les *Leuci* & les *Mediomatreci* d'un côté, les *Triboci* & les *Nemetes* de l'autre. Il est constant que le nom de *Vosge* s'est étendu jusques-là, comme le témoigne une inscription en l'honneur du dieu Vosegus, trouvée à Berg-Zabez sur les confins de l'Alsace & du Palatinat & rapportée par Gruter. Dans le moyen âge, le nom qu'on lit *Vogesus* dans César, est *Vosagus*. La table Théodosienne représente une longue forêt en-deçà du Rhin, sous le nom de *Silva Vosagus* ; & dans les écrivains des temps postérieurs à la domination romaine, la Vosge est indifféremment appelée *Mons*, *Silva*, *Saltus*, *Eremus*, *Vastites*.

VOGIA, ville de l'Hispanie, dans l'intérieur de la Bétique, chez les Turdules, selon Ptolemée.

VOL, ville de l'Afrique propre, au midi de Carthage, entre les fleuves *Bagradas* & *Triton*, selon Ptolemée.

VOLANA, ville de l'Italie, dans le *Samnium*. Elle fut prise en peu de jours par Carvilius, selon Tite-Live.

VOLANA, fleuve de la Gaule Cis-Alpine : c'est de ce fleuve probablement qu'est venu le nom d'une bourgade de cette partie de l'Italie. On dit aussi la *Podi Volana*.

VOLANDUM, lieu fortifié de l'Asie, dans l'Arménie. Selon Tacite, c'étoit le château le plus fort de la contrée. Corbulon s'en rendit maître sans cependant perdre un seul homme. Il en fit passer au fil de l'épée tous les habitans au-dessus de l'âge de quatorze ans : on vendit à l'encan ceux du peuple qui se trouvoient hors d'état de porter les armes.

VOLATERRÆ (*Volaterra*), ville de l'Italie, dans l'Etrurie, à une certaine distance de la mer, sur une montagne à laquelle Strabon donne quinze stades de hauteur. Elle est mise par quelques auteurs au rang des douze cités de l'Etrurie.

Lorsqu'elle fut soumise aux Romains, elle leur demeura constamment fidelle. Dans le temps malheureux des proscriptions de Sylla, elle fut assiégée pendant deux ans, & ne prit jamais parti contre le sénat. Par reconnoissance on accorda à ses habitans le droit de citoyen romain. Cicéron parle d'eux avec éloge dans son discours *aux pontifes pour sa maison*.

A la chûte de l'empire, elle paſſa au pouvoir des Vandales, des Huns, des Goths; cependant elle fut repriſe par Narſès, l'an 553.

Quelques auteurs ont dit que pendant un certain temps les Lombards y fixèrent leur cour.

VOLATERRANA VADA, ville ou bourgade de l'Italie, dans l'Etrurie, avec un port à l'embouchure du Cecinna, ſelon Pline. Ce lieu eſt actuellement nommé Vadi. Rutilius (L. I, v. 453), en parle ainſi :

*In Velaterranum vero, Vada nomine, tractum*
*Ingreſſus dubii tranſmiſſis alta lego.*

VOLCÆ ARECOMICI. Deux peuples auxquels le nom de Volcæ étoit commun, l'un diſtingué par le nom d'Arecomici, l'autre par celui de Tectoſages, occupoient, dans la province Narbonnoiſe, tout l'intervalle qu'il y a du Rhône à la Garonne. Les Arecomici étoient voiſins du Rhône & s'étendoient le long de la mer dans ce qu'on appelle aujourd'hui le bas Languedoc. Lorſque Annibal traverſa la partie méridionale de la Gaule pour paſſer dans l'Italie, les Arecomici n'étant point bornés par le Rhône, poſſédoient des terres au-delà de cette rivière ; car c'eſt d'eux qu'il faut entendre ce que dit Tite-Live ſous le nom de Volcæ, qu'ils étoient établis ſur l'une & l'autre rive du Rhône : *In Volcarum pervenerit Agrum* (Annibal), *gentes validæ colunt autem circà utramque ripam Rhodani.* Alors apparemment un peuple de moindre conſidération, les Anatilii, que l'on juge avoir été placés ſur le Rhône près de la mer, étoient compris ſous le nom des Arecomici & des Anatilii, prénommés Narbonenſes, Arecomici, dans une inſcription dont il eſt parlé dans l'article concernant les Anatilii. La chaîne du Mons Aberna ſéparoit les Arecomici dans les terres, d'avec les Ruteni & les Gabati. Il eſt beaucoup plus difficile de ſavoir à quoi s'en tenir ſur leurs limites du côté des Tectoſages. Selon Strabon, Narbonne eſt le port des Arecomici : mais Ptolemée donne une telle extenſion aux Tectoſages, que non-ſeulement Narbonne, mais encore Béziers & Ceſſero ſur l'Arur, ſont des villes des Tectoſages. Je penſe qu'en ceci il faut diſtinguer les temps. Avant que les Romains euſſent fait de Narbonne la capitale de leur première province conquiſe dans la Gaule, cette ville pouvoit être des Arecomici plutôt que des Tectoſages, comme on doit l'inférer de Strabon. Mais élevée à cette dignité, Narbonne a dû ſe trouver indépendante du corps politique de l'un comme de l'autre des peuples Volcæ, & prendre un territoire diſtinct & ſéparé. Je vois un indice non équivoque de ce territoire dans une poſition de Fines, entre Carcaſſonne & Touloufe. Mais comme il ne ſe diſtingue point par un nom de peuple qui lui ſoit propre, Ptolemée, qui n'eſt point arrêté par cette diſtinction, adjuge plutôt Narbonne & quelques autres villes aux Tectoſages qui ſe préſentent les premiers dans l'ordre de ſa

deſcription, qu'aux Arecomici qui les ſuivent, & dont le diſtrict paroît ainſi réduit à celui de la capitale ou de Nemauſus en particulier, & n'être point celui de la nation en général. Quand on conſidère en même temps que les limites du territoire de Narbonne, en s'avançant vers Touloufe, ſelon cette poſition de Fines, dont je viens de parler, ne ſont point vraiſemblablement ceux des Tectoſages, qui ſe trouveroient ainſi extrêmement reſſerrés, on eſt perſuadé qu'une ligne de diviſion entre les Arecomici & les Tectoſages ſeroit téméraire & trop haſardée ſur une carte.

VOLCÆ TECTOSAGES. Dans l'article qui, par l'ordre alphabétique, précède celui-ci, dit M. d'Anville, il y a des circonſtances par rapport aux Tectoſages que je ne répéterai point. Entre divers peuples de la Gaule qui ſe ſont ſignalés par des expéditions au dehors, les Tectoſages méritent une diſtinction particulière. Selon Céſar, ils avoient pénétré en Germanie ; & s'étant établis dans les meilleurs cantons aux environs de la forêt d'Hercinie, ils s'y maintenoient avec une grande réputation de juſtice comme de courage dans la guerre. *Quæ gens ad hoc tempus iis ſedibus ſe continet ſummamque habet juſtitiæ & bellicæ laudis opinionem.* Juſtin rapporte qu'un corps de Tectoſages avoit pénétré dans l'Illyrie, & s'étoit fixé dans la Pannonie. Mais leur plus célèbre établiſſement eſt celui qu'après s'être ſéparés de Brennus dans la Thrace, & ayant paſſé en Aſie, ils firent dans une partie de la Phrygie, en conſervant le nom de Tectoſages. Ils occupoient Ancyra, la principale ville du pays qui prit le nom de Galatie, où S. Jérôme dit avoir remarqué le fond même de langage que celui qu'on parloit à Trèves de ſon temps, quoique plus de ſix cens ans ſe fuſſent écoulés depuis l'entrée des Gaulois dans ce pays. Les Tectoſages de la Narbonnoiſe, ſelon Strabon, approchent des Pyrénées, & atteignent par une extrémité le penchant du Commenus ou Cebanna. En parlant des Volcæ Arecomici, j'ai eu occaſion d'expoſer les raiſons de la difficulté qu'il y a de fixer les limites entre eux & les Tectoſages, il m'a paru que le lieu de Fines, qui pouvoit convenir entre les territoires de Narbonne & de Touloufe, ne devoit point limiter les Tectoſages. Pline le juſtifie en leur attribuant Carcaſſonne, *Contaſum Volcarum Tectoſagum.* Ptolemée leur donne des villes ſuivantes :

| Iliberis. | Carcaſo. |
|---|---|
| Ruſcino. | Bettræ. |
| Toloſa colonia. | Narbon colonia. |
| Ceſſero. | |

VOLCÆÆ PALUDES, marais auprès deſquels les Batones attaquèrent Cécina Severus, dans le temps qu'il vouloit y faire camper ſon armée, ſelon Dion Caſſius.

Ces marais devoient être dans le voiſinage de la Mœſie.

VOLCEMINI : Pline nomme ainſi les habitans

de la ville de *Volci*. Cet auteur les furnomme *Etrufci*.

**VOLCENTUM**, lieu de l'Italie, dans le *Brutium*, felon Cluvier.

**VOLCI**, ville de l'Italie, dans l'intérieur de l'Etrurie, felon Ptolemée.

**VOLCI**. *Voyez* VOLSCI.

**VOLCIANI** *ou* VOLSCIANI, peuples de l'Hifpanie citérieure. Ils étoient connus principalement par la réponfe vigoureufe qu'ils firent aux ambaffadeurs Romains, lorfque ceux-ci les follicitèrent de renoncer à l'alliance des Carthaginois.

**VOLENES**, peuples de l'Italie, dans le Trentin, felon un manufcrit de Paul Diacre, cité par Ortélius.

**VOLERIUS FLUV.**, fleuve de l'île de Corfe, felon Ptolemée. Cet auteur en indique l'embouchure fur la côte feptentrionale.

**VOLGESIA**. *Voyez* VOLOGESIA.

**VOLIBA**, ville de l'île d'Albion, chez les *Damonii*, felon Ptolemée.

**VOLI**, peuple de l'Afrique, dans la Mauritanie Tingitane, felon Ptolemée.

**VOLOGESIA** (*Mesjid-Hofain* ou *Kerbela*), ville de l'Afie, fur le bord de la rivière *Maarfares*, près de fon embouchure, dans l'Euphrate : elle étoit fituée à la droite de ce fleuve, au oueft-nord-oueft de Babylone.

Cette ville fut fondée par Vologèfe I, dont il eft parlé dans Tacite, fous les règnes de Néron & de Vefpafien.

Cette ville eft nommée *Volgefia* par Ptolemée, & *Vologeftas* par Etienne de Byfance. Ce dernier l'indique fur le bord de l'Euphrate.

**VOLOGATIS**. L'itinéraire de Bordeaux à Jérufalem place ce lieu immédiatement à la fuite de *Lucus*, Luc, au-deffus de Die, en s'avançant vers Gap par *Mons Seleucus*. La diftance à l'égard de *Lucus* eft marquée IX. Mais parce que je ne vois point de pofition qui puiffe fe rapporter à *Vologates* que celle d'un lieu qui fe nomme Lèches, je crois l'indication trop forte, & qu'elle ne tient lieu que felon que le local paroît le prefcrire. Le détail de l'itinéraire faifant compter vingt-cinq milles entre *Lucus* & *Mons Seleucus*, je fuis affuré que ce compte peut fouffrir quelque réduction, parce l'intervalle actuel entre la pofition de *Lucus* & Labaftie-mont-Salcon, qui eft indubitablement *Mons Seleucus*, ne s'évalue en droite ligne qu'à environ 14000 toifes, ou peu au-delà, ce qui ne va qu'à dix-neuf milles romains ; car, quoique la difpofition du local foit de nature à rendre la mefure itinéraire plus longue, toutefois on a peine à croire que ce foit au point d'y ajouter un tiers en fus de la mefure directe. Or, cette confidération lève tout fcrupule fur ce qui concerne la diftance particulière de *Lucus* à *Vologatis*, dont le nom n'eft pas tellement altéré dans celui de Lèche, qu'on ne le reconnoiffe en le rencontrant au paffage de la route & immédiatement avant que de

franchir une montagne qui lui fuccède fous le nom de *Gavra* dans l'itinéraire.

**VOLONA**, ville de l'Italie, dans le *Samnium*. On en fait peu chofe ; on voit feulement par un paffage de Tite-Live, que Carvilius conduifit fes troupes vers cette place.

**VOLSAS SINUS**, golfe que Ptolemée indique fur la côte feptentrionale de l'île d'Albion.

**VOLSCI**, peuples d'Italie, dans le *Latium*. On peut croire avec quelque fondement, que les Volfques defcendoient des anciens Ofques, dont on n'a que des idées vagues. On fait que ce fut chez eux que fe retira Coriolan l'an 264. Les Romains ne les foumirent qu'en 310.

Ils habitoient depuis la mer d'*Antium* jufqu'à la fource du *Liris* & au-delà. L'étendue de ce pays a été caufe que Pomponius Méla (*L. II, c. 4*), l'a diftingué du *Latium*, dont en effet il étoit autrefois féparé. Il dit expreffément *Etruria*, porte *Latium*, *Volci*, *Campania* ; & Scylax dit auffi que les Latins font voifins des Volfques. Apparemment que quoique vaincus depuis long-temps, on diftinguoit encore entre eux quelque différence d'avec le peuple latin proprement dit ; comme on diftinguera encore long-temps chez nous, les Picards, les Normands, les Francs-Comtois, les Gafcons, quoique ces dénominations foient éteintes par rapport aux actes publics.

**VOLSINENSIS LACUS**, *ou* VULSINENSIS LACUS, lac de l'Italie, dans l'Etrurie, felon Pline. Ce lac tiroit fon nom de la ville *Volfinii* ou *Vulfinii*.

Pline parle de deux îles flottantes, auxquelles les vents donnoient quelquefois une figure triangulaire & d'autres fois ronde. Je n'ai point éclairci ce point d'hiftoire naturelle. Je fais feulement qu'il y a dans ce lac une île appelée l'île de S. Giacomo, dans laquelle la princeffe Amalafonth, reine des Goths, fut exilée par Théodat, qui la fit étrangler peu de jours après, l'an 534.

**VOLTUMNÆ FANUM**, lieu de l'Italie, dans l'Etrurie. Les affemblées générales des Etrufques s'y tenoient fouvent, felon Tite-Live.

**VOLUBILES**, ville de la Mauritanie Tingitane, felon Pomponius Méla (*L. III, c. 10*), & Ptolemée *L. IV, c. 1*. Ce dernier écrit *Volobilis*.

Cette ville eft indiquée dans l'itinéraire d'Antonin, fur la route de *Tocologida* à *Tingis*, entre *Tocologida* & *Aquæ Dacicæ*, à trois milles du premier de ces lieux, & feize milles du fecond. C'étoit une colonie Romaine.

Pline (*L. V, c. 1*), qui l'appelle *Volubile Oppidum*, le met à trente-cinq milles des deux mers, ce qui eft impoffible ; car une place à trente-cinq milles de Bannaza, qui étoit à quatre-vingt-quatorze milles de *Tingis*, ne pouvoit être à trente-cinq milles de chacune des deux mers.

Le P. Hardouin, qui ne s'eft pas apperçu de ce mécompte, a conclu que le gros des géographes avoit tort de prendre la ville de Fez pour l'ancienne *Volubilis*, parce que Fez eft à plus de

cent vingt-cinq milles de l'Océan & de la Méditerranée. Mais s'il eût fait attention que l'itinéraire d'Antonin marque *Volubilis colonia* à cent
quarante-cinq milles de *Tingis*, vers le midi oriental
de cette ville, dans les terres, & par conféquent
à une égale diftance des deux mers, il eût aifément compris que cette ville pouvoit fort bien
être la ville de Fez.

On fent ce qui a retenu le P. Hardouin : c'eft
qu'il falloit convenir que fon auteur favori, celui
dont il s'occupoit effentiellement, s'étoit trompé,
ou que du moins fes copiftes avoient oublié la
lettre *c* dans le nombre des milles qu'il dit être
entre *Banaza* & *Volubilis*.

En effet, fi du premier *x* on fait un *c*, il fe
trouvera que *Volulubilis* étoit à cent vingt - cinq
milles de *Banaza*, & à pareille diftance de l'O-
céan & de la Méditerranée, & qu'ainfi l'on n'eft
pas trop mal fondé à croire que Fez en occupe
l'emplacement. Weffeling, qui, fans le citer,
adopte l'opinion du P. Hardouin, abandonne, dans
cette occafion, trop aifément l'itinéraire d'Antonin
pour fuivre Pline. Cependant la route de l'itinéraire fe foutient parfaitement, au lieu que Pline
fe trompe fi groffièrement, que la méprife faute
aux yeux. ( *La Martinière* ).

M. d'Anville n'adopte pas entièrement l'opinion
avancée dans l'article précédent. Il place *Volubilis*
fous le 12e degré de longitude, & prefqu'au 34e
de latitude, à quinze lieues à peu-près au nord-
oueft de Fez : c'eft-là qu'un lieu nommé *Guaüili*,
offre encore des veftiges d'antiquité. Or, ce nom
moderne ne peut être qu'une corruption du nom
ancien.

VOLUCE ou VELUCA, ville de l'Hifpanie citérieure, à l'eft de *Clunia*, & au fud-oueft de Nu-
mace.

Ptolémée la nomme *Veluca*, & la donne aux
*Arevacæ*.

VOLUMNII, peuples de l'Italie. Les Romains
leur firent la guerre fous le confulat de Titus
Quintius & d'Agrippa Furius, felon Diodore de
Sicile, cité par Ortelius ; mais il fe trompe : cet
auteur dit que l'on fit alors la guerre aux *Volci* &
non aux *Volumnii*.

VOLUNTII, peuples qui habitoient fur la côte
orientale de l'Hibernie, au midi des *Darnii*, felon
Ptolémée.

VOMANUS ou VOMANUM FLUMEN,
fleuve de l'Italie, dans le *Picenum*, felon Pline,
*L. III, c. 13.*

Silius Italicus en parle, *L. VII, v. 439.*

...... *Statque humeÉtata Vomino.*
*Hadria......*

Selon Cluvier, ce fleuve fe nomme encore le
*Vamano*.

VONCARIANENSIS ou BONCARIENSIS, fiège

épifcopal d'Afrique, dans la Mauritanie céfarienfe,
felon la notice épifcopale de cette province.

VORDENSES, peuples de la Gaule Narbonnoife, à l'oueft des *Vulgientes*.

On les place où eft fituée la ville de Gordes,
près de celle d'Apt.

Voici ce qu'en dit M. d'Anville.

J'emploie ici, dit ce favant, l'etnique d'un lieu
comme je le trouve dans une infcription que
Spon dit exifter dans l'églife cathédrale d'Apt.
Les *Vordenfes Pagani* confacrent ce monument à leur
protecteur *Patronofilo*, qui eft défigné IIIIe *Vir* de
la colonie d'Apt. Or, il y a route apparence que
ce lieu eft *Gordes*, contigu au diocèfe d'Apt, dans
celui de Cavaillon. La différence entre *Vord* &
*Gord* n'eft que celle que l'on voit par la permu-
tation de la lettre initiale entre le terme de *Vadum*
& celui de *Gué*, qui le remplace dans l'ufage
actuel ; & comme de *Vardo* on a fait le nom du
Gardon, & de *Vapincum*, celui de Gap.

VOREDA, ville de l'île d'Albion, fur la route
du retranchement à *Portus Rutupis*, entre *Lugu-*
*vallium* & *Brovonacis*, felon l'itinéraire d'Antonin.

VORGANIUM, *poftea* OSISMII. Ptolémée nous
apprend que le nom de la capitale des *Ofifmii*
eft *Vorganium*. Ce peuple occupoit la partie occidentale de la Bretagne dans toute fa largeur,
comme on peut voir à l'article OSISMII. La pofition de leur capitale nous eft indiquée par la
table, où le nom eft écrit *Vorgium*, par contrac-
tion apparemment de *Vorganium*. Cette pofition fe
rencontre fur une voie qui, traverfant la Bretagne dans fa longueur, depuis la capitale des
Naumètes, & paffant à celle des *Veneti*, vient
aboutir fur le bord de la mer, à un lieu dont le
nom fe lit *Gefocribate* dans la table, & plus cor-
rectement *Gefobrivate*, paroiffant le même lieu que
*Brivates Portus* dans Ptolémée, aujourd'hui Breft.
Entre la capitale des Venètes & celle des *Ofifmii*,
ce que la table marque f us le nom de *Sulis*,
fe retrouve précifément dans le point d'union
d'une petite rivière nommée *Suel*, avec celle de
Blavet ; & ce qui concerne *Sulis* eft le fujet d'un
article particulier. De ce lieu la table conduit à
*Vorgium* ou *Vorganium*, & la diftance marquée
XXIIII s'arrête à Karhez, en fuivant la même
direction de voie. Cette ville de Karhez, ou comme
on a dit autrefois, Kerohez, a été la première en
dignité dans la contrée, felon la tradition qui y
fubfifte ; & D. Lobineau, dans fon hiftoire de
Bretagne, affure qu'on y découvre tous les jours
des reftes de fa première fplendeur. Outre la voie
qui nous conduit à Karhez, je fuis informé qu'il
y a dans les environs de grands veftiges d'une
voie romaine, qui, à partir de cette ville, eft
défignée entre le nord & le levant. Sanfon n'ayant
aucun égard aux diftances marquées par la table,
à laquelle néanmoins on doit l'unique moyen qu'il
y ait de juger de l'emplacement de *Vorganium*,
tranfporte cette capitale auprès de *Tregui*, & dans

l'endroit appelé *Cor-Guerdic* ( le vieux Gué ), où il peut avoir exifté une ville dans des temps reculés, & même épifcopale, fous le nom de Lexobie, comme le prétendent les Bretons, fans que fa pofition, trop écartée des lieux indiqués par la table, convienne à *Vorganium*. En bornant les *Ofifmii* à quelques diocèfes qui font fur la côte feptentrionale de la Bretagne, Sanfon ne pouvoit reconnoître *Vorganium* dans Karhez, qui cft hors des limites de ce diocèfe, & dans celui de Kemper. Cette ville paroît avoir été défignée par le nom du peuple, ainfi que la plupart des autres capitales ; car c'eft fous le nom du peuple qu'il en eft mention dans la notice de l'empire, comme d'un lieu où le commandant d'une milice particulière avoit fon pofte : *In tractu Armoricano & Nervicano præfectus militum Ofifmiacorum Ofifmiis*. Dans la notice des provinces de la Gaule, *Civitas Ofifmorum* eft une de celles de la troifième Lyonnoife.

VORIDIS, lieu de l'Afie, dans la Bithynie. Il en eft fait mention dans le code Théodofien.

VOROCHTA, île du golfe Perfique, fur la côte de la Carmanie, felon Ptolemée.

VOROCINGUS, maifon de campagne, dans la Gaule. Elle appartenoit à Sidonius Apollinaris.

VOROGIUM. Ce lieu eft placé dans la table Théodofienne fur une route qui d'*Augufionemetum* ou Clermont, conduit par *Aquæ Calidæ*, qui font les eaux de Vichi, à un autre lieu, fous le nom d'*Ariolica*, dont la pofition convient à celle d'*Avrilli*, fur la gauche de la Loire, au-deffous de Roane, comme on peut voir au fecond des articles qui portent le nom d'*Ariolica*. La diftance eft marquée VIII à l'égard d'*Aquæ Calidæ* & de *Vorogium* à *Ariolica* XIIII. On trouve dans le dénombrement du royaume, généralité de Moulins, élection de Gannat, le nom de *Vouroux*, qui eft parfaitement analogue à celui de *Vorogium* ; mais la fituation de ce lieu m'a été inconnue jufqu'à ce qu'une des cartes des grandes routes du royaume, qui font dreffées par ordre du roi, me l'ait indiquée à environ 200 toifes plus près du rivage de l'Allier que la petite rivière de Varennes, qui n'eft écartée que d'environ un quart de lieue. Une carte manufcrite que j'ai du cours de l'Allier, me donne la diftance des bains de Vichy à Varennes en droite ligne d'environ 8000 toifes ; & parce que le cours de l'Allier ne permet pas que la route foit tout à fait directe, on peut eftimer la mefure itinéraire d'environ 9000 toifes, ce qui répond à l'indication de la table, puifque le calcul de huit lieues gauloifes fur le pied de 1134 toifes eft de 9032 toifes ; mais il n'en eft pas de même de Vouroux ou *Vorigium* à Ariolica, l'intervalle s'eftimant de 21 à 22 milles toifes, fans ce que la mefure itinéraire doit avoir de plus que la mefure directe en traverfant un pas affez inégal ; & parce que les pofitions de *Vorogium* & d'*Ariolica* ne me paroiffent aucunement douteufes, j'infère de la diftance abfolue qui les fépare, qu'il y

a faute dans l'indication de la table, & que le moyen de la corriger eft de fubftituer XXI à XXIII.

VOSALIA *ou* VOSAVIA. Quoiqu'on life *Vofavia* dans la table Théodofienne, où l'on fait que les dénominations font fouvent peu correctes, je penfe qu'il faut lire *Vafolia*, parce que ce nom eft Wefel, & que Siraliame, qui vivoit il y a neuf cens ans, a écrit dans fon martyrologe *Wafalia*. Pour diftinguer ce lieu d'avec un autre Wefel, fitué beaucoup plus bas à l'embouchure de la Lippe dans le Rhin, on appelle celui-ci *Ober Wefel*, ou haut Wefel. Il eft placé dans la table entre *Bontobrin*, ou, pour mieux dire, *Bondrobier* & *Bingium*, & la diftance eft indiquée VIIII à l'égard de *Bingium* comme de *Baudobrica*, non pas XII, comme M. de Valois & Cellarius le marquent, en confondant apparemment fa diftance avec celle que la table indique XII, entre *Bingium* & Mayence. Or, l'indication de la table paroît très-convenable au local, fur-tout en partant de l'ancienne pofition de *Bingium*, & en convenant que le coude que fait le Rhin auprès de Bacarach doit alonger la mefure itinéraire.

VOSAVIA, lieu de la Gaule Belgique, fur la route d'*Antunnacum* à Mayence, entre *Bontobrice* & *Bingium*, felon la table de Peutinger. *La Martinière*. Voyez *l'article ci-deffus*.

VOTINUS FLUV., petit fleuve du pays des Sabins.

VOTURI, peuple de l'Afie, dans la Galatie, du nombre des Gaulois qui s'établirent dans ce pays-là, felon Pline.

UPPARA, lieu d'entrepôt, ou marché de l'Inde, entre *Galliena* & *Acabarus*, felon Arrien, dans fon Périple de la mer Erythrée.

UR, ville de la Chaldée. L'Encyclopédie ayant été commencée dans un temps où le defpotifme enchaînoit la liberté des opinions, il a bien fallu, pour tout ce qui concernoit la géographie de l'Ecriture fainte, fuivre fans examen & fans critique tout ce qui a été écrit fur la géographie de l'ancien teftament, par les auteurs réputés canoniques : autrement il s'en feroit fuivi une grande défaveur pour l'ouvrage, & un grand dommage pour le libraire. Il eft trop tard actuellement pour revenir fur le paffé, & même pour adopter une marche nouvelle. Je penfe même que ce vafte recueil doit préfenter, avec les connoiffances que l'on obtient des lumières nouvelles, les opinions généralement reçues à l'époque de fa publication. On ne fe permettra donc pas d'attaquer ici ni l'exiftence de la ville d'*Ur* fur le récit des voyages d'Abraham, qui prêtent cependant à une critique exacte : ainfi l'on va donner fur la ville d'*Ur*, les connoiffances que l'on en a généralement adoptées.

*Ur* étoit la patrie de Tharé & d'Abraham, fon fils. Dieu fit fortir Abraham de la ville d'*Ur* pour le conduire dans la terre de Canaan, qu'il avoit deffein de donner en héritage à ce patriarche & à ses enfans. Mais pendant le cours de ce voyage, qu'il faisoit avec Tharé son père & Loth son neveu, lorsque la troupe fut arrivée à Haram ou Charam, dans la Mésopotamie, Tharé tomba malade, & mourut. Après lui avoir rendu les derniers devoirs, Abraham continua sa route & se rendit à sa destination.

Il paroît donc que la ville d'*Ur* étoit dans la Chaldée, & l'Ecriture sainte en parle en plus d'un endroit. Mais quelle étoit sa position ? C'est ce que personne ne sait. Les uns croient que c'étoit la même que Cémarine dans la Babylonie ; d'autres la confondent avec *Orché* ou *Orchoé*, ville de la Chaldée, seon Ptolemée & Strabon. Enfin, plutôt que de ne pas retrouver la position de cette ville, quelques auteurs ont préféré de la croire la même que *Sura* ou *Ura*, quoique celle-ci fût dans la Syrie, sur l'Euphrate. Mais il faut donc supposer, ou que l'écrivain s'est mépris sur la ville de d'*Ur*, en l'attribuant à un pays auquel elle n'appartenoit pas, ou qu'il appelle Chaldée ce qui étoit partie de la Syrie. Ce sentiment paroîtroit vraisemblable, sur-tout à ceux qui ont été à portée de remarquer beaucoup de fautes de ce genre dans l'Ecriture sainte. Aussi Bochart & Grotius pensent-ils que cette ville d'*Ur* étoit *Uræ* dans la Mésopotamie, à deux journées de *Nisibis*. Ce qui peut avoir donné lieu à cette confusion, c'est que le pays appelé Chaldée, étoit vers les embouchures du Tigre & de l'Euphrate, & que la Mésopotamie étoit le pays renfermé entre ces deux fleuves, un peu plus au nord.

Mais ceux qui ne vouloient pas déplacer la ville d'*Ur*, & qui cependant n'en pouvoient prouver l'existence en Chaldée, ont eu recours aux avantages que présente la science étymologique. Ils ont dit, *Ur* signifie le feu en langue orientale. Or, en en disant que Dieu a tiré Abraham de la ville d'*Ur*, Moïse ne dit autre chose, sinon que Dieu a arraché ce patriarche au culte du feu. Ce sentiment, au reste, n'est pas fort déraisonnable, car il met en opposition la première religion d'Abraham, avec celle que Dieu lui fit adopter, & il épargne toute recherche sur la position d'une ville qui l'antiquité n'a pas connue.

J'ai parlé ailleurs des Chaldéens & du culte qu'ils rendoient au feu, ainsi que les anciens Perses.

UR, château de l'Asie, dans la Mésopotamie, à quelque distance du Tigre, au sud-est de *Singara*, & au sud-ouest de *Labbana*.

URA BOOS (*ou la queue de bœuf*), lieu sur la côte orientale de l'île de Cypre, selon Ptolemée. Dans Strabon on lit *Boos Ura*.

URANENSIS, siège épiscopal de la seconde Phénicie, selon la lettre adressée à l'empereur Léon.

URANIA, nom d'une ville de l'île de Cypre. Elle fut prise par Démétrius, selon Diodore de Sicile.

URANOPOLIS, ville de l'Asie, dans la Pamphylie, & dans la contrée nommée *Carbalia*, selon Ptolemée.

Le sixième concile de Constantinople place cette ville dans la première Galatie : il ne faut pas s'en étonner, c'est une suite des changemens arrivés sous le bas empire dans les divisions des provinces.

URANOPOLIS, ville de la Macédoine, dans la Chalcide. Elle étoit située sur le mont *Athos*, près de la côte méridionale, & des promontoires *Nymphaum* & *Acroathon*, selon Pline.

Cette ville fut fondée par Alexarque, frère de Cassandre, roi de Macédoine, selon Athénée.

URANOPOLIS, épithète qu'Athénée donne à la ville de Rome.

URATHINÆ, ville de l'Inde, au-delà & près du Gange, selon Ptolemée.

URBA. C'est un lieu qui mérite considération, si l'opinion est bien fondée qu'il a donné le nom d'*Urbigenus* à un des *quatuor pagi* qui partageoit primitivement tout le pays des *Helvetii*. L'itinéraire d'Antonin fait mention d'*Urba* entre *Lausonius* & *Ariorica*, & la distance est marquée XVIII à l'égard de Lausone ; XXIIII, à l'égard d'*Ariorica*. En examinant le local, je suis convaincu que ces distances sont comptées en milles romains, & que celle d'*Urba* à *Ariorica* ne remplit même que vingt-quatre milles que parce que les défilés du mont Jura, en passant par Jougne & sous le château de Joux, font serpenter la voie entre Orbe & Pontarlier. Il me paroît que ce qu'il y a d'espace en droite ligne ne peut s'estimer qu'environ douze lieues gauloises. M. de Valois cite un diplome de Rodolphe, roi de Bourgogne, en date de l'an 1017, par lequel on apprend que ce lieu, situé au passage d'une ancienne voie romaine, s'appeloit *Tabernæ*, aussi-bien qu'*Urba* : *villa Tabernisque alio nomine, propter fluvium ibidem defluentem Urba appellatur*.

URBARA, ville de l'Afrique, dans l'intérieur de la Mauritanie Césariense, selon Ptolemée.

URBATA, ville de la Pannonie, sur la route de *Sirmium* à *Salône*, entre *Cirtisa* & *Servium*, selon l'itinéraire d'Antonin.

URBI, nom d'un peuple de l'Inde, selon Pline.

URBIACA, ville de l'Hispanie citérieure, à peu distance des monts *Ubeda*, vers l'est, sur un petit fleuve qui couloit vers *Bilbilis*.

Dans l'itinéraire d'Antonin elle est marquée entre *Valeponga* & *Albonica*.

URBICUA, ville de l'Hispanie. Elle fut prise & pillée par Q. Fulvius Flaccus, selon Tite-Live.

URBICUS, fleuve de l'Hispanie. Ce nom étoit en usage du temps des Vandales, selon Ortélius. Isidore en fait aussi mention dans sa chronique des Goths.

URBIGENUS PAGUS. Quoiqu'on lise *Verbigenus*

*genus* dans le texte des commentaires de César, plusieurs critiques on pensé qu'il avoit été facile à des copistes de se méprendre sur ce nom, par la ressemblance qu'il a avec un terme latin très-familier.

On a présumé en même temps que ce *Pagus* des *Helvetii* pouvoit devoir son nom à un lieu connu sous le nom d'*Urba*; & quoique cette opinion n'ait pas été générale chez tous ceux qui ont travaillé sur l'état ancien de l'Helvétie, elle a gagné le plus grand nombre. Mais on ne sauroit douter que le rang qu'*Aventicum* a tenu du temps de la domination romaine, n'ait absorbé dans son district une grande partie de ce canton, & que ce qu'il en restoit n'ait été sous la dépendance de la colonie Equestre.

Voici ce que donne l'itinéraire d'Antonin quant aux distances:

| | | |
|---|---|---|
| *Equestribus.* . . . . . . . . . . . | | |
| *Lacu, Lausonio.* . . . . . . . . . . | MP. | XX. |
| *Urba.* . . . . . . . . . . . . . . | MP. | XVIII. |
| *Ariorica.* . . . . . . . . . . . . | MP. | XXIV. |

URBINATES, peuples de l'Italie, dans l'Umbrie. Pline les divise en *Urbinates Metaurenses*, & en *Urbinates Hortenses*. Les premiers habitoient sur le bord du *Metaurus*, où étoit la ville *Urbinum Metaurense*, & les autres habitoient la ville d'*Urbinum*, située près de la voie Flaminienne.

URBINUM HORTENSE. (*Urbin*), ville d'Italie, dans l'Umbrie. L'épithète d'*Hortense*, ou ville des jardins, la distinguoit d'une autre ville du même nom, qui en étoit peu éloignée. Selon Procope, cette ville étoit sur une colline très-élevée, & il n'y avoit qu'une fontaine pour fournir de l'eau à toute la ville.

URBINUM METAURENSE, ou *Urbinum* du *Metaurus*, ville d'Italie, dans l'Umbrie, au sud-est d'*Urbinum Hortense*, sur le fleuve dont elle avoit pris le nom. Elle fut municipale.

URBS. Ce mot signifie proprement la ville; & quand il est seul, il désigne ordinairement la première des villes du peuple dont il est question; ainsi, dans les auteurs latins, le mot *Urbs* est synonyme à *Rome* ou *Rome*. S'il étoit question des Grecs, ce seroit Athènes; mais ce cas est plus rare. Les auteurs grecs emploient le mot πόλις (ville); & quand les Latins ont parlé d'eux, se servant du mot *Urbs* pour la ville de Rome, ils indiquoient la ville, que les auteurs se seroient contentés d'indiquer par le nom commun de *Polis*.

URBS, fleuve de l'Italie, dans la Ligurie, selon Claudien.

. . . . . . *Ligurum regione suprema*
*Pervenit ad fluvium miri cognominis Urbem.*
De Bel. Get. v. 554.
*Géographie ancienne. Tome III.*

URBS, forêt de l'Italie, dans la Ligurie, au voisinage du fleuve de même nom, selon Paul Diacre.

URBS SALVIA, ville de l'Italie, dans l'intérieur du *Picenum*, en-deçà de l'Apennin, selon Ptolemée.

Cette ville est nommée *Urbs Salvia Pollentini* par Pline. Dans la table de Peutinger, elle est appelée *Urbs Salvia*, & elle y est indiquée à douze milles de *Ricina*. Quelques auteurs ont cru devoir en faire deux villes différentes.

URBS VETUS (*Orviette*), ville de l'Italie, dans l'Etrurie, sur le fleuve *Clanis*, selon Procope.

Selon cet auteur, voici l'idée que l'on avoit de cette ville lorsqu'il écrivoit.

« Au milieu d'une rase campagne s'élève une colline, dont le sommet est large & plat, & le bas plein de rochers & de précipices. La colline est ceinte de roches qui sont éloignées les unes des autres d'un jet de pierre. Les anciens bâtirent une ville sur cette colline sans l'entourer de murailles, sans la fortifier, parce qu'elle étoit imprenable par son assiette. Il n'y a qu'un chemin par où l'on puisse entrer, & dans lequel ils n'ont rien à craindre lorsqu'ils y ont mis bonne garde: ils sont en sûreté de tout autre côté. Tout le reste de l'espace qui est entre la colline & les rochers, sert de lit à une rivière fort large & fort profonde. Les anciens Romains bâtirent quelques ouvrages sur le chemin par où l'on pouvoit entrer (1) ».

URBUBUMA, ville de l'Ethiopie, sous l'Egypte, selon les anciennes éditions de Pline; car le P. Hardouin croit qu'il faut lire *Ubbi*.

URCESA, ville de l'Hispanie citérieure, chez les Celtibères, selon Ptolemée.

URCI (on en voit des vestiges près de *Véra*), ville de l'Hispanie, dans la Bétique, à l'embouchure d'une rivière, sur les frontières de la Tarragonnoise & de la Bétique. On n'a qu'une médaille de cette ville: d'un autre côté est une tête couronnée de laurier, & de l'autre un cavalier monté à poil.

URCILIANI, peuple de l'Afrique. Selon Flavius Végétius, il faisoit anciennement usage de chameaux dans les batailles.

URCINIUM, ville située sur la côte de l'île de Corse, entre *Rhium Promontorium* & *Arenosum Littus*, selon Ptolemée.

URCITANUS, siège épiscopal d'Afrique, dans la province proconsulaire, selon la notice épiscopale d'Afrique.

---

(1) Le président Cousin, dans sa traduction de Procope, rend ce nom d'Ουρβίβεντος (*Ourbibentos*) par *Civita Vecchia*: c'est une faute. Sans doute le mot latin *Urbs Vetus* signifie ancienne ville. Mais Procope n'ayant pas employé les mots qui auroient cette signification, je crois que l'on pourroit dire *Urbiventus*: mais *Civita-Vecchia* est italien, & une autre ville porte ce nom.

Ggggg

UREMA, ville de l'Afie, dans la Syrie, fur le bord de l'Euphrate, près d'*Aradis*, felon Ptolemée. Des traducteurs latins ont écrit *Urima*.

URETI, peuples dont fait mention Sidonius Apollinaris. C'étoit un peuple des Alpes.

> . . . . . . *Confœderet Alpes,*
> *Uretorumque jugo per longa Silentia ductus.*

URGAO, ville de l'Hifpanie, dans la Bétique, à quelque diftance à la gauche du *Bætis*, à l'ouest de *Corduba*, chez les Turdules. Pline la furnomme *Alba*.

URGENUM, ville de la Gaule Narbonnoife, felon Strabon. C'eft l'*Ernaginum* de Ptolemée. M. d'Anville n'a pas adopté ce nom de Strabon, qu'il regardoit comme n'étant pas exact.

URGI, peuple de la Sarmatie, en Europe. Strabon les indique, avec d'autres peuples, entre le Danube & le Boryfthène.

URGIA, ville de l'Hifpanie. Pline la met au nombre de celles qui formoient l'affemblée générale de *Gades*. Selon cet auteur, elle étoit furnommée *Caftrum Julium*. Il ajoute qu'elle jouiffoit du droit de *Latium*; & qu'elle avoit auffi le furnom de *Cæfaris Salutaris*.

URGO, île fituée fur la côte de l'Etrurie. Pomponius Méla l'indique dans la mer Liguftique, vers le nord oriental de la pointe feptentrionale de l'île de Corfe.

Pline (*L. III, c. 6*), dit qu'elle étoit plus grande que l'île *Plantaria*. Dans la fuite elle prit le nom de *Gorgon*; & c'eft fous ce nom qu'elle eft défignée dans Rutilius, *L. I, v. 555*.

> *Affurgit ponti medio circum flua Gorgon.*
> *Inter Tifenum Cyrniacumque latus.*

URI, peuple qui habitoit dans le voifinage du Pont-Euxin, felon Orphée, cité par Ortélius.

URI, peuple de l'Inde, fur le bord & vers la fource du fleuve *Indus*, felon Pline.

URIA, ville de l'Italie, dans l'Apulie Daunienne. Pline l'indique entre le fleuve *Cerbalus* & la ville *Sipontum*. Quelques auteurs ont cru que cette ville étoit la même que Ptolemée nomme *Hyrium*: ces deux auteurs ne donnent pas les mêmes indications fur la pofition de chacune.

URIA ou HYRIA, ville de l'Italie, dans la Meffapie, fur la voie Apienne, felon Strabon.

Hérodote la nomme *Hyria*, & il dit qu'elle avoit été fondée par les Crétois, près d'un fiècle avant le fiège de Troye. En fe repliant fur le territoire de Tarente, ils eurent de grandes difficultés avec les Tarentins; mais enfin ils furent admis dans leur fociété.

URIA, nom d'un lac de l'Acarnanie. Selon Strabon, il étoit plus petit que le lac *Cynia*.

URIAS, petit golfe de l'Italie, fur la côte de

la Pouille Daunienne. Il étoit difficile d'y entrer, felon Pomponius Méla.

URICONIUM, UROCONIUM, ou VIROCONIUM, ville de la Grande-Bretagne, fur la route du retranchement à *Portus Rutipis*, entre *Rutunium* & *Uxacona*, felon l'itinéraire d'Antonin.

URIMA, ville de l'Afie, qui étoit fituée fur le bord occidental de l'Euphrate, dans l'endroit où le Cappadox fe perdoit dans ce fleuve. Cette ville étoit au fud-eft de Samofata, vers le 36e degré 55 minutes de latitude.

URION, nom de la capitale de la Perfe, felon Siméon le Métaphrafte; mais on ne fait ce qu'il entend par la Perfe, qui n'a jamais eu de capitale de ce nom.

URITANUS AGER, nom d'un territoire de l'Italie. Il en eft fait mention par Appien & par Velleius Paterculus.

URITES, peuples que Tite-Live indique dans l'Italie extérieure; mais on croit que c'eft une faute de copifte. (*L. XLII, c. 48*).

URIUM, ville de l'Hifpanie, dans la Bétique, aux confins de la Lufitanie, chez les *Turdetani*, felon Ptolemée.

URIUM, nom de l'un des deux fleuves de la Bétique. Pline l'indique entre l'*Anas* & le *Bœtis*.

UROS, fleuve de l'Italie, dans la Ligurie, à l'ouest de *Cariftum*.

URPANUS, fleuve affez confidérable de la Pannonie. Selon Pline, il alloit fe perdre dans le Danube.

URSARIA, lieu de l'Italie, dans l'Iftrie.

URSARIA, village de la Gaule, dans l'Armorique, felon l'auteur de la vie de S. Maximin. Dans la notice des dignités de l'empire, les foldats qui y étoient en garnifon font nommés *Urfarienfes*.

URSENTINI, peuple de l'Italie, dans l'intérieur de la Lucanie, felon Pline.

URSEOLA ou URSOLIS, ville de la Gaule Narbonnoife, fur la route de Milan à *Vienna*, en prenant par les Alpes Cottienes, felon l'itinéraire d'Antonin. (*Voyez* URSOLI).

URSI MONTES, montagnes de la Scythie, felon Théophrafte, cité par Ortélius.

URSO (*Offuna* ou *Ofuna*), ville de l'Hifpanie, dans la Bétique, à l'ouest. Elle a le titre de république dans une infcription. Il en eft fait mention dans Appien, fous le nom d'*Orfona*; & dans Hirtius, fous celui d'*Urfaon*. Les médailles de cette ville font d'un mauvais travail: on y voit d'un côté une tête inconnue, & de l'autre un fphynx.

URSOLI. On trouve ce lieu dans l'itinéraire d'Antonin, entre Valence & Vienne: la diftance à l'égard de Valence eft marquée XXII, & à l'égard de Vienne XXVI. Je crois pouvoir eftimer que l'efpace de Vienne à Valence eft de 36 à 37000 mille toifes, & le calcul de 48 milles romains, ou de la fomme des deux diftances indiquées par l'itinéraire eft de 36300 toifes ou environ. Or, en s'attachant à une proportion d'espace, selon les distances qui partagent cet intervalle de Vienne à Valence, je ne vois point de position plus convenable à *Urſoli* que celle de S. Vallier, sur la droite de la petite rivière de *Galacore* ( Galaber ), près de sa chûte dans le Rhône. Par une grande carte manuscrite du Dauphiné, la position de S. Vallier répond assez précisément au terme de vingt-deux milles à l'égard de Valence ; elle excède un peu celui de vingt-six milles à l'égard de Vienne. M. de Valois, prenant le *Castrum Roſſilionis*, Rouſſillon, pour *Urſoli*, ne tient aucun compte de ce que prescrivent les distances, ni de cette proportion d'espace qui leur convient, car la position de Rouſſillon ne paroît s'éloigner de Vienne que d'environ douze milles, au lieu de vingt-six, & conséquemment fera compter trente-six au lieu de vingt-deux à l'égard de Valence. *Quoique legende de ſanctus Valerius*, conservée sur le lieu, nous apprendroit peut-être un nom antérieur, parce qu'en beaucoup d'endroits les noms de saints nous ont fait perdre les dénominations primitives dont ils ont pris la place.

URSON, nom que Plutarque donne à la forêt *Arſia*.

URUGITANUS, siège épiscopal d'Afrique, dans la Numidie, selon la conférence de Carthage.

URUGUNDI, peuple de la Scythie, ſur le bord du Danube, ſelon Zoſime.

URUNCÆ ou URUNCIS, lieu de la Germanie, entre *Arialbuinum* & *Mons Briſacus*, ſelon l'itinéraire d'Antonin. ( *Voyez* URUNCI. )

URUNCI. Ce lieu ſe rencontre en deux endroits de l'itinéraire d'Antonin, en tendant également à *Mons Briſacus*, ou Briſac. On peut voir à l'article LARGA comment l'indication de la distance de XVIII de *Largas* à *Urunci*, & XXIII d'*Urunci* à *Mons Briſacus*, doit ſe rapporter à la meſure du mille romain, plûtôt qu'à la lieue gauloiſe pour ſe trouver conforme à ce que le local contient d'espace. Dans un autre endroit de l'itinéraire, où la poſition d'*Urunci* ſe trouve entre *Arialbuinum* & *Mons Briſacus*, la distance à l'égard de *Mons Briſacus* marquée MP. XXIII, autrement *leugas* XV, eſt auſſi exacte en proportion dans ces deux indications, qu'il eſt poſſible que cela ſoit en négligeant les fractions : car en rigueur, 25 milles romains font 15 lieues gauloiſes & un tiers, & les 15 lieues font 22 milles & demi ; le milieu eſt 23 milles. Quant à la poſition d'*Urunci*, je crois la trouver dans celle d'un lieu nommé *Ruiſen*, ou Rieſen, ſur la direction de la route qui tend de *Larga* en de Largitſen en Suntgau à Briſac. La poſition de Rieſen a l'avantage de mettre de l'analogie dans les diſtances reſpectives ; enſorte que ce qui eſt 18 du côté de *Larga*, eſt 23 à 24 du côté de Briſac. L'indication de l'itinéraire pour la diſtance qui conduit d'*Arialbuinum* à *Urunci*, ſavoir, MP. XXII *leugas* 5, ne ſauroit être corecte, vu le

défaut de proportion entre ces meſures. Ces 22 milles demanderoient plus de 14 lieues, & dix lieues ne fourniroient que 15 milles. Je trouve entre *Bruimag*, près de Bâle ou *Arialbuinum* & Rieſen 16 à 17 milles qui répondent à 11 lieues gauloiſes ; & on peut en conclure que ce qui paroît XXII dans l'itinéraire, tient lieu de XVII.

URZAN, ville de l'Aſie, dans l'intérieur de la Suſiane, ſelon Ptolemée.

USA, lieu de l'Arabie, où Neſtorius fut exilé, ſelon Zonare, cité par Ortelius.

USADIUM PROMONTORIUM, promontoire de l'Afrique, dans la Mauritanie Tingitane, ſur la côte de l'Océan occidental, ſelon Ptolemée.

USALITANUM OPPIDUM ( *Jelloulah* ), ancienne ville de l'intérieur de l'Afrique, de laquelle Pline fait mention. Elle étoit ſituée à l'oueſt ſud-oueſt d'*Adrumetum*.

USBIUM, ville de la Germanie, près du Danube, ſelon Ptolemée.

USCANA, ville de l'Illirie, & la plus grande de la Péneſtiane, ſelon Tite-Live.

USCENUM, nom de l'une des villes des Jazyges Métanaſtes, ſelon Ptolemée.

USCOSIUM, lieu de l'Italie, dans le *Samnium*. Dans l'itinéraire d'Antonin, cette ville eſt marquée ſur la route de Rome à Brindes, en prenant par le *Picenum*, entre *Hiſtonium* & *Arenium*.

USCUDAMA, ville de la Thrace, chez le peuple *Beſſi*. Elle fut priſe par Lucullus, ſelon Eutrope.

USDICESICA, préfecture de la Thrace, du côté des deux Mœſies, au voiſinage & à l'occident du mont *Hæmus*, ſelon Ptolemée.

USELLIS, ville que Ptolemée indique ſur la côte occidentale de l'île de Sardaigne, entre les embouchures des fleuves *Thyrſus* & *Sacer* : ſelon cet auteur, elle avoit titre de colonie.

USENSIS, siège épiscopal de l'Aſie, dans la Piſidie, ſelon les actes du concile de Nicée, tenu l'an 325.

USIBALCI, peuples de l'Ethiopie, ſous l'Egypte, ſelon Pline.

USIDICANI, peuples de l'Italie, dans l'Umbrie, ſelon Pline.

USIDITANA, ville de la Mœſie, au voiſinage de *Thamyris*, ſelon Jornandès.

USILABIS, siège épiscopal d'Afrique, dans la Byzacène, ſelon la lettre adreſſée à l'empereur Léon.

USILENSIS, siège épiscopal de l'Afrique, ſelon la conférence de Carthage.

USILLA ( *Ins-hilla* ), lieu de l'Afrique, ſur le bord de la mer Méditerranée, au ſud de *Ruſpa*. Ptolemée, la table de Peutinger & l'Anonyme de Ravenne en font mention.

On y voit un tas de ruines ſur le bord d'une baie.

USINADENSIS, siège épiscopal d'Afrique, dans la Mauritanie Céſarienſe, ſelon la notice des évêchés de cette province.

USIPII *ou* Ufipiens, peuples de la Germanie, nommés par les anciens avec les *Tenchteri*, parce qu'ils avoient habité les mêmes lieux, à-peu-près dans les mêmes temps.

César, *L. IV, c.* 4, & les écrivains qui l'ont fuivi ; Florus, *L. IV, c.* 12, & Tacite, *Annal. L. I, c. 1*, difent *Ufipetes Tenchteri.* Plutarque, dans la vie de César, dit : Ο᾽υσιπέτυς και Τέγχτέρους, *Ufipetas & Tenchteros.* Dion Caffius, *L. IV*, dit Συπέτυς και Τυγχαρους, *Sipetes & Tanchareos.* Appien, *in Bell. Galli.* & Strabon, *L. VII*, difent, en parlant, à ce qu'il femble, de ces mêmes peuples, Νωσιπιυς, *Nufipios*, & Ptolemée enfin dit Τιγγερυς feu Οισιπιυς, *Tingeros & Ufipios.*

On fent bien la raifon de ces différentes manières d'écrire. Ces peuples étoient des barbares, dont la langue, non encore formée, & ne faifant entendre à l'oreille que des fons rauques, ne pouvoit être bien entendue & bien rendue par les Grecs & les Romains.

On peut en juger par l'impoffibilité où nous fommes de rendre le *th* des Anglois, le *j* ou l'*x* des Efpagnols & des Portugais. Quelquefois nous empruntons le *c*, comme dans *Malaca* ; d'autrefois le *g*, comme dans *Aranguès*, écrit en efpagnol *Aranjuez* ; d'autrefois le *ch*, comme quand dit du vin de *Cherès*, au lieu de *Xérès.* Ce feroit bien pis, fi nous voulions écrire du turc ou de l'arabe. Ainfi donc, chacun de ces auteurs écrivoit, fans doute, comme à-peu-près lui dictoit fon oreille d'après le fon qu'il croyoit entendre.

Quoi qu'il en foit, les *Ufipii* habitèrent d'abord entre les Chérufques & les Sicambres ; mais les Cattes les chaffèrent ; & après avoir erré pendant à-peu-près trois ans dans différentes contrées de la Germanie, ils vinrent s'établir fur le Rhin, au voifinage des Sicambres. Les *Menapii*, ou Ménapiens, nation fixée au-delà du Rhin, occupoient alors les deux bords de ce fleuve. Il y a apparence que ce fut du confentement des Sicambres que les Ufipiens & les Tenchtères s'emparèrent de la partie du pays des Ménapiens fituée à l'eft du Rhin. Ils paffèrent enfuite ce fleuve & s'étendirent jufqu'aux confins des Eburons & des Condrufes.

L'an 698 de Rome ces Ufipiens & les Tenchtères furent prefqu'entièrement exterminés par Céfar, qui en fit périr jufqu'à 430000 ; il ne fe fauva qu'un petit nombre de gens à cheval qui ne s'étoient pas trouvés à la bataille, parce qu'ils avoient d'abord paffé la Meufe pour aller chercher des vivres & faire du butin. Ce petit refte d'une affez grande nation repaffa le Rhin, & fe joignant aux Sicambres, s'établit avec eux. Mais au temps d'Augufte, c'eft-à-dire, à-peu-près un demi-fiècle après cette terrible défaite, ils fe trouvèrent en état de faire la guerre, d'abord aux Sicambres, puis aux Romains.

Les expéditions des Drufes dans la Germanie, nous apprennent que le pays des Ufipiens & celui des Tenchtères étoient différens. Les Ufipiens s'étendoient le long de la rive droite de la Lippe ; car felon Dion Caffius (*L. LIV*), Drufus ayant paffé le Rhin, & fubjugué les Ufipiens, jetta un pont fur la Lippe pour entrer dans le pays des Sicambres. Il paroît que les Tenchtères habitoient à l'occident des Sicambres, & que le Rhin les féparoit des Ménapiens ; mais on ne fauroit décider s'ils demeuroient, de même que les Ufipiens, fur la rive droite de la Lippe, ni quel efpace ces Ufipiens occupoient fur les bords du Rhin.

Tibère ayant dans la fuite tranfporté les Sicambres dans la Gaule, afin que les garnifons romaines puffent veiller plus aifément fur eux, le pays qu'ils avoient occupé dans la Germanie fut donné aux Ufipiens & aux Tenchtères ; car on voit que ces derniers poffédèrent les terres que nous avons dit appartenir aux Sicambres. Alors les Tenchtères s'étendoient le long du Rhin, depuis le *Segus* (le Sige) jufqu'à la *Roer* (le Roer), & dans les terres le long de la Lippe & de l'*Alifo* (l'Alme).

Quant aux Ufipiens, ils demeurèrent fur les deux bords de la Lippe & fur le Rhin, peut-être jufqu'à l'endroit où ce fleuve fe partageoit pour former l'île des Bataves. En effet, Dion Caffius la met au voifinage de cette île, & Tacite qui leur donne pour voifins les Cattes, donne affez à entendre que les Ufipiens demeuroient au-deffous des Tenchtères, ce qui devoit les approcher du commencement de l'île des Bataves.

Les bornes de ces deux peuples fe trouvèrent refferrées par l'arrivée de différens peuples. On apprit à Rome, au commencement du règne de Trajan, que les Tenchtères avoient été prefque exterminés par les Chamaves & par les Angrivariens qui s'étoient emparés d'une grande partie de leurs terres. Si ces peuples ne traitèrent pas fi durement les Ufipiens, il eft du moins certain qu'ils leur enlevèrent ce qu'ils poffédoient à l'endroit de la Lippe.

Au temps de Conftantin, les Ufipiens & les Tenchtères ceffèrent en quelque forte d'avoir une exiftence politique : il n'eft plus queftion d'eux, & probablement ils fe fondirent dans quelqu'autre p uple plus puiffant.

USRENUS, rivière de l'Afie, dans la Syrie. Elle prenoit fa fource dans une branche du mont *Amanus*, & alloit au fud-oueft fe perdre dans un lac qui étoit près du golfe *Ifficus*, vers le 36e degré 20 minutes de latitude.

USSARA, ville de l'Afrique, dans la Mauritanie Céfarienfe, felon Ptolemée. Elle étoit fituée dans le voifinage de *Lamida*.

USSUBUM. L'itinéraire d'Antonin indique ce lieu fur la route de Bordeaux à Agen, entre le lieu nommé *Scrione*, qui eft le pont de Syron, & *Fines*. On trouve *Vefubio* dans la table Théodofienne, & elle eft d'accord avec l'itinéraire qui marque XX entre *Scrione* & *Vefubio*. La diftance est la même de *Vesubio* à *Fines*, selon la Table ; mais l'itinéraire marque XXIIII. Au reste, ces indications doivent pécher par excès dans les nombres ; car entre le pont de Syron & le lieu qui convient à *Fines*, en-deçà d'Agen, l'espace s'estime à peine de 27000 toises, dont on ne peut conclure que 24 lieues gauloises au plus, autrement 36 milles romains. Je pense que *Ussubium* pourroit être un lieu nommé *Urs*, à quelque distance de la rive gauche de la Garonne, par le travers de la Réole qui tient à la rive droite.

USTICA, île au voisinage de la Sicile, avec une ville du même nom, selon Ptolémée. Pline l'indique à l'opposite de *Paropus*. C'est une des îles connues sous le nom de *Lipari*.

USTICA, nom que l'on trouve dans Horace. Les commentateurs de cet auteur disent que c'est celui d'une montagne de l'Italie, dans le pays des Sabins. Un ancien interprète dit que c'est le nom d'une montagne & d'une vallée. Voici le passage :

*Vales & Usticæ cubantis*
*Lævia personere Saxa.*
L. 1, od. 17.

USUERICA, ville de la Gaule Aquitanique, selon un fragment de la table de Peutinger, cité par Ortélius.

USUERVA. On lit ainsi dans la table Théodosienne, & *Hosuerbas* dans l'itinéraire de Bordeaux à Jérusalem. La distance en-deçà de Narbonne en venant de Toulouse & de Carcassonne, est marquée XV dans l'itinéraire, & XVI dans la Table. A mesurer quinze à seize milles d'un point pris dans le quartier de Narbonne par le nom de cité, on se trouve conduit au passage d'un ruisseau ou d'un torrent, dont le nom d'Tourne ou d'Ourne conserve l'analogie avec l'ancienne dénomination.

USULA, ville épiscopale d'Afrique, dans la Byzacène, selon la notice épiscopale d'Afrique.

UTERNI, peuple qui habitoit dans la partie méridionale de l'Hibernie, selon Ptolémée.

UTHINA, ville de l'intérieur de l'Afrique propre, entre la ville *Tabraca* & le fleuve *Bagradas*, selon Ptolémée. Pline lui donne le titre de colonie.

UTHISIA, ville de l'Afrique, dans la Numidie. Les fleuves *Eves* & *Nabar* couloient entre cette ville & celle d'*Icosium*, selon Pomponius Méla.

UTIA, ville de l'Hispanie, chez les Turdules, au nord-est d'*Astigi*, & presque au sud de *Corduba*.

UTICA ( *Booshatter* ), ville maritime de l'Afrique, entre Carthage & le promontoire d'Apollon. C'étoit une colonie de Tyriens, selon Pomponius Méla & Etienne de Byzance. Elle étoit nommée par les Grecs Ιτυκη, *Itica*. Il faut remarquer que ceux des Grecs qui ont écrit au milieu des Latins

écrivirent Ουτικη, en françois *Outique*, voulant apparemment rendre le son de l'*u* latin.

Cette ville, par sa grandeur & par sa dignité, ne le cédoit qu'à Carthage, & après la destruction de celle-ci, elle devint la capitale de la province. Strabon l'indique sur le même golfe que Carthage.

Auguste donna le titre de citoyens romains aux habitans de la ville d'*Utica*.

Il est souvent fait mention de cette ville dans l'histoire de la guerre civile par César ; & elle devint encore plus célèbre par la mort de Caton.

On trouve dans l'endroit où étoit située cette ville, une grande quantité de vieux murs, un aqueduc fort large, des citernes & d'autres vestiges d'édifices qui annoncent une magnifique & grande ville. Au sud-ouest de ces ruines on voit ces vastes campagnes que les Romains ont rendu fameuses par leurs exploits militaires.

Booshatter, par le limon qu'a charié le fleuve *Pagrada*, se trouve actuellement à environ sept milles de la mer.

UTICENSIS, siège épiscopal de l'Afrique proconsulaire, selon la notice épiscopale de cette province.

UTICNA, ville de l'Afrique propre. Ptolémée l'indique au nombre de celles qui étoient situées au midi d'Adrumète.

UTIDAVA, ville de la Dacie, selon Ptolémée.

UTIDORSI, peuples de la Scythie Asiatique, sur le bord de la mer Caspienne, vers le fleuve *Cyrus*, selon Pline.

UTIGORI, peuples compris sous le nom général de Huns, selon Agathias, cité par Ortélius.

UTII, peuples qui étoient perses, ou sujets, ou alliés des Perses. Ils avoi ent pour commandant, conjointement avec les *Mysi*, Arsamenès, fils de Darius, selon Hérodote.

M. Larcher ( traduction d'Hérodote ) les nomme *Outiens*, & dans sa table géographique il s'exprime ainsi : « Les Ontiens étoient des peuples soumis au roi de Perse. Hérodote dit qu'ils formoient une satrapie avec les Sarangéens, les peuples des îles de la mer Erythrée. Il y a dans Strabon des Uxiens, & le Choaspes prend sa source dans leur pays. Ils sont voisins des Elyméens, puisqu'ils leur font la guerre. Enfin Ptolémée met l'Uxie dans le voisinage de la mer Rouge. Toutes ces circonstances réunies, ajoute M. Larcher, me font croire que les Ontiens ou Uxiens d'Hérodote, sont les Uxiens de Strabon & de Ptolémée. »

UTIMARENSIS, siège épiscopal d'Afrique, selon la conférence de Carthage.

UTIMMENSIS, siège épiscopal d'Afrique, selon la conférence de Carthage.

UTIMMIRENSIS, siège épiscopal de l'Afrique proconsulaire, selon la notice épiscopale de cette province.

UTINA, nom d'une ville de l'ancienne Vénétie, mais dont on ne connoît pas l'origine: c'est actuellement Ondine.

UTINENSIS, siège épiscopal d'Afrique, dans la province proconfulaire, selon la conférence de Carthage.

UTINISENSIS, siège épiscopal de l'Afrique, selon la conférence de Carthage.

UTIS, fleuve de l'Italie, ou plutôt de la Gaule Cis-Alpine, qui ne fit partie de l'Italie que dans des temps moins anciens.

UTTARI, ville de l'Hispanie, sur la route de *Bracara* à *Asturica*, entre *Ponte Neviæ* & *Bergidum*, selon l'itinéraire d'Antonin.

UTUGARI, nom d'une nation qui faisoit partie des Huns, selon Ptolémée.

UTUS, nom d'une rivière. Selon Pline, elle a sa source dans le mont *Hæmus*, & elle arrose la Mœsie.

UTUS, ville de la Dacie Ripensis, selon l'itinéraire d'Antonin.

UTZIPPARITANUS, siège épiscopal de l'Afrique proconfulaire, selon la conférence de Carthage.

VULCANI INSULA, île voisine de la Sicile. Elle étoit consacrée à Vulcain, selon Diodore de Sicile. Strabon l'appelle le temple de Vulcain; & Virgile la nomme la maison & la terre de Vulcain.

C'étoit sous ce nom que l'on désignoit quelquefois les îles Lipari, que l'on appelloit aussi les îles d'Eole. Virgile dit, Æned. L. VIII, v. 416:

*Insula Sicanium juxta latus, Æoliamque*
*Erigitur Liparen fumantibus ardua saxis.*
. . . . . . . . . . . . . . . . .
*Vulcani domus, & Vulcania nomine tellus.*

VULCHALON, lieu de la Gaule, dans le voisinage de *Tolosa Colonia*, selon Cicéron.

VULCI, lieu de l'Italie, dans la Lucanie, faisant partie de la grande Grèce.

VULGIENTES, peuple de la Gaule Narbonnoise, au nord des Salyes. Pline leur attribue la ville d'*Apta Julia*.

VULSINIENSIS LACUS, ou lac Vulsinien, lac d'Italie, dans l'Etrurie, presque au sud du lac de Trasimène. Il avoit pris son nom de la ville de *Vulsinii*, qui étoit sur la rive septentrionale.

Pline parle de deux îles flottantes, auxquelles les vents donnoient quelquefois une figure triangulaire, & d'autres fois ronde. Je sais qu'il y a dans ce lac une île appelée l'île de Saint Giacomo, dans laquelle la princesse Amalasonthe, reine des Goths, fut exilée par Théodat, qui la fit étrangler peu de jours après, en 534.

VULSINII (*Bolsena*), ville d'Italie, dans l'Etrurie, sur le bord septentrional du lac à qui elle donnoit le nom. C'étoit une des plus considérables villes de l'Etrurie; ses habitants étoient en armes contre les Romains l'an de Rome 363. On envoya contre eux L. Lucrétius & C. Æmilius. Cette ville tomba ensuite au pouvoir des esclaves, dont on n'avoit pas arrêté les premières entreprises avec assez de précaution. Après s'être introduits dans l'ordre des sénateurs, ils parvinrent à ne laisser faire aucune assemblée sans leur consentement, & déclarèrent même impunis plusieurs crimes qui entraînoient avec eux le déshonneur des familles. Ce fait singulier paroît devoir être rapporté à l'an 489. Selon Florus, ces esclaves avoient à leur tête un certain Fabius Gurgitès. Les Romains établirent l'ordre dans *Vulsinii*; mais ils en enlevèrent un grand nombre de statues. Cette ville fut ravagée trois fois différentes fois; la première par les Romains; la seconde par un monstre, dont on ne donne pas une idée très-nette; la troisième par la foudre.

VULTONA (*la Boutonne*), rivière de la Gaule Aquitanique. Son cours est, à-peu-près, de l'est à l'ouest, & se jette dans la Charente. Ceci est le sentiment d'Ortélius, que je ne garantis pas. Il cite l'histoire de la révélation du chef de S. Jean, imprimées dans les œuvres de S. Cyprien.

Cette rivière est nommée ailleurs *Vultumna*.

VULTRONIA VILLA. Ce nom se trouve dans l'histoire citée ci-dessus, & le lieu paroît avoir eu du rapport avec la rivière.

VULTUR MONS (*le mont Valturmo*), montagne d'Italie, située dans l'Apulie, & formant une chaine qui s'étend du sud-ouest au nord-est par le sud de *Venusia*. On voit par un passage de Tite-Live, que les gens du pays appeloient Vulturne le vent qui leur venoit de dessus ce mont. Mais il prétend que ce vent donna dans le visage des Romains pendant la bataille de Cannes. Non-seulement Polybe ne parle pas de cette circonstance, mais il paroît que les Romains étoient au midi, & les Carthaginois plus au nord, de manière que le visage des Romains étoit tourné vers le nord ou vers l'est. Ainsi, le vent dont parle Annibal étoit l'un des vents collatéraux, celui que les anciens appeloient *Vulturnus*, qui étoit est-sud-est.

Horace parle de cette montagne dans une de ses odes, L. III, od. 4.

*Me fabulosæ Vulture in Appulo*
*Altricis extra limen Apuliæ*
*Ludo fatigatumque Summo*
*Fronde nova puerum Palumbes*
*Texere.*

Lucain en fait aussi mention, L. IX, v. 183.

*Et rivore parans hibernas Appulus herbas,*
*Igne fovat terras, simul & Gargonus, & arva,*
*Vulturis, & Calidi lucent buceta matini.*

VULTURIA ou VULTURINA, lieu fortifié de la Gaule Cis-Alpine, au sud-est de *Cremona*. Il se rendit aux Lombards, selon Paul Diacre.

**VULTURNIA**, île située entre la Sicile & la côte d'Afrique, selon l'itinéraire d'Antonin.

**VULTURNUM**, ville d'Italie, à l'embouchure du *Vulturnus*. ( *Voyez* ce mot ).

**VULTURNUS** ( *le Volturno* ), fleuve d'Italie, dans la Campanie. Il commençoit au nord, dans le *Samnium*, chez les Caracéniens, & séparoit pendant un long espace, le *Samnium* de la Campanie. A la hauteur de Bénévent, il tourne à l'ouest pour se rendre à la mer.

Vers la mer, à la droite du fleuve, étoit le territoire de Falerne, en-deçà du mont *Massicus*. Il étoit renommé pour son excellent vin. On estimoit peu celui qui avoit été gardé douze ou quinze ans. Cependant on voit par Pline que de son temps il commençoit à perdre de sa qualité, parce qu'on négligeoit de le faire bon. Celui du vignoble de Faustinus étoit le plus estimé.

Tite-Live nous apprend ( *L. xxv*, *c.* 20 ), que dans la seconde guerre punique, on bâtit à l'embouchure de ce fleuve un fort qui devint dans la suite une ville où l'on conduisit une colonie romaine. Aussi Varron, *de Ling. lat. L. IV, c. 5*, donne-t-il à cette ville le titre de colonie: *Colonia nostra Volturum ;* mais, comme on le voit, il met un *o* à la place de l'*u*.

**VUNGUS VICUS**. L'itinéraire d'Antonin indique ce lieu sur la route de *Durocortorum* ou de Reims à Trèves, entre *Durocortorum* & *Epoisum* ou *Epusum*, qui est Ivoi. La distance est marquée *leugas xxii* à l'égard de *Durocortorum*, & elle est répétée de *Vungus* à *Epoisum*. L'espace actuel de Reims à Ivoi peut s'effectuer de 48 à 49000 toises; & le calcul de la somme des distances ou de 44 lieues gauloises étant de 49900 toises, ne surpasse la mesure directe que selon qu'il convient à la mesure itinéraire. La direction de cette voie, en tendant de Reims au passage de la Meuse à Mouson, avant que d'arriver à Ivoi, conduit précisément à un lieu nommé Vouc, près de la rivière d'Aisne, un peu au-dessus d'Attigni; & il est assez évident que l'ancienne dénomination n'a point souffert d'altération sensible. Flodoardus dans son histoire de Reims, fait mention du *Municipium Vogum*, & du *Pagus Vongensis*, & le nom qui s'y rapporte est incorrect, si on le trouve écrit *Von* & non *Vonc*. Comme il est de fait qu'il subsiste, & comme une raison d'analogie le veut en même temps, on reconnoît la trace de la voie en plusieurs endroits dans l'intervalle de Reims à Vonc, & le lieu nommé Van d'Etrée, *sive de Strata*, au passage de la rivière de Suippe, en est un indice. Je ne ferai point difficulté de remarquer que la distance particulière de Reims à Vonc se trouvant prolongée jusqu'à 27000 toises, elle demande 24 lieues gauloises plutôt que 22000; mais vu que la distance ultérieure qui porte à Ivoi est foible de ce que l'autre a d'excédent, comme la convenance du total de Reims à Ivoi, reconnue ci-dessus, le détermine, il se fait entre les distances particulières qui composent ce total, une compensation que l'application rigoureuse des itinéraires au local actuel fait rencontrer assez souvent. La position de *Melodunum*, qui ne souffre point de doute entre *Lutecia* & *Condate*, où Montreau-faut-Yonc, est dans le même cas que celui qui se présente sur la position de *Vongus*, y ayant également deux lieues gauloises de plus ou de moins dans l'indication des distances qui y ont rapport. Le *Noviomagus* placé dans la carte sur la route qui conduit à *Vungus*, est tiré de la table Théodosienne, où ce lieu se trouve indiqué entre *Durocortorum* & *Mosa* ou *Mosomagus*, qui est Mousson. M. de Valois s'écarte de la trace connue de la direction de la voie, en préférant à la position de Vonc celle de Vouzi, ou plutôt Vouzières, qui est sur la droite de Vouc, éloignée de quatre à cinq mille toises en remontant l'Aisne.

**UXACONA**, ville de la Grande-Bretagne, sur la route du retranchement à *Portus Rutupis*, entre *Vroconium* & *Pennocrucium*, selon l'itinéraire d'Antonin.

**UXAMA** ( *Osma* ), ville de l'intérieur de l'Hispanie citérieure, chez les *Arevaci*, au sud-est de *Clunia*. Différens monumens de l'itinéraire d'Antonin différencient pour l'orthographe de ce nom; car ils en portent *Vasama*, d'autres *Vesama*, *Vesania*, &c. Florus dit *Auxima* ; mais une ancienne inscription porte :

**LUCINIUS JULIANUS**

**UXAMENSIS**

**ANN. XX. H. S. EST.**

**JULIA MATER F. C.**

**UXAMABARCA**, ville de l'Hispanie citérieure, chez les *Autrigones*, selon Ptolémée.

**UXANTIS INSULA** : on doit lire *Uxantis* dans l'itinéraire maritime. Le même nom dans Pline est *Axantos*, & c'est l'île d'Ouessant. Il ne faut point douter que celle dont il est parlé dans Aimoin sous le nom d'*Osa*, ne soit la même distance qu'il marque de 26 milles de la côte de *Cornu Gallicæ*, & les écueils dont il dit que la mer est semée dans ce trajet le prouvent suffisamment. Dans la vie de S. Paul-de-Léon, & dans Guillaume Libretis Philipidoo VII, on lit *Ossa*, & la double consonne y met plus de conformité à l'ancienne dénomination d'*Uxantis*.

**UXELLA**, ville de l'île d'Albion, chez les *Domnonii*, selon Ptolémée.

**UXELLODUNUM**. Le siège de cette place, qui fut la dernière qui tint dans la Gaule contre César, l'a rendue sensible. Sanson fait les plus grands efforts, *multum sudat*, selon l'expression de M. de Valois, pour qu'*Uxellodunum*, qui étoit renfermé dans le territoire des *Cadurci* soit Cahors. Plusieurs critiques ont déjà obfervé que la capitale des *Cadurci* étoit connue fous un autre nom, celui de *Divona*, qui n'eft pas moins celtique qu'*Uxellodunum*, & ne doit pas être moins ancien. M. de Valois remarque que comme il eft dit dans le huitième livre des commentaires, qu'*Uxellodunum* avoit été fous la protection de Lucterius, homme à la vérité puiffant entre fes concitoyens, *in clientelli fuiffe hecterii Caduri*, cette circonftance ne pouvoit convenir à la ville dominante chez la nation. On peut ajouter que la pofition de Cahors ne répond pas, autant que le prétend Sanfon, à la fituation d'*Uxellodunum*. On a donc cherché à fixer cette place en d'autres endroits, à Cadenac, fur les confins du Rovergue, à Luzets, qui eft également fur l'Olt, mais au-deffous de Cahors. Cadenac eft connu fous le nom de cap de Nacuno depuis cinq à fix cents ans, & nous ne favons point qu'il en ait parlé d'autre. A l'égard de Luzets, fi *Uxellodunum* avoit occupé le terrein renfermé dans un contour de l'Olt, au midi de la pofition actuelle de Luzets, pour répondre à ce que rapporte Hirtius, auteur du huitième livre des commentaires, favoir, que cette place étoit environnée d'une rivière; à un petit efpace près, je remarque qu'elle n'eût pas été efcarpée de tout côté, *præruptum undique Oppidum Uxellodunum*, mais au contraire dans un terrein plat & dominé par les côteaux qui bordent l'autre rive de l'Olt. L'élévation du terrein qu'occupe Luzets ne s'étend pas au-delà de ce qui fait l'entrée d'une efpèce de péninfule que forme l'Olt par un grand circuit: l'intérieur & le contenu de cette péninfule où *Uxellodunum* devoit remplir eft uni & fans efcarpement. Je fuis inftruit de cette difpofition du local par une carte manufcrite que j'ai du cours de l'Olt, dreffée fur les lieux, pour marquer les éclufes & les travaux qui ont fervi à rendre cette rivière navigable, à la prendre à deux lieues au-deffus de Cahors jufqu'à fon embouchure dans la Garonne près d'Aiguillon. La pofition d'*Uxellodunum* qui réunit le plus grand nombre de fuffrages, eft celle du *Puech d'Iffolu*, *Podium Uxelli*, dans la partie feptentrionale du Querci, vers la frontière du Limofin. Les favans conviennent que dans la langue qu'ont parlé les Celtes, *Uxellum* défigne un lieu fort élevé; & il ajoute auffi dans le nom d'*Uxellodunum* à l'idée que donne le terme de *dunum*. On voit en effet, dans la defcription du fiège de cette place, que l'efcarpement de la montagne en rendoit les approches difficiles. Le Puech d'Iffolu, dominant fur les hauteurs voifines, eft bordé au pied par une rivière qui n'eft pas précifément la Dordogne, quoiqu'elle n'en foit pas éloignée, & Quella Serra la défigne; cette rivière, qui prend fa fource un peu au-deffus de Turenne, fe nomme la Tourmente, & va joindre la Dordogne, après avoir paffé fous le Puech d'Iffolu. Quelqu'un qui connoiffoit le local m'a rapporté que la fontaine qui fortoit de la montagne,

& dont Céfar priva les affiégés en la détournant, exiftoit; que ce qui paroiffoit avoir été l'entrée de la place, étoit appellé dans le pays le portail de Rome, & qu'un côteau qui tenoit au Puech fe nommoit Bel-Caftel. Ces circonftances doivent faire defirer d'avoir un plan exact & topographique du local par lequel on puiffe juger de ce qui convient précifément à ce qu'on lit du fiège d'*Uxellodunum*. Cellarius eft excufable, comme étranger, de dire, en parlant du Puech d'Iffolu, qu'il eft fur l'Olt, de même que Cahors, à trois lieues feulement de Cadenac. Selon la carte du Querci, par Tarde, chanoine de Sarlat, l'échelle des lieues eft d'environ 15 au degré; la diftance entre Cadenac & plufieurs pofitions voifines du Puech, eft d'environ fept lieues, qui répondent prefque à un demi-degré, ce qui double l'efpace marqué par Cellarius, même en lieues germaniques, ou de fa nation, & les plus fortes. L'ordre alphabétique dans cette notice donne ainfi la dernière place à un lieu qu'on pourra néanmoins vouloir y chercher avant beaucoup d'autres.

**UXENA**, ville de l'Hifpanie, dans la Bétique, felon d'anciennes infcriptions, citées par Ortélius.

**UXENTUM**, ville de l'Italie, dans l'intérieur de la Meffapie, chez les *Sulentini*, felon Ptolémée. Elle étoit fituée au fud-oueft d'*Hyoruntum*.

**UXENTUS**, montagne de l'Inde, en-deçà du Gange, felon Ptolémée.

**UXIA**, ville de l'Afie, dans la Perfide, à une petite diftance de la mer, felon Ptolémée.

**UXII**, peuples de l'Afie, dans l'Elymaïde. Ils habitoient au-delà de la ville de Suze, au-delà du *Pafitigris*, & aux confins de la Perfide propre, felon Quinte-Curce, *L. IV, c. 3*; & Arrien, *de exped. Alex., c. 17*, le fleuve *Pafitigris* prenoit fa fource dans les montagnes des Uxiens, felon Diodore de Sicile, *L. XVII, c. 67*.

Ces peuples étoient divifés en deux nations: ceux qui habitoient dans la plaine étoient foumis aux Perfes, & ce font de ceux-ci dont parle Diodore de Sicile, *L. XVII, c. 67*. Ceux qui habitoient dans les montagnes auprès de la Perfide, fe maintenoient en liberté, & c'eft de ceux-là que parle Strabon, *L. XV, page 729*. Cet auteur nomme *Uxia* le pays des *Uxiens*, & dit que ces peuples étoient de grands voleurs. Pline, *L. VI. c. 27*, leur attribue le même caractère.

(*Voyez l'article* UTII.)

**UZABIRENSIS**, fiège épifcopal d'Afrique, felon la conférence de Carthage.

**UZALENSIS**, fiège épifcopal de l'Afrique proconfulaire, felon la conférence de Carthage.

**UZAN**, ville de l'Afrique propre, du nombre de celles que Ptolémée indique entre le fleuve *Bagradas* & le fleuve *Tabraca*.

**UZARÆ**, peuple de l'Afrique propre, au pied du mont *Vafalætus*, felon Ptolémée.

UZECIA,

**UZECIA**, ville de l'Afrique propre. Ptolemée l'indique vers le midi d'Adrumète. Elle étoit peu éloignée de *Thyfdrus*. Quelques auteurs ont cru pouvoir confondre cette ville avec *Ufceta*.

**UZELENSIS**, fiége épifcopal de l'Afie, dans la Pifidie, felon les actes du concile de Nicée, tenu l'an 325.

**UZI**, peuples d'entre les Huns. Cédrène les indique aux environs de la Dacie.

**UZITA**, ville de l'Afrique propre, vers le midi d'Adrumète, felon Ptolemée.

**UZITENSIS** *ou* UCI MINORIS, fiège épifcopal d'Afrique, dans la province proconfulaire, felon la notice des évêchés de cette province.

**UZITTANENSIS**, fiège épifcopal d'Afrique, felon la conférence de Carthage.

# XAT

XABORECTORA, nom que Pomponius Méla donne à l'*Aborras*, fleuve de la Méfopotamie.

XALO ou XALOTH, ville de la Palestine, dans le Grand-Champ, entre les deux Galilées, felon Joseph.

Ce village est appelé *Xaloth* par Egéfippe.

XANTHIA, lieu de la Thrace, felon Nicétas. Curopalate y met un fiège épifcopal.

XANTHUS, fameufe rivière de l'Afie mineure, dans la Troade.

Pline dit que cette rivière avoit fa fource au mont *Ida*, & alloit fe perdre au port des Achéens, dans l'Hellefpont, après s'être jointe avec le *Simois*, autre grande rivière de ce pays-là, dont Homère & Virgile font mention.

XANTHUS, rivière de l'Afie mineure, dans la Lycie. Elle avoit fa fource au mont *Taurus*, arrofoit les villes de *Xanthus* & de Patare, & fe jetoit dans la Méditerranée, auprès de la dernière.

Cette rivière étoit anciennement nommée *Sirbes*, felon Strabon. Cet auteur dit que le temple de Latone étoit fitué à dix ftades au-deffus de l'embouchure de ce fleuve, & que foixante ftades plus haut que le temple, étoit la ville de *Xanthus*.

XANTHUS ou XANTHOPOLIS, ville de l'Afie mineure, & la plus grande de la Lycie. Elle étoit fituée fur le bord & à foixante-dix ftades au-deffus de l'embouchure du fleuve *Xanthus*, felon Strabon. Pline compte quinze mille pas de cette ville à l'embouchure de la rivière.

Selon Appien, les habitans de *Xanthus* étoient fi amoureux de leur liberté, que voyant leur ville prife par Brutus, ils la brûlèrent & fe donnèrent la mort pour ne pas fe foumettre au vainqueur. Il ajoute que la même chofe étoit arrivée avec Harpale, général du grand Cyrus, & avec Alexandre-le-Grand.

Cette ville, vraifemblablement, fe releva de fon dernier malheur, car Strabon en parle comme d'une ville fubfiftante.

XANTHUS. Hélénus vint s'établir en Epire, après le fac de la ville de Troye, & donna le nom de *Xanthus* à une petite rivière de ce pays-là, felon le troifième livre de l'Enéide de Virgile.

XANTHUS, ville de l'île de Lesbos, felon Etienne de Byfance.

XARXIARE, ville ou village de l'Afie, dans la Drangiane, felon Ptolémée.

XATRHRI, peuple libre de l'Inde, vers l'*Indus*, felon Arrien.

# XYL

XAURUS, lieu de la Macédoine, felon Etienne de Byfance.

XENEPHYRIS, village de la Libye, près d'Alexandrie. Selon Etienne de Byfance, il donnoit fon nom à un canton le nom de *Xenephyrites Nomos*.

XENI, ancien nom des peuples Sénonois, felon Feftus Avienus.

XENIPPA, nom d'une contrée limitrophe de la Scythie, felon Quinte-Curce.

XEROGYPSUS, rivière de la Thrace, felon Grégoras, cité par Ortélius.

XEROLOPHUS, lieu de la ville de Conftantinople où il y avoit un trépied d'Apollon, felon Prifcien.

XERONIACA VALLIS, vallée de l'Afie, vers la Galatie, felon Siméon le Métaphrafte.

XERXENA, contrée de l'Afie, aux confins de la petite Arménie, dont elle faifoit partie, felon Strabon.

XIMENA, lieu de l'Afie mineure, où Euftathe indique la fource du fleuve *Halys* ou *Halis*.

XINI, peuple qu'Hefeychius indique dans la Theffalie.

XIPHONIA, ville de la Sicile, felon Théopompe, cité par Etienne de Byfance.

XIPHONIÆ PROMONTORIUM, promontoire de la Sicile, près du port *Xiphonius*, felon Strabon.

XIPHONIUS PORTUS, port de la Sicile, près du promontoire *Xiphoniæ*.

XOANA, ville de l'Inde, en-deçà du Gange, felon Ptolémée.

XODRACE. Ptolémée indique une ville de ce nom dans l'Inde, en-deçà du Gange.

XOES, île de la Méditerranée, fur la côte de l'Egypte, près de l'embouchure du Nil, nommée *Xebenniticum*, felon Etienne de Byfance. Cet auteur y indique une ville du même nom.

XOIS, ville de l'Egypte, dans le nôme qui prenoit le nom de *Xoïtes Nomos*, felon Ptolémée.

XOLLA. Il femble qu'Appien, *de Bell. punic.* nomme ainfi une ville de l'Afrique.

XUCHES ou ZUCHIS, ville de l'Afrique, dans la Libye, felon Etienne de Byfance.

XUTHIA, contrée de la Sicile, felon Diodore de Sicile. Etienne de Byfance en fait une ville.

XYLENOPOLIS (*ou la ville des bois*), ville de l'Inde, à l'une des embouchures du fleuve *Indus*, felon Pline, qui rapporte qu'elle fut conftruite par Alexandre. On lit dans le livre des Indiques, que toutes les villes adjacentes aux fleuves, ou aux rivages de la mer, étoient conftruites en bois , & que la brique étoit réfervée pour les terreins plus élevés.

M. d'Anville penfe que cette ville eft la même que *Hyala*.

*Xylenopolis* n'exiftoit plus au temps de Pline.

XYLINA ( *Ixil* ), ville de l'Afie , dans la Colchide, au pays des Lazes. Elle étoit fituée fur la rive droite de l'*Acinafis*, près de fon embouchure dans le Pont-Euxin, au nord de *Chordyla*.

XYLINE, lieu de la Cappadoce, dans le Pont Cappadocien, felon Ptolemée.

XYLINE COME , village de l'Afie, entre le mont *Taurus* & la Pamphylie , felon Tite-Live.

XYLINES , peuple de l'Afrique, dans la Libye intérieure, à l'orient des *Agangines* , depuis le pied du mont *Arvalle* jufqu'au mont *Arangas* , felon Ptolemée.

XYLOCASTRUM, forterefle dont fait mention Cédrène. Il femble qu'elle étoit en Arménie,

XYLOPOLIS , ville de la Macédoine, dans la Mygdonie, felon Ptolemée.

XYLOPOLITÆ: c'eft ainfi que Pline nomme les habitans de *Xylopolis*.

XYLUS, ville de l'Afie mineure, dans la Carie, felon Etienne de Byfance.

XYMETHUS, ville de l'Afrique , dans l'intérieur de la Cyrénaïque, felon Ptolemée.

XYNIA , bourgade de la Theffalie , aux confins de la Perrhébie , près du lac de même nom , felon Tite-Live.

XYSTIANI , nom que Pline donne aux habitans de la ville de *Xyftis*.

XYSTIS, ville de l'Afie mineure, dans la Carie, felon Etienne de Byfance.

# YDR

# YUN

YDRUS, montagne de l'Hifpanie, felon S. Jérôme, dans fon commentaire fur l'épître aux Galates.

YGGADE *ou* UGGADE, lieu de la Gaule Lyonnoife, felon l'itinéraire d'Antonin.

YSIPORTUM, place de l'Afie, dans l'Ar-

ménie. Il y avoit garnifon romaine dans ce lieu, felon la notice des dignités de l'empire.

YUNGUS *ou* VUNGUS VICUS, felon les divers exemplaires de l'itinéraire d'Antonin, lieu de la Gaule, fur la route de Reims à Trèves.

ZAARAM, ville de l'Arabie heureuse. C'étoit, selon Ptolemée, la résidence du roi des *Cinædocolpites*.

ZABA *ou* SABANA EMPORIUM (*Batu-Saber*), lieu confidérable, & une des échelles principales de l'Inde, dans la prefqu'ile au-delà du Gange, felon Ptolemée.

Sur la carte de M. d'Anville, ce lieu est marqué un peu à l'ouest de la pointe fud-est de cette prefqu'ile.

ZABADEENS *ou* ZABADIENS, Arabes qui demeuroient à l'orient des montagnes de Galaad. On voit dans le premier livre des Machabées, que Jonathas marcha contre eux, & qu'il les battit.

ZABATUS. *Voyez* ZABUS.

ZABDÆA, contrée de la Perse, felon Nicéphore Cailifte.

ZABDICENA, contrée de l'Asie, & l'une de celles qu'Ammien Marcel in appelle Tranfigritanes, parce qu'elles étoient au-delà du Tigre, par rapport à la Perse.

Cete contrée étoit le long du Tigre, vers le 37° degré 25 min. de latitude.

ZABECES, peuples de l'Afrique, dans la Libye : ils étoient voifins des Marges & de *Zygantes*, felon Hérodote.

ZABENSIS, fiège épifcopal d'Afrique, dans la Mauritanie Sitifenfe, felon la notice épifcopale de cette province.

ZABENSIS, fiège épifcopal d'Afrique, dans la Numidie, felon la conférence de Carthage.

ZABENSIS LIMES, contrée de l'Afrique, felon la notice des dignités de l'empire.

ZABI *ou* ZABA, lieu de l'Afrique, dans la Mauritanie Sitifenfes, fur la route de Carthage à Céfarée, entre *Aræ* & *Macri*, felon l'itinéraire d'Antonin.

ZABIDA, village de l'Arabie heureuse, felon Vranius, cité par Etienne de Byfance.

ZABII (les Zabiens *ou* Sabéens), peuple de l'Inde, felon Etienne de Byfance, qui dit que ce peuple combattit avec Derias, contre Bacchus. Nonus (*Dionyfacon. L. XXVI*), parle des *Zabii*.

Don Calmet fait l'obfervation fuivante : On dit que les Zabiens font d'anciens Chaldéens, attachés à l'aftrologie. On doute fi les Zabiens étoient un peuple particulier ou une fecte de philofophes, ou fi leur nom marque fimplement leur religion, leur pays, leur fituation. On propofe, fur cela, cinq ou fix fentimens divers.

Les uns croient que le nom de *Zabii* vient de *Zaba* ou *Saba*, fils de Chus, ou de *çaba*, une armée, parce qu'ils adoroient l'armée du ciel. (c'eft Don Calmet qui parle), ou de l'arabe *tzabin*, qui fignifie le vent d'orient, parce que

ces peuples étoient Chaldéens, & connus fous le nom d'Orientaux.

Spencer, qui a fort examiné cette queftion, croit que la meilleure étymologie eft celle de Scaliger (*L. I, epift. 62*), qui écrit que *Zabiim* fignifie les Orientaux ou les Chaldéens ; mais il prétend qu'on ne doit pas borner ce nom aux feuls Chaldéens, & qu'il doit s'étendre à tous les peuples qui ont fuivi leurs principes, comme les Egyptiens, les Nabathéens, les Chananéens, les Syriens & autres ; enfuite que le nom de Zabien marqueroit une efpèce de fecte fort répandue dans tout l'Orient. Je ne fais pourquoi entre ces auteurs, les uns vont chercher l'armée célefte, idée bien digne de Don Calmet, & les autres les Orientaux. Mais on a vu à l'article SABA & celui des TROGLODITÆ, qu'en ancien oriental, *Zaba* ou *Saba* fignifie le midi. Ainfi, les *Zabii* s'entend d'un peuple méridional.

Quelques auteurs ont cru que la religion des Zabiens étoit la plus ancienne religion du monde : de-là on s'eft cru en droit de la faire remonter aux plus anciens perfonnages connus, tels que Seth, par exemple, parce que l'on nous faifoit grace d'Adam : d'autres s'en font tenus à Noé, à Nacher, aïeul d'Abraham. Maimonide, favant hébreu (*More Nevoch, L. III, p. 411*), croit qu'Abraham fuivoit les principes de la religion des Zabiens avant qu'il fût forti de la Chaldée.

Un des principaux points de cette religion étoit le culte des aftres, culte affurément bien pur, & le feul peut-être que la raifon puiffe fuggérer. On ne voit pas pourquoi les auteurs ajoutent qu'il y entroit une efpèce de magie, à moins que l'ignorance n'ait fait regarder comme furnaturel les avantages que l'on obtenoit par une fuite de bonnes obfervations. Cependant Spencer n'héfite point à dire que les Zabiens étoient des payens. Confondant enfuite un peuple qui doit être fort ancien, avec quelques autres chez lefquels ce culte a été altéré, il prétend que les Zabiens ont emprunté différens dogmes des Chaldéens, des Juifs, des Platoniciens, des Gnoftiques. Il ajoute qu'ils ont fait un mélange de ces dogmes, que cette religion eft fort récente, qu'elle ne remonte pas plus haut que le temps de Mahomet, &c. &c.

Le docteur Hyde, dans fon hiftoire de la religion des Perfes, prétend que Sem & Elam font les premiers auteurs de leur religion, qui étoit très-pure dans fon origine. Il convient qu'avec le temps elle fe chargea de quelques fuperftitions ; mais réformée par Abraham, elle fe conferva très-pure jufqu'au temps de Nimbrod, qui la perfécuta. On ne voit rien de tout cela dans l'Ecriture. Ainfi le docteur Hyde nous donne ici fes conjectures pour des réalités. C'est un défaut inévitable à tout auteur, qui, voulant à la fois rendre raison de tous les points d'antiquité, n'ose en même temps s'écarter du cercle étroit que présentent les seules notions puisées dans l'Ecriture.

Selon le docteur Hyde, le sabéisme fut ensuite réformé par Zoroastre, qui rétablit le culte du vrai Dieu; mais non pas, sans doute, tel que nous le concevons, mais tel que le concevoient les premiers adorateurs des astres, qui ne devoient admettre qu'une puissance infinie régissant tout l'univers, & non pas selon les idées retrécies des Juifs.

Il est probable que cette puissance étoit le Feu, ou plutôt que le feu en étoit l'emblème, & la puissance l'aliment éternel du soleil & des étoiles. De-là vient que la religion des Perses ordonnoit d'entretenir un feu sacré: c'étoit peut-être à leur imitation que les Juifs entretenoient un feu sacré sur un des autels de leur temple.

On ne trouve pas le nom de Zabiens ou Sabéens dans l'Ecriture; mais les rabbins & les commentateurs prétendent que Moyse les a eus en vue dans plusieurs de ses loix cérémoniales, ce qui est très-probable, soit pour les contredire, soit pour s'approprier leurs usages & leurs cérémonies. On peut voir sur cet objet Spencer (*L. II, de legibus Hebræorum ritualibus*).

Voici ce que nous apprennent des auteurs Orientaux concernant la secte & les opinions des Sabéens. Ce n'est pas le nom d'une nation particulière, mais d'une secte: mais les écrivains orientaux en parlent diversement: & il ne paroît pas qu'aucun ait bien connu le pur sabéisme; mais comme tout homme pensant ne se refusera à regarder cette religion comme très-ancienne, & n'offrant qu'un culte très-pur, Mahomet lui-même, tout fanatique qu'il étoit, n'a pu refuser au sabéisme une place distinguée entre les religions pour lesquelles il montre de l'estime. On sait qu'il en admet trois, auxquelles il attribue une origine respectable; & ce sont le judaïsme, le christianisme & le zabéisme, parce qu'elles ont eu pour auteurs des patriarches ou des prophètes.

Selon Houssain Vaëz, dans sa paraphrase persane de l'alcoran, les Zabiens ont admis différens rits tirés du judaïsme, du christianisme & du mahométisme; mais je ne crois pas du tout que ce qu'il en dit puisse être exact quant aux anciens *Zabii*. Selon lui ils révèrent les anges d'un culte religieux, & ils admettent dans leurs livres de lithurgie les pseaumes de David. Je croirois plutôt, comme il le dit, que pour prier ils se tournent tantôt vers l'orient, & tantôt vers le midi, parce que du premier point ils voient se lever pour eux le soleil, & que cet astre, parvenu au second, étoit dans toute sa force.

Quoique je ne crois pas que ce que l'on connoît du sabéisme actuel soit conforme au sabéisme ancien, je vais cependant, pour compléter cet article, ajouter ce que je trouve dans le dictionnaire de la Martinière.

Ils ont, selon quelques ouvrages cités par Herbelot (Bibliothèque orientale), un livre qu'ils attribuent à Adam, qu'ils regardent comme leur bible, & dont les caractères sont différens des caractères communs: du reste il est écrit en langue caldaïque. Mais ce qui dénote dès le premier instant que ce ne sont pas les anciens Zabiens, c'est qu'il ajoute qu'ils ont une grande vénération pour S. Jean, dont ils se disent disciples, & qu'ils pratiquent une espèce de baptême. Aussi nos voyageurs, au lieu de les nommer Saducéens & de les regarder comme de simples adorateurs des astres, les nomment-ils chrétiens de S. Jean. Les Arabes cependant les donnent pour les descendans de la plus ancienne nation du monde; ajoutant que du moins dans leurs livres, ils parlent la langue d'Adam & de ses premiers successeurs. Sans doute il seroit très-curieux qu'un homme très-instruit des langues anciennes, & doué d'un esprit très-philosophique, pût se trouver à portée d'étudier ce peuple & sa langue. Peut-être trouveroit-on que ce peuple & cette langue appartiennent en première propriété à des siècles qui ont précédé ceux que nous connoissons. Ce seroit un témoignage moral à joindre à la foule de faits physiques qui attestent l'ancienneté du monde. Mais la croyance & les rits actuels de ces peuples prouvent qu'ils ont perdu l'idée de leur première origine, ou qu'ils n'ont fait secte que depuis l'établissement du christianisme.

Ils disent qu'ils tirent leur origine & leur loi de Sabeith & d'Edris, que l'on suppose être Seth & Noé, mais qui pourroient être aussi bien Samuel & Esdras. On trouve dans leurs livres beaucoup d'instructions morales.

Ils prient Dieu sept fois le jour; & jeûnent pendant tout un mois lunaire, ne prenant, de toute la journée, aucune espèce de nourriture. Ce jeûne est placé de manière qu'il se trouve toujours à l'équinoxe du printemps: ce qui revient à la pâque des Juifs. Ils honorent le temple de la Mecque, révéré, comme on sait, très-long-temps avant Mahomet; ils ont aussi beaucoup de respect pour les pyramides d'Egypte, dans l'une desquelles ils croient que fut enterré Sabi, fils d'Enoch. Ils pratiquent un pèlerinage religieux, dont le terme est un lieu situé dans la Mésopotamie, près de Haram (que l'on croit être *Charræ*); & ce lieu, si ce n'est pas celui où naquit Abraham, doit être au moins regardé, selon une certaine espèce de gens, pour celui d'où partit ce patriarche pour se rendre dans la Palestine. Quelques auteurs croient que ces Sabéens honorent ce lieu, parce qu'un certain Sabi, dont ils tirent leur origine, vivoit en ce lieu. Ce Sabi est différent de Sabi que l'on dit fils d'Enoch.

Un auteur arabe (Ben-Azem), assure que la religion des Zabiens est non-seulement la plus ancienne, mais qu'elle a été la plus générale dans le monde primitif jusqu'au temps d'Abraham, dont, selon lui, toutes les autres religions sont descendues. Selon lui, les anciens Perses, les Chaldéens, les Assyriens, les Egyptiens, les Indiens, & même les Grecs, étoient tous Zabiens avant l'introduction des différentes religions adoptées par chacun de ces peuples. Ils ont fait descendre l'époque jusqu'au temps du christianisme & du mahométisme. Il y a même des chrétiens orientaux qui n'hésitent pas à dire que Constantin-le-Grand quitta la religion des Zabiens pour adopter le christianisme.

Chardin, dans son voyage de Perse, dit que les chrétiens de S. Jean sont en assez petit nombre en Arabie, en Perse, le long du golfe Persique; qu'ils sont originaires de Chaldée, & qu'ils étoient d'anciens disciples de Zoroastre, dont ils ont conservé plusieurs dogmes. Ils reçurent le baptême de S. Jean, firent un mélange de la doctrine chrétienne, des pratiques judaïques, & des rêveries du mahométisme. Mais ils regardent S. Jean comme l'auteur de leur croyance, de leurs rits, & même de leurs livres. Ils renouvellent tous les ans leur baptême. S. Jean & sa famille est, après Dieu, le plus grand objet de leur vénération. Ils prétendent que son tombeau est près de la ville de Chuster, capitale du Chusistan; & ce qui doit nous faire apprécier la justesse & l'étendue de leurs connoissances, c'est qu'ils placent au même endroit les sources du Jourdain.

Selon eux, Jesus-Christ n'étoit pas fils de Dieu, mais un prophète inspiré par l'esprit saint. Cependant leur vénération pour la croix va presque jusqu'à l'idolatrie. Je n'entrerai pas dans le détail de quelques autres de leurs dogmes, détail qui appartient à des temps modernes.

ZABIRNA, rivière de l'Asie, dans la Mésopotamie: elle va se perdre dans le Tigre.

Selon Diodore de Sicile, Bacchus campa auprès de cette rivière.

ZABULON (la tribu de): elle étoit bornée au nord par les tribus d'Aser & de Nephtali; au sud, par le torrent de Cison; à l'est, par la mer de Galilée, & à l'ouest par la grande mer. Presque toutes les villes de cette tribu étoient dans la la plaine de Galilée.

ZABULON, ville de la Judée, située dans la plaine de Galilée, dans la tribu de Zabulon, selon Josué & le livre des Juges.

Joseph, de Bell. Jud., dit que Cestius la prit, la pilla, & la brûla, quoiqu'il en admirât la beauté.

Cette ville étoit située au sud-est de Ptolemaïs.

ZABUR, contrée de l'Asie, dans la Babylonie, & où étoit située la ville de Séleucie, selon les actes du concile de Nicée.

ZABUS, ZABATUS, ZERBIS (grand Zab ou Zarb): ce fleuve, qui est le même que le Lycus, prend sa source vers le 36e degré de latitude, court d'abord vers le nord-ouest, ensuite à l'ouest,

puis vers le sud-ouest, enfin au sud se rendre dans le Tigre, vers le 35e degré 45 minutes de latitude.

Xénophon dit que ce fleuve, à son entrée dans le Tigre, parut aux Grecs comparable au Tigre même. Les Grecs, dans leur retraite, s'y arrêtèrent trois jours.

ZABUS MINOR ou CAPRUS (petit Zab ou Altun-Sou), fleuve de l'Asie. Il prenoit sa source à l'est d'Arbelles, couloit au sud-ouest se perd dans le Tigre, vis-à-vis de Cœne, au-dessous & au sud-sud-est du grand Zabus.

ZACANTHA, ville de l'Hispanie, dans l'Ibéric, selon Apollodore, cité par Etienne de Byzance. Ce dernier dit qu'elle fut prise par Annibal. Il la nomme aussi Zacynthus & Saguntum.

ZACATHÆ, peuples de la Sarmatie Asiatique, vers les sources du Tanaïs, selon Ptolemée.

ZACHAR, forteresse extrêmement forte de l'Asie, dans la Colchide, sur le sommet d'une montagne, selon Agathias.

ZACHLUBI, peuple dont il est fait mention par Curopalate & Cédrène. Selon Ortélius, il faisoit partie des Slaves.

ZACYNTHUS, en grec Ζακυνθος, Zacynthe, île de la mer Ionienne, à l'ouest de la partie du Péloponnèse où se trouvoit le Sinus Chelonitis, ou golfe de Chélonite: la mer y forme un détroit. Cette île aujourd'hui se nomme Zante. Strabon lui donne 160 stades de tour: il y avoit beaucoup de forts, & elle étoit très fertile. Cet auteur s'appuie d'un vers de l'Odyssée, L. I, v. 24:

Δυλιχιον τε, Σαμηντε, και ύλησσα Ζακυνθος,

pour assurer qu'elle produisoit beaucoup de bois. C'est probablement d'après ce même vers d'Homère que Virgile a dit, Æn. L. III, v. 270 & 271:

Jam medio apparet fluctu nemorosa Zacynthos, Dulichiumque, Sameque, & Neritos ardua saxis.

Il y avoit dans cette île une ville de même nom, dans la partie orientale, avec une citadelle. Selon Denis d'Halycarnasse, elle tiroit son nom de Zacynthus, fils de Dardanus: ce prince y étant passé avec des Phrygiens, s'y fixa. L'histoire de la Grèce parle peu de cette île.

Selon Thucydide, les premiers Grecs connus dans cette île étoient des Achéens, venus de l'Achaïe propre. On voit qu'elle passa sous la domination de Philippe, roi de Macédoine, qui la céda à Amynandre, roi des Athamanes: celui-ci en confia le gouvernement à Philippe de Mégalopolis, qui le transmit à Hiéroclès de Sicile.

Après la défaite d'Antiochus aux Thermopyles, Hiéroclès vendit l'île de Zacynthe aux Achéens. Selon Tite-Live, ce fut Lévinus qui prit d'assaut cette ville & la citadelle, laquelle, selon Pausanias, se nommoit Psophis, parce que, dit-il, un Psophidien, nommé Zacynthe, & fils de Dardanus, l'y avoit fait bâtir, & lui avoit donné le nom de la ville où il avoit pris naiſſance. Selon Scylax il y avoit un port: ἐν ᾗ, dit-il, καὶ πόλις καὶ λίμνη. Et Pline (L. IV, c. 12), dit qu'elle eſt très-fertile, & qu'anciennement elle avoit porté le nom d'*Hyrie*; mais Pomponius Méla diſtingue *Hyrie* de *Zacythus*.

Cette île eſt actuellement ſous la domination des Vénitiens, avec le nom de Zante.

ZACYNTHUS, ville de l'Afrique, dans la Libye, ſelon Etienne de Byſance.

ZADADRUS, fleuve de l'Inde, en-deçà du Gange. Il recevoit les eaux de l'*Hypaſis* & de l'*Adris*, ſelon Ptolemée.

ZADRACARTA, très-grande ville de l'Aſie, & la capitale de l'Hyrcanie, ſelon Arrien.

ZADRAMA, ville de l'Arabie heureuſe. Elle étoit la capitale du peuple *Cinædocolpites*, ſelon Etienne de Byſance.

ZADRIS, ville de l'Aſie, dans l'intérieur de la Colchide, ſelon Ptolemée.

ZAEA, nom d'une très-ancienne ville de la Grèce, dans la Béotie, ſelon Etienne de Byſance. Hérodien écrit indifféremment *Zea* ou *Zaea*.

ZÆTIA ou ZETIA, ville de l'Arcadie, au nord de *Megalopolis*.

On la diſoit fondée par *Zætus*. Cette ville avoit été ſi conſidérablement affoiblie par la fondation de *Megalopolis*, qu'elle étoit déſerte au temps de Pauſanias. On n'y voyoit que deux temples, l'un de Cérès, l'autre de Diane.

ZAGAEUPADA, ville de l'Afrique. Ptolemée l'indique parmi celles de la nouvelle Numidie.

ZAGARI: c'eſt le nom que l'on donnoit aux Hippopodes, ſelon Euſtathe.

ZAGATIS, fleuve de l'Aſie, dans la Colchide, ſelon Arrien. Cet auteur en indique l'embouchure entre *Athenæ* & *Anchiani Regia*.

ZAGERÆ, nom d'un peuple de l'Ethiopie. Selon Pline, il faiſoit partie des Troglodytes.

ZAGILLONITIS, contrée de l'Aſie, dans la Cappadoce, ſelon Strabon.

ZAGIRA, ville de l'Aſie, dans la Paphlagonie, à une petite diſtance de la mer, ſelon Ptolemée.

ZAGMAIS, ville ſituée dans l'intérieur de l'Arabie heureuſe, ſelon Ptolemée.

ZAGORA, ville de l'Aſie, dans la Paphlagonie, ſur le bord du Pont-Euxin, entre *Caruſa* & l'embouchure du fleuve *Halys*, ſelon le périple d'Arrien.

ZAGRI-PORTÆ ou PYLÆ, paſſage étroit de l'Aſie, dans la Médie, ſur le mont *Zagrus*, ſelon Ptolemée.

Diodore de Sicile nomme la montagne *Zarceus mons*, & dit que le paſſage fut pratiqué par Sémiramis, pour laiſſer à la poſtérité un monument de ſa puiſſance.

ZAGRUS ou ZAGRIUS MONS, montagne de l'Aſie, dans la Médie. Elle faiſoit partie du mont

*Taurus*, commençoit dans l'Arménie, & s'étendoit juſqu'à la Chalonitide, entre la Médie & l'Adiabène, ſelon Pline.

Ptolemée compte le *Zagrus* pour une des plus conſidérables montagnes de la Médie.

Selon Strabon, c'étoit cette chaîne de montagnes qui touchoit au mont *Niphates*, & ſéparoit la Médie de la Babylonie.

ZAGURI PALUS, nom d'un marais de l'Aſie, ſelon Curopalate, cité par Ortélius.

ZAGYLIS ou ZAGYLIS VILLA, village que Ptolemée indique ſur la côte du nôme de Libye.

ZAGYTIS, contrée de l'Afrique, dans la Libye, ſelon Alexandre, cité par Etienne de Byſance.

ZAITHA, lieu de l'Aſie, dans la Méſopotamie, ſur le bord de l'Euphrate, ſelon Ptolemée. Ce lieu étoit au ſud-eſt de *Circeſium*, vers le 35e degré 10 minutes de latitude.

ZALA, ville ſituée dans le voiſinage d'Amaſée, ſelon Siméon le Métaphraſte. Amaſée étoit une ville du Péloponnéſe, dans l'Achaïe propre, ſelon Abdias le babylonien.

ZALACA, ville de l'Aſie, dans l'intérieur de la Médie, ſelon Ptolemée.

ZALACUS, ville de l'Afrique, dans la Mauritanie Céſarienne, ſelon Ptolemée.

ZALACUS MONS (*Van-nash-reeſe*), montagnes de la Mauritanie, à quelque diſtance & au ſud du fleuve Chinalaph. Ptolemée en parle.

ZALAPA, ville de l'Afrique propre, vers le midi d'Adrumète, ſelon Ptolemée.

ZALENI, peuples qui paſſèrent ſous la domination des Perſes, en vertu de la trève de trente ans, faite entre les Perſes & les Romains, ſelon Zoſime.

ZALICHUS, ville de l'Aſie, dans la Cappadoce, ſelon Conſtantin Porphyrogénète.

ZALISCUS, fleuve de l'Aſie, dans la Galatie. Ptolemée en indique l'embouchure dans le Pont-Euxin, entre *Cyptaſia* & *Galorum*. Niger dit que ce fleuve ſe nommoit autrefois *Amnias* & *Bileus*: il n'a donné aucune raiſon de ſon opinion; à la vérité Strabon place de ce côté un fleuve nommé *Amnias*, & Etienne de Byſance en nomme un *Bileus*, le même ſans doute que Pline appelle *Bilis* ou *Billis*, & Arrien *Dilleus*; mais aucun de ces auteurs ne dit que ces fleuves fuſſent le même que le *Zaliſcus*.

ZALISSA, ville de l'Ibérie aſiatique, ſelon Ptolemée.

ZALLATENSIS, ſiège épiſcopal d'Afrique, dans la Mauritanie Sitifenſe, ſelon la notice épiſcopale de cette province.

ZAMA, ville d'Afrique, dans l'Afrique propre, à cinq journées de Carthage, à l'oueſt en s'avançant dans les terres. Cette ville, à laquelle les auteurs anciens donnent le titre de ville royale & de fortereſſe, eſt fameuſe dans les guerres de Jugurtha & de Juba, & ſur-tout par la bataille entre
les

les Carthaginois, conduits par Annibal, & les Romains, conduits par Scipion, l'an 551 de la république.

La plupart des géographes pensent que cette ville est la même que celle appelée par Ptolemée *Azama*, ou, selon le manuscrit de la bibliothèque palatine *Zama*. Si cela est, dit Cellarius (*Géog. ant. L. iv, c. 5*), Ptolemée semble l'avoir trop éloignée vers le midi; quoique Cornelius Nepos (*in Annibal, c. 6*), compte environ 300 mille pas de *Zama* à Adrumètes.

Polybe & Tite-Live donnent occasion de soupçonner qu'il y a dans ce passage quelque erreur.

Le premier dit que *Zama* est à cinq journées de Carthage, du côté du couchant; ce qui est répété par Tite-Live (*L. xxx, c. 39*), où il dit: *Zama quinque dierum iter à Carthagine ab est*; au lieu que, sur la carte dressée d'après les nombres de Ptolemée, *Azama* se trouve éloignée de Carthage de dix degrés, chemin qui emporteroit au moins quinze jours de marche.

Quoique j'aie dit d'abord que *Zama* étoit dans l'Afrique propre, c'est-à-dire, dans cette étendue de pays qui fit dans la suite une division particulière; cependant, eu égard au temps où cette ville étoit florissante, on l'attribue à la Numidie. Cornelius Nepos dit qu'elle étoit à 300 mille pas d'Adrumète; Appien dit 3000 stades, ce qui aide à trouver à quelle distance elle étoit de Carthage, distance bien inférieure à celle qu'indique Ptolemée, qui peut-être indiquoit une autre ville, ou bien qui n'en connoissoit pas la juste position. Quand on pense au peu d'exactitude que nous-mêmes, pourvus de très-bons instrumens, nous obtenons quelquefois de la plupart des observations modernes, on est bien étonné de n'en pas trouver de plus considérables dans celles des anciens.

Sur la table de Peutinger, *Zama Regia* est placé bien plus près de Carthage que par l'indication de Ptolemée: car elle est marquée à dix milles à l'est d'*Assures*, position qui s'accorderoit assez avec celle que donne Polybe, si ce n'est qu'alors *Zama* auroit été au midi & non au couchant de la ville de Carthage. Quoi qu'il en soit, cette ville, selon Salufte (*Jugurtha, c. 57*), étoit située dans une plaine, & moins forte par sa situation que par les ouvrages qu'on y avoit faits.

Hirtius (*Afr. Bell. c. 91*), dit que *Zama* étoit la résidence ordinaire du roi de Juba, qui y avoit ses femmes, ses enfans & ses trésors.

Pline (*L. v, c. 4*), l'appelle *Zamense Oppidum*. Elle devint colonie romaine, sous ce titre que lui donne une ancienne inscription, rapportée par Gruter, page 364: COLONI COLONIÆ ÆLIÆ HADRIANÆ, AUG. ZAMÆ REGIÆ.

S. Augustin (*L. vii, c. 17*), fait mention de Marcellus à *Zama*, qui assista au concile de Carthage, tenu sous S. Cyprien. Le nom moderne de cette ville est, selon Mésine, *Zamora*.

ZAMA, ville de l'Afrique, dans l'intérieur de la Numidie, à cinq journées au couchant de Carthage, selon Polybe.

Cette ville avoit le titre de royale, & elle est fameuse dans les guerres d'Annibal, de Jugurtha & de Juba. Elle étoit située dans une plaine, & elle étoit moins forte par sa situation que par les ouvrages que l'on y avoit faits, selon Sallufte.

*Zama* étoit la résidence ordinaire du roi Juba, qui y tenoit ses femmes, ses enfans & ses trésors, selon Hirtius. *La même que la précédente.*

ZAMA, ville de la Cappadoce, dans la préfecture de Chamane, selon Ptolemée.

ZAMA, ville de l'Asie, dans la Mésopotamie, selon Ptolemée.

ZAMÆ FONS, fontaine de l'Afrique, selon Pline & Vitruve.

ZAMAMIZON, ville de l'Afrique propre, entre la ville *Tabraca* & le fleuve *Bagradas*, selon Ptolemée.

ZAMARENI, peuples de l'Arabie heureuse, selon Pline. Cet auteur leur donne les villes de *Bacascani* & de *Saiace*.

ZAMARI, peuples de l'Afrique, dans l'intérieur de la Libye, entre les monts *Maudrus* & *Sagapola*, selon Ptolemée.

ZAMENSIS, siège épiscopal d'Afrique, dans la Numidie, selon la conférence de Carthage.

ZAMETUS, nom d'une montagne de l'Arabie heureuse, selon Ptolemée.

ZAMIRÆ, peuples antropophages de l'Inde, près du mont *Mœcander*, selon Ptolemée.

ZAMNES, ville de l'Ethiopie, sous l'Egypte. C'est où l'on commençoit à voir des éléphans, selon Pline.

ZANAATHA, ville située dans l'intérieur de l'Arabie pétrée, selon Ptolemée.

ZANCLACI. Hérodote nomme ainsi les habitans de *Zancle*, ville de la Sicile.

ZANCLE, ville de la Sicile, sur le détroit qui sépare cette île de l'Italie. Selon Hérodote, les Messéniens, peuples du Péloponèse, étant chassés de chez eux par les Lacédémoniens, se transplantèrent en Sicile, se rendirent maîtres de *Zancle*, & lui donnèrent le nom de *Messana*, d'où Messine.

ZANDAPA, ville que l'histoire Miscellanée semble placer aux environs de la Mœsie.

ZANES, ville de la haute Mœsie, près de la forteresse nommée la tête-de-bœuf. C'étoit une ancienne ville que l'empereur Justinien fit fortifier pour la rendre un des plus puissans boulevards de l'empire, selon Procope.

ZANIA, ville de l'Asie, dans l'intérieur de la Médie, selon Ptolemée.

ZANOE, ville de la Palestine, dans les montagnes de la tribu de Juda, selon Josué.

ZANOE, ville de la Palestine, dans la plaine de la tribu de Juda, selon Josué.

ZAO ou PROMONTORIUM ZAO, promontoire de la Gaule Narbonnoise, selon Pline.

Iiii

ZAPAVORTENE REGIO, nom d'une contrée de l'Afie, felon Pline.

ZAPETRA, ville de l'Afie, dans les montagnes de la Comagène, fur une petite rivière qui alloit fe perdre dans l'Euphrate, au fud de cette ville. *Zapetra* étoit vers le 37ᵉ degré 30 minutes.

ZARA, nom d'une ville des Moabites. Elle fut prife par Alexandre Jannée, felon Jofeph.

ZARA, ville de l'Afie, vers l'Arménie, fur la route d'*Arabiffum* à *Satala*, entre *Eumeæ* & *Dagolaffum*, felon l'itinéraire d'Antonin.

ZARABI, peuples d'entre les Goths. Selon Jornandès, anciennement il étoit nommé *Terci*.

ZARADTENSIS, fiège épifcopal d'Afrique, dans la Numidie, felon la notice épifcopale d'Afrique.

ZARAGARDIA. *Voyez* OZOGARDANA.

ZARAI, ville de l'Afrique, dans la Mauritanie Céfarienfe, fur la route de *Sitifis* à *Lamasba*, entre *Lamasba* & *Perdices*, felon l'itinéraire d'Antonin.

ZARAITENSIS ou ZARATTENSIS, fiège épifcopal d'Afrique, dans la Numidie, felon la notice des évêchés de cette province.

ZARAMA, ville de l'Afie, dans l'intérieur de la Médie, felon Ptolemée.

ZARANDA, nom que l'on a anciennement donné à l'Euphrate, felon le livre des fleuves & des montagnes, attribué à Plutarque.

ZARANGAEI ou ZARANGEI, peuples de l'Afie, au-delà du pays des Arriens, felon Arien.

ZARANIS, ville de l'Afie, dans l'intérieur de la Médie, felon Ptolemée.

ZARATÆ, peuple de la Scythie, en-deçà de l'*Imaüs*, felon Ptolemée.

ZARAX. Ce nom fe trouve dans Lycophron; & Ifacius, fon commentateur, dit que c'eft celui d'une montagne de l'île d'Eubée. Ifacius ajoute qu'elle étoit aufli appelée *Xylophagos*.

ZARCÆUS MONS. *Voyez* ZAGRI PORTÆ.

ZARED, torrent au-delà du Jourdain, à la frontière des Moabites, & qui fe perd dans le Jourdain, felon le livre des nombres.

Ce torrent prenoit fa fource dans les montagnes, à l'orient du pays de Moab, & alloit d'orient en occident fe perdre dans la mer Morte. Les Ifraélites pafsèrent ce torrent trente-huit ans après leur départ de Cadès-Barné, comme Moïfe le remarque dans le Deutéronome.

ZARETA, fontaine de l'Afie mineure, dans la Bithynie, fur le bord de la mer de Chalcédoine, felon Etienne de Byfance.

ZARETHÆ ou ZARETÆ, peuples compris dans le nombre des Scythes, en-deçà de l'*Imaüs*, au midi des monts *Maffei* & *Alani*, felon Ptolemée.

ZARETHIRA, fortereffe importante, dans l'endroit le plus étroit de l'île d'Eubée, felon Plutarque.

ZAREX, port de la Laconie, fur le golfe Argolique, au fud de *Cyphanta*.

Cette ville étoit fituée près d'une baie qui lui

fervoit de port, ce qui le rendoit très-commode pour y mettre les vaiffeaux à l'abri.

Au temps de Cléonyme elle avoit beaucoup à fouffrir des Spartiates (vers 300 ans avant J. C.), qui ravageoient le pays de toutes parts pour fe venger de ce que les Lacédémoniens avoient donné la royauté à fon neveu Areus I. Cette ville ayant été rétablie, Augufte l'attribua aux *Eleuthéro-Lacons*, ou Lacédémoniens *libres*.

Auprès du port étoit un temple d'Apollon avec une ftatue de ce dieu, tenant en main une lyre.

Un peu au fud & parallèlement à la côte, étoit une montagne appelée *Zarex*.

ZAREX, montagne du Péloponèfe, au nord occidental de la ville du même nom, felon Ptolemée.

ZARGIDAVA, ville fituée fur le bord du fleuve *Hierafus*, dans l'intérieur de la baffe Mœfie, un peu au-deffus de *Tamafiava*.

ZARIASPA ou ZARIASPE, ville de l'Afie, dans la Bactriane. Elle étoit arrofée par une rivière du même nom, qui alloit fe perdre dans l'*Oxus*, felon Strabon.

Selon Etienne de Byfance, cette ville étoit aufli appelée *Bactra*.

ZARINENSIS PORTUS, port dont fait mention Claudien, cité par Ortélius.

ZARIS, ville de l'Afie, dans la Médie, ou aux environs, felon Créfias, cité par Ortélius.

ZARMISOGETUSA REGIA, ville capitale de la Dacie, fur le fleuve *Sargetia*, felon les tables de Ptolemée.

Lorfque cette ville devint colonie romaine, elle joignit à fon ancien nom celui de *Colonia Ulpia Trajana*, ou celui d'*Augufta Dacica*.

ZARNENSIS ou ZAMENSIS, fiège épifcopal de l'Afrique proconfulaire, felon la lettre des Pères de cette province au concile de Latran, tenu fous le pape Martin.

ZARUANA, ville de l'Afie, dans la grande Arménie, felon Ptolemée.

ZATHES ou ZATES, fleuve que Xénophon paroît indiquer en Affyrie.

ZATHUA, ville de l'Afie, dans la grande Arménie, felon Ptolemée.

ZATTARENSIS, fiège épifcopal d'Afrique, dans la Numidie, felon la conférence de Carthage.

ZAUECES, peuple d'Afrique, dans la partie occidentale de la Libye, & au voifinage des Libyens Maxyes.

Selon le rapport d'Hérodote, lorfque ce peuple étoit en guerre, les femmes conduifoient les chars.

ZAUTHA, lieu qui étoit aux confins de l'empire Romain & de la Perfe, à foixante ftades au-delà du fort *Circefium*, & aux environs de *Dura*, felon Zozime.

ZEBE (*Zaab*): cette ville faifoit autrefois partie de la Mauritanie Sitifenfe, felon la lifte des évêchés d'Afrique. Elle étoit fituée dans un terrein étroit, au pied de la chaîne du mont Atlas.

ZEBECA, ville de la Galilée, selon Etienne de Byfance.

ZEBENNUM ou ZEBINUM, nom d'une ville de l'Afie, felon S. Jérôme.

ZEBYRES. C'eft le nom d'un peuple, felon Suidas.

ZEBYTTIS, ville de l'Afrique, dans la Libye, felon Hécatée, cité par Etienne de Byfance.

ZECHES, peuples de l'Afie, dans le voisinage de la Lazique, près du fleuve *Boas*, felon Procope.

ZEDACES, peuple de la Scythie. Sénèque en fait mention dans fon Œdipe.

ZEERITÆ, peuple de l'Arabie heureufe, felon Ptolemée.

ZEGRENSII, peuples de l'Afrique, dans la Mauritanie Tingitane, felon Ptolemée.

ZEIRINIA, ville de la Thrace, felon Théopompe, cité par Etienne de Byfance.

ZELA, ville de la Thrace. Selon Pline, elle fut, dans la fuite, nommée *Flaviopolis*.

ZELA ou ZELORUM, felon Strabon; ZIELA, felon Pline; & ZELEJA, felon d'autres auteurs, ville de l'Afie, dans le Pont Cappadocien, près du *Lycus*.

Cette ville étoit célèbre par la défaite de Triarius, général Romain, & enfuite par celle de Pharnace.

On y voyoit un temple fameux, repréfenté fur quelques médailles, confacré à la déeffe Anaïtis, divinité perfanne; fon pontife étoit très-puissant fous les anciens rois; mais dans la fuite fon autorité & fes revenus diminuèrent. La ville & les ministres du temple étoient dépendans de Pithodiris, qui poffédoit auffi une partie du territoire; les autres parties ayant été cédées aux pontifes de *Zela* & de *Comanes*, & le refte annexé à la province romaine.

Selon Strabon, la ville de *Zela* & fon territoire étoient fitués à la gauche du fleuve; les terres facrées du temple & le domaine du pontife étoient aux environs de la ville. Il ajoute qu'elle étoit fortifiée & bâtie dans le retranchement de Sémiramis; & que dans les premiers temps il n'y avoit que quelques maifons près du temple; mais que Pompée en fit une ville.

ZELASIUM, promontoire dont fait mention Tite-Live.

ZELEIA; cette ville, felon Homère, fe trouvoit au pied du mont Ida; mais il ne faut pas prendre cette expreffion trop à la lettre; c'étoit en donnant ce même nom aux montagnes qui s'étendoient d'un côté, felon Strabon, jufqu'au promontoire *Lectum* (fur la mer Egée, au nord de l'île de Lesbos), & de l'autre dans la Myfie, jufqu'à la hauteur de Cyzique. *Zeleïa* étoit fur le territoire & à 190 ftades de cette ville. Elle étoit arrofée par le *Tarfus*, & avoit au fud le lac *Aphnitis*. Strabon rapporte qu'il y avoit eu autrefois dans cette ville un oracle; mais qu'il n'étoit plus

confulté de fon temps. Etienne de Byfance, d'après un autre écrivain, femble admettre l'existence d'une autre *Zeleis*; mais rien ne le prouve d'ailleurs.

ZELES, ville de l'Hifpanie, dans la Bétique, fur le détroit qui fépare l'Hifpanie de l'Afrique, felon Strabon. Cet auteur rapporte que les Romains en tranfportèrent les habitans dans la Mauritanie, & avec d'autres qu'ils tirèrent de *Tingis*, ils établirent la ville de *Jubia Joxa*.

ZELLA, ville de l'Afrique. Elle fut ruinée pendant la guerre de Céfar contre Scipion, felon Strabon.

ZELLENSIS, fiège épifcopal d'Afrique, dans la Byfacène, felon la conférence de Carthage.

ZELLIA, contrée de la haute Pannonie, & habitée par les Slaves, felon Paul Diacre.

ZELOS ou ZELIS, ville de l'Ethiopie occidentale, felon Etienne de Byfance & Strabon.

ZEMARITES, ancien peuple de la Syrie, dont fait mention Strabon. Il les place dans une plaine, à deux lieues au nord du mont Liban, & il leur donne la ville de *Simyra*.

ZEMTENSIS, fiège épifcopal de l'Afrique proconfulaire, felon la lettre que les évêques de cette province écrivirent au concile de Latran, tenu fous le pape Martin.

ZENGITZA, promontoire de l'Afrique, dans l'Ethiopie, fur le golfe de Barbarie, felon Ptolemée.

ZENOBIA (*Zelebi*), ville de l'Afie, dans l'Euphratefis, fur le bord de l'Euphrate, à cinq milles du fort *Mambri*, & en-deçà de la petite ville de *Sura*. Selon Procope, elle fut fondée par Zénobie, femme d'Odonat, prince de Palmyre.

Procope rapporte que, le temps ayant ruiné les fortifications de cette ville, elle étoit devenue déferte, à caufe des courfes qu'y faifoient les Perfes; mais que Juftinien la rétablit entièrement, la peupla, & la rendit un des boulevards de l'empire.

Le même auteur dit que Juftinien, après avoir fortifié cette ville, l'embellit, y bâtit de magnifiques églifes, des bains publics, des galeries & des logemens pour les foldats.

Cette ville étoit fituée au fud-eft de *Nicephorium*.

ZENOBIA, lieu de l'Italie, près du palais d'Adrien, felon Trebellius Pollion. Cet auteur dit que ce lieu fut affigné à la reine Zénobie pour fa demeure.

ZENOBII INSULÆ, nom de fept îles de l'Océan indien, fur la côte de l'Arabie heureufe, à l'entrée du golfe Sathalite, felon Ptolemée.

ZENODOTIUM, ville de l'Afie, dans l'Ofrhoëne, au voifinage de *Nicephorium*, felon Appien, cité par Etienne de Byfance.

Selon Plutarque, cette ville fut prife de vive force par Craffus, qui la ruina, & en vendit les habitans à l'enchère.

ZENONIS CHERSONESUS. Ptolemée eft le feul auteur ancien qui faffe mention d'une ville ainfi nommée, qu'il place dans la Cherfonèfe Taurique, le long de la côte occidentale du *Palus Mæotis*.

M. de Peyssonnel, dans ses observations historiques & géographiques, dit qu'il pense que ce n'étoit point une ville, mais l'isthme qui sépare la mer Pourrie de celle de Zabache, & que l'on nomme à présent Zéniské.

ZENOPOLIS, ville de l'Asie, dans la Pamphylie, selon Constantin Porphyrogenète.

ZENTENSIS, siège épiscopal de l'Afrique proconsulaire.

ZEOPHIR, ville que Guillaume de Tyr indique au voisinage de *Neapoli* de Phénicie.

ZEPHRON ou ZEPHRONA, ville qui servoit de limites à la terre promise, du côté du septentrion, selon le livre des nombres.

ZEPHIRE, île située sur la côte de celle de Crète, au devant du promontoire *Samonium*, selon Pomponius Méla.

ZEPHYRIS ARX, forteresse de l'Hispanie, sur le sommet de la montagne appelée *Zephyrium Jugum*, selon Sextus Avienus.

ZEPHYRIUM, promontoire de l'Asie, dans la Cétide, aux confins de la Cilicie propre.

Selon Strabon & Ptolemée, ce promontoire & celui de Sarpedon formoient l'embouchure du fleuve *Calycadnus*.

ZEPHYRIUM, ville ou bourgade de la Cilicie, à l'extrémité du promontoire de même nom, selon Ptolemée & Tite-Live.

ZEPHYRIUM, promontoire de l'île de Cypre, à la partie du sud-ouest, à l'extrémité d'une péninsule, qui fermoit à l'ouest le golfe au fond duquel étoit *Paphos*.

ZEPHYRIUM, promontoire de l'Italie, sur la côte orientale du *Brutium*, entre le promontoire d'Hercule & la ville des Locres, selon Strabon.

ZEPHYRIUM, promontoire de l'Afrique, dans la Cyrénaïque, sur la côte de la Pentapole, selon Ptolemée.

Strabon distingue deux promontoires de ce nom sur la côte de la Cyrénaïque.

ZEPHYRIUM, ville de l'Asie, sur la côte de la Paphlagonie, selon Ptolemée. Arrien l'indique à soixante stades de *Carambis* & à cent cinquante de la petite ville d'*Aboni-Mœnia*.

ZEPHYRIUM, ville de l'Asie, dans l'intérieur du Pont Cappadocien, selon Ptolemée. Arrien lui donne un port, & l'indique à cent vingt stades de l'île d'*Arrenthias*, & à quatre-vingt-dix stades de la ville de *Tripolis*.

ZEPHYRIUM, promontoire sur la côte de l'Egypte, entre Campe & Alexandrie, selon Etienne de Bysance. On y voyoit une chapelle de Vénus Arsinoë. La déesse en avoit pris le nom de *Zephiritis*.

ZEPHYRIUM, lieu sur la côte de la Libye extérieure, entre les ports de *Deris* & de *Leucapsis*, selon Strabon.

ZEPHYRIUM, promontoire de l'Asie mineure, sur la côte de la Carie, au voisinage de la ville *Myndus*, selon Strabon.

ZEPHYRIUM (*Zavita*), ville de la Chersonèse Taurique, selon Pline. Elle étoit située sur le bord de la mer, au nord-est de *Theodosia*.

ZEPHYRIUM, lieu fortifié de la Scythie, selon Etienne de Bysance.

ZEPHYRIUM ou ZEPHYRIUS, promontoire que Ptolemée indique sur la côte orientale de l'île de Crète.

ZEPHYRIUM JUGUM, nom d'une montagne sacrée de l'Hispanie.

Il y avoit une forteresse sur cette montagne, selon Sextus Avienus.

ZERANIA REGIO, nom d'une contrée de la Thrace, selon Ephorus, cité par Etienne de Bysance.

ZERANII: Théopompe, cité par Etienne de Bysance, nomme ainsi les habitans de la contrée *Zerania Regio*.

ZERBIS: c'est ainsi que Pline nomme le *Zabus*. Voyez ce dernier mot.

ZERMIZIRGA, nom d'une ville de la Dacie, selon Ptolemée.

ZERNA, ville que Curopalate indique vers la Macédoine.

ZERNENSIUM COLONIA, colonie de la Dacie. Elle fut fondée par Trajan.

ZEROGERE, ville de l'Inde, en-deçà du Gange, à l'orient du fleuve *Namadus*, selon Ptolemée.

ZERTENSIS, siège épiscopal d'Afrique, dans la Numidie, selon la conférence de Carthage.

ZERUIS, ville de la Thrace, sur la route de *Dyrrachium* à Bysance, entre *Dymæ* & *Plotinapolis*, selon l'itinéraire d'Antonin.

ZERYNTHUS, ville de la Thrace. Selon Etienne de Bysance, il y avoit une caverne du même nom, & que les anciens appeloient *Zerynthum Antrum*.

Cette caverne étoit consacrée à Hécate, à qui on immoloit des chiens, selon Suidas.

Tite-Live nomme cette ville *Apollinis Zerinthii Templum*, & il l'indique aussi dans la Thrace, aux confins du territoire de la ville d'*Ænus*.

ZETA ou ZETTA (*Menzil*), ville de l'Afrique propre, selon Hirtius. Elle étoit située près de la mer à l'est de *Vicus Augusti*.

ZETUNIUM, ville située dans les Thermopyles, selon Chalcondyle, cité par Ortélius.

ZEUGMA, nom d'une ville de la Dacie, selon Ptolemée.

ZEUGMA (*Roum-Kala*), ville de l'Asie, en un lieu sur le bord droit de l'Euphrate, au sud-est de *Samosata*, & vis-à-vis d'*Apamea*.

Etienne de Bysance écrit qu'Alexandre jetta dans ce lieu, sur l'Euphrate, un pont de bateaux, liés par des chaînes. Sous la domination romaine, ce fut là qu'étoit le principal passage du fleuve.

ZIANNI, peuples que Juſtinien indique au voiſinage des Laziens & des Arméniens.

ZIATA, nom d'une fortereſſe dont fait mention Ammien Marcellin. Elle devoit être au voiſinage du Tigre.

ZIBALA, île voiſine de celle de Taprobane, ſelon Ptolemée, dans le manuſcrit de la bibliothèque palatine.

ZICCHIA, fleuve que Cédrène ſemble indiquer dans la Thrace, ſelon Ortélius.

ZICCHIA, lieu ſur le bord du Pont-Euxin, ſelon Ortélius.

ZICENSIS, ſiège épiſcopal d'Afrique, ſelon la conférence de Carthage.

ZICNARUM, ſiège épiſcopal ſous le patriarchat de Conſtantinople, ſelon Curopalate.

ZIDAR, ville barbare, ſelon Ortélius.

ZIGÆ, peuples de la Sarmatie Aſiatique, au bord du Tanaïs, ſelon Pline.

Ils demeuroient dans les branches qui s'étendent juſqu'au Pont-Euxin. Mithridate, fuyant de ſon royaume de Pont dans celui du Boſphore, n'oſa traverſer chez ces peuples à cauſe de leur férocité extrême, & de la difficulté des chemins.

ZIGANA, lieu de l'Arménie, ſur la route de Trapezunte à Satala, entre ad Vicenteſſimum & Thia, ſelon l'itinéraire d'Antonin.

ZIGEIRA ou ZIGIRA, ville de l'Afrique propre, entre la ville de Thabraca & le fleuve Bagradas, ſelon Ptolemée.

ZIGERE, ville de l'intérieur de la Thrace, au voiſinage de la baſſe Mœſie.

Selon Pline, c'étoit une ville des Scythes Aroteres, qui s'étoient établis dans ce quartier.

ZIGIRA, ville de l'Aſie, dans l'Aſſyrie, vers le nord & à une grande diſtance du Tigre, ſelon Ptolemée.

ZILIS, ville de l'Afrique, dans la Mauritanie Tingitane, près de l'Ocean Atlantique.

Dans l'itinéraire d'Antonin elle eſt marquée à vingt-quatre milles de Tingis, entre Tabernæ & ad Mercuri. Selon Pline, c'étoit une colonie qu'Auguſte avoit établie ſur la côte de l'Océan, & qui étoit nommée Julia Conſtantia Zilis. Elle étoit exempte de la juriſdiction des rois de la Mauritanie, & dépendoit de l'Eſpagne Bétique.

Ptolemée nomme cette ville Zilia, & il l'indique dans l'intérieur des terres, ſur le bord d'un fleuve du même nom.

ZILMISSUS, nom d'une colline de la Thrace. On y voyoit un temple dédié au dieu Sabadeus, ſelon Macrobe.

ZIMARA, ville de l'Aſie, dans la grande Arménie, au pied du mont Capotes, dans l'endroit où l'Euphrate prend ſa ſource, ſelon Pline.

Ptolemée indique cette ville dans la petite Arménie, au bord de l'Euphrate, mais aſſez loin de ſa ſource.

ZIMIRI, contrée ſablonneuſe de l'Ethiopie, ſelon Pline.

ZIMYRA, nom d'une ville de l'Aſie, ſelon Ptolemée.

ZINCHA, ville de l'Afrique. Selon Strabon, c'étoit une de celles qui furent détruites pendant la guerre de Céſar contre Scipion.

ZINCHI ou ZICCHI, peuples de la Sarmatie aſiatique, ſur le bord du Pont-Euxin, & ſéparés des Sanichæ, par le fleuve Achæus, ſelon Arrien.

ZIOBERIS, fleuve de l'Aſie, dans l'Hyrcanie. Il ſe perdoit dans le Rhydage, ſelon Quinte-Curſe. Il eſt nommé Stibœtes par Diodore de Sicile.

ZIONCELLUS, fleuve de la Thrace, dans le voiſinage de Druzipara, ſelon Ortélius.

ZIPH, ville de la Paleſtine, dans la tribu de Juda, ſelon le livre de Joſué, ch. 15.

Cette ville étoit ſituée dans le déſert de même nom, & elle fut une des retraites de David, lorſqu'il fuyoit Saül.

On voit au ſecond livre des Paralipomènes, que Ziph fut une des villes que Roboam fortifia.

ZIPHAR, montagne de l'Ethiopie intérieure, ſelon Ptolemée.

ZIPOETIUM, ville de l'Aſie mineure, dans la Bithynie, près du mont Lyperus, & qui avoit été fondée par le roi Zipoteus, ſelon Etienne de Byſance.

ZIPPORIS, nom que les anciens donnoient à la ville de Sefora ou Sauffori. C'étoit la plus forte place de la Galilée, & que ſa poſition faiſoit regarder comme la clef de cette province, ſelon Joſeph.

ZIRIDAVA, nom d'une ville de la Dacie, ſelon Ptolemée.

ZIRMA, fleuve de l'Aſie, vers l'Hyrcanie, & vers les monts Carduchi, ſelon Agathias.

ZITÆ, peuples que l'hiſtoire Miſcellanée ſemble indiquer dans le voiſinage de la Bulgarie.

ZITHA ou SITHA, ville de l'Aſie, dans la Méſopotamie, ſur le bord de l'Euphrate, ſelon Ptolemée. On lit Sitha dans Zozime.

ZITURON ou SIASUR, lieu de la Perſe, au voiſinage de la ville de Cteſiphonte, ſelon l'hiſtoire Miſcellanée & Cédrène. Ce dernier écrit Siaſur.

ZIZA, ville que Ptolemée indique dans l'intérieur de l'Arabie Pétrée. Il en eſt auſſi fait mention dans la notice des dignités de l'empire.

ZIZAMA, ville ou bourg de l'intérieur de l'Afrique. Selon Pline, c'étoit une des conquêtes de Cornelius Balbeus.

ZIZARA, nom que les habitans du pays donnoient à la ville de Lariſſa de Syrie, ſelon Etienne de Byſance.

ZIZERUS, nom d'une rivière & d'un port de de l'Inde, ſelon Pline.

ZIZEUM, lieu aux confins de la Colchide, & au voiſinage de la ville de Theodorias, ſelon

Agathias. Cet auteur rapporte que le préfet Théodore, dans son expédition contre les *Zanni*, campa entre *Theodorias* & *Zixeum*.

ZMIRNA, ville de la première Mœsie, selon la notice des dignités de l'empire.

ZOANA, ville de l'Asie, dans la petite Arménie, sur la route de *Satala* à *Arabissus*, entre *Tonosa* & *Gundusa*, selon l'Itinéraire d'Antonin.

ZOANNES, nom que Strabon donne à un peuple demi-sauvage, qui habitoit dans les montagnes de la Colchide.

ZOARA, bourgade de la Palestine, selon Etienne de Byfance. Elle est placée sur le bord du lac Asphaltide, dans la notice des dignités de l'empire. Egésipe l'indique en Arabie, & la nomme *Zoaras*.

ZOBIDÆ, peuples de l'Asie, aux environs de la Carmanie, selon Quadratus, cité par Etienne de Byfance.

ZODOCATHA, nom d'une ville de la Palestine, selon la notice des dignités de l'empire.

ZOELÆ, peuples de l'Hispanie citérieure, de qui la cité étoit voisine de la *Gallecia*, & près de l'Océan, selon Pline. Cet auteur les comprend sous les *Asturi*.

ZOES ou ZOA, ville de l'Afrique, dans la Cyrénaïque. Elle avoit été fondée par Battus, selon Hérodote.

ZOGOCARA, ville de l'Asie, dans la grande Arménie, selon Ptolemée.

ZOHELETH, pierre qui étoit auprès de la fontaine de Rogel, aux pieds des murs de la ville de Jérusalem, selon le troisième livre des rois.

ZOITIUM, ville du Péloponnèse, dans l'Arcadie, à quinze stades de *Tricolons*, selon Etienne de Byfance.

Au temps de Pausanias cette ville étoit déserte, & il n'y restoit plus que deux temples ; un de Cérès, & l'autre de Diane.

ZOLCA, ville de l'Asie, dans la Galatie. Elle appartenoit aux Paphlagoniens, & étoit située sur la côte du Pont-Euxin, selon Ptolemée.

ZOMBIS, ville de l'Asie, dans la Médie, selon Etienne de Byfance.

ZOMPUS FONS, pont de l'Asie mineure, sur le fleuve *Sangarius*, selon Curopalate.

ZOMUCHANA, ville de l'Asie, dans l'Arie, selon Ptolemée.

ZOMZOMIM ou ZOMZOMMIM, peuple nombreux & d'une taille fort haute, au-delà du Jourdain, dans le pays qui depuis a été occupé par les Ammonites, selon le Deutéronome.

ZONA, ville de l'Afrique. Sestius la prit par la famine, selon Dion Cassius. Cet auteur semble l'indiquer dans la Numidie.

ZONA ou ZONE, ville de la Thrace, dans le pays des Ciconiens, selon Hécatée, cité par Etienne de Byfance.

Hérodote indique cette ville sur le rivage, à quelque distance de l'embouchure du fleuve *Hebrus*. Pline fait de *Zone* une montagne.

ZONA ou ZONA UXORIS REGIÆ, contrée très-fertile de la Perse. Elle étoit ainsi appelée, parce que son revenu, ainsi que de celle nommée *Caliptra*, étoit destiné à l'entretien de la ceinture & de l'écharpe de la reine, selon Platon.

ZONUS, fleuve dont Pline indique l'embouchure à quatorze cents stades du fleuve *Jaxartes*.

ZOPARITUS, ville de l'Asie, dans la Mélitène, en-deçà de l'Euphrate, selon Ptolemée.

ZOPHOIM, contrée des Princes, dans la terre d'Edon, selon S. Jérôme. De son temps elle étoit nommée *Gabalena*.

ZORAMBUS, fleuve de l'Asie, dans la Carmanie, selon Ptolemée.

ZORIGA, ville de l'Asie, dans la grande Arménie, à la gauche & à quelque distance de l'Euphrate, selon Ptolemée.

ZOROANDA (*Hazour*), lieu de l'Asie, dans la partie du mont *Taurus*, nommée *Nicéphates*, selon Pline.

C'étoit où le Tigre s'ouvroit un passage souterrein, au nord-ouest d'*Amida*.

ZOROPASSENUS, siège épiscopal de l'Asie, dans l'Isaurie, selon les actes du concile de Nicée, tenu l'an 325.

ZOROPASSUS, ville de l'Asie, dans la petite Arménie. Elle dépendoit de la préfecture Murianne, selon Ptolemée.

ZOROYMA, siège épiscopal de l'Asie, dans la Syrie, sous la métropole de *Bostra* : selon Guillaume de Tyr.

ZOSITERPUM, ville de la Thrace, dans la province de Rhodope, selon Procope.

ZOSTER, bourgade de l'Attique, sur le bord de la mer, avec un promontoire de même nom avancé dans le golfe Saronique ; mais l'on ignore à quelle tribu ce lieu appartenoit. Minerve, Apollon, Diane & Latone y étoient honorées. Comme *Zoster* a quelque ressemblance avec *Zone*, ceinture, les habitans prétendoient que le bourg portoit ce nom, parce que Latone se trouvant dans ce lieu, & sentant son terme approcher, y avoit délié sa ceinture. *Pauf. in Attica*, ch. 31.

ZOTALE, fleuve de l'Asie, selon Pline.

ZOTAPA, ville de l'Asie, dans l'Isaurie. Il en est fait mention dans les actes du concile de Chalcédoine.

ZOTON, ville de l'Ethiopie, sous l'Egypte, selon Pline.

ZUBEDI, nom d'un fond de terre, en Afrique, dans le territoire d'Hippone, selon S. Augustin.

ZUCABIARITANUS, siège épiscopal d'Afrique, dans la Mauritanie césarienfe, selon la notice épiscopale d'Afrique.

ZUCCHABBARI (*Chadara*), ville de la Mauritanie césarienfe, selon Ptolemée. Elle étoit située fur la rive gauche du fleuve *Chinalaph*, & vers le nord-eft du mont *Zalacus*.

C'eft vraifemblablement la *Succabar* & la *Colonia Augufta* de Pline.

ZUCCHARA ( *Zung-gar*), ancienne ville d'Afrique, la plus feptentrionale de celles qui étoient entre la Zeugitanie & *Biracium*. Toute l'étendue de fes ruines & particuliérement fon temple, font actuellement couverts de chênes.

ZUCHABARUS, montagne de l'Afrique propre, dans laquelle le fleuve *Cyniphus* & la fontaine *Acaba* avoient leur fource, felon Ptolemée. Elle eft nommée, par Hérodote, *Charitum mons*.

ZUCHIS, lac de l'Afrique propre. Il avoit quatre cents ftades de circuit, felon Strabon.

ZUCHIS, ville de l'Afrique propre, fur le bord du lac de même nom, felon Strabon.

ZUGABBARITANUS, fiège épifcopal d'Afrique, felon la conférence de Carthage.

ZUGANA, ville indiquée par Ptolemée dans l'intérieur de l'Arabie heureufe.

ZUGAR, ville de l'Afrique propre, entre les fleuves *Bagradas* & Triton.

ZUMI, peuples de la Germanie. Selon Strabon, c'étoient de ceux qui furent fubjugués par Marabodus.

ZUMMENSIS, fiège épifcopal d'Afrique, dans la Numidie, felon la conférence de Carthage.

ZUNGRA, lieu de l'Afie, dans la Cilicie, felon Nicétas.

ZURENSIS, fiège épifcopal de l'Afrique proconfulaire, felon la conférence de Carthage.

ZURMENTUM, ville fituée dans l'intérieur de l'Afrique propre, au midi d'Adrumète, felon Ptolemée.

ZUROBARA, nom d'une ville de la Dacie, felon Ptolemée.

ZURTA *ou* ZORTA, fleuve de la Thrace, felon Marcellinus Comès & Jornandès.

C'eft près de ce fleuve que Ariftus fut vaincu par les Bulgares.

ZURULE ( *Tchiourlou*), ville de la Thrace. Les Scythes & les Walaques, en l'an 1198, pil-lèrent plufieurs villages aux environs de cette ville.

ZURZURA, ville de l'Afie, dans la grande Arménie, felon Ptolemée.

ZUTHI, peuple de l'Afie, dans la partie méridionale de la Carmanie déferte, felon Ptolemée.

ZUZIDAVA, ville de la Dacie, felon Ptolemée.

ZYDRITÆ, peuple qu'Arrien, dans fon Périple du Pont-Euxin, indique au voifinage des Machélones, des Hénioques & des Laziens.

ZYGACTES, peuple de la Thrace, près la ville de Philippes, felon Appien.

ZYGÆNA, île que Ptolemée indique dans la partie feptentrionale du golfe Arabique, environ à la hauteur de la ville de Bérénice.

ZYGANTES, peuple de l'Afrique, dans la Libye, felon Hécatée, cité par Etienne de Byfance.

ZYGANTIS, ville de l'Afrique, dans la Libye, felon Etienne de Byfance, qui cite Hécatée.

ZYGES, peuples de la Libye extérieure, vers le bord de la mer Méditerranée, au couchant du nôme Maréotide, felon Ptolemée.

ZYGI, peuples de l'Afie, du nombre de ceux qui habitoient fur le Bofphore Cimmérien, entre les *Athæi* & les *Heniochi*, felon Strabon.

ZYGIANA, contrée de l'Afie mineure, dans la Bithynie, felon Ptolemée.

ZYGITÆ, peuples de l'Afie, dans la Bithynie, felon Ptolemée.

ZYGOPOLIS, ville de l'Afie, dans la Colchide. Strabon femble l'indiquer près la ville de Trapezunte. Etienne de Byfance croit qu'elle appartenoit aux peuples *Zygi*.

ZYGRIS, ville que Ptolemée indique fur la côte du nôme de Libye.

ZYGRITÆ, peuples du nôme de Libye, au voifinage de la ville de *Zygris*, felon Ptolemée.

ZYRAS, nom d'un fleuve de la Thrace. Il arrofoit la ville de *Dionyfiopolis*, felon Pline.

ZYRMA, ville de la Thrace, & près de laquelle couloit le fleuve *Hebrus*, felon Ptolemée.

*Fin des Articles géographiques.*

# POST-SCRIPTUM.

JE fuis enfin arrivé au terme de la carrière que j'avois à parcourir ; mais je n'ofe pas me flatter d'avoir auffi bien rempli ma tâche qu'elle auroit pu l'être. Non-feulement il exifte dans les Lettres plufieurs hommes dont la profonde érudition eût rendu cette partie plus inftructive, & dès-là plus utile ; mais moi-même, avec plus de loifir, plus de temps & de plus grands fecours, je fens que j'aurois pu mieux faire encore. Cependant, comme je n'ai épargné, pour réuffir, ni travail, ni recherches, je me crois quelques titres à l'indulgence du Public. A moins que d'avoir employé dix années peut-être à revoir ce travail, auquel j'en avois déjà donné douze, je ne pouvois pas me flatter de faire mieux. Il ne me refte, en implorant l'indulgence de mes Lecteurs, qu'à réclamer les lumières des Savans qui voudront bien prendre intérêt à ce travail. Peut-être ce Dictionnaire, fur-tout fi l'Editeur, cédant aux vœux d'une portion confidérable du Public, délivre des parties détachées, aura-t-il l'avantage d'être réimprimé. C'eft, jufqu'à préfent, le plus confidérable des Dictionnaires de Géographie ancienne. Je n'en connois pas d'auffi étendu & d'auffi complet dans aucune langue. Il eft donc probable que quelque jour il pourra être publié de nouveau. Quelle fatisfaction ne feroit-ce pas pour l'Auteur & pour l'Editeur, d'offrir à la génération qui nous fuivra, un ouvrage perfectionné par la génération actuelle ?

J'invite donc les perfonnes que leur goût particulier, ou le genre de leurs études engageront à confulter ce Dictionnaire, & qui feront, par leurs connnoiffances, en état d'y appercevoir des erreurs ou des omiffions, de m'en faire paffer la note par la voie de l'Editeur : je les recevrai avec reconnoiffance, & les recueillerai avec foin. J'ai fait brocher à cet effet un exemplaire de cet ouvrage avec du papier blanc entre chaque feuille. Je ne diffimulerai pas que moi-même j'y ai déjà placé des remarques utiles. Non-feulement j'y inférerai celles qui me parviendront par la fuite, mais j'y ajouterai de plus les noms des perfonnes fi elles paroiffent le defirer.

En attendant que je puiffe donner au Public cette nouvelle preuve de mon zèle & de mon dévouement, je difpofe une fuite de Tableaux ou de Tables qui, fous les titres de chaque grande divifion, indiqueront les noms des peuples, montagnes, fleuves, villes, &c. qui y ont rapport. De forte qu'en faifant un choix plus ou moins étendu, chacun pourra faire pour foi un ouvrage affez complet de Géographie ancienne.

TABLES

# TABLES.

*N. B.* Je crois devoir faire précéder les Tables deftinées à préfenter un Syftême complet de Géographie ancienne, d'un Difcours fur l'état des connoiffances géographiques chez les anciens.

# ANALYSE

## De l'état de la Géographie chez les Grecs.

En terminant ce Dictionnaire de Géographie ancienne, je crois avoir achevé l'ouvrage le plus étendu & le plus complet qui ait été publié fur cette matière. Ce fera, fans doute en ce genre, un des livres les plus utiles, fans être, je l'avoue fans peine, le plus important. Du travail, de la patience, quelque érudition, & de la méthode m'ont fuffi pour conduire à fa fin ce travail d'environ douze années. Mais le génie fyftématique de la Géographie, cette perfpicacité propre à trouver la vérité, malgré les erreurs dont l'avoient voilée les anciens, ne m'ont pas affez bien fecondé. Heureufement que dans le moment où j'écris, la nature les a donnés, dans toute leur force, au citoyen Goffelin. Il vient d'en publier un effai dans un ouvrage intitulé : *Géographie des Grecs analifée*, ou *les fyftêmes de Strabon & de Ptolémée comparés entre eux & avec nos connoiffances modernes.*

Il refulte du travail, vraiment neuf, du citoyen Goffelin, que les Grecs n'ont traité la Géohraphie que longtemps après des peuples infiniment plus inftruits qu'eux, peuples qui avoient certainement des connoiffances très-étendues en aftronomie, & qu'il a fu appliquer, avec le plus grand fuccès, à la defcription de la terre, & à la conftruction des cartes géographiques.

Le temps ayant effacé prefque toutes les traces de ces travaux, il paroît que les Grecs n'en recueillirent qu'une carte dont le mode de projection leur étoit entièrement inconnu, & dont ils firent la bafe des différens fyftêmes qu'ils proposèrent pour la defcription du globe.

Cette carte, d'après les différentes preuves qu'en donne le C. Goffelin, étoit à *projection plate*, & offroit par confequent des mefures fictives & beaucoup trop grandes pour toutes les diftances prifes dans le fens des longitudes. Les Grecs, privés de tout moyen pour vérifier 'enfemble de ces diftances, furent forcés d'en admettre la plus grande partie, & ne purent hafarder que des corrections partielles dans les lieux qu'ils parcouroient le plus.

Ces corrections devinrent le principe de la variété qu'on remarque dans les divers fyftêmes géographiques des anciens, & dans les diftances qu'ils fuppofoient exifter entre un lieu & un autre. Heureufement, ils ne touchèrent point fenfiblement à la longueur de la Méditerranée, ni à celle de l'Afie, jufqu'à l'embouchure du Gange. Ils en confervèrent la mefure, telle que cette ancienne carte la préfentoit. L'erreur qui réfultoit néceffairement de fa projection, ne fut d'abord que d'environ un cinquième fur les diftances, dans le fens de la longitude; mais les Grecs ayant varié dans la fuite, fur l'étendue qu'il convenoit de donner au degré du grand cercle de la terre, portèrent l'erreur dans la graduation, jufqu'à deux feptièmes.

Telles furent les caufes qui répandirent tant d'obfcurité & tant de méprifes dont les Samfons, Delifle & d'Anville même n'ont pu fe garantir, & dont un génie attentif vient de découvrir le principe, & donner la méthode de les faire difparoître.

## Syftême d'Eratofthènes.

Dans le nombre des Géographes anciens que le C. Goffelin a foumis à la difcuffion de fes principes mathématiques, Eratofthènes eft celui qui s'offre le premier : cet ancien difoit avoir trouvé par des opérations gnomoniques que la circonférence de la terre devoit être de 252,000 ftades, ce qui donnoit 700 ftades pour le degré. Dans fon obfervation de l'obliquité de l'écliptique, il avoit trouvé le tropique, ou, ce qui revient au même, l'ouverture de l'angle formé par l'écliptique & l'équateur, de 23°, 51′, 15″; il avoit auffi reconnu que l'arc du méridien compris entre le tropique & le zenith d'Alexandrie étoit de la 50ᵐᵉ partie du cercle ou de 7°, 12′. Il s'enfuit qu'il fixoit la latitude de cette ville à 31°, 3′, 15″, qu'il réduifit dans fes cartes à 31°, valant felon lui 21,700 ftades.

## Points principaux en latitud

Ne croyant pas la terre habitable à caufe des exceffives chaleurs, il avoit tracé un premier parallèle à 8,300 ftades au nord de l'équateur, & le nommoit parallèle des *limites* : cette ligne paffoit par l'île des Exilés, en Egypte, par la partie méridionale de l'Ethiopie, où croiffoit le *Cinnamome*, c'eft-à-dire la canelle; par la Taprobane au fud de l'Inde, & fervoit de bornes aux pays où l'on croyoit que le foleil ne permettoit plus aux hommes d'habiter.

Le fecond parallèle étoit celui de Méroé; il étoit à 3,400 ftades de celui des *limites* : il paffoit par la partie méridionale de l'Inde. Il étoit donc à 11,700 ftades de l'équateur.

Le troifième parallèle paffoit à Syéné, & fe confondoit avec le tropique : Eratofthènes le plaçoit à 5000 ftades de Méroé, ce qui donne 16,700 ftades de diftance à l'équateur.

Le quatrième parallèle eft celui d'Alexandrie, fixé ci deffus à 5,000 ftades au nord du tropique ou à 21,700 de l'équateur.

Le cinquième parallèle est le plus important à déterminer, parce qu'Eratosthènes le conduisit dans toute la longueur de la terre connue de son temps. Il le fit passer par les colonnes d'Hercule, ou détroit de Gadès, le détroit de Sicile, les parties méridionales du Péloponèse & de l'Attique, l'île de Rhodes, la Carie, la Lycaonie, la Cataonie, le golfe d'Issus, la Médie, le long de la chaine du Taurus, qui rencontrant les Portes Caspiennes ( *Caspiæ Pylæ* ), s'avançoit, selon lui, à l'est, jusqu'à *Thinæ*. Eratosthènes ayant trouvé, au moyen d'un gnomon, la mesure de l'arc du méridien, entre Rhodes & Alexandrie, de 3,750 stades, il en faut conclure que ce cinquième parallèle étoit à 25,450 stades de l'équateur

Le sixième parallèle, ou parallèle d'*Amisus* passoit selon lui, à ce qu'il paroît, par la Propontide, l'Helespont, la Colchide, la mer Hircanienne, la Bactriane & la Scythie : il étoit à 28,450 stades de l'équateur.

Strabon parle aussi d'un parallèle peu distant au nord du précédent : il passoit par la Mysie, la Paphlagonie, Sinope, l'Hyrcanie & Bactres ; il étoit à 28,800 stades de l'équateur.

Le septième parallèle passoit par *Byfance* ; il étoit à 29,800 stades de l'équateur.

Le huitième parallèle passoit à l'embouchure du Borysthènes. Ce parallèle étoit à 5000 stades du précédent, ce qui donnoit 34,800 stades de distance à l'équateur.

Enfin un neuvième & dernier parallèle passoit à *Thule* ; il étoit éloigné de 11,500 stades des bouches du Borysthènes. Eratosthènes fixoit la position de cette île d'après Pythéas qui disoit y avoir observé que le tropique d'été y servoit de cercle arctique, c'est-à-dire, qu'il touchoit l'horizon, ce qui plaçoit *Thule* à 46,300 stades de l'équateur.

## Points principaux en longitude.

Passons maintenant à la recherche des principaux points en longitude.

Eratosthènes comptoit les degrés de longitude sur une ligne qu'il prolongoit depuis le cap *Sacrum* de l'Ibérie, ou de l'Hispanie, par les colonnes d'Hercule, le détroit de Sicile, l'extrémité méridionale du Péloponèse & de l'Attique, par Rhodes, le golfe d'*Issus*, les portes Caspiennes, & le long de la chaîne du *Taurus* jusqu'à *Thinæ* sur les côtes orientales de l'Asie : c'étoit, comme on vient de le voir, son cinquième parallèle, éloigné de l'équateur de 25,450 stades.

Et comme ce parallèle, selon lui, ne devoit avoir qu'un peu moins de 200,000 stades de circonférence, il est clair qu'il y réduisoit la valeur du degré à environ quatre cinquièmes de celui de l'équateur, ce qui est, à peu près, la diminution des degrés de longitude, calculée dans l'hypothèse de la terre sphérique pour une latitude approchant du trente-sixième degré & demi. Le degré à cette latitude ne doit donc comprendre que 555 stades. Mais Eratosthènes employoit le degré à raison de 700 stades. Et comme sous le parallèle de Rhodes, le cercle ne contenoit, selon lui, que 200,000 stades, que du cap *Sacrum* à l'embouchure du Gange il en comptoit 70,000, il soutenoit que la longueur du continent embrassoit un peu plus du tiers de ce parallèle. La même proportion se présentera si l'on réduit cette mesure en degrés de 555 stades chacun, puisque l'on aura pour l'intervalle compris entre ces deux points 126°, 7′, 34″ qui excèderont aussi le tiers du cercle divisé en 360 parties. Or, comme la distance réelle entre le cap *Sacrum* & l'embouchure la plus orientale du Gange n'est que de 99°, 23′, 45″, il en faut conclure qu'Eratosthènes s'est trompé de 26°, 43′, 49″ dans l'évaluation qu'il a faite de leur intervalle.

Cette erreur paroît tenir uniquement à la manière dont Eratosthènes envisageoit la construction de la carte sur laquelle il prenoit ses distances. Il faut observer que la mesure précédente, ainsi que la plupart de celles qui appartiennent aux longitudes, étoient purement hypothétiques pour cet ancien. Il n'avoit aucune observation, aucun moyen qui pût l'aider à les vérifier. Les secours qu'il pouvoit tirer de son siècle étoient même tellement bornés, que, selon Strabon, il n'avoit pu se procurer aucune connoissance sur l'Ibérie, la Gaule, l'Italie, le golfe Adriatique, le Pont Euxin, &c. Ainsi, il ignoroit presque toutes les distances de l'Europe, & il ne faisoit que répéter aveuglément celles qu'il trouvoit employées dans les cartes qui existoient de son temps.

S'il a fait des changemens à ces cartes, ce n'a donc pu être que dans quelques-unes des distances intermédiaires, en les combinant, sans doute, autrement qu'elles ne l'avoient été jusqu'alors; & comme il lui étoit impossible de réunir un assez grand nombre de ces mesures ou de ces combinaisons nouvelles, pour qu'elles pussent atteindre d'un bout à l'autre l'extrémité du continent, il faut se persuader qu'il a soumis ses corrections particulières aux grandes limites qu'il trouvoit établies & qu'il n'a rien pu changer au cadre qui les renfermoit.

Il faut encore faire attention :

1°. Qu'Eratosthènes ignoroit la méthode des projections & que toutes les cartes qui existoient de son temps étoient des *cartes plates*, dans lesquelles les méridiens & les parallèles étoient représentés par des lignes droites qui conservoient partout entre elles les mêmes distances;

2°. Que l'on retrouve cette même manière de construire une carte, également employée par les nations qui sortent de la barbarie, & par celles que les révolutions y ont replongées, avec cette différence que chez les premières elle ne présente aucune base astronomique & annonce seulement des efforts pour soumettre la Géographie à quelques principes fixes; au lieu que chez les secondes, elle conserve toujours des traces qui laissent appercevoir de grandes pertes, & les débris d'une methode beaucoup plus perfectionnée.

Pour distinguer à laquelle de ces époques la carte d'Eratosthènes doit être rapportée, il faut lui appliquer le genre de graduation qui convient à une *carte plate*, en y traçant des méridiens perpendiculaires à l'équateur, & des parallèles à ce cercle, éloignés les uns des autres de 700 stades. Si alors aucune position ne se trouve rangée sous la graduation qui lui est propre, il faut regarder cette carte comme un premier essai informe, qui, envisagé du côté de la science, ne mérite nulle attention. Mais si, au contraire, cette graduation fait voir que les points les plus essentiels s'éloignent peu de celle qu'ils ont réellement sur le globe, on sera forcé de croire, sans doute, que leur emplacement n'a pu être déterminé que par des connoissances positives, dont le souvenir peut s'être perdu ; mais dont l'exactitude se découvre encore dans des monumens que l'ignorance a défigurés, sans être parvenue à les détruire.

Les distances les plus importantes & les plus difficiles à fixer dans les cartes qu'Eratosthenes construisoit, étoient celle du cap *Sacrum* à *Issus*, qui donnait la longueur de la méditerranée ; & celle de ce même cap *Sacrum* à l'embouchure du Gange, qui déterminoit à la fois l'étendue de l'Europe & de l'Asie.

La carte qu'il consultoit lui donnoit 70,000 stades d'intervalle à l'ouverture du compas, entre le cap *Sacrum* de l'Ibérie & l'embouchure du Gange ; &, comme la construction d'une carte décide seule de l'évaluation qu'il faut donner aux distances qu'elle offre, & que dans une *carte plate* les degrés de longitude sont nécessairement toujours égaux, ces 70,000 stades ne pouvoient représenter que cent degrés juste. Or, c'est à 36', 15" près la distance précise que les observations modernes mettent entre l'une & l'autre de ces positions. Car, selon les meilleures observations, l'embouchure orientale du Gange est à 99°, 23', 45" loin du cap S. Vincent. Si l'on y ajoute les 36', 15" de différence en moins, nécessaires pour arriver à la distance indiquée par Eratosthènes, on aura les cent degrés que présentoit sa carte.

De même, pour l'intervalle compris entre le cap *Sacrum* & *Issus*, il trouvoit 30,300 stades qui valoient 43°, 17', 8", & c'est encore à 1°, 22', 52" près, la longueur que nous lui connoissons aujourd'hui, puisque la distance entre le cap S. Vincent & Alexandrette, très-près de l'ancienne *Issus*, est de 44°, 40', 0", & la différence entre cette mesure & celle donnée en plus par Eratosthènes, est de 1°, 22', 52", d'où resulte la position à 43°, 17', 8".

Ainsi il donnoit des résultats justes d'après des suppositions fausses. Car en comptant 70,000 stades du cap *Sacrum*, il admettoit plus du tiers de 200,000 stades qu'il donnoit à ce paralèlle, &, dans la réalité, il y a moins du tiers du cercle, puisque cette étendue n'est que de 99°, 23', 45". Les très-anciens Géographes avoient donc eu raison de mettre l'embouchure du Gange au 100e degré de longitude, à partir du cap *Sacrum* ; mais Eratosthènes, faute de les entendre, avoit tort de donner à cette étendue 126°, 7', 34", résultant du nombre de 70,000 stades qu'il comptoit & qui en supposoient 555 dans le degré du cercle. S'il eût eu nos connoissances il eût vu :

1°. Que l'embouchure du Gange n'étoit pas près du 30me degré de latitude, comme il le supposoit, mais au 23me ;

2°. Qu'à cette latitude le degré du parallèle qui est de 52,514 toises, devoit lui donner 641 stades $\frac{1}{14}$ ;

3°. Qu'au lieu de 70,000 stades qu'il comptoit du cap *Sacrum* à l'embouchure orientale du Gange, il auroit dû n'en compter que 64,100 ;

4°. Le même principe lui eût donné la latitude d'*Issus* à 36° environ ;

5°. Il eût vu qu'à cette latitude, le degré de longitude ne renferme que 46,154 toises, ou 20 lieues, 514 toises, ce qui lui auroit donné environ 31,223 stades au lieu de 30,300 ;

6°. Mais sur-tout il eût vu qu'il ne devoit pas tenir compte dans toute cette carte de la diminution qu'éprouvoit le parallèle à la hauteur du 36°. degré de latitude.

Le fond d'exactitude de cette carte d'Eratosthènes, contraste trop avec l'usage qu'il en fit, pour que les connoissances que ce travail suppose, pussent appartenir à son siècle, ni à lui-même. D'abord, dans l'erreur qu'on lui voit faire de la longueur du continent comparée à la circonférence du parallèle de Rhodes; en second lieu, parce qu'aucun des peuples qui existoient alors ne possédoit assez de Géographie astronomique, pour avoir pu déterminer, avec tant d'exactitude, les distances indiquées sur sa carte. Car si l'on compare ces travaux géographiques avec ceux des Géographes françois du dernier siècle, on verra que ceux-ci étoient bien loin d'avoir sur la longueur de la Méditerranée & sur la distance du Gange, des notions qui approchassent de la justesse de celles qui se trouvent dans la carte qu'Érastosthènes copioit, quoique ces espaces eussent été parcourus sans relâche pendant plus de 1900 ans depuis l'époque de la publication de cette carte. Nicolas Samson, en 1652, & Guillaume Samson, en 1668, comptoient encore du cap *Sacrum* à *Issus* 60° d'intervalle; ce qui donnoit à la Méditerranée une étendue de près d'un tiers de plus qu'elle n'a réellement. Ils plaçoient aussi l'embouchure du Gange à 125° du cap *Sacrum*, & c'étoit 25°. de trop vers l'orient, lesquels donnoient plus de 600 lieues d'erreur, à l'ouverture du compas; tandis que dans la carte d'Eratosthènes qui se trouve rectifiée dans l'ouvrage que j'analyse, l'erreur n'est que de 14 lieues, provenant vraisemblablement de ce que cet ancien, ou d'autres avant lui, avoient négligé quelques fractions, afin de fixer la somme des distances en nombres ronds.

On sait très-bien actuellement combien il est nécessaire d'avoir, pour fixer les longitudes, des observations correspondantes de quelques phénomènes célestes, tels qu'une éclipse de soleil, ou de satellites, pour croire qu'aucun des anciens peuples dont nous avons l'histoire ayent pu s'en occuper. Et même malgré les progrès de l'astronomie, la découverte des satellites de quelques planètes & la perfection des instrumens, nous n'avons encore qu'un assez petit nombre de lieux déterminés avec une exactitude rigoureuse : à plus forte raison les peuples de l'antiquité venus à notre connoissance n'ont-ils pu nous égaler dans ce genre de travail.

Pour s'en assurer il suffira, dit le C. Gosselin, de jeter un coup d'œil sur les principales nations qui occupoient alors les bords de la Méditerranée.

Les Phéniciens, il est vrai, avoient pu parcourir cette mer; mais il est certain qu'ils n'ont jamais su de Géographie astronomique, & que, deux siècles après Eratosthènes, ils n'avoient encore que des principes fort erronés sur cette science; car il est facile d'en juger par les erreurs que Ptolémée relève dans les ouvrages & dans les cartes que Martin de Tyr avoit composés.

On sait que les Egyptiens, avant l'invasion de Cambyse, sortoient peu de leur pays, & que, depuis cette époque, jusqu'à l'arrivée d'Alexandre, ils n'ont fait que perdre les connoissances qu'ils avoient pu recueillir.

Les Romains occupés à soumettre l'Italie, n'ont commencé à construire des flottes que pour la première guerre punique , qui précéda de peu d'années le temps où écrivoit Eratofthènes ; ainfi ils ne pouvoient par eux-mêmes avoir aucune notion fur l'étendue de la Méditerranée.

Les Carthaginois n'étoient pas plus habiles que les Tyriens, à en juger par le Périple qui nous refte de l'expédition d'Hannon. On y voit que cette nation commerçante n'employoit pas les obfervations aftronomiques dans fes voyages ; d'ailleurs, fi Eratofthènes avoit puifé chez eux quelques connoiffances, il eft probable qu'il n'auroit pas mis Carthage fous le méridien du détroit de Sicile ; ou bien il faudroit convenir que les Carthaginois n'avoient aucune notion exacte même fur les pays qui avoifinoient le leur.

Parmi les Grecs, fi l'on excepte Pythéas, dont on parlera bientôt, on n'en voit aucun qui fe foit occupé de Géographie aftronomique, avant la fondation de l'école d'Alexandrie. Les defcriptions de la terre les plus amples qu'ils euffent faites jufqu'alors, n'étoient que des récits vagues fur la difpofition & l'étendue des différentes contrées, femblables à celui qu'Hérodote ( *Her. Melp. Lib. IV*, §. 40 , 45 ) lifoit aux jeux olympiques de l'an 456 avant J. C. On y trouve le réfultat des recherches qu'il avoit faites dans fes voyages à Tyr, en Égypte, dans l'Afie mineure, où il venoit de confulter les peuples qui avoient envoyé des colonies jufqu'aux extrémités de l'Europe. On doit croire qu'Hérodote préfentoit à la Grèce affemblée le corps de Géographie le plus complet & le plus exacte qu'il eût encore vu, & fon ouvrage nous femble fixer, à cet égard, l'état des connoiffances de fon fiècle. Cependant on n'y découvre aucun principe, aucun élément qui annonce la plus légère idée d'une obfervation même fur les latitudes, & qui puiffe aider à deviner comment il concevoit l'arrangement des différentes parties du globe.

Hérodote fait même une erreur étrange en affurant, comme une chofe très-connue alors, que l'Europe feule étoit plus longue que l'Afie & l'Afrique prifes enfemble. Une pareille affertion, née & foutenue au milieu des nations qui naviguent le plus, fait affez voir qu'elles n'avoient encore aucune efpèce de notion fur la diftance que leurs vaiffeaux devoient parcourir pour arriver à Gadès, & qu'elles y alloient, à-peu-près, comme on va à la recherche d'un pays dont on ne fait que foupçonner l'exiftence.

Dans la fuite, les Grecs parvinrent à raffembler quelques Itinéraires femblables à celui de la marche d'Alexandre qui n'avoit à fa fuite perfonne qui fût capable de faire une obfervation tant foit peu exacte. Ils eurent auffi des périples dans le genre de celui de Sylax, où les diftances le long des côtes étoient eftimées tantôt en ftades, tantôt en journées de navigation. Mais on conçoit combien ces Méthodes étoient infuffifantes pour faire connoître la fituation des pays & pour en fixer les limites correfpondantes aux cercles de la fphère.

Ces détails rapides doivent fuffire, continue notre auteur, pour démontrer qu'aucun des peuples qui naviguoient fur la Méditerranée, n'étoient en état de fournir des connoiffances précifes fur fon étendue. Chacun d'eux pris féparément pouvoit bien connoître quelques parties des rivages de cette mer : mais fon enfemble leur étoit auffi impoffible à faifir, qu'il l'étoit pour nous dans le dernier fiècle, avant que nos aftronomes fuffent allés déterminer les bornes de son bassin. Les distances particulières données par Eratosthènes peuvent être considérées comme le résultat des erreurs de ces divers peuples. C'est probablement lui qui aura arrangé ces distances dans le cadre où celle du cap *Sacrum* à *Issus* étoit fixée ; comme il aura disposé, d'après l'Itinéraire d'Alexandre, les distances d'*Issus* aux portes Caspiennes & à l'*Indus*, sans rien changer à la position des bouches du Gange qu'il trouvoit également fixées ou sur quelque carte, ou dans quelque ouvrage qui a cessé d'être connu. Car il est remarquable que pas une des distances intermédiaires n'est exacte dans Eratosthènes, tandis que les grandes mesures sont ou peuvent être considérées comme justes. Il paroîtra, sans doute, impossible de croire qu'en accumulant & en combinant des erreurs, le hazard ait produit les vérités, sur-tout si l'on fait attention qu'elles n'ont pu appartenir qu'à une Géographie aidée de tous les secours de l'astronomie.

Ces antiques connoissances n'étoient pas bornées à l'intérieur du continent ; elles embrassoient, sans doute, le globe entier ; & nous allons en indiquer des traces sur les côtes de l'Océan atlantique. Celles de l'Europe, au delà des colonnes d'Hercule, n'étoient connues d'Eratosthènes que par les écrits de Pythéas. Cet homme né à Marseille se vantoit d'avoir parcouru toutes les contrées maritimes de l'Europe, depuis le Tanaïs jusqu'à *Thule*, sous le cercle polaire. Entreprise inconcevable de la part d'un particulier qui paroît avoir joui d'une fortune médiocre, dans un siècle où les voyages étoient si pénibles & si coûteux, que Polybe, Dicéarque, Strabon & d'autres ont regardé le récit de Pythéas comme une fable grossière. Quoi qu'il en soit, nous allons le suivre dans sa marche pour terminer l'*article* d'Eratosthènes qui adoptoit ce que Pythéas avoit écrit.

## Pythéas,

Pour se former d'abord une idée de la confiance que méritent les récits de Pythéas ; il faut remarquer qu'il assuroit avoir trouvé, à Marseille & à Bysance, le jour du solstice d'été, le rapport de l'ombre au gnomon comme 120 est à 42 moins un cinquième.

Cette proportion devoit donner pour la hauteur du soleil . . . . . . . 19°, 12′, 0″.
Il faut y ajouter l'inclinaison de l'écliptique, telle que la donne Eratosthènes qui vivoit peu de temps après Pythéas. . . . . . . . . . . . 23°, 51′, 15″.
Et l'on aura pour la latitude de ces deux villes. . . . . . . . . . . . 43°, 3′, 15″.

Supposons pour un instant que Pythéas se soit servi pour ses observations d'un gnomon terminé en pointe, il deviendra nécessaire d'ajouter 15′ pour l'erreur que la pénombre lui donnoit, & l'on aura, pour l'observation corrigée 43°, 18′, 15″. Il est remarquable que c'est, à 30″ près, la vraie latitude de Marseille, telle que la donne la *connoissance des temps* ; mais aussi, il se seroit trompé sur celle de Bysance, de 2°, 16′, 51″. Or, comme il n'est pas possible d'accorder à un observateur autant d'adresse & autant de maladresse à la fois, on doit regarder comme certain, que Pythéas n'a jamais observé ni l'une ni l'autre de ces latitudes ; qu'il a trouvé la première dans quelque ancien ouvrage qu'il aura mutilé

pour

pour forger fon roman, & qu'il ne concluoit la feconde que d'après l'opinion des navigateurs de fon fiècle. Ceux-ci, croyant l'Hélefpont, la Propontide & le Bofphore fous un même méridien, imaginoient faire route dans une direction fud-nord depuis la Troade ; &, donnant ainfi toutes entières, à la latitude, des diftances, qui en très-grande partie, fuivent une direction oppofée, ils en concluoient la hauteur de Byfance beaucoup plus feptentrionale qu'elle ne l'eft réellement.

Pythéas favoit qu'après le cap *Sacrum* de l'Ibérie, la côte remontoit au nord ; mais il ne paroît pas avoir connu le golfe de Gafcogne, compris entre le cap Ortégal & celui d'Oueffant ; c'eft du moins ce qui femble réfulter du reproche que Polybe faifoit à Eratofthènes, d'avoir avancé que les Celtes ou Gaulois habitoient tout autour de l'Ibérie jufqu'à la hauteur de Gadès. Il croyoit d'ailleurs que le promontoire *Calbium*, du pays des Ofti-damniens, qui eft le cap d'Oueffant actuel, s'avançoit plus à l'oueft que le promontoire *Sacrum* : que des îles, dont la principale fe nommoit *Uxifama*, étoient encore fituées au-delà, à trois journées de navigation du continent. Il continuoit enfuite la côte jufqu'au Rhin & de là jufqu'en Scythie. A trois journées de la Scythie il plaçoit l'île *Bafilia*, à laquelle il donnoit une très-grande étendue, & que Pline dit être la même que celle nommée *Baltia* par Xénophon de Lampfaque. Vis-à-vis cette côte, Pythéas mettoit les îles Brytanniques, dont la plus grande, nommée Albion, avoit, felon lui, 30,600 ftades de circuit.

Quand Pythéas difoit que la Bretagne devoit être plus au nord que le parallèle où le plus long jour eft de 19 heures, il ne pouvoit parler que de la partie feptentrionale ; car ce parallèle eft au foixante-unième degré de latitude ou à 42,700 ftades de l'équateur ; & c'eft à peu près la hauteur où l'extrémité de la Bretagne parvient.

Enfin venoit *Thule*, terme de la prétendue navigation de Pythéas, à 46,300 ftades de l'équateur, qui répondent à 66°, 8', 34" de latitude. Il difoit y avoir remarqué que le tropique d'été y fervoit de cercle *arctique*, c'eft-à-dire, que fa partie méridionale ne faifoit que toucher l'horizon, fans jamais s'y plonger. Jufque là tout alloit bien ; il paroiffoit être parvenu au cercle polaire, où le tropique en effet eft toujours vifible, & il falloit fe perfuader que Pythéas avoit atteint l'Iflande, ou la Laponie ; car il ne décidoit pas fi *Thule* étoit une île, ou fi elle appartenoit au continent.

Mais toute efpèce de confiance s'évanouit lorfqu'il ajoute que les jours y durent fix mois fans interruption, & les nuits autant ; & il fait affez connoître qu'il n'a jamais été dans ces contrées, où le plus long jour ne peut être que de 24h. lorfque le foleil eft parvenu au point le plus boréal de l'écliptique : la plus legère idée de la fphère lui eût fait voir que les jours de fix mois n'appartenoient qu'au pole, que la moitié de l'écliptique y paroiffoit toujours au-deffous de l'horifon, & que le tropique, loin de le toucher en un point, en étoit également éloigné dans toute fon étendue, & ne ceffoit jamais de lui être parallèle. Un fimple raifonnement lui eût encore démontré fon erreur ; car, après avoir dit que dans le nord de la Bretagne le plus long jour étoit de 19h., il n'auroit pas ajouté qu'à fix journées de navigation au-deffus, les jours étoient de fix mois, s'il avoit réfléchi que l'efpace qu'il falloit franchir pour trouver le climat où cela avoit lieu, étoit de plus de 20,300 ſtades, ou de 29 degrés. Mais l'ignorance & le menſonge ne combinent pas les faits ou les combinent mal-adroitement.

Pythéas ajoute des fables à ſes erreurs, quand il dit que le flux & le reflux ceſſoient de ſe faire ſentir lorſqu'après avoir paſſé le détroit de Gadès on étoit parvenu au cap *Sacrum*; & qu'il aſſure enſuite qu'au-deſſus de la Bretagne le reflux montoit à la hauteur de 80 coudées. De même, lorſqu'il dit que dans les environs de *Thule*, il n'y avoit plus ni terre, ni mer, ni air, mais un compoſé de tous ces élémens, d'une conſiſtance ſemblable à celle de la ſubſtance du poiſſon nommé *Poumon de mer*; que l'on ne pouvoit ni y marcher, ni y naviger : & cependant s'il faut l'en croire, il y marchoit, il y naviguoit, & il y reſpiroit ! D'après des contradictions ſi frappantes, ne peut on pas aſſurer ſans crainte, que jamais Pythéas n'a fait le voyage dont il a écrit la relation !

Cependant, au milieu de ce chaos on découvre encore un fonds de vérités inconteſtables que Pythéas ne pouvoit deviner, qu'aucun Grec ne ſavoit avant lui, & que l'on n'a pu vérifier que long-temps après ſon ſiècle.

Premièrement, l'exiſtence du promontoire *Calbium*, dont la poſition, beaucoup trop occidentale, prouve ſeulement que Pythéas n'y avoit pas été, & qu'il ignoroit, ainſi qu'Eratoſthènes, que la Gaule & l'Ibérie fuſſent ſéparées par un iſthme.

Secondement, la mention faite de l'île de *Baſilia* ou *Baltia*, qui ne peut avoir de rapport qu'avec la Scandinavie & dont le nom ſe conſerve encore aujourd'hui dans celui de Baltique que la mer y a retenu.

Troiſièmement, la hauteur où il plaçoit l'extrémité ſeptentrionale de la Bretagne ou de l'île d'Albion qui, à 2°, 23′ près, répond à la latitude des parties les plus élevées de l'Angleterre.

Quatrièmement enfin, la poſition de *Thule* qui, ſi elle doit être une île, comme les anciens l'ont cru, ne peut convenir qu'à l'Iſlande. Cette île étant la ſeule qui préſente la hauteur indiquée par Pythéas & les mêmes circonſtances par raport au tropique.

Obſervons de plus que la juſteſſe des latitudes de Pythéas prouve que, dans les matériaux qu'il employoit, on avoit fait uſage de ſtades de 700 au degré du grand cercle; que cette évaluation eſt par conſéquent bien antérieure à Eratoſthènes, qui ſe l'eſt appropriée dans la ſuite. Pour reconnoître l'exactitude de cette ancienne meſure de la terre, ce n'étoit pas la baſe, inſidieuſement indiquée par Eratoſthènes entre Syène & Alexandrie, qu'il falloit prendre pour terme de comparaiſon, mais la diſtance de l'équateur à *Thule*, ou celle du cap *Sacrum* de l'Ibérie à l'embouchure du Gange, en conſidérant cette dernière comme priſe ſur une carte à *projection plate*.

Il nous ſemble, continue l'auteur, que ces rapprochemens démontrent que Pythéas avoit découvert d'anciens mémoires ou recueilli d'anciennes traditions qu'il aura défigurées pour faire méconnoître leur origine, mais qui ne pouvoient être que la contre-partie de ceux qui avoient fourni à Eratoſthènes les connoiſſances exactes qu'il a altérées; & comme elles ne pouvoient être dans ces deux auteurs les réſultats d'aucune combinaiſon, puiſqu'elles font indépendantes les unes des autres & de toutes les données intermédiaires, il faut croire qu'elles ont appartenu à une science acquise par les observations, & dont les débris ont été séparés par des circonstances inconnues jusqu'aujourd'hui; ce qui nous persuade que, dans des temps très-reculés, la Géographie de l'ancien continent a été à peu près aussi avancée que celle que nous possédons maintenant.

## Hypparque.

Hypparque, qui vint après Eratosthènes, conçut que la Géographie ne pouvoit faire de progrès qu'autant qu'elle seroit soumise aux observations astronomiques. Mais les observateurs & le talent d'observer étoient trop rares dans le siècle où il vivoit, pour qu'il pût espérer qu'elles se multipliassent rapidement. Ce fut, sans doute pour les faciliter, qu'il calcula & marqua les différentes apparences célestes par chaque degré du méridien de Rhodes, depuis l'équateur jusqu'au pole septentrional. Il embrassoit, dit Pline, les éphémérides propres à chaque nation, les jours, les heures, le site respectif de chaque lieu, & les divers aspects du ciel, relativement aux divers peuples. Strabon nous a conservé une partie de ces tables: nous pensons que celles qui sont rapportées dans Pline pourroient aussi lui appartenir: il n'en cite pas l'auteur, mais il dit qu'elles sont l'ouvrage des Grecs; & nous ne voyons qu'Hypparque à qui on puisse en attribuer au moins l'origine.

Cet ouvrage, entre les mains des voyageurs, devoit en effet produire des observations sur les latitudes. Ptolémée nous apprend qu'Hypparque se procura aussi quelques observations d'éclipses de lune au moyen desquelles il conclut les longitudes de plusieurs villes. Mais il paroît qu'il retira peu de fruit de ces soins; car, dans la discussion qu'il entreprit des ouvrages d'Eratosthènes, il ne fit guères qu'y ajouter des erreurs ou bien en substituer à celles qu'il combattoit.

Il soutenoit, par exemple, que l'Océan, qui environne la terre, ne formoit pas une seule mer; qu'il étoit partagé par de grands isthmes qui le divisoient en plusieurs bassins particuliers; que l'*Indus*, à sa sortie des montagnes, couloit au sud-est & que son cours formoit, avec le méridien de ses sources, un angle de 45 degrés.

Le plus grand changement qu'Hypparque proposa de faire dans les cartes d'Eratosthènes, fut d'élever, au nord du parallele de Rhodes, la chaîne du mont *Taurus* à mesure qu'elle avançoit vers l'est, de manière qu'en approchant de la mer orientale, elle devoit se trouver à 30,000 stades au-dessus du parallèle de Méroé. Ainsi dans son opinion, ces montagnes se seroient élevées jusqu'au soixantième degré de latitude, qui est celle de la Sibérie, & bien au-delà, par conséquent, du grand plateau de l'Asie & de la demeure des Scythes. Il avoit puisé cette erreur, dans les ouvrages de Mégasthènes & de Déimachus qui, par leurs fausses combinaisons, reculoient la chaîne du *Taurus* beaucoup plus au nord qu'elle ne devoit l'être.

Hypparque, suivant Strabon, admettoit, comme Eratosthènes, la division du grand cercle de la terre en 360 parties qui valoient chacune 700 stades, ce qui en donnoit 252,000 pour la circonférence du globe. Cependant, si l'on en croit Pline, Hypparque ajoutoit à ce nombre , *un peu moins* de 25,000 ſtades : ainſi , il auroit compté environ 277,000 ſtades par le grand cercle de la terre. Ce paſſage offre une difficulté qu'il ne nous a pas encore été poſſible de vaincre d'une manière ſatisfaiſante.

J'obſerverai cependant : 1°. que Pline comptoit les ouvrages d'Eratoſthènes & d'Hypparque ſouvent ſans les entendre , comme l'indiquent aſſez les termes emphatiques dont il ſe ſert pour annoncer des choſes qui n'étoient rien moins que merveilleuſes pour le ſiècle dans lequel il écrivoit ;

2°. Qu'aucun auteur de l'antiquité , pas même Strabon , qui avoit fait une étude bien plus approfondie que Pline des ouvrages d'Hypparque , ne diſant rien qui ait trait à cette citation , leur ſilence laiſſe , au moins , une grande incertitude ſur leur authenticité ;

3°. Que l'expreſſion même employée par Pline , prouve que le nombre de 25,000 n'eſt pas celui dont Hypparque s'eſt ſervi , & que par conſéquent il ne pourroit qu'induire en erreur ceux qui chercheroient à en faire une application rigoureuſe.

Cela poſé , ne ſeroit il pas poſſible de croire que Pline s'eſt trompé ; qu'Eratoſthènes & Hypparque n'auroient fait qu'ajouter , dans quelques circonſtances , à la meſure de la terre qu'ils adoptoient , autant de ſtades qu'il en falloit pour obtenir des fractions plus faciles dans ſa ſubdiviſion ? Ce ſoupçon ſeroit autoriſé par un paſſage de Marcien d'Héraclée , où il eſt dit qu'Eratoſthènes donnoit au plus grand circuit de la terre , 259,000 ſtades ; c'étoit donc 720 ſtades au degré , 12 par minute , & un cinquième par ſeconde ; ce qui ſimplifioit beaucoup tous les calculs de longitudes & latitudes. Mais , d'après cette interprétation , il faudroit lire dans Pline 7,200 ſtades au lieu de 25,000. Quelque grands que ſoient ces changemens , on y gagneroit au moins l'interprétation d'un paſſage juſqu'à préſent inexplicable.

Nous penſons que c'eſt à Hypparque que l'on doit la méthode des projections : nous ne trouvons aucune trace qui indique qu'elle ait été connue d'Eratoſthènes ; & elle l'étoit du temps de Strabon , puiſqu'il parle des cartes dont les parallèles & les méridiens ſont courbés. Hypparque en raſſemblant les obſervations qui pouvoient être appliquées aux longitudes , a dû néceſſairement tenir compte de la diminution qu'éprouve l'étendue des parallèles à meſure qu'ils s'éloignent de l'équateur ; & ceci l'aura conduit à rechercher quelle pouvoit être la courbe que devoient prendre les cercles de la ſphère , lorſqu'il eſt queſtion de les tracer ſur une ſurface plane. Ce moyen qui ſoumettoit impérieuſement la Géographie aux obſervations aſtronomiques , étoit le plus grand pas que la ſcience pût faire ; & l'on doit à Hypparque le principe qui l'a inſenſiblement conduite à la perfection qu'elle a acquiſe ou recouvrée depuis.

## *Poſidonius.*

Poſidonius entreprit une nouvelle meſure de la terre. Cette tentative prouve que l'on avoit peu de confiance dans celle d'Eratoſthènes ; ſans doute parce qu'on le ſoupçonnoit d'avoir caché les véritables ſources qui lui avoient fourni ſes réſultats. Selon Cléomèdes ,

Posidonius donnoit à la circonférence du grand cercle de la terre 240,600 stades : suivant Strabon, il la réduisoit à 180,000. Cette énorme différence pourroit faire croire que Posidonius avoit employé dans ses calculs deux stades de valeur inégale & dont la proportion auroit été comme 4 est à 3 ; mais nous pensons qu'il faut lui chercher une autre origine.

Lorsque, par des observations, on s'est assuré de la grandeur de l'arc céleste compris entre les zéniths de deux endroits, on mesure leur intervalle sur la terre, & l'on en conclut la valeur du degré ; c'est du moins la marche qui a été suivie jusqu'à présent par tous ceux qui ont entrepris cette grande opération. Posidonius crut qu'il pouvoit se passer de ces moyens, & choisit sa base sur la mer entre Alexandrie & Rhodes. Il avoit remarqué, étant dans cette île, que l'étoile Canope ne faisoit que paroître à l'horison, & qu'elle se couchoit l'instant d'après ; lorsqu'il fut à Alexandrie, il vit la même étoile s'élever de la quarante-huitième partie du cercle, ou de 7°, 30' ; &, comme il estimoit la distance itinéraire entre ces deux villes de 5,000 stades, il divisa ce nombre par le premier, & trouva pour chaque degré 666 stades, & 240,000 pour la circonférence de la terre.

Les renseignemens que Posidonius prit à Alexandrie sur la véritable distance de cette ville à Rhodes, lui firent bientôt abandonner sa première évaluation du degré. On a dit précédemment qu'Eratosthènes avoit mesuré l'intervalle qui séparoit ces deux villes, & qu'il l'avoit trouvé de 5,750 stades. Nous ignorons la mesure de l'arc que lui donnoit son observation ; il est probable qu'elle fut de 5°, 21', 15", ce qui seroit assez juste pour le temps, puisqu'elle n'excèderoit que de 4', 15" celle que l'on connoît aujourd'hui. Posidonius rejeta l'évaluation d'Eratosthènes, & adopta la distance qu'il avoit fixée : alors divisant les 3,750 stades ci-dessus par les 7°, 30' que lui donnoit son observation particulière, il trouva que le degré ne devoit plus contenir que 500 stades, & la circonférence du globe, seulement 180,000.

Que d'erreurs ne devoit pas produire une opinion si bizarre par le mélange que Posidonius introduisit dans ses élémens ! Car, si l'observation d'Eratosthènes ne valoit rien, pourquoi admettre sa mesure itinéraire qui n'étoit que le résultat de son observation ? Cette inconséquence n'empêcha pas l'école d'Alexandrie d'adopter le sentiment de Posidonius : le degré du méridien y resta fixé à 500 stades : & l'on verra bientôt que cette déterminaison fut le principe des nouvelles erreurs que Ptolémée ajouta à toutes les longitudes d'Eratosthènes.

Posidonius soutenoit que les 70,000 stades que l'on comptoit depuis le cap *Sacrum* de l'Ibérie jusqu'à l'embouchure du Gange, embrassoient, à peu près, la moitié de la circonférence du parallèle de Rhodes. En effet, le degré du grand cercle, étant estimé de 500 stades, se trouve réduit à 400 à la hauteur de Rhodes, & le tour entier du parallèle ne peut en contenir que 144,720, dont la moitié est 72,360. Posidonius devoit donc croire que la distance du cap *Sacrum* au Gange étoit de 174°, 7', 45" : il se trompoit de 74°, 44' & son erreur tenoit à la méthode qu'il employoit dans sa graduation.

Pour abréger, on supprime ici plusieurs méprises de Posidonius ; nous observerons seulement qu'il orientoit la Sicile précisément comme l'avoit fait Eratosthènes.

1°. Il disoit que le cap Pélore & le cap Lilybée étoient situés entre eux nord & sud, & que le cap *Pachinum* s'avançoit vers l'orient.

2°. Il ne donnoit que 1,500 stades de largeur à l'isthme qui sépare le Pont-Euxin de la mer Caspienne ; autant à celui qui est entre Péluse & le fond du golfe arabique près d'Héroopolis ; & le même nombre pour la distance des Palus méotides à l'océan septentrional.

3°. La longueur des Pyrénées, ou la traversée de l'isthme qui sépare l'Ibérie de la Gaule, avoit, selon lui, moins de 3,000 stades.

4°. Il plaçoit les îles Cassitérides au-dessus du pays des Lusitaniens, & l'Inde sous le parallèle de la Gaule, du moins à en juger par les termes de Pline qui, à la vérité, ne sont pas bien clairs en cet endroit.

Posidonius croyoit à l'Atlantide de Platon, & pensoit, comme lui, qu'un tremblement de terre l'avoit fait disparoître.

Mais ce qui le rend le plus recommandable en Géographie, c'est qu'il fit tous ses efforts pour prouver, contre l'opinion d'Hypparque, que l'on pouvoit naviger autour de l'Afrique depuis les colonnes d'Hercule (1).

## Récapitulation d'après le Tableau.

Voici donc ce qui arriva à Eratosthènes. Il avoit sous les yeux une carte plate, mais sur laquelle les degrés n'étoient pas tracés. Supposant d'une part qu'à la latitude de Rhodes le degré ne devoit contenir que 555 stades, & de l'autre, que tous les lieux qu'il alloit indiquer étoient situés sous un parallèle où cette mesure étoit toujours la même, il prit avec un compas les distances des lieux. Cette carte donnoit, à ce qu'il paroît, les distances plus exactement pour l'Asie que pour l'Afrique ; peut être même n'y en avoit-il que quelques-unes.

1°. Du cap *Sacrum* au détroit de Calpé, il trouva 3,000 stades, & il en conclut, que ce détroit devoit en être à 5°, 24', 19''. S'il eût estimé ce que devoit avoir, au-dessous de 700 le degré de longitude, à cette latitude, il n'eût trouvé que 4°, 17', 8''.

2°. Il trouvoit du même promontoire à Carthage 11,800 stades qui lui donnoient 21°, 15', 40'' ; d'après la diminution indispensable, il n'eût trouvé que 16°, 51', 25''. Probablement cette carte ne donnoit rien sur Rome, ni sur le détroit de Sicile, ou en donnoit mal la position. Aussi Eratosthènes les comprend-il sous le même méridien.

3°. Il en est de même de Méroé, Syène, &c. jusqu'aux embouchures du Borysthènes ;

(1) On peut voir dans l'ouvrage même du C. Gosselin les tableaux où toutes les positions de la carte d'Eratosthènes se trouvent calculées & remises à leurs vraies positions.

il compte 25,300 stades qui lui donnent 45°, 35' 8" : il n'eût eu que 36°, 8', 34". Il y a des erreures à chaque lieu. Elles sont plus ou moins considérables, mais celle de Rhodes l'est peu, puisqu'elle n'est que de 17', 11". Il paroît donc que la carte qu'il avoit sous les yeux donnoit cette position assez juste.

4°. Il avoit trouvé jusqu'à Peluse 26,600 stades ; il en concluoit 47°, 55', 40" , & n'eût dû en conclure que 38°, 0', 0".

5°. Jusqu'à Issus, qui termine l'extrémité orientale de la Méditerranée, il avoit trouvé 30,300 stades, il en concluoit le 43°, 17', 8" : cette position étoit bien meilleure que celle que les modernes avoient adoptée depuis, puisqu'elle n'offroit de différence que 1°, 22', 52".

Je passe quelques autres lieux pour lesquels on peut recourir au tableau du C. Gosselin ; mais je passe aux deux suivans.

6°. Les sources de l'Indus se trouvoient éloignées de 55,600 stades ; cela lui donnoit 100°, 10', 48" : il n'en eût trouvé que 79°, 25', 42", & dans ce cas, ce qui faisoit, d'après lui une erreur de 19°, 18', 48", & qui prouve que son original étoit assez exact, c'est qu'il n'y a entre cette mesure, & celle que les observations nous donnent, que 1°, 26', 18" de différence.

7°. L'embouchure du Gange, selon Eratosthènes, est à 70,000 stades du cap *Sacrum* ; cela doit faire selon lui 125°, 7', 34" ; au lieu de la réalité qui donneroit 100°, 0', 0", distance assez conforme à celle que donnent les observations modernes, qui est de 99°, 23' 45" & n'offre de différence que 36', 15".

Ainsi la carte que consultoit Eratosthènes étoit exacte, ou du moins à peu près ; mais parce qu'il n'en conçut pas bien la construction, il en fit mal l'analyse, & nous donna des résultats faux, d'après des bases certaines.

## *Strabon.*

Nous venons, reprend l'auteur, de rapporter les opinions géographiques des trois principaux auteurs qui ont précédé Strabon. Il en cite plusieurs autres, mais aucun n'avoit embrassé l'universalité de la science comme Eratosthènes, Hypparque & Posidonius. La plupart s'étoient bornés à décrire quelques contrées particulières ; & ceux qui avoient conçu un dessein plus étendu, ne s'étoient point inquiétés de la masse générale des continens, ni de la disposition respective de leurs parties. Il est probable que la première description du monde, entreprise par les Romains, & qui fut terminée par Agrippa, n'étoit pas encore publique à Rome, au commencement de l'empire de Tibère, puisque Strabon, qui avoit séjourné dans cette ville, ne l'a pas connue : mais dans ses voyages il se procura un grand nombre de détails nouveaux sur des pays presque ignorés de ses prédécesseurs. Ce qui lui en fournit le plus ce furent les vastes conquêtes des Romains & des Parthes, nations dont la puissance se heurtoit sans cesse. Dailleurs les trois guerres Puniques, celles d'Illyrie contre Teuta, les guerres contre les Gaulois, celles d'Espagne, celles de Macédoine contre Philippe, & ensuite contre Persée ; celles de Syrie contre

Antiochus ; celles contre Mithridate Eupator , qui lui-même avoit soumis les régions au-dela du Tyras, jusqu'aux Palus Méotides , & ensuite la Colchide , l'Hyrcanie, la Bactriane & une portion des Scythes; celle contre Jugurtha, roi de Numidie , celle contre Aretas, roi d'Arabie ; les expéditions de Jules Cesar dans les Gaules, dans la Bretagne , dans la Mauritanie ; celles d'Auguste chez les Astures & les Cantabres ; celles de Germanicus dans la Pannonie, dans la Dalmatie & dans la Germanie qu'il parcourut jusqu'à l'Elbe; celle de Gallus en Egypte, en Ethiopie, en Arabie , & quelques autres, furent encore autant de conquêtes pour la Géographie qui s'enrichit de toutes les connoissances qu'elles procurèrent.

Strabon en profita pour entreprendre une nouvelle description de la terre. Il l'orna d'une foule de traits historiques sur l'origine des villes & l'antiquité des nations qui ont rendu son livre un des plus précieux de ceux que le temps a respectés. Son style est simple , mais noble, tel qu'il convient à la gravité de l'histoire. Le plan de ses descriptions est celui que la nature lui présentoit. Il parcourt les bords de la Méditerranée en commençant par l'Ibérie; & à mesure que le continent s'étend vers le nord, l'orient ou le midi, il le suit jusqu'à ses extrémités, ou plutot jusqu'à ce que le défaut de connoissances l'arrête. Son extrême sévérité dans le choix des matériaux qu'il vouloit employer, & l'esprit de parti, toujours si tranchant parmi les différentes sectes de philosophes, lui permirent rarement de substituer des doutes aux opinions qu'il combattoit : il les rejetoit avec aigreur. Stabon parut avoir peu su d'astronomie & de mathématiques, du moins il ne vouloit pas croire que la Géographie dût être soumise à ces sciences, autant qu'Eratosthènes , Hypparque & Posidonius le prétendoient. C'est probablement ce qui l'a empêché de sentir l'importance de nous conserver les mesures d'Eratosthènes dans leur intégrité.

Stabon a suivi la marche d'Eratosthènes, c'est-à-dire, qu'il a cherché à donner une idée de l'ensemble des terres & des mers , en indiquant d'abord la distance qu'il croyoit exister entre leurs principaux points , & en les liant ensuite par les distances intermédiaires qu'il avoit recueillies.

Bertius a douté si l'ouvrage de Strabon n'avoit pas été autrefois accompagné de cartes. Il est possible que cela soit; mais assurément ces cartes n'etoient pas de Strabon. Pour les construire , il eût été forcé de se décider sur les contours & la position que devoient prendre toutes les contrées & toutes les mers: & c'est ce qu'il n'a pas toujours fait, puisqu'après avoir présenté ou discuté l'opinion des géographes qui l'avoient précédé , il laisse quelquefois ses lecteurs dans une sorte d'incertitude sur ce qu'il pensoit lui-même. Au reste on ne peut douter qu'il n'eût des cartes devant les yeux lorsqu'il écrivoit, & que pour certains pays, il n'en eût même plusieurs qui étoient composées sur des systêmes différens. Et comme il lui arriva de calquer ses descriptions tantôt sur les unes, tantôt sur les autres, sans en prévenir à chaque fois ses lecteurs , la difficulté de discerner l'opinion qu'il préféroit n'est pas la moindre de celles que l'on a à vaincre en essayant de dresser une carte d'après lui , ainsi que l'a fait si heureusement le citoyen Gosselin. En voici quelques détails.

*Latitudes.*

## *Latitudes.*

Strabon adoptoit, comme Eratosthènes & Hipparque, le stade de 700 au degré : il mesuroit, comme eux, la longueur & la largeur de la terre habitable sur deux lignes qui devoient se couper à angles droits à Rhodes. Quoiqu'Hipparque eût indiqué la nécessité de courber les méridiens & les parallèles pour avoir, avec plus de précision, sur un plan, le développement du globe, Strabon prévient qu'il continuera de décrire les pays en les supposant tracés sur une surface plane. Ainsi nous devons opérer, dit le citoyen Gosselin, dans la construction de sa carte, comme nous l'avons fait pour celle d'Eratosthènes, c'est-à-dire, que les parallèles & les méridiens doivent conserver entre eux une égale distance, & servir de mesure commune pour toutes les positions. Voici les principaux parallèles qu'admettoit Strabon.

Il plaçoit, comme Hipparque, le parallèle de la région qui produit la canelle, celui de l'île des Exilés, ainsi que les limites de la terre habitable & de la zone tempérée, à 8,800 stades de l'équateur.

Des limites à Méroé, il comptoit 3,000 stades, ce qui place cette ville à 11,800 stades de l'équateur. On peut croire, quoiqu'il ne le dise pas, qu'il supposoit, sous ce parallèle, l'extrémité méridionale de l'Inde, puisque c'étoit l'opinion générale de son siècle.

De Méroé au tropique & à Syène, il met 5,000 stades, ce qui revient à 16,800 stades de l'équateur. Il pensoit donc que le tropique pouvoit être fixé à 24° en nombre rond. On voit par-là combien il étoit inexact dans ses évaluations.

De Siène à Alexandrie, il admettoit aussi les 5,000 stades qu'Eratosthènes avoit comptés. Ainsi cette ville devoit être à 21,800 stades de latitude.

Strabon dit que le parallèle du fond de la grande Syrte, le même qui, selon lui, doit passer par Héroopolis, à l'extrémité septentrionale du golfe Arabique, & par le milieu du pays des Massesyliens & des Maurusiens qui habitoient l'Afrique, à l'ouest de Carthage, est plus méridional de 1,000 stades que celui d'Alexandrie ; ce qui fixe ces lieux à 20,800 stades de latitude. Il ajoute que Carthage est à un peu moins de 2,000 stades au nord de ce parallèle : C'est donc à environ 22,700 stades de l'équateur. D'Alexandrie à Rhodes il comptoit 3,600 stades. Ainsi il plaçoit cette ville à 25,400 de latitude. Il conduisoit le parallèle de Rhodes, depuis le détroit des Colonnes, par le détroit de Sicile, par le golfe d'Issus & le long du Taurus, en le faisant aboutir à la mer Orientale, entre l'Inde & la Scythie, située au-dessus de la Bactriane.

L'opinion de Strabon étoit que la partie de ce parallèle, comprise entre le détroit des Colonnes & celui de Sicile, partageoit la Méditerranée, à-peu-près par le milieu de sa largeur ; &, comme les navigateurs comptoient 5,000 stades par le plus court trajet, depuis le golfe Gaulois, qui baignoit les côtes de la Narbonnoise jusqu'en Afrique, Strabon en conclud que, de ce parallèle au fond du golfe Gaulois, il ne peut y avoir plus de 2,000 stades, & qu'il doit y en avoir moins de 2,500 jusqu'à Marseille, qui est plus au sud

M m m m

que le fond de ce golfe. Selon lui, cette ville ne pouvoit par conséquent pas atteindre tout-à-fait à 27,900 ftades de latitude.

D'après ce raifonnement, Strabon rejetoit l'obfervation attribuée à Pythéas., & le fentiment de tous ceux qui plaçoient Marfeille à la même hauteur que Byfance. Comme il comptoit en effet 4,900 ftades d'intervalle en ligne droite, entre Byfance & Rhodes, & qu'il n'en admettoit pas tout-à-fait 2,500, entre le parallèle de Rhodes & celui de Marfeille, il devoit trouver que cette dernière ville, loin d'être fous la même latitude que Byfance, en étoit plus méridionale d'environ 2,400 ftades.

C'eft abfolument l'inverfe de ce qui exifte dans la nature, puifque la latitude de Conftantinople prife à Péra eft de . . . . . . . . . . . . . . . . . . . . . . . . . . 41°, 1′, 24″, & celle de Marfeille de . . . . . . . . . . . . . . . . . . . . . . . . . . 43°, 17′, 45″, différence 2°, 16′, 21″, qui donnent près de 1,600 ftades pour l'efpace dont Marfeille eft plus é'evée vers le nord que Conftantinople.

On conçoit difficilement comment une opinion auffi étrange put jamais prévaloir dans l'efprit de Strabon fur l'autorité d'Eratofthènes & d'Hipparque. Il eft probable que cette opinion fût celle des Romains, qui ignoroient encore jufqu'aux elémens de la Géographie aftronomique, & que c'eft chez eux que Strabon l'aura puifée, pendant le féjour qu'il fit en Italie. Elle dut influer fur toutes les autres pofitions que donna Strabon dans la Gaule, la retagne, la Germanie, dont les pofitions, dans ce qu'il en dit, font foumifes à celle de Marfeille, fixée à 27,700 ftades de l'équateur.

A 3,700 ftades, au nord de Marfeille, on trouvoit, felon Strabon, les côtes de la Gaule fur l'Océan. Il ajoute, plus loin, que la diftance du parallèle de Marfeille à celui de la Bretagne, peut fe rapporter à la diftance de Byfance au Boryfthènes; & comme il comptoit 3,800 ftades d'intervalle entre ces deux dernières pofitions, il s'enfuit que les côtes feptentrionales de la Gaule & les parties méridionales de la Bretagne doivent être placées, dans fon fyftême, à 31,400, ou 31,500 ftades de l'équateur, & c'eft la feconde de ces diftances qu'il faut préférer.

Il comptoit 5,000 ftades du parallèle de Marfeille à celui du milieu de la Bretagne, ce qui donnoit 32,700 ftades de latitude.

Les parties feptentrionales de la Bretagne s'élevoient, felon lui, à 6,300 ftades au nord de Marfeille, ou à 2,500 ftades des côtes feptentrionales de la Gaule. C'étoit donc à 34,000 ftades de l'équateur.

Strabon plaçoit Byfance, Sinope & Amifus fous un même parallèle, à 4,900 ftades de celui de Rhodes; ce qui revient à 30,300 ftades de latitude : il mettoit l'embouchure du Boryfthènes à 3,800 ftades de Byfance, c'eft-à-dire, à 34,100 de l'équateur. Ce dernier parallèle, qui fixoit la hauteur des parties feptentrionales du Pont-Euxin, étoit en même temps celui de l'Albis, terme des connoiffances géographiques, que l'expédition de Germanicus avoit procurées aux anciens dans cette partie de l'Europe.

A 4,000 ftades, au nord du milieu de la Bretagne, ou à 5,000 ftades des côtes feptentrionales de la Gaule, il plaçoit l'ifle Lerne ou l'Irlande d'aujourd'hui. Ainfi il l'élevoit à

36,500, ou 36,700 ſtades de latitude ; enfin , à 4,000 ſtades au-deſſus de l'embouchure du Boryſthènes & des parties ſeptentrionales de la Bretagne , il fixoit les limites de la terre habitable, qui, d'après ſon opinion particulière, ne devoient pas être à plus de 38,000 ſtades de l'équateur.

## Longitudes.

Strabon comptoit, comme Eratoſthènes, ſes longitudes ſur le parallèle de Rhodes , depuis le cap *Sacrum*, en Ibérie, juſqu'à *Thinæ*. Il eſtimoit que cette longueur ne devoit pas être tout-à-fait de 70,000 ſtades. En voici quelques détails.

1°. Du cap *Sacrum* aux colonnes d'Hercule, il n'admettoit que 2,000 ſtades.

2°. Il ſemble varier ſur la diſtance du détroit des colonnes à celui de Sicile. Dans le calcul général il la compte pour 15,000 ſtades ; dans la page précédente, il dit 12,000 ; & ailleurs, environ 12,000 : comme il indique pluſieurs fois cette dernière diſtance , il eſt probable que c'eſt celle qu'il adoptoit de préférence, ainſi nous compterons, du cap *Sacrum* au détroit de Sicile, 14,000 ſtades.

Tout le monde convient, dit Strabon, que du détroit de Sicile aux côtes de la Carie, il n'y a pas plus de 9,000 ſtades. Il préſente les détails de cette traverſée de deux manières différentes ; ſavoir :

1°. Du détroit de Sicile au cap *Pachinum*, de la même île. . . . . . . . 1,000 ſtades.
Du *Pachinum* au cap *Criu-Metopon*, en Crète. . . . . . . . . . . 4,500
Pour la longueur de l'île de Crète , depuis ce dernier cap juſqu'au cap *Samonium*. . . . . . . . . . . . . . . . . . . . . . . . . . . . . 2,000
Du cap *Samonium* à Rhodes ou à la Carie. . . . . . . . . . . . . . 1,000

8,500 ſtades.

2°. Du détroit de Sicile au *Pachinum*. . . . . . . . . . . . . . . . . 1,130 ſtades.
Du *Pachinum* au *Criu-Metopon* . . . . . . . . . . . . . . . . . . . 4,600
Pour la longueur de l'île de Crète. . . . . . . . . . . . . . . . . . . . 2,300
Du cap *Samonium* à Rhodes. . . . . . . . . . . . . . . . . . . . . . 1,000

9,030 ſtades.

La différence de 530 ſtades que préſentent ces deux réſultats, ne peut pas faire de difficultés. Il eſt viſible que la première des meſures eſt donnée par la ligne droite compriſe entre le détroit de Sicile & Rhodes, & que la ſeconde renferme les déviations que la route eſſuie en allant reconnoître l'île de Crète. Le citoyen Goſſelin y a eu égard dans la carte qui accompagne cette partie de ſon ouvrage.

De Rhodes à Iſſus, Strabon comptoit 5,000 ſtades.

D'Iſſus à Thapſaque, il admettoit ſans doute la diſtance qu'Eratoſthènes avoit indiquée pour la différence des méridiens de cette ville, quoiqu'il n'en diſe rien dans l'expoſition

de fon fyftêmê particulier. Mais dans la difcuffion où il eft entré fur la critique qu'Hipparque avoit faite des cartes d'Eratofthènes, on voit clairement qu'il jugeoit exceffifs
les 10,000 ftades que cet auteur avoit comptés entre Thapfaque & les portes Cafpiennes.
Strabon ne parle point de la mefure qu'il donnoit à cet intervalle. Mais, comme il adoptoit
les diftances de 14,000 ftades des portes Cafpiennes à l'Indus, & les 16,000 de l'Indus à
*Thinæ*, & qu'il ne comptoit, en même temps, que 40,000 ftades de *Thinæ* à *Iffus*, il nous
paroît certain qu'il réduifoit l'intervalle compris entre Thapfaque & les portes Cafpiennes,
à 8,700 ftades, & qu'il fixoit

Thapfaque à . . . . . . . . . . . . . . . . . . . . . . . 28,800 ⎫
Les portes Cafpiennes à . . . . . . . . . . . . . . . 37,500 ⎬ Stades du cap *Sacrum*.
Les fources de l'Indus à . . . . . . . . . . . . . . . 51,500 ⎮
Thinæ à . . . . . . . . . . . . . . . . . . . . . . 67,500 ⎭

Ces bafes établies, le citoyen Goffelin recherche quelles formes doivent prendre les
continens & les mers. Je vais tâcher de conferver tout le mérite de l'expofition qu'il fait
de ce travail, en n'en préfentant cependant qu'une analyfe.

*Ibérie ou Hifpanie.* Strabon regardoit le cap *Sacrum* en Ibérie, comme le point le plus
occidental de la terre.

D'autre part, adoptant le recit de quelques voyageurs, qui avoient dit que le rapport
de l'ombre au gnomon y étoit le même qu'à Gades, & combinant cette obfervation avec
celles de Pofidonius & d'Eudoxe, il en concluoit que le cap *Sacrum*, Gades & Rhodes
étoient fous la même latitude.

On a vu précédemment que Strabon admettoit 2,000 ftades entre le cap *Sacrum* & le
détroit des Colonnes, formé auffi par le mont Calpe; dans les mefures particulières,
qui ne font pas en ligne droite, mais fuppofent les finuofités de la route, cette même
diftance eft de 2,590 ftades, ce qui eft raifonnable & fe trouve affez conforme à ce que
donnent les obfervations modernes, car :

Le cap Sᵗ Vincent eft à . . . . . . . . . . 10° 52′ ⎫
Gibraltar ou Calpe à . . . . . . . . . . . 7   42 ⎬ à l'oueft du méridien de Paris.

La diftance eft donc de 3°, 10′, ce qui ne diffère que de 18′, 35″ de la diftance de 2,000
ftades données par Strabon.

De Calpe aux Pyrénées Strabon comptoit, en ligne droite, 4,000 ftades, mais il ajoute
qu'en fuivant les côtes il y en avoit plus de 6,000.

Strabon donnoit à la chaîne des Pyrénées une direction du nord au fud : il dit qu'elle
a plus de 2,000 ftades de longueur, mais moins de 3,000 ftades : ailleurs, il la fixe à
2,400.

A l'extrémité nord de ces montagnes, il dit que la mer forme un grand golfe tourné
vers le feptentrion & la Bretagne; qu'on le nomme auffi golfe Gaulois, comme celui de
la Narbonnoife, qui lui eft oppofé, & que c'eft du fond de ces deux golfes que la plus
petite largeur de la Gaule fe mefuroit.

Il donne à la plus grande largeur de l'Ibérie 5,000 ftades, & ajoute qu'en remontant du cap *Sacrum* jufqu'au pays des Artabres, on fait route au nord, en laiffant la Lufitanie à droite, que cette côte s'étend prefque parallèlement aux Pyrénées jufqu'au cap *Nerium*; que là, elle forme un angle obtus, & qu'elle fe dirige enfuite vers l'eft jufqu'au cap formé par les Pyrénées. Ces parages étoient trop peu connus pour que Strabon pût donner des détails particuliers à l'appui de fon opinion, fur les formes & fur les diftances.

*Gaule.* Strabon défiguroit étrangement la Gaule, car il faifoit couler directement au nord, la Garonne, la Loire, la Seine & le Rhin, & fuppofoit, dans le même fens, la chaîne des Pyrénées. Il n'admettoit pas le promontoire *Calbium* (cap d'Oueffant), qu'avoit connu Eratofthènes, & terminoit la Gaule au nord, ou plus exactement du fud-oueft au nord-eft, par une côte qui s'étendoit des Pyrénées à l'embouchure du Rhin. Il donne à cette côte 4,300, ou 4,400 ftades de longueur.

En face de la Gaule, au nord, Strabon place la Bretagne, ayant, felon lui, la forme d'un triangle, dont le grand côté s'étend le long des côtes de la Gaule, auxquelles il eft parfaitement parallèle. Le cap *Cantium* devoit fe trouver vis-à-vis les bouches du Rhin; & le cap le plus occidental vis-à-vis l'Aquitaine & les Pyrénées : la diftance, comme on l'a vu, devoit être de 4,300, ou 4,400 ftades. Il y avoit 5,000 ftades en fuivant les côtes. Le promontoire *Cantium* n'étoit, felon lui, qu'à 320 ftades des bouches du Rhin : de l'un des rivages on pouvoit aifément appercevoir l'autre; il dit que l'on s'embarquoit d'ordinaire aux embouchures des fleuves qui viennent d'être nommés, & que la diftance de leurs embouchures à la Bretagne, étoit la même par-tout, c'eft-à-dire de 320 ftades.

Strabon ne dit rien de la force qu'il attribuoit aux autres parties de la Bretagne, fi ce n'eft que les deux autres angles étoient moins grands que celui qui étoit en face de la Gaule; que le milieu de cette île étoit à 32,700 ftades de latitude; & que fon extrémité feptentrionale ne paffoit pas 34,000 ftades.

Au nord de la Bretagne il plaçoit *Ierne*, dont il ne connoiffoit guère que le nom. Cette île paffoit pour être plus large & plus longue encore; elle étoit habitée par des peuples tout-à-fait fauvages, & fon climat étoit regardé comme prefque inhabitable. Elle étoit la dernière île connue, & le terme des navigations du fiècle de Strabon. Car ce géographe n'admettoit ni l'exiftence, ni la haute latitude de la *Thule*, dont Pythéas avoit fait mention. La raifon qu'il en donne peut être jointe à bien d'autres preuves des écarts où entraîne un mauvais raifonnement. Le voici, en deux mots. L'île d'*Ierne* eft à peine habitable, à caufe des grands froids : *Thule* eft bien plus au nord, donc elle ne peut être habitée, ni même abordable, puifqu'elle en eft à plus de 9,500 ftades.

*Germanie.* Après le Rhin, on connoiffoit la Germanie jufqu'à l'Elbe : Strabon dit que l'un & l'autre fleuves coulent du midi au nord; que leurs embouchures font éloignées de 3,000 ftades, en fuivant le plus court chemin, & que l'intervalle étoit occupé par Suèves, la plus puiffante des nations germaniques.

Strabon avoue qu'après l'Elbe tout lui eft abfolument inconnu. On croyoit feulement, par la comparaifon des climats, que ces contrées étoient à la hauteur du Boryfthènes & de la partie feptentrionale du Pont-Euxin. Strabon penfoit auffi qu'après l'Elbe la côte s'avançoit au levant jufqu'à l'embouchure de la mer Cafpienne ; mais on ne connoît aucun ancien qui ait fait cette route.

## Mefures dans la Méditerranée.

De Marfeille à *Forum-Julium* Strabon comptoit 600 ftades ; qui paroiffent devoir être pris le long des côtes, puifque d'Aix à Antibes & au Var, il ne comptoit par terre que 73 mille pas, qui répondent à 584 ftades : le Var étoit la limite de la Gaule narbon-noife, & le commencement de la Ligurie.

La fomme des diftances d'Antibes à Gênes étoit de 1,310 ftades : Strabon la croyoit plus méridionale que le fond du golfe Gaulois.

*Italie.* C'eft de Gênes qu'il faut compter les 6,000 ftades ou environ que Strabon donnoit à la longueur de l'Italie, fans y comprendre la partie occupée par les Brutiens, ni celle d'Iapygie ; mais on voit, par l'étendue que prennent ces mefures, qu'il faut prodigieufe-ment prolonger l'Italie vers l'eft, autrement le détroit de Sicile fe trouveroit trop au fud.

En réuniffant toutes les mefures que Strabon a données des côtes occidentales de l'Italie, on trouve, depuis *Luna* jufqu'à *Laus* 4,360 ftades; fi l'on y ajoute 700 ftades pour la diftance de Gênes à *Luna*, dont il ne parle pas, & 800 ftades pour l'interruption, depuis *Sinueffa*, jufqu'au cap *Syrenus*, &c. dans laquelle eft compris le golfe de Naples, on n'aura encore que 5,850 ftades. C'eft ce qui a fait dire à Strabon que la diftance de Gênes à *Laus* étoit d'un peu moins de 6,000 ftades.

De *Rhegium* à la ville des Locres-Epizéphyriens, il comptoit 600 ftades.

L'ifthme qui féparoit le golfe *Hipponiates* du golfe *Scylaceus*, étoit de 160 ftades de largeur.

Strabon dit que Polybe comptoit 2,300 ftades, du détroit de Sicile au cap *Lacinium*, & 700 de là, au promontoire *Iapygium* ; ce qui donne au golfe *Scilacium* une étendue infiniment plus grande que celle qu'il a dans la nature.

Strabon laiffe beaucoup d'incertitude fur les diftances entre les lieux de la côte baignée par le golfe Adriatique. Selon Polibe, il y avoit, depuis l'ifthme de Tarente jufqu'à Aquilée, au fond de ce golfe, 740 mille pas, ou 5,920 ftades, & 8,250 ftades, depuis le fond de ce golfe jufqu'au Péloponèfe.

Dans l'intérieur du continent on trouve les mefures fuivantes :

1°. La longueur de la voie Appienne, de Rome à Brundufe, 3,600 pas; ou 2,880 ftades ;

2°. La voie Flaminienne, de Rome à *Ariminum*, 1,350 ftades ;

3°. La plus grande largeur de l'Italie, prife d'Oftie à Ancône, 1,300 ftades ;

4°. La diftance de *Téanum* fur le golfe Adriatique à *Putéoli* ou Pouzol, pas tout-à-fait 1,000 ftades ;

5°. La largeur des trois ifthmes fuivans :

Entre *Thurii* & *Laus*, 300 ftades ;

Entre *Hipponium* & le golfe *Scilacium*, 160 ftades ;

Entre Brundufe & Tarente, 310 ftades.

Les mefures données par Strabon, relativement à la Sicile, lui donnent une figure tout-à-fait différente de celle qu'elle tient de la nature ; on en va juger.

« Il faut confidérer, dit-il, le cap Pélore comme l'angle le plus feptentrional de la Sicile, » de forte qu'une ligne tirée de-là au cap *Pachynum*, fera une ligne dirigée vers l'orient, » & regardant le nord. Elle formera la côte qui s'étend le long du détroit. Il faut auffi » courber un peu ce côté vers l'orient d'hiver ; car c'est le giffement de cette côte depuis » Catane jufqu'à Syracufe & le *Pachynum*.

« La côte qui s'étend du *Pachynum* au cap Lilybée, plus occidental que celui de » Pélore, peut être confidérée comme tendante au fud & à l'ouest, & fera tournée en » même temps du côté de l'est & du côté du fud : à l'est, dans la partie fi uée fur la mer » de Sicile ; au fud, dans celle qui est le long de la mer d'Afrique, qui la fépare des terres » de Carthage, vis-à-vis des Syrtes.

» Enfin, le troifième côté, qui s'étend de Lilybée au cap Pelore, doit s'avancer oblique-» ment vers l'est, & regarder entre le nord & l'ouest, car cette côte a l'Italie au nord, & » la mer de Tyrrhénie avec les îles Eoliennes au couchant ».

Quant aux dimenfions, Strabon comptoit, d'après Pofidonius, 1,730 ftades de Lilybée au cap Pelore, en difant que ce côté courboit un peu en-dehors, & que les autres rentroient en-dedans.

Le fecond côté de Pelore au *Pachinum* devoit être de 1,130 ftades, en fuivant les finuofités de la côte.

Le troifième, du *Pachynum* à Lilybée, de 1,320 ftades.

*Afrique.* Du promontoire Libybée jufqu'en Afrique, près de Carthage, la plus courte traverfée étoit eftimée de 1,500 ftades. Strabon foutenoit, contre l'opinion d'Eratofthènes, que Carthage étoit plus occidentale que Rome, & il avoit raifon.

Les mefures que donne Strabon concernant la côte d'Afrique, & ce qu'il dit, que, quand on entre de l'Océan dans la Méditerranée, la côte s'écarte confidérablement à gauche, prouve que pour l'enfemble général il confultoit une ou plufieurs cartes, conftruites d'après certaines opinions, & que dans les détails il en confultoit d'autres, ou fimplement des récits de voyageurs.

*Ifle de Corfe.* D'après Pofidonius, il donnoit à la Corfe 1,280 ftades de longueur, fur 560 de largeur ; & à la Sardaigne 1,760 ftades de longueur, fur 784 de largeur : le détroit qui les fépare, étoit, felon lui, de 60 ftades ; & les diftances des côtes de la Sardaigne à celles d'Afrique, de 2,400. En réuniffant ces mefures, on a, depuis le nord de la Corfe jufqu'en Afrique 5,500 ftades ; mais, comme felon le même auteur, la largeur de la Méditerranée, mefurée dans cette même partie, n'est que de 5,000, il ne croyoit donc pas la Corfe & la Sardaigne fous un même méridien.

Cette obfervation, dit le citoyen Goffelin, fuffiroit pour prouver que Strabon n'a pas même effayé de conftruire une carte, d'après les idées qu'il adoptoit, fur l'abaiffement du **parallèle** de Marfeille. Il favoit, 1°. que la Sardaigne ne devoit pas atteindre la latitude du détroit de Sicile; 2°. que l'on découvroit facilement les deux îles des côtes occidentales de l'Italie. Or, comme, en combinant ces données avec les mefures précédentes, il fe feroit apperçu que, dans fon hypothèfe, ces îles ne pouvoient plus être placées fous un autre méridien, & qu'il devenoit indifpenfable de les difpofer dans la direction d'une courbe femblable à celle que préfente la carte conftruite par le citoyen Goffelin, & que l'on trouve dans fon ou-vrage, le fecond baffin de la Méditerranée doit être pris depuis le détroit de Sicile jufqu'à Rhodes.

*La Grèce.* Strabon ne donnant la latitude d'aucune des parties du Péloponèfe, on eft obligé de recourir à une mefure qu'il donne fur la côte d'Afrique; felon lui:

De l'équateur au fond de la grande Syrthe, il y avoit 20,800 ftades.

D'après plufieurs combinaifons, le citoyen Goffelin trouve que le cap Tenare doit être fixé, dans le fens de Strabon, à 24,700 ftades de l'équateur; fa longitude le plaçoit à 4,500 ftades du cap *Pachinum*, en Sicile.

On donnoit au Péloponèfe la figure d'une feuille de Platane.

Sa plus grande longueur fe comptoit du nord au fud, depuis *Regium* jufqu'au promontoire Malée.

Sa plus grande largeur, de l'oueft à l'eft, depuis le cap *Chelonites* jufqu'à l'ifthme de Corinthe, en paffant par Olympie & Mégalopolis.

L'une & l'autre de ces mefures étoit de 1,400 ftades.

Le circuit du Péloponèfe, felon Polybe, dont Strabon embraffe ici l'opinion, étoit de plus de 5,500 ftades, en fuivant les finuofités des golfes, ou de 4,000 ftades en ne les fuivant pas.

Je fupprime les mefures particulières que l'on peut rechercher dans l'ouvrage même, pour paffer à cinq autres qui font effentielles, & qui fuffifent pour déterminer la forme & l'étendue que Strabon donnoit à la partie de l'Europe qui renfermoit la Grèce & la Macédoine.

La première, de 508 ftades, eft la diftance prife du fond du golfe de *Criffa* jufqu'aux Thermopyles . . . . . . . . . . . . . . . . . . . . . . . . . . . . . . . . . . . . . 508

La feconde part des Thermopyles, & s'étend jufqu'au fond du golfe d'Ambracie; Strabon lui donne environ 800 ftades . . . . . . . . . . . . . . . . . . . . . . . 800

La troifième, qui part du golfe d'Ambracie & qui s'étend jufqu'au fond du golfe Thermaïque, eft de 1,000 ftades . . . . . . . . . . . . . . . . . . . . . . . . 1,000

La quatrième, partant du golfe Thermaïque, pris à Theffalonique, s'étend jufqu'à *Epidamus* fur la mer Adriatique: elle eft de plus de 2,000 ftades . . . . . . . . . . 2,000

La cinquième enfin fe prenoit le long de la voie Egatienne, qui, d'Apollonie, voifine des monts Cérauniens, fe dirigeoit vers l'orient jufqu'à *Cypfelus*, près de la Cherfonèfe de Thrace; ce chemin, orné de colonnes milliaires pour indiquer les diftances, étoit de 4,280 ftades . . . . . . . . . . . . . . . . . . . . . . . . . 4,280

Strabon

Strabon donne 1,500 stades de longueur à la Propontide, depuis Byfance jusqu'à la Troade, & à-peu-près la même largeur. Il adoptoit l'opinion de Pythéas fur cette mer, en plaçant l'Hélefpont & le Bofphore de Thrace fous le même méridien. Cette première erreur en entraînoit une autre, qui faifoit placer Byfance plus au nord qu'elle n'eft réellement.

De la Troade à Rhodes on comptoit 3,400 ftades. Strabon obferve, comme une chofe effentielle pour l'intelligence de fon fyftême, que partant de Byfance & faifant route au fud, on court dans la direction d'une ligne droite, qui, coupant le milieu de la Propontide, vient traverfer le détroit de Seftos & d'Abydos, & rafe la côte de l'Afie-Mineure jufqu'à la Carie. C'eft une fuite du principe établi plus haut.

*Afrique.* De Carthage, en allant vers l'eft jufqu'au cap *Cephalæ*, Strabon comptoit 5,000 ftades.

Dans cet intervalle eft la petite Syrte, à laquelle il donnoit 1,500 ftades de tour, & 600 d'ouverture.

De *Leptis-magna* à la ville des Locriens-Epizéphyriens, en Italie, il admettoit 3,600 ftades. Il ajoute que d'*Iapygium* jufqu'en Afrique, il y a 4,000 ftades, fans dire cependant à quel endroit de la côte répond cette mefure. Le citoyen Goffelin penfe que c'eft au cap *Cephalæ* qu'il élevoit vers le nord, beaucoup plus que *Leptis-magna*.

C'eft à ce promontoire que commence la grande Syrte. Strabon lui donnoit 1,500 ftades de longueur jufqu'à Bérénice, & autant de profondeur jufqu'à Butomala, que l'on regardoit comme le point le plus méridional de la Méditerranée : il donnoit à cette Syrte 4,000 ftades de circonférence.

Après le cap *Phycus* étoit *Apollonia*, port des Cyrénéens, à 1,000 ftades de Bérénice, à 170 ftades du cap *Phychus*, & à 80 ftades] de Cyrène.

Le refte de la Cyrénaïque jufqu'à *Cathabathmus* étoit de 2,200 ftades. De cette ville à *Parætoniam*, 900 ftades; & de-là jufqu'à *Lence* ou *Albium-littus*, 300 ftades; de *Lence* à Alexandrie, 1,000 ftades.

*Côte méridionale de l'Afie-mineure.* A environ 600 ftades de Rhodes, à l'eft, étoit *Dædala*, fur les confins de la Carie & de la Lycie. Les côtes de la Lycie devoient avoir 1,720 ftades. Dans cet intervalle eft le cap *Sacrum* de Lycie, & les trois petites îles *Chelidoniæ* qui en font très-voifines. Strabon dit que ces îles paroiffent répondre à Canope & en être à 4,000 ftades. La Géographie moderne place auffi ces îles fous le même méridien que Canope; mais ce qu'il y a de remarquable, c'eft que Strabon ne le difoit qu'en confultant une bonne carte dans cet inftant, car ailleurs il indique Alexandrie, & par conféquent Canope qui en étoit fort proche, fous le méridien de Rhodes; & cependant, en parlant de la Lycie, il place le cap *Sacrum* à environ 1,500 ftades à l'eft de cette île. Nouvelle raifon de croire que les cartes confultées par les Grecs, étoient prefque étrangères à leurs connoiffances en Géographie.

Du cap *Sacrum* à *Olbia*, dans la Pamphilie, Strabon comptoit 367 ftades; & pour la côte entière de cette province 640 ftades, prifes du mont *Climax* à *Ptolemaïs*. De-là jufqu'au promontoire *Anemurium*, dans la Cilicie montueufe, 820 ftades, & 500 pour le refte de la navigation jufqu'à *Soli*. De *Soli* à *Tharfe*, à l'embouchure du Pyrame, Strabon comptoit, d'après Artémidore, 500 ſtades en ligne droite ; & de *Soli* à Seleucie en Piérie ; un peu moins de 1,000 ſtades. Entre le Pyrame & la Seleucie étoit ſituée *Iſſus*, ſous la latitude de Rhodes, & à 5,000 ſtades de cette île, en ligne droite.

*Côtes de Syrie & de Phénicie.* Près d'*Iſſus* étoient les *Syriæ Pylæ*, ou les défilés qui conduiſoient de la Cilicie dans la Syrie. De ces gorges juſqu'à Seleucie, il y avoit , ſelon Artemidore, 525 ſtades ; de Seleucie à *Orthoſia*, en Phénicie, 1,130 ; & d'*Orthoſia* à Peluſe, 3,900.

*Côte d'Egypte.* De Peluſe à Alexandrie, il reſte toute la largeur de la côte du Delta, elle étoit fixée à 1,300 ſtades.

*Côtes de l'Aſie-Mineure, ſur le Pont-Euxin.* Strabon qui écrivoit à Amaſée, ville ſituée près d'Amiſus, & par conſéquent très-voiſine du Pont-Euxin, avoit ſur cette mer des notions fort étendues pour les diſtances particulières le long des côtes ; mais ſon ſyſtème ſur la maſſe entière de l'Euxin, étoit fort éloigné de répondre à l'exactitude qu'on avoit lieu d'attendre de lui. A cet égard, comme pour beaucoup d'autres de l'Europe & de l'Afrique, il a rejeté les connoiſſances d'Eratoſthènes pour adopter des opinions beaucoup moins exactes.

Une de ſes principales erreurs a été de placer *Amiſus* & *Sinope* ſous la latitude de Byſance, déjà beaucoup trop élevée, ce qui l'oblige de faire diſparoître dans ſa carte les grandes ſinuoſités des côtes méridionales du Pont-Euxin.

En rapprochant ces différens paſſages du livre de Strabon, on trouveroit trois manières de deſſiner le Pont-Euxin, & chacune ſeroit fort différente des deux autres. Voici d'abord la deſcription générale qu'il en donne.

« Le Pont eſt en quelque ſorte une double mer, reſſerrée dans ſon milieu par deux caps, » qui, en ſe rapprochant, la partagent en *deux parties*. L'un de ces caps eſt au nord & en » Europe, on le nomme *Criû-Metopon* ; l'autre eſt au ſud & en Aſie, on l'appelle » *Carambis* : ils ſont éloignés l'un de l'autre de 2,500 ſtades.

» La longueur de la partie occidentale du Pont-Euxin, depuis Byſance juſqu'à l'em-» bouchure du Boryſthènes, eſt de 3,800 ſtades en ligne droite ; & ſa largeur, à » prendre depuis les côtes de la Thrace juſqu'à la ligne tirée de *Criû-Metopon* juſqu'au » *Carambis*, eſt de 2,000 ſtades.

» La partie orientale eſt oblongue, & ſe termine par un enfoncement étroit, près » de *Dioſcurias*. Elle a, depuis la ligne précédente, un peu plus de 5,000 ſtades : ſa largeur » eſt d'environ 3,000 ſtades.

» La circonférence totale du Pont-Euxin eſt à-peu-près de 25,000 ſtades.

» Quelques auteurs comparent la forme de ſa circonférence à celle d'un arc de Scythe » tendu, dont la corde eſt repréſentée par la partie droite de cette mer, c'eſt-à-dire, par » le trajet, depuis ſon entrée ( le Boſphore de Thrace ) juſqu'à l'autre bout, près de » *Dioſcurias* : en effet, ſi l'on excepte le promontoire *Carambis*, tout le reſte de la côte » n'a preſque pas de ſinuoſité & s'écarte peu de la ligne droite.

» L'autre partie de la circonférence eſt le bois de l'arc recourbé par les deux extrémités, » mais dont la courbure ſupérieure eſt plus arrondie que l'inférieure ».

Le ton d'aſſurance que Strabon prend en rapportant ceci, feroit croire qu'il adoptoit ces defcriptions, comme indiquant avec exactitude la forme que le Pont-Euxin devoit avoir, au moins felon lui. Mais l'examen des mefures particulières a prouvé au citoyen Goffelin, qu'il avoit pris cette opinion générale fur une carte ou dans un auteur, & qu'enfuite, pour les détails, il en avoit confulté d'autres.

Il y a encore une fingulière contradiction dans Strabon, lorfqu'il dit, « perfonne n'a » fuppofé que le Tanaïs vînt de l'Orient : en effet, fi c'é+oit-là fa direction, elle ne feroit » pas vis-à-vis celle du Nil. Or, les meilleurs auteurs prétendent que le Nil & le Tanaïs » font en quelque forte diamétralement oppofés, & qu'un méridien trace le cours de ces » deux fleuves ».

Strabon, qui femble adopter ici cette opinion : dit cependant ailleurs qu'Alexandrie & le Boryfthènes font fous le même méridien, ce qui fuppofe le Tanaïs beaucoup plus à l'Orient ; donc, encore une fois, il n'avoit pas une opinion établie : on avoit fait des cartes différentes, quelques-unes affez mauvaifes, & il s'y conformoit un peu au hazard. On peut foupçonner que fon ouvrage fut écrit à différentes époques, & qu'il perdoit de vue, dans une circonftance, ce qu'il avoit dit dans l'autre.

Le citoyen Goffelin penfe qu'il faut laiffer à Strabon la longueur de 7,000 ftades qu'il donne au Pont-Euxin ; mais abandonner, comme ne lui appartenant pas, les deux mefures par lefquelles il divife cette longueur.

*Cherfonèfe Taurique.* Cette prefqu'île, felon Strabon, a la même forme & la même grandeur à-peu-près que le Péloponèfe. Ainfi, il faut lui fuppofer environ 1,400 ftades d'étendue, tant en longueur qu'en largeur.

*Palus Méotides.* Du Bofphore Cimmérien au Tanaïs, Strabon compte en ligne droite 2,200 ftades, & 230 ftades, en fuivant les finuofités des côtes de l'Afie : il ajoute que la diftance eft plus que triple en fuivant les côtes des Européens, de forte que la circonférence entière du Palus Méotides doit être de 9,000 ftades.

*Scythie Européenne.* Au nord du Boryfthènes & du Palus Méotides habitoient, felon Strabon, les Roxélans & les Sauromates, les plus reculés des Scythes. Mais il prévient qu'ils font moins feptentrionaux que les pays fitués au nord de la Bretagne.

*Afie.* Si l'on excepte les contrées de l'Afie, comprifes entre la mer Cafpienne, le golfe Perfique & la Méditerranée, Strabon n'avoit guère d'autres connoiffances fur cette partie du monde, que celles qu'Eratofthènes avoit raffemblées. Ce qu'il y ajoute appartient plutôt à l'Hiftoire qu'à la Géographie. Il faut obferver cependant qu'il n'admettoit pas toute la diftance que cet auteur comptoit entre le cap *Sacrum* & *Iffus*, non-plus qu'entre *Iffus* & les Portes Cafpiennes. Au furplus, il prolongeoit, comme Eratofthènes, le parallèle de Rhodes, dans un efpace de 45,000 ftades, le long du Taurus, depuis la Carie où il commence, jufqu'à l'extrémité orientale de l'Inde & de la Scythie.

La chaîne du Taurus, en partageant l'Afie, donnoit la facilité de la divifer en deux grandes parties. Tout ce qui étoit au nord de ces montagnes s'appeloit Afie, *en-deçà du Taurus*, par rapport à l'Afie mineure qu'occupoient les Grecs. Ce qui étoit au midi fe nommoit Afie, *au-delà du Taurus*.

Ces parties fe fubdivifoient.

*Afie en-deçà du Taurus.* On y diftinguoit quatre principales contrées.

La première étoit bornée à l'oueft par le Tanaïs, les Palus Méotides jufqu'au Bofphore, & le Pont-Euxin jufqu'à la Colchide ; au nord, par l'Océan feptentrional & la partie de cet Océan qui s'avance jufqu'à l'embouchure de la mer Cafpienne ; à l'eft, par la mer Cafpienne jufqu'à la féparation de l'Albanie & de l'Arménie, à l'endroit où le Cyrus & l'Araxe terminent leur cours ; au midi, enfin, par l'Ifthme qui fépare le Pont-Euxin de la mer Cafpienne, fuivant une ligne qui traverferoit l'Albanie & l'Ibérie, depuis l'embouchure du Cyrus jufqu'à la Colchide. On eftimoit cet intervalle à 3,000 ftades.

Ces pays étoient occupés, au nord, par des Scythes Nomades, qui n'avoient d'autres habitations que leurs charriots. En-deçà, on trouvoit les Sarmates ou Sauromates, qui n'étoient que des Scythes ; les Aorfes & les Siraces, qui s'étendoient vers le midi jufqu'au mont Caucafe. Parmi ces derniers, il y avoit des tribus Nomades, d'autres qui vivoient fous des tentes, & qui cultivoient des terres.

Près des Palus Méotides étoient les Mæotes ; & fur les rives du Bofphore étoit la Sindicène. Enfuite les Achéens, les Zigès, les Hénioques, qui vivoient de pyrateries ; les Cercètes & les Macropogones, ou *peuples à longue barbe.* Au-deffus étoient les Phthirophages ou *mangeurs de vermine*, qui occupoient les gorges des montagnes ; & plus bas, les Ibériens & les Albaniens.

La feconde contrée étoit au-deffus & à l'orient de la mer Cafpienne : elle s'étendoit depuis cette mer jufqu'aux parties de la Scythie, qui touchent à l'Inde & à l'Océan oriental. Elle renfermoit les Scythes, les Hyrcaniens, les Bactres & les Sogdiens.

La troifième comprenoit les pays contigus à l'Ifthme dont on vient de parler, & alloit jufqu'aux portes Cafpiennes, en-deçà de la chaîne du Taurus. Elle renfermoit la plus grande partie de l'Arménie, la Colchide, toute la Cappadoce, jufqu'au Pont-Euxin, & aux nations Tibareniques.

La quatrième renfermoit les pays en-deçà du fleuve Halys ; favoir, du côté du Pont-Euxin & de la Propontide, la Paphlagonie, la Bithynie, la Myfie, la Phrygie, nommée *Hellefpontique*, dont la Troade faifoit partie ; & du côté de la mer Egée & des autres mers qui s'y joignent, l'Eolide, l'Ionie, la Carie & la Lycie ; au milieu des terres, cette Phrygie, dans laquelle étoit le pays des Galiogrecs, nommée *Galatie*, la Phrygie-Epictète, la Lycaonie & la Lydie.

On comprenoit encore dans la partie de l'Afie, *en-deçà du Taurus*, les nations qui habitoient au milieu de ces montagnes, telles que les Paropamifades, les divers peuples Parthyéens, les Mèdes, les Arméniens, les Ciliciens, une portion des Lycaoniens, & les Pifidiens.

*Afie au-delà du Taurus.* En commençant par l'Orient, on y trouvoit d'abord les Indiens, qui paffoient pour la nation la plus puiffante & la plus nombreufe de l'Afie. Leur pays avoit pour confins, felon Eratofthènes & Strabon, l'Océan oriental, & la partie méridionale de l'Océan atlantique. A l'occident de l'Inde, on trouvoit une vafte région mal peuplée, à caufe de la ftérilité de fon fol : elle étoit occupée par différentes nations tout-à-fait barbares. Celle des Ariens s'étendoit depuis les montagnes jufqu'à la Gédrofie

& la Carmanie. Enfuite les Perfes, les Sufiens, les Babyloniens, quelques autres petits peuples, la Méfopotamie, la Syrie, les Arabes & les Egyptiens jufqu'au Nil. Telles étoient en général les grandes divifions de l'Afie.

Strabon croyoit auffi que la mer Cafpienne étoit un golfe de l'Océan feptentrional. Il dit qu'un écrivain, qu'il nomme *Patrocles*, avoit recueilli cette tradition chez des peuples d'une origine très-ancienne, occupant les fommités du Caucafe; & ce fait paroît très-probable au citoyen Goffelin, dont les travaux contribueront peut-être quelque jour à le démontrer.

*Afrique.* Nous allons voir que Strabon n'étoit pas mieux informé, comme Géographe, fur l'intérieur de l'Afrique.

*Egypte.* Strabon fuivit Ælius-Gallus dans fon expédition contre les Ethiopiens & les Arabes, & il en rapporta, comme Hiftorien, quelques connoiffances utiles; mais, comme Géographe, il parle en homme bien peu inftruit.

Après avoir vu le Delta & vifité le Nome-Arfinoïtes, jufqu'au lac Méris, Strabon s'embarque fur un canal parallèle au Nil, qu'il prend pour le Nil même, & qui le conduit par *Oxyrinchus* à *Phylace-Thebaïca*. Là, il croit rencontrer un canal qui menoit à *Tanis*; cependant c'étoit le veritable Nil qu'il avoit ceffé de voir depuis Memphis. Il eft probable que la rapidité de ce fleuve ne permettoit pas de le remonter facilement, & que l'on fe fervoit des canaux pour parvenir dans la haute Egypte.

Strabon ne rentra dans le véritable lit de ce fleuve qu'à *Panopolis* ou *Chemmis*. Il parle des villes qu'il avoit rencontrées, comme fi elles avoient été fituées fur le Nil même, quoi-qu'elles en fuffent toutes éloignées & baignées par les eaux d'un canal, qu'on ne doit pas confondre avec le Nil, dont il fuivoit le cours. Strabon paffa à *Captos*, où Ptolémée-Phila-delphe avoit fait tracer un chemin de fix à fept journées, qui aboutiffoit à Bérénice, fur le golfe Arabique (1). Il vifita enfuite les ruines de l'ancienne Thèbes, que Cambyfe avoit renverfée, & arriva à Syéné, la dernière ville de l'Egypte.

Il ne paroît pas que Strabon ait paffé au-delà de Phyles, ville d'Ethiopie, qui n'étoit qu'à cent ftades de Syéné; mais les généraux de Gallus avancèrent jufqu'à *Napata*, où réfidoit Candace, fouveraine d'Ethiopie. La demeure ordinaire des rois étoit Méroé, fituée dans une île à laquelle on donnoit 3,000 ftades de long, fur 1,000 de large; cette île étoit formée par le Nil, l'*Aftaboras*, l'*Aftafoba* & l'*Aftapus*.

Dans le même temps Gallus reçut l'ordre d'aller foumettre les Arabes. Il partit donc de Cléopatride avec une flotte confidérable, débarqua à Leuce, principal port des Nabathéens. Obothas, roi de cette nation, joignit fes forces à celles de Gallus, déjà très-épuifées, & fit commander fes troupes par Sylleus. Ce lieutenant conduifit les Romains par des déferts arides, dans le pays où régnoit Arétas; il leur fit enfuite traverfer l'Ararène,

---

(1) Pline, L. VI, Chap. 26, donne à ce chemin 258 mille pas, divifés en fept ftations, où l'on avoit creufé des puits pour les voyageurs qui traverfoient ce défert. Mais comme les grandes chaleurs ne permettoient de marcher que pendant la nuit, on employoit douze jours au lieu de huit à faire la route de Coptos à Bérénice.

& ils n'arrivèrent qu'après cinquante jours d'une marche forcée & extrêmement difficile, à *Anagrana*, qu'ils faccagèrent ; les villes d'*Afca* & d'*Athrulla* eurent le même fort. Mais les Ramanites refistèrent, & Marfyabas ne fut pas prife.

Gallus revint fur fes pas, après avoir vu périr la plus grande partie de fon armée par les maladies, la fatigue, la foif & la faim ; il n'avoit perdu que fept cents hommes dans les différens combats qu'il avoit livrés. Cette expédition n'ayant eu aucun fuccès, Sylleus fut accufé d'avoir trahi les Romains, d'avoir cherché à profiter de leur fecours pour foumettre quelques peuples & quelques villes, & fe rendre lui-même maître du pays. Il fut envoyé à Rome, où il eut la tête tranchée.

*Ethiopie.* L'intérieur de l'Afrique étoit prefqu'entièrement inconnu au temps de Strabon. La côte de la Méditerranée feule, & les environs du Nil, étoient fréquentés par les Grecs. Leur opinion fur l'enfemble de cette partie du monde, étoit que fa forme reffembloit à celle d'un trapèze, ou même que la côte, depuis le détroit des Colonnes jufqu'à Pélufe, pouvoit être confidérée comme la bafe d'un triangle rectangle, dont le Nil formoit le côté perpendiculaire, qui fe prolongeoit jufqu'à l'Ethiopie & à l'Océan, & dont l'hypothénufe étoit la côte comprife depuis l'Ethiopie jufqu'au détroit. Le fommet de ce triangle s'étendoit au-delà des limites de la terre habitable, & étoit par conféquent regardé comme inacceffible. Auffi, Strabon avoue-t-il, qu'il ne peut affigner la largeur précife de cette portion de l'Afrique.

Il ne connoiffoit guère plus la côte occidentale, puifqu'il dit qu'en paffant le détroit, on trouve une montagne, que les Grecs nomment *Atlas*, & les Barbares *Dyris* ; que de-là, s'avançant à l'oueft, on voit le cap *Cotes*, & enfuite la ville de *Tinga*, fituée vis-à-vis *Gadès*, à 800 ftades de diftance ; que de ces deux villes aux Colonnes d'Hercule, il y a auffi 800 ftades ; qu'au fud de Tinga, on rencontre le golfe *Emporicus*, où les Phéniciens ont un établiffement ; que toute la côte, après ce golfe, eft creufe ; & que, fi on en excepte les finuofités, il faut imaginer qu'elle va droit, entre le midi & l'eft, rejoindre le fommet de l'angle dont il a parlé.

On peut reprocher à Strabon de rejeter trop légèrement les découvertes des Carthaginois le long de la côte occidentale de l'Afrique, & d'adopter des erreurs que l'expédition d'Hannon devoit avoir détruites. Strabon avoit lu le Périple de ce Général, & ce Périple étoit, fans doute, bien plus ample que l'extrait qui nous en refte aujourd'hui, puifque celui que Pline avoit fous les yeux comprenoit le journal d'une navigation non interrompue, depuis Carthage, par le détroit des Colonnes, jufqu'au golfe Arabique ; mais l'efprit de fyftême qui dominoit prodigieufement Strabon, lui faifoit rejeter tout ce qui contrarioit fes opinions. L'idée d'une zône, inacceffible par la chaleur qui y régnoit, le portoit à mettre au rang des fables tout ce qu'on avoit écrit fur la poffibilité de faire le tour de l'Afrique, quoique ce voyage eût encore été répété fous Ptolémée Lature, environ cent fix ans avant J. C., cent cinquante ans avant l'époque où Strabon écrivoit.

Une erreur qu'on ne peut s'empêcher de relever, parce qu'elle appartient tout entière à Strabon, eft d'avoir placé le mont Atlas fur le détroit des Colonnes, à l'orient du cap *Cotes*, tandis qu'il ne lui étoit pas permis d'ignorer que cette montagne devoit être beaucoup au-delà, sur la côte occidentale de l'Afrique, baignée par l'Océan Atlantique, auquel elle a donné son nom.

Cette côte étoit habitée par des Ethiopiens, nommés *Occidentaux*, pour les distinguer de ceux qui étoient au-deſſus de l'Egypte. Le nom d'Ethiopiens étoit alors commun à tous les peuples qui occupoient les contrées méridionales de l'Afrique. Les navigateurs qui étoient entrés dans l'Océan, soit par le golfe Arabique, soit par le détroit des Colonnes, avoient toujours appelé *Ethiopie*, les régions les plus méridionales où ils étoient parvenus. Ceux des Ethiopiens occidentaux, les plus reculés que l'on connût au temps de Strabon, habitoient sous le méridien de Carthage, près la région qui produiſoit la canelle. Au-delà, la côte paſſoit pour être à-peu-près parallèle à l'équateur, & pour venir joindre celle des Ichthyophages, qui habitoient au-deſſus de *Derè*.

Strabon, en diſant que l'on nommoit Ethiopiens les peuples les plus reculés dans les parties méridionales de l'Afrique, & qui occupoient les bords de l'Océan, aux extrémités de la terre habitable, & le long de ſes limites, fait aſſez connoître que l'opinion de ſon ſiècle & la ſienne étoient, que l'Océan occupoit les environs de l'équateur & y formoit une zône autour du globe. Les Grecs avoient viſiblement puiſé cette idée dans l'Aſie, où cela étoit vrai. La manie des hypothéſes la leur avoit fait tranſporter dans le reſte du monde; & c'eſt d'après eux que les Romains l'ont adoptée.

*Taprobane.* Quoique Strabon varie ſur les dimenſions de la Taprobane, qu'il porte, tantôt à 8,000 ſtades de longueur, tantôt à 5,000 ſtades, en comparant ſon étendue à celle de la Bretagne; le citoyen Goſſelin penſe qu'il adoptoit la première de ces meſures qu'Eratoſthènes avoit également admiſe, d'après les hiſtoriens d'Alexandre. La ſeconde n'avoit été donnée que par Onéſicrite, en qui Strabon avoit peu de confiance, & qui d'ailleurs n'avoit diſtingué, dans ſon récit, ni la largeur, ni la longueur de cette île.

Les principaux Géographes qui ont ſuivi le ſiècle de Strabon, & dont les ouvrages ſont parvenus juſqu'à nous, ſont Denys le Périégète, Iſidore de Charax, Pomponius Mela, Pline & Arrien. Les uns n'ont laiſſé que des périples, ou des deſcriptions de contrées particulières; les autres ont décrit le monde entier, mais ſans ſoumettre l'enſemble de ſes parties à des baſes aſtronomiques; de ſorte qu'il eſt impoſſible de tracer une carte d'après leurs opinions.

Il faut cependant en excepter Pline, qui, dans le grand nombre d'extraits qu'il a raſſemblés, fait entrevoir quel a été le premier eſſai du ſyſtême géographique des Romains, entrepris par Agrippa, & terminé par les ordres d'Auguſte ſur les mémoires qu'Agrippa avoit laiſſés. On y trouve des erreurs étranges pour le temps; mais la longueur de la Méditerranée, depuis *Calpe* juſqu'à *Iſſus*, ne préſenteroit que 2° 11′ 9″ de moins que ce qu'on lui donne aujourd'hui; ce qui prouve qu'Agrippa avoit puiſé cette meſure générale dans la copie de quelque ancien ouvrage, & que, pour les détails particuliers, il a ſuivi les erreurs qui lui étoient perſonnelles, ou qu'il partageoit avec ſes compatriotes.

## Marin de Tyr.

Marin de Tyr vivoit vers la fin du premier ſiècle de notre Ere. L'étendue de ſes travaux géographiques paroît lui avoir acquis une grande réputation. Ptolémée aſſure que Marin avoit lu la plupart des auteurs anciens ; qu'il en avoit extrait tout ce qu'il avoit jugé propre à déterminer la situation des lieux & l'emplacement des villes , & que , combinant ensuite ces matériaux avec les éclaircissemens qu'il pouvoit tirer des voyageurs & des écrivains de son temps , il avoit formé un corps complet de Géographie , dans lequel i discutoit les bases des nouvelles cartes qu'il construisoit.

Il n'existe plus , & depuis long-temps , aucun écrit de Marin de Tyr ; ils ne sont connus aujourd'hui que par la critique que Ptolémée en a faite. On voit qu'il reproche à Marin d'avoir souvent laissé de l'obscurité dans ses discussions ; d'avoir mal combiné quelques distances , & sur-tout de n'avoir pas mis assez d'ordre dans ses descriptions. On croit s'appercevoir , en effet , que Marin de Tyr a suivi une méthode à-peu-près semblable à celle de Strabon. Au lieu de rapprocher les indications de longitude & de latitude des lieux , il n'a parlé des longitudes que dans le chapitre où il a traité des intervalles horaires , ou de la distance des méridiens. Il n'a fait mention des latitudes que dans un chapitre séparé , destiné à indiquer les parallèles & à fixer leur éloignement de l'équateur. Il falloit donc , pour connoître la position d'une ville , feuilleter une grande partie de l'ouvrage , au risque de se tromper sur le résultat des discussions qu'il présenteroit.

Ce reproche est fondé ; & si la méthode de Marin , en traitant de la Géographie Astronomique , ne s'opposoit pas au progrès de la science , il est du moins évident qu'elle en gênoit la marche par les difficultés dont elle l'environnoit.

En lisant , avec une attention soutenue , les prolégomènes de Ptolémée , on parvient à y retrouver toutes les bases de la carte que Marin de Tyr avoit construite , il y a plus de dix-sept cents ans. C'est de la réunion combinée de toutes ces bases que le citoyen Gosselin a formé une carte , que l'on trouve dans les mémoires de l'Académie des Belles-Lettres.

Il est probable que Marin de Tyr ignoroit la méthode des projections inventée par Hipparque , pour représenter sur une surface plane , la sphéricité du globe , puisqu'en se plaignant de la défectuosité des projections plattes , il en a adopté une qui , sans être celle de Strabon , présentoit cependant des inconvéniens aussi graves que ceux qu'il cherchoit à éviter.

En traçant ses méridiens & ses parallèles en lignes droites , Marin de Tyr ne pouvoit pas ignorer que la forme des continens se trouveroit altérée dans sa carte , à mesure que les contrées s'éloigneroient du parallèle où les bases de sa graduation seroient établies ; il pouvoit arbitrairement faire porter ces erreurs sur telle latitude qu'il jugeoit à propos , & sacrifier à l'exactitude qu'il vouloit donner à la position de certaines contrées , celles dont il lui paroissoit le moins important de déterminer l'étendue ; comme la Méditerranée , les parties de l'Europe , celles de l'Afrique & de l'Asie , qui s'écartent peu du trente-sixième degré de latitude , étoient les plus connues & les plus fréquentées par les Grecs & par les Romains , il pensa , sans doute , qu'il importoit à l'utilité de ses cartes , que la graduation du parallèle de Rhodes fût conforme aux distances que l'on disoit avoir été mesurées , ou , pour mieux dire , aux distances que l'opinion avoit accréditées.

Marin de Tyr établit donc les bases de sa graduation , en longitude , sur le parallèle de Rhodes , en y réduisant le degré comparé à celui du grand cercle de la terre , dans la proportion de quatre-vingt-treize à cent quinze. Alors les méridiens se trouvoient plus rapprochées entre eux fur la carte, que ne l'étoient les parallèles. Cette méthode eût été bonne pour décrire une zône qui fe feroit peu écartée du trente-fixième degré de latitude. Mais, comme Marin l'employoit dans une largeur de quatre-vingt-fept degrés, on conçoit qu'il n'a fait que changer la place où les erreurs fe commettoient dans les projections plattes, & que la fcience n'y a rien gagné du côté de l'exactitude.

Quelques mots donneront une idée du fyftême de Marin de Tyr, confidéré fous les rapports aftronomiques.

La longueur de la Méditerranée, prife depuis le détroit jufqu'à *Iffus*, eft de 62 degrés dans la carte de Marin, tandis que d'après les obfervations modernes, l'intervalle, entre ces deux points, n'eft que de 41°, 30'.

La diftance, depuis le cap *Sacrum* jufqu'au promontoire *Comaria*, dans l'Inde, eft donnée par Marin, pour être de 119°, 15', quoiqu'elle ne foit que de 85°, 35'.

L'intervalle, entre le cap *Sacrum* & l'embouchure orientale du Gange, y eft fixé à 168°, 10', quoiqu'il ne foit que de 99°, 23', 48''.

La longitude de *Thinæ* y eft indiquée à 225°, 40', quoique cette ville, la même que Tanaferim, ne foit pas à plus de 106°, 27' du cap *Sacrum*.

Il réfulte que, d'après les obfervations & la manière de compter des modernes, Marin de Tyr s'eft trompé de plus de 410 lieues fur la Méditerranée; de plus de 800 en ligne droite, fur la diftance de l'Efpagne au Gange; de près de 3000 lieues, ou du tiers de la circonférence du globe, fur la diftance de *Thinæ*; & que tous les points intermédiaires de fa carte auroient fubi une altération proportionnelle dans leurs pofitions.

Aucun monument géographique ne préfente une maffe d'erreurs fi énorme; &, en les comparant à celles qu'Eratofthènes avoit commifes, dans un temps où les Grecs commençoient à peine à cultiver les fciences, on feroit forcé de croire, qu'à l'epoque où Marin de Tyr écrivoit, l'ouvrage d'Eratofthènes & les anciens matériaux qu'il avoit employés, étoient entièrement perdus.

Cependant, la Géographie d'Eratofthènes eft citée par des auteurs qui vivoient plus de mille ans après Marin de Tyr; & l'on ne peut fe perfuader que ce Livre élémentaire ait échappé aux recherches d'un homme que Ptolémée nous dit avoir lu & extrait les auteurs qui l'avoient précédé. Il eft donc de la plus grande vraifemblance que Marin a connu & confulté l'ouvrage d'Eratofthènes; qu'il y avoit vu la prodigieufe différence qui exiftoit entre les opinions de cet ecrivain, & celles qu'il vouloit leur fubftituer. Pourquoi les avoit-il rejetées? fur quelles bafes établiffoit-il fon nouveau fyftême? & quelles font les autorités qui l'ont entraîné? C'eft ce que le citoyen Goffelin a expliqué dans un mémoire fort étendu, dont on ne donne ici qu'un court extrait.

Marin de Tyr n'étoit point aftronome; il étoit au-deffus de fes forces d'appliquer avec fuccès le réfultat des obfervations à la conftruction des cartes. D'ailleurs, il exiftoit alors peu d'obfervateurs; &, de l'aveu de Ptolémée, on n'avoit encore que des approximations très-incertaines pour déterminer les diftances dans le fens des longitudes. Les recherches, les travaux d'Hipparque, l'obfervation d'un petit nombre d'éclipfes de lune, ont pu influer, à diverses reprises, sur le plan de quelques portions de la Méditerranée, sans pouvoir servir de base à un dérangement sensible dans l'ensemble de cette mer, dont l'étendue se trouvoit à-peu-près limitée par les mesures que la tradition conservoit.

Mais, ce système de Marin de Tyr présente moins des corrections partielles, qu'un changement général dans toutes les longitudes, depuis l'extrémité occidentale de l'Ibérie, jusqu'aux contrées les plus voisines de l'Orient; &, si l'on vouloit se persuader que ces changemens eussent été autorisés par des observations, il faudroit admettre, contre toute vraisemblance, & contre toute possibilité, que les observations auroient été rejetées, à la fois & presqu'en même temps, dans tout l'ancien monde; il faudroit admettre que chacune de ces observations auroit été fausse, qu'elles auroient toutes péché en excès; que l'excès auroit été de la moitié, & que même il se seroit accru progressivement dans tous les lieux de la terre, à mesure que les observateurs s'éloignoient du méridien des îles Fortunées.

Tant d'erreurs ne peuvent appartenir à l'observation; &, comme elles sont presque proportionnelles dans la carte de Marin de Tyr, il faut se persuader qu'elles doivent toutes avoir été commises par une même cause, qu'elles doivent avoir une origine indépendante de toute observation astronomique; enfin qu'elles tiennent uniquement au désordre de sa graduation.

En parlant d'Eratosthènes, on a dit qu'il comptoit sept cents stades au degré du grand cercle de la terre; que cette détermination, bien antérieure à son siècle, avoit subsisté jusqu'au temps de Posidonius; & que ce dernier astronome, par une opération vicieuse, avoit établi, que le degré du grand cercle ne devoit plus contenir que cinq cents des stades employés par Eratosthènes.

Cr, c'est en adoptant cette dernière évaluation, que Marin de Tyr paroît au citoyen Gosselin avoir commis la plupart de ses erreurs. En l'appliquant à la graduation des anciennes cartes qui existoient de son temps, il en a corrompu nécessairement toutes les longitudes. On conçoit, en effet, que cette nouvelle graduation, substituée à celle d'Eratosthènes, devoit, sans rien déranger au plan primitif de sa carte, faire trouver, dans un espace donné, un nombre de degrés plus grand que celui qui résultoit d'abord de la valeur qu'il leur avoit assignée, puisque chaque degré n'embrassoit plus, sur le terrein, que cinq septièmes de l'étendue qu'il auroit dû avoir.

A cette première erreur, Marin de Tyr a ajouté celle qu'Eratosthènes avoit commise lui-même, lorsqu'il méconnut la projection de la carte qu'il vouloit copier. Cette carte étoit projetée suivant la méthode des cartes plattes; toutes les distances qu'il y mesuroit sur le trente-sixième degré, étoient fictives & trop grandes d'environ un cinquième, c'est-à-dire, de la différence que produit la divergence des méridiens, dans ces sortes de projections.

Ces deux causes ont suffi pour répandre dans la carte de Marin de Tyr, les grandes imperfections que le citoyen Gosselin y a fait remarquer. Et ces causes d'erreur une fois connues, il devient facile de ramener cette carte, sauf quelques légères modifications, aux anciennes bases qu'Eratosthènes avoit suivies, d'y reconnoître ensuite les traces d'une exactitude fur laquelle on devoit d'autant moins compter, qu'au premier afpect, cette carte paroît inconciliable avec les obfervations.

Il ne faut, en effet, que confidérer la carte de Marin de Tyr, comme une carte à projection platte, dans laquelle les degrés de longitude devront être comptés, fous tous les parallèles, à raifon de 500 ftades, comme fous l'équateur, & convertir enfuite le nombre de ftades trouvés en degrés de 700 ftades chacun. En voici la preuve.

La carte d'Eratofthènes préfentoit 27,300 ftades, pour la différence, en longitude, entre le détroit des Colonnes & *Iffus*. Celle de Marin de Tyr donne, pour le même intervalle, 62 degrés, qui, à 500 ftades, font 31,000 ftades. Ainfi l'opinion de ces auteurs fe rapproche déjà par la diftance itinéraire, & ne diffère plus effentiellement, que par le nombre de degrés qu'ils ont comptés entre le premier de ces lieux & le fecond. Mais, fi l'on divife par fept cents, les trente & un mille ftades de Marin de Tyr, pour les convertir en degrés égaux à ceux qu'Eratofthènes avoit employés, on trouvera 44°, 17', 8"; la différence entre ces deux Géographes ne fera plus que de 5°, 17', 8", au lieu de 23° qu'elle préfentoit d'abord; & l'erreur de Marin de Tyr, qui, en première analyfe, étoit de 2°, 30', d'après les obfervations modernes, fe trouve maintenant reduite à 2°, 47', 8", fur la longueur de la Méditerranée. Ainfi, ce que l'on donne ici du travail du citoyen Goffelin, & les développemens que l'on trouvera dans fes mémoires particuliers, prouvent que les différens fyftêmes géographie-aftronomiques des Grecs, pofoient tous fur une carte ancienne, dont ils n'ont jamais connu la conftruction. Cette carte primitive, qu'ils ont fans ceffe altérée, étoit néceffairement le réfultat d'une fcience perfectionnée par une longue fuite d'obfervations; & tout femble annoncer que ces obfervations étoient auffi exactes que celles que nous poffédons aujourd'hui.

## Ptolémée.

Ptolémée entreprit de donner à la Géographie des principes purement aftronomiques, & d'écarter de la fcience la combinaifon des mefures itinéraires toujours fi incertaines. Marchant fur les traces d'Hipparque, il voulut que dorénavant les cartes fuffent conftruites fur des bafes sûres & invariables, fufceptibles d'être connues & vérifiées par tous les peuples & dans tous les temps. Il compta pour rien les difficultés qui avoient arrêté cet aftronome, ou plutôt il ne s'inquiéta point des erreurs que le défaut de connoiffances pofitives alloit lui faire commettre. Satisfait d'avoir rangé toutes les parties de la terre fous une forme nouvelle, fous une apparence plus exacte, il crut n'avoir laiffé aux fiècles à venir que le foin d'ajouter à fon ouvrage les découvertes que le temps amèneroit. Mais les efforts de Ptolémée n'eurent pas le fuccès qu'il en attendoit : comme il s'étoit emparé d'une idée qui appartenoit à Hipparque, il faifit mal les élémens qui devoient le guider; &, loin de donner à la fcience la perfection qu'une main habile auroit pu lui procurer, il la bouleverfa totalement.

Le premier objet qui occupa Ptolémée, fut la projection des cartes; il rejeta, avec raison , celle qu'avoit adoptée Marin de Tyr , pour y subftituer la méthode d'Hipparque ; dans laquelle tous les méridiens & les parallèles font repréfentés par des portions de cercle, qui , à leurs rencontres , doivent fe couper à angles droits. Les moyens qu'il donne pour tracer cette projection , font adaptés à l'étendue des terres qu'il connoiffoit , & les meilleurs Géographes l'emploient encore aujourd'hui pour décrire les parties du globe , comprifes entre l'équateur & le pole.

Ptolémée ne changea rien dans les principales longitudes que Marin de Tyr avoit fixées fur le parallèle de Rhodes , depuis les îles Fortunées jufqu'au promontoire *Cory* , dans l'Inde , qu'il laiffa à 125°, 20′ du premier méridien. Quant aux cent degrés que Marin ajoutoit pour l'efpace compris entre le cap *Cory* & *Thinæ* , Ptolémée crut qu'ils devoient être réduits à 54°, 40′. Sa raifon eft , que Marin de Tyr avoit toujours compté en ligne droite , les diftances que les Itinéraires donnoient , quoique les navigateurs euffent fait connoître les déviations de leur route , en indiquant les différens rumbs de vents qu'ils courroient pour arriver aux diverfes échelles de l'Inde , depuis le cap *Cory* jufqu'à *Catigara* , le dernier des ports connus au pays de Sines.

C'eft d'après les mêmes Itinéraires , que Ptolémée refferra les diftances données par Marin. Lorfque la navigation étoit indiquée , comme fuivant à-peu-près le même parallèle, Ptolémée retranchoit , de la diftance totale , un tiers pour les finuofités qu'il fuppofoit dans la route ; & lorfqu'il étoit dit que la navigation s'inclinoit *d'un quart* fur l'équateur , il ôtoit encore le fixième de la fomme qui lui reftoit , pour réduire la diftance à un parallèle , & avoir l'intervalle des méridiens. En voici un exemple :

Les navigateurs , & d'après eux Marin de Tyr , avoient dit que la navigation , entre *Curura* & *Palura* , fe dirigeoit au levant d'hiver , & que la route étoit de . . . 9,450 ftades.

Ptolémée en ôte le tiers pour les déviations qu'il fuppofe dans la route . . 3,150

Refte . . . . . 6,300

Il ôte enfuite le fixième pour la réduction au parallèle . . . . . . . . . 1,050

Refte pour l'intervalle entre les méridiens . . . . . . . . 5,250 ftades.

Ptolémée les réduit en degrés , à raifon de 500 ftades pour chacun ; il trouve donc que la différence en longitude , entre *Curura* & *Palura* , eft de 10°, 30′.

Il eft facile de concevoir combien une pareille méthode , dénuée d'ailleurs de tout autre fecours , devoit entraîner d'erreurs. Auffi , malgré les efforts de Ptolémée , toute la configuration des parties orientales de l'Inde , eft tellement altérée dans fes Tables , que c'eft encore un problême de favoir quelles font les contrées qu'il a prétendu y décrire.

Mais , comment Ptolémée a-t-il pu faire , dans fes longitudes , les erreurs énormes qu'on lui connoît ? C'eft ce qu'il eft curieux de rechercher.

Nous favons bien que les fautes de Ptolémée ne lui appartiennent pas exclufivement , qu'il n'en eft pas le premier auteur ; que Pofidonius , que Marin de Tyr & d'autres les avoient commifes avant lui ; mais comme Ptolémée fe donne pour le reftaurateur de la Géographie , & pour avoir en quelque forte recréé la fcience , on doit le rendre refponfable des erreurs qu'il a admifes, comme fi elles lui étoient perfonnelles. Le Tableau fuivant fait connoître les principales erreurs commifes par Ptolémée, dans les lieux nommés par Eratofthènes & Strabon, comme placés fur les cartes, d'après de bonnes obfervations.

## *Principales longitudes de Ptolémée, comptées du Cap Sacrum.*

| | Ptolémée. | | | Les modernes. | | | Différence. | | |
|---|---|---|---|---|---|---|---|---|---|
| | o | ′ | ″ | o | ′ | ″ | o | ′ | ″ |
| Cap *Sacrum* .................... | 0 | 0 | 0 | 0 | 0 | 0 | 0 | 0 | 0 |
| Détroit des Colonnes d'Hercule............ | 5 | 0 | 0 | 3 | 10 | 0 | + 1 | 50 | 0 |
| Cap méridional des Pyrénées................ | 17 | 50 | 0 | 11 | 52 | 0 | + 5 | 58 | 0 |
| Marfeille.............. | 22 | 0 | 0 | 13 | 54 | 8 | + 8 | 5 | 52 |
| Carthage................... | 32 | 20 | 0 | 18 | 52 | 0 | +13 | 28 | 0 |
| Rome................... | 34 | 10 | 0 | 21 | 1 | 15 | +13 | 8 | 45 |
| Détroit de Sicile........... | 37 | 10 | 0 | 24 | 37 | 0 | +12 | 33 | 0 |
| Cap *Pachynum*.................. | 37 | 30 | 0 | 24 | 3 | 3 | +13 | 26 | 57 |
| Cap Tenare................. | 47 | 30 | 0 | 30 | 54 | 0 | +16 | 36 | 0 |
| Cap Phycus ............... | 47 | 30 | 0 | 29 | 30 | 49 | +17 | 59 | 11 |
| Cap Criu-Métapon ........... | 50 | 5 | 0 | 32 | 1 | 36 | +18 | 3 | 24 |
| Cap *Sunium* .............. | 51 | 5 | 0 | 32 | 49 | 0 | +18 | 16 | 0 |
| Cap *Samonium*............ | 53 | 0 | 0 | 35 | 0 | 0 | +18 | 0 | 0 |
| Byfance............... | 53 | 30 | 0 | 37 | 25 | 49 | +16 | 4 | 11 |
| Embouchure du Boryftènes ............ | 55 | 0 | 0 | 41 | 12 | 0 | +13 | 48 | 0 |
| Rhodes................. | 56 | 0 | 0 | 36 | 25 | 45 | +19 | 34 | 15 |
| Alexandrie ............... | 58 | 0 | 0 | 38 | 48 | 30 | +19 | 11 | 30 |
| Méroé................. | 59 | 0 | 0 | 42 | 41 | 5 | +16 | 18 | 55 |
| Syène .................. | 59 | 30 | 0 | 40 | 40 | 0 | +18 | 50 | 0 |
| Pélufe................. | 61 | 0 | 0 | 41 | 30 | 0 | +19 | 30 | 0 |
| Amifus . ................ | 62 | 30 | 0 | 44 | 51 | 0 | +17 | 39 | 0 |
| Iffus ................. | 66 | 30 | 0 | 44 | 40 | 0 | +21 | 50 | 0 |
| Diofcurias ............. | 68 | 40 | 0 | 50 | 52 | 0 | +17 | 48 | 0 |
| Embouchure du Phafe........... | 70 | 0 | 0 | 51 | 5 | 0 | +18 | 55 | 0 |
| Thapfaque............... | 70 | 40 | 0 | 48 | 56 | 0 | +21 | 44 | 0 |
| Les Portes Cafpiennes............ | 91 | 30 | 0 | 61 | 5 | 0 | +30 | 25 | 0 |
| Milieu de la Patalène........... | 109 | 10 | 0 | 77 | 7 | 0 | +32 | 3 | 0 |
| Cap *Corharia* ............. | 119 | 15 | 0 | 85 | 36 | 0 | +33 | 40 | 0 |
| Sources de l'Indus........... | 122 | 30 | 0 | 80 | 52 | 0 | +41 | 38 | 0 |
| Embouchure orientale du Gange........... | 146 | 0 | 0 | 99 | 23 | 45 | +46 | 36 | 15 |
| *Thinæ* ................. | 177 | 30 | 0 | 106 | 27 | 0 | +72 | 3 | 0 |

Ce Tableau offre la bafe des plus grandes connoiffances que l'on eût en longitude ; mais il préfente, en même temps, la maffe la plus confidérable d'erreurs que l'on puiffe commettre en Géographie ; la Méditerranée y prend, en longueur, 20° de plus qu'elle ne doit avoir ; & cela, dans un temps où elle étoit le mieux connue des Grecs & des Romains, qui la parcouroient fans relâche. Les bouches du Gange y font reculées vers l'orient de plus de 46° au-delà de leurs véritables pofitions ; lefquelles réduites en mefures modernes, donnent près de douze cents lieues, ou la huitième partie de la circonférence du globe. Ainfi, l'on voit, que quoiqu'il eût eu tous les fecours que les auteurs précédens & les voyages euffent pu lui fournir, cependant il tombe dans de plus grandes erreurs qu'Eratofthènes. Le citoyen Goffelin en a recherché & favamment expliqué les caufes.

On a vu, à l'article d'Eratofthènes, qu'en confidérant fes grandes mefures, comme étant prifes à l'ouverture du compas fur une carte à *projection platte*, les principaux points de fon fyftême venoient fe ranger fous une graduation très-approchante de celle qu'on leur connoît aujourd'hui. On a enfuite confidéré la carte de Strabon fous le même afpect, ainfi que la longueur de la Méditerranée, donnée par Agrippa, & nous n'avons ceffé d'y trouver des approximations, qui toutes indiquoient que ces mefures émanoient d'un type primordial, qui avoit fervi à établir & à fixer les opinions géographiques des Grecs. On a vu de plus que ce type ou cette carte, qui leur indiquoit, avec une précifion aftronomique, la fituation de certains pays, dont ils ne pouvoient d'ailleurs avoir aucune connoiffance particulière, que cette carte, dis-je, avoit pour bafe une ftade de la fept-centième partie du grand cercle.

Nous ne trouvons pas que Ptolémée ait eu d'autres fecours pour former fes Tables, que le relevé d'une carte faite fur les mêmes principes, puifqu'il ne rapporte aucune obfervation importante qui ait pu le faire changer d'opinion fur les grandes diftances de l'Europe & de l'Afie jufqu'au Gange. Il eft donc néceffaire que la carte de Ptolémée, préfente, à quelques légères modifications près, les principaux élémens de celles d'Eratofthènes. Si on ne les y découvre pas au premier afpect, c'eft parce qu'ils y font voilés par une graduation doublement vicieufe :

1°. Par la manière dont il a envifagé la conftruction de la terre ;

2°. Par la fauffe évaluation qu'il a faite du degré de longitude, en le fixant à 500 ftades, au lieu de 700 qu'il auroit dû lui conferver.

Ptolémée établit les bafes de fa graduation fur le parallèle de Rhodes, dans l'hypothèfe que le degré de longitude devoit y être réduit à environ 400 ftades de celui de l'équateur, qu'il ne comptoit que 500 ; cette évaluation eft proportionnelle à celle d'Eratofthènes, qui comptant ce degré à 700 ftades, n'en admettoit que 555 au degré fur le parallèle de Rhodes. L'opinion de cet ancien avoit donc prévalu dans l'école d'Alexandrie : les diftances que préfentoient les autres, continuant à y être prifes pour des diftances réelles, quoiqu'elles fuffent toutes fauffes. Le citoyen Goffelin penfe, avec bien de la juftefle, que cette erreur eft la principale caufe pour laquelle les Grecs & les Romains ont tant varié dans l'eftimation des mefures itinéraires, parce qu'ils cherchoient fans ceffe à les ramener, tantôt aux mesures géodesiques, tantôt aux mesures hypothétiques établies sur les cartes.

Indépendamment de la fausse évaluation que Ptolémée a faite de l'étendue du degré de longitude, la graduation de sa carte sur le parallèle de Rhodes, doit offrir les mêmes inconvéniens que dans celle d'Eratosthènes. L'intervalle de chaque degré doit y représenter un nombre de stades plus grand que Ptolémée ne l'a cru, parce qu'il ignoroit, ainsi qu'Eratosthènes, sur quels principes la carte qu'il vouloit graduer avoit été construite. On a cru que cette ancienne carte étoit projetée suivant la méthode des *cartes-plattes*, & que les méridiens devant y être toujours parallèles entre eux, renfermoient nécessairement, dans toutes les latitudes, le même intervalle qu'on leur avoit fixé sous l'équateur. Or, Ptolémée donnant à chaque degré de ce cercle 500 stades d'étendue, le degré du parallèle de Rhodes doit. être compté aussi à raison de 500 stades, pour y retrouver les distances hypothétiques qu'il a employées.

Un exemple rendra ceci plus sensible.

Ptolémée comptoit 146 degrés pour la différence en longitude, entre le cap *Sacrum* de l'Ibérie, & l'embouchure orientale du Gange. Si l'on convertissoit ces degrés en stades, à raison de 400, comme il le veut, on n'auroit que 58,400 stades pour l'intervalle compris entre ces deux points ; & cela même ne s'accorderoit avec aucune de celles que l'antiquité a connues.

Si, au contraire, on compte les 146 degrés à 500 stades chacun, ainsi que le propose le citoyen Gossélin, ils produiront alors 73,000 stades, qui représentent bien certainement la mesure d'Eratosthènes, à une légère variation près, que l'on doit considérer comme une erreur particulière à Ptolémée.

Telle est donc la méthode qu'il faut employer pour retrouver, dans la graduation de cet auteur, la source des mesures que présentoit la carte qu'il vouloit copier. La quantité & la valeur de ces mesures étant connues, il deviendra facile de rétablir l'ancienne graduation que cette carte présentoit, & d'en ôter les erreurs que Ptolémée y a répandues.

Il suffit, en effet, de considérer que c'est pour avoir méconnu l'étendue qu'il devoit donner au degré de longitude, qu'il a commis toutes ces erreurs, séduit par l'autorité de Posidonius ; Ptolémée a rejeté l'ancienne évaluation, conservée par Eratosthènes, & qui convenoit uniquement à la carte qu'il consultoit : il en a enlevé la graduation, qui embrassoit 700 stades par degré, pour y substituer celle qui lui donnoit seulement 500 stades ; il a donc corrompu par-là toutes ses longitudes de deux septièmes, puisque les degrés, occupant un moindre espace sur le terrain, ont dû se multiplier en proportion sur sa carte ; les longitudes apparentes ont dû toutes pécher en excès, & devenir de plus en plus excessives, à mesure qu'elles avançoient vers l'orient : ce qui est arrivé, comme on le peut voir dans le Tableau précédent, & sur-tout dans l'ouvrage du citoyen Gossélin.

Pour faire disparoître cette seconde méprise de la carte de Ptolémée, & y rétablir la graduation qui lui étoit propre avant qu'il l'eût altérée, il ne faut donc que diviser les mesures obtenues par la méthode précédente, comme on a divisé celles d'Eratosthènes &

de Strabon, c'eſt-à-dire, par 700 ſtades, & l'on obtiendra pour réſultat, une graduation qui approchera beaucoup de celle que l'on connoît à préſent.

Un exemple éclaircira encore ceci.

Ptolémée met 146 degrés d'intervalle entre le cap *Sacrum* & l'embouchure orientale du Gange : il s'eſt par conſéquent trompé, d'après nos obſervateurs modernes, de 46°, 36′, 15″; mais, comme on vient de voir, que les 146° convertis en ſtades, à raiſon de 500 pour chacun, donnent 73,000 ſtades; ſi l'on réduit maintenant ces 73,000 ſtades en degrés de 700 ſtades chacun, on trouvera, pour l'intervalle ci-deſſus, 104°, 17′, 8″; & l'erreur de la carte que Ptolémée copioit ne ſera plus que de 4°, 53′, 25″.

Il exiſte dans la conſtruction des cartes de Ptolémée, un renverſement de principes plus étrange encore, puiſqu'il tient à l'oubli des premières connoiſſances, & du premier ſoin qu'un Géographe doit avoir ; celui de réduire toujours les meſures qu'il emploie aux mêmes élémens.

En adoptant l'évaluation du degré à 500 ſtades, on devoit en effet s'attendre que Ptolémée la porteroit ſur les méridiens, comme ſur l'équateur, c'eſt-à-dire, que ſon degré de latitude ſeroit égal au degré de longitude ſur ce cercle, puiſque les degrés des grands cercles ſont néceſſairement égaux dans l'hypothèſe de la terre ſphérique ; mais, quand il vint à tracer ſes parallèles ſur la carte qu'il vouloit copier, il s'apperçut qu'il ne pouvoit plus faire uſage des intervalles de 500 ſtades pour un degré, parce que toutes les latitudes ſeroient devenues beaucoup trop hautes, c'eſt-à-dire, que chaque degré n'atteignoit pas le lieu qu'il auroit dû atteindre. Et comme toutes ces latitudes étoient fixées par des obſervations ou des approximations aſtronomiques, qu'il ne pouvoit pas refuſer d'admettre, il changea de méthode, & traça ſes degrés à 700 ſtades de diſtance. Il ſentit vraiſemblablement que s'il continuoit de leur donner la même proportion que pour ſes longitudes, Alexandrie, qui ne devoit pas s'éloigner de 31° de latitude, ſe ſeroit trouvée à plus de 43 degrés ; & que Marſeille, qu'il ſavoit, comme Eratoſthènes, être à 43 degrés & quelques minutes, auroit été portée au-deſſus de 60 degrés.

Ptolémée étoit donc ainſi prévenu, que l'évaluation du degré qui avoit ſervi de baſe à la carte qu'il prenoit pour modèle, n'étoit pas la même que celle qu'il cherchoit à y ſubſtituer. Dès-lors il devoit ſavoir, que ſi cette évaluation étoit ſuſceptible d'une réduction quelconque, elle devoit être portée ſur toutes les dimenſions de la carte ; ou que, ſi elle ne pouvoit pas être adaptée aux latitudes, il devenoit inconſéquent de la porter ſur les longitudes, parce qu'en l'iſolant ainſi, une des dimenſions reſtoit néceſſairement défectueuſe.

Au reſte, il paroît prouvé, au citoyen Goſſelin, que le texte grec de Ptolémée & ſa traduction latine, ont été altérés ſéparément : on trouve des variantes très-conſidérables, dans le texte grec, ſur les parties orientales de la Méditerranée ; & beaucoup de variantes ſur les parties occidentales de cette même, dans la traduction latine, ce qui prouve que les Latins & les Grecs, ont, dans leurs différens voyages, travaillé ſéparément les uns des autres.

Au temps de Strabon, les connoissances géographiques, dans la partie septentrionale de l'Europe, ne s'étendoient que jusqu'à l'Elbe. Au temps de Ptolémée on avoit passé le Sund, & l'on étoit parvenu jusqu'au fleuve *Chesinus*, qui paroît, au citoyen Gosselin, répondre à la Duna, puisque Ptolémée ne compte que trois fleuves principaux, entre celui-ci & la Wistule, & qu'on les retrouve aujourd'hui ; savoir :

Le *Chronus*, dans le Pregel, qui passe à Kœnisberg ;

Le *Rhubon*, dans le Niémen ;

Le *Turuntus*, qui ne peut être que la rivière de Windaw.

A l'orient de la Cherfonèse Cimbrique ou Jutland, Ptolémée place quatre îles, sous le nom de *Scandiæ infulæ.*

Les trois plus petites répondent à celles de Laland, de Funen, & de Seland, qui font partie du Danemarck.

La quatrième, probablement, représentoit la Scanie. La grande étendue de la Baltique n'avoit pas encore permis aux Romains de la parcourir en entier. On croyoit, d'après Pythéas, que la Scandinavie ne tenoit pas à la terre-ferme : cette quatrième île représente donc celle que Pythéas nommoit *Bafilia* ou *Baltia.*

Le nom de *Thule* reparoît dans les Tables de Ptolémée ; mais ce n'est plus la *Thule* de Pythéas : le récit de ce dernier fait voir que celle dont il parloit étoit très-voisine du pole ; au lieu que Ptolémée place *Thule* près des Orcades, ce qui prouve qu'alors les connoissances s'étendoient peu au-delà. La route de l'Islande étoit perdue, & l'on avoit transporté le nom de *Thule* & le souvenir de son existence à la petite île de Schetland.

L'Hibernie ou *Ierne*, que Strabon avoit indiquée au nord de la Bretagne, quoique sous sa vraie latitude, est remise, dans Ptolémée, à l'occident de cette île, mais à cinq degrés plus au nord qu'elle ne doit être.

L'Angleterre, les côtes occidentales de la Gaule, & le nord de l'Hispanie, présentent un accroissement de connoissances de détail, étonnant pour le temps écoulé depuis Strabon, qui avoit à peine des notions sur l'existence de ces contrées.

Les détails de la Méditerranée offrent des efforts pour arriver à une plus grande perfection. On en peut voir le détail dans l'ouvrage du citoyen Gosselin.

Dans le temps que Scipion Emilien gouvernoit l'Afrique, Polybe fut chargé d'aller en reconnoître les côtes occidentales. Il avoit rapporté les noms des caps, des fleuves & des nations qu'il avoit rencontrés. Pline nous en a conservé un petit extrait ; on voit le voyageur s'avancer jusqu'au fleuve Darat ou *Daratus*, qui est le Sénégal d'aujourd'hui, & parvenir jusqu'au promontoire des Hespérides, au-delà d'une chaîne de montagnes, qu'il appelle *le char des Dieux*, & qui paroît répondre à celle de Sierra-Leona. Les Romains n'ont pas poussé leurs découvertes au-delà de ce point, & il est le terme des connoissances de Ptolémée.

Strabon pensoit que la côte occidentale de l'Afrique, après avoir couru un certain espace au midi, se courbeit & alloit rejoindre la côte orientale de cette partie de la terre, sans atteindre l'équateur..... Ptolémée qui n'admettoit pas la communication de l'Océan

Atlantique avec la mer Erythrée, penſoit, au contraire, que la côte occidentale de l'Afrique, après avoir formé un golfe médiocrement enfoncé; & qu'il nomme *Heſpericus*, s'étendoit indéfiniment entre le ſud & l'oueſt : de même qu'il croyoit que celle de l'Afrique orientale, après le cap *Praſum*, alloit rejoindre la côte de l'Aſie, au midi de *Catigara*.

Les connoiſſances de Strabon, dans la partie orientale de l'Afrique, ne paſſoient pas le cap *Gardefan*, que Ptolémée nomme *Aromata*, du nom d'une ville qui y étoit ſituée. Marin de Tyr avoit raſſemblé les Journaux de pluſieurs navigations faites depuis ce cap juſqu'au promontoire *Praſum*, & avoit penſé que le *Praſum* devoit être ſitué ſous le tropique d'hiver. Ptolémée, d'après cette nouvelle évaluation de ces itinéraires, & des notions plus poſitives ſur les diſtances & l'ordre dans lequel les différens ports de cette côte devoient être rangés, fixe le *Praſum* au quinzième degré de latitude auſtrale; il y a erreur de cinq degrés : ce cap répond à celui nommé *Cabo-Delgado*.

Marin avoit encore recueilli d'autres itinéraires, dont Ptolémée a fait uſage pour les parties ſeptentrionales & orientales de l'Aſie. L'un d'entre eux donnoit les diſtances le long d'une route tracée depuis les bords de la mer Egée juſqu'à la métropole de la Sérique. Les marchands qui parcouroient ces contrées, paſſoient l'Euphrate à Thapſaque, gagnoient les portes Caſpiennes par Ecbatane, & ſe rendoient à Baĉtres : là, ils abandonnoient la route qu'Alexandre avoit ſuivie, pour monter au nord chez les *Comedi*, puis traverſant une branche de l'*Imaüs*, & les déſerts de la Scythie, ils arrivoient à *Sera*, la dernière ville connue de la Haute-Aſie.

On avoit parcouru la mer Caſpienne dans tout ſon contour, on ne croyoit plus qu'elle étoit un golfe de l'Océan ſeptentrional; on ſavoit même qu'elle en étoit fort éloignée, puiſque l'on avoit remonté le Wolga juſqu'à ſes ſources. Cependant, en ſupprimant les gorges par leſquelles Eratoſthènes avoit cru que la mer Caſpienne communiquoit à l'Océan, on lui avoit conſervé ſa forme, comme prolongée de l'occident à l'orient. Ptolémée lui donne, dans ce ſens, 23°, 30', depuis *Gagara*, dans l'Albanie, juſqu'au fleuve *Polytimatus*, dans la Scythie; il eſt probable qu'alors on croyoit que le lac d'Aral faiſoit partie de la mer Caſpienne.

Mais une choſe ſur laquelle on ne peut ſe refuſer de s'entendre ici, c'eſt ſur la configuration que Ptolémée & toute l'antiquité donnent à la Taprobane. J'en ai parlé, d'après M. d'Anville; je vais aĉtuellement expoſer l'opinion ſavante du citoyen Goſſelin.

Pour la Taprobane, il eſt néceſſaire de ſe rappeler ce qui a été dit ci-devant ſur les notions géographiques que les Grecs avoient rapportées de l'Inde. Il faut auſſi ſe rappeler la manière dont Eratoſthènes avoit fait uſage de ces notions, en les ſoumettant à la fauſſe latitude des bouches de l'*Indus*, qu'il plaçoit beaucoup plus au midi qu'elles ne devoient l'être; & à l'idée d'une zône inhabitable, que le cap des Coliaques ne devoit pas atteindre.

Les mêmes relations avoient indiqué une île qui étoit au ſud de l'Inde; & l'on pourroit même ſoupçonner, d'après un paſſage de Strabon, où il eſt dit, que la Taprobane eſt dans la mer Adriatique, que quelques auteurs la croyoient à l'orient du cap des Coliaques, ce qui ſeroit infiniment plus juſte.

Quoi qu'il en foit, la Taprobane ne paroît pas, au citoyen Goffelin, devoir être repréfentée que par l'île Ceylan, qui eft la feule grande île que l'on trouve dans les parages de l'Inde, en-deçà du Gange; elle a porté auffi le nom de *Salice* : ce qui étonne, c'eft de favoir comment Eratofthènes a pu lui donner 7 à 8000 ftades de longueur, fur 500 ftades de largeur; & comment Ptolémée, venu 400 ans après lui, dans un temps où la navigation de l'Inde étoit fort fuivie & fort connue, lui croyoit encore 15 degrés, ou 7,500 ftades d'étendue, du nord au fud; & 12 degrés, ou 6000 ftades, de l'eft à l'oueft, tandis que Ceylan n'a tout au plus que 3°, 50' de long, fur 2°, 20' de large.

M. d'Anville, & moi d'après lui, nous avons cru que cette énorme étendue que les anciens donnent à la Taprobane, ne provenoit que d'une fauffe évaluation des ftades employés à fa mefure, mais en voici une autre caufe, dont on doit la connoiffance à la fagacité du citoyen Goffelin.

Les navigateurs qui partoient des bouches de l'*Indus*, avec le projet de parcourir les côtes de l'Inde, avoient à traverfer les deux golfes qui refferrent la prefqu'île de Guzurat, que l'on nommoit alors *Larice*; ils trouvoient enfuite la côte de Malabar, qui s'étendoit vers le midi; & il étoit impoffible qu'ils fe trompaffent fur cette direction. Tous les renfeignemens devoient donc annoncer qu'il exiftoit une grande terre au fud-eft de *Larice*; mais l'opinion générale étoit que la côte de l'Inde étoit parallèle à l'équateur, d'où l'on concluoit, à l'école d'Alexandrie, que cette côte, qui defcendoit au fud, n'étoit pas la côte de l'Inde, mais qu'en étant féparée, c'étoit l'île de Taprobane dont on avoit entendu parler. L'enfoncement du golfe de Cambaye, qui eft au midi du Guzurat, a pu leur paroître le commencement du détroit, qu'ils favoient devoir féparer la Taprobane de l'Inde; & l'efprit de fyftême leur a fait continuer ce détroit jufqu'au golfe du Gange, à laquelle on a donné toute l'étendue que devoit avoir cette partie de l'Afie.

Si l'on remarque en effet que la côte de Malabar, prife depuis le cap Comorin jufqu'à Surate eft de 7,500 ftades, de 500 au degré, on y reconnoîtra la longueur précife que Ptolémée donne à la Taprobane. Le refte de la côte du nord, jufque vers Cambaye, devoit difparoître dans fon opinion, ainfi que dans celle d'Eratofthènes, pour faire place au prétendu détroit qu'ils y fubftituoient.

Ce détroit eft particulièrement indiqué dans Pline, comme devant traverfer la prefqu'île de l'Inde à la hauteur de Cambaye. Il dit que la Taprobane eft à fept journées de navigation de la Nation des *Prafii*, qui occupoient *Palibothra*, ville fituée fur le Gange. Pline, en mettant les *Prafii* fur le bord de la mer, fuppofoit donc, dit le citoyen Goffelin, que l'enfoncement du golfe de Cambaye fe prolongeoit jufqu'à l'embouchure du Gange.

Le citoyen Goffelin ajoute une autre preuve empruntée de l'aftronomie, & finit en concluant que l'erreur des anciens eft d'avoir confondu & décrit Ceylan dans le cadre que devoit occuper la prefqu'île occidentale de l'Inde.

Le citoyen Goffelin prouve enfuite que l'on s'eft trompé, en croyant que la prefqu'île de Malaca étoit la Cherfonèfe d'or des anciens. Il prouve que les connoiffances des anciens ne s'étendoient pas au-delà de Tana-Serim.

Après l'embouchure du Gange, dit-il, confondue avec celle de la rivière de Megna, Ptolémée place le fleuve *Latameda*, qui répond à la rivière de Morée. *Baracura Emporium* n'eft point Shatigan ou Iflamabad, comme on l'a cru; cette pofition fe retrouve dans un lieu, nommé Barracoun, fitué entre la rivière de Morée & celle de Curmfullée, qui eft le *Tocofanna* de Ptolémée. La rivière de *Sambra* peut répondre à Santatoli; & les rivières de Rajoo & de Dombac repréfentent les fleuves *Sadus* & *Temala*.

Le promontoire *Temala*, qui répond au cap Botermango d'aujourd'hui, eft, dans Ptolémée, le commencement du *Sabaracus-Sinus*. A la hauteur de Botermango, la côte forme un golfe, qui reçoit la rivière d'Aracan, comme le *Sabaracus* reçoit le *Befynga*. La rivière d'Aracan fe reconnoît encore pour le *Befynga*, par le nom de *Béting*, que porte une petite île fituée à fon embouchure.

Au fud de ce golfe, une ville que l'on rencontre, fous le nom de *Barabon*, répond à *Barabæ*; ce petit cap qui vient après, & l'enfoncement de la côte où étoit fituée *Tacola*, fe retrouvent dans la pointe de Negrais, appelée aufli *Negrailles* par les marins.

Ce qui caractérife le plus la Cherfonèfe d'or dans Ptolémée, eft l'embouchure d'un grand fleuve qui vient s'y divifer en trois branches, avant de fe jeter à la mer; ces canaux portoient chacun le nom de *fleuve* : on les appeloit *Chryfoana*; *Palaudas* & *Atta-bas*. Il faut remarquer que Ptolémée ne donne aucun nom à ce fleuve au-deffus de fa divifion, & qu'il n'indique pas le lieu de fes bornes, comme il fait pour les autres, d'où l'on peut conclure qu'il ignoroit toute la partie de fon cours, qui traverfoit le *Leftorum Regio*.

On voit en effet que Ptolémée n'avoit aucune connoiffance de l'intérieur de cette contrée : elle étoit habitée par un peuple de brigands, chez lequel on évitoit de paffer. Les Indiens, que le commerce attiroit chez les *Sinæ* ou *Sines*, fuivoient une route tracée au nord de ce pays.

Cette route rencontroit un fleuve confidérable, nommé *Daona*, que Ptolémée conduit jufqu'à la ville du même nom qu'habitoient les *Daonæ*; mais on voit que ce géographe n'en connoiffoit pas bien le cours; & l'on préfume qu'il eft le même dont on a vu les trois embouchures.

Le citoyen Goffelin penfe que c'eft la rivière d'Ava, qui en defcendant du nord, vient former une grande prefqu'île, dans laquelle elle fe divife de même en trois bras.

La preuve que les deux fleuves de Ptolémée ne doivent en former qu'un feul, & ne peuvent fe rapporter qu'à la rivière d'Ava, eft la pofition de la ville de *Daona*, fur le fleuve de même nom, puifque cette ville exifte fur la rivière d'Ava, fous le nom de *Dana-plú*.

Il eft donc difficile de ne pas reconnoître la Cherfonèfe d'or dans cette prefqu'île, entre-coupée par les bouches de la rivière d'Ava; fon extrémité nommée aujourd'hui *pointe de Bragu*, repréfente le *grand promontoire* de Ptolémée, près duquel il plaçoit *Zabæ*.

Plaçons-nous maintenant à cette pointe, & confultons la route que tenoient les navigateurs pour fe rendre de cette échelle à *Catigara*, principal entrepôt du commerce des Sines.

Marin de Tyr, qui avoit rapporté les itinéraires dont Ptolémée avoit fait usage, disoit *que les navigateurs qui partoient de Zabæ pour Catigara, dirigeoient leur route vers le midi, & encore plus vers leur gauche,* c'est-à-dire, qu'ils alloient dans une direction sud-est.

Or, en partant de la pointe de Bragu, cette même route mène directement à la côte occidentale du royaume de Siam, qui doit par conséquent représenter les Sines ( *Voyez ci-après* ).

Ce pays, suivant Marin de Tyr, Ptolémée & Marcien d'Héraclée, devoit être terminé, *au nord, par les Serres, au levant & au midi, par des terres inconnues, & au couchant, par la mer.*

On peut voir que dans tous les parages de l'Inde, il n'y a que la seule côte occidentale du royaume de Siam qui soit précisément orientée, comme ce passage l'indique.

Ptolémée place dans le pays des Sines un grand fleuve, sous le nom de *Senus,* dont il n'a pas connu la source, mais qu'il savoit descendre du nord pour former un coude vers le sud, & remonter ensuite pour se jeter dans la mer. Le cours de ce fleuve est parfaitement représenté par celui de la rivière *Tana-Serim ;* ce qui ajoute beaucoup à cette ressemblance, c'est que le *Senus* reçoit, dans la partie méridionale de son cours, le petit fleuve *Cotiaris,* qui se retrouve dans une petite rivière que reçoit le Tana-Serim, dans une position à-peu-près la même.

C'est sur le *Catiaris* que Ptolémée place l'ancienne ville de *Thinæ,* métropole de tout le pays des *Sinæ.* Le citoyen Gosselin pense que c'est la même que Tana-Serim ; & même son nom signifie *peuplade de Tana.* Les Géographes orientaux l'ont indiquée comme étant sur le bord de la mer, parce qu'ils l'ont confondue avec Merghi qui en est le port : au reste, elle n'en est éloignée que de quelques lieues.

L'analogie que l'on remarque entre les deux noms de villes, se retrouve aussi entre les noms des peuples, car les anciens disoient *Sinæ,* & dans le pays on dit *Tsiam,* que nous avons adouci en prononçant Siam.

Comme on trouve dans la traduction latine de Ptolémée les mots *Sinæ metropolis,* qui ne se trouve pas dans le texte grec, le citoyen Gosselin pense que l'on a donné ce nom à Siam lorsqu'on l'a connue, & que l'on cherchoit ainsi à faire croire que c'étoit la même que *Thinæ ;* ce qui n'étoit pas.

Le grand golfe, selon Ptolémée, baignoit le pays des Sines ; c'est le golfe de Martaban. Le *Senus* doit être le fleuve de Réqu ; la ville de *Tomara* étoit dans le lieu appelé *Mararco ; Arpithra* est Martaban ; enfin, *Rhabana* & le fleuve *Ambastus* peuvent se rapporter à Tavay & à la rivière du même nom.

Le reste de la côte, au-delà de la hauteur de Tanaserim, se prolonge au sud ; on avoit imaginé qu'elle se prolongeoit jusqu'en Afrique, où elle alloit joindre le promontoire *Prasium.*

Les îles que Ptolémée place dans le golfe du Gange & au midi de la Chersonèse d'or, se retrouvent aisément dans celle de Chedubé, d'Andaman, de Car-Nicobar, & dans l'Archipel de Tanaserim.

Les preuves que l'on vient de lire, & toutes celles qui se trouvent dans le savant ouvrage du citoyen Gosselin, démontrent jusqu'à l'évidence, que les connoissances de l'école d'Alexandrie ne se sont jamais étendues au-delà des limites qui viennent d'être indiquées. *Thinæ* ou *Tana-Serim*, a été la dernière ville de l'Inde, dont le nom soit parvenu jusqu'aux Grecs d'Asie & d'Europe. Au temps d'Eratosthènes & de Strabon, les notions que l'on avoit sur son existence & sur sa position, que l'on fixoit au nord du Gange, étoient si confuses & si incertaines, qu'il y a lieu de croire qu'elles tenoient uniquement à une tradition, dont l'origine se perdoit dans des temps bien antérieurs aux conquêtes d'Alexandre & à celles de Seleucus.

*N. B.* Je vais placer ici un morceau du même auteur, qui y a très-bien éclairci les difficultés élevées jusqu'à présent sur la position de la Sérique. J'y renverrai à l'article des Tables, où il y sera question de cette contrée.

## DE LA SÉRIQUE.

Dans l'article cité, j'ai parlé conformément aux idées reçues, & sur-tout d'après M. d'Anville. Je vais rectifier les erreurs de cet article, & présenter un précis de ce qu'a écrit le citoyen Gosselin sur ce sujet. Voici l'extrait qui s'en trouve dans le Journal des Savans, du 17 Avril 1792.

Le desir de débrouiller un point intéressant de Géographie ancienne, dit-il, m'a fait entreprendre de nouvelles recherches sur la Sérique. J'ai pensé qu'il étoit d'autant plus utile de bien déterminer la position de cette contrée, qu'elle a été, pour les Grecs & les Romains, le terme de leurs connoissances dans la Haute-Asie.

Depuis près de deux mille ans, les Géographes n'ont cessé de parler de la Sérique; cependant sa situation est encore inconnue; du moins, il m'a paru, continue le citoyen Gosselin, que les divers sentimens des modernes, ne pouvoient se soutenir contre un examen suivi des circonstances, dont les anciens ont accompagné leurs récits.

Il est vrai que la plupart de ces récits sont obscurs; quelques-uns même semblent contradictoires. Il en faut rejeter la cause sur le grand éloignement de la Sérique, & sur le peu de relations que les Européens y ont toujours entretenues. Les difficultés, les fatigues d'un voyage, qui n'a jamais offert d'autre but que celui du trafic, étoient abandonnées à l'avidité des marchands; & ceux-ci intéressés à ne pas faire connoître la source où ils alloient puiser leur fortune, s'efforçoient d'en exagérer la distance, pour mieux cacher la vraie route qui y conduisoit.

Les principaux objets que l'on tiroit de la Sérique, étoient du fer, des étoffes, des pelleteries, du coton, & sur-tout une laine précieuse, connue des Romains, sous le nom de *Serica-materies*, que les Sérès cordoient d'abord, & que les femmes européennes filoient ensuite pour s'en faire des vêtemens légers & presque diaphanes, selon les expressions de Pline.

Cette laine ne doit pas être confondue avec la soie ( *Sericum* ), qui se tiroit aussi de la Sérique, mais d'un canton particulier que j'indiquerai.

On voit donc que le citoyen Gosselin distingue deux parties dans la Sérique ; l'une assez favorablement située pour que les vers à soie puissent y vivre ; l'autre, plus avancée dans le nord, qui ne produisoit pas de soie, mais qui a pu servir d'entrepôt pour le commerce de cette matière précieuse.

La division proposée par le citoyen Gosselin, ne s'éloigne pas du témoignage des anciens, puisqu'ils ont placé la Sérique, tantôt dans l'Inde, tantôt dans la Scythie ; mais le plus souvent dans une contrée intermédiaire, entre la Scythie & l'Inde. Aussi, le climat, le caractère des Serès a-t-il été peint diversement par les auteurs, suivant les places qu'ils leur assignoient : les uns ont parlé des Serès comme d'un peuple le plus doux, le plus heureux ; les autres en ont fait des espèces de sauvages qui fuyoient à la vue des autres hommes.

Cette contrariété, entre les écrivains, s'expliquera, si je puis, dit le citoyen Gosselin, faire voir, 1°. que la Sérique s'étendoit à la fois, & dans l'Inde, & au nord de cette contrée ; 2°. que par la disposition du terrein de la Sérique, sa partie méridionale jouissoit d'une température égale à celle de la Perse, tandis que la partie septentrionale étoit exposée à des hivers rigoureux ; 3°. que l'on arrivoit également dans la Sérique, soit en passant au nord des sources de l'*Indus*, & en traversant une portion de la Scythie, sans entrer dans l'Inde, soit en traversant la Perse & une partie de l'Inde, sans entrer dans la Scythie.

Enfin, je croirai avoir présenté toutes les preuves que l'on peut exiger dans ces sortes de recherches, si je puis indiquer un pays qui réunisse les principales circonstances que les anciens nous ont transmises ; & retrouver dans le nom actuel de la contrée où je m'arrêterai, ce nom de Sérique qu'elle portoit autrefois.

Les principaux auteurs anciens qui ont placé la Sérique entre l'Inde & la Scythie, sont Pomponius-Mela, Pline, Solin, Paul Orose, Æthicus, Martianus Capella, l'Anonyme de Ravenne & Isidore de Séville. Ils ont ajouté, en même temps, que la Sérique étoit sur les bords de l'Océan oriental ; & ces assertions mal combinées, mal entendues, ont fait penser à un grand nombre de Géographes modernes, que les connoissances des anciens s'étendoient jusqu'aux extrémités de l'Asie, & que les Serès avoient occupé la Tartarie Chinoise jusque sur les bords de la grande mer Pacifique.

Mais, ni les Grecs, ni les Romains, n'ont jamais eu connoissance des mers qui baignoient les côtes de l'Asie, depuis la presqu'île Malayeine jusqu'au Kamtchatka. J'ai déjà soutenu, ajoute le citoyen Gosselin, que l'Océan oriental des anciens, n'étoit autre chose que le golfe de Bengale. Cette opinion avoit d'abord étonné, mais ce savant l'a démontrée vraie dans un Mémoire inséré dans les Mémoires de la ci-devant Académie des Belles-Lettres ; on y voit que les connoissances géographiques des anciens étoient circonscrites en Asie par une ligne, qui, peu après la bouche orientale du Gange, passeroit par la partie orientale du grand Tibet, laisseroit à droite le désert, nommé *Coby*, la petite Bukarie, le pays de Gété, celui des Calmuks, les Steps des Cosaques, & viendroit joindre le Wolga, en se prolongeant vers Grembourg, Jaïk & Saratow; de sorte que toute la Sibérie, la Tartarie Russe, la Tartarie Chinoise, le Camboje, Siam, le Pégu, la plus grande partie du Tibet, &c. étoient alors réellement inconnus, que l'on n'en soupçonnoit même pas l'existence, puisque l'Océan étoit censé occuper tous ces espaces.

C'est donc en-deçà de ces limites que doit se trouver la Sérique des anciens, & le terme de leurs connoissances dans la Haute-Asie. La cause qui a pu arrêter les progrès de leurs découvertes, me semble avoir été cette prodigieuse quantité de sables, ces longs déserts, qui, en suivant la direction que je viens d'indiquer, s'étendent obliquement depuis le cinquante-cinquième degré nord jusqu'aux frontières & aux montagnes presque inaccessibles du Tibet. Ces sables & ces montagnes ont été pendant long-temps des bornes naturelles que les voyageurs n'osoient franchir. Ce ne fut en effet que vers le milieu du treizième siècle de notre ère, lorsque le zéle des missionnaires, & le délire des croisés agitoient l'Europe & l'Asie, que des moines & des marchands entreprirent de pénétrer dans la Tartarie, & arrivèrent jusqu'aux frontières septentrionales de la Chine, en passant par l'Eygur. Ces voyages sont, par rapport à nous, les premiers qui nous ont fait connoître les parties orientales de la Haute-Asie; ce n'est que de leur époque que nous pouvons dater nos connoissances, puisque les relations que les Tartares entretenoient auparavant, soit entre eux, soit avec les autres nations, ainsi que les routes qu'ils suivoient en parcourant ces vastes contrées, nous étoient alors aussi inconnues qu'elles l'avoient été aux anciens.

Le premier itinéraire que les Grecs aient publié pour indiquer la route qui conduisoit à la Sérique, paroît depuis il y a environ dix-huit cents ans; Ptolémée, en le copiant dans l'ouvrage de Marin de Tyr, ne nous en a conservé qu'une très-petite partie. On y voit que cette route, à prendre du passage de l'Euphrate, près d'Hiérapolis, passoit dans la Bactriane, au nord des sources de l'Indus, traversoit une portion de la Scythie, & aboutissoit à *Sera*.

Les détails de ce voyage demandent à être suivis sur des cartes dressées exprès pour le représenter: elles doivent se trouver avec le Mémoire dans le Recueil de l'Académie des Belles-Lettres.

Pour en donner une idée, & y suppléer en quelque sorte, on doit dire ici que les anciens ont toujours tracé la grande chaîne de l'Asie dans une direction parallèle à l'équateur, tandis que sur le globe, cette chaîne de montagnes forme des sinuosités considérables, sur-tout depuis les sources de l'Indus, où elle se replie sur elle-même, en formant un angle aigu, & en descendant rapidement au midi, à plus de six degrés du point où elle s'étoit élevée. Or, comme le chemin qui conduisoit à la Sérique suivoit, selon les cartes de Marin de Tyr & de Ptolémée, la même direction que les montagnes, il paroît certain que, faute d'avoir été instruits que ces montagnes fléchissoient tout-à-coup pour se prolonger vers le sud, ces Géographes ont continué de placer dans l'est, des contrées qui s'étendoient au midi, & qu'ils ont appliqué, à la direction des longitudes, les distances

d'un

d'un itinéraire qui appartenoient au sens des latitudes. On conçoit que cette erreur a dù influer sur la position de Sera, & la faire placer plus au nord qu'elle n'auroit dù l'être.

On doit dire que, dans Ptolémée, le Gange prend sa source sur le revers méridional de la grande chaîne d'Asie & qu'il ne la traverse pas. On sait précisément le contraire aujourd'hui ; le Gange a ses sources à environ trois degrés au nord de cette chaîne & la traverse près d'Hardonar ; d'où il faut conclure que Ptolémée n'a eu aucune connoissance de la partie du Gange, comprise entre Hardonar & le Gangotri.

Au reste, on se tromperoit si l'on vouloit s'attacher à comparer, dans les cartes de Ptolémée, la correspondance des parties de l'Asie au-dessus de l'Imaüs & des monts Emodes, avec les parties qui sont au midi de ces montagnes, pour chercher à en tirer quelques inductions ou quelques rapprochemens ; ces parties n'ont entre elles aucune connexité, elles ont été faites séparément & sur des données si différentes, qu'elles n'ont pu conserver la plus légère liaison dans leurs rapports. Il est aisé de s'en assurer, en lisant dans Ptolémée les Chapitres XI, XII, XIII & XIV de ses Prolégomènes.

On ne peut donc pas objecter que Hardonar n'étant que par 30 degrés de latitude, & que Ptolémée ayant placé les sources du Gange par 37 degrés, tient uniquement à l'opinion qu'il avoit embrassée, d'après Eratosthènes & Marin de Tyr, sur la hauteur à laquelle la grande chaîne de l'Asie devoit se soutenir.

En adaptant ces principes à l'itinéraire dont il a été parlé, & en suivant la marche des voyageurs, depuis Bactres jusqu'au petit Tibet, le citoyen Gosselin indique les lieux qui semblent correspondre à ceux que Ptolémée a donnés dans ses Tables ; il faut entre autres remarquer que le nom d'*Eskerdon*, capitale du petit Tibet, se retrouve dans celui d'*Esse-don*, ou plutôt d'*Esledon*, que les anciens lui donnoient.

En suivant toujours les sinuosités de la grande chaîne de montagnes, le citoyen Gosselin arrive dans une vaste contrée de plus de 120 lieues de longueur, nommée *Séri-nagar*, dans laquelle il retrouve la Sérique des anciens, comme il reconnoît *Sera* dans la ville capitale, nommée aussi *Séri-nagar*. On sait que le nom de *nagar*, dans l'Inde & dans quelques contrées qui l'avoisinent, est un titre donné aux principales villes de plusieurs provinces, pour indiquer qu'elles y dominent & y tiennent le premier rang. Ainsi, les dénominations de *Séri-nagar* & de *Sera-metropolis*, sont absolument les mêmes ; la ville & le pays n'ont pas changé de noms depuis vingt siècles.

Indépendamment de l'identité de ces noms, qui semble former une grande preuve en faveur de l'opinion du citoyen Gosselin, il remarque, 1°. que la province de Séri-nagar est environnée par-tout de hautes montagnes, comme le dit, non-seulement Ptolémée, mais plus particulièrement encore Ammien-Marcellin ; 2°. que le Séri-nagar se trouve sur les confins immédiats de l'Inde, comme toute l'antiquité a placé la Sérique, & qu'il n'est séparé de l'Inde que par la grande chaîne de l'Asie, nommée dans cet endroit par Ptolémée, *Serici-montes* ; & connue maintenant, sous le nom de *Sera-lick* ; 3°. que ce canton réunit, comme je l'ai annoncé, la circonstance de n'être, ni dans la Scythie, ni dans l'Inde, & d'être accessible par ces deux contrées.

On pourroit faire, il est vrai, deux objections : en voici la réponse.

La première porteroit sur la latitude de *Sera*, que Ptolémée place à 40°, 55′ ( & non à 38°, 35′, comme ses Tables actuelles le portent ), quoique Seri-nagar ne soit qu'à 31°.

L'erreur des anciens tient ici à deux causes, d'abord à l'opinion constamment reçue parmi eux, que la grande chaîne de l'Asie se soutenoit à la hauteur du parallèle de Rhodes, vers le trente-sixième degré ; & que la Sérique devoit être placée plus au nord que cette chaîne. Ensuite, au récit des voyageurs ; ceux-ci affirmoient que le climat de la Sérique étoit froid, qu'il étoit exposé à des hivers très-rudes, & à des vents impétueux ; d'où l'on concluoit que le climat de la Sérique ne pouvoit pas être moins élevé que celui de l'Hélespont, où les mêmes vicissitudes se rencontroient.

Pour se convaincre de la rigueur du froid que l'on éprouve dans la partie de l'Asie où le citoyen Gosselin place la Sérique, il suffit d'examiner la grande élévation du sol. Le Seri-nagar en particulier, & le Tibet en général, est le point le plus élevé de l'Asie. C'est-là que l'*Indus*, le Gange, le Gugra, le Brama-pontren, & d'autres fleuves considérables prennent leurs sources au milieu des rochers, dont la hauteur & l'aspect font frémir, du moins à ce qu'en disent les voyageurs.

Les P. P. Verbriesl & Gerbillon, en pénétrant dans la Tartarie, à la suite de l'empereur de la Chine, observèrent qu'à mesure qu'ils s'éloignoient de Pékin, vers l'occident, le terrein alloit toujours en s'élevant ; & qu'à trois cents milles seulement de cette capitale, le sol étoit déjà élevé de trois mille pas géométriques au-dessus du niveau de la mer : cette hauteur est plus considérable que le sommet du Mont-Blanc, l'un des points les plus élevés de l'Europe.

Le froid est si violent dans le Tibet, qu'à Chaemanning, ville située à 31°, 39′ de latitude, M. Bogle vit tomber beaucoup de neige au milieu d'Avril ; toutes les eaux dormantes étoient gelées, & il trouva dans sa chambre le thermomètre de Fahrenheit à 29° au-dessous de la glace.

Les 29 degrés de cette graduation répondent à 12 degrés $\frac{8}{9}$ de celle de Réaumur ; ainsi, le froid que M. Bogle éprouvoit dans sa chambre, étoit égal, à 2° $\frac{1}{2}$ près, à celui que l'on éprouvoit à Paris, en plein air, dans l'hiver rigoureux de 1776.

Ces exemples suffisent, sans doute, pour faire voir que les intempéries, dans le Seri-nagar, sont aussi grandes que celles que les anciens disent avoir essuyées dans la Sérique. Les faits que l'on vient de rapporter expliquent comment, en évaluant la latitude de la Sérique, d'après le froid que l'on y éprouvoit, on a pu conclure sa hauteur beaucoup plus septentrionale qu'elle ne l'est réellement.

La seconde objection que l'on doit prévenir, porte sur la grande distance que met Ptolémée entre le méridien des sources du Gange & celui de *Sera* : distance qu'il évalue à 40 degrés de longitude, quoique le citoyen Gosselin soutienne que *Sera* ait été peu éloignée du Gange.

Cette erreur tient aussi à deux causes, 1°. à une fausse évaluation de la longueur de la route qui conduifoit à *Sera*; 2°. à la manière dont la Sérique étoit orientée dans les cartes des anciens.

La route depuis la tour de Pierre jufqu'à *Sera*, duroit fept mois, & on l'évaluoit à 36,000 ftades. Suivant la graduation adoptée par Marin de Tyr, les voyageurs auroient fait, fans nulle interruption, 8 lieues & ¼ par jour en ligne droite, ou moitié feulement, d'après la réduction que Ptolémée a cru devoir adopter dans le calcul de Marin de Tyr.

Mais cette réduction, quelque confidérable qu'elle le paroiffe, s'éloigne encore beaucoup de la marche des caravanes dans ces contrées. Il paroit, par plufieurs voyageurs, & par trois, entre autres, que l'on a employé 262 jours pour avancer feulement de 47 lieues en ligne droite : le terme moyen eft d'une lieue & ⅕ par jour; & cette donnée, appliquée à la diftance réelle, entre le pays de Sakita, où étoit la tour de Pierre, & Serinagar, fait voir que les anciens ont pu employer fept mois à ce voyage.

Quant à l'emplacement de *Sera*, par rapport au Gange, on obferve que Ptolémée n'a pu fe procurer des renfeignemens fur la Sérique, que par les voyageurs qui y pénétroient du côté de la Bactriane & de la Scythie; ignorant d'ailleurs que le Gange eût fes fources bien au-delà des montagnes où il les a placées, il n'a pu reconnoître dans le fleuve de la Sérique la partie fupérieure du Gange, dont il n'avoit aucune connoiffance, & qu'il ne pouvoit pas même foupçonner; cependant tout femble fe réunir pour prouver que le fleuve *Bautes* de Ptolémée, n'eft autre chofe que cette portion du Gange, comprife entre le Gangotri & Hardonar.

D'abord, le cours du *Bautes*, tracé parallèlement à la grande chaîne de l'Afie dans la carte de Ptolémée, a néceffairement participé de l'erreur commife dans la direction des montagnes : j'ai fait voir, dit le citoyen Goffelin, que ces montagnes & la Sérique de cet auteur, péchoient par la manière dont elles font orientées, & qu'il auroit dû leur donner une forte inclinaifon au midi. En jetant les yeux fur les cartes, dreffées par ce citoyen, on fe convaincra que cette inclinaifon rendroit au cours du *Bautes* la même direction que la partie du Gange à laquelle il la rapporte.

Secondement, fi l'on remarque que, dans Ptolémée, le cours du *Bautes* eft interrompu au point où il pénètre la chaîne d'Afie, nommée en cet endroit *Serici-montes*; & que cette partie de la grande chaîne que le Gange traverfe, eft encore nommée aujourd'hui *Sera-lick*; on y reconnoîtra une identité de nom & de circonftance à laquelle il fera difficile de fe refufer.

Troifièmement, la pofition de *Sera*, à une petite diftance du *Bautes* & du lieu où il fe perd dans les montagnes, fe rapporte parfaitement à la fituation de Seri-nagar, relativement au Gange & aux défilés qu'il traverfe pour arriver à Hardonar.

Quatrièmement enfin, Ammien-Marcellin a été inftruit que le Gange couloit dans la Sérique, puifqu'il a dit que les Seres s'étendoient jufqu'à l'Inde & jufqu'au Gange : *Ad ufque Indiam porrectus & Gangem* : actuellement, fi l'on recherche quels étoient les objets de commerce qui attiroient les anciens dans le Seri-nagar, fur les frontières du Tibet, on trouvera,

1°. Que le Tibet fournit de l'or en assez grande quantité, & que la plupart de ses fleuves en charient. Les Issedons, dit Ælien, sont surnommés *Myrmeces*, du nom des fourmis, qui chez eux gardent les mines d'or;

2°. Que toutes les montagnes qui entourent les sources de l'*Indus* & du Gange, renferment des mines de fer; & ce fer, selon Thevenot & Kiatib-Tchéléby, est très-recherché dans l'Asie. Pline en a été instruit; il dit que de toutes les espèces de fer connues, celui de la Sérique est le meilleur, & que les Seres le vendent aux étrangers, ainsi que leurs étoffes & leurs pelleteries.

Arien parle aussi des fourrures de la Sérique, que l'on transportoit, en descendant l'*Indus* jusqu'à *Minnagara*, où les navigateurs Grecs & Romains alloient les chercher. Et Tavernier assure que l'on pourroit tirer beaucoup de pelleteries du Tibet, si les habitans avoient plus d'adresse qu'ils n'en ont maintenant, pour tuer les martres & les autres animaux qui peuplent les montagnes.

Ces pays produisent encore du crystal, du musc, de la rhubarbe, & sur-tout une laine précieuse, que Bernier & Bogle disent surpasser en beauté, en finesse, & en longueur, toutes les autres laines.

Il paroît donc fort probable au citoyen Gosselin, que cette laine étoit la *Serica-materies* des anciens. Ils l'apportoient en Europe lorsqu'elle n'avoit encore reçu qu'une main-d'œuvre grossière; & les femmes la cordoient, la filoient de nouveau, & s'en faisoient des vêtemens extrêmement légers.

A cet égard, l'industrie des Tibétains n'est pas plus avancée aujourd'hui, qu'elle ne l'étoit au temps de Pline; ils ne savent pas encore employer leurs belles laines, ce sont les habitans du Cashmir qui la leur achètent, pour la préparer & en faire ces châles, si recherchés dans toute l'Asie, en Afrique, & même en Europe. Nous ne connoissons rien de plus beau, de plus parfait que ces étoffes; leur extrême finesse les rend réellement transparentes, comme l'expression de Pline l'annonce. Le haut prix que les Orientaux les paient, celui que les Européens y mettent depuis quelques années, explique comment les femmes romaines ont pu les rechercher autrefois pour leur parure.

Il ne faut pas confondre cependant la *Serica-materies*, avec ce que les Latins appeloient *Sericum*. Cette dernière substance ne peut être que la soie; elle leur venoit aussi de la Sérique; mais le Seri-nagar est trop froid pour en produire, ainsi il faut indiquer un canton assez proche de cette province pour qu'il ait pu en faire partie, & quelquefois avoir été confondu avec elle. Il faut que ce canton ait porté le nom de *Sérique*; or, si on retrouve ce même nom ancien dans un nom moderne; si dans celui de sa capitale on retrouve celui de *Sera*, & qu'enfin il soit situé sous un climat assez chaud pour que les vers à soie ayent pu s'y multiplier facilement dans tous les temps, ces conditions exigent que l'on se transporte dans l'Inde, sur le revers immédiat de la grande chaîne de l'Asie, où quelques anciens ont placé la Sérique.

On convient unanimement, dit Strabon, que le pays situé au-delà de l'*Hypanis*, est le meilleur de l'Inde, mais on n'en connoît rien avec certitude. La distance & le peu de connoiſſance des lieux ont fait exagérer, juſqu'au prodige, ce que l'on en a raconté : on dit que les fourmis y tirent l'or des mines; que certains animaux, & même des hommes, y ont des propriétés extraordinaires; que les Seres, par exemple, vivent ſi long-temps, qu'ils vont au-delà de cent ans.

On voit par ce paſſage, que Strabon plaçoit la Sérique à l'orient de l'*Hypanis*, entre ce fleuve & le Gange, dans la partie ſeptentrionale de l'Inde; cette poſition répond préciſément au midi du Seri-nagar.

Arrien dit auſſi qu'il n'a pu ſe procurer aucune connoiſſance ſur les pays ſitués à l'orient de l'*Hyphaſis*, le même que l'*Hypanis* de Strabon.

Etienne de Byſance ne fait que citer les Seres, pour dire qu'ils ſont une nation Indienne; mais voici un fait plus poſitif.

Procope de Céſarée rapporte, que deux Moines venus de l'Inde, ayant appris que Juſtinien cherchoit à affoiblir la puiſſance des Perſes, & à leur enlever le commerce de la ſoie, que ces peuples faiſoient avec les Romains, & dont ils retiroient de grandes ſommes d'argent, propoſèrent à l'Empereur de les envoyer dans une province de l'Inde, nommée *Serinda*, où ils avoient déjà ſéjourné, & s'engagèrent à lui apporter des œufs de vers à ſoie. L'Empereur accepta leurs offres, & les Moines remplirent leurs promeſſes.

Il eſt parlé des peuples de Serinda dès le temps de Julien. A peine ce prince fut-il aſſis ſur le trône de Conſtantinople, qu'un grand nombre de nations s'empreſsèrent de lui envoyer des ambaſſadeurs pour lui demander la paix. Il en vint des pays les plus éloignés, dit Ammien-Marcellin.

Cette province de Serinda eſt très-connue aujourd'hui dans l'Inde, ſous le nom de *Ser-hend*; elle eſt ſituée au midi de Seri-nagar, dont elle n'eſt ſéparée que par les montagnes de Sera-lick, qui ſont les *Serici-montes* des anciens. La province entière eſt ſituée à l'orient de l'*Hyphaſis*, entre ce fleuve & le Gange, comme Strabon l'a indiqué; de ſorte qu'il n'y a pas de doute que les Seres de cet auteur ne ſoient les mêmes que les *Serindi* de Procope & d'Ammien-Marcellin.

La capitale du Ser-hend porte le même nom que la province; elle n'eſt qu'à environ ſoixante-dix lieues en ligne droite de Seri-nagar; & quoique ſa latitude ne ſoit que d'un degré moins élevée que celle de cette dernière ville; cependant, comme elle eſt défendue des vents du nord par les hautes montagnes de Sera-lick & de Nagar-cor, elle jouit d'une température très-chaude & très-propre à élever les vers à ſoie.

Les noms de *Scrindi*, de *Serinda*, & de *Ser-hend*, ſont viſiblement des noms compoſés de celui de Seres, & de celui de Inde ou Hend, comme l'écrivent les Géographes orientaux. On a déſigné par-là les Seres Indiens, la Sérique de l'Inde, *Serica Indica*, comme écrivent les auteurs du moyen âge; & la ville de *Sera*, ſituée dans l'Inde, par oppoſition à d'autres Seres, à une autre Sérique, & à une autre *Sera*, placées hors des limites de l'Inde, & que l'on retrouve dans le Seri-nagar.

Les nombreuſes conquêtes, les fréquentes émigrations des peuples Scythiques dans les contrées méridionales de l'Aſie, ſont aſſez connues & ſuffiſent pour expliquer comment une nation, en se divisant, a pu conserver son nom & y ajouter, pour se distinguer de la mère-patrie, le nom du pays où elle formoit un nouvel établissement. Les histoires anciennes & moderne fournissent trop d'exemples semblables pour qu'il soit besoin d'en rapporter des preuves.

Il faut même que les conquêtes des Seres se soient quelquefois étendues bien au-delà du Ser-hend & du petit Tibet. On trouve dans l'anonyme de Ravenne, que la plus grande partie de l'Inde septentrionale a porté le nom d'*India-Serica*, & que ce nom s'étendoit depuis la Bactriane jusqu'au-delà du Gange, puisque les villes de Bactres & de *Palibothra* y étoient comprises.

Il sembleroit que l'Eygur auroit aussi été soumis aux Seres; du moins on croit entrevoir quelque analogie entre le nom de cette province & celui des *Ithaguri* de Ptolémée, comme on en a trouvé entre le nom de Hami, ou plutôt Kami, & celui de *Asmiræa Regio*.

Mais je pense, dit le citoyen Gosselin, que la découverte de l'Eygur est postérieure à Ptolémée, & que si l'*Asmiræa Regio* doit répondre au canton de Hami, elle aura été ajoutée dans le texte de cet auteur; & cela, dans le temps où l'on s'est permis de changer entièrement les cartes, & la latitude de *Sera*, & le cours de l'*Œchardes* & du *Bautes*, en conduisant ces fleuves vers le nord, au lieu de les tracer à l'orient, comme Ptolémée l'avoit fait, d'après Marin de Tyr.

Ce changement, cette altération dans les cartes de Ptolémée, forment une contradiction avec le texte de cet auteur. En le suivant avec exactitude, il est impossible de tracer le cours de l'*Œchardes* & du *Bautes*, autrement qu'ils ne le sont sur la carte, N°. 2. du Mémoire du citoyen Gosselin. Il est très-probable que quelques voyageurs de bas-siècles de l'empire, ayant pénétré jusqu'à la petite Buckharie, auront indiqué les rivières d'Yerghien & de Gotonni-Solon, comme pouvant répondre à l'*Œchardes* & au *Bautes* des anciens, & que la route de la Sérique étant dès-lors perdue ou négligée, on substitua le cours de ces rivières aux fleuves que Ptolémée avoit indiqués.

D'après tout ce que je viens de dire, on concevra facilement comment la grande proximité des provinces de Ser-hend & de Seri-nagar, leur position, la différence de leur sol, de leur climat, de leurs productions, ont pu donner aux anciens des idées fort opposées sur la Sérique & sur ses habitans. Les uns n'ont connu & parlé que de la partie septentrionale de cette contrée, tandis que les autres n'ont décrit que la partie méridionale. On conçoit aussi, comment le commerce de la Sérique pouvoit se faire à la fois, & par l'Inde, & par la Scythie; comment les productions des deux provinces pouvoient se réunir, soit dans l'une, soit dans l'autre, selon que les caravanes y abordoient, ou par le midi, ou par le nord; & enfin, comment il étoit possible que l'on trouvât à acheter les soies au milieu des glaces du Seri-nagar, & des pelleteries sous le climat brûlant du Ser-hend.

J'ajoute que le citoyen Gosselin a composé, sur la Géographie des anciens, les autres Mémoires, dont je ne puis donner ici que les titres; mais je puis assurer qu'ils ne sont pas moins intéreffans que ceux qu'il a publiés , & dont l'intérêt des Lettres lui fait en quelque forte un devoir de compléter un Recueil.

## MÉMOIRES NON PUBLIÉS.

Recherches fur le fyftême Géographique d'Hypparque.

Recherches fur le fyftême Géographique de Polybe.

Recherches fur les limites des connoiffances Géographiques des anciens, le long des côtes *occidentales* de l'Afrique.

Recherches fur les limites des connoiffances Géographiques des anciens, le long des côtes *orientales* de l'Afrique.

Examen des différens paffages des auteurs anciens, où il eft dit qu'on a navigué autour de l'Afrique.

Recherches fur les côtes méridionales de l'Arabie.

Recherches fur l'Inde.

Ces différens Mémoires & plufieurs autres, font deftinés à fervir de bafes à une *Hiftoire de la Géographie ancienne.*

# AVERTISSEMENT DE L'AUTEUR,

*Sur la Table méthodique & analytique de la Géographie ancienne.*

Persuadé que c'étoit rendre service à ceux qui, s'occupant d'antiquités, voudroient se faire, à eux-mêmes, une espèce de méthode de Géographie ancienne, j'ai d'abord disposé les Tableaux suivans; mais, comme en approfondissant cette étude, on pouvoit chercher à connoître, sur chacune des grandes divisions, les montagnes, les fleuves, les villes, les peuples, &c.; j'ai fait un relevé de tous les articles imprimés dans les trois volumes de ce Dictionnaire, & j'allois en effet mettre ce relevé à l'impression. Ce travail m'a coûté plus d'une année; cependant il en résultoit que j'allois grossir prodigieusement ce volume; & de plus, qu'entre ces milliers d'articles, indiqués méthodiquement à la place qui leur convient, il n'y en avoit cependant qu'un nombre peu considérable de réellement intéressans. J'ai donc cru devoir abandonner ce que cette première idée pouvoit avoir de gigantesque, pour m'arrêter à ce qu'elle offre seulement d'utile. Ainsi, je n'indiquerai sur les pays ou sur les peuples, que les articles qui peuvent inspirer quelque intérêt, & que tout lecteur, curieux de se composer pour lui une Géographie ancienne, pourroit désirer de rapprocher. Il en résultera que je n'aurai pas fait peut-être un travail inutile; que ce volume se renfermera dans ses justes bornes, & sur-tout, qu'étant plutôt achevé, le public en jouira le plus promptement possible.

TABLEAUX

# TABLEAUX ANALYTIQUES

*Des articles de Géographie ancienne compris dans le Dictionnaire.*

---

## PREMIER TABLEAU.

### DIVISION GÉNÉRALE DU MONDE CONNU DES ANCIENS.

Les Anciens ne nous ont fait connoître que

L'EUROPE, divisée en parties. . . . . . . .
- septentrionales.
- du milieu.
- méridionales.

L'ASIE, divisée en parties . . . . . . . . . . .
- occidentales.
- méridionales.
- orientales *peu connues.*
- septentrionales *ignorées.*

L'AFRIQUE, dont les parties septentrionales seulement étoient connues.

---

## SECOND TABLEAU.

### EUROPE. PARTIES SEPTENTRIONALES.

|  |  |  | NOMS ANCIENS, latins. | NOMS ANCIENS, françois. | NOMS MODERNES. |
|---|---|---|---|---|---|
| Les parties septentrionales de l'Europe étoient, | INSULES BRITANNICÆ, Isles britanniques. | grandes à l'est. | *Britannia* . . . | Bretagne. | Angleterre. |
|  |  |  | *Caledonia* . . | Caledonie. | Ecosse. |
|  |  | à l'ouest | *Hibernia* . . . | Hibernie. | Irlande. |
|  |  | petites vers le nord, | *Ebudes* . . . . . | Ebudes. | Westernes. |
|  |  |  | *Orcades* . . . | Orcades. | Orcades. |
|  |  |  | *Thule* . . . . . | Thulé. | Isles Schetland. |
|  | SCANDINAVIA, la Scandinavie. | dans la Norwége actuelle. | *Nérigon* . . . . . | Nérigon. | Le Drontheim. |
|  |  |  | *Thule* . . . . | Thule. | L'Aggerus. |
|  |  |  | *Sitones* . . . . . | Les Sitoniens. | Le Westerland. |
|  |  | dans la Suède. | *Suiones* . . . . | Les Suioniens. | Dans la Sueonie. |
|  |  |  | *Gutæ* . . . . . . | Les Gutes. | En Ostrogothie. |
|  |  |  | *Hilleviones* . . . | Les Hillevions. | En Scanie. |
|  |  |  | *Finingia* . . . | La Finningie. | En Finlande. |
|  |  |  | *Rubeas prom.* . . | le Pr. Rubeas. | Le Nord-cap. |
|  | SARMATIA EUROPÆ, Sarmatie d'Europe, | dans la Prusse, la Pologne, &c. | *Clypeus sinus* . | G. Clypeus. | G. de Livonie. |
|  |  |  | *Venedi* . . . . . | Les Venedes. | En Prusse. |
|  |  |  | *Bastarnæ* . . . . | Les Bastarnes. | En Pologne. |
|  |  |  | *Roxolani* . . . . | Les Roxolans. | Russie meridion. |

## TROISIÈME TABLEAU.

### EUROPE. PARTIES DU MILIEU.

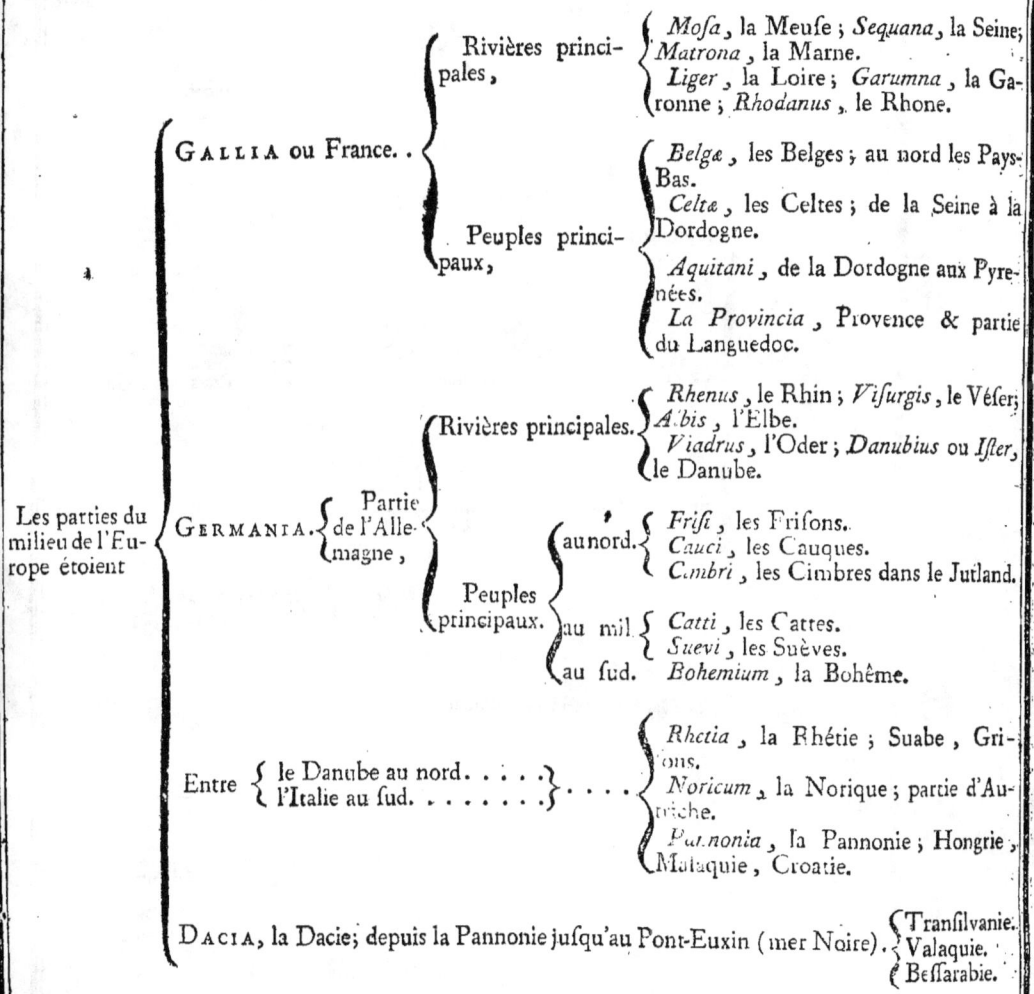

Les parties du milieu de l'Europe étoient

**GALLIA ou France.**

- Rivières principales,
  - *Mosa*, la Meuse ; *Sequana*, la Seine ; *Matrona*, la Marne.
  - *Liger*, la Loire ; *Garumna*, la Garonne ; *Rhodanus*, le Rhone.
- Peuples principaux,
  - *Belgæ*, les Belges ; au nord les Pays-Bas.
  - *Celtæ*, les Celtes ; de la Seine à la Dordogne.
  - *Aquitani*, de la Dordogne aux Pyrénées.
  - *La Provincia*, Provence & partie du Languedoc.

**GERMANIA.** Partie de l'Allemagne,

- Rivières principales.
  - *Rhenus*, le Rhin ; *Visurgis*, le Véser ; *Abis*, l'Elbe.
  - *Viadrus*, l'Oder ; *Danubius* ou *Ister*, le Danube.
- Peuples principaux.
  - au nord.
    - *Frisi*, les Frisons.
    - *Cauci*, les Cauques.
    - *Cimbri*, les Cimbres dans le Jutland.
  - au mil.
    - *Catti*, les Cattes.
    - *Suevi*, les Suèves.
  - au sud. *Bohemium*, la Bohême.

Entre { le Danube au nord. . . . . } { l'Italie au sud. . . . . . . } . . . .

- *Rhetia*, la Rhétie ; Suabe, Grisons.
- *Noricum*, la Norique ; partie d'Autriche.
- *Pannonia*, la Pannonie ; Hongrie, Malaquie, Croatie.

**DACIA,** la Dacie; depuis la Pannonie jusqu'au Pont-Euxin (mer Noire). { Transilvanie. { Valaquie. { Bessarabie.

# QUATRIÈME TABLEAU.
## EUROPE. PARTIES MÉRIDIONALES.

**Les Parties méridionales de l'Europe étoient**

**HISPANIA, l'Hispanie,** {Espagne, Portugal.}

Fleuves princip., { à l'ouest, *Durius*, le Douro ; *Tagus*, le Tage.
au sud, *Anas*, la Guadiane ; *Bœtis*, le Guadalquivir.
à l'est, *Iberus*, l'Ebre. }

Divisions princip., { à l'ouest, *Lusitania*, la Lusitanie ; le Portugal.
au centre, *Tarraconensis*, la Tarraconoise.
au sud, *Bœtica*, la Betique ; l'Andalousie. }

*Insules Baleares*, les Baléares, Majorque, Minorque, Ivica.

**ITALIA, l'Italie,**

septentrionale... { *Gallia*... { *Traspadana*.. } } Lombardie.
{ *Cis-padana*.. }
*Liguria*, Ligurie........ Etats de Gênes.
*Venetia*, Venetie....... Etats de Venise.
*Histria*, Histrie........ Istrie.

du milieu..... { *Etruria*, Etrurie....... Toscane.
*Umbria*, Ombrie.....
*Samnium*.......... } Etats de l'Eglise.
*Latium*..........
*Picenum*.......... }

méridionale.... { *Campania*, la Campanie..
*Lucania*, la Lucanie....
*Brutium*.......... } le royaume de Naples.
*Apulia*, l'Apulie.
*Calabria*, Calabrie..... }

Isles.. { *Corsica*, la Corse ; *Sardinia*, la Sardaigne ; *Sicilia*, la Sicile.
*Æolia insula*, les iles d'Eole ; les iles de Lipari. }

**ILLYRICUM, Illyrie, Dalmatie & Albanie.**

**MACEDONIA, la Macédoine ; la Makidunia.**

**THRACIA, la Thrace, la Roum-îli.**

**MŒSIA...** { *superior*.. } Mœ. { supérieure. } Servie & Bulgarie.
{ *inferior*... } { inférieure. }

**GRÆCIA, la Grèce,**

Fleuves principaux. { *Eurotas*, Vasilipotamo ; *Inachus*, Planiza.
*Alfeus*, Roféas ; *Peneus*, le Pénée ; Salempria. }

A l'ouest l'Epire ; Albanie.
Au sud de la Macédoine, la Thessalie ; le Sandgiaca de Larisse.

La Grèce propre.. { L'Acarnanie, l'Etolie, la Phocide, la
Locride. } Livadie.
La Béotie, la Mégaride, l'Attique... }

Péloponèse..... { L'Argolide, la Laconie, la Messenie,
l'Elide. } la Morée.
L'Achaïe, la Sicyonie, l'Arcadie, la
Corinthie. }

Isles......... { *Corcyra*, Corfou ; *Cephallenia*, Cephalonie ; *Cythera*,
Cérigo.
*Eubœa*, Negrepont ; *Creta*, Crète ; les Cyclades. }

## CINQUIÈME TABLEAU.
### ASIE.

Les parties connues de l'Asie étoient

**à l'ouest..**

ASIA MINOR, l'Asie mineure, actuel. Anadouli,

au nord.. { *Mysia*, la Mysie ; *Bythinia*, la Bythinie ; *Paphlagonia*, la Paphlagonie ; *Pontus*, le Pont.

à l'ouest.. { *Troas*, la Troade ; *Ætolis*, l'Étolie ; *Ionia*, l'Ionie ; *Caria*, la Carie.

au sud... { *Lycia*, la Lycie ; *Pamphilia*, la Pamphilie ; *Pesidia*, la Pisidie ; *Isauria*, l'Isaurie ; *Cilicia*, la Cilicie.

au milieu. { *Phrygia*, la Phrygie ; *Galatia*, la Galatie ; *Cappadocia*, la Cappadoce ; *Armenia minor*, la petite Arménie.

ARMENIA MAJOR, la grande Arménie.

COLCHIS, la Colchide ; *Iberia*, l'Ibérie ; *Albania*, l'Albanie.

SYRIA, la Syrie ; *Palestina*, la Palestine ; *Phœnicia*, la Phénicie.

Au sud.. { ARABIA, l'Arabie ; *Babylonia*, la Babylonie ; *Carmania*, la Carmanie ; *Gedrosia*, la Gédrosie ; *India*, l'Inde ; *Chersonesus aurea*, la Chersonèse d'or.

La TAPROBANE, île.

au milieu de l'ouest à l'est, { MESOPOTAMIA, la Mésopotamie ; *Assyria*, l'Assyrie ; *Media*, la Médie ; *Persis*, la Perse ; *Æria*, l'Arie ; *Bactriana*, la Bactriane ; *Sogdiana*, la Sogdiane ; *Scythia intra & extra Imaum*, la Scythie en-deçà & au delà de l'Imaus.

## SIXIEME TABLEAU.
### AFRIQUE.

L'Afrique enfermoit de est à l'ouest.

ÆGYPTUS, divisée en . . . . . . . . { *Thebais*, la Thébaïde . . . . } L'Egypte.
{ *Heptanomis*, Heptanomie . . }
{ *Delta* ou Basse-Egypte. . . . }

CYRENAICA, ou la Cyrénaïque. . . . . . . . . . . . . . . Désert de Barca.

LIBYA, ou la Libye, renfermant les . . { Psilles. . . . . . . . . . } État de Tripoli.
{ Nasamons . . . . . . . }
{ Lotophages . . . . . . . }

AFRICA, Afrique propre, où étoit Carthage. . . . . . . . État de Tunis.

NUMIDIA, la Numidie. . . . . . . . . . . . . . . . . État d'Alger.

MAURETANIA, la Mauretanie. . . . . . . . . . . . . Roy.me de Maroc.

ÆTHIOPIA, ou l'Ethiopie. . . . . . . . . . . . . . { L'Abyssinie & la Nigritie.

Les îles Fortunées . . . . . . . . . . . . . . . . . Les Canaries.

# TABLE ANALYTIQUE.

Le développement des Tableaux précédens guidera ceux qui voudroient se faire une espèce de *Compendium geographicum*, en leur indiquant, sur chaque partie, les articles qu'il leur sera le plus utile de consulter.

*Le Chiffre romain marque le tome ; l'arabe , la page ; la lettre (a) indique la première colonnne , (b) la seconde.*

## EUROPE.

LE mot EUROPA , tom. I, page 653 , col. *a*.

Cette partie n'étoit pas bien connue des anciens Grecs & Romains. Voyez ce qu'en dit le Citoyen Gosselin dans l'analyse de son Ouvrage qui précède cette Table. Au temps de Ptolémée, c'est-à-dire 150 ans après le commencement de l'ère vulgaire, on ignoroit encore la juste position des parties septentrionales, & l'on n'avoit que des connoissances vagues sur les peuples qui les habitoient ; comme, d'ailleurs, les articles des peuples ou des lieux connus sont traités à part, je n'ai guère dans cet article EUROPE, que les divisions établies dans Ptolémée.

### Parties septentrionales.

INSULÆ BRITANNICÆ. Cet article doit être cherché au mot BRITANNIA, t. I, p. 343, col. *a*.

Et quant au peuple, au mot BRITANNI, t. I, p. 339, col. *b*.

Dans le premier article, je donne, 1°. le nom de ces îles selon les Grecs, 2°. quelques étymologies de ce même nom. La plus vraisemblable m'a été fournie par le Citoyen le Brigand , homme très-savant, qu'une étude profonde du Bas-Breton qui est sa langue naturelle, a conduit à la connoissance de plusieurs langues anciennes & modernes, & à des conjectures très-heureuses sur la formation de presque toutes celles qui existent.

J'établis ensuite la division des îles Britanniques en grandes & en petites. Sur la Bretagne, je donne les noms des principaux fleuves, puis le tableau des principaux peuples, en traitant des peuples du *nord*, de ceux du *milieu*, & de ceux du *sud*.

Ces peuples dont la plupart étoient des sauvages, avoient cependant chacun un lieu principal de rassemblement qui devinrent des villes au temps des Romains. J'ai nommé, à chaque peuple, le nom de sa capitale ou chef-lieu, en y ajoutant, d'après les meilleurs auteurs, le nom moderne qui y répond.

Un second tableau donne la division, au temps de l'Heptarchie, c'est-à-dire, en sept royaumes ; ceci appartient à la géographie du moyen âge.

En nommant chacun de ces sept royaumes, j'ai dit aussi quels peuples anciens précé-demment nommés, ils comprenoient dans leur étendue.

Cet article finit par la division de l'île d'*Albion*, tel qu'on le trouve dans Ptolémée.

L'article BRITANNI, ou des Bretons, p. 339, présente une courte analyse de ce que l'on peut desirer savoir sur l'origine de ces peuples, sur leur langue, leur gouvernement, sur quelques-uns de leurs principaux usages, & enfin sur leur histoire.

J'observe qu'à la sixième ligne de l'alinea commençant par RÉVOLUTIONS HISTORIQUES, il y a une faute d'impression. Il faut lire CATHYENCHLANI.

Le détail du gouvernement sous les Romains, p. 342, col. *b*, pourra donner idée de ce qui se pratiquoit aussi dans les autres provinces.

Les autres articles séparés & appartenant aux îles britanniques, ne présentent géné-ralement parlant, rien de bien intéressant.

J'ai donné dans mon Atlas une carte des îles britanniques, que j'ai taché de rendre utile pour l'histoire ancienne, & l'intelligence des anciens itinéraires : on y trouve toutes les voies romaines. J'observe aussi que sur la carte de l'Atlas de l'Encyclopédie, on lit BRAGANTES, c'est une faute qui se retrouve aussi sur les cartes du ci-devant abbé Grenet. Ce mot, au reste, ne se trouve que là ; car tous les auteurs disent *Brigantes* : j'en appelle à ceux qui les ont lus.

SCANDINAVIA. Les articles SCANDINAVIA & SCANDIA INSULA, t. III, p. 57, col. *b*, sont très-courts. L'article GUTÆ, t. II, p. 76, col. *b*, n'est qu'un mot, celui de NÉRIGON, *Idem*, p. 417, col. *a*, apprend seulement que, par ce nom, les anciens désignaient la Norwège.

Ne me proposant d'abord que de travailler d'après les auteurs grecs & latins, je n'ai pu donner de détails sur ces peuples septentrionaux : mais en puisant dans les auteurs qui appartiennent au moyen âge, j'ajouterai le peu qui suit.

Les peuples de la Scandinavie formoient de très-petits états séparés qui obéissoient à autant de chefs. La rigueur du climat & le besoin d'une culture opiniâtre, pour ferti-liser les terres, les rendirent de bonne heure écumeurs de mers. Ils s'adonnèrent à la piraterie ; c'est par ce métier infâme qu'ils furent connus des peuples méridionaux, & qu'ils les connurent. Ce ne fut que depuis ces premiers temps qu'il s'établit une distinc-tion entre les Suédois & les Norwégiens.

On peut prendre une idée de la puissance de ces peuples par celle du roi Alfred, un des plus grands rois du nord dans ces temps reculés. Il possédoit vingt bœufs, vingt brebis, vingt cochons, & labouroit sa terre avec des chevaux.

Toutes les embarcations se faisoient dans des barques d'ozier, recouvertes de peaux, précisément à la manière des sauvages.

On cite plusieurs de leurs courses les plus célèbres, dont les suivantes :

En 840, ils s'approchèrent des côtes de France.

En 859, ils s'établirent à l'est de la mer Baltique.

En 861, Naddodd, pirate, ainsi que ses compatriotes, fut poussé par les vents dans la partie du nord-oueſt où ſe trouve l'île que nous appelons actuellement *Iſlande*. Il y faiſoit alors très-froid, elle étoit couverte de neige; il la nomma dans ſa langue, *Snow-land*, c'eſt-à-dire pays de neige.

Inſtruit de cette découverte, Floke, grand navigateur de ce temps, y paſſa pour parvenir à en prendre une connoiſſance plus détaillée. Il la trouva preſque couverte de glace, & lui donna le nom qu'elle porte aujourd'hui, & qui ne diffère de ce premier nom que par l'orthographe : il l'appela *Icelande*, c'eſt-à-dire, terre de glace; c'eſt encore la même étymologie dans les langues ſeptentrionales.

Ces navigateurs, en parcourant les côtes de l'Iſlande, trouvèrent dans un endroit des livres & quelques ornemens d'égliſe dont ils ignoroient l'uſage. On les rapporta, & quelques hommes plus policés & plus inſtruits les leur firent connoître. Mais le bruit de cette découverte établit une erreur qu'une ſaine critique a pu ſeule détruire. C'eſt que l'on prétendit que le culte catholique avoit été connu en Iſlande avant le ſiècle dont il eſt queſtion. Ce qui eſt faux; car il n'y avoit pas même d'habitans, à ce qu'il paroît. Mais quelques autres pirates, de ceux ſans doute qui avoient déjà pillé les côtes de France, avoient été ſur cette côte de l'Iſlande, y avoient partagé leur butin & abandonné celui qui leur avoit paru le moins intéreſſant.

En 862, des Normands jetés, comme je l'ai dit, ſur la côte orientale de la mer Baltique, fondèrent la monarchie des Ruſſes. Les Eſclavons établis à Novogorod déférèrent la couronne à Ruric, Normand d'origine. Les ſucceſſeurs de Ruric étendirent fort loin les bornes de leur état, &, plus d'une fois, firent trembler l'empire d'Orient. Wladimir le Grand, arrière-petit-fils de Ruric, fut le premier de ces Grands-Ducs qui embraſſa le rite Grec, en 988, à l'exemple de ſa grand-mère Olga. On voit ce qu'opéroit alors, comme depuis, la politique ſur la conſcience des princes. Il étoit de l'intérêt de Wladimir de s'allier avec les Empereurs Grecs; il vouloit achever cette alliance par un mariage, & épouſer la princeſſe Anne qui reçut enſuite le ſurnom de Romanowna. Quant à la grand-mère Olga, il ſe peut qu'il n'y ait eu dans ſa détermination qu'un fanatiſme aveugle. Elle prit à ſon baptême le nom d'Hélène. Elle s'étoit adreſſée à l'Empereur Othon I, roi d'Allemagne, pour lui demander des miſſionaires. Othon, en 959, lui envoya Adelbert qui fut le premier archevêque de Magdebourg, & que l'on appela enſuite le Saint. Il n'avait pas encore ce titre, ou au moins ce titre n'en impoſa pas beaucoup aux Ruſſes, car Adelbert fut très-mal accueilli par eux. Mais je reviens aux courſes des Normands.

En 868, les Normands découvrirent l'iſle de Féroë.

En 874, Ingolf & un autre brigand, ſon ami, nommé Lief, paſſèrent dans l'Iſlande. La ſaiſon étoit meilleure; ils pénétrèrent dans le pays, & y trouvèrent beaucoup de forêts. Les hiſtoriens rapportent que l'on y ſema du bled qui y vint; comme il ne peut plus croître actuellement dans cette île, il eſt probable que la température y a changé : je rapporterai bientôt la raiſon que l'on en donne.

Il falloit que les avantages que préſentoit l'Iſlande à de nouveaux colons fuſſent bien exagérés, ou que le gouvernement établi chez les Normands fût bien mauvais, car tout

e monde vouloit abandonner le continent pour aller habiter cette île. Le roi Harold
fut obligé de défendre ces émigrations. Comme les plus puiffans étoient auffi les plus
difficiles à contenir, on ne permit les émigrations qu'aux plus riches, & cette richeffe
confiftoit en un marc d'argent.

Dès ce temps, les îles qui font au nord & à l'oueft de l'Écoffe, étoient connues :
Les Wefternes portoient le nom de *Sodoroé*, ce qui fignifie île du fud, parce que,
par rapport à eux, elles étoient au fud. On obferve que *Sodor* fignifioit le fud, &
*Oar*, île.

Dans la fuite, Harold fe rendit maître de ces îles, autant pour étendre fa puiffance
que pour empêcher qu'elles ne ferviffent plus de retraites à des pirates qui, s'y rendant
indépendans, ravageoient auffi bien les côtes de fon pays que celles de France & d'Allemagne.

Je ne veux pas omettre de faire connoître un perfonnage de ces temps reculés, dont
l'exiftence a influé fur le fort de la France, & qui y a porté une colonie dont la race
y fubfifte encore : c'eft ce chef connu fous le nom de Rollon.

Il étoit fils de Rongwald qui avoit le titre de Comte des Orcades & fe nommoit Hrod
ou Herold. Mais ayant fait le métier de pirate & ayant infefté les côtes de la Norwège,
avec laquelle Rongwald avoit des liaifons, il y eut des plaintes ; Herold fut banni des
Orcades. Il fe retira aux îles Sodoroë où vivoient une foule d'hommes auffi brigands que
lui. Sa réputation de bravoure & une certaine élévation d'efprit les rangèrent bientôt
fous fes ordres. Avec eux, & par eux, il ravagea les côtes de l'Angleterre & celles de
France. Il arriva à l'embouchure de la Seine en 876.

On lui céda une partie de pays appelé alors Neuftrie : cette partie, d'après fes nouveaux
habitans, prit le nom de Normandie ; Herold reçut le baptême en 912 & prit le nom de
Rollon.

En 982 & 983 un de ces normands, établis en Iflande, nommé Eric, en fut exilé pour
un meurtre : fon exil devoit durer trois ans. Il en profita pour faire des courfes fur mer,
& ces courfes donnèrent lieu à une nouvelle découverte. Il reconnut à l'oueft de l'Iflande une
terre, dont à fon retour, il fit une affez belle defcription. Il y avoit trouvé de belles forêts
& en général beaucoup de verdure. D'après cet avantage, ce nouveau pays fut nommé
*Groenland* ou Terre-Verte. Les côtes offroient en outre une pêche très-abondante.

En 1002 Leif découvrit une autre terre au fud de Groënland, & s'avança à-peu-près
jufque fous le 49ᵉ degré de latitude : malheureufement dans ces temps d'ignorance, on ne
conftruifoit pas de cartes, on ne rédigeoit pas de defcriptions. Les traditions orales fe perpétuoient de l'un à l'autre, jufque fur le continent, où elles étoient recueillies par une
curiofité ignorante & écrites fans critique & fans examen. On voit cependant par le peu de
notions qu'ils ont laiffé, & par la géographie d'Alfred, remplie de noms qui nous font totalement inconnus, que les habitans de Groënland s'avancèrent fouvent fur cette terre nouvellement découverte, & même qu'ils y trouvèrent des habitans de petite ftature.

Ce nouveau pays eft appelé *Winland* dans Alfred. D'après la direction que prennent les
voyageurs,

voyageurs, ce doit être l'île de Terre-Neuve, ou une partie du pays des Exquimaux.

Ainsi, l'Amérique septentrionale eût donc été connue dès ce temps, & sa première découverte, par les Normands 1002, auroit précédé de près de cinq siècles sa seconde découverte par Colomb en 1494.

Je reviens aux Groënlandois qui eurent des églises & un évêque.

En 1376 les Exquimaux commencèrent à se faire connoître aux navigateurs qui alloient en Wiland. Autant que l'on en peut juger, à cause de l'obscurité des récits, ils eurent guerre avec les Normands, & ceux-ci furent détruits; car depuis le quinzième siècle, il n'est plus parlé d'eux.

Il faut remarquer, avec les Historiens du nord, que les glaces s'augmentèrent toujours depuis ce temps au nord & à l'ouest de l'Islande; interrompirent le passage entre cette île & le Groënland, & déterminèrent, par leur présence, une cause de froid encore plus considérable : c'est ce qui fait, sans doute, que le blé ne croît plus à Calons, dans l'Islande.

Depuis l'an 1402 jusqu'à l'an 1404, il régna dans le Groënland une maladie pestilentielle qui le dépeupla presque entièrement

Cependant les parties septentrionales de l'Europe commençoient à prendre une forme un peu plus solide. La religion chrétienne qui y pénétroit, y adoucissoit les mœurs, & y apportoit le flambeau des lettres. Quoique les prêtres aient souvent commis de grands excès, & que cette religion, telle qu'on la prêchoit, renfermât de grands abus, on ne cherchera point à se dissimuler qu'en pénétrant les cœurs d'une morale plus douce, elle détruisit l'amour du pillage & ce penchant brutal à la férocité.

En Danemarck Harald ou Herald II, surnommé *Blaatand*, ou à *la dent bleue*, fut le premier roi qui reçut le baptême.

Après lui son fils Suenon, ou Suend I, surnommé *Tiufguskieg* ou à *la barbe farouche*, retourna à la religion de ses ancêtres, & à leur manière de vivre : il permit de vivre, & vécut lui-même de pillages & de rapines. Il fit plus mal encore, il persécuta les chrétiens.

Enfin en 1016 Çanut ou Knut le Grand, monta sur le trône & adopta le christianisme. Il appela des moines, (mal peut-être alors nécessaire) pour éclairer sa nation; il fonda des églises, & le Danemarck commença à mériter d'être compté au rang des autres Etats de l'Europe.

Cependant la nouvelle religion introduite en Danemarck, ne put d'abord inspirer aux Danois la pratique des vertus chrétiennes, ni calmer la fougue de leur caractère. Un penchant invincible les entraînoit à la guerre & à la piraterie. Cette nation faisoit son idole d'un héroïsme sauvage qui la portoit à affronter les dangers, mais qui lui fermoit le cœur à tous sentimens de compassion & d'humanité.

L'envie de se signaler & l'avidité du butin, engageoient les Danois à former des entreprises hardies, & elles étoient souvent suivies de succès. A la vérité ils perdoient fréquemment leurs conquêtes avec la même facilité. Dans l'espace de soixante & dix ans, ils subjuguèrent trois fois la Norwège (en 962, 983 & 1016) & deux fois l'Angleterre, (en 1013

& en 1017), fans favoir fe maintenir ni dans l'un ni dans l'autre de ces pays. Enfin, Canut le Grand foumit en 1017 l'Angleterre, & en 1028 la Norwège. La fuite de ces révolutions appartient à l'hiftoire & à la géographie moderne.

### Parties du milieu.

### G A L L I A.

La Gaule. J'ai traité avec une étendue convenable les articles GALLI, t. I. page 683 & fuiv. col. *a*. & l'article GALLIA, *ibid*. page 697, col. *a*.

L'article GALLIA préfente d'abord les grandes divifions de Belgique, Celtique & Aquitanique, avec les noms des peuples que ces provinces renfermoient. Ces divifions font d'autant plus curieufes à recueillir pour l'étude de l'hiftoire, que notre nouvelle divifion par départemens les fait abfolument difparoître. Il y a ceci à remarquer dans la Gaule, que les grandes divifions romaines qui avoient pour lieu principal une métropole, fervirent de modèle aux divifions eccléfiaftiques; & les peuples qui avoient une certaine importance, dont le territoire étoit d'une certaine étendue, eurent leur évêque. Ainfi, à l'aide de l'étude des diocèfes & de leurs anciennes limites, on parvenoit à reconnoître l'étendue des pays qu'avoit habité tel ou tel peuple. J'invite donc ceux qui ont des cartes de diocèfes, ou des détails fur leur étendue, à les conferver pour les temps où ces connoiffances, devenues plus anciennes, feront auffi plus rares.

Après avoir donné différentes divifions de la Gaule, fous différens Empereurs, j'ai donné dans un premier tableau, la divifion connue en dix-fept Provinces. J'ai adopté l'opinion de Danville quant aux peuples placés dans ces différentes provinces, en obfervant que ceux attribués à la Lyonnoife feconde, par cet auteur, ne l'étoient pas par Bélay. La difficulté confifte à trouver la place d'un peuple appelé *Vadicaffes* par Ptolémée, & que cet auteur place près de *Meldi*. Danville ne pouvant les comprendre dans la quatrième Lyonnoife où étoient les *Parifii* & les *Meldi*, les plaça dans la Belgique. Bélay objecta qu'aucun peuple de la Belgique n'a porté le nom de *Vadicaffes*; mais que puifque l'on trouve par Pline, & par des monumens qu'il y avoit en Normandie, des peuples appelés *Vadicaffes* ou *Viducaffes*, ce n'étoit qu'un même peuple, fur la pofition duquel Ptolémée s'étoit mépris. La ville de Bayeux, dans ce cas, auroit alors porté le nom de *Nœomagus*. Au furplus, voyez les articles VIDUCASSES & VADICASSES. t. III. p. 457, col. *b*; 581, col. *b*.

A la fuite de ce premier tableau, j'ai donné un tableau figuré pour chaque province. La première colonne offre les noms des peuples, la feconde celui de leurs villes en latin, la fuivante le nom moderne de ces mêmes villes, & enfin dans la dernière colonne, les noms des provinces où étoient fitués ces peuples. Il fera aifé de retrouver par ces noms de provinces, ceux des Départemens : les noms des villes même donneront plus de facilité & de précifion à cette recherche.

Pour les détails, il faudra lire les articles :

PARISII, ou plutôt LUTETIA. t. II. page 294. col. *a*.

*Nota benè.* Il y a une faute d'impreffion col. *b*, à la fin du deuxième alinea, contrée plus anoienne, *lifez* d'une encore plus ancienne.

Brituriges. t. I. page 325. col. *b*.

Lugdunum. t. II. page 288. col. *b*.

Elisii Campi. t. I. page 622. col. *b*.

Burdigala. *ibid.* page 355. col. *a*.

Marsilia. t. II. page 339. col. *b*.

Volcæ. t. III. page 596, col. *a*.

Aquitani & Aquitania. t. I. page 175. col. *b*.

*N. B.* J'obferve qu'au nombre des villes qui ont porté le nom de Bononia j'ai omis celle de la Gaule, qui n'eft placée dans cet ouvrage que fous celui de Gesoriacum, t. I, p. 745, col. *b*.

Voici cet article à-peu-près comme je l'aurois fait.

Bononia, ville de la Gaule dans la feconde Belgique, elle étoit nommée d'abord *Gesoriacum*, & conferva long-temps ce nom. Elle ne le quitta que vers le temps de Conftantin. En voyant le mot *Bol* fignifier, en Celte, élévation, & fachant que le nom actuel de la riviere eft *Liane*, on eft bien tenté de faire venir fon nom de fa fituation, & de donner, au nom *Bolonia*, ce fens très-naturel, lieu élevé fur la Liane, ce qui répond parfaitement à la pofition de Boulogne-fur-mer. Je fens que l'on peut repouffer cette étymologie, en objectant qu'il y avoit une *Bononia* en Italie, qui n'étoit pas fur la Liane, puifque le petit fleuve qui paffe tout auprès, étoit nommé *Renus*. Cependant cette opinion a quelque chofe de bien plaufible, & c'eft peut-être une altération caufée par la reffemblance des deux noms.

Aquæ Sextiæ. t. I. page 173. col. *b*.

Aquæ Neræ. *ibid.* col. *a*. &c.

Gergoria. t. I. page 736. col. *b*.

Au refte, je ne placerai pas ici les noms de beaucoup d'articles, parce que la lecture des tableaux les offrira d'une manière à en faire bien mieux fentir la connexité.

Mais j'indiquerai le mot fuivant, comme appartenant à la Gaule, puifque la Gaule comprenoit non-feulement toute la France actuelle, mais auffi prefque toute la partie feptentrionale de l'Italie.

Alpes. t. I. page 113. col. *b*.

## BELGICA.

La Belgique. Cette partie de la Gaule s'étendoit jufqu'à l'embouchure du Rhin. Voyez l'article Belgica. t. I. page 306. col. *b*. & Belgæ. *ibid.* col. *a*.

*N. B.* Il y a une faute d'impreffion à la première ligne du fecond alinea, page 309, col. *a*. On y lit, la feconde Belgique; *lifez* la première Belgique; & plus bas *lifez* la feconde.

La première Belgique renfermoit les cités ou ci-devant diocèfes de Trèves, de Metz, de Verdun, de Toul, de Nancy & de Saint-Diez.

La feconde Belgique fut divifée au feizième fiècle, à la follicitation de Philippe II, en trois provinces eccléfiaftiques, favoir, celles de Reims, de Cambrai & de Malines.

Ainfi la Lorraine, les Trois-Évêchés, en très-grande partie, le comté de Chini & le Luxembourg françois étoient dans la première.

J'ajoute qu'il y a auſſi une faute d'impreſſion à la ſeconde ligne du tableau qui forme la page 308. A la dernière colonne, ligne 2, on lit *Epuſona*, liſez *Epuſum*. Cette ville eſt nommée par les auteurs *Epoſium*, *Epoiſum*, *Epuſum*, *Evodium*, puis *Ivodium*, enfin Ivoi & Carignan. Cette ville ſe trouvoit ſur les confins de la cité des Tréviriens, dans la première Belgique. Elle eſt indiquée dans la notice, comme étant le ſéjour du *Præfectus latorum actorum*; mais dans une édition on lit *Præfectus latorum haſtorum*, ce qui s'entendroit mieux. Je tiens cette remarque de l'honnêteté obligeante du Citoyen Bléchamp, alors (le 3 Mars 1788) contrôleur de la marine au Havre & né à Carignan.

Comme au nord de la Belgique ſe trouvoient les Bataves, on pourra lire à la ſuite de a Gaule les articles BATAVI. t. I. page 300, col. *b*, & l'article BATAVORUM INSULA, *ibid.* page 302, col. *a*.

Comme les deux Germanies, première & ſeconde, étoient de ce côté, ces deux articles doivent être lus en même temps. On peut voir d'abord, pour la diviſion des peuples & des villes de ces deux provinces de la Gaule, les tableaux 15 & 16 dans la ſuite des tableaux de la Gaule cités précédemment

Dans l'article GERMANIE, t. I. page 737, col. *a*, on trouve *ibid.* page 740, col. *a*, un article ſous le titre de *Germanie inférieure*: c'étoit celle qui étoit en-deçà du Rhin. J'y ai donné quelques éclairciſſemens ſur les Germains qui y avoient été tranſportés.

BURGUNDIONES. t. I. page 356.

Cet article parle peu de l'origine de ce peuple, parce qu'on ne la connoît pas. Mais il fait connoître leur établiſſement dans la Gaule.

## GERMANIA.

GERMANIE. Ce pays, qui eſt à l'eſt de la Gaule & n'en étoit ſéparé que par le Rhin, eſt traité, quant aux peuples dans l'article GERMANIE, t. I. page 737, & quant au pays, dans l'article GERMANIA, *ibid.* page 740, col. *b*. J'y donne quelques étymologies de ce pays, puis je paſſe à ce qu'en ont dit Strabon, Pline, Tacite & ſur-tout Ptolémée. J'y ai traduit à-peu-près tout ce que dit cet auteur en ſupprimant les latitudes & les longitudes; ces dernieres ſe trouvant inexactes.

Les anciens ont trop peu connu l'intérieur de ce pays, pour que les articles ſéparés des lieux ou des peuples, puiſſent offrir des détails intéreſſans.

LE BOHEMIUM & l'article BOII, t. I. page 329, ſuivent aſſez naturellement ici, ils pourroient aider ceux qui chercheront à ſuivre les courſes des Gaulois dans les différentes contrées de l'Europe. On verra à l'article BONONIA, *ibid.* page 331, col. *b*. que cette ville appartint auſſi aux BOIENS.

Pour ſuivre les Gaulois qui nous intéreſſent particulièrement, puiſque ce ſont nos ancêtres, il ſera utile de lire les articles ſuivans.

## CELTÆ.

Les CELTES. t. I. page 450, col. *b*. J'ai d'abord recherché l'étymologie de ce mot d'après pluſieurs auteurs anciens, puis d'après Gebelin & le Brigant. J'ai paſſé enſuite à l'origine de ce peuple.

J'aurois dû commencer le premier *alinéa* de la page 452 par ces mots : Mœurs et usages. C'est une omiffion effentielle. Au refte , j'ai tâché de donner de la concifion à cet article, en y mettant cependant ce qu'il devroit offrir d'intéreffant.

Celtiberi. t. I. page 460 , col. *b*. Cet article à rapport aux Gaulois. Il traite des Celtes établis dans l'Hifpanie ; & j'y ai placé un morceau de Diodore de Sicile qui eft intéreffant.

Brigantes. t. I. page 338, col. *a*.

Comme le peuple appelé *Brigantes* eft un peuple Celte qui a été fort répandu, j'ai cherché à rendre cet article inftructif, en m'éclairant des lumières du citoyen le Brigant dont j'ai déjà parlé. Mais, après l'article galli, aucun fur les Gaulois, n'eft auffi intéreffant que l'article fuivant.

Galatæ. t. I. page 674 , col. *a*.

Je donne d'abord l'étymologie de ce nom , puis fon origine ; ce qui amène la diftinction de différens paffages de Gaulois en Afie.

Je donne enfuite la divifion politique de ces Gaulois devenus, pour ainfi dire, une nouvelle nation. Ils forment trois efpèces de Tribus, très-diftinctes, les *Tectofages*, les *Trocmis*, & les *Toliftobages*. L'ouvrage de Wernsdorf m'a été fort utile pour cet article ; mais j'y ai mis plus de méthode que dans cet auteur qui d'ailleurs eft rare & écrit en latin.

Galatia. *ibid*. page 677. col. *a*.

Cet article tient à la géographie de l'Afie-Mineure , comme divifion géographique, & aux Gaulois, comme habitation du peuple Galate. Cependant je ne confeille de le lire que lorfque l'on étudiera la géographie de l'Afie. Car les montagnes, les fleuves, & même en quelque forte les villes tiennent moins aux hommes qu'aux pays.

Helvetii. t. II. p. 110, col. *b*.

Le peu que j'ai pu dire de ces peuples qui occupoient une partie de la Suiffe actuelle, tient auffi aux Gaulois, puifque même l'Helvétie fit une partie de la Gaule : ils étoient compris, avec les *Sequani*, dans la grande Séquanoife. Voyez le dix-feptième tableau, des divifions de la Gaule.

Rhætia. t. II. p. 650.

Cet article tient par les liaifons des idées avec celui de l'Helvétie, parce que la Rhætie occupoit la partie orientale de la république actuelle des Suiffes à-peu-près le pays des Grifons. Et même il ne feroit pas hors de vraifemblance que ce nom moderne ne fût une altération de l'ancien. Au refte, ce pays étoit d'une affez petite étendue.

Vindelicia. t. III. p. 584 , col. *a*.

Ce pays étoit d'une affez petite étendue , & fe trouvoit à l'eft de la Rhætie. Il doit être étudié à la fuite des précédens, en remarquant que l'on n'a jamais de grands détails fur les peuples qui l'habitoient. (Les Romains ne l'ont connu que tard).

Noricum. t. II. p. 447, col. *b*.

Ce pays étoit à l'eft de la Vindelicie, & s'étendoit au Sud du Danube jufqu'à la Pannonie. On voit ainfi, que les anciens ne donnoient pas le nom de Germanie à tout ce qui forme aujourd'hui l'empire d'Allemagne. J'ai nommé d'abord quelques villes anciennes dont on retrouve les noms modernes, puis j'ai passé à la géographie de Ptolémée, dont la concorde seroit plus difficile. Ce pays fut ravagé dans le moyen âge, car il servoit de passage aux Goths, aux Suèves, aux Hérules, aux Quades, aux Marcomans & enfin aux Huns.

## PANNONIA.

PANNONIA. t. II. p. 499, col. *a*.

Cette province qui s'étendoit plus au nord & à l'ouest que la Hongrie actuelle, ne fut connue des Romains qu'au temps d'Auguste. Cet article se lie naturellement avec les précédens, non seulement parce qu'il est une suite des divisions géographiqes, mais aussi parce qu'il concourt à faire connoître les peuples septentrionaux de l'Europe. Il en sera de même de quelques articles suivans.

Tibère avoit fait de la Pannonie une province romaine, Antonin la divisa en Pannonie supérieure du côté de Raab, & en Pannonie inférieure de l'autre.

L'article se termine par un tableau des lieux de la Pannonie que nous a fait connoître Ptolémée, mais dont la plupart ne retrouvent pas leur position dans la géographie moderne.

GOTHI. t. I. page 753, col. *b*.

Comme il est parlé dans ces derniers articles de quelques-uns des peuples septentrionaux qui ont ravagé l'Empire Romain, au moyen âge, on fera bien de lire de suite l'article des Goths. Il n'est pas fort étendu, mais j'y donne à-peu-près l'origine de ces peuples, & je parle ensuite de ceux qui prirent ou plutôt qui reçurent le nom d'*Ostrogoths*, & celui de *Wisigoths*. Au reste, ces peuples, dans les temps où ils furent le plus connus, n'eurent pas une géographie à eux, ce fut toujonrs celle des pays dont ils s'étoient emparés.

LUNGOBARDI. t. II. p. 289.

L'étude de ce qui concerne ces peuples fait partie de ce qui appartient à l'histoire de l'Europe septentrionale. Ils ont succédé en Italie, aux Hérules & aux Wisigoths; mais ils y ont fondé un empire plus durable. Aussi, je me suis un peu étendu sur ce qui les concerne, & j'ai fini par indiquer les parties de l'Italie qui leur avoient été soumises.

## DACIA.

DACI. t. I. & DACIA, *ibid*. p. 569, col. *a* & *b*.

Ces deux articles tiennent encore aux parties septentrionales de l'Europe, dans les temps anciens, quoiqu'actuellement les pays qui ont succédé à l'ancienne Dacie, fassent partie d'un empire compté entre les puissances méridionales. C'est que non-seulement tout est relatif, mais de plus, les Daces & les Gètes tenoient bien plus des peuples du nord que de ceux du midi.

Ce que l'on sait des Daces n'est pas très-considérable. Quant au pays, j'en ai fait connoître les principales rivieres & les principaux lieux, puis j'en ai nommé les villes d'après Ptolémée.

## SARMATIA.

SARMATIA & SARMATÆ. t. III. p. 46, col. b.

La Sarmatie occupoit une vaste région, connue actuellement sous le nom de Pologne, d'après le mot *pol* qui signifie *plaine*. Une partie de ce pays paroît avoir été comprise sous le nom de Scythie, ou du moins les Sarmates s'étendirent & donnerent leur nom à des pays appelés avant eux Scythie. On en a la preuve en comparant ce que dit Hérodote des Scythes, & ce que Ptolémée dit des Sarmates. Ce dernier auteur a donné les noms d'un grand nombre de lieux & même de montagnes. J'ai placé à cet article tout ce que j'ai trouvé dans l'auteur grec.

## SCYTHIA.

SCYTHIÆ. t. III, p. 64, col. a.

Cet article, l'un des plus considérables que l'on puisse étudier sur les peuples du nord, est pris en grande partie dans Hérodote. Au milieu d'un assez grand nombre de fables, on y trouve des détails très-curieux & qu'Hérodote avoit reçus de quelques auteurs plus anciens. Car on le voit dire des choses qui supposent une connoissance un peu étendue sur les parties septentrionales, puis s'arrêter sur d'autres que l'on eût dû savoir de son temps. C'est que, selon moi, il travailloit d'après des mémoires incomplets.

J'ai tâché de rendre cet article des Scythes encore plus instructif, en suivant le texte d'Hérodote, par les notes dont je l'ai accompagné.

Il en résulte que cette partie de l'Europe étoit alors beaucoup plus peuplée qu'elle ne le fut depuis. Il est vrai qu'elle fut exposée à de cruels ravages.

Je donne à la fin de l'article la géographie de la Scythie selon Ptolémée: mais ce qu'il dit de la Scythie appartient presque tout entier à l'Asie dont la partie septentrionale porte aussi le nom de Scythie.

TAURICA CHERSONESUS. *Ibid.* p. 222, col. a.

Mais une petite partie de la Scythie d'Europe, formant une presqu'île au sud dans le Pont-Euxin, a obtenu ici un article assez étendu, à cause du jour que peut répandre sur l'histoire du Bas-Empire, la connoissance des peuples qui y ont vécu ou passé, & des révolutions que leur présence a produites.

Je me suis beaucoup servi de l'ouvrage publié par le Citoyen Peyssonel qui y avoit été consul après son père. Il étoit habile sans doute & s'étoit occupé avantageusement de politique. Mais son père étoit réellement un savant, & c'étoit lui qui avoit rassemblé tous les matériaux de cet ouvrage auquel il n'avoit pas mis la dernière main.

Le rapport de situation m'a amené à cet article Taurique, à parler de plusieurs autres parties situées sur les bords du Pont-Euxin qui de ce côté sépare l'Europe de l'Asie.

BULGARI. t. I, p. 351.

Il ne faudra pas achever cette lecture sans y joindre l'article BULGARI qui fait connoître un peuple dont le nom se conserve encore dans une grande division de la Turquie

Européenne. Ç'a été un royaume, & son histoire est liée à celle de l'Empire grec. On y voit les principales révolutions de ces peuples.

HUNI. t. II, p. 146, col. *b*.

Les Huns qui ont ravagé ces mêmes contrées, doivent trouver ici leur place. J'en ai parlé d'après de Guignes & quelques autres auteurs.

PONTOS-EUXINOS. t. II, p. 597, col. *a*.

Cet article est court; mais j'y donne la situation de cette mer, & l'étymologie de son premier nom *Axinos*, & du second, *Euxinos*. Ce que je dis ensuite du royaume de Pont, doit être étudié avec les parties de l'Asie.

## *Parties méridionales.*

C'est la partie méridionale de l'Europe qui en renfermoit les pays vraiment intéressans, ceux du moins dont les peuples ont été les plus connus, & dont les lieux ont été les plus célèbres. Je vais commencer par les parties occidentales.

## HISPANIA.

HISPANIA. t. II, p. 137, col. *a*, & HISPANI, p. 134, col. *a*.

Tels sont les deux articles qu'il faut lire d'abord, quand on veut étudier par l'ouest les peuples qui communiquoient avec la Méditerranée, & qui furent connus d'assez bonne heure par les Orientaux.

J'ai donné une étymologie du mot Hispanie, & Espana, selon les modernes, qui ne se trouve pas dans les auteurs grecs & latins; je la dois à Gebelin: elle est très-ingénieuse, & en même temps très-vraisemblable. Elle se trouve dans ma *Géographie comparée*, où elle eut place d'abord.

Cet article finit par l'Hispanie de Ptolémée; cette géographie fait connoître un plus grand nombre de peuples qu'il n'est possible d'en placer convenablement sur une carte; car il s'en trouve dont la position est inconnue.

LUSITANIA. *Ibid.* p. 293, & LUSITANI, p. 192, col. *b*.

Ces deux articles, comme renfermant des connoissances générales, doivent être lus après celui d'Hispanie.

J'y ai fait connoître les petits peuples connus sous le nom générique de Lusitaniens, & j'ai rapproché plusieurs passages des anciens, propres à nous les faire connoître.

BŒTICA. t. I, p. 287.

Cette partie méridionale de l'Hispanie est d'autant plus intéressante à étudier, qu'elle a été connue de très-bonne heure des Phéniciens & des Grecs, puis des Carthaginois, & qu'elle a renfermé des peuples & des villes célèbres.

TURDULI. t. III, p.

TURDETANI. *Ibid.* p.

Ces deux peuples ont été regardés par les auteurs comme ayant été fort puissans autrefois

&

& ayant poſſédé de grandes richeſſes. Ce que Strabon rapporte du faſte d'un de leurs rois confirme cette idée.

GADIR & GADES. t. I, p. 671 , col. *a* & *b*.

Ces deux articles font une partie eſſentielle des connoiſſances à prendre fur la Bœtique. Dans le premier de ces noms, qui eſt le nom oriental, j'ai donné l'étymologie: dans le ſecond, je fais connoître la ville & le peuple de Gadès. Cette étude doit faire partie de celle de l'hiſtoire Romaine, auſſi bien que de l'hiſtoire moderne de l'Eſpagne.

On aura enſuite à conſulter les articles ſéparés ſuivans:

CELTIBERII. t. I, p. 460, col. *b*.

Je n'indique ici cet article que pour le ranger au nombre de ceux qui appartiennent à l'Hiſpanie ; car on l'a déjà vu à celui des Gaulois.

TARRACO. t. III, p. 218, col. *b*.

Le nom de cette ville avoit paſſé à toute la province qui comprenoit une grande partie de l'Hiſpanie.

TARTESSUS. *Ibid.* p. 219 , col. *b*.

C'eſt un des articles les plus intéreſſans de la Bœtique. Cette ville étoit trop ancienne pour être bien connue au temps des Romains.

CARTHAGO NOVA. t. I, p. 422, col. *b*.

La Nouvelle Carthage mérite d'autant plus d'être connue, qu'elle ſubſiſte encore actuelle-ment. J'en ai donné la deſcription, du moins celle de ſon port, d'après Polybe. On re-grette, en liſant les auteurs, qu'ils ne ſe ſoient pas plus étendus ſur la deſcription de l'intérieur des villes. Mais, excepté Pauſanias, aucun ne décrit les villes ; & ce n'eſt qu'à force de travail, que l'on eſt parvenu à connoître même l'ancienne Rome.

CARTEIA. *Ibid.* p. 423 , col. *b*.

Ce petit article renferme une diſcuſſion ſur un point de géographie qui intéreſſe dans celle de l'Eſpagne. Quelques auteurs avoient confondu *Carteïa* avec *Calpe*. On verra dans cet article, que c'eſt une erreur.

CANTABRI. t. I, p. 395, col. *b*.

Ces peuples ont été comptés par les auteurs entre les plus célèbres de l'Hiſpanie, & entre les ennemis des Romains, comme les plus difficiles à ſoumettre. En général, nous avons peu de détails ſur ce qui les concerne. Cependant j'ai rapporté d'eux des traits de courage qui montrent tout ce que peut l'amour ardent de la liberté.

NUMANTIA. t. II, p. 448 , col. *b*.

Cette ville, qui étoit la plus forte de la Celtibérie, doit trouver ici ſa place : elle eſt célè-bre par la généroſité & le courage de ſes habitans, ainſi que par la lâche férocité des Romains. J'ai lu dans quelques voyageurs modernes, que l'on en trouvoit les ruines près de Soria.

SAGUNTUM. t. III, p. 29, col. *a*.

C'eſt encore ici un article à conſulter ſur l'ancienne Hiſpanie, à cauſe du rôle que joue cette ville dans les commencemens de la ſeconde guerre Punique. Sa poſition eſt connue par celle de Morviédro.

BALEARES INSULÆ. t. I, p. 292, col. a.

Ces îles fituées à l'eft de l'Hifpanie, doivent être étudiées à la fin de tout cet article. J'y donne l'étymologie de leur nom, & la diftinction qui fut faite entre elles, de *Balearis major*, & *Balearis minor*. Je fais connoître les habitans par leurs mœurs, & les rapports qu'ils eurent avec les Romains.

## I T A L I A.

ITALIA. t. II, p. 203, col. a. *Voyez* d'abord peut-être les tableaux, p. 224 & fuiv. Je les ai compofés pour aider ceux qui voudroient étudier cette partie de la géographie ancienne avec méthode.

Cette partie de l'Europe eft certainement une de celles qu'il nous importe le plus de connoître dans l'antiquité.

Afin de préfenter un apperçu affez jufte des connoiffances géographiques, à la fin de la république, j'ai d'abord traité de l'Italie, d'après Strabon, puis felon Pline, enfin felon Ptolémée. Le fecond de ces auteurs divifoit l'Italie par régions.

Mais les anciens divisèrent pendant long-temps en trois parties très-diftinctes, la Gaule cis-alpine, au nord; l'Italie proprement die, au milieu; & la grande Grèce, au fud.

Si donc on vouloit étudier l'Italie d'après cette divifion, il faudroit confulter les articles fuivans. Mais, avant tout, je remarque que j'ai mis après l'article *Gallia trans-alpina* qui eft notre Gaule, l'article *cis-alpina* qui eft la partie feptentrionale de l'Italie.

J'aurois dû dire que cette Gaule cis-alpine, nommée ainfi par rapport aux Romains, étoit divifée en *trans-padane* & en *cis-padane*, & qu'elle avoit pris ces noms du *Padus* ou *Po*, qui la féparoit de l'oueft à l'eft en deux parties, l'une feptentrionale, & l'autre méridionale.

Entre les peuples qu'il faut connoître dans la Gaule cis-alpine, je diftingue :

1°. Dans la Gaule trans-padane,

Les *Salaffes*, les *Infubriens*, les *Cénomans* & les *Orobiens*. *Voyez* SALASSES, t. III, p. 31, col. a.

Ces peuples étoient Gaulois, & leur hiftoire eft liée à celle des Romains, à caufe de la vigoureufe réfiftance qu'ils firent pour le maintien de leur liberté. Il doit en réfulter un grand principe en politique; c'eft de ne jamais fouffrir qu'une puiffance augmente affez fes forces pour fe faire craindre de fes voifins. Comment ne frémiroit-on pas d'horreur en voyant 40000 Salaffes enlevés de leurs foyers par leurs barbares vainqueurs, & 36000 de ces malheureux vendus comme efclaves, pendant que 4000, incorporés dans les troupes, étoient obligés de concourir à d'autres actes de tyrannie.

INSUBRES. t. II, p. 189, col. b. Ces peuples étoient Gaulois d'origine; leur capitale étoit *Mediolanum*.

CENOMANI. t. I, p. 463, col. b.

Cet article, ainfi que le précédent, appartient autant aux Gaulois qu'à l'Italie & aux Romains; malheureufement on n'a aucun détail fur leur hiftoire.

OROBII. t. II, p. 477, col. b.

Ce peuple diffère des précédens en ce qu'il n'étoit pas Gaulois d'origine. L'étymologie de leur nom eft curieufe en ce qu'elle annonce en grec un peuple qui vit fur les montagnes, & que le nom de leur ville, *Bergomum*, fignifie en langue feptentrionale, en celle tudefque, par exemple, une habitation fur les montagnes. Voyez BERGOMUM, t. I, p. 314, col. *b.*

TICINUM & TICINUS, fleuve. t. III, p. 356 & 357, col. *b.* & *a.*

Ces deux articles font intéreffans à caufe de la célèbre bataille de ce nom gagnée par Annibal fur les Romains. On y apprendra de plus quelle eft l'origine du nom de Pavie célèbre auffi dans notre hiftoire par la perte d'une bataille.

Le Po, appelé par les Grecs *Hcridanus*, féparoit la Gaule trans-padane de la Gaule cis-padane.

PADUS fleuve. t. II, p. 486, col. *b.*

Cet article renferme un petit extrait d'un mémoire de Carena. On y trouve quelque chofe d'intéreffant fur les îles Éleétrides des anciens & fur la fable de la chûte de Phaëton : ce fecond fait appartient à la fable, le premier à l'hiftoire naturelle.

VENETIA. t. III, p. 491. Ce pays, qui avoit pris fon nom des Hénètes, prononcés par les Latins, Vénètes, comprenoit à-peu-près tout l'état de Venife actuel. Il commençoit au lac *Benacus*, t. I, p. 310, col. *a*, & au *Mincius*, t. II, p. 385, col. *b*, qui en fortoit.

Les principaux fleuves étoient le *Medoacus*, t. II, p. 358, col. *a*, qui en fortoit ; & le *Plavis*, t. II, p. 589, col. *a.*

Les principales villes de la Vénétie étoient *Hadria*, t. II, p. 82, col. *b* ; *Atefte*, t. I, p. 239, col. *b* ; *Patavium*, t. II, p. 512, col. *a*, beaucoup plus célèbre, ainfi que la fuivante, *Verona*, t. III, p. 496.

CARNIA & CARNI. t. I, p. 417, col. *b.* Ce pays peut être joint à la Vénétie. Il eft probable que la partie méridionale portoit le nom de Vénétie, & que, pendant long-temps au moins, ce fut la partie montagneufe où étoient les *Carni*, qui porta feule le nom de Carnie. Les montagnes qui étoient au nord portoient le nom d'Alpes Carniques. A la vérité, on leur donna auffi le nom d'Alpes Juliennes, parce que Jules-Céfar y avoit fait pratiquer une route. Feftus rapporte cependant que cette voie ne fut alors que commencée ; mais qu'elle fut achevée par Augufte lorfqu'il voulut porter la guerre en Illyrie.

Les villes les plus confidérables étoient *Aquileïa*, t. I, p. 174, col. *a* ; & *Forum Julii*, t. I, p. 663, col. *a.*

N. B. Il y a une faute d'impreffion : ville de la Cardie, lifez de la Carnie, & Julium Carnicum, t. II, p. 240, col. *b.*

HISTRIA. t. II, p. 144, col. *a.* L'Hiftrie y confinoit à l'eft, mais n'étoit pas comprife dans l'Italie. Je ne la joins ici à la Carnie que parce qu'actuellement elle eft en partie de l'état de Venife.

Les principales villes étoient *Tergefte*, t. III, p. 316, col. *a* ; & *Pola*, t. II, p. 591, col. *b.*

Je vais rentrer actuellement dans le pays appelé proprement l'Italie ; mais encore faut-il parler de la Ligurie que les Romains ne comprirent pas d'abord dans cette partie de l'Europe , parce qu'ils n'en connoiſſoient pas bien ni la ſituation ni l'étendue.

LIGURIA & LIGURES. t. II , p. 277, col. *b*. Ces peuples dûrent leur nom , ſelon MM. Cazena & Gébelin, à deux mots Celtes qui ſignifient près des eaux , *li* & *lin* ſigni-fiant l'eau, & *gur*, *ger*, près , voiſin. Ils s'étendoient le long de la côte, ſur toute la rivière de Gênes, mais ils pénétroient bien plus avant dans le pays , & s'avançoient juſqu'au Po.

J'ai indiqué à cet article quels en étoient les principaux fleuves & les principales villes ; ainſi je ne les répéterai point ici.

ETRURIA , ETRUSCI. t. I , p. 645 , col. *b*. Le peu que l'on fait de ce pays dans la très haute antiquité , a été recueilli dans un ouvrage très-favant intitulé *Etruria regalis*. Je m'en ſuis aidé dans tout cet article: quant à quelques étymologies, je les dois à l'amitié de feu Court de Gébelin. Mais je n'ai pas indiqué à la ſuite du grand article les articles particuliers que l'on peut conſulter; je vais les placer ici.

Les principaux fleuves étoient l'*Arnus* , t. I , p. 214, col. *a*, l'*Umbro*.

N. B. Le nom de ce fleuve ne ſe trouve pas à la place qu'il devroit occuper , t. III , p. 599. Il y auroit eu peu de choſes à en dire. Voici l'article que l'on y pourra placer quelque jour: UMBRO (l'Ombroné) fleuve de l'Étrurie : il commence au nord-eſt de *Sena* , & venoit ſe jeter dans la mer par le ſud-oueſt de *Ruſſella*. Pline en parle comme d'un fleuve propre à la navigation.

Le *Clanis*, t. I , p. 506, col. *a*, le *Tiberis* ou *Tibre* , t. III , p. 353 , col. *a*.

Les principaux lacs étoient le lac *Traſimenus* , t. III , p. 371 , col. *b*, ou de *Traſimène*, & le lac *Vulſinienſis*, t. III , p. 606 , col. *a*, à préſent lac de *Bolſena*.

Les principales villes étoient les capitales d'autant de cités: les uns en comptent douze, d'autres, ſeulement dix. Les plus célèbres entre toutes les villes de l'Étrurie étoient *Luna*, t. II , p. 289; *Piſæ*, t. II , p. 584, col. *b*; *Luca*, t. II , p. 28 , col. *b*; *Piſtoria*, t. II, p. 585, col. *b* ; *Florentia*, t. I , p. 660, col. *b*, qui pourt nt ne paroît pas avoir appartenu aux Étruſques; *Feſulæ*, l'une des plus anciennes ; *Portus Herculis* , t. II , p. 602, col. *a* ; *Labronis*, t. II, p. 245 , col. *a*, actuellement Livourne ; *Volaterræ*, t. III , p. 575, col. *b*; *Sena Julia*, t. II, p. 239, col. *b* ; *Arretium*, t. I , p. 215, col. *b* ; *Cortona*, t. I , p. 537, col. *b* ; *Peruſia*, t. II, p. 534, col. *a* ; *Cluſium*, t. I , p. 510, col. *b* ; *Vetulonii*, t. III , p. 499, col. *a*, abſolument détruite ; *Populonium*, t. II , p. 600, col. *b*; *Coſa*, t. I , p. 540, col. *b*; *Vulſinii*, t. III , p. 606 , col. *a* ; *Tarquinii* , t. III , p. 218, col. *a* ; *Falerii* , t. I, p. 655, col. *b* , *Cære*. J'ajoute à l'étymologie grecque que j'ai donnée d'après Strabon, qu'il en eſt une plus naturelle & plus ſimple. Dans la plus ancienne langue de l'Europe, en celte, le mot *Cer* ou *Ker* ſignifioit ville, habitation : le mot *Cer* ou *Cære* peut très-bien s'en être formé.

VEII. t. III , p. 488, col. *a*.

UMBRI. t. I , p. 126, col. *b*. Les Ombriens ou Gombriens étoient une nation ſepten-trionale. Je vois même que le P. Jacob Duranti, dans ſon ouvrage *Dell' antico Stato d'Italia*,

n'en fait aucune mention; mais il dit que les Sicules, après avoir habité l'Ombrie, s'avancèrent le long de l'Italie, & pafsèrent enfin en Sicile. L'Ombrie étoit fur la mer Adriatique.

C'étoit fur les limites feptentrionales de ce pays, qu'étoit le petit ruiffeau appelé *Rubico*,
t. III, p. 17, col. *b* ; &, defcendant vers le fud-eft, on trouvoit le *Metaurus*, t. III, p. 14,
col. *b*.

Les principales villes étoient *Ariminium*, t. I, p. 208, col. *b* ; *Pifaurum*, t. II, p. 585,
col. *a* ; *Fanum Fortunæ*, t. I, p. 656, col. *a* ; *Urbinum Hortenfe*, t. III, p. 601, col. *a* ;
*Urbinum Metaurenfe*, t. II, p. 377, col. *b* ; *Forum Sempronii*, t. I, p. 662, col. *a* ; *Sena
Gallica*, t. III, p. 93, col. *a* ; *Iguvium*, t. II, p. 173, col. *b* ; *Tiferinum Tiberinum*, t. III,
p. 357, col. *a* ; *Nuceria*, t. II, p. 448, col. *a* ; *Camerinum*, t. I, p. 385, col. *b* ; *Tuder*,
t. III, p. 436, col. *a* ; *Spoletium*, t. III, p. 160, col. *a* ; *Ameria*, t. I, p. 127, col. *b*.

PICENUM, t. II, p. 572, col. *a*. Je préviens que la plupart des villes que je vais nommer
ne fe trouvent pas fur la petite carte d'Italie de l'Atlas encyclopédique : au refte, toute
la géographie ancienne y a été traitée avec une incurie impardonnable.

Les principaux fleuves étoient la *Potentia*, t. II, p. 591, col. *b* ; le *Truentus*, t. II,
p. 370, col. *a* ; & l'*Aternum*, t. I, p. 239, col. *b*.

Les principales villes étoient *Ancona*, t. I, p. 141, col. *a* ; *Auximum*, t. I, p. 274,
col. *b* ; *Potentia*, t. II, p. 604, col. *a* ; *Firmum*, t. I, p. 659, col. *a* ; *Afculum*, t. I,
p. 223, col. *a* ; *Interamna*, t. II, p. 190, col. *b* ; *Hadria*, t. I, p. 46, col. *a*.

SABINI. t. III, p. 25, col. *a*. Ce peuple s'étendoit du fud au nord, beaucoup plus
que de l'eft à l'oueft. C'eft à tort que fur la carte déjà citée, ils ne font pas féparés
des *Peligni*.

Les principaux fleuves étoient le *Nar*, t. II, p. 415, col. *b* ; dans la partie feptentrionale
le *Velinus*, t. III, p. 489, col. *b*, qui paffoit près de *Reate*, t. II, p. 627, col. *b* ; l'*Anio*,
t. I, p. 147, col. *a*, qui bornoit le pays au fud. C'eft le fleuve qui paffe à *Tibur*, t. III,
p. 354, col. *a*. J'en indique à-peu-près le cours, parce qu'aucun des noms ne fe trouve
fur la carte.

Les principales villes étoient *Nurfia*, t. II, p. 452, col. *a*, tout-à-fait au nord;
*Reate*, t. II, p. 627, col. *b*, qui, fous le nom de Rietti qu'elle porte encore, fit,
dans le moyen âge, partie du duché de Spolette ; *Cutiliæ*, t. I, p. 557, col. *b* ; *Cures*,
t. I, p. 555, col. *a* ; *Carfeoli*, t. I, p. 420, col. *a* ; *Tibur*, t. III, p. 354, col. *a*.

SAMNIUM & SAMNITES. t. III, p. 37, col. *a*, & 36, col. *b*. J'avertis dans ces articles,
que l'on comprenoit différens peuples fous le nom de nations Samnites :

*Marfi*, t. II, p. 336, col. *a*. C'étoit chez ce peuple que fe trouvoient le *Sagrus* &
le *Liris*, t. II, p. 281, col. *b*, auffi bien que le lac *Fucinus* ou *Fucius*, t. I, p. 667,
col. *a*.

Leurs villes principales étoient *Marrubium*, t. II. p. 335, col. *b*, dont il ne refte que
des veftiges; *Alba Fucentia*, t. I, p. 98, col. *b*. On voit que ce furnom lui venoit de
ce qu'elle étoit dans le voifinage du lac *Fucin*.

*Peligni*. t. II, p. 518, col. *a*. Les Péligues étoient vers le nord-eft des Marfes.

On y trouvoit, entre autres lieux, *Corfinium*, t. I, p. 530, col. *b.*

*Veſtini.* t. III. p. 497, col. *b.* Les Veſtins étoient vers le nord; on y trouvoit *Amiternum*, t. I, p. 129, col. *a*; *Pinna*, t. II. p. 582, col. *a.*

*Marrucini.* t. II. p. 337, col. *a.* Les Marrucins étoient ſur le bord de la mer adriatique, ils avoient pour ville principale *Teate*, t. III, p. 294, col. *b.*

*Frentani.* t. II, p. 629, col. *a.* Ces peuples que l'on pourroit nommer en françois Frentanis, ce que j'aimerois mieux que Frentaniens, s'étendoient auſſi le long du golfe adriatique.

Ils avoient pour riviere le *Sagrus*, t. III. p. 28, col. *b*, qui en arroſoit la partie ſeptentrionale.

Les principales villes étoient *Anxanum*, t. I. p. 157, col. *b*, & *Larinum*.

SAMNIUM propre. Ce pays étoit au ſud des peuples que je viens de nommer: il avoit à l'oueſt, la Campanie. Il renfermoit quelques peuples que nous ont fait connoître leurs guerres avec les Romains; tels étoient les:

*Caraceni*, ou Caracénis, que l'on a quelquefois écrits Caracéniens: ils étoient prè de Marſes: on y trouvoit *Aufidena* & *Æſernia.*

*Pentri.* t. II. p. 522. col. *a*, que je préférois d'écrire Pentris, en françois, à cauſe du ſens attaché au mot Peintre. Ils occupoient la partie la plus montagneuſe du Samnium. Auſſi paroît-il que leur nom étoit formé de *Pen*, lieu élevé; & *Tre*, habitation.

Leur capitale étoit *Bovianum*, t. I, p. 335, col. *b.*

*Hirpini.* t. II. p. 134. col. *b*, ou Hirpinis, ou Hirpins. On ne connoît guère ces peuples que du temps qu'ils prirent parti pour les Carthaginois, à la fin de la ſeconde guerre punique. C'étoit chez eux que ſe trouvoient *Beneventum*, t. I, p. 310, col. *b*; *Caudium*, t. I, p. 445, col. *b*; *Abellinum*, t. I, p. 5, col. *b*; & *Compſa*, t. I, p. 523, col. *b.*

LATIUM, t. II, p. 260. col. *b.* Le Latium a été la partie la plus célèbre de l'ancienne Italie, parce que c'eſt de cette partie que s'eſt formé le nom du peuple appelé *Latin*, & celui de la langue que l'on y parloit.

Les principales rivières du Latium étoient le *Tiberis*, ou Tibre, t. III, p. 353, col. *b*; l'*Anio* & le *Liris.* t. II, p. 281, col. *b.*

Sous le nom générique de Latins, on comprenoit pluſieurs petits peuples, liés enſemble par une eſpèce de confédération. Les principaux étoient les *Latini* ou Latins, t. II, p. 260, col. *b*; les *Æqui* ou Eques, t. I, p. 78, col. *b*; les *Rutuli* ou Rutules, t. III, p. 20, col. *a*; les *Hernici*, ou Herniques, t. II, p. 121, col. *a*; les *Aurunci* ou Auronces, t. I, p. 271, col. *b*; les *Volſci* ou Volſques, t. III, p. 597, col. *a.*

Les principales villes poſſédées par ces peuples étoient *Roma* ou Rome, dont on attribuoit la fondation à Romulus, t. II, p. 644, col. *a*; *Tuſculum*, t. III, p. 442, col. *b*; *Alba*, t. I, p. 97, col. *b*; *Preneſle*, t. I, p. 605, col. *b*; *Anagnia*, t. I, p. 136, col. *b*; *Arpinum*, t. I, p. 215, col. *a*; *Oſlia*, t. I, p. 481, col. *b*; *Portus anguſtus*, t. II, p. 602, col. *a*; *Lavinium*, t. II, p. 262, col. *a*; *Ardea*, t. I, p. 195, col. *a*; *Sueſſa-Pometia*, t. II, p. 593, col. *a*; *Antium*, t. I, p. 156, col. *a*; *Circeii*, t. I, p. 502, col. *b*; *Terracine*,

t. III, p. 316, col. *b*; *Cajeta* ou *Cajetæ*, t. I, p. 372, col. *b*; *Minturna*, t. II, p. 386, col. *b*.

CAMPANIA, (la Campanie). Cette partie de l'Italie, paſſoit au temps des Romains pour la plus fertile & celle dont le ſéjour étoit le plus agréable. Depuis un très-grand nombre de ſiècles ce pays n'avoit pas été ravagé par les feux volcaniques du Véſuve. Au contraire, ces feux, par une chaleur modérée dont l'habitude ne faiſoit pas craindre les effets quelquefois terribles, échauffoient les ſources intérieures, & fertiliſoient les terres. La facilité d'enclorre dans ſon palais des eaux thermales, avoit engagé les riches & voluptueux patriciens à ſe conſtruire des maiſons le long de la côte du golfe, ſur-tout entre Naples & Bayes. Voyez les articles *Veſuvius*, mont. t. III, p. 498, col. *a*; *Vulturnus*, fleuve, t. III, p. 607, col. *a*; *Lucrinus*, lac, & *Avernus*, t. I, p. 266, col. *a*.

Quant aux villes, les principales étoient: *Venafrum*, t. III, p. 490, col. *b*; *Sueſſa Aurunca*, t. I, p. 271, col. *b*; *Teanum*, t. III, p. 294, col. *b*; *Caſilinum*, t. I, p. 431, col. *b*; *Capua*, t. I, p. 403, col. *b*; *Baïæ* ou Bayes, t. I, p. 290, col. *a*; *Miſenum*, t. II, p. 388, col. *a*; *Puteoli*, t. II, p. 617, col. *a*; *Neapolis*, t. II, p. 410, col. *b*; *Herculanum*, t. II, p. 116, col. *b*; *Pompeia, Nola*, t. II, p. 444, col. *a*; *Nuceria*, t. II, p. 448, col. *a*; *Salernum*, t. III, p. 32, col. *a*; *Picentia*, t. II, p. 579, col. *a*.

MAGNA GRÆCIA. On nomme ainſi généralement la partie méridionale de l'Italie. Mais les auteurs diffèrent entre eux ſur les pays qu'ils y renferment. Strabon, (LIV. VIII) y comprend la Campanie, la Lucanie, & l'Abruzze. Tite - Live (LIV. XXXI, CHAP. 7), en excepte l'Abruzze & la Lucanie. Ce qu'il y a de très - ſûr, c'eſt que des colonies s'établirent dans chacune de ces grandes provinces, & qu'encore qu'ils y fuſſent établies, ils n'en avoient pas entièrement fait diſparoître les anciens habitans. Je demande la permiſſion de ſuppléer ici à ce qui peut manquer à l'article cité.

Feſtus Pompée, Athénée & Ovide, donnent le nom de Grande Grèce à preſque toute l'Italie. Tandis que Pline dit que la vanité des Grecs leur fit appeler *Grande Grèce*, une portion de l'Italie, où cependant ils n'avoient que quelques poſſeſſions. Ce qu'il y a de très-prouvé, c'eſt que les colonies s'étendirent de la mer Adriatique au détroit de Sicile, ſans en excepter même quelques lieux ſur la Méditerranée. Ptolémée (LIV. III. CHAP. 1), en parlant de la Grande Grèce, n'y place que *Locri*, *Crotone*, *Thurium*, *Metapuntum*, & *Tarentum*; & ſur la Méditerranée, *Petilia* & *Abiſtrum*.

Des Chalcidiens de l'île d'Eubée & des habitans de Cumes en Eolie fondèrent la ville de Cumes, voiſine de Naples: ils avoient d'abord pris terre à l'île d'*Ænaria*, appelée auſſi *Pythecuſa* (T. L. LIV. VIII.). C'étoit-là, diſoit-on, qu'avoient été à l'ancre les vaiſſeaux d'Enée. Selon Pline (LIV. III, CHAP. 6), cette île eſt celle qu'Homère nomme *Inarine*.

Nous apprenons de Strabon, que les Cumanis détruiſirent les Oſques, & s'emparèrent au moins de la quatrième partie de la Campanie, Diodore (LIV. IV), nomme indiſtinctement toute la Campanie, *Campagne Cumanienne*. Virgile & quelques autres poètes ont dit qu'il y avoit à Cumes un temple d'Apollon bâti par Dédale. On ſent bien quelle confiance on doit accorder à l'hiſtoire de ce Dédale; au ſurplus, des auteurs dignes de foi, tels que Diodore & Pauſanias ne le font voyager que de Crète en Sicile.

L'Épitome d'Etienne de Byfance & la Chronique d'Eusèbe, difent que la ville de Pouzole fut fondée par une colonie venue de Samos. Les Grecs nommèrent cette ville *Dicæarchia*, ou *Dicæarcheïa*, Dicearque. Mais Strabon (LIV. V.), affure que cette ville fut un comptoir, *Emporium*, & un port de Cumes. La ville de Naples fut de même fondée par eux au fond du golfe que l'on nommoit alors golfe de Cumes. Cette fondation de Pouzzole, felon la chronique d'Eusèbe, eft de l'an 4 de la LXIV^e olympiade, répondant à l'an 232 de Rome. Ce fut dans cette même année que les Etrufques de la mer Adriatique réunis aux Ombriens, entreprirent de détruire Cumes. Strabon penfe que les Téleboïens dont parle Homère dans l'Odiffée, à l'occafion du voyage d'Ulyffe, habitoient la Campanie & n'étoient autres qu'une colonie de Cuméniens, établie dans l'île de Caprée. Selon Juftin (LIV. XX), la ville d'*Abella* avoit été auffi fondée par eux. Il leur attribue de même la fondation de Nole, mais Tite-Live & Velléius Paterculus, la donnent aux Etrufques, ainfi que la ville de Capoue.

Dans la Pouille ou l'Apulie, on ne trouve de colonies grecques que celles qui s'étoient établies dans les îles de Tremiti, appelées alors îles de Diomède, & fur le continent, où les Grecs fondèrent la ville d'Argirippa que quelques auteurs croyent avoir été fondée par Diomède lui-même.

Ces anciens établiffemens ne font pas, à beaucoup près, auffi certains que ceux qui, poftérieurement, eurent lieu dans la Calabre, en étendant ce nom à la Lucanie & au Brutium. On trouve d'abord la ville de Tarente dont la fondation remonte aux temps qui fuivirent la prife de Troye. Mais quel fut alors fon fondateur? on l'ignore. Il paroît cependant que cette ville exiftoit lorfque Phalante y conduifit la colonie Spartiate des jeunes Parthéniens, qui l'enlevèrent dit Juftin (LIV. III, CHAP. 4) à fes anciens maîtres. On peut croire, fi l'on n'admet pas l'arrivée d'une ancienne colonie grecque, que Tarente fut fondée par les Meffapiens. Or ces Meffapiens n'étoient pas des Grecs, & je l'ai dit précédemment.

La colonie des Parthéniens s'établit vers le commencement de la deuxième année de la LXXXVII^e olympiade, qui répond à l'an 322 ou à peu-près de Rome; mais quoique nous ne fachions pas quels furent les premiers fondateurs de Tarente, ce n'eft pas une raifon pour imputer à Juftin de s'être trompé en nommant Tarente, au lieu du territoire occupé par les Meffapiens.

On doit leur attribuer auffi, aux Parthéniens, la fondation de *Callipolis*, de *Caftrum Minervæ* & d'*Hydruntum*, ainfi que quelques autres lieux moins célèbres. Les Tarentins fondèrent pareillement dans la Lucanie, la ville d'Héraclée, près du *Siris*.

On trouve une autre colonie grecque dans la Calabre. Hérodote (LIV. VII) rapporte que la flotte de Minos étant à la pourfuite de Dédale, fur les côtes de la Sicile, fut portée fur celles de l'Iapygie, où des Crétois s'étant fixés, ils y fondèrent la ville d'*Hyria*. Strabon (LIV. IV), dit auffi que la ville de *Brundufium* fut fondée par des Crétois venus de *Cnoffus*, avec Théfée. Selon quelques autres auteurs, ces fondateurs Grecs étoient des Etoliens, conduits par Diomède. Une opinion moins vraifemblable attribuoit cette fondation à un fils d'Hercule. Les habitans de Salente fe difoient auffi defcendus des Crétois.

Mais

Mais, si l'on se rappelle en même temps que, par Minos, on entend ordinairement le plus ancien des rois de Crète ; & que, dans ces temps reculés, on passoit à peine d'une île à l'autre, à l'aide de petites barques, on en conclura qu'il y a bien de l'exagération dans tout ce que l'on dit de l'antiquité de ces anciennes colonies, ainsi que des héros qu'on leur donne pour fondateurs.

On trouve, dans des temps postérieurs, l'établissement de deux colonies, l'une dont il est fait mention dans Strabon ( LIV. VI ), dans Solin ( CHAP. VIII ), & dans Aristote ( Polit. LIV. V, CHAP. III ); ce fut celle de quelques Achéens joints à des habitans de Trézène, qui vinrent fonder la ville de Sybaris, devenue bientôt riche & puissante. Mais je dois remarquer, que le savant Mazzochi fait remonter plus haut la fondation de cette ville, & l'attribue à des Orientaux. ( *Voyez* SYBARIS, t. III, p. 173, col. *a*. Ainsi cette colonie grecque y succéda aux premiers fondateurs. On sait que cette ville fut ruinée par les Crotoniates l'an de Rome 180. Les Sybarites échappés à ce désastre ou du moins leurs enfans, après un intervalle de 64 ans, envoyèrent une députation à Athènes & à Lacédémone pour y solliciter des secours. Les Lacédémoniens ne firent pas droit à cette demande. Mais les Athéniens ayant armé dix bâtimens, transportèrent dans la Calabre la seconde colonie d'Achéens & de Trézéniens. Il est probable même, que ce furent moins les descendans de ceux qui avoient été chassés de l'ancienne Sybaris, que les descendans des peuples fondateurs : c'est-à-dire, que les Achéens & les Trézéniens, continuant à regarder le territoire & les restes de l'ancienne Sybaris, comme leur propriété légitime, demandèrent & obtinrent des forces pour en reprendre possession : c'est à cette seconde fondation que commença à paroître le nom de *Thurium*. Ces premiers Grecs établis en appelèrent d'autres, & la ville devint de nouveau riche & puissante, en sorte que, conjointement avec les Crotoniates, ils se divisèrent en dix tribus. Les trois peuples sortis du Péloponèse prirent les noms d'Arcadienne, d'Achéenne, & d'Eléotique : les autres furent nommés la Béotique, l'Amphictionique, la Dorique, l'Ionique, l'Athénienne, & celle de l'Isle.

La ville de Pœstum, appelée aussi *Possidonia*, fut l'ouvrage d'une colonie de Sybaris, selon Strabon & Marcian d'Héraclée, quoique, selon Solin, elle fût établie par des Doriens. Les Lucaniens leur firent la guerre & s'emparèrent de leur ville.

La fondation de Metaponte où mourut Pythagore, est assez généralement attribuée à des Achéens, qui peut-être étoient les mêmes que les fondateurs de Thurium. On parle aussi de Pyliens qui vinrent dans ces mêmes contrées après avoir quitté Nestor, depuis le siége de Troye.

Mais, outre ces Grecs, il y avoit eu successivement dans le Brutium des Enotriens, des Lucaniens & des Brutiens. Ces anciens temps offrent tant d'obscurité, que l'on ne sait pas à quelle époque les Lucaniens se séparèrent des Samnites, & quand les Brutiens furent distingués des Lucaniens. Ce que l'on voit, c'est que, ces peuples ne formant pas en totalité de grandes forces, les Grecs réussirent sans beaucoup de difficultés à s'établir parmi eux. On voit même que les Brutiens s'alarmèrent tellement du voisinage des Grecs, qu'ils en adoptèrent la langue & les usages : aussi sont-ils désignés par Festus, avec l'épithète de *Bilingui*. Mais il paroît prouvé, en examinant bien les passages de l'Odyssée dont quelques auteurs s'appuient ( *Odyss.* LIV. I, x. 184, Πλεῖν εσ Τεμεσην μετα χαλκον ). Strabon dit bien, il est vrai que la ville de Temise dont il est ici question, devoit être celle de l'Abruzze & non celle de Cypre. Mais ce n'est qu'un préjugé sans preuve ; & quand on voit qu'au temps d'Homère on n'avoit que des idées confuses de l'Italie, & que les peuples y étoient barbares, on ne peut admettre l'opinion adoptée par Strabon. On voit même que la Temise de Cypre fut long-temps célèbre par l'abondance de ses métaux ; c'est le témoignage unanime de Strabon, de Pline, d'Etienne de Byfance, &c. C'est aussi aux Chalcidiens que l'on attribue la fondation de *Rhegium*.

La ville d'*Hipponium*, appelée par les Romains *Vibona Valentia*, fut, selon Strabon ( LIV. VI), fondée par des Locriens, qui fondèrent aussi, sur le promontoire *Zephirium*, la ville qui en prit le nom de *Locri-Epizephyrii* : Strabon l'attribue aux Locriens ozoles ; en effet, ils étoient les plus puissans & avoient à leur disposition le port de Naupacte appelé actuellement Lepante. Cependant quelques autres auteurs disent que cette colonie étoit de Locriens Opuntiens : on pourroit appuyer cette opinion en disant que le peu d'étendue de leur territoire avoit nécessité cette émigration.

On voit par la chronique d'Eusèbe, que la ville de Locres dans le Brutium, fut fondée sous le règne de Tullus Hostilius, l'an 2e de la XXIVe olympiade ; & cette fondation selon Strabon, eut lieu peu après celle de Crotone par des Achéens, sous la conduite de Miscellus. Ces Crotoniates fondèrent peu après la ville de *Terina*, près le golfe actuel de Sainte Euphemie. Ephorus, dans Strabon, dit que Crotone fut d'abord occupée par les Iapyges. Mais cela doit s'entendre, non de la ville même, mais de son territoire. Et ces Iapyges n'étoient pas des Grecs, mais des Illyriens, & se comptoient entre les plus anciens peuples de l'Italie.

Il résulte de tout ce que je viens de dire, & que je regarde, comme un point important de Géographie ancienne, que les colonies grecques, établies en Italie & même en Sicile, sont de très-peu antérieures, ou même postérieures à la fondation de Rome.

On attribue de même la fondation de *Caulonia* dans l'Abruzze actuelle, à des Achéens, qui furent dispersés par les Brutiens.

SCYLLATIUM, selon Strabon, Pline & Servius, dut son origine à une colonie d'Athéniens.

On n'a rien de certain sur l'origine des colonies de *Spina* & d'*Agylla*.

Les Grecs, & cela est dans l'ordre, avoient apporté avec eux leurs dieux, leurs cultes, leurs préjugés & le sentiment de la gloire du nom grec. Le commerce les y rendit puissans, la philosophie leur y donna de la célébrité ; de-là une idée d'importance pour tous les établissemens des Grecs, dont trois pourroient seulement prouver qu'ils avoient devancé Rome. Et l'on voit par Polybe ( LIV. II, CHAP. XXXIX ), que trois peuples seulement, sçavoir les Crotoniates, les Sybarites & les Cauloniates avoient concouru à la construction du temple de Jupiter *Homorius* ( Διος Ομοριυ ) dont l'emplacement devint un lieu de rassemblement pour les Grecs établis en Italie. Insensiblement des Grecs s'avancèrent vers le *Latium* & se confondirent avec les Latins. D'un autre part, le nom de Grande Grèce ( *Magna Græcia* ) cessa d'être en usage, on employa pour chaque province, le nom qui lui étoit particulier, & au temps de Cicéron ( *De oratore* LIV. III, CHAP. XXXIV ), le nom de Grande Grèce ne donnoit pas des idées bien distinctes.

Je vais passer actuellement aux indications des lieux les plus essentiels à connoître dans l'Apulie, la Messapie, la Lucanie & le Brutium, qui formoient proprement la Grande Grèce.

APULIA. L'Apulie étoit une des provinces septentrionales de la Grande Grèce; sa côte étoit baignée par la mer Adriatique.

La plus haute des montagnes étoit le mont *Garganus*; t. I, p. 722, col. *b*. actuellement monte dit Sant Angelo : une autre étoit nommée *Vultur*, t. III, p. 606, col. *b*.

Le plus considérable des fleuves étoit l'*Aufidus*, t. I, p. 267, col. *a*.

On comprenoit dans l'étendue de l'Apulie, deux petits pays dont il seroit impossible de bien déterminer les limites; sçavoir, la Daunie & la Peucétie, écrits *Daunia*, t. I, p. 579, col. *b*; & *Peucetia*, t. II, p. 536, col. *a*.

Les villes les plus considérables étoient *Sipuntum*, t. III, p. 144, col. *b*; *Arpi*, t. I, p. 215, col. *a*; *Luceria*, t. II, p. 287, col. *a*; *Salapia*, t. III, p. 31, col. *a*; *Cannæ*, t. I, p. 391, col. *b*; *Canusium*, t. I, p. 395, col. *a*; *Venusia*, t. III, p. 493, col. *a*; & *Barium*, t. I, p. 297, col. *b*.

MESSAPIA. La Messapie comprenoit la partie sud-est de l'Italie, contrée, quoique peu arrosée, couverte d'arbres ou de pâturages.

Les villes principales étoient *Brundusium*, t. I, p. 347, col. *b*; *Rudia* ou *Rudiæ*, t. III, p. 18, col. *a*; *Lupiæ*, t. II, p. 292, col. *a*; *Hydruntum*, t. II, p. 151, col. *b*; *Callipolis*, t. I, p. 380, col. *a*; *Tarentum*, t. III, p. 216, col. *b*.

LUCANIA. La Lucanie communiquoit à deux portions de mer : avec le golfe de Tarente, d'un côté, & la mer de Campanie de l'autre.

Le *Silarus*, t. III, p. 138, col. *b*, la séparoit de la Campanie : le *Bradanus* la séparoit de l'Apulie; le *Siris*, t. III, p. 145, col. *b*, & l'*Aciris* étoient deux petits fleuves qui couloient à l'est & se jetoient dans le golfe de Tarente.

Les principales villes étoient : *Potentia*, t. II, p. 602, col. *a*; *Abellinum Marsicum*, t. I, p. 5, col. *b*; *Metapuntum*, t. II, p. 377, col. *b*; *Heraclea*, t. II, p. 112, col. *b*; *Sybaris*, t. III, p. 173, col. *b*; *Pæstum*, ou *Posidonia*, t. II, p. 603, col. *b*; *Velia*, t. III, p. 489, col. *a*; *Buxentum*, t. I, p. 358, col. *b*.

BRUTIUM. Le Brutium formoit la partie la plus méridionale de l'Italie : c'est la Calabre actuelle.

Les fleuves de ce pays méritent à peine le nom de rivières : c'étoit le *Chratis*, t. I, p. 544, col. *b*; & le *Næthus*, t. II, p. 444, col. *a*.

Les principales villes étoient : *Pandosia*, t. II, p. 498, col. *a*; *Roscianum*, t. III, p. 17, col. *a*; *Consentia*, t. I, p. 524, col. *b*; *Tempsa*, t. III, p. 313, col. *b*; *Petilia*, t. II, p. 534, col. *b* ; *Croton* , t. I , p. 550, col. *a* ; *Scyllacium* , t. III , p. 63 , col. *b* ; *Locri* , t. II , p. 283 ; col. *a* ; *Hipponium* , t. II , p. 133 , col. *a* ; *Tropœa* , t. III , p. 431 , col. *a* ; *Mamertum* , t. III , p. 324 , col. *b* ; *Regium* , t. II , p. 628 , col. *b*.

Après la defcription du continent de l'Italie , il convient de paffer à la connoiffance des îles qui l'avoifinent & qui , prefque toujours , furent foumifes à quelques peuples habitant l'Italie.

SICILIA. t. III , p. 111 , col. *a*. L'Article de la Sicile eft fort étendu & très-intéreffant pour les amateurs de géographie ancienne. Il exigeroit une carte particulière de la Sicile , car ce que l'on trouve fur la carte de l'Italie de l'Atlas encyclopédique n'eft prefque rien.

Pour étudier méthodiquement cette partie intéreffante de l'ancien monde, il faut chercher d'abord les noms *Sicilia* & *Trinacria* , t. III , p. 377 , col. *b*.

Les monts *Ætna* , t. I , p. 82 , col. *b* , & *Eryx*.

Les promontoires *Libybœum* , t. I , p. 642 , col. *b* ; *Pelorum* , t. II , p. 520 , col. *a* ; & *Pachynum* , t. II , p. 485 , col. *a*.

Les principaux fleuves étoient : 1° fur la côte orientale le *Simœthus* , t. III , p. 140 , col. *a* ; & le *Mela* , t. II , p. 362 , col. *a* ; 2° fur la côte méridionale l'*Himera* , t. II , p. 130 , col. *b* ; & l'*Hypfa* , t. II , p. 158 , col. *b*.

Les principales villes , en commençant 1° par la côte feptentrionale , & allant de l'eft à l'oueft , étoient : *Meffana* , t. II , p. 375 , col. *a* , appelée auffi *Zancle* , t. III , p. 617 , col. *b* ; *Mylæ* , t. II , p. 406 , col *a* ; *Tyndaris* , t. III , p. 445 , col. *b* ; *Cephallædis* , *Himera* , t. II , p. 130 , col. *b* ; *Panormus* , t. II , p. 501 , col. *a* ; *Segefta* , t. III , p. 87 , col. *b*. Sur la côte occidentale , *Drepanum* , t. I , p. 602 , col. *a* ; *Libybœum* , t. II , p. 278 , col. *b* ; *Mazarum* , t. II , p. 352 , col. *a* ; & *Silenus* , t. III , p. 91 , col. *a* : 2° fur la côte méridionale , *Agrigentum* , t. I , p. 91 , col. *a* ; appelée par les Grecs , *Agragas* , t. I , p. 90 , col. *b* ; *Gela* , t. I , p. 28 , col. *b* ; *Camarina* , t. I , p. 383 , col. *b* : 3° fur la côte orientale , *Helorum* , t. II , p. 109 , col. *b*. ; *Neetum* , t. II , p. 422 , col. *b* ; *Syracufa* , t. III , p. 177 , col. *b* ; *Leontini* , t. II , p. 267 , col. *a* ; *Catana* , t. I , p. 441 , col. *a* ; *Tauromenium* , t. III , p. 293 , col. *b* : 4° dans l'intérieur des terres *Hybla major* , t. II , p. 149 , col. *b* ; *Enna* , t. I , p. 628 , col. *b* ; *Menæ* , t. II , p. 369 , col. *a* ; *Entella* , t. I , p. 629 , col. *b* ; *Halyciæ* , t. II , p. 87 , col. *a*.

Les autres îles près de la Sicile font au nord les *Æoliæ infulæ* , ou îles d'Eole , à l'oueft les *Ægades infulæ* , ou îles Egades , t. I , p. 50 , col. *a* ; au fud *Melite* , actuellement Malte t. II , p. 366 , col. *a* ; on trouvoit de plus , près de l'Italie , *Pontia* , t. II , p. 595 , col. *b* ; *Pandataria* , t. II , p. 498 , col. *a*.

*Enaria* , appelée auffi *Pythecufa* ; en face de Baies *Capreæ* , t. I , p. 402 , col. *b* ; en face de l'Etrurie étoient *Ilva* , t. II , p. 177 , col. *a* ; & *Planafia* , t. II , p. 588 , col. *a*.

A une diftance plus confidérable, vers l'oueft , fe trouvent deux îles qui ont obtenu un rang confidérable entre les poffeffions des Carthaginois & des Romains. Ce font les îles nommées ci-après.

SARDINIA. la Sardaigne, t. III, p. 144, col. *b*. Une chaîne de montagnes qui occupent la partie septentrionale, portoit le nom de *Montes Infani*, t. II, p. 395, col. *b*.

Le principal fleuve étoit le *Thyrfus*, t. III, p. 352, col. *b* ; & *Caralis*, t. I, p. 405, col. *a*, en étoit la ville la plus remarquable.

CORCICA. au nord, t. I, p. 536, col. *b*, actuellement île de Corfe, eft la troifième des grandes îles qui aient été jointes aux gouvernemens de l'Italie.

## ILLYRICUM.

Le pays, appelé *Illyricum*, eft quelquefois nommé *Illyris* ; on doit remarquer que le nom *Illyria*, n'a prefque point été d'ufage chez les Latins.

Les fleuves de ce pays étoient le *Drilo*, t. I, p. 602, col. *b* ; & l'*Arfia*, t. I, p. 216, col. *b* ; le *Titius*, t. III, p. 363, col. *b* ; le *Neftus*, t. II, p. 429, col. *a* ; & le *Naro*, t. II, p. 415, col. *b*.

Les montagnes de ce pays portoient le nom d'*Albius mons*, qui s'élevoit à peu-près jufqu'aux *Alpes Carnicæ*, t. I, p. 114, col. *b* ; au nord fe trouvoit *Scardus* qui appartenoit à la Dardanie.

On trouvoit en Illyrie deux provinces particulières, l'une appelée *Liburnia*, l'autre *Dalmatia*, t. I, p. 573, col. *a*.

C'étoit dans une partie de la Liburnie qu'étoient les *Iapydes*, t. II, p. 162, col. *b*.

On trouvoit fur le bord de la mer *Flanona*, *Tarfatica*, t. III, p. 219, col. *a* ; *Senia*, t. III, p. 93, col. *b* ; *Metulum*, t. II, p. 381, col. *b*, ville principale des Iapydes.

Les *Liburni*, t. II, p. 274, col. *a*, s'étendoient jufqu'au fleuve *Titius*, t. III, p. 363, col. *b* ; c'eft chez eux que fe trouvoient *Jadera*, t. II, p. 161, col. *b* ; *Ænona*, t. I, p. 76, col. *b* ; *Blandona*, t. I, p. 326, col. *b*.

Dans la Dalmatie on trouvoit deux nations principales : les *Autariatæ*, t. I, p. 273, col. *b*, & les *Ardyæi*, t. I, p. 195, col. *a*.

La première de ces nations avoit autrefois beaucoup étendu fa puiffance.

Ce fut avec la feconde que les Romains commencèrent à faire la guerre dans cette partie du continent.

On y trouvoit *Scardona*, t. III, p. 58, col. *b* ; *Tragurium*, t. III, p. 369, col. *a* ; & *Salona*, t. III, p. 34, col. *a*, illuftre par la retraite de Dioclétien. *Afpalathos*, *Andetrium*, *Epetium*, t. I, p. 630, col. *b* ; *Equum colonia*, t. I, p. 517, col. *b*.

*Narona*. Dans l'intérieur des terres étoit *Delminium*. Une prefqu'île affez longue, & que l'on nomme aujourd'hui Sabioncello, répond, à ce que l'on préfume, à l'ancienne *Hyllis*, t. II, p. 152, col. *b*, *Epidaurus*, t. I, p. 633, col. *a*, *Rhizinium*, t. II, p. 636, col. *a* ; *Butua*, t. I, p. 356, col. *b* ; *Olcinium*, t. II, p. 463, col. *b*. Un lac portoit le nom de *Lacus Labeatis*, t. II, p. 244, col. *a* ; & tout près étoit la ville de *Scodra*, t. III, p. 61, col. *b* ; enfin étoit *Liffus*, t. II, p. 281, attribuée, ainfi que Liffus, fous les empereurs Grecs, à une province que l'on nommoit *Prævalitana*.

Sur la côte de l'Illyrie & de la Dalmatie, on trouvoit le golfe appelé *Flanaticus Sinus*,

t. I, p. 659, col. *a*, près de la ville de *Flavona* ; puis les îles *Abfyrtides*, t. I p. 10, col. *a*, qui formoient un groupe ; puis les îles *Crepfa*, t. I, p. 545, col. *b* ; & *Apforus*, t. I, p. 171, col. *a* ; *Liffa* ; t. I, p. 504, col. *a* ; *Scardona*, t. III, p. 58, col. *a* ; *Iffa*, t. II, p. 201, col. *b* ; *Pharus*, t. II, p. 540, col. *b* ; *Brattia Corcyra nigra*, t. I, p. 529, col. *b* ; *Melite* appelée aujourd'hui Meleda, t. II, p. 366, col. *a*.

## MACEDONIA.

MACEDONIA. t. II, p. 307, col. *b*. La Macédoine ne fut qu'affez tard comprife entre les états de la Grèce. Elle étoit même, avant ce temps, bien plus refferrée à l'oueft & à l'eft, qu'elle ne le fut depuis. Car elle comprenoit alors plufieurs nations Illyriques, & à l'eft, une étendue de pays affez confidérable, pris fur la Thrace. Les indications que je vais donner la fuppofent dans les plus beaux jours de fa puiffance.

Les principales montagnes étoient les *Candavii montes*.

On y diftinguoit à l'oueft, entre autres rivières, le *Drilo*, t. I, p. 602, col. *b* ; le *Mathis*, t. II, p. 345, col. *a* ; le *Genufus*, t. I, p. 731, col. *a* ; l'*Apfus*, t. I, p. 170, col. *a* ; l'*Aous*, t. I, p. 159, col. *a* ; & le *Celydnus*, t. I, p. 462, col. *a*.

On y trouvoit, comme peuples particuliers, les *Parthini*, t. II, p. 507, col. *b* ; les *Taulantii* ; les *Daffaretii* &c., &, comme pays, la *Chaonia*, t. I, p. 477, col. *b* ; l'*Elymiotis*.

On préfume qu'une ville nommée par Ptolémée, *Albanopolis*, a donné à cette contrée le nom d'Albanie qu'elle porte aujourd'hui.

On y trouvoit, entre autres villes, *Epi-damnus*, t. I, p. 633, col. *a*, qui prit enfuite le nom de *Dirrachium*, t. I, p. 607, col. *b* ; *Apollonia*, t. I, p. 167, col. *b* ; *Aulon*, t. I, p. 270, col. *b* ; *Elyma*, t. I, p. 624, col. *a* ; *Scampis* ; *Lychnidus*, t. II, p. 297, col. *b*. Je remarquerai que les Bulgares qui, plus d'un fiècle après Juftinien, fe firent un état affez confidérable, prirent pour leur capitale la ville de *Lychnidus*, fous le nom d'Achrida. Plus au fud, étoit *Deborus*, t. I, p. 580, col. *a*.

La Macédoine, confidérée dans fes anciennes limites, comprenoit plufieurs objets dignes d'être connus.

Les monts *Scardus* & *Orbelus*, au nord, dans la Dardanie.

Les fleuves *Axius*, t. I, p. 276, col. *a* ; l'*Erigon*, l'*Aftrœus*, l'*Haliacmont*, t. II, p. 84, col. *a*, le *Strymon*, t. III, p. 165, col. *a*.

On trouvoit comme divifions de la Macédoine, dans la partie feptentrionale, la *Pœonia*, t. II, p. 487, col. *b*, qui donnoit fon nom à plufieurs nations réputées barbares par les Grecs : elles s'étendoient jufqu'aux frontières de la Thrace. On trouve auffi une divifion fous le nom de *Pelagonia*, t. II, p. 515, col. *b*. La capitale de cette divifion étoit *Stobi*, t. III, p. 162, col. *b*. Cette ville devint métropole de province, lorfque l'on partagea la Macédoine en deux provinces du même nom, l'une ayant l'épithète de *Salutaris*. On trouve auffi un canton nommé *Deuriopus*, t. I, p. 581, col. *a* : il étoit vers le haut de l'Erigon. Un autre canton portoit le nom de *Lynceftis*, où fe trouvoit la ville de *Lychnidus*, t. II, p. 297, col. *b*. Vers les frontières de l'Illyrie, étoit le canton nommé *Tordœa*,

t. I, p. 629, col. b. La plus connue de ces contrées étoit l'*Emathia*, t. I, p. 624, col. b, qui en occupoit une grande partie ; enfin la *Mydonia*, à l'est, t. II, p. 580, col. a, & la *Pieria*, près du golfe Thermaïque.

Entre les villes de la Macédoine dont le détail n'est pas bien connu, on distinguoit *Edessa*, t. I, p. 611, col. b, nommée d'abord *Æge*. *Pella*, t. II, p. 518, col. b, devint ensuite ville royale, & effaça celle qui l'avoit été dans les premiers siècles de la monarchie. Elle étoit située dans un lac qui communiquoit à la mer par le canal d'une rivière nommée *Eudias*, t. II, p. 288, col. a ; *Beroa*, t. I, p. 315, col. a ; *Celethrum*, t. I, p. 450, col. a. Dans la Piérie, on trouvoit *Pydna*, t. II, p. 617, col. b, qui avoit porté le nom de Citron. Près du rivage, étoit la ville de *Dium*, t. I, p. 195, col. a.

Dans la Migdonie, à l'est de l'Axius, on trouvoit *Thessalonica*, t. II, p. 334, col. b, qui avoit porté le nom de *Therma*, t. III, p. 330, col. a, avant que Cassandre lui eût fait prendre le nom de son épouse, sœur d'Alexandre. Dans la partie septentrionale, on trouvoit *Idomène*, t. II, p. 169, col. b ; & *Europus ad Axium*, t. I, p. 276, col. a ; c'est-à-dire, Europus sur l'Axius. En descendant au sud, on trouvoit *Anthemus*, t. I, p. 150, col. b ; *Apollonia*, t. I, p. 167, col. b ; *Chalcis*, t. I, p. 474, col. a ; *Ænia*, t. I, p. 76, col. a ; sur le golfe au-dessous de Thessalonique, *Potidæa*, t. II, p. 604, col. b : cette ville située sur un isthme, défendoit l'entrée de la péninsule de *Pallene*, t. II, p. 491, col. b. Potidée prit dans la suite le nom de *Cassandria*, t. I, p. 434, col. a. A l'extrémité de la presqu'île, est un promontoire nommé alors *Canastræum*, t. I, p. 389, col. b.

Cette pointe sépare le golfe appelé alors *Thermaïcus sinus*, t. III, p. 143, col. b, d'avec celui que l'on nommoit *Toronaicus sinus*, t. III, p. 367, col b, qui avoit pris ce nom de la ville de *Toron*, t. III, p. 367, col. b. Au fond du golfe, étoit la ville d'*Olynthus*, ou Olynthe, t. II, p. 468, col. a. Un autre golfe, séparé du précédent par une péninsule, portoit le nom de *Singiticus sinus*, t. III, p. 142, col. a. Il bordoit un des flancs du mont *Athos*, t. I, p. 257, col. a. Du côté opposé, étoit le *Strymonicus sinus*, t. III, p. 165, col. a ; peu loin de là, dans le continent, étoit *Stagira*, t. III, p. 161, col. a, où naquit Aristote.

Le Strymon formoit deux embouchures ; à l'angle où se partageoit le fleuve, étoit la ville d'*Amphipolis*, t. I, p. 133, col. b, c'est-à-dire, les deux villes, parce qu'elle étoit en partie à la Macédoine, & en partie à la Thrace. Ce lieu se nommoit d'abord *Novem Viæ*, t. II, p. 447, col. b, ou les Neuf Voies.

Près la rivière nommée *Pontus*, t. II, p. 596, col. a, étoit la ville d'*Heraclea*, t. II, p. 112, col. b ; *Sintica*, t. III, p. 143, col. b.

Un peu au-dessus de la mer, étoit la ville de *Philippi*, t. II, p. 545, col. b, fondée par Philippe, père d'Alexandre, mais célèbre sur-tout par la fameuse bataille où la liberté de Rome perdit ses plus ardens défenseurs, Brutus & Cassius. On trouvoit de plus *Drabescus*, t. I, p. 600, col. b, & *Neapolis*, t. II, p. 420, col. b.

Deux croupes du mont *Pangæus*, t. II, p. 498, col. b, branche détachée du *Rhodope*, t. II, p. 437, col. a, serrent le rivage d'assez près pour n'y laisser que des défilés étroits dont les passages avoient été fermés par des murs.

C'eſt en face d'une pointe un peu avancée que ſe trouve l'île appelée alors *Thaſus*, t. III, p. 323, col. *b*, & qui étoit célèbre par ſes marbres.

## THRACIA.

THRACIA. t. III, p. 338, col. *b*.

La Thrace, comme on l'a vu, confinoit à la Macédoine, du côté du levant; même elle avoit été entamée par les rois Macédoniens. Elle avoit au nord, le mont *Hæmus*, t. II, p. 82, col *b*; au couchant, le mont *Rhodope*, t. II, p. 437, col. *a*; à l'orient, elle s'étendoit juſqu'au *Pontus Euxinus*, t. II, p. 196, col. *a*, ou Pont-Euxin.

Un grand fleuve ſorti des vallées qui ſont entre l'Hæmus & le Rhodope, portoit le nom d'*Hebrus*, t. II, p. 103, col. *b*.

Sous les empereurs Grecs, la Thrace forma pluſieurs provinces. L'une ſe nommoit *Europa*, t. I, p. 653, col. *a*, comme étant la première portion qui ſe trouvoit être de l'Europe, lorſqu'on avoit traverſé le Boſphore. L'autre ſe nommoit *Hæmi-montus*, t. II, p. 82, col. *b*, nom qu'elle avoit reçu du mont Hemus. Le nom de Thrace fut réſervé à une portion du pays ſitué vers les ſources de l'Hébre.

En parcourant le pays, au ſortir de la Macédoine, on trouvoit ſucceſſivement le fleuve *Neſtus* ou *Meſtus*, t. II, p. 429, col. *a*; & la ville d'*Abdera*, t. I, p. 3, col. *b*, patrie de Démocrite; *Nicopolis*, t. II, p. 431, col. *b*; *Iamphorina*, t. II, p. 162, col. *a*, étoit la capitale d'un petit canton nommé *Mædica*, t. II, p. 317, col. *b*: à l'iſſue d'un lac qui ſe rend dans la mer, étoit la ville de *Topiris Ulpia*, t. III, p. 367, col. *a*, puis *Maronea*, t. II, p. 335, col. *a*; *Meſembria*, t. II, p. 373, col. *a*; *Sarrum*, t. III, p. 51, col. *b*; *Ænos*, t. I, p. 76, col. *b*.

Dans les terres on trouvoit *Scapta-Hyla*, t. III, p. 58, col. *a*, où Thucydide poſſéda des mines d'or, & où il écrivit ſon hiſtoire de la guerre du Péloponèſe. *Cypſela*, *Cardia*, t. I, p. 407, col. *b*, étoit ſituée vers le fond d'un golfe qui reſſerre l'un des côtés de la Cherſonèſe de Thrace. *Lyſimachia* a été nommée auſſi *Hexa-milium*, parce qu'elle étoit ſituée à l'entrée d'une péninſule qui n'a que ſix milles de large.

La preſqu'île de Thrace appelée *Cherſoneſus*, t. I, p. 483, col. *a*, avoit au nord-oueſt le golfe *Melanes*, t. II, p. 362, col. *b*, & de l'autre, l'*Heleſpontus*, t. II, p. 108, col. *b*. Sur cette partie de mer, on trouvoit *Callipolis*, t. I, p. 380, col. *a*; *Ægos potamos*, t. I, p. 56, col. *a*, lieu célèbre par la défaite de la flotte des Athéniens, & *Seſtus*, t. III, p. 100, col. *a*, connu par la fable des amours de Hero & de Léandre.

En face de cette partie du continent, ſont deux îles que les anciens nommoient *Samothrace* & *Imbros*, t. II, p. 177, col. *b*.

Le nom de Propontide ou *Pro-pontis*, t. II, p. 611, col. *a*, étoit donné à la mer appelée aujourd'hui Marmara, parce qu'elle devançoit, par rapport aux Grecs, une autre mer; c'étoit le Pont-Euxin. Dans cette mer, eſt l'île que l'on nommoit *Proconeſſus*, t II, p. 610, col. *b*.

Sur la côte ſeptentrionale de la Propontide, on trouvoit les villes de *Ganos*, t. I, p. 721, col. *b*; *Biſanthe*, t. I, p. 323, col. *b*, appelée auſſi *Rhædeſtus*; *Perinthus*, la plus conſidérable

dérable de ces villes maritimes; *Heraclea*, t; II, p. 112, col. *b*; *Selymbria*; enfin *Byfantium*, t. I, p. 360, col. *a*, nommée depuis *Conftantinopolis*, t. I, p. 526, col. *a*, dont le port étoit quelquefois défigné par le nom de *Chryfo-ceras*, ou Corne-d'or, à caufe des avantages dont il est à cette ville. A une certaine diftance de cette ville, on avoit conftruit, de la mer Noire ou Pont-Euxin à la Propontide, une longue muraille que, par cette raifon, on nommoit *Macron-tichos* : il commençoit à l'eft près de *Dercon*, & finiffoit au fud-oueft d'Héraclée. Conftruit par l'empereur Anaftafe au commencement du fixième fiècle, pour défendre Conftantinople de l'approche des barbares, il ne fuffit pas toujours à remplir cet objet. On en voit encore des veftiges.

En remontant la côte de la Thrace, le long du Pont-Euxin, on trouvoit, entre autres lieux, *Dercon*, t. I, p. 586, col. *a*, où fe terminoit le *Macron-tychos*, t. II, p. 316, col. *a*; *Salmydeffus*, t. III, p. 34, col. *a*, & *Bizyia*, dans une petite contrée nommée *Aftica*, t. I, p. 236, col. *b*, d'après la nation *Aftæ*, t. I, p. 236, col. *b*, qui l'habitoit. Quant aux villes d'*Apollonia*, de *Develtus*, t. I, p. 587, col. *a*, &c., & quelques autres de l'intérieur du pays, elles doivent fans doute fe trouver fur les bonnes cartes; mais le peu de place qu'elles occupent dans l'hiftoire ne permet pas qu'elles entrent dans une analyfe géographique; *Cherfonefus*, t. III, p. 222, col. *a*.

L'article *Taurica* renferme des détails très-intéreffans fur les différens peuples qui font entrés en Europe de ce côté.

Je donnerai l'article fuivant, comme un fupplément à l'article DACIA, t. I, p. 569, col. *a*. Ce morceau eft extrait d'un mémoire du C. Sainte-Croix fur les infcriptions d'Ancyre, inférées dans le Magafin Encyclopédique, N°. 13, t. IV, p. 103.

Les Daces étoient Scythes d'origine, & habitoient anciennement la haute Afie, du côté de la mer Cafpienne. Une partie vint d'abord s'établir aux environs du Pont-Euxin, enfuite s'étendit fur les bords de l'Ifter. Ce peuple fut connu, dans fa première émigration, fous le nom de Gètes, nom que les Grecs continuèrent toujours de leur donner, &, dans la feconde, fous celui de Daces, Δαϋοι, Dahæ, leur première dénomination, que les Romains leur conferverrent en y faifant une légère altération par la manière de le prononcer. On ne peut douter que les Gètes du Pont-Euxin, & les Daces de l'Ifter ne fuffent un même peuple. Ils avoient un langage commun, & fe reffembloient beaucoup par leurs mœurs, leurs ufages, & furtout par une vive paffion pour le métier des armes, *acerrimi omnium bellatores*, dit Amien Marcellin ( LIV. XXIII, CHAP. VIII. )

Ils profitèrent des guerres civiles de Rome pour s'agrandir & faire la conquête de plufieurs contrées voifines, la Mœfie, la Dardanie, le pays des Triballes, &c., fous la conduite de Bœrébifte leur chef. Toute la nation réunie pouvoit mettre fur pied jufqu'à 200000 hommes. Elle devint par là redoutable aux Romains contre lefquels elle s'étoit liguée avec les Baftarnes. Augufte envoya pour combattre ces nouveaux ennemis une armée aux ordres de M. Craffus qui la força à demander la paix, l'an 725 de Rome. C'eft la première guerre de ce peuple, dont il foit queftion fur le monument d'Ancyre, ( 1 ); La feconde, très-poftérieure, arriva lorfqu'ayant à leur tête Cotifon, ils paſsèrent l'Ifter, encore gelé, pour dévafter la Pannonie. Dion Caffius fait à peine mention de cet évènement, &, fi l'on veut en favoir l'iſſue, il faut avoir recours à l'abbréviateur Florus. Selon lui, Lentulus marcha au-devant des Daces, les défit, tua trois de leurs chefs, & les contraignit de s'éloigner des rives de l'Ifter au-delà duquel il éleva des forts capables de les contenir. Cette expédition eft de l'an 743, fous le confulat de J. Antonius & de Fabius Maximus. Elle ne fut pas décifive; & Augufte fe flatte trop en affurant que les Daces lui reftèrent foumis.

Strabon affure que, de fon temps, qui eft celui de ce prince, la nation des Daces ne pouvoit plus mettre fous les armes que 40000 hommes, & qu'elle fe feroit déterminée à fe foumettre entièrement aux Romains, fans l'efpoir du fecours des Germains leurs communs ennemis. Cet écrivain ne laiffe qu'entrevoir la vérité, afin de ne pas bleffer la vanité d'Augufte. Suétone n'avoit pas ce motif: auffi fe contente-t-il d'affurer que ce prince réprima les Daces dans leurs incurfions. Florus ajoute qu'ainfi la Dacie ne fut point alors vaincue, mais reculée. Effectivement, il en fortit de nombreufes armées qui menacèrent l'Empire romain, en ravagèrent les frontières, & cela jufqu'au règne de Trajan. Cet empereur fut le premier qui eut la gloire de remporter fur cette nation fans ceffe foulevée, *nunquàm fida*, dit Tacite, des victoires complettes, & de lui enlever un pays d'une étendue confidérable, aujourd'hui la Valachie, & la Moldavie, durant le cours de guerres longues & fanglantes. Il en avoit écrit lui-même les détails dans des mémoires particuliers, injuftement oubliés des hiftoriens, & que le temps nous a ravis. Peut-être s'y montroit-il plus véridique qu'Augufte; du moins fi nous les avions, on pourroit pénétrer le motif ou de prudence ou d'envie, qu'eut Adrien d'abandonner ces conquêtes, & de rompre le magnifique pont que fon prédéceffeur avoit fait conftruire fur l'Ifter ou le Danube.

## *Iſles principales de la mer Ionienne & de la mer Egée.*

Les îles de la mer Ionienne font *Corcyra*; t. I, p. 529, col. *b*, *Same*, t. III, p. 36, col. *a*, que l'on croit être l'Ithaque d'Ulyffe; *Cephallenia*, t. I, p. 455, col. *a*; *Zacinthus*, *Strophades*, t. III, p. 162, col. *b*, qui ne font que des efpèces de rochers.

Les principales îles de la mer Egée, *Ægeum mare*, t. I, p. 51, col. *a*, font indiquées à l'article *Græcia*.

## A S I A.

### A S I A   M I N O R.

Je crois l'avoir dit dans le corps de l'ouvrage, cette expreffion, *Afia minor*, n'étoit pas en ufage dans l'antiquité. On y trouve la divifion fuivante, relative à fes connoiffances

---

( 1 ) *voyez* le Mag. encyclop. à l'endroit cité.

géographiques ; Afie en-deçà du Taurus, t. III, p. 273, col. *b*, & Afie au-delà ; Afie en-deçà de l'*Halys*, t. II, p. 87, col. *a*, & Afie au-delà. Par Afie mineure, on entend actuellement toute la prefqu'île que forme l'Afie de ce côté ; fur la côte feptentrionale, elle fe terminoit en-deçà des limites de la Colchide ; & fur la côte méridionale, aux *Pylæ-Syriæ*, t. II, p. 618, col. *a*, qui féparoient la Cilicie de la Syrie. Sous le Bas-Empire, comme on le voit dans Conftantin Porphyrogenète, ce pays fut divifé en parties que l'on nommoit *Themes*. C'eft du *Thema anatolicum*, t. III, p. 397, col. *b*, c'eft-à-dire, du Theme oriental, que les Turcs ont fait le nom Anadoli par lequel ils défignent la partie que nous nommons Afie mineure.

Je vais indiquer actuellement les principaux articles à confulter fur chacune des divifions de l'Afie mineure, en fuivant l'ordre annoncé dans le tableau de l'Afie.

PONTUS. t. II, p. 596, col. *a*. Ce pays confinoit à la Colchide. On y trouvoit une montagne portant le nom de *mons Amazonus*, t. II, p. 397, col. *b*.

Les principaux fleuves étoient l'*Iris* & le *Thermodon*, t. III, p. 315, col. *b*. Les villes principales *Amafea*, *Amafia*, t. I, p. 119, col. *b*, patrie de Strabon, & *Trapefus*, ville encore confidérable fous le nom de Trapezun, mais plus connue fous celui de Trebizonde. On peut y ajouter celle de *Cerafus*, t. I. p. 467, col. *a*, d'où Lucullus fit paffer en Europe le fruit qui en a pris le nom de cerife.

PAPHLAGONIA. t. II, p. 502, col. *b*. Cette province, fituée à l'oueft du Pont, s'étendoit de même le long de la mer. On y trouvoit le *mons Olgaffis* ; le fleuve *Parthenius*, t. II, p. 508, col. *a* ; &, entre autres villes, *Sinope*, t. III, p. 142, col. *b* ; & *Amaftris*, t. I, p. 120, col. *a*.

BITHYNIA. t. I, p. 324, col. *b*. Cette province, fituée de même fur le Pont-Euxin, étoit à l'oueft de la Paphlagonie. La principale montagne étoit nommée *Olympus mons*, t. II, p. 467, col. *a*, qu'il ne faut pas confondre avec l'Olympe de l'Europe, au nord de la Theffalie. Bergier, dans fon ouvrage fur l'origine des Dieux du Paganifme, inférieur de beaucoup à celui de Dupuis fur l'origine de tous les cultes, a très-bien remarqué que ce nom d'Olympe, étant formé d'un ancien mot qui fignifie élévation, il a pu être & a été en effet donné à plufieurs montagnes élevées : *voyez* les articles *Olympus*, t. II, p. 467, Les principaux fleuves de la Bithynie où il y en avoit beaucoup, étoient le *Sangarius*, t. III, p. 39, col. *b* ; & le *Rhindacus*, t. II, p. 642, col. *b*.

La Bithynie formoit au nord deux grandes prefqu'îles dont une s'avance confidérablement vers l'Europe, fes côtes occidentales font baignées par la Propontide, & les côtes orientales par le Pont-Euxin ; leur direction commune eft du fud-eft au nord-oueft. C'eft l'extrémité feptentrionale de cette prefqu'île qui forme le détroit appelé autrefois *Bofphorus Thracius*, t. III, p. 342, col. *a*. Un golfe formé au fud de cette prefqu'île par les eaux de la Propontide, portoit le nom d'*Aftarcenus finus*, t. I, p. 578, col. *b*. Au fond de ce golfe, étoit *Nicomedia*, t. II, p. 431, col. *a* ; à l'extrémité, nord-eft, de la prefqu'île, étoit un temple de Jupiter, indiqué fur les cartes, *Jovis templum*. Sur la partie qui termine le Bofphore, au fud-oueft, & précifement en face de Byfance, étoit *Chalcedon*, t. I, p. 461, col. *a*, ou Chalcédoine. Un petit lieu nommé *Chryfopolis*, ou Ville d'or, fans doute à caufe de la beauté de fa fituation, occupoit l'emplacement où eft aujourd'hui Scutari. On trouvoit de plus dans la Bithynie, en commençant, à l'eft, la ville de *Bithynium*, t. I, p. 325, col. *a*; *Heraclea*, t. II, p. 112, col. *b*; *Prufa ad Hippium*, t. II, p. 612, col. *a*, & nommée ainfi parce qu'elle étoit près du fleuve *Hippius*, t. II, p. 158, col. *b*, qui fortoit d'une petite chaîne de montagnes appelées *Hippii montes*; *Nicœa*, t. II, p. 430, col. *b*.

Sur le bord oriental du lac *Afcanius*, t. I, p. 222, col. *b*, *Prufa ad Olympum*, t. II, p. 612, col. *a*. fituée à peu de diftance, au nord du mont Olympe. Cette partie même de la Bithynie en avoit pris le nom d'*Olimpena*.

MYSIA, t. II, p. 409, col. *a*. La Myfie formoit une grande province, & occupoit tout le nord-oueft de l'Afie mineure. La partie orientale où fe trouvoient, vers la mer, les *Mygdonès* t. II, p. 405, col. *a*, étoit affez unie. Mais la partie occidentale étoit très-montagneufe. C'eft-là qu'étoient au fud le *Pedafus mons*, t. II, p. 515, col. *a*, & au nord-oueft le fameux mont *Ida*. Il occupoit le milieu de la province appelée *Troas*, t. III, p. 381, col. *b*. Les fleuves qu'il importe le plus de connoître en Myfie, font le *Lycus*, t. II, p. 229, col. *a*, au fud, coulant de l'eft à l'oueft & fe rendant à la mer près d'*Elœa*, en face de l'île de *Lesbos*; & au nord le *Granicus*, célèbre par la bataille de fon nom. Les villes principales étoient *Ilium*, t. II, p. 240, col. *b*; & *Troja*, t. III, p. 461, col. *b*, ou Troye, au nord & tout-à-fait fur l'Hélefpont; une autre ville bâtie depuis fur la côte occidentale & nommée *Alexandria Troas*, t. III, p. 416, col. *b*, c'eft-à-dire, l'Alexandrie de Troye, nom qu'elle reçut de Lyfimaque, l'un des fucceffeurs d'Alexandre. Au fud étoient *Adramyttium*, t. II, p. 522, col. *a*; *Pergamus*, qui fut pendant quelque temps la capitale d'un royaume que les Romains fe plurent à étendre en faveur du roi Eumène, après la défaite d'Antiochus dit le Grand, roi de Syrie. On fait que ce royaume leur fut légué par le teftament d'Attale, le dernier roi de cet Etat. C'eft au nord, au fud de la ville de *Callipolis*, t. I, p. 442, col. *b*, fur la côte de la Cherfonèfe de Thrace, qu'étoit la ville de *Lampfacus*, t. II, p. 255, col. *a*, & au fud-oueft fur le détroit de l'Hélefpont, le château d'*Abydus*, t. I, p. 16, col. *b*.

ÆOLIS, t. I, p. 77, col. *b*. Le petit pays nommé ici Eolide s'étendoit en partie fur la Myfie & en partie fur la Lydie : il avoit pris fon nom d'une colonie d'Eoliens, qui s'y étoient établis. La plus puiffante de ces colonies étoit *Cuma*, t. I, p. 553, col. *b*, ou *Cyme* en grec, t. I, p. 56, col. *b*.

IONIA, t. III, p. 367, col. *a*. D'autres colonies, compofées d'Ioniens établis au fud, avoient fondé plufieurs villes qui devinrent puiffantes. On y trouvoit, en venant du nord, *Phocœa*, t. II, p. 548, col. *b*, fondée par des Athéniens, & fondatrice de Marfeille au temps qu'Harpagus, l'un des généraux de Cyrus, commandoit dans cette partie. Plus, au fud, au fond d'un golfe, étoit *Smyrna* ou Smyrne. A l'extrémité d'une prefqu'île, en face de l'île de *Chios*, t. I, p. 485, col. *b*; la ville d'*Erithræ*, & fur le golfe de Smyrne, celle de *Clazomene*, t. I, p. 507, col. *b*; au sud de Smyrne étoit *Ephesus*, t. I, p. 630, col. *b*, ou Ephèse, la plus célèbre des villes Ioniennes, où les villes d'Asie avoient construit à frais communs un temple superbe. C'étoit la résidence d'un Proconsul qui avoit le commandement d'une province fort étendue sous le nom d'Asie. L'Ionie étoit bornée au sud par le fleuve *Meander* ou *Meandre*, dont l'embouchure a éprouvé avec le temps des changemens très-considérables. Au nord de son embouchure, en face de l'île de *Lesbos*, t. II, p. 269, col. *a*, étoit le *Mycale mons*, ou mont Mycale, célèbre dans l'histoire, par la défaite entière des troupes de terre & de mer que Xerxès avoit ramenées de son grand armement contre la Grèce.

LYDIA, t. II, p. 302, col. *a*. La Lydie appelée aussi Méonie, ou *Mæonia*, t. II, p. 318, col. *a*, étoit à-peu-près comprise entre le fleuve *Lycus* au nord, & le Meandre au sud, t. II, p. 301, col. *a*. Quelques montagnes à l'est la séparoient de la Phrygie. Les principales montagnes étoient le *Sipylus mons*, t. III, p. 144, col. *b*; au nord de Smyrne, le *Tmolus*, t. III, p. 364, col. *b*; au sud de Sardes, & le Mycale dont j'ai déjà parlé. Le fleuve *Hermus*, t. II, p. 120, col. *b*, la traversoit de l'est à l'ouest, & recevoit l'*Hillus*, ou *Phrygius*, t. II, p. 319, col. *b*, à *Magnesia Sipyli*. Le *Cayfirus* passoit à Ephèse. Les principales villes étoient, outre Magnesia du mont Sipyle, *Thyatisa*, t. III, p. 349, col. *a*, au nord - est, sur le *Lycus*, t. II, p. 299, col. *a*; *Sardes*, t. III, p. 42, col. *a*, capitale de tout le royaume, & long-temps célèbre, étoit sur le *Pactolus*, t. II, p. 485, col. *b*, ou Pactole, qui, pendant un certain temps, roula des paillettes d'or. *Philadelphia* à l'est, dont le nom signifie amitié fraternelle, avoit été nommée ainsi, par un frère d'Eumène, roi de Pergame. Au sud étoient *Tralles* & *Magnesia - Mœandri*, de fondation éolique.

CARIA, t. I, p. 412, col. *a*. Cette province occupoit la partie du sud-ouest de l'Asie mineure. Elle étoit habitée par un peuple appelé *Cares*, t. I, p. 408, que les Grecs traitoient de barbares. Ce peuple avoit habité aussi dans les îles de l'Archipel, & s'étoit étendu le long des côtes occidentales de l'Asie, dont il fut repoussé lors de l'établissement des colonies Ioniennes. Des *Leleges*, obligés du temps de la guerre de Troye d'abandonner un canton de la Troade, s'étoient établis dans la Carie. Il s'y établit ensuite plusieurs colonies grecques. Le mont *Latmus* s'étendoit à-peu-près du nord au sud, à quelque distance de la côte. Elle formoit trois presqu'îles au sud-ouest, & finissoit à l'est au golfe, ou *Glaucus finus*, ainsi qu'à des montagnes qui la séparoient de la Lycie & d'une partie de la Phrygie. Les principales villes de la Carie étoient *Miletus* ou Milet, ville Ionienne, & la plus méridionale des colonies Ioniennes, célèbre par sa puissance qui lui permit d'envoyer au loin plusieurs colonies, & par la naissance de Thalès qui jeta chez les Grecs les fondemens de la philosophie; *Iassus* qui avoit donné son nom à un golfe; *Myndus* sur ce golfe, & surtout *Halicarnassus* ou Halicarnasse, au sud sur la côte méridionale d'une presqu'île, ville célèbre par la naissance de deux célèbres historiens, Hérodote & Denys; & par le superbe monument funèbre élevé par Artémise en l'honneur de son époux Mausole. Des Doriens ayant habité la plus considérable des presqu'îles que forme la côte entre deux autres moins confidérables, le pays en reçut le nom de *Doris* : c'eft à l'extrémité de cette prefqu'île que fe trouvoit *Cnidus*, particulièrement confacrée à Vénus. La prefqu'île qui, étant tout-à-fait au fud, ne laiffoit, entre elle & l'île de Rhode ( *Rhodes infula* ) qu'un étroit canal, portoit le nom de *Peræa*. La côte renfermoit plufieurs établiffemens des Rhodiens. Dans l'intérieur du pays, étoient *Myalafa*, au fud-oueft *Calinda*, t. I, p. 378, col. *a*; au fud-eft *Stratonicæa* tirant fon nom de Stratonice, femme d'Antiochus Soter ; & *Alinda* près du *Calbis*, t. I, p. 376 ; *Alabanda*, au nord en-deçà du Méandre ; & *Aphrodifias* qui eut rang de métropole.

LYCIA. La Lycie étoit en grande partie renfermée dans une prefqu'île qui avoit à l'oueft le *Glaucus Sinus*, & à l'eft le golfe de Pamphilie. Ce pays étoit fort montagneux, & n'eft pas intéreffant fous le rapport de l'hiftoire. Mais on doit ce témoignage aux Lyciens, qu'ayant des ports favorables à la navigation, ils avoient préféré d'établir chez eux une bonne adminiftration, fans fe laiffer corrompre par l'exemple de leurs voifins, adonnés à la piraterie. Le mont *Cragus*, s'avançant au fud-oueft formoit une prefqu'île entre le golfe de *Glaucus*, & le fleuve *Xanthus*. Les villes les plus connues étoient *Telmiffus*, célèbre par fes devins ; *Patara*, célèbre par fon oracle.

PISIDIA & PAMPHYLIA. La feconde de ces provinces comprenoit la côte qui s'étendoit de la Lycie à la Cilicie : la feconde étoit la partie montagneufe, où commence à l'oueft la chaîne du Taurus. On trouvoit dans la Pamphilie *Attalea*, *Afpendus*, *Side* & *Ceracefium*, près laquelle Pompée défit les Pyrates. Dans la Pyfidie, *Cremna* où les Romains avoient établi une colonie ; & *Selga*, la principale ville du pays de fondation lacédémonienne & pouvant mettre fur pied 20000 hommes.

Un petit pays, fous le nom d'*Ifauria*, occupoit au nord-eft un terrein refferré entre les montagnes : on y connoiffoit trois lacs affez confidérables, & la ville d'*Ifaura* retraite de brigands redoutés par leurs violences & leurs rapines, vaincus enfin par Servilius qui en prit le fur-nom d'*Ifauricus*.

CILICIA. C'eft à la Cilicie que fe terminoit la côte méridionale de l'Afie-mineure. La partie montagneufe portoit le nom de *Trachea*, celle qui, plus à l'eft, renfermoit de belles plaines portoit le nom de *Campeftris*.

On trouvoit dans la première *Selinus*, qui prit enfuite le nom de *Trajanopolis*, parce que Trajan y mourut ; *Amenurium*, fur un promontoire de même nom, & *Seleucia* fur-nommée *Trachea*, qui étoit la principale ville de cette province.

Dans la Cilicia Campeftris, on trouvoit *Soli*, ville de fondation grecque, qui eut le nom de *Pompeïopolis*, lorfque Pompée y eut établi une colonie des Pyrates qu'il avoit vaincus. Au fond d'un golfe & près de l'embouchure du *Cydnus*, célèbre par la fraîcheur extrême de fes eaux, qui altéra la fanté d'Alexandre, & donna la mort à l'Empereur Frédéric Barberouffe, étoit la ville de *Tarfus* célèbre comme métropole & comme école de philofophie. *Anchiale* moins confidérable, étoit fur le bord de la mer. Le *Pryamus* arrosoit du nord-est au sud-ouest la partie orientale où l'on trouvoit *Anazarbus* & *Issus* assez près du défilé connu sous le nom de *Syriæ Pylæ.*

Le mont *Amanus*, s'étendant du sud-ouest, au nord-est formoit les bornes orientales de la Cilicie.

Je vais reprendre actuellement les provinces de l'intérieur de l'Asie-mineure.

PHRYGIA. Cette province qui avoit presque 150 lieues de l'ouest à l'est, occupoit presque tout l'intérieur de l'Asie-mineure. A l'arrivée des Galates ( *Galatæ* ) la partie du nord-est avoit été accordée à ce peuple. On peut consulter avec confiance & avec quelque utilité cet article, *loco citato ;* aussi je n'en dirai rien ici.

La partie de la Phrygie qui avoit été prise sur les provinces voisines de la Mysie & de la Bithynie, portoit le sur-nom d'*Epictetus* ou d'Ajoutée. La partie orientale portoit le nom de *Lycaonia* ou Pays des loups.

Dans la Phrygie on trouvoit *Ancyra*, *Apamea cibotos*, *Colossæ* ; au nord-est *Synnada*, dont les marbres étoient fort recherchés. Assez près, *Ipsus*, célèbre par la bataille qui en porte le nom & qui eut lieu entre les successeurs d'Alexandre ; & à l'est *Thymbrium*, qui donna aussi son nom à une bataille plus ancienne, dans laquelle l'armée de Crésus fut entièrement défaite.

Dans la Lycaonie la ville la plus considérable étoit *Iconium*, qui eut sous les Romains le rang de métropole, & sous les Califes, celui de capitale d'un des états Seldgioucides.

CAPADOCIA. La Capadoce étoit à l'est de la Phrygie, & s'étendoit jusqu'à l'Arménie. La partie orientale porta le nom d'*Armenia minor*, tome I. Ce pays avoit été un royaume sous l'empire des Perses, & continua de l'être depuis. Il est probable que le défaut de connoissances & d'études y avoit maintenu les esprits dans une espèce d'abrutissement qui disposoit les peuples à l'apathie de la servitude. On disoit du roi de Capadoce, qu'il étoit pauvre en espèces, & riche en esclaves. ( Voyez l'article CAPADOCE ) pour savoir ce qu'il faut penser des Capadociens. Le mont *Argæus* étoit à-peu-près au centre du pays. L'*Halys* déjà cité en baignoit la partie septentrionale ; le *Melas*, la partie du milieu ; & le *Sarus*, la partie méridionale. *Mazaca*, *Sebaste* appelée d'abord *Cabira* se trouvoient dans la partie septentrionale. *Cybistra* & *Comana* au centre, & *Archelaïs* colonie ; *Nazizus*, *Tyana* au sud.

ARMENIA MINOR. Cette partie détaché de la Capadoce, s'étendoit du sud-ouest au nord-est, le long de l'Euphrate ( *Euphrates* ) qui la bornoit à l'est. Le Melas, déjà cité, en arrosoit la partie méridionale. Ce pays montagneux, n'eut de villes que dans des temps très-éloignés de la haute antiquité. La province Melitène ( *Melitene* ) par exemple, qui formoit la partie méridionale de la petite Arménie, n'eut une ville de même nom que sous Trajan : c'avoit d'abord été un camp romain. Lorsque la petite Arménie fut divisée en deux provinces, cette ville devint métropole de la seconde, tandis que *Sebaste* plus au nord le fut de la première : cette dernière ville, au temps de Mithridate, n'étoit qu'un château nommé *Cabira*, qui devint ville sous le commandement de Pompée. *Nicopolis*, ou ville de la victoire, étoit vers le nord-est, & avoit été de même construite par Pompée : elle avoit d'abord porté le nom de *Tephriæ*. *Sinibra* ou Synoria, forteresse dans laquelle Mithridate se retira après sa défaite, étoit au sud près de l'Euphrate. *Salata*, plus au nord-est, aussi près de l'Euphrate, étoit la dernière place de ce côté : une légion y gardoit habituellement les frontières.

ARMENIA. Cette province s'étendoit d'occident en orient, depuis l'Euphrate jusqu'à l'endroit où l'Araxe (*Araxes*) & le Cyrus réunis sont peu éloignés de leur embouchure. Elle avoit au nord la Colchide, l'Ibérie & l'Albanie dont je parlerai bientôt : au sud elle touchoit à la Méfopotamie, à l'Assyrie & à la Médie, dont je parlerai également. Ce pays est fort partagé entre des montagnes & des plaines. L'Euphrate & le Tigre (*Tigris*), y ont leur source. Araxes, qui a porté aussi le nom de *Phasis*, d'après la petite province de *Phasiene* où il commençoit, étoit un des fleuves de l'Arménie. Vers le sud-est de cette province, étoit un grand lac nommé par Ptolémée *Arsissa Palus*.

Les villes qu'il est essentiel de connoître dans l'Arménie, sont *Artaxata*, fondée par le roi Artaxias ; *Theodosiopolis*, à la source de l'Araxe étoit considérable sous le Bas-Empire ; *Arsamosata*, tout près de l'Euphrate, au sud-ouest, étoit une forteresse considérable ; *Amida*, à l'est sur le Tigre, n'est connue dans les historiens qu'au quatrième siècle, & sous Constance elle reçut le nom de *Constantia* t. I, p. 526, col. *a*. qu'elle n'a pas gardé. Mais on soupçonne qu'Amide est la même que Strabon place dans la province appelée *Sophène*, & qu'il donne comme ville royale, sous le nom de *Carcathiocerta*, t. I, p. 406, col. *b* ; *Tigranocerta* étoit au sud-est, à peu de distance, au nord du Tigre. J'observe en passant que cette terminaison *certa*, t. I, p. 469, col. *b*, indiquoit en langue orientale, une place de défense.

COLCHIS, t. I, p. 515, col. *b*. La Colchie est sur-tout célèbre par l'expédition de Jason à la tête des Argonautes. Sous le Bas-Empire, ce même pays fut nommé *Lazica*, t. II, p. 263, col. *a*, (c'est qu'on donnoit à tout le pays le nom d'une de ses parties).

Ce pays étoit borné au sud-ouest par un petit fleuve nommé *Acampsis*, t. I, p. 13, col. *a* ; & aussi *Bathys*, t. I, p. 303, col. *a* ; ou le Profond, à cause de l'état de son lit. Au nord du pays sont, du Pont-Euxin à la mer Caspienne, les montagnes nommées *Caucasus mons*, t. II, p. 395, col. *b* ; un fleuve nommé *Phasis*, t. II, p. 540, col. *b*, & différent de l'Araxe t. I, p. 444, col. *a*, dont j'ai parlé plus haut, se jetoit à l'ouest dans le Pont-Euxin, après avoir arrosé la ville *Æa* ; *Cyrta*, t. I, p. 567, col *a*, plus à l'est, étoit, dit-on, la patrie de Médée ; au nord sur le bord de la mer étoit *Dioscurias*, t. I, p. 593, col. *b*, nommée aussi *Sebastopolis*, t. III, p. 86, col. *a*.

IBERIA. Cette Ibérie, qui avoit à l'ouest la Colchide, & à l'est l'Albanie, a été confondue par quelques auteurs avec l'Espagne, appelée aussi quelquefois Ibérie. Trompés par la similitude des noms, ils ont dit de l'une, ce qu'il convenoit de dire de l'autre. Mais, comme dans son étymologie orientale, ce nom signifie *Pays au-delà*, il n'est pas étonnant que l'Hispanie l'ait reçue des Gaulois qui la connoissoient au-delà des Pyrénées ;

qu'un

qu'un pays fitué au-delà des montagnes de l'Arménie, & de l'Araxe, ait été défigné par la même dénomination. On y diftinguoit principalement le Caucafe ( *Caucafus* ) au nord, & les *Pilæ Caucafiæ* ou Portes Caucafiennes, défilés étroits qui férvoient d'entrée & de défenfe au pays du côté du nord. Le fleuve principal étoit le *Cyrus*, t. I, p. 566, col. *b*, & la principale ville *Zaliffa*.

ALBANIA, t. I, p. 99, col. *b*. Ce pays étoit appuyé à l'eft fur la mer Cafpienne, il ne fut guère connu des Romains qu'au temps de Pompée qui y trouva plufieurs nations réunies fous un même roi. Près la mer étoient les *Albaniæ Pylæ*, t. I, p. 100, col. *a*, ou Portes Albaniennes, paffage intéreffant que les Turcs nomment Derbent-Capi, ou portes de fer : la principale ville étoit *Cabalaca*, t. I, p. 365.

PHŒNICE, t. I, p. 349, col. *b*. Il fuffit ici d'indiquer l'article cité, parce qu'il renferme fur les villes, les fleuves, & les peuples, des détails très-intéreffans : on trouvera auffi quelque chofe qui a rapport aux Phéniciens, à l'article *Troglodita*, t. III, p. 385, col. *b*. On peut confulter ce même article fur les établiffemens des peuples les plus anciennement connus, & fur le commerce de l'Orient, ainfi que fur les commencemens de l'Egypte dont je parlerai bientôt. On y trouvera auffi l'opinion de Bruce fur la fituation d'*Ophir*. Les habitans de la petite île de Tyr, dans le golfe perfique, prétendoient que leur île étoit la métropole de la Tyr de Phénicie, comme une autre île tout proche, & nommée *Aradus*, étoit la métropole de l'*Aradus* fituée au nord de Tyr, fur la même côte. J'ajoute fur les Phéniciens ces mots du citoyen Goffelin. Les Phéniciens avoient beaucoup parcouru cette mer ( la Méditerranée ). Mais il eft certain qu'ils n'ont jamais eu de géographie aftronomique, & que, deux fiècles après Eratofthènes, ils n'avoient encore que des principes fort erronnés fur cette fcience, comme il eft facile d'en juger par les erreurs que Ptolémée relève dans les ouvrages & dans les cartes que Marin de Tyr a compofées (1).

SYRIA, t. III, p. 195, col. *b*. J'ai décrit la Syrie avec foin. Je ne rappellerai ici que les monts *Libanus*, t. II, p. 273, col. *b*; *Anto-Libanus* & *Cafius*, t. I, p. 432, col. *a*, au fud d'Antioche; le fleuve Oronte ( *Orontes fleuve* ) & les villes principales *Antiochia*, *Apamea*, *Héliopolis*, t. II, p. 160, col. *b*; *Damafcus*, t. I, p. 573, col. *b*; & *Palmyra*, t. II, p. 492, col. *a*; appelée auffi Tadmor ou Tadamora.

(1) Marin de Tyr traçoit fes méridiens & fes parallèles en lignes droites. Mais il ne les traçoit pas précifément comme on le fait dans une carte à *projection plate*; car il réduifoit fur le parallèle de Rhodes le degré de longitude, pris fur le grand cercle, dans la proportion de 93 à 115. Ainfi, les méridiens tracés fur fa carte, fe trouvoient plus rapprochés entre eux que ne l'étoient les parallèles. Les diftances prifes au nord du parallèle de Rhodes continuoient d'être trop grandes, & celles qui étoient au fud devenoient trop petites. Cela prouve que Marin faifoit ufage de cette projection fans en connoître les inconvéniens.

PALESTINA, t. II, p. 489, col. *b*, à ce qui est indiqué sous ce titre joignez ce qui se trouve au mot *Hebræi*, t. II, p. 90, col. *a*.

MESOPOTAMIA, t. II, p. 373, col. *b*. La Mésopotamie, dont le nom signifie, *entre des fleuves*, étoit en effet entre l'Euphrate à l'ouest, & le Tigre à l'est. Dans la partie septentrionale étoit l'Osroène (*Osroene*) attribué à la Syrie. La partie méridionale de la Mésopotamie, au sud du *Chaboras*, t. I, p. 472, col. *b*, est un pays de sable & stérile ; aussi n'y avoit-il d'habité que les bords des deux grands fleuves. Les villes principales étoient *Churræ*, *Nisibis*, *Singara*, t. III, p. 142, col. *a* ; on peut y ajouter *Cunaxa*, t. I, p. 554, col. *a*. à cause de la bataille qui en porte le nom, & dans laquelle périt Cyrus le jeune. Près de ce lieu, il y avoit un canal de communication entre l'Euphrate & le Tigre. Au midi de ce canal, fortifié d'une muraille, le pays étoit partagé en *Messene*, t. II, p. 372, col. *a* ; *Seleucia*, t. III, p. 90, col. *b* ; & *Babylonia*, t. I, p. 282, col. *b*.

ASSYRIA, t. I, p. 229, col. *b*, & ASSYRII *Ibid.* p. 230 & *suiv.* Le pays nommé Assyrie, & qui donna son nom à un empire très-vaste, étoit à l'est du Tigre. Il comprenoit au nord, les *Carduchi*, t. I, p. 407, col. *b*, & la *Corduene* au sud du *Zabus*, t. III, p. 615 ; l'*Adiabene*, où étoit *Arbela*, t. I, p. 190, col. *b* ; & *Gangamele*, célèbre par la bataille où l'armée de Darius fut entièrement défaite : ce lieu étoit peu éloigné à l'est de Ninive, *Ninus*, t. II, p. 441, col. *b*.

Cette ville étoit dans le petit pays nommé *Aturia*. En descendant au sud, le long du Tigre, on trouvoit les *Garamnæi* ; puis la *Chalonitis*. C'est dans la partie méridionale, où les fleuves du Tigre & de l'Euphrate se rapprochent, que se trouvoient des villes considérables ; voyez *Apollonia*, *Ar emita*, *Ctesiphon*, *Sitace*, & *Babylon*.

SUSIANA. Dans la Susiane, on a les fleuves *Eulæus* & *Oroates*, & la ville de Suse, *Susa*.

PERSIS. La Perside qui donna son nom au vaste empire élevé sur les ruines de l'empire de Babylone, confinoit à la Médie plus septentrionale. Les principaux fleuves étoient le *Medus*, & l'*Araxès* ; & les principales villes, *Aspadana* ; *Persepolis* ; & *Pasargadæ*.

CARMANIA. Ce pays s'étendoit le long du golfe Persique. Ce terrein sec & sablonneux n'a pas de rivières considérables ; on n'y trouvoit guères de lieux considérables que *Carmana*, & *Harmozia*.

GEDROSIA. La Gédrosie étoit tout-à-fait au sud, s'étendant sur la mer de l'Inde à l'est du détroit de la Perse. Le pays est tout-à-fait sec & stérile, & la longue côte portoit le nom de côte des Ichthyophages, *Ichthyophagorum ora*, c'est-à-dire, des mangeurs de poissons. Les mêmes circonstances physiques y ont maintenu la même manière de se nourrir. On y trouvoit un lieu nommé *Pura*.

MEDIA. Quant à la partie historique, on trouvera, t. I, p. 232, un tableau qui donne une idée d'un système probable sur les rapports chronologiques des empires d'Assyrie, de Babylone & de Médie. Il y a d'autres opinions, peut-être même préférables, mais ce n'étoit pas là le lieu de discuter sur la chronologie. J'ai voulu seulement établir quelques bafes indifpenfables pour la connoiffance générale de l'hiftoire, & utiles pour ceux qui voudroient difcuter les différentes opinions dont ce point d'hiftoire eft fufceptible. Voyez auffi les articles fuivans: *Cafpiæ Pilæ*, ou Portes Cafpiennes; *Araxès* & *Mardus*; & enfin les villes *Ecbatana*, & *Rages* appelée auffi *Arfacia*.

HYRCANIA. Ce pays eft feptentrional; il fuffira d'y connoître *Syringis*.

PARTHIENE. Le fleuve le plus confidérable étoit l'*Ochus*, & la ville, *Nifæa*.

ARIA. L'Arie avoit pris fon nom de fon fleuve *Arius*, qui l'avoit auffi donné à la ville d'*Aria*.

MARGIANA. Les détails de ces pays, qui occupoient toute la partie du nord-eft de l'Afie connue des Grecs, ne nous font pas parvenus. On y trouvoit le fleuve *Margus*, & la ville *Antiochia ad Margum*.

BACTRIA. La Bactriane eft un peu plus connue: on connoît quelques-uns des rois qui y ont régné. Il paroît que c'eft là qu'a vécu Zoroaftre. Voyez, outre l'article principal, les fuivans, *Paropamifus mons*, *Oxus*, fl., & *Bactra*.

SOGDIANA. Ce pays voifin du précédent étoit arrofé par deux fleuves confidérables, l'*Oxus* fur-tout, & le *Polymetus*. Les principales villes étoient *Maracanda*, & *Oxiana*.

SCYTHIA. L'article de la Scythie eft fort inftructif & fort détaillé.

INDIA. Cet article qui renferme d'affez grands détails, doit être rapproché de ce qui fe trouve, t. III, p. 666. L'alinea commence par *Marinarritæ*.

SERICA. Cet article eft très-imparfait; il faut le rectifier par ce qui fe lit, t. III, p. 670.

TAPROBANA. Cet article doit être également rectifié par ce qui fe lit, t. III, p. 666, & commençant par ces mots, *Pour la Taprobane*, &c.

## AFRICA.

L'AFRICA, t. I, p. 85, col. *b*, des anciens n'étoit pas à beaucoup près auffi étendue que celle que nous connoiffons; & même ils n'y comprenoient pas l'Égypte que nous favons bien lui appartenir. Voyez donc les mots:

ÆGYPTUS. t. I, p. 68, col. *a*. Cet article eft fort étendu, en y comprenant l'article *Ægyptii*, ibid. p. 57, col. *a*.

A cet article il faut joindre ceux de *Nilus*, t. II, p. 433, col. *a*; *Memphis*, ibid. p. 368, col. *a*. d'*Alexandria*, t. I, p. 105, col. *b*; & *Mœris* (lac) t. II, p. 390, col. *b*.

LIBYA, t. II, p. 274, col. *b*. On nommoit Libye le pays qui fe trouvoit immédiatement à l'oueft de l'Egypte.

CYRENAICA, t. I, p. 565, col. *a*. Cette partie de l'Afrique étoit à l'oueft de la Lybie & avoit renfermé une ville confidérable, *Cyrena*, t. I, p. 564, col. *b*.

AFRICA. La partie appelée proprement Afrique par les anciens occupoit à-peu-près le milieu de la côte feptentrionale. C'eft-là que fe trouvoient les deux golfes appelés l'un & l'autre, *Syrtis*, voyez *Syrtes*, t. III, p. 202, col. *b*.; le *Bagradas* fleuve, t. I, p. 289, col. *b*. Les deux villes les plus confidérables étoient *Utica*, t. III, p. 603, col. *a*.; & *Carthago*: cet article, ainfi que celui *Carthaginienfes* font fort étendus: j'ai tâché qu'ils puffent fervir à l'étude de l'hiftoire. Voyez t. I, p. 421, col. *a*; & 424, col. *b*.

NUMIDIA, t. II, p. 451, col. *b*. Il y faut joindre le mot *Numidi*, ibid. p. 449, col. *b*; & *Mauretania*, ibid. p. 346, col. *a*.

Je n'ai pas prétendu citer ici les feuls articles intéreffans & inftructifs qui fe trouvent dans mon ouvrage; mais feulement aider un commençant, qui voudroit adopter une marche méthodique pour arriver à une connoiffance étendue de la géographie ancienne.

Pour la connoiffance des grandes voies romaines, on pourra lire l'article *Viæ Romanæ*, t. III, p. 500, col. *b*.

*Fin du Tome III & dernier de la Géographie ancienne.*

De l'Imprimerie de STOUPE, rue de la Harpe, 1796.